DICTIONNAIRE des films

IN EXTENSO

DICTIONNAIRE des films

11 000 films du monde entier

sous la direction de

Bernard RAPP

Jean-Claude LAMY

LAROUSSE

21, Rue du Montparnasse 75283 Paris cedex 06

NOUVELLE ÉDITION

Responsable de la collection
Michel Guillemot

Responsable éditoriale
Dominique Wahiche

Édition
Marie-Claude Khodakov

Lecture-Correction
Service de lecture-correction Larousse-Bordas

Conception graphique
henri-françois Serres Cousiné

Mise en page
Dominique Chapon

Fabrication
Nicolas Perrier

Distributeur exclusif au Canada : Messageries ADP, 1751 Richardson, Montréal (Québec).

ISSN : 1264 - 4242
ISBN : 203 750 0645

Préface

Attention, ce livre en cache un autre. Bien sûr, comme tous les dictionnaires, c'est d'abord un outil, un instrument de connaissance, de référence ou d'arbitrage. Mais, si vous y regardez de près, vous découvrirez que ces pages dissimulent une boîte à malice. Faites l'expérience : ouvrez ce livre à la lettre C comme *Chinatown*. Vous ne me direz pas que le sparadrap qui colle au nez de Jack Nicholson ne vous saute pas à la mémoire. Continuez ! Passez à la lettre E comme *E.T.*, là, c'est un doigt lumineux qui remonte de vos souvenirs ; F comme *Fanfan la Tulipe* et voici « la vallée d'Adeline » ; N comme *la Nuit de l'iguane*, ce sont les jodhpurs d'Ava Gardner ; N toujours, comme *la Nuit du chasseur*, et vous n'échappez pas aux poings tatoués du pasteur démoniaque campé à jamais par Robert Mitchum… Le jeu peut ainsi se poursuivre des nuits entières, révélant combien l'image de cinéma appartient aujourd'hui à notre imaginaire. Bien sûr, un dictionnaire tel que celui-ci n'a pas pour seul objet de ressusciter des images et des sons enfouis dans nos mémoires. Méthodique, systématique, alphabétique et archétypique, il a la terrible ambition de répondre vite et clair à la question « Qui-a-joué-quoi-sous-la-direction-de-qui-dans-quelles-conditions-et-quand ? »

Curieusement, un tel ouvrage, tout à la fois systématique et détaillé, n'existait pas jusqu'à ce jour, sans doute parce que le travail de mise au point est immense. Le problème est simple, il se résume en un chiffre : depuis l'invention du procédé par les frères Lumière, on estime la production cinématographique mondiale à quelque 200 000 films. La moitié de ce nombre appartient au cinéma muet et la moitié de cette moitié a disparu ou a été détruite à l'apparition du cinéma parlant.

Au total, il reste donc aujourd'hui, en circulation ou en collection, environ 150 000 films produits dans le monde entier, dont 100 000 parlants.

De ces 150 000 films, il ne fallait retenir que l'essentiel sous peine de livrer un dictionnaire en 15 volumes, œuvre somptueuse sans doute qui eût été complète à défaut d'être vraiment utile, la majorité de ces films étant soit invisibles, soit d'un intérêt médiocre. Il suffit de se souvenir que le premier cinéma du monde (par la quantité), le cinéma indien, produit chaque année de sept cents à huit cents films qui ne méritent pas toujours – loin s'en faut – de prendre place dans une anthologie qui célèbre, comme il se doit, des réalisateurs du calibre de Satyajit Ray ou Mrinal Sen. Simplement énoncée, la nécessité du choix est donc évidente. Mais l'affaire devient rude dès l'instant où, une fois récusés les 120 000 films qui d'un avis général n'ont pas leur place dans un pareil ouvrage, on en arrive à une sélection plus fine. Nous avions fixé le chiffre de 10 000 titres. De pressions amicales en crise de nerfs, nous avons un peu dépassé ce quota, mais le plus dur était à venir. Car, si tous les films retenus dans ce dictionnaire participent à l'histoire du cinéma mondial, certains y participent plus que d'autres.

Il fallait donc à nouveau sélectionner, évaluer, graduer les traitements que nous réservions aux œuvres retenues. Qui aurait droit à « une colonne », qui n'en méritait qu'une demie, qui se satisferait du « paragraphe minimum » ? Imaginez nos souffrances, nos querelles, nos fâcheries, car chacun avait les meilleurs arguments du monde puisqu'il était question de goût et d'amour du cinéma. C'est ainsi que, malgré ma position, je ne pus obtenir qu'une vingtaine de lignes pour *la Dernière Chance* de John Huston et pas plus de six pour *Témoin à charge* de Billy Wilder. Si j'apporte ces précisions, c'est que j'imagine que chaque lecteur trouvera dans notre choix son miel aussi bien que son poivre. C'est, je le répète, affaire de goût et de jugement.

Il fallait ensuite gérer avec économie – et quelquefois parcimonie – le texte invité à s'installer dans les colonnes. Le « mode d'emploi » ci-après vous instruira de nos manières et vous guidera dans l'utilisation de cet outil, mais sachez que ce fut là encore matière à tous les déchirements. Comment faire tenir le monde dans 1438 pages ? Nous souffrions les affres du monteur confronté à 15 heures de rushes pour un film de 90 minutes.

L'histoire d'un film, c'est le récit d'un miracle, la rencontre admirable d'une équipe et d'une idée. Dès lors, chacun compte bon poids dans l'aventure et, film par film, nous n'avons, je crois, oublié personne, vérifiant dix fois, cent fois, les noms et les emplois, nous interrogeant sur les incontournables (Ah ! le poids d'une ligne !), réfléchissant sur la présence nommément ou non de tel producteur au générique. Peut-on ainsi parler d'*À bout de souffle* en ignorant Georges de Beauregard qui produisit la Nouvelle Vague, évoquer *le Jour le plus long* en oubliant Darryl F. Zanuck, et à propos de *Ran* ne pas reconnaître ce que Kurosawa doit à Serge Silberman ? Nous avons tenté de leur rendre hommage au détour de films qui ne se seraient pas faits sans eux.

Vous l'avez compris, ce dictionnaire des films est une manière d'agenda d'un monde qui se déplace à 24 images/seconde. Depuis le premier film recensé de l'histoire du cinéma jusqu'aux films présentés au festival de Cannes en mai 1998 (date butoir pour cette nouvelle édition), c'est l'air du temps qui défile dans ces pages. Un temps changeant, capricieux, exigeant, composé de « trop tôt » et de « trop tard », mais c'est le temps du cinéma. Rappelez-vous les propos de François Truffaut interrogé en 1975 sur le succès de *Jules et Jim* : « J'avoue que je serais très embarrassé d'avoir à faire *Jules et Jim* aujourd'hui, car je serais gêné par les relations éventuelles de cette histoire, où la femme est reine, et l'action menée à présent par le M.L.F. » *Jules et Jim* fut heureusement réalisé en 1961. Film culte de ce temps, vous le trouverez page 673.

Bernard Rapp

Collaborateurs

Claudine Acs
Laurent Aknin (L.A.)
Journaliste, critique de cinéma
† Philippe Aubert
Claire Aziza (CL.A.)
Claude Aziza (C.A)
Maître de conférences à Paris-III et collaborateur du journal le Monde
Claude Beylie (C.B.)
Rédacteur en chef de l'Avant-scène-cinéma
N.T. Binh (N.T.B.)
Critique de cinéma et collaborateur de la revue Positif
Jean-Pierre Bleys (J.-P.B.)
Critique de cinéma et collaborateur de la revue Positif
Jean-Bernard Bonis (J.-B.B.)
Chef-monteur et réalisateur
Béatrice Bottet (B.B.)
Critique de cinéma
Jean-Loup Bourget (J.-L.B.)
Professeur à Paris-III
Denis A. Canal (D.C.)
Agrégé de l'Université
Jean-Marie Carzou (J.-M.C.)
Réalisateur
Marc Cerisuelo (M.C.)
Essayiste et universitaire
Michel Chion (M. CH.)
Essayiste et théoricien du cinéma
Michel Ciment
Maître de conférences à Paris-III
Gérard Cohen
Conservateur à la Bibliothèque nationale
† Serge Daney
Christian Depuyper
Directeur de centre culturel, Rome
Julie-Sarah Doyon
Agrégée de l'Université
Olivier Eyquem (O.E.)
Membre du comité de rédaction de la revue Positif
René Fauvel (R.F.)
Marc Ferro
Directeur d'études aux Hautes Études en sciences sociales
Carmen Gallego (C.G.)
Membre du comité de rédaction des Fiches du cinéma
Martine Godet
Chercheur aux Hautes Études en sciences sociales
Annie Goldmann
Chercheur aux Hautes Études en sciences sociales
Gérard Guégan (G.G.)
Écrivain
Jean-Philippe Guerand (J.-P.G.)
Journaliste à Première
Jean-Claude Guilbert
Écrivain et producteur
François Jost (F.J.)
Maître de conférences à Paris-III, écrivain et réalisateur
Anne Kieffer (A.K.)
Stéphan Krezinski (S.K.)
Scénariste et réalisateur
† Fabien Laboureur (F.L.)
Michèle Lagny (M.L.)
Maître de conférences au DERCAV de Paris-III
Jean-Claude Lamy (J.-C.L.)
Directeur général de France 3 Cinéma
Gérard Legrand (G.LD.)
Gérard Lenne (G.L.)
Journaliste et critique de cinéma à Télé 7 Jours *et à la* Revue du cinéma
Rémy Lillet
Journaliste et éditeur
Joël Magny (J.M.)
Critique aux Cahiers du cinéma
Michel Marie (M.M.)
Maître de conférences à Paris-III
Marcel Martin (M.MN.)
Critique et historien du cinéma
Alain Masson (A.M.)
Professeur de classes préparatoires à Janson-de-Sailly
Christine de Montvalon (C.M.)
Critique de cinéma
Danièle Parra
Critique de cinéma
Sylvie Pliskin (S.P.)
Cinémathèque universitaire de Paris-III
Alain Rémond
Rédacteur en chef adjoint à Télérama
Bertrand Rocher
Rédacteur à Chrétiens-Médias
Jean-Charles Sabria (J.-C.S.)
Critique et historien du cinéma
Gilbert Salachas (G.S.)
Journaliste à Télérama *et à* Phosphore
Stephen Sarrazin (S.S.)
Historien du cinéma
Michel Sineux (M.S.)
Conservateur en chef des Bibliothèques de la Ville de Paris
Serge Toubiana
Rédacteur en chef des Cahiers du cinéma
Guillemette de Véricourt (G.DE V.)

Comité de rédaction (C.D.R.)

LAROUSSE remercie l'association Chrétiens-Médias (ex. O.C.F.C.), qui a mis l'ensemble de ses fichiers et de ses archives à la disposition des collaborateurs de l'ouvrage ; LAROUSSE remercie également pour leurs conseils et leur collaboration : Nathalie Kristy, Martine Lamy, Françoise Massonnaud-Dauliac et Marie Rapp.

À l'attention du lecteur

Les entrées

Les entrées sont constituées, pour leur quasi-totalité, par des titres de films (quelques-unes correspondent à des intitulés de séries, comme *Charlot, Dracula ou Tarzan*).

Tous ces titres sont classés selon un ordre alphabétique strict, indépendant de la signification des mots français et étrangers qui les composent et des espaces qui les séparent. Dans ce classement, chaque lettre est ainsi prise en compte, à l'exception des articles définis (Le, La, Les, L', The, Il, I, El, Los, Las, E, Die, Der, Das, etc.). Exceptionnellement, on tient compte dans le classement de certains articles tels que le « O » portugais (*O amuleto de Ogum, O cangaceiro*, par exemple).

Transcription et translittération

Suivant les recommandations de l'Organisation internationale de normalisation, les titres originaux des films sont transcrits selon la nouvelle graphie normalisée, caractérisée par la présence de nombreux signes diacritiques. En revanche, compte tenu de l'usage qui s'est imposé dans la transcription des noms propres, et pour permettre au lecteur de s'y retrouver facilement, ceux-ci sont transcrits selon l'ancien système pour les noms russes et soviétiques, ainsi que pour tous ceux des langues slaves. Les noms et titres chinois sont transcrits selon la méthode pinyin, tandis que ceux de langue arabe conservent généralement la traditionnelle francisation.

Guide de lecture des entrées

Titre

Cette ligne, correspondant à l'adresse de l'entrée (indiquée en lettres capitales), est d'une structure et d'une typographie variables en fonction de la nationalité du film et renseigne sur son exploitation commerciale éventuelle en France :

• un titre français seul signifie qu'il s'agit d'un film de nationalité française, sorti commercialement en salle (dans le cas contraire, il est mentionné qu'il est inédit) ;

• un titre français suivi d'un titre dans une autre langue signifie qu'il s'agit d'un film étranger ayant bénéficié d'une exploitation commerciale en France ;

• un titre dans une langue étrangère signifie que le titre de la version française n'a pas prévalu – voire n'a jamais existé – et que le titre original est seul utilisé (ex. : *La dolce vita, Platoon*) ; dans ce cas, le titre d'exploitation français reprenant le titre original, l'un et l'autre sont mentionnés ;

• un titre en italique signifie que le film est inédit commercialement en France ; dans la majorité des cas, seul le titre original est mentionné s'il est en langue française ou anglaise, tandis qu'une traduction littérale est proposée pour les autres langues ;

• deux titres français et/ou deux titres originaux cohabitent parfois, séparés par une barre oblique (/) : cela signifie que le film a été connu sous deux titres différents, soit qu'une nouvelle distribution commerciale ait imposé un nouveau titre (par exemple, *Voyage en Italie* a d'abord été distribué sous le titre *L'amour est le plus fort*) soit qu'il ait existé deux titres dans la langue du pays producteur, soit qu'il s'agisse de deux marchés différents (titre anglais et titre américain, par exemple, dans le cas d'une coproduction à parts égales) ;

• un titre peut être suivi d'une information entre parenthèses : il s'agit d'un sous-titre, qui soit fait partie intégrante du titre original, comme par exemple *Ma nuit chez Maud* (*Six Contes moraux, III*), soit constitue un complément explicatif au titre d'exploitation français lorsque celui-ci reprend le titre original, comme pour *La pelicula del rey* (*le Film du roi*).

Genre

Chaque film est défini par un des genres majeurs (comédie, drame, documentaire, film d'aventures, film policier, film de guerre, dessin animé, chronique, etc.) conventionnellement reconnus par l'exploitation commerciale, auxquels de nombreuses épithètes sont adjointes afin d'en préciser la nature. Ex. : drame romantique, western parodique, film d'aventures historiques, etc.

Réalisateur et interprètes

La fiche signalétique du film se poursuit toujours par le nom de son auteur, c'est-à-dire le réalisateur, seul responsable de toutes les qualités – et défauts – du film, et par celui des comédiens (s'il y a lieu) qui font vivre l'œuvre. Un nom entre crochets [ ] précise le prénom ou patronyme véritable lorsqu'un pseudonyme a été employé ou, inversement, le nom sous lequel la personne est le plus connue.

Fiche technique

• SC pour scénario, adaptation, dialogues : cette rubrique englobe les trois fonctions associées, car la majorité des génériques de films pratiquent l'amalgame entre le scénariste, l'adaptateur, le dialoguiste et parfois même l'auteur du sujet original (cependant, il est parfois précisé DIAL, lorsque la personnalité du dialoguiste est significative). Quand le sujet est adapté d'une œuvre préexistante (roman, nouvelle, pièce de théâtre, etc.), celle-ci est signalée : sans précision de titre lorsque celui du film (français ou original) reprend celui de l'œuvre mère, en le mentionnant s'il est différent ;

• PH pour directeur de la photographie, aussi appelé chef-opérateur ;

• DÉC pour chef-décorateur ; pour certains films américains, nous avons mentionné à la fois le nom du (ou des) décorateur(s) – « set designer » – et celui (ceux) du (ou des) directeur(s) artistique(s) – « art director » ;

• MUS pour musique, c'est-à-dire auteur(s) de la partition originale (parfois jouée dans la salle même où se déroulait la projection avant l'événement du parlant), directeur musical ou responsable de « l'arrangement musical » ; les compositeurs d'œuvres classiques apparaissent aussi le plus souvent ;

• MONT pour chef monteur (ou monteuse) ;

• PR pour production ; cette rubrique comprend le nom du producteur responsable du film suivi de celui de la (ou des) compagnie(s) concernée(s).

• Exceptionnellement, on trouvera l'abréviation CHOR pour chorégraphie, COMM pour commentaire lorsque cet élément est une composante essentielle du film.

Pays

La nationalité du film est directement liée à celle de son (ou de ses) producteur(s) ; c'est ce qui est reflété ici.

Année

La datation d'un film est une tâche assez délicate et, parmi les nombreuses possibilités – début de tournage, fin de tournage, copyright, première projection privée, première projection publique en salle –, nous avons opté (ce qui tend à se généraliser) pour cette dernière. Lorsque la sortie du film a été retardée et que l'écart entre sa finition et son exploitation dépasse un an, les deux dates sont signalées (la date de fin de tournage est indiquée par l'abréviation RÉ). Dans le cas de films dont la réalisation s'est étendue sur plusieurs années, il est mentionné deux dates (premier tour de manivelle – première projection publique) liées par un trait d'union.

Couleur

Cette caractéristique technique essentielle quant à l'esthétique du film n'est mentionnée que s'il y a lieu ; dans le cas contraire, le film est en noir et blanc. Il peut arriver qu'un film en couleurs comporte des séquences tournées en noir et blanc et vice versa : dans ce cas, il est également précisé NB.

Durée, métrage

Pour tous les films dont la date est postérieure à 1930, les durées sont exprimées en heures et minutes, tandis que ceux réalisés jusqu'en 1929 se voient adjoindre leur métrage ; la durée exprimée alors étant calculée sur l'actuelle cadence de projection de 24 images/seconde, elle est approximative.

Résumé et commentaire des films

Le résumé retrace les grands moments du récit, défini les principaux personnages et établit les relations logiques qui existent entre eux. Le commentaire situe le film dans l'œuvre du cinéaste ou le replace dans son contexte historique, souligne son importance ou son rôle dans l'histoire du cinéma mondial et tente d'en extraire la quintessence, tout en portant un regard critique qui permettra au lecteur de se faire sa propre idée à la vision de l'œuvre.

Compléments divers

À la suite de chaque article peuvent figurer des compléments variés susceptibles de guider le lecteur vers d'autres entrées ou, à défaut, de lui rappeler sous forme de générique abrégé certains films qui ne se sont pas vu attribuer d'entrée (sujet identique, adaptations d'une même œuvre littéraire ou théâtrale, autres aventures d'un même héros, remake, suite, etc.). Si seuls les noms du réalisateur et des interprètes sont mentionnés, le titre du film est identique à celui figurant en entrée (titre français et/ou titre original).

A

À ARMES ÉGALES "The Challenge"
Film d'aventures de **John Frankenheimer**, avec Scott Glenn, Toshiro Mifune, Donna Kei Benz. États-Unis, 1982 – Couleurs – 1 h 48.

Un boxeur déchu est recruté par un Japonais pour convoyer un sabre précieux. Mais le frère du commanditaire cherche à s'emparer de l'arme mythique.

À BÂTONS ROMPUS / DE FIL EN AIGUILLE
"Pečki-Lavočki"
Comédie dramatique de **Vassili Choukchine**, avec Lidia Fedosseieva, V. Choukchine, Vsevolod Sanalev. U.R.S.S., 1972 – 1 h 30.

Un couple, en route vers une maison de repos au bord de la mer Noire, va être confronté à des rencontres inattendues avant de toucher au but.

ABATTOIR 5 "Slaughterhouse 5"
Drame de **George Roy Hill**, d'après le roman de Kurt Vonnegut Jr., avec Michael Sacks, Ron Leibman, Valerie Perrine, Eugene Roche. États-Unis, 1972 – Couleurs – 1 h 44.

Les souvenirs et les espérances d'un ancien combattant américain de la Seconde Guerre mondiale qui a reçu le don de voyager dans le temps.

ABBOTT ET COSTELLO À HOLLYWOOD
"Abbott and Costello in Hollywood"
Film burlesque de **S. Sylvan Simon**, avec Bud Abbott, Lou Costello, Frances Rafferty, Robert Stanton. États-Unis, 1945 – 1 h 24.

À Hollywood, deux modestes employés de studios deviennent imprésarios. Pour défendre un de leurs poulains, ils en viennent aux mains et déclenchent une folle course-poursuite à travers les décors.

▷ Voir aussi DEUX NIGAUDS

ABC CONTRE HERCULE POIROT
"The Alphabet Murders"
Comédie policière de **Frank Tashlin**, d'après le roman d'Agatha Christie, avec Tony Randall, Anita Ekberg, Robert Morley. États-Unis, 1965 – 1 h 25.

À Londres, Hercule Poirot enquête sur deux mystérieux assassinats. Peu à peu, les victimes s'amoncellent dans l'ordre alphabétique de leurs noms. Humour et suspense.

À BELLES DENTS
Drame de **Pierre Gaspard-Huit**, avec Mireille Darc, Jacques Charrier, Daniel Gélin. France, 1966 – Couleurs – 1 h 45.

À Paris, une jeune fille riche et désœuvrée cherche l'amour et va de milliardaire en milliardaire. Le portrait d'une grande bourgeoise.

L'ABÎME "Afgrunden"
Drame d'**Urban Gad**, avec Asta Nielsen, Robert Dinesen, Hans Neergaard, Poul Reumert. Danemark, 1910 – env. 1 100 m (env. 40 mn).

Une jeune professeur de musique abandonne son fiancé dont le père est pasteur pour suivre un artiste ambulant travaillant dans un cirque. Mais il se fatigue bientôt d'elle.

L'ABÎME "Eternal Love"
Mélodrame d'**Ernst Lubitsch**, d'après un roman de Jakob Christoph Heer, avec Camilla Horn, John Barrymore,

Victor Varconi, Hobart Bosworth, Mona Rico. États-Unis, 1929 – 1 981 m (env. 1 h 13).

Dans un petit village suisse en 1806, un sauvage montagnard vit un amour passionné avec la nièce d'un pasteur. Obligés chacun de leur côté d'épouser quelqu'un qu'ils n'aiment pas, ils se rejoindront dans la mort.

L'ABOMINABLE DOCTEUR PHIBES
"THE ABOMINABLE DR PHIBES"
Film fantastique de **Robert Fuest**, avec Vincent Price, Joseph Cotten, Hugh Griffith, Terry-Thomas, Virginia North. Grande-Bretagne, 1971 – Couleurs – 1 h 35.

Phibes tue, suivant un rituel transposé des sept plaies d'Égypte, les membres d'une équipe médicale. Humour et esthétisme s'organisent autour de la figure mythique de Vincent Price.

▷ Voir aussi LE RETOUR DE L'ABOMINABLE DOCTEUR PHIBES.

À BOUT DE COURSE "RUNNING ON EMPTY"
Comédie dramatique de **Sidney Lumet**, avec River Phoenix, Judd Hirsch, Christine Lahti. États-Unis, 1988 – Couleurs – 1 h 55.

Admirablement interprété, le film est une réflexion émouvante sur la difficulté d'assumer les conséquences d'un idéal. Un grand Lumet.

À BOUT DE NERFS "LABYRINTH"
Comédie dramatique de **Rolf Thiele**, avec Nadja Tiller, Peter Van Eyck, Amedeo Nazzari, Nicole Badal. R.F.A., 1959 – 1 h 37.

Une belle romancière est sur le point de sombrer dans l'alcoolisme, mais un sursaut de volonté l'amène dans une maison de repos fréquentée par la haute société. Elle y rencontrera deux hommes qui joueront un grand rôle dans sa vie.

À BOUT DE SOUFFLE
Comédie dramatique de **Jean-Luc Godard**, avec Jean-Paul Belmondo *(Michel Poiccard / Laszlo Kovacs)*, Jean Seberg *(Patricia Franchini)*, Van Doude *(le journaliste américain)*, Daniel Boulanger *(l'inspecteur Vital)*, Henri-Jacques Huet *(Antonio Berruti)*, Jean-Pierre Melville *(Parvulesco)*, Roger Hanin *(Carl Zombach)*. • SC : J.-L. Godard, François Truffaut. • PH : Raoul Coutard. • MUS : Martial Solal. • MONT : Cécile Decugis. • PR : Georges de Beauregard. France, 1960 – 1 h 30. ★ **PRIX JEAN-VIGO 1960 ; PRIX DE LA MEILLEURE MISE EN SCÈNE, Berlin 1960.**

Près de Marseille, un voleur de voitures tue un motard de la police, puis il rejoint à Paris une Américaine dont il se dit amoureux. Elle le dénoncera aux flics.

◆ L'évidence

Contrairement à ce qui s'est vite écrit, À bout de souffle *n'invente pas. Il ne fait que rappeler, en le soulignant, que le cinéma, c'est parfois de l'idée en mouvement, après Griffith, pour la manière d'interpeller les visages de femmes, et Rossellini, pour l'allure générale, faussement débraillée. En cette fin des années 50, hormis Melville* (Bob le Flambeur), *Franju* (la Tête contre les murs) *et Bresson* (Pickpocket), *qui tutoie la réalité, qui malmène la prétendue logique narrative ? Quasiment personne, et le cinéma français est en train, comme à présent, de couler paisiblement. Or, de ce film, tourné en moins d'un mois* (la Chartreuse de Parme *fut écrite en quarante-sept jours), entre Sud et Nord, et dédié à la Monogram Pictures, ni Melville, qui interprète le rôle de Parvulesco (« Devenir immortel et puis mourir »), ni Franju, pour le cadre, ni Bresson, pour le rythme, ne sont absents. Davantage par ruse que par calcul, Godard convoque, pour ce premier long métrage, tous ces maîtres, conjugue toutes les influences, y compris les américaines, pour toutes les trahir. En vérité,* À bout de souffle, *tel le termite de la fable, dévore, et anéantit, ce qu'il montre. Même les acteurs n'en sortiront pas intacts. Jean Seberg ira jusqu'à la mort, et Belmondo, malgré le sursaut de* Pierrot le Fou, *choisira de n'être plus grand-chose. À sa façon, Godard déclare la guerre à l'univers sensible. Dans le même temps, toute une génération, nourrie d'extrêmes, entame sa montée au ciel. Normal alors qu'ensuite le cinéma de Godard s'en ressente. Collé au présent, il ne pourra plus s'en détacher, et finira par confondre l'apparence avec l'être. Dans* À bout de souffle, *les deux coïncident. Et c'est sa force essentielle. Le matin naît toujours de la nuit. Le tout est de se camper de face devant le miroir, et de ne pas esquiver le reflet entrevu, quitte à le briser, si nécessaire. Le tout est de se vouloir dans l'éternité au moment même où la caméra enregistre le fortuit. Et l'hasardeux.*

G.G.

À BOUT DE SOUFFLE MADE IN U.S.A.
"BREATHLESS"
Drame de **Jim McBride**, avec Richard Gere, Valérie Kaprisky. États-Unis, 1982 – Couleurs – 1 h 40.

Un jeune homme amoral traqué par la police s'éprend d'une étudiante française qu'il entraîne dans sa folle cavale. Remake séduisant du classique de Godard qui se singularise par son punch, sa sensualité et un esprit profondément « rock'n roll ».

ABOUT LOVE, TOKYO "ABOUT LOVE, TOKYO"
Drame de **Mitsuo Yanagimachi**, avec Wu Xiao Tong, Asuka Okasaka, Hiroshi Fujioka. Japon, 1992 – Couleurs – 1 h 50.

Le monde japonais vu à travers les yeux de deux Chinois travaillant dans un abattoir de Tokyo : argent, sexe et cruauté. Un univers désespéré où la vie des êtres n'a pas plus de sens que les billes du « pachinko » qui roulent à travers tout le film.

À BOUT PORTANT "The Killers"

Film policier de **Don Siegel**, avec Lee Marvin *(Charlie Strom)*, Angie Dickinson *(Sheila Farr)*, John Cassavetes *(Johnny North)*, Ronald Reagan *(Browning)*, Clu Gulager *(Lee)*. • SC : Gene L. Coon, d'après la nouvelle d'Ernest Hemingway. • PH : Richard L. Rawlings. • DÉC : Frank Arrigo, George Chan. • MUS : Johnny Williams. • MONT : Richard Belding. États-Unis, 1964 – Couleurs – 1 h 35.

Charlie Strom et son complice Lee, tueurs à gages, exécutent un certain Johnny North, qui ne cherche même pas à leur échapper. Intrigué, Charlie cherche la raison de ce « contrat », dont le commanditaire est anonyme. Il découvre que Johnny a été impliqué, quelques années auparavant, dans le vol de 1 million de dollars. Il retrouve Sheila, dont Johnny était amoureux, et qui l'a doublé pour le compte de Browning – lequel a commandé l'assassinat de Johnny !

◆ *Il s'agit du remake en couleurs du film de Robert Siodmak* les Tueurs *(1946), où Burt Lancaster et Ava Gardner tenaient les rôles de Johnny et Sheila. Au départ, c'était un téléfilm, mais la réalisation de Don Siegel est d'une telle efficacité, d'une telle violence (la séquence d'ouverture reste un morceau d'anthologie) qu'on renonça à le diffuser pour le distribuer en salles. Lee Marvin y gagna ses galons de vedette, tandis que Ronald Reagan y faisait, dans le rôle du méchant, sa dernière apparition à l'écran.* G.L.

ABRAHAM LINCOLN "Abraham Lincoln"

Biographie de **David Wark Griffith**, avec Walter Huston, Una Merkel, Kay Hammond. États-Unis, 1930 – 1 h 37.

La vie privée et politique du président assassiné, de sa naissance (1809) à sa mort (1865).

ABSENCE DE MALICE "Absence of Malice"

Film policier de **Sydney Pollack**, avec Paul Newman, Sally Field, Burt Balaban, Melinda Dillon, Luther Adler, Barry Primus. États-Unis, 1981 – Couleurs – 1 h 57.

Un policier de Miami tente de compromettre sans preuve le fils d'un gangster, en manipulant la presse. Mais l'innocent calomnié manœuvrera plus finement que le flic malhonnête.

ABSENCES RÉPÉTÉES

Drame psychologique de **Guy Gilles**, avec Patrick Penn, Danièle Delorme, Nathalie Delon. France, 1972 – Couleurs – 1 h 25. ★ Prix Jean-Vigo 1973.

Un jeune employé de banque insatisfait s'enferme dans le rêve et la drogue. Il finira par se détruire.

ABSOLUTE BEGINNERS "Absolute Beginners"

Comédie musicale de **Julien Temple**, d'après le roman de Colin MacInnes, avec Eddie O. Connell, Patsy Kensit, David Bowie. Grande-Bretagne, 1985 – Couleurs – 1 h 47.

Sur fond de musique, de danse et de rivalités entre bandes de jeunes, les amours tumultueuses d'une dessinatrice de mode et d'un photographe. Avec le « happy end » de rigueur.

ABUS DE CONFIANCE

Comédie dramatique d'**Henri Decoin**, avec Danielle Darrieux, Charles Vanel, Jean Worms, Valentine Tessier, Pierre Mingand. France, 1937 – 1 h 32.

Une pauvre étudiante orpheline se fait passer pour la fille d'un écrivain célèbre. L'épouse de celui-ci découvre la supercherie et, lorsque la jeune fille veut avouer, lui demande de se taire.

ABYSS "Abyss"

Film de science-fiction de **James Cameron**, avec Ed Harris, Mary Elizabeth Mastrantonio, Michael Biehn. États-Unis, 1989 – Couleurs – 2 h 15.

Les ouvriers d'une plate-forme expérimentale de forage en mer sont chargés de secourir un sous-marin nucléaire en perdition, immobilisé sur le rebord de la faille Caïman. Ils découvriront une forme de vie intelligente et mystérieuse venue du cœur de l'abysse. De nouveaux records en matière d'effets spéciaux.

LES ABYSSES

Comédie dramatique de **Nico Papatakis**, avec Francine Bergé *(Michèle)*, Colette Bergé *(Louise)*, Pascale de Boysson *(Mademoiselle)*, Paul Bonifas *(Monsieur)*, Colette Régis *(Madame)*. • SC : Jean Vauthier. • PH : Jean-Michel Boussaguet. • MUS : Pierre Barbaud. France, 1962 – 1 h 36.

Deux sœurs, bonnes à tout faire dans une propriété viticole, n'ont pas été payées depuis trois ans. Elles terrorisent leurs patrons qui semblent très bien accepter leur hystérie. Lorsqu'ils vendent la propriété, elles les assassinent sauvagement.

◆ *La première œuvre d'un cinéaste rare qui n'a fait que quatre films en vingt-cinq ans, tous remarquables. Celui-ci, comme son titre le suggère, est une mise en abîme de la lutte des classes par une inversion littérale des rapports de pouvoir dans une situation qui, elle, est bien concrète dans ses rapports « économiques ».*

L'hystérie stupéfiante de l'interprétation finit par faire perdre tout sens à l'enjeu initial de la situation (les bonnes veulent être payées). Le spectateur hilare ne sait plus s'il doit admirer la symbiose des acteurs avec leurs rôles ou s'il n'est pas en train de devenir aussi insensé que les personnages qui s'agitent frénétiquement sur l'écran. Ce fait divers authentique inspira aussi la pièce de Jean Genet, les Bonnes. *S.K.*

L'ACADÉMIE DES COQUINS
"SCHOOL OF SCOUNDRELS"
Comédie de **Robert Hamer**, avec Ian Carmichael, Terry-Thomas, Alastair Sim. Grande-Bretagne, 1959 – 1 h 22.

Victime d'un complexe d'infériorité, un jeune homme réagit et prend des cours de volonté avec le directeur du « Collège de la Vie ».

L'ACADIE, L'ACADIE
Documentaire de **Pierre Perrault** et **Michel Brault**. Canada, 1971 – 1 h 20.

Une manifestation d'étudiants du Nouveau-Brunswick permet d'exposer les problèmes des Acadiens, ces francophones perdus au sein d'une province anglophone, qui doivent se battre pour préserver leur identité culturelle.

À CAUSE D'UN ASSASSINAT "THE PARALLAX VIEW"
Thriller d'**Alan J. Pakula**, avec Warren Beatty *(Joe Frady)*, Paula Prentiss *(Lee Carter)*, William Daniels *(Austin Tucker)*, Hume Cronyn *(Bill Rintells)*. • SC : David Giler, Lorenzo Semple Jr., d'après le roman de Loren Singer. • PH : Gordon Willis. • DÉC : George Jenkins. • MUS : Michael Small. • MONT : John W. Wheeler. États-Unis, 1974 – Couleurs – 1 h 42.

Un candidat à la présidence des États-Unis est assassiné. La commission d'enquête conclut à l'action d'un tireur fou. Mais les témoins du meurtre se mettent à disparaître « accidentellement ». Frady, jeune journaliste, fait des recherches et découvre une organisation qui recrute des tueurs potentiels. Il apprend aussi qu'un nouveau candidat va être assassiné et se rend compte trop tard qu'il est manipulé depuis le début pour être, lui, le tueur fou de ce meurtre-ci...

◆ *Une fiction paranoïaque basée sur l'assassinat de Kennedy, mais surtout sur la remise en cause du fonctionnement de l'État américain après l'affaire du Watergate. Ce film admirable et méconnu surpasse, sur une problématique voisine, l'excellent* Trois Jours du Condor *de Pollack. L'intrigue à caractère borgésien, où tous les éléments sont à réinterpréter selon un point de vue extérieur au film souligné par le titre original, est plongée dans l'obscurité savante de la photo de Willis, une des plus originales qui soient.* *S.K.*

À CAUSE, À CAUSE D'UNE FEMME
Comédie de **Michel Deville**, avec Jacques Charrier, Marie Laforêt, Mylène Demongeot, Juliette Mayniel. France, 1963 – 1 h 30.

Un joli garçon frivole et inconstant est suspecté de meurtre. Deux de ses maîtresses s'allient pour le disculper. Les vertus du libertinage selon Deville et Nina Companeez.

ACCATTONE "ACCATTONE"
Drame de **Pier Paolo Pasolini**, avec Franco Citti *(Accattone)*, Franca Pasut *(Stella)*, Silvana Corsini *(Maddalena)*. • SC : Pasolini. • PH : Tonino Delli Colli. • DÉC : Flavio Mogherini. • MUS : J.-S. Bach. • MONT : Nino Baragli. Italie, 1961 – 1 h 55.

Accattone, un souteneur, perd son gagne-pain quand Maddalena se retrouve en prison. Il rencontre Stella dont l'innocence va le toucher. Il ne peut la mettre sur le trottoir et doit travailler. Au cours d'une balade, il vole une moto et passe sous une voiture.

◆ *Le premier film de Pasolini, où il rompt, malgré les apparences, avec le néoréalisme, l'onirisme naturaliste qui le parcourt minant peu à peu le film et le rendant à l'ordre du rêve. Par le respect infini qu'il a pour ses personnages et les lieux où ils vivent, Pasolini, au-delà des situations triviales qu'il dépeint, dévoile les âmes. Il filme chaque chose, dans sa « naïveté » virginale de cinéaste débutant, comme si elle était vue pour la première fois.* *S.K.*

ACCIDENT "ACCIDENT"
Drame psychologique de **Joseph Losey**, avec Dirk Bogarde *(Stephen)*, Stanley Baker *(Charley)*, Michael York *(William)*, Jacqueline Sassard *(Anna)*, Delphine Seyrig *(Francesca)*, Vivien Merchant *(Rosalind)*. • SC : Harold Pinter, d'après le roman de Nicholas Mosley. • PH : Gerry Fisher. • DÉC : Carmen Dillon. • MUS : John Dankworth. • MONT : Reginald Beck. Grande-Bretagne, 1967 – Couleurs – 1 h 45.

Au cours d'un week-end, dont tout le rituel bourgeois nous est décrit avec humour et minutie, un drame se noue entre deux quadragénaires, mariés et pères de famille, et deux êtres plus jeunes : une jeune fille d'origine étrangère et son prétendant aristocratique. Les deux hommes sont enseignants à Oxford, et là s'arrête leur ressemblance.

◆ *C'est le constraste même de leurs caractères, la jalousie réciproque et complexe d'un introverti et d'un extraverti (le premier, en réalité, aussi audacieux que le second est timide !) qui conduit le drame à une issue fatale. L'écriture ramassée et subtile de Pinter profite à une direction d'acteurs sans faille. Par-delà la peinture sociale, Losey retrouve les thèmes qui le préoccupent, de l'intégrité morale et de la corruption inconsciente. C'est aussi le premier film où il essaie de « rendre » l'écoulement même du temps (la partie de tennis est restée célèbre) autant que la saisie des instants privilégiés, et y parvient notamment par l'emploi de la couleur qu'il maîtrise ici, dira-t-il, « à sa satisfaction » :* Accident *est pleinement une œuvre d'art.* *G.LD.*

L'ACCIDENT
Drame d'**Edmond T. Gréville**, d'après le roman de Frédéric Dard, avec Magali Noël, Georges Rivière, Danick Patisson. France, 1962 – 1 h 35.

Sur une île de Bretagne vit un couple d'instituteurs, aigri et désuni. L'arrivée d'une jeune collègue va conduire au drame. Le dernier film de Gréville.

L'ACCOMPAGNATRICE
Drame de **Claude Miller**, avec Richard Bohringer, Elena Safonova, Romane Bohringer. France, 1992 – Couleurs – 1 h 51.

La jeune Sophie Vasseur, 20 ans, devient l'accompagnatrice d'une cantatrice célèbre, Irène. Mais, sur la scène comme dans le privé, elle souffre d'être en position d'infériorité.

L'ACCORDÉON "GARMON"
Comédie d'**Igor Savtchenko**, avec Zoïa Fiodorova *(Maroussia)*, Piotr Savine *(Timochka)*, Igor Savtchenko *(Tosklivy)*, N. Yarotchkine *(Ozornoï)*. • SC : I. Savtchenko et Alexandre Jarov, d'après le poème de celui-ci. • PH : Evgueny Chneider, Youli Foguelman. • MUS : Serguei Pototski. U.R.S.S., 1934 – 1 h 05.

Timochka, le meilleur accordéoniste du village, est aussi le meilleur travailleur. Devenu secrétaire du Komsomol, il considère désormais l'accordéon comme un objet frivole et enterre le sien dans la grange. Mais le village tombe sous la coupe de jeunes koulaks qui jouent de l'accordéon et séduisent les filles. Alors Timochka déterre son instrument et reconquiert le cœur de la belle Maroussia.

◆ *Dans son premier film, Savtchenko met la musique au service de la politique et joue à merveille sur la beauté de la nature ukrainienne et les charmes des mélodies populaires.* *M.MN.*

ACCUSÉE, LEVEZ-VOUS !
Drame de **Maurice Tourneur**, avec Gaby Morlay, André Roanne, Suzanne Delvé, Jean Dax. France, 1930 – 1 h 50.

Une vedette de music-hall est accusée du meurtre de la directrice qui a fait des avances à son ami.

LES ACCUSÉS "THE ACCUSED"
Drame de **Jonathan Kaplan**, avec Jodie Foster, Kelly McGillis, Bernie Coulson. États-Unis, 1988 – Couleurs – 1 h 40.

Un soir, Sarah est violée par trois hommes sous les yeux des clients d'un bar. Avec son avocate, elle va se battre pour faire condamner les violeurs et les « spectateurs » complices. Jodie Foster obtint l'Oscar pour son rôle dans ce film « à thèse ».

À CHACUN SON DÛ "A CIASCUNO IL SUO"
Drame d'**Elio Petri**, d'après le roman de L. Sciascia, avec Gian Maria Volonté, Irène Papas, Gabriele Ferzetti. Italie, 1968 – Couleurs – 1 h 33.

Le « triangle » classique, mais on est en Sicile et le crime passionnel prend des allures de vendetta politique.

À CHACUN SON ENFER
Drame d'**André Cayatte**, avec Annie Girardot, Bernard Fresson, Hardy Krüger, Stéphane Hillel. France/Allemagne, 1977 – Couleurs – 1 h 40.

La petite Laurence a été enlevée. Sa mère, Madeleine, affronte sa famille, la presse, la police, rassemble la rançon, mais en vain.

À CHAQUE AUBE JE MEURS "EACH DAWN I DIE"
Drame de **William Keighley**, avec James Cagney, George Raft, George Bancroft, Jane Bryan. États-Unis, 1939 – 1 h 32.

Un journaliste est condamné à vingt ans de bagne. Un gangster prouvera son innocence. La rencontre de deux spécialistes : Cagney et Raft.

À CHEVAL SUR LE TIGRE "A CAVALLO DELLA TIGRE"
Comédie dramatique de **Luigi Comencini**, avec Nino Manfredi, Mario Adorf, Gian Maria Volonté, Raymond Bussières. Italie, 1961 – 2 h.

Un petit voleur incarcéré est le complice involontaire d'un projet d'évasion. Ses codétenus réussissent cependant « la belle » et l'emmènent avec eux de force. Pour toucher une prime, sa famille le convaincra de retourner en prison.

ACHIK KERIB "ACHUG' QARIBI"
Comédie dramatique de **Serguei Paradjanov** et **David Abachidze**, avec Youri Mgoian, Sofiko Tchiaoureli. U.R.S.S. (Géorgie), 1988 – Couleurs – 1 h 18.

Un pauvre poète, qui se voit refuser la main de celle qu'il aime, part à travers le monde. Il fera de nombreuses expériences et reviendra sept années plus tard pour épouser sa belle.

ACIER "ACCIAIO"
Drame de **Walter Ruttmann**, avec Isa Pola *(Gina)*, Piero Pastore *(Mario)*, Vittorio Bellaccini *(Pietro)*, Alfredo Polveroni *(son père)*, Demenico Serra. • SC : W. Ruttmann, Mario Soldati, Emilio Cecchi, d'après un sujet de Luigi Pirandello. • PH : Massimo Terzano, Domenico Scala. • DÉC : Gastone Medin. • MUS : Gian Franco Malipiero. • MONT : W. Ruttmann, Fatigati. Italie, 1933 – 1 h 07.

Mario est épris de Gina qui lui préfère Pietro, autre ouvrier de l'aciérie. C'est la fête au village, mais le travail continue et il se produit un accident dans la coulée d'acier : Pietro est tué et chacun voit en Mario le coupable. Seul le travail le sortira de l'isolement auquel on le condamne.

◆ *Pour cette unique incursion en Italie, Ruttmann a apparemment abandonné le documentaire pour la fiction. Mais, par-delà les péripéties imaginées par Pirandello et adaptées par Soldati (entre autres), est-ce que le vrai héros du film n'est pas le travail autour de l'acier ? C'est bien ce qu'indique le titre et, plus encore que dans les scènes de la vie quotidienne, c'est en effet le Ruttmann sensible à l'effort, au rythme, aux contrastes entre les diverses activités des hommes, qui est le maître d'œuvre de ce film.* J.-M.C.

À CŒUR JOIE
Drame de **Serge Bourguignon**, avec Brigitte Bardot, Laurent Terzieff, James Robertson Justice, Jean Rochefort. France / Grande-Bretagne, 1967 – Couleurs – 1 h 37.

Une jeune cover-girl, mariée à un homme avec qui elle s'ennuie, se laisse aller, avec un amant de rencontre, à une liaison qui sera un échec. Le film aussi, qui mettra un terme à la carrière de son réalisateur.

À COR ET À CRI "HUE AND CRY"
Comédie policière de **Charles Crichton**, avec Alastair Sim, Jack Warner, Valerie White, Harry Fowler, Joan Dowling, Jack Lambert, Douglass Barr. Grande-Bretagne, 1947 – 1 h 40.

Un jeune garçon découvre qu'un hebdomadaire pour la jeunesse sert de bulletin d'information à des trafiquants. À la tête de sa bande, il démasquera le coupable.

À COUPS DE CROSSE "FANNY PELOPAJA"
Film policier de **Vicente Aranda**, avec Fanny Cottençon, Bruno Crémer. Espagne / France, 1984 – Couleurs – 1 h 40.

Pour découvrir une cache d'armes, un policier violent séduit une fille dont l'amant est en prison. Il l'aide à s'évader, mais pour mieux le liquider. Ce n'est que bien des années plus tard qu'elle pourra accomplir sa triste vengeance.

L'ACROBATE
Comédie de **Jean Boyer**, avec Fernandel, Jean Tissier, Thérèse Dorny, Marcel Carpentier. France, 1941 – 1 h 30.

Parce que ses patrons l'ennuient, le maître d'hôtel d'une grande maison joue les amnésiques et se fait interner dans un asile. Il est conduit à faire le clown puis l'acrobate, jusqu'à ce que son patron le fasse revenir.

L'ACROBATE
Comédie de **Jean-Daniel Pollet**, avec Claude Melki *(Léon)*, Laurence Bru *(Fumée)*, Guy Marchand *(Ramon)*, Marion Game *(Lili)*, Edith Scob *(Valentine)*. • SC : Jean-Daniel Pollet, Jacques Lourcelles. • PH : Alain Levent, Christian Garnier. • MUS : Antoine Duhamel. France, 1975 – Couleurs – 1 h 40.

Léon est garçon de bains-douches. Effacé, solitaire, il fait son travail en satisfaisant sans joie aux exigences des clients, des clientes, de la patronne, en supportant aussi les quolibets de ses collègues de galère. Sa consolation : parler avec les prostituées qui habitent en face de chez lui. Fumée, l'une d'elles, repousse ses avances. Un jour, Léon découvre le tango et ne vit plus désormais que dans l'espoir de remporter un concours de danse avec Fumée. Au moment où le couple est couronné champion de France, Fumée est enlevée à Léon par un « ami », Ramon (de son vrai nom Robert Potier). Tout finira par s'arranger.

◆ *Un joli film où l'amour, la nostalgie et la dérision sont à fleur de peau, bercés par la musique d'une danse délicieusement désuète et involontairement humoristique. Un humour bien tendre.* D.C.

ACTAS DE MARUSIA
Drame de **Miguel Littin**, avec Gian Maria Volonté, Diana Bracho, Claudio Obregon, Eduardo Lopez Rojas. Mexique, 1975 – 1 h 50.

Au début du siècle, des mineurs du nord du Chili se mettent en grève pour protester contre l'exécution de l'un d'eux par l'armée. Plus le mouvement s'étend et plus la répression est meurtrière.

ACTE DE VIOLENCE "ACT OF VIOLENCE"
Drame de **Fred Zinnemann**, avec Van Heflin, Robert Ryan, Janet Leigh, Mary Astor. États-Unis, 1948 – 1 h 22.

Un traître paye un tueur pour éliminer le seul témoin de sa trahison. Une histoire de Collier Young, âpre et violente.

LES ACTES DES APÔTRES "GLI ATTI DEGLI APOSTOLI"
Drame religieux de **Roberto Rossellini**, avec Eduardo Torricella, Jacques Dumur, Mohamed Kouka, Bradai Ridha. Italie, 1970 – Couleurs – 5 h 21 (en cinq épisodes).

Pour la télévision, et dans un style volontairement sobre et dépouillé, Rossellini suit les pas de Paul et de Pierre, disciples de Jésus-Christ, il y a près de deux mille ans.

ACTEURS PROVINCIAUX "AKTORZY PROWINCJONALNI"
Drame d'**Agnieszka Holland**, avec Halina Labonarska, Tadeusz Huk, Iwona Biernacka. Pologne, 1979 – Couleurs – 1 h 48.

Un couple de comédiens mène une vie tranquille et pleine de désillusions. Leurs frustrations professionnelles se répercutent sur leur vie conjugale.

THE ACTRESS "THE ACTRESS"
Drame de **George Cukor**, d'après la pièce de Ruth Gordon *Years Ago*, avec Spencer Tracy, Jean Simmons, Teresa Wright, Anthony Perkins. États-Unis, 1953 – 1 h 30.

Dans cette famille d'Américains moyens, tout irait tant bien que mal, si la fille, à 17 ans, ne s'était mis en tête de devenir actrice.

ADALEN 31 "ADALEN 31"
Drame social de **Bo Widerberg**, avec Peter Schildt *(Kjell)*, Kerstin Tidelius *(la mère)*, Roland Hedlund *(le père)*, Stefan Feierbach *(Ake)*, Marie de Geer *(Anna)*. • SC : B. Widerberg • MONT : B. Widerberg. • PH : Jorgen Persson. Suède, 1969 – Couleurs – 1 h 50. ★ PRIX SPÉCIAL DU JURY, Cannes 1969.

1931, en Suède du Nord, dans la ville d'Adalen. Une grève paralyse la région depuis plusieurs semaines. Le jeune Kjell est surtout préoccupé par ses affaires sentimentales avec Anna, la fille d'un directeur d'usine. Pendant ce temps, la grève se durcit. Les patrons font venir des « jaunes » pour reprendre le travail. Les grévistes manifestent et l'armée reçoit l'ordre de tirer sur eux. C'est un massacre où le père de Kjell est tué, tandis que le jeune homme prend conscience du fossé qui sépare les classes sociales.

◆ *Cela commence comme une chronique intimiste et tendre et se termine comme une épopée sanglante, en un final tragique.* Adalen 31 *est, certes, un hommage à la politique social-démocrate de la Suède, mais c'est surtout un film d'une grande beauté, dont la photographie évoque la peinture impressionniste, et où tous les acteurs sont remarquables de sensibilité et de justesse.* *B.B.*

ADAM 2
Film d'animation de **Jan Lenica**. R.F.A., 1969 – Couleurs – 1 h 10.

Les mésaventures d'un nouvel Adam qui découvre un univers kafkaïen, fondé sur une géométrie linéaire.

L'ADDITION
Drame de **Denis Amar**, avec Richard Berry, Richard Bohringer, Victoria Abril, Farid Chopel, Fabrice Eberhard. France, 1984 – Couleurs – 1 h 25.

À la suite d'un concours de circonstances, un homme injustement incarcéré devient la tête de turc d'un gardien sadique.

ADELA
Mélodrame de **Mircea Veroiu**, avec Marina Pricopie, George Motoi, Valeria Seciu, Stefa Sileanu. Roumanie, 1984 – Couleurs – 1 h 30.

Après plusieurs années, deux amants se retrouvent. Mais leur différence d'âge conduit l'homme, plus vieux de vingt ans, à partir pour Vienne, fuyant ainsi un amour impossible.

ADÉLAÏDE
Drame de **Jean-Daniel Simon**, d'après Gobineau, avec Ingrid Thulin, Sylvie Fennec, Jean Sorel. France, 1968 – Couleurs – 1 h 40.

La mère et la fille se partagent un amant ; ce n'est pas toujours facile... La célèbre nouvelle de Gobineau a été modernisée et érotisée, en fait banalisée malgré le talent de J.-D. Simon.

ADÉMAÏ AU MOYEN ÂGE
Comédie dramatique de **Jean de Marguenat**, avec Noël-Noël, Michel Simon, Suzy Vernon. France, 1935 – 1 h 20.

À la fin de la guerre de Cent Ans, un pauvre manant courageux, à qui son seigneur a volé sa jeune et jolie femme, va d'incident en catastrophe qui le conduisent plusieurs fois au bord de la mort.

ADÉMAÏ AVIATEUR
Comédie de **Jean Tarride**, avec Noël-Noël, Fernandel, Junie Astor, Sylvia Bataille. France, 1934 – 1 h 20.

Fiancé malgré lui, un jeune homme finit par prendre la fuite dans un avion avec un ami qu'il croit instructeur. Pendant trois jours, incapables de se poser, ils tournent en rond, battant ainsi tous les records.

ADÉMAÏ BANDIT D'HONNEUR
Comédie de **Gilles Grangier**, avec Noël-Noël, Georges Grey, Alexandre Rignault, Gaby Andreu, Guillaume de Sax, Renée Corciade. France, 1943 – 1 h 27.

Un simple paysan débarque en Corse pour des vacances chez des parents éloignés. Contraint de participer à une vendetta contre un ancien camarade de régiment qui défend l'honneur d'une autre famille, il obtiendra la réconciliation finale.

▷ Autres aventures d'Adémaï : ADÉMAÏ ET LA NATION ARMÉE (**Jean de Marguenat**, 1934). ADÉMAÏ AU POTEAU FRONTIÈRE (**Paul Colline**, 1950).

À DEUX PAS DE L'ENFER "Short Cut to Hell"
Film policier de **James Cagney**, avec Robert Ivers, Georgann Johnson, William Bishop. États-Unis, 1957 – 1 h 27.

L'inexorable destin d'un tueur professionnel. Ce remake de *Tueur à gages* permet à James Cagney de passer derrière la caméra pour illustrer à nouveau le roman de Graham Greene.

ADHÉMAR ou LE JOUET DE LA FATALITÉ
Comédie de **Fernandel**, avec Fernandel, Marguerite Pierry, Andrex, Jacqueline Pagnol. France, 1951 – 1 h 29.

Les multiples déguisements d'un homme au physique chevalin, cherchant à échapper à la fatalité qui pèse sur lui. Sur un scénario et des dialogues de Sacha Guitry, un Fernandel aux cent visages.

ADIEU / ABSCHIED "Abschied"
Drame de **Robert Siodmak**, avec Brigitte Horney, Aribert Mog, Emilia Unda, Konstantin Mic. Allemagne, 1930 – 1 h 15.

Dans une pension de famille bourgeoise, deux jeunes gens vivent un amour naissant. Mais les ragots, la curiosité et la méchanceté vont finir par les séparer.

L'ADIEU AU DRAPEAU / L'ADIEU AUX ARMES
"A Farewell to Arms"
Drame sentimental de **Frank Borzage**, d'après le roman d'Ernest Hemingway *l'Adieu aux armes*, avec Gary Cooper, Helen Hayes, Adolphe Menjou. États-Unis, 1932 – 1 h 18.

En 1918, les amours tragiques d'un lieutenant américain et d'une infirmière anglaise. Le chaos de la guerre est splendidement décrit, et la fin constitue une des plus belles de tout le cinéma.

L'ADIEU AUX ARMES "A Farewell to Arms"
Drame sentimental de **Charles Vidor**, avec Rock Hudson, Jennifer Jones, Vittorio De Sica. États-Unis, 1957 – Couleurs – 2 h 32.

Ben Hecht a écrit le scénario inspiré du roman d'Hemingway.

L'ADIEU À VENISE "Anonimo veneziano"
Drame psychologique d'**Enrico Maria Salerno**, avec Florinda Bolkan, Tony Musante. Italie, 1970 – Couleurs – 1 h 30.

Une jeune femme retrouve à Venise son ancien mari. Ils se promènent et leur passé commun est près de ressurgir. Le cadre, la musique, très présente, et la qualité des comédiens donnent le ton de cette chronique très délicate.

ADIEU BONAPARTE "Al Wida ya Bounabart"
Film historique de **Youssef Chahine**, avec Michel Piccoli, Mohsen Mohiedine. France / Égypte, 1985 – Couleurs – 2 h.

Lors de la conquête de l'Égypte par Bonaparte, le général Caffarelli, humaniste et savant, se lie d'amitié avec deux frères. Une fresque généreuse.

ADIEU CHÉRIE
Comédie de **Raymond Bernard**, avec Danielle Darrieux, Louis Salou, Gabrielle Dorziat, Jacques Berthier. France, 1946 – 1 h 49.

Une entraîneuse de boîte de nuit accepte la proposition d'un fils de famille de se faire passer pour sa future femme.

ADIEU FOULARDS
Comédie de **Christian Lara**, avec Greg Germain, France Zobda. France, 1983 – Couleurs – 1 h 35.

Tout va de mal en pis pour un producteur de variétés qui désespère de faire rejoindre Paris à sa chanteuse antillaise.

ADIEU, JE RESTE "The Goodbye Girl"
Comédie de **Herbert Ross**, avec Richard Dreyfuss, Marsha Mason, Quinn Cummings. États-Unis, 1977 – Couleurs – 1 h 50.

Une danseuse est abandonnée avec sa fille par son ami qui a, de surcroît, sous-loué l'appartement où ils vivaient.

ADIEU JEUNESSE "Addio, giovinezza !"
Comédie de **Nino Oxilia**, avec Lidia Quaranta, Alessandro Bernard. Italie, 1913 – 1 012 m (37 mn).

Au début du siècle, à Turin, l'histoire d'une amitié et des amours contrariées sur les bancs de l'université.

▷ Autres versions réalisées par : **Augusto Genina**, avec Carmen Boni, Walter Slezak, Elena Sangro. 1918, puis 1927 – 2 352 m. **Ferdinando Maria Poggioli**, avec Maria Denis, Clara Calamai, Adriano Rimoldi. 1940 – 2 465 m.

ADIEU JEUNESSE "Remember the Day"
Comédie sentimentale de **Henry King**, avec Claudette Colbert, John Payne, John Shepperd. États-Unis, 1941 – 1 h 25.

Un futur président des États-Unis retrouve l'institutrice qui marqua sa jeunesse. Ils revivent ensemble leur passé.

ADIEU JEUNESSE "Rozstania"
Drame de **Wojciech Has**, avec Lidia Wysocka, Wladyslaw Kowalski. Pologne, 1961 – 1 h 17.

Pour assister à l'enterrement de son grand-père, une actrice retourne dans la petite ville de son enfance. Elle retrouvera, quelques heures, sa famille et ses amis de jadis.

ADIEU L'AMI
Film policier de **Jean Herman**, avec Charles Bronson, Alain Delon. France, 1968 – Couleurs – 1 h 55.

Variation assez brillante sur le thème du coffre-fort: deux hommes s'y retrouvent pris au piège et c'est le début d'une vraie amitié.

ADIEU L'ARCHE "Saraba hakobune"
Drame de **Shuji Terayama**, avec Mayumi Ogawa, Tsutomu Yamazaki, Yoshio Harada. Japon, 1983 – Couleurs – 2 h 07.

Un jeune homme qui vit avec sa cousine est la risée des villageois parce que toutes relations sexuelles leur sont interdites. Par désespoir, il tue le chef du village, avant de sombrer dans la folie.

ADIEU LÉONARD
Comédie dramatique de **Pierre Prévert**, avec Julien Carette, Jacqueline Bouvier, Pierre Brasseur, Charles Trenet, Denise Grey. France, 1943 – 1 h 44.

Alors que son épouse l'oblige à mener un luxueux train de vie, le doux Léonard est menacé de chantage par un sinistre individu s'il n'assassine pas son cousin, un poète. Finalement, après de multiples péripéties, tout s'arrangera, dans la poésie et les chansons.

ADIEU MA BELLE "Murder My Sweet"
Film policier d'**Edward Dmytryk**, avec Dick Powell *(Philip Marlowe)*, Claire Trevor *(Velma / Mme Grayle)*, Anne Shirley *(Ann)*, Otto Kruger *(Amthor)*, Mike Mazurki *(Moose Malloy)*, Miles Mander *(M. Grayle)*, Douglas Walton *(Marriott)*, Don Douglas *(Lt Randall)*. • SC : John Paxton, d'après le roman de Raymond Chandler *Adieu ma jolie*. • PH : Harry J. Wild. • DÉC : Albert S. D'Agostino, Carroll Clark. • MUS : Roy Webb. • MONT : Joseph Noriega. États-Unis, 1945 – 1 h 35.

Raconté en flash-back. Enquêtant pour le truand Moose Malloy sur la disparition de sa petite amie, le détective Philip Marlowe est mêlé à une affaire de vol de bijoux qui entraîne la mort de son client suivant, Marriott. Ce meurtre dévoile une intrigue de chantage et d'adultère impliquant une séductrice blonde et volage, Mme Grayle, son mari plus âgé et la fille de celui-ci, Ann. Après s'être fait tabasser, puis séquestrer dans une clinique douteuse, Marlowe dénoue peu à peu les fils de l'intrigue, tandis que les morts violentes se succèdent.

◆ *Fleuron du film noir,* Adieu ma belle *propulsa en première ligne son réalisateur, Edward Dmytryk, qui commençait à sortir de la série B. Il conçut soigneusement le climat visuel lourd et oppressant du film, fait de cadrages insolites et de clairs-obscurs menaçants. Dick Powell, dont l'emploi de jeune premier de comédie musicale faisait long feu, se battit pour obtenir le rôle de Marlowe, qui relança sa carrière dans des personnages de « durs ». Il suscita l'admiration de Raymond Chandler lui-même, du reste fort satisfait de cette percutante adaptation. Une première version, anodine, avait été tournée en 1942 (*The Falcon Takes Over *d'Irving Reis, avec George Sanders) et un remake décoratif fut tenté par Dick Richards en 1975.* N.T.B.

ADIEU MA CONCUBINE "Bawang Bieji"
Drame psychologique de **Chen Kaige**, avec Leslie Cheung *(Dieyi)*, Zhang Fengyi *(Xiaolou)*, Gong Li *(Juxian)*, Lu Qi *(Guan Jifa)*, Ying Da *(Na Kun)*, Ge You *(Maître Yuan)*. • SC : Lilian Lee, Lu Wai, d'après le roman de Lilian Lee. • PH : Gu Changwai. • DÉC : Yang Yuhe, Yang Zhanjia. • COST : Chen Changmin. • MUS : Zhao Jiping. • MONT : Pen Xiaonau. Taiwan / Hong-Kong / Chine, 1993 – Couleurs – 2 h 50. ★ Palme d'Or, Cannes 1993.

En 1925, une prostituée confie son fils, Douxi, à l'école de l'Opéra de Pékin, qui en fera, au prix d'un apprentissage impitoyable, un grand chanteur spécialisé dans les rôles féminins, connu sous le nom de Dieyi. Son personnage de scène finit par marquer sa personnalité, et il est très affecté lorsque son ami de toujours, Xiaolou, s'éprend d'une belle prostituée qu'il finira par épouser. Malheureux en amour, Dieyi est ensuite victime des tourmentes qui secouent la Chine : invasion japonaise en 1937, arrivée des nationalistes puis des communistes, Révolution culturelle. Mis à l'index, il chantera une dernière fois avec son ami Xiaolou et se suicidera sur scène.

◆ *Une série de superbes morceaux de bravoure sur l'Opéra de Pékin et les temps forts de cinquante ans d'histoire chinoise. Ce ne serait qu'un (très bel) album d'images sur la Chine à l'usage des étrangers si le personnage pathétique de Dieyi ne venait le charger d'une rare qualité d'émotion : on vibre à l'unisson de cet artiste auquel le talent apporte à la fois la gloire, la solitude affective et le malheur. Ne pouvant être lui-même et heureux qu'en représentation, le suicide sur scène sera finalement pour lui le seul moyen de faire enfin se rencontrer la vie réelle et la vie jouée.* C.D.R.

ADIEU MA JOLIE "FAREWELL MY LOVELY"

Film policier de **Dick Richards**, d'après le roman de Raymond Chandler, avec Robert Mitchum, Charlotte Rampling, John Ireland, Sylvia Miles. États-Unis, 1975 – Couleurs – 1 h 35.

À Los Angeles, en 1941, un géant sentimental à la recherche de son ancienne amie se fait aider par le détective Marlowe. Leur quête est semée de cadavres. Ils retrouvent finalement la femme, mais elle tuera celui qui en sait trop sur elle.

ADIEU PHILIPPINE

Comédie dramatique de **Jacques Rozier**, avec Jean-Claude Aimini *(Michel)*, Yveline Cery *(Liliane)*, Stefania Sabatini *(Juliette)*, Vittorio Caprioli *(Pachala)*. • SC : J. Rozier, Michèle O'Glor. • PH : René Mathelin. • MUS : Jacques Denjean, Paul Mattei, Maxime Saury. • MONT : Monique Bonnot. France, 1963 – 1 h 46.

Michel Lambert, stagiaire à la télévision, rencontre Liliane et Juliette, avec lesquelles il sort peu à peu tous les soirs. Il ne sait laquelle choisir. En attendant d'être appelé pour effectuer son service militaire en Algérie, il les rejoint en Corse pour les vacances. Les joies alternent avec le dépit amoureux, chacune se disputant Michel jusqu'à ce qu'il reçoive sa feuille de route.

◆ *Réalisé dans la foulée de la Nouvelle Vague, ce film en est l'un des plus caractéristiques. Jacques Rozier l'a conçu comme un reportage sur ses personnages, incarnés par des comédiens non-professionnels, qui improvisent le plus souvent leurs dialogues sur un canevas préalable. Il saisit ainsi merveilleusement les gestes et les mots du quotidien dans leur durée réelle, offrant un instantané précis de la France de l'époque, sur fond angoissant de guerre d'Algérie.* J.M.

ADIEU POULET

Film policier de **Pierre Granier-Deferre**, d'après le roman de Raf Vallet, avec Lino Ventura, Patrick Dewaere, Victor Lanoux, Julien Guiomar, Françoise Brion, Claude Rich. France, 1975 – Couleurs – 1 h 34.

À la suite du meurtre d'un de leurs collègues, deux inspecteurs de police enquêtent dans les milieux politiques de la capitale. Ils se heurtent au pouvoir.

LES ADIEUX À MATIORA "PROŠČANIE"

Drame d'**Elem Klimov**, avec Stefania Staniouta, Lev Dourov, Alexei Petrenko, Leonid Kriouk. U.R.S.S., 1981 – Couleurs – 1 h 50.

Des hommes débarquent dans un village qu'ils sont chargés de détruire afin de le noyer sous les eaux d'un barrage. Les habitants ont du mal à quitter leurs demeures ancestrales, et une vieille femme incarne leur résistance.

ADIOS SABATA "ADIOS SABATA"

Western de **Frank Kramer**, avec Yul Brynner, Dean Reed, Pedro Sanchez. Italie, 1970 – Couleurs – 1 h 50.

Cette fois, Sabata l'aventurier essaie de s'emparer d'un convoi d'or pendant la guerre du Mexique. Yul Brynner a repris le rôle et marque le film de sa présence.

▷ Voir aussi SABATA.

L'ADMIRABLE CRICHTON "MALE AND FEMALE"

Comédie de **Cecil B. De Mille**, avec Thomas Meighan *(Crichton)*, Gloria Swanson *(Mary Lazemby)*, Theodore Roberts *(lord Loam)*, Lila Lee *(Tweeny)*, Raymond Hatton *(Ernest Wooley)*, Robert Cain *(lord Brockelhurst)*, Bebe Daniels. • SC : Jeanie MacPherson, d'après la pièce de sir James Matthew Barrie *Admirable Crichton*. • PH : Alvin Wyckoff. • DÉC : Wilfred Buckland. • MONT : Anne Bauchens. États-Unis, 1919 – env. 2 700 m (env. 1 h 40).

À la suite d'un naufrage, un petit groupe de gens de la bonne société se retrouvent sur une île déserte ; peu à peu, leur maître d'hôtel exerce sur eux une véritable tyrannie, souriante mais implacable.

◆ *Il s'agit d'une des meilleures « comédies légères » de Cecil B. De Mille, genre moins connu que ses superproductions, mais dans lequel il excella cependant. Le thème est original, l'humour incisif et la distribution brillante. Le film est aussi représentatif de l'art de De Mille pour « épicer » ses sujets : en changeant le titre de la pièce* Admirable Crichton *pour* Male and Female, *en réussissant à y glisser des scènes « antiques » oniriques ou en filmant Gloria Swanson au bain. Ces éléments kitsch, s'ils ne sont pas forcément du meilleur goût, n'en sont pas moins réjouissants et assurèrent le succès commercial du film.* L.A.

L'ADMIRABLE CRICHTON
"THE ADMIRABLE CRICHTON"

Comédie satirique de **Lewis Gilbert**, d'après la pièce de J.M. Barrie, avec Kenneth More, Diane Cilento, Cecil Parker. Grande-Bretagne, 1957 – Couleurs – 1 h 31.

Remake en Technicolor du film de De Mille. Comique de situation et mots d'auteur pour une comédie sans prétention.

L'ADOLESCENTE

Chronique de **Jeanne Moreau**, avec Laetitia Chauveau, Simone Signoret. France / Allemagne, 1978 – Couleurs – 1 h 30.

Juillet 1939. Marie retourne avec ses parents dans le petit village auvergnat où elle passe l'été avec sa grand-mère. C'est avec tendresse et poésie que Jeanne Moreau réalisatrice raconte les dernières vacances de Marie avant la guerre. La fin d'une enfance.

LES ADOLESCENTES "I DOLCI INGANNI"

Drame psychologique d'**Alberto Lattuada**, d'après une nouvelle de Pavese, avec Catherine Spaak, Christian Marquand, Jean Sorel. Italie, 1960 – 1 h 30.

Une jeune Romaine dont la sensualité s'éveille découvre l'amertume des rapports amoureux à travers une première liaison sans lendemain.

ADOLF ET MARLÈNE

"DER MANN VON OBERSALZBERG"

Comédie dramatique d'**Ulli Lommel**, avec Kurt Raab, Margit Carstensen, Ila von Hasperg. R.F.A., 1976 – Couleurs – 1 h 30.

Adolf (Hitler), enfermé dans son bunker loin de la guerre, tombe follement amoureux de Marlene (Dietrich) et, malgré les reproches d'Eva (Braun), obtient un rendez-vous de la star qui le renvoie à sa médiocrité et à sa paranoïa.

ADOPTION "ÖRÖKBEFOGADÁS"

Drame de **Márta Mészáros**, avec Kati Berek, Laszlo Szabo, Gyöngyver. Hongrie, 1975 – 1 h 30. ★ **OURS D'OR, Berlin 1975.**

Une adolescente surgit dans la vie d'une ouvrière de quarante ans qui éprouve le besoin éperdu d'avoir un enfant. D'abord réservée, la femme s'attache à la jeune fille, facilite son mariage et décide alors d'adopter un bébé.

L'ADOPTION

Drame psychologique de **Marc Grunebaum**, avec Geraldine Chaplin, Jacques Perrin, Patrick Norbert. France, 1978 – Couleurs – 1 h 37.

Étienne, jeune épileptique dépressif, se réfugie chez un couple d'artistes. Un trio d'amour libre se forme. Étienne recouvre un certain équilibre, mais s'aperçoit vite de sa position de cobaye.

ADORABLE JULIA "JULIA, DU BIST ZAUBERHAFT"

Comédie d'**Alfred Weidenmann**, d'après la pièce de Somerset Maugham, avec Lilli Palmer, Charles Boyer, Jeanne Valérie, Jean Sorel. Autriche / France, 1962 – 1 h 37.

Julia est une jeune femme adulée de tous. Jouant en permanence dans la vie, elle fait de même au théâtre. Après quelques déboires, sa réussite sur scène la fait revenir aux réalités de la vie.

ADORABLE MENTEUSE

Comédie de **Michel Deville**, avec Marina Vlady, Macha Méril. France, 1961 – 1 h 45.

Juliette, qui n'aime « qu'organiser la vérité », est prise à son propre piège le jour où elle s'aperçoit qu'elle aime l'homme auquel elle croyait mentir. L'un des premiers films de Michel Deville et déjà le thème de la manipulation dans une mise en scène étourdissante.

ADORABLE VOISINE "BELL, BOOK AND CANDLE"

Comédie fantastique de **Richard Quine**, avec James Stewart, Kim Novak, Jack Lemmon. États-Unis, 1958 – Couleurs – 1 h 43.

Comédie tendre et spirituelle dans laquelle Kim Novak est une sorcière qui préfère l'amour à ses pouvoirs magiques.

ADORABLES CRÉATURES

Comédie de **Christian-Jaque**, avec Martine Carol, Danielle Darrieux, Edwige Feuillère, Antonella Lualdi, Daniel Gélin. France, 1952 – 1 h 50.

Le jour de son mariage avec une pure jeune fille, un jeune homme se souvient de ses anciennes maîtresses. Avec le gotha des actrices françaises de l'époque, et des dialogues signés Charles Spaak.

À DOUBLE TOUR

Comédie dramatique de **Claude Chabrol**, avec Antonella Lualdi, Madeleine Robinson, Jacques Dacqmine, Jeanne Valérie, Jean-Paul Belmondo, Bernadette Lafont. France / Italie, 1959 – Couleurs – 1 h 40.

La fille de bourgeois d'Aix-en-Provence est fiancée à un jeune peintre marginal qui va semer le trouble dans la maison et révéler l'hypocrisie dans laquelle vit toute la famille.

À DOUBLE TRANCHANT "JAGGED EDGE"

Film policier de **Richard Marquand**, avec Jeff Bridges, Glenn Close, Peter Coyote. États-Unis, 1985 – Couleurs – 1 h 49.

Un homme est accusé d'un double meurtre. Est-il coupable ? Son avocate et le procureur s'affrontent.

ADRIEN

Comédie de **Fernandel**, avec Fernandel, Paulette Dubost, Jean Tissier, Gabriello. France, 1943 – 1 h 20.

L'irrésistible ascension d'un modeste caissier qui deviendra, grâce à trois femmes et un enchaînement de quiproquos, président du conseil d'administration d'une grande banque.

ADRIENNE LECOUVREUR

Biographie de **Marcel L'Herbier**, avec Yvonne Printemps, Pierre Fresnay, Pierre Larquey, Junie Astor. France, 1938 – 1 h 46.

Une évocation romancée des amours de la grande comédienne du XVIIIe siècle et du maréchal de Saxe, et de sa mort tragique.

▷ Autre version réalisée par : **Louis Mercanton** et **Henri Desfontaines**, avec Sarah Bernhardt et Max Maxudian. France, 1913 – env. 1 000 m.

ADUA ET SES COMPAGNES

"ADUA E LE COMPAGNE"

Drame d'**Antonio Pietrangeli**, avec Simone Signoret, Sandra Milo, Emmanuelle Riva, Marcello Mastroianni. Italie, 1960 – 2 h.

Des prostituées romaines tentent de se refaire une vie normale en ouvrant un restaurant. Spoliées par leur associé, elles devront retourner sur le trottoir. Un film fort et sans complaisance.

L'ADVERSAIRE "PRATIDWANDI"

Comédie dramatique de **Satyajit Ray**, d'après un roman de Sunil Ganguli, avec Dhritiman Chatterjee, Indira Devi, Debraj Roy. Inde, 1970 – 1 h 50.

À travers la description des démarches de Siddharta pour trouver du travail, Satyajit Ray dénonce l'inhumanité d'une société qui écrase les faibles et les rêveurs.

AÉLITA "AELITA"

Film de science-fiction de **Jakov Protazanov**, avec Youlia Solntseva *(Aélita)*, Igor Ilinsky *(Kravtsov)*, Nikolai Tsereteli *(Los)*, Nikolai Batalov *(Goussev)*, Valentina Kouindji *(la femme de Los)*. • SC : Fedor Ozep, Alexei Faïko, d'après le roman de Tolstoï. • PH : Youri Jeliaboujsky, Emil Schönemann. • DÉC : Serguei Kozlovsky. • COST : Alexandra Exter. U.R.S.S., 1924 – 2 841 m (env. 1 h 45).

L'ingénieur Los construit un engin spatial avec lequel il compte atteindre la planète Mars pour fuir les difficultés de la vie. Recherché par le détective Kravtsov pour avoir tiré sur sa femme dans un accès de jalousie, il s'envole en compagnie de Goussev, un soldat, et du détective. Sur Mars, les trois Russes constatent que la belle souveraine Aélita règne sur une société féodale, et fomentent une révolte des esclaves. Los se réveille : tout cela n'était qu'un rêve.

◆ *Les séquences de science-fiction ne constituent qu'une faible partie du film, mais elles offrent un rare et précieux exemple de constructivisme, à la manière de Meyerhold, dans les décors et les costumes. Cet essai excentrique et futuriste est secondaire par rapport au message politique qui tend à démontrer la supériorité du communisme sur une société esclavagiste.* M.MN.

AÉROGRAD "AEROGRAD"

Film historique d'**Aleksandr Dovjenko**, avec Semen Chagaïda *(Glouchak)*, Serguei Stoliarov *(son fils, l'aviateur)*, Stépan Chkourat *(Khoudiakov)*, G. Tzoï *(le partisan chinois)*, Boris Dobronravov *(le bandit Chabanov)*. • SC : A. Dovjenko. • PH : Édouard Tissé, Mikhaïl Guindine. • MUS : Dmitri Kabalevsky. U.R.S.S., 1935 – 1 h 24.

En Sibérie orientale, en 1930, des agents japonais tentent de semer la discorde entre les autochtones Tchouktches et les Russes venus construire dans la taïga une ville nouvelle, Aérograd. Glouchak, ancien partisan, les neutralise, mais il doit exécuter son ami Khoudiakov qui a pris le parti de l'ennemi.

◆ *Dovjenko incarne l'affrontement de l'Ancien et du Nouveau lors de la « conquête » de la Sibérie dans le face-à-face des anciens amis qui ont choisi des camps opposés, celui de l'immobilisme et celui du progrès. On retrouve ici les traits majeurs de son esthétique : le lyrisme de la nature dans les admirables images du grand Tissé, la conception visionnaire de l'humanisme et les saisissantes trouvailles dramaturgiques.* M.MN.

À FEU ET À SANG "THE CIMARRON KID"

Western de **Budd Boetticher**, avec Audie Murphy, Leif Erickson, Hugh O'Brian, Yvette Dugay. États-Unis, 1951 – 1 h 24.

Après quelques démêlés sans importance avec la justice, le jeune Bill devient par accident un véritable hors-la-loi, et sera livré pour son bien à la police par celle qu'il aime.

L'AFFAIRE AL CAPONE

"THE ST-VALENTINE'S DAY MASSACRE"

Film policier de **Roger Corman**, avec Jason Robards Jr., George Segal. États-Unis, 1967 – Couleurs – 1 h 39.

En 1929, la guerre des gangs fait rage à Chicago, où Capone s'oppose à Moran pour le contrôle total de la ville. Leur rivalité atteint son point culminant le jour du célèbre « massacre de la Saint-Valentin ».

L'AFFAIRE CHELSEA DEARDON "LEGAL EAGLES"
Comédie policière d'**Ivan Reitman**, avec Robert Redford, Debra Winger. États-Unis, 1986 – Couleurs – 1 h 54.

La fille d'un peintre célèbre essaye de retrouver les œuvres de son père, prétendument disparues dans un incendie. Mais les tableaux n'intéressent pas qu'elle...

L'AFFAIRE CICÉRON "FIVE FINGERS"
Film d'espionnage de **Joseph L. Mankiewicz**, d'après le roman de L.C. Moyzisch, avec James Mason, Danielle Darrieux, Michael Rennie. États-Unis, 1952 – 1 h 48.

L'extraordinaire aventure d'un domestique de l'ambassade britannique à Ankara, espion à la solde des Allemands durant la guerre 39-45. Basé sur des faits véridiques.

AFFAIRE CLASSÉE "KHARIJ"
Drame de **Mrinal Sen**, avec Anjan Dutt, Mamata Shankar, Indranil Moitra, Debapratim Das Gupta. Inde, 1982 – Couleurs – 1 h 35.

La vie d'une famille bourgeoise est bouleversée par la mort d'un jeune domestique. En tentant de sauver la face, les membres de la famille finissent par s'accuser mutuellement. L'autopsie révèlera la vérité.

L'AFFAIRE COFFIN
Drame de **Jean-Claude Labrecque**, avec August Schellenberg, Yvon Dufour, Micheline Lanctôt, Jean-Marie Lemieux, Gabriel Arcand. Canada (Québec), 1980 – Couleurs – 1 h 40.

Trois chasseurs américains sont retrouvés assassinés dans la forêt. Pressé par les autorités, un policier spécialement dépêché de Québec, trouve rapidement un coupable idéal. L'homme sera exécuté après un procès éclair.

L'AFFAIRE DE LA 99e RUE "99 RIVER STREET"
Aventures policières de **Phil Karlson**, avec John Payne, Evelyn Keyes, Brad Dexter, Peggie Castle. États-Unis, 1953 – 1 h 23.

Un ancien boxeur, compromis dans le meurtre de sa femme, se lance à la recherche du seul témoin pouvant l'innocenter.

L'AFFAIRE DES POISONS
Drame historique d'**Henri Decoin**, avec Danielle Darrieux, Viviane Romance, Paul Meurisse, Anne Vernon. France/Italie, 1955 – Couleurs – 1 h 43.

Sur un scénario d'Albert Valentin, reconstitution soignée de la célèbre affaire qui secoua Paris vers 1676, sous le règne de Louis XIV et à laquelle furent mêlées Mme de Montespan, favorite du roi, et la Voisin, célèbre empoisonneuse.

L'AFFAIRE DE TRINIDAD "AFFAIR IN TRINIDAD"
Film d'espionnage de **Vincent Sherman**, avec Rita Hayworth, Glenn Ford, Alexander Scourby. États-Unis, 1952 – 1 h 38.

Une artiste de music-hall est impliquée dans une affaire d'espionnage lorsque son mari est assassiné par le riche et mystérieux aventurier qui la courtise. À nouveau partenaire de Glenn Ford après *Gilda*, Rita chante et danse.

L'AFFAIRE DOMINICI
Drame de **Claude Bernard-Aubert**, avec Jean Gabin, Victor Lanoux, Daniel Ivernel, Geneviève Fontanel, Gérard Depardieu. France, 1973 – Couleurs – 1 h 40.

Mise à plat de « l'affaire » liée au fameux crime de Lurs. La justice est mise en accusation tandis que Gabin incarne avec maestria le roué patriarche de la Grand-Terre, Gaston Dominici.

L'AFFAIRE DREYFUS
Drame historique en 11 tableaux de **Georges Méliès**. France, 1899 – 220 m.

Reconstitution, dans un style réaliste et passionnément dreyfusard de l'« Affaire », qui suscite à l'époque encore bien des controverses.

▷ Autres versions réalisées par : **Lucien Nonguet**. France, 1907 – env. 200 m. Un des nombreux films signés par l'un des réalisateurs de l'école Pathé, produits et supervisés, entre 1900 et 1908, par Ferdinand Zecca. **Richard Oswald**, intitulée DREYFUS, avec Fritz Korner. Allemagne, 1930 – env. 1 h 30. **F.W. Kraemer** et **Milton Rosmer**, intitulée DREYFUS, avec Cedric Hardwiche. Grande-Bretagne, 1931 – 1 h 20. **Jose Ferrer**, intitulée L'AFFAIRE DREYFUS "I ACCUSE !", avec J. Ferrer, Anton Walbrook, Viveca Lindfors, Leo Genn. États-Unis, 1958 – 1 h 39.

▷ Voir aussi LA VIE D'ÉMILE ZOLA et DREYFUS, L'INTOLÉRABLE VÉRITÉ.

L'AFFAIRE DU COLLIER DE LA REINE
Drame historique de **Marcel L'Herbier**, avec Viviane Romance, Maurice Escande, Jacques Dacqmine, Pierre Dux. France, 1946 – 1 h 58.

Menée par l'intrigante comtesse de la Motte, la célèbre affaire qui défraya la chronique du règne de Louis XVI et Marie-Antoinette, et précipita leur chute.

L'AFFAIRE DU COURRIER DE LYON
Drame historique de **Maurice Lehmann** et **Claude Autant-Lara**, avec Pierre Blanchar, Dita Parlo, Pierre Alcover, Jean Tissier, Sylvia Bataille. France, 1937 – 1 h 42.

En 1796, la diligence qui transporte une grosse somme d'argent, destinée à l'armée de Bonaparte en Italie, est attaquée par cinq bandits, dont quatre sont arrêtés. Soupçonné d'être le cinquième, un homme est reconnu par des témoins, condamné et guillotiné.

▷ Autre version réalisée par: **Léon Poirier**, avec Roger Karl, Daniel Mendaille, Laurence Myrga, Suzanne Bianchetti. France, 1923 – 7 100 m (en trois épisodes).

L'AFFAIRE D'UNE NUIT

Comédie dramatique d'**Henri Verneuil**, avec Pascale Petit, Roger Hanin, Pierre Mondy. France, 1960 – 1 h 35.

Un homme retrouve par hasard un camarade d'enfance, accompagné de sa jolie épouse. Mariée à un individu égoïste et balourd, elle devient sa maîtresse, le temps d'une nuit.

L'AFFAIRE D'UN TUEUR "DEADLY ROULETTE"

Film d'aventures de **William Hale**, avec Robert Wagner, Peter Lawford, Walter Pidgeon. États-Unis, 1966 – Couleurs – 1 h 30.

Un petit aventurier cherche à affronter de redoutables hommes d'affaires sur leur propre terrain. Il s'en tirera de justesse.

L'AFFAIRE EST DANS LE SAC

Comédie de **Pierre Prévert**, avec Jean-Paul Dreyfus [J.-P. Le Chanois], Gildas, Julien Carette, Jacques Prévert, Marcel Duhamel. France, 1932 – 55 mn.

Le Chapelier et sa bande veulent enlever le fils du roi du buvard. Erreur, c'est Hollister lui-même qui est kidnappé... à son immense joie car le pauvre homme s'ennuie. Le groupe Octobre s'amuse, ou de l'esprit de l'extrême-gauche française au début des années 30. Beaucoup de loufoquerie pour s'en prendre au riche, au bourgeois, au curé, au chauvin.

L'AFFAIRE LAFARGE

Drame de **Pierre Chenal**, d'après un fait divers authentique, avec Pierre Renoir, Marcelle Chantal, Raymond Rouleau, Erich von Stroheim. France, 1937 – 1 h 50.

Une jeune Parisienne distinguée est accusée d'avoir empoisonné son mari, un homme brutal, épousé par l'intermédiaire d'une agence matrimoniale. Condamnée à la réclusion perpétuelle, elle est graciée en 1852 et meurt l'année suivante.

L'AFFAIRE MACOMBER "THE MACOMBER AFFAIR"

Mélodrame de **Zoltan Korda**, d'après une nouvelle d'Ernest Hemingway, avec Gregory Peck, Joan Bennett, Robert Preston, Reginald Denny, Carl Harbord. États-Unis, 1947 – 1 h 29.

Au cours d'un safari en Afrique, un homme tue d'un coup de fusil sa femme qui l'a trompé avec leur guide. Devant la justice, ce dernier tente d'accréditer la thèse de l'accident.

L'AFFAIRE MANDERSON "TRENT'S LAST CASE"

Film policier de **Herbert Wilcox**, avec Margaret Lockwood, Michael Wilding, Orson Welles. Grande-Bretagne, 1952 – 1 h 30.

Un journaliste mène sa propre enquête sur la mort d'un grand financier. Pour lui, il ne s'agirait pas d'un suicide.

L'AFFAIRE MATTEI "IL CASO MATTEI"

Drame historique de **Francesco Rosi**, avec Gian Maria Volonté, Luigi Squarzina, Edda Ferronao, Gianfranco Ombuen. • SC : F. Rosi, Tonino Guerra. • PH : Pasquale De Santis. • DÉC : Andrea Corisanti. • MUS : Piero Piccioni. • MONT : Ruggero Mastroianni. Italie, 1972 – 1 h 58.

Le film aborde de front, sous la forme d'une enquête, un problème alors tabou : la mort, en 1962, dans un accident d'avion, d'Enrico Mattei, fondateur de l'industrie pétrolière italienne.

◆ *Le travail de Rosi a collé de si près à la réalité sicilienne qu'un de ses collaborateurs disparut, on le sait, pendant le travail préparatoire. « Je devais garder l'histoire ouverte jusqu'à la fin », dira Rosi : le film brasse et ordonne des documents d'archives, des reportages d'actualités, etc., et bien entendu la biographie reconstituée autour de l'excellente interprétation qu'en donne Volonté. L'arrière-plan historique et politique, les réalités économiques, la complexité internationale interfèrent constamment avec la progression d'un entrepreneur quelque peu mégalomane, mais possédé par le démon de sa création.* *G.LD.*

L'AFFAIRE MAURIZIUS

Drame psychologique de **Julien Duvivier**, d'après le roman de Jacob Wassermann, avec Daniel Gélin, Madeleine Robinson, Eleonora Rossi-Drago, Anton Walbrook, Charles Vanel. France, 1954 – 1 h 50.

L'histoire d'un homme accusé d'un crime qu'il n'a pas commis, sa condamnation à la prison à perpétuité et son suicide lors de sa libération, dix-huit ans plus tard.

L'AFFAIRE NINA B.

Film policier de **Robert Siodmak**, avec Pierre Brasseur, Nadja Tiller. France / R.F.A., 1961 – 1 h 45.

Pourquoi Nina a-t-elle voulu se tuer ? On n'échappe pas à la toute-puissance de Monsieur B. qui meurt pourtant le soir de son triomphe. Qui a tué Monsieur B. ? Un scénario de Roger Nimier pour ce film plus psychologique que policier.

LES AFFAIRES SONT LES AFFAIRES
Comédie dramatique de **Jean Dréville**, d'après la pièce d'Octave Mirbeau, avec Charles Vanel, Renée Devillers, Jacques Baumer, Robert Le Vigan, Jean Debucourt. France, 1942 – 1 h 22.

Grâce au pouvoir de l'argent, un parvenu tyrannise sa femme, s'oppose au bonheur de sa fille, humilie ses serviteurs et écrase ses adversaires. Quelques instants seulement, il faiblira lorsque mourra son fils bien-aimé.

L'AFFAIRE THOMAS CROWN
"THE THOMAS CROWN AFFAIR"
Film policier de **Norman Jewison**, avec Steve McQueen, Faye Dunaway. États-Unis, 1968 – Couleurs – 1 h 42.

Bien que milliardaire, Thomas Crown s'amuse à monter de fructueux hold-up. Jusqu'au jour où sa route croise celle d'un détective privé, alias Faye Dunaway... Un autre jeu commence alors. Oscar 1968 du Meilleur compositeur pour Michel Legrand.

AFFAIRE ULTRA-SECRÈTE "TOP SECRET AFFAIR"
Comédie satirique de **H.C. Potter**, avec Susan Hayward, Kirk Douglas, Paul Stewart. États-Unis, 1957 – 1 h 40.

La directrice d'un important consortium de presse cherche à « couler » le général qui, nommé au Secrétariat atomique, la gêne.

LES AFFAMEURS "BEND OF THE RIVER"
Western d'**Anthony Mann**, avec James Stewart, Arthur Kennedy, Julia Adams, Rock Hudson. États-Unis, 1952 – Couleurs – 1 h 31.

L'honnête Stewart et le malhonnête Kennedy s'affrontent alors qu'ils sont recherchés par la police et harcelés par les Indiens.

L'AFFICHE ROUGE
Film politique de **Frank Cassenti**, avec Roger Ibanez, Pierre Clémenti, Laszlo Szabo, Maïa Wodeska, Malka Ribowska, Mario Gonzales. France, 1976 – Couleurs – 1 h 30. ★ PRIX JEAN-VIGO 1976.

À la Cartoucherie de Vincennes, un groupe de comédiens prépare un hommage au célèbre réseau de résistance de Manouchian, évoquant le passé avec des témoins, et réfléchissant sur leur travail.

AFFINITÉS ÉLECTIVES "AFFINITÀ ELETTIVE"
Comédie dramatique de **Paolo** et **Vittorio Taviani**, d'après le roman de Goethe, avec Jean-Hugues Anglade, Isabelle Huppert, Marie Gillain, Fabrizio Bentivoglio. France / Italie, 1996 – Couleurs – 1 h 38.

Dans son roman, Goethe a voulu transposer aux humains une loi de la chimie selon laquelle deux corps jusqu'alors unis se séparent lorsqu'ils sont mis en présence d'un autre binôme ; il se reconstitue alors, par croisement, deux nouveaux binômes. Mais, avec deux couples humains, les choses sont moins simples : le sentiment du devoir et le hasard perturbent le jeu des attirances, aussi puissantes soient-elles. Romantisme et drame dans une Toscane enchanteresse.

LES AFFRANCHIS "GOODFELLAS"
Drame policier de **Martin Scorsese**, avec Ray Liotta, Robert De Niro. • SC : Nicholas Pileggi et Martin Scorsese. • PH : Michael Ballhaus. • MUS : compilation. • MONT : Thelma Shoomaker. États-Unis, 1990 – Couleurs – 2 h 21.

Ce film sur la maffia se distingue des autres par son refus total de jouer sur la mythologie du ganster, « être à part, mais, au fond, aussi humain que les autres humains ». L'itinéraire du jeune héros est exemplaire. Il voulait, enfant, devenir gangster. Il y est parvenu. Il a connu le trafic, la prison, le crime et des maffiosi pittoresques, apparemment généreux, mais profondément cruels. Il est fier d'appartenir à une telle famille. L'aventure se termine de façon dérisoire, dans la trahison.

◆ *Scorsese ne s'attendrit pas. Il impose l'image sulfureuse du gangstérisme ordinaire. Ses procédés de narration sont vertigineux, éblouissants. La caméra frétille, s'envole, instable, nerveuse, folle. Du grand cinéma au service d'une morale par le contre-exemple : une morale de moraliste, pas de prédicateur. Le jeune Ray Liotta est excellent dans un personnage difficile : un gommeux avantageux, effrayant de médiocrité satisfaite. De Niro, comme toujours, est génial.* G.S.

AFFREUX, SALES ET MÉCHANTS
"BRUTTI, SPORCHI E CATTIVI"
Comédie d'**Ettore Scola**, avec Nino Manfredi *(Giacinto Mazzatella)*, Linda Moretti *(Matilde Mazzatella)*, Francesco Annibaldi *(Domizio)*, Ettore Garofalo *(Camillo)*, Franco Merli *(Fernando)*, Maria Bosco *(Gaetana)*, Maria Luisa Santella *(Iside)*. • SC : Ruggero Maccari, E. Scola. • PH : Dario Di Palma. • DÉC : Lucciano Ricceri, Franco Velchi. • MUS : Armando Trovajoli. Italie, 1976 – Couleurs – 1 h 55. ★ PRIX DE LA MISE EN SCÈNE, Cannes 1976.

Dans un bidonville romain, vit une famille d'une vingtaine de personnes autour de son « patriarche », Giacinto. Ce dernier, tyrannique, lubrique et ivrogne, se préoccupe surtout de protéger de la cupidité des siens son magot d'un million de lires obtenu pour la perte d'un œil. Ayant survécu à une platée de spaghettis empoisonnés, il se venge en incendiant la baraque puis en la vendant à une famille nombreuse arrivée de Calabre.

◆ *Ce qui devait être un film-enquête marqué par l'influence de Pasolini (un rôle est confié à Ettore Garofalo, interprète principal de* Mamma Roma, *Pasolini, 1962) est devenu une comédie grotesque d'une grande efficacité. Ici, pas de séparation entre bons et méchants. Tout le monde est mauvais et seule la société peut en être responsable. Excellente interprétation, où cohabitent une vedette, Manfredi, des acteurs de théâtre, des non-professionnels. La comédie italienne n'était jamais allée aussi loin dans la noirceur : un point de non-retour était sans doute atteint, à partir duquel le genre entra dans une lente décadence.* J.-P.B.

L'AFFRONTEMENT "Harry and Son"

Comédie dramatique de **Paul Newman**, avec P. Newman, Robby Benson, Ellen Barkin. États-Unis, 1984 – Couleurs – 1 h 55.

Un veuf sans emploi veut aider son fils à réussir sa vie en dépit des conflits qui les opposent. Mélancolie, pudeur et tendresse.

À FLEUR DE MER "A flor do mar"

Comédie dramatique de **João César Monteiro**, avec Laura Morante, Philip Spinelli, Manuela de Freitas. Portugal, 1986 – Couleurs – 2 h 17.

Trois femmes dans une maison au bord de la mer. Survient un mystérieux Anglais blessé qui va jeter un peu de trouble dans les cœurs et les existences. Un film aux rythmes lents bien accordés à la mélancolie distinguée des personnages.

AFRICA EXPRESS

Film d'aventures de **Michele Lupo**, avec Ursula Andress, Giuliano Gemma, Jack Palance, Giuseppe Mafioli. R.F.A. / Italie, 1976 – Couleurs – 1 h 30.

Un commerçant ambulant, accompagné de son singe, rencontre un jour dans la forêt une jolie blonde déguisée en religieuse. Elle est en fait un agent secret qui l'entraînera dans de nombreuses aventures.

L'AFRICAIN

Comédie de **Philippe de Broca**, avec Catherine Deneuve, Philippe Noiret. France, 1982 – Couleurs – 1 h 41.

Une trépidante prospectrice de club de vacances retrouve par hasard en Afrique son mari dont elle vit séparée. Servi par d'excellents comédiens, de Broca tente ici de renouer avec la comédie « exotique » façon l'Homme de Rio.

AFRICAN QUEEN / LA REINE AFRICAINE

"The African Queen"

Film d'aventures et d'amour de **John Huston**, avec Humphrey Bogart *(Charlie Allnutt)*, Katharine Hepburn *(Rose Sayer)*, Robert Morley *(Samuel Sayer)*. • SC : John Huston, James Agee, d'après le roman de C.S. Forester. • PH : Jack Cardiff. • DÉC : Wilfred Singleton. • MUS : Allan Gray. • MONT : Ralph Kemplen. États-Unis, 1951 – Couleurs – 1 h 43.

Charlie Allnutt est un aventurier sympathique et mal dégrossi qui circule sur les eaux africaines à bord d'un rafiot poussif, l'African Queen. Les hasards de la guerre de 14-18 lui font rencontrer une demoiselle du meilleur monde, sœur d'un missionnaire anglais. Ensemble, ils vont essayer de détruire une canonnière allemande et ainsi faire leur devoir. Ils affronteront cent difficultés physiques et psychologiques. Tout les sépare, et pourtant...

◆ *Cette incroyable histoire est racontée avec humour et sensibilité. Huston était considéré comme le chantre de l'échec quand il a réalisé ce film captivant, détrompant ses exégètes. Cette série d'aventures exotiques et pittoresques brave la vraisemblance et se solde par une réussite inattendue. Humphrey Bogart (qui obtint l'Oscar du Meilleur acteur) et Katharine Hepburn : le choc de deux mythes, la rencontre de deux acteurs géniaux. Sous la direction d'Huston, ils rendent crédible et poignante cette plaisante épopée.* G.S.

AFTER HOURS "After Hours"

Comédie dramatique de **Martin Scorsese**, avec Griffin Dunne *(Paul Hackett)*, Rosanna Arquette *(Marcy)*, Verna Bloom *(June)*, Thomas Chong *(Pepe)*, Linda Fiorentino *(Kiki)*, Teri Garr *(Julie)*, John Heard *(Tom)*, Cheech Marin *(Neil)*, Catherine O'Hara *(Gail)*. • SC : Joseph Minion. • PH : Michael Ballhaus. • DÉC : Jeffrey Townsend. • MUS : Howard Shore. • MONT : Thelma Schoonmaker. États-Unis, 1986 – Couleurs – 1 h 38.

La vie rangée de Paul Hackett, informaticien à Wall Street, est bouleversée par sa rencontre avec la séduisante et énigmatique Marcy. La soirée tourne au drame : Marcy se suicide ; quiproquos, menaces et violences s'enchaînent jusqu'à l'aube...

◆ *Martin Scorsese dresse ici un troublant catalogue de névroses urbaines : désirs contrariés, perversions sadomasochistes, glissements progressifs dans l'absurde, fantasmes de viol et d'émasculation, quête désespérée du dialogue. Exercice de style périlleux, entre burlesque et film noir,* After Hours *représente la quintessence du cauchemar « yuppie » ; un film labyrinthique, riche de notations religieuses et psychanalytiques, parmi les plus brillants qu'ait inspirés New York.* O.E.

AGAGUK

Film d'aventures de **Jacques Dorfmann**, d'après le roman d'Yves Thériault, avec Lou Diamond Phillips, Toshiro Mifune, Jennifer Tilly. France, 1992 – Couleurs – 1 h 50.

Un jeune Inuit se révolte contre son père, le chaman de la tribu, trop soumis à la loi de l'homme blanc. Après avoir tué un trafiquant américain, il va s'installer avec sa compagne loin du village. Mais les policiers blancs sont tenaces. Des passions simples et fortes dans le cadre élémentaire et impressionnant des solitudes glacées du grand Nord.

AGANTUK (LE VISITEUR) "AGANTUK"

Comédie dramatique de **Satyajit Ray**, avec Utpal Dutt, Maamata Shankar, Deepankar. Inde, 1991 – Couleurs – 2 h.

Dernier film de Satyajit Ray. Le retour d'un oncle parti à l'étranger depuis plusieurs années perturbe une famille qui craint de voir disparaître une part de l'héritage.

AGATHA ET LES LECTURES ILLIMITÉES

Essai de **Marguerite Duras**, avec Bulle Ogier, Yann Andrea. France, 1981 – Couleurs – 1 h 25.

Une maison, grande, vide, froide, au bord de la mer. Agatha et son frère, le plus souvent en voix off, rêvent leur vie et leur amour impossible.

À GAUCHE EN SORTANT DE L'ASCENSEUR

Comédie d'**Édouard Molinaro**, avec Pierre Richard, Richard Bohringer, Emmanuelle Béart, Fanny Cottençon, Pierre Vernier. France, 1988 – Couleurs – 1 h 23.

Les quiproquos s'enchaînent autour de deux couples d'artistes vivant sur le même palier.

L'ÂGE DE CRISTAL "LOGAN'S RUN"

Film de science-fiction de **Michael Anderson**, d'après un roman de William F. Nolan et George Clayton Johnson, avec Michael York, Richard Jordan, Farrah Fawcett Majors. États-Unis, 1976 – Couleurs – 1 h 58.

En l'an 2274, alors que l'humanité vit sous cloche, la société ne permet pas de vivre plus de trente ans. Les rebelles sont exterminés, mais l'un d'eux réussira à rejoindre les dissidents.

L'ÂGE DE MONSIEUR EST AVANCÉ

Comédie dramatique de **Pierre Étaix**, avec Pierre Étaix, Jean Carmet, Nicole Calfan. France, 1987 – Couleurs – 1 h 30.

Seuls sur les planches d'un théâtre vide, un auteur et sa femme s'affrontent : la scène et la vie finissent par se confondre.

L'ÂGE DES ILLUSIONS "ALMODOZÁSOK KORA"

Drame d'**István Szabó**, avec Ilona Béres, András Balint, Judit Halász, Kati Sólyom. Hongrie, 1965 – 1 h 35.

Les amours contrariées d'un ingénieur électronicien, condamné par une leucémie, et d'une juriste. Une certaine jeunesse vue par un cinéaste qui a retenu les leçons de la Nouvelle Vague.

L'ÂGE DES POSSIBLES

Chronique de **Pascale Ferran**, avec des élèves du Théâtre national de Strasbourg. France, 1996 – Couleurs – 1 h 45.

Ni histoire ni fil directeur, mais une série de fils entrecroisés auxquels sont accrochés des instantanés de vie de jeunes d'une vingtaine d'années : on se fait une bouffe ou une fête, on s'interroge sur ses sentiments et on ergote postcoïtum. Comme dans la plupart des films français de cette année-là, les garçons sont souvent bavards, doux et ramollos alors que les filles sont en général assez énergiques et passablement enquiquineuses. Un film finement interprété où les jeunes retrouveront les modes de vie et les sujets de conversation de leur classe d'âge, tandis que les parents d'iceux et d'icelles découvriront avec attendrissement de quoi parlent entre eux leurs grands enfants.

L'ÂGE D'OR

Comédie dramatique de **Jean de Limur**, avec Elvire Popesco, Jean Tissier, Andrée Guize, André Alerme. France, 1942 – 1 h 25.

Un bourgeois ruiné vole à sa femme de chambre un billet de loterie gagnant et retrouve la grande vie. La victime découvre l'escroquerie et se vengera des années plus tard...

L'ÂGE D'OR

Film d'avant-garde de **Luis Buñuel**, avec Gaston Modot *(l'homme)*, Lya Lys *(la femme)*, Germaine Noizet, Lionel Salem, Max Ernst *(le chef des bandits)*. • SC : Luis Buñuel, Salvador Dali. • PH : Albert Duverger. • MUS : Georges Van Parys (arrangements d'après Wagner, Mendelssohn, Mozart, Beethoven, Debussy et des paso-doble). France, 1930 – 1 h 01.

Le film s'ouvre par un documentaire sur les scorpions, « genre d'arachnides répandus dans les régions chaudes de l'ancien monde ». Puis l'on est transporté dans une île aux abords rocailleux, habitée par des bandits qui végètent dans une misérable cahute. Arrive une délégation de notables, conviés à la pose de la première pierre d'une ville : Rome. Non loin de là, un couple se vautre dans la boue. On les sépare. L'homme, qui a rompu avec un passé d'honorabilité, est amoureux d'une jeune femme de la grande bourgeoisie. Son père, le marquis de X, donne une réception dans son château, qui va être le théâtre d'événements étranges : des ouvriers en charrette traversent le salon, le garde-chasse tue son fils désobéissant sous l'œil amusé des invités... La conclusion nous conduit au château de Selliny, où des libertins se livrent à une criminelle orgie. Le dernier plan montre une croix où sont accrochés des cheveux de femme, sous une bourrasque de neige...

◆ Un film-blasphème

L'Âge d'or *est le premier long métrage tourné en France par Luis Buñuel, grâce à une subvention du Vicomte de Noailles, un riche mécène intéressé par le cinéma d'avant-garde (il finança de la même manière des essais de Man Ray et de Cocteau). Buñuel et son ami Salvador Dali, Espagnols émigrés, s'étaient fait connaître par* Un chien andalou, *un court métrage à l'humour agressif, réalisé dans un style proche de l'« écriture automatique », chère aux surréalistes, qui avait remporté un beau succès de snobisme. Buñuel renchérit ici dans la subversion, l'érotisme et la violence contestataire, battant en brèche les bonnes mœurs, le bon goût et le bon sens, et exaltant la toute-puissance de « l'amour fou ». Commencé comme un banal reportage zoologique, le film (d'abord intitulé* la Bête andalouse*) tourne vite à la parade anti-sociale et anti-religieuse. Le comble de la provocation est atteint dans la séquence finale, inspirée des* 120 Journées de Sodome, *du marquis de Sade, où l'on nous présente un Christ complice d'une orgie. Une violente campagne menée par les ligues d'extrême-droite aboutit à l'interdiction du film par la censure, laquelle ne sera levée qu'en 1980 ! Film-cri et film-blasphème,* l'Âge d'or *formule, selon le* Manifeste du surréalisme, *« une hypothèse sur la révolution et l'amour qui touche au plus profond de la nature humaine ». Tous les films ultérieurs de Buñuel en prolongeront, plus ou moins explicitement, l'ironie vengeresse.* *C.B.*

L'ÂGE INGRAT

Comédie de **Gilles Grangier**, avec Fernandel, Jean Gabin, Marie Dubois. France, 1964 – 1 h 30.

Antoine et Maria se fiancent à l'insu de leurs parents. Mais les familles ne tardent pas à sympathiser. Du coup, les querelles des amoureux influencent leurs relations.

AGENCE MATRIMONIALE

Comédie dramatique de **Jean-Paul Le Chanois**, avec Bernard Blier, Michèle Alfa, Carette, Jean-Pierre Grenier. France, 1952 – 1 h 49.

Un petit employé de province à la vie terne et monotone hérite d'une agence matrimoniale à Paris. Belle étude de caractères.

AGENT SECRET "SABOTAGE"

Drame policier d'**Alfred Hitchcock**, d'après le roman de Joseph Conrad *The Secret Agent*, avec Sylvia Sidney, Oscar Homolka. Grande-Bretagne, 1936 – 1 h 16.

Le propriétaire d'un petit cinéma s'avère être un saboteur au service de l'étranger. Sa femme le tue avec un couteau de cuisine.

AGENT SECRET "CONFIDENTIAL AGENT"

Film policier de **Herman Shumlin**, d'après un roman de Graham Greene, avec Charles Boyer, Lauren Bacall, Katina Paxinou, Peter Lorre, Victor Francen. États-Unis, 1945 – 2 h 02.

Chargé de négocier l'achat de charbon pour les Républicains espagnols, un homme tombe amoureux de la fille d'un gros propriétaire minier britannique. Après avoir affronté les franquistes, il retournera dans son pays avec celle qu'il aime.

AGENT TROUBLE

Film policier de **Jean-Pierre Mocky**, avec Catherine Deneuve, Richard Bohringer, Tom Novembre. France, 1987 – Couleurs – 1 h 30.

Entraînée malgré elle dans une affaire d'État, une sage conservatrice de musée mène l'enquête et sème les professionnels de l'espionnage.

AGNÈS DE DIEU "AGNES OF GOD"

Drame de **Norman Jewison**, d'après la pièce de John Pielmeier, avec Jane Fonda, Anne Bancroft, Meg Tilly. États-Unis, 1985 – Couleurs – 1 h 39.

Dans un couvent du Canada, une jeune sœur accouche seule, puis on retrouve l'enfant étranglé. La police enquête, une psychiatre intervient et se heurte au mysticisme d'Agnès.

AGNUS DEI "ÉGY BÁRÁNY"

Film politique de **Miklós Jancsó**, avec József Madaras *(le prêtre)*, Anna Széles *(une paysanne)*, Daniel Olbrychski *(un soldat)*, Márk Zala *(un paysan)*, Lajos Balázsovits *(un Rouge)*. • SC : M. Jancsó, Gyulia Hernádi. • PH : Janos Kende. • MUS : folklore ancien et moderne. • MONT : Zoltán Farkas. Hongrie, 1971 – Couleurs – 1 h 35.

1919. Les catholiques fanatisés organisent la contre-révolution, avec son cortège d'atrocités de part et d'autre. Un prêtre, en particulier, se montre acharné dans la poursuite de tous les « Rouges » qu'il peut débusquer. Dressant une partie de la paysannerie contre l'autre, brandissant l'Ancien Testament, auquel il n'a aucun mal à faire dire des horreurs, il triomphe lors d'une bataille rangée au cours de laquelle les « Rouges » sont soigneusement exterminés.

◆ *Un film presque surréaliste dans son rythme et ses images, pour un moment crucial de l'histoire de la Hongrie.* D.C.

L'AGONIE DES AIGLES

Drame historique de **Dominique Bernard-Deschamps**, avec Séverin Mars, Gaby Morlay, Maxime Desjardins, Renée Wilde. France, 1921 – 3 200 m (env. 1 h 58), puis 2 500 m (env. 1 h 32).

Fidèle à l'Empereur exilé, un colonel organise un complot pour restaurer l'Empire, mais tombe amoureux d'une danseuse qui veut venger son amant tué en duel. Dénoncés par elle, les conspirateurs meurent avec un courage qui la bouleverse.

▷ Autres versions réalisées par : **Roger Richebé**, avec Pierre Renoir, Annie Ducaux, Constant Rémy, Jean Debucourt. France, 1933 – env. 2 h. **Jean Alden-Delos**, avec Roger Pigaut, Noël Roquevert, Charles Moulin. France, 1953 – 1 h 23.

AGOSTINO "AGOSTINO"

Drame de **Mauro Bolognini**, d'après le roman d'Alberto Moravia, avec Ingrid Thulin, Paolo Colombo. Italie, 1962 – 1 h 30.

Agostino a l'impression d'être délaissé quand sa mère, veuve, se fait courtiser. Il traîne avec des garnements, mais se sent là encore exclu. Le portrait ironique d'un adolescent.

L'AGRESSION

Drame de **Gérard Pirès**, avec Jean-Louis Trintignant, Catherine Deneuve, Claude Brasseur, Philippe Brigaud, Michelle Grelier, Robert Charlebois. France, 1975 – Couleurs – 1 h 45.

Au cours d'une bagarre avec des motards, la femme et la fille de Paul sont assassinées. Cherchant à se venger, ce dernier se trompe sur l'identité du coupable, qui sera pourtant démasqué.

À GUADALCANAL "GUADALCANAL DIARY"

Film de guerre de **Lewis Seiler**, d'après le livre de Richard Tregaskis, avec Preston Foster, Lloyd Nolan, William Bendix, Richard Conte, Anthony Quinn. États-Unis, 1943 – 1 h 33.

Durant la Seconde Guerre mondiale, des « marines » sont chargés de défendre une base stratégique du Pacifique. Un film de propagande ordinaire agrémenté de bonnes scènes d'action.

AGUIRRE, LA COLÈRE DE DIEU

"AGUIRRE, DER ZORN GOTTES"

Film d'aventures historique de **Werner Herzog**, avec Klaus Kinski *(Don Lope de Aguirre)*, Cecilia Rivera *(Flores de Aguirre)*, Ruy Guerra *(Don Pedro de Ursua)*, Helena Rojo *(Ines de Atienzal)*, Del Negro *(Gaspar de Carvajal)*, Peter Berling *(Don Fernando de Guzman)*. • SC : W. Herzog, d'après le récit du moine Gaspar de Carvajal. • PH : Thomas Mauch, Franscisco João, Orlando Macchiavello. • MUS : groupe Popol Vuh. • MONT : Beata Mainka-Jellinghaus. • PR : W. Herzog Filmproduktion / Hessicher Rundfunk. R.F.A., 1972 – Couleurs – 1 h 35.

En 1560, un groupe de conquistadores commandé par Don Pedro de Ursua s'enfonce dans la forêt vierge à la recherche du pays mythique de l'Eldorado. Deux femmes et de nombreux prisonniers indiens accompagnent les soldats. La progression dans la jungle devient vite difficile. L'un des quatre radeaux de l'expédition est emporté avec son équipage. Harcelés par les Indiens, souffrant de la faim et des fièvres, les hommes sont pris d'hallucinations. Don Pedro est tué par l'un de ses lieutenants : Don Lope de Aguirre qui élimine rapidement les autres chefs. En proie à la folie, Aguirre décide de fonder une nouvelle dynastie en s'accouplant à sa propre fille. Celle-ci est tuée par une flèche et bientôt Aguirre reste seul. Dérivant sur son radeau, il crie vers le ciel : « Je suis la colère de Dieu ». Le radeau, assailli par une horde de singes, est emporté par le courant.

◆ Un univers baroque et halluciné

Werner Herzog s'est toujours défendu d'avoir fait œuvre historique (ce que tentera seize ans plus tard Carlos Saura dans El Dorado*). Partant du maigre récit du moine Gaspar de Carvajal, Herzog a écrit un scénario de pure fiction et, comme il l'a déclaré, « les dialogues sont totalement imaginaires, hallucinants et farouchement surréels ». Ce film, cependant, donne à tout moment une impression d'authenticité. Tourné au Pérou dans la chronologie du récit, il constitue pour les comédiens et les techniciens une véritable odyssée comparable à celle du héros. Les conditions très pénibles du tournage, la caméra toujours placée dans l'action, à flanc de montagne, dans les rapides d'un fleuve, au milieu de la foule, concourent à faire d'*Aguirre *un film viscéral. Ce lent voyage à la recherche de l'or devient vite une véritable descente aux enfers. Klaus Kinski, dans une composition hallucinante, en est le personnage central. Nul mieux que lui ne pouvait exprimer cette démence mystique qui fait d'Aguirre un* *aventurier surhumain évoquant l'univers wagnérien.* Aguirre *est un authentique chef-d'œuvre, un véritable film d'auteur qui a su rencontrer un vaste public.* *R.F.*

AH ! ÇA IRA "FÉNYES SZELEK"
Film politique de **Miklós Jancsó**, avec Lajos Balázsovits *(Laci)*, Andreas Kozak *(l'officier de police)*, Andrea Drahota *(Judith)*, Kati Kovács *(Terez)*, Benedek Tóth *(le délégué)*. • SC : Gyulia Hernádi. • PH : Tamás Somló. • MUS : chants populaires anciens et modernes. • MONT : Zoltán Farkas. Hongrie, 1969 – Couleurs – 1 h 30.

Dans la Hongrie de 1947, des lycéens d'un établissement d'État rencontrent des élèves d'un collège catholique. La confrontation se passe d'abord bien : chants, danses populaires. Puis un officier de police arrête les élèves catholiques. Le secrétaire général du lycée d'État, indigné, les fait libérer, mais il est contraint de démissionner. Deux jeunes femmes reviennent à l'attaque du collège. Mais que faut-il faire ? Attendre les ordres d'en haut...

◆ *Une mise à nu, efficace en même temps que dramatique et sincère, des contradictions internes de l'idéologie marxiste.* *D.C.*

AH ! DIEU QUE LA GUERRE EST JOLIE !
"OH ! WHAT A LOVELY WAR !"
Comédie musicale de **Richard Attenborough**, avec Ralph Richardson, John Gielgud, Kenneth More. Grande-Bretagne, 1969 – Couleurs – 2 h 24.

Pour les débuts d'Attenborough réalisateur, l'adaptation d'un remarquable spectacle de Joan Littlewood. Sous forme de satire grinçante et antimilitariste, une série de sketches oppose les souffrances des soldats et les mondanités des états-majors pendant la Première Guerre mondiale.

AH ! LES BELLES BACCHANTES !
Comédie burlesque de **Jean Loubignac**, avec Robert Dhéry, Colette Brosset, Raymond Bussières, Louis de Funès, Rosine Luguet. France, 1954 – Couleurs – 1 h 35.

Alors que Robert Dhéry règle le spectacle de sa revue intitulée Ah ! les belles bacchantes !, un détective (de Funès) se mêle aux répétitions pour contrôler la décence des numéros.

AIDE-MOI À RÊVER "AIUTAMI A SOGNARE"
Drame de **Pupi Avati**, avec Mariangela Melato, Anthony Franciosa, Orazio Orlando, Alexandra Stewart, Jean-Pierre Léaud. Italie, 1981 – Couleurs – 1 h 50.

En 1943, un avion américain fait un atterrissage forcé près de la maison où vivent une femme et ses trois filles, chez qui le pilote trouve refuge.

AÏE, MES AÏEUX ! "SO'S YOUR OLD MAN"
Film burlesque de **Gregory La Cava**, avec W.C. Fields, Alice Joy, Charles Rogers, Kittins Reicert. États-Unis, 1926 – env. 1 800 m (env. 1 h 06).

Un vitrier qui a inventé un verre incassable pour les pare-brise de voitures espère faire fortune avec sa découverte.

▷ Remake réalisé par **Erle C. Kenton**, intitulé DOLLAR ET WHISKY "YOU'RE TELLING ME", avec W.C. Fields, Larry B. Crabbe, Joan Marsh, Adrienne Ames. États-Unis, 1934 – 1 h 16.

L'AIGLE À DEUX TÊTES
Drame de **Jean Cocteau**, d'après sa pièce, avec Edwige Feuillère, Jean Marais, Jean Debucourt, Silvia Monfort. France, 1948 – 1 h 35.

L'impossible et tragique amour d'une reine solitaire et d'un jeune anarchiste, sosie du roi défunt. Décors et costumes de Christian Bérard. Musique de Georges Auric.

L'AIGLE DES MERS "THE SEA HAWK"
Film d'aventures de **Michael Curtiz**, avec Errol Flynn, Brenda Marshall, Claude Rains, Donald Crisp. États-Unis, 1940 – 2 h 07.

Les aventures d'un capitaine anglais qui, d'accord avec la reine Élisabeth Ire, enlève l'ambassadeur d'Espagne et déjoue l'attaque de l'Invincible Armada. Un des grands succès d'Errol Flynn.

▷ Autre version réalisée par : **Frank Lloyd**, avec Milton Sills, Enid Bennett, Wallace Beery. États-Unis, 1924 – env. 2 400 m (1 h 28).

L'AIGLE ET LE VAUTOUR
"THE EAGLE AND THE HAWK"
Film de guerre de **Stuart Walker** et **Mitchell Leisen**, d'après une histoire de John Monk Saunders, avec Fredric March, Cary Grant, Jack Oakie, Carole Lombard. États-Unis, 1933 – 1 h 08.

Durant la Première Guerre mondiale, deux amis très dissemblables, de milieux sociaux différents, font une guerre commune, soucieux de lendemains héroïques.

L'AIGLE ET LE VAUTOUR
"THE EAGLE AND THE HAWK"
Western de **Lewis R. Foster**, avec John Payne, Rhonda Fleming, Dennis O'Keefe. États-Unis, 1950 – Couleurs – 1 h 44.

Durant la guerre de Sécession, deux officiers doivent déjouer les plans d'une invasion du Texas par l'empereur Maximilien.

L'AIGLE NOIR "The Eagle"
Film d'aventures de **Clarence Brown**, d'après une nouvelle de Pouchkine, avec Rudolph Valentino, Vilma Banky, Louise Dresser. États-Unis, 1925 – env. 2 150 m (env. 1 h 20).

En Russie, après l'assassinat de son père, officier tsariste, et l'annexion de ses terres, un jeune homme lutte sous le masque de l'Aigle noir, pour défendre la veuve et l'orphelin. Un des plus grands succès de Rudolph Valentino.

▷ Autre version réalisée par : **Riccardo Freda**, intitulée AQUILA NERA, avec Rossano Brazzi, Gino Cervi, Irasema Dilian, Inga Gort. Italie, 1946 – 1 h 31.

L'AIGLE S'EST ENVOLÉ "The Eagle Has Landed"
Film de guerre de **John Sturges**, avec Michael Caine, Donald Sutherland. Grande-Bretagne, 1977 – Couleurs – 2 h.

En 1943, un commando allemand, aidé par un Irlandais agissant par conviction anti-britannique, entreprend d'enlever Winston Churchill.

L'AIGLE SOLITAIRE "Drumbeat"
Western de **Delmer Daves**, avec Alan Ladd, Audrey Dalton, Marisa Pavan, Robert Keith. États-Unis, 1954 – Couleurs – 1 h 51.

Sur ordre du général Grant, président des États-Unis, Johnny MacKay (Ladd) tente de négocier la paix avec les Indiens. Des extérieurs magnifiques servis par le CinémaScope, et la musique de Victor Young.

L'AIGLE VOLE AU SOLEIL "Wings of the Eagle"
Biographie de **John Ford**, avec John Wayne, Maureen O'Hara, Dan Dailey, Ward Bond. États-Unis, 1957 – Couleurs – 1 h 50.

Histoire romancée d'un des pionniers de l'aéronavale américaine, Frank Spig Weak, qui devint un auteur célèbre et un héros. Sincère et attachant.

L'AILE OU LA CUISSE
Comédie de **Claude Zidi**, avec Louis de Funès, Coluche, Julien Guiomar, Claude Gensac, Ann Zacharias, Vittorio Caprioli. France, 1976 – Couleurs – 1 h 45.

Auteur d'un célèbre guide gastronomique, Duchemin, avec l'aide de son fils, va découvrir les affreux secrets de son grand ennemi, le gargotier Tricastel.

LES AILES "Vingarne"
Drame de **Mauritz Stiller**, avec Egil Eide, Lars Hanson, Lili Bech. Suède, 1916 – 1 081 m (env. 40 mn).

Un jeune peintre devient le fils adoptif d'un sculpteur. Attirée par l'argent, une belle princesse entre dans leur vie, et les deux hommes en tombent amoureux.

LES AILES "Wings"
Drame de **William A. Wellman**, avec Clara Bow, Charles Buddy Rogers, Richard Arlen, Gary Cooper, Jobyna Ralston. États-Unis, 1927 – env. 3 650 m (env. 2 h 15). ★ Oscar du Meilleur film 1927-1928.

Pendant la Première Guerre mondiale, deux amis amoureux de la même femme s'engagent comme pilotes de combat. Au cours d'une bataille, l'un abat l'autre accidentellement. Des combats aériens spectaculaires, encore saisissants aujourd'hui.

LES AILES DE LA COLOMBE
Drame de **Benoît Jacquot**, avec Dominique Sanda, Loleh Bellon, Isabelle Huppert, Michele Placido. France, 1981 – Couleurs – 1 h 40.

Deux femmes en quête d'amour, l'une pour vivre, l'autre pour survivre. Venise, Paris, chassé-croisé des lieux et des sentiments.

LES AILES DE L'ESPÉRANCE "Battle Hymn"
Drame psychologique de **Douglas Sirk**, avec Rock Hudson, Martha Hyer, Dan Duryea. États-Unis, 1956 – Couleurs – 1 h 48.

Durant la guerre de Corée, le combat intérieur d'un ancien pilote devenu clergyman, qui ne peut oublier un accident qui coûta la vie à de nombreux enfants. Production à gros moyens.

LES AILES DU DÉSIR "Der Himmel über Berlin"
Film allégorique de **Wim Wenders**, avec Bruno Ganz *(Damiel)*, Solveig Dommartin *(Marion)*, Otto Sander *(Cassiel)*, Curt Bois *(Homer)*, Peter Falk *(lui-même)*. • SC : W. Wenders, Peter Handke. • PH : Henri Alekan. • DÉC : Heidi Ludi. • MUS : Jurgen Knieper. • MONT : Peter Przygodda. France / R.F.A., 1987 – Couleurs et NB – 2 h 10. ★ Prix de la Mise en scène, Cannes 1987.

Murés dans leur solitude, vaquant à leurs occupations, les Berlinois ne peuvent voir les anges qui les observent. L'un d'eux, Damiel, voudrait vivre la destinée et les sentiments des humains qu'il écoute attentivement. Il rencontre la trapéziste Marion, dont il tombe amoureux. Ancien ange, le comédien Peter Falk, qui tourne un film sur la période nazie, l'aide à devenir un mortel. Damiel peut ainsi retrouver Marion et savoir ce qu'aucun ange ne sait.

◆ *La puissance évocatrice du texte de Peter Handke, la splendeur des images de Henri Alekan (en noir et blanc pour les anges qui ignorent les couleurs), la chaleur, l'hu-*

mour ou la sensualité des interprètes, la virtuosité de la mise en scène font de ce poème allégorique aux accents métaphysiques, mêlant anges et hommes, un hymne à la vie d'une totale originalité, entre éternité et histoire. J.M.

AILLEURS L'HERBE EST PLUS VERTE
"THE GRASS IS GREENER"
Comédie de **Stanley Donen**, d'après la pièce de Hugh et Margaret Williams, avec Cary Grant, Deborah Kerr, Robert Mitchum, Jean Simmons. États-Unis, 1960 – Couleurs – 1 h 45.

Variations avec un abondant dialogue sur le thème éternel du mari, la femme et l'amant.

AIMÉE
Essai de **Joël Farges**, avec Aurore Clément, Bruno Crémer. France, 1980 – Couleurs – 1 h 30.

Les fascismes montent irrésistiblement en Europe, en cette année 1934. Une rescapée de Shanghai, réfugiée au Havre auprès de deux amis de son père mort, essaie difficilement de se réadapter.

AIMER "ATT ÄLSKA"
Comédie de **Jörn Donner**, avec Harriet Andersson, Zbigniew Cybulski, Isa Quensel. Suède, 1964 – 1 h 25.

Une jeune femme perd son mari dans un accident de voiture. À l'enterrement, elle remarque un ami de la famille : c'est le coup de foudre.

AIMEZ-MOI CE SOIR "LOVE ME TONIGHT"
Comédie musicale de **Rouben Mamoulian**, avec Jeanette MacDonald *(la princesse Jeanette)*, Maurice Chevalier *(Maurice Courtelin)*, Charles Ruggles, Charles Butterworth, C. Aubrey Smith, Myrna Loy. • SC : Samuel Hoffstein, Waldemar Young, George Marion Jr., d'après la pièce de Léopold Marchand et Paul Armont *Taylor in the Château*. • PH : Victor Milner. • CHAN : Richard Rodgers, Lorenz Hart. États-Unis, 1932 – 1 h 30.

Précédé par une chanson qu'il a improvisée, le tailleur parisien Maurice Courtelin arrive au château d'une princesse languissante, pour y percevoir une créance. Il y passe pour baron et suscite la passion de la demoiselle, avant d'avouer le quiproquo. On le chasse, mais elle le rattrapera.

◆ *Introduits avec grâce, les numéros musicaux devancent l'action et justifient la référence plaisante à la féerie. Au jeu qui voit le petit tailleur éveiller la Belle au bois dormant et la princesse conquérir le manant, ils mêlent un érotisme délicat.* A.M.

AIMEZ-VOUS BRAHMS ? "GOOD BYE AGAIN"
Comédie dramatique d'**Anatole Litvak**, d'après le roman de Françoise Sagan, avec Ingrid Bergman, Yves Montand, Anthony Perkins. États-Unis, 1960 – 1 h 58.

Paula, 40 ans, tente d'oublier les infidélités de Roger dans les bras du très jeune, et vite insupportable, Philippe.

AIMEZ-VOUS LES FEMMES ?
Comédie de **Jean Léon**, d'après un roman de Georges Bardawil, avec Guy Bedos, Sophie Daumier, Edwige Feuillère. France, 1964 – 1 h 40.

Les malheurs d'un jeune homme farfelu qui voit les cadavres s'accumuler sous ses pieds. Une parodie de film noir, qui doit beaucoup au scénario de Roman Polanski.

L'AÎNÉ DES FERCHAUX
Drame de **Jean-Pierre Melville**, d'après le roman de Georges Simenon, avec Jean-Paul Belmondo, Charles Vanel, Michèle Mercier. France, 1962 – Couleurs – 1 h 50.

Un boxeur raté devient le garde du corps d'un vieux banquier en fuite. Le jeune homme projette de s'emparer du magot de la vieille crapule. Mais d'étranges liens se créent entre les deux hommes. Un fort duo d'acteurs dans l'univers étrange de Melville.

AINSI VA L'AMOUR "MINNIE AND MOSKOWITZ"
Drame psychologique de **John Cassavetes**, avec Gena Rowlands, Seymour Cassel, John Cassavetes. États-Unis, 1971 – Couleurs – 1 h 54.

Un gardien de parking new-yorkais et une employée du Museum partagent, sans se connaître, la même passion pour les films de Bogart. Ils finissent, bien sûr, par se rencontrer... et par se marier.

L'AIR DE PARIS
Comédie dramatique de **Marcel Carné**, avec Jean Gabin, Arletty, Roland Lesaffre, Marie Daems. France/Italie, 1954 – 1 h 50.

Un ancien boxeur découvre un « poulain » dont il veut faire un champion. Mais une belle Parisienne risque de tout compromettre. Quinze ans après, Carné reforme le couple du Jour se lève dans un Paris peuplé de petites gens et de snobs.

AIR FORCE "AIR FORCE"
Film de guerre de **Howard Hawks**, avec John Garfield *(sergent J.B. Winocki)*, John Ridgely *(capitaine Quincannon)*, Gig Young *(lieutenant Williams)*, Harry Carey *(sergent R.L. White)*, George Tobias, Arthur Kennedy. • SC : Dudley Nichols (et William Faulkner, non crédité). • PH : James Wong Howe. • DÉC : John Hughes, William F. Tilford. • MUS : Franz Waxman. États-Unis, 1943 – 2 h 04.

Parmi une escadrille de forteresses volantes, le bombardier B 17 « Mary Ann » quitte sa base pour une mission de routine. Apprenant le bombardement de Pearl Harbor, l'équipage se détourne vers différentes îles du Pacifique où l'attendent de multiples combats.

◆ Air Force *constitue la quintessence du genre, tant par sa description réaliste de la vie dans un bombardier en guerre que par la rigueur de sa construction, alternant les combats avec les moments de repos à terre. Sans sentimentalité dans les relations d'amitié et de fraternité ni emphase dans le récit d'actes de bravoure, Hawks décrit un héroïsme quotidien où l'individu est sans cesse montré en tant qu'élément d'un groupe en action, comme l'avion n'est jamais qu'une partie d'un vaste dispositif dont il tire son efficacité.* *J.M.*

AIR FORCE ONE "AIR FORCE ONE"

Film d'aventures de **Wolfgang Petersen**, avec Harrison Ford, Glenn Close, Wendy Crewson. États-Unis, 1997 – Couleurs – 2 h 05.

Pris en otage dans l'avion présidentiel avec sa famille et ses principaux collaborateurs par un groupe de terroristes, le président des États-Unis réussit à se cacher puis à abattre l'un après l'autre tous ses adversaires.

AIRPORT "AIRPORT"

Film-catastrophe de **George Seaton**, d'après le roman d'Arthur Hailey, avec Burt Lancaster, Dean Martin, Jean Seberg, Jacqueline Bisset. États-Unis, 1970 – Couleurs – 2 h 06.

Il y a une bombe dans l'avion. Suspense et portraits psychologiques vont de pair jusqu'au dénouement de l'intrigue. C'est le modèle du genre. Henry Hathaway a participé à la réalisation.

AIRPORT 80 : CONCORDE

"THE CONCORDE : AIRPORT' 79"

Film d'aventures de **David Lowell Rich**, avec Alain Delon, Sylvia Kristel, Robert Wagner. États-Unis, 1979 – Couleurs – 1 h 53.

Panique à bord du Concorde ! Un terrible trafiquant d'armes va tenter de détruire le supersonique à l'aide de fusées téléguidées.

À L'ABORDAGE "AGAINST ALL FLAGS"

Film d'aventures de **George Sherman**, avec Errol Flynn, Maureen O'Hara, Anthony Quinn. États-Unis, 1952 – Couleurs – 1 h 23.

En 1700, l'intrépide capitaine Brian Hawks (Flynn) poursuit en mer le chef des pirates (Quinn) et conquiert le cœur de la belle et rousse femme pirate (O'Hara) ! Un exceptionnel trio rompu à ce genre d'exercices dans un Technicolor d'une grande qualité.

À LA CAMPAGNE

Comédie de mœurs de **Manuel Poirier**, avec Benoît Régent, Judith Henry, Sergi Lopez, Jean-Jacques Vanier. France, 1995 – Couleurs – 1 h 48.

Lila, une jeune femme fraîchement sortie de prison, s'installe pour quelque temps à la campagne – et nous avec elle. On cause avec des « rurbains » et des vrais ruraux, on boit, on joue aux cartes, on se dispute avec des voisins, on fait la course avec un âne... Un jour Lila s'en va, plantant là Benoît, qui s'était attaché à elle et qui se console en buvant un peu plus.

ALADDIN "ALADDIN"

Dessin animé de **John Muskers** et **Ron Clements**, pour les studios Walt Disney. États-Unis, 1993 – 1 h 30.

Aladdin est un jeune voleur arabe. Il tombe amoureux de Jasmine, la fille du sultan. Le bon génie qu'Aladdin libère de sa lampe l'aidera à séduire la princesse. Dans la version originale, la voix du bon génie est celle de Robin Williams. Quant au sourire d'Aladdin, ce serait celui de Tom Cruise.

ALADIN ET LA LAMPE MERVEILLEUSE

Dessin animé de **Jean Image**, d'après le conte des *Mille et Une Nuits*. France, 1969 – Couleurs – 1 h 25.

Les aventures d'un jeune garçon en lutte avec un magicien pour la possession de la fameuse lampe. Version très académique où ne se retrouve pas l'originalité des premiers films de Jean Image.

À LA FRANÇAISE "IN THE FRENCH STYLE"

Comédie dramatique de **Robert Parrish**, d'après la nouvelle d'Irwin Shaw, avec Jean Seberg, Stanley Baker. États-Unis / France, 1962 – 1 h 45.

Les aventures sentimentales d'une jeune Américaine en France, d'abord avec un adolescent, puis avec un journaliste. Une belle étude de mœurs due à la plume précise et discrète d'Irwin Shaw, qui est ici aussi producteur.

ALAMBRISTA ! "ALAMBRISTA ! (THE ILLEGAL)"

Drame de **Robert M. Young**, avec Domingo Ambriz, Linda Gillin, Trinidad Joe. États-Unis, 1978 – Couleurs – 1 h 52.

Un jeune Mexicain sans travail immigre clandestinement aux États-Unis. Il y découvre l'exploitation, l'exclusion et la misère.

À L'AMÉRICAINE "CHAMPAGNE"
Comédie dramatique d'**Alfred Hitchcock**, avec Betty Balfour, Gordon Harker, Ferdinand von Alten, Jean Bradin. Grande-Bretagne, 1928 – env. 1 600 m (env. 1 h).

Après une dispute avec son père, la fille d'un milliardaire part pour la France avec son amant. Afin de lui donner une leçon, son père lui fait croire qu'il est ruiné. L'année suivante, une version allemande est réalisée par **Goza von Bolvary**, avec B. Balfour, Vivian Gibson et Marcel Vibert.

ALAMO "THE ALAMO"
Western de **John Wayne**, avec John Wayne *(Davy Crockett)*, Richard Widmark *(colonel James Bowie)*, Laurence Harvey*(colonel William Travis)*, Frankie Avalon *(Smitty)*, Patrick Wayne *(capitaine James Bonham)*, Linda Cristal *(Flaca)*, Richard Boone *(Houston)*. • SC : James Edward Grant. • PH : William H. Clothier. • DÉC : Alfred Ybarra. • MUS : Dimitri Tiomkin. • MONT : Stuart Wilmore. États-Unis, 1960 – Couleurs – 3 h 19.

En 1836, la province mexicaine du Texas entre en rébellion et forme une armée commandée par le général Sam Houston. Pour retarder les troupes mexicaines du général Santa-Anna, le colonel Travis investit le vieux monastère d'Alamo, qu'il transforme en fort. L'aventurier Jim Bowie, puis Davy Crockett lui-même, se joignent à lui, non sans frictions. Les 7 000 hommes de Santa-Anna cernent le fort occupé par 185 braves. Le siège durera treize jours et s'achèvera par un massacre.
◆ *Cet épisode légendaire de l'histoire américaine est relaté comme une épopée par John Wayne, ici producteur, acteur et même réalisateur (avec l'aide du grand John Ford, dont il était l'ami intime et l'acteur-fétiche). La psychologie des héros est forcément schématique : ce qui compte, c'est leur envergure mythologique. Et les conflits internes ont moins d'intérêt que le grand spectacle de la dernière partie, le siège et l'assaut. L'arrivée des troupes mexicaines, soulignée par la partition majestueuse de Dimitri Tiomkin, est le grand moment du film.* G.L.

ALAMO BAY "ALAMO BAY"
Drame de **Louis Malle**, avec Amy Madigan, Ed Harris. États-Unis, 1985 – Couleurs – 1 h 38.

Description du racisme au quotidien : des pêcheurs américains acceptent mal la concurrence dans leurs eaux des réfugiés vietnamiens. Louis Malle a le recul donné par l'œil de l'étranger.

À LA POURSUITE DE L'ÉTOILE
"CAMMINA CAMMINA"
Chronique historique d'**Ermanno Olmi**, avec Albert Fumagalli, Antonio Cucciarè. Italie, 1980-1983 – Couleurs – 2 h 25.

Menée par un vieux sage, une caravane se met en marche pour aller saluer le Sauveur nouveau-né. Une parabole limpide et majestueuse qui propose une relecture passionnante et complexe du mystère de l'Épiphanie.

À LA POURSUITE DU DIAMANT VERT
"ROMANCING THE STONE"
Film d'aventures de **Robert Zemeckis**, avec Michael Douglas, Kathleen Turner, Danny De Vito. États-Unis, 1984 – Couleurs – 1 h 45.

Seule à savoir où est caché un diamant fabuleux, une timide romancière flanquée d'un aventurier bourru doit échapper à des malfaiteurs lancés à ses trousses en Colombie.

À LA RECHERCHE DE GARBO "GARBO TALKS"
Comédie dramatique de **Sidney Lumet**, avec Anne Bancroft, Ron Silver, Carrie Fisher. États-Unis, 1984 – Couleurs – 1 h 44.

Gilbert remue ciel et terre pour qu'avant de mourir, sa mère, atteinte d'une tumeur au cerveau, rencontre son idole, Greta Garbo. Tendre et drôle, drame et comédie tout à la fois.

À LA RECHERCHE DE LA FAMINE
"AKALER SANDHANE"
Drame de **Mrinal Sen**, avec Smita Patil, Dhritiman Chatterjee, Sreela Majumdar, Gita Sen. Inde, 1980 – Couleurs – 2 h 05.

Une équipe de cinéma se rend dans un village pour y réaliser un film sur la grande famine de 1943. La vie pendant le tournage est confrontée à des retours inconfortables vers le passé.

À LA RECHERCHE DE LA PANTHÈRE ROSE
"TRAIL OF THE PINK PANTHER"
Comédie de **Blake Edwards**, avec Peter Sellers, David Niven. États-Unis, 1982 – Couleurs – 1 h 38.

Sixième vol du célèbre joyau la « Panthère rose » et sixième enquête pour l'inspecteur Clouseau. Ultime avatar de la série, le film est un curieux patchwork de chutes et d'extraits anciens dont la seule raison d'être est de rendre hommage à Peter Sellers, alias Clouseau, décédé en 1980.

À LA RECHERCHE DE MR GOODBAR
"LOOKING FOR MR GOODBAR"
Drame de **Richard Brooks**, avec Diane Keaton *(Thérésa)*, Tuesday Weld *(Katherine)*, William Atherton *(James)*, Richard Kiley *(Mr Dunn)*, Richard Gere *(Tony)*, Alan Feinstein *(Martin)*. • SC : R. Brooks, d'après le roman de Judith Rossner. • PH : William A. Fraker. • DÉC : Ruby Levitt, Edward Carfagno. • MUS : Artie Kane.

• MONT : George Grenville. États-Unis, 1977 – Couleurs – 2 h 14.

Thérésa est apparemment le produit solide d'une éducation catholique parfaite, contrairement à sa sœur Katherine, qui va de maris en amants et abuse des tranquillisants. Pourtant, Thérésa mène une double vie : le jour, elle s'occupe admirablement d'enfants sourds-muets ; la nuit, elle erre dans les bars de la ville à la recherche des hommes, pour assouvir on ne sait quelle sexualité détraquée, jusqu'à l'horreur d'un assassinat sordide.

◆ *Ce film, interdit en France aux moins de 18 ans, montre crûment une société désaxée dans laquelle un être perdu cherche à ses angoisses une solution que seule la mort vient apporter par l'absurde. Quel est le sens de cette mort ? Brooks ne répond pas...* D.C

À LA VIE, À LA MORT !
Comédie dramatique de **Robert Guédiguian**, avec Pascale Roberts, Gérard Meylan, Ariane Ascaride, Jacques Gamblin. France, 1995 – Couleurs – 1 h 40.

Le Perroquet bleu, un cabaret minable de Marseille tenu par une ancienne vedette vieillissante, est devenu le refuge d'une petite tribu de paumés : un ancien légionnaire, une droguée, une femme de ménage, des vieux, des chômeurs... Difficultés et malheurs se succèdent, mais la communauté est là pour panser les plaies, absorber les conflits et maintenir à flot tout ce petit monde bien malmené par la vie.

L'ALBATROS
Drame de **Jean-Pierre Mocky**, avec Marion Game, J.-P. Mocky. France, 1971 – Couleurs – 1 h 32.

Un évadé cherche son salut au milieu d'un meeting électoral, il enlève la fille du candidat et met ainsi au jour les magouilles des divers clans.

L'ALBUM DE MARTIN SCORSESE
"ITALIANAMERICAN et AMERICAN BOY"
Document de **Martin Scorsese**. États-Unis, 1978 – Couleurs – 1 h 43.

Deux films courts du célèbre réalisateur, sur son enfance et sur la société américaine. À travers le témoignage de ses parents et de son meilleur ami, Scorsese retrouve ses racines italiennes et s'interroge sur la drogue et la violence.

AL CAPONE "AL CAPONE"
Biographie de **Richard Wilson**, avec Rod Steiger, Fay Spain, James Gregory, Martin Balsam. États-Unis, 1959 – 1 h 49.

L'étonnant parcours du célèbre chef de gang de l'époque de la prohibition. L'interprétation de Rod Steiger est saisissante.

▷ Voir aussi L'AFFAIRE AL CAPONE, LES INCORRUPTIBLES et LES INCORRUPTIBLES DÉFIENT AL CAPONE.

▷ Autre film sur le même thème : CAPONE, de **Steve Carver**, avec Ben Gazzara, Sylvester Stallone, Susan Blakely, Harry Guardino, John Cassavetes. États-Unis, 1975 – Couleurs – 1 h 41.

ALERTE ! "OUTBREAK"
Film d'aventures de **Wolfgang Petersen**, avec Dustin Hoffman, Rene Russo, Morgan Freeman, Kevin Spacey. États-Unis, 1995 – Couleurs – 2 h 10.

Un singe apporte un virus foudroyant dans une ville américaine qui est mise en quarantaine et menacée de destruction. Un colonel réussit à trouver l'antidote, à sauver la ville et à mettre au jour une sombre machination militaire.

ALERTE À LA BOMBE "SKYJACKED"
Film-catastrophe de **John Guillermain**, avec Charlton Heston, Yvette Mimieux. États-Unis, 1972 – Couleurs – 1 h 45.

L'avion assurant la liaison Los Angeles-Minneapolis est détourné par un psychopathe. Le premier film consacré aux pirates de l'air.

ALERTE À SINGAPOUR "WORLD FOR RANSOM"
Film d'aventures de **Robert Aldrich**, avec Dan Duryea, Gene Lockhart, Patric Knowles, Reginald Denny. États-Unis, 1954 – 1 h 22.

Une jeune femme se sert de son ancien amant pour retrouver son époux compromis dans l'enlèvement d'un savant.

ALERTE AUX INDES "THE DRUM"
Film d'aventures de **Zoltan Korda**, avec Sabu, Roger Livesey, Raymond Massey, Valerie Hobson, Desmond Tester, David Tree. Grande-Bretagne, 1938 – Couleurs – 1 h 36.

Au XIXe siècle, un prince indien, dépossédé de ses terres par son oncle après la mort de son père, prévient ses amis britanniques qu'un complot est fomenté contre eux.

ALERTE AUX MARINES "THE FIGHTING SEABEES"
Film de guerre d'**Edward Ludwig**, avec John Wayne, Susan Hayward. États-Unis, 1944 – 1 h 40.

Après Pearl Harbor, des civils s'engagent dans le Génie et combattent les Japonais. Un produit de routine.

ALERTE EN MÉDITERRANÉE
Drame de **Léo Joannon**, avec Pierre Fresnay, Nadine Vogel, Rolf Wanka, Kim Peacock, Fernand Ledoux. France, 1938 – 1 h 41.

Trois officiers de marine, un Français, un Anglais et un Allemand, unissent leurs efforts pour neutraliser un paquebot qui transporte un produit extrêmement dangereux.

ALERTEZ LES BÉBÉS !
Essai de **Jean-Michel Carré**, avec Jean-Pierre Moulin, Catherine Day, Robert Delarue. France, 1978 – Couleurs – 1 h 25.

Témoignages d'élèves, d'enseignants, de syndicalistes, de chercheurs, etc., sur les problèmes de l'éducation. Inquiétant parfois.

À L'EST D'ÉDEN "EAST OF EDEN"
Drame psychologique d'**Elia Kazan**, avec James Dean *(Cal Trask)*, Julie Harris *(Abra)*, Raymond Massey *(Adam Trask)*, Richard Davalos *(Aron)*, Jo Van Fleet *(Kate)*. • SC : Paul Osborn, d'après le roman de John Steinbeck. • PH : Ted McCord. • DÉC : James Basevi, Malcolm Bert. • MUS : Leonard Rosenman. • MONT : Owen Marks. États-Unis, 1955 – Couleurs – 1 h 55.

Adam Trask a toujours caché à ses fils, Aron et Cal, l'inconduite de leur mère, Kate, qui a quitté son foyer et vit des revenus d'un bar mal famé. Cal, pour venir en aide à son père – qui ne l'aime guère – s'arrange pour retrouver Kate et monter l'affaire qui doit sauver leur situation. Mais, rendu furieux par les reproches de son père, il dévoile à Aron, pour se venger, la vérité sur leur mère : Aron, désespéré, s'engage ; le vieil Adam est victime d'une attaque qui le laisse paralysé. Abra, fiancée d'Aron, amoureuse de Cal, arrange la réconciliation entre celui-ci et son père.

◆ *Malgré quelques lenteurs, la psychologie fouillée des personnages de ce drame familial et l'interprétation remarquable de James Dean (alors inconnu) font de ce film, même s'il n'est pas le meilleur de Kazan, un des classiques de son genre.* *D.C.*

À L'EST DE SHANGHAI "RICH AND STRANGE"
Comédie dramatique d'**Alfred Hitchcock**, avec Henry Kendall, Joan Barry, Betty Amann, Percy Marmont. Grande-Bretagne, 1932 – 1 h 32.

Brusquement enrichi, un jeune couple entreprend le tour du monde, et tandis que lui tombera entre les mains d'une intrigante, elle sera séduite par le capitaine.

ALEXANDRE LE BIENHEUREUX
Comédie d'**Yves Robert**, avec Philippe Noiret, Françoise Brion, Marlène Jobert. France, 1967 – Couleurs – 1 h 30.

Entre une épouse stakhanoviste et une fausse innocente qui ne rêve que de le remettre au travail, Alexandre aura un veuvage bien court pour « en profiter ». L'éloge de la paresse.

ALEXANDRE LE GRAND "ALEXANDER THE GREAT"
Film historique à grand spectacle de **Robert Rossen**, avec Richard Burton, Fredric March, Danielle Darrieux, Claire Bloom. États-Unis, 1956 – Couleurs – 2 h 21.

Tourné en Espagne avec de grands moyens, le récit de la vie et des exploits du plus célèbre conquérant de l'Antiquité.

ALEXANDRE LE GRAND "O MEGALEXANDROS"
Drame de **Théo Angelopoulos**, avec Omero Antonutti, Eva Kotamanidou, Mikhalis Yannatos, Grigoris Evanguelatos. Grèce / Italie, 1980 – Couleurs – 3 h 30.
★ **LION D'OR, Venise 1980.**

À Athènes, en 1900, un bandit capture des diplomates britanniques pour obliger le gouvernement grec à restituer les terres aux paysans. Une réflexion sur l'Histoire et le pouvoir.

ALEXANDRE NEVSKI "ALEKSANDR NEVSKII"
Film historique de **Serguei M. Eisenstein**, avec Nikolai Tcherkassov *(Alexandre Nevski)*, Nikolai Okhlopkov *(Vassili Bouslaï)*, Alexandre Abrikossov *(Gavrilo Olexitch)*, Dimitri Orlov *(l'armurier)*. • SC : S.M. Eisenstein, Piotr Pavlenko. • PH : Edouard Tissé. • DÉC : Iossif Chpinel. • MUS : Serguei Prokofiev. • MONT : E. Tobak. U.R.S.S., 1938 – 1 h 52.

En 1242, le prince Nevski voit sa région pillée par les Mongols. Mais un danger plus grave menace la Russie : les chevaliers teutoniques qui envahissent le pays, semant la terreur. Nevski refuse la proposition de pacte des notables et accepte de commander une armée populaire qui s'est formée spontanément. Nevski écrasera les Teutons sur le lac Peipous gelé où les chevaliers s'engloutiront.

◆ *Réalisé en 1938,* Alexandre Nevski *est un avertissement à ceux qui voudraient entrer en Russie le glaive à la main. « Ils périront par le glaive », annonce un intertitre. L'intention est claire. Ce film, le premier parlant d'Eisenstein, mit en pratique ses théories de montage sur le contre-point entre les images et la musique (de Prokofiev). Le film très composé, avec un raffinement extrême dans l'emploi des blancs, fut un opéra filmique atteignant son point culminant dans la gigantesque bataille de 40 minutes tournée en studio. Un grand classique.* *S.K.*

ALEXANDRIE, POURQUOI ? "ISKANDARIYYA LIH ?"
Chronique autobiographique de **Youssef Chahine**, avec Naglaa Fathi, Farid Chawky, Ezzat El Alayii, Mohsena Tewfik, Mahmoud El Meligui. • SC : Y. Chahine. • PH : Mohsen Nasr. • MUS : Fouad el Zaheri. • MONT : Rashida Abdel Salam. Égypte, 1978 – Couleurs – 2 h 10.

1942, Alexandrie. L'Égypte, sous domination britannique, s'attend à la prochaine arrivée de troupes allemandes (la bataille d'El-Alamein est imminente). Yehia, un adolescent, pétri de cinéma américain, veut devenir acteur et prépare un spectacle avec ses camarades du lycée catholique.

◆ *Youssef Chahine tisse sur le mode intimiste les souvenirs d'adolescence et la reconstitution historique. Il décrit les grouillements d'une Alexandrie haute en couleurs, la fascination exercée à la fois par l'Amérique et par le cinéma, l'inconscience de la jeunesse, les soubresauts du mouvement nationaliste. La réflexion politique libérale et humaniste, fustigeant l'intolérance, se mêle aux souvenirs de jeunesse. Cela ne plaît pas toujours dans certains pays arabes où le film a été interdit.* *B.B.*

ALEX OU LA LIBERTÉ "ALEX AND THE GYPSY"
Comédie dramatique de **John Corty**, d'après un roman de Stanley Elkin, avec Jack Lemmon, Geneviève Bujold, James Wood, Gino Ardito. États-Unis, 1976 – Couleurs – 1 h 39.

En Californie, un individu sans scrupules fournit aux prévenus les cautions nécessaires à leur mise en liberté provisoire. Il choisira finalement l'amour avec une jeune gitane.

ALFIE LE DRAGUEUR "ALFIE"
Drame de **Lewis Gilbert**, avec Michael Caine, Shelley Winters. Grande-Bretagne, 1966 – Couleurs – 1 h 50.
★ PRIX SPÉCIAL DU JURY, Cannes 1966.

Un don Juan d'aujourd'hui, cynique, odieux et pleutre, s'étourdit de conquêtes sans se soucier du sort des femmes qu'il compromet.

ALFREDO, ALFREDO "ALFREDO, ALFREDO"
Comédie de **Pietro Germi**, avec Dustin Hoffman, Stefania Sandrelli, Carla Gravina. Italie, 1971 – Couleurs – 2 h.

Alfredo est timide, Maria-Rosa est déchaînée. Ils s'épousent, mais cela tourne à l'aigre. Hoffman excelle dans cette comédie qui égratigne le mariage comme le faisait *Divorce à l'italienne*.

ALI BABA ET LES QUARANTE VOLEURS
Comédie de **Jacques Becker**, avec Fernandel, Samia Gamal, Dieter Borsche, Henri Vilbert, Delmont. France, 1954 – Couleurs – 1 h 32.

Luxueuse reconstitution d'un conte des Mille et Une Nuits qui est aussi une réflexion sur la pauvreté et la richesse. Avec la grande vedette du cinéma égyptien de l'époque : Samia Gamal.

▷ Autres versions réalisées par : **Arthur Lubin**, intitulée ALI BABA ET LES QUARANTE VOLEURS "ALI BABA AND THE FORTY THIEVES", avec Jon Hall, Maria Montez, Scotty Beckett, Turhan Bey, Frank Puglia. États-Unis, 1943 – Couleurs – 1 h 27. **Virgil Vogel**, intitulée L'ÉPÉE D'ALI BABA "SWORD OF ALI BABA", avec Peter Mann, Jocelyn Lane, Peter Whitney, Gavin McLeod, Frank Puglia. États-Unis, 1965 – Couleurs – 1 h 21.

L'ALIBI
Drame de **Pierre Chenal**, sur un scénario de Marcel Achard, avec Louis Jouvet, Erich von Stroheim, Jany Holt, Margo Lion, Albert Préjean. France, 1937 – 1 h 24.

Un assassin se crée un alibi avec l'aide d'une entraîneuse, mais la police est persuadée qu'elle ment. Pour la faire avouer, un jeune inspecteur joue les amoureux et se laisse prendre au jeu.

ALIBI MEURTRIER "NAKED ALIBI"
Film policier de **Jerry Hopper**, avec Sterling Hayden, Gloria Grahame, Gene Barry. États-Unis, 1954 – 1 h 26.

Soupçonnant un ivrogne d'un triple meurtre, un inspecteur s'acharne à le confondre.

ALICE "ALICE"
Comédie de **Woody Allen**, avec Mia Farrow, Joe Mantegna, William Hurt. • SC : Woody Allen. • PH : Carlo Di Palma. • DÉC : Santo Loquasto. • MONT : Susan E. Morse. États-Unis, 1990 – Couleurs – 1 h 49.

Alice, le personnage d'Alice, le film, se présente au départ comme le parangon presque caricatural de la jeune femme heureuse. Elle a tout : un gentil et joli mari très riche qui la gâte, deux beaux enfants, une maison coquette, des loisirs, des amies, bref elle se trouve exactement au point idéal où se terminent les films qui finissent bien. Alors que va-t-il bien pouvoir se passer ? Mille choses. Alice rencontre un mâle qui l'attire (tentation – réticence – péché ?), elle va voir un médecin chinois qui lui concocte un élixir vraiment magique, elle retrouve un ancien compagnon (ou plutôt son fantôme, puisqu'il est mort).

◆ *Ces péripéties surprenantes, ces aventures extravagantes, ces changements de ton et de registre s'enchaînent naturellement. Woody Allen nous a habitués à ces virages et revirements ; à quoi bon lutter ? Abandonnons toute logique, dérivons au fil de la comédie humaine et sachons bien que la fable n'est pas gratuite, elle a un sens et une morale. Le dénouement réserve une dernière surprise. C'est délicieux.* G.S.

ALICE AU PAYS DES MERVEILLES
"ALICE IN WONDERLAND"
Dessin animé de **Walt Disney**, sous la supervision de Ben Sharpsteen. États-Unis, 1951 – Couleurs – 1 h 15.

Prouesses techniques pour l'adaptation de deux ouvrages de Lewis Carroll : *Alice au pays des merveilles* et *De l'autre côté du miroir*.

ALICE AU PAYS DES MERVEILLES
"ALICE'S ADVENTURES IN WONDERLAND"
Comédie de **William Sterling**, d'après Lewis Carroll, avec Peter Sellers, Michael Crawford, Ralph Richardson, Flora Robson. Grande-Bretagne, 1972 – Couleurs – 1 h 30.

Cette transposition du célèbre conte, ponctuée d'effets spéciaux, rassemble des comédiens dont le talent est hélas mal exploité.

▷ Autre version réalisée par : **Norman Z. McLeod**, avec Charlotte Henry, W.C. Fields, Cary Grant, Gary Cooper, Edward Everett Horton, Edna May Oliver, Jack Oakie. États-Unis, 1933 – 1 h 15.

ALICE DANS LES VILLES "ALICE IN DEN STÄDTEN"
Comédie dramatique de **Wim Wenders**, avec Rüdiger Vogler *(Philip / Félix Winter)*, Yella Rottländer *(Alice)*, Lisa Kreuzer *(Lisa)*, Edda Köchl *(Angela / Edda)*. • SC : W. Wenders, Veith von Fürstenberg. • PH : Robbie Müller. • MONT : Peter Przygodda. R.F.A., 1973-74 – 1 h 50.

Un journaliste allemand, Philip Winter, venu à New York pour un reportage, n'a rien pu écrire. Au moment de repartir, à l'aéroport, une compatriote, Lisa, lui confie sa fillette de neuf ans, Alice, pour la conduire à Amsterdam, où elle les rejoindra. Mais elle n'est pas au rendez-vous. L'homme et l'enfant errent à travers l'Allemagne, de Wuppertal à la Ruhr, à la recherche d'une grand-mère mythique.

◆ *Ce film inaugure une série d'œuvres très personnelles de Wenders sur l'errance qui culminera avec* Paris, Texas *(1984). Quête géographique en même temps qu'intérieure, cette recherche de l'identité allemande à travers les traces de la culture américaine (rock, cinéma, images de Polaroïd) repose sur les rapports de complicité et de tendresse qui se tissent entre l'enfant tourné vers l'avenir et l'adulte bloqué par le passé. À la rigueur de la réalisation répond le charme communicatif de la jeune Yella Rottländer.* J.M.

ALICE N'EST PLUS ICI
"ALICE DOESN'T LIVE HERE ANYMORE"
Comédie dramatique de **Martin Scorsese**, avec Ellen Burstyn, Kris Kristofferson, Billy Green Bush, Diane Ladd, Lelia Goldoni. États-Unis, 1974 – Couleurs – 1 h 40.

Une jeune femme perd son mari et se retrouve seule avec son petit garçon. Elle finit par se lier durablement à un client du bar où elle travaille, malgré les difficultés causées par son fils pour empêcher leur liaison.

ALICE ou LA DERNIÈRE FUGUE
Film fantastique de **Claude Chabrol**, avec Sylvia Kristel, Charles Vanel, André Dussollier. France, 1977 – Couleurs – 1 h 33.

Après un accident, Alice est hébergée dans le château d'un certain Vergennes. Mais quand elle veut repartir, il lui est impossible de trouver la sortie. Un Chabrol métaphysique, parapsychologique, c'est rare.

ALICE'S RESTAURANT "ALICE'S RESTAURANT"
Comédie dramatique d'**Arthur Penn**, avec Arlo Guthrie *(lui-même)*, Pat Quinn *(Alice)*. • SC : Venable Herndon, A. Penn. • PH : Michael Nebbia. • MUS : Arlo Guthrie (chansons), G. Sherman. • MONT : Dede Allen. États-Unis, 1969 – Couleurs – 1 h 50.

Un jeune chanteur de folk, en route vers un collège où il veut compléter son éducation, rencontre une communauté hippie vivant dans une église, et dont l'égérie est Alice. Il vit avec elle des aventures pittoresques, rend visite à son père mourant (le grand chanteur engagé Woody Guthrie), et tente d'échapper à l'enrôlement pour la guerre du Viêt Nam.

◆ *Conté sur un rythme de ballade et ponctué par les chansons d'Arlo Guthrie, ce film semi-documentaire tenta de célébrer l'« épopée » hippie et en même temps d'échapper aux modèles narratifs classiques. On peut le voir aujourd'hui comme une sorte de document, mais aussi comme un « morceau de style » typique de son époque.* M.CH.

ALIEN (LE HUITIÈME PASSAGER) "ALIEN"
Film de science-fiction de **Ridley Scott**, avec Tom Skerrit *(Dallas)*, Sigourney Weaver *(Ripley)*, Veronica Cartwright *(Lambert)*, Harry Dean Stanton. • SC : Dan O'Bannon, d'après un sujet original de Dan O'Bannon et Ronald Shusett. • PH : Derek Vanlint. • DÉC : Michael Seymour. • MUS : Jerry Goldsmith. • MONT : Terry Rawlings, Peter Weatherley. Grande-Bretagne, 1979 – Couleurs – 1 h 55.

L'équipage du vaisseau spatial Nostromo découvre sur une planète une colonie d'œufs géants, habités par de mystérieuses créatures. L'un de ces « Aliens » pénètre dans l'organisme du second, Kane, puis, changeant de forme et de volume, élimine un à un les astronautes. Seule la navigatrice, Ripley, survivra à l'épreuve.

◆ *Habile mélange d'horreur et d'anticipation,* Alien *rompt avec le fonctionnalisme épuré qui régnait dans la S.F. depuis* 2001 : l'Odyssée de l'espace *et crée un environnement réaliste, évolutif et contrasté, où s'opposent l'hyper-technologie moderne et les forces primitives de la vie.* Alien, *c'est l'irruption incontrôlée de l'organique dans l'univers aseptisé du* XXIe *siècle, un terrifiant « retour du refoulé » organisé en une structure narrative d'une extrême simplicité. Outre ses remarquables inventions formelles, ce thriller brille par la richesse et la densité de ses atmosphères, le relief et la diversité de sa bande son.* *O.E.*

ALIENS, LE RETOUR "ALIENS"
Film de science-fiction de **James Cameron**, avec Sigourney Weaver, Carrie Henn. États-Unis, 1986 – Couleurs – 2 h 17.

Suite du précédent. Deux rescapés d'un vaisseau stratosphérique disparu repartent en quête de la vérité sur une planète mystérieuse, Achéron, peuplée de monstres visqueux et grouillants, les « Aliens ».

À L'ITALIENNE "MADE IN ITALY"
Comédie de **Nanni Loy**, avec Anna Magnani, Nino Manfredi, Alberto Sordi. Italie / France, 1967 – Couleurs – 1 h 40.

Dans un avion qui les transporte en Suède où ils vont chercher du travail, des ouvriers italiens échangent des souvenirs et évoquent divers aspects de la vie « à l'italienne ». Cette trame est le prétexte à de nombreux sketches, certains très brefs.

L'ALLÉE SANGLANTE "BLOOD ALLEY"
Film d'aventures de **William A. Wellman**, avec John Wayne, Lauren Bacall, Paul Fix, Joy Kim, Berry Kroger, Anita Ekberg. États-Unis, 1955 – Couleurs – 1 h 55.

En Chine, un village tout entier fuit l'ennemi à bord d'un vieux bateau à roue commandé par John Wayne. Aventures et dépaysement.

ALLÉGORIE
Comédie dramatique de **Christian Paureilhe**, avec Sylvie Coste, Jean-Louis Leconte, André Weinfeld, Jean-Luc Bouté. France, 1975 – Couleurs – 1 h 30.

Trois jeunes gens qui ne se connaissent pas essayent de fuir une société contraignante, à la recherche d'un autre monde qui soit à la mesure de leur image. Dans la foule déchaînée, ils se perdent et se retrouvent sur une plage où la vie devient différente.

ALLEGRO NON TROPPO "ALLEGRO NON TROPPO"
Dessins animés de **Bruno Bozzetto**, sur des musiques de Debussy, Dvořák, Ravel, Sibelius, Vivaldi, Stravinsky. Italie, 1978 – Couleurs et NB – 1 h 20.

Un chef d'orchestre dirige, à ses côtés un dessinateur illustre chaque thème, et le dessin animé se substitue au réel. Le clin d'œil à Fantasia de Disney est évident ; un beau dessin moderne de Bozzetto.

ALLEMAGNE, ANNÉE ZÉRO
"GERMANIA, ANNO ZERO"
Drame de **Roberto Rossellini**, avec Edmund Moeschke *(Edmund)*, Franz Krüger *(Karl-Heinz)*, Ingetraut Hintz *(Eva)*, Ernst Pittschau *(le père)*, Erich Gühne *(l'instituteur)*. • SC : R. Rossellini, Max Colpet, Carlo Lizzani. • PH : Robert Juillard. • MUS : Renzo Rossellini. • MONT : Findeisen. Italie / France, 1947 – 1 h 13.

Dans les ruines du Berlin de l'immédiat après-guerre, sous l'occupation alliée, le jeune Edmund subvient, par divers trafics, aux besoins d'un père infirme, d'un frère aîné ancien S.S. qui se cache, d'une sœur quasi prostituée. Conseillé par son ancien instituteur nazi, Edmund empoisonne son père avant de se donner la mort.

◆ *Dans la ligne du néoréalisme de* Rome, ville ouverte *et* Païsa, *Rossellini décrit le calvaire d'un enfant ballotté, piégé par les effets de la guerre et de l'idéologie nazie. Edmund est la victime expiatoire d'une situation qu'il ne peut comprendre comme de l'inconséquence et de l'immaturité des adultes. En accordant la même importance à chaque détail, aux temps forts comme aux temps faibles, la mise en scène élève l'observation du quotidien le plus sordide au rang d'une allégorie christique.* *J.M.*

L'ALLEMAGNE EN AUTOMNE
"DEUTSCHLAND IM HERBST"
Film politique de treize réalisateurs, dont **Rainer Werner Fassbinder**, **Alexander Kluge**, **Volker Schlöndorff**, **Edgard Reitz**. R.F.A., 1978 – Couleurs – 1 h 56.

En dix tableaux filmés par les principaux représentants du « jeune cinéma allemand », un témoignage sur la situation de l'Allemagne de la fin des années 70 au cœur de la crise.

ALLEMAGNE, MÈRE BLAFARDE
"DEUTSCHLAND, BLEICHE MUTTER"
Chronique d'**Helma Sanders-Brahms**, avec Eva Mattes *(Hélène)*, Ernst Jacobi *(Hans)*, Elisabeth Stepanek *(Hanne)*, Angelica Thomas *(Lydia)*, Rainer Friedrichsen *(Ulrich)*, Gisela Stein *(Tante Ihmchen)*, Fritz Lichtenhahn *(Oncle Bertrand)*. • SC : H. Sanders-Brahms. • PH : Jürgen Jürges. • MUS : Jürgen Knieper.

• MONT : Elfi Tillack, Uta Periginelli. R.F.A., 1980 – Couleurs – 2 h.

La destinée de Hans et d'Hélène, de 1938 à 1950, au milieu des convulsions de l'Histoire. Ils viennent à peine de se marier lorsque Hans est envoyé sur le front polonais. Hélène accouche seule d'une petite fille, Anna. Exodes, souffrances, ruines et luttes pour la vie, dans l'Allemagne de la défaite et de la reconstruction : Hans revenu et Hélène, atteinte de paralysie faciale, vivent en étrangers l'un à l'autre.

◆ *Chronique émue de « l'amour et la vie d'une femme », ce film nous touche justement par la chaleur et la sensibilité avec lesquelles la réalisatrice nous peint la destinée dramatique d'Hélène, remarquablement incarnée par Eva Mattes.* *D.C.*

ALLER ET RETOUR "THE GILDED LILY"

Comédie sentimentale de **Wesley Ruggles**, avec Claudette Colbert, Fred MacMurray, Ray Milland. États-Unis, 1935 – 1 h 20.

Une jeune dactylo sentimentalement hésitante devient une grande vedette de music-hall. Une fine comédie brillamment interprétée.

ALLEZ COUCHER AILLEURS

"I WAS A MALE WAR BRIDE"

Comédie humoristique de **Howard Hawks**, avec Cary Grant, Ann Sheridan, Marion Marshall. États-Unis, 1949 – 1 h 45.

Les aventures d'un capitaine français, chargé de mission dans le secteur sous contrôle américain d'Allemagne, qui doit voyager avec une femme officier américaine ! Irrésistible satire de l'administration.

ALLEZ FRANCE

Comédie de **Robert Dhéry**, avec Robert Dhéry, Colette Brosset, Jean Richard, Jean Carmet, Diana Dors. France, 1964 – 1 h 30.

L'odyssée burlesque d'un groupe de supporters de l'équipe de France de rugby, venus à Twickenham pour la rencontre France-Angleterre. Réjouissante caricature du chauvinisme.

L'ALLIANCE

Film fantastique de **Christian de Chalonge**, d'après Jean-Claude Carrière, avec Anna Karina et Jean-Claude Carrière. France, 1971 – Couleurs – 1 h 30.

Une agence matrimoniale les a réunis. Mais chacun s'inquiète du comportement de l'autre. Quand enfin les soupçons laissent la place à un amour véritable, le monde bascule...

ALLO BERLIN ? ICI PARIS !

Comédie de **Julien Duvivier**, avec Wolfgang Klein, Germaine Aussey, Charles Redgie, Josette Day. France, 1931 – 1 h 29.

Entre Paris et Berlin, de jeunes téléphonistes montrent qu'ils peuvent se comprendre malgré la barrière des langues. Une fille et un garçon communiquent régulièrement et finissent enfin par se rencontrer après des aventures dans les deux capitales.

▷ Parallèlement, **Duvivier** signe une version allemande, intitulée HALLO HALLO ! HIER SPRICHT BERLIN !

ALLO, BRIGADE SPÉCIALE

"EXPERIMENT IN TERROR"

Film policier de **Blake Edwards**, avec Glenn Ford, Lee Remick, Stefanie Powers. États-Unis, 1962 – 1 h 43.

Une caissière de banque vit sous la menace permanente d'un gangster qui veut la contraindre à détourner 100 000 dollars. Elle parvient à se mettre en rapport avec le F.B.I. Un essai réussi de Blake Edwards, spécialiste de la comédie, dans le registre du « thriller ».

ALLO... L'ASSASSIN VOUS PARLE

"THE THIRD VOICE"

Film policier de **Hubert Cornfield**, avec Edmond O'Brien, Julie London, Laraine Day. États-Unis, 1960 – 1 h 19.

L'histoire d'un crime qui pouvait être parfait. À un détail près... Rebondissements bien calculés et suspense.

ALLONSANFAN "ALLONSANFAN"

Drame historique de **Paolo** et **Vittorio Taviani**, avec Marcello Mastroianni *(Fulvio Imbriani)*, Lea Massari *(Charlotte)*, Mimsy Farmer *(Mirella)*, Bruno Cerino *(Tito)*, Laura Betti *(Esther)*. • SC : P. et V. Taviani. • PH : Giuseppe Ruzzoli. • DÉC : Giovanni Sbarra. • MUS : Ennio Morricone. • MONT : Roberto Perpignani. Italie, 1974 – Couleurs – 1 h 51.

En 1816, alors que l'Italie encore inexistante comme entité politique lutte contre la restauration autrichienne, un patriote lombard rentre après des années d'exil et de prison dans la maison familiale. Il y retrouve la douceur de vivre, mais, du coup, devient à la fois incapable de reprendre le combat et incapable de rompre avec ses anciens compagnons. Il finira par les trahir, mais cette trahison s'opère elle-même lors d'un déplacement de la lutte révolutionnaire, en Sicile, où le veule héros (Mastroianni avec sa perfection habituelle) s'est laissé entraîner dans un soulèvement paysan voué à l'échec. Il y rencontre, avant de sombrer dans la folie, un adolescent dont le sobriquet, « Allonsanfan », rappelle phonétiquement l'universalité de la Révolution.

◆ *Ce récit un peu désordonné, sans conclusion véritable, fait à ce titre exception dans la filmographie des Taviani, malgré le soin apporté, comme d'ordinaire, au moindre détail et à la composition des images.* G.LD.

ALLONS DONC PAPA "FATHER'S LITTLE DIVIDEND"
Comédie humoristique de **Vincente Minnelli**, avec Spencer Tracy, Joan Bennett, Elizabeth Taylor, Don Taylor. États-Unis, 1951 – 1 h 22.

Suite très réussie du précédent Minnelli, *le Père de la mariée*, dans laquelle Spencer Tracy vit les affres d'un futur grand-père.

ALLONS Z'ENFANTS
Drame d'**Yves Boisset**, d'après le roman d'Yves Gibeau, avec Lucas Belvaux, Jean Carmet, Jean-Pierre Aumont, Jean-François Stévenin. France, 1980 – Couleurs – 1 h 58.

Le calvaire d'un enfant de troupe, brimé par ses chefs, un instant compris par ses professeurs. Une mine allemande fera de ce pacifiste un héros.

ALL THAT JAZZ / QUE LE SPECTACLE COMMENCE "ALL THAT JAZZ"
Comédie musicale de **Bob Fosse**, avec Roy Scheider, Jessica Lange, Ann Reinking. États-Unis, 1979 – Couleurs – 2 h 05.

Un metteur en scène célèbre prépare un film et une comédie musicale qui seront l'apothéose de sa carrière. Un infarctus bouleverse tous ses projets et il décide de mettre en scène sa propre mort. Une comédie légère sur un sujet grave.

ALOÏSE
Drame de **Liliane de Kermadec**, avec Delphine Seyrig, Isabelle Huppert, Roger Blin, Jacques Weber, Julien Guiomar, Michael Lonsdale. France, 1975 – Couleurs – 1 h 55.

D'origine modeste, mais pleine d'ambitions artistiques, Aloïse est gouvernante en Allemagne. La guerre l'oblige à regagner la Suisse, sa patrie. Malade mentale, elle sera internée et pourra enfin se livrer à sa passion : la peinture.

ALOMA PRINCESSE DES ÎLES
"ALOMA OF THE SOUTH SEAS"
Comédie dramatique d'**Alfred Santell**, avec Dorothy Lamour, Jon Hall, Lynne Overman, Philip Reed, Katherine De Mille, Fritz Leiber. États-Unis, 1941 – Couleurs – 1 h 22.

Après ses études aux États-Unis, le fils d'un chef rentre dans son île du Pacifique pour y épouser la jeune fille qui l'attend. Il doit affronter un rival dangereux et s'enfuit de justesse avec sa fiancée lorsque l'éruption du volcan engloutit l'île.

À L'OMBRE DES POTENCES "RUN FOR COVER"
Western de **Nicholas Ray**, avec James Cagney, Viveca Lindfors, John Derek. États-Unis, 1955 – Couleurs – 1 h 33.

Deux compagnons de hasard sympathisent. L'un deviendra shérif et découvrira que son ami est un voleur. Soupçonné à sa place, il devra faire montre à la fois de courage et de compassion. Daniel L. Fapp signe des images d'une qualité exceptionnelle.

À L'OUEST DE ZANZIBAR "WEST OF ZANZIBAR"
Drame de **Harry Watt**, avec Anthony Steel, Sheila Sim, William Simons. Grande-Bretagne, 1954 – Couleurs – 1 h 34.

Fiction documentaire écrite par Max Catto et Jack Whittingham, évoquant – à travers le trafic de l'ivoire – le drame de l'Afrique noire avilie par la « Civilisation ». Suite, sur le même thème, de QUAND LES VAUTOURS NE VOLENT PLUS (Voir ce titre).

À L'OUEST DU MONTANA "MAIL ORDER BRIDE"
Western de **Burt Kennedy**, avec Buddy Ebsen, Lois Nettleton, Warren Oates. États-Unis, 1963 – Couleurs – 1 h 23.

Un vétéran de l'Ouest prend en main l'éducation du fils d'un de ses amis, décédé. Il marie de force le garçon, lui apprend l'honnêteté et la droiture. Un western semi-comique.

À L'OUEST RIEN DE NOUVEAU
"ALL QUIET ON THE WESTERN FRONT"
Film de guerre de **Lewis Milestone**, avec Lew Ayres *(Paul Baumer)*, Louis Wolheim *(Katczinsky)*, John Wray *(Himmelstross)*, Raymond Griffith *(Gérard Duval)*, Slim Summerville *(Tjaden)*. • SC : Dell Andrews, Maxwell Anderson, George Abbott, d'après le roman d'Erich Maria Remarque. • PH : Arthur Edeson. • DÉC : Charles D. Hall, W.R. Schmitt. • MUS : David Broekman. • MONT : Edgar Adams, Milton Carruth. États-Unis, 1930 – 1 h 56.
★ OSCAR DU MEILLEUR FILM 1929-1930.

En 1916, des lycéens allemands, poussés par leur professeur, s'enrôlent comme volontaires : ils subissent un dur entraînement et sont envoyés au front où ils se trouvent en proie à la vermine, à la maladie, à la faim et à la peur. Lors d'une permission, le lieutenant Baumer contredit la rhétorique patriotique de son ancien professeur en expliquant aux élèves l'atrocité et l'absurdité de cette guerre. De retour au front, il est tué en voulant attraper un papillon sur le rebord de la tranchée.

◆ *Milestone décrit les horreurs de la guerre avec réalisme, mais aussi un grand souffle épique dans d'impressionnants mouvements de caméra. Le plus fameux est un long travelling latéral sur l'assaut des fantassins français décimés devant les barbelés par les mitrailleuses. En dénonçant le dévoiement du patriotisme, en suggérant la fraternité des combattants des deux camps, il a réalisé un authentique film pacifiste.* M.MN.

ALOUETTE, JE TE PLUMERAI
Comédie dramatique de **Pierre Zucca**, avec Claude Chabrol, Valérie Allain, Fabrice Luchini. France, 1987 – Couleurs – 1 h 38.

Un sexagénaire rusé et secrètement désargenté joue de la crédulité d'un jeune couple qui guigne son héritage.

L'ALPAGUEUR
Film policier de **Philippe Labro**, avec Jean-Paul Belmondo, Bruno Crémer, Jean Négroni, Patrick Fierry, Jean-Pierre Jorris, Victor Garrivier. France, 1976 – Couleurs – 1 h 50.

Chasseur de primes, l'Alpagueur démantèle un réseau de prostitution. Après de nouveaux exploits, il finira par se trouver face à face avec un adversaire digne de lui, l'Épervier.

ALPHAVILLE (UNE ÉTRANGE AVENTURE DE LEMMY CAUTION)
Film poétique d'anticipation de **Jean-Luc Godard**, avec Eddie Constantine *(Lemmy Caution)*, Anna Karina *(Natacha von Braun)*, Akim Tamiroff *(Henry Dickson)*, Howard Vernon *(Pr. Léonard Nosferatu, alias Pr. von Braun)*, Lazló Szabó *(ingénieur en chef)*, Jean-André Fieschi et Jean-Louis Comolli *(Pr. Heckell et Jeckell)*. • SC : J.-L. Godard. • PH : Raoul Coutard. • MUS : Paul Misraki. • MONT : Agnès Guillemot. France / Italie, 1965 – 1 h 38.
★ **OURS D'OR, Berlin 1965.**

Lemmy Caution, agent secret, vient des Pays extérieurs pour détruire Alphaville, soumise au pouvoir terrifiant de l'ordinateur Alpha 60. S'étant épris de Natacha, la fille du Pr. von Braun, il accomplira sa mission et sauvera la jeune fille en lui apprenant à dire les mots interdits à Alphaville : « Je vous aime ».

◆ *Ce poème scintillant, qui alterne le noir profond et les éclairs, est placé par Godard sous le signe de F.W. Murnau, de l'expressionnisme allemand (Lemmy parle des vieux films de vampire que l'on voyait à la cinémathèque) et de la poésie de Cocteau et de Paul Éluard. Eddie Constantine traverse les zones interdites filmées en images négatives, comme dans* Nosferatu *et* Orphée, *puis lit d'admirables fragments de* Capitale de la douleur *à sa bien-aimée, alors que l'ordinateur tente de lui inculquer les principes de la physique et de la logique moderne.* M.M.

ALSINO ET LE CONDOR "ALSINO Y EL CONDOR"
Drame de **Miguel Littin**, avec Dean Stockwell, Alan Esquivel, Carmen Bunster. Cuba / Mexique / Nicaragua / Costa-Rica, 1982 – Couleurs – 1 h 20.

Un jeune garçon de la campagne prend conscience de la guerre et découvre l'instrument de répression fourni par les États-Unis.

ALVAREZ KELLY "ALVAREZ KELLY"
Western d'**Edward Dmytryk**, avec William Holden, Richard Widmark, Janice Rule. États-Unis, 1966 – Couleurs – 1 h 56.

Durant la guerre de Sécession, un éleveur doit livrer aux nordistes plusieurs milliers de têtes de bétail pour la subsistance de l'armée. Capturé par les sudistes, il est forcé de changer de camp.

ALWAYS "ALWAYS"
Comédie fantastique de **Steven Spielberg**, avec Richard Dreyfuss, Holly Hunter, Brad Johnson, John Goodman, Audrey Hepburn. • SC : Jerry Belson, d'après le film *Un nommé Joe*. Mikael Salomon. • MUS : John Williams. • MONT : Michael Kahn. États-Unis, 1990 – Couleurs – 2 h 04.

Un couple qui s'entendait à merveille est séparé par la mort. Aviateur casse-cou et généreux, l'homme s'est écrasé avec son appareil lors d'une mission de sauvetage. Est-ce assez triste ? Que non pas. Car le mélodrame possible, probable, tentant, se transforme – soulagement ! – en comédie fantastique. Un ange de sexe féminin (Audrey Hepburn de blanc vêtue) accueille le défunt dans un au-delà de convention et lui confie un rôle d'ange gardien. Il veillera sur sa dame et sur son copain. Drôle d'emploi pour un si bon vivant !

◆ *Ne cherchons pas le sens métaphysique de cette fable. C'est une parabole pour rire, un film de détente, plein d'humour et de vie. C'est le remake réussi d'un film réussi* (Un nommé Joe *de Victor Fleming, 1944). Une fois de plus, Spielberg se fait plaisir en redevenant le gosse qu'il était quand il allait voir des films gratifiants. La nostalgie n'est pas un péché.* G.S.

AMADEUS "AMADEUS"

Drame de **Miloš Forman**, avec Tom Hulce *(Mozart)*, F. Murray Abraham *(Antonio Salieri)*, Elisabeth Berridge *(Constance Weber)*, Simon Callow *(Emmanuel Schikaneder)*, Roy Dotrice *(Leopold Mozart)*, Jeffrey Jones *(Joseph II)*, Christine Ebersole *(Catarina Cavalieri)*. • SC : Peter Shaffer, d'après sa pièce. • PH : Miroslav Ondritchek. • DÉC : Patrizia von Brandenstein. • MUS : Mozart. • MONT : Nena Danevic. États-Unis, 1984 – Couleurs – 2 h 37. ★ **OSCAR DU MEILLEUR FILM 1984.**

Salieri revoit l'irruption de Mozart à la cour de Vienne... ou comment le talent, reconnu et fêté, découvre ses limites devant l'évidence du génie. Dans un mélange d'envie lucide et de haine désespérée, il multiplie les obstacles sur la route de son « rival » et finit, dans une apothéose de double jeu, par partager la naissance de ce *Requiem* qui marque la propre mort du divin Mozart.

◆ *Partant de la pièce de Peter Shaffer, Forman a mis sa technique et sa sensibilité au service d'une adaptation parfaitement cinématographique. Usant à merveille des décors naturels de Prague, sachant faire vivre la musique au rythme d'une vitalité prodigieuse, il donne un portrait non académique d'un homme certes traversé par la grâce, mais qui n'en reste pas moins d'une folle exubérance, ce que sa* Correspondance *nous avait appris. Et puis, par une magie supplémentaire, c'est le phénomène de la création qui devient soudain évident, compréhensible et accessible à tous : sur son lit de mort, Mozart dicte ses notes et, plus émerveillés encore que Salieri, nous les entendons, nous les saisissons avec lui dans ces instants uniques où le rêve devient réalité.* J.-M.C.

AMANDA "CAREFREE"

Comédie musicale de **Mark Sandrich**, avec Fred Astaire, Ginger Rogers, Ralph Bellamy, Luella Gear, Clarence Kolb, Jack Carson. États-Unis, 1938 – 1 h 25.

Un jeune avocat, inquiet des fantaisies de sa fiancée, chanteuse, fait appel à un psychanalyste. Le médecin et la jeune femme s'éprennent l'un de l'autre...

L'AMANT

Comédie dramatique de **Jean-Jacques Annaud**, avec Jane March *(la jeune fille)*, Tony Leung *(le Chinois)*, Frédérique Méninger *(la mère)*, Arnaud Giovaninetti *(le frère aîné)*, Melvil Poupaud *(le petit frère)*, Lisa Faulkner *(Hélène Lagonelle)*, Jeanne Moreau (la voix off). • SC : J.-J. Annaud, Gérard Brach, d'après le roman de Marguerite Duras. • PH : Robert Fraisse. • DÉC : Thanh At Hoang. • MUS : Gabriel Yared. • MONT : Noëlle Boisson. France, 1991 – Couleurs – 1 h 52.

Dans les années 20 en Indochine, un jeune et riche Chinois propose à une adolescente française de l'initier aux plaisirs physiques de l'amour. Elle est pensionnaire dans une institution pour jeunes filles de famille. Elle n'est pas très riche. Elle accepte. Dans la pénombre d'une chambre, les étreintes se poursuivent dans une atmosphère torride et torpide. Des décennies plus tard, une vieille dame se souvient de cette longue aventure.

◆ *Il s'agit d'un film-événement réalisé par Jean-Jacques Annaud à partir d'un best-seller autobiographique de Marguerite Duras. Il est confectionné (c'est le mot) avec soin, ce qui est la moindre des choses, mais la romancière et le cinéaste ne se sont pas entendus. Le résultat est à la mesure de l'ambition de l'entreprise : un compromis habile entre le culturel et le commercial.* G.S.

L'AMANT DE CINQ JOURS

Comédie de **Philippe de Broca**, d'après le roman de Françoise Parturier, avec Micheline Presle, Jean Seberg, Jean-Pierre Cassel, François Périer, Carlo Croccolo. France / Italie, 1961 – 1 h 24.

Claire, mariée à Georges qui ferme les yeux, devient la maîtresse d'Antoine, amant entretenu de Madeleine... Puis lassée de lui, elle cherche ailleurs.

L'AMANT DE LADY CHATTERLEY

Étude psychologique de **Marc Allégret**, d'après le roman de D.H. Lawrence, avec Danielle Darrieux, Leo Genn, Erno Crisa. France, 1955 – 1 h 41.

Dans cette transposition du célèbre roman, une châtelaine mariée à un infirme prend pour amant et père de son enfant son garde-chasse. L'esprit du film est très différent de celui du livre et permet à Danielle Darrieux d'être une exquise Lady.

▷ Version érotique « soft » : L'AMANT DE LADY CHATTERLEY "LADY CHATTERLEY'S LOVER" de **Just Jaeckin**, avec Sylvia Kristel, Shame Bryant, Nicholas Clay. Grande-Bretagne / France, 1981 – Couleurs – 1 h 40.

L'AMANT DE PAILLE

Comédie de **Gilles Grangier**, d'après la pièce de Marc-Gilbert Sauvajon, avec Jean-Pierre Aumont, Gaby Sylvia, Alfred Adam. France, 1951 – 1 h 26.

Pour vivre tranquillement leur adultère, des amants orientent les soupçons du mari sur un innocent jeune homme...

L'AMANT DE POCHE

Comédie dramatique de **Bernard Queysanne**, d'après le roman de Woldemar Lestienne, avec Mimsy Farmer,

Pascal Sellier, Andréa Ferréol. France, 1977 – Couleurs – 1 h 30.

Une hétaïre de haut vol s'amourache d'un lycéen. Cela ne va pas sans désagréments pour la famille du garçon comme pour l'employeuse de la courtisane.

L'AMANT SANS VISAGE "NORA PRENTISS"

Drame de **Vincent Sherman**, avec Ann Sheridan, Kent Smith, Bruce Bennett, Robert Alda, Rosemary DeCamp. États-Unis, 1947 – 1 h 51.

Un médecin profite de la mort subite d'un client dans son cabinet pour se substituer à lui. Mais, victime d'un accident qui le défigure, il est arrêté et condamné pour le meurtre... du médecin.

LES AMANTS

Drame de **Louis Malle**, avec Jeanne Moreau *(Jeanne Tournier)*, Alain Cuny *(Henri Tournier)*, José-Luis de Vilallonga *(Raoul)*, Jean-Marc Bory *(Bernard)*, Judith Magre *(Maggy)*, Gaston Modot. • SC : Louis Malle, Louise de Vilmorin, d'après *Point de lendemain* de Dominique Vivant, baron de Denon. • PH : Henri Decae. • DÉC : Bernard Evein, Jacques Saulnier. • MUS : J. Brahms. • MONT : Léonide Azar. France, 1958 – 1 h 28. ★ **LION D'ARGENT, Venise 1958.**

Jeanne Tournier, épouse d'un directeur de journal, s'ennuie en province. Chaque mois, elle se rend à Paris pour se distraire avec sa meilleure amie, Maggy. Elle finit par prendre un amant distingué, Raoul. Relevant un défi de son mari, elle organise une réception chez elle pour ses amis parisiens. Sur la route, elle tombe en panne et rencontre Bernard, qui la reconduit. Il est invité à dîner, puis à passer la nuit. Insomniaque, Jeanne retrouve Bernard dans le parc. Ils vont s'aimer follement au clair de lune, puis Bernard propose à Jeanne de l'emmener. Mais aura-t-elle le courage de tout quitter ?

◆ *Malgré (ou à cause de) son triomphe au festival de Venise,* les Amants *provoqua aussitôt le scandale. En Italie, l'organe du Vatican l'*Osservatore Romano *condamna sévèrement le film ; chez nous,* le Pèlerin *appela à le boycotter. Ce n'est pas tant l'immoralité du scénario qui motiva ces réactions que le réalisme, alors inédit, des scènes d'amour, et surtout le visage de Jeanne Moreau exprimant le plaisir comme aucune actrice n'avait osé le faire avant elle. Le film fit d'elle une star, et de Louis Malle un metteur en scène célèbre.* G.L.

LES AMANTS CRUCIFIÉS

"CHIKAMATZU MONOGATARI"

Drame de **Kenji Mizoguchi**, avec Kasuo Hasegawa *(Mohei)*, Kyoko Kagawa *(Osan)*, Yoko Minamida *(Otama)*, Eitaro Shindo *(Ishun)*, Sakae Ozawa. • SC : Matsutaro Kawaguchi, Yoshikata Yoda, d'après la pièce de Monseamon Chikamatsu. • PH : Kazuo Miyagawa. • MUS : Fumio Hayasaka. • MONT : Kanji Sugawara. Japon, 1954 – 1 h 42. ★ **LION D'ARGENT, Venise 1955.**

En 1684 à Kyoto, Osan, jeune épouse du très mûr grand parcheminier, fait appel à un jeune calligraphe de la maison, Mohei, pour trouver l'argent nécessaire à venir en aide à son frère indélicat. Les deux jeunes gens s'éprennent l'un de l'autre. Ishun découvre le faux en écriture qu'a dû faire Mohei, qui est surpris au moment où il fait ses adieux à Osan. Soupçonnés d'adultère, ils s'enfuient, mais sont pris sur le lac Biwa. Selon la loi, ils seront crucifiés.

◆ *C'est un des sommets de l'art du grand Mizoguchi : splendeur plastique, violence et pudeur dans l'expression des sentiments. Mais beauté et poésie masquent un monde cruel. Les héros, la femme en particulier, sont les victimes d'une société et d'un cadre moral d'une implacable rigueur. Ce qui peut sembler fatalité inexorable n'est que la description d'êtres qui se débattent dans un monde où leur amour n'a pas de place et ne peut s'accomplir que dans la mort.* J.M.

LES AMANTS DE BRAS-MORT

Drame réaliste de **Marcello Pagliero**, avec Nicole Courcel, Frank Villard, Henri Genès, Line Noro, Margo Lion. France, 1951 – 1 h 35.

Sur fond de péniches, les amours d'un marinier modeste et de sa cousine, fille d'un riche propriétaire de nombreux bateaux.

LES AMANTS DE LA NUIT "THEY LIVE BY NIGHT"

Drame réaliste de **Nicholas Ray**, avec Farley Granger, Cathy O'Donnell, Jay C. Flippen, Howard Da Silva. États-Unis, 1948 – 1 h 35.

Les dernières heures d'un jeune homme évadé de prison en compagnie de deux condamnés de droit commun. Il va tenter vainement de sortir de l'engrenage de la violence.

▷ Voir aussi NOUS SOMMES TOUS DES VOLEURS.

LES AMANTS DE MINUIT

Comédie dramatique de **Roger Richebé**, avec Jean Marais, Dany Robin. France, 1953 – 1 h 39.

Un soir de Noël, la brève rencontre d'un séduisant escroc et d'une jeune fille naïve.

LES AMANTS DE SALZBOURG "INTERLUDE"

Comédie dramatique de **Douglas Sirk**, avec June Allyson, Rossano Brazzi, Françoise Rosay. États-Unis, 1957 – Couleurs – 1 h 30.

L'impossible amour d'une jeune Américaine venue à Salzbourg pour un chef d'orchestre célèbre dont l'épouse est folle. L'Autriche et la Bavière photographiées par un maître : William Daniels.

LES AMANTS DE TERUEL

Drame de **Raymond Rouleau**, avec Ludmilla Tchérina, René-Louis Laforgue. France, 1962 – Couleurs – 1 h 30.

La vedette d'une troupe de comédiens ambulants rêve l'histoire de son passé amoureux, s'identifiant au spectacle, mêlant rêve et réalité. Le film est entièrement mimé et dansé par Ludmilla Tchérina, sur une musique de Mikis Theodorakis.

LES AMANTS DE VÉRONE

Drame d'**André Cayatte**, avec Pierre Brasseur, Marcel Dalio, Serge Reggiani, Louis Salou, Anouk Aimée, Martine Carol. France, 1949 – 1 h 25.

Alors que l'on tourne Roméo et Juliette à Venise, les doublures des vedettes s'éprennent l'une de l'autre. Transposition moderne de la pièce de Shakespeare par André Cayatte et Jacques Prévert.

LES AMANTS DU CAPRICORNE

"UNDER CAPRICORN"

Drame d'**Alfred Hitchcock**, avec Ingrid Bergman *(lady Harrietta Flusky)*, Joseph Cotten *(Sam Flusky)*, Michael Wilding *(Charles Adare)*, Margaret Leighton *(Milly)*. • SC : James Bridie, d'après le roman de Helen Simpson. • PH : Jack Cardiff. • DÉC : Tom Morahan. • MUS : Richard Addinsell. • MONT : A.S. Bates. Grande-Bretagne, 1949 – 1 h 57.

En 1835, en Australie, Charles Adare, neveu du Gouverneur, fait la connaissance de Sam Flusky, ancien forçat enrichi, marié à une cousine de Charles, lady Harrietta, devenue alcoolique, terrorisée par sa gouvernante. Charles s'éprend d'elle et entreprend de la guérir. La jalousie de Flusky, attisée par la gouvernante, provoque un scandale. Harrietta confesse alors à son cousin qu'elle est le véritable auteur du meurtre pour lequel Flusky a été condamné.

◆ *Le film, certainement très hitchcockien, mais insatisfaisant, a été renié par son auteur même qui lui reproche la faiblesse de son scénario et une distribution peu convaincante, notamment la dévolution du rôle de Sam Flusky à Joseph Cotten, là où, selon Hitchcock, il aurait fallu Burt Lancaster, car le sujet profond du film est l'histoire de la lady amoureuse du palefrenier et qui se dégrade par amour. On retrouve pourtant dans ce film imparfait, mais techniquement brillant (le réalisateur y recourt, comme dans* la Corde *qu'il venait de réaliser, à de longs et complexes plans-séquence) une thématique et des personnages typiquement hitchcockiens : la gouvernante abusive, l'emprise du passé, la faute confessée, comme par exemple dans* Rebecca et les Enchaînés. *M.S.*

LES AMANTS DU PONT-NEUF

Drame de **Leos Carax**, avec Juliette Binoche *(Michèle)*, Denis Lavant *(Alex)*, Klaus Michael Grüber *(Hans)*, Crichan Larson *(Julien)*. • SC : L. Carax. • PH : Jean-Yves Escoffier. • DÉC : Cindy Carr. Effets spéciaux : Jack Dubus. • MUS : George Fenton. • MONT : Nelly Quettier. France, 1991 – Couleurs – 2 h 05.

Le Pont-Neuf, dont la sagesse populaire fait un symbole de solidité, est malade. Interdit à la circulation pour cause de réhabilitation, il est envahi par une population de clochards. L'un d'eux, Alex, jeune, candide, recueille une nouvelle venue, en dépit de l'interdiction que lui en fait son ami Hans qui règne sur le lieu. Cette fille a un passé complexe et douloureux. Elle a aussi un futur angoissant : sa vue baisse inexorablement. Mais le destin est quelquefois clément et complaisant.

◆ *Ce film était mythique avant même que d'exister. Son jeune réalisateur, glorifié par la critique comme un nouveau génie, a voulu aller jusqu'au bout d'une entreprise extrêmement coûteuse et par là même dangereuse. Les aléas de la production l'ont amené à reconstituer le Pont-Neuf en province. Tous ces remous n'empêchent pas le film d'être à la fois fascinant et émouvant dans son lyrisme exacerbé et son optimisme surprenant. Quelques excès de zèle l'alourdissent par moments, mais ne compromettent pas son intérêt. G.S.*

LES AMANTS DU PONT SAINT-JEAN

Comédie dramatique d'**Henri Decoin**, avec Michel Simon, Gaby Morlay, Paul Frankeur, Nadine Alari, Marc Cassot. France, 1947 – 1 h 55.

Un passeur vit agréablement au bord du Rhône en compagnie d'une sympathique clocharde. Le vieux couple s'aime profondément et tendrement au grand dam de la bourgeoisie du village.

LES AMANTS DU TAGE

Comédie dramatique d'**Henri Verneuil**, d'après la nouvelle de Joseph Kessel, avec Daniel Gélin, Françoise Arnoul, Trevor Howard, Ginette Leclerc. France, 1955 – 1 h 49.

À Lisbonne, l'impossible amour entre deux êtres au passé chargé. Brillante interprétation par le couple Arnoul-Gélin.

AMANTS ET FILS "SONS AND LOVERS"

Drame de **Jack Cardiff**, avec Trevor Howard *(Walter Morel)*, Wendy Hiller *(Gertrude Morel)*, Dean Stockwell *(Paul Morel)*, Mary Ure *(Clara)*, Heather Sears *(Miriam)*, Ernest Thesiger *(Henry Hadlock)*, Donald Pleasence *(M. Jordan)*, William Lucas. • SC : Gavin Lambert, T.E.B. Clarke, d'après le roman de D.H. Lawrence. • PH : Freddie Francis. • DÉC : Tom Morahan. • MUS : Mario Nascimbene. Grande-Bretagne, 1960 – 1 h 42.

Nottingham, Angleterre, vers 1910. Paul Morel, le cadet de trois garçons, refuse de connaître la même vie que son père Walter, mineur de fond depuis l'âge de douze ans. Seul soutien moral de sa mère, il refuse d'aller étudier la peinture à Londres. Employé dans une fabrique, il devient l'amant de Clara, une jolie divorcée. Quitté par elle, sa mère décédée, il refuse d'épouser Miriam, une amie d'enfance, et part seul affronter la vie.

◆ *Du beau roman autobiographique de Lawrence, les adaptateurs ont tiré un film fidèle dans l'esprit, et de bonne qualité. Certes, la réalisation de l'ancien chef-opérateur Jack Cardiff n'a rien d'inspiré, mais elle restitue l'esprit d'une époque et impose fortement la présence des êtres et des lieux : intérieur de maison pauvre, étangs et moulins de la campagne anglaise... La photo de Freddie Francis (qui obtint l'Oscar), utilisant parfaitement la pellicule orthochromatique, est d'un apport considérable. Excellente interprétation, homogène et sobre.* J.-P.B.

AMANTS ET VOLEURS

Drame de **Raymond Bernard**, d'après la nouvelle de Tristan Bernard, avec Pierre Blanchar, Florelle, Michel Simon, Arletty. France, 1935 – 1 h 45.

Un jeune bourgeois ruiné se fait passer, dans le milieu, pour un dangereux voyou. Chargé de récupérer à tout prix des documents compromettants chez une femme dont l'amant craint le chantage, il rencontrera l'amour avant de commettre l'irréparable.

LES AMANTS PASSIONNÉS

"THE PASSIONATE FRIENDS"

Comédie psychologique de **David Lean**, d'après un roman de H.G. Wells, avec Ann Todd, Claude Rains, Trevor Howard. Grande-Bretagne, 1948 – 1 h 35.

Deux anciens amants se retrouvent à différentes reprises, alors que leur amour se transforme en amitié.

LES AMANTS TERRIBLES / VIES PRIVÉES

"PRIVATE LIVES"

Comédie dramatique de **Sidney Franklin**, d'après la pièce de Noel Coward, avec Norma Shearer, Robert Montgomery, Reginald Denny, Una Merkel, Jean Hersholt. États-Unis, 1931 – 1 h 22.

Deux ex-époux, aujourd'hui remariés chacun de leur côté, se retrouvent par hasard dans un hôtel. Ils ne résistent pas au plaisir de s'affronter et de s'aimer à nouveau.

▷ Autre version réalisée par : **Marc Allégret**, avec Gaby Morlay, André Luguet, Marie Glory, Henri Guisol. France, 1936 – 1 h 26.

LES AMANTS TERRIBLES

Comédie dramatique de **Danièle Dubroux**, avec Stranko Molnar, Jean-Noël Picq, Danièle Dubroux. France, 1984 – Couleurs – 1 h 30.

Des amants, des couples, des liaisons, à Rome, à la fin de l'été...

LES AMANTS TRAQUÉS

"KISS THE BLOOD OFF MY HANDS"

Drame psychologique de **Norman Foster**, avec Joan Fontaine, Burt Lancaster, Robert Newton. États-Unis, 1948 – 1 h 19.

Engrenage meurtrier pour un homme marqué par la guerre. Une femme le convainc de s'en remettre à la justice.

AMARCORD "AMARCORD"

Chronique de **Federico Fellini**, avec Bruno Zanin *(Titta)*, Pupella Maggio *(sa mère)*, Armando Brancia *(son père)*, Stefano Proietti *(Oliva, son frère)*, Peppino Ianigro *(le grand-père)*, Nandino Orfei *(il Patacca, oncle de Titta)*, Ciccio Ingrassia *(l'oncle fou)*, Magali Noël *(la Gradisca)*, Luigi Rossi *(l'avocat)*, Maria Antonella Beluzzi *(la buraliste)*, Josiane Tanzilli *(la Volpina)*, Carla Mora *(la bonne)*. • SC : F. Fellini, Tonino Guerra. • PH : Giuseppe Rotunno. • DÉC : Danilo Donati. • MUS : Nino Rota. • MONT : Ruggero Mastroianni. • PR : Franco Cristaldi. Italie, 1973 – Couleurs – 2 h 07. ★ OSCAR DU MEILLEUR FILM ÉTRANGER 1974.

D'un printemps l'autre, la chronique des jours heureux d'une petite ville de l'Adriatique dans l'Italie paresseuse d'avant-guerre, vue à travers la famille de Titta, collégien adepte des sentiers buissonniers.

◆ Une aura d'élégante nostalgie.

Le titre (« je me souviens », en dialecte romagnol) indique presque trop clairement l'intention autobiographique. Titta, c'est bien sûr Fellini, enfant espiègle et sensible des environs de Rimini ; l'appropriation des lieux et de l'époque semble complète, et cet ancrage *de ce qu'il faut cependant appeler la* fiction *n'est pas pour rien dans le (grand) plaisir du spectateur. Les « tranches de vie » présentées par l'auteur sont trop belles pour n'être pas vraies, mais plus que la beauté ou la réalité, c'est le pou-*

*voir d'évocation qui importe ici. La démarche n'est rien moins que proustienne car Fellini ne cherche pas un point nodal libérant le souvenir, mais bien plutôt une dilatation permanente que les effluves de la musique de Nino Rota portent à une sorte de constante maturation, comme en témoignent les multiples arrangements d'un même air (*Stormy Weather*) qui enveloppe tout le film d'une aura d'élégante nostalgie. Si le pittoresque ne fait pas le bonheur, il contribue du moins à l'élaboration de l'évidence fellinienne : les tableaux sont vraiment inoubliables. Fellini avoue volontiers les tares que nous lui connaissons. Sa concupiscence trouve ici son origine avec les seins de la buraliste, les frasques de la Gradisca, les fesses des cyclistes – véritables « sous-venirs » – et les promesses carnassières de la Volpina. Mais le désir fait à la fois de l'histoire et de la géographie : le* Satiricon *cachait mal ses connotations, tandis que* Roma *offrait un éventail trop parfait des possibles citadins dans la séquence des deux bordels ; ici, l'ancrage fonctionne à plein – si l'on peut dire. D'un côté, l'appel de la chair envahit le film, d'autre part, cette omniprésence n'est telle qu'au travers d'yeux adolescents formés à l'école d'un cinéma tout puissant – d'où la beauté de la scène du jeune homme seul avec la Gradisca dans la salle obscure. Déjà pointe la thèse unique de l'œuvre de Fellini qui conforte notre soupçon initial sur l'« autobiographie » : ces images ne sont pas la réalité, puisque la réalité, c'est le cinéma. Le film traite également un sujet qui a pour nom fascisme. Le génie du cinéaste multiplie les points de vue : du « grotesque flamboyant » de la grande parade à l'interrogatoire subi par le père de Titta, les traits saillants d'une époque sont croqués sans rompre – bien au contraire – avec le confort de l'évocation. La tendresse réelle de Fellini pour ses personnages repose sur un fait très simple : il sait leur transmettre son propre étonnement devant le monde. Ainsi de la famille au premier rang de la salle de cinéma ou de toute la ville réunie pour voir le* Rex, *magique paquebot illuminé voguant sur une mer d'autant plus vraie que « fabriquée » pour les besoins du film.* Amarcord *: le cinéma tel quel.* *M.C.*

L'AMATEUR "DECLINE AND FALL OF A BIRDWATCHER"
Comédie de **John Krish**, d'après le roman d'Evelyn Waugh *Grandeur et Décadence*, avec Robin Philipps, Geneviève Page. Grande-Bretagne, 1969 – Couleurs – 1 h 53.

Paul est professeur dans une école peu recommandable et la mère d'un de ses élèves l'entraîne dans des situations scabreuses.

L'AMATEUR / LE PROFANE "CAMERA BUFF"
Comédie dramatique de **Krzysztof Kieślowski**, avec Jerzy Stuhr *(Filip)*, Malgorzata Zabkowska *(Irka)*, Ewa Pokas *(Anna)*, Stefan Czyzewski. • SC : K. Kieślowski. • PH : Jacek Petricki. • MUS : Krzysztof Knittel. Pologne, 1979 – Couleurs – 1 h 50.

Filip, employé d'une entreprise d'une petite ville polonaise, s'achète une caméra 8 mm pour filmer le bébé que sa femme va avoir. Intéressé, son directeur lui commande un reportage sur la commémoration des 25 ans de l'entreprise. Le film va à un festival d'amateurs. Filip, encouragé, fait d'autres films.

◆ *Ce film complexe et paradoxal montre comment un pauvre type se trouve propulsé dans un milieu plus ouvert sur le monde et en même temps plus superficiel que le sien. Cela aiguise sa sensibilité et structure son intelligence, mais ces changements dans sa vie lui font perdre aussi une certaine innocence ainsi qu'un relatif bonheur.* *S.K.*

LES AMAZONES "LE GUERRIERE DAL SENO NUDO"
Film d'aventures de **Terence Young**, avec Alena Johnston, Sabine Sun, Angelo Infanti, Luciana Paluzzi, Malissa Longo. Italie / France / Espagne, 1974 – Couleurs – 1 h 30.

Les Amazones, guerrières lesbiennes qui exècrent les hommes, s'attaquent cette fois-ci aux Grecs. Mais l'armée féminine est vaincue et leur reine devient l'esclave du chef.

LES AMBASSADEURS
Drame de **Naceur Ktari**, avec Sid Ali Kouiret, Jacques Rispal, Tahar Kebaili, Marcel Cuvelier, Mohamed Hamam, Dominique Lacarrière. France / Tunisie / Libye, 1975 – Couleurs – 1 h 40.

Le quartier de la Goutte d'Or, à Paris. Chômage, indifférence, racisme, déracinement, tel est le lot quotidien des travailleurs immigrés, représentants bien mal traités de leur pays.

L'AMBITIEUSE "PAYMENT ON DEMAND"
Drame psychologique de **Curtis Bernhardt**, avec Bette Davis, Barry Sullivan, Jane Cowl, Frances Dee. États-Unis, 1951 – 1 h 30.

Son ambition et sa cupidité risquent de faire perdre à une femme (Bette Davis) l'amour de son mari.

L'AMBITIEUSE
Drame d'**Yves Allégret**, d'après le roman de François Ponthier, avec Andréa Parisy, Edmond O'Brien, Richard Basehart, Nicole Berger, Jean Marchat. France / Italie Australie, 1959 – Couleurs – 1 h 35.

Une femme qui débarque avec son mari en Polynésie pour y faire fortune devient la maîtresse de son patron et rachète une mine. Lorsque son époux veut divorcer, elle tente de le faire assassiner, puis elle se fait tuer en essayant de le sauver.

LES AMBITIEUX "THE CARPETBAGGERS"
Drame d'**Edward Dmytryk**, avec George Peppard, Carroll Baker, Alan Ladd, Martin Balsam. États-Unis, 1964 – Couleurs – 2 h 30.

Un jeune homme brillant hérite des biens de son père. Il se lance dans les affaires et devient un véritable tyran, avant de devoir se remettre dramatiquement en question. Alan Ladd, dans un second rôle, réussit une belle prestation pour son dernier film.

AMBRE "FOREVER AMBER"
Mélodrame d'**Otto Preminger**, d'après le roman de Kathleen Windsor, avec Linda Darnell, Cornel Wilde, Richard Greene, George Sanders. États-Unis, 1947 – Couleurs – 2 h 20.

Au XVIIe siècle, en Angleterre, une petite paysanne ambitieuse se lie avec un noble aventurier. Lorsqu'il la quitte, elle vit de galantes aventures qui la conduisent à devenir la favorite du roi.

AMBULANCES TOUS RISQUES
"MOTHER, JUGS AND SPEED"
Comédie de **Peter Yates**, avec Bill Cosby, Raquel Welch, Harvey Keitel. États-Unis, 1975 – Couleurs – 1 h 37.

Un ex-policier entre au service d'une société d'ambulances et parvient à séduire la pulpeuse standardiste. Il reprend son ancien métier et sa conquête fera désormais équipe avec le champion des conducteurs.

L'ÂME DES GUERRIERS "ONCE WERE WARRIORS"
Drame psychologique de **Lee Tamahori**, d'après le roman d'Alan Duff, avec Rena Owen, Temuera Morrisson, Mamaengaroa Kerr-Bell. Nouvelle-Zélande, 1994 – Couleurs – 1 h 50. ★ **MEILLEUR PREMIER FILM, Venise 1994.**

Cela commence sur un air bien connu : banlieue déglinguée, femmes battues, ivrognerie, bagarres, jeunes glissant vers la délinquance. Mais on s'aperçoit vite que l'on n'est pas dans l'habituel ghetto noir américain : l'action se passe à Auckland, Nouvelle-Zélande, et la plupart des protagonistes sont en fait maoris. La mère, Beth, a gardé une fierté de fille de guerrier et en vient peu à peu à mépriser Jake qui, lui, est noir, « fils d'esclave «, alcoolique, irresponsable et brutal. Courageusement, elle essaie d'élever tant bien que mal ses enfants, mais la situation familiale se grippe définitivement lorsque l'une des filles est violée par un compagnon de beuverie du père. Une exaltation de l'orgueil ethnique maori sur fond de déstructuration urbaine et sociale. Insolite et prenant.

AMÉLIE ou LE TEMPS D'AIMER
Drame sentimental de **Michel Drach**, avec Marie-José Nat, Jean Sorel, Clotilde Joano. France, 1961 – 1 h 50.

Au pied du Mont-Saint-Michel, Amélie, jeune orpheline, est amoureuse de son cousin qui ne rêve que mer et voyages. Amélie part à Paris où elle mourra de chagrin.

AMÈRE RÉCOLTE "BITTERE ERNTE"
Drame d'**Agnieszka Holland**, avec Armin Mueller-Stahl, Elisabeth Trissenaar. R.F.A., 1985 – Couleurs – 1 h 42.

En 1942 en Silésie, une évadée d'un train de déportés est recueillie par un fermier célibataire qui, malgré la peur, la cache dans sa cave. Forcée de devenir sa maîtresse, elle finit par l'aimer et se suicide quand elle se croit trahie.

AMÈRE VICTOIRE "BITTER VICTORY"
Film de guerre de **Nicholas Ray**, avec Richard Burton *(capitaine Leith)*, Curd Jürgens *(commandant Brandt)*, Raymond Pellegrin, Ruth Roman, Christopher Lee. • SC : René Hardy, N. Ray, Gavin Lambert, d'après le roman de René Hardy. • PH : Michel Kelber. • MUS : Maurice Le Roux. • MONT : Léonide Azar. Grande-Bretagne / France, 1957 – 1 h 40.

Dans le désert de Libye en 1942. Un commando britannique est envoyé en mission sous l'autorité du commandant Brandt. Celui-ci s'oppose à son second, le capitaine Leith. Cette animosité est renforcée par le fait que les deux hommes aiment la même femme. La lâcheté de Brandt compromet la mission ; elle réussit néanmoins grâce à Leith, qui meurt piqué par un scorpion. Brandt est décoré, mais perd sa femme ainsi que l'estime de ses hommes.

◆ *Une œuvre maîtresse de Nicholas Ray, qui filme ici ses héros fragiles et vulnérables en un superbe CinémaScope noir et blanc. On peut certes regretter le choix de Curd Jürgens, peu crédible ; mais c'est l'un des plus beaux rôles de Burton : rêveur, poétique et inspiré, il est la parfaite représentation du romantisme de Ray. Le film a pourtant été retouché par les producteurs et mal distribué.* *L.A.*

AMERICA, AMERICA "AMERICA AMERICA"
Drame d'**Elia Kazan**, avec Stathis Giallelis (Stavros Topouzoglou), Frank Wolff (Vartan Damadian), Harry Davis (Isaac Topouzoglou), Elena Karam (Vasso Topouzoglou), Lou Antonio (Abdul), Gregory Rozakis (Hohannes Gardashian). • SC :

E. Kazan, d'après son roman, et sa nouvelle inédite Hamal. • PH : Haskell Wexler. • DÉC : Gene Callahan. • MUS : Manos Hadjidakis. • MONT : Dede Allen. • PR : E. Kazan, Charles S. Maguire (Warner Bros). États-Unis, 1963 – 2 h 48.

Parce que les Turcs massacrent les chrétiens, un jeune Grec s'embarque pour la terre promise, l'Amérique.

◆ Conclusion provisoire

*Aussi étrange que cela puisse paraître, et aussi différents soient-ils, une identique rupture unit Giono à Kazan. L'écrivain a dû connaître la prison, la mise à l'index, la honte attachée à son nom, pour changer radicalement de manière, tordre le cou à un lyrisme encombrant, et introduire du scepticisme là où l'on ne trouvait que de la crédulité. Pareillement, en rompant avec un maximum de publicité ses liens avec le parti de sa jeunesse, le Parti communiste, et en se refusant à l'acte d'héroïsme en face du maccarthysme, Kazan ne fait pas que changer d'opinion (après tout, c'est son droit absolu), il change de style. Et à la certitude larmoyante de ses premiers films répond désormais une incertitude enfiévrée. De sorte qu'*America America, *qui retrace l'odyssée des émigrants grecs du début du siècle, ne tire pas sa puissance émotionnelle de relents nostalgiques, mais de son actualité immédiate. Car rien n'est plus neuf que de fuir le crime pour finir soi-même criminel.* America America, *c'est la boîte de Pandore. Quand on l'ouvre, le pire survient. Et le pire contraint ce jeune Grec, si pur, si désintéressé, en ses débuts dans l'existence, à tendre la main, à quêter le* quarter *qui, s'imagine-t-il, lui permettra d'humilier son prochain. Kazan est catégorique : « Le petit cireur de chaussures deviendra un dur des rues de New York ». Et il ajoute : « Je pense toujours qu'un riche est forcément un salaud ». Voilà pourquoi* America America *n'est que la provisoire conclusion de son enquête sur ses racines, et, en l'espèce, sur l'Amérique tout entière. Pour l'achever, il y faudra le meurtre du père* (l'Arrangement), *le sacrifice des fils* (les Visiteurs), *et la mise en doute de la machinerie qui aura, à son corps défendant, permis à l'illusion critique d'exister* (le Dernier Nabab). *Mais c'est dans* America America, *qui célèbre, par son approche volontairement documentariste, la fin du romanesque, que tout aura été dit : à savoir que la trahison est dans la nature même de l'homme. Et que l'artiste ne peut que l'enregistrer. Sans ciller. Et sans espoir de pardon. Tout est trahison, même ce sentiment de réalité que procure le cinéma. Pour l'attester, Kazan aura payé le prix fort.* G.G.

L'AMÉRICAIN

Drame psychologique de **Marcel Bozzuffi**, avec Jean-Louis Trintignant, Bernard Fresson, Simone Signoret, Rufus. France, 1969 – Couleurs – 1 h 20.

Pour son unique passage derrière la caméra, Marcel Bozzuffi a peint les nostalgies du retour au pays. Pour l'« Américain », onze ans après, plus rien n'est comme avant.

AMERICAN COLLEGE

"NATIONAL LAMPOON'S ANIMAL HOUSE"

Comédie de **John Landis**, avec John Belushi, Tim Matheson, Donald Sutherland. États-Unis, 1978 – Couleurs – 1 h 49.

Septembre 1962. C'est le désordre au Faber College : deux associations d'étudiants sont opposées. Le directeur veut renvoyer les plus chahuteurs, les étudiants les plus pauvres. N'ayant plus rien à perdre, ils vont perturber la fête annuelle.

AMERICAN GIGOLO "AMERICAN GIGOLO"

Film policier de **Paul Schrader**, avec Richard Gere, Lauren Hutton. États-Unis, 1979 – Couleurs – 1 h 59.

Los Angeles. Jeune homme bien sous tous rapports, Julian rencontre des dames riches, mais l'une d'elles est assassinée. Comme par enchantement, tous les indices s'accumulent contre lui.

AMERICAN GRAFFITI "AMERICAN GRAFFITI"

Comédie de **George Lucas**, avec Richard Dreyfuss *(Curt Henderson)*, Ronny Howard *(Steve Bolander)*, Paul Le Mat *(John Milner)*, Charles Martin Smith *(Terry Fields)*. • SC : G. Lucas, Gloria Katz, Willard Huyck. • PH : Ron Eveslage, Jan d'Alquen. • DÉC : Douglas Freeman. • MUS : K. Fowley Philips. • MONT : Verna Fields, Marcia Lucas. États-Unis, 1973 – Couleurs – 1 h 50.

À la fin de l'été 1962, dans une petite ville de Californie. Le soir, au long de Main Street, les jeunes se retrouvent. Il y a Curt et son copain Steve, futurs étudiants. Terry « le crapaud », fou de voitures et obsédé par les filles. Et puis John le solitaire, champion du volant, et la petite Carole, treize ans, qui se prétend son amie. Du snack-bar au drive-in, ils vont jouer leurs jeux en s'abreuvant du rock et du twist que déverse la radio locale animée par l'impétueux et mystérieux disc-jokey, Wolfman Jack.

◆ *C'est en évoquant sa propre adolescence à Modesto, Californie, que George Lucas fit un triomphe avec ce film culte qui recrée un temps béni pour les Américains : le début des années 60, lorsque Kennedy était président et que le pays n'était pas empoisonné par la guerre du Viêt Nam. La bande musicale, composée de tous les « tubes » de l'époque, a beaucoup fait pour l'énorme succès commercial du film (et du disque).* G.L.

▷ Lucas a produit la suite, mise en scène par **B.W.L. Norton**, AMERICAN GRAFFITI – LA SUITE "MORE

AMERICAN GRAFFITI", avec Candy Clark, Bo Hopkins, Ron Howard, Paul Le Mat, Mackenzie Philips. États-Unis, 1979 – Couleurs – 1 h 51.

AMERICAN POP "AMERICAN POP"
Dessin animé de **Ralph Bakshi**. États-Unis, 1981 – Couleurs – 1 h 33.

Un orphelin russe émigre aux États-Unis, s'y marie. Son fils, pianiste de jazz, est tué pendant la Seconde Guerre mondiale. Son petit-fils Tony, également musicien, sombre dans la drogue. Un panorama de la musique américaine du siècle.

AMERICAN WAY "AMERICAN WAY"
Comédie satirique de **Maurice Phillips**, avec Dennis Hopper, Michael J. Pollard, William Armstrong. Grande-Bretagne, 1986 – Couleurs – 1 h 44.

Huit rescapés du Viêt Nam brouillent l'information officielle et divulguent leur message pacifiste grâce à un émetteur pirate.

AMERIKA (RAPPORTS DE CLASSE)
"AMERIKA (KLASSENVERHÄLTNISSE)"
Drame psychologique de **Jean-Marie Straub** et **Danièle Huillet**, d'après le roman de Kafka, avec Christian Heinisch, Mario Adorf, Manfred Blank, Harun Farocki. R.F.A. / France, 1984 – 2 h 10.

Un jeune homme envoyé à New York par ses parents est accueilli par son oncle qui l'initie à ses affaires. Après une dispute, ce dernier le chasse et il connaîtra diverses aventures avec des vauriens, avant d'être engagé dans une troupe de théâtre.

L'AMÉRIQUE INSOLITE
Documentaire de **François Reichenbach**. France, 1958-1960 – Couleurs – 1 h 28.

Un voyage caméra au poing à travers les États-Unis est l'occasion pour le cinéaste d'en montrer, dans un style très décousu, les aspects les plus pittoresques et les plus inattendus.

L'AMÉRIQUE INTERDITE "THIS IS AMERICA"
Documentaire de **Romano Vanderbes**. États-Unis, 1980 – Couleurs – 1 h 30.

Des clochards aux drogués, des travestis aux maniaques sexuels, des marginaux aux monstres, une vision des États-Unis.

ÂMES LIBRES "A FREE SOUL"
Drame de **Clarence Brown**, avec Norma Shearer, Leslie Howard, Lionel Barrymore, Clark Gable. États-Unis, 1931 – 1 h 31.

La fille d'un avocat célèbre s'éprend d'un gangster défendu par son père. Oscar du Meilleur acteur à Lionel Barrymore.

LES ÂMES NUES "DIAL 1119"
Drame psychologique de **Gerald Mayer**, avec Marshall Thompson, Keefe Brasselle, Virginia Field, Andrea King. États-Unis, 1950 – 1 h 15.

Un obsédé du meurtre s'enfuit d'un asile et prend les clients d'un bar en otage.

L'ÂME SŒUR "HÖHENFEUER"
Drame de **Fredi M. Murer**, avec Thomas Nock, Johanna Lier, Dorothea Moritz, Rolf Illig. Suisse, 1985 – Couleurs – 2 h.

Une famille d'agriculteurs vit dans une ferme à flanc de montagne. Une grande tendresse unit la sœur à son frère cadet, sourd-muet. Mais la colère du père provoque une tragédie.

ÂMES PERDUES "ANIMA PERSA"
Drame de **Dino Risi**, avec Vittorio Gassman, Catherine Deneuve. Italie / France, 1976 – Couleurs – 1 h 42.

À Venise, dans un palais à demi-abandonné, le jeune Tino est hébergé par son oncle Fabio et Elisa, la femme de celui-ci. Une étrange ambiance décadente.

ÂMES REBELLES "THIS ABOVE ALL"
Comédie dramatique d'**Anatole Litvak**, d'après le roman d'Eric Knight, avec Tyrone Power, Joan Fontaine, Thomas Mitchell, Henry Stephenson, Nigel Bruce. États-Unis, 1942 – 1 h 58.

Pendant la Seconde Guerre mondiale, une jeune Anglaise tombe amoureuse d'un garçon qui s'avère être un déserteur. Il se rachète par sa conduite héroïque lors d'un bombardement.

L'AMI AMÉRICAIN "DER AMERIKANISCHE FREUND"
Thriller de **Wim Wenders**, avec Bruno Ganz *(Jonathan)*, Dennis Hopper *(Tom Ripley)*, Lisa Kreuzer *(Marianne)*, Gérard Blain, Nicholas Ray. • SC : W. Wenders, d'après le roman de Patricia Highsmith *Ripley s'amuse*. • PH : Robby Müller. • MUS : Jurgen Knieper. • MONT : Peter Przygodda. R.F.A., 1977 – Couleurs – 2 h 05.

Jonathan, encadreur de tableaux atteint d'une grave maladie, se voit proposer par l'intermédiaire de Ripley d'exécuter plusieurs personnes appartenant au milieu contre une somme d'argent qui lui permettra de se soigner. Presque à son corps défendant, il se retrouve au cœur d'un cauchemar vaguement burlesque. Tout finit mal.

◆ *Tout en faisant la synthèse d'un genre, un peu à la manière d'un Melville, Wenders démonte dans ce film tous les rouages du film noir, en un pastiche sanglant qui n'est jamais parodique. Les protagonistes y sont de pauvres loques qui s'essaient à dominer leur peur, peur qui peut aussi déboucher sur le rire. Ce film lent et nerveux, qui s'annonçait un peu pour Wenders comme une « récréation », est peut-être sa meilleure réussite, car il est dépourvu de cette mollesse qui affecte parfois son œuvre. Sa vision de Paris, plus verticale qu'horizontale, est impressionnante. La photo de Müller, jouant sur les bruns et les rouges, évoque Rembrandt.* S.K.

L'AMI DE MON AMIE (COMÉDIES et PROVERBES)
Comédie dramatique d'**Éric Rohmer**, avec Emmanuelle Chaulet, Sophie Renoir. France, 1987 – Couleurs – 1 h 42.

Blanche croit aimer Alexandre, qui aime Léa qui... Chassés-croisés sentimentaux, marivaudages et quiproquos : un regard subtil et tendre sur les jeux de l'amour.

L'AMI DE VINCENT
Comédie dramatique de **Pierre Granier-Deferre**, d'après le roman de Jean-Marc Roberts, avec Philippe Noiret, Jean Rochefort. France, 1983 – Couleurs – 1 h 35.

Un chef d'orchestre cherche à savoir quelle femme a voulu tuer son ami, violoniste, et pourquoi. La découverte du passé décevant d'un être cher, la mort d'une amitié.

L'AMIE "Heller Wahn"
Drame de **Margarethe von Trotta**, avec Hanna Schygulla, Angela Winkler, Peter Striebeck. R.F.A. / France, 1982 – Couleurs – 1 h 45.

Une femme équilibrée fait la connaissance d'une jeune femme fragile et timide, devient son amie et finit par la prendre en charge. Parce que son mari devient jaloux, elle le tue.

LES AMIES "Podrugi"
Drame de **Lev Arnchtam**, avec Zoïa Fiodorova *(Zoïa)*, Irina Zaroubina *(Natacha)*, Yanina Jeïmo *(Assia)*, Boris Babotchkine *(Andreï)*, Boris Poslavsky *(Silytch)*, Boris Tchirkov *(Senka)*. • SC : L. Arnchtam. • PH : Vladimir Rapoport, Arkadij Chafran. • DÉC : Moisej Levine. • MUS : Dimitri Chostakovitch. U.R.S.S., 1935 – 1 h 35.

En 1914, à Saint-Pétersbourg, trois fillettes, Zoïa, Natacha et Assia, gagnent leur vie en chantant dans un cabaret. Le jeune ouvrier Andrei et le vieux Silytch les prennent sous leur protection. En 1919, devenues jeunes filles, elles participent comme infirmières à la défense de la ville contre les Blancs : au cours des combats, Assia est tuée, Zoïa et Natacha sont sauvées par Silytch.

◆ *Sur le thème patriotique de la guerre civile (comme* Tchapaïev *des Vassiliev, dont on retrouve ici la vedette, Boris Babotchkine), le cinéaste privilégie le côté intimiste de l'action en montrant le courage quotidien de ses trois héroïnes, auxquelles de remarquables comédiennes apportent une vérité et une sensibilité convaincantes et qui confèrent au film sa chaleur humaine.* M.MN.

L'AMI FRITZ
Comédie dramatique de **Jacques de Baroncelli**, d'après le roman d'Erckmann-Chatrian, avec Lucien Duboscq, Simone Bourday. France, 1933 – 1 h 30.

Un célibataire endurci, riche propriétaire terrien, tombe amoureux de la fille de son fermier. Il l'épousera après bien des péripéties.

▷ Autre version réalisée par : **René Hervil**, avec Léon Mathot, Huguette Duflos. France, 1919 – 1 800 m (env. 1 h 06).

L'AMIRAL CANARIS "Canaris"
Film d'espionnage d'**Alfred Weidenmann**, avec Otto Eduard Hasse, Barbara Rutting, Martin Held. R.F.A., 1954 – 1 h 42.

L'amiral Canaris, chef des services secrets, est mis sous surveillance par Himmler. Convaincu de complicité dans l'attentat du 20 juillet 1944 contre Hitler, il est exécuté le 8 avril 1945.

L'AMIRAL MÈNE LA DANSE "Born to Dance"
Comédie musicale de **Roy Del Ruth** sur des chansons de Cole Porter, avec Eleanor Powell, James Stewart, Virginia Bruce, Una Merkel, Sid Silvers, Frances Langford. États-Unis, 1936 – 1 h 48.

À New York, un marin rencontre une jeune fille qui connaîtra une fulgurante ascension grâce à ses prouesses de danseuse.

L'AMI RETROUVÉ "Reunion"
Drame de **Jerry Schatzberg**, d'après le récit de Fred Uhlman, avec Jason Robards, Christian Anholt, Samuel West, Françoise Fabian. États-Unis / R.F.A., 1989 – Couleurs – 1 h 50.

Un vieil homme quitte sa vie américaine et se rend en Allemagne. Ses souvenirs le ramènent en 1932. À cette époque, fils d'un médecin juif, il avait pour meilleur ami un jeune aristocrate. Il avait dû s'exiler à cause de la montée du nazisme. Cinquante-cinq ans après, il cherche à savoir ce qu'est devenu son ami.

LES AMIS
Drame psychologique de **Gérard Blain**, avec Philippe March, Yann Favre, Jean-Claude Dauphin. France, 1971 – Couleurs – 1 h 40.

Un adolescent trop seul cherche tout ce qui lui manque dans l'amitié compréhensive d'un adulte. Le premier film réalisé par Blain, d'une grande finesse dans la description affective.

LES AMIS DE PETER "PETER'S FRIENDS"
Comédie dramatique de **Kenneth Branagh**, avec Stephen Fry, Kenneth Branagh, Emma Thompson. Grande-Bretagne, 1992 – Couleurs – 1 h 41.

Peter réunit dans le manoir hérité de son père ses amis qu'il n'a pas revus depuis dix ans. On se raconte, on s'affronte et les cicatrices mal fermées se rouvrent. Ce qui n'empêche pas de boire, de chanter et de plaisanter comme au temps d'avant le sida. Un désespoir tonique.

AMIS POUR LA VIE "AMICI PER LA PELLE"
Comédie dramatique de **Franco Rossi**, avec Geronimo Meynier, Andrea Scire, Luigi Tosi, Vera Carmi. Italie, 1955 – 1 h 35.

L'amitié indestructible de deux jeunes garçons qui fréquentent la même classe. Délicat et tout en nuances.

LES AMITIÉS PARTICULIÈRES
Drame de **Jean Delannoy**, d'après le roman de Roger Peyrefitte, avec Michel Bouquet, Didier Haudepin, Francis Lacombrade. France, 1964 – 1 h 40.

Dans un pensionnat, deux collégiens entretiennent une amitié intime, qui va aller jusqu'au drame. Le thème de l'homosexualité entre deux adolescents fit sensation à l'époque.

AMITYVILLE, LA MAISON DU DIABLE
"THE AMITYVILLE HORROR"
Film fantastique de **Stuart Rosenberg**, d'après un roman d'Hans Holzer, avec James Brolin, Margot Kidder, Rod Steiger. États-Unis, 1979 – Couleurs – 1 h 57.

Une famille tranquille s'installe dans une maison qui ne l'est guère. Les escaliers grincent, les portent claquent, du sang coule le long des murs : le diable, probablement. Frissons garantis.

▷ L'horreur se poursuit avec : AMITYVILLE 2 – LE POSSÉDÉ "AMITYVILLE II" de **Damiano Damiani**, avec Burt Young, Rutanya Alda, James Olson, Jack Magner, Diane Franklin. États-Unis, 1982 – Couleurs – 1 h 44. AMITYVILLE 3-D "AMITYVILLE 3-D" de **Richard Fleischer**, avec Tony Roberts, Tess Harper, Robert Joy, Candy Clark. États-Unis, 1984 – Couleurs (relief) – 1 h 33.

AMOK
Drame de **Fédor Ozep**, d'après le roman de Stefan Zweig, avec Jean Yonnel, Marcelle Chantal, Valéry Inkijinoff. France, 1934 – 1 h 32.

En Malaisie, une femme de la haute société consulte un médecin pour se débarrasser d'un enfant adultérin avant le retour de son mari. Le praticien refuse, la femme meurt des suites d'un avortement clandestin, mais il parviendra à sauver son honneur.

AMORE "AMORE"
Drame en deux épisodes de **Roberto Rossellini** : UNE VOIX HUMAINE "UNA VOCE UMANA" d'après la pièce de Jean Cocteau, et LE MIRACLE "IL MIRACOLO", avec Anna Magnani *(la femme au téléphone, Nannina la folle)*, Federico Fellini *(saint Joseph, le berger)*. • SC : R. Rossellini, d'après la pièce de Jean Cocteau (premier épisode), Federico Fellini et Tullio Pinelli d'après une nouvelle de Valle-Inclan (second épisode). • PH : Robert Julliard (premier), Aldo Tonti (second). • DÉC : Christian Bérard (premier). • MUS : Renzo Rossellini. Italie, 1947-1948 – 35 mn et 43 mn.

Une voix humaine : une femme abandonnée par son amant, mais qui ne peut s'en arracher, ne vit que des longs coups de téléphone pathétiques qu'elle lui adresse encore. Elle pleure, supplie, s'excuse, se résigne... Le Miracle : une « folle » violée par un berger est persuadée qu'elle a rencontré saint Joseph. Le village se moque d'elle.

◆ *Malgré le titre, il n'y a aucun autre point commun à ces deux moyens métrages que l'art d'Anna Magnani, à laquelle Rossellini voulut offrir ce récital presque en solo (si l'on excepte le rôle épisodique et muet tenu dans* le Miracle *par son propre scénariste, Fellini en personne). Ce second épisode ne fut d'ailleurs entrepris que comme complément de programme au premier, un morceau de bravoure pour comédienne adapté de la pièce de Cocteau,* la Voix humaine. *M.CH.*

À MORT L'ARBITRE !
Comédie dramatique de **Jean-Pierre Mocky**, avec Michel Serrault *(Rico)*, Eddy Mitchell *(Maurice)*, Carole Laure *(Martine)*, Laurent Malet *(Teddy)*, Claude Brosset *(Albert)*, J.-P. Mocky *(Granavsky)*. • SC : Jacques Dreux, J.-P. Mocky, d'après le roman d'Alfred Draper. • PH : Edmond Richard. • DÉC : René Loubet, Marielle Robinson, Gérard Moiteaux. • MUS : Alain Chamfort. • MONT : Catherine Renault. France, 1984 – Couleurs – 1 h 22.

Maurice Bruno a commis la plus grande erreur de sa vie : il a sifflé un penalty qui coûte la victoire à l'équipe locale. À la suite de leur meneur Rico, les supporters pourchassent l'arbitre et Martine, sa malheureuse compagne, à travers la ville. Après avoir mis à sac une station de télévision et un centre commercial, la horde s'acharne sur le couple jusqu'à leur affrontement au cœur d'une grande cité. Maurice et Martine croient se sauver par une galerie souterraine, mais ils périront malgré l'arrivée de la police.

◆ *La charge est au vitriol et le grand talent de Michel Serrault emporte d'emblée la décision : l'homme au sifflet, c'est lui et ses sentences sont exécutoires. Mocky est un des rares à se colleter aussi directement avec ce que les hypocrites appellent « la réalité sociale » et que Robert Anselme nommait, après les camps et avant le Heysel, l'espèce humaine.* *M.C.*

AMOUR "Szerelem"

Drame psychologique de **Károly Makk**, avec Lili Darvas *(la vieille dame)*, Mari Törócsik *(la belle-fille)*, Iván Darvas *(le fils)*, Erzsi Orsolya *(Iren)*. • SC : Tibor Déry. • PH : Janos Tóth. • DÉC : József Romvári. • MUS : Andras Mihály. Hongrie, 1970 – Couleurs – 1 h 35. ★ **Prix de l'O.C.I.C. et Prix du jury, Cannes 1971.**

À Budapest, en 1953, une vieille dame vit avec sa domestique, plongée dans les souvenirs de sa vie passée, qui fut heureuse. Elle attend chaque jour la visite de sa belle-fille, car toutes deux, celle-ci consciemment, celle-là à demi-consciente, jouent le jeu de l'absent: le fils de l'une, mari de l'autre, détenu politique emprisonné. La belle-fille prétend que son mari est aux États-Unis pour tourner un film, et elle apporte des « lettres » où il décrit ses activités. La vieille dame se laisse bercer d'illusions... croyant toujours au retour prochain de son fils. Effectivement, par surprise, il est libéré. Mais quand il arrive chez lui, sa femme lui apprend la mort de sa mère.

◆ *Très beau film sensible, contrepoint du passé, du présent et des espérances toujours vivantes...* *D.C.*

L'AMOUR À LA CHAÎNE

Drame de **Claude de Givray**, avec Valeria Ciangottini, Jean Yanne. France, 1965 – 1 h 20.

Par désespoir d'amour et par mépris pour sa famille, une jeune couturière entre dans le monde de la prostitution. Jean Yanne, dans le rôle du souteneur, réussit une étonnante composition.

L'AMOUR À LA MER

Comédie de **Guy Gilles**, avec Geneviève Thénier, Daniel Moosman, Guy Bertil, Josette Krief. France, 1962-1964 – NB et Couleurs – 1 h 35.

Le premier film de Guy Gilles, resté inédit malgré une présentation lors d'un hommage à son réalisateur. Plusieurs grandes vedettes y font une apparition : Romy Schneider, Alain Delon, Jean-Claude Brialy, Sophie Daumier...

L'AMOUR À LA SUÉDOISE "Il diavolo"

Comédie de **Gian Luigi Polidoro**, avec Alberto Sordi, Gunilla Elm-Tornkuist, Anne-Charlotte Sjoberg. Italie, 1963 – 1 h 45. ★ **Ours d'or, Berlin 1963.**

Un quadragénaire quitte pour la première fois sa ville de province et sa femme pour un voyage d'affaires à Stockholm. Il va y croiser plusieurs jeunes Suédoises qui vont le séduire, le charmer... et lui échapper !

L'AMOUR À LA VILLE "Amore in città"

Film à sketches de **Michelangelo Antonioni**, **Dino Risi**, **Federico Fellini**, **Cesare Zavattini**, **Francesco Maselli** et **Alberto Lattuada**, avec des acteurs non professionnels. • SC : Cesare Zavattini, Tullio Pinelli, Marco Ferreri, Luigi Chiarini, etc. • PH : Gianni Di Venazo. • DÉC : Gianni Polidori. • MUS : Mario Nascimbene. • MONT : Eraldo Da Roma. Italie, 1953 – 1 h 25.

UN SUICIDE MANQUÉ "Tentato suicidio" d'**Antonioni** : confessions de rescapés du suicide. LE BAL DU SAMEDI SOIR "Paradiso per quattro ore" de **Risi** : la faune d'un bal populaire. AGENCE MATRIMONIALE "Una agenzia matrimoniale" de **Fellini** : la détresse d'une femme seule. HISTOIRE DE CATHERINE "Storia di Caterina" de **Zavattini** et **Maselli** : une fille mère abandonne son enfant. LES ITALIENS SE RETOURNENT "Gli italiani si voltano" de **Lattuada** : le regard des hommes sur les jolies filles.

◆ *Enquête psychologique et sociologique, imaginée et supervisée par Zavattini, sur différents aspects de l'amour dans une grande ville. Réalisé en style direct annonçant le cinéma-vérité, ce film a marqué l'apogée et la fin du néoréalisme authentique. Un sixième épisode,* L'amore che si paga *de Carlo Lizzani (sur la prostitution), a été coupé dans la version distribuée en France.* *M.MN.*

L'AMOUR À L'ITALIENNE "Rome Adventure"

Comédie de **Delmer Daves**, avec Suzanne Pleshette, Angie Dickinson, Troy Donahue, Rossano Brazzi. États-Unis, 1962 – Couleurs – 1 h 10.

Une jeune bibliothécaire américaine part pour l'Italie en voyage d'études. Sujet: l'amour ! Un bel Italien lui fera découvrir... les charmes de son pays, mais c'est d'un compatriote qu'elle s'éprendra.

L'AMOUR À MORT

Drame d'**Alain Resnais**, avec Sabine Azéma, Fanny Ardant, Pierre Arditi, André Dussollier. France, 1984 – Couleurs – 1 h 32.

Un couple de pasteurs ne sait trop comment réconforter une amie désespérée par la mort subite d'un ami commun qu'elle aimait passionnément. Austère et dépouillé, merveilleusement interprété, un film qui ose traiter de métaphysique sans jamais ennuyer, qui séduit l'esprit et bouleverse le cœur.

L'AMOUR A PLUSIEURS VISAGES
"Love Has Many Faces"
Drame d'**Alexander Singer**, avec Lana Turner, Cliff Robertson, Stefanie Powers. États-Unis, 1964 – Couleurs – 1 h 30.

Sur une plage d'Acapulco, des enfants découvrent le cadavre d'un play-boy célèbre. Qui l'a tué ? Sa fiancée ou sa belle et richissime maîtresse ? Aventures faciles, whisky, gigolos et grands palaces.

L'AMOUR AUTOUR DE LA MAISON
Drame de **Pierre de Hérain**, d'après Albert T'Serstevens, avec Maria Casarès, Claude Larue, Pierre Brasseur, Jane Marken, Julien Carette, Micheline Gilbert. France, 1947 – 1 h 40.

Dans une maison isolée, en Bretagne, vivent deux sœurs autour desquelles gravitent toute une série de personnages étranges. Entre l'irruption du vagabond voyeur et celle du couple d'amoureux, la cadette tue son aînée et devient folle.

L'AMOUR AVEC DES SI
Drame de **Claude Lelouch**, avec Janine Magnan, Guy Mairesse. France, 1966 – 1 h 27.

Un dangereux sadique s'évade de la Santé. La police en émoi se trompe de coupable et traque un sosie. La caméra de Claude Lelouch se plaît à égarer le spectateur dans un jeu de miroirs et de trompe-l'œil complexe. Un exercice de style et de virtuosité.

L'AMOUR À VINGT ANS
Film à sketches de **Renzo Rossellini**, **Shintaro Ishimara**, **François Truffaut**, **Andrzej Wajda**, **Marcel Ophuls**, avec Jean-Pierre Léaud, Marie-France Pisier, Eleonora Rossi Drago. France / Italie / Japon / Pologne, 1962 – 2 h.

Le titre indique le thème des différents épisodes dont le plus connu est celui de Truffaut qui poursuit le cycle « Antoine Doinel ». À voir aussi pour le superbe et tragique sketch de Wajda sur la ruine des espoirs d'un jeune homme, ainsi que pour le conte cruel d'Ishimara.

L'AMOUR BLESSÉ / CONFIDENCES DE LA NUIT
Drame psychologique de **Jean-Pierre Lefèbvre**, avec Louise Guerrier, Gilles Proulx, Paule Baillargeon, Pierre Cursi, Frédérique Collin. Canada (Québec), 1975 – Couleurs – 1 h 18.

L'auditrice d'une radio qui raconte la triste histoire d'une jeune femme y retrouve la sienne et en avertit la station. Son ancien mari l'entend et cherche alors à reprendre la vie commune.

L'AMOUR BRAQUE
Drame d'**Andrzej Zulawski**, d'après le roman de Dostoïevski *l'Idiot*, avec Francis Huster, Sophie Marceau, Tcheky Karyo. France, 1985 – Couleurs – 1 h 40.

Dans le gang de Mickey et de sa maîtresse Marie, une prostituée, l'influence de Léon change les données d'un jeu d'amour, de vengeance et de violence.

L'AMOUR C'EST GAI, L'AMOUR C'EST TRISTE
Comédie dramatique de **Jean-Daniel Pollet**, avec Claude Melki, Bernadette Lafont, Jean-Pierre Marielle, Marcel Dalio, Chantal Goya. France, 1968 – Couleurs – 1 h 30.

Faubourg Saint-Antoine, Léon est tailleur. Il vit entre sa sœur, qui se prostitue, l'ami de celle-ci et une jeune fille venue de sa province. Sur un scénario de Remo Forlani, le petit monde que Pollet aime à peindre, avec son acteur fétiche, Claude Melki.

L'AMOUR CHANTE ET DANSE "Holiday Inn"
Comédie musicale de **Mark Sandrich**, avec Bing Crosby, Fred Astaire, Marjorie Reynolds, Virginia Dale, Walter Abel, Louise Beavers. États-Unis, 1942 – 1 h 41.

Désespéré après que sa fiancée l'a quitté, un danseur retrouve son ancien partenaire, un chanteur, qui vient d'ouvrir une boîte. Il tombe amoureux de l'amie de celui-ci. Après un chassé-croisé, chacun retrouvera sa chacune.

AMOUR DÉFENDU "Forbidden"
Mélodrame de **Frank Capra**, avec Barbara Stanwyck, Adolphe Menjou, Ralph Bellamy. États-Unis, 1931 – 1 h 23.

Une jeune femme amoureuse d'un homme marié se sacrifie et épouse quelqu'un qui lui est indifférent pour préserver le bonheur de la famille de celui qu'elle aime.

L'AMOUR DE JEANNE NEY
"Die Liebe der Jeanne Ney"
Drame de **Georg Wilhelm Pabst**, avec Edith Jeanne, Uno Henning, Fritz Rasp, Vladimir Sokolov. Allemagne, 1927 – 2 643 m (env. 1 h 37).

Pendant la révolution russe, un jeune bolchevik est forcé de tuer le père de sa bien-aimée. Celle-ci quitte le pays, mais le jeune homme la retrouve et peut l'aimer de nouveau.

AMOUR DE PERDITION "AMOR DE PERDIÇÃO"
Mélodrame de **Manoel de Oliveira**, avec António Sequeira Lopes *(Simão)*, Cristina Hauser *(Teresa)*, Elsa Wallenkamp *(Mariana)*, António Costal *(le maréchal-ferrant)*. • SC : M. de Oliveira, d'après le roman de Camilo Castelo Branco. • PH : Manuel Costa e Silva. • DÉC : António Casimiro • COST : António Casimiro. • MUS : Joao Paes, Haendel. • MONT : Solveig Nordlund. Portugal, 1978 – Couleurs – 4 h 20.

Au début du XIXe siècle, Simão et Teresa s'aiment, mais leurs familles se détestent. Teresa, séparée de Simão, se laisse lentement dépérir tandis que lui meurt en exil.

◆ *Ce film-fleuve reprend littéralement un classique de la littérature portugaise. Tout le texte y figure sous la forme de dialogues, de commentaires, de lettres. Oliveira exploite toutes les possibilités de relations d'un texte à l'image. Dans la scène du duel, les personnages décomposent leur action en tableaux vivants, en suivant à la lettre ce que leur indique une voix off qui décrit l'action. Ce film d'aspect abstrait est néanmoins très émouvant ; l'amour de Mariana pour Simão qui ne pense qu'à Teresa est déchirant. L'image privilégie les plans fixes et généraux et les pièces sont filmées comme une scène de théâtre, retournant par là à l'esthétique du muet. Les images, très belles, évoquent Griffith, Murnau, Dreyer. Le film d'une vie.* S.K.

L'AMOUR DES FEMMES
Drame psychologique de **Michel Soutter**, avec Jean-Marc Bory, Pierre Clémenti, Heinz Bennent, Jean-Pierre Malo, Aurore Clément. Suisse / France, 1981 – Couleurs – 1 h 30.

À Genève, trois amis, qui vivent des amours problématiques, décident de faire un voyage à l'autre bout du pays.

L'AMOUR D'UNE FEMME
Comédie dramatique de **Jean Grémillon**, avec Micheline Presle, Massimo Girotti, Gaby Morlay, Julien Carette, Paolo Stoppa. France / Italie, 1954 – 1 h 44.

Une jeune femme médecin nouvellement installée à Ouessant se lie d'amitié avec la vieille institutrice et tombe amoureuse d'un bel ingénieur de passage qui veut l'épouser.

L'AMOUR EN DOUCE
Comédie d'**Édouard Molinaro**, avec Daniel Auteuil, Jean-Pierre Marielle, Emmanuelle Béart. France, 1985 – Couleurs – 1 h 30.

Marc a une vie sentimentale mouvementée, entre sa femme qui l'a chassé et sa maîtresse à qui il voue une déraisonnable passion.

L'AMOUR EN FUITE
Comédie dramatique de **François Truffaut**, avec Jean-Pierre Léaud, Marie-France Pisier, Claude Jade, Dorothée. France, 1978 – Couleurs – 1 h 34.

Antoine divorce de Christine. Il se remémore son passé, fait des rencontres et se débat avec ses conflits d'adulte. Excellent montage de vingt ans de filmographie du « couple » Léaud-Doinel.

L'AMOUR EN HERBE
Comédie dramatique de **Roger Andrieux**, avec Pascal Meynier, Guilhaine Dubos. France, 1977 – Couleurs – 1 h 35.

Marc est bon élève. Ses parents, des bourgeois étriqués, ne le comprennent pas. Il tombe amoureux de Martine, néglige ses études, essaie douloureusement de s'échapper de son milieu.

L'AMOUR EN PREMIÈRE PAGE "LOVE IS NEWS"
Comédie de **Tay Garnett**, avec Tyrone Power, Loretta Young, Don Ameche, Slim Summerville, Dudley Digges, Walter Catlett. États-Unis, 1937 – 1 h 18.

Pour se venger d'un jeune journaliste désobligeant, une ravissante millionnaire annonce ses fiançailles avec lui et le plonge ainsi dans l'embarras, sous les feux de l'actualité. Après quelques péripéties, un heureux mariage est célébré.

▷ Autres versions réalisées par : **Irving Cummings**, sous le titre SWEET ROSIE O'GRADY, avec Betty Grable, Robert Young, Adolphe Menjou, Reginald Gardiner, Virginia Grey. États-Unis, 1943 – Couleurs – 1 h 19. **Robert B. Sinclair**, sous le titre THAT WONDERFUL URGE, avec Gene Tierney, Tyrone Power, Reginald Gardiner, Arleen Whelan, Lucile Watson. États-Unis, 1948 – 1 h 22.

L'AMOUR EN QUATRIÈME VITESSE
"VIVA LAS VEGAS"
Comédie musicale de **George Sidney**, avec Elvis Presley, Ann-Margret, Cesare Danova. États-Unis, 1964 – Couleurs – 1 h 25.

Les aventures d'un coureur automobile dans la capitale du jeu et de la distraction, Las Vegas.

L'AMOUR EN QUESTION
Drame d'**André Cayatte**, avec Annie Girardot, Bibi Andersson, John Steiner. France, 1978 – Couleurs – 1 h 40.

Un industriel niçois est assassiné. Les soupçons se portent sur sa femme et l'amant de celle-ci, un Anglais. Les procès, bâclés sur ordre, aboutiront à deux dénis de justice.

L'AMOUR EN VITESSE

Mélodrame de **Claude Heymann** et **Johannes Guter**, avec Dolly Davis, André Roanne, Georges Péclet. France, 1932 – env. 1 h 10.

Une riche jeune fille qui doit épouser un baron, capitaine d'une équipe de bobsleigh, tombe amoureuse du leader de l'équipe adverse ! Elle finira par l'épouser aux dépens de l'aristocrate, qui n'était qu'un escroc mondain.

L'AMOUR EST UN CHIEN DE L'ENFER

Drame de **Dominique Deruddere**, d'après Charles Bukowski, avec Josse de Pauw, Geert Hunaerts, Michaël Pas. Belgique, 1986 – Couleurs – 1 h 28.

Trois étapes de la vie amoureuse d'Harry : à douze ans, en 1955, où il connaît ses premières initiations ; en 1962, époque à laquelle il est affligé d'acné purulente ; et en 1976 où, mi-clochard, mi-ivrogne, il vole un cercueil et viole une jeune morte avant de s'enfoncer avec elle dans la mer.

L'AMOUR EST UNE GRANDE AVENTURE
"Skin Deep"

Comédie de **Blake Edwards**, avec John Ritter, Vincent Gardenia, Alyson Reed. États-Unis, 1989 – Couleurs – 1 h 39.

Écrivain célèbre, Zack Hutton est aussi un incroyable homme à femmes. Excédée, son épouse le quitte et Zack se lance dans une série d'aventures sentimentales qui le conduisent dans de véritables catastrophes. Un film à la fois burlesque et amer réalisé par un Blake Edwards en très grande forme. À noter une séquence anthologique, celle des préservatifs fluorescents.

AMOUR ET SWING "Higher and Higher"

Comédie musicale de **Tim Whelan**, avec Michèle Morgan, Jack Haley, Frank Sinatra. États-Unis, 1943 – 1 h 30.

Un bourgeois désargenté propose à sa domestique de faire un riche mariage pour renflouer les caisses de la maison. Tout finit bien. Sinatra interprète son propre rôle.

AMOUREUSE

Comédie dramatique de **Jacques Doillon**, avec Charlotte Gainsbourg, Yvan Attal, Thomas Langmann. France, 1991 – Couleurs – 1 h 43.

Une histoire d'amour triangulaire en huis clos et plans serrés. Les balancements du cœur et les méandres de la parole.

LES AMOUREUX "Gli innamorati"

Comédie dramatique de **Mauro Bolognini**, avec Antonella Lualdi, Franco Interlenghi, Gino Cervi, Cosetta Greco. Italie / France, 1956 – 1 h 22.

Portrait d'un pittoresque et populaire quartier d'une ville italienne.

LES AMOUREUX "Alskande par"

Drame de **Maï Zetterling**, d'après des romans d'Agnès von Krusenstjerna, avec Harriet Andersson. Suède, 1965 – 1 h 58.

Dans leur chambre de clinique, trois femmes sur le point d'accoucher revoient leur passé. C'est l'occasion pour le cinéaste de faire une sorte de panorama de la condition féminine depuis le début du siècle.

LES AMOUREUX DE MARIANNE

Comédie de **Jean Stelli**, avec Gaby Morlay, André Luguet, Jean Brochard, Georges Chamarat. France, 1954 – 1 h 34.

Dans une petite ville de province, l'affrontement de deux familles sur fond de campagne électorale. Léger et divertissant.

LES AMOUREUX SONT SEULS AU MONDE

Comédie dramatique d'**Henri Decoin**, avec Louis Jouvet, Renée Devillers, Dany Robin, Philippe Nicaud. France, 1948 – 1 h 45.

L'apparition d'une jeune étudiante du Conservatoire provoque un drame dans le ménage d'un musicien célèbre. Pour Jouvet, et les bons mots d'Henri Jeanson.

AMOUREUX VOLONTAIRES
"Vliublen po sobstvenomu gelaniu"

Comédie dramatique de **Serguei Mikaelian**, avec Oleg Yankovski, Evguenia Glouchenko. U.R.S.S., 1982 – Couleurs – 1 h 30.

Ivre un soir de déprime, un jeune homme incapable de rentrer chez lui est secouru par une jeune femme qui l'aide à prendre un taxi. Le lendemain, ils se rencontrent, décident d'unir leurs solitudes et de tout faire pour tomber amoureux.

AMOUR, FLEUR SAUVAGE "Shotgun"

Western de **Lesley Selander**, avec Sterling Hayden, Yvonne De Carlo, Zachary Scott. États-Unis, 1955 – Couleurs – 1 h 21.

Histoire de vengeance dans l'Ouest où un shérif a été assassiné. Son assistant règle ses comptes en affrontant bandits et Apaches.

L'AMOUR FOU

Drame psychologique de **Jacques Rivette**, avec Bulle Ogier *(Claire)*, Jean-Pierre Kalfon *(Sébastien / Pyrrhus)*, Josée Destoop *(Marta/Hermione)*. • SC : J. Rivette, Marilu Parolini. • PH : Alain Levent, Étienne Becker. • MUS : Jean-Claude Eloy. • MONT : Nicole Lubtchansky. France, 1969 – Couleurs – 4 h 12.

Sébastien met en scène l'*Andromaque* de Racine. Sa femme Claire, qui joue Hermione, abandonne son rôle par lassitude. Une amie la remplace, et Claire se sent inutile. Sébastien, surmené, passionné par sa mise en scène, ne réalise pas qu'elle sombre dans la neurasthénie, puis la folie. Un jour, à bout de nerfs, il quitte son travail pour vivre avec elle deux jours d'amour fou.

◆ *Ce film-fleuve est un film-culte, celui de la génération de mai 68, celle dont liberté et amour passionné étaient les mots d'ordre. Dans une sorte de cinéma-vérité-reportage (la répétition est filmée par une équipe de télévision), Rivette adopte une construction libre, un langage quotidien, un scénario qui se bâtit au jour le jour. Il rend palpables à la fois l'écoulement du temps et l'intensité des passions.* *B.B.*

AMOUR FRÉNÉTIQUE "LOVING YOU"

Comédie musicale de **Hal Kanter**, avec Elvis Presley, Lisabeth Scott, Wendell Corey. États-Unis, 1957 – Couleurs – 1 h 41.

La rapide ascension au firmament des vedettes de rock n'roll d'un jeune livreur du Texas. Biographie plus ou moins avouée d'Elvis Presley, alors numéro un.

L'AMOUR L'APRÈS-MIDI (SIX CONTES MORAUX, VI)

Comédie dramatique d'**Éric Rohmer**, avec Zouzou, Bernard Verley, Françoise Verley. France, 1972 – Couleurs – 1 h 35.

Frédéric mène une vie paisible de jeune cadre lorsqu'apparaît à son bureau Chloé, une vieille amie. Il se laisse peu à peu fasciner par elle.

L'AMOUR MADAME

Comédie sentimentale de **Gilles Grangier**, avec Arletty, François Périer, Mireille Perrey, Marie Daems. France, 1952 – 1 h 30.

Arletty, célèbre comédienne, aide un jeune admirateur, timide et inconnu, à devenir un auteur à succès. Un scénario de Françoise Giroud tiré d'une pièce de Félix Gandéra et Claude Gével.

L'AMOUR NU

Drame de **Yannick Bellon**, avec Marlène Jobert, Jean-Michel Folon. France, 1981 – Couleurs – 1 h 40.

Claire et Simon se rencontrent et s'aiment. Mais Claire est atteinte d'une tumeur au sein. Devra-t-elle perdre aussi son amour ? Elle le pense, se résigne et se renferme. La vie la détrompera.

L'AMOUR PAR TERRE

Comédie de **Jacques Rivette**, avec Geraldine Chaplin, Jane Birkin, André Dussollier, Jean-Pierre Kalfon. France, 1983 – Couleurs – 2 h 05.

Un metteur en scène de théâtre convie un trio d'acteurs – deux femmes et un homme – à venir répéter chez lui une pièce qui ne sera donnée qu'une fois. Une réflexion alerte sur la vie et l'art à travers un jeu de masques et de miroirs.

LES AMOURS CÉLÈBRES

Film à sketches de **Michel Boisrond**, avec Jean-Paul Belmondo, Alain Delon, Brigitte Bardot, Simone Signoret, Annie Girardot, Edwige Feuillère. France, 1961 – Couleurs – 2 h 10.

Un rendez-vous raté de Louis XIV, la jalousie meurtrière d'une courtisane et trois autres sketches du même acabit sont le prétexte à un défilé des plus grands comédiens du moment.

LES AMOURS DE CARMEN

"THE LOVES OF CARMEN"

Drame sentimental de **Charles Vidor**, avec Rita Hayworth, Glenn Ford, Victor Jory. États-Unis, 1948 – Couleurs – 1 h 36.

Version américaine de la célèbre nouvelle de Prosper Mérimée, destinée à mettre en valeur le tempérament de Rita Hayworth qui fut rarement aussi belle. Elle y retrouve Glenn Ford, son partenaire de *Gilda*. La très belle photo est signée William Snyder.

LES AMOURS DE MINUIT

Mélodrame d'**Augusto Genina** et **Marc Allégret**, avec Pierre Batcheff, Danièle Parola, Jacques Varennes. France, 1930 – env. 1 h 40.

Une chanteuse de cabaret, amie d'un criminel évadé, s'éprend d'un jeune employé de banque qui a dérobé la caisse dans un moment de folie.

▷ **Augusto Genina** et **Carl Froelich** signent parallèlement une version allemande, intitulée MITTERNACHTSLIEBE, avec les mêmes comédiens et Hans Adalbert Schlettow.

LES AMOURS D'HERCULE "GLI AMORI DI ERCOLE"

Péplum de **Carlo Ludovico Bragaglia**, avec Jayne Mansfield, Mickey Hargitay, Massimo Serato. Italie / France, 1960 – Couleurs – 1 h 38.

Outre ses exploits légendaires, Hercule-Mickey Hargitay (moins beau que Steve Reeves) tombe amoureux de la reine Hippolyte, qui n'est autre que son épouse dans la vie, Jayne Mansfield.

LES AMOURS D'OMAR KHAYYAM
"OMAR KHAYYAM"
Biographie romancée de **William Dieterle**, avec Cornel Wilde, Michael Rennie, Debra Paget, John Derek. États-Unis, 1957 – Couleurs – 1 h 41.

Voyage au pays des Mille et Une Nuits pour la vie romancée du poète persan Omar Khayyam, qui a les traits de Cornel Wilde.

LES AMOURS D'UNE BLONDE
"LASKY JEDNÉ PLAVOVLÁSKY"
Comédie de **Miloš Forman**, avec Hana Brejchová *(Andula)*, Vladimír Pucholt *(Milda)*, Josef Sebánek *(le père)*, Milava Jezková *(la mère)*. • SC : M. Forman, Jaroslav Papoušek, Ivan Passer. • PH : Miroslav Ondríček. • MUS : Evžen Illín. • MONT : Miroslav Hájek. Tchécoslovaquie, 1965 – 1 h 22.

La petite bourgade de Zruc, avec son usine de chaussures, compte deux mille jeunes filles et deux cents hommes. Pour lutter contre cette disproportion, les autorités font venir une compagnie de réservistes. Un bal est donné pour favoriser les rencontres. Andula, une jeune ouvrière, dédaigne les soldats, mais se laisse séduire par Milda, le pianiste de l'orchestre, habitué à courir les aventures en tournée. Éprise du jeune musicien, elle rompt avec son ami de cœur et part retrouver Milda à Prague, sans l'avoir prévenu. À sa surprise, Andula sent qu'elle n'était pas attendue...

◆ *Retrouvant le ton de son premier long métrage,* l'As de pique *(Voir ce titre), Miloš Forman obtint un nouveau succès international avec cette comédie douce-amère où tous les acteurs, sauf deux (dont celui qui joue Milda), étaient des amateurs, dirigés selon ses méthodes d'improvisation. Plus encore que dans le film précédent, Forman tenta la gageure de très longues scènes sans aucune progression, entièrement basées sur l'irrésolution d'abord burlesque, puis presque angoissante, des personnages.* M.CH.

LES AMOURS ENCHANTÉES
"THE WONDERFUL WORLD OF THE BROTHERS GRIMM"
Film fantastique d'**Henry Levin** et **George Pal**, avec Laurence Harvey, Karl Boehm, Claire Bloom. États-Unis, 1962 – Couleurs – 2 h 14.

Une évocation de la vie des célèbres frères Grimm, illustrée par certains des contes qu'ils retranscrirent pour la postérité. Un des rares films tournés en Cinérama.

AMOUR 65 "KÄRLEK 65"
Comédie dramatique de **Bo Widerberg**, avec Keve Hjelm, Inger Taube, Björn Gustafson, Evabritt Strandberg, Ann-Marie Gyllenspetz. Suède, 1965 – 1 h 36.

Un cinéaste, qui ne connaît l'amour que lorsqu'il a besoin d'inspiration, vit des liaisons éphémères. Sa petite fille est son seul lien avec sa femme et son unique espoir pour l'avenir.

L'AMOUR SORCIER "EL AMOR BRUJO"
Film-ballet de **Carlos Saura**, avec Antonio Gades, Cristina Hoyos, Laura del Sol. Espagne, 1986 – Couleurs – 1 h 43.

Très libre adaptation du ballet de Manuel de Falla nourri d'inspiration flamenca, qui conte l'amour de deux jeunes gens perturbé par le fantôme du premier fiancé de la jeune fille.

AMOURS SANS LENDEMAIN
"UN TENTATIVO SENTIMENTALE"
Drame psychologique de **Pasquale Festa Campanile** et **Massimo Franciosa**, avec Françoise Prévost, Jean-Marc Bory, Gabriele Ferzetti. Italie / France, 1964 – 1 h 31.

La rencontre d'une jeune femme heureusement mariée et d'un don Juan futile et inconstant. Récit nuancé et soigné.

L'AMOUR TROP FORT
Drame de **Daniel Duval**, avec Marie-Christine Barrault, Jean Carmet, Daniel Duval. France, 1981 – Couleurs – 1 h 30.

Un demi-marginal est aimé d'amour par une antiquaire B.C.B.G. et d'amitié par une sorte d'amuseur public plus ou moins raté, que sa femme a abandonné. Affection(s) et jalousie(s) croisées.

L'AMOUR VIENT EN DANSANT
"YOU'LL NEVER GET RICH"
Comédie musicale de **Sidney Lanfield**, avec Fred Astaire, Rita Hayworth. États-Unis, 1941 – 1 h 30.

À la suite d'un malentendu, un maître de ballet s'engage dans l'armée. Il va tout faire pour revoir une ballerine devenue étoile et la conquérir... Des ballets sans éclat, mais quels acteurs !

L'AMOUR VIOLÉ
Drame de **Yannick Bellon**, avec Nathalie Nell, Alain Fourès, Pierre Arditi, Michèle Simonnet. France, 1977 – Couleurs – 1 h 50.

Une jeune fille, fiancée à un appelé, est violée par quatre hommes. Elle en reconnaît un quelque temps après, et se décide alors à porter plainte. Un film efficace sur un sujet encore tabou.

LES ANARCHISTES / LA BANDE À BONNOT
Film historique de **Philippe Fourastié**, avec Jacques Brel, Bruno Crémer, Annie Girardot. France, 1968 – Couleurs – 1 h 50.

Reconstitution des activités réelles du groupe anarchiste qui, vers 1910, chercha à déstabiliser la société capitaliste et finit par être démantelé par la police. C'est bien de revoir Brel.

ANASTASIA "ANASTASIA"
Drame historique d'**Anatole Litvak**, avec Ingrid Bergman, Yul Brynner, Helen Hayes. États-Unis, 1956 – Couleurs – 1 h 45.

Tentative d'explication de l'énigme qui entoure la disparition d'Anastasia, la fille du Tsar massacré avec sa famille à Iekaterinbourg durant la Première Guerre mondiale. Bénéficiant d'importants moyens, le film célébrait le grand retour d'Ingrid Bergman dans un film américain après sa période Rossellini. Le rôle d'Anastasia lui valut l'Oscar.

ANASTASIA "ANASTASIA"
Dessin animé de **Don Bluth** et **Gary Goldman**. États-Unis, 1997 – Couleurs – 1 h 25.

La fille de Nicolas II a perdu dans la tourmente de la révolution russe à la fois sa famille, massacrée à Iekaterinbourg, et la mémoire. Malgré la malédiction de Raspoutine, menaçante même après la mort de celui-ci, elle finira, après d'éprouvantes aventures, par retrouver ses souvenirs et sa grand-mère. Elle épousera même un ancien valet de son père, avec la bénédiction de la mère du Tsar : la révolution bolchevique aura au moins servi à quelque chose ! Produit par la Fox, nouvelle venue sur le terrain du long métrage d'animation, ce film très soigné renoue avec une tradition abandonnée par Disney, où Blanche-Neige a, depuis belle lurette, été écartée par des créatures ni jolies ni polies.

ANATOMIE D'UN RAPPORT
Comédie dramatique de **Luc Moullet** et **Antonietta Pizzorno**, avec L. Moullet, A. Pizzorno, Christine Hébert, Viviane Berthomier. France, 1976 – 1 h 20.

Elle n'éprouve aucun plaisir avec son ami, cinéaste, mais elle finit par se trouver enceinte et décide d'avorter. Devenue riche, elle propose à son compagnon de tourner leur histoire. Cela ne les rapprochera pas.

LES ANCIENS DE SAINT-LOUP
Comédie dramatique de **Georges Lampin**, d'après le roman de Pierre Véry, avec François Périer, Bernard Blier, Serge Reggiani, Odile Versois. France, 1950 – 1 h 30.

Trois anciens du collège de Saint-Loup se retrouvent douze ans après à une réunion organisée par leur vieux directeur.

ANDRÉ HARDY
Série comique produite par la M.G.M., avec Mickey Rooney. États-Unis, 1936-1958.

Les aventures tragi-comiques du juge d'une petite ville américaine et de sa famille.

LA FAMILLE DU JUGE HARDY "A FAMILY AFFAIR"
de **George B. Seitz**, avec Lionel Barrymore, Spring Byington, Fay Holden, Mickey Rooney, Cecilia Parker et Sara Haden. 1936 – 1 h 09.

YOU'RE ONLY YOUNG ONCE
de **G.B. Seitz**, avec Lewis Stone, Ann Rutherford, F. Holden, M. Rooney, C. Parker et S. Haden. 1938 – 1 h 18.

LES ENFANTS DU JUGE HARDY
"JUDGE HARDY'S CHILDREN"
de **G.B. Seitz**, avec M. Rooney, L. Stone, A. Rutherford, F. Holden, C. Parker, S. Haden et Ruth Hussey. 1938 – 1 h 18.

L'AMOUR FRAPPE ANDRÉ HARDY
"LOVE FINDS ANDY HARDY"
de **G.B. Seitz**, avec M. Rooney, L. Stone, A. Rutherford, F. Holden, C. Parker, S. Haden, Judy Garland et Lana Turner. 1938 – 1 h 30.

ANDRÉ HARDY COW-BOY
"OUT WEST WITH THE HARDYS"
de **G.B. Seitz**, avec M. Rooney, L. Stone, A. Rutherford, F. Holden, C. Parker et S. Haden. 1938 – 1 h 30.

ANDRÉ HARDY DÉTECTIVE
"JUDGE HARDY AND SON"
de **G.B. Seitz**, avec M. Rooney, L. Stone, A. Rutherford, F. Holden, C. Parker, S. Haden, June Preisser et Maria Ouspenskaia. 1939 – 1 h 30.

ANDRÉ HARDY MILLIONNAIRE
"THE HARDYS RIDE HIGH"
de **G.B. Seitz**, avec M. Rooney, L. Stone, A. Rutherford, F. Holden, C. Parker et S. Haden. 1939 – 1 h 21.

ANDRÉ HARDY S'ENFLAMME
"ANDY HARDY GETS SPRING FEVER"
de **William S. Van Dyke II**, avec M. Rooney, L. Stone, A. Rutherford, F. Holden, C. Parker et S. Haden. 1939 – 1 h 25.

ANDRÉ HARDY VA DANS LE MONDE
"ANDY HARDY MEETS A DEBUTANTE"
de **G.B. Seitz**, avec M. Rooney, L. Stone, A. Rutherford, F. Holden, C. Parker, S. Haden et Judy Garland. 1940 – 1 h 29.

LA SECRÉTAIRE D'ANDRÉ HARDY
"ANDY HARDY'S PRIVATE SECRETARY"
de **G.B. Seitz**, avec M. Rooney, L. Stone, A. Rutherford, F. Holden, C. Parker, S. Haden, Kathryn Grayson et Ian Hunter. 1941 – 1 h 41.

LA VIE COMMENCE POUR ANDRÉ HARDY
"LIFE BEGINS FOR ANDY HARDY"
de **G.B. Seitz**, avec M. Rooney, L. Stone, A. Rutherford, F. Holden, C. Parker, S. Haden et J. Garland. 1941 – 1 h 40.

LA DOUBLE VIE D'ANDRÉ HARDY
"ANDY HARDY'S DOUBLE LIFE"
de **G.B. Seitz**, avec M. Rooney, L. Stone, A. Rutherford, F. Holden, C. Parker, S. Haden, Esther Williams et Susan Peters. 1942 – 1 h 32.

ANDRÉ HARDY FAIT SA COUR
"THE COURTSHIP OF ANDY HARDY"
de **G.B. Seitz**, avec M. Rooney, L. Stone, A. Rutherford, F. Holden, C. Parker, S. Haden et Donna Reed. 1942 – 1 h 33.

ANDY HARDY'S BLONDE TROUBLE
de **G.B. Seitz**, avec M. Rooney, L. Stone, A. Rutherford, F. Holden, C. Parker, S. Haden, Bonita Granville, Jean Porter et Herbert Marshall. 1944 – 1 h 47.

LOVE LAUGHS AT ANDY HARDY
de **Willis Goldbeck**, avec M. Rooney, L. Stone, A. Rutherford, F. Holden, C. Parker, S. Haden et B. Granville. 1946 – 1 h 34.

ANDY HARDY COMES HOME
de **Howard W. Koch**, avec M. Rooney, F. Holden, C. Parker, S. Haden et Patricia Breslin. 1958 – 1 h 20.

ANDREI ROUBLEV "ANDREJ RUBLËV"
Film historique d'**Andrei Tarkovski**, avec Anatoli Solonitsyne *(Roublev)*, Ivan Lapikov *(Kyrill)*, Nikolai Grinko *(Daniil le Noir)*, Nikolai Sergueiev *(Théophane le Grec)*, Irma Tarkovskaïa *(la sourde-muette)*, Nikolai Bourliaiev *(Boris)*, Rolan Bykov *(le bouffon)*, Mikhaïl Kononov *(Fomka)*, Youri Nazarov *(le Grand Duc de Moscovie)*. • SC : Andrei Mikhalkov-Kontchalovski, A. Tarkovski. • PH : Vadim Youssov. • DÉC : Evgueni Tcherniaiev. • MUS : Viatcheslav Ovtchinnikov. • MONT : Loudmila Feyganova. PR : • PR : Mosfilm. U.R.S.S., 1966-1971 (sorti en France en 1969) – NB et Couleurs – 3 h 05. ★ **PRIX DE LA CRITIQUE INTERNATIONALE (FIPRESCI), Cannes 1969.**

Prologue : un serf s'envole dans une rustique montgolfière, mais retombe au sol. Première partie : en 1400, les moines Andrei, Daniil et Kyrill arrivent dans une auberge où se produit un bouffon qui est arrêté et torturé lorsque Kyrill le dénonce comme suppôt de Satan. En 1405, le peintre Théophane le Grec demande à Roublev de venir travailler avec lui à la décoration de l'église de l'Annonciation à Moscou. En 1408, Roublev exécute avec Daniil les fresques de la cathédrale de la Dormition de Vladimir mais, témoin de la violence de l'époque, il s'exclame : « Je ne peux pas peindre cela ! » et macule le mur de l'église. Seconde partie : les Tartars envahissent Vladimir et massacrent les fidèles dans la cathédrale. Andrei se mure dans le silence pour expier le meurtre d'un homme qu'il a tué durant le sac de la ville. En 1424, tandis que la peste ravage le pays, un jeune garçon fond une cloche en prétendant faussement que son père lui a transmis les secrets de ce travail avant de mourir. Devant ce « miracle », Roublev sort de son silence. L'épilogue (en couleurs) montre des icônes et des fresques (dont la célèbre *Trinité* de Roublev) puis des chevaux en liberté sous la pluie.

◆ Splendeur et rigueur

Tarkovski était croyant, mais sa foi se situait à une telle altitude spirituelle qu'on peut faire de cette admirable fresque une lecture « laïque » aussi bien que mystique : ainsi la réussite du jeune fondeur peut être due au génie créateur de l'homme tout autant qu'à l'inspiration divine. Significative est la réticence du moine Roublev à peindre les affres de l'enfer alors que les humains subissent quotidiennement l'oppression et la violence de cette dramatique période. Sa description d'un brutal réalisme est à l'origine des longs démêlés de Tarkovski avec les responsables du cinéma soviétique qui, l'accusant d'une vision erronée de l'Histoire, ont exigé la coupure de certaines scènes. Le « message » de Tarkovski peut donc être considéré comme humaniste *tout autant que mystique : même si l'artiste, a-t-il dit, est doué d'une « étincelle divine », il est « le porte-parole du peuple ». Au plan du style, le cinéaste privilégie la* métaphore *(la montgolfière et la cloche, qui suggèrent l'élévation spirituelle) et montre autant de splendeur que de rigueur dans son expression plastique.* *M.M.*

ANDROCLÈS ET LE LION
"ANDROCLES AND THE LION"
Comédie de **Chester Erskine**, d'après la pièce de George Bernard Shaw, avec Jean Simmons, Alan Young, Victor Mature. États-Unis, 1952 – 1 h 38.

L'action est située à l'époque où César régnait sur Rome et persécutait les chrétiens. Le tailleur Androclès qui s'est lié d'amitié avec un lion, le retrouve dans l'arène...

ANDROÏDE "ANDROID"
Film de science-fiction d'**Aaron Lipstadt**, avec Klaus Kinski. États-Unis, 1982 – Couleurs – 1 h 21.

Dans une base spatiale désaffectée, un savant travaille d'arrache-pied pour donner vie à une androïde d'un type parfait. Un premier film sans grands moyens, mais plein de trouvailles.

ANDY "Andy"
Drame de **Richard C. Sarafian**, avec Norman Alden, Tamara Dayarhanova, Avee Scooler. États-Unis, 1966 – 1 h 35.

À quarante ans, Andy, fils d'une famille grecque émigrée, est un « retardé » ; il est violent, imprévisible. Ses parents cherchent à le placer dans un asile, mais, à la veille de son départ, Andy s'enfuit. Un courageux regard sur l'Amérique des déshérités.

L'ÂNE DE MAGDANA "Magdanas lurdjas"
Drame de **Tenguiz Abouladze** et **Revaz Tchkheidze**, avec Doudoukhana Tserodze, Akaki Kvantaliani. U.R.S.S. (Géorgie), 1956 – 1 h 09.

Une pauvre veuve voit sa vie transformée par l'arrivée d'un âne, trouvé par ses enfants au bord de la route. Mais un riche marchand reconnaît son animal, et elle est dépossédée de son bien.

À 9 HEURES DE RAMA "Nine Hours to Rama"
Film historique de **Mark Robson**, avec Jose Ferrer, Diane Baker, Horst Buchholz. Grande-Bretagne, 1962 – Couleurs – 2 h 05.

Le film retrace les neuf heures qui précédèrent l'assassinat de Gandhi, vues du côté du Mahatma, mais surtout de celui de son assassin, Natu. L'événement est traité ici comme un fait divers dans un film policier.

ANGE "Angel"
Comédie dramatique d'**Ernst Lubitsch**, avec Marlene Dietrich, Herbert Marshall, Melvyn Douglas, Edward E. Horton, Laura Hope Crews. États-Unis, 1937 – 1 h 38.

La femme d'un diplomate britannique en poste à Paris a une liaison avec un compatriote auprès duquel elle se fait passer pour une aventurière.

L'ANGE
Essai de **Patrick Bokanowski**, avec Maurice Baquet, Jean-Marie Bon, Martine Couture. France, 1977-1982 – Couleurs – 1 h 10.

L'ascension d'un escalier obscur occupé par d'étranges silhouettes est ponctuée de sketches autonomes. Une extrême ambition artistique qui tour à tour déconcerte et fascine.

L'ANGE BLEU "Der Blaue Engel"
Drame réaliste de **Josef von Sternberg**, avec Emil Jannings *(professeur Immanuel Rath)*, Marlene Dietrich *(Lola-Lola)*, Kurt Gerron *(Kiepert)*, Rosa Valetti *(Guste)*, Hans Albers *(Mazeppa)*. • SC : Carl Zuckmayer, Karl Vollmoëller, Robert Liebmann, d'après le roman d'Heinrich Mann *Professor Unrat*. • PH : Günther Rittau, Hans Schneeberger. • DÉC : Otto Hunte, Emil Hasler. • MUS : Friedrich Holländer. • MONT : Sam Winston. • PR : Erich Pommer (U.F.A.). Allemagne, 1930 – 1 h 48.

Une petite ville portuaire d'Allemagne du Nord vers 1925. Le digne professeur Rath, célibataire sur le retour, terrorise ses élèves qui l'ont surnommé par vengeance « Unrat » (ordure). D'un moralisme intransigeant, il décide d'intervenir quand il découvre que certains d'entre eux fréquentent le soir une boîte de nuit pour marins, où chante une artiste en tenue légère, Lola-Lola. Mais le professeur tombe sous le charme de la chanteuse et va être littéralement envoûté par sa splendeur charnelle. Les élèves le chahutent et il décide d'épouser Lola, provoquant un scandale dans la petite bourgeoisie de la ville. Il part en tournée avec elle, lui sert de faire-valoir, devient son souffre-douleur et va jusqu'à vendre des photos déshabillées de sa femme. Elle le trompe avec un bellâtre prestidigitateur. Ils retournent au cabaret de « L'Ange bleu » où le directeur invite les anciens collègues du professeur ainsi que les dignitaires de la ville qui sont alors scandalisés par la déchéance physique de Rath, humilié sur la scène par le magicien. Le professeur, devenu fou, retournera mourir, accroché à son ancien pupitre, dans sa salle de classe.

◆ Une image fétichisée de l'amour

Seul film allemand du réalisateur américain d'origine viennoise Josef von Sternberg, appelé par le producteur Erich Pommer pour mettre en scène Emil Jannings, l'Ange bleu *consacre la rencontre entre Sternberg et la jeune star allemande Marlene Dietrich. Celle-ci a déjà interprété une douzaine de films en Allemagne, et la presse de 1929 la considère comme la rivale de Garbo. Cette jeune actrice « songeuse, intellectuelle, lectrice assidue de Goethe, Heine et Rilke » est métamorphosée par Sternberg, au début du film, en vulgaire chanteuse pour tripot de marins. Elle va incarner la tentatrice sensuelle et violemment charnelle, « faite pour l'amour de la tête aux pieds », comme elle le chantera elle-même. Sternberg ira assez loin dans la matérialisation de son charme physique, jusqu'à l'odeur de sa poudre de maquillage et celle de sa culotte, culotte emportée par mégarde par le professeur. Le trajet figural du film consiste à désincarner cet érotisme brut pour le transformer en sublimation esthétique hollywoodienne. À la fin du récit, Marlene n'est plus Lola-Lola, mais l'image américaine fétichisée de l'amour, tamisée par le taffetas, les plumes, le strass et la soie. La densité érotique du film est prise en charge par un réseau métaphorique qui part du serin mort dans sa cage, au début du film, traverse les plumes-pagne qui protègent les cuisses de Lola sur la photo et qu'agite le souffle du professeur, jusqu'au terrible « cocorico ! » qu'il crie comme à l'agonie, lorsque le magicien lui écrase des œufs sur le crâne. Sternberg mêle admirablement ici le désir et la pulsion de mort dans un sublime poème de l'amour fou, liant l'esthétique américaine et allemande des années 20 avec une rare virtuosité.* M.M.

L'ANGE BLEU "The Blue Angel"
Drame d'**Edward Dmytryk**, avec Curd Jurgens, May Britt, Theodore Bikel. États-Unis, 1959 – Couleurs – 1 h 47.

Remake du célèbre film de Sternberg. La présente histoire est moins sordide grâce à l'apport de la couleur, du grand écran et du charme ensorcelant de May Britt.

L'ANGE DE LA RUE "Street Angel"
Comédie dramatique de **Frank Borzage**, d'après la pièce de Monckton Hoffe, avec Janet Gaynor, Charles Farrell, Henry Armetta, Guido Trento. États-Unis, 1928 – env. 2 700 m (env. 1 h 40).

En Italie, une jeune prostituée devient une grande vedette du cirque. Un conte sentimental typique de son auteur, qui écorche avec respect la religion, et servi par deux vraies stars.

L'ANGE DE LA VIOLENCE "All Fall Down"
Drame de **John Frankenheimer**, avec Eva Marie Saint, Warren Beatty, Karl Malden. États-Unis, 1961 – 1 h 50.

Deux frères se disputent la même femme, dont l'aîné fera le malheur et que le cadet voudra venger. Une curieuse variation sur le thème d'Abel et Caïn, servie par de merveilleux acteurs.

L'ANGE DES MAUDITS "Rancho Notorious"
Western de **Fritz Lang**, avec Marlene Dietrich *(Altar Keane)*, Arthur Kennedy *(Vern Haskell)*, Mel Ferrer *(Frenchy Fairmont)*, Gloria Henry, William Frawley, John Raven, Jack Elam. • SC : Daniel Taradash d'après le roman de Silvia Richards *Gunsight Whitman*. • PH : Hal Mohr. • DÉC : Robert Priestley. • MUS : Emil Newman. États-Unis, 1952 – Couleurs – 1 h 29.

Un fermier, Vern, traque le bandit qui a violé et tué sa fiancée. Il apprend que celui-ci doit se trouver dans un endroit nommé « Chuck-a-Luck », du nom d'un jeu de roulette. Il s'agit d'un ranch où se réfugient tous les hors-la-loi du pays, et qui est tenu par Altar Keane et son amant Fairmont, redoutable tireur. Vern se fait passer pour un bandit et entre dans cet univers. Altar tombe alors amoureuse de lui. Mais Vern est obsédé par la vengeance.

◆ *Un superbe et étrange western, théâtral, lyrique et mélancolique, rythmé par une ballade* (la Légende de Chuck-a-Luck) *à la manière d'une chanson de geste. C'est une histoire « de haine, meurtre et vengeance », autant de thèmes chers à Lang. Celui-ci recompose ici les contes classiques de l'Ouest pour une complainte crépusculaire.* L.A.

L'ANGE DES TÉNÈBRES "The Dark Angel"
Drame sentimental de **Sidney Franklin**, d'après la pièce de Guy Bolton, avec Merle Oberon, Fredric March. États-Unis, 1935 – 1 h 45.

Pendant la Première Guerre mondiale, deux hommes aiment la même femme ; l'un est blessé et perd la vue. Un mélo aux situations extrêmes, mais parfaitement maîtrisé.

L'ANGE DES TÉNÈBRES "Edge of Darkness"
Drame de **Lewis Milestone**, d'après le roman de William Woods, avec Errol Flynn, Ann Sheridan, Walter Huston. États-Unis, 1943 – 2 h.

Durant l'occupation allemande, Flynn organise la résistance d'un petit village norvégien.

L'ANGE ET LA FEMME
Drame métaphysique de **Gilles Carle**, avec Carole Laure, Lewis Furey. Canada, 1977 – 1 h 27.

Le cadavre d'une danseuse, abattue par des gangsters, roule aux pieds d'un ange. Celui-ci ramène le corps chez lui et opère le miracle ; la jeune femme renaît à la vie et s'abandonne alors aux plaisirs de l'amour, avant de fuir et de retrouver son destin.

L'ANGE ET LE MAUVAIS GARÇON
"The Angel and the Badman"
Film d'aventures de **James E. Grant**, avec John Wayne, Gail Russell, Harry Carey, Irene Rich. États-Unis, 1947 – 1 h 40.

Un bagarreur s'éprend d'une « quaker ». La stature de Wayne.

L'ANGE EXTERMINATEUR
"El angel exterminator"
Drame fantastique de **Luis Buñuel**, avec Silvia Pinal *(la cantatrice)*, Jaqueline Andere, José Baviera *(Leandro)*, Augusto Benedico *(le docteur)*, Luis Beristain *(Cristian)*. • SC : L. Buñuel, Luis Alcoriza. • PH : Gabriel Figueroa. • MONT : Carlos Savage. Mexique, 1962 – 1 h 30.

Au cours de la soirée donnée par un riche bourgeois, les domestiques abandonnent leur poste et lorsque les invités veulent partir, il leur est impossible, sans raison apparente, de quitter les lieux. Ils vont rester des semaines à souffrir de la faim et de la promiscuité jusqu'à ce qu'ils réitèrent les gestes qu'ils avaient faits au moment du départ. L'envoûtement est exorcisé. Ils sont libres. Pour peu de temps...

◆ *On peut justement considérer ce film comme l'aboutissement de l'art de Buñuel. Sur un scénario mélangeant le boulevard et l'étrange, il met en scène de manière réaliste et sobre, créant de formidables effets de fantastique, par exemple par le simple redoublement de la scène de l'arrivée des invités, filmée une fois en plongée, une autre en contre-plongée. Des détails incongrus ou symboliques comme l'ours qui garde l'entrée ou les moutons qui envahissent l'église minent ce pseudo-réalisme. Ce film de 1962, époque de totale dépression morale, offrait le portrait d'une société en effritement, sans valeurs nouvelles à l'horizon.* S.K.

L'ANGE IVRE "YIODORE TENSHI"

Drame psychologique d'**Akira Kurosawa**, avec Takashi Shimura *(le médecin)*, Toshirō Mifune *(le ganster)*. • SC : A. Kurosawa, Keinosuke Uegasa. • PH : Takeo Ito. • MUS : Fumio Hayasaka. Japon, 1948 – 1 h 38.

Dans les faubourgs sous-prolétarisés de Tokyo, un vieux médecin essaie de venir en aide aux gens. Il n'a qu'une faiblesse : c'est un ivrogne. Il rencontre une petite frappe qui veut devenir un caïd, et lui découvre une maladie incurable. Une curieuse relation s'établit entre eux. Le médecin tend à prendre sur lui les erreurs du gangster qui connaîtra la rédemption avant de mourir.

◆ *Le premier film important de Kurosawa, qui décrit avec une exactitude cauchemardesque le Japon misérable de l'après-guerre. Il subit certainement l'influence du néoréalisme, comme de l'agressivité de Welles et du raffinement de Sternberg qui, rappelons-le, a toujours été vénéré par les Japonais. Cette parabole manifestement christique, alliée à une brutalité parfois extrême (la stupéfiante bagarre dans une usine de plâtre où les protagonistes sont recouverts de poussière blanche aussi impressionnante que du sang), préfigure à bien des égards le cinéma de Pasolini. Toshirō Mifune se révéla dans ce film par une création animale à fleur de peau, qui contraste harmonieusement avec la composition mesurée du si humain Takashi Shimura.* S.K.

ANGÈLE

Drame de **Marcel Pagnol**, avec Henri Poupon *(Clarius Barbaroux)*, Annie Toinon *(sa femme Philomène)*, Orane Demazis *(leur fille Angèle)*, Fernandel *(Saturnin)*, Édouard Delmont *(Amédée)*, Jean Servais *(Albin)*, Andrex *(Louis)*. • SC : M. Pagnol, d'après le roman de Jean Giono *Un de Baumugnes*. • PH : Willy. • DÉC : Marius Brouquier. • MUS : Vincent Scotto. • MONT : Suzanne de Troye, André Robert. France, 1934 – 2 h 30 (après coupures).

Angèle, fille de paysans des Alpes provençales, se laisse séduire par Louis, proxénète marseillais qui l'emmène à la ville et l'entraîne vers la prostitution. Saturnin, le garçon de ferme faussement simplet, va rendre visite à la jeune malheureuse, mère d'un bébé. Il la persuade de regagner la maison paternelle. Mais le patriarche ne voudra rien savoir jusqu'à ce qu'Albin, jeune homme de la montagne, vienne officiellement la demander en mariage en acceptant l'enfant.

◆ *Ce premier long métrage écrit et mis en scène par Marcel Pagnol, après* le Gendre de Monsieur Poirier *et* Jofroi, *est une admirable chronique ethnographique de la morale méditerranéenne patriarcale. Fernandel, pour la première fois utilisé dans un registre dramatique, compose un émouvant Saturnin qui découvre avec stupéfaction le nouveau métier de sa « Demoiselle » pure et vénérée.* M.M.

ANGEL HEART "ANGEL HEART"

Film fantastique d'**Alan Parker**, avec Mickey Rourke, Robert De Niro. États-Unis, 1987 – Couleurs – 1 h 55.

Une enquête apparemment banale s'offre à Harry, un détective miteux. Meurtres sanglants et pacte avec le diable : le polar tourne au fantastique spectaculaire et insolite.

ANGÉLIQUE, MARQUISE DES ANGES

Mélodrame historique de **Bernard Borderie**, d'après les romans d'Anne et Serge Golon, avec Michèle Mercier, Robert Hossein, Jean Rochefort, Giuliano Gemma. France / Italie / R.F.A., 1964 – Couleurs – 1 h 45.

Fille d'un seigneur ruiné, Angélique épouse un noble riche, mais repoussant, dont elle finit cependant par tomber amoureuse. Mais tout et tous, y compris le roi, vont s'acharner contre eux. Cet archétype du mélo populaire, mêlant aventures, érotisme et passion, consacra Michèle Mercier.

▷ Quatre « suites » ont été tournées : MERVEILLEUSE ANGÉLIQUE (1964), ANGÉLIQUE ET LE ROY (1965), ANGÉLIQUE ET LE SULTAN (1967), INDOMPTABLE ANGÉLIQUE (1967), mises en scène par **Bernard Borderie**.

ANGELO MY LOVE "ANGELO MY LOVE"

Comédie dramatique de **Robert Duvall**, avec Angelo Evans, Michael Evans, Ruthie Evans, Steve Tsigonoff. États-Unis, 1982 – Couleurs – 1 h 56.

À Manhattan, les aventures d'un petit gitan de huit ans qui mène une vie d'adulte, et que l'on suit à la recherche d'un bijou volé.

L'ANGE NOIR "Black Angel"
Film policier de **Roy William Neill**, d'après le roman de Cornell Woolrich, avec Dan Duryea, June Vincent, Peter Lorre, Broderick Crawford, Wallace Ford. États-Unis, 1946 – 1 h 25.

Une artiste est assassinée et son amant, qui a découvert le crime, est inculpé. Incapable de prouver son innocence, il est condamné à mort. Sa femme cherche le vrai coupable.

L'ANGE NOIR "Der schwarze Engel"
Comédie dramatique de **Werner Schroeter**, avec Magdalena Montezuma, Ellen Umlauf. R.F.A., 1973 – Couleurs – 1 h 15.

Au cours d'un voyage au Mexique, une dactylo américaine à la recherche de la tranquillité rencontre une Allemande mystique, passionnée par les rites mayas.

L'ANGE PERVERS "Of Human Bondage"
Drame de **Ken Hughes** et **Henry Hathaway**, d'après le roman de Somerset Maugham *Servitude humaine*, avec Laurence Harvey, Kim Novak. Grande-Bretagne, 1964 – 1 h 39.

Un jeune Anglais se lie avec une jeune femme affligée d'un pied bot, qui va le tenir sous sa dépendance. C'est la troisième version de ce scénario après *l'Emprise* de J. Cromwell en 1934 et celle de Goulding en 1946.

L'ANGE POURPRE "The Angel Wore Red"
Comédie dramatique de **Nunnally Johnson**, avec Ava Gardner, Dirk Bogarde, Joseph Cotten, Vittorio De Sica. États-Unis / Italie, 1960 – 1 h 39.

Durant la révolution espagnole de 1936, un prêtre renégat est aimé d'une entraîneuse. Aventures mélodramatiques, illuminées par la beauté d'Ava Gardner.

L'ANGE ROUGE "Akai tenshi"
Film de guerre de **Yasuzo Masumura**, avec Ayako Wakao *(Nishi Sakura, l'infirmière)*, Shinsuke Ashida *(Okabe, le chirurgien)*, Yusuke Kawazu *(Orihara)*, Jotaro Senba, Ayako Ikegami. • SC : R. Kasahara, d'après le roman de Yorichika Amira. • PH : Setsuo Kobayashi. • DÉC : Tomo Shimogawara. • MUS : S. Ikeno. Japon, 1966 – 1 h 35.

Pendant la guerre sino-japonaise, une infirmière connaît à la fois les affres de la chirurgie militaire, les violences des troupiers et la rudesse de la discipline.

◆ *Intense, impitoyable, cette peinture de l'humanité en guerre marque sans fausse honte la complicité du désir et de la mort.* *A.M.*

LES ANGES AUX FIGURES SALES
"Angels With Dirty Faces"
Film noir de **Michael Curtiz**, avec James Cagney *(Rocky Sullivan)*, Pat O'Brien *(Jerry Connoly)*, Humphrey Bogart *(James Frazier)*, Ann Sheridan *(Laurie Ferguson)*, les Dead End Kids. • SC : Warren Duff, John Wexley. • PH : Sol Polito. • MUS : Max Steiner. • MONT : Owen Marks. États-Unis, 1938 – 1 h 37.

Rocky Sullivan, un caïd notoire, revient des années après dans le quartier de son enfance. Il y rencontre son meilleur ami d'alors qui est devenu prêtre et s'efforce de remettre dans le droit chemin des adolescents « durs » qui ont pris Rocky comme modèle. Celui-ci, après un règlement de comptes, est condamné à la chaise électrique. Le prêtre lui demande de faire semblant de mourir comme un lâche pour que cesse sa fascination sur les jeunes garçons. Il accepte.

◆ *Un archétype du film noir d'avant-guerre, par un spécialiste qui innova moins qu'il ne peaufina les découvertes d'un Hawks ou d'un Walsh, mais dont le style brillant, géométrique, aux éclairages toujours très soignés et signifiants, influença à son tour les deux maîtres. Le film est typique du style Warner Bros, avec son rythme ultra-rapide, une esthétique un peu expressionniste et surtout un souci de l'enjeu social d'une situation qu'on retrouve chez les autres grands de la compagnie : Walsh et Wellman. Ce film est un des meilleurs de Curtiz.* *S.K.*

LES ANGES AUX POINGS SERRÉS
"To Sir With Love"
Drame de **James Clavell**, d'après le roman d'E.R. Braithwaite, avec Sidney Poitier, Christian Roberts, Judy Geeson. États-Unis, 1966 – Couleurs – 1 h 40.

Comment faire marcher une classe dans un quartier pauvre ? Et, de surcroît, avec un professeur noir ? C'est plein de bonnes intentions et Sidney Poitier joue avec conviction.

LES ANGES DE L'ENFER "Hell's Angels"
Film de guerre de **Howard Hughes**, avec Ben Lyon, James Hall, Jean Harlow, John Darrow, Lucien Prival. États-Unis, 1930 – 2 h 15.

Pendant la Première Guerre mondiale, deux Américains s'engagent comme pilotes de bombardiers. L'un d'eux, qui passe plus pour un séducteur que pour un modèle, meurt en héros.

LES ANGES DE L'ENFER "DEVIL'S ANGELS"
Drame de **Daniel Haller**, avec John Cassavetes, Beverly Adams, Mimsy Farmer. États-Unis, 1967 – Couleurs – 1 h 25.

Les exactions d'une bande de blousons noirs anarchistes et violents, les « Anges de l'Enfer », dans une petite ville. Ce film se situe dans la lignée des *Anges sauvages* de Roger Corman, qui est aussi le producteur de ces deux films.

LES ANGES DE MISÉRICORDE
"SO PROUDLY WE HAIL"
Mélodrame de **Mark Sandrich**, avec Claudette Colbert, Paulette Goddard, Veronika Lake, George Reeves, Barbara Britton. États-Unis, 1943 – 2 h 06.

Une infirmière de la Croix-Rouge américaine s'abandonne à son chagrin lorsqu'elle apprend que l'officier qu'elle doit épouser est porté disparu. Mais une bonne nouvelle survient.

LES ANGES DU BOULEVARD "MALU TIANSHI"
Comédie dramatique de **Yuan Muzhi**, avec Zhao Dan *(Chen, le trompettiste)*, Wei Heling *(Wang, le vendeur de journaux)*, Zhou Xuan *(Xiao Hong, la chanteuse)*, Zhao Huishen *(Xiao Yun, la prostituée)*. • SC : Y. Muzhi. • PH : Wu Yinxian. • DÉC : Ma Yuhong. • MUS : He Luting. Chine, 1937 – 1 h 40.

Shanghai, dans les années 30 : un jeune trompettiste qui joue dans les mariages et les enterrements, Chen, est amoureux d'une petite chanteuse d'origine mandchoue ; son ami Wang est amoureux, lui, de la sœur de la chanteuse, une prostituée... qui aime Chen. Les deux jeunes femmes sont poursuivies par la pègre, et la prostituée, malgré sa jalousie, se sacrifie pour sa sœur, et meurt dans les bras de Wang.

◆ *Ce mélodrame d'une poésie ineffable, avec des scènes de « petit peuple » vivant sous les toits qui évoquent un René Clair visité par la grâce, est dû à un auteur complet qui allait devenir un des fondateurs du cinéma de la Chine populaire. C'est avec des moyens extrêmement sommaires, dans les studios de Shanghai, que Muzhi, également acteur et auteur de pièces de théâtre, réalisa ce film considéré par beaucoup comme le chef-d'œuvre du cinéma chinois d'avant-guerre, et qui alterne avec art le charmant et le sublime.* *M.CH.*

LES ANGES DU PÉCHÉ
Drame psychologique de **Robert Bresson**, sur des dialogues de Jean Giraudoux, avec Renée Faure, Jany Holt, Sylvie, Mila Parély, Louis Seigner. France, 1943 – 1 h 13.

Une jeune femme entrée au couvent pour échapper à la police après l'assassinat de son amant repousse les tentatives d'une jeune bourgeoise très pieuse qui veut l'amener à la foi.

LES ANGES GARDIENS
Comédie de **Jean-Marie Poiré**, avec Gérard Depardieu, Christian Clavier, Éva Grimaldi, Yves Rénier. France, 1995 – Couleurs – 1 h.

Au départ, les rôles sont bien distribués : un trafiquant cynique, Carco, qui a accepté de mauvais gré de ramener de Hong Kong le petit enfant d'un ami, mais pense surtout aux 40 millions de dollars qu'il doit faire passer, et un prêtre, le père Tarain, compatissant et honnête. Mais l'intervention du bon ange de Carco et du mauvais ange du père Tarain va perturber les comportements et le cours des événements...

LES ANGES MANGENT AUSSI DES FAYOTS
"ANCHE GLI ANGELI MANGIANO FAGGIOLI"
Comédie de **E.B. Clucher**, avec Bud Spencer, Giuliano Gemma. Italie / Espagne, 1971 – Couleurs – 2 h.

Dans le Chicago des années 30, un catcheur et son ami karatéka provoquent la guerre des gangs ! Dans la série des Trinita, une parodie sans prétention des films de gangsters.

LES ANGES MARQUÉS "THE SEARCH"
Drame social de **Fred Zinnemann**, avec Montgomery Clift, Aline MacMahon, Wendell Corey. États-Unis, 1948 – 1 h 45.

À la fin de la guerre, un enfant déporté est peu à peu ramené à une vie normale par un soldat américain.

LES ANGES SAUVAGES "THE WILD ANGELS"
Drame de **Roger Corman**, avec Peter Fonda, Nancy Sinatra, Bruce Dern. États-Unis, 1966 – Couleurs – 1 h 25.

Les aventures d'un groupe de « Hell's Angels » et leur lutte contre une bande rivale. La mise en scène nerveuse, ainsi que de nombreuses scènes « choc » (viol, orgie, bagarre, etc.) assurèrent le succès de ce film qui aura de nombreuses séquelles.

L'ANGLAIS TEL QU'ON LE PARLE
Comédie de **Robert Boudrioz**, d'après la pièce de Tristan Bernard, avec Félicien Tramel, Gustave Hamilton, Véra Engels. France, 1930 – env. 1 h 20.

L'interprète d'un hôtel parisien se fait remplacer au pied levé par un vagabond.

ANGOISSE "EXPERIMENT PERILOUS"
Drame psychologique de **Jacques Tourneur**, d'après le roman de Margaret Carpenter, avec Hedy Lamarr, George Brent, Paul Lukas, Albert Dekker. États-Unis, 1944 – 1 h 31.

Un médecin rencontre une jeune femme dont le mari prétend qu'elle est folle. Il comprend que c'est lui le malade et, découvrant qu'il a déjà tué plusieurs personnes, échappe de justesse à la mort.

ANGOISSE "ANGUISH / ANGUSTIA"
Film d'épouvante de **José Juan Bigas Luna**, avec Zelda Rubinstein, Michael Lerner, Talia Paul. Espagne, 1987 – Couleurs – 1 h 29.

John, assistant dans une clinique ophtalmologique, est dominé par sa mère qui le pousse à tuer des gens pour leur arracher les yeux. Il va commettre un carnage dans une salle de cinéma. Mais ce n'est qu'un film, vu par des spectateurs d'une autre salle où rôde aussi un tueur fou ! Une vertigineuse mise en abîme.

L'ANGOISSE DU GARDIEN DE BUT AU MOMENT DU PENALTY
"DIE ANGST DES TORMANNS BEIM ELFMETER"
Drame de **Wim Wenders**, avec Arthur Brauss *(Joseph Bloch)*, Kai Fisher *(Hertha)*, Erika Pluhar *(Gloria)*, Libgart Schwartz *(Anna)*, Rüdiger Vogler, Maria Bardischewski. • SC : W. Wenders, Peter Handke, d'après le roman de P. Handke. • PH : Robby Müller. • MUS : Jürgen Knieper. • MONT : Peter Przygodda. R.F.A. / Autriche, 1971 – Couleurs – 1 h 40.

Joseph Bloch, gardien de but, ne rejoint pas son équipe après un match. Au terme d'une nuit avec une amie de rencontre, il l'étrangle tranquillement puis erre à travers Vienne. Mais il se met à sentir la présence des policiers et des douaniers, et se réfugie à la campagne, dans une auberge frontalière tenue par Hertha, une femme qu'il a aimée. Son regard se pose sur la vie qui l'entoure : la mort d'un enfant muet, la bonté de l'idiot du village (R. Vogler). Puis il voit à la télévision son équipe perdre un match et se demande si on parlera de lui. Il retrouve son visage dans un quotidien, sous forme de portrait-robot.

◆ *Le film qui révèle Wenders au monde. Toute son équipe est en place, et l'accompagnera pour pratiquement tous ses films. Apparition de Rüdiger Vogler qui aura le premier rôle dans chacun des films de la trilogie allemande des « road movies » de Wenders (*Alice dans les villes, Faux Mouvement, Au fil du temps*). Ce dernier, qui compte de nombreux pères cinématographiques, souligne que* l'Angoisse *est le seul de ses films qui s'approche de Hitchcock, de même que le roman de Peter Handke évoquait déjà l'imaginaire de Patricia Highsmith.* *S.S.*

L'ANGUILLE "UNAGI"
Drame de **Shohei Imamura**, d'après une nouvelle d'Akira Yoshimura, avec Koji Yakusho, Misa Shimizu, Fujio Tsuneta. Japon, 1997 – Couleurs – 1 h 57. ★ **PALME D'OR ex aequo, Cannes 1997.**

Un ancien détenu, propriétaire d'une anguille apprivoisée, s'installe comme coiffeur dans une petite ville. Là, il s'éprend d'une jeune fille qu'il a sauvée du suicide, mais il n'est pas toujours facile de se libérer du passé...

ANIKI-BOBO "ANIKI-BOBO"
Documentaire de **Manoel de Oliveira**. Portugal, 1942 – 1 h 42.

À la limite de la fiction, et dans un style qui annonce le néoréalisme italien, la vie des enfants dans les rues de Porto.

L'ANIMAL
Comédie de **Claude Zidi**, avec Jean-Paul Belmondo, Raquel Welch, Julien Guiomar. France, 1977 – Couleurs – 1 h 40.

Michel, cascadeur vivant de petits boulots, doit doubler le prestigieux acteur Bruno Ferreri, et s'efforce par la même occasion de reconquérir sa belle. Un divertissement classique qui vaut pour le double rôle et les cascades de Belmondo.

ANIMAL CRACKERS / EXPLORATEURS EN FOLIE "ANIMAL CRACKERS"
Film burlesque de **Victor Heerman**, avec Groucho Marx *(Jeffrey Spaulding)*, Harpo Marx *(le professeur)*, Chico Marx *(Emmanuel Ravelli)*, Zeppo Marx *(Horatio Jamison)*, Margaret Dumont *(Mme Rittenhouse)*. • SC : Morris Ryskind, d'après la pièce musicale de George S. Kaufman et Morrie Ryskind. • PH : George Folsey. • MUS : (et lyrics) : Bert Kalmar, Harry Ruby. États-Unis, 1930 – 1 h 38.

Une somptueuse réception est donnée en l'honneur du professeur Jeffrey Spaulding, retour d'Afrique après une expédition dans la jungle. La brillante soirée ne tarde pas à subir un vent de folie...

◆ Animal Crackers *est le deuxième film, après* Noix de coco, *tourné par les Marx, déjà vedettes de la pièce à Broadway. Le célèbre quatuor se déchaîne et rien ne résiste à leurs initiatives subversives, à leur génie de l'absurde, du coq-à-l'âne, à leurs gags surréalistes. Le film, tourné en 1930, a pu passer pour une mise à sac dévastatrice de la bourgeoisie, responsable de la crise.* *B.B.*

ANIMAL FARM "ANIMAL FARM"
Dessin animé de **John Halas** et **Joy Batchelor**, d'après la fable politique de George Orwell. Grande-Bretagne, 1955 – Couleurs – 1 h 15.

Opprimés par la cruauté et l'inefficacité de leur maître, les animaux prennent le pouvoir dans la ferme, mais se retrouvent bientôt soumis à de nouveaux tyrans... issus de leurs rangs.

ANIMA NERA

Comédie de **Roberto Rossellini**, d'après une œuvre de Patroni Griffi, avec Vittorio Gassman, Annette Stroyberg, Eleonora Rossi Drago. Italie / France, 1961 – 1 h 38.

Après des années de vie dissolue, un célibataire veut se ranger en épousant une fille de bonne famille.

LES ANIMAUX

Documentaire de **Frédéric Rossif**. Commentaire dit par Martine Sarcey, Jean-Pierre Marielle, Jean-Marc Bory. France, 1963 – 1 h 30.

Ce documentaire ne se veut pas « objectif », puisqu'il se présente sous la forme d'un « poème cinématographique » en neuf parties. Le procédé n'en est pas moins efficace et émouvant.

ANITA G. "ABSCHIED VON GESTERN"

Drame d'**Alexander Kluge**, avec Alexandra Kluge, Günther Mack, Eva Maria Meineke, Peter Staimmer. R.F.A., 1966 – 1 h 28.

Une jeune femme inculpée pour avoir volé une veste s'enfuit de la ville et devient la maîtresse d'un haut fonctionnaire qui la quitte lorsqu'elle est enceinte.

ANNA "ANNA"

Comédie dramatique d'**Alberto Lattuada**, avec Silvana Mangano, Raf Vallone, Vittorio Gassman, Gaby Morlay. Italie, 1951-1953 – 1 h 42.

Une ex-danseuse de boîte de nuit devient infirmière et renonce à un grand amour par dévouement aux malades.

ANNA CHRISTIE "ANNA CHRISTIE"

Comédie dramatique de **Clarence Brown**, d'après la pièce d'Eugene O'Neill, avec Greta Garbo, Charles Bickford, Marie Dressler. États-Unis, 1930 – 1 h 26.

Une fille qui a beaucoup vécu revient chercher un peu de réconfort auprès de son père, dans le port de New York. Elle s'éprend d'un marin... Le premier film parlant de Garbo, admirable.

▷ Autre version réalisée par : **John Griffith**, avec Blanche Sweet, William Russel. États-Unis, 1923.

ANNA DE BROOKLYN "ANNA DI BROOKLYN"

Comédie de **Carlo Lastricati** et **Vittorio De Sica**, avec Gina Lollobrigida, Vittorio De Sica, Amedeo Nazzari, Dale Robertson. Italie / France, 1958 – Couleurs – 1 h 45.

Gina, de retour d'Amérique fortune faite, cherche un mari italien. Tous les célibataires de son petit village sont sur les rangs. Le scénario d'Ettore Maria Margadonna et Dino Risi reforme le couple des *Pain, Amour...* devant la caméra de Giuseppe Rotunno.

ANNA ET LE ROI DE SIAM

"ANNA AND THE KING OF SIAM"

Drame historique de **John Cromwell**, d'après le roman de Margaret Landon, avec Irene Dunne, Rex Harrison, Linda Darnell, Lee J. Cobb, Gale Sondegaard. États-Unis, 1946 – 2 h 08.

Au siècle dernier, une jeune veuve arrive à Bangkok, comme gouvernante des enfants du roi.

▷ Remake musical : Voir LE ROI ET MOI.

ANNA ET LES LOUPS "ANA Y LOS LOBOS"

Drame psychologique de **Carlos Saura**, avec Geraldine Chaplin, Rafaela Aparicio, Fernando Fernan-Gomez, José-Maria Prada, José Vivo. Espagne, 1972 – Couleurs – 1 h 36.

L'arrivée d'une jeune étrangère perturbe la vie d'une famille bourgeoise, composée d'une vieille femme hystérique et de ses trois fils, un militaire raté, un faux mystique et un obsédé sexuel.

ANNA ET LES MAORIS "TWO LOVES"

Comédie dramatique de **Charles Walters**, d'après le roman de Sylvia Ashton Warner, avec Shirley MacLaine, Laurence Harvey, Jack Hawkins. États-Unis, 1961 – Couleurs – 1 h 40.

En Nouvelle-Zélande, la lente prise de conscience d'une institutrice dont les sens sont restés en sommeil.

ANNA KARENINE "ANNA KARENINA"

Mélodrame de **Clarence Brown**, avec Greta Garbo *(Anna)*, Fredric March *(le comte Vronsky)*, Basil Rathbone *(Karenine)*, Maureen O'Sullivan *(Kitty)*, Freddie Bartholomew *(Serge)*. • SC : Clemence Dane, Salka Viertel, S.N. Behrman, d'après le roman de Léon Tolstoï. • PH : William Daniels. • MUS : Herbert Stothart. • MONT : Robert J. Kern. États-Unis, 1935 – 1 h 35.

La Russie au XIXe siècle. Anna, épouse de Karenine, conseiller d'État, et mère d'un petit garçon, s'éprend du comte Vronsky, officier de la Garde impériale. Elle quitte son foyer pour rejoindre son amant. Vronsky abandonne l'armée pour la suivre. Il regrette bientôt la vie militaire et s'ennuie. Il se sépare d'Anna qui comprend alors qu'elle a sacrifié en vain son fils et sa réputation.

◆ *En 1935, Greta Garbo, « la Divine », est la reine de la M.G.M. Son caractère volontaire et son perfection-*

nisme sont légendaires au studio. Le producteur David O. Selznick lui propose une histoire contemporaine, Dark Victory, *car les films en costumes ne sont pas très en vogue à Hollywood. Mais Garbo choisit le roman de Tolstoï qu'elle a déjà tourné en 1927 face à John Gilbert. Son léger accent nordique, son jeu moderne et dépouillé, rehaussé par la photographie de William Daniels, son chef opérateur d'élection, restitue la beauté et la pureté de cette héroïne russe qui se donne entièrement à son amour au mépris de conventions hypocrites. L'adaptation retient surtout l'histoire d'amour.* S.P.

▷ Autres versions réalisées par : **Edmund Goulding**, intitulée LOVE, avec Greta Garbo, John Gilbert, Brandon Hurst, Philippe de Lacy, George Fawcett. États-Unis, 1927 – 2 216 m (env. 1 h 22). **Julien Duvivier**, avec Vivien Leigh, Ralph Richardson, Kieron Moore. Grande-Bretagne, 1948 – 2 h 03.

LES ANNEAUX D'OR "GOLDEN EARRINGS"

Film d'espionnage de **Mitchell Leisen**, d'après le roman de Yolanda Foldes, avec Ray Milland, Marlene Dietrich, Murvyn Vye, Bruce Lester, Dennis Hoey. États-Unis, 1947 – 1 h 45.

Deux agents secrets britanniques en mission en Allemagne, en 1941, tombent aux mains des nazis et parviennent à s'échapper. Ils se séparent, et l'un d'eux rencontre une gitane qui l'aide dans sa fuite et qu'il retrouvera après la guerre.

ANNE DE BOLEYN "ANNA BOLEYN"

Film historique d'**Ernst Lubitsch**, avec Henny Porten, Emil Jannings, Paul Hartmann. Allemagne, 1920 – 2 793 m (env. 1 h 43).

Une jeune fille arrive à la cour comme suivante de la reine Catherine, mais Henri VIII se prend de passion pour elle et l'épouse après avoir désavoué sa reine. Lorsque naît une fille, il la convainc d'infidélité et la fait exécuter.

ANNE DES MILLE JOURS
"ANNE OF THE THOUSAND DAYS"

Film historique de **Charles Jarrott**, d'après la pièce de Maxwell Anderson, avec Richard Burton, Geneviève Bujold, Irène Papas. Grande-Bretagne, 1969 – Couleurs – 2 h 26.

Le destin tragique d'Anne Boleyn, deuxième épouse d'Henri VIII, qui vécut... mille jours avec lui. Reconstitution cinématographique très sensible malgré son origine théâtrale; la finesse de Geneviève Bujold y est pour beaucoup.

L'ANNÉE DE L'ÉVEIL

Drame de **Gérard Corbiau**, d'après le roman autobiographique de Charles Juliet, avec Grégoire Colin, Laurent Grévil, Chiara Caselli. France, 1991 – Couleurs – 1 h 42

Un orphelin fait ses études dans un collège militaire. Routines souffrances et vague à l'âme d'un adolescent sentimental parqué en internat, brimades diverses, admiration d'un supérieur sympathique, trahison, amours coupables et romantiques... Les qualités d'un journal intime sincère et nostalgique.

L'ANNÉE DERNIÈRE À MARIENBAD

Drame d'**Alain Resnais**, avec Delphine Seyrig *(A)*, Giorgio Albertazzi *(X)*, Sacha Pitoëff *(M)*. • SC : Alain Robbe-Grillet. • PH : Sacha Vierny. • MUS : Francis Seyrig. • MONT : Henri Colpi. France, 1961 – 1 h 33. ★ **LION D'OR, Venise 1961 ; PRIX GEORGES-MÉLIÈS 1961.**

Dans un château somptueux, une représentation théâtrale est donnée. Un inconnu à l'accent italien (X) observe avec insistance une jeune femme brune (A), puis dispute une partie d'un jeu mystérieux contre un homme maigre (M). X tente de convaincre A qu'ils se sont déjà rencontrés, qu'ils se sont aimés... La tension monte entre les trois personnages. A est assaillie par des phantasmes de viol. Où est la vérité ?

◆ *La rencontre entre le chef de file du Nouveau roman, Robbe-Grillet, et le réalisateur inspiré de* Hiroshima mon amour *a produit un film inclassable, construit comme un jeu de société (à l'image du fameux « jeu de Marienbad » qu'on y voit pratiqué), bouleversant la narration classique. Le passé se mêle au présent, le phantasme à la réalité, le mensonge à la vérité, au fil d'une superbe liturgie des images et des mots. Dès sa sortie, l'œuvre a suscité de virulentes polémiques, ses détracteurs étant aussi inconditionnels que ses admirateurs.* G.L.

L'ANNÉE DES MÉDUSES

Drame de **Christopher Frank**, avec Bernard Giraudeau, Valérie Kaprisky, Caroline Cellier, Jacques Perrin. France, 1984 – Couleurs – 1 h 50.

En vacances sur la Côte d'Azur, une nymphette cruelle se met en tête de conquérir un séducteur qui n'a d'yeux que pour sa mère. L'anthropologie d'un univers cynique.

L'ANNÉE DES TREIZE LUNES
"IN EINEM JAHR MIT DREIZEHN MONDEN"

Drame de **Rainer Werner Fassbinder**, avec Volker Spengler *(Elvira / Erwin)*, Ingrid Caven *(Zora)*, Gottfried John, Elisabeth Trissenaar. • SC : R. W. Fassbinder • PH : R. W. Fassbinder • DÉC : R. W. Fassbinder • MONT : R. W. Fassbinder • MUS : Peer Raben. R.F.A., 1978 – Couleurs – 2 h 04.

Un transsexuel raconte sa vie à une amie prostituée, au moment où son amant, un comédien déclinant, vient de le quitter : son travail aux abattoirs, son mariage avec Irène, ses enfants, sa rencontre avec le spéculateur Anton, pour l'amour de qui il s'est fait opérer... Ignoré, repoussé par tous comme homme ou comme femme, Elvira / Erwin meurt d'avoir « le cœur brisé ».

◆ *Si le héros, auquel Volker Spengler donne une dimension tragique extrême qui transcende le naturalisme sordide comme l'artifice scabreux, est tout larmoiement et apitoiement, le film montre les cinq derniers jours de sa vie sans complaisance ni distanciation faussement sociologique. C'est l'une des œuvres les plus personnelles de Fassbinder, proche de son maître Douglas Sirk, où la souffrance et le désespoir sont à la dimension de la capacité d'aimer d'écorchés vifs voués à une solitude radicale, dans un monde où « personne ne peut rien pour personne ». J.M.*

L'ANNÉE DE TOUS LES DANGERS
"THE YEAR OF LIVING DANGEROUSLY"
Drame de **Peter Weir**, avec Mel Gibson *(Guy Hamilton)*, Sigourney Weaver *(Jill Bryant)*, Linda Hunt *(Billy Kwan)*, Michael Murphy *(Pete Curtis)*. • SC : David Williamson, P. Weir, C.J. Koch, d'après le roman de C.J. Koch. • PH : Russell Boyd. • MUS : Maurice Jarre. • MONT : Bill Anderson. Australie, 1982 – Couleurs – 1 h 54.

Guy Hamilton, jeune journaliste australien, se rend en Indonésie afin d'y réaliser son premier reportage international. Avec l'aide de Billy, le photographe qu'on lui a assigné, qui connaît tout des coulisses politiques de ce pays, il arrive à obtenir une série de « scoops » sur le régime de Sukarno. De plus, sa liaison avec une fille de diplomate, Jill, lui permet de se rapprocher du dirigeant indonésien. Mais cette femme et le photographe sont mis en danger par leurs révélations. Lorsque surviennent les conflits sanglants pour l'unité nationale, le journaliste doit trancher entre sentiment et ambition.

◆ *Un film important pour la carrière américaine de Peter Weir, qui révèle des registres différents chez ses acteurs, rendus célèbres par des films de science-fiction, Mel Gibson avec* Mad Max *et Sigourney Weaver avec* Alien. *Un film sur la léthargie des sens face au conflit : celle de la lumière, de l'air et de l'humidité, des solutions engourdies. Linda Hunt cependant, dans le rôle du photographe, donne un peu de danger au sujet ; elle obtint l'Oscar du Meilleur second rôle « féminin ». S.S.*

L'ANNÉE DU DRAGON "YEAR OF THE DRAGON"
Film policier de **Michael Cimino**, avec Mickey Rourke, John Lone. États-Unis, 1985 – Couleurs – 2 h 14.

Assassinats en série et trafic de drogue à Chinatown. Le policier Stanley White mène difficilement l'enquête. Ce polar superbe et violent est aussi un film de réflexion sur la fascination du mal.

L'ANNÉE DU LAPIN "JANIKSEN VUOSI"
Comédie dramatique de **Risto Jarva**, avec Antti Litja, Rita Polster, Juha Kandolin, Martti Kuningas. Finlande, 1977 – Couleurs – 1 h 45.

Fatigué de son existence, un publicitaire abandonne la vie citadine pour retrouver sa liberté dans les sentiers forestiers. Un lapin blessé l'introduira dans ce monde merveilleux de la nature.

L'ANNÉE DU SOLEIL CALME
"ROK SPOKOJNEGO SLÓNCA"
Drame de **Krzysztof Zanussi**, avec Maja Komorowska, Scott Wilson. Pologne / États-Unis, 1984 – Couleurs – 1 h 41. ★ LION D'OR, Venise 1984.

En 1946, Emilia, une veuve polonaise, est transplantée avec beaucoup d'autres dans les terres allemandes qui viennent d'être rattachées à la Pologne. Elle y rencontre un soldat américain, Norman, mais hésite à s'engager dans une vie nouvelle.

L'ANNÉE JULIETTE
Comédie de **Philippe Le Guay**, avec Fabrice Lucchini, Valérie Stroh, Martine Delterme, Philippine Leroy-Beaulieu. France, 1995 – Couleurs – 1 h 25.

Pour échapper à sa maîtresse Clémentine qui menace de quitter son mari pour s'installer avec lui, Camille s'invente une autre maîtresse. Il lui donne la personnalité d'une flûtiste, Juliette Graveur, dont il a pris par erreur la valise à l'aéroport. Juliette est retrouvée morte et Camille est vite soupçonné de l'avoir assassinée.

L'ANNÉE PROCHAINE SI TOUT VA BIEN
Comédie de **Jean-Loup Hubert**, avec Isabelle Adjani, Thierry Lhermitte, Marie-Anne Chazel. France, 1981 – Couleurs – 1 h 35.

Isabelle et Maxime sont en ménage, à l'insu des parents d'Isabelle. Les complications sentimentales de leurs amis viennent traverser leurs projets, jusqu'à la naissance d'un fils.

L'ANNÉE SAINTE
Comédie de **Jean Girault**, avec Jean Gabin, Jean-Claude Brialy, Danielle Darrieux, Henri Virlojeux. France / Italie, 1976 – Couleurs – 1 h 35.

Déguisé en prêtre, un vieux gangster cherche à récupérer un magot dans le jardin d'une chapelle romaine, pendant l'Année Sainte. Il arrivera trop tard : le trésor a servi à édifier une superbe église !

LES ANNÉES-DÉCLIC
Documentaire de **Raymond Depardon** en collaboration avec **Roger Ikhleff**. France, 1983 – 1 h 05.

Évocation de la carrière d'un des grands photographes d'actualités contemporain : Raymond Depardon. À travers elle, c'est tout un passé récent qui nous est remémoré.

LES ANNÉES DE FEU / RÉCIT DES ANNÉES DE FEU "POVEST' PLAMENNYH LET"
Drame de **Youlia Solntseva**, avec Svetlana Jgun, Nikolai Vingranovski. U.R.S.S., 1961 – Couleurs – 2 h 13.

Durant les années de guerre, un jeune soldat et sa fiancée subissent de rudes épreuves. Mais l'amour et la paix triomphent, ils se marieront et retourneront à leurs travaux agricoles.

LES ANNÉES DE PLOMB "DIE BLEIERNE ZEIT"
Drame de **Margarethe von Trotta**, avec Jutta Lampe *(Juliane)*, Barbara Sukowa *(Marianne)*, Rüdiger Vogler *(Wolf)*, Luc Bondy *(Werner)*, Doris Shade *(la mère)*, Franz Rudnick *(le père)*, Verenice Rudolph. • SC : M. von Trotta. • PH : Franz Rath. • MUS : Nicolaos Economou. • MONT : Dagmar Hirtz. R.F.A., 1981 – Couleurs – 1 h 40. ★ **LION D'OR, Venise 1981.**

Juliane et Marianne sont sœurs. L'une s'est engagée dans l'action terroriste de la « Fraction Armée Rouge », abandonnant son mari, Werner, et leur fils, Jan. L'autre est journaliste et vit sans enfant avec son compagnon, Wolf. Werner se donne la mort, Marianne est emprisonnée. Juliane lui rend visite sur visite, malgré le fossé intellectuel qui semble les séparer. Alors que le procès de Marianne approche, on la trouve pendue dans sa cellule. Juliane, séparée de Wolf, recueille Jan et entreprend de démontrer, pour lui et pour le monde, que Marianne a été une femme d'exception.

◆ *Film admirablement maîtrisé, dans lequel le poids du passé allemand, le rôle ambigu de l'éducation, les ambivalences des rapports humains et les tortures de la mauvaise conscience sont tissés de larmes et de sang, pour l'analyse cruelle d'une période cruciale.* D.C.

LES ANNÉES DIFFICILES "ANNI DIFFICILI"
Drame social de **Luigi Zampa**, avec Umberto Spadaro, Massimo Girotti, Ave Ninchi, Delia Scala. Italie, 1948 – 1 h 55.

L'histoire du régime fasciste à travers celle d'un petit fonctionnaire « Italien moyen ». Un des purs produits du néoréalisme italien.

LES ANNÉES LUMIÈRE
Drame symbolique d'**Alain Tanner**, avec Trevor Howard, Mick Ford. Suisse, 1981 – Couleurs – 1 h 45.

Quelque part en Irlande, un vieil homme élève des oiseaux. Un jeune barman est engagé à son service. Une « initiation » très rude commence, pour un rêve impossible : voler...

LES ANNÉES RUGISSANTES "ANNI RUGGENTI"
Comédie de **Luigi Zampa**, avec Nino Manfredi, Gino Cervi, Salvo Randone, Michèle Mercier. Italie, 1962 – 1 h 50.

Un jeune assureur découvre les dessous de la propagande de Mussolini. Ce film est le troisième (après *les Années difficiles* et *les Années faciles* – inédit en France) de la trilogie de Zampa sur le fascisme.

LES ANNÉES SANDWICHES
Comédie dramatique de **Pierre Boutron**, d'après le roman de Serge Lentz, avec Thomas Langmann, Wojtek Pszoniak. France, 1988 – Couleurs – 1 h 40.

Un adolescent dont les parents sont morts en déportation trouve réconfort et amitié auprès d'un brocanteur juif au cœur d'or. Évocation chaleureuse, douce-amère, de l'après-guerre.

ANNE TRISTER
Comédie dramatique de **Léa Pool**, avec Albane Guilhe, Louise Marleau, Guy Thauvette. Canada, 1986 – Couleurs – 1 h 55.

Après l'enterrement de son père dans le désert israélien, une artiste-peintre rompt avec son passé et part pour le Québec.

ANNIBAL "ANNIBALE"
Aventures historiques de **Carlo Ludovico Bragaglia**, avec Victor Mature, Rita Gam, Gabriele Ferzetti, Milly Vitale. Italie, 1960 – Couleurs – 1 h 33.

Imposante mise en scène pour faire revivre les principaux épisodes de l'épopée d'Annibal qui, en 219 avant J.-C., franchit les Alpes avec ses troupes et ébranla la puissante Rome.

ANNIE "ANNIE"
Mélodrame musical de **John Huston**, avec Albert Finney, Carol Burnett, Bernadette Peters, Aileen Quinn. États-Unis, 1982 – Couleurs – 2 h 09.

Une fillette abandonnée en 1929 dans un orphelinat de New York essaye désespérément de retrouver ses parents. Malgré les machinations de la directrice, elle réussira à se faire adopter.

ANNIE DU KLONDIKE "KLONDIKE ANNIE"
Drame de **Raoul Walsh**, avec Mae West, Victor McLaglen. États-Unis, 1936 – 1 h 17.

Une chanteuse de cabaret, en fuite pour meurtre, se fait passer pour une religieuse et redonne la prospérité à une mission du Klondike. Un film de Mae West plus que de Walsh. Il eut des ennuis avec des associations religieuses.

ANNIE HALL "ANNIE HALL"
Comédie de **Woody Allen**, avec Woody Allen *(Alvy Singer)*, Diane Keaton *(Annie Hall)*, Tony Roberts *(Rob)*, Carol Kane *(Allison)*, Paul Simon *(Tony Lacey)*, Colleen Dewhurst *(la mère d'Annie)*, Janet Margolin *(Robin)*, Shelley Duvall *(Pam)*. • SC : W. Allen, Marshall Brickman. • PH : Gordon Willis. • MUS : standards. • MONT : Ralph Rosenblum. États-Unis, 1977 – Couleurs – 1 h 33. ★ OSCARS DU MEILLEUR FILM et DU MEILLEUR METTEUR EN SCÈNE, 1976.

Alvy Singer (la quarantaine douloureuse, deux mariages ratés, quinze ans d'analyse) est un incurable névrosé, hanté par la précarité de l'univers, Kafka, le sexe, la mort et le Chagrin et la Pitié. Tombé amoureux d'une jeune WASP délicieusement écervelée, il n'aura de cesse de faire échouer leur idylle.

◆ *Journal intime de la vie d'un couple,* Annie Hall *est le premier grand film « autobiographique » de Woody Allen. Le plus introspectif des comiques américains y dresse, au terme d'une brève liaison, le portrait en demi-teintes de sa compagne, s'y interroge sur l'amour, égrène supputations et regrets, notations burlesques, tendres, acides et nostalgiques en une série de vignettes mêlant les procédés les plus divers (sketch, dialogue, monologue intérieur, interviews, entretiens analytiques, animation). Film-test,* Annie Hall *ouvre avec brio la voie aux œuvres les plus mûres du réalisateur :* Manhattan, Hannah et ses sœurs, Radio Days *(Voir ces titres).* *O.E.*

ANNIE, LA REINE DU CIRQUE
"ANNIE GET YOUR GUN"
Comédie musicale de **George Sidney**, avec Betty Hutton, Howard Keel, Edward Arnold, Louis Calhern. États-Unis, 1950 – Couleurs – 1 h 47.

Grand spectacle sur une musique d'Irving Berlin, qui raconte l'histoire d'Annie du Far-West.

L'ANNIVERSAIRE "THE BIRTHDAY PARTY"
Comédie dramatique de **William Friedkin**, d'après la pièce de Harold Pinter, avec Sidney Tafler, Patrick Magee, Robert Shaw, Dandy Nichols. Grande-Bretagne, 1968 – Couleurs – 2 h 06.

Le locataire d'une modeste pension de famille est menacé par deux mystérieux étrangers, avant de finalement disparaître en même temps qu'eux. Une bonne adaptation d'une pièce à succès, écrite par l'auteur lui-même.

L'ANNONCE FAITE À MARIE
Drame d'**Alain Cuny**, avec Roberto Benavente, Christelle Challab, Alain Cuny. France / Canada, 1991 – Couleurs – 1 h 31.

La passion et le mysticisme de Claudel, transposés au cinéma par un de ses plus prestigieux acteurs sur scène.

ANNONCES MATRIMONIALES "LA VISITA"
Comédie d'**Antonio Pietrangeli**, avec François Périer, Sandra Milo, Mario Adorf. Italie / France, 1965 – 1 h 35.

Deux célibataires se rencontrent grâce à une annonce, et confrontent leurs solitudes. L'homme prend alors conscience de sa médiocrité. Ils se séparent sans prendre de pari pour l'avenir.

À NOS AMOURS
Drame psychologique de **Maurice Pialat**, avec Sandrine Bonnaire *(Suzanne)*, Dominique Besnehard *(Robert)*, Maurice Pialat *(le père)*, Evelyne Ker *(la mère)*, Anne-Sophie Maillé. • SC : Arlette Langmann, M. Pialat. • PH : Jacques Loiseleux. • MUS : Purcell, chanté par Klaus Nomy. • MONT : Yann Dedet. France, 1983 – Couleurs – 1 h 42. ★ CÉSAR DU MEILLEUR FILM 1983. PRIX LOUIS-DELLUC 1983.

Suzanne a quinze ans. Elle étouffe dans sa famille, entre une mère hystérique et un frère protecteur et violent. Elle aime coucher avec les garçons, mais craint de s'engager dans l'amour, auquel elle ne croit pas. Elle n'aime que son père, mais lorsque celui-ci quitte le foyer, elle se fait mettre en pension, puis épouse le premier garçon sympathique. Lorsque son père revient régler ses comptes, elle part pour l'Amérique avec un autre homme.

◆ *Plutôt qu'une intrigue dramatique, Pialat capte, souvent en plans-séquence, les moments où la violence tend à l'extrême des rapports familiaux exacerbés. Une improvisation savamment maîtrisée permet à la jeune Sandrine Bonnaire de révéler une spontanéité surprenante dans le rôle de l'adolescente prise aux pièges de la famille, de la société, de la morale et de sentiments contradictoires, entre l'appétit de vivre et la crainte de s'engager.* *J.M.*

ANOTHER COUNTRY "ANOTHER COUNTRY"
Drame de **Marek Kaniewska**, avec Rupert Everett, Colin Firth. Grande-Bretagne, 1984 – Couleurs – 1 h 30.

Les Mémoires d'un espion britannique homosexuel passé à l'Est : l'éducation reçue dans une public school a été déterminante dans son destin.

À NOUS DEUX

Aventures policières de **Claude Lelouch**, avec Catherine Deneuve, Jacques Dutronc. France / Canada, 1979 – Couleurs – 2 h.

Simon et Françoise se rencontrent... Lui, fils d'un caïd, elle, « ex-bourgeoise », sont recherchés par la police. De leur fuite commune naissent l'amour et le voyage vers les États-Unis via le Québec.

À NOUS DEUX, MADAME LA VIE

Mélodrame d'**Yves Mirande**, avec André Luguet, Jean-Louis Barrault, Simone Berriau. France, 1936 – 1 h 35.

Deux employés de banque amoureux d'une collègue empruntent de l'argent pour jouer aux courses. Le premier perd, va en prison, mais le second devient riche et épouse la jeune fille qui, en fait, aimait l'autre. Le mari s'efface quand son ami est libéré.

À NOUS LA LIBERTÉ

Comédie satirique de **René Clair**, avec Raymond Cordy *(Louis)*, Henri Marchand *(Émile)*, Rolla France *(Jeanne)*, Paul Olivier *(son oncle)*, Jacques Shelly *(Paul)*, Germaine Aussey *(Maud)*. • SC : R. Clair. • PH : Georges Périnal. • DÉC : Lazare Meerson. • MUS : Georges Auric. France, 1931 – 1 h 37.

Deux détenus, amis pour la vie, s'évadent. L'un s'en sort ; il vole un peu d'argent, devient marchand ambulant, puis employé, puis directeur-propriétaire d'une fabrique de gramophones. Il est riche, marié, trompé. L'autre erre près de l'usine. Il est amoureux de la nièce du comptable et cherche à travailler dans l'entreprise. Il y retrouve son compagnon de détention. Dénoncé par des truands jaloux, le nouveau riche abandonne sa fortune et son usine aux ouvriers et part sur la route avec son copain. Clochards heureux, ils chantent : « À nous la liberté ».

◆ *René Clair utilise toujours les armes de la comédie pour exprimer ses idées socio-philosophiques. Ici, il dénonce la domination de l'homme par la machine, en combinant une belle variété de gags savoureux. Drôle et « signifiant », admirablement mis en forme, le film est également poétique.* G.S.

À NOUS LA VICTOIRE "ESCAPE TO VICTORY"

Film d'aventures de **John Huston**, avec Michael Caine, Sylvester Stallone, Max von Sydow, Pelé. États-Unis, 1981 – Couleurs – 1 h 56.

Sous couvert d'un match de football, les prisonniers britanniques d'un stalag préparent leur évasion. Ils réussiront.

À NOUS LES PETITES ANGLAISES

Comédie de **Michel Lang**, avec Rémi Laurent, Sophie Barjac, Stéphane Hillel, Véronique Delbourg. France, 1976 – Couleurs – 1 h 30.

Deux jeunes Français partent apprendre l'anglais à Ramsgate. Ils vont, en fait, se consacrer à draguer leurs compatriotes.

ANTHONY ADVERSE

Comédie dramatique de **Mervyn Le Roy**, d'après un roman de Hervey Allen, avec Fredric March, Olivia De Havilland, Gale Sondergaard, Edmund Gwenn, Claude Rains. États-Unis, 1936 – 2 h 21.

Un jeune homme, fils adoptif d'un riche armateur, épouse une amie d'enfance et part seul courir le monde. Lorsqu'il revient pour assurer la succession de son père, il retrouve sa femme devenue favorite de Bonaparte, et part alors pour l'Amérique.

ANTHRACITE

Drame d'**Edouard Niermans**, avec Bruno Crémer, Jean Bouise, Jean-Pol Dubois. France, 1980 – Couleurs – 1 h 30.

Un collège religieux dans les années 50. Un prêtre veut appliquer les méthodes évangéliques à l'éducation des jeunes gens. Ce qui ne plaît ni aux autorités du collège ni aux potaches. Le pédagogue mystique sera la victime d'un système impitoyable. Dans la lignée de *Zéro de conduite* de Jean Vigo.

ANTHROPOPHAGOUS "ANTHROPOPHAGOUS"

Film d'horreur de **Joe d'Amato**, avec George Eastman, Tisa Farrow, Saverio Vallone. Italie, 1980 – Couleurs – 1 h 30.

Quelque part dans les îles grecques, un groupe d'amis sont les victimes d'un affreux maniaque de l'anthropophagie.

L'ANTI-GANG "SHARKY'S MACHINE"

Film policier de **Burt Reynolds**, avec Burt Reynolds, Vittorio Gassman, Rachel Ward, Brian Keith. États-Unis, 1982 – Couleurs – 2 h 03.

Un sergent de la brigade des Stupéfiants est muté à la Mondaine, à la suite d'une « bavure ». Il réussira à démanteler un réseau de prostitution de mineures, et trouvera l'amour.

ANTIGONE "ANTIGONE"

Drame de **Georges Tzavellas**, d'après l'œuvre de Sophocle, avec Irène Papas, Manos Katrakis. Grèce, 1961 – 1 h 30.

Adaptation fidèle de la tragédie antique. Antigone donnera sa vie pour rendre les hommages funéraires à son frère Polynice, malgré l'interdiction de Créon, roi de Thèbes.

ANTOINE ET ANTOINETTE

Comédie de **Jacques Becker**, avec Roger Pigaut *(Antoine)*, Claire Maffëi *(Antoinette)*, Noël Roquevert *(M. Roland)*, Annette Poivre *(Juliette)*, Pierre Trabaud, Gaston Modot. • SC : J. Becker, Françoise Giroud, Maurice Griffe. • PH : Pierre Montazel. • MUS : Jean-Jacques Grünenwald. • MONT : Marguerite Renoir. France, 1947 – 1 h 18. ★ GRAND PRIX D'HONNEUR, Cannes 1947.

Antoine, qui travaille dans une imprimerie, est un peu jaloux des avances que fait l'épicier à sa femme Antoinette, vendeuse dans un Prisunic. Mais le couple vit quand même heureux jusqu'à ce qu'un billet de loterie leur offre le gros lot. Hélas, en allant toucher la somme, Antoine perd son portefeuille et... le billet ! Envolée, la moto dont il rêvait ! Mais le hasard, ou la chance, veille...

◆ *Au travers d'une anecdote simple, sommaire et agréable, Jacques Becker propose une chronique juste, chaleureuse, tendre et humoristique de la vie d'un jeune couple d'ouvriers parisiens de l'après-guerre, du samedi soir au mardi matin, entre travail et loisirs. Analyse psychologique à la française, description sociale toute en nuances, rythme nerveux, beauté et précision des gestes, des mots et des objets : un film fragile, tout en grâce et légèreté.* *J.M.*

ANTOINE ET CLÉOPÂTRE

"ANTONY AND CLEOPATRA"

Drame de **Charlton Heston**, d'après la pièce de William Shakespeare, avec C. Heston, Hildegarde Neil, Eric Porter, John Castle, Fernando Rey. Grande-Bretagne, 1972 – Couleurs – 2 h 50.

Une adaptation plate et sans envergure – malgré les moyens mis en œuvre – des amours du lieutenant de César et de la reine d'Égypte.

ANTOINE ET SÉBASTIEN

Comédie dramatique de **Jean-Marie Périer**, avec François Périer, Jacques Dutronc, Ottavia Piccolo. France, 1973 – Couleurs – 1 h 30.

Antoine veut marier son fils adoptif, Sébastien, à Nathalie, la fille de sa deuxième femme. Mais la jeune fille s'enfuit avec un Américain... Ce film marque la première apparition à l'écran de Jacques Dutronc. Jean-Marie Périer dirige son père.

ANTONIA ET JANE "ANTONIA AND JANE"

Comédie dramatique de **Beeban Kidron**, avec Saskia Reeves, Imelda Staunton, Brenda Bruce. Grande-Bretagne, 1992 – Couleurs – 1 h 20.

Racontée sur le divan du psychanalyste et entrecoupée de flash-backs, l'histoire d'une amitié difficile entre deux jeunes femmes : l'une est belle, l'autre ne l'est pas. Elles se sont affrontées pour un homme mais l'amitié a fini par l'emporter.

ANTONIETA

Drame psychologique de **Carlos Saura**, avec Isabelle Adjani, Hanna Schygulla, Carlos Bracho. France / Mexique, 1982 – Couleurs – 1 h 48.

Préparant un ouvrage sur les suicides de femmes au XXe siècle, Anna s'intéresse à une jeune Mexicaine qui s'est tuée en pleine cathédrale Notre-Dame, et reconstitue son itinéraire.

ANTONIO DAS MORTES

"A DRAGÃO DA MALDADE CONTRA O SANTO GUERREIRO"

Drame de **Glauber Rocha**, avec Mauricio do Valle *(Antonio das Mortes)*, Odete Lara *(la Beata)*, Othon Bastos *(le professeur)*, Hugo Carvana *(Mateos)*, Jofre Soares *(le Colonel)*, Lorival Pariz *(Coirana)*. • SC : G. Rocha. • PH : Alfonso Beato. • MUS : Marlos Nobre, Walter Queiros, Sergio Ricardo. • MONT : Eduardo Escorel, G. Rocha. Brésil, 1969 – Couleurs – 1 h 35.

Antonio das Mortes, célèbre tueur de cangaceiros, est chargé par un grand propriétaire, le Colonel, de liquider Coirana, un cangaceiro qui vit sur ses terres au milieu de paysans très religieux, des beatos. Antonio abat Coirana, mais lorsque le Colonel ordonne à ses tueurs d'attaquer les paysans, il prend leur défense : alors que presque tous sont tués, il s'en va vers la « civilisation ».

◆ *Glauber Rocha illustre la tradition de violence du Brésil par une parabole à résonances mystiques inspirée de la lutte légendaire de saint Georges contre le Dragon. La prise de conscience d'Antonio en faveur des opprimés se veut la démonstration d'un rêve de justice sociale apparemment irréalisable. Ce thème, toujours d'actualité, est traité comme une épopée tumultueuse et convulsive.* *M.MN.*

L'AN 01

Fable de **Jacques Doillon**, **Alain Resnais** (séquence américaine), **Jean Rouch** (séquence africaine). France, 1973 – 1 h 30.

L'an 01 est le début d'une ère nouvelle. Tout s'arrête : voitures, machines, usines. Chacun prend le temps de vivre. Tiré des B.D. de Gébé, ce film rousseauiste, tourné avec les lecteurs de *Charlie-Hebdo*, flotte entre la comédie farfelue et l'utopie généreuse.

L'APACHE "Apache Massacre"
Western de **William A. Graham**, avec Cliff Potts, Xochiti, Harry Dean Stanton, Don Wilbands, Woodrow Chambliss. États-Unis, 1975 – Couleurs – 1 h 33.

Après une révolte d'une tribu de l'Ouest, un jeune tueur à gages recueille une jolie Indienne et en tombe amoureux. Ils seront faits prisonniers par les Yankees, qui violent la jeune fille.

APARAJITO *voir* PATHER PANCHALI.

À PARIS TOUS LES DEUX "Paris Holiday"
Comédie burlesque de **Gerd Oswald**, avec Fernandel, Bob Hope, Anita Ekberg, Martha Hyer. États-Unis, 1957 – Couleurs – 1 h 40.

Un célèbre comédien américain rencontre un homologue français à Paris. Tous deux sont mêlés à une série d'aventures cocasses lorsqu'ils ont à affronter une bande de faux-monnayeurs.

À PARIS TOUS LES TROIS "I Met Him in Paris"
Comédie de **Wesley Ruggles**, avec Claudette Colbert, Melvyn Douglas, Robert Young, Lee Bowman, Mona Barrie. État-Unis, 1937 – 1 h 26.

En vacances à Paris, une jeune Américaine fait la connaissance de deux compatriotes, l'un exubérant et l'autre réservé. Elle succombe au charme du premier mais, apprenant qu'il est marié, le rejette pour épouser le second.

L'APICULTEUR "O Melissokomos"
Drame de **Theo Angelopoulos**, avec Marcello Mastroianni, Nadia Mourouzi. Grèce / France, 1986 – Couleurs – 2 h.

À travers la Grèce, l'errance d'un apiculteur qui déplace ses ruches, à la recherche d'une nature propice. Le drame existentiel d'un homme accablé par le poids de son passé.

À PIED, À CHEVAL ET EN VOITURE
Comédie de **Maurice Delbez**, avec Noël-Noël, Denise Grey, Darry Cowl, Sophie Daumier, Gil Vidal. France, 1957 – 1 h 27.

Les mésaventures de Monsieur Tout le Monde qui, pour marier sa fille, doit se résoudre à l'achat d'une voiture... Une des premières apparitions de Jean-Paul Belmondo et Jean-Pierre Cassel.

APOCALYPSE 2024 "A Boy and his Dog"
Film de science-fiction de **L.Q. Jones**, d'après le roman de Harlan Ellison, avec Don Johnson, Suzanne Benton, Alvy Moore, Helen Winston, Jason Robards. États-Unis, 1974 – Couleurs – 1 h 25.

Après un conflit atomique, un adolescent et son chien découvrent un monde protégé, sous terre.

APOCALYPSE NOW "Apocalypse Now"
Film de guerre de **Francis Ford Coppola**, avec Marlon Brando *(le colonel Kurtz)*, Robert Duvall *(le colonel Kilgore)*, Martin Sheen *(le capitaine Willard)*, Frederic Forrest *(le chef)*, Albert Hall *(le chef de patrouille)*, Sam Bottoms *(Lance)*, Larry Fishburne *(Clean)*, Dennis Hopper *(le journaliste-photographe)*, D.G. Spradlin *(le général)*, Harrison Ford *(le colonel)*. • SC : John Milius, F. F. Coppola, librement adapté d'après le roman de Joseph Conrad *Cœur des ténèbres*. • COMM : Michael Herr. • PH : Vittorio Storaro. • DÉC : Dean Tavoularis. • MUS : Carmine Coppola, F. F. Coppola. • MONT : Richard Marks, Walter Murch, Gerald B. Greenberg, Lisa Fruchtman. • PR : F. F. Coppola. États-Unis, 1979 – Couleurs – 2 h 33.

La guerre fait rage au Viêt Nam – une guerre en forme de spectacle, avec son cortège de massacres, d'explosions psychédéliques, de napalm et de bombes, de sang, de sexe, de drogue et de rock'n roll. Kurtz, un colonel des Bérets Verts, a succombé à la folie ambiante et pris la tête d'une tribu de montagnards cambodgiens, sur laquelle il règne en maître absolu. Les services spéciaux chargent un jeune officier, le capitaine Willard, de liquider le rebelle.

◆ Voyage au bout de la violence

Apocalypse Now *est, comme le roman de Conrad qui lui servit de modèle, un double voyage, physique et spirituel, une double remontée aux sources : l'exploration hasardeuse d'une contrée inconnue, le dévoilement progressif d'une figure ambiguë, tapie au « cœur des ténèbres », et qui s'y dissout sitôt qu'aperçue. Cause première de ce périple, qui se conclura par son sacrifice, le colonel Kurtz apparaît à la fois comme un homme raffiné et barbare, un officier d'élite, un bon père de famille, un poète et un tortionnaire, un tyran mégalomane, ordonnateur de rites païens innommables : une masse d'insolubles contradictions, un être qui a dépassé « toutes les limites », et dont le crime majeur est d'avoir voulu assumer pleinement la logique de la guerre, et en porter seul le poids sur ses épaules. Willard, le mercenaire, considère cette énigme avec la froide indifférence d'un « messager de la mort » en état d'hébétude prolongée. Chaque étape de son* trip *le rapproche physiquement et psychologiquement de Kurtz, conditionnant subtilement sa vision des choses, tandis que nous glissons peu à peu de la guerre officielle à la lutte clandestine, des bombardements aériens aux combats de jungle, de la technologie avancée au corps à corps primitif, du théâtre traditionnel des opé-*

rations au domaine secret, magique, d'un roi dément et sanguinaire. Cette régression, articulée en douze séquences lyriques, violentes, d'une extrême densité et d'une saisissante beauté visionnaire, débouche sur la plus audacieuse des « conclusions ». Au terme du voyage, la folie guerrière, bruyante et orgiaque, s'abolit dans l'horreur lancinante de la culpabilité et du souvenir. L'action s'apaise en une longue confession, en une pure contemplation, et la victime se prête aux coups de son exécuteur, depuis longtemps espéré : il n'existe aucune réplique légitime au mal ; seul un assassin peut tuer un assassin, seule la violence peut effacer la violence... O.E.

L'APPARTEMENT "EL PISITO"
Comédie dramatique de **Marco Ferreri** et **Isodoro Martinez Ferri**, avec Mary Carrillo, José Luis Lopez Vazquez, José Cordero. Espagne, 1958 – 1 h 35.

Ne trouvant pas d'appartement pour se marier, un homme épouse alors une femme âgée qui n'en finit plus de mourir. Lorsqu'il hérite enfin, sa fiancée est devenue vieille et acariâtre.

L'APPARTEMENT DES FILLES
Comédie de **Michel Deville**, avec Mylène Demongeot, Sylva Koscina, Sami Frey. France, 1963 – 1 h 30.

Tibère, séduisant pianiste désargenté, est engagé par une bande de trafiquants. Sa mission est de séduire une hôtesse de l'air, qui pourrait alors faire passer de l'or à Bombay.

APPARTEMENT POUR HOMME SEUL
"BACHELOR FLAT"
Comédie de **Frank Tashlin**, d'après la pièce de Bud Grossman, avec Tuesday Weld, Terry-Thomas, Celeste Holm. États-Unis, 1962 – 1 h 30.

Un respectable professeur d'archéologie annonce ses fiançailles. Mais, pendant l'absence de sa fiancée, deux jeunes filles vont, en toute innocence, prendre possession de sa garçonnière.

L'APPÂT "THE NAKED SPUR"
Western d'**Anthony Mann**, avec James Stewart *(Howard)*, Janet Leigh *(Lina)*, Robert Ryan *(Ben)*, Ralph Meeker *(Roy)*, Millard Mitchell. • SC : Sam Rolfe, Harold Jack Bloom. • PH : William Mellor. • MUS : Bronislaw Kaper. États-Unis, 1953 – Couleurs – 1 h 33.

Trois chasseurs de prime, Howard, paysan, ancien soldat sudiste, Jess, chercheur d'or, et Roy, ancien soldat nordiste, ont capturé Ben, accompagné de Lina, fille d'un de ses amis. Ben convainc Jess de le libérer, mais l'abat sans pitié. Lina, qui a compris sa fourberie, évite à Howard et Roy de tomber dans un piège tendu par Ben, qui est abattu. Howard abandonne la prime pour Lina.

◆ L'Appât *est un western d'une rigueur absolue. Le caractère épique et mythique du genre trouve ici son expression parfaite dans l'individualisme des personnages placés dans une situation où manger, boire, dormir et aimer deviennent des besoins aussi élémentaires que fondamentaux. L'interprétation remarquable de James Stewart est renforcée par la splendeur d'une nature à la fois hostile et complice.* J.M.

L'APPÂT
Drame psychologique de **Bertrand Tavernier**, d'après le livre de Morgan Sportès, avec Marie Gillain, Olivier Sitruk, Bruno Putzulu, Clotilde Courau. France, 1995 – Couleurs – 1 h 55. ★ **OURS D'OR, Berlin 1995.**

Trois jeunes en rupture rêvent de se constituer un petit capital pour aller s'installer aux États-Unis. Pour y parvenir, la jeune fille se fait inviter par des hommes riches et introduit ses deux compagnons dans la place. Au départ, il ne s'agit que de cambrioler, mais les deux garçons en viennent très vite à tuer. Étroitement inspiré d'un fait divers, ce film s'abstient soigneusement de tout discours moralisateur, ce qui donne une singulière force à la leçon, finalement morale, qui se dégage de la description du comportement de ces jeunes, produits par une société où l'argent est la seule vraie référence.

L'APPEL DE LA FORÊT "CALL OF THE WILD"
Film d'aventures de **William A. Wellman**, d'après le roman de Jack London, avec Clark Gable, Loretta Young, Joack Oakie, Reginald Owen. États-Unis, 1935 – 1 h 35.

En Alaska, vers 1900, la grande aventure attend deux chercheurs d'or. Lumineuse adaptation du célèbre livre de Jack London.

L'APPEL DE L'OR "JIVARO"
Film d'aventures d'**Edward Ludwig**, avec Fernando Lamas, Rhonda Fleming, Brian Keith. États-Unis, 1954 – Couleurs – 1 h 31.

Roman d'amour sur fond de chasse au trésor dans la forêt amazonienne. Le film était, à l'origine, conçu pour le relief.

L'APPEL DU DESTIN
Comédie dramatique de **Georges Lacombe**, avec Jean Marais, Roberto Benzi, Jacqueline Porel. France, 1953 – 1 h 40.

À Venise, Rome ou Paris, un père et son fils, tous deux musiciens de talent, se retrouvent après des années de séparation et triomphent ensemble. Le premier rôle de père de Jean Marais face au jeune chef d'orchestre prodige Roberto Benzi.

APPEL D'UN INCONNU
"Phone Call From a Stranger"
Drame psychologique de **Jean Negulesco**, avec Bette Davis, Shelley Winters, Gary Merrill, Michael Rennie. États-Unis, 1952 – 1 h 36.

Un accident d'avion dont il a réchappé permet à un avocat, trompé par sa femme, de se réconcilier avec elle.

L'APPEL DU SILENCE
Biographie de **Léon Poirier**, avec Jean Yonnel, Pierre de Guingand, Jacqueline Francell, Alice Tissot, Suzanne Bianchetti. France, 1936 – 1 h 49. ★ Grand Prix du cinéma français 1936.

La vie du père Charles de Foucault, missionnaire au Sahara, assassiné à Tamanrasset en 1916 par une troupe de rebelles.

APPELEZ-MOI MATHILDE
Comédie de **Pierre Mondy**, avec Jacqueline Maillan, Robert Hirsch, Bernard Blier, Michel Serrault, Jacques Dufilho, Pierre Mondy. France, 1969 – Couleurs – 1 h 30.

L'épouse d'un riche financier est kidnappée. Mais le mari n'est pas pressé de payer la rançon...

APPELEZ-MOI MONSIEUR TIBBS
"They Call Me Mr Tibbs !"
Film policier de **Gordon Douglas**, avec Sidney Poitier, Martin Landau. États-Unis, 1970 – Couleurs – 1 h 48.

Tibbs est un policier noir. Son meilleur ami étant suspecté d'un crime, il va essayer de trouver le coupable.

APPELEZ NORD 777 "Call Northside 777"
Film policier de **Henry Hathaway**, avec James Stewart *(McNeal)*, Richard Conte *(Frank Wiecek)*, Lee J. Cobb *(Brian Kelly)*, Helen Walker *(Laura McNeal)*. • SC : Jerome Cady et Jay Dratler ; adaptation de Leonard Hoffman et Quentin Reynolds, d'après des articles de James P. Meguire. • PH : Joe MacDonald. • MUS : Alfred Newman. • MONT : J. Watson Webb Jr. États-Unis, 1948 – 1 h 51.

Frank Wiecek a été condamné à perpétuité pour le meurtre d'un policier. Sa mère, une simple femme de ménage, offre 5 000 dollars pour établir son innocence. Le journaliste McNeal refait l'enquête et confond le principal témoin de l'accusation.

◆ *Sous l'impulsion du producteur Louis DeRochemont, la Twentieth Century Fox lança après la guerre une remarquable série de policiers semi-documentaires, dont le présent titre est un des fleurons. Inspiré d'un fait divers, et tourné « sur les lieux mêmes de l'action »,* Appelez Nord 777 *démonte sobrement, avec une rigueur exemplaire, les mécanismes d'une erreur judiciaire, le fonctionnement des institutions pénales et policières, les méthodes de travail d'un reporter, son engagement croissant dans une cause qui devient une croisade passionnée.* O.E.

APPLAUSE "Applause"
Comédie musicale de **Rouben Mamoulian**, avec Helen Morgan *(Kitty Darling)*, Joan Peers *(April Darling)*, Fuller Melish Jr. *(Hitch Nelson)*, Henry Wadsworth *(Tony)*, Jack Cameron *(Joe King)*, Dorothy Cumming *(la mère supérieure)*. • SC : Garrett Fort, d'après le roman de Beth Brown. • PH : George Folsey. États-Unis 1930 – 1 h 22.

La vie de Kitty Darling, « Queen of Hearts », vedette du music-hall populaire : ses débuts triomphaux et dérisoires de strip-teaseuse, la condamnation à mort de son mari, la naissance prématurée de sa fille April qui est confiée à des religieuses. Les années passent. April est obligée de monter sur scène pour assurer le soutien de sa « famille ». Le succès est immédiat, mais Kitty, repentante, s'empoisonne pour laisser April vivre sa vie.

◆ *Le premier grand film parlant, parce qu'il refuse le diktat des dialogues. Le premier vrai film musical, parce qu'il dédaigne les intermèdes musicaux. De somptueux mouvements de caméra, des morceaux et des ballets parfaitement intégrés à la narration permettent à Mamoulian de résoudre avec brio l'apparente contradiction.* Applause *annonce vingt ans à l'avance les sommets de la comédie musicale à son âge classique (Donen / Minnelli).* M.C.

APPORTEZ-MOI LA TÊTE D'ALFREDO GARCIA
"Bring Me the Head of Alfredo Garcia"
Film d'aventures de **Sam Peckinpah**, avec Warren Oates, Isela Vega, Gig Young, Robert Webber, Emilio Fernandez. États-Unis, 1974 – Couleurs – 1 h 42.

Un riche Mexicain offre une prime à qui lui apportera la tête du séducteur de sa fille, qui, en fait, est déjà mort dans un accident. Un pianiste désargenté profane la sépulture, mais se fait voler la tête, qu'il finira par récupérer.

L'APPRENTIE AMOUREUSE "Kiss and Tell"
Comédie de **Richard Wallace**, d'après la pièce de Hugh Herbert, avec Shirley Temple, Jerome Courtland, Walter Abel, Katherine Alexander. États-Unis, 1945 – 1 h 30.

Un aviateur épouse en cachette la meilleure amie de sa sœur qui, pour brouiller la situation, déclare qu'elle s'est mariée à son voisin.

L'APPRENTIE SORCIÈRE
"BEDKNOBS AND BROOMSTICKS"
Comédie de **Robert Stevenson**, avec Angela Lansbury, David Tomlinson, Roy Smart, Cindy O'Callaghan. États-Unis, 1971 – Couleurs – 1 h 58.

Trois orphelins de Londres sont placés à la campagne ; mais leur logeuse est une apprentie sorcière, qui suit des cours par correspondance. Délirant !

LES APPRENTIS
Comédie de **Pierre Salvadori**, avec François Cluzet, Guillaume Depardieu, Judith Henry, Claire Laroche. France, 1995 – Couleurs – 1 h 35.

Antoine et Fred sont deux « adulescents » (jeunes adultes ayant conservé le mode de vie adolescent) : petits boulots, appartement prêté par un copain, roman en chantier et amours inabouties... Vidés de leur logement, les deux amis fracturent le coffre d'un des employeurs occasionnels de Fred, mais ils laissent des traces. Confondu, Fred s'en tire avec une bonne raclée... et entame une longue déprime qui l'envoie en maison de repos. Mais Antoine est un ami fidèle et il va s'employer à essayer de redonner des raisons de vivre à Fred. La peinture en demi-teinte de jeunes qu'une bulle à peine tiède sépare d'un monde énigmatique et glacé.

L'APPRENTI SALAUD
Comédie de **Michel Deville**, d'après Frank Neville, avec Robert Lamoureux, Christine Dejoux. France, 1977 – Couleurs – 1 h 30.

Avec la complicité involontaire de Caroline, le très sage Antoine Chaplot, ex-quincaillier, devient escroc de haut vol.

L'APPRENTISSAGE DE DUDDY KRAVITZ
"THE APPRENTICESHIP OF DUDDY KRAVITZ"
Comédie satirique de **Ted Kotcheff**, avec Richard Dreyfuss, Micheline Lanctot, Randy Quaid. Canada, 1974 – Couleurs – 2 h. ★ OURS D'OR, **Berlin 1974.**

En 1945, un jeune homme juif sans fortune a l'ambition de réussir. À force de compromis et de sacrifices, il réalisera son rêve : posséder un lac promis à un grand avenir touristique.

LES APPRENTIS SORCIERS
Essai d'**Edgardo Cozarinsky**, avec Zouzou, Peter Chatel, Marie-France Pisier. France, 1977 – Couleurs – 1 h 30.

Une mallette contenant des documents change de mains, sur fond d'amour perdu entre Clara et Alex. Assez hermétique.

APRÈS "THE ROAD BACK"
Comédie dramatique de **James Whale**, d'après un roman d'Erich Maria Remarque, avec Richard Cromwell, John King, Slim Summerville, Andy Devine, Barbara Read, Louise Fazenda, Lionel Atwill. États-Unis, 1937 – 1 h 45.

Après la Première Guerre mondiale, des soldats allemands retournent chez eux et connaissent d'amères désillusions. Conçu comme une suite d'*À l'Ouest rien de nouveau*.

APRÈS LA GUERRE
Comédie dramatique de **Jean-Loup Hubert**, avec Richard Bohringer, Antoine Hubert, Julien Hubert, Martin Lamotte. France, 1988 – Couleurs – 1 h 47.

En 1944, dans le sud de la France. Deux jeunes garçons découvrent un déserteur allemand et font une longue route en sa compagnie, durant laquelle ils vont se prendre d'affection pour leur « ennemi » qui n'aime pas la guerre.

APRÈS L'AMOUR
Comédie dramatique de **Maurice Tourneur**, d'après la pièce d'Henri Duvernois et Pierre Wolff, avec Pierre Blanchar, Simone Renant, Giselle Pascal, Fernand Fabre. France, 1948 – 1 h 30.

Trahi par sa femme, un professeur vit un grand amour avec une étudiante qui donne bientôt naissance à un fils, avant de mourir subitement. Le jour même, son épouse a un enfant de son amant et, par vengeance, le mari bafoué substitue les bébés.

APRÈS LA RÉPÉTITION "EFTER REPETITIONEN"
Drame d'**Ingmar Bergman**, avec Erland Josephson, Lena Olin, Ingrid Thulin. Suède/France, 1984 – Couleurs – 1 h 12.

Après une journée de répétitions, un metteur en scène médite dans le théâtre désert. Survient son ancienne maîtresse, avec qui il a une pénible discussion à laquelle assiste une jeune comédienne.

APRÈS LE CRÉPUSCULE VIENT LA NUIT
"... OCH EFTER SKYMNING KOMMER MÖRKER"
Drame psychologique de **Rune Hagberg**, avec Rune Hagberg, Amy Aaröe, John-Wilhelm Hagberg. Suède, 1947 – 1 h 25.

Un jeune homme tente de se suicider lorsqu'il apprend qu'il a une maladie mentale héréditaire. Sa fiancée arrive à temps pour le sauver, mais il la tue et finit dans un asile.

APRÈS NOUS LE DÉLUGE "TODAY WE LIVE"
Mélodrame de **Howard Hawks**, d'après une histoire de William Faulkner, avec Joan Crawford, Gary Cooper, Robert Young, Franchot Tone, Roscoe Karns. États-Unis, 1933 – 1 h 53.

Pendant la Première Guerre mondiale, une jeune aristocrate anglaise se retrouve sur le front avec ses trois amants. Deux n'en reviendront pas, et elle oubliera son malheur avec le dernier.

À PROPOS DE NICE
Documentaire de **Jean Vigo**. France, 1929 – 840 m (env. 30 mn).

Appliquant les théories de Dziga Vertov, ce « point de vue documenté » propose un portrait de la ville de Nice, et offre un contraste saisissant entre les oisifs, vautrés au soleil de la promenade des Anglais, et les quartiers pauvres de la vieille ville.

À QUI LA FAUTE ? "NJU / EINE UNVERSTANDENE FRAU"
Drame de **Paul Czinner**, d'après la pièce d'Ossip Dymow, avec Elisabeth Bergner, Emil Jannings, Conrad Veidt. Allemagne, 1924 – 2 227 m (env. 1 h 22).

Une jeune femme sensible qui ne peut plus supporter l'atmosphère bourgeoise de son ménage abandonne son mari et son enfant, et devient la maîtresse d'un étranger.

ARABESQUE "ARABESQUE"
Comédie de **Stanley Donen**, d'après un roman de Gordon Votler, avec Gregory Peck, Sophia Loren. États-Unis, 1966 – Couleurs – 1 h 40.

Un professeur de langues anciennes se trouve mêlé à un inextricable complot. Une parodie des films de James Bond, un chef-d'œuvre de malice.

L'ARAIGNÉE "WOMAN IN HIDING"
Comédie dramatique de **Michael Gordon**, avec Ida Lupino, Howard Duff, Stephen McNally. États-Unis, 1949 – 1 h 32.

Ambiance tragique autour d'une jeune femme qui épouse un fou dangereux qui tente de la tuer plusieurs fois.

L'ARAIGNÉE DE SATIN
Drame psychologique de **Jacques Baratier**, d'après un roman de P.L. Palau et P. Thierry, avec Catherine Jourdan, Ingrid Caven, Alexandre Sycluna. France, 1985 – Couleurs – 1 h 25.

Les relations des pensionnaires de l'institution « Les Fauvettes » paraissent bien ambiguës, de même que celle de la directrice avec ses professeurs. Atmosphère trouble et bruissements de soie.

LES ARAIGNÉES "DIE SPINNEN"
Film d'aventures fantastiques de **Fritz Lang**, avec Carl de Vogt, Ressel Orla, Georg John, Lil Dagover. Allemagne, 1919 – env. 3 600 m (env. 2 h 13).

Un sportif américain part à la recherche d'un mystérieux trésor dans une cité en ruines du Yucatán. Il devra affronter une organisation secrète et survivra à mille dangers.

L'ARBRE AUX SABOTS
"L'ALBERO DEGLI ZOCCOLI"
Drame d'**Ermanno Olmi**, avec des paysans bergamasques. • SC : E. Olmi. • PH : E. Olmi, Enrico Tovaglieri, Franco Gambarana. • COST : Francesca Zucchelli. • MUS : Jean-Sébastien Bach. • MONT : E. Olmi. • PR : R.A.I. / G.P.C. Italie, 1978 – Couleurs – 2 h 50. ★ PALME D'OR, Cannes 1978.

Une grande ferme dans la plaine du pays bergamasque, entre l'automne 1897 et l'été 1898. Quatre familles y vivent, partageant joies et peines de tous les jours. Une ferveur muette soude tous les membres de cette communauté dont la vie s'écoule au rythme des saisons, des travaux des champs, des veillées et des rosaires, du cochon qu'on tue à Noël et des fêtes de printemps au village. Tous sont soumis à l'autorité du Maître, à qui tout appartient, à qui reviennent les deux tiers de la moisson. Voici Finard, madré et colérique, qui réussit à soutirer un peu de farine en plus contre sa récolte de maïs, et qui cachera en vain un louis d'or sous le sabot de sa jument. Voici la veuve Runk, lavandière, qui n'arrive pas à élever ses six petits et dont la vache sera miraculeusement guérie par l'eau bénite. Voici les Brena et leur fille Maddalena, courtisée par le modeste Stefano qui l'épousera au petit matin, et que tous accompagneront en silence au coche d'eau qui les emmène à Milan. Voici surtout les Batisti : le grand-père Anselmo qui fait pousser en secret ses tomates ; les parents, qui auront bientôt une nouvelle bouche à nourrir, et dont le petit Minek est le seul à aller à l'école, parce que le curé les a convaincus qu'il le fallait... Un jour, Minek rentre avec un sabot cassé, et son père travaillera toute la nuit en cachette pour lui en tailler un dans le bois d'un arbre appartenant au Maître. Lorsque l'intendant s'en avise, les Batisti sont chassés de la ferme. Derrière leurs fenêtres, leurs compagnons les regardent, atterrés, s'enfoncer dans la nuit.

◆ Un film habité par la grâce

Olmi est tout entier dans ce film qu'il a porté en lui plus de vingt ans et qui est regardé presque unanimement comme une des œuvres majeures du cinéma mondial. Maître du voir et du sentir, il retranscrit ici des récits de sa grand-mère et des souvenirs d'enfance, et fait passer dans cette chronique des travaux et des jours d'une communauté paysanne une sublime leçon de vie, en même temps que de cinéma, à l'usage des temps présents. Un an de tournage, en décors réels et éclairages naturels, avec des paysans qui parlent leur dialecte, six mois de montage, un budget dérisoire pour un récit de trois heures : ce film hors norme est l'œuvre d'un éternel non-conformiste du cinéma, attaché avant tout à l'authenticité de l'expression et à la profondeur de signification. Le monde paysan, ses rites et ses mythes, sa culture profondément religieuse, sont donnés à voir, comme de l'intérieur, dans une fidélité absolue à la vérité historique et à l'exactitude ethnographique. Poète de la matière, Olmi fait chanter les âmes simples avec une pureté toute biblique et trouve des accents virgiliens pour célébrer le travail, la piété et le destin des hommes. Le sens du mystère imprègne ce film plein d'enchantement, où la nature est constant sujet d'émerveillement et l'Histoire nécessairement sujet de stupeur. Le merveilleux se répand sur cette œuvre au lyrisme retenu et au réalisme magique, où rien n'est dit mais tout est donné pudiquement à sentir à travers le regard d'Olmi sur des regards, des visages et des gestes habités par la grâce, plus éloquents que tous les discours. Ainsi à la fin, sans élever la voix ni brandir de poing rhétorique, Olmi nous rend-il l'arbitraire proprement intolérable. C.D.

L'ARBRE DE GUERNICA

Drame de **Fernando Arrabal**, avec Maria Angela Melato, Jean-François Delacour, Marie Pillet. France / Italie, 1975 – Couleurs – 1 h 30.

Durant la guerre d'Espagne, un jeune bourgeois passe du côté des Républicains par amour pour une jeune fille du peuple.

L'ARBRE DE NOËL

Mélodrame de **Terence Young**, d'après le roman de Michel Bataille, avec William Holden, Bourvil, Virna Lisi, Brook Fuller. France, 1969 – Couleurs – 1 h 30.

Pascal a dix ans et il est atteint d'une maladie incurable. Son père choisit de faire de ses derniers mois une période de pure joie.

L'ARBRE DE VIE "RAINTREE COUNTY"

Comédie dramatique d'**Edward Dmytryk**, d'après le roman de Ross Lockridge Jr., avec Elizabeth Taylor, Montgomery Clift, Eva Marie Saint, Nigel Patrick, Lee Marvin, Rod Taylor. États-Unis, 1958 – Couleurs – 2 h 46.

Pendant la guerre de Sécession, une jolie Sudiste obtient les faveurs de l'homme qu'elle croit aimer, mais s'ennuie bientôt dans sa nouvelle vie. La M.G.M. n'a pas lésiné sur les moyens pour un film qui rappelle *Autant en emporte le vent*.

L'ARBRE DU DÉSIR "NATVRIS XE"

Drame de **Tenguiz Abouladze**, avec Lika Kavtaradze *(Marita)*, Zaza Kolelichvili *(Guedia)*, Kahi Kavsadze *(Ioram)*, Sofiko Tchiaoureli *(Foufala)*, Kote Daouchvili *(Cicikore)*. • SC : Revaz Inanichvili, T. Abouladze, d'après les nouvelles de Gueorgui Leonidze. • PH : Lomer Akhvlediani. • DÉC : Revaz Mirzachvili. • MUS : Bidzina Kverjadze, Yakov Bobokhidze. U.R.S.S., 1976 – Couleurs – 1 h 47.

Dans un village du Caucase, à la veille de la Révolution, Marita est amoureuse de Guedia, mais son père la marie à un richard. Guedia s'en va. À son retour, Marita tombe dans ses bras. Déshonorée, elle est traînée en procession infamante à califourchon sur un âne et elle meurt lapidée tandis que Guedia est tué.

◆ *Autour des protagonistes gravitent un prédicateur anarchiste qui annonce la Révolution, une folle qui se livre à des excentricités, un père de famille qui part à la recherche de « l'arbre du désir », l'arbre de vie. « Pourquoi la beauté s'en vient et s'en va ? », telle est la question posée après la mort de la belle Marita au terme de ce superbe film plein de folie, de poésie et d'amertume.* M.MN.

L'ARBRE, LE MAIRE ET LA MÉDIATHÈQUE

Comédie dramatique d'**Éric Rohmer**, avec Pascal Greggory, Arielle Dombasle, Fabrice Luchini. France, 1993 – Couleurs – 1 h 45.

La grille rohmérienne appliquée cette fois-ci non pas à l'analyse des sentiments mais à un problème municipal dans un village vendéen, année 92 (pas celle de la Terreur, celle des années Mitterrand). Aussi vrai qu'une photo à laquelle on aurait retiré une couleur primaire pour la remplacer par une autre, spéciale Rohmer. On ne regrette pas ce qui est enlevé : la vulgarité, l'agressivité, et on se régale de ce qui est ajouté : la civilité, l'humour gentil et, bien sûr, la « logorohmée », entêtée et charmante.

ARBRE SANS RACINE "DARVO BEZ KOREN"

Drame psychologique de **Hristo Hristov**, avec Nikolai Dadov, Nevena Kokanova, Marin Janev. Bulgarie, 1974 – Couleurs – 1 h 30.

Un jeune homme fait venir son père de la campagne et l'installe dans son appartement. Mais le vieillard, rebuté par cette société, nostalgique de sa terre, s'en retourne dans son village.

LES ARCANDIERS
Comédie dramatique de **Manuel Sanchez**, avec Simon de La Brosse, Dominique Pinon, Charles Schneider. France, 1991 – Couleurs – 1 h 35.

Trois jeunes paumés d'une banlieue parisienne rêvent d'aller au Brésil mais ils sont bien incapables de mener à bien leur entreprise.

ARC DE TRIOMPHE "ARCH OF TRIUMPH"
Comédie dramatique de **Lewis Milestone**, d'après le roman d'Erich Maria Remarque, avec Ingrid Bergman, Charles Boyer, Charles Laughton. États-Unis, 1948 – 2 h.

Dans le Paris d'après-guerre, un « déclassé » s'éprend d'une jeune Française suicidaire. Des interprètes de choix.

L'ARC-EN-CIEL "RADUGA"
Film de guerre de **Mark Donskoï**, avec Natalia Oujvy *(Olena)*, Nina Alissova *(Poussia)*, Elena Tiapkina *(Fedossia)*, Valentina Ivacheva *(Olga)*, Anton Dounaïsky *(le vieux Okhabko)*. • SC : Wanda Wasilevska, d'après son roman. • PH : Bencion Monastyrsky. • DÉC : Valentina Khmeleva. • MUS : Lev Chvarc [Schwartz]. U.R.S.S., 1944 – 1 h 40.

La garnison allemande d'un village ukrainien occupé est harcelée par les partisans. Revenue secrètement pour accoucher, la partisane Olena est dénoncée : essayant par tous les moyens de lui faire dire où se trouve le camp des partisans, le commandant ennemi va jusqu'à tuer son nouveau-né sous ses yeux.

◆ *Dans ce grand et beau film où il exprime pathétiquement la haine sacrée contre l'envahisseur, Donskoï transcende le message patriotique en montrant avec autant de simplicité que de noblesse l'héroïsme quotidien des populations civiles et leur confiance inébranlable dans la victoire. Plastiquement, les paysages enneigés sont l'occasion de fort belles images jouant en contrepoint avec la cruauté de l'action.* M.MN.

L'ARCHE "THE ARCH"
Drame psychologique de **Shu Shuen**, avec Lisa Lu, Roy Chiao Hung, Hilda Chou Hsuan, Li Ying, Wen Hsiu. Hong-Kong, 1968 – 1 h 35.

Afin de respecter les usages, une jeune veuve s'enferme dans son deuil. Un jeune officier s'éprend d'elle. Mais, ne pouvant trangresser la coutume, c'est sa fille qui finit par l'épouser.

L'ARCHE DE NOÉ "NOAH'S ARK"
Film à grand spectacle de **Michael Curtiz**, avec Dolores Costello, Noah Beery, Louise Fazenda, Guinn Williams, Paul McAllister, Myrna Loy. États-Unis, 1929 – env. 3 600 m (env. 2 h 13).

L'histoire de Noé racontée en parallèle avec la tragédie de la Première Guerre mondiale. Une mise en scène épique pour le compte de la Warner, qui produit là son plus « grand » film.

ARCHIMÈDE LE CLOCHARD
Comédie dramatique de **Gilles Grangier**, avec Jean Gabin, Darry Cowl, Bernard Blier, Noël Roquevert, Julien Carette, Dora Doll, Paul Frankeur. France / Italie, 1959 – 1 h 23.

Un clochard heureux, qui doit déménager de l'immeuble en construction où il avait élu domicile, cherche en vain à aller en prison pour passer l'hiver au chaud. Il s'en ira finalement sur la Côte d'Azur...

L'ARCHIPEL DES AMOURS
Comédie dramatique à sketches de **Paul Vecchiali, Jacques Fresnais, Gérard Frot-Coutaz, Michel Delahaye, Jean-Claude Guiguet, Jacques Davila, Jean-Claude Biette, Cécile Clairval** et **Marie-Claude Treilhou**. France, 1982 – Couleurs – 1 h 39.

Approches variées d'un même et unique sujet : le désarroi face à l'amour qui va et vient.

L'ARDENTE GITANE "HOT BLOOD"
Comédie de **Nicholas Ray**, avec Jane Russell, Cornel Wilde, Luther Adler, Joseph Calleia. États-Unis, 1956 – Couleurs – 1 h 25.

Dynamisme, humour et bonne humeur pour un couple de jeunes mariés (Russell et Wilde) appartenant aux Gitans américains.

ARÈNES SANGLANTES "BLOOD AND SAND"
Drame de **Rouben Mamoulian**, avec Tyrone Power, Linda Darnell, Rita Hayworth, Anthony Quinn. États-Unis, 1941 – Couleurs – 2 h 03.

La vie dramatique d'un grand torero. Tyrone Power, avec deux très belles actrices, reprend un des grands rôles de Rudolph Valentino.

▷ Autre version réalisée par : **Fred Niblo**, avec Rudolph Valentino, Nita Naldi, Lila Lee, Walter Long. États-Unis, 1922 – 2 160 m (env. 1 h 19).

L'ARGENT
Drame de **Marcel L'Herbier**, avec Pierre Alcover *(Saccard)*, Brigitte Helm *(baronne Sandorf)*, Alfred Abel *(Gundermann)*, Henry Victor *(Hamelin)*, Marie Glory *(Lise Hamelin)*, Jules Berry *(Huret)*, Antonin Artaud *(Mazaud)*, Yvette Guilbert *(la Méchain)*. • SC : M. L'Herbier, d'après le roman d'Émile Zola. • PH : Jules Kruger, Jean Lefort, Louis Le Bertre. • DÉC : Lazare Meerson. • COST : Jacques Manuel. France, 1928 – 3 700 m (env. 2 h 16).

Menacé de faillite, le banquier Saccard finance le raid de l'aviateur Hamelin vers la Guyane, à la recherche de terrains aurifères. Pour se renflouer, il monte une opération boursière en faisant croire à l'échec du raid. Bien que lié à la baronne Sandorf, il s'éprend de l'épouse de l'aviateur. Gundermann, son concurrent, sauve Hamelin de la prison, mais Saccard est condamné.

◆ *Avec cette magistrale adaptation (actualisée) de Zola, L'Herbier a signé ce qui est probablement son meilleur film : la peinture du monde de la Bourse en proie à la fièvre du profit, la description des caractères dominés par la saisissante composition d'Alcover, l'ampleur des décors de style Arts Déco du grand Meerson et l'extraordinaire brio de la caméra lancée dans de vertigineux mouvements aériens en font une puissante et tumultueuse tragédie de la vénalité et du pouvoir.* M.MN.

L'ARGENT

Drame de **Robert Bresson**, avec Christian Patey *(Yvon)*, Caroline Lang *(Élise)*, Vincent Risterucci *(Lucien)*, Marc-Ernest Fourneau *(Norbert)*, Sylvie van den Elsen, Michel Briguet. • SC : R. Bresson, d'après Tolstoï. • PH : Emmanuel Machuel, Pasqualino de Santis. • DÉC : Pierre Guffroy. • MONT : Jean-François Naudon. France / Suisse, 1983 – Couleurs – 1 h 25. ★ GRAND PRIX DU CINÉMA DE CRÉATION, Cannes 1983.

Sciemment, un commerçant refile à Yvon, livreur de fuel, un faux billet de 500 F que son commis, Lucien, a accepté de jeunes étudiants. Le faux témoignage de Lucien met en cause la bonne foi d'Yvon, qui perd son emploi et est arrêté pour complicité dans un hold-up. Durant son emprisonnement, sa fillette meurt et sa femme le quitte. Libéré, il devient meurtrier puis se livre à la police.

◆ *Dans un style sec, austère et rigoureux, où l'enchaînement des images se fait aussi implacable que celui qui mène Yvon de l'innocence à la culpabilité, Bresson livre sa vision du monde contemporain. Le faux-semblant d'un univers où le signe est plus important que le réel engendre la désagrégation et la perversion des valeurs. Un film aussi inéluctable qu'une tragédie grecque.* J.M.

L'ARGENT DE LA BANQUE "THE SILENT PARTNER"

Film policier de **Daryl Duke**, avec Elliot Gould, Christopher Plummer, Susannah York. États-Unis, 1978 – Couleurs – 1 h 40.

Un modeste caissier de banque profite d'un hold-up pour subtiliser cinquante mille dollars. Le voleur tente de récupérer « son » argent.

L'ARGENT DE LA VIEILLE "LO SCOPONE SCIENTIFICO"

Comédie de **Luigi Comencini**, avec Alberto Sordi *(Peppino)*, Silvana Mangano *(Antonia)*, Bette Davis *(la vieille)*, Joseph Cotten *(George)*, Antonella di Maggio *(Cleopatra)*. • SC : Rodolfo Sonego. • PH : Giuseppe Ruzzolini. • MUS : Piero Piccioni. • MONT : Nino Baragli. Italie, 1972 – Couleurs – 1 h 58.

Comme chaque année, la « vieille » Américaine revient jouer au « scopone », jeu de cartes où elle plume régulièrement le couple de chiffonniers, Peppino et Antonia, soutenus par toute la haine du bidonville contre les « riches ».

◆ *Cette fable corrosive, brillamment interprétée, est un des sommets de la comédie à l'italienne. Le thème aride et abstrait de la lutte des classes est traité dans une allégorie plaisante et populaire. Exploiteurs et exploités ne sont pas mieux traités les uns que les autres dans une description dont le cynisme et le pessimisme apparents sont transcendés dans un éclat de rire libérateur et une morale incontournable : on perd toujours à vouloir battre l'ennemi de classe sur son propre terrain !* J.M.

L'ARGENT DE POCHE

Comédie dramatique de **François Truffaut**, avec Geory Desmouceaux, Philippe Goldman, Jean-François Stévenin, Virginie Thévenet, Chantal Mercier, Nicole Félix, Tania Torrens. France, 1976 – Couleurs – 1 h 45.

Dans une ville de province, où tout le monde se connaît, mille petits drames marquent la vie de tous les jours d'une bande d'écoliers. Le grand événement sera le départ à la « colonie » avec les vacances de l'été.

L'ARGENT DES AUTRES

Comédie dramatique de **Christian de Chalonge**, avec Jean-Louis Trintignant, Claude Brasseur, Michel Serrault, Catherine Deneuve. France, 1978 – Couleurs – 1 h 45. ★ CÉSARS DU MEILLEUR FILM et DU MEILLEUR RÉALISATEUR 1978. PRIX LOUIS-DELLUC 1978.

Bouc émissaire dans une escroquerie, le fondé de pouvoir d'une banque d'affaires est licencié. Pour se justifier, il va fouiller dans les archives : ses découvertes sont effarantes...

ARIA "ARIA"

Drame musical de **Nicolas Roeg**, **Charles Sturridge**, **Jean-Luc Godard**, **Julien Temple**, **Bruce Beresford**, **Robert Altman**, **Franck Roddam**, **Ken Russell**, **Derek Jarman**, **Bill Bryden**, avec Teresa Russell, Nicola Swaim, Geneviève Page. Grande-Bretagne, 1986 – Couleurs – 1 h 30.

Dix airs d'opéra célèbres réunis en un film où éclate le talent de Godard, Altman, Russell.

ARIANE "LOVE IN THE AFTERNOON"

Comédie de **Billy Wilder**, d'après le roman de Claude Anet, avec Gary Cooper, Audrey Hepburn, Maurice Chevalier. États-Unis, 1957 – 2 h 10.

Une pure jeune fille, dont le père est détective privé, s'éprend d'un séducteur plus âgé qu'elle, finit par le convaincre qu'il l'aime et joue pour lui la comédie de la femme libre et volage.

ARIANE, JEUNE FILLE RUSSE
Comédie dramatique de **Paul Czinner**, avec Gaby Morlay, Victor Francen. France, 1931 – env. 1 h 30.

Adaptation française du roman de Claude Anet (Voir ci-dessus). Ici, la jeune fille est russe et l'action se déroule à Paris.

ARIEL "ARIEL"
Comédie dramatique d'**Aki Kaurismäki**, avec Turo Pajala, Susanna Haavisto, Matti Pellonpää. Finlande, 1988 – Couleurs – 1 h 14.

Un mineur au chômage quitte le nord de la Finlande et descend vers Helsinki. Mais il est pris, en compagnie d'une femme et d'un enfant, dans un engrenage policier dont il ne peut se sortir. Un très beau film, à mi-chemin entre Wenders et Jarmusch.

ARISE MY LOVE
Comédie de **Mitchell Leisen**, avec Claudette Colbert, Ray Milland, Walter Abel, Dennis O'Keefe, George Zucco, Dick Purcell. États-Unis, 1940 – 1 h 53.

Les pérégrinations de reporters américains en Europe, qui rencontrent l'amour, découvrent les geôles franquistes, avant d'échapper à une catastrophe maritime.

LES ARISTOCHATS "THE ARISTOCATS"
Dessin animé de **Wolfgang Reitherman**. États-Unis, 1970 – Couleurs – 1 h 20.

Un chat de gouttière au secours d'une chatte de race, entre salons mondains et sombres machinations. La technique Disney par-delà la disparition du maître, au service d'un divertissement pour tous.

LES ARISTOCRATES
Drame de **Denys de La Patellière**, d'après le roman de Michel de Saint-Pierre, avec Pierre Fresnay, Brigitte Auber, Maurice Ronet, Jacques Dacqmine. France, 1955 – 1 h 40.

La remise en cause d'une « grande famille ». Pour son premier long métrage, La Patellière réalisait un film de qualité dominé par l'interprétation de Pierre Fresnay.

▷ **Francis Rigaud** signe une suite, intitulée LES NOUVEAUX ARISTOCRATES, avec Paul Meurisse, Maria Mauban, Yves Vincent. France, 1961 – 1 h 35.

ARIZONA "ARIZONA"
Western de **Wesley Ruggles**, avec Jean Arthur, William Holden, Warren William, Porter Hall, Paul Harvey, George Chandler. États-Unis, 1941 – 2 h 05.

Dans l'Ouest, une jeune fille courageuse monte une entreprise de transports et parvient à vaincre tous ses concurrents peu scrupuleux. Elle épousera le garçon qu'elle aime et qui a su défendre ses intérêts grâce à un troupeau de bétail.

ARIZONA BILL "BAD MAN OF BRIMSTONE"
Western de **J. Walter Ruben**, avec Wallace Beery, Virginia Bruce, Noah Beery, Dennis O'Keefe, Lewis Stone. États-Unis, 1937 – 1 h 29.

Un vieux bandit se heurte à son fils devenu magistrat. Impitoyable, celui-ci requerra contre lui et ses complices.

ARIZONA DREAM "ARIZONA DREAM"
Comédie dramatique d'**Emir Kusturica**, avec Johnny Depp, Jerry Lewis, Faye Dunaway. États-Unis, 1992 – Couleurs – 2 h 20.

Un jeune agent administratif de New York en séjour en Arizona fait la connaissance d'une riche veuve assez folle et de sa belle-fille, suicidaire caractérisée. D'abord séduit par la veuve volcanique, il finit par découvrir qu'il aime la jeune fille. Celle-ci est ravie mais finit quand même par se suicider. Une fin « en queue de poisson » pour un film où vie réelle et vie rêvée s'entremêlent et se ressemblent étrangement.

ARIZONA JUNIOR "ARIZONA JUNIOR"
Comédie satirique de **Joel Coen**, avec Nicolas Cage, Holly Hunter. États-Unis, 1987 – Couleurs – 1 h 34.

Le kidnapping d'un bébé par un couple stérile est prétexte à péripéties et poursuites effrénées. Un regard caustique sur l'Amérique profonde.

L'ARLÉSIENNE
Drame de **Marc Allégret**, d'après la pièce d'Alphonse Daudet, avec Raimu, Gaby Morlay, Edouard Delmont, Giselle Pascal, Louis Jourdan. France, 1942 – 1 h 45.

Un jeune gardian amoureux d'une coquette, maîtresse d'un de ses collègues, se résigne à épouser une gentille fille, mais le souvenir de sa passion l'obsède et il finit par se suicider.

▷ Autres versions réalisées par : **Albert Capellani**, avec Henri Desfontaines, Stacia Napierkowska. France, 1909 – env. 800 m (env. 30 mn). **André Antoine**, avec Gabriel de Gravone, Lucienne Bréval, Marthe Fabris, Louis Ravet. France, 1922 – 2 010 m (env. 1 h 15). **Jacques de Baroncelli**, avec José Noguero, Blanche Montel,

Germaine Dermoz, Charles Vanel, Mary Serta. France, 1930 – env. 1 h 30.

ARLETTE ET SES PAPAS

Mélodrame d'**Henry Roussell**, avec Renée Saint-Cyr, Jules Berry. France, 1934 – 1 h 25.

Une femme fait croire à son amant et filleul de guerre qu'il est le père de sa fille née avec l'Armistice. Devenue grande, celle-ci s'éprend de l'homme et apprend enfin la vérité.

ARMAGUEDON

Film policier d'**Alain Jessua**, d'après David Lippincott, avec Alain Delon, Jean Yanne, Renato Salvatori. France, 1977 – Couleurs – 1 h 33.

Louis Carrier cherche à se venger de la société en défiant la police par des chantages. L'inspecteur Vivien fait appel à un psychiatre pour en venir à bout. Delon et Yanne à contre-emploi.

L'ARME À GAUCHE

Film d'aventures de **Claude Sautet**, avec Lino Ventura, Sylva Koscina, Leo Gordon. France / Italie, 1965 – 1 h 30.

Jacques Cournot, navigateur dans les Caraïbes, se voit proposer l'expertise d'un yacht, qui disparaît une fois celle-ci effectuée. Il mène son enquête et découvre une affaire de trafic d'armes.

L'ARME À L'ŒIL "EYE OF THE NEEDLE"

Film d'espionnage de **Richard Marquand**, d'après le roman de Ken Follet, avec Donald Sutherland, Kate Nelligan. États-Unis, 1980 – Couleurs – 2 h.

Un espion allemand parvient à percer des secrets relatifs à la préparation du Débarquement. Le problème est, pour lui, de faire passer ces renseignements le plus vite possible... Bon suspense.

L'ARME AU POING "FIREPOWER"

Film d'aventures de **Michael Winner**, avec Sophia Loren, James Coburn. Grande-Bretagne, 1979 – Couleurs – 1 h 40.

Un aventurier reçoit la mission d'enlever un richissime gangster, caché depuis trente ans dans une île des Caraïbes. Il trouve sur son chemin d'innombrables embûches. Spectaculaire.

L'ARMÉE BRANCALEONE

"L'ARMATA BRANCALEONE"

Comédie de **Mario Monicelli**, avec Vittorio Gassman, Catherine Spaak. Italie, 1966 – Couleurs – 2 h 10.

Vers 1100 de notre ère, les aventures extraordinaires de Brancaleone, entre Francs, Byzantins et Sarrasins. Une tentative originale, et réussie, de peindre le Moyen Âge sous les couleurs du comique grotesque.

L'ARMÉE DES 12 SINGES "12 MONKEYS"

Science-fiction de **Terry Gilliam**, d'après le film *la Jetée* de Chris Marker, avec Bruce Willis, Brad Pitt, Madeleine Stowe, Christopher Plummer. États-Unis, 1995 – Couleurs – 2 h 05.

John Cole est chargé, en 2035, d'aller rechercher l'origine du mal qui a détruit la quasi-totalité de l'humanité à partir de 1996. Commence alors un périple dans un univers où les rapports entre le passé et l'avenir, le rêve et la réalité (sans parler du bien et du mal, de la folie et de la raison...) ne sont pas ceux que l'on établit communément. La force de la mise en scène réussit cependant à leur donner une angoissante évidence.

L'ARMÉE DES OMBRES

Drame de **Jean-Pierre Melville**, avec Lino Ventura, Paul Meurisse, Simone Signoret. France, 1969 – Couleurs – 2 h 15.

Chronique d'un réseau de Résistance, décrit sans emphase dans son travail quotidien d'action et de survie. Le film est devenu un « classique » pour cette période.

L'ARME FATALE "LETHAL WEAPON"

Film policier de **Richard Donner**, avec Mel Gibson, Danny Glover. États-Unis, 1987 – Couleurs – 1 h 50.

L'association, puis la solide amitié, de deux policiers traquant les gros bonnets du trafic de drogue. Dans la grande tradition du thriller, rebondissements et courses-poursuites spectaculaires.

L'ARME SECRÈTE

"SHERLOCK HOLMES AND THE SECRET WEAPON"

Film d'aventures de **Roy William Neill**, inspiré de l'œuvre d'Arthur Conan Doyle, avec Basil Rathbone, Nigel Bruce, Lionel Atwill, Dennis Hoey. États-Unis, 1942 – 1 h 18.

Coopérant avec les services secrets alliés, Sherlock Holmes s'infiltre dans les réseaux d'espionnage nazis.

ARMES SECRÈTES "Q PLANES"

Film d'espionnage de **Tim Whelan**, avec Laurence Olivier, Ralph Richardson, Valerie Hobson, George Curzon. Grande-Bretagne, 1939 – 1 h 22.

Le prototype d'un avion de guerre est intercepté et hissé à bord d'un navire. Mais son pilote parvient à se rendre maître des lieux.

L'ARMOIRE VOLANTE
Comédie de **Carlo-Rim**, avec Fernandel, Berthe Bovy, Annette Poivre, Yves Deniaud, Pauline Carton. France, 1948 – 1 h 30.

Doté d'une tante acariâtre, Fernandel rêve... de sa mort accidentelle, de la disparition de son corps que des camionneurs affolés cachent dans une armoire... insaisissable.

L'ARNAQUE "THE STING"
Comédie de **George Roy Hill**, avec Paul Newman *(Henry Gondorff)*, Robert Redford *(Johnny Hooker)*, Robert Shaw *(Doyle Lonnegan)*, Charles Durning *(Snyder)*, Ray Walston *(Singleton)*, Eilleen Brennan *(Billie)*, Harold Gould *(Kid Twist)*. • SC : David S. Ward. • PH : Robert Surtees. • DÉC : Henry Bumstead. • MUS : Marvin Malmisch (ritournelle de Scott Joplin). • MONT : William Reynolds. États-Unis, 1973 – Couleurs – 2 h 07. ★ OSCAR DU MEILLEUR FILM 1973.

Deux malfrats sympathiques veulent venger la mort d'un de leurs amis abattu par le gang d'un caïd balourd qu'ils vont mystifier. Ils prétendent pouvoir connaître les résultats des courses au moment même de l'arrivée des chevaux, avant qu'il ne soit trop tard pour miser. Cette arnaque est montée avec des trésors d'ingéniosité. La méfiance du caïd est désarmée. Il va miser gros. Le dénouement réserve une grosse surprise.

◆ *Deux des plus beaux et des plus talentueux comédiens hollywoodiens font assaut de charme pour animer cette joyeuse fantaisie. Le scénario est fort intelligent et le rythme haletant. Aucun temps mort. Du sourire, de l'action, du rêve même. Une réussite totale.* G.S.

L'ARNAQUEUR "THE HUSTLER"
Drame psychologique de **Robert Rossen**, avec Paul Newman *(Eddie Felson)*, Jackie Gleason *(Minnesota Fats)*, Piper Laurie *(Sara Packard)*, George C. Scott *(Bert Gordon)*. • SC : Sidney Carroll, R. Rossen, d'après le roman de Walter Trevis. • PH : Eugen Shuftan. • DÉC : Harry Horner. • MUS : Kenyon Hopkins. • MONT : Dede Allen. États-Unis, 1961 – 1 h 35.

Il est rare qu'un film sur le jeu soit inintéressant, il est rare qu'il s'agisse comme ici d'un chef-d'œuvre, même si l'on ne joue pas au billard. L'intrigue est simple : un champion encore inexpérimenté est amené à délaisser la femme dont il s'est épris pour son « art » ; celle-ci devient une sorte de monnaie d'échange entre les hommes et ne peut y survivre. Le héros se venge alors de son diabolique « manager » et rival en renonçant à tirer parti de sa victoire (par abandon) sur un champion réputé invincible.

◆ *Film d'une grande amertume,* l'Arnaqueur *sert d'évidentes implications morales et métaphysiques (Rossen était un cinéaste éminemment cérébral), mais vaut par sa photographie glacée, sa mise en scène un peu théâtrale qui utilise toutes les ressources de l'espace, et par une puissante direction d'acteurs. Si Newman fut seulement « nominé » aux Oscars, le film contribua définitivement à en faire une grande vedette.* G.LD.

▷ Voir aussi LA COULEUR DE L'ARGENT.

LES ARNAQUEURS "THE GRIFTERS"
Film policier de **Stephen Frears**, d'après le roman de Jim Thompson, avec Anjelica Huston, John Cusack, Annette Bening. États-Unis, 1990 – Couleurs – 1 h 46.

L'affrontement de deux femmes dans un climat de cruauté glaciale.

LES ARNAUD
Drame de **Léo Joannon**, avec Bourvil, Adamo, Christine Delaroche. France, 1967 – Couleurs – 1 h 35.

Un juge de province s'intéresse à un étudiant, puis le protège lorsque celui-ci commet un crime afin de se délivrer d'un chantage.

ARNOLD LE MAGNIFIQUE "PUMPING IRON"
Documentaire de **George Butler** et **Robert Fiore**. États-Unis, 1976 – Couleurs – 1 h 25.

L'entraînement et la philosophie de vie d'Arnold Schwarzenegger, champion du monde toutes catégories de culturisme.

LES ARPENTEURS
Comédie de **Michel Soutter**, avec Marie Dubois *(Alice)*, Jean-Luc Bideau *(Léon, le « grand arpenteur »)*, Jacques Denis *(Lucien)*, Jacqueline Moore *(Ann)*, Michel Cassagne *(Max, le « petit arpenteur »)*, Armen Godel *(l'avocat)*, Germaine Tournier *(la mère d'Alice)*, Nicole Zufferey *(la femme de Lucien)*. • SC : M. Soutter. • PH : Simon Edelstein. • MUS : Brahms, Schubert. • MONT : Joële Van Effenterre. Suisse, 1972 – 1 h 20.

Pour rendre service à Lucien, Léon accepte de porter chez Alice un panier de légumes. Mais celle qu'il prend pour Alice, c'est Ann, dont il s'entiche. Le lendemain, il trouve Alice, qui lui fait des avances, alors que lui voudrait bien savoir où est passée Ann. Celle-ci revenue, les deux femmes s'amusent à décourager Léon.

◆ *Ces jeux de l'amour et du hasard sont conduits par Soutter avec une éblouissante maîtrise, où la poésie légère et l'humour farfelu font bon ménage avec l'ironie à l'encontre de Léon, grand bavard et grand hâbleur, brillamment incarné par Jean-Luc Bideau. L'intrigue arachnéenne de ce badinage repose sur le chassé-croisé des personnes, la demi-teinte des sentiments et le double jeu sur les mots. Mais sur le petit coin de paradis terrestre où se déroule l'action plane la menace représentée par ces arpenteurs qui préparent la construction d'une autoroute.* M.MN.

L'ARRANGEMENT "THE ARRANGEMENT"

Drame d'**Elia Kazan**, avec Kirk Douglas *(Eddie)*, Faye Dunaway *(Gwen)*, Deborah Kerr *(Florence)*, Richard Boone *(Sam)*, Hume Cronyn, Michael Higgins. • SC : E. Kazan, d'après son roman. • PH : Robert Surtees. • MUS : David Amram. • MONT : Stuart Arnsten. États-Unis, 1969 – Couleurs – 2 h 07.

« Un homme de 44 ans qui ne s'aime pas peut-il repartir à zéro ? » C'est la question que se pose Eddie Anderson, publicitaire arrivé, symbole de la réussite sociale américaine, mais qui étouffe dans l'empire matériel et affectif qu'il s'est constitué. Rompre les amarres, échapper à son épouse, ses amis, ses employeurs, son avocat, traverser la folie dans laquelle souhaitent l'enfermer ceux qui veulent le gouverner parce qu'ils dépendent matériellement de lui (les mêmes), c'est l'aventure que tentera Eddie, et dont il renaîtra grâce à l'aide et à l'amour d'une figure féminine emblématique, libre, cynique et sincère comme lui.

◆ L'Arrangement *est la troisième partie d'une trilogie sur l'Amérique et les propres origines d'Elia Kazan.* America, America *(1963) en constitue une autre partie, la troisième n'ayant jamais été réalisée. C'est un film indispensable à la connaissance de l'auteur d'*À l'est d'Éden, *et des mythes sur lesquels l'Amérique se fonde : l'argent, le matriarcat, « le miracle corrupteur de la Terre Promise où tous les sentiments, toutes les aspirations s'évaluent en termes de dollars » (Robert Benayoun). À la course au rêve américain de réussite sociale, le héros de Kazan substitue la quête intérieure. En brûlant la maison paternelle, il abolit symboliquement son enfance, avant de se reconstruire en devenant écrivain. Le personnage partage des points communs avec son interprète, Kirk Douglas, auquel le rôle n'était pas destiné, Kazan n'ayant pu, à cette occasion, retrouver Marlon Brando.* M.S.

ARRÊT D'AUTOBUS "BUS STOP"

Comédie dramatique de **Joshua Logan**, avec Marilyn Monroe *(Chérie)*, Don Murray *(Bo)*, Arthur O'Connell *(Virgil)*, Betty Field. • SC : George Axelrod, d'après la pièce de William Inge. • PH : Milton Krasner. • MUS : Alfred Newman, Cyril J. Mockridge. • MONT : William Reynold. États-Unis, 1956 – Couleurs – 1 h 34.

Bo, jeune cow-boy qui n'a jamais quitté son Montana natal, arrive à Phoenix avec son ami Virgil pour concourir au grand rodéo. Dans un bouge miteux, il découvre Chérie, qui s'époumonne à chanter (faux). Coup de foudre : Chérie est son « ange ». Doté d'une redoutable ténacité, le jeune homme parvient à ses fins malgré sa balourdise et ramène femme au pays.

◆ *Beau rôle dramatique pour une Marilyn en mal de reconnaissance artistique. Il faut l'avoir vue chanter* That Old Black Magic *devant un parterre de bouseux pour saisir l'impact d'une actrice un peu trop cataloguée dans les « compositions » de ravissante idiote. Logan réussit ce qu'il avait raté dans* Picnic *: les personnages glissent vers leur destin, aussi invraisemblable fût-il, sans tomber dans le pathos et le « kitsch » d'une psychologie mal maîtrisée. On notera une utilisation remarquable du gros plan « émotionnel » dans les dernières séquences.* M.C.

L'ARRIVÉE D'UN TRAIN EN GARE DE LA CIOTAT

Vue de **Louis Lumière**, avec des membres de la famille Lumière et des inconnus. • PR : Société Lumière. France, 1895 – 50 secondes.

L'Arrivée d'un train a été pris sur le quai de la gare de La Ciotat. L'opérateur fait face aux rails, en cadrage oblique avec point de fuite vers le fond droite. La voie est d'abord vide. Un bagagiste s'avance vers la caméra ; des voyageurs endimanchés attendent. Puis, la locomotive apparaît au fond du champ et semble foncer vers le spectateur. Elle file à gauche de l'écran, au premier plan. Le train s'arrête. Mme Lumière mère et deux enfants habillés de blanc, debout sur le quai en amorce droite entourés de plusieurs personnes en ligne, se dirigent vers les wagons, dont les portières s'ouvrent. La foule des voyageurs descendus du train emplit le quai. Certains regardent avec curiosité l'appareil et s'en approchent, occupant parfois, à mi-corps, la plus grande partie de l'écran sans que l'image devienne floue. Un jeune paysan, avec un chapeau et un baluchon, traverse deux fois le champ. Les portières se referment. Le train va repartir.

◆ La création d'un espace imaginaire

Il ne s'agit pas du premier film Lumière. Lumière a d'abord impressionné la célèbre Sortie des usines *en août 1894, puis deux autres versions de la même vue en mars et juin 1895. Mais* l'Arrivée d'un train *était l'un des clous du spectacle du 28 décembre 1895 au Grand Café, avec* l'Arroseur arrosé. *Lumière a filmé plusieurs arrivées d'un train en gare :* Arrivée d'un train à La Ciotat *(n° 653 au catalogue Lumière),* Arrivée d'un train en gare *(n° 8), filmé, d'après Vincent Pinel, de l'autre côté du quai. C'est évidemment la locomotive paraissant foncer sur les spectateurs qui fit le succès du film.*

Mais cet effet de profondeur provoqué par le mouvement vers le premier plan et l'effet de sidération psychologique ont été considérablement amplifiés par la légende critique ultérieure. Outre la profondeur de champ, les nuages de vapeur dégagés par la locomotive, emplissant pendant quelques secondes tout le champ, contribuent fortement à la production d'un espace imaginaire en trois dimensions. Lumière a su, d'autre part, parfaitement maîtriser le contraste entre le champ initialement vide puis rapidement rempli par la foule. Ce mouvement produit à lui seul une forte présence du hors champ, puisque les personnages ne cessent d'entrer et de sortir du cadre. La trajectoire de la locomotive, comme celle des personnages, permet de jouer sur l'ensemble des échelles de plan, du très grand ensemble jusqu'au très gros plan en amorce. André Bazin a pu, par la suite, faire de cette vue l'étalon de référence de la mise en scène en profondeur de champ, et de Lumière, le père du cinéma réaliste français. Jean-Luc Godard, qui voyait en Lumière « l'un des derniers peintres impressionnistes », s'est amusé à citer parodiquement cette entrée en gare dans une séquence des Carabiniers *; son personnage de paysan plutôt niais se protège évidemment le visage lorsque la locomotive fonce vers lui...* *M.M.*

LES ARRIVISTES

Drame de **Louis Daquin**, d'après le roman d'Honoré de Balzac *la Rabouilleuse*, avec Madeleine Robinson, Jean-Claude Pascal, Clara Gansard, Erika Pelikowski, Gehrard Bienert. France / R.F.A., 1960 – 1 h 52.

À la chute de l'Empereur, un ancien soldat vole ses proches et son patron pour pouvoir entretenir une maîtresse coûteuse. Compromis dans un complot, il se réfugie chez un oncle fortuné, épouse sa veuve à la mort de celui-ci et s'approprie sa fortune.

L'ARROSEUR ARROSÉ

Vue comique de **Louis Lumière**. France, 1895 – 17 m (env. 38 s).

Dans un potager, un jardinier arrose à l'aide d'un jet d'eau. Un gamin arrive derrière lui, met le pied sur le tuyau. L'homme, qui ne voit plus d'eau sortir, regarde l'orifice de la lance en le tournant imprudemment vers son visage. À ce moment, le garnement relève son pied et l'arroseur est arrosé. Le jardinier le poursuit, le rattrape et lui inflige une correction.

◆ *Cette « vue comique » comme on la nommait à l'époque de sa sortie, appartenait au programme de la première séance payante du cinématographe Lumière (le 28 décembre 1895, au salon indien du Grand Café). L'action est montrée en un seul plan, la caméra est fixe : on dirait que les acteurs sont sur une scène. Quoique son sujet soit hérité de la tradition populaire des dessins humoristiques et des lanternes magiques,* l'Arroseur arrosé *est peut-être le premier « récit » cinématographique.* *F.J.*

L'ARROSEUSE ORANGE "Alocsolókocsi"

Comédie dramatique de **Zsolt Kézdi-Kovacs**, avec Andras Markus, Erika Maretics, Peter Lengyel. Hongrie, 1973 – Couleurs – 1 h 33.

L'amitié de deux garçons d'une école de Budapest, leur complicité, leurs conflits, leurs échecs et leurs succès.

ARROWSMITH

Drame de **John Ford**, d'après le roman de Sinclair Lewis, avec Ronald Colman, Helen Hayes, Richard Bennett, Myrna Loy, Beulah Bondi. États-Unis, 1931 – 1 h 48, puis 1 h 29.

Lors d'une épidémie, un médecin doit choisir entre la vie de ses malades, celle de sa femme, et se consacrer à la recherche d'un vaccin. Il sacrifiera sa vie à son métier.

ARSENAL "Arsenal"

Film historique d'**Alexandre Dovjenko**, avec Semion Svachenko *(Timoch)*, Amvrossy Boutchma *(le soldat allemand)*, Nikolai Nademsky *(le fonctionnaire)*, N. Koutchinsky *(Petlioura)*. • SC : A. Dovjenko • MONT : A. Dovjenko. • PH : Daniil Demoutsky. • DÉC : Isaak Chpinel, Vladimir Miouller. • MUS : Igor Belsa. U.R.S.S., 1929 – 1820 m (env. 1 h 07).

En 1918, tandis que l'hécatombe se poursuit sur le front, la misère accable la population. Timoch, revenu du front avec d'autres déserteurs de la « guerre impérialiste », incite les ouvriers de l'usine Arsenal à prendre les armes pour défendre la Révolution. Les Cosaques envahissent l'usine et se livrent à un massacre : criblé de balles, Timoch reste debout, invulnérable.

◆ *En ce symbole fameux, Timoch incarne la force invincible de la Révolution attaquée par les nationalistes ukrainiens. Dovjenko sublime les événements historiques dans une puissante et poétique envolée où le réalisme se nourrit d'effets de « montage d'attractions » comme chez Eisenstein : cette vision de l'Histoire est caractéristique de son style épique et lyrique.* *M.MN.*

ARSÈNE LUPIN CONTRE ARSÈNE LUPIN

Comédie policière d'**Édouard Molinaro**, d'après le roman de Maurice Leblanc, avec Jean-Claude Brialy, Jean-Pierre Cassel, Françoise Dorléac. France, 1962 – 1 h 46.

Arsène Lupin est mort, laissant derrière lui deux fils naturels qui poursuivent la tradition, mais ne sont pas toujours d'accord !

ARSÈNE LUPIN DÉTECTIVE
Film policier d'**Henri Diamant-Berger**, d'après le roman de Maurice Leblanc, avec Jules Berry, Gabriel Signoret, Suzy Prim, Rosine Deréan. France, 1937 – 1 h 38.

Un criminel, sur le point d'être démasqué par un détective, dénonce à un journaliste la véritable identité de l'homme, qui n'est autre que le célèbre Arsène Lupin. Arrêté, le gentleman cambrioleur parvient à s'enfuir avec la maîtresse de l'assassin.

▷ Autres adaptations réalisées notamment par : **Paul Fejos**, intitulée LES DERNIÈRES AVENTURES D'ARSÈNE LUPIN "ARSÈNE LUPIN UTOLSÓ KALANDJA". HONGRIE, 1921. **Jack Conway**, intitulée ARSÈNE LUPIN, avec John Barrymore, Lionel Barrymore, Karen Morley, Tully Marshall, John Miljan. États-Unis, 1932 – 1 h 15. **George Fitzmaurice**, intitulée LE RETOUR D'ARSÈNE LUPIN "ARSÈNE LUPIN RETURNS", avec Melvyn Douglas, Warren William, Virginia Bruce, John Holliday, Nat Pendleton. États-Unis, 1938 – 1 h 21.

▷ Voir aussi LES AVENTURES D'ARSÈNE LUPIN et SIGNÉ ARSÈNE LUPIN.

ARSENIC ET VIEILLES DENTELLES
"ARSENIC AND OLD LACE"
Comédie de **Frank Capra**, avec Cary Grant *(Mortimer Brewster)*, Raymond Massey *(Johnathan Brewster)*, Peter Lorre *(Dr Einstein)*, Josephine Hull *(Abby Brewster)*, Jean Adair *(Martha Brewster)*, Eward Everett Horton *(Mr Witherspoon)*, Priscilla Lane *(Elaine Harper)*, John Alexander *("Teddy Roosevelt" Brewster)*, Garry Owen *(le chauffeur de taxi)*. • SC : Julius J. et Philip G. Epstein, d'après la pièce de Joseph Kesselring. • PH : Sol Polito. • MUS : Max Steiner. • MONT : Daniel Mandell. États-Unis, 1944 (RÉ : 1941) – 1 h 58.

Les deux tantes de Mortimer abrègent les souffrances de vieux messieurs en leur administrant un breuvage savamment empoisonné. Leur neveu affolé découvre aussi ses cousins : l'un se prend pour Théodore Roosevelt et a la charge d'enterrer les corps ; l'autre, un dangereux criminel, accompagné du glauque Dr Einstein, vient ajouter un cadavre à la bonne douzaine qui traînent dans la cave. Après avoir mis un terme, non sans difficulté, à ces macabres entreprises, Mortimer apprendra avec soulagement qu'il ne fait pas partie de la famille.

◆ *Classique de l'humour noir et de la comédie américaine, le film n'est pas un « pur » Capra. Tourné en un mois, juste avant l'incorporation du cinéaste et le début de la saga* Pourquoi nous combattons, *il révèle cependant son étonnant savoir-faire. Mais il vaut surtout par son sujet et les remarquables interprétations de Cary Grant (très près de l'autocaricature) et de l'inoubliable couple Raymond Massey - Peter Lorre.* M.C.

ARTEMISIA
Biographie d'**Agnès Merlet**, avec Valentina Cervi, Michel Serrault, Miki Manojlovic. France, 1997 – Couleurs – 1 h 38.

À 17 ans, Artemisia a déjà un vrai talent de peintre qu'elle perfectionne auprès d'un collaborateur de son père, Agostino, qui devient son amant. Inculpé de viol, Agostino se reconnaîtra coupable pour sauver sa maîtresse. Inspiré de faits historiques réels (auteur de *Judith décapitant Holopherne*, Artemisia Gentileschi est considérée comme la première femme peintre de l'histoire), ce film d'Agnès Merlet exalte le combat d'une femme contre les conventions de son temps, qui lui dénient le droit de peindre et d'aimer comme un homme.

ARTISTES ET MODÈLES "ARTISTS AND MODELS"
Comédie musicale de **Raoul Walsh**, avec Jack Benny, Ida Lupino, Richard Arlen, Gail Patrick Ben Blue, Judy Canova. États-Unis, 1937 – 1 h 37.

L'élection de la reine d'une fête de charité sert de prétexte à la juxtaposition de divers numéros musicaux ou de cirque.

ARTISTES ET MODÈLES "ARTISTS AND MODELS"
Comédie de **Frank Tashlin**, avec Dean Martin *(Dick Todd)*, Jerry Lewis *(Eugene Fullstake)*, Shirley MacLaine *(Bessie)*, Dorothy Malone *(Gabrielle Parker)*, Eva Gabor, Anita Ekberg. • SC : F.T. Halkanter, Herbert Baker, Don MacGuire, d'après la pièce de Michael Davidson. • PH : Daniel L. Fapp. • MUS : Walter Scharf. • CHAN : Harry Warren, Jack Brooks. • MONT : Warren Low. États-Unis, 1955 – Couleurs – 1 h 49.

Dick, dessinateur sans emploi, et Eugene, qui brûle d'écrire des histoires pour enfants, végètent dans leur appartement new-yorkais. La chance semble leur sourire quand leur voisine Gabrielle, dont Dick est amoureux, abandonne ses fonctions d'illustratrice chez l'éditeur Murdock (!) car elle refuse le sang et la violence dans les publications enfantines. Dick saisit l'occasion, d'autant plus propice qu'Eugene leur apporte le succès en rêvant chaque nuit aux aventures d'une chauve-souris qui prendra bientôt les traits de Bessie, la co-locataire de Gabrielle. Tout se complique quand Eugene, décidément très inspiré, reproduit en rêve (et Dick dans sa bande dessinée) une formule top-secret du Département d'État...

◆ Artistes et Modèles *constitue à la fois le sommet et un parfait exemple du « Tashlin touch », à savoir la caricature considérée comme l'un des grands genres. Dans un rôle de parfaite victime des bandes dessinées, Jerry s'affirme comme l'interprète idéal d'un au-*

teur qui rappelle non sans bonheur qu'il fut lui-même dessinateur. M.C.

LES ARTISTES SOUS LE CHAPITEAU : PERPLEXES "DIE ARTISTEN IN DER ZIRKUSKUPPEL : RATLOS"
Drame d'**Alexander Kluger**, avec Hannelore Hoger, Siegfried Graue, Alfred Edel, Bernd Höltz. R.F.A., 1968 – 1 h 44. ★ **LION D'OR, Venise 1968.**

Désireuse de fonder le cirque du futur, une jeune femme veut que les artistes expliquent leur art et que les animaux soient montrés tels qu'ils sont.

ASCENDANCY
Drame d'**Edward Bennett**, avec Julie Covington, Ian Charleson, John Philipps, Susan Engels, Philip Locke. Grande-Bretagne, 1982 – Couleurs – 1 h 25. ★ **OURS D'OR, Berlin 1983.**

À Belfast, en 1920, la fille du propriétaire d'un chantier de construction navale, traumatisée par la mort de son frère, rejette violemment la situation de guerre dans laquelle elle baigne.

L'ASCENSEUR "DE LIFT"
Film fantastique de **Dick Maas**, avec Huub Stapel, Josine Van Dalsum, Willeke Van Ammelrooy, Piet Römer. Pays-Bas, 1983 – Couleurs – 1 h 40. ★ **GRAND PRIX, Avoriaz 1984.**

Un ascenseur, doté d'un nouveau microprocesseur, acquiert une existence autonome et tue ceux qui l'empruntent. Un dépanneur livrera un combat mortel contre l'appareil en folie.

ASCENSEUR POUR L'ÉCHAFAUD
Film policier de **Louis Malle**, avec Maurice Ronet *(Julien Tavernier)*, Jeanne Moreau *(Florence Carala)*, Jean Wall *(Simon Carala)*, Georges Poujouly *(le jeune délinquant)*, Ivan Petrovich *(l'Allemand du motel)*, Elga Andersen *(la femme de l'Allemand)*. • SC : Roger Nimier et L. Malle, d'après le roman de Noël Calef. • PH : Henri Decae. • MUS : Miles Davis. • MONT : Léonide Azar. France, 1958 – 1 h 30. ★ **PRIX LOUIS-DELLUC 1957.**

Florence Carala et son amant, Julien Tavernier, ont décidé de se débarrasser de Simon Carala, patron de Julien et mari de Florence, en maquillant son assassinat en suicide dans son propre bureau. Julien exécute le plan prévu à la perfection jusqu'au moment où, voulant faire disparaître la dernière preuve de son crime, il se retrouve bloqué dans l'ascenseur par le gardien qui vient de couper l'électricité pour le week-end. Florence, qui l'attend, part à sa recherche dans la nuit. Entre-temps, un jeune délinquant et son amie ont volé la voiture de Julien, quitté Paris, et se sont arrêtés dans un motel. Là, surpris en train de voler la Mercédès d'un couple d'Allemands, ils les ont tués. Tout accuse Julien, mais Florence intervient trop tard pour rétablir la demi-vérité. Une pellicule de photos révèlera à la police la clef de l'énigme.

◆ *L'intrigue est passablement invraisemblable, mais la psychologie des personnages et la virtuosité de la prise de vue ont donné à ce film un succès mérité.* D.C.

L'ASCENSION "VOSHOŽDENIE"
Film de guerre de **Larissa Chepitko**, avec Boris Plotnikov *(Sotnikov)*, Vladimir Gostioukhine *(Rybak)*, Anatoly Solonitsyne *(Portnov, l'agent de la Gestapo)*, Serguei Yakovlev *(le maire)*. • SC : Youri Klepikov, L. Chepitko, d'après le récit de Vassili Bykov. • PH : Vladimir Tchoukhnov. • DÉC : Youri Rakcha. • MUS : Alfred Chnitke. U.R.S.S. 1977 – 1 h 40. ★ **OURS D'OR, Berlin 1977.**

En Ukraine, des partisans et des civils tentent d'échapper aux Allemands. Venus chercher de la nourriture chez les paysans, deux partisans sont faits prisonniers. Interrogés par Portnov, un Russe passé au service des nazis, ils apprennent qu'ils vont être pendus : l'un des deux, Rybak, craque et accepte de collaborer ; l'autre, Sotnikov, affronte la mort avec sérénité.

◆ *Dans ce drame psychologique, la réalisatrice met l'accent sur la spiritualité dans une perspective proche de celle de Dostoïevski : Sotnikov apparaît comme un personnage christique qui, face à la mort, est baigné d'une lumière quasiment surnaturelle. Cette prenante réflexion sur l'âme slave s'inscrit dans le cadre d'une situation de guerre traitée avec un réalisme impitoyable et un significatif dépassement de l'héroïsme de commande.* M.MN.

L'ASCENSION "AROHAN"
Drame de **Shyam Benegal**, avec Om Puri, Srila Mazumdar, Victor Banerjee, Noni Ganguly. Inde, 1982 – Couleurs – 2 h 27.

L'itinéraire de deux frères, paysans d'origine, qui ont à affronter l'injustice des puissants. Le premier se lance dans la politique et finit en prison ; le second s'accroche à sa terre.

L'AS DE PIQUE "ČERNY PETR"
Comédie de **Miloš Forman**, avec Ladislav Jakim *(Petr)*, Pavla Martinkova *(Pavla)*, Jan Vostrčil *(le père)*, Vladimir Pucholt *(Cenda)*. • SC : M. Forman, Jaroslav Papoušek. • PH : Jan Nemeček. • DÉC : Karel Černy. • MUS : Siři Šlitr. • MONT : Miroslav Hájek. Tchécoslovaquie, 1964 – 1 h 27. ★ **GRAND PRIX, Locarno 1963.**

À dix-sept ans, Petr débute comme commis dans un magasin d'alimentation. Chargé d'empêcher les vols, il laisse fuir les chapardeurs et poursuit les honnêtes gens. À la piscine ou au bal, il se vante de hardiesses amoureuses imaginaires, mais la timidité le paralyse devant Pavla et ses amies. À la maison, son père ne cesse de le traiter de propre-à-rien et surveille scrupuleusement toutes ses sorties... On n'est pas heureux, lorsqu'on a dix-sept ans...

◆ *Cette chronique psychologique et sociale est représentative du cinéma du « Printemps de Prague ». Dans la tradition tchèque* (le Brave Soldat Chveik), *Forman offre une satire ironique et grinçante du conflit des générations et des fondements moraux du système socialiste (la confiance mutuelle à l'intérieur du collectivisme). À l'écart de toute inflation dramatique, la caméra capte les petits faits, gestes, regards, détails de la vie quotidienne, qui forment la trame d'un film chaleureux qui touche par la justesse du trait.* *J.M.*

L'AS DES AS

Film d'aventures de **Gérard Oury**, avec Jean-Paul Belmondo, Marie-France Pisier, Rachid Ferrache, Frank Hoffman. France / R.F.A., 1982 – Couleurs – 1 h 40.

Dans l'Allemagne en proie au nazisme, une jolie journaliste et l'entraîneur de l'équipe de France de boxe aux J.O. de Berlin tentent d'arracher à la Gestapo une famille de Juifs, avec l'aide d'un général allemand opposant au régime. Drôlerie et émotion en alternance.

LES AS D'OXFORD "A CHUMP AT OXFORD"

Film burlesque d'**Alfred Goulding**, avec Stan Laurel, Oliver Hardy, Forrester Harvey, Wilfrid Lucas. États-Unis, 1940 – 1 h 03.

Les deux compères, arrivés dans la célèbre université, sont pris pour cible par les étudiants. Mais un accident transforme Stan en un brillant savant, qui oblige Ollie à devenir son domestique.

ASHANTI "ASHANTI"

Film d'aventures de **Richard Fleischer**, avec Michael Caine, Peter Ustinov, Omar Sharif, Rex Harrison, Kabir Bedi. États-Unis / Suisse, 1978 – Couleurs – 1 h 47.

Un couple de médecins passe l'été en Afrique pour vacciner les habitants d'un village. Ashanti, une jeune Noire, est enlevée par un marchand d'esclaves.

ASPERN "ASPERN"

Drame de **Eduardo de Gregorio**, d'après le roman d'Henry James *les Papiers d'Aspern*, avec Jean Sorel, Bulle Ogier, Alida Valli, Ana Marta, Teresa Madruga. Portugal, 1982 – Couleurs – 1 h 40.

Un éditeur recherche au Portugal un manuscrit inédit d'un écrivain américain du début du siècle. Il se heurte à son ancienne compagne qui, soucieuse de ne rien dévoiler de l'homme qu'elle a aimé, fait brûler les précieux documents.

▷ Autre version réalisée par : **Martin Gabel**, intitulée THE LOST MOMENT, avec Robert Cummings, Susan Hayward, Agnes Moorehead, Juan Lorring. États-Unis, 1947 – 1 h 29.

ASPHALTE "ASPHALT"

Drame de **Joe May**, avec Gustav Fröhlich *(Albert Holk)*, Albert Steinrück *(son père)*, Else Heller *(sa mère)*, Betty Amann *(Elsa Kramer)*, Hans Adalbert von Schlehaw, Hans Albers, Paul Hörbiger, Arthur Duarte, Trude Lieske, Karl Platen, Rosa Valetti, Hermann Vallentin, Kurt Vespermann. • SC : Fred Majo, Hans Szekely, Rolf E. Vanloo. • PH : Günther Rittau, H. Schneeberger. • DÉC : Erich Kettelhut. Allemagne, 1929 – 2 575 m (env. 1 h 35).

Arrêtée pour vol dans une bijouterie, Elsa entraîne chez elle le jeune policier Albert Holk, le vampe et le viole. Au cours d'une bagarre, Albert tue (accidentellement) le protecteur d'Elsa. Il raconte tout à son père – honnête policier en retraite – qui le livre à la justice. Elsa vient témoigner en sa faveur.

◆ *Restent, de ce mélo édifiant, la brillante interprétation de Betty Amann, notamment dans la scène de séduction du policier, et la formidable présence du spectacle de la rue. À toute heure, depuis le clair-obscur du petit matin jusqu'au vertige enivrant de la nuit, la rue intrigue et fascine. Lieu de convergence multiple que la Crise transformera en espace vectoriel du nazisme.* *A.K.*

ASPHALTE

Drame d'**Hervé Bromberger**, avec Françoise Arnoul, Massimo Girotti, Jean-Paul Vignon. France, 1959 – 1 h 34.

Une jeune femme revient sur les lieux de son adolescence, risque d'être compromise puis rejoint son businessman de mari en disant adieu à son passé.

ASPHALTE

Drame de **Denis Amar**, avec Carole Laure, Jean Yanne, Jean-Pierre Marielle, Georges Wilson. France, 1980 – Couleurs – 1 h 40.

Un aller et retour Paris-Montélimar pour une jeune femme à la dérive. Dans le même temps, de multiples accidents de voiture endeuillent les destins de couples amis. Un film qui dénonce le fléau de l'automobile, plaie de notre temps.

L'ASSASSIN "L'ASSASSINO"

Drame d'**Elio Petri**, avec Marcello Mastroianni, Micheline Presle. Italie/France, 1961 – 1 h 40.

Un jeune antiquaire est suspecté du meurtre de sa fiancée. En raison de son passé, il est prêt à avouer un crime qu'il n'a pas commis. Un film caractérisé par une excellente utilisation du flashback, et par l'interprétation forte et subtile de Mastroianni.

L'ASSASSIN A DE L'HUMOUR "THE RINGER"

Film policier de **Guy Hamilton**, d'après le roman et la pièce d'Edgar Wallace, avec Herbert Lom, Mai Zetterling, Donald Wolfit, William Hartnell. Grande-Bretagne, 1952 – 1 h 18.

Un dangereux assassin se venge d'un avocat marron responsable de la mort de sa sœur. Un humour typiquement anglais.

L'ASSASSINAT DE TROTSKI
"THE ASSASSINATION OF TROTSKY"

Drame historique de **Joseph Losey**, avec Richard Burton, Alain Delon, Romy Schneider, Valentina Cortese. Grande-Bretagne/France/Italie, 1972 – Couleurs – 1 h 43.

Les derniers jours de Trotski, en 1940, à Mexico. Mieux qu'une reconstitution, ce film très discuté étudie les conditions d'un assassinat politique.

L'ASSASSINAT DU DUC DE GUISE

Film historique d'**André Calmettes** et **Le Bargy**, avec Le Bargy *(Henri III)*, Albert Lambert *(le duc de Guise)*, Gabrielle Robinne, Berthe Bovy, Albert Dieudonné. • SC : Henri Lavedan. • DÉC : Émile Bertin. • MUS : partition originale de Camille Saint-Saëns. France, 1908 – 300 m (env. 11 mn).

Malgré les avertissements de sa maîtresse, le duc de Guise se rend au château de Blois, répondant ainsi à une convocation du roi Henri III ; il y est assassiné.

◆ *Ce film charnière de l'histoire du cinéma fut produit par l'éphémère firme « Film d'Art ». Celle-ci se donnait pour but d'élever le cinématographe au rang de spectacle de qualité et respectable. Pour ce* Duc de Guise *furent ainsi réunis des acteurs de la Comédie-Française. Le résultat, sur le plan purement cinématographique, fut quelque peu maladroit et paraîtrait aujourd'hui insignifiant ; de plus, le coup d'envoi était ainsi donné au théâtre filmé et à ses défauts. Mais, pour la première fois, des comédiens et des réalisateurs opéraient une véritable réflexion sur le mode d'expression propre à l'art cinématographique muet. Le jeu y était sobre, intériorisé, loin des gesticulations habituelles. L'influence du* Duc de Guise *fut considérable. Griffith et Dreyer, notamment, exprimèrent leur admiration pour ce film.* *L.A.*

L'ASSASSINAT DU PÈRE NOËL

Comédie dramatique de **Christian-Jaque**, avec Harry Baur, Raymond Rouleau, Renée Faure, Robert Le Vigan, Fernand Ledoux, Marie-Hélène Dasté. France, 1941 – 1 h 45.

Un soir de Noël, en Savoie, le père Noël est assassiné. Mais le drame est expliqué et le baron, après avoir couru le monde, s'unira à la fille du brave homme qui devait endosser l'habit rouge.

ASSASSINATS EN TOUS GENRES
"THE ASSASSINATION BUREAU"

Comédie de **Basil Dearden**, avec Oliver Reed, Diana Rigg. Grande-Bretagne, 1969 – Couleurs – 1 h 45.

Au début du siècle, une jeune journaliste entreprenante se lance à la poursuite du Bureau de l'Assassinat. Aventures en tout genre.

L'ASSASSIN EST-IL COUPABLE ?
"WARNING SHOT"

Film policier de **Buzz Kulik**, avec David Janssen, Lillian Gish, Keenan Wynn, Eleanor Parker, George Sanders, Walter Pidgeon, Stefanie Powers, Joan Collins. États-Unis, 1966 – Couleurs – 1 h 40.

À la recherche d'un sadique, un policier tire sur un homme qui braquait un pistolet sur lui. Mais l'arme ne peut être retrouvée et le policier est accusé de meurtre. Il mène alors sa propre enquête. Un « polar » bien fait dont la principale caractéristique est de faire apparaître une « vedette invitée » à chaque séquence.

L'ASSASSIN HABITE AU 21

Film policier d'**Henri-Georges Clouzot**, avec Pierre Fresnay *(Wens)*, Suzy Delair *(Mila Malou)*, Pierre Larquey *(Colin)*, Noël Roquevert *(Linz)*, Jean Tissier *(Lalah Poor)*. • SC : H.G. Clouzot, Stanislas-André Steeman, d'après son roman. • PH : Armand Thirard. • MUS : Maurice Yvain. France, 1942 – 1 h 24.

Déguisé en pasteur, le commissaire Wens, chargé d'enquêter sur une série de meurtres signés par une carte de visite au nom de « Monsieur Durand », s'installe à la Pension des Mimosas, où un indice a été découvert. Sa maîtresse Mila Malou vient également y loger. Bientôt, Wens soupçonne trois hommes : le militaire en retraite Linz, l'artisan fabricant de jouets Colin et le fakir de music-hall Lalah Poor. Il les fait arrêter l'un après l'autre, mais les crimes continuent. Pourtant, la solution est très simple !

◆ *C'est le premier film réalisé par Clouzot. On y retrouve le personnage de Wens apparu dans* le Dernier des six *de Georges Lacombe, dont il avait signé le scénario et les dialogues. Une énigme policière aussi classique qu'astucieuse, une atmosphère feutrée de pension de famille, de savoureux numéros de comédiens – le trio Larquey-Roquevert-Tissier – et l'humour caustique des dialogues (Ah, le percutant ping-pong verbal entre Fresnay et Suzy Delair !) en font un des chefs-d'œuvre du cinéma français de l'Occupation.* G.L.

L'ASSASSIN MUSICIEN
Drame psychologique de **Benoît Jacquot**, d'après une nouvelle de Dostoïevski, avec Anna Karina, Joël Bion, Hélène Coulomb, Gunars Larseus. France, 1974-1976 – Couleurs – 2 h.

Un clarinettiste abandonne son orchestre car il rêve de violon. Par orgueil, il en viendra à se brouiller avec la femme qu'il aime et avec l'ami qui lui avait trouvé une place.

LES ASSASSINS DE L'ORDRE
Drame de **Marcel Carné**, avec Jacques Brel. France, 1971 – Couleurs – 1 h 50.

Un juge de province s'attaque aux méthodes policières, mais les pressions iront croissant.

LES ASSASSINS DU DIMANCHE
Comédie d'**Alex Joffé**, avec Barbara Laage, Dominique Wilms, Jean-Marc Thibault, Paul Frankeur. France, 1956 – 1 h 50.

Inspiré par un fait divers, l'histoire angoissante d'un automobiliste imprudent. Détente et angoisse alternent jusqu'au dénouement.

ASSASSINS ET VOLEURS
Comédie de **Sacha Guitry**, avec Jean Poiret, Michel Serrault, Magali Noël, Clément Duhour, Pauline Carton. France, 1957 – 1 h 23.

Brillante comédie imprégnée de l'esprit et de l'humour de son auteur qui donnait pour la première fois la vedette à Poiret et Serrault, à l'aube de leur grande carrière.

LES ASSASSINS SONT PARMI NOUS
"DIE MÖRDER SIND UNTER UNS"
Drame de **Wolfgang Staudte**, avec Hildegard Knef [Neff] *(Suzanne Wallner)*, Elly Burgmer *(Hans Martens)*, Arno Paulsen *(capitaine Brüchner)*, Erna Sellmer, Hilde Adulphi. • SC : W. Staudte. • PH : Friedl Behn-Grund, Eugen Klagemann. • DÉC : Hunte et Bruno Monden Uhlich. • MUS : Ernst Roters. • MONT : Hans Heinrich. Allemagne, 1946 – 1 h 29.

Berlin, 1945. Les rescapés essaient de survivre. Un médecin qui a subi toute l'horreur de la guerre rencontre un officier criminel et le reconnaît malgré sa nouvelle identité. Il veut l'abattre, mais la jeune femme auprès de laquelle il trouve le réconfort l'empêchera d'accomplir ce geste.

◆ *Premier film allemand d'après-guerre, première œuvre importante de Staudte, premier rôle pour Hildegarde Neff,* Les assassins sont parmi nous*, au titre explicite, fit grosse impression. Car il posait immédiatement la question non encore résolue à ce jour de l'avenir de l'identité allemande : tous coupables ? Ce problème de conscience, doublé d'un débat éternel sur la justice immédiate, Staudte l'a développé clairement, dans une histoire simple et forte, soutenue comme au bon vieux temps de l'expressionisme par des éclairages systématiquement dramatiques.* J.-M.C.

ASSAUT "ASSAULT ON PRECINCT 13"
Film policier de **John Carpenter**, avec Austin Stoker, Darwin Joston, Laurie Zimmer. États-Unis, 1976 – Couleurs – 1 h 20.

Chargés de garder un commissariat, un lieutenant de police noir et son équipe sont attaqués par de mystérieux agresseurs.

L'ASSAUT "DE AANSLAG"
Drame de **Fons Rademakers**, avec Derek de Lint, Marc Van Uchelen. Pays-Bas, 1986 – Couleurs – 2 h 35.
★ OSCAR DU MEILLEUR FILM ÉTRANGER 1986.

Un soir de 1944, témoin du massacre de sa famille, le jeune Anton est arrêté par la Gestapo. Évocation de cette nuit obsédante, tentative pour se libérer d'un douloureux passé.

ASSIS À SA DROITE
"SEDUTO ALLA SUA DESTRA/BLACK JESUS"
Drame de **Valerio Zurlini**, avec Woody Srode, Franco Citti, Jean Servais. Italie, 1968 – Couleurs – 1 h 29.

Dans un pays africain, un militant noir tombe aux mains de mercenaires à la solde du nouveau pouvoir noir. Il est sauvagement exécuté. Allusion à la fin du leader congolais Patrice Lumumba.

ASSISTANCE À FEMME EN DANGER
"RENT-A-COP"
Film policier de **Jerry London**, avec Liza Minnelli, Burt Reynolds. États-Unis, 1987 – Couleurs – 1 h 36.

Della, dame de petite vertu, a été témoin d'un meurtre dans un hôtel. Menacée, elle fait appel à un policier dont elle tombe amoureuse.

ASSOCIATION CRIMINELLE "THE BIG COMBO"
Film policier de **Joseph H. Lewis**, avec Cornel Wilde, Richard Conte, Brian Donlevy, Jean Wallace. États-Unis, 1955 – 1 h 26.

Un lieutenant de police traque le chef d'une bande de trafiquants.

ASSOCIATION DE MALFAITEURS

Comédie de **Claude Zidi**, avec François Cluzet, Christophe Malavoy, Claire Nebout. France, 1986 – Couleurs – 1 h 44.

À la suite d'une plaisanterie qui tourne mal, deux brillants cadres sont plongés dans l'escroquerie politico-financière.

L'ASSOCIÉ

Comédie dramatique de **René Gainville**, avec Michel Serrault, Claudine Auger. France, 1979 – Couleurs – 1 h 35.

Mis à la porte d'une agence de publicité, Julien Pardot s'invente un associé pour retrouver du travail. L'affaire marche à merveille, mais l'homme créé de toutes pièces menace son inventeur.

L'ASSOCIÉ DU DIABLE "THE DEVIL'S ADVOCATE"

Film fantastique de **Taylor Hackford**, d'après le roman d'Andrew Neiderman, avec Keanu Reeves, Al Pacino, Charlize Theron. États-Unis, 1997 – Couleurs – 2 h 20.

L'avocat Kevin Lomax a bien du talent: il gagne tous ses procès, même ceux qui paraissent perdus d'avance. Embauché par un grand cabinet dirigé par le mystérieux Milton, il vole de succès en succès, faisant relaxer les pires criminels. Kevin finit par découvrir la raison de ses dons exceptionnels: il est le fils de Milton, qui est le diable en personne...

ASSOIFFÉ "PYAASA"

Mélodrame de **Guru Dutt**, avec Mala Sinha, Guru Dutt, Waheeda Rehman. Inde, 1957 – 2 h 26.

Un poète qui ne parvient pas à se faire éditer est évincé de son foyer par ses frères, disparaît et passe pour mort. Une prostituée fait publier son livre, qui connaît un grand succès.

L'ASSOMMEUR "THUNDERBOLT"

Drame de **Josef von Sternberg**, avec George Brancroft, Fay Wray, Richard Arlen, Tully Marshall, Eugenie Besserer. États-Unis, 1929 – env. 2 400 m (1 h 28 version muette) et 2 620 m (1 h 37 version sonore).

Craignant pour la vie de son ami d'enfance, qu'elle aime, l'ancienne maîtresse d'un gangster livre ce dernier à la police. Condamné à mort, il monte une machination qui fait emprisonner son rival, puis s'amende et part seul vers l'échafaud.

ASSUNTA SPINA

Drame de **Gustavo Serena**, avec Francesca Bertini, G. Serena, Carlo Benetti. Italie, 1915 – 1 690 m (env. 1 h).

À Naples, une jeune femme se sacrifie pour son amant qui a été injustement mis en prison. Un des premiers films caractéristiques du réalisme cinématographique italien.

ASSURANCE SUR LA MORT "DOUBLE INDEMNITY"

Drame policier de **Billy Wilder**, avec Fred Mac Murray *(Walter Neff)*, Barbara Stanwyck *(Phyllis Dietrichson)*, Edward G. Robinson *(Barton Keyes)*, Jean Heather *(Lola Dietrichson)*. • SC : B. Wilder, Raymond Chandler, d'après le roman de James M. Cain. • PH : John F. Seitz. • DÉC : Hal Pereira, Hans Dreier, Bertram Granger. • MUS : Miklos Rosza. • MONT : Doane Harrison. États-Unis, 1944 – 1 h 46.

Un agent d'assurances, Neff, est séduit par une jeune femme qui le convainc de l'aider à faire mourir son mari dans un « accident » pour toucher sa prime d'assurance. Après le crime, Neff se rend compte que Phyllis l'a manipulé et qu'elle a un autre amant. Il voit aussi son propre ami intime, Barton Keyes, commencer à mettre son nez dans l'affaire. Il projette de tuer Phyllis, mais lorsqu'il est confronté avec elle, tous deux s'entretuent. Neff blessé raconte toute son histoire à un dictaphone, puis s'effondre à l'arrivée de son ami Keyes.

◆ *Ce film noir, le premier de Wilder dans le genre et sa première réalisation majeure, est célèbre notamment par son récit en flash-back « dramatisé » (le héros livre, haletant, son histoire à une machine pour sauver un innocent accusé, et alors qu'il perd son sang). La photo très contrastée de John F. Seitz et le scénario très fort écrit avec Chandler (et non l'auteur lui-même, indisponible) contribuèrent à sa réussite.* M.CH.

ASTÉRIX ET LES INDIENS

Dessin animé de **Gerhard Hahn**, d'après l'album *Astérix et la grande traversée* de René Goscinny et Albert Uderzo. Allemagne, 1994 – Couleurs – 1 h 24.

Le perfide Lucullus a capturé Panoramix et Idéfix et les a emmenés à l'autre bout du monde pour les précipiter dans le vide. Astérix et Obélix se lancent sur leurs traces et finissent par retrouver le druide tombé aux mains des Indiens. Ils le délivrent malgré l'opposition du chaman et deviennent amis avec les Indiens avant de repartir sauver leur village gaulois.

ASTÉRIX LE GAULOIS

Dessin animé de **René Goscinny** et **Albert Uderzo**, d'après leur album, avec les voix de Roger Carel

(Astérix) et Pierre Tornade (Obélix). France, 1967 – Couleurs – 1 h 20.

En 50 avant J.-C., toute la Gaule est occupée à l'exception d'un petit village qui résiste victorieusement grâce à la potion magique du druide Panoramix. Ce premier film racontant les exploits d'Astérix, adaptation du premier album de la série, n'est qu'une demi-réussite en raison de la raideur de l'animation.

▷ Astérix et Obélix se retrouvent dans : ASTÉRIX CHEZ LES BRETONS de **Pino Van Lamsweerde**. France / Danemark, 1986 – Couleurs – 1 h 20. ASTÉRIX ET CLÉOPÂTRE de **René Goscinny** et **Albert Uderzo**, d'après leur album. Belgique, 1968 – Couleurs – 1 h 13. ASTÉRIX ET LA SURPRISE DE CÉSAR de **Paul** et **Gaëtan Brizzi**. France – 1985 – Couleurs – 1 h 20. ASTÉRIX ET LE COUP DU MENHIR de **Philippe Grimond**. France / R.F.A., 1989 – Couleurs – 1 h 20. LES DOUZE TRAVAUX D'ASTÉRIX de **René Goscinny** et **Albert Uderzo**. France, 1976 – Couleurs – 1 h 20.

L'ASTRAGALE

Drame de **Guy Casaril**, d'après le roman d'Albertine Sarrazin, avec Marlène Jobert, Horst Buchholz. France, 1964 – Couleurs – 1 h 45.

La violence de la prison comme la force de la passion ont perdu de leurs couleurs malgré une Marlène Jobert frémissante.

A STRANGE LOVE AFFAIR

Essai d'**Eric de Kuyper** et **Paul Verstraten**, avec Howard Hensel, Karl Scheydt, Sep Van Kampen, Pascale Petit. Pays-Bas, 1985 – 1 h 32.

Un Anglais enseigne le cinéma dans une université hollandaise. Il est vite attiré par l'un de ses élèves, avec lequel il essaie de vivre le grand amour, au gré des films et des retrouvailles.

ASTRONAUTES MALGRÉ EUX

"THE ROAD TO HONG KONG"

Comédie de **Norman Panama** et **Melvin Frank**, avec Bing Crosby, Bob Hope, Joan Collins, Dorothy Lamour, Peter Sellers. États-Unis, 1962 – 1 h 30.

Deux escrocs vendent à Calcutta des « fusées de l'espace ». Soudain, l'un des deux perd la mémoire. Ils découvrent une drogue miraculeuse pour le guérir, tombent dans une inextricable affaire d'espionnage et se retrouvent finalement sur Pluton !

ASYLUM "ASYLUM"

Drame fantastique de **Roy Ward Baker**, avec Patrick Magee, Peter Cushing, Charlotte Rampling. Grande-Bretagne, 1972 – Couleurs – 1 h 28.

Dans un hôpital psychiatrique, un médecin doit identifier l'un de ses prédécesseurs devenu fou parmi quatre malades au passé terrible. Mais le véritable danger vient-il d'eux ?

L'ATALANTE

Comédie dramatique de **Jean Vigo**, avec Michel Simon *(le père Jules)*, Jean Dasté *(Jean)*, Dita Parlo *(Juliette)*, Gilles Margaritis *(le camelot)*, Louis Lefebvre *(le mousse)*, Raphaël Diligent, Fanny Clar, Gen-Paul, Charles Goldblatt. • SC : J. Vigo, Albert Riera, d'après une idée de Jean Guinée. • PH : Boris Kaufman. • MUS : Maurice Jaubert. • PR : Jacques-Louis Nounez. France, 1934 – 1 h 29 (version intégrale).

Une noce campagnarde. Jean, un marinier, épouse Juliette, fille de paysans. À peine la cérémonie terminée, le couple s'embarque à bord de « L'Atalante », une péniche à moteur appartenant à la Compagnie de Navigation. L'équipage se limite à un vieux loup de mer ayant roulé sa bosse sur tous les océans, le père Jules, et à un moussaillon. La jeune femme se fait mal à cette existence itinérante et à la promiscuité de la vie à bord : elle est à la fois effarouchée et fascinée par les excentricités du père Jules, et rêve de Paris, la ville magique. Un jour, elle s'enfuit, laissant son mari désemparé. Il néglige son travail et se fait menacer de renvoi par son employeur. Le père Jules décide de prendre l'affaire en main : il va chercher « la patronne » et la ramène de force à son foyer flottant. Puis « L'Atalante » reprend sa route, dans un sillage d'argent...

◆ Un romantisme incrusté dans le quotidien

Ce film est l'unique long métrage réalisé par Jean Vigo, jeune auteur marqué par une enfance difficile (il est le fils de l'anarchiste Almereyda), à la santé délicate, au lyrisme d'écorché vif. Trois petits films pleins de verve l'avaient fait connaître : À propos de Nice, Taris *et* Zéro de conduite. *Ce dernier, une évocation sans fard de la routine d'un lycée-caserne, riche de notations autobiographiques, avait été interdit par la censure. Le producteur conservera sa confiance à Vigo pour la réalisation de* l'Atalante. *Sur une trame assez lâche, le cinéaste broda des variations très personnelles, à base de digressions picaresques (le personnage du père Jules, qu'on croirait sorti d'un roman de Céline ou de Cendrars), de suggestions réalistes (la dure condition des mariniers, le spectre du chômage), de féerie incrustée dans le quotidien (la scène de la guinguette, le vol du sac à main, les facéties du camelot-poète). Il en résulte un équilibre rare de tous les éléments du drame visuel, bien défini par l'historien d'art*

*Élie Faure dans un texte de 1934, qui admire l'esprit d'un film « tourmenté, fiévreux, regorgeant d'idées et de fantaisie truculente, d'un romantisme virulent, bien que constamment humain ». Vigo n'aura pas l'occasion d'apprécier l'impact de son œuvre sur plusieurs générations de cinéphiles (*l'Atalante *était l'un des films préférés de François Truffaut). Ce Rimbaud de l'écran mourut, à vingt-neuf ans, d'une septicémie, quelques jours après la sortie de son film, dans une version mutilée et affligée d'une mélodie incongrue chantée par Lys Gauty,* le Chaland qui passe. *Il fallut attendre 1950 pour que ce joyau du cinéma français soit enfin restauré dans sa splendeur originelle.* *C.B.*

ATARAGON "KAITEI GUNKAN"

Film de science-fiction de **Inoschiro Honda**, avec Tadao Takashima, Yoko Fujihama. Japon, 1964 – Couleurs – 1 h 30.

Réfugié sur une île perdue du Pacifique, un savant fanatique et patriote a mis au point un vaisseau atomique, submersible et spatial ; cet engin redoutable lui est bientôt utile pour défendre son pays contre la menace d'un mystérieux agresseur venu du fond des âges et des mers.

L'ATHLÈTE INCOMPLET "THE STRONG MAN"

Film burlesque de **Frank Capra**, avec Harry Langdon *(Paul Bergot)*, Priscilla Bonner *(Mary Brown)*, Gertrude Astor *(« Gold Tooth »)*, William V. Mong *(pasteur Brown)*, Robert McKim *(Roy McDevitt)*, Arthur Thalasso *(Zandow the Great)*. • SC : Arthur Ripley, F. Capra, Hal Conklin, Robert Eddy. • PH : Elgin Lessley, Glenn Kershner. • MONT : Harold Young. États-Unis, 1927 – 1 h 15.

Après la guerre, le soldat Paul Bergot est pris comme assistant par l'athlète ambulant Zandow. À la recherche de sa marraine de guerre, Mary Brown, Paul tombe d'abord sur l'intrigante « Gold Tooth », puis trouve Mary, aveugle, fille de pasteur dans une petite ville corrompue. À la suite d'un numéro de music-hall improvisé qui dégénère en gigantesque chaos, Paul est l'artisan innocent du « retour à la paix ».

◆ *Avec son sourire blafard, son regard vague et son costume étriqué, Harry Langdon déchaîne autour de lui les événements les plus fous, sans jamais se départir d'une rêveuse lenteur. Éjecté d'un bus en raison de son odeur, il dévale la pente tandis que le véhicule prend un lacet, et retrouve sa place assise après avoir traversé le toit du bus. Plus tard, il maîtrise une foule en furie en faisant tomber un chapiteau sur la marée humaine, sur laquelle il peut désormais se promener tel un messie marchant sur les eaux. Embauché par la compagnie de production de Langdon, Capra bâtit, entre ces intermèdes burlesques, une histoire d'amour de son cru – l'innocence « aveugle » face à la corruption du monde – qui s'accorde à merveille à la sexualité craintive et attardée du grand comique, alors à l'apogée de sa (brève) carrière.* *N.T.B.*

ATLANTIC CITY "ATLANTIC CITY"

Drame de **Louis Malle**, avec Burt Lancaster, Susan Sarandon. France / Canada, 1979 – Couleurs – 1 h 44.
★ LION D'OR, Venise 1980.

Dans un immeuble délabré d'Atlantic City, une serveuse, son mari, sa sœur, un vieil homme et une voisine arthritique se trouvent mêlés à une affaire de drogue, dont ils tentent de tirer parti pour se sortir d'une vie médiocre. Le réalisme de Louis Malle.

L'ATLANTIDE

Film d'aventures de **Jacques Feyder**, avec Stacia Napierkowska *(Antinéa)*, Jean Angelo *(Morhange)*, Georges Melchior *(Saint-Avit)*, André Roanne, Marie-Louise Iribe, René Lorsay. • SC : J. Feyder, d'après le roman de Pierre Benoit. • PH : Georges Specht, Victor Morin. • DÉC : Manuel Orazi. • MUS : M. Jemain. France, 1921 – 4 000 m (env. 3 h 30).

Dans la région du Hoggar, au Sahara, deux officiers français, Morhange et Saint-Avit, découvrent la légendaire cité de l'Atlantide. Là, règne, souveraine sans égal, la reine Antinéa. Elle attire et envoûte les hommes pour en faire ses amants avant de les embaumer lorsqu'ils ont cessé de lui plaire. C'est ainsi que, fasciné par Antinéa, Saint-Avit ira jusqu'à tuer Morhange.

◆ *Par bien des aspects,* l'Atlantide *était une nouveauté. C'était le premier long métrage de Feyder, qui disposa d'un budget considérable. Par ailleurs, sa décision d'aller tourner sur les lieux mêmes, en plein Sahara, était véritablement révolutionnaire et contribua grandement au succès du film, en dépit de sa médiocre vedette féminine. Il est vrai que malgré les nombreux films consacrés par la suite au mythe de l'Atlantide, aucune Antinéa n'inspirera une véritable fascination.* *L.A.*

▷ Autres versions réalisées notamment par : **Georg Wilhelm Pabst**, intitulée L'ATLANTIDE "DIE HERRIN VON ATLANTIS", avec Brigitte Helm, Gustav Diessl, Tela Tschai, Heinz Klingenberg. Allemagne, 1932 – 1 h 34. **Gregg G. Tallas**, **Arthur Ripley** et **John Brahm**, intitulée L'ATLANTIDE "SIREN OF ATLANTIS", avec Maria Montez, Jean-Pierre Aumont, Dennis O'Keefe. États-Unis, 1948 – 1 h 15. **Edgar G. Ulmer** et **Giuseppe Masini**, intitulée L'ATLANTIDE "ANTINEA L'AMANTE DELLA CITTÀ SEPOLTA", avec Haya Hararet, Amedeo Nazzari, Jean-Louis Trintignant. Italie / France, 1961 – Couleurs – 2 h.

ATLANTIDE LATITUDE 41°
"A NIGHT TO REMEMBER"
Film d'aventures de **Roy Ward Baker**, d'après le livre de Walter Lord, avec Kenneth More, Honor Blackman, Michael Goodliffe, David McCallum. Grande-Bretagne, 1958 – 2 h 03.

L'évocation de la tragédie du Titanic. Un film quasi documentaire pour une mise en scène grandiose. Voir aussi TITANIC.

ATLANTIS
Documentaire maritime de **Luc Besson**. France/Italie, 1991 – Couleurs – 1 h 18.

Façon *Monde du silence*, une promenade documentaire, souvent envoûtante, dans les grands fonds sous-marins de toutes les mers du monde.

ATLANTIS, TERRE ENGLOUTIE
"ATLANTIS THE LOST CONTINENT"
Film de science-fiction de **George Pal**, avec Anthony Hall, Joyce Taylor. États-Unis, 1960 – Couleurs – 1 h 28.

Un jeune pêcheur grec devient citoyen d'Atlantis dont le souverain aspire à l'hégémonie universelle. Une maladresse détruira finalement la cité et le jeune homme s'en ira avec la fille du roi.

À TOI DE JOUER, CALLAGHAN
Aventures policières de **Willy Rozier**, avec Tony Wright, Lysiane Rey, Colette Ripert, Paul Cambo. France, 1955 – 1 h 28.

Slim Callaghan, élégant détective privé, enquête à Nice sur un mystérieux naufrage. Ce petit rival de Lemmy Caution-Eddie Constantine est issu, lui aussi, de l'imagination de Peter Cheyney.

À TOI TOUJOURS "CASTA DIVA"
Biographie musicale de **Carmine Gallone**, avec Antonella Lualdi, Nadia Gray, Maurice Ronet, Jacques Castelot. Italie/France, 1954 – Couleurs – 1 h 36.

Une évocation romancée de la vie du célèbre compositeur italien Vincenzo Bellini interprété par Maurice Ronet.

À TOUT CASSER
Comédie policière de **John Berry**, avec Eddie Constantine, Johnny Hallyday. France, 1968 – Couleurs – 1 h 28.

Sur le thème de la rivalité entre gangsters et motards, une histoire parodique bien servie par des comédiens décalés.

À TOUT PÉCHÉ MISÉRICORDE
"FOR THEM THAT TRESPASS"
Film policier d'**Alberto Cavalcanti**, avec Stephen Murray, Richard Todd, Patricia Plunkett. Grande-Bretagne, 1949 – 1 h 35.

Dans les bas-fonds de Glasgow, un jeune homme est accusé d'un crime qu'il n'a pas commis. Quinze ans plus tard, il sera réhabilité.

À TRAVERS LE MIROIR "SÅSOM I EN SPEGEL"
Drame d'**Ingmar Bergman**, avec Harriet Andersson *(Karin)*, Gunnar Björnstrand *(David)*, Max von Sydow *(Martin)*, Lars Passgård *(Frederik, dit Minus)*. • SC : I. Bergman. • PH : Sven Nykvist. • DÉC : P. A. Lundgren. • MUS : Bach. • MONT : Ulla Ryghe. Suède, 1961 – 1 h 26. ★ **OSCAR DU MEILLEUR FILM ÉTRANGER, 1961.**

Sur une île de la mer Baltique, David, écrivain, rejoint sa fille Karin, à peine sortie d'une institution psychiatrique, son gendre Martin, médecin, et le frère de Karin, Frederik, dit Minus, en pleine crise d'adolescence, attiré par sa sœur. Karin est en proie à des hallucinations et croit voir Dieu sous la forme d'une araignée. Il faut l'évacuer en hélicoptère, tandis que David tente de rassurer Frederik, bouleversé.

◆ *Premier élément d'une trilogie que compléteront* les Communiants *et* le Silence, *ce film inaugure une réflexion sur Dieu, son existence, son silence ou sa manifestation. Quittant le style parfois symbolique de certaines de ses œuvres précédentes, Bergman présente cette interrogation métaphysique ardue à travers un huis clos fondé sur une description clinique de personnages hyper-sensibles qui vivent le spirituel de la façon la plus physique qui soit.* *J.M.*

À TRAVERS LES RAPIDES "JOHAN"
Drame de **Mauritz Stiller**, avec Mathias Taube *(Johan)*, Jenny Hasselqvist *(Marit)*, Urho Somersalmi *(Vallavan)*, Hildegard Harring *(la mère de Johan)*, Lilly Berg *(sa servante)*. • SC : M. Stiller, Arthur Nordén, d'après le roman de Juhani Aho. • PH : Henrik Jaenzon. • DÉC : Axel Esbensen. • MUS : Rudolf Sahlberg (arrangements). Suède, 1921 – 2 260 m (env. 1 h 23).

Johan vit dans une ferme isolée aux côtés d'une mère autoritaire et d'une orpheline, Marit, qu'il épouse contre l'avis maternel. La nouvelle maîtresse du logis souffre des méchancetés de sa belle-mère et du silence de son mari. Un jour, l'étranger Valladan arrive : elle s'enfuit avec lui. Johan les rattrape.

◆ *Après* le Trésor d'Arne, *ce film – le seul conservé d'une série de trois sur le monde paysan – montre le divorce entre l'ample respiration du paysage nordique et l'asphyxie du mode de vie étriqué de ses habitants. L'admirable photographie amplifie ce contraste.* A.K.

À TRAVERS L'ORAGE "WAY DOWN EAST"
Mélodrame de **David W. Griffith**, avec Lillian Gish *(l'orpheline)*, Richard Barthelmess *(le fils de la maison)*, Kate Bruce, Lowell Sherman. • SC : D.W. Griffith, Anthony Paul Kelly, d'après Lothe Blair Parker. • PH : Hendrik Sartov. États-Unis, 1920 – 4 500 m (env. 2 h 45).

Une pauvre orpheline, abusée par un séducteur, accouche d'un enfant mort-né. Elle devient servante dans une ferme dont les propriétaires la chassent lorsque son séducteur leur dévoile son passé. Elle s'en va, se trouve prise dans la débâcle d'un fleuve, mais le fils de la maison la sauve de la noyade et l'épouse.

◆ *Un film réputé de Griffith, souvent considéré comme son dernier film important, à tort car plusieurs réussites devaient suivre et au moins deux films considérables :* les Deux Orphelines, *qui contient des moments éblouissants et, surtout, le mal connu* America, *qui est de ses trois ou quatre plus beaux films.* À travers l'orage, *tiré d'un succès mélodramatique, n'est pas exempt de faiblesses scénaristiques, mais reste l'un des films les plus émouvants de Griffith, grâce notamment à la composition de Lillian Gish. La scène où elle dérive sur un bloc de glace dans un fleuve en crue est très impressionnante, même si son montage n'est pas homogène. Poudovkine, reprenant la scène dans* la Mère, *l'améliorera. Mais l'idée est de Griffith.* S.K.

L'ÂTRE
Drame de **Robert Boudrioz**, avec Renée Tandil, Jacques de Féraudy, Charles Vanel, Maurice Schutz. France, 1922 – 1 700 m (env. 1 h 02).

Abandonnée lorsqu'elle était enfant et élevée par un couple de fermiers, une jeune fille aime l'un de leurs deux fils mais, promise à l'autre, elle doit l'épouser. Son mari est violent et elle implore l'aide du frère, qui sera abattu par le valet de ferme.

ATTACHE-MOI ! "ATAME !"
Comédie de **Pedro Almodovar**, avec Victoria Abril, Antonio Banderas. Espagne, 1989 – Couleurs – 1 h 40.

Pedro Almodovar est la coqueluche des intellectuels espagnols et pas seulement des intellectuels espagnols. Son cinéma est insolent, libéré, provocateur, voire iconoclaste. Ici, il nous présente un drôle de couple. L'homme séquestre la femme qu'il s'est choisie. Elle se rebiffe longtemps avant de craquer.

ATTAQUE "ATTACK"
Film de guerre de **Robert Aldrich**, avec Jack Palance *(lieutenant Costa)*, Eddie Albert *(capitaine Cooney)*, Lee Marvin *(colonel Bartlett)*, Robert Strauss *(Snowden)*, Buddy Ebsen *(Tolliver)*, William Slithers *(Woodruff)*. • SC : James Poe, d'après la pièce de Norman Brooks *Fragile Fox*. • PH : Joseph Biroc. • MUS : Frank de Vol. • MONT : Michael Luciano. États-Unis, 1956 – 1 h 47.

Pendant la dernière guerre, en Belgique, une section américaine attaque une position allemande. Mission accomplie, les vainqueurs du coup de main demandent des renforts pour sortir du guêpier. Leur capitaine, un lâche, se dérobe, se cache, s'enivre. Le colonel, par intérêt personnel, couvre la couardise de ce sinistre officier. Ce sont ses propres subordonnés qui l'exécutent.

◆ *Ce film est fort, brutal, cruel. Il raconte la guerre sans concession. L'action est conduite avec énergie, mais c'est moins le coup de commando qui fascine que la réflexion qui le précède et le suit. Robert Aldrich, cinéaste contestataire, a réussi une des plus violentes satires de l'armée et de ses intrigues. L'interprétation est théâtrale mais efficace.* G.S.

ATTAQUE AU CHEYENNE CLUB
"THE CHEYENNE SOCIAL CLUB"
Comédie de **Gene Kelly**, avec Henry Fonda, James Stewart. États-Unis, 1970 – Couleurs – 1 h 42.

Un cow-boy apprend qu'il est l'héritier d'une maison close... Tollé général quand il décide d'en faire une pension de famille !

L'ATTAQUE DE LA MALLE-POSTE "RAWHIDE"
Western de **Henry Hathaway**, avec Tyrone Power, Susan Hayward, Hugh Marlowe, Dean Jagger. États-Unis, 1951 – 1 h 26.

Dans un relais, plusieurs bagnards évadés prennent en otage un couple et un enfant. Suspense sur fond de western.

L'ATTAQUE DU GRAND RAPIDE / LE VOL DU RAPIDE "THE GREAT TRAIN ROBBERY"
Film d'aventures d'**Edwin S. Porter**, avec George Barnes *(le chef des bandits)*, Max Anderson, A. C. Abadie, Marie Murray. • SC : Billy Martinetti. • PR : Thomas Edison Co. États-Unis, 1903 – 240 m (env. 9 mn).

L'attaque d'un fourgon postal par une bande de hors-la-loi qui ont minutieusement préparé leur coup : contrôle du télégraphe, arrêt forcé du convoi en rase campagne, meurtre du gardien, pillage des voyageurs... Mais le télégraphiste réussit à donner l'alarme. Des vigiles appelés en renfort cernent les bandits dans la montagne et les mettent hors d'état de nuire.

◆ *C'est le premier « western » de l'histoire du cinéma. L'Ouest américain était à l'époque le théâtre de maints affrontements entre pillards et forces de l'ordre. Le public raffolait de ce genre de péripéties, mises à l'affiche des théâtres ambulants. Le film d'E. S. Porter connut un succès prodigieux. La grande habileté du réalisateur fut de clore son histoire par le gros plan d'un bandit moustachu menaçant de son revolver les spectateurs haletants : l'effet fut comparable à celui du train de La Ciotat !* Le suspense *était né.* *C.B.*

ATTENDS-MOI AU CIEL "ESPERAME EN EL CIELO"
Comédie d'**Antonio Mercero**, avec Jose Soriano, Jose Sazatornil, Chus Lampreave. Espagne, 1987 – Couleurs – 1 h 52.

Paulino Alonso est kidnappé. Vêtu et coiffé d'une certaine manière, il est un parfait sosie du général Franco, à qui il va servir de « doublure ». D'abord victime, Paulino va se prendre au jeu...

L'ATTENTAT
Drame politique d'**Yves Boisset**, avec Michel Piccoli, Jean-Louis Trintignant, Gian Maria Volonté, François Périer. France, 1972 – Couleurs – 2 h.

Leader du tiers monde en exil, Sadiel gêne beaucoup de gens. La police française se charge de l'intercepter et de le remettre à son principal ennemi. Ce film est parcouru des souvenirs de l'affaire Ben Barka.

L'ATTENTE DES FEMMES "KVINNORS VÄNTAN"
Mélodrame d'**Ingmar Bergman**, avec Anita Björk, Maj-Britt Nilsson, Eva Dahlbeck, Gunnar Björnstrand, Birger Malmsten, Jarl Kulle. Suède, 1952 – 1 h 31.

Quatre frères et leurs familles passent des vacances à la campagne. En attendant leurs maris, les belles-sœurs en arrivent aux confidences, tandis que les hommes parlent de leurs soucis.

ATTENTION BANDITS
Film policier de **Claude Lelouch**, avec Jean Yanne, Marie-Sophie L., Patrick Bruel. France, 1987 – Couleurs – 1 h 51.

Sorti de prison, Verini retrouve sa fille qu'il n'a pas revue depuis son entrée dans une pension suisse. Relations père-fille, romance sucrée, sur fond de cavalcades policières.

ATTENTION, LES ENFANTS REGARDENT
Film policier de **Serge Leroy**, d'après le roman de L. Koenig et P. Dixon, avec Alain Delon, Richard Constantini, Tiphaine Leroux, Sophie Renoir, Thierry Turchet. France, 1977 – Couleurs – 1 h 40.

Leurs parents étant en voyage, quatre enfants noient leur gouvernante autoritaire, puis se débarrassent d'un témoin gênant.

ATTENTION LES YEUX !
Comédie de **Gérard Pirès**, avec Claude Brasseur, André Pousse, Jean-Pierre Darras, Robert Castel, Guy Marchand. France, 1976 – Couleurs – 1 h 25.

Désargenté, un jeune réalisateur doit tourner un porno. C'est une suite de catastrophes, mais le film s'achève et, au lieu de la Chartreuse de Parme, c'est un autre porno qu'on lui propose.

ATTENTION, UNE FEMME PEUT EN CACHER UNE AUTRE !
Comédie de **Georges Lautner**, avec Miou-Miou, Roger Hanin, Eddy Mitchell. France, 1983 – Couleurs – 1 h 50.

Une jeune femme mène une double vie : esthéticienne à Paris dans la semaine et employée d'un centre de cure à Trouville le week-end ! Elle a aussi mari et enfants dans chaque ville...

ATTILA, FLÉAU DE DIEU "ATTILA"
Aventures historiques de **Pietro Francisci**, avec Anthony Quinn, Sophia Loren, Henri Vidal, Irène Papas. Italie / France, 1954 – Couleurs – 1 h 20.

Reconstitution à grand spectacle de la tentative de conquête de l'Empire romain par le cruel roi des Huns.

L'AUBE / LE MATIN "JUTRO"
Film de guerre de **Puriša Djordjević**, avec Milena Dravić *(Alexandra)*, Ljubiša Samardžic *(le lieutenant)*, Neda Arnerić, Ljuba Tadić, Olga Jančevecka, Jelena Jovanović-Žigon, Neda Spasojević, Faruk Begolli, Mija Aleksić. • SC : P. Djordjević. • PH : Mihailo Popović. • DÉC : Bogić Risimović-Risim. • MUS : Miodrag Ilić-Beli sur des thèmes populaires. • MONT : Mirjana Mitić. Yougoslavie, 1967 – 1 h 44.

À la Libération, un lieutenant de partisans découvre que la paix n'est pas réellement la fin de la guerre. Alexandra, la femme qu'il aime, doit être fusillée à l'aube. En prison, elle lui confie avoir donné les noms de camarades partisans morts, par peur de la torture.

◆ *Dans ce troisième volet d'une sorte d'*À la recherche du temps perdu*, Djordjević prolonge le regard poétique sur la guerre et sur la révolution de* la Jeune Fille *et du* Rêve. L'Aube *appréhende une page douloureuse de l'histoire récente où les victimes d'hier deviennent les bourreaux. « Les Allemands sont partis, les poètes arrivent, mais les poètes tuent tout autant », dit la chanson composée par Djordjević. Les raffinements d'écriture donnent au film une cohérence profonde, une grande tendresse et une beauté déchirante.* *A.K.*

L'AUBE

Drame de **Miklos Jancsó**, d'après le roman d'Élie Wiesel, avec Philippe Léotard, Michael York, Christine Boisson, Serge Avedikian. France / Israël, 1986 – Couleurs – 1 h 40.

Au lendemain de la guerre en Palestine, un jeune résistant juif apprend qu'il a été choisi pour exécuter un officier britannique, retenu en otage. Pendant toute la nuit il va réfléchir à son acte et aura un émouvant dialogue avec sa victime.

AU BEAU MILIEU DE L'HIVER

"In the Bleak Midwinter"

Comédie de **Kenneth Branagh**, avec Michael Maloney, Gerard Horan, Joan Collins, Richard Briers. Grande-Bretagne, 1995 - NB - 1 h 39. ★ **Oselle d'or, Venise 1995.**

Joe Harper, comédien en difficulté, entreprend de monter Hamlet avec une troupe de bras cassés. Cahin-caha, le spectacle s'organise et Joe Harper renonce à une offre fabuleuse de Hollywood pour rester avec son équipe hétéroclite au sein de laquelle sont nés des amours et de solides affections. Le paradoxe du comédien traité sur le mode humoristique par un metteur en scène tonique.

L'AUBERGE DE LA JAMAÏQUE / LA TAVERNE DE LA JAMAÏQUE "Jamaïca Inn"

Film d'aventures d'**Alfred Hitchcock**, d'après le roman de Daphné Du Maurier, avec Charles Laughton, Maureen O'Hara. Grande-Bretagne, 1939 – 1 h 47.

En Cornouaille, au XVIIIe siècle, une jeune orpheline se trouve mêlée à une histoire de contrebandiers.

L'AUBERGE DU PÉCHÉ

Film policier de **Jean de Marguenat**, avec Ginette Leclerc, Jean-Pierre Kérien, Delmont, Alice Tissot. France, 1950 – 1 h 48.

Double meurtre dans une auberge pour une importante somme d'argent. Double rôle pour Ginette Leclerc.

L'AUBERGE DU SIXIÈME BONHEUR

"The Inn of the Sixth Happiness"

Film d'aventures de **Mark Robson**, d'après le roman d'Alan Burgess *The Small Woman*, avec Ingrid Bergman, Curd Jurgens, Robert Donat. États-Unis, 1958 – Couleurs – 2 h 38.

L'histoire d'une Anglaise qui épargna la vie d'une centaine de petits Chinois en leur faisant faire une extraordinaire randonnée dans la Chine en guerre.

L'AUBERGE ROUGE

Drame de **Jean Epstein**, avec Léon Mathot *(Prosper Magnan)*, Gina Manès *(la fille de l'aubergiste)*, Jean-David Evremont *(Frédéric Taillefer)*, Pierre Hot *(l'aubergiste)*, Marcelle Schmidt, Jacque-Christiani. • SC : J. Epstein, d'après la nouvelle d'Honoré de Balzac. • PH : Raoul Aubourdier. • PR : Pathé Consortium Cinéma. France, 1923 – 1 800 m (env. 1 h 06).

Dans une auberge de campagne, en 1799, deux jeunes gens partagent leur repas et leur chambre avec un industriel hollandais, en possession d'une fortune en diamants. Au matin, on le trouve assassiné. L'un des hommes s'est enfui, l'autre est arrêté et condamné pour meurtre. Bien des années plus tard, la vérité éclatera, à l'occasion d'un dîner où se trouve le véritable assassin, devenu riche entre-temps.

◆ *Pour son premier long métrage, Jean Epstein, théoricien prônant une esthétique cinématographique sans concession, semble avoir choisi la voie de la facilité : le scénario, tiré de Balzac, est fertile en rebondissements, il y ajoute le piment d'une intrigue amoureuse, on n'est pas très loin des clichés du mélodrame... L'œuvre est sauvée par ses audaces de construction (alternance du présent et du passé), des effets de montages originaux, le romantisme de ses images.* C.B.

L'AUBERGE ROUGE

Tragi-comédie de **Claude Autant-Lara**, avec Fernandel *(le moine)*, Françoise Rosay *(Marie Martin)*, Carette *(Pierre Martin)*, Grégoire Aslan *(Barbeuf)*, Marie-Claire Olivia *(Mathilde Martin)*, Jean-Roger Caussimon *(Darwin)*, Nane Germon *(Mlle Elsa)*. • SC : Jean Aurenche, Pierre Bost, C. Autant-Lara. • PH : André Bac. • DÉC : Max Douy. • MUS : René Cloérec. • MONT : Madeleine Gug. France, 1951 – 1 h 42.

Dans une auberge des Cévennes, en 1833, les patrons égorgent systématiquement leurs clients pour les voler. Un moine tente de sauver les passagers d'une diligence, mais Dieu ou le Diable en ont décidé autrement.

◆ *Illustrant un fait divers qui se passa dans l'Ardèche de 1830, Autant-Lara, Aurenche et Bost mettent en scène des personnages totalement amoraux qui tuent pour assouvir leur cupidité. Le décor, sur fond de neige, fut entièrement reconstitué en studio.* J.-C.S.

AU BONHEUR DES DAMES

Comédie dramatique d'**André Cayatte**, d'après le roman d'Émile Zola, avec Michel Simon, Albert Préjean, Blanchette Brunoy, Suzy Prim, Jean Tissier, Juliette Faber. France, 1943 – 1 h 28.

À la fin du XIXe siècle, le directeur d'un grand magasin ruine le propriétaire d'une petite boutique, et lui vole même l'affection de sa nièce. Le pauvre homme tentera de tuer son concurrent, mais mourra d'apoplexie dans le magasin.

▷ Autre version réalisée par : **Julien Duvivier**, avec Pierre de Guinguand, Arnaud Bour, Dita Parlo, Germaine Rouer, Ginette Maddy. France, 1930 – 1 h 14.

AU BORD DE LA MER BLEUE

"U SAMOGO SINEGO MORJA"

Comédie de **Boris Barnet**, avec Elena Kouzmina *(Maria)*, Lev Sverdline *(Youssouf)*, Nikolai Krioutchkov *(Aliocha)*, Semion Svachenko *(le président du kolkhoze)*. • SC : Kliment Mintz. • PH : Mikhaïl Kirillov. • DÉC : Viktor Aden. • MUS : Serguei Pototsky. U.R.S.S., 1936 – 1 h 10.

Rescapés d'un naufrage en mer Caspienne, Aliocha et Youssouf travaillent dans un kolkhoze de pêcheurs. Amoureux tous deux de la jolie Machenka, ils deviennent rivaux ; Youssouf dénonce son ami qui a quitté le travail afin d'aller acheter un collier pour Machenka. Disparue au cours d'une tempête, la jeune fille réapparaît et annonce aux deux garçons qu'elle aime un autre homme.

◆ *La délicieuse Elena Kouzmina est au centre de cette charmante comédie sentimentale et moralisante qui montre que le travail ne doit pas être sacrifié à la bagatelle, même pour le bon motif, et que l'amitié peut survivre à l'amour déçu. Les paysages de mer et de désert des bords de la Caspienne sont superbement mis en valeur par la photographie.* M.MN.

AU BORD DU VOLCAN "ACTION OF THE TIGER"

Film d'aventures de **Terence Young**, avec Martine Carol, Van Johnson, Herbert Lom, Sean Connery. États-Unis/Grande-Bretagne, 1957 – Couleurs – 1 h 34.

Martine Carol demande à Van Johnson de l'aider à rechercher son frère (Gustave Rojo) disparu en Albanie. Un des premiers rôles de Sean Connery et le charme de Martine sans voiles.

AU BOULOT JERRY ! "HARDLY WORKING"

Comédie de **Jerry Lewis**, avec Jerry Lewis, Deanna Lund, Susan Olivier. États-Unis, 1979 – Couleurs – 1 h 30.

Un clown au chômage s'installe chez sa sœur au grand désespoir de son beau-frère. Bientôt, il se lance dans des petits boulots, inévitablement suivis de grandes catastrophes. Le come-back de Jerry Lewis, et une scène hilarante de cuisine japonaise.

AU BOUT DE LA NUIT "SOMETHING WILD"

Drame de **Jack Garfein**, avec Carroll Baker, Ralph Meeker. États-Unis, 1961 – 1 h 52.

Après avoir subi un viol, une étudiante abandonne l'université, devient vendeuse dans un supermarché, puis erre sans but avant de rencontrer un mécanicien avec lequel elle reconstruira sa vie.

AU BOUT DU BOUT DU BANC

Comédie dramatique de **Peter Kassovitz**, avec Victor Lanoux, Jane Birkin. France, 1979 – Couleurs – 1 h 45.

Dans une maison de banlieue se réunit, comme chaque année, une famille de quatre générations. Mais au bout du banc, il faut céder la place : c'est la philosophie du film, raconté avec humour et poésie et interprété par d'excellents acteurs.

AU BOUT DU CHEMIN "END OF THE ROAD"

Drame d'**Aram Avakian**, d'après le roman de John Barth, avec Stacy Keach, Dorothy Tristan. États-Unis, 1969 – Couleurs – 1 h 50.

Un jeune professeur revit en pensée les drames de son passé. Débarrassé de sa névrose par un énergique psychiatre, il affronte une réalité encore plus dure.

AU CŒUR DE LA NUIT "DEAD OF NIGHT"

Film fantastique à sketches d'**Alberto Cavalcanti**, **Basil Dearden**, **Robert Hamer**, **Charles Crichton**, avec Mervyn Johns *(Walter Craig)*, Sally Ann Owes *(Sally)*, Googie Withers *(Joan Cortland)*, Ralph Michael *(Pierre)*, Naunton Wayne et Basil Radford *(Harry et George)*, Michael Redgrave *(Maxwell Frere)*. • SC : John Baines, Angus Mac Phail. • PH : Douglas Slocombe, Stan Pavey. • MUS : Georges Auric. Grande-Bretagne, 1945 – 1 h 37.

Invité à la campagne pour le week-end, Walter Craig reconnaît le cottage et les personnes qui l'entourent : tout était dans un rêve qu'il a fait souvent. Un coureur automobile a eu la vie sauvée par un rêve prémonitoire. Sally a rencontré le fantôme d'un petit garçon. Joan a offert à son fiancé un miroir hanté. Deux golfeurs, Harry et George, ont vécu une aventure plus cocasse. Le ventriloque Maxwell Frere a été dominé par sa propre marionnette. Bientôt, la paisible réunion tourne au cauchemar...

◆ *Modèle du film fantastique « à sketches », ce film collectif réunit cinq histoires (et même six !) qui présentent un bel échantillonnage des genres : rêve prémonitoire, histoire de fantômes, miroir hanté, variation humoristique, schizophrénie... La liaison en est habile, et débouche sur un dénouement « cyclique » qui deviendra une tradition du film de terreur. Un ensemble cohérent malgré la diversité des réalisateurs.* G.L.

L'AU-DELÀ "L'ALDILA (... E TU VIVRAI NEL TERRORE)"
Film fantastique de **Lucio Fulci**, avec Katherine McColl, David Warbeck, Al Cliver. Italie, 1981 – Couleurs – 1 h 30.

En 1981 à La Nouvelle-Orléans, une jeune femme découvre que l'hôtel dont elle vient d'hériter est construit sur une des portes de l'Enfer. Ce film constitue le troisième volet de la série des « Morts-vivants » de Fulci. Les effets spéciaux sont moins réussis.

AU-DELÀ DE CETTE LIMITE, VOTRE TICKET N'EST PLUS VALABLE
"YOUR TICKET IS NO LONGER VALID"
Drame de **George Kaczender**, d'après le roman de Romain Gary, avec Richard Harris, Jeanne Moreau, George Peppard, Jennifer Dale. France / Canada, 1982 – Couleurs – 1 h 35.

Un homme d'affaires américain, bientôt sexagénaire, est en « panne » sexuelle. Il ne se relèvera pas de cet échec.

AU-DELÀ DE LA GLOIRE "THE BIG RED ONE"
Film de guerre de **Samuel Fuller**, avec Lee Marvin *(le sergent)*, Mark Hamil *(Griff)*, Robert Carradine *(Zab)*, Bobby di Cicco, Kelly Ward. • SC : S. Fuller. • PH : Adam Greenberg. • MUS : Dana Kaproff. • MONT : Morton Tubor. États-Unis, 1979 – Couleurs – 1 h 53.

Sous les ordres d'un sergent vétéran de 1918, une escouade de quatre copains faisant corps avec leur chef se bat en première ligne, durant la Seconde Guerre mondiale, de la Tunisie à la Sicile, la Belgique, l'Allemagne, jusqu'à la Tchécoslovaquie où, en 1945, ils libèrent un camp de la mort.

◆ *Fuller n'ajoute pas ici un film à un genre dont il est un des spécialistes. Il s'agit d'une chronique très largement autobiographique qui décrit simplement, sans complaisance belliciste ni alibi antimilitariste, un monde où importe seule la survie. En montrant que la crainte d'être tué a partie liée avec le goût du sang et la jouissance du meurtre légal, le réalisateur bouscule bien des idées reçues, mais offre la description la plus lucide qui soit de l'homme en état de guerre. Le style sec, rapide et fonctionnel n'exclut pas d'admirables éclats poétiques.* J.M.

AU-DELÀ DES GRILLES
Comédie dramatique de **René Clément**, avec Jean Gabin, Isa Miranda, Vera Talchi. France / Italie, 1949 – 1 h 35. ★ OSCAR DU MEILLEUR FILM ÉTRANGER 1950.

À Gênes, dans l'atmosphère tourmentée de l'après-guerre, la brève rencontre d'un homme jouet du destin et d'une femme éperdue d'amour. Film poétique qui remporta le Grand Prix de la mise en scène à Cannes en 1949 et valut un Prix d'interprétation à Isa Miranda.

AU-DELÀ DES MURS "BEYOND THE WALLS"
Drame d'**Uri Barbash**, avec Arnon Zadok, Muhamad Bakri, Assaf Dayan, Rami Danon. Israël, 1984 – Couleurs – 1 h 43.

Dans une prison israélienne, une situation explosive est entretenue par la cohabitation de détenus juifs de droit commun et de prisonniers de l'O.L.P. Mais sous l'impulsion de leurs chefs, les deux groupes s'unissent en un combat commun pour la dignité.

AU-DELÀ DU BIEN ET DU MAL
"BEYOND GOOD AND EVIL"
Drame de **Liliana Cavani**, avec Dominique Sanda, Erland Josephson. Italie / France / R.F.A., 1977 – Couleurs – 2 h 07.

La morale traditionnelle battue en brèche par les amours compliquées de Nietzsche et de la belle Lou Andreas-Salomé. La bourgeoisie 1900 dénoncée de façon esthétique, mais froide.

AU-DELÀ DU MISSOURI
"ACROSS THE WIDE MISSOURI"
Film d'aventures de **William A. Wellman**, avec Clark Gable, Ricardo Montalban, Adolphe Menjou. États-Unis, 1951 – Couleurs – 1 h 18.

Au XIXe siècle, un aventurier part vers l'Ouest inconnu chasser le castor en compagnie d'une « brigade » de trappeurs. Des paysages majestueux rehaussés par un remarquable Technicolor.

AU-DELÀ DU PONT "DINCOLO DE POD"
Drame de **Mircea Veroiu**, avec Leopoldina Balanuta, Maria Ploae, Andrei Finti, Mircea Albulescu, Florin Zamfirescu. Roumanie, 1975 – Couleurs – 1 h 40.

À l'aube de la révolution de 1848, dans une petite ville de Transylvanie, la fille d'une riche marchande tombe amoureuse du fils du concurrent de sa mère. Mais le garçon délaisse la jeune fille pour rejoindre les rangs des révolutionnaires.

AU-DELÀ DU RÉEL "ALTERED STATES"
Film de science-fiction de **Ken Russell**, d'après le roman de Paddy Chayefsky, avec William Hurt, Blair Brown, Burt Balaban. États-Unis, 1981 – Couleurs – 1 h 42.

Un chercheur étudie l'effet de certaines expériences sur lui-même. Il en arrive très vite aux frontières de l'animalité. Sa femme essaye de le sauver.

AU-DESSOUS DU VOLCAN "UNDER THE VOLCANO"
Drame de **John Huston**, d'après le roman de Malcolm Lowry, avec Albert Finney, Jacqueline Bisset, Anthony Andrews. États-Unis, 1984 – Couleurs – 1 h 52.

Au Mexique, un ex-consul britannique semble chercher le salut dans l'alcoolisme, malgré les efforts de son épouse. Hommage habile et personnel d'un créateur à un autre : Huston retient essentiellement du roman de Lowry ce qui coïncide avec sa propre thématique (l'impuissance, l'auto-destruction).

L'AUDIENCE "L'UDENZIA"
Drame de **Marco Ferreri**, avec Enzo Jannacci, Claudia Cardinale, Ugo Tognazzi, Michel Piccoli, Vittorio Gassman, Alain Cuny. Italie, 1971 – Couleurs – 1 h 52.

Amedeo souhaite un entretien particulier avec le pape afin de lui confier un secret. Les fonctionnaires du Vatican s'y opposent. Le périple kafkaïen de son héros sert de prétexte à Ferreri pour stigmatiser le pouvoir oppressif de l'Église.

AUDREY ROSE "AUDREY ROSE"
Drame de **Robert Wise**, avec Marsha Mason, Anthony Hopkins. États-Unis, 1977 – Couleurs – 1 h 45.

Un certain Hoover est persuadé que la petite Ivy est la réincarnation de sa fille Audrey Rose, morte dans un accident de voiture.

AU FEU LES POMPIERS "HOŘI, MA PENENKO"
Comédie de **Miloš Forman**, avec Vaclav Stokel, Josef Svet, Jan Vostrčil. Tchécoslovaquie, 1967 – 1 h 12.

Le bal des pompiers d'une petite ville de province est troublé par une série d'incidents tragicomiques.

AU FIL DE L'ÉPÉE "THE DEVIL'S DISCIPLE"
Comédie satirique de **Guy Hamilton**, d'après la pièce de George Bernard Shaw, avec Burt Lancaster, Kirk Douglas, Laurence Olivier, Janette Scott. États-Unis / Grande-Bretagne, 1959 – 1 h 22.

En Nouvelle-Angleterre, en 1777, un Américain perfectionniste est pendu par les Anglais à la place d'un pasteur rebelle.

AU FIL DU TEMPS "IM LAUF DER ZEIT"
Chronique de **Wim Wenders**, avec Rüdiger Vogler *(Bruno Winter)*, Hanns Zischler *(Robert Lander)*, Lisa Kreuzer *(Pauline)*. • SC : W. Wenders assisté de Martina Henning. • PH : Robbie Müller. • MUS : Axel Linstädt and Improved Sound Ltd, Chris Montez, Christian St. Peters, Heinz, Roger Miller. • MONT : Peter Przygodda. R.F.A., 1976 – 2 h 56.

Bruno « King of the road » est un projectionniste itinérant. De Lüneburg à Hof, le long de l'Elbe, fleuve frontière entre les deux Allemagnes, il promène son mutisme parfois souriant dans les décombres du cinéma allemand. Il rencontre Robert qui vient de quitter sa femme et qui, pour avoir projeté sa VW dans l'eau, se trouve promptement surnommé « Kamikaze ». Les deux hommes sympathisent et font désormais route commune jusqu'à la fin d'un voyage qui aura transformé leurs deux solitudes.

◆ *« Road-movie » à l'européenne, avec des sentiments, mais sans refoulé – si ce n'est l'homosexualité –* Au fil du temps *n'occupe pas par la seule longueur de son métrage (c'est à tous les sens du terme un film-fleuve) une place centrale dans l'œuvre de son auteur. Les caractères opposés et complémentaires de ses protagonistes, l'apologie d'une solitude « cool » mâtinée de rock et les effluves d'un romantisme actualisé (c'est-à-dire américanisé) attestent que les adolescents franchement attardés font parfois de très grands cinéastes.* *M.C.*

AU FOND DE MON CŒUR "DEEP IN MY HEART"
Comédie musicale de **Stanley Donen**, avec Jose Ferrer, Merle Oberon, Walter Pidgeon. États-Unis, 1954 – Couleurs – 2 h 12.

Biographie à grand spectacle du compositeur Sigmund Romberg, auteur de succès comme le Chant du désert, le Prince étudiant, Artistes et Modèles... Avec de nombreuses vedettes M.G.M. telles que Gene Kelly, Jane Powell, Cyd Charisse, Ann Miller, etc.

AU GRAND BALCON
Film d'aventures d'**Henri Decoin**, avec Pierre Fresnay, Georges Marchal, Janine Crispin, Suzanne Dehelly. France, 1949 – 2 h 03.

L'héroïque épopée des premiers pilotes de l'Aéropostale, dominée par l'interprétation de Pierre Fresnay et Georges Marchal, qui incarnent respectivement Didier Daurat et Mermoz.

AU HASARD BALTHAZAR
Drame de **Robert Bresson**, avec Anne Wiazemsky *(Marie)*, François Lafarge *(Gérard)*, Philippe Asselin, Nathalie Joyaut, Walter Green. • SC : R. Bresson. • PH : Ghislain Cloquet. • MUS : Schubert, Jean Wiener. • MONT : Raymond Lamy. France, 1966 – 1 h 35.
★ GRAND PRIX DE L'O.C.I.C. 1966.

L'ânon Balthazar est le compagnon de jeux de Marie, avant d'être vendu et de passer de maître en maître, bien ou mal traité. Porteur de pain, animal de cirque, compagnon d'un vagabond ou bête de somme d'un vieil avare, il observe le monde d'un œil stoïque et méditatif. De son côté, Marie, incomprise par sa mère, repoussée par son père, brutalisée par un voyou qui l'attire, s'enfuit de chez elle, tandis que Balthazar va mourir dans les montagnes de son enfance.

◆ *Le plus abstrait, le plus allusif, le plus elliptique et le plus dénué de fil dramatique, c'est aussi le plus révélateur des films de Bresson. Balthazar est la victime innocente qui subit et, par contrecoup, révèle les défauts et les vices de l'humanité : orgueil, avidité, sadisme, avarice, ivrognerie, luxure, lâcheté, stupidité... Parabole mystique sur l'innocence humiliée et sacrifiée,* Au hasard Balthazar *a la beauté tragique d'un constat qui conserve au monde tout son mystère.* *J.M.*

AU LOIN, UNE VOILE "BELEET PARUS ODINOKIJ"
Drame de **Vladimir Legochine**, avec Igor Bout, Boris Runge, Svetlana Prjadilova, Ira Bolchakova, Alexandre Melnikov. U.R.S.S., 1937 – 1 h 28.

En 1905, un matelot recherché pour activités révolutionnaires s'est caché à bord d'un paquebot. Sur le point d'être arrêté, il se jette à l'eau, tandis qu'à Odessa l'insurrection gronde.

AU MÉPRIS DES LOIS "THE BATTLE AT APACHE PASS"
Western de **George Sherman**, avec John Lund, Jeff Chandler, Susan Cabot, Richard Egan. États-Unis, 1952 – Couleurs – 1 h 25.

Un épisode de la guerre entre Apaches et Blancs, et l'amitié de Cochise avec un major. Jeff Chandler reprend son rôle de Cochise qu'il tenait déjà dans *la Flèche brisée* de Delmer Daves.

AU MILIEU DE LA NUIT "MIDDLE OF THE NIGHT"
Drame psychologique de **Delbert Mann**, avec Kim Novak, Fredric March, Lee Philips, Glenda Farrell. États-Unis, 1959 – 1 h 58.

Déçus par la vie, une jeune secrétaire et son patron, industriel au bord de la vieillesse, unissent leurs solitudes.

AUNE POUR AUNE "MÉRA SPORED MÉRA"
Film historique de **Georgi Djulgerov**, avec Roussi Tchanev, Stephan Mavrodiev, Grigor Vatchkov, Tsvetana Maneva. Bulgarie, 1981 – Couleurs – 1 h 30.

La destinée d'un homme qui prend part aux luttes de libération des Bulgares de Macédoine contre la domination ottomane au début du siècle.

AU NOM DE LA LOI "IN NOME DELLA LEGGE"
Drame de **Pietro Germi**, avec Charles Vanel, Massimo Girotti, Saro Urzi. Italie, 1949 – 1 h 41.

Nouvellement installé dans un petit village de Sicile, un jeune juge idéaliste s'oppose à la maffia. Sincérité et réalisme pour un scénario auxquels participèrent Fellini et Monicelli.

AU NOM DE TOUS LES MIENS
Drame de **Robert Enrico**, d'après le livre de Martin Gray, avec Michael York, Jacques Pénot, Brigitte Fossey. France / Canada, 1983 – Couleurs – 2 h 25.

Après le décès tragique de sa femme et de ses enfants, Martin Gray, rescapé jusqu'alors chanceux du ghetto de Varsovie, décide de livrer un message d'espoir en racontant sa vie.

AU NOM DU PAPE ROI "IN NOME DEL PAPA RE"
Comédie dramatique de **Luigi Magni**, avec Nino Manfredi, Salvo Randone, Carmen Scarpitta. Italie, 1977 – Couleurs – 1 h 47.

1867. Garibaldi marche sur Rome. Un cardinal du Sacré Collège se révolte contre la tâche bien peu spirituelle dont l'a chargé Pie IX. Critique ouverte de l'alliance du temporel et du spirituel.

AU NOM DU PÈRE "NEL NOME DEL PADRE"
Pamphlet de **Marco Bellocchio**, avec Yves Beneyton, Renato Scarpa, Laura Betti, Lou Castel, Piero Vida. Italie, 1971 – Couleurs – 01 h 45.

Un collège catholique de la fin des années 50 : les élèves sont abrutis par les brimades. Deux d'entre eux vont pourtant se révolter. Fidèle à l'esprit de mai 68, Bellocchio conteste.

AU NOM DU PÈRE "IN THE NAME OF THE FATHER"
Drame de **Jim Sheridan**, d'après le livre de Gerry Conlon Proved Innocent, avec Daniel Day-Lewis, Emma Thompson, Pete Postlethwaite, John Lynch. Irlande, 1993 – Couleurs – 2 h 13. ★ **OURS D'OR, Berlin 1994.**

En 1975, les autorités britanniques condamnent Gerry Conlon et trois amis irlandais à trente ans de prison pour un attentat commis contre un pub à Londres. Bien qu'innocents, « les Quatre de Guildford » ne seront relâchés que quatorze ans plus tard. Le procès, la prison et la libération : chronique d'une erreur judiciaire à l'anglaise.

AU NOM DU PEUPLE ITALIEN
"IN NOME DEL POPOLO ITALIANO"
Comédie dramatique de **Dino Risi**, avec Vittorio Gassman, Ugo Tognazzi, Yvonne Furneaux. Italie, 1972 – Couleurs – 1 h 50.

Un « petit juge » accuse un affairiste d'avoir assassiné une prostituée, mais il découvre qu'elle s'est suicidée. Dégoûté par la société, il va pourtant maintenir l'accusation.

AU PAN COUPÉ

Drame de **Guy Gilles**, avec Macha Méril, Patrick Jouané, Bernard Verley. France, 1967 – Couleurs – 1 h 20.

Un amour qui finit, mais que la jeune femme se remémore trop longtemps, dans la sympathie de son entourage.

AU PARADIS À COUPS DE REVOLVER

"HEAVEN WITH A GUN"

Western de **Lee H. Katzin**, avec Glenn Ford, Carolyn Jones, David Carradine. États-Unis, 1969 – Couleurs – 1 h 40.

Ancien tueur, Jim Killian est devenu pasteur, mais il n'est pas simple de régler pacifiquement les conflits qui surgissent entre éleveurs et bergers. La Bible en action pour un sujet original.

AU PAYS DE LA PEUR "THE WILD NORTH"

Film d'aventures d'**Andrew Marton**, avec Stewart Granger, Cyd Charisse, Wendell Corey. États-Unis, 1952 – Couleurs – 1 h 37.

Dans l'immensité blanche du Grand Nord, un homme et son prisonnier, assassin par accident, vivent des aventures mouvementées au milieu des loups et se lient d'amitié.

AU PAYS DES JULIETS

Comédie dramatique de **Medhi Charef**, avec Maria Schneider, Laure Duthilleul, Claire Nebout. France, 1991 – Couleurs – 1 h 30.

Trois détenues en permission : une parenthèse de 24 heures où chacune tente à sa façon d'exorciser le passé et de jouir du présent.

AU PAYS DU RYTHME "STAR SPANGLED RHYTHM"

Comédie musicale de **George Marshall**, avec Betty Hutton, Eddie Bracken, Victor Moore, Walter Abel, Anne Revere, Bob Hope, Bing Crosby, Paulette Goddard, Veronica Lake, Dorothy Lamour, Fred MacMurray, Ray Milland, etc. États-Unis, 1942 – 1 h 39.

Le portier des studios Paramount fait croire à son fils, matelot, qu'il est un gros producteur. S'enchaînent alors une série de numéros musicaux et de gags destinés à un spectacle grandiose réalisé pour la Navy, où apparaissent de nombreuses vedettes.

AU PETIT BONHEUR

Comédie de **Marcel L'Herbier**, avec Danielle Darrieux, André Luguet, François Périer, Paulette Dubost. France, 1946 – 1 h 40.

Les disputes incessantes d'un couple de jeunes mariés qui s'adorent. Des interprètes dans le ton pour une pièce de Marc-Gilbert Sauvajon.

AU RAVISSEMENT DES DAMES

Drame d'**Alfred Machin**. France, 1913 – env. 300 m (env. 11 mn).

Les confectionneuses exploitées et affamées d'un grand magasin deviennent tuberculeuses et leurs robes contaminent les riches clientes. Un rare sujet à tendance sociale, produit par Pathé.

AU RENDEZ-VOUS DE LA MORT JOYEUSE

Film fantastique de **Juan Buñuel**, avec Yasmine Dahm, Jean-Marc Bory, Françoise Fabian. France, 1972 – Couleurs – 1 h 30.

Marc et Françoise emménagent avec leurs enfants dans une demeure tranquille, où meubles et objets valsent. Fidèle à l'humour et au surréalisme de son père, le fils de Luis Buñuel décrit la métamorphose d'une adolescente en suggérant les liens magiques et révoltés qu'elle entretient avec ce qui l'entoure.

AU REVOIR, À LA PROCHAINE GUERRE

"NASVIDENJE V NASLEDNJI VOJNI"

Drame psychologique de **Živojin Pavlović**, avec Metod Pevec, Boris Juh, Hans Christian Blech. Yougoslavie, 1980 – Couleurs – 1 h 59.

Lors d'une corrida en Espagne, un ancien résistant et un Allemand ayant combattu en Yougoslavie se retrouvent par hasard. Les deux hommes évoquent ce passé si proche.

AU REVOIR À LUNDI

Comédie dramatique de **Maurice Dugowson**, avec Miou-Miou, Carole Laure, Claude Brasseur, David Birney. France, 1979 – Couleurs – 1 h 55.

Nicole est française et Lucie québécoise. Elles partagent un appartement à Montréal et sortent toutes deux avec des hommes mariés qui rentrent chaque week-end dans leur foyer...

AU REVOIR CHARLIE "GOODBYE CHARLIE"

Comédie de **Vincente Minnelli**, avec Tony Curtis, Debbie Reynolds, Pat Boone, Walter Matthau. États-Unis, 1964 – Couleurs – 1 h 56.

Un scénariste est assassiné par un producteur. George, son meilleur ami, s'installe alors dans sa villa pour régler les problèmes de succession, lorsqu'une splendide jeune femme arrive... qui n'est autre que la réincarnation du scénariste ! Debbie Reynolds est excellente dans ce rôle d'homme transformé en femme.

AU REVOIR LES ENFANTS

Drame de **Louis Malle**, avec Gaspard Manesse *(Julien Quentin)*, Raphaël Fetjo *(Jean Bonnet / Kippelstein)*,

Francine Racette *(la mère de Gaspard)*, Philippe Morier-Genoud *(le père Jean)*, François Berléand *(le père Michel)*. • SC : L. Malle. • PH : Renato Berta. • MUS : Schubert, Saint-Saëns. • MONT : Emmanuelle Castro. France/R.F.A., 1987 – Couleurs – 1 h 43. ★ **LION D'OR, Venise 1987. PRIX LOUIS-DELLUC 1987.**

En janvier 1944, au Collège Sainte-Croix où Julien Quentin est pensionnaire, arrivent trois nouveaux élèves. L'un d'eux, Jean Bonnet, est le voisin de dortoir de Julien. Ce garçon renfermé n'est guère apprécié au début et puis, petit à petit, il devient son ami. Julien croit comprendre qu'il est juif ; mais il ne dit rien. Pourtant, à la suite d'une dénonciation, la Gestapo fait irruption dans le collège...

◆ *Louis Malle aura attendu une trentaine d'années après le début de sa carrière pour raconter un épisode qu'il a vécu sous l'Occupation. Le ton, constamment juste et pudique, de cette évocation frappante d'authenticité, allié à la vibrante sincérité de l'auteur et au naturel des jeunes interprètes, a fait le triomphe de ce film au festival de Venise et son succès commercial en France.* G.L.

AU RISQUE DE SE PERDRE "THE NUN'S STORY"
Comédie dramatique de **Fred Zinnemann**, d'après le livre de Kathryn C. Hulme, avec Audrey Hepburn, Peter Finch, Dame Edith Evans. États-Unis, 1959 – Couleurs – 2 h 39.

L'itinéraire semé d'embûches et d'humiliations d'une jeune fille belge que sa vocation religieuse amènera au Congo. La maladie l'obligera à rentrer dans son pays où la guerre lui opposera de nouvelles épreuves.

L'AURORE "SUNRISE"
Drame de **Friedrich Wilhelm Murnau**, avec George O'Brien *(l'homme)*, Janet Gaynor *(la femme)*, Margaret Livingstone *(la vamp)*, Bodil Rosing, John Farrell MacDonald, Ralph Sipperly. • SC : Carl Mayer, d'après la nouvelle de Hermann Südermann *le Voyage à Tilsitt*. • PH : Charles Rosher, Karl Struss. • DÉC : Rochus Gliese, Edgon Ulmer, Alfred Metsche. • MUS : Hugo Riesenfeld. • MONT : K. Hilliker, H. H. Caldwell. • PR : Fox. États-Unis, 1927 – 2 792 m (1 h 57 env.). ★ **OSCAR DE LA MEILLEURE ACTRICE pour Janet Gaynor, 1927-28.**

L'homme et la femme forment un couple uni, vivant à la campagne au bord d'un lac. Arrive de la ville une étrangère, véritable vamp, qui séduit le fermier. Au point qu'il se décide non seulement à abandonner sa femme, mais à la tuer au cours de la traversée du lac. Il n'arrive pas à mettre le projet à exécution et sa femme s'enfuit, épouvantée, vers la ville. Il la rattrape et la journée se passe à la reconquérir. Réconciliés, ils se retrouvent dans une église et c'est comme s'ils se mariaient à nouveau... Mais, au retour, un orage éclate, la barque chavire et il croit sa femme noyée. Fou de douleur, il veut étrangler la vamp, quand on lui annonce que sa femme est saine et sauve. La vamp retourne à la ville, l'homme et la femme sont réunis, c'est l'aurore...

◆ L'apogée du cinéma muet

Auréolé du succès de ses films allemands, Murnau est engagé à Hollywood et dispose de moyens considérables pour son premier film, réalisé avec une équipe technique essentiellement allemande. Ce sera l'Aurore, *échec commercial, mais chef-d'œuvre toujours reconnu comme tel et accomplissement parfait de son univers de créateur. L'histoire originale se passe à Tilsitt, elle est transposée en Californie, mais, comme le dit le premier carton du film, elle est « de nulle part et de partout » – et tout y renvoie à des dimensions absolues : le temps, l'espace, le couple et la passion. Le sous-titre insiste d'ailleurs là-dessus :* A Song of Two Humans... *La maîtrise du cinéaste apparaît d'abord dans la simplicité des éléments requis pour l'action, une simplicité qui renvoie aux ressorts mêmes de la tragédie. Un homme et une femme, séparés par l'intrusion de la séduction, aussi noire de chevelure que l'épouse est blonde ; le désir de meurtre, lié à la passion comme philtre maudit, et l'ombre de la vraie mort, qui apparaît quand on n'en veut plus. Quant au décor, c'est la ville face à la campagne, opposition classique, mais qui renforce ici la confrontation des situations ; et puis, il y a le lac qui les sépare, menace constante de l'eau, symboliquement porteuse de la mort. C'est enfin le jour et la nuit, comparaison courante devenue ici le lieu visuel de l'antagonisme : c'est la nuit que la vamp a ensorcelé l'homme et c'est le jour qui est le domaine de l'épouse, ce même jour qui se lève à nouveau quand il la retrouve. Mais si* l'Aurore *atteint au sublime, c'est que Murnau a su magnifier dans l'image le jeu de ces éléments, à la fois par l'intensité des climats lumineux, par la beauté toujours si significative des plans et par l'extraordinaire invention des mouvements d'appareil. Ainsi, lorsque l'homme va rejoindre la vamp dans les roseaux, et que la caméra le précède, puis arrive avec lui auprès d'elle. Ainsi encore, quand l'homme et la femme sautent l'un après l'autre dans le tramway et que, derrière eux, le paysage change sans rupture apparente entre la campagne, les faubourgs et le centre de la ville. On retrouvera d'ailleurs l'esprit de cette séquence dans* Rocco et ses frères *de Visconti, et ce n'est qu'un signe parmi tant d'autres de l'influence définitive de* l'Aurore *sur l'art du cinéma.* J.-M. C.

AU ROYAUME DES CIEUX
Drame social de **Julien Duvivier**, avec Serge Reggiani, Suzanne Cloutier, Suzy Prim, Jean Davy. France, 1949 – 1 h 48.

Subissant la rude discipline d'une maison de redressement, une orpheline s'éprend d'un jeune ouvrier puis s'enfuit avec lui. Duvivier signe un film âpre et violent dont les dialogues sont écrits par Henri Jeanson.

AU RYTHME DES TAMBOURS FLEURIS
"Flower Drum Song"
Comédie musicale de **Henry Koster**, avec Nancy Kwan, James Shigeta, Juanita Hall, Myoshi Umeki, James Soo, Sen Yung. États-Unis, 1961 – Couleurs – 2 h 13.

Dans le quartier de Chinatown, les aventures sentimentales d'une jeune fille timide venue de Chine, d'une danseuse de cabaret et de son patron, et du fils d'une riche famille. Un double mariage est célébré après un déchaînement musical.

AU SECOURS ! "Help !"
Film musical de **Richard Lester**, avec The Beatles [John Lennon, Paul McCartney, George Harrison, Ringo Starr], Leo McKern *(le grand prêtre Clang)*, Eleanor Bron *(Ahme)*, Victor Spinetti *(prof. Foot)*, Roy Kinnear *(Algernon)*. • SC : Marc Behm, Charles Wood. • PH : David Watkin. • MUS : The Beatles. • MONT : John Victor Smith. Grande-Bretagne, 1965 – Couleurs – 1 h 32.

Le Grand Prêtre d'une mystérieuse religion orientale découvre soudain la disparition d'une bague sacrée indispensable à son culte. Il se trouve que c'est Ringo, le batteur des Beatles, qui la porte à son doigt. Le Grand Prêtre ordonne alors la « chasse aux Beatles » tout autour du monde, afin de récupérer la bague...

◆ *... À partir de là, le film est lancé pour quatre-vingt-dix minutes de délire non-sensique. À la fois film musical, burlesque et parodie du cinéma d'aventures,* Au Secours ! *évoque* Hellzapoppin, *les dessins animés de Chuck Jones ou Tex Avery, mais aussi et surtout l'univers fantaisiste des Beatles. Ceux-ci trouvent en Lester le parfait illustrateur de leur esprit et de leur musique (Lester fut surnommé à l'époque « le 5e Beatles »). Au cours du film, entre deux gags, les Beatles interprètent sept chansons, dont le célèbre tube* Help. *L.A.*

AU SERVICE DE LA GLOIRE "What Price Glory ?"
Comédie dramatique de **Raoul Walsh**, d'après la pièce de Lawrence Stallings et Maxwell Anderson, avec Victor McLaglen, Edmund Lowe, Dolores del Rio. États-Unis, 1926 – env. 3 600 m (env. 2 h 13).

Pendant la Grande Guerre, un officier et un sergent, qui aiment tous deux la fille de l'aubergiste local, se retrouvent dans une tranchée du nord de la France. Entre les combats, la jeune femme prodigue ses faveurs à l'un ou à l'autre.

▷ En 1929, le cinéaste signe une suite des aventures des deux complices, intitulée TÊTES BRÛLÉES "The Cookeyed World".

▷ Autre version réalisée par : **John Ford**, avec James Cagney, Dan Dailey, Corinne Calvet, William Demarest, Robert Wagner. États-Unis, 1952 – Couleurs – 1 h 51.

AU SERVICE DE LA LOI "Sergeant Madden"
Drame de **Josef von Sternberg**, d'après un roman de William A. Ulman, avec Wallace Beery, Laraine Day, Alan Curtis, Tom Brown, Fay Holden, Marc Lawrence. États-Unis, 1939 – 1 h 22.

Le fils d'un brave policier, qui a suivi les traces de son père, se montre intraitable et use d'une telle violence qu'il se retrouve bientôt hors-la-loi. Prenant conscience du mal qu'il a fait aux siens, il se laissera abattre par la police.

AU SERVICE SECRET DE SA MAJESTÉ
"On Her Majesty's Secret Service"
Film d'espionnage de **Peter Hunt**, d'après le roman de Ian Fleming, avec George Lazenby, Diana Rigg, Gabriele Ferzetti. Grande-Bretagne, 1969 – Couleurs – 2 h 15.

007 dans sa lutte contre Blofeld et l'organisation « Spectre ». Cette fois, il s'agit d'éviter une guerre bactériologique. Lazenby ne fait que passer dans le rôle. Reste une fantastique poursuite à skis dans les Alpes.

AU SEUIL DE LA VIE "Nära livet"
Drame d'**Ingmar Bergman**, avec Ingrid Thulin, Eva Dahlbeck, Bibi Andersson. Suède, 1957 – 1 h 30.

Trois femmes se retrouvent dans une maternité. L'une a fait une fausse couche, l'autre est soignée pour un avortement manqué, tandis que la troisième est sur le point d'accoucher. Selon leur propre expérience, elles abordent différemment la vie.

AUSSI LOIN QUE L'AMOUR
Mélodrame de **Frédéric Rossif**, avec Francine Racette, Michel Duchaussoy, Barbara, Suzanne Flon. France, 1971 – Couleurs – 1 h 30.

Une jeune femme meurtrie par le suicide de son amant part loin de tout. Sur une plage, elle rencontre un ornithologue amateur... et tout peut recommencer. Ce film constitue la seule incursion dans la fiction du célèbre documentariste.

AUSTERIA / L'AUBERGE DU VIEUX TAG "Austeria"
Drame de **Jerzy Kawalerowicz**, avec Franciszek Pieczka *(Tag)*, Wojciech Pszoniak *(Shamiz)*, Jan Szurmiej, Ewa Domanska, Liliana Glabczynska, Golda Tencer, Marek Wilk, Wojciech Standello, Szymon Szurmiej. • SC :

Tadeusz Konwicki, J. Kawalerowicz, Julian Stryjkowski. • PH : Zygmunt Kozlowski. • DÉC : Jerzy Skrzepinski. • MUS : Leopold Kozlowski. • MONT : Wieslawa Otocka. Pologne, 1982 – Couleurs – 1 h 44.

En 1914, à la déclaration de guerre, les Cosaques envahissent la Galicie, possession autrichienne peuplée de Polonais, d'Ukrainiens et de Juifs. Au bord d'une route, l'auberge du vieux Tag accueille les Juifs contraints à l'exode. Parmi eux, une communauté de Hassidims. L'avancée du front précipite les événements : les Cosaques massacrent les réfugiés de l'auberge.

◆ *Commencé pendant la guerre des Six-Jours – la Pologne soutenait l'Égypte – le film est repris en 1980 et achevé après « l'état de guerre ». En collaboration avec Julian Stryjkowski – auteur du livre homonyme – et avec l'écrivain Tadeusz Konwicki, Kawalerowicz utilise ses propres émotions d'enfant galicien, témoin des monstruosités commises par les nazis. Comme dans* Mère Jeanne des anges, le Pharaon *et* la Mort du président, *l'auteur excelle à mettre en scène un grand nombre de protagonistes et à les faire évoluer en de longs et rapides mouvements, sans pour autant négliger l'analyse psychologique individuelle. Présenté au festival de La Rochelle 1983, ce film est inédit en France.* A.K.

AUSTERLITZ

Film historique d'**Abel Gance**, avec Pierre Mondy, Rossano Brazzi, Claudia Cardinale, Martine Carol, Leslie Caron, Vittorio De Sica, Anna-Maria Ferrero, Ettore Manni, Jean Marais, Georges Marchal, Jean Mercure, Anna Moffo, Jack Palance, Elvire Popesco, Daniela Rocca, Michel Simon, Orson Welles. France / Italie / Yougoslavie, 1960 – Couleurs – 2 h 50.

Une vaste fresque évoquant les années et les événements qui ont précédé la célèbre bataille, jusqu'à la victoire du 2 décembre 1805.

AUTANT EN EMPORTE LE VENT

"GONE WITH THE WIND"

Drame romantique et historique de **Victor Fleming, assisté de Sam Wood et George Cukor**, avec Vivien Leigh *(Scarlett O'Hara)*, Clark Gable *(Rhett Butler)*, Olivia De Havilland *(Melanie Hamilton)*, Leslie Howard *(Ashley Wilkes)*, Hattie McDaniel *(Mammy)*, Thomas Mitchell *(Gerald O'Hara)*, Barbara O'Neil *(Ellen Robillard O'Hara)*. • SC : Sidney Howard, d'après le roman de Margaret Mitchell. • PH : Ernest Haller, Lee Garmes, Ray Rennahan, Wilfrid M. Cline. • DÉC : William Cameron Menzies, Lyle Wheeler, Joseph B. Platt, Edward G. Boyle. • COST : Walter Plunkett. • MUS : Max Steiner. • MONT : Hal C. Kern, James E. Newcom. • PR : David O. Selznick (M.G.M.). États-Unis, 1939 – Couleurs – 3 h 40.
★ OSCARS 1939 : **Meilleur film, Meilleur metteur en scène (Fleming), Meilleure actrice (Vivien Leigh), Meilleure actrice de second rôle (Hattie McDaniel), Scénario (Howard), Photographie (Haller, Rennahan), Décors (Wheeler, Menzies).**

L'aristocratie géorgienne au moment où éclate la guerre de Sécession (1861). Belle, passionnée, égoïste, Scarlett O'Hara aime Ashley Wilkes, promis à la douce Melanie Hamilton. Mariée par dépit, aussitôt veuve, Scarlett flirte avec le capitaine Butler, qui reconnaît en elle un esprit libre, parent du sien. Malgré l'héroïsme des Confédérés, la guerre tourne à l'avantage du Nord. Sherman assiège Atlanta, qui est la proie des flammes. Réfugiées dans ce qui reste de Tara, la plantation familiale, Scarlett et Melanie donnent la mesure de leur énergie. Après la guerre, toujours éprise du velléitaire Ashley, Scarlett se remarie par intérêt, exploite une scierie, est veuve une seconde fois, épouse enfin Rhett Butler. Malgré la naissance d'une petite fille, le couple ne tarde pas à se déchirer. Melanie meurt, laissant Ashley désemparé. Rhett reprend sa liberté ; Scarlett, un instant prostrée, décide de se consacrer à Tara.

◆ La couleur du mythe

Autant en emporte le vent *part d'un mythe (le Vieux Sud), fait mine, à l'aide du personnage de Rhett Butler, de le détruire, puis s'emploie, avec celui de Scarlett O'Hara, à le reconstruire. En quoi le film se conforme à une réalité historique, celle de l'érection même du mythe sudiste : c'est la défaite militaire des Confédérés qui, transformant la Cause en cause perdue, lui donna l'aura séductrice de la nostalgie. Rhett Butler, dont l'anticonformisme contraste avec la mollesse du « chevaleresque » Ashley Wilkes, critique les caprices de Scarlett ; en dernière analyse, pourtant, le film célèbre d'abord la jeune femme, moins insupportable qu'indomptable, et son interprète Vivien Leigh, aux yeux de porcelaine et à la taille serpentine. Si l'œuvre reste admirable, elle le doit, en même temps qu'à cette interprétation inspirée, à la splendeur de son chromatisme, à sa palette de jaunes vifs, de velours verts, d'escaliers écarlates et de pommettes cramoisies qui disent le luxe provocateur du Sud, son goût du paraître et du gaspillage, mais aussi la passion qui anime l'héroïne, le sang chaud qui court sous la carnation laiteuse.* J.-L.B.

L'AUTHENTIQUE PROCÈS DE CARL-EMMANUEL JUNG

Drame de **Marcel Hanoun**, avec Maurice Poullenot *(Jung)*, Jane Legal *(sa femme)*, L.E. Braconnier *(sa fille)*, V. Roques *(son fils)*, Gérard Vaudran *(le journaliste)*, Michael Lonsdale *(un avocat)*. • SC : M. Hanoun. • PH : George Strouvé. • MUS : Bach, Glück. • MONT : M. Hanoun. France, 1967 – 1 h 30.

L'histoire imaginaire d'un criminel de guerre jugé pour des crimes dont nous ne voyons pas d'images...

◆ *L'ambiguïté de ce film réside dans le rapport qu'il entretient à l'Histoire. Hanoun fait fi des réalités dites « objectives ». À mille lieues du didactisme, de la démonstration, des bavardages, il porte un authentique regard sur nos « vérités » historiques, tout en s'interrogeant sur les rapports que le cinéaste entretient avec le matériau qu'il travaille.* F.J.

AUTOBIOGRAPHIE D'UNE PRINCESSE
"AUTOBIOGRAPHY OF A PRINCESS"
Comédie dramatique de **James Ivory**, avec James Mason, Madhur Jaffrey, Keith Varnier. États-Unis, 1975 – Couleurs – 55 mn.

Une princesse indienne voudrait que le précepteur anglais de sa famille glorifie son père et l'ancienne vie des maharadjahs. Or, celui-ci s'intéresse à l'Inde profonde et ses coutumes.

AUTOPSIE D'UN MEURTRE
"ANATOMY OF A MURDER"
Film policier d'**Otto Preminger**, avec James Stewart *(Paul Biegler)*, Lee Remick *(Laura Manion)*, Ben Gazzara *(lieutenant Frederick Manion)*, Arthur O'Connell *(Parnell McCarthy)*, Eve Arden *(Maida Rutledge)*, Kathryn Grant *(Mary Pilant)*, Joseph N. Welch *(le juge Weaver)*, George C. Scott *(Claude Dancer)*. • SC : Wendell Mayes, d'après le roman de Robert Traver. • PH : Sam Leavitt. • DÉC : Boris Leven. • MUS : Duke Ellington. • MONT : Louis R. Loeffler. États-Unis, 1959 – 2 h 40.

Le lieutenant Manion a tué l'homme qui avait – ou aurait – violé sa jeune et aguichante épouse, Laura. Paul Biegler, un « modeste avocat de province », plaide l'« impulsion irrésistible ». Une joute serrée l'oppose au procureur Claude Dancer.

◆ *Fondé sur l'examen objectif des circonstances et des motivations, le procès est l'aboutissement logique du cinéma premingerien. Chef-d'œuvre du film « procédurier »,* Autopsie d'un meurtre *garde jusqu'au bout son ambiguïté : chaque révélation y est contrebalancée par un nouveau mystère. L'œuvre tourne tout entière autour d'un impossible aveu, et le protagoniste (double à la fois rusé et étrangement vulnérable du réalisateur) ne préserve sa santé morale que par l'exercice stoïque de sa raison.* O.E.

AUTOUR DE MINUIT
Comédie dramatique de **Bertrand Tavernier**, avec Dexter Gordon, François Cluzet. France / États-Unis, 1986 – Couleurs – 2 h 11.

Par amour pour le jazz, un dessinateur français délaisse son métier et sa fille pour aider un saxophoniste américain à remonter la pente. Un beau « jazz-film ».

AUTOUR DU DÉSIR "LA CONDANNA"
Comédie dramatique de **Marcello Bellocchio**, avec Vittorio Mezzogiorno, Claire Nebout, Andrzej Sewerin. Italie, 1990 – Couleurs – 1 h 40. ★ **OURS D'ARGENT au festival de Berlin 1991.**

Une jeune femme se laisse enfermer dans un musée : elle y sera séduite par un homme qu'elle accusera ensuite de viol. Une réflexion sur l'art, la violence et la sexualité féminine.

AUTOUR D'UNE ENQUÊTE
Film policier de **Robert Siodmak** et **Henri Chomette**, avec Jean Périer, Annabella, Pierre Richard-Willm, Florelle, Gaston Modot. France, 1931 – env. 1 h 30.

Un homme accusé du meurtre de sa maîtresse, une femme du monde, a pour ami le fils du juge d'instruction et est fiancé à la fille de ce magistrat. Au cours de l'enquête, ce dernier est amené à soupçonner son propre fils.

▷ La version allemande, intitulée VORUNTERSUCHUNG, est signée en parallèle par **Robert Siodmak**, avec Albert Basserman, Gustav Frölich, Hans Brausewetter, Charlotte Ander.

L'AUTRE "IN NAME ONLY"
Mélodrame de **John Cromwell**, d'après un roman de Bessie Brewer, avec Cary Grant, Carole Lombard, Kay Francis, Charles Coburn, Helen Vinson. États-Unis, 1939 – 1 h 34.

Un homme mal marié rencontre une jeune veuve dont il tombe amoureux, mais tout s'oppose à ce qu'il refasse sa vie avec elle. Sa femme refuse le divorce et ses parents ne consentiront à l'aider qu'après qu'il eut été en danger de mort.

L'AUTRE "THE OTHER"
Film fantastique de **Robert Mulligan**, avec Uta Hagen *(Ada)*, Diana Muldam *(la mère)*, Chris Udvarnoky *(Nils)*, Martin Udvarnoky *(Holland)*. • SC : Tom Tryon, d'après son roman. • PH : Robert Surtees. • DÉC : Albert Brenner. • MUS : Jerry Goldsmith. • MONT : Folmar Blangsted, Nick Brown. États-Unis, 1972 – Couleurs – 1 h 45.

Dans une ferme du Connecticut, deux jumeaux, Nils et Holland, passent une enfance heureuse et ensoleillée. Leur père est mort et c'est leur grand-mère Ada qui s'occupe d'eux, leur mère étant malade. Peu à peu, des accidents se multiplient : leur cousin s'empale sur une fourche, la voisine meurt bizarrement, la grange où Nils est enfermé brûle. Mais Holland, son frère, existe-t-il vraiment ? N'est-ce pas lui qui lui donne vie, puisqu'il paraît que Holland est mort depuis des années ?

◆ *Un très étrange et raffiné film fantastique de la part d'un cinéaste qui semblait très loin de préoccupations de cet ordre. Ce film joue du contraste entre une esthétique rétro au climat chaud et ensoleillé et une intrigue en demi-teintes, avec quelques effets spectaculaires évoquant très justement l'univers de l'enfance, qui vient mettre sa part d'ombre sur ce climat. Ce fantastique, de caractère plutôt européen, évoque aussi l'univers du grand écrivain Nathaniel Hawthorne. L'horreur y vient plus de la suggestion que de la figuration.* S.K.

L'AUTRE FEMME "L'ALTRA DONNA"

Drame de **Peter Del Monte**, avec F. de Sapio, Edmund Purdom, F. Mengasha. Italie, 1980 – Couleurs – 1 h 27.

Une Éthiopienne arrive à Rome comme employée de maison. Sa « patronne » se lie d'amitié avec elle, ce qui bouleverse les rapports ordinaires maître-valet. Film d'une grande sensibilité très maîtrisée.

L'AUTRE HOMME "THE DEEP BLUE SEA"

Drame psychologique d'**Anatole Litvak**, avec Vivien Leigh, Kenneth More, Eric Portman. Grande-Bretagne, 1955 – Couleurs – 1 h 39.

Une femme se débat entre un mari compréhensif qu'elle a quitté et un amant inconséquent. L'attachante Vivien Leigh interprète un scénario que Terence Rattigan a tiré de sa propre pièce.

L'AUTRE MOITIÉ DU CIEL "LA MITAD DEL CIELO"

Drame de **Manuel Gutierrez Aragon**, avec Angela Molina, Margarita Lozarro, Antonio Valero. Espagne, 1986 – Couleurs – 1 h 50.

Rosa, veuve, pauvre et enceinte se rend à Madrid et monte un commerce qui finit par se développer. Derrière la fable, un portrait de femme et une violente dénonciation du régime de Franco.

L'AUTRE NUIT

Drame de **Jean-Pierre Limosin**, avec Julie Delpy, Luc Thuillier, Sylvain Jamois, Roger Zabel. France, 1988 – Couleurs – 1 h 30.

Sur la route des vacances, un chauffard cause la mort d'un couple. Leur fille Marie, une adolescente, désespérée puis prise d'un désir de vengeance, se met à la recherche de l'auteur de l'accident.

AUX DEUX COLOMBES

Comédie de **Sacha Guitry**, avec Sacha Guitry, Suzanne Dantès, Marguerite Pierry, Lana Marconi, Pauline Carton. France, 1949 – 1 h 35.

Un avocat est partagé entre son ex-épouse, son épouse et sa future épouse. « Impression sur pellicule » d'une pièce du « Maître ».

AUX FRONTIÈRES DE LA VILLE

"THE FRINGE OWELLERS"

Drame de **Bruce Beresford**, avec Justine Saunders, Kristina Nehm, Bob Maza, Kylie Belling. Australie, 1986 – Couleurs – 1 h 38.

En Australie, l'échec de l'insertion d'une famille d'aborigènes dans les quartiers blancs. Une réflexion sur les antagonismes de deux civilisations, et le conservatisme des mentalités.

AUX POSTES DE COMBAT

"THE BEDFORD INCIDENT"

Drame de **James B. Harris**, avec Richard Widmark, Sidney Poitier. États-Unis, 1965 – 1 h 40.

Le destroyer US Bedford a repéré un sous-marin soviétique à l'intérieur des eaux territoriales danoises ; une poursuite sans merci s'engage, mais un missile nucléaire est tiré par mégarde. Une fable admirable sur le danger des armes atomiques.

AUX YEUX DU MONDE

Comédie dramatique d'**Éric Rochant**, avec Yvan Attal, Kristin Scott-Thomas, Charlotte Gainsbourg. France, 1991 – Couleurs – 1 h 35.

Un tout jeune homme, très candide et très impulsif, décide de détourner un car de ramassage scolaire. Il veut être quelqu'un et prouver à sa petite amie qu'il est capable de grandes choses par amour pour elle. Le dosage suspense/humour est parfait. Les acteurs sont remarquables de naturel, singulièrement Yvan Attal. C'est bien raconté, bien photographié, vivant, moderne, original, pathétique.

AUX YEUX DU SOUVENIR

Drame psychologique de **Jean Delannoy**, avec Michèle Morgan, Jean Marais, Jean Chevrier. France, 1948 – 1 h 45.

Une hôtesse de l'air entre deux hommes : l'un représente la sécurité (Chevrier) et l'autre (Marais) le grand amour aventureux. Un film de prestige du cinéma français des années 40.

AVALANCHE "AVALANCHE"

Drame de **Corey Allen**, avec Rock Hudson, Mia Farrow, Robert Forster, Rick Moses. États-Unis, 1978 – Couleurs – 1 h 30.

Un complexe immobilier du Colorado, construit dans une zone avalancheuse, est effectivement englouti dès la première coulée de neige.

Les hommes se débattent dans leurs problèmes mesquins, mais la nature règne sans partage...

AVALANCHE EXPRESS "Avalanche Express"
Film d'espionnage de **Mark Robson** (et **Alan Gibbs** pour la séquence navale), avec Lee Marvin, Robert Shaw. États-Unis, 1978 – Couleurs – 1 h 32.

Un agent secret découvre un projet de guerre bactériologique en U.R.S.S. Alors qu'il est poursuivi par les Soviétiques, les services américains mettent tout en œuvre pour le protéger.

AVANT DE T'AIMER "Not Wanted"
Drame social d'**Elmer Clifton** et **Ida Lupino**, avec Sally Forrest, Keefe Brasselle, Dorothy Adams. États-Unis, 1949 – 1 h 34.

Enceinte après une brève aventure, une jeune fille veut abandonner son bébé. Prise de remords, elle l'enlève de la famille où il a été placé puis épouse un brave garçon.

AVANTI "Avanti"
Comédie de **Billy Wilder**, d'après la pièce de Samuel Taylor, avec Jack Lemmon, Juliet Mills, Clive Revill. États-Unis, 1973 – Couleurs – 2 h 24.

Un homme d'affaires américain se rend près de Naples pour récupérer le cadavre de son père mort dans un accident. Il découvre que celui-ci avait une maîtresse.

AVANT LE DÉLUGE
Drame social d'**André Cayatte**, avec Marina Vlady, Bernard Blier, Isa Miranda, Jacques Castelot. France, 1954 – 2 h 18.

Plongés dans le désarroi à l'annonce du conflit coréen, entraînés dans la spirale de la délinquance, des jeunes gens provoquent la mort d'un des leurs. Accident ou assassinat ?

L'AVARE
Comédie de **Louis de Funès** et **Jean Girault**, d'après la pièce de Molière, avec Louis de Funès, Michel Galabru, Claude Gensac. France, 1980 – Couleurs – 2 h.

Harpagon, avare et colérique, est victime de son amour immodéré pour une cassette... de louis d'or. Pour la conserver toute à lui, il consentira aux mariages de son fils avec la femme qu'il convoitait et de sa fille avec son intendant. De Funès flatte, menace, grimace et joue tantôt Molière... et tantôt Tabarin !

AVEC LA PEAU DES AUTRES
Film policier de **Jacques Deray**, avec Lino Ventura, Jean Bouise, Jean Servais. France/Italie, 1965 – Couleurs – 1 h 35.

En mission à Vienne, un chef du service de Renseignements français enquête sur la provenance de « fuites ». Le chef du réseau local est-il un agent double ? Traquenards, fausses pistes sont au rendez-vous de cet excellent film d'espionnage.

AVEC LES COMPLIMENTS DE CHARLIE
"Love and Bullets"
Film policier de **Stuart Rosenberg**, avec Charles Bronson, Jill Ireland. États-Unis, 1978 – Couleurs – 1 h 40.

Charlie est chargé de rechercher la fiancée d'un chef de gang pour témoigner contre lui. À travers la Suisse hivernale, une folle course poursuite...

AVEC LES COMPLIMENTS DE L'AUTEUR
"Author ! Author !"
Comédie d'**Arthur Hiller**, avec Al Pacino, Tuesday Weld, Dyan Cannon. États-Unis, 1982 – Couleurs – 1 h 50.

Un auteur de théâtre est accablé d'enfants et de problèmes matériels. Son épouse le quitte et la pièce qu'il présente connaît le succès !

AVEC LE SOURIRE
Comédie dramatique de **Maurice Tourneur**, avec Maurice Chevalier, André Lefaur, Marie Glory. France, 1936 – 1 h 38.

L'irrésistible ascension sociale d'un homme qui prend tout avec le sourire.

AVE MARIA
Drame de **Jacques Richard**, avec Anna Karina, Feodor Atkine, Isabelle Pasco. France, 1984 – Couleurs – 1 h 44.

Une adolescente sensuelle suscite l'hostilité d'un village puritain à l'excès.

L'AVENIR D'ÉMILIE "Flügel und Fesseln"
Drame psychologique d'**Helma Sanders-Brahms**, avec Brigitte Fossey, Hildegarde Neff, Ivan Desny, Hermann Treusch. R.F.A. / France, 1984 – Couleurs – 1 h 50.

Une star du cinéma allemand rentre voir sa fillette gardée par ses parents en Normandie. Ceux-ci n'apprécient pas la vie que mène leur fille et la déshéritent au profit de leur petite-fille.

AVENTURE À MANHATTAN
"Adventure in Manhattan"
Comédie d'**Edward Ludwig**, avec Jean Arthur, Joel McCrea, Thomas Mitchell, Reginald Owen, Herman Bing. États-Unis, 1936 – 1 h 13.

Une mystérieuse intrigue qui donne l'occasion à une actrice d'aider un journaliste à déjouer un hold-up préparé par un criminel.

AVENTURE À PARIS

Comédie dramatique de **Marc Allégret**, avec Lucien Baroux, Jules Berry, Danièle Parola, Arletty. France, 1936 – 1 h 35.

Un homme qui séduit une femme pour le compte d'un ami riche en tombe très vite amoureux.

L'AVENTURE, C'EST L'AVENTURE

Comédie de **Claude Lelouch**, avec Lino Ventura, Jacques Brel, Charles Denner, Aldo Maccione, Charles Gérard, Johnny Halliday. France, 1972 – Couleurs – 2 h.

Cinq « Pieds-Nickelés » des années 70 montent des affaires de plus en plus loufoques pour se procurer de l'argent.

L'AVENTURE COMMENCE À BOMBAY

"THEY MET IN BOMBAY"

Film d'aventures de **Clarence Brown**, avec Clark Gable, Rosalind Russell, Peter Lorre. États-Unis, 1941 – 1 h 26.

Gable et Russell sont deux aventuriers qui, de Bombay à Hong Kong, roulent les multimillionnaires. La guerre éclate et Gable s'y couvre de gloire. À ne pas prendre très au sérieux.

AVENTURE DANS LE GRAND NORD

"ISLAND IN THE SKY"

Comédie dramatique de **William A. Wellman**, avec John Wayne, Lloyd Nolan, Andy Devine. États-Unis, 1953 – 1 h 49.

Grâce à la volonté et au courage de son capitaine (Wayne), l'équipage d'un avion accidenté dans le Labrador fait tout pour survivre en attendant d'hypothétiques secours.

L'AVENTURE DE MADAME MUIR

"THE GHOST AND MRS. MUIR"

Comédie fantastique de **Joseph L. Mankiewicz**, avec Gene Tierney *(Lucy Muir)*, Rex Harrison *(le capitaine Gregg)*, George Sanders *(Miles Fairley)*. • SC : Philip Dunne, d'après un roman de R.A. Dick. • PH : Charles Lang. • DÉC : Richard Day, George W. Davis. • MUS : Bernard Herrmann. • MONT : Dorothy Spencer. États-Unis, 1947 – 1 h 44.

Installée dans une maison au bord de la mer, Lucy Muir, jeune veuve, entretient une complicité amoureuse avec le fantôme de l'ancien propriétaire, le capitaine Gregg. Pour l'aider financièrement, celui-ci lui dicte ses Mémoires, publiées avec succès. Mais lorsque Lucy tombe sous le charme de Miles Fairley, séducteur sans scrupules, le capitaine se retire pour ne revenir qu'à l'instant ultime.

◆ *Enchantement, charme et séduction sont les atouts de cette comédie brillante et onirique. La maîtrise absolue de la mise en scène, la fluidité de la caméra et du montage, le charme des acteurs font passer l'arbitraire du point de départ. Romanesque et lyrique (le fantôme), romantique et rusé (Lucy) ou cyniquement trompeur (Miles), le verbe manipule les êtres à leur entière satisfaction. Rarement un film nous a entraînés avec une telle facilité sur le fil tendu entre onirisme et réalité, dans une pure création que l'on ne quitte, comme les personnages, qu'à regret.* *J.M.*

L'AVENTURE DES EWOKS

"CARAVAN OF COURAGE/AN EWOK ADVENTURE"

Conte fantastique de **John Korty**, avec Eric Walker, Warwick Davis. États-Unis, 1984 – Couleurs – 1 h 03.

Les Ewoks – qui ont vu le jour dans *le Retour du Jedi* – ont l'apparence d'oursons et le degré d'évolution du paléolithique. Ici, on leur a concocté une aventure gentillette.

L'AVENTURE DU POSÉIDON

"THE POSEIDON ADVENTURE"

Film-catastrophe de **Ronald Neame**, d'après le roman de Paul Gallico, avec Gene Hackman, Ernest Borgnine, Shelley Winters. États-Unis, 1972 – Couleurs – 1 h 55.

Le paquebot Poséidon est renversé par une lame de fond : une poignée de rescapés tentent de survivre. Ce classique des films-catastrophe, qui battit des records de recettes, vaut par la qualité de son interprétation et ses effets spéciaux (récompensés par un Oscar).

▷ Voir aussi LE DERNIER SECRET DU POSÉIDON.

AVENTURE EN FLORIDE "FLIPPER"

Film d'aventures de **James B. Clark**, avec Chuck Connors, Luke Halpin, Kathleen Maguire. États-Unis, 1963 – Couleurs – 1 h 27.

Dans une petite île de Floride, un jeune garçon recueille un dauphin blessé qu'il soigne et finit par apprivoiser. Le film est à l'origine d'une célèbre série TV.

L'AVENTURE EST AU COIN DE LA RUE

Comédie dramatique de **Jacques Daniel-Norman**, avec Raymond Rouleau, Michèle Alfa, Jean Parédès, Roland Toutain, Denise Grey, Suzy Carrier, Pierre Palau. France, 1944 – 1 h 38.

Les amis d'un jeune homme qui se vante de son courage montent un faux cambriolage chez lui. Or, il est par hasard en possession de documents compromettants pour de vrais gangsters...

L'AVENTURE FANTASTIQUE

"MANY RIVERS TO CROSS"

Western de **Roy Rowland**, avec Robert Taylor, Eleanor Parker, Victor McLaglen. États-Unis, 1955 – Couleurs – 1 h 32.

Quand l'humour se mêle à l'aventure, cela donne un western où bagarres et gags rivalisent.

L'AVENTURE INOUBLIABLE "The Sky's the Limit"
Comédie d'**Edward H. Griffith**, avec Fred Astaire, Joan Leslie, Robert Benchley. États-Unis, 1943 – 1 h 29.

Un as de la chasse aérienne se laisse emporter sur les ailes de la danse. Astaire est égal à lui-même, Joan Leslie aussi...

L'AVENTURE INTÉRIEURE "Innerspace"
Comédie fantastique de **Joe Dante**, avec Dennis Quaid, Martin Short, Meg Ryan. États-Unis, 1987 – Couleurs – 2 h.

Cobaye humain, le lieutenant Pendelton est miniaturisé et, par erreur, injecté dans le sang de Jack, caissier de supermarché ! L'association de leurs deux caractères leur permettra de déjouer les plans de leur ennemi.

L'AVENTURE SANS RETOUR
"Scott of the Antarctic"
Film d'aventures de **Charles Frend**, avec John Mills, Diana Churchill, Harold Warrender. Grande-Bretagne, 1948 – Couleurs – 1 h 51.

Les aventures du capitaine Scott qui, en 1909, tenta de parvenir le premier au Pôle Sud. Fidèle reconstitution de l'expédition.

LES AVENTURES AMOUREUSES DE MOLL FLANDERS
"The Amorous Adventures of Moll Flanders"
Comédie de **Terence Young**, d'après le roman de Daniel Defoe, avec Kim Novak, Vittorio De Sica. Grande-Bretagne, 1965 – Couleurs – 2 h 05.

La vie cocasse et aventureuse de Moll Flanders, ingénue volage, voleuse, prostituée, mise en scène en une suite de péripéties légères avec l'ambition de réaliser un Tom Jones au féminin.

LES AVENTURES D'ARSÈNE LUPIN
Comédie policière de **Jacques Becker**, d'après l'œuvre de Maurice Leblanc, avec Robert Lamoureux, Liselotte Pulver, O.E. Hasse, Sandra Milo. France/Italie, 1957 – Couleurs – 1 h 44.

Le scénario, dû à Jacques Becker et Albert Simonin, nous fait revivre trois aventures survenues au célèbre gentleman-cambrioleur.

▷ Voir aussi ARSÈNE LUPIN DÉTECTIVE.

LES AVENTURES DE BERNARD ET BIANCA
"The Rescuers"
Dessin animé de **Wolfgang Reitherman**, **John Lounsbery**, **Art Stevens**. États-Unis, 1976 – Couleurs – 1 h 16.

Une petite fille, Penny, a lancé un message de détresse dans une bouteille. Les deux souriceaux Bernard et Bianca volent à son secours. Une production Walt Disney.

LES AVENTURES DE CHATRAN
Comédie animalière de **Masanori Hata**. Japon, 1986 – Couleurs – 1 h 30.

Flanqué d'un chiot, un chaton parcourt la campagne au rythme de rencontres plus ou moins amicales. Hymne écologique, totalement exempt de présence humaine, le film est réalisé par un célèbre zoologiste japonais.

LES AVENTURES DE DON JUAN
"Adventures of Don Juan"
Film d'aventures de **Vincent Sherman**, avec Errol Flynn, Viveca Lindfors, Robert Douglas. États-Unis, 1948 – Couleurs – 1 h 50.

Richesse des décors, des costumes et de la couleur pour Errol Flynn mariant avec bonheur son mythe personnel à celui du célèbre séducteur.

LES AVENTURES DE GIL BLAS DE SANTILLANE
Comédie historique de **René Jolivet**, d'après le roman de Lesage, avec Georges Marchal, Barbara Laage, Susanna Canales, Jacques Castelot. France/Espagne, 1956 – Couleurs – 1 h 35.

En Espagne, sous le règne de Philippe III, les aventures inattendues du jeune Gil Blas qui se destinait à la prêtrise.

LES AVENTURES DE HADJI
"The Adventures of Hadji Baba"
Film d'aventures de **Don Weiss**, avec John Derek, Elaine Stewart, Thomas Gomez. États-Unis, 1954 – Couleurs – 1 h 34.

Conte extrait des *Mille et Une Nuits* et mettant en scène l'intrépide Hadji Baba interprété par le fougueux John Derek.

LES AVENTURES DE JACK BURTON DANS LES GRIFFES DU MANDARIN
"Big Trouble in Little China"
Film d'aventures de **John Carpenter**, avec Kurt Russell, Kim Cattrall, Dennis Dun. États-Unis, 1986 – Couleurs – 1 h 40.

Un chauffeur de poids lourds américain s'embarque pour d'étranges histoires de magie et d'arts martiaux à San Francisco, au cœur de Chinatown...

AVENTURES DE JEUNESSE
"ADVENTURES OF A YOUNG MAN"
Film d'aventures de **Martin Ritt**, avec Richard Beymer, Diane Baker, Paul Newman. États-Unis, 1962 – 2 h 25.

À 18 ans, Nick Adams quitte son foyer pour fuir l'autorité de sa mère, tente sa chance comme journaliste à New York, puis s'engage en 1917 et part en Italie, dans le corps médical. Adaptation des nouvelles autobiographiques d'Hemingway.

LES AVENTURES DE MARCO POLO
"THE ADVENTURES OF MARCO POLO"
Film d'aventures d'**Archie Mayo**, avec Gary Cooper, Sigrid Gurie, Basil Rathbone, Alan Hale. États-Unis, 1938 – 1 h 30.

Au XIIe siècle, les aventures chinoises de Marco Polo, grand voyageur vénitien qui va remettre de l'ordre à Pékin où le trône de l'empereur de Chine vacille.

▷ Voir aussi LA FABULEUSE AVENTURE DE MARCO POLO.

LES AVENTURES DE MARTIN EDEN
"THE ADVENTURES OF MARTIN EDEN"
Comédie dramatique de **Sidney Salkow**, d'après le roman de Jack London, avec Glenn Ford, Claire Trevor, Evelyn Keyes, Stuart Erwin, Dickie Moore. États-Unis, 1942 – 1 h 27.

Après avoir vécu sur un cargo mené par un capitaine brutal, un jeune marin connaît la célébrité en publiant un roman exotique.

LES AVENTURES DE PINOCCHIO
"LE AVVENTURE DI PINOCCHIO"
Conte de **Luigi Comencini**, avec Andrea Balestri *(Pinocchio)*, Nino Manfredi *(Gepetto)*, Gina Lollobrigida *(la fée Turquoise)*, Franco Franchi *(Lusignolo)*. • SC : Suso Cecchi D'Amico et L. Comencini, d'après le roman de Carlo Collodi. • PH : Armando Nannuzzi. • DÉC : Piero Gherardi, Arrigo Bresci. • MUS : Florenzo Carpi. • MONT : Nino Baragli. Italie / France / R.F.A., 1971 – Couleurs – 2 h 15.

Un pauvre menuisier, Gepetto, taille une marionnette dans une bûche : il a toujours rêvé d'avoir un fils. La nuit suivante, la fée Turquoise donne vie à la marionnette ! Mais le petit garçon se révèle vite désobéissant et chapardeur. Il disparaît et Gepetto part à sa recherche ; victime d'un naufrage, il est englouti par une baleine. Pendant ce temps, Pinocchio a poursuivi ses aventures au pays de Cocagne, en compagnie d'un vaurien, Lusignolo. Il rejoint bientôt Gepetto dans le ventre de la baleine et tous deux parviennent à s'évader.

◆ *Comencini a réussi à dépoussiérer le conte assez fade de Collodi : comment s'intégrer dans la société quand on est pauvre ?* D.C.

LES AVENTURES DE RABBI JACOB
Comédie de **Gérard Oury**, avec Louis de Funès, Suzy Delair, Marcel Dalio, Claude Giraud, Claude Piéplu, Henri Guybet, Miou-Miou. France, 1973 – Couleurs – 1 h 35.

Pris dans un guet-apens tendu par des révolutionnaires arabes, Victor Pivert, un industriel coléreux et raciste, doit, pour s'échapper, endosser la tenue et l'identité d'un rabbin. Gérard Oury et son comédien râleur plaident ici en faveur de la tolérance.

LES AVENTURES DE ROBERT MACAIRE
Film d'aventures de **Jean Epstein**, avec Jean Angelo *(Robert Macaire)*, Alex Allin *(Bertrand)*, Suzanne Bianchetti *(Louise de Sermèze)*, Nino Constantini. • SC : Charles Vayre, d'après *l'Auberge des Adrets*. • PH : Paul Guichard, Jehan Fouquet, Nicolas Roudakoff. • DÉC : Jean Mercier, Geffroy et Lazare Meerson. • PR : Films Albatros. France, 1925 – 5 000 m (env. 3 h 05) en cinq épisodes.

Quelques épisodes de la vie tumultueuse du fameux brigand Robert Macaire : sa tendre idylle avec la jolie Mlle de Sermèze, sa capture par la maréchaussée lancée à ses trousses, son emprisonnement, son retour après avoir purgé une longue peine, ses efforts pour s'amender...

◆ *Les années 20 en France voient le triomphe du mélodrame à épisodes, où excellent notamment Henri Fescourt et Luitz-Morat (*Mandrin, le Juif errant, Surcouf, Monte-Cristo*, etc.). Jean Epstein, cinéaste réputé « d'avant-garde », a priori hostile à ce genre de production populaire, y sacrifie ici avec brio. L'humour vient à la rescousse du dynamisme romanesque, l'interprétation est brillante, et le paysage dauphinois filmé avec un soin que l'on retrouvera dans les œuvres ultérieures d'Epstein, de* Finis Terrae *à* l'Or des mers. *On peut rapprocher ce film de* l'Auberge rouge *(Voir ce titre).* C.B.

LES AVENTURES DE ROBIN DES BOIS
"THE ADVENTURES OF ROBIN HOOD"
Film d'aventures de **Michael Curtiz** et **William Keighley**, avec Errol Flynn *(Robin)*, Olivia De Havilland *(lady Marian)*, Claude Rains *(le prince Jean)*, Basil Rathbone *(Gisbourne)*, Ian Hunter *(le roi Richard)*, Eugene Pallette *(Frère Tuck)*. • SC : Norman Reilly Raine, Seton I. Miller, Rowland Leigh. • PH : Sol Polito, W. Howard Greene. • DÉC : C.J. Weyl. • MUS : E.W. Korngold. • MONT : Robert Dawson. États-Unis, 1938 – Couleurs – 1 h 42.

Le roi Richard Cœur-de-Lion, prisonnier, n'est pas rentré de la Croisade. Son frère, le prince Jean, et son âme damnée Gisbourne, s'emparent du pouvoir. L'archer Robin se rebelle et prend le maquis dans la forêt de Sherwood avec ses compagnons. Pendant la tournée des impôts, ils capturent Gisbourne et lady Marian, qui est séduite par la personnalité de Robin. Le retour surprise du roi Richard arrangera tout...

◆ *Commencée par William Keighley et achevée par Michael Curtiz, cette version hollywoodienne de la fameuse légende reste aujourd'hui le modèle du film d'aventures moyenâgeuses. La prestance d'Errol Flynn dans le rôle de Robin, la grâce d'Olivia De Havilland, le rythme des poursuites et du célèbre duel final, enfin et surtout le chatoyant Technicolor des débuts de la couleur, en font un enchantement qui, au fil des années, n'a rien perdu de son charme.* G.L.

LES AVENTURES DE ROBINSON CRUSOÉ
"ADVENTURES OF ROBINSON CRUSOE"
Film d'aventures de **Luis Buñuel**, d'après le roman de Daniel Defoe, avec Dan O'Herlihy, Jaime Fernandez. Mexique / États-Unis / France, 1952 – Couleurs – 1 h 29.

Adaptation fidèle de la célèbre histoire du naufragé et de son esclave noir, qui vécurent vingt-sept ans sur une île déserte.

LES AVENTURES DE SALAVIN
Drame de **Pierre Granier-Deferre**, d'après le roman de Georges Duhamel *la Confession de minuit*, avec Maurice Biraud, Christiane Minazzoli, Geneviève Fontanel. France, 1964 – 1 h 45.

Un petit employé de bureau se retrouve au chômage pour avoir tiré l'oreille de son patron. Se laissant envahir par la paresse, il mène alors une vie oisive et sans but.

LES AVENTURES DES PIEDS NICKELÉS
Comédie de **Marcel Aboulker**, inspirée des albums de Louis Forton, avec Rellys, Maurice Baquet, Robert Dhéry, Colette Brosset, Alfred Pasquali, Claire Gérard. France, 1948 – 1 h 35.

Les trois compères, qui ont volé un diamant appartenant à une princesse, sont dépouillés de leur larcin par un concurrent. En le recherchant, ils connaissent maintes aventures.

LES AVENTURES DE TILL L'ESPIÈGLE
Film d'aventures de **Gérard Philipe**, avec Gérard Philipe, Jean Vilar, Fernand Ledoux, Nicole Berger, Françoise Fabian. France / R.F.A., 1956 – Couleurs – 1 h 27.

Pour son unique réalisation, Gérard Philipe s'est inspiré de l'œuvre de Charles de Coster qui contait les aventures de Till Eulenspiegel, personnage facétieux du XVIe siècle, en Flandre occupée. À noter la qualité du Technicolor et des costumes signés Rosine Delamare.

LES AVENTURES DE TOM POUCE "TOM THUMB"
Féerie de **George Pal**, d'après le conte des frères Grimm, avec Russ Tamblyn, Alan Young, Peter Sellers, Terry-Thomas. États-Unis, 1958 – Couleurs – 1 h 38.

Dans ce film splendide, l'acrobatique Russ Tamblyn est un parfait Tom Pouce qui évolue au milieu des décors d'Elliot Scott et des effets spéciaux de Tom Howard.

LES AVENTURES DE TOM SAWYER
"THE ADVENTURES OF TOM SAWYER"
Film d'aventures de **Norman Taurog**, d'après le roman de Mark Twain, avec Tommy Kelly, May Robson, Walter Brennan, Victor Jory. États-Unis, 1938 – Couleurs – 1 h 31.

Au siècle dernier, dans une petite ville au bord du Mississippi, un jeune garçon s'évertue à démasquer un criminel. Une adaptation fidèle du célèbre roman.

▷ Autres versions réalisées par : **William D. Taylor**, intitulée TOM SAWYER. États-Unis, 1917 – env. 1 500 m (env. 55 mn). **John Cromwell**, intitulée TOM SAWYER, avec Jackie Coogan. États-Unis, 1930 – 1 h 26. **Lewis King**, intitulée TOM SAWYER DETECTIVE, avec Donald O'Connor. États-Unis, 1938 – env. 1 h 18. **Don Taylor**, intitulée TOM SAWYER, avec Johnnie Whitaker, Celeste Holm, Warren Oates, Jeff East, Jodie Foster. États-Unis, 1973 – Couleurs – 1 h 43.

LES AVENTURES D'OCTOBRINE
"POHOŽDENIJA OKTJABRINY"
Comédie de **Grigori Kozintsev** et **Leonid Trauberg**, avec Z. Tarjouskaïa *(Octobrine)*, S. Martinson *(Coolidge Curzonovitch Poincaré)*, E. Koumelko *(le Nepman)*. • PH : F. Verigo-Darovski, Ivan Frolov. • PR : Sevzapkinc. U.R.S.S., 1924 – 980 m (env. 36 mn).

Un « requin du capitalisme », le sieur Poincaré, vient à Petrograd réclamer le remboursement des dettes tsaristes. Il trouve un allié en la personne du fourbe « Nepman ». Une jeune komsomole, Octobrine, met fin à leurs sinistres agissements.

◆ *Autant qu'on puisse en juger sur la foi des critiques du temps, et des déclarations de ses auteurs, ce film, dont il ne subsiste plus de copie, se présentait comme une désopilante parabole anti-capitaliste, mettant en scène des personnages caricaturaux et néanmoins chargés de sens, selon les principes mûrement mis au point par la F.E.K.S. (Fabrique de l'acteur excentrique), dont Kozintsev et Trauberg étaient, avec Serge Youtkévitch, les chevilles ou-*

vrières. Marcel Oms, leur exégète, rapproche ce « slapstick socialiste » des poèmes contemporains de Maïakovski et des Aventures extraordinaires de Mister West au pays des bolcheviks, *de Koulechov (1924). Les deux réalisateurs confirmeront leur talent satirique dans* le Manteau *(d'après Gogol, 1926) et* la Nouvelle Babylone *(1929).* *C.B.*

LES AVENTURES DU BARON DE MÜNCHAUSEN

"THE ADVENTURES OF BARON MÜNCHAUSEN."

Film d'aventures de **Terry Gilliam**, avec John Neville *(Münchausen)*, Eric Idle *(Berthold / Desmond)*, Sarah Polley *(Sally)*, Oliver Reed *(Vulcain)*, Valentina Cortese *(Ariane)*, Jonathan Pryce *(H. Jackson)*, Uma Thurman *(Venus)*, Winston Dennis, Jack Purvis, Sting. • SC : Charles McKeown, T. Gilliam. • PH : Giuseppe Rotunno. • DÉC : Dante Ferretti. • MUS : Michael Kamen. • MONT : Peter Hollywood. Grande-Bretagne / Italie / Espagne, 1988 – Couleurs – 2 h 04.

Le Siècle des Lumières... Depuis plusieurs semaines, la mitraille ravage une ville assiégée par les Turcs. Au Théâtre Royal, une petite troupe interprète les Aventures du baron de Münchausen. Soudain, un vieillard intervient : le vrai baron ! Il s'échappe de la ville et part à la recherche de ses anciens compagnons : sur la Lune, dans les forges de Vulcain, dans les entrailles d'un monstre marin, puis revient libérer la ville.

◆ *Avec ce film, Gilliam parvient à surpasser* Bandits Bandits *et* Brazil. *Münchausen, qui revendique le pouvoir du Rêve et de la Fantaisie face à un rationalisme qui débouche sur une forme de totalitarisme, est certes un personnage idéal pour le plus brillant des Monty Python, mais surtout, ce film au budget colossal est un véritable festival de délires visuels. Aidé par son décorateur de génie, Gilliam entraîne le spectateur dans un éblouissant univers baroque.* *L.A.*

▷ Voir aussi LES AVENTURES FANTASTIQUES DU BARON DE MÜNCHHAUSEN et LE BARON DE CRAC.

LES AVENTURES DU BRIGADIER GÉRARD

"THE ADVENTURES OF GERARD"

Comédie dramatique de **Jerzy Skolimowski**, d'après des récits de Conan Doyle, avec Peter McEnery, Claudia Cardinale, Eli Wallach, Jack Hawkins. Grande-Bretagne, 1970 – Couleurs – 1 h 31.

Un soldat des armées napoléoniennes est impliqué dans une affaire d'espionnage et devient agent double. Il parviendra à se sortir de sa délicate situation et gagnera les faveurs d'une agréable dame.

LES AVENTURES DU CAPITAINE WYATT

"DISTANT DRUMS"

Film d'aventures de **Raoul Walsh**, avec Gary Cooper, Mari Aldon, Richard Webb. États-Unis, 1951 – Couleurs – 1 h 41.

Des morceaux de bravoure très photogéniques dans la Floride de 1840 pour le capitaine Wyatt délivrant les occupants d'un fort tombé aux mains des Indiens. Un magnifique Technicolor pour le grand « Coop ».

LES AVENTURES DU PRINCE AHMED

"DIE ABENTEUER DES PRINZEN ACHMED"

Film d'animation de **Lotte Reininger**. Allemagne, 1924-1926 – 1 811 m (env. 1 h 07).

Pour protéger sa sœur d'un magicien maléfique, un prince s'élance par mégarde sur un cheval enchanté qui l'entraîne à travers les airs. Inspiré du conte des *Mille et Une Nuits*, un film précurseur du long métrage d'animation, réalisé selon le principe des ombres chinoises.

LES AVENTURES DU ROI PAUSOLE

Comédie dramatique d'**Alexis Granowsky**, d'après le roman de Pierre Lous, avec André Berley, Armand Bernard, Josette Day, Edwige Feuillère. France, 1933 – 1 h 15.

Un souverain débonnaire vit entouré de ses trois cent soixante-six reines, qui attendent ou imaginent leur nuit annuelle avec lui. Un aviateur qui arrive dans l'île s'éprend de la fille du roi et sème le trouble dans ce royaume tranquille.

▷ Le cinéaste signe en parallèle une version autrichienne, intitulée DIE ABENTEUER DES KÖNIGS PAUSOLE / KÖNIG PAUSOLE et une version anglaise intitulée THE MERRY MONARCH, toutes deux avec Emil Jannings, Sidney Fox, Armand Bernard et Josette Day.

AVENTURES EN BIRMANIE "OBJECTIVE BURMA!"

Film de guerre de **Raoul Walsh**, avec Errol Flynn *(Nelson)*, Henry Hull *(Mark Williams)*, William Prince *(Jacobs)*, James Brown *(le sergent J. Treacy)*, George Tobias *(le caporal Gabby Gordon)*. • SC : Ranald MacDougall, Lester Cole, d'après un sujet original d'Alvah Bessie. • PH : James Wong Howe. • DÉC : Ted Smith. • MUS : Franz Waxman. • MONT : George Amy. États-Unis, 1945 – 2 h 22.

Birmanie, 1945. Un commando américain est chargé de détruire une station radar japonaise. Le raid se solde par une victoire éclair, mais le groupe et son chef, le capitaine Nelson, se retrouvent isolés dans la jungle...

◆ *Transcendant les conventions scénaristiques qui, à certains égards, le datent, ce classique du film de commando* *affiche une étonnante modernité. Une action quasi continue, découpée en plans très brefs, une caméra d'une prodigieuse mobilité, évoluant librement dans un décor labyrinthique et oppressant, la proximité des visages crispés par l'effort et l'angoisse, l'épuisement, l'enlisement d'un groupe dans la nuit la plus profonde... tous ces éléments font d'*Aventures en Birmanie *un des films de guerre les plus réalistes et les plus « physiques » tournés à ce jour.* O.E.

▷ Le film fit l'objet d'un remake westernien : LES AVENTURES DU CAPITAINE WYATT (Voir ce titre).

LES AVENTURES EXTRAORDINAIRES DE MISTER WEST AU PAYS DES BOLCHEVIKS
"NEOBYČANJNYE PRIKLJUČENIJA MISTERA VESTA V STRANE BOL'ŠEVIKOV"
Comédie burlesque de **Lev Koulechov**, avec Porfiri Podobed *(Mr West)*, Boris Barnet *(Djeddy)*, Alexandra Khokhlova *(la « Comtesse »)*, Vsevolod Poudovkine *(Jban)*, Serguei Komarov *(le borgne)*, Valia Lopatina *(Ellie)*, Leonid Obolenski *(le gandin)*. • SC : Nikolai Asseiev, V. Poudovkine. • PH : Alexandre Levitsky. • DÉC : V. Poudovkine. U.R.S.S., 1924 – 2 600 m (env. 1 h 35).

Flanqué de son garde du corps, le cow-boy Djeddy, Mr West arrive à Moscou et tombe bientôt entre les mains d'une bande d'escrocs dirigés par l'aventurier Jban qui exploitent sa naïveté pour tenter de le convaincre des intentions inamicales que les autorités auraient à son égard. Avec l'aide de la jeune Américaine Ellie, Djeddy parvient à le délivrer : les voyous sont arrêtés et Mr West peut enfin voir l'U.R.S.S. telle qu'elle est.

◆ *À l'époque où le bolchevik était dépeint par la propagande occidentale comme « l'homme au couteau entre les dents », Koulechov réalise cette comédie farfelue et trépidante inspirée par les serials américains alors en vogue en U.R.S.S. Appliquant les règles de la F.E.K.S. (Fabrique de l'acteur excentrique), il met en œuvre avec ses acteurs favoris le burlesque et la satire dans l'esprit « décontracté » de la N.E.P.* M.MN.

AVENTURES FANTASTIQUES / L'INVENTION DIABOLIQUE "VYNÁLEZ ZKÁZY"
Film de science-fiction de **Karel Zeman**, avec Arnošt Navrátil *(professeur Roch)*, Lubor Tokoš *(Simo Hart)*, Miloslav Holub *(comte d'Artigas)*, František Šlégr *(capitaine Spada)*, Jana Zatloukalová *(Jana)*. • SC : K. Zeman et Františsek Hrubin, d'après le roman de Jules Verne *Face au drapeau*. • PH : Tarantik. • DÉC : Jiři K. Zeman, Zdeněk Rozkopal. • MUS : Zdeněk Liška. • MONT : Zdeněk Stehlík. Tchécoslovaquie, 1958 – 1 h 27. ★ GRAND PRIX DU FESTIVAL DE BRUXELLES, 1958.

Un savant a découvert un explosif capable de détruire la planète. Il est enlevé par un aventurier qui le séquestre avec son assistant dans une île où il a reconstruit une ville souterraine à l'intérieur d'un volcan. Mais le savant refuse que son invention serve au mal et, au prix de sa vie, fait sauter l'île.

◆ *Bien avant 007, Jules Verne avait imaginé des histoires fascinantes de vieux savants et de mégalomanes. Mais le génie de Zeman, cinéaste tchèque passionné par les techniques d'animation, est d'avoir recouru aux illustrations qui accompagnaient, à leur parution, les œuvres de Jules Verne. Les personnages, acteurs réels, circulent ainsi dans un monde de gravures, et le charme désuet autant que la finesse des dessins créent un climat réellement fantastique. Tout baigne de surcroît dans une tonalité uniformément sépia, très 1900, et l'on est en plein « merveilleux » d'un bout à l'autre du film. Ici triomphe la re-création de la réalité dans la magie d'un imaginaire.* J.-M.C.

LES AVENTURES FANTASTIQUES DU BARON DE MÜNCHHAUSEN "MÜNCHHAUSEN"
Comédie féerique de **Joseph von Baky**, avec Hans Albert *(Münchhausen)*, Brigitte Horney *(Catherine II)*, Ferdinand Marian *(Cagliostro)*. • SC : Bertold Bürger. • PH : Werner Krien, Konstantin Irman-Tschet. • MUS : Georg Haentzchel. Allemagne, 1943 – Couleurs – 1 h 45.

Au XXe siècle, le baron de Münchhausen qui prétend avoir deux cents ans raconte à ses invités ses aventures passées avec Catherine de Russie, Cagliostro, Isabelle d'Este, un sultan d'Orient. Ces histoires merveilleuses sont-elles vraies ?

◆ *Une réussite du cinéma de distraction allemand où l'agréable mauvais goût des décors et des couleurs fait le lien entre des épisodes inégaux que ponctuent des trucages naïfs. Le film s'ouvre sur une réception au XVIIIe siècle où de singuliers anachronismes (montres, voitures, électricité) nous dévoilent qu'il s'agit d'un bal costumé contemporain, alors le récit du baron nous replonge dans le temps « véritable ».* S.K.

L'AVENTURE VIENT DE LA MER
"FRENCHMAN'S CREEK"
Mélodrame de **Mitchell Leisen**, d'après le roman de Daphné Du Maurier, avec Joan Fontaine, Arturo de Cordova, Basil Rathbone, Nigel Bruce, Cecil Kellawax. États-Unis, 1944 – Couleurs – 1 h 53.

Une aristocrate anglaise se retire dans son château de Cornouailles pour échapper aux assiduités du meilleur ami de son mari. Elle succombe aux charmes d'un corsaire français, mais refuse de le suivre pour ne pas abandonner ses enfants.

L'AVENTURIER
Comédie dramatique de **Marcel L'Herbier**, d'après la pièce d'Alfred Capus, avec Victor Francen, Alexandre Rignault, Blanche Montel. France, 1934 – env. 1 h 30.

Un homme renié par sa famille, et qui s'était exilé en Algérie, revient chez son oncle après avoir fait fortune. Il est froidement accueilli, jusqu'au jour où il sauve la famille de la ruine.

▷ Autre version réalisée par : **Maurice Mariaud** et **Louis Osmont**, avec Jean Angelo, Paul Guidé, Jeanne Helbling. France, 1924 – 1 925 m (env. 1 h 10).

L'AVENTURIER DU RIO GRANDE
"The Wonderful Country"
Western de **Robert Parrish**, avec Robert Mitchum, Julie London, Gary Merrill, Pedro Armendariz. États-Unis, 1959 – Couleurs – 1 h 36.

En forme de clin d'œil, le récit met en scène un cow-boy (Mitchum) qui, se croyant un assassin, évite de rentrer au Texas. Il vit à la frontière mexicaine, repousse une attaque des Apaches et trouve l'amour avec la veuve d'un capitaine.

L'AVENTURIER DU TEXAS
"Buchanan Rides Alone"
Western de **Budd Boetticher**, avec Randolph Scott, Craig Stevens. États-Unis, 1958 – Couleurs – 1 h 17.

Dans une petite ville corrompue, Buchanan, un aventurier, vient au secours d'un Mexicain accusé de meurtre. Assez différent des autres films de la série avec Scott, c'est, selon Boetticher, « un western très drôle et très mathématique ».

LES AVENTURIERS "Ice Palace"
Comédie dramatique de **Vincent Sherman**, avec Richard Burton, Robert Ryan, Carolyn Jones, Martha Hyer. États-Unis, 1960 – Couleurs – 2 h 23.

Durant quarante ans de l'histoire et de l'évolution de l'Alaska, la saga mouvementée de deux familles.

LES AVENTURIERS
Film d'aventures de **Robert Enrico**, avec Lino Ventura, Alain Delon, Serge Reggiani. France, 1967 – Couleurs – 2 h.

Après avoir perdu sa licence, un pilote part avec ses camarades à la recherche d'un avion coulé au large du Congo avec une fortune à bord. Mais ils devront affronter une bande rivale.

LES AVENTURIERS DE L'ARCHE PERDUE
"Raiders of the Lost Ark"
Film d'aventures de **Steven Spielberg**, avec Harrison Ford *(Indiana Jones)*, Karen Allen *(Marion)*, Wolf Kahler *(Dietrich)*, Paul Freeman *(Belloq)*, Ronald Lacey *(Toht)*. • SC : Lawrence Kasdan, d'après une histoire de George Lucas et Philip Kaufman. • PH : Douglas Slocombe. • DÉC : Norman Reynolds. • MUS : John Williams. • MONT : Michael Kahn. États-Unis, 1980 – Couleurs – 1 h 56.

Archéologue aventurier, Indiana Jones s'est souvent opposé à son rival français Belloq, qui travaille pour le IIIe Reich. Celui-ci doit ramener à Hitler l'Arche d'alliance des Hébreux, qui contiendrait des pouvoirs magiques. Au Népal, Indiana retrouve Marion, la fille du professeur qui connaissait le moyen de retrouver l'Arche. Malgré les traquenards de la Gestapo, ils y parviennent, mais les nazis apprendront à leurs dépens le secret de l'Arche.

◆ *Comme le dit le slogan publicitaire du film, c'est « le retour de la Grande Aventure ! ». Ce genre n'était plus fréquenté depuis les années 50 lorsque le duo Lucas-Spielberg entreprit de le ressusciter avec tout le faste qu'il mérite. L'importance du budget a permis la réalisation spectaculaire d'un scénario qui pastiche intelligemment ses constantes, et restitue le suspense d'antan, non sans la distance rafraîchissante de l'humour.* G.L.

▷ Voir aussi INDIANA JONES ET LE TEMPLE MAUDIT, INDIANA JONES ET LA DERNIÈRE CROISADE.

LES AVENTURIERS DU DÉSERT
"The Walking Hills"
Film d'aventures de **John Sturges**, avec Randolph Scott, Ella Raines, William Bishop, Arthur Kennedy. États-Unis, 1949 – 1 h 18.

Plusieurs aventuriers s'unissent pour rechercher l'or d'une caravane disparue dans les sables depuis un siècle.

LES AVENTURIERS DU FLEUVE
"The Adventures of Huckleberry Finn"
Film d'aventures de **Michael Curtiz**, d'après le roman de Mark Twain, avec Tony Randall, Eddie Hodges, Archie Moore. États-Unis, 1960 – Couleurs – 1 h 47.

Au siècle dernier, en plein Missouri, les aventures extraordinaires d'un jeune garçon épris de liberté et d'un esclave noir qui s'enfuit.

LES AVENTURIERS DU LUCKY LADY
"Lucky Lady"
Film d'aventures de **Stanley Donen**, avec Gene Hackman, Liza Minnelli, Burt Reynolds, Robby Benson, John Hillerman. États-Unis, 1975 – Couleurs – 1 h 58.

Au moment de la Prohibition, Walker se lance dans le trafic de l'alcool à bord du Lucky Lady. Il lui faudra s'allier à d'autres bootleggers pour éliminer son principal adversaire.

L'AVEU "SUMMER STORM"

Drame de **Douglas Sirk**, d'après une nouvelle de Tchekhov, avec Linda Darnell, George Sanders, Anna Lee, Edward Everett Horton. États-Unis, 1944 – 1 h 46.

Dans la Russie tsariste, une femme aimée d'un juge, d'un comte et de son intendant, épouse ce dernier et devient la maîtresse du premier. Mais elle est attirée par les fastes du second...

L'AVEU

Drame politique de **Costa-Gavras**, avec Yves Montand *(Gérard)*, Simone Signoret *(Lise)*, Gabriele Ferzetti *(Kohoutek)*, Michel Vitold *(Smola)*. • SC : Jorge Semprun, d'après le récit de Lise et Arthur London. • PH : Raoul Coutard. • DÉC : Bernard Evein. • MONT : Françoise Bonnot. France, 1969 – Couleurs – 2 h 40.

Gérard, le vice-ministre des Affaires étrangères tchèques, se sent traqué. Ses amis l'ignorent, il est tenu à l'écart des décisions, suivi par une voiture. Il finit par être arrêté dans la rue. Il est emprisonné et les autorités policières essaient par toutes les méthodes connues d'obtenir de lui des aveux fabriqués de toutes pièces.

◆ *Avec* l'Aveu, *Costa-Gavras semble répondre aux critiques faites à* Z, *où l'aspect spectaculaire du film appelait à l'identification unilatérale, aux dépens d'une analyse dialectique de la situation.* L'Aveu *est conçu comme l'enregistrement (presque au sens administratif du terme) sobre et rigoureux, dépourvu d'effets, du mécanisme de conditionnement des êtres par un régime qui cette fois-ci se situait « du côté » des valeurs du cinéaste.* S.K.

LES AVEUX D'UN ESPION NAZI

"CONFESSIONS OF A NAZI SPY"

Film d'espionnage d'**Anatole Litvak**, avec Edward G. Robinson, Paul Lukas, George Sanders. États-Unis, 1939 – 1 h 50.

Un agent du F.B.I. démantèle un réseau d'espions nazis opérant aux États-Unis. Jack Warner résista à de multiples pressions pour produire ce film, un des premiers d'Hollywood à dénoncer le nazisme.

LES AVEUX LES PLUS DOUX

Drame d'**Édouard Molinaro**, d'après la pièce de Georges Arnaud, avec Philippe Noiret, Roger Hanin, Caroline Cellier, Marc Porel. France, 1971 – Couleurs – 1 h 30.

Deux inspecteurs de police s'acharnent sur un suspect, allant jusqu'à faire pression sur lui juste après son mariage.

AVIS DE RECHERCHE "WITHOUT A TRACE"

Mélodrame de **Stanley Jaffe**, d'après le livre de Beth Gutcheon, avec Kate Nelligan, Judd Hirsch. États-Unis, 1983 – Couleurs – 2 h 02.

Contre vents et marées, une femme se bat pour retrouver son fils disparu. Un sujet fort, traité sans grande intensité dramatique malgré la composition digne et émouvante de Kate Nelligan.

AVOIR VINGT ANS DANS LES AURÈS

Film de guerre de **René Vautier**, avec Arcady, Yves Branellec, Philippe Léotard, Hamid Djellouli. France, 1972 – Couleurs – 1 h 40.

L'un des membres d'un commando disciplinaire, blessé dans un engagement avec l'A.L.N., revoit « sa » guerre d'Algérie avant de retourner au baroud. Il finira par déserter.

L'AVVENTURA "L'AVVENTURA"

Drame psychologique de **Michelangelo Antonioni**, avec Monica Vitti *(Claudia)*, Gabriele Ferzetti *(Sandro)*, Lea Massari *(Anna)*, Dominique Blanchar *(Giulia)*, Renzo Ricci *(le père d'Anna)*, James Addams *(Corrado)*, Dorothy De Poliolo *(Gloria Perkins)*, Lelio Luttazzi *(Raimondo)*, Esmeralda Ruspoli *(Patrizia)*, Angelo Tomasi di Lampedusa *(dans son propre rôle)*. • SC : M. Antonioni, Elio Bartolini, Tonino Guerra. • PH : Aldo Scavarda. • DÉC : Piero Poletto. • MUS : Giovanni Fusco. • PR : Cino Del Duca. Italie, 1960 – 2 h 17. ★ PRIX SPÉCIAL DU JURY, Cannes 1960.

Fille d'un ambassadeur, Anna retrouve à Rome son fiancé, Sandro, architecte mondain et volage. Anna retrouve aussi son amie Claudia. Tous les trois partent en croisière aux îles Éoliennes, avec deux autres couples, oisifs et superficiels. Au cours d'une escale, Anna et Sandro se disputent violemment et Anna disparaît. Les recherches sur cette île déserte, rendues difficiles par la tempête, ne donnent rien. Sandro et Claudia décident de continuer sur le continent, en suivant une piste donnée par la police. Peu à peu, ils se sentent attirés l'un vers l'autre ; Sandro propose à Claudia de l'épouser. Ils se retrouvent dans un hôtel, à Taormina. Claudia, fatiguée, se couche tout de suite, tandis que Sandro rejoint une faune de riches touristes. Se réveillant au milieu de la nuit, Claudia va à la recherche de Sandro. Elle le retrouve dans les bras d'une prostituée. À l'aube, Sandro, en larmes, vient rejoindre Claudia. Elle s'approche de lui et lui passe la main dans les cheveux.

◆ La dérive des cœurs et des corps

Projeté à Cannes en 1960, l'Avventura, *quatrième long métrage d'Antonioni, est l'objet d'une bataille homérique. Sifflé par le public, il est soutenu par les critiques et obtient finalement le Prix spécial du jury. Ce qui déroute, alors, dans* l'Avventura, *c'est la structure de son récit, qui tourne le dos à toute la tradition romanesque, à la psychologie traditionnelle ; le terrain de prédilection d'Antonioni, ce sont les temps morts, les pauses, les interstices. Il est le cinéaste des attitudes, des gestes, des regards, révélateurs impitoyables de ces minuscules éboulements qui, peu à peu, viennent à bout de toutes les raisons de vivre, d'aimer ou de mourir.* L'Avventura *prend, au départ, des allures de film policier (la disparition subite d'Anna, les recherches de la police), mais c'est précisément pour mieux pervertir cette pseudo-intrigue : Antonioni plante là le « mystère », le « suspense » (et ceux que ça intéresse) pour braquer sa caméra sur la dérive des sentiments, des cœurs et des corps, et filmer la décomposition intime de ses personnages. Sans juger, ni même expliquer le pourquoi du comment : il montre, il constate, il photographie les glissements, les moments où l'on perd pied, où l'improbable s'instaure. Ses films suivants seront des variations, allant vers l'épure, autour de ce même regard, de cette même approche du réel, résolument anti-documentaire, anti-cinéma-vérité. Un cinéma de l'intériorité, de la fluidité, de l'aventure spirituelle. Film-manifeste,* l'Avventura *révéla aussi une extraordinaire actrice, emblématique de l'univers d'Antonioni : Monica Vitti. Elle sera, pendant quelques films, l'héroïne du mal à être de ce cinéaste secret, scrutant l'âme humaine au microscope.* A.R.

AYOUMA

Drame de **Pierre-Marie N'Dong** et **Charles Mensah**. Gabon, 1977 – Couleurs – 1 h 30.

Un jeune couple part en voyage de noces dans le village de la mariée. Le garçon se lie d'amitié avec la dernière épouse de son beau-père. Se méprenant sur ses intentions, celui-ci le tuera.

¡ AY, CARMELA ! "¡ Ay, Carmela !"

Comédie dramatique de **Carlos Saura**, avec Carmen Maura, Andres Pajares, Gabino Diego. Espagne / Italie, 1990 – Couleurs – 1 h 45.

Deux acteurs républicains tombent entre les mains des franquistes qui les obligent à monter un spectacle pour distraire les troupes de Franco.

B

BAARA "Baara"
Drame de **Souleymane Cissé**, avec Balla Moussa Keita, Baba Niare, Boubacar Keita. Mali, 1978 – Couleurs – 1 h 30.

Deux amis travaillent en usine dans des conditions très dures. L'un d'eux, ayant lancé un appel à la grève, est assassiné à l'instigation de son patron.

BABE, LE COCHON DEVENU BERGER "Babe"
Comédie de **Chris Noonan**, d'après le livre de Dick King-Smith, avec James Cromwell, Magda Szubanski et la voix deChristine Cavanaugh. Australie, 1995 – Couleurs – 1 h 31. ★ Oscar des Meilleurs effets spéciaux.

Un petit cochon réussit, par la persuasion et la gentillesse, à s'imposer comme chien de berger. Une prouesse (de la part du cochon et de la part du metteur en scène) !

BABETTE S'EN VA-T-EN GUERRE
Comédie dramatique de **Christian-Jaque**, avec Brigitte Bardot, Jacques Charrier, Francis Blanche, Hannes Messemer, Yves Vincent. France, 1959 – Couleurs – 1 h 40.

En 1940, une jeune fille de la campagne est utilisée par les Anglais pour arrêter un général allemand dont la maîtresse est son sosie.

BABY BOOM "Baby Boom"
Comédie de **Charles Shyer**, avec Diane Keaton, Sam Shepard. États-Unis, 1987 – Couleurs – 1 h 40.

Une trépidante femme d'affaires s'entiche d'un bébé qu'on lui a confié et décide d'organiser sa vie en conséquence. Une comédie qui symbolise l'avènement du « cocooning » caractéristique de la fin des années 80.

BABY CART, L'ENFANT MASSACRE
"Kozureookami/Baby Cart at the River Styx"
Film d'horreur de **Kenji Misumi**, avec Tomisaburo Wakiyama, Minoru Ohki, Kayo Kobayashi. Japon, 1972 – Couleurs – 1 h 21.

Un ancien bourreau, qui parcourt le Japon féodal avec son très jeune fils, se vend comme tueur à gages. Il perpètre des crimes de plus en plus horribles, grâce à l'aide de l'enfant.

LA BABY-SITTER / JEUNE FILLE LIBRE LE SOIR
Drame policier de **René Clément**, avec Maria Schneider, Sydne Rome, Vic Morrow, Robert Vaughn, Nadja Tiller. France / Italie / R.F.A., 1975 – Couleurs – 1 h 50.

Victime d'une machination, une étudiante est accusée d'avoir kidnappé un jeune garçon. Les véritables auteurs de l'enlèvement seront assassinés par l'organisateur du rapt.

BACK STREET "Back Street"
Comédie dramatique de **Robert Stevenson**, d'après le roman de Fannie Hurst, avec Charles Boyer, Margaret Sullavan, Richard Carlson. États-Unis, 1941 – 1 h 29.

Durant trente ans, le grand amour qui unit un homme marié et une femme qui reste volontairement dans l'ombre.

▷ Voir aussi HISTOIRE D'UN AMOUR.

BAD BOY BUBBY "Bad Boy Bubby"
Comédie dramatique de **Rolf De Heer**, avec Nick Hope, Claire Benito, Ralph Cotterill, Carmel Johnson. Australie, 1995 – Couleurs – 1 h 52.

Pendant trente-cinq ans, Bubby vit séquestré par une mère incestueuse et sadique dans un sous-sol fétide. Lorsqu'il aura tué ses parents, il découvrira enfin le monde extérieur, avec ses mille dangers et ses merveilleuses séductions.

BAD COMPANY "BAD COMPANY"
Western de **Robert Benton**, avec Jeff Bridges, Barry Brown. États-Unis, 1972 – Couleurs – 1 h 31.

Un jeune déserteur de la guerre de Sécession fait l'apprentissage de la vie au sein d'une bande de hors-la-loi. Un western non conventionnel qui démystifie les aventuriers.

BAGARRES AU KING CREOLE "KING CREOLE"
Drame musical de **Michael Curtiz**, avec Elvis Presley, Carolyn Jones, Dean Jagger, Walter Matthau. États-Unis, 1958 – 1 h 56.

Dans un quartier malfamé de La Nouvelle-Orléans, un jeune homme devient rapidement un chanteur populaire, bien qu'on tente de le compromettre dans un hold-up. Elvis dans une histoire aux accents néoréalistes.

LE BAGARREUR "THE HARD TIMES"
Drame de **Walter Hill**, avec Charles Bronson, James Coburn, Jill Ireland, Maggie Blye, Strother Martin, Michael McGuire. États-Unis, 1975 – Couleurs – 1 h 33.

Pendant la Crise, un boxeur amateur accepte de tirer d'affaire son impresario qui a perdu au jeu ce que lui avait rapporté la victoire de son poulain.

LE BAGARREUR DU KENTUCKY
"THE FIGHTING KENTUCKIAN"
Film d'aventures de **George Waggner**, avec John Wayne, Vera Ralston, Oliver Hardy. États-Unis, 1949 – 1 h 40.

John Wayne et son régiment du Kentucky volent au secours de la fille d'un général français et de ses compatriotes attaqués par des bandits. Avec Oliver Hardy sans Stan Laurel.

LE BAGARREUR SOLITAIRE
"THE WILD AND THE INNOCENT"
Film d'aventures sentimentales de **Jack Sher**, avec Audie Murphy, Joanne Dru, Gilbert Roland, Sandra Dee. États-Unis, 1959 – Couleurs – 1 h 24.

Un jeune homme et une jeune fille, qui ont toujours vécu dans les grands espaces de l'Ouest américain, se trouvent brusquement confrontés au monde « civilisé ».

BAGDAD CAFÉ "OUT OF ROSENHEIM"
Comédie de **Percy Adlon**, avec Mariane Sägerbrecht *(Jasmin Münchgstettner)*, C.C.H. Pounder *(Brenda)*, Darron Flagg *(Salomon Jr.)*, Monica Calhoun *(Phyllis)*, George Aquilar *(Cahuenga)*, G.S. Campbell *(Sal)*, Christine Kaufmann *(Debby)*, Jack Palance *(Rudi Cox)*, Hans Stadlbauer *(Münchgstettner)*. • SC : P. et Eleonore Adlon, Christopher Doherty. • PH : Bernd Heinl. • MUS : Bob Telson. • MONT : Norbert Herzner. R.F.A., 1987 – Couleurs – 1 h 31. ★ **CÉSAR 1988 DU MEILLEUR FILM ÉTRANGER et DU MEILLEUR FILM DE LA COMMUNAUTÉ EUROPÉENNE.**

Après une dispute avec son mari, Jasmin Münchgstettner abandonne le tourisme et trouve refuge dans un motel crasseux du désert Mojave, près de Las Vegas. Elle y rencontre la tenancière, Brenda, une Noire exubérante, et la faune qui l'entoure : son fils (Salomon), sa fille (Phyllis), le serveur indien, le mari vaurien ; plus deux pensionnaires : une tatoueuse et un ancien peintre de décors de Hollywood ! Une fois surmontée la première défiance, Brenda et Jasmin deviennent amies et refont le succès du motel. Mais Jasmin devra retourner dans son Rosenheim bavarois d'origine... avant de revenir !

◆ *Justesse et pudeur des sentiments, drôlerie des deux héroïnes, poésie du travail cinématographique : un film joliment optimiste...* D.C.

LES BAGNARDS DE BOTANY BAY "BOTANY BAY"
Film d'aventures de **John V. Farrow**, avec Alan Ladd, James Mason, Patricia Medina. États-Unis, 1953 – Couleurs – 1 h 34.

Dans l'Angleterre du XVIIIe siècle, un médecin, injustement condamné pour vol, va s'opposer au capitaine du navire qui le mène dans un bagne australien.

LE BAGNE / TRAVAUX FORCÉS "KATORGA"
Drame de **Youli Raizman**, avec Andreï Jilinski, P. Tammn, Vladimir Popov, Vladimir Taskine. U.R.S.S., 1928 – 1 960 m (env. 1 h 13).

Pour protester contre la cruauté du nouveau directeur de la prison, des prisonniers politiques font la grève de la faim. Puis l'un d'eux décide de se suicider, mais la nouvelle de la révolution d'Octobre l'en dissuade.

LA BAIE AUX ÉMERAUDES
"THE MOON SPINNERS"
Film d'aventures de **James Neilson**, avec Hayley Mills, Eli Wallach, Irène Papas, Pola Negri. États-Unis, 1964 – Couleurs – 2 h.

Sous le ciel éclatant de Crète, deux adolescents se lancent à la recherche de l'auteur d'un vol d'émeraudes. Une comédie policière rafraîchissante.

LA BAIE DE LA MORT "BUHTA SMERTI"
Drame d'**Abram Room**, d'après une nouvelle d'Alexeï Novikov-Priboï, avec Nikolaï Saltykov, Leonid Yourenev et Vladimir Jaroslavcev. U.R.S.S., 1926 – 2 284 m (env. 1 h 24).

Dans un port du Sud, un soldat de l'armée blanche vient en aide aux révolutionnaires, avant de les rejoindre. Son père passe alors dans le camp des partisans en sabordant son navire.

LA BAIE DES ANGES
Comédie dramatique de **Jacques Demy**, avec Jeanne Moreau, Claude Mann, Paul Guers. France, 1963 – 1 h 30.

Jean, petit employé de banque, est initié au jeu par un collègue. Sa chance est insolente. Il part alors pour Nice où il rencontre Jackie, qui ne vit que pour le jeu. Une grande réussite de Demy, pour qui « ce film est l'analyse du vice chez deux êtres passionnés ». Avec Moreau en blonde platinée.

LA BAIE SANGLANTE "ECOLOGIA DEL DELITTO"
Film d'horreur de **Mario Bava**, avec Claudine Auger, Laura Betti, Isa Miranda, Leopoldo Trieste. Italie, 1972 – Couleurs – 1 h 27.

Meurtres en série pour une sombre affaire d'héritage. L'ex-chef opérateur converti à la réalisation filme ici des images sadiques et éprouvantes.

BAÏONNETTE AU CANON "FIXED BAYONETS"
Film de guerre de **Samuel Fuller**, avec Richard Basehart, Gene Evans, Michael O'Shea. États-Unis, 1951 – 1 h 32.

Un caporal embarqué dans la guerre de Corée doit surmonter ses angoisses pour mener à bien sa mission. Un débutant, James Dean, fait une brève apparition.

LE BAISER "THE KISS"
Drame de **Jacques Feyder**, avec Greta Garbo, Lew Ayres, Conrad Nagel, Holmes Herbert, Anders Randolf. États-Unis, 1929 – env. 1 700 m (env. 1 h 03).

Une femme est accusée du meurtre de son mari jaloux. Le dernier film muet interprété par Greta Garbo.

LE BAISER DE LA FEMME ARAIGNÉE
"O BEIJO DA MULHER ARANHA"
Drame psychologique de **Hector Babenco**, avec William Hurt, Raul Julia. Brésil, 1984 – Couleurs – 1 h 56.

Deux hommes, un homosexuel et un prisonnier politique, enfermés dans une cellule de prison, vont sceller une amitié profonde, malgré la tentative des autorités de manipuler le premier pour mettre la main sur les camarades du second.

LE BAISER DE TOSCA
"IL BACIO DI TOSCA/CASA VERDI"
Documentaire de **Daniel Schmid**. Suisse, 1984 – Couleurs – 1 h 27.

La Casa Verdi à Milan est une maison de retraite pour artistes lyriques. Quelques-uns parlent de leur carrière et évoquent leurs succès et leurs joies de jadis.

LE BAISER DEVANT LE MIROIR
"THE KISS BEFORE THE MIRROR"
Drame psychologique de **James Whale**, d'après la pièce de Laszlo Fodor, avec Frank Morgan, Nancy Carroll, Gloria Stuart, Paul Lukas, Charles Grapewin. États-Unis, 1933 – 1 h 06.

Un homme surprend un jour sa femme devant son miroir et, en l'embrassant, découvrant qu'elle le trompe, il l'étrangle. Son avocat, confronté au même problème, fait acquitter son client et, de retour chez lui, pardonne à sa propre femme. Le même réalisateur signe une nouvelle version du film, intitulée FEMMES DÉLAISSÉES "WIWES UNDER SUSPICION", avec Warren William, Gail Patrick, Ralph Morgan, William Lundigan, Constance Moore. États-Unis, 1938 – 1 h 08.

LE BAISER DU TUEUR "KILLER'S KISS"
Film policier de **Stanley Kubrick**, avec Frank Silvera, Jamie Smith, Irene Kane. États-Unis, 1961 – 1 h 05.

Un boxeur vaincu offre sa protection à une jeune femme poursuivie par un gangster, qui tente de les compromettre dans une affaire criminelle. Un film noir fulgurant qui marque les débuts de Stanley Kubrick. La séquence finale, dans un entrepôt de mannequins, est un morceau d'anthologie.

LE BAISER DU VAMPIRE "THE KISS OF THE VAMPIRE"
Film fantastique de **Don Sharp**, avec Noel Williams, Clifford Evans. Grande-Bretagne, 1962 – Couleurs – 1 h 28.

En 1910, en Bavière. Un couple de jeunes mariés tombe dans les griffes du docteur Ravna, qui dirige une secte de vampires. Le mythe renouvelé de façon convaincante.

BAISERS VOLÉS
Comédie de **François Truffaut**, avec Jean-Pierre Léaud *(Antoine Doinel)*, Claude Jade *(Christine Darbon)*, Delphine Seyrig *(Fabienne Tabard)*, Daniel Ceccaldi *(le*

père de Christine), Michel Lonsdale *(M. Tabard)*, Harry-Max *(M. Henri)*. • SC : F. Truffaut, Claude de Givray, Bernard Revon. • PH : Denys Clerval. • MUS : Antoine Duhamel. • MONT : Agnès Guillemot. France, 1968 – Couleurs – 1 h 30. ★ PRIX LOUIS-DELLUC 1968.

Rentré du service militaire, Antoine Doinel trouve, grâce au père de sa fiancée Christine, un emploi de veilleur de nuit dans un hôtel. Licencié, il est engagé comme apprenti-détective à l'agence Blady. Envoyé en mission spéciale chez le marchand de chaussures Tabard, qui veut savoir pourquoi tout le monde le déteste, il tombe amoureux de sa femme. Celle-ci se donne à lui à condition qu'il ne cherche pas à la revoir...

◆ *« Suite » des aventures d'Antoine Doinel qui débutèrent dans les* 400 Coups, *ce film léger, tour à tour drôle et grave, mais toujours émouvant, est un des meilleurs de François Truffaut, qui s'est projeté dans le personnage incarné avec un charme lunaire par Jean-Pierre Léaud. Avec la saveur des croquis de caractère, l'originalité des dialogues, la peinture nostalgique de Paris pendant l'hiver 67-68, et la chanson de Charles Trénet qui donne le ton, c'est un vrai régal !* *G.L.*

BAKO, L'AUTRE RIVE

Drame de **Jacques Champreux**, avec Sidiki Bakaba. France / Sénégal, 1978 – Couleurs – 1 h 50. ★ PRIX JEAN-VIGO 1978.

Janvier 1972. Boubacar fuit la misère du Mali pour aller à Bako, la France, après un terrible périple à travers l'Afrique et l'Espagne. Tiré de faits réels, un récit émouvant sur la condition des immigrés, le racisme et l'indifférence.

LE BAL

Comédie dramatique de **Wilhelm Thiele**, avec André Lefaur, Germaine Dermoz, Danielle Darrieux. France, 1931 – 1 h 13.

Une famille de bourgeois jusqu'ici modestes fait un bel héritage et veut se lancer dans la vie mondaine. La fillette, délaissée par sa mère, détruit les invitations au bal donné par ses parents.

▷ Le cinéaste signe parallèlement une version allemande, intitulée DER BALL, avec Reinhold Schünzel, Lucie Mannheim, Dolly Haas.

LE BAL

Chronique d'**Ettore Scola**, avec Marc Berman, Jean-Claude Penchenat, Régis Bouquet, Jean-François Perrier, Geneviève Rey-Penchenat, Monica Scattini, Chantal Capron, Michel Van Speybroeck, Aziz Arbia (chacun dans plusieurs rôles). • SC : R. Maccari, J.-C. Penchenat, Furio Scarpelli, E. Scola, d'après le spectacle créé par le Théâtre du Campagnol. • PH : Ricardo Aronovitch. • DÉC : Luciano Ricceri. France / Italie / Algérie, 1983 – Couleurs – 1 h 52. ★ CÉSAR DU MEILLEUR FILM 1983.

Une salle de bal populaire, anonyme, s'emplit et se vide de ses habitués au fil de l'histoire. Des filles plus ou moins jeunes, des garçons plus ou moins sérieux, des orchestres se relaient pour raconter la vie qui va. Cette histoire sans fin commence dans les années 30 et couvre la guerre et l'après-guerre, les années rock, la révolution de mai 68...

◆ *Au théâtre, c'était une gageure : la pièce était tout à fait muette. Les comédiens jouaient, dansaient, mimaient sur des airs de java, de tango ou de jazz. Le cinéma y ajoute une certaine magie et des procédés de narration spécifiques. Scola a réussi son affaire. Le film est drôle, émouvant, mythique, épique et tellement riche qu'on peut le revoir indéfiniment.* *C.S.*

LA BALADE INOUBLIABLE "UNA GITA SCOLASTICA"

Comédie de **Pupi Avati**, avec Carlo Delle Piane, Tiziana Pini. Italie, 1983 – Couleurs – 1 h 30.

Une vieille dame se souvient de son adolescence, de ses premiers émois sentimentaux. Ce film doux-amer fit connaître en France un cinéaste original et indépendant, très populaire dans son pays.

LA BALADE SAUVAGE "BADLANDS"

Drame de **Terrence Malick**, avec Martin Sheen *(Kit)*, Sissy Spacek *(Holly)*, Warren Oates *(le père)*. • SC : T. Malick. • PH : Brian Probyn, Tak Fujimoto, Steve Larner. • MUS : George Tipton. • MONT : Robert Estrin, William Weber. États-Unis, 1974 – Couleurs – 1 h 34.

Dans les années 50, un jeune collecteur d'ordures, après plusieurs méfaits, s'enfuit en voiture dans le Middle West avec sa compagne, une jeune fille de quinze ans un peu inconsciente, et, pour se protéger, sème la mort sur son passage en tuant sans haine tous les témoins de son odyssée.

◆ *Ce premier long métrage d'un réalisateur à part (ancien professeur de philosophie) contribua à faire connaître ses deux jeunes interprètes. Il était très étudié pour créer un malaise : les meurtres sont exécutés avec une atonie de psychotique, le trajet sanglant du couple est accompagné par la voix* off *sereine et naïve de Sissy Spacek, qui raconte tout cela comme une histoire de Robinson. La nature, à la fois féerique et secrètement menaçante, est présente tout du long. On devait retrouver, amplifiés, ces éléments d'un univers dans ce qui reste à ce jour le second et dernier long métrage de Malick,* les Moissons du ciel. *M.CH.*

LA BALANCE

Film policier de **Bob Swaim**, avec Richard Berry, Nathalie Baye, Philippe Léotard, Maurice Ronet. France, 1982 – Couleurs – 1 h 40. ★ CÉSAR DU MEILLEUR FILM 1982.

Un indic est assassiné à Belleville. L'inspecteur chargé de l'affaire cherche une autre « balance » pour faire tomber celui qu'il guette depuis longtemps. Flics-truands : même combat, mêmes méthodes.

LE BALCON "THE BALCONY"

Film fantastique de **Joseph Strick**, d'après la pièce de Jean Genet, avec Shelley Winters, Peter Falk, Lee Grant. États-Unis, 1963 – 1 h 26.

Dans un État imaginaire en pleine révolution, parmi les décors d'un théâtre, une « marchande d'illusion » remplace les représentants des corps constitués par des fous qui joueront leurs rôles. Curieuse adaptation, à petit budget, de la célèbre pièce.

LE BAL DES ADIEUX "SONG WITHOUT END"

Comédie dramatique de **Charles Vidor** et **George Cukor**, avec Dirk Bogarde, Capucine, Geneviève Page. États-Unis, 1960 – Couleurs – 2 h 21.

Sur fond musical, les amours de Franz Liszt pour Marie d'Agoult et une princesse russe. Le film commencé par Charles Vidor fut terminé après sa mort par George Cukor.

LE BAL DES CINGLÉS "OPERATION MAD BALL"

Comédie de **Richard Quine**, avec Jack Lemmon, Kathryn Grant, Mickey Rooney. États-Unis, 1957 – 1 h 45.

Dans un hôpital de l'armée américaine, le rapprochement, interdit par le règlement, de femmes-officiers et de soldats de l'autre sexe.

LE BAL DES MAUDITS "THE YOUNG LIONS"

Film de guerre d'**Edward Dmytryk**, d'après le roman d'Irwin Shaw, avec Marlon Brando, Dean Martin, Montgomery Clift. États-Unis, 1958 – 2 h 47.

Durant la Seconde Guerre mondiale, le destin de trois hommes : un Allemand (Marlon Brando), et deux Américains, face à la monstruosité du conflit. Le film, tourné à Paris, bénéficie de grands moyens et d'une exceptionnelle interprétation.

LE BAL DES PASSANTS

Comédie dramatique de **Guillaume Radot**, avec Annie Ducaux, Jacques Dumesnil, Catherine Fonteney. France, 1944 – 1 h 30.

Un film contre l'avortement, démontrant que la venue au monde d'un enfant non désiré peut réconcilier des parents.

LE BAL DES SIRÈNES "BATHING BEAUTY"

Comédie musicale et nautique de **George Sidney**, avec Esther Williams *(Caroline Brooks)*, Red Skelton *(Steve Elliot)*, Basil Rathbone *(George Adams)*, Donald Meek *(Chester Klazenfranz)*, Bill Goodwin *(Willis Evans)*. • SC : Dorothy Kingsley, Allen Brand, Frank Waldman, d'après un sujet de Joseph Schrank. • PH : Harry Stradling. • DÉC : Stephen Coesser, Cedric Gibbons, Menyl Pye. • MUS : Johnny Greem. • CHOR : Jacques Donahue, Robert Alton, Murray Anderson. États-Unis, 1944 – 1 h 41.

Un musicien est amoureux d'une nageuse et réciproquement. Seulement, l'imprésario de l'artiste veut séparer le couple. Il invente un stratagème qui a pour but de brouiller à jamais les fiancés. Le soupirant ne désarme pas, suit sa bien-aimée jusque dans le collège de jeunes filles où elle enseigne, s'y inscrit. Cela se termine par un ballet nautique et un mariage.

◆ *Beaucoup de scénaristes se sont groupés pour écrire cette histoire d'une remarquable banalité, mais l'intérêt n'est pas dans l'intrigue. On vient voir Esther Williams, championne de natation, pour sa plastique, son sourire fixe, ses plongeons et ses gracieuses évolutions en piscine. Autour d'elle, de son célèbre maillot, une mise en scène kitsch, mais colorée et brillante, invite à l'indulgence.* G.S.

LE BAL DES VAMPIRES

"DANCE OF THE VAMPIRES/THE FEARLESS VAMPIRE KILLERS (OR PARDON ME, YOUR TEETH ARE IN MY NECK)"

Comédie fantastique de **Roman Polanski**, avec Jack Mc Gowran *(Abronsius)*, Roman Polanski *(Alfred)*, Sharon Tate *(Sarah)*, Ferdy Mayne *(Krolock)*, Terry Downes *(Konkol)*. • SC : R. Polanski, Gérard Brach. • PH : Douglas Slocombe. • DÉC : Wilfred Shingleton. • MUS : Krzystof Komeda. Grande-Bretagne, 1967 – Couleurs – 1 h 48.

Accompagné de son disciple Alfred, Abronsius arrive en Transylvanie pour y détruire les vampires. Il découvre le château de Krolock, hôte étrange qui a enlevé Sarah, une jeune fille du village voisin. Ils sont tous retenus prisonniers pour servir de repas à la réunion annuelle des vampires. Déguisés, ils parviennent à s'enfuir, mais Sarah a déjà été vampirisée, et ils emmènent dans leur traîneau ce qu'ils voulaient combattre.

◆ *Mal accueilli par la critique à sa sortie, le film a bénéficié ensuite d'une grande popularité, d'ailleurs assez tardive. D'abord sous-estimé, il est maintenant surestimé, bien qu'il soit une réelle réussite au rythme toutefois inégal, mélangeant une atmosphère authentiquement étrange et des gags parfois trop attendus. Il se voulait un pastiche du genre, visant d'ailleurs plus les films de la Hammer, et donc l'excellent Terence Fisher, que les films de la Universal.* S.K.

LE BAL DES VAURIENS / MEURTRE D'UN BOOKMAKER CHINOIS
"THE KILLING OF A CHINESE BOOKIE"
Film policier de **John Cassavetes**, avec Ben Gazzara, Meade Roberts, David Rowlands, Seymour Cassel. États-Unis, 1976 – Couleurs – 1 h 50.

Un propriétaire de « boîte » qui vient tout juste de payer sa dernière traite se voit contraint d'éliminer un bookmaker chinois pour rembourser une énorme dette de jeu.

LE BAL DU COMTE D'ORGEL
Drame romanesque de **Marc Allégret**, d'après le roman de Raymond Radiguet, avec Jean-Claude Brialy, Sylvie Fennec, Bruno Garcin. France, 1970 – Couleurs – 1 h 40.

Paris, 1920. Une jeune femme est prise jusqu'au vertige entre l'amour d'un jeune homme et l'emprise de son époux, le comte d'Orgel. Mise en images consciencieuse de Marc Allégret pour son dernier film.

LE BAL DU PRINTEMPS "ON MOONLIGHT BAY"
Comédie musicale de **Roy Del Ruth**, avec Doris Day, Gordon MacRae. États-Unis, 1951 – Couleurs – 1 h 35.

Comédie sentimentale et numéros musicaux pour la fille d'un riche banquier et le jeune homme qui l'aime.

LES BALEINES DU MOIS D'AOÛT
"THE WHALES OF AUGUST"
Chronique de **Lindsay Anderson**, avec Lillian Gish, Bette Davis, Vincent Price. États-Unis, 1987 – Couleurs – 1 h 35.

La vie paisible de deux sœurs âgées, unies par une étroite dépendance soudain menacée par l'arrivée de fantasques voisins. Un film nostalgique sur le troisième âge, interprété par trois monstres sacrés.

LES BALISEURS DU DÉSERT "EL HAIMOUNE"
Drame psychologique de **Nacer Khemir**, avec Nacer Khemir, Soufiane Makni, Nourredine Kasbaoui, Sonia Ichti, Abdeledhim Abdelhak, Hedi Daoud. Tunisie / France, 1985 – Couleurs – 1 h 35.

Arrivé depuis peu dans un village perdu au cœur du désert, un jeune instituteur disparaît. Sur place, l'enquête d'un officier de police n'a aucune prise sur les villageois, représentés surtout par des enfants.

BALKAN EXPRESS "BALKAN EKSPRES"
Comédie dramatique de **Branko Baletić**, avec Dragan Nikolić, Bora Todorović, Tanja Bosković, Olivera Marković. Yougoslavie, 1983 – Couleurs – 1 h 44.

Des petits voleurs à la tire voyagent à travers le pays en se faisant passer pour des musiciens, lorsque la guerre éclate. En cherchant à sauver leur peau, ils deviendront des héros.

BALLADE BERLINOISE "BERLINER BALLADE"
Comédie dramatique de **Robert A. Stemmle**, avec Gert Froebe, Aribert Wäsher, Tatjana Sais, Ute Sielisch, Otto E. Hasse, Werner Oehlschläger. Allemagne, 1948 – 1 h 30.

En 2048, la télévision diffuse un film sur la vie du Berlinois moyen au lendemain de la Seconde Guerre mondiale. L'un d'eux, qui vit de combines et subit les injustices du quotidien, rêve d'égalité et exhorte ses compatriotes à enterrer la haine et l'égoïsme. Une œuvre d'anticipation moraliste.

LA BALLADE DE BRUNO "STROSZEK"
Drame de **Werner Herzog**, avec Bruno S. , Eva Mattes, Clemens Scheitz, Wilhelm von Homburg. R.F.A., 1977 – Couleurs – 1 h 45.

À sa sortie de prison, un jeune homme décide d'entamer une nouvelle vie et part pour les États-Unis avec deux amis. Devant les difficultés, la femme retourne se prostituer, le vieillard commet un hold-up et le garçon se suicide.

LA BALLADE DE NARAYAMA
"NARAYAMA BUSHI-KO"
Drame de **Shōhei Imamura**, avec Ken Ogata *(Tatsuhei)*, Sumiko Sakamoto *(Orin)*, Takejo Aki *(Tamayan)*. • SC : S. Imamura, d'après Shichiro Fukasawa. • PH : Masao Tochizawa. • MUS : Shinichiro Ikebe. • MONT : Yoshi Sugihara. Japon, 1983 – Couleurs – 2 h 18. ★ **PALME D'OR, Cannes 1983.**

Dans un village des hautes montagnes de Shinshu, la vieille Orin a presque soixante-dix ans : l'âge où, selon la coutume, son fils aîné l'emmènera sur le mont de Narayama pour y mourir. En attendant, elle prépare son départ et s'occupe de la famille. À l'automne, Tatsuhei se refuse à l'abandonner sur la montagne. Elle ne l'écoute pas. La neige tombe...

◆ *Ce film convulsif met en relation deux types de valeur. D'un côté, la survie matérielle, traitée en images d'un réalisme cru, truculent, grimaçant, où le cadavre d'un enfant engraisse une terre, des voleurs sont enterrés vivants, les bouches inutiles vendues ou abandonnées. De l'autre, le spirituel, traité en images superbes de beauté et de noblesse, où le sacrifice serein d'Orin prend un sens dans la certitude qu'elle a de rencontrer le dieu qui a guidé sa vie. Plus que leur opposition, ce chef-d'œuvre montre l'unité organique du sacré et du trivial dans des images cruelles et sublimes.* J.M.

▷ Une première version a été réalisée par **Keisuke Kinoshita**, avec Kinuyo Tanaka, Teiji Takahashi, Yuko Mochizuki, Seiji Miyaguchi. Japon, 1958 – Couleurs – 1 h 37.

LA BALLADE DES DALTON

Dessin animé de **Morris** et **Goscinny**, d'après leur bande dessinée Lucky Luke. France, 1978 – 1 h 22.

Évadés de leur prison malgré la vigilance (?) de Rantanplan et de Lucky Luke, les Dalton cherchent à venger leur vieil oncle qui vient d'être pendu pour divers méfaits.

LA BALLADE DES SANS-ESPOIR

"Too Late Blues"

Drame de **John Cassavetes**, avec John Cassavetes, Everett Chambers, Nick Dennis, Bobby Darin, Stella Stevens. États-Unis, 1961 – 1 h 45.

Dans le milieu d'un certain jazz new-yorkais, sur fond d'alcool et de prostitution, les amours déchirantes d'un musicien et d'une chanteuse brisés par la vie.

LA BALLADE DU BOURREAU

"The Travelling Executioner"

Drame de **Jack Smight**, avec Stacy Keach, Mariana Hill, Bud Cort, Graham Jarvis. États-Unis, 1970 – Couleurs – 1 h 35.

En 1918, un ancien forain reconverti traverse les États du Sud avec une chaise électrique portable, et propose aux autorités des exécutions pour cent dollars tous frais compris.

LA BALLADE DU SOLDAT "Ballada o soldate"

Drame de **Grigori Tchoukhrai**, avec Vladimir Ivachev *(Alecha)*, Janna Prokhorenko *(Choura)*, Nikolai Krioutchkov *(le général)*, Evgueni Ourbanski *(l'invalide)*. • SC : G. Tchoukhrai, Valentin Ejov. • PH : Vladimir Nikolaiev, Era Savelieva. • DÉC : Boris Nemetchek. • MUS : Mikhail Ziv. • MONT : M. Timofeeva. U.R.S.S., 1959 – 1 h 32. ★ Prix de la Meilleure participation pour la sélection soviétique, Cannes 1960.

Pendant la guerre, un jeune soldat bénéficie de six jours de permission. Mais le voyage est si long et si difficile pour rentrer chez lui qu'il aura juste le temps d'embrasser sa mère avant de repartir au front. Il n'aura pas eu de temps non plus pour approfondir sa rencontre dans le train avec une jeune fille.

◆ La Ballade du soldat *est un film d'une grande sensibilité, comme toute l'œuvre de Tchoukhrai. Mais la compassion pour le destin des individus s'exprime ici dans sa plénitude et l'on est bien loin des discours officiels sur les héros. C'est la guerre qui est la véritable ennemie, car elle tue tout ce qui est humain, les joies de l'existence aussi bien que l'amour et le respect de la dignité de chaque être.* J.-M.C.

BALLADE EN BLEU "Ballad in Blue"

Drame de **Paul Henreid**, avec Ray Charles, Mary Peach, Dawn Addams. États-Unis, 1965 – 2 h.

Un chanteur célèbre en tournée mondiale – Ray Charles dans son propre rôle – se prend d'affection pour un jeune aveugle et lui offre, à Paris, une intervention chirurgicale qui va, peut-être, lui rendre la vue. Un « musical » pas comme les autres.

BALLADE POUR UN CHIEN

Drame psychologique de **Gérard Vergez**, avec Charles Vanel. France, 1968 – Couleurs – 1 h 30.

Ouvrier relieur à la retraite et resté seul dans son immeuble, un vieil homme rêve à la vie qu'il mènerait avec un chien qu'il a vu au square. Le premier film de Vergez.

BALLADE POUR UN VOYOU

Film policier de **Jean-Claude Bonnardot**, avec Laurent Terzieff, Philippe Noiret, Hildegard Knef. France, 1962 – 1 h 30.

Vincent Vivant, jeune repris de justice chargé de transporter une mystérieuse valise, découvre que celle-ci est piégée, et que ses employeurs ont décidé de l'éliminer à l'arrivée.

BALLERINA

Comédie dramatique de **Ludwig Berger**, avec Violette Verdy, Philippe Nicaud, Nicolas Orloff, Micheline Boudet. France, 1950 – 1 h 35.

Le portrait d'une jeune danseuse, ses désirs, ses rêves et la réalité. Un beau film sur la danse, et la musique de Ravel, Mozart...

BALLES PERDUES

Comédie policière de **Jean-Louis Comolli**, avec Andréa Ferréol, Maria Schneider. France, 1983 – Couleurs – 1 h 31.

Une femme découvre le cadavre de son patron, un diamantaire, assassiné, et sollicite l'aide de celui qu'elle croit être un détective. Une tentative pour réconcilier polar et cinéma d'auteur.

LE BALLON ROUGE
Conte poétique d'**Albert Lamorisse**, avec Pascal Lamorisse *(le petit garçon)*. • SC : A. Lamorisse. • PH : Edmond Séchan. • MUS : Maurice Le Roux. • MONT : Pierre Gillette. France, 1956 – Couleurs – 30 mn. ★ MÉDAILLE D'OR DU GRAND PRIX DU CINÉMA FRANÇAIS 1956. PALME D'OR, Cannes 1956. PRIX LOUIS-DELLUC 1956.

Pascal a décroché d'un réverbère un ballon rouge. Dès lors, le petit garçon et le ballon ne se quittent plus. Le ballon rouge suit Pascal dans la rue, l'attend devant la fenêtre ou à la sortie de l'école, provoquant quelques mésaventures. Mais des garnements le crèvent. Alors, tous les ballons de Paris, répondant à un appel mystérieux, viennent chercher Pascal inconsolable et l'entraînent vers le ciel.

◆ *C'est un conte de fées, une histoire poétique et délicate auquel le Paris des années 50 (admirablement photographié) sert de cadre réaliste. Mais le conte féerique est aussi philosophique : les grands (adolescents ou adultes) ont oublié ce que sont le merveilleux et l'innocence, et s'emploient à détruire ce qu'ils ne comprennent plus. Albert Lamorisse est un magicien de l'image, de la poésie, de l'émotion subtile, mais c'est un magicien pessimiste.* *B.B.*

LA BAMBA "LA BAMBA"
Film musical de **Luis Valdez**, avec Lou Diamond Phillips, Esai Morales, Rosana De Soto. États-Unis, 1986 – Couleurs – 1 h 49.

L'ascension spectaculaire du jeune chanteur Ritchie Valens, et sa fin tragique dans un accident d'avion. Portrait émouvant d'une star éphémère ; en demi-teinte, la peinture d'une minorité sociale.

BAMBI "BAMBI"
Dessin animé de **Walt Disney**, d'après le récit de Felix Salten. États-Unis, 1942 – Couleurs – 1 h 12.

Le faon Bambi est promis à un brillant avenir : il doit devenir roi de la forêt. En attendant, il passe des jours heureux à jouer avec son ami le lapin Pan-Pan. Mais les chasseurs interrompent cette existence idyllique et, un jour terrible, Bambi perd sa maman. Devenu jeune cerf, il découvre l'amour avec Faline la petite biche. Un combat victorieux et son sang-froid face à un incendie lui vaudront de succéder à son père.

◆ *Mignon, adorable, à croquer : les cyniques n'y comprendront jamais rien, mais des millions d'enfants du monde entier éprouvent depuis près d'un demi-siècle leur première grande émotion esthétique à l'apparition du petit faon, de ses longs cils si doux et de ses premiers pas bien incertains sur la glace. Après* Blanche-Neige, *les illustrateurs de Disney créent une autre de ces images irrésistibles qui imposent le règne sans partage du dessin animé sur l'imaginaire enfantin. Mais n'oublions pas l'essentiel : face au faon, le jeune cerf ne fait pas le poids.* *M.CE.*

LA BAMBINA "LE FARÒ DA PADRE"
Comédie satirique d'**Alberto Lattuada**, avec Luigi Proietti, Irène Papas, Teresa Ann Savoy. Italie, 1974 – Couleurs – 1 h 48.

Un promoteur immobilier tombe éperdument amoureux de la jeune arriérée mentale qu'il a fait enlever pour avoir sa dot.

LA BAMBOLONA
Comédie de **Franco Giraldi**, avec Ugo Tognazzi, Isabella Rei, Lilla Brignone. Italie, 1968 – Couleurs – 1 h 47.

La rencontre d'une Lolita et d'un « vieux » : conflit de générations où les adultes n'ont pas la meilleure part...

BANANAS "BANANAS"
Comédie satirique de **Woody Allen**, avec Woody Allen, Louise Lasser, Carlos Montalban. États-Unis, 1971 – Couleurs – 1 h 22.

Un Américain abandonné par son amie part pour l'État de San Marcos, en proie à la guerre civile. Il en deviendra président, puis retrouvera l'Amérique et son amie, toujours sous l'œil des caméras de la télévision, omniprésentes. Décapant.

BANANA SPLIT "THE GANG'S ALL HERE"
Comédie musicale de **Busby Berkeley**, avec Alice Faye, Carmen Miranda, Eugene Pallette. États-Unis, 1943 – Couleurs – 1 h 43.

Les amours tumultueuses d'une danseuse et d'un sergent des troupes du Pacifique. Tout finit par s'arranger. Divertissant par la qualité baroque des numéros musicaux.

BANCALS
Drame d'**Hervé Lièvre**, avec Albert Delpy, Paul Crauchet. France, 1982 – Couleurs – 1 h 35.

Un retraité solitaire trouve un réconfort dans la compagnie d'un jeune homme, puis leur relation se dégrade. Un beau sujet sur la cohabitation de deux marginaux.

BANDE À PART
Comédie policière de **Jean-Luc Godard**, avec Anna Karina *(Odile)*, Claude Brasseur *(Arthur)*, Sami Frey *(Frantz)*. • SC : J.-L. Godard, d'après le roman de Dolores

Hitchens *Pigeon vole*. • PH : Raoul Coutard. • MUS : Michel Legrand. • MONT : Agnès Guillemot. France, 1964 – 1 h 35.

Arthur et Frantz font la connaissance d'Odile dans un cours d'anglais. Odile travaille au pair chez une vieille dame qui, dans sa villa des bords de Marne, reçoit souvent la visite d'un mystérieux diplomate venu de l'Est et cache d'énormes liasses de billets de banque. Les deux jeunes gens convainquent Odile de les aider à voler cette fortune. Mais l'opération tourne mal...

◆ *Des jeunes gens trop nourris de Série Noire et de faits divers tentent (et ratent) un hold-up. Mais Godard n'a opté ni pour la parabole sociologique ni pour la parodie. Cette fantaisie tragi-comique veut surtout nous faire approcher des personnages qui font « bande à part », dans la vie comme au cinéma, qui expriment leur vérité en la jouant sans cesse, parfois jusqu'au tragique. L'interprétation, la spontanéité, l'humour, la légèreté sérieuse du trio d'acteurs tient ici une place plus prépondérante que dans tout autre film de Godard.* *J.M.*

BANDE DE FLICS "THE CHOIRBOYS"

Comédie dramatique de **Robert Aldrich**, avec Charles Durning, Lou Gosset Jr., Perry King. États-Unis, 1977 – Couleurs – 2 h.

Des flics de Los Angeles se réunissent pour passer le temps en dehors de leurs heures de service. Ils révèlent alors leur véritable nature, ce qui n'est réconfortant pour personne...

LA BANDE DES QUATRE "BREAKING AWAY"

Comédie de **Peter Yates**, avec Dennis Christopher, Dennis Quaid, Daniel Stern, Barbara Barrie. États-Unis, 1979 – Couleurs – 1 h 41.

Un jeune Américain a deux passions : l'Italie et le vélo. Mais sa petite amie le quitte. Heureusement, il gagne la course organisée par l'Université et rencontre une belle Française. Un divertissement d'où la critique sociale n'est pas absente.

LA BANDE DES QUATRE

Comédie dramatique de **Jacques Rivette**, avec Bulle Ogier, Benoît Régent, Laurence Cote, Fejria Deliba. France, 1989 – Couleurs – 2 h 40.

Quatre amies, élèves d'un cours d'art dramatique, vivent dans un pavillon. Cécile semble vivre un grand amour ; elle part et est remplacée par Lucia. Anna est sauvée d'une mystérieuse agression par un homme, Henri, qui s'introduit ainsi dans le pavillon...

LA BANDE DU REX

Drame de **Jean-Henri Meunier**, avec Jacques Higelin, Nathalie Delon, Lucky Blondo. France, 1980 – Couleurs – 1 h 40.

Une bande de jeunes dans une banlieue ordinaire. Après un hold-up qui ne pouvait qu'échouer, ils sont confrontés à une société brutale et répressive. Un document sur la grande détresse de la « zone ».

OS BANDEIRANTES

Drame de **Marcel Camus**, avec Raymond Loyer, Almiro do Esperito-Santo, Joh Reich, Lourdes de Oliveira, Elga Andersen, Lea Garcia. France / Italie, 1960 – 1 h 52.

Deux aventuriers qui ont découvert des diamants en Amazonie échappent de peu à la mort lorsque leur associé veut les éliminer. Ils renoncent à se venger en rencontrant les femmes de leur vie.

LA BANDERA

Drame de **Julien Duvivier**, avec Annabella *(Aïcha)*, Jean Gabin *(Pierre Gilieth)*, Robert Le Vigan *(Fernando Lucas)*, Pierre Renoir *(le capitaine Weller)*, Aimos *(Marcel Mulot)*, Margo Lion *(Planche à Pain)*, Viviane Romance *(une fille)*, Gaston Modot *(Muller)*. • SC : Charles Spaak, J. Duvivier, d'après le roman de Pierre Mac Orlan. • PH : Jules Kruger, Marc Fossard. • DÉC : Jacques Krauss. • MUS : Jean Wiener, Roland Manuel. • MONT : Marthe Poncin. France, 1935 – 1 h 40.

Pierre Gilieth, qui a tué un homme à Montmartre, s'engage dans « la Bandera » (Légion étrangère espagnole). Il fait la connaissance de Fernando Lucas qui devine son crime et réussit à s'en débarrasser dans le Sud marocain. Il épouse Aïcha, mais Lucas le rejoint. Les deux hommes voient leur sort lié dans un poste avancé du désert et apprennent à s'estimer. À la mort de Gilieth, Lucas rapporte à Aïcha une pièce d'or qu'il lui a remise pour elle avant de mourir.

◆ *Avec un minimum de technique, Duvivier dessine des personnages forts, interprétés par de grands comédiens. Un des films marquants du cinéma français des années 30.* *J.-C.S.*

BANDIDO CABALLERO "BANDIDO"

Film d'aventures de **Richard Fleischer**, avec Robert Mitchum, Ursula Thiess, Gilbert Roland, Zachary Scott. États-Unis, 1956 – Couleurs – 1 h 32.

Aventuriers et trafiquants d'armes s'affrontent au Mexique, en 1916, en pleine guerre civile.

LE BANDIT "IL BANDITO"

Drame d'**Alberto Lattuada**, avec Anna Magnani, Amedeo Nazzari, Carla Del Poggio, Carlo Campanini, Eliana Bonducci. Italie, 1946 – 1 h 23.

De retour de captivité, deux amis retrouvent leur pays natal : l'un reprend sa vie de paysan, l'autre devient un hors-la-loi.

LE BANDIT "The Naked Dawn"
Western d'**Edgard G. Ulmer**, avec Arthur Kennedy *(Santiago)*, Betta St-John *(Maria)*, Eugene Iglesias *(Manuel)*, Roy Engel, Charlita. • SC : Nina et Herman Schneider. • PH : Frederick Gately. • MUS : Herschel Burke Gilbert. • MONT : Dan Milner. États-Unis, 1954 – Couleurs – 1 h 23.

Dans une ferme isolée du Haut-Mexique, un hors-la-loi, Santiago, trouve refuge après un hold-up. Le couple de jeunes fermiers est attiré par cet intrus : l'homme par cupidité, la femme par désir. La situation sera réglée par l'arrivée de la troupe lancée à la poursuite du bandit.

◆ *Curieux western, où les seuls moments d'action violente sont limités à la séquence pré-générique (hold-up à la gare) et au final, qui voit le triomphe – tardif – des forces du bien. Entre les deux, un huis clos psychologique inhabituel au genre, qui a fait rapprocher cette parabole sur le Mal des romans de Bernanos ou de Dostoïevski ! L'auteur, Edgard G. Ulmer, n'est pourtant qu'un vieux routier des studios hollywoodiens (d'origine viennoise), spécialiste des séries B (*le Chat noir, Barbe-Bleue, le Pirate de Capri *et une cinquantaine d'autres films à très petit budget), capable de fulgurations baroques inattendues, qui lui ont valu en Europe une flatteuse réputation.* C.B.

BANDITS À ORGOSOLO "Banditi a Orgosolo"
Drame psychologique de **Vittorio De Seta**, avec Michele Cossu *(le berger)*, Peppeddu Cuccu *(l'enfant)*, Vittorina Pisano *(Mintonia, la jeune fille)*. • SC : Vera Gherarducci, V. De Seta. • PH : V. De Seta. • MUS : Valentino Bucci. • MONT : V. De Seta. Italie, 1958 – 1 h 38. ★ **Prix San Giorgio, Venise 1961.**

Un berger sarde, Michele, est injustement soupçonné de vol de bétail. Pour fuir la police, il gagne la montagne avec son jeune frère et son troupeau. Dans un pays aride, inhospitalier, il s'efforce en vain de faire survivre ses bêtes. Ruiné, traqué, rejeté de la communauté, il ne lui reste plus qu'à devenir le bandit qu'il n'était pourtant pas.

◆ *La misère, les arbitraires, l'absurdité engendrent le banditisme et de nouvelles formes d'injustice. Dans une narration austère et violente, marquée au coin du néoréalisme, Vittorio De Seta, maître d'œuvre total, décrit la tragédie d'un homme simple qui pour être victime de la pauvreté l'est aussi d'une société implacable et d'une nature belle, mais constamment hostile. C'est un témoignage bouleversant d'humanité.* B.B.

BANDITS, BANDITS... "Time Bandits"
Film fantastique de **Terry Gilliam**, avec John Cleese, Sean Connery, David Warner. Grande-Bretagne, 1981 – Couleurs – 1 h 55.

Un jeune garçon rêveur, malgré l'oppression familiale, est emmené un soir par des anges aux côtés de ses héros favoris. Une partie d'échecs entre le Diable et l'Être Suprême...

BANDOLERO "Bandolero !"
Western d'**Andrew V. McLaglen**, avec James Stewart, Dean Martin, Raquel Welch. États-Unis, 1968 – Couleurs – 2 h.

Attaques de banques et longues poursuites forment la trame classique d'un film qui vaut davantage par les grands espaces et la couleur « mexicaine » de l'action.

LE BANNI "The Outlaw"
Western de **Howard Hawks** [terminé par Howard Hughes], avec Jane Russell *(Rio McDonald)*, Jack Buetel *(Billy)*, Walter Huston *(Doc)*, Thomas Mitchell *(Pat)*. • SC : Jules Furthman. • PH : Gregg Toland. • MUS : Victor Young. • MONT : Wallace Grissell. États-Unis, 1943 (RÉ : 1940) – 1 h 51.

À la recherche de son cheval volé par Billy the Kid, Doc Holliday retrouve son vieux complice Pat Garrett, devenu shérif. Voleur et volé se réconcilient contre l'homme de loi et Doc héberge Billy chez sa maîtresse Rio. Bien que le jeune homme soit l'assassin de son frère, celle-ci s'enfuit avec lui. S'ensuit une série de retournements dont l'enjeu est moins la femme que le cheval.

◆ *« La meilleure femme ne vaut pas un bon cheval ». Cet adage de l'Ouest, au cœur de ce western à la facture et aux héros classiques, explique les protestations des ligues de vertu féminines américaines. Avec la plantureuse et sensuelle Jane Russell, il marque l'irruption de l'érotisme dans un genre dont il met à mal la mythologie : les héros, cantonnés dans l'amitié et la rivalité virile, n'ont rien des preux chevaliers protégeant la femme, y compris la prostituée dont le grand cœur rachète les fautes. La babylonienne Jane Russell fait preuve d'une avidité de vengeance et de sexualité qui les rebute. Et c'est le hors-la-loi qui part avec la femme immorale !* J.M.

LE BANNI DES ÎLES "An Outcast of the Islands"
Film d'aventures de **Carol Reed**, d'après le roman de Joseph Conrad, avec Ralph Richardson, Trevor Howard, Kérima, Robert Morley. Grande-Bretagne, 1951 – 1 h 42.

Un aventurier guidé par l'appât du gain trahit ceux qui l'aiment.

LA BANQUIÈRE

Drame de **Francis Girod**, avec Romy Schneider, Jean-Louis Trintignant, Jean-Claude Brialy. France, 1980 – Couleurs – 2 h 10.

L'ascension vertigineuse – et la chute – d'une jeune femme dans le monde financier des Années folles. Reconstitution somptueuse des milieux dirigeants de l'entre-deux guerres. Romy Schneider est impressionnante dans le personnage inspiré par la vie de Marthe Hanau.

BANZAÏ

Comédie de **Claude Zidi**, avec Coluche, Valérie Mairesse, Eva Darlan. France, 1982 – Couleurs – 1 h 42.

Un employé d'une société de secours aux touristes à l'étranger, fiancé à une hôtesse de l'air, se trouve, bien malgré lui, entraîné dans des aventures aux quatre coins de la planète.

BAPTÊME

Comédie dramatique de **René Féret**, avec Valérie Stroh, Jacques Bonaffé, Jean-Yves Bertoloot, Edith Scob. France, 1989 – Couleurs – 2 h 05.

La chronique et la vie d'une famille française sur une trentaine d'années. Ce film discret et réaliste marque le retour de René Féret au style et à la thématique de la Communion solennelle.

BARABBAS "Barabbas"

Péplum de **Richard Fleischer**, d'après le roman de Pär Lagerkvist, avec Anthony Quinn, Silvana Mangano, Jack Palance, Ernest Borgnine. États-Unis / Italie, 1961 – Couleurs – 2 h 20.

La destinée du voleur Barabbas, libéré à la place de Jésus et qui, après avoir assisté à l'agonie du Christ, adhère à la foi nouvelle. Il est condamné aux mines, puis gladiateur, avant d'être impliqué dans l'incendie de Rome et d'être lui-même crucifié. Un des meilleurs péplums jamais réalisés. L'affrontement de Quinn et Palance dans l'arène est un sommet du genre.

▷ Autre version réalisée par : **Alf Sjöberg**, avec Ulf Palme, Anders Enrikson, Eva Dahlbeck, Jarl Kulle. Suède, 1953 – 1 h 30.

LA BARAKA

Comédie dramatique de **Jean Valère**, avec Roger Hanin, Gérard Darmon, Magali Renoir, Marthe Villalonga. France, 1982 – Couleurs – 1 h 40.

Un pied-noir a réussi à faire son trou à Marseille. Un accident l'amène à découvrir la stupidité de ses préjugés racistes. Mais cela ne suffit pas.

BARAKA SUR X13

Film policier de **Maurice Cloche**, d'après un roman d'Eddy Ghilain, avec Gérard Barray, Sylva Koscina, Agnès Spaak. France / Italie / Espagne, 1965 – Couleurs – 1 h 30.

Le Pr Sartème, réputé pour ses travaux nucléaires, est pourchassé par un gang qui veut s'emparer de ses découvertes. Un film à suspense qui respecte toutes les traditions du genre.

LA BARBARE

Drame de **Mireille Darc**, d'après le roman de Katherine Pancol, avec Murray Head, Angela Molina, Aurélie Gibert. France, 1989 – Couleurs – 1 h 30.

Pour Sophie, que son père a renvoyée de Tunisie en France avec sa mère, l'amour se confond avec l'exil. Six ans après, elle revient vers son enfance. Le premier film réalisé par Mireille Darc.

LE BARBARE ET LA GEISHA

"The Barbarian and the Geisha"

Drame exotique de **John Huston**, avec John Wayne, Eiko Ando, Sam Jaffe. États-Unis, 1958 – Couleurs – 1 h 45.

Au milieu du XIXe siècle, le premier consul américain débarque au Japon et doit faire face à une épidémie de choléra.

BARBARELLA

Film de science-fiction de **Roger Vadim**, d'après la bande dessinée de Jean-Claude Forest, avec Jane Fonda. France, 1968 – Couleurs – 1 h 40.

En l'an 4000, Barbarella, astronaute et superwoman, se lance à la poursuite des ennemis de la Terre... Une célèbre B.D. mise au service de l'érotisme soft cher à Vadim.

LA BARBE À PAPA "Paper Moon"

Comédie de **Peter Bogdanovitch**, d'après le roman de Joe David Brown *Addie Pray*, avec Ryan O'Neal, Tatum O'Neal. États-Unis, 1973 – 1 h 40.

Moses parcourt l'Amérique de la grande dépression en survivant grâce à des escroqueries. À la mort d'une ancienne maîtresse, il se retrouve affublé d'une gamine qui se révèle une complice efficace. Le charme du film réside dans l'incroyable naturel de la propre fille du comédien principal qui décroche à 10 ans l'Oscar de la Meilleure actrice de second rôle.

BARBE-BLEUE "BLUEBEARD"
Film policier de **Edgar G. Ulmer**, avec John Carradine, Jean Parker, Ludwig Stossel. États-Unis, 1944 – 1 h 13.

À Paris, au début du siècle, on retrouve dans la Seine des femmes assassinées. Un montreur de marionnettes passionné de peinture fait le portrait de jeunes femmes, dont Lucille, une belle modiste... Par un réalisateur peu connu du Hollywood des années 50 (Voir *le Bandit*).

BARBE-BLEUE
Comédie de **Christian-Jaque**, d'après le conte de Charles Perrault, dialogues d'Henri Jeanson, avec Cécile Aubry, Pierre Brasseur, Jacques Sernas. France / R.F.A., 1951 – Couleurs – 1 h 25.

La légende du comte Amédée de Salfère, dit Barbe-Bleue, connu pour avoir fait passer de vie à trépas ses différentes épouses. Un film très soigné en forme de « clin d'œil ». Voir aussi LA HUITIÈME FEMME DE BARBE-BLEUE.

▷ Autres versions réalisées notamment par : **Georges Méliès**. France, 1901 – env. 200 m. **Edward Dmytryk**, intitulée BARBE-BLEUE "BLUEBEARD", avec Richard Burton, Raquel Welch, Joey Heatherton, Virna Lisi, Nathalie Delon. R.F.A. / France / Italie, 1972 – Couleurs – 2 h 04.

BARBE-NOIRE LE PIRATE "BLACKBEARD THE PIRATE"
Film d'aventures de **Raoul Walsh**, avec Robert Newton, Linda Darnell, Keith Andes. États-Unis, 1952 – Couleurs – 1 h 39.

Pirates, belle captive, coffre empli de pierres précieuses sont réunis sur un navire commandé par le redoutable Barbe-Noire. De très belles images de William Snyder et le charme de Linda Darnell.

BARBEROUSSE
Drame policier d'**Abel Gance**, avec Léon Mathot, Emile Keppens, Yvonne Briey. France, 1916 – 1 600 m (env. 1 h 35).

Un journaliste commet des méfaits pour être le premier à en parler.

BARBEROUSSE "AKAHIGE"
Drame de **Akira Kurosawa**, avec Toshiro Mifune *(Barberousse)*, Yumo Kayama *(le jeune médecin)*, Kyoko Kagawa *(la folle)*, Kamatari Fujiwara *(le vieillard)*. • SC : A. Kurosawa, Ryuzo Kikushima, Hideo Oguni, Masato Ide, d'après le roman de Shugoro Yamamoto. • PH : Asakazu Nakai. • MUS : Masaru Sato. Japon, 1965 – 3 h 05.

Au siècle dernier, un futur médecin, qui veut faire carrière dans les beaux quartiers, est affecté dans un hôpital pour pauvres dirigé par Barberousse. Il est réfractaire aux méthodes dures, intransigeantes de son chef, qui n'est pourtant que dévouement pour ses malades. Son contact prolongé avec la misère et la souffrance transformera le jeune homme et le décidera à poursuivre l'œuvre de son maître.

◆ *Le film qui – selon ses dires – a coûté le plus d'efforts à son auteur, et qui est aussi son préféré. Il n'est pas construit sur une intrigue linéaire, mais rapporte une série d'épisodes séparés qui n'acquièrent leur cohérence que dans la prise de conscience progressive qu'ils amènent chez le jeune médecin. L'utilisation de longues focales (750 mm), qui écrasent les perspectives et dynamisent l'espace, en font un film très impressionnant visuellement. La scène où le docteur est confronté à la folle, filmée en un seul plan général où la caméra s'approche par « à-coups », est l'une des plus belles du cinéma.* S.K.

LES BARBOUZES
Comédie de **Georges Lautner**, avec Lino Ventura, Bernard Blier, Mireille Darc, Francis Blanche. France, 1964 – 1 h 45.

Un as des services secrets reçoit la mission de protéger la veuve d'un homme qui collectionnait les brevets d'inventions d'armes. Une délirante parodie des films d'espionnage sur un scénario signé Simonin et Audiard.

LE BAR DU TÉLÉPHONE
Film policier de **Claude Barrois**, avec Daniel Duval, François Perier, Georges Wilson. France, 1980 – Couleurs – 1 h 33.

Un truand solitaire fait sa loi dans le milieu, mais, à la suite du meurtre de deux policiers, devient la cible de la pègre et de la police. Des scènes violentes, mais une technique cinématographique sans faille, d'après un fait divers réel.

BARFLY "BARFLY"
Drame de **Barbet Shroeder**, sur un scénario de Charles Bukowski, avec Mickey Rourke, Faye Dunaway. États-Unis, 1987 – Couleurs – 1 h 37.

L'itinéraire désespéré de deux alcooliques, Henry et Wanda, dont la détresse n'est pas sans grandeur.

BARNABÉ
Comédie dramatique d'**Alexandre Esway**, avec Fernandel, Paulette Dubost, Roland Toutain, Andrex. France, 1938 – 1 h 35.

Un musicien, amoureux de la fille du garde-chasse, est pris pour un comte qu'une femme veut donner comme époux à sa fille. Mais celle-ci a déjà fait son choix.

BAROCCO

Film noir d'**André Téchiné**, avec Isabelle Adjani *(Laure)*, Gérard Depardieu *(Samson)*, Marie-France Pisier *(Nelly)*, Jean-Claude Brialy *(Walt)*. • SC : A. Téchiné, Marilyn Goldin. • PH : Bruno Nuytten. • DÉC : Ferdinando Scarfiotti. • MUS : Philippe Sarde. France, 1976 – Couleurs – 1 h 50.

Un jeune homme nommé Samson, impliqué dans une affaire de chantage politique, veut fuir avec sa fiancée, Laure. Mais il est abattu par un tueur qui lui ressemble étrangement. Ce tueur doit également supprimer Laure, mais il tombe amoureux d'elle. Elle s'enfuit avec lui.

◆ *Un film qui par sa mise en scène (citant littéralement Hitchcock et Sternberg), par sa photo (entre la comédie musicale hollywoodienne et l'image publicitaire), par sa direction d'acteurs (on y joue « distancé », « faux », pour mettre en abîme la représentation), par son sujet (l'intrigue n'y est qu'un prétexte encore moins consistant qu'un Mac Guffin hitchcockien), était bien parti pour être un affreux film cinéphilico-brechtien-fascinatoire, qu'il est d'ailleurs, mais où tous ces ingrédients fonctionnent avec charme et émotion. Adjani et Depardieu sont jeunes et beaux, la musique est inoubliable, la photo séduit l'œil et la mise en scène est rigoureuse dans sa virtuosité.* S.K.

LE BARON DE CRAC "BARON PRAŠIL"

Film fantastique d'animation de **Karel Zeman**, d'après le roman de Gottfried Burger, avec Miloš Kopecky, Jana Brejehova, Rudolf Jelinek. Tchécoslovaquie, 1961 – Couleurs – 1 h 36.

Un grand classique du genre. Les aventures du baron de Crac nous entraînent de la Terre à la Lune, du palais de la princesse Branca au ventre d'une baleine, dans une débauche de trouvailles et d'effets spéciaux, mêlant vues réelles et dessinées.

▷ Voir aussi LES AVENTURES DU BARON DE MÜNCHAUSEN.

LE BARON DE L'ÉCLUSE

Comédie de **Jean Delannoy**, d'après la nouvelle de Georges Simenon, avec Jean Gabin, Micheline Presle, Jean Desailly, Jacques Castelot, Blanchette Brunoy, Jean Constantin. France / Italie, 1960 – 1 h 35.

Un aristocrate déchu, qui vit d'expédients à Deauville, gagne au jeu le yacht d'un milliardaire, et retrouve un amour d'antan. Il se retrouve bientôt sans le sou dans une écluse champenoise.

LE BARON FANTÔME

Comédie dramatique de **Serge de Poligny**, sur des dialogues de Jean Cocteau, avec Alain Cuny, Jany Holt, Odette Joyeux, André Lefaur, Gabrielle Dorziat, André Alerme. France, 1943 – 1 h 39.

Deux jeunes filles qui ont grandi dans un château, dont le propriétaire a mystérieusement disparu, aiment le fils du garde. Il épouse l'une d'elles après qu'un testament le désigne comme héritier du domaine.

LE BARON GREGOR "THE BLACK ROOM"

Drame fantastique de **Roy William Neill**, d'après Arthur Strawn, avec Boris Karloff, Marian Marsh, Katherine de Mille, Thurston Hall. États-Unis, 1935 – 1 h 10.

Un baron haï de son peuple abdique en faveur de son frère jumeau et, après avoir tué ce dernier, tente de se faire passer pour lui.

LA BARONNE DE MINUIT "MIDNIGHT"

Comédie de **Mitchell Leisen**, avec Claudette Colbert, Don Ameche, John Barrymore, Francis Lederer, Mary Astor, Elaine Barrie, Hedda Hopper. États-Unis, 1939 – 1 h 35.

Une jolie fille, qui a perdu toutes ses économies au jeu, arrive à Paris où elle se lie à un sympathique chauffeur de taxi.

THE BARON OF ARIZONA

"THE BARON OF ARIZONA"

Film d'aventures de **Samuel Fuller**, avec Vincent Price, Ellen Drew, Beulah Bondi, Vladimir Sokoloff, Reed Hadley, Robert Barrat. États-Unis, 1950 – 1 h 33.

En 1872, un petit employé forge les preuves qu'il descend d'une famille de nobles espagnols auxquels le roi d'Espagne aurait donné jadis les terres d'Arizona.

LE BARON ROUGE "THE RED BARON"

Film de guerre de **Roger Corman**, avec John Phillip Law, Don Stroud, Karen Huston. États-Unis, 1970 – Couleurs – 1 h 40.

Au cours de la Grande Guerre, aviateurs allemands et anglais s'affrontent dans de multiples combats. S'affrontent également deux conceptions de la guerre à l'intérieur de chaque camp.

LE BARON VAMPIRE "LA ISLA DE LA MUERTE"

Film d'épouvante de **Mel Welles** [Mario Bava], avec Cameron Mitchell, Elisa Montes, Kay Fisher, George Martin. Espagne / R.F.A., 1969 - Couleurs – 1 h 25.

Un groupe de touristes est pris au piège d'un baron sanguinaire qui cultive d'étranges fleurs carnivores.

BAROUD / LES HOMMES BLEUS
Film d'aventures de **Rex Ingram, Alice Terry** et **André Jeager-Schmidt**, avec Pierre Batcheff, Philippe Moretti, Colette Darfeuil, Roland Caillaux, Rosita Garcia. France, 1931 – 1 h 31.

Un Marocain veut venger l'honneur de sa sœur, séduite par son ami, le sergent français. Mais il pardonnera lorsque sa famille sera sauvée d'une attaque de pillards par le jeune Français.

▷ Parallèlement, Rex Ingram signe une version anglaise du film, intitulée BAROUD / LOVE IN MOROCCO, avec R. Ingram, Felipe Montes, R. Garcia, P. Batcheff, Andrews Engelmann.

LA BARQUE EST PLEINE "DAS BOOT IST VOLL"
Drame de **Markus Imhoof**, avec Tina Engel, Hans Diehl, Martin Walz, Curt Bois. Suisse / R.F.A. / Autriche, 1981 – Couleurs – 1 h 40.

En 1942, des réfugiés venant d'Allemagne ont réussi à entrer clandestinement en Suisse. Ils sont découverts par des aubergistes, et la gendarmerie, impitoyable, les livre aux nazis.

BARRACUDA "THE LUCIFER PROJECT"
Film d'aventures de **Harry Kerwin**, avec Wayne Crawford, Jason Evers. États-Unis, 1978 – Couleurs – 1 h 35.

Dans une petite ville balnéaire de Floride, les poissons font preuve d'une agressivité inhabituelle, les hommes aussi... Un écologiste découvre dans une usine de produits chimiques un projet terrifiant.

BARRAGE CONTRE LE PACIFIQUE
"LA DIGA SUL PACIFICO"
Drame de **René Clément**, d'après le roman de Marguerite Duras, avec Silvana Mangano, Anthony Perkins, Jo Van Fleet, Richard Conte, Alida Valli. Italie, 1958 – Couleurs – 1 h 43.

En Indochine, une mère lutte pour ses enfants – et jusqu'à la mort – contre les éléments déchaînés qui menacent sa terre. Étude psychologique fouillée pour ce film aux moyens très importants.

LA BARRICADE DU POINT DU JOUR
Drame de René Richon, avec Claude Brosset, Laszló Szabó, Danièle Delorme, Philippe Noiret. France, 1977 – Couleurs – 1 h 50.

Une rue de Montmartre, du 22 au 23 mai 1871 : c'est le temps de la Commune. Mais les Versaillais approchent.

LA BARRIÈRE "BARIERA"
Drame de **Jerzy Skolimowski**, avec Joanna Szczerbić, Jan Nowicki, Tadeusz Lomnicki. Pologne, 1966 – 1 h 23.

Sur un coup de tête, un jeune homme laisse tout tomber pour partir à la conquête du monde, à la recherche d'une vie meilleure.

BARRY LYNDON "BARRY LYNDON"
Drame historique de **Stanley Kubrick**, avec Ryan O'Neal *(Barry Lyndon)*, Marisa Berenson *(lady Lyndon)*, Patrick Magee *(le Chevalier)*, Hardy Kruger *(le capitaine Potzdorf)*, Leon Vitali *(lord Bullingdon)*, Mary Kean *(la mère de Barry)*, Frank Middlemass *(sir Charles Lyndon)*, Gay Hamilton *(Nora)*. • SC : S. Kubrick, d'après le roman de William Thackeray. • PH : John Alcott. • DÉC : Ken Adam. • COST : Ulla Britt Soderlund, Milena Caronero. • MUS : Bach, Haendel, Mozart, Paisiello, Schubert, Vivaldi, Frédéric le Grand et musique traditionnelle irlandaise. Adaptation Leonard Rosenman. • MONT : Tony Lawson. • PR : Peregrine. Grande-Bretagne, 1975 – Couleurs – 3 h 05.

En Irlande, au XVIIIe siècle, le jeune Barry s'éprend de sa cousine Nora qui lui préfère un rival qu'il tue en duel. Contraint de s'enfuir, il s'engage dans l'armée anglaise et participe sur le continent à la guerre de Sept Ans. Déserteur, il est recruté par les Prussiens de Frédéric II puis chargé de surveiller le chevalier de Balibari, un espion autrichien d'origine irlandaise. Les deux hommes sympathisent et s'adonnent au jeu et aux duels tandis que Barry séduit la comtesse de Lyndon. Après le décès de son vieux mari, Barry épouse la jeune femme et reçoit l'autorisation de s'appeler Barry Lyndon. Il néglige sa femme, mais s'attache à son fils, Bryan, et s'attire la haine du premier fils de la comtesse, lord Bullingdon. Avec la mort accidentelle de Bryan commence la déchéance de Barry : ayant sombré dans l'alcoolisme, il est chassé d'Angleterre.

◆ Une sophistication altière et magnifique
Le film frappe d'abord par sa splendeur plastique : le traitement pictural des éclairages et des couleurs, obtenu grâce à un tournage en intérieurs à la seule lumière des chandelles, évoque les atmosphères en clair-obscur d'un Georges de La Tour ; cette somptuosité, visible aussi dans le raffinement des décors et l'élégance des costumes, tranche avec la sobriété visuelle des précédents films de Kubrick, et l'on a pu y voir une volonté de restituer la magnificence artistique de l'Europe du Siècle des Lumières. Cet esthétisme entraîne une certaine froideur altière, et le découpage en longues séquences implique un certain statisme. Mais cette sophistication hausse le film bien au-des-

sus du simple spectacle romanesque, voire picaresque, et en fait une œuvre dont la noblesse et la beauté traduisent bien l'ambition et le perfectionnisme habituels du réalisateur. *M.M.*

BARTLEBY

Drame de **Maurice Ronet**, d'après la nouvelle de Herman Melville, avec Michel Lonsdale, Maxence Mailfort, Maurice Biraud. France, 1976 – Couleurs – 1 h 30.

L'étude d'un huissier est assoupie dans la routine jusqu'à l'arrivée d'un certain Bartleby, aux méthodes de travail très particulières. L'univers bien réglé se désarticule alors.

BARTON FINK "BARTON FINK"

Comédie satirique de **Joel** et **Ethan Coen**, avec John Turturro, John Goodman, Michael Lerner. • SC : Joel et Ethan Coen. • PH : Roger Deakins. • MUS : Carter Burwell. • MONT : Roderick Jaynes. États-Unis, 1991 – Couleurs – 1 h 56. ★ PALME D'OR, Cannes 1991.

En 1940, à la charnière des deux décennies les plus glorieuses du cinéma américain, un auteur dramatique proche du peuple (il écrit des pièces à caractère social) se retrouve en Californie, embauché par une compagnie qui lui a commmandé le scénario d'un film sur... le catch. Le sujet ne l'inspire pas. Il sèche.

◆ Barton Fink *fut le grand triomphateur du festival de Cannes 1991. Tant de lauriers étonnent un peu, mais il faut admettre que le film est plaisant, ingénieux, intelligent et que son humour n'est pas gratuit. Les frères Coen massacrent avec une verve pétillante aussi bien le système hollywoodien que les intellectuels impuissants.* *G.S.*

BARUCH "DAS ALTE GESETZ"

Drame d'**Ewald-André Dupont**, avec Henny Porten, Ernst Deutsch, Hermann Vallentin. Allemagne, 1923 – 3 028 m (env. 1 h 52).

Un jeune juif s'évade du ghetto et se consacre au théâtre malgré l'opposition de sa famille. Grâce à la protection d'une archiduchesse, il réussit, et son vieux rabbin de père lui pardonne.

LES BAS-FONDS

Drame de **Jean Renoir**, avec Jean Gabin *(Pepel)*, Louis Jouvet *(le baron)*, Suzy Prim *(Vassilissa)*, Junie Astor *(Natacha)*, Vladimir Sokoloff *(Kostilev)*, Robert Le Vigan, Gabriello. • SC : Eugène Zamiatine, Jacques Companeez, d'après la pièce de Maxime Gorki. • PH : Fedote Bourgassoff, Jean Bachelet. • MUS : Jean Wiener. • DÉC : Eugène Lourié, Hugues Laurent. • MONT : Marguerite Renoir. France, 1936 – 1 h 32. ★ PRIX LOUIS-DELLUC 1937.

Joueur invétéré, le baron perd son emploi. Il surprend et invite à dîner Pepel, venu le cambrioler. Le lendemain, il emménage dans le meublé sordide tenu par l'usurier Kostilev. Pepel est l'amant de la femme de ce dernier, mais courtise la sœur de celle-ci, Natacha, qui déteste les voleurs. Lorsque l'usurier frappe Natacha, Pepel le tue. Sorti de prison, il part avec elle.

◆ Les Bas-Fonds *est l'un des rares films de Renoir produit dans des conditions « normales ». La réalisation, un peu factice, s'en ressent, quoique le réalisateur mêle habilement l'atmosphère de la Russie des tsars à celle de la France des années 30 pour analyser, en plein Front populaire, les mécanismes d'exploitation sociale. Le film culmine avec le meurtre de Kostilev, expression de la révolte collective.* *J.M.*

LES BAS-FONDS "DONZOKO"

Drame d'**Akira Kurosawa**, avec Toshiro Mifune *(Sutekichi)*, Ganjiro Nakamura *(Rokubei)*, Isuzu Yamada. • SC : Hideo Oguni et A. Kurosawa, d'après Gorki. • PH : Kazuo Yamazaki. • MUS : Masaru Sato. Japon, 1957 – 2 h 15.

En contrebas d'une chaussée d'où l'on jette les ordures, vivent, telles des bêtes, des hommes et des femmes. Les conditions quasi insupportables de leurs existences misérables parmi les détritus, l'alcool et la tuberculose génèrent des bagarres, un temps atténuées par la venue d'un vieux sage. Mais, très vite, la violence reprend ses droits dans ce sous-monde des horreurs, cette antichambre de l'enfer où l'espoir n'a point de place.

◆ *Beaucoup plus proche de Gorki que Jean Renoir, Kurosawa construit son espace scénique en un décor unique où entrent et sortent les personnages. La caméra les écrase, en plans moyens, les inscrivant dans le décor d'où ils ne peuvent fuir. Le ton gris foncé, terne, accentue le tragique et nous plonge dans un univers surréel. Comme Gorki, Kurosawa pose ici une question que l'on retrouve dans nombre de ses films : doit-on préférer la beauté illusoire à la vérité, si terrible soit-elle ?* *C.G.*

LES BAS-FONDS DE FRISCO "THIEVES' HIGHWAY"

Film d'aventures de **Jules Dassin**, avec Richard Conte *(Nick Garcos)*, Valentina Cortese *(Rica)*, Lee J. Cobb *(Mike Figlia)*, Jack Oakie *(Slob)*, Barbara Lawrence *(Polly Faber)*, Millard Mitchell *(Ed)*, Joseph Pevney *(Pete)*. • SC : A.I. Bezzerides, d'après son roman *Thieves' Market*. • PH : Norbert Brodine. • MUS : Alfred Newman. • MONT : Nick De Maggio. États-Unis, 1949 – 1 h 34.

Nick Garcos, un honnête G.I. qui revient de la guerre pour épouser sa fiancée Polly, trouve son père mutilé à la suite d'un accident d'auto dont le trafiquant Mike Figlia est responsable. Nick décide de le venger et administre une sérieuse correction à Figlia avant de le livrer à la police. Puis, sa fiancée s'étant éloignée de lui, il épouse Rica, l'ex-amie de Figlia.

◆ *Après notamment* les Démons de la liberté *et* la Cité sans voiles, *c'est le dernier film tourné par Jules Dassin en Amérique avant plusieurs années (considéré comme communiste, il fut forcé de retourner travailler en Europe). Un montage nerveux et une photo expressive de Norbert Brodine, qui saisit sur le vif les routes de l'Ouest ou les Halles de San Francisco, accompagnent le portrait d'un honnête garçon qui devient aussi féroce que l'homme qu'il poursuit de sa haine.* *J.-C.S.*

LES BAS-FONDS DE MEXICO "SALON MEXICO"

Drame d'**Emilio Fernandez**, avec Marga Lopez, Miguel Inclan, Rodolfo Acosta, Roberto Canedo. Mexique, 1948 – 1 h 35.

Pour subvenir aux besoins de sa sœur cadette, pensionnaire dans une riche institution, une jeune femme travaille comme entraîneuse au « Salon Mexico », lieu de débauche et de perdition.

LES BAS-FONDS NEW-YORKAIS

"UNDERWORLD U.S.A."

Drame policier de **Samuel Fuller**, avec Cliff Robertson, Dolores Dorn. États-Unis, 1960 – 1 h 40.

Né dans les bas-fonds, Tolly Devlin n'a qu'un but dans la vie : retrouver et abattre les assassins de son père. Fuller peint fiévreusement un univers de violence et de folie.

BASIL, DÉTECTIVE PRIVÉ

"THE GREAT MOUSE DETECTIVE"

Dessin animé de **John Musker, Ron Clements, Dave Michener, Burny Mattinson**, d'après Eve Titus. États-Unis, 1986 – Couleurs – 1 h 40.

À Londres, dans le monde des souris. Un fabricant de jouets est enlevé par le Maître des Rats pour faire pression sur sa fille, une merveilleuse souricette... Un Walt Disney de bonne cuvée.

BASIC INSTINCT "BASIC INSTINCT"

Film policier de **Paul Verhoeven**, avec Michael Douglas, Sharon Stone, George Dzundza. États-Unis, 1991 – Couleurs – 2 h 10.

Thriller à haute densité : une romancière soupçonnée d'avoir assassiné son amant, une enquête mouvementée, autre meurtre, autres soupçons... et des images d'une violence rare.

BAS LES MASQUES ! "DEADLINE U.S.A."

Film policier de **Richard Brooks**, avec Humphrey Bogart *(Ed Hutcheson)*, Ethel Barrymore *(Mrs. Garrison)*, Kim Hunter *(Nora)*, Ed Begley *(Frank Allen)*, Warren Stevens *(Burrows)*, Paul Stewart *(Thompson)*, Martin Gabel *(Rienzi)*, Joseph De Santis *(Schmidt)*, Joyce MacKenzie *(Kitty Garrison Geary)*. • SC : R. Brooks. • PH : Milton Krasner. • DÉC : Lyle Wheeler, George Patrick. • MUS : Cyril Mockridge. • MONT : William B. Murphy. États-Unis, 1952 – 1 h 27.

Ed Hutcheson, rédacteur en chef du *Day*, enquête sur le gangster Thomas Rienzi, qu'il soupçonne de meurtre, et s'efforce, parallèlement, d'empêcher la vente de son journal à un concurrent peu intègre.

◆ Bas les masques *rend un vibrant hommage au journalisme – « le plus beau des métiers », proclame son héros – et célèbre les vertus d'une presse libre et indépendante, auxiliaire de la Justice et de la Vérité. Ancien reporter, Richard Brooks trace, à travers Ed Hutcheson, le portrait idéal du journaliste américain : détective et redresseur de torts luttant avec acharnement contre les groupes de pression et le gangstérisme, meneur d'hommes courageux, altruiste et désintéressé.* *O.E.*

BASTIEN, BASTIENNE

Drame de **Michel Andrieu**, avec Juliet Berto, Anna Prucnal, Béatrice Bruno. France, 1980 – Couleurs – 1 h 45.

Pendant la Grande Guerre, dans un parc non loin du front, des enfants répètent un opéra de Mozart, derniers symboles de l'insouciance et de la sensibilité. Un premier film. Une réussite.

BASTOGNE "BATTLEGROUND"

Film de guerre de **William A. Wellman**, avec Van Johnson, John Hodiak, Ricardo Montalban. États-Unis, 1949 – 1 h 58.

Hiver 1944 : reconstitution des événements au cours desquels la 101e division américaine fut encerclée par les Allemands en Belgique, à Bastogne.

LA BASTON

Film policier de **Jean-Claude Missiaen**, avec Robin Renucci, Véronique Genest, Gérard Desarthe. France, 1985 – Couleurs – 1 h 35.

Pour financer l'opération de son fils gravement malade, René, sorti de prison depuis cinq ans et « rangé », reprend du service dans la cambriole.

BATAAN "BATAAN"

Film de guerre de **Tay Garnett**, avec Robert Taylor, George Murphy, Thomas Mitchell, Lloyd Nolan. États-Unis, 1943 – 1 h 54.

Aux Philippines en 1942, un commando américain a pour mission de faire sauter un pont pour retarder la progression des Japonais.

LA BATAILLE
Mélodrame de **Nicolas Farkas**, d'après le roman de Claude Farrère, avec Charles Boyer, Annabella, Valéry Inkijinoff, John Loder. France, 1933 – 1 h 30.

Un officier anglais amoureux d'une Japonaise s'engage, pendant la guerre russo-japonaise, sur le cuirassé commandé par l'époux de la jeune femme. Il est tué et le mari, désespéré, se fait hara-kiri.

▷ Le cinéaste signe parallèlement une version anglaise, intitulée THE BATTLE, avec Charles Boyer, Merle Oberon, John Loder, Miles Mander.

▷ Autre version réalisée par : **Édouard-Émile Violet**, avec Sessue Hayakawa, Félix Ford, Tsuru Aoki. France, 1923 – 2 600 m (env. 1 h 36).

LA BATAILLE D'ALGER "La battaglia di Algeri"
Film historique de **Gillo Pontecorvo**, avec Jean Martin, Brahim Haggiag, Saadi Yacef. Italie, 1966 – Couleurs – 2 h 01. ★ Lion d'or, Venise 1966.

À travers l'histoire d'Ali La Pointe, c'est toute la bataille pour le contrôle de la casbah d'Alger, au début de la guerre, qui fait l'objet du film, coproduit par l'Algérie. Une remarquable reconstitution, tournée sur place, d'une objectivité rarement vue du côté français.

LA BATAILLE D'ANGLETERRE
"Battle of Britain"
Film de guerre de **Guy Hamilton**, avec Michael Caine, Trevor Howard, Laurence Olivier, Michael Redgrave. Grande-Bretagne, 1969 – Couleurs – 2 h 12.

La tentative allemande, durant l'été 40, pour s'assurer la maîtrise du ciel et préparer l'invasion de l'Angleterre. Une reconstitution minutieuse d'un moment crucial de la Seconde Guerre mondiale.

LA BATAILLE DE LA PLANÈTE DES SINGES
"Battle for the Planet of the Apes"
Film de science-fiction de **Jack Lee Thompson**, avec Roddy McDowall, Claude Akins, Natalie Trundy. États-Unis, 1973 – Couleurs – 1 h 27.

Mc Donald, chef des humains, entreprend une expédition pour retrouver une bande sur laquelle les parents du roi César prédisaient la fin des civilisations. Cinquième et dernier volet de la série de LA PLANÈTE DES SINGES (Voir ce titre).

LA BATAILLE DE LA VALLÉE DU DIABLE
"Duel at Diablo"
Western de **Ralph Nelson**, avec James Garner, Sidney Poitier, Bibi Andersson. États-Unis, 1965 – Couleurs – 1 h 45.

Un valeureux lieutenant, un tireur d'élite mercenaire, une tribu d'Apaches déchaînés, tout est en place pour un affrontement sans merci entre cow-boys et Indiens.

LA BATAILLE DE L'EAU LOURDE
Documentaire de **Titus Vibe Müller** et **Jean Dréville**. France / Norvège, 1948 – 1 h 35.

Interprétée par les parachutistes des corps francs norvégiens et parsemée de vues d'actualités et d'un historique sur l'eau lourde, une reconstitution d'un sabotage accompli en 1943 en Norvège : la destruction de l'usine qui distillait la précieuse eau pour les nazis.

LA BATAILLE DE MARATHON
"La battaglia di Maratona"
Péplum de **Jacques Tourneur**, avec Steve Reeves, Mylène Demongeot, Daniela Rocca. Italie / France, 1960 – Couleurs – 1 h 27.

Spécialiste des films d'action, Tourneur montre sa maîtrise en dirigeant cette épopée située en l'an 480 avant l'ère chrétienne.

LA BATAILLE DE MIDWAY "Battle of Midway"
Film de guerre de **Jack Smight**, avec Charlton Heston, Henry Fonda, Toshiro Mifune. États-Unis, 1976 – Couleurs – 2 h 12.

1942. Les Japonais se préparent à attaquer la base américaine de Midway, dans le Pacifique. La flotte et l'aviation américaines contre-attaquent.

LA BATAILLE DE NAPLES
"Le quattro giornate di Napoli"
Film de guerre de **Nanni Loy**, avec Georges Wilson, Lea Massari, Gian Maria Volonté. Italie, 1962 – 2 h.

En 1944 en Italie, la radio annonce l'Armistice. Les Allemands fusillent un otage à Naples et occupent les casernes. Le 28 septembre, la population se soulève. Ce seront quatre jours de lutte, qui se termineront avec l'arrivée des Américains.

LA BATAILLE DE SAN SEBASTIAN
Film d'aventures d'**Henri Verneuil**, avec Anthony Quinn, Charles Bronson, Anjanette Comer. France / Mexique / Italie, 1968 – Couleurs – 2 h.

Mexique, XVIIIe siècle. Sous la conduite d'un patriote déguisé en prêtre, un village se mobilise contre les Indiens et les pillards. Verneuil a eu de gros moyens pour cette superproduction « à l'américaine », d'un ton rare dans son œuvre.

LA BATAILLE DES ARDENNES
"THE BATTLE OF THE BULGE"
Film de guerre de **Ken Annakin**, avec Henry Fonda, Robert Ryan, Dana Andrews, Pier Angeli. États-Unis, 1966 – Couleurs – 2 h 45.

Noël 1944 : les S.S. s'apprêtent à prendre d'assaut le quartier général des troupes américaines dans les Ardennes.

LA BATAILLE DE STALINGRAD
"STALINGRADSKAJA BITVA"
Film historique de **Vladimir Petrov**, avec Alexis Diki, Youri Choumski, Boris Livanov, Nicolai Simonov. U.R.S.S., 1948-1950 – 3 h 40 (en deux parties).

Une reconstitution, avec force moyens, d'un épisode violent et décisif de la guerre sur le front russe.

LA BATAILLE DU RAIL
Film historique de **René Clément**, avec les cheminots de France. • SC : R. Clément, Colette Audry. • PH : Henri Alekan. • MUS : Yves Baudrier. • MONT : Lucien Desagneux. • PR : Coopérative générale du cinéma français. France, 1946 – 1 h 22. ★ PRIX SPÉCIAL DU JURY et PRIX DE LA MISE EN SCÈNE, Cannes 1946.

Le film présente d'abord l'activité de la Résistance-Fer entre 1940 et 1944 (passages d'hommes et de tracts, sabotages, attentats) et leur conséquence : la répression avec l'exécution d'otages. Puis il raconte comment s'y prirent cheminots et maquisards pour bloquer le convoi allemand « Apfelkern » qui devait ravitailler le front de l'Atlantique après le Débarquement.

◆ Un nouveau réalisme ?
Primée au festival de Cannes tout neuf, la Bataille du rail *obtient le premier rang lors d'un sondage réalisé dans le public en 1946. Elle est reçue avec enthousiasme par la critique, pour son « lyrisme de la réalité, ... de la vérité » comme pour « son tact, sa simplicité qui forcent l'estime » et reste considérée comme* le *document incontournable sur la Résistance. Produit par la Coopérative générale du cinéma français, présenté par des réseaux de résistance (Résistance-Fer et Ciné-Union), cautionné par le C.N.R. et l'appui technique de la S.N.C.F., le film semble le témoin direct d'une lutte à peine achevée. Les vingt premières minutes, juxtaposant des épisodes illustrant le déroulant qui précède le film et parfois accompagnées d'un commentaire* off, *affectent la forme d'un documentaire influencé par le modèle soviétique et jouant du « pathos » cher à Eisenstein (la célèbre « séquence des otages »). Puis, avec l'annonce radio du Débarquement, se développe une « poursuite infernale », un peu confuse, mais non dénuée de qualités spectaculaires (le clou en est le déraillement). Le contraste entre les deux parties s'explique d'ailleurs par la modification du projet initial, qui a fait passer d'un court à un long métrage. Malgré cette hésitation entre le témoignage et l'épopée, le thème d'actualité, les héros populaires, l'absence d'acteurs connus, le gris lisse de la photo ont pu faire penser que Clément inaugurait un néoréalisme à la française. Face à des Allemands bêtes et méchants, plus prussiens que nazis, l'ensemble du peuple du rail fait front. À côté, le maquis n'a qu'une efficacité relative : quand il ne prend pas des initiatives inopportunes, il peut au mieux se laisser massacrer pour retarder l'ennemi tandis que l'intervention alliée (le bombardement) ne joue qu'un rôle d'appoint. Bref, seuls les travailleurs organisés symbolisent une France (sans femme, d'ailleurs) dont la résistance unanime (point de collaborateurs, seulement quelques peureux) explique la victoire. De fait, c'est à la mise en place de la légende de la Résistance que nous assistons, image d'Épinal que, pas plus que la classe politique, le cinéma français ne contestera jusqu'à la difficile sortie du* Chagrin et la Pitié. *M.L.*

LA BATAILLE DU RIO DE LA PLATA
"THE BATTLE OF THE RIVER PLATE"
Film de guerre de **Michael Powell** et **Emeric Pressburger**, avec Peter Finch, John Gregson, Anthony Quayle. Grande-Bretagne, 1956 – Couleurs – 1 h 59.

L'odyssée du Graf von Spee, cuirassé allemand qui, à la veille de la Seconde Guerre mondiale, écumait l'Atlantique Sud.

BATAILLE POUR ANZIO "ANZIO"
Film de guerre d'**Edward Dmytryk**, d'après Vaugham-Thomas, avec Robert Mitchum, Peter Falk, Arthur Kennedy, Robert Ryan. États-Unis, 1968 – Couleurs – 1 h 55.

Épisode du débarquement allié en Italie (1944), au moment de la marche vers Rome, un moment bloquée à Anzio. Le scénario, qui met en avant des affrontements individuels, constitue une analyse très lucide de la violence et de la guerre.

BATAILLE SANS MERCI "GUN FURY"
Western de **Raoul Walsh**, avec Rock Hudson, Donna Reed, Phil Carey, Lee Marvin. États-Unis, 1953 – Couleurs – 1 h 23.

Des hors-la-loi attaquent une diligence et kidnappent une jeune femme. Son fiancé leur livre une bataille sans merci.

LE BATAILLON DU CIEL
Film de guerre d'**Alexandre Esway**, sur un scénario de Joseph Kessel, avec Pierre Blanchar, René Lefèvre, Raymond Bussières, Janine Crispin, Jean Wall. France, 1947 (RÉ : 1945) – 1 h 40.

Entraînés dans un camp situé en Grande-Bretagne, un groupe de parachutistes de la France Libre saute sur la Bretagne le jour du Débarquement.

LE BÂTARD
Drame de **Bertrand Van Effenterre**, d'après Erskine Caldwell, avec Gérard Klein, Julie Jézéquel, Brigitte Fossey. France, 1982 – Couleurs – 1 h 50.

Un personnage sans attaches arpente les routes de Provence, rencontre des femmes qui le séduisent puis retrouve celle qui attend un enfant de lui.

LE BATEAU "DAS BOOT"
Film de guerre de **Wolfgang Petersen**, avec Jürgen Prochnow, Herbert-Arthur Gronemeyer, Klaus Wennemann. R.F.A., 1981 – Couleurs – 2 h 10.

L'épopée de l'équipage d'un sous-marin allemand en 1941 et ses rudes combats jusqu'à sa destruction à La Rochelle.

LE BATEAU D'ÉMILE
Comédie de **Denys de La Patellière**, d'après un sujet de Simenon, avec Annie Girardot, Pierre Brasseur, Lino Ventura, Michel Simon. France, 1961 – 1 h 38.

Émile voudrait bien accepter la mirifique ascension sociale qu'on lui propose, mais que faire de l'indécrottable chanteuse de beuglant qui partage sa vie ?

LE BATEAU-PHARE "THE LIGHTSHIP"
Drame de **Jerzy Skolimowski**, d'après le roman de Siegfried Lenz, avec Robert Duvall, Klaus Maria Brandauer, Michael Lyndon. États-Unis, 1985 – Couleurs – 1 h 29.

Le capitaine, au passé douteux, d'un bateau-phare recueille à son bord des gangsters en fuite. Le drame couve.

LE BATEAU SUR L'HERBE
Comédie dramatique de **Gérard Brach**, avec Jean-Pierre Cassel, John McEnery, Claude Jade. France, 1971 – Couleurs – 1 h 30.

Olivier construit, avec son ami David, le bateau sur lequel ils iront à l'île de Pâques. Mais David aime Éléonore et Olivier ne supporte pas ce qui peut distraire l'attention de son projet.

LES BATEAUX DE L'ENFER "KANIKO SEN"
Drame de **So Yamamura**, d'après un roman de Takiji Kobayashi, avec So Yamamura, Sumiko Hidaka, Masayuki Mori, Shin Morikawa, Sanae Nakahara. Japon, 1953 – 1 h 52.

Dans des bateaux-usines, des pêcheurs de crabes vivent un calvaire. Un jour, ils se révoltent, mais seront massacrés par l'armée.

LES BATELIERS DE LA VOLGA
"I BATELLIERI DEL VOLGA"
Film d'aventures romanesques de **Victor Tourjansky**, avec John Derek, Dawn Addams, Elsa Martinelli, Charles Vanel. Italie / France, 1958 – Couleurs – 1 h 43.

Un lieutenant de la Russie impériale des années 1890 trouve refuge et aide chez les bateliers de la Volga.

BATMAN "BATMAN"
Film d'aventures de **Lambert Hillyer**, d'après la bande dessinée de Bob Kane, avec Lewis Wilson, Douglas Croft, J. Carrol Naish, William Austin. États-Unis, 1943 – 4 h 30 en 15 épisodes.

Batman, le célèbre homme chauve-souris, lointain cousin de Superman et Mandrake, part en guerre contre toutes les formes de crime sur la planète.

▷ En 1948, **Spencer Bennet** signe une suite en 15 épisodes : BATMAN AND ROBIN avec Robert Lowery et John Duncan.

BATMAN "BATMAN"
Film d'aventures de **Tim Burton**, avec Jack Nicholson, Michael Keaton, Kim Bassinger, Jack Palance. États-Unis, 1989 – Couleurs – 1 h 50.

Également adapté de la célèbre bande dessinée ce film n'est qu'une demi-réussite dont les meilleurs éléments sont les décors et l'interprétation (Nicholson et Palance en particulier). Mais son succès fut colossal aux États-Unis et l'opération de marketing provoqua une « Bat-mania » sans précédent. La musique du film, signée Prince, fut également un énorme succès.

▷ Autre version réalisée par : **Leslie Martinson**, avec Adam West, Burt Ward, Cesar Romero, Frank Gorshin, Burgess Meredith. États-Unis, 1966 – Couleurs – 1 h 45.

BATMAN ET ROBIN "BATMAN AND ROBIN"
Film d'aventures de **Joël Schumacher**, avec Arnold Schwarzenegger, George Clooney, Chris O'Donnell. États-Unis, 1997 – Couleurs – 2 h 05.

Batman et son majordome Robin sont mal partis pour lutter contre le terrible M. Freeze, qui se débarrasse de ses adversaires en les congelant ;

tous les deux traversent une crise d'identité et Robin est en voie de congélation. Mais Batman parviendra à réchauffer l'atmosphère et tout finira bien.

BÂTON ROUGE
Comédie dramatique de **Rachid Bouchareb**, avec Jacques Penot, Pierre-Loup Rajot, Hammou Graia. France, 1985 – Couleurs – 1 h 30.

Trois jeunes gens entre la crise, le chômage, les petits boulots précaires, l'envie de s'en sortir.

LE BATTANT
Film policier d'**Alain Delon**, d'après le roman d'André Caroff, avec Alain Delon, François Périer, Pierre Mondy. France, 1982 – Couleurs – 2 h.

À sa sortie de prison, où il a passé huit ans, un homme est traqué par la police et des malfrats qui le croient détenteur des diamants du hold-up pour lequel il a été condamné.

BATTEMENT DE CŒUR
Comédie d'**Henri Decoin**, avec Danielle Darrieux *(Arlette)*, Claude Dauphin *(Pierre)*, André Luguet *(l'ambassadeur)*, Junie Astor, Carette, Saturnin Fabre *(M. Aristide)*. • SC : Jean Willème, Max Colpet, Michel Duran. • PH : Robert Lefebvre. • DÉC : Jean Perrier, Léon Barsacq. • MUS : Paul Misraki. • MONT : René Le Hénaff. France, 1940 – 1 h33.

Paris, 1939. Arlette, jeune gosse échappée d'une maison de redressement, est sauvée de la délinquance par un jeune et séduisant secrétaire d'ambassade dont elle tombe aussitôt amoureuse.

◆ *Le fleuron de l'association Danielle Darrieux-Henri Decoin, couple numéro un du cinéma français d'avant-guerre. Léger, gai, spirituel, le film permet d'entendre Danielle Darrieux chanter* Une charade *de Paul Misraki. Saturnin Fabre en professeur de vol à la tire est savoureux.* *J.-C.S.*

▷ Un remake fut tourné aux États-Unis en 1945 par **Sam Wood** : HEARTBEAT, avec Ginger Rogers et Jean-Pierre Aumont.

BAXTER
Film fantastique de **Jérôme Boivin**, avec Lise Delamare, Jean Mercure, Jacques Spiesser, Jean-Paul Roussillon. France, 1989 – Couleurs – 1 h 22.

La vie de Baxter, un bull-terrier, racontée par lui-même. Malgré une mise en scène inégale, une fable fantastique originale.

BAXTER, VERA BAXTER
Drame psychologique de **Marguerite Duras**, avec Claudine Gaby, Delphine Seyrig, Gérard Depardieu. France, 1977 – Couleurs – 1 h 30.

Vera Baxter s'apprête à louer sa maison. Sur fond de flûte indienne, des souvenirs variés lui reviennent, en particulier de sa vie conjugale.

BAYAN KO "KAPIT SA PATALIM"
Drame de **Lino Brocka**, avec Philipp Salvador, Gina Alajar, Claudia Zobel, Carmi Martin. Philippines, 1984 – Couleurs – 1 h 48.

Un couple d'ouvriers dans une imprimerie de Manille. Pour payer les frais d'accouchement de sa jeune femme, le garçon cambriole la villa de son patron. La police arrive et c'est le drame.

LE BAYOU "SHY PEOPLE"
Comédie dramatique d'**Andrei Kontchalovsky**, avec Jill Clayburgh, Barbara Hershey. États-Unis, 1987 – Couleurs – 1 h 58.

Une journaliste new-yorkaise et sa fille se rendent dans le « Sud profond » où elles font l'apprentissage d'une vie austère. Portraits de femmes et critique du conservatisme américain.

BEAN "BEAN"
Comédie de **Mel Smith**, avec Rowan Atkinson, Peter MacNicol, Pamela Reed. Grande-Bretagne, 1997 – Couleurs – 1 h 30.

Gardien de musée paresseux et inculte, Bean est envoyé à une inauguration officielle aux États-Unis, où il est pris pour un grand spécialiste de l'histoire de l'art. Quiproquos et catastrophes vont s'enchaîner en cascade, pour le plus grand plaisir de tous ceux qui ont conservé un cœur d'enfant.

LE BEAU BRUMMELL "BEAU BRUMMELL"
Biographie romancée de **Harry Beaumont**, d'après la pièce de Clyde Fitch, avec John Barrymore, Mary Astor, Carmel Myers, Willard Louis. États-Unis, 1924 – env. 2 800 m (env. 1 h 43).

Un dandy devient le fidèle conseiller du prince de Galles, mais sera perdu par son arrogance et mourra seul et ruiné.

▷ Autre version réalisée par : **Curtis Bernhardt**, avec Stewart Granger, Elizabeth Taylor, Peter Ustinov, Robert Morley. États-Unis / Grande-Bretagne, 1954 – Couleurs – 1 h 53.

BEAUCOUP DE BRUIT POUR RIEN
"MUCH ADO ABOUT NOTHING"
Comédie de **Kenneth Branagh**, avec Kenneth Branagh *(Benedict)*, Denzel Washington *(Don Pedro)*, Robert Sean Leonard *(Claudio)*, Keanu Reeves *(Don Juan)*, Richard Briers *(Leonato)*, Brian Blessed *(Antonio)*, Emma Thompson *(Beatrice)*, Kate Beckinsale *(Hero)*. • SC : K. Branagh, d'après la comédie de William Shakespeare.

• PH : Roger Lanser. • DÉC : Tim Harvey. • MUS : Patrick Doyle. • MONT : Andrew Marcus. Grande-Bretagne, 1992 – Couleurs – 1 h 50.

Soit deux couples. Claudio et Hero, fille de Leonato, s'aiment et le savent. De méchantes machinations ourdies par le bâtard Don Pedro vont un temps les éloigner mais sans réussir à les empêcher de convoler. Benedict et Beatrice s'aiment mais ne le savent pas. De gentilles machinations vont les rapprocher et ils se marieront eux aussi.

◆ *On a beau savoir dès le début comment tout cela va finir, bien vite on est pris : on s'inquiète quand les perspectives s'assombrissent et l'on se réjouit quand elles s'éclaircissent. On rit, on s'émeut et on est emporté par le rythme étonnamment tonique que Kenneth Brannagh a imprimé à sa mise en scène, où les comédiens s'interpellent en tirades de Shakespeare, comme si c'était leur mode habituel d'expression. Il y ajoute ce que Shakespeare n'a jamais eu en ses théâtres : la lumière, les paysages et les palais de Toscane, dont il joue magnifiquement.* C.D.R.

BEAUCOUP TROP POUR UN SEUL HOMME
"L'IMMORALE"

Comédie de **Pietro Germi**, avec Ugo Tognazzi, Stefania Sandrelli. Italie, 1967 – 1 h 40.

Le violoniste Sergio Masini s'épuise à entretenir trois ménages... et meurt d'une crise cardiaque. Une comédie alerte et savoureuse.

BEAU FIXE SUR NEW YORK
"IT'S ALWAYS FAIR WEATHER"

Comédie musicale de **Stanley Donen** et **Gene Kelly**, avec Gene Kelly *(Ted Riley)*, Dan Dailey *(Douglas)*, Cyd Charisse *(Dorothy)*, Michael Kidd *(Angelo)*, Dolores Gray. • SC : Betty Comden, Adolph Green. • PH : Robert Bronner. • DÉC : Edwin Willis, Hugh Hunt. • MUS : André Previn. États-Unis, 1955 – Couleurs – 1 h 42.

Trois soldats revenant de la guerre se jurent de se revoir au même endroit dix ans plus tard pour sceller leur amitié. Au jour dit, chacun ayant changé et fait sa vie, n'a aucune envie de revoir les autres. Ils vont au rendez-vous, moroses, et la soirée promet d'être d'un ennui mortel. Mais l'amie de Ted, Dorothy, organise à leur insu une soirée télévisée dont ils sont les invités d'honneur. Le spectacle tourne à la pantalonnade et finit dans une bagarre où l'amitié des trois hommes se révèle.

◆ *Une des meilleures comédies musicales – et la dernière – de l'association Donen-Kelly. Les ballets sont époustouflants (Kelly dansant les claquettes avec des patins à roulettes sur les trottoirs de New York, le ballet à trois avec des couvercles de poubelle sous le métro aérien). La partie comédie était très enlevée et on n'oubliera pas la scène de retrouvailles dans un café où les pensées cafardeuses de chacun suivent la mélodie du* Beau Danube bleu *qu'un orchestre joue derrière eux.* S.K.

BEAU GESTE "BEAU GESTE"

Film d'aventures de **William A. Wellman**, d'après le roman de Percival Christopher Wren, avec Gary Cooper, Ray Milland, Robert Preston, Susan Hayward. États-Unis, 1939 – 2 h.

Trois frères quittent l'Angleterre pour s'engager dans la Légion étrangère et meurent en se battant contre les Arabes.

LE BEAUJOLAIS NOUVEAU EST ARRIVÉ

Comédie de **Jean-Luc Voulfow**, d'après le roman de René Fallet, avec Jean Carmet, Michel Galabru, Pierre Mondy. France, 1978 – Couleurs – 1 h 32.

Aventures picaresques de trois sympathiques vauriens. Au bout de la route, un camion chargé de beaujolais.

BEAUMARCHAIS L'INSOLENT

Comédie d'**Édouard Molinaro**, d'après Sacha Guitry, avec Fabrice Luchini, Manuel Blanc, Sandrine Kiberlain, Jacques Weber. France, 1996 – Couleurs – 1 h 40.

Frondeur et combinard, insolent et pleutre, séducteur et cupide, calculateur et enthousiaste, le personnage de Beaumarchais est un beau sujet. Il a été traité par de bons élèves : bien écrit, bien joué, bien filmé.

LE BEAU MARIAGE (COMÉDIES ET PROVERBES)

Comédie d'**Éric Rohmer**, avec Béatrice Romand, André Dussollier, Feodor Atkine. France, 1981 – Couleurs – 1 h 37.

Une jeune femme, déçue par son ami peintre, recherche l'amour idéal ou, à défaut, un « beau mariage ». Malheureusement, le partenaire qu'elle croit avoir déniché à d'autres soucis en tête.

BEAU MASQUE

Drame social de **Bernard Paul**, d'après le roman de Roger Vailland, avec Dominique Labourier, Luigi Diberti, Gaby Sylvia, Catherine Allégret, Jean-Claude Dauphin. France, 1972 – Couleurs – 1 h 40.

Un émigré italien, surnommé « Beau masque », fait la connaissance d'une jeune ouvrière. Mais le malaise règne dans la filature où elle est militante syndicale, et le drame éclate.

BEAU-PÈRE
Comédie dramatique de **Bertrand Blier**, avec Patrick Dewaere, Ariel Besse, Nicole Garcia, Maurice Ronet, Nathalie Baye. France, 1981 – Couleurs – 2 h.

Un pianiste raté perd sa compagne dans un accident. Celle-ci avait une fille de son précédent mariage ; la « petite » ne tarde pas à s'imposer sentimentalement, et même plus, à son beau-père.

LE BEAU SERGE
Drame de **Claude Chabrol**, avec Gérard Blain *(Serge)*, Jean-Claude Brialy *(François)*, Bernadette Lafont *(Marie)*, Michèle Meritz. • SC : C. Chabrol. • PH : Henri Decae. • MUS : Émile Delpierre. • MONT : Jacques Gaillard. France, 1959 – 1 h 37. ★ PRIX JEAN-VIGO 1959.

Convalescent, François, étudiant à Paris, revient à Sardent (Creuse), son village natal. Il retrouve son ami d'enfance, Serge, devenu alcoolique parce que sa femme a accouché d'un premier enfant mongolien, mort-né. Il tente de le sauver à l'occasion d'une seconde naissance.

◆ *Ce film, dont le succès contribua au lancement de la Nouvelle Vague, n'a rien de la chronique réaliste rurale à la française qu'on crut y voir. Il montre des êtres mus par des désirs inconscients, s'aveuglant sur les autres comme sur eux-mêmes. François, plein de bonne conscience et de supériorité bourgeoise, se croit investi d'une mission rédemptrice alors qu'il sème le désordre et la souffrance. Prisonnière d'un réalisme plat, la mise en scène chabrolienne n'a pas encore atteint sa pleine maîtrise, rendant les intentions parfois obscures. Mais le film révèle un ton nouveau et trois grands acteurs : Blain, Brialy et Bernadette Lafont.* J.M.

LA BEAUTÉ DU DIABLE
Film fantastique de **René Clair**, avec Michel Simon *(Méphisto)*, Gérard Philipe *(Henri)*, Simone Valère *(la princesse)*, Nicole Besnard *(Marguerite)*. • SC : R. Clair, Armand Salacrou. • PH : Michel Kelber. • DÉC : Léon Barsacq. • MUS : Roman Vlad. France/Italie, 1949 – 1 h 32.

Sur le point de mourir, le vieux professeur Faust (M. Simon) sent que sa vie consacrée à la science a été totalement vaine et qu'il est passé à côté de l'essentiel. Méphisto lui apparaît et lui propose de troquer sa jeunesse contre sa vieillesse, puis la richesse et la gloire contre son âme. Il accepte. Ils échangent leur apparence. Faust devenu Henri s'aperçoit qu'il a fait un marché de dupe et se révolte contre le destin qui l'attend.

◆ *Conçu à l'époque où l'existentialisme triomphait, le film prône la liberté morale du choix humain contre le destin qui le pousse vers le mal. Si l'idée du film a vieilli, celui-ci reste remarquable par le duel Simon-Philipe, par la beauté stylisée du décor et de la mise en scène et par l'esprit Méliès qui y préside. La meilleure scène reste celle où Henri demande à Méphisto de lui montrer son avenir dans un miroir baroque. Il s'y voit répandant la destruction sur la Terre avant d'être envoyé en enfer.* S.K.

LA BEAUTÉ DU PÉCHÉ "LEPOTA POROKA"
Comédie dramatique de **Živko Nikolić**, avec Mira Furlan, Miodrag Karadzić, Petar Bozovic. Yougoslavie, 1986 – Couleurs – 1 h 45.

Une jeune couple de villageois vient s'installer sur la côte où les mœurs sont plus modernes. D'abord choquée et réticente, la femme découvre le naturisme et prend conscience de sa féminité.

BEAUTÉ VOLÉE "STEALING BEAUTY"
Comédie dramatique de **Bernardo Bertolucci**, avec Liv Tyler, Jeremy Irons, Sinead Cusack, Donald McCann, Jean Marais. Italie, 1996 – Couleurs – 1 h 55.

Une jeune Américaine de 19 ans, Lucy Harmon, débarque chez des amis de ses parents installés de longue date dans la région de Sienne. Sa beauté et sa virginité vont affoler jeunes et vieux dans cette maisonnée où le sexe, les repas, le hasch et la sieste rythment les journées. Lucy, elle, cherche un amoureux mais aussi son vrai papa. Elle finira par trouver l'un et l'autre. Scénario languissant, émaillé de belles images de la Toscane et de splendides mouvements de caméra dansant autour de la silhouette gracile de Liv Tyler.

BEAU TEMPS, MAIS ORAGEUX EN FIN DE JOURNÉE
Comédie dramatique de **Gérard Frot-Coutaz**, avec Micheline Presle, Claude Piéplu, Xavier Deluc, Tonie Marshall. France, 1986 – Couleurs – 1 h 25.

La vie de deux époux mariés depuis quarante ans est un équilibre fragile de tendresse et de brouilles. Une visite de leur fils et son amie provoque quelques scènes.

LES BEAUX JOURS
Comédie dramatique de **Marc Allégret**, avec Jean-Pierre Aumont, Raymond Rouleau, Simone Simon. France, 1935 – env. 1 h 20.

Une jeune femme vit au Quartier Latin avec deux hommes qui l'aiment. À la mort du premier, elle se refuse d'abord au second, mais l'amour triomphera.

BÉBÉ

Série de courts métrages burlesques d'une ou deux bobines (300 ou 600 m) de **Louis Feuillade**, produits par Gaumont (près de quatre-vingts bandes), avec René Abélard, Renée Carl et Paul Manson. France, 1910-1912.

LE BÉBÉ DE MON MARI "THAT'S MY MAN"

Comédie dramatique de **Frank Borzage**, avec Don Ameche, Catherine McLeod, Roscoe Karns. États-Unis, 1947 – 1 h 44.

Un turfiste abandonne son épouse et voit la chance le quitter. Lorsqu'il revient au foyer, elle réapparaît !

BÉBERT ET L'OMNIBUS

Comédie d'**Yves Robert**, avec Petit Gibus, Jacques Higelin, Jean Richard, Michel Serrault. France, 1963 – 1 h 35.

Lors du retour des vacances, Bébert échappe à la surveillance de son frère et reste dans un wagon dirigé sur une autre ligne. Espiègle et cabochard, il va semer la perturbation dans tout le réseau.

BECKET "BECKET"

Comédie dramatique de **Peter Glenville**, avec Richard Burton *(Thomas Becket)*, Peter O'Toole *(Henri II)*, Donald Wolfit *(Folliot, évêque de Londres)*, sir John Gielgud *(Louis VII de France)*, Martita Hunt *(la reine Mathilde)*, Pamela Brown *(Éléonore d'Aquitaine)*, Sian Phillips, Paolo Stoppa, Gino Cervi. • SC : Edward Anhalt, d'après la pièce de Jean Anouilh. • PH : Geoffrey Unsworth. • DÉC : Maurice Carter, John Bryan. • COST : Margaret Furse. • MUS : Laurence Rosenthal. • MONT : Anne Coates. Grande-Bretagne, 1964 – Couleurs – 2 h 28.

Thomas Becket est le compagnon du roi Henri II qu'il assiste au conseil, dans ses plaisirs et dans sa lutte continuelle contre le clergé. Henri II, espérant en faire un allié fidèle, le sacre archevêque. Dès cet instant, Becket, pénétré des devoirs de sa charge, devient le plus farouche adversaire de son ancien ami. Le roi essaie de se réconcilier avec lui puis, dans un moment de colère, le fait assassiner. Saisi par le remords, il part faire pénitence et proclame la sainteté de Becket.

◆ *Le scénario est la grandiose adaptation de la pièce de Jean Anouilh, que Peter Glenville avait déjà montée au théâtre à Londres et à New York. Un souffle shakespearien traverse le film qui eut douze nominations aux Oscars, dont celles du Meilleur film, Meilleur réalisateur et Meilleurs acteurs. Il remporta celui du Meilleur scénario.* J.-C.S.

BECKY SHARP "BECKY SHARP"

Drame historique de **Rouben Mamoulian**, avec Miriam Hopkins *(Becky Sharp)*, Cedric Hardwicke *(marquis de Steyne)*, Nigel Bruce *(Joseph Sedley)*, Frances Dee *(Amelia Sedley)*, Alan Mowbray *(Rawdon Crawley)*, Billie Burke *(lady Bareacres)*, Alison Skipworth *(Julia Crawley)*. • SC : Francis Edward Faragoh, d'après la pièce de Landon Mitchell inspirée du roman de W.M. Thackeray *la Foire aux vanités*. • PH : Ray Rennahan. • DÉC : Robert Edmond Jones. • MUS : Roy Webb. • MONT : Archie Marshek. États-Unis, 1935 – Couleurs – 1 h 24.

Au début du XIXe siècle, la jeune Becky programme son ascension sociale en manipulant son entourage. Engagée comme gouvernante, elle épouse le fils de famille Raw-Jdon. Plus tard, elle séduit le marquis de Steyne. Ses stratagèmes démasqués, elle se consolera auprès de Joseph Sedley, le frère de son amie Amelia.

◆ *Premier long métrage tourné en Technicolor,* Becky Sharp *fut attaqué à sa sortie pour avoir dénaturé l'œuvre monumentale de Thackeray. Du moins donna-t-il à Mamoulian, toujours friand d'innovation formelle, l'occasion d'utiliser la couleur à des fins dramatiques : en témoigne la « montée » de la couleur rouge dans la séquence du bal interrompu par l'annonce de Waterloo. Mais la splendeur de la palette ne compense pas entièrement le statisme du récit, surtout dans sa seconde moitié. Ces aléas sont partiellement sauvés par le cabotinage de Miriam Hopkins, qui fut plus nuancée sous la direction de Lubitsch, ou de Mamoulian lui-même* (Docteur Jekyll et M. Hyde). N.T.B.

BEDLAM "BEDLAM"

Drame de **Mark Robson**, avec Boris Karloff, Anna Lee, Ian Wolf. États-Unis, 1947 – 1 h 20.

Au XVIIIe siècle, une demi-mondaine réussit à briser la tyrannie scandaleuse du directeur de l'asile Bedlam, à Londres.

BEETLEJUICE "BEETLEJUICE"

Comédie fantastique de **Tim Burton**, avec Michael Keaton, Geena Davis, Alec Baldwin. États-Unis, 1988 – Couleurs – 1 h 32.

Un jeune couple décédé hante son ex-maison pour faire fuir les nouveaux occupants. Entre Mel Brooks et Lewis Caroll, une comédie farfelue bourrée de trouvailles visuelles.

LE BEL ÂGE

Comédie de **Pierre Kast**, avec Loleh Bellon *(Anne)*, Jean-Claude Brialy *(Jean-Claude)*, François Biron *(Carla)*, Jacques Doniol-Valcroze *(Jacques)*, Gianni Esposito *(Claude)*, Ursula Kubler *(Ursula)*, Hubert Noël *(Hubert)*, Marcello Pagliero *(Steph)*, Françoise Prévost *(Françoise)*,

Alexandra Stewart *(Alexandra)*, Anne Colette, Edith Scob, Boris Vian. • SC : P. Kast, J. Doniol-Valcroze, d'après la nouvelle d'Alberto Moravia *Un vieil imbécile*. • PH : Ghislain Cloquet, Sacha Vierny. • MUS : Georges Delerue, Alain Goraguer. • MONT : Yannick Bellon. France, 1960 – 1 h 46.

De Paris à Deauville, de Saint-Tropez en été à Mégève en hiver, la chasse à l'amour pour trois mâles aux aguets, face à de douces créatures, chasseresses d'un nouveau genre.

◆ *Un des tout premiers films « Nouvelle Vague », bien que sorti dix-huit mois après sa réalisation.* Le Bel Âge, *celui de l'amour qui permet aux hommes (et aux femmes) de donner libre cours à leurs penchants pour le sexe opposé... Réalisé dans une totale liberté, grâce à l'amitié des comédiens qui exécutent un véritable ballet amoureux.* *J.-C.S.*

BEL AMI

Comédie satirique de **Louis Daquin**, d'après le roman de Guy de Maupassant, avec Anne Vernon, Renée Faure, Jean Danet, René Lefèvre. France / Autriche, 1957 – Couleurs – 1 h 38.

À la fin du XIXe siècle, les femmes favorisent l'ascension d'un élégant arriviste. Peinture sans concession d'un milieu où l'ambition est reine. De très belles couleurs.

▷ Autre version réalisée par : **Albert Lewin**, intitulée THE PRIVATE AFFAIRS OF BEL AMI, avec George Sanders, Angela Lansbury, Ann Dvorak, Frances Dee, John Carradine, Marie Wilson. États-Unis, 1947 – 1 h 59.

LE BEL ANTONIO "IL BELL'ANTONIO"

Comédie dramatique de **Mauro Bolognini**, avec Marcello Mastroianni, Claudia Cardinale, Pierre Brasseur. Italie / France, 1960 – 1 h 30.

Est-il possible que le séduisant Antonio n'ait pas consommé son mariage avec la ravissante Barbara ? Un sujet scabreux subtilement traité et glissant habilement vers la satire sociale.

BELFAGOR LE MAGNIFIQUE "L'ARCIDIAVOLO"

Comédie d'**Ettore Scola**, d'après Machiavel, avec Vittorio Gassman, Claudine Auger, Mickey Rooney, Gabriele Ferzetti. Italie, 1966 – Couleurs – 1 h 45.

À l'époque de la Renaissance, Satan envoie sur la Terre l'un de ses lieutenants les plus doués pour rallumer la guerre entre Rome et Florence. Mais Belfagor se laisse envahir par des sentiments humains.

LE BEL INDIFFÉRENT

Court métrage de **Jacques Demy**, d'après la pièce de Jean Cocteau, avec Jeanne Allard, Angelo Bellini. France, 1957 – 29 mn.

Dans une chambre d'hôtel, une femme attend son amant. Lorsqu'il arrive, indifférent, elle lui exprime sa lassitude et menace de le quitter. Puis, il repart, sans un mot.

BELLE

Drame psychologique d'**André Delvaux**, avec Danièle Delorme, Jean-Luc Bideau, Adriana Bogdan, Roger Coggio. Belgique / France, 1973 – Couleurs – 1 h 33.

Dans une maison abandonnée, un écrivain rencontre une jeune étrangère dont il ne comprend pas la langue. Il s'en éprend jusqu'à transformer sa vie et restera seul lorsqu'elle disparaîtra.

LA BELLE AMÉRICAINE

Comédie de **Robert Dhéry**, avec Robert Dhéry, Colette Brosset, Louis de Funès. France, 1961 – 1 h 35.

En achetant pour 500 F cette superbe voiture américaine, Marcel, ouvrier d'usine, a fait l'affaire de sa vie. Laquelle va en être bouleversée... Un film comique français indiscutable.

LA BELLE AU BOIS DORMANT "SLEEPING BEAUTY"

Dessin animé d'**Eric Larson, Wolfgang Reitherman, Les Clark, supervisé par Clyde Geronimi**, d'après le conte de Charles Perrault. États-Unis, 1959 – Couleurs – 1 h 15.

Au Moyen Âge, dans un royaume imaginaire, fées bénéfiques et maléfiques s'affrontent autour du berceau de la princesse Aurore. En Technirama et Technicolor, une production des studios Disney.

LA BELLE AUX CHEVEUX ROUX

"RED-HEADED WOMAN"

Comédie dramatique de **Jack Conway**, avec Jean Harlow, Chester Morris, Lewis Stone, Leila Hyams. États-Unis, 1932 – 1 h 14.

La volonté de réussite d'une jeune femme soulève le scandale partout où elle passe. Le film eut également des ennuis avec la censure. Dans un petit rôle de chauffeur, Charles Boyer.

LA BELLE AVENTURE

Comédie sentimentale de **Marc Allégret**, avec Claude Dauphin, Micheline Presle, Louis Jourdan, Giselle Pascal. France, 1944 (RÉ : 1942) – 1 h 32.

Les péripéties de quatre jeunes gens qui s'aiment et profitent de leur jeunesse. Un quatuor de bons acteurs pleins de fraîcheur.

LA BELLE CAPTIVE
Essai d'**Alain Robbe-Grillet**, avec Daniel Mesguich, Gabrielle Lazure, Cyrielle Claire. France, 1983 – Couleurs – 1 h 30.

L'univers fantasmagorique particulier du cinéaste-romancier. Une invitation au rêve qui peut laisser perplexe, pour peu que l'on trouve ces images plus ésotériques qu'envoûtantes.

LA BELLE DE CADIX
Comédie musicale de **Raymond Bernard**, d'après l'opérette de Francis Lopez, avec Luis Mariano, Carmen Sevilla, Jean Tissier. France, 1953 – Couleurs – 1 h 45.

Dans un village d'Espagne où l'on tourne un film, une jeune Gitane est engagée pour être la partenaire de l'acteur vedette.

BELLE DE JOUR
Drame de **Luis Buñuel**, avec Catherine Deneuve *(Séverine)*, Jean Sorel *(Pierre)*, Michel Piccoli *(Husson)*, Geneviève Page *(Mme Anaïs)*, Pierre Clémenti *(Marcel)*, Francisco Rabal, Françoise Fabian. • SC : L. Buñuel, Jean-Claude Carrière, d'après le roman de Joseph Kessel. • PH : Sacha Vierny. • DÉC : Robert Clavel. • MONT : Louisette Hautecœur. France/Italie, 1967 – Couleurs – 1 h 40. ★ **LION D'OR, Venise 1967.**

Épouse très réservée de Pierre, un chirurgien parisien, Séverine est en proie à d'étranges fantasmes à caractère masochiste. Devenue la pensionnaire assidue d'une maison de rendez-vous, elle semble trouver son équilibre en assouvissant les désirs des clients. Une petite gouape qui la fascine la poursuit jusque chez elle et blesse son mari. Un jour, un ami du couple, Husson, qui a surpris le secret de Séverine, demande à voir Pierre...

◆ *Mêlant volontairement réalité, souvenirs et rêves éveillés, Buñuel nous introduit dans l'univers mental de Séverine pour se livrer à une étude clinique du masochisme, lié pour lui aux valeurs chrétiennes comme à la société bourgeoise. Cette descente dans l'enfer du sexe, à la fois grave et ironique, où normal et anormal se confondent, est traitée dans de fascinantes images distanciées qui en accentuent encore le caractère vertigineux.* *J.M.*

LA BELLE DE MOSCOU "SILK STOCKINGS"
Comédie musicale de **Rouben Mamoulian**, avec Fred Astaire, Cyd Charisse, Janis Paige, Peter Lorre. États-Unis, 1957 – Couleurs – 1 h 57.

Un compositeur russe de passage à Paris accepte d'écrire une partition pour un film américain. Moscou lui envoie une femme chargée de le ramener dans le giron soviétique. Remake musical du célèbre Ninotchka d'Ernst Lubitsch.

LA BELLE DE NEW YORK "THE BELLE OF NEW YORK"
Comédie musicale de **Charles Walters**, avec Fred Astaire, Vera-Ellen, Marjorie Main, Keenan Wynn. États-Unis, 1952 – Couleurs – 1 h 22.

À la fin du siècle dernier, un oisif noceur tombe amoureux d'une jeune fille, membre d'une ligue de vertu.

LA BELLE DE SAIGON "RED DUST"
Film d'aventures de **Victor Fleming**, avec Clark Gable, Jean Harlow, Gene Raymond, Mary Astor. États-Unis, 1932 – 1 h 23.

En pleine brousse, un homme partagé entre une prostituée et son honnête épouse.

▷ L'histoire de Wilson Collison fut reprise par **John Ford**. Voir MOGAMBO.

LA BELLE DE SAN FRANCISCO
"FLAME OF THE BARBARY COAST"
Drame de **Joseph Kane**, avec John Wayne, Ann Dvorak, Joseph Schildkraut, William Frawley, Virginia Grey, Russell Hicks. États-Unis, 1945 – 1 h 37.

En 1906, un éleveur vient à San Francisco récupérer de l'argent et découvre l'univers du jeu. Il construit un cabaret, mais, le soir de l'ouverture, un tremblement de terre détruit la ville.

LA BELLE DES BELLES
"LA DONNA PIÙ BELLA DEL MONDO"
Mélodrame musical de **Robert Z. Leonard**, avec Gina Lollobrigida, Vittorio Gassman, Anne Vernon. Italie/France, 1955 – Couleurs – 1 h 42.

Reconstitution spectaculaire de la vie mouvementée de Lina Cavalieri, célèbre cantatrice du début du siècle. Le film, champion toutes catégories du box-office italien, consacrait Gina Lollobrigida.

LA BELLE ÉCUYÈRE "CHAD HANNA"
Comédie dramatique de **Henry King**, avec Henry Fonda, Dorothy Lamour, Linda Darnell, Guy Kibbee, Jane Darwell, John Carradine. États-Unis, 1940 – Couleurs – 1 h 26.

Dans les années 1840, la vie quotidienne d'un cirque de l'État de New York. Une sage adaptation d'un best-seller.

LA BELLE ENSORCELEUSE
"THE FLAME OF NEW ORLEANS"
Comédie de **René Clair**, avec Marlene Dietrich, Bruce Cabot, Roland Young, Mischa Auer. États-Unis, 1941 – 1 h 18.

La double personnalité d'une aventurière de La Nouvelle-Orléans qui, sur le point d'épouser un riche banquier, s'éprend du capitaine d'un bateau.

Le premier film américain de René Clair, qui permet à Marlene de changer de registre.

▷ **Sidney Salkow** signe un remake, intitulé SCARLET ANGEL, avec Yvonne De Carlo, Rock Hudson, Richard Denning. États-Unis, 1952 – Couleurs – 1 h 21.

LA BELLE ÉQUIPE

Drame de **Julien Duvivier**, avec Jean Gabin *(Jean dit Jeannot)*, Charles Vanel *(Charles dit Charlot)*, Raymond Aimos *(Raymond dit Tintin)*, Viviane Romance *(Gina)*, Micheline Cheirel *(Huguette)*, Raphaël Medina *(Mario)*, Charles Dorat *(Jacques)*. • SC : Charles Spaak, J. Duvivier. • PH : Jules Krüger, Marc Fossard. • DÉC : Jacques Krauss. • MUS : Maurice Yvain. • MONT : Marthe Poncin. • PR : Arys, Ciné Arts. France, 1936 – 1 h 34.

Cinq copains au chômage – Jean, Charles, Mario, Jacques et Tintin – gagnent ensemble à la Loterie nationale. Jean suggère qu'ils restent unis pour retaper une guinguette au bord de l'eau ; ainsi, ils seront tous présidents de leur petite République, « Chez nous ». Le travail commence dans l'enthousiasme et se poursuit malgré les obstacles : Gina, l'ex-femme de Charles, réclame « sa part » ; Jacques, secrètement amoureux de la fiancée de Mario, s'exile au Canada. Mario lui-même est sous le coup d'un arrêté d'expulsion. Tintin glisse du toit et se tue. De la « Belle Équipe » seuls subsistent Jean et Charles, que Gina, coquette et vénale, dresse l'un contre l'autre ; l'amitié l'emporte pourtant, les deux hommes renoncent d'un commun accord à Gina, et la guinguette est inaugurée, le jour de Pâques, dans l'allégresse générale. (Dans la fin originale, Gina, repoussée par Jean, se venge en suscitant la jalousie de Charles ; exaspéré par les accusations injustes de son ami, Jean tue Charles).

◆ Le reflet des aspirations d'une équipe

La Belle Équipe *est sans doute – avec* le Crime de Monsieur Lange, *de Jean Renoir – l'ouvrage qui traduit de la façon la plus fidèle et la plus émouvante les aspirations du Front populaire. La réalisation des rêves individuels est subordonnée à celle du projet collectif. Réconciliant le travail et le plaisir, la guinguette « Chez nous » fonde la liberté, car elle permet d'échapper à un double enfermement : celui de Paris, celui de l'exploitation capitaliste. Ne s'agit-il que d'une « belle idée » illusoire ? La fin originale semble le suggérer, et l'aspect utopique du film est renforcé par la double exclusion de la femme, qu'il s'agisse de la virginale Huguette ou de la garce incarnée avec piquant par Viviane Romance. Pourtant, le style de* la Belle Équipe *est en parfait accord avec son thème, à la fois pastoral et unanimiste. Dès le générique, la mélodie populaire de l'accordéon se marie aux arbres du bord de l'eau, sensuellement filmés en contre-plongée. L'inauguration de la guinguette a lieu le jour de Pâques, avec toutes les implications symboliques de renaissance que cela suppose. À plusieurs reprises, la fête dilue les barrières sociales, le vin délie les langues et dégourdit les jambes. Une œuvre tout à fait réaliste, qui préfigure le cinéma de Claude Sautet, prend alors des accents mythologiques. D'insignifiants pochards se muent en Puck du* Songe d'une nuit d'été *ou en Bacchus appariant les danseurs. Au sentiment poignant de vérité concourt l'identification des interprètes à leurs personnages, qui portent les mêmes noms qu'eux (Gabin est « Jeannot » comme Vanel est « Charlot »).*

J.-L.B.

LA BELLE ESPIONNE "SEA DEVILS"

Film d'aventures de **Raoul Walsh**, avec Yvonne De Carlo, Rock Hudson, Maxwell Reed, Gérard Oury. États-Unis / Grande-Bretagne, 1953 – Couleurs – 1 h 30.

À l'époque napoléonienne, dans l'île de Guernesey, les aventures d'une belle espionne aimée d'un contrebandier. Gérard Oury est un épisodique Napoléon.

LA BELLE ET LA BÊTE

Drame merveilleux de **Jean Cocteau**, avec Jean Marais *(Avenant, la Bête, le Prince)*, Josette Day *(Belle)*, Michel Auclair *(Ludovic)*, Mila Parély *(Félicie)*, Nane Germon *(Adélaïde)*, Marcel André *(le père)*, Raoul Marco *(l'usurier)*. • SC : J. Cocteau, d'après le conte de Mme Leprince de Beaumont. Conseiller technique : René Clément. • PH : Henri Alekan. • DÉC : Christian Bérard, René Moulaert. • MUS : Georges Auric. • MONT : C. Héria. • PR : André Paulvé. France, 1946 – 1 h 36. ★ PRIX LOUIS-DELLUC 1945.

Un marchand à demi-ruiné vit avec ses trois filles, Félicie, Adélaïde, Belle, et son fils, Ludovic. Belle est entièrement soumise au bon vouloir de ses deux sœurs. Avenant, un ami de la famille, voudrait l'épouser, mais elle se refuse à quitter son père. Celui-ci se perd un jour dans le jardin d'un étrange château où il cueille une rose pour sa fille. Le propriétaire du lieu le surprend : c'est un monstre, mi-homme mi-bête. Il lui promet la mort, à moins que sa fille ne vienne prendre sa place en ces lieux. Le père retourne chez lui, et Belle se sacrifie : elle accepte de se rendre au château. D'abord effrayée par la bête, elle découvrira peu à peu son cœur d'homme.

◆ De l'autre côté du miroir

Ce n'est pas seulement le sujet, adapté d'un conte du XVIIIe siècle, qui rend ce film merveilleux, c'est aussi la façon dont Cocteau écrit un récit avec le cinéma. Tout ici est magie : d'abord les décors où la vie s'immisce au cœur de la pierre (avec la formidable idée des candélabres tenus par des bras nus sortant des murs), ensuite les mouvements (qu'on se souvienne de cette image où Josette Day se déplace dans les corridors sans donner l'impression de marcher, comme « immobile à grands pas »), la lumière, enfin, qui, selon Alekan, « dynamise l'action » (ainsi, quand la porte du château semble s'ouvrir sous la poussée de l'ombre grandissante du père). La modernité de Cocteau est sans doute là : dans cette façon qu'il a d'utiliser le réalisme de l'image, continuelle source d'émerveillement du spectateur (sur l'écran, « ce qu'on voit, on le voit », dit le cinéaste), pour nous raconter ou, mieux, pour nous montrer des faits et gestes qui sont du ressort de l'invention poétique. Ainsi, la poésie devient comme le double de notre monde. *F.J.*

LA BELLE ET LE CAVALIER "C'ERA UNA VOLTA"

Comédie féérique de **Francesco Rosi**, avec Sophia Loren, Omar Sharif. Italie, 1967 – Couleurs – 1 h 40.

Il était une fois... une nouvelle Cendrillon, l'éternel prince charmant et un grand tournoi de vaisselle (!) pour désigner la Reine. Rosi a traité en comédie ce scénario inattendu où se retrouve néanmoins son habituelle dénonciation des privilèges.

LA BELLE ET LE CLOCHARD

"LADY AND THE TRAMP"

Dessin animé de **Hamilton Luske, Clyde Geronimi, Wilfred Jackson**, d'après un roman de Ward Greene. États-Unis, 1955 – Couleurs – 1 h 15.

Pour son premier dessin animé en CinémaScope, Walt Disney raconte l'histoire d'amour d'une « Lady » cocker et d'un chien vagabond surnommé le Clochard. Le charme de la gent canine et d'un couple de chats siamois.

LA BELLE ET L'EMPEREUR

"DIE SCHÖNE LÜGNERIN"

Comédie sentimentale d'**Axel von Ambesser**, avec Romy Schneider, Jean-Claude Pascal, Paul Guers. R.F.A. /France, 1960 – Couleurs – 1 h 34.

Durant le congrès de Vienne de 1814, l'aventure sentimentale d'une belle corsetière et du tsar Alexandre Ier. Dans la lignée des *Sissi*.

BELLE ÉTOILE

Drame de **Jacques de Baroncelli**, avec Michel Simon, Meg Lemonnier, Jean-Pierre Aumont, Saturnin Fabre. France, 1938 – 1 h 27.

Une jeune fille, qui ne veut pas épouser celui que son père lui destine, tente de se suicider et est sauvée par un garçon qui avait les mêmes intentions qu'elle.

LA BELLE HISTOIRE

Comédie dramatique de **Claude Lelouch**, avec Gérard Lanvin, Béatrice Dalle, Vincent Lindon. France, 1991 – Couleurs – 3 h 30.

Sur le thème de l'histoire qui se répète, à 2 000 ans d'intervalle, toute la tendresse et la virtuosité de Lelouch.

LA BELLE IMAGE

Comédie humoristique de **Claude Heymann**, d'après le roman de Marcel Aymé, avec Françoise Christophe, Frank Villard, Pierre Larquey, Suzanne Flon. France, 1951 – 1 h 30.

Un homme au physique très quelconque change brusquement de visage et devient un jeune premier sur lequel toutes les femmes se retournent.

BELLE JEUNESSE "SUMMER HOLIDAY"

Comédie de **Rouben Mamoulian**, d'après une pièce d'Eugene O'Neil, avec Mickey Rooney, Gloria De Haven, Walter Huston. États-Unis, 1948 (RÉ : 1946) – Couleurs – 1 h 32.

En 1900, dans une petite ville, les aventures d'une famille américaine et d'un collégien qui doit entrer à l'université. La version musicale d'une pièce célèbre.

▷ Voir aussi IMPÉTUEUSE JEUNESSE.

LA BELLE MARINIÈRE

Mélodrame d'**Harry Lachmann**, sur un scénario de Marcel Achard d'après sa pièce, avec Madeleine Renaud, Pierre Blanchar, Jean Gabin. France, 1932 – env. 1 h 20.

La jeune épouse du capitaine d'une péniche se consume d'amour pour un jeune marinier. Lasse de sa vie monotone, elle choisit de s'enfuir avec lui.

LA BELLE MEUNIÈRE

Film musical de **Marcel Pagnol**, avec Tino Rossi, Jacqueline Pagnol, Raoul Marco, Lilia Vetti. France, 1948 – Couleurs – 2 h.

Une brève aventure de Franz Schubert en mal d'inspiration, qui s'éprend d'une belle meunière. Pour son seul film en couleurs, Pagnol emploie le Rouxcolor dont ce fut l'unique utilisation.

LA BELLE NIVERNAISE

Comédie dramatique de **Jean Epstein**, d'après la nouvelle d'Alphonse Daudet, avec Blanche Montel, Maurice Touzé, Pierre Hot, Jean-David Evremond. France, 1924 – 1 800 m (env. 1 h 06).

La fille d'un marinier aime le garçon que son père a recueilli jadis, au grand dépit d'un matelot qui espérait l'épouser. Mais le vrai père du jeune homme réapparaît et celui-ci est mis au collège.

LA BELLE NOISEUSE
Drame de **Jacques Rivette**, avec Michel Piccoli, Emmanuelle Béart, Jane Birkin, David Bursztein. • SC : Jacques Rivette, Pascal Bonitzer, Christine Laurent, Bernard Dufour, d'après la nouvelle de Balzac *le Chef-d'œuvre inconnu*. • PH : William Lubtchansky. • MUS : John Williams. • MONT : Nicole Lubtchansky. France, 1991 – Couleurs – 4 h.

Un grand peintre a cessé de créer depuis dix ans. Il avait laissé inachevé un tableau dont sa femme était le modèle : *la Belle Noiseuse*. Un jeune artiste rend visite au vieux maître. Il est accompagné d'une très belle femme. Elle sera la nouvelle Belle Noiseuse. Elle pose, nue. Le vieil artiste peint, fasciné, farouche, quasiment sadique.

◆ *C'est l'affrontement de l'artiste et de sa création, c'est tout le problème de l'inspiration et du travail précis et douloureux qui doit capter et endiguer cette inspiration. Jacques Rivette prend son temps pour développer ce thème qui est l'essence de son propre travail : l'artiste qui se sert des autres, au risque de se blesser et de les blesser.* *G.S.*

LA BELLE ROMAINE "LA ROMANA"
Mélodrame de **Luigi Zampa**, d'après le roman d'Alberto Moravia, avec Gina Lollobrigida, Daniel Gélin, Raymond Pellegrin, Franco Fabrizi. Italie / France, 1954 – 1 h 31.

À Rome, en 1935, Adriana, trompée par ses amants successifs, gâche sa vie et semble trouver la paix dans l'espoir d'une maternité. Le portrait d'une femme victime de sa beauté. Un des grands rôles de Gina Lollobrigida.

LES BELLES ANNÉES DE MISS BRODIE
"THE PRIME OF MISS JEAN BRODIE"
Drame psychologique de **Ronald Neame**, d'après le roman de Muriel Spark, avec Maggie Smith, Robert Stephens, Pamela Franklin. Grande-Bretagne, 1969 – Couleurs – 1 h 56.

Un jeune professeur d'avant-garde sème le trouble dans un collège traditionnel. Un regard assez original sur le milieu scolaire et un personnage remarquablement incarné par Maggie Smith, qui obtint l'Oscar 1969 de la Meilleure actrice.

LES BELLES DE NUIT
Comédie de **René Clair**, avec Gérard Philippe, Martine Carol, Gina Lollobrigida, Magali de Vendeuil. France, 1952 – 1 h 25.

Le talent et la beauté sont les seuls apanages de Claude, un jeune musicien pauvre, qui préfère se réfugier dans des rêves où les femmes qui lui échappent dans la réalité tombent dans ses bras.

LA BELLE TÉNÉBREUSE "THE MYSTERIOUS LADY"
Mélodrame de **Fred Niblo**, avec Greta Garbo, Conrad Nagel, Gustav von Seyffertitz. États-Unis, 1928 – env. 2 200 m (env. 1 h 20).

Une espionne russe met tout en œuvre pour sauver son amant – un officier autrichien accusé de trahison – de l'échafaud.

LA BELLE VIE
Drame de **Robert Enrico**, avec Frédéric de Pasquale, Josée Steiner. France, 1964 – 1 h 46. ★ PRIX JEAN-VIGO 1964.

Démobilisé après vingt-sept mois passés en Algérie, Frédéric tente de reprendre une vie normale. Sur le point d'y parvenir après bien des difficultés, il est rappelé sous les drapeaux. Le premier long métrage d'Enrico, qui eut maille à partir avec la censure de l'époque.

BELLISSIMA "BELLISSIMA"
Mélodrame de **Luchino Visconti**, avec Anna Magnani *(Maddalena Cecconi)*, Walter Chiari *(Alberto Annovazzi)*, Tina Apicella *(Maria Cecconi)*, Gastone Renzelli *(Spartaco Cecconi)*, Alessandro Blasetti, Liliana Mancini. • SC : Cesare Zavattini, Suso Cecchi D'Amico, L. Visconti. • PH : Piero Portalupi. • DÉC : Gianni Polidori. • MUS : Franco Mannino. Italie, 1951 – 1 h 45.

Le metteur en scène Blasetti, qui cherche une petite fille pour son prochain film, organise un concours. Toutes les mères de Rome traînent leurs filles à Cinecittà. Maddalena, une femme du peuple, est prête à tout pour que sa fille réussisse. Dans les studios, elle rencontre un escroc qui prétend la pistonner.

◆ *Avec* Bellissima, *l'un des fondateurs du néoréalisme approfondit sa réflexion sur la société italienne et surtout sur l'usine à rêves : le cinéma. Il dénonce le « miroir aux alouettes » et un des principes du néoréalisme qui apporte la gloire à une inconnue pour l'oublier aussitôt. La Magnani porte le film à bout de bras dans le rôle d'une mère étouffante qui voit enfin la possibilité de vivre ses rêves grâce à sa fille. Exceptionnellement, Visconti a laissé son actrice improviser complètement et, en mère blessée par les rires dont sa fille est victime, elle atteint le tragique.* *CL.A.*

BEL ORDURE
Drame de **Jean Marbœuf**, avec Bulle Ogier, Claude Brasseur, Jean Rochefort. France, 1973 – Couleurs – 1 h 30.

Un prestidigitateur, par ailleurs indicateur de police, aime une chanteuse de bastringue. Il est traumatisé par la guerre d'Algérie. L'intrigue policière se déroule dans les milieux du spectacle et, dans ce premier long métrage, Jean Marbœuf dénonce déjà avec amertume l'hypocrisie de la comédie humaine.

BEN ET BÉNÉDICT

Comédie dramatique de **Paula Delsol**, avec Françoise Lebrun, André Dussollier, Daniel Duval. France, 1977 – Couleurs – 1 h 37.

Bénédict est le fantasme de ce que Ben voudrait être : une femme équilibrée et bien dans sa peau. Entre imaginaire et réalité.

BEN HUR "BEN HUR"

Film historique de **Fred Niblo**, avec Ramon Novarro *(Ben Hur)*, Francis X. Bushman *(Messala)*, May McAvoy *(Esther)*, Nigel de Brulier *(Simonidès)*, Mitchell Lewis *(sheik Ilderim)*. • SC : Carey Wilson, Bess Meredith, d'après le roman de Lew Wallace. • PH : René Guissard, Karl Struss, Clyde de Vinna, Percy Hilburn. • DÉC : Cedric Gibbons, Horace Jackson, Camillo Mastrocinque, A. Arnold Gillepsie. • MONT : Lloyd Nosler. États-Unis, 1925 – NB (quelques scènes coloriées) – env. 3 600 m (2 h 05).

Ben Hur, prince juif qui a refusé de collaborer avec l'occupant romain dans la Palestine du Ier siècle, est condamné aux galères. Adopté par le tribun Quintus Arrius, dont il a sauvé la vie, il va affronter dans le cirque son ex-ami, le Romain Messala qui l'a trahi. Vainqueur, il saura, grâce à Jésus, trouver la paix.

◆ *Cette deuxième adaptation du roman de Lew Wallace (1880) en est la plus fidèle. Célèbre pour la spectaculaire course de chars filmée grâce à 42 caméras (dont certaines au ras du sol, par-dessus lesquelles roulaient les quadriges), le film est le dernier épisode de la lutte qui opposait Italiens et Américains dans la reconstitution spectaculaire de l'Antiquité. Malgré son succès, ce fut pour la M.G.M. un sévère échec financier.* C.A.

BEN HUR

Film historique à grand spectacle de **William Wyler**, avec Charlton Heston *(Ben Hur)*, Stephen Boyd *(Messala)*, Jack Hawkins *(Quintus Arrius)*, Cathy O'Donnelle *(Tirzah)*, Martha Scott *(Miriam)*, Haya Harareet *(Esther)*, Hugh Griffith *(Ilderius)*. • SC : Karl Tunberg, d'après le roman de Lew Wallace. • PH : Robert Surtees. • MUS : Miklos Rosza. • DÉC : Hugh Hunt. • MONT : Ralph Winters, John Dunning. États-Unis, 1959 – Couleurs – 3 h 32. ★ OSCARS 1959 DU MEILLEUR FILM, DU MEILLEUR RÉALISATEUR (W. Wyler), DU MEILLEUR ACTEUR (C. Heston), DU MEILLEUR ACTEUR DE SECOND RÔLE (Hugh Griffith), DE LA MEILLEURE PHOTO (R.L. Surtees), DE LA MEILLEURE MUSIQUE (M. Rosza).

Dans Jérusalem occupée par les Romains, deux amis d'enfance se retrouvent, le tribun Messala et Ben Hur, issu d'une noble famille juive. Ben Hur, déporté aux galères pour la mort accidentelle du gouverneur, sauvera le Romain Quintus Arrius, devra affronter Messala dans une course de chars avant de retourner dans son pays pour retrouver sa mère et sa sœur atteintes de la lèpre. Jésus les guérira avant de mourir sur la croix.

◆ *Ce film, qui a nécessité 400 000 figurants, 4 mois de répétitions et 3 de tournage pour la seule séquence de la course de chars, a, malgré son énorme succès commercial, assez mauvaise réputation. C'est pourtant une réussite certaine, qui n'emploie pratiquement aucun des clichés du genre propres à Hollywood. Les scènes sur la galère sont pathétiques et le morceau de bravoure de la course de chars – 30 minutes – demeure un sommet spectaculaire dont l'horreur réaliste glace le sang.* S.K.

BENILDE OU LA VIERGE MÈRE

"BENILDE OU A VIRGEN-MAE"

Drame de **Manoel de Oliveira**, avec Maria Amelia Aranda, Jorge Rolla, Varela Silva, Gloria de Matos, Maria Barroso. Portugal, 1974 – Couleurs – 1 h 52.

Une jeune fille élevée dans un milieu très religieux tombe enceinte. Attribuant son état à une intervention divine, elle est déclarée folle par son entourage.

BENITO CERENO

Drame historique de **Serge Roullet**, d'après le roman de Herman Melville, avec Ruy Guerra, Georges Selmark, Temour Diop. France, 1969 – Couleurs – 1 h 20.

En 1799, dans le Pacifique, la rencontre d'un navire espagnol dont le capitaine, Benito Cereno, entretient d'étranges rapports avec les esclaves noirs qu'il transporte. À noter, la présence comme acteur du grand réalisateur portugais Ruy Guerra.

BENJAMIN ou LES MÉMOIRES D'UN PUCEAU

Comédie de **Michel Deville**, avec Michèle Morgan *(comtesse de Valandry)*, Michel Piccoli *(comte de Saint-Germain)*, Pierre Clémenti *(Benjamin)*, Catherine Deneuve *(Anne de Clessy)*, Francine Bergé *(Marion)*, Anna Gaël *(Célestine)*, Catherine Rouvel *(Victorine)*, Odile Versois *(la conseillère)*, Jacques Dufilho *(Camille)*, Tania Torrens *(Mme de Chartres)*. • SC : Nina Companeez, M. Deville. • PH : Ghislain

Cloquet. • DÉC : Claude Pignot. • COST : Rita Bayance. • MUS : morceaux classiques et Jean Wiener. • MONT : N. Companeez. France, 1968 – Couleurs – 1 h 44. ★ PRIX LOUIS-DELLUC 1967.

Dans la France libertine du milieu du XVIIIe siècle, l'éducation sentimentale et sexuelle d'un jeune homme élevé jusque là loin des femmes. Au château de sa tante, la belle comtesse de Valandry, Benjamin, poursuivi par les soubrettes délurées et les belles aristocrates, est ému par la radieuse jeunesse d'Anne de Clessy qui sera son premier amour.

◆ *Tout l'art de Michel Deville s'épanouit dans ce film rempli de grâce(s). Beauté des images, des décors et costumes, choix subtil de la musique (Haydn, Mozart, Rameau), légèreté de la réalisation. L'amour et le plaisir règnent, ce qui n'exclut ni la gravité ni la réflexion.* J.-C.S.

BENNY'S VIDEO "BENNY'S VIDEO"
Drame de **Michael Haneke**, avec Arno Frisch, Angela Winkler, Ulrich Mühe. Autriche / Suisse, 1992 – Couleurs – 1 h 45.

La folie d'images d'un adolescent de 14 ans qui filme tout ce qui se passe autour de lui et en vient à commettre un meurtre pour enregistrer des nouvelles images.

BENVENUTA
Drame psychologique d'**André Delvaux**, d'après le roman de Suzanne Lilar, avec Fanny Ardant, Vittorio Gassman, Françoise Fabian, Mathieu Carrière. Belgique / France / Italie, 1983 – Couleurs – 1 h 45.

La rencontre d'un cinéaste et d'une romancière dans une demeure de Gand. Le scénario tiré de l'œuvre prend forme peu à peu et la fiction – un tragique amour platonique – devient réalité.

BÉRÉNICE
Tragédie de **Pierre-Alain Jolivet**, d'après la pièce de Racine, avec Anna Gaël, Bernard Verley, Jean Lescot. France, 1966 – 1 h 30.

L'amour sacrifié à la raison d'État. Le texte de Racine dans une transposition futuriste (complets-vestons et minijupes).

LES BÉRETS ROUGES "THE RED BERETS"
Film de guerre de **Terence Young**, d'après l'ouvrage de Hilary St George Saunders, avec Alan Ladd, Leo Genn, Susan Stephen, Harry Andrews. Grande-Bretagne, 1953 – Couleurs – 1 h 28.

Observation romancée et très documentée de la vie des parachutistes écossais à travers l'histoire d'un volontaire américain.

LES BÉRETS VERTS "THE GREEN BERETS"
Film de guerre de **John Wayne** et **Ray Kellogg**, d'après le roman de Robin Moore, avec John Wayne, David Janssen, Jim Hutton, Aldo Ray. États-Unis, 1968 – Couleurs – 2 h 18.

Épisode de la guerre américaine au Viêt-nam. Un journaliste hostile accompagne le détachement des Bérets Verts et finit par comprendre le sens de leur action. C'est, élargi à l'ensemble du public, le but unique de ce film de pure propagande.

LA BERGÈRE ET LE RAMONEUR / LE ROI ET L'OISEAU
Dessin animé de **Paul Grimault**. • SC : Jacques Prévert et P. Grimault, d'après le conte d'Andersen *la Bergère et le Ramoneur*. • PH : Gérard Soirant. • DÉC : P. Grimault, Lionel Charpy, Roger Duclent. • MUS : Joseph Kosma, Wojciech Kilar. • MONT : P. Grimault. France, 1953-1980 – Couleurs – 1 h 27 (1 h 05 à l'origine). ★ PRIX LOUIS-DELLUC 1979.

Au royaume de Takicardie règne un cruel tyran, Charles V-et-III-font-VIII-et-VIII-font-XVI. Il est amoureux d'une bergère, qui aime un petit ramoneur « de rien du tout » et en est aimée. Le roi fait jeter tout le monde en prison, mais les amoureux, aidés par l'Oiseau et d'autres alliés, finiront par triompher.

◆ *Humour et poésie de Prévert sont au rendez-vous de l'émotion et de la drôlerie. La lumière finira par dissiper les ténèbres ! Sorti, mutilé, en 1953 sous le titre* la Bergère et le Ramoneur, *le film, alors désavoué par ses auteurs, est retravaillé pour revoir le jour, avec une intrigue sensiblement modifiée, et intitulé cette fois* le Roi et l'Oiseau, *en 1980.* D.C.

BERKELEY SQUARE "BERKELEY SQUARE"
Comédie fantastique de **Frank Lloyd**, d'après la pièce de John Balderston, avec Leslie Howard, Heather Angel, Valerie Taylor, Irene Browne, Beryl Mercer. États-Unis, 1933 – 1 h 27.

En ouvrant une porte, le propriétaire d'une maison londonienne se retrouve au XVIIIe siècle, dans la peau d'un de ses ancêtres.

BERLIN AFFAIR "THE BERLIN AFFAIR"
Drame de **Liliana Cavani**, d'après Svastika de Junichiro Tanizaki, avec Gudrun Landgrebe, Kevin McNally, Mio Tataki. Italie / R.F.A., 1985 – Couleurs – 1 h 50.

La femme d'un diplomate allemand au brillant avenir tombe amoureuse de la fille de l'ambassadeur du Japon à Berlin. C'est, en 1938, le début d'un ménage à trois particulièrement sulfureux.

BERLIN EXPRESS "BERLIN EXPRESS"
Film d'espionnage de **Jacques Tourneur**, avec Merle Oberon, Robert Ryan, Charles Korvin, Paul Lukas. États-Unis, 1948 – 1 h 26.

En 1946, des représentants de diverses nationalités s'unissent pour rechercher un médecin allemand disparu. Tournage en Allemagne et en France pour un film pacifiste.

BERLIN, SYMPHONIE D'UNE GRANDE VILLE
"BERLIN, DIE SYMPHONIE EINER GROSSTADT"
Documentaire de **Walther Ruttmann.** • SC : W. Ruttmann, Karl Freund, d'après Carl Mayer. • PH : Reimar Kuntze, Robert Baberske, Lászlò Schäffer. • DÉC : Erich Kettelhut. • MUS : Edmund Meisel. Allemagne, 1927 – 2000 m.

De l'aube à minuit, la vie d'une grande cité, le pittoresque, la misère, les plaisirs, l'activité fébrile des travailleurs, les mouvements de la foule.

◆ *Venu des recherches abstraites, Ruttmann signe ici, après Vertov, Kaufman et Cavalcanti, un des plus beaux films d'un genre alors florissant : évoquer, comme en une partition musicale, le déroulement quotidien de la vie des hommes. Des images très travaillées au niveau de la prise de vues, un montage jouant sur les rapprochements, tout cela finit par donner de ce qui reste, en tout état de cause, la réalité, une vision magnifiée et souvent poétique.* *J.-M.C.*

BERNADETTE
Film historique de **Jean Delannoy**, avec Sydney Penny, Jean-Marc Bory, Michèle Simonnet, Roland Lesaffre. France, 1987 – Couleurs – 2 h.

À Lourdes, en 1858, une jeune fille pauvre affirme que la Vierge lui est apparue plusieurs fois. Illustration traditionnelle de la vie de Bernadette Soubirous. Voir aussi LE CHANT DE BERNADETTE.

▷ Autre film sur le même thème réalisé par **Georges Pallu**, intitulé LA VIE MERVEILLEUSE DE BERNADETTE, avec Alexandra, Janine Borelli, Janine Lequesne, Jane Marnier, Paul Ceriani. France, 1929 – 2 205 m (env. 1 h 21).

BERNIE
Comédie dramatique d'**Albert Dupontel**, avec Albert Dupontel, Claude Perron, Roland Blanche, Hélène Vincent. France, 1996 – Couleurs – 1 h 27.

Enfant abandonné dans un vide-ordures, Bernie s'est inventé des parents aimants et une histoire d'enlèvement. Aussi, lorsqu'il quitte l'orphelinat, à trente ans, il part à la recherche de sa famille. Il va d'abord trouver Marion, qui n'en fait pas partie mais est un peu sa súur en débine, puis son père, clochard, et sa mère, remariée. À coups de pelle et de fusil, il remet tout ce monde-là ensemble pour le mauvais et pour le pire. On tue et on s'entre-tue jusqu'à ce qu'il ne reste plus que Bernie et Marion, livrés à eux-mêmes en Bonnie and Clyde simplets... Une accumulation d'horreurs, qui fait rire comme le froid extrême donne une sensation de brûlure.

BERTHA BOXCAR "BERTHA BOXCAR"
Drame de **Martin Scorsese**, avec Barbara Hershey, Barry Primus, David et John Carradine. États-Unis, 1972 – Couleurs – 1 h 32.

Après la mort de son père, une jeune fermière rencontre un leader syndical et s'engage avec lui dans la voie du crime. Inspirée d'une histoire vraie, l'évocation de l'Amérique de la Dépression.

BERTRAND CŒUR DE LION
Comédie burlesque de **Robert Dhéry**, avec Robert Dhéry, Colette Brosset, Robert Destain, Capucine. France, 1951 – 1 h 38.

Un garde-chasse fait arrêter une bande de faux-monnayeurs. Une succession de trouvailles cocasses.

BESOIN D'AMOUR "MISUNDERSTOOD"
Mélodrame de **Jerry Schatzberg**, d'après le roman de Florence Montgomery, avec Gene Hackman, Henry Thomas. États-Unis, 1984 – Couleurs – 1 h 31.

Un industriel ne sait trop comment annoncer la mort de leur mère à ses deux garçons ; remake de *l'Incompris* de Comencini.

LA BÊTE
Film érotique de **Walérian Borowczyk**, avec Sirpa Lane, Lisbeth Hummel. France, 1975 – Couleurs – 1 h 44.

Une Américaine mariée à un riche noble français rêve qu'elle est désirée par une bête au sexe gigantesque.

LA BÊTE À L'AFFÛT
Drame de **Pierre Chenal**, d'après un roman de Day Keene, avec Françoise Arnoul, Henri Vidal, Michel Piccoli, Gaby Sylvia, Agnès Laury. France, 1959 – 1 h 30.

Une jolie veuve de province mène une vie mondaine, jusqu'à ce qu'un gangster fasse irruption dans sa vie. Elle devient sa maîtresse, s'enfuit avec lui et, découvrant qu'il l'a manipulée, le dénonce.

LA BÊTE AUX CINQ DOIGTS
"THE BEAST WITH FIVE FINGERS"
Film d'épouvante de **Robert Florey**, avec Robert Alda, Andrea King, Peter Lorre, Victor Francen. États-Unis, 1947 – 1 h 28.

Un pianiste italien meurt en léguant sa fortune à son infirmière. Le notaire est étranglé et la peur s'empare du village lorsque l'on découvre qu'une main a été sectionnée au cadavre.

LA BÊTE DE LA CITÉ "THE BEAST OF THE CITY"
Drame policier de **Charles Brabin**, avec Walter Huston, Jean Harlow, Wallace Ford. États-Unis, 1932 – 1 h 20.

Mélange de policier et de mélodrame, avec deux frères qui traquent un gang de racketteurs durant la prohibition. Le premier film de Jean Harlow à la M.G.M.

LA BÊTE HUMAINE
Drame de **Jean Renoir**, avec Jean Gabin *(Lantier)*, Simone Simon *(Séverine)*, Fernand Ledoux *(Roubaud)*, Julien Carette *(Pecqueux)*. • SC : J. Renoir, d'après le roman d'Émile Zola. • PH : Curt Courant. • DÉC : Eugène Lourier. • MUS : Joseph Kosma. • MONT : Marguerite Renoir, Suzanne de Troye. France, 1938 – 1 h 41.
★ PRIX MÉLIÈS 1938.

Mécanicien de locomotive sur le Paris-Le Havre, Jacques Lantier devient l'amant de Séverine, la femme du sous-chef de la gare du Havre, Roubaud. Celui-ci, craignant que Lantier ne l'ait vu assassiner, avec la complicité de Séverine, l'ancien amant de celle-ci, ferme les yeux. Lantier, qui n'a jamais pu approcher une femme sans envie de meurtre, tue Séverine, après avoir refusé de la débarrasser de son mari, puis se suicide.

◆ *Au déterminisme biologique de Zola, Renoir substitue une implacable analyse sociale dont le pessimisme renvoie aux espoirs déçus du Front populaire. Parce que, dans un réflexe d'orgueil blessé, Roubaud a tué un grand bourgeois qui s'était cru des droits sur la jeune Séverine, il entraîne ceux de son milieu dans la complicité et la déchéance. La maladie et le geste final de Lantier donnent la clé : l'impossibilité de l'amour dans une telle société. Un film sobre et rigoureux où se débattent des personnages chaleureux et blessés.* *J.M.*

▷ Voir aussi DÉSIRS HUMAINS.

LA BÊTE MAGNIFIQUE "LA BESTIA MAGNIFICA"
Drame de **Chano Urueta**, avec Miroslava, Crox Alvarado, Wolf Ruvinski. Mexique, 1954 – 1 h 40.

Deux catcheurs sont pris en charge par un célèbre manager et propulsés rapidement au sommet de la gloire. Mais une femme jalouse s'interpose entre eux.

BÊTE MAIS DISCIPLINÉ
Comédie de **Claude Zidi**, avec Jacques Villeret, Michel Aumont. France, 1979 – Couleurs – 1 h 35.

Jacques, qui fait son service militaire, est gros, timide et surtout maladroit. Ambulancier, il transporte un agent secret inventeur d'un gaz mystérieux. Maintes aventures vont survenir.

LA BÊTE NOIRE
Drame de **Patrick Chaput**, avec Richard Bohringer, Philippe Sfez. France, 1983 – Couleurs – 1 h 37.

Un scénariste en mal d'inspiration demande à un jeune loubard de lui raconter son histoire. Une première œuvre originale.

LA BÊTE S'ÉVEILLE "THE SLEEPING TIGER"
Comédie dramatique de **Joseph Losey**, avec Dirk Bogarde, Alexis Smith, Alexander Knox, Hugh Griffith. Grande-Bretagne, 1954 – 1 h 29.

Un psychiatre installe chez lui un criminel dont il veut faire le sujet d'expériences. Une descente dans le subconscient.

BETTY
Drame de **Claude Chabrol**, avec Marie Trintignant *(Betty)*, Stéphane Audran *(Laure)*, Jean-François Garreaud *(Mario)*, Yves Lambrecht *(Guy)*, Christiane Minazzoli *(Mme Etamble)*, Pierre Vernier *(le docteur)*, Pierre Martot *(Frédéric)*, Thomas Chabrol *(Schwatz)*, Yves Verhoeven *(Philippe)*, Jean-Marc Rouleau *(Florent)*. • SC : C. Chabrol, d'après le roman de Georges Simenon. • PH : Bernard Zitzermann. • DÉC : Françoise Benoît-Fresco. • MUS : Matthieu Chabrol. • MONT : Monique Fardoulis. France, 1992 – Couleurs – 1 h 43.

Jeune, hagarde, blessée, ivre, perdue, Betty suit un homme qui l'emmène dans un restaurant de Versailles. Elle boit beaucoup. Une femme, une veuve, Laure, la recueille, l'héberge et l'adopte. Betty a été mariée, a trompé son mari, a été chassée de sa belle-famille, a sombré. Un beau gâchis, mais à qui la faute ?

◆ Betty *illustre très exactement le propos et l'atmosphère du roman de Georges Simenon. C'est une adaptation exemplaire. Mais ces thèmes, ces personnages, ce regard cruel sur la société et compatissant à l'égard des malheureux, des éprouvés, des réprouvés, appartiennent au catalogue thématique de Claude Chabrol, peintre impitoyable de la société d'aujourd'hui, de ses anti-héros plus ou moins déviants. D'où un film prenant, impeccablement réalisé et interprété.* *G.S.*

BEYOND THERAPY "BEYOND THERAPY"
Comédie satirique de **Robert Altman**, avec Julie Hagerty, Jeff Goldblum, Geneviève Page. États-Unis, 1986 – Couleurs – 1 h 33.

Démêlés sentimentaux entre un bisexuel extraverti et une jeune femme un peu timide. En filigrane, une caricature de l'engouement américain pour la psychothérapie.

BEYROUTH LA RENCONTRE "EL LIKA"
Drame psychologique de **Borhane Alaouie**, avec Haitem El Amine, Nadine Acoury. Liban/Tunisie/ Belgique, 1981 – Couleurs – 1 h 45.

Vingt-quatre heures de la vie de deux anciens étudiants dans le Beyrouth de 1977. Leur impossible rencontre et leurs tentatives désespérées pour communiquer.

BIANCA "BIANCA"
Comédie dramatique de **Nanni Moretti**, avec Nanni Moretti, Laura Morante. Italie, 1984 – Couleurs – 1 h 36.

Un professeur de mathématiques quelque peu névrosé est nommé à Rome dans une institution assez libérale. Il ne supportera pas ce laxisme et finira par un triple meurtre.

LA BIBLE "THE BIBLE"
Péplum de **John Huston**, avec Michael Parks, Ulla Bergryd, Richard Harris, Franco Nero, John Huston, Stephen Boyd, George C. Scott, Ava Gardner, Peter O'Toole. États-Unis/Italie, 1966 – Couleurs – 2 h 54.

Illustration de l'Ancien Testament, du début de la Genèse au sacrifice d'Abraham. Huston (qui tient le rôle de Noé) réalise un film lent et splendide, curieusement mésestimé dans son œuvre.

LA BIBLE NE FAIT PAS LE MOINE
"IN GOD WE TRUST"
Comédie de **Marty Feldman**, avec Marty Feldman, Peter Boyle, Louise Lasser. États-Unis, 1979 – Couleurs – 1 h 37.

Une petite communauté de Californie se voit menacée d'expulsion par une secte toute-puissante. L'un des membres de la communauté est envoyé en mission pour redresser la situation.

LES BICHES
Drame psychologique de **Claude Chabrol**, avec Stéphane Audran, Jean-Louis Trintignant, Jacqueline Sassard. France, 1968 – Couleurs – 1 h 30.

Dans l'ambiance facile de Saint-Tropez, une femme est prise aux jeux de l'amour. Un très bon Chabrol, riche d'une peinture de mœurs toujours aiguë et d'une forte étude de caractères.

LES « BICOTS-NÈGRES », VOS VOISINS
Film politique de **Med Hondo**, avec Bachir Touré, Jacques Thébaud, Jean Berger, Armand Aplanalp, Sally N'Dongo, Mohamed Ou Mustapha. Mauritanie / France, 1973 – Couleurs – 2 h 40.

Les causes et les effets de l'immigration africaine en France et en Europe ; le néocolonialisme en Afrique ; la vie quotidienne des travailleurs immigrés, leurs luttes et leurs espérances.

LES BIDASSES EN FOLIE
Comédie de **Claude Zidi**, avec Les Charlots. France, 1971 – Couleurs – 1 h 30.

Cinq copains essaient de monter un groupe de variétés, mais le service militaire les empêche de participer à un concours. C'est le premier film de Zidi, et des Charlots aussi.

▷ Les péripéties des « Bidasses » se poursuivent dans : LES BIDASSES S'EN VONT EN GUERRE (**C. Zidi**, 1974) et LE RETOUR DES BIDASSES EN FOLIE (**M. Vocoret**, 1983).

IL BIDONE "IL BIDONE"
Comédie dramatique de **Federico Fellini**, avec Broderick Crawford *(Augusto)*, Giulietta Masina *(Iris)*, Richard Basehart *(Carlo, surnommé « Picasso »)*, Franco Fabrizi *(Roberto)*, Xenia Valderi *(Luciana)*, Alberto De Amicis *(Rinaldo)*. • SC : F. Fellini, Tullio Pinelli, Ennio Flaiano. • PH : Otello Martelli. • DÉC : Dario Cecchi. • MUS : Nino Rota. • MONT : Mario Serandrei, Giuseppe Vari. Italie, 1955 – 1 h 48.

Costumés en ecclésiastiques, trois fripouilles (Augusto, Roberto et « Picasso ») parcourent la campagne romaine et extorquent de l'argent à diverses victimes en exploitant leur crédulité. Les escroqueries finissent par conduire Augusto en prison, puis à la mort.

◆ *Ce film proprement tragique n'a jamais eu le succès qu'il mérite. Fellini en donne la raison : « Mes héros (...) offrent aux spectateurs une image peu flatteuse d'eux-mêmes, que beaucoup devaient refuser ». Pourtant, l'humour amer et nostalgique des séquences, la beauté des images, l'émotion des regards, sont du meilleur Fellini.* D.C.

LA BIEN-AIMÉE DE GAVRILOV
"LIUBIMAJA ŽENŠČINA MEHANIKA GAVRILOVA"
Comédie dramatique de **Piotr Todorovski**, avec Lioudmila Gourtchenko, Serguei Chakourov. U.R.S.S., 1981 – Couleurs – 1 h 18.

Devant la mairie d'Odessa, une jeune femme attend en vain l'homme qu'elle doit épouser. Désespérée, elle envisage d'autres solutions pour mettre fin à sa solitude.

BIENVENUE, MISTER CHANCE "BEING THERE"
Comédie de **Hal Ashby**, avec Peter Sellers, Shirley MacLaine, Melvyn Douglas. États-Unis, 1979 – Couleurs – 2 h 10.

Un jardinier se retrouve au chevet d'un riche industriel. La bonne société s'extasie sur son bon sens. Il devient l'oracle des hautes sphères. Peter Sellers joue, sans rire, un rôle de naïf.

BIENVENUE, M. MARSHALL
"BIENVENIDO, MISTER MARSHALL !"
Comédie satirique de **Luis Garcia Berlanga**, avec Lolita Sevilla *(Carmen Vargas)*, José Isbert *(Don Pablo)*, Manolo Moran *(Manolo)*, Alberto Romea *(Don Luis)*, Luis Perez Leon *(le curé)*. • SC : Juan Antonio Bardem, L. Garcia Berlanga, M. Mihura. • PH : Manuel Berenguer. • DÉC : Canet Cubel. • MUS : Jesus Garcia Leoz. • MONT : Pepita Orduña. Espagne, 1952 – 1 h 20. ★ PRIX INTERNATIONAL DE LA BONNE HUMEUR, Cannes 1953.

Villar del Río est un petit village espagnol où le maire, le curé, des notables, un hidalgo et quelques villageois vivent paisiblement. Une nouvelle extraordinaire va tout bouleverser : la délégation américaine du Plan Marshall doit s'y arrêter. Comment la recevoir ? En transformant cette pauvre bourgade en joli village andalou...

◆ *Berlanga et Bardem ont choisi l'humour et la satire pour déjouer la censure de l'Espagne franquiste. On peut admirer la rigueur de la construction du récit et du montage dont chaque séquence semble se terminer sur une interrogation : Que faut-il attendre des Américains ? Le jeu caricatural des acteurs et une lumière crue révèlent la pauvreté du pays, et les décors en carton-pâte du « village andalou » démystifient cette Espagne des années 50, montrée ici sous son vrai visage.* C.G.

BIG "BIG"
Comédie de **Penny Marshall**, avec Tom Hanks, Elizabeth Perkins. États-Unis, 1987 – Couleurs – 2 h 03.

Ayant émis le vœu de devenir « grand », un jeune garçon se réveille dans le corps d'un homme de 30 ans ! Excellent Tom Hanks dans un film sympathique.

LE BIGAME "IL BIGAMO"
Comédie de **Luciano Emmer**, avec Vittorio De Sica, Marcello Mastroianni, Franca Valeri, Giovanna Ralli. Italie, 1956 – 1 h 50.

Un homme injustement accusé de bigamie est défendu par un avocat très distrait.

THE BIGAMIST "THE BIGAMIST"
Drame d'**Ida Lupino**, avec Edmond O'Brien, Joan Fontaine, Ida Lupino. États-Unis, 1953 – 1 h 20.

Un voyageur de commerce se retrouve bigame presque malgré lui. Description fine et sensible d'une sorte de cas sociologique.

BIG BOSS "THE BIG BOSS"
Film de karaté de **Lo Wei**, avec Bruce Lee, Maria Yi Yi, James Tien. Hong-Kong, 1972 – Couleurs – 1 h 50.

Un champion d'arts martiaux s'oppose à un gang de trafiquants de drogue et de proxénètes. Le premier grand film de Bruce Lee, qui lui apporta la consécration et la gloire dans tout l'Occident.

BIG BOY "YOU'RE A BIG BOY NOW"
Comédie de **Francis Ford Coppola**, avec Peter Kastner, Elizabeth Hartman, Geraldine Page, Julie Harris. États-Unis, 1967 – Couleurs – 1 h 36.

Un garçon tourmenté par une puberté prolongée tombe amoureux d'une danseuse de cabaret, violée dans son adolescence par un psychanalyste unijambiste. Un des premiers essais de Coppola, pas entièrement réussi malgré de bons moments surréalistes.

BIG EASY "THE BIG EASY"
Film policier de **Jim McBride**, avec Dennis Quaid, Ellen Barkin, Ned Beatty. États-Unis, 1986 – Couleurs – 1 h 42.

La Nouvelle-Orléans : corruption de la police, règlements de comptes entre bandes rivales. Enquête sur fond de love-story.

THE BIG FIX "THE BIG FIX"
Film policier de **Jeremy Paul Kagan**, d'après le roman de Roger L. Simon, avec Richard Dreyfus, Susan Anspach, Bonnie Bedelia, John Lithgow. États-Unis, 1978 – Couleurs – 1 h 53.

La campagne électorale d'un candidat au poste de gouverneur est sabotée. Moses Wine, un détective privé, est chargé de retrouver les coupables. Une intrigue qui rappelle *le Grand Sommeil* de Hawks, dans la meilleure tradition des Séries noires.

BIG GUNS / LES GRANDS FUSILS
Film policier de **Duccio Tessari**, avec Alain Delon, Carla Gravina, Roger Hanin, Marc Porel. France/Italie, 1973 – Couleurs – 1 h 30.

Ex-tueur de la maffia, Tony Arzenta veut se retirer. En tentant d'assassiner le rebelle, « l'organisation » tue sa femme et son enfant. Tony est alors pris d'une haine vengeresse.

BIG HOUSE "THE BIG HOUSE"
Drame de **George W. Hill**, avec Chester Morris *(Morgan)*, Wallace Beery *(Butch)*, Robert Montgomery *(Kent)*, Leila Hyams. • SC : Frances Marion. • PH : Harold Wenstrom. États-Unis, 1930 – 1 h 20.

Une mutinerie dans une prison américaine, réprimée grâce à l'intervention d'un détenu qui est parvenu à s'amender en dépit de la pernicieuse influence de ses compagnons de cellule. Il sera tué au cours de l'émeute, mais son sacrifice n'aura pas été vain.

◆ *Le prototype du « film de prison », genre très prisé aux États-Unis (Voir* 20 000 ans sous les verrous, Je suis un évadé*). Le bon y triomphe des méchants, la promiscuité de la vie carcérale est stigmatisée, et le problème de la réinsertion sociale des anciens convicts posé non sans courage.* Big House *fit l'objet de versions « doublées » (selon le principe en faveur à l'époque), mais l'américaine, qui bénéficie d'une solide interprétation, reste, de loin, la plus satisfaisante.* C.B.

▷ **Paul Fejos** réalise les versions française et allemande du film, intitulées respectivement BIG HOUSE, avec Charles Boyer, André Berley, André Burgère, Mona Goya, et MENSCHEN HINTER GITTERN, avec Heinrich George, Gustav Diessl, Egon von Jordan, Anton Pointner.

BIG JAKE "BIG JAKE"

Western de **George Sherman**, avec John Wayne, Richard Boone, Maureen O'Hara, Patrick Wayne, Christopher Mitchum. États-Unis, 1971 – Couleurs – 1 h 50.

Big Jake revient résoudre le kidnapping de son petit-fils. Le vieux cow-boy est toujours vert et c'est un plaisir, vingt ans après, de retrouver le couple de *l'Homme tranquille*, Wayne-O'Hara.

THE BIG LEAGUER

Comédie dramatique de **Robert Aldrich**, avec Edward G. Robinson, Vera-Ellen, Jeff Richards. États-Unis, 1953 – 1 h 11.

Un jeune homme s'entraîne, en cachette de son père, dans une équipe de base-ball. Son talent convaincra finalement.

BIG TROUBLE "BIG TROUBLE"

Film policier de **John Cassavetes**, avec Peter Falk, Alan Arkin, Beverly D'Angelo, Charles Durning, Robert Stack. États-Unis, 1985 – Couleurs – 1 h 33.

Pour pouvoir envoyer ses trois fils à l'université, un assureur vend une assurance-vie très spéciale à une femme qui attend la mort imminente de son mari.

LES BIJOUTIERS DU CLAIR DE LUNE

Drame de **Roger Vadim**, d'après le roman d'Albert Vidalie, avec Brigitte Bardot, Alida Valli, Stephen Boyd. France/Italie, 1958 – Couleurs – 1 h 35.

Une jeune Française qui passe des vacances chez sa tante, en Espagne, s'éprend pour son malheur d'un futur criminel.

BILITIS

Drame de **David Hamilton**, d'après le roman de Pierre Louÿs, avec Patti d'Arbanville, Mona Kristensen. France, 1977 – Couleurs – 1 h 35.

Filmé par un spécialiste de la photo esthétisante, l'éveil des sens d'une adolescente qui hésite entre hommes et femmes.

BILLY BUDD "BILLY BUDD"

Film d'aventures de **Peter Ustinov**, d'après le roman de Herman Melville, avec Robert Ryan, Peter Ustinov, Melvyn Douglas, Terence Stamp. Grande-Bretagne, 1962 – 2 h 05.

À la fin du XVIIIe siècle, sur un vaisseau de guerre anglais, le dramatique et aventureux destin d'un matelot enrôlé de force.

BILLY JACK "BILLY JACK"

Drame de **Tom Laughlin** [T.C. Frank], avec Tom Laughlin, Dolores Taylor, Julie Webb, Clark Howat, Bert Freed. États-Unis, 1971 – Couleurs – 1 h 53.

Billy Jack, un Métis vétéran du Viêt-nam, a créé une « école de la liberté » près d'une réserve indienne. Un incident va mettre le feu aux poudres. Pamphlet généreux contre le racisme.

BILLY LE CAVE "DIRTY LITTLE BILLY"

Western de **Stan Dragoti**, avec Michael J. Pollard, Richard Evans. États-Unis, 1973 – Couleurs – 1 h 40.

Billy Booney arrive au Texas avec sa mère et son beau-père. Il quitte la maison et se réfugie auprès du truand local, qui l'« éduque » et dont il prendra vite la suite, sous le nom de Billy le Kid. L'Ouest démythifié par un film réaliste.

BILLY LE KID "BILLY THE KID"

Western de **King Vidor**, avec Johnny Mack Brown, Wallace Beery. États-Unis, 1930 – 1 h 30.

Le jeune hors-la-loi Billy le Kid est poursuivi par le shérif Pat Garrett. Une version romantique, édulcorée, de la célèbre légende.

▷ Voir aussi sur le même thème BILLY LE CAVE, LE KID DU TEXAS, LE GAUCHER, LE BANNI, PAT GARRETT ET BILLY LE KID, LE RÉFRACTAIRE et À FEU ET À SANG.

BILLY LE MENTEUR "BILLY LIAR"

Comédie dramatique de **John Schlesinger**, avec Tom Courtenay, Julie Christie. Grande-Bretagne, 1963 – 1 h 38.

Dans une petite ville anglaise terne et ennuyeuse, un jeune mythomane mène une vie imaginaire et trompe tout son entourage. Splendide interprétation de Tom Courtenay.

BILLY ZE KICK
Comédie policière de **Gérard Mordillat**, avec Francis Perrin, Zabou. France, 1985 – Couleurs – 1 h 30.

L'inspecteur Chapeau raconte à sa fille, pour l'endormir, les aventures du terrible Billy-ze-Kick, tandis que des meurtres se produisent dans le quartier.

BILOXI BLUES "BILOXI BLUES"
Comédie dramatique de **Mike Nichols**, avec Matthew Broderick, Christopher Walken. États-Unis, 1988 – Couleurs – 1 h 47.

En 1943, un jeune appelé perd vite ses illusions sur la vie militaire ; d'autant qu'il est la tête de turc de l'instructeur.

BIQUEFARRE
Documentaire de **Georges Rouquier**. France, 1984 – Couleurs – 1 h 30.

L'admiration des milieux universitaires américains pour la valeur ethnographique de *Farrebique* (1946) a suscité la réalisation d'un nouveau documentaire sur la même famille. *Biquefarre* nous montre la vie des « exploitants agricoles », qui ne sont plus les « paysans » de naguère : Rouquier, sans fausse nostalgie, met ainsi en évidence les changements socio-économiques du monde rural français dans les quarante dernières années.

BIRD "BIRD"
Biographie de **Clint Eastwood**, avec Forest Whitaker, Diane Venora. États-Unis, 1988 – Couleurs – 2 h 43.

Vie et mort de Charlie Parker – dit « Bird » – , l'un des génies du jazz. L'auteur restitue le géant noir dans toute sa complexité. Prix d'interprétation pour Forest Whitaker, Cannes 1988.

THE BIRDCAGE "THE BIRDCAGE"
Comédie de **Mike Nichols**, d'après la pièce de Jean Poiret, avec Robin Williams, Nathan Lane, Gene Hackman, Hank Azania. États-Unis, 1996 – Couleurs – 1 h 58.

Remake américain de *la Cage aux folles* d'Édouard Molinaro.

BIRDY "BIRDY"
Drame d'**Alan Parker**, avec Matthew Modine, Nicolas Cage. États-Unis, 1984 – Couleurs – 2 h.

Birdy revient traumatisé par la guerre du Viêtnam et se réfugie dans le mutisme. Il n'aspire qu'à s'envoler et vit comme un oiseau. Son ami Al s'emploie à le sauver.

BIRIBI
Drame de **Daniel Moosmann**, d'après le roman de Georges Darien, avec Michel Tureau, Bruno Crémer, Georges Géret, Pierre Vaneck, Jean-Pierre Aumont. France, 1971 – Couleurs – 1 h 45.

Le destin d'un soldat envoyé, à la fin du XIXe siècle, dans les bataillons disciplinaires d'Afrique du Nord ou « Biribi ». Face à la violence et aux brimades, que peut-il devenir, même libéré ?

LE BISON BLANC "THE WHITE BUFFALO"
Film d'aventures de **Jack Lee Thompson**, avec Charles Bronson, Jack Warden, Kim Novak. États-Unis, 1977 – Couleurs – 1 h 35.

Hickok est à la recherche du terrible bison blanc qui hante ses cauchemars. Il est aidé dans sa quête par un Indien.

BLACK JACK
Film d'aventures de **Julien Duvivier**, avec George Sanders, Herbert Marshall, Patricia Roc. France/Espagne, 1951 – 1 h 52.

En Espagne, aventures aux multiples péripéties pour un contrebandier de haut vol, qui va racheter ses fautes grâce à l'amour.

BLACK JACK "BLACK JACK"
Comédie dramatique de **Kenneth Loach**, avec Jean Franval, Stephen Hirst, Louise Cooper. Grande-Bretagne, 1979 – Couleurs – 2 h.

Les tribulations d'un jeune orphelin dans la jungle de la société anglaise du XVIIIe siècle. Un conte parfois cruel, admirablement filmé.

BLACK MIC-MAC
Comédie de **Thomas Gilou**, avec Jacques Villeret, Isaach de Bankolé, Félicité Wouassi. France, 1985 – Couleurs – 1 h 27.

À Paris, un fonctionnaire veut faire fermer pour insalubrité un foyer d'immigrés. Les Africains coalisés vont lui opposer la magie d'un marabout. Divertissement, mais aussi témoignage sur une réalité.

▷ Une suite, intitulée BLACK MIC-MAC 2, a été réalisée par **Marco Pauly**, avec Eric Blanc, Marc Citti, Félicité Wouassi, Laurentine Milebo, Jean-Claude Dreyfuss. France, 1988 – Couleurs – 1 h 30.

BLACK MOON
Film fantastique de **Louis Malle**, avec Cathryn Harrison, Thérèse Ghiese, Alexandra Stewart, Joe Dallessandro. France, 1975 – Couleurs – 1 h 35.

C'est la guerre, dans un monde étrange parcouru de licornes, où pleurent les fleurs cueillies.

Lili se réfugie dans une grande maison où une vieille dame converse avec un rat et se fait nourrir au sein par la nouvelle venue.

BLACK RAIN "BLACK RAIN"

Film policier de **Ridley Scott**, avec Michael Douglas, Andy Garcia, Kate Capshaw. États-Unis, 1989 – Couleurs – 2 h 06.

Un détective américain est chargé de convoyer un criminel de New-York à Osaka. Le prisonnier s'échappe. Le collègue (et copain) du flic est tué. Il faut le venger, mais les gangs japonais sont coriaces. Ridley Scott a filmé correctement un polar ordinaire qui, grâce au chef-opérateur, flirte de temps en temps avec le « réalisme expressionniste ».

BLACK SUNDAY "BLACK SUNDAY"

Film d'aventures de **John Frankenheimer**, avec Robert Shaw, Bruce Dern, Marthe Keller. États-Unis, 1977 – Couleurs – 2 h 20.

Des terroristes palestiniens préparent un attentat qui doit tuer les spectateurs d'un stade à Miami. Le F.B.I. l'apprend.

BLADE RUNNER "BLADE RUNNER"

Film de science-fiction de **Ridley Scott**, avec Harrison Ford *(Deckard)*, Rutger Hauer *(Batty)*, Sean Young *(Rachel)*, Emmett Walsh, Daryl Hannah, Joe Turkel. • SC : Hampton Fancher, David Peoples, d'après le roman de Philip K. Dick *Les androïdes rêvent-ils de moutons électriques ?* • PH : Jordan Cronenweth. • DÉC : Lawrence G. Paull. • MUS : Vangelis. • MONT : Terry Rawlins, Marsha Nakashima. États-Unis, 1982 – Couleurs – 1 h 56.

En l'an 2019 à Los Angeles, devenue une ville tentaculaire et cosmopolite où le tiers monde côtoie les jardins de Babylone, un détective est chargé d'éliminer quatre « répliquants » qui se sont enfuis de leur planète pour venir sur la Terre demander à leur concepteur le secret de la vie.

◆ *Après la réussite des* Duellistes *et le terrifiant* Alien, *Ridley Scott s'impose avec ce film comme un réalisateur de premier plan. Très influencé par* Metropolis *de Lang,* 2001 *de Kubrick et* Shanghai Gesture *de Sternberg, il réussit néanmoins à créer de toutes pièces un univers autonome, la seule création originale de la S.F. moderne depuis* 2001. *Il filme également les femmes comme personne : machines organiques terrifiantes, athlétiques et belles.* *S.K.*

BLANCHE

Drame historique de **Walerian Borowczyk**, avec Michel Simon *(le seigneur)*, Ligia Branice *(Blanche)*, Lawrence Trimble *(Nicholas)*, Jacques Perrin *(Bartolomeo)*, Georges Wilson *(le roi)*. • SC : W. Borowczyk, d'après le roman de Juliusz Slowacki *Mazeppa* • DÉC : W. Borowczyk • MONT : W. Borowczyk. • PH : Guy Durban. • MUS : ancienne et Carmina burana (Carl Orff). France, 1972 – Couleurs – 1 h 32.

Au XIIIe siècle, la jeune et belle Blanche est mariée à un vieux seigneur. Nicholas, le fils d'un premier lit du seigneur, est amoureux d'elle. À l'arrivée du roi avec son jeune page, Bartolomeo, la tension monte au château. Le seigneur devient fou de jalousie et fait murer une pièce où est caché le page qu'il croit aimé de sa femme.

◆ *Le réalisateur polonais, venu du cinéma d'animation, poursuit ici, après* Goto l'île d'amour *(1969), mais avec peut-être moins de succès, sa recherche d'un cinéma en prises de vue réelles, mais à forte influence graphique et picturale. Les scènes sont filmées en à-plat, comme des détails de tableaux, sur fond de mur, et les personnages montrés comme des types et des essences plutôt que selon un angle psychologique. L'érotisme encore plus accentué de ce film allait mener le réalisateur à ses fameux* Contes immoraux *(1974), premier volet d'une longue série de films « soft », maniaques et bizarres.* *M.CH.*

BLANCHE ET MARIE

Drame de **Jacques Renard**, avec Miou-Miou, Sandrine Bonnaire. France, 1984 – Couleurs – 1 h 32.

Blanche et Marie, tranquillement, courageusement, quotidiennement, font de la Résistance. Un sobre et bel hommage aux obscurs de la lutte clandestine.

BLANCHE-NEIGE ET LES SEPT NAINS

"SNOW WHITE AND THE SEVEN DWARFS"

Dessin animé de **Walt Disney**, avec la collaboration de Perce Pearce, Larry Morey, William Cottrel, Wilfred Jackson, Ben Sharpsteen, supervisé par David Hand. • SC : Ted Sears, Otto Englander, Earl Hurd, Dorothy Ann Blank, Richard Creedon, Dick Richard, Merril De Maris, Webb Smith, d'après le conte des frères Grimm. • MUS : Frank Churchill, Leigh Harline, Paul Smith. • ANIMATION : supervisée par Hamilton Luske, Vladimir Tytla, Fred Morre, Norman Ferguson. • PR : R.K.O. États-Unis, 1937 – Couleurs – 1 h 23.

Il était une fois une méchante reine qui, chaque jour, interrogeait son miroir magique : « Miroir, qui est la plus belle en mon royaume ? ». Un jour, le miroir lui répond : « La princesse Blanche-Neige ! ». La reine entre alors dans une violente colère, ordonne à son garde-chasse d'emmener la jeune fille dans la forêt et de la tuer. Celui-ci, au dernier moment, n'en a pas le courage et laisse fuir Blanche-Neige. Terrorisée, elle est recueillie par les animaux de la forêt ; ils la mènent à la maison des sept nains, qui travaillent dans une mine de diamant. Blanche-Neige s'installe, met de l'ordre et devient l'égérie des nains : Prof, Simplet, Dormeur, Joyeux, Timide, Atchoum et Grincheux. Mais la reine, apprenant par son miroir que Blanche-Neige est encore en vie, utilise ses sortilèges pour se changer en vieille femme et lui apporter une pomme empoisonnée qui la plonge dans un sommeil cataleptique. Les nains arrivent trop tard et poursuivent la sorcière qui tombe dans un précipice. Puis ils enferment Blanche-Neige dans un cercueil de verre, mais le prince charmant la réveillera d'un baiser.

◆ Un grand dessein (animé)

La production de Blanche-Neige *– premier dessin animé de long métrage sonore et en couleurs – fut une véritable épopée. Entreprise par Walt Disney malgré le scepticisme et l'ironie de toute la profession, sa réalisation dura quatre ans et mobilisa toutes les inventions techniques dont le « cartoon » avait bénéficié depuis une décennie : la bande sonore et le Technicolor, bien sûr, mais aussi le procédé Multiplane et le Rotoscope inventé par les frères Fleischer pour* les Voyages de Gulliver. *Mais, surtout, il réunit une équipe d'artistes hors pair. Si des comédiens ont servi de modèles pour Blanche-Neige et le prince charmant, le film doit son succès international à la création géniale des sept nains, tous différents et si vivants, et à l'impressionnante métamorphose de la méchante reine en vieillarde contrefaite. Le romantisme de l'idylle avec le prince charmant, proche de la mièvrerie, subsiste en filigrane, mais il est contrebalancé par l'astucieuse alternance entre les scènes cocasses avec les nains et celles, se rattachant au fantastique et à l'épouvante, où intervient l'effrayante sorcière. Les studios Disney, après le succès phénoménal de* Blanche-Neige, *commencèrent à produire régulièrement des longs métrages du même type, mais dont la naïveté et la poésie s'estompèrent peu à peu, ne retrouvant jamais cet équilibre miraculeux entre les différentes composantes du spectacle. C'est sans doute pourquoi* Blanche-Neige *a gardé une place de choix dans l'univers enfantin et, plus que tout autre, marqué son imaginaire.* *G.L.*

BLANCHES COLOMBES ET VILAINS MESSIEURS "GUYS AND DOLLS"

Comédie musicale de **Joseph L. Mankiewicz**, avec Marlon Brando, Jean Simmons, Frank Sinatra, Vivian Blaine. États-Unis, 1955 – Couleurs – 2 h 30.

À New York, le patron d'une boîte de jeux parie avec un joueur professionnel de séduire une jeune salutiste. Une superproduction musicale pleine d'humour.

BLEAK MOMENTS "BLEAK MOMENTS"

Drame de **Mike Leigh**, avec Anne Raitt *(Sylvia)*, Sarah Stephenson *(Hilda)*, Joolia Cappleman *(Pat)*, Eric Allan *(Peter)*. • SC : M. Leigh. • PH : Behram Manoutchehri. • MUS : Mike Bradwell. Grande-Bretagne, 1971 – Couleurs – 1 h 50.

Dans une maison vaste et rébarbative, vivent deux sœurs : Sylvia, jolie, intelligente, équilibrée, et Hilda, simple d'esprit en rééducation. Sylvia n'a pour relations que Pat, une pauvre fille dont la vie est mangée par une mère abusive, et Peter, un professeur timide et complexé. Un jour, des hippies louent le garage pour y aménager une installation de ronéotypage : cela amène un peu de vie dans la demeure. Sylvia poursuit sa route, à l'écoute des problèmes des autres.

◆ *Un film tendre et doux-amer, qui montre les aspects peu réconfortants de l'existence, en les enveloppant toutefois de sympathie.* *D.C.*

LE BLÉ EN HERBE

Drame psychologique de **Claude Autant-Lara**, d'après le roman de Colette, avec Edwige Feuillère, Nicole Berger, Pierre-Michel Beck. France, 1954 – 1 h 46.

La « dame en blanc » initie un jeune adolescent aux choses de l'amour. Traité avec beaucoup de délicatesse et de sincérité.

LE BLÉ EST VERT "THE CORN IS GREEN"

Comédie d'**Irving Rapper**, avec Bette Davis, Nigel Bruce, John Dall. États-Unis, 1945 – 1 h 54.

Dans un petit village gallois, une institutrice surmonte toutes les difficultés pour permettre à un de ses élèves, qu'elle a adopté, d'entrer à Oxford. Le genre de rôle qu'affectionnait Bette Davis.

BLESSED EVENT "BLESSED EVENT"

Comédie de **Roy Del Ruth**, d'après la pièce de Manuel Seff et Forest Wilson, avec Lee Tracy, Ned Sparks, Mary Brian, Dick Powell, Ruth Donnelly. États-Unis, 1932 – 1 h 24.

Un chroniqueur de radio spécialisé dans les commérages mondains se prend à son propre jeu. Une comédie décapante d'un intérêt historique certain sur les débuts de la radio.

BLESSURE

Drame de **Michel Gérard**, avec Florent Pagny, Patricia Millardet. France, 1985 – Couleurs – 1 h 25.

Une bande de copains qui ne vivent que pour la musique, et une fille qui vient y semer le trouble. Un ton d'aujourd'hui.

BLEU COMME L'ENFER
Film policier d'**Yves Boisset**, d'après le roman de Philippe Djian, avec Lambert Wilson, Tcheky Karyo, Myriem Roussel. France, 1985 – Couleurs – 1 h 40.

Un policier pas comme les autres, Frank, et un voleur non moins extraordinaire, Ned, jouent à cache-cache jusqu'à ce que mort s'ensuive.

LES BLEUS DU CIEL
Mélodrame d'**Henri Decoin**, avec Albert Préjean, Blanche Montel, Georges Péclet. France, 1933 – 1 h 15.

Un simple mécanicien, amoureux d'une aviatrice célèbre, prend en cachette des cours de pilotage. Une nuit, il emprunte son avion et, après bien des prouesses, réussit à se faire aimer d'elle.

BLINDMAN, LE JUSTICIER AVEUGLE
"Blindman"
Western de **Ferdinando Baldi**, avec Tony Anthony, Ringo Starr, Angela Eckemyr. États-Unis, 1971 – 1 h 50.

Un cow-boy aveugle est chargé par contrat de fournir cinquante femmes à des ouvriers célibataires. Mais ce « cheptel » d'un nouveau genre suscite bien des convoitises.

BLOCUS "Blockade"
Drame de **William Dieterle**, avec Henry Fonda, Madeleine Carroll, Leo Carillo, John Halliday, Vladimir Sokoloff, Robert Warwick. États-Unis, 1938 – 1 h 24.

Durant la guerre d'Espagne, un jeune fermier paisible est contraint de prendre les armes pour défendre son bien. Le premier regard sérieux que Hollywood porte sur le conflit, en déployant toutefois toutes les astuces pour ne pas prendre position.

BLONDE DÉFIE F.B.I. "The Glass Bottom Boat"
Film d'espionnage de **Frank Tashlin**, avec Doris Day, Rod Taylor. États-Unis, 1966 – Couleurs – 1 h 50.

Un ingénieur spatial de génie a trouvé le moyen de vaincre l'apesanteur, mais les espions rôdent ; Jenny, la jolie secrétaire du savant, en fait-elle partie ? Une parodie réussie des films d'espionnage.

LA BLONDE DE LA STATION 6
"Station Six Sahara"
Drame de **Seth Holt**, avec Caroll Baker, Ian Bannen, Peter Van Eyck, Mario Adorf. Grande-Bretagne, 1963 – 1 h 41.

En plein Sahara, cinq hommes travaillant sur un pipe-line vivent à huis clos. L'ambiance, déjà mauvaise, va devenir explosive avec l'arrivée d'une jeune femme victime d'un accident de voiture.

LA BLONDE DE MES RÊVES
"My Favorite Blonde"
Comédie de **Sidney Lanfield**, avec Bob Hope, Madeleine Carroll, Gale Sondergaard. États-Unis, 1942 – 1 h 18.

Au cours d'un voyage en train, un célèbre comique aide une femme en détresse qui s'avérera être une espionne.

LA BLONDE ENJÔLEUSE "La ragazza del Palio"
Comédie sentimentale de **Luigi Zampa**, avec Diana Dors, Vittorio Gassman, Franca Valeri. Italie / France, 1958 – Couleurs – 1 h 22.

Une Américaine (l'Anglaise Diana Dors) visite l'Italie. À Sienne, lors de la course médiévale du Palio, elle rencontre le prince qui sera l'homme de sa vie.

LA BLONDE ET LE SHÉRIF
"The Sheriff of Fractured Jaw"
Western parodique de **Raoul Walsh**, d'après un roman de Jacob Hay, avec Jayne Mansfield, Kenneth More, Henry Hull. États-Unis, 1958 – Couleurs – 1 h 43.

Un flegmatique Britannique tient tête à de rudes cow-boys grâce à une chance insolente. La belle propriétaire du saloon est la pulpeuse Jayne.

LA BLONDE ET MOI "The Girl Can't Help It"
Comédie musicale de **Frank Tashlin**, avec Jayne Mansfield, Tom Ewell, Edmond O'Brien. États-Unis, 1956 – Couleurs – 1 h 39.

Un imprésario lance une blonde capiteuse sans voix comme une grande vedette de la chanson. Inspiré d'une histoire de Garson Kanin, le film est à l'origine de la gloire de Jayne Mansfield.

LA BLONDE EXPLOSIVE
"Will Success Spoil Rock Hunter ?"
Comédie de **Frank Tashlin**, avec Jayne Mansfield *(Rita Marlowe)*, Tony Randall *(Rock Hunter)*, Betsy Drake *(Jenny)*, John Williams *(Irving Lasalle Jr.)*, Mickey Hargitay *(Bobo Baniganski)*, Groucho Marx *(Georgie Schmidlap)*. • SC : F. Tashlin, d'après le titre d'une pièce de George Axelrod. • PH : Joseph MacDonald. • MUS : Cyril J. Mockridge. États-Unis, 1957 – Couleurs – 1 h 34.

Un publicitaire chargé de la promotion d'un rouge à lèvres accepte de passer pour l'amant de la splendide vedette de cinéma engagée pour la campagne. Son Tarzan de mari n'est pas tout à fait pour...

◆ *Ce second « Mansfield film » est un des joyaux de la collection Tashlin. Le caricaturiste, qui a du génie dans l'excès, donne ici la main au peintre, dont la palette permet aux gags d'exister avec une fraîcheur que l'on croyait perdue depuis le muet.* La Blonde explosive *est l'exemple type de ce qu'a pu être le second âge de la comédie américaine.* *M.C.*

LA BLONDE OU LA ROUSSE "PAL JOEY"

Comédie musicale de **George Sidney**, d'après la pièce de John O'Hara, avec Rita Hayworth, Frank Sinatra, Kim Novak. États-Unis, 1957 – Couleurs – 1 h 51.

Le chanteur est couvert de femmes, mais il hésite, en chansons, entre deux belles également attirantes. Brillant musical d'après un grand succès de Broadway, avec, entre autres, le célèbre « The Lady is a Tramp ».

LA BLONDE PLATINE "PLATINUM BLONDE"

Comédie dramatique de **Frank Capra**, avec Jean Harlow, Robert Williams, Loretta Young, Halliwell Hobbes, Reginald Owen. États-Unis, 1931 – 1 h 32.

Un reporter tombe amoureux d'une riche héritière, l'épouse, mais ne parvient pas à s'acclimater à la micro-société qui l'entoure et la courtise.

BLONDE VÉNUS "BLONDE VENUS"

Mélodrame de **Josef von Sternberg**, avec Marlene Dietrich *(Helen)*, Herbert Marshall *(Edward)*, Cary Grant *(Nick)*, Dickie Moore *(Johnny)*. • SC : J. von Sternberg, Jules Furthman, S.K. Lauren. • PH : Bert Glennon. • DÉC : Wiard Ihnen. • MUS : Oscar Potoker. États-Unis, 1932 – 1 h 37.

Pour payer le coûteux traitement que son mari, Edward, doit suivre en Europe, une ancienne chanteuse de cabaret, Helen, se remet à travailler. Lorsqu'il apprend sa liaison avec le play-boy Nick, Edward veut reprendre leur fils Johnny. À bout de ressources, Helen doit céder. En plein succès, elle retrouve Nick qui lui conseille de retourner auprès de son mari, pour le bien de Johnny.

◆ *C'est le moins extravagant des films du couple Sternberg-Dietrich et le seul personnage de mère incarné par la star. L'héroïne est tiraillée entre deux rôles, celui de bonne épouse et mère et celui de femme fatale froide, désinvolte et androgyne, la pureté et la séduction. La convention un peu doucereuse de la vie familiale, traitée avec sécheresse et sobriété, ne fait que renforcer l'exotisme et l'érotisme du spectacle, filmé avec la luxuriance baroque caractéristique de Sternberg. L'intrigue en perd son aspect convenu et moralisateur pour laisser pointer l'amertume.* *J.M.*

BLONDINE

Comédie féerique d'**Henri Mahé**, avec Georges Marchal, Nicole Maurey, Piéral, Michèle Philippe. France, 1945 (RÉ : 1943) – 1 h 01.

Aimée par un nain, la fille d'un pauvre pêcheur épouse un prince. En cherchant à percer son secret, elle le livre aux griffes d'un ogre, et devra affronter mille dangers pour l'arracher à sa prison.

BLONDY

Film d'espionnage de **Sergio Gobbi**, d'après un roman de Catherine Harley, avec Bibi Andersson, Catherine Jourdan, Mathieu Carrière, Rod Taylor. France / R.F.A., 1976 – Couleurs – 1 h 50.

Un conseiller sur le désarmement aux Nations unies, qui fait campagne contre les armes chimiques, est assassiné. Manipulée pour faire croire à un crime passionnel, son amie est accusée.

THE BLOOD FEAST

Film d'épouvante de **Herschell Gordon Lewis**, avec Mal Arnold, Connie Mason. États-Unis, 1963 – Couleurs – 1 h 15.

Pour obéir à un rite sacré égyptien, un homme tue des femmes et découpe leur corps. Tourné en six jours pour un budget misérable, ce film est désormais un grand classique, car il s'agit du premier film gore (jambe coupée, langue arrachée...) de l'histoire du cinéma. Un film culte, bien qu'il soit objectivement médiocre.

BLOODY MAMA "BLOODY MAMA"

Drame de **Roger Corman**, avec Shelley Winters. États-Unis, 1970 – Couleurs – 1 h 32.

L'histoire, dans les années 30, du gang familial de Ma Barker. L'analyse d'un comportement quasi pathologique rejoint la reconstitution historique pour une œuvre forte.

BLOW OUT "BLOW OUT"

Film policier de **Brian De Palma**, avec John Travolta, Nancy Allen, John Litgow. États-Unis, 1981 – Couleurs – 1 h 47.

Un preneur de son découvre par hasard un assassinat politique camouflé en accident. Il enquête, mais ne réussira pas à empêcher l'exécution du principal témoin.

BLOW UP "BLOW UP"

Film policier de **Michelangelo Antonioni**, avec David Hemmings *(Thomas)*, Vanessa Redgrave *(Jane)*, Sarah Miles *(Patricia)*. • SC : M. Antonioni, Tonino Guerra, d'après une nouvelle de Julio Cortázar. • PH : Carlo Di

Palma. • DÉC : Assheton Gorton. • MUS : Herbie Hancock. • MONT : Frank Clarke. Grande-Bretagne/ Italie, 1967 – Couleurs – 1 h 52. ★ **PALME D'OR, Cannes 1967.**

Un photographe de mode prend dans un parc la photo d'un couple pour illustrer, avec cette image paisible, un livre « dur ». Mais il croit voir dans un coin du tirage quelque chose d'horrible. Il agrandit son cliché encore et encore, mais au fur et à mesure qu'il lui semble découvrir qu'un meurtre a été commis, le grain de la photo, qui grossit lui aussi, rend problématique toute interprétation. Il ne lui reste plus qu'à faire l'épreuve du réel. Mais même le réel semble foutre le camp...

◆ *Thomas, en remontant à l'essence de son métier, qui reproduit la réalité, ne trouve qu'une abstraction de points que l'esprit ne peut interpréter qu' a priori, tandis que son voisin, le peintre abstrait pointilliste, prétend découvrir après coup des formes figuratives dans ses tableaux. Le réel n'est-il qu'une opération de l'esprit ? Ce film superbement concret sur le métier de photographe et si « matérialiste » dans sa vision de Londres faisait notamment écho aux préoccupations du mouvement psychédélique dont il était contemporain.* S.K.

BLUE COLLAR "BLUE COLLAR"

Drame social de **Paul Schrader**, avec Richard Pryor *(Zeke Brown)*, Harvey Keitel *(Jerry Bartowski)*, Yaphet Kotto *(Smokey)*. • SC : P. et Leonard Schrader. • PH : Bobby Byrne. • MUS : Jack Nitzche. États-Unis, 1978 – Couleurs – 1 h 55.

Épuisés par le travail à la chaîne et agacés par un syndicalisme inefficace, Zeke, Jerry et Smokey volent la caisse du syndicat. Comme elle recèle des documents compromettants pour les permanents, ils les font chanter. Puis Zeke se laisse séduire et accepte une prébende; Smokey est assassiné; brouillé avec Zeke, Jerry collabore avec la police.

◆ *Grand prix du public au Festival de Paris (1978), le film donne, grâce à l'invention soutenue du détail, une description âpre de la vie ouvrière. Le pouvoir établi et le syndicat forment un piège à deux mâchoires qui écrase les héros et annihile leur raison de vivre, l'amitié.* A.M.

BLUE JEANS

Comédie dramatique de **Hugues Burin des Roziers**, avec Gilles Budin, Michel Gibet. France, 1977 – Couleurs – 1 h 15.

L'éducation sentimentale et l'accès à l'âge d'homme d'un jeune Français lors d'un séjour linguistique en Angleterre.

THE BLUES BROTHERS "THE BLUES BROTHERS"

Comédie de **John Landis**, avec John Belushi, Dan Aykroyd. États-Unis, 1980 – Couleurs – 2 h 10.

Deux frères, dont l'un sort de prison après un hold-up raté, essaient de monter un orchestre. Traqués par la police à la suite de péripéties rocambolesques, ils donneront leur concert entre quatre murs devant des détenus en délire. Un film réalisé comme une bande dessinée.

BLUE VELVET "BLUE VELVET"

Drame de **David Lynch**, avec Kyle MacLachlan *(Jeffrey Beaumont)*, Isabella Rossellini *(Dorothy Vallens)*, Dennis Hopper *(Frank Booth)*, Dean Stockwell *(Ben)*, Brad Dourif *(Raymond)*, Laura Dern *(Sandy)*. • SC : D. Lynch. • PH : Frederick Elmes. • MUS : Angelo Badalamenti. • MONT : Tony Lawson. États-Unis, 1986 – Couleurs – 2 h. ★ **GRAND PRIX, Avoriaz 1987.**

Son père étant hospitalisé après une crise cardiaque, Jeffrey Beaumont trouve une oreille humaine dans un terrain vague. Il l'apporte à l'inspecteur Williams, père de sa petite amie Sandy. La police restant inactive, Jeffrey mène sa propre enquête en fouillant l'appartement de Dorothy Vallens, une chanteuse de cabaret. Celle-ci le surprend, puis Jeffrey assiste à ses étranges rapports sado-masochistes avec le truand Frank Booth. Jeffrey entame une liaison avec Dorothy, dont le mari et l'enfant sont détenus en otages par Booth. Celui-ci malmène Jeffrey, qui alerte l'inspecteur Williams, dont un des hommes est complice des bandits. Le drame se dénoue chez Dorothy...

◆ *Après* Elephant Man *et* Dune, *David Lynch retrouve un ton plus personnel avec cette œuvre insolite, envoûtante, qui subvertit l'univers et les stéréotypes du film noir pour mieux mettre en scène, en fait, un singulier itinéraire initiatique. Transposition urbaine et nocturne d'*Alice au pays des merveilles, *l'aventure de Jeffrey est aussi un « passage » dans l'âge adulte, aux rites étranges ou effrayants.* G.L.

BLUFF "BLUFF (STORIA DI TRUFFE E DI IMBROGLIONI)"

Comédie de **Sergio Corbucci**, avec Anthony Quinn, Adriano Celentano, Capucine, Corinne Cléry. Italie, 1975 – Couleurs – 1 h 45.

Félix s'évade à la place de Bang, qui sortira à son tour de prison grâce à Félix. Ils se lanceront dans une série d'escroqueries et viendront à bout de Belle Duke, leur ennemie commune.

BOAT PEOPLE / PASSEPORT POUR L'ENFER "BOAT PEOPLE"

Film d'aventures d'**Ann Hui**, avec Lam Chi-Cheung, Cora Miao, Season Ma, Andy Lau, Paul Chung, Wong Shau-Him. Hong-Kong, 1982 – Couleurs – 1 h 46.

Au cours d'un reportage dans le Viêt-nam d'aujourd'hui, un photographe japonais découvre la réalité des « nouvelles zones économiques », la prostitution et les exécutions sommaires.

BOBBY DEERFIELD "BOBBY DEERFIELD"

Drame de **Sydney Pollack**, d'après le roman d'Erich Maria Remarque, avec Al Pacino, Marthe Keller, Anny Duperey. États-Unis, 1977 – Couleurs – 2 h 06.

Champion automobile, Bobby Deerfield est un peu las, un peu blasé, un peu vain. Sa vie change lorsqu'il rencontre Liliane, gaie, pétulante, et condamnée : elle va mourir d'une leucémie. Une vibrante leçon de vie.

BOB ET CAROLE ET TED ET ALICE "BOB AND CAROLE AND TED AND ALICE"

Comédie de **Paul Mazursky**, avec Natalie Wood, Robert Culp, Elliott Gould, Dyan Cannon. États-Unis, 1969 – Couleurs – 1 h 40.

Deux couples amis découvrent bien des vérités à partir d'une expérience de dynamique de groupe. Le premier film de Mazursky, auteur complet, est un témoignage sur l'évolution des mœurs dont le succès reflète la justesse et l'acuité.

BOB LE FLAMBEUR

Film policier de **Jean-Pierre Melville**, sur un scénario d'Auguste Le Breton, avec Isabelle Corey, Daniel Cauchy, Roger Duchesne, Gérard Buhr, Guy Decomble. France, 1956 – 1 h 40.

Un ancien gangster devenu honnête accepte de prendre part à un dernier coup, le « casse » du casino de Deauville. Un policier pas comme les autres.

BOCCACE 70 "BOCCACIO 70"

Film à sketches de **Federico Fellini**, **Luchino Visconti**, **Vittorio De Sica**, avec Sophia Loren, Anita Ekberg, Romy Schneider, Tomas Milian. Italie, 1962 – Couleurs – 2 h 36.

Trois histoires libertines. Le sketch de Fellini (le meilleur) montre un homme refoulé obsédé par un panneau publicitaire représentant Anita Ekberg ; celui de Visconti, un comte pris dans un scandale de call-girls contraint de « rémunérer » son épouse ; celui de De Sica, enfin, met en scène une jeune femme offerte en loterie par son frère et gagnée par le sacristain.

BODY DOUBLE (VOUS N'EN CROIREZ PAS VOS YEUX) "BODY DOUBLE"

Film policier de **Brian De Palma**, avec Craig Wasson, Melanie Griffith. États-Unis, 1984 – Couleurs – 1 h 54.

Jack mène l'enquête après avoir regardé par la fenêtre le show exhibitionniste, puis l'assassinat de Gloria. Brian De Palma est torride et complaisant, mais c'est un virtuose de la caméra.

BOEING-BOEING "BOEING-BOEING"

Comédie de **John Rich**, d'après la pièce de Marc Camoletti, avec Tony Curtis, Jerry Lewis, Dany Saval. États-Unis, 1965 – Couleurs – 1 h 40.

Bernard, qui a pour maîtresses trois ravissantes hôtesses de l'air, a scrupuleusement organisé son emploi du temps selon leurs horaires de vol ; mais l'arrivée d'un vieil ami complique les choses.

BOF

Comédie de **Claude Faraldo**, avec Julian Negulesco, Paul Crauchet, Marie Dubois. France, 1971 – Couleurs – 1 h 50.

Un jeune livreur accepte de partager son épouse avec son père, veuf à qui pèse la solitude. Joyeusement immorale, cette « Anatomie d'un livreur » (c'est le sous-titre du film) témoigne de la meilleure façon du courant libertaire incarné à ses débuts par Faraldo.

LA BOHÈME

Film-opéra de **Luigi Comencini**, d'après l'opéra de Puccini tiré de *Scènes de la vie de bohème* d'Henri Murger, avec Barbara Hendricks, Luca Canonici, Angela Maria Blasi. France / Italie, 1987 – Couleurs – 1 h 46.

À Paris, au début du siècle, un poète noue une idylle avec sa jeune voisine, que la phtisie emportera bientôt. Manifestement plus intéressé par l'histoire que par la musique, l'auteur a mis en scène une adaptation soignée qui manque un peu d'âme. Interprétation convaincante de Barbara Hendricks, et la voix de José Carreras qui, malade, ne put tenir son rôle à l'image. Voir aussi LA VIE DE BOHÈME.

▷ Autres versions réalisées par : **King Vidor**, intitulée LA BOHÈME "LA BOHÈME", avec Lillian Gish, John Gilbert, Renée Adorée, Edward Everett Horton. États-Unis, 1926 – env. 2 000 m (env. 1 h 14). **Paul Stein**, intitulée MIMI, avec Douglas Fairbanks Jr., Gertrude Lawrence, Diana Napier, Harold Warrender, Carol Goodner. Grande-Bretagne, 1935 – 1 h 34.

LA BOHÉMIENNE "THE BOHEMIAN GIRL"

Film burlesque de **James Horne** et **Charles Rogers**, d'après l'opérette de William Balfe, avec Stan Laurel,

Oliver Hardy, Mae Busch, Antonio Moreno, Jacqueline Wells. États-Unis, 1936 – 1 h 14.

Des gitans offensés par un aristocrate kidnappent sa fille unique et en font une vraie bohémienne. Des années plus tard, la troupe revient et la jeune fille est accusée de vol.

BOIREAU

Série de courts métrages burlesques d'une ou deux bobines (300 ou 600 m), produits par Pathé (plus de quatre-vingts bandes), avec André Deed. France, 1906-1908, puis 1911-1912.

Les boufonneries loufoques du premier clown du Septième Art, réalisées par Georges Hatot, puis pour quelques films par Albert Capellani et Louis Gasnier, et dont le scénario et la mise en scène sont signés par André Deed pour la seconde série.

BOIRE ET DÉBOIRES "Blind Date"

Comédie de **Blake Edwards**, avec Kim Basinger, Bruce Willis. États-Unis, 1987 – Couleurs – 1 h 36.

Un jeune cadre performant est entraîné dans des aventures loufoques par une ravissante écervelée, dont il tombe finalement amoureux. Scénario classique qui renoue avec la tradition de la comédie hollywoodienne.

LE BOIS DE BOULEAUX "Brzezina"

Drame psychologique d'**Andrzej Wajda**, avec Daniel Olbrychski *(Boleslaw)*, Olgierd Lukasewicz *(Stanislaw)*, Emilia Krakowska *(Malina)*. • SC : Jarosław Iwaszkiewicz, d'après sa nouvelle. • PH : Zygmunt Samosiuk. • DÉC : Maciej Putowski. • MUS : Andrzej Korzyński. • MONT : Halina Prugar. Pologne, 1970 – Couleurs – 1 h 38.

Stanislaw, un phtisique qui sait qu'il va mourir, se rend à la campagne chez son frère Boleslaw. Sa joie de vivre exaspère ce dernier, refermé sur lui-même depuis la mort de sa femme. Stanislaw tombe amoureux d'une paysanne, Malina, et provoque la jalousie de Boleslaw. Celui-ci reprend goût à la vie dans les bras de Malina et, à la mort de son frère, retourne à la ville.

◆ *Ce film révèle un Wajda sentimental, mais qui sait aussi être cruel. Il filme la nature avec un rare bonheur, faisant contraste avec les scènes d'intérieur où des éclairages volontairement artificiels, violacés et verdâtres, transmettent avec un lyrisme fiévreux les états d'âme passionnels et maladifs des deux frères. Les scènes d'agonie, crues et irréalistes à la fois, alternent avec des scènes d'exhubérante renaissance où Wajda fait preuve d'une sensualité digne de Renoir, d'autant plus que Malina n'est pas un modèle de beauté au sens « moderne » et étroit du terme, ce qui donne toute sa dimension panthéiste au torrent de vie que Stanislaw déverse sur elle.* S.K.

LE BOIS DES AMANTS

Drame de **Claude Autant-Lara**, d'après l'œuvre de F. de Curel, avec Laurent Terzieff, Erika Remberg, Horst Frank, Françoise Rosay, Gert Froebe. France/Italie, 1960 – 1 h 30.

À Brest, en 1942, une chambre est réquisitionnée pour l'épouse d'un officier allemand. Le soir même débarque le fils de la logeuse, un résistant, avec qui elle vit de tendres moments. Au matin, la maison est anéantie par un bombardement.

LES BOIS NOIRS

Drame de **Jacques Deray**, avec Béatrice Dalle, Philippe Volter, Stéphane Freiss, Geneviève Page. France, 1989 – Couleurs – 1 h 50.

Une jeune femme épouse un châtelain tombé amoureux d'elle à travers son journal, et le suit dans sa demeure ancestrale à l'atmosphère étouffante. Elle fait alors la connaissance de son beau-frère, tandis que son mari révèle sa véritable personnalité.

LA BOÎTE À CHAT "Daddy's Gone A-Hunting"

Drame de **Mark Robson**, avec Carol White, Paul Burke, Mala Powers, Scott Hylands. États-Unis, 1969 – Couleurs – 1 h 46.

Enceinte d'un homme avec qui elle veut rompre, une jeune femme refuse cet enfant, et devra subir l'irruption névrotique de son ancien compagnon dans la nouvelle vie qu'elle s'est faite.

LA BOÎTE AUX RÊVES

Comédie d'**Yves Allégret**, avec Viviane Romance, René Lefèvre, Frank Villard, Henri Guisol. France, 1945 – 1 h 39.

Une belle jeune femme surgit au milieu de la vie de bohème menée par quatre jeunes gens. Pour une fois, Viviane Romance n'interprète pas le rôle d'une garce.

LA BOÎTE MAGIQUE "The Magic Box"

Biographie de **John Boulting**, avec Laurence Olivier, Robert Donat, Glynis Johns, Maria Schell, Michael Redgrave, Peter Ustinov. Grande-Bretagne, 1951 – Couleurs – 1 h 58.

La vie du chercheur anglais William Friese-Greene (1855-1921) qui occupe une place importante dans l'histoire de l'invention du cinéma. Avec le gotha des acteurs britanniques.

LA BOMBE "The War Game"
Documentaire de **Peter Watkins**. Grande-Bretagne, 1966 – 1 h 05.

La situation de la Grande-Bretagne dans l'hypothèse d'une attaque nucléaire : l'évacuation des civils, l'explosion et ses effets, puis les conditions d'une survie éventuelle.

LE BON DIEU SANS CONFESSION
Comédie dramatique de **Claude Autant-Lara**, d'après le roman de Paul Vialar *Monsieur Dupont est mort*, avec Danielle Darrieux, Henri Vilbert, Yvan Desny. France, 1953 – 1 h 46.

À l'enterrement de Monsieur Dupont, ses proches évoquent sa personnalité et sa vie en plusieurs retours en arrière. Henri Vilbert obtint le Prix d'interprétation au festival de Venise 1953.

LE BON ET LES MÉCHANTS
Comédie dramatique de **Claude Lelouch**, avec Marlène Jobert, Jacques Dutronc, Brigitte Fossey, Bruno Crémer, Jacques Villeret, Jean-Pierre Kalfon, Serge Reggiani. France, 1976 – Couleurs (sépia) – 2 h.

Un jeune gangster voit sa carrière arrêtée par la guerre. Il va soustraire aux Allemands une collection de tableaux et s'engager dans la Résistance, sans renoncer à ses anciennes « occupations ».

LE BONHEUR "Sčast'e"
Comédie d'**Alexandre Medvedkine**, avec Piotr Zinoviev *(Khmyr)*, Elena Egorova *(sa femme)*, L. Nenacheva *(la religieuse)*, V. Ouspensky. • SC : A. Medvekine. • PH : Gleb Troiansky. • DÉC : Alexei Outkine. U.R.S.S., 1934 – Muet – 2 h 05.

Le pauvre paysan Khmyr est victime d'un gros propriétaire, qui le vole, et des autorités, qui le font fouetter quand il déclare vouloir mourir et l'envoient à la guerre. Après la Révolution, il devient kolkhozien, mais il travaille mal et est considéré comme un tire-au-flanc. Un jour, il sauve le blé collectif d'un incendie allumé par des saboteurs : régénéré, il trouve le bonheur dans le travail.

◆ *Réalisée à une époque où le genre était florissant en U.R.S.S., cette comédie est cependant unique par son humour caustique et son invention visuelle mis au service du burlesque le plus débridé : situations farfelues, charges satiriques, personnages typés en marionnettes, gesticulation chaplinesque de Khmyr, le tout s'inscrivant dans la lignée de Gogol et de Meyerhold.* *M.MN.*

LE BONHEUR
Drame de **Marcel L'Herbier**, avec Charles Boyer, Gaby Morlay, Michel Simon, Paulette Dubost. France, 1935 – 1 h 40.

Un dessinateur anarchiste blesse d'un coup de pistolet une vedette, parce qu'elle représente tout ce qu'il hait. Au procès, celle-ci demande son acquittement.

LE BONHEUR
Drame d'**Agnès Varda**, avec Jean-Claude Drouot, sa femme Geneviève et leurs enfants, Marie-France Boyer. France, 1965 – Couleurs – 1 h 20. ★ **Prix Louis-Delluc 1964.**

François vit avec Thérèse un parfait bonheur d'époux. Il s'éprend d'une jeune employée, Émilie, et essaye de concilier ses deux relations, mais Thérèse se suicide. Il épouse alors Émilie, et retrouve le même type de bonheur conjugal.

LE BONHEUR D'ASSIA
"Asino Sčast'e Istorja Assi Kliačinoj Katoraja liubila da nje vuišla zamus"
Comédie dramatique d'**Andrei Mikhalkov Kontchalovski**, avec Iya Savvina, Alexandre Sourine, Lioubov Solokova. U.R.S.S., 1967 – 1 h 37.

Assia, une jeune paysanne, aime le chauffeur du kolkhoze dont elle attend un enfant. Son amour est pourtant mal récompensé. Elle s'obstine, malgré les avances d'un nouveau venu. Après la naissance de l'enfant, lucide, elle décide de vivre de façon autonome. Interdit à l'exportation à sa sortie, le film ne sera exploité à l'étranger qu'en 1988.

LE BONHEUR EST DANS LE PRÉ
Comédie d'**Étienne Chatiliez**, avec Michel Serrault, Eddy Mitchell, Sabine Azéma, Carmen Maura. France, 1995 – Couleurs – 1 h 50.

Harcelé par le fisc et par son personnel en grève, tyrannisé par ses pimbêches de femme et de fille, Francis Bergeade, petit patron stressé, finit par craquer. À sa sortie de l'hôpital, il est pris pour un autre et devient chef de famille dans le Gers. Commence pour lui une nouvelle vie de bonheur à la campagne, entre confit d'oie et Armagnac. Une grasse apologie de la ruralité, appuyée sur une excellente interprétation et une bonne mise en scène.

LE BONHEUR JUIF "Evrejskoe sčast'e"
Comédie d'**Alexei Granovski**, avec Solomon Mikhoels *(Menahem Mendel)*, I. Rogaler *(Oucher)*, S. Epchtein *(Iosele)*, T. Hazak *(Kimbak)*, M. Goldblat *(Zalman)*. • SC :

Grigori Gritcher, Boris Leonidov, Isaak Fainerman, d'après des nouvelles de Cholem Aleichem. • PH : Edouard Tissé, Vassili Hvatov, N. Stroukov. • DÉC : Natan Altman. U.R.S.S., 1925 – 2 400 m (env. 1 h 28).

À Berditchev, en 1899, Menahem Mendel gagne sa vie tant bien que mal en faisant du commerce et en vendant des assurances. Comme la fille du riche Kimbak aime Zalman, un garçon pauvre que son père lui interdit d'épouser, Mendel propose au père un « beau parti » qui s'avère, au moment du mariage, être aussi une fille : pour sortir de l'imbroglio, Kimbak accepte que sa fille épouse Zalman.

◆ *Chef-d'œuvre d'humour juif sur fond de lucidité sarcastique et de sagesse résignée : « Comme il est difficile à un juif pauvre d'obtenir de l'argent d'un juif riche », constate Mendel sans découragement excessif. Son « bonheur juif », c'est en rêve qu'il le voit, avant de se retrouver pauvre comme Job après le mariage car Kimbak refuse de lui payer son « service ». Superbement photographié par le grand Tissé, le film brille aussi par les intertitres humoristiques d'Isaac Babel.* *M.MN.*

BONJOUR ÉLÉPHANT "BUONGIORNO ELEFANTE"
Comédie de **Gianni Franciolini**, avec Vittorio De Sica, Sabu, Maria Mercader. Italie, 1952 – 1 h 18.

Un maharadjah offre un éléphant à un instituteur qui a bien du mal à faire vivre sa famille. Installé dans l'appartement, au grand dam des voisins, l'animal séduit les enfants.

BONJOUR L'ANGOISSE
Comédie de **Pierre Tchernia**, avec Michel Serrault, Pierre Arditi, Guy Marchand. France, 1988 – Couleurs – 1 h 35.

Après le hold-up d'une banque, un modeste employé d'une société de surveillance tend un piège au complice des bandits au sein de l'entreprise.

BONJOUR TRISTESSE "BONJOUR TRISTESSE"
Drame psychologique d'**Otto Preminger**, d'après le roman de Françoise Sagan, avec Deborah Kerr, David Niven, Jean Seberg, Mylène Demongeot. États-Unis, 1958 – Couleurs – 1 h 34.

Le mal de vivre d'une jeune fille élevée dans la plus totale liberté par son père. Le roman qui lança Sagan bénéficie d'une mise en scène hollywoodienne.

LE BON, LA BRUTE ET LE TRUAND
"IL BUONO, IL BRUTTO E IL CATTIVO"
Western de **Sergio Leone**, avec Clint Eastwood, Eli Wallach, Lee Van Cleef. Italie, 1966 – Couleurs – 1 h 45.

En pleine guerre de Sécession, trois bandits se préoccupent surtout de s'approprier un trésor caché. Le western-spaghetti est à son apogée de qualité dans ce dernier épisode de la trilogie tournée avec Clint Eastwood.

▷ Voir POUR UNE POIGNÉE DE DOLLARS et ET POUR QUELQUES DOLLARS DE PLUS.

LA BONNE ANNÉE
Comédie de **Claude Lelouch**, avec Lino Ventura, Françoise Fabian, Charles Gérard. France, 1973 – Couleurs – 1 h 55.

Libéré de prison pour le nouvel an, Simon recherche l'antiquaire qu'il avait rencontrée en préparant son casse. Lelouch raconte surtout, comme dans *Un homme et une femme* (dont il projette une scène au début), une romanesque histoire d'amour.

BONNE CHANCE
Mélodrame de **Sacha Guitry**, avec Jacqueline Delubac, Sacha Guitry, André Numès fils, Pauline Carton. France, 1935 – 1 h 18.

Un peintre sans talent offre un billet de loterie à une petite blanchisseuse qui gagne le gros lot. Ils partent alors faire un beau voyage et s'éprennent l'un de l'autre.

BONNE CHANCE, CHARLIE !
Drame de **Jean-Louis Richard**, avec Eddie Constantine, Albert Préjean. France, 1961 – 1 h 30.

Charlie s'est juré de retrouver un médecin nazi qui se cache en Grèce... Constantine joue ce personnage comme il jouait Lemmy Caution, et l'arrière-plan historique n'est qu'un prétexte.

LA BONNE FÉE "THE GOOD FAIRY"
Comédie de **William Wyler**, d'après la pièce de Ferenc Molnar, avec Margaret Sullavan, Herbert Marshall, Frank Morgan, Reginald Owen, Alan Hale, Beulah Bondi, Cesar Romero. États-Unis, 1935 – 1 h 30.

Une charmante et naïve jeune starlette fait tourner la tête à trois hommes riches. Une comédie romantique au ton inhabituel.

▷ Autre version réalisée par **Richard Wallace**, intitulée BECAUSE OF HIM, avec Deanna Durbin, Charles Laughton, Franchot Tone. États-Unis, 1945 – 1 h 28.

LA BONNE FORTUNE "THE FORTUNE"
Comédie de **Mike Nichols**, avec Jack Nicholson, Warren Beatty, Stockard Channing, Florence Stanley. États-Unis, 1975 – Couleurs – 1 h 28.

Pour contourner une loi en vigueur dans les années 20, Nickie fait épouser sa riche maîtresse par son ami Oscar. Ils s'aperçoivent qu'ils sont tous deux amoureux d'elle.

LES BONNES "THE MAIDS"
Drame de **Christopher Miles**, d'après la pièce de Jean Genet, avec Glenda Jackson, Susannah York, Vivien Merchant, Marks Burns. Grande-Bretagne, 1975 – Couleurs – 1 h 35.

Dans une demeure bourgeoise, deux bonnes se mettent à haïr leurs patrons et finissent par les assassiner dans un bain de sang.

▷ Voir aussi LES ABYSSES.

LES BONNES CAUSES
Drame de **Christian-Jaque**, avec Pierre Brasseur, Marina Vlady, Bourvil, Virna Lisi. France / Italie, 1963 – 1 h 58.

Une jeune infirmière est accusée d'avoir tué le malade dont elle avait la charge. La coupable, l'épouse de la victime, révèle à l'avocat, son amant, avoir conçu ce crime lorsqu'il s'était vanté de pouvoir faire acquitter ou condamner qui il voulait.

LES BONNES FEMMES
Comédie de **Claude Chabrol**, avec Bernadette Lafont *(Jane)*, Stéphane Audran *(Ginette)*, Clotilde Joano *(Jacqueline)*, Lucile Saint-Simon *(Rita)*, Mario David *(le motocycliste)*. • SC : Paul Gégauff, C. Chabrol. • PH : Henri Decae. • DÉC : Jacques Mely. • MUS : Paul Misraki, Pierre Jansen. • MONT : Jacques Gaillard. France, 1960 – 1 h 45, puis 1 h 32 (version exploitée).

Quatre vendeuses d'un magasin d'articles ménagers s'ennuient en rêvant à l'amour. Fiancée à un militaire, Jane passe la nuit avec un dragueur. Ginette se produit le soir en chanteuse italienne. Le fiancé de Rita la présente à ses parents, épiciers. Jacqueline croit trouver le grand amour dans un mystérieux motocycliste...

◆ *Premier grave échec public de Chabrol, ce film fut vilipendé par la critique qui n'y vit qu'un sombre exercice de mépris. Le réalisateur trouvait pourtant là l'un de ses sujets de prédilection : l'étude de mentalités frustes, pures victimes de la société de masse. Dans un style distancié, sans idéalisation, il pose le regard objectif, quasi entomologique, mais non dénué de chaleur et de tendresse, d'un moraliste sur des êtres que seule la supériorité inconsciente du spectateur peut qualifier de médiocres. Un superbe film-piège qui tend un miroir révélateur au public.* *J.M.*

BONNIE ET CLYDE "BONNIE AND CLYDE"
Film policier d'**Arthur Penn**, avec Warren Beatty *(Clyde Barrow)*, Faye Dunaway *(Bonnie Parker)*, Michael J. Pollard *(C.W. Moss)*, Gene Hackman *(Buck Barrow)*, Estelle Parsons *(Blanche Barrow)*. • SC : David Newman, Robert Benton. • PH : Burnett Guffey. • MUS : Charles Strouse. • MONT : Dede Allen. États-Unis, 1967 – Couleurs – 1 h 51.

Aux États-Unis, dans les années 30, Bonnie Parker, une jolie serveuse, s'éprend d'un mauvais garçon, Clyde Barrow, et quitte tout pour le suivre. Leur vie ne sera qu'une succession de vols de voitures et de hold-up plus ou moins minables. Le mécanicien C.W. Moss, le frère de Clyde et sa femme Blanche, se joignent bientôt à eux et le gang Barrow défraie la chronique, mettant la police sur les dents jusqu'au guet-apens final.

◆ *À sa sortie (accompagnée d'une offensive de merchandising alors inhabituelle), le film a suscité une polémique, aujourd'hui bien dépassée, à cause des scènes de violence qui le parsèment. La rigueur de la mise en scène et l'humour parfois décapant de cette évocation sont plus sensibles désormais. En outre,* Bonnie et Clyde *révéla Warren Beatty et Faye Dunaway, qui ont largement tenu leurs promesses depuis.* *G.L.*

LE BON PLAISIR
Comédie dramatique de **Francis Girod**, d'après le roman de Françoise Giroud, avec Catherine Deneuve, Michel Serrault, Jean-Louis Trintignant. France, 1984 – Couleurs – 1 h 48.

L'ancienne maîtresse du président de la République en exercice se fait voler un document compromettant pour celui-ci. Satire plaisante des hautes sphères bien servie par ses interprètes.

LE BON ROI DAGOBERT "DAGOBERT"
Comédie de **Dino Risi**, avec Coluche, Michel Serrault, Ugo Tognazzi. Italie / France, 1984 – Couleurs – 1 h 52.

Le roi Dagobert se rend à Rome pour obtenir une indulgence du pape Honorius Ier.

BON SANG NE SAURAIT MENTIR
"THAT'S MY BOY"
Comédie de **Hal Walker**, avec Dean Martin, Jerry Lewis. États-Unis, 1951 – 1 h 38.

Complexé, le fils d'un ancien champion de football voudrait suivre les traces de son paternel. Un autre champion l'y aidera.

BONS BAISERS DE LIVERPOOL
"LETTER TO BREZHNEV"
Comédie dramatique de **Chris Bernard**, avec Peter Firth, Alexandra Pigg, Alfred Molina, Margi Clarke. Grande-Bretagne, 1985 – Couleurs – 1 h 35.

Deux filles de Liverpool s'amourachent de deux Russes de passage. Le temps d'un rêve, qui semble se concrétiser pour l'une d'elles : elle a osé écrire… au président Brejnev !

BONS BAISERS DE RUSSIE
"FROM RUSSIA WITH LOVE"
Film d'espionnage de **Terence Young**, d'après l'œuvre de Ian Fleming, avec Sean Connery, Robert Shaw, Pedro Armendariz, Daniela Bianchi. Grande-Bretagne, 1963 – Couleurs – 1 h 58.

Le « Spectre » envoie un agent russe tuer James Bond et s'emparer de documents secrets. Cette deuxième aventure de 007 se caractérise par son classicisme : ni gadget ni destruction finale, mais un très fort suspense. L'un des meilleurs « Bond ».

LES BONS DÉBARRAS "GOOD RIDDANCE"
Comédie dramatique de **Francis Mankiewicz**, avec Charlotte Laurier, Marie Tifo, Germain Houde, Roger Lebel. Canada, 1978 – Couleurs – 1 h 56.

Une femme célibataire vit difficilement avec sa fille, qui, jalouse, la fait rompre avec son amant. Déchirée, elle va à la dérive.

BONSOIR MESDAMES, BONSOIR MESSIEURS
Comédie satirique de **Roland Tual**, avec François Périer, Gaby Sylvia, Jacques Jansen, Julien Carette, Jacqueline Champi, Jean Parédès, Louis Salou. France, 1944 – 1 h 37.

Une jeune mariée s'est éprise de la voix d'un speaker. Son mari s'introduit à la radio et se fait lui aussi apprécier sur les ondes.

LE BON SOLDAT "IL BUON SOLDATO"
Comédie de **Franco Brusati**, avec Mariangela Melato, Gérard Darier. Italie / France, 1982 – Couleurs – 1 h 30.

Garçon vulnérable et instable, le jeune soldat Tommaso s'éprend d'une quadragénaire dont la vitalité et la force le fascinent.

BONS POUR LE SERVICE "BONNIE SCOTLAND"
Film burlesque de **James Horne**, avec Stan Laurel, Oliver Hardy, James Finlayson, Daphne Pollard, William Janney. États-Unis, 1935 – 1 h 20.

Deux Américains vont en Écosse récupérer un héritage qui n'existe pas, puis suivent aux Indes un ami qu'ils aideront à réprimer une rébellion. Une parodie des célèbres *Trois Lanciers du Bengale* de Hathaway, produit la même année.

LES BONS VIVANTS
Comédie de **Georges Lautner** et **Gilles Grangier**, avec Jean Lefebvre, Bernadette Lafont, Jean Carmet, Darry Cowl, Jean Richard, Louis de Funès, Mireille Darc, Bernard Blier. France, 1965 – 1 h 40.

Trois sketches d'inspiration burlesque sur un même thème : la fermeture des maisons closes. Scénario d'Albert Simonin.

BOOGIE NIGHTS "BOOGIE NIGHTS"
Comédie dramatique de **Paul Thomas Anderson**, avec Mark Wahlberg, Julianne Moore, Heather Graham. États-Unis, 1997 – Couleurs – 2 h 33.

L'ascension et la chute d'une star du porno aux États-Unis. Une étonnante exploration des milieux de l'industrie du film X dans les années 70 .

IL BOOM
Comédie de **Vittorio De Sica**, avec Alberto Sordi, Gianna Maria Canale. Italie, 1963 – env. 1 h 30.

Dans le climat du fameux boom des années 60, c'est la course à l'argent. De Sica se moque de ces Italiens qui veulent gagner en un an ce que leurs aînés gagnaient en un demi-siècle.

BOOM "BOOM !"
Drame de **Joseph Losey**, d'après la pièce de Tennessee Williams *Le train de l'aube ne s'arrête plus ici*, avec Elizabeth Taylor, Richard Burton, Noel Coward. États-Unis, 1968 – Couleurs – 1 h 50.

Dans la solitude d'une île, Flora lutte contre la mort et, bientôt, contre l'inconnu qui vient symboliquement l'annoncer. Une fascinante danse macabre.

BOOMERANG "BOOMERANG"
Drame d'**Elia Kazan**, avec Dana Andrews, Jane Wyatt, Lee J. Cobb, Cara Williams, Arthur Kennedy, Sam Levene. États-Unis, 1947 – 1 h 26.

Dans une petite ville, le meurtre d'un curé prend une tournure politique et le jeune procureur est sommé de fournir un coupable. L'acquittement de l'innocent provoquera le suicide d'un politicien.

LES BOOTLEGGERS "WHITE LIGHTNING"
Film policier de **Joseph Sargent**, avec Burt Reynolds, Jennifer Bilingsley. États-Unis, 1973 – Couleurs – 1 h 41.

Pour venger son frère, abattu par un shérif véreux, un trafiquant se met au service de la police.

LE BORD DE LA RIVIÈRE "THE RIVER'S EDGE"
Drame d'**Allan Dwan**, avec Ray Milland, Anthony Quinn, Debra Paget. États-Unis, 1957 – Couleurs – 1 h 27.

Un gangster en fuite oblige son ex-maîtresse et le mari de celle-ci à le guider dans les montagnes vers le Mexique.

BORDER LINE "BORDER LINE"
Comédie dramatique de **Danièle Dubroux**, avec Danièle Dubroux, David Léotard, André Dussolier. France / Suisse, 1991 – Couleurs – 1 h 30.

Une grande bourgeoise parisienne veut se persuader que son jeune amant est son fils... et bascule insensiblement dans la folie.

BORINAGE
Documentaire de **Joris Ivens** et **Henri Storck**. • SC : J. Ivens, H. Storck • MONT : J. Ivens, H. Storck. • PH : J. Ivens, H. Storck, François Rents. Belgique, 1933 – Muet (version sonore par H. Storck en 1960) – 34 mn.

Reportage sur les conséquences sociales de la grande grève menée en 1932 par les mineurs de la région du Borinage contre les diminutions de salaires consécutives à la crise économique.

◆ *Pour réaliser ce film, le débutant Henri Storck fit appel à la collaboration de Joris Ivens, bien connu depuis* Zuydersee. *S'inspirant de la théorie du « point de vue documenté » formulée peu auparavant par Jean Vigo, disposant de très modestes moyens techniques et financiers, constamment harcelés par la police, les deux cinéastes travaillèrent dans des conditions difficiles et durent reconstituer certaines scènes (une expulsion, une manifestation) sans que pour autant leur film perde de sa véracité de témoignage social et de son efficacité de pamphlet politique.* *M.MN.*

BORN TO BE BAD "BORN TO BE BAD"
Drame de **Nicholas Ray**, avec Joan Fontaine, Robert Ryan. États-Unis, 1950 – 1 h 34.

Christabel, jeune fille modeste, est en réalité une cynique qui cherche à se faire épouser. Mais l'ambition réalisée a un goût amer.

BORSALINO
Film policier de **Jacques Deray**, avec Jean-Paul Belmondo, Alain Delon, Catherine Rouvel, Michel Bouquet. France, 1970 – Couleurs – 2 h.

Deux truands partent à la conquête du Marseille des années 30. Le film est tout entier dominé par le face-à-face Delon-Belmondo.

▷ La suite, BORSALINO AND CO (après la « mort » de Belmondo), fut réalisée par **J. Deray**, avec Alain Delon, Catherine Rouvel, Daniel Ivernel, André Falcon. France, 1974 – Couleurs – 1 h 40.

LE BOSSU
Film d'aventures historiques de **Jean Delannoy**, d'après le roman de Paul Féval, avec Pierre Blanchar, Paul Bernard, Yvonne Gaudeau, Jean Marchat, Hélène Vercors. France, 1944 – 1 h 50.

À la mort de son ami le duc de Nevers, tué par le prince de Gonzague, Lagardère jure de veiller sur sa femme et sa fille Aurore et de le venger. Après bien des années et de multiples péripéties, il retrouve son ennemi et le tue en duel grâce à sa botte secrète.

▷ Autres versions réalisées notamment par : **André Heuzé**, avec Henry Krauss. France, 1914 – env. 400 m (env. 15 mn). Jean Kemm, avec Gaston Jacquet, Marcel Vibert, Claude France, Nilda Duplessy. France, 1925 – 3 800 m (en sept épisodes). **René Sti**, avec Robert Vidalin, Samson Fainsilber, Josseline Gaël, Germaine Laugier. France, 1934 – 2 h 08. **André Hunebelle**, avec Jean Marais, Bourvil, Sabina Selman, Jean Le Poulain, Hubert Noël. France / Italie, 1959 – Couleurs – 1 h 44.

LE BOSSU
Film de cape et d'épée de **Philippe de Broca**, avec Daniel Auteuil, Fabrice Luchini, Vincent Perez, Marie Gillain. France, 1997 – Couleurs – 2 h.

Avant de mourir, assassiné par son cousin Gonzague, qui convoite sa fortune, le duc de Nevers fait jurer à Lagardère de protéger sa fille, Aurore, et de le venger. Lagardère tiendra ses deux promesses et gagnera l'amour de la jeune fille. Classique et bien fait.

LE BOSSU DE NOTRE-DAME
"THE HUNCHBACK OF NOTRE-DAME"
Dessin animé de **Gary Trousdale** et **Kirk Wise**. États-Unis, 1996 – Couleurs – 1 h 30.

Librement inspirée du roman de Victor Hugo *Notre-Dame de Paris*, cette production Disney retrace les amours de la bohémienne Esméralda et du capitaine Phúbus, que contrecarre le méchant Frollo. Quasimodo, pour sa part, aime aussi Esméralda, mais il finira par accepter de s'effacer devant le jeune et beau capitaine.

LE BOSSU DE ROME "IL GOBBO"
Drame de **Carlo Lizzani**, avec Gérard Blain, Anna Maria Ferrero. Italie, 1960 – 1 h 35.

Dans les faubourgs de Rome, le bossu Alvaro, après avoir combattu les Allemands, reste un rebelle au profit, parfois, des autres exclus. Inspiré par la vie d'un personnage réel.

LES BOSTONIENNES "THE BOSTONIANS"
Drame de **James Ivory**, d'après le roman de Henry James, avec Christopher Reeve, Vanessa Redgrave, Madeleine Potter. Grande-Bretagne, 1984 – Couleurs – 2 h 02.

Boston, 1875. Olive, célibataire convaincue, fait l'éducation féministe de Verena ; Basil, pendant ce temps, lui fait la cour.

LES BOUCANIERS "THE BUCCANEER"
Film d'aventures d'**Anthony Quinn**, avec Yul Brynner, Charlton Heston, Claire Bloom, Charles Boyer. États-Unis, 1958 – Couleurs – 2 h 01.

Pour sa seule mise en scène de cinéma, Anthony Quinn a choisi de raconter l'histoire de Jean Laffitte, célèbre corsaire du début du XIXe siècle. Le film fut supervisé par Cecil B. De Mille. Remake des FLIBUSTIERS (Voir ce titre).

LE BOUC ÉMISSAIRE "THE SCAPEGOAT"
Comédie dramatique de **Robert Hamer**, d'après le roman de Daphné Du Maurier, avec Alec Guinness, Bette Davis, Nicole Maurey, Pamela Brown. Grande-Bretagne, 1959 – 1 h 32.

Alec Guinness interprète deux personnages, l'un utilisant l'autre pour commettre un crime parfait. Fine adaptation de Gore Vidal.

LE BOUCHER
Drame de **Claude Chabrol**, avec Jean Yanne *(Popaul)*, Stéphane Audran *(Hélène)*, Roger Rudel *(le commissaire)*. • SC : C. Chabrol. • PH : Jean Rabier. • DÉC : Guy Littaye. • MUS : Pierre Jansen. • MONT : Jacques Gaillard. France, 1970 – Couleurs – 1 h 35.

Hélène, institutrice dans un village du Périgord, sympathise avec Popaul, le boucher. Peu à peu, elle comprend qu'il est l'assassin qui tue des femmes dans les environs. Au moment où il lui avoue ses crimes, Popaul retourne contre lui le couteau dont il la menaçait. Hélène entreprend de le transporter à l'hôpital...

◆ *Par la simplicité de son intrigue, la justesse et la sobriété des acteurs, l'écriture classique et concrète qui saisit décors, êtres et objets dans leur apparence immédiate, c'est le plus fascinant des films de Chabrol. Cette parabole sur la civilisation, la nature et la culture, le corps et l'esprit, est aussi une réflexion morale : qui est le plus coupable, de l'assassin que son manque de culture empêche de dominer son instinct meurtrier ou de l'institutrice à qui sa culture ne permet pas d'accepter l'amour qui pourrait sauver Popaul ?* J.M.

LE BOUCHER, LA STAR ET L'ORPHELINE
Comédie satirique de **Jérôme Savary**, avec Patricia Novarini, Elisabeth Mortensen, Gérard Croce, Valérie King, Christopher Lee, Delphine Seyrig. France, 1975 – Couleurs – 1 h 25.

Un boucher abandonne son étal pour se consacrer au cinéma, et réaliser ainsi son rêve de toujours.

BOUCLES D'OR "CURLY TOP"
Comédie musicale d'**Irving Cummings**, avec Shirley Temple, John Boles, Rochelle Hudson. États-Unis, 1935 – 1 h 15.

Une orpheline est adoptée par un monsieur très riche qui l'arrache aux duretés de l'orphelinat. Shirley Temple danse et chante.

LE BOUCLIER DU CRIME "SHIELD FOR MURDER"
Film policier d'**Edmond O'Brien** et **Howard Koch**, avec Edmond O'Brien, John Agar, Carolyn Jones. États-Unis, 1954 – 1 h 20.

Un policier véreux a tué un bookmaker pour le voler. Il sera confondu par un jeune inspecteur, son propre assistant.

BOUDU SAUVÉ DES EAUX
Comédie de **Jean Renoir**, avec Michel Simon *(Boudu)*, Charles Granval *(Lestingois)*, Marcelle Hainia *(Mme Lestingois)*, Séverine Lerczinska *(Anne-Marie)*. • SC : J. Renoir, d'après la pièce de René Fauchois. • PH : Marcel Lucien. • DÉC : Jean Castanier, Hugues Laurent. • MONT : Marguerite Renoir, Suzanne de Troye. France, 1932 – 1 h 23.

Parce qu'il a perdu son chien, Boudu, clochard parisien, se jette dans la Seine. Un libraire épris d'idées libérales, Lestingois, le sauve et l'accueille chez lui. Mais l'homme, nullement reconnaissant, apporte le désordre dans cette famille bourgeoise.

◆ *L'opposition entre la sauvagerie naturelle de Boudu et le vernis culturel et social des Lestingois donne lieu à une comédie cocasse qui doit énormément à la truculence de Michel Simon. Même si Renoir penche évidemment pour l'anarchisme naturaliste du clochard et dresse un portrait cruel et ironique d'un bourgeois dont le libéralisme trouve rapidement ses limites, son bon sauvage n'est pas exempt de contradictions qui font la richesse de ce joyau.* J.M.

LE BOUFFON DU ROI "THE COURT JESTER"
Comédie de **Melvin Frank** et **Norman Panama**, avec Danny Kaye, Glynis Johns, Basil Rathbone, Angela Lansbury. États-Unis, 1956 – Couleurs – 1 h 41.

Mélange explosif de film de cape et d'épée, de comédie musicale et de farce. Danny Kaye donne libre cours à son dynamisme dans le rôle du bouffon qui lui valut plusieurs prix.

BOUGE PAS, MEURS ET RESSUSCITE
"ZAMRI OUMI VOS KRESMI."
Autobiographie de **Vitali Kanevski**, avec Pavel Nazarov, Dinara Droukarova, Elena Popova. • SC : Vitali Kanevski. • PH : Vladimir Bryliakov. • MUS : Serguei Banevitch. U.R.S.S., 1990 – 1 h 45.

Le récit se situe en U.R.S.S., à Soutchan, près de Vladivostok, un peu après la Dernière Guerre, dans une sorte de camp où sont parqués des prisonniers politiques et des prisonniers japonais. Deux enfants, un garçon et une fille, errent dans une boue physique et morale. Ils s'aiment, ils vont terriblement souffrir.

◆ *C'est un des films sur l'enfance les plus noirs, les plus âpres, les plus cruels que l'on ait vus. Le réalisateur y raconte sa propre expérience, d'ailleurs il intervient en personne à la fin du film, ce qui contribue à renforcer son caractère à la fois authentique et insolite. Certaines séquences tirent les larmes.* G.S.

LE BOULANGER DE L'EMPEREUR
"CÍSAŘŮV PEKAŘ – PEKAŘŮV CÍSAŘ"
Comédie de **Martin Frič**, avec Jan Werich, Marie Vasova, Natacha Gollova, Bohus Zahorsky, Jiri Plachy. Tchécoslovaquie, 1951 – Couleurs – 2 h 05.

Au début du XVIIe siècle à Prague, l'empereur Rodolphe II s'intéresse plus à l'alchimie qu'aux affaires de l'État. Devenu fou, il est éloigné de la cour tandis que son sosie, un boulanger aimable, prend sa place. Sous ce titre, sont regroupés deux films jumeaux (*le Boulanger de l'Empereur* et *l'Empereur des boulangers*).

LE BOULANGER DE VALORGUE
Comédie d'**Henri Verneuil**, avec Fernandel. France, 1953 – 1 h 47.

Un petit village provençal est partagé en deux clans : celui du boulanger et celui de l'épicière, qui ne veulent plus servir les partisans de l'adversaire.

LA BOULANGÈRE DE MONCEAU (SIX CONTES MORAUX, I)
Comédie dramatique d'**Éric Rohmer**, avec Michèle Girardon, Barbet Schroeder. France, 1963 – 25 mn.

Un jeune homme rencontre chaque jour une femme dans la rue, puis séduit la vendeuse d'une boulangerie le jour où ces rencontres cessent. Jeu de l'amour et du hasard, précieux et tendre.

BOULE DE FEU "BALL OF FIRE"
Comédie de **Howard Hawks**, avec Gary Cooper, Barbara Stanwyck, Oscar Homolka, Dan Duryea. États-Unis, 1941 – 1 h 51.

Brillante démonstration de la supériorité de l'intelligence sur la force brutale lors de l'affrontement d'une équipe de savants et d'une bande de gangsters.

▷ **Hawks** reprit le sujet en 1948 (Voir SI BÉMOL ET FA DIÈSE).

BOULE DE SUIF "PYŠKA"
Drame de **Mikhail Romm**, avec Galina Sergeeva *(Elisabeth Rousset, dite Boule de Suif)*, Anatoli Gorjounov *(Loiseau)*, Fajna Ranevskaïa *(sa femme)*, Valere Lavrinovitch *(Cornudet)*, Andrei Fajt *(l'officier prussien)*. • SC : M. Romm, d'après la nouvelle de Guy de Maupassant. • PH : Boris Voltchek. • DÉC : Isaac Chpinel. • MUS : Mikhail Tchoulaki. U.R.S.S., 1934 – Muet – 1 h 10.

En 1870, une diligence se rend de Rouen à Paris, transportant religieuses, commerçants et la prostituée Boule de Suif. Les bourgeois, d'abord très froids, se lient peu à peu avec elle. Lors d'un arrêt, un officier allemand réclame ses services. Devant son refus, il bloque la diligence. Dans l'intérêt du groupe, Boule de Suif finit par céder ; après quoi, tous l'ignorent superbement.

◆ *Tourné entièrement en studio et encore dans le système muet – donc avec des moyens limités –, ce film a gardé une exceptionnelle vigueur. Une photo influencée par la* Jeanne d'Arc *de Dreyer assure d'emblée richesse plastique et dramatique. Le découpage, qui renouvelle constamment les types de plan, assume avec brio le lieu clos (l'intérieur de la diligence), au service d'une caricature féroce de la bourgeoisie. Maupassant a été revu en fonction de la lutte des classes : les humbles, français ou allemands, sont les seuls à se montrer généreux.* J.-P.B.

BOULE DE SUIF
Comédie dramatique de **Christian-Jaque**, d'après Guy de Maupassant, avec Micheline Presle, Louis Salou, Berthe Bovy, Alfred Adam, Jean Brochard. France, 1945 – 1 h 43.

Amalgame de deux nouvelles de Maupassant, *Boule de Suif* et *Mademoiselle Fifi*, avec des dialogues d'Henri Jeanson qui – à travers des situations de la guerre de 70 – rappellent une réalité alors toute récente.

▷ Voir aussi MADEMOISELLE FIFI.

BOULEVARD
Drame de **Julien Duvivier**, avec Jean-Pierre Léaud, Magali Noël, Pierre Mondy, Monique Brienne, Jacques Duby. France, 1960 – 1 h 35.

Un adolescent abandonné par son père vit seul dans une chambre de bonne et découvre le monde impitoyable des adultes.

BOULEVARD DES ASSASSINS
Film policier de **Boramy Tioulong**, d'après le roman de Max Gallo *Une affaire intime*, avec Victor Lanoux, Jean-Louis Trintignant, Marie-France Pisier, Stéphane Audran. France, 1982 – Couleurs – 1 h 45.

Un écrivain en panne d'inspiration séjourne sur la Côte d'Azur. Il découvre les malversations d'un maire : cela lui coûtera la vie.

BOULEVARD DES PASSIONS "FLAMINGO ROAD"
Drame de **Michael Curtiz**, avec Joan Crawford, Zachary Scott, Sydney Greenstreet, David Brian. États-Unis, 1949 – 1 h 34.

Une danseuse de cabaret d'une petite ville épouse un politicien, associé à un autre politicien corrompu.

BOULEVARD DU CRÉPUSCULE
"SUNSET BOULEVARD"
Drame de **Billy Wilder**, avec William Holden *(Joe Gillis)*, Gloria Swanson *(Norma Desmond)*, Erich von Stroheim *(Max von Mayerling)*, Nancy Olson *(Betty Schaefer)*, Fred Clark *(Sheldrake)*, Lloyd Gough *(Morino)*, Jack Webb *(Artie Green)*, Franklyn Farnum *(l'entrepreneur des pompes funèbres)*et, dans leur propre rôle : Cecil B. De Mille, Hedda Hopper, Buster Keaton, Anna Q. Nilsson, H.B. Warner, Ray Evans, Jay Livingston. • SC : Charles Brackett, B. Wilder, D.M. Marshman Jr. • PH : John F. Seitz. • DÉC : Hans Dreier, John Meehan. • MUS : Franz Waxman. • MONT : Doane Harrison (superv.), Arthur Schmidt. • PR : Charles Brackett. États-Unis, 1950 – 1 h 50.

Hollywood, 1949. Joe Gillis, scénariste désargenté, accepte l'hospitalité d'une ancienne gloire du muet, Norma Desmond, qui vit en recluse sur Sunset Boulevard. Norma lui confie une adaptation de Salomé avec laquelle elle espère faire son retour sur les écrans. Joe entre à contrecœur dans ce rêve insensé, et passe insensiblement du statut d'employé à celui de gigolo...

◆ Crépuscule des mythologies hollywoodiennes

Boulevard du Crépuscule *est l'histoire d'une séduction et d'une chute, le conflit explicite de deux générations, le choc symbolique de deux époques : celle, déjà lointaine, du cinéma muet ; celle, naissante, des années 50, qui verra des changements décisifs dans la structure de la production américaine. Billy Wilder n'est guère tendre pour le nouveau Hollywood, dont il égratigne le mercantilisme et l'âpreté ; il n'idéalise pas pour autant celui des années 20, mais y trouve une grandeur déliquescente, une extravagance, un faste funèbre qui satisfont à la fois ses penchants expressionnistes (très affirmés à cette époque), son goût de la tragédie et son humour caustique. Figure monstrueuse et pathétique, Norma Desmond trouve en Gloria Swanson une interprète d'exception, qui assume avec courage tous les excès de son personnage et nous offre une brillante recréation/stylisation de la gestuelle du muet. Norma n'incarne ni la vérité ni la mémoire de ce cinéma, mais en présente une distorsion pathologique, d'une troublante et surprenante majesté. Sa villa (aussi inquiétante que celle de miss Havisham dans* les Grandes Espérances*), son opulente limousine, son étrange mari-mentor-majordome sont les reflets d'un temps aboli, d'un monde disparu dans lequel Joe Gillis se laissera entraîner par un mélange complexe de veulerie masochiste et de pitié... Hollywood passe à tort pour une ville sans histoire. Surgie du néant, la capitale du cinéma s'est tournée vers ses propres créations pour se donner un statut culturel, faisant de l'image filmée sa référence suprême, son unique capital mythologique. Or, le cinéma est sans doute le plus fragile des arts. Le plus vorace aussi, qui exige sans cesse de nouveaux visages, de nouveaux corps. Norma Desmond succombe sous le poids écrasant de son image artificiellement préservée. Hollywood est une ville mortifère, anthropophage ; aucun film n'a mieux illustré cette réalité que* Boulevard du Crépuscule. O.E.

BOULEVARD DU RHUM
Film d'aventures de **Robert Enrico**, d'après le roman de Jacques Pécheral, avec Brigitte Bardot, Lino Ventura, Guy Marchand. France, 1971 – Couleurs – 2 h.

Pendant la prohibition, la rencontre d'un trafiquant d'alcool et d'une star du muet. Aventures pleines de fantaisie, pastiches de films anciens, chansons et costumes des Années folles...

LA BOUM
Comédie dramatique de **Claude Pinoteau**, avec Claude Brasseur, Brigitte Fossey, Sophie Marceau, Denise Grey. France, 1980 – Couleurs – 1 h 50.

Une adolescente, un peu livrée à elle-même par des parents qui passent dans la tempête le cap de la quarantaine, découvre les incertitudes de l'amour.

▷ Le réalisateur signe une suite avec les mêmes comédiens, et des préoccupations sentimentales sur trois générations, intitulée LA BOUM 2, France, 1982 – Couleurs – 1 h 48.

▷ Voir aussi L'ÉTUDIANTE.

LE BOUNTY "THE BOUNTY"
Film d'aventures de **Roger Donaldson**, d'après le livre de Richard Hough *Captain Bligh and Mr Christian*, avec Mel Gibson, Anthony Hopkins, Laurence Olivier. États-Unis, 1983 – Couleurs – 2 h 10.

En 1787, l'équipage d'un navire en route vers Tahiti, emmené par le premier second, se rebelle contre son despotique commandant. Malgré la comparaison avec les précédentes versions (Voir

LES RÉVOLTÉS DU BOUNTY), le film reste agréable. Très riche composition d'Anthony Hopkins dans le rôle de Bligh.

LE BOURGEOIS GENTILHOMME

Comédie-ballet de **Jean Meyer**, avec Jean Meyer, Louis Seigner, Jacques Charon, Robert Manuel, Micheline Boudet, Michèle Grellier. France, 1958 – Couleurs – 1 h 36.

Mise en images du chef-d'œuvre de Molière, dans les décors de la Comédie-Française. La pièce est précédée d'un court prologue.

▷ Autre adaptation réalisée par : **Roger Coggio** et **Bernard Landry**, avec Michel Galabru, Rosy Varte, Roger Coggio. France – 1982 – Couleurs – 2 h 16.

LE BOURREAU "EL VERDUGO"

Comédie satirique de **Luis Garcia Berlanga**, avec José Isbert *(Amadeo)*, Nino Manfredi *(José-Luis)*, Emma Penella *(Carmen)*. • SC : L.G. Berlanga. • PH : Tonino Delli Colli. • DÉC : José Antonio de La Guerra. • MUS : Miguel Asins Arbo. • MONT : Alfonsa Santacana. Espagne / Italie, 1963 – 1 h 50. ★ PRIX DE LA CRITIQUE INTERNATIONALE, Venise 1964. PRIX SPÉCIAL DE L'HUMOUR NOIR 1965.

José-Luis, jeune employé des pompes funèbres, courtise Carmen. Fille du bourreau Amadeo, elle ne trouve aucun prétendant. Surpris par Amadeo, José-Luis doit épouser Carmen, et, pour obtenir un appartement, prendre, contre son gré, la suite de son beau-père. Convoqué à Majorque pour sa première exécution, il est traîné sur le lieu du supplice et doit remplir sa terrible mission, se jurant de ne plus recommencer. Amadeo conclut : « Moi aussi j'avais dit ça la première fois ! »

◆ *Le bourreau que l'on traîne sur le lieu de l'exécution tel un condamné et la petite phrase d'Amadeo à la fin du film résume parfaitement le propos de Berlanga : comment devient-on bourreau ? Un si terrible sujet traité avec humour a suscité beaucoup de controverses à la sortie du film et a fait naître de nombreux débats sur la peine de mort.* C.G.

LE BOURREAU DU NEVADA "THE HANGMAN"

Western de **Michael Curtiz**, avec Robert Taylor, Tina Louise, Fess Parker. États-Unis, 1959 – 1 h 26.

Un shérif poursuit un homme recherché pour meurtre. Lorsqu'il aura la preuve de son innocence, il préfèrera démissionner.

LES BOURREAUX MEURENT AUSSI
"HANGMEN ALSO DIE"

Drame de **Fritz Lang**, avec Brian Donlevy *(Svoboda)*, Walter Brennan *(Novotny)*, Anna Lee *(Mascha)*, Gene Lockhart *(Czaka)*, Dennis O'Keefe. • SC : F. Lang, Bertolt Brecht, John Wesley. • PH : James Wong Howe. • DÉC : William Darling. • MUS : Hanns Eisler. • MONT : G. Fowler Jr. États-Unis, 1943 – 1 h 20.

À Prague, en 1942, un résistant, le docteur Svoboda, assassine le Gauleiter Heydrich et, grâce à la fille du professeur Novotny, trouve refuge chez ce dernier. Les nazis menacent de fusiller des centaines d'otages si le coupable ne se dénonce pas. Svoboda est arrêté, mais la Résistance monte une machination pour faire accuser un collaborateur et libérer otages et meurtrier.

◆ *C'est l'un des rares films de Lang au sujet directement politique et son unique collaboration (orageuse) avec Bertolt Brecht. Il est vrai que, outre certain aspect mélodramatique, le cinéaste n'épouse pas le point de vue radical du dramaturge, mais raisonne en termes cinématographiques. Au-delà du manichéisme d'un simple acte de résistance, Lang montre la perversion qu'entraînent la guerre et le terrorisme. Chacun doit mentir, se travestir. Au rituel théâtral des nazis, les résistants opposent la machination théâtrale, la comédie les prenant à leur propre jeu, sur leur terrain.* J.M.

LA BOURSE ET LA VIE

Comédie de **Jean-Pierre Mocky**, avec Fernandel, Jean Poiret, Jean Carmet. France, 1965 – Couleurs – 1 h 30.

Les aventures cocasses d'un chèque de 15 millions de Toulouse à Paris, en passant par Limoges et Montauban.

LA BOUTIQUE DANS LA RUE / LE MIROIR AUX ALOUETTES "OBCHOD NA KORZE"

Comédie dramatique de **Janos Kadar** et **Elmar Klos**, avec Ida Kaminska, Jan Kroner, A. Brtko. Tchécoslovaquie, 1965 – 1 h 40. ★ OSCAR DU MEILLEUR FILM ÉTRANGER 1965.

En 1942, un menuisier se voit confier par son beau-frère, collaborateur des nazis, la gestion d'une boutique minable tenue par une vieille dame juive. Il se prend d'amitié pour elle, mais la tue accidentellement en essayant de la sauver de la déportation.

LA BOUTIQUE DE LA FAMILLE LIN "LINJIA PUZI"

Drame de **Shui Hua**, avec Xie Tian *(Lin)*, Ma Wei *(Lin Mingxiu)*, Han Tao *(Yu, le chef des marchands)*, Liang Xin *(le commis)*, Cai Yuany uan *(Asi)*, Guo Bing *(le patron Cheni)*, An Ran *(Mr Wu)*, Lin Bin *(Mme Lin)*, Yu Zhongyi *(Afu)*. • SC : Xia Yan, d'après la nouvelle de Mao Dun. • PH : Quian Jiang. • DÉC : Chi Ning. • MUS : He Shilde. Chine, 1959 – Couleurs – 1 h 22.

En 1932, l'avance japonaise dans la province de Zheliang entraîne le boycott des produits japonais. Quelques pots-de-vin distribués à bon escient permettent au boutiquier Lin de vendre la marchandise japonaise sous l'étiquette chinoise et de profiter de l'arrivée des réfugiés de Shanghai. Arrêté puis libéré, Lin s'enfuit avec sa fille, et l'argent de ses petits créanciers.

◆ *Par le sujet, par la présentation nuancée du personnage central – bon père de famille, patron aimé de son personnel, victime des gros trafiquants – et par l'absence de fin positive* la Boutique de la famille Lin *est une œuvre exemplaire de la période dite des Cent Fleurs. Cette maturité politique et cette complexité artistique ont valu au film l'épithète « d'herbe vénéneuse », et de gros ennuis à leurs auteurs, cibles privilégiées des Gardes Rouges.* *A.K.*

THE BOY FRIEND "The Boy Friend"
Comédie musicale de **Ken Russell**, d'après celle de Sandy Wilson, avec Twiggy, Christopher Gable, Barbara Windsor. Grande-Bretagne, 1971 – Couleurs – 1 h 50.

La jeune assistante de régie d'une troupe de music-hall doit remplacer au pied levé la jeune première accidentée. Elle fera un triomphe, en vivant ses propres émotions.

BOY MEETS GIRL
Drame de **Léos Carax**, avec Denis Lavant, Mireille Perrier. France, 1984 – 1 h 40.

Lors d'une soirée, Alex rencontre Mireille, une jeune femme désespérée qu'il tente de réconforter. L'ombre tutélaire de Cocteau et Godard plane sur cette première œuvre.

BOZAMBO "Sanders of the River"
Film d'aventures de **Zoltan Korda**, avec Leslie Banks, Paul Robeson, Nina Mae McKinney, Robert Cochran. Grande-Bretagne, 1935 – 1 h 38.

Au Nigeria, un ancien bagnard qui a juré fidélité au gouverneur britannique l'avertit qu'une révolte doit éclater en son absence.

LES BRACONNIERS "Furtivos"
Drame de **José Luis Borau**, avec Ovidi Montllor, Lola Gaos, Alicia Sanchez. Espagne, 1975 – Couleurs – 1 h 39.

Un jeune garçon vit avec une mère tyrannique dans une cabane au cœur de la forêt. Lorsqu'il rencontre une jeune fille et l'invite à vivre chez eux, le drame éclate.

BRAINSTORM "Brainstorm"
Film de science-fiction de **Douglas Trumbull**, d'après Bruce Joel Rubin, avec Christopher Walken, Natalie Wood. États-Unis, 1983 – Couleurs – 1 h 46.

Un chercheur se bat pour qu'une invention capable de déceler sensations et sentiments ne soit pas utilisée à des fins militaires. Ce thriller humaniste fut le dernier film de Natalie Wood.

BRANCALEONE S'EN VA-T-AUX CROISADES
"Brancaleone alle crociate"
Film d'aventures parodique de **Mario Monicelli**, avec Vittorio Gassman, Stefania Sandrelli. Italie, 1970 – Couleurs – 2 h 13.

Le chevalier Brancaleone s'en va se battre contre les infidèles à la tête d'une armée pouilleuse. Pastiche pessimiste et drôle des romans de chevalerie.

▷ Voir aussi L'ARMÉE BRANCALEONE.

BRANNIGAN "Brannigan"
Film policier de **Douglas Hickox**, d'après un roman de Christopher Trumbo et Michael Butler, avec John Wayne, Richard Attenborough, Judy Geeson, Mel Ferrer, John Vernon. États-Unis, 1975 – Couleurs – 1 h 50.

Un inspecteur de Chicago se rend à Londres pour organiser l'extradition d'un trafiquant. Mais ce dernier est enlevé, et le policier américain mène seul une difficile enquête.

BRANQUIGNOL
Comédie burlesque de **Robert Dhéry**, avec Robert Dhéry, Colette Brosset, Raymond Bussières, Pauline Carton. France, 1949 – 1 h 37.

Comique échevelé pour Dhéry et son équipe, dans une succession de gags, à l'occasion des fiançailles d'un châtelain.

BRAS DE FER
Drame de **Gérard Vergez**, avec Bernard Giraudeau, Christophe Malavoy, Angela Molina. France, 1985 – Couleurs – 1 h 45.

Résistant, Augustin se sent manipulé par son ami Delancourt. Le double jeu, les bavures, les mensonges, tout est ambigu en ces moments qui – tant bien que mal – écrivent l'histoire.

LE BRASIER "Enjo"
Drame de **Kon Ichikawa**, avec Raizo Ichikawa, Ganjiro Nakamura, Tatsuya Nakadai. Japon, 1958 – 1 h 36.

Un garçon très pieux est pris en charge par un bonze et entre au temple. Choqué par l'attitude du bonze et des touristes qui souillent l'image idéale qu'il a de ce lieu sacré, il y met le feu.

LE BRASIER
Drame d'**Eric Barbier**, avec Maruschka Detmers *(Alice)*, Jean-Marc Barr *(Victor)*, Vladimir Kotjiarov, dit Tolsty

(Pavlak), Thierry Fortuneau *(Emile)*, François Hadji-Lazaro *(Gros)*. • SC : Eric et Jean-Pierre Barbier. • PH : Thierry Arbogast. • DÉC : Yann Arlaud, Philippe Caspary. • MUS : Frédéric Talgor. • MONT : Dominique Galliéni, Jennifer Augé, Isabelle Dedieu. France, 1990 – Couleurs – 2 h 04.

Au cours des années 30, dans les houillères du nord de la France, la communauté polonaise – main-d'œuvre importée – rencontre la xénophobie ordinaire des mineurs « français de souche ».

◆ *Eric Barbier a su ressusciter l'atmosphère des années 30 dans un décor minier devenu « historique », retrouver les thèmes, décrire les mentalités, les conflits, et la sombre poésie propre à cette étrange épopée du « fond ». C'est un exploit. C'est aussi un hommage au « réalisme fantastique » à la française.* G.S.

LE BRASIER ARDENT

Drame d'**Ivan Mosjoukine** et **Alexandre Volkov**, avec Nathalie Lissenko, Ivan Mosjoukine, Nicolas Koline. France, 1923 – 2 300 m (env. 1 h 25).

Un homme charge un détective d'enquêter sur la vie de son épouse qui, chaque nuit, rêve qu'un inconnu veut la jeter dans un brasier. Le mari comprend qu'il s'agit de son amant et décide de la renvoyer vers lui.

BRAVADOS "The Bravados"

Western de **Henry King**, avec Gregory Peck, Joan Collins, Stephen Boyd. États-Unis, 1958 – Couleurs – 1 h 38.

Dans le désert, un inconnu poursuit de son implacable vengeance quatre hommes qu'il croit être les assassins de sa femme. Un western efficace signé par un spécialiste.

THE BRAVE "The Brave"

Thriller de **Johnny Depp**, d'après le roman de Gregory McDonald Rafael, *Derniers jours*, avec Johnny Depp, Marlon Brando, Elpidia Carrillo, Marshall Bell. États-Unis, 1996 – Couleurs – 2 h 03.

Pour assurer l'avenir des siens, un Indien vend sa vie à un producteur de « snuff movies » (films où tortures et morts ne sont pas mimées mais réelles). Le récit de sa dernière semaine. Une addition d'ingrédients forts et de talents confirmés, qui ne réussit pas à emporter l'adhésion tant le rythme est languissant.

LE BRAVE ET LA BELLE

"The Magnificent Matador"

Comédie dramatique de **Budd Boetticher**, avec Maureen O'Hara, Anthony Quinn, Thomas Gomez. États-Unis, 1955 – Couleurs – 1 h 34.

Dans l'atmosphère délirante des arènes, le drame de conscience d'un torero célèbre qui voit avec crainte son fils débuter dans la tauromachie.

LE BRAVE ET LE TÉMÉRAIRE

"The Bold and the Brave"

Film de guerre de **Lewis Foster**, avec Wendell Corey, Mickey Rooney, Don Taylor, Nicole Maurey. États-Unis, 1956 – 1 h 27.

En 1944, durant la campagne d'Italie, de jeunes G.I. qui vont affronter l'épreuve du feu. Nicole Maurey dans un rôle bref.

LE BRAVE SOLDAT CHVEIK "Dobrý voják Švejk"

Comédie satirique de **Karel Steklý**, d'après le roman de Jaroslav Hašek, avec Rudolf Hrusinsky. Tchécoslovaquie, 1957 – 1 h 45.

Les mésaventures d'un soldat naïf confronté à l'appareil militaire à l'époque de l'attentat de Sarajevo. Il connaîtra le tribunal, l'asile d'aliénés puis l'hôpital, avant d'être expédié au front.

▷ Autre version réalisée par **Martin Frič**, intitulée LES AVENTURES DU BRAVE SOLDAT CHVEIK "Dobry voják Svejk". Tchécoslovaquie, 1932 – env. 1 h 30.

BRAVO MAESTRO

Comédie dramatique de **Rajko Grlić**, avec Rade Serbezija, Aleksandar Berček, Koraljka Hrs. Yougoslavie, 1978 – Couleurs – 1 h 40.

Un compositeur ambitieux et arrogant épouse la fille d'un riche homme d'affaires. Mais, peu à peu, il perd l'inspiration.

BRAZIL "Brazil"

Comédie dramatique de **Terry Gilliam**, avec Jonathan Pryce *(Sam Lowry)*, Robert De Niro *(Harry Tuttle)*, Michael Palin *(Jack Lint)*, Kim Greist *(Jill Layton)*. • SC : T. Gilliam, Tom Stoppard, Charles McKeown. • PH : Roger Pratt. • DÉC : Norman Garwood. • MUS : Michael Kamen. • MONT : Julian Doyle. Grande-Bretagne, 1985 – Couleurs – 2 h 22.

Le machinisme a pris le pouvoir au sein d'une cité futuriste. Le dérèglement d'un ordinateur est le point de départ des aventures d'un fonctionnaire modèle, Sam Lowry. Parti à la recherche de la femme de ses rêves, il devient complice d'un criminel puis, suspect aux yeux de ses supérieurs, finit dans une chambre de tortures...

◆ *Séparé des Monty Python, Terry Gilliam provoque ici une explosion d'images inventives. Il mélange les genres, joue avec la satire sociale et accumule les décors majestueusement baroques à travers une recherche picturale de chaque plan. Avec un sens de l'absurde féroce,* Brazil *offre une représentation à la fois cauchemardesque et délirante d'un univers étouffant toute personnalité. Irrésistiblement drôle et inquiétant, ce film visionnaire revisite Kafka et Orwell sur le rythme déchaîné d'un dessin animé.* D.P.

BREAKFAST CLUB "THE BREAKFAST CLUB"
Comédie dramatique de **John Hughes**, avec Emilio Estevez, Judd Nelson, Molly Ringwald, Anthony Michael Hall, Ally Sheedy. États-Unis, 1985 – Couleurs – 1 h 37.

Cinq étudiants en révolte contre la société s'en prennent à leurs parents. Une déroutante apologie des comportements imprévisibles des adolescents d'aujourd'hui.

BREAKING THE WAVES "BREAKING THE WAVES"
Drame de **Lars von Trier**, avec Emily Watson *(Bess)*, Stellan Skarsgard *(Jan)*, Katrin Cartlidge *(Dodo)*, Jean-Marc Barr *(Terry)*, Adrian Rawlins *(Dr Richardson)*. • SC : L. von Trier. • PH : Robby Müller. • DÉC : Karl Juliusson. • MUS : Joachim Holbek. • MONT : Anders Refn. Danemark, 1996 – Couleurs – 2 h 58. ★ **GRAND PRIX DU JURY, Cannes 1996. CÉSAR DU MEILLEUR FILM ÉTRANGER.**

Dans l'austère île de Skye, Bess effraie un peu son entourage par sa bonté candide, sa générosité exaltée. On la laisse quand même épouser celui qu'elle a choisi : un beau gars, Jan, qui n'est pas de l'île mais travaille sur une plate-forme pétrolière. Pendant quelques semaines, Bess peut enfin épancher son besoin d'aimer, mais Jan doit bientôt repartir sur sa plate-forme de forage. C'est un infirme qui revient, car un accident a fait de Jan un paralytique. Ne pouvant plus aimer physiquement sa femme, il lui demandera de se donner à d'autres hommes. Il finit par la convaincre qu'en se sacrifiant ainsi elle l'aidera à guérir. Commence alors pour Bess une longue et irrémédiable déchéance...

◆ *Dans ce beau mélo évangélique, Lars von Trier, récemment converti au catholicisme, s'attache à montrer que l'absolue bonté n'est récompensée qu'après la mort. Sur terre, elle fait scandale et mène à la solitude et à la folie. Pécheresse par dévouement, Bess n'est qu'amour, un amour fou, éperdu, qui dérange l'entourage comme une lumière trop vive qui commence par aveugler mais qu'on ne peut plus oublier une fois vue. Ample et rythmé,* Breaking the Waves *est une œuvre originale qui s'attaque au problème du bien et du mal en utilisant toutes les ressources d'une écriture cinématographique riche et sans afféterie. Remarquable interprétation de la vibrante Emily Watson qui donne force et cohérence à un personnage qui trébuche sans cesse entre l'apparence de la naïveté et celle de la dépravation, entre sainteté et folie.* J.-C.L.

BREAK UP "L'UOMO DAI CINQUE PALLONI"
Drame psychologique de **Marco Ferreri**, avec Marcello Mastroianni, Catherine Spaak. Italie, 1969 – Couleurs – 1 h 26.

Un riche industriel en proie à l'obsession monomaniaque des ballons que l'on gonfle. Jusqu'où peut-on aller avant qu'ils n'explosent ? Dans un univers en délire, la folie d'un homme étudiée jusqu'à son paroxysme.

BREEZY "BREEZY"
Comédie dramatique de **Clint Eastwood**, avec William Holden, Kay Lenz, Roger C. Carmel, Marj Dusay. États-Unis, 1973 – Couleurs – 1 h 47.

Une jeune hippie s'éprend d'un riche quinquagénaire de Los Angeles qui, malgré les obstacles rencontrés sur le plan social, accepte d'entamer une vie commune.

BRELAN D'AS
Aventures policières d'**Henri Verneuil**, avec Michel Simon *(Maigret)*, Raymond Rouleau *(Wens)*, Van Dreelen *(Lemmy Caution)*. France, 1952 – 1 h 58.

Trois histoires policières ayant pour héros les célèbres détectives, d'après des nouvelles de Georges Simenon, Stanislas-André Steeman et Peter Cheyney.

BRÈVE RENCONTRE "BRIEF ENCOUNTER"
Drame de **David Lean**, avec Trevor Howard *(Alec Harvey)*, Celia Johnson *(Laura Jesson)*, Cyril Raymond *(Fred Jesson)*, Stanley Holloway *(Albert Godby)*. • SC : Noel Coward (d'après sa pièce Still Life), D. Lean, Ronald Neame, Anthony Havelock-Allan. • PH : Robert Krasker. • MUS : Rachmaninov. • MONT : Jack Harris. Grande-Bretagne, 1945 – 1 h 25. ★ **GRAND PRIX et PRIX DE LA CRITIQUE, Cannes 1946.**

Tous les jeudis, Laura Jesson, mère de famille tranquille, prend le train pour aller faire ses emplettes à Milford. Le docteur Alec Harvey, père de famille sans histoire, fait le même trajet, le même jour. À la suite d'une rencontre fortuite sur le quai, ils font connaissance et se prennent de passion l'un pour l'autre. Amour impossible ! Malgré leur complicité naissante, après quelques hésitations, ils renoncent à se revoir, non sans un certain regret.

◆ *Le grand succès du film de David Lean auprès du public anglais vient d'abord de son réalisme intimiste : Laura est une vraie « Madame Tout-le-Monde » en qui des millions d'autres purent se reconnaître, le petit monde de la gare est observé avec acuité, les comportements sont quotidiens, la psychologie simple et crédible. Quant au thème du grand amour entrevu, il ne peut que toucher ceux qui mènent, eux aussi, une existence monotone.* Brève Rencontre *est considéré, à juste titre, comme un classique du cinéma britannique.* *G.L.*

BRÈVE RENCONTRE À PARIS "TWO PEOPLE"
Drame de **Robert Wise**, avec Peter Fonda, Lindsay Wagner, Estelle Parsons, Geoffrey Home. États-Unis, 1973 – Couleurs – 1 h 40.

Un Américain se rend au Maroc afin de ramener un jeune qui a déserté la guerre du Viêt-nam. Avant de se constituer prisonnier, celui-ci vit un roman d'amour à Paris.

BRÈVES RENCONTRES "KOROTKIE VSTRETCHI"
Comédie dramatique de **Kira Mouratova**, avec Kira Mouratova, Vladimir Vissotsky, Nina Rouslanova. U.R.S.S. (Ukraine), 1967 – 1 h 35.

Une femme, responsable du Service des eaux, vit des rencontres brèves avec son ami, un géologue souvent en mission. Elle embauche une jeune fille dont elle découvre qu'elle a eu une aventure avec son amant.

BRÈVES VACANCES "UNA BREVE VACANZA"
Drame de **Vittorio De Sica**, avec Florinda Bolkan, Renato Salvatori, Daniel Quenaud. Italie, 1973 – Couleurs – 1 h 52.

Un séjour en sana arrache Clara à son enfer quotidien – travail harassant, famille particulièrement cynique. Mais cette trêve inespérée sera de courte durée.

BREWSTER MC CLOUD "BREWSTER MCCLOUD"
Comédie satirique de **Robert Altman**, avec Bud Cort *(Brewster)*, Sally Kellerman *(Louise)*, Michael Murphy *(Shaft)*, William Windom *(Weeks)*. • SC : Doran William Cannon. • PH : Lamar Boren, Jordan Cronenweth. • MUS : Gene Page. États-Unis, 1970 – Couleurs – 1 h 45.

Le jeune Brewster veut littéralement « voler de ses propres ailes ». Il perfectionne en secret une invention qui fera de lui un homme-oiseau planant au-dessus des mesquineries de ce monde. Tous ceux qui lui barrent la route sont retrouvés morts, le visage recouvert de fiente d'oiseau.

◆ *Ce film complètement éclaté, construit en épisodes liés par le thème de la fiente, est une flagrante parabole sur l'Amérique comme société marchande où les lois de l'offre et de la demande pourrissent tous les rapports. C'est une réussite à la construction habile dans son enchevêtrement, même si le film tend plus vers une allégorie, réductrice par définition, que vers une symbolique plus large et plus mystérieuse, et si le cinéaste « domine » trop son sujet sans s'y impliquer.* *S.K.*

LA BRIDE SUR LE COU
Comédie de **Roger Vadim**, avec Brigitte Bardot, Michel Subor, Jacques Riberolles, Claude Brasseur. France/Italie, 1961 – 1 h 31.

Sophie, alias Brigitte, mannequin, tente de stimuler la jalousie de son ami photographe en s'affichant avec un autre garçon.

LA BRIÈRE
Drame de **Léon Poirier**, d'après le roman de Chateaubriand, avec José Davert, Laurence Myrga, Armand Tallier, Jeanne Marie-Laurent. France, 1925 – 2 500 m (env. 1 h 32).

Dans cette région de marais, vivent des familles rudes et sauvages. Un garde-chasse refuse que sa fille épouse un garçon méprisé, et crée le malheur autour de lui.

LA BRIGADE
Drame de **René Gilson**, avec Brigitte Fossey, Edward Wojtaszek, Jean Bouise, Marcel Cuvelier, André Thorent, Jacques Zanetti. France, 1975 – 1 h 40.

La Résistance dans le Nord de la France : les vols d'explosifs, les sabotages de locomotives, l'initiation à la lutte des nouveaux camarades, les arrestations, le châtiment des traîtres...

LA BRIGADE DES COW-BOYS
"JOURNEY TO SHILOH"
Western de **William Hale**, d'après le roman de Will Henry *Fields of Honour*, avec James Caan, Michael Sarrazin. États-Unis, 1968 – Couleurs – 1 h 40.

Sept jeunes gens veulent rejoindre l'armée sudiste. Les aventures qui les attendent appartiennent bien au genre western, mais la bataille de Shiloh renvoie avec force aux horreurs de la guerre.

LA BRIGADE DES STUPÉFIANTS
"PORT OF NEW YORK"
Drame policier de **Laslo Benedek**, avec Scott Brady, Richard Rober, K.T. Stevens. États-Unis, 1949 – 1 h 36.

À New York, des policiers démantèlent un réseau de drogue. Inspirée de faits authentiques, une bonne série B, avec Yul Brynner débutant.

LA BRIGADE DU DIABLE "THE DEVIL'S BRIGADE"
Film de guerre d'**Andrew V. Mc Laglen**, avec William Holden, Cliff Robertson, Vince Edwards. États-Unis, 1968 – Couleurs – 2 h.

L'entraînement d'un régiment spécial au contact de vrais soldats. Tableau classique, avec bagarres et scènes d'héroïsme.

LA BRIGADE DU SUICIDE "T-MEN"
Film policier d'**Anthony Mann**, avec Dennis O'Keefe, Mary Meade, Alfred Ryder, Wallace Ford. États-Unis, 1947 – 1 h 31.

Deux agents secrets du Trésor américain recherchent des fabricants de fausse monnaie. Un des meilleurs films noirs de l'époque, âpre et violent.

LA BRIGADE DU TEXAS "POSSE"
Western de **Kirk Douglas**, avec Kirk Douglas, Bruce Dern, Bob Hopkins, James Stacy, Alfonso Arau, Beth Brickell. États-Unis, 1975 – Couleurs – 1 h 33.

L'ambitieux « marshall » capture un hors-la-loi qui le prend en otage, donne la rançon aux pauvres et débauche sa troupe. La seconde mise en scène de Kirk Douglas après *Scalawag*.

LA BRIGADE HÉROÏQUE "SASKATCHEWAN"
Film d'aventures de **Raoul Walsh**, avec Alan Ladd, Shelley Winters, Robert Douglas. États-Unis, 1954 – Couleurs – 1 h 27.

Un jeune sergent de la police montée canadienne est l'ami d'un Indien. Mais la paix entre « Visages pâles » et « Peaux-Rouges » est bien fragile.

LA BRIGADE SAUVAGE
Drame de **Marcel L'Herbier** et **Jean Dréville**, avec Charles Vanel, Véra Korène, Youca Troubetskoj. France, 1939 – 1 h 35.

En 1914, la déclaration de guerre ajourne un duel entre un général russe et un lieutenant chez qui sa femme a été assassinée par une maîtresse jalouse. Vingt ans plus tard, ils se retrouvent.

BRIGADOON "BRIGADOON"
Comédie musicale de **Vincente Minnelli**, avec Gene Kelly *(Tommy Albright)*, Van Johnson *(Jeff Douglas)*, Cyd Charisse *(Fiona Campbell)*, Elaine Stewart *(Jane Ashton)*, Barry Jones *(Mr Lundie)*. • SC : Alan Jay Lerner, d'après sa pièce. • PH : Joseph Ruttenberg. • DÉC : Edwin B. Willis, Keogh Gleason. • MUS : Frederick Moewe. • MONT : Albert Akst. États-Unis, 1954 – Couleurs – 1 h 48.

Pendant un voyage en Écosse, deux Américains découvrent un village fantôme qui n'existe « dans la réalité » qu'un jour par siècle. Ils sont impliqués ce jour-là dans le drame sentimental qui se noue autour d'un mariage, mais l'un d'eux s'éprend pour de bon de l'une des jeunes habitantes et, de retour en Amérique, ne songe qu'à revenir. Il découvrira heureusement que Brigadoon existe toujours, et qu'on l'y attend.

◆ *Rarement Minnelli a eu à sa disposition un « musical » où le rêve l'emporte si complètement sur la réalité. Dernier travail commun de Minnelli et Kelly, le film vaut moins par ses chansons ou même ses danses que par son atmosphère un peu alanguie. De la photographie, traitée dans un procédé délicat qui disparut vite – l'Anscolor – reste dans les mémoires la robe de Cyd Charisse, d'un jaune éclatant, la couleur préférée du metteur en scène.* *G.L.D.*

LE BRIGAND AMOUREUX "THE KISSING BANDIT"
Comédie musicale de **Laslo Benedek**, avec Frank Sinatra, Kathryn Grayson, J. Carrol Naish, Ricardo Montalban, Ann Miller, Cyd Charisse. États-Unis, 1948 – Couleurs – 1 h 42.

En Californie, un jeune homme d'affaires timide devient un hors-la-loi pour ne pas faillir à l'honneur et à la réputation de son père, un bandit romantique. Luxueuses couleurs.

LE BRIGAND BIEN-AIMÉ "JESSE JAMES"
Western de **Henry King**, avec Tyrone Power, Henry Fonda, Nancy Kelly, Jane Darwell, Randolph Scott, Henry Hull, Slim Summerville, John Carradine. États-Unis-Unis, 1939 – Couleurs – 1 h 46.

Après la guerre de Sécession, deux frères expropriés par la Compagnie des chemins de fer, qui plus est responsable de la mort de leur mère, deviennent des hors-la-loi, mais vont au secours des braves gens. Une suite, LE RETOUR DE FRANK JAMES, a été tournée. (voir ce titre.)

▷ Autres versions de la saga des frères James réalisées par : **Ray Enright**, intitulée BAD MEN OF MISSOURI, avec Dennis Morgan, Arthur Kennedy, Wayne Morris, Jane Wyman, Victor Jory. États-Unis, 1941 – 1 h 12. **Tim Whelan**, intitulée LA VILLE DES SANS-LOI "BADMAN'S TERRITORY", avec Randolph Scott, Steve Brodie, Gabby Hayes, Ann Richards. États-Unis, 1946 – 1 h 17. **Fred Brannon** et **Yakima Canutt**, intitulée ADVENTURES OF FRANK AND JESSE JAMES, avec Clayton Moore, Steve Darrell, Noel Neill. États-Unis, 1948 – Serial en 13 épisodes. **Gordon Douglas**, intitulée LES REBELLES DU MISSOURI "THE GREAT MISSOURI RAID", avec MacDonald Carey, Wendell Corey, Ward Bond, Ellen Drew, Bruce Bennett, Anne Revere. États-Unis, 1950 – Couleurs – 1 h 21. **Ray Enright**, intitulée KANSAS EN FEU "KANSAS RAIDERS", avec Audie Murphy, Brian Donlevy, Marguerite Chapman, Scott Brady, Tony Curtis, Richard Arlen. États-Unis, 1951 – Couleurs – 1 h 20. **William Berke**, intitulée LA VENGEANCE DE FRANK JAMES "GUNFIRE", avec Don Barry, Robert Lowery, Wally Vernon. États-Unis, 1950 – 1 h. **Nicholas Ray**, intitulée LE BRIGAND BIEN-AIMÉ "THE TRUE STORY OF JESSE JAMES", avec Robert

Wagner, Jeffrey Hunter, Hope Lange, Agnes Moorehead, John Carradine, Alan Baxter. États-Unis, 1957 – Couleurs – 1 h 32. **Norman Z. McLeod**, intitulée NE TIREZ PAS SUR LE BANDIT "ALIAS JESSE JAMES", avec Bob Hope, Rhonda Fleming, Wendell Corey, Jim Davis, Will Wright. États-Unis, 1958 – Couleurs – 1 h 32.

▷ Voir aussi PLUS FORT QUE LA LOI, LA LÉGENDE DE JESSE JAMES et LE GANG DES FRÈRES JAMES.

LE BRIGAND GENTILHOMME
Drame historique d'**Émile Couzinet**, d'après un roman d'Alexandre Dumas, avec Jean Weber, Michel Vitold, Katia Lova, Robert Favart, Michèle Lahaye, Jean Périer. France, 1943 – 1 h 38.

Charles-Quint a une demi-sœur bohémienne qui protège le séduisant chef des brigands. Magnanime, le roi accepte leur mariage et les envoie au Mexique.

BRIGITTE ET BRIGITTE
Comédie de **Luc Moullet**, avec Colette Descombes, Françoise Vatel. France, 1965 – 1 h 30.

Brigitte est brune, Brigitte est blonde. Toutes deux ont quitté leur province pour venir faire leurs études à Paris. Leur vie à la faculté, leurs amourettes et leurs difficultés. Du cinéma-vérité, ou presque.

BRISBY ET LE SECRET DE NIMH
"THE SECRET OF NIMH"
Dessin animé de **Don Bluth**, d'après le roman de Robert C. O'Brien Mrs Frisby and the Rats of Nimh. États-Unis, 1982 – Couleurs – 1 h 25.

Une souris mère de famille nombreuse se voit menacée d'expulsion. Elle doit avoir recours à l'intelligence supranaturelle d'une bande de rats, ainsi qu'à un pendentif magique.

LES BRISEURS DE BARRAGE "THE DAM BUSTERS"
Film de guerre de **Michael Anderson**, avec Richard Todd, Michael Redgrave, Ursula Jeans. Grande-Bretagne, 1955 – 2 h 05.

La préparation et l'exécution du raid entrepris par la R.A.F. durant la Seconde Guerre pour faire sauter des barrages de la Ruhr.

BRITANNIA HOSPITAL "BRITANNIA HOSPITAL"
Comédie satirique de **Lindsay Anderson**, avec Leonard Rossiter, Graham Crowden. Grande-Bretagne, 1982 – Couleurs – 1 h 55.

Une visite royale est prévue pour le 500e anniversaire du Britannia Hospital. Mais la cérémonie est troublée par divers facteurs : des problèmes syndicaux, un journaliste trop curieux et des émeutes politiques.

BROADCAST NEWS "BROADCAST +NEWS"
Comédie dramatique de **James L. Brooks**, avec William Hurt, Holly Hunter, Albert Brooks. États-Unis, 1987 – Couleurs – 2 h 13.

Au grand dam d'un vieux complice et soupirant, une brillante productrice de télévision s'éprend du présentateur dont elle est devenue le pygmalion.

BROADWAY, DANNY ROSE
"BROADWAY, DANNY ROSE"
Comédie de **Woody Allen**, avec Woody Allen, Mia Farrow, Nick Apollo Forte. États-Unis, 1984 – 1 h 25.

Heurs et malheurs d'un petit imprésario new-yorkais. Hommage aux « cachetonneurs » de cabarets, le film allie habilement vaudeville et parodie des films de gangsters, rire et émotion.

BROADWAY EN FOLIE
"DIAMOND HORSESHOE/BILLY ROSE'S DIAMOND HORSESHOE"
Comédie musicale de **George Seaton**, d'après une pièce de Kenyon Nicholson, avec Betty Grable, Dick Haymes, Phil Silvers. États-Unis, 1945 – Couleurs – 1 h 44.

Un chanteur de boîte de nuit abandonne sa carrière pour l'amour d'une étudiante en médecine. Revue à grand spectacle, mettant en valeur Betty Grable qui chante et danse, plus pin-up que jamais.

BROADWAY MELODY "BROADWAY MELODY"
Comédie musicale de **Harry Beaumont**, avec Charles King, Anita Page, Bessie Love, Jed Prouty, Kenneth Thomson, Mary Doran, Eddie Kane. États-Unis, 1929 – env. 2 900 m (env. 1 h 47). ★ OSCAR DU MEILLEUR FILM 1928-1929.

Un chœur de jeunes filles se dépense sans compter pour faire un triomphe de leur spectacle musical à Broadway. Un des tout premiers films du genre.

BROADWAY QUI DANSE
"BROADWAY MELODY OF 1940"
Comédie musicale de **Norman Taurog**, avec Fred Astaire, Eleanor Powell, George Murphy, Frank Morgan. États-Unis, 1940 – 1 h 42.

Dans les coulisses de Broadway, un couple de danseurs connaît le succès. Sur une musique de Cole Porter, Astaire trouve en Eleanor Powell une partenaire digne de lui.

BRONCO APACHE "APACHE"
Western de **Robert Aldrich**, avec Burt Lancaster *(Massaï)*, Jean Peters *(Nalinle)*, John McIntire *(Al Sieber)*, Charles Bronson *(Hondo)*, John Dehner *(Weddle)*, Paul Guilfoyle *(Santos)*. • SC : James R. Webb, d'après le roman de Paul I. Wellman. • PH : Ernest Laszlo. • DÉC : Joe Kish. • MUS : David Raksin. • MONT : Alan Crosland Jr. États-Unis, 1954 – 1 h 24.

Après la reddition des derniers Apaches de Géronimo, seul Massaï continue le combat. En vain. Capturé, évadé, il va traverser une bonne partie des États-Unis pour retrouver les siens et la jeune Nalinle, qu'il aime. Trahi par le père de celle-ci, il comprend que désormais la lutte sera vaine.

◆ *Le film d'Aldrich, tourné quatre ans après* la Flèche brisée *de Daves, fait partie de ces westerns pro-indiens qui virent le jour dans les années 50. Féroce réquisitoire contre ce qu'il est convenu de nommer maintenant « le génocide indien », il montre, par les personnages de Géronimo et de Massaï, que des deux partis qui s'offraient aux Indiens, la reddition et la lutte, aucun n'était souhaitable. La seule issue logique étant l'extermination des Apaches. L'interprétation de Burt Lancaster ajoute encore à la force du propos du cinéaste.* C.A.

BRONCO BILLY "BRONCO BILLY"
Comédie de **Clint Eastwood**, avec Clint Eastwood *(Bronco Billy)*, Sondra Locke *(Antoinette Lily)*, Geoffrey Lewis *(John Arlington)*, Scatman Crothers *(Doc Lynch)*. • SC : Dennis Hackin. • PH : David Worth. • DÉC : Gene Lourie, Ernie Bishop. • MUS : folklore, supervisé par Snuff Garrett. • MONT : Ferris Webster, Joel Cox. États-Unis, 1980 – Couleurs – 1 h 45.

Antoinette Lily croise la route d'un cirque ambulant dirigé par Bronco Billy. Elle tombe amoureuse de celui-ci, qui se méfie de ses propres sentiments pour elle, comme il se méfie, par principe, des femmes. C'est de haute lutte qu'Antoinette gagnera le cœur de Billy.

◆ *Il aura fallu dix ans à la critique française pour amorcer, avec ce film, un retournement complet dans l'appréciation de l'œuvre de Clint Eastwood, aujourd'hui un must de la critique parisienne et cinéphilique. De « fasciste, macho et incompétent », il est devenu un cinéaste « sensible, drôle et talentueux ». Pourtant, il suffisait d'une absence de préjugés pour constater que, dans presque tous ses films antérieurs, se manifestaient un réel sens de l'espace, une sensibilité aiguë aux atmosphères lumineuses et une thématique frisant l'étrange et flirtant avec les paradoxes.* Bronco Billy *est une de ses réussites et, dans ses meilleurs moments, rivalise avec la grande comédie américaine hawksienne.* S.K.

BRONCO BULLFROG "BRONCO BULLFROG"
Drame de **Barney Platts-Mills**, avec Sam Sheperd, Anna Gooding, Del Walker, Trevor Williams, Keith Gemell, Tony Connor. Grande-Bretagne, 1971 (RÉ : 1969) – Couleurs – 1 h 27.

Un jeune ouvrier de la banlieue de Londres passe ses loisirs à traîner avec une bande. Il rencontre un jour une adolescente et fuit avec elle à la campagne pour de brefs instants de bonheur.

LES BRONZÉS
Comédie de **Patrice Leconte**, avec Josiane Balasko, Michel Blanc, Thierry Lhermitte, Marie-Anne Chazel, Christian Clavier, Gérard Jugnot, Dominique Lavanant. France, 1978 – Couleurs – 1 h 35.

Une vingtaine d'estivants débarquent pour une semaine dans un village de vacances en Afrique. La troupe du Splendid n'hésite pas à forcer le trait pour rire et faire rire.

▷ Les mêmes (acteurs et réalisateur) tournent en ridicule les stakhanovistes des sports d'hiver dans LES BRONZÉS FONT DU SKI, France, 1979 – Couleurs – 1 h 30.

BROOKLYN BOOGIE "BROOKLYN BOOGIE"
Chronique de **Wayne Wang** et **Paul Auster**, avec Harvey Keitel, Mel Gorham, Roseanne, Giancarlo Esposito. États-Unis, 1995 – Couleurs – 1 h 25.

Un petit bar-tabac de Brooklyn à l'heure du ressac : l'équipe de base-ball, fierté du quartier, est partie pour la Californie et le propriétaire du bistrot d'Auggie, dernière oasis chaleureuse dans un quartier en décomposition, veut vendre et s'en aller. Avec leurs personnages à la dérive et leurs histoires tissées de petits riens, Paul Auster et Wayne Wang construisent dans la déréliction urbaine leurs îlots de poésie insolite.

BROTHER "THE BROTHER FROM ANOTHER PLANET"
Comédie fantastique de **John Sayles**, avec Joe Morton, Darryl Edwards, Leonard Jackson. États-Unis, 1984 – Couleurs – 1 h 50.

Brother vient d'une autre planète et se réfugie à Harlem. Il ne parle pas, mais il a des pouvoirs extraordinaires. Attachant.

LA BRU / L'INTRUSE "CITY GIRL/OUR DAILY BREAD"
Drame de **Friedrich Wilhelm Murnau**, d'après une pièce d'Elliot Lester, avec Charles Farrell, Mary Duncan. États-Unis, 1930 – 1 h 23.

Un jeune paysan ramène de la ville une femme qui ne plaît pas à ses parents. Personnages et cadre naturel sont traités avec authenticité. Simple et émouvant.

BRUBAKER "Brubaker"
Drame social de **Stuart Rosenberg**, avec Robert Redford, Yaphet Kotto. États-Unis, 1980 – Couleurs – 1 h 40.

Un nouveau directeur se propose d'améliorer la vie d'une prison. Il découvre qu'entre autres horreurs de la vie carcérale, les pires scélérats ne sont pas derrière les barreaux.

LE BRUIT ET LA FUREUR
"The Sound and the Fury"
Drame psychologique de **Martin Ritt**, d'après le roman de William Faulkner, avec Yul Brynner, Joanne Woodward, Margaret Leighton, Françoise Rosay, Stuart Whitman. États-Unis, 1959 – Couleurs – 1 h 55.

Une grande famille du Sud, accablée financièrement et moralement, sombre irrémédiablement malgré les tentatives désespérées de l'aîné pour s'en sortir.

BRÛLANT SECRET "Burning Secret"
Drame d'**Andrew Birkin**, d'après le récit de Stefan Zweig, avec Faye Dunaway, Klaus Maria Brandauer, David Eberts. Grande-Bretagne, 1988 – Couleurs – 1 h 45.

En 1919, dans un palace autrichien, un aristocrate cherche à séduire une jeune femme américaine, ce que le fils de celle-ci ne peut supporter. Une adaptation classique, voire académique.

LA BRÛLURE "Heartburn"
Comédie dramatique de **Mike Nichols**, d'après le roman de Nora Ephron, avec Meryl Streep, Jack Nicholson. États-Unis, 1986 – Couleurs – 1 h 49.

Deux journalistes américains, Rachel et Mark, tombent amoureux l'un de l'autre. Après bien des hésitations, ils se marient : c'est le commencement de la fin...

BRUMES "Ceiling Zero"
Comédie dramatique de **Howard Hawks**, avec James Cagney, Pat O'Brien, June Travis, Stuart Erwin, Henry Wadsworth. États-Unis, 1936 – 1 h 35.

Un pilote brillant, mais vantard et coureur, se rend responsable de la mort d'un camarade. Privé de son brevet, il réussit à voler un prototype et meurt victime de son audace.

▷ Autre version réalisée par : **Lewis Seiler**, sous le titre INTERNATIONAL SQUADRON, avec Ronald Reagan, James Stephenson, Julie Bishop, Cliff Edwards, Reginald Denny. États-Unis, 1941 – 1 h 27.

LES BRUMES DE L'AUBE "Manha Submersa"
Drame de **Lauro Antonio**, avec Eunice Munoz, Vergilio Ferreira, Joaquim Manuel Dias. Portugal, 1980 – Couleurs – 2 h 07.

Une dame austère prend sous sa protection un jeune séminariste d'origine modeste. Mais le garçon, sans vocation, déchantera vite et se révoltera.

LA BRUNE BRÛLANTE
"Rally Round the Flag, Boys !"
Comédie de **Leo McCarey**, d'après le roman de Max Shulman, avec Paul Newman, Joanne Woodward, Joan Collins, Jack Carson. États-Unis, 1958 – Couleurs – 1 h 46.

Une petite communauté proteste contre l'implantation d'une base de missiles à proximité. Gags nombreux pour cette excellente adaptation d'un grand succès de Broadway.

LA BRUNE DE MES RÊVES
"My Favorite Brunette"
Comédie humoristique d'**Elliott Nugent**, avec Bob Hope, Dorothy Lamour, Peter Lorre, Lon Chaney. États-Unis, 1947 – 1 h 27.

Un paisible photographe est entraîné dans une histoire policière. Suite d'aventures burlesques et échevelées destinée aux admirateurs de Bob Hope.

LA BRUTE
Comédie dramatique de **Claude Guillemot**, avec Xavier Deluc, Assumpta Serna, Jean Carmet. France, 1987 – Couleurs – 1 h 43.

Sourd, muet et prostré, Jacques est accusé d'un meurtre qu'il n'a pas commis. Un avocat tente de pénétrer son univers et de prouver son innocence.

LES BRUTES DANS LA VILLE
"A Town Called Bastard"
Western de **Robert Parrish**, avec Robert Shaw, Stella Stevens, Martin Landau, Telly Savalas, Fernando Rey, Dudley Sutton. États-Unis, 1971 – Couleurs – 1 h 25.

Dans une petite ville mexicaine, en 1895, un mystérieux bandit est recherché par une femme dont il a assassiné le mari, et par des militaires qui font régner la terreur.

BUBU "Bubù"
Drame social de **Mauro Bolognini**, d'après le roman de Charles Louis Philippe *Bubu de Montparnasse*, avec

Ottavia Piccolo, Massimo Ranieri. Italie, 1971 – Couleurs – 1 h 40.

À Naples, vers 1900, la jeune ouvrière Berthe, mise sur le trottoir par son fiancé Bubu, ne peut échapper à son destin.

LE BÛCHER DES VANITÉS
"The Bonfire of the Vanities"
Drame de **Brian de Palma**, avec Tom Hanks, Bruce Willis, Melanie Griffith. États-Unis, 1990 – Couleurs – 2 h 06.

La folie new-yorkaise vue à travers l'histoire d'un businessman prospère qui se trouve un jour pris dans un engrenage fatal.

BUCK ROGERS AU 25E SIÈCLE
"Buck Rogers in the 25th Century"
Film de science-fiction de **Daniel Haller**, avec Gil Gérard. États-Unis, 1978 – Couleurs – 1 h 29.

Après cinq siècles au réfrigérateur de l'espace, Buck se réveille et retourne sur sa planète. Mais le temps a passé et la Terre est en ruine.

▷ Remake d'un sérial de **Ford Beebe** et **Saul Goodkind**, intitulé BUCK ROGERS, avec Buster Crabbe, Constance Moore, Jackie Moran, Jack Mulhall. États-Unis, 1939 – 12 épisodes de 20 mn env. chacun

BUDDY BUDDY "Buddy Buddy"
Comédie de **Billy Wilder**, d'après l'histoire de Francis Veber pour *l'Emmerdeur*, avec Jack Lemmon, Walter Matthau. États-Unis, 1981 – Couleurs – 1 h 36.

Un tueur à gages voit sa mission sabotée par un pauvre type qui tentait de se suicider. Une comédie amère.

THE BUDDY HOLLY STORY
"The Buddy Holly Story"
Film musical de **Steve Rash**, avec Gary Busey, Don Stroud. États-Unis, 1979 – Couleurs – 1 h 55.

L'histoire d'une star du rock'n roll, depuis la petite ville du Texas où il gratte sa guitare avec des copains jusqu'à Nashville et New York où il connaît une gloire foudroyante. Une peinture fouillée du show-business par des chanteurs-acteurs très convaincants.

BUFFALO BILL "Buffalo Bill"
Western de **William A. Wellman**, avec Joel McCrea, Maureen O'Hara, Linda Darnell, Thomas Mitchell, Edgar Buchanan, Anthony Quinn. États-Unis, 1944 – Couleurs – 1 h 30.

Le célèbre chasseur vit en paix entre sa jeune épouse et ses amis indiens, jusqu'à ce que des Blancs massacrent des bisons et provoquent la famine chez les Peaux-Rouges.

▷ Voir aussi UNE AVENTURE DE BUFFALO BILL et LE TRIOMPHE DE BUFFALO BILL.

BUFFALO BILL ET LES INDIENS "Buffalo Bill and the Indians (or Sitting Bull's History Lesson)"
Western de **Robert Altman**, avec Paul Newman *(Buffalo Bill)*, Joel Grey *(Nate)*, Kevin Mc Carthy *(Major Burke)*, Harvey Keitel *(le neveu)*, Geraldine Chaplin *(Annie Oakley)*. • SC : R. Altman, Alan Rudolph. • PH : Paul Lohman. • MUS : Richard Baskin. • MONT : Peter Appleton, Dennis Hill. États-Unis, 1976 – Couleurs – 1 h 58. ★ **Ours d'or, Berlin 1976.**

Buffalo Bill a abandonné l'Ouest pour fonder un cirque où il donne en représentation sa vie et ses exploits pour la joie des petits et des grands. Même Sitting Bull fait partie de son show. Mais celui-ci n'y participe que pour pouvoir demander, le jour J, au président des États-Unis, l'indépendance du peuple indien.

◆ *Un film dont la conception « distanciée » et intelligente confronte l'histoire des États-Unis à sa représentation à la fois idéologique et carnavalesque, qui la vide de sa substance et en fait un pur simulacre mystificateur. Avant-coureur de l'impasse où s'est fourvoyé Altman, après avoir été un brillant rénovateur du cinéma américain, il nous prouve qu'il faut se coltiner le « réel » avec son poids de contradictions et de souffrances, en y laissant un peu de sa peau, pour qu'un film soit autre chose qu'une conversation mondaine.* S.K.

BUFFET FROID
Comédie satirique de **Bertrand Blier**, avec Gérard Depardieu, Bernard Blier, Jean Carmet. France, 1979 – Couleurs – 1 h 35.

Dans une station de métro, Alphonse découvre son couteau planté dans le ventre d'un quidam. Plus tard, il rencontre un soi-disant inspecteur de police puis l'assassin de sa femme. Le trio sympathise... Une fable fantastique interprétée avec brio.

BUGSY "Bugsy"
Comédie dramatique de **Barry Levinson**, avec Warren Beatty, Annette Bening, Harvey Keitel. États-Unis, 1991 – Couleurs – 2 h 16.

Un gangster utopiste des années 30 sacrifie tout à une passion dévorante et à un rêve ambitieux : construire une capitale du jeu en plein désert.

BUGSY MALONE "BUGSY MALONE"
Comédie d'**Alan Parker**, avec Scott Baio, Florrie Dugger, Jodie Foster, John Cassisi, Martin Lev, Paul Murphy, Dexter Fletcher. Grande-Bretagne, 1976 – Couleurs – 1 h 33.

Le grande saga des gangsters américains des années 20, rivalités des gangs et amours des chefs : des enfants parodient l'un des grands mythes du cinéma avec force tartes à la crème.

LE BUISSON ARDENT "THE BRAMBLE BUSH"
Comédie dramatique de **Daniel Petrie**, d'après le roman de Charles Mergandahl, avec Richard Burton, Angie Dickinson, Barbara Rush, Jack Carson. États-Unis, 1960 – Couleurs – 1 h 45.

Dans l'ambiance lourde d'une petite ville du Massachussets, les passions se déchaînent à l'occasion du procès d'un médecin accusé d'euthanasie. Un film d'une rare franchise pour l'époque.

BUISSON ARDENT
Drame de **Laurent Perrin**, avec Jessica Forde, Jean-Claude Adelin, Simon de La Brosse. France, 1987 – Couleurs – 1 h 30. ★ PRIX JEAN-VIGO 1987.

Julie, petite fille gâtée, est amoureuse de Jean, le fils de la bonne. Leurs retrouvailles dix ans après constituent la mise à mort de cette passion d'enfance.

BULLITT "BULLITT"
Film policier de **Peter Yates**, avec Steve McQueen *(Frank Bullitt)*, Robert Vaughn *(Walter Chalmers)*, Jacqueline Bisset *(Cathy)*, Don Gordon *(Delgetti)*, Robert Duvall *(Weissberg)*, Simon Oakland *(capitaine Bennett)*. • SC : Alan R. Trustman, Harry Kleiner, d'après le roman de Robert L. Pike *Mute Witness*. • PH : William A. Fraker. • DÉC : Albert Brenner. • MUS : Lalo Schifrin. • MONT : Frank P. Keller. États-Unis, 1968 – Couleurs – 1 h 53.

Le lieutenant Bullitt est chargé de veiller sur la sécurité d'un témoin important, dans le cadre d'une enquête contre le crime organisé à San Francisco. Celui-ci est cependant assassiné et, sous peine d'être renvoyé, Bullitt se lance à la poursuite de ses tueurs. Filatures en tous sens, mort des tueurs puis d'une jeune femme liée au témoin, les événements se précipitent. Bullitt découvre que le vrai témoin n'est pas mort et réussit à le rattraper à l'aéroport.

◆ *Peter Yates a toujours eu un faible pour le brio, et, avec ce scénario, il a été servi ! Et le public avec lui, puisque* Bullitt *fut un très grand succès commercial. Personne n'a oublié la poursuite en voiture dans les rues en pente de San Francisco, ni le morceau de bravoure final sur les pistes de l'aéroport. Le personnage de Steve McQueen est ici désormais bien au point : désinvolture et ténacité au service d'une cause, avec, pour faire bon poids, une pointe de « philosophie » dans un des rares moments calmes du film.* *J.-M.C.*

BUNGALOW POUR FEMMES
"THE REVOLT OF MAMIE STOVER"
Comédie dramatique de **Raoul Walsh**, avec Jane Russell, Richard Egan, Agnes Moorehead. États-Unis, 1956 – Couleurs – 1 h 32.

De San Francisco à Honolulu, en 1941, le destin d'une belle fille qui, malgré l'amour que lui porte un jeune Américain, sombre dans la galanterie et amasse une immense fortune.

BUNKER PALACE HÔTEL
Film fantastique d'**Enki Bilal**, avec Jean-Louis Trintignant, Carole Bouquet, Maria Schneider, Roger Dumas, Jean-Pierre Léaud. France, 1989 – Couleurs – 1 h 35.

Fuyant une guerre révolutionnaire, les dirigeants d'un État totalitaire se réfugient dans le Bunker Palace Hôtel, attendant leur Président. Le célèbre dessinateur Bilal a réussi à restituer l'univers visuel de ses albums, malgré une discutable construction scénaristique.

BUNNY LAKE A DISPARU "BUNNY LAKE IS MISSING"
Drame d'**Otto Preminger**, avec Carol Lynley, Keir Dullea, Laurence Olivier. États-Unis, 1965 – Couleurs – 1 h 45.

Une jeune mère célibataire vient à Londres rejoindre son frère. Sa fillette, Bunny, qui l'accompagne, disparaît subitement. Les enquêteurs ne trouvent aucune preuve de son existence. Un thriller « psy » efficace.

BUREAU DES ÉPAVES "STRANDED"
Comédie dramatique de **Frank Borzage**, avec Kay Francis, George Brent, Patricia Ellis, Donal Woods, Robert Barrat. États-Unis, 1935 – 1 h 13.

Une jeune femme riche travaille pour un organisme de charité, mais l'ingénieur qui voudrait l'épouser lui reproche son activité. Elle l'aidera pourtant à venir à bout d'une grève qui paralyse son chantier.

LE BUS EN FOLIE "THE BIG BUS"
Comédie de **James Frowley**, avec Joseph Bologna, Stockard Channing. États-Unis, 1976 – Couleurs – 2 h.

La jeune Kitty conduit à travers les États-Unis le premier bus à énergie nucléaire. Les concurrents veillent férocement. Spectaculaire, et d'un humour ravageur.

BUSH MAMA "BUSH MAMA"
Film politique de **Haile Gerima**, avec Barbara O. Jone, Johnny Weathers, Susan Williams. États-Unis, 1975 – 1 h 35.

Une jeune femme noire des quartiers pauvres de Los Angeles traverse une période de précarité. Film militant qui s'enferre quelque peu dans le didactisme.

BUSTER SE MARIE "PARLOR, BEDROOM AND BATH"
Film burlesque d'**Edgar Sedgwick**, d'après la pièce de Charles W. Bell et Mark Swan, avec Buster Keaton, Charlotte Greenwood, Reginald Denny, Cliff Edwards. États-Unis, 1931 – 1 h 12.

Une jeune fille aime un garçon qu'elle se refuse à épouser tant que sa sœur n'a pas trouvé de mari. Or, celle-ci ne veut qu'un séducteur. Parallèlement, **Claude Autant-Lara** et **William Brothy** tournent une version française du film, avec Buster Keaton, Jeanne Helbling, André Luguet, Françoise Rosay.

BUSTER S'EN VA-T-EN GUERRE "DOUGHBOYS"
Film burlesque d'**Edward Sedgwick**, avec Buster Keaton, Sally Eilers. États-Unis, 1930 – 1 h 13.

Le jeune et riche rentier Elmer est incorporé pour aller se battre en Europe. Les innombrables gags de Keaton dressent une charge corrosive contre l'armée.

BUTCH CASSIDY ET LE KID
"BUTCH CASSIDY AND THE SUNDANCE KID"
Western de **George Roy Hill**, avec Paul Newman *(Butch Cassidy)*, Robert Redford *(le Kid)*, Katherine Ross *(Etta Place)*. • SC : William Goldman. PH : • PH : Conrad Hall. • DÉC : Walter M. Scott, Chester L. Bayhi. • MUS : Burt Bacharach. • MONT : John C. Howard. États-Unis, 1969 – Couleurs – 1 h 52.

Joyeux lurons pleins d'entrain, détrousseurs de banques et pilleurs de trains, Butch Cassidy et Sundance Kid sont deux hors-la-loi bien sympathiques qui traînent tous les cœurs après eux. Y compris celui d'une charmante institutrice qui va délaisser le tableau noir pour le colt 45. Mais les temps sont durs pour les bandits, en cette fin de siècle. Ils vont devoir poursuivre en Amérique du Sud un destin qui n'est pas toujours tendre pour les marginaux.

◆ *Voilà un film qui appartient au crépuscule du western, et qui renoue pourtant avec la jeunesse du genre. Hésitant sans cesse entre la reconstitution historique des derniers jours des hors-la-loi et la pochade pour étudiants en mal de campus (les gamineries à trois sur la bicyclette... et ailleurs), le metteur en scène – à un moment où la confusion des valeurs tenaille l'Amérique – prend le parti de la bonne humeur, servi par le tandem Newman-Redford (qu'on retrouvera dans l'*Arnaque*, du même auteur).* *C.A.*

▷ Voir aussi LES JOYEUX DÉBUTS DE BUTCH CASSIDY ET LE KID.

BWANA LE DIABLE "BWANA DEVIL"
Film d'aventures d'**Arch Oboler**, avec Robert Stack, Barbara Britton, Nigel Bruce. États-Unis, 1952 – Couleurs – 1 h 19.

Au Kenya, en 1898, un couple de lions met en péril la vie d'un groupe d'ouvriers qui construisent un chemin de fer. Sujet prétexte pour lancer le premier film en relief, avec ce slogan : « Un lion sur vos genoux » !

BWANA TOSHI "BWANA TOSHI NO UTA"
Drame psychologique de **Susumu Hani**, avec Kiyoshi Atsumi, Tsutomu Shimomoto. Japon, 1965 – Couleurs – 1 h 55.

Venu dans la brousse africaine construire une maison qui abritera des géologues japonais, Toshi est confronté aux indigènes, qu'il apprendra à respecter et à aimer.

BYE-BYE
Comédie dramatique de **Karim Dridi**, avec Sami Bouajila, Nozha Khouadra, Philippe Ambrosini, Moussa Maaskri. France, 1995 – Couleurs – 1 h 45.

Un jeune « beur », Ismaël, accompagné de son frère Mouloud, fait escale chez son oncle à Marseille avant de retourner au pays. Pour payer la traversée, il travaille sur un chantier, ce qui laisse Mouloud livré à lui-même. Bons petits beurs aux prises avec des Blancs racistes et des dealers noirs..., le film aurait pu tomber dans la convention manichéenne si on n'y rencontrait pas aussi de bons Blancs (Ludo, un copain de chantier) et des Arabes pas très recommandables (le cousin Rhida), et surtout une vraie chaleur humaine qui rend attachants tous ces personnages d'un quartier pauvre de Marseille.

BYE BYE BARBARA
Drame psychologique de **Michel Deville**, avec Philippe Avron, Eva Swann, Bruno Crémer, Alexandra Stewart. France, 1969 – Couleurs – 1 h 40.

Un journaliste cherche à retrouver une jeune femme aux apparitions mystérieuses. Deux meurtres entraînent le film vers le suspense policier, et puis les retrouvailles du couple le font basculer à nouveau dans l'analyse psychologique. Avec la finesse habituelle du tandem Companeez-Deville au scénario.

BYE BYE BRÉSIL "Bye Bye Brasil"
Drame de **Carlos Diegues**, avec José Wilker, Betty Faria, Fabio Junior, Zaira Zambelli. Brésil, 1980 – Couleurs – 1 h 50.

Une petite troupe d'artistes ambulants doit se dissoudre pour survivre. Leurs chemins se croiseront parfois à nouveau, mais tous tenteront de s'adapter à la nouvelle société du spectacle.

C

CABARET "Cabaret"
Comédie musicale de **Bob Fosse**, avec Liza Minnelli *(Sally Bowles)*, Michael York *(Brian Roberts)*, Helmut Griem *(Max)*, Joel Grey *(le meneur de jeu)*, Marisa Berenson *(Natalia)*, Fritz Wepper *(Fritz)*. • SC : Jay Presson Allen, d'après la comédie musicale de John Van Druten inspirée du roman de Christopher Isherwood *Adieu Berlin*. • PH : Geoffrey Unsworth. • DÉC : Jay Allen. • MUS : Ralph Burns ; John Kander, Fred Ebb (chansons). • MONT : David Bretherton. États-Unis, 1972 – Couleurs – 2 h 08. ★ **Oscars 1972 : 8 dont Meilleur metteur en scène, Meilleure photo et Meilleure actrice (Minnelli).**

Dans le Berlin des années 30, Sally Bowles est chanteuse au Kit Kat Club. Elle fait la connaissance de Brian, un Anglais. Le couple essaie en vain de se protéger du monde extérieur, symbolisé par un aristocrate bisexuel. Restée seule, Sally se retranche dans le cabaret désormais envahi par les uniformes à croix gammée.

◆ *Ce film aux huit Oscars réalisé par le chorégraphe Bob Fosse ne mêle jamais musique et Histoire. Ce sont les numéros du Kit Kat Club qui commentent satiriquement la montée du nazisme, l'antisémitisme, l'homosexualité ou le triolisme.* Cabaret *offre son meilleur rôle à Liza Minnelli. Elle s'inspire de Louise Brooks, Marlene Dietrich et Judy Garland, sa mère, pour composer l'extravagante Sally aux ongles verts qui s'exclame sans cesse « Divine décadence ! ». Jolie formule pour un nouveau genre de musical.* CL.A.

LE CABARET DES ÉTOILES
"Stage Door Canteen"
Film musical à grand spectacle de **Frank Borzage**, avec Katharine Hepburn, Tallulah Bankhead, Johnny Weissmuller, Merle Oberon, George Raft, Paul Muni, Xavier Cugat et son orchestre. États-Unis, 1943 – 2 h 12.

Film de propagande destiné à distraire les G.I.'s. Count Basie, Benny Goodman, Xavier Cugat et leurs rythmes accompagnent l'ensemble.

CABASCABO "Cabascabo"
Comédie dramatique d'**Oumarou Ganda**, avec Oumarou Ganda. Niger, 1968 – 45 mn.

Les péripéties d'un ancien tirailleur d'Indochine de retour dans son village natal.

LE CABINET DES FIGURES DE CIRE
"Das Wachsfigurenkabinett"
Film fantastique de **Paul Leni**, avec William Dieterle *(le poète)*, Emil Jannings *(Haroun al-Rachid)*, Conrad Veidt *(Ivan le Terrible)*, Werner Krauss *(Jack l'Éventreur)*. • SC : Henrik Galeen. • PH : Helmar Lerski. • DÉC : P. Leni, Ernst Stern. Allemagne, 1924 – 2 140 m (env. 1 h 19).

Un jeune poète visite un musée de cire dans une fête foraine. Il écrit les aventures imaginaires des trois figures qui l'ont frappé : Haroun al-Rachid, Ivan le Terrible et Jack l'Éventreur. Mais il s'endort en écrivant la troisième histoire et fait un cauchemar.

◆ *Chaque épisode possède un style propre. Celui consacré à Ivan le Terrible, avec son espace paradoxal, écrasant et étroit, a de façon évidente influencé Eisenstein pour son film du même nom, tandis que l'épisode oriental avec ses labyrinthiques escaliers déliquescents et ses molles coupoles évoque des peintures ultérieures de Dali. L'histoire de Jack l'Éventreur est la plus conforme à l'esprit expressionniste avec ses nombreuses surimpressions, ses angles aigus et son montage haletant. Le film marque l'aboutissement des recherches formelles de l'expressionnisme, et sa fluidité pleine de formes et d'idées étonnantes tranche avec la sèche abstraction du* Cabinet du Docteur Caligari. *Mais c'est aussi une œuvre déjà maniériste qui systématise des procédés devenus conventionnels dans le cinéma allemand.* S.K.

LE CABINET DU DR CALIGARI
"The Cabinet of Dr Caligari"
Film fantastique de **Roger Kay**, avec Glynis Johns, Dan O'Herlihy. États-Unis, 1962 – 1 h 45.

Une jeune femme tombe en panne près de la maison du Dr Caligari, où elle va vivre des expériences terrifiantes, avant de découvrir qu'elle a en fait subi un traitement dans une clinique psychiatrique. Cette « chute » est le seul lien de ce film médiocre avec l'original de Robert Wiene.

LE CABINET DU DOCTEUR CALIGARI
"Das Kabinett des Doktor Caligary"
Film fantastique de **Robert Wiene**, avec Werner Krauss *(Dr Caligari)*, Conrad Veidt *(Cesare)*, Friedrich Feher *(Franz)*, Lil Dagover *(Jane)*, Hans H. von Twardowski, Rudolf Lettinger. • SC : Carl Mayer, Hans Janowitz. • PH : Willy Hameister. • DÉC : Hermann Warm, Walter Röhrig, Walter Reinmann. • COST : Walter Reinmann. • MUS : Peter Schirman (version 1932). • PR : Erich Pommer (Decla). Allemagne, 1920 – 1 420 m (env. 1 h 18).

Franz raconte son histoire. Dans une petite ville au nord de l'Allemagne, lui et son ami Alan se rendent à la foire. Le secrétaire de mairie refuse de louer une baraque foraine au Dr Caligari. Le lendemain, on le retrouve assassiné. Franz et Alan assistent au spectacle du Dr Caligari qui présente Cesare, son somnambule. Cesare prédit à Alan qu'il mourra avant l'aube et, effectivement, son cadavre est découvert quelques heures plus tard. Franz suspecte Caligari et demande à un médecin, le père de Jane, sa fiancée, d'examiner le somnambule. Sans résultat. Franz ne s'aperçoit pas que Caligari a remplacé Cesare, dans son cercueil de foire, par un mannequin. Caligari envoie Cesare tuer Jane, mais il ne fait que l'enlever, et va mourir d'épuisement après une longue poursuite. Caligari parvient à s'échapper ; Franz le retrouve dans un asile dont il est le directeur. Dans la chambre de celui-ci, on découvre un livre du XVIIIe siècle sur un forain italien, Caligari. Le directeur est enfermé. Ayant terminé son récit, Franz regagne l'asile dont il est pensionnaire avec Jane et Cesare. Il se jette sur le directeur : celui-ci comprend que Franz le prend pour Caligari et promet de le guérir de sa folie.

◆ L'expression idéale d'une certaine Allemagne

Dans l'Écran démoniaque, *Lotte H. Eisner écrit : « Le penchant aux contrastes violents, que la littérature a transposé en formules taillées à coups de hache, de même que la nostalgie du clair-obscur et des ombres, nostalgie innée chez les Allemands, ont évidemment trouvé dans l'art cinématographique un mode d'expression idéal. Les visions nourries par un état d'âme vague et troublé ne pouvaient trouver un mode d'évocation plus adéquat, à la fois concret et irréel ». Les décors peints sur toile du* Cabinet du Dr Caligari, *en perspectives faussées, déformées à l'excès, où dominent angles, cubes, lignes obliques s'entrecoupant, contribuent, tout autant que l'interprétation, stylisée, concentrée, abstraite et toujours d'une extrême intensité, à donner au film son atmosphère oppressante, trouble, qui inquiète et terrorise le spectateur.* Caligari *est un film expressionniste, le modèle du courant expressionniste allemand. Par la forme, incontestablement. Mais les thèmes du destin, de la folie, de la mort, de l'oppression sociale le rattachent à la tradition romantique allemande. Comme l'affirme Siegfried Kracauer dans* De Caligari à Hitler, *il est (comme de nombreux films de cette époque) le reflet direct de la mentalité populaire – de cette période de dépression de la république de Weimar – et annonce la prise de pouvoir par les nazis. Robert Wiene a signé avec* Caligari *son seul film important. Mais il s'agit bien d'un chef d'œuvre de l'art expressionniste, autant que d'une certaine forme cinématographique, qui a influencé de nombreux films d'épouvante allemands, mais aussi, quelques années plus tard, hollywoodiens.* R.F.

CABIRIA "Cabiria"
Film à grand spectacle de **Giovanni Pastrone**, avec Umberto Mozzato *(le patricien romain)*, Bartolomeo Pagano *(Maciste)*, Letizia Quaranta *(Cabiria)*, Italia Almerante, Manzini *(Sophonisbe)*, Gina Marangoni *(la nourrice)*. • SC : G. Pastrone, Gabriele D'Annunzio. • PH : Segundo de Chomon, Giovanni Tomatis, Augusto Batagliotti, Natale Chiusano. • MUS : Ildebrando Pizzeti. Italie, 1914 – 4 500 m (env. 2 h 46).

Pendant la 3e guerre punique, un patricien romain et son esclave Maciste sauvent une enfant qui devait être sacrifiée au dieu Baal. Ils l'élèvent. Elle devient la confidente de la reine Sophonisbe qui se suicide après la victoire de Scipion. Cabiria doit à nouveau être sacrifiée, mais Maciste la sauve et elle épouse le patricien.

◆ Cabiria *est la première superproduction de l'histoire du cinéma. Les figurants sont nombreux et les décors gigantesques. Pastrone s'y distingua par l'usage systématique du travelling, alors rarement utilisé. Non seulement il utilise le travelling avant et arrière et le travelling latéral, mais il innove en créant le travelling transversal, qu'on ne verra plus avant longtemps au cinéma. Le film, inégal mais remarquable souvent, exerça une influence considérable à Hollywood et décida certainement Griffith à se lancer dans ses superproductions.* S.K.

LE CABOTIN "THE ENTERTAINER"

Drame de **Tony Richardson**, avec Laurence Olivier, Joan Plowright, Alan Bates. Grande-Bretagne, 1960 – 1 h 30.

Un artiste de music-hall sur le déclin tente de se relancer par tous les moyens, séduisant la fille d'un milliardaire puis faisant remonter sur scène son père, un ancien acteur, qui en mourra d'émotion.

CACHE-CACHE PASTORAL "DEN'EN NI SHISU"

Drame de **Shuji Terayama**, avec Kantaro Suga, Hiroyuki Takano, Chigusa Takayama. Japon, 1974 – Couleurs – 1 h 42.

Un écrivain entame un récit autobiographique qui évoque le désir de liberté d'un jeune garçon vivant avec sa mère. Il entreprend alors un voyage à travers son enfance et tente de la modifier.

ÇA COMMENCE À VERA CRUZ "THE BIG STEAL"

Aventures policières de **Don Siegel**, avec Robert Mitchum, Jane Greer, William Bendix, Ramon Novarro. États-Unis, 1949 – 1 h 11.

Un officier américain (Mitchum) injustement soupçonné de vol se lance à la poursuite du vrai coupable à travers le Mexique.

CACTUS JACK "CACTUS JACK"

Western parodique de **Hal Needham**, avec Kirk Douglas, Ann Margret, Arnold Schwarzenegger. États-Unis, 1978 – Couleurs – 1 h 25.

Un bâton de dynamite à la main, le manuel du parfait hors-la-loi de l'autre, Cactus Jack est le gangster le plus miteux de l'Ouest ! Suite de gags burlesques où Kirk Douglas parodie tous les poncifs du genre.

CADAVRES EXQUIS "CADAVERI ECCELLENTI"

Drame politique de **Francesco Rosi**, avec Lino Ventura *(inspecteur Rogas)*, Charles Vanel *(procureur Varga)*, Max von Sydow *(président Riches)*, Fernando Rey *(ministre de la Sûreté)*, Tino Carraro, Marcel Bozzuffi, Paolo Bonacelli, Alain Cuny, Maria Carta, Tina Aumont, Renato Salvatori. • SC : F. Rosi, Tonino Guerra, Lino Januzzi, d'après le roman de Leonardo Sciascia *Il contesto*. • PH : Pasqualino De Santis. • DÉC : Andrea Crisanti. • MUS : Piero Piccioni. • MONT : Ruggero Mastroianni. Italie / France, 1975 – Couleurs – 2 h.

À partir d'une vengeance peut-être imaginaire, une série de meurtres est commise, qui met en péril le fonctionnement de la justice et de l'administration, et ouvre la porte à un danger de dictature. Le film est censé se dérouler dans un pays imaginaire, mais l'évocation du terrorisme en Italie est évidente. À qui profite la « déstabilisation », qui manipule qui ? Un policier intègre paiera de sa vie son désir de vérité.

◆ *Le roman était un exercice intellectuel à tendance politique plutôt nihiliste. Le film en conserve l'aspect de récit-gigogne ou de charade, son titre étant à la fois une allusion au jeu surréaliste bien connu des « papiers pliés » et aux « cadavres d'excellences », c'est-à-dire de ministres. La mise en scène tisse un labyrinthe où le principe même d'identité est mis en cause, jusqu'à une conclusion délibérément ouverte, que son aspect fantastique sauve seule du pessimisme.* G.LD.

LES CADAVRES NE PORTENT PAS DE COSTARD

"DEAD MEN DON'T WEAR PLAID"

Film policier de **Carl Reiner**, avec Steve Martin, Rachel Ward, C. Reiner. États-Unis, 1982 – Couleurs – 1 h 31.

Un détective privé enquête sur la disparition d'un savant, retenu par des nazis réfugiés dans une île du Pérou. Reiner réussit à intégrer dans son film, par le biais de montages habiles, une pléiade d'acteurs des années 40-50. Un joli tour de force.

LE CADEAU

Comédie de **Michel Lang**, avec Pierre Mondy, Claudia Cardinale, Clio Goldsmith. France, 1981 – Couleurs – 1 h 48.

Pour fêter son départ anticipé à la retraite, les collègues d'un banquier décident de lui offrir à son insu les services d'une ravissante call-girl. Ce qui déclenche un imbroglio sentimentalo-financier.

CADET D'EAU DOUCE "STEAMBOAT BILL JR."

Film burlesque de **Buster Keaton** et **Charles F. Reisner**, avec Buster Keaton *(Willie Canfield Jr.)*, Ernest Torrence *(Willie Canfield Sr.)*, Tom Lewis *(Tom Carter)*, Marion Byron *(Marion Kitty King)*. • SC : Carl Harbaugh. • PH : J. Devereux Jennings, Bert Haines. • DÉC : Fred Gabourie. • MUS : additionnelle de Claude Bolling. • MONT : J. Sherman Kell. États-Unis, 1928 – 1 h 11.

Deux entreprises de navigation concurrentes descendent le Mississippi, celle de King et celle de Canfield. La fille de King et le jeune Canfield sont amoureux, mais leurs amours sont contrariées. Canfield entreprend par ailleurs de faire de son fils un rude et courageux marinier, ce qui adviendra à la suite d'un cyclone grâce auquel l'amour sera couronné.

◆ *Ce film doit le jour à un événement personnel : Buster Keaton bébé avait été arraché à son berceau par un cyclone pour se retrouver de l'autre côté de la rue ; l'auteur s'en souviendra. Par ailleurs, le mélodrame (familles ennemies, amours contrariées, rivalité pères-enfants, catastrophes naturelles) permet l'exploitation de toutes les formes de comique, du plus tendre au plus débridé.* B.B.

LES CADETS DE L'ALCAZAR / LE SIÈGE DE L'ALCAZAR "L'ASSEDIO DELL'ALCAZAR"
Film de guerre d'**Augusto Genina**, avec Rafael Calvo, Maria Denis, Carlos Munos, Mireille Balin. Italie, 1940 – 1 h 58.

Dans l'Alcazar de Tolède, un bataillon qui a rallié les phalangistes résiste aux assauts des Républicains et est sauvé par l'arrivée des troupes franquistes. Un film de propagande fasciste.

LES CADETS DE WEST POINT
"THE WEST POINT STORY"
Comédie musicale de **Roy Del Ruth**, avec James Cagney, Virginia Mayo, Doris Day, Gordon MacRae, Gene Nelson. États-Unis, 1950 – 1 h 47.

Un producteur de Broadway, chargé de monter la revue de fin d'année des cadets de West Point, mène l'action, les bagarres et les numéros musicaux.

CAFÉ AMER "SECANGKIR KOPI PAHIT"
Drame de **Teguh Karya**, avec Rina Hasim, Alex Komang, Dewi Yul. Indonésie, 1985 – Couleurs – 1 h 35.

Un étudiant d'une famille pauvre de Sumatra est envoyé par ses parents à l'université de Jakarta. Il finit par travailler dans un journal et se donne totalement à ce nouveau métier.

CAFÉ DE PARIS
Comédie dramatique d'**Yves Mirande** et **Georges Lacombe**, avec Jules Berry, Pierre Brasseur, Simone Berriau, Véra Korène, Jacques Baumer. France, 1938 – 1 h 31.

À minuit, au cours d'un réveillon au Café de Paris, un homme est assassiné et tous les convives se révèlent sous leur vrai jour.

LE CAFÉ DES JULES
Drame de **Paul Vecchiali**, avec Jacques Nolot, Brigitte Roüan, Lionel Goldstein. France, 1989 – Couleurs – 1 h 01.

Une nuit à huis clos dans un banal bistrot de banlieue. Des « potes » attendent le retour de Christiane. Sous l'effet de l'alcool, ils s'en prennent à un client, puis à Christiane, qui est violée.

LE CAFÉ DU CADRAN
Comédie dramatique de **Jean Gehret** supervisée par Henri Decoin, avec Bernard Blier, Blanchette Brunoy, Aimé Clariond, Nane Germon, Félix Oudart. France, 1947 – 1 h 20.

Un couple de jeunes provinciaux s'installe à Paris comme cafetiers et découvre le monde étrange des piliers de bistrot. Mais le mari devient jaloux et ira jusqu'au meurtre.

CAFÉ EXPRESS "CAFE EXPRESS"
Comédie de **Nanni Loy**, avec Nino Manfredi, Giovanni Piscopo, Adolfo Celi. Italie, 1979 – Couleurs – 1 h 38.

Un marchand de café ambulant dans un train à destination de Naples est poursuivi à la fois par la police et par une bande de voleurs à la tire.

LA CAGE
Drame psychologique de **Pierre Granier-Deferre**, d'après une pièce de Jack Jacquine, avec Lino Ventura, Ingrid Thulin. France, 1975 – Couleurs – 1 h 30.

Ils sont séparés, se détestent, voudraient comprendre. Elle l'enferme dans la cave de sa maison, décide de le tuer, y renonce. Libéré, lui aussi cherche à la supprimer.

LA CAGE AUX CANARIS "KLETA DLIA KANAREEK"
Comédie dramatique de **Pavel Tchoukhraï**, avec Evguenia Dobrovolskaïa, Viatcheslav Baranov, Alissa Freindlikh. U.R.S.S., 1983 – Couleurs – 1 h 15.

Un petit délinquant en fuite rencontre sur un quai de gare une jeune fille qui vient de s'enfuir de chez elle. Au moment de prendre le train, la mère de la fille apparaît et annonce la mort de son père. Elles repartent ensemble et le garçon se livre à la milice.

LA CAGE AUX FOLLES
Comédie d'**Édouard Molinaro**, d'après les personnages imaginés pour le théâtre par Jean Poiret, avec Michel Serrault, Ugo Tognazzi, Michel Galabru, Claire Maurier. France, 1978 – Couleurs – 1 h 43.

Le fils du patron « homo » d'une boîte de Saint-Tropez veut épouser la fille du secrétaire général de « l'Union pour l'Ordre Moral ». Serrault change de partenaire pour reprendre le rôle de travesti dans lequel il avait triomphé sur scène avec Poiret.

▷ Zaza et Renato se retrouvent dans : LA CAGE AUX FOLLES II, du même réalisateur, avec les mêmes acteurs. France/Italie, 1980 – Couleurs – 1 h 40. LA CAGE AUX FOLLES III, de **Georges Lautner**. France/Italie, 1985 – Couleurs – 1 h 30.

LA CAGE AUX HOMMES "House of Numbers"
Drame de **Russell Rouse**, avec Jack Palance, Barbara Lang, Harold J. Stone. États-Unis, 1957 – 1 h 32.

Avec en toile de fond la célèbre prison de San Quentin, l'affrontement de deux frères jumeaux dont l'un est un dangereux assassin.

LA CAGE AUX POULES
"The Best Little Whorehouse in Texas"
Comédie de **Colin Higgins**, d'après la pièce de Larry L. King, Peter Masterson et C. Higgins, avec Burt Reynolds, Dolly Parton, Dom De Luise. États-Unis, 1982 – Couleurs – 1 h 51.

Une personnalité puritaine veut obtenir la fermeture d'une maison close texane, soutenue par le shérif local.

LA CAGE AUX ROSSIGNOLS
Comédie de **Jean Dréville**, avec Noël-Noël, Micheline Francey, René Génin, Michel François, et les Petits Chanteurs à la Croix de Bois. France, 1945 – 1 h 30.

Les méthodes révolutionnaires d'un jeune écrivain devenu éducateur provoquent une réforme de l'enseignement. Un sujet écrit et interprété par Noël-Noël.

LA CAGE DE VERRE
Drame de **Philippe Arthuys** et **Jean-Louis Levy-Alvares**, avec Françoise Prévost, Jean Negroni. France, 1965 – 1 h 35.

La « cage de verre » est celle où est enfermé durant son procès le criminel nazi Eichmann. Un procès qui bouleverse le héros du film, juif déporté, marié en Israël à une jeune catholique. Une méditation grave sur la guerre et ses séquelles.

CAGLIOSTRO "Black Magic"
Film d'aventures de **Gregory Ratoff**, d'après un roman d'Alexandre Dumas, avec Orson Welles, Nancy Guild, Akim Tamiroff, Frank Latimore, Valentina Cortese. États-Unis, 1949 – 1 h 45.

Joseph Balsamo, qui a juré de venger la mort de ses parents, des gitans pendus pour sorcellerie, est devenu comte, hypnotiseur célèbre, et se retrouve à la cour de France.

LE CAÏD "The Big Shot"
Drame policier de **Lewis Seiler**, avec Humphrey Bogart, Irene Manning, Richard Travis. États-Unis, 1942 – 1 h 22.

La vie et la mort d'un « dur » au cœur tendre. Voyou sympathique, Bogart meurt une fois de plus, mais après avoir innocenté un jeune garçon condamné à tort.

CAL "Cal"
Drame de **Pat O'Connor**, avec Helen Mirren, John Lynch. Grande-Bretagne, 1984 – Couleurs – 1 h 43.

Un activiste irlandais repenti s'éprend d'une jeune veuve, dont le mari a été tué lors d'un attentat auquel il a participé.

CALCUTTA
Documentaire de **Louis Malle**. France, 1969 – Couleurs – 1 h 30.

Les images, très efficaces sur grand écran, sont axées pour l'essentiel sur la surpopulation et la misère de la grande métropole du Bengale. Comme il le fait de temps à autre, Malle se replonge ici dans la simple description de la réalité.

CALCUTTA 71
Drame de **Mrinal Sen**, avec Madhabi Mukherjee, Suhasini Mulay, Gita Sen, Uptal Dutt, Shekhar Chatterjee. Inde, 1972 – 2 h 05.

Un jeune homme réexamine l'histoire de l'exploitation et de la misère à travers le temps, et dresse le portrait de cinq époques et cinq lieux qui ont pour point commun la pauvreté et la mort.

CALCUTTA, VILLE CRUELLE / DEUX HECTARES DE TERRE "Do Bigha Zameen"
Drame de **Bimal Roy**, avec Balraj Sahni *(Shambhu)*, Nirupa Roy *(Parvati, sa femme)*, Rattan Kumar *(Kanhaiya, son fils)*, Murad *(Zamindar)*. • SC : Salil Choudhary. • PH : Kamal Bose. • DÉC : Gonesh Basak. • MUS : S. Choudhary. Inde, 1953 – 2 h 22.

Shambhu est un paysan indien qui possède un lopin de terre. Il refuse de le vendre au seigneur du village, lequel, pour l'y obliger, l'attaque en justice au nom d'une vieille dette. Shambhu et son jeune enfant iront donc à Calcutta pour essayer de gagner l'argent dû. La ville est pleine de pièges, mais aussi de gens fraternels. Le père tire des « pousse-pousse », le fils cire des chaussures et, accessoirement, vole. Tout va mal cependant. Shambhu tombe malade, sa femme, venue le rejoindre à la ville, est victime d'un accident de la circulation. La tragédie est évitée, mais la famille ne pourra pas rembourser. Elle sera expropriée.

◆ *C'est une chronique naïve et généreuse où la vision de Calcutta prend une valeur documentaire ; les chants relèvent d'un folklore qui touche le spectateur occidental. Évidemment, le sujet est assez simpliste, mais son charme vient un peu de cette candeur. Derrière l'anecdote, on sent sourdre la dénonciation d'une société inique. Si les protagonistes s'y résignent, le spectateur, lui, s'indigne et se révolte.* G.S.

LE CALICE D'ARGENT "The Silver Chalice"
Aventures bibliques de **Victor Saville**, avec Virginia Mayo, Pier Angeli, Jack Palance, Paul Newman. États-Unis, 1954 – Couleurs – 2 h 24.

Quelques années après la mort du Christ, l'histoire d'un jeune sculpteur qui cisèle un calice d'argent destiné à recevoir la coupe où Jésus but le soir de la Cène. Fresque grandiose qui marque les débuts à l'écran de Paul Newman.

CALIFORNIA HÔTEL "California Suite"
Comédie de **Herbert Ross**, d'après la pièce de Neil Simon, avec Jane Fonda, Maggie Smith, Michael Caine. États-Unis, 1978 – Couleurs – 1 h 40.

Cinq couples très différents séjournent dans un grand hôtel de Los Angeles. Ils vont vivre les moments les plus mouvementés de leur existence... Le ton incisif de Broadway.

CALIFORNIA SPLIT (LES FLAMBEURS)
"California Split"
Comédie de **Robert Altman**, avec George Segal, Elliott Gould, Ann Prentiss, Gwen Welles, Edward Walsh. États-Unis, 1974 – Couleurs – 1 h 49.

Charlie vit de petits gains au jeu ; son ami Bill le persuade de parier gros. Charlie se décide et gagne une fortune. Bill reçoit sa part... et s'enfonce dans l'ennui.

CALIFORNIE, TERRE NOUVELLE
"The Young Land"
Western de **Ted Tetzlaff**, avec Patrick Wayne, Yvonne Craig, Dennis Hopper. États-Unis, 1959 – Couleurs – 1 h 29.

Un jeune shérif arrête un tueur et, après le procès, doit le protéger du lynchage. L'intérêt du film est dans son sujet.

CALIGULA "Caligula"
Péplum érotique de **Tinto Brass**, avec Malcolm McDowell, Teresa Ann Savoy, John Gielgud. États-Unis / Italie, 1980 (RÉ : 1977) – Couleurs – 2 h 16.

L'histoire du plus cruel et du plus débauché des empereurs romains : on va de meurtres en orgies jusqu'à l'assassinat final du tyran. Distribution de grand luxe sur un scénario de Gore Vidal.

▷ Autres dérivés érotiques : LES FOLLES NUITS DE CALIGULA "Le calde notti di Caligola", de **Roberto Montero**, avec Carlo Colombo. Italie, 1977 – Couleurs – 1 h 15. CALIGULA, LA VÉRITABLE HISTOIRE "Caligula, the Untold Story", de **David Hills**, avec David Cain Haughton. Italie, 1982 – Couleurs – 1 h 40. CALIGULA ET MESSALINE, d'**Anthony Pass**, avec Vladimir Brajovic. France / Italie, 1982 – Couleurs – 1 h 45. LES ORGIES DE CALIGULA "Caligula's Slaves", de **Frank Kramer** et **Laurence Webber**, avec Robert Gligorov. Italie, 1984 – Couleurs – 1 h 30.

CALME BLANC "Dead Calm"
Film d'aventures de **Philipp Noyce**, d'après un roman de Charles Williams, avec Sam Neill, Nicole Kidman, Billy Zane. Australie, 1988 – Couleurs – 1 h 35.

Un couple isolé en mer sur un yacht recueille le seul rescapé d'un autre navire. Celui-ci se révèle être un maniaque criminel. Le sujet avait déjà inspiré Orson Welles pour un film inachevé.

LE CALME RÈGNE DANS LE PAYS
"Es herrscht Ruhe im Land"
Drame politique de **Peter Lilienthal**, avec Charles Vanel, Mario Pardo, Eduardo Duran, Zita Duarte. R.F.A., 1975 – Couleurs – 1 h 40.

Au Chili, sous la dictature, un groupe de prisonniers politiques tente de fuir lors d'un transfert, mais l'armée réagit avec violence.

CALMOS
Comédie de **Bertrand Blier**, avec Jean-Pierre Marielle, Jean Rochefort, Bernard Blier, Brigitte Fossey, Claude Piéplu, Pierre Bertin, Dora Doll. France, 1976 – Couleurs – 1 h 40.

Dégoûté par son métier, un gynécologue part avec un ami dans un village du Beaujolais. Leur fuite se transforme bientôt en une cavalcade fantastique dans un monde dominé par les femmes.

LE CALVAIRE DE FLORA WINTERS
"The Life of Vergie Winters"
Mélodrame d'**Alfred Santell**, d'après le roman de Louis Bromfield, avec Ann Harding, John Boles, Helen Vinson, Frank Albertson, Lon Chaney Jr., Donald Crisp. États-Unis, 1934 – 1 h 22.

Un homme en pleine ascension politique se marie pour sauver les apparences, mais continue à entretenir sa maîtresse et leur enfant.

LE CALVAIRE DE LENA SMITH
"THE CASE OF LENA SMITH"
Drame de **Josef von Sternberg**, avec Esther Ralston, James Hall, Fred Kohler, Gustav von Seyffertitz, Betty Aho, Lawrence Grant. États-Unis, 1929 – env. 2 200 m (env. 1 h 20).

À Vienne, en 1894, une jeune paysanne épouse en secret un officier et devient servante chez le père de son mari. À la mort de ce dernier, on lui enlève son enfant, qu'elle ne retrouvera que pour le voir partir à la guerre.

CAMARADE P. (ELLE DÉFEND SA PATRIE)
"ONA ZAŠČIŠČAET RODINU"
Film de guerre de **Friedrich Ermler**, avec Vera Maretskaïa *(Praskova)*, Nikolai Bogolioubov *(son mari)*, Lidia Smirnova *(Fenka)*. • SC : Alexei Kapler. • PH : Vladimir Rapoport. • MUS : Gavril Popov. U.R.S.S., 1943 – 1 h 28.

En 1941, une paysanne voit son mari et son bébé se faire massacrer par les soldats allemands. Elle erre à demi folle dans les campagnes, puis devient le chef impitoyable d'une bande de partisans.

◆ *Un drame de guerre aux images puissantes. Sa propagande antinazie est un peu appuyée et date, mais elle rend témoignage du climat de l'époque. Les vertus, guerrières par nécessité, de la femme russe sont exaltées comme dans beaucoup de films soviétiques, et Maretskaïa fait une composition pleine de conviction. Images fortes et insoutenables du bébé qu'écrase un tank allemand, auxquelles répondent celles de la camarade qui écrase un soldat allemand contre un talus.* S.K.

LES CAMARADES "I COMPAGNI"
Drame de **Mario Monicelli**, avec Marcello Mastroianni *(professeur Sinigaglia)*, Renato Salvatori *(Raul Bertone)*, Gabriella Giorgelli *(Adele)*, Folco Lulli *(Pautasso)*, Bernard Blier *(Martinetti)*, François Périer *(l'instituteur)*, Annie Girardot *(Niobe)*. • SC : M. Monicelli, Age et Scarpelli. • PH : Giuseppe Rotunno. • DÉC : Mario Garbuglia. • MUS : Carlo Rustichelli. • MONT : Ruggero Mastroianni. Italie, 1963 – 2 h 10.

À la fin du XIXe siècle, à Turin, les ouvriers d'une usine de tissage veulent protester contre leurs conditions de travail, à la suite d'un accident survenu à l'un d'eux. Un intellectuel socialiste, le professeur Sinigaglia, les aide à organiser une grève. Après un mois de lutte, qui coûte la vie à plusieurs d'entre eux, la répression a raison du mouvement, et le professeur est arrêté.

◆ *Grand succès critique, ce film exceptionnel fut un échec commercial retentissant. Les rééditions et la télévision ont depuis contribué à le faire connaître. Fresque sociale ne perdant jamais de vue les fortes individualités des personnages, film à la fois bouleversant et drôle sans trace de pathos ni de caricature, œuvre engagée sans didactisme militant, coproduction multi-vedettes préservant miraculeusement son homogénéité,* les Camarades *n'a pas vieilli. Monicelli, dans sa réussite, doit énormément à ses coscénaristes Age et Scarpelli (pour le mélange des genres), à son chef-opérateur Rotunno (pour ses brumes et ses contrastes), à son décorateur Garbuglia, collaborateur habituel de Visconti (pour son étonnante reconstitution), ainsi qu'à l'ensemble de la distribution, inoubliable jusqu'aux rôles les plus infimes, tel ce petit garçon, contraint d'abandonner l'école pour remplacer à l'usine son grand frère tué dans l'émeute, et sur qui se clôt le film.* N.T.B.

CAMARADES
Film politique de **Marin Karmitz**, avec Yan Gicquel, Juliet Berto, Dominique Labourier, Jean-Pierre Melec, André Julien. France, 1970 – Couleurs – 1 h 25.

Comment un jeune homme aux prises avec les difficultés d'emploi et d'insertion découvre le combat syndical et la solidarité ouvrière. Un film qui reflète la sensibilité d'une époque : celle de l'immédiat après-68.

LE CAMBRIOLEUR "THE BURGLAR"
Film policier de **Paul Wendkos**, d'après le roman de David Goodis, avec Dan Duryea, Jayne Mansfield, Martha Vickers. États-Unis, 1957 – 1 h 30.

Un policier et un voleur veulent s'approprier un collier de grande valeur. Excellente série B américaine.

▷ Voir aussi, sur le même scénario, LE CASSE.

CAMELOT "CAMELOT"
Comédie musicale de **Joshua Logan**, avec Richard Harris, Vanessa Redgrave, Franco Nero. États-Unis, 1967 – Couleurs – 2 h 30.

Les chevaliers de la Table ronde, le roi Arthur, la reine Guenièvre et le beau Lancelot. Air connu... passé à la moulinette d'une bonne équipe de professionnels, dont Alan Jay Lerner et Frederick Lœwe pour la musique et les chansons.

CAMÉRA D'AFRIQUE
Documentaire de **Ferid Boughedir**. Tunisie, 1983 – Couleurs – 1 h 35.

L'histoire du cinéma africain, à travers des témoignages de réalisateurs et des extraits des meilleurs films d'Afrique noire.

CAMILLE CLAUDEL

Drame de **Bruno Nuytten**, d'après la biographie de Reine-Marie Paris, avec Isabelle Adjani, Gérard Depardieu, Laurent Grévil. France, 1988 – Couleurs – 2 h 50.

Après être restée longtemps dans l'ombre de son maître et amant Rodin, Camille Claudel se lance à corps perdu dans son œuvre de sculpteur. Première réalisation d'un talentueux chef-opérateur, le film est avant tout marqué par la personnalité magnétique d'Isabelle Adjani, qui obtint – ainsi que le film – le César 88.

LE CAMION

Essai de **Marguerite Duras**, avec Marguerite Duras, Gérard Depardieu. France, 1977 – Couleurs – 1 h 20.

Les deux acteurs discutent de ce qui aurait pu être un film et qui, finalement, l'est, puisque celui-ci existe. Variations funambulesques sur la réalité et l'illusion, l'image et les mots.

LE CAMION BLANC

Drame de **Léo Joannon**, avec Jules Berry, Fernand Charpin, François Périer, Blanchette Brunoy, Jean Parédès, Marguerite Moréno, Roger Karl. France, 1943 – 1 h 52.

Commandité par le chef des gitans du Nord, un jeune garagiste doit transporter la dépouille de leur roi dans son camion et parcourir la route qu'il a suivie tout au long de sa vie.

LES CAMISARDS

Aventures historiques de **René Allio**, avec Philippe Clévenot, Jacques Debary, Gérard Desarthe, Dominique Labourier, Rufus. France, 1972 – Couleurs – 1 h 30.

À la suite de la révocation de l'édit de Nantes, en 1685, les protestants des Cévennes et du Languedoc se révoltent. La guerre avec les dragons du Roi est sans pitié.

CAMOMILLE

Drame de **Mehdi Charef**, avec Philippine Leroy-Beaulieu, Rémi Martin. France, 1987 – Couleurs – 1 h 32.

Un mitron de banlieue à l'univers insolite recueille une jeune femme aisée qui se drogue et veut mourir. L'auteur a enrichi sa palette naturaliste d'une touche originale de romantisme.

CAMORRA

"UN COMPLICATO INTRIGO DI DONNE, VICOLI E DELITTI"

Drame de **Lina Wertmüller**, avec Angela Molina, Harvey Keitel, Daniel Ezralow. Italie, 1985 – Couleurs – 1 h 50.

Dans Naples en proie aux gangs ennemis, le bonheur et l'amour sont bien difficiles pour Annunziata et Toto, deux anciens prostitués. D'autant plus que la « blanche » est en jeu.

CAMOUFLAGE "BARWY OCHRONNE"

Drame de **Krzysztof Zanussi**, avec Piotr Garlicki *(Jaroslaw)*, Zbigniew Zapasiewicz *(Jakub)*, Christine Paul *(Nelly)*, Mariusz Dmochowski *(le vice-recteur)*, Eugeniusz Priwieziencew *(Raczyk)*. • SC : K. Zanussi. • PH : Edward Klosinski. • DÉC : Tadeusz Wybult, Maciej Piotrowski, Ewa Braun, Joanna Lelanow. • MUS : Wojciech Kilar. • MONT : Urszula Sliwinska. Pologne, 1976 – Couleurs – 1 h 46.

Dans un centre de vacances sont réunis pour un séminaire de philologie l'assistant Jaroslaw, responsable de la session, Jakub, un professeur, et des étudiants. L'assistant, qui prend la vie au sérieux, se heurte violemment à l'ironie désabusée du professeur. Quand le vice-recteur fait expulser par la milice le meilleur étudiant, Raczyk, parce qu'il s'est enivré, Jaroslaw, poussé à bout, se bat avec Jakub, qui révèle sa veulerie.

◆ *Jaroslaw et Jakub incarnent deux conceptions de la vie : celle d'un homme jeune qui croit encore à l'honnêteté morale et celle d'un quadragénaire qui camoufle ses désillusions sous le cynisme. Zanussi critique vigoureusement un système social qui favorise le conformisme intellectuel et la compromission morale au service du carriérisme ; il dénonce la corruption et la lâcheté qui bafouent les valeurs humaines.* M.MN.

CAMP DISCIPLINAIRE "THE LINE"

Drame de **Robert J. Siegel**, avec Russ Thacker, Brad Sullivan, Jacqueline Brookes. États-Unis, 1980 – Couleurs – 1 h 30.

Un déserteur américain du Viêt Nam est envoyé dans un camp de rééducation pour devenir une machine à tuer. Il mourra victime de l'administration. Une démonstration violente.

LE CANARD EN FER BLANC

Film d'aventures de **Jacques Poitrenaud**, avec Roger Hanin, Corinne Marchand, Francis Blanche. France, 1967 – 1 h 45.

Dans un pays d'Amérique du Sud, un aviateur français tue un colonel qui trichait au jeu. Condamné à mort, il est sauvé par des exilés qui ont besoin de lui pour rentrer déterrer un trésor.

LE CANARDEUR "THUNDERBOLT AND LIGHTFOOT"

Film policier de **Michael Cimino**, avec Clint Eastwood, Jeff Bridges. États-Unis, 1974 – Couleurs – 1 h 55.

Un casseur spécialiste de la manière forte, poursuivi par d'anciens complices, est sauvé par un jeune voyou. La police s'en mêle.

LE CANARD SAUVAGE "Die Wildente"
Drame d'**Hans W. Geissendörfer**, d'après la pièce de Henrik Ibsen, avec Bruno Ganz, Jean Seberg, Peter Kern, Heinz Bennent, Anne Bennent. R.F.A., 1976 – Couleurs – 1 h 40.

Une fillette n'aime et ne connaît que l'univers de sa famille. Les adultes, fatigués et déçus par la réalité, se réfugient dans des rêves et des illusions, mais, en se détruisant eux-mêmes, entraînent l'enfant dans une situation sans issue.

ÇA N'ARRIVE QU'AUX AUTRES
Drame de **Nadine Trintignant**, avec Catherine Deneuve, Marcello Mastroianni. France, 1971 – Couleurs – 1 h 30.

Un couple très uni perd sa petite fille. Du coup, ils se replient sur eux-mêmes et tout se désagrège... La vie prendra-t-elle le dessus ? Tentative autobiographique courageuse.

CANCAN "Cancan"
Comédie musicale de **Walter Lang**, d'après une opérette d'Abe Burrows, avec Frank Sinatra, Shirley MacLaine, Maurice Chevalier, Louis Jourdan. États-Unis, 1960 – Couleurs – 2 h 11.

À Paris, en 1900, une danseuse de cabaret est sollicitée pour danser le Cancan. Une superproduction musicale adaptant une pièce qui connut un phénoménal succès à Broadway, pour laquelle la Fox n'engagea que des grands noms : Cole Porter pour la musique, Hermes Pan pour la chorégraphie, William Daniels pour la photo.

LE CANDIDAT "Der Kandidat"
Documentaire politique de **Volker Schlöndorff**, **Alexander Kluge**, **Stefan Aust** et **Alexander von Eschwege**. R.F.A., 1980 – Couleurs – 2 h 09.

À travers l'ascension, la chute et la remontée d'un politicien, une réflexion ironique sur les mœurs politiques dans l'Allemagne d'aujourd'hui.

CANDIDE (OU L'OPTIMISME AU XXe SIÈCLE)
Conte satirique de **Norbert Carbonnaux**, avec Jean-Pierre Cassel, Daliah Lavi, Pierre Brasseur, Nadia Gray. France, 1960 – 1 h 28.

Adaptation moderne et mordante du Candide de Voltaire, avec des dialogues de Carbonnaux et Albert Simonin.

CANDY "Candy"
Comédie satirique à sketches de **Christian Marquand**, d'après le roman de Terry Southern et Mason Hoffenberg, avec Ewa Aulin, Richard Burton, Marlon Brando, James Coburn, Walter Matthau, Charles Aznavour, John Huston, Elsa Martinelli, Ringo Starr. États-Unis, 1968 – Couleurs – 1 h 55.

La jeune Candy rencontre les personnages les plus caricaturaux au cours d'aventures loufoques qui sont l'occasion de dénoncer toutes les idoles à la mode.

CANDY MOUNTAIN "Candy Mountain"
Comédie dramatique de **Robert Frank** et **Rudy Wurlitzer**, avec Kevin J. O'Connor, Harris Yulin, Bulle Ogier. Suisse / France / Canada, 1987 – Couleurs – 1 h 31.

Chargé de retrouver un fabricant de guitares exceptionnelles, un jeune musicien entame un long périple. « Road-movie » anachronique et attachant où la musique joue un rôle important.

CANICULE
Film policier d'**Yves Boisset**, d'après le roman de Jean Vautrin, avec Lee Marvin, Miou-Miou, Jean Carmet, David Bennent. France, 1984 – Couleurs – 1 h 41.

Un gangster américain enterre le butin d'un hold-up non loin d'une ferme où il trouve refuge.

LES CANNIBALES "I cannibali"
Parabole politique de **Liliana Cavani**, avec Britt Ekland, Pierre Clémenti, Tomas Milian. Italie, 1969 – Couleurs – 1 h 30.

Dans un pays écrasé par le totalitarisme, défense est faite aux populations d'enterrer les corps des opposants tués par la police. Une jeune femme et un étrange jeune homme se révoltent contre cet interdit.

LES CANNIBALES "Os canibais"
Film musical de **Manoel de Oliveira**, avec Luis Miguel Cintra, Leonor Silveira, Oliveira Lopes. Portugal / France, 1988 – Couleurs – 1 h 38.

Au XIXe siècle, Marguerite est amoureuse du vicomte d'Avelada, homme mystérieux, détenteur d'un terrible secret qu'il lui révèlera le soir de leurs noces. Un film radicalement « différent », traité en opéra-bouffe sur une musique de João Paes.

CANNONBALL "Cannonball"
Film d'aventures de **Paul Bartel**, avec David Carradine, Bill McKinney. États-Unis, 1976 – Couleurs – 1 h 33.

Au cours d'un rallye transcontinental aux États-Unis, les concurrents cherchent à se débarrasser de leurs adversaires. Tout est permis, y compris – surtout – la plus grande violence.

LA CANONNIÈRE DU YANG TSÉ
"THE SAND PEBBLES"
Film d'aventures de **Robert Wise**, avec Steve McQueen, Candice Bergen, Richard Attenborough, Richard Crenna. États-Unis, 1966 – Couleurs – 3 h 13.

En 1926, en Chine, les grandes puissances occidentales installées sur place sont confrontées à la révolution en marche. La canonnière en question est un vieux rafiot qui va tenter de sauver des missionnaires en péril.

LES CANONS DE BATASI "GUNS OF BATASI"
Drame de **John Guillermin**, avec Richard Attenborough, Flora Robson, Mia Farrow. Grande-Bretagne, 1964 – 1 h 43.

Dans un jeune État africain nouvellement indépendant, mais faisant partie du Commonwealth, un régiment anglo-africain est le théâtre d'une violente rebellion.

LES CANONS DE NAVARONE
"THE GUNS OF NAVARONE"
Film de guerre de **John Lee Thompson**, d'après le roman d'Alistair Maclean, avec Gregory Peck, David Niven, Anthony Quinn, Stanley Baker, Irène Papas. Grande-Bretagne, 1961 – Couleurs – 2 h 37.

Six commandos britanniques doivent détruire les canons allemands qui empêchent la retraite anglaise en mer Égée. L'archétype du film d'aventures impliquant un groupe humain contrasté.

CANTIQUE D'AMOUR "SONG OF SONGS"
Drame de **Rouben Mamoulian**, avec Marlene Dietrich, Brian Aherne, Lionel Atwill. États-Unis, 1933 – 1 h 30.

Le drame d'une jeune paysanne qui devient baronne, mais n'oubliera jamais le sculpteur tant aimé. Marlene sans Sternberg.

CAP CANAILLE
Drame de **Juliet Berto**, avec Juliet Berto, Richard Bohringer, Jean-Claude Brialy. France, 1983 – Couleurs – 1 h 43.

En voulant percer le mystère de l'incendie de la colline de Cap Canaille dont elle a hérité, une jeune femme se heurte à la pègre marseillaise.

CAPE ET POIGNARD "CLOAK AND DAGGER"
Film d'espionnage de **Fritz Lang**, d'après le roman de Corey Ford et Alistair McBain, avec Gary Cooper, Lilli Palmer, Robert Alda, Vladimir Sokoloff. États-Unis, 1946 – 1 h 45.

Un savant américain, chargé d'aller retrouver en Europe des confrères que les nazis contraignent à travailler pour eux, est harcelé sans relâche par ces derniers.

CAPITAINE BLOOD "CAPTAIN BLOOD"
Film d'aventures de **Michael Curtiz**, avec Errol Flynn, Olivia De Havilland, Basil Rathbone. États-Unis, 1935 – 1 h 59.

Les aventures mouvementées, à la fin du XVIIe siècle, du jeune Peter Blood, médecin irlandais qui bourlingua sur toutes les mers. Une date dans l'histoire du film de cape et d'épée, et l'envol vers la gloire d'Errol Flynn.

CAPITAINE CONAN
Comédie dramatique de **Bertrand Tavernier**, avec Philippe Torreton *(Conan)*, Samuel Le Bihan *(Norbert)*, Bernard Le Coq *(De Scève)*, Claude Rich *(général Pitard)*, Catherine Rich *(Madeleine Erlane)*. • SC : Jean Cosmos, B. Tavernier, d'après le roman de Roger Vercel. • PH : Alain Choquart. • DÉC : Guy-Claude François. • MUS : Oswald d'Andrea. • MONT : Luce Grunenwaldt, Laure Blancherie, Khadicha Bariha-Simsolo. France, 1996 – Couleurs – 2 h 10.

Le capitaine Conan appartient à cette race d'hommes dont les qualités et les défauts ne trouvent leur pleine utilité que dans la guerre. Après l'armistice de 1918, il bénéficie d'une petite rallonge car il est affecté au corps des Dardanelles, chargé de lutter contre les bolcheviques en Roumanie. Cela lui permet de s'illustrer encore dans un certain nombre de combats à la tête de quelques têtes brûlées de son espèce, avant que le retour au pays ne fasse de lui un vieux fauve qui, loin de la jungle, dépérit irréversiblement.

◆ *L'intention de Tavernier était simple : il voulait montrer que les héros sont en fait des inadaptés auxquels seule la violence de la guerre offre une chance de sortir de l'ombre. C'est un point de vue défendable, mais déjà si souvent illustré qu'il en est devenu ordinaire. Fort heureusement, Tavernier s'intéresse à ses personnages et aime tellement les images que la création a dépassé le projet de son maître. On pénètre si avant dans la psychologie de Conan qu'on ne peut plus le rejeter absolument ; les autres figures d'officiers et de soldats sont intéressantes, voire attachantes, et les séquences de combat sont plastiquement si réussies que même le « fana mili » pourra trouver son miel dans ce film antimilitariste beau et riche.* *J.-C.L.*

CAPITAINE DE CASTILLE "CAPTAIN FROM CASTILLE"
Film d'aventures de **Henry King**, d'après le roman de Samuel Shellabarger, avec Tyrone Power, Jean Peters, Cesar Romero, Lee J. Cobb. États-Unis, 1947 – Couleurs – 2 h 20.

Au XVIe siècle, pour une paysanne qu'il aime, un jeune noble espagnol s'oppose à un inquisiteur, le blesse et, pour le fuir, s'engage comme conquistador.

LE CAPITAINE FRACASSE
Film d'aventures d'**Alberto Cavalcanti**, d'après le roman de Théophile Gauthier, avec Pierre Blanchar, Line Deyers, Charles Boyer. France, 1929 – 2 900 m (env. 1 h 47).

Un jeune baron ruiné accompagne une troupe de comédiens en tournée, et les sauve de mille dangers grâce à sa vaillance à l'épée. Nommé gouverneur, il ramènera dans son château la jolie comédienne qu'il aime.

▷ Autres versions réalisées par : **Abel Gance**, avec Fernand Gravey, Jean Weber, Assia Noris, Jean Fleur, Mary Lou. France, 1943 – 1 h 48. **Pierre Gaspard-Huit**, avec Jean Marais, Geneviève Grad, Gérard Barray, Louis de Funès. France, 1961 – Couleurs – 1 h 45.

CAPITAINE KING "KING OF THE KHYBER RIFLES"
Film d'aventures de **Henry King**, avec Tyrone Power, Terry Morre, Michael Rennie. États-Unis, 1953 – Couleurs – 1 h 40.

Aux Indes, en 1857, une garnison britannique est menacée par l'armée du Khan, mais sera sauvée par un officier métis. Aventures romanesques et sentimentales surtout destinées à lancer le CinémaScope.

▷ Autre version réalisée par : **John Ford**, intitulée THE BLACK WATCH, avec Victor McLaglen, Myrna Loy, Roy d'Arcy. États-Unis, 1929 – env. 3 000 m (env. 1 h 50).

CAPITAINE MYSTÈRE "CAPTAIN LIGHTFOOT"
Film d'aventures de **Douglas Sirk**, avec Rock Hudson, Barbara Rush, Jeff Morrow, Finlay Currie. États-Unis, 1955 – Couleurs – 1 h 31.

Les aventures du capitaine qui, au milieu du XIXe siècle, lutta pour l'indépendance de l'Irlande.

CAPITAINE PARADIS "THE CAPTAIN'S PARADISE"
Comédie d'**Anthony Kimmins**, avec Alec Guinness, Yvonne De Carlo, Celia Johnson. Grande-Bretagne, 1953 – 1 h 33.

Un capitaine faisant la navette entre Gilbraltar et Tanger a découvert le secret du bonheur : une femme dans chaque port. Jusqu'au jour où... Un excellent trio d'acteurs.

CAPITAINE SANS LOI "PLYMOUTH ADVENTURE"
Aventures historiques de **Clarence Brown**, avec Spencer Tracy, Gene Tierney, Van Johnson, Leo Genn, Dawn Addams, Lloyd Bridges. États-Unis, 1952 – Couleurs – 1 h 45.

Scénario romancé d'après la célèbre épopée du *Mayflower* qui, au XVIIe siècle, transporta en Amérique les premiers émigrants anglais.

CAPITAINE SANS PEUR
"CAPTAIN HORATIO HORNBLOWER"
Film d'aventures de **Raoul Walsh**, avec Gregory Peck, Virginia Mayo, Robert Beatty. États-Unis, 1951 – Couleurs – 1 h 47.

Au début du XIXe siècle, les multiples aventures maritimes du célèbre capitaine Hornblower et son histoire d'amour avec une belle lady anglaise très séduisante.

CAPITAINES COURAGEUX "CAPTAINS COURAGEOUS"
Drame de **Victor Fleming**, avec Spencer Tracy *(Manuel)*, Freddie Bartholomew *(Harvey Cheyne)*, Lionel Barrymore *(Disko)*, Melvyn Douglas *(Mr Cheyne)*, Mickey Rooney *(Dan)*, John Carradine *(« Long Jack »)*, Charles Grapewin *(Oncle Salter)*. • SC : John Lee Mahin, Marc Connely, Dale Van Every, d'après le roman de Rudyard Kipling. • PH : Harold Rosson. • DÉC : Cedric Gibbons, Arnold Gillespie, Edwin B. Willis. • MUS : Franz Waxman. • MONT : Elmo Vernon. États-Unis, 1937 – 1 h 56.
★ OSCAR DU MEILLEUR ACTEUR pour Spencer Tracy.

Harvey Cheyne, enfant gâté d'un riche homme d'affaires, part en bateau pour l'Europe avec son père, mais tombe à la mer accidentellement. Recueilli par des pêcheurs, son égoïsme dresse tout le monde contre lui, à l'exception du Portugais Manuel. Ce dernier se prend d'affection pour l'enfant, et transforme peu à peu son caractère. Inconsolable après la mort accidentelle de son ami, Harvey retrouve sa famille, mais n'oubliera jamais le vieux loup de mer qui lui a appris la vie.

◆ *Le sentimentalisme convenu de cette histoire n'empêche pas le film d'être prenant, voire émouvant, surtout dans sa seconde partie. La transformation de l'enfant, son admiration pour l'adulte, apparaissent toujours crédibles grâce aux talents des scénaristes (action et psychologie sont parfaitement fondues), du réalisateur et des deux acteurs principaux : Bartholomew au beau regard confiant, Tracy sachant faire rayonner son personnage de marin fruste et généreux.* J.-P.B.

LE CAPITAN
Film d'aventures d'**André Hunebelle**, d'après le roman de Michel Zevaco, avec Jean Marais, Bourvil, Elsa Martinelli, Christian Fourcade. France/Italie, 1960 – Couleurs – 1 h 55.

Pendant la jeunesse de Louis XIII, un jeune et pauvre noble arrive de province et se lie à la famille d'Angoulême qui conspire pour chasser Concini, favori de la reine mère. Après bien des aventures, il triomphe et devient l'ami du roi.

▷ Autre version réalisée par : **Robert Vernay**, avec Pierre Renoir, Jean Pâqui, Claude Génia, Aimé Clariond, Lise Delamare, Jean Tissier, Sophie Desmarets, Maurice Escande, Huguette Duflos. France, 1946 – 1 h 38.

ÇA PLANE LES FILLES "Foxes"

Drame d'**Adrian Lyne**, avec Jodie Foster, Scott Baio, Sally Kellerman, Cherie Currie, Marilyn Kagan. États-Unis, 1980 – Couleurs – 1 h 43.

Quatre filles, en rupture de famille pour cause d'incompréhension radicale, décident de vivre leur vie. Elles feront un parcours très dur, où voisineront la drogue, la délinquance et même la mort.

LE CAPORAL ÉPINGLÉ

Comédie de **Jean Renoir**, d'après le roman de Jacques Perret, avec Jean-Pierre Cassel, Claude Rich, Claude Brasseur, Jean Carmet. France, 1962 – 1 h 35.

En 1940, dans un camp de prisonniers en Allemagne : les multiples tentatives d'évasion d'un caporal français et de deux de ses hommes. Une *Grande Illusion* sur un mode mineur, un film représentatif de la dernière période de Renoir.

CAPRICCI "Capricci"

Essai de **Carmelo Bene**, avec Anne Wiazemsky, C. Bene, Piero Vida. Italie, 1969 – Couleurs – 1 h 29.

Méli-mélo de crime raté et de mort réussie sur fond d'adultère et de pétarades oniriques. Une critique de la bourgeoisie à coup d'images provocantes, pour initiés seulement.

LES CAPRICES DE MARIE

Comédie de **Philippe de Broca**, avec Marthe Keller, Philippe Noiret, Jean-Pierre Marielle, Valentina Cortese. France, 1970 – Couleurs – 1 h 31.

Pour séduire une jeune Française, un milliardaire américain ira jusqu'à reconstruire son village en plein New York.

LES CAPRICES D'UN FLEUVE

Film d'aventures de **Bernard Giraudeau**, avec Bernard Giraudeau, Richard Bohringer, Thierry Frémont, Roland Blanche, France Zobda, Aïssatou Sow. France, 1996 – Couleurs – 1 h 50.

Un aristocrate, exilé à Saint-Louis (du Sénégal) quelques années avant la Révolution, découvre l'Afrique noire et l'amour d'une jeune esclave.

CAPRICORNE ONE "Capricorne One"

Film d'aventures de **Peter Hyams**, avec Elliott Gould, James Brolin, Sam Waterston, O.J. Simpson. États-Unis, 1978 – Couleurs – 2 h 07.

Trois astronautes sont embarqués à leur corps défendant dans une mystification à l'échelle de l'Amérique : simuler un voyage sur Mars qui n'a pas eu lieu... Mais la N.A.S.A. n'a pas tout calculé !

CAPTAIN APACHE "Captain Apache"

Western d'**Alexander Singer**, d'après le roman de S.E. Whitman, avec Lee Van Cleef, Carroll Baker. Italie/Espagne, 1971 – Couleurs – 1 h 30.

Le capitaine Apache enquête sur une machination mystérieuse, qui se révèle être une tentative d'attentat contre le président Grant. L'inusable Van Cleef dans un « spaghetti » plutôt soigné.

LA CAPTIVE AUX YEUX CLAIRS "The Big Sky"

Western de **Howard Hawks**, avec Kirk Douglas *(Jim)*, Dewey Martin *(Boone)*, Elizabeth Threatt *(Teal Eye)*, Arthur Hunnicutt *(Zeb)*. • SC : Dudley Nichols, d'après A.B. Guthrie Jr. • PH : Russell Harlan. • DÉC : Darrell Silvera, William Stevens. • MUS : Dimitri Tiomkin. • MONT : Christian Nyby. États-Unis, 1952 – 2 h 02.

Pour faciliter l'achat de fourrures aux Indiens, des trappeurs qui remontent le Mississippi en bateau ont emmené avec eux la fille d'un chef afin de la rendre à sa tribu. En route, deux amis, Jim et Boone, se trouvent en rivalité pour attirer l'attention de la jeune Indienne, Teal Eye. Jim est très amoureux, mais c'est Boone qui est l'élu et doit rester à contre-cœur parmi la tribu. À moins que...

◆ *Fidèle à ses obsessions, Hawks décrit la rivalité de deux hommes incarnant deux attitudes devant la vie, que révèle leur rapport à une femme, d'autant plus mythique qu'étrangère. Jim, idéalisant « sa majesté la femme », ne peut que la voir s'échapper. Boone, plus pragmatique et direct, la possède, du moins le lui laisse-t-elle croire. Teal Eye préfigure, dans l'univers de la conquête de l'Ouest, la femme moderne, maîtresse du jeu. Le charme du film vient aussi de son rythme lent, contemplatif, calqué sur celui du fleuve.* *J.M.*

LA CAPTIVE DU DÉSERT

Drame paradocumentaire de **Raymond Depardon**, avec Sandrine Bonnaire. • SC : Raymond Depardon • PH : Raymond Depardon. • MUS : Jean-Jacques Lemètre. • MONT : Roger Ikhlef. France, 1990 – Couleurs – 1 h 38.

La caravane passe. Dans le désert du Djado, en Afrique, une jeune femme blanche est détenue pour des raisons inconnues et suit une troupe nomade sous la surveillance d'un militaire. Les jours se suivent, monotones, accablants. La chaleur, la lumière blessent. La fatigue, l'air dense oppressent. Il faut continuer, toujours continuer. Pour aller où ?

◆ *Voilà le spectacle que nous propose le photographe devenu cinéaste Raymond Depardon. Il ne nous renseigne pas sur les personnages, ni même sur la situation. Il filme une troupe itinérante dans le désert, il ressasse des gestes simples et répétitifs, comme atteint du syndrome du Boléro de Ravel. On peut se lasser de cette insistance. On peut aussi ressentir la fascination du désert, l'envoûtement de ce voyage sans but révélé, la beauté des images, la personnalité de la prisonnière qu'incarne, avec une exemplaire sobriété, Sandrine Bonnaire.* *G.S.*

CAPTIVE PARMI LES FAUVES "CAPTIVE GIRL"
Film d'aventures de **William Berke**, avec Johnny Weissmuller, Buster Crabbe, Anita Lhoest. États-Unis, 1950 – 1 h 13.

Après Tarzan, Johnny Weissmuller est devenu Jim la Jungle pour évoluer dans la forêt vierge où il va sauver un chef de tribu des griffes d'un sorcier.

LA CAPTURE "THE CAPTURE"
Drame policier de **John Sturges**, avec Lew Ayres, Teresa Wright, Victor Jory. États-Unis, 1950 – 1 h 21.

Un homme croit se retrouver dans la même situation que celui qu'il tua par erreur. Un policier qui n'exclut pas la psychanalyse.

THE CAR
Film fantastique d'**Elliot Silverstein**, avec James Brolin, Kathleen Lloyd, John Marley, R.G. Armstrong, John Rubenstein. États-Unis, 1977 – Couleurs – 1 h 38.

Les habitants d'une petite ville du Sud-Ouest sont terrorisés par une voiture sans chauffeur qui semble être une créature du diable. Un film qui s'inspire sans vergogne de *Duel*.

LA CARABINE NATIONALE
"LA ESCOPETA NACIONAL"
Comédie de **Luis García Berlanga**, avec Rafael Alonso, Luis Escobar. Espagne, 1977 – Couleurs – 1 h 30.

Un riche industriel catalan organise des parties de chasse susceptibles de favoriser ses ambitions commerciales. Il devra faire face aux nombreux problèmes que lui posent ses invités.

LES CARABINIERS
Film de guerre parodique de **Jean-Luc Godard**, avec Marino Mase *(Ulysse)*, Albert Juross *(Michel-Ange)*, Geneviève Galéa *(Vénus)*, Catherine Ribeiro *(Cléopâtre)*, Gérard Poirot et Gérard Brassat *(les carabiniers)*. • SC : J.-L. Godard, Jean Gruault, Roberto Rossellini, d'après la pièce de Benjamin Jappolo. • PH : Raoul Coutard. • DÉC : Jacques Fabre. • MUS : Philippe Arthuys. • MONT : Agnès Guillemot, Lila Lakschmanan. France, 1963 – 1 h 20.

Les carabiniers viennent chercher Ulysse et Michel-Ange, deux paysans analphabètes qui doivent partir faire la guerre pour le roi. Ils quittent donc leur mère Cléopâtre et leur sœur Vénus ; ils leur enverront des cartes postales au fil de leurs conquêtes. Ils reviennent vainqueurs ; le monde leur appartient : d'innombrables cartes postales représentent leurs titres de propriété. Finalement, quand ils veulent récupérer leur butin, ils apprennent que le roi a signé la paix. Pour leur excès de zèle, ils seront fusillés.

◆ *Cette adaptation très libre d'une pièce italienne est une fable corrosive dans l'esprit d'Alfred Jarry (les personnages s'interpellent avec force « merdre ») et de Jean Vigo, à qui le film est dédié. Godard y règle ses comptes avec le genre héroïque des films de guerre. L'utilisation de « stocks shots » (plans d'archives) et de multiples citations de lettres de soldats, de bulletins militaires est d'un cynisme particulièrement virulent, et Godard est rarement allé aussi loin dans l'analyse de l'aliénation idéologique fondée sur le désir de possession (les célèbres séquences des cartes postales).* *M.M.*

CARAMBOLAGES
Comédie de **Marcel Bluwal**, d'après le roman de Fred Kassak, avec Jean-Claude Brialy, Louis de Funès, Michel Serrault. France, 1963 – 1 h 30.

Un employé convoite la place d'un de ses supérieurs proche de la retraite. Mais l'âge de la retraite est soudain reculé, et le jeune homme devra recourir à des méthodes expéditives.

LA CARAPATE
Comédie de **Gérard Oury**, avec Pierre Richard, Victor Lanoux, Raymond Bussières, Jean-Pierre Darras. France, 1978 – Couleurs – 1 h 45.

Un jeune avocat, en plein mai 68, est pris dans la folle « cavale » de l'un de ses clients, condamné à mort dont le pourvoi en cassation a été rejeté. On le prend alors pour ce qu'il n'est pas.

CARAVANE "CARAVAN"
Mélodrame d'**Erik Charell**, d'après une nouvelle de Melchior Lengyel, avec Loretta Young, Charles Boyer, Jean Parker, Philips Holmes. États-Unis, 1934 – 1 h 41.

Pour pouvoir hériter, une princesse hongroise doit se marier dans les vingt-quatre heures. Elle décide d'épouser un beau vendangeur tzigane, mais le jeune officier qui l'aime parvient à la faire changer d'avis à temps.

▷ Parallèlement, le réalisateur signe une version française, avec Charles Boyer, Annabella, Conchita Montenegro, Pierre Brasseur.

CARAVANE DE FEU "THE WAR WAGON"
Western de **Burt Kennedy**, avec John Wayne, Kirk Douglas, Howard Keel, Robert Walker. États-Unis, 1967 – Couleurs – 1 h 39.

Libéré de prison, Jackson veut se venger du ranchman qui l'a dépossédé et fait condamner ; ce dernier envoie contre lui un tueur à gages, mais les deux hommes deviennent amis et s'associent sur un coup imaginé par Jackson : attaquer la diligence qui transporte l'or de son ennemi.

LA CARAVANE HÉROÏQUE "VIRGINIA CITY"
Western de **Michael Curtiz**, avec Errol Flynn, Miriam Hopkins, Randolph Scott, Humphrey Bogart, Frank McHugh, Alan Hale. États-Unis, 1940 – 2 h.

Chargé d'empêcher les Sudistes de s'approprier de l'or, un officier nordiste s'éprend d'une danseuse et tombe entre les mains de ses adversaires. Il s'évade, rejoint les fugitifs attaqués par des pillards et joint ses forces aux leurs pour lutter contre l'ennemi commun.

CARAVANE VERS LE SOLEIL
"THUNDER IN THE SUN"
Western de **Russell Rouse**, avec Susan Hayward, Jeff Chandler, Jacques Bergerac. États-Unis, 1959 – Couleurs – 1 h 21.

Périls multiples pour une caravane de Basques émigrés qui font route vers la Californie avec leurs précieux plants de vigne.

LA CARAVANE VERS L'OUEST
"THE COVERED WAGON"
Western de **James Cruze**, avec J. Warren Kerrigan *(Will Banion)*, Lois Wilson *(Molly Wingate)*, Ernest Torrence *(Jackson)*, Alan Hale *(Sam Woodhull)*, Tully Marshall *(Bridger)*, Charles Ogle *(Mr Wingote)*. • SC : Jack Cunningham, d'après le roman d'Emerson Hough. • PH : Karl Brown. • MUS : Hugo Riesenfeld. • MONT : Dorothy Arzner. États-Unis, 1923 – env. 2 800 m (env. 1 h 43).

Au milieu du XIXe siècle, l'épopée d'un convoi de pionniers en route vers l'Ouest américain, luttant contre les obstacles naturels, les intempéries et les Indiens.

◆ *Réalisé avec des moyens considérables, entièrement tourné en extérieur avec un souci constant d'authenticité,* la Caravane vers l'Ouest *est un film charnière dans l'histoire du western. James Cruze privilégia avant tout l'aspect documentaire, reléguant la partie purement fictionnelle au second plan, et donna ainsi naissance au premier grand western épique. Le film fut un énorme succès commercial, mais, surtout, il consacra le western en tant que genre important, alors qu'il n'était considéré jusque-là que comme un genre populaire mineur. Superbement réalisé, véritablement doté du souffle de l'épopée, notamment dans ses scènes spectaculaires (le franchissement d'une rivière, l'attaque des Indiens), le film de James Cruze peut être considéré comme le premier grand western moderne.* *L.A.*

LA CARCASSE ET LE TORD-COU
Drame de **René Chanas**, d'après le roman d'Auguste Bailly, avec Michel Simon, Lucien Coëdel, Michèle Martin, Louis Seigner, Madeleine Suffel. France, 1947 – 1 h 40.

Un garde-champêtre ivrogne, devenu riche à la mort de sa femme, épouse la fille d'un voisin. Celle-ci s'amourache du gendre, et tous deux s'approprieront le magot du brave homme en le tuant.

CARDILLAC "CARDILLAC"
Drame policier d'**Edgar Reitz**, avec Hans Christian Blech, Catana Cayetano, Rolf Becker. R.F.A., 1969 – Couleurs – 1 h 30.

Un brillant orfèvre passe de longs moments à contempler ses œuvres sur le corps nu de sa fille métisse. S'il doit vendre l'un de ses bijoux, il le récupère par le vol et le meurtre.

LE CARDINAL "THE CARDINAL"
Drame d'**Otto Preminger**, d'après le roman de Henry Morton, avec Tom Tryon, Carol Lynley, Dorothy Gish, John Huston. États-Unis, 1963 – Couleurs – 2 h 55.

La carrière sacerdotale d'un Irlandais, ordonné en 1917, jusqu'à son accession au cardinalat.

THE CARETAKER "THE CARETAKER"
Drame de **Clive Donner**, d'après la pièce de Harold Pinter *le Gardien*, avec Donald Pleasence, Robert Shaw, Alan Bates. Grande-Bretagne, 1963 – 1 h 45.

Deux frères un peu fêlés vivent ensemble dans une soupente ; un soir, l'aîné ramène un clochard qui leur sert bientôt d'homme à tout faire. Humour noir et insolite au rendez-vous.

CARGAISON BLANCHE / LE CHEMIN DE RIO
Drame de **Robert Siodmak**, avec Jules Berry, Jean-Pierre Aumont, Charles Granval, Marcel Dalio, Kate de Nagy, Suzy Prim. France, 1936 – 1 h 40.

Pour se venger de son patron, trafiquant de femmes qui a causé le suicide de sa maîtresse, un homme réussit à faire envoyer la fille de celui-ci vers une maison close de Rio.

CARGAISON BLANCHE
Film policier de **Georges Lacombe**, avec Françoise Arnoul, Renée Faure, Georges Rivière. France, 1958 – 1 h 32.

En mémoire d'un de ses confrères, assassiné alors qu'il devait publier un grand reportage sur la traite des blanches, une jeune journaliste reprend l'enquête.

CARGAISON DANGEREUSE
"The Wreck of the Mary Deare"
Film d'aventures de **Michael Anderson**, avec Gary Cooper, Charlton Heston, Virginia McKenna, Michael Redgrave. États-Unis/Grande-Bretagne, 1959 – Couleurs – 1 h 45.

Deux marins s'affrontent puis s'associent pour démasquer une escroquerie à l'assurance. La confrontation de deux géants : Cooper et Heston.

LE CARGO MAUDIT "Strange Cargo"
Drame de **Frank Borzage**, d'après un roman de Richard Sale, avec Clark Gable, Joan Crawford, Ian Hunter. États-Unis, 1940 – 1 h 45.

Des forçats évadés sont ramenés à Dieu et à la vertu par l'un d'entre eux, étrange et doux illuminé. Curieuse histoire, magnifiée par une plastique impeccable.

CARLA'S SONG "Carla's Song"
Drame psychologique de **Ken Loach**, avec Robert Carlyle, Oyanka Cabezas, Scott Glenn, Subash Sing Pall. Grande-Bretagne, 1996 – Couleurs – 2 h.

Pour l'amour d'une femme, un jeune Écossais part pour le Nicaragua, où il s'engage dans la lutte des sandinistes contre les contras armés par la CIA. Un film un peu sommaire, qui fait penser que le talent de Ken Loach s'affaiblit quand il s'éloigne de son Écosse natale.

CARMEN "Carmen"
Drame d'**Ernst Lubitsch**, avec Pola Negri *(Carmen)*, Harry Liedtke *(Don José)*, Grete Diercks *(Dolores)*. • SC : E. Lubitsch, Hans Kräly, d'après la nouvelle de Prosper Mérimée et l'opéra de Georges Bizet. • PH : Alfred Hansen. • DÉC : Karl Machus. Allemagne, 1918 – 2 133 m (env. 1 h 18).

À la suite d'une altercation entre deux cigarières, la troublante Carmen est arrêtée par le brigadier Don José. Séduit, il la laisse s'enfuir. Très vite, Don José se transforme en un amant étouffant alors que Carmen aspire à la liberté et s'est trouvé une nouvelle proie : un toréador. La jalousie et la folie prennent le pas sur la passion.

◆ *Ernst Lubitsch s'est principalement inspiré de l'œuvre de Mérimée plutôt que de l'opéra de Bizet.* Carmen *s'inscrit dans la veine allemande des films historiques à gros budgets qui feront connaître son auteur aux États-Unis. Le film surprend à sa sortie par l'importance accordée aux décors, aux costumes et aux accessoires. Lubitsch est aussi habile à diriger une foule de figurants que la première vamp de l'histoire du cinéma et son actrice fétiche : la Polonaise Pola Negri. L'œil charbonneux et l'accroche-cœur impeccable, le jeu de la star est vivant et naturel comparé à celui d'Harry Liedtke, un Don José lugubre et tragique.* CL.A.

CARMEN
Drame de **Jacques Feyder**, avec Raquel Meller *(Carmen)*, Louis Lerch *(Don José)*, Gaston Modot *(Garcia)*, Victor Vina *(le Dancaïre)*, Jean Murat *(le lieutenant)*. • SC : J. Feyder, d'après la nouvelle de Prosper Mérimée. • PH : Maurice Desfassieux. • DÉC : Lazare Meerson. • MUS : Ernesto Hallfer Escriche. France, 1926 – 3 000 m (env. 1 h 51).

Don José, brigadier de dragons, est amoureux fou de la belle gitane Carmen. Il la libère de prison. Dégradé, il rompt avec son passé et, pour elle, devient contrebandier. Il veut partir en Amérique avec Carmen, mais celle-ci refuse et se dit amoureuse d'un picador. Don José finira par tuer cet être trop libre.

◆ Carmen *représente un des derniers documents de qualité de l'époque du muet. Feyder a suivi de près le texte de Mérimée et choisi une adaptation linéaire avec une grande utilisation du décor réel ainsi qu'une lumière en clair-obscur pour creuser l'espace ou bien diffuse, proche de la lumière impressionniste, pour le meurtre de Carmen. Par ses qualités techniques et son adaptation, ce* Carmen *de 1926 n'a rien à envier aux adaptations postérieures du célèbre drame.* C.G.

CARMEN "Carmen"
Drame de **Carlos Saura**, avec Antonio Gadès *(Antonio)*, Laura del Sol *(Carmen)*, Paco de Lucia *(Paco)*, Cristina Hoyos *(Cristina)*. • SC : C. Saura, Antonio Gadès, d'après la nouvelle de Prosper Mérimée et l'opéra de Georges Bizet. • PH : Teo Escamilla. • DÉC : Felix Murcia. • CHOR : Antonio Gadès. • MUS : Paco de Lucia et fragments de l'opéra de Bizet. • MONT : Pedro del Rey. Espagne, 1983 – Couleurs – 1 h 42.

Le chorégraphe Antonio s'apprête à monter un ballet « flamenco « tiré de la *Carmen* de Bizet. Il trouve l'interprète idéale en une jeune fille au prénom prédestiné de Carmen, fatale et séductrice comme celle de la nouvelle de Mérimée. Il se prend de passion pour elle. Leur histoire d'amour et la fiction s'entremêlent, tragiquement.

◆ *Le film est constamment enthousiasmant, éblouissant, magnifique. Ici, Saura et Gadès renouvellent le schéma en tissant intimement la fiction, la danse et la réalité : quand Carmen-la-danseuse joue-t-elle son rôle ? quand vit-elle sa vie ? La frontière est – volontairement – ambiguë, tandis que le spectacle musical et chorégraphique amplifie les aventures et les passions des personnages ; les scènes de danse sont magnifiques de virtuosité et d'intensité dramatique.* *B.B.*

CARMEN
Film-opéra de **Francesco Rosi**, avec Julia Migenes-Johnson *(Carmen)*, Placido Domingo *(Don José)*, Ruggero Raimondi *(Escamillo)*, Faith Esham *(Micaela)*, Jean-Philippe Lafont *(le Dancaïre)*, Gérard Garino *(le Remendado)*, Susan Daniel *(Mercedes)*, Lilian Watson *(Frasquita)* et la Compagnie Antonio Gadès. • SC : F. Rosi, Tonino Guerra, d'après l'opéra de Georges Bizet (livret de Meilhac et Halévy) et la nouvelle de Prosper Mérimée. • PH : Pasqualino De Santis. • DÉC : Enrico Job. • MUS : Georges Bizet. • MONT : Ruggero Mastroianni, Claude Semprun. France / Italie, 1984 – Couleurs – 2 h 32.

◆ *Cette « chronique d'une mort annoncée », sublime chez Mérimée et magnifique chez Bizet, connaît ici une belle mise en images. Un des meilleurs opéras filmés que nous ait donnés le cinéma, servi par une interprétation de qualité (l'Américaine Julia Migenes-Johnson y gagna une extraordinaire célébrité aux côtés de l'Espagnol Domingo et de l'Italien Raimondi), donnant une dimension nouvelle à l'œuvre.* *C.D.R.*

▷ Autres versions réalisées notamment par : **André Calmettes**, intitulée L'ARLÉSIENNE, avec Regina Badet, Max Dearly. France, 1910 – env. 500 m (env. 18 mn). **Raoul Walsh**, avec Theda Bara, Eimar Linden, Elsie Mc Leod, Carl Harbaugh. États-Unis, 1915 – env. 1 500 m (env. 55 mn). **Cecil B. De Mille**, avec Geraldine Farrar, Wallace Reid, Anita King, Pedro de Cordoba. États-Unis, 1915 – env. 1 500 m (env. 55 mn). **Christian-Jaque**, avec Viviane Romance, Jean Marais, Marguerite Moreno, Lucien Coëdel, Bernard Blier. France, 1945 (RÉ : 1943) – 2 h 04. **G.M. Scotese**, intitulée CARMEN, FILLE D'AMOUR "CARMEN PROHIBIDA", avec Ana Esmeralda, Fausto Tozzi, Mariella Lotti. Espagne / Italie, 1953 – 1 h 20.

▷ Voir aussi LES AMOURS DE CARMEN, PRÉNOM CARMEN, LA TRAGÉDIE DE CARMEN.

CARMEN JONES "CARMEN JONES"
Drame musical d'**Otto Preminger**, avec Dorothy Dandridge *(Carmen Jones)*, Harry Belafonte *(Joe)*, Pearl Bailey *(Frankie)*, Olga James *(Cindy Lou)*, Joe Adams *(Husky Miller)*, Nick Stewart *(Dink)*, Roy Glenn *(Rum)*, Diahann Carroll *(Myrt)*, Brock Peters *(le sergent Brown)* et les voix de Marilyn Horne (Carmen), LeVern Hutcherson (Joe), Bernice Peterson (Myrt), Brock Peters (Rum). • SC : Harry Kleiner, d'après le « musical » d'Oscar Hammerstein. • PH : Sam Leavitt. • DÉC : Edward L. Ilou. • MUS : Georges Bizet. Paroles : Oscar Hammerstein II. • MONT : Louis R. Loeffler. États-Unis, 1954 – Couleurs – 1 h 47.

Version « black » de *Carmen*. L'action se déroule dans le sud des États-Unis pendant la Seconde Guerre mondiale.

◆ *La* Carmen *de Preminger n'est ni plus ni moins « authentique » que celles qui l'ont précédée ou suivie. Mais elle reste la plus jeune et la plus séduisante par la rigueur et l'audace de son approche : rupture totale avec les conventions, l'espace et la gestuelle scéniques, affranchissement à l'égard des contraintes musicales, suppression des « enjolivements » folkloriques. Ainsi dépouillée et rendue à sa vérité première, elle retrouve spontanément les élans « d'un bonheur court, soudain, sans merci » et la « gaieté africaine » que Nietzsche célébrait chez sa lointaine ancêtre. Cette Carmen, à laquelle Dorothy Dandridge confère un incomparable rayonnement charnel, organise son destin avec un fatalisme joyeux, que rien ne saurait troubler ; tragique et légère, naïve, superstitieuse, rétive et fragile, sa beauté insolente domine le film, sous l'œil d'une caméra sinueuse à l'extrême, qui épouse ses moindres déplacements et traque avec une complicité amoureuse ses plus secrets vacillements.* *O.E.*

CARNAGE "CORRUPTION"
Film d'horreur de **Robert Hatford Davis**, avec Peter Cushing, Sue Lloyd. Grande-Bretagne, 1968 – Couleurs – 1 h 30.

Un grand chirurgien doit sans cesse trouver de nouveaux cadavres pour renouveler les greffes qui sauveront la femme qu'il aime, victime de terribles brûlures.

CARNAGE "PRIME CUT"
Drame policier de **Michael Ritchie**, avec Lee Marvin, Gene Hackmann, Angel Tompkins. États-Unis, 1972 – Couleurs – 1 h 26.

Chargé de récupérer les 500 000 dollars d'une créance, un homme de main plutôt expéditif découvre une affaire de traite des blanches.

LE CARNAVAL DES DIEUX "SOMETHING OF VALUE"
Film d'aventures de **Richard Brooks**, d'après le roman de Robert Ruark, avec Rock Hudson, Dana Wynter, Sidney Poitier, Wendy Hiller. États-Unis, 1957 – 1 h 53.

En pleine brousse africaine, le conflit dramatique qui oppose les Blancs et les Mau-Mau révoltés.

LE CARNAVAL DES TRUANDS "AD OGNI COSTO"
Film policier de **Giuliano Montaldo**, avec Janet Leigh, Robert Hoffmann, Adolfo Celi, Edward G. Robinson. Italie / Espagne, 1967 – Couleurs – 2 h.

Hold-up international, préparé à New York et exécuté à Rio pendant le carnaval, avec dénouement à Rome. Il y aussi des « policiers spaghetti ».

CARNET DE NOTES POUR UNE ORESTIE AFRICAINE "APPUNTI PER UN ORESTIADE AFRICANA"
Essai de **Pier Paolo Pasolini**. Italie, 1976 (RÉ : 1969) – 1 h 10.

En Afrique, Pasolini ébauche un film qui s'inspirera d'Eschyle. Il montre ses premières images, qui ne sont que des esquisses, à un groupe d'étudiants auxquels il demande leur avis.

LES CARNETS DU MAJOR THOMPSON
Comédie de **Preston Sturges**, d'après le livre de Pierre Daninos, avec Martine Carol, Jack Buchanan, Noël-Noël, André Luguet, Paulette Dubost. France, 1955 – 1 h 36.

Pour son seul film réalisé en France, Sturges met en scène le célèbre Major – marié à la très française Martine Carol – et illustre ses vues sur les « mangeurs de grenouilles ».

CARNY "CARNY"
Comédie dramatique de **Robert Kaylor**, avec Gary Busey, Jodie Foster, Robbie Robertson. États-Unis, 1980 – Couleurs – 1 h 49.

Une jeune femme s'intègre par amour à la vie d'une troupe de forains. Mais derrière les feux de la rampe, c'est une réalité de misère et de luttes quotidiennes. Un monde cruel, un beau film.

CAROLINE CHÉRIE
Film d'aventures de **Richard Pottier**, d'après de roman de Cécil Saint-Laurent, avec Martine Carol, Jacques Dacqmine, Alfred Adam, Pierre Cressoy. France, 1951 – 2 h 20.

À l'aube de la Révolution, les aventures galantes d'une jeune femme qui restera fidèle à son premier amour. Le film lança Martine Carol, qui devint le sex-symbol des années 50.

▷ Voir aussi UN CAPRICE DE CAROLINE et LE FILS DE CAROLINE CHÉRIE.

▷ Autre version réalisée par **Denys de La Patellière**, avec France Anglade, Vittorio De Sica, Bernard Blier, François Guérin, Charles Aznavour, Jean-Claude Brialy. France / Italie / R.F.A., 1968 – Couleurs – 1 h 43.

CARO MICHELE
Drame de **Mario Monicelli**, avec Mariangela Melato, Delphine Seyrig, Lou Castel, Aurore Clément. Italie, 1976 – Couleurs – 1 h 40.

Un fils de famille s'en va vivre avec des amis, puis part à l'étranger en abandonnant celle qui a eu peut-être un enfant de lui.

CARREFOUR "SHIZI JIETOU"
Drame de **Shen Xiling**, avec Zhao Dan, Bai Yang, Lü Ban, Sha Meng, Ying Yin. Chine, 1937 – 1 h 40.

À travers les amours d'un journaliste et d'une ouvrière de Shanghai, la chronique d'une bande de jeunes diplômés en lutte contre la misère et le chômage.

CARREFOUR
Comédie dramatique de **Kurt Bernhardt**, avec Charles Vanel, Suzy Prim, Jules Berry. France, 1939 – 1 h 24.

Frappé d'amnésie pendant la guerre, un homme qui s'est vu conférer un faux état civil doit affronter, vingt ans après, un maître-chanteur.

LE CARREFOUR DE LA MORT "KISS OF DEATH"
Film policier de **Henry Hathaway**, avec Victor Mature *(Nick Bianco)*, Richard Widmark *(Tom Udo)*, Brian Donlevy *(D'Angelo)*, Coleen Gray *(la fille de Nick)*, Karl Malden. • SC : Ben Hecht, Charles Lederer, Eleazar Lipsky. • PH : Norbert Brodine. • DÉC : Lyle Wheeler. • MUS : David Buttolph. • MONT : Watson Webb. États-Unis, 1947 – 1 h 38.

Pour nourrir sa famille, Nick Bianco tente de dévaliser une bijouterie. Il est arrêté. On lui offre une peine réduite s'il dénonce ses complices. Il refuse et est condamné à vingt ans de prison. Un an plus tard, sa femme est violée par un de ses anciens complices et se suicide. Bianco accepte alors de collaborer. Libéré, il tente de remonter la pente, mais est obligé de témoigner contre un tueur fou, Tommy Udo. Celui-ci est pourtant acquitté et va se déchaîner contre Bianco et sa famille.

◆ *Si, malgré un scénario tombant parfois dans le mélodrame et un acteur-vedette (Mature) peu à l'aise dans l'univers du film noir,* Kiss of Death *reste un film légendaire et un classique du genre, il le doit exclusivement à Richard Widmark dans son premier rôle à l'écran, en tueur sadique, glacial et névrosé, et à la célèbre séquence dans laquelle celui-ci éclate de rire en poussant une paralytique dans un escalier après l'avoir attachée à son fauteuil.* L.A.

LE CARREFOUR DES ENFANTS PERDUS
Drame social de **Léon Joannon**, avec René Dary, Janine Darcey, Serge Reggiani, Jean Mercanton. France, 1944 – 1 h 50.

Un jeune journaliste crée un centre de rééducation pour les jeunes délinquants. L'un des grands films sociaux du cinéma français des années 40.

LES CARREFOURS DE LA VILLE "CITY STREETS"
Mélodrame policier de **Rouben Mamoulian**, avec Gary Cooper *(le « Kid »)*, Sylvia Sidney *(Nan)*, Paul Lukas *(« Big Fella » Maskal)*, Guy Kibbee *(Pop Cooley)*, William Boyd *(MacCoy)*, Wynne Gibson *(Agnes)*. • SC : Max Marcin, Oliver H.P. Garrett, d'après une histoire de Dashiell Hammett. • PH : Lee Garmes. • MUS : Sidney Cutner. • MONT : William Shea. États-Unis, 1931 – 1 h 14.

Nan, la jeune protégée du chef de gang Pop Cooley, tombe amoureuse du « Kid », insouciant jeune homme. À cause des exactions de Pop, Nan est arrêtée, et le Kid entre dans la pègre. Une fois libérée, pour épargner la vie du Kid, elle accepte les avances d'un gangster rival, « Big Fella » Maskal. À la suite d'un traquenard où ce dernier est abattu par sa maîtresse délaissée, Agnes, les deux amoureux s'enfuient ensemble.

◆ *Loin d'être un film de gangsters traditionnel,* les Carrefours de la ville *est une histoire d'amour sur fond de guerre des gangs. Son récit est languissant, et l'esthétisme de Mamoulian confine parfois au précieux, comme par antithèse à la violence du sujet : le cinéaste s'est souvent vanté de ne laisser aucun acte brutal apparaître à l'écran. En contrepoint d'un symbolisme visuel presque naïf (insert dans l'action d'images de vagues, de félins, d'oiseaux), le film s'attache à l'émouvante photogénie de Sylvia Sidney, dont ce fut le premier rôle important. La séquence de la visite en prison, où Gary Cooper et elle se touchent à travers la grille, est restée un morceau d'anthologie. Celle où la jeune femme, dans sa cellule, se remémore le dialogue off d'une scène précédente fut considérée à l'époque comme une grande innovation.* N.T.B.

CARRIE "CARRIE"
Film fantastique de **Brian De Palma**, avec Sissy Spacek, Piper Laurie, Amy Irving. États-Unis, 1976 – Couleurs – 1 h 37.

Carrie, risée du collège, victime du puritanisme maternel, se découvre des pouvoirs surnaturels et se venge de ses condisciples. À travers l'épouvante, la critique du fanatisme religieux.

LA CARRIÈRE DE SUZANNE
Étude psychologique d'**Éric Rohmer**, avec Catherine See, Christian Charrière. France, 1963 – 52 mn.

Deux étudiants se conduisent avec un égoïsme cynique vis-à-vis de l'amoureuse de l'un d'eux, jusqu'au jour où ils apprennent qu'elle va faire un riche mariage, et qu'elle est heureuse. Deuxième essai de Rohmer, ce « Conte moral » donne le ton de la série, celui d'un Marivaux moderne.

LA CARRIÈRE D'UNE FEMME DE CHAMBRE
"TELEFONI BIANCHI"
Comédie satirique de **Dino Risi**, avec Agostina Belli, Vittorio Gassman, Ugo Tognazzi, Cochi Ponzoni, Renato Pozzetto, Lino Toffolo. Italie, 1976 – Couleurs – 1 h 56.

Sous le Fascisme, Roberto est envoyé en Abyssinie parce que sa fiancée est courtisée par un officier. Avec l'appui du Duce, Marcella devient une actrice célèbre.

CARRINGTON "CARRINGTON"
Biographie de **Christopher Hampton**, d'après le livre de Michael Holroyd *Lytton Strachey*, avec Emma Thompson, Jonathan Pryce, Steven Waddington, Samuel West. Grande-Bretagne, 1995 – Couleurs – 2 h. ★ PRIX SPÉCIAL DU JURY, Cannes 1995.

Un an après le commencement de la Première Guerre mondiale débute dans les milieux de la bohème londonienne une difficile histoire d'amour entre une jeune peintre, Dora Carrington, et un écrivain homosexuel, Lytton Strachey.

LE CARROSSE D'OR
Comédie de **Jean Renoir**, avec Anna Magnani *(Camilla)*, Duncan Lamont *(Ferdinand, le vice-roi)*, Odoardo Spadaro *(Don Antonio)*, Riccardo Rioli *(Ramon, le toréador)*, Paul Campbell *(Felipe)*, George Higgins *(Martinez)*, Jean Debucourt *(l'évêque)* . • SC : J. Renoir, Renzo Avanzo, Giulio Macchi, Jack Kirkland, Ginette Doynel, d'après la pièce de Prosper Mérimée *le Carrosse du saint sacrement*. • PH : Claude Renoir. • DÉC : Mario Chiari. • MUS : Vivaldi, Corelli, O. Metra. • MONT : David Hawkins, Mario Serandrei. • PR : Panaria Film / Hoche Productions. Italie / France, 1953 – Couleurs – 1 h 40.

Au tout début du XVIIIe siècle, une troupe de comédiens ambulants, la fameuse « Commedia dell'arte » venue d'Italie, arrive au Pérou, pays réputé riche et où l'on peut faire fortune. C'est une communauté joyeuse et bruyante, animée par une maîtresse femme, Camilla, qui joue le personnage de Colombine à la scène. Camilla est une force de la nature et un tempérament généreux. Elle a un soupirant, Felipe, son compagnon de voyage, mais ne tarde pas à conquérir les cœurs du toréador local, Ramon, et du vice-roi lui-même, Ferdinand. Ce succès dérange l'ordre social et agace la cour qui essaie de discréditer l'intruse et sa troupe de théâtreux. Le vice-roi, monarque frivole, aimable et fastueux, fait don à Camilla du superbe carrosse d'or qu'il a acheté en Europe et qui fait l'orgueil de la cour. Scandale. Pour sortir d'une situation embarrassante et dans l'incapacité de choisir entre ses trois galants, Camilla les renvoie dos à dos, et offre son beau carrosse à l'Église. Il servira désormais à porter le saint sacrement aux malades. Ayant résolu ces problèmes, Camilla se consacre totalement à son art : le théâtre.

◆ La musique de la couleur

Cette comédie satirique vient dans la filmographie de Jean Renoir après le Fleuve, *considéré alors comme une plongée définitive dans la gravité, et même comme une sorte de testament spirituel et esthétique. Mais après la méditation au bord du long fleuve tranquille, symbole de la vie, Jean Renoir s'est ébroué dans les rires et sourires d'une fantaisie ultracolorée.* Le Carrosse d'or *est, en effet, avant toute chose, une fête de la couleur. Elle chante. Elle exprime, mieux que les situations et le dialogue « de théâtre », la force et la joie, la malice et le désarroi, la générosité (couleurs flamboyantes) et les ridicules (couleurs pâles, pastel) des personnages. Elle n'est pas seulement symbolique, elle est belle, gratifiante, euphorisante. La musique de Vivaldi et Corelli a à peu près la même fonction. Renoir, ici, sacrifie le réalisme à l'art. C'est d'ailleurs la morale du propos. Camilla hésite entre son amour (ses amours) et son métier. Elle choisit finalement la scène, non sans avoir déclaré qu'il est impossible de savoir où s'arrête le théâtre et où commence la vie. Renoir se divertit et nous divertit (la satire est drôle, mais jamais vraiment méchante). Et puis, il semble vouloir arrêter le mouvement : le divertissement débouche sur une méditation essentielle qui semble le surprendre.* *G.S.*

LE CARROUSEL FANTASTIQUE

"CAROSELLO NAPOLETANO"

Film musical d'**Ettore Giannini**, avec Léonide Massine, Yvette Chauviré, Sophia Loren, Nadia Gray, Maria Fiore, Folco Lulli. Italie, 1954 – Couleurs – 2 h 03.

Adaptation en couleurs du célèbre spectacle scénique d'Ettore Giannini, dont Naples et les Napolitains sont les héros.

CAR SAUVAGE EST LE VENT

"WILD IS THE WIND"

Drame de **George Cukor**, d'après le roman d'Arnold Schulmann, avec Anna Magnani, Anthony Quinn, Anthony Franciosa. États-Unis, 1957 – 1 h 54.

Dans le Nevada, un éleveur de moutons veuf, d'origine italienne, épouse sa belle-sœur qu'il fait venir d'Italie. Mais elle tombera amoureuse du fils adoptif de son mari.

CARTHAGE EN FLAMMES "CARTAGINE IN FIAMME"

Drame historique de **Carmine Gallone**, avec Anne Heywood, Pierre Brasseur, Daniel Gélin, José Suarez. Italie / France, 1959 – Couleurs – 1 h 50.

Débarqués sur la terre africaine, les Romains assiègent Carthage, leur tenace ennemie, bien décidés à l'anéantir. Fresque à grand spectacle pour laquelle Gallone, spécialiste du genre, a bénéficié de moyens importants. Le film fut projeté sur un écran géant 70 mm qui restituait l'ampleur des batailles navales et du gigantesque incendie de Carthage.

CARTOUCHE

Film d'aventures de **Philippe de Broca**, avec Jean-Paul Belmondo, Claudia Cardinale, Odile Versois, Marcel Dalio, Jean Rochefort. France, 1961 – Couleurs – 1 h 45.

Les exploits et les amours du célèbre brigand contées avec entrain par de Broca qui a tenté de retrouver la verve de Fanfan la Tulipe et y parvient souvent. Belmondo-Cardinale sont au niveau de Gérard Philipe-Lollobrigida.

▷ Autres aventures de « Cartouche » réalisées par : **Jacques Daroy**, avec Paul Lalloz, Jacqueline Mignac, Lucien Blondeau, Berthier, Lucas Gridoux, Léna Roussika, Mila Parély. France, 1934 – 1 h 31. **Guillaume Radot**, intitulées CARTOUCHE, ROI DE PARIS, avec Roger Pigaut, Jean Davy, Renée Devillers, Lucien Nat, Jacques Castelot, Claire Duhamel. France, 1950 (RÉ : 1948) – 1 h 20.

CASABIANCA

Film de guerre de **Georges Péclet**, d'après le livre du Cdt L'Herminier, avec Pierre Dudan, Gérard Landry, Jean Vilar, Paulette Andrieux. France, 1951 – 1 h 24.

L'odyssée du sous-marin *Casabianca* qui assura la liaison entre la Corse et la France durant la guerre pour permettre l'organisation de la Résistance.

CASABLANCA "CASABLANCA"

Drame de **Michael Curtiz**, avec Humphrey Bogart *(Rick Blaine)*, Ingrid Bergman *(Ilsa Lund)*, Paul Henreid *(Victor*

Laszlo), Claude Rains *(le capitaine Louis Renault)*, Conrad Veidt *(le major Strasser)*, Sydney Greenstreet *(Señor Ferrari)*, Peter Lorre *(Ugarte)*, S.Z. Sakall *(Carl)*, Madeleine Lebeau *(Yvonne)*, Dooley Wilson *(Sam)*, John Qualen *(Berger)*, Marcel Dalio *(le croupier)*. • SC : Julius J. Epstein, Philip G. Epstein, Howard Koch, d'après la pièce de Murray Burnett et Joan Alison *Everybody Comes to Rick's*. • PH : Arthur Edeson. • DÉC : Carl Jules Weyl. • MUS : Max Steiner. • MONT : Owen Marks. • PR : Hal B. Wallis (Warner Bros). États-Unis, 1943 – 1 h 42.
★ OSCAR DU MEILLEUR FILM 1943.

1942. Des milliers de réfugiés, venus des quatre coins de l'Europe, affluent à Casablanca dans le fragile espoir d'obtenir un visa pour les États-Unis. Leur rendez-vous favori est le Café Américain, où se côtoient dans une ambiance feutrée et élégante les représentants de toutes les nations. Le maître des lieux, Rick Blaine, est un homme secret au passé obscur, un individualiste farouche « qui ne se mouille pour personne ». L'assassinat de deux émissaires nazis porteurs de lettres de transit amène à Casablanca un important dignitaire allemand, le major Strasser. Celui-ci fait pression sur le nonchalant capitaine Renault – un vieil ami/rival de Rick – pour qu'il diligente l'enquête. C'est alors que débarque au Café Américain le résistant hongrois Victor Laszlo, accompagné de sa jeune et belle épouse, Ilsa. Rick, bouleversé, reconnaît en elle la femme avec laquelle il avait eu, deux ans plus tôt, une brève idylle à Paris...

◆ Une œuvre foisonnante et jubilante

Casablanca *contient assez d'intrigues et de personnages – policiers corrompus, officiers nazis, trafiquants et pickpockets, résistants et réfugiés – pour alimenter une dizaine de films. Cette œuvre foisonnante et jubilante illustre admirablement les qualités majeures de Michael Curtiz : la fluidité, l'énergie et l'élégante concision de sa mise en scène, son romantisme noir, son humour acerbe et désenchanté, son aptitude à brasser les registres les plus contrastés –* Casablanca *est à la fois l'une des plus belles histoires d'amour du cinéma hollywoodien, un film de guerre, un mélodrame exotique, un thriller et un prêche patriotique –, sa passion pour les contextes troubles, les huis clos oppressants, les collectivités en transit réunies en une commune dérive par les hasards de l'histoire, les affrontements indécis entre « bons » et « méchants ». Sur cette toile de fond se joue le drame d'un trio dont chacun des protagonistes incarne un mode différent d'engagement : rationnel (Laszlo), sentimental (Ilsa), chevaleresque (Rick). Résultats d'une improvisation féconde, les louvoiements de l'action servent admirablement le propos d'un film où règnent en maîtres l'incertitude, le hasard, le mensonge et le bluff. À ce jeu pervers, le dernier mot revient, bien sûr, au faux cynique qui aura su déguiser jusqu'au bout sa véritable nature et surmonter les déchirements du passé, à l'aventurier hautain qui aura su devenir un patriote sans sacrifier son statut d'éternel outsider.* O.E.

CASANOVA

Comédie dramatique d'**Alexandre Volkoff**, avec Ivan Mosjoukine, Diana Karenne, Rudolf Klein-Rogge, Suzanne Bianchetti, Jenny Jugo, Rina de Liguoro. France, 1927 – 3 100 m (env. 1 h 54).

Un aventurier trop frivole doit quitter Venise et se retrouve en Russie. Remarqué par l'impératrice, il revient dans sa ville natale, connaît diverses aventures, est emprisonné, puis s'évade par la mer.

CASANOVA "LE AVVENTURE DI GIACOMO CASANOVA"

Comédie historique de **Steno**, avec Gabriele Ferzetti, Corinne Calvet, Marina Vlady, Nadia Gray, Irene Galter. Italie/France, 1954 – Couleurs – 1 h 32.

Esprit, humour, luxe et rythme caractérisent ces aventures du célèbre séducteur dont les conquêtes sont toutes plus belles les unes que les autres.

LE CASANOVA DE FELLINI

"IL CASANOVA DI FEDERICO FELLINI"

Drame de **Federico Fellini**, avec Donald Sutherland *(Casanova)*, Tina Aumont *(Henriette)*, Mary Marquet *(la mère)*, Cicely Browne *(la marquise d'Urfé)*, Daniel Emilfork *(Dubois)*. • SC : F. Fellini, Bernardino Zapponi, d'après *Histoire de ma vie* de Giacomo Casanova. • PH : Giuseppe Rotunno. • DÉC : Danilo Donati. • COST : Danilo Donati. • MUS : Nino Rota. • MONT : Ruggero Mastroianni. Italie, 1976 – Couleurs – 2 h 30.

Morceaux choisis de la vie de Casanova à travers l'Europe du XVIIIe siècle. Casanova y est à la recherche d'un réel statut social et d'une reconnaissance de ses prétentions artistiques et philosophiques. Pour cela, il utilise la séduction qu'il exerce sur les femmes, mais celles-ci le manipulent, l'abandonnent et sa réputation de coq en fait la risée du beau monde.

◆ *La structure de ce film est circulaire. Les épisodes (les femmes) s'y succèdent pour nous dire autrement la même chose : Casanova et son époque ne sont qu'une mécanique vide, peut-être même dénuée d'âme. Le film répète dix fois la même situation avec un Casanova qui se putréfie de plus en plus. Ce film qui pue la mort, dans son faste et sa brillance même, laisse une impression de malaise persistant. Ses gros plans de visages aux yeux vides y sont comme des miroirs de nous-mêmes. Peut-être le plus grand Fellini.* S.K.

CASANOVA LE PETIT "CASANOVA BROWN"
Comédie de **Sam Wood**, d'après une pièce de Floyd Dell et Thomas Mitchell, avec Gary Cooper, Teresa Wright, Frank Morgan, Anita Louise. États-Unis, 1944 – 1 h 34.

Un timide professeur apprend la veille de son second mariage (avec une riche héritière) que sa première femme va accoucher. Pour éviter que l'enfant soit adopté, il l'enlève et retrouve celle qu'il n'a pas cessé d'aimer.

CASANOVA 70 "CASANOVA 70"
Comédie de **Mario Monicelli**, avec Marcello Mastroianni, Virna Lisi, Marisa Mell, Michèle Mercier, Liana Orfei, Moira Orfei, Margaret Lee. Italie / France, 1965 – Couleurs – 1 h 50.

Les aventures galantes d'un attaché militaire italien à l'O.T.A.N., dont le désir s'éveille dans des situations de danger.

CASANOVA, UN ADOLESCENT À VENISE
"INFANZIA, VOCAZIONE E PRIME ESPERIENZE DE GIACOMO CASANOVA VENEZIANO"
Évocation historique de **Luigi Comencini**, avec Leonard Whiting *(Casanova adolescent)*, Claudio De Kunert *(Casanova enfant)*, Maria Grazia Buccella *(Zanetta)*, Senta Berger *(Giulietta)*, Lionel Stander *(Don Tosello)*, Tina Aumont *(Marcella)*, Mario Peron *(le père de Casanova)*, Silvia Dioniso *(Mariolina)*. • SC : Suso Cecchi d'Amico, L. Comencini, d'après *Histoire de ma vie* de Giacomo Casanova. • PH : Aiace Parolin. • DÉC : Piero Gherardi. • MUS : Fiorenzo Carpi. • MONT : Nino Baragli. Italie, 1969 – Couleurs – 1 h 50.

On sait l'intérêt porté depuis toujours par Comencini à l'enfance. Il a choisi de développer ici les quelques chapitres des *Mémoires* où Casanova évoque sa formation première à Venise, prolongeant ce souvenir jusqu'aux années où, de son propre aveu, il choisit de devenir l'aventurier libertin qu'il restera pour la postérité.

◆ *Emporté par un rythme qui se soutient d'épisode en épisode, le film présente l'une des plus brillantes reconstitutions jamais tentées au cinéma de la vie vénitienne au XVIIIe siècle, l'une des plus « réalistes » aussi. Sur cette toile de fond, les personnages circulent entre comédie et drame avec une aisance confondante, selon une vision du monde sensible, tour à tour, à la fuite de toutes les apparences et à la possibilité limitée mais vraie que garde l'homme de saisir des instants de bonheur, et de prêter librement quelque signification (non religieuse) à son destin.* G.LD.

CASBAH "ALGIERS"
Drame de **John Cromwell**, avec Charles Boyer, Hedy Lamarr, Sigrid Gurie, Gene Lockhart, Joseph Calleia, Alan Hale. États-Unis, 1938 – 1 h 35.

Un gangster recherché par la police se terre dans la Casbah d'Alger. Il s'éprend d'une touriste et sera abattu sur le port en tentant de la rejoindre. Remake, version hollywoodienne, de *Pépé le Moko*.

▷ Autre version, musicale et chantante, réalisée par **John Berry**, intitulée CASBAH, avec Tony Martin, Yvonne De Carlo, Marta Toren, Peter Lorre, Hugo Haas. États-Unis, 1948 – 1 h 34.

CAS DE CONSCIENCE "CRISIS"
Drame psychologique de **Richard Brooks**, avec Cary Grant, Jose Ferrer, Paula Raymond, Signe Hasso. États-Unis, 1950 – 1 h 35.

Un médecin doit opérer d'une tumeur un dictateur dont tous souhaitent la mort. Pour faire pression sur lui, les ennemis du dictateur enlèvent son épouse. Grant sait teinter d'humour son personnage.

LE CAS DE L'AVOCAT DURAND "PENTHOUSE"
Film policier de **W.S. Van Dyke**, avec Warner Baxter, Myrna Loy, C. Henry Gordon, Nat Pendleton, Charles Butterworth, George E. Stone. États-Unis, 1933 – 1 h 30.

Lorsqu'il prend conscience de l'inutilité de son action pour remettre dans le droit chemin les voyous en tout genre, un avocat se lance dans la voie du crime.

LE CAS DU DOCTEUR LAURENT
Drame de **Jean-Paul Le Chanois**, avec Jean Gabin, Nicole Courcel, Silvia Monfort, Michel Barbey. France, 1957 – 1 h 53.

La lutte menée par un médecin de campagne pour faire triompher les méthodes d'accouchement sans douleur. Sur un sujet délicat à l'époque, le film bénéficie de la photo d'Henri Alekan, de la musique de Joseph Kosma et de son interprétation.

ÇA S'EST PASSÉ À ROME "LA GIORNATA BALORDA"
Comédie dramatique de **Mauro Bolognini**, d'après *les Contes romains* d'Alberto Moravia, avec Jean Sorel, Lea Massari, Jeanne Valérie, Rik Battaglia. Italie / France, 1960 – 1 h 29.

Tranche de vie d'une certaine jeunesse romaine, ou la « Dolce Vita » des pauvres. Scénario de Pasolini, Moravia et Visconti.

CASH-CASH "Finders Keepers"

Comédie de **Richard Lester**, d'après le roman de Charles Dennis, avec Michael O'Keefe, Beverly D'Angelo. États-Unis, 1984 – Couleurs – 1 h 36.

Un organisateur de galas est embarqué, bien malgré lui, dans une invraisemblable histoire de cambriolage, l'argent étant caché dans... un cercueil.

CASIER JUDICIAIRE "You and Me"

Comédie dramatique de **Fritz Lang**, avec Sylvia Sidney, George Raft, Harry Carey, Barton MacLane, Warren Hymer. États-Unis, 1938 – 1 h 30.

Un ancien bagnard, qui travaille chez un commerçant, épouse une collègue, sans savoir qu'elle a fait aussi de la prison. Alors qu'il est prêt à « replonger », elle va le remettre dans le droit chemin.

CASINO "Casino"

Comédie dramatique de **Martin Scorsese**, avec Robert De Niro, Sharon Stone, Joe Pesci, Don Rickles. États-Unis, 1995 – Couleurs – 2 h 58.

As du jeu, Sam Rothstein a fait de l'établissement qu'il dirige, avec l'aide de Santoro, un des casinos les plus prospères de Las Vegas. Mais Ginger, une aventurière destructrice dont il tombe amoureux et qu'il épouse, va provoquer toute une série de drames dont elle sera d'ailleurs l'une des premières victimes. Trois personnages dans l'enfer du monde du jeu.

CASINO ROYALE "Casino Royale"

Comédie de **John Huston, Ken Hughes, Val Guest, Robert Parrish, Joe McGrath, Richard Talmadge**, avec David Niven, Deborah Kerr, Orson Welles, Peter Sellers, Ursula Andress, Woody Allen, William Holden, Charles Boyer, John Huston, Daliah Lavi, Jacqueline Bisset, Peter O'Toole, George Raft, Jean-Paul Belmondo. Grande-Bretagne, 1967 – Couleurs – 2 h 10.

Une délirante parodie burlesque des aventures de 007, non-sensique et inénarrable, dans laquelle tout le monde est James Bond !

CASQUE D'OR

Drame de **Jacques Becker**, avec Simone Signoret *(Casque d'or)*, Serge Reggiani *(Manda)*, Claude Dauphin *(Leca)*, Raymond Bussières *(Raymond)*, Gaston Modot *(Danard)*, William Sabatier *(Roland)*. • SC : J. Becker, Jacques Companeez. • PH : Robert Le Febvre. • DÉC : Jean d'Eaubonne. • MUS : Georges Van Parys. • MONT : Marguerite Renoir. • PR : Speva Films / Paris-Film Productions. France, 1952 – 1 h 36.

Un jeune charpentier tombe amoureux d'une belle prostituée, Marie, surnommée « Casque d'or », qui « appartient » à Roland, un lieutenant de la bande à Leca, voyou affichant des allures de gentilhomme. Après avoir tué Roland dans un combat à la loyale auquel il a été poussé, Manda vit un grand amour – partagé – avec Casque d'or que convoite secrètement Leca. Ce truand machiavélique tend un piège (chantage à l'amitié) dans lequel tombe le trop naïf Manda. Quand il comprend par qui il a été berné, Manda cherche à se venger. Il exécute Leca, se laisse capturer par la police, est condamné à mort. Casque d'or assiste à la décapitation.

◆ **La tragédie de l'inéluctable**

Jacques Becker était l'un des plus subtils chroniqueurs de son temps. Ses films, toujours élégants, se situaient dans des milieux sociaux contemporains précis : la paysannerie (Goupi Mains Rouges), *la haute couture* (Falbalas), *le prolétariat* (Antoine et Antoinette), *la bourgeoisie frivole* (Édouard et Caroline), *la jeunesse de l'après-guerre* (Rendez-Vous de juillet), *la bohème* (Rue de l'Estrapade), *la truanderie* (Touchez pas au grisbi). *Cet éclectisme a donné lieu à un malentendu. On a vu en Becker un aimable « touche-à-tout », doué mais superficiel. On lui déniait un sens « puissant » de la dramaturgie, et la présence de thèmes universels et éternels. Ce procès ne résiste pas à l'analyse. À preuve :* Casque d'or. *Salué comme un chef-d'œuvre et, par certains, comme une tragédie classique, ce film est une étincelante démonstration du génie de Jacques Becker. S'il s'agit, comme dans* Touchez pas au grisbi, *d'une histoire de brigands, elle ne se situe pas de nos jours, mais à une époque plus ou moins mythique, le début de ce siècle, avec ses apaches, ses guinguettes, ses personnages historiques (le repris de justice Manda, la courtisane Casque d'or ont existé). Donc, cette fois, pas de chronique sociale... encore que jamais l'époque 1900 n'avait, dans un film, communiqué une telle impression de vraisemblance. Mais l'essentiel de* Casque d'or *est ailleurs. C'est une tragédie de l'amour et de l'amitié, un hymne à la fidélité. Sur des images lumineuses, Becker cristallise en un film unique la notion d'amour fou : un coup de foudre qui dure toujours. Ce qui arrive à Casque d'or et à Manda est impérieux et fatal. C'est dit sans phrase, avec de simples échanges de regards, des silences, des paysages et du soleil. La mise en scène est la mise en place de l'inéluctable. La guinguette réaliste et poétique, presque conventionnelle, au début du film, devient, à la fin, un lieu intemporel inoubliable. Les amants dansent pour l'éternité sur l'air du* Temps des cerises. *Margot pleure, et, cette fois, avec raison.* *G.S.*

LE CASSE
Film policier d'**Henri Verneuil**, d'après le roman de David Goodis *The Burglar*, avec Jean-Paul Belmondo, Omar Sharif, Dyan Cannon, Robert Hossein, Nicole Calfan. France, 1971 – Couleurs – 2 h 05.

À Athènes, le produit d'un hold-up fait l'objet d'un combat échevelé entre un gangster et un policier.

▷ Voir aussi LE CAMBRIOLEUR.

LES CASSE-PIEDS
Film à sketches de **Jean Dréville**, avec Noël-Noël, Bernard Blier, Marguerite Deval, Jean Tissier. France, 1948 – 1 h 30. ★ PRIX LOUIS-DELLUC 1948.

Avec la verve d'un chansonnier, Noël-Noël a écrit et interprété cette série de sketches ridiculisant les raseurs typiques. Ce film mémorable a été son plus grand succès.

LES CASSEURS DE GANG "BUSTING"
Film policier de **Peter Hyams**, avec Elliott Gould, Robert Blake. États-Unis, 1972 – Couleurs – 1 h 30.

Le brigade des mœurs de Los Angeles enquête sur un vaste trafic de drogue. Deux inspecteurs vont se trouver aux prises avec des adversaires coriaces. Innombrables morts violentes.

LA CASTAGNE "SLAP SHOT"
Comédie de **George Roy Hill**, avec Paul Newman, Strother Martin, Michael Ontkean, Lindsay Crouse. États-Unis, 1977 – Couleurs – 2 h.

Reggie Dunlop est entraîneur d'une équipe de hockey sur glace. Ses nouvelles recrues utilisent des méthodes assez peu orthodoxes, et c'est l'escalade de la violence.

CAT AND MOUSE
Film policier de **Paul Rotha**, d'après le roman de Michael Halliday, avec Lee Patterson, Ann Sears, Hilton Edwards, Victor Maddern. Grande-Bretagne, 1958 – 1 h 19.

La fille d'un homme exécuté pour meurtre est menacée par des truands à la recherche d'un magot caché. Un thriller convaincant réalisé par un spécialiste du film documentaire.

CAT BALLOU "CAT BALLOU"
Western d'**Elliot Silverstein**, d'après le roman de Roy Chanslor, avec Jane Fonda, Lee Marvin. États-Unis, 1965 – Couleurs – 1 h 30.

La ravissante Cat Ballou, que son fermier de père a tenté de transformer en jeune fille du monde, ne rêve que d'égaler les gloires de l'Ouest : elle accumule les coups de force... et les gaffes.

CATCH 22 "CATCH TWENTY-TWO"
Comédie de **Mike Nichols**, d'après le roman de Joseph Heller, avec Alan Arkin, Martin Balsam, Orson Welles. États-Unis, 1970 – Couleurs – 2 h 02.

À la fin de la guerre, dans une base américaine en Méditerranée, chacun cherche à éviter les missions. Cela entraîne des péripéties plus ou moins loufoques, dans un climat antimilitariste exacerbé.

CATHERINE ET CIE
Comédie de **Michel Boisrond**, d'après le roman d'E. de Segonzac, avec Jane Birkin, Patrick Dewaere, Jean-Claude Brialy, Vittorio Caprioli, Jean-Pierre Aumont. France / Italie, 1975 – Couleurs – 1 h 40.

En femme d'affaires, une jolie Anglaise valorise au mieux les « petits cadeaux » de ses multiples amis.

CATHERINE ou UNE VIE SANS JOIE
Drame d'**Albert Dieudonné**, sur un scénario de Jean Renoir, avec Catherine Hessling, Louis Gauthier, Maud Richard, A. Dieudonné, Pierre Philippe (P. Lestringuez). France, 1927 (RÉ : 1924) – 2 000 m (env. 1 h 14).

Une jeune servante est chassée par ses patrons lorsque le fils de la famille meurt dans ses bras. Recueillie par un député trompé par sa femme, ils déclenchent le scandale avant de prendre la fuite.

ÇA TOURNE À MANHATTAN
"LIVING IN OBLIVION"
Comédie de **Tom Di Cillo**, avec Steve Buscemi, Catherine Keener, Dermot Mulroney, Danielle von Zerneck. États-Unis, 1994 – Couleurs – 1 h 30. ★ GRAND PRIX, Deauville 1995.

Quand le réalisateur Nick Reve rêve au film qu'il est en train de tourner, tout se passe très mal. Idem dans le rêve de l'actrice principale, Nicole. Dans la réalité, les choses ne se présentent guère mieux, mais tout finit quand même par s'arranger. Gags en cascade et rythme trépidant.

CAUCHEMAR
Drame de **Noël Simsolo**, avec Pierre Clémenti, Hélène Surgère, Béatrice Bruno. France, 1980 – Couleurs – 1 h 35.

Une pianiste célèbre, accusée jadis du meurtre de son frère violoniste, est prise dans un engrenage de morts mystérieuses. Un film dans la tradition du réalisme poétique de Prévert et Carné.

LE CAUCHEMAR DE DRACULA "DRACULA"
Film d'horreur de **Terence Fisher**, avec Christopher Lee *(Dracula)*, Peter Cushing *(Dr Van Helsing)*, Michael Gough *(Arthur Holmwood)*, Melissa Stribling *(Mina*

Holmwood), Carol Marsh *(Lucy Holmwood)*, John Van Eyssen *(Jonathan Harker)*. • SC : Jimmy Sangster, d'après le roman de Bram Stoker *Dracula*. • PH : Jack Asher. • DÉC : Bernard Robinson. • MUS : James Bernard. Grande-Bretagne, 1958 – Couleurs – 1 h 22.

Jonathan Harker se rend dans les Carpathes chez le comte Dracula qui l'a engagé comme bibliothécaire. Mordu par une femme-vampire, il devient vampire à son tour. Son ami le Dr Van Helsing, vampirologue, parti à sa recherche, le découvre et lui plante un pieu dans le cœur. Dracula se venge en vampirisant la fiancée de Harker, Lucy, et en enlevant la belle-sœur de celle-ci, Mina. Van Helsing et le mari de Mina poursuivent Dracula jusqu'à son château et arrivent juste à temps pour sauver Mina. Au terme d'un duel acharné, le vampire est détruit par les rayons du soleil levant.

◆ *Après le succès commercial de* Frankenstein s'est échappé, *la Hammer Films a immédiatement enchaîné, avec la même équipe, sur ce* Cauchemar, *qui consacra l'éclosion de la nouvelle école de l'épouvante anglaise et est sans doute le chef-d'œuvre de Terence Fisher. D'un romantisme baroque, jouant sur les harmonies de couleur et sur la musique superbe et tonitruante, il définit le vampire comme un séducteur tourmenté – en imposant, pour la première fois, les fameuses canines proéminentes qui allaient devenir son image de marque.* *G.L.*

▷ Voir aussi DRACULA.

CAUCHEMARS PARFUMÉS

"MABABANGONG BANGUNGOT"

Comédie dramatique de **Kidlat Tahimik**, avec Kidlat Tahimik, Dolores Santamaria, Mang Fely, Georgette Baudry. Philippines, 1976 – Couleurs – 1 h 40.

Un jeune conducteur de taxi-Jeep, qui rêve de visiter l'Amérique, accepte de travailler pour un Américain de Paris. Ses pérégrinations à travers l'Europe transformeront progressivement son rêve...

CAUGHT

Drame de **Max Ophuls**, d'après le roman de Libbie Block *Wild Calendar*, avec James Mason, Barbara Bel Geddes, Robert Ryan. États-Unis, 1949 – 1 h 28.

Une femme mariée à un odieux millionnaire psychotique le quitte pour un honnête médecin. Ryan joue le millionnaire, inspiré de Howard Hughes. Le style d'Ophuls assume très bien le mélodrame.

CAUSE TOUJOURS, TU M'INTÉRESSES

Comédie d'**Édouard Molinaro**, d'après le roman de Peter Marks *Hang ups*, avec Annie Girardot, Jean-Pierre Marielle, Christian Marquand, Jacques François. France, 1979 – Couleurs – 1 h 25.

François, un présentateur de radio, se sent seul ; il décroche le téléphone et compose un numéro au hasard : c'est celui de Christine, une pharmacienne en mal d'amour.

CAVALCADE "CAVALCADE"

Comédie dramatique de **Frank Lloyd**, avec Clive Brook *(Robert Maryott)*, Diana Wynyard *(Jane, sa femme)*, John Walburton *(Edward, leur fils)*, Herbert Mundrin *(Alfred Bridges)*, Una O'Connor *(Ellen, sa femme)*, Ursula Jeans *(Fanny, leur fille)*, Merle Tottenham, Bery Mercer, Margaret Lindsay, Irene Brown, Frank Lawton, Tempe Piggott, Billy Bevan. • SC : Reginald Berkeley, Sonya Levien, d'après la pièce de Noel Coward. • PH : Ernest Palmer. • DÉC : William Darling. • MUS : Louis de Francesco. États-Unis, 1933 – 1 h 49. ★ OSCAR DU MEILLEUR FILM 1932-1933.

La vie d'une famille bourgeoise londonienne, les Maryott, entre 1899 et 1918. Le foyer est uni, l'éducation des enfants stricte, la domesticité fidèle. Des événements parfois douloureux ponctuent la chronique : guerre des Boers, funérailles de la reine Victoria, naufrage du Titanic, guerre de 1914... Mais le moral britannique, comme l'Empire, reste inébranlable.

◆ *Adaptation libre d'une pièce à succès,* Calvacade *est le prototype de la saga familiale étalée sur une ou plusieurs générations : un filon fructueux, qui sera exploité ensuite par des cinéastes aussi divers que John Ford* (le Monde en marche, *1934), Julien Duvivier* (Untel père et fils, *1940), Claude Lelouch* (les Uns et les Autres, *1981), etc. Noel Coward en donnera sa propre version dans* Heureux Mortels *(1944). Le film américain opte pour la touche unanimiste, l'alternance d'intimisme et d'épopée (préparation du réveillon de Noël, foule en délire de l'Armistice), le délayage sentimental. Le casting est de qualité, la mise en scène ne lésine pas sur les moyens, mais l'ensemble distille un certain ennui.* *C.B.*

CAVALCADE D'AMOUR

Comédie dramatique de **Raymond Bernard**, avec Claude Dauphin, Michel Simon, Janine Darcey, Simone Simon, Corinne Luchaire. France, 1940 – 1 h 40.

Dans un château de la Loire à trois époques différentes, les amours tragiquement contrariées et les mariages de raison de trois couples. Seul le dernier finit par devenir un mariage d'amour.

LA CAVALCADE DES HEURES

Comédie dramatique d'**Yvan Noé**, avec Fernandel, Charles Trénet, Pierrette Caillol, Gaby Morlay, Félicien

Tramel, Jeanne Fusier-Gir, Fernand Charpin. France, 1943 – 1 h 39.

Par son intervention, une femme fatale transformera la vie de personnages très différents : explorateur, chanteur excédé par ses admirateurs, petit bourgeois médiocre ou condamné à mort...

LA CAVALE
Drame de **Michel Mitrani**, d'après le livre d'Albertine Sarrazin, avec Juliet Berto, Jean-Claude Bouillon, Catherine Rouvel, Geneviève Page, Olga Georges-Picot. France, 1971 – Couleurs – 1 h 30.

La vie quotidienne d'une jeune femme incarcérée. Malgré sa fidélité au roman autobiographique, Mitrani s'est plutôt attaché à peindre un groupe de femmes.

LE CAVALEUR
Comédie de **Philippe de Broca**, avec Jean Rochefort, Nicole Garcia, Danielle Darrieux, Annie Girardot. France, 1979 – Couleurs – 1 h 44.

Édouard Choiseul, un pianiste virtuose de cinquante ans, marié et père de famille, « cavale » de rendez-vous en rendez-vous pour satisfaire aux exigences de ses multiples « admiratrices ». Une comédie toute en finesse.

LE CAVALIER AU MASQUE "The Purple Mask"
Aventures historiques de **Bruce Humberstone**, d'après le roman de la baronne d'Orczy, avec Tony Curtis, Colleen Miller, Gene Barry, Angela Lansburry. États-Unis, 1955 – Couleurs – 1 h 22.

Paris, 1802, sous le Consulat ; un mystérieux cavalier masqué lutte pour le rétablissement de la royauté. Avec toute la fougue de Tony Curtis.

▷ Autres versions réalisées par : **Harold Young**, intitulée LE MOURON ROUGE "The Scarlet Pimpernel", avec Leslie Howard, Merle Oberon, Raymond Massey, Nigel Bruce, Bramwell Fletcher, Anthony Bushell. Grande-Bretagne, 1934 – 1 h 38. **Michael Powell** et **Emeric Pressburger**, intitulée THE ELUSIVE PIMPERNEL, avec David Niven, Margaret Leighton, Cyril Cusack, Jack Hawkins. Grande-Bretagne, 1950 – Couleurs – 1 h 49.

LE CAVALIER DU CRÉPUSCULE
"Love Me Tender"
Western musical de **Robert D. Webb**, avec Richard Egan, Debra Paget, Elvis Presley. États-Unis, 1956 – 1 h 29.

Les mésaventures de trois frères autour d'un butin rapporté de la guerre de Sécession. Elvis Presley débutait à l'écran face à la charmante Debra Paget en lui chantant le désormais immortel « Love Me Tender ».

LE CAVALIER DU DÉSERT "The Westerner"
Western de **William Wyler**, avec Gary Cooper *(Hardin)*, Walter Brennan *(juge Roy Bean)*, Doris Davenport *(Jane-Ellen)*, Fred Stone *(le père Mathews)*, Forrest Tucker *(Harper)*, Lilian Bond *(Lily Langtry)*. • SC : Jo Swerling, Niven Busch, d'après le sujet de Stuart N. Lake. • PH : Gregg Toland. • DÉC : Julia Heron. • MUS : Dimitri Tiomkin. • MONT : Daniel Mandell. États-Unis, 1940 – 1 h 40.

Condamné à la pendaison par le juge Roy Bean, le cow-boy Hardin n'a la vie sauve que parce qu'il feint de connaître l'actrice Lily Langtry dont le juge est amoureux sans l'avoir jamais vue. Hardin va se faire nommer shérif à la ville voisine et affronte Bean venu assister à un spectacle de Lily : il blesse mortellement le juge qui va expirer aux pieds de l'actrice.

◆ *La Bible dans une main et le revolver dans l'autre, le cabaretier Roy Bean exerce sans mandat une justice expéditive au profit des éleveurs en lutte contre les fermiers. Cet excellent western met ainsi en œuvre un thème traditionnel de la saga de l'Ouest en y ajoutant un pittoresque élément sentimental. Dominée par deux grands acteurs et traitée en images superbes, c'est l'une des plus brillantes réussites de Wyler.* *M.MN.*

LE CAVALIER DU KANSAS "The Kansan"
Western de **George Archainbaud**, avec Richard Dix, Jane Wyatt, Victor Jory, Albert Dekker, Eugene Pallette. États-Unis, 1943 – 1 h 19.

De passage dans une petite ville, un ancien officier nordiste met en fuite des bandits, et se fait élire shérif. Il prend la défense des victimes d'un banquier véreux.

LE CAVALIER ÉLECTRIQUE "Electric Horseman"
Drame de **Sydney Pollack**, avec Robert Redford, Jane Fonda, Valerie Perrine. États-Unis, 1979 – Couleurs – 2 h.

Un champion de rodéo, devenu la vedette publicitaire d'une grande société, se révolte contre un système de valeurs contraire à son idéal de cow-boy. Une journaliste part en croisade pour sa défense. La morale écologiste de l'après-Watergate.

LE CAVALIER NOIR "The Singer Not the Song"
Drame psychologique de **Roy W. Baker**, d'après le roman d'Audrey Erskine Lindop, avec Dirk Bogarde, John Mills, Mylène Demongeot. Grande-Bretagne, 1961 – 1 h 11.

Le père Keogh lutte contre la terreur que fait régner un bandit dans un village mexicain. Des situations cornéliennes opposent deux personnages de tragédie que leur caractère entier rapproche.

LES CAVALIERS "The Horse Soldiers"
Film d'aventures historiques de **John Ford**, avec John Wayne, William Holden, Constance Towers. États-Unis, 1959 – Couleurs – 2 h.

Durant un épisode de la guerre de Sécession, l'étude du caractère de deux hommes d'exception : un colonel aussi dur que brave (Wayne) et un médecin généreux (Holden).

LES CAVALIERS "The Horsemen"
Film d'aventures de **John Frankenheimer**, d'après le roman de Joseph Kessel, avec Omar Sharif, Jack Palance. États-Unis, 1971 – Couleurs – 1 h 50.

Dans l'Afghanistan d'avant-guerre, le « bouzkachi » est l'événement de l'année : un tournoi de cavaliers, autour duquel tournent les péripéties du film. Mais la chronique fidèle de Kessel a été repeinte aux couleurs hollywoodiennes sur un scénario de Dalton Trumbo.

▷ Voir aussi LA PASSE DU DIABLE.

LES CAVALIERS DE L'ENFER "Posse from Hell"
Western d'**Herbert Coleman**, avec Audie Murphy, John Saxon, Zohra Lampert, Vic Morrow, Robert Keith. États-Unis, 1961 – Couleurs – 1 h 29.

Quatre bandits sèment la terreur dans l'Ouest. Ils volent et assassinent par plaisir, pourchassés par une petite troupe d'hommes menés par l'adjoint que le shérif a nommé en expirant.

LES CAVALIERS DE L'ORAGE
Film d'aventures de **Gérard Vergez**, avec Marlène Jobert, Gérard Klein, Vittorio Mezzogiorno, Wadeck Stanczak. France / Yougoslavie, 1983 – Couleurs – 1 h 40.

Pendant la guerre de 1914, une jeune veuve polonaise se prend d'amitié pour deux frères intrépides. Une fresque ambitieuse et complexe qui mêle sentiments et Histoire.

CAVALLERIA / LA CAVALERIE HÉROÏQUE
"Cavalleria"
Mélodrame de **Goffredo Alessandrini**, avec Amadeo Nazzari, Elisa Cegani, Enrico Viarisio, Mario Ferrari. Italie, 1936 – 1 h 14.

Une jeune fille noble est contrainte d'épouser un riche diplomate pour renflouer sa famille. Ce mariage contrarie ses amours avec un bel officier de cavalerie, qui mourra, désespéré, dans les combats de la Grande Guerre.

LE CAVE SE REBIFFE
Comédie policière de **Gilles Grangier**, avec Jean Gabin, Martine Carol, Bernard Blier, Maurice Biraud. France, 1961 – 1 h 38.

Pour l'amour de l'art, un faux-monnayeur retiré des affaires reprend du service et n'a pas de mal à duper les complices qui voulaient le rouler. Un des premiers films où Gabin apparaît en truand retraité.

LE CAVIAR ROUGE
Drame de **Robert Hossein**, d'après le roman de Frédéric Dard et Robert Hossein, avec R. Hossein, Candice Patou, Yvan Desny. France / Suisse, 1985 – Couleurs – 1 h 30.

Deux ex-espions soviétiques sont réunis au bord du lac Léman par leur ancien chef, pour faire le point sur une opération mystérieuse. C'est l'occasion d'un huis clos singulièrement dramatique.

CE BON VIEUX SAM "Good Sam"
Comédie de **Leo McCarey**, avec Gary Cooper, Ann Sheridan, Ray Collins, Edmund Lowe. États-Unis, 1948 – 1 h 53.

Les mésaventures, dans une petite ville américaine, d'un honnête commerçant victime de sa bonté.

CE CHER VICTOR
Comédie dramatique de **Robin Davis**, avec Bernard Blier, Jacques Dufilho, Alida Valli. France, 1975 – Couleurs – 1 h 40.

Un veuf odieux, qui terrorise ses proches, reçoit des lettres anonymes lui faisant croire que sa femme le trompait. Fou de rage, il étrangle une innocente voisine.

CÉCILE EST MORTE
Film policier de **Maurice Tourneur**, d'après le roman de Georges Simenon, avec Albert Préjean, Santa Relli, Gabriello, Germaine Kerjean, Jean Brochard. France, 1944 – 1 h 30.

Une jeune femme perspicace, qui annonçait à la police des crimes non encore commis, est retrouvée assassinée à son tour. Après une enquête serrée, le commissaire Maigret démasque le coupable.

LA CECILIA "La Cecilia"
Drame politique de **Jean-Louis Comolli**, avec Maria Carta, Massimo Foschi, Vittorio Mezzogiorno, Mario Bussolino. Italie / France, 1976 – Couleurs – 1 h 53.

Sur une terre donnée par l'empereur du Brésil en 1887 s'installe une communauté d'anarchistes italiens. Mais, avec l'avènement de la république, il faut acheter la propriété. La colonie devra tenter sa chance ailleurs.

CE CORPS TANT DÉSIRÉ
Comédie dramatique de **Luis Saslavsky**, avec Belinda Lee, Daniel Gélin, Dany Carrel, Maurice Ronet. France. 1959 – 1 h 38.

Aux environs de Sète, dans le cadre pittoresque d'un élevage de moules, une belle étrangère aux yeux verts provoque une flambée de passion.

CEDDO "Ceddo"
Drame d'**Ousmane Sembène**, avec Tabara Ndiaye, Moustapha Yade, Amadou Diagne Ndiaye. Sénégal, 1976 – Couleurs – 1 h 30.

Portrait des hommes qui se sont opposés à la pénétration de l'Islam et, plus généralement, à toutes les influences extérieures, pour ne pas perdre leur identité culturelle.

CELA S'APPELLE L'AURORE
Drame sentimental de **Luis Buñuel**, d'après le roman d'Emmanuel Roblès, avec Georges Marchal, Lucia Bosè, Gianni Esposito, Nelly Borgeaud. France / Italie, 1956 – 1 h 42.

Dans une petite ville corse, un médecin désintéressé s'éprend d'une femme très belle. Son épouse maladive l'abandonne lorsqu'il donne refuge à un jeune ouvrier assassin.

CÉLESTE
Comédie de **Michel Gast**, avec Debora Duarte, Jean Rochefort, Lea Massari. France, 1970 – Couleurs – 1 h 30.

Céleste est une Portugaise venue faire le ménage chez un journaliste. Mais, quand il tombe amoureux d'elle, il découvre l'univers des groupuscules et des services secrets. Satirique.

CÉLESTE "Celeste"
Drame de **Percy Adlon**, d'après *M. Proust* de Céleste Albaret, avec Eva Mattes, Jurgen Arndt. R.F.A., 1981 – Couleurs – 1 h 46.

D'après son récit autobiographique, la vie de la gouvernante de Marcel Proust et sa relation avec l'œuvre du grand écrivain à qui elle resta fidèle jusqu'à sa mort.

LE CÉLIBATAIRE "Lo scapolo"
Comédie d'**Antonio Pietrangeli**, avec Alberto Sordi, Sandra Milo, Abbe Lane, Xavier Cugat. Italie, 1956 – 1 h 41.

Les heurs et malheurs d'un célibataire endurci pour qui la vie de garçon devient à la longue un véritable esclavage.

CÉLINE
Drame de **Jean-Claude Brisseau**, avec Isabelle Pasco, Lisa Hérédia, Danièle Lebrun. France, 1991 – Couleurs – 1 h 28.

Malmenée par la vie, Céline retrouve un équilibre grâce à une amie et développe peu à peu des dons hors du commun. Mysticisme et tendresse.

CÉLINE ET JULIE VONT EN BATEAU
Comédie fantastique de **Jacques Rivette**, avec Juliet Berto *(Céline)*, Dominique Labourier *(Julie)*, Bulle Ogier, Marie-France Pisier, Barbet Schroeder, Philippe Clévenot, Jean Douchet, Jean-Claude Biette. • SC : J. Rivette et ses interprètes, Eduardo de Gregorio. • PH : Jacques Renard. • MUS : Jean-Marie Sénia. • MONT : Nicole Lubtchansky. • PR : Films du Losange. France, 1974 – Couleurs – 3 h 12.

Deux jeunes femmes se rencontrent dans Paris : Julie, rationnelle et froide, Céline, farfelue et même mythomane. Céline s'est inventé une existence magique, et elle entraîne peu à peu Julie dans la réalité de cette existence (grâce aux plus élémentaires truquages cinématographiques). À mi-parcours du film, ce sera Julie qui voudra utiliser les « pouvoirs » dont elle est désormais dotée pour retrouver sa propre enfance, située dans une mystérieuse demeure de banlieue, ce qui n'ira pas sans risques. Entre-temps, elles auront rencontré des personnages plus ou moins étranges, issus de l'univers obsessionnel du cinéaste et d'une création presque au jour le jour. La conclusion, si l'on peut dire, expose la possibilité de recommencement du film.

◆ Les prestiges du miroir
Le titre rappelle une devinette : l'une tombe du bateau, l'autre reste. Les deux interprètes, qui ont créé le film avec Rivette, sont interchangeables (comme au milieu d'une rivière) ou plutôt le film est l'histoire de cet échange : Juliet devient Julie, et réciproquement. Avec Céline et Julie, *Rivette poursuit à certains égards l'entreprise de « film infini » engagée l'année précédente avec* Out one : *il s'agit d'explorer toutes les variations d'une situation initiale en en permutant les personnages et les incidents. La plus simple de ces variations, c'est le miroir : tout reflet équivaut à une traversée. Dans* Céline et Julie, *où le même principe est appliqué sur le mode ludique, tout est double, jusque dans le fait que les interprètes jouent largement en direction du public (comme au théâtre) alors que les personnages jouent leur vie (comme il arrive souvent au cinéma). Il ne s'agit pas toutefois, sauf dans quelques scènes, d'une véritable improvisation : tout a été écrit et répété, sans parler de la sûreté des repé-*

rages, ni de la beauté ou de la cocasserie des « décors naturels ». De formes usées du spectacle (prestidigitation, cirque, strip-tease, « maisons hantées » où ce sont les fantômes qui applaudissent...) Céline et Julie *tire une séduction et un charme dans la drôlerie qui n'ont rien de parodique, à l'image de la petite fille (issue évidemment de Lewis Carroll) qui distribue des bonbons magiques au moment opportun.* *G.L.*

CELLES QU'ON N'A PAS EUES
Film à sketches de **Pascal Thomas**, avec Daniel Ceccaldi, Michel Aumont, Bernard Menez, Michel Galabru, Jacques François, Jean-Claude Martin. France, 1980 – Couleurs – 1 h 50.

Le temps d'un voyage en train, six hommes évoquent d'anciennes aventures sentimentales. Six sketches inégaux avec les déboires amoureux pour point commun.

CELLULE 2455, COULOIR DE LA MORT
"CELLO 2455, DEATH ROW"
Drame de **Fred F. Sears**, d'après le livre de Caryl Chessman, avec William Campbell, Robert Campbell, Marian Carr, Kathryn Grant. États-Unis, 1955 – 1 h 17.

Inspiré d'un best-seller américain, relatant des faits véridiques. Condamné à mort, Caryl Chessman obtint plusieurs sursis et décrivit minutieusement sa vie et ses réflexions derrière les barreaux où il attendit douze ans son exécution.

LA CELLULE DE VERRE "DIE GLÄSERNE ZELLE"
Drame d'**Hans W. Geissendörfer**, d'après le roman de Patricia Highsmith, avec Helmut Griem, Brigitte Fossey, Dieter Laser, Walter Kohut, Claudius Kracht. R.F.A., 1977 – Couleurs – 1 h 35.

Un ingénieur injustement condamné sort de prison au bout de quatre ans. Son ami, devenu entre-temps l'amant de sa femme, est assassiné. Par un jeu habile, il parviendra à se délivrer des soupçons qui pèsent sur lui.

CELUI PAR QUI LE SCANDALE ARRIVE
"HOME FROM THE HILL"
Drame de **Vincente Minnelli**, avec Robert Mitchum, Eleanor Parker, George Hamilton, George Peppard. États-Unis, 1960 – Couleurs – 2 h 30.

Une femme n'a jamais pardonné à son époux le fils qu'il avait eu avant leur mariage. Leur fils commun souffrira de l'attitude de sa mère et provoquera le drame. L'étude psychologique tient autant de place que l'action, portée par un Mitchum d'un parfait naturel.

CELUI QUI DOIT MOURIR (LE CHRIST RECRUCIFIÉ)
Drame épique de **Jules Dassin**, d'après le roman de Níkos Kazantsákis *le Christ recrucifié*, avec Jean Servais, Fernand Ledoux, Pierre Vaneck, Nicole Berger, Melina Mercouri. France / Italie, 1956 – 2 h 06.

Les habitants d'un village grec ont pour coutume de revivre, en l'interprétant, la Passion du Christ. Arrive une troupe misérable de villageois chassés par les Turcs qui tiendront un rôle dans cette reconstitution.

CE MERVEILLEUX AUTOMNE
"UN BELLISSIMO NOVEMBRE"
Comédie dramatique de **Mauro Bolognini**, avec Gina Lollobrigida *(Cettina)*, Gabriele Ferzetti *(son mari)*, Paolo Turco *(Nino)*, Danielle Godet *(la mère)*. • SC : Drudy Demby, Altovili, De Concini, d'après un roman d'Ercole Patti. • PH : Armando Nannuzi. • MUS : Ennio Morricone. Italie, 1969 – 1 h 35.

Un jeune adolescent, en vacances de Toussaint dans un coin de Sicile, tombe amoureux de Cettina, la sœur de sa mère, seule personne spontanée dans un monde plein de mystères et d'hypocrisie. Pendant ce temps, sa mère a une liaison avec son beau-frère. Mais cette aventure, où Nino finira par coucher avec sa tante, sera sans lendemain, et il épousera une jeune fille qui lui était destinée par sa famille.

◆ *On trouvera dans ce film un des derniers grands rôles de Gina Lollobrigida, et l'ambiance moite et feutrée d'intérieurs bourgeois, lourds de mystères et de chuchotements, chère à un certain cinéma des années 60, et notamment à l'œuvre mélancolique (et littéraire d'inspiration) de Bolognini.* *M.CH.*

CE MONDE À PART "THE YOUNG PHILADELPHIANS"
Comédie dramatique de **Vincent Sherman**, d'après le roman de Richard Powell *The Philadelphian*, avec Paul Newman, Barbara Rush, Alexis Smith, Brian Keith. États-Unis, 1959 – 2 h 16.

De 1924 aux années 50, l'histoire d'un jeune homme et de sa génération en lutte contre les préjugés qui entravent leurs aînés.

CENDRES ET BRAISES "ASHES AND EMBERS"
Drame de **Haile Gerima**, avec John Anderson, Evelyn A. Blackwell, Norman Blalock. États-Unis, 1982 – Couleurs – 2 h.

L'histoire d'un Noir américain vétéran du Viêt Nam et sa difficile réadaptation dans la société. À travers la transformation d'un homme, celle du peuple noir et son évolution malgré l'oppression.

CENDRES ET DIAMANT "Popiól i Diament"
Film historique d'**Andrzej Wajda**, avec Zbigniew Cybulski *(Maciek)*, Ewa Krzyzewska *(Krystyna)*, Adam Pawlikowski *(Andrzej)*, Waclaw Zastrezynski *(Szczuka)*, Bogumil Kobiela *(Drewnowski)*, Jan Ciecierski *(le portier)*, Stanislaw Milski *(Pienazek)*, Artur Mlodnicki *(Kotowicz)*, Halina Kwiatkowska *(Mme Staniewicz)*. • SC : A. Wajda, d'après le roman de Jerzy Andrzejewski. • PH : Jerzy Wojcik. • DÉC : Roman Mann. • COST : Katarzyna Chodorowicz. • MUS : Jan Krenz et Polonaise d'Oginski. • MONT : Halina Nawrocka. • PR : K.A.D.R. Films Polski. Pologne, 1958 – 1 h 48.

Le 8 mai 1945, dans une petite ville polonaise, on fête la fin de la guerre, mais une autre lutte a déjà commencé depuis des semaines, entre Polonais cette fois. En dehors de la ville, trois hommes, dont Maciek et son chef, Andrzej, attendent Szczuka, le nouveau secrétaire régional du Parti communiste, pour le tuer. L'attentat échoue. Dans un hôtel de la ville, Maciek, à qui Andrzej a confirmé sa mission, prend une chambre contiguë à celle de Szczuka. Il fait la connaissance d'une serveuse, Krystyna, et une brûlante passion réunit les deux jeunes gens. À l'hôtel, les responsables politiques et les notabilités fêtent, chacun de son côté, la fin des hostilités. Dans la prison, des partisans anticommunistes, dont le fils de Szczuka, sont interrogés par la milice. Quand le jour se lève, la fête à l'hôtel se termine par une danse fantomatique où les bourgeois opportunistes se joignent aux responsables politiques. Maciek tue Szczuka, qui se rend à la prison pour voir son fils. Il s'enfuit, mais il est mortellement blessé par erreur et il meurt sur un tas d'ordures.

◆ **La Pologne déchirée**

L'arrière-plan politique du film, c'est la lutte qui oppose les deux tendances de l'ancienne Résistance. Les nationalistes dirigés de Londres par le gouvernement en exil, et les communistes, qui ont combattu aux côtés des Soviétiques : les premiers ont décidé de continuer le combat contre le nouveau régime. Cette lutte fratricide confronte deux hommes s'étant battus pour la Pologne, mais qui s'en font des idées différentes et ne pourront se réconcilier que dans la mort : symboliquement, le secrétaire du Parti s'effondre dans les bras de Maciek, du même âge que son fils, lequel, étant dans l'autre camp, aurait pu aussi être son meurtrier. Cette tragique ironie de l'Histoire marquant le destin de la Pologne (soulignée ici par la dérisoire farandole des fêtards et l'agonie de Maciek dans les ordures) est l'un des thèmes constants de Wajda : il l'avait déjà mis en œuvre dans Kanal *où il exprimait son pessimisme et sa compassion devant les êtres broyés par un destin absurde, tel Maciek, forcé de tuer alors qu'il voudrait « simplement vivre ». Le grand acteur Zbigniew Cybulski, trop tôt disparu, incarne à la perfection ce discutable héros d'un combat douteux. Ce chef-d'œuvre est l'une des étapes marquantes de la « Nouvelle Vague » polonaise alors au début de son brillant épanouissement.* M.M.

CENDRILLON "Cinderella"
Dessin animé de **Walt Disney**, d'après le conte de Charles Perrault. États-Unis, 1949 – Couleurs – 1 h 15.

Au-delà du charme habituel des personnages imaginés par Walt Disney et son équipe, c'est aussi à une satire sociale que participent le roi, son chambellan, la marâtre et les sœurs de Cendrillon.

▷ Voir aussi LA PANTOUFLE DE VERRE.

CENDRILLON AUX GRANDS PIEDS
"Cinderfella"
Comédie de **Frank Tashlin**, avec Jerry Lewis, Judith Anderson, Henri Silva. États-Unis, 1960 – Couleurs – 1 h 30.

Cendrillon (ici Jerry Lewis) est un pauvre garçon simplet qui roule des yeux effarés ! Tout est à l'avenant dans cette réjouissante et iconoclaste transposition du célèbre conte, qui fut mal reçue en France...

CE N'EST PAS UNE VIE "Living It Up"
Comédie de **Norman Taurog**, avec Dean Martin, Jerry Lewis, Janet Leigh, Edward Arnold. États-Unis, 1954 – Couleurs – 1 h 35.

Se croyant condamné à mourir très bientôt, un jeune homme est invité par une journaliste à vivre la vie qu'il désire pendant quelques jours à New York. Remake de *la Joyeuse Suicidée*, Lewis interprétant le rôle tenu jadis par Carole Lombard.

CE N'EST PAS UN PÉCHÉ "Belle of the Nineties"
Comédie de **Leo McCarey**, avec Mae West, Roger Pryor, John Miljean, John Mack Brown, Katherine De Mille. États-Unis, 1934 – 1 h 15.

Une entraîneuse de saloon est amoureuse de deux hommes, dont l'un est un escroc. Le film, construit autour de Mae West, reste une petite production malgré la présence de Duke Ellington et son orchestre.

CE N'EST QU'UN AU REVOIR
"The Long Gray Line"
Drame de **John Ford**, avec Tyrone Power, Maureen O'Hara, Robert Francis, Donald Crisp. États-Unis, 1955 – Couleurs – 2 h 18.

L'histoire de l'Académie militaire américaine de West Point durant cinquante ans. Émotion, rire et patriotisme.

CENT BRIQUES ET DES TUILES
Comédie de **Pierre Grimblat**, avec Jean-Claude Brialy, Marie Laforêt, Jean-Pierre Marielle, Michel Serrault. France / Italie, 1965 – 1 h 30.

Un petit truand a perdu au jeu la cagnotte de sa bande. Il a une semaine pour rembourser la somme. Il monte un coup : cambrioler un grand magasin. Mais des interférences vont se produire avec une autre bande.

CENT DOLLARS POUR UN SHÉRIF "True Grit"
Western de **Henry Hathaway**, d'après le roman de Charles Portis, avec John Wayne, Glen Campbell, Kim Darby. États-Unis, 1969 – Couleurs – 2 h.

Un vieux shérif borgne s'associe avec un jeune Ranger pour aider une adolescente à venger son père. Le ton juste pour une histoire où les générations se rencontrent.

LES CENT ET UNE NUITS
Comédie d'**Agnès Varda**, avec Michel Piccoli, Mathieu Demy, Henri Garcin, Julie Gayet, Marcello Mastroianni. France, 1995 – Couleurs – 2 h 05.

Un scénario minimal sert de fil conducteur à une scintillante évocation des grands moments du cinéma, émaillée de pastiches de séquences célèbres et de dialogues entre monstres sacrés du septième art.

LES CENT FUSILS "One Hundred Rifles"
Western de **Tom Gries**, d'après le roman de Robert MacLeod, avec Jim Brown, Raquel Welch, Burt Reynolds, Fernando Lamas. États-Unis, 1969 – Couleurs – 1 h 50.

Au Mexique, en 1912, un policier noir américain se mêle aux combats entre Indiens et soldats gouvernementaux pour arrêter le coupable d'un hold-up. Peinture vigoureuse, avec des scènes entre Raquel Welch et Jim Brown célèbres pour leur érotisme.

CENT JOURS À PALERME
"Cento giorni a Palermo"
Drame de **Giuseppe Ferrara**, avec Lino Ventura, Giuliana De Sio, Lino Troisi. Italie / France, 1984 – Couleurs – 1 h 45.

Investi par Rome, le général Dalla Chiesa déclare la guerre à la maffia sicilienne. Le film se contente d'illustrer le drame authentique du militaire assassiné avec son épouse en 1982.

CENT MILLE DOLLARS AU SOLEIL
Film d'aventures d'**Henri Verneuil**, avec Jean-Paul Belmondo, Lino Ventura, Bernard Blier. France, 1964 – 2 h.

Deux chauffeurs de camion se livrent à une poursuite dans le Sahara, en se disputant une précieuse cargaison. Un film d'« aventures viriles », typique du style de Verneuil, et dialogué par Audiard.

CENT MILLIONS ONT DISPARU
"La congiuntura"
Comédie d'**Ettore Scola**, avec Vittorio Gassman, Joan Collins. Italie, 1966 – Couleurs – 1 h 50.

Un jeune prince romain s'amourache d'une adorable Anglaise et l'aide sans le savoir à passer en Suisse un million de dollars volés ! Une comédie dans laquelle on perçoit déjà le regard critique de Scola sur l'Italie.

CENTRE TERRE : LE CONTINENT
"At the Earth's Core"
Film fantastique de **Kevin Connor**, d'après le roman d'Edgard Rice Burroughs, avec Doug McClure, Peter Cushing. Grande-Bretagne, 1976 – Couleurs – 1 h 30.

Le professeur Perry et son assistant David s'enfoncent au centre de la Terre. Ils y découvrent des tribus opprimées et des créatures monstrueuses.

LES CENT UN DALMATIENS
"One Hundred and One Dalmatians"
Dessin animé de **Walt Disney** et **Ken Petterson**. États-Unis, 1961 – Couleurs – 1 h 20.

Bongo et Perdida, chiens dalmatiens londoniens, se débrouillent pour que leurs maîtres s'épousent et en font autant... Mais ils devront affronter une femme diabolique qui curieusement n'aime que les manteaux en peau de dalmatien !

LES 101 DALMATIENS "101 Dalmatians"
Comédie de **Stephen Herek**, adaptation live du dessin animé de Walt Disney, avec Glenn Close, Jeff Daniels, Joely Richardson, Joan Plowright. États-Unis, 1996 – Couleurs – 1 h 42.

Deux beaux jeunes gens, Roger et Anita, qui s'aiment et se marient, et leurs deux dalmatiens, Pongo et Perdita, qui, eux, ont beaucoup d'enfants : 15 exactement. Cette progéniture est convoitée par Cruella, qui les fait enlever pour récupérer leurs fourrures, mais les dalmatiens, multipliés par les miracles de l'image virtuelle, défendront victorieusement les adorables petits chiots. À la fin, Roger et Anita vivront heureux et auront beaucoup de dalmatiens : 2 + 15 auxquels viennent s'ajouter 84 chiens sans maître et aussitôt adoptés ; le compte est bon.

LES CENTURIONS
Film de guerre de **Mark Robson**, d'après le roman de Jean Lartéguy, avec Anthony Quinn, Alain Delon, George Segal, Michèle Morgan, Claudia Cardinale. France / États-Unis, 1966 – Couleurs – 1 h 30.

En Algérie, des anciens d'Indochine se retrouvent et s'opposent, alors qu'autour d'eux la guerre fait rage. Un réquisitoire contre la guerre ; un film à grand spectacle, violent et dur.

120, RUE DE LA GARE
Film policier de **Jacques Daniel-Norman**, d'après le roman de Léo Malet, avec René Dary, Sophie Desmarets, Jean Parédès, Gaby Andreu, Albert Dinan. France, 1946 – 1 h 40.

Après les révélations d'un mourant, Nestor Burma mène une difficile enquête qui le conduit de Lyon à Paris, avant qu'il ne démêle un vaste imbroglio policier.

125, RUE MONTMARTRE
Film policier de **Gilles Grangier**, d'après le roman d'André Gillois, avec Lino Ventura, Andréa Parisy, Robert Hirsch, Dora Doll, Jean Desailly, Alfred Adam. France, 1959 – 1 h 25.

Un vendeur de journaux devient l'ami d'un étrange personnage qu'il a sauvé de la noyade, et se trouve impliqué dans une sombre affaire de meurtre. S'estimant trahi, il élabore sa vengeance.

CE PLAISIR QU'ON DIT CHARNEL
"Carnal Knowledge"
Comédie dramatique de **Mike Nichols**, avec Jack Nicholson, Arthur Garfunkel, Ann Margret, Candice Bergen, Rita Moreno. États-Unis, 1971 – Couleurs – 1 h 40.

Deux amis poursuivent, de l'adolescence à l'âge adulte, leurs confessions mutuelles sur leur vie sexuelle. Névroses et insatisfaction du mâle américain.

LE CERCLE DES PASSIONS
Drame de **Claude D'Anna**, avec Giuliano Gemma, Max von Sidow, Françoise Fabian. France / Italie / Espagne, 1982 – Couleurs – 1 h 50.

Dans les années 50, invité en Sicile par un comte rencontré sur le bateau, un jeune homme découvre d'inavouables secrets.

LE CERCLE DES POÈTES DISPARUS
"Dead Poets Society"
Drame de **Peter Weir**, avec Robin Williams, Robert Sean Leonard, Ethan Hawke, Josh Charles. • SC : Tom Schulman. • PH : John Seale. • MUS : Maurice Jarre. • MONT : William Anderson. États-Unis, 1989 – Couleurs – 2 h 09.

Dans un collège très rigoriste de l'Amérique conservatrice, à la fin des années 50, un jeune professeur de littérature (ex-élève de l'institution) passionne ses élèves en leur demandant d'ignorer les règles de la versification pour mieux apprécier la poésie. Cet enseignant prêche une sorte de révolution culturelle qui effarouche la hiérarchie mais incite les adolescents à trouver leur propre voie dans la vie par le chemin le plus court, le chemin poétique.

◆ *Ce beau film émouvant, et qui flirte avec le mélodrame, a obtenu un succès considérable et inattendu auprès du public en général et du jeune public en particulier, ce qui est significatif. De même que les héros de l'histoire se retrouvent dans une grotte pour célébrer les « poètes disparus », de même les adolescents des années 90 se retrouvent dans les salles obscures pour apprécier ce film culte. Peter Weir a su trouver les mots, les images et le ton adéquats. Sa sensibilité a touché celle du public visé. C'est une jolie performance.* *G.S.*

LE CERCLE INFERNAL "The Racers"
Drame sportif de **Henry Hathaway**, avec Kirk Douglas, Bella Darvi, Gilbert Roland, Cesar Romero. États-Unis, 1955 – Couleurs – 1 h 52.

Spectaculaire reconstitution, utilisant toutes les possibilités du CinémaScope, des grandes courses automobiles, à travers le destin d'un pilote à l'ambition sans limites, incarné par Kirk Douglas. Avec des séquences authentiques mêlées à la fiction.

LE CERCLE NOIR "The Stone Killer"
Film policier de **Michael Winner**, d'après le roman de John Gardner *A Complete State of Death*, avec Charles Bronson, Martin Balsam. États-Unis, 1973 – Couleurs – 1 h 36.

Un policier aux méthodes brutales est amené à affronter un grand chef de la maffia. Accumulation de violences.

LE CERCLE ROUGE
Film policier de **Jean-Pierre Melville**, avec Alain Delon *(Corey)*, Bourvil *(Mattei)*, Gian Maria Volonté *(Vauchel)*, Yves Montand *(Jansen)*, François Périer *(Santa)*. • SC : J.-P. Melville. • PH : Henri Decae. • DÉC : Théo Meurisse. • MUS : Eric de Marsan. • MONT : Marie-Sophie Dubus. France, 1970 – Couleurs – 2 h 30.

Corey, qui sort de prison, rencontre par hasard Vauchel qui vient de s'évader, échappant aux mains du commissaire Mattei. Ils organisent un casse en s'associant à Jansen, un ancien flic : il s'agit de dévaliser de nuit une bijouterie. Mattei fait pression sur un directeur de boîte de nuit, Santa, pour les coincer. Ils tombent dans le traquenard et meurent tous.

◆ *Le film le plus emblématique de Melville, où il synthétise ses films précédents et fait l'inventaire presque complet d'un genre essentiellement américain. Son fétichisme de l'objet (le chapeau, l'imper, le revolver) y est à son comble, et le film baigné de l'admirable photo glacée de Decae est dominé par un sentiment de solitude poignant et une obsession de la mort qu'on devine sur les masques des visages. La scène où Jansen, alcoolique au bout du rouleau, se « rachète » en tirant sans appui sur le système qui commande l'alarme, renvoie directement à Hawks, dont ce film de « groupe » est en quelque sorte un négatif. Interprétation excellente.* S.K.

LA CÉRÉMONIE / 60 MINUTES DE SURSIS
"THE CEREMONY"

Film policier de **Laurence Harvey**, d'après le roman de Frédéric Grendel, avec Laurence Harvey, Sarah Miles, John Ireland. États-Unis / Espagne, 1963 – 1 h 47.

Un condamné à mort s'évade grâce à son frère. Ce dernier, poursuivi par les policiers, est victime d'un accident qui le défigure. Pris pour le fuyard, il est exécuté à sa place. Un film généreux et efficace, mais qui sombre par moments dans la grandiloquence.

LA CÉRÉMONIE "GISHIKI"

Drame de **Nagisa Oshima**, avec Kenzo Kawarazaki *(Masuo Sakurada)*, Atsuo Nakamura *(Terumichi)*, Akiko Koyama *(Setsuko Sakurada)*, Atsuko Kaku *(Ritsuko Sakurata)*, Kiyoshi Tsuchiya *(Tadashi Sakurada)*. • SC : N. Oshima, Tsutomu Tamura, Mamoru Sasaki. • PH : Toichiro Narushima. • DÉC : Jusho Toda. • MUS : Toru Takemitsu. • MONT : Keichi Uraoka. Japon, 1971 – Couleurs – 2 h 02.

De la fin de la guerre à l'époque contemporaine, vingt-cinq années d'une famille, les Sakurada. Rythmée par les mariages et les décès, cette chronique décrit essentiellement le conflit propre à la culture japonaise entre les aspirations des individus et les rites collectifs auxquels ils sont soumis.

◆ La Cérémonie *est un film admirable, un véritable chef-d'œuvre, parce qu'on y voit à l'œuvre un créateur dont les obsessions personnelles se recoupent avec les problèmes et les données propres de son pays et de son temps. Entre la guerre et la reconstruction du Japon, entre la signification des destins personnels et le poids des traditions sociales, c'est un chemin fulgurant qu'emprunte Oshima, à coups de flash-back mêlés à des moments de réalité très dépouillés. La beauté plastique des images ne fait que renforcer la violence des situations. Entre* la Pendaison *et* l'Empire des sens, *une œuvre essentielle.* J.-M.C.

CÉRÉMONIE SECRÈTE "SECRET CEREMONY"

Drame de **Joseph Losey**, d'après la nouvelle de Marco Denevi, avec Elizabeth Taylor, Mia Farrow, Robert Mitchum. Grande-Bretagne, 1968 – Couleurs – 1 h 49.

Une prostituée qui a perdu sa fille recueille une jeune orpheline perturbée. Dès lors, s'installe entre elles une relation complexe que viennent bouleverser les irruptions du monde extérieur.

CE RÉPONDEUR NE PREND PAS DE MESSAGE

Essai d'**Alain Cavalier**, avec Alain Cavalier. France, 1979 – Couleurs – 1 h 17.

Un homme au visage enfoui sous des bandelettes s'enferme dans son appartement et dans ses souvenirs. Il peint les murs en blanc puis en noir jusqu'à l'obscurité complète. Ni scénario écrit ni montage, un document brut sur le désespoir.

CERF-VOLANT DU BOUT DU MONDE

Conte de **Roger Pigaut**, avec Patrick de Bardine, Sylviane Rozenberg, Jacques Faburel, Gabrielle Fontan. France / Chine, 1958 – Couleurs – 1 h 22.

Le temps d'un rêve, des enfants de la Butte Montmartre vivent des aventures imaginaires avec des petits Chinois. Première coproduction franco-chinoise tournée en Chine.

CERROMAIOR

Drame psychologique de **Luis Filipe Rocha**, d'après le roman de Manuel de Fonseca, avec Carlos Paulo, Titus Faria, Ruy Furtado. Portugal, 1981 – Couleurs – 1 h 30.

Dans les années 30, l'itinéraire d'un jeune garçon qui prend conscience de l'exploitation des travailleurs agricoles, représentée par un cousin arrogant, et découvre la révolte.

CERTAINES NOUVELLES

Drame politique de **Jacques Davila**, avec Micheline Presle, Bernadette Lafont, Gérard Lartigau. France, 1980 – Couleurs – 12 h 37. ★ PRIX JEAN-VIGO 1979.

Un jeune homme passe ses vacances auprès de sa mère, enseignante à Oran, pendant la guerre d'Algérie. Les événements politiques pénètrent dans la vie quotidienne.

CERTAINS L'AIMENT CHAUD

"SOME LIKE IT HOT"

Comédie de **Billy Wilder**, avec Jack Lemmon *(Jerry)*, Tony Curtis *(Joe)*, Marilyn Monroe *(Sugar)*, George Raft *(« Spats » Colombo)*, Pat O'Brien *(Mulligan)*, Joe E. Brown *(Osgood Fielding III)*, Nehemiah Persoff *(Bonaparte)*. • SC : B. Wilder, I.A.L. Diamond, d'après une histoire de Robert Thoeren et M. Logan. • PH : Charles Lang. • DÉC : Ted Haworth, Edward G. Boyle. • MUS : Adolphe Deutsch. • MONT : Arthur Schmidt. • PR : B. Wilder. États-Unis, 1959 – 2 h 01.

À Chicago, en pleine prohibition, deux musiciens de jazz au chômage, Joe et Jerry, assistent par hasard à un massacre entre gangsters. Le responsable de la tuerie, « Spats » Colombo, veut à tout prix se débarrasser de ces témoins. Pour échapper à un sort fatal, ceux-ci n'ont pas le choix : accepter la première proposition de leur imprésario en se faisant engager dans un orchestre féminin qui part pour la Floride ! C'est ainsi que les deux lascars, habillés en femmes et rebaptisés Daphné et Joséphine, se retrouvent dans le train de Miami. Très vite, Joe-Joséphine tombe amoureux de Sugar, l'adorable chanteuse de la troupe, qui nourrit le rêve d'épouser un milliardaire et espère le réaliser à Miami. Arrivé sur place, Joe se fait passer pour l'héritier de la Shell et, pour mieux appâter Sugar, feint d'avoir une virilité défaillante. Il prétend posséder le plus beau yacht du port voisin, qui appartient à un vrai milliardaire, le farfelu Osgood Fielding III, lequel tombe amoureux de Daphné à qui il fait une cour assidue... Tout se complique pour Jerry et Joe lorsqu'un congrès de gangsters se tient à leur hôtel, auquel Colombo assiste évidemment. Reconnus, ils doivent prendre la fuite et se retrouvent sur le yacht d'Osgood, où Sugar les rejoint.

◆ Le ukulélé de Marilyn

Comédie au rythme trépidant, dont les péripéties s'enchaînent avec une logique imparable, d'une drôlerie étourdissante, Certains l'aiment chaud *est désormais un film mythique. La parodie de film de gangsters – désopilante au demeurant – y sert de cadre à une intrigue sentimentale qui jongle avec le travestissement et l'ambiguïté sexuelle en se jouant de la censure... Billy Wilder et son co-scénariste I.A.L. Diamond cultivent à plaisir le double sens dans le titre (il peut s'agir du jazz comme du sexe) et dans les dialogues – dont la dernière réplique, le légendaire « Nobody's perfect (Personne n'est parfait) » – est le digne couronnement. Ils biaisent ainsi en virtuoses avec le Code Hays encore en vigueur à Hollywood, hâtant sa désagrégation. La scène où Tony Curtis feint une totale apathie sexuelle pour mieux inciter la candide joueuse de ukulélé à déployer sa science du baiser langoureux est d'un érotisme vibrant qui, grâce à l'humour de la situation, est passé comme une lettre à la poste. Pour Marilyn Monroe, le rôle de Sugar (Alouette dans la VF supervisée par Raymond Queneau), délicieusement ingénue et irrésistiblement sexy, est un des plus réussis de sa carrière... Quant à Tony Curtis et Jack Lemmon, ils parviennent à se tirer de leurs périlleuses compositions de travestis sans tomber dans la vulgarité ou le scabreux. Un classique qu'on revoit toujours avec la même jubilation !* G.L.

LE CERVEAU

Comédie de **Gérard Oury**, avec Jean-Paul Belmondo, Bourvil, David Niven, Eli Wallach. France, 1969 – Couleurs – 1 h 50.

La malice de petits truands parisiens contre l'organisation de gangs internationaux pour s'approprier le butin d'un train spécial. Divertissement sans prétention, avec beaucoup de moyens.

LE CERVEAU D'ACIER "THE FORBIN PROJECT"

Film de science-fiction de **Joseph Sargent**, d'après le roman de D.F. Jones Colossus, avec Eric Braeden, Susan Clark, Gordon Pinsent. États-Unis, 1970 – Couleurs – 1 h 40.

Un savant américain a mis au point un cerveau électronique qui doit garantir la sécurité du monde. Les Russes en ont fait autant...

CÉSAR

Comédie mélodramatique de **Marcel Pagnol**, avec Raimu *(César)*, Pierre Fresnay *(Marius)*, Orane Demazis *(Fanny)*, Charpin *(Panisse)*, André Fouché *(Césariot)*. • SC : M. Pagnol. • PH : Willy Gricha, Roger Ledru. • DÉC : Marius Brouquier. • MUS : Vincent Scotto. • MONT : Suzanne de Troye, Jeannette Ginestet. France, 1936 – 2 h 48.

Panisse se meurt, ses amis sont tristes. En apprenant le décès de celui qu'il croit toujours son père, Césariot, jeune polytechnicien, revient à Marseille. Il découvre le secret de sa naissance et rencontre même Marius sans se faire connaître. À la suite d'un incident idiot, il se fait une opinion très défavorable de son vrai père, mais grâce à un stratagème de César, Marius revient et retrouve Fanny.

◆ *Spécialement conçu pour le cinéma, à la différence de* Marius *et* Fanny, *le dernier volet de la trilogie marseillaise est le premier réalisé par Pagnol, dont la renommée de cinéaste est grandissante depuis* Angèle.

Brillamment réussi, le film est dominé par la mort de Panisse dont on peut rappeler deux images marquantes : la dispute avec César qui lui « vole » son agonie (« Qui est-ce qui meurt ici ? C'est toi ou c'est moi ? ») et le plan célèbre de la chaise vide, figure d'une partie de cartes à jamais perdue. *M.C.*

CÉSAR ET CLÉOPÂTRE "CAESAR AND CLEOPATRA"
Film historique de **Gabriel Pascal**, d'après la pièce de George Bernard Shaw, avec Vivien Leigh, Claude Rains, Stewart Granger, Flora Robson. Grande-Bretagne, 1945 – Couleurs – 2 h 18.

Au cours de sa campagne d'Égypte, César prend le parti de Cléopâtre contre son frère et vainc ce dernier lorsqu'il voudra évincer la jeune reine de son trône. Une reconstitution pleine d'humour et de fantaisie.

CÉSAR ET ROSALIE
Drame psychologique de **Claude Sautet**, avec Yves Montand *(César)*, Romy Schneider *(Rosalie)*, Sami Frey *(David)*, Umberto Orsini *(Antoine)*, Isabelle Huppert *(Marité)*. • SC : Jean-Loup Dabadie, C. Sautet. • PH : Jean Boffety. • DÉC : Pierre Guffroy. • MUS : Philippe Sarde. • MONT : Jacqueline Thiédot. France, 1972 – Couleurs – 1 h 50.

Femme de César, un ferrailleur qui a réussi, Rosalie, divorcée d'Antoine, aime toujours David, un dessinateur de bandes dessinées, sans cesser d'aimer César. Celui-ci se fâche tout rouge, puis réfléchit, décide d'abandonner Rosalie à David. Les deux hommes deviennent néanmoins amis, et même complices, si bien que Rosalie, qui veut être aimée séparément par l'un et par l'autre, va tenter de s'interposer entre eux...

◆ *Après le grand succès des* Choses de la vie, *Claude Sautet confirme ici qu'il sait admirablement raconter une histoire simple, quotidienne, et diriger de grands comédiens. En même temps, il brosse un tableau de la société française des années 70, qui donne à ses films une valeur sociologique. Yves Montand a trouvé en César un personnage à sa mesure, généreux, truculent et vulnérable, qui a marqué un tournant dans sa carrière. Quant à Romy Schneider, désormais actrice-fétiche de Sautet, elle est au sommet de sa séduction et de son talent.* *G.L.*

CES DAMES AUX CHAPEAUX VERTS
Comédie dramatique de **Maurice Cloche**, d'après le roman de Germaine Acremant, avec Pierre Larquey, Marguerite Moréno, Micheline Cheirel, Alice Tissot, Marcelle Barry. France, 1937 – 1 h 49.

Une orpheline est recueillie par quatre vieilles cousines de province. La jeune fille aide l'une d'elles à épouser l'homme qu'elle aime, et parviendra à faire accepter son fiancé.

▷ Autres versions réalisées par : **André Berthomieu**, avec René Lefèvre, Gina Barbieri, Simone Mareuil, Alice Tissot, Gabrielle Fontan. France, 1929 – 2 750 m (env. 1 h 40). **Fernand Rivers**, avec Henri Guisol, Marguerite Pierry, Colette Richard, Elisa Ruis, Jane Marken. France, 1948 – 1 h 35.

CES FOLLES FILLES D'ÈVE "WHERE THE BOYS ARE"
Comédie de **Henry Levin**, avec Dolores Hart, George Hamilton, Yvette Mimieux, Jim Hutton. États-Unis, 1960 – Couleurs – 1 h 39.

Quatre étudiantes américaines mettent à profit les vacances de Pâques pour faire des conquêtes en Floride.

CES GARÇONS QUI VENAIENT DU BRÉSIL
"THE BOYS FROM BRAZIL"
Drame de **Franklin J. Schaffner**, d'après le roman d'Ira Levin, avec Laurence Olivier, Gregory Peck, James Mason, Lilli Palmer. États-Unis, 1978 – 2 h 05.

Liebermann est à la recherche de l'épouvantable, le médecin-chef d'Auschwitz. Il découvre un terrible projet nazi de manipulation génétique.

CES MERVEILLEUX FOUS VOLANTS DANS LEURS DRÔLES DE MACHINES
"THOSE MAGNIFICENT MEN IN THEIR FLYING MACHINES (OR HOW I FLEW FROM LONDON TO PARIS IN 25 HOURS AND 11 MINUTES)"
Comédie de **Ken Annakin**, avec Sarah Miles, Stuart Whitman, Robert Morley, Eric Sykes, Terry-Thomas, James Fox, Alberto Sordi, Gert Froebe, Jean-Pierre Cassel, Karl Michael Vogler, Irina Demich, Benny Hill. Grande-Bretagne, 1965 – Couleurs – 2 h 13.

En 1910, de Londres à Paris, une course aérienne rassemble des pilotes du monde entier. Péripéties en tout genre pour des personnages pittoresques servis par des comédiens en grande forme.

CES MESSIEURS-DAMES "SIGNORE E SIGNORI"
Comédie de **Pietro Germi**, avec Virna Lisi, Gastone Moschin, Alberto Lionello, Franco Fabrizi. Italie, 1966 – Couleurs – 1 h 25. ★ **PALME D'OR ex æquo, Cannes 1966.**

Après *Divorce à l'italienne* et *Séduite et abandonnée*, le dernier volet d'une trilogie sur la médiocrité et la petitesse des ambitions humaines, à travers trois histoires.

CES MESSIEURS DE LA FAMILLE
Comédie de **Raoul André,** avec Francis Blanche, Jean Poiret, Michel Serrault, Jean Yanne, Darry Cowl, Anne

Carrère, Michel Galabru, Rolande Ségur. France, 1968 – Couleurs – 1 h 25.

Le directeur d'une société héberge un important client américain très puritain. Les comportements des membres de sa famille vont le mettre dans des situations délicates.

CES MESSIEURS DE LA SANTÉ
Comédie de **Pierre Colombier**, avec Raimu, Edwige Feuillère, Lucien Baroux, Pauline Carton. France, 1933 – 1 h 55.

Un banquier s'évade de la Santé où il est emprisonné pour escroquerie, et devient, sous un faux nom, modeste commis de magasin. Il fait fructifier les affaires de sa patronne et est disculpé.

CE SOIR OU JAMAIS
Essai de **Michel Deville**, avec Anna Karina, Claude Rich, Françoise Dorléac, Georges Descrières. France, 1961 – 1 h 40.

Dans un unique décor, un groupe de jeunes artistes passe une soirée fofolle. Un film « Nouvelle Vague ».

C'EST ARRIVÉ À ADEN
Comédie de **Michel Boisrond**, avec Dany Robin, André Luguet, Jacques Dacqmine, Jean Bretonnière, Robert Manuel. France, 1956 – Couleurs – 1 h 28.

Au temps de la reine Victoria, une troupe de comédiens français arrive à Aden et bouleverse les habitudes de la colonie anglaise.

C'EST ARRIVÉ À NAPLES "IT STARTED IN NAPLES"
Comédie de **Melville Shavelson**, avec Clark Gable, Sophia Loren, Vittorio De Sica. États-Unis, 1960 – Couleurs – 1 h 40.

Un avocat de Philadelphie vient à Naples « récupérer » le fils de son frère décédé. Il se heurte à la belle Lucia et aux Napolitains... Jolies couleurs et bonne musique.

C'EST ARRIVÉ DEMAIN "IT HAPPENED TOMORROW"
Comédie fantastique de **René Clair**, avec Dick Powell *(Larry Stevens)*, Linda Darnell *(Silvia)*, Jack Oakie *(Cigolini)*, Edgar Kennedy *(Mulrooney)*, John Philliber *(Pop Benson)*. • SC : Dudley Nichols, R. Clair, d'après un roman de Hugh Wedlock et Howard Snyder. • PH : Archie Stout, Eugen Schufftan. • DÉC : Erno Metzner. • MUS : Robert Stolz. États-Unis, 1944 – 1 h 24.

Un sémillant journaliste new-yorkais se voit adresser chaque jour, de façon inexplicable, le journal du lendemain. Il connaît donc les événements de l'actualité avec un jour d'avance sur ses confrères. C'est la gloire et la fortune assurées. Il en remontre même à sa fiancée, voyante extra-lucide. Tout irait très bien s'il ne lisait un matin son nom dans la rubrique nécrologique. Un match contre la mort s'impose alors. Peut-on lutter contre le destin ?

◆ *René Clair est un des rares cinéastes français à s'être d'emblée et totalement adapté au système hollywoodien. Son tempérament fantaisiste, son style teinté d'humour anglo-saxon l'ont aidé à réussir des comédies irréalistes comme celle-ci. Le charme du film vient aussi de l'époque à laquelle il le situe et qu'affectionne le cinéaste : 1900. Le suspense final est fort bien développé, mais désamorcé puisqu'on sait que tout finira bien : en comédie de René Clair.* G.S.

C'EST ARRIVÉ... ENTRE MIDI ET TROIS HEURES
"FROM NOON TILL THREE"
Western de **Frank D. Gilroy**, avec Charles Bronson, Jill Ireland, Douglas V. Fowley, Stan Haze, Damon Douglas, Hector Morales. États-Unis, 1975 – Couleurs – 1 h 40.

À un hold-up, Dorsey préfère une jeune veuve et passe pour mort à la suite d'un quiproquo : il est, en fait, emprisonné à la place d'un autre.

C'EST DANS LA POCHE "MATILDA"
Comédie de **Daniel Mann**, avec Elliott Gould, Robert Mitchum. États-Unis, 1977 – Couleurs – 1 h 35.

Un ex-champion tente de trouver un challenger pour un combat de boxe avec Matilda, un kangourou à la « droite » imparable.

C'EST DONC TON FRÈRE "OUR RELATIONS"
Film burlesque d'**Harry Lachman**, avec Stan Laurel, Oliver Hardy, James Finlayson, Alan Hale, Sidney Toler, Daphne Pollard. États-Unis, 1936 – 1 h 05.

Deux marins retrouvent leurs frères jumeaux après une longue séparation. Leur ressemblance déclenche une série de catastrophes comiques où femmes et petites amies s'intervertissent.

C'EST DUR POUR TOUT LE MONDE
Comédie de **Christian Gion**, avec Bernard Blier, Francis Perrin, Claude Piéplu, Caroline Cartier. France, 1975 – Couleurs – 1 h 30.

Un grand publicitaire chasse de son groupe une forte tête qui va créer sa propre agence.

C'EST ENCORE LOIN L'AMÉRIQUE ?
Comédie de **Roger Coggio**, avec Élisabeth Huppert, Roger Coggio, Alain Pralon. France, 1980 – Couleurs – 1 h 40.

Une starlette sans contrat et un réalisateur sans film collaborent... à la tête d'une prospère entreprise de nettoyage.

C'EST LA FAUTE À RIO "Blame It on Rio"
Comédie de **Stanley Donen**, avec Michael Caine, Joseph Bologna, Michelle Johnson. États-Unis, 1984 – Couleurs – 1 h 42.

Un homme a une idylle avec la fille de son meilleur ami. Remake d'*Un moment d'égarement* de Claude Berri.

C'EST LA VIE
Essai de **Paul Vecchiali**, avec Chantal Delsaux, Jean-Christophe Bouvet, Cécile Clairval, Hélène Surgère. France, 1980 – Couleurs – 1 h 30.

Aventures et mésaventures de Richard et Ginette : la vie à deux, les enfants, la famille, les voisins, le travail.

C'EST MA VIE, APRÈS TOUT !
"Whose Life Is It Anyway ?"
Drame de **John Badham**, avec Richard Dreyfuss, John Cassavetes, Christine Lahti. États-Unis, 1981 – Couleurs – 1 h 58.

Un jeune sculpteur, victime d'un accident de la route, découvre avec horreur qu'il restera totalement paralysé. Il engage un procès contre son chirurgien pour obtenir le droit de mourir à sa guise.

C'EST PAS MOI, C'EST LUI
Comédie de **Pierre Richard**, avec Pierre Richard, Aldo Maccione, Valérie Mairesse. France, 1980 – Couleurs – 1 h 34.

Le nègre d'un scénariste est entraîné, à la place de son patron, dans une intrigue encore plus compliquée que celles qu'il écrit !

C'EST TOUJOURS OUI QUAND ELLES DISENT NON
"I Will... I Will... for Now"
Comédie de **Norman Panama**, avec Elliott Gould, Diane Keaton, Paul Sorvino. États-Unis, 1976 – Couleurs – 1 h 55.

Après un divorce et quelques hésitations, Leslie et Catherine décident de revivre ensemble, ce qui n'est pas toujours facile.

C'ÉTAIT DEMAIN "Time After Time"
Film fantastique de **Nicholas Meyer**, avec Malcolm McDowell, David Warner, Mary Steenburger. États-Unis, 1979 – Couleurs – 1 h 52.

Jack l'Éventreur s'enfuit dans la machine à explorer le temps de H.G. Wells. Parti à sa poursuite, ce dernier le retrouve à San Francisco en 1979 et le renvoie dans la nuit des temps avant de regagner son cher XIXe siècle ! Un premier film très réussi.

C'ÉTAIENT DES HOMMES "The Men"
Drame psychologique de **Fred Zinnemann**, avec Marlon Brando, Teresa Wright, Everett Sloane. États-Unis, 1950 – 1 h 35.

Infirme à vie à la suite d'une blessure de guerre, un jeune homme tente de surmonter son handicap. Pour ce premier rôle à l'écran, Marlon Brando passa un mois dans un hôpital avant le tournage.

CET HOMME EST DANGEREUX
Aventures policières de **Jean Sacha**, avec Eddie Constantine, Colette Déréal, Grégoire Aslan. France, 1953 – 1 h 32.

Lemmy Caution, agent n° 1 du F.B.I., reprend du service sur la Côte d'Azur où une riche héritière vient d'être enlevée.

CET HOMME EST UN REQUIN "Cash McCall"
Comédie de **Joseph Pevney**, d'après le roman de Cameron Hawley, avec James Garner, Natalie Wood, Nina Foch, Dean Jagger. États-Unis, 1959 – Couleurs – 1 h 42.

Le portrait d'un don Juan de Wall Street, arrivé au faîte de la puissance et des conquêtes féminines.

CET OBSCUR OBJET DU DÉSIR
Comédie de **Luis Buñuel**, avec Fernando Rey *(Mathieu)*, Carole Bouquet *(Conchita)*, Angela Molina *(Conchita)*, André Weber, Julien Bertheau. • SC : L. Buñuel, Jean-Claude Carrière, d'après le roman de Pierre Louÿs *la Femme et le Pantin*. • PH : Edmond Richard. • DÉC : Pierre Guffroy. • MONT : Hélène Plemiannikov. France, 1977 – Couleurs – 1 h 45.

Au cours d'un voyage en train, Mathieu Faber raconte à ses voisins de compartiment ses amours avec Conchita Perez. Tombé amoureux de sa femme de chambre, il la voit se dérober à ses avances et fuir sans cesse. Le hasard la place régulièrement sur son chemin, à travers plusieurs villes d'Europe, sans qu'il parvienne à ses fins, alors que Conchita le provoque et se donne aux autres hommes.

◆ *C'est sous le signe du jeu que se situe la dernière réalisation de Luis Buñuel, version très personnelle de* la Femme et le Pantin *: jeu de Conchita avec Mathieu, jeu de Mathieu avec ses auditeurs, jeu du cinéaste avec le spectateur. Le désir érotique (mais aussi artistique ou religieux) ne se soutient que de la dérobade de son objet, objet d'ailleurs sans réalité précise, comme cette Conchita incarnée par deux actrices opposées. Tel est l'ultime message, d'un humour explosif, de don Luis.* *J.M.*

CETTE NUIT OU JAMAIS
"This Could Be the Night"
Comédie psychologique de **Robert Wise**, avec Jean Simmons, Paul Douglas, Anthony Franciosa. États-Unis, 1957 – 1 h 23.

Pour arrondir ses fins de mois, une jeune institutrice à principes est engagée par un gangster dans un cabaret de Broadway.

CETTE SACRÉE GAMINE
Comédie de **Michel Boisrond**, avec Brigitte Bardot, Jean Bretonnière, Françoise Fabian, Raymond Bussières. France, 1956 – Couleurs – 1 h 23.

Un chanteur recueille la fille d'un ami aux prises avec la police. Premier film de Michel Boisrond, dirigeant B.B. qui danse.

CETTE SACRÉE VÉRITÉ "The Awful Truth"
Comédie de **Leo McCarey**, avec Irene Dunne *(Lucy Warriner)*, Cary Grant *(Jerry Warriner)*, Ralph Bellamy *(Daniel Leeson)*, Alexandre d'Arcy *(Armand Duvalle)*, Cecil Cunningham *(tante Patsy)*, Joyce Campton *(Dixie Belle Lee)*. • SC : Viña Delmar, d'après la pièce d'Arthur Richman. • PH : Joseph Walker. • DÉC : Stephen Goosson, Lionel Banks. • MUS : Morris Stoloff. • MONT : Al Clark. États-Unis, 1937 – 1 h 32. ★ Oscar du Meilleur metteur en scène, 1937.

Cela commence par un divorce et finit par une réconciliation, situation classique des comédies américaines. Entre-temps, les époux rusés font assaut d'intelligence et de mauvaise foi pour reconquérir le partenaire. Elle a un soupirant, presque un fiancé ; lui s'affiche avec des femmes, jusqu'au jour où, las de finasser, ils reprennent la vie commune.

◆ *Ce film est devenu, avec le temps, le modèle d'un genre précis : la comédie américaine sophistiquée. Caractéristiques : le goût du saugrenu, la rapidité du tempo, le charme des interprètes, le brio du dialogue, la rigueur de la construction dramatique. McCarey était un grand professionnel. Il mélangeait avec soin tous ces ingrédients. Il en résultait de jolies bluettes. Celle-ci, délicieuse, n'est peut-être pas la plus réussie, mais la postérité l'a retenue comme emblème.* G.S.

CETTE TERRE QUI EST MIENNE
"This Earth Is Mine"
Comédie dramatique de **Henry King**, d'après le roman d'Alice Tisdale Hobart *The Cup and the Sword*, avec Rock Hudson, Jean Simmons, Dorothy McGuire, Claude Rains. États-Unis, 1959 – Couleurs – 2 h 05.

À l'époque de la prohibition, un vignoble californien est au centre d'un drame familial.

CETTE VIEILLE CANAILLE
Mélodrame d'**Anatole Litvak**, d'après la pièce de Fernand Nozière, avec Harry Baur, Alice Field, Pierre Blanchar, Christiane Dor. France, 1933 – env. 1 h 40.

Un chirurgien d'âge mûr tombe amoureux d'une petite foraine qu'il a soignée, mais s'effacera devant l'amour qu'elle porte à un jeune homme.

CEUX DE CHEZ NOUS "Millions Like Us"
Film de guerre de **Frank Launder** et **Sidney Gilliat**, avec Eric Portman, Patricia Roc, Anne Crawford. Grande-Bretagne, 1943 – 1 h 43.

Les épreuves d'une famille anglaise au cours de la Seconde Guerre mondiale. Document sur la vie des civils britanniques.

CEUX DE CORDURA "They Came to Cordura"
Drame de **Robert Rossen**, avec Gary Cooper, Rita Hayworth, Van Heflin, Tab Hunter. États-Unis, 1959 – Couleurs – 2 h 03.

Un major de cavalerie soupçonné d'être un lâche doit conduire cinq « braves » à Cordura où ils seront décorés. Au cours du voyage, il révèlera ses véritables qualités.

CEUX DE LA ZONE "Man's Castle"
Mélodrame social de **Frank Borzage**, avec Loretta Young *(Trina)*, Spencer Tracy *(Bill)*, Marjorie Rambeau *(Flossie)*, Glenda Farell *(Fay La Rue)*, Walter Connolly *(Ira)*, Dicky Moore *(Joie)*, Arthur Hohl *(Bragg)*. • SC : Jo Swerling, d'après la pièce de Lawrence Hazard. • PH : Joseph August. • MUS : Franke Harling, Konstantin Bakaleinikoff. • MONT : Viola Lawrence. États-Unis, 1933 – 1 h 15.

Une jeune fille pauvre, Trina, rencontre un homme gentil et qu'elle croit riche, Bill. Or, le smoking qu'il porte est un vêtement publicitaire. Ils se plaisent, vivent ensemble dans une cité faite de cabanes habitées par des marginaux. La misère et l'orgueil poussent Bill à participer à un cambriolage qui se termine mal. Le couple s'en sort pourtant et roule, en wagon de marchandises, vers ce qu'il imagine être le bonheur.

◆ *Voilà un exemple typique des romances tendres et optimistes sur fond de problèmes sociaux. Les personnages sont marginalisés par la crise de 1929, ce qui les pousse à faire des bêtises. Mais la nature humaine est saine. Cet idéalisme a son charme, surtout quand il est, comme ici, défendu par un réalisateur qui croit à la vertu.* G.S.

CEUX QUI M'AIMENT PRENDRONT LE TRAIN
Comédie de mœurs de **Patrice Chéreau**, avec Jean-Louis Trintignant (Lucien et Jean-Baptiste), Charles

Berling (Jean-Marie), Valeria Bruni-Tedeschi (Claire), Bruno Todeschini (Louis), Pascal Greggory (François), Vincent Perez (Viviane), Sylvain Jacques (Bruno), Roschdy Zem (Thierry), Dominique Blanc (Catherine), Marie Daems (Lucie). • SC : P. Chéreau, Danièle Thompson et Pierre Trividic. • PH : Éric Gautier. • DÉC : Richard Peduzzi, Sylvain Chauvelot. • MONT : François Gédigier. France, 1998 – Couleurs – 2 h 03.

La dernière volonté du peintre homosexuel Jean-Baptiste Emmerich était clairement exprimée : « Ceux qui m'aiment prendront le train. » Aussi, c'est d'abord dans le train (Paris-Limoges) que se retrouvent les amants, les maîtresses et les amis du défunt. Saisies au vol, les premières conversations esquissent une description en pointillé de ces personnages qui se jalousent, se détestent, se trompent et, quand parfois ils s'aiment, se gardent bien de le montrer. Après les obsèques, tout ce petit monde mal à son aise va se retrouver dans la maison du mort, et les vieilles rancœurs vont se faire plus véhémentes.

◆ *Inutile d'essayer de chercher un ou plusieurs fils directeurs, d'identifier le ou les personnages principaux,* Ceux qui m'aiment prendront le train *est un film choral où les personnages, les phrases, les images, la couleur et la musique se fondent dans un ensemble superbement orchestré. Si l'on y cherche quelque chose (sens, émotion, identification, etc.), on risque fort d'être déçu ; en revanche seront comblés ceux qui se laisseront emporter sans se poser trop de questions par le train crépusculaire et diapré de Patrice Chéreau.* *J.-C.L.*

CEUX QUI SERVENT EN MER
"IN WHICH WE SERVE"

Film de guerre de **Noel Coward** et **David Lean**, avec Noel Coward *(le capitaine Kinross)*, John Mills *(Shorty Blake)*, Bernard Miles *(Walter Hardy)*, Celia Johnson *(Alix Kinross)*, Kay Walsh *(Freda Lewis)*, Joyce Carey *(Kath Hardy)*, Michael Wilding *(Flags)*. • SC : N. Coward. • PH : Ronald Neame. • DÉC : David Rawnsley. • MUS : N. Coward. • MONT : Thelma Myers. Grande-Bretagne, 1942 – 1 h 55.

Au début de la Seconde Guerre mondiale, les chantiers navals britanniques procèdent à la construction et au lancement du destroyer *Torrin* tandis que l'Amirauté rassemble son futur équipage. Sitôt en état de prendre la mer, le bâtiment est envoyé en opérations et affronte les sous-marins et les avions ennemis avec succès. Mais il est finalement coulé au large de la Crète : des survivants s'installent dans un canot pneumatique, mais plusieurs mourront avant qu'arrivent les secours.

◆ *Noel Coward s'est inspiré de faits authentiques, et il est resté proche du documentaire dans sa mise en scène très réaliste, utilisant le plus souvent des décors réels. Ce film de circonstance, exaltant le courage des combattants, mais aussi celui des civils dans des scènes évoquant le Blitzkrieg sur Londres, évite toute grandiloquence patriotique ou guerrière, et comporte en fin de compte un message pacifiste.* *M.MN.*

CHACAL "THE DAY OF THE JACKAL"

Film policier de **Fred Zinnemann**, d'après le roman de Frederick Forsyth, avec Edward Fox, Michel Lonsdale, Terence Alexander, Michel Auclair, Delphine Seyrig. France / Grande-Bretagne, 1973 – Couleurs – 2 h 30.

Après l'échec de l'attentat du Petit-Clamart et l'exécution de Bastien-Thiry, les dirigeants de l'O.A.S. recrutent un tueur professionnel surnommé « Chacal » pour éliminer de Gaulle.

LE CHACAL DE NAHUELTORO
"EL CHACAL DE NAHUELTORO"

Drame de **Miguel Littin**, avec Nelson Villagra, Shenda Roman, Luis Melo, Ruben Socotonil. Chili, 1969 – 1 h 30.

Un jeune homme misérable assassine un soir d'ivresse une femme de rencontre et ses enfants. Condamné, il mourra avec dignité.

CHACUN CHERCHE SON CHAT

Comédie de **Cédric Klapisch**, avec Garance Clavel, Zinedine Soualem, Renée Le Calm, Olivier Py. France, 1996 – Couleurs – 1 h 35.

Chloé a un travail harassant, un appartement qu'elle partage avec un copain sympathique... mais homosexuel, et un petit chat... qu'elle perd. En le recherchant, elle découvrira les vieilles dames du quartier, obligeantes et envahissantes, un jeune Maghrébin très gentil mais simplet. La vie continue quand même : quand elle échappe aux mains avides des hommes dans la rue, c'est pour tomber dans celles d'une amie un peu trop caressante ou d'un bellâtre pressé, bref un paysage humain pas très gratifiant mais qui a quand même la couleur de la vie, tout comme le quartier, défoncé par les bulldozers et qui survit, tenace comme l'espoir.

CHACUN SON ALIBI "CRIMEN"

Comédie policière de **Mario Camerini**, avec Alberto Sordi, Vittorio Gassman, Silvana Mangano, Bernard Blier. Italie / France, 1960 – 1 h 50.

Un commissaire, qui recherche l'auteur d'un crime, soupçonne trois couples italiens en vacances à Monte-Carlo.

LE CHAGRIN ET LA PITIÉ
Documentaire historique de **Marcel Ophuls**, avec des interviews d'Emmanuel d'Astier de la Vigerie, René de Chambrun, Jacques Duclos, Anthony Eden, Christian de la Mazière, Georges Lamirand, Claude Lévy, Pierre Mendès-France, Helmut Tausend, etc. • SC : M. Ophuls, André Harris. • PH : André Gazut, Jürgen Thieme. • MONT : Claude Wažda. • PR : A. Harris, Alain de Sédouy (Télévision Rencontre / N.D.R. / S.S.R.). Suisse, 1969 – 4 h 30.

Clermont-Ferrand et l'Auvergne, pendant les années 40 à 45, la guerre, la défaite, l'occupation allemande, le départ de l'occupant, la résistance triomphante, la fin de la guerre. Les images de l'époque, bandes cinématographiques des archives les plus diverses – allemandes, anglaises, françaises – s'entremêlent avec les témoignages de personnalités ayant vécu ces événements qui inspirent « le chagrin et la pitié ».

◆ *Dû au jeune cinéaste Marcel Ophuls (le fils de Max Ophuls), israélite d'origine sarroise qui gagna les États-Unis lors de la montée du nazisme en 1933, ce long film tourné en neuf mois, qui restitue l'atmosphère de l'époque, a été réalisé sous les auspices de la T.V. suisse et allemande. Le grand mérite de cette œuvre courageuse est d'avoir démythifié une page de l'histoire de l'Europe, d'avoir montré l'ambiguïté et les contradictions de tant de situations où ceux qui donnaient le meilleur d'eux-mêmes le firent avec conviction et sincérité.* *C.D.R.*

CHAGRINS D'AMOUR "SMILIN' THROUGH"
Comédie dramatique de **Frank Borzage**, d'après la pièce de Jane Cowl et Jane Murfin, avec Jeanette MacDonald, Gene Raymond, Brian Aherne, Ian Hunter, Frances Robinson, Patrick O'Moore. États-Unis, 1941 – Couleurs – 1 h 40.

Dans l'Angleterre victorienne, une femme est accidentellement tuée par son amant jaloux le jour de son mariage. Un mélodrame plein de fantaisie.

▷ Autres versions réalisées par : **Sidney Franklin** intitulées VICTOIRE DU CŒUR "SMILIN' THROUGH" avec Norma Talmadge, pour la version de 1922, et CHAGRINS D'AMOUR "SMILIN' THROUGH", pour le remake, avec Norma Shearer, Leslie Howard, Fredric March, Ralph Forbes. États-Unis, 1932 – 1 h 37.

LES CHAGRINS DE SATAN
"THE SORROWS OF SATAN"
Drame de **David Wark Griffith**, d'après le roman de Marie Corelli, avec Adolphe Menjou, Ricardo Cortez, Lya de Putti, Carol Dempster, Ivan Lebedeff. États-Unis, 1926 – 2 650 m (1 h 38).

Désespéré parce que son dernier livre est refusé par son éditeur, un romancier tombe sous la coupe d'un couple princier cynique.

LA CHAÎNE "THE DEFIANT ONES"
Comédie dramatique de **Stanley Kramer**, avec Tony Curtis, Sidney Poitier, Theodore Bikel. États-Unis, 1958 – 1 h 37.

Deux prisonniers, liés ensemble par une chaîne, s'évadent. L'un est blanc et l'autre noir. Haine et estime les animent tour à tour.

CHAÎNES CONJUGALES "A LETTER TO THREE WIVES"
Comédie psychologique de **Joseph L. Mankiewicz**, d'après le roman de John Klempner, avec Linda Darnell, Jeanne Crain, Ann Sothern, Kirk Douglas, Paul Douglas. États-Unis, 1948 – 1 h 43.

Au moment de partir en pique-nique, trois amies apprennent d'une jeune femme qu'elle quitte la ville avec le mari de l'une d'elles. Lequel ? Fine étude psychologique en trois flash-back.

CHAÎNES DU DESTIN "NO MAN OF HER OWN"
Mélodrame de **Mitchell Leisen**, d'après le roman de William Irish, avec Barbara Stanwyck, John Lund, Phyllis Thaxter, Lyle Bettger. États-Unis, 1950 – 1 h 38.

Une jeune femme change d'identité à la faveur d'un accident ferroviaire. Robin Davis reprit le sujet pour J'AI ÉPOUSÉ UNE OMBRE (Voir ce titre).

CHAÎNES DE SANG "BLOODBROTHERS"
Drame de **Robert Mulligan**, avec Paul Sorvino, Tony Lo Bianco, Richard Gere. États-Unis, 1978 – Couleurs – 1 h 51.

Stony, d'une famille italienne de New York, doit choisir : s'occuper d'enfants, comme il le désire, ou travailler sur un chantier selon les exigences de son père.

LE CHAÎNON MANQUANT
Dessin animé de **Picha**. Belgique / France, 1980 – Couleurs – 1 h 35.

Un joli bébé abandonné par sa mère, une primate hideuse, est recueilli et élevé par un jeune brontosaure.

LA CHAIR DE L'ORCHIDÉE
Film policier de **Patrice Chéreau**, d'après le roman de James Hadley Chase, avec Charlotte Rampling, Bruno Crémer, Edwige Feuillère, Simone Signoret, François Simon. France / Italie / R.F.A., 1975 – Couleurs – 2 h.

Internée sur ordre de celle qui veut s'approprier sa fortune, une jeune femme s'évade et trouve de l'aide auprès d'un homme poursuivi par des truands.

CHAIR DE POULE
Film policier de **Julien Duvivier**, d'après le roman de James Hadley Chase *Tirez la chevillette*, avec Robert Hossein, Catherine Rouvel. France, 1963 – 1 h 45.

Un gangster évadé est recueilli par un brave garagiste. La femme convoite le magot de son mari et fait du gangster son complice. Scénario de René Barjavel sur une classique intrigue de film noir.

LA CHAIR DU DIABLE "THE CREEPING FLESH"
Film d'horreur de **Freddie Francis**, avec Peter Cushing, Christopher Lee, Lorna Heilbron, Jenny Runacre. Grande-Bretagne, 1972 – Couleurs – 1 h 30.

Un mystérieux squelette se recouvre de chair. Le Pr Hildern s'apercevra que le monstre est l'incarnation du Mal, mais on n'écoutera pas ses mises en garde.

LA CHAIR ET LE DIABLE "FLESH AND THE DEVIL"
Mélodrame de **Clarence Brown**, avec Greta Garbo *(Félicitas)*, John Gilbert *(Leo Von Sellenthin)*, Lars Hanson *(Ulrich Von Kletzingk)*, Max Mc Garmott *(De Rhaden)*. • SC : Benjamin F. Glazer, Hans Kraly, d'après le roman de Herman Sudermann *Es War*. • PH : William Daniels. • MONT : Lloyd Nosler. États-Unis, 1927 – 2 500 m (env. 1 h 32).

Deux amis d'enfance, Leo et Ulrich, dans l'Europe centrale de la fin du siècle, rencontrent Félicitas dont ils tombent amoureux. Cet amour les amènera à se provoquer en duel. En voulant arrêter celui-ci, Félicitas court sur un lac gelé. La glace cède. Elle est engloutie.

◆ *Ce film reste, avec* la Piste de 98, *le plus important de Clarence Brown, auteur de plusieurs réussites. Il est capital dans la mythologie Garbo (diabolique par inadvertance ici, ce n'est pas par calcul qu'elle fait le mal, c'est parce qu'elle est une femme) et a exercé une grande influence sur Renoir. Le caractère viennois et la surcharge décorative très raffinée viennent en droite ligne de Stroheim. Le film baigne dans une ambiance féerique qui renvoie à l'enfance des héros. Sa splendeur plastique est à son comble dans la scène du duel, qui cesse brusquement à la mort de Garbo comme si les deux hommes étaient désenvoûtés. Magnifique scène d'amour quand Garbo tourne le calice que lui présente un prêtre pour poser ses lèvres là où l'homme aimé avait bu.* *S.K.*

LA CHAIR ET LE SANG "FLESH AND BLOOD"
Aventures historiques de **Paul Verhoeven**, avec Rutger Hauer, Jennifer Jason Leigh, Tom Burlinson. États-Unis, 1985 – Couleurs – 2 h 08.

Au XVIe siècle en Europe, la guerre entre des seigneurs et des mercenaires, tandis que la peste rôde. Truculent.

CHAIR POUR FRANKENSTEIN
"FLESH FOR FRANKENSTEIN/ANDY WARHOL'S FRANKENSTEIN/CARNE PER FRANKENSTEIN"
Film d'horreur de **Paul Morrissey**, avec Joe Dallessandro, Monique Van Vooren, Udo Kier, Arno Juerging. États-Unis / Italie, 1973 – Couleurs (3D) – 1 h 40.

Le célèbre baron cherche à créer un couple de créatures parfaites en se procurant, de-ci de-là, des éléments humains. L'horreur est poussée à son paroxysme par le procédé de trois dimensions employé pour la projection.

▷ Voir aussi FRANKENSTEIN.

LA CHAISE VIDE
Drame de **Pierre Jallaud**, avec Martine Chevalier, Daniel Quenaud, Maxime Le Forestier, Cyril Stockman. France, 1975 – Couleurs – 1 h 35.

Une jeune mère célibataire espère le retour du père de son petit garçon, et ne se résout pas à refaire sa vie avec le gentil musicien.

CHALEUR ET POUSSIÈRE "HEAT AND DUST"
Drame de **James Ivory**, avec Greta Scacchi *(Olivia Rivers)*, Julie Christie *(Anne)*, Christopher Cazenove *(Douglas Rivers)*, Shashi Kapoor *(le Nawab)*. • SC : Ruth Prayer Jhabvala, d'après son roman. • PH : Walter Lassally. • DÉC : Wilfred Shingleton. • MUS : Richard Robbins. • MONT : Humphrey Dixon. Grande-Bretagne / Inde, 1983 – Couleurs – 2 h 10.

Anne, qui travaille à la B.B.C., part pour l'Inde afin de reconstituer l'histoire de sa grand-tante Olivia Rivers. Dans les années 20, celle-ci a provoqué un scandale par sa liaison avec un jeune prince local, le Nawab. Soixante ans plus tard, Anne refait le même trajet, s'identifiant avec Olivia jusqu'à devenir la maîtresse de l'Indien qui l'a guidée. Elle finit par découvrir la fin de l'histoire.

◆ *James Ivory nous fait ici partager sa fascination pour la secrète magie de l'Inde. Élégant, raffiné, son film est d'une constante émotion, à la mesure de l'intelligence du propos. L'entrelacement harmonieux des deux récits, de leurs aventures amoureuses à la fois semblables et très différentes, est remarquablement maîtrisé. Et c'est un perpétuel enchantement visuel, grâce à la sérénité des paysages, à l'érotisme frémissant des scènes d'amour, et à la sensibilité de Greta Scacchi dans son premier grand rôle.* *G.L.*

LA CHAMADE
Drame psychologique d'**Alain Cavalier**, d'après le roman de Françoise Sagan, avec Catherine Deneuve, Michel Piccoli, Roger Van Hool. France, 1968 – Couleurs – 1 h 45.

Une jeune femme partagée entre une liaison chic et la tentation de l'amour. Le talent d'Alain Cavalier s'exprime ici une dernière fois dans le cadre restrictif d'une production commerciale.

LA CHAMBRE ARDENTE
Film policier de **Julien Divivier**, avec Nadja Tiller, Jean-Claude Brialy, Claude Rich, Perrette Pradier, Edith Scob. France, 1961 – 1 h 50.

Dans un château bavarois, un crime est commis au sein d'un groupe de personnages férus de pratiques occultes. Sur un scénario proche des *Diaboliques*, tout l'univers pessimiste de Duvivier.

LA CHAMBRE DE L'ÉVÊQUE
"LA STANZA DEL VESCOVO"
Comédie dramatique de **Dino Risi**, avec Ugo Tognazzi, Patrick Dewaere, Ornella Muti. Italie, 1977 – Couleurs – 1 h 50.

Marco, un riche oisif, favorise les amours de son ami Orimbelli et de sa jeune belle-sœur. Une comédie policière à l'italienne.

LA CHAMBRE DE MARIAGE "KAÇIK DÜSMANI"
Drame de **Bilgé Olgaç**, avec Perihan Savaç, Halil Ergün, Mesut Engin, Ismet Ay. Turquie, 1984 – Couleurs – 1 h 31.

Lors d'un mariage traditionnel dans une bourgade turque, une explosion tue la majorité des femmes. Pour la population masculine, la réorganisation sera dure.

LA CHAMBRE DE PUNITION / LA CHAMBRE DE TORTURE "SHOKEI NO HEYA"
Drame de **Kon Ichikawa**, avec Hiroshi Kawaguchi, Ayako Wakao, Masayoshi Umewaka. Japon, 1956 – 1 h 36.

À la suite d'une soirée bien arrosée, deux jeunes gens rencontrent deux étudiantes dont ils abusent. L'un d'eux sera terriblement puni par les amis des jeunes filles.

LA CHAMBRE DES TORTURES
"THE PIT AND THE PENDULUM"
Film d'épouvante de **Roger Corman**, librement inspiré d'Edgar Poe, avec Vincent Price, Barbara Steele, John Kerr. États-Unis, 1964 – Couleurs – 1 h 25.

Un noble est poussé à la folie à la suite d'un complot ourdi par l'amant de sa femme. Le principal attrait de ce film de la série « Poe » de Corman, outre la séquence du pendule, reste la brève rencontre des deux stars de l'épouvante, Price et Steele.

CHAMBRE D'HÔTEL "CAMERA D'ALBERGO"
Comédie de **Mario Monicelli**, avec Vittorio Gassman, Monica Vitti. Italie, 1980 – Couleurs – 1 h 35.

Une caméra invisible permet à trois garçons de filmer les clients d'une chambre. Mais pour que le film intéresse les producteurs, il faut retoucher certaines scènes...

LA CHAMBRE INDISCRÈTE "THE L-SHAPED ROOM"
Drame de **Bryan Forbes**, avec Leslie Caron, Tom Bell, Brock Peters. Grande-Bretagne, 1962 – 2 h 22.

Une jeune Française fuit sa famille, arrive à Londres et se retrouve enceinte et sans travail. Elle se lie avec ses voisins bohèmes.

LA CHAMBRE OBSCURE "LAUGHTER IN THE DARK"
Drame de **Tony Richardson**, d'après le roman de Vladimir Nabokov, avec Nicol Williamson, Anna Karina, Jean-Claude Drouot, Sian Phillips. Grande-Bretagne / France, 1968 – Couleurs – 1 h 41.

Un marchand de tableaux s'éprend d'une modeste ouvreuse de cinéma. Cette passion le conduit peu à peu vers le drame.

LA CHAMBRE VERTE
Drame de **François Truffaut**, avec François Truffaut, Nathalie Baye, Jean Dasté, Jean-Pierre Moulin. France, 1977 – Couleurs – 1 h 34.

Quelques années après les tueries de 14-18, un homme s'enferme dans le souvenir de sa femme disparue, lui consacrant une pièce de sa maison, puis une chapelle qu'il voue à tous les morts.

CHAMP D'HONNEUR
Drame de **Jean-Pierre Denis**, avec Cris Campion, Pascale Rocard. France, 1987 – Couleurs – 1 h 27.

Hiver 1869 : échangeant son numéro de conscrit avec un fils de notable, Pierre se retrouve sur le front prussien.

LE CHAMPION "THE CHAMP"
Drame de **King Vidor**, avec Wallace Beery, Jackie Cooper. États-Unis, 1931 – 1 h 27.

Un enfant admire un champion de boxe déchu. Ce sujet ultra sentimental est filmé par Vidor de façon quasi réaliste. Oscar du Meilleur acteur 1931-1932 pour Wallace Beery.

LE CHAMPION "CHAMPION"
Drame de **Mark Robson**, avec Kirk Douglas *(Midge Kelly)*, Arthur Kennedy *(Connie Kelly)*, Marilyn Maxwell *(Grace Diamond)*, Paul Stewart *(Tommy Haley)*, Ruth Roman *(Emma Bryce)*. • SC : Frank Palmer. • DÉC : Rudolph Sternad. • MUS : Dimitri Tiomkin. • MONT : Harry Gerstad. États-Unis, 1949 – 1 h 39.

Deux frères sans emploi vont de ville en ville dans des wagons de marchandises. Un soir, ils sont agressés par des vagabonds et l'un d'eux est gravement blessé. L'autre rencontre un boxeur professionnel qui devine en lui un futur champion. Il gravira à la force de ses poings tous les échelons qui mènent à la fortune et la gloire. Il trahit sa femme, ses amis pour obtenir toujours plus de pouvoir, mais son frère, qui est resté un brave type, cherche à rendre sa conscience au grand boxeur.

◆ *Mark Robson possède, comme Douglas Sirk, la maîtrise esthétique du cadre et de l'éclairage appliquée au mélodrame. Mais il a généralement préféré diriger des acteurs incarnant des personnages très masculins ; Kirk Douglas, dont ce fut un des premiers rôles principaux, en est ici l'exemple. L'usage du clair-obscur dans ce film relève du grand art.* S.S.

LE CHAMPION "THE CHAMP"
Mélodrame de **Franco Zeffirelli**, avec Jon Voight, Faye Dunaway, Ricky Schroeder, Jack Warden. États-Unis, 1979 – Couleurs – 2 h.

Un ancien champion de boxe élève son fils abandonné par sa mère à sa naissance. La réapparition de celle-ci bouleverse leur vie. À noter la séquence du match de boxe filmée avec une grande efficacité. Remake du film de Vidor.

LA CHANCE D'ÊTRE FEMME
"LA FORTUNA DI ESSERE UNA DONNA"
Comédie d'**Alessandro Blasetti**, avec Charles Boyer, Sophia Loren, Marcello Mastroianni. Italie / France, 1955 – 1 h 34.

Une jeune femme honnête, mais ambitieuse, utilise son sex-appeal pour devenir une grande vedette. Une peinture réaliste, mais humoristique, des milieux du cinéma.

CHANGEMENT DE SAISONS
"A CHANGE OF SEASONS"
Comédie de **Richard Lang**, avec Shirley Mac Laine, Anthony Hopkins, Bo Derek, Michael Brandon, Mary Beth Hurt. États-Unis, 1980 – Couleurs – 1 h 42.

Une femme trompée par son professeur de mari prend un amant. Les deux couples partent ensemble en vacances, essayant de trouver un modus vivendi.

CHANGEMENTS AU VILLAGE "GAMPERALIYA"
Drame psychologique de **Lester James Peries**, avec Henry Jayasena, Punya Heendeniya, Gamini Fonseka. Ceylan, 1963 – 1 h 45.

Malgré son amour pour l'instituteur, la fille du chef du village doit épouser un homme de son rang.

LA CHANSON DE PARIS "INNOCENTS OF PARIS"
Comédie dramatique de **Richard Wallace**, d'après une pièce de Charles Andrews, avec Maurice Chevalier, Sylvia Beecher, Russell Simpson. États-Unis, 1929 – env. 1 860 m (env. 1 h 08).

Un petit trafiquant de drogue sauve la vie d'un jeune garçon et s'amourache de sa tante. Un musical mélodramatique qui a donné une audience internationale au chanteur français.

LA CHANSON DE ROLAND
Chronique de **Frank Cassenti**, avec Klaus Kinski, Dominique Sanda, Alain Cuny, Pierre Clémenti, Jean-Pierre Kalfon. France, 1978 – Couleurs – 1 h 50.

Sur la route de Compostelle, pèlerins et comédiens agrémentent les étapes par des représentations de la célèbre « geste ».

LA CHANSON DU PASSÉ "PENNY SERENADE"
Comédie sentimentale de **George Stevens**, avec Irene Dunne, Cary Grant, Edgar Buchanan, Beulah Bondi. États-Unis, 1941 – 2 h 05.

Sur le point de quitter son foyer, une jeune femme écoute les disques qui ont marqué sa vie.

LA CHANSON DU SOUVENIR
"A SONG TO REMEMBER"
Biographie de **Charles Vidor**, avec Paul Muni, Merle Oberon, Cornel Wilde, Stephen Bekassy, Nina Foch, George Coulouris. États-Unis, 1945 – Couleurs – 1 h 53.

La vie de Frédéric Chopin : sa fuite de Pologne, la célébrité qu'il connaît grâce à Liszt et George Sand, sa liaison avec celle-ci, ses épuisants voyages et sa mort à Paris.

CHANSON PAÏENNE "PAGAN LOVE SONG"
Comédie musicale de **Robert Alton**, avec Esther Williams, Howard Keel, Rita Moreno. États-Unis, 1950 – Couleurs – 1 h 16.

Un instituteur américain épouse une jolie vahiné. Tahiti, son climat, ses chansons et Esther Williams dans son élément : l'eau.

CHANTAGE "BLACKMAIL"
Film policier d'**Alfred Hitchcock**, d'après la pièce de Charles Bennett, avec Anny Ondra, Sara Allgood, John Longden, Charles Paton, Donald Calthrop. Grande-Bretagne, 1929 – 2 176 m (env. 1 h 20).

Un policier découvre que sa petite amie a tué un peintre qui la courtisait. Il dissimule une preuve de sa culpabilité et affronte un maître-chanteur. Le premier film parlant de son auteur.

CHANTAGE À LA DROGUE "THE STRANGE AFFAIR"
Film policier de **David Greene**, d'après le roman de Bernard Toms, avec Michael York, Jeremy Kemp, Susan George, Jack Watson. Grande-Bretagne, 1969 – Couleurs – 1 h 46.

Malgré tous leurs efforts, même illégaux, deux policiers ne parviennent pas à « coincer » une famille de trafiquants de drogue.

CHANTAGE AU MEURTRE "THE NAKED RUNNER"
Film d'espionnage de **Sidney J. Furie**, d'après le roman de Francis Clifford, avec Frank Sinatra, Peter Vaughn, Derren Nesbitt, Nadia Gray, Toby Robins. Grande-Bretagne, 1967 – Couleurs – 1 h 44.

Un agent des services secrets doit exécuter une mission – l'élimination d'un espion – pour retrouver son fils kidnappé.

LE CHANT DE BERNADETTE
"THE SONG OF BERNADETTE"
Biographie de **Henry King**, d'après le roman de Franz Werfel, avec Jennifer Jones, William Eythe, Charles Bickford, Vincent Price, Lee J. Cobb. États-Unis, 1943 – 2 h 30.

L'enfance de la jeune paysanne française, les apparitions de la Vierge et les premiers miracles de la grotte de Lourdes, son installation au couvent et sa mort douloureuse.
▷ Voir aussi BERNADETTE.

LE CHANT DE L'AMOUR TRIOMPHANT
Drame de **Viatcheslav Tourjansky**, avec Jean Angelo, Rolla Norman, Nathalie Kovanko. France, 1923 – 2 000 m (env. 1 h 14).

Une jeune fille ayant choisi l'un des deux garçons qui la courtisent, l'autre part pour l'Orient. Des années après, il la retrouve, mais son rival, fou de jalousie, le poignarde.

LE CHANT DES SIRÈNES
"I HAVE HEARD THE MERMAIDS SINGING"
Comédie dramatique de **Patricia Rozema**, avec Sheila McCarthy, Paule Baillargeon. Canada, 1987 – Couleurs – 1 h 30.

Polly, maladroite mais sensible, est une photographe de talent. Portrait de femme et réhabilitation des rêveurs.

LE CHANT DU DÉPART
Drame psychologique de **Pascal Aubier**, avec Brigitte Fossey, Rufus, Germaine Montero, Michel de Ré, Paulette Frantz. France, 1975 – Couleurs – 1 h 22.

Dans un club de solitaires, chacun dévoile ses petites misères. Un jour, le projet terrible élaboré en commun aboutit à la disparition de tous.

LE CHANT DU MISSOURI "MEET ME IN ST LOUIS"
Comédie musicale de **Vincente Minnelli**, avec Judy Garland *(Esther)*, Lucille Bremer *(Rose)*, Margaret O'Brien *(Tootie)*, Mary Astor *(Mme Smith)*, Leon Ames *(M. Smith)*. • SC : Irving Brecher, Fred F. Finklehoffe, d'après le roman de Sally Benson. • PH : George J. Folsey. • DÉC : Cedric Gibbons, Lemuel Ayers, Jack Martin Smith. • MUS : George Stoll. • CHOR : Charles Walters. • MONT : Albert Akst. États-Unis, 1944 – Couleurs – 1 h 53.

En 1903, toute la ville de Saint Louis (Missouri) prépare l'Exposition universelle de 1904. La famille Smith est en émoi. Un soir, le père annonce à son épouse et à leurs filles Esther, Rose et Tootie qu'il vient d'obtenir un poste avantageux à New York et qu'il faudra bientôt quitter Saint Louis. Que deviendront les amours de Rose ou d'Esther, les besoins affectifs de la petite Tootie, loin de ce qui est sur le point d'être le centre du monde ? Quelle difficile décision devra prendre le brave chef de famille ?

◆ *Le charme du film tient avant tout à la description haute en couleur, chaleureuse et humoristique de la classe moyenne américaine, avec ses petits problèmes, les premières amours, rivalités ou déceptions sentimentales. Judy Garland, travaillant pour la première fois avec Minnelli, y est remarquable.* *J.M.*

LE CHANT DU MONDE
Drame de **Marcel Camus**, d'après le roman de Jean Giono, avec Charles Vanel, Catherine Deneuve. France, 1965 – Couleurs – 1 h 35.

Un hymne à la nature et au bonheur terrestre à travers la lutte que se livrent deux clans de bouviers dans les pâturages de Haute-Provence. Une œuvre forte, très fidèle à Giono.

LE CHANT DU PRINTEMPS "MAYTIME"
Mélodrame musical de **Robert Z. Leonard**, avec Jeanette MacDonald, Nelson Eddy, John Barrymore, Herman Bing. États-Unis, 1937 – 2 h 12.

Une grande cantatrice, amoureuse d'un chanteur pauvre, hésite entre son amour et sa carrière. Son mari jaloux lui apporte une réponse en tuant son rival.

LE CHANT DU PRISONNIER/LE RETOUR DU PRISONNIER "HEIMKEHR"
Drame de **Joe May**, d'après la nouvelle de Leonard Frank, avec Lars Hanson, Dita Parlo, Gustav Fröhlich,

Theodor Loos. Allemagne, 1928 – 3 006 m (env. 1 h 51).

Deux prisonniers allemands s'évadent d'un camp sibérien. L'un est repris, l'autre parvient à rentrer au pays et devient l'amant de la femme de son ami.

LE CHANT DU STYRÈNE

Court métrage documentaire d'**Alain Resnais**. France, 1958 – Couleurs – 19 mn.

Une promenade aux usines Pechiney sous la conduite d'un guide éclairé et désinvolte nommé Raymond Queneau.

LE CHANTEUR DE JAZZ "THE JAZZ SINGER"

Mélodrame musical d'**Alan Crosland**, avec Al Jolson *(Jack Robin)*, May McAvoy *(Mary Dale)*, Warner Oland *(le vieux cantor Rabinowitz)*, Eugenie Besserer *(Sara Rabinowitz)*, Otto Lederer *(Moisha Yudelson)*. • SC : Alfred A. Cohn, d'après l'histoire et la pièce de Samson Raphaelson *The Day of Atonement*. • PH : Hal Mohr. • MUS : Sigmund Romberg et chants hébraïques. • MONT : Harold McLord. • PR : Warner Bros. États-Unis, 1927 – env. 2 700 m (1 h 30).

Un vieux chantre juif dans une synagogue (Rabinowitz) espère voir son fils lui succéder. Mais le jeune Jackie préfère courir les bars à la mode et chanter du jazz. Chassé du toit paternel, il commence une brillante carrière de chanteur profane, maquillé en Noir. Il est remarqué par une actrice (Mary Dale) qui se propose de l'aider dans sa carrière. Grâce à elle, il devient une vedette sous le nom de Jack Robin. Son père tombe malade. À l'appel de la mère, le fils accourt pour lui demander pardon. Jackie apaise les derniers instants de son père en chantant à sa place à la synagogue le « Kol Nidre ». Sa passion pour le music-hall sera la plus forte : il remonte sur les planches où il remporte un triomphe. Il dédie à sa mère la chanson *Mammy*.

◆ À la charnière du muet et du parlant

Le Chanteur de jazz, *adapté d'une pièce de théâtre qui oppose le folklore yiddish à la musique moderne et profane représentée par le jazz, obtint un succès phénoménal lors de son exploitation en octobre 1927 aux États-Unis. Il marque le triomphe du film sonore, chantant et parlant, bien que les dialogues synchrones y soient réduits à deux minutes et que le film comporte encore de très nombreux intertitres écrits. La pièce eut elle-même un très gros succès en 1925. Elle reprend un thème très voisin, développé dans un film allemand de 1923 réalisé par Ewald A. Dupont,* Das alte Gesetz, *connu sous le titre de* Baruch. *L'acteur qui incarnait le rôle au théâtre refusa de le faire pour le film et la Warner fit appel à Al Jolson, dynamique acteur et animateur des spectacles de Broadway alors très célèbre. Al Jolson, lui-même juif, était concerné par le rôle du jeune Jack Robin. Mais il devait initialement se contenter de chanter cinq chansons et des chants religieux, et éviter le langage parlé, à l'exception d'une incise en début de numéro : « Attendez un peu, vous n'avez encore rien entendu ! » («* You ain't heard nothin' yet ! *»), réplique demeurée fort célèbre puisqu'elle inaugure véritablement le parlant. C'est au cours d'une chanson accompagnée au piano,* Blue Skies, *thème célèbre d'Irving Berlin, que l'acteur, tout à coup s'adressant à sa mère, improvise un véritable dialogue pendant 1 minute 20 secondes : « Ça t'a plu, maman ? Oui. J'en suis ravi, car plus qu'à n'importe qui, c'est à toi que j'aime faire plaisir... » La mère ne répond que par monosyllabes et reste enfermée dans l'univers de la représentation aphone, celle du cinéma muet. La spontanéité pathétique et quotidienne eut un effet de conviction décisif sur le public, subjugué par ce dialogue de piété filiale. Paradoxalement, Warner utilise dans ce film le procédé Vitaphone, fondé sur le synchronisme avec disques, qui va rapidement disparaître au profit du son optique (procédés* Fox Movietone, Western Electric, *etc.).* *M.M.*

LE CHANTEUR DE JAZZ "THE JAZZ SINGER"

Comédie musicale de **Michael Curtiz**, avec Danny Thomas, Peggy Lee, Mildred Dunnock. États-Unis, 1953 – Couleurs – 1 h 47.

Remake à grand spectacle et en Technicolor du film d'Alan Crosland par l'un des cinéastes les plus prolifiques de Hollywood.

▷ Autre version réalisée par : **Richard Fleisher**, intitulée THE JAZZ SINGER, avec Neil Diamond, Laurence Olivier, Lucie Arnaz. États-Unis, 1981 – Couleurs – 1 h 50.

LE CHANTEUR DE MEXICO

Comédie musicale de **Richard Pottier**, d'après l'opérette de Félix Gandéra et Jean Vinci, avec Luis Mariano, Bourvil, Annie Cordy, Tilda Thamar. France/Espagne, 1956 – Couleurs – 1 h 43.

Du Pays basque au Mexique, le charme et la voix de Mariano, des airs célèbres et la drôlerie de Bourvil.

LE CHANTEUR INCONNU

Comédie dramatique d'**André Cayatte**, avec Tino Rossi, Raymond Bussières, Maria Mauban, Charles Dechamps, Lucien Nat, Lilia Vetti. France, 1947 – 1 h 35.

Disparu en mer, un chanteur célèbre se retrouve frappé d'amnésie dans un petit port. Entendu par un imprésario, il est engagé à la radio et retrouvera sa femme et celui qui avait tenté de le tuer.

CHANTONS SOUS LA PLUIE "SINGIN' IN THE RAIN"

Comédie musicale de **Stanley Donen et Gene Kelly**, avec Gene Kelly *(Don Lockwood)*, Donald O'Connor *(Cosmo Brown)*, Debbie Reynolds *(Kathy Selden)*, Jean Hagen *(Lina Lamont, la star du muet)*, Millard Mitchell, Rita Moreno, Cyd Charisse, Douglas Phoebe, Kathleen Freeman, King Donovan. • SC : Betty Comden, Adolph Green. • PH : Harold Rosson. • DÉC : Cedric Gibbons, Randall Duell. • MUS : Nacio Herb Brown, Lennie Hayton, Arthur Freed (lyrics). • MONT : Adrienne Fazan. • PR : Arthur Freed (M.G.M.). États-Unis, 1952 – Couleurs – 1 h 43.

Nous sommes à Hollywood, à la fin du cinéma muet : deux copains et la petite amie de l'un d'eux, venus du music-hall, essaient de s'implanter dans l'industrie en pleine crise. Ils rencontreront un producteur compréhensif... mais il leur faudra s'imposer au cinéma sonore, et même chantant, au prix d'une supercherie qui se retournera finalement contre les fausses vedettes, incapables de s'adapter au nouveau procédé.

◆ Irrévérence et classicisme

Bien qu'il n'y manque aucun des ingrédients habituels de ce genre de scénarios (brouilles éphémères, rêves de réussite... et « happy end »), on ne peut pas raconter Chantons sous la pluie *! Cette suite de numéros s'appuie sur une trame à peine plus consistante que celle d'*Un jour à New York, *précédent triomphe (1949) de la même équipe de producteurs (Arthur Freed), de réalisateurs, de scénaristes (et du même directeur de la photographie). Le titre est repris d'une vieille revue de Broadway qui eut justement les honneurs d'un filmage muet... Mais l'ambiance est toute différente. La bonne humeur communicative du trio, qui émane de ses prestations en commun, sur des thèmes faciles, fût-ce par la bouffonnerie, laisse d'autant mieux apprécier les solos, qu'il s'agisse de Donald O'Connor* (Make 'Em Laugh) *faisant passer un vent de folie clownesque sur le plateau, ou de Kelly dans le numéro-titre, filmé en longs plans (et dont l'air est certainement l'un des plus sifflotés à travers le monde par des générations de cinéphiles). L'apparition de Cyd Charisse, pour un seul pas de deux avec Kelly, relève d'un onirisme précieux, sans équivalent ailleurs. Le même Kelly pastiche agréablement Douglas Fairbanks dans la scène reconstituant le tournage d'un film au début du parlant. Du coup, il pastiche aussi son personnage des* Trois Mousquetaires *de George Sidney (1948). C'est à juste titre qu'il n'y a qu'un ballet collectif de quelque ampleur dans ce film, car l'homogénéité du groupe Donen-Kelly et consorts, qui, pendant quelques années, proposa un style particulier à la M.G.M., ne s'accommodait pas de la luxuriance d'autres productions (par exemple de celles confiées à Minnelli). Dans* Chantons sous la pluie, *le cinéma se retourne en riant sur son passé, y compris celui du déferlement de la comédie musicale, deviné en une sorte de futur antérieur : d'où le charme du film, équilibré entre l'irrévérence et le classicisme d'un genre.* G.L.

CHAQUE MERCREDI "ANY WEDNESDAY"

Comédie de **Robert Ellis Miller**, d'après la pièce de Muriel Resnik, avec Jane Fonda, Jason Robards. États-Unis, 1966 – Couleurs – 1 h 49.

Chaque mercredi, le mari retrouve sa maîtresse. Mais l'épouse l'apprend, etc. On est – et on reste – en plein vaudeville.

CHAQUE SOIR À NEUF HEURES

"OUR MOTHER'S HOUSE"

Film fantastique de **Jack Clayton**, d'après le roman de Julian Gloag, avec Dirk Bogarde, Margaret Brooks. Grande-Bretagne, 1967 – Couleurs – 1 h 45.

À la mort de leur mère, ses sept enfants l'enterrent dans le jardin et continuent à vivre comme si elle était là.

CHARADE "CHARADE"

Comédie policière de **Stanley Donen**, avec Cary Grant, Audrey Hepburn, Walter Matthau, James Coburn. États-Unis, 1963 – Couleurs – 1 h 53.

Une jeune Parisienne découvre que son mari a été assassiné et qu'il a camouflé 250 000 dollars durant la guerre. Trois hommes la pourchassent, mais elle est aidée par un énigmatique et séduisant aventurier. Dans la veine de *la Mort aux trousses*.

LES CHARDONS DU BARAGAN

"CIULINII BARAGANULI"

Drame de **Louis Daquin**, d'après le roman de Panaït Istrati, avec Nuta Chrilea, Ana Vladesco, Ruxanda Ionesco, Florin Piersic. Roumanie, 1957 – 1 h 50.

Au début du siècle, un enfant qui a vu son père mourir de faim sur les routes assiste à une révolte de paysans roumains.

LA CHARGE DE LA BRIGADE LÉGÈRE

"THE CHARGE OF THE LIGHT BRIGADE"

Film d'aventures de **Michael Curtiz**, avec Errol Flynn *(Geoffrey Vickers)*, Olivia De Havilland *(Elsa Campbell)*, Patric Knowles *(Perry Vickers)*, Henry Stephenson *(sir*

Charles Macefield). • SC : Rowland Leigh, Michael Jacoby, d'après l'histoire de ce dernier et un poème d'Alfred Tennyson. • PH : Sol Polito, Fred Jackman. • DÉC : John Hughes. • MUS : Max Steiner. • MONT : George Amy. États-Unis, 1936 – 1 h 56.

Dans les Indes des années 1850, les Russes ourdissent de sombres complots contre les Anglais. Le major Geoffrey Vickers échappe miraculeusement au massacre d'un poste frontière par le rebelle Surat Khan. Les survivants de son régiment, le 27e Lancier, et lui-même vont retrouver le rebelle au cours de la guerre de Crimée. Ils prendront leur revanche, lors d'une charge de cavalerie restée dans les annales militaires.

◆ *On sait maintenant – Tony Richardson le montrera dans le remake de ce film – que la fameuse charge fut une boucherie inutile et stupide. Michael Curtiz a choisi le style épique et le spectaculaire. Avec l'aide de son acteur-vedette, Errol Flynn, et de B. Reeves Eason (qui tourna en 1925 la fameuse course de chars du* Ben Hur *de Niblo), il a filmé un des plus beaux morceaux de bravoure du cinéma hollywoodien d'avant-guerre.* C.A.

LA CHARGE DE LA BRIGADE LÉGÈRE

"The Charge of the Light Brigade"

Comédie dramatique de **Tony Richardson**, avec Trevor Howard *(lord Cardigan)*, John Gielgud *(lord Raglan)*, David Hemmings *(capitaine Nolan)*, Vanessa Redgrave *(Clarissa)*, Jill Bennett *(Mme Duberly)*, Harry Andrews *(lord Duncan)*. • SC : Charles Wood. • PH : David Watkin. • DÉC : Edward Marshall. • MUS : John Addison. • MONT : Hugh Raggett. Grande-Bretagne, 1968 – Couleurs – 2 h 12.

En 1854, la France et l'Angleterre s'allient pour envoyer des troupes en Crimée afin de protéger la Turquie. Une hostilité s'instaure entre le capitaine Nolan et le chef de la Brigade légère, le colonel Cardigan, qui déteste également son supérieur, lord Duncan. La Brigade remporte une victoire en Turquie, mais subit d'énormes pertes. Nolan est tué dès la première salve, à Sébastopol, la Brigade, obéissant aux ordres, s'étant engagée dans une vallée au mépris de toute prudence. Ce sera un massacre, dont les chefs survivants se rejetteront la responsabilité.

◆ *Version critique et sarcastique de l'œuvre de Curtiz (ici, les officiers ne rêvent de conquêtes que pour monter en grade), le film ne retient de l'expédition que la souffrance : les pertes en hommes, le choléra, l'absence de logique et de responsabilité. Après* Tom Jones *(1963), Tony Richardson poursuivait avec ce film sa mise au jour des coulisses de l'éthique britannique.* S.S.

LA CHARGE DE LA 8e BRIGADE

"A Distant Trumpet"

Western de **Raoul Walsh**, avec Troy Donahue, Suzanne Pleshette, James Gregory. États-Unis, 1964 – Couleurs – 1 h 54.

Un lieutenant muté dans un fort isolé tombe amoureux de la femme de son supérieur. Les offensives contre les Indiens échouent les unes après les autres, de même que les tentatives de paix, empêchées par des trafiquants blancs irresponsables. Le dernier film de Walsh, en forme de testament désenchanté.

LA CHARGE DES TUNIQUES BLEUES

"The Last Frontier"

Film d'aventures d'**Anthony Mann**, d'après le roman de Richard Emery Roberts, avec Victor Mature, Guy Madison, Robert Preston, Anne Bancroft. États-Unis, 1955 – Couleurs – 1 h 38.

Épisode de la pacification par les troupes régulières américaines des territoires occupés par les Indiens.

LA CHARGE FANTASTIQUE

"They Died With Their Boots on"

Western de **Raoul Walsh**, avec Errol Flynn, Olivia De Havilland, Arthur Kennedy, Anthony Quinn, Charley Grapewin, Gene Lockhart. États-Unis, 1941 – 2 h 20.

Au lendemain de la guerre de Sécession, la vie du général Custer jusqu'à la bataille de Little Big Horn.

LA CHARGE HÉROÏQUE

"She Wore a Yellow Ribbon"

Film d'aventures de **John Ford**, avec John Wayne, Joanne Dru, John Agar, Ben Johnson, Victor McLaglen. États-Unis, 1949 – Couleurs – 1 h 43.

À la veille de prendre sa retraite, le chef d'un avant-poste de l'Ouest sauve un convoi attaqué par les Indiens. Avec un Wayne vieilli pour la circonstance.

LA CHARGE VICTORIEUSE

"The Red Badge of Courage"

Drame historique de **John Huston**, avec Audie Murphy *(Henry Fleming)*, Bill Mauldin *(Tom Wilson)*, Arthur Hunnicut *(Bill Porter)*, Tim Durant *(le général)*, Andy Devine. • SC : J. Huston, Alfred Band, d'après le roman de Stephen Crane. • PH : Harold Rosson. • DÉC : Cedric Gibbons, Hal Peters. • MUS : Bronislau Kaper. • MONT : Ben Lewis. États-Unis, 1951 – 1 h 09.

Pendant la guerre de Sécession, un jeune appelé est terrifié par les combats. Il déserte, puis rachète sa lâcheté par une conduite héroïque en sauvant un camarade.

◆ *Cette étude magistrale sur les limites du courage d'un jeune soldat perdu au milieu d'une guerre fratricide, comme Fabrice del Dongo à Waterloo, n'est jamais sortie dans la version conçue par Huston. La M.G.M. a mutilé ce film pacifiste en grande partie à cause du choix de l'interprète principal. C'est, en effet, le soldat américain le plus décoré pendant la Seconde Guerre mondiale (Audie Murphy) qui incarne un couard et un déserteur. En 1951, l'Amérique ne veut songer qu'à fêter la victoire et ses héros. Elle ne peut accepter un film qui éclaire d'un jour nouveau une des pages les moins glorieuses de son histoire.* CL.A.

LES CHARIOTS DE FEU "CHARIOTS OF FIRE"
Comédie dramatique de **Hugh Hudson**, avec Ben Cross *(Harold Abraham)*, Ian Charleson *(Eric Liddell)*, Nigel Havers *(lord Andrew Lindsey)*, Cheryl Campbell *(Jennie Liddell)*, Alice Krige *(Sybil Gordon)*. • SC : Colin Welland. • PH : David Watkin. • DÉC : Roher Hall. • MUS : Vangelis. • MONT : Terry Rawlings. Grande-Bretagne, 1981 – Couleurs – 2 h 04. ★ OSCAR DU MEILLEUR FILM 1981.

Des jeunes Britanniques s'entraînent pour les épreuves de course à pied des jeux Olympiques de Paris en 1924. Harold Abraham est le fils d'un usurier juif, Eric Liddell, celui d'un missionnaire des Highlands. D'abord adversaires, ils concourront séparément, et Liddell créera le suspense en refusant de participer aux éliminatoires le jour du Seigneur ! Finalement, chacun triomphera.

◆ *Le scénario de ce film, inspiré de faits historiques, visait à traduire, à travers l'aventure parallèle de deux sportifs de milieux différents, les polarisations religieuses, sociales, politiques de l'Angleterre des années 20. Cette fresque épique fut bien accueillie par un public de nouveau avide de « films de plein air », et le thème au synthétiseur de Vangelis fut un des grands succès de la musique de film depuis longtemps. Le titre est emprunté à William Blake.* M.CH.

LE CHARLATAN "NIGHTMARE ALLEY"
Drame psychologique d'**Edmund Goulding**, d'après le roman de William Lindsay Gresham, avec Tyrone Power, Joan Blondell, Coleen Gray, Helen Walker. États-Unis, 1947 – 1 h 50.

Un jeune forain, grâce à un numéro de voyance truqué, connaît le succès, puis, trahi par sa femme, la déchéance.

CHARLES ET LUCIE
Comédie de **Nelly Kaplan**, avec Daniel Ceccaldi, Ginette Garcin. France, 1979 – Couleurs – 1 h 35.

Lucie fait des ménages et Charles joue les malades imaginaires. Un jour, un héritage catapulte le couple hors de la routine quotidienne. Nelly Kaplan dans une courte apparition.

CHARLES MORT OU VIF
Drame psychologique d'**Alain Tanner**, avec François Simon *(Charles)*, Marcel Robert *(Paul)*, Marie-Claire Dufour *(Adeline)*, Maya Simon *(Marianne)*, André Schmidt *(le fils de Charles)*. • SC : A. Tanner. • PH : Renato Berta. • MUS : Jacques Olivier. • MONT : Silva Bachmann. Suisse, 1969 – 1 h 30.

Le jour du centenaire de son usine d'horlogerie, Charles D., un industriel, excédé de sa vie réglée, s'enfuit. Paul et Adeline, un artiste et sa compagne, se lient d'amitié avec lui alors qu'il se cache dans la campagne vaudoise. Sa fille Marianne vient le voir, et il retrouve peu à peu son équilibre. Mais son fils le fait rechercher et interner dans une clinique psychiatrique. Noir.

◆ *Une fable inspirée d'un cas authentique. Un beau film, lucide et désespérant, sur la difficulté d'être « normal ».* D.C.

CHARLIE BRAVO
Film de guerre de **Claude Bernard-Aubert**, avec Bruno Pradal, Jean-François Poron, Karine Verlier. France, 1980 – Couleurs – 1 h 40.

Des hommes, parachutés sur un village viêt-minh pour délivrer une infirmière, massacrent tous les habitants.

CHARLIE BUBBLES "CHARLIE BUBBLES"
Comédie dramatique d'**Albert Finney**, avec Albert Finney *(Charlie Bubbles)*, Colin Beakeley *(Smokey)*, Billie Whitelaw *(le soldat)*, Liza Minnelli *(Eliza)*. • SC : Shelagh Delaney. • PH : Peter Suschitzky. • DÉC : Jose Macavin. • MUS : Misha Donat. • MONT : Fergus McDonnell. Grande-Bretagne, 1967 – Couleurs – 1 h 27.

Un jeune auteur à succès s'ennuie dans sa luxueuse résidence, où Eliza, sa secrétaire, une étudiante éperdue d'admiration ne rêve que de partager son lit... Il s'amuse quelque temps en compagnie de Smokey, un vieil ami presque aussi désabusé que lui, puis part pour le nord de l'Angleterre où vivent son ex-femme et son fils. En route, il accepte les avances d'Eliza. À l'arrivée, ce ne sont que disputes avec son épouse et indifférence de l'enfant. Charlie monte dans un ballon et s'envole pour... ailleurs.

◆ *Une vision pessimiste du monde, servie avec brio par Albert Finney acteur et, pour la première fois, réalisateur.* D.C.

CHARLIE CHAN "CHARLIE CHAN"
Série policière produite par la Fox (I) puis par Monogram (II). États-Unis, 1931-1941 (I) puis 1944-1949 (II) – NB.

À Hawaï, les aventures d'un détective chinois, et ses enquêtes mouvementées en compagnie de l'un ou l'autre de ses fils.

▷ Créé par le romancier Earl Derr Biggers, le personnage s'est illustré au cinéma pour la première fois dans un serial produit par Pathé en 1925, puis en 1927 dans LE PERROQUET CHINOIS "THE CHINESE PARROT" de **Paul Leni**, avec Kamiyama So-jin. La série elle-même, interprétée par Warner Oland, puis Sidney Toler et, enfin, Roland Winters, comprend quarante-trois titres.

▷ Quelques titres de la série :

CHARLIE CHAN À LONDRES
"CHARLIE CHAN IN LONDON"
d'**Eugene Forde**, avec W. Oland, Ray Milland. 1934 – 1 h 18.

CHARLIE CHAN EN ÉGYPTE "CHARLIE CHAN IN EGYPT"
de **Louis King**, avec W. Oland, Rita Hayworth. 1935 – 1 h 14.

CHARLIE CHAN À L'OPÉRA
"CHARLIE CHAN AT THE OPERA"
de **H. Bruce Humberstone**, avec W. Oland, Boris Karloff. 1936 – 1 h 10.

CHARLIE CHAN AU CIRQUE
"CHARLIE CHAN AT THE CIRCUS"
d'**Harry Lachman**, avec W. Oland. 1936 – 1 h 13.

CHARLIE CHAN À HONOLULU
"CHARLIE CHAN IN HONOLULU"
de **H.B. Humberstone**, avec S. Toler. 1939 – 1 h 08.

CHARLIE CHAN À PANAMA
"CHARLIE CHAN IN PANAMA"
de **Norman Foster**, avec S. Toler. 1940 – 1 h 08.

CHARLIE CHAN SUR LA PISTE SANGLANTE
"THE SCARLET CLUE"
de **Phil Rosen**, avec S. Toler. 1945 – 1 h 05.

LE COBRA DE SHANGHAI "THE SHANGHAI COBRA"
de **Phil Karlson**, avec S. Toler. 1945 – 1 h 14.

CHARLIE DINGO
Drame de **Gilles Béhat**, avec Guy Marchand, Caroline Cellier, Laurent Malet. France, 1987 – Couleurs – 1 h 45.

Bafoué par la calculatrice Georgia, Charlie est de retour après un long exil. Le récit d'itinéraires suicidaires et désenchantés.

CHARLIE ET SES DEUX NÉNETTES
Comédie dramatique de **Joël Séria**, avec Serge Sauvion, Jeanne Goupil, Nathalie Drivet, Jean-Pierre Marielle. France, 1973 – Couleurs – 1 h 30.

Deux filles au chômage convainquent un ancien forain de reprendre, avec elles, ses ventes de toiles cirées sur les marchés. Le trio rencontre un bonimenteur qui propose des cathédrales en cire. Marielle explose dans cette chronique pleine d'humour.

CHARLIE LE BORGNE "CHARLEY ONE-EYE"
Western de **Don Chaffey**, avec Richard Roundtree, Roy Thinnes, Nigel Davenport. Grande-Bretagne, 1975 – Couleurs – 1 h 40.

Un déserteur noir se lie avec un Indien. Capturé par un chasseur de primes, le premier sera libéré par le second, avant d'être lapidé par des Mexicains. Son ami prendra alors le sentier de la guerre.

CHARLOT
Série de courts métrages burlesques d'une ou deux bobines (300 ou 600 m), produits par la Keystone (1914), l'Essanay (1915 puis 1918), la Mutual (1916-1917), la First National (1918-1923), avec Charlie Chaplin. États-Unis, 1914-1923.

Les aventures tragi-comiques du petit bonhomme au grand cœur, interprétées par Charlie Chaplin, sont entièrement réalisées par lui-même à partir de *Charlot dentiste*. Outre ces courtes bandes, le personnage est apparu dans tous ses autres films, de moyen et de long métrage, jusqu'en 1936.

▷ Voir LE ROMAN COMIQUE DE CHARLOT ET LOLOTTE, CHARLOT JOUE CARMEN, UNE VIE DE CHIEN, CHARLOT SOLDAT, UNE IDYLLE AUX CHAMPS, LE GOSSE, LE PÈLERIN, LA RUÉE VERS L'OR, LE CIRQUE, LES LUMIÈRES DE LA VILLE et LES TEMPS MODERNES.

▷ Les épisodes de la série :

POUR GAGNER SA VIE "MAKING A LIVING"
de **Henry Lehrman**, 1914.

CHARLOT EST CONTENT DE LUI
"KID AUTO RACES AT VENICE"
de **H. Lehrman**, 1914.

L'ÉTRANGE AVENTURE DE MABEL
"MABEL'S STRANGE PREDICAMENT"
de **Mack Sennett** et **H. Lehrman**, 1914.

CHARLOT ET LE PARAPLUIE "BETWEEN SHOWERS"
de **H. Lehrman**, 1914.

CHARLOT FAIT DU CINÉMA "A FILM JOHNNIE"
de **M. Sennett**, 1914.

CHARLOT DANSEUR "TANGO TANGLES"
de **M. Sennett**, 1914.

CHARLOT ENTRE LE BAR ET L'AMOUR
"HIS FAVOURITE PASTIME"
de **George Nichols**, 1914.

CHARLOT FOU D'AMOUR / CHARLOT MARQUIS "Cruel, Cruel Love"
de **M. Sennett**, 1914.

CHARLOT AIME LA PATRONNE "The Star Boarder" de **M. Sennett**, 1914.

MABEL AU VOLANT "Mabel at the Wheel" de **M. Sennett**, 1914.

CHARLOT ET LE CHRONOMÈTRE "Twenty Minutes of Love" de **M. Sennett**, 1914.

CHARLOT GARÇON DE CAFÉ "Caught in a Cabaret" de **C. Chaplin** et **Mabel Normand**, 1914.

UN BÉGUIN DE CHARLOT "Caught in the Rain" de **C. Chaplin**, 1914.

MADAME CHARLOT/LA JALOUSIE DE CHARLOT "A Busy Day" de **C. Chaplin**, 1914.

LE MAILLET DE CHARLOT "The Fatal Mallet" de **C. Chaplin, M. Normand** et **M. Sennett**, 1914.

LE FLIRT DE MABEL "Her Friend the Bandit" de **C. Chaplin** et **M. Normand**, 1914.

CHARLOT ET FATTY SUR LE RING "The Knock-out" de **C. Chaplin**, 1914.

CHARLOT ET LES SAUCISSES "Mabel's Busy Day" de **C. Chaplin** et **M. Normand**, 1914.

CHARLOT ET LE MANNEQUIN / CHARLOT ET MABEL EN MÉNAGE "Mabel's Married Life" de **C. Chaplin** et **M. Normand**, 1914.

CHARLOT DENTISTE "Laughing Gas", 1914.

CHARLOT GARÇON DE THÉÂTRE "The Property Man", 1914.

CHARLOT FOU / CHARLOT PEINTRE "The Face on the Barroom Floor", 1914.

FIÈVRE PRINTANIÈRE/RÉCRÉATION "Recreation", 1914.

CHARLOT GRANDE COQUETTE "The Masquerader", 1914.

CHARLOT GARDE-MALADE "His New Profession", 1914.

CHARLOT ET FATTY FONT LA BOMBE "The Rounders", 1914.

CHARLOT CONCIERGE "The New Janitor", 1914.

CHARLOT RIVAL D'AMOUR "Those Love Pangs", 1914.

CHARLOT MITRON "Dough and Dynamite", 1914.

CHARLOT ET MABEL AUX COURSES "Gentlemen of Nerve", 1914.

CHARLOT DÉMÉNAGEUR "His Music-hall Career", 1914.

CHARLOT PAPA "His Trysting Place", 1914.

CHARLOT ET MABEL EN PROMENADE "Getting Acquainted", 1914.

CHARLOT NUDISTE "His Prehistoric Past", 1914.

CHARLOT DÉBUTE "His New Job", 1915.

CHARLOT FAIT LA NOCE "A Night Out", 1915.

CHARLOT BOXEUR "The Champion", 1915.

CHARLOT DANS LE PARC "In the Park", 1915.

CHARLOT VEUT SE MARIER "A Jitney Elopement", 1915.

CHARLOT VAGABOND "The Tramp", 1915.

CHARLOT À LA PLAGE "By the Sea", 1915.

CHARLOT APPRENTI "Work", 1915.

MAM'ZELLE CHARLOT "A Woman", 1915.

CHARLOT À LA BANQUE "The Bank", 1915.

CHARLOT MARIN "Shanghaied", 1915.

CHARLOT AU MUSIC-HALL "A Night in the Show", 1915.

CHARLOT CAMBRIOLEUR "Police", 1916.

CHARLOT CHEF DE RAYON "The Floor-Walker", 1916.

CHARLOT POMPIER "The Fireman", 1916.

CHARLOT MUSICIEN "The Vagabond", 1916.

CHARLOT RENTRE TARD "One A.M. ", 1916.

CHARLOT ET LE COMTE "The Count", 1916.

L'USURIER/CHARLOT CHEZ L'USURIER "The Pawnshop", 1916.

CHARLOT FAIT DU CINÉ "Behind the Screen", 1916.

CHARLOT PATINE "The Rink", 1916.

CHARLOT POLICEMAN "Easy Street", 1917.

CHARLOT FAIT UNE CURE / LA CURE "The Cure", 1917.

L'ÉMIGRANT "The Immigrant", 1917.

CHARLOT S'ÉVADE "The Adventurer", 1917.

LES AVATARS DE CHARLOT "Triple Trouble", 1918.

THE BOND, 1918.

UNE JOURNÉE DE PLAISIR "A Day's Pleasure", 1919.

CHARLOT ET LE MASQUE DE FER "The Idle Class", 1921.

JOUR DE PAIE "Pay Day", 1922.

CHARLOT JOUE CARMEN "CHIP'S CARMEN"
Film burlesque de **Charlie Chaplin**, d'après l'œuvre de Prosper Mérimée et l'opéra de Meilhac et Halévy, avec Charlie Chaplin, Edna Purviance, Wesley Ruggles. États-Unis, 1916 – env. 1 200 m (env. 44 mn).

Une des nombreuses adaptations du mythe ; ici, l'éternel amoureux timide confronte sa passion à une terrible réalité.

LES CHARLOTS FONT L'ESPAGNE
Comédie de **Jean Girault**, avec Les Charlots, Valérie Boisgel, Jacques Legras. France, 1972 – Couleurs – 1 h 35.

Quatre employés de la R.A.T.P. vont enfin réaliser leur rêve : un séjour en Espagne ! Mais le voyage mirifique se transforme en une succession de mésaventures plus ou moins délirantes.

▷ Le premier film d'une série qui se poursuit avec : LES CHARLOTS EN DÉLIRE d'**Alain Basnier**, avec Les Charlots, Charles Gérard, Henri Guybet. France, 1979 – Couleurs – 1 h 30. LES CHARLOTS CONTRE DRACULA de **Jean-Pierre Desagnat**, avec Les Charlots, Amélie Prévost, Andréas Voutsinas. France, 1980 – Couleurs – 1 h 25. CHARLOTS CONNECTION de **Jean Couturier**, avec Jean Sarrus, Gérard Rinaldi, Gérard Filippelli. France, 1984 – Couleurs – 1 h 30.

CHARLOT SOLDAT "SHOULDER ARMS"
Film burlesque de **Charlie Chaplin**, avec Charlie Chaplin *(le soldat)*, Edna Purviance *(la jeune Française)*, Sydney Chaplin *(le sergent / le Kaiser)*, Henry Bergman *(le barman / l'officier allemand)*, Albert Austin *(l'officier américain / le soldat allemand)*, Jack Wilson, Tom Wilson, Loyal Underwood. • SC : C. Chaplin • MONT : C. Chaplin. • PH : Rollie Totheroh. États-Unis, 1918 – 1 004 m (env. 47 mn).

D'abord recrue maladroite dans un camp d'entraînement américain, Charlot se fait bientôt à la vie du front. Un jour, il capture à lui seul une vingtaine d'Allemands en les encerclant, un autre il abat un avion au fusil, un troisième il pénètre derrière les lignes ennemies sous l'apparence d'un arbre. Déguisé en officier allemand, soutenu par l'amour d'une jeune Française, il ramène enfin le Kaiser lui-même sur le territoire allié. Quel rêve !

◆ *Chaplin tourne en dérision l'héroïsme bravache dont s'abreuvent les journaux de l'époque. Mais c'est aujourd'hui la fantaisie onirique et surréelle qui frappe dans les aventures du petit homme, qui reste lui-même sans chapeau ni badine, capable de prendre la forme animale, végétale ou minérale sans cesser d'être humain. Chaplin est alors au sommet de son art, équilibrant avec justesse la cruauté du vagabond asocial des premières bandes et le sentimentalisme parfois excessif des longs métrages ultérieurs.* *J.M.*

CHARLOTTE ET SON JULES
Court métrage de **Jean-Luc Godard**, avec Jean-Paul Belmondo, Anne Colette, Gérard Blain. France, 1958 – 20 mn.

Une jeune fille rend visite à son ancien ami et l'écoute lorsqu'il se lance dans un long monologue. Un bel hommage à Cocteau.

CHARLOTTE ET SON STEAK / PRÉSENTATION
Court-métrage d'**Éric Rohmer**, avec Jean-Luc Godard, Andrée Bertrand (voix d'Anna Karina), Anne Coudret (voix de Stéphane Audran). France, 1951-1960 – 12 mn.

Invité par Charlotte, un jeune homme doit rester sur le pas de la porte pour ne pas salir le carrelage de la cuisine pendant qu'elle fait cuire un steak.

CHARLOTTE FOR EVER
Drame de **Serge Gainsbourg**, avec Serge Gainsbourg, Charlotte Gainsbourg, Roland Bertin, Roland Dubillard. France, 1986 – Couleurs – 1 h 34.

Les rapports haine/tendresse entre Stan, scénariste alcoolique à la dérive, et sa fille Charlotte. Provocation et atmosphère.

CHARLY "CHARLY"
Drame de **Ralph Nelson**, d'après le roman de Daniel Keyes Des fleurs pour Algernon, avec Cliff Robertson, Claire Bloom. États-Unis, 1968 – Couleurs – 1 h 45.

Un adulte retardé accepte de subir la même opération au cerveau qu'une souris de laboratoire : leurs progrès vont de pair, et puis la souris régresse...

CHARMANTE FAMILLE "DANGER, LOVE AT WORK"
Comédie d'**Otto Preminger**, avec Ann Sothern, Jack Haley, Edward Everett Horton, Mary Boland, Walter Catlett, John Carradine. États-Unis, 1937 – 1 h 24.

De joyeux dingues face à un jeune avocat qui s'évertue à obtenir leur signature pour conclure une affaire foncière.

CHARMANTS GARÇONS
Comédie musicale d'**Henri Decoin**, avec Zizi Jeanmaire, Daniel Gélin, Henri Vidal, François Périer. France, 1957 – Couleurs – 1 h 45.

Une chanteuse et danseuse de cabaret cherche l'homme idéal. Musique de Georges Van Parys et chorégraphie de Roland Petit.

LE CHARME DISCRET DE LA BOURGEOISIE
Comédie de **Luis Buñuel**, avec Fernando Rey *(l'ambassadeur)*, Paul Frankeur *(Thévenot)*, Delphine Seyrig *(Mme Thévenot)*, Bulle Ogier *(Florence)*, Jean-Pierre

Cassel *(Sénéchal)*, Stéphane Audran *(Mme Sénéchal)*, Julien Bertheau *(l'évêque)*, Claude Piéplu *(le colonel)*, Michel Piccoli *(le ministre)*. • SC : L. Buñuel, Jean-Claude Carrière. • PH : Edmond Richard. • DÉC : Pierre Guffroy. • MONT : Hélène Plemiannikov. France, 1972 – Couleurs – 1 h 45. ★ **OSCAR DU MEILLEUR FILM ÉTRANGER, 1972.**

Un ambassadeur américain, deux notables de ses amis, tous trois trafiquants de drogue, et leurs épouses essaient de faire un bon dîner ensemble. Mais à chaque tentative un incident (une mort fâcheuse, des manœuvres militaires, une arrestation, l'irruption de gangsters...) remet le repas au lendemain.

◆ *Fondé sur la réitération d'une même situation et le passage incessant de la réalité au cauchemar, avec pour lien l'errance des personnages sur une route, cette comédie de la frustration est un chef-d'œuvre d'humour noir. Mêlant tous les genres cinématographiques, Buñuel dresse un constat par l'absurde de la société bourgeoise comme du rationalisme, servi par des comédiens parfaits.* *J.M.*

LES CHAROGNARDS "THE HUNTING PARTY"

Western de **Don Medford**, avec Oliver Reed, Candice Bergen, Gene Hackman. États-Unis, 1971 – Couleurs – 1 h 50.

Un homme dont on a enlevé l'épouse décide de poursuivre les ravisseurs comme dans une partie de chasse. Le comte Zaroff au Texas, la violence en plus.

LA CHARRETTE FANTÔME "KÖRKARLEN"

Film fantastique de **Victor Sjöström**, avec Astrid Holm *(Sœur Edith)*, Victor Sjöström *(David Holm)*, Hilda Borgström *(sa femme)*, Tore Svennberg *(le cocher du fiacre)*, Concordia Selander *(la mère d'Edith)*, Lisa Lundholm *(Sœur Maria)*. • SC : V. Sjöström, d'après le roman de Selma Lagerlöf. • PH : Julius Jaenzon. • DÉC : Alexander Bako, Axel Esbensen. Suède, 1921 – 1 866 m (env. 1 h 05).

Gravement malade, la jeune salutiste Edith s'est promis de ramener dans le droit chemin, avant de mourir, l'ivrogne David Holm. Au même moment, celui-ci est en train de festoyer dans un cimetière avec des camarades à qui il raconte la légende du cocher de la mort parcourant le monde pour ramasser les âmes des défunts : celui qui mourra en état de péché dans la nuit de la Saint-Sylvestre devra prendre sa place. Les clochards se battent et David est assommé : le fiacre surgit et s'apprête à l'embarquer, mais les prières d'Edith le conduisent au repentir. Il est sauvé tandis que la salutiste expire.

◆ *Unanimement salué comme un chef-d'œuvre, le film fut pourtant gravement mutilé par le distributeur français : presque toutes les scènes montrant l'activité d'Edith au sein de l'Armée du Salut furent coupées. Mais il restait les séquences les plus fameuses où, grâce à de remarquables effets de surimpression, la « charrette fantôme » semble se déplacer librement dans l'espace, créant une fantasmagorie visuelle d'une grande beauté.* *M.MN.*

LA CHARRETTE FANTÔME

Drame de **Julien Duvivier**, avec Micheline Francey, Pierre Fresnay, Marie Bell, Louis Jouvet, Robert Le Vigan. France, 1940 – env. 1 h 30.

Remake du film précédent. Un des meilleurs rôles de Micheline Francey (Edith) et Louis Jouvet en cocher de la mort.

▷ Autre version réalisée par : **Arne Mattsson**, intitulée LE CHARRETIER DE LA MORT "KÖRKARLEN", avec George Fant, Ulla Jacobsson, Anita Björk, Edvin Adolphson, Bengt Brunskog. Suède, 1958 – 1 h 30.

CHARRO ! "CHARRO !"

Western de **Charles Marquis Warren**, d'après une nouvelle de Frédéric Louis Fox, avec Elvis Presley, Ina Balin, Barbara Werle, Lynn Kellogg. États-Unis, 1969 – Couleurs – 1 h 38.

Un bandit repenti doit reprendre du service, mais du côté de la loi, contre ses anciens compagnons. Sur mesure pour Elvis.

LA CHARTREUSE DE PARME

Mélodrame de **Christian-Jaque**, d'après le roman de Stendhal, avec Gérard Philipe, Renée Faure, Maria Casarès, Lucien Coëdel, Louis Salou, Louis Seigner. France / Italie, 1948 – 2 h 50.

Les amours tumultueuses de Fabrice del Dongo, jeune noble italien, et son enthousiasme dans la quête du bonheur. Une adaptation fidèle du célèbre drame.

CHARULATA "CHARULATA"

Comédie dramatique de **Satyajit Ray**, d'après l'œuvre de Rabindranath Tagore, avec Madhavi Mukherjee, Sailen Mukherjee, Soumitra Chatterjee, Shyamal Ghoshal. Inde, 1964 – 1 h 50.

Dans les années 1880, une jeune bourgeoise délaissée par son époux se prend d'affection pour un cousin qui l'aide à développer ses dons littéraires.

LA CHASSE "LA CAZA"

Drame de **Carlos Saura**, avec Alfredo Mayo, Ismael Merco. Espagne, 1965 – 1 h 28.

Quatre hommes, dont trois anciens combattants, s'entretuent au cours d'une partie de chasse. Seul le plus jeune en réchappe, fuyant ce monde où son innocence s'est perdue.

LA CHASSE / CRUISING "Cruising"
Film policier de **William Friedkin**, avec Al Pacino, Paul Sorvino, Karen Allen. États-Unis, 1980 – Couleurs – 1 h 40.

Un policier new-yorkais enquête sur une série de meurtres homosexuels. Il croit pouvoir trouver le coupable dans les bas-fonds de la ville, mais c'est à l'Université Columbia que s'achèvera son enquête.

CHASSE À L'HOMME "Man Hunt"
Film policier de **Fritz Lang**, d'après un roman de Geoffrey Household, avec Walter Pidgeon, Joan Bennett, George Sanders. États-Unis, 1941 – 1 h 38.

Un capitaine anglais, passionné de chasse, échappe à la Gestapo puis aux S.S., et projette de tuer Hitler. Sur un scénario invraisemblable, un thriller passionnant.

LA CHASSE À L'HOMME
Comédie d'**Édouard Molinaro**, avec Jean-Paul Belmondo, Jean-Claude Brialy, Françoise Dorléac, Catherine Deneuve. France / Italie, 1964 – 1 h 30.

Julien, célibataire endurci, tente de convaincre son ami Antoine de renoncer à se marier, et y parvient : le jour des noces, Antoine part seul pour le Proche-Orient.

CHASSE À MORT "Death Hunt"
Film d'aventures de **Peter R. Hunt**, avec Charles Bronson, Lee Marvin, Angie Dickinson. États-Unis, 1981 – Couleurs – 1 h 32.

Un trappeur solitaire se trouve en butte à l'hostilité des chasseurs dans le Grand Nord canadien. Le shérif local l'aidera à fuir après une traque haletante.

LA CHASSE AU DIPLÔME "The Paper Chase"
Drame psychologique de **James Bridges**, d'après le roman de John Jay Osborn Jr., avec Timothy Bottoms, John Houseman, Lindsay Wagner. États-Unis, 1973 – Couleurs – 1 h 51.

À Harvard, un étudiant ambitieux découvre des méthodes de travail draconiennes et se heurte à l'un de ses professeurs. Une réflexion sur la finalité de la réussite scolaire.

CHASSE AU GANG "Crime Wave"
Film policier d'**André De Toth**, avec Sterling Hayden, Gene Nelson, Phyllis Kirk, Charles Bronson. États-Unis, 1954 – 1 h 14.

Un ancien bagnard qui veut se ranger est entraîné malgré lui dans une nouvelle aventure criminelle.

LA CHASSE AU LION À L'ARC
Documentaire de **Jean Rouch**. France, 1966 – Couleurs – 1 h 20.

Aux confins du Mali et du Niger, le récit d'une coutume de chasse ancestrale qui rejoint le mysticisme.

LA CHASSE AUX MARIS "Ragazze d'oggi"
Comédie de **Luigi Zampa**, avec Marisa Allasio, Françoise Rosay, Frank Villard, Louis Seigner. Italie / France, 1955 – Couleurs – 1 h 30.

À Milan, histoires sentimentales sur le thème « l'argent ne fait pas le bonheur » ou « l'amour est aveugle »...

CHASSÉ-CROISÉ
Essai d'**Arielle Dombasle**, avec Pascal Greggory, Arielle Dombasle, Pierre Clémenti. France, 1981 – Couleurs – 1 h 20.

Un musicien raté erre dans Paris, avec pour seul guide une grille de mots croisés, parcours initiatique entre le Bien et le Mal.

LA CHASSE DU COMTE ZAROFF
"The Most Dangerous Game"
Film fantastique d'**Ernest B. Schoedsack** et **Irving Pichel**, avec Leslie Banks *(le comte Zaroff)*, Joel McCrea *(Bob Rainsford)*, Fay Wray *(Eve Trowbridge)*, Robert Armstrong *(Martin Trowbridge)*, Noble Johnson *(Ivan)*. • sc : James A. Creelman, d'après la nouvelle de Richard Connell. • ph : Henry Gerrard. • mus : Max Steiner. États-Unis, 1932 – 1 h 03.

Rescapé d'un naufrage, Bob Rainsford est recueilli par le comte Zaroff, qui vit sur une île des Caraïbes. Son hôte lui présente Eve Trowbridge et son frère Martin, eux aussi récemment naufragés. Bientôt, ils apprennent que Zaroff provoque volontairement les naufrages. Passionné de chasse, il a essayé tous les gibiers et sait maintenant que le plus dangereux est l'homme. Martin est sa première victime. Bob est contraint d'accepter le jeu à son tour. À force de ruse, parviendra-t-il à déjouer les pièges tendus par le seigneur de l'île ?

◆ *Tourné en même temps, dans les mêmes studios et avec les mêmes acteurs que le légendaire* King Kong, *ce film est sorti en France en 1934 sous ce titre (c'est par erreur qu'on l'appelle couramment* les Chasses du comte Zaroff*). L'atmosphère onirique de la jungle et des marais, le décor étrange du château évo-*

quant les romans gothiques, les faciès inquiétants des serviteurs et la démence de leur maître, tout concourt à créer une angoisse insidieuse. Personnage sadien par excellence aux yeux des Surréalistes, Zaroff est une des figures clés du fantastique. G.L.

▷ Voir aussi LA COURSE AU SOLEIL.

▷ Autre version réalisée par : **Robert Wise**, intitulée A GAME OF DEATH, avec John Loder, Audrey Long, Edgar Barrier, Russell Wade. États-Unis, 1945 – 1 h 12.

LA CHASSE ROYALE "KUNGAJAKT"

Film d'aventures historiques d'**Alf Sjöberg**, avec Lauritz Falk, Inga Tidblad, Björn Berglund. Suède, 1944 – 1 h 30.

Ayant des visées sur la couronne de Suède, Catherine de Russie fomente un complot pour faire assassiner le monarque au cours d'une partie de chasse.

LA CHASSE ROYALE

Drame de **François Leterrier**, d'après le roman de Pierre Moinot, avec Sami Frey, Claude Brasseur, Ludmila Mikael, Olga Budska, Jean Champion. France/ Tchécoslovaquie, 1969-1981 – Couleurs – 1 h 25.

Deux chasseurs, en compagnie d'un garde, traquent un groupe de braconniers. Mais une femme s'interpose et fait des avances à l'un d'eux.

LA CHASSE ROYALE "MRIGAYA"

Drame de **Mrinal Sen**, avec Mithun Chakrabarty, Mamata Shankar, Gyanesh Mukherjee, Samit Bhanja. Inde, 1976 – Couleurs – 2 h.

Un jeune homme primitif et l'administrateur anglais ont une passion commune, la chasse. Lorsque le premier apportera au second la tête de celui qui a osé lui voler sa femme, l'homme blanc appliquera sans pitié la justice impériale.

LES CHASSES DU COMTE ZAROFF

▷ Voir LA CHASSE DU COMTE ZAROFF.

CHASSE TRAGIQUE "CACCIA TRAGICA"

Drame de **Giuseppe De Santis**, avec Vivi Gioi *(Lili Marlene)*, Massimo Girotti *(Michele)*, Andrea Checchi *(Alberto)*, Carla Del Poggio *(Giovanna)*, Vittorio Duse *(Giuseppe)*, Folco Lulli. • SC : G. De Santis, Carlo Lizzani, Michelangelo Antonioni, Cesare Zavattini, Umberto Barbaro, Corrado Alvaro, Gianni Puccini, Ennio De Concini. • PH : Otello Martelli. • DÉC : Carlo Egidi. • MUS : Giuseppe Rosati. • MONT : Mario Serandrei. Italie, 1947 – 1 h 25.

En Romagne, après la guerre, une aventurière, Lili Marlene, dirige un groupe de bandits qui se livrent à des attaques à main armée. Parmi eux, Alberto, qui est reconnu par Michele, son ancien camarade de déportation. Devant l'impuissance des carabiniers, les paysans traquent les bandits : Alberto révèle à Michele leur cachette et abat Lili Marlene ; il obtient le pardon des paysans, qui rejoignent la coopérative agricole.

◆ *Influencé à la fois par le cinéma soviétique (le lyrisme de la terre, le symbolisme visuel) et par le cinéma américain (la structure dramatique est celle du western), ce film est l'une des plus typiques réussites de la veine sociale du néoréalisme : De Santis y applique le concept d'art national-populaire de Gramsci, en mettant le récit romanesque au service d'un constat de la réalité italienne.* M.MN.

LE CHASSEUR "THE HUNTER"

Film policier de **Buzz Kulik**, avec Steve McQueen, Eli Wallach, Ben Johnson. États-Unis, 1980 – Couleurs – 1 h 37.

Un chasseur de primes parcourt les États-Unis, capturant les malfaiteurs endurcis, et essayant de récupérer ceux qui veulent s'amender. Ce qui est au moins aussi périlleux...

CHASSEUR BLANC, CŒUR NOIR

"WHITE HUNTER, BLACK HEART"

Biographie détournée de **Clint Eastwood**, avec Clint Eastwood, Jeff Fahey, George Dzundza, Marisa Berenson, Richard Vanstone. • SC : Peter Viertel, James Bridges, Burt Kennedy, d'après le roman de Peter Viertel. • PH : Jack N. Green. • DÉC : John Graysmark. • MUS : Lennie Niehaus. • MONT : Joel Cox. États-Unis, 1990 – Couleurs – 1 h 54.

L'une des raisons qui donnent à ce film un caractère déconcertant est son rapport avec une histoire vraie. Le cinéaste interprété par Clint Eastwood est John Huston, réalisateur et aventurier célèbre. Le film qu'Eastwood-Huston prépare dans *Chasseur blanc, cœur noir* est *African Queen* que les cinéphiles connaissent par cœur.

◆ *La confusion est totale – et féconde. On sait qu'Huston est un grand chasseur, on sait aussi qu'il a réalisé* les Racines du ciel, *film qui dénonçait la chasse à l'éléphant. Or, Huston (dans le film d'Eastwood) abandonne son équipe de tournage pour aller tirer l'éléphant. Cette conjonction-disjonction entre la réalité et la fiction (détestable dans la plupart des téléfilms sur Hollywood) est ici plus qu'intéressante : passionnante.* G.S.

LE CHASSEUR DE CHEZ MAXIM'S

Comédie de **Claude Vital**, d'après la pièce d'Yves Mirande et Gustave Quinson, avec Michel Galabru, Jean Lefebvre, Daniel Ceccaldi, Francis Perrin, Sabine Azéma. France, 1976 – Couleurs – 1 h 40.

Homme d'affaires le jour, Julien est secrètement, la nuit, le chasseur du célèbre restaurant. Mais un bon client de l'établissement veut épouser la fille du Julien « diurne ».

▷ Autres versions réalisées par : **Nicolas Rimsky** et **Roger Lion**, avec Nicolas Rimsky, Eric Barclay, Pepa Bonafé, Simone Vaudry. France, 1927 – env. 2 200 m (env. 1 h 21). **Karl Anton**, avec Robert Burnier, Félicien Tramel, Mireille Perrey, Marguerite Moréno. France, 1932 – 1 h 05. **Maurice Cammage**, avec Bach, Roger Tréville, Geneviève Callix, Jacqueline Pacaud, Marcel Carpentier. France, 1939 – 1 h 35. **Henri Diamant-Berger**, avec Yves Deniaud, Pierre Larquey, Raymond Bussières, Jean Debucourt. France, 1953 – 1 h 36.

LES CHASSEURS "I KYNIGHI"

Drame de **Theo Angelopoulos**, avec Mary Chronopoulou *(la femme de l'industriel)*, Eva Cotamanidou *(la femme du colonel)*, Vanghelis Kazan *(l'hôtelier)*, Georges Danis *(l'industriel)*, Stratos Pahis *(l'entrepreneur)*, Nikos Kouros *(le colonel)*, Ilia Stamatiou *(l'éditeur)*, Christoforos Nezer *(le politicien)*. • SC : T. Angelopoulos. • PH : Georges Arvanitis. • MUS : Loukianos Kilaïdonis. • MONT : Georges Triandafyllou. Grèce, 1977 – Couleurs – 2 h 45.

Au cours d'une partie de chasse, des bourgeois découvrent dans la neige le cadavre d'un maquisard, exécuté quelque trente ans auparavant. L'un après l'autre, revenus au pavillon de chasse, les protagonistes déposent devant la police, remuant ainsi les souvenirs les plus sombres de la guerre civile, du pouvoir de la droite et de ses méthodes jusqu'en 1964, de la parenthèse libérale de Papandreou, puis de l'arrivée des colonels en 1967. Mais on est le 31 décembre 1976 : minuit sonne, on fête le réveillon, puis on enterre le cadavre là où il a été retrouvé. La partie de chasse doit continuer.

◆ *Dans un travail très rigoureux, plus proche peut-être du théâtre que du cinéma, Angelopoulos nous livre une excellente mise en perspective de l'histoire grecque contemporaine.* D.C.

LES CHASSEURS DE SALUT

"THE SALVATION HUNTERS"

Mélodrame de **Josef von Sternberg**, avec George K. Arthur *(le garçon)*, Georgia Hale *(la fille)*, Bruce Guerin *(l'enfant)*, Otto Matiesen *(l'homme)*, Nelly Bly Baker *(la femme)*, Olof Hytten *(la brute)*, Stuart Holmes *(le gentleman)*. • SC : J. von Sternberg • MONT : J. von Sternberg. • PH : Edward Gheller. États-Unis, 1925 – 1 800 m (env. 1 h 10).

Le patron d'un chaland, sur lequel vivent un garçon et une fille, tente de séduire cette dernière et maltraite le jeune orphelin qui vit avec eux. Après une altercation, tous trois partent pour la ville et se font héberger dans un taudis par un couple qui compte amener la fille à se prostituer. Affamée, elle est sur le point de se vendre à un gentleman qui lui donne un peu d'argent sans contrepartie. L'homme du taudis essaie alors de la conquérir en emmenant tout le groupe à la campagne. Mais il rudoie l'enfant, et le garçon intervient. Tous trois repartent à la recherche d'une vie meilleure.

◆ *Réalisé, selon son auteur, « en réaction contre le cinéma de cette époque », le film, d'une grande lenteur, brosse l'itinéraire de trois personnages que la volonté farouche de la fille conduit à prendre eux-mêmes en main leur destinée. Car si le garçon provoque l'événement en se battant, c'est bien elle qui fait avancer le trio, dont l'enfant sera le héraut. Tourné en extérieur, avec un rare souci du détail dans le décor, ce film d'une grande qualité plastique reste une des œuvres marquantes de son époque et l'une des plus originales du septième art.* F.L.

LES CHASSEURS DE SCALPS "THE SCALPHUNTERS"

Western de **Sydney Pollack**, avec Burt Lancaster, Shelley Winters, Telly Savalas. États-Unis, 1968 – Couleurs – 1 h 50.

Un trappeur est contraint d'échanger ses fourrures contre un esclave noir. Il n'aura de cesse de retrouver son trésor. Personnages et péripéties sont, inhabituellement, marqués de fantaisie.

LE CHAT

Drame de **Pierre Granier-Deferre**, avec Jean Gabin *(Julien Bouin)*, Simone Signoret *(Clémence Bouin)*, Annie Cordy *(Nelly)*, Jacques Rispal *(le médecin)*, Harry-Max *(le retraité)*. • SC : P. Granier-Deferre, Pascal Jardin, d'après le roman de Georges Simenon. • PH : Walter Wottitz. • DÉC : Jacques Saulnier. • MUS : Philippe Sarde. France, 1971 – Couleurs – 1 h 26.

Dans un petit pavillon de Courbevoie vit un vieux couple : Julien Bouin, ancien ouvrier typographe, 60 ans, et sa femme Clémence, 50 ans, qui a abandonné son métier de trapéziste depuis qu'une chute l'a laissée boiteuse. Ils se haïssent autant qu'ils se sont aimés jadis. Julien ramène un jour un chat perdu, qu'il baptise « Greffier ». Clémence tue le chat. Julien s'en va vivre à l'hôtel, sa femme le harcèle jusqu'à ce qu'il revienne, mais alors ils ne communiquent plus que par écrit, unis jusqu'à la mort.

◆ *Entre Gabin et Signoret, c'est le face-à-face de deux monstres sacrés qu'a orchestré Pierre*

Granier-Deferre dans cette adaptation rigoureuse du roman de Simenon. Un huis clos étouffant, une analyse psychologique implacable, hors du temps et des modes, dans la grande tradition d'un cinéma français où la mise en scène reste présente, tout en s'effaçant apparemment devant les dialogues et l'interprétation. Jean Gabin jouait pour la dixième fois dans une adaptation de Simenon. G.L.

LE CHAT À NEUF VIES "NEUN LEBEN HAT DIE KATZE"

Drame d'**Ula Stöckl**, avec Liane Hielscher, Christine de Loup, Jürgen Arndt, Alexander Kaempfe. R.F.A., 1971 – Couleurs – 1 h 26.

Quatre femmes sont confrontées à divers processus de prise de conscience affective ou sociale. Le premier long métrage entièrement réalisé par une femme en Allemagne fédérale.

LE CHAT CONNAÎT L'ASSASSIN

"THE LATE SHOW"

Comédie policière de **Robert Benton**, avec Art Carney, Lily Tomlin. États-Unis, 1976 – Couleurs – 1 h 20.

Sur le ton des petites comédies à l'ancienne, Ira, vieux « privé » bougon flanqué de l'impétueuse Margot, enquête sur la disparition d'un chat, qui le mène à élucider une série de meurtres.

LE CHÂTEAU DE L'ARAIGNÉE "KUMONOSU-JO"

Drame d'**Akira Kurosawa**, avec Toshirō Mifune *(Washizu/Macbeth)*, Isuzu Yamada *(Asaji/lady Macbeth)*, Minoru Chiaki *(Miki/Banquo)*, Akira Kubo *(Yoshiteru / Fleance)*. • SC : Shinobu Ashimoto, Ryuzo Kikushima, Hideo Oguni, A. Kurosawa, d'après *Macbeth* de Shakespeare. • PH : Asakazu Nakai. • DÉC : Yoshiro Muraki, Kohei Esaki. • MUS : Masaru Sato. Japon, 1957 – 1 h 50.

Dans le Japon médiéval, le général Washizu et son ami Miki font rencontre, dans une forêt, de sorcières qui leur prédisent que Washizu règnera, mais que les descendants de Miki hériteront de la couronne. Influencé par sa femme, Asaji, Washizu tue son seigneur et Miki pour monter sur le trône. Les sorcières, qu'il va revisiter, lui prédisent qu'il serait en sûreté tant que la « forêt ne marcherait pas ». Mais le fils de Miki, qui a échappé au massacre de sa famille, attaque le château de Washizu avec ses soldats camouflés dans des branchages...

◆ *De cette transposition très fidèle de Shakespeare, Kurosawa fit un superbe album de scènes plus « plastiques » les unes que les autres : la démarche glissée d'une lady Macbeth au grimage blanc d'acteur de nô ; les oiseaux chassés de la forêt déracinée envahissant le château et Washizu mourant transpercé par un extraordinaire buisson de flèches. Mifune y campe un Macbeth d'avance vaincu. Kurosawa ne devait revenir à Shakespeare que trente ans plus tard, avec* Ran *inspiré du* Roi Lear. M.CH.

LE CHÂTEAU DE LA TERREUR

"THE STRANGE DOOR"

Film d'épouvante de **Joseph Pevney**, d'après le roman de Robert Louis Stevenson, avec Charles Laughton, Boris Karloff, Sally Forrest. États-Unis, 1951 – 1 h 21.

Un châtelain poursuit une implacable vengeance contre son frère qui a épousé la femme qu'il aimait.

LE CHÂTEAU DE MA MÈRE

▷ Voir LA GLOIRE DE MON PÈRE.

LE CHÂTEAU DES AMANTS MAUDITS

"BEATRICE CENCI"

Film d'aventures de **Riccardo Freda**, avec Micheline Presle, Gino Cervi, Frank Villard, Claudine Dupuis. Italie / France, 1956 – Couleurs – 1 h 30.

Sous la Renaissance italienne, aventures sentimentales et romanesques avec coups de théâtre, coups d'épée et belles héroïnes.

LE CHÂTEAU DE VERRE

Drame sentimental de **René Clément**, d'après le roman de Vicki Baum *Sait-on jamais*, avec Michèle Morgan, Jean Marais, Jean Servais, Elisa Cegani. France / Italie, 1950 – 1 h 39.

L'histoire d'amour, tragique et brève, entre l'épouse d'un procureur suisse et un jeune garçon à la vie dissolue.

LE CHÂTEAU DU DRAGON "DRAGONWYCK"

Drame de **Joseph L. Mankiewicz**, d'après le roman d'Anya Seton, avec Gene Tierney, Walter Huston, Vincent Price, Glenn Langan, Anne Revere. États-Unis, 1946 – 1 h 43.

Un châtelain épouse une cousine qui donne naissance à un fils. L'enfant meurt et l'homme tente d'empoisonner sa femme.

CHÂTEAU EN SUÈDE

Comédie de **Roger Vadim**, d'après la pièce de Françoise Sagan, avec Monica Vitti, Curd Jurgens, Suzanne Flon, Jean-Claude Brialy, Françoise Hardy, Jean-Louis Trintignant. France / Italie, 1963 – Couleurs – 1 h 50.

Dans un château isolé au milieu d'un lac de Suède, des jeunes gens disparaissent à tour de rôle...

CHÂTEAUROUX DISTRICT
Comédie dramatique de **Philippe Charigot**, avec Nathalie Nell, Guy Marchand. France, 1987 – Couleurs et NB – 1 h 28.

À la recherche de la part de magot revenant à son père, Carole traque le truand qui se l'est appropriée. Thriller à la française.

CHÂTEAUX EN ESPAGNE
Comédie dramatique de **René Wheeler**, avec Danielle Darrieux, Pepin Martin Vasquez, Maurice Ronet, Suzanne Dehelly. France / Espagne, 1954 – Couleurs – 1 h 32.

À Madrid, la brève aventure d'une jeune Française et d'un torero célèbre. Le choc de deux civilisations et une peinture du monde tauromachique.

LE CHAT ET LA SOURIS
Film policier de **Claude Lelouch**, avec Michèle Morgan, Serge Reggiani, Philippe Léotard, Valérie Lagrange, Jean-Pierre Aumont. France, 1975 – Couleurs – 1 h 45.

Un financier est assassiné et sa veuve, soupçonnée, présente un alibi parfait. Après sa mise à la retraite, le policier chargé de l'affaire démasquera le coupable.

LE CHAT ET LE CANARI
"The Cat and the Canary"
Film policier de **Radley Metzger**, inspiré de la pièce de John Willard, avec Honor Blackman, Michael Callan, Edward Fox. Grande-Bretagne, 1979 – Couleurs – 1 h 38.

Un riche Anglais excentrique laisse comme testament un film où il révèle l'identité de son légataire. Les meurtres vont alors se succéder...

▷ Voir aussi LA VOLONTÉ DU MORT et LE MYSTÈRE DE LA MAISON NORMAN.

LE CHÂTIMENT
"You Can't Get Away With Murder"
Drame policier de **Lewis Seiler**, avec Humphrey Bogart, Gale Page, Billy Halop, John Litel. États-Unis, 1939 – 1 h 18.

Un jeune délinquant se rachète au moment de mourir en innocentant son futur beau-frère accusé de meurtre.

LE CHAT NOIR "The Black Cat"
Film d'épouvante d'**Edgar G. Ulmer**, avec Boris Karloff, Bela Lugosi, David Manners, Jacqueline Wells, Egon Brecher. États-Unis, 1934 – 1 h 05.

Un médecin ivre de vengeance retrouve l'architecte autrichien, adorateur de Satan, qui a trahi son pays pendant la Première Guerre mondiale.

LE CHAT QUI VIENT DE L'ESPACE
"The Cat From Outer Space"
Comédie de **Norman Tokar**, avec Ken Berry, Sandy Duncan. États-Unis, 1978 – Couleurs – 1 h 44.

Forcé de se poser sur Terre, Jake, un extraterrestre, prend l'apparence d'un chat ! Aidé par un savant, son amie et surtout Lucie Belle, une splendide chatte angora, il va déjouer les plans d'un savant maléfique... Une production Walt Disney.

LA CHATTE
Drame d'**Henri Decoin**, avec Françoise Arnoul, Bernard Blier, Bernhard Wicki. France, 1958 – 1 h 45.

Inspiré de faits réels survenus durant l'Occupation, l'aventure d'une jeune femme surnommée « la Chatte » qui prend la place de son époux tué par la Gestapo, dans un réseau de la Résistance.

LA CHATTE SUR UN TOIT BRÛLANT
"Cat on a Hot Tin Roof"
Drame psychologique de **Richard Brooks**, d'après la pièce de Tennessee Williams, avec Elizabeth Taylor, Paul Newman, Burl Ives, Jack Carson. États-Unis, 1958 – Couleurs – 1 h 48.

Dans une famille du Sud, un père et son fils s'affrontent : le jeune homme ne désire plus sa sensuelle épouse.

LE CHAUD LAPIN
Comédie de **Pascal Thomas**, avec Bernard Menez, Daniel Ceccaldi, Claude Barrois, Friquette, Brigitte Gruel, Jeanne Maud. France, 1974 – Couleurs – 2 h.

Un séducteur sans complexes accompagne un ami en vacances. Il attend beaucoup des nombreuses femmes de la famille.

CHAUSSETTE SURPRISE
Comédie de **Jean-François Davy**, avec Bernadette Lafont, Anna Karina, Christine Pascal, Michel Galabru, Bernard Haller, Rufus. France, 1978 – Couleurs – 1 h 35.

Un comédien, un brocanteur, un inventeur et un fou de télé se retrouvent à l'hôpital où leurs femmes leur rendent visite.

LES CHAUSSONS ROUGES "The Red Shoes"
Drame de **Michael Powell** et **Emeric Pressburger**, avec Moira Shearer *(Vicki Page)*, Anton Walbrook *(Boris Lermontov)*, Marius Goring *(Julian Craster)*, Ludmilla Tchérina *(Irina)*, Leonid Massine *(Lioubov)*, Jean Short *(Terry)*. • SC : M. Powell et E. Pressburger, d'après le conte d'Andersen. • PH : Jack Cardiff. • DÉC : Arthur Lawson. • MUS : Brian Easdale, Kenny Baker. • CHOR : Robert Helpmann. • MONT : Reginald Mills. Grande-Bretagne, 1948 – Couleurs – 2 h 13.

Une jeune danseuse est engagée par le directeur d'une troupe en même temps qu'un compositeur, qui sera aussi chef d'orchestre. Les deux jeunes gens tombent amoureux, mais le « patron » ne veut pas que cette passion soit un obstacle à la carrière de la jeune femme dont il fait la vedette d'un ballet créé pour elle, *les Chaussons rouges*. N'arrivant pas à se déterminer entre les deux hommes qui la pressent, elle se suicide.

◆ *Le climat fantastique d'un film tourné entièrement en studio et voué au monde du spectacle d'une manière absolument fastueuse est lié de très près au conte original d'Andersen, qui fournit le sujet du ballet final. Comme l'héroïne ensorcelée par les chaussons, la danseuse est emportée au-delà du dilemme terrible entre art et passion. La richesse des décors, des masques, du Technicolor, de la musique – d'ailleurs distinguée par un Oscar en 1948 – a fait le succès d'une œuvre également remarquable par la rare maîtrise avec laquelle le ballet est transposé et recréé à l'écran. Toutes raisons qui justifient le statut de film mythique attaché aux* Chaussons rouges. *J.-M.C.*

CHAUSSURE À SON PIED "Hobson's Choice"
Comédie de **David Lean**, avec Charles Laughton, John Mills, Brenda de Banzie. Grande-Bretagne, 1954 – 1 h 47.

Étincelantes d'esprit, les aventures familiales et professionnelles d'un bottier veuf et de ses trois filles à marier. Prodigieux Charles Laughton.

CHE ! "Ché !"
Biographie de **Richard Fleischer**, avec Omar Sharif, Jack Palance. États-Unis, 1969 – Couleurs – 1 h 35.

Grandeur et décadence d'un idéaliste révolutionnaire, tel est le regard porté sur Guevara dans ce film soucieux de bonne propagande américaine, réalisé sous Nixon.

CHEESEBURGER FILM SANDWICH
"Amazon Women on the Moon"
Comédie de **Joe Dante**, **Carl Gottlieb**, **Peter Horton**, **John Landis**, **Robert K. Weiss**, avec Michelle Pfeiffer, Griffin Dunne, Steve Forrest, Rosanna Arquette, Henry Silva, Ralph Bellamy, Paul Bartel, Russ Meyer. États-Unis, 1988 – NB et Couleurs – 1 h 25.

Une vingtaine de sketches en hommage « à ce qui a été créé de plus affligeant au nom du spectacle » : séries T.V., talk-shows, science-fiction de série Z, films éducatifs, publicités, cérémonies, etc., produits par John Landis.

CHEF DE PATROUILLE "First to Fight"
Film de guerre de **Christian Nyby**, avec Chad Everett, Gene Hackman, Dean Jagger. États-Unis, 1967 – Couleurs – 1 h 37.

Seul survivant d'un terrible affrontement à Guadalcanal, Jack Connel est considéré comme un héros. Il effectue une tournée de propagande à travers les États-Unis, mais il « craque » lors de son retour au front.

LE CHEF D'ORCHESTRE "Dyrygent"
Drame psychologique d'**Andrzej Wajda**, avec John Gielgud, Krystyna Janda, Andrzej Seweryn. Pologne, 1979 – Couleurs – 1 h 41.

À New York, une violoniste rencontre un célèbre chef d'orchestre polonais. Lorsqu'il vient en Pologne diriger un concert, il ne supporte pas les conditions de travail qu'on lui propose.

LE CHEMIN DE LA MAUVAISE ROUTE
Documentaire de **Jean Herman**. France, 1963 – 1 h.

Au cours d'une enquête sur les jeunes « asociaux », l'auteur rencontre Colette et Jean-Claude, qui racontent leur vie, leurs espoirs, et leurs occupations en marge de la loi, propos illustrés par un montage d'images. Un essai de « cinéma-vérité ».

LE CHEMIN DE LA VIE "Putevka v Žizn'"
Drame de **Nikolai Ekk**, avec Nikolai Batalov *(Sergueiev)*, Ivan Kyrla *(Moustafa)*, Mikhaïl Djagofarov *(Kolka)*, Mikhaïl Jarov *(Jigan)*. • SC : N. Ekk, Reguina Yanouchkevitch, Alexandre Stolper. • PH : Vassili Pronine. • DÉC : Ivan Stepanov, Alexandre Evmenenko. • MUS : Yakov Stolliar. U.R.S.S., 1931 – 1 h 34.

En 1923, des enfants abandonnés subsistant par le vol et la prostitution sont confiés à l'éducateur Sergueiev, qui parvient peu à peu à conquérir leur confiance et leur amitié. Il les installe dans une colonie à la campagne et leur fait construire une voie ferrée vers la ville. Le jour de l'inauguration, Moustafa, le meilleur d'entre eux, est assassiné par son ancien chef de bande, Jigan. Sa mort est l'occasion d'une prise de conscience collective du vrai « chemin de la vie ».

◆ *Le film illustre la méthode de rééducation par le travail mise en œuvre par le pédagogue Anton Makarenko pour remettre dans le droit chemin les milliers d'orphelins laissés par la guerre civile, les besprizorny. Mais la réussite du cinéaste tient avant tout à ce qu'il a su faire de cette œuvre éducative un grand film humaniste, à la fois profondément réaliste et puissamment lyrique.* *M.MN.*

LE CHEMIN DE L'ESPÉRANCE
"IL CAMINO DELLA SPERANZA"
Comédie dramatique de **Pietro Germi**, avec Raf Vallone, Elena Varzi, Saro Urzi. Italie, 1950 – 1 h 39.

Rêves et illusions des mineurs siciliens licenciés, qui espèrent passer en France avec leur famille pour échapper à la misère.

LE CHEMIN DES ÉCOLIERS
Comédie dramatique de **Michel Boisrond**, d'après le roman de Marcel Aymé, avec Françoise Arnoul, Bourvil, Lino Ventura, Alain Delon, Jean-Claude Brialy, Sandra Milo. France / Italie, 1959 – 1 h 20.

Pendant l'Occupation, deux lycéens, soutenus par le père de l'un d'eux, se livrent au marché noir. Lorsque l'aventure risque de mal se terminer, l'autre père intervient.

LE CHEMIN DES ÉTOILES "THE WAY TO THE STARS"
Film de guerre d'**Anthony Asquith**, avec Michael Redgrave *(David Archdale)*, John Mills *(Peter Penrose)*, Rosamund John *(miss Todd)*, Douglas Montgomery *(Johnny Hollis)*, David Tomlinson *(Parsons)*, Trevor Howard, Stanley Holloway, Jean Simmons. • SC : Terence Rattigan, Anatole de Grunwald. • PH : Derek Williams. • MUS : Nicolas Brodsky. Grande-Bretagne, 1945 – 1 h 50.

La vie quotidienne d'une unité d'aviateurs de la R.A.F. pendant la Seconde Guerre mondiale. Un pilote de bombardiers est abattu au cours d'un raid. Sa veuve est courtisée par un Américain qui sera tué à son tour.

◆ *Ce film est l'un des fleurons de la production anglaise des années 40, alors mobilisée pour exalter la lutte du monde libre contre les nazis. Avec* Ceux qui servent en mer *(David Lean, 1942),* San Demetrio London *(Charles Frend, 1943) et* l'Héroïque parade *(Carol Reed, 1944),* le Chemin des étoiles *manifeste la vitalité du cinéma britannique dans un genre qui semblait être l'apanage des Américains. Le réalisateur, Anthony Asquith, avait fait la preuve de son talent dans une adaptation de* Pygmalion *(1938, en collaboration avec Leslie Howard). Il alterne ici avec brio les scènes intimistes et le panache spectaculaire.* C.B.

LE CHEMIN DU CIEL "HIMLASPELET"
Drame d'**Alf Sjöberg**, avec Rune Lindström *(Mats)*, Eivor Landström *(Marit)*, Anders Henrikson *(Dieu)*, Holger Löwenadler *(le roi Salomon)*, Gudrun Brost *(Hans Frilla)*. • SC : A. Sjöberg, R. Lindström, d'après sa pièce. • PH : Gösta Roosling. • DÉC : Arne Akermark. • MUS : Lille Bror Söderlundh. Suède, 1942 – 1 h 46.

Un village de la province de Dalécarlie est frappé d'une étrange épidémie qui tue plusieurs habitants. Il n'en faut pas plus pour qu'une jeune fille, Marit, soupçonnée d'être une sorcière soit emprisonnée et condamnée à être brûlée. Devant le terrible spectacle, Mats, le jeune paysan amoureux d'elle, décide de se rendre au ciel pour demander justice. Après de multiples péripéties, il arrive à Jérusalem et tue un soldat au cours d'une rixe. Il échoue chez un vieil aveugle qui possède un champ parsemé de lingots d'or. Devenu riche, il chasse son bienfaiteur et se marie avec la fille d'un notable. Au terme de sa vie, Mats, dans un rêve, renaît sous son aspect juvénile aux côtés de Marit.

◆ *D'une pièce faussement naïve ayant pour thème les Saintes Écritures revues à la manière de paysans du XIXe siècle, le cinéaste tire une brillante allégorie qu'il réalise sans ridicule, trouvant un juste équilibre entre la forme et le contenu. Ce film plein de poésie, curieux mélange de lyrisme panthéiste et d'allégresse hédoniste, est une expérience unique en son genre et une œuvre majeure dans l'histoire du cinéma suédois.* F.L.

LE CHEMIN DU PARADIS
"DIE DREI VON DER TANKSTELLE"
Comédie musicale de **Wilhelm Thiele**, avec Lilian Harvey *(Lilian Cossman)*, Willy Fritsch *(Willy)*, Oskar Karlweis *(Kurt)*, Heinz Rühmann *(Hans)*, Fritz Kampers *(le consul Cossman)*, Olga Tschechowa *(Edith von Turoff)*, Kurt Gerron, Felix Bressart. • SC : Franz Schulz, Paul Franck. • PH : Franz Planer. • DÉC : Otto Hunte. • MUS : Werner R. Heymann. Allemagne, 1930 – 1 h 38.

Trois jeunes amis insouciants se retrouvent sans argent. La vente de leur voiture leur permet d'acheter une station d'essence. Attirés par une jolie fille qui passe et repasse à bicyclette, ils la courtisent à tour de rôle. C'est Willy qui est préféré par la belle.

◆ *Cette opérette filmée, une des premières du genre, obtint un colossal succès en Allemagne et en France. Curieusement, nombre de critiques et d'historiens emboîtèrent le pas, et célébrèrent le charme entraînant des couplets chantés et dansés, comme le fameux « Avoir un bon copain ». Aujourd'hui, on remarque surtout la banalité de la réalisation, la fadeur de l'ensemble, au moins pour la version française.* J.-P.B.

Parallèlement, **Wilhelm Thiele** et **Max de Vaucorbeil** signent une version française, avec Lilian Harvey (Liliane Bourcourt), Henri Garat (Willy), René Lefèvre (Jean), Jacques Maury (Guy).

LE CHEMIN DU SERPENT
"ORMENS VÄG PA HÄLLEBERGET"
Drame de **Bo Widerberg**, avec Stina Ekblad, Stellan Skarsgard, Reine Brynolfsson. Suède, 1986 – Couleurs – 1 h 55.

Au XIXe siècle, dans un petit village, les propriétaires d'une maison exercent de père en fils le droit de cuissage sur les femmes qui ne peuvent pas payer leur loyer.

LE CHEMIN PERDU
Drame psychologique de **Patricia Moraz**, avec Charles Vanel, Delphine Seyrig, Magali Noël, Clarisse Berrere. Suisse/France, 1979 – Couleurs – 1 h 47.

Un vieux communiste raconte ses souvenirs à ses petits-enfants. Il meurt le soir du 1er mai après avoir défilé avec sa famille.

LES CHEMINS DANS LA NUIT
"WAGE IN DER NACHT"
Drame de **Krzysztof Zanussi**, avec Mathieu Carrière, Maja Komorowska, Horst Frank. R.F.A., 1979 – Couleurs – 1 h 38.

En 1943, des soldats allemands occupent une grande ferme polonaise. Un officier s'éprend de la fille du propriétaire, qui se servira de son amour pour aider les partisans.

LES CHEMINS DE KATMANDOU
Mélodrame d'**André Cayatte**, avec Renaud Verley, Jane Birkin, Elsa Martinelli. France, 1969 – Couleurs – 1 h 40.

Un jeune homme en plein désarroi est confronté à la drogue, à l'époque où Katmandou était un must dans ce domaine.

LES CHEMINS DE LA GLOIRE
"THE ROAD TO GLORY"
Film de guerre de **Howard Hawks**, avec Fredric March, Warner Baxter, Lionel Barrymore, June Lang, Gregory Ratoff, Victor Kilian, John Qualen. États-Unis, 1936 – 1 h 43.

L'épopée d'un régiment français pendant la Première Guerre mondiale. Un film d'action réalisé avec soin.

LES CHEMINS DE LA HAUTE VILLE
"ROOM AT THE TOP"
Comédie dramatique de **Jack Clayton**, avec Simone Signoret *(Alice)*, Laurence Harvey *(Joe Lampton)*, Heather Sears *(Susan)*, Donald Wolfit *(Brow)*. • SC : Neil Paterson, d'après le roman de John Braine. • PH : Freddie Francis. • DÉC : Ralph Brichton. • MUS : Mario Nascimbene. • MONT : Ralph Kemplen. Grande-Bretagne, 1958 – 1 h 57.

Joe Lampton, un jeune homme ambitieux, arrive à Warnley comme employé municipal. Il jette son dévolu sur Susan, la fille unique d'un richissime industriel, mais tombe amoureux d'Alice, une jeune Française. Il la sacrifiera à son ambition et épousera Susan, enceinte de lui.

◆ *Ce film, qu'on range dans le « free cinema » anglais de cette période, est plus proche, par son classicisme élégant, du cinéma analytique américain à la Wyler ou à la Mankiewicz que des films bouillonnants, à l'esthétique presque documentaire, des cinéastes anglais contemporains. Des plans très composés utilisent la profondeur de champ pour inscrire les protagonistes dans le milieu ambiant qui les étouffe. Excellentes compositions de Laurence Harvey et également de Simone Signoret, qui remportèrent l'Oscar 1959.* S.K.

▷ Les aventures de Joe Lampton ont connu deux suites : LIFE AT THE TOP, de **Ted Kotcheff**, avec Laurence Harvey, Jean Simmons, Honor Blackman, Michael Craig, Donald Wolfit, Margaret Johnston. Grande-Bretagne, 1965 – 1 h 57. MAN AT THE TOP, de **Mike Vardy**, avec Kenneth Haigh, Nanette Newman, Harry Andrews, John Quentin, Charlie Williams. Grande-Bretagne, 1973 – Couleurs – 1 h 27

LES CHEMISES ROUGES "CAMICIE ROSSE"
Drame de **Goffredo Alessandrini** et **Francesco Rosi**, avec Anna Magnani, Raf Vallone, Serge Reggiani, Alain Cuny. Italie, 1952 – 1 h 28.

En prélude à l'indépendance italienne, un épisode tragique de la vie de Garibaldi et de son épouse Anita.

LE CHÊNE D'ALLOUVILLE
Comédie de **Serge Penard**, avec Jean Lefebvre, Bernard Ménez. France, 1980 – Couleurs – 1 h 40.

Autour d'un chêne millénaire, menacé par le tracé d'une nouvelle route, la résistance d'un petit village normand s'organise.

CHERCHEURS D'OR "GO WEST"
Film burlesque d'**Edward Buzzell**, avec les Marx Brothers, John Carroll, Diana Lewis. États-Unis, 1940 – 1 h 21.

Les frères Marx, au Far West, essaient de récupérer un titre de propriété. Désopilante caricature des westerns.

CHERCHEUSES D'OR DE 1933
"GOLD DIGGERS OF 1933"
Comédie musicale de **Mervyn LeRoy**, avec Joan Blondell *(Carol King)*, Warren William *(J. Lawrence Bradford)*, Aline McMahon *(Trixie Lorraine)*, Dick Powell *(Brad Roberts/*

Robert Treat Bradford), Guy Kibbee, Ginger Rogers (*Fay Fortune*), Ruby Keeler (*Polly Parker*). • SC : Erwin Gelsey, James Seymour, David Boehm, Ben Markson, d'après *The Gold Diggers* de Harry Beaumont (Voir ci-dessous). • PH : Sol Polito. • DÉC : Anton Grot. • MUS : Harry Warren, Al Dubin. • CHOR : Busby Berkeley. • MONT : George Amy. États-Unis, 1933 – 1 h 36.

En pleine répétition d'une revue de music-hall, on vient saisir décors et costumes. Car nous sommes en pleine dépression économique, beaucoup de théâtres sont déjà fermés et il n'y a plus d'argent. Comment trouver les 15 000 $ nécessaires ? Chacun s'y met, et c'est toute la vie des coulisses que l'on découvre – moments de travail, intrigues amoureuses – jusqu'au happy end d'une première triomphale.

◆ *Par-delà le réalisme des situations, l'histoire n'est évidemment qu'un prétexte servant essentiellement à lier les différents numéros musicaux,* Chercheuses d'or de 1933 *est bien, en effet, un des chefs-d'œuvre de Busby Berkeley, véritable auteur du film par le brio éblouissant de ces ciné-ballets dont il fut le maître incomparable. Ici, la chorégraphie, pourtant remarquable, ne serait rien sans la technique qui accompagne sa transposition pour l'écran : amples mouvements d'appareil pour mettre en valeur d'innombrables danseuses dans des décors fabuleux (et la féerie naît de cet irréalisme), étonnantes figures géométriques auxquelles Averty rendra hommage, tout est enchantement.* *J.-M.C.*

▷ Autres versions réalisées par : **Harry Beaumont**, intitulée THE GOLD DIGGERS, d'après la pièce d'Avery Hopwood *Gold Diggers of Broadway*. États-Unis, 1923 – env. 2 400 m (env. 1 h 28). **Roy Del Ruth**, intitulée GOLD DIGGERS OF BROADWAY, avec Nancy Welford, Conway Tearle, Winnie Lightner, Ann Pennington, Lilyan Tashman. États-Unis, 1930 – Couleurs – 1 h 38. **David Butler**, intitulée PAINTING THE CLOUDS WITH SUNSHINE, avec Virginia Mayo, Gene Nelson, Dennis Morgan, S.Z. Sakall, Lucille Norman, Tom Conway. États-Unis, 1951 – Couleurs – 1 h 26. Dans le même registre, trois autres comédies musicales ont été chorégraphiées à trois ans d'intervalle par **Busby Berkeley** : GOLD DIGGERS OF 1935, de **Busby Berkeley**, avec Dick Powell, Adolphe Menjou, Gloria Stuart, Alice Brady, Hugh Herbert, Glenda Farrell, Frank McHugh. États-Unis, 1935 – 1 h 35. EN PARADE *Voir ce titre*. GOLD DIGGERS IN PARIS, de **Ray Enright**, avec Rudy Vallee, Rosemary Lane, Hugh Herbert, Allen Jenkins, Gloria Dickson, Melville Cooper, Frida Feld. États-Unis, 1938 – 1 h 35.

CHERCHEZ L'IDOLE

Comédie musicale de **Michel Boisrond**, avec Johnny Hallyday, Sylvie Vartan, Eddy Mitchell, Frank Alamo, Mylène Demongeot, Les Surfs. France, 1964 – 1 h 25.

À la poursuite d'un diamant caché dans une guitare. Scénario prétexte réunissant les yéyés de l'époque. Un document.

CHER DISPARU "The Loved One"

Comédie de **Tony Richardson**, d'après le roman, d'Evelyn Waugh *le Cher Disparu*, avec Robert Morse, Dana Andrews. Grande-Bretagne, 1966 – Couleurs – 2 h 05.

À la mort de son oncle aux États-Unis, un jeune Anglais doit s'occuper des formalités d'enterrement. Une satire féroce des pratiques extravagantes des pompes funèbres américaines.

CHÈRE INCONNUE

Drame de **Moshe Misrahi**, avec Simone Signoret, Jean Rochefort, Delphine Seyrig. France, 1980 – Couleur – 1 h 36.

En Bretagne, un homme paralysé partage une villa avec sa sœur. Pour rompre sa solitude, celle-ci cherche un correspondant. C'est son frère qui, sans le savoir, répond à l'annonce.

CHÈRE LOUISE

Comédie dramatique de **Philippe de Broca**, avec Jeanne Moreau, Julian Negulesco, Didi Perego. France/Italie, 1972 – Couleurs – 1 h 45.

Une femme de quarante ans, divorcée, vit seule à Annecy. Elle se prend d'intérêt, d'amour, puis de passion pour un jeune Italien.

CHER FRANGIN

Comédie dramatique de **Gérard Mordillat**, avec Luc Thuillier, Marius Colucci, Julie Jézéquel. France / Canada / Belgique, 1988 – Couleurs – 1 h 30.

La guerre d'Algérie vue par un ouvrier typographe qui finira par déserter, et par son jeune frère, resté en France, avec qui il correspond. Un regard original inspiré des souvenirs du réalisateur.

LA CHÉRIE DE JUPITER "Jupiter's Darling"

Comédie musicale de **George Sidney**, d'après une pièce de Robert E. Sherwood, avec Esther Williams, Howard Keel, George Sanders. États-Unis, 1955 – Couleurs – 1 h 36.

Tandis qu'il marche sur Rome, Annibal tombe amoureux de la fiancée de son impérial ennemi ! Fantaisie musicale et nautique.

CHÉRIE, JE ME SENS RAJEUNIR "MONKEY BUSINESS"
Comédie de **Howard Hawks**, avec Cary Grant, Ginger Rogers, Charles Coburn, Marilyn Monroe. États-Unis, 1952 – 1 h 37.

Une drogue miracle, accidentellement « mise au point » par un chimpanzé de laboratoire, provoque le rajeunissement d'un couple de savants. Follement drôle grâce aux trouvailles du scénario de Ben Hecht et I.A.L. Diamond, aux comédiens et aux singes !

CHÉRIE RECOMMENÇONS
"ONCE MORE WITH FEELING"
Comédie de **Stanley Donen**, avec Yul Brynner, Kay Kendall, Gregory Ratoff. États-Unis / Grande-Bretagne, 1960 – Couleurs – 1 h 32.

Un irascible chef d'orchestre est menacé d'abandon par son épouse, ce qui ruinerait sa carrière. Une des meilleures comédies de Stanley Donen, et le dernier film de Kay Kendall qui mourut peu après le tournage.

CHÉRI, NE FAIS PAS LE ZOUAVE
"THE LIEUTENANT WORE SKIRTS"
Comédie de **Frank Tashlin**, avec Tom Ewell, Sheree North, Rita Moreno. États-Unis, 1956 – Couleurs – 1 h 39.

Un écrivain et son épouse sont à tour de rôle rappelés sous les drapeaux. Une comédie dans la lignée de *Sept Ans de réflexion* de Billy Wilder, avec le même Tom Ewell, étonnant.

CHER PAPA "CARO PAPA"
Drame de **Dino Risi**, avec Vittorio Gassman, Stefano Madia. Italie, 1979 – Couleurs – 1 h 45.

Un riche homme d'affaires tente d'avoir des relations plus intimes avec son fils, dont il découvre le journal. Une analyse des problèmes père-fils et du terrorisme à l'italienne.

CHERRY, HARRY ET RAQUEL
"CHERRY, HARRY AND RAQUEL"
Film érotique de **Russ Meyer**, avec Charles Napier, Ushi Digart, Larissa Ely, Linda Ashton. États-Unis, 1969 – Couleurs – 1 h 21.

Aventures policières et érotiques dans le milieu des trafiquants de marijuana. Ce film mineur de Russ Meyer annonce toutefois l'esprit « bandes dessinées » que l'on trouvera dans les suivants. Distribué en France en 1975 sous le titre *les Stimulatrices*, dans une version amputée, il est sorti ultérieurement dans sa version intégrale (1989).

CHER VOISIN "A KEDVES SZOMSZÉD"
Comédie dramatique de **Zsolt Kezdi-Kovacs**, avec Laszlo Szabo, Lajos Szabo, Margit Dayka. Hongrie, 1979 – Couleurs – 1 h 38.

Dans une ville de Hongrie, un arriviste débrouillard s'incruste parmi les habitants d'une H.L.M., dans l'espoir de récupérer leur appartement.

LE CHEVAL DE FER "THE IRON HORSE"
Western de **John Ford**, avec George O'Brien *(Davy Brandon)*, Madge Bellamy *(Miriam Marsh)*, Charles E. Bull *(Abraham Lincoln)*, William Walling *(Thomas Marsh)*, Fred Kohler *(Deroux)*, Cyril Chadwick *(Peter Jepyson)*. • SC : Charles Kenyon, John Russell. • PH : George Schneiderman. • MUS : Erno Rapee. États-Unis, 1924 – 3 180 m (env. 1 h 57).

Un jeune homme, parti venger son père assassiné, est embauché pour la construction du premier chemin de fer transcontinental. Après bien des embûches, les deux équipes venant de l'Est et de l'Ouest se retrouvent à Promontary Point le 10 mai 1869. Les pionniers du rail auront affronté les Indiens comme les promoteurs, et croisé des légendes tels Buffalo Bill et Lincoln.

◆ *Dans cette grande fresque historique originale, Ford s'attache à raconter la vie de ces autres pionniers américains qu'étaient les poseurs de rails. Il nous montre une nation qui se crée au fur et à mesure de l'avancée du chemin de fer et qui est unifiée par lui. Mais le cinéaste ne néglige ni ses personnages ni des anecdotes au profit de l'Histoire. Pourtant, pour la première fois, apparaît une figure fondamentale dans l'œuvre de Ford : le pacificateur Lincoln. Ce western archétypal a connu un immense succès à sa sortie.* C.LA.

LE CHEVAL D'ORGUEIL
Chronique de **Claude Chabrol**, d'après le livre de Pierre-Jakez Heliaz, avec Jacques Dufilho, Bernadette Le Saché, François Cluzet. France, 1980 – Couleurs – 2 h .

Un homme se souvient : l'enfance, les parents, l'école, la misère, l'effort, la guerre de 1914, et surtout la Bretagne d'antan. Un best-seller mis en images.

LE CHEVALIER AU MASQUE DE DENTELLE
"THE HIGHWAYMAN"
Film d'aventures de **Lesley Selander**, d'après un poème d'Alfred Noyes, avec Philip Friend, Charles Coburn, Victor Jory, Wanda Hendrix, Cecil Kellaway. États-Unis, 1951 – Couleurs – 1 h 22.

Au XVIIe siècle, un gentilhomme se fait le défenseur des pauvres gens contre les ministres félons du roi George.

LE CHEVALIER DE LA VENGEANCE
"SON OF FURY"
Drame de **John Cromwell**, avec Tyrone Power, Gene Tierney, George Sanders. États-Unis, 1942 – 1 h 38.

Au XVIIIe siècle, un riche héritier, spolié par un oncle cupide, s'en va refaire fortune dans les mers du Sud, puis rentre en Angleterre où une autre trahison l'attend.

LE CHEVALIER DE MAUPIN / MADEMOISELLE DE MAUPIN
Film d'aventures de **Mauro Bolognini**, d'après le roman de Théophile Gautier, avec Catherine Spaak, Robert Hossein, Tomas Milian. France / Italie, 1966 – Couleurs – 1 h 30.

Rêvant de liberté et d'aventures, Madeleine de Maupin, travestie en garçon, est enrôlée dans les armées du roi où elle devient le porte-drapeau Théodore.

LE CHEVALIER DE PARDAILLAN
Film d'aventures de **Bernard Borderie**, avec Gérard Barray, Gianna-Maria Canale, Kirk Morris. France / Italie, 1962 – Couleurs – 1 h 30.

Le chevalier de Pardaillan protège la fille du comte d'Entraigues, Violetta, contre le duc de Guise. Il lutte ainsi contre ce dernier, en faveur du futur roi Henri IV.

LE CHEVALIER DES SABLES "THE SANDPIPER"
Drame de **Vincente Minnelli**, avec Elizabeth Taylor, Richard Burton, Eva Marie Saint, Charles Bronson. États-Unis, 1965 – Couleurs – 1 h 55.

Une femme solitaire élève son fils au bord de l'océan ; elle rencontre l'amour fou en la personne d'un pasteur, qui partage, puis refuse sa passion.

LE CHEVALIER DU STADE
"JIM THORPE, ALL AMERICAN"
Biographie de **Michael Curtiz**, avec Burt Lancaster, Charles Bickford, Steve Cochran. États-Unis, 1951 – 1 h 47.

La vie du célèbre sportif Jim Thorpe, qui écrasa tous ses adversaires aux jeux Olympiques de 1912 dans les épreuves du pentathlon et du décathlon.

LE CHEVALIER SANS ARMURE
"KNIGHT WITHOUT ARMOUR"
Mélodrame de **Jacques Feyder**, avec Marlene Dietrich, Robert Donat, Irene Vanburgh. Grande-Bretagne, 1937 – 1 h 48.

Durant la Grande Guerre, une belle comtesse s'éprend d'un journaliste anglais qui est un espion au service des Russes.

LES CHEVALIERS DE LA TABLE RONDE
"KNIGHTS OF THE ROUND TABLE"
Film d'aventures de **Richard Thorpe**, avec Robert Taylor, Ava Gardner, Mel Ferrer, Stanley Baker. États-Unis / Grande-Bretagne, 1954 – Couleurs – 1 h 55.

Spectaculaire illustration conçue pour la couleur et le CinémaScope de la légendaire histoire du roi Arthur, de Lancelot et de la reine Guenièvre, dans l'Angleterre du VIe siècle.

LES CHEVALIERS TEUTONIQUES "KRYZSACY"
Film historique d'**Aleksander Ford**, avec Ursula Mondryńska *(Jagienka)*, Grazsyna Staniszewska *(Danusia)*, Andrzej Szaławski *(Jurand)*, Aleksander Fogiel *(Macko)*, Mieczysław Kalenik *(Zbyszko)*, Henryk Borowski *(Siegfried)*. • SC : Jerzy Stawiński et A. Ford, d'après le roman d'Henryk Sienkiewicz. • PH : Mieczysław Jahoda. • DÉC : Roman Mann. • MUS : Kazimierz Serocki. • MONT : Miroslawa Garlicka. Pologne, 1960 – Couleurs – 2 h 52.

Un épisode de la guerre meurtrière qui opposa, au XVe siècle, la Pologne à l'ordre religieux et militaire des Chevaliers Teutoniques, et se termina par l'écrasement de ces derniers à Grunwald. La fille d'un seigneur polonais a été prise en otage : un courageux prétendant parvient à la libérer, mais elle a perdu la raison.

◆ *Une superproduction en Scope et couleurs, adaptée d'une fresque historique d'Henryk Sienkiewicz (l'auteur du célèbre* Quo Vadis ?*) par le vétéran Alexandre (ou Aleksander) Ford, chef de file du cinéma polonais et propagandiste orthodoxe. Le film fut entrepris pour le 100e anniversaire de l'indépendance polonaise et bénéficia d'énormes moyens. Le ton général oscille entre Cecil B. De Mille et S.M. Einsenstein : la reconstitution de la victoire de Grunwald n'est pas sans rappeler la bataille sur la glace d'*Alexandre Nevski*, mais le génie esthétique cède le pas à l'emphase académique.* C.B.

LE CHEVAL QUI PLEURE / AU PRIX DE SA VIE
"DOROGOJ CENOJ"
Mélodrame de **Mark Donskoï**, avec Vera Donskaïa *(Solomia)*, Youri Dedovitch *(Ostap)*, Ivan Tverdokhleb *(Katigorochek)*, Olga Petrova *(Mariuca)*. • SC : Irina Donskaïa, d'après l'œuvre de Kotzioubinski. • PH : Nikolai Toptchii. • DÉC : Nikolai Reznik. • MUS : Lev Chvarc [Schvartz]. U.R.S.S., 1958 – Couleurs – 1 h 39.

En Ukraine en 1830, à la frontière de la Bessarabie. De nombreux paysans ukrainiens tentent de passer un étang pour fuir la faim et l'oppression. Beaucoup sont abattus. Ostap, compromis par ses propos libertaires, enlève Solomia au moment de son mariage forcé avec un propriétaire et ils traversent la frontière.

Ostap, blessé, est soigné par une sorcière. Ils sont accueillis par des gitans qui sont arrêtés pour vol de chevaux. Les amants décident de revenir dans ce pays d'oppression qui est pourtant le leur.

◆ *Si le scénario pouvait prêter à tous les clichés, la réalisation, d'une extraordinaire qualité poétique, transcende chaque moment de ce film magique, le meilleur de Donskoï. La conception des plans et de la lumière, par son extrême virtuosité même, échappe à la complaisance esthétique et nous plonge dans un univers de rêve qui fait de ce film un authentique conte pour enfants raconté avec une sensibilité d'enfant.* S.K.

LA CHEVAUCHÉE DE LA VENGEANCE

"RIDE LONESOME"

Western de **Budd Boetticher**, avec Randolph Scott, Karen Steele, Pernell Roberts, James Coburn, Lee Van Cleef. États-Unis, 1959 – Couleurs – 1 h 13.

Un chasseur de primes emmène un meurtrier afin de tirer vengeance de son frère. Injustement considéré comme un faiseur de séries B, Boetticher a réalisé les westerns les plus purs, dont celui-ci.

LA CHEVAUCHÉE DE L'HONNEUR

"STREETS OF LAREDO"

Film d'aventures de **Leslie Fenton**, avec William Holden, William Bendix, MacDonald Carey. États-Unis, 1949 – Couleurs – 1 h 32.

Trois bandits se séparent. Deux s'engagent dans les Texas Rangers et traquent le troisième. Remake de *la Légion des damnés*.

LA CHEVAUCHÉE DES BANNIS

"DAY OF THE OUTLAW"

Western d'**André De Toth**, avec Robert Ryan, Tina Louise, Burl Ives. États-Unis, 1959 – 1 h 31.

Deux fermiers se haïssent à cause d'une femme. Des bandits mettent la ville à sac et l'un deux guide leur fuite, sans retour.

LA CHEVAUCHÉE DU RETOUR "THE RIDE BACK"

Western d'**Allen H. Miner**, avec Anthony Quinn, William Conrad, Lita Milan. États-Unis, 1957 – 1 h 19.

Un policier et son prisonnier, qui doivent faire face aux attaques des Indiens, apprennent à s'estimer.

LA CHEVAUCHÉE FANTASTIQUE

"STAGECOACH"

Western de **John Ford**, avec John Wayne *(Ringo Kid)*, Claire Trevor *(Dallas)*, John Carradine *(Hatfield)*, Thomas Mitchell *(Dr Boone)*, Donald Meek *(Samuel Peacock)*, Louise Platt *(Lucy Mallory)*, Tim Holt *(Blanchard)*, George Bancroft *(shérif Wilcox)*. • SC : Dudley Nichols, d'après la nouvelle d'Ernest Haycox *Stage to Lordsburg*. • PH : Bert Glennon. • DÉC : Alexander Toluboff. • MUS : Richard Hageman, W. Franke Harling, John Leipold, Leo Shuen, Louis Gruenberg. • MONT : Dorothy Spencer, Walter Reynolds. États-Unis, 1939 – 1 h 37.

En 1885, les Indiens menaçant le camp de Tonto, en Arizona, un groupe de civils est évacué par diligence. Parmi eux, il y a le joueur Hatfield, le représentant en whisky Peacock, une femme enceinte, le docteur Boone, une fille légère surnommée Dallas... Le hors-la-loi Ringo Kid, qui vient de s'évader de prison, va se joindre au convoi, qui est bientôt attaqué par les Peaux-Rouges. Il se conduit héroïquement et, arrivé à Lordsburg, règle ses comptes avec deux assassins, les frères Plummer.

◆ *Mille fois imitée, jamais égalée, la mémorable séquence de l'attaque de la diligence est désormais légendaire dans l'histoire du western. Pourtant* la Chevauchée fantastique *est un film intimiste, un huis clos pour un petit groupe de personnages réunis à l'intérieur du véhicule, même si celui-ci se déplace à toute vitesse à travers le désert. La mise en scène au cordeau de John Ford, la rigueur de ses cadrages, la maîtrise de son montage, en font le premier grand classique du genre. Ce fut aussi la révélation de John Wayne, qui allait en devenir le pilier pendant une quarantaine d'années.* G.L.

▷ Voir aussi LA DILIGENCE VERS L'OUEST.

LA CHEVAUCHÉE SAUVAGE "BITE THE BULLET"

Western de **Richard Brooks**, avec Gene Hackman *(Sam Clayton)*, Candice Bergen *(miss Jones)*, James Coburn *(Luke Matthews)*, Ben Johnson *(« Mister »)*, Ian Bannen *(Norfolk)*. • SC : R. Brooks. • PH : Harry Stradling Jr. • DÉC : Robert Signorelli. • MUS : Alex North. • MONT : George Granville. États-Unis, 1975 – Couleurs – 2 h 11.

Une course d'endurance sur mille kilomètres est organisée dans l'Ouest de la fin du XIXe siècle. Sam Clayton et Luke Matthews, amis et rivaux à la fois, vont affronter la fine fleur des cavaliers attirés par la prime destinée au vainqueur. Au terme d'un parcours semé d'incidents spectaculaires, l'arrivée réserve bien des surprises.

◆ *Richard Brooks a tourné peu de westerns et chacun d'eux a marqué.* Après la Dernière Chasse, *réflexion sur le racisme, et les* Professionnels, *qui chante la fin d'un certain Ouest,* la Chevauchée sauvage *est le dernier vestige d'un genre moribond. Quoi d'étonnant si le film met en scène des personnages anachroniques, attachés à des notions suran-*

nées (amour des chevaux, de la terre ; loyauté entre les hommes malgré les rivalités), dans un Ouest qui s'ouvre au développement industriel ? C.A.

LES CHEVAUX DE FEU "TENI ZABYTYH PREDKOV"
Film fantastique de **Serguei Paradjanov**, avec Ivan Mikolaïtchouk *(Ivan)*, Larissa Kadotchnikova *(Marichka)*, Tatiana Besteva *(Palagna)*, Spartak Bagachvili *(Jura, le sorcier)*, Nikolai Grinko *(le berger)*, Leonid Engibarov *(Miko, le muet)*. • SC : S. Paradjanov, Ivan Tchendei, d'après une nouvelle de Mikhaïl Kotsoubinski *les Ombres des ancêtres oubliés* (d'où le titre russe). • PH : Youri Ilienko. • DÉC : G. Yakoutovitch, M. Rokovski, L. Baïkova, V. Chikina. • MUS : Miroslav Skorik. • MONT : M. Ponomarenko. • PR : studio Aleksandr Dovjenko. U.R.S.S., 1966 – Couleurs – 1 h 30.

Dans les Carpates « oubliées des dieux et des hommes », au siècle dernier, deux enfants – Ivan et Marichka – s'aiment malgré la rivalité de clans qui oppose leurs deux familles. Devenu adolescent, le jeune homme doit partir sur les alpages voisins comme journalier pour gagner son pain. Saisi d'un sombre pressentiment, il revient précipitamment au village où il retrouve Marichka noyée dans la rivière. Dès lors, le malheur le poursuit : longtemps fidèle à sa bien-aimée, il erre dans la nature en s'écartant de tous, puis essaie de retrouver le bonheur en vivant avec Palagna. Mais elle le trompe avec le sorcier qui, jaloux, tue Ivan d'un coup de hache. Il ne retrouvera le bonheur que dans la mort.

◆ Rites et symboles : génie lyrique de l'Ukraine
S'appuyant sur l'héritage de Dovjenko, Paradjanov est le premier à montrer, en 1965, que le folklore et les traditions artistiques locales peuvent redevenir une source de richesse visuelle pour le cinéma soviétique. Assisté de son chef-opérateur Youri Ilienko, surnommé le « surréaliste de Zaporož'é », il ressuscite le génie lyrique de l'Ukraine en mettant en scène ce peuple légendaire des Goutzouls à travers ses rites : fêtes, danses, processions nuptiales et mortuaires, défilés masqués... Ces cérémonies sont rythmées par les instruments folkloriques qui ne s'arrêtent guère et jouent le rôle de récitant. Le beuglement du long cor des Carpates, par exemple, annonce le malheur. Car la nature, omniprésente et qui commande tous les éléments de la vie quotidienne – travaux des champs, fabrication des tonneaux, affûtage des longues serpes –, est elle-même étroitement associée à la religion, aux rites païens et à la sorcellerie. Palagna sort nue dans la nuit pour accomplir un rite magique dans l'espoir d'attendre un enfant. Le sorcier Jura, qui la convoite en secret et auquel elle se refuse, va déchaîner les forces malignes de la nature sur son rival. Les héros, en proie à des pressentiments funestes et broyés par les éléments naturels, sont écrasés par le mauvais sort. L'intérêt ethnographique des Chevaux de feu *est servi par des images somptueuses et une caméra très mobile qui fait défiler tantôt des images rapides, figurant un bonheur fugitif, tantôt au contraire des images très lentes, annonciatrices de mort, et toujours chargées de symbole. Au printemps ou en été, la nature symbolise l'innocence, les jeux dans la rivière, la pureté, la biche près de la tombe de Marichka. L'hiver, par contre, la neige est porteuse de malheur, comme les chevaux, les arbres rougis de sang. Les scènes superbes se succèdent, pour ne citer que celle de la recherche aux flambeaux du corps de Marichka dans la rivière. De nombreux flash-back nouent l'intrigue et confèrent au film son lyrisme fantastique.* M.G.

LES CHEVEUX D'OR / MEURTRES
"THE LODGER – A STORY OF THE LONDON FOG"
Drame d'**Alfred Hitchcock**, d'après le roman de Mrs. Belloc-Lowndes, avec Ivor Novello, June, Marie Ault, Arthur Chesney, Malcolm Keen. Grande-Bretagne, 1926 – 2 300 m (env. 1 h 25).

À Londres, une série de crimes sadiques sème la terreur. Un jeune homme correspondant au signalement du criminel est pris à parti par la foule qui veut le lyncher. Considéré par Hitchcock comme son premier vrai film.

LA CHÈVRE
Comédie de **Francis Veber**, avec Pierre Richard, Gérard Depardieu, Corinne Charby, Michel Robin. France, 1981 – Couleurs – 1 h 31.

Un détective privé recherche au Mexique la fille d'un P.-D.G. On lui adjoint un aide-comptable de l'entreprise choisi pour sa distraction comparable à celle de la jeune fille.

CHEYENNE "CHEYENNE"
Western de **Raoul Walsh**, avec Dennis Morgan, Jane Wyman, Janis Paige, Arthur Kennedy. États-Unis, 1947 – 1 h 40.

En 1867, dans le Wyoming, un aventurier se lance sur les traces d'un spécialiste des attaques de diligences.

LES CHEYENNES "CHEYENNE AUTUMN"
Western de **John Ford**, avec Richard Widmark *(Cpt Archer)*, Caroll Baker *(Deborah Wright)*, James Stewart *(Wyatt Earp)*, Karl Malden *(Cpt Wessels)*, Patrick Wayne *(Lt Scott)*, Sal Mineo *(Red Shirt)*, Edward G. Robinson *(Carl Schruz)*, Dolores Del Rio. • SC : James R. Webb, d'après le roman de Mary Sandoz. • PH : William Clothier. • DÉC : Richard Day. • MUS : Alex North.

• MONT : Otho Lovering. États-Unis, 1963 – Couleurs – 2 h 39 (à l'origine) ; 2 h 25.

La nation cheyenne quitte les terres de l'Oklahoma où elle est parquée et tente de rejoindre, affamée, sa terre natale. Poursuivis par la cavalerie américaine, certains se mettent sous la protection des autorités qui les renvoient à leur réserve. Décidés à se battre jusqu'au bout, ils rejoignent les révoltés, tandis que le capitaine Archer, avec l'aide du secrétaire d'État à l'Intérieur, négocie une paix destinée à respecter leurs droits.

◆ *Ce dernier western de John Ford, typique de la « mauvaise conscience » du genre finissant, décrit, en termes humanistes, mais sans ambiguïté, les contradictions de l'Amérique pionnière, sans négliger celles du clan indien. Elles se cristallisent dans l'attitude d'Archer, pris entre son devoir et l'idéal lincolnien. L'ensemble constitue une fresque épique, splendide et sereine, malheureusement entamée par les coupures effectuées par les distributeurs.* *J.M.*

LE CHIEN DES BASKERVILLE

"THE HOUND OF THE BASKERVILLES"

Film policier de **Sidney Landfield**, d'après le roman de Conan Doyle, avec Basil Rathbone, Nigel Bruce, Richard Greene, Wendy Barrie, Lionel Atwill, John Carradine. États-Unis, 1939 – 1 h 20.

Une légende, qui semble se vérifier, veut que tous les descendants d'une famille meurent assassinés par un chien cruel. Sherlock Holmes résoud l'énigme.

▷ Autres versions réalisées notamment par : **Terence Fischer**, avec Peter Cushing, Andre Morell, Christopher Lee, Marla Landi. Grande-Bretagne, 1959 – Couleurs – 1 h 26. **Barry Crane**, avec Stewart Granger, William Shatner. États-Unis, 1972 – Couleurs – 1 h 13. **Paul Morissey**, avec Peter Cook, Dudley Moore, Denholm Elliot, Terry-Thomas. Grande-Bretagne, 1977 – Couleurs – 1 h 25. **Douglas Hickox**, avec Ian Richardson, Donald Churchill, Nicholas Clay, Martin Shaw. Grande-Bretagne, 1983 – Couleurs – 1 h 37.

CHIEN ENRAGÉ "NORAINU"

Drame policier d'**Akira Kurosawa**, avec Toshirō Mifune *(Murakami)*, Takashi Shimura *(le commissaire Sato)*, Gen Shimizu *(Nakashima, chef de la police)*, Yasushi Nagata *(inspecteur chef Abe)*, Isao [ko] Kimura *(Yusa, le voleur)*, Keiko Awaji *(Harumi Nakimi, la danseuse)*. • SC : A. Kurosawa, Ryuzo Kikushima. • PH : Asakazu Nakai. • DÉC : So Matsuayama. • MUS : Fumio Hayasaka. Japon, 1949 – 2 h 02.

Le jeune policier Murakami se fait dérober son revolver dans un tram, ce qui met son emploi en jeu. Il enquête pour retrouver l'arme, avec l'aide de son supérieur, Sato. Ils identifient le voleur, qui prend la fuite après avoir abattu Sato. Murakami, ivre de vengeance, le poursuit et le retrouve : c'est un pauvre homme, pitoyable, qui lui ressemble, mais n'a pas eu sa chance.

◆ *Influencé par le style du film noir occidental,* Chien enragé *est pourtant l'un des films les plus personnels de la première période de Kurosawa, celle qui précède* Rashomon *et la consécration internationale. Au-delà de la trame criminelle, le film se lit comme la descente aux enfers de Murakami, le policier, à la recherche de son double. Une séquence magistrale nous le montre, déguisé en soldat, partant à la découverte des milieux interlopes de Tokyo, dans la moiteur estivale. Le jeu inquiet, révolté, du jeune Mifune est confronté à la lucide introversion de son aîné Shimura : deux acteurs fétiches du cinéaste, souvent réunis* (l'Ange ivre, *1948 ;* les Sept Samouraïs, *1957), reflétant deux attitudes face à la société, deux visions du monde. Seize ans plus tard, dans* Barberousse, *ce sera au tour de Mifune d'incarner le désarroi de la maturité devant les tourments de la jeunesse.* *N.T.B.*

LE CHIEN JAUNE

Film policier de **Jean Tarride**, d'après le roman de Georges Simenon, avec Abel Tarride, Rosine Déréan, Rolla-Norman, Jane Lory. France, 1932 – 1 h 28.

Maigret enquête à Concarneau sur une série de crimes marqués par le passage d'un chien jaune qui suscite la terreur.

LA CHIENNE

Drame de **Jean Renoir**, avec Michel Simon *(Maurice Legrand)*, Janie Marèze *(Lulu)*, Georges Flamant *(Dédé)*, Magdeleine Bérubet *(Adèle)*. • SC : J. Renoir, André Girard, d'après le roman de Georges de la Fouchardière. • PH : Théodore Sparkhul. • DÉC : Gabriel Scognamillo. • MUS : Toselli. • MONT : Marguerite et Jean Renoir. France, 1931 – 1 h 40 (à l'origine) ; 1 h 31 (aujourd'hui).

Marié à une veuve de guerre acariâtre, Legrand, caissier et peintre du dimanche, tombe amoureux de Lulu, qui, à l'aide de son souteneur Dédé, l'exploite. Pour elle, il vole et perd sa place, tandis que Dédé écoule avec succès les peintures de Legrand. Celui-ci surprend Dédé avec Lulu. Devant les sarcasmes de sa maîtresse, il la tue, laisse condamner Dédé et se fond dans la foule des clochards.

◆ *C'est le premier grand film personnel de Renoir, où il affiche son style et son propos. S'y mêlent un natu-*

ralisme d'époque, quasi ethnologique, et une distance ironique, surtout visible dans le jeu théâtral des acteurs, qui dévoile les contradictions de leurs personnages. Peintre des sentiments amoureux, Renoir fonde son propos sur l'absence de lucidité de chacun, toujours amoureux de qui ne l'aime pas et aveugle à l'égard de qui l'aime. Il porte un regard lucide sur le tragique destin de Legrand, qui va jusqu'au bout d'une déchéance dont il est, malgré lui, l'instigateur. J.M.

▷ Voir aussi LA RUE ROUGE.

LES CHIENS

Drame d'**Alain Jessua**, avec Gérard Depardieu, Victor Lanoux, Nicole Calfan. France, 1978 – Couleurs – 1 h 40.

Dans une ville nouvelle, les habitants se dotent de chiens méchants pour se protéger des agressions. Un jeune médecin tente de s'opposer à l'escalade de la violence des bêtes et des maîtres.

CHIENS, À VOUS DE CREVER !

"HUNDE, WOLLT IHR EWIG LEBEN"

Film de guerre de **Frank Wisbar**, avec Joachim Hansen, Wilhelm Borchert, Peter Carsten. R.F.A., 1959 – 1 h 38.

En 1942, à Stalingrad, la Sixième Armée allemande est sur le point d'être encerclée par les Russes. Les hommes lutteront à mort.

LES CHIENS DE GUERRE "DOGS OF WAR"

Film de guerre de **John Irvin**, d'après le roman de Frederick Forsyth, avec Christopher Walken, Tom Berenger, Jean-François Stévenin. États-Unis, 1980 – Couleurs – 1 h 44.

Commandité par un groupe financier anglais, un mercenaire met fin au régime corrompu d'un dictateur d'Afrique occidentale. Violent et raciste.

LES CHIENS DE PAILLE "STRAW DOGS"

Drame de **Sam Peckinpah**, avec Dustin Hoffman, Susan George, Peter Vaughan, David Warner. États-Unis, 1971 – Couleurs – 1 h 53.

Un jeune savant américain et sa ravissante épouse écossaise décident de s'installer dans le village natal de celle-ci. Mais l'atmosphère se fait vite lourde autour d'eux.

CHIENS PERDUS SANS COLLIER

Drame social de **Jean Delannoy**, d'après le roman de Gilbert Cesbron, avec Jean Gabin, Anne Doat, Serge Lecointe, Jacques Moulières, Dora Doll, Jane Marken. France, 1955 – 1 h 33.

L'histoire de trois jeunes délinquants que l'on essaye de ramener dans « le droit chemin », et leurs rapports avec un juge pour enfants.

CHIMÈRE

Drame de **Claire Devers**, avec Béatrice Dalle, Wadeck Stanczak, Francis Frappat. France, 1989 – Couleurs – 1 h 34.

Alice et Léo vivent ensemble depuis un an. Lorsqu'Alice lui annonce qu'elle attend un enfant, Léo ne partage pas son enthousiasme ; et cela va ruiner leur vie.

CHINATOWN "CHINATOWN"

Film policier de **Roman Polanski**, avec Jack Nicholson *(J.J. Gittes)*, Faye Dunaway *(Evelyn Mulwray)*, John Huston *(Noah Cross)*, Perry Lopez *(Escobar)*, Roman Polanski *(l'homme au couteau)*. • SC : Robert Towne. • PH : John A. Alonso. • DÉC : Ruby Levitt. • COST : Richard Bruno. • MUS : Jerry Goldsmith. • MONT : Sam O'Steen. • PR : Robert Evans. États-Unis, 1974 – Couleurs – 2 h 02 (version européenne) ; 2 h 11 (version intégrale).

Los Angeles, 1937. J.J. Gittes, détective privé spécialisé dans les filatures matrimoniales, a pour cliente Evelyn Mulwray, qui lui demande de suivre son mari, responsable du Service des eaux de la Ville. Mais l'affaire est loin d'être simple, car tout le monde joue double jeu. Gittes se rend compte qu'il s'est fait rouler par Evelyn Mulwray, dont le mari est tué. Il s'agit en fait d'une sombre affaire qui mêle trafic d'argent (le détournement des eaux qui viennent irriguer la ville) et histoire de mœurs (un inceste) avec, au centre, la figure du Mal, incarnée dans le personnage de Noah Cross par un John Huston complètement pervers.

◆ Un univers putride

Roman Polanski se trouvait en Europe lorsque Jack Nicholson lui fit la proposition de venir mettre en scène à Hollywood un scénario écrit par Robert Towne, tout droit dans la grande tradition du film policier inspiré de Chandler ou de Dashiell Hammett. Le cinéaste accepta, sans doute pour se remettre à flot à la suite de deux échecs relatifs en Europe, Macbeth *et* What? *La première chose à laquelle s'attela Polanski fut de donner un peu d'âme au scénario, non sans l'avoir, dans un premier temps, raccourci. Ce qui lui tint particulièrement à cœur, ce fut à l'évidence de recréer l'atmosphère des films noirs de jadis, et, de ce point de vue,* Chinatown *est une belle réussite. Le personnage de J.J. Gittes est pratiquement dans chaque plan du film, car toute l'histoire est vue par son regard. À travers lui, le spectateur est plongé dans cette histoire complexe, au climat douteux, parfois même nauséeux, jusqu'au dénouement dramatique : la mort de Noah Cross au cœur de Chinatown. Et l'on réussit enfin à démêler le nœud incestueux de cette sombre intrigue tournée en pleine lumière californienne. La personnalité de Nicholson est pour beaucoup dans la réussite du film : le cynisme habituel du grand comédien américain n'opère pas, car le personnage qu'il incarne est sans cesse en situation de vouloir rattraper une histoire qui le dépasse. L'idée de le défigurer pendant les trois quarts du film en lui faisant porter un sparadrap sur le nez – suite au coup de canif que lui donne un personnage de petit truand sadique, qu'interprète Roman Polanski en personne – est également fort originale : toute la violence physique du film est concentrée sur ce petit morceau de tissu blanc.* S.T.

LA CHINE EST PROCHE "La Cina è vicina"
Pamphlet de **Marco Bellocchio**, avec Claudo Mauri, Elda Tattoli, Paolo Graziosi, Daniela Surina, Pierluigi Apra. Italie, 1967 – 1 h 47.

La campagne électorale d'un aristocrate qui se veut socialiste, dans une ville archétype de la province italienne. Dans son deuxième film, Bellocchio poursuit sa dénonciation tous azimuts. Et le film est fort.

CHINE MA DOULEUR
Comédie dramatique de **Dai Sijie**, avec Guo Liang Yi, Tieu Quan Nghieu, Vuong Han Lai. France, 1989 – 1 h 26.

Au début de la révolution culturelle, un enfant est expédié dans un camp de rééducation par le travail. Un film ironique et amer réalisé en France par un cinéaste chinois exilé.

CHINO "The Valdez Horses"
Western de **John Sturges**, d'après le roman de Lee Hoffman, avec Charles Bronson, Marcel Bozzuffi, Jill Ireland. États-Unis / France / Italie / Espagne, 1973 – Couleurs – 1 h 37.

Un Indien, Chino Valdez, élève des chevaux avec Jim, un jeune orphelin. Un grand propriétaire, raciste et cupide, met fin à leur vie heureuse. Chino se vengera.

LE CHINOIS "Battle Creek Brawl"
Film de karaté de **Robert Clouse**, avec Jacky Chan, Kristine de Bell, Mako, Jose Ferrer. États-Unis, 1980 – Couleurs – 1 h 40.

Un jeune karatéka, pur et dur, se trouve mêlé malgré lui aux trafics de la maffia, à Chicago, en 1935.

LES CHINOIS À PARIS
Comédie satirique de **Jean Yanne**, avec Jean Yanne, Nicole Calfan, Michel Serrault, Bernard Blier. France, 1974 – Couleurs – 1 h 55.

Les Chinois ont envahi la France, et imposent leur mode de vie et de travail. Un certain Régis profite des vices de ses compatriotes pour transformer le pays en lupanar et épuiser l'occupant...

LA CHINOISE
Film politique de **Jean-Luc Godard**, avec Anne Wiazemsky *(Véronique)*, Jean-Pierre Léaud *(Guillaume)*, Michel Semeniako *(Henri)*, Juliet Berto *(Yvonne)*, Lex de Bruijn *(Kirilov)*, Omar Diop, Francis Jeanson. • SC : J.-L. Godard. • PH : Raoul Coutard. • MUS : Karl Heinz Stockhausen. • MONT : Agnès Guillemot, Delphine Desfons. France, 1967 – Couleurs – 1 h 30. ★ Prix Spécial du jury, Venise 1967.

Véronique, étudiante en philosophie à Nanterre, Guillaume, acteur, Henri, étudiant en économie, Kirilov, peintre, et Yvonne, paysanne, passent l'été à Paris dans un appartement bourgeois qu'on leur a prêté. Ils fondent une cellule marxiste-léniniste, lisent Mao Tsé Toung, écoutent Radio-Pékin, discutent d'idéologie et de politique, jusqu'à ce que Véronique décide de passer à l'action et projette l'assassinat d'une personnalité du monde universitaire...

◆ *Sorti quelques mois avant les événements de mai 68, la Chinoise semble aujourd'hui prémonitoire. Godard avait perçu avec acuité le malaise étudiant comme l'influence de la révolution culturelle chinoise. Bien plus, il montrait, dans des images heurtées, parfois chaotiques, le caractère utopique et l'isolement de ces enfants de la bourgeoisie, révolutionnaires en chambre, livrés à l'inflation verbale et en proie à une mystique de l'action politique nourrie par la guerre du Viêt Nam et des théories hâtivement assimilées.* J.M.

CHISUM "Chisum"
Western d'**Andrew V. McLaglen**, avec John Wayne, Forrest Tucker, Christopher George, Ben Johnson, Glenn Corbett, Bruce Cabot, Andrew Prine, Patric Knowles. États-Unis, 1970 – Couleurs – 1 h 50.

La guerre de Sécession finie, Chisum revient au village, mais il lui faudra reprendre les armes contre les trafiquants de la région.

CHITTY, CHITTY, BANG, BANG
"Chitty, Chitty, Bang, Bang"
Comédie musicale de **Ken Hughes**, d'après un conte de Ian Fleming, avec Dick Van Dyke, Sally Ann Howes, Lionel Jeffries, Gert Froebe, James Robertson Justice. États-Unis, 1968 – Couleurs – 2 h 15.

Pour faire plaisir à ses enfants, Caractacus achète une vieille voiture de course, avec laquelle ils vont vivre d'étonnantes aventures... imaginaires ? Un voyage enchanté.

CHOBIZENESSE
Comédie de **Jean Yanne**, avec Jean Yanne, Robert Hirsch, Catherine Rouvel, Hubert Deschamps, Ginette Leclerc. France, 1975 – Couleurs – 1 h 45.

Pour sauver son spectacle, un directeur de music-hall introduit la publicité, puis l'érotisme, dans les tableaux de sa revue.

CHOC "MOMENT TO MOMENT"
Drame de **Mervyn LeRoy**, avec Jean Seberg, Honor Blackman, Sean Garrison. États-Unis, 1965 – 1 h 40.

Une jeune femme s'éprend d'un bel enseigne de vaisseau. Mais l'idylle tourne mal.

LE CHOC
Film policier de **Robin Davis**, avec Alain Delon, Catherine Deneuve, Philippe Léotard, Stéphane Audran. France, 1982 – Couleurs – 1 h 35.

Un tueur à gages décide de se ranger des affaires. Mais il lui faut récupérer ses biens. Un certain nombre de cadavres seront nécessaires pour qu'il puisse enfin vivre en paix.

LE CHOC DES ÉTOILES "STARCRASH"
Film de science-fiction de **Lewis Coates** [Luigi Cozzi], avec Caroline Munro, Marjoe Gortner, Christopher Plummer, Nadia Cassini. États-Unis / Italie, 1978 – Couleurs – 1 h 45.

Deux contrebandiers galactiques condamnés au bagne sont libérés pour retrouver trois vaisseaux impériaux abattus par un sinistre conquérant stellaire.

LE CHOC DES TITANS "CLASH OF THE TITANS"
Film d'aventures de **Desmond Davis**, avec Laurence Olivier, Harry Hamlin, Claire Bloom, Maggie Smith, Ursula Andress. Grande-Bretagne, 1980 – Couleurs – 1 h 58.

Zeus aide son fils Persée à renverser les obstacles (et certains sont vraiment monstrueux) dressés sur sa route, pour conquérir Andromède. Un grand spectacle mythologique.

CHOC EN RETOUR
Mélodrame de **Georges Monca** et **Maurice Kéroul**, avec Michel Simon, René Lefèvre, Janine Crispin, Jean Heuzé, Monique Rolland. France, 1937 – 1 h 34.

Une jeune fille qui aime un ingénieur scelle un pacte avec un ami qu'elle aurait dû épouser. Elle le fait embaucher dans sa propre usine, il en devient directeur, tombe amoureux d'une dactylo et tout se termine par un double mariage.

CHOCOLAT
Drame de **Claire Denis**, avec Isaach de Bankolé, Giulia Boschi, François Cluzet. France / R.F.A., 1987 – Couleurs – 1 h 45.

Une jeune femme revient au Cameroun sur les lieux de son enfance au temps des colonies. Nourri de souvenirs intimes, un film d'une grande justesse de ton dans sa description des rapports entre colons et indigènes.

LE CHŒUR DE TOKYO "TOKYŌ NO GASSHO"
Comédie de **Yasujiro Ozu**, avec Tokihiko Okada *(le père)*, Emiko Yagumo *(l'épouse)*, Hideo Sugawara *(le fils)*, Hideko Takamine *(la fille)*. • SC : Y. Ozu, Kogo Noda, d'après le roman de Komatsu Kitamura. • PH : Hideo Shigehara. • DÉC : Yoneichi Wakita. Japon, 1931 – 1 h 31.

Un employé d'une compagnie d'assurances perd son travail pour avoir défendu un de ses camarades contre la direction. Il reste un temps chômeur, ce qui crée quelques problèmes domestiques avec sa femme et ses enfants. Il rencontre un vieil ami et tous deux trouvent un emploi chez un ancien professeur qui tient un restaurant.

◆ *Une comédie pleine de santé, encore très éloignée du style de la maturité de Ozu, et qui fuse de petites trouvailles : la gymnastique de groupe dont l'un des membres retardataire tressaute sous la morsure de ses poux, réaction qui atteint tous les participants à tour de rôle, indiquant la progression des parasites ; la réception de la paye, chacun des employés allant aux toilettes vérifier à l'insu des autres si son enveloppe contient une prime. Le film est assez paradoxalement une amère critique sociale, qui laisse entendre pourtant que la vie est ainsi et qu'il n'y a rien d'autre à faire qu'à la prendre telle qu'elle est. Certains ont pu dire de ce fait que Ozu était un réactionnaire, ce qui est peut-être vrai, mais simplifie la problématique complexe d'un cinéaste qui entretient des rapports étroits avec le mode de vie Zen, qui est lui-même très nuancé sur la pratique du concret.* S.K.

LE CHOIX DES ARMES
Film policier d'**Alain Corneau**, avec Yves Montand, Gérard Depardieu, Catherine Deneuve. France, 1981 – Couleurs – 2 h 15.

Un truand retiré des affaires est obligé de « reprendre du service » pour aider des amis et sauver son bonheur. Cela ne se fait pas sans dommages.

LE CHOIX DE SOPHIE "SOPHIE'S CHOICE"
Drame d'**Alan J. Pakula**, d'après le roman de William Styron, avec Meryl Streep, Kevin Kline, Peter McNicol. États-Unis, 1982 – Couleurs – 2 h 26.

De retour de la guerre, un écrivain se lie avec ses voisins new-yorkais : un brillant intellectuel juif et surtout une fascinante Polonaise rescapée des camps de la mort. L'inévitable appauvrissement par rapport au chef-d'œuvre de Styron et un certain académisme sont compensés par l'interprétation.

CHOOSE ME "Choose Me"

Comédie dramatique d'**Alan Rudolph**, avec Geneviève Bujold, Keith Carradine, Lesley Ann Warren. États-Unis, 1984 – Couleurs – 1 h 45.

Dans le night-club d'Eve, Mickey recherche son passé. Eve ne sait pas très bien où elle en est. Nancy s'efforce de les aider, mais elle aussi est à la recherche de son équilibre.

CHORUS LINE "A Chorus Line"

Comédie musicale de **Richard Attenborough**, d'après la pièce de Nicholas Dante et James Kirkwood, avec Michael Douglas, Alyson Reed, Terence Mann, Cameron English, Vicki Frederick. États-Unis, 1985 – Couleurs – 1 h 55.

Un metteur en scène tyrannique sélectionne impitoyablement des groupes de danseurs, pour son prochain spectacle à Broadway.

LA CHOSE D'UN AUTRE MONDE "The Thing"

Film d'épouvante de **Christian Nyby**, avec Margaret Sheridan, Kenneth Tobey, Dewey Martin. États-Unis, 1951 – 1 h 27.

Le passager d'une soucoupe volante écrasée au pôle Nord est poursuivi par les militaires défendant le territoire américain.

▷ Voir aussi THE THING.

LES CHOSES DE L'AMOUR "Blume in Love"

Comédie dramatique de **Paul Mazursky**, avec George Segal, Susan Anspach, Shelley Winters. États-Unis, 1973 – Couleurs – 1 h 50.

À Venise, les démêlés sentimentaux d'un avocat spécialiste en divorces. Un cocktail de « love story » et de modernisme, avec quelques clins d'œil aux intellectuels.

LES CHOSES DE LA VIE

Drame de **Claude Sautet**, avec Michel Piccoli *(Pierre)*, Romy Schneider *(Hélène)*, Lea Massari *(Catherine)*, Gérard Lartigau *(Bertrand)*, Jean Bouise *(François)*. • SC : Paul Guimard, Jean-Loup Dabadie, C. Sautet, d'après le roman de Paul Guimard. • PH : Jean Boffety. • DÉC : André Piltant. • MUS : Philippe Sarde. • MONT : Jacqueline Thiédot. France, 1969 – Couleurs – 1 h 45.
★ Prix Louis-Delluc 1969.

Pierre, architecte, époux de Catherine, vit avec Hélène. Ses intermittences du cœur et les insatisfactions qu'il rencontre dans sa vie professionnelle concourent à son instabilité et à son indécision. Ses rencontres épisodiques avec son ancienne femme sont teintées d'amertume, peut-être de regret. Il n'arrive pas à gagner la confiance de son fils. Son talent d'architecte est dévoyé dans la construction de grands ensembles qui lui interdisent toute manifestation de sa créativité. À l'occasion d'un déplacement en province, il décide de rompre avec Hélène. Mais le destin en a décidé différemment.

◆ *Un tel raccourci du scénario ne rend évidemment pas compte d'un film qui décrit « les choses de la vie » : quelques jours de la vie d'un couple ordinaire que la mort d'un des protagonistes va transformer en destin. C'est la raison pour laquelle l'histoire est racontée en une suite de retours en arrière, avec un thème récurrent, celui de l'accident de voiture. Le film est une date marquant l'apparition de Claude Sautet comme auteur et réalisateur majeur du cinéma français. En adaptant le roman sensible de Paul Guimard, Sautet – qui n'a réalisé jusque-là que des exercices de style, aussi remarquables soient-ils* (Classe tous risques, l'Arme à gauche) *– met en place les thèmes, les personnages qui peupleront l'univers de ses films ultérieurs, et impose un art d'une mise en scène à nulle autre comparable, dynamique, musicale, infaillible. Il s'avère aussi un directeur d'acteurs hors pair, sachant leur arracher des moments de vérité humaine que d'autres n'avaient encore su déceler. Pour Romy Schneider, surtout, après* les Choses de la vie, *tous les spectateurs auront désormais les yeux de Claude Sautet.* M.S.

CHOTARD ET Cie

Comédie dramatique de **Jean Renoir**, d'après la pièce de Roger Ferdinand, avec Fernand Charpin, Jeanne Boitel, Georges Pomiès, Jane Lory. France, 1932 – 1 h 17.

Un romancier, qui a épousé la fille d'un riche marchand, préfère rêver plutôt que travailler. Lorsqu'il reçoit le Goncourt, son beau-père se met à étudier et l'écrivain devient à son tour commerçant...

LES CHOUANS

Drame historique d'**Henri Calef**, d'après le roman d'Honoré de Balzac, avec Jean Marais, Marcel Herrand, Pierre Dux, Madeleine Robinson, Madeleine Lebeau. France, 1947 – 1 h 39.

Sous le Directoire, le jeune marquis de Montauran prend en Vendée la tête de la révolte des chouans.

CHOUANS !
Film historique de **Philippe de Broca**, avec Philippe Noiret, Stéphane Freiss, Lambert Wilson, Sophie Marceau. France, 1988 – Couleurs – 2 h 25.

Sous la Révolution, un aristocrate breton libéral voit ses deux fils se déchirer sous des drapeaux différents. Royaliste de cœur, l'auteur livre sa vision personnelle des événements.

LA CHOUETTE ÉQUIPE "The Bad News Bears"
Comédie de **Michael Ritchie**, avec Walter Matthau, Tatum O'Neal. États-Unis, 1976 – Couleurs – 1 h 45.

Un ex-alcoolique et ex-entraîneur de base-ball reprend du service auprès de débutants. Malgré les difficultés, l'équipe devient de plus en plus brillante.

CHRISTINE
Drame romantique de **Pierre Gaspard-Huit**, avec Romy Schneider, Alain Delon, Micheline Presle, Fernand Ledoux. France / Italie, 1958 – Couleurs – 1 h 40.

La tragique histoire d'amour d'une jeune fille viennoise et d'un jeune lieutenant de Dragons. Remake de LIEBELEI de Max Ophuls (Voir ce titre).

CHRISTINE "Christine"
Film fantastique de **John Carpenter**, d'après le roman de Stephen King, avec Keith Gordon, John Stockwell, Alexandra Paul. États-Unis, 1983 – Couleurs – 1 h 50.

Christine est une voiture phénoménale et ombrageuse qui châtie ceux qui la blesse sans qu'on puisse la contrôler. Sur les relations quasi amoureuses entre un homme et sa voiture, un suspense habile.

LE CHRIST INTERDIT "Il Cristo proibito"
Drame de **Curzio Malaparte**, avec Raf Vallone *(Bruno)*, Elena Varzi *(Nella)*, Alain Cuny *(Antonio)*, Rina Morelli *(la mère de Bruno)*, Philippe Lemaire *(Pinin)*, Anna-Maria Ferrero *(Maria)*, Gino Cervi *(l'ermite)*. • SC : C. Malaparte. • PH : Gabor Pogany. • DÉC : Orfeo Tamburi, Leonida Maroulis. • MUS : Ugo Giacomazzi. • MONT : Giancarlo Cappelli. Italie, 1950 – 1 h 32.

1950. Bruno, un prisonnier de guerre, revient chez lui, en Toscane. Il a appris que son frère a été dénoncé comme résistant et fusillé par les Allemands. Il cherche à connaître l'identité du traître, mais les gens du village, qui savent, restent muets. Il tourne en rond. Dans un élan d'auto-sacrifice, le menuisier Antonio s'accuse. Il mourra donc, alors que le vrai coupable sera finalement épargné.

◆ *Malaparte, romancier célèbre, n'a réalisé qu'un seul film dans sa vie, mais avec beaucoup d'ambition esthétique et un savoir-faire surprenant. Le ton oscille entre le mélodrame et la tragédie spirituelle. Le menuisier est un personnage étrange, habité, rongé par un complexe christique. Il veut assumer les fautes de l'humanité et offre sa vie pour sauver ce qui peut l'être. Ce parallèle a choqué des chrétiens. On ne peut nier, cependant, qu'il s'agit d'une œuvre forte, originale, lyrique et poignante.* G.S.

CHRISTOPHE COLOMB "Christopher Columbus"
Film d'aventures historiques de **David McDonald**, avec Fredric March, Florence Eldrige, Francis L. Sullivan. Grande-Bretagne, 1949 – Couleurs – 1 h 44.

Reconstitution soignée des pérégrinations de Christophe Colomb et des luttes qu'il dut mener pour entreprendre ses expéditions.

LE CHRIST S'EST ARRÊTÉ À EBOLI
"Cristo si è fermato a Eboli"
Film historique de **Francesco Rosi**, avec Gian Maria Volonté *(Carlo Levi)*, Paolo Bonicelli *(le podestat)*, Alain Cuny *(baron Rotunno)*, Lea Massari *(Luisa Levi)*, Irène Papas *(Giulia)*, François Simon *(don Trajella)*, Luigi Infantino. • SC : F. Rosi, Tonino Guerra, d'après le roman de Carlo Levi. • PH : Pasqualino De Santis. • DÉC : Andrea Crisanti. • MUS : Piero Piccioni. • MONT : Ruggero Mastroianni. Italie, 1979 – Couleurs – 2 h 15.

Le film se réfère étroitement au récit de Carlo Levi, illustre opposant intellectuel au fascisme qui fut exilé dans une petite ville « au sud d'Eboli » (l'expression proverbiale qui sert de titre rappelle la misère endémique de cette région).

◆ *Bien que la référence au sous-développement de l'Italie méridionale actuelle soit flagrante, Rosi apporte tout son soin à l'évocation implacable de l'extrême contradiction du fascisme, laissant en friche l'Italie pour « l'installer » comme Empire en Afrique. Il épouse d'autre part la méditation de Levi sur ce qui sépare un intellectuel des paysans et des ouvriers pour lesquels il entend cependant témoigner : à cet égard, l'écrivain tend un miroir au cinéaste, malgré la différence des générations. Peu spectaculaire, à peine dramatique, le film est une transposition réussie, grâce à l'excellence de la photo et à la parfaite direction d'acteurs quasi anonymes autour de quelques vedettes bien intégrées à une réflexion vivante.* G.LD.

CHROMOSOME 3 "The Brood"
Film fantastique de **David Cronenberg**, avec Oliver Reed, Samantha Eggar. Canada, 1979 – Couleurs – 1 h 31.

Les membres de la famille Carveth sont peu à peu éliminés par de curieux nains sans sexe ni nombril. D'où sortent-ils ? Un film où, déjà, Cronenberg mêle fantastique et psychologie.

CHRONIQUE D'ANNA-MAGDALENA BACH

"CHRONIK DER ANNA-MAGDALENA BACH"

Essai de **Jean-Marie Straub** et **Danièle Huillet**, avec Christiane Lang *(Anna-Magdalena Bach)*, Gustav Leonhardt *(Johan Sebastian Bach)*, Paolo Carlini *(Dr. Hölzel)*, Ernst Castelli *(Sterger)*. • SC : J.-M. Straub, D. Huillet • MONT : J.-M. Straub, D. Huillet. • PH : Piccome, Saverio Diamanti, Giovanni Canferelli. • MUS : Bach, Leo Leoninus. R.F.A., 1967 – 1 h 35.

Anna-Magdalena Bach fut la seconde épouse du Cantor de Leipzig et on a d'elle une chronique, peut-être apocryphe, qui est une sorte de journal intime racontant au jour le jour la vie et le travail du compositeur. C'est cette chronique que Straub a mise en images, avec ces grands et petits événements qui font le quotidien : mise au point et création des œuvres, rivalités musicales, naissance et mort des enfants, conflits familiaux, etc.

◆ *Straub et Huillet ont travaillé pendant plusieurs années pour ce film qui est loin de ressembler à une biographie musicale traditionnelle. Et pourtant, la réalité historique y est totalement présente, mais dans une approche singulière : c'est une plongée dans un monde concret reconstitué au plus près et sans aucun des effets habituels des films à costumes – ni Technicolor, ni foules de figurants, ni luxe de décors. Le noir et blanc, au contraire, et très contrasté, le simple appareil de la vie quotidienne restituée sans éclat « spectaculaire » et une utilisation très stricte des possibilités de la caméra (plans fixes, peu de mouvements), tout cela crée un climat difficile, mais fascinant. Ajoutons un choix capital dans la distribution, celui d'un vrai claveciniste, aujourd'hui célèbre, pour jouer le rôle de Bach, tentative séduisante, soutenue par la présence à ses côtés de vrais musiciens d'orchestre, pour crédibiliser encore davantage la volonté des auteurs d'abolir le temps et la distance.* *J.-M.C.*

LA CHRONIQUE DE GRIESHUUS

"ZUR CHRONIK VON GRIESHUUS"

Drame d'**Arthur von Gerlach**, d'après une nouvelle de Thoodor Storm, avec Arthur Kraussneck, Paul Hartmann, Rudolf Forster, Lil Dagover, Rudolf Rittner. Allemagne, 1925 – 2 966 m (env. 1 h 50).

À la mort de leur père, les deux fils d'un vieux châtelain se disputent l'héritage, au point que l'un tue l'autre en duel. Le criminel s'enfuit et reviendra des années plus tard pour retrouver le fils qu'il a eu avec une servante.

CHRONIQUE DES ANNÉES DE BRAISE

Drame historique de **Mohammed Lakdhar-Hamina**, avec Jorgo Voyagis *(Ahmed)*, Mohammed Lakhdar-Hamina *(Miloud)*, Larbi Zekkal *(Smaïl)*, Cheikh Noureddine *(Si Larbi)*, Hassan Hassani *(Si Mohammed)*. • SC : M. Lakhdar-Hamina. • PH : Marcello Gatti. • MUS : Philippe Arthuys. Algérie, 1975 – Couleurs – 2 h 35. ★ **PALME D'OR, Cannes 1975.**

Ahmed, à la veille de la Seconde Guerre mondiale, quitte son village pour gagner la grande ville : il y fait la connaissance de Miloud, figure étrange de fou prophétique, et l'expérience de la misère et de l'aliénation. Emporté ensuite dans les tourmentes de la guerre de libération nationale, exacerbées par la brutalité crispée des colons français, Ahmed qui a perdu toute sa famille à l'exception d'un seul fils, Smaïl, finit par mourir dans une embuscade tendue par les soldats. Mais il meurt avec une certitude au cœur : le sol natal sera libéré par Smaïl et ses amis, l'indépendance est au bout du fusil, les aubes prochaines seront radieuses.

◆ *Le réalisateur a signé là une grande œuvre lyrique, parfaitement maîtrisée, où l'on retiendra le souffle immense de la générosité plutôt qu'une idéologie qui peut paraître trop confiante, avec le recul de l'histoire récente.* *D.C.*

CHRONIQUE DES ÉVÉNEMENTS AMOUREUX

"KRONYKA WYPADKOW MILOSNYTH"

Comédie dramatique d'**Andrzej Wajda**, avec Paulina Mlynarska, Piotr Wawrzynczack. Pologne, 1986 – Couleurs – 2 h 05.

Une petite ville de Pologne, au printemps 1939. L'amour de deux collégiens est contrarié par les réticences de la pieuse et jalouse famille de la jeune fille. Ils décident de s'aimer pour la première fois avant de se donner la mort ensemble.

CHRONIQUE DES PAUVRES AMANTS

"CRONACHE DI POVERI AMANTI"

Chronique de **Carlo Lizzani**, avec Anna Maria Ferrero *(Gesuina)*, Antonella Lualdi *(Milena)*, Marcello Mastroianni *(Ugo)*, Giuliano Montaldo *(Alfredo)*, Coseta Greco *(Elisa)*. • SC : Sergio Amidei, Giuseppe Dagnino, C. Lizzani, Massimo Mida, d'après le roman de Vasco Pratolini. • PH : Gianni Di Venanzo. • DÉC : Pek G. Avolio. • MUS : Mario Zafred. • MONT : Enzo Alfonzi. Italie, 1954 – 1 h 49. ★ **PRIX INTERNATIONAL, Cannes 1954.**

Florence, 1925. Dans une ruelle populaire vit un échantillonnage typique de gens ordinaires qui aiment, se disputent, souffrent, et subissent le début de la dictature fasciste, la surveillance assidue des « Chemises noires », les premières délations, les petites lâchetés, l'assassinat.

◆ *L'intrigue romanesque, un peu confuse, importe moins ici que la description néoréaliste d'une micro-société touchée par la peste du fascisme. Les rapports humains sont faussés, la suspicion pèse sur l'amitié, l'amour, la jeunesse. Rien ne peut plus se vivre comme avant à l'ombre du Duce.* B.B.

CHRONIQUE D'UN AMOUR

"CRONACA DI UN AMORE"

Drame psychologique de **Michelangelo Antonioni**, avec Lucia Bosè *(Paola)*, Massimo Girroti *(Guido)*, Ferdinando Sarmi *(Fontana)*, Gino Rosi, Marika Rowsky. • SC : M. Antonioni, Daniele D'Anza, Silvio Giovaninetti, Francesco Maselli, Piero Tellini. • PH : Enzo Serafin. • DÉC : Piero Filipone. • MUS : Giovanni Fusco. Italie, 1950 – 1 h 37.

Un riche industriel milanais charge un détective privé d'enquêter sur le passé de sa femme, Paola. Le détective se rend à Ferrare où la jeune femme avait vécu avec un certain Guido. Celui-ci, alerté de ces recherches, part pour Milan prévenir Paola.

◆ *Dans ce premier film, fondé sur une intrigue banale et conventionnelle, Antonioni met déjà en place tous les thèmes fondamentaux de son œuvre. Comme dans* l'Avventura, *le couple est victime de l'incommunicabilité et ne sait démêler le vrai du faux. Le film joue aussi sur le passage du présent au passé, sur le souvenir. Héritier du néoréalisme par le thème choisi : une étude de mœurs, un mélodrame réaliste, un portrait social et psychologique d'une femme, Antonioni crée un style personnel fait de rigueur et de dépouillement. Le « cinéaste de la femme » est aussi un cinéaste de la ville et de l'espace, et son Milan n'a rien à voir avec celui de Luchino Visconti dans* Rocco et ses frères. CL.A.

CHRONIQUE D'UNE MORT ANNONCÉE

"CRONACA DI UNA MORTE ANNUNCIATA"

Drame de **Francesco Rosi**, d'après le roman de Gabriel García Marquez, avec Rupert Everett, Ornella Muti, Anthony Delon. Italie / France, 1986 – Couleurs – 1 h 48.

Le meurtre de Santiago par les frères de la belle Angela. Vendetta et complicité muette du village : la description d'une société matriarcale et conservatrice, et un jeu subtil entre présent et passé.

CHRONIQUE D'UN ÉTÉ

Documentaire de **Jean Rouch** et **Edgar Morin**. • PH : Michel Brault, Raoul Coutard. • SON : Guy Rophe. France, 1960 – 1 h 30.

En été de l'année 1960, Jean Rouch et Edgar Morin parcourent les rues de Paris en posant une seule question : « Êtes-vous heureux ? » Marceline, une ancienne déportée, Mary Lou, dactylo, Landry, étudiant noir, Angelo, ouvrier chez Renault, Jean-Pierre, étudiant en philo, etc., acceptent de répondre.

◆ *Née d'une idée d'Edgar Morin, sociologue,* Chronique d'un été *a fait couler beaucoup d'encre. En effet, Jean Rouch applique alors sa méthode du « cinéma vérité » non seulement en Afrique* (Moi, un Noir), *mais à Paris même. Cette fois sans faire intervenir le psychodrame, chaque intervenant parlant de ses propres problèmes. Plus de vingt heures de film, caméra 16 mm ultra-légère, son direct adapté à la marche des personnages et un petit budget. Jean Rouch fut l'un des plus fervents défenseurs du cinéma « dans la rue », accessible à tous, un cinéma qui cherche la vérité « objective » et « subjective », qui va au cœur des problèmes de chaque société.* Chronique d'un été, *première expérience du genre en France, en est un bel exemple.* C.G.

CHRONIQUE DE L'ANNÉE PROCHAINE

"WAKAI'I AL'AM AL MOUKBIL"

Drame psychologique de **Samir Zikra**, avec Najah Safkouni, Naïla Al-Atrache, Hala Al-Faïsal. Syrie, 1986 – Couleurs – 2 h.

Ayant découvert la richesse de la musique classique, un jeune homme étudie la composition pour mieux transcrire sa propre culture. Il se heurtera à une bureaucratie incapable de le suivre dans sa quête.

CHRONIQUES MARTIENNES

"THE MARTIAN CHRONICLES"

Film de science-fiction de **Michel Anderson**, d'après le livre de Ray Bradbury, avec Rock Hudson, Fritz Weaver, Darren McGavin. États-Unis, 1979 – Couleurs – 1 h 50.

Des astronautes débarquent sur la planète Mars et y fondent une nouvelle civilisation, tandis que la guerre totale est sur le point de ravager la Terre. La mort d'une forme d'humanité, la naissance d'une autre.

CHRONOPOLIS

Film d'animation allégorique de **Piotr Kamler**. France, 1982 – Couleurs – 1 h 10.

Les habitants de Chronopolis, immense cité suspendue dans l'espace, fabriquent du temps à base d'un matériel étrange. Fruit d'un mélange de procédés d'animation (dessins, figurines, etc.) *Chronopolis* est un film d'une exceptionnelle richesse technique et d'inspiration qui invite à une réflexion philosophico-poétique et exerce une fascination quasi hypnotique.

CHTCHORS "Ščors"

Film historique d'**Alexandre Dovjenko** et **Youlia Solntseva**, avec Evgueni Samoïlov *(Chtchors)*, Ivan Skouratov *(Bojenko)*, L. Liachenko *(Tcheniak)*, Y. Titov *(Bourdenko)*, P. Krassilitch *(Gavritchenko)*, A. Gretchany *(Mikhaïlouk)*. • SC : A. Dovjenko. • PH : Youri Ekeltchik. • DÉC : Moric Oumansky. • MUS : Dmitri Kabalevsky. • MONT : A. Dovjenko, Youlia Solntseva. U.R.S.S., 1939 – 2 h 20.

En 1919, l'Armée rouge d'Ukraine doit lutter à la fois contre les Allemands et contre l'anarchiste Petlioura. Aux troupes régulières commandées par Chtchors se joignent les partisans dirigés par Bojenko. Les Rouges libèrent Kiev, mais doivent faire face en plus à l'envahisseur polonais. Bojenko est tué, mais Chtchors continue la lutte.

◆ Chtchors *fait écho à* Tchapaïev *dans l'exaltation des grandes figures de la Guerre civile. Si le film des Vassiliev représentait la parfaite illustration du réalisme socialiste, Dovjenko conjugue dans le sien les vertus de ce « cinéma de prose » et les atouts de son « cinéma de poésie ». Son lyrisme épique atteint son apogée dans l'admirable séquence du convoi funèbre de Bojenko à travers les blés et les tournesols, contrepoint saisissant entre la beauté de la nature et la noblesse des combattants.* *M.MN.*

LES CHUCHOTEURS "The Whisperers"

Drame de **Bryan Forbes**, d'après le roman de Robert Nicolson, avec Edith Evans, Eric Portman, Avis Bunnage. Grande-Bretagne, 1967 – 1 h 46.

Une vieille femme dans la misère s'est inventé un monde d'esprits avec lesquels elle dialogue. Pour sa performance, Dame Edith Evans a reçu le Prix d'interprétation du festival de Berlin.

CHUCK BERRY HAIL ! HAIL ! ROCK'N ROLL

"Chuck Berry Hail ! Hail ! Rock'n Roll"

Film musical de **Taylor Hackford**, avec Chuck Berry, Keith Richards, Eric Clapton. États-Unis, 1987 – Couleurs – 2 h 02.

Pour son soixantième anniversaire, un portrait-mosaïque amical, mais sans complaisance, d'un des pionniers du rock'n roll.

CHUKA LE REDOUTABLE "Chuka"

Western de **Gordon Douglas**, avec Rod Taylor, Ernest Borgnine, John Mills. États-Unis, 1967 – Couleurs – 1 h 45.

Chuka, redoutable tireur, escorte deux femmes jusqu'à un fort. La garnison est composée d'aventuriers et de repris de justice, en lutte contre les Indiens, et dans une situation désespérée.

EL CHUNCHO "Quien sabe ?"

Film d'aventures de **Damiano Damiani**, avec Gian Maria Volonté, Klaus Kinski. Italie / Espagne, 1967 – 1 h 42.

Un jeune Américain participe aux luttes révolutionnaires du Mexique. Sur ce fond social et politique, c'est comme dans un western classique qu'il se lie avec El Chuncho, chef des insurgés, avant de se révéler un agent du Gouvernement.

CHUNGKING EXPRESS "Chungking Express"

Comédie dramatique de **Wong Kai Wai**, avec Brigitte Lin Chin Hsia, Takeshi Kaneshiro, Tony Leung Chiu Wai. Hong Kong, 1994 – Couleurs – 1 h 37.

Deux histoires symétriques et successives se déroulent dans deux quartiers différents de Hong Kong. Dans l'une et l'autre, les personnages centraux sont des policiers. Tous deux ont vu la femme qu'ils aimaient les quitter. Ils font une nouvelle rencontre. Ces deux intrigues ténues relient une double série de clips évoquant le quotidien d'une ville traversée de myriades d'électrons humains qui se croisent, se frôlent et parfois s'accolent.

CHUNG-KUO, LA CHINE "Chung-Kuo, Cina."

Documentaire de **Michelangelo Antonioni**. Italie, 1972 – Couleurs – 2 h 08.

Chronique de la vie quotidienne en Chine. Le cinéaste de l'incommunicabilité tente ici d'appréhender l'identité et le comportement des Chinois.

CHUT !

Comédie de **Jean-Pierre Mocky**, avec Jacques Dufilho, Michel Lonsdale, Henri Poirier, Dominique Zardi. France, 1972 – Couleurs – 1 h 28.

Les souscripteurs de la « Caution Foncière » seraient des investisseurs heureux si des aigrefins (P.-D.G., notaire et député, entre autres) n'avaient organisé de douteuses combines.

CHUT... CHUT... CHÈRE CHARLOTTE

"Hush Hush Sweet Charlotte"

Drame de **Robert Aldrich**, avec Bette Davis, Olivia De Havilland, Joseph Cotten. États-Unis, 1964 – 2 h 13.

Dans une vieille maison vit Charlotte, à demi folle. Son ami, le Dr Bayliss, et sa cousine Miriam veillent sur elle. Mais Charlotte découvre, entre deux crises hallucinatoires, qu'une véritable machination est montée contre elle. Aldrich reprend les procédés de *Qu'est-il arrivé à Baby Jane ?*, son précédent « thriller psychotique ».

LA CHUTE DE BERLIN "PADENIE BERLINA"

Film de guerre de **Mikhaïl Tchiaoureli**, avec Boris Andreiev *(Ivanov)*, M. Kovaleva *(Natacha)*, Mikhaïl Guelovani *(Staline)*. • SC : M. Tchiaoureli, Piotr Pavlenko. • PH : Leonid Kosmatov. • DÉC : Vladimir Kaplounovsky, A. Parchomenko, L. Alexandrovskaïa. • MUS : D. Chostakovitch. U.R.S.S., 1959 – Couleurs – 2 h 45 (en deux parties).

U.R.S.S., juin 1941. L'ouvrier Ivanov se déclare à l'institutrice Natacha. Les nazis envahissent le pays. Natacha est déportée. Ivanov se bat à Stalingrad et est décoré par Staline en personne. Pendant l'avance russe sur l'Allemagne, un Staline olympien affronte un Hitler hystérique puis s'oppose à Yalta à un Churchill quelque peu alcoolique. Avant de se suicider, Hitler fait inonder le métro de Berlin plein de civils. Ivanov retrouve Natacha. Un triomphe romain, chanté et dansé, est fait à Staline.

◆ *Ce film « kolossal », boursouflé au-delà de toute expression, ne présente d'intérêt que comme témoin de la désolation intellectuelle de l'époque stalinienne. Il est au cinéma soviétique d'Eisenstein et Donskoï ce que* le Juif Süss *est au cinéma allemand de Lang et Murnau. L'esthétisme le plus pompier préside à sa réalisation. On n'en parlerait plus aujourd'hui si l'interdiction temporaire de la seconde partie par la censure n'en avait fait à l'époque une affaire politique occultant tout jugement artistique.* *J.-B.B.*

LA CHUTE DE LA MAISON USHER

Drame de **Jean Epstein**, avec Jean Debucourt *(Roderick Usher)*, Marguerite Gance *(Madeline Usher)*, Charles Lamy *(Allan)*. • SC : J. Epstein (assisté de Luis Buñuel), d'après les nouvelles d'Edgar Poe *la Chute de la Maison Usher* et *le Portrait ovale*. • PH : Georges et Jean Lucas. • DÉC : Pierre Kefer. France, 1928, puis 1929 [version sonore] – env. 1 250 m (env. 46 mn).

Appelé au secours par son ami Roderick Usher, Allan vient le retrouver dans sa maison, déprimante et délabrée. Là, Roderick peint avec ardeur des portraits de sa femme Madeline, qui meurt de langueur, ce dont il n'a cure : « C'est là qu'elle vit », dit-il en désignant le tableau. Madeline enterrée, elle réapparaît à Roderick, qui devient comme fou : elle a été enterrée vivante. Le tableau qui la représentait flambe. Tous fuient la maison, qui s'écroule.

◆ *Dans ce qu'il voulait son grand œuvre cinématographique, réalisé à la fin du muet, Jean Epstein amalgama deux contes de Poe, pour donner matière à ses recherches sur l'expression cinématographique pure : travail du décor, de la lumière, de la caméra et surtout du mouvement, que le cinéaste s'approprie par une combinaison savante de rythme réel et de prises de vue ralenties.* *M.CH.*

LA CHUTE DE LA MAISON USHER

"HOUSE OF USHER"

Film fantastique de **Roger Corman**, avec Vincent Price *(Roderick Usher)*, Myrna Fahey *(Madeline Usher)*, Mark Damon *(Philip Winthrop)*, Harry Elerbe *(Bristol)*. • SC : Richard Matheson, d'après la nouvelle d'Edgar Poe. • PH : Floyd Crosby. • MUS : Les Baxter. États-Unis, 1960 – Couleurs – 1 h 19.

Philip Winthrop se rend au manoir de la famille Usher pour voir sa fiancée, Madeline. Le frère de celle-ci, Roderick, lui explique qu'elle est malade, atteinte par une folie familiale. Pendant une crise cataleptique, Roderick l'enterre vivante. Philip, découvrant la vérité, recherche le cercueil de Madeline qui a pu s'en échapper et erre, complètement folle, à la recherche de son frère. Le manoir tout entier s'effondre alors...

◆ *C'est le premier film du « cycle Edgar Poe » mis en scène par Roger Corman, sur des adaptations signées Richard Matheson, qui ajoutent de nombreuses péripéties au texte des* Histoires extraordinaires. *Vincent Price, souverain dans le personnage de Roderick Usher, y tient son premier grand rôle dans le domaine du fantastique qui allait devenir son terrain de prédilection. La réalisation de Corman, symphonie à dominante rouge, s'épanouit dans le cadre du CinémaScope, utilisant à merveille un décor délibérément artificiel qui renforce la théâtralité du rêve – ou plutôt du cauchemar.* *G.L.*

LA CHUTE DE L'EMPIRE ROMAIN

"THE FALL OF THE ROMAN EMPIRE"

Film historique d'**Anthony Mann**, avec Sophia Loren, Stephen Boyd, Alec Guinness, Christopher Plummer, James Mason, Mel Ferrer, Omar Sharif. États-Unis, 1964 – Couleurs – 3 h 07.

Sous le règne de l'empereur fou Commode, Rome bascule dans l'insanité et ne peut faire face aux invasions répétées des barbares. Cette superproduction est sans doute le péplum américain le plus brillant et le plus intelligent jamais réalisé ; un film fondamental.

LA CHUTE DES FEUILLES "GIORGOBISTVE"

Comédie dramatique d'**Otar Iosseliani**, avec Ramaz Giorgobiani, Marina Karcivadze, Giorgi Kharabadze. U.R.S.S. (Géorgie), 1966 – 1 h 20.

Deux garçons fraîchement émoulus d'un institut vinicole travaillent dans une coopérative à l'époque des vendanges. L'un d'eux, gentil et naïf, s'aguerrit peu à peu.

LA CHUTE DES HÉROS "Time Limit"
Drame psychologique de **Karl Malden**, d'après la pièce de Henry Denker, avec Richard Widmark, Richard Basehart, Dolores Michaels. États-Unis, 1957 – 1 h 36.

Pendant la guerre de Corée, un officier suspecté d'intelligence avec l'ennemi passe en cour martiale et connaît un terrible cas de conscience. Produit par Widmark, c'est le seul film réalisé par l'acteur Karl Malden.

LA CHUTE D'UN CAÏD
"The Rise and the Fall of Legs Diamond"
Film policier de **Budd Boetticher**, avec Ray Danton, Karen Steele, Elaine Stewart. États-Unis, 1960 – 1 h 41.

Ray Danton personnifie à merveille le gangster Legs Diamond qui défraya la chronique américaine des années 20. Scénario de Joseph Landon d'après les archives de la police américaine.

LA CHUTE D'UN CORPS
Drame de **Michel Polac**, avec Marthe Keller, Fernando Rey. France, 1973 – Couleurs – 1 h 50.

Esseulée, Marthe prend un amant. Mais, ce soir-là, le corps d'une femme tombe sur sa terrasse, ce qui l'amène à faire connaissance avec son voisin, une sorte de mage. Dans son premier et seul long métrage cinématographique, Polac pose le problème des gourous et autres pseudo-psychologues.

LA CIBLE "Targets"
Drame de **Peter Bogdanovich**, avec Boris Karloff, Tim O'Kelly, James Brown, Sandy Baron. États-Unis, 1968 – Couleurs – 1 h 30.

Un vieil acteur spécialisé dans les films d'épouvante et désireux de se retirer se retrouve pour son gala d'adieu face à un tueur fou. Le film marque les débuts du cinéaste.

LA CIBLE ÉTOILÉE "Brass Target"
Film d'aventures de **John Hough**, d'après le roman de Frederick Nolan, avec Sophia Loren, John Cassavetes, Max von Sydow. États-Unis, 1978 – Couleurs – 1 h 50.

En 1945, sur la route de Francfort, le trésor du Reichstag est dérobé par cinquante-neuf soldats américains ! Le major Joe De Lucca a pour mission de retrouver les coupables.

LA CIBLE HUMAINE "The Gunfighter"
Western de **Henry King**, avec Gregory Peck, Helen Westcott, Jean Parker, Karl Malden. États-Unis, 1950 – 1 h 24.

Le « tueur numéro un » de l'Ouest, victime de sa réputation, doit affronter un jeune prétentieux qui va le blesser mortellement.

LA CIBLE HURLANTE "Screaming Target"
Film policier de **Douglas Hickox**, d'après un roman de Laurence Anderson, avec Oliver Reed, Jill Saint-John, Ian McShane, Edward Woodhard, Frank Finlay. Grande-Bretagne, 1971 – Couleurs – 1 h 30.

Un homme en prison depuis onze ans, qui apprend de sa femme qu'elle est enceinte, cherche par tous les moyens à la tuer.

CIBOULETTE
Mélodrame de **Claude Autant-Lara**, d'après l'opérette de Francis de Croisset, avec Simone Berriau, Robert Burnier, Armand Dranem. France, 1933 – 1 h 15.

Un homme riche trompé par sa maîtresse s'éprend quelque temps d'une petite maraîchère, qui deviendra une grande cantatrice. Cette adaptation à laquelle collabore Prévert est le premier long métrage personnel du réalisateur qui, déchaînant un scandale, ne tournera plus pour son compte pendant dix ans.

LA CICATRICE INTÉRIEURE
Essai de **Philippe Garrel**, avec Nico et Pierre Clémenti. France, 1971 – Couleurs – 1 h.

Dans des paysages d'Égypte et d'Islande, d'une étrange beauté, se déplacent d'énigmatiques personnages : un jeune homme, gravure de mode, et une jeune femme qui ne s'exprime qu'en anglais et en allemand. Puis surviennent des épisodes encore plus hermétiques.

LES CICATRICES DE DRACULA
"Scars of Dracula"
Film fantastique de **Roy Ward Baker**, avec Christopher Lee, Dennis Waterman, Christopher Matthews. Grande-Bretagne, 1970 – Couleurs – 1 h 35.

Meurtres et disparitions se multiplient près de la demeure de Dracula, jusqu'à ce que la foudre l'atteigne. C'est toujours la même histoire, mais elle est bien racontée...

▷ Voir aussi DRACULA.

LE CID "The Cid / El Cid"
Film historique d'**Anthony Mann**, avec Charlton Heston, Sophia Loren, Raf Vallone, Geneviève Page. États-Unis / Espagne, 1960 – Couleurs – 2 h 56.

Le film déborde largement le cadre de la tragédie de Corneille et, à travers le héros légendaire, raconte la reconquête de l'Espagne par les rois de Castille. Une écrasante superproduction avec, par instants, l'humanisme d'Anthony Mann.

LE CIEL DE LIT "THE FOUR-POSTER"
Comédie psychologique d'**Irving Reis**, d'après la pièce de Jan de Hartog, avec Rex Harrison et Lilli Palmer. États-Unis, 1952 – 1 h 43.

Un seul décor : la chambre à coucher ; deux personnages : un couple, depuis la nuit de noces jusqu'à ce que la mort les sépare pour ensuite les réunir dans l'au-delà.

LE CIEL DE NOTRE ENFANCE "NEBO NASEGO DETSTVA"
Comédie dramatique de **Tolomouch Okeev**, avec Aliman Djankorozova, Mouratbek Ryskoulov, Nasret Doubachev. U.R.S.S. (Kirghizie), 1967 – 1 h 19.

Un vieux gardien de chevaux fait tout pour conserver son dernier fils à ses côtés et lui apprendre son métier. Mais rien n'y fera, et le vieil homme ne pourra l'empêcher de partir à la ville pour y faire ses études.

LE CIEL EST À VOUS
Comédie dramatique de **Jean Grémillon**, avec Madeleine Renaud *(Thérèse)*, Charles Vanel *(Gauthier)*, Jean Debucourt *(Larcher)*, Léonce Corne *(Maulette)*, Raoul Marco *(Noblet)*, Raymonde Vernay *(Mme Brissard)*, Anne Vandenne. • SC : Albert Valentin, Charles Spaak. • PH : Louis Page. • DÉC : Max Douy. • MUS : Roland Manuel. • MONT : Louisette Hautecœur. • PR : Raoul Ploquin (U.F.A.). France, 1944 – 1 h 45.

Pierre et Thérèse Gauthier, garagistes dans une petite ville, réussissent grâce à leur énergie et à leur organisation. Ils peuvent offrir un piano à leur fille douée pour la musique. Pourtant, devenue la gestionnaire d'un grand garage à Limoges, Mme Gauthier doit vivre loin de sa famille où chacun n'en fait qu'à sa tête, d'autant que Pierre est saisi par le goût de l'aviation. L'épouse rentre au foyer pour rétablir l'ordre, mais elle contracte à son tour la passion de voler. Le couple, soudé par ce plaisir commun, s'enthousiasme au point de tout vendre, y compris le piano, pour permettre à Thérèse de battre le record féminin de vol à distance, avec un vieux coucou amoureusement bricolé. D'abord violemment contestés par la collectivité, les Gauthier triomphent finalement.

◆ Conformisme et novation

Plus subtil que ne le laisse croire une première impression un peu terne, Le ciel est à vous, *dont le titre semble l'écho inversé de* La vie est à nous, *cultive le paradoxe qui lui a valu d'être encensé aussi bien par les collaborateurs que par les résistants. Tournée grâce à Raoul Ploquin, producteur en 1943 d'un* Corbeau *perçu comme repoussoir, l'histoire du couple Gauthier propose une image modèle de la famille française ordonnée et laborieuse, mais dont la modernité contredit le conservatisme. Après des projections difficiles début 1944, le film a remporté un vif succès lors de sa seconde sortie après-guerre. Obéissant aux injonctions du déroulant qui précède le générique pour rappeler que l'auteur s'inspire de faits réels (l'exploit d'une aviatrice amateur en 1937), les critiques et le public semblent avoir accepté avec complaisance l'image contradictoire d'une société à la fois modestement traditionaliste et audacieusement novatrice. Les hommes (Noblet, le directeur du garage, Larcher, le professeur de musique, Maulette, le directeur de l'aéro-club populaire, le mari lui-même) ne sont présents que pour provoquer puis soutenir les vocations féminines. La fonction essentielle est dévolue à Thérèse ; derrière elle, sa mère, image mesquine de la femme au foyer ; en avant, sa fille, dont la passion pour la musique préfigure la sienne pour l'aviation et qu'un goût trop exclusif pour « le ciel » pourrait condamner au célibat brillant mais frustrant de la championne Lucienne Ivry. Madeleine Renaud remplit, avec un ridicule touchant, tous les rôles attribués aux « super women » contemporaines : ménagère soigneuse, mère attentive et épouse amoureuse quoiqu'un peu bornée et possessive, puis femme d'affaires rigoureuse, elle s'avère capable d'un enthousiasme qui la porte à la fois aux confins de l'héroïsme et aux limites de la jouissance.* *M.L.*

LE CIEL PEUT ATTENDRE "HEAVEN CAN WAIT"
Comédie d'**Ernst Lubitsch**, avec Gene Tierney *(Martha)*, Don Ameche *(Henry Van Cleve)*, Charles Coburn *(Hugo Van Cleve)*, Marjorie Main *(Mrs. Strabel)*, Laird Cregar *(Son Excellence)*, Spring Byington *(Bertha Van Cleve)*, Allyn Joslyn *(Albert Van Cleve)*, Eugene Pallette *(E.F. Strabel)*, Signe Hasso *(Mademoiselle)*, Louis Calhern *(Randolph Van Cleve)*. • SC : Samson Raphaelson, d'après la pièce de Lazlo Bus-Fekete *Birthday*. • PH : Edward Cronjager. • DÉC : James Basevi, Leland Fuller. • MUS : Alfred Newman. • MONT : Dorothy Spencer. États-Unis, 1943 – Couleurs – 1 h 52.

Henry Van Cleve sollicite de « Son Excellence », le diable, une place en enfer. Pour justifier sa demande, cet aimable et incorrigible séducteur entreprend le récit d'une vie mouvementée, tout entière vouée à l'amour et au plaisir.

◆ *Hommage à la gaieté désinvolte des Années Folles, ce film en demi-teintes a la pudeur allusive et la gravité retenue d'une ultime confidence. La célébration du plaisir s'y pare d'une mélancolie aussi discrète que poignante. La douleur, le deuil, les déceptions et les tromperies s'accumulent sur les pas de Henry Van Cleve, éternel enfant assoiffé de gratifications, pour-*

suivant dans ses multiples aventures un idéal insaisissable qui semble bien avoir été celui du réalisateur. Le ciel peut attendre est le film-testament de Lubitsch, le résumé de son art de vivre, de sa conception du bonheur, de sa vision de l'amour. O.E.

LE CIEL PEUT ATTENDRE "HEAVEN CAN WAIT"
Comédie de **Warren Beatty** et **Buck Henry**, avec Warren Beatty, Julie Christie, James Mason, Jack Warden. États-Unis, 1978 – Couleurs – 1 h 41.

Un joueur de football meurt dans un accident. Pourtant, à l'arrivée au ciel, les « contrôleurs » s'aperçoivent qu'il n'aurait pas dû mourir. Il lui faut donc se réincarner. Et cela lui arrivera deux fois de suite... Remake du DÉFUNT RÉCALCITRANT (Voir ce titre).

CIEL PUR "CISTOE REBO"
Drame de **Grigori Tchoukhraï**, avec Evgueni Oubanski *(Alexei)*, Nina Drobycheva *(Sacha)*, Vitali Koniaiev *(Petia)*, N. Kouzmina *(Lucia)*. • SC : Daniil Khrabrovitski. • PH : Serguei Polouïanov. • DÉC : Boris Nemetchek. • MUS : Mikhaïl Ziv. U.R.S.S., 1961 – Couleurs – 1 h 50.

La jeune Sacha a connu durant la guerre Alexei, un aviateur qui est devenu son mari. Mais il n'est pas rentré d'une mission et on le croit mort. Quelque temps après la fin des hostilités, il reparaît : fait prisonnier, il a réussi à survivre. Mais tout le monde lui tourne le dos, il est exclu du parti, on lui retire ses décorations : il sombre dans l'alcoolisme. Heureusement, Staline meurt.

◆ *Pamphlet antistalinien qui dénonce le sort fait aux combattants prisonniers des Allemands et considérés à leur retour comme des lâches et des traîtres. Tchoukhraï évoque le dégel politique instauré par Khrouchtchev en même temps qu'il affirme, par son style réaliste émaillé de métaphores et d'envolées lyriques, le dégel artistique manifesté par la Nouvelle Vague soviétique.* M.MN.

CIEL ROUGE "BLOOD ON THE MOON"
Film d'aventures de **Robert Wise**, avec Robert Mitchum, Barbara Bel Geddes, Robert Preston. États-Unis, 1948 – 1 h 28.

Un inconnu flegmatique prend la défense d'un fermier que son ami veut dévaliser. Il faut dire que le fermier a une jolie fille...

LE CIEL SUR LA TÊTE
Film de science-fiction d'**Yves Ciampi**, avec Jean Dasté, André Smagghe, Marcel Bozzuffi. France, 1964 – Couleurs – 1 h 45.

Le porte-avions Clemenceau reçoit un message : un pilote repère un curieux engin, sorte de satellite radioactif. Russes et Américains en nient la paternité, mais la tension monte.

LA CIGALE "LA CICALA"
Mélodrame d'**Alberto Lattuada**, avec Anthony Franciosa, Virna Lisi, Renato Salvatori. Italie, 1979 – Couleurs – 1 h 40.

Une chanteuse dont la voix n'est plus qu'un souvenir s'installe avec l'homme qu'elle vient d'épouser et une jeune amie dans un restaurant routier. Bientôt, sa fille vient les rejoindre et sème le trouble. Un roman-photo comme les Italiens en ont le secret.

LA CIGALE "PROPRYGUN'JO"
Drame de **Samson Samsonov**, d'après le récit d'Anton Tchekhov, avec Serguei Bondartchouk, Lioudmila Celikouskaïa, Vladimir Droujnikov, Eyguenei Teterine. U.R.S.S. (Russie), 1955 – Couleurs – 1 h 40.

Une jolie femme, qui attire chez elle des artistes, délaisse son mari qui consacre sa vie à la science. Lorsqu'il mourra en soignant un enfant, elle réalisera combien il était exceptionnel.

CIGALON
Comédie de **Marcel Pagnol**, avec Arnaudy, Henri Poupon, Mme Chabert, Jean Castan. France, 1935 – 1 h 20.

Le restaurateur d'un petit village refuse de servir. Lorsqu'une ancienne blanchisseuse ouvre un restaurant, il traite royalement un client... qui ne pourra pas payer.

CIMARRON "CIMARRON"
Western de **Wesley Ruggles**, d'après le roman d'Edna Ferber, avec Richard Dix, Irene Dunne, Estelle Taylor, Nance O'Neill, William Collier Jr., Roscoe Ates. États-Unis, 1930 – 2 h 10.

De 1890 à 1915, la vie quotidienne d'une grande ferme de l'Oklahoma. Oscar du Meilleur film pour l'année 1930-1931.

▷ Remake LA RUÉE VERS L'OUEST (Voir ce titre).

LE CINÉMA DE PAPA
Comédie de **Claude Berri**, avec Yves Robert, Claude Berri. France, 1970 – Couleurs – 1 h 40.

Le papa de Claude rêvait d'être acteur... Son fils raconte sa vie, et Yves Robert tient le « rôle », avec une tendresse complice.

CINÉMA PARADISO "NUOVO CINEMA PARADISO"
Drame de **Giuseppe Tornatore**, avec Philippe Noiret, Jacques Perrin, Salvatore Cascio. Italie/France, 1989 – Couleurs – 2 h 03. ★ OSCAR DU MEILLEUR FILM ÉTRANGER 1989.

Dans une petite ville de Sicile, un gosse, Toto, passe tout son temps libre dans la cabine de projection du cinéma « Paradiso ». Il se lie d'amitié avec le projectionniste, Alfredo, qui lui apprend le métier. À la suite d'un incendie, Alfredo devient aveugle et Toto le remplace. Un film prodigieusement drôle et émouvant.

LES CINÉPHILES (ERIC A DISPARU et LE RETOUR DE JEAN)
Comédie dramatique de **Louis Skorecki**, avec Nidam Abbi, Sébastien Clerger, Nathalie Coffre. France, 1989 – Couleurs – 1 h et 1 h 15.

Dans une « secte » de cinéphiles, des groupes se font, se défont, se croisent...

CINGLÉE "NUTS"
Drame de **Martin Ritt**, d'après la pièce de Tom Topor, avec Barbra Streisand, Richard Dreyfuss. États-Unis, 1987 – Couleurs – 1 h 55.

Accusée du meurtre de l'un de ses clients, une fille de bonne famille devenue prostituée refuse de plaider la folie pour adoucir sa peine. De pertinentes questions sur la dignité humaine.

CINQ CARTES À ABATTRE "FIVE CARD STUD"
Western de **Henry Hathaway**, d'après le roman de Ray Gaulden, avec Dean Martin, Robert Mitchum. États-Unis, 1968 – Couleurs – 1 h 40.

1880, au Colorado. Une série de meurtres suit une partie de poker qui a mal fini. L'originalité relative du film, plus qu'au duel final, tient au rôle donné au pasteur qu'incarne Mitchum.

558, RUE PARADIS
Chronique d'**Henri Verneuil**, avec Claudia Cardinale, Omar Sharif, Richard Berry. France, 1991 – Couleurs – 2 h 15.

Suite de *Mayrig*, ce dernier volet des souvenirs d'Henri Verneuil oppose les images parisiennes à celles de Marseille, celles de la maturité à celles de l'enfance.

CINQ ET LA PEAU
Essai de **Pierre Rissient**, avec Feodor Atkine, Riko Matsuda. France, 1981 – Couleurs – 1 h 35.

Depuis deux ans, Ivan se trouve à Manille. Il y parcourt lentement, rêveusement, les méandres de la ville et de sa mémoire.

CINQ FEMMES MARQUÉES
"FIVE BRANDED WOMEN"
Film de guerre de **Martin Ritt**, d'après le roman d'Ugo Pirro, avec Silvana Mangano, Jeanne Moreau, Van Heflin, Vera Miles, Barbara Bel Geddes. États-Unis/Italie, 1960 – 1 h 46.

Yougoslavie, 1945. Tondues pour avoir fréquenté des Allemands, cinq jeunes femmes entrent dans la Résistance.

CINQ HEURES DE TERREUR "TERROR ON A TRAIN"
Film policier de **Ted Tetzlaff**, avec Glenn Ford, Anne Vernon, Maurice Denham. États-Unis, 1953 – 1 h 12.

Cinq heures seront-elles suffisantes à Glenn Ford pour désarmorcer une bombe à retardement placée par un terroriste dans un train chargé de mines ?

CINQ JOURS CE PRINTEMPS-LÀ
"FIVE DAYS ONE SUMMER"
Drame de **Fred Zinnemann**, d'après la nouvelle de Kay Boyle, avec Sean Connery, Betsy Brantley, Lambert Wilson. États-Unis, 1981 – Couleurs – 1 h 46.

Lors de l'été 1932, Douglas Meredith et son épouse font une excursion alpestre en compagnie de leur guide, dont le charme trouble la jeune femme. Une œuvre anachronique au parfum désuet.

CINQ JOURS EN JUIN
Comédie dramatique de **Michel Legrand**, avec Annie Girardot, Sabine Azéma, Matthieu Roze. France, 1989 – Couleurs – 1 h 40.

Le périple d'un jeune garçon lors du débarquement allié en Normandie. Premier film, semi-autobiographique, du compositeur.

CINQ MARIAGES À L'ESSAI
"WE'RE NOT MARRIED"
Comédie d'**Edmund Goulding**, avec Ginger Rogers, Victor Moore, Marilyn Monroe, Zsa Zsa Gabor, Luis Calhern, Mitzi Gaynor, Fred Allen. États-Unis, 1952 – 1 h 25.

Trois ans après les avoir unis, un juge informe des couples que leur mariage est nul. Réactions diverses des intéressés.

LES CINQ MILLE DOIGTS DU DOCTEUR T.
"THE 5000 FINGERS OF DOCTOR T."
Comédie musicale de **Roy Rowland**, avec Peter Lind Hayes, Mary Healy, Hans Conried, Tommy Rettig. États-Unis, 1953 – Couleurs – 1 h 28.

Un jeune garçon, excédé par ses leçons de piano, s'endort et pénètre dans le monde fou des rêves. Festival de virtuosités techniques pour un sujet surréaliste.

CINQ MINUTES DE PARADIS "PET MINUTA RAJA"
Comédie dramatique d'**Igor Pretnar**, avec Lojze Rozman, Stevo Zigon, Mira Nikolić. Yougoslavie, 1959 – 1 h 35.

Deux prisonniers yougoslaves sont laissés seuls dans la luxueuse maison d'un général allemand pour y désamorcer une bombe.

CINQ PIÈCES FACILES "FIVE EASY PIECES"
Comédie dramatique de **Bob Rafelson**, avec Jack Nicholson *(Robert « Eroïca » Dupea)*, Karen Black *(Rayette Dipesto)*, Susan Anspach *(Catherine Van Ost)*, Billy « Green » Bush *(Elton)*, Lois Smith *(Partita Dupea)*, Fanny Flagg *(Stoney)*, Sally Ann Struthers *(Betty)*. • SC : Adrien Joyce, B. Rafelson. • PH : Laszlo Kovaks. • DÉC : Toby Carr Rafelson. • MUS : Chopin, Mozart, Bach. • MONT : Christopher Holmes, Gerard Shepard. États-Unis, 1970 – Couleurs – 1 h 38.

Un pianiste, Robert Dupea, devient ouvrier dans une entreprise pétrolière. Sa maîtresse, Rayette, est serveuse et rêve de devenir chanteuse. Robert la quitte, mais elle est enceinte et il revient près d'elle. Ils voyagent ensemble, sur l'île où habite la famille de Robert. Il laisse sa maîtresse dans un hôtel, devient l'amant de la femme de son frère, puis retrouve Rayette. Sur le chemin du retour, il l'abandonne dans une station d'essence et fait du stop vers une destination indéterminée.

◆ *Dans la lignée du* Lauréat *ou* Easy Rider, Cinq Pièces faciles *reprend cette idée motrice du cinéma américain du début des années 70 : partir en laissant tout derrière soi. Nicholson est pour la première fois nommé aux Oscars pour ce rôle d'antihéros qui caractérise sa carrière.* *S.S.*

5 % DE RISQUE
Drame policier de **Jean Pourtalé**, avec Bruno Ganz, Jean-Pierre Cassel, Aurore Clément. France / Belgique, 1980 – Couleurs – 1 h 40.

Un homme à la merci d'un maître chanteur demande l'aide d'un de ses amis physicien pour se débarrasser du gêneur. Le crime considéré comme une science exacte.

LES CINQ SECRETS DU DÉSERT
"FIVE GRAVES TO CAIRO"
Film d'espionnage de **Billy Wilder**, d'après la pièce de Lajos Biro *Hôtel Impérial*, avec Franchot Tone, Anne Baxter, Erich von Stroheim, Akim Tamiroff. États-Unis, 1943 – 1 h 36.

En marge de la campagne de Libye, un sergent britannique déguisé en maître d'hôtel parvient à gagner la confiance de Rommel qui lui confie certains secrets.

CINQ SEMAINES EN BALLON
"FIVE WEEKS IN A BALLOON"
Film d'aventures d'**Irwin Allen**, d'après le roman de Jules Verne, avec Cedric Hardwicke, Peter Lorre, Red Buttons. États-Unis, 1962 – Couleurs – 1 h 41.

En 1862, un professeur et son équipage survolent l'Afrique et neutralisent une caravane de négriers. Une adaptation sans grande imagination.

CINQ SOIRÉES "PJAT' VEČEROV"
Drame psychologique de **Nikita Mikhalkov**, avec Stanislav Lioubchine *(Alexandre Iline)*, Lioudmila Gourtchenko *(Tamara Vassilievna)*, Valentina Telitchkina *(Zoïa)*, Larissa Kouznetsova *(Katia)*, Igor Nefedov *(Slava)*, Alexandre Adabachian *(Timofeev)*. • SC : N. Mikhalkov, A. Adabachian, d'après la pièce d'Alexandre Volodine. • PH : Pavel Lebechev. • DÉC : A. Adabachian, Alexandre Samoulekine. • MUS : Youri Mikhaïlov. • MONT : E. Draksinov. U.R.S.S. (Russie), 1978 – NB et Couleurs – 1 h 40.

Alexandre revient chez Tamara : il avait noué une idylle avec elle quinze ans plus tôt avant d'en être séparé par la guerre ; elle est ouvrière, il se dit ingénieur. Ils vont passer ensemble quelques soirées, évoquant des souvenirs ; il voudrait reprendre la vie commune, elle manifeste des réticences. Puis elle apprend par un ami commun qu'il est en réalité un simple chauffeur et que sa carrière d'ingénieur a été brisée à cause de son indépendance d'esprit. Le cinquième soir, elle lui demande de rester.

◆ *Le réalisateur a respecté le huis clos de la pièce, et cette rigueur dramatique confère à son film une remarquable densité d'atmosphère qui met en relief l'évocation des souvenirs et l'expression des sentiments partagés, entre l'émotion des retrouvailles et la pudeur des aveux. Quand, enfin, les cœurs se décident à parler, le noir et blanc fait place à la couleur dans un panoramique autour de la pièce, effet symbolique qui est un grand moment de cinéma très caractéristique de l'art intimiste de Nikita Mikhalkov dans ce qui est peut-être son meilleur film.* *M.MN.*

LES CINQ SOUS DE LAVARÈDE
Comédie dramatique de **Maurice Cammage**, d'après le roman de Paul d'Ivoi et Henri Chabrillat, avec Fernandel, Josette Day, Marcel Vallée, Jeanne Fusier-Gir. France, 1939 – 2 h 05.

Pour pouvoir toucher l'héritage de son oncle, un jeune homme doit faire le tour du monde en cent jours avec une pièce de cinq sous, qu'il n'aura même pas le droit de dépenser.

▷ Autre version réalisée par : **Maurice Champreux**, avec Georges Biscot, Janine Liezer, Carlos Avril, Paulette Berger. France, 1927 – env. 2 300 m (1 h 25).

LES CINQ SURVIVANTS "FIVE"
Drame psychologique d'**Arch Oboler**, avec William Philipps, Susan Douglas, James Anderson. États-Unis, 1951 – 1 h 33.

Lors de la destruction de la Terre par une guerre atomique, seuls cinq êtres survivent. Mais les tensions anéantiront le groupe.

LES 55 JOURS DE PÉKIN "55 DAYS AT PEKING"
Film historique de **Nicholas Ray**, avec Charlton Heston, Ava Gardner, David Niven. États-Unis, 1962 – Couleurs – 2 h 34.

En 1900 à Pékin. Soutenus par l'impératrice, les Boxers s'emparent de la ville et assiègent le quartier diplomatique international. Un ambassadeur anglais et un officier américain organisent la défense. Une superproduction somptueuse et spectaculaire.

CINQUIÈME COLONNE "SABOTEUR"
Film d'espionnage d'**Alfred Hitchcock**, avec Robert Cummings, Priscilla Lane, Otto Kruger, Alan Baxter. États-Unis, 1942 – 1 h 48.

Accusé d'avoir mis le feu dans une usine d'aviation, un homme recherche les espions qui sont à l'origine de l'incendie. L'action culminera sur la statue de la Liberté.

LE CINQUIÈME COMMANDO
"RAID ON ROMMEL"
Film de guerre de **Henry Hathaway**, avec Richard Burton, John Colicos, Clynton Greyn, Wolfgang Preiss. États-Unis, 1971 – Couleurs – 1 h 40.

Un officier anglais réussit à pénétrer dans le camp de Rommel en Libye. Il pourra ainsi localiser les dépôts d'essence de l'Afrika Korps et les détruire. Récit classique.

LE CINQUIÈME ÉLÉMENT
Science-fiction de **Luc Besson**, avec Bruce Willis, Milla Jovovich, Gary Oldman, Chris Tucker. France, 1997 – Couleurs – 2 h 10.

Une entité inconnue va anéantir toute vie sur la Terre... à moins que Korben Dallas ne réussisse à rassembler une jeune femme tombée du ciel et quatre pierres symboliques venues du fond des âges. Un festival d'effets spéciaux, qui réveille l'enfant qui sommeille en nous.

LA CINQUIÈME VICTIME "WHILE THE CITY SLEEPS"
Film policier psychologique de **Fritz Lang**, avec Dana Andrews, Rhonda Fleming, Ida Lupino, Georges Sanders. États-Unis, 1956 – 1 h 40.

L'héritier d'une agence d'information utilise un crime crapuleux pour départager les candidats au poste de directeur. Excellent.

LA CIOCIARA "LA CIOCIARA"
Drame de **Vittorio De Sica**, d'après le roman d'Alberto Moravia, avec Sophia Loren *(Cesira)*, Raf Vallone *(Giovanni)*, Jean-Paul Belmondo *(Michele)*, Renato Salvatori *(Florindo)*, Eleonora Brown *(Rosetta)*. • SC : Cesare Zavattini, V. De Sica. • PH : Gabor Pogany. • MUS : Armando Trovajoli. • MONT : Adriana Novelli. Italie, 1960 – 1 h 41.

La Ciociara, c'est le village natal de Cesira qui, en cet été 1943, fuit Rome et les bombardements, avec sa fille de 13 ans. Après un voyage mouvementé, elle se réinstalle dans le cadre de son enfance. La guerre se prolongeant, elle a recours à toutes sortes d'expédients pour vivre. À l'approche des Américains, Césira et sa fille repartent pour Rome. En chemin, elles sont violées par des soldats marocains et apprennent la mort de l'homme qu'elles aimaient toutes deux. Il ne leur reste que leurs larmes...

◆ La Ciociara *est parfaitement dans la continuité des films précédents du tandem De Sica-Zavattini : il s'agit d'abord de raconter la vie difficile, souvent douloureuse, du petit peuple italien. Mais c'est un film à grand spectacle avec des comédiens vedettes. Certains le reprochèrent à De Sica, dont on retrouve pourtant la même tendresse sans complaisance pour ses personnages. Sophia Loren obtint à Cannes en 1961 un Prix d'interprétation et un Oscar à Hollywood qui la consacrèrent définitivement comme star.* *J.-B.B.*

CIRCONSTANCES ATTÉNUANTES
Drame de **Jean Boyer**, avec Michel Simon, Arletty, Dorville, Andrex. France, 1939 – 1 h 27.

Un ancien procureur devient mauvais garçon, par plaisir mais aussi pour ramener dans le droit chemin des voyous de rencontre. Découvert, il ose leur faire la morale.

LA CIRCOSTANZA
Comédie dramatique d'**Ermanno Olmi**, avec Ada Savelli, Raffaella Bianchi, Gaetano Porro, Mario Sireci, Barbara Pezzuto. Italie, 1974 – Couleurs – 1 h 32.

À la fin de l'été, les membres d'une riche famille milanaise sont disséminés dans leurs différentes propriétés. Chacun vit des aventures diverses.

CIRCUIT CAROLE
Comédie dramatique d'**Emmanuelle Cuau**, avec Bulle Ogier, Laurence Côte, Frédéric Pierrot. France, 1995 – Couleurs – 1 h 15.

Marie vit avec sa mère. Son emploi de standardiste dans la banlieue nord de Paris lui fait connaître Alex, qui pratique la moto sur le circuit Carole. Elle commence à revendiquer une autonomie que sa mère lui refuse. Le drame de la décomposition d'un foyer monoparental.

CIRCULEZ Y'A RIEN À VOIR
Comédie de **Patrice Leconte**, avec Jane Birkin, Michel Blanc, Jacques Villeret. France, 1983 – Couleurs – 1 h 30.

Amoureux d'une riche jeune femme, un inspecteur de police prétexte une enquête pour s'en approcher.

LE CIRQUE "THE CIRCUS"
Comédie de **Charlie Chaplin**, avec Charlie Chaplin *(le vagabond)*, Allan Garcia *(le directeur)*, Merna Kennedy *(l'écuyère)*, Harry Crocker *(Rex)*. SC, MUS, MONT : • SC : C. Chaplin• MUS : C. Chaplin• MONT : C. Chaplin. • PH : Rollie Totheroh. • DÉC : Charles D. Hall, William E. Hinckley. États-Unis, 1928 – 2 144 mètres (env. 1 h 40) ;Version sonorisée : 1969 – 1 h 10.

Poursuivi par des policiers, Charlot fait irruption sur la piste d'un cirque en pleine représentation. Sa maladresse en fait bientôt un clown applaudi. Il est amoureux de la belle écuyère, mais il n'arrive pas à supplanter dans son cœur son rival Rex, roi des funambules. Le cirque repart, laissant le vagabond à sa mélancolie.

◆ *Il était logique que ce clown de cinéma rencontre un jour l'univers du cirque. Mais il ne déclenche le rire du spectateur de cinéma qu'en perturbant les règles du spectacle de cirque, qu'il soit accessoiriste ou funambule. En même temps qu'un film burlesque, totalement maîtrisé jusque dans la rigueur géométrique de sa mise en scène,* le Cirque *est une réflexion de Chaplin sur son comique et sur ce qu'il a de pleinement cinématographique, démontrant qu'il est un vrai cinéaste et non l'inventeur d'un personnage burlesque dont la caméra se contenterait d'enregistrer les pitreries et les gags, si géniaux fussent-ils.* *J.M.*

LE CIRQUE DES HORREURS "CIRCUS OF HORRORS"
Film d'épouvante de **Sidney Hayers**, avec Anton Diffring, Yvonne Monlaur, Donald Pleasence. Grande-Bretagne, 1960 – Couleurs – 1 h 31.

Un ex-chirurgien esthétique dirige un cirque par la terreur et le chantage, en employant des femmes dont il a remodelé le visage.

LE CIRQUE EN FOLIE / UN JOUR AU CIRQUE
"CAN'T CHEAT AN HONEST MAN"
Film burlesque de **George Marshall**, avec W.C. Fields. États-Unis, 1939 – 1 h.

Pour sauver son père de la faillite, la fille d'un entrepreneur de spectacles est prête à épouser un riche prétendant. Un des films les moins connus et les plus corrosifs de Fields.

LE CIRQUE INFERNAL "BATTLE CIRCUS"
Film de guerre de **Richard Brooks**, avec Humphrey Bogart, June Allyson, Keenan Wynn, Robert Keith. États-Unis, 1953 – 1 h 30.

Sur le front de Corée, la vie d'une ambulance militaire et l'idylle que nouent une jeune infirmière et un major.

LA CITADELLE "THE CITADEL"
Drame de **King Vidor**, d'après le roman d'A.J. Cronin, avec Robert Donat, Rosalind Russell, Ralph Richardson, Emlyn Williams, Penelope Dudley Ward. Grande-Bretagne, 1938 – 1 h 53.

Un jeune médecin consciencieux s'installe à Londres et apprend vite à traiter ses malades en clients. La mort d'un ami très cher le remettra dans la voie du désintéressement.

LA CITADELLE "EL-KALAA"
Drame de **Mohamed Chouikh**, avec Khaled Barkat, Djillali Ain-Tedeles. Algérie, 1988 – Couleurs – 1 h 35.

Dans un village de la région d'Oran, Kaddour est considéré comme un idiot. Son père part à la recherche d'une épouse pour son fils, mais ce ne sera qu'une farce tragique.

LA CITADELLE DU SILENCE
Drame de **Marcel L'Herbier**, avec Annabella, Pierre Renoir, Bernard Lancret, Alexandre Rignault, Robert Le Vigan. France, 1937 – env. 1 h 50.

Sous l'impulsion de la femme du gouverneur, les détenus polonais d'un bagne de la Russie tsariste se révoltent. Elle leur ouvre les grilles et son époux la tue et se suicide. Cette fin jugée trop noire, une autre fut tournée où la femme s'évade avec les prisonniers.

LA CITÉ DE LA JOIE "CITY OF JOY"
Comédie dramatique de **Roland Joffé**, d'après le roman de Dominique Lapierre, avec Patrick Swaize, Om Puri, Pauline Collins. États-Unis, 1992 – Couleurs – 2 h 15.

Joan, animatrice d'un dispensaire dans un bidonville de Calcutta, réussit à convaincre Max Lowe, chirurgien qui avait décidé de renoncer à son métier après une opération ratée, de l'aider dans sa tâche. Tous deux entreprennent de soulager les souffrances des pauvres de la « Cité de la joie » mais la maffia locale ne tient pas du tout à ce que les choses changent...

LA CITÉ DE LA PEUR
Comédie familiale d'**Alain Berberian**, avec Chantal Lauby, Alain Chabat, Dominique Farrugia, Gérard Darmon. France, 1994 – Couleurs – 1 h 39.

Au festival de Cannes, Odile Deray est chargée de la promotion d'un film d'horreur minable intitulé *Red is dead*. «Heureusement», un tueur se cache parmi les festivaliers et assassine des projectionnistes de la même façon que dans le film. Le premier film « de les Nuls ».

LA CITÉ DE LA VIOLENCE "CITTÀ VIOLENTA"
Film policier de **Sergio Sollima**, avec Charles Bronson, Jill Ireland, Telly Savalas. Italie, 1970 – Couleurs – 1 h 50.

Le gangster face à la femme fatale. De vengeance en vengeance, la violence se déchaîne jusqu'à la mort du héros. Traitement à l'italienne de situations types du thriller américain.

LA CITÉ DES DANGERS "HUSTLE"
Film policier de **Robert Aldrich**, avec Burt Reynolds, Catherine Deneuve, Paul Winfield, Ben Johnson, Eileen Brennan, Eddie Albert, Ernest Borgnine. États-Unis, 1975 – Couleurs – 2 h.

Le corps de la fille d'un ancien militaire est trouvé sur une plage. On apprend qu'elle menait une vie de débauche, et la police ne peut empêcher le père de tuer le responsable de sa déchéance.

LA CITÉ DES ENFANTS PERDUS
Conte fantastique de **Jean-Pierre Jeunet** et **Marc Caro**, avec Ron Perlman, Daniel Emilfolk, Dominique Pinon, Judith Vittet, Jean-Claude Dreyfus. France, 1995 – Couleurs – 1 h 52.

Mutant raté, Frank ne peut pas rêver. Pour remédier à cette infirmité, il kidnappe les enfants de la cité voisine afin de capter leurs rêves. Mais un lutteur de foire dont le petit frère a été enlevé va se révolter et, avec l'aide de la chef des orphelines qu'exploitent deux monstrueuses sœurs siamoises, il réussira à détruire le maléfique laboratoire, les mutants et les siamoises. Univers glauque, personnages difformes, gadgets tordus... Ce film bourré de trouvailles est animé par une certaine originalité.

LA CITÉ DES FEMMES "LA CITTÀ DELLE DONNE"
Chronique fantastique de **Federico Fellini**, avec Marcello Mastroianni *(Snaporaz)*, Ettore Manni *(Kröphallus « Katzone »)*, Anna Prucnal *(la femme de Snaporaz)*, Bernice Stegers *(la femme du train)*, Dominique Labourier. • SC : F. Fellini, Bernardino Zapponi. • PH : Giuseppe Rotunno. • DÉC : Dante Ferretti. • MUS : Luis Bacalov. • MONT : Ruggero Mastroianni. Italie, 1980 – Couleurs – 2 h 10.

Dans un train, un homme rencontre une femme qui le fascine. Il la suit et elle le mène dans un monde confus peuplé exclusivement de femmes.

◆ *Double exception dans la carrière de Fellini, ce film est une réplique presque agressive et complète à son* Casanova *(immédiatement antérieur) et il est entièrement vécu (ou plutôt rêvé) par son protagoniste, alors qu'en général les interventions subjectives chez Fellini sont ponctuelles. Bien que Fellini conserve sa structure habituelle de grands épisodes spectaculaires reliés un peu lâchement,* la Cité des femmes *serait donc son film le plus intimiste, mais Mastroianni y est un « porte-parole » éminemment passif. Alors que le Casanova de Fellini cherchait au long d'une biographie fort imaginaire à se découvrir lui-même à travers ses conquêtes, le rêveur de la* Cité des femmes *parcourt sans rien demander l'univers féminin et féministe des années 70, pour se retrouver (assez horrifié) chez une sorte de Casanova moderne, double monstrueux du séducteur italien type.* *G.LD.*

LA CITÉ DISPARUE "LEGEND OF THE LOST"
Film d'aventures de **Henry Hathaway**, avec John Wayne, Sophia Loren, Rossano Brazzi. États-Unis, 1957 – Couleurs – 1 h 49.

Deux aventuriers et une belle esclave recherchent un trésor enfoui en plein cœur du Sahara.

LA CITÉ DU SOLEIL "LA CITTÀ DEL SOLE"
Drame de **Gianni Amelio**, avec Giulio Brogi, Daniel Sherrill, Umberto Spadaro. Italie, 1973 – Couleurs – 1 h 25.

Vers la fin du Ier siècle de notre ère, un moine féru d'utopie et de cité idéale est emprisonné à cause de ses recherches. Des images magnifiques.

LA CITÉ PÉTRIFIÉE "THE MONOLITH MONSTERS"
Film de science-fiction de **John Sherwood**, avec Grant Williams, Lola Albright, Les Tremayne. États-Unis, 1957 – 1 h 17.

Une ville est menacée d'anéantissement par une météorite d'où jaillissent des monolithes à la grande terreur des habitants.

LA CITÉ SANS VOILES "THE NAKED CITY"
Film policier de **Jules Dassin**, avec Barry Fitzgerald *(le commissaire Muldoon)*, Don Taylor *(Jimmy Halloran)*, Howard Duff *(Frank Niles)*, Dorothy Hart *(Ruth Morrison)*, Ted De Corsia *(Garzah)*, Adelaide Klein *(Mrs. Bathory)*. • SC : Malwin Wald, Albert Maltz. • PH : William

Daniels. • MUS : Frank Skinner, Miklos Rosza. • MONT : Paul Weatherwax. États-Unis, 1948 – 1 h 36.

À New York, le commissaire Dan Muldoon enquête sur l'assassinat d'une jeune femme, ce qui le mène à deux suspects : un fils de famille, Niles, et son homme de main, Garzah. Ce dernier mourra sur le pont de Brooklyn, au terme d'une poursuite dans les bas quartiers de la ville.

◆ *Ce policier s'inscrit dans la nouvelle vague de films noirs américains visant à renouveler le genre en filmant dans des lieux réels, en recourant abondamment au décor urbain, et en visant à la précision documentaire. Plusieurs scènes furent filmées avec une caméra cachée. Remonté par le studio Universal contre le vœu de Dassin, il dut beaucoup, dans sa conception, au producteur Mark Hellinger, un des initiateurs de cette tendance.* *M.CH.*

CITIZEN KANE "CITIZEN KANE"

Comédie dramatique d'**Orson Welles**, avec Orson Welles *(Charles Foster Kane)*, Joseph Cotten *(Jedediah Leland)*, Everett Sloane *(Bernstein)*, Dorothy Comingore *(Susan Alexander)*, George Coulouris *(Walter Park Thatcher)*, Agnes Moorehead *(Mary Kane)*, Paul Stewart *(Raymond)*, Ruth Warrick *(Emily Norton)*. • SC : Herman J. Mankiewicz, O. Welles, John Houseman. • PH : Gregg Toland. • DÉC : Van Nest Polglase, Perry Ferguson, Darrell Silvera. • MUS : Bernard Herrmann. • MONT : Robert Wise, Mark Robson. • PR : Mercury Theater (R.K.O.). États-Unis, 1941 – 1 h 59.

★ OSCAR DU MEILLEUR SCÉNARIO.

« Rosebud ». En prononçant ce mot énigmatique au seuil de la mort, le milliardaire Charles Foster Kane semble donner la clé de l'énigme que fut son existence. Armé de ce seul indice, le directeur des actualités cinématographiques « News on the March » charge l'un de ses journalistes de reconstituer la vie du disparu. Au fil des témoignages qu'il recueille, celui-ci découvre qui était vraiment Kane et comment il est devenu un magnat de la presse new-yorkaise. Un ami perdu, une épouse déchue, un majordome dévoué : tels sont les principaux témoins que rencontre l'enquêteur. Au terme d'investigations qui l'ont mené au palais de Xanadu où Kane a fini sa vie cloîtré, une luge en bois brûle. Sur son flanc est gravé : « Rosebud ».

◆ **Autopsie d'un monstre**

Produit (via le Mercury Theater que Welles avait fondé quatre ans plus tôt avec John Houseman), écrit, réalisé et interprété par un homme de vingt-six ans, Citizen Kane *s'inspire de la vie du milliardaire William Randolph Hearst, le personnage de Susan Alexander n'étant qu'une projection de la comédienne Marion Davies que le magnat essaya de lancer au cinéma. Plus qu'une simple biographie, ce film est une véritable autobiographie de son auteur, jeune prodige qui révolutionnait là le cinéma mondial avant de rompre avec Hollywood. Régulièrement cité parmi les dix meilleurs films de tous les temps,* Citizen Kane *rompt avec les codes narratifs traditionnels en brisant la linéarité alors en usage au profit d'une structure éclatée. Chez Welles, tous les moyens sont bons pour aborder une histoire. Mieux, le destin de Kane conserve jusqu'à la fin des zones d'ombre qui s'expriment dans une mise en scène elliptique ou lacunaire propice à toutes les supputations. En ce sens, ce film gigogne, dans lequel les témoignages se recoupent et se chevauchent, est d'une richesse infinie. Esthétiquement, Welles joue sur les contrastes violents entre le noir et le blanc, l'ombre et la lumière. Ce labyrinthe formel fonctionne à l'image d'un jeu de piste vertigineux, dans lequel chaque plan est composé avec une méticulosité quasi obsessionnelle. Plus sûrement encore que les murs de Xanadu, les lignes horizontales, verticales et transversales isolent constamment Kane des autres personnages. Par sa cohérence exceptionnelle et ses fulgurances lumineuses,* Citizen Kane *est le sésame du cinéma moderne.* *J.-P.G.*

CITOYEN DE NULLE PART

"A GIRL NAMED TAMIKO"

Mélodrame de **John Sturges**, d'après le roman de Ronald Kirkbridge, avec Laurence Harvey, France Nuyen. États-Unis, 1962 – Couleurs – 2 h.

Un jeune photographe apatride cherche par tous les moyens à obtenir la nationalité américaine pour quitter Tokyo. Mais il renoncera pour l'amour d'une Japonaise.

CIVILISATION "CIVILIZATION"

Film historique à grand spectacle de **Thomas Harper Ince**, assisté de Reginald Barker, Raymond West, J. Parker Read Jr., Scott Sidney, avec Howard Hickman *(le comte Ferdinand)*, Hershell Mayall *(le Kaiser)*, George Fisher *(Jésus-Christ)*, Enid Markey *(Catherine Holdam)*, Lola May, Charles K. French. • SC : C. Gardner Sullivan. • PH : Irvin V. Willat. • MUS : Victor Schertzinger. États-Unis, 1916 – 2 500 m (env. 1 h 30).

Bien qu'officier et favori du Kaiser, le comte Ferdinand, commandant d'un sous-marin de la flotte nationale allemande, est pacifiste dans l'âme. La guerre étant déclarée, il refuse de torpiller un bateau civil sans défense. Une mutinerie éclate, qui s'achève dans le sang. Le malheureux se retrouve en enfer, d'où le Christ lui-même vient le délivrer. Ému par tant de souffrances, le Kaiser signera la paix.

◆ *Thomas H. Ince était le principal challenger de Griffith. On lui doit, en tant que réalisateur ou superviseur, un grand nombre de westerns, films historiques et films à tendance sociale de prestige.* Civilisation *est son œuvre la plus ambitieuse, qui se présente comme un compromis de la* Naissance d'une nation *et d'*Intolérance *(toutes proportions gardées). Colette y admirait « une impression de tumulte, de tremblement de terre et d'ubiquité ». Il y a des morceaux d'anthologie (le torpillage du paquebot), d'autres d'un goût moins sûr (la séquence des enfers, le dialogue du Christ et du Kaiser), le tout baignant dans une mystique pacifiste assez naïve, qui fut corrigée dans les copies présentées en Europe sous forme de propagande... belliciste, plus conforme à l'idéologie de l'époque !* *C.B.*

LA CIVILISATION À TRAVERS LES ÂGES
Drame de **Georges Méliès**, France, 1908 – 300 m (env. 11 mn).

Du meurtre d'Abel par Caïn aux tortures de l'Inquisition, en passant par les exactions de Néron et les attaques nocturnes sous Richelieu, un panorama de la violence des hommes jusqu'au triomphe du Congrès de la Paix en 1907.

CLAIR DE FEMME
Drame de **Costa-Gavras**, d'après le roman de Romain Gary, avec Romy Schneider, Yves Montand, Romolo Valli, Lila Kedrova, Heinz Bennent. France / Italie / R.F.A., 1979 – Couleurs – 1 h 45.

Yannick se débat seule avec la mort ; son mari, Michel, désespéré, rencontre Lydia. Attachés l'un à l'autre par une même douleur, ils errent toute la nuit. À l'aube, Yannick est morte.

CLAIR DE TERRE
Drame psychologique de **Guy Gilles**, avec Patrick Jouané, Edwige Feuillère, Annie Girardot, Elina Labourdette, Roger Hanin. France, 1970 – Couleurs – 1 h 40.

Un jeune homme en plein désarroi part en Tunisie à la recherche de ses racines. Une amie de sa mère l'y aidera. Avec la lenteur et le maniérisme qui lui sont propres, le film le plus abouti de Guy Gilles.

LE CLAN DES IRRÉDUCTIBLES
"Sometimes a Great Notion"
Film d'aventures de **Paul Newman**, d'après le roman de Ken Kesey, avec Paul Newman, Henry Fonda, Lee Remick, Michael Sarrazin. États-Unis, 1971 – Couleurs – 1 h 55.

Une famille de bûcherons de l'Oregon, accrochée à ses certitudes et soudée face aux grèves des autres bûcherons, voit se former autour d'elle une coalition de haines grondantes.

LE CLAN DES MAC MASTERS "The Mac Masters"
Western d'**Alf Kjellin**, avec Burl Ives, Nancy Kwan, Brock Peters, David Carradine, Jack Palance, Nancy Kwan. États-Unis, 1970 – Couleurs – 1 h 30.

Un ancien esclave noir, devenu propriétaire à la fin de la guerre de Sécession, se heurte à la haine des Blancs du Sud. Les Indiens lui viennent en aide.

LE CLAN DES SICILIENS
Film policier d'**Henri Verneuil**, d'après le roman d'Auguste Le Breton, avec Jean Gabin, Alain Delon, Lino Ventura. France, 1969 – Couleurs – 1 h 55.

Des gansters s'emparent d'une collection de bijoux à bord d'un avion, puis s'entretuent pour l'honneur du clan. Avec un morceau de bravoure : l'atterrissage d'un Boeing sur une autoroute.

CLARA DE MONTARGIS
Comédie dramatique d'**Henri Decoin**, avec Ludmilla Tchérina, Michel François, Armontel. France, 1951 – 1 h 38.

Un jeune auto-stoppeur tombe amoureux fou d'une belle et irréelle inconnue.

CLARA ET LES CHICS TYPES
Comédie dramatique de **Jacques Monnet**, avec Isabelle Adjani, Daniel Auteuil, Josiane Balasko, Christophe Bourseiller. France, 1980 – Couleurs – 1 h 40.

Un orchestre de copains aux alentours de la trentaine fringante quitte Grenoble pour Paris. Ils reviendront à leur point de départ après bien des mésaventures.

CLASS "Class"
Comédie de **Lewis John Carlino**, avec Jacqueline Bisset, Rob Lowe. États-Unis, 1983 – Couleurs – 1 h 39.

Un jeune étudiant inhibé tombe amoureux d'une femme de vingt ans son aînée. Analyse psychologique façon *le Lauréat*.

CLASSE 1984 "Class of 1984"
Drame de **Mark Lester**, avec Perry King, Merrie Lynn Ross, Roddy McDowald. États-Unis, 1981 – Couleurs – 1 h 36.

Nommé à la High School de Lincoln, un professeur de musique se heurte rapidement à l'hostilité de cinq « punks » malfaisants.

LA CLASSE DE NEIGE

Thriller psychologique de **Claude Miller**, d'après le roman d'Emmanuel Carrère, avec Clément Van den Bergh, Lokman Nalcakan, Yves Verhoeven, Emmanuelle Bercot, François Roy, Tina Sportolaro. France, 1998 – Couleurs – 1 h 38. ★ PRIX SPÉCIAL DU JURY ex aequo, Cannes 1998.

En classe de neige, un enfant taciturne et timide est perturbé par des souvenirs dérangeants et des cauchemars inquiétants. Peu à peu, le fil du réel se rapproche de celui de l'imaginaire, et, quand ils se rejoignent enfin, l'épouvantable vérité éclate au grand jour. Un sujet délicat, traité avec sensibilité et justesse par un Claude Miller qui retrouve son univers de prédilection : l'enfance meurtrie.

LA CLASSE OUVRIÈRE VA AU PARADIS

"LA CLASSE OPERAIA VA IN PARADISO"

Drame social d'**Elio Petri**, avec Gian Maria Volonté *(Lulù Massa)*, Mariangela Melato *(Lidia)*, Salvo Randone *(Militina)*. • SC : E. Petri, Ugo Pirro. • PH : Luigi Kuveiller. • DÉC : Dante Ferretti. • MUS : Ennio Morricone. • MONT : Ruggero Mastroianni. Italie, 1972 – Couleurs – 2 h 05. ★ PALME D'OR, Cannes 1972.

À la suite d'un accident qui lui a coûté une phalange, Lulù Massa, ouvrier acharné au travail en dépit de l'hostilité qu'on lui témoigne, devient un syndicaliste extrémiste. Il est renvoyé, sa femme le quitte, la folie le guette. Mais la solidarité syndicale joue. Un jour ou l'autre, chaque ouvrier peut trouver « son paradis ».

◆ *Voilà une franche dénonciation de la vie en usine et de la condition ouvrière. Les employés de l'usine ne sont que des machines à produire, dans des cadences et des bruits infernaux. La démonstration n'est pas toujours subtile, mais elle est efficace. Gian Maria Volonté est remarquable.* *B.B.*

CLASSE TOUS RISQUES

Drame de **Claude Sautet**, d'après le roman de José Giovanni, avec Lino Ventura, Sandra Milo, Jean-Paul Belmondo, Marcel Dalio, Jacques Dacqmine. France/Italie, 1960 – 1 h 47.

À Milan, un gangster français, avec l'aide d'un seul ami, parvient à mettre ses enfants en sûreté, mais se rend lorsque sa femme est abattue par la police.

CLAUDINE "CLAUDINE"

Comédie dramatique de **John Berry**, avec Diahann Carroll, James Earl Jones, Lawrence Hinton-Jacobs, David Kruger. États-Unis, 1975 – Couleurs – 1 h 35.

Une jeune femme noire, mère de six enfants, s'apprête à épouser un bel éboueur, mais la première femme de celui-ci va faire échouer le mariage.

CLAUDINE À L'ÉCOLE

Comédie dramatique de **Serge de Poligny**, d'après le roman de Willy et Colette, avec Blanchette Brunoy, Pierre Brasseur, Jeanne Fusier-Gir, Max Dearly. France, 1937 – 1 h 49.

À la fin du siècle dernier, une jeune fille vit avec un père farfelu et chahute à l'école. Elle connaît ses premières déceptions en amitié et en amour.

LA CLÉ "THE KEY"

Drame de **Carol Reed**, d'après le roman de Jan de Hartog *Stella*, avec William Holden, Sophia Loren, Trevor Howard. Grande-Bretagne, 1958 – 2 h 05.

En 1941, des marins envoyés en mission mortelle se transmettent la clé d'un appartement où loge Stella. Jusqu'au jour où l'un d'eux, porté disparu, revient.

LA CLÉ "LA CHIAVE"

Film érotique de **Tinto Brass**, d'après le roman de Junichiro Tanizaki *Kagi*, avec Stefania Sandrelli, Frank Finley. Italie, 1983 – Couleurs – 1 h 50.

La quarantaine épanouie, une femme se livre avec son mari plus âgé à de troublants jeux érotiques.

▷ Voir ausi ÉTRANGE OBSESSION.

LA CLÉ DE VERRE "THE GLASS KEY"

Drame de **Frank Tuttle**, d'après le roman de Dashiell Hammett, avec George Raft, Edward Arnold, Claire Dodd. États-Unis, 1935 – 1 h 27.

Dans les années 30, une petite ville des États-Unis voit sa vie perturbée par une campagne électorale sans merci. Même si elle brille d'un moindre éclat que son remake de 1942, cette version exhumée en 1983 est intéressante.

▷ Autre version réalisée par: **Stuart Heisler**, avec Brian Donlevy, Veronica Lake, Alan Ladd, Bonita Granville, Joseph Calleia. États-Unis, 1942 – 1 h 25.

CLÉMENTINE CHÉRIE

Comédie de **Pierre Chevalier**, avec France Anglade, Philippe Noiret, Jean Richard, Jacques Dufilho, Michel Galabru, Pierre Doris. France, 1963 – 1 h 30.

Bellus, employé dans une fabrique textile, découvre le moyen de fabriquer des costumes de bain perméables aux rayons du soleil. Hélas, ils sont aussi transparents sur les photos...

CLÉMENTINE TANGO
Comédie de **Caroline Roboh**, avec Claire Pascal. France, 1981 – Couleurs – 1 h 40.

Voulant savoir quelle femme écrit à son père, Charles échoue finalement à Pigalle où il rencontre sa demi-sœur, Clémentine. Un premier film original jusque dans ses maladresses.

CLÉO DE 5 À 7
Drame psychologique d'**Agnès Varda**, avec Corinne Marchand *(Cléo)*, Loye Payen *(Irma)*, Dominique Davray *(Angèle)*, Jean Champion *(le patron)*, Jean-Pierre Taste *(le garçon)*, Lucienne Marchand *(la conductrice de taxi)*, José-Luis de Villalonga *(l'amant)*, Michel Legrand *(Bob)*, Serge Korber *(le Plumitif)*, Dorothée Blank *(Dorothée)*, Antoine Bourseiller *(Antoine)*, Robert Postec *(le docteur)*. • SC : A. Varda. • PH : Jean Rabier. • DÉC : Bernard Evein. • MUS : Michel Legrand. • MONT : Janine Verneau. • PR : Georges de Beauregard et Carlo Ponti, Rome/Paris Films. France, 1962 – NB (avec la première séquence en couleurs) – 1 h 30.

Deux heures en fin d'après-midi, les aléas de Florence, alias Cléo, chanteuse en vogue. Une cartomancienne voit la Mort dans le tarot alors même qu'elle attend des résultats d'analyse. Cléo erre dans Paris, traîne dans les cafés de Montparnasse et rentre chez elle. Ses amis musiciens et son amant pressé ne parviennent pas à l'arracher à son angoisse. Avec son amie Dorothée, elle se promène en voiture et voit un petit film amusant au cinéma Delambre. Seule au parc Montsouris, elle rencontre Antoine, autre « mort en permission » qui doit rejoindre son régiment en Algérie. Vrai et drôle, Antoine sait égayer Cléo et lui permet d'affronter l'annonce des résultats.

◆ Paris, la peur et l'amour

Phénomène parisien, la Nouvelle Vague l'est aussi d'une façon bien géographique : à la Rive droite des Cahiers du cinéma *s'adjoint le groupe dit de « la Rive gauche » composé de personnalités attachantes qui ont pour nom Resnais, Demy ou Varda.* Cléo de 5 à 7 *est un véritable hymne « gauchiste » qui a pour centre la gare Montparnasse – celle d'avant la Tour – et pour bordure le parc Montsouris. Rarement Paris fut mieux filmé : si Michel Poiccard mettait un terme à sa carrière rue Campagne-Première, c'est* Cléo *qui nous fait sentir en un courant d'air les cafés d'Eustache, la capitale campagnarde de Rivette et cette évidence de Paris si chère à Rohmer. Varda sait d'ailleurs réunir les amis pour l'occasion, comme l'atteste un délicieux film dans le film où, en hommage au cinéma muet (mais non sans rapport avec la fiction), Jean-Luc Godard voit la vie en noir à cause de ses lunettes noires, mais peut retomber dans les bras d'Anna Karina après avoir déjoué le sort. Sorti des temps héroïques, le cinéma est plutôt avare d'idées. Filmer en « pseudo temps réel » n'est d'ailleurs pas en soi une idée neuve (voir* la Corde, *par exemple), mais elle le devient quand le traitement est à la hauteur. Agnès la scénariste invente des chapitres : autant de points de vue strictement segmentés sur le malaise de l'héroïne ; Varda la photographe en profite pour faire le point, de minute en minute, en de somptueux pano-travellings. Mais pour qu'une idée soit, il ne suffit pas d'une adéquation technique – scénarique ou optique – avec son sujet, il faut encore qu'elle s'imprègne à la pellicule et que le trajet moral de l'héroïne soit le seul enjeu du pari. Car l'essentiel concerne Cléo. Que la caméra de la documentariste s'attarde sur la ville ou sur le beau visage crispé de Corinne Marchand, que le pinceau de la moraliste fixe les faux amis en intérieur ou de bien proches inconnus dans le chatoiement du premier jour de l'été, une ombre domine le film. Non pas la Mort – ce n'est qu'une image en couleurs – mais plutôt la peur. La coquette Cléo* se découvre *peu à peu, l'enquête devient quête et quand la vérité telle quelle* se dévoile, *l'héroïne est prête. Nue face au tragique de l'existence, révélée par l'amour d'Antoine, Cléo n'a plus à s'inquiéter : elle n'a qu'à se soucier d'elle-même.* *M.C.*

CLÉOPÂTRE "CLEOPATRA"
Drame historique de **Cecil B. De Mille**, avec Claudette Colbert, Warren William. États-Unis, 1934 – 1 h 41.

Les rapports de Cléopâtre avec Jules César puis Marc Antoine. De la mollesse dans le rythme, mais une indéniable beauté.

CLÉOPÂTRE "CLEOPATRA"
Drame historique de **Joseph L. Mankiewicz**, avec Elizabeth Taylor *(Cléopâtre)*, Richard Burton *(Marc Antoine)*, Rex Harrison *(Jules César)*, Roddy McDowall *(Octave)*, Pamela Brown *(la Grande Prêtresse)*. • SC : J. L. Mankiewicz, Ranald McDougall, Sidney Buchman, d'après Plutarque, Suétone, Appien et *The Life and Times of Cleopatra* de C. M. Franzero. • PH : Leon Shamroy. • MUS : Alex North. • DÉC : John De Cuir. • COST : Irene Sharaff, Vittorio Nino Novarese, Renie. • MONT : Dorothy Spencer. États-Unis, 1963 – Couleurs – 4 h 03 puis 3 h 04 env..

En 48 avant J.-C., César, proconsul de Rome, rétablit Cléopâtre sur le trône d'Égypte, l'épouse, en a un fils et la fait venir à Rome. Quatre ans après la mort de César et le retour de Cléopâtre en Égypte, Marc Antoine tombe à son tour sous son charme et, pour elle, défie le nouveau maître de Rome, Octave...

◆ *Célèbre pour son gigantisme, ses 26 000 costumes et son budget de 40 000 000 $ qui faillit engloutir la Fox, ce film, qui marque l'apogée et le début du déclin d'un certain âge d'or de Hollywood, vaut mieux que sa réputation. Au cœur de mille difficultés, Mankiewicz a su utiliser ces moyens pour décrire le choc de deux civilisations et les différents modes (guerre, amour, politique) selon lesquels se développe le goût de la conquête, du pouvoir et de la création.* *J.M.*

▷ Voir aussi CÉSAR ET CLÉOPÂTRE, LES LÉGIONS DE CLÉOPÂTRE, ANTOINE ET CLÉOPÂTRE.

▷ Parmi les autres apparitions de la reine d'Égypte au cinéma : CLÉOPÂTRE, de **J. Gordon Edward**, avec Theda Bara. États-Unis, 1917 – env. 3 300 m (env. 2 h). DEUX NUITS AVEC CLÉOPÂTRE "DUE NOTTI CON CLEOPATRA" de **Mario Mattoli**, avec Sophia Loren, Alberto Sordi, Ettore Manni. Italie, 1953 – Couleurs – 1 h 15. CLÉOPÂTRE UNE REINE POUR CÉSAR "UNA REGINA PER CESAR", de **Victor Tourjansky** et **P. Pierotti**, avec Pascale Petit, Gordon Scott, Akim Tamiroff. Italie / France, 1963 – Couleurs – 1 h 40.

LA CLEPSYDRE "SANATORIUM POD KLEPSYDRA"
Film fantastique de **Wojciech Jerzy Has**, avec Jan Nowicki *(Józef)*, Tadeusz Kondrat *(le père)*, Gustav Holoubek *(docteur Gotard)*, Halina Kowalska *(Adela)*, Irena Orska *(la mère)*. • SC : W. Has, d'après le roman de Bruno Schulz *le Sanatorium au croque-mort*. • PH : Witold Sobociński. • DÉC : Jerzy Skarzyński, Andrzej Plocki. • MUS : Jerzy Maksymiuk. Pologne, 1973 – Couleurs – 2 h 05.

Józef se rend dans un sanatorium où il doit retrouver son père. Il y trouve un bâtiment en ruines où le temps s'est figé. Le présent et le passé y cohabitent et les lieux les plus éloignés y voisinent. Un voyage dans sa mémoire commence pour Józef.

◆ *Ce film, hermétiquement fermé sur lui-même, difficilement interprétable parfois (un certain ésotérisme, la tradition juive) est le plus envoûtant qui soit car, selon la formule de Claudel, « c'est ce que vous ne comprendrez pas qui est le plus beau ». Le cinéma, pour Has, comme pour Fellini ou Tarkovski, est reconstruction intégrale du réel par un imaginaire. Ce voyage dans un univers mental pétrifié et sensuel en est la preuve. Le meilleur Has, après* la Poupée. *S.K.*

CLÉRAMBARD
Comédie d'**Yves Robert**, d'après le roman de Marcel Aymé, avec Philippe Noiret, Dany Carrel. France, 1969 – Couleurs – 1 h 30.

Un aristocrate ruiné voit sa vie transformée par une illumination : il suivra la voie tracée par saint François d'Assise. Avec son talent dru, Yves Robert a préservé la volonté satirique de Marcel Aymé.

LES CLÉS DU ROYAUME
"THE KEYS OF THE KINGDOM"
Drame de **John M. Stahl**, d'après le roman d'A.J. Cronin, avec Gregory Peck, Thomas Mitchell, Vincent Price, Roddy McDowall. États-Unis, 1944 – 2 h 17.

Au XIXe siècle, un missionnaire écossais, le père Francis, accomplit son apostolat dans une Chine en proie à la famine. Gregory Peck est remarquable dans cette très belle adaptation.

LA CLÉ SUR LA PORTE
Comédie dramatique d'**Yves Boisset**, d'après le roman de Marie Cardinal, avec Annie Girardot, Patrick Dewaere, Stéphane Jobert. France, 1978 – Couleurs – 1 h 42.

Elle est bien « libérale », cette professeur de français : ses lycéens peuvent venir chez elle quand ils veulent pour discuter et écouter de la musique. Mais un nouveau venu risque de casser cette harmonie.

CLIFFHANGER "TRAQUE AU SOMMET"
Film d'aventures de **Renny Harlin**, avec Sylvester Stallone, John Lithgow, Michael Rooker, Janine Turner. États-Unis, 1993 – Couleurs – 1 h 52.

Eric Qualen, truand notoire, à la recherche d'un butin égaré en pleine montagne, se heurte au guide Gabe Walker. Vertige, effets spéciaux et prouesses physiques. Un bon polar des alpages, enlevé à la force du poignet par Sylvester Stallone.

LE CLOCHARD DE BEVERLY HILLS
"DOWN AND OUT IN BEVERLY HILLS"
Comédie de **Paul Mazurski**, d'après la pièce de René Fauchois *Boudu sauvé des eaux*, avec Nick Nolte, Richard Dreyfuss, Bette Midler. États-Unis, 1985 – Couleurs – 1 h 37.

La vie d'une famille de riches parvenus est soudain bouleversée par l'arrivée d'un clochard à domicile.

CLOCHEMERLE
Comédie de **Pierre Chenal**, d'après le roman de Gabriel Chevalier, avec Saturnin Fabre, Félix Oudart, Roland Armontel, Maximilienne, Simone Michels, Paul Demange, Jane Marken. France, 1948 – 1 h 30.

Poussé par l'instituteur, le maire d'un village du Beaujolais fait installer une vespasienne devant l'église, au grand dam des catholiques locaux. Ceux-ci se révoltent et l'armée doit intervenir, mais le produit des vignes ramènera le calme.

LES CLOCHES DE SAINTE-MARIE
"THE BELLS OF ST MARY'S"
Comédie dramatique de **Leo McCarey**, avec Bing Crosby, Ingrid Bergman, Henry Travers, Ruth Donnelly, Joan Carroll, Martha Sleeper. États-Unis, 1945 – 2 h 06.

Le dynamique pasteur de LA ROUTE SEMÉE D'ÉTOILES (Voir ce titre), nommé aumônier d'un collège, se heurte à la mère supérieure sur les questions d'éducation.

LES CLOCHES DE SILÉSIE "DAS UNHEIL"
Drame de **Peter Fleischman**, avec Vitus Zeplichal, Reinhardt Kolldehoff, Helga Hassenskin. R.F.A., 1972 – Couleurs – 1 h 40.

Une petite ville d'Allemagne, dans les années 50, découvre les contrecoups du « miracle économique », menace de pollution et absence d'espoir pour toute une population.

LE CLOWN / LE FOU DANSANT "KLOVNEN"
Drame d'**Anders Wilhelm Sandberg**, avec Valdemar Psilander, Gudrun Houlberg, Peter Fjeldstrup. Danemark, 1917 – 1 973 m (env. 1 h 13).

Mariée à un clown, la fille d'un directeur de cirque s'enfuit avec un aristocrate qui l'abandonne peu après.

LES CLOWNS "I CLOWNS"
Comédie dramatique de **Federico Fellini**, avec (sous leurs vrais noms) Federico Fellini, les Fratellini, Pierre Etaix, Anita Ekberg, Billi, Fanfulla, Alex, Maïss et une pléiade de clowns italiens et français, d'hier et d'aujourd'hui.. • SC : F. Fellini, Bernardino Zapponi. • PH : Dario Di Palma. • DÉC : Danilo Donati. • MUS : Nino Rota. • MONT : Ruggero Mastroianni. Italie, 1970 – Couleurs – 1 h 30.

L'enfance de Fellini, tout d'abord, et la découverte de la magie du cirque, mais en même temps celle de la peur : les clowns du cirque ambulant en représentation pour un soir dans la petite ville de son enfance ont effrayé le jeune garçon. Ils évoquent trop pour lui les personnages grotesques et terrifiants qui composent son paysage quotidien, depuis l'ivrogne jusqu'au chef de gare fasciste. Fellini et son équipe partent en quête de ce monde en perdition qu'est le cirque de nos jours.

◆ *Démarré comme un reportage de télévision, ce parcours aboutira à de grandioses et grinçantes funérailles, où le monde bascule dans la fantasmagorie du rêve éveillé : mort et résurrection au son poignant des trompettes...* *D.C.*

LE CLUB DES SOUPIRANTS
Comédie de **Maurice Gleize**, sur un scénario de Marcel Aymé, avec Louise Carletti, Fernandel, Saturnin Fabre, Andrex, Max Dearly, Marcel Vallée, Colette Darfeuil. France, 1941 – 1 h 20.

Les soupirants de l'héritière d'un riche banquier se réunissent en club pour courir leur chance. Après bien des hésitations, l'un d'eux parvient enfin au but ultime : le mariage !

LE CLUB DES TROIS "THE UNHOLY THREE"
Film policier de **Tod Browning**, avec Lon Chaney *(professeur Écho)*, Harry Earles *(le nain)*, Victor McLaglen *(le géant)*, Mae Busch *(Rosie)*, Matt Moore *(Hector Mac Donald)*. • SC : Waldemar Young, d'après le roman de Clarence Aaron Robbins. • PH : David Kesson. États-Unis, 1925 – 2 100 m (env. 1 h 17).

Le « Club des Trois » est une association de malfaiteurs composée d'un ventriloque, le professeur Écho, d'un nain et d'un géant. Pour opérer plus facilement, Écho se déguise en vieille dame, tenancière d'une boutique de perroquets, le géant joue le rôle du beau-fils et le nain celui du bébé. Une nuit, au cours d'un cambriolage, ils commettent un meurtre. Ils parviennent à faire accuser un de leurs employés, Hector Mac Donald, mais leur complice la pick-pocket Rosie, amoureuse de ce jeune homme, supplie le professeur d'avouer la vérité devant le tribunal...

◆ *Un curieux film, bien dans l'esprit de Tod Browning avec ses déguisements, ses situations insolites et son humour noir. Ses personnages sont aussi originaux que fortement campés : Victor McLaglen (qui fera la carrière que l'on sait, surtout avec John Ford) est le géant un peu demeuré, le nain Harry Earles (plus tard vedette de* la Monstrueuse Parade/Freaks) *incarne le cerveau maléfique et tyrannique de la bande. Quant à Lon Chaney en pseudo-vieille dame, il nous régale d'un de ses fameux numéros à transformations... Il reprendra le même rôle, ainsi que Earles, dans la version parlante.* *G.L.*

Remake réalisé par **Jack Conway**, avec Lon Chaney, Harry Earles, Lila Lee, Ivan Linow, Elliott Nugent, John Miljan. États-Unis, 1930 – 1 h 14.

COBRA "COBRA"
Film policier de **George Pan Cosmatos**, d'après la nouvelle de Paula Gosling *Fair Game*, avec Sylvester Stallone, Brigitte Nielsen. États-Unis, 1986 – Couleurs – 1 h 27.

Pour faire face à des meurtres en série, on se résout à faire appel au lieutenant Cobretti, dit

« Cobra », dont les méthodes sont expéditives. Une apologie du meurtre légal.

COBRA VERDE "COBRA VERDE"
Film d'aventures de **Werner Herzog**, avec Klaus Kinski, King Ampaw, Jose Lewgoy, Salvatore Basile. R.F.A., 1987 – Couleurs – 1 h 50.

Un bandit, engagé par un planteur brésilien pour surveiller ses esclaves, est envoyé en Afrique pour relancer le trafic. Il devient l'ami d'un roi local et dirige son prospère commerce avant de connaître la déchéance avec l'abolition de l'esclavage.

COCA-COLA KID "THE COCA-COLA KID"
Comédie dramatique de **Dušan Makavejev**, avec Eric Roberts, Greta Scacchi, Bill Kerr, Chris Haywood. Australie, 1985 – Couleurs – 1 h 34.

Un jeune cadre d'une multinationale américaine arrive en Australie. Il aura notamment à abattre l'unique concurrent sérieux, un vieil homme qui produit une boisson pétillante !

COCAÏNE "MIXED BLOOD"
Drame de **Paul Morrissey**, avec Marilia Pera, Richard Ulacia. États-Unis, 1984 – Couleurs – 1 h 38.

Le petit commerce de la drogue et la guerre des gangs dans un quartier misérable de New York.

LE COCHON
Documentaire de **Jean Eustache** et **Jean-Michel Barjol**. France, 1975 (RÉ : 1970) – 55 mn.

Dans un style proche de la tradition du cinéma-vérité, un reportage, tourné dans une ferme, sur l'abattage du cochon et les différentes préparations culinaires qui s'ensuivent.

COCKTAIL MOLOTOV
Chronique de **Diane Kurys**, avec Elise Caron, Philippe Lebas, François Cluzet. France, 1980 – Couleurs – 1 h 40.

En mai 68, trois adolescents décident d'aller vivre en Israël dans un kibboutz. Ils devront rentrer à Paris, alors en pleine effervescence. L'imaginaire de toute une époque.

COCKTAILS ET HOMICIDES
"REMEMBER LAST NIGHT ?"
Comédie satirique de **James Whale**, d'après un roman d'Adam Hobhouse, avec Robert Young, Edward Arnold, Arthur Treacher, Constance Cummings. États-Unis, 1936 – 1 h 20.

Après une nuit d'ivresse, quatre couples découvrent qu'un meurtre a été commis pendant leur party mondaine.

COCOON "COCOON"
Film de science-fiction de **Ron Howard**, avec Don Ameche, Hume Cronyn, Brian Dennehy. États-Unis, 1985 – Couleurs – 2 h 04.

L'irruption d'extraterrestres près d'un club du troisième âge. Les papys se transforment à vue d'œil. Tonique et réjouissant.

▷ Une suite, intitulée COCOON 2, LE RETOUR "COCOON 2, THE RETURN" a été réalisée par **Daniel Petrie**, avec Don Ameche, Wilford Brimley, Courtenay Cox. États-Unis, 1988 – Couleurs – 2 h 05.

COCORICO, MONSIEUR POULET !
Comédie de **Dalarou** (collectif pour **Damouré Zika**, **Lam Ibrahima Dia** et **Jean Rouch**), avec Damouré Zika, Lam Ibrahima Dia. France, 1977 – Couleurs – 1 h 30.

Trois amis sillonnent les pistes du Niger pour acheter des poulets, à bord d'une vieille 2 CV baptisée « Cocorico ». Un document ethnographique sympathique, tourné en 16 mm par Jean Rouch et un preneur de son, sur les « bienfaits du progrès »...

LE COCU MAGNIFIQUE "IL MAGNIFICO CORNUTO"
Comédie d'**Antonio Pietrangeli**, d'après la pièce de Fernand Crommelynck, avec Claudia Cardinale, Ugo Tognazzi, Bernard Blier. Italie / France, 1964 – 1 h 35.

Après une aventure qui lui révèle la rouerie féminine, André, qui a tout pour être heureux, se met à développer une jalousie maladive à l'encontre de sa femme.

▷ Autre version réalisée par : **E.G. de Meyst**, avec Jean-Louis Barrault, Maria Mauban, Marcel Josz, Berthe Charmal, Werner Degan. Belgique / France, 1947 – 1 h 30.

LE CODE CRIMINEL "THE CRIMINAL CODE"
Drame de **Howard Hawks**, d'après la pièce de Martin Flavin, avec Walter Huston, Phillips Holmes, Constance Cummings, Mary Doran, De Witt Jennings, Boris Karloff. États-Unis, 1930 – 1 h 37.

Un jeune homme qui a tué en état de légitime défense commet un second meurtre dans le train qui le conduit en prison.

▷ Autres versions réalisées par : **John Brahm**, intitulée PENITENTIARY, avec Walter Connolly, John Howard, Jean Parker, Robert Barrat, Marc Lawrence, Arthur Hohl, Paul Fix. États-Unis, 1938 – 1 h 18. *Voir aussi* LA LOI DES BAGNARDS.

CODINE
Drame d'**Henri Colpi**, avec Alexandru Virgil Platon, Françoise Brion, Nelly Borgeaud. France / Roumanie, 1963 – Couleurs – 1 h 45.

Au début du siècle, en Roumanie, l'histoire d'une amitié entre un ancien bagnard et un enfant. Un mélodrame sincère et juste, probablement la meilleure œuvre de Colpi.

LE CŒUR BATTANT
Comédie sentimentale de **Jacques Doniol-Valcroze**, avec Françoise Brion, Jean-Louis Trintignant, Raymond Gérome. France, 1962 – 1 h 25.

Stimulé par l'existence d'un rival sérieux, un jeune peintre entreprend de conquérir une amie.

CŒUR CAPTIF "The Captive Heart"
Drame de **Basil Dearden**, d'après un roman de Patrick Kirwan, avec Michael Redgrave, Mervyn Johns, Basil Radford, Jack Warner, Jimmy Hanley, Gordon Jackson. Grande-Bretagne, 1946 – 1 h 38.

Dans un camp de prisonniers en Allemagne, un officier tchèque prend l'identité d'un Anglais mort. Il parvient à gagner la Grande-Bretagne et épouse la veuve de celui dont il porte le nom.

CŒUR DE CHIEN "Cuore di cane"
Comédie d'**Alberto Lattuada**, d'après le roman de Michel Boulgakov, avec Max von Sydow, Eleonora Giorgi. Italie, 1976 – Couleurs – 1 h 50.

Entre songe et réalité, une adaptation assez fidèle du roman. Lattuada renouvelle l'expérience du *Manteau* de Gogol.

CŒUR DE MÉTISSE "Map of the Human Heart"
Comédie dramatique de **Vincent Ward**, avec Jason Scott Lee, Robert Joamie, Anne Parillaud. Australie/Canada, 1992 – Couleurs – 1 h 50.

Mal à l'aise aussi bien dans le monde des Blancs, que chez les Indiens ou les Inuit, deux métis, Avik et Albertine, ne sont bien qu'ensemble mais la vie et les hommes ne cessent de les séparer.

CŒUR DE VERRE "Herz aus Glas"
Essai de **Werner Herzog**, avec Joseph Bierblicher, Stephan Guttler, Clemens Scheitz. R.F.A., 1976 – Couleurs – 1 h 33.

Hias, retiré dans la montagne, est doué de voyance. Ses visions conduisent le village à la folie et au meurtre. Œuvre ésotérique, imprégnée du mysticisme de légende et du fantastique bavarois.

LE CŒUR EST UN CHASSEUR SOLITAIRE
"Heart is a Lonely Hunter"
Drame de **Robert Ellis Miller**, d'après le roman de Carson McCullers, avec Alan Arkin, Sandra Locke. États-Unis, 1968 – Couleurs – 2 h 05.

Au centre d'un groupe de déshérités, un sourd-muet tâche d'apporter le réconfort à chacun. Une adaptation très sensible.

CŒUR FIDÈLE
Drame de **Jean Epstein**, avec Gina Manès *(Marie)*, Léon Mathot *(Jean)*, Edmond Van Daële *(Petit Paul)*, Mlle Marice [Marie Epstein] *(l'infirme)*, Madeleine Erickson *(la fille du port)*. • SC : M. et J. Epstein. • PH : Paul Guichard, Henri Stuckert, Léon Donnot. France, 1923 – 1 990 m (env. 1 h 13).

La jeune Marie, orpheline recueillie par les patrons d'un bar mal famé de Marseille, doit subir les brutalités d'un mauvais garçon, Petit Paul, malgré l'intervention de Jean, un honnête ouvrier qui l'aime.

◆ *Sur un thème classique du naturalisme – l'Innocence tiraillée entre le Bien et le Mal –, Epstein a réalisé un chef-d'œuvre dans le style impressionniste de l'avant-garde, où le populisme est l'occasion d'une étude attentive du milieu social et d'une recherche poétique et plastique dans une écriture visuelle raffinée.* *M.MN.*

LE CŒUR NOUS TROMPE
"The Affairs of Anatol"
Comédie de **Cecil B. De Mille**, d'après la pièce d'Arthur Schnitzler *Anatol*, avec Wallace Reid, Gloria Swanson, Bebe Daniels, Elliot Dexter, Monte Blue. États-Unis, 1921 – env. 2 500 m (1 h 32).

Un jeune mondain interrompt son voyage de noces pour vivre une histoire d'amour peu ordinaire. Une farce sophistiquée du temps où Hollywood singeait les viennoiseries légères.

CŒURS BRÛLÉS "Morocco"
Drame de **Josef von Sternberg**, avec Marlene Dietrich *(Amy Jolly)*, Gary Cooper *(Tom Brown)*, Adolphe Menjou *(La Bessière)*, Ulrich Haupt *(adjudant Caesar)*, Juliette Compton *(Anna Dolorès)*. • SC : Jules Furthman, d'après le roman de Benno Vigny *Amy Jolly*. • PH : Lee Garmes. • DÉC : Hans Dreier. • MUS : Karl Hajos. • MONT : Sam Winston. États-Unis, 1930 – 1 h 32.

Sur le bateau qui la mène en Afrique du Nord, la chanteuse Amy Jolly repousse les avances du riche La Bessière. Peu après son arrivée, elle est engagée dans un café de Mogador fréquenté par les légionnaires qu'elle fascine par sa sensualité. Elle-même est très attirée par l'un d'entre eux, Tom Brown, le tombeur de la région. Celui-ci feint l'indifférence puis, à la suite d'une intrigue, il est envoyé en mission périlleuse. Dépitée, Amy accepte d'épouser La Bessière mais, quand elle entendra la musique de la Légion, l'amour sera plus fort que tout...

◆ *Premier film hollywoodien de Marlene Dietrich arrivant en conquérante après* l'Ange bleu, *c'est l'adaptation très fidèle d'un petit « roman de gare », poussée à l'extrême par un Sternberg friand d'outrance et de folie... Ce qui pourrait verser dans le ridicule atteint ainsi au sublime grâce à la magie d'une mise en scène agencée comme une partition musicale.* G.L.

LES CŒURS CAPTIFS
"ANOTHER TIME, ANOTHER PLACE"
Drame de **Michael Radford**, avec Phyllis Logan *(Janie)*, Giovanni Mauriello *(Luigi)*, Denise Coffey *(Meg)*, Tom Watson *(Finlay)*, Gian Luca Favilla *(Umberto)*, Claudio Rosini *(Paolo)*, Paul Young *(Dougal)*. • SC : M. Radford, d'après le roman de Jessie Kesson. • PH : Roger Deakins. • DÉC : Hayden Pearce. • MUS : John McLeod. • MONT : Tom Priestley. Grande-Bretagne, 1983 – Couleurs – 1 h 41.

En septembre 1944, trois prisonniers italiens ont échoué en Écosse : Paolo, un « latin lover », Luigi, un Napolitain exubérant, et Umberto, un intellectuel. Ils travaillent tous les trois aux champs, regardés avec suspicion par la population. Pourtant, une jeune femme, Janie, mariée à un homme beaucoup plus âgé qu'elle, Dougal, leur fait un accueil moins froid. Au point qu'elle finit par se donner à Luigi, après avoir été attirée par Paolo. La guerre va se terminer lorsqu'une affaire de viol éclate. On accuse Luigi, dont l'alibi est... Janie. Mais l'aveu de cette dernière ne résout rien.

◆ *Chronique touchante d'un amour impossible, où le réalisme allié au romanesque sont typiques du cinéma britannique des années 80.* D.C.

LES CŒURS DU MONDE "HEARTS OF THE WORLD"
Mélodrame de **David Wark Griffith**, avec Adolphe Lestina *(le grand-père)*, Josephine Crowell *(la mère)*, Lillian Gish *(Marie Stephenson)*, Robert Harron *(Douglas Gordon Hamilton)*, Jack Cosgrane *(son père)*, Kate Bruce *(sa mère)*, Ben Alexander *(son jeune frère)*, Dorothy Gish *(la jeune fille)*, Erich von Stroheim *(l'officier allemand)*, Robert Anderson *(M. Cuckoo)*. • SC : D.W. Griffith. • PH : Billy Bitzer. • DÉC : Huck Wortman. • MONT : James et Rose Smith. États-Unis, 1918 – 3 600 m (environ 2 h 10).

Un jeune prix Goncourt est fiancé à une jolie fille. La guerre survient. Ils sont séparés, il part combattre. À la suite d'une offensive allemande, la jeune fille se trouve prisonnière d'un officier libidineux qui veut la violer. Les troupes françaises la délivrent et elle retrouve son fiancé.

◆ *Un mélodrame patriotique assez épais et inégal, mais aux thèses plutôt pacifistes, ce qui étonne alors que les États-Unis viennent juste d'entrer en guerre. Les gros moyens du film permettent une reconstitution inexacte mais impressionnante de la France, et le génie stratégique de Griffith excelle dans les scènes de bataille.* S.K.

CŒURS ENFLAMMÉS "FLAMMENDE HERZEN"
Comédie de **Walter Bockmayer** et **Rolf Bührmann**, avec Peter Kern, Barbara Valentin. R.F.A., 1977 – Couleurs – 1 h 35.

Un Bavarois gagne un voyage à New York, où il fait la connaissance d'une strip-teaseuse d'origine allemande. Ils vivront une curieuse histoire d'amour.

LES CŒURS VERTS
Drame d'**Edouard Luntz**, avec des comédiens non professionnels. France, 1966 – 1 h 30.

Les aventures d'une bande de délinquants dans les terrains vagues de la banlieue de Paris. Une analyse fouillée de la marginalité.

LA COLÈRE DE DIEU "THE WRATH OF GOD"
Film d'aventures de **Ralph Nelson**, d'après le roman de James Graham, avec Robert Mitchum, Rita Hayworth, Ken Hutchinson, Frank Langella, Ralph Nelson. États-Unis, 1972 – Couleurs – 1 h 51.

Dans les années 20, trois aventuriers sont chargés par un colonel révolutionnaire d'exécuter un riche propriétaire mexicain.

LA COLÈRE DU JUSTE "THE LAST ANGRY MAN"
Drame psychologique de **Daniel Mann**, avec Paul Muni, David Wayne, Betsy Palmer, Luther Adler. États-Unis, 1959 – 1 h 40.

Un médecin, qui a consacré sa vie aux pauvres de Brooklyn, refuse les honneurs. Il est terrassé par une crise cardiaque, mais, à son contact, un couple sur le point de se séparer se retrouvera.

COLÈRE EN LOUISIANE
"A GATHERING OF OLD MEN"
Comédie dramatique de **Volker Schlöndorff**, d'après le roman d'Ernest J. Gaines, avec Richard Widmark, Louis Gossett Jr., Holly Hunter, Joe Seneca. États-Unis / R.F.A., 1987 – Couleurs – 1 h 32.

En Louisiane, un vieil ouvrier agricole noir tue un jeune agresseur blanc raciste. Pour le sauver du lynchage, la nièce des propriétaires du domaine s'accuse du meurtre.

COLÈRE FROIDE "FIGHTING MAD"
Drame de **Jonathan Demme**, avec Peter Fonda, Lynn Lowry, John Doucette, Philip Carey, Scott Glenn, Harry Northup. États-Unis, 1976 – Couleurs – 1 h 30.

Par la menace et le crime, une société minière oblige les cultivateurs à vendre leurs terres. Le frère de l'une des victimes mène la résistance.

COLÈRE NOIRE "HALLS OF ANGER"
Drame social de **Paul Bogart**, avec Calvin Lockhart, Janet McLachlan, Jeff Bridges. États-Unis, 1971 – Couleurs – 1 h 40.

Dans un lycée à majorité noire, il est bien difficile à des élèves blancs de se faire accepter par leurs condisciples.

LES COLLANTS NOIRS
Film-ballet de **Terence Young**, avec Zizi Jeanmaire, Cyd Charisse, Moira Shearer, Roland Petit. France, 1962 – Couleurs – 2 h 16.

Transposition de quatre ballets de Roland Petit: *la Croqueuse de diamants, Cyrano de Bergerac, Deuil en 24 heures* et *Carmen*, filmés par le futur réalisateur des premiers « James Bond ».

LA COLLECTION MÉNARD
Comédie dramatique de **Bernard-Roland**, avec Foun Sen, Suzy Prim, Lucien Baroux, Robert Le Vigan, Pierre Larquey, Suzanne Dehelly, Jean Tissier. France, 1944 – 1 h 26.

Une timide orpheline indochinoise arrive à Paris à la recherche de son père dont elle ne connaît que le nom. Elle rend visite à tous les Paul Ménard de la capitale, sans succès.

LA COLLECTIONNEUSE (SIX CONTES MORAUX, IV)
Drame psychologique d'**Éric Rohmer**, avec Patrick Bauchau *(Adrien)*, Haydée Politoff *(Haydée)*, Daniel Pommereulle *(Daniel)*, Seymour Hertzberg *(le collectionneur)*. • SC : É. Rohmer. • PH : Nestor Almendros. • MUS : Blossom Toes, Giorgio Gomelsky, musique tibétaine. • MONT : Jacqueline Raynal. France, 1967 – Couleurs – 1 h 27. ★ **OURS D'ARGENT, Berlin 1967.**

Venu pour faire le vide en lui-même, dans une villa tropézienne où il retrouve son ami peintre Daniel, Adrien, le narrateur, antiquaire, est irrité par la présence d'une autre invitée, Haydée. Celle-ci collectionne les garçons. Ils commencent par la mépriser, mais, petit à petit, elle devient leur préoccupation principale...

◆ *Troisième de la série des «* Contes moraux *» dans l'ordre de leur réalisation, c'est le premier succès de l'ancien rédacteur en chef et théoricien des Cahiers du cinéma. Rohmer saisit avec une acuité amusée et parfois cruelle un certain dandysme contemporain dans l'ordre des sentiments. Le narrateur, comme son complice, ne cesse d'émettre des règles qu'il enfreint chaque fois, et de nier l'attrait qu'exercent sur lui le physique et la liberté morale de la « collectionneuse ». C'est à travers leurs mensonges qu'il atteint la vérité des êtres, celle qu'ils se cachent à eux-mêmes.* J.M.

LE COLLIER DE FER "SHOWDOWN"
Western de **R.G. Springsteen**, avec Audie Murphy, Charles Drake, Harold J. Stone. États-Unis, 1963 – Couleurs – 1 h 19.

Deux cow-boys sont arrêtés dans une petite ville frontière, et attachés en compagnie d'un tueur. Ils s'évadent ensemble.

LA COLLINE DE L'ADIEU
"LOVE IS A MANY SPLENDORED THING"
Comédie dramatique de **Henry King**, d'après le roman de Han Suyin *Multiples Splendeurs*, avec William Holden, Jennifer Jones, Torin Thatcher. États-Unis, 1955 – Couleurs – 1 h 42.

L'histoire d'amour tragique d'une jeune femme eurasienne et d'un journaliste américain, en 1949, à Hong Kong.

LA COLLINE DES HOMMES PERDUS "THE HILL"
Drame de **Sidney Lumet**, avec Sean Connery, Harry Andrews, Michael Redgrave, Ossie Davis. Grande-Bretagne, 1965 – 2 h 15.

Des soldats anglais dans un camp disciplinaire perdu en Libye. Dans ce véritable enfer dirigé par des brutes sadiques, les hommes tentent de résister. Un film dur réalisé sans aucune concession (il n'y a même pas de musique). Connery, dans son premier grand rôle « non-bondien », et Ossie Davis sont remarquables.

LA COLLINE DES POTENCES "THE HANGING TREE"
Aventures dramatiques de **Delmer Daves**, d'après le roman de Dorothy M. Johnson, avec Gary Cooper, Maria Schell, Karl Malden. États-Unis, 1959 – Couleurs – 1 h 46.

Dans le Montana de 1875, parmi les chercheurs d'or, l'histoire d'amour émouvante et mouvementée d'un médecin joueur et d'une jeune fille courageuse.

COLLINES BRÛLANTES "THE BURNING HILLS"
Western de **Stuart Heisler**, d'après un roman de Louis L'Amour, avec Tab Hunter, Natalie Wood, Skip Homeier. États-Unis, 1956 – Couleurs – 1 h 34.

Aux confins du Mexique, unis par leur amour et leur désir de vengeance, un rancher dont le frère a été tué et une jeune métisse doivent affronter des tueurs.

LES COLLINES DE LA TERREUR "Chato's Land"
Western , de **Michael Winner**, avec Charles Bronson, Jack Palance. États-Unis / Grande-Bretagne, 1971 – Couleurs – 1 h 50.

Une milice poursuit un Apache meurtrier d'un shérif. Mais le bon droit est du côté de l'Indien, et les « justiciers » sont de franches crapules.

LA COLLINE 24 NE RÉPOND PLUS
"Hill 24 Doesn't Answer/Giváh 24 Eiyna onad"
Film de guerre de **Thorold Dickinson**, avec Michael Wager, Edward Mulhare, Haya Harareet. Israël, 1955 – 1 h 35.

À la veille d'une trêve imposée par les Nations unies, trois hommes et une femme prennent possession de la Colline 24 que revendiquent Israël et les Pays arabes. Tous mourront après avoir conté l'histoire de leur engagement.

COLONEL BLIMP
"The Life and Death of Colonel Blimp"
Biographie de **Michael Powellet Emeric Pressburger**, avec Deborah Kerr, Anton Walbrook, Roger Livesey. Grande-Bretagne, 1943 – Couleurs – 2 h 43.

De 1902 à 1939, la vie d'un officier britannique racontée avec humour et émotion. Il aura connu trois guerres et trois amours.

LE COLONEL CHABERT
Drame de **René Le Hénaff**, d'après le roman de Balzac, avec Raimu, Aimé Clariond, Marie Bell, Jacques Baumer, Fernand Fabre. France, 1943 – 1 h 42.

Un colonel de l'Empire, laissé pour mort sur un champ de bataille, revient à Paris et trouve sa femme remariée. Devant l'hostilité de ceux dont il espérait réconfort et respect, il se retire dans un hospice.

▷ Autres versions réalisées par : **Henri Pouctal**, avec Claude Garry, Aimée Raynal, Romuald Joubé. France, 1911 – env. 600 m (env. 22 mn). **Gustav Ucicky** et **Roger Le Bon**, adaptation à l'époque moderne intitulée UN HOMME SANS NOM, avec Firmin Gémier, Yvonne Hébert, Paul Amiot, Fernandel. France, 1932 – 1 h 21(version allemande : MENSCH OHNE NAMEN, avec Werner Krauss, Mathias Wieman, Helene Thimig).

LE COLONEL CHABERT
Drame d'**Yves Angelo**, d'après le roman d'Honoré de Balzac, avec Gérard Depardieu, Fanny Ardant, Fabrice Luchini, André Dussolier. France, 1994 – Couleurs – 1 h 50.

Quand on a été donné pour mort à la bataille d'Eylau et que l'on revient, dix ans plus tard, il ne faut pas espérer retrouver sa femme et sa fortune. Le colonel Chabert renonce à l'une, d'ailleurs remariée, concession insuffisante pour être à nouveau accepté dans le monde des vivants : le malheureux doit aussi renoncer à l'argent. Ce qui ne portera pas bonheur à sa « veuve », qui sera à son tour victime de la cupidité de son second mari.

LE COLONEL DURAND
Drame romanesque de **René Chanas**, d'après un roman de Jean Martet, avec Paul Meurisse, Michèle Martin, Louis Seigner, Liliane Bert. France, 1948 – 1 h 50.

Sous Napoléon, les aventures romanesques d'un jeune colonel partagé entre son honneur et son amour des femmes.

COLONEL REDL "Redl ezredes"
Film historique d'**István Szabó**, avec Klaus-Maria Brandauer *(Alfred Redl)*, Armin Müller-Stahl *(le prince héritier)*, Gudrun Landgrebe *(Katalin Kybinyi)*, Hans Christian Blech *(Von Roden)*, Jan Niklas *(Christopher Kubinyi)*. • SC : I. Szabó, Peter Dobai, d'après la pièce de John Osborne *A Patriot for Me*. • PH : Lajos Koltai. • DÉC : Joszef Romvari. • MUS : Zdenko Tamassy. Hongrie / R.F.A. / Autriche, 1985 – Couleurs – 2 h 20. ★ **Prix du jury, Cannes 1985.**

L'Empire austro-hongrois, quelque temps avant Sarajevo. Alfred Redl, issu d'un milieu très modeste, mais brillant et intelligent, a réussi à entrer à l'école militaire. Vouant une fidélité sans faille au Kaiser, il gravit de nombreux échelons, n'hésitant pas à renier ou trahir sa famille, ses amis, voire lui-même. C'est ainsi qu'il se marie pour dissimuler son homosexualité. Pour remettre de l'ordre dans l'armée, on le charge d'instruire une véritable « chasse au complot ». Mais, en raison de ses origines, Redl est lui même désigné comme victime expiatoire. Il se suicide.

◆ *À travers le personnage de Redl, Szabó évoque par des images glacées et austères la décadence et la fin d'un empire. Mais le film repose entièrement sur la performance d'acteur de Brandauer, au charme trouble, équivoque et fascinant.* *L.A.*

COLORADO "Resa dei conti"
Western de **Sergio Sollima**, avec Lee Van Cleef, Tomas Milian, Walter Barnes. Italie / Espagne, 1967 – Couleurs – 1 h 48.

Colorado, chargé de rattraper un mexicain accusé de viol, découvrira une autre vérité. Soutenu par une forte participation américaine, *Colorado* est un vrai western où l'accent est mis sur les discriminations sociales.

COLORS "COLORS"
Film policier de **Dennis Hopper**, avec Sean Penn, Robert Duvall. États-Unis, 1988 – Couleurs – 2 h 03.

Deux policiers, différents par l'âge et les méthodes, dans la guerre des gangs à la périphérie de Los Angeles. Impressionnante ethnologie des luttes interethniques urbaines aux États-Unis.

LE COLOSSE DE RHODES "IL COLOSSO DI RODI"
Péplum de **Sergio Leone**, avec Rory Calhoun, Lea Massari, Georges Marchal. Italie, 1960 – Couleurs – 2 h.

Un groupe de conjurés lutte pour délivrer Rhodes de la tyrannie et y parvient à grands coups d'incendies et de tremblements de terre ! En vedette, la statue du Colosse équipée d'ascenseurs et de nombreux autres gadgets.

LE COLOSSE DE ROME "MUZIO SCEVOLA"
Péplum de **Giorgio Ferroni**, avec Gordon Scott, Massimo Serato, Philippe Hersent. Italie, 1964 – Couleurs – 1 h 30.

Une adaptation de l'histoire légendaire de Mucius Scaevola, héros romain. En 500 avant J.-C., les Étrusques assiègent Rome. Mucius tente d'assassiner Tarquin.

COLT 45 "COLT 45"
Western d'**Edwin L. Marin**, avec Randolph Scott, Ruth Roman, Zachary Scott. États-Unis, 1950 – Couleurs – 1 h 14.

Brett vole à Farell deux précieux « colts 45 ». La femme d'un des hommes de Brett l'aidera à se disculper d'un crime dont le shérif – complice des bandits – l'accuse.

LES COMANCHEROS "THE COMANCHEROS"
Western de **Michael Curtiz**, avec John, Pat et Alessia Wayne, Lee Marvin. États-Unis, 1960 – Couleurs – 2 h.

En 1843, au Texas, un shérif, un joueur professionnel et une aventurière viennent à bout d'une bande de trafiquants. Un western ultra-classique avec la famille Wayne au grand complet !

LES COMANCHES PASSENT À L'ATTAQUE
"THE OREGON TRAIL"
Western de **Gene Fowler**, avec Fred McMurray, William Bishop. États-Unis, 1959 – Couleurs – 1 h 25.

1846. Un journaliste accompagne un convoi de pionniers à travers l'Oregon et, malgré les attaques des Indiens, abandonne son métier pour la conquête de l'Ouest. Bel exemple de western raciste.

COMANCHE STATION "COMANCHE STATION"
Western de **Budd Boetticher**, avec Randolph Scott, Nancy Gates, Claude Akins. États-Unis, 1960 – Couleurs – 1 h 15.

Malgré les chasseurs de primes, Jeff Cody ramènera à son époux la femme capturée par les Indiens. Comme la sienne le fut jadis...

LE COMBAT DANS L'ÎLE
Drame d'**Alain Cavalier**, avec Jean-Louis Trintignant *(Clément)*, Romy Schneider *(Anne)*, Henri Serre *(Paul)*, Pierre Asso *(Serge)*, Maurice Garrel *(Terrasse)*, Diane Lepvrier *(Cécile)*, Armand Meffre *(André)*. • SC : A. Cavalier. • PH : Pierre Lhomme. • MUS : Serge Nigg. France, 1961 – 1 h 45.

Fils de P.-D.G., Clément fait partie d'un groupe d'extrême-droite qui vient de commettre un attentat au bazooka contre un député de gauche, Terrasse. Apprenant par son chef, Serge, qu'ils ont été dénoncés, il prend la fuite. Anne, sa femme, l'accompagne, et ils se réfugient chez un ami, Paul, imprimeur en Normandie. Paul, qui hait la violence, chasse Clément. Anne reste, tandis que Clément part à la poursuite de Serge, qui a trahi le groupe... Il le retrouve en Argentine, le tue et, à son retour en France, tente de reconquérir Anne, qui attend un enfant de Paul. Clément provoque son ancien ami en duel...

◆ *D'une actualité politique brûlante (les allusions sont nombreuses à la guerre d'Algérie et à l'O.A.S.), ce film de Cavalier, qui se démarquait à l'époque d'une certaine « futilité » attribuée à la Nouvelle Vague, eut de sérieux démêlés avec la censure et subit plusieurs coupes. L'analyse psychologique de Clément, personnage introverti et secret, est remarquablement servie par l'interprétation de Jean-Louis Trintignant, d'une sobriété saisissante. Le tout est rigoureux, sans concessions, et garde une valeur de témoignage.* *G.L.*

LES COMBATTANTS DE LA NUIT
"THE NIGHT FIGHTERS / A TERRIBLE BEAUTY"
Drame de **Tay Garnett**, d'après le roman d'Arthur Roth, avec Robert Mitchum, Anne Heywood, Richard Harris. États-Unis / Grande-Bretagne, 1960 – 1 h 25.

Durant la lutte irlandaise pour secouer le joug anglais, les états d'âme d'un résistant qui renonce à la mission qu'il s'était fixée.

COME BACK AFRICA "COME BACK AFRICA"
Drame documentaire de **Lionel Rogosin**, avec des acteurs non professionnels. • SC : L. Rogosin, L. N'Kosi, B. Modisane. • PH : Ernst Artaria, Emil Knebel. • MUS : Lucy Brown. • MONT : Carl Lerner. États-Unis, 1959 – 1 h 25.

Zachariah, paysan zoulou, a quitté sa famille pour aller travailler à la mine. Au bout de deux ans, il obtient le droit de chercher du travail à Johannesburg. Engagé comme domestique, ses maladresses dans l'univers des Blancs le font chasser. Il habite alors un bidonville et vit de petits métiers. Sa femme le rejoint. Ils découvrent les musiciens noirs au coin des rues. Dans une réunion entre amis, Zachariah écoute d'autres Noirs parler de leur condition, et Miriam Makeba chanter leur musique. Zachariah est arrêté pour avoir rendu visite à sa femme chez ses patrons blancs. Pendant son absence, sa femme est étranglée par un voyou. À son retour, Zachariah, désespéré, brise tout autour de lui.

◆ *Chronique bouleversante tournée quasi clandestinement sous le prétexte d'un film sur la musique zouloue,* Come Back Africa, *bien que réalisé par un Américain, disciple de Flaherty, est le premier et jusqu'ici le seul film qui ait donné la parole aux Noirs d'Afrique du Sud. Il a aussi révélé au monde entier la grande chanteuse Miriam Makeba.* *J.-B.B.*

COMÉDIE !

Comédie dramatique de **Jacques Doillon**, avec Alain Souchon, Jane Birkin. France, 1987 – Couleurs – 1 h 22.

Huis clos douloureux où se déchire un couple, pour finalement se retrouver. Une réflexion sur un amour exclusif.

LA COMÉDIE DU BONHEUR

Comédie dramatique de **Marcel L'Herbier**, sur des dialogues de Jean Cocteau, d'après la pièce de Nicolas Evreïnov, avec Michel Simon, Jacqueline Delubac, Ramon Novarro, Micheline Presle, AndréAlerme, Louis Jourdan. France, 1942 (RÉ : 1940) – 1 h 48.

Interné à la demande de sa famille, un banquier s'évade de l'asile et se réfugie dans une pension où il s'évertue à rendre heureux ceux qui l'entourent.

LA COMÉDIE DU TRAVAIL

Comédie de **Luc Moullet**, avec Roland Blanche, Sabine Haudepin, Henri Déus. France, 1987 – Couleurs – 1 h 28.
★ PRIX JEAN-VIGO 1988.

Un employé modèle se désespère de retrouver du travail, tandis qu'un combinard globe-trotter se satisfait très bien du chômage.

COMÉDIE ÉROTIQUE D'UNE NUIT D'ÉTÉ
"A MIDSUMMER NIGHT'S SEX COMEDY"

Comédie dramatique de **Woody Allen**, avec Woody Allen, Mia Farrow, Mary Steenburgen. États-Unis, 1982 – Couleurs – 1 h 27.

Trois couples, le temps d'un week-end à la campagne, échangent souvenirs, partenaires et désirs inavoués. Un film doux-amer sur l'amour et la vie.

LE COMÉDIEN

Biographie de **Sacha Guitry**, avec Sacha Guitry, Lana Marconi, Jacques Baumer, Pauline Carton, Léon Bélières, Marguerite Pierry. France, 1948 – 1 h 35.

La vie du grand acteur Lucien Guitry, racontée et interprétée par son fils, en une suite d'anecdotes.

COMÉDIENNES "THE MARRIAGE CIRCLE"

Comédie d'**Ernst Lubitsch**, d'après une pièce de Lothar Schmidt, avec Marie Prevost, Adolphe Menjou, Florence Vidor, Monte Blue. États-Unis, 1924 – 2 499 m (1 h 32).

Les démêlés conjugaux de deux couples, l'un prêt à divorcer et l'autre heureux. Le cinéaste signera plus tard un remake intitulé UNE HEURE PRÈS DE TOI (Voir ce titre).

LES COMÉDIENS "COMICOS"

Étude de mœurs de **Juan Antonio Bardem**, avec Christian Galve, Fernando Rey, Emma Penella. Espagne, 1953 – 1 h 34.

Un milieu dans lequel l'auteur vit depuis l'enfance : celui des comédiens avec leurs espoirs et leurs lassitudes.

LES COMÉDIENS "THE COMEDIANS"

Drame politique de **Peter Glenville**, d'après le roman de Graham Greene, avec Richard Burton, Elizabeth Taylor, Alec Guinness, Peter Ustinov, Lillian Gish. États-Unis, 1967 – Couleurs – 2 h 40.

Un citoyen anglais se trouve pris malgré lui dans les complexes et tragiques événements liés, en Haïti, à la dictature des Duvalier. Le roman si riche de Graham Greene – également auteur du scénario – est remarquablement servi par tous les interprètes.

COMMANDO "COMMANDO"

Film d'aventures de **Mark L. Lester**, avec Arnold Schwarzenegger, Rae Dawn Chong, Dan Hedaya. États-Unis, 1985 – Couleurs – 1 h 28.

Pour sauver sa fille, lâchement enlevée par une poignée d'affreux, un ancien « commando » reprend du service.

COMMANDO À RHODES "THEY WHO DARE"

Film de guerre de **Lewis Milestone**, avec Dirk Bogarde, Akim Tamiroff, Gérard Oury. Grande-Bretagne, 1953 – Couleurs – 1 h 30.

Pendant la Seconde Guerre mondiale, un commando britannique se rend dans l'île de Rhodes pour y détruire des avions ennemis.

COMMANDO AU VIÊT-NAM "A YANK IN VIET-NAM"
Film de guerre de **Marshall Thompson**, avec Marshall Thompson, Enrique Malagona. États-Unis, 1964 – 1 h 20.

Un major américain rejoint un groupe de guerilleros qui partent au secours d'un médecin enlevé par les viet-congs. Un film de guerre classique, l'un des tout premiers sur le Viêt Nam.

LE COMMANDO DE LA MORT
"A WALK IN THE SUN"
Film de guerre de **Lewis Milestone**, avec Dana Andrews *(Sgt Tyne)*, Richard Conte *(Rivera)*, John Ireland *(Windy)*, George Tyne *(Friedman)*, Lloyd Bridges *(Sgt Ward)*, Sherling Holloway *(McWilliams)*, Herbert Rudley *(Sgt Porter)*, Norman Lloyd *(Archimbeau)*, Steve Brodie *(Judson)*, Huntz Hall *(Carraway)*, James Cardwell *(Sgt Hoskins)*, Chris Drake *(Rankin)*. • SC : Robert Rossen, d'après une histoire de Harry Brown. • PH : Russell Harlan. • DÉC : Max Bertisch. • MUS : Frederic Efrem Rich. États-Unis, 1945 – 1 h 57.

Salerne, 1943. Un commando américain débarque. Un petit groupe d'hommes comme tant d'autres. Leur mission : débusquer des Allemands réfugiés dans une ferme. Une simple promenade sous le soleil... mais qui fauche la plupart d'entre eux. La routine, un jour de guerre.

◆ *L'un des meilleurs films de guerre jamais réalisés. Dirigé avec sûreté et talent par Lewis Milestone, auteur déjà célèbre d'*À l'Ouest, rien de nouveau*, sur un scénario précis et concis. Le quotidien d'hommes qui n'aiment pas la guerre, mais doivent la faire, le plus simplement du monde, pour prendre un tout petit objectif qu'on leur a désigné. Du travail bien fait dont le prix est la vie de quelques-uns d'entre eux.* J.-C.S.

LE COMMANDO DE SA MAJESTÉ
"THE SEA WOLVES"
Film d'espionnage d'**Andrew MacLaglen**, avec Gregory Peck, Roger Moore, David Niven. Grande-Bretagne, 1980 – Couleurs – 2 h.

Pendant la Seconde Guerre mondiale, dans l'Océan indien : les autorités britanniques lancent d'anciens chevau-légers de Sa Majesté à l'assaut d'un réseau d'espionnage allemand.

LE COMMANDO FRAPPE À L'AUBE
"THE COMMANDOS STRIKE AT DAWN"
Film de guerre de **John Farrow**, avec Paul Muni, Anna Lee, Lillian Gish, Cedric Hardwicke, Robert Coote, Ray Collins, Rosemary De Camp. États-Unis, 1943 – 1 h 38.

Peu avant la guerre, un jeune Norvégien rencontre une charmante Anglaise. Pour organiser la résistance dans son pays, il se rend en Angleterre, épouse celle qu'il aime et repart en mission.

COMMANDO INTRÉPIDE "THE DARING GAME"
Film d'aventures de **Laslo Benedek**, avec Lloyd Bridges, Nico Minardos, Michael Ansara. États-Unis, 1967 – Couleurs – 1 h 40.

Le professeur idéaliste est prisonnier du dictateur dans une île des Caraïbes. Un commando le délivre et remet le pays sur le chemin de la démocratie. Malgré la conviction bien connue du réalisateur, c'est l'aventure qui l'emporte ici.

LE COMMANDO TRAQUÉ "TIRO AL PICCIONE"
Film de guerre de **Giuliano Montaldo**, avec Jacques Charrier, Eleonora Rossi-Drago. Italie/France, 1961 – 1 h 35.

L'histoire d'un jeune engagé dans les « Chemises noires », la milice fasciste de la république de Salò. Au contact de la réalité de la guerre, il perd peu à peu ses illusions.

LES COMMANDOS PASSENT À L'ATTAQUE
"DARBY'S RANGERS"
Film de guerre de **William A. Wellman**, avec James Garner, Etchika Choureau, Stuart Whitman. États-Unis, 1958 – 2 h 01.

Documentaire-fiction dans le style habituel de Wellman sur les « Rangers », commandos américains à l'entraînement.

COMME CHEZ NOUS "OLYAN, MINT OTTHON"
Drame psychologique de **Márta Mészáros**, avec Zsuzsa Czinkoczy, Jan Nowicki, Anna Karina. Hongrie, 1978 – Couleurs – 1 h 48.

Émigré dix ans à l'étranger, un homme retourne dans sa Hongrie natale. À travers l'amitié d'une fillette, il va pouvoir surmonter son déracinement. Une admirable réflexion sur l'homme face à son identité culturelle.

COMME LES GRANDS "NO GREATER GLORY"
Drame de **Frank Borzage**, avec George Breakston *(Nemecsek)*, Jimmy Butler *(Boka)*, Jackie Searl *(Gereb)*, Frankie Darro *(Feri Ato)*, Rolf Ernest *(Ferdie)*, Julius Molnar *(Henry Paszlor)*. • SC : Jo Swerling, d'après *Pál-utcai Fiúk (les Garçons de la rue Pal)* de Ferenc Molnár. • PH : Joseph H. August. • MUS : Louis Silvers. • MONT : Viola Lawrence. États-Unis, 1934 – 1 h 18.

À Budapest, deux bandes de garçons, ceux de la rue Pal et les « Chemises rouges », s'affrontent pour la possession d'un chantier en construction. Le petit Nemecsek, parti récupérer un étendard, doit se cacher dans un bassin de nénuphars. Il prend mal, mais se relève pour participer à une furieuse bataille. Il s'y bat héroïquement, et s'effondre, mort. Les garçons des deux camps lui rendent un hommage funèbre.

◆ *Ce film produisit une grande impression sur les critiques et le public européens, à une époque où Hitler embrigadait la jeunesse allemande et la préparait à la guerre. À la fois condamnation de la violence et hymne à l'héroïsme guerrier, le message est ambigu. La séquence finale est un grand moment de dolorisme, mais Borzage sut émouvoir de façon plus déchirante avec* l'Adieu aux armes. *J.-P.B.*

... COMME LA LUNE
Comédie de **Joël Séria**, avec Jean-Pierre Marielle, Sophie Daumier, Dominique Lavanant, Anna Gaylor. France, 1977 – Couleurs – 1 h 30.

Roger Pouplard, entre sa volcanique maîtresse et sa froide épouse, choisit finalement une troisième larronne !

COMMENCEZ LA RÉVOLUTION SANS NOUS
"START THE REVOLUTION WITHOUT ME"
Comédie satirique de **Bud Yorkin**, avec Gene Wilder, Donald Sutherland, Hugh Griffith, Billie Whitelaw. États-Unis, 1970 – Couleurs – 1 h 30.

La femme d'un aristocrate et celle d'un paysan mettent au monde des jumeaux. Mais le médecin se trompe en « redistribuant » les quatre enfants. L'aventure culmine dans le Paris de 1789...

COMMENT ÇA VA ?
Essai de **Jean-Luc Godard**, avec des interprètes non professionnels. France, 1978 – Couleurs – 1 h 10.

Un père journaliste écrit à son fils, ouvrier apparemment sans problèmes, remettant en question les sources et les moyens de l'information. Godard nous tend ici le miroir d'une société en pleine mutation, qui s'interroge avec anxiété sur son devenir.

COMMENT CLAQUER UN MILLION DE DOLLARS PAR JOUR "BREWSTER'S MILLIONS"
Comédie de **Walter Hill**, avec Richard Pryor, John Candy. États-Unis, 1985 – Couleurs – 1 h 37.

Tout est dans le titre ! Pour hériter une somme fabuleuse, Brewster doit dépenser un million de dollars par jour, sous peine de tout perdre. Un scénario classique des comédies d'antan.

COMMENT ÉPOUSER UN MILLIONNAIRE
"HOW TO MARRY A MILLIONNAIRE"
Comédie de **Jean Negulesco**, avec Marilyn Monroe, Betty Grable, Lauren Bacall, William Powell, Rory Calhoun. États-Unis, 1953 – Couleurs – 1 h 35.

À New York, trois ravissants mannequins chassent le millionnaire. La première comédie à être filmée en CinémaScope utilisait toutes les ressources du grand écran et des trois principales actrices.

COMMENT FAIRE L'AMOUR AVEC UN NÈGRE SANS SE FATIGUER ?
Comédie de **Jacques W. Benoit**, avec Isaach de Bankolé, Maka Kotto, Roberta Bizeau, Myriam Cyr. Canada/France, 1989 – Couleurs – 1 h 35.

À Montréal en été, la chronique de la vie d'un jeune Noir, futur écrivain, et de ses nombreuses conquêtes féminines.

COMMENT J'AI GAGNÉ LA GUERRE
"HOW I WON THE WAR"
Comédie de **Richard Lester**, d'après le roman de Patrick Ryan, avec Michael Crawford, John Lennon. Grande-Bretagne, 1967 – Couleurs – 1 h 50.

Le lieutenant Goodbody doit s'emparer d'un terrain de cricket pendant la guerre en Égypte, mais rien ne marche... Une image totalement parodique de la guerre.

COMMENT JE ME SUIS DISPUTÉ... (MA VIE SEXUELLE)
Comédie d'**Arnaud Desplechin**, avec Mathieu Amalric, Emmanuelle Devos, Marianne Denicourt, Chiara Mastroianni. France, 1996 – Couleurs – 2 h 58.

Paul, maître-assistant de fac, sort depuis dix ans avec Esther, un peu par affection, un peu par habitude. Il a aussi une liaison en pointillé avec la fiancée de son meilleur ami, Nathan, et il est occasionnellement pourchassé par une Valérie portée aux explosions violentes. Voilà pour l'histoire, tout le reste est bavardage, mais un bavardage scintillant et diapré avec lequel ces khâgneux attardés habillent leur oisiveté et une tenace tendance à la procrastination. Tout au moins pour les garçons, car les filles, elles, sont d'une tout autre trempe : elles citent moins fréquemment Adorno ou Kierkegaard, mais elles savent ce qu'elles veulent. Garçons doux indécis et bavards, filles déterminées, énergiques et lucides... le portrait d'une génération ? en tout cas des personnages vraisemblables et de vrais acteurs qui ont tous la trentaine en commun.

COMMENT L'ESPRIT VIENT AUX FEMMES

"Born Yesterday"

Comédie de **George Cukor**, avec Judy Holliday *(Billie Dawn)*, Broderick Crawford *(Harry Brock)*, William Holden *(Paul Verrall)*, Howard St-John *(Jim Devery)*, Frank Otto *(Eddie)*. • SC : Albert Mannheimer, d'après la pièce de Garson Kanin. • PH : Joseph Walker. • DÉC : Harry Horner. • MUS : Frederik Hollander. • MONT : Charles Nelson. États-Unis, 1950 – 1 h 43.

Puissant self-made man aux ambitions politiques, Harry Brock embauche le journaliste Paul Verrall pour « éduquer » sa maîtresse inculte et gaffeuse, Billie Dawn. Celle-ci tombe amoureuse de Paul et, une fois instruite, l'aidera à dénoncer les manœuvres illégales de Brock, dont elle avait été jusqu'ici l'innocente complice.

◆ *Hilarante satire des institutions, éloge de la démocratie américaine en pleine paranoïa maccarthyste, le film fit mouche. Judy Holliday y recréait le rôle qui l'avait rendue célèbre sur scène, où elle avait remplacé Jean Arthur au pied levé. Harry Cohn, patron de la Columbia, voulait que Rita Hayworth, alors sa principale vedette, incarne le personnage à l'écran. Il se laissa finalement persuader d'engager cette « grosse fille juive » (sic) qui, cette année-là, ravit l'Oscar aux favorites, Bette Davis (Eve) et Gloria Swanson (Sunset Boulevard). Sa façon de se trémousser vulgairement devant la femme d'un sénateur, de séduire candidement un William Holden à lunettes, de mettre hors de lui Broderick Crawford en le battant aux cartes, fixa le stéréotype d'un personnage qui rappelait Betty Boop et annonçait Marilyn Monroe. Le scénario reprenait le thème clef du cinéma de Cukor, celui de* Pygmalion, *et le cinéaste, qui avait révélée l'actrice l'année précédente dans* Madame porte la culotte, *tourna encore avec elle deux films importants,* Je retourne chez maman *(1952) et* Une femme qui s'affiche *(1954).* *N.T.B.*

COMMENT RÉUSSIR DANS LES AFFAIRES SANS VRAIMENT ESSAYER

"How to Succeed in Business Without Really Trying"

Comédie de **David Swift**, d'après le livre de Shepherd Mead, avec Robert Morse, Rudy Vallee, Michele Lee. États-Unis, 1966 – Couleurs – 2 h 01.

Un jeune laveur de carreaux ambitieux s'élève en s'appuyant sur les conseils d'un manuel style Carnegie.

COMMENT RÉUSSIR EN AMOUR

Comédie de **Michel Boisrond**, avec Dany Saval, Jean Poiret, Michel Serrault, Jacqueline Maillan, Roger Pierre. France, 1962 – 1 h 42.

Un timide employé travaille dans une maison d'édition religieuse. Sa rencontre avec une jeune femme va modifier son comportement. Comédie sans prétention, avec en prime les « Chaussettes Noires » d'Eddy Mitchell.

COMMENT RÉUSSIR EN AMOUR SANS SE FATIGUER "Don't Make Waves"

Comédie d'**Alexander Mackendrick**, d'après le roman d'Ira Wallach *Muscle Beach*, avec Tony Curtis, Claudia Cardinale, Sharon Tate, Robert Webber. États-Unis, 1967 – Couleurs – 1 h 30.

En Californie, le héros réussit grâce à ses talents de play-boy. La comédie égratigne le style tropézien de Malibu.

COMMENT RÉUSSIR QUAND ON EST CON ET PLEURNICHARD

Comédie de **Michel Audiard**, avec Jean Carmet, Stéphane Audran, Jean-Pierre Marielle, Jane Birkin. France, 1974 – Couleurs – 1 h 30.

Un représentant en apéritifs réussit en affaires – et auprès des femmes – en apitoyant les gens sur son sort.

COMMENT SE DÉBARRASSER DE SON PATRON "Nine to Five"

Comédie de **Colin Higgins**, avec Jane Fonda, Lily Tomlin, Dolly Parton. États-Unis, 1980 – Couleurs – 1 h 55.

Trois employées de bureau se liguent contre leur patron, tyrannique et « machiste » à souhait.

COMMENT TUER UN ONCLE À HÉRITAGE

"How to Murder a Rich Uncle"

Comédie de **Nigel Patrick**, d'après la pièce de Didier Daix *Il faut tuer Julie*, avec Nigel Patrick, Charles Coburn, Wandy Hiller. Grande-Bretagne, 1957 – 1 h 19.

Les multiples et vaines tentatives d'une famille anglaise criblée de dettes pour supprimer un oncle d'Amérique. Un humour très britannique dont le sujet est inspiré d'une pièce française.

COMMENT TUER VOTRE FEMME

"How to Murder Your Wife"

Comédie de **Richard Quine**, avec Jack Lemmon, Virna Lisi, Terry-Thomas. États-Unis, 1964 – Couleurs – 1 h 58.

Un auteur de bandes dessinées vit lui-même les aventures de son héros. Un jour, il se retrouve marié sans savoir comment. Il se venge par procuration en utilisant son personnage.

COMMENT VOLER UN MILLION
"HOW TO STEAL A MILLION"
Comédie de **William Wyler**, avec Audrey Hepburn, Peter O'Toole, Eli Wallach, Charles Boyer. États-Unis, 1966 – Couleurs – 1 h 50.

Un faussaire de génie est sauvé in extremis du pire grâce à l'intrépidité de sa fille et d'un détective privé. Une comédie délirante et brillante où Peter O'Toole et Audrey Hepburn font merveille.

COMMENT YUKONG DÉPLAÇA LES MONTAGNES
Documentaire de **Joris Ivens** et **Marceline Lorigan**. France, 1973-1976 – Couleurs – 12 h.

Regroupés sous ce titre, une douzaine de moyens métrages dressent un panorama des divers aspects de la vie en Chine à l'époque de la Révolution culturelle.

COMME SUR DES ROULETTES
Comédie de **Nina Companeez**, avec Evelyne Buyle, Mathé Souverbie, Francis Huster. France, 1977 – Couleurs – 1 h 35.

Louise quitte la campagne avec sa mère, Mireille, pour faire fortune à la télévision. Après bien des tribulations, elles deviennent vedettes sur patins à roulettes.

COMME TU ME VEUX "AS YOU DESIRE ME"
Comédie dramatique de **George Fitzmaurice**, d'après la pièce de Luigi Pirandello, avec Greta Garbo, Melvyn Douglas, Erich von Stroheim, Owen Moore. États-Unis, 1931 – 1 h 11.

À Budapest, un peintre italien rencontre une jeune femme qu'il croit être l'épouse disparue d'un de ses amis. Elle se laisse emmener, tente de s'identifier à la disparue, et sera acceptée par le mari, qui a perdu tout espoir de retrouver sa vraie femme.

COMME UN BOOMERANG
Film policier de **José Giovanni**, avec Alain Delon, Charles Vanel, Carla Gravina, Pierre Maguelon, Louis Julien, Suzanne Flon. France, 1976 – Couleurs – 1 h 30.

Un jeune drogué tue un policier. Son père, riche self-made man, remonte la filière de la drogue et réussit à faire évader son fils, mais leur fuite trouvera une fin tragique.

COMME UN CHEVEU SUR LA SOUPE
Comédie dramatique de **Maurice Regamey**, avec Louis de Funès, Noëlle Adam, Jacques Jouanneau, Robert Manuel, Nadine Tallier. France, 1957 – 1 h 19.

Alors qu'il tentait de se suicider, un musicien sauve une chanteuse de la noyade. Il connaît alors la gloire, et a bien du mal à échapper aux tueurs qu'il avait chargés de le supprimer en douceur.

COMME UN CHIEN ENRAGÉ "AT CLOSE RANGE"
Drame de **James Foley**, avec Sean Penn, Christopher Walken, Mary Stuart Masterson. États-Unis, 1986 – Couleurs – 1 h 51.

Fascination puis répulsion d'un jeune homme pour son père, chef de gang violent et fou criminel.

COMME UN HOMME LIBRE "THE JERICHO MILE"
Drame de **Michael Mann**, avec Peter Strauss, Richard Lawson. États-Unis, 1980 – Couleurs – 1 h 37.

Une prison de Californie reproduit en son sein les clivages sociaux et raciaux du monde extérieur.

COMME UN POISSON DANS L'EAU
Comédie d'**André Michel**, avec Philippe Noiret, Annette Poivre, René Lefèvre. France, 1961 – 1 h 25.

Comment un inoffensif guide pour touristes réalise sa vocation de navigateur et devient le héros de l'Atlantique en traversant (involontairement...) l'océan en tonneau !

COMME UN POT DE FRAISES
Comédie de **Jean Aurel**, avec Jean-Claude Brialy, Jean Lefebvre, Nathalie Courval, Marianne Eggerickx. France, 1974 – Couleurs – 1 h 30.

Le portrait et les aventures d'un mannequin qui veut se faire refaire le nez. Scénario et dialogues de Gérard Sire.

COMME UN TORRENT "SOME CAME RUNNING"
Drame de **Vincente Minnelli**, d'après le roman de James Jones, avec Frank Sinatra, Dean Martin, Shirley MacLaine, Martha Hyer. États-Unis, 1958 – Couleurs – 2 h 07.

Un écrivain échoue dans une petite ville de province et s'acoquine avec un joueur professionnel et une prostituée qui va donner sa vie pour lui. Remarquablement mis en images par Minnelli.

LA COMMISSAIRE "KOMISSAR"
Drame d'**Alexandre Askoldov**, avec Nonna Mordiukova, Rolan Bykov, Vassili Choukchine. U.R.S.S. (Russie), 1967 – 1 h 48.

En 1922, la sévère commissaire politique d'un régiment de l'Armée rouge, enceinte, est assignée à résidence chez des artisans juifs. Peu à peu, elle retrouve sa féminité.

LES COMMUNIANTS "NATTVARDSGÄSTERNA"

Drame d'**Ingmar Bergman**, avec Gunnar Björnstrand *(Thomas Ericsson)*, Ingrid Thulin *(Märta)*, Max von Sydow *(Jonas Persson)*, Gunnel Lindblom *(Karin)*, Allan Edwall *(Frövik)*. • SC : I. Bergman. • PH : Sven Nykvist. • DÉC : P.A. Lundgren. • MUS : Bach, hymnes religieux suédois. • MONT : Ulla Ryghe. Suède, 1962 – 1 h 20. ★ GRAND PRIX DE L'O.C.I.C., 1963.

Veuf inconsolable, le pasteur Thomas Ericsson célèbre le culte devant une poignée de fidèles. Au lieu de réconforter un paysan inquiet de la bombe atomique, il lui fait part de sa propre angoisse : le silence de Dieu. L'homme se suicide. Märta, l'institutrice athée qui aime Thomas sans espoir, tente en vain de l'aider. Il célèbre l'office de l'après-midi devant elle seule, dans une église vide.

◆ *Second volet de la « trilogie des films de chambre », entre* À travers le miroir *et* le Silence, *ce film en est aussi le plus austère. Des gros plans de visages qui cernent l'angoisse sur fond de paysages hivernaux mettent à vif cette méditation d'ordre métaphysique, centrée sur quelques personnages et une demi-journée. Selon l'expression de l'auteur, le pasteur Ericsson passe d'un concept de Dieu à un autre, d'une foi confortable à une foi inquiète. Un film exigeant, et un virage dans l'œuvre de Bergman.* J.M.

LA COMMUNION SOLENNELLE

Chronique de **René Féret**, avec Myriam Boyer, Philippe Léotard, Marcel Dallio. France, 1977 – Couleurs – 1 h 45.

À l'occasion de la communion du petit, l'évocation d'un siècle d'histoire familiale : les paysans, les mineurs, et leurs descendants... Un film sur la mémoire, un ton attachant.

LE COMMUNISTE "KOMMUNIST"

Drame de **Youli Raizman**, avec Boris Smirnov, Evgueni Ourbanski, Sofia Pavlova. U.R.S.S. (Russie), 1958 – Couleurs – 1 h 53.

Au lendemain de la Révolution, un dirigeant communiste est chargé de la construction d'une centrale électrique. Attaqué par des koulaks, il sera tué non loin de son chantier.

EL COMPADRE MENDOZA

"EL COMPADRE MENDOZA"

Drame psychologique de **Fernando de Fuentes**, avec Alfredo del Diestro, Carmen Guerrero, Antonio R. Frausto, Luis G. Berreiro. Mexique, 1934 – 1 h 25.

Pendant la révolution, un propriétaire foncier s'arrange, avec force et hypocrisie, pour être au mieux avec les deux factions en conflit.

LES COMPAGNES DE LA NUIT

Drame social de **Ralph Habib**, avec Françoise Arnoul, Raymond Pellegrin, Nicole Maurey, Suzy Prim. France, 1953 – 1 h 30.

Une pléiade de visages connus anime ce film efficace qui aborde avec réalisme le problème de la prostitution.

LA COMPAGNIE DES LOUPS

"THE COMPANY OF WOLVES"

Film fantastique de **Neil Jordan**, d'après *la Psychanalyse des contes de fées* de Bruno Bettelheim, avec Angela Lansbury, David Warner, Tusse Silbert. États-Unis, 1984 – Couleurs – 1 h 35.

L'éternel mythe du loup dans les contes et les fantasmes de l'inconscient collectif, ici à travers ceux d'une adolescente.

LES COMPAGNONS DE LA GLOIRE

"THE GLORY GUYS"

Western de **Sam Peckinpah**, avec Tom Tryon, Harve Presnell, Senta Berger, James Coan. États-Unis, 1964 – Couleurs – 1 h 53.

Deux hommes sont épris de la même femme ; la guerre qu'ils mènent contre les Indiens va leur donner l'occasion de se réconcilier. Tout l'univers de Peckinpah : la prairie, les pistes de sable, le règne de la loi, la violence et la mort.

LES COMPAGNONS DE LA MARGUERITE

Comédie de **Jean-Pierre Mocky**, avec Claude Rich, Michel Serrault, Francis Blanche. France, 1967 – 1 h 35.

Un faussaire de génie « divorce » et remarie les gens à leur gré, simplement en falsifiant les registres d'état civil. Mais il est traqué par la « brigade des us et coutumes ». Une des meilleures comédies de Mocky, avec des acteurs déchaînés.

LES COMPAGNONS DE LA NOUBA

"SONS OF THE DESERT"

Film burlesque de **William A. Seiter**, avec Stan Laurel, Oliver Hardy, Charlie Chase, Mae Busch, Dorothy Christie. États-Unis, 1934 – 1 h 08.

Pour aller s'amuser à Chicago en toute tranquillité, nos deux compères tentent d'égarer les soupçons de leurs femmes en prétextant une cure de santé.

COMPANY LIMITED "SEEMABADDHA"

Drame psychologique de **Satyajit Ray**, avec Barun Chanda, Sharmila Tagore, Paramita Chowdhury. Inde, 1971 – 1 h 52.

Une usine de matériel électrique ne peut pas fournir, dans les délais impartis, une importante commande. Pour justifier le retard vis-à-vis de ses clients, le chef des ventes fomente une grève et voit son ambition récompensée en étant nommé codirecteur.

COMPARTIMENT TUEURS
Film policier de **Costa-Gavras**, d'après un roman de Sébastien Japrisot, avec Yves Montand, Simone Signoret, Pierre Mondy. France, 1965 – Couleurs – 1 h 30.

Dans un compartiment-couchettes du train Marseille-Paris, un crime est commis. Suivi bientôt par l'assassinat de trois autres passagers du même compartiment. Le premier film de Costa-Gavras.

LES COMPÈRES
Comédie de **Francis Veber**, avec Pierre Richard, Gérard Depardieu, Anny Duperey, Stéphane Bierry, Michel Aumont. France, 1983 – Couleurs – 1 h 32.

Le jeune Tristan ayant fugué, sa mère fait appel à deux de ses anciens amants en laissant croire à chacun qu'il est son fils. La joyeuse complicité du « tandem » de LA CHÈVRE (Voir ce titre).

LA COMPLAINTE DU SENTIER
▷ Voir PATHER PANCHALI.

LE COMPLEXE DU KANGOUROU
Comédie de **Pierre Jolivet**, avec Roland Giraud, Clémentine Célarié, Zabou. France, 1986 – Couleurs – 1 h 26.

Un peintre sans le sou est obnubilé par des complexes de stérilité, jusqu'au moment où une ancienne amie arrive avec un enfant... qui pourrait bien être le sien. Aventures et quiproquos s'ensuivent.

LES COMPLEXÉS "Complessi"
Comédie à sketches de **Dino Risi, Franco Rossi, Luigi Filipo d'Amico**, avec Nino Manfredi, Ugo Tognazzi, Alberto Sordi. Italie, 1965 – 1 h 40.

Un présentateur de télévision à la denture chevaline, un bourgeois puritain marié à une ancienne figurante nue, un timide agressé par une femme laide : le prototype du film à sketches satiriques qui fit les beaux jours de la comédie à l'italienne.

LE COMPLOT
Film politique de **René Gainville**, avec Jean Rochefort, Michel Bouquet, Raymond Pellegrin, Marina Vlady. France, 1973 – Couleurs – 1 h 55.

L'O.A.S. cherche à faire évader le général Challe emprisonné à Tulle, mais la police est sur ses traces.

LE COMPLOT (TO KILL A PRIEST)
Drame d'**Agnieszka Holland**, avec Christophe Lambert, Ed Harris, Joss Ackland. France, 1988 – Couleurs – 1 h 55.

Dans la Pologne de l'état de guerre de 1981, les autorités s'inquiètent de l'emprise sur les foules d'un jeune prêtre charismatique, proche de l'opposition. Évitant l'évocation hagiographique du père Popieluszko, assassiné par la milice en 1984, l'auteur a centré son récit sur la figure complexe d'un meurtrier qui symbolise les contradictions du pouvoir.

COMPLOT DE FAMILLE "Family Plot"
Film policier d'**Alfred Hitchcock**, avec Karen Black, Bruce Dern, Barbara Harris, William Devane, Ed Lautner, Cathleen Nesbitt. États-Unis, 1976 – Couleurs – 2 h.

Jeune voyante, Blanche recherche le neveu de miss Rainbird, que l'on croit mort, mais qui est devenu très riche grâce à des enlèvements dont les rançons sont des diamants.

LE COMPLOT DIABOLIQUE DU DR FU MANCHU
"The Fiendish Plot of Dr Fu Manchu"
Comédie policière de **Piers Haggard**, avec Peter Sellers, Helen Mirren, David Tomlinson. États-Unis, 1980 – Couleurs – 1 h 40.

La lutte féroce du Dr Fu Manchu, savant diabolique, contre l'inspecteur Smith, policier de Scotland Yard, pour la possession d'un diamant qui confère l'éternelle jeunesse. Peter Sellers, grimé en acteur de kabuki, interprète, bien entendu, les deux personnages.

COMPTES À REBOURS
Film policier de **Roger Pigaut**, avec Simone Signoret, Charles Vanel, Serge Reggiani, Michel Bouquet, Jeanne Moreau, Jean Desailly. France, 1970 – Couleurs – 1 h 45.

Un truand revient à Paris pour régler ses comptes avec ceux qui l'ont « donné ». Mais un policier suit de près tous ses gestes. Le suspense tient jusqu'au bout, sur un bon rythme, avec une pléiade de comédiens sûrs.

LE COMTE DE MONTE-CRISTO
Film d'aventures de **Robert Vernay**, d'après le roman d'Alexandre Dumas, avec Jean Marais, Lia Amanda, Roger Pigaut, Jacques Castelot, Daniel Ivernel, Folco Lulli. France / Italie, 1955 – Couleurs – 3 h 08.

La première version en couleurs (hélas disparues aujourd'hui, le procédé ayant viré) des aventures du bagnard Edmond Dantès. Luxueux et attrayant.

▷ Voir aussi MONTE-CRISTO.

▷ Autres versions réalisées notamment par : **Henri Pouctal**, intitulée MONTE-CRISTO, avec Léon Mathot, Nelly Cormon. France, 1917. **Henri Fescourt**, intitulée MONTE-CRISTO, avec Jean Angélo, Gaston Modot, Marie Glory, Jean Toulout, Lil Dagover, Pierre Batcheff. France, 1929 – 5 740 m (en deux époques). **Robert Vernay**, intitulée LE COMTE DE MONTE-CRISTO, avec Pierre Richard-Willm, Alexandre Rignault, Michèle Alfa, Aimé Clariond, Lise Delamare, Marcel Herrand, Line Noro. France, 1943 – 3 h 04 (en deux époques). **Rowland V. Lee**, intitulée THE COUNT OF MONTE-CRISTO, avec Robert Donat, Elissa Landi, Louis Calhern, Sidney Blackmer, Raymond Walburn. États-Unis, 1934 – 1 h 54. **Claude Autant-Lara**, intitulée LE COMTE DE MONTE-CRISTO, avec Louis Jourdan, Yvonne Furneaux, Pierre Mondy, Henri Guisol, Franco Silva, Bernard Dhérand. France, 1961 – Couleurs – 3 h.

LA COMTESSE AUX PIEDS NUS

"The Barefoot Contessa"

Drame de **Joseph L. Mankiewicz**, avec Ava Gardner *(Maria Vargas)*, Humphrey Bogart *(Harry Dawes)*, Edmond O'Brien *(Oscar Muldoon)*, Marius Goring *(Alberto Bravano)*, Valentina Cortese *(Eleanora Torlato-Favrini)*, Rossano Brazzi *(Vincenzo Torlato-Favrini)*, Elizabeth Sellars *(Jerry Dawes)*, Warren Stevens *(Kirk Edwards)*, Franco Interlenghi *(Pedro)*, Mary Aldon *(Mirna)*. • SC : J.L. Mankiewicz. • PH : Jack Cardiff. • DÉC : Arrigo Equini. • MUS : Mario Nascimbene. • MONT : William Hornbeck. • PR : J. L. Mankiewicz. États-Unis, 1954 – Couleurs – 2 h 08. ★ **Oscar 1954 du Meilleur acteur de second rôle pour Edmond O'Brien.**

Le producteur hollywoodien Kirk Edwards cherche une vedette pour son prochain film. Il la trouve en la personne de Maria Vargas, danseuse dans un cabaret madrilène. Elle est fière, elle se fait prier. C'est le metteur en scène Harry Dawes qui la convainc. Maria devient une star. Elle ne supporte pas la tyrannie de son producteur et accepte de suivre un autre milliardaire membre de la « jet society », Alberto Bravano. Cette situation ne la satisfait pas davantage, car son protecteur est un mufle. Il l'humilie en public. Intervient alors le comte Torlato-Favrini. Il a belle allure. C'est un noble et une âme noble. Il gifle Alberto Bravano et propose à Maria de l'épouser. Elle accepte, devient comtesse. Nouvelle déception : ses relations avec ce beau mari ne pourront être que platoniques. Le comte est impuissant. Pour lui assurer une descendance, Maria fait appel aux services du chauffeur. Le comte tue la femme et l'amant dans un accès de rage.

◆ **Autopsie d'une destruction**

En dépit des apparences, cette histoire n'est pas mélodramatique. Joseph L. Mankiewicz, auteur complet du film (production-mise en scène-scénario) s'est ingénié à raconter l'itinéraire de Maria en gommant tous les effets faciles et en introduisant des éléments de narration aussi originaux que subtils. Le film commence par la cérémonie des funérailles de Maria. Dans un petit cimetière italien, sous la pluie battante, le metteur en scène Harry Dawes évoque ses souvenirs. Il raconte les débuts de Maria dont il restera l'ami sincère au cours de ses tribulations. Trois autres récits subjectifs s'enchaînent, ponctués par un retour au cimetière : celui d'Oscar, agent publicitaire opportuniste, celui du comte Torlato-Favrini et, à nouveau, celui de Harry Dawes. Nous savons donc, dès le départ – comme dans les tragédies – que l'héroïne, Maria, doit être sacrifiée. Nous voyons le monument de marbre dressé à son effigie. Nous allons assister à l'autopsie de cette destruction. Nous verrons apparaître, touche après touche, le portrait d'une femme indépendante, sauvage, qui cherchait l'amour-passion, mais pas comme une midinette. Son exigence sera déçue. Sur son parcours, beaucoup de personnages. La plupart d'entre eux représentent des caricatures réussies de la ploutocratie : noblesse, fausse noblesse, arrivistes arrivés, parasites... Mankiewicz ne ménage pas ses cibles. Il fait de la veulerie dorée une description impitoyable. Parallèlement, il montre des sentiments simples et beaux, l'amitié d'un metteur en scène pour son interprète et réciproquement. Bogart est parfait dans le rôle du confident, Ava Gardner sublime en comtesse. *G.S.*

LA COMTESSE DE HONG-KONG

"A Countess from Hong-Kong"

Comédie de **Charlie Chaplin**, avec Marlon Brando *(Ogden Mears)*, Sophia Loren *(comtesse Natacha Alexandroff)*, Tippi Hedren *(Martha Mears)*, Margaret Rutherford *(miss Gaulswallow)*, Sidney Chaplin *(Harvey Crothers)*, Patrick Cargill *(Hudson)*. • SC : C. Chaplin • MUS : C. Chaplin. • PH : Arthur Ibbetson. • DÉC : Vernon Dixon. Grande-Bretagne, 1967 – Couleurs – 1 h 55.

Le riche ambassadeur américain Ogden Mears, à l'escale de Hong-Kong, passe la soirée avec une entraîneuse, Natacha. Le lendemain, il la découvre cachée dans sa cabine. D'origine russe, elle veut gagner les États-Unis et le fait chanter afin qu'il ne la dénonce pas. Après des parties de cache-cache, l'idée qu'elle fasse un mariage blanc avec son valet Hudson, et l'arrivée de son épouse Martha, Ogden décide de vivre avec Natacha.

◆ *En dépit du mauvais accueil critique qu'il reçut, ce film n'est pas indigne des chefs-d'œuvre chaplinesques antérieurs. Le comique en est parfaitement maîtrisé, avec toujours quelque chose d'inattendu, et parfois une grâce inimitable (la séquence du coucher de Natacha et Hudson). Bien sûr, Chaplin filme en 1966 comme en 1930 et raconte une romance traditionnelle. Mais qu'importe, si on y a pris plaisir ?* *J.P.B.*

COMTESSE DRACULA "COUNTESS DRACULA"
Film fantastique de **Peter Sasdy**, avec Ingrid Pitt, Nigel Green, Sandor Elès. Grande-Bretagne, 1970 – Couleurs – 1 h 33.

Une comtesse vieillie découvre que, pour retrouver sa jeunesse, elle doit se baigner régulièrement dans le sang de jeunes filles vierges.

CONAN LE BARBARE "CONAN THE BARBARIAN"
Film d'aventures de **John Milius**, d'après le personnage créé par Robert E. Howard, avec Arnold Schwarzenegger, James Earl Jones, Max von Sydow. États-Unis, 1981 – Couleurs – 2 h 15.

La famille de Conan a été massacrée alors qu'il était enfant. Lui-même vit dans l'esclavage et nourrit un sombre désir de revanche. Sa force prodigieuse va lui permettre de parvenir à ses fins.

▷ **Richard Fleischer** signe une suite, intitulée CONAN LE DESTRUCTEUR "CONAN THE DESTROYER", avec Arnold Schwarzenegger, Grace Jones. États-Unis, 1983 – Couleurs – 1 h 41.

LE CONCIERGE
Comédie de **Jean Girault**, sur une idée de Darry Cowl, avec Michel Galabru, Bernard Le Coq, Daniel Ceccaldi, Alice Sapritch. France, 1973 – Couleurs – 1 h 30.

Diplômé, Christophe Mérignac se retrouve pourtant concierge. Il profite des locataires pour se faire une place au soleil.

CONCILE D'AMOUR "LIEBES KONZIL"
Essai de **Werner Schroeter**, d'après la pièce d'Oscar Panizza, avec Antonio Salines, Magdalena Montezuma, Kurt Raab, Renzo Rinaldi. R.F.A., 1981 – Couleurs – 1 h 33.

À la fin du XIXe siècle, un médecin aliéniste et poète est jugé pour blasphème. Sa pièce montre Dieu passer un pacte avec le diable, qui répand la syphilis pour punir les humains aux mœurs dissolues, sans condamner néanmoins leur âme.

LE CONCOURS "THE COMPETITION"
Comédie dramatique de **Joel Oliansky**, avec Richard Dreyfuss, Amy Irving, Lee Remick. États-Unis, 1980 – Couleurs – 2 h 05.

Un jeune pianiste américain, pour se prouver à lui-même qu'il est le meilleur, affronte un concours de très haut niveau. Il devra se battre avec ses sentiments et bien d'autres problèmes. Vécu.

CONDAMNÉ AU SILENCE
"THE COURT MARTIAL OF BILLY MITCHELL"
Drame d'**Otto Preminger**, avec Gary Cooper, Charles Bickford, Ralph Bellamy, Rod Steiger. États-Unis, 1955 – 1 h 40.

L'histoire véridique du général Billy Mitchell qui, dès 1921, entra en lutte directe avec l'état-major qui ignorait l'importance que prendraient quelques années plus tard les avions supersoniques.

LA CONDITION DE L'HOMME "NINGEN NO JŌKEN"
Drame de **Masaki Kobayashi**, avec Tatsuya Nakadaï *(Kaji)*, Michiko Aratama *(sa femme)*, Shinji Nambara *(Kao)*, Ineko Arima *(Yang)*, Sō Yamamura *(Okishima)*, Keij Sada *(Kageyama)*. • SC : M. Kobayashi, Zenzō Matsuyama, d'après le roman de Jumpei Gomikawa. • PH : Yoshio Miyajima. • MUS : Kazve Hirataka. • MUS : Chuji Kinoshita. • MONT : Keichi Uraoka. Japon, 1958-1961 – 9 h 40 (en trois parties).

En 1943, dans la Mandchourie colonisée par le Japon, Kaji, ingénieur dans une mine, et sa femme se révoltent contre les traitements infligés aux déportés chinois. Il est emprisonné puis mobilisé. Il fait l'expérience horrible de la guerre dans le nord du pays. Prisonnier dans un camp russe, il s'évade dans un désert de glace et meurt en prononçant le nom de sa femme.

◆ *« J'ai voulu dénoncer les crimes de guerre, mais j'ai aussi voulu montrer comment une société humaine peut se changer en organisme inhumain. Kaji, mon héros, est en même temps opprimé et oppresseur, et il comprend qu'il ne peut cesser d'être oppresseur qu'en devenant un opprimé. » Ainsi Kobayashi présente-t-il son monument cinématographique. Son film, d'une crudité et d'une cruauté quasi insoutenables, prend le parti de tout montrer des abominations humaines, que peu de bonté et de charité viennent contrebalancer. S'il n'a pas l'équilibre ineffable entre la bestialité et l'esthétique qu'on trouve chez un Stroheim, il est aussi absolument dénué de complaisance, et si l'on peut contester certaines coquetteries formelles (comme les plans penchés trop allusifs), le film est bien le témoin inflexible, dont les yeux ne cillent jamais devant tout ce que l'homme peut accomplir, que Kobayashi ambitionnait qu'il soit.* *S.K.*

CONDORMAN "CONDORMAN"
Film d'aventures de **Charles Jarrott**, d'après le roman de Robert Sheckley *The Game of X*, avec Michael Crawford, Oliver Reed, Barbara Carrera. États-Unis, 1981 – Couleurs – 1 h 30.

Un dessinateur de B.D. vient en aide à un ami, agent de la C.I.A. Il utilisera habilement toutes les ressources de son personnage de plume, Condorman.

LES CONDORS NE MEURENT PAS TOUS LES JOURS
"CONDORES NO ENTIERRAN TODOS LOS DIAS"
Drame de **Francisco Norden**, avec Frank Ramirez, Isabela Corona, Victor Morant. Colombie, 1984 – Couleurs – 1 h 28.

En 1948, après la guerre civile, un modeste employé maniaque de l'explosif devient, à la tête d'une bande de tueurs, un assassin notoire au service des milieux politiques conservateurs.

LA CONFÉRENCE DE WANNSEE
"DIE WANNSEE KONFERENZ"
Film historique de **Heinz Schirk**, avec Dietrich Mattausch, Ged Böckmann, Martin Lüttge, Friedrich Beckhaus, Robert Artzorn. R.F.A. / Autriche, 1984 – Couleurs – 1 h 25.

Dans un quartier résidentiel de Berlin en janvier 1942, une réunion de travail, consacrée à la « solution finale » du problème juif, rassemble quinze dirigeants du Reich.

CONFESSION À UN CADAVRE "THE NANNY"
Drame de **Seth Holt**, d'après le roman d'Evelyn Piper, avec Bette Davis, Jill Bennett, William Dix. Grande-Bretagne, 1966 – 1 h 33.

Une gouvernante à demi-folle tente de supprimer le petit garçon qu'elle est censée pouponner. Un rôle de « méchante » sur mesure pour Bette Davis.

CONFESSION D'UN COMMISSAIRE DE POLICE AU PROCUREUR DE LA RÉPUBLIQUE
"CONFESSIONE DI UN COMMISSARIO DI POLIZIA AL PROCURATORE DELLA REPUBBLICA"
Drame social de **Damiano Damiani**, avec Franco Nero, Martin Balsam, Marilu Tolo. Italie, 1971 – Couleurs – 1 h 50.

Lutte à mort entre un promoteur corrompu, qui dispose de puissants appuis, et un commissaire intègre.

LES CONFESSIONS D'UN MANGEUR D'OPIUM
"CONFESSIONS OF AN OPIUM EATER"
Film d'aventures d'**Albert Zugsmith**, d'après Thomas de Quincey, avec Vincent Price, Linda Ho. États-Unis, 1962 – 1 h 25.

Le descendant de Thomas de Quincey se mêle, dans le quartier chinois de San Francisco, aux luttes avec les sectes secrètes. Tous les éléments de serials sont repris dans ce film insolite plein d'exotisme, dont le titre vise un peu haut.

CONFIDENCES POUR CONFIDENCES
Chronique de **Pascal Thomas**, avec Daniel Ceccaldi, Anne Caudry, Michel Galabru, Jacques Villeret. France, 1978 – Couleurs – 1 h 50.

La vie d'une famille modeste des années 50-60. Brigitte observe et se remémore son enfance. Pascal Thomas connaît bien les milieux qu'il décrit et cerne finement ses personnages.

CONFIDENCES SUR L'OREILLER "PILLOW TALK"
Comédie de **Michael Gordon**, avec Rock Hudson *(Brad Allen)*, Doris Day*(Jan Morrow)*, Tony Randall *(Jonathan Forbes)*, Thelma Ritter *(Alma)*, Nick Adams *(Tony Walters)*, Julia Meade *(Marie)*, Allen Jenkins *(Harry)*, Marcel Dalio *(Pierrot)*. • SC : Stanley Shapiro, Maurice Richlin, d'après l'histoire de Russell Rouse et Clarence Greene. • PH : Arthur E. Arling. • DÉC : Alexander Golitzen, Richard Riedel, Russell A. Gausman, Ruby Levitt. • MUS : Frank De Vol. • MONT : Milton Carruth. États-Unis, 1959 – Couleurs – 1 h 45.

Rock, compositeur, et Doris, décoratrice, se détestent sans se connaître. Tout simplement parce qu'ils partagent la ligne sur laquelle Rock téléphone longuement à ses nombreuses petites amies. La rencontre, inévitable, a lieu. Les discussions s'enveniment mais, après quelques chansons et beaucoup de fantaisie, les rapports se détendent pour se terminer sur l'oreiller.

◆ *Charmante comédie, désinvolte, rythmée, truffée de gags et de chansons dont la célèbre « Pillow Talk ». Première rencontre des deux champions du box-office, Rock Hudson et Doris Day, qui furent partenaires à trois autres reprises. Nominé pour cinq Oscars, le film remporta celui du Meilleur scénario.* *J.-C.S.*

LE CONFORMISTE "IL CONFORMISTA"
Drame de **Bernardo Bertolucci**, avec Jean-Louis Trintignant *(Marcello Clerici)*, Dominique Sanda *(Ann)*, Stefania Sandrelli *(Giulia)*, Pierre Clémenti, Gastone Moschin. • SC : B. Bertolucci, d'après le roman d'Alberto Moravia. • PH : Vittorio Storaro. • DÉC : Nedo Azzini. • MUS : Georges Delerue. • MONT : Franco Artilli. Italie / France, 1970 – Couleurs – 1 h 56.

Clerici, devenu fasciste par désir d'intégration et par jeu intellectuel plus que par conviction, est chargé par son parti d'exécuter un intellectuel de gauche, son ancien professeur. Il se rend à Paris avec sa femme Giulia pour accomplir sa mission. Mais il tombe amoureux de la femme du professeur, Ann, et veut renoncer. Il passera quand même à l'acte par léthargie morale.

◆ *Un film à la forme éclatée, jouant avec virtuosité des perspectives, des couleurs (tout un travail sur le jaune orangé), d'effets de montage qui cassent la narration et d'une construction en flash-back et flash-forward. Ce formalisme extrême peut irriter, mais aussi fasciner. Il vise à la représentation pure et dissèque de façon troublante les motivations d'un homme intelligent et ironique qui choisit la bêtise et le fascisme pour des raisons qui s'opacifient au fur et à mesure qu'elles sont dévoilées. Trintignant est parfait, et Dominique Sanda filmée comme peu de femmes l'ont été.* *S.K.*

LE CONGRÈS S'AMUSE

Comédie musicale d'**Erik Charell** et **Jean Boyer**, avec Lilian Harvey *(Christel)*, Henry Garat *(Alexandre Ier et Uralsky)*, Pierre Magnier *(Metternich)*, Armand Bernard *(Bibikoff)*, Robert Arnoux *(Pépi)*, Jean Dax *(Talleyrand)*, Lil Dagover *(la comtesse)*, Odette Talazac *(la princesse)*, Sinoël *(le ministre des Finances)*. • SC : Norbert Falk, Robert Liebmann, J. Boyer. • PH : Carl Hoffmann. • DÉC : Walter Röhrig. • MUS : Werner R. Heymann. • CHAN : J. Boyer. France, 1931 – 1 h 42.

En 1815, alors que Napoléon ronge son frein à l'île d'Elbe, l'Alliance s'est réunie à Vienne autour du chancelier de Metternich. Toute la ville danse et le tsar Alexandre, nouvellement arrivé, courtise l'adorable bouquetière Christel. Mais Napoléon revient et l'idylle est interrompue. La belle pleure son rêve perdu.

◆ *Le succès du film fut phénoménal. Henri Garat et Lilian Harvey, couple numéro un de l'époque, se retrouvaient après le succès du Chemin du paradis, l'année précédente. Trois versions furent tournées en Allemagne. Dans la version allemande, réalisée parallèlement par Erik Charell, et intitulée Der Kongress tanzt, Conrad Veidt jouait Metternich, et Willy Fritsch le tsar Alexandre.* *J.-C.S.*

▷ Autre version réalisée par : **Geza von Radvanyi**, intitulée LE CONGRÈS S'AMUSE "DER KONGRESS AMÜSIERT SICH", avec Lilli Palmer, Curd Jurgens, Paul Meurisse, Walter Slezak, Hannes Messemer, Anita Höfer. R.F.A. / Autriche / France, 1966 – Couleurs – 1 h 50.

THE CONNECTION "THE CONNECTION"

Drame de **Shirley Clarke**, avec Warren Finerty, Gary Goodrow, Jerome Raphael. États-Unis, 1960 – 1 h 35.

Dans un minable appartement new-yorkais, un jeune cinéaste tourne un reportage sur un groupe de drogués, leur comportement et leurs angoisses. Une nouvelle tentative de cinéma-vérité, réalisée en une seule soirée avec des acteurs saisissants.

LE CONQUÉRANT "THE CONQUEROR"

Aventures historiques de **Dick Powell**, avec John Wayne, Susan Hayward, Pedro Armendariz. États-Unis, 1956 – Couleurs – 1 h 50.

À la manière d'un western, l'histoire de Gengis Khan et de ses hordes. Le producteur Howard Hughes n'a pas lésiné sur les moyens et John Wayne a voulu le rôle dans ce qu'il voyait comme une « histoire de cow-boys ».

LES CONQUÉRANTS "THE CONQUERORS"

Film d'aventures de **William A. Wellman**, avec Richard Dix, Ann Harding, Edna May Oliver, Guy Kibbee, Donald Cook. États-Unis, 1932 – 1 h 28.

Une famille de pionniers s'installe au Nebraska, dans les années 1870, et crée une petite banque. Peu à peu, ils bâtissent un véritable empire bancaire.

LES CONQUÉRANTS "DODGE CITY"

Western de **Michael Curtiz**, avec Errol Flynn, Olivia De Havilland, Ann Sheridan, Bruce Cabot, Frank McHugh, Alan Hale, John Litel. États-Unis, 1939 – Couleurs – 1 h 44.

Après la guerre de Sécession, un ancien soldat qui conduit un troupeau vers Dodge City découvre que la ville est la proie des aventuriers. Il se fait nommer shérif.

LES CONQUÉRANTS D'UN NOUVEAU MONDE "UNCONQUERED"

Film d'aventures de **Cecil B. De Mille**, avec Gary Cooper, Paulette Goddard, Boris Karloff, Ward Bond, C. Aubrey-Smith. États-Unis, 1947 – Couleurs – 2 h 26.

Superproduction à la De Mille pour faire revivre l'Amérique du XVIIIe siècle avec ses colons luttant contre les Indiens.

LES CONQUÉRANTS SOLITAIRES

Drame de **Claude Vermorel**, avec Claire Maffei, Alain Cuny. France, 1952 (RÉ : 1949) – 1 h 32.

Au Gabon, les difficultés rencontrées par deux Blancs qui se sont donné pour tâche de secourir et d'instruire les indigènes.

LA CONQUÊTE DE L'AIR "CONQUEST OF THE AIR"

Film historique d'**Alexander Korda**, avec Laurence Olivier, Franklin Dyall, Henry Victor, Hay Petrie. Grande-Bretagne, 1936 – 1 h 11.

Dans un style quasi-documentaire, un panorama des inventions et des tentatives humaines pour conquérir le ciel.

LA CONQUÊTE DE LA PLANÈTE DES SINGES
"THE CONQUEST OF THE PLANET OF THE APES."
Film de science-fiction de **J. Lee Thompson**, d'après l'œuvre de Pierre Boulle, avec Roddy McDowall, Don Murray, Natalie Trundy. États-Unis, 1971 – Couleurs – 1 h 30.

Dans un futur indéterminé, des singes-esclaves se révoltent contre leurs maîtres. Film-parabole sur le pouvoir et le racisme. Quatrième volet de la série de LA PLANÈTE DES SINGES (Voir ce titre).

LA CONQUÊTE DE LA TERRE
"CONQUEST OF THE EARTH"
Film de science-fiction de **Sydney Hayers, Sundmund Neufeld Jr., Barry Crane**, avec Kent McCord, Barry Van Dyke, Robin Douglas. États-Unis, 1980 – Couleurs – 1 h 39.

Deux extraterrestres sont chargés de sauver la Terre des manœuvres horribles d'un peuple d'envahisseurs, venus eux aussi de la Galaxie. Le salut se trouve, bien entendu, aux États-Unis.

LA CONQUÊTE DE L'ESPACE
"CONQUEST OF SPACE"
Film de science-fiction de **Byron Haskin**, avec Walter Brooke, Eric Fleming, Phil Forster. États-Unis, 1955 – Couleurs – 1 h 20.

Une expédition humaine s'envole pour Mars en partant d'un satellite qui tourne autour de la Terre. Naïf et drôle.

LA CONQUÊTE DE L'OUEST
"HOW THE WEST WAS WON"
Western de **John Ford, George Marshall** et **Henry Hathaway**, avec Carroll Baker *(Eve Prescott)*, Henry Fonda *(Jethyro Stuart)*, Karl Malden *(Zebulon Prescott)*, Agnes Moorehead *(Rebecca Prescott)*, Gregory Peck *(Cleve Van Valen)*, George Peppard *(Zeb Rawlings)*, Debbie Reynolds *(Lilith Prescott)*, James Stewart *(Linus Rawlings)*, Eli Wallach *(Charlie Gant)*, John Wayne *(général Sherman)*, Richard Widmark *(Mike King)*, Spencer Tracy *(le narrateur)*, Lee J. Cobb, Carolyn Jones, Robert Preston. • SC : James R. Webb. • PH : William H. Daniels, Milton Krasner, Charles Lang Jr., Joseph LaShelle, Harold E. Wellman. • DÉC : Henry Grace, Don Greenwood Jr., Jack Mills. • MUS : Alfred Newman. • MONT : Harold F. Kress. États-Unis, 1962 – Couleurs – 2 h 45 (version intégrale).

L'épopée du Far West racontée en cinq parties : les pionniers ; la ruée vers l'or ; la guerre de Sécession ; le chemin de fer ; les hors-la-loi. La destinée d'une famille de pionniers sert de liaison.

◆ La Conquête de l'Ouest *est le premier film de fiction tourné en Cinérama, procédé lourd et peu satisfaisant qui sera rapidement abandonné. Le film, spectaculaire mais mal construit, souffre d'avoir été conçu avant tout pour l'exploitation de cette technique, malgré son accumulation de vedettes. Le meilleur moment du film est le segment de quinze minutes consacré à la guerre civile, superbement réalisé par John Ford.* L.A.

CONRACK "CONRACK"
Comédie dramatique de **Martin Ritt**, d'après le livre de Pat Conroy, avec Jon Voight, Hume Cronyn. États-Unis, 1974 – Couleurs – 1 h 46.

Un pédagogue arrive dans une île et essaye d'y changer le cours des choses. Malgré ses succès, il sera rappelé. L'authenticité de l'expérience renforce la générosité du propos de ce bon film.

CONSEIL DE FAMILLE
Comédie de **Costa-Gavras**, d'après le livre de Francis Ryck, avec Johnny Halliday, Fanny Ardant, Guy Marchand. France, 1985 – Couleurs – 2 h 07.

Un garçon de treize ans découvre que son père est un champion du cambriolage. Il décide de suivre la même voie, mais se heurte au veto de sa respectable famille, jusqu'au jour où...

CONSENTEMENT MUTUEL
Comédie dramatique de **Bernard Stora**, avec Richard Berry, Anne Brochet, Adrienne Winling, Jean-Claude Bouillon. France, 1994 – Couleurs – 1 h 47.

Un couple se sépare, apparemment à l'amiable. Mais le consentement mutuel n'est que de surface et l'ex-mari va entreprendre méthodiquement d'isoler sa femme pour l'acculer à la folie et récupérer l'enfant. Un « Kramer contre Kramer » très cérébral, auquel l'interprétation d'Anne Brochet apporte une dimension d'émotion bienvenue.

LA CONSÉQUENCE "DIE KONSEQUENZ"
Drame de **Wolfgang Petersen**, avec Jurgen Prochnow, Ernst Hannawald. R.F.A., 1977 – 1 h 30.

Le fils d'un gardien de prison fait la connaissance d'un détenu homosexuel et en tombe amoureux. Placé en maison de correction par son père, il finira à l'hôpital psychiatrique.

LA CONSTANTE "CONSTANS"
Drame de **Krzysztof Zanussi**, avec Tadeusz Bradecki *(Witold)*, Zofia Mrozowska *(sa mère)*, Malgorzata Zajaczkowska *(Grazyna)*, Cesary Morawski *(Stefan)*, Witold Pyrkosz *(Mariusz)*. • SC : K. Zanussi. • PH : Slawomir Idziak. • DÉC : Tadeusz Wybult, Maciej Piotrowski. • MUS : Wojciech Kilar. • MONT : Urszula Sliwinska. Pologne, 1980 – Couleurs – 1 h 38.

Witold est employé comme monteur dans une entreprise qui organise des expositions à l'étranger. Il voyage beaucoup et, alpiniste, rêve d'une expédition dans l'Himalaya. Ayant dénoncé les trafics de son chef, il est victime d'une provocation au moment de son départ pour l'Inde et ne peut quitter Varsovie. Devenu ouvrier du bâtiment, il reprend ses études de mathématiques, mais un cruel destin le guette.

◆ *D'une rectitude morale irréprochable, Witold s'attire l'hostilité de ses collègues enclins aux compromis et la haine de son chef. Zanussi dénonce une fois de plus les tares d'une société fondée sur la corruption morale, à laquelle il oppose ce juste dont l'intransigeance a quelque chose de presque mystique (sa passion de l'alpinisme comme recherche de la pureté) et dont le destin semble vouloir punir l'orgueil.* *M.MN.*

LE CONSUL HONORAIRE "THE HONORARY CONSUL"
Drame de **John Mackenzie**, d'après le roman de Graham Greene, avec Michael Caine, Richard Gere, Bob Hoskins. États-Unis, 1983 – Couleurs – 1 h 42.

Médecin en Argentine, Par recherche son père, emprisonné pour activités politiques, avec l'aide du consul honoraire.

CONTE DE LA FOLIE ORDINAIRE
"STORIE DI ORDINARIA FOLIA"
Drame de **Marco Ferreri**, d'après le roman de Charles Bukowski, avec Ben Gazzara, Ornella Muti, Tanya Lopert, Susan Tyrrell. Italie / France, 1981 – Couleurs – 1 h 48.

À Los Angeles, un poète maudit s'anéantit dans l'alcool. L'amour d'une prostituée ne le sauvera pas, ils se détruiront à deux.

CONTE DE PRINTEMPS
Comédie d'**Eric Rohmer**, avec Anne Teyssèdre, Hugues Quester, Florence Darel, Eloïse Bennett. France, 1990 – Couleurs – 1 h 52.

En l'absence de son copain, Jeanne se fait une copine dont le père est bien séduisant et qui a une petite amie que déteste sa fille... Rohmer, une fois encore, s'amuse, dans un registre mi-grave mi-léger, à parler d'amour. Toujours le même charme acide.

CONTE D'ÉTÉ
Comédie d'**Éric Rohmer**, avec Melvil Poupaud, Amanda Langlet, Aurélia Nolin, Gwenaëlle Simon. France, 1996 – Couleurs – 1 h 53.

Gaspard attend, à Dinard, Léna, qu'il a promis d'emmener à Ouessant. Mais Léna se fait attendre et Gaspard fait la connaissance de Margot, à qui il propose de venir à Ouessant à la place de Léna. Puis il fait la connaissance de Ségolène qui lui plaît encore davantage et qu'il invite aussi à venir avec lui à Ouessant. La situation se complique encore un peu plus avec l'arrivée de Léna, enfin prête à aller à Ouessant ! Gaspard louvoie, s'enferre dans les mensonges... et est finalement sauvé par le coup de téléphone d'un ami qui lui demande de venir de toute urgence à La Rochelle. Personne n'ira à Ouessant. Une histoire ténue à laquelle Éric Rohmer a su donner une grâce et un rythme inattendus.

CONTE D'HIVER
Comédie dramatique d'**Eric Rohmer**, avec Charlotte Véry *(Félicie)*, Frédéric Van Den Driessche *(Charles)*, Michel Voletti *(Maxence)*, Hervé Furic *(Loïc)*, Ava Loraschi *(Elise)*, Haydée Caillot *(Edwige)*, Jean-Claude Biette *(Quentin)*, Marie Rivière *(Dora)*. • SC : E. Rohmer. • PH : Luc Pagès. • MUS : Sébastien Erms. • MONT : Mary Stephen. France, 1992 – Couleurs – 1 h 54.

Une jeune femme a connu un jeune homme pendant les vacances. Ils se sont aimés, ont fait un enfant, mais, à la suite d'une incroyable étourderie, ne se sont pas donné la possibilité de se retrouver. La jeune femme n'a jamais vraiment pu remplacer cet amour lumineux. Elle recherche l'homme de sa vie qu'elle a une chance sur des millions de retrouver par hasard.

◆ *Ce conte d'hiver a le charme des autres comédies que Rohmer se plaît à offrir à son public, toujours fidèle, toujours avide d'écouter. Plusieurs histoires d'amour, plusieurs personnages principaux (et quelques autres, accessoires) se rencontrent, se perdent, se retrouvent. C'est le jeu des hasards, du destin, de la vie. C'est primesautier, réaliste et grave. C'est doux et poignant comme de la musique de chambre.* *G.S.*

LE CONTE DES CONTES "SKAZKA SKAZOK"
Film d'animation de **Youri Norstein**. U.R.S.S., 1968-1979 – Couleurs – 1 h 06.

Évocation des souvenirs et des images enfouis de la vie d'un artiste, à partir d'une berceuse pour enfants. Un des chefs-d'œuvre mondiaux du film d'animation.

CONTES CRUELS DE LA JEUNESSE
"SEISHUN ZANKOKU MONOGATARI"
Drame de **Nagisa Oshima**, avec Yusuke Kawazu, Miyuki Kuwano, Yoshiko Kuga, Fumio Watanabe. Japon, 1960 – Couleurs – 1 h 36.

Une jeune fille peu farouche organise avec son ami, un petit délinquant, des chantages aux automobilistes qu'elle accuse de viol. Un jour, elle se tue en sautant d'une voiture en marche tandis que son amant est battu à mort par des gangsters.

LES CONTES DE CANTERBURY
"I RACCONTI DI CANTERBURY"
Comédie de **Pier Paolo Pasolini**, d'après l'œuvre de Chaucer, avec Pier Paolo Pasolini, Hugh Griffith, Josephine Chaplin, Laura Betti. Italie/France, 1972 – Couleurs – 1 h 58. ★ OURS D'OR, **Berlin 1972.**

Des pèlerins de Saint-Thomas de Canterbury se racontent des histoires : crimes, débauches et crapuleries…

LES CONTES DE LA LUNE VAGUE APRÈS LA PLUIE "UGETSU MONOGATARI"
Film historique (jidai-geki) de **Kenji Mizoguchi**, avec Machiko Kyo *(Wakasa)*, Masayuki Mori *(Genjuro)*, Kinuyo Tanaka *(Miyagi)*, Mitsuko Mito *(Ohama)*, Sakae Ozawa *(Tobei)*. • SC : Yoshikata Yoda, Matsutaro Kawaguchi, K. Mizoguchi, d'après deux nouvelles *des Contes de la lune vague* de Akinari Ueda. • PH : Kazuo Miyagawa. • DÉC : Ito Kisaku. • MUS : Hayasaka Fumio. • MONT : M. Miyata. • PR : Daiei. Japon, 1953 – 1 h 29. ★ LION D'ARGENT, **Venise 1953.**

Au XVIe siècle, à la faveur de la guerre, deux hommes simples, un potier (Genjuro) et un paysan (Tobei, son beau-frère) tentent de réaliser leurs désirs. Genjuro veut offrir à sa femme Miyagi les plus beaux kimonos et Tobei veut devenir samouraï pour éblouir la sienne (Ohama). Les deux couples se dirigent vers la ville mais, pour fuir les brigands, voyagent sur un lac infesté de pirates. Genjuro renvoie sa femme et son enfant au village tandis qu'à la ville Tobei échappe à Ohama et prétend avoir tué un général ennemi qui vient de se faire hara-kiri et dont il a recueilli la tête. Tandis que Tobei devient une sorte de héros, Ohama est violée par des soldats et se prostitue pour survivre. Et pendant que Genjuro tombe sous le charme érotique d'une mystérieuse princesse (Wakasa), Miyagi est tuée par des soldats affamés. Tobei s'étant arrêté dans un bordel y reconnaît Ohama prostituée. Le couple se réconcilie et retourne au village. De son côté, Genjuro comprend que Wakasa n'est qu'un fantôme et reprend le chemin de chez lui, et y retrouve Miyagi et son fils. À son réveil, il comprend que sa femme est morte, mais qu'invisible, elle veille sur lui.

◆ **La violence contemplée**
Les Contes de la lune vague *sont un des premiers films japonais marquants que les festivals européens ont découverts à partir des années 50. En 1953, Kenji Mizoguchi n'a plus que trois ans à vivre et, derrière lui, une œuvre considérable. Mais au Japon, sa réputation de grand professionnel, adaptateur de classiques et surtout peintre passionné des femmes et de leurs malheurs, est grande.* Les Contes de la lune vague *est sans doute le film où l'on pénètre le mieux dans l'univers de Mizoguchi, à la fois extrêmement violent et fondamentalement contemplatif. Il place toujours sa caméra au lieu exact où l'on assiste, impuissant, à l'irréparable en train d'arriver. La mort de Miyagi, tuée presque par inadvertance d'un coup de lance par un soldat affamé, donne toute la mesure de cet art où la cruauté se double immédiatement de compassion. Mizoguchi est l'un des plus grands virtuoses du mouvement de caméra du cinéma et* les Contes *sont pleins de mouvements d'approche et de recul qui sont comme l'écho dans l'espace de ce qui se passe dans l'âme des personnages. Ce film est souvent vu comme un autoportrait du cinéaste. Car à travers l'aventure de Genjuro (l'artiste) et de Wakasa (le fantôme), Mizoguchi a réussi une peinture à la fois radieuse et sensuelle d'une passion « trop belle pour être vraie ».* *S.D.*

CONTES DES CHRYSANTHÈMES TARDIFS
"ZANGIKU MONOGATARI"
Drame de **Kenji Mizoguchi**, avec Shotaro Hanayagi *(Kikonosuke Onoe)*, Kakuo Mori *(Otoku)*, Kokichi Takada *(Fukusuke Nakamura)*. • SC : Yoshikata Yoda, Matsutaro Kawaguchi, d'après une nouvelle de Shofu Muramatsu et son adaptation théâtrale par Iwaya Sanichi. • PH : Shigeto Miki, Yozo Fuji. • DÉC : Hiroshi Mizutani. • MUS : Senj Ito, Shiro Fukai. Japon, 1939 – 2 h 23.

À la fin du XIXe siècle, un jeune acteur de kabuki, Kikonosuke Onoe, se désole de stagner dans la médiocrité et de ne pas atteindre le niveau artistique qu'il espère. Il fait la connaissance d'une jeune fille pauvre qui a son petit frère à charge, Otoku. Celle-ci l'aide de son amour et de ses conseils sans complaisance. Les parents de Kikonosuke sont hostiles à cette liaison, mais les jeunes gens décident tout de même de vivre ensemble malgré les difficultés. Nouvelle « dame aux camélias », Otoku se sacrifie pour que Kikonosuke puisse réintégrer sa famille, et, épanouissant son art, connaître la gloire. Elle meurt alors que les parents du jeune homme ont enfin accepté la situation.

◆ *Un des plus grands chefs-d'œuvre parlants de Mizoguchi, où il développa une fois de plus le thème de la femme qui se sacrifie, et systématisa, de manière plus radicale qu'il ne le fit jamais, le principe du « plan-séquence ». L'interprète du jeune acteur (lui-même vedette du kabuki spécialisé dans les rôles féminins), était, au moment du tournage, assez âgé, et ce serait pour ne pas le montrer de trop près que Mizoguchi aurait choisi un angle de prise de vues très large, associé à une mise en scène en plans prolongés, qui devait amener les interprètes à conserver le plus possible la tension de leur jeu.* *M.CH.*

LES CONTES D'HOFFMANN
"THE TALES OF HOFFMANN"
Opéra fantastique de **Michael Powell** et **Emeric Pressburger**, avec Moira Shearer, Ludmilla Tchérina, Léonide Massine, Robert Helpmann. Grande-Bretagne, 1951 – Couleurs – 2 h 07.

Des trucages et des couleurs extraordinaires illustrent l'opéra de Jacques Offenbach dans lequel un étudiant revit ses amours passées, en trois rêves où s'animent trois figures de femmes.

CONTES IMMORAUX
Film érotique de **Walérian Borowzyk**, avec Paloma Picasso, Fabrice Luchini. France, 1974 – Couleurs – 1 h 45.

De l'initiation amoureuse à l'inceste, en passant par diverses perversions et assassinats ; de belles images soignées...

LA CONTESTATION "AMORE E RABBIA"
Film à sketches de **Carlo Lizzani, Bernardo Bertolucci, Pier Paolo Pasolini, Marco Bellochio** et **Jean-Luc Godard**, avec Nino Castelnuovo, Ninetto Davoli, Tom Baker, Julian Beck et le Living Theater. Italie, 1969 – Couleurs – 1 h 30.

Cinq histoires, choisies et filmées par cinq grands cinéastes engagés, développent la confrontation entre l'idéal et la réalité.

CONTINENTAL CIRCUS
Documentaire de **Jérôme Laperrousaz**. France, 1972 (RÉ : 1969) – Couleurs – 1 h 40. ★ PRIX JEAN-VIGO 1972.

À travers la vie d'un groupe de coureurs motocyclistes qui font la tournée des grandes compétitions internationales, la carrière d'un pilote, avec ses déceptions, ses risques et ses dangers.

CONTINENT PERDU "CONTINENTE PERDUTO"
Documentaire de **Leonardo Bonzi, Mario Craveri, Enrico Gras, Francesco A. Lavagnino, Giorgio Moser**. Italie, 1954 – Couleurs – 1 h 20.

L'itinéraire suivi par l'expédition de Leonardo Bonzi, de la Chine à Bornéo en passant par Java, Bali... Prix spécial du jury pour la beauté et la poésie des images au festival de Cannes 1955.

LE CONTRAT "KONTRAKT"
Drame de **Krzysztof Zanussi**, avec Maja Komorowska, Leslie Caron, Tadeusz Lomnicki, Magda Jaroszowna. Pologne, 1980 – Couleurs – 1 h 54.

Parents et amis se retrouvent à Varsovie pour assister à un mariage. Mais la mariée s'enfuit au cours de la cérémonie et son époux part à sa poursuite.

CONTRE-ATTAQUE "COUNTERATTACK"
Film de guerre de **Zoltan Korda**, d'après la pièce de Janet et Philip Stevenson, avec Paul Muni, Marguerite Chapman, Larry Parks, George Macready. États-Unis, 1945 – 1 h 29.

Durant la Seconde Guerre mondiale, des résistants s'infiltrent au cœur du dispositif ennemi pour effectuer des sabotages.

CONTREBANDE AU CAIRE
"TIP ON A DEAD JOCKEY"
Film d'aventures de **Richard Thorpe**, avec Robert Taylor, Dorothy Malone, Gia Scala. États-Unis, 1957 – 2 h 09.

Un ancien as de l'aviation américaine est rongé par la peur et ne peut plus piloter. Pour sauver un ami en Europe, il va vivre de nombreuses aventures qui lui rendront sa confiance en lui.

LES CONTREBANDIERS DE MOONFLEET
Film d'aventures de **Fritz Lang**, avec Stewart Granger *(Jeremy Fox)*, Jon Whiteley *(John Mohune)*, George Sanders *(lord Ashwood)*, Joan Greenwood *(lady Ashwood)*, Viveca Lindfors *(Anna Minton)*. • SC : Jan Lustig, Margaret Fitts, d'après le roman de J. Meade Faulkner. • PH : Robert Planck. • DÉC : Cedric Gibbons, Hans Peters. • COST : Walter Plunkett. • MUS : Miklos Rosza. • MONT : Albert Akst. • PR : John Houseman (M.G.M.). États-Unis, 1955 – 1 h 27.

Le jeune John Mohune « se rend à Moonfleet à la recherche d'un homme qu'il croit être son ami ». L'action se passe au XVIIIe siècle, dans un paysage de criques et de landes. La mère de l'enfant envoie celui-ci auprès d'un certain Jeremy Fox afin qu'il veille sur lui. John finit par trouver l'homme et, par son obstination, se fait adopter de force. Or, Jeremy Fox, chef d'une bande de contrebandiers, est un aventurier sans scrupules et cynique qui mène une vie de plaisirs et fréquente un couple d'aristocrates totalement corrompus, lord et lady Ashwood. John Mohune, de son côté, découvre que Jeremy Fox est non seulement un contrebandier, mais l'homme dont sa mère lui avait parlé et dont elle fut sans doute aimée. Il découvre aussi qu'un de ses ancêtres, un autre John Mohune, avait trahi son roi pour un diamant, diamant qu'il se met en tête de retrouver. Après bien des péripéties, Jeremy Fox, qui commence à éprouver de l'affection pour l'enfant, se lance en compagnie de celui-ci à la recherche du diamant. Ils finissent par le trouver au fond d'un puits, mais Jeremy profite du sommeil de l'enfant pour partir avec la pierre. Il s'associe avec les Ashwood, mais change soudain d'avis, tue Ashwood qui le blesse et revient à temps pour réveiller John, lui demander de remettre le diamant au pasteur et disparaître, mortellement touché, à bord d'une barque à voile rouge.

◆ La quête de l'estime de soi

Lang fut obligé d'ajouter à cette fin qu'il aimait une scène finale plus édifiante. C'est pourquoi il ne semble pas avoir eu beaucoup de sympathie pour ce film. Pourtant, les Contrebandiers de Moonfleet *apparaissent de plus en plus comme l'un des meilleurs films de la « période américaine » de Lang et sans doute l'un des plus beaux films d'aventures jamais tournés. Il fallut attendre que les films américains de Lang soient réévalués pour qu'on sache reconnaître, outre la netteté de la construction et la stylisation hardie des décors (le film fut tourné en studio), quelque chose de l'esprit romanesque de ses premiers films allemands. Il ne s'agit surtout pas de romantisme et, même à travers le personnage du petit John Mohune (dénué de toute mièvrerie), Lang reste fidèle à sa conception* critique *du monde. Il fait de Jeremy Fox non le héros, mais le centre du film, car le noble déclassé devenu contrebandier et séducteur est l'unique personnage susceptible d'être modifié par l'histoire. L'estime de soi, sentiment nodal dans l'univers de Lang, est ce que Fox reconquiert* in extremis *à travers l'estime que lui porte l'enfant.* *S.D.*

CONTRE-PLAN "VSTREČNYJ"
Comédie dramatique de **Friedrich Ermler** et **Serguei Youtkevitch**, avec Vladimir Gardine, Maria Blioumental-Tamarina, Andrei Abrikosov. U.R.S.S., 1932 – 1 h 57.

À Leningrad, dans une usine qui fabrique des turbines, un vieil ouvrier chargé de la fabrication d'une pièce importante découvre une erreur dans les plans de l'ingénieur.

CONTRE TOUTE ATTENTE "AGAINST ALL ODDS"
Film policier de **Taylor Hackford**, d'après un roman de Geoffrey Homes, avec Rachel Ward, Jeff Bridges, James Woods, Richard Widmark. États-Unis, 1984 – Couleurs – 2 h 08.

Un homme démuni vit une idylle avec la fille de son ancienne patronne qu'il avait été chargé de retrouver. Remake actualisé du chef-d'œuvre de Jacques Tourneur *la Griffe du passé.*

CONTRE UNE POIGNÉE DE DIAMANTS
"THE BLACK WINDMILL"
Film d'espionnage de **Don Siegel**, d'après un roman de Clive Egleton, avec Michael Caine, Donald Pleasence, Delphine Seyrig. Grande-Bretagne, 1974 – Couleurs – 1 h 46.

À la suite de l'enlèvement de son fils, un agent secret se trouve mêlé à une sombre affaire de trafic d'armes.

CONTROSESSO "CONTROSESSO"
Film à sketches de **Franco Rossi**, **Marco Ferreri** et **Renato Castellani**, avec Nino Manfredi, Ugo Tognazzi. Italie, 1964 – Couleurs – 1 h 52.

Les trois sketches, assez scabreux, ont valu des ennuis aux producteurs de la part de la magistrature italienne. Celui de Ferreri croque un portrait à l'acide d'un professeur libidineux.

CONVERSATION SECRÈTE "THE CONVERSATION"
Film policier de **Francis Ford Coppola**, avec Gene Hackman *(Harry Caul)*, John Cazale *(Stan)*, Allen Garfield *(Bernie Moran)*, Frederic Forrest *(Mark)*, Cindy Williams *(Ann)*, Harrison Ford *(Martin Stett)*, Teri Garr *(Amy)*, Robert Duvall *(M.C.)*. • SC : F.F. Coppola. • PH : Bill Butler. • DÉC : Dean Tavoularis. • MUS : David Shire. • MONT : Walter Murch, Richard Chew. États-Unis, 1974 – Couleurs – 1 h 55. ★ **PALME D'OR, Cannes 1974.**

Spécialiste de la prise de son clandestine, Harry Caul espionne un jeune couple pour le compte d'un mystérieux M. C. lorsqu'il croit s'apercevoir que les jeunes gens courent un danger mortel. Il essaie désespérément de comprendre ce qui les menace et traverse une crise de conscience lorsque ses bandes sont volées. Il se rend à l'hôtel où le crime devrait avoir lieu, mais il a mal interprété ses enregistrements. Il est pris au piège.

◆ *Sorti en pleine affaire du Watergate,* Conversation secrète *décrit avec un luxe de détails la profession des « écouteurs » de l'espionnage industriel ou politique, et cette conjonction lui valut un accueil chaleureux au festival de Cannes. En fait, Coppola préparait ce film depuis 1968. L'aspect documentaire sur la technologie hyperperfectionnée de la captation du son se double d'un drame psychologique, quasi métaphysique, qui est pour Gene Hackman l'occasion d'une puissante performance.* *G.L.*

LE CONVOI "CONVOY"
Film d'aventures de **Sam Peckinpah**, avec Kris Kristofferson, Ali McGraw, Ernest Borgnine, Burt Young. États-Unis. 1978 – Couleurs – 1 h 50.

Les grands routiers américains s'unissent pour aider l'un des leurs, tracassé par la police qu'ils détestent cordialement.

CONVOI DE FEMMES "WESTWARD THE WOMEN"
Western de **William A. Wellman**, avec Robert Taylor, Denise Darcel, John McIntire, Hope Emerson. États-Unis, 1951 – 1 h 58.

Un guide est chargé de convoyer des futures épousées vers la Californie. Le courage de ces cent quarante femmes leur permettra de surmonter de multiples difficultés. Scénario de Frank Capra.

LE CONVOI DE LA PEUR "SORCERER"
Film d'aventures de **William Friedkin**, d'après le roman de Georges Arnaud, avec Roy Schneider, Bruno Crémer, Amidou, Francisco Rabal. États-Unis, 1977 – Couleurs – 2 h 01.

Un terroriste arabe, un financier français indélicat et un petit gangster américain, exilés volontaires en Amérique du Sud, se proposent pour un convoyage dangereux... Remake du *Salaire de la peur*.

LE CONVOI DES BRAVES "WAGONMASTER"
Western de **John Ford**, avec Ben Johnson *(Travis Blue)*, Harry Carey Jr. *(Sandy Owens)*, Joanne Dru *(Denver)*, Ward Bond *(Elder Wiggs)*, Charles Kemper *(Oncle Shiloh Clegg)*, Alan Mowbray *(Dr A. Locksley Hall*, Jane Darwell *(sœur Ledeyard)*. • SC : Frank S. Nugent, Patrick Ford. • PH : Bert Glennon. • DÉC : James Basevi. • MUS : Richard Hageman. • MONT : Jack Murray. États-Unis, 1950 – 1 h 26.

Deux vendeurs de chevaux, Sandy et Travis, escortent un convoi mormon en route vers l'Ouest sous la direction de l'ombrageux Elder Wiggs. Au cours de leur périple, ils rencontrent trois comédiens itinérants perdus dans le désert, dont une jeune actrice au passé ténébreux : Denver. Travis en tombe amoureux, tandis que Sandy courtise une mormone, Prudence Perkins. Un jour, le convoi est attaqué par une famille de hors-la-loi, les Clegg...

◆ Le Convoi des braves *passe pour avoir été le film favori de John Ford. Conçu durant la trilogie* Fort Apache-la Charge héroïque-Rio Grande, *sa liberté de ton, sa nonchalance, son aisance souveraine égalent celles de ses merveilleuses chroniques sudistes des années 30 :* Judge Priest, Steamboat Round the Bend. *Sur un thème linéaire et classique, Ford greffe ici une multitude d'épisodes nostalgiques, comiques, mystiques et humanistes, mettant en valeur les rites familiaux, la puissance et la solidarité d'un groupe en marche vers la Terre promise.* O.E.

LE CONVOI MAUDIT "THE OUTRIDERS"
Film d'aventures de **Roy Rowland**, avec Joel McCrea, Arlene Dahl, Barry Sullivan, Claude Jarman Jr. États-Unis, 1950 – Couleurs – 1 h 33.

Durant la guerre de Sécession, un convoi d'or est convoité par des francs-tireurs qui essaient de s'en emparer.

LE CONVOI SAUVAGE "A MAN IN THE WILDERNESS"
Film d'aventures de **Richard C. Sarafian**, avec Richard Harris, John Huston, John Bindon. États-Unis, 1971 – Couleurs – 2 h 27.

Un convoi de trappeurs traverse les territoires des Indiens, et abandonne son guide, blessé. Celui-ci, guéri, cherche d'abord à se venger. Mais, avec le temps, il pardonnera.

COOKIE "COOKIE"
Comédie de **Susan Seidelman**, avec Peter Falk, Emily Lloyd, Diane West, Brenda Vaccaro, Jerry Lewis. États-Unis, 1988 – Couleurs – 1 h 50.

Après treize ans de prison, un gangster sort, bien décidé à récupérer son magot. Mais il doit aussi reconquérir sa fille, insolente et excentrique.

COP "COP"
Film policier de **James B. Harris**, d'après le roman de James Ellroy Lune sanglante, avec James Wood, Lesley Ann Warren. États-Unis, 1987 – Couleurs – 1 h 50.

Un policier obstiné, à la personnalité complexe, enquête sur une affaire de meurtres en série où sexe et sang se mêlent en un rituel macabre. Un excellent « film noir » dominé par une composition fascinante de James Wood.

LES COPAINS
Comédie d'**Yves Robert**, d'après le roman de Jules Romain, avec Philippe Noiret, Pierre Mondy, Claude Rich, Michel Lonsdale, Guy Bedos, Christian Marin, Jacques Balutin. France, 1965 – 1 h 30.

Sept vieux camarades inséparables, grands amateurs de beuveries et de canulars, sèment un désordre monstre dans deux paisibles sous-préfectures. Un film joyeusement anarchiste et anticlérical, pour lequel Georges Brassens créa la chanson « les Copains d'abord ».

LES COPAINS D'ABORD "The Big Chill"
Comédie dramatique de **Lawrence Kasdan**, avec Tom Berenger, Glenn Close, Jeff Goldblum, William Hurt, Kevin Kline. États-Unis, 1983 – Couleurs – 1 h 44.

D'anciens copains de faculté se retrouvent au bout de quinze ans à l'occasion de l'enterrement d'un des leurs. Un portrait doux-amer de la génération de l'après-guerre du Viêt Nam.

COPIE CONFORME
Comédie policière de **Jean Dréville**, avec Louis Jouvet, Suzy Delair, Jean-Jacques Delbo, Annette Poivre, Léo Lapara, Henry Charrett, Madeleine Suffel. France, 1947 – 1 h 45.

Un voleur se sert d'un modeste représentant dont il est le sosie pour réussir des vols sensationnels. Mais le second parvient à séduire la maîtresse du premier qui sera abattu par ses propres hommes, abusés par la ressemblance.

COPLAN AGENT SECRET FX 18
Film d'espionnage de **Maurice Cloche**, avec Ken Clark, Jany Clair, Jacques Dacqmine. France/Italie/Espagne, 1964 – Couleurs – 1 h 37.

Un espion a été tué à Rome. Coplan intervient et met en échec une redoutable bande. Un « Coplan » de série, agréable sans originalité, hormis une scène de torture dans un pressoir à huile...

COPLAN SAUVE SA PEAU
Film d'espionnage d'**Yves Boisset**, d'après un roman de Paul Kenny, avec Claudio Brook, Margaret Lee, Jean Servais, Bernard Blier. France, 1968 – Couleurs – 1 h 30.

Venu à Istanbul porter secours à une amie, Coplan se retrouve engagé dans une lutte à mort contre le savant fou...

▷ Autres aventures du même héros : ACTION IMMÉDIATE, de **Maurice Labro**, avec Henri Vidal, Barbara Laage, Nicole Maurey. France, 1957 – 1 h 45. COPLAN PREND DES RISQUES, de **Maurice Labro**, avec Dominique Paturel, Virna Lisi, Jacques Balutin. France/Italie, 1964 – Couleurs – 1 h 45. COPLAN FX 18 CASSE TOUT "Agente 777 missione Summergame", de **Riccardo Freda**, avec Richard Wyler, Jany Clair, Jacques Dacqmine. Italie/Espagne/France, 1965 – Couleurs – 1 h 35. COPLAN OUVRE LE FEU À MEXICO "Entre las redes", de **Riccardo Freda**, avec Lang Jeffries, Sabine Sun, Silvia Solar. Espagne/Italie/France, 1967 – Couleurs – 1 h 30.

LA COQUELUCHE
Comédie de **Christian Paul Arrighi**, avec Pierre Richard, Claude Piéplu. France, 1969 – Couleurs – 1 h 30.

Un employé des wagons-lits n'arrive pas à se débarrasser du coq qu'on lui a offert et qu'il emporte même à son travail...

LA COQUELUCHE DE PARIS "The Rage of Paris"
Comédie de **Henry Koster**, avec Danielle Darrieux, Douglas Fairbanks Jr., Louis Hayward, Mischa Auer, Helen Broderick, Harry Davenport. États-Unis, 1938 – 1 h 18.

À New York, une danseuse française sans le sou se fiance à un milliardaire. Ils rompent rapidement, mais elle fera une nouvelle conquête sur le bateau qui la ramène en France.

LA COQUILLE ET LE CLERGYMAN
Film d'avant-garde de **Germaine Dulac**, sur un scénario d'Antonin Artaud, avec Alex Alin. France, 1928 – 600 m (env. 22 mn).

Un clergyman amoureux d'une beauté romantique triomphe de son rival, mais ne parvient pas à dominer ses complexes. Lors de sa première, le film fut très mal accueilli par Antonin Artaud qui s'estimait trahi dans son propos.

CORALIE ET CIE
Comédie dramatique d'**Alberto Cavalcanti**, avec Françoise Rosay, Josette Day, Jeanne Helbling, Robert Burnier, Catherine Hessling, Pierre Bertin. France, 1933 – 1 h 30.

Une honorable couturière de province transforme une partie de ses salons en de discrets refuges pour amours illégitimes.

LE CORBEAU "The Raven"
Film d'épouvante de **Lew Landers**, d'après les nouvelles d'Edgar Poe *le Corbeau* et *le Puits et le Pendule*, avec Boris Karloff, Bela Lugosi, Irene Ware, Lester Matthews. États-Unis, 1935 – 1 h 02.

Un neurologue sadique attire des amis dans sa maison pour les faire supprimer par son monstre.

LE CORBEAU
Drame d'**Henri-Georges Clouzot**, avec Pierre Fresnay *(Dr Germain)*, Ginette Leclerc *(Denise)*, Pierre Larquey *(Dr Vorzet)*, Micheline Francey *(Laura Vorzet)*, Antoine Balpêtré *(Dr Delorme)*, Louis Seigner *(Dr Bertrand)*, Noël Roquevert *(Saillens)*, Pierre Bertin *(le sous-préfet)*, Héléna Manson *(Marie Corbin)*, Roger Blin *(le cancéreux)*, Sylvie *(la mère du cancéreux)*, Jeanne Fusier-Gir *(la mercière)*, Liliane Maigné *(Rolande)*. • SC : Louis Chavance. • PH : Nicolas Hayer. • DÉC : André Andrejew. • MUS : Tony Aubin. • MONT : Marguerite Beaugé. • PR : Raoul Ploquin (Continental Films). France, 1943 – 1 h 33.

Une petite ville de province est perturbée par une multiplication de lettres anonymes signées

« Le Corbeau ». Le Dr Rémi Germain, ombrageux et mal vu des bien-pensants, en est la première cible : il est accusé de pratiquer des avortements et d'être l'amant de Laura Vorzet, épouse du psychiatre de l'hôpital. Tour à tour, le médecin-chef puis l'économe sont attaqués par le « Corbeau ». La rumeur publique s'en prend à l'infirmière Marie Corbin, à qui son abord revêche a valu bien des inimitiés. Germain devient l'amant de Denise, une jeune femme boiteuse à l'esprit libre, suscitant la jalousie ambiguë d'une adolescente, Rolande. Les notables se réunissent et conviennent qu'il faut chasser Germain, l'étranger... Mais le Dr Vorzet, prônant les méthodes scientifiques, organise une longue dictée, imposée à tous les suspects pour démasquer l'anonymographe. Un malade de l'hôpital apprend par une lettre du « Corbeau » qu'il est atteint d'un cancer du foie et se tranche la gorge. Sa mère décide de le venger ; elle découvrira l'identité du « Corbeau » en même temps que le Dr Germain...

◆ Une fable cynique

Un scénario remarquable (inspiré d'un fait divers d'avant-guerre, l'affaire de Tulle), des dialogues percutants (les textes des lettres du « Corbeau » sont d'un langage imagé inimitable !), une interprétation brillante où l'on retrouve tous les grands « seconds rôles » du cinéma français des années 40 : le Corbeau *est un indiscutable chef-d'œuvre. Ce qui ne l'a pas empêché d'être interdit à la Libération pour avoir été produit par la firme allemande Continental Films. Circonstance aggravante, mais jamais vérifiée, il aurait été distribué en Allemagne sous le titre* Une petite ville française, *participant ainsi à une propagande insultante. En réalité, Clouzot s'en prend dans* le Corbeau *à la contagion de la délation, dont on sait qu'elle fut une triste réalité pendant l'occupation allemande... C'est donc plutôt son réalisme psychologique qui a dérangé : on n'avait pas l'habitude d'une telle noirceur, à l'époque, ni du cynisme déployé par Clouzot à travers les propos de ses principaux personnages. Autour d'un Pierre Fresnay désabusé, Pierre Larquey, Antoine Balpêtré, Louis Seigner, Noël Roquevert ou Pierre Bertin ont trouvé dans* le Corbeau, *pour une fois, des rôles à leur mesure. La scène où Larquey expose sa théorie sur la relativité du bien et du mal en faisant balancer une ampoule électrique prend une valeur symbolique qui résume bien, au-delà des croquis pittoresques, la morale de la fable de Clouzot.* *G.L.*

▷ **Otto Preminger** a réalisé un remake intitulé THE THIRTEENTH LETTER, avec Charles Boyer, Linda Darnell, Constance Smith, Michael Rennie, Françoise Rosay. États-Unis, 1951 – 1 h 25

LE CORBEAU "THE RAVEN"

Comédie fantastique de **Roger Corman**, avec Vincent Price, Peter Lorre, Boris Karloff. États-Unis, 1963 – Couleurs – 1 h 26.

Querelles de sorciers au XVe siècle. L'un a été transformé en corbeau, l'autre est à la recherche de sa femme, le troisième est le méchant. Avec les interprètes habituels du genre, Corman a joué cette fois sur le registre de la parodie.

CORBEAUX ET MOINEAUX "WUYA YU MAQUE"

Drame de **Zheng Junli**, avec Zhao Dan *(Petit Boss)*, Sun Daolin *(Hua)*, Shangguan Yunzhu *(sa femme)*, Li Tianji *(Hou)*, Huang Zhongying *(Yu)*. • SC : Chen Baichen. • PH : Miao Zhenhua, Hu Zhenhua. • DÉC : Ding Chen. • MUS : Wang Yunjie. • MONT : Wu Tingfang. Chine, 1949 – 1 h 56.

À Shanghai, en 1948, l'instituteur Hua, locataire de Hou, personnalité du Guomindang qui vit avec sa maîtresse Yu, apprend que le propriétaire cherche à vendre son immeuble afin de fuir à Taiwan devant l'avance des troupes communistes. Avec sa femme et les autres locataires, dont le colporteur Petit Boss, il cherche à empêcher l'expulsion qui les menace. À l'approche de l'Armée rouge, Hou est pris de panique et s'enfuit avec sa maîtresse.

◆ *Tourné en 1948, le film était en avance sur les événements, et le script fourni aux autorités du Guomindang était faux : quand celles-ci s'aperçurent de la supercherie, elles interdirent le film, qui ne fut terminé qu'en septembre 1949 sur un scénario encore plus engagé. Réalisé en plein bouleversement politique sous un titre métaphorique, le film évoque les difficultés économiques et les persécutions policières des derniers mois avant la Libération.* *M.MN.*

LE CORBILLARD DE JULES

Comédie de **Serge Penard**, avec Aldo Maccione, Francis Perrin, Jean-Marc Thibault. France, 1982 – Couleurs – 1 h 37.

Lorraine, 1944. Un homme saute sur une mine. Ses trois camarades et son père rapatrient son corps à Alençon. Et l'on apprend un certain nombre de choses sur la France des années noires...

LA CORDE "ROPE"

Drame d'**Alfred Hitchcock**, avec James Stewart *(Rupert Cadell)*, Farley Granger *(Philip)*, John Dall *(Brandon)*. • SC : Arthur Laurents, d'après la pièce de Patrick

Hamilton. • PH : Joseph Valentine, William V. Skall. • DÉC : Perry Ferguson. • MUS : Leo F. Forbstein, d'après Francis Poulenc. • MONT : William H. Ziegler. États-Unis, 1948 – Couleurs – 1 h 20.

Brandon et Philip viennent d'assassiner un camarade et cachent le corps dans un coffre de leur appartement où un cocktail est offert aux parents et amis de la victime. Peu à peu, leur ancien professeur, Rupert Cadell, pressent la vérité et comprend avec horreur que ce crime gratuit s'inspirait de ses propres théories élitistes.

◆ *La technique du « Ten Minutes Take », le plan-séquence prolongé, donnant l'illusion d'une totale continuité, accentue un double suspense : comment Rupert découvrira-t-il le cadavre ? Jusqu'où ira la provocation de Brandon ? Réalisé au moment des procès des grands criminels nazis,* la Corde *s'attaque non seulement à une idéologie d'inspiration nietzschéenne, mais à un dandysme intellectuel coupé de la réalité, à travers l'image parfaite que donne Rupert de l'intellectuel cultivé qui jongle avec les idées, et les conséquences sur des esprits faibles jouant aux « surhommes ».* *J.M.*

LA CORDE EST PRÊTE "STAR IN THE DUST"

Film d'aventures de **Charles Haas**, avec John Agar, Mamie Van Doren, Richard Boone. États-Unis, 1956 – Couleurs – 1 h 20.

Dans une petite ville de l'Ouest américain, un conflit d'intérêt éclate entre fermiers et éleveurs.

LA CORDE RAIDE "TIGHTROPE"

Film policier de **Richard Tuggle**, avec Clint Eastwood, Geneviève Bujold. États-Unis, 1984 – Couleurs – 1 h 55.

L'inspecteur Wes Block est partagé entre ses deux petites filles et une enquête épineuse sur des meurtres de prostituées. Un film noir remarquable.

CORENTIN OU LES INFORTUNES CONJUGALES

Comédie de **Jean Marbœuf**, avec Roland Giraud, Muriel Brener, Andréa Ferréol, Patrick Chesnay. France, 1988 – Couleurs – 1 h 39.

En 1657, un riche boucher, accusé d'impuissance par sa jeune épouse, doit faire la preuve de sa virilité.

CORNERED "CORNERED"

Film policier d'**Edward Dmytryk**, avec Dick Powell, Walter Slezak, Micheline Cheirel, Nina Vale. États-Unis, 1945 – 1 h 42.

Après la guerre, un ex-officier canadien poursuit les criminels de guerre nazis. Excellent suspense écrit par John Paxton, d'après une histoire de John Wexley.

LE CORNIAUD

Comédie de **Gérard Oury**, avec Bourvil, Louis de Funès, Venantino Venantini, José-Luis de Vilallonga. France/Italie, 1965 – Couleurs – 1 h 30.

Le jour de son départ en vacances, la 2 CV d'Antoine Maréchal tombe en pièces lors d'un accrochage avec la Rolls d'un certain Saroyan, « homme d'affaires ». En dédommagement, ce dernier lui fournit une Cadillac, qu'il doit conduire en Italie. À son insu, le naïf véhicule ainsi de l'or et de la drogue... Un monument du cinéma comique français.

CORPS À CŒUR

Comédie dramatique de **Paul Vecchiali**, avec Hélène Surgère *(Jeanne-Michèle)*, Nicolas Silberg *(Pierre)*, Madeleine Robinson *(la mère)*, Myriam Mézières *(Mélinda)*, Béatrice Bruno *(Emma)*, Christine Murillo *(Anna)*. • SC : Paul Vecchiali. • MONT : Paul Vecchiali. • PH : Georges Strouvé. • DÉC : Ronaldi Abreu. • MUS : Gabriel Fauré, Roland Vincent. France, 1979 – Couleurs – 2 h 06.

Un garagiste du Kremlin-Bicêtre, Pierre, bellâtre un peu primaire mais néanmoins épris de musique classique, tombe éperdument amoureux d'une femme blonde entrevue lors d'un concert où l'on donne le fameux *Requiem* de Fauré. C'est le bouleversement de sa vie. Il fait tout pour que la dame cède aux requêtes pressantes de son amour. Jeanne-Michèle, qui se dit condamnée par un mal incurable, accepte de tenter l'aventure de la passion. Ils auront trois mois d'amour fou...

◆ *Si l'on néglige les seconds rôles quelque peu conventionnels, hérités du cinéma-français-de-qualité-des-années 30, le film force l'attention par le ton d'absolue sincérité qui est le sien. Cette sincérité est au service d'une grande qualité d'émotion et de sensibilité, avec des scènes très périlleuses, mais admirablement réussies.* *D.C.*

LE CORPS CÉLESTE "THE HEAVENLY BODY"

Comédie d'**Alexander Hall**, d'après une histoire de Jack Terry, avec William Powell, Hedy Lamarr, James Craig. États-Unis, 1943 – 1 h 35.

L'épouse d'un professeur d'astronomie, trop absorbé pour s'occuper d'elle, est sous l'influence des prédictions d'une célèbre astrologue. Elle rencontre – comme prévu – un bel étranger.

LE CORPS DE DIANE

Drame de **Jean-Louis Richard**, d'après le roman de François Nourissier, avec Jeanne Moreau, Charles Denner, Élisabeth Wiener. France, 1969 – Couleurs – 1 h 35.

Julien aime Diane d'un amour si possessif et si jaloux qu'il en viendra à vouloir leur mort commune.

LE CORPS DE MON ENNEMI

Film policier d'**Henri Verneuil**, avec Jean-Paul Belmondo, Marie-France Pisier, Bernard Blier, Daniel Ivernel, René Lefèvre, François Perrot. France, 1976 – Couleurs – 2 h.

L'industriel Liégard règne sur une petite ville du Nord. Un tenancier de boîte de nuit, inculpé à tort dans un double meurtre, découvrira à sa sortie de prison que Liégard est l'instigateur du règlement de comptes.

CORPS ET BIENS

Drame de **Benoît Jacquot**, d'après le roman de James Gunn *Tendre Femelle*, avec Dominique Sanda, Lambert Wilson, Danielle Darrieux, Jean-Pierre Léaud. France, 1986 – Couleurs – 1 h 40.

La directrice d'une pension au bord de mer décide de venger son amie, égorgée par un amant de passage. Celui-ci réussira à lui échapper quelque temps, jusqu'à ce que l'amour le trahisse.

LE CORPS ET LE FOUET "La frusta e il corpo"

Film d'épouvante de **John M. Old [Mario Bava]**, avec Christopher Lee, Daliah Lavi, Tony Kendall. Italie, 1965 – Couleurs – 1 h 30.

Deux frères ennemis se disputent l'héritage de leur père ; une atmosphère d'épouvante envahit bientôt le sombre château familial.

CORPS PERDUS

Film fantastique d'**Eduardo de Gregorio**, avec Laura Morante, Tchéky Karyo, Gerardo Romano, Georges Claisse. France, 1989 – Couleurs – 1 h 35.

Un expert vient à Buenos Aires authentifier une toile découverte par la petite-fille d'une cantatrice dont le peintre était amoureux. Le tableau fait apparaître son portrait, sosie de la jeune Laura.

LES CORPS SAUVAGES "Look Back in Anger"

Comédie dramatique de **Tony Richardson**, d'après la pièce de John Osborne, avec Richard Burton, Claire Bloom, Mary Ure. Grande-Bretagne, 1959 – 1 h 41.

Âpre climat pour deux jeunes époux qui souffrent de la médiocrité de leur existence.

CORRESPONDANT 17

"Foreign Correspondent"

Film d'espionnage d'**Alfred Hitchcock**, avec Joel McCrea, Laraine Day, Herbert Marshall, George Sanders. États-Unis, 1940 – 1 h 59.

Un journaliste américain se rend en Hollande en 1939 et découvre un réseau d'espionnage. Hitchcock tente ouvertement d'intéresser les Américains à la guerre qui secoue l'Europe.

LA CORRIDA DE LA PEUR "The Brave Bulls"

Film d'aventures de **Robert Rossen**, d'après le roman de Tom Lea, avec Mel Ferrer, Miroslava, Anthony Quinn. États-Unis, 1951 – 1 h 48.

L'histoire d'un célèbre matador mexicain tenaillé par la peur. Avec toute l'atmosphère des courses de taureaux.

LE CORRUPTEUR "The Night Comers"

Drame de **Michael Winner**, d'après le roman de Henry James *le Tour d'écrou*, avec Marlon Brando, Stephanie Beacham, Thora Hird. États-Unis, 1971 – Couleurs – 1 h 39.

Dans une demeure anglaise du siècle dernier, deux jeunes orphelins s'initient au mal en observant les agissements du palefrenier.

▷ Voir aussi LES INNOCENTS.

LES CORRUPTEURS "They Only Kill Once"

Film policier de **Brian G. Hutton**, d'après un roman de Robert Wilder, avec David McCallum, Telly Savalas. États-Unis, 1968 – Couleurs – 1 h 29.

Un policier se mêle aux gangsters et aux trafiquants pour enrayer leur action. Intrigue classique, développée sans temps mort.

LA CORRUPTION "La corruzione"

Drame de **Mauro Bolognini**, avec Rosanna Schiaffino, Alain Cuny, Jacques Perrin, Isa Miranda. Italie, 1965 – 1 h 25.

À peine sorti du collège, un jeune homme idéaliste découvre la vie, les adultes, leur corruption, leurs reniements.

LA CORRUPTION, L'ORDRE ET LA VIOLENCE

"The Glass House"

Drame de **Tom Gries**, d'après le roman de Truman Capote et Wyatt Cooper, avec Alan Alda, Vic Morrow, Clu Gulager. États-Unis, 1972 – Couleurs – 1 h 30.

Un gardien, un adolescent accusé de trafic de drogue et un professeur soupçonné de meurtre affrontent la corruption et la cruauté en prison. Un film tourné pour la télévision.

LE CORSAIRE ROUGE "The Crimson Pirate"
Film d'aventures de **Robert Siodmak**, avec Burt Lancaster, Eva Bartok, Nick Cravat. États-Unis, 1952 – Couleurs – 1 h 44.

Au XVIIIe siècle, dans la mer des Caraïbes, les aventures d'un capitaine corsaire. Burt Lancaster dans de spectaculaires actions non dénuées d'humour. Un modèle du genre.

LES CORSAIRES DE LA TERRE "Wild Harvest"
Film d'aventures de **Tay Garnett**, avec Alan Ladd, Dorothy Lamour, Robert Preston. États-Unis, 1947 – 1 h 32.

Aventures truffées de bagarres pour le classique « triangle » amoureux, ici au milieu des moissonneuses-batteuses.

COSA NOSTRA "The Valachi Papers"
Film policier de **Terence Young**, d'après le livre de Peter Maas, avec Charles Bronson, Fred Valleca, Walter Chiari. Italie / France, 1972 – Couleurs – 2 h 07.

Confession d'un mafioso incarcéré, qui raconte à la police sa carrière et ce qu'il sait du « syndicat du crime ».

CÔTÉ CŒUR, CÔTÉ JARDIN
Drame de **Bertrand Van Effenterre**, avec Bérangère Bonvoisin, Julie Jézéquel. France, 1984 – Couleurs – 1 h 30.

Une universitaire en proie au désarroi part se resourcer chez son père en Bourgogne où elle fait d'inattendues rencontres.

LA CÔTE D'ADAM
Chronique de **Viatcheslav Krichtofovitch**, avec Inna Tchourikova, Elena Bogdanova, Svetlana Riabova. U.R.S.S., 1990 – Couleurs – 1 h 15.

Amours, chagrins et difficultés quotidiennes de trois femmes dans le Moscou de la perestroïka.

LA CÔTE D'AMOUR
Comédie dramatique de **Charlotte Dubreuil**, avec Danièle Delorme, Mario Adorf. France, 1982 – Couleurs – 1 h 32.

Un homme et une femme, la cinquantaine, sont attirés l'un vers l'autre. Un film délicat, sur un sujet difficile.

COTE 465 "Men in War"
Film de guerre d'**Anthony Mann**, avec Robert Ryan *(Mark Benson)*, Aldo Ray *(Sgt Montana)*, Robert Keith *(le colonel)*, Philip Pine *(Riordan)*, Nehemiah Persoff *(Lewis)*, James Edwards *(Killian)*. • SC : Philip Yordan, d'après le roman de Van Praag *Day Without End*. • PH : Ernest Haller. • DÉC : Frank Sylos. • MUS : Elmer Bernstein. • MONT : Richard C. Meyer. États-Unis, 1957 – 1 h 44.

1950, en Corée. Une section encerclée par l'ennemi doit rejoindre la cote 465, une colline supposée restée aux mains des Américains. La marche est difficile face à un adversaire invisible. La section est rejointe par une jeep, bien utile, avec à son bord un sergent qui convoie un officier paralysé. Malgré les dangers, le conflit entre les deux groupes s'exacerbe, jusqu'à l'arrivée devant la colline. Les hommes découvrent qu'elle est tenue par des Coréens et s'unissent finalement pour l'assaut.

◆ *Anthony Mann est surtout connu pour une série de magnifiques westerns, mais il a réussi là un admirable film sur la guerre. Les personnages autour desquels s'articule l'action sont impressionnants, en particulier le sergent chargé de l'officier paralysé, figure hallucinante d'un militarisme forcené. Le sentiment d'un espace clos, encore plus étouffant que dangereux, accroît la tension due aux événements et donne à chaque détail – images, mais sons aussi – une intensité rare. L'approche de la colline rend ainsi de façon insoutenable l'horreur de la guerre : envoi en éclaireur d'un prisonnier coréen tout de suite abattu, puis exécution immédiate par le sergent de trois soldats apparemment américains qui se révèlent être des Coréens déguisés en G.I. C'est un film fort.* J.-M.C.

LE COTTAGE ENCHANTÉ
"The Enchanted Cottage"
Comédie sentimentale de **John Cromwell**, d'après la pièce d'Arthur Wing Pinero, avec Dorothy McGuire, Robert Young, Herbert Marshall. États-Unis, 1945 – 1 h 31.

Dans un vieux cottage au pouvoir magique, un homme et une femme disgraciés se voient avec les yeux de l'amour.

COTTON CLUB "The Cotton Club"
Chronique musicale de **Francis Ford Coppola**, avec Richard Gere, Gregory Hines, Diane Lane. États-Unis, 1984 – Couleurs – 2 h 08.

Les vies parallèles d'un danseur de claquettes noir et d'un trompettiste blanc lié à la pègre. Une brillante reconstitution des années 30 et de la plus célèbre boîte à jazz de Harlem.

LA COULEUR DE L'ARGENT
"The Color of Money"
Comédie dramatique de **Martin Scorsese**, avec Paul Newman, Tom Cruise. États-Unis, 1986 – Couleurs – 1 h 59.

Eddie, professionnel du billard sur le retour et ex-arnaqueur de renom, défie Vincent, un jeune prodige. Vingt-cinq ans après L'ARNAQUEUR (Voir ce titre), une réflexion sur la passion du jeu.

LA COULEUR POURPRE "THE COLOR PURPLE"
Drame de **Steven Spielberg**, d'après le roman d'Alice Walker, avec Danny Glover, Whoopie Goldberg, Margaret Avery. États-Unis, 1985 – Couleurs – 2 h 35.

Deux sœurs noires américaines ont été séparées par le destin. L'une est devenue une victime de toutes les oppressions, jusqu'au moment où elle se révolte avec l'aide d'amies blanches.

LA COULEUR QUI TUE "GREEN FOR DANGER"
Film policier de **Sydney Gilliat**, d'après un roman de Christianna Brand, avec Sally Gray, Trevor Howard, Rosamund John, Alastair Sim, Leo Genn. Grande-Bretagne, 1946 – 1 h 31.

Londres 1944. Pendant les bombardements de V 1, malades et infirmières d'un hôpital meurent dans des conditions inexplicables. Un inspecteur de Scotland Yard démasque le coupable.

LES COULISSES DU POUVOIR "POWER"
Comédie dramatique de **Sidney Lumet**, avec Richard Gere, Julie Christie, Gene Hackman, Kate Capshaw, Denzel Washington. États-Unis, 1986 – Couleurs – 1 h 51.

Un conseiller en publicité électorale s'occupe de plusieurs candidats. Pressions, menaces, le dessous des cartes se révèle. David Himmelstein a tiré le scénario de son expérience auprès de nombreux hommes politiques à travers le monde.

COUNTRY (LES MOISSONS DE LA COLÈRE) "COUNTRY"
Drame de **Richard Pearce**, avec Jessica Lange, Sam Shepard. États-Unis 1984 – Couleurs – 1 h 49.

La dure vie de Gil et Jewell, fermiers du Middle West guettés par la crise, ligotés par leurs emprunts, menacés par les catastrophes météorologiques.

COUNTRYMAN "COUNTRY MAN"
Film d'aventures de **Dickie Jobson**, avec Hiram Keller, Kristina St-Clair. Grande-Bretagne, 1981 – Couleurs – 1 h 43.

À la Jamaïque, en période électorale, un accident d'avion jette un pêcheur local dans une sombre intrigue politico-internationale.

LE COUPABLE
Drame de **Raymond Bernard**, d'après le roman de François Coppée, avec Pierre Blanchar, Gabriel Signoret, Madeleine Ozeray, Marguerite Moréno, Junie Astor. France, 1936 – 1 h 47.

Un haut magistrat qui a eu un enfant illégitime est amené, un jour, à requérir contre ce fils qu'il a toujours voulu ignorer. Libérant sa conscience, il demande le châtiment pour lui-même.

▷ Autre version réalisée par : **André Antoine**, avec Romuald Joubé, Grétillat, René Rocher, Sylvie, Sephora Mossé, Léon Bernard, Mona Gondre. France, 1917 – env. 1 800 m (env. 1 h 02).

LES COUPABLES "PROCESSO ALLA CITTÀ"
Comédie dramatique de **Luigi Zampa**, avec Amedeo Nazzari, Silvana Pampanini, Mariella Lotti, Franco Interlenghi. Italie, 1952 – 1 h 39.

Au début du siècle, à Naples, la lutte impitoyable que livre un juge d'instruction aux dirigeants de la Camorra, la maffia locale.

COUP DE CŒUR "ONE FROM THE HEART"
Comédie de **Francis Ford Coppola**, avec Frederic Forrest, Terri Garr, Raul Julia, Nastassja Kinski. États-Unis, 1982 – Couleurs – 1 h 47.

Lors du cinquième anniversaire de leur rencontre, Hank et Frannie se séparent. Après des passades parallèles, ils se retrouveront.

COUP DE FEU DANS LA NUIT
Drame de **Robert Péguy**, d'après une pièce d'Eugène Brieux, avec Mary Morgan, Henri Rollan, Jean Debucourt, Nane Germon. France, 1943 – 1 h 27.

Une femme est accusée du meurtre de son mari, un homme jaloux et brutal. Bien qu'il la sache coupable, l'ami avocat de la défense réussit à la faire acquitter et l'épouse.

▷ Autre version réalisée par : **Gaston Ravel**, intitulée L'AVOCAT, avec Miralès, Rolla-Norman, Sylvio de Pedrelli. France, 1925 – env. 1 200 m (env. 44 mn).

COUP DE FOUDRE
Comédie dramatique de **Diane Kurys**, avec Miou-Miou, Isabelle Huppert, Guy Marchand, Robin Renucci, Jean-Pierre Bacri, Patrick Bauchau. France, 1983 – Couleurs – 1 h 53.

Insatisfaites en ménage, Léna et Madeleine se prennent l'une pour l'autre d'une amitié fervente qui bouleverse leur vie. L'auteur fait revivre avec sensibilité les années 50 de ses parents.

COUP DE FOUET EN RETOUR "BACKLASH"
Western de **John Sturges**, avec Richard Widmark, Donna Reed, William Campbell. États-Unis, 1956 – Couleurs – 1 h 24.

Les Apaches ont massacré des chercheurs d'or. Le fils de l'un, la veuve d'un autre recherchent qui son père qui le butin.

LE COUP DE GRÂCE

Drame de **Jean Cayrol** et **Claude Durand**, avec Danielle Darrieux, Michel Piccoli, Emmanuelle Riva. France / Canada, 1966 – 1 h 40.

Un homme revient à Bordeaux où il dénonça jadis plusieurs centaines de résistants. Étrange vengeance à retardement.

LE COUP DE GRÂCE "DER FANGSCHUSS"

Drame de **Volker Schlöndorff**, d'après le roman de Marguerite Yourcenar, avec Matthias Habich, Margarethe von Trotta, Rüdiger Kirschstein, Mathieu Carrière. R.F.A. / France, 1976 – 1 h 35.

Dans les Pays baltes, après la révolution russe, deux officiers prussiens se retrouvent dans le château habité par la sœur de l'un d'eux. Par provocation et parce qu'elle aime l'ami de son frère, la jeune fille s'enfuit. Retrouvée aux côtés des partisans, elle sera exécutée par l'homme qu'elle aime.

LE COUP DE L'ESCALIER

"ODDS AGAINST TOMORROW"

Film policier de **Robert Wise**, avec Harry Belafonte *(Johnny Ingram)*, Robert Ryan *(Earl Slater)*, Gloria Grahame *(Helen)*, Shelley Winters *(Lorry)*, Ed Begley *(Dave Burke)*. • SC : John O. Killens, Nelson Gidding, d'après le roman de William P. McGivern. • PH : Joseph Brun. • MUS : John Lewis. États-Unis, 1959 – 1 h 36.

Un hold-up de banque est concocté par un ancien policier destitué, un gangster raciste et un chanteur noir, ce dernier y étant contraint par un chantage. Le hold-up, tournant mal, laisse face à face le Noir et le raciste. Après une poursuite dans les escaliers d'une usine à gaz, les deux hommes périssent carbonisés dans un monstrueux incendie.

◆ *Un policier que son scénario, illustrant de manière primaire des intentions morales (montrer l'absurdité du racisme), a rendu quelque peu désuet, mais qui manifeste toujours les qualités de conteur de son metteur en scène, lequel sut traverser avec probité différents genres, comme la science-fiction, le film noir ou l'aventure.* *M.CH.*

LE COUP DE SIROCCO

Comédie d'**Alexandre Arcady**, avec Roger Hanin, Marthe Villalonga, Michel Auclair. France, 1979 – Couleurs – 1 h 40.

Les Narboni, qui vivaient en Algérie, sont contraints par les événements de venir en France. Un des premiers films traitant, avec humour, du retour des pieds-noirs.

COUP D'ÉTAT "KAIGEN REI"

Drame historique de **Yoshishige Yoshida**, avec Rentaro Mikuni, Yasuyo Matsumura. Japon, 1973 – 1 h 50.

En 1935, l'écrivain théoricien de droite Kita Ikki influence de jeunes officiers qui préparent un coup d'État, mais ils se heurtent à d'autres factions de l'armée.

COUP DE TÊTE

Comédie satirique de **Jean-Jacques Annaud**, avec Patrick Dewaere, France Dougnac, Jean Bouise, Michel Aumont. France, 1979 – Couleurs – 1 h 30.

À Trincamp, tout est football. François Perrin, joueur de réserve, bouscule la vedette de l'équipe ; il est évincé, et même jeté en prison, jusqu'à ce qu'on ait besoin de lui...

COUP DE TORCHON

Comédie dramatique de **Bertrand Tavernier**, d'après le roman de Jim Thomson *1 275 Âmes*, avec Philippe Noiret, Isabelle Huppert, Jean-Pierre Marielle, Stéphane Audran, Eddy Mitchell. France, 1981 – Couleurs – 2 h 08.

L'unique policier français d'un petit village du Sénégal colonisé est un être faible et dominé, jusqu'au jour où il se réveille. Sa violence sera aussi excessive que sa soumission.

COUP DOUBLE "TOUGH GUYS"

Comédie de **Jeff Kanew**, avec Kirk Douglas, Burt Lancaster. États-Unis, 1986 – Couleurs – 1 h 43.

Trente ans après l'attaque d'un convoi fédéral, deux « pros » sexagénaires récidivent. Récit de l'échec d'une tentative de réinsertion, doublé d'un regard tendre sur la vieillesse.

LE COUP DU BERGER

Court métrage de **Jacques Rivette**, avec Virginie Vitry, Jean-Claude Brialy, Étienne Loinod *(Jacques Doniol-Valcroze)*, Anne Doat. France, 1956 – 25 mn.

Une femme ayant reçu en cadeau de son amant un manteau de fourrure invente un stratagème pour détourner les soupçons de son mari. Le premier film de son auteur.

LE COUP DU LAPIN "DANGER ROUTE"

Film d'espionnage de **Seth Holt**, d'après le roman d'Andrew York *The Eliminator*, avec Richard Johnson, Carol Lynley, Diana Dors. Grande-Bretagne, 1967 – Couleurs – 1 h 20.

Tueur au service du contre-espionnage britannique, Jonas Wilde ne pourra se retirer qu'après avoir éliminé les traîtres qui dirigent son propre réseau.

LE COUP DU PARAPLUIE

Comédie de **Gérard Oury**, avec Pierre Richard, Valérie Mairesse, Gérard Jugnot, Gordon Mitchell, Christine Murillo. France, 1980 – Couleurs – 1 h 40.

Un comédien qui a rendez-vous avec un producteur se trompe de porte et, sans le savoir, signe avec la maffia un contrat de tueur. Du rire en rafales et Pierre Richard en tueur à gags !

LA COUPE À DIX FRANCS

Drame de **Philippe Condroyer**, avec Didier Sauvegrain, Roseline Vuillaume, Alain Noël, Jean-Pierre Frescaline. France, 1975 – Couleurs – 1 h 40.

De jeunes ouvriers d'une entreprise de province sont obligés de se faire couper les cheveux pour ne pas être licenciés. L'un d'eux refuse le chantage...

LE COUPLE IDÉAL

Comédie de **Bernard Roland** et **Raymond Rouleau**, avec Raymond Rouleau, Hélène Perdrière, Denise Grey, Sinoël. France, 1946 – 1 h 32.

Vers 1910, la rivalité qui oppose deux firmes cinématographiques est une source de mésaventures pour les équipes de tournage. Un voyage au pays des loufoques et Simone Signoret dans un rôle de soubrette.

LE COUPLE INVISIBLE "TOPPER"

Comédie de **Norman Z. McLeod**, d'après un roman de Thorne Smith, avec Cary Grant, Constance Bennett, Roland Young, Billie Burke, Alan Mowbray, Eugene Pallette. États-Unis, 1937 – 1 h 36.

Un jeune couple trouve la mort dans un accident de voiture et décide de faire une bonne action afin d'aller au paradis. Ils s'installent chez leur meilleur ami et, visibles de lui seul, s'évertuent à ramener l'union dans son ménage.

▷ Deux suites ont été réalisées par : **N.Z. McLeod**, sous le titre FANTÔMES EN CROISIÈRE "TOPPER TAKES A TRIP", avec les mêmes comédiens (sauf C. Grant). États-Unis, 1938 – 1 h 25. **Roy del Ruth**, sous le titre LE RETOUR DE TOPPER "TOPPER RETURNS", avec R. Young, Joan Blondell, Eddie Anderson, Carole Landis, Dennis O'Keefe. États-Unis, 1941 – 1 h 27.

▷ Autre version réalisée par : **Charles S. Dubin**, avec Kate Jackson, Andrew Stevens, Jack Warden. États-Unis, 1979 – Couleurs – 1 h 40.

LE COUPLE TÉMOIN

Comédie satirique de **William Klein**, avec André Dussollier, Anémone. France, 1977 – Couleurs – 1 h 30.

Jean-Michel et Claudine acceptent de servir de couple-témoin pour une expérience sociologique. Bientôt, ils n'ont plus d'intimité et se sentent manipulés.

COUP POUR COUP

Drame documentaire de **Marin Karmitz**. France, 1971 – Couleurs – 1 h 30.

Lasses d'être maltraitées, les ouvrières d'une usine textile se révoltent. Trahies par leurs syndicats, elles occupent les lieux, avec la complicité amicale de la population. Un film de combat.

COUPS DE FEU DANS LA SIERRA

"RIDE THE HIGH COUNTRY"

Western de **Sam Peckinpah**, avec Randolph Scott *(Gil Westrum)*, Joel McCrea *(Steve Judd)*, Mariette Hartley *(Elsa)*, Ron Starr *(Longtree)*. • SC : N.B. Jones Jr. • PH : Lucien Ballard. • DÉC : George W. Davis, Leroy Coleman. • MUS : George Bassman. • MONT : Frank Santillo. États-Unis, 1962 – Couleurs – 1 h 35 (à l'origine, 2 h).

Judd, un ancien shérif, et Westrum, un de ses vieux compagnons, sont chargés de convoyer de l'or. En chemin, les choses se compliquent. Westrum essaie de voler l'or. Mais il vient au secours de Judd dans un règlement de comptes. Judd meurt. Westrum décide de partir seul convoyer l'or.

◆ *Deuxième film de Peckinpah où celui-ci suit les traces de Boetticher. Cette œuvre automnale et nostalgique évoque la vieillesse désenchantée de ses deux héros avec une justesse poignante. Le film entame la grande saga des losers que Peckinpah poursuivra dans toute son œuvre. On y retrouve un de ses thèmes de prédilection : la trahison d'un ami. Le « trahi » ne pense qu'à se venger mais au bout de sa quête, traître et trahi se reconnaissent l'un dans l'autre. Ils sont « égaux » face au « hasard » qui les a dupés tous deux. Si trahison il y a, il faut la chercher dans les « circonstances » de la vie. Le premier film majeur d'un grand cinéaste romantique.* S.K.

COUPS DE FEU SUR BROADWAY

"BULLETS OVER BROADWAY"

Comédie de **Woody Allen**, avec John Cusack *(David)*, Chazz Palminteri *(Cheech)*, Dianne Wiest *(Helen Sinclair)*, Jennifer Tilly *(Olive Neal)*. • SC : W. Allen, Douglas McGrath. • PH : Carlo di Palma. : • DÉC : Santo Loquasto. • COST : Jeffrey Kurland. • MONT : Susan E. Morse. États-Unis, 1994 – Couleurs – 1 h 40.

Un producteur de Broadway, Julian Marx, ne réussit à monter la pièce écrite par un auteur dramatique de ses amis, David Shayne, que grâce à l'aide financière d'un dangereux gangster, Nick Valenti. Celui-ci n'a qu'une exigence : Olive, sa maîtresse, danseuse de cabaret sans talent, doit avoir un des premiers rôles dans la distribution qui réunit de grands acteurs un peu sur le retour. Cahin-caha les répétitions ont lieu, mais les faiblesses du scénario apparaissent. Le garde du corps d'Olive, Cheech, fait alors quelques suggestions qui s'avèrent précieuses puis en vient peu à peu à réécrire la pièce avec l'accord de David Shayne, qui voit se profiler l'espérance d'un succès. Reste le problème d'Olive qui est incapable de se montrer à la hauteur de son rôle. Cheech l'élimine. Mais Nick Valenti n'est pas homme à se laisser berner.

◆ *En faisant s'interpénétrer deux mondes clos parfaitement étrangers l'un à l'autre, celui du théâtre et celui de la pègre, Woody Allen produit d'abord d'excellents effets comiques, car le langage et les comportements des gangsters propulsés dans le monde policé du théâtre détonnent furieusement. Bien vite cependant l'humour devient subversif, car les gens de théâtre se révèlent parfaitement vains et futiles, prêts à accepter n'importe quelle humiliation en échange d'un retour de gloire. Les gangsters, eux, restent plus authentiques et l'un d'entre eux se montre même capable de battre l'auteur sur son propre terrain. Woody Allen aurait-il renoncé à son pessimisme foncier pour nous dire qu'il y a une petite étoile au cœur de chaque homme et que l'on peut toujours changer son destin ? Il nous rassure tout de suite en flinguant impitoyablement ceux qui se sont aventurés hors de leur monde. Notre société de faux-semblants ne peut pas admettre les transgressions ou les rectifications de parcours, car l'individu n'a d'autre réalité que son rôle. Seule différence entre la scène et la vie : dans un cas on peut toujours changer de rôle, dans l'autre il nous est définitivement attribué.* J.-C.L.

LE COURAGE DE LASSIE "COURAGE OF LASSIE"
Comédie dramatique de **Fred M. Wilcox**, avec Elizabeth Taylor, Frank Morgan, Tom Drake. États-Unis, 1946 – Couleurs – 1 h 32.

Bill, le fils de la chienne Lassie, grandit en liberté dans la forêt puis, emmené au front, sauve une unité en portant un message capital. Troisième film de la série.

▷ Voir aussi LA FIDÈLE LASSIE.

LE COURAGE DU PEUPLE "EL CORAJE DEL PUEBLO"
Drame politique de **Jorge Sanjines**, avec des interprètes non professionnels. Bolivie, 1971 – Couleurs – 1 h 30.

Évocation des massacres de mineurs boliviens perpétrés par l'armée, de décembre 1942 à la Nuit de la Saint-Jean, le 24 juin 1967, reconstituée et interprétée par les survivants de la tuerie.

COURAGE, FUYONS
Comédie d'**Yves Robert**, avec Jean Rochefort, Catherine Deneuve, Philippine Leroy-Beaulieu, Robert Webber. France, 1979 – Couleurs – 1 h 45.

Un pharmacien de quarante ans, marié et père de famille ne rentre pas chez lui un soir de mai 68 ! Il rencontre la belle Éva... Une superbe comédie sur la lâcheté et l'amour.

LA COURONNE DE FER "LA CORONA DI FERRO"
Film d'aventures d'**Alessandro Blasetti**, avec Massimo Girotti *(Arminio / Licinio)*, Gino Cervi *(Sedemondo)*, Primo Carnera *(Klasa)*, Elisa Cegani *(Elsa / mère d'Elsa)*, Rina Morelli *(Fée au rouet)*. • SC : A. Blasetti, Renato Castellani, Gino Zorki. • PH : Vaclav Vich, Mario Craveri. • DÉC : Virgilio Marchi. • MUS : Alessandro Cigognini. • MONT : Mario Serandrei. Italie, 1940 – 1 h 50.

La « couronne de fer », sainte relique dotée – si l'on en croit la tradition – de pouvoirs magiques, est l'objet de luttes entre plusieurs souverains. L'un d'eux, Sedemondo, un usurpateur, tente de s'en emparer pour la détruire. Il sera contrarié dans ses entreprises par le jeune Arminio, qu'il a tenté autrefois de faire périr et qui revient se venger, vingt ans après.

◆ *Aucun résumé n'épuisera la complexité d'une intrigue que plusieurs visions du film n'arrivent pas à faire comprendre ! Aucune importance d'ailleurs. Cette réalisation spectaculaire de Blasetti s'inscrit dans un double dessein politique et pictural. Il fallait montrer – en chantant l'axe Berlin-Rome – que l'Italie pouvait rivaliser avec l'épopée germanique à la Wagner ou à la Lang (les Nibelungen). Pièce montée boursouflée, le film plonge, alternativement et dans le désordre, le spectateur dans l'étonnement, l'agacement et le fou rire.* C.A.

LE COURRIER DE L'OR "WESTBOUND"
Western de **Budd Boetticher**, avec Randolph Scott, Virginia Mayo, Karen Steele. États-Unis, 1959 – Couleurs – 1 h 12.

Un capitaine nordiste doit convoyer une importante cargaison d'or à bord d'une diligence. Les Sudistes ne sont pas loin...

COURRIER DE NUIT "NIGHT MAIL"
Documentaire de **Harry Watt** et **Basil Wright**. Grande-Bretagne, 1936 – 24 mn.

Le tri du courrier dans le train de nuit qui relie Londres à Glasgow. Un très beau poème cinématographique qui reste aussi un des meilleurs documentaires britanniques.

COURRIER DIPLOMATIQUE
"Diplomatic Courrier"
Film d'espionnage de **Henry Hathaway**, d'après le roman de Peter Cheyney, avec Tyrone Power, Patricia Neal, Hildegard Knef, Stephen MacNally. États-Unis, 1952 – 1 h 37.

Valse d'espions russes et américains autour d'un mystérieux microfilm. De Salzbourg à Trieste, Tyrone Power, bien entouré, vit de trépidantes aventures.

COURRIER DU CŒUR / LE SHEIK BLANC
"Lo sceicco bianco"
Comédie de **Federico Fellini**, avec Alberto Sordi, Brunella Bovo, Giulietta Masina, Leopoldo Trieste. Italie, 1952 – 1 h 25.

Au cours de son voyage de noces, une jeune femme rêve de rencontrer le « Sheik blanc », personnage extraordinaire de roman-photo. Premier long métrage et première œuvre vraiment personnelle de Fellini, ce film est une satire des fumetti, qui faisaient rêver les midinettes de l'époque.

COURRIER POUR LA JAMAÏQUE "Jamaica Run"
Film d'aventures de **Lewis R. Foster**, avec Ray Milland, Arlene Dahl, Wendell Corey. États-Unis, 1953 – Couleurs – 1 h 32.

Le capitaine d'une goélette recherche les preuves qui feront de sa fiancée l'héritière légitime d'une plantation.

COURS APRÈS MOI, SHÉRIF
"Smokey and the Bandit"
Comédie de **Hal Needham**, avec Burt Reynolds, Sally Field, Jackie Gleason. États-Unis, 1977 – Couleurs – 1 h 40.

« Le Bandit » fait de la contrebande de bière. Il prend en auto-stop la fiancée d'un shérif qui ne veut plus convoler et la police les recherche. La course-poursuite est mouvementée.

▷ « Le Bandit » récidive dans une suite signée par le même réalisateur, intitulée TU FAIS PAS LE POIDS, SHÉRIF (Voir ce titre).

LA COURSE À LA MORT DE L'AN 2000
"Death Race 2000"
Film d'aventures de **Paul Bartel**, avec David Carradine, Simone Griffith, Sylvester Stallone, Mary Woronov. États-Unis, 1975 – Couleurs – 1 h 19.

Dans une grande course automobile intercontinentale, les concurrents doivent faire le maximum de victimes. Mais ils se heurtent à des révolutionnaires, et l'un des coureurs se révèlera être de leur bord.

LA COURSE À L'ÉCHALOTE
Comédie de **Claude Zidi**, avec Pierre Richard, Jane Birkin, Michel Aumont, Amadeus August, Henri Déus, Jean Martin. France, 1975 – Couleurs – 1 h 40.

Le fondé de pouvoir d'une banque se lance à la poursuite du voleur qui a sévi dans son établissement. Injustement licencié, il se vengera en s'appropriant le magot.

LA COURSE AU SOLEIL "Run for the Sun"
Film d'aventures de **Roy Boulting**, avec Richard Widmark, Trevor Howard, Jane Greer. États-Unis, 1956 – Couleurs – 1 h 39.

Une journaliste et un écrivain, perdus dans la brousse, sont pris en chasse par deux anciens repris de justice. Une histoire inspirée de *la Chasse du comte Zaroff*.

LA COURSE CONTRE L'ENFER
"Race with the Devil"
Film d'aventures de **Jack Starrett**, avec Peter Fonda, Warren Oates, Loretta Swift, Lara Parker. États-Unis, 1975 – Couleurs – 1 h 37.

Deux couples d'amis en vacances à bord d'un camping-car tombent par hasard sur une cérémonie rituelle, au cours de laquelle une jeune fille est assassinée.

LA COURSE DE BROADWAY BILL
"Broadway Bill"
Comédie de **Frank Capra**, avec Warner Baxter, Myrna Loy, Walter Connolly, Helen Vinson, Douglas Dumbrille, Raymond Walburn, Lynne Overman. États-Unis, 1934 – 1 h 44.

Le gendre d'un industriel délaisse l'usine de son beau-père pour s'intéresser à un cheval de course. Seule sa belle-sœur le soutient.

▷ Voir aussi JOUR DE CHANCE.

LA COURSE DU LIÈVRE À TRAVERS LES CHAMPS
Film policier de **René Clément**, avec Jean-Louis Trintignant, Robert Ryan, Lea Massari. France, 1972 – Couleurs – 2 h 20.

Un photographe au passé professionnel douteux se trouve pris dans l'engrenage d'un « coup » monté par un chef de bande.

LA COURSE EN TÊTE
Documentaire de **Joël Santoni**. France, 1974 – Couleurs – 1 h 50.

Le coureur cycliste Eddy Merckx, dans toutes (ou presque) les circonstances de sa vie professionnelle et privée.

COURS PRIVÉ
Drame de **Pierre Granier-Deferre**, avec Élizabeth Bourgine, Michel Aumont, Xavier Deluc. France, 1986 – Couleurs – 1 h 35.

Une enseignante d'un cours privé mixte est victime d'une odieuse campagne de dénigrement, doublée d'un chantage à la démission.

COURT-CIRCUIT "BY CANDLELIGHT"
Comédie de **James Whale**, d'après une pièce de Siegfried Geyer, avec Elissa Landi, Paul Lukas, Nils Asther. États-Unis, 1933 – 1 h 10.

Dans un train, un prince et son valet s'amusent à changer mutuellement d'identité et jouent les Casanovas auprès d'une jeune femme.

COURTE-TÊTE
Comédie de **Norbert Carbonnaux**, avec Fernand Gravey, Jean Richard, Jacques Duby, Louis de Funès. France, 1957 – 1 h 25.

Satire truffée de gags des milieux du turf, à travers les « combines » d'un escroc, finalement roulé. Dialogues de Michel Audiard.

COURTISANE "SUSAN LENOX, HER FALL AND RISE"
Mélodrame de **Robert Z. Leonard**, d'après le roman de David Graham, avec Greta Garbo, Clark Gable. États-Unis, 1931 – 1 h 24.

Une orpheline s'enfuit de chez son tuteur qui veut la marier contre son gré. Poursuivie par la destinée, elle se prostitue avant de connaître enfin un bonheur solide. Un grand rôle de « la Divine ».

LE COUSIN
Film policier d'**Alain Corneau**, avec Alain Chabat, Patrick Timsit, Samuel Le Bihan. France, 1997 – Couleurs – 1 h 52.

Le « cousin », c'est l'indic, Nounours, incarné par Patrick Timsit, truand brutal et père poule, dont la loyauté d'indic est plus que douteuse aux yeux des hiérarques de la police. Passant outre aux ordres de ses supérieurs, l'inspecteur Gérard choisit de continuer à collaborer avec ce cousin ambigu, dont il espère qu'il lui permettra de « loger » les gros pourvoyeurs de drogue. Il y parviendra, mais ce ne sera pas un succès pour autant !

COUSIN, COUSINE
Comédie de **Jean-Charles Tacchella**, avec Marie-Christine Barrault *(Marthe)*, Victor Lanoux *(Ludovic)*, Marie-France Pisier *(Karine)*, Guy Marchand *(Pascal)*, Ginette Garcin *(Biju)*. • SC : J.-C. Tacchella, Danièle Thompson. • PH : Georges Lendi. • MUS : Gérard Anfosso. • MONT : Agnès Guillemot. France, 1975 – Couleurs – 1 h 25. ★ **PRIX LOUIS-DELLUC 1975.**

Aux noces de Biju, Ludovic fait la connaissance de Marthe, désormais sa cousine. La femme de Ludovic, Karine, est séduite le même jour par le mari de Marthe, Pascal. Entre Ludovic et Marthe, c'est le début d'une complicité qui se renforce au hasard des réunions de famille. Ils veulent s'aimer sans se cacher, mais leurs conjoints respectifs ne l'entendent pas de cette oreille. Pascal et Karine feront tout pour que cesse cette scandaleuse idylle. En pure perte.

◆ *Venu de la critique, en passant par l'écriture de scénarios, Jean-Charles Tacchella a débuté dans la réalisation avec* Voyage en Grande Tartarie *en 1974. Comédie sentimentale légère autour d'un thème grave – l'adultère et ses drames –* Cousin, cousine *a séduit d'emblée la critique et le public, surtout aux États-Unis, où elle fut considérée comme la quintessence du cinéma français, plein de charme et de romantisme... Ce fut aussi la révélation de Victor Lanoux et de Marie-Christine Barrault, qui y sont aussi touchants que convaincants.* G.L.

▷ **Joel Schumacher** signe un remake intitulé COUSINS "COUSINS", avec Ted Danson, Isabella Rossellini, Jean Young, William Petersen, Lloyd Bridges. États-Unis, 1989 – Couleurs – 1 h 55.

LA COUSINE ANGÉLIQUE "LA PRIMA ANGELICA"
Drame psychologique de **Carlos Saura**, avec José Luis Lopez Vasquez *(Luis)*, Lina Canalejas *(Angélique)*, Fernando Delgado *(Anselme)*, Maria Clara Fernandez de Loyaza *(Pilar)*. • SC : C. Saura, Rafael Azcona. • PH : Luis Cuadrado. • MUS : Luis de Pablo. • MONT : Pablo G. Del Amo. Espagne, 1973 – Couleurs – 1 h 45.

Sa mère est morte depuis vingt ans quand Luis retourne dans la petite ville de Castille de son enfance. Une vieille tante, Pilar, les cousins, Anselme et Angélique, parents d'une petite fille également baptisée Angélique, l'accueillent. C'est pour lui l'occasion d'une plongée vertigineuse dans ses souvenirs : 1936, année noire de l'Espagne, l'enfance et ses jeux troubles, mais aussi l'horreur de la guerre civile, dont le jeune garçon a été le témoin muet. Les réminiscences sont d'autant plus vives que la petite Angélique ressemble à sa mère au même âge. Les pesanteurs du passé envahissent progressivement l'esprit de Luis.

◆ *On ne descend pas impunément au gouffre de sa jeunesse : ce que montre Saura, dans une œuvre d'une rigueur admirable.* D.C.

LES COUSINS

Drame de **Claude Chabrol**, avec Gérard Blain *(Charles)*, Jean-Claude Brialy *(Paul)*, Juliette Mayniel *(Florence)*, Claude Cerval *(Clovis)*. • SC : C. Chabrol (dialogues de Paul Gégauff). • PH : Henri Decae. • MUS : Paul Misraki, Mozart, Wagner. • DÉC : Bernard Evein, Jacques Saulnier. • MONT : Jacques Gaillard. France, 1959 – 1 h 50. ★ OURS D'OR, Berlin 1959.

Débarquant pour ses études de droit chez son cousin Paul, qui mène à Neuilly une vie dissolue, le provincial Charles tombe amoureux de Florence, que Paul séduit sur les instances de son mentor Clovis et installe dans l'appartement. Il se jette dans le travail, mais échoue, tandis que Paul réussit. Celui-ci tue Charles en jouant avec le revolver avec lequel son cousin avait songé à le tuer.

◆ *Ce film constitue le versant urbain du* Beau Serge, *dont il inverse les données en reprenant les deux principaux acteurs. C'est ici Charles qui devient la victime christique, non par esprit de supériorité, mais en vertu d'un complexe d'infériorité de provincial. Grand succès de la Nouvelle Vague naissante,* les Cousins *met en place l'univers et le style chabroliens, fondés sur une description objective de la société et des êtres, mais où la mise en scène épouse alternativement le point de vue de chacun, la vérité se révélant au terme de cette addition de subjectivités.* J.M.

LE COUTEAU DANS LA PLAIE

Drame d'**Anatole Litvak**, avec Sophia Loren, Anthony Perkins. France / Italie, 1962 – 1 h 42.

Drame de la jalousie dans un couple mal assorti. Le mari, faible, jaloux et égoïste, monte une machination pour toucher une prime d'assurances, mais pousse sa femme à bout.

LE COUTEAU DANS LA TÊTE "MESSER IM KOPF"

Drame de **Reinhard Hauff**, avec Bruno Ganz, Angela Winkler, Hans Christian Blech, Heinz Hönig. R.F.A., 1978 – Couleurs – 1 h 48.

Un homme devenu amnésique après un coup reçu à la tête au cours d'une rafle policière est soupçonné par la presse et la police d'être un terroriste. Guéri, il mènera lui-même l'enquête en cherchant à prouver qu'il est un scientifique.

LE COUTEAU DANS L'EAU "NOZ WODZIE"

Drame de **Roman Polanski**, avec Leon Niemczyk *(André)*, Jolanta Umecka *(Christine)*, Zygmunt Malanowicz *(l'étudiant)*. • SC : R. Polanski, Jerzy Skolimowski, Jakub Goldberg. • PH : Jerzy Lipman • MONT : Jerzy Lipman. • MUS : Krzysztof Trzcinski-Womeda. Pologne, 1962 – 1 h 34.

Un couple aisé se rend en voiture jusqu'au port de plaisance où un yacht l'attend pour une petite croisière en amoureux. Ils prennent en stop un étudiant étrange et arrogant qui s'impose de plus en plus. Une dispute éclate, violente, sur un prétexte futile. L'étudiant tombe à l'eau. On le croit noyé. C'est une ruse.

◆ *Difficile de résumer le propos de ce film (le premier long métrage de Polanski, le seul tourné dans sa Pologne natale), car ce qui est vu et dit cache des mystères et des rapports bizarres et troubles entre les personnages. L'atmosphère est électrique, chargée. L'anecdote se caractérise par les méandres d'une action diffuse : une suite d'attaques et de feintes, de jalousies, de mensonges. C'est une histoire à la fois psychologique (un mari, sa femme, un jeune séducteur) et symbolique : la lutte des classes, le conflit des générations. L'image est très belle. Le calme apparent du décor de lacs fait contrepoint à la violence des passions (elles-mêmes à demi exprimées). L'ensemble du spectacle dégage un malaise qui sera plus tard la marque des films de Polanski.* G.S.

LA COUTURIÈRE DE LUNÉVILLE

Comédie dramatique de **Harry Lachmann**, d'après la pièce d'Alfred Savoir, avec Madeleine Renaud, Pierre Blanchar, Jeanne Fusier-Gir. France, 1931 – 1 h 17.

Une petite couturière abandonnée par son amant part pour l'Amérique et devient une grande vedette. Lors d'un séjour à Paris, elle le revoit et, pour se venger, réussit à s'en faire aimer.

COW-BOY "COWBOY"

Western de **Delmer Daves**, d'après le roman de Frank Harris *On the Trail*, avec Glenn Ford, Jack Lemmon, Anna Kashfi, Brian Donlevy, Dick York. États-Unis, 1958 – Couleurs – 1 h 32.

L'amitié naissante entre deux cow-boys très différents, qui doivent mener à bon port un troupeau. Un western réaliste et vigoureux.

LES COW-BOYS / JOHN WAYNE ET LES COW-BOYS "THE COWBOYS"

Western de **Mark Rydell**, d'après le roman de N. Dale Jannings, avec John Wayne, Roscoe Lee Browne, Bruce Dern, Sarah Cunningham, Robert Carradine. États-Unis, 1971 – Couleurs – 2 h 05.

Faute de vrais cow-boys, un éleveur engage des enfants pour convoyer son troupeau et se charge de les former. Mais des voleurs de bétail surgissent, et il se fait tuer pour sauver les enfants, qui poursuivront leur tâche après avoir abattu les assassins.

LE CRABE-TAMBOUR

Film d'aventures de **Pierre Schoendoerffer**, avec Jacques Perrin, Jean Rochefort, Claude Rich. France, 1977 – Couleurs – 2 h.

Deux marins évoquent le souvenir quasi mythique d'un de leurs compagnons d'armes, surnommé « le Crabe-Tambour », un homme d'une rigueur morale dérangeante, pour qui le sens de l'honneur prime tout. Austère et de grande tenue, comme le sujet.

LES CRACKS

Comédie d'**Alex Joffé**, avec Bourvil, Robert Hirsch. France, 1968 – Couleurs – 1 h 50.

Course-poursuite dans le cadre d'une grande compétition cycliste au début du siècle. Bourvil et Hirsch champions malgré eux.

CRAINQUEBILLE

Drame social de **Jacques Feyder**, avec Maurice de Féraudy *(Crainquebille)*, Félix Oudart *(l'agent 64)*, Jean Forest *(La Souris)*, Numès, Jeanne Cheirel, Marguerite Carré, Françoise Rosay. • SC : J. Feyder, d'après la nouvelle d'Anatole France. • PH : Léonce-Henri Burel, Maurice Forster. • DÉC : J. Feyder. France, 1923 – 1 800 m (env. 1 h 05).

Crainquebille est un marchand des quatre-saisons qu'une accusation injustifiée d'injure à agent envoie au tribunal, puis en prison. Une fois libéré, il devient clochard et songe alors au suicide, mais l'affection d'un petit garçon le fera changer d'avis.

◆ *Feyder est au début de sa carrière quand il réalise* Crainquebille, *même s'il est auréolé du triomphe de* l'Atlantide. *Son éclectisme et son talent se mesurent d'ailleurs à cette capacité de passer du désert et d'une superproduction à un sujet comparativement modeste et dans les simples décors des quartiers populaires de Paris. Mais il a su à la fois tirer de ce réalisme même une poésie qui va marquer le cinéma français et jouer de toute la palette alors imaginable des effets visuels (grossissement des personnages à des fins psychologiques). De Féraudy venait de la Comédie-Française, mais* Crainquebille *est un vrai film qui dessine avec sensibilité le portrait d'une victime de l'ordre établi. À noter qu'Anatole France vit et aima l'adaptation de Feyder.* *J.-M.C.*

▷ Autres versions réalisées par : **Jacques de Baroncelli**, avec Félicien Tramel, Gaston Modot, Émile Genevois, Rachel Devirys, Jeanne Fusier-Gir. France, 1933 – 1 h 05. **Ralph Habib**, avec Yves Deniaud, Christian Fourcade, Pierre Mondy, Laurence Aubray. France, 1954 – 1 h 27.

CRAN D'ARRÊT

Drame policier d'**Yves Boisset**, d'après le roman de Scerbanenco, avec Bruno Crémer, Renaud Verley, Maria Comtel, Mario Adorf. France, 1970 – Couleurs – 1 h 30.

À sa sortie de prison, un médecin condamné pour euthanasie est chargé par un ami de tirer un jeune homme de l'emprise de l'alcool. Il découvrira son terrible secret.

LES CRAPAUDS "FROGS"

Film fantastique de **Georges MacGowan**, avec Ray Milland, Sam Elliott. États-Unis, 1972 – Couleurs – 1 h 30.

Un millardaire a eu la malencontreuse idée de bâtir sa somptueuse villa dans une île entourée de marais. Sa famille est peu à peu décimée par les bêtes immondes.

CRASH "CRASH"

Comédie dramatique de **David Cronenberg**, d'après le livre de J. G. Ballard, avec James Spader, Holly Hunter, Rosanna Arquette, Elias Koteas. Canada, 1996 – Couleurs – 1 h 40. ★ PRIX SPÉCIAL DU JURY, Cannes 1996.

Prenez du sexe et des automobiles, ajoutez un brin de thanatos, faites cuire au sang et servez fumant, vous avez *Crash*. Pour ceux qui aiment les émotions fortes et les histoires faibles, les corps broyés et les esprits fêlés, les voitures tordues et les images sulfureuses.

CRAZY DAY "I WANNA HOLD YOUR HAND"

Comédie de **Robert Zemeckis**, avec Nancy Allen, Bobby Di Cicco, Susan Kendall. États-Unis, 1978 – Couleurs – 1 h 39.

Quatre adolescentes partent pour New York afin d'assister à un concert des Beatles. Le seul film sur la beatlemania.

LE CRÉATEUR DE MONSTRES

"THE MONSTER MAKER"

Film d'épouvante de **Sam Newfield**, avec J. Carroll Naish, Ralph Morgan, Wanda McKay, Tala Birell. États-Unis, 1944 – 1 h 05.

Pour contraindre un père à lui donner la main de sa fille, un médecin inocule à celui-ci une maladie qu'il est seul à pouvoir guérir. Mais son assistante, qui a suivi ses expériences, sauvera le malade après que ce dernier aura tué son bourreau.

CREATOR "CREATOR"

Comédie d'**Ivan Passer**, d'après le roman de Jeremy Leven, avec Peter O'Toole, Mariel Hemingway, Vincent Spano. États-Unis, 1985 – Couleurs – 1 h 48.

Échouant dans ses tentatives pour faire revivre sa défunte femme, un savant renommé s'éprend de sa jeune « cobaye ». Cocasserie et dérision autour du monde scientifique où l'amour finit par triompher.

LA CRÉATURE EST PARMI NOUS

"THE CREATURE WALKS AMONG US"

Film de science-fiction de **John Sherwood**, avec Jeff Morrow, Rex Reason, Gregg Palmer. États-Unis, 1956 – 1 h 18.

Une étrange créature, mi-homme mi-poisson, ne se déchaîne qu'au contact de ceux qui font le mal. Effets spéciaux de Clifford Stine.

LA CRÉATURE INVISIBLE "THE SORCERERS"

Film fantastique de **Michael Reeves**, avec Boris Karloff, Catherine Lacey, Ian Ogilvy. Grande-Bretagne, 1967 – Couleurs – 1 h 25.

Manipulé par une femme démoniaque qui se sert des pouvoirs hypnotiques de son mari médecin, un innocent jeune homme est conduit au vol puis au meurtre. Une allégorie sur le thème de l'apprenti sorcier avec l'inoubliable interprète de *Frankenstein*.

LES CRÉATURES

Drame d'**Agnès Varda**, avec Michel Piccoli, Catherine Deneuve, Jacques Charrier. France, 1965 – 1 h 30.

À la suite d'un accident de voiture, un romancier se retrouve dans une curieuse bâtisse et découvre qu'il a le pouvoir d'agir à distance sur les autres. Il y a une morale à ce film un peu surréel : on ne joue pas avec la vie.

LE CREDO DE LA VIOLENCE "BORN LOSERS"

Drame de **T.C. Frank [Tom Laughlin]**, avec Tom Laughlin, Jane Russell, Jeremy Slate. États-Unis, 1967 – Couleurs – 1 h 52.

Billy Jack, Métis d'origine indienne, s'oppose à une bande de blousons noirs, les « Born Losers », qui font régner la terreur. Mais il est également pris à partie par la police. Un des plus célèbres films de « jeunesse délinquante ».

CREEPSHOW "CREEPSHOW"

Film d'épouvante à sketches de **George A. Romero**, avec Hal Holbrook, Adrienne Barbeau, Carrie Nye, Viveca Lindfors, Stephen King, Leslie Nielsen. États-Unis, 1982 – Couleurs – 1 h 40.

Un zombie qui décime les siens à l'occasion de la fête des pères, un monstre polaire oublié dans une caisse de laboratoire, l'appartement d'un maniaque envahi par les cafards : trois exemples des cinq sketches (inégaux) inspirés par les E.C. Comics, ces illustrés joyeusement morbides des années 50.

▷ Une suite, intitulée CREEPSHOW 2 "CREEPSHOW 2" a été réalisée par **Michael Gornick**, avec Lois Chiles, George Kennedy, Dorothy Lamour. États-Unis, 1987 – Couleurs – 1 h 30.

CRÉPUSCULE DE GLOIRE "THE LAST COMMAND"

Drame de **Josef von Sternberg**, avec Emil Jannings, Evelyn Brent, William Powell, Nathalie Soussanin, Michael Visaroff. États-Unis, 1928 – env. 2 480 m (env. 1 h 32).

À Hollywood, un général russe en exil devenu figurant est amené à jouer son propre rôle de commandant en chef de l'armée du tsar. E. Jannings reçut le premier Oscar du Meilleur acteur.

LE CRÉPUSCULE DES AIGLES "THE BLUE MAX"

Drame de **John Guillermin**, d'après le roman de Jack D. Hunter, avec James Mason, Ursula Andress, George Peppard, Jeremy Kemp. États-Unis, 1966 – Couleurs – 2 h 36.

Après la Première Guerre mondiale, un jeune pilote allemand convoite la plus haute distinction militaire, la « Blue Max » et ne recule devant aucune cruauté pour l'obtenir.

CRÉPUSCULE SUR L'OCÉAN

"TWILIGHT FOR THE GODS"

Film d'aventures de **Joseph Pevney**, avec Rock Hudson, Cyd Charisse, Arthur Kennedy. États-Unis, 1958 – Couleurs – 2 h.

Un rude capitaine embarque des voyageurs sur son vieux voilier, dont une belle Américaine recherchée par la police. Une tempête cristallise les jalousies et les passions.

CRÉSUS

Comédie de **Jean Giono**, avec Fernandel, Marcelle Ranson, Sylvie, Renée Génin, Rellys. France, 1960 – 1 h 40.

Un berger provençal découvre dans la garrigue un container rempli de fausse monnaie. Il invite tous les habitants du village à un banquet et leur distribue méthodiquement sa fortune.

CRÈVECŒUR

Film de guerre de **Jacques Dupont**, avec le bataillon français de Corée. France, 1956 – Couleurs – 1 h 30.

Document entièrement réalisé sur les lieux de l'action, illustrant les exploits du bataillon français de Corée.

LE CRI "IL GRIDO"

Drame de **Michelangelo Antonioni**, avec Alida Valli *(Irma)*, Steve Cochran *(Aldo)*, Betsy Blair *(Elvira)*, Dorian Gray *(Virginia)*, Lyn Shaw *(Andreina)*. • SC : M. Antonioni, Elio Bartolini, Ennio De Concini. • PH : Gianni Di Venanzo. • DÉC : Franco Montana. • MUS : Giovanni Fusco. • MONT : Eraldo da Roma. Italie, 1957 – 1 h 45.

Aldo, ouvrier chauleur, est abandonné par Irma, la femme qu'il aime. Il quitte son travail et la ville de son malheur pour sillonner les routes d'Italie. Il emmène sa fille dans cette errance qui le conduit, de femme en femme, vers le désespoir absolu. Au terme de sa longue route, il retourne dans son village et tente de revoir Irma. Elle le repousse : elle a une nouvelle vie, un autre homme et un autre enfant. Aldo se suicide.

◆ *La thématique est bien celle de Michelangelo Antonioni : les blessures incurables du cœur, la fatalité des amours malheureuses, l'impossibilité de communiquer vraiment, la tristesse de la vie en général. Le style relève de la technique néoréaliste dans la mesure où le décor naturel domine et où le récit semble suivre le cours chaotique et aléatoire de la vie même. Mais en regardant bien, on s'aperçoit que le réalisme vire à l'expressionnisme. La grisaille ambiante, les ciels lourds, les horizons sans limites expriment l'angoisse, la désolation : l'état d'âme cafardeux du héros.* G.S.

CRÍA CUERVOS "CRÍA CUERVOS"

Drame de **Carlos Saura**, avec Geraldine Chaplin *(Ana adulte, mère et fille)*, Ana Torent *(Ana enfant)*, Conchita Pérez *(Irène)*, Maite Sanchez Almendros *(Juana)*, Monica Randall *(Paulina)*, Florinda Chico *(Rosa)*. • SC : C. Saura. • PH : Teodoro Escamilla. • DÉC : Rafael Palmero. • MUS : Federico Mompou. • MONT : Pablo G. Del Amo. • PR : Elias Querejeta. Espagne, 1975 – Couleurs – 1 h 55. ★ **PRIX SPÉCIAL DU JURY, Cannes 1976.**

Voyage dans le passé, le présent et le futur, *Cría Cuervos* transpose, dans un récit fantasmatique, les difficultés d'adaptation d'une enfant, devenue femme, dans la société bourgeoise franquiste. Ana se réfugie dans le souvenir d'une mère, étouffée comme elle, à laquelle elle finit pas s'identifier totalement. C'est d'ailleurs Geraldine Chaplin qui cumule les rôles de la mère et de la fille adulte. Le lien avec les trois piliers de la société espagnole (Armée, Église, Famille) est établi par le truchement de personnages emblématiques, tout à la fois individus privés et symboles institutionnels : virilité oppressive et tyrannique du père, asservissement de la communauté féminine. Le récit décrit une obsession et, en même temps, la vacuité d'une révolte, l'enfant s'identifiant à la mère au point de revivre son histoire dans un destin circulaire qui la vouera au même asservissement imposé par une société figée.

◆ L'impossible vraie vie

Avec Cría Cuervos, *Carlos Saura travaille seul, pour la première fois, à l'écriture d'un film, sans la collaboration habituelle de Rafael Azcona, et construit une fable parfaitement homogène, fermée sur elle-même, un système de narration efficace qui fait circuler le spectateur, par un jeu permanent et subtil d'allers et retours, du particulier au général, du réel au symbolique. Ainsi de l'espace constitué par la maison, royaume intemporel isolé derrière ses murs, au beau milieu d'une Espagne urbaine contemporaine gagnée par l'évolution des techniques. Ainsi du microcosme social décrit comme un univers sans couple, réduit à la seule image présente/absente du Père. Ainsi du langage officiel qui bloque toute communication, laquelle ne peut sporadiquement s'établir qu'entre l'enfant et ceux qui, symboliquement, n'ont pas (ou n'ont pas droit à) la parole : la grand-mère aphasique, la bonne. Un tel système moral condamne les individus à vivre une dichotomie stérile. Pour les adultes, la vraie vie est toujours ailleurs, dans un rêve dont on cerne mal les contours fuyants (adultère, névrose). Pour l'enfant, rejeté du monde trouble et incohérent des adultes, l'exutoire est dans le jeu qui organise et exorcise un univers incompréhensible et menaçant. Ce thème du dédoublement gouverne d'autres films de Saura, lequel sème dans* Cría Cuervos *les indices qui permettent de raccorder ce film à* Peppermint frappé, *à* la Chasse, *au* Jardin des délices, *à* la Cousine Angélique, *œuvres en forme de fables dont l'argument privé renvoie toujours à l'histoire collective.* Cría Cuervos *est l'une des œuvres les plus achevées et aussi les plus désespérées de Carlos Saura. Le « tube »* Porque te vas, *qui en constitue la musique diégétique, a contribué aussi à sa popularité exceptionnelle.* M.S.

CRI DE FEMMES "A DREAM OF PASSION"

Drame de **Jules Dassin**, avec Mélina Mercouri, Ellen Burstyn, Andreas Voutsinas, Despo Diamantidou. Grande-Bretagne / Grèce, 1978 – Couleurs – 1 h 55.

Trois histoires de femmes se superposent : celle, mythologique, de Médée, meurtrière de ses enfants ; celles, réelles, d'une actrice flouée par la vie et d'une infanticide.

LE CRI DE LA CHAIR

Film érotique de **José Benazéraf**, d'après le roman de Georges J. Arnaud, avec Michel Lemoine, Monique Just, Gisèle Gallois. France, 1963 – Couleurs – 1 h 25.

Un pianiste et une strip-teaseuse sont engagés dans une boîte de la Côte. Des échanges de partenaires ont lieu avec les propriétaires tandis qu'une intrigue criminelle se noue. Le premier film de Bénazéraf, pionnier du cinéma érotique et pornographique français.

LE CRI DE LA VICTOIRE "Battle Cry"
Film de guerre de **Raoul Walsh**, avec Van Heflin, Aldo Ray, Tab Hunter, Dorothy Malone, Mona Freeman, Nancy Olson, Anne Francis. États-Unis, 1955 – Couleurs – 2 h 29.

À travers l'histoire de plusieurs « marines », la reconquête entre 1942 et 1944 des îles du Pacifique occupées par les Japonais.

CRI DE TERREUR "Cry Terror"
Film policier d'**Andrew L. Stone**, avec James Mason, Rod Steiger, Inger Stevens, Angie Dickinson. États-Unis, 1958 – 1 h 36.

Pour se faire verser une forte rançon, un maniaque qui a posé une bombe dans un avion prend une famille en otage.

LE CRI DU CŒUR
Drame psychologique de **Claude Lallemand**, avec Stéphane Audran, Maurice Ronet, Éric Damain. France, 1974 – Couleurs – 1 h 35.

À la suite d'un accident, un adolescent reste paralysé. Il emprisonne peu à peu ses parents dans sa paranoïa.

LE CRI DU HIBOU
Drame policier de **Claude Chabrol**, avec Christophe Malavoy, Mathilda May, Virginie Thévenet. France / Italie, 1987 – Couleurs – 1 h 42.

Victime d'une machination de son ex-femme, Robert est soupçonné de meurtre. Fragile et traqué, il finit par sombrer.

LE CRI DU SORCIER "The Shout"
Drame psychologique de **Jerzy Skolimowski**, d'après la nouvelle de Robert Graves, avec Alan Bates, Susannah York, John Hurt, Robert Stephens, Tim Curry. Grande-Bretagne, 1978 – Couleurs – 1 h 27.

Une fois posé le pouvoir irrationnel de Charles, celui de tuer par un cri, toute l'intrigue se déroule avec une logique sans faille, où tout est vraisemblable, hormis le postulat de départ.

LA CRIME
Film policier de **Philippe Labro**, avec Claude Brasseur, Gabrielle Lazure. France, 1983 – Couleurs – 1 h 42.

Un inspecteur enquête en solitaire sur les circonstances troubles entourant le meurtre d'un célèbre avocat. Il accepte tout de même la collaboration d'une jeune journaliste.

LE CRIME, C'EST NOTRE BUSINESS "The Split"
Film policier de **Gordon Flemyng**, d'après le roman de Richard Stark, avec Jim Brown, Diahann Carroll, Ernest Borgnine, Julie Harris. États-Unis, 1968 – Couleurs – 1 h 29.

Un gangster noir réussit à dévaliser la caisse du stade de Los Angeles, et les ennuis commencent…

LE CRIME D'AMOUR
Drame de **Guy Gilles**, avec Macha Méril, Richard Berry, Jacques Penot. France, 1981 – Couleurs – 1 h 30.

Intrigué par le comportement d'un jeune homme qui lui dit avoir découvert un meurtre, un journaliste mène sa propre enquête sur la victime, une chanteuse.

LE CRIME DE CUENCA "El crimen de Cuenca"
Drame de **Pilar Miro**, avec Daniel Dicenta, José Manuel Cervino, Amparo Soler, Fernando Rey. Espagne, 1981 (RÉ: 1979) – Couleurs – 1 h 34.

En 1912, deux ouvriers agricoles soupçonnés d'un meurtre sont torturés et jetés en prison. Dix ans plus tard, leur innocence est prouvée et leurs tortionnaires passent en justice.

LE CRIME DE DAVID LEVINSTEIN
Drame psychologique d'**André Charpak**, avec André Charpak, Marc Cassot, Bérengère Dautun. France, 1968 – Couleurs – 1 h 40.

Victime du nazisme, David Levinstein est décidé à poursuivre sa vengeance jusqu'au bout. Derrière l'intrigue policière, la question du pardon et de l'oubli sous-tend ce film très intense.

LE CRIME DE GIOVANNI EPISCOPO
"Il delitto di Giovanni Episcopo"
Drame d'**Alberto Lattuada**, d'après le roman de Gabriele D'Annunzio, avec Aldo Fabrizi, Roldano Lupi, Yvonne Sanson. Italie, 1947 – 1 h 25.

Comment un homme est poussé au crime par sa femme et l'amant de celle-ci qui tissent autour de lui une véritable toile d'araignée. Un remake de *l'Ange bleu* de Sternberg, avec Fellini pour coscénariste.

LE CRIME DE L'ORIENT-EXPRESS
"Murder on the Orient-Express"
Film policier de **Sidney Lumet**, d'après le roman d'Agatha Christie, avec Albert Finney, Lauren Bacall,

Martin Balsam, Ingrid Bergman, Jacqueline Bisset, Jean-Pierre Cassel, Sean Connery, John Gielgud, Anthony Perkins, Vanessa Redgrave, Richard Widmark, Michael York. Grande-Bretagne, 1974 – Couleurs – 2 h 08.

Un crime est commis tandis que le train de luxe est bloqué par les neiges yougoslaves. Hercule Poirot va découvrir que la victime est un kidnappeur, assassin d'une fillette, et que douze justiciers se sont partagé le meurtre.

LE CRIME DE MONSIEUR LANGE

Drame de **Jean Renoir**, avec Jules Berry *(Batala)*, René Lefèvre *(Amédée Lange)*, Florelle *(Valentine)*, Nadia Sibirskaïa *(Estelle)*, Sylvia Bataille *(Édith)*, Henri Guisol *(le fils Meunier)*, Marcel Lévesque *(le concierge)*, Odette Talazac *(la concierge)*, Maurice Baquet *(leur fils, Charles)*, Jacques Brunius *(M. Baigneur)*. • SC : Jacques Prévert, J. Renoir. • PH : Jean Bachelet. • DÉC : Jean Castanier, Robert Gys. • MUS : Jean Wiener. • MONT : Marguerite Renoir. France, 1936 – 1 h 30.

Amédée Lange, employé de l'éditeur Batala, écrit pour lui des romans d'aventures. En faillite, pour échapper à ses créanciers, Batala s'enfuit. Son train ayant eu un accident, tout le monde le croit mort. Pour sauver l'entreprise, les employés décident de la gérer en coopérative. Lange tombe amoureux de la blanchisseuse Valentine, ex-maîtresse de Batala. Celui-ci réapparaît le soir de Noël, déguisé en prêtre, résolu à reprendre son affaire en main. Devant son ignominie, Lange l'abat d'un coup de revolver et s'enfuit en Belgique avec Valentine.

◆ *Sorti en 1936, l'année du Front populaire,* le Crime de M. Lange *est bien dans le ton de l'époque, celui du progrès social réalisé dans l'euphorie unanimiste. Tout le monde ici, sauf l'escroc Batala, s'enthousiasme pour l'aventure de la coopérative ouvrière. Humanité sympathique et farfelue, décrite par Jacques Prévert avec sa verve habituelle, animée par Jean Renoir avec une étonnante liberté dans le rythme du récit, l'enchaînement des épisodes, les va-et-vient des personnages. Quant à la composition de Jules Berry en Batala, c'est un numéro de génie, un des sommets de sa brillante carrière.* *G.L.*

LE CRIME DES JUSTES

Drame de **Jean Gehret**, d'après le roman d'André Chamson, avec Claudine Dupuis, Jean Debucourt, Nane Germon, Daniel Mendaille. France, 1950 – 1 h 30.

Dans un village des Cévennes, le drame de conscience d'un patriarche contraint par les circonstances de faillir à ses principes.

LE CRIME D'OVIDE PLOUFFE

Comédie policière de **Denys Arcand**, avec Gabriel Arcand, Anne Letourneau, Jean Carmet, Véronique Jannot, Juliette Huot. Canada (Québec) / France, 1984 – Couleurs – 1 h 46.

À Québec, en 1950, un bijoutier prospère vit une relation tendre et chaste avec sa jeune secrétaire. Lorsque sa femme meurt dans un accident d'avion provoqué par son cynique associé, il est accusé et condamné à mort. Un coup de théâtre le sauve de justesse.

LE CRIME DU DOCTEUR CRESPI

"THE CRIME OF DOCTOR CRESPI"

Drame de **John H. Auer**, avec Erich von Stroheim, Dwight Frye, Paul Guilfoyle, Harriet Russell. États-Unis, 1935 – 1 h 04.

Pour se venger, un médecin plonge l'amant de sa femme dans un sommeil hypnotique. Le croyant mort, on l'enterre, mais deux assistants intrigués exhument le cadavre.

LE CRIME ÉTAIT PRESQUE PARFAIT

"DIAL M FOR MURDER"

Film policier d'**Alfred Hitchcock**, avec Ray Milland *(Tony Wendice)*, Grace Kelly *(Margot)*, Robert Cummings *(Mark)*, Anthony Dawson, Leo Britt. • SC : Frederic Knott, d'après sa pièce. • PH : Robert Burks. • DÉC : George J. Hopkins, Edward Hopkins. • MUS : Dimitri Tiomkin. • MONT : Rudi Fehr. États-Unis, 1954 – Couleurs (3-D) – 1 h 28.

Wendice, trompé par sa femme Margot, décide de la supprimer pour hériter de sa fortune. Pour détourner les soupçons, il s'adresse pour l'exécution à un ancien camarade de classe qu'il fait chanter. Mais c'est la « victime » qui tue son bourreau, et Wendice fabrique des preuves pour envoyer sa femme à l'échafaud. Grâce à la pugnacité de son amant et à la malice d'un policier, elle sera sauvée in extremis et le mari démasqué.

◆ *Ce film n'est pas un des plus renommés d'Hitchcock. Pourtant, c'est, après ses chefs-d'œuvre, une de ses meilleures réussites. Adapté du théâtre, il respecte tout à fait l'unité de lieu et constitue un tour de force de découpage cinématographique. Les rapports troubles entre le mari, la femme, l'amant et le meurtrier sont dignes de Dostoïevski. Il est dommage cependant que le médiocre Robert Cummings ne soit pas à la hauteur de ses partenaires. Le film y perd une dimension essentielle de sa dramaturgie.* *S.K.*

LE CRIME ÉTAIT SIGNÉ "THE WHOLE TRUTH"

Film policier de **John Guillermin**, avec Stewart Granger, Donna Reed, George Sanders, Gianna Maria Canale. Grande-Bretagne, 1958 – 1 h 25.

Un mari jaloux monte une machination pour faire accuser de l'assassinat de sa femme l'homme à qui elle faisait des avances. Celui-ci sera sauvé par sa jeune épouse qui démasque le vrai coupable.

CRIME ET CHÂTIMENT

Drame de **Pierre Chenal**, d'après le roman de Dostoïevski, avec Harry Baur, Pierre Blanchar, Madeleine Ozeray, Alexandre Rignault, Lucienne Lemarchand. France, 1935 – 1 h 50.

À Moscou, en 1865, un étudiant misérable tue une vieille usurière et sa fille. Le remords le ronge et il s'approche progressivement de l'aveu, et du châtiment.

▷ Voir aussi RASKOLNIKOV.

CRIME ET CHÂTIMENT / REMORDS

"CRIME AND PUNISHMENT"

Drame de **Josef von Sternberg**, d'après le roman de Dostoïevski, avec Peter Lorre, Edward Arnold, Tala Birell, Douglas Dumbrille, Marian Marsh, Gene Lockhart. États-Unis, 1935 – 1 h 28.

Un brillant étudiant assassine pour la voler une vieille prêteuse sur gages et, torturé par le remords, il finit par avouer son crime.

▷ Autres versions réalisées par : **Georges Lampin**, intitulée CRIME ET CHÂTIMENT, avec Jean Gabin, Marina Vlady, Robert Hossein, Gaby Morlay, Bernard Blier, Ulla Jacobsson. France, 1956 – 1 h 47. **Denis Sanders**, intitulée CRIME AND PUNISHMENT, USA, avec George Hamilton, Frank Silvera, Mary Murphy, John Harding, Marian Seldes. États-Unis, 1958 – 1 h 36. **Lev Koulidjanov**, intitulée CRIME ET CHÂTIMENT "PRESTUPLENIE I NAKAŽANIE", AVEC MAJA BOULGAKOVA, TATIANA BEDOVA ET GEORGUI TARATORKINE. U.R.S.S., 1969 – 3 h (en deux époques).

LE CRIME NE PAIE PAS

Film à sketches de **Gérard Oury**, avec Pierre Brasseur, Gino Cervi, Michèle Morgan, Danielle Darrieux, Annie Girardot, Edwige Feuillère. France, 1962 – 2 h 15.

Quatre sketches, situés à diverses époques, illustrent le célèbre dicton. Le dernier montre un homme venant de voir, au cinéma, les trois premiers !

CRIME PASSIONNEL "FALLEN ANGEL"

Film policier psychologique d'**Otto Preminger**, d'après le roman de Marty Holland, avec Dana Andrews, Alice Faye, Linda Darnell, Charles Bickford. États-Unis, 1945 – 1 h 37.

Un arriviste, qui épouse la fille du maire pour sa fortune, est impliqué dans l'assassinat d'une belle serveuse de café.

CRIMES AU MUSÉE DES HORREURS

"HORRORS OF THE BLACK MUSEUM"

Film d'épouvante d'**Arthur Crabtree**, avec Michael Gough, June Cunningham, Graham Curnow, Shirley Ann Field. Grande-Bretagne, 1959 – Couleurs – 1 h 20.

Londres est terrifiée par une série de crimes diaboliques. Un écrivain ne se contente pas d'imaginer des atrocités... Un des meilleurs films du genre.

CRIMES DU CŒUR "CRIMES OF THE HEART"

Drame psychologique de **Bruce Beresford**, d'après la pièce de Beth Henley, avec Sissy Spacek, Diane Keaton, Jessica Lange, Sam Shepard, Tess Harper. États-Unis, 1986 – Couleurs – 1 h 45.

Réunies dans la demeure de leur grand-père, trois sœurs évoquent leurs souvenirs, et le traumatisme qu'elles ont subi, adolescentes, à la suite du départ de leur père et du suicide de leur mère.

CRIMES ET DÉLITS "CRIMES AND MISDEMEANOURS"

Comédie de **Woody Allen**, avec Martin Landau, Anjelica Huston, Claire Bloom, Woody Allen, Mia Farrow, Sam Waterston, Martin Bergmann, Jenny Nichols. • SC : Woody Allen. • PH : Sven Nykvist. • MUS : compilation. • MONT : Susan E. Morse. États-Unis, 1990 – Couleurs – 1 h 44.

Woody Allen nous prend toujours à contrepied. On attend un sourire ou un gag, on rencontre des personnages inquiets, voire torturés. Inversement, ses histoires sombres sont traitées en comédies. Il y a plusieurs façons de voir *Crimes et délits*. Au départ, c'est un drame. Un homme comblé et respectable (il est ophtalmo et fréquente le meilleur monde) trompe son épouse avec une grande fille jalouse qui finit par l'encombrer. Il prend à la blague la suggestion qui lui est faite de s'en débarrasser par le crime. Et puis, l'idée fait son chemin.

◆ *L'autre voie d'accès est la farce d'humour noir. Elle est désopilante et peuplée de personnages pittoresques, savoureux, irrésistibles, au premier rang desquels un cinéaste intellectuel obligé de réaliser un documentaire à la gloire de son beau-frère, un vrai beauf qu'il déteste. Woody Allen se moque globalement de tout le monde : des bourgeois, des infidèles, des criminels, des lâches, des arrogants, des hypocrites, des intellectuels macérant voluptueusement dans leurs fantasmes d'incompris, de lui-même enfin qui est – un peu – tous ces personnages et – beaucoup – le contraire de tous ces personnages. Un malaise se dégage de cette comédie plus acide, plus triste et désabusée qu'il n'y paraît.* G.S.

CRIME, SOCIÉTÉ ANONYME "MURDER INC."
Film policier de **Burt Balaban** et **Stuart Rosenberg**, d'après le livre de Burton Turkus, avec May Britt, Stuart Whitman, Peter Falk. États-Unis, 1960 – 1 h 43.

Les exploits sanguinaires de tueurs à gages. Une histoire authentique située dans les années 30 à New York.

CRIMES SANS CHÂTIMENT "KINGS ROW"
Drame de **Sam Wood**, d'après le roman de Henry Bellamann, avec Ann Sheridan, Robert Cummings, Ronald Reagan, Betty Field, Charles Coburn, Claude Rains. États-Unis, 1941 – 2 h 07.

Deux étudiants en médecine, amoureux des filles de deux de leurs professeurs, se heurtent à la jalousie criminelle des pères.

LE CRIMINEL "THE STRANGER"
Drame psychologique d'**Orson Welles**, avec Orson Welles, Loretta Young, Edward G. Robinson, Philip Merivale, Richard Long. États-Unis, 1946 – 1 h 35.

Pour arrêter un criminel de guerre caché aux États-Unis sous une fausse identité, un policier laisse s'évader un de ses complices. En le suivant, il retrouvera la trace de l'ancien nazi.

LES CRIMINELS "THE CRIMINAL"
Film policier de **Joseph Losey**, avec Stanley Baker *(John Bannion)*, Sam Wanamaker *(Carier)*, Margit Saad *(Suzan)*, Gregoire Aslan *(Saffron)*. • SC : Alan Owen. • PH : Robert Krasker. • MUS : Johnny Dankworth. Grande-Bretagne, 1960 – 1 h 37.

John Bannion, un Irlandais, pille les banques dans la semaine et réserve le dimanche au Seigneur car il est catholique pratiquant. Dénoncé par une ancienne maîtresse, il est incarcéré puis libéré pour bonne conduite. Croyant trouver le bonheur auprès de Suzan, il est abattu par ses complices.

◆ *Voulant renouveler les clichés du film noir, Losey a ancré son film dans une réalité humaine très poussée, qui, par le paradoxal portrait d'un bandit au visage dur mais pieux et au fond plutôt bon, lorgnait du côté de Buñuel. L'excellente composition de Stanley Baker renforçait le sentiment que son état de bandit n'était qu'un attribut comme un autre de sa personnalité, fondamentalement déterminée par ses origines sociales et culturelles.* S.K.

CRIN BLANC
Film d'aventures d'**Albert Lamorisse**. France, 1953 – 47 mn. ★ PRIX JEAN-VIGO 1953.

En Camargue, l'histoire d'une amitié entre un enfant et un cheval sauvage.

CRISE "ABWEGE / BEGIERDE"
Drame psychologique de **Georg-Wilhelm Pabst**, avec Brigitte Helm, Gustav Diessl. Allemagne, 1928 – 2 892 m (env. 1 h 47).

Une femme, qui aime son mari et n'a jamais cherché à le tromper, traverse une crise d'indépendance.

LA CRISE
Comédie dramatique de **Coline Serreau**, avec Vincent Lindon, Patrick Timsit, Zabou. France, 1992 – Couleurs – 1 h 35. ★ CÉSAR DU MEILLEUR SCÉNARIO.

Au début du film, un cadre supérieur perd sa femme et son job, à la fin il retrouve la première et semble bien parti dans sa recherche d'emploi. Entre les deux un concentré de drames de la vie quotidienne des années 90, d'excellents numéros d'acteurs, des tirades souvent bien venues, un bon rythme... et une curieuse absence de résonance.

LA CRISE EST FINIE
Comédie dramatique de **Robert Siodmak**, avec Albert Préjean, Danielle Darrieux, Suzanne Dehelly, René Lestelly. France, 1934 – env. 1 h 15.

Une troupe de province en tournée à Paris échoue sans argent dans un théâtre abandonné et monte une revue placée sous le signe de l'optimisme et de la joie de vivre.

CRIS ET CHUCHOTEMENTS
"VISKNINGAR OCH ROP"
Drame d'**Ingmar Bergman**, avec Harriett Andersson *(Agnès)*, Ingrid Thulin *(Karin)*, Liv Ullmann *(Maria)*, Kari Sylvan *(Anna, la servante)*, Erland Josephson *(le médecin)*, Henning Moritzen *(Joakim)*, Andres Ek *(le pasteur)*. • SC : I. Bergman. • PH : Sven Nykvist. • DÉC : Marik Vos. • MUS : Bach, Chopin. • MONT : Siv Lundgren. Suède, 1973 – Couleurs – 1 h 30.

Dans un manoir au milieu d'un parc, vers la fin du XIXe siècle, vivent trois sœurs et une servante. L'une des sœurs, Agnès, se meurt d'un cancer. Les deux autres, coincées dans leur égoïsme, ne parviennent pas à l'aider jusqu'au bout : aussi bien Maria, froide et paresseuse, que Karin, dure et méfiante, mariée à un homme qu'elle hait au point de se mutiler le sexe pour l'éviter. Seule Anna, la servante, qui a perdu autrefois une petite fille, aide Agnès à « passer ».

◆ *La séduction plastique un peu apprêtée de ce film, avec ses femmes en robe blanche dans un manoir tapissé de rouge, assura un triomphe critique et public inattendu à ce drame rempli de scènes traumatisantes, le dernier film franchement « esthétisant » de Bergman avant la quotidienneté télévisuelle de* Scènes de la vie conjugale*, mais qui impose une présence inoubliable de la maladie et de la mort.* *M.CH.*

LE CROCODILE DE LA MORT "DEATH TRAP"
Film d'horreur de **Tobe Hooper**, avec Neville Brand, Mel Ferrer, Stuart Whitman, Carolyn Jones. États-Unis, 1976 – Couleurs – 1 h 30.

L'hôtel délabré du vieux John, un fou criminel qui jette au crocodile du lac ceux qui le gênent, est le théâtre de scènes d'épouvante.

CROCODILE DUNDEE "CROCODILE DUNDEE"
Comédie de **Peter Faiman**, avec Paul Hogan, Linda Kozlowski, John Meillon, Mark Blum. Australie, 1986 – Couleurs – 1 h 35.

Une jeune journaliste américaine fait un reportage sur un célèbre chasseur de crocodiles australien. Il la suit à New York, dont la « jungle » lui réserve bien des surprises !

▷ Une suite, intitulée CROCODILE DUNDEE "CROCODILE DUNDEE II", a été réalisée par **John Cornell**, avec les mêmes comédiens. États-Unis, 1988 – Couleurs – 1 h 51.

LA CROISADE MAUDITE / LES PORTES DU PARADIS "GATES TO PARADISE"
Film historique d'**Andrzej Wajda**, d'après le roman de Jerzy Andrzewski, avec Lionel Stander, Ferdy Mayne, Pauline Challoner, Mathieu Carrière. Grande-Bretagne, 1967 – Couleurs – 1 h 26.

Au XIIIe siècle, une croisade composée d'enfants et d'adolescents est organisée. Leur pureté doit garantir le succès de l'entreprise. En chemin, le moine qui les confesse perd vite ses illusions.

LES CROISADES "THE CRUSADES"
Film historique de **Cecil B. De Mille**, avec Loretta Young, Henry Wilcoxon, C. Aubrey Smith, Ian Keith, Katherine De Mille, Joseph Schildkraut, Alan Hale. États-Unis, 1935 – 2 h 07.

Une vaste reconstitution de la troisième croisade menée par Richard Cœur de Lion et Philippe Auguste, et de la rivalité amoureuse des deux hommes.

LA CROISÉE DES DESTINS
"BHOWANI JUNCTION"
Film d'aventures de **George Cukor**, avec Ava Gardner, Stewart Granger, Bill Travers. États-Unis, 1956 – Couleurs – 1 h 50.

Au Pakistan, en 1947, le drame d'une métisse partagée entre ses origines et son amour pour un colonel anglais.

LA CROISIÈRE DU « NAVIGATOR »
"THE NAVIGATOR"
Comédie de **Buster Keaton** et **Donald Crisp**, avec Buster Keaton *(Rollo Treadway)*, Kathryn McGuire *(Patsy O'Brien)*, Frederick Vroom *(l'armateur)*, Noble Johnson, Clarence Burton, Clugston. • SC : Jean C. Havez, Clyde Bruckman, Joseph A. Mitchell. • PH : Elgin Lessley, Byron Houck. • DÉC : Fred Gabourie. • MUS : (additionnelle) : Claude Bolling. • PR : B. Keaton (Joseph M. Schenck M.G.M.). États-Unis, 1924 – env. 1 800 m (1 h 06).

Rollo Treadway, riche héritier d'une grande famille (mais un brin demeuré), décide un beau matin de se marier. Il traverse la rue en voiture et va demander la main de Patsy, sa voisine, autre riche héritière. La réponse est claire : non. Comme il avait pris, par avance, deux billets pour une croisière, il se résout à partir seul. À la suite d'une erreur, il embarque à bord d'un paquebot vide, le *Navigator,* où se retrouve, par hasard elle aussi, la riche Patsy. Des bandes d'espions rivales détachent les amarres, et voilà le *Navigator* parti pour la pleine mer. Rollo ignore que Patsy est à bord. Et vice versa. Au terme d'un chassé-croisé trépidant, ils finissent par se rencontrer. Rollo décide de préparer à manger, mais, dans l'immense cuisine, tout se ligue contre lui. Un bateau apparaît au loin. Rollo manque se noyer en voulant le rattraper. Quelques semaines plus tard, tout est rentré dans l'ordre : Rollo a tout aménagé grâce à d'astucieuses innovations techniques. Le *Navigator* échoue sur une île habitée par des cannibales, qui enlèvent Patsy. Rollo, habillé en scaphandrier, les fait fuir. Ils réussissent à reprendre la mer ensemble. Ils s'embrassent, et s'enfoncent sous l'eau...

◆ Logique et poésie

On trouve dans la Croisière du « Navigator » *comme la quintessence de l'art de Keaton – et de son personnage. Au départ, une situation doublement désespérée : l'échec de sa demande en mariage et ce bateau parti vers le grand large sans maître à bord. Au départ, aussi, pour venir à bout de cette situation inextricable, un total incompétent : le personnage imaginé par Keaton est un riche oisif, qui ne sait rien faire de ses dix doigts, un maladroit congénital, un nul. C'est cette confrontation qui fait exploser le film : il faut à tout prix que Keaton fasse quelque chose, sinon il perd et sa vie et celle qu'il veut épouser. Il est condamné à bricoler, à improviser, à affronter les forces déchaînées du destin, de l'univers entier. Voilà donc notre héritier de pacotille transformé en véritable homme-orchestre, en super-technicien, en génie de l'efficacité. Tout cela avec le sérieux, l'application de l'obsessionnel de grande envergure, du monomaniaque dont toute l'énergie, toutes les forces sont tendues vers un seul but. D'où cette fameuse impassibilité keatonienne, ce masque de flegme, de gravité, dont il ne se départ jamais : c'est l'univers autour de lui qui est déchaîné et nous qui rions et trépignons, lui a autre chose à faire. Keaton, c'est le mariage de la plus implacable logique et de la poésie la plus fantastique, du gag et de la métaphysique. On n'a pas le temps de dire ouf, de respirer, on est emporté par l'inexorable machinerie de son comique, transporté dans un univers parallèle où les éléments obéissent à la volonté d'un être sur qui rien ni personne n'a de prise. Keaton, c'est la perfection en vingt-quatre images/seconde.* *A.R.*

LA CROISIÈRE NOIRE
Documentaire de **Léon Poirier**. France, 1926 – env. 1 800 m (env. 1 h 06).

Le récit de l'expédition en auto-chenilles, à travers le continent africain, d'une équipe d'explorateurs commandités par André Citroën. Dans l'expédition suivante, deux groupes (l'un voyageant de Beyrouth à l'Himalaya, l'autre traversant la Chine) atteignirent Pékin en avril 1932.

▷ Cette mission fit l'objet d'un film sonore : LA CROISIÈRE JAUNE Documentaire d'**André Sauvage**. France, 1933 – 2 500 m (1 h 32).

CROISIÈRES SIDÉRALES
Film de science-fiction d'**André Zwobada**, avec Madeleine Sologne, Julien Carette, Suzanne Dehelly, Robert Arnoux, Jean Marchat. France, 1942 – 1 h 35.

Une jeune femme part dans la stratosphère avec un ami, en laissant son mari et son bébé, mais une erreur de manipulation les projette dans l'espace.

CROISIÈRE SURPRISE "DOUBLE TROUBLE"
Comédie musicale de **Norman Taurog**, avec Elvis Presley, Annette Day, John Williams, Yvonne Romain, Chips Rafferty. États-Unis, 1967 – Couleurs – 1 h 30.

Un chanteur qui aime mener la grande vie rencontre deux femmes qui veulent l'épouser. Poursuivi par elles deux de Londres à Bruxelles, il devra se résoudre à épouser la riche héritière.

CROISSANCE "TAKE KURABE"
Drame d'**Heinosuke Gosho**, avec Hibari Misora, Keiko Kishi, Koreyoshi Nakamura. Japon, 1955 – 1 h 03.

Les enfants d'une banlieue de Yoshiwara sont divisés en deux bandes, celle de la rue principale et celle des ruelles, qui s'affrontent perpétuellement.

LES CROIX DE BOIS
Film de guerre de **Raymond Bernard**, d'après le livre de Roland Dorgelès, avec Pierre Blanchar, Charles Vanel, Gabriel Gabrio, Aimos. France, 1932 – 1 h 50.

Durant la Grande Guerre, les rudes réalités de la vie des tranchées remplacent bien vite les illusions d'un jeune homme qui vient de s'engager et qui trouvera la mort.

CROIX DE FER "CROSS OF IRON"
Film de guerre de **Sam Peckinpah**, d'après le roman de Willi Heinrich *la Peau des hommes*, avec James Coburn, Maximilien Schell, James Mason, Senta Berger, David Warner. Grande-Bretagne / R.F.A., 1977 – Couleurs – 2 h 15.

Lors de la retraite de Crimée, en 1943, un capitaine de l'armée allemande s'oppose à l'un de ses subordonnés, qui ne partage pas son exaltation guerrière. Virulent pamphlet antimilitariste.

CROMWELL "CROMWELL"
Biographie historique de **Ken Hughes**, avec Richard Harris, Alec Guinness, Robert Morley. Grande-Bretagne, 1970 – Couleurs – 2 h 20.

Récit de la Révolution anglaise animée par Cromwell. Superproduction spectaculaire.

CROQUE LA VIE
Chronique de **Jean-Charles Tacchella**, avec Brigitte Fossey, Carole Laure, Bernard Giraudeau. France, 1981 – Couleurs – 1 h 45.

De 1973 à 1981, des couples d'amis et d'amants se font et se défont, des enfants naissent, les années suivent leur cours chaotique. Une tranche de vie plutôt pessimiste.

CRY FREEDOM (LE CRI DE LA LIBERTÉ)
"CRY FREEDOM"
Drame de **Richard Attenborough**, d'après les livres de Donald Woods *Vie et Mort de Steve Biko* et *Asking for Trouble*, avec Denzel Washington, Kevin Kline. États-Unis, 1987 – Couleurs – 2 h 37.

Un journaliste sud-africain s'emploie à dénoncer la mort sous la torture d'un de ses amis, leader anti-apartheid. Une œuvre lyrique et poignante, inspirée du martyre de Steven Biko.

CRYING FREEMAN "CRYING FREEMAN"
Thriller de **Christophe Gans**, d'après un personnage de B.D. créé par Kazuo Koike et Ryoichi Ikegami, avec Mark Dacascos, Julie Condra, Byron Manna, Tcheky Karyo, Rae Dawn Chong. France / États-Unis / Canada, 1995 – Couleurs – 1 h 40.

Tueur jusqu'alors sans état d'âme au service d'une secte secrète chinoise en lutte contre les yakuzas japonais, Crying Freeman commet une faute : après avoir exécuté un fils de gangster japonais, il épargne une jeune fille, Emu O'Hara, qui a été témoin de « l'exécution ». Dès lors, il a tout le monde contre lui : yakuzas, alliés d'hier, policiers... Il n'aspire qu'à une chose : vivre paisiblement son amour avec Emu, mais on ne se libère pas aussi facilement que cela d'un passé de violence et de sang !

THE CRYING GAME "THE CRYING GAME"
Comédie dramatique de **Neil Jordan**, avec Stephen Rea, Forest Whitaker, Miranda Richardson. Angleterre, 1992 – Couleurs – 1 h 52.

Fergus, jeune terroriste de l'IRA est un personnage ballotté : il se prend d'amitié pour l'otage dont il a la garde et le laisse échapper, sans lui sauver la vie pour autant. Puis il se met en quête de la maîtresse de son prisonnier, s'en éprend et découvre qu'elle n'est pas celle qu'il croyait. Passé un sursaut de dégoût initial, il finit par accepter la situation. Mais l'IRA veut remettre la main sur lui. Un curieux personnage d'anti-héros énigmatique que sa plasticité spongieuse semble protéger, à la façon d'une méduse.

CUBA SI !
Documentaire politique de **Chris Marker**. France, 1963 – 50 mn.

Le film montre ce qu'était Cuba sous la dictature de Batista, puis l'ascension et la prise du pouvoir par Fidel Castro. Il présente également un entretien avec Castro lui-même.

LA CUCARACHA "LA CUCARACHA"
Film d'aventures d'**Ismael Rodriguez**, avec Maria Felix, Dolores Del Rio, Emilio Fernandez, Pedro Armendariz. Mexique, 1959 – Couleurs – 1 h 27.

Durant la révolution mexicaine, action et passion pour deux femmes qui se sont engagées dans l'armée et qui aiment le même colonel.

LE CUIRASSÉ POTEMKINE
"BRONENOSEC POTEMKIN"
Film historique et politique de **Serguei Mikhaïlovitch Eisenstein**, avec Alexandre Antonov *(Vakoulintchouk)*, Vladimir Barsky *(le commandant Golikov)*, Grigori Alexandrov *(son second Guliarovsky)*, Mikhaïl Gomarov *(le marin Matouchenko)*, des acteurs du Proletkult, les équipages soviétiques de la mer Noire et la population d'Odessa. • SC : S.M. Eisenstein, d'après un récit de Nina Agadjanova-Choutko. • PH : Edouard Tissé. • DÉC : Rakhals. • MUS : Nikolai Krioukov. • MONT : S.M. Eisenstein. • PR : Goskino (Moscou). U.R.S.S., 1925 – 1 850 m (env. 1 h 08).

Des marins de la flotte russe en mer Noire discutent dans leur hamac pendant la période de repos. On leur sert de la viande avariée ; les hommes achètent des conserves et refusent la soupe. Ils sont rassemblés sur l'arrière du cuirassé et menacés par le commandant. Certains se ruent vers la tourelle. Les hommes restés sur le gaillard d'arrière sont recouverts d'une bâche et le commandant donne l'ordre de les fusiller, mais le peloton refuse de tirer. Les mutins prennent les armes et jettent les officiers par-dessus bord. Dans la mêlée, le meneur, Vakoulintchouk, est mortellement blessé. Son corps est exposé sur un quai du port d'Odessa et la population se rassemble pour le saluer. Les marins fraternisent avec les habitants de la ville. Soudain, un régiment de cosaques avance sur l'escalier qui surplombe le port et tire sur la foule ; les manifestants fuient dans la plus grande panique. Le navire appareille et va affronter l'escadre russe ; après une nuit d'attente, au matin, des cris de ralliement jaillissent des autres navires : « Frères ! Frères !... »

◆ Une œuvre d'enthousiasme

*Après avoir réalisé son premier essai d'*agit prop *cinématographique avec la troupe des acteurs du Proletkult,* la Grève *en 1924, S.M. Eisenstein enchaîne aussitôt en acceptant une commande pour le 20e anniversaire de la Révolution de 1905. Il a alors 27 ans. Il écrit d'abord avec Nina Agadjanova-Choutko et commence à réaliser quelques épisodes à Léningrad et à Bakou. C'est le mauvais temps qui le contraint à concentrer son projet sur l'épisode de la mutinerie du* Potemkine. *Le film est réalisé en sept semaines entre fin septembre et début novembre 1925, à partir d'un canevas de quelques pages. Certains épisodes sont improvisés en cours de tournage. Aussitôt monté et présenté,* le Cuirassé Potemkine *soulève l'enthousiasme du public soviétique, puis international. L'originalité du film repose d'abord sur le refus de la conception traditionnelle et littéraire du personnage au profit du « type » social et politique : ainsi l'anonymat des soldats qui tirent sur la foule et le typage des victimes (la mère à l'enfant, le cul-de-jatte, la femme au landau, etc.). Mais c'est surtout le choix privilégié du cadrage en plans de détails et en plans serrés, leur articulation dans un montage au rythme très rapide, quasi paroxystique dans les scènes violentes (scènes de la révolte sur le cuirassé, scène de la répression sur l'escalier) qui caractérisent à la fois la démarche radicale du cinéaste et l'impact produit sur le public, littéralement bouleversé et sou-*

levé par un enthousiasme communicatif, dans des conditions voisines de celle de l'exécution d'une partition musicale in vivo. *M.M.*

LA CUISINE AU BEURRE
Comédie de **Gilles Grangier**, avec Fernandel, Bourvil, Claire Maurier, Michel Galabru. France, 1963 – 1 h 22.

Après dix ans de captivité, Fernand, dont le nom figure sur le monument aux morts, rentre chez lui, retrouve son restaurant et sa femme... remariée avec André, un homme travailleur.

LA CUISINE DES ANGES "WE'RE NO ANGELS"
Comédie de **Michael Curtiz**, d'après la pièce d'Albert Husson, avec Humphrey Bogart, Aldo Ray, Peter Ustinov, Joan Bennett. États-Unis, 1955 – Couleurs – 1 h 46.

En 1890, à Cayenne, trois forçats évadés sont la bienveillante providence d'une famille sympathique. Une comédie ironique.

LE CUISINIER DU ROI
"THEODOR HIERNEIST, ODER WIE MAN EHEMALIGER HOFKOCHER WIRD"
Chronique de **Hans-Jürgen Syberberg**, avec Walter Sedlmayer. R.F.A., 1973 – Couleurs – 1 h 30.

Theodor Hierneist raconte, en un long monologue, sa vie de cuisinier au service de Louis II de Bavière. Des images superbes, un texte humoristique et savoureux : une époque revit.

LES CUISTOTS DE SA MAJESTÉ
"NOTHING BUT TROUBLE"
Film burlesque de **Sam Taylor**, avec Stan Laurel, Oliver Hardy, Henry O'Neill, Mary Boland, David Leland, John Warburton, Mathiew Boulton. États-Unis, 1944 – 1 h 10.

Deux compères entrent comme cuisiniers au service d'un jeune roi exilé, que son oncle veut faire assassiner.

CUL-DE-SAC "CUL-DE-SAC"
Comédie dramatique de **Roman Polanski**, avec Françoise Dorléac *(Teresa)*, Donald Pleasence *(George)*, Lionel Stander *(Dick)*, Jack McGowran *(Albie)*, Ian Quarrier *(Christopher)*, William Francklyn *(Cecil)*, Jacqueline Bisset *(l'amie de Cecil)*. • SC : R. Polanski, Gérard Brach. • PH : Gil Taylor. • MUS : Krzystof T. Komeda. • MONT : Alistair Mac Intyre. Grande-Bretagne, 1966 – 1 h 51. ★ **OURS D'OR, Berlin 1966. PRIX DE LA CRITIQUE ITALIENNE, Venise 1966.**

George et sa jeune femme Teresa habitent un vieux château que la marée haute isole chaque jour du continent. Le couple a ses rituels insolites : George, myope et chauve, se laisse travestir et maquiller en femme par Teresa. Deux gangsters en cavale, Albert et Richard, échouent sur la presqu'île, leur voiture en panne. L'un ne tarde pas à succomber, l'autre s'impose au château, où il attendra en vain l'arrivée de son patron, Kattelbach.

◆ *Roman Polanski a signé avec* Cul-de-Sac *son deuxième film anglais, qui porte la marque de celui qui sera désormais son scénariste attitré, Gérard Brach. Si le schéma initial est classique, tout le reste est placé sous le signe de l'insolite et de la fantaisie, du couple bizarre formé par Donald Pleasence (étonnant d'ambiguïté) et Françoise Dorléac (mystérieusement séduisante), jusqu'aux gangsters à l'opposé des conventions, en passant par les voisins... L'élégante sophistication de la mise en scène met en relief l'humour pince-sans-rire d'un film dont Polanski a raconté le tournage épique dans son autobiographie,* Roman. *G.L.*

LES CULOTTES ROUGES
Comédie dramatique d'**Alex Joffé**, avec Bourvil, Laurent Terzieff. France, 1962 – 1 h 46.

En Allemagne, dans un camp de prisonniers français, Antoine, récidiviste de l'évasion, cynique et égoïste, choisit pour l'accompagner Fendard, un homme craintif et faible.

CUORE "CUORE"
Comédie dramatique de **Luigi Comencini**, avec Johnny Dorelli, Giuliana De Sio, Bernard Blier. Italie/France/Suisse, 1984 – Couleurs – 1 h 55.

Pendant la Grande Guerre, Enrico évoque avec nostalgie les souvenirs de sa vie scolaire, dans les années 1900. Les valeurs enseignées sont férocement anéanties par la guerre.

CUPIDON PHOTOGRAPHE "I LOVE MELVIN"
Comédie musicale de **Don Weis**, avec Donald O'Connor, Debbie Reynolds, Una Merkel. États-Unis, 1953 – Couleurs – 1 h 16.

Melvin, photographe débutant à Look, cherche à éblouir Judy, une jeune danseuse. Chansons, danses et gags.

LA CURÉE
Drame de **Roger Vadim**, d'après le roman d'Émile Zola, avec Jane Fonda, Michel Piccoli, Peter McEnery. France, 1966 – Couleurs – 1 h 40.

Un puissant industriel vit avec son fils et sa seconde épouse, qui ne tarde pas à tomber amoureuse du jeune homme.

CUSTER, L'HOMME DE L'OUEST
"CUSTER OF THE WEST"
Western de **Robert Siodmak**, avec Robert Shaw, Mary Ure, Robert Ryan, Jeffrey Hunter, Ty Hardin, Lawrence Tierney. États-Unis, 1967 – Couleurs – 2 h 26.

Après avoir dénoncé la politique menée vis-à-vis des Indiens, le « brave » général Custer mourra à Little Big Horn. Ce n'est pas la meilleure version de cette célèbre histoire.

CUTTER'S WAY "CUTTER'S WAY"
Drame psychologique d'**Ivan Passer**, avec Jeff Bridges *(Richard Bone)*, John Heard *(Alex Cutter)*, Lisa Eichhorn *(Maureen Cutter, « Mo »)*. • SC : Jeffrey Alan Fiskin, d'après le roman de Newton Thornburg *Cutter and Bone*. • PH : Jordan Cronenweth. • DÉC : Thomas L. Roysden. • MUS : Jack Nitzsche. • MONT : Caroline Ferriol. États-Unis, 1980 – Couleurs – 1 h 46.

Depuis le Viêt Nam, Alex Cutter est un grand infirme profondément traumatisé. Son handicap a brisé sa vie professionnelle et sa vie affective auprès de sa femme Mo. Témoin d'un meurtre, son ami Richard Bone croit reconnaître l'assassin, un homme d'affaires influent symbolisant l'image même du pouvoir. Armé d'une détermination désespérée, Cutter mène une enquête qui prend vite l'aspect d'une vengeance personnelle contre la société tout entière.

◆ *Sous son apparence de thriller,* Cutter's Way *s'attache à la psychologie d'un trio pathétique et au revers du rêve américain. Anticonformiste et audacieux, le film détaille au scalpel le désenchantement d'une époque. Son impact émotionnel doit beaucoup à l'interprétation de ces héros douloureux, dépossédés de leurs illusions.* D.P.

LE CYCLE "DAYEREH MINA"
Drame de **Darius Mehrjui**, avec Ismaïl Nohammad, Saïd Kangarani, Bahman Forsi, Ezat Entezami. Iran, 1974 – Couleurs – 1 h 35.

Le Shah rêve de centrales nucléaires et de Concorde. À Téhéran, les paysans déracinés meurent de faim et de misère. Ali, indifférent au sort de son vieux père mourant, rentre dans « le cycle » infernal des combines et des arnaques.

CYCLO
Drame psychologique de **Tran Anh Hung**, avec Lê Van Lôc, Tony Leung-Chiu Wai, Tran Nu Yên-Khê, Nguyen Nhu Quynh. France, 1995 – Couleurs – 2 h. ★ **LION D'OR, Venise 1995.**

Le jour où le « cyclo » se fait voler le véhicule loué qui lui permet de gagner sa vie dans une ville vietnamienne en pleine décomposition sociale, il tombe dans la vertigineuse spirale de la délinquance, du sang et de la mort. Un catalogue de situations extrêmes et une impressionnante galerie de personnages sans véritable épaisseur humaine, mais étonnants de cruauté et de folie.

CYCLONE À LA JAMAÏQUE
"A HIGH WIND IN JAMAICA"
Film d'aventures d'**Alexander Mackendrick**, avec Anthony Quinn *(le capitaine Chavez)*, James Coburn, Lila Kedrova, Gert Froebe *(le capitaine hollandais)*, Deborah Baxter. • SC : Stanley Mann, Ronald Harwood, d'après le roman de Richard Hugues. • PH : Douglas Slocombe. • DÉC : J. Howell, J. Hoesli. • MUS : Larry Adler. • MONT : D. Yorke. Grande-Bretagne, 1965 – Couleurs – 1 h 44.

À la suite d'un cyclone qui a dévasté leur plantation, des colons anglais décident de mettre leurs enfants à l'abri en les envoyant par bateau en Angleterre. Mais leur navire est attaqué par des pirates qui embarquent sans le savoir les enfants avec le butin. Le chef des pirates les prend sous sa protection ; il instaure notamment des liens ambigus avec la fille aînée de la famille, qui est encore une enfant. Les pirates capturent un vaisseau hollandais et emmènent le capitaine comme prisonnier. Il est accidentellement tué par la jeune fille. Le bateau pirate intercepté par la flotte anglaise, l'équipage sera condamné à la potence pour ce meurtre. Le capitaine, acceptant la sentence, regarde alors la jeune fille en souriant.

◆ *L'auteur de* Whisky à gogo *(1949) signe avec* Cyclone à la Jamaïque, *un des films les plus originaux sur l'univers de l'enfance, par son anachronisme et ses constantes ruptures de ton. Tout se joue autour des rapports entre les pirates conduits par le capitaine Chavez, Anthony Quinn pour une fois tout en nuances, et le groupe des enfants à l'éducation anglo-saxonne traditionnelle. Le thème de l'amoralisme enfantin y est restitué avec beaucoup d'intelligence ainsi qu'avec une réelle poésie.* M.M.

LE CYGNE "THE SWAN"
Comédie de **Charles Vidor**, avec Grace Kelly, Alec Guinness, Louis Jourdan, Agnes Moorehead. États-Unis, 1956 – Couleurs – 1 h 52.

Au début du siècle dans un château princier, une princesse doit choisir entre un futur roi et le précepteur de ses frères. Charmant. Avec *la Haute Société,* tourné la même année, la dernière apparition à l'écran de Grace Kelly.

LE CYGNE NOIR "THE BLACK SWAN"
Film d'aventures de **Henry King**, d'après le roman de Rafael Sabatini, avec Tyrone Power, Maureen O'Hara,

Thomas Mitchell, George Sanders, Anthony Quinn. États-Unis, 1942 – Couleurs – 1 h 25.

Un corsaire nommé gouverneur de la Jamaïque envoie son fidèle lieutenant combattre les pirates rebelles. Celui-ci épousera la fille de l'ancien gouverneur après l'avoir sauvée de multiples dangers.

CYRANO DE BERGERAC "CYRANO DE BERGERAC"
Comédie dramatique de **Michael Gordon**, d'après la pièce d'Edmond Rostand, avec Jose Ferrer, Mala Powers, William Prince. États-Unis, 1950 – 1 h 52.

Au XVIIe siècle, un poète et philosophe français affligé d'un nez disgracieux aide un ami à conquérir le cœur d'une femme dont il est lui-même amoureux. Jose Ferrer remporta l'Oscar du Meilleur acteur pour son interprétation.

▷ Autres versions réalisées notamment par : **Jean Durand**, avec Robert Péguy, Jeanne-Marie Laurent, Joaquim Renez. France, 1910 – env. 600 m (22 mn). **Augusto Genina**, intitulée CIRANO DE BERGERAC, avec Pierre Magnier. Italie, 1923 – env. 900 m (33 mn). **Fernand Rivers**, avec Claude Dauphin, Pierre Bertin, Ellen Bernsen, Christian Bertola, Alice Tissot. France, 1946 – 1 h 40.

CYRANO DE BERGERAC
Mélodrame épique de **Jean-Paul Rappeneau**, avec Gérard Depardieu *(Cyrano)*, Anne Brochet *(Roxane)*, Jacques Weber *(de Guiche)*, Vincent Pérez *(Christian)*. • SC : Jean-Claude Carrière et Jean-Paul Rappeneau, d'après la pièce d'Edmond Rostand. • PH : Pierre Lhomme. • MUS : Jean-Claude Petit. • MONT : Noëlle Boisson. France, 1990 – Couleurs – 2 h 15. ★ CÉSAR DU MEILLEUR FILM, DU MEILLEUR RÉALISATEUR.

◆ *Jean-Paul Rappeneau, aidé de Jean-Claude Carrière, la culture personnifiée, a eu la belle audace de proposer au public de 1990 un film dont les personnages parlent en alexandrins. L'entreprise a bénéficié de grands moyens et elle a, ce qui est moral, rapporté beaucoup d'argent. Le succès d'estime n'a pas été inférieur au succès public. Voilà l'exemple type d'un cinéma populaire artistique. Tout le monde y trouve son compte. Les vers de Rostand et ceux de Carrière, pasticheur respectueux qui a su aménager la pièce avec intelligence et subtilité, sonnent comme une musique. C'est une œuvre parfaite et l'on peut critiquer cette perfection au nom d'une attente exactement comblée (autrement dit d'une absence de surprise). Les morceaux de bravoure plus ou moins emphatiques de Rostand deviennent les éléments d'une épopée flamboyante. Depardieu est formidable, aussi bien dans la truculence et la tonitruance que dans la sensibilité et l'émotion. Tout fonctionne.* *G.S.*

CYRANO ET D'ARTAGNAN
Film d'aventures d'**Abel Gance**, avec Jose Ferrer, Jean-Pierre Cassel, Sylva Koscina, Daliah Lavi, Michel Simon. France / Italie, 1964 – Couleurs – 2 h 15.

Les deux héros se rencontrent et vivent une succession d'aventures courtoises, héroïques et galantes.

D

DAGUERRÉOTYPES

Documentaire d'**Agnès Varda**. France, 1975 – Couleurs – 1 h 20.

Dans le quatorzième arrondissement de Paris, il y a la rue Daguerre, avec le boucher, la bouchère, l'épicier maghrébin, les vieux patrons de la mercerie... Tendresse et nostalgie.

LE DAHLIA BLEU "The Blue Dahlia"

Film policier de **George Marshall**, sur un scénario de Raymond Chandler, avec Alan Ladd, Veronica Lake, Hugh Beaumont, William Bendix, Will Wright, Doris Dowling. États-Unis, 1946 – 1 h 36.

De retour de la guerre, un pilote est accusé du meurtre de sa femme qui le trompait avec le patron d'une boîte de nuit. L'épouse de ce dernier lui permettra de démasquer le coupable.

DAISY CLOVER "Inside Daisy Clover"

Comédie dramatique de **Robert Mulligan**, d'après le roman de Gavin Lambert, avec Natalie Wood, Christopher Plummer, Robert Redford, Ruth Gordon. États-Unis, 1966 – Couleurs – 2 h 08.

L'industrie cinématographique a fait de Daisy une star adulée. Hélas ! Son beau mari préfère les garçons...

DAISY MILLER

Drame de **Peter Bogdanovich**, d'après une histoire de Henry James, avec Cybill Shepherd, Barry Brown, Cloris Leachman, Mildred Natwick, Eileen Brennan. États-Unis, 1974 – Couleurs – 1 h 32.

Au XIXe siècle, une jeune touriste américaine voyageant en Europe, rencontre l'amour, mais elle est atteinte d'une maladie incurable.

LES DALEKS ENVAHISSENT LA TERRE

"Daleks : Invasion Earth 2150 AD"

Film de science-fiction de **Gordon Flemyng**, avec Peter Cushing, Bernard Cribbins, Ray Brooks, Jennie Linden. Grande-Bretagne, 1966 – Couleurs – 1 h 23.

Le docteur Who se transporte dans le futur, accompagné de sa nièce, d'une fillette et d'un brave policier. En 2150, il découvre la Terre envahie par des extraterrestres d'acier, les Daleks. Un film adapté de la célèbre série T.V. *Dr Who*.

▷ Suite de DR WHO CONTRE LES DALEKS "Dr Who and the Daleks" de **Gordon Flemyng**, avec les mêmes interprètes (sauf B. Cribbins, remplacé par Roy Castle). Grande-Bretagne, 1965 – Couleurs – 1 h 25.

DALLAS, VILLE FRONTIÈRE "Dallas"

Western de **Stuart Heisler**, avec Gary Cooper, Ruth Roman, Steve Cochran, Raymond Massey. États-Unis, 1950 – Couleurs – 1 h 34.

Un ancien colonel sudiste recherche trois frères qui ont massacré sa famille.

LA DAME AU MANTEAU D'HERMINE

"That Lady in Ermine"

Comédie musicale d'**Ernst Lubitsch** et **Otto Preminger**, avec Betty Grable, Douglas Fairbanks Jr., Cesar Romero. États-Unis, 1948 – Couleurs – 1 h 29.

Des envahisseurs hongrois conduits par un colonel occupent un château. Pour éviter qu'il soit détruit, la comtesse, qu'un tableau représente en « Dame au manteau d'hermine », descend de son cadre et séduit le colonel ! Lubitsch mourut en plein tournage et le film fut terminé par Preminger.

LA DAME AUX CAMÉLIAS

Drame sentimental de **Raymond Bernard**, d'après l'œuvre d'Alexandre Dumas fils, avec Micheline Presle, Gino Cervi, Roland Alexandre. France, 1953 – Couleurs – 1 h 51.

Première version en couleurs, luxueuse et réussie, du célèbre roman d'Alexandre Dumas fils, dans laquelle Micheline Presle est une éblouissante Marguerite Gautier.

▷ Autres versions réalisées notamment par : **Henri Pouctal** et **André Calmette**, avec Sarah Bernhardt, Paul Capellani. France, 1911. **J. Gordon Edwards**, intitulée CAMILLE. États-Unis, 1917 – env. 1 800 m (1 h 05). **Albert Capellani**, intitulée CAMILLE. États-Unis, 1917. **Ray C. Smallwood**, intitulée CAMILLE. États-Unis, 1921 – env. 1 800 m. **Fred Niblo**, intitulée LA DAME AUX CAMÉLIAS "CAMILLE", avec Norma Talmadge. États-Unis, 1927 – env. 2 700 m (1 h 40). **Fernand Rivers** (supervisée par Abel Gance), avec Yvonne Printemps, Pierre Fresnay, Lugné-Poe, Jane Marken, Roland Armontel, André Dubosc. France, 1934 – 1 h 58. **George Cukor**, voir LE ROMAN DE MARGUERITE GAUTIER. **Mauro Bolognini**, avec Isabelle Huppert, Gian Maria Volonté. France/Italie, 1980 – Couleurs – 1 h 55.

LA DAME AU PETIT CHIEN "DAMA S SOBAČKOJ"

Drame psychologique de **Iossif Kheifitz**, avec la Savinna *(Anna)*, Alexei Batalov *(Dimitri)*, Nina Alisova. • SC : I. Kheifitz, d'après la nouvelle d'Anton Tchekhov • PH : Andrei Moskvine, Dimitri Meskhiev. • MUS : Nadedja Simonian. • DÉC : Berta Manevitch, Isaak Kaplan. U.R.S.S., 1960 – 1 h 30.

Dans une ville d'eau au bord de la mer Noire, à la fin du siècle dernier, Anna, une ravissante jeune femme mal mariée, romanesque et seule, s'éprend de Dimitri, un quadragénaire fin et séduisant qui collectionne les aventures. À la fin des vacances, déchirée par le remords, elle rejoint son mari à Saratov tandis que l'insouciant Dimitri retrouve sa vie facile à Moscou. Mais ce qui leur semblait à tous deux n'être qu'une « brève rencontre » devient un grand amour. Ils se retrouvent et cherchent le moyen de ne plus se cacher, de ne plus mentir.

◆ *On n'a peut-être jamais vu un film aussi proche de son modèle littéraire. Tout Tchekhov est dans ces personnages fragiles, écrasés par un monde qui va mourir. Les acteurs, absolument prodigieux, sont pour beaucoup dans la réussite de ce chef-d'œuvre injustement oublié.* *J.-B.B.*

LA DAME DANS L'AUTO AVEC DES LUNETTES ET UN FUSIL

Film policier d'**Anatole Litvak**, d'après le roman de Sébastien Japrisot, avec Samantha Eggar, Oliver Reed, Stéphane Audran. France, 1970 – Couleurs – 1 h 45.

Une jeune femme qui a « emprunté » la voiture de son patron se trouve prise dans un engrenage où tout l'accuse d'être une meurtrière. Le dernier film de Litvak.

LA DAME DE CHEZ MAXIM'S

Comédie d'**Alexandre Korda**, d'après la pièce de Georges Feydeau, avec Florelle, André Alerme, André Lefaur, Madeleine Ozeray, Charlotte Lysès. France, 1932 – 1 h 49.

Une cocotte, ramenée de chez Maxim's par un monsieur austère, passe pour son épouse légitime et époustoufle les bourgeois de province.

▷ Le cinéaste signe parallèlement une version anglaise, intitulée THE GIRL FROM MAXIM'S, avec Leslie Henson, Frances Day, George Grossmith.

▷ Autres versions réalisées par : **Émile Chautard**, avec Renée Sylvaire. France, 1912. **Marcel Aboulker**, avec Saturnin Fabre, Arlette Poirier, Jacques Morel. France, 1950 – 1 h 32.

LA DAME DE CONSTANTINOPLE

"SZIGET A SZARAZFÖLDÖN"

Drame de **Judith Elek**, avec Manyi Kiss, Istvan Dégi, Agi Margittay, Lucy Hamvay. Hongrie, 1969 – 1 h 20.

Une femme âgée qui vit dans ses souvenirs met en vente son petit appartement. Sa solitude sera brisée par des dizaines de visiteurs. Installée dans sa nouvelle maison, elle sera rendue à sa condition de vieille dame seule.

LA DAME DE MALACCA

Comédie dramatique de **Marc Allégret**, d'après le roman de Francis de Croisset, avec Edwige Feuillère, Pierre Richard-Willm, Gabrielle Dorziat, Jacques Copeau, Jean Debucourt. France, 1937 – 1 h 53.

Pour échapper à sa morne vie, une institutrice épouse un médecin-major britannique qui l'emmène en Malaisie. Mais elle tombe amoureuse d'un prince.

▷ **Marc Allégret** et **Alfred Ströger** signent parallèlement une version allemande, intitulée ANDERE WELT, avec Käthe Gold, Karl Ludwig Diehl, Franz Schafheitlin.

LA DAME DE MUSASHINO "MUSASHINO FUJIN"

Drame de **Kenji Mizoguchi**, avec Kinuyo Tanaka, Masayuki Mori, Yukiko Todoroki, So Yamamura. Japon, 1951 – 1 h 27.

Une jeune femme prise entre la lourdeur de la tradition et l'évolution de la société japonaise de l'immédiat après-guerre.

LA DAME DE PIQUE "PIKOVAJA DAMA"

Drame de **Jakov Protazanov**, d'après la nouvelle d'Aleksandre Pouchkine, avec Ivan Mosjoukine, Vera

Orlova, Joulia Cheboujeva. Russie, 1916 – 1 150 m (env. 42 mn).

Un officier de la garde tente de percer le secret d'une vieille comtesse, qui a su gagner au jeu en jouant seulement avec trois cartes. Il y parviendra, mais sombrera dans la folie.

▷ Autres versions réalisées par : **Fedor Ozep**, avec Pierre Blanchar, Madeleine Ozeray, Marguerite Moréno. France, 1937 – 1 h 34. **Léonard Keigel**, avec Dita Parlo, Michel Subor, Jean Negroni, Philippe Lemaire. France, 1966 – 1 h 30.

LA DAME DE SHANGHAI
"THE LADY FROM SHANGHAI"
Drame d'**Orson Welles**, avec Rita Hayworth *(Elsa Bannister)*, Orson Welles *(Michael O'Hara)*, Everett Sloane *(Arthur Bannister)*, Glenn Anders *(George Grisby)*, Ted De Corsia *(Sidney Broome)*, Gus Schilling *(Goldie)*. • SC : O. Welles, librement adapté du roman de Sherwood King *If I Should Die Before I Wake*. • PH : Charles Lawton Jr. • DÉC : Stephen Goosson, Sturges Carne. • MUS : Heinz Roemheld. • MONT : Viola Lawrence. • PR : Columbia Pictures. États-Unis, 1948 – 1 h 27.

Un marin, Michael O'Hara, rencontre une jeune femme d'une grande beauté, Elsa Bannister, qui l'embarque sur le yacht de son mari, un avocat célèbre, pour une longue croisière qui, de New York, les emmène à Acapulco puis à San Francisco. Michael est soupçonné d'un meurtre, mais il découvre que la criminelle n'est autre que la jeune femme dont il est amoureux. Le film se termine dans le quartier chinois de San Francisco (d'où le titre), avec la fameuse séquence de poursuite dans une galerie des glaces renvoyant l'image multiple des deux principaux protagonistes, enchaînés dans une histoire d'amour-passion et de crime, où la femme montrée comme sublime se révèle un monstre, une mangeuse d'hommes dévorée par l'appât de l'argent.

◆ **Une étrange beauté**

Orson Welles a sans doute tourné ce film, adapté d'un roman assez faible, avec l'idée de prouver à Hollywood qu'il était capable de faire un film à succès, en employant une star comme Rita Hayworth (laquelle était alors sa femme). Le résultat fut loin de convaincre les studios. La Columbia, plutôt réservée, attendit de sortir Gilda *de Charles Vidor, qui élèvera Hayworth au rang de star, avant de se risquer à exploiter le film de Welles... Il n'en reste pas moins que* la Dame de Shanghai *est un beau film qui dégage une impression étrange, troublante, du fait de la relation tumultueuse entre les deux personnages principaux : un mélange d'amour et de manipulation. Le récit doublé du commentaire en voix* off *ajoute beaucoup à l'étrangeté du film. Truffaut écrivait à ce sujet : « Si l'on regarde le film en écoutant les informations données par la voix* off *(le commentaire prononcé par Orson Welles), on s'aperçoit que le scénario est beaucoup plus simple qu'il n'en donne l'impression : toute l'histoire s'inscrit dans un itinéraire marin qui va de New York à San Francisco en passant par les Caraïbes et une escale à Acapulco ! L'écriture du script est très professionnelle, chaque scène se termine par un gag visuel ou sonore, l'action ne reste jamais en repos ». On se souvient également de la composition des deux personnages secondaires : Everett Sloane qui joue le mari de Rita Hayworth, figure mêlant puissance et infirmité (il marche en s'aidant de deux cannes) et Glenn Anders qui, dans le rôle de George Grisby, est chargé de tendre un piège au naïf Michael O'Hara.* S.T.

LA DAME DU LAC "LADY IN THE LAKE"
Film noir de **Robert Montgomery**, avec Robert Montgomery *(Philip Marlowe)*, Audrey Totter *(Adrienne Fromsett)*, Lloyd Nolan *(DeGarmot)*, Tom Tully *(capitaine Kane)*, Leon Ames *(Derace Kingsby)*, Jayne Meadows *(Mildred Haviland)*. • SC : Steve Fisher, d'après le roman de Raymond Chandler. • PH : Paul C. Vogel. • DÉC : Cedric Gibbons, Preston Ames, Edwin B. Willis. • MUS : David Snell. • MONT : Gene Ruggiero. États-Unis, 1947 – 1 h 43.

Le détective Marlowe vient de terminer un manuscrit : c'est l'aventure qu'il vient de vivre et qu'il va nous raconter...

◆ *Ce film, construit en flash-back, est connu dans l'histoire du cinéma comme la seule tentative de récit complet en caméra subjective. Presque toutes les images sont vues à travers les yeux du personnage : nous ne connaissons de lui que les mains, les bras, quelques reflets dans des glaces et sa voix. Quand il reçoit un coup de poing ou qu'il boit un peu trop, c'est déformée par son regard que la réalité nous parvient.* F.J.

LA DAME DU VENDREDI "HIS GIRL FRIDAY"
Comédie de **Howard Hawks**, avec Cary Grant, Rosalind Russell, Ralph Bellamy. États-Unis, 1940 – 1 h 32.

Après son divorce, un directeur de journal s'aperçoit qu'il a perdu en sa femme sa meilleure collaboratrice. Il tente de la reconquérir. Une satire réussie des mœurs journalistiques.

▷ Remake de FRONT PAGE (Voir ce titre).

▷ Autre version réalisée par : **Ted Kotcheff**, intitulée SCOOP "SWITCHING CHANNELS", avec Kathleen Turner, Burt Reynolds, Christopher Reeve. États-Unis, 1988 – Couleurs – 1 h 50.

LA DAME ET LE TORÉADOR
"THE BULLFIGHTER AND THE LADY"
Comédie dramatique de **Budd Boetticher**, avec Robert Stack, Gilbert Roland, Joy Page, Katy Jurado. États-Unis, 1951 – 1 h 27.

Un Américain vient au Mexique apprendre la tauromachie auprès d'un célèbre matador. Spectaculaires courses de taureaux.

LA DAME SANS CAMÉLIAS
"LA SIGNORA SENZA CAMELIE"
Aventure sentimentale de **Michelangelo Antonioni**, avec Lucia Bosè, Gino Cervi, Yvan Desny, Alain Cuny. Italie / France, 1953 – 1 h 35.

Une jeune vedette de l'écran secoue le joug d'un producteur trop possessif qui voudrait lui voir abandonner une prometteuse carrière. Les dessous de Cinecittà vus par Antonioni.

LA DAME SANS PASSEPORT
"A LADY WITHOUT PASSPORT"
Film d'aventures policières de **Joseph H. Lewis**, avec Hedy Lamarr, John Hodiak, James Craig. États-Unis, 1950 – 1 h 12.

À Cuba, un officier américain de l'immigration tombe amoureux d'une belle dame sans passeport.

LES DAMES DU BOIS DE BOULOGNE
Drame de **Robert Bresson**, avec Paul Bernard *(Jean)*, Maria Casarès *(Hélène)*, Elina Labourdette *(Agnès)*, Lucienne Bogaert *(Mme D.)*, Jean Marchat *(Jacques)*, Yvette Etiévant *(la femme de chambre)*. • SC : R. Bresson (dialogues de Jean Cocteau), d'après un passage de l'œuvre de Diderot *Jacques le Fataliste*. • PH : Philippe Agostini. • DÉC : Max Douy. • MUS : Jean-Jacques Grunenwald. • MONT : Jean Feyte. • PR : Raoul Ploquin. France, 1945 – 1 h 23.

Hélène, une jeune veuve, a l'impression que son amant, Jean, lui échappe. Pour s'en assurer, elle prétend un jour qu'elle ne l'aime plus. Jean, soulagé, lui avoue qu'il en est de même pour lui... Blessée par cet aveu, Hélène décide de se venger. Ayant fait la connaissance d'Agnès, la fille d'une ancienne relation mondaine, Mme D., elle la prend sous sa protection et s'arrange pour lui faire rencontrer Jean. Celui-ci, dans l'ignorance de la conduite douteuse de la jeune femme, en tombe amoureux.

◆ Le fondement d'une esthétique originale
Adaptation de l'histoire de Mme de la Pommeraye, racontée par Diderot dans Jacques le Fataliste, *ce film fut, à sa sortie, un échec retentissant. Dans le climat de l'après-Libération, le public accepta mal ce drame de la bourgeoisie. Mais, surtout, la critique reprocha à Cocteau d'avoir voulu transposer à notre époque une anecdote sociologiquement datée, dans laquelle la vengeance paraissait bien dérisoire. « Cela se passe aujourd'hui, mais pas en 1944 », a-t-on pu dire. Bresson lui-même, emboîtant le pas de ses détracteurs, est allé jusqu'à renier ce film. Pourtant, dans cette atemporalité, dans ce décalage entre l'intrigue du film et les conventions d'une époque qui lui a donné le jour, comment ne pas reconnaître les fondements d'une esthétique bressonienne ? Dans* les Dames du bois de Boulogne, *il ne reste pas grand-chose du roman de Diderot, contrairement à ce que dit Bazin : rien des sautes du récit, de ses interruptions, de ses tours et de ses détours. En revanche, c'est sans difficulté que le spectateur d'aujourd'hui y retrouvera les germes des œuvres ultérieures de Bresson : cette primauté des sons sur les images (« Lorsqu'un son peut remplacer une image, supprimer l'image ou la neutraliser », dit le cinéaste), cet art de l'ellipse, ce jeu détaché des acteurs qui sonne toujours avec la même étrangeté.* F.J.

DAMIEN-LA MALÉDICTION II "DAMIEN : OMEN II"
Film fantastique de **Don Taylor**, avec William Holden, Lee Grant, Jonathan Scott-Taylor, Lew Ayres, Sylvia Sydney. États-Unis, 1978 – Couleurs – 1 h 46.

Le fils d'un ancien ambassadeur disparu tragiquement se révèle être l'Antéchrist. Avec l'aide d'un associé, il maîtrise peu à peu une ville des États-Unis.

▷ Voir LA MALÉDICTION.

LES DAMNÉS "THE DAMNED"
Film de science-fiction de **Joseph Losey**, avec Mac Donald Carey *(Simon Welles)*, Shirley Ann Field *(Joan)*, Oliver Reed *(King)*, Viveca Lindfors *(la femme sculpteur)*. • SC : Ben Barzman, Eva Jones d'après le roman de H.L. Lawrence. • PH : Arthur Grant. • DÉC : Richard Mac Donald. • MUS : James Bernard, John Hollingsworth. • MONT : Reginald Mills. Grande-Bretagne, 1961 – 1 h 26.

Simon Welles a maille à partir avec une bande de petits blousons noirs commandés par King qui terrorise une station balnéaire. Dans une poursuite de nuit, ils découvrent un repaire où l'autorité militaire élève de jeunes mutants contaminés par des radiations atomiques. Les enfants les aident à s'évader, mais ils sont condamnés à brève échéance.

◆ *Une pessimiste parabole futuriste où les enjeux de la vie moderne avec ses mesquineries et sa violence désabusée sont confrontés à un péril cosmique qui les rend dérisoires et nous invite à prendre conscience de nos possibilités de bonheur avant qu'il ne soit trop tard. La description « réaliste » de la petite ville que terrorise la bande au rythme d'un air de rock obsédant est plus convaincante que la seconde partie, plus artificielle et trop explicite dans sa démonstration. Les sculptures angoissées de Viveca Lindfors y sont prémonitoires de la pétrifiante mort atomique qui guette l'humanité.* S.K.

LES DAMNÉS

"GOTTERDÄMMERUNG/LA CADUTA DEGLI DEI"

Drame historique de **Luchino Visconti**, avec Ingrid Thulin *(Sophie)*, Dirk Bogarde *(Friederich)*, Helmut Berger *(Martin)*, Helmut Griem *(Aschenbach)*, Umberto Orsini *(Herbert)*, Renaud Verley *(Günther)*, Charlotte Rampling *(Élisabeth)*, Florinda Bolkan *(Olga)*. • SC : L. Visconti, Nicola Badalucco, Enrico Medioli. • PH : Armando Nannuzzi, Pasqualino De Santis. • DÉC : Pasquale Romano. • MUS : Maurice Jarre. • MONT : Ruggero Mastroianni. R.F.A. / Italie, 1969 – Couleurs – 2 h 30.

En 1933, la puissante famille d'industriels von Essenbeck est confrontée à la montée du nazisme. Le vieux baron Joachim est assassiné. Soupçonné, le libéral Herbert Thalman doit fuir. Martin, le petit-fils, dominé par sa mère Sophie, nomme l'amant de celle-ci, Friederich, à la tête des aciéries. Un cousin, Aschenbach, officier S.S., incite Martin à éliminer le neveu Konstantin, membre des S.A., et à fabriquer de l'armement. Reste à régler le sort de Sophie...

◆ *Dans cette remarquable fresque historique, lucide et fascinée à la fois, rythmée par l'incendie du Reichstag et la Nuit des longs couteaux, sur fond d'analyse marxiste, Visconti traque le fascisme au cœur même des êtres.* J.M.

LES DAMNÉS DE L'OCÉAN

"THE DOCKS OF NEW YORK"

Drame de **Josef von Sternberg**, avec George Bancroft *(le soutier)*, Betty Compson *(la prostituée)*, Olga Baklanova *(la tenancière)*, Gustav von Seyffertitz *(le prêtre)*, Clyde Cook. • SC : Jules Furthman, d'après le récit de John Monk Saunders *The Dockwalloper*. • PH : Harold Rosson. • DÉC : Hans Dreier. • MONT : Helen Lewis. États-Unis, 1928 – 2 400 m (environ 1 h 25).

Un soutier sauve une prostituée de la noyade. Après une soirée de beuverie, ils se marient devant un pasteur dans un bouge. Le lendemain, le soutier doit repartir. Adieux embarrassés. Il quitte le port mais se ravise, et va retrouver sa femme.

◆ *L'action du film se déroule sur 24 heures, suivant en cela la tradition du Kammerspiel allemand. Tout y est ramené à quelques scènes simples qui visent à l'épure, où les situations révèlent leur sens profond par une dilatation de l'instant, qui les fait passer insensiblement de l'ordre du réalisme extérieur à celui de la conscience inter-subjective. Ainsi la scène des adieux, où, tandis que des mouettes vont et viennent sur le rebord de la fenêtre, la femme recoud un bouton qui vient de tomber de la veste de l'homme et que tout un jeu de regards s'instaure. La lumière du film est exceptionnelle, particulièrement sur le corps en sueur de Bancroft, noir de charbon devant son fourneau. Le film eut une énorme influence sur le cinéma français des années 30.* S.K.

D'AMOUR ET D'EAU FRAÎCHE

Comédie dramatique de **Jean-Pierre Blanc**, avec Annie Girardot, Miou-Miou, Julien Clerc, Sylvain Choquet, Jean-Pierre Darras, Robert Dalban. France, 1976 – Couleurs – 1 h 30.

Jip vit avec Rita, de vingt ans son aînée. Il tombe amoureux d'une jeune femme, Mona, avec laquelle il part à l'aventure.

D'AMOUR ET DE SANG

"FATTO DI SANGUE FRA DUE NOMINI PER CAUSA DI UNA VEDOVA"

Mélodrame de **Lina Wertmuller**, avec Sophia Loren, Marcello Mastroianni, Giancarlo Giannini. Italie, 1978 – Couleurs – 1 h 40.

Dans l'Italie fasciste, une femme dont le mari a été assassiné décide de le venger. Deux hommes s'affrontent pour la séduire et pour la protéger. Un mélodrame politique à l'italienne sur fond de misère sociale.

DANCERS "DANCERS"

Comédie dramatique de **Herbert Ross**, avec Mikhaïl Baryshnikov, Alessandra Ferri. États-Unis, 1987 – Couleurs – 1 h 55.

Une jeune débutante s'éprend d'un danseur étoile lors du tournage d'un ballet en Italie. Pour le plaisir de voir danser Baryshnikov.

DANCE WITH A STRANGER

"DANCE WITH A STRANGER"

Drame de **Mike Newell**, avec Miranda Richardson, Rupert Everett, Ian Holm. Grande-Bretagne, 1985 – Couleurs – 1 h 41.

Enquête (brillante) sur une passion : celle de la dernière femme pendue en Angleterre, en 1955, pour avoir assassiné un amant inconstant.

DANGER DE MORT

Comédie dramatique de **Gilles Grangier**, avec Fernand Ledoux, Piéral, Georges Lannes, René Blancard, Colette Richard, Jean-Marc Lambert. France, 1947 – 1 h 30.

Un pharmacien qui, par inadvertance, a introduit du cyanure dans un sirop de sa confection, constate avec effroi son erreur et part à la recherche des acheteurs.

DANGER DIABOLIK "Diabolik"
Film d'aventures de **Mario Bava**, d'après la B.D. de Giussani, avec John Phillip Law, Marisa Mell, Michel Piccoli. Italie, 1968 – Couleurs – 1 h 40.

Les exploits de Diabolik, l'imprenable bandit, en butte aux attaques de la police et des gangs.

DANGEREUSEMENT VÔTRE "A View to a kill"
Film d'espionnage de **John Glen**, d'après Ian Fleming, avec Roger Moore, Christopher Walken, Tanya Roberts, Grace Jones, Patrick Macnee. Grande-Bretagne, 1985 – Couleurs – 2 h 11.

James Bond doit affronter un industriel machiavélique qui se propose de dominer le monde grâce aux « puces » électroniques. Un des plus médiocres films de la série, le dernier interprété par Roger Moore, visiblement à bout de souffle.

DANGEREUSE SOUS TOUS RAPPORTS
"Something Wild"
Comédie Dramatique de **Jonathan Demme**, avec Jeff Daniels, Melanie Griffith, Ray Liotta. États-Unis, 1986 – Couleurs – 1 h 54.

Aventures rocambolesques, graves et drôles d'un jeune cadre enlevé et séduit par une brune et une blonde, femme double et superbe.

DANGER PLANÉTAIRE "The Blob"
Film fantastique d'**Irvin S. Yeaworth**, avec Steve McQueen, Aneta Corseault. États-Unis, 1958 – Couleurs – 1 h 20.

Un étrange météore dépose sur la terre une substance visqueuse qui absorbe les humains. Ce petit film au fantastique surrané est une curiosité : un des premiers films de Steve McQueen.

▷ Une suite, intitulée ATTENTION AU BLOB "Beware, The Blob", a été réalisée par **Larry Hagman**, avec Robert Walker, Gwynne Gilford, Carole Linley. États-Unis, 1976 – Couleurs – 1 h 25.

DANGER, PLANÈTE INCONNUE
"Journey to the Far Side of the Sun"
Film de science-fiction de **Robert Parrish**, avec Roy Thiness, Patrick Wymark. États-Unis, 1969 – Couleurs – 1 h 40.

Un explorateur de l'espace découvre que notre planète possède un « double » de l'autre côté du Soleil. Tous les êtres et toutes les choses y existent... inversés.

DANIEL "Daniel"
Drame de **Sidney Lumet**, d'après le roman de E.J. Doctorow *The Book of Daniel*, avec Timothy Hutton, Mandy Patinkin, Amanda Plummer, Lindsay Crouse. États-Unis, 1983 – Couleurs – 2 h 10.

En 1960, un adolescent enquête sur les circonstances qui ont conduit ses parents, militants communistes, à la chaise électrique. Analyste inlassable des contradictions de la société américaine, l'auteur s'appuie sur la tragédie d'Ethel et Julius Rosenberg.

DANSE AVEC LES LOUPS
"Dances With the Wolves"
Western de **Kevin Costner**, avec Kevin Costner, Mary McDonnell, Graham Greene, Rodney A. Grant. • SC : Michael Blake, d'après son roman. • PH : Dean Semler. • DÉC : Jeffrey Beecroft. • MUS : John Barry. • MONT : Neil Travis. États-Unis, 1991 – Couleurs – 3 h 01. ★ **Oscar du Meilleur film, du Meilleur metteur en scène.**

Un soldat blessé de la guerre de Sécession échappe à l'amputation par la fuite. Il accomplit un baroud bizarre devant les deux armées face à face (nordistes et sudistes) et finit par être affecté à la lisière du territoire sioux. Il représente l'Amérique, seul dans une cabane, oublié de tous. Les Sioux l'approchent timidement ; l'homme les accueille, et l'acceptation devient mutuelle. Il est perdu pour l'armée américaine, il devient un bon Sioux. Il épouse une Indienne (ou plutôt une Blanche rescapée d'un massacre et indianisée). On le surnomme désormais « Danse avec les loups ».

◆ *Le film est captivant, très élaboré, très poignant et très beau. Il ne fait l'apologie ni du courage, ni de l'Amérique, ni même des Indiens. L'aventure humaine à laquelle nous assistons renvoie aux grands problèmes et aux grands mythes (la nature, la civilisation, le racisme, la guerre, la paix, la fraternité humaine, etc.). Cela précisé,* Danse avec les loups *n'est pas un film idyllique. Il est violent et cruel. Magistralement mis en scène par un débutant, il se situe, plastiquement, dans la tradition des grands westerns, tout en renouvelant considérablement l'esprit.* *G.S.*

LA DANSE DE MORT
Drame de **Marcel Cravenne**, d'après la pièce d'August Strindberg, avec Erich von Stroheim, Denise Vernac, Palau, Jean Servais. France / Italie, 1948 – 1 h 21.

Une vie d'amour et de haine pour le gouverneur d'un pénitencier d'une île isolée et sa femme, aux alentours de 1870. Une œuvre dure où Stroheim joue avec sa véritable épouse Denise Vernac.

LA DANSE MACABRE "The Skeleton Dance"
Film d'animation de **Walt Disney**. États-Unis, 1930 – env. 10 mn.

Une variation sur Saint-Saëns, qui inaugure une série de courts métrages d'animation musicaux, les « Silly Symphonies ».

DANSE MACABRE "DANZA MACABRA"

Film fantastique d'**Anthony Dawson** [Antonio Margheriti], avec Barbara Steele, Georges Rivière, Margaret Robsahm. Italie, 1963 – 1 h 30.

Un journaliste accepte un pari proposé par lord Blacwood et Edgar Poe : passer une nuit dans une maison hantée. Il y rencontre des fantômes qui rejouent pour lui un drame passé. Une des grandes réussites du cinéma fantastique italien.

▷ Le réalisateur signe un remake du film, intitulé LES FANTÔMES DE HURLEVENT "NELLA STRETTA MORSA DEL RAGNO", avec Anthony Franciosa, Michèle Mercier, Klaus Kinski. Italie / France / R.F.A., 1971 – Couleurs – 1 h 30.

LA DANSE SOUS LA PLUIE "PLES V DEZJU"

Drame de **Botsjan Hladnik**, avec Duša Pockaj, Miha Baloh, Rado Nakrst. Yougoslavie, 1961 – 1 h 39.

À la recherche de la femme idéale, un peintre erre chaque nuit dans les rues, au grand désespoir de l'actrice qu'il fréquente. Lorsque la jeune femme se suicide, il comprend trop tard qu'il vient de perdre le bonheur dont il rêvait.

LE DANSEUR DU DESSUS "TOP HAT"

Comédie musicale de **Mark Sandrich**, avec Fred Astaire *(Jerry Travers)*, Ginger Rogers *(Dale Tremont)*, Edward Everett Horton *(Horace Hardwick)*, Helen Broderick *(Madge Hardwick)*, Eric Blorec *(Bates)*. • SC : Dwight Taylor, Alan Scott, d'après la comédie musicale de Dwight Taylor *The Gay Divorce*. • PH : David Abel. • DÉC : Van Nest Polglase, Carroll Clark. • MUS : Max Steiner. • CHAN : Irving Berlin. • CHOR : F. Astaire. États-Unis, 1935 – 1 h 41.

Le danseur Jerry Travers rencontre à Londres une jeune et belle blonde, Dale, mannequin de haute couture, qu'il entreprend de courtiser. Les débuts sont orageux, mais la jeune femme subit bientôt le charme du danseur. Ils se retrouvent à Venise, mais Dale, à la suite d'un malentendu, croit que Jerry est le mari de sa meilleure amie, alors qu'il est le meilleur ami du mari de son amie. Le quiproquo dure quelque temps, puis tout s'arrange.

◆ *Oublions le prétexte de cette délicieuse comédie, une intrigue vaudevillesque de pure forme. Reste l'essentiel : les séquences dansées par Fred Astaire et Ginger Rogers qui sont étourdissantes. Les décors, les costumes, les personnages et les gags relèvent de la plaisante convention de la comédie américaine sophistiquée. Les acteurs forcent leur talent en sollicitant notre complicité qui leur est, dès le départ, tout acquise. Les chansons d'Irving Berlin sont jolies. On a dit de ce cinéma-là qu'il est mineur, alors qu'il est euphorisant, jubilatoire, enchanteur.* G.S.

DANS LA CHALEUR DE LA NUIT

"IN THE HEAT OF THE NIGHT"

Film policier de **Norman Jewison**, avec Sidney Poitier *(Virgil Tibbs)*, Rod Steiger *(Bill Gillespie)*, Warren Oates *(Sam Wood)*, Lee Grant *(Mme Leslie Colbert)*, Quentin Dean, James Patterson. • SC : Sterling Silliphant, d'après le roman de John Ball. • PH : Hakell Wexler. • DÉC : Paul Groesse, Bob Priestley. • MUS : Quincy Jones, Ray Charles. • MONT : Hal Ashby. États-Unis, 1967 – Couleurs – 1 h 49. ★ **OSCARS 1967 DU MEILLEUR FILM, DU MEILLEUR SCÉNARIO, DU MEILLEUR ACTEUR (Steiger)**.

Un meurtre est commis dans une petite ville du sud des États-Unis. À la gare, les policiers repèrent un homme noir, étranger. On l'interpelle, le fouille, il a beaucoup d'argent sur lui, c'est suffisant pour être un suspect. Mais il s'agit en fait d'un détective fédéral envoyé pour mener l'enquête sur ce meurtre. Le shérif prend la chose comme un affront. Les deux hommes deviendront pourtant amis, malgré le racisme ambiant, et arriveront, ensemble, à résoudre cette affaire.

◆ *Ce film du réalisateur canadien Norman Jewison est sorti au moment où se déroulaient de graves conflits raciaux à Chicago. L'enquête n'était qu'un prétexte pour faire passer le message : Noirs et Blancs peuvent travailler ensemble. Cependant le film fut attaqué par la Nouvelle Gauche américaine, qui qualifia Sidney Poitier de nouvel « Oncle Tom ».* S.S.

DANS LA GUEULE DU LOUP "THE MOB"

Film policier de **Robert Parrish**, avec Broderick Crawford, Betty Buehler. États-Unis, 1951 – 1 h 27.

Un policier s'engage comme docker afin de démanteler un gang de racketteurs. Violent, efficace, excellemment interprété.

DANS LA SOURICIÈRE "THE TRAP"

Thriller de **Norman Panama**, avec Richard Widmark, Lee J. Cobb, Tina Louise, Earl Holliman. États-Unis, 1959 – Couleurs – 1 h 24.

Mélange heureux de policier et de western pour deux frères qui conduisent un chef de gang à la police. À travers le désert, un voyage où l'auto et l'avion remplacent les chevaux.

DANS LA VILLE BLANCHE

Drame psychologique d'**Alain Tanner**, avec Bruno Ganz *(Paul)*, Teresa Madruga *(Rosa)*, Julia Vonderlinn *(Élisa)*, José

Carvalho *(le patron)*, Francisco Baio *(le voleur au couteau)*, José Wallenstein *(l'autre voleur)*, Victor Costa *(le barman)*, Lidia Franco. • SC : A. Tanner. • PH : Acacio de Almeida. • MUS : Jean-Luc Barbier. • MONT : Laurent Uhler. Suisse / Portugal, 1982 – Couleurs – 1 h 47.

Lors d'une escale à Lisbonne, un mécanicien de marine, Paul, déserte son poste et s'établit dans un petit café-hôtel. Il noue très vite une relation amoureuse passionnée avec Rosa, la serveuse, tout en continuant sa correspondance avec une compagne restée en Suisse, Élisa. Devant l'irrésolution de Paul, Rosa s'éclipse. Après l'avoir longtemps cherchée, Paul finit par prendre un train, dont la destination semble être le Nord.

◆ *La beauté envoûtante de ce film tient au rythme que lui a imprimé le réalisateur : une sorte de suspension dans le temps et dans l'espace, au cœur de cette ville de partance. Bruno Ganz traduit merveilleusement ces émotions et cette attente, métaphysique rêveuse d'une liberté entrevue au ralenti.* D.C.

DANS LES GRIFFES DU VAMPIRE
"CURSE OF THE UNDEAD"
Film d'épouvante d'**Edward Dein**, avec Eric Fleming, Kathleen Crowley, Michael Pate. États-Unis, 1959 – 1 h 19.

Dans un petit village où les jeunes filles meurent mystérieusement, un pasteur et un vampire s'affrontent...

DANS LES REMOUS / LE CHANT DE LA FLEUR ÉCARLATE
"SANGEN OM DEN ELDRÖDA BLOMMAN"
Comédie dramatique de **Mauritz Stiller**, avec Lars Hanson, Greta Almroth, Lillebil Christensen. Suède, 1919 – 2 704 m (env. 1 h 40).

Un fils de fermier s'engage comme marin puis comme bûcheron et connaît des femmes faciles. Il tombe amoureux d'une jeune fille, la perd puis la retrouve et lui demande sa main.

DANS LES RUES
Comédie dramatique de **Victor Trivas**, avec Jean-Pierre Aumont, Vladimir Sokoloff, Madeleine Ozeray. France, 1933 – env. 1 h 20.

Un jeune garçon, amoureux de la fille d'un vieux brocanteur ivrogne, se laisse entraîner par une bande de petits voyous et devient cambrioleur. Il se réhabilitera par le travail.

DANS LES TÉNÈBRES "ENTRE TINIEBLAS"
Drame de **Pedro Almodovar**, avec Cristina S. Pascual, Julieta Serrano, Marisa Paredes. Espagne, 1984 – Couleurs – 1 h 45.

Une chanteuse de cabaret, recherchée par la police à la suite de la mort de son ami, se réfugie dans un couvent où la moralité est pour le moins douteuse. Un film kitsch et iconoclaste.

DANS L'OMBRE DE SAN FRANCISCO
"WOMAN ON THE RUN"
Film d'aventures de **Norman Foster**, avec Ann Sheridan, Dennis O'Keefe, Robert Keith. États-Unis, 1950 – 1 h 17.

Chasse à l'homme à San Francisco où un assassin poursuit le témoin gênant de son crime.

DANTON "DANTON"
Drame historique de **Dimitri Buchowetzki**, d'après la pièce de Georg Büchner, avec Emil Jannings, Werner Krauss. Allemagne, 1921 – env. 2 100 m (1 h 17).

Le destin, la vie et la mort des deux chefs de file de la Révolution française, Danton et Robespierre.

▷ Autres évocations du même personnage réalisées par : **Hans Behrendt**, intitulée DANTON, avec Fritz Kortner, Lucie Mannheim, Gustav Gründgens, Alexandre Granach. Allemagne, 1930 – env. 1 h 30. **André Roubaud**, avec Jacques Grétillat, Jacques Dumesnil, André Fouché, Andrée Ducret. France, 1932 – env. 1 h 40.

DANTON
Drame historique d'**Andrzej Wajda**, avec Gérard Depardieu *(Danton)*, Wojciech Pszoniak *(Robespierre)*, Patrice Chéreau *(Camille Desmoulins)*, Boguslaw Linda *(Saint-Just)*, Lucien Melki *(Fabre d'Églantine)*, Alain Macé *(Héron)*, Roger Planchon *(Fouquier-Tinville)*, Krzysztof Globisz *(Amar)*, Marian Kociniak *(Lindet)*, Roland Blanche *(Lacroix)*, Stéphane Jobert *(Panis)*, Jacques Villeret *(Westermann)*. • SC : Jean-Claude Carrière, d'après la pièce de Stanislawa Przybyszewska *l'Affaire Danton*. • PH : Igor Luther. • DÉC : Allan Starski, Gilles Vaster. • MUS : Jean Prodromidès. • MONT : Halina Prugar-Ketling. France / Pologne, 1982 – Couleurs – 2 h 16. ★ PRIX LOUIS-DELLUC 1982.

La Révolution française vit, en cet été de 1793, des moments d'inquiétude : difficultés aux frontières avec la coalition des rois, chouanneries diverses à l'intérieur, restrictions à Paris. Robespierre, qui sent son étoile monter, se fait le champion de l'intransigeance. Danton, appuyé par Camille Desmoulins, envisage d'autres voies, moins violentes. Robespierre, qui manipule la Convention avec une froide détermination, finit par faire arrêter et juger Danton et ses amis. Un procès truqué de bout en bout les envoie à l'échafaud en avril 1794.

◆ *Loin des fresques lyriques et passablement hagiographiques de certains réalisateurs français, l'œuvre de Wajda montre avec lucidité, aidé par l'actualité, la mécanique impitoyable des procès politiques. Il nous donne aussi à voir des hommes, et non des symboles.* *D.C.*

DARK CRYSTAL "The Dark Crystal"

Film fantastique d'animation de **Frank Oz** et **Jim Henson**. États-Unis, 1982 – Couleurs – 1 h 35.

Jen, le dernier survivant du gentil peuple Gelfling, part quérir le fragment du Cristal magique, seul capable de vaincre la tyrannie Skeksès. Un petit chef-d'œuvre des créateurs du Muppet Show.

DARK STAR (L'ÉTOILE NOIRE) "Dark Star"

Film de science-fiction de **John Carpenter**, avec Brian Narelle, Dre Pahich, Cal Kuniholm. États-Unis, 1974 – Couleurs – 1 h 23.

Quatre astronautes naviguent dans l'espace. L'ennui s'installe jusqu'à ce qu'un incident technique change la destinée du voyage. Un film intelligent sur des aspects de la conquête spatiale rarement abordés.

DARLING "Darling"

Comédie dramatique de **John Schlesinger**, avec Dirk Bogarde, Julie Christie, Laurence Harvey. Grande-Bretagne, 1966 – 2 h 05.

Une femme devenue une célébrité internationale raconte l'échec de sa vie sentimentale à un magazine féminin : un mari insignifiant, un journaliste, un homme d'affaires cynique, puis, devenue comédienne, un prince rencontré sur un plateau.

DARLING LILI "Darling Lili"

Comédie de **Blake Edwards**, avec Julie Andrews, Rock Hudson. États-Unis, 1979 – Couleurs – 2 h.

Pendant la Première Guerre mondiale, la célèbre chanteuse Lili Smith est, en fait, une espionne allemande. Mais elle tombe amoureuse de l'officier qu'elle doit surveiller.

LES DAUPHINS "I delfini"

Drame de **Francesco Maselli**, avec Antonella Lualdi, Claudia Cardinale, Tomas Milian, Gérard Blain. Italie, 1960 – 1 h 30.

Le portrait de quelques jeunes gens désœuvrés de Rome, sur le modèle des *Tricheurs* de Marcel Carné.

DAVEY DES GRANDS CHEMINS "Sinful Davey"

Film d'aventures de **John Huston**, d'après le roman autobiographique de David Haggart, avec John Hurt, Pamela Franklin, Robert Morley, Nigel Davenport. Grande-Bretagne, 1969 – Couleurs – 1 h 35.

En Écosse, au début du XIXe siècle, Davey veut devenir bandit de grand chemin comme son père, mais il rate tout ce qu'il entreprend. La malice de Huston s'est donné libre cours.

DAVID

Drame de **Peter Lilienthal**, avec Walter Taub, Irena Vrkljan, Eva Mattes, Mario Fischl. R.F.A., 1979 – Couleurs – 1 h 50. ★ **Ours d'or, Berlin 1979.**

Un jeune garçon juif, dont les parents et amis ont été déportés, se cache dans Berlin et survit sans perdre espoir. Après une première tentative, il parvient à s'évader en 1943.

DAVID COPPERFIELD "David Copperfield"

Drame de **George Cukor**, avec Freddie Bartholomew *(David enfant)*, Frank Lawton *(David adulte)*, Basil Rathbone *(Murdstone)*, W.C. Fields *(Micawber)*, Lionel Barrymore *(Dan)*, Jessie Ralph *(Peggotty)*, Edna May Oliver *(Betsey)*, Lewis Stone *(Wickfield)*, Maureen O'Sullivan *(Dora)*, Madge Evans *(Agnes)*. • sc : Hugh Walpole, Howard Estabrook, d'après le roman de Charles Dickens. • ph : Oliver T. Marsh. • déc : Cedric Gibbons, Merrill Pye, Edwin B. Willis. • mus : Herbert Stothart. États-Unis, 1935 – 2 h 13.

En Angleterre, au début du XIXe siècle, le jeune David Copperfield perd sa mère, remariée au terrible Murdstone. Ce dernier l'envoie à Londres, chez Micawber, puis à Douvres, où il est accueilli par la délicieuse et loufoque tante Betsey. Il étudie et devient écrivain. Il épouse Dora, qui meurt bientôt, puis Agnes Wickfield, la fille de son hôte des années de collège.

◆ *Le film fut entrepris par le producteur Selznick contre la volonté de son beau-père et patron du moment, Louis Mayer, qui ne croyait pas en l'adaptation des succès littéraires. Pourtant, ce fut une réussite, commerciale et esthétique, grâce à une réalisation attentive aux personnages, toujours juste dans le rythme et l'agencement interne des plans. À noter : W.C. Fields dans un rôle que Charles Laughton abandonna après quelques jours de tournage.* *J.-P.B.*

▷ Autre version réalisée notamment par **Anders Wilhelm Sandberg**, avec Martin Herzberg, Gorm Schmidt, Margarethe Schlegel, Marie Pinesen. Danemark, 1922 – 3 500 m (env. 2 h 10).

DAVID ET BETHSABÉE "David and Bathsheba"

Drame biblique de **Henry King**, avec Gregory Peck, Susan Hayward, Raymond Massey, Kieron Moore. États-Unis, 1951 – Couleurs – 1 h 56.

Les amours de David, roi d'Israël, et de Bethsabée, épouse de l'un de ses officiers. Grand spectacle avec le couple d'acteurs le plus en vogue à l'époque.

DAVID ET GOLIATH "DAVID E GOLIA"
Péplum de **Richard Pottier**, avec Orson Welles, Ivo Payer, Eleonora Rossi Drago, Pierre Cressoy. Italie/France, 1960 – Couleurs – 1 h 32.

Large fresque biblique illustrant une page connue de l'histoire sainte. Welles y est Saül, roi d'Israël.

DAVID ET LISA "DAVID AND LISA"
Drame psychologique de **Frank Perry**, avec Keir Dullea *(David)*, Janet Margolin *(Lisa)*, Howard Da Silva *(Dr Swinford)*, Neva Patterson *(Mrs. Clemens)*. • SC : Eleanor Perry, d'après une nouvelle du Dr Theodore Isaac Rubin. • PH : Leonard Hirschfield. • DÉC : Gene Callahan. • MUS : Mark Lawrence. • MONT : Irving Oshman. États-Unis, 1962 – 1 h 30. ★ **PRIX DE LA PREMIÈRE ŒUVRE, Venise 1962.**

Dans une institution pour adolescents psychotiques se rencontrent David, persuadé qu'un contact physique peut le tuer, et Lisa qui souffre d'un dédoublement de personnalité et ne parle qu'en vers. Le sentiment qui les rapproche et l'aide du Dr Swinford les conduisent lentement à guérir.

◆ *Ce n'est pas seulement d'un documentaire sur les psychoses et leurs thérapeutiques qu'il s'agit ici, mais d'un regard pudique et sensible sur la solitude morale. Sans effet de mélodrame, presque cliniquement, Frank Perry suit avec sympathie le cheminement de ces adolescents vers la normalité. Émouvant et vrai.* *B.B.*

DAVID L'ENDURANT "TOL'ABLE DAVID"
Drame de **Henry King**, avec Richard Barthelmess *(David Kinemon)*, Gladys Hulette *(Esther Hatburn)*, Walter P. Lewis *(Isach Hatburn)*, Ernest Torrence *(Luke Hatburn)*, Ralph Yearsley *(le frère de Luke)*, Warner Richmond *(Allen Kinemon)*. • SC : Edmund Goulding, H. King, d'après le roman de Joseph Hergesheimer. • PH : Henry Cronjager. États-Unis, 1921 – env. 2 100 m (1 h 15).

En Virginie, le jeune berger David Kinemon courtise sa voisine Esther Hatburn. Un jour, dans la ferme d'Esther, s'installe avec ses deux fils un cousin de la famille, criminel évadé de prison. Luke, un des deux fils, blesse mortellement Allen ; puis le père de David meurt d'une crise cardiaque. Finalement David, obligé d'affronter les bandits, les tue tous les trois.

◆ *Célébration de la vie rurale, de la pureté longtemps asservie par le mal, ce film est proche de ceux de Griffith, qui s'intéressa un moment au projet et collabora peut-être au scénario. Il montre que Henry King, dont la première réalisation date de 1915, avait déjà élaboré un style, fait de lyrisme retenu, qu'il conservera pendant toute sa carrière. Immense succès commercial, et grosse influence sur critiques et cinéastes du monde entier, comme le Soviétique Poudovkine. (« Tol'abl » du titre original, abréviation de « tolerable », ne veut pas dire « endurant », mais « moyen, juste convenable »).* *J.-P.B.*

▷ **John Blystone** signe un remake du film en 1930.

DAVID, THOMAS ET LES AUTRES
"SORTÜZ EGY FEKETE BIVALYERT"
Chronique de **Laszlò Szabò**, avec Jean-Louis Trintignant, Jean Rochefort, Fanny Cottençon. Hongrie/France, 1984 – Couleurs – 1 h 43.

Chronique inégale, mais chaleureuse, du monde mystérieux des adultes vu à travers les regards des enfants d'un village hongrois : le professeur, le baron, la femme frivole.

DEAD AGAIN "DEAD AGAIN"
Film policier de **Kenneth Branagh**, avec Kenneth Branagh, Emma Thompson, Derek Jacobi. États-Unis, 1991 – Couleurs et NB – 1 h 48.

Un détective privé aide une jeune femme amnésique à retrouver son identité. Suspense et nostalgie.

DEAD BAND "DEAD BAND"
Film policier de **John Frankenheimer**, avec Don Johnson, Penelope Ann Miller, William Forsythe. États-Unis, 1988 – Couleurs – 1 h 45.

L'inspecteur Jerry Beck est dans une mauvaise passe : en instance de divorce et criblé de dettes ! Au cours d'une enquête, il va se retrouver face aux mouvements néonazis américains.

DEADLINE AT DAWN "DEADLINE AT DAWN"
Drame de **Harold Clurman**, avec Paul Lukas, Bill Williams, Susan Hayward, Osa Massen, Lola Lane. États-Unis, 1946 – 1 h 22.

Un marin en permission découvre que la fille avec laquelle il vivait a été assassinée.

DEAD ZONE "THE DEAD ZONE"
Film fantastique de **David Cronenberg**, d'après le roman de Stephen King, avec Christopher Walken, Brooke Adams, Martin Sheen. États-Unis, 1983 – Couleurs – 1 h 43.

Émergeant d'un coma de cinq ans, un jeune homme découvre qu'il a désormais le don de revivre le passé et de prévoir l'avenir.

DEAR AMERICA-LETTRES DU VIÊT-NAM
"DEAR AMERICA – LETTERS HOME FROM VIETNAM"
Documentaire de **Bill Couturié**. États-Unis, 1987 – Couleurs – 1 h 27.

S'appuyant sur des documents d'archives et des lettres de soldats – lues par de grands comédiens – un hommage aux jeunes combattants américains au Viêt Nam.

DEAR JOHN "KÄRE JOHN"
Drame de **Lars Magnus Lindgren**, avec Jarl Kulle, Christina Schollin. Suède, 1964 – 1 h 40.

À terre pour quelques heures, un marin cherche à passer agréablement le week-end. Il rencontre une serveuse, et ce sera la naissance d'un grand amour.

DE BEAUX LENDEMAINS "THE SWEET HEREAFTER"
Comédie dramatique d'**Atom Egoyan**, d'après le roman de Russell Banks, avec Ian Holm, Peter Donaldson, Bruce Greenwood, Arsinée Khanjian, Tom McCamus. Canada, 1997 – Couleurs – 1 h 50. ★ **GRAND PRIX DU JURY et PRIX ŒCUMÉNIQUE, Cannes 1997.**

Un drame qui a causé la mort de la plupart de leurs enfants soude les habitants d'un village. Un avocat, qui a lui-même de graves problèmes avec sa propre fille, tente de les lancer dans des procédures qui vont les diviser. Original et émouvant.

DEBOUT LES CRABES, LA MER MONTE
Comédie dramatique de **Grand-Jouan**, avec Martin Lamotte, Véronique Genest. France, 1983 – Couleurs – 1 h 35.

Une femme veut faire endosser le meurtre de son souteneur par un brave petit professeur. Pochade façon café-théâtre.

DEBOUT LES DAMNÉS DE LA TERRE
"RANRU NO HATA"
Drame de **Kimisaburo Yoshimura**, avec Rentaro Mikuni, Takashi Shimura. Japon, 1974 – 1 h 50.

À la fin du siècle dernier, les habitants d'un village menacé par la pollution sont brutalisés par l'armée lorsqu'ils marchent sur Tokyo. Quelques années plus tard, leur village sera détruit pour servir d'aire de stockage de déchets.

DE BRUIT ET DE FUREUR
Drame de **Jean-Claude Brisseau**, avec Vincent Gasperitsch, François Négret, Bruno Crémer. France, 1987 – Couleurs – 1 h 35.

Un adolescent livré à lui-même s'attache au caïd de son lycée qui l'initie à la violence des rues. Une fable sociale âpre.

DEBURAU
Comédie dramatique de **Sacha Guitry**, avec Sacha Guitry, Michel François, Lana Marconi, Jeanne Fusier-Gir. France, 1951 – 1 h 33.

Dans le Paris du milieu du XIXe siècle, la vie, les amours et les échecs du célèbre mime. Texte étincelant de Guitry, en vers.

LE DÉBUT "NAČALA"
Comédie dramatique de **Gleb Panfilov**, avec Inna Tchourikova, Valentina Telitchkina, Leonid Kouravlev. U.R.S.S., 1970 – 1 h 31.

Une jeune ouvrière d'un groupe théâtral est remarquée par un cinéaste. Elle connaît un triomphe en interprétant Jeanne d'Arc, mais préfère retourner à ses amis et son village.

DÉBUTS À BROADWAY "BABES IN BROADWAY"
Comédie musicale de **Busby Berkeley**, avec Mickey Rooney, Judy Garland, Fay Bainter. États-Unis, 1941 – 1 h 58.

Des jeunes passionnés de chant, de danse et de jazz, décrochent un engagement sur une scène de Broadway. La Busby Berkeley « touch » qui utilise au mieux les talents de son couple de jeunes vedettes.

LA DÉCADE PRODIGIEUSE
Film policier de **Claude Chabrol**, d'après le roman d'Ellery Queen, avec Orson Welles, Marlène Jobert, Michel Piccoli, Anthony Perkins. France, 1971 – Couleurs – 1 h 50.

Autour du maître de maison, de sa jeune femme et de son amant, le climat est lourd dans la bastide où ils vivent ensemble. Un chantage mystérieux va précipiter les événements...

LE DÉCALOGUE
Drames contemporains de **Krzysztof Kieslowski**, avec Henryk Baraniwski, Krysztina Janda, Daniel Olbrychski. • SC : Krzysztof Kieslowski et Krysztof Piesiewicz. • MUS : Zbigniew Preisner. Pologne, 1990 – Couleurs – 55 mn env. par épisode.

Il s'agit d'un ensemble de téléfilms dont certains ont fait une carrière commerciale sur grand écran. Comme l'indique le titre générique de la série, ces films illustrent, chacun, un commandement de Dieu. Il ne s'agit cependant pas d'une entreprise de prosélytisme. La religion est ici un prétexte à regarder le monde d'aujourd'hui à travers des règles, ou plutôt à constater que ces règles sont continuellement transgressées.

◆ *La démarche de Krzysztof Kieslowski est méandreuse et comme accablée. Il cherche confusément des raisons de vivre sinon heureux, du moins apaisé. C'est difficile. L'amour, l'amitié, le mensonge, la trahison sont les thèmes récurrents de ces « essais ». Ils sont le fait d'un esprit torturé qui cherche la lumière. L'effort est émouvant. Les films qui l'illustrent sont âpres, durs, tristes et, pour ces raisons, souvent envoûtants. Le plus caractéristique d'entre eux, celui qui a bénéficié de la plus flatteuse carrière, est le n° 6 de la série :* Brève Histoire d'amour, *autrement dit : « Luxurieux point ne seras. » C'est l'histoire d'un jeune homme timide qui s'enhardit à avouer son amour à une voisine plutôt volage qu'il contemplait maladivement en voyeur et qu'il harcelait de sa présence. Bizarrement, son comportement finit par troubler la jeune femme. On peut dire que toutes les fables du* Décalogue *se résolvent dans l'ambiguïté.* *G.S.*

LE DÉCAMERON "DECAMERONE"

Film à sketches de **Pier Paolo Pasolini**, d'après Boccace, avec Franco Citti, Ninetto Davoli, Pier Paolo Pasolini. Italie, 1971 – Couleurs – 1 h 50.

Pasolini a adapté plusieurs contes de Boccace où la recherche du plaisir est le seul but. Plus que la truculence des dialogues et des situations, c'est l'extrême qualité artistique des évocations médiévales qui frappe ici.

LES DÉCHAÎNÉS "A PRIVATE'S AFFAIR"

Comédie musicale de **Raoul Walsh**, avec Christine Carère, Sal Mineo, Terry Moore, Barry Coe. États-Unis, 1959 – Couleurs – 1 h 32.

Spectacle aux armées pour trois jeunes recrues qui préfèrent le chant et la danse aux corvées militaires.

LA DÉCHÉANCE DE FRANZ BLUM

"DIE VERROHUNG DES FRANZ BLUM"

Drame de **Reinhard Hauff**, avec Jürgen Prochnow, Eik Gallwitz, Bukhard Driest. R.F.A., 1974 – Couleurs – 1 h 40.

Un jeune homme bourgeois participe à un hold-up, est arrêté et condamné. En prison, il découvre un univers où seuls les plus forts survivent. Il en sortira transformé.

LA DÉCHIRURE "THE KILLING FIELDS"

Drame de **Roland Joffé**, avec Sam Waterston *(Sydney Schanberg)*, Haing S. Ngor *(Dith Pran)*, John Malkovitch *(Al Rockoff)*, Julian Sands *(Jon Swain)*, Craig T. Nelson *(l'attaché militaire)*. • SC : Bruce Robinson. • PH : Chris Menges. • DÉC : Tessa Davies, Jacques Bradette. • MUS : Mike Oldfield. • MONT : Jim Clark. Grande-Bretagne, 1984 – Couleurs – 2 h 18.

Le correspondant du New York Times au Cambodge, Sydney Schanberg, couvre en 1972 les premiers affrontements entre les Khmers Rouges et les forces gouvernementales et se lie d'amitié avec son assistant cambodgien, Dith Pran. En 1975, ils assistent à la « libération » de Phnom Penh. Dith Pran est interné dans un camp, Schanberg rentre aux États-Unis. Pendant quatre ans, il tentera de retrouver la trace de son ami qui, de son côté, réussit à s'évader et à gagner la Thaïlande.

◆ *Il s'agit de la véritable histoire de Sydney Schanberg (prix Pulitzer 1976 pour ses reportages au Cambodge), de sa séparation et de ses retrouvailles avec Dith Pran. En toile de fond, le drame du Cambodge, longtemps ignoré ou sous-estimé par les médias, donne lieu à une mise en scène spectaculaire, mais toujours soumise à une rigoureuse exigence de réalisme. Cette reconstitution aux allures de reportage est à la mesure de l'émotion suscitée par l'itinéraire des deux protagonistes.* *G.L.*

LES DÉCIMALES DU FUTUR

"THE FINAL PROGRAMME"

Film fantastique de **Robert Fuest**, avec Jon Finch, Jenny Runacre, Patrick Magee. Grande-Bretagne, 1975 – Couleurs – 1 h 39.

Après le grand conflit nucléaire, Frank détient le secret de l'immortalité découvert par son père. Son frère essaiera de trouver la recette... mais avec moins de bonheur.

DECISION AT SUNDOWN

"DECISION AT SUNDOWN"

Western de **Budd Boetticher**, avec Randolph Scott, John Carroll, Karen Steele. États-Unis, 1957 – Couleurs – 1 h 17.

Un cow-boy traque l'assassin de sa femme. L'originalité réside dans le dénouement et le personnage de Scott, amer et solitaire.

LE DÉCLIN DE L'EMPIRE AMÉRICAIN

Comédie dramatique de **Denys Arcand**, avec Dominique Michel, Dorothée Berryman, Louise Portal, Geneviève Rioux, Pierre Curzi, Rémy Girard. Canada (Québec), 1985 – Couleurs – 1 h 35.

En préparant un dîner, quatre amis parlent de sexe ; leurs compagnes ont le même sujet de conversation dans un gymnase. Puis ils se rejoignent dans un aimable marivaudage.

DÉDÉE D'ANVERS

Drame d'**Yves Allégret**, avec Bernard Blier *(M. René)*, Simone Signoret *(Dédée)*, Marcel Pagliero *(Francesco)*, Marcel Dalio *(Marco)*, Jane Marken *(Germaine)*. • SC : Jacques Sigurd, Y. Allégret, d'après le roman d'Ashelbé. • PH : Jean Bourgoin. • DÉC : Georges Wakhévitch.

• MUS : Jacques Besse. • MONT : Léonide Azar. France, 1948 – 1 h 40.

Le port d'Anvers. Dédée est entraîneuse dans le bar de M. René. Son « homme », Marco, est portier. Elle rencontre un matelot italien, Francesco, et c'est le grand amour. Ils décident de partir. Mais Marco ne veut pas perdre son gagne-pain. Il abat Francesco. M. René et Dédée l'exécutent à son tour, puis Dédée reprend sa place parmi ses compagnes.

◆ *Un des plus célèbres films noirs du cinéma français de la fin des années 40. Très influencé par le Carné du* Quai des Brumes, *Allégret a su recréer l'atmosphère d'un port la nuit, avec ses boîtes à matelots, ses filles au cœur pur qui rêvent d'évasion et ses souteneurs veules et lâches.* J.-C.S.

DEEP END "DEEP END"

Comédie dramatique de **Jerzy Skolimowski**, avec John Moulder Brown *(Mike)*, Jane Asher *(Susan)*, Karl Michael Vogler *(le prof de gym)*. • SC : J. Skolimowski, Jerzy Gruza, Bolesaw Sulik. • PH : Charly Steinberger. • DÉC : Tony Pratt, Mac Ott Jr. • MUS : Cat Stevens and The Can. • MONT : Barrie Vince. États-Unis / R.F.A., 1970 – Couleurs – 1 h 35.

Mike, un adolescent de quinze ans, est engagé dans une piscine où il rencontre une jeune femme qui y travaille également. Il en tombe amoureux et veut se faire initier par elle à l'amour. Il la poursuivra de son ardeur juvénile et parviendra à ses fins par un moyen pour le moins original. Mais tout finira très mal.

◆ *L'éternelle obsession de Skolimowski est de capter l'impossible moment où l'adolescent devient adulte, passage considéré comme un échec et un reniement. Skolimowski raconte une histoire avec les rebuts, pourrait-on dire, des films « majeurs », avec les insignifiances mêmes de la vie. Mais ici la virtuosité formelle des précédents films, qui rendait oniriques les situations les plus triviales, fait place à une écriture qui privilégie l'acteur, toujours en tension. Et par là apparaît d'autant mieux la conception tragique qui sous-tend une intrigue apparemment futile.* S.K.

LA DÉESSE "THE GODDESS"

Drame de **John Cromwell**, avec Kim Stanley *(Emily Ann Faulkner)*, Lloyd Bridges *(Dutch Seymour)*, Steve Hill *(Johnnie Tower)*, Betty Lou Holland *(la mère)*, Elizabeth Wilson *(la secrétaire)*. • SC : Paddy Chayefsky. • PH : Arthur J. Ornitz. • DÉC : Edward Haworth. • MUS : Virgil Thompson. États-Unis, 1958. – 1 h 45.

Emily Ann Faulkner, que sa mère n'a jamais aimée, rêve, à dix-sept ans, de devenir une star hollywoodienne. Elle épouse Johnnie, fils d'un acteur célèbre. Ils divorcent vite, et Emily renonce à sa fille. Cinq ans plus tard, à Hollywood, elle épouse l'ex-boxeur Dutch, devient starlette puis vedette. Mais peu à peu elle plonge dans la dépression, l'alcool et la drogue. Elle songe à se suicider, sa secrétaire l'en dissuade.

◆ *Ce film fut remarqué par la critique aux États-Unis, parce qu'on y vit une attaque du mythe de Marilyn Monroe, et en Europe, où on apprécia cette peinture de l'envers du mirage hollywoodien. Paddy Chayefsky est souvent considéré comme le véritable auteur, mais c'est faire trop peu de cas de John Cromwell, qui, inquiété par le maccarthysme, avait considérablement noirci sa palette dans les années 50.* J.-P.B.

LA DÉESSE "DEVI"

Drame psychologique de **Satyajit Ray**, avec Chhabi Biswas, Soumitra Chatterjee, Sharmila Tagore, Karuna Bannerjee. Inde, 1960 – 1 h 33.

Dans le Bengale rural du début du XIXe siècle, un seigneur reconnaît, dans l'épouse d'un de ses fils, la réincarnation de la déesse Kali. Vénérée comme telle, la pauvre femme finit par devenir folle.

DÉESSE NOIRE "A DENZA NEGRA"

Drame de **Ola Balogun**, avec Jorge Coutinho, Sonia Santos, Zozimo Bulbul, Lea Garcia. Nigéria, 1978 – Couleurs – 1 h 30.

Un jeune Africain part à la recherche de parents au Brésil. Son voyage se transforme en expérience mystique.

DÉFENSE D'AIMER

Comédie de **Richard Pottier**, avec Paul Meurisse, Suzy Delair, Mona Goya, Gabriello, G. de Sax. France, 1942 – 1 h 30.

Un riche héritier refuse la femme proposée par son père et contracte un mariage blanc avec une petite manucure insolente.

DÉFENSE DE SAVOIR

Film policier de **Nadine Trintignant**, avec Jean-Louis Trintignant, Marie Trintignant, Michel Bouquet, Charles Denner, Claude Piéplu, Bernadette Lafont, Juliet Berto. France, 1973 – Couleurs – 1 h 40.

Un avocat est commis d'office à la défense d'une prostituée accusée du meurtre de son amant. Il découvre que celui-ci était un indicateur de police et l'agent électoral d'un candidat à la députation.

LE DÉFI "LA SFIDA"
Drame social de **Francesco Rosi**, avec José Suarez, Rosanna Schiaffino, Nino Vingelli. Italie / Espagne, 1958 – 1 h 50.

Trafic et marché noir pour deux Napolitains. Là où l'action pouvait dominer, Rosi a construit une fine et cruelle observation de la Camorra dans un style de néoréalisme psychologique.

LE DÉFI "O DESAFIO"
Drame psychologique de **Paulo Cesar Saraceni**, avec Isabela, Oduvaldo Vianna Filho, Sergio Brito, Luiz Linhares, Joel Barcellos, Hugo Carvanna. Brésil, 1965 – 1 h 30.

Après le coup d'État, un journaliste, devenu l'amant de la femme d'un industriel qu'elle ne parvient pas à quitter, prend conscience de l'apathie de sa génération.

LE DÉFI DE TARZAN "TARZAN'S THREE CHALLENGES"
Film d'aventures de **Robert Day**, avec Jock Mahoney, Woody Strode. États-Unis, 1963 – Couleurs – 1 h 32.

Tarzan se rend en Thaïlande pour y rétablir la justice. Le grand acteur noir W. Strode joue deux rôles : un bon et un mauvais, qui affronte Tarzan en un duel spectaculaire.

LE DÉFROQUÉ
Drame de **Léo Joannon**, avec Pierre Fresnay, Pierre Trabaud, Nicole Stéphane. France, 1954 – 1 h 47.

Un jeune prêtre fait le don de sa vie pour qu'un prêtre défroqué entende à nouveau la voix de Dieu.

LE DÉFUNT RÉCALCITRANT
"HERE COMES MR JORDAN"
Comédie fantastique d'**Alexander Hall**, d'après une pièce de Harry Segall, avec Robert Montgomery, Evelyn Keyes, Rita Johnson, Claude Rains, James Gleason. États-Unis, 1941 – 1 h 33.

Un jeune homme s'écrase aux commandes de son avion et arrive au Ciel, alors qu'il était supposé s'en sortir indemne ! Les autorités célestes lui trouvent, après bien des péripéties, un nouveau corps grâce auquel il retrouvera celle qu'il aimait.

▷ Une suite a été tournée par le même réalisateur (Voir L'ÉTOILE DES ÉTOILES) et un remake signé par **Warren Beatty** (Voir LE CIEL PEUT ATTENDRE).

▷ Plusieurs autres films se sont inspirés du sujet : L'ESPRIT DU SWING "THAT'S THE SPIRIT" de **Charles Lamont**, avec Jack Oakie, Peggy Ryan, June Vincent, Gene Lockhart, Buster Keaton. États-Unis, 1943 – 1 h 27. UN NOMMÉ JOE "A GUY NAMED JOE" de **Victor Fleming**, avec Spencer Tracy, Irene Dunne, Ward Bond, James Gleason, Lionel Barrymore, Barry Nelson. États-Unis, 1944 – 2 h. THE HORN BLOWS AT MIDNIGHT de **Raoul Walsh**, avec Jack Benny, Alexis Smith, Dolores Moran, Allyn Joslyn. États-Unis, 1945 – 1 h 20. L'ÉVADÉ DE L'ENFER "ANGEL ON MY SHOULDER" d'**Archie Mayo**, avec Paul Muni, Claude Rains, Anne Baxter. États-Unis, 1946 – 1 h 41. HEAVEN ONLY KNOWS d'**Albert S. Rogell**, avec Robert Cummings, Brian Donlevy, Marjorie Reynolds. États-Unis, 1947 – 1 h 38. Voir aussi ALWAYS.

LES DÉGOURDIS DE LA 11e
Comédie de **Christian-Jaque**, avec Fernandel, André Lefaur, Pauline Carton, Ginette Leclerc. France, 1937 – 1 h 31.

Pour la fête du régiment, un colonel fait représenter une pièce écrite par sa sœur. Un inspecteur chargé d'enquêter sur la moralité des troupes y voit une incitation à la débauche...

DE GUERRE LASSE
Drame de **Robert Enrico**, d'après le roman de Françoise Sagan, avec Nathalie Baye, Christophe Malavoy, Pierre Arditi, Jean Bouise, Catherine Arditi. France, 1987 – Couleurs – 2 h.

Dans la France occupée de 1942, résistants et Allemands séparent et rapprochent deux hommes de la femme qu'ils aiment.

DEHORS-DEDANS
Essai d'**Alain Fleischer**, avec Catherine Jourdan. France, 1975 – 1 h 20.

Dedans, une jeune femme vit seule dans une chambre sous les toits, avec un simple vasistas comme contact avec Dehors, Paris et son histoire.

DÉJÀ S'ENVOLE LA FLEUR MAIGRE
Documentaire de **Paul Meyer**. Belgique, 1959 – 1 h 31.

Chronique d'une journée de la vie ordinaire d'une famille d'immigrés italiens dans la région industrielle du Borinage.

LE DÉJEUNER SUR L'HERBE
Comédie satirique de **Jean Renoir**, avec Paul Meurisse, Catherine Rouvel, Jacqueline Morane, Fernand Sardou. France, 1959 – Couleurs – 1 h 32.

Lors d'un pique-nique, où l'on doit annoncer ses fiançailles avec une comtesse, un biologiste célèbre succombe aux charmes d'une jeune Provençale.

DE LA BOUCHE DU CHEVAL
"THE HORSE'S MOUTH"
Comédie de **Ronald Neame**, d'après le roman de Joyce Cary, avec Alec Guinness, Kay Walsh, Renée Houston. Grande-Bretagne, 1958 – Couleurs – 1 h 35.

Un peintre farfelu cause bien des soucis à ses amis. Composition étourdissante d'Alec Guinness, qui lui valut un Prix d'interprétation (Venise 1958).

DE LA COUPE AUX LÈVRES

"A RUN FOR YOUR MONEY"

Comédie humoristique de **Charles Frend**, avec Alec Guinness, Donald Houston, Moira Lister. Grande-Bretagne, 1949 – 1 h 33.

Deux frères gallois viennent à Londres dépenser l'argent qu'ils ont gagné à un concours.

DE L'AMOUR

Comédie dramatique de **Jean Aurel**, avec Michel Piccoli, Anna Karina, Elsa Martinelli. France, 1965 – 1 h 35.

Raoul, dentiste de son état, passe d'une aventure à l'autre, dont il tient un curieux « catalogue » composé de films qu'il projette à ses nouvelles maîtresses.

DE LA NUÉE À LA RÉSISTANCE

"DALLA NUBE ALLA RESISTENZA"

Essai de **Jean-Marie Straub** et **Danièle Huillet**, d'après deux textes de Cesare Pavese *Dialogues avec Leuco* et *la Lune et les feux*. Italie / R.F.A. / France, 1979 – Couleurs – 1 h 44.

Réflexion politique et philosophique en deux parties : dans la Grèce antique puis l'Italie d'après-guerre, la résistance et la folie des dieux...

DE L'AUBE À MINUIT

"VON MORGENS BIS MITTERNACHTS"

Drame psychologique de **Karl-Heinz Martin**, avec Ernst Deutsch, Roma Bahn. Allemagne, 1920 – 1 676 m (env. 1 h).

Le caissier d'une banque, accablé par la monotonie de son travail, emporte la caisse et part à la recherche de la vraie vie. Le premier film expressionniste.

DE L'AUTRE CÔTÉ DE L'IMAGE

Film d'animation de **Jean-François Laguionie**. France, 1984 – Couleurs – 1 h 36.

De courtes histoires symboliques, servies par un graphisme racé ; une réflexion sur l'homme face à lui-même, aux autres et à celle qu'il aime.

DE L'AUTRE CÔTÉ DE MINUIT

"THE OTHER SIDE OF MIDNIGHT"

Drame de **Charles Jarrott**, d'après le roman de Sidney Sheldon, avec Marie-France Pisier, John Beck, Susan Sarandon, Raf Vallone. États-Unis, 1977 – Couleurs – 2 h 35.

Une Française séduite avant la guerre par un Américain, puis abandonnée, s'élève dans la société avec une obsession : retrouver le séducteur volage.

DE LA VEINE À REVENDRE "ZEZOWATE SZCZEŚCIE"

Comédie dramatique d'**Andrzej Munk**, avec Bogumil Kobiela (*Jan Piszczyk*), Maria Ciesielska, Barbara Kwiathokwska. • SC : Jerzy Stefan Stawinski. • PH : Jerzy Lipman, Krzysztof Winiewicz. • DÉC : Jan Grandys. • MUS : Jan Krentz. Pologne, 1960 – 2 h. ★ MENTION D'HONNEUR, Edimbourg 1960.

Dans la Pologne des colonels, Piszczyk additionne les bourdes. La poudre à éternuer d'un copain brise son avancement chez les scouts. Son nez lui vaut les brutalités des manifestants antisémites. À la suite d'une fanfaronnade, il est fait prisonnier de guerre et il mystifie tout le monde. Plus tard, sa bêtise fait merveille dans la bureaucratie stalinienne.

◆ *Cette « comédie triste » ou ce « drame gai », comme disait Munk, est prétexte à une féroce critique du récent passé polonais. Les situations burlesques défilent au rythme endiablé des meilleurs comiques du muet. Si le jeu de Bogumil Kobiela évoque celui de Harry Langdon, l'humour corrosif du film n'appartient qu'à Munk.* A.K.

DE LA VIE DES ESTIVANTS "IZ JIZNI OTDYHAJUŠČIH"

Chronique de **Nikolai Goubenko**, avec Regimantas Adomaïtis (*Alexei*), Janna Bolotova (*Nadejda*), Georgui Bourkov (*Vladislas*), Rolan Bykov (*Victor*), Anatoli Solonitsyne (*Tolia*), Lydia Fedosseeva-Choukchina (*Oxana*). • SC : N. Goubenko, d'après le roman d'Ivan Bounine *Un coup de soleil*. • PH : Aleksandre Kniajinski. • DÉC : Aleksandre Tolkatchev. • MUS : Isaak Charc [Schwarz]. • MONT : P. Skatchkavoï. U.R.S.S. (Russie), 1980 – Couleurs – 1 h 23.

En ce début d'automne, une petite station thermale de Crimée s'engourdit doucement autour de ses derniers pensionnaires. Si l'animateur maison, Victor, est aimable (c'est son métier), Alexei le chirurgien et Nadejda la mathématicienne se sont mis à l'écart du groupe. Cela va les rapprocher : ils confrontent leurs vies, leurs expériences. Est-ce l'inventaire avant un nouveau départ ensemble ?

◆ *Le monde des adultes est celui des désenchantements, même si une faible lueur d'espoir se manifeste en fin de film...* D.C.

DE LA VIE DES MARIONNETTES

"AUS DEM LEBEN DER MARIONETTEN"

Drame d'**Ingmar Bergman**, avec Robert Atzorn, Christine Buchegger, Martin Benrath. R.F.A., 1980 – Couleurs – 1 h 30.

Un homme qui se préparait à tuer son épouse découvre qu'elle ne lui a pas été infidèle. Il tue alors une prostituée.

DELICATESSEN

Comédie macabre de **Jean-Pierre Jeunet** et **Marc Caro**, avec Dominique Pinon, Marie-Laure Doumiac, Jean-Claude Dreyfus, Rufus. France, 1991 – Couleurs – 1 h 37.

Fantastique social et fantastique tout court. Dans une banlieue sinistre, un immeuble isolé. Dans cet immeuble, une poignée de locataires survivent grâce à la présence d'un boucher qui débite de la chair humaine. Cet humour macabre est fondé sur la répétition, l'exagération et le délire. Son succès, surtout auprès des jeunes, s'est révélé immédiat.

DE L'INFLUENCE DES RAYONS GAMMA SUR LE COMPORTEMENT DES MARGUERITES

"The Effect of Gamma Rays on Man-in-the-Moon Marigolds"

Drame de **Paul Newman**, d'après la pièce de Paul Zindel, avec Joanne Woodward, Nell Potts, Roberta Wallach. États-Unis, 1972 – Couleurs – 1 h 40.

Une veuve névrosée se débat avec les problèmes matériels, son amertume et ses deux filles. Newman, qui fait tourner son épouse et sa fille, approfondit ses thèmes habituels : conflits familiaux et laissés-pour-compte.

LE DÉLINQUANT INVOLONTAIRE

"The Delicate Delinquent"

Comédie de **Don McGuire**, avec Jerry Lewis, Martha Hyer, Robert Ivers. États-Unis, 1957 – 1 h 40.

Un concierge loufoque est pris pour un délinquant par un policier qui veut le ramener dans le droit chemin. Jerry Lewis dans son premier film sans Dean Martin.

DÉLIVRANCE "Deliverance"

Drame de **John Boorman**, avec Jon Voight *(Ed Gentry)*, Burt Reynolds *(Lewis Medlock)*, Ned Beatty *(Bobby)*, Ronny Cox *(Drew Ballinger)*. • SC : James Dickey, d'après son roman. • PH : Vilmos Zsigmond. • MUS : Eric Weissberg, Steve Mandel. • MONT : Tom Priesley. • PR : J. Boorman (Warner Bros). États-Unis, 1972 – Couleurs – 1 h 49.

Quatre citadins américains, appartenant à la classe moyenne, décident de descendre en canoë une rivière vouée à disparaître par suite de la construction d'un barrage. L'excursion se déroule dans une région montagneuse, peuplée de forestiers vivant à l'écart de la civilisation. Très vite, la promenade s'avère plus difficile que prévu : tourbillons et rapides rendent le cours de la rivière très dangereux, les canoës font plusieurs fois naufrage et les habitants de la berge – qui paraissaient pacifiques – se révèlent si agressifs que les quatre compagnons sont contraints pour se défendre et se tirer d'une situation avilissante d'en arriver au meurtre. La balade se transforme en cauchemar ; il ne s'agit plus d'un plaisir, mais d'une opération de survie contre la nature et contre ses habitants. Après avoir perdu l'un de ses membres, l'équipe parvient péniblement à rejoindre son point de départ, épuisée mais surtout ébranlée moralement par cette terrible expérience.

◆ Grammaire de la terreur

Le film est saisissant par sa réalisation technique : trucages permettant de montrer les flots de la rivière écumants emportant à toute vitesse les deux canoës, prises de vues magistrales de la falaise abrupte cachant la forêt mystérieuse et surplombant les bouillonnements de l'eau. Le contraste entre la fragilité des esquifs et la violence des flots maintient le spectateur constamment en haleine. À tout instant se produit un incident qui met en jeu la vie des participants. Mais au danger physique encouru se surajoute le danger plus terrifiant venant des montagnards. Leur bestialité donne lieu à un des grands moments du film, une scène d'agression presque insoutenable que beaucoup de spectateurs ressentiront avec un certain malaise. Le film constitue une démythification de l'idéologie écologique des années 70 : la nature n'est pas bonne et idyllique, elle est cruelle, violente et inhospitalière ; les hommes qui y vivent ne sont pas de doux pacifistes, mais de véritables brutes et les « civilisés » sont contraints de revenir eux-mêmes à des comportements violents pour défendre leur vie. Il en résulte un ébranlement moral, car les protagonistes sont bien obligés de reconnaître que la civilisation, les lois, ont du bon. Mais le souvenir de cette plongée dans le monde naturel, le remords du crime commis et la découverte de la bestialité humaine les marqueront à jamais. *A.G.*

DE L'OR EN BARRES "The Lavender Hill Mob"

Comédie de **Charles Crichton**, avec Alec Guinness *(Mr Holland)*, Stanley Holloway *(Mr Pendlebury)*, Sydney James *(Lackery)*, Alfie Bass *(Shorty)*, Marjorie Filding *(Mrs. Chalk)*. • SC : T. E. B. Clarke. • PH : Douglas Slocombe. • DÉC : William Kellner. • MUS : Georges Auric. • MONT : Seth Holt. Grande-Bretagne, 1951 – 1 h 25.

Mr Holland, employé à la Banque d'Angleterre, est chargé de surveiller la fonte des lingots d'or. Son honnêteté ne lui vaut qu'un modeste salaire et, un jour, il se laisse tenter... Astucieusement, les lingots sont transformés en tours Eiffel-souvenirs. Celles-ci étant expédiées à Paris pour y être vendues comme des vraies, c'est une course-poursuite qui s'engage.

◆ *La morale est sauve, puisque tout le récit est fait lors de l'arrestation de l'employé devenu gangster ! Peut-être en est-on d'autant plus libre de rire des péripéties qui relancent constamment l'action, en particulier dès qu'on se trouve à la tour Eiffel. Mais l'humour du film vise aussi la vie médiocre de l'Anglais moyen et Alec Guinness n'est pas pour rien, avec la finesse de sa composition, dans la réussite de l'aventure. À noter que c'est la première apparition, au générique d'un film, d'Audrey Hepburn, alors âgée de vingt-deux ans.* *J.-M.C.*

DE L'OR POUR LES BRAVES "Kelly's Heroes"
Film de guerre de **Brian G. Hutton**, avec Clint Eastwood, Don Rickles, Telly Savalas, Donald Sutherland. États-Unis, 1970 – Couleurs – 1 h 45.

Un sergent américain, à la fin de la guerre, essaie de s'approprier un dépôt d'or allemand. Des scènes spectaculaires pimentent l'intrigue de base.

DELTA FORCE "The Delta Force"
Film d'aventures de **Menahem Golan**, avec Chuck Norris, Lee Marvin, Hanna Schygulla. États-Unis, 1985 – Couleurs – 2 h 09.

Deux terroristes palestiniens se sont emparé d'un Boeing américain bondé de touristes. Pour les délivrer, le Pentagone fait appel à un commando d'élite.

DEMAIN CE SERONT DES HOMMES
"The Strange One"
Comédie dramatique de **Jack Garfein**, avec Ben Gazzara, Pat Hingle, Mark Richman, Arthur Storch. États-Unis, 1957 – 1 h 40.

Dans une école de préparation militaire, un élève pervers essaie de semer le désordre. Ses camarades vont se rebeller. Sujet original brillamment mis en scène.

DEMAIN IL SERA TROP TARD
"Domani è troppo tardi"
Drame de **Léonide Moguy**, avec Vittorio De Sica, Gabrielle Dorziat, Pier Angeli, Gino Leurini. Italie, 1950 – 1 h 45.

Imprudents par ignorance, deux adolescents vont vivre une dramatique histoire d'amour. Le film eut un grand retentissement et lança la toute jeune Pier Angeli.

DEMAIN LES MÔMES
Film fantastique de **Jean Pourtalé**, avec Niels Arestrup, Brigitte Rouan, Michel Esposito, Emmanuelle Béart. France, 1976 – Couleurs – 1 h 30.

Il y a quelques survivants au cataclysme mondial. Mais une bande de mystérieux enfants blonds va peu à peu s'imposer.

DEMAIN VIENDRA TOUJOURS
"Tomorrow Is Forever"
Mélodrame d'**Irving Pichel**, d'après le roman de Gwen Bristow, avec Claudette Colbert, Orson Welles, George Brent, Natalie Wood. États-Unis, 1946 – 1 h 45.

Un combattant de la Grande Guerre, porté disparu, réapparaît vingt ans plus tard dans la vie de sa femme qui s'est remariée.

DE MAYERLING À SARAJEVO
Film historique de **Max Ophuls**, avec Edwige Feuillère, John Lodge, Gabrielle Dorziat, Aimé Clariond, Jean Worms, Jean Debucourt. France, 1940 – 1 h 29.

De 1889 à 1914, la vie à la cour des Habsbourgs et le tragique destin de l'archiduc François-Ferdinand.

DEMENTIA 13
Film d'épouvante de **Francis Ford Coppola**, avec Luana Anders, William Campbell, Bart Patton, Mary Mitchell, Patrick Magee. États-Unis / Irlande, 1963 – 1 h 21.

Dans un château isolé, des aristocrates irlandais sont attaqués par un fou sanguinaire.

DEMOISELLE EN DÉTRESSE "A Damsel in Distress"
Comédie de **George Stevens**, avec Fred Astaire, George Burns, Gracie Allen, Joan Fontaine, Reginald Gardiner, Constance Collier. États-Unis, 1937 – 1 h 41.

Une jeune fille de la haute société aux multiples soupirants épouse le danseur qui la tira un jour... d'un mauvais pas.

LA DEMOISELLE ET LE VOYOU / LA JEUNE FILLE ET LE HOOLIGAN
"Baryšnjai huligan/ Učitel'nica rabočih"
Mélodrame d'**Evgueni Slavinski** et **Vladimir Maïakovski**, avec Aleksandra Rebikova, Vladimir Maïakovski. U.R.S.S., 1918 – env. 900 m (30 mn).

Dans une école populaire, une institutrice est chargée d'une classe d'adultes. L'un d'eux, connu pour être un voyou, la harcèle et lui déclare son amour. Lorsqu'il est battu par les autres, la jeune fille accourt à son chevet.

LES DEMOISELLES DE ROCHEFORT
Comédie musicale de **Jacques Demy**, avec Catherine Deneuve *(Delphine)*, Françoise Dorléac *(Solange)*,

Michel Piccoli *(l'antiquaire)*, Danielle Darrieux *(la mère)*, Jacques Perrin, Gene Kelly, George Chakiris. • SC : J. Demy. • PH : Ghislain Cloquet. • DÉC : Bernard Evein. • MUS : Michel Legrand. France, 1966 – Couleurs – 1 h 45.

À Rochefort (Charente-Maritime), Delphine et Solange, deux sœurs jumelles, donnent des leçons de danse et de musique. Elles rêvent de monter à Paris et saisissent l'occasion lorsqu'une troupe de forains passe en ville. Tout cela sans que nos jumelles ne cessent de chercher l'amour idéal.

◆ *Cette comédie musicale à la française est un superbe hommage à Hollywood, ce qui explique la présence au générique de deux stars américaines de la danse. Les jolies jumelles (sœurs aussi dans la vie) éclatent de fantaisie, d'où l'importance des couleurs vives dans le film. Le jaune pour la blonde Delphine, le mauve pour la brune Solange et, enfin, le rouge pailleté – couleur de la passion et de la joie – pour toutes les deux réunies sur scène. Demy leur a choisi deux preux chevaliers : Jacques Perrin (plus tard prince dans* Peau d'âne) *et Gene Kelly, émouvant dix ans après* Un Américain à Paris. *CL.A.*

LES DEMOISELLES DE WILKO "PANNY Z WILKA"
Comédie dramatique d'**Andrzej Wajda**, avec Daniel Olbryschki, Anna Seniuk, Christine Pascal, Maja Komorowska, Stanislawa Celinska. Pologne / France, 1979 – Couleurs – 1 h 58.

Lors d'un séjour à la campagne, un homme retrouve des amies connues quinze ans plus tôt. Celle qu'il aima alors est morte, les autres ont vécu tant bien que mal. Tournant le dos au passé, il repart. Un chef-d'œuvre de délicatesse, un pessimisme fébrile.

LE DÉMON DE LA CHAIR "THE STRANGE WOMAN"
Drame d'**Edgar G. Ulmer**, d'après un roman de Ben Ames Williams, avec Hedy Lamarr, George Sanders, Louis Hayward, Gene Lockhart, Hillary Brooke. États-Unis, 1946 – 1 h 40.

Une jeune femme épouse le riche père d'un camarade d'enfance. Celui-ci le tue accidentellement avant de se suicider.

LE DÉMON DE L'OR "LUST FOR GOLD"
Film d'aventures de **S. Sylvan Simon**, d'après le roman de Barry Storm *Thunder Gods Gold*, avec Ida Lupino, Glenn Ford, Gig Young, Edgar Buchanan. États-Unis, 1949 – 1 h 30.

La cruelle histoire de chercheurs d'or qui se sont vainement attaqués à la Montagne de la Superstition.

LE DÉMON DE MIDI "THIS HAPPY FEELING"
Comédie de **Blake Edwards**, d'après la pièce de F. Hugh Herbert *For Love of Money*, avec Curd Jurgens, Debbie Reynolds, John Saxon, Alexis Smith. États-Unis, 1958 – Couleurs – 1 h 32.

Une grande vedette quinquagénaire fait le bonheur d'une toute jeune fille en l'unissant à un garçon de son âge.

LE DÉMON DES ARMES / GUN CRAZY
"GUN CRAZY"
Drame de **Joseph Lewis**, avec Peggy Cummins, John Dall, Barry Kroeger, Morris Carnowsky. États-Unis, 1949 – 1 h 26.

Un jeune homme passionné de tir devient un virtuose du revolver et s'associe à une garce. Une série B violente au montage nerveux, un des modèles du genre.

LE DÉMON DES EAUX TROUBLES
"HELL AND HIGH WATER"
Film d'aventures de **Samuel Fuller**, avec Richard Widmark, Bella Darvi, Victor Francen, Cameron Mitchell. États-Unis, 1954 – Couleurs – 1 h 43.

Un ancien capitaine de sous-marin est engagé par un savant pour démasquer une base secrète dans une île arctique.

LE DÉMON DES FEMMES
"THE LEGEND OF LYLAH CLARE"
Drame de **Robert Aldrich**, avec Kim Novak, Peter Finch, Ernest Borgnine. États-Unis, 1968 – Couleurs – 2 h 10.

Un metteur en scène tire un film de la vie d'une star qui a été sa femme. La jeune comédienne qui doit jouer le rôle commence à s'identifier à son personnage. Violence des situations et des caractères, conforme au meilleur style d'Aldrich.

DÉMONS DANS LE JARDIN
"DEMONIOS EN EL JARDIN"
Drame de **Manuel Gutierrez Aragon**, avec Angela Molina, Ana Belen, Imanol Arias. Espagne, 1983 – Couleurs – 1 h 45.

Les grandes mutations politiques de l'après-guerre civile, vues à travers la chronique d'une famille déchirée par les amours conflictuelles de deux frères.

LES DÉMONS DE LA LIBERTÉ "BRUTE FORCE"
Drame de **Jules Dassin**, avec Burt Lancaster *(Joe Collins)*, Hume Cronyn *(Munsey)*, Charles Bickford *(Gallagher)*, Yvonne De Carlo *(Gina)*, Ann Blyth *(Ruth)*, Ella Raines *(Cora)*, Anita Colby *(Flossie)*, Sam Levene, Howard Duff. • SC : Richard Brooks, d'après une nouvelle de Robert

Patterson. • PH : William Daniels. • DÉC : Russell A. Gausman, Charles Wyrick. • MUS : Miklos Rozsa. États-Unis, 1947 – 1 h 34.

Dans le pénitencier de Westgate, le sergent-chef Munsey exerce une autorité quasi sadique. Autour de Joe Collins, un groupe de détenus prépare une évasion. Ils cherchent à obtenir la collaboration du vieux Gallagher, très influent et sur le point d'être libéré. Après l'exécution d'un traître, le soulèvement a lieu, mais il échoue dans une répression sanglante.

◆ *Ce film attira l'attention sur Jules Dassin qui, jusqu'alors, à la M.G.M., n'avait rien réalisé de spécialement remarquable. Le scénario porte la marque de l'époque, avec, pour le personnage de Munsey, une cruauté inspirée du comportement nazi. Surtout, il fait alterner un réalisme presque documentaire (la vie du pénitencier) et le romantisme exacerbé des flash-back sentimentaux. Certaines séquences d'action possèdent une exceptionnelle force visuelle. Mais l'œuvre, pour le ton et l'unité, doit beaucoup à son producteur, Mark Hellinger.* J.-P.B.

LES DÉMONS DE L'AUBE

Drame d'**Yves Allégret**, avec Georges Marchal, Simone Signoret, André Valmy. France, 1946 – 2 h.

Malgré le différend qui les oppose à propos de la femme de l'un d'eux, deux résistants combattent ensemble et meurent héroïquement. Un film important de l'immédiat après-guerre.

LES DÉMONS DU KARATÉ "HEROES OF THE EAST"

Film de karaté de **Lu Chia Liang**, avec Liu Chia Hiu, Kurata Yasuaki, Yuka Mizumo, Hitochi Chmae. Hong-Kong, 1978 – Couleurs – 1 h 30.

Un Chinois champion de kung-fu épouse une Japonaise adepte du karaté. Le couple s'affronte, chacun tentant d'imposer son art.

LE DÉMON S'ÉVEILLE LA NUIT "CLASH BY NIGHT"

Drame psychologique de **Fritz Lang**, d'après une histoire de Clifford Odets, avec Barbara Stanwyck, Paul Douglas, Robert Ryan, Marilyn Monroe. États-Unis, 1952 – 1 h 45.

Une femme qui a beaucoup vécu revient dans le port où habite son frère, épouse un brave garçon dont elle a un enfant et se laisse momentanément séduire par le cynique ami de son mari.

DENISE AU TÉLÉPHONE "DENISE CALLS UP"

Comédie de **Hal Salwen**, avec Tim Daly, Caroleen Feeney, Dan Gunther, Dana Wheeler-Nicholson. États-Unis, 1995 – Couleurs – 1 h 20. ★ PRIX DU JURY ex Équo, Deauville 1995.

« On se téléphone et on se fait une bouffe. « Un petit coup de pouce supplémentaire et on a Denise au téléphone, un univers terrifiant et hilarant où on se téléphone en permanence sans jamais se rencontrer, ce qui n'empêche pas Denise, Jerry, Gail, Linda, Martin, Barbara, etc., de se prendre et de se déprendre et même de faire un enfant (par banque du sperme interposée) avec accouchement en téléconférence !

LA DÉNONCIATION

Drame de **Jacques Doniol-Valcroze**, avec Maurice Ronet, Françoise Brion, Nicole Berger, Sacha Pitoëff. France, 1962 – 1 h 48.

Michel porte le remord d'une double lâcheté durant l'Occupation : ses aveux devant la Gestapo, et son refus de témoigner à la Libération en faveur du milicien qui l'a sauvé. D'où son étrange attitude, vingt ans plus tard, lorsque la police l'interroge sur le meurtre d'un journaliste extrémiste.

DE NOUVEAUX HOMMES SONT NÉS

"PROIBITO RUBARE"

Comédie dramatique de **Luigi Comencini**, avec Adolfo Celi, Tina Pica, Mario Russo. Italie, 1949 – 1 h 35.

À Naples, vers 1950, un prêtre consacre sa vie à ramener dans le droit chemin l'enfance dévoyée. Le premier long métrage de Luigi Comencini.

DENTELLES "Kruzeva"

Comédie dramatique de **Serguei Youtkevitch**, d'après un roman de M. Kolosov, avec Nina Chaternikova, Konstantin Gradopolov, Boris Tenine. U.R.S.S., 1928 – 2 100 m (1 h 15).

Dans une usine de dentelles, l'ennui gagne les travailleurs. Une jeune ouvrière donne à ses camarades une vigueur nouvelle.

LA DENTELLIÈRE

Drame psychologique de **Claude Goretta**, d'après le roman de Pascal Laîné, avec Isabelle Huppert, Yves Beneyton. France / Suisse, 1977 – Couleurs – 1 h 48.

Pomme, petite coiffeuse timide, rencontre François, un étudiant. Ils décident de vivre ensemble, mais la vie, la différence de milieux, l'incommunicabilité finissent par les séparer.

LES DENTS DE LA MER "JAWS"

Film fantastique de **Steven Spielberg**, avec Roy Scheider *(Martin Brody)*, Robert Shaw *(Quint)*, Richard Dreyfuss *(Matt Hooper)*, Lorraine Gary *(Ellen Brody)*. • SC : Peter Benchley, Carl Gottlieb, d'après le roman de P. Benchley. • PH : Bill Butler. • DÉC : Joseph Alves Jr. • MUS : John Williams. • MONT : Verna Fields. États-Unis, 1975 – Couleurs – 2 h 04.

Sur la plage d'Amity, on découvre le corps déchiqueté d'une jeune nageuse. Le chef de la police, Martin Brody, persuadé que le coupable est un requin, veut interdire l'accès, mais le maire s'y oppose pour ne pas décourager les touristes. Les victimes se multiplient. Brody fait appel à un spécialiste des poissons, Matt Hooper, et à un chasseur de requins, Quint. Les trois hommes partent à la poursuite du monstre...

◆ *Énorme succès mondial, les* Dents de la mer *a révélé le talent et l'efficacité de Steven Spielberg, le nouveau « wonder boy » de Hollywood. Les scènes de terreur et de panique de la plage ont été tournées avec un réalisme impressionnant. Quant au gigantesque requin blanc qui est le véritable héros de l'aventure, on a pu le comparer à la mythique baleine de* Moby Dick *: la lutte mortelle qui s'engage contre le monstre a d'ailleurs des résonances métaphysiques qui ont certainement contribué à l'impact universel de cette production.* *G.L.*

▷ Les descendants du requin géant se retrouvent dans : LES DENTS DE LA MER (2e PARTIE) "JAWS II" de **Jeannot Szwarc**, avec Roy Scheider, Lorraine Gary, Murray Hamilton. États-Unis, 1978 – Couleurs – 1 h 55. LES DENTS DE LA MER III "JAWS 3-D", de **Joe Alves**, avec Dennis Quaid, Bess Armstrong, Simon Mac Corkindale, Louis Gossett Jr. États-Unis, 1983 – Couleurs (3-D) – 1 h 37. LES DENTS DE LA MER IV (LA REVANCHE) "JAWS – THE REVENGE", de **Joseph Sargent**, avec Lorraine Gary, Lance Guest, Mario Van Peebles, Karen Young, Michael Caine. États-Unis, 1987 – Couleurs – 1 h 30.

LES DENTS DU DIABLE "OMBRE BIANCHE"
Mélodrame de **Nicholas Ray**, avec Anthony Quinn, Yoko Tani, Carlo Giustini, Peter O'Toole, Kaida Horiuchi, Marco Guglielmi. Italie / France, 1959 – Couleurs – 1 h 55.

Dans le Grand Nord, un missionnaire qui refuse avec indignation la femme qui lui est offerte est tué par l'Esquimau offusqué. Ce dernier est alors poursuivi par des policiers...

LES DENTS LONGUES
Drame psychologique de **Daniel Gélin**, avec Danièle Delorme, Daniel Gélin, Jean Chevrier. France, 1953 – 1 h 45.

L'irrésistible ascension d'un jeune journaliste prêt à tout pour réussir. L'unique réalisation de Daniel Gélin, servie par un solide scénario et des dialogues signés Michel Audiard.

LE DÉPART
Drame de **Jerzy Skolimowski**, avec Jean-Pierre Léaud, Catherine Daport. Belgique, 1967 – 1 h 30. ★ OURS D'OR, Berlin 1967.

Marc, jeune garçon coiffeur, rêve de participer à un rallye automobile et cherche une voiture. Lorsqu'on lui propose une Porsche, il renonce pour la jeune fille qui l'aime.

DE PLEIN FOUET "THE FIRST DEADLY SIN"
Film policier de **Brian G. Hutton**, d'après le roman de Lawrence Sanders, avec Frank Sinatra, Faye Dunaway, David Dukes. États-Unis, 1980 – Couleurs – 1 h 38.

Sur le point de prendre sa retraite, un sergent new-yorkais mène une dernière enquête sur une série de crimes sadiques. Dans l'impossibilité de faire « coffrer » le coupable, il le tue.

DEPUIS TON DÉPART
"SINCE YOU WENT AWAY"
Drame de **John Cromwell**, avec Claudette Colbert, Jennifer Jones, Joseph Cotten, Shirley Temple. États-Unis, 1944 – 2 h 52.

Alors que leur époux et père est au front, trois femmes l'attendent au foyer. La vie d'une famille américaine pendant la guerre.

LE DÉPUTÉ DE LA BALTIQUE
"DEPUTAT BALTIKI"
Drame de **Iossif Kheifits** et **Alexandre Zarkhi**, avec Nikolai Tcherkasov, Maria Domacheva, Boris Livanov, Oleg Jakov. U.R.S.S. (Russie), 1937 – 1 h 37.

À Petrograd en 1917, tandis que la contre-révolution menace les bolcheviks, un professeur prend le parti du peuple.

DERBORENCE
Drame de **Francis Reusser**, d'après le roman de Charles-Ferdinand Ramuz, avec Jacques Penot, Bruno Crémer, Isabelle Otero, Maria Machado. Suisse, 1985 – Couleurs – 1 h 50.

Un jeune marié part en montagne avec un vieil ami. Lorsqu'un éboulement se produit, c'est le deuil au village. Deux mois plus tard, le jeune homme réapparaît.

DERMAN
Drame de **Serif Gören**, avec Hülya Kocyigit, Tarik Akan, Talat Bulut, Nur Sürer. Turquie, 1983 – Couleurs – 1 h 30.

Une sage-femme est bloquée par les neiges dans un petit village, où elle vivra quelques mois. En repartant, elle laisse un amoureux et quelques nouveau-nés.

DERNIER AMOUR
Mélodrame de **Jean Stelli**, sur un scénario de Françoise Giroud, d'après le roman de Georges Ohnet, avec Annabella, Georges Marchal, Jeanne Moreau, Suzanne Flon. France, 1949 – 1 h 39.

Une jeune femme vit des moments d'angoisse lorsqu'elle se croit trompée par son époux. Les débuts à l'écran de Jeanne Moreau.

DERNIER AMOUR "PRIMO AMORE"
Comédie dramatique de **Dino Risi**, avec Ugo Tognazzi, Ornella Muti, Mario del Monaco. Italie, 1978 – Couleurs – 1 h 55.

Un vieil acteur, grâce à une prime de retraite, échafaude des projets mirifiques avec l'appétissante servante de la pension.

DERNIER ATOUT
Drame policier de **Jacques Becker**, avec Raymond Rouleau, Mireille Balin, Georges Rollin, Pierre Renoir, Catherine Caillet, Noël Roquevert, Jean Debucourt, Gaston Modot. France, 1942 – 1 h 45.

Dans une ville d'Amérique latine, deux élèves de l'école de police se lancent dans une investigation sur la mort d'un truand. La sœur du chef d'une bande adverse favorisera leur enquête.

LE DERNIER AVERTISSEMENT
"THE LAST WARNING"
Film d'épouvante de **Paul Leni**, avec Laura La Plante, Montagu Love, Roy D'Arcy, Mack Swain, Slim Sommerville, Torben Mayer. • SC : Alfred A. Cohn, Robert F. Hill, J.G. Hawks, d'après la pièce de Thomas F. Fallon. • PH : Hal Mohr. États-Unis, 1928 – 2 600 m (env. 1 h 35).

Au cours de la représentation de la pièce *le Piège*, un acteur meurt en scène. L'enquête conclut au meurtre et un inspecteur essaie en vain de trouver le coupable. Le théâtre ferme. Quelques années après, l'auteur remonte la pièce, reprenant lui-même le rôle de l'acteur assassiné. Une série d'avertissements essaie de le décourager.

◆ *Le metteur en scène allemand Paul Leni, sollicité par Hollywood, y réalisa ses derniers films, et mourut peu après la réalisation de celui-ci, où il poursuivit ses recherches expressionnistes. Mais l'expressionnisme n'est plus ici d'ordre décoratif : Leni s'en sert pour créer une atmosphère de terreur teintée d'humour, qui se développe d'ailleurs au détriment de l'intrigue. Ce qui reste remarquable dans ce film c'est la constante recherche formelle. Les décors sont très étudiés et la caméra les parcourt comme un personnage à part entière lié à la présence du mal.* *S.K.*

▷ **Joe May** signe un remake du film intitulé THE HOUSE OF FEAR, avec William Gargan, Irene Hervey, Dorothy Arnold, Alan Dinehart. États-Unis, 1939 – 1 h 05.

LE DERNIER BASTION "THE LAST OUTPOST"
Film d'aventures de **Lewis R. Foster**, avec Ronald Reagan, Rhonda Fleming, Bruce Bennett. États-Unis, 1951 – Couleurs – 1 h 28.

Pendant la guerre de Sécession, un officier doit affronter son frère qui combat dans le camp adverse.

DERNIER CAPRICE / L'AUTOMNE DE LA FAMILLE KOHAYAGAWA "KOHAYAGAWA-KE NO AKI"
Comédie dramatique de **Yasujiro Ozu**, avec Ganjiro Nakamura, Setsuko Hara, Yoko Tsukasa, Michiyo Aratama. Japon, 1961 – Couleurs – 1 h 43.

À Osaka, une famille dirige une distillerie de saké. Un jour, le vieux patriarche meurt d'une attaque, alors qu'il rend visite à son ancienne maîtresse.

LE DERNIER COMBAT
Film de science-fiction de **Luc Besson**, avec Pierre Jolivet, Jean Bouise, Fritz Wepper. France, 1982 – 1 h 30.

Dans un Paris quasi désert et ravagé, un homme lutte pour sa survie. Des inventions formelles profondément originales (bande-son, angles insolites, photo noir et blanc et format Scope), un climat fantastique singulier : une première œuvre très réussie.

LE DERNIER DE LA LISTE
"THE LIST OF ADRIAN MESSENGER"
Film policier de **John Huston**, d'après le roman de Philip MacDonald, avec George C. Scott, Kirk Douglas, Clive Brook. États-Unis, 1963 – 1 h 38.

Un retraité de l'Intelligence Service enquête sur une curieuse série de morts accidentelles. À la fin du film, on s'aperçoit que de nombreux rôles étaient tenus par de grands acteurs déguisés, qui retirent leur masque devant la caméra. On reconnaît alors Robert Mitchum, Frank Sinatra, Burt Lancaster, Tony Curtis...

LE DERNIER DES GÉANTS "THE SHOOTIST"
Drame de **Don Siegel**, avec John Wayne, Lauren Bacall, James Stewart, Richard Boone. États-Unis, 1976 – Couleurs – 1 h 35.

Condamné par la maladie, un cow-boy légendaire attend la mort. Un film qui atteint au mythe par son sujet comme par l'interprétation de John Wayne, lui-même rongé par un cancer et dont ce fut le dernier film.

LE DERNIER DES HOMMES "DER LETZTE MANN"
Drame de **Friedrich W. Murnau**, avec Emil Jannings *(le portier)*, Maly Delschaft *(sa fille)*, Hans Unterkircher *(le directeur)*, Georg John *(le veilleur de nuit)*. • SC : Carl

Meyer. • PH : Karl Freund. • DÉC : Robert Herlth, Walter Röhrig. Allemagne, 1924 – 2 000 m (env. 1 h 14).

Le portier d'un palace, fier de sa fonction et de son uniforme, est jugé trop vieux et se retrouve « monsieur pipi » au sous-sol. Humilié, il songe au suicide. Grâce à un héritage providentiel, il devient un client millionnaire et goguenard du palace.

◆ *Ce film célèbre fut le premier à utiliser le travelling comme fondement esthétique d'une œuvre, systématisant en cela les trouvailles de Cabiria de Pastrone. La caméra est considérée ici comme un personnage du drame, une subjectivité seconde du protagoniste avec qui pourtant elle ne s'identifie jamais. Quand il est saoul, c'est la caméra qui titube. Lorsqu'il est accablé par son destin, les immeubles se déforment devant lui. Ce film était un drame visuel qui se passait entièrement d'intertitres. Le portier dépouillé de son uniforme, comme un animal de sa carapace et rêvant de le retrouver, est le symbole inconscient d'une Allemagne humiliée, entre deux « épopées » guerrières.* *S.K.*

LE DERNIER DES MOHICANS
"THE LAST OF THE MOHICANS"
Western de **George B. Seitz**, d'après le roman de James Fenimore Cooper, avec Randolph Scott, Binnie Barnes, Bruce Cabot, Henry Wilcoxon, Heather Angel. États-Unis, 1936 – 1 h 31.

Le conflit colonial franco-britannique est perturbé par l'irruption des Peaux-Rouges. Une série B dans la plus pure tradition.

▷ Autres versions réalisées notamment par : **Maurice Tourneur** et **Clarence Brown**, avec Wallace Beery, Boris Karloff. États-Unis, 1920 – env. 1 500 m (1 h 05). **George Sherman**, intitulée LE DERNIER DES PEAUX-ROUGES "THE LAST OF THE RED MEN", avec Jon Hall, Michael O'Shea, Evelyn Ankers, Julie Bishop, Buster Crabbe. États-Unis, 1947 – Couleurs – 1 h 17.

LE DERNIER DES SIX
Film policier de **Georges Lacombe**, d'après le roman de Stanislas-André Steeman, avec Pierre Fresnay, Michèle Alfa, Suzy Delair, Jean Tissier, André Luguet, Jean Chevrier, Lucien Nat, Georges Rollin. France, 1941 – 1 h 30.

Six amis qui ont décidé de se retrouver au bout de cinq ans sont, à la date fixée, assassinés l'un après l'autre. Avec sa petite amie, un inspecteur résoud l'énigme.

DERNIER DOMICILE CONNU
Film policier de **José Giovanni**, d'après le roman de Joseph Harrington, avec Lino Ventura, Marlène Jobert, Michel Constantin. France, 1969 – Couleurs – 1 h 40.

Un policier mis au placard est chargé, avec une jeune collègue, de retrouver un témoin capital. Commence alors une longue et minutieuse recherche.

LA DERNIÈRE BAGARRE "SOLDIER IN THE RAIN"
Comédie dramatique de **Raph Nelson**, d'après un roman de William Goldman, avec Steve McQueen, Jackie Gleason. États-Unis, 1963 – 1 h 27.

Deux sergents envisagent leur vie après leur démobilisation. Mais l'un meurt et l'autre, sans but, rempilera.

LA DERNIÈRE BERCEUSE
"LA CANZONE DELL'AMORE"
Comédie mélodramatique de **Gennaro Righelli**, d'après la nouvelle de Pirandello *In silenzio*, avec Dria Paola, Isa Pola, Mercedes Brignone. Italie, 1930 – 1 h 35.

Le premier film italien sonore tourné en trois versions (italienne, française et allemande). Le récit des amours contrariées de deux jeunes gens séparés par la vie.

LA DERNIÈRE CARAVANE "THE LAST WAGON"
Western de **Delmer Daves**, avec Richard Widmark, Felicia Farr, Susan Kohner. États-Unis, 1956 – Couleurs – 1 h 39.

Un homme accusé de meurtre sauve les membres d'une caravane attaquée par les Apaches puis est disculpé par le témoignage d'une jeune fille qui l'aime.

LA DERNIÈRE CHANCE "DIE LETZTE CHANCE"
Drame de **Leopold Lindtberg**, avec E.G. Morrisson *(major Telford)*, Raymond Reagon *(Braddock)*, John Hoy *(Johnny)*, Luisa Rossi *(Tonina)*. • SC : Richard Schweizer. • PH : Émile Berna. • MUS : Robert Blum. • MONT : Hermann Haller. Suisse, 1944 – 1 h 40.

Italie, septembre 1943. Un Anglais et un Américain, prisonniers de guerre évadés, sont recueillis par un curé de village qui fait passer en Suisse tous ceux qui fuient les Allemands. Aidés par un aviateur anglais, ils conduisent un groupe de réfugiés de dix nations différentes pour gagner la Suisse par la montagne. Le sacrifice de l'un d'eux permettra au groupe d'atteindre la liberté.

◆ *Film témoignage et œuvre de circonstance, c'est sans doute l'unique production suisse d'avant 1968 retenue par l'histoire du cinéma. Encore est-ce probablement dû plus à l'immense succès populaire qui fut le sien qu'à un scénario très mélodramatique ou à une réalisation plutôt esthétisante. Mais il est vrai que ce film reflète bien l'état d'esprit de l'Europe de 1945 et annonce* la Bataille du rail *et les films de Roberto*

Rossellini. Lindtberg, ancien acteur et élève de Erwin Piscator, auteur de quelques autres films très médiocres, restera l'homme d'un seul film. J.-B.B.

LA DERNIÈRE CHANCE "FAT CITY"
Drame de **John Huston**, avec Stacy Keach *(Billy Tully)*, Jeff Bridges *(Ernie)*, Susan Tyrell *(Ona)*. • SC : Leonard Gardner, d'après son roman. • PH : Conrad Hall. • DÉC : Richard Sylbert. • MUS : Kris Kristofferson. • MONT : Walter Thomson, Margaret Booth. États-Unis, 1971 – Couleurs – 1 h 35.

À trente ans, Billy Tully, ancien boxeur, est une épave. Il rencontre un jeune boxeur et le convainc qu'il peut réussir dans ce métier. Lui-même remonte sur le ring. Il gagne un match qui est pourtant sa plus grande défaite.

◆ *Ce film de la vieillesse de Huston ne semble pas mis en scène tant sa façon d'aborder les situations est évidente ; la photo de Conrad Hall, poisseuse et « banale », est pourtant travaillée avec une compréhension et un amour du film qui touchent à la symbiose ; les acteurs sont si justes qu'on ne peut imaginer qu'ils sont dirigés. Toutes les scènes, drôles ou tristes, sont symptomatiques d'un mal à vivre qui rend les protagonistes pathétiques jusqu'à la nausée. Huston manie l'identification avec un sens tragique de la déconfiture humaine. Si nous sommes de tout cœur avec Billy « contre » son adversaire pendant le match, il suffit d'un plan où l'on voit celui-ci pisser du sang dans un chiotte pour qu'une fraternité pitoyable nous unisse à tous deux. Que dire d'un tel film, sinon qu'on y ressent l'émotion et l'abandon qui passent dans les dernières toiles de Rembrandt.* S.K.

LA DERNIÈRE CHARGE "LOTNÀ"
Drame d'**Andrzej Wajda**, avec Jerzy Pichelski, Bozena Kuwoska, Adam Pawlikowski. Pologne, 1959 – Couleurs – 1 h 32.

La Pologne en 1939 dans ses derniers jours de lutte contre l'envahisseur. Une superbe jument, Lotnà, fleuron de la cavalerie polonaise, suscite l'envie et l'admiration de tous. Une réflexion baroque et lyrique sur l'héroïsme, la guerre et l'Histoire.

LA DERNIÈRE CHASSE "THE LAST HUNT"
Film d'aventures de **Richard Brooks**, avec Robert Taylor, Stewart Granger, Debra Paget, Lloyd Nolan. États-Unis, 1956 – Couleurs – 1 h 48.

Dans des paysages grandioses de haute montagne, l'affrontement de deux chasseurs de bisons, ex-associés, dont l'un est cruel et impitoyable. Un des meilleurs films de Brooks.

LA DERNIÈRE CIBLE "THE DEAD POOL"
Film policier de **Buddy Van Horne**, avec Clint Eastwood, Patricia Clarkson. États-Unis, 1988 – Couleurs – 1 h 35.

L'inspecteur Harry enquête sur une série de meurtres dans le monde du cinéma et des médias. Cinquième volet des aventures de « Dirty Harry », à la limite de la parodie.

▷ Voir aussi L'INSPECTEUR HARRY, L'INSPECTEUR NE RENONCE JAMAIS, LE RETOUR DE L'INSPECTEUR HARRY et MAGNUM FORCE.

LA DERNIÈRE CORVÉE "THE LAST DETAIL"
Comédie de **Hal Ashby**, d'après le roman de Darryl Ponicsan, avec Jack Nicholson, Otis Young, Randy Quaid, Clifton James, Carol Kane. États-Unis, 1973 – Couleurs – 1 h 45.

Deux marins doivent escorter à la prison un jeune compagnon d'armes, condamné pour vol. Prenant en pitié l'inexpérience de ce jeunot, ils décident de l'initier. Joli numéro d'acteurs, surtout pour Jack Nicholson (Prix d'interprétation à Cannes en 1974).

LA DERNIÈRE ÉTAPE "OSTATNI ETAP"
Drame de **Wanda Jakubowska**, avec Barbara Drapinska, Wanda Bartowna, Tatiana Gorecka, Antonina Gorecka, Alina Janowska, Zofia Mrozowska, Barbara Fijewska, Aleksandra Slaska. • SC : W. Jakubowska, Gerda Schneider. • PH : Bencion Monastyrski. • DÉC : Roman Mann, C. Piaskowski. • MUS : Roman Palester. • MONT : R. Pstrokowska. Pologne, 1948 – 1 h 54.

Martha Weiss est arrêtée à Varsovie et déportée à Auschwitz. Choisie par les autorités du camp comme interprète, elle réussit à monter un réseau de résistance. Elle s'évade. Reprise, elle va être pendue quand une escadrille alliée survole le camp.

◆ *Inspiré des souvenirs de Wanda Jakubowska à Auschwitz et à Ravensbrück, filmé en partie à l'intérieur d'Auschwitz, interprété par d'anciennes déportées,* la Dernière Étape *est l'un des premiers témoignages après la guerre sur l'horreur concentrationnaire et sur la barbarie nazie. Plusieurs fois primé dans des festivals internationaux.* A.K.

LA DERNIÈRE FANFARE "THE LAST HURRAH"
Drame de **John Ford**, avec Spencer Tracy, Jeffrey Hunter, Dianne Foster, Basil Rathbone. États-Unis, 1958 – 2 h 01.

Le maire d'une petite ville américaine vit sa dernière campagne électorale. Finesse, truculence et tendresse.

LA DERNIÈRE FEMME "L'ULTIMA DONNA"
Drame de **Marco Ferreri**, avec Gérard Depardieu *(Gérard)*, Ornella Muti *(Valérie)*, Michel Piccoli *(Michel)*, Renato Salvatori *(René)*, Zouzou *(Gabrielle)*, Giuliana Calandra, Daniela Silverio, Nathalie Baye. • SC : M. Ferreri, Rafael Azcona, Dante Matelli. • PH : Luciano

Tovoli. • DÉC : Michel de Broin. • MUS : Philippe Sarde. • MONT : Enzo Meniconi. Italie / France, 1976 – Couleurs – 1 h 48.

Gérard, ingénieur au chômage technique, vit seul avec son fils Pierrot. Son épouse Gabrielle l'a quitté pour militer dans le féminisme. Il rencontre Valérie, la puéricultrice, qui vient s'installer chez lui. Elle s'occupe de Pierrot, reçoit les amis de Gérard, rencontre Gabrielle et se met à l'apprécier. Peu à peu, se considérant comme une femme-objet, elle se refuse à Gérard. Ce dernier, en plein désarroi, se tranche le sexe avec un couteau électrique.

◆ *Le succès de scandale provoqué par le dénouement ne doit pas faire oublier l'essentiel : après* le Harem *et* Il seme dell'uomo, *Ferreri poursuit ici la peinture de ce qu'il appelle « l'homme de transition », en porte-à-faux parce que, au sein d'une société en pleine mutation, ses structures mentales n'ont pas évolué. Cela n'est pas dit par les mots, mais traduit par des gestes, des objets, un appartement presque vide, les grands ensembles de Créteil, des couleurs froides, une sorte de « réalisme halluciné ».* *J.-P.B.*

LA DERNIÈRE FOIS QUE J'AI VU PARIS
"THE LAST TIME I SAW PARIS"
Comédie dramatique de **Richard Brooks**, d'après la nouvelle de F. Scott Fitzgerald *Babylon Revisited*, avec Elizabeth Taylor, Van Johnson, Walter Pidgeon, Donna Reed. États-Unis, 1954 – Couleurs – 1 h 56.

À Paris, à la Libération et durant les années qui vont suivre, l'histoire d'amour d'un jeune écrivain et d'une jeune fille coquette.

LA DERNIÈRE FOLIE DE MEL BROOKS
"SILENT MOVIE"
Comédie de **Mel Brooks**, avec Mel Brooks, Marty Feldman, Dom DeLuise, Bernadette Peters, Sid Caesar. États-Unis, 1976 – Couleurs – 1 h 27.

Mel veut tourner un film pour prouver qu'il n'a pas sombré dans l'alcool. Un concurrent envoie une charmante danseuse pour saboter l'entreprise mais elle va s'éprendre de Mel, et le film connaîtra un immense succès.

LA DERNIÈRE GRENADE "LAST GRENADE"
Film d'aventures de **Gordon Flemyng**, d'après le roman de John Sherlock *The Ordeal of Major Grigsby*, avec Stanley Baker, Alex Cord, Honor Blackman, Richard Attenborough. Grande-Bretagne, 1969 – Couleurs – 1 h 33.

Un mercenaire se rend à Hong-Kong à la poursuite d'un de ses anciens camarades de combat qui l'a trahi.

LA DERNIÈRE IMAGE
Comédie dramatique de **Mohamed Lakhdar-Hamina**, avec Véronique Jannot, Merwan Lakhdar-Hamina, Michel Boujenah, Jean Bouise, Jean-François Balmer. Algérie / France, 1986 – Couleurs – 1 h 49.

Pour son premier poste en 1939, une jeune institutrice est affectée dans un gros bourg d'Algérie. Sa sympathie pour ses jeunes élèves arabes gêne son entourage européen, et elle sera obligée de partir.

DERNIÈRE JEUNESSE
Drame de **Jeff Musso**, avec Raimu, Jacqueline Delubac, Pierre Brasseur, Alice Tissot. France / Italie, 1939 – 1 h 28.

Une pauvre fille rencontre un ancien colonial qui la sauve de la misère et tombe éperdument amoureux d'elle. Lasse de sa jalousie et n'éprouvant pour lui que de la reconnaissance, elle sort avec un camarade, mais à son retour, l'ex-militaire l'étrangle.

LE DERNIER EMPEREUR "THE LAST EMPEROR"
Biographie de **Bernardo Bertolucci**, avec John Lone *(Pu Yi)*, Peter O'Toole *(Reginald Johnston)*, Joan Chen *(Wang Jung)*, Ying Ruocheng *(le gouverneur)*, Victor Wong, Ruychi Sakamoto. • SC : B. Bertolucci, Mark Peploe, Enzo Ungari, d'après l'autobiographie de Pu Yi. • PH : Vittorio Storaro. • DÉC : Ferdinando Scarfiotti. • MUS : Su Cong. • MONT : Gabriela Cristani. Grande-Bretagne / Italie, 1987 – Couleurs – 2 h 45. ★ **OSCAR DU MEILLEUR FILM 1987.**

Amené en 1908 dans la Cité interdite, Pu Yi est propulsé à trois ans sur le trône. En 1911, il est conservé à titre de symbole par la République et reçoit son éducation d'un précepteur écossais. Chassé en 1924, il se met, à l'arrivée de Tchang Kaï-chek, sous la protection des Japonais qui en font l'empereur fantoche de Mandchourie. Il meurt en 1967, au début de la Révolution culturelle, devenu simple citoyen après cinq ans de Sibérie et dix ans de « rééducation ».

◆ *Cette fresque à grand spectacle, tournée en partie dans l'authentique Cité interdite de Pékin, décrit un itinéraire intérieur sur le mode intimiste et familial. La recherche d'identité de Pu Yi, dernier empereur de Chine, sans cesse coupé du monde, est rendue par le plus vertigineux enchevêtrement de flash-back qui soit, mais toujours d'une totale clarté.* *J.M.*

LA DERNIÈRE NUIT "POSLEDNAJA NOČ'"
Drame de **Youli Raïzman**, avec Ivan Peltzer *(le père Zakharkine)*, Maria Yarotskaïa *(Zakharkina, la mère)*, Nikolai Dorokhine *(Piotr Zakharkine)*, Nikolai Rybnikov *(Leontiev)*, S. Vetcheslov *(l'officier)*. • SC : Evgueni Gabrilovitch, Y. Raïzman. • PH : Dmitri Feldman. • DÉC : Alexei Outkine. • MUS : Alexandre Veprik. U.R.S.S.

(Russie), 1937 – 1 h 38. ★ **GRAND PRIX à l'Exposition internationale de Paris 1937.**

À Moscou, en octobre 1917, les Bolcheviks déclenchent l'insurrection. Piotr Zakharkine, leur commandant, dirige la résistance contre les détachements d'élèves-officiers et obtient le ralliement des soldats de l'armée régulière à la Révolution. Retranchés dans une gare, les Bolcheviks attendent avec inquiétude l'arrivée d'un train : c'est un convoi qui amène des Gardes rouges en renfort de Petrograd.

◆ *La séquence fameuse de l'attente dans la gare silencieuse donne le ton de l'atmosphère parfois intimiste qui caractérise ce beau film malgré le réalisme des scènes de combats de rue. L'art de Raïzman, tout de sensibilité, s'incarne dans le personnage de Zakharkina, la femme du peuple aussi courageuse que chaleureuse et point dénuée d'humour.* M.MN.

LA DERNIÈRE RAFALE "THE STREET WITH NO NAME"
Drame policier de **William Keighley**, avec Mark Stevens, Richard Widmark, Lloyd Nolan. États-Unis, 1948 – 1 h 31.

Un jeune inspecteur s'introduit dans le « milieu » pour démanteler un gang.

LA DERNIÈRE SÉANCE "THE LAST PICTURE SHOW"
Drame de **Peter Bogdanovich**, avec Timothy Bottoms *(Sonny)*, Ben Johnson *(Sam)*, Jeff Bridges *(Duane)*, Cloris Deachman *(Ruth)*, Cybill Sheperd *(Jacy)*, Ellen Burstyn *(Lois)*. • SC : Larry McMurty, P. Bogdanovich, d'après le roman de L. McMurty *Thalia*. • PH : Robert Surtees. • DÉC : Polly Platt. • CHAN : Hank Williams, Bob Wills, Eddie Fischer, Lefty Frizzel, Pee Wee King, Frankie Laine, Jo Stafford, Hank Snow, Johnnie Ray. • MONT : Donn Cameron. États-Unis, 1971 – 2 h.

Dans une petite ville du Texas, le cinéma et le café appartiennent au même homme, le vieux Sam : accueillant pour tous, il est écouté par les jeunes qui se réunissent chez lui. L'un d'eux, Sonny, va souvent l'accompagner dans de longues promenades au bord de la rivière. Il fait bon écouter « le vieux »... Mais rien n'est éternel : Sam meurt, le café et le cinéma doivent fermer. C'est l'éclatement de la bande. Sonny et Duane, un autre garçon, en arrivent à se battre très durement pour une fille. Puis Duane s'engage pour la Corée, tandis que Sonny partage ses amours entre deux jeunes femmes, dont l'épouse de l'entraîneur de l'équipe de football locale.

◆ *Face au vieil homme, symbole de la qualité morale d'un monde qui disparaît, les jeunes sont évoqués assez crûment : d'où une coloration passablement pessimiste du propos.* D.C.

LES DERNIÈRES FIANÇAILLES
Drame psychologique de **Jean-Pierre Lefebvre**, avec Marthe Nadeau, Jean-Léo Gagnon, Marcel Sabourin. Canada (Québec), 1973 – Couleurs – 1 h 31.

Victime d'un infarctus après plus de cinquante ans de vie commune avec sa femme, un homme refuse d'être transporté à l'hôpital. Comme deux vieux amants très tendres, ils s'amusent, se réconfortent et évoquent leurs souvenirs.

DERNIÈRE SORTIE AVANT ROISSY
Drame de **Bernard Paul**, avec Pierre Mondy, Anne Jousset, Françoise Arnoul. France, 1977 – Couleurs – 1 h 47.

Dans une cité-dortoir, des personnages fragiles cherchent désespérément l'amour et le bonheur dans une société d'abondance dont ils se sentent exclus.

LES DERNIÈRES VACANCES
Drame de **Roger Leenhardt**, avec Odile Versois *(Juliette Lherminier)*, Michel François *(Jacques Simonet)*, Renée Devillers *(Cécile)*, Pierre Dux *(Valentin)*, Jean d'Yd *(Walter)*, Christiane Barry *(Odette)*, Berthe Bovy *(tante Délie)*, Jean Varas *(Pierre Gabard)*. • SC : R. Leenhardt, Roger Breuil. • PH : Philippe Agostini. • DÉC : Léon Barsacq. • MUS : Guy Bernard. France, 1948 – 1 h 35.

Deux adolescents, Jacques et Juliette, passent leur été comme chaque année dans le grand domaine familial en Provence. Mais c'est la dernière fois car la propriété doit être vendue. Au milieu des mesquineries familiales, arrive l'architecte Pierre Gabard, chargé de l'achat, qui veut séduire Juliette. Celle-ci, un moment troublée, comprend qu'elle aime Jacques. Tout cela est raconté en flash-back par Jacques, assis sur son banc de classe à la rentrée scolaire.

◆ *Un peu vieilli par la diction théâtrale de Berthe Bovy ou Renée Devillers, littéraire de bien des façons (la tradition du domaine préservé, style* le Grand Meaulnes*; l'importance de la parole), ce film reste remarquable par sa peinture d'une classe sociale, la grande bourgeoisie, et surtout de cet état transitoire qu'est l'adolescence. La vision qu'il en donne, toute de complexité et d'ambiguïté, est d'une richesse rare dans le cinéma français.* J.-P.B.

DERNIER ÉTÉ "LAST SUMMER"
Drame psychologique de **Frank Perry**, avec Barbara Hershey, Richard Thomas, Bruce Davison, Cathy Burns. États-Unis, 1969 – 1 h 37.

Des jeunes gens livrés à eux-mêmes pendant les vacances vont découvrir, en même temps que la sexualité, la complexité des sentiments. Une analyse sensible des crises de l'adolescence.

LE DERNIER ÉTÉ "POSLEDNO LJATO"
Drame de **Hristo Hristov**, avec Grigor Vackov, Bogdan Spasov, Lili Metodieva, Dimitre Ikonomov. Bulgarie, 1973 – Couleurs – 1 h 30.

Alors que tous ses concitoyens sont partis à la ville abandonnant leur village aux eaux du barrage, un paysan s'accroche à sa terre.

DERNIER ÉTÉ
Drame de **Robert Guediguian** et **Frank Le Wita**, avec Gérard Meylan, Ariane Ascaride, Jean-Pierre Moreno. France, 1981 – Couleurs – 1 h 24.

Un jeune chômeur et ses copains, aux limites de la marginalité et de la délinquance, vivent à Marseille d'activités mal définies. Jusqu'au jour où survient le drame.

LA DERNIÈRE TENTATION DU CHRIST
"THE LAST TEMPTATION OF CHRIST"
Drame de **Martin Scorsese**, d'après le roman de Nikos Kazantzaki, avec Willem Dafoe, Barbara Hershey, Harvey Keitel, Harry Dean Stanton, David Bowie, John Lurie, Verna Bloom. États-Unis, 1988 – Couleurs – 2 h 44.

Effrayé par son destin, Jésus descend de la Croix et épouse Marie-Madeleine avant de se raviser et de mourir pour les hommes. Malgré quelques fautes de goût, une œuvre forte qui ne méritait pas le scandale ayant accompagné sa sortie.

LA DERNIÈRE VAGUE "THE LAST WAVE"
Drame fantastique de **Peter Weir**, avec Richard Chamberlain, Olivia Hamnett, Gulpilil, Frederick Parslow, Vivean Gray. Australie, 1978 – Couleurs – 1 h 46.

Convaincu de l'existence d'un lien entre le meurtre d'un aborigène et une série de phénomènes atmosphériques étranges, un avocat enquête. Pour lui, un raz-de-marée est imminent.

LE DERNIER FACE-À-FACE "FACCIA A FACCIA"
Western de **Sergio Sollima**, avec Gian Maria Volonté, Tomas Milian. Italie / Espagne, 1967 – Couleurs – 1 h 32.

Un jeune professeur s'installe au Texas pour changer de vie. Il se lie effectivement avec un hors-la-loi pour une amitié qui les transformera peu à peu tous les deux.

LE DERNIER FIACRE DE BERLIN
"DIE LETZTE DROSCHKE VON BERLIN"
Drame psychologique de **Carl Boese**, avec Lupu Pick, Maly Delschaft, Werner Pittschau. Allemagne, 1926 – 2 292 m (env. 1 h 24).

Un vieux cocher se désole de voir son fils devenir conducteur d'automobile et sa fille épouser un chauffeur de taxi. Désespéré, il tente de se suicider avec son cheval.

LE DERNIER GANGSTER "THE LAST GANGSTER"
Film policier d'**Edward Ludwig**, avec Edward G. Robinson, Rose Stradner, James Stewart, Lionel Stander, Douglas Scott, John Carradine, Sidney Blackmer. États-Unis, 1937 – 1 h 21.

Libéré d'Alcatraz où il purgeait une peine de prison, un gangster élabore une terrible vengeance contre sa femme qui l'a abandonné.

LE DERNIER JOUR DE L'ÉTÉ "OSTATNI DZIEN LATA"
Drame de **Tadeusz Konwicki** et **Jan Laskowski**, avec Irena Laskowska *(la femme)*, Jan Machulski *(le jeune homme)*. • SC : T. Konwicki, J. Laskowski. • PH : J. Laskowski. • MUS : Adam Pawlikowski. Pologne, 1958 – 1 h 15. ★ **GRAND PRIX DE LA CATÉGORIE DOCUMENTAIRE, Venise 1958.**

Au bord de la Baltique, sur une plage déserte, les désirs et les refus d'un couple vont et viennent au rythme du flux et du reflux des eaux.

◆ *Premier film de l'écrivain Konwicki qui impose un style de lenteur intentionnelle, de retenue mesurée pour traduire l'impossible rencontre de deux êtres. Quelques critiques le taxent d'antonionisme. Quant à Philippe Haudiquet, il estime que* le Dernier Jour de l'été *est « un peu au cinéma polonais ce qu'est* Hiroshima mon amour *au cinéma français ». L'obsédante réminiscence du passé douloureux de la guerre hante les personnages des deux films. Chez Konwicki, l'absence des mots et de l'amour présent empêchent l'exorcisme de la souffrance. Le passé paralyse et conduit inexorablement à la mort.* Le Dernier Jour de l'été *est un film de désespoir total.* *A.K.*

LE DERNIER MÉTRO
Drame de **François Truffaut**, avec Catherine Deneuve *(Marion Steiner)*, Gérard Depardieu *(Bernard Granger)*, Jean Poiret *(Jean-Loup Cottins)*, Heinz Bennent *(Lucas Steiner)*, Andréa Ferréol *(Arlette Guillaume)*, Sabine Haudepin *(Nadine Marsac)*, Jean-Louis Richard *(Daxiat)*, Lazslò Szabò, Maurice Risch *(Raymond Boursier)*, Paulette Dubost *(Germaine Fabre)*. • SC : F. Truffaut, Suzanne Schiffman. • PH : Nestor Almendros. • DÉC : Jean-Pierre Kohut-Svelko. • MUS : Georges Delerue. • MONT : Martine Barraque. • PR : Les Films du Carrosse. France, 1980 – Couleurs – 2 h 15. ★ **CÉSARS 1980 : MEILLEUR FILM, MEILLEUR RÉALISATEUR (François Truffaut), MEILLEUR ACTEUR (Gérard Depardieu), MEILLEURE ACTRICE (Catherine Deneuve) .**

Un metteur en scène juif allemand s'est exilé à Paris afin de fuir le nazisme. Il dirige le grand Théâtre Montmartre. Mais en 1942, sous l'occupation allemande, contraint à nouveau de chercher refuge, il choisit de se cacher dans les sous-sols du théâtre. Ainsi, il peut confier à sa femme, la comédienne Marion Steiner, la tâche de monter la prochaine pièce. Celle-ci pourra justifier le style de la mise en scène en indiquant à l'occupant que son mari avait laissé ses notes de travail avant de prendre la fuite. Surveillée par les Allemands comme par les collaborateurs qui souhaiteraient s'approprier ce théâtre, Marion cherche à tenir ses engagements envers son mari. Lucas Steiner écoute les répétitions et l'aide chaque soir à préparer celle du lendemain. Mais l'un des acteurs, Bernard Granger, arrive de plus en plus tard ou doit quitter le théâtre avant la fin des répétitions. Marion craint pour le spectacle, puis elle apprend que Granger est également résistant, et elle se met à avoir peur pour son théâtre. Elle ne veut rien révéler à son mari, mais elle est troublée par ce comédien qui s'efforce de concilier son art et sa conscience. Elle va l'aimer, et Lucas Steiner, qui attribue d'abord la justesse de leur jeu à ses directives, se met à soupçonner la vérité. Un critique théâtral de la presse collaboratrice tourne de plus en plus autour du théâtre et de Marion. Mais cette dernière arrivera à faire de la pièce un triomphe, et à garder le théâtre.

◆ L'amour, la guerre et le théâtre

Grand succès commercial pour François Truffaut, le Dernier Métro *fut également « nommé » aux Oscars comme Meilleur film étranger. On sait que Truffaut a écrit le rôle de Marion Steiner spécialement pour Catherine Deneuve, avec qui il voulait réaliser un film que le public aimerait, sa première tentative,* la Sirène du Mississippi, *s'étant soldée par un échec au box-office. Cependant Truffaut, comme il le fait de film en film, retient ou répète quelques figures de ses œuvres précédentes et qui aident à définir les personnages : la femme aimée de deux hommes honorables* (Jules et Jim), *celle dont le visage est à nouveau « une joie et une souffrance »* (la Sirène du Mississippi), *ou encore le théâtre en tant que lieu de refuge (comme l'était la même maison dans la neige de* Tirez sur le pianiste *et de* la Sirène*) : c'est-à-dire là où tout se joue. On peut ainsi voir dans les personnages qu'incarnent Heinz Bennent et Gérard Depardieu deux types d'engagement créatif qui sont chacun acte de résistance : celui de Lucas Steiner qui risque sa vie en restant dans le théâtre, et celui de Bernard Granger qui risque la sienne en en sortant. Du coup, le film peut apparaître comme une parabole sur le rôle de l'art dans un contexte d'occupation et de guerre (à partir de leçons que Truffaut aura reçues sur ce sujet d'André Bazin, à qui il dédiait le film).* S.S.

LE DERNIER MILLIARDAIRE

Comédie dramatique de **René Clair**, avec Max Dearly, Renée Saint-Cyr, Raymond Cordy, Marthe Mellot. France, 1934 – 1 h 32.

L'homme le plus riche du monde, un banquier, devient dictateur d'un petit royaume touché par la crise, mais un accident lui fait perdre la raison. Il continue pourtant à régner, suivi dans ses extravagances par ses ministres et le peuple soumis.

LE DERNIER NABAB "THE LAST TYCOON"

Drame psychologique d'**Elia Kazan**, avec Robert De Niro *(Monroe Stahr)*, Tony Curtis *(« Rod »)*, Robert Mitchum *(Pat Brady)*, Jeanne Moreau *(Didi)*, Jack Nicholson *(Brimmer)*, Ingrid Boulting *(Kathleen More)*, Ray Milland *(Mort Fleishacker)*, Dana Andrews *(Red Ridingwood)*, Theresa Russell *(Cecilia Brady)*. • SC : Harold Pinter, d'après le roman de F. Scott Fitzgerald. • PH : Victor Kemper. • DÉC : Eugene F. Callahan. • MUS : Maurice Jarre. • MONT : Richard Marks. États-Unis, 1976 – Couleurs – 2 h 03.

Monroe Stahr est un producteur hollywoodien. « Wonder boy » aux emplois du temps surchargés, le succès du studio repose sur ses seules épaules. Négligeant Cecilia Brady, la délicieuse fille de son patron, il semble n'exister que pour son métier jusqu'au jour où apparaît Kathleen dont il tombe fou amoureux. Mais, prisonniers de leur passé, les amants ne peuvent vivre ensemble : Monroe reste seul et malade dans un studio où son étoile a terni.

◆ *Curieux objet que cet hommage d'un producteur contemporain (Sam Spiegel) à un homologue de la grande époque des studios, le légendaire Irving Thalberg. De multiples médiations doivent garantir la cohérence du projet : avant tout le roman de F.S. Fitzgerald qui, pour une fois, n'est pas trahi par Hollywood, car l'adaptation est signée Pinter et la réalisation Kazan. Le rapport à l'institution est donc indirect et intériorisé, le pari est bel et bien tenu : plus fitzgeraldien que nature, le film de Spiegel, à la distribution parfaite (remarquable De Niro), ne déparerait pas, toutes choses égales par ailleurs, la collection Thalberg.* M.C.

LE DERNIER NÉGRIER "SLAVE SHIP"

Drame de **Tay Garnett**, d'après un roman de George S. King, avec Wallace Beery, Warner Baxter, Elizabeth Allen, Mickey Rooney, George Sanders, Jane Darwell, Joseph Schildkraut. États-Unis, 1937 – 1 h 40.

Le capitaine d'un navire transportant des esclaves, dégoûté de son métier, décide de se retirer en compagnie de sa jeune femme. Mais ses marins et complices se mutinent.

LE DERNIER PASSAGE "THE SECRET WAYS"
Film d'espionnage de **Phil Karlson**, avec Richard Widmark, Sonia Ziemann, Howard Vernon, Senta Berger. États-Unis, 1961 – 1 h 53.

Un aventurier américain doit faire sortir de Hongrie un homme recherché par le gouvernement hongrois, et que sa fille, de son côté, cherche à rejoindre.

LE DERNIER PONT "DIE LETZTE BRÜCKE"
Film de guerre de **Helmut Kautner**, avec Maria Schell *(Helga Reinbeck)*, Bernhard Wicki *(Boro)*, Barbara Rutting *(Militza)*, Carl Mohner *(Sgt Martin Berger)*, Horst Haechler *(Lt Scherer)*, Pable Mincie *(Momcillo)*, Tilla Durieux *(la vieille paysanne)*, Radolcic Dragoslav *(l'officier anglais)*, Robert Meyn *(le médecin allemand)*. • SC : H. Kautner, Norbert Kunzie. • PH : Fred Kollhanek. • DÉC : Otto Pischinger. • MUS : Carl de Groof. • MONT : P. Dworak, H. Diethelm. R.F.A., 1954 – 1 h 38. ★ PRIX INTERNATIONAL, Cannes 1954.

En Yougoslavie durant l'été 1943. Helga, jeune femme médecin allemande, est enlevée par des partisans yougoslaves pour soigner leurs blessés. Elle va rester parmi eux et partager leurs souffrances, dont la terrible épidémie de typhus qui les décime. La guerre et les mitrailleuses vont balayer ses vaines tentatives de bonheur.

◆ *Le film, pour lequel Maria Schell reçut une mention spéciale pour son interprétation, obtint également le Prix de l'Office catholique international du Cinéma 1954. Il pose le problème du devoir auquel est soumise une jeune doctoresse dont la vie se verra brisée au contact quotidien de la souffrance.* *J.-C.S.*

LE DERNIER RIVAGE "ON THE BEACH"
Film de science-fiction de **Stanley Kramer**, avec Ava Gardner *(Moira)*, Gregory Peck *(Towers)*, Fred Astaire *(Osborn)*, Anthony Perkins *(Holmes)*, Donna Anderson *(sa femme)*. • SC : John Paxton, James Lee Barrett, d'après le roman de Nevil Shute. • PH : Giuseppe Rotunno. • DÉC : Rudolf Sternad, Fernando Carrere. • MUS : Ernest Gold. • MONT : Frederic Knudtson. États-Unis, 1959 – 2 h 13.

En 1964, à la suite d'une guerre nucléaire, la quasi-totalité de la population du globe a été anéantie. Seuls rescapés américains, les membres de l'équipage d'un sous-marin débarquent en Australie, qui n'a pas encore été atteinte par les nuages radioactifs : le lieutenant Holmes retrouve sa femme, et le commandant Towers s'éprend de la belle Moira. Envoyé en reconnaissance à San Francisco d'où arrivent de mystérieux appels radio, l'équipage n'y trouve pas signe de vie et reprend la mer.

◆ *Ce film exprime l'angoisse devant la possibilité d'un conflit atomique qui anéantirait l'humanité : cinéaste humaniste, Kramer lance un impressionnant avertissement à ses semblables. Mais comme la plupart de ces anticipations, qu'on n'appelait pas encore « films-catastrophe », celui-ci est en même temps le prétexte à une parade de vedettes et à un étalage de plate sentimentalité romanesque. Ces concessions commerciales ne neutralisent pas le message pacifiste, mais limitent la portée de la mise en garde.* *M.MN.*

LE DERNIER ROUND "BATTLING BUTLER"
Film burlesque de **Buster Keaton**, avec Buster Keaton, Snidz Edwards, Sally O'Neil. États-Unis, 1926 – env. 1 800 m (1 h 20).

Pour conquérir le cœur d'une jeune fille, un milliardaire se fait passer pour un boxeur. Un « petit » film pour un grand comédien.

LE DERNIER ROUND / LE DERNIER COMBAT
"KID GALAHAD"
Drame de **Michael Curtiz**, d'après le roman de Francis Wallace, avec Edward G. Robinson, Bette Davis, Wayne Morris, Jane Bryan, Humphrey Bogart, Harry Carey. États-Unis, 1937 – 1 h 41.

Un boxeur passionné par son art accède à la compétition et découvre les matchs truqués. Pris au piège des organisateurs, il perd à la fois son titre et celle qu'il aime.

▷ Autres versions réalisées par : **Ray Enright**, intitulée THE WAGONS ROLL AT NIGHT, avec Humphrey Bogart, Sylvia Sidney, Eddie Albert, Joan Leslie, Sig Rumann. États-Unis, 1941 – 1 h 23. **Phil Karlson**, intitulée KID GALAHAD, avec Elvis Presley, Lola Albright, Gig Young, Joan Blackman, Charles Bronson, Ned Glass. États-Unis, 1962 – Couleurs – 1 h 36.

LE DERNIER SAFARI "THE LAST SAFARI"
Film d'aventures de **Henry Hathaway**, d'après le roman de Gerald Hanley *Gilligan's Last Elephant*, avec Kaz Garas, Stewart Granger, Gabriella Licudi, Johnny Sekka. États-Unis, 1967 – Couleurs – 1 h 50.

En Afrique, sur la piste de l'éléphant, deux hommes découvrent leur vérité. Autour de cette quête, Hathaway a su construire des personnages et retrouver les grands espaces.

LE DERNIER SAUT
Film policier d'**Édouard Luntz**, avec Maurice Ronet, Michel Bouquet, Cathy Rosier. France, 1970 – Couleurs – 1 h 45.

Un ancien para tue sa femme et se lie d'une amitié étrange et exclusive avec le commissaire qui mène l'enquête. Une fine analyse psychologique servie par des dialogues d'Antoine Blondin.

LES DERNIERS CHRYSANTHÈMES "Bangiku"
Drame de **Mikio Naruse**, avec Haruko Sugimura, Ken Uehara, Sadako Sawamura, Chikako Hosokawa. Japon, 1954 – 1 h 41.

Trois anciennes geishas essayent de gagner honnêtement leur vie. L'une vit des intérêts que lui rapportent les prêts accordés à des amies. La vie est rude pour les deux autres.

LES DERNIERS JOURS DE MUSSOLINI
"Mussolini : ultimo atto"
Film historique de **Carlo Lizzani**, avec Rod Steiger, Franco Nero, Henry Fonda. Italie, 1974 – Couleurs – 2 h 05.

Une reconstitution minutieuse de la mort du Duce, arrêté alors qu'il tentait de fuir vêtu d'un uniforme allemand, et exécuté par des partisans le 27 avril 1945 à Milan, avec sa maîtresse Clara Petacci.

LES DERNIERS JOURS DE POMPÉI
"Gli ultimi giorni di Pompei"
Drame historique de **Luigi Maggi**, d'après le roman de Bulwer-Lytton, avec Umberto Mozzato, Lydia De Roberti. Italie, 1908 – 366 m (env. 13 mn).

Première adaptation cinématographique du célèbre roman évoquant les drames qui bouleversèrent la cité antique avant son anéantissement par l'éruption du Vésuve.

▷ Autres versions réalisées sous le même titre italien par : **Mario Caserini**, avec Eugenia Tettoni, Fernanda Negri Pouget, Ubaldo Stefani. Italie, 1913 – 1 958 m (env. 1 h 10). **Amleto Palermi** et **Carmine Gallone**, avec Rina De Liguoro, Maria Karda, Victor Varkony. Italie, 1926 – 3 863 m (env. 2 h 20). **Mario Bonnard**, avec Steve Reeves, Christine Kaufmann, Fernando Rey. Italie / Espagne / R.F.A., 1959 – Couleurs – 1 h 35. Et par : **Marcel L'Herbier**, intitulée LES DERNIERS JOURS DE POMPÉI, avec Micheline Presle, Georges Marchal, Marcel Herrand. France / Italie, 1950 – 1 h 50. **Ernest Schoedsack** et **Merian C. Cooper**, intitulée THE LAST DAYS OF POMPEII, avec Preston Foster, Basil Rathbone, Alan Hale, Dorothy Cooper. États-Unis, 1935 – 1 h 36.

LES DERNIERS MONSTRES "Sesso e volentieri"
Comédie à sketches de **Dino Risi**, avec Laura Antonelli, Johnny Dorelli, Gloria Guida. Italie, 1982 – Couleurs – 1 h 45.

Troisième avatar des Monstres lancés par l'auteur, qui tourne encore une fois en dérision les mœurs d'une certaine bourgeoisie.

LE DERNIER SOU
Comédie dramatique d'**André Cayatte**, avec Ginette Leclerc, Gilbert Gil, Noël Roquevert. France, 1946 (RÉ : 1944) – 1 h 28.

Un coureur cycliste se laisse attirer par le mirage des petites annonces.

LE DERNIER TANGO À PARIS
"Ultimo tango a Parigi"
Drame de **Bernardo Bertolucci**, avec Marlon Brando *(Paul)*, Maria Schneider *(Jeanne)*, Jean-Pierre Léaud *(Tom)*, Massimo Girotti *(Marcel)*. • SC : B. Bertolucci, Franco Arcalli. • PH : Vittorio Storaro. • DÉC : Ferdinando Scarfiotti. • MUS : Gato Barbieri. • MONT : Franco Arcalli. • PR : Alberto Grimaldi (P.E.A.). Italie / France, 1972 – Couleurs – 2 h 05.

Paul tient un hôtel minable que possédait sa femme, qui vient de se suicider. En visitant un appartement à louer, il rencontre une jeune femme, Jeanne. Une attirance sexuelle violente les jette immédiatement dans les bras l'un de l'autre. Ils concluent un pacte qui les fait se retrouver trois jours d'affilée dans cet appartement vide, vivant une aventure sexuelle séparée du reste de la vie : chacun ne saura rien du partenaire. En fait, Jeanne est sur le point de convoler avec Tom, un jeune téléaste qui tourne un film sur elle, devant culminer avec leur mariage. Paul tente, de son côté, d'élucider le suicide de sa femme et impose, dans ce lieu privilégié, sa personnalité, sa conception de la virilité et des relations sado-masochistes. Mais Jeanne n'est pas un pur objet, et lorsque Paul rompt le contrat et la suit chez elle...

◆ Au-delà du scandale, une ascèse sexuelle
L'énorme succès du film tint d'abord à sa dimension scandaleuse. En pleine explosion du cinéma pornographique, un cinéaste d'envergure internationale – Bertolucci vient d'atteindre un large public avec le Conformiste *– traite, dans une œuvre « commerciale », de rapports explicitement sexuels. Bien plus, le principal protagoniste en est une star hollywoodienne quasi mythique, aux prestations rarissimes. Enfin, le comportement ouvertement machiste de Brando/Paul et la soumission de la jeune femme à ses exigences dans ces relations sexuelles d'une rare crudité prennent un caractère provocant dans le contexte féministe de l'époque. Passés ces remous conjoncturels, le film se révèle l'une des œuvres les plus fortes de Bertolucci, même si elle n'est pas la plus parfaite ; l'auteur y prend ses distances par rapport à des références culturelles et mythiques : la virilité américaine type Hemingway, Mailer ou Miller à travers Paul, la cinéphilie à travers Tom. Le fil retrace un trajet initiatique dans lequel le héros se débarrasse de son passé, accomplit une ascèse sexuelle dans laquelle il abandonne peu à peu une virilité triomphante pour s'humaniser, perdant du même coup son aura*

romantique. La réussite du film tient avant tout aux images chaleureuses (cette couleur « tango » due à Vittorio Storaro), au travail de Gato Barbieri, dont la musique suit les mouvements complexes de la caméra, les accompagne ou les précède, et surtout à la performance des acteurs. Maria Schneider et Marlon Brando sont plus que des interprètes : ils sont inséparables de leurs personnages, une large place ayant été faite à l'improvisation à l'intérieur d'un scénario très strictement élaboré. *J.M.*

LE DERNIER TÉMOIN "DER LETZTE ZEUGE"
Drame de **Wolfgang Staudte**, avec Martin Held, Hanns Lothar, Ellen Schwiers, Jürgen Goslar. R.F.A., 1960 – 1 h 42.

Après le meurtre d'un enfant, la police arrête sa mère célibataire, maîtresse d'un industriel marié, et un jeune médecin. Un témoin apportera la clé de l'énigme.

LE DERNIER TOURNANT
Drame de **Pierre Chenal**, d'après le roman de James Cain *The Postman Always Rings Twice*, avec Fernand Gravey, Michel Simon, Corinne Luchaire, Robert Le Vigan. France, 1939 – 1 h 30.

Un homme aide sa maîtresse à se débarrasser de son mari en maquillant le crime en accident. Mais quand la jeune femme se tue en voiture, il est accusé d'assassinat et condamné à mort.

▷ Voir aussi LE FACTEUR SONNE TOUJOURS DEUX FOIS.

LE DERNIER TRAIN "ANDREMO IN CITTÀ"
Drame de **Nelo Risi**, avec Geraldine Chaplin, Nino Castelnuovo. Italie, 1965 – 1 h 40.

Dans un village de Yougoslavie, durant la dernière guerre, une jeune fille vit avec son jeune frère aveugle, à qui elle tait les réalités de la guerre, puis sauve la vie de son fiancé avant d'être déportée.

LE DERNIER TRAIN DE FRISCO
"ONE MORE TRAIN TO ROB"
Western d'**Andrew V. Mac Laglen**, avec George Peppard, Diana Muldaur, John Vernon, France Nuyen. États-Unis, 1971 – Couleurs – 1 h 48.

Pour se venger d'un ami qui l'a trahi, Fleet redevient honnête en assurant un transport d'or pour des Chinois.

LE DERNIER TRAIN DE GUN HILL
"LAST TRAIN FROM GUN HILL"
Western de **John Sturges**, avec Kirk Douglas, Anthony Quinn, Carolyn Jones, Earl Holliman. États-Unis, 1959 – Couleurs – 1 h 34.

Tragédie pour deux amis : le fils de l'un a assassiné l'épouse de l'autre. Ce dernier, un shérif, doit faire justice, et le père protéger la vie de son fils.

LE DERNIER TRAIN DE SANTA CRUZ
"THE STELL CLAW"
Film d'aventures de **George Montgomery**, avec George Montgomery, Charito Luna, Mario Barri. États-Unis, 1961 – Couleurs – 1 h 36.

En 1941, devenu manchot à la suite d'un accident survenu alors qu'il était en état d'ivresse, le capitaine John Larsen accepte pour se racheter d'aller récupérer un général parachuté en plein territoire contrôlé par les Japonais.

LA DÉROBADE
Drame de **Daniel Duval**, d'après le roman de Jeanne Cordelier, avec Miou-Miou, Daniel Duval, Maria Schneider. France, 1979 – Couleurs – 1 h 45.

Marie rencontre Gérard, il est beau, merveilleux... C'est en fait un souteneur et Marie sombre dans la prostitution. Elle s'en tirera au prix d'une immense volonté.

DERRIÈRE LA FAÇADE
Drame psychologique de **Georges Lacombe** et **Yves Mirande**, avec Jules Berry, Lucien Baroux, Gaby Morlay, Michel Simon, Elvire Popesco, Marguerite Moréno, Erich von Stroheim, Simone Berriau, André Lefaur, Gabrielle Dorziat. France, 1939 – 1 h 25.

À l'occasion d'un crime commis dans un immeuble parisien, une enquête est ouverte, qui révèle que tous les locataires y sont mêlés.

DERRIÈRE LA PORTE "OLTRE LA PORTA"
Drame de **Liliana Cavani**, avec Marcello Mastroianni, Eleonora Giorgi, Tom Berenger. Italie, 1982 – Couleurs – 1 h 50.

Matthew cherche à savoir quel genre de liens unissent sa femme à un inconnu, qui s'avère être son beau-père. Climat trouble pour ce film où l'auteur exprime à nouveau sa fascination pour la prostitution féminine.

DERRIÈRE LA PORTE VERTE
"BEHIND THE GREEN DOOR"
Film pornographique d'**Artie, James** et **Adrienne Mitchell**, avec Marilyn Chambers, Johnny Keyes. États-Unis, 1975 – Couleurs – 1 h 15.

Une jeune femme, enlevée par des inconnues, est introduite dans un mystérieux salon. Sous les yeux d'une assistance nombreuse, elle y subit de multiples caresses...

DERRIÈRE LE MIROIR "BIGGER THAN LIFE"
Comédie dramatique de **Nicholas Ray**, avec James Mason, Barbara Rush, Walter Matthau. États-Unis, 1956 – Couleurs – 1 h 35.

Un instituteur tranquille sombre dans la drogue à la suite d'un traitement médical. Devenu exigeant et tyrannique, il ira jusqu'à vouloir sacrifier son fils (à l'instar d'Abraham).

DERSOU OUZALA (L'AIGLE DE LA TAÏGA)
"DERZU UZALA"
Film d'aventures d'**Akira Kurosawa**, avec Maxime Mounzouk *(Dersou)*, Youri Solomine *(le jeune officier)*. • SC : A. Kurosawa, Youri Naguibine, d'après le rapport de voyage de l'explorateur Vladimir Arseniev. • PH : Asakadzu Nakai. • DÉC : Youri Rakcha. • MUS : Isaac Schwartz. • MONT : A. Kurosawa. U.R.S.S. / Japon, 1975 – Couleurs – 2 h 25. ★ OSCAR DU MEILLEUR FILM ÉTRANGER 1975.

Un jeune officier tsariste, en mission d'exploration dans la taïga sibérienne, y rencontre un vieux chasseur d'une tribu locale. Venus de deux univers totalement différents, les deux hommes finissent par fraterniser pudiquement dans le partage des mêmes dangers et des mêmes émotions. Cette amitié profonde, née du cœur même de la nature, durera jusqu'à la mort du vieil homme.

◆ *Ce film fleuve, régulièrement repris sur les écrans depuis sa parution, envoûte littéralement le spectateur par la puissance grisante d'une nature omniprésente : ses rythmes profonds donnent le tempo d'une méditation sur la vie. Les personnages communiquent et communient dans l'échange du silence. La lenteur se mue en approfondissement douloureux des rapports entre l'homme et la nature.* D.C.

DE SABLE ET DE SANG
Drame de **Jeanne Labrune**, avec Sami Frey, André Dussollier, Clémentine Célarié. France, 1987 – Couleurs – 1 h 42.

Un cardiologue se prend d'amitié pour un jeune torero venu se faire soigner et qui lui rappelle un passé volontairement enfoui.

DE SADE, LE DIVIN MARQUIS "DE SADE"
Biographie de **Cy Endfield**, avec Keir Dullea, Senta Berger, Lilli Palmer, John Huston. États-Unis, 1969 – Couleurs – 1 h 53.

Évocation des principaux événements de la vie du marquis de Sade qui revoit son passé sous une forme théâtrale et onirique.

DES ÂMES SUR LA ROUTE "ROJO NO REIKON"
Drame de **Minoru Murata** et **Kaoru Osanai**, avec Kaoru Osanai, Koreya Togo, Haruko Sawamura, Yuriko Hanabusa. Japon, 1921 – 2 838 m (env. 1 h 45).

Un homme qui a quitté son foyer malgré l'opposition paternelle veut retourner sous le toit familial, mais est rejeté par son père. Parallèlement, deux hommes qui sortent de prison redécouvrent la bonté humaine un soir de Noël.

DES AMIS COMME LES MIENS
"SUCH GOOD FRIENDS"
Comédie d'**Otto Preminger**, d'après le roman de Lois Gould, avec Dyan Cannon, James Coco, Jennifer O'Neill. États-Unis, 1971 – Couleurs – 1 h 38.

Richard se meurt à l'hôpital. Quand Julie, son épouse, réunit ses amis pour qu'ils donnent leur sang, elle découvre l'égoïsme et l'hypocrisie de chacun. Un beau portrait de femme et une satire des intellectuels new-yorkais.

DE SANG FROID "IN COLD BLOOD"
Drame de **Richard Brooks**, avec Robert Blake *(Perry Smith)*, Scott Wilson *(Dick Hickok)*, John Forsythe *(Alvin Dewey)*, Paul Stewart *(le reporter)*, Gerald S. O'Loughlin *(Harold Nye)*. • SC : R. Brooks, d'après le livre de Truman Capote. • PH : Conrad Hall. • MUS : Quincy Jones. • MONT : Peter Zinner. États-Unis, 1967 – 2 h 34.

Le meurtre pratiquement gratuit et d'une sauvagerie insensée, perpétré dans les années 1960 par deux jeunes garçons, connut un retentissement sans précédent à travers l'enquête – véritable roman sociologique – menée des années durant par l'écrivain Truman Capote, qui reconstitua les circonstances du crime et la personnalité des assassins, au fil des visites qu'il leur rendit dans leur cellule, jusqu'à leur exécution.

◆ *De sang froid, à la fois librement (dans la facture) et fidèlement (dans les détails du contenu) adapté du livre de Truman Capote, est l'une des réalisations les plus achevées de Richard Brooks. Le film évite les deux écueils de l'explication psychologique des comportements, d'une part, et de la thèse « à la française » (façon Cayatte) sur la peine de mort. Cinéaste de la responsabilité individuelle et collective, Richard Brooks donne ici une œuvre d'une grande liberté de ton, où le « pointillisme » du style de Capote entre en résonance avec la méticulosité de son propre réalisme. Le film échappe, cependant, au constat, au document sociologique. Sans mêler la morale ni la métaphysique à son propos, le réalisateur sait hausser le ton, et nous faire entrer en sympathie avec ses tristes et médiocres personnages. Comme dans toutes les grandes œuvres cathartiques, on participe ici à la souffrance d'autrui, sans complaisance. C'est sans complaisance non plus que le film déploie, aux li-*

mites du fantastique (scène de la pendaison), quelque chose que l'on pourrait définir comme une horrible beauté. M.S.

LES DÉSARROIS DE L'ÉLÈVE TOERLESS
"DER JUNGE TÖRLESS"
Drame psychologique de **Volker Schlöndorff**, avec Mathieu Carrière *(Toerless)*, Marian Seidovsky *(Basini)*, Bernd Tischer *(Beineberg)*, Barbara Steele *(Božena)*, Alfred Diertz *(Reiting)*, Lotte Ledl, Fritz Gehlen. • SC : V. Schlöndorff, d'après le roman de Robert Musil *Die Verwirrungen des Zöglings Törless*. • PH : Franz Rath. • DÉC : Maleen Pacha. • MUS : Hans-Werner Henze. • MONT : Claus von Boro. R.F.A., 1966 – 1 h 27.

Au début du siècle, en Autriche, le jeune Toerless est envoyé dans un collège sévère réservé à l'aristocratie. Les camarades auxquels il se lie s'emploient à humilier et avilir un de leurs comparses. Toerless observe, mais n'intervient pas.

◆ *Schlöndorff décrit sans la moindre émotion comment on devient tortionnaire au nom d'une supériorité de caste, comment par lâcheté on laisse faire des horreurs au nom de la liberté. Il démontre sèchement, mais efficacement, combien l'indifférence est coupable.* B.B.

DESCENTE AUX ENFERS "VICE SQUAD"
Film policier de **Gary A. Sherman**, avec Season Hubley, Gary Swanson, Wings Hauser. États-Unis, 1982 – Couleurs – 1 h 37.

Une prostituée accepte de collaborer avec les policiers pour venger une collègue exécutée par un souteneur. Elle risque gros.

DESCENTE AUX ENFERS
Drame de **Francis Girod**, d'après le roman de David Goodis, avec Claude Brasseur, Sophie Marceau, Betsy Blair. France, 1986 – Couleurs – 1 h 30.

L'amour semble bien mort entre cet écrivain quadragénaire et cette resplendissante jeune femme de vingt ans. Pourtant, des circonstances dramatiques les réuniront.

LA DESCENTE INFERNALE "DOWNHILL RACER"
Chronique sportive de **Michael Ritchie**, d'après le roman d'Oakley Hall, avec Robert Redford, Gene Hackman, Camilla Sparv, Joe J. Jalbert. États-Unis, 1969 – Couleurs – 1 h 41.

Les exploits et les amours d'un jeune champion de ski américain. Pour son premier film, l'auteur a mêlé scènes de fiction et séquences de reportage.

DES CHRISTS PAR MILLIERS
Essai de **Philippe Arthuys**, avec Danièle Delorme, Jean Vilar. France, 1969 – 1 h 20.

Une tentative très ambitieuse d'un cinéaste musicien pour aller à la rencontre de la misère du monde. Images d'actualités et tournages sont travaillés au rythme de la Passion selon saint Matthieu de Bach.

LES DÉSEMPARÉS "THE RECKLESS MOMENT"
Drame de **Max Ophuls**, d'après le roman d'Elizabeth Sauxay *Holding The Blanck Wall*, avec James Mason, Joan Bennett, Geraldine Brooks, Henry O'Neill. États-Unis, 1949 – 1 h 22.

Pour que sa fille ne soit pas accusée du meurtre (involontaire) de son petit ami, une femme fait disparaître le cadavre. Survient un inquiétant individu qui veut la faire chanter puis tente de la protéger.

DES ENFANTS, DES MÈRES ET UN GÉNÉRAL
"KINDER, MÜTTER UND EIN GENERAL"
Drame de **Laslo Benedek**, avec Hilde Krahl, Bernhard Wicki, Ewald Balser, Therese Giehse, Ursula Herking, Maximilian Schell. R.F.A., 1955 – 1 h 30.

En mars 1945, des adolescents fuient leur école et s'engagent dans l'armée allemande. Leurs mères les cherchent et rencontrent leur chef, mais ils sont déjà sur le front pour un ultime combat.

DES ENFANTS GÂTÉS
Comédie dramatique de **Bertrand Tavernier**, avec Michel Piccoli, Christine Pascal. France, 1977 – Couleurs – 1 h 53.

Bernard, un peu par désœuvrement, un peu par attirance pour Anne, accepte de faire partie d'un comité de locataires face à des propriétaires abusifs. Une dénonciation engagée de certains trafics.

LE DÉSERT DE LA PEUR / UNE CORDE POUR TE PENDRE "ALONG THE GREAT DIVIDE"
Film d'aventures de **Raoul Walsh**, avec Kirk Douglas, Virginia Mayo, John Agar, Walter Brennan. États-Unis, 1951 – 1 h 28.

Dans un désert hostile, un shérif doit protéger son prisonnier des hommes qui veulent une justice plus expéditive. Western policier aux personnages typés et bien interprétés.

LE DÉSERT DE PIGALLE
Drame de **Léo Joannon**, avec Annie Girardot, Pierre Trabaud, Léo Joannon. France / Italie, 1958 – 1 h 40.

À Pigalle, un prêtre-ouvrier tente de sauver les âmes en péril des prostituées. Étonnantes compositions d'Annie Girardot et Pierre Trabaud.

LE DÉSERT DES TARTARES
Drame de **Valerio Zurlini**, avec Jacques Perrin *(lieutenant Drogo)*, Giuliano Gemma *(commandant Mattis)*,

Vittorio Gassman *(colonel Filimore)*, Max von Sydow *(capitaine Hortiz)*, Helmut Griem *(lieutenant Siméon)*, Laurent Terzieff *(lieutenant Amerling)*, Jean-Louis Trintignant *(médecin-major Rovine)*, Philippe Noiret *(le général)*, Fernando Rey *(Nathanson)*. • SC : André Brunelin, Jean-Louis Bertuccelli, d'après l'œuvre de Dino Buzzati. • PH : Luciano Tovoli. • DÉC : G. Bartolini-Salimberi. • MUS : Ennio Morricone. • MONT : Raimondo Crociani. France, 1976 – Couleurs – 2 h 15.

Le lieutenant Drogo vient d'être affecté à un poste frontière perdu aux limites du « désert des Tartares ». Malgré son désir de partir, il est bientôt envoûté par l'atmosphère étrange du poste et la menace irréelle de l'invasion de ces Tartares, que le capitaine Hortiz a aperçus une fois, à la tombée du jour. Lorsqu'enfin Drogo prend la responsabilité du poste, il est miné par la maladie et doit quitter la forteresse, le jour même où les Tartares, enfin, attaquent en force.

◆ *La mise en scène de Valerio Zurlini, dénuée de toute emphase et soucieuse avant tout de magnifier l'humain, séduit par sa sérénité. Symbole d'une attente dérisoire en marge de la vraie vie, le poste perdu est un lieu magique auquel la ville morte de Bam, en Iran, prête ses splendeurs maléfiques et ses charmes intemporels.* *D.C.*

LE DÉSERTEUR "DEZERTIN"

Drame de **Vsevolod Poudovkine**, avec Boris Livanov *(Karl Renn)*, Vassili Kovriguine *(Ludwig Zeile)*, Alexandre Tchistiakov *(Fritz Müller)*, Tamara Makarova *(Greta Zeile)*. • SC : Nina Agadjanova, Mikhaïl Krasnostavsky, Alexandre Lazebnikov. • PH : Anatoli Golovnia, Youli Foguelman. • DÉC : Serguei Kozlovsky. • MUS : Youri Chaporine. U.R.S.S. (Russie), 1933 – 1 h 42.

En 1932, le docker allemand Karl Renn, découragé par de nombreux mois de chômage, arrive en U.R.S.S. avec une délégation ouvrière et, séduit par ce qu'il découvre, décide de rester. Mais quand il apprend la mort violente du syndicaliste communiste Zeile, il se considère comme un déserteur du front de la lutte des classes et repart pour Hambourg afin d'y combattre les nazis.

◆ *Le thème de la prise de conscience (comme dans* la Mère et Tempête sur l'Asie) *d'un individu qui refuse d'être manipulé par les hommes ou par les événements est ici pour Poudovkine l'occasion d'un brillant essai narratif et stylistique qui manifeste sa nostalgie du muet par le recours constant au montage rapide et aux effets de caméra, mais intègre magistralement l'apport du son selon les règles formulées dans le* Manifeste sur l'avenir du cinéma sonore *lancé en 1928 par Eisenstein, Tissé et lui-même.* *M.MN.*

LE DÉSERTEUR / JE T'ATTENDRAI

Drame de **Léonide Moguy**, avec Jean-Pierre Aumont, Corinne Luchaire, Édouard Delmont, Berthe Bovy, Aimos. France, 1940 – env. 1 h 30.

En 1918, une bombe fait sauter la voie ferrée devant un convoi militaire, l'immobilisant près du village où habitent les parents et la fiancée d'un soldat. Il en profite pour courir voir les siens.

DÉSERTEURS ET NOMADES "ZBĚHOVE A PUTNICI"

Drame de **Juraj Jakubisko**, avec Gejza Ferenc *(Kálmán)*, Stefan Ladižinský *(Martin)*, Helena Grodová *(Lila)*, Alexandra Sekulová *(Mara)*, August Kuban *(le hussard blanc)*, Vašek Kovařik *(le Christ)*. • SC : Ludovik Tažky (pour les deux premiers épisodes), J. Jakubisko, Karel Sidon (pour les trois épisodes). • PH : J. Jakubisko, Igor Luther. • DÉC : Ivan Vaniček. • MUS : Štěpan Koniček. • MONT : Maximilian Remeň. Tchécoslovaquie, 1969 – 1 h 41.

Durant la Première Guerre mondiale, ne pouvant plus supporter les horreurs de la tuerie, le soldat Kálmán déserte. De retour dans son village, où il est rejoint par un autre déserteur, Martin, il trouve la population en proie à toutes sortes de violences. Tandis qu'une fille le dénonce aux gendarmes, les villageois se lancent dans une révolte sauvage contre les autorités et les gendarmes. Kálmán est tué dans le massacre général.

◆ *L'auteur a tourné dans son village natal avec des acteurs non professionnels. Représentant le plus typique du cinéma slovaque, son expression visuelle peut être qualifiée de « surréaliste » et elle le différencie nettement du traditionnel réalisme tchèque. Il a conçu son film comme une ballade populaire convulsive et sanglante brillamment illustrée en images insolites et en situations saisissantes, et comme une protestation contre les violences suscitées par les passions humaines.* *M.MN.*

LE DÉSERT ROUGE "DESERTO ROSSO"

Drame psychologique de **Michelangelo Antonioni**, avec Monica Vitti *(Giuliana)*, Richard Harris *(Corrado)*, Carlo Chionetti *(Ugo)*, Xenia Valderi *(Linda)*, Rita Renoir *(Emilia)*, Aldo Grotti *(Max)*. • SC : M. Antonioni, Tonino Guerra. • PH : Carlo Di Palma. • DÉC : Piero Poletto. • MUS : Giovanni Fusco, Vittorio Gelmetti. • MONT : Eraldo da Roma. Italie, 1964 – 2 h. ★ **LION D'OR, Venise 1964.**

Giuliana, qui habite avec son mari ingénieur, Ugo, dans la banlieue industrielle de Ravenne, souffre de névrose à la suite d'un accident de voiture. L'arrivée de Corrado, un collègue de son mari, la distrait un peu de son abattement : elle devient sa maîtresse, mais il repart bientôt, la laissant de nouveau à sa solitude.

◆ *Antonioni poursuit sa description clinique de l'angoisse existentielle qu'il inscrit ici dans le contexte d'un univers industriel générateur de pollution et d'un paysage hivernal désolé qui jouent en contrepoint du désarroi mental de sa protagoniste. Dans sa recherche de l'expression psychologique par des moyens plastiques, il a fait repeindre certains éléments du décor naturel en des couleurs « subjectives » accordées à l'état d'âme de Giuliana.* *M.MN.*

DÉSERT VIVANT "The Living Desert"
Documentaire de **James Algar**. États-Unis, 1953 – Couleur – 1 h 13.

La faune, visible ou révélée, qui peuple une terre apparemment stérile. Une production Walt Disney.

DES FILLES DISPARAISSENT "Lured"
Film policier de **Douglas Sirk**, avec George Sanders, Lucille Ball, Charles Coburn, Boris Karloff. États-Unis, 1947 – 1 h 42.

Comme tant d'autres, une jeune fille a disparu. Une de ses amies aide les inspecteurs dans leur enquête et fait arrêter les coupables. Remake de PIÈGES (Voir ce titre).

DES FILLES POUR L'ARMÉE "Le soldatesse"
Drame de **Valerio Zurlini**, avec Anna Karina, Marie Laforêt, Lea Massari, Valeria Moriconi, Thomas Milian. Italie, 1965 – 1 h 50.

En 1940, en Grèce, pendant l'occupation italienne, un jeune lieutenant est chargé de convoyer dix prostituées vers diverses garnisons. Un drame authentique qui a la vigueur et le charme du néoréalisme.

DES GENS COMME LES AUTRES
"Ordinary People"
Drame psychologique de **Robert Redford**, d'après le roman de Judith Gest, avec Donald Sutherland, Mary Tyler Moore, Timothy Hutton. États-Unis, 1980 – Couleurs – 2 h 04. ★ Oscar du Meilleur film 1980.

La façade calme et tranquille d'une belle maison n'est qu'une apparence depuis que le fils aîné est mort en faisant du voilier avec son jeune frère.

DES GENS SANS IMPORTANCE
Drame sentimental d'**Henri Verneuil**, d'après le roman de Serge Groussard, avec Jean Gabin, Françoise Arnoul, Paul Frankeur, Pierre Mondy. France, 1956 – 1 h 43.

Un routier mal marié s'éprend de la jeune serveuse d'un relais, mais la fatalité s'en mêle. Une minutieuse étude de « petites gens », remarquablement interprétée.

DÉSIR "Desire"
Comédie dramatique de **Frank Borzage**, d'après la pièce de Hans Szekely, avec Marlene Dietrich, Gary Cooper, John Halliday, William Frawley, Akim Tamiroff. États-Unis, 1936 – 1 h 29.

Une voleuse de bijoux séduit un jeune ingénieur américain pour faire passer en Espagne, à son insu, les fruits de son dernier vol. Mais elle s'éprend de lui. Film produit et supervisé par Lubitsch.

DÉSIR "Touha"
Chronique de **Vojtěch Jasný**, avec Anna Meliskova, Jana Brejchova, Vera Tichankova, Jiři Vala, Jan Jakes. • SC : V. Jasný et V. Valenta. • PH : Jan Kučera. • MUS : S. Havelka. • MONT : J. Chaloupka. Tchécoslovaquie, 1959 – 1 h 42.

Quatre moments de vie où quatre personnages expriment l'un après l'autre quatre désirs. Un enfant s'éveille au monde et veut le connaître. Un jeune agronome désire vivre l'amour auprès de Lenka pour la vie. Une fière paysanne de quarante ans, Andiela, pose un regard nostalgique sur son passé. Pourquoi ne s'est-elle engagée dans rien, pas même dans la collectivisation ? Pourquoi n'a-t-elle pas répondu à l'amour de l'ouvrier agricole Michal ? À l'heure des premiers bilans, Andiela intériorise le changement. Quant à la vieille dame du dernier récit, son désir est d'arriver à la mort avec sérénité.

◆ *Dans cette construction filmique à quatre voix, l'histoire d'Andiela est la plus touchante. Sans doute parce que l'auteur s'est inspiré d'un personnage de femme qu'il connut dans son enfance et pour qui il conserva une grande affection. Sur le sens de la vie, Jasný pose un regard discret. Une atmosphère lyrique se dégage de son film et sous-tend les interrogations plus qu'il ne les explicite. Montrer une femme mûre hésitante, confrontée à elle-même, est chose neuve en 1959. Comme l'a si bien écrit Jean Delmas « la beauté de* Désir *est dans l'inachevé des destins en un temps où le réalisme socialiste exigeait que tout fût dit et expliqué ».* *A.K.*

DÉSIR D'AMOUR "Easy to Love"
Comédie musicale de **Charles Walters**, avec Esther Williams, Van Johnson, Tony Martin. États-Unis, 1953 – Couleurs – 1 h 36.

En Floride, les amours tumultueuses d'une danseuse aquatique. Esther Williams retrouve un de ses anciens partenaires, Van Johnson. Apparition de Cyd Charisse.

DÉSIRÉ
Comédie de **Sacha Guitry**, avec Sacha Guitry, Jacqueline Delubac, Jacques Baumer, Arletty, Saturnin Fabre, Pauline Carton. France, 1937 – 1 h 35.

Un valet de chambre modèle et soucieux des convenances sait garder ses distances vis-à-vis de sa patronne éprise de lui. Il n'en manque pas moins de lui prodiguer les conseils amoureux les plus sûrs.

DÉSIRÉE "DESIREE"
Biographie historique de **Henry Koster**, avec Marlon Brando, Jean Simmons, Merle Oberon, Michael Rennie. États-Unis, 1954 – Couleurs – 1 h 50.

Vue par Hollywood, l'histoire d'amour de Napoléon Bonaparte, futur empereur, et de Désirée Clary, future Mme Bernadotte et reine de Suède.

LE DÉSIR ET LA CORRUPTION
"CRIME AND PASSION"
Film d'aventures d'**Ivan Passer**, sur un scénario de James Hadley Chase, avec Omar Sharif, Karen Black. États-Unis / Autriche, 1975 – Couleurs – 1 h 40.

Un homme d'affaires, sur le point de perdre sa fortune, engage sa petite amie à épouser un de ses plus gros clients.

LE DÉSIR ET L'AMOUR
Comédie d'**Henri Decoin**, avec Martine Carol, Antonio Vilar, Carmen Sevilla, Françoise Arnoul, Albert Préjean. France / Espagne, 1952 – 1 h 30.

En Espagne, le tournage, émaillé de nombreux incidents, d'un film dont la vedette féminine est une blonde vaporeuse et sexy.

DÉSIRS HUMAINS "HUMAN DESIRE"
Drame psychologique de **Fritz Lang**, avec Glenn Ford, Gloria Grahame, Broderick Crawford. États-Unis, 1954 – 1 h 30.

Adaptation américaine du roman d'Émile Zola LA BÊTE HUMAINE (Voir ce titre). Cette version est moins réaliste que celle de Jean Renoir, mais l'étude psychologique reste bonne.

LE DÉSIR SOUS LES ORMES
"DESIRE UNDER THE ELMS"
Drame de **Delbert Mann**, inspiré de la pièce d'Eugene O'Neill, avec Sophia Loren, Anthony Perkins, Burl Ives. États-Unis, 1958 – 1 h 54.

En Nouvelle-Angleterre, un gros fermier ramène chez lui une jeune épouse qui va d'abord se heurter à son beau-fils avant de s'en éprendre. Un drame intense adapté par Irwin Shaw.

DÉSIRS PERVERS / LES DEUX RIVALES
"GLI INDIFFERENTI"
Drame de **Francesco Maselli**, d'après un roman d'Alberto Moravia, avec Claudia Cardinale, Rod Steiger, Paulette Goddard. Italie, 1965 – 1 h 55.

En 1925, à Rome. À travers le portrait de deux femmes, Maria Grazia et Lisa, et les intrigues amoureuses et intéressées, le film fouille avec minutie le comportement hypocrite de représentants de la bourgeoisie corrompue de l'entre-deux guerres.

DES JOURNÉES ENTIÈRES DANS LES ARBRES
Drame de **Marguerite Duras**, d'après sa pièce, avec Madeleine Renaud, Jean-Pierre Aumont, Bulle Ogier. France, 1977 – Couleurs – 1 h 40.

Une vieille dame arrive des colonies pour constater que son fils chéri mène une vie médiocre. Elle voudrait le persuader de profiter de sa fortune. On retrouve dans le film les caractéristiques du style de l'auteur : plages de silence, respiration musicale, atmosphère de léthargie.

DES JOURS ET DES NUITS DANS LA FORÊT
"ARANYER DIN RATRI"
Comédie dramatique de **Satyajit Ray**, avec Sumitra Chatterjee, Subhendu Chatterjee, Samit Banja, Robi Ghose. Inde, 1970 – 1 h 55.

Quatre citadins de Calcutta partent pour quelques jours de vacances à la campagne. Les rencontres amoureuses qu'ils vont faire, assez mouvementées, vont échauder leur arrogance insouciante.

DES MONSTRES ATTAQUENT LA VILLE "THEM"
Film de science-fiction de **Gordon Douglas**, avec James Whitmore, Edmund Gwenn, Joan Weldon. États-Unis, 1954 – 1 h 34.

Issues des radiations des bombes atomiques, des fourmis géantes sèment la panique aux États-Unis. D'hallucinants effets spéciaux, pour un des plus célèbres films de science-fiction des années 50.

DES OISEAUX PETITS ET GROS
"UCCELLACCI E UCCELLINI"
Comédie de **Pier Paolo Pasolini**, avec Totò *(le père)*, Ninetto Davoli *(le fils)*. • SC : P.P. Pasolini. • PH : Tonino Delli Colli, Mario Bernardo. • DÉC : Luigi Scaccianoce. • MUS : Ennio Morricone. • MONT : Nino Baragli. Italie, 1966 – 1 h 31.

Deux vagabonds vont par les chemins, accompagnés d'un corbeau qui leur parle de philosophie sans qu'ils le comprennent. Le corbeau leur fait vivre quelques aventures. Ils se retrouvent moines franciscains au XIIe siècle, chargés d'apprendre le langage des oiseaux pour les évangéliser, puis replongent dans notre siècle pour combattre l'injustice et montrer aux hommes le droit chemin. Mais eux-mêmes ont du mal à suivre leur enseignement et, affamés, sautent sur le corbeau pour le dévorer, ce qui d'ailleurs leur permettra d'intégrer sa pensée et de la dépasser.

◆ *Si l'esprit de Pasolini est essentiellement tragique, il nous montre ici qu'il peut être le plus drôle des cinéastes, tout imprégné de la verve burlesque et populaire de Charlie Chaplin ou de Laurel et Hardy. Ce film d'une grande simplicité formelle, et qui possède un sens rare de la beauté urbaine, est la meilleure comédie jamais faite en Italie. Le génial Totò y trouve enfin un metteur en scène à sa démesure. Pasolini réalisera l'année suivante un codicille en couleurs à ce film :* la Terre vue de la Lune. *S.K.*

LE DÉSORDRE "IL DISORDINE"

Drame de **Franco Brusati**, avec Sami Frey, Louis Jourdan, Curd Jürgens, Antonella Lualdi, Alida Valli, Tomas Milian, Georges Wilson. Italie / France, 1962 – 1 h 40.

Mario voudrait faire sortir sa mère infirme de l'hospice. À la recherche d'un emploi ou d'une aide, il rencontre toute une série de personnages troubles, faibles ou névrosés. Une « dolce vita » milanaise.

DÉSORDRE

Drame d'**Olivier Assayas**, avec Wadeck Stanczak, Ann-Gisel Glass, Lucas Belvaux. France, 1986 – Couleurs – 1 h 35.

Un groupe d'amis et de musiciens, un cambriolage manqué qui tourne au drame.

LE DÉSORDRE À VINGT ANS

Documentaire de **Jacques Baratier**. France, 1967 – 46 mn.

Une évocation du quartier Saint-Germain-des-Prés, avec la participation de nombreuses personnalités : Juliette Gréco, Claude Nougaro, Emmanuelle Riva, Roger Blin, Jean Cocteau, et des passages consacrés à Antonin Artaud et à Boris Vian.

LE DÉSORDRE ET LA NUIT

Film policier de **Gilles Grangier**, avec Jean Gabin, Nadja Tiller, Danielle Darrieux, Roger Hanin. France, 1958 – 1 h 33.

En enquêtant sur l'assassinat d'un truand, un inspecteur de police tombe amoureux d'une droguée. La troisième rencontre Gabin-Darrieux sur des dialogues de Michel Audiard.

LE DÉSOSSEUR DE CADAVRES "THE TINGLER"

Film d'épouvante de **William Castle**, avec Vincent Price, Judith Evelyn. États-Unis, 1959 – 1 h 20.

Se livrant à des recherches sur la peur, un chirurgien découvre qu'une substance mystérieuse, un convulseur (« tingler »), s'accroche à l'épine dorsale de tout homme effrayé.

DESPAIR "DESPAIR"

Drame de **Rainer Werner Fassbinder**, d'après un roman de Vladimir Nabokov, avec Dirk Bogarde, Andréa Ferréol, Volker Spengler, Klaus Löwitsch. R.F.A., 1977 – Couleurs – 1 h 59.

En 1929, un industriel schizophrène fixe son obsession du dédoublement sur un clochard qu'il persuade d'endosser son identité. Puis il le tue.

DES PAS DANS LE BROUILLARD

"FOOTSTEPS IN THE FOG"

Drame d'**Arthur Lubin**, avec Stewart Granger, Jean Simmons, Bill Travers, Finlay Currie, Belinda Lee. Grande-Bretagne, 1955 – Couleurs – 1 h 30.

À l'époque victorienne, face-à-face diabolique entre un homme qui a tué sa femme et sa servante qui connaît son secret.

LES DESPÉRADOS "THE DESPERADOS"

Western de **Charles Vidor**, avec Randolph Scott, Glenn Ford, Claire Trevor. États-Unis, 1943 – Couleurs – 1 h 25.

Deux amis, un shérif et un hors-la-loi, ramènent l'ordre dans une petite ville de l'Ouest.

DES PISSENLITS PAR LA RACINE

Comédie de **Georges Lautner**, avec Louis de Funès, Michel Serrault, Mireille Darc, Maurice Biraud, Francis Blanche, Darry Cowl. France, 1964 – 1 h 35.

Trois truands sortent de prison. L'un d'eux découvre que sa maîtresse a un nouvel amant, Jack. Ce dernier tue accidentellement son rival, mais ne peut se débarrasser du corps. Une parodie de Série noire.

DES ROSES POUR BETTINA "ROSEN FÜR BETTINA"

Mélodrame de **Georg Wilhelm Pabst** avec Elisabeth Müller, Willy Birgel, Ivan Desny. R.F.A., 1956 – 1 h 30.

Bettina, une danseuse étoile atteinte de poliomyélite, est condamnée à ne plus jamais danser. Le chorégraphe, son amant, s'attache à une débutante et l'oublie.

DES ROSES POUR LE PROCUREUR

"ROSEN FÜR DER STAATSANWALT"

Drame de **Wolfgang Staudte**, avec Martin Held, Ingrid van Bergen, Walter Giller. R.F.A., 1959 – 1 h 38.

Pendant la guerre, un soldat condamné à mort pour une peccadille parvient à s'enfuir. Des années plus tard, il retrouve par hasard le procureur qui a requis contre lui.

DES SOURIS ET DES HOMMES
"OF MICE AND MEN"
Drame de **Lewis Milestone**, d'après le roman de John Steinbeck, avec Burgess Meredith, Lon Chaney Jr., Betty Field, Charles Bickford, Bob Steele. États-Unis, 1939 – 1 h 47.

Engagé dans un ranch, un simple d'esprit doté d'une force herculéenne tue accidentellement l'épouse de son patron. Pour lui éviter la prison, son ami l'abat. Une adaptation fidèle.

LES DESSOUS DE LA MILLIONNAIRE
"THE MILLIONAIRESS"
Comédie d'**Anthony Asquith**, d'après la pièce de George Bernard Shaw, avec Sophia Loren, Peter Sellers, Vittorio De Sica. Grande-Bretagne, 1960 – Couleurs – 1 h 30.

Une riche héritière cherche un mari capable de remplir les volontés testamentaires de son père.

LE DESSOUS DES CARTES
Drame d'**André Cayatte**, avec Paul Meurisse, Madeleine Sologne, Serge Reggiani, Janine Darcey, Édouard Delmont, Gabrielle Fontan. France, 1948 – 1 h 30.

Un banquier en fuite se pend lorsque sa femme refuse de le rejoindre. Avide de toucher l'assurance sur la vie de son mari, elle presse le policier chargé de l'enquête de maquiller le suicide en crime.

LE DESTIN "AL MASSIR"
Biographie hagiographique d'Averroès par **Youssef Chahine**, avec Nour El Cherif, Mahmoud Hemedia, Safia El Emary, Laila Eloui. France / Égypte, 1997 – Couleurs – 2 h 15. ★ PRIX DU CINQUANTIÈME FESTIVAL de Cannes.

À partir de ce récit de la vie d'Averroès, philosophe et médecin arabe en Andalousie au XIIe siècle, Chahine, qui a eu maille à partir avec l'intégrisme dans son pays, délivre un message de tolérance et réalise un film composite et baroque, qui ne laisse pas indifférent.

DESTINATION LUNE "DESTINATION MOON"
Film d'aventures d'**Irving Pichel**, avec Warner Anderson, John Archer, Tom Powers. États-Unis, 1950 – Couleurs – 1 h 30.

L'extraordinaire aventure vécue par quatre hommes à bord d'une fusée à destination de la Lune. George Pal, spécialiste des films à effets spéciaux, est le producteur de celui-ci, très réussi.

DESTINATION ZEBRA, STATION POLAIRE
"ICE STATION ZEBRA"
Film d'aventures de **John Sturges**, d'après le roman d'Alistair Mac Lean, avec Rock Hudson, Ernest Borgnine, Patrick McGoohan, Jim Brown. États-Unis, 1968 – Couleurs – 2 h 28.

Russes et Américains se disputent au pôle Nord un film ultra-secret sur leurs bases de missiles. Sur un sujet rebattu, un grand spectacle avec sous-marin et glaces polaires.

LE DESTIN DE JULIETTE
Drame d'**Aline Issermann**, avec Laure Duthilleul, Richard Bohringer. France, 1982 – Couleurs – 1 h 15.

Pour échapper à la rue, Juliette a épousé Marcel qui la rend malheureuse, mais qu'elle ne peut quitter. L'histoire de l'aliénation sociale et psychologique d'une femme murée dans sa détresse.

LE DESTIN DE MADAME YUKI "YUKI FUJIN EZU"
Drame de **Kenji Mizoguchi**, avec Michiyo Kogure, Eijiro Yanagi, Ken Uehara. Japon, 1950 – 1 h 26.

Fille unique d'une famille noble, une femme est partagée entre un mari qui la trompe et son amour de jeunesse.

LE DESTIN D'UN HOMME "SUD'BA ČELOVEKA"
Drame de **Serguei Bondartchouk**, avec Serguei Bondartchouk *(Andrei Sokolov)*, Zinaïda Kirienko *(Irina, sa femme)*, Pavlik Boriskine *(Vania)*, Pavel Volkov, Youri Averine. • SC : Youri Loukine, F. Chakhmagonov, d'après un récit de Mikhaïl Cholokhov. • PH : Vladimir Monakhov. • DÉC : Ivan Novoderejkine, Serguei Voronkov. • MUS : V. Basnev. • MONT : T. Liktcheva. U.R.S.S. (Russie), 1959 – 1 h 38.

Le destin d'un ouvrier pendant la Deuxième Guerre mondiale. Originaire de Voronej, il est mobilisé puis fait prisonnier par les Allemands. Il vit alors l'expérience terrible des camps avant de s'évader ; mais il apprend que sa femme et son fils ont été tués. De retour chez lui, il adoptera un orphelin.

◆ *C'est avec ce film que, tout en restant comédien, Bondartchouk passe à la réalisation. Son originalité est double : au niveau du sujet d'abord, car il n'était pas courant de prendre pour héros un prisonnier de guerre, quand on sait avec quelle suspicion ils furent accueillis par le régime stalinien à leur retour. Et puis, le personnage représente la masse du peuple soviétique, non pas tant comme modèle que comme témoin, homme comme les autres, de toutes les souffrances subies pendant cette période. Les moments forts de l'histoire – le séjour dans le camp, l'évasion, la douleur du retour – sont rendus avec une grande intensité visuelle, mais c'est la simplicité humaine du comportement, axée sur le rêve du bonheur et le refus de l'injustice, qui marqua le plus les spectateurs à un moment où le cinéma soviétique retrouvait un peu d'air.* *J.-M.C.*

DESTINÉE
Mélodrame d'**Henry Roussell**, avec Geymond Vital, Isabelita Ruiz, Jean-Napoléon Michel, Victoria Lenoir, Ady Cresso. France, 1925 – env. 2 000 m (1 h 14).

De la chute de Robespierre à l'entrée des troupes françaises à Milan en 1796, la double histoire d'un officier de l'armée républicaine amoureux d'une jeune Milanaise, et de Bonaparte, fou de la jolie créole, vicomtesse de Beauharnais.

DESTINÉES
Film à sketches de **Marcello Pagliero**, **Jean Delannoy** et **Christian-Jaque**, avec Claudette Colbert, Eleonora Rossi-Drago, Michèle Morgan, Martine Carol, Raf Vallone. France / Italie, 1954 – 1 h 42.

Étude psychologique de trois destins de femmes, dont ceux de Jeanne d'Arc, incarnée par Michèle Morgan, et Lysistrata par Martine Carol.

LE DESTIN EXÉCRABLE DE GUILLEMETTE BABIN
Comédie dramatique de **Guillaume Radot**, d'après un roman de Me Maurice Garçon, avec Jean Davy, Héléna Bossis, Delmont, Germaine Kerjean. France, 1949 – 1 h 37.

Le destin d'une jeune femme, sans doute médium, qui fut brûlée comme sorcière au XVIe siècle.

LE DESTIN FABULEUX DE DÉSIRÉE CLARY
Film historique de **Sacha Guitry**, avec Sacha Guitry, Gaby Morlay, Jacques Varennes, Geneviève Guitry, Aimé Clariond, Jean-Louis Barrault, Lise Delamare. France, 1942 – 1 h 52.

Le portrait de la jeune Marseillaise qui devint reine de Suède. Geneviève Guitry interprète Désirée jeune et Gaby Morlay l'incarne quelques années plus tard.

LES DESTINS DE MANOEL
Essai de **Raoul Ruiz**, avec Ruben de Freitas, Marco Paulo de Freitas, Aurélie Chazel. France / Portugal, 1985 – Couleurs – 1 h 30.

À Madère, des conteurs évoquent des récits fabuleux de leur enfance, qu'un petit garçon interprète. Mais l'imaginaire finit par interférer avec la réalité.

LE DESTIN SE JOUE LA NUIT
"HISTORY IS MADE AT NIGHT"
Comédie dramatique de **Frank Borzage**, avec Charles Boyer, Jean Arthur, Colin Clive, Leo Carrillo. États-Unis, 1937 – 1 h 37.

Une jeune femme divorcée, qui vient de s'éprendre d'un séducteur, est victime de la vengeance de son ex-époux.

LE DESTRUCTEUR "DAS BEKENNTNIS DER INA KAHR"
Drame de **Georg Wilhelm Pabst**, avec Elisabeth Muller, Curd Jürgens, Margot Trooger. R.F.A., 1954 – 1 h 26.

Une femme quitte son mari et découvre, quand elle revient vers lui, qu'il a fait de sa maison un tripot. Elle prépare alors un suicide commun, mais lui seul mourra et elle n'échappera à l'exécution que grâce à l'amour d'un jeune avocat.

DÉTECTIVE
Drame policier de **Jean-Luc Godard**, avec Johnny Halliday, Nathalie Baye, Claude Brasseur. France, 1985 – Couleurs – 1 h 33.

Dans ce polar déconcertant, des détectives mènent des enquêtes parallèles qui semblent ne jamais devoir aboutir.

LE DÉTECTIVE "THE DETECTIVE"
Thriller psychologique de **Gordon Douglas**, d'après le roman de Roderick Thorp, avec Frank Sinatra, Lee Remick, Jacqueline Bisset. États-Unis, 1968 – Couleurs – 1 h 54.

Confronté à de difficiles enquêtes, un policier ira jusqu'au bout dans sa recherche de la vérité. Centré sur le souci de dignité et de rigueur morale du héros, le film offre un très beau rôle à Sinatra.

DÉTECTIVE COMME BOGART
"THE MAN WITH THE BOGART'S FACE"
Film policier de **Robert Day**, avec Robert Sacchi, Franco Nero, Herbert Lom. États-Unis, 1980 – Couleurs – 1 h 48.

Le sosie d'Humphrey Bogart ouvre un bureau de détective privé. Embarqué dans une histoire de saphirs, il en sortira digne de son héros. Un pastiche du film noir, où ne manque que le sosie de Lauren Bacall.

DÉTECTIVE DU BON DIEU "FATHER BROWN"
Comédie humoristique de **Robert Hamer**, d'après un récit de Gilbert Keith Chesterton, avec Alec Guinness, Joan Greenwood, Peter Finch, Gérard Oury. Grande-Bretagne, 1954 – 1 h 31.

Un prêtre non conformiste, vague cousin du célèbre Don Camillo, essaie de démasquer – et de remettre dans le droit chemin – un habile voleur d'objets d'art.

▷ Remake de FATHER BROWN DETECTIVE, d'**Edward Sedgwick**, avec Walter Connolly, Paul Lukas, Gertrude Michael, Robert Loraine. États-Unis, 1934 – 1 h 07.

DÉTECTIVE PRIVÉ
"THE MOVING TARGET HARPER"
Film policier de **Jack Smight**, d'après le personnage des romans de Ross Mac Donald, avec Paul Newman, Lauren Bacall, Julie Harris, Janet Leigh, Shelley Winters. États-Unis, 1966 – Couleurs – 2 h.

Un détective privé est chargé d'enquêter sur la disparition d'un riche homme d'affaires.

▷ Voir aussi LA TOILE D'ARAIGNÉE.

LE DÉTRAQUÉ "MAD BOMBER"
Drame de **Bert I. Gordon**, avec Vince Edwards, Chuck Connors, Neville Brand, Hank Brandt. États-Unis, 1975 – Couleurs – 1 h 30.

Un paranoïaque sème la panique dans Los Angeles en faisant exploser des bombes. Pour mettre la main sur lui, la police essaie de retrouver un obsédé sexuel qui pourrait en donner un portrait-robot.

LES DÉTRAQUÉS "THE HAPPENING"
Comédie d'Eliot Silverstein, avec Anthony Quinn, George Maharis, Faye Dunaway. États-Unis, 1967 – Couleurs – 1 h 40.

Quatre hippies kidnappent sans raison un ancien gangster devenu homme d'affaires et ne savent quoi en faire : ses proches refusent de payer la rançon ! Ulcéré, le kidnappé prépare sa vengeance.

DÉTRUIRE, DIT-ELLE
Essai de **Marguerite Duras**, avec Catherine Sellers, Michael Lonsdale, Daniel Gélin, Henri Garcin. France, 1969 – 1 h 30.

Dans le cadre prétexte d'une maison de repos, quatre personnages se découvrent et se lient dans l'abandon des conventions. Le premier film que la cinéaste réalise seule.

LE DEUIL SIED À ÉLECTRE
"MOURNING BECOMES ELECTRA"
Mélodrame de **Dudley Nichols**, d'après la pièce d'Eugene O'Neill, avec Rosalind Russell, Michael Redgrave, Raymond Massey, Kirk Douglas. États-Unis, 1947 – 2 h 53.

Version cinématographique qui reste très théâtrale de la célèbre pièce elle-même inspirée de la tragédie d'Eschyle *l'Orestie*.

DEUX
Comédie dramatique de **Claude Zidi**, avec Gérard Depardieu, Maruschka Detmers, François Cluzet. France, 1989 – Couleurs – 1 h 53.

Les difficultés relationnelles d'un couple : Marc, organisateur de concerts, et Hélène, directrice d'agence immobilière. Zidi abandonne la comédie pour le mélodrame.

DEUX ANGLAIS À PARIS "TO PARIS WITH LOVE"
Comédie de **Robert Hamer**, avec Alec Guinness, Odile Versois, Élina Labourdette, Jacques François. Grande-Bretagne, 1955 – Couleurs – 1 h 18.

Dans le Paris des touristes, deux Écossais cherchent la jeune Française idéale.

DEUX ANGLAISES EN DÉLIRE "SMASHING TIME"
Comédie de **Desmond Davis**, avec Rita Tushingam, Lynn Redgrave, Michael York, Anna Quayle. Grande-Bretagne, 1967 – Couleurs – 1 h 36.

Deux jeunes provinciales arrivent à Londres décidées à conquérir la capitale. Elles vivront quelques mésaventures burlesques avant de connaître le succès, l'amour et la célébrité.

LES DEUX ANGLAISES ET LE CONTINENT
Drame de **François Truffaut**, avec Jean-Pierre Léaud *(Claude)*, Kika Markham *(Ann)*, Stacey Tendeter *(Muriel)*, Sylvia Marriott. • SC : F. Truffaut, Jean Gruault, d'après le roman de Henri-Pierre Roché. • PH : Nestor Almendros. • DÉC : Michel de Broin. • MUS : Georges Delerue. • MONT : Yann Dedet. France, 1971 – Couleurs – 1 h 58 (1971) puis 2 h 12 (1985).

À Paris, au début du siècle, Claude rencontre une jeune Anglaise, Ann, qui l'invite au pays de Galles où elle fait tout pour qu'il tombe amoureux de sa sœur Muriel. Mais celle-ci refuse le mariage. À Paris, Ann a une brève liaison avec Claude, ce qui fait fuir Muriel. Claude en fait un roman, puis, après la mort d'Ann, passe une nuit avec Muriel. Celle-ci se marie tandis que Claude vieillit seul.

◆ *Le second roman d'Henri-Pierre Roché inversait les données de* Jules et Jim *: deux femmes et un homme au lieu de deux hommes et une femme. À contre-courant de l'époque, Truffaut réalise un film sur des personnages romantiques aux amours contrariées par des obstacles moins extérieurs que mentaux : Muriel conçoit l'amour comme un absolu tandis que Claude en accepte la relativité. Le style tranchant, net, le montage heurté en font une œuvre âpre et cruelle, l'une des plus inclassables et personnelles de son auteur. Le film a été réexploité dans une version longue sous le titre* les Deux Anglaises. *J.M.*

DEUX BONNES PÂTES "DUE PEZZI DI PANE"
Comédie de **Sergio Citti**, avec Philippe Noiret, Vittorio Gassman. Italie, 1978 – Couleurs – 1 h 50.

Pippo et Peppe, musiciens des rues, sont heureux jusqu'au jour où leur maîtresse commune meurt en leur laissant un fils... Mais le fils de qui ?

LES DEUX CAVALIERS "TWO RODE TOGETHER"
Western de **John Ford**, avec James Stewart, Richard Widmark, Shirley Jones, Linda Cristal. États-Unis, 1960 – Couleurs – 1 h 49.

En 1880, au Texas, un aventurier et un militaire rachètent aux Comanches, qui les ont enlevés, un homme et une femme blancs.

200 000 DOLLARS EN CAVALE "PURSUIT"
Film d'aventures de **Roger Spottiswoode**, d'après un roman de J.-D. Reed, avec Robert Duvall, Treat Williams. États-Unis, 1981 – Couleurs – 1 h 40.

Un vétéran du Viêt Nam réussit à dérober en plein ciel 200 000 $, puis à sauter en parachute. À son arrivée au sol, il est attendu...

200 MOTELS "TWO HUNDRED MOTELS"
Film musical de **Frank Zappa**, avec Ringo Starr, Thedore Bikel, Keith Moon, Jimmy Carl Black, Martin Lickert, Janet Ferguson. États-Unis, 1971 – Couleurs – 1 h 40.

Un groupe de musique pop élabore un film inspiré par l'atmosphère délirante qui règne dans les tournées. Un film culte.

LES DEUX COMBINARDS
Comédie de **Jacques Houssin**, avec Georges Milton, Jules Berry, Josselyne Gaël, Fernand Charpin. France, 1937 – env. 1 h 30.

Un banquier sans scrupules, qui sème la ruine et le chagrin, paie un comparse pour jouer, si besoin est, son rôle.

DEUX COPINES, UN SÉDUCTEUR
"THE WORLD OF HENRY ORIENT"
Comédie de **George Roy Hill**, avec Peter Sellers, Paula Prentiss, Angela Lansbury, Tippy Walker, Merrie Spaeth. États-Unis, 1964 – Couleurs – 1 h 46.

Deux jeunes filles espiègles empoisonnent la vie d'un pianiste. Mais le jeu va laisser place à des sentiments plus profonds.

LES DEUX CROCODILES
Comédie de **Joël Séria**, avec Jean-Pierre Marielle, Jean Carmet, Julien Guiomar, Jean-Paul Farré. France, 1987 – Couleurs – 1 h 30.

René, le truand qui veut dépouiller le naïf Émile, est pris en chasse par Charlot et sa bande. Dans une course-poursuite en Bretagne, ils se lieront à jamais.

DEUX ÊTRES "TVA MÄNNISKOR"
Drame de **Carl Theodor Dreyer**, avec Georg Rydeberg, Wanda Rothgardt. Suède, 1945 – 1 h 39.

Un jeune savant tue le confrère dont sa femme était la maîtresse et qui la faisait chanter. Puis ils se suicident ensemble.

DEUX FEMMES "PILGRIMAGE"
Mélodrame de **John Ford**, avec Henrietta Crosman, Heather Angel, Norman Foster, Marian Nixon, Maurice Murphy, Charley Grapewin, Hedda Hopper. États-Unis, 1933 – 1 h 35.

Venue en France sur la tombe de son fils, qu'elle a forcé à s'engager pour rompre des fiançailles qu'elle désapprouvait, une femme rencontre la veuve et l'enfant qu'il a laissés.

DEUX FILLES AU TAPIS "ALL THE MARBLES"
Comédie dramatique de **Robert Aldrich**, avec Peter Falk, Vicki Frederick, Laurene Landon. États-Unis, 1981 – Couleurs – 1 h 52.

Deux catcheuses professionnelles, les California Dolls, courent désespérément après la fortune et « le » contrat. Elles finissent par triompher des Toledo Tigers, championnes des États-Unis.

DEUX FRÈRES "MATIRA MANISHA"
Drame de **Mrinal Sen**, avec Sarat Pujari, Prasanta Nanda, Ram Mania. Inde, 1966 – 2 h.

Un village à la fin des années 30. À travers le conflit entre deux frères, l'effritement de la vie rurale indienne.

DEUX HEURES MOINS LE QUART AVANT JÉSUS-CHRIST
Comédie satirique de **Jean Yanne**, avec Jean Yanne, Coluche, Michel Serrault. France/Tunisie, 1982 – Couleurs – 1 h 37.

Dans cette colonie romaine d'Afrique du Nord, la révolte gronde ! Le proconsul suscite un complot pour justifier la répression. Mal lui en prend...

DEUX HOMMES DANS LA VILLE
Film policier de **José Giovanni**, avec Jean Gabin, Alain Delon, Mimsy Farmer, Michel Bouquet. France, 1973 – Couleurs – 1 h 40.

Après avoir purgé une longue peine, Gino réapprend à vivre sous le regard d'un éducateur chaleureux. Mais après le décès accidentel de sa femme, il retrouve un truand et, dès lors, un policier s'acharne contre lui. Un vibrant plaidoyer contre la peine de mort.

DEUX HOMMES DANS L'OUEST "WILD ROVERS"
Western de **Blake Edwards**, avec William Holden, Ryan O'Neal, Karl Malden. États-Unis, 1971 – Couleurs – 1 h 50.

Deux cow-boys, l'un jeune et l'autre déjà âgé, essaient de sortir de la routine. Soirées en ville, hold-up, cavale vers le Mexique seront les étapes de leur parcours. Une réflexion attachante sur le sens de la vie.

DEUX HOMMES DANS MANHATTAN
Film policier de **Jean-Pierre Melville**, avec Jean-Pierre Melville, Pierre Grasset, Christiane Eudes, Ginger Hall, Colette Fleury, Monique Hennessy, Glenda Leigh. France, 1959 – 1 h 22.

À New York, un journaliste est chargé de retrouver un délégué français de l'O.N.U. disparu. Il parcourt la ville en compagnie d'un photographe alcoolique, et fait des rencontres.

DEUX HOMMES EN FUITE
"FIGURES IN A LANDSCAPE"
Drame de **Joseph Losey**, avec Robert Shaw, Malcolm Mac Dowell. Grande-Bretagne, 1970 – Couleurs – 1 h 30.

Dans un pays indéterminé, deux hommes fuient un hélicoptère. La poursuite est implacable et ils le sont aussi, au-delà du nécessaire. Losey a voulu mettre en scène une représentation symbolique de l'oppression d'où l'extrême dépouillement du film.

LE DEUXIÈME HOMME "THE RUNNING MAN"
Film policier de **Carol Reed**, avec Laurence Harvey, Alan Bates, Lee Remick. Grande-Bretagne, 1963 – Couleurs – 1 h 43.

Pour se venger d'une compagnie d'assurances, un pilote simule un accident afin que sa femme puisse toucher la prime. Puis il disparaît. Intervient alors un jeune agent d'assurances.

LE DEUXIÈME SOUFFLE
Film policier de **Jean-Pierre Melville**, avec Lino Ventura *(Gu)*, Paul Meurisse *(l'inspecteur Blot)*, Raymond Pellegrin *(Ricci)*, Christine Fabréga *(Manouche)*, Michel Constantin *(Alban)*, Pierre Zimmer *(Orloff)*. • SC : J.-P. Melville, d'après le roman de José Giovanni. • PH : Marcel Combes. • DÉC : Jean-Jacques Fabre. • MUS : Bernard Gérard. • MONT : Michel Bohème. France, 1966 – 2 h 30.

Évadé de prison, Gu prépare un hold-up avec Ricci et sa bande. Le coup réussit, mais des policiers sont tués. L'inspecteur Blot prépare un plan complexe destiné à discréditer Gu dans le milieu, et celui-ci doit se justifier. Après une action sanglante, il tombe dans un piège et est abattu.

◆ *Cette œuvre poursuit, au niveau du climat et du travail photographique de premier ordre, les précédents films noirs de Melville. Mais par une thématique où les thèmes de la solitude et de la mort s'approfondissent, par une construction large qui vise à la fresque et à la monumentalité, par un certain hiératisme et une obsession fétichiste de plus en plus évidente, ce film est la matrice des quatre suivants et derniers. Le casting est parfait, comme toujours chez Melville ; Lino Ventura fait une création puissante.* Le Deuxième Souffle *est peut-être le chef-d'œuvre de Melville.* S.K.

DEUX LIONS AU SOLEIL
Drame psychologique de **Claude Faraldo**, avec Jean-Pierre Sentier, Jean-François Stévenin, Catherine Lachens. France, 1980 – Couleurs – 1 h 50.

Deux pauvres types sympathiques réussissent une escroquerie, mais la vie de château ne leur convient pas mieux que la misère. Un petit film émouvant sur la marginalité.

DEUX MAINS, LA NUIT "THE SPIRAL STAIRCASE"
Film d'épouvante de **Robert Siodmak**, d'après le roman d'Ethel Lina White *Some Must Watch*, avec Dorothy McGuire, George Brent, Ethel Barrymore, Kent Smith. États-Unis, 1946 – 1 h 23.

Au début du siècle, une petite ville est terrorisée par un étrangleur qui tue des femmes infirmes. Une jeune muette s'enferme dans une maison où l'assassin la traque.

LES DEUX MARSEILLAISES
Documentaire politique de **Jean-Louis Comolli** et **André S. Labarthe**. France, 1968 – 1 h 50.

La campagne électorale de juin 1968, en Seine-Saint-Denis. Chalandon contre Hanin et un candidat communiste. C'est, tout de suite après les « événements », un remarquable reportage qui sait donner à voir, dans l'intimité de Roger Hanin comme dans le tumulte des réunions publiques.

2010 "2010"
Film de science-fiction de **Peter Hyams**, avec Roy Scheider, John Lithgow, Helen Mirren. États-Unis, 1984 – Couleurs – 1 h 44.

Qu'est devenu l'ordinateur Hal 9 000 de 2001, l'Odyssée de l'espace ? Dans 2010, où Américains et Soviétiques coopèrent, on tente d'apporter une réponse.

2001 : L'ODYSSÉE DE L'ESPACE
"2001 : A SPACE ODYSSEY"
Film de science-fiction de **Stanley Kubrick**, avec Keir Dullea *(David Bowman)*, Gary Lockwood *(Frank Poole)*, William Sylvester *(Dr Heywood Floyd)*, Daniel Richter

(l'humanoïde), Douglas Rain (la voix de HAL 9000), Leonard Rossiter *(Smyslov)*, Margaret Tyzack *(Elena)*, Robert Beatty *(Halvorsen)*, Sean Sullivan *(Michaels)*. • SC : S. Kubrick, Arthur C. Clarke, d'après la nouvelle de celui-ci *The Sentinel*. • PH : Geoffrey Unsworth. • MUS : Johann Strauss, Richard Strauss, György Ligeti, Aram Khatchatourian. • MONT : Roy Lovejoy. • PR : M.G.M. États-Unis, 1968 – Couleurs – 2 h 40 (copie exploitée : 2 h 21).

1re partie : l'Aube de l'humanité. Quatre millions d'années avant J.-C., des humanoïdes vivant dans un milieu hostile découvrent un monolithe noir dont la présence semble modifier leur comportement : pour vaincre une tribu ennemie, ils ont l'idée de se servir d'un os comme arme... 2e partie : En l'an 2001, le Dr Heywood Floyd, savant américain, se rend sur la Lune pour une mission top-secret : il doit enquêter sur la présence d'un monolithe noir mis au jour lors de fouilles dans le cirque de Tycho. 3e partie : 18 mois plus tard, le « Discovery » est lancé vers la planète Jupiter. L'ordinateur de l'expédition, HAL 9000, se conduit étrangement, causant la mort des astronautes, excepté David Bowman qui réussit à le déconnecter. 4e partie : Aux abords de Jupiter, le « Discovery » croise un autre monolithe noir, et Bowman est entraîné dans un espace-temps vertigineux qui lui fait traverser tous les âges de la vie et se transformer en fœtus qui retourne vers la Terre...

◆ L'aube de la science-fiction moderne

Date historique pour la science-fiction, 2001 *a bénéficié d'un important budget, qui a permis à Stanley Kubrick de donner leur crédibilité aux moindres détails, avec la collaboration des ingénieurs de la NASA. En même temps, ce super-documentaire – où les engins spatiaux (de fabuleuses maquettes de Douglas Trumbull) ont vraiment l'air de sillonner l'espace – est aussi une merveilleuse féerie, la magie surannée des valses de Strauss se substituant à la musique pseudo-électronique de la SF des années 50... Surtout, la mise en scène de Kubrick est éblouissante, regorgeant d'idées stupéfiantes comme cette « transformation » d'un ossement préhistorique en vaisseau intersidéral (la plus extraordinaire ellipse de l'histoire du cinéma !), et comme le bouleversant affrontement de l'astronaute et de l'ordinateur HAL (Carl dans la VF), sans oublier les séquences « psychédéliques » de l'arrivée dans l'orbite de Jupiter et le déroutant « dénouement » ouvert. Pour celui-ci, Kubrick a renoncé à toute explication, contrairement à la longue nouvelle de Clarke où le « fœtus astral » revenait implanter une nouvelle race sur la Terre dévastée entre-temps par une apocalypse nucléaire. Signe de modernité, ce choix a entraîné une multitude d'interprétations, y compris les plus métaphysiques : le fameux monolithe, qui change le cours de l'histoire et détermine l'évolution de l'univers, serait-il une métaphore divine ? Toujours est-il qu'en répudiant toutes les naïvetés et le folklore traditionnel du genre, Kubrick a signé le « premier film de SF pour adultes ». Désormais, il y a* avant *et* après 2001 ! *G.L.*

DEUX MINETS POUR JULIETTE

"NOT WITH MY WIFE YOU DON'T"

Comédie de **Norman Panama**, avec Tony Curtis, Virna Lisi, George C. Scott. États-Unis, 1966 – Couleurs – 2 h.

Camarades de combat en Corée, Martin et Ferris sont amoureux de Juliette. Martin disparaît. Bien que le sachant sain et sauf, Ferris épouse Juliette. Quatorze ans plus tard, Martin réapparaît.

DEUX NIGAUDS CONTRE FRANKENSTEIN

"ABBOTT AND COSTELLO MEET FRANKENSTEIN"

Film burlesque de **Charles T. Barton**, avec Bud Abbott, Lou Costello, Lon Chaney Jr., Bela Lugosi, Glenn Strange. États-Unis, 1948 – 1 h 23.

Deux employés du musée des Horreurs réveillent par accident les dépouilles de Frankenstein et Dracula, et ne peuvent empêcher leur fuite. Après bien des péripéties, ils parviendront à éliminer les deux monstres. Un des films au comique typique, d'une série qui en compte trente-six, relatant les aventures du tandem formé par le grand Bud Abbott, exploiteur du petit gros Lou Costello, connus en France sous l'appellation des Deux Nigauds.

▷ Voir aussi FANTÔMES EN VADROUILLE, RIO RITA, DEUX NIGAUDS MARINS, DEUX NIGAUDS DÉTECTIVES, DEUX NIGAUDS DANS UNE ÎLE, DEUX NIGAUDS EN ALASKA, ABBOTT ET COSTELLO À HOLLYWOOD et DEUX NIGAUDS ET L'HOMME INVISIBLE).

▷ Autres aventures des « Deux Nigauds » :

DEUX NIGAUDS SOLDATS "BUCK PRIVATES" de **Arthur Lubin**. 1941 – 1 h 24.

DEUX NIGAUDS AVIATEURS "KEEP'EM FLYING" de **Arthur Lubin**. 1941 – 1 h 26.

DEUX NIGAUDS COW-BOYS "RIDE'EM COWBOY" de **Arthur Lubin**. 1942 – 1 h 22.

DEUX NIGAUDS DANS LA NEIGE "HIT THE ICE" de **Charles Lamont**. 1943 – 1 h 22.

DEUX NIGAUDS DANS LE FOIN "IT AIN'T HAY" de **Erle C. Kenton**. 1943 – 1 h 20.

DEUX NIGAUDS AU COLLÈGE
"HERE COME THE CO-EDS"
de **Jean Yarbrough**. 1945 – 1 h 19.

DEUX NIGAUDS DANS LE MANOIR HANTÉ
"THE TIME OF THEIR LIVES"
de **Charles T. Barton**. 1946 – 1 h 22.

DEUX NIGAUDS DÉMOBILISÉS
"BUCK PRIVATES COME HOME"
de **Charles T. Barton**. 1947 – 1 h 20.

DEUX NIGAUDS ET LEUR VEUVE
"THE WISTFUL WIDOW OF WAGON CAP"
de **Charles T. Barton**. 1947 – 1 h 16.

DEUX NIGAUDS TORÉADORS "MEXICAN HAYRIDE"
de **Charles T. Barton**. 1948 – 1 h 17.

DEUX NIGAUDS CHEZ LES TUEURS
"ABBOTT AND COSTELLO MEET THE KILLER, BORIS KARLOFF"
de **Charles T. Barton**. 1948 – 1 h 24.

ABBOTT ET COSTELLO EN AFRIQUE "AFRICA SCREAMS"
de **Charles T. Barton**. 1949 – 1 h 19.

DEUX NIGAUDS CHEZ LES BARBUS
"COMIN' ROUND THE MOUNTAIN"
de **Charles Lamont**. 1951 – 1 h 17.

DEUX NIGAUDS DANS UNE ÎLE
"PARDON MY SARONG"
Film burlesque d'**Erle C. Kenton**, avec Bud Abbott, Lou Costello, Virginia Bruce, Robert Page, Lionel Atwill. États-Unis, 1942 – 1 h 24.

Deux employés d'une compagnie de bus « empruntent » un véhicule et, pour échapper à leurs poursuivants, s'embarquent sur un yacht.

DEUX NIGAUDS DÉTECTIVES "WHO DONE IT"
Film burlesque d'**Erle C. Kenton**, avec Bud Abbott, Lou Costello. États-Unis, 1942 – 1 h 15.

Après le meurtre du directeur d'une station de radio, deux amis se font passer pour les détectives chargés de l'enquête. Grâce à une émission, ils démasqueront le coupable.

DEUX NIGAUDS EN ALASKA "LOST IN ALASKA"
Comédie burlesque de **Jean Yarbrough**, avec Bud Abbott, Lou Costello, Mitzi Green, Tom Ewell. États-Unis, 1952 – 1 h 16.

Pompiers à San Francisco à l'époque de la ruée vers l'or, deux compères, accusés à tort de meurtre, partent pour l'Alaska.

DEUX NIGAUDS ET L'HOMME INVISIBLE
"ABBOTT AND COSTELLO MEET THE INVISIBLE MAN"
Film burlesque de **Charles Lamont**, avec Bud Abbott, Lou Costello, Nancy Guild, Arthur Franz. États-Unis, 1951 – 1 h 22.

Deux détectives privés enquêtent pour le compte d'un boxeur accusé du meurtre de son manager. Grâce à un breuvage qui le rend invisible, l'homme seconde les deux amis.

DEUX NIGAUDS MARINS "IN THE NAVY"
Film burlesque d'**Arthur Lubin**, avec Bud Abbott, Lou Costello, Dick Powell. États-Unis, 1941 – 1 h 25.

Un chanteur célèbre, engagé dans la marine par lassitude, confie à deux de ses camarades le soin de le débarrasser d'une journaliste qui l'a reconnu.

LES DEUX ORPHELINES "ORPHANS IN THE STORM"
Mélodrame de **David Wark Griffith**, avec Lillian et Dorothy Gish *(les orphelines)*, Creighton Hale *(le noble)*, Joseph Schildkraut *(le débauché)*, Lucile Laverne *(la Frochard)*. • SC : D.W. Griffith, d'après le roman d'Adolphe d'Ennery et Eugène Cormon. • PH : Hendrik Sartov. • DÉC : Charles M. Kirk. États-Unis, 1922 – 3 500 m (env. 2 h 10).

Deux orphelines arrivent à Paris, en 1789, pour que l'une d'elles se fasse guérir de sa cécité. Elles sont tyrannisées par une horrible mégère et livrées à un noble débauché à qui elles échappent. La Révolution survient. Elles vont être guillotinées lorsque Danton, arrivant au galop, les sauve in extremis !

◆ *Ce mélodrame somptueux contient de nombreuses faiblesses de construction ; sa vision de la Révolution française est pour le moins fantaisiste et on ne sait pas si on doit rire ou admirer lorsque la chevauchée de Danton à travers Paris, digne d'un western, est montée en parallèle avec les préparatifs de l'exécution, que Griffith dramatise en filmant de plus en plus près la main qui va actionner la guillotine. Mais la première heure, qui montre l'arrivée à Paris et la vie de débauche de l'aristocratie avec un luxe de détails et une beauté formelle dignes de Stroheim, est parfaite. À tel point que les monarchistes manifestèrent en France pour faire interdire le film.* S.K.

▷ Autres versions réalisées par : **Albert Capellani**, avec Germaine Rouer, Andrée Pascal. France, 1910 – env. 1 200 m (env. 44 mn). **Maurice Tourneur**, avec Rosine Deréan, Renée Saint-Cyr, Gabriel Gabrio, Pierre Magnier. France, 1932 – env. 1 h 30. **Giacomo Gentilomo**, intitulée LES DEUX ORPHELINES "LE DUE ORFANELLE", avec Myriam Bru, Milly Vitale, André Luguet, Nadia Gray, Gabrielle Dorziat. Italie / France, 1951 – 1 h 32. **Riccardo Freda**, intitulée LES DEUX ORPHELINES "LE DUE ORFANELLE", avec Sophie Darès, Valeria Ciangottini, Mike Marshall, Jean Desailly. Italie / France, 1965 – Couleurs – 1 h 40.

DEUX OU TROIS CHOSES QUE JE SAIS D'ELLE
Drame de **Jean-Luc Godard**, avec Marina Vlady, Anny Duperey, Roger Montsoret. France, 1966 – Couleurs – 1 h 20.

La banlieue parisienne, un grand ensemble, une jeune femme qui se livre à la prostitution en amateur ; le portrait d'un monde en état de guerre permanente. Un des films les plus noirs de son auteur.

DEUX ROUQUINES DANS LA BAGARRE
"SLIGHTLY SCARLET"
Film policier d'**Allan Dwan**, d'après le roman de James M. Cain, avec Rhonda Fleming, Arlene Dahl, John Payne. États-Unis, 1956 – Couleurs – 1 h 39.

La secrétaire du maire est amoureuse du chef des gangsters. Sexualité et violence pour deux rousses incendiaires embarquées dans une guerre des gangs.

DEUX SŒURS VIVAIENT EN PAIX
"THE BACHELOR AND THE BOBBY SOXER"
Comédie d'**Irving Reis**, avec Cary Grant, Myrna Loy, Shirley Temple, Rudy Vallee, Ray Collins, Harry Davenport, Johnny Sands. États-Unis, 1947 – 1 h 30.

Une lycéenne s'introduit chez l'acteur dont elle est amoureuse et est surprise par sa sœur aînée. Magistrat, celle-ci menace de le faire arrêter pour détournement de mineure, s'il... ne repousse pas sa cadette à son profit.

DEUX SOUS D'ESPOIR "DUE SOLDI DI SPERANZA"
Comédie de **Renato Castellani**, avec Vincenzo Musolino *(Antonio Catalano)*, Maria Fiore *(Carmela)*, Gina Mascetti *(signorina Angelini)*, Carmela Cirillo *(Giulia)*, Luigi Astarita *(Pasquale Artú)*. • SC : R. Castellani, Titina De Filippo, sur un sujet de R. Castellani et Ettore Margadonna. • PH : Arturo Gallea. • MUS : Alessandro Cicognigi. • MONT : Jolanda Benvenuti. Italie, 1951 – 1 h 43. ★ GRAND PRIX INTERNATIONAL, Cannes 1952.

Antonio Catalano rentre du service militaire dans son village des environs de Naples. Il cherche du travail pour faire vivre sa mère et ses sœurs, et voudrait épouser Carmela dont le père le refuse parce qu'il est trop pauvre. Une de ses sœurs étant enceinte, le curé l'engage comme aide-sacristain pour qu'il puisse gagner l'argent de la dot. Après des activités nocturnes, à Naples, qui lui font perdre sa place, il épouse de force Carmela.

◆ *La principale caractéristique du film est son rythme rapide, endiablé, « comme scandé par un métronome » (selon Carlo Lizzani), et sur lequel s'aligne la diction des comédiens. Par le sujet, les personnages secondaires, la peinture sociale est assez forte, mais tirée vers le pittoresque spectaculaire. Aussi, plutôt qu'un chef-d'œuvre du néoréalisme, faut-il y voir la préfiguration de la comédie rose qui fleurira dans les années 50.* J.-P.B.

DEUX SOUS DE VIOLETTES
Drame psychologique de **Jean Anouilh**, avec Dany Robin, Héléna Manson, Henri Crémieux, Michel Bouquet, Yves Robert. France, 1951 – 2 h.

En 1925, les mésaventures d'une petite marchande de fleurs de 17 ans. Réalisme amer et pourtant souriant d'un auteur féroce.

DEUX SUPER-FLICS "TWO SUPER-COPS"
Comédie policière de **E.-B. Clucher**, avec Terence Hill, Bud Spencer, Laura Gemser. Italie, 1977 – Couleurs – 1 h 55.

Deux petits malfrats, enrôlés par erreur dans la police, luttent contre les gros bonnets du trafic international de drogue de façon musclée et décontractée à la fois.

DEUX SUR LA BALANÇOIRE
"TWO FOR THE SEESAW"
Comédie dramatique de **Robert Wise**, d'après la pièce de William Gibson, avec Robert Mitchum, Shirley MacLaine. États-Unis, 1962 – 2 h.

À New York, une histoire d'amour complexe entre une jeune femme bohème et un avocat d'Omaha en pleine crise à cause de son divorce. Deux très bons acteurs dans un registre inhabituel.

DEUX TÊTES FOLLES "PARIS WHEN IT SIZZLES"
Comédie de **Richard Quine**, avec William Holden, Audrey Hepburn, Grégoire Aslan. États-Unis, 1963 – Couleurs – 1 h 50.

Un scénariste et sa secrétaire improvisent un scénario à finir en deux jours. « Remake » de LA FÊTE À HENRIETTE (Voir ce titre).

LES DEUX TIMIDES
Comédie dramatique d'**Yves Allégret** d'après la pièce d'Eugène Labiche, avec Pierre Brasseur, Claude Dauphin, Jacqueline Laurent, Félicien Tramel, Gisèle Préville. France, 1943 (RÉ : 1941) – 1 h 23.

Un jeune homme timide a bien du mal à demander la main de sa bien-aimée à un père affecté du même handicap. De plus, il doit se battre en duel avec un homme persuadé que sa cour maladroite est destinée à son épouse.

▷ Autre version réalisée par **René Clair**, avec Maurice de Féraudy, Véra Flory, Pierre Batcheff, Jim Gérald. France, 1929 – 1 900 m (env. 1 h 10).

LES DEUX VÉRITÉS "LE DUE VERITÀ"
Drame psychologique d'**Antonio Leonviola**, avec Michel Simon, Michel Auclair, Anna-Maria Ferrero, Valentine Tessier. Italie, 1952 – 1 h 38.

Lors du procès d'un jeune homme accusé d'avoir assassiné sa maîtresse, deux vérités s'opposent suivant les témoignages. Une histoire à double face.

LES DEUX VISAGES DU DOCTEUR JEKYLL
"THE TWO FACES OF DR JEKYLL"
Film fantastique de **Terence Fisher**, d'après le roman de Robert-Louis Stevenson, avec Paul Massie, Dawn Addams, Christopher Lee. Grande-Bretagne, 1960 – Couleurs – 1 h 29.

M. Hyde fait peser sur le Dr Jekyll l'horreur de ses crimes, jusqu'à ce que sa vraie personnalité réapparaisse. Transposition originalement inversée du célèbre roman.

DEVANT LA PORTE DE LA PRISON
"VED FAENGSLETS PORT"
Comédie dramatique d'**August Blom**, avec Valdemar Psilander, Augusta Blad, Holger Hofman. Danemark, 1911 – 1 217 m (env. 45 mn).

Un fils de bourgeois emprunte de l'argent à un garçon de café et contrefait la signature de sa mère pour régler sa dette.

DEVDAS
Drame de **Pramatesh Chandra Barua**, avec K.-L. Saigal, Jamuna. Inde, 1935 – 2 h 21.

L'amour de deux jeunes gens est compromis par le père du garçon, un riche propriétaire, qui refuse que son fils épouse une fille de condition inférieure.

THE DEVIL'S PLAYGROUND
Comédie dramatique de **Fred Schepisi**, avec Arthur Dignan, Nick Tate, Thomas Keneally, Simon Burke. Australie, 1975 – Couleurs – 1 h 47.

L'histoire tendre, drôle et cruelle parfois, d'adolescents dans un petit séminaire, en 1953.

DEVINE QUI VIENT DÎNER
"GUESS WHO'S COMING TO DINNER"
Comédie dramatique de **Stanley Kramer**, avec Spencer Tracy, Katharine Hepburn, Sidney Poitier, Katharine Houghton. États-Unis, 1967 – Couleurs – 1 h 48.

Que faire si votre fille désire épouser un Noir ? Mais, quand il s'agit d'un brillant médecin et que l'on est soi-même un journaliste libéral, tout s'arrange... et la démonstration anti-raciste s'en trouve affaiblie.

D'HOMME À HOMMES
Biographie de **Christian-Jaque**, avec Jean-Louis Barrault, Bernard Blier, Hélène Perdrière. France, 1948 – 1 h 36.

L'épopée d'Henri Dunant qui fonda la Croix-Rouge au siècle dernier. Sur un scénario de Charles Spaak.

LE DIABLE À TROIS "GAMES"
Drame de **Curtis Harrington**, avec Simone Signoret, James Caan, Don Stroud, Katharine Ross. États-Unis, 1967 – Couleurs – 1 h 40.

Un couple de riches oisifs new-yorkais ne sait plus quoi faire pour se distraire ; ils inventent donc des jeux, dont l'un tourne au drame. Dès lors, des événements inexplicables s'enchaînent... plagiant sans vergogne le scénario des Diaboliques de Clouzot.

LE DIABLE AU CŒUR
Drame de **Bernard Queysanne**, avec Jane Birkin, Jacques Spiesser, Philippe Lemaire, Emmanuelle Riva. France, 1976 – Couleurs – 1 h 45.

Éric trouve la jeune fille au pair, dont il est amoureux, dans le lit paternel. Il tue son père, enlève Linda et va vivre avec elle une grande passion en attendant les gendarmes.

LE DIABLE AU CORPS
Drame de **Claude Autant-Lara**, avec Micheline Presle *(Marthe)*, Gérard Philipe *(François Jaubert)*, Jean Debucourt *(M. Jaubert)*, Denise Grey *(Mme Grangier)*, Pierre Palau *(M. Marin)*. • SC : C. Autant-Lara, Jean Aurenche, Pierre Bost, d'après le roman de Raymond Radiguet. • PH : Michel Kelber. • DÉC : Max Douy. • MUS : René Cloerec. • MONT : Madeleine Guy. France, 1947 – 2 h 05 (puis 1 h 50, après censure).

Le 11 novembre 1918, à l'enterrement de Marthe Lacombe, François Jaubert se souvient... Un an plus tôt, étudiant, il a rencontré Marthe, une infirmière fiancée à un soldat, Jacques Lacombe. Mme Grangier, mère de Marthe, dissuada alors François de revoir Marthe. Après le mariage de celle-ci, ils sont pourtant devenus amants, bravant le qu'en-dira-t-on. Mais lorsque Marthe fut enceinte, François n'a pas su assumer la situation...

◆ *Le roman « scandaleux » du jeune Raymond Radiguet, paru en 1923, cinq ans après l'Armistice, choqua surtout parce qu'il heurtait le patriotisme bleu-horizon de l'époque en montrant avec sympathie les amours coupables de « l'arrière ». Avec sa verve satirique coutumière, Autant-Lara s'est plu à souligner cet aspect. Le personnage de Marthe a donné à Micheline Presle le rôle le plus marquant de sa car-*

rière ; quant à Gérard Philipe, qui s'est parfaitement identifié au charme et à la veulerie de François, le film acheva de le consacrer comme grande vedette du cinéma français. G.L.

LE DIABLE AU CORPS "IL DIAVOLO IN CORPO"

Drame de **Marco Bellocchio**, avec Maruschka Detmers, Federico Pitzalis. Italie / France, 1986 – Couleurs – 1 h 50.

Un jeune lycéen tombe amoureux fou d'une jeune fille quelque peu exaltée, fiancée à un « brigadiste » italien repenti. La passion les emporte tous les deux.

LE DIABLE BOITEUX

Biographie de **Sacha Guitry**, avec Sacha Guitry, Lana Marconi, Émile Drain, Jeanne Fusier-Gir. France, 1948 – 2 h.

Guitry campe Talleyrand, pour lequel il avait une tendresse particulière. Il rejouera le même personnage dans son Napoléon.

LE DIABLE DANS LA BOÎTE

Comédie de **Pierre Lary**, avec Jean Rochefort, Michaël Lonsdale, Dominique Labourier. France, 1977 – Couleurs – 1 h 40.

Un cadre voit son poste brutalement supprimé. Un mouvement de solidarité se dessine, et il fait une grève de la faim relayée par la presse. Le chômage des cadres traité par l'humour.

LE DIABLE EN BOÎTE "THE STUNT MAN"

Drame psychologique de **Richard Rush**, avec Peter O'Toole, Steve Railsback, Barbara Hershey. États-Unis, 1980 – Couleurs – 2 h 10.

Un rescapé du Viêt Nam, engagé dans la production d'un film comme cascadeur, en arrive à confondre cinéma et réalité.

LE DIABLE ET LES DIX COMMANDEMENTS

Film à sketches de **Julien Duvivier**, avec Michel Simon, Françoise Arnoul, Micheline Presle, Charles Aznavour, Lino Ventura, Mel Ferrer, Fernandel, Alain Delon, Danielle Darrieux, Jean-Claude Brialy, Louis de Funès. France / Italie, 1962 – 2 h.

La transgression des commandements bibliques à l'époque contemporaine. Un ensemble inégal, dont on retiendra surtout le prologue avec Michel Simon, le duo Brialy-de Funès (sur le vol) et Fernandel en aliéné se prenant pour Dieu.

LE DIABLE PAR LA QUEUE

Comédie de **Philippe de Broca**, avec Madeleine Renaud, Yves Montand, Marthe Keller, Maria Schell, Jean Rochefort. France, 1968 – Couleurs – 1 h 38.

Dans un château qui menace ruine, on attire les touristes avec l'aide du garagiste local. Jusqu'au jour où arrive un séduisant gangster. Alerte comédie, emmenée sur un rythme... endiablé par une brillante distribution.

LE DIABLE PROBABLEMENT

Drame de **Robert Bresson**, avec Antoine Monnier, Henri de Maublanc. France, 1977 – Couleurs – 1 h 40.

Le jeune Charles, désabusé par les failles des systèmes, des Églises, de la civilisation, et même de l'amour, se suicide en toute connaissance de cause. Un constat terriblement pessimiste.

LES DIABLES "THE DEVILS"

Drame historique de **Ken Russell**, avec Oliver Reed *(Grandier)*, Vanessa Redgrave *(mère Jeanne des Anges)*, Michael Gothard *(père Barré)*. • SC : K. Russell, d'après les romans d'Aldous Huxley *The Devils of Loudun* et de John Whiting *The Devils*. • PH : David Whatkin. • DÉC : Derek Jarman. • MUS : Peter Maxwell Davies, David Munrow. Grande-Bretagne, 1970 – Couleurs – 1 h 50.

◆ *En 1634, Loudun a toujours ses remparts alors que Richelieu, pour assurer l'hégémonie de l'État, veut réduire l'influence des villes en détruisant leurs fortifications. C'est Grandier, un ecclésiastique, qui représente la ville et la défend. Les envoyés de Richelieu, profitant de ce que mère Jeanne est hystériquement amoureuse de lui, lui feront un procès pour sorcellerie et réussiront à le faire brûler vif. Les remparts seront détruits. Un film célèbre pour son climat d'hystérie, le mauvais goût de ses images et sa violence sulfureuse que d'aucuns diront complaisante. Mais on n'a pas assez vu que ce film, avec ses murs nus et blancs, avec le procès de Grandier où le visage et le crâne rasé de celui-ci son filmés en gros plan, se référait directement à la* Jeanne d'Arc *de Dreyer et que, comme elle, c'était un admirable film contre toutes les intolérances et pour toutes les libertés. Le meilleur, et de loin, des films de Ken Russell.* S.K.

▷ Voir aussi MÈRE JEANNE DES ANGES.

DIABLES AU SOLEIL "KINGS GO FORTH"

Drame psychologique de **Delmer Daves**, avec Frank Sinatra, Tony Curtis, Natalie Wood. États-Unis. 1958 – 1 h 49.

En France, pendant la guerre, deux soldats américains unis sur le front sont rivaux en amour. Un parfait trio d'interprètes.

LES DIABLES DE GUADALCANAL

"FLYING LEATHERNECKS"

Film de guerre de **Nicholas Ray**, avec John Wayne, Robert Ryan, Janis Carter, Don Taylor. États-Unis, 1951 – Couleurs – 1 h 42.

Deux officiers d'aviation s'opposent l'un à l'autre tout en combattant les Japonais à Guadalcanal.

LE DIABLE SOUFFLE

Drame psychologique d'**Edmond T. Gréville**, avec Charles Vanel, Héléna Bossis, Jean Chevrier, Margo Lion, Henri Maïk. France, 1947 – 1 h 35.

Un marin ramène dans son île une jeune femme recueillie dans un café louche de Bayonne. Un médecin républicain espagnol en fuite la sauvera d'une appendicite.

LA DIABLESSE AU COLLANT ROSE

"HELLER IN PINK TIGHTS"

Western de **George Cukor**, d'après le roman de Louis L'Amour, avec Sophia Loren, Anthony Quinn, Steve Forrest, Margaret O'Brien. États-Unis, 1960 – Couleurs – 1 h 40.

Une troupe théâtrale traverse le Far West en roulotte. Sophia dirigée par Cukor dans un western inhabituel.

LES DIABLOTINS ROUGES

"CITELI EŠMAKUNEBI"

Film d'aventures d'**Ivan Perestiani**, avec Aleksandre Davidovski, Pavel Esikovski, Sofia Jozeffi. U.R.S.S. (Géorgie), 1923 – 3 800 m (env. 2 h 10).

Pendant la guerre civile en Ukraine au début des années 20, deux enfants font le serment de lutter contre les ennemis du pouvoir soviétique et d'arrêter l'assassin de leur père.

DIABOLIQUE "DIABOLIQUE"

Policier de **Jeremiah Chechick**, avec Sharon Stone, Isabelle Adjani, Chazz Palminteri, Kathy Bates. États-Unis, 1996 – Couleurs – 1 h 55.

Remake américain des *Diaboliques* de Henri-Georges Clouzot, d'après le roman de Boileau-Narcejac *Celle qui n'était plus*.

LE DIABOLIQUE DOCTEUR MABUSE

"DIE TAUSEND AUGEN VON DR MABUSE"

Film policier de **Fritz Lang**, avec Dawn Addams, Peter Van Eyck, Gert Froebe, Wolfgang Preiss. R.F.A. / Italie, 1960 – 1 h 43.

À l'aide de la technique moderne, un homme commet des crimes parfaits ressemblant à ceux perpétrés jadis par le Dr Mabuse. Il en sera un jour la victime.

▷ Voir aussi LE DOCTEUR MABUSE.

DIABOLIQUEMENT VÔTRE

Film policier de **Julien Duvivier**, avec Alain Delon, Senta Berger, Sergio Fantoni. France, 1967 – Couleurs – 1 h 30.

Un homme s'éveille dans une clinique après un accident de voiture. Les bribes de souvenirs qui lui reviennent ne correspondent pas à ce qu'on lui raconte. Une voix le pousse au suicide... Le dernier film du réalisateur.

LE DIABOLIQUE MONSIEUR BENTON "JULIE"

Film policier d'**Andrew L. Stone**, avec Doris Day, Louis Jourdan, Barry Sullivan. États-Unis, 1956 – 1 h 39.

Une jeune femme qui a épousé, sans le savoir, un assassin vit des heures d'angoisse.

LES DIABOLIQUES

Film policier d'**Henri-Georges Clouzot**, avec Simone Signoret *(Nicole)*, Paul Meurisse *(Michel Delasalle)*, Véra Clouzot *(Christina Delasalle)*, Charles Vanel *(Fichet)*, Michel Serrault *(M. Raymond)*, Pierre Larquey *(M. Drain)*, Noël Roquevert *(M. Herboux)*. • SC : H.-G. Clouzot, Jérôme Geronimi, René Masson, Frédéric Grendel, d'après le roman de Boileau-Narcejac *Celle qui n'était plus*. • PH : Armand Thirard. • DÉC : Léon Barsacq. • MUS : Georges Van Parys. • MONT : Madeleine Gug. France, 1955 – 1 h 56. ★ PRIX LOUIS-DELLUC 1954.

Directeur d'un collège privé pour garçons à Saint-Cloud, Michel Delasalle terrorise tout le monde, son épouse Christina comme sa maîtresse Nicole, professeur dans l'établissement. Les deux femmes concluent un pacte : ensemble, elles le tuent. Christina lui fait prendre un soporifique et aide Nicole à le noyer dans une baignoire. Mais le corps disparaît et, bientôt, des événements étranges se produisent au collège. Christina, cardiaque et impressionnable, est envahie par la terreur. C'est alors que l'inspecteur en retraite Fichet entre en scène...

◆ *Un meurtre particulièrement dur, une atmosphère d'épouvante, un coup de théâtre final, il y a de quoi faire dresser les cheveux sur la tête dans cette adaptation habile par Clouzot de l'astucieux roman de Boileau-Narcejac. Tourné dans le plus grand secret, le film sortit avec un avertissement spécial, les salles étant fermées dès le début de la projection. Après son succès, Alfred Hitchcock demanda à Boileau-Narcejac d'écrire à son intention un scénario similaire : ce fut* Sueurs froides. *G.L.*

DIABOLO MENTHE

Comédie de **Diane Kurys**, avec Éléonore Klarwein, Odile Michel, Anouk Ferjac. France, 1977 – Couleurs – 1 h 37. ★ PRIX LOUIS-DELLUC 1977.

Deux sœurs de treize et quinze ans, à Paris, en 1963 : le lycée, les amies, les histoires sentimentales...

LA DIAGONALE DU FOU
Drame de **Richard Dembo**, avec Michel Piccoli *(Liebskind)*, Alexandre Arbatt *(Fromm)*, Liv Ullmann *(Marina Fromm)*, Leslie Caron *(Henia Liebskind)*, Daniel Olbrychski *(Tac-Tac)*, Michel Aumont *(Kerossian)*, Wojciech Pszoniak *(Felton)*, Jean-Hugues Anglade *(Miller)*. • SC : R. Dembo. • PH : Raoul Coutard. • DÉC : Ivan Maussion. • MUS : Gabriel Yared. France, 1984 – Couleurs – 1 h 50. ★ PRIX LOUIS-DELLUC 1984 ; OSCAR DU MEILLEUR FILM ÉTRANGER 1984.

Deux joueurs d'échecs soviétiques s'affrontent lors de la finale du championnat du monde : Liebskind, tenant du titre, et Fromm, un dissident émigré, dont la femme est restée prisonnière d'un hôpital psychiatrique en Russie. Ce sont en fait deux systèmes politiques qui s'opposent et l'on verra bientôt les deux équipes (et les autorités qui les soutiennent) mettre tout en jeu pour assurer la suprématie de leur champion respectif. Victimes de diverses manipulations psychologiques, les deux adversaires finiront par se retrouver en tête à tête dans un duel poignant qui sera le dernier.

◆ *Il s'agit d'une réalisation ambitieuse et intelligente : Richard Dembo, sans tomber dans le pédantisme échéphile, utilise habilement les diverses péripéties du jeu pour tisser un contrepoint d'émotion et de suspense mettant à rude épreuve les nerfs du spectateur. Formidable prestation de Michel Piccoli qui réussit une composition bouleversante.* D.C.

DIALOGUE DE FEU "A GUNFIGHT"
Western de **Lamont Johnson**, avec Kirk Douglas, Karen Black, Raf Vallone, Johnny Cash. États-Unis, 1971 – Couleurs – 1 h 30.

Deux tireurs d'élite, dont l'un est à la retraite, acceptent un duel public, avec paris à la clé. Mal en prend au glorieux ancien.

LE DIALOGUE DES CARMÉLITES
Drame de **Philippe Agostini** et **R.L. Bruckberger**, d'après l'œuvre de Georges Bernanos et un roman de Gertrud von Le Fort, avec Jeanne Moreau, Alida Valli, Madeleine Renaud, Pascale Audret, Pierre Brasseur, Jean-Louis Barrault, Georges Wilson, Anne Doat. France / Italie, 1960 – 1 h 52.

En mai 1789, deux jeunes filles entrent au couvent et vivent quelques semaines de félicité jusqu'à ce que les révolutionnaires viennent leur offrir la « liberté ». Elles refusent et sont condamnées à mort.

DIALOGUE D'EXILÉS "DIALOGO DE EXILADOS"
Film politique de **Raoul Ruiz**, avec Françoise Arnoul, Carla Cristi, Daniel Gélin, Sergio Hernandez, Pency Matas, Luis Poirot, Waldo Rojas. Chili / France, 1975 – Couleurs – 1 h 40.

Un groupe de réfugiés politiques chiliens dont chacun s'adapte à sa façon à la vie en Europe.

LE DIAMANT DU NIL "THE JEWEL OF THE NILE"
Film d'aventures de **Lewis Teague**, avec Michael Douglas, Kathleen Turner, Danny De Vito, Spiros Focas. États-Unis, 1985 – Couleurs – 1 h 45.

Une romancière et un aventurier, rescapés des forêts d'Amazonie (Voir À LA POURSUITE DU DIAMANT VERT), filent le parfait amour. Jusqu'au jour où, en panne d'inspiration, elle accepte l'invitation étrange d'un prince du désert...

LES DIAMANTS DE LA NUIT "DÉMANTY NOCI"
Drame de **Jan Nemec**, avec Antonin Kumbera *(le premier garçon)*, Ladislav Jansky *(le second garçon)*, Ilse Bischofova, Jan Riha, Ivan Asic. • SC : J. Nemec, Arnost Lustig d'après sa nouvelle *Les ténèbres n'ont pas d'ombre*. • PH : Jaroslav Kucera. • DÉC : Oldrich Bosak. • MONT : Miroslav Hajek. Tchécoslovaquie, 1964 – 1 h 05. ★ GRAND PRIX DU FESTIVAL DE MANNHEIM 1965.

En Tchécoslovaquie pendant la Seconde Guerre mondiale, deux jeunes Tchèques sautent d'un train en marche, s'enfoncent dans la forêt et fuient à toutes jambes. Une meute de vieux chasseurs des Sudètes se lancent à leur poursuite, les capturent, rient d'eux et feignent de les relâcher. La course éperdue recommence.

◆ *Version singulière du mythe de Sisyphe filmée à l'allure des fugitifs dans un enchevêtrement de travellings, d'images mentales obsessionnelles et de flash-back. L'alternance d'éléments réalistes et de plans oniriques traduit les deux niveaux de survie des coureurs. L'urgence existentielle passe par l'eau, le pain et le repos, mais aussi par l'imaginaire nourri de passé heureux et de futur libérateur. La force du film est là. À sa sortie, il dérouta beaucoup de critiques habitués à voir le cinéma tchèque à travers l'impressionnisme en demi-teintes et l'ironie douce-amère de Forman, de Passer et de Chytilova. Le sentiment tragique de la vie et l'esthétique qui sous-tendent* les Diamants de la nuit *ont valu à Nemec d'être considéré comme formaliste.* A.K.

LES DIAMANTS SONT ÉTERNELS
"DIAMONDS ARE FOREVER"
Film d'espionnage de **Guy Hamilton**, d'après le roman de Ian Fleming, avec Sean Connery, Jill St John, Charles Gray, Lana Wood, Bruce Cabot. États-Unis / Grande-Bretagne, 1971 – Couleurs – 1 h 41.

James Bond est chargé de remonter la piste d'un trafic de diamants. Il va, bien sûr, se retrouver face à Blofeld qui a décidé de détruire Washington... Le retour de Sean Connery dans le rôle.

DIAMANTS SUR CANAPÉ "BREAKFAST AT TIFFANY'S"
Comédie de **Blake Edwards**, avec Audrey Hepburn, George Peppard. États-Unis, 1961 – Couleurs – 1 h 55.

Pour satisfaire son goût des diamants, Dolly mène une existence peu avouable, comme son voisin de palier d'ailleurs, qu'elle intéresse beaucoup...

DIAMOND CITY "DIAMOND CITY"
Film d'aventures de **David McDonald**, avec David Farrar, Honor Blackman, Diana Dors. Grande-Bretagne, 1949 – 1 h 30.

En Afrique du Sud vers 1870, deux hommes s'affrontent pour une mine de diamants. Un western anglais.

DIAMOND JIM, LE MILLIARDAIRE "DIAMOND JIM"
Comédie d'**A. Edward Sutherland**, avec Edward Arnold, Jean Arthur, Binnie Barnes, Cesar Romero, Eric Blore. États-Unis, 1935 – 1 h 33.

La vie d'un richissime homme d'affaires américain du siècle passé, adorateur d'une vedette de music-hall et amateur de bonne chère.

DIANE DE POITIERS "DIANE"
Drame sentimental de **David Miller**, avec Lana Turner, Pedro Armendariz, Roger Moore, Marisa Pavan. États-Unis, 1955 – Couleurs – 1 h 50.

La vie romancée, revue et corrigée par Hollywood, de Diane de Poitiers, l'égérie et la maîtresse d'Henri II. Le film fut entièrement tourné en France, sur les lieux de l'action.

DICK TRACY "DICK TRACY"
Comédie policière de **Warren Beatty**, avec Warren Beatty, Al Pacino, Madonna, Glenne Headly, Charlie Korsmo. • SC : Jim Cash et Jack Epps, d'après les personnages créés par Chester Gould. • PH : Vittorio Storaro. • DÉC : Richard Sylbert. • MUS : Danny Elfman. • MONT : Richards Marks. États-Unis, 1990 – Couleur – 1 h 47.

Jeune et sémillant policier des années 30, Dick Tracy est un célèbre héros de bandes dessinées américaines.

◆ *Des générations d'adultes ont dans leur enfance, et parfois au-delà, rêvé de ce chevalier invulnérable et généreux. Warren Beatty, lui, a payé cette sorte de dette du plaisir en réalisant avec astuce une adaptation cinématographique fidèle à l'esthétique, à la morale et à la simplette dramaturgie du modèle. En face du flic parfait surgit l'abominable truand qui veut fédérer la pègre, qui n'hésite pas à s'attaquer aux innocents. Mais que vient faire cette blonde, troublante et fatale chanteuse de cabaret ? Et qui est ce mystérieux personnage sans visage ? Aidé d'un gosse adopté et d'une fiancée fidèle, Dick Tracy fait triompher ses couleurs : le jaune d'or, symbole solaire. Tout le film se réfère à des équivalences graphiques élémentaires : rouge le mal, bleue la nuit. La réussite de ce conte moral est totale. Le spectateur retrouve sa candeur et se meut avec délices dans l'irréalisme. Vive le cinéma de charme.* G.S.

LE DICTATEUR "THE GREAT DICTATOR"
Comédie de **Charlie Chaplin**, avec Charlie Chaplin *(Hynkel / le barbier)*, Paulette Goddard *(Hannah)*, Jack Oakie *(Napaloni)*, Henry Daniell *(Garbitsch)*, Reginald Gardiner *(Schultz)*, Maurice Moskovich *(Jaeckel)*. • SC : C. Chaplin. • PH : Roland Totheroh, Karl Struss. • DÉC : J. Russell Spencer. • MUS : C. Chaplin. • MONT : Willard Nico. États-Unis, 1940 – 2 h 06.

Un petit barbier juif est le parfait sosie du dictateur de Tomania, Hynkel, qui veut l'extermination des juifs. Tandis que la jeune femme qu'il protège, Hannah, parvient à fuir le ghetto, il est fait prisonnier avec Schultz, traître au régime. Pendant que Hynkel reçoit son homologue de Bactérie, Napaloni, ils s'évadent. Un quiproquo fait arrêter Hynkel, pris pour le barbier, tandis que celui-ci prononce à sa place un discours par lequel il refuse le pouvoir.

◆ *Il fallait un créateur tel que Chaplin pour que, fait unique dans l'histoire, le cinéma puisse opposer au nazisme une puissance mythologique comparable. Plutôt que d'attaquer le dictateur sur son propre terrain, celui de l'invective politique, il l'amène sur le sien, celui du spectacle, ridiculisant ce piètre acteur et ce metteur en scène incompétent par l'aisance avec laquelle lui-même règne, à mégalomanie égale, sur son cinéma.* J.M.

DIEN BIEN PHU
Film de guerre de **Pierre Schoendoerffer**, avec Donald Pleasence, Patrick Catalifo, Ludmilla Mikael. France, 1991 – Couleurs – 2 h 20.

Héroïsme militaire et esprit de sacrifice dans une bataille désespérée qui allait marquer la fin de la domination française en Indochine.

DIESEL
Film de science-fiction de **Robert Kramer**, avec Gérard Klein, Agnès Soral, Richard Bohringer. France, 1985 – Couleurs – 1 h 22.

Dans une ville futuriste déshumanisée, Anna, tyrannisée par un dément, s'efforce de venger la mort d'une de ses amies avec l'aide de Diesel, une sorte de révolutionnaire non conformiste.

DIEU A BESOIN DES HOMMES
Drame religieux de **Jean Delannoy**, d'après le roman d'Henri Queffélec *Un recteur de l'île de Sein*, avec Pierre Fresnay, Madeleine Robinson, Andrée Clément, Daniel Gélin. France, 1950 – 1 h 40.

Au XIXe siècle, dans une île bretonne privée de curé à cause de la mauvaise conduite des habitants, le sacristain est « élu » prêtre.

DIEU EST MORT "THE FUGITIVE"
Drame de **John Ford**, d'après le roman de Graham Greene *la Puissance et la Gloire*, avec Henry Fonda, Dolores Del Rio, Pedro Armendariz, Ward Bond. États-Unis, 1947 – 1 h 44.

Dans un pays d'Amérique latine où l'on traque les prêtres, l'un d'eux donne sa vie pour sauver l'âme de son prochain.

DIEU NE CROIT PLUS EN NOUS
"AN UNS GLAUBT GOTT NICHT MEHR"
Drame d'**Axel Corti**, avec Johannes Silberschneider, Barbara Petritsch, Armin Mueller-Stahl, Fritz Muliar. Autriche, 1981 – 1 h 50.

Fuyant l'arrivée des nazis, un jeune juif quitte l'Autriche pour la France. Comme d'autres immigrés, il est considéré comme citoyen allemand et emprisonné. Lors de la débâcle, il se retrouve à Marseille et cherche à embarquer pour les États-Unis. Le premier volet d'une trilogie, Vienne pour mémoire.
▷ Voir aussi SANTA FE et WELCOME IN VIENNA.

LE DIEU NOIR ET LE DIABLE BLOND
"DEUS E O DIABO NA TERRA DO SOL"
Drame de **Glauber Rocha**, avec Geraldo del Rey *(Manuel)*, Yoná Magalhães *(Rosa)*, Mauricio do Valle *(Antonio das Mortes)*, Othon Bastos *(Corisco)*, Lidio Silva *(Sebastião)*, Sonia Dos Humildes *(Dadà)*. • SC : G. Rocha, Walter Lima Jr. • PH : Waldemar Lima. • DÉC : Paolo Gil Soares. • MUS : Hector Villa-Lobos, Sergio Ricardo, G. Rocha. • MONT : G. Rocha, Rafael Justo Valverde, Joao Ramiro Melo, Nilcey Carvone. Brésil, 1964 – 2 h 05.

Manuel et sa femme Rosa sont obligés d'abandonner leur cabane. Ils rejoignent le « Dieu noir », Sebastião, mystique qui prédit que le Sertão deviendra mer. Plus tard, ils rencontrent les survivants de la bande de « Cangaceiros » et leur chef Corisco le « Diable blond » qui dénonce l'injustice et la tyrannie des propriétaires féodaux. Il est tué par Antonio das Mortes, mercenaire au service des grands propriétaires. Manuel et Rosa échappent au massacre et courent dans le Sertão transformé en mer...

◆ *Dans ce film, une des plus belles réussites du Cinema Novo, l'auteur rompt complètement avec toute structure narrative traditionnelle, mêlant formes et sons en un discours d'une grande force poétique. Ces paysans errants qui rencontrent, comme surgis de terre, ces groupes d'illuminés et qui terminent leur course face à la mer, expriment une métaphore sur les réalités des habitants du Sertão* *C.G.*

DIEU SEUL LE SAIT "HEAVEN KNOWS MR ALLISON"
Comédie dramatique de **John Huston**, d'après le roman de Charles Shaw, avec Deborah Kerr, Robert Mitchum. États-Unis, 1957 – Couleurs – 1 h 47.

Échoués sur une île pendant la guerre du Pacifique, une religieuse et un « marine » vont cohabiter, s'estimer et se soutenir.

LES DIEUX DU STADE "OLYMPIA"
Documentaire en deux parties de **Leni Riefenstahl** : *la Fête des peuples (Fest der Völker)* et *la Fête de la beauté (Fest der Schönheit)*. Allemagne, 1936 – env. 2 h 28.

Le film des Xes jeux Olympiques à Berlin en 1936. Séquences célèbres : les nus « grecs », la traversée européenne de la flamme olympique depuis l'Acropole, les victoires de Jesse Owens, le marathon, les épreuves de plongeon.

◆ *Ou comment le cinéaste officiel du IIIe Reich inventa la télévision. Des dizaines d'opérateurs, un budget inouï, près de deux ans de montage, une technologie révolutionnaire (dont l'emploi quasi systématique du téléobjectif) pour une version très « typée » de l'olympisme. Le sommet du kitsch est atteint dans les scènes grecques, mais l'ensemble ne prête pas à rire, tant la perfection est manifeste. On notera cependant le mémorable filmage du triomphe de Jesse Owens où la réalisatrice, dans une inversion remarquable des intentions, met toute sa technique au service d'un évident ennemi de la cause raciale.* *M.C.*

LES DIEUX ET LES MORTS
"OS DEUSES E OS MORTOS"
Drame de **Ruy Guerra**, avec Othon Bastos, Norma Bengell, Ruy Pollanah, Itala Nandi. Brésil, 1970 – Couleurs – 1 h 35.

Dans les années 30, à Bahia, deux clans luttent pour le pouvoir.

LES DIEUX SONT TOMBÉS SUR LA TÊTE
"THE GODS MUST BE CRAZY"
Comédie de **Jamie Uys**, avec Marius Weyers, Sandra Prinsloo, Xao, Nic de Jager, Michael Thys. Botswana, 1981 – Couleurs – 1 h 40.

Une bouteille de Coca-Cola vide jetée d'un avion sème la zizanie dans la tribu de Bochimans qui l'a trouvée. Un des hommes, décidé à la rendre aux dieux, s'en empare pour la jeter au bout du monde. En chemin, il découvrira la société moderne.

▷ Une suite intitulée LES DIEUX SONT TOMBÉS SUR LA TÊTE. LA SUITE "THE GODS MUST BE CRAZY 2", a été réalisée par **Jamie Uys**, avec N'Xau, Lena Farugia, Hans Strydom, Eiros. États- Unis, 1988 – Couleurs – 1 h 45.

DILAN "DILAN"
Drame d'**Erden Kiral**, avec Derya Arbas, Güler Okten, Dilaver Uyanik, Mehmet Eriksi, Yilmaz Zafer. Turquie, 1987 – Couleurs – 1 h 32.

Un pauvre berger doit risquer sa vie pour payer la dot exigée par le père de la belle Dilan. Le fils d'un riche propriétaire terrien est en rivalité avec lui.

DILEMME "DILEMMA"
Drame de **Henning Carlsen**, avec Ivan Jackson, Zakes Mokae, Evelyn Frank, Marijke Haakman. Danemark, 1962 – 1 h 28.

Un jeune Anglais débarque à Johannesburg. Il fréquente sans préjugé les milieux noirs et blancs, et découvrira avec horreur la ségrégation et le meurtre racial.

LA DILIGENCE VERS L'OUEST "STAGECOACH"
Western de **Gordon Douglas**, avec Ann-Margret, Red Buttons, Bing Crosby. États-Unis, 1965 – Couleurs – 1 h 54.

L'odyssée d'une diligence sur des routes infestées d'Indiens dont on redoute à chaque minute les attaques. Un western à suspense qui est le remake sans envergure de LA CHEVAUCHÉE FANTASTIQUE de John Ford (Voir ce titre).

DILLINGER "DILLINGER"
Film policier de **Max Nosseck**, avec Lawrence Tierney, Edmund Lowe. États-Unis, 1945 – 1 h 29.

Une évocation de la vie et de la carrière du célèbre gangster des années 30, « l'ennemi public numéro un », finalement abattu par le F.B.I. devant un cinéma. Un des meilleurs films de la « Monogram », firme spécialisée dans la série B.

▷ Voir aussi L'ENNEMI PUBLIC.

▷ Le personnage revit encore à l'écran dans : LA POLICE FÉDÉRALE ENQUÊTE "THE F.B.I. STORY", de **Mervyn LeRoy**, avec James Stewart, Vera Miles, Murray Hamilton. États-Unis, 1959 – Couleurs – 2 h 29. YOUNG DILLINGER, de **Terry Morse**, avec Nick Adams, John Ashley, Robert Conrad, Mary Ann Mobley. États-Unis, 1964 – 1 h 42. DILLINGER "DILLINGER", de **John Milius**, avec Warren Oates, Ben Johnson, Michele Phillips. États-Unis, 1973 – Couleurs – 1 h 46. DU ROUGE POUR UN TRUAND "THE LADY IN RED", de **Lewis Teague**, avec Pamela Sue Martin, Robert Conrad, Louise Fletcher. États-Unis, 1983 – Couleurs – 1 h 33.

DILLINGER EST MORT "DILLINGER È MORTO"
Comédie dramatique de **Marco Ferreri**, avec Michel Piccoli *(Glauco)*, Anita Pallenberg *(son épouse)*, Annie Girardot *(la femme de chambre)*, Carole André *(la femme du bateau)*. • SC : M. Ferreri, Sergio Bazzini. • PH : Mario Vulpiani. • DÉC : Nicola Tamburro. • MUS : Teo Usuelli. • MONT : Mirella Mencio. Italie, 1969 – Couleurs – 1 h 35.

Glauco, un dessinateur industriel, rentre chez lui à l'heure du dîner et trouve sa femme au lit avec une migraine. Il va à la cuisine, prend un livre de recettes et prépare son repas. En s'affairant dans la pièce, il trouve un paquet : un vieux pistolet enveloppé dans un journal qui raconte l'histoire du gangster Dillinger. Glauco démonte l'arme, regarde la télé, écoute la radio, puis monte coucher avec la femme de chambre. Il retourne chercher le pistolet et abat sa femme avant de se rendre en voiture sur la côte et de s'engager comme cuisinier sur un bateau naviguant vers Tahiti.

◆ *Film marquant de la contre-culture italienne, il fut salué par la critique contestataire et par les cinéastes engagés de l'époque, dont Godard. Malgré les signes programmés à l'œuvre dans cette allégorie sociale (femme de chambre/épouse, col blanc/gangster, foyer/Tahiti...), la mise en scène de Ferreri, qui ne s'éloigne jamais trop du burlesque, arrive à sauver le sujet de la lourdeur. Les trois comédiens y sont pour beaucoup.* S.S.

DIMANCHE D'AOÛT "DOMENICA D'AGOSTO"
Comédie de **Luciano Emmer**, avec Andrea Compagnoni *(Meloni)*, Anna Baldini *(Marcella, sa fille)*, Ave Ninchi *(Fernanda Meloni)*, Franco Interlenghi *(Enrico)*, Elvy Lissiak *(Luciana)*, Mario Vitale *(Renato)*, Massimo Serato *(Roberto)*, Marcello Mastroianni *(Ercole)*, Anna Medici *(Rosetta)*. • SC : Sergio Amidei, Franco Brusati, L. Emmer, Giulio Macchi, Cesare Zavattini. • PH : Domenico Scala, Leonida Barboni, Ubaldo Marelli. • MUS : Roman Vlad. • MONT : Jolanda Benvenuti. Italie, 1950 – 1 h 27.

Dimanche 7 août 1949. La foule quitte Rome pour la plage d'Ostie : dans le taxi du père, s'entasse la famille Meloni ; Luciana est emmenée en voiture par le mondain Roberto ; un veuf, parti par le train, confie sa fille à des religieuses. Une idylle se noue entre Marcella et Enrico, venus à vélo. Luciana revient à son ami Renato que la police arrête pour vol. Ercole, l'agent de police, cherche un appartement pour lui et sa fiancée Rosetta.

◆ *Il faut saluer la performance scénaristique qui fait s'entrecroiser les parcours d'une quinzaine de personnes. L'éventail des âges, des classes sociales, des situations personnelles, crée une petite fresque de la population romaine de 1949. La vision semble documentaire, mais la justesse des comportements et des détails pris sur le vif, le rythme soutenu, sont le fait d'une vraie mise en scène cinématographique.* J.-P.B.

LE DIMANCHE DE LA VIE

Comédie de **Jean Herman**, d'après un roman de Raymond Queneau, avec Danielle Darrieux, Jean-Pierre Moulin, Olivier Hussenot, Hubert Deschamps, Anne Doat. France, 1966 – 1 h 30.

À Bordeaux, en 1936, une mercière épouse un jeune soldat qui passe tous les jours devant sa boutique. Leur bonheur de jeunes mariés est quelque peu gâché par des intrigues familiales.

LES DIMANCHES DE VILLE-D'AVRAY

Drame de **Serge Bourguignon**, avec Hardy Kruger, Nicole Courcel, Patricia Gozzi, Daniel Ivernel. France, 1962 – 1 h 40. ★ OSCAR DU MEILLEUR FILM ÉTRANGER 1962.

Une étrange amitié unit un amnésique à l'esprit infantile et une petite fille abandonnée. Mais leur relation se heurtera à l'incompréhension de leur entourage.

LE DÎNER DE CONS

Comédie de **Francis Veber**, avec Jacques Villeret, Thierry Lhermitte, Francis Huster. France, 1998 – Couleurs – 1 h 20.

Chaque mercredi, Pierre et ses amis se réunissent pour un « dîner de cons » : chacun d'eux doit être accompagné d'un individu particulièrement lourd, obtus ou ennuyeux, et le gagnant sera celui qui aura amené le plus « con ». Mais ce soir-là, Pierre a un tour de reins qui l'empêche de se déplacer. C'est finalement chez lui que la rencontre aura lieu et sa vie privée en pâtira passablement !

DÎNER "DINNER"

Comédie dramatique de **Barry Levinson**, avec Steve Guttenberg, Mickey Rourke, Daniel Stern. États-Unis, 1982 – Couleurs – 1 h 35.

Cinq amis, frais émoulus du collège de Baltimore, se retrouvent dans un restaurant. Après un chassé-croisé de problèmes sentimentaux et financiers, tout finit par s'arranger.

LE DINGUE DU PALACE "THE BELLBOY"

Comédie de **Jerry Lewis**, avec Jerry Lewis *(Stanley)*, Alex Gerry *(le directeur de l'hôtel)*, Bob Clayton *(le chef du personnel)*, Sonny Sands, Bill Richmond, Milton Berle, Eddie Shaeffer, David Landfield. • SC : J. Lewis. • PH : Haskell Boggs. • DÉC : Hal Pereira, Henry Bumstead, Sam Comer, Robert Benton. • MUS : Walter Sharf. • MONT : Stanley Johnson, Artie Schmidt. États-Unis, 1960 – 1 h 12.

Stanley est groom dans un palace de Miami. Maladroit et gaffeur, chacune de ses gentillesses se transforme inévitablement en catastrophe. La situation se complique quand Jerry Lewis, la vedette, débarque à l'hôtel avec sa suite et se trouve bien embarrassé d'une fâcheuse similitude avec le groom qui, pour sa part, est plutôt intrigué par un client ressemblant étrangement à Stan Laurel.

◆ *Coup d'essai et coup de maître,* le Dingue du palace *installe d'emblée Jerry Lewis au panthéon du burlesque.* M.C.

DIOGÈNE/ÔTE-TOI DE MON SOLEIL

Essai de **Marc Jolivet**, avec Marc Jolivet, Sylvie Koechlin, Hubert Saint-Macary, Patricia Carrière. France, 1982 – Couleurs – 1 h 15.

Insatisfait de sa vie, un homme se marginalise de plus en plus. À l'instar de Diogène, il va vivre dans un tonneau.

DIONYSOS

Essai de **Jean Rouch**, avec Jean Monod, Hélène Puiseux. France, 1984 – Couleurs – 1 h 40.

Un jeune universitaire américain célèbre son doctorat en Sorbonne (consacré à Dionysos) par une fête universelle appelant à la « débauche de la société industrielle ».

LA DISCRÈTE

Comédie de **Christian Vincent**, avec Fabrice Luchini, Judith Henry, Maurice Garrel, Marie Busnel. France, 1991 – Couleurs – 1 h 35.

Un jeune intellectuel abandonné par sa bonne amie décide de se venger des femmes. Son éditeur lui commande le récit de cette vengeance. Il séduira donc une brave fille et l'abandonnera. Mais le cœur a ses raisons. On a dit : ça ressemble à du Rohmer. On a eu raison. Mise en scène élégante, dialogue très bien écrit, interprétation raffinée. Un joli conte moral.

DIS-MOI QUE TU M'AIMES

Comédie de **Michel Boisrond**, avec Mireille Darc, Marie-José Nat, Jean-Pierre Marielle, Daniel Ceccaldi. France, 1974 – Couleurs – 1 h 30.

Deux couples se séparent. Les maris, unis par une complicité professionnelle, se retrouvent au bureau.

DIS-MOI QUE TU M'AIMES, JUNIE MOON
"TELL ME THAT YOU LOVE ME, JUNIE MOON"
Drame d'**Otto Preminger**, d'après le roman de Marjorie Kellogg, avec Liza Minnelli, Ken Howard, Robert Moore, Kay Thompson, Leonard Frey, James Coco. États-Unis, 1970 – Couleurs – 1 h 53.

Trois jeunes gens souffrant de handicaps divers tâchent de s'en sortir en unissant leurs forces. Une peinture vigoureuse des « pas comme les autres ».

DISONS, UN SOIR À DÎNER
"METTI, UNA SERA A CENA"
Comédie de **Giuseppe Patroni Griffi**, avec Jean-Louis Trintignant, Annie Girardot, Tony Musante, Florinda Bolkan. Italie, 1969 – Couleurs – 1 h 45.

Un écrivain dépasse son infortune conjugale en faisant l'expérience de relations collectives. Sur un thème alors à la mode, Patroni Griffi a réussi l'adaptation de sa propre pièce.

LES DISPARUS DE SAINT-AGIL
Film policier de **Christian-Jaque**, avec Erich von Stroheim *(M. Walter)*, Michel Simon *(M. Lemesle)*, Armand Bernard *(le concierge)*, Aimé Clariond *(le directeur, M. Boisse)*, Robert Le Vigan *(César)*, Serge Grave *(Baume)*, Marcel Mouloudji *(Macroy)*. • SC : Jacques-Henri Blanchon, Jacques Prévert, d'après le roman de Pierre Véry. • PH : Marcel Lucien. • DÉC : Pierre Cold. • MUS : Henri Verdun. • MONT : Claude Nicole. France, 1938 – 1 h 35.

Au collège privé Saint-Agil, en province, trois élèves, Baume, Sorgues et Macroy, ont constitué la société secrète des « Chiche-Capon » dans le but d'organiser leur départ pour l'Amérique. Au cours de leurs réunions nocturnes, ils observent d'étranges phénomènes, comme la présence d'un « Homme invisible ». L'un après l'autre, les conjurés disparaissent sans laisser de trace. Une bande de faux-monnayeurs est à l'origine de ces événements...

◆ *Modèle de policier insolite, cette adaptation d'un roman de Pierre Véry sera suivie par d'autres, en particulier* l'Assassinat du Père Noël *et* Goupi Mains rouges. *Le mystère et l'humour y font bon ménage dans une atmosphère de collège d'avant-guerre parfaitement rendue par Christian-Jaque. Grand atout du film, la performance de plusieurs immenses comédiens : l'affrontement des professeurs ennemis Michel Simon et Erich von Stroheim est un morceau de bravoure.* *G.L.*

LE DISQUE ROUGE / LE CHEMINOT
"IL FERROVIERE"
Drame de **Pietro Germi**, avec Pietro Germi, Lucia Della Noce, Sylva Koscina, Saro Urzi. Italie, 1956 – 1 h 41.

Un conducteur de locomotive, confronté à des problèmes professionnels et familiaux, se réfugie dans la boisson et les mauvaises fréquentations. Sauvé par l'amour de sa femme, il meurt dans la sérénité.

DISTANT VOICES "DISTANT VOICES, STILL LIVES"
Drame de **Terence Davies**, avec Freda Dowie, Peter Postlethwaite, Angela Walsh. Grande-Bretagne, 1988 – Couleurs – 1 h 24.

La vie d'une famille ouvrière de Liverpool dans les années 50, avec ses joies et ses peines, rythmée par des chansons. Un original document sociologique sur l'Angleterre laborieuse.

LES DISTRACTIONS
Drame de **Jacques Dupont**, avec Jean-Paul Belmondo, Sylva Koscina, Alexandra Stewart, Claude Brasseur, Jacques Jouanneau. France / Italie, 1960 – 1 h 40.

Un reporter cache un ancien camarade recherché par la police, et l'abandonne pour l'amour d'une femme. Il tentera trop tard de le sauver.

LE DISTRAIT
Comédie de **Pierre Richard**, avec Pierre Richard, Bernard Blier, Maria Pacôme. France, 1970 – Couleurs – 1 h 20.

Engagé par protection dans une agence de publicité, le héros multiplie les gaffes... qui sont autant de succès médiatiques. Le premier film de Pierre Richard réalisateur.

DITES-LE AVEC DES FLEURS
Drame fantastique de **Pierre Grimblat**, d'après le roman de Christian Charrière, avec Francis Blanche, Julien Guiomar, Delphine Seyrig, Fernando Rey. France, 1973 – Couleurs – 1 h 40.

Une famille en vacances. Les cinq enfants sont confiés à une jeune Allemande au pair. Meurtres et disparitions surviennent.

DITES-LUI QUE JE L'AIME
Drame psychologique de **Claude Miller**, d'après le roman de Patricia Highsmith, avec Gérard Depardieu, Miou-Miou, Dominique Laffin. France, 1977 – Couleurs – 1 h 45.

David poursuit passionnément, désespérément et jusqu'à la mort, Lise, son amie d'enfance, qui ne veut pas de lui. De ce rêve obsessionnel de la femme idéalisée, Claude Miller a fait un chant lyrique et oppressant.

DIVA
Film policier de **Jean-Jacques Beineix**, avec Frédéric Andrei *(Jules)*, Thuy An Luu *(Alba)*, Richard Bohringer *(Gorodish)*, Jacques Fabbri *(Saporta)*, Wilhelmenia Wiggins Fernandez *(Cynthia)*. • SC : J.-J. Beineix, Jean Van Hamme, d'après le roman de Delacorta. • PH : Philippe Rousselot. • DÉC : Hilton Mc Connico. • MUS : Vladimir Cosma. • MONT : Marie-Josèphe Yoyotte. France, 1981 – Couleurs – 1 h 55.

Un jeune postier se trouve mêlé à une sombre histoire de ripoux. Mais il est bien plus préoccupé par sa passion pour une chanteuse lyrique dont on se dispute les enregistrements pirates...

◆ *Alors qu'il préparait* la Lune dans le caniveau, *Beineix se vit confier pour ses débuts de réalisateur le script de* Diva... *et ce fut, par la magie du bouche à oreille, l'apparition d'un film culte pour la génération des années 80 : elle y retrouvait, en effet, tout un style de vie. Le film est efficacement mené et le rythme donné à la superposition des deux intrigues transforme les complexités de l'histoire en une promenade dans l'époque à la désinvolture séduisante. Le travail sur les couleurs, où la vie elle-même devient un décor à la mode, les signes du temps (loft et patins à roulettes, dialogue très contemporain, décalages des personnages), la présence même de la diva et cet air de* la Wally *de Catalani ressurgi du passé romantique de l'opéra, tout concourt de façon cohérente à créer un charme auquel personne n'est resté insensible.* J.-M.C.

LE DIVAN DE L'INFIDÉLITÉ "WIVES AND LOVERS"
Comédie de **John Rich**, avec Janet Leigh, Van Johnson, Shelley Winters. États-Unis, 1963 – 1 h 43.

Bill et Bertie vivent une vie de famille modeste, mais heureuse. Leur équilibre sera bouleversé lorsque Bill, jusqu'alors écrivain malheureux, va connaître un succès foudroyant.

DIVINE
Mélodrame de **Max Ophuls**, sur un scénario de Colette, avec Simone Berriau, Gina Manès, Georges Rigaud. France, 1935 – 1 h 22.

À Paris, une petite paysanne entre dans un music-hall de troisième ordre et découvre, horrifiée, le monde des coulisses. Compromise dans une affaire de drogue, elle sera sauvée par l'amour d'un honnête garçon.

DIVINE
Comédie musicale de **Dominique Delouche**, avec Danielle Darrieux, Jean Le Poulain, Georgette Plana, Richard Fontana, Martine Couture. France, 1975 – Couleurs – 1 h 30.

Un jeune homme romantique est fou d'une grande comédienne et celle-ci, pour le lasser, va jouer les épaves. Sans succès. Quand elle faiblira devant son adorateur, celui-ci reviendra à sa fiancée.

LA DIVINE COMÉDIE "A DIVINA COMEDIA"
Parabole de **Manoel de Oliveira**, avec Maria de Medeiros, Michel Guilherme, Luis Miguel. Portugal, 1991 – Couleurs – 2 h 20.

Huis clos dans un asile où les aliénés incarnent Adam et Ève, Lazare, les frères Karamazov... et débattent du sens de la vie.

DIVINE ENFANT
Comédie de **Jean-Pierre Mocky**, avec Laure Martel, Jean-Pierre Mocky, Sophie Moyse. France, 1989 – Couleurs – 1 h 23.

Pour pouvoir garder son chien, une petite fille s'enfuit de l'orphelinat. Elle est prise en charge par un semi-vagabond, ancien pilote qui a perdu toute illusion. Un sujet tendre avec çà et là quelques pointes caustiques.

DIVINES PAROLES "DIVINAS PALABRAS"
Drame de **José Luis Garcia Sanchez**, avec Ana Belen, Francisco Rabal, Imanol Arias. Espagne, 1987 – Couleurs – 1 h 45.

La belle jeune femme d'un sacristain hérite de la garde de son neveu hydrocéphale et l'exhibe dans les foires des environs pour en tirer de l'argent.

DIVORCE À L'ITALIENNE "DIVORZIO ALL'ITALIANA"
Comédie satirique de **Pietro Germi**, avec Marcello Mastroianni *(le baron Cefalù)*, Stefania Sandrelli *(Angela)*, Daniela Rocca *(Rosalia)*, Leopoldo Trieste *(Carmelo)*. • SC : P. Germi, Ennio De Concini, Alfredo Giannetti. • PH : Leonida Barboni. • DÉC : Carlo Egidi. • MUS : Carlo Rustichelli. • MONT : Roberto Cinquini. Italie, 1961 – 1 h 45.

En Italie, le divorce n'existait pas... mais les crimes d'honneur étaient admis. Jouant là-dessus, un baron sicilien tue sa femme et, à peine sorti de prison après une légère condamnation, épouse la jeune fille qu'il convoitait.

◆ *Succès public mérité pour cette comédie très alerte, où Mastroianni s'en donne à cœur joie dans un rôle de malin finalement berné par plus maligne que lui. Le trait est, certes, un peu lourd, mais la peinture d'une société méditerranéenne bloquée demeure très forte et les images de la Sicile agréablement touristiques.* J.-M.C.

LE DIVORCE DE LADY X
"THE DIVORCE OF LADY X"
Comédie de **Tim Whelan**, d'après la pièce de Gilbert Wakefield *Counsel's Opinion*, avec Merle

Oberon, Laurence Olivier, Ralph Richardson. Grande-Bretagne, 1938 – Couleurs – 1 h 32.

La fille d'un très respectable juge mystifie un jeune avocat dont elle est amoureuse. Interprété par le couple dramatique des Hauts de Hurlevent.

DIVORCÉ MALGRÉ LUI "ETERNALLY YOURS"
Comédie de **Tay Garnett**, avec Loretta Young, David Niven, Hugh Herbert. États-Unis, 1939 – 1 h 35.

Lassée de la vie itinérante de son mari, prestidigitateur, une femme demande le divorce avant de s'apercevoir qu'elle l'aime toujours.

LE DIVORCEMENT
Drame de **Pierre Barouh**, avec Michel Piccoli, Lea Massari. France, 1979 – Couleurs – 1 h 55.

Philippe et Rosa forment un couple idéal et pourtant ils décident, d'un commun accord, de divorcer. Chacun tente de reconstituer sa vie de son côté, mais les choses tournent mal.

LES DIX COMMANDEMENTS
"THE TEN COMMANDMENTS"
Film à grand spectacle de **Cecil B. De Mille**, avec Theodor Roberts, Charles de Rochefort, Richard Dix, Rod la Rocque. États-Unis, 1923 – certains fragments en Technicolor – env. 2 h.

Célèbre surtout pour les trucages du passage de la mer Rouge, ce film joue sur le même mode qu'Intolérance : il met en parallèle l'histoire contemporaine des deux Mac Tavish (le bon et le mauvais), frères ennemis chers au cinéma hollywoodien, et celle des deux « fils de Pharaon ». Tout en marquant la fonction d'exemple de l'Histoire, De Mille affirme la permanence de la nature humaine.

LES DIX COMMANDEMENTS
"THE TEN COMMANDMENTS"
Péplum biblique de **Cecil B. De Mille**, avec Charlton Heston *(Moïse)*, Yul Brynner *(Ramsès II)*, Ann Baxter *(Néfertari)*, Edward G. Robinson *(Dathan)*, Yvonne De Carlo *(Sephora)*, Debra Paget *(Lilia)*, John Derek *(Joshua)*. • SC : Fredric M. Frank, Jesse L. Lasky, Jack Gariss, Aeneas MacKenzie. • PH : Loyal Griggs, John Warren, Wallace Kelley, Peverell Marley, John P. Fulton (effets spéciaux). • DÉC : Hal Pereira, Walter Tyler, Albert Nozaki. • MUS : Elmer Bernstein. • MONT : Anne Bauchens. États-Unis, 1956 – Couleurs – 3 h 39.

Élevé comme un prince à la cour de Pharaon, Moïse apparaît en conquérant et en bâtisseur de cité, rival de Ramsès dans le cœur du monarque Séti Ier aussi bien que dans celui de sa fille Néfertari. Défenseur des Hébreux, chassé dans le désert par Ramsès devenu Pharaon, Moïse prend la tête du peuple élu à qui il transmet, avec sa force, les tables de la Loi et l'espoir de la Terre Promise.

◆ *Développant le thème biblique évoqué dans sa version de 1923, le film se fonde sur la tradition des historiens anciens ou des commentaires rabbiniques comme sur le texte de l'Exode. Autant qu'un grand spectacle, dont le morceau de bravoure reste le franchissement de la mer Rouge, De Mille construit le modèle du prophète libérateur, et propose une leçon de morale en opposant les justes aux forts, la volonté de Dieu à la raison d'État.* *M.L.*

LES DIX DERNIERS JOURS D'HITLER
"HITLER, THE LAST TEN DAYS"
Drame d'**Ennio de Concini**, avec Alec Guinness, Simon Ward, Adolfo Celi. Grande-Bretagne, 1972 – Couleurs – 1 h 50.

Les derniers jours d'avril 1945 : tandis que les troupes soviétiques progressent vers Berlin, Hitler, retranché dans son bunker avec sa maîtresse et son état-major, se berce encore d'illusions. La reconstitution historique, dominée par l'interprétation d'Alec Guinness, est illustrée par des documents d'époque.

DIX HEURES TRENTE DU SOIR EN ÉTÉ
"10.30 PM SUMMER"
Drame de **Jules Dassin**, d'après le roman de Marguerite Duras, avec Peter Finch, Mélina Mercouri, Romy Schneider. États-Unis / Espagne, 1966 – Couleurs – 1 h 25.

La Grecque Maria voyage en Espagne avec son mari anglais et son amie de cœur allemande. Au cours d'une halte, elle sauve un meurtrier en fuite, tandis qu'une liaison se noue entre son amie et son mari.

DIX HOMMES POUR L'ENFER "TARGET ZERO"
Film de guerre d'**Harmon Jones**, avec Richard Conte, Charles Bronson, Richard Stapley, Chuck Connors, Peggy Castle. États-Unis, 1955 – 1 h 33.

En Corée, une patrouille américaine égarée dans le pays cherche à rejoindre les lignes alliées. En cours de route, le lieutenant tombe amoureux d'une infirmière.

LA DIXIÈME SYMPHONIE
Drame d'**Abel Gance**, avec Séverin Mars, Emmy Lynn, Jean Toulout, M. Nizan, André Lefaur. France, 1918 – 1 700 m (env. 1 h).

Une riche jeune femme, qui a dû tuer pour sauver sa fortune, tente d'oublier en épousant un compositeur. Se croyant trahi, celui-ci exprime sa souffrance en composant son chef-d'œuvre, « la Xe Symphonie ».

LA DIXIÈME VICTIME "LA DECIMA VITTIMA"
Film d'anticipation d'**Elio Petri**, d'après une nouvelle de Robert Sheckley, avec Marcello Mastroianni, Ursula Andress, Elsa Martinelli. Italie / France, 1966 – Couleurs – 1 h 25.

Dans une société du futur, les guerres ont disparu ; pour les remplacer, on pratique une chasse à l'homme, dont les concurrent(e)s sont tantôt chasseur, tantôt gibier. Est proclamé vainqueur celle ou celui qui triomphe de dix adversaires.

DIX MILLE SOLEILS "TIZEZER NAP"
Film historique de **Ferenc Kósa**, avec Tibor Molnár *(István)*, Gyöngyi Burös *(Juli, sa femme)*, András Kozák *(son fils)*, János Koltai *(Báno)*. • SC : F. Kósa, Sándor Csoóri, Imre Gyöngyössy. • PH : Sándor Sára. • DÉC : József Romvári. • MUS : András Szöllósy. • MONT : Szecsenyi. Hongrie, 1967 – 1 h 37. ★ **PRIX DE LA MISE EN SCÈNE, Cannes 1967.**

Dix mille soleils, cela représente à peu près trente ans. De fait, le film raconte la vie dans la campagne hongroise depuis l'avant-guerre et le régent Horthy jusqu'aux progressives remises en question de l'idéologie communiste après la répression de 1956.

◆ *À l'époque de sa sortie, en même temps que les premiers films de Jancsó,* Dix Mille Soleils *fut perçu comme une œuvre d'espoir au souffle épique où pouvait se lire une renaissance de la Hongrie. Et il est vrai que les images qui évoquent la vie des hommes et des bêtes au rythme simple de la nature sont d'un puissant lyrisme. Mais, dans son ensemble, il n'évite ni le didactisme ni la grandiloquence, d'ailleurs aggravés par l'utilisation du CinémaScope noir et blanc.* J.-M.C.

DIX PETITS INDIENS "AND THEN THERE WERE NONE"
Comédie policière de **René Clair**, d'après le roman d'Agatha Christie *Dix Petits Nègres*, avec Barry Fitzgerald, Walter Huston, Louis Hayward, Roland Young, June Duprez. États-Unis, 1945 – 1 h 37.

Un mystérieux individu invite dix personnes sur une île déserte, leur annonce que toutes mourront et que chaque mort sera précédée du bris d'une statuette. Alors qu'il ne reste que deux invités, le coupable est démasqué.

▷ Autres versions réalisées par : **George Pollock**, intitulée DIX PETITS INDIENS "TEN LITTLE INDIANS", avec Wilfrid Hyde White, Dennis Price, Stanley Holloway, Leo Genn, Shirley Eaton, Hugh O'Brian, Daliah Lavi, Mario Adorf, Marianne Hoppe. Grande-Bretagne, 1966 – 1 h 31. **Peter Collinson**, intitulée DIX PETITS NÈGRES (Ten Little Indians), avec Oliver Reed, Stéphane Audran, Elke Sommer, Richard Attenborough, Charles Aznavour, Gert Froebe, Herbert Lom, Adolfo Celi. Grande-Bretagne / Italie / France / R.F.A. / Espagne, 1974 – Couleurs – 1 h 38.

10, RUE FRÉDÉRICK "TEN NORTH FREDERICK"
Drame psychologique de **Philip Dunne**, d'après le roman de John O'Hara, avec Gary Cooper, Diane Varsi, Suzy Parker. États-Unis, 1958 – 1 h 42.

Un homme destiné à de hautes fonctions politiques s'aperçoit qu'il a raté sa vie et fait le malheur de ses enfants.

LE DIX-SEPTIÈME PARALLÈLE
Documentaire de **Joris Ivens** et **Marceline Loridan**. Viêt Nam / France, 1967 – 1 h 53.

L'engagement acharné des paysans dans le combat que mène le Nord-Viêt Nam contre le Sud et ses alliés américains. Un regard politique d'une grande sensibilité par un des plus grands spécialistes du film documentaire.

DJANGO "DJANGO"
Western de **Sergio Corbucci**, avec Franco Nero, Loredana Nusciak, José Bodalo. Italie / Espagne, 1966 – Couleurs – 1 h 30.

Deux bandes rivales terrorisent un village près de la frontière mexicaine, l'une composée de Mexicains, l'autre ayant des allures de Ku Klux Klan. Arrive alors Django, mystérieux étranger traînant un cercueil derrière lui. Ce film est l'un des chefs-d'œuvre du western italien, et l'un de ses films-étalons.

▷ Le personnage apparaît dans onze autres films :

DJANGO TIRE LE PREMIER "DJANGO SPARA PER PRIMO"
d'**Alberto De Martino**, avec Glenn Saxon. Italie, 1967 – Couleurs – 1 h 37.

DJANGO PRÉPARE TON CERCUEIL
"PREPARATI LA BARA !"
de **Ferdinando Baldi**, avec Terence Hill. Italie, 1968 – Couleurs – 1 h 32.

DJANGO LE PROSCRIT
"EL PROSCRITO DEL RIO COLORADO"
de **Maury Dexter**, avec George Montgomery. Espagne, 1968 – Couleurs – 1 h 18.

DJANGO LE TACITURNE "BILL, IL TACITURNO"
de **Massimo Pupillo** (Max Hunter), avec George Eastman. Italie / France, 1969 – Couleurs – 1 h 25.

DJANGO, PRÉPARE TON EXÉCUTION "EXECUTION"
de **Domenico Paolella**, avec John Richardson. Italie, 1970 – Couleurs – 1 h 39.

DJANGO PORTE SA CROIX
"QUELLA SPORCA STORIA NEL WEST"
d'**Enzo G. Castellari**, avec Andrea Giordana. Italie, 1970 – Couleurs – 1 h 32.

DJANGO ET SARTANA
"QUEL MALEDETTO GIORNO D'INVERNO. DJANGO E SARTANA ALL'ULTIMO SANGUE"
de **Miles Deem (D. Fidani)**, avec Hunt Powers. Italie, 1971 – Couleurs – 1 h 15.

DJANGO NE PRIE PAS "I VIGLIACCHI NON PREGANO"
de **Mario Siciliano**, avec John Garko. Italie, 1971 – Couleurs – 1 h 40.

DJANGO NE PARDONNE PAS "DJANGO NON PERDONA"
de **Julio Buchs**, avec John Clark. Espagne, 1972 – Couleurs – 1 h 30.

DJANGO DÉFIE SARTANA "DJANGO SFIDA SARTANA"
de **Pasquale Squitieri**, avec Georgio Ardisson. Italie, 1972 – Couleurs – 1 h 29.

DJANGO ARRIVE ! PRÉPAREZ VOS CERCUEILS
"CÉ SARTANA. VENDI LA PISTOLA E COMPRATI LA BARA !"
d'**Antony Ascot**, avec George Hilton. Italie, 1972 – Couleurs – 1 h 25.

DJELI / CONTE D'AUJOURD'HUI "DJELI"
Drame de **Fadiga Kramo Lancine**. Côte d'Ivoire, 1982 – Couleurs – 1 h 40.

Écrasé par le poids de la tradition rurale, le fils d'un griot ne peut pas épouser une jeune fille de caste supérieure.

DOBERMANN
Film policier de **Jan Kounen**, avec Vincent Cassel, Monica Bellucci, Tcheky Karyo. France, 1997 – Couleurs – 1 h 45.

Affrontements d'une bande de gangsters disjonctés et de policiers pas très recommandables. Les ingrédients sont rudimentaires – drogue, mitraillages, sang et sexe –, les sentiments frustes, mais la caméra, elle, a une âme. Une réalisation représentative du « cinéma barbare » inventé par les enfants de la BD, du rock et du vidéo-clip.

DOC HOLLIDAY "DOC"
Western de **Frank Perry**, avec Faye Dunaway, Stacy Keach, Harris Yulin. États-Unis, 1971 – Couleurs – 1 h 40.

Il s'agit encore une fois du fameux règlement de comptes à O.K. Corral ! Mais les adversaires des Clanton, Wyatt Earp et Doc Holliday, sont complètement démythifiés : le premier n'est qu'un ambitieux et Doc est au bout du rouleau.

DOCTEUR CYCLOPE "DOCTOR CYCLOPS"
Aventures fantastiques d'**Ernest B. Schoedsack**, avec Albert Dekker, Janice Logan. États-Unis, 1940 – Couleurs – 1 h 15.

Un biologiste fou, perdu au milieu de la jungle, réduit les êtres vivants à d'infimes proportions. Nombreux trucages où le fantastique et l'angoisse se mêlent au Technicolor.

DOCTEUR FOLAMOUR
"DOCTOR STRANGELOVE (OR, HOW I LEARNED TO STOP WORRYING AND LOVE THE BOMB)"
Comédie satirique de **Stanley Kubrick**, avec Peter Sellers *(Mandrake, Muffley, Folamour)*, George C. Scott *(Turgidson)*, Sterling Hayden *(Ripper)*, Keenan Wynn, Slim Pickens. • SC : S. Kubrick, Terry Southern, Peter George d'après son roman *Alerte rouge*. • PH : Gilbert Taylor. • DÉC : Ken Adam. • MUS : Laurie Johnson. Grande-Bretagne, 1963 – 1 h 33.

Devenu fou, le général américain Ripper décide de son propre chef d'envoyer des avions nucléaires bombarder l'U.R.S.S. Le président des États-Unis tentera de neutraliser l'opération, mais un avion larguera sa bombe, déclenchant une apocalyptique réaction en chaîne.

◆ *Ce film, après de grandes réussites, est le premier où le génie de Kubrick s'affirme totalement et entame une série ininterrompue de chefs-d'œuvre. L'humour ravageur et burlesque qui le caractérise, et qui a pu choquer, est celui d'un désespoir dépassé par l'horreur. L'amour dont il est question dans le titre est ici amour irrationnel de la mort : le pilote du bombardier, à cheval sur la bombe, tombe avec elle en agitant son chapeau texan et en hurlant de joie comme à un rodéo ; sa mort sera aussi celle de ses ennemis. La fin du monde qu'annonce le docteur Folamour, paralysé depuis la dernière guerre, l'exalte tellement qu'il se remet à marcher. Création hors pair de Peter Sellers dans un triple rôle.* S.K.

DOCTEUR FRANÇOISE GAILLAND
Drame de **Jean-Louis Bertucelli**, d'après le roman de Noëlle Loriot, avec Annie Girardot, Jean-Pierre Cassel, François Périer, Isabelle Huppert, Suzanne Flon. France, 1976 – Couleurs – 1 h 30.

Chef de service très efficace, une femme médecin a une vie familiale plutôt ratée. Lorsqu'elle apprend qu'elle est atteinte d'un cancer, elle se réconcilie avec son mari et tente de faire front.

DOCTEUR JACK "DOCTOR JACK"
Film burlesque de **Fred Newmeyer** et **Harold Lloyd**, avec Harold Lloyd, Mildred Davis, John Prince, Eric Mayne. États-Unis, 1922 – env. 1 900 m (1 h 10).

À la campagne, un rebouteux vient à bout de tous les maux, alors que ses collègues médecins connaissent échec sur échec.

DOCTEUR JEKYLL ET LES FEMMES
Drame érotique de **Walerian Borowczyk**, d'après l'œuvre fantastique de Robert Louis Stevenson, avec

Udo Kier, Marina Pierro, Patrick Magee, Howard Vernon. France, 1981 – Couleurs – 1 h 35.

Mrs. Jekyll fiance son fils, le Dr Henry. Les invités vivront une épouvantable soirée, rythmée par les crimes successifs de son double démoniaque. Les fiancés se rejoindront au-delà du réel...

DOCTEUR JEKYLL ET M. HYDE

"DR JEKYLL AND MR HYDE"

Film fantastique de **Rouben Mamoulian**, avec Fredric March *(Jekyll* et *Hyde)*, Miriam Hopkins *(Ivy Pearson)*, Rose Hobart *(Muriel Carew)*, Holmes Herbert *(Dr Lanyon)*, Edgar Norton *(Poole)*. • SC : Samuel Hoffenstein, Percy Heath, d'après le roman de Robert Louis Stevenson. • PH : Karl Struss. • DÉC : Hans Dreier. • MONT : William Shae. États-Unis, 1932 – env. 1 h 38.

Le docteur Jekyll, respectable homme de science qui cherche à percer les secrets de l'Homme, fabrique une drogue qui doit lui permettre de concrétiser ses pulsions les plus secrètes sous une enveloppe charnelle différente. Il devient un M. Edward Hyde à l'aspect effroyable. Mais, petit à petit, Jekyll se transforme en Hyde sans le vouloir, jusqu'à ce que ce dernier le supplante définitivement.

◆ *Cette première adaptation parlante du classique de Stevenson est aussi l'une des plus réussies. Le scénario reste fidèle à l'œuvre originale. Mamoulian, aidé par un remarquable directeur de la photographie, expérimente de nouvelles techniques de réalisation, parmi lesquelles un étonnant essai de caméra subjective. Mais le film est dominé par la fabuleuse performance d'acteur de Fredric March, qui lui valut un Oscar. Maquillé par Wally Westmore, il compose un Hyde simiesque, proche de l'homme de Néandertal, violent et bestial. La réussite du film de Mamoulian, en plein « âge d'or » du cinéma fantastique américain, consacre la double figure de Jekyll et Hyde comme une composante fondamentale des mythes fantastiques du cinéma.* *L.A.*

▷ Autres adaptations fidèles du roman réalisées par : **John Stuart Robertson**, avec John Barrymore, Nita Naldi, Martha Mansfield, Louis Wolheim. États-Unis, 1921 – 1 700 m (env. 1 h). **Victor Fleming**, avec Spencer Tracy, Ingrid Bergman, Lana Turner, Donald Crisp, Ian Hunter. États-Unis, 1941 – 2 h 02.

▷ Parmi les nombreuses autres variations sur le thème : DER JANUSKOF/ SCHREICKEN, de **F.W. Murnau**, avec Conrad Veidt. Allemagne, 1920 – env. 1 800 m (1 h). I, MONSTER, de **Stephen Weeks**, avec Christopher Lee, Peter Cushing, Richard Hurdall, George Merritt. Grande-Bretagne, 1970 – Couleurs – 1 h 15. Voir encore LES DEUX VISAGES DU DOCTEUR JEKYLL, LE TESTAMENT DU DOCTEUR CORDELIER, DOCTEUR JERRY ET MISTER LOVE, DOCTEUR JEKYLL ET SISTER HYDE.

DOCTEUR JEKYLL ET SISTER HYDE

"DR JEKYLL AND SISTER HYDE"

Film fantastique de **Roy Ward Baker**, avec Ralph Bates, Martine Beswick, Lewis Flander, Neil Wilson. Grande-Bretagne, 1971 – Couleurs – 1 h 31.

En manipulant des cadavres de femmes, le Dr Jekyll obtient un élixir de longue vie, mais son absorption le transformera en une redoutable criminelle, dont la fin sera celle du génial docteur.

DOCTEUR JERRY ET MISTER LOVE

"THE NUTTY PROFESSOR"

Comédie parodique de **Jerry Lewis**, avec Jerry Lewis *(professeur Julius Kelp / Buddy Love)*, Stella Stevens *(Stella)*, Del Moore *(le doyen Mortimer R. Warfield)*, Kathleen Freeman *(miss Lemmon)*, Howard Morris et Elvia Allman *(les parents de Julius)*. • SC : J. Lewis, Bill Richmond, librement inspiré du roman de Robert Louis Stevenson *Docteur Jekyll et Mister Hyde*. • PH : W. Wallace Kelley. • DÉC : Sam Comer, Robert Benton. • MUS : Walter Scharf, Lee Brown. • MONT : John Woodcock. • PR : Paramount. États-Unis, 1963 – Couleurs – 1 h 47.

Professeur de chimie dans un collège, Julius Kelp, au physique plutôt ingrat, est de plus très maladroit. Il provoque des catastrophes et se fait chahuter par sa classe. Une de ses élèves, une jolie blonde nommée Stella, le prend en pitié. Décidé à changer physiquement et psychiquement, Kelp essaie d'abord des moyens traditionnels (sport, etc.), puis s'enferme dans son laboratoire et invente un produit miracle. On le retrouve en séduisant play-boy doué d'une voix de crooner. Il participe aux nuits chaudes de la Caverne pourpre, le night-club local. Stella, d'abord choquée par la muflerie de Buddy Love, lui préférera le gentil professeur Kelp, mais jusqu'à un certain point...

◆ Parodie et gags en série

Cette nouvelle version parodique du célèbre roman de Stevenson Docteur Jekyll et Mister Hyde *offre l'occasion à Jerry Lewis de réaliser son meilleur film en tant qu'auteur-acteur-metteur en scène. Elle lui permet de ridiculiser avec une certaine cruauté plusieurs institutions américaines : les universités, le sport athlétique, les chanteurs de charme, le matriarcat, le sentimentalisme sirupeux, etc. L'inversion du thème stevensonien engendre un professeur Jerry d'une grande laideur physique (il est totalement myope, bossu et doté d'une dentition chaotique) mais d'une grande gentillesse et d'une vraie droiture morale, alors que Buddy Love, malicieusement maquillé et gominé comme Dean Martin, possède un charme physique aussi évident que sa goujaterie et sa prétention. Le réalisateur Lewis est au sommet de sa forme. Le film fourmille de gags sonores irrésistibles, comme la musique militaire sortant de sa montre de gousset. Les perceptions subjectives sont particulièrement exploitées : ainsi lorsque Buddy Love redevient le professeur Kelp est-il victime d'une gueule de bois retentissante qui lui fait entendre tous les bruits d'ambiance amplifiés de manière insupportable. Il se permet également une séquence de transformation fantastique, digne des modèles antérieurs. Le moment le plus inoubliable est certainement le long plan-séquence subjectif qui accompagne le trajet de Buddy Love vers la* Caverne pourpre, *sous le regard littéralement médusé des passants, suivi de l'extraordinaire contrechamp sur le visage inattendu du monstre.* *M.M.*

DOCTEUR JIVAGO "DOCTOR ZHIVAGO"

Film historique de **David Lean**, avec Omar Sharif *(Youri Jivago)*, Julie Christie *(Lara)*, Geraldine Chaplin *(Tanya)*, Tom Courtenay *(Pacha / Strelnikov)*, Alec Guinness *(Jevgraf)*, Ralph Richardson *(Gromeko)*, Rod Steiger *(Komarovski)*, Siobhan McKenna *(Anna Gromeko)*. • SC : Robert Bolt, d'après le roman de Boris Pasternak. • PH : Fred. A. Young. • DÉC : Terence Marsh. • COST : Phyllis Danton. • MUS : Maurice Jarre. • MONT : Norman Savage. États-Unis, 1966 – Couleurs – 3 h 15.

En Russie, au début du siècle, Youri Jivago, médecin et poète, doit épouser la fille de ses parents adoptifs, Tanya. Lara, la fille d'une couturière séduite par l'amant de sa mère, tente de se suicider. C'est alors qu'elle rencontre Jivago, qui tombe amoureux d'elle, au moment où éclate la révolution. Commence alors un long exode qui sépare Jivago de la femme qu'il aime.

◆ *Le film connut un prodigieux succès, rejoignant* Ben Hur *et* Autant en emporte le vent *au panthéon de la M.G.M. Malgré une intrigue qui se traîne un peu,* Docteur Jivago *restera dans les mémoires pour la splendeur des costumes et des décors, pour ses grandes séquences lyriques et la célèbre « Chanson de Lara ». À signaler, une fulgurante apparition de Klaus Kinski.* *L.A.*

DOCTEUR JUSTICE

Film d'aventures de **Christian-Jaque**, d'après la bande dessinée de Jean Ollivier et Raphaël Marcello, avec John-Phillip Law, Gert Froebe, Nathalie Delon. France, 1975 – Couleurs – 1 h 50.

Le Dr Justice confond un gangster international et son frère jumeau, un sinistre savant qui veut stériliser l'humanité.

DOCTEUR LAENNEC

Biographie de **Maurice Cloche**, avec Pierre Blanchar, Saturnin Fabre, Mireille Perrey, Jany Holt. France, 1949 – 1 h 40.

La grande figure du médecin breton qui, au début du XIXe siècle, inventa l'auscultation au moyen du stéthoscope, et fut à son tour emporté par la phtisie.

LE DOCTEUR MABUSE "DR MABUSE, DER SPIELER"

Film policier en deux parties de **Fritz Lang**, *(Dr Mabuse, der Spieler – Ein Bild der Zeit* et *Inferno – Menschen der Zeit)*, avec Rudolf Klein-Rogge *(Dr Mabuse)*, Alfred Abel *(comte Told)*, Aud Egede Nissen *(Cara Carozza)*, Gertrud Welker *(comtesse Told)*, Bernhard Goetzke *(von Wenck)*. • SC : F. Lang, Thea von Harbou, d'après le roman de Norbert Jacques. • PH : Carl Hoffmann. • DÉC : Carl Stahl-Urach, Otto Hunte, Erick Kettelhut, Karl Vollbrecht. Allemagne, 1922 – env. 5 200 m (1 h 42 et 1 h 32).

Sous les traits d'un célèbre psychanalyste qui s'intéresse aux sciences occultes, d'un magnat de la finance ou d'un simple matelot, le Dr Mabuse assouvit son goût de la puissance par l'hypnotisme, la terreur, le chantage, les sociétés secrètes, la fausse monnaie, le meurtre. Il met tout en œuvre pour faire échec à son adversaire juré, le juge d'instruction von Wenck, mais finit dans la folie.

◆ *S'inspirant en même temps de la tradition du serial et d'événements contemporains, le film est à la fois un chef-d'œuvre de l'expressionnisme et un quasi-documentaire sur l'époque. Supercriminel mégalomane et joueur, Mabuse organise scientifiquement le désordre à son profit. D'autres suivront, pas seulement au cinéma... Une version sonorisée a été distribuée en 1965.* *J.M.*

▷ Voir aussi LE DIABOLIQUE DOCTEUR MABUSE et LE TESTAMENT DU DOCTEUR MABUSE.

DOCTEUR PETIOT

Drame de **Christian de Chalonge**, avec Michel Serrault, Pierre Romans, Zbigniew Horok, Bérangère Bonvoisin. • SC : Dominique Garnier, Christian de Chalonge. • PH : Patrick Blossier. • DÉC : Yves Brover. • MUS : Michel Portal. • MONT : Anita Fernandez. France, 1990 – Couleurs – 1 h 42.

Le docteur Petiot est un de ces monstres odieux qui jalonnent l'histoire des faits divers. Pendant la dernière guerre, il avait la réputation d'aider les Juifs à échapper à la Gestapo. En fait, il les tuait pour les dépouiller. À la Libération, il s'est déclaré résistant. On l'a percé à jour, jugé, condamné.

◆ *De cette étrange et sinistre destinée, Christian de Chalonge a tiré un film qui semble échapper à la réa-*

lité historique pour devenir conte fantastique, aventure surréelle. Le style des images est délibérément expressionniste. Les rues de Paris et de sa banlieue, la nuit, sont d'extravagantes fantasmagories. Le personnage lui-même, pathétique, psychopathe, magnétique, imprévisible, inouï, échappe aux catégories humaines ordinaires. Une idée se dégage de l'observation de cette insupportable et captivante créature : le mal existe, il suffit que certaines circonstances soient réunies pour qu'il se manifeste dans sa hideur. Petiot pourrait être vous ou moi placé dans des conditions « favorables ». Si le travail de Chalonge est remarquable, la prestation de Michel Serrault – qui défend vaillamment ce personnage indéfendable – est géniale. G.S.

DOCTEUR POPAUL
Drame de **Claude Chabrol**, d'après un roman d'Hubert Monteilhet, avec Jean-Paul Belmondo, Mia Farrow, Laura Antonelli, Daniel Ivernel. France, 1972 – Couleurs – 1 h 40.

Immobilisé et soigné dans sa propre clinique à la suite d'un accident, le docteur Paul Simay revit sa carrière et son ascension.

DOCTEURS IN LOVE "YOUNG DOCTORS IN LOVE"
Comédie de **Garry Marshall**, avec Michael McKean, Sean Young, Harry Dean Stanton, Patrick McNee, Hector Elizondo, Dabney Coleman, Pamela Reed. États-Unis, 1982 – Couleurs – 1 h 35.

De nouveaux internes arrivent à l'hôpital, tandis qu'un gangster paralysé, recherché par des tueurs, est caché par son fils dans l'établissement. Délirant.

DOCTEUR X "DOCTOR X"
Film d'horreur de **Michael Curtiz**, avec Lee Tracy, Lionel Atwill, Preston Foster, Fay Wray, George Rosener, Mae Busch, Arthur Edmund Carewe. États-Unis, 1932 – Couleurs – 1 h 22.

Un journaliste enquête sur une série de meurtres perpétrés à la pleine lune. Ses recherches le mènent dans une faculté de médecine où il découvrira les terribles expériences d'un médecin.

DOCTOR FAUSTUS
Film fantastique de **Nevill Coghill** et **Richard Burton**, d'après la pièce de Christopher Marlowe, avec Richard Burton, Andreas Teuber, Ian Marter, Elizabeth Taylor, Elizabeth Donovan. Grande-Bretagne, 1967 – Couleurs – 1 h 33.

Un savant du Moyen Âge invoque Méphistophélès et lui offre son âme en échange d'une vie de volupté. Une évocation peu inspirée de la légende de Faust.

DOCUMENTEUR
Drame psychologique d'**Agnès Varda**, avec Sabine Mamou, Mathieu Demy, Tom Taplin. France, 1981 – Couleurs – 1 h.

Une secrétaire française, séparée de son mari, vit à Los Angeles avec son jeune fils. Dérive quotidienne d'une femme hantée par ses souvenirs et bientôt harcelée par les questions de l'enfant.

DODES'KA-DEN "DODES'KA-DEN"
Drame d'**Akira Kurosawa**, avec Zushi Yoshitaka *(Rokuchan)*, Kin Sugai *(Okuni, mère de Rokuchan)*, Kazuo Kato *(le peintre)*, Junzaburo Ban *(Yukcihi Shima)*, Kioko Tange *(sa femme)*, Mikio Hino. • SC : A. Kurosawa, Hideo Oguni, Shinobu Hashimoto, d'après des nouvelles de Shugoro Yamamoto *la Ville sans saisons*. • PH : Takao Saito, Yasumichi Fukuzawa. • DÉC : Yoshiro Muraki, Shinobu Muraki. • MUS : Toru Takemaitsu. • MONT : Reiko Kaneko. Japon, 1970 – Couleurs – 2 h 20.

Description d'un bidonville et de la vie quotidienne de ses habitants en une série de saynètes. Halluciné par la faim, un père décrit à son fils les visions somptueuses dont il est assailli et qui transforment en palais la carcasse de voiture qui leur tient lieu de maison. Une jeune fille, violée par son tuteur et définitivement traumatisée, ne pourra pas reprendre pied dans le réel et tuera son bienfaiteur en croyant se suicider. Un vieillard décide de mettre fin à ses jours. Un chœur de lavandières, qui épient leurs voisins, commente l'action, tandis que le lien entre tous les personnages est fourni par un jeune handicapé mental, conducteur d'un tramway imaginaire, dont il imite le bruit qui donne son titre au film...

◆ *À partir d'un choix de nouvelles, l'auteur réalise un film qui est une somme et un dépassement de son œuvre antérieure, où cohabitent le réalisme contemporain de* Vivre *(1952), le mélodrame néoréaliste contaminé par la féerie d'* Un merveilleux dimanche *(1947), le drame métaphysique peuplé de références occidentales (Gorki, Dostoïevski, Shakespeare). Samuel Beckett, Pirandello et la lointaine tradition du « Bushido » complètent les références de cette œuvre touffue, où la donnée sociale réaliste est niée par l'irréalisme et la théâtralité d'un décor stylisé, notamment par l'usage original et très sûr que Kurosawa fait de la couleur, à laquelle il recourt pour la première fois. L'absurde, l'ambiguïté du réel et des apparences, un humanisme désespéré perfusent le film, l'un des plus sombres de son auteur, qui tentera sans succès, quelques mois plus tard, de mettre fin à ses jours.* M.S.

DODSWORTH "DODSWORTH"

Drame psychologique de **William Wyler**, d'après le roman de Sinclair Lewis, avec Walter Huston, Ruth Chatterton, Mary Astor. États-Unis, 1936 – 1 h 41.

Le riche industriel Sam Dodsworth et sa femme Fran partent voyager en Europe. Leur couple n'y résistera pas.

LES DOIGTS DANS LA TÊTE

Drame psychologique de **Jacques Doillon**, avec Christophe Soto *(Chris)*, Olivier Bousquet *(Léon)*, Roselyne Villaume *(Rosette)*, Ann Zacharias *(Liv)*. • SC : Philippe Defrance. • PH : Yves Lafaye. • MUS : Alain Contrault. France, 1974 – 1 h 44.

Chris, un jeune mitron, est renvoyé. Menacé d'être expulsé de sa chambre, il prend conseil d'un syndicaliste et découvre qu'il a été exploité et que son patron lui doit des indemnités. Jusqu'à ce qu'il les obtienne, il « occupera » donc sa chambre, où il a été rejoint par ses amis : Rosette, vendeuse à la boulangerie, Léon, son copain de toujours, Liv, une Suédoise que Léon a rencontrée. Après quelques quiproquos sentimentaux, Liv s'en va, Rosette regagne sa province, où Chris et Léon essaient de la retrouver.

◆ *À partir de données « réalistes » quelque peu ingrates, Doillon a réussi, avec très peu de moyens, une peinture sensible et émouvante d'une jeunesse qui cherche à se définir et à se situer dans la société.* D.C.

LE DOIGT SUR LA GÂCHETTE "AT GUNPOINT"

Western d'**Alfred Werker**, avec Fred MacMurray, Dorothy Malone, Walter Brennan. États-Unis, 1955 – Couleurs – 1 h 21.

Une paisible petite ville de l'Ouest est mise à sac par une bande de terribles hors-la-loi qui dévalisent la banque.

LA DOLCE VITA "LA DOLCE VITA"

Chronique dramatique de **Federico Fellini**, avec Marcello Mastroianni *(Marcello)*, Anita Ekberg *(Sylvia)*, Anouk Aimée *(Maddalena)*, Yvonne Furneaux *(Emma)*, Lex Barker *(Robert)*, Alain Cuny *(Steiner)*, Nadia Gray *(Nadia)*, Magali Noël *(Fanny)*, Jacques Sernas *(l'idole)*, Annibale Ninchi *(le père de Marcello)*. • SC : F. Fellini, Ennio Flaiano, Tullio Pinelli, Brunello Rondi. • PH : Otello Martelli. • DÉC : Piero Gherardi. • MUS : Nino Rota. • MONT : Leo Cattozzo. • PR : Riama / Pathé. Italie, 1960 – 2 h 58. ★ PALME D'OR, Cannes 1960.

Jeune journaliste sans caractère, Marcello fréquente les milieux riches de Rome. Il passe la nuit chez une prostituée avec la mondaine Maddalena, tandis que sa compagne Emma, maladivement jalouse, tente de se suicider chez lui. Il va à l'aérodrome accueillir Sylvia, star scandinave qui le fascine : elle l'agace par ses coquetteries, mais il se fera rosser par son amant en titre. Son père, venu le voir à Rome, est frappé d'une crise cardiaque chez une entraîneuse. Son ami Steiner, homme cultivé, apparemment heureux, se suicide après avoir tué ses enfants. Marcello sombre peu à peu (et lucidement) dans une débauche qui n'est que l'envers du désespoir. Moins acteur que spectateur, il participe à la fête que donne Nadia pour fêter son divorce. À l'aube, il aperçoit, visions antithétiques, un monstre énigmatique échoué sur la plage et une fillette pleine de grâce qui l'avait ému naguère.

◆ De grands tableaux juxtaposés

Objet d'un énorme scandale à sa sortie (Anita Ekberg y est déguisée en cardinal, on passe directement d'une séance de spiritisme à une messe chez des nobles décadents...), La dolce vita *est pour nous le tournant décisif dans la carrière de Fellini. Sans se soucier d'une intrigue à proprement parler, il reprend la structure en grands tableaux des revues de music-hall, pratique qu'il n'abandonnera plus guère. Le monde qu'il décrit (celui du cinéma international, notamment) était déjà alors près de son déclin. Mais ce n'est pas là qu'il faut chercher le sens de l'inquiétude qui habite tous les personnages. Inquiétude religieuse ou non ? Fellini (qui s'est bien gardé de trancher) est probablement plus vrai quand il parle de la « peur des Martiens » (métaphore de la peur atomique). Cette inquiétude laisse aussi apercevoir la peur de mourir qui nourrit dès lors la vitalité de l'artiste, lequel se cite (le faux miracle renvoie à* Il bidone*) et ne cessera plus de se citer, comme pour compenser l'écoulement du temps, suggéré à plusieurs reprises de façon saisissante dans cette vaste fresque moderne.* G.L.

DOLLARS "DOLLARS"

Film policier de **Richard Brooks**, avec Warren Beatty, Goldie Hawn, Gert Froebe. États-Unis, 1971 – Couleurs – 2 h.

Un employé d'une banque américaine en Allemagne réalise le hold-up du siècle dans son établissement. Mais les propriétaires des coffres vidés réagissent : ce sont des gangsters !

LES DOLLY SISTERS "THE DOLLY SISTERS"

Comédie musicale d'**Irving Cummings**, avec Betty Grable, John Payne, June Haver, Frank Latimore. États-Unis, 1945 – Couleurs – 1 h 54.

Biographie colorée, chantée et dansée des Dolly Sisters qui eurent leur heure de gloire au music-hall avant la Grande Guerre.

DOMANI DOMANI "DOMANI ACCADRÀ"
Comédie dramatique de **Daniele Luchetti**, avec Paolo Hendel, Giovanni Guidelli, Ciccio Ingrassia, Nanni Moretti. Italie, 1988 – Couleurs – 1 h 35.

Au XIXe siècle, dans une période troublée, les aventures de deux gardians pris dans une série d'événements qui les dépassent. Une sorte de « western philosophique » original et drôle.

DOMICILE CONJUGAL
Comédie dramatique de **François Truffaut**, avec Jean-Pierre Léaud *(Antoine Doinel)*, Claude Jade *(Christine)*, Mlle Hiroko *(Kyoko)*, Daniel Ceccaldi *(Lucien Darbon)*, Claire Duhamel *(Mme Darbon)*. • SC : F. Truffaut, Claude de Givray, Bernard Revon. • PH : Nestor Almendros. • DÉC : Jean Mandaroux. • MUS : Antoine Duhamel. • MONT : Agnès Guillemot. France, 1970 – Couleurs – 1 h 37.

Antoine Doinel a épousé Christine Darbon (Voir Baisers volés). Fleuriste, il tente en vain, en teignant des œillets blancs, d'obtenir le rouge absolu. Christine donne des leçons de violon et met au monde un garçon dont Antoine pense qu'il sera Victor Hugo ou rien. Engagé par une grande firme américaine, Antoine a une liaison avec une jolie Japonaise. Christine le quitte, tandis qu'il se lasse des amours exotiques...

◆ *Ce quatrième épisode des aventures d'Antoine Doinel (l'enfant des* 400 Coups*) est un prodige de mise en scène pure. À l'image de son maître Lubitsch, à partir d'un sujet aussi mince que banal, Truffaut amuse, surprend et séduit le spectateur par une invention permanente. Tout le plaisir vient de la manière dont les situations les plus rebattues sont présentées, de façon que le public croie inventer ce qu'il découvre ou soit pris à contre-pied sans jamais sentir le travail qui y mène.* *J.M.*

DOMMAGE QU'ELLE SOIT UNE PUTAIN
"ADDIO FRATELLO CRUDELE"
Drame de **Giuseppe Patroni Griffi**, d'après la pièce de John Ford, avec Charlotte Rampling, Olivier Tobias, Fabio Testi, Antonio Falsi. Italie, 1971 – Couleurs – 1 h 40.

Sous la Renaissance, une jeune femme, mariée de force à un noble des environs, jure un amour éternel à son amant, son frère. Lors d'un festin organisé par son mari, le jeune homme présente à l'assistance le cœur de sa sœur.

DOMMAGE QUE TU SOIS UNE CANAILLE
"PECCATO CHE SIA UNA CANAGLIA"
Comédie d'**Alessandro Blasetti**, avec Vittorio De Sica, Sophia Loren, Marcello Mastroianni. Italie, 1955 – 1 h 36.

La jeune et jolie fille d'un gentleman-cambrioleur s'éprend d'un honnête garçon. Une comédie ironique baignée de la luminosité romaine.

DOMPTEUR DE FEMMES
"THE GEORGE RAFT STORY"
Biographie de **Joseph M. Newman**, avec Ray Danton, Julie London, Jayne Mansfield. États-Unis, 1961 – 1 h 45.

La vie romancée du célèbre auteur George Raft, qui fut parfois mêlé à des affaires de gangsters.

DONA FLOR ET SES DEUX MARIS
"DONA FLOR E SEUS DOIS MARIDOS"
Comédie dramatique de **Bruno Barreto**, avec Sonia Braga, José Wilker, Mauro Mendonça. Brésil, 1976 – Couleurs – 1 h 58.

La veuve d'un joueur invétéré épouse un pharmacien tatillon. Après une année de routine conjugale, le fantôme de son ex-mari revient la séduire.

DONATELLA "DONATELLA"
Comédie sentimentale de **Mario Monicelli**, avec Elsa Martinelli, Aldo Fabrizi, Gabriele Ferzetti, Walter Chiari. Italie, 1956 – Couleurs – 1 h 15.

Une jeune fille pauvre des faubourgs romains vit un conte de fées et, telle Cendrillon, rencontre le prince charmant sous les traits d'un avocat. Avec Xavier Cugat et son orchestre.

DON CAMILLO "DON CAMILLO"
Comédie de **Terence Hill**, avec Terence Hill, Colin Blakely, Mimsy Farmer. Italie, 1983 – Couleurs – 2 h 06.

Un village italien est le théâtre d'homériques affrontements entre le turbulent curé Don Camillo et le bouillant édile communiste Peppone. Le cinéaste s'attaque sans complexe au fantôme de Fernandel (Voir ci-dessous).

DON CAMILLO EN RUSSIE
"IL COMPAGNO DON CAMILLO"
Comédie de **Luigi Comencini**, avec Fernandel, Gino Cervi, Leda Gloria. Italie / R.F.A. / France, 1965 – 1 h 49.

La petite ville de Don Camillo vient d'être jumelée avec une ville soviétique. C'est l'occasion pour le fameux curé et son ennemi intime, le maire Peppone, d'aller là-bas en reconnaissance : le voyage sera mouvementé ! Dernier film de la série des cinq Don Camillo. ▷ Voir aussi LE PETIT MONDE DE DON CAMILLO, LE RETOUR DE DON CAMILLO, DON CAMILLO MONSEIGNEUR et LA GRANDE BAGARRE DE DON CAMILLO.

DON CAMILLO MONSEIGNEUR
"DON CAMILLO MONSIGNORE MA NON TROPPO"
Comédie de **Carmine Gallone**, avec Fernandel, Gino Cervi, Gina Rovere. Italie / France, 1961 – 1 h 58.

Peppone, sénateur, et Don Camillo, évêque, vivent à Rome, mais reviennent au village à la première occasion et leur conflit reprend. Quatrième film de la série.

DON GIOVANNI "DON GIOVANNI"
Comédie dramatique de **Carmelo Bene**, avec Carmelo Bene, Lydia Mancinelli. Italie, 1970 – Couleurs – 1 h 20.

Don Juan a une nouvelle maîtresse. Il rencontre la fille de celle-ci et essaie d'établir un lien avec elle. Le lyrisme de Bene est encore dans la multiplication baroque des trouvailles visuelles.

DON GIOVANNI
Opéra filmé de **Joseph Losey**, en collaboration avec Frantz Salieri, sur une idée de Rolf Liebermann, avec Ruggero Raimondi *(Don Giovanni)*, John Macurdy *(le Commandeur)*, Edda Moser *(Donna Anna)*, Kiri Te Kanawa *(Donna Elvira)*, Kenneth Riegel *(Don Ottavio)*, José Van Dam *(Leporello)*, Teresa Berganza *(Zerlina)*, Malcolm King *(Masetto)*, Éric Adjani *(le valet)*. • SC : J. Losey, Patricia Losey, d'après le livret de Lorenzo Da Ponte pour l'opéra de Mozart. • PH : Gerry Fischer. • DÉC : Alexandre Trauner. • MUS : Mozart, Lorin Maazel (direction musicale). • MONT : Reginald Beck. France / Italie / R.F.A., 1980 – Couleurs – 3 h 05.

◆ *Premier exemple de « film-opéra » (et non seulement de cinématographie plus ou moins complète, plus ou moins habile, d'un opéra célèbre),* Don Giovanni *a été à sa sortie l'objet de toutes les polémiques passionnées qui marquent les œuvres d'avant-garde. Mais nombre des arguments échangés ne concernent que les spécialistes de la direction musicale et de l'interprétation lyrique, voire de la prise de son directe, dont les préférences ne touchent que faiblement le grand public auquel le film était destiné. La réussite éclatante à nos yeux de* Don Giovanni *provient de la rencontre entre la lecture de l'œuvre de Mozart par Losey (qui y retrouvait nombre de ses préoccupations éthiques et sociales) et un environnement parfaitement choisi (Murano, le théâtre de Vicence, les villas de Vénétie). De surcroît, l'interprétation, à commencer par le rôle-titre, est très supérieure à ce qu'on pouvait en attendre sur une scène. Le repérage et le décor relancent constamment la dramaturgie : ces ressources ont été exploitées avec toute la liberté et la rigueur de l'expérience par le cinéaste.* *G.LD.*

▷ Voir aussi DON JUAN.

DON GIOVANNI IN SICILIA
Comédie d'**Alberto Lattuada**, d'après un roman de Vitaliano Brancati, avec Lando Buzzanca, Katia Magny, Ewa Aulin. Italie, 1967 – 1 h 44.

Le ridicule des don Juans siciliens, jeunes gens frustrés, décrits sans indulgence par l'écrivain Brancati.

DON JUAN "DON JUAN"
Comédie dramatique d'**Alan Crosland**, d'après l'œuvre de Molière, avec John Barrymore, Mary Astor, Warner Oland, Estelle Taylor, Myrna Loy, Montagu Love. États-Unis, 1926 – env. 3 400 m (2 h 05).

Les exploits du célèbre séducteur et aventurier à la cour des Borgia. Le premier film sonore du cinéma, qui comprend une musique synchronisée à la bande-image.

DON JUAN
Comédie de **John Berry**, avec Fernandel, Carmen Sevilla, Erno Crisa, Armontel, Christine Carère. France / Espagne, 1956 – Couleurs – 1 h 35.

Le valet de Don Juan séduit les belles Espagnoles, mais n'en aime qu'une. Un déploiement de couleurs, de décors et de costumes pour une comédie menée à un rythme rapide.

DON JUAN 1973 / SI DON JUAN ÉTAIT UNE FEMME
Drame de **Roger Vadim**, avec Brigitte Bardot, Maurice Ronet, Robert Hossein, Jane Birkin. France, 1973 – Couleurs – 1 h 35.

Les multiples expériences sexuelles d'une jeune femme qui la mèneront à une fin tragique. Don Juan 73 est une femme (Brigitte Bardot dans le scénario de Vadim et Jean Cau).

DONNE-MOI TES YEUX
Drame de **Sacha Guitry**, avec Sacha Guitry, Geneviève Guitry, Aimé Clariond, Marguerite Moréno, Maurice Teynac, Mila Parely. France, 1943 – 1 h 41.

Un sculpteur qui vient d'épouser son modèle change brusquement de caractère et rompt après une scène. Comprenant que son mari devient aveugle et qu'il a voulu lui rendre sa liberté, sa femme « devient ses yeux ».

DONNEZ-LUI UNE CHANCE "GIVE A GIRL A BREAK"
Comédie musicale de **Stanley Donen**, avec Marge Champion, Gower Champion, Debbie Reynolds, Bob Fosse. États-Unis, 1953 – Couleurs – 1 h 22.

À la veille de leur nouveau spectacle à Broadway, les producteurs s'aperçoivent que la vedette est indisponible. Il leur faut lancer une débutante. Chacun a une candidate en réserve...

DONNEZ-NOUS AUJOURD'HUI

"Give Us This Day"

Drame d'**Edward Dmytryk**, avec Sam Wanamaker *(Geremia)*, Lea Padovani *(Annunziata)*, Kathleen Ryan *(Kathleen)*, Bonar Colleano *(Giulio)*, Bill Silvester *(Giovanni)*, Charles Goldner. • SC : Ben Barzman, d'après l'histoire de Pietro Di Donato *Christ in Concrete*. • PH : Pennington Richards. • DÉC : Alec Vetchinsky. • MUS : Benjamin Frankel. Grande-Bretagne, 1949 – 2 h.

New York, Brooklyn, 1921. Un groupe de maçons immigrés d'Italie. Geremia est repoussé par Kathleen à cause de sa pauvreté. Il se tourne alors vers Annunziata, et lui fait croire qu'il possède une maison. Ils se marient et s'installent dans un logement pauvre. Ils économisent, des enfants naissent. La crise de 1929 amène le chômage. Geremia travaille au noir, hors des normes de sécurité. Un accident provoque sa mort : il est enseveli dans le ciment.

◆ *Ce film très engagé ne put se faire que grâce au producteur indépendant Rod. E. Geiger, qui introduisit aux États-Unis les films de Rossellini. La peinture réaliste du New York des années 20, la force humaine et sociale du sujet, le talent narratif de Dmytryk font que l'œuvre garde beaucoup d'impact. La symbolique christique est cependant très insistante (l'accident mortel a lieu le Vendredi saint !).* *J.-P.B.*

DON QUICHOTTE "Don Kihot"

Comédie dramatique de **Grigori Kozintsev**, avec Nicolas Tcherkassov *(Don Quichotte)*, Youri Touloubeiev *(Sancho Pança)*, Serafima Birman *(l'économe)*, Svetlana Grigorieva *(la nièce)*, Vassili Maksimov *(le prêtre)*, Viktor Kolpakov *(le barbier)*. • SC : Evgeni Schwartz, d'après le roman de Cervantès. • PH : Andrei Moskvine, Apollinari Doudko, Ionas Gricious. • DÉC : Evgeni Enei, Natan Aetman. • MUS : Kara Karaïev. U.R.S.S. (Russie), 1957 – Couleurs – 1 h 40.

Quelques épisodes du roman célèbre de Cervantès : pérégrinations en rase campagne du vieil hidalgo, flanqué de son fidèle écuyer Sancho Pança, réception à la cour, rencontre avec les bagnards, duel avec le lion, charge contre les moulins à vent...

◆ *Le chef-d'œuvre de Cervantès a été souvent porté à l'écran et les scénaristes ont toujours dû se résoudre à élaguer la matière foisonnante de l'ouvrage. Kozintsev s'est livré à un travail de détournement idéologique contestable, mais habile : Don Quichotte devient un héros du prolétariat, pourchassant l'injustice et la bureaucratie. En outre, se souvenant des leçons de la F.E.K.S., il opte pour une stylisation plastique de qualité, trouvant dans les paysages arides de Crimée un équivalent plausible des sierras espagnoles. Quant à l'acteur vedette, le « grand » Tcherkassov, il semble droit sorti d'une toile de Daumier ou du Greco.* *C.B.*

▷ Autres versions réalisées notamment par: **Ferdinand Zecca** et **Lucien Nonguet**, le premier « grand » film. France, 1902 – 430 m (env. 16 mn). **Georges Méliès**, intitulée LES AVENTURES DE DON QUICHOTTE. France, 1909 – env. 300 m (env. 11 mn). **Émile Cohl**, sous forme de dessin animé . France, 1909. **Camille de Morlhon**, avec Claude Garry. France, 1913. **Edward Dillon**, intitulée DON QUIXOTE, avec De Wolf Hopper, George Walsh. États-Unis, 1915. **Amleto Palermi**, intitulée IL SOGNO DI DON CHISCIOTTE. Italie, 1915. **Maurice Elvey**, intitulée DON QUIXOTE, avec Jerrold Robertshaw, George Robey. Grande-Bretagne, 1923. **Lau Lauritzen**, intitulée DON QUIXOTE, version burlesqueavec Harald Madsen, Carl Schenström. Danemark, 1926. **Georg Wilhelm Pabst**, avec Fedor Chaliapine, Dorville, Renée Vallier, René Donnio, Arlette Marchal, Jean de Limur, Mireille Balin. France, 1932 – env. 1 h 30. Version anglaise réalisée en parallèle, avec F. Chaliapine, Sidney Fox, George Robey, Oscar Asche. **Rafael Gil**, intitulée DON QUIJOTE, avec Rafael Rivelles. Espagne, 1947. **Orson Welles**, intitulée DON QUIXOTE. États-Unis, 1957-1975 (Inachevé). **Arthur Hiller**, voir L'HOMME DE LA MANCHE.

DON QUINTIN L'AMER

"Don Quintin, el amargado"

Drame de **Luis Buñuel**, avec Fernando Solar, Alicia Caro, Ruben Rojo. Mexique, 1951 – 1 h 20.

Pour le faire enrager, une femme déclare à son mari que sa fille n'est pas de lui : campé dans sa fierté, celui-ci la chasse. Un pamphlet antimachiste plutôt mélodramatique.

LES DOORS "The Doors"

Film musical d'**Oliver Stone**, avec Val Kilmer, Frank Whaley, Kevin Dillon. États-Unis, 1990 – Couleurs – 2 h 20.

Histoire du groupe musical et évocation des dérives psychédéliques des « sixties ».

DORA OU LA LANTERNE MAGIQUE

Film fantastique de **Pascal Kané**, avec Valérie Mairesse, Nathalie Manet, Rita Maiden. France, 1977 – Couleurs – 1 h 40.

Un inventeur de génie lègue à sa petite fille un livre codé. Mais le secret intéresse beaucoup de monde, et il faudra quelques fées pour que l'ordre revienne...

LE DOS AU MUR
Drame policier d'**Édouard Molinaro**, d'après le roman de Frédéric Dard *Délivrez-nous du mal*, avec Jeanne Moreau, Gérard Oury, Philippe Nicaud. France, 1958 – 1 h 33.

L'implacable vengeance d'un mari trompé. Un excellent film noir.

LE DOSSIER 51
Drame de **Michel Deville**, avec François Marthouret *(Dominique Auphal)*, Roger Planchon *(Esculape 12)*, Claude Marcault *(Liliane Auphal)*, Françoise Lugagne *(Mme Auphal)*, Jean Martin *(Venus)*. • SC : M. Deville, Gilles Perrault d'après son roman. • PH : Claude Lecomte. • MUS : Jean Schwarz, Schubert. • MONT : Raymonde Guyot. France, 1978 – Couleurs – 1 h 48.

Dominique Auphal est un jeune fonctionnaire qui semble avoir réussi dans sa carrière. L'administration lui confie un poste à responsabilité dans un comité chargé des échanges avec les pays du tiers-monde. Cette nomination déclenche une opération d'observation dirigée par des services secrets étrangers qui veulent tout savoir sur cet homme : son passé, ses habitudes, ses idées, ses désirs, jusqu'au fonctionnement de son inconscient. Il est devenu le dossier N° 51, objet d'une étude scientifique d'une rigueur fantastique fondée sur les méthodes d'investigation les plus sophistiquées.

◆ *Ce film est effrayant. Il raconte comment des services organisés, en utilisant des agents indifférents à la finalité de leur travail, arrivent à mettre en fiches la vie d'un homme, afin de pouvoir, éventuellement, le manipuler. Ces méthodes sont efficaces et inhumaines. Michel Deville a utilisé le ton objectif et glacé de la rigueur documentaire pour nous présenter ce dossier révoltant et passionnant à suivre.* *G.S.*

LE DOSSIER NOIR
Drame d'**André Cayatte**, avec Jean-Marc Bory, Danièle Delorme, Bernard Blier, Lea Padovani, Balpétré. France / Italie, 1955 – 1 h 55.

Dans une petite ville de province, dominée par la personnalité d'un entrepreneur local, une fausse affaire d'empoisonnement ruinera la carrière d'un jeune juge d'instruction.

LE DOSSIER O.D.E.S.S.A. "THE O.D.E.S.S.A. FILE"
Drame de **Ronald Neame**, d'après le roman de Frederick Forsyth, avec Jon Voight, Maximilian Schell, Mary Tamm, Maria Schell. Grande-Bretagne / R.F.A., 1974 – Couleurs – 2 h 09.

Un journaliste tente d'infiltrer un réseau chargé de protéger d'anciens nazis, et réussit à liquider l'assassin de son père.

DO THE RIGHT THING "DO THE RIGHT THING"
Comédie dramatique de **Spike Lee**, avec Danny Aiello, Ossie Davis, Ruby Dee, Spike Lee. États-Unis, 1989 – Couleurs – 2 h.

Dans un quartier de Brooklyn, à majorité noire, cohabitent diverses ethnies. C'est la journée la plus chaude de l'année, et la tension va devenir explosive. De la comédie à la tragédie, Lee offre une vision convaincante des conflits raciaux.

DOUBLE ASSASSINAT DANS LA RUE MORGUE
"MURDERS IN THE RUE MORGUE"
Film fantastique de **Robert Florey**, d'après la nouvelle d'Edgar Poe, avec Bela Lugosi, Sidney Fox, Leon Ames, Bert Roach, Brandon Hurst. États-Unis, 1932 – 1 h 12.

Une série de crimes macabres est perpétrée par un singe savant. Une adaptation bien éloignée du récit original, très influencée formellement par l'expressionnisme allemand. Voir aussi le Fantôme de la rue Morgue.

▷ Autre version réalisée par : **Gordon Hessler**, intitulée MURDERS IN THE RUE MORGUE, avec Jason Robards Jr., Herbert Lom, Lilli Palmer, Adolfo Celi, Michael Dunn. États-Unis, 1971 – Couleurs – 1 h 26.

DOUBLE DÉTENTE "RED HEAT"
Film policier de **Walter Hill**, avec Arnold Schwarzenegger, Jim Belushi. États-Unis, 1988 – Couleurs – 1 h 44.

Un policier soviétique, flanqué d'un homologue américain, est envoyé aux États-Unis afin de mettre la main sur un dangereux compatriote trafiquant de drogue.

LA DOUBLE ÉNIGME "THE DARK MIRROR"
Film policier de **Robert Siodmak**, avec Olivia De Havilland, Lew Ayres, Thomas Mitchell, Richard Long. États-Unis, 1946 – 1 h 25.

Un policier enquête sur l'assassinat d'un médecin, dont la fiancée à une sœur jumelle, folle. Il parvient à confondre la coupable.

DOUBLE MESSIEURS
Comédie dramatique de **Jean-François Stévenin**, avec Carole Bouquet, Yves Afonso, Jean-François Stévenin. France, 1985 – Couleurs – 1 h 30.

Deux anciens copains partent à la recherche de leur passé, et du troisième « larron » de leur bande de jadis. C'est un jeu dangereux, à qui perd gagne...

LA DOUBLE VIE DE VÉRONIQUE
Drame de **Krysztof Kieslowski**, avec Irène Jacob, Halina Gryglaszewska, Aleksander Bardini, Wladyslaw Kowalski. • SC : Krysztof Kieslowski. • PH : Slawomir

Idziak. • MUS : Zbigniew Preisner. • MONT : Jacques Witta. France / Pologne, 1991 – Couleurs – 1 h 38.

Veronika est polonaise, Véronique française. Elles sont nées le même jour à la même heure. L'une est musicienne, l'autre aussi. L'une meurt en scène, l'autre survit. Sans donner d'explication, Kieslowski filme ces deux destinées parallèles. Elles se relaient, se recoupent, sont solidaires et différentes.

◆ *À prendre ou à laisser : sans comprendre, mais non pas sans apprécier.* La Double Vie de Véronique *a fait un triomphe au festival de Cannes 1991. Son interprète, Irène Jacob, prix d'interprétation, s'est révélée d'emblée exceptionnelle.* *G.S.*

DOUBLE VUE "AFRAID OF THE DARK"

Film policier de **Mark Peploe**, avec Fanny Ardant, James Fox, Paul McGann. France, 1991 – Couleurs – 1 h 31.

À Londres un jeune garçon, fils de policier, part à la recherche d'un maniaque qui s'attaque aux aveugles. Suspense et surprises.

DOUCE

Drame de **Claude Autant-Lara**, avec Odette Joyeux *(Douce)*, Roger Pigaut *(Fabien)*, Madeleine Robinson *(Irène)*, Marguerite Moréno *(Mme de Bonafé)*, Jean Debucourt *(M. de Bonafé)*, Gabrielle Fontan *(Estelle)*, Roger Blin *(l'homme du théâtre)*. • SC : Pierre Bost, Jean Aurenche, d'après le roman de Michel Davet. • PH : Philippe Agostini. • DÉC : Jacques Krauss. • COST : C. Autant-Lara. • MUS : René Cloérec. • MONT : Madeleine Gug. France, 1943 – 1 h 44.

Chez les Bonafé, Irène, institutrice de la jeune Douce, a une liaison secrète avec Fabien, l'intendant. Mais M. de Bonafé soupire pour Irène tandis que Douce se sent attirée par Fabien. Un soir que la jeune fille est allée au théâtre avec l'intendant, un incendie éclate et Douce, qui veut les rejoindre, périt dans les flammes. Irène et Fabien sont chassés ignominieusement de la maison.

◆ *C'est la plus féroce satire sociale d'Autant-Lara, spécialiste du genre : dans le Paris de la fin du siècle, il confronte sarcastiquement le monde des maîtres et celui des serviteurs, l'hypocrisie morale des uns et l'appétit de vivre des autres. La censure de Vichy a fait couper la scène la plus « subversive » du film, celle de la visite de Mme de Bonafé à « ses pauvres », qu'elle accable de sa générosité et de son mépris. C'est une explosive parabole sur la lutte des classes vue par l'anarchiste Autant-Lara.* *M.MN.*

DOUCE ENQUÊTE SUR LA VIOLENCE

Essai de **Gérard Guérin**, avec Michael Lonsdale, Prune Berge, Mustapha Ami. France, 1982 – Couleurs – 1 h 38.

Un financier est enlevé par des terroristes. L'enquête des journalistes et celle des policiers se déroulent en parallèle, révélant la férocité des rapports sociaux.

DOUCE ET CRIQUET S'AIMAIENT D'AMOUR TENDRE "MR BUG GOES TO TOWN"

Dessin animé de **Dave Fleischer**. États-Unis, 1941 – Couleurs – 1 h 17.

Un criquet et la fille d'un bourdon s'aiment malgré les obstacles. Un dessin animé de long métrage, digne des studios Disney, par l'auteur de *Popeye*.

DOUCEMENT LES BASSES

Comédie de **Jacques Deray**, avec Alain Delon, Paul Meurisse, Nathalie Delon. France, 1971 – Couleurs – 1 h 30.

Un abbé se retrouve face à sa femme, qu'il croyait morte avant d'avoir pris les ordres ! Voulant revivre avec lui, elle va déclencher un tohu-bohu général.

LE DOULOS

Film noir de **Jean-Pierre Melville**, avec Jean-Paul Belmondo *(Silien)*, Serge Reggiani *(Maurice)*, Jean Desailly *(le commissaire)*, Michel Piccoli, Fabienne Dali. • SC : J.-P. Melville, d'après le roman de Pierre Lesou. • PH : Nicolas Hayer. • DÉC : Daniel Guéret. • MUS : Paul Misraki. • MONT : Monique Bonnot. France / Italie, 1962 – Couleurs – 1 h 43.

Silien, un mauvais garçon, va se compromettre auprès de la police et du milieu – jusqu'à passer pour un « doulos » (une balance) – pour sauver Maurice, un gangster qui a de graves ennuis. Après toute une série de rebondissements, où Silien apparaît tour à tour comme un salaud puis un héros, une suite de flash-back désembrouille une intrigue touffue. La fin est un long règlement de comptes à caractère élisabéthain. Tout le monde meurt.

◆ *Après* Bob le Flambeur *et* Deux Hommes dans Manhattan, le Doulos *est la troisième incursion de Melville dans le film noir. Comme les deux précédents, celui-ci se distingue par une étrangeté de ton et de sujet qu'on ne retrouvera pas dans les derniers films, où Melville fera un magistral inventaire mythologique du genre. Ici, il garde la fraîcheur et la désinvolture de la Nouvelle Vague qu'il contribua fortement à créer avec les deux premiers films nommés. Excellente distribution, avec une mention particulière pour Jean Desailly.* *S.K.*

D'OÙ VIENS-TU JOHNNY ?
Film d'aventures de **Noël Howard**, avec Johnny Halliday, Sylvie Vartan, Henri Vilbert, Daniel Cauchy. France, 1963 – 2 h 40.

Johnny, chanteur dans un petit orchestre de twist, est engagé pour convoyer une valise. Il découvre qu'elle contient de la drogue. Avec « l'idole des jeunes » des années 60.

DOUX, DUR ET DINGUE
"EVERY WHICH WAY BUT LOOSE"
Film d'aventures de **James Fargo**, avec Clint Eastwood, Sondra Locke, Geoffrey Lewis. États-Unis, 1978 – Couleurs – 1 h 55.

Philo Beddoe, chauffeur de poids lourd dans une petite ville de Californie, aime boire et s'amuser. Ébloui par une chanteuse de saloon, il part à sa recherche... en étant poursuivi lui-même...

DOUX MOMENTS DU PASSÉ "DULCES HORAS"
Drame psychologique de **Carlos Saura**, avec Assumpta Serna, Inaki Aierra, Alvaro de Luna. Espagne, 1981 – Couleurs – 1 h 43.

Traumatisé par le suicide de sa mère sous ses yeux, un jeune garçon trouve refuge dans le passé ; par le souvenir, puis par la fiction, lorsqu'il réalisera un film où revivront les personnages de son enfance.

DOUX OISEAU DE JEUNESSE
"SWEET BIRD OF YOUTH"
Drame psychologique de **Richard Brooks**, d'après la pièce de Tennessee Williams, avec Paul Newman, Geraldine Page. États-Unis, 1961 – Couleurs – 2 h.

De retour dans sa ville natale, un jeune homme pauvre et arriviste se heurte violemment au gouverneur, père intraitable de celle qu'il aime. Le tableau cruel d'une ville moyenne américaine.

DOUZE HOMMES EN COLÈRE
"TWELVE ANGRY MEN"
Drame de **Sidney Lumet**, avec Henry Fonda *(l'architecte)*, Lee J. Cobb *(le patron capitaliste)*, Ed Begley *(le vieux raciste)*, Jack Warden *(l'amateur de base-ball)*, Martin Balsam *(le meneur de débats)*, Jack Klugman *(le prolétaire)*, John Savoca *(l'accusé)*. • SC : Reginald Rose. • PH : Boris Kaufman. • DÉC : Robert Markell. • MUS : Kenyon Hopkins. • MONT : Carl Lerner. États-Unis, 1957 – 1 h 35. ★ **OURS D'OR, Berlin 1957.**

Un adolescent est accusé du meurtre de son père. Comme il risque la peine capitale, la loi américaine exige l'unanimité du jury pour que cette sentence soit prononcée. Au premier tour de délibération, un seul juré sur douze vote « non coupable ». Cet homme, un architecte, symboliquement vêtu de blanc, est un juste. Il œuvrera pendant un long après-midi de canicule pour faire basculer le verdict.

◆ *Adapté d'une dramatique télévisée, ce film spectaculaire a été non seulement magistralement interprété, mais coproduit par Henry Fonda. Malgré l'artifice de la situation, de type théâtral, malgré son caractère exemplaire, on ne peut s'empêcher d'être fasciné par le mécanisme du suspense. Le huis clos accentue l'atmosphère d'étouffement et donne plus d'intensité à l'action. Le film est un long morceau de bravoure et un bel exemple d'éloquence humanitaire.* G.S.

DOUZE SALOPARDS "THE DIRTY DOZEN"
Film de guerre de **Robert Aldrich**, avec Lee Marvin, Ernest Borgnine, Robert Ryan, Charles Bronson, Jim Brown, John Cassavetes, Telly Savalas, Donald Sutherland. États-Unis / Espagne, 1967 – Couleurs – 2 h 30.

En 1944, un officier américain recrute des soldats condamnés à mort ou à de fortes peines pour former un commando suicide. Les survivants seront graciés. Leur mission est d'attaquer un château rempli d'officiers allemands. Un film célèbre, particulièrement violent et doté d'une splendide distribution.

DOWN BY LAW "DOWN BY LAW"
Comédie de **Jim Jarmush**, avec Tom Waits, John Lurie, Roberto Benigni. États-Unis, 1985 – Couleurs – 1 h 46.

Un petit proxénète et un disc-jokey paumé, victimes d'erreurs judiciaires, sont incarcérés. Un troisième larron, un Italien, les rejoint. Tous trois s'évadent.

DRACULA "DRACULA"
Film fantastique de **Tod Browning**, d'après la pièce de Hamilton Deane et John L. Balterstone, adaptée du roman de Bram Stoker, avec Bela Lugosi, Helen Chandler, David Manners, Dwight Frye, Edward Van Sloan. États-Unis, 1931 – 1 h 24.

Le vampire aristocrate venu d'Europe centrale débarque en Angleterre et séduit une jeune fille dont il fait sa compagne. Traqué par le fiancé de celle-ci et ses amis vampirologues, il s'enfuit après avoir propagé le vampirisme.

◆ *Le premier film mettant explicitement en scène le « prince des ténèbres », qui a inauguré une longue série de remakes et séquelles plus ou moins proches de l'histoire originale et de parodies.*

▷ Voir NOSFÉRATU, LA FILLE DE DRACULA, LA MAISON DE DRACULA, LES MAÎTRESSES DE DRACULA, LE CAUCHEMAR DE DRACULA, DU SANG POUR DRACULA, UNE MESSE POUR DRACULA, COMTESSE DRACULA, LES CICATRICES DE DRACULA, JONATHAN : LE

DERNIER COMBAT CONTRE LES VAMPIRES, LE VAMPIRE DE CES DAMES, LE BAL DES VAMPIRES, LE BAISER DU VAMPIRE, THE VAMPIRE LOVERS, DRACULA PÈRE ET FILS, LES TEMPS SONT DURS POUR DRACULA et DRACULA, PRINCE DES TÉNÈBRES.

▷ Parmi les autres apparitions du vampire à l'écran :

SON OF DRACULA

de **Robert Siodmak**, avec Lon Chaney Jr., Louise Allbritton, Robert Paige, Samuel S. Hinds. États-Unis, 1943 – 1 h 20.

THE RETURN OF DRACULA

de **Paul Landres**, avec Francis Lederer, Norman Eberhardt, Ray Stricklyn. États-Unis, 1958 – 1 h 17.

DRACULA 73 "DRACULA AD 1972"

de **Alan Gibson**, avec Peter Cushing, Christopher Lee, Stephanie Beacham, Michael Coles. Grande-Bretagne, 1972 – Couleurs – 1 h 35.

BLACULA "BLACULA"

de **William Crain**, avec William Marshall, Vonetta McGee, Denise Nicholas. États-Unis, 1972 – Couleurs – 1 h 33.

DRACULA ET SES FEMMES VAMPIRES "DRACULA"

de **Dan Curtis**, avec Jack Palance, Simon Ward, Nigel Davenport, Fiona Lewis. États-Unis, 1973 – Couleurs – 1 h 40.

THE SATANIC RITES OF DRACULA

de **Alan Gibson**, avec Peter Cushing, Christopher Lee, Michael Coles, William Franklyn, Freddie Jones. Grande-Bretagne, 1973 – Couleurs – 1 h 28.

DRACULA'S DOG

de **Albert Band**, avec Jose Ferrer, Reggie Nalder, Michael Pataki, Jan Shutan. États-Unis, 1977 – Couleurs – 1 h 28.

DRACULA "DRACULA"

Film fantastique de **John Badham**, avec Frank Langella, Laurence Olivier, Donald Pleasence, Kate Nelligan, Trevor Eve. États-Unis, 1979 – Couleurs – 1 h 48.

Une adaptation fidèle de l'œuvre originale de Bram Stoker, dans une version romantique qui renouvelle avec bonheur un vieux mythe souvent pillé.

DRACULA "DRACULA"

Film fantastique de **Francis Ford Coppola**, d'après le roman de Bram Stoker, avec Gary Oldman, Winona Ryder, Anthony Hopkins. États-Unis, 1992 – Couleurs – 2 h 10.

Le comte Dracula est devenu un vampire à la suite du suicide de sa femme. Il croit retrouver un reflet de son amour disparu dans la photographie de Mina, fiancée d'un jeune clerc venu lui rendre visite dans son château. Il fera tout pour qu'elle lui appartienne. Une histoire d'amour fou, jalonnée de grands moments de cinéma.

DRACULA PÈRE ET FILS

Comédie satirique d'**Édouard Molinaro**, avec Christopher Lee, Bernard Menez, Marie-Hélène Breillat, Catherine Breillat, Mustapha Dali. France, 1976 – Couleurs – 1 h 40.

À l'avènement du pouvoir communiste, le comte Dracula et son fils Ferdinand doivent émigrer. Le comte va tourner des films de vampire, mais père et fils vont tomber amoureux d'une jolie publicitaire. Le soleil en éliminera un...

DRACULA, PRINCE DES TÉNÈBRES

"DRACULA, PRINCE OF DARKNESS"

Film fantastique de **Terence Fisher**, avec Christopher Lee, Philip Latham, Barbara Shelley. Grande-Bretagne, 1966 – Couleurs – 1 h 30.

Des voyageurs décident de passer la nuit dans le château du défunt comte Dracula, qui sera ressuscité par son serviteur grâce au sang de l'un d'eux. Suite « officielle » du *Cauchemar de Dracula*.

DRAGÉES AU POIVRE

Comédie de **Jacques Baratier**, avec Guy Bedos, Sophie Daumier, Jacques Dufilho, Sophie Desmarets, Jean-Paul Belmondo, Simone Signoret. France, 1963 – 1 h 30.

Une jeune homme timide suit sa sœur, entichée de « cinéma-vérité », qui braque sa caméra sur tout ce qu'elle rencontre. Ce prétexte permet de passer en revue un éblouissant défilé de vedettes, qui n'hésitent pas à se parodier.

LES DRAGUEURS

Comédie dramatique de **Jean-Pierre Mocky**, avec Jacques Charrier, Charles Aznavour, Dany Robin, Dany Carrel, Estella Blain, Anouk Aimée, Belinda Lee. France, 1959 – 1 h 18.

Un beau décorateur et un timide employé de banque errent dans Paris à la recherche de filles faciles. Ils feront de nombreuses rencontres. Le premier film de Mocky.

LES DRAKKARS "THE LONG SHIPS"

Film d'aventures de **Jack Cardiff**, avec Richard Widmark, Sidney Poitier, Rosanna Schiaffino. Grande-Bretagne / Yougoslavie, 1963 – Couleurs – 2 h 06.

Un comte viking et un prince arabe partent à la recherche d'une légendaire cloche d'or. Un splendide film d'aventures, dans la lignée des *Vikings* de Fleischer.

DRAME À MANHATTAN
"MANHATTAN MELODRAMA"
Film policier de **W.S. Van Dyke**, avec Clark Gable, William Powell, Myrna Loy, Leo Carrillo, Nat Pendleton, George Sidney, Isabel Jewell. États-Unis, 1934 – 1 h 33.

Deux amis ont grandi ensemble dans les bas quartiers de New York : l'un devient procureur, l'autre gangster.

DRAME DANS UN MIROIR "CRACK IN THE MIRROR"
Drame social de **Richard Fleischer**, d'après un roman de Marcel Haedrich, avec Orson Welles, Juliette Gréco, Bradford Dillman. États-Unis, 1960 – 1 h 37.

Deux drames passionnels identiques se déroulent au même moment dans deux milieux sociaux différents. Les trois vedettes jouent des doubles rôles.

DRAME DE LA JALOUSIE "DRAMMA DELLA GELOSIA"
Comédie d'**Ettore Scola**, avec Marcello Mastroianni, Monica Vitti, Giancarlo Giannini. Italie, 1970 – Couleurs – 1 h 46.

Une fleuriste est partagée entre deux hommes, qui sont eux-mêmes les meilleurs amis du monde et militent ensemble. À côté du conflit psychologique qui agite ses personnages, Scola développe une satire à l'italienne des comportements sociaux.

LE DRAME DE SHANGHAI
Drame de **Georg Wilhelm Pabst**, avec Raymond Rouleau, Louis Jouvet, Christiane Mardayne, Élina Labourdette, Suzanne Desprès. France, 1938 – 1 h 45.

En Chine, les membres d'une secte tentent d'assassiner un futur dirigeant, avec l'aide d'une chanteuse. L'attentat échoue grâce à l'intervention d'un journaliste.

LE DRAPEAU NOIR FLOTTE SUR LA MARMITE
Comédie de **Michel Audiard**, d'après le roman de René Fallet, avec Jean Gabin, Éric Damain, Micheline Luccioni. France, 1971 – Couleurs – 1 h 20.

La famille appelle l'oncle Victor à la rescousse pour la construction d'un voilier. Mais le vieux loup de mer... n'a jamais navigué.

DREAM LOVER "DREAM LOVER"
Drame psychologique de **Alan J. Pakula**, avec Kristy McNichol, Ben Masters, Paul Shenar, Justin Deas. États-Unis, 1985 – Couleurs – 1 h 44.

Une jeune femme vit dans la dépendance de son père, qui a jadis causé la mort de sa femme. Des expériences étranges sur les rêves ne réussiront pas à la libérer.

DREAMSCAPE (L'AVENTURE EST AU BOUT DU RÊVE) "DREAMSCAPE"
Film de science-fiction de **Joseph Ruben**, avec Dennis Quaid, Max von Sydow, Christopher Plummer. États-Unis, 1983 – Couleurs – 1 h 40.

Alex, un télépathe, pénètre dans les rêves d'autrui pour infléchir leurs décisions, leur destin, leurs opinions. Il risque d'être utilisé à des fins politiques.

DRESSÉ POUR TUER "WHITE DOG"
Drame de **Samuel Fuller**, d'après le roman de Romain Gary, avec Kristy McNichol, Paul Winfield, Burl Ives. États-Unis, 1981 – Couleurs – 1 h 24.

Une actrice recueille un chien-loup, et s'aperçoit qu'il a été dressé pour attaquer les Noirs ! Réussira-t-elle à le guérir par un contre-dressage ? Un film fort sur le racisme et la perversité.

DRIFTERS "DRIFTERS"
Documentaire de **John Grierson**. Grande-Bretagne, 1929 – env. 1 000 m (37 mn).

Un document sur la pêche du hareng en mer du Nord, qui connaît un succès considérable et qui ouvre une voie nouvelle pour un cinéma alors totalement coupé des réalités sociales.

DRIVER "THE DRIVER"
Film d'aventures de **Walter Hill**, avec Ryan O'Neal, Bruce Dern, Isabelle Adjani. États-Unis, 1978 – Couleurs – 1 h 25.

Une jeune habituée des casinos est la seule à connaître le visage d'un malfaiteur, conducteur émérite recherché par la police. Mais elle a ses propres projets, pour lesquels cet homme est indispensable...

LE DROIT D'AIMER "THE SINGLE STANDARD"
Mélodrame de **John Stuart Robertson**, avec Greta Garbo, Nils Asther, John Mack Brown. États-Unis, 1929 – env. 1 950 m (1 h 12).

Dans la bonne société de San Francisco, une jeune femme fait ses timides débuts et découvre un univers où amour rime mal avec argent.

LE DROIT DU PLUS FORT
"FAUSTRECHT DER FREIHEIT"
Drame de **Rainer Werner Fassbinder**, avec R.W. Fassbinder, Peter Chatel, Karl-Heinz Böhm. R.F.A., 1975 – Couleurs – 1 h 40.

Le riche amant d'un antiquaire séduit un jeune bourgeois et part vivre avec lui. Il se suicidera lorsque le garçon le quittera en le dépossédant de tous ses biens.

DRÔLE DE COUPLE "The Odd Couple"
Comédie de **Gene Saks**, d'après la pièce de Neil Simon, avec Jack Lemmon, Walter Matthau. États-Unis, 1968 – Couleurs – 1 h 45.

Pour le protéger du suicide, Oscar recueille Félix... et devient la victime de ses travers maniaques. D'un grand succès théâtral, Lemmon et Matthau ont tiré un grand numéro d'acteurs.

DRÔLE DE DRAME
Comédie de **Marcel Carné**, avec Michel Simon *(Irwin Molyneux / Félix Chapel)*, Françoise Rosay *(Margaret Molyneux)*, Louis Jouvet *(Archibald Soper)*, Jean-Pierre Aumont *(le laitier)*, Jean-Louis Barrault *(William Kramps)*, Pierre Alcover *(l'inspecteur Bray)*. • SC : Jacques Prévert, d'après le roman de J. Storer-Clouston *The Lunatic at Large or His First Offence*. • PH : Eugen Schufftan. • DÉC : Alexandre Trauner. • MUS : Maurice Jaubert. • MONT : Marthe Poncin. France, 1937 – 1 h 45.

Londres, 1900. Le professeur de botanique Molyneux écrit en cachette des romans policiers sous le pseudonyme de Félix Chapel. Son cousin Soper, évêque de Bedford, qui vient de lancer une croisade contre ces livres impies, s'impose à dîner. Les Molyneux désertent leur cottage en le laissant seul. L'évêque alerte la police. Déguisé en Chapel, arborant une fausse barbe, Molyneux revient sur les lieux tandis que William Kramps, l'assassin des bouchers, tombe amoureux de Margaret. Tout dégénère dans la folie générale...

◆ *Demi-succès à sa sortie,* Drôle de drame *est désormais considéré comme un des sommets du cinéma français des années 30. Le dialogue étincelant de Jacques Prévert n'y est pas pour rien : le célèbre souper et son « Bizarre, bizarre ! », les mimosas de Molyneux et la comptine des petits pigeons restent dans toutes les mémoires ! Les prodigieux duos de Michel Simon et Louis Jouvet constituent une performance exceptionnelle. Tout cela fait le prix de cette transposition intéressante, même si certains la jugent un peu laborieuse, du loufoque anglo-saxon.* G.L.

DRÔLE DE FRIMOUSSE "Funny Face"
Comédie musicale de **Stanley Donen**, avec Fred Astaire *(Dick Avery)*, Audrey Hepburn *(Jo)*, Kay Thompson *(Maggie Prescott)*, Michel Auclair *(Pr Émile Flostre)*. • SC : Leonard Gershe, d'après le livret de Gerard Smith et Fred Thompson pour la pièce de George Gershwin et Ira Gershwin. • PH : Ray June. • DÉC : Hal Pereira, George W. Davis. • MUS : G. et I. Gershwin, Roger Edens, Leonard Gershe. • CHOR : Eugene Loring. • MONT : Frank Bracht. États-Unis, 1957 – Couleurs – 1 h 43.

Maggie Prescott, rédactrice en chef du fameux *Quality Magazine* n'arrive pas à dénicher le mannequin idéal pour les dernières créations d'un grand couturier parisien. Dick, le photographe de la revue, recontre par hasard Jo, parfaite pour l'emploi, mais qui est plus attirée par le Paris intellectuel du professeur Flostre que par le monde de la haute couture. À Paris, Dick et Jo s'éprennent l'un de l'autre, mais le soir du grand défilé, Jo disparaît pour retrouver Flostre dont la réputation s'avère vite usurpée...

◆ *Moins dynamique, mais plus réfléchi qu'à l'accoutumée, Donen profite de son sujet pour signer son film le plus « glamourous ». Remarquables, le numéro en rose du début, la série des photographies avec arrêt sur image à Paris et toutes les chansons de Gershwin.* M.C.

DRÔLE DE JEU
Drame de **Pierre Kast**, d'après le roman de Roger Vailland, avec Michèle Girardon, Barbara Laage, André Chauveau, Maurice Carrel. France, 1968 – Couleurs – 1 h 30.

La vie d'un réseau de résistance en 1944. Extrêmement fidèle au roman, Kast a su, avec son élégance coutumière, rendre le mélange d'action et de détachement cynique caractéristique de Vailland.

DRÔLE DE MARIAGE
"They Knew What They Wanted"
Comédie dramatique de **Garson Kanin**, d'après la pièce de Sidney Howard, avec Carole Lombard, Charles Laughton, William Gargan. États-Unis, 1940 – 1 h 36.

Un émigré italien en Californie décide de prendre femme. Malheureusement, sa timidité le pousse à vouloir épater le monde le jour de son mariage...

DRÔLE D'EMBROUILLE "Foul Play"
Comédie de **Colin Higgins**, avec Goldie Hawn, Chevy Chase. États-Unis, 1978 – Couleurs – 1 h 56.

Un archevêque, un sosie, un nain, un albinos, la belle Gloria et un charmant policier sont les protagonistes d'une histoire rocambolesque qui aboutit à Pie XIII ! Une comédie à rebondissements, pleine de clins d'œil au grand Hitchcock.

DRÔLE DE MEURTRE "Remains to be Seen"
Comédie policière et musicale de **Don Weis**, avec June Allyson, Van Johnson, Louis Calhern, Angela Lansbury. États-Unis, 1953 – 1 h 29.

Gaieté, fantaisie et chansons pour les habitants d'un immeuble impliqués dans un meurtre.

DRÔLE D'ENDROIT POUR UNE RENCONTRE
Comédie dramatique de **François Dupeyron**, avec Gérard Depardieu, Catherine Deneuve. France, 1988 – Couleurs – 1 h 40.

Par une nuit d'hiver, une femme abandonnée par son mari sur l'aire de repos d'une autoroute y fait la connaissance d'un chirurgien bourru. Deux stars qui n'hésitent pas à se remettre en question dans un premier film étonnant de maîtrise.

DRÔLE DE SÉDUCTEUR

"THE WORLD'S GREATEST LOVER"

Comédie de **Gene Wilder**, avec Gene Wilder, Carol Kane, Dom De Luise. États-Unis, 1977 – Couleurs – 1 h 25.

Un producteur mégalomane organise à Hollywood, en 1926, un concours pour découvrir un autre Rudolph Valentino.

LA DRÔLESSE

Drame de **Jacques Doillon**, avec Madeleine Desdevises, Claude Hébert. France, 1979 – Couleurs – 1 h 30.

François a vingt ans. Il enlève Mado, onze ans, et la cache dans le grenier de la ferme. La relation geôlier/prisonnière fait place à une histoire d'amour. Un jeu délicat dont les adultes sont exclus.

DROWNING BY NUMBERS

"DROWNING BY NUMBERS"

Comédie dramatique de **Peter Greenaway**, avec Bernard Hill, Joan Plowright, Julie Stevenson. Grande-Bretagne / Pays-Bas, 1988 – Couleurs – 1 h 58.

Une mère et ses deux filles font disparaître leurs maris respectifs en les noyant. Savant jeu de piste jalonné par les chiffres de un à cent, le film est plastiquement impressionnant. Une œuvre riche et érudite sur la cruauté et la mort.

LA DU BARRY ÉTAIT UNE DAME

"DU BARRY WAS A LADY"

Fantaisie musicale de **Roy Del Ruth**, avec Red Skelton, Lucille Ball, Gene Kelly. États-Unis, 1943 – Couleurs – 1 h 41.

L'employé d'une boîte de nuit est amoureux de la vedette et ses fantasmes le transportent à la cour de Louis XV. Drôle et rythmé.

DU BURLESQUE À L'OPÉRA

"TWO SISTERS FROM BOSTON"

Comédie musicale de **Henry Koster**, avec Kathryn Grayson, June Allyson, Jimmy Durante. États-Unis, 1946 – 1 h 52.

Sous une forme somptueuse, la satire des mœurs de province qui s'opposent à la liberté d'esprit des grandes cités. Dans la tradition M.G.M.

LA DUCHESSE DE LANGEAIS

Drame psychologique de **Jacques de Baroncelli**, d'après le roman d'Honoré de Balzac, sur des dialogues de Jean Giraudoux, avec Edwige Feuillère, Pierre Richard-Willm, Aimé Clariond, Irène Bonheur, Georges Grey, Lise Delamare. France, 1942 – 1 h 39.

La vie de la jeune duchesse entourée de ses courtisanes, et ses liens avec le général de Montriveau. Bonne adaptation.

LA DUCHESSE DES BAS-FONDS "KITTY"

Drame de **Mitchell Leisen**, d'après le roman de Rosamond Marshall, avec Paulette Goddard, Ray Milland, Patric Knowles, Reginald Owens, Cecil Kellaway. États-Unis, 1945 – Couleurs – 1 h 43.

Au XVIIIe siècle, une jeune fille pauvre est remarquée par un peintre de renom qui fait son portrait. Des personnages importants la chérissent, mais elle épousera l'artiste qu'elle aime.

LA DUCHESSE ET LE TRUAND

"THE DUCHESS AND THE DIRTWATER FOX"

Comédie de **Melvin Frank**, avec George Segal, Goldie Hawn, Thayer David, Roy Jenson. États-Unis, 1976 – Couleurs – 1 h 40.

Un sympathique tricheur qui a réussi un gros coup refuse de partager le butin. Il se fera reprendre la mallette bourrée de billets, qu'il récupérera avec l'aide d'une entraîneuse.

DU CÔTÉ DE LA CÔTE

Court métrage documentaire d'**Agnès Varda**. France, 1958 – 27 mn.

Une démystification de la Côte d'Azur. Paradis pour des millions de touristes, sa réalité est toute autre pour certains.

DU CÔTÉ D'OROUET

Chronique de **Jacques Rozier**, avec Caroline Cartier, Danièle Croisy, Françoise Guégan, Bernard Menez, Patrick Verde. France, 1973 – Couleurs – 2 h 20.

Trois midinettes passent quelques jours sur une plage vendéenne. Rozier filme des gens ordinaires dans un moment de creux et, de l'improvisation contrôlée, naît une vérité proche du reportage.

DU COURAGE POUR CHAQUE JOUR

"KAŽDÝ DEN ODVAHU"

Drame d'**Evald Schorm**, avec Jan Kačěr *(Jarda)*, Jana Brejchové *(Věra)*, Josef Abrhám *(Bořek)*, Vlastmil Brodský *(le rédacteur)*, Jiinař Jirásková *(Olina)*, Olga Scheinpflugová *(la logeuse)*. • SC : Antonín Máša. • PH : Jan Čuřik. • DÉC : Jan Oliva. • MUS : Jan Klusák. • MONT : Josef Drobřichovský. Tchécoslovaquie, 1964 – 1 h 45.
★ PRIX DE LA CRITIQUE TCHÉCOSLOVAQUE 1964 ; PRIX DE LA CRITIQUE et PRIX DU PUBLIC, Pesaro 1966.

Dans les années tournantes du « dégel » tchécoslovaque – annonciateur du « Printemps de Prague » – l'ouvrier de choc Jarda s'effondre, désarmé par l'insolence de jeunes ouvriers contestataires.

◆ *À trente-trois ans, le documentariste Schorm tourne ce premier long métrage. C'est une réussite. Outre le constat d'une société en crise sécrétant l'ennui et le triomphe des médiocres, le film est une réflexion sociale, morale et politique sur l'homme et la société. « Vivre, disait Schorm, c'est se battre avec les autres et avec soi-même ».* A.K.

DUEL "DUEL"

Thriller de **Steven Spielberg**, avec Dennis Weaver *(David Mann)*, Jacqueline Scott *(Mrs. Mann)*, Eddie Firestone *(le patron du café)*, Lou Frizzell *(le conducteur de l'autobus)*. • SC : Richard Matheson. • PH : Jack A. Marta. • DÉC : Robert R. Smith. • MUS : Billy Goldenberg. • MONT : Frank Morriss. États-Unis, 1971 – Couleurs – 1 h 32. ★ GRAND PRIX DU 1er FESTIVAL D'AVORIAZ, 1973.

Le représentant de commerce David Mann, au volant de sa voiture, est soudain bloqué par un énorme camion qui roule lentement en dégageant une épaisse fumée. Il le dépasse. Le camion le dépasse à son tour. C'est le début d'un jeu du chat et de la souris entre David Mann et le conducteur invisible du poids-lourd. Un duel à mort !

◆ *Tourné pour la télévision, ce film y remporta un tel succès lors de sa diffusion par A.B.C. que la Universal décida de le sortir en salles. Coup d'essai, coup de maître pour le très jeune Steven Spielberg (25 ans), qui a magistralement mis en scène cette histoire signée Richard Matheson, grand romancier du fantastique. Le monstrueux camion que doit affronter David Mann (dont le nom signifie « homme ») n'est-il pas, comme plus tard le grand requin des* Dents de la mer, *la réincarnation moderne du Dragon des contes de fées, de toutes les terreurs ancestrales ? L'hostilité entre automobilistes, la violence des affrontements sur la route, nous ramènent aussi, d'une certaine manière, à l'âge de pierre. D'où l'efficacité étonnante du film réalisé avec un petit budget.* G.L.

LE DUEL

Mélodrame de **Pierre Fresnay**, d'après la pièce d'Henri Lavedan, avec Yvonne Printemps, Raimu, Raymond Rouleau, Pierre Fresnay. France, 1939 – 1 h 24.

Une veuve est aimée d'un médecin. Le frère de celui-ci, un prêtre, est inconsciemment amoureux d'elle. Après avoir essayé de la persuader d'entrer au couvent, l'ecclésiastique bénira leur mariage.

DUEL AU COLORADO

"GUNFIGHT AT COMANCHE CREEK"

Western de **Frank McDonald**, avec Audie Murphy, Ben Cooper, Coleen Miller. États-Unis, 1963 – Couleurs – 1 h 30.

Un détective s'infiltre dans une bande de hors-la-loi dans le but de découvrir l'identité de leur chef. Un western « film noir ».

DUEL AU COUTEAU

"I COLTELLI DEL VENDICATORE / RAFFICA DI COLTELLI"

Film d'aventures de **John M. Old** [Mario Bava], avec Cameron Mitchell, Fausto Tozzi, Jack Stuart. Italie, 1966 – Couleurs – 1 h 26.

Disparu en mer, le chef viking Haral rentre chez lui et chasse l'usurpateur, aidé par un mystérieux étranger qui protège sa femme. Malgré un budget misérable (pas un navire et des décors qui tremblent !), Bava réussit un curieux film violent et baroque.

DUEL AU SOLEIL "DUEL IN THE SUN"

Western de **King Vidor**, avec Jennifer Jones *(Pearl Chavez)*, Gregory Peck *(Lew Mc Canles)*, Joseph Cotten *(Jess Mc Canles)*, Lionel Barrymore *(Sen Mc Canles)*, Lillian Gish *(Laura Mc Canles)*, Walter Huston, Herbert Marshall. • SC : David O. Selznick, d'après le roman de Niven Busch. • PH : Lee Garmes, Hal Rosson, Ray Rennahan. • DÉC : Joseph McMillan Johnson. • MUS : Dimitri Tiomkin. • MONT : Hal C. Kern, William Ziegler. États-Unis, 1947 – Couleurs – 2 h 15.

Pearl Chavez, ayant perdu son père et sa mère, est envoyée chez des cousins éloignés : les Mc Canles. La jeune fille est courtisée par les deux fils du richissime rancher. Lew, violent et sensuel ; Jesse, doux et attentionné. Leur père n'aime guère Pearl qui est métisse. Partagée dans son amour, elle finit par épouser un autre homme, que Lew abat. Il doit se réfugier dans la montagne. Pearl le rejoint. Ils se tirent dessus et se blessent mutuellement. Avant de mourir, ils se rejoindront et s'avoueront leur passion.

◆ *Une superproduction que Selznick offre à sa femme Jennifer Jones, avec l'espoir de faire un nouvel* Autant en emporte le vent. *Le film est néanmoins profondément marqué par la personnalité de Vidor, dont on retrouve le goût pour les amours délirantes et sadiques et une démesure dans la mise en scène rarement égalée. Le Technicolor rougeoyant est une splendeur.* S.K.

DUEL DANS LA BOUE "THESE THOUSAND HILLS"

Western de **Richard Fleischer**, avec Don Murray, Richard Egan, Lee Remick, Stuart Whitman. États-Unis, 1959 – Couleurs – 1 h 36.

Dans une petite ville de l'Ouest, l'affrontement d'un honnête fermier et du patron du saloon, ayant aimé la même femme.

DUEL DANS LA POUSSIÈRE "SHOWDOWN"
Western de **George Seaton**, avec Rock Hudson, Dean Martin, Susan Clark. États-Unis, 1973 – Couleurs – 1 h 38.

Un voyageur dénonce au shérif le bandit qui vient d'attaquer le train du Nouveau-Mexique. Celui-ci reconnaît son ami d'enfance.

DUEL DANS LA SIERRA
"THE LAST OF THE FAST GUNS"
Western de **George Sherman**, avec Jock Mahoney, Linda Cristal, Gilbert Roland. États-Unis, 1958 – Couleurs – 1 h 22.

Tout n'est qu'apparence dans ce western où chacun est différent de l'image qu'il donne.

DUEL DANS LE PACIFIQUE "HELL IN THE PACIFIC"
Film de guerre de **John Boorman**, avec Lee Marvin *(l'Américain)*, Toshirō Mifune *(le Japonais)*. • SC : Alexander Jacobs, Eric Bercovici. • PH : Conrad Hall. • MUS : Lalo Schifrin. • MONT : Thomas Stanford. États-Unis, 1968 – Couleurs – 1 h 45.

Un aviateur américain abattu arrive sur son canot dans une île du Pacifique. Un autre naufragé y est déjà : un marin japonais. Ils vont s'affronter pour la possession de l'île et surtout la possession de l'autre, se faisant tour à tour prisonniers et se réduisant mutuellement en esclavage. Finalement, ils font cause commune et construisent un radeau qui leur permet de quitter l'île et de parvenir dans les ruines d'un camp où la civilisation les rattrape par le biais de photos de soldats japonais torturés. Ils se séparent, peut-être pour redevenir adversaires.

◆ *Un film quasiment vide, nu, sans problématique. Un film dont le sujet se résume à la situation : deux hommes en conflit, une île, la mer. Mais, paradoxalement, ce film qui tend à l'abstraction n'est pourtant fait que de matière. C'est une longue variation sur tous les possibles relationnels entre deux hommes dans un cadre hyper-physique qui les révèle à eux-mêmes tout en les niant. Admirable photo saturée.* S.K.

DUEL D'ESPIONS "THE SCARLET COAT"
Film d'aventures de **John Sturges**, avec Cornel Wilde, Michael Wilding, George Sanders, Anne Francis. États-Unis, 1955 – Couleurs – 1 h 41.

En 1780, durant la guerre d'indépendance américaine, des espions s'affrontent sans merci.

DUELLE
Film fantastique de **Jacques Rivette**, avec Juliet Berto, Bulle Ogier, Jean Babilée, Hermine Karagheuz, Nicole Garcia, Claire Nadeau, Élisabeth Wiener. France, 1976 – Couleurs – 1 h 58.

Deux peuples de déesses, dont l'apparence est banale, se disputent un talisman permettant de vivre sur la Terre. Viva, fille du Soleil, et Leni, fille de la Lune, vont se livrer un duel impitoyable.

DUELLISTES "THE DUELLISTS"
Film d'aventures de **Ridley Scott**, d'après la nouvelle de Joseph Conrad *The Duel*, avec Keith Carradine, Harvey Keitel, Albert Finney, Edward Fox, Cristina Raines, Robert Stephens. Grande-Bretagne, 1977 – Couleurs – 1 h 41.

Pendant les guerres napoléonniennes, deux officiers de hussards s'affrontent à travers toute l'Europe en une succession de duels. Le jeu prendra le pas sur la haine, et le combat ne fera pas de victime. Une œuvre de classe dont l'esthétisme fit école.

DUEL SANS MERCI "THE DUEL AT SILVER CREEK"
Western de **Don Siegel**, avec Audie Murphy, Faith Domergue, Stephen McNally. États-Unis, 1952 – Couleurs – 1 h 17.

À Silver City, le shérif et son adjoint recherchent une bande qui terrorise la région. La jeune femme dont le shérif est amoureux est-elle complice ?

DUFFY, LE RENARD DE TANGER "DUFFY"
Film d'aventures de **Robert Parrish**, avec James Coburn, James Mason, James Fox, Susannah York, John Alderton. États-Unis / Grande-Bretagne, 1968 – Couleurs – 1 h 41.

Pour se venger de leur père, deux jeunes gens mettent sur pied l'attaque d'un de ses cargos. Mais l'escroc qui les aide fera tout basculer... Tout le monde trompe tout le monde, sans autre prétention que de divertir.

DU HAUT DE LA TERRASSE "FROM THE TERRACE"
Drame de **Mark Robson**, d'après un roman de John O'Hara, avec Paul Newman, Joanne Woodward, Myrna Loy. États-Unis, 1960 – Couleurs – 2 h 24.

L'ascension semée d'embûches d'un jeune homme qui veut absolument réussir. Une robuste réalisation.

DU HAUT EN BAS
Comédie dramatique de **Georg Wilhelm Pabst**, avec Jean Gabin, Jeanine Crispin, Michel Simon, Peter Lorre, Margot Lion. France, 1933 – 1 h 19.

Dans un quartier ordinaire, des gens simples que l'on suit dans leurs problèmes quotidiens :

un vieux joueur ruiné qui finit par épouser sa voisine, une couturière et un beau joueur de football.

DUMBO, L'ÉLÉPHANT VOLANT "DUMBO"
Dessin animé des studios **Walt Disney**. États-Unis, 1941 – Couleurs – 1 h 04.

Un petit éléphant né dans un cirque souffre des moqueries que lui valent ses très grandes oreilles. Une amie souris lui suggère de voler. Lorsqu'il y parvient, il devient une vedette.

DU MOURON POUR LES PETITS OISEAUX
Comédie de **Marcel Carné**, d'après le roman d'Albert Simonin, avec Dany Saval, Paul Meurisse, Suzy Delair, Jean Richard, Suzanne Gabriello. France/Italie, 1963 – 1 h 47.

Intrigues et chassés-croisés chez les pittoresques locataires d'un immeuble qui appartient à un ancien truand, pas entièrement retiré des affaires.

DUNE "DUNE"
Film de science-fiction de **David Lynch**, d'après le roman de Frank Herbert, avec Francesca Annis, Kyle Mac Lachlan, Linda Hunt. États-Unis, 1984 – Couleurs – 2 h 17.

Sur une lointaine et désertique planète, la lutte pour la conquête d'une précieuse épice générée par des vers de sable géants. Adaptation grandiose, mais touffue.

DUNWICH HORROR "THE DUNWICH HORROR"
Film d'épouvante de **Daniel Haller**, d'après une nouvelle de Lovecraft, avec Sandra Dee, Dean Stockwell, Ed Begley. États-Unis, 1969 – Couleurs – 1 h 30.

Entraînée dans un ténébreux château par un jeune homme passionné de sorcellerie, une étudiante est soumise à de diaboliques rites d'initiation.

DUO À TROIS "BULL DURHAM"
Comédie dramatique de **Ron Shelton**, avec Kevin Costner, Susan Sarandon. États-Unis, 1988 – Couleurs – 1 h 45.

Un professionnel baroudeur entraîne l'équipe de base-ball de Durham dont une femme séduisante est la très particulière supportrice. Péripéties sportives et portrait savoureux d'une certaine Amérique.

DUO POUR UNE SOLISTE "DUET FOR ONE"
Comédie dramatique d'**Andrei Kontchalovski**, d'après la pièce de Tom Kempinski, avec Julie Andrews, Alan Bates, Max von Sydow, Rupert Everett, Macha Méril. États-Unis, 1986 – Couleurs – 1 h 47.

La lente déchéance d'une célèbre violoniste qui sera pourtant sauvée par l'amitié et la psychanalyse.

LES DUPES "AL-MAKHDŪ'ŪN"
Drame de **Tawfīq Sālih**, avec Muhammad Khayr, Halwani, Rahman al-Rashi, Bāssam Lufty, Salāh Kholoki. • SC : T. Sālih d'après l'œuvre de Ghassan Kanafani *Des hommes au soleil*. • PH : Bahjat Haydar. • DÉC : L. Raslan. • MUS : Solhi Al Wadi. Syrie, 1972 – 1 h 30. ★ TANIT D'OR, Carthage 1972.

Trois Palestiniens de générations différentes errent dans les rues de Bassora. Déracinés, victimes de la guerre, ils survivent dans l'espoir de passer au Koweit. Avec l'accord d'un chauffeur de camion-citerne, ils se cachent dans le réservoir vide, deux kilomètres avant la frontière. Pour réussir, ils ont sept minutes. Or, les douaniers font traîner les formalités. Le chauffeur extirpe trois cadavres de la citerne et les dépose sur un tas d'ordures.

◆ *Auteur maudit du cinéma égyptien, Tawfīq Sālih réalise ce projet (en chantier depuis 1964) en Syrie. La cause palestinienne est d'une brûlante actualité depuis juin 1967 et depuis les massacres d'Amman en septembre 1970. Aussi ce film se veut-il selon l'auteur « le propos d'un Arabe à d'autres Arabes en général et aux Palestiniens en particulier ». Le succès du film aux IVe Journées Cinématographiques de Carthage le fait connaître dans le Mahgreb et permet sa sortie à Damas et dans le Moyen-Orient. Beau et émouvant,* les Dupes *confirme une œuvre cohérente et sans compromis.* *A.K.*

DU PLOMB POUR L'INSPECTEUR "PUSHOVER"
Film policier de **Richard Quine**, avec Fred MacMurray, Kim Novak, Phil Carey, Dorothy Malone. États-Unis, 1954 – 1 h 28.

Un inspecteur tombe amoureux de la maîtresse du gangster qu'il recherche. Pour fuir avec elle, il va voler, puis tuer...

DUPONT LAJOIE
Drame d'**Yves Boisset**, avec Jean Carmet *(Georges Lajoie)*, Pierre Tornade *(Colin)*, Jean Bouise *(l'inspecteur Boular)*, Michel Peyrelon *(Schumacher)*, Victor Lanoux *(le costaud)*, Ginette Garcin *(Ginette Lajoie)*, Jean-Pierre Marielle *(Léo Tartaffione)*, Isabelle Huppert *(Brigitte Colin)*, Jacques Villeret *(Gérald)*. • SC : Jean-Pierre Bastid, Michel Martens, Y. Boisset, Jean Curtelin. • PH : Jacques Loiseleux. • DÉC : Jacques d'Ovidia. • MUS : Vladimir Cosma. • MONT : Albert Jurgenson. France, 1975 – Couleurs – 1 h 43.

Le cafetier Georges Lajoie passe ses vacances sur la Côte, dans un camping où il retrouve chaque été les Colin et les Schumacher. La proximité d'un chantier où travaillent des immigrés attise la xénophobie du petit groupe. Un après-midi, pris de boisson, Lajoie tente d'abuser de la jeune Brigitte Colin et lui brise la nuque. Pour détouner les soupçons, il participe à une expédition punitive contre le camp des ouvriers, qui s'achève en lynchage.

◆ *Vigoureuse charge antiraciste* Dupont Lajoie *n'hésite pas à appeler un chat un chat. Le trait satirique est celui de la caricature. Les « Français moyens » ne sont évidemment pas flattés : Michel Peyrelon ou Victor Lanoux croquent des portraits saisissants et surtout Jean Carmet, habituellement sympathique, est très convaincant dans le rôle du méchant, sournois à souhait.* *G.L.*

DURA LEX / SELON LA LOI "PO ZAKONU"

Drame de **Lev Koulechov**, avec Alexandra Khokhlova *(Édith)*, Serguei Komarov *(Hans, son mari)*, Vladimir Foguel *(Deinine, l'assassin)*, Porfiri Podobed *(Detchi)*, Piotr Galadjiev *(Kherke)*. • SC : Viktor Chklovski, d'après le récit de Jack London *The Unexpected*. • PH : Konstantin Kouznetsov. • DÉC : Isaak Makhlis. U.R.S.S., 1925 – 1 675 m (env. 1 h).

Au Klondyke, des chercheurs d'or font une fructueuse récolte de métal précieux. Mais parce que ses camarades le traitent comme un serviteur alors que c'est lui qui a trouvé le filon, Deinine tue deux d'entre eux avant qu'Édith et son mari parviennent à le maîtriser. Ne pouvant le livrer à la police à cause des crues du dégel, ils le jugent eux-mêmes et le pendent : mais la corde casse...

◆ *Pionnier des théories du montage expérimental connues sous le nom d'« effet Koulechov », le cinéaste s'en est en partie détaché dans ce chef-d'œuvre où l'on dénote les influences américaine (l'espace) et suédoise (la lumière) : sa maîtrise de l'expression visuelle et de la narrativité, comme de la direction d'acteurs, témoigne de son accession à un langage filmique déjà classique qui le situe au niveau de ses grands contemporains.* *M.MN.*

DURANTE L'ESTATE "DURANTE L'ESTATE"

Comédie dramatique d'**Ermanno Olmi**, avec Renato Paracchi, Rosanna Callegari, Mario Barilla. Italie, 1971 – Couleurs – 1 h 42.

Pour survivre, un héraldiste milanais peint des blasons, attestant ainsi d'improbables titres de noblesse.

DU RIFIFI À PANAME

Film policier de **Denys de La Patellière**, d'après le roman d'Auguste Lebreton, avec Jean Gabin, George Raft, Mireille Darc, Claude Brasseur, Gert Froebe, Marcel Bozzuffi. France / R.F.A. / Italie, 1966 – Couleurs – 1 h 35.

Règlements de compte entre trafiquants d'or et passeurs d'armes. Un beau générique international.

DU RIFIFI CHEZ LES HOMMES

Film policier de **Jules Dassin**, avec Jean Servais *(Tony-le-Stéphanois)*, Carl Mohner *(Jo-le-Suédois)*, Robert Manuel *(Mario)*, Perlo Vita [Jules Dassin] *(César)*, Magali Noël *(Viviane)*, Robert Hossein *(Rémi Grutter)*. • SC : J. Dassin, René Wheeler, Auguste Lebreton, d'après son roman. • PH : Philippe Agostini. • DÉC : Auguste Capelier. • MUS : Georges Auric. • MONT : Roger Dwyre. France, 1954 – 1 h 56.

À sa sortie de prison, un truand vieilli, Tony-le-Stéphanois, veut tenter un dernier coup avec ses amis Jo-le-Suédois et Mario : le cambriolage d'une bijouterie de la place Vendôme. Audacieusement conçu, le hold-up réussit, mais à la suite d'une imprudence de leur complice César, le perceur de coffres, une bande rivale décide de s'emparer du magot par tous les moyens.

◆ *La renommée du film de Jules Dassin tient surtout à la séquence du cambriolage, véritable morceau d'anthologie qui dure vingt minutes sans aucune parole... Par ailleurs, il a surtout contribué à lancer la vogue, dans le cinéma français, des films qui mettent en scène le milieu, ses truands et son argot – sur le modèle fignolé ici par Auguste Lebreton. Si cet univers ressortit davantage à la mythologie qu'à la réalité, ce « Rififi » ne manque pas d'atmosphère – et il dut une partie de son succès à sa célèbre chanson.* *G.L.*

DU SANG DANS LE DÉSERT "THE TIN STAR"

Western d'**Anthony Mann**, avec Henry Fonda, Anthony Perkins, Betsy Palmer, Neville Brand. États-Unis, 1957 – 1 h 33.

Un ancien shérif soutient un jeune collègue qui affronte les dangers d'une petite ville où sévissent de nombreux hors-la-loi.

DU SANG EN PREMIÈRE PAGE

"THE STORY ON PAGE ONE"

Drame de **Clifford Odets**, avec Rita Hayworth, Tony Franciosa, Gig Young. États-Unis, 1960 – 2 h 03.

Un avocat défend un couple adultère, accusé du meurtre du mari. Prouvant la non-préméditation, il obtient l'acquittement.

DU SANG POUR DRACULA

"BLOOD FOR DRACULA/ANDY WARHOL'S DRACULA"

Film fantastique de **Paul Morrissey**, avec Udo Kier, Vittorio De Sica, Joe Dallessandro, Maxime MacKendry, Arno Jurging. Grande-Bretagne / France / Italie, 1974 – Couleurs – 1 h 30.

Dans l'Italie d'aujourd'hui, le comte Dracula doit, pour survivre, trouver une vierge. Il découvrira avec difficulté trois jeunes filles d'une vieille famille, mais sera « doublé » par son domestique. Un film ironique qui écorche le mythe. (Voir DRACULA).

DU SANG SUR LA NEIGE "NORTHERN PURSUIT"
Film d'aventures de **Raoul Walsh**, avec Errol Flynn, Julie Bishop, Helmut Dantine. États-Unis, 1943 – 1 h 34.

Dans le Grand Nord, un policier essaie de supprimer un groupe de saboteurs allemands. Malgré le sujet, le film fut entièrement tourné à Hollywood.

DU SANG SUR LA TAMISE "THE LONG GOOD FRIDAY"
Film policier de **John MacKenzie**, avec Bob Hoskins, Helen Mirren, Dave King, Brian Hall, Eddie Constantine, Stephen Davis. Grande-Bretagne, 1980 – Couleurs – 1 h 45.

Traqué par la police londonienne, un gangster parvenu au sommet de la pègre va peu à peu dégringoler et retourner au ruisseau.

DU SANG SUR LE VOLCAN "HUOSHAN QINGXUE"
Drame de **Sun Yu**, avec Li Lili, Zheng Junli, Tan Ying. Chine, 1932 – 1 h 50.

Dans les années 20, un tyran local veut prendre une fille de paysans comme concubine. Elle se suicide et son fiancé doit fuir. Il se vengera de celui qui causa son malheur.

DU SILENCE ET DES OMBRES
"TO KILL A MOCKINGBIRD"
Drame de **Robert Mulligan**, d'après un roman de Harper Lee, avec Gregory Peck, Mary Badham. États-Unis, 1962 – 2 h 09.

Dans une petite ville d'Alabama, un avocat défend un Noir accusé de viol. Son innocence prouvée, il est pourtant condamné. Il est tué en tentant de s'enfuir, et c'est sur l'avocat que s'abat la haine de la population.

DUST "DUST"
Drame de **Marion Hänsel**, avec Jane Birkin, Trevor Howard, John Matshikiza. Belgique / France, 1985 – Couleurs – 1 h 27.

Une jeune femme vit avec son père au milieu d'un désert d'Afrique du Sud. Ivre de jalousie, elle tue le vieil homme qui séduit encore et règne sur le domaine avant d'être abandonnée à ses obsessions par les ouvriers.

DUST BE MY DESTINY
Drame de **Lewis Seiler**, avec John Garfield, Priscilla Lane, Alan Hale, Frank McHugh, John Litel, Charles Grapewin. États-Unis, 1939 – 1 h 28.

Un jeune homme incarcéré pour un crime qu'il n'a pas commis est remis en liberté. Il sombre alors dans la délinquance et retourne en prison.

DUTCHMAN "DUTCHMAN"
Drame d'**Anthony Harvey**, d'après la pièce de *Le Roi Jones le Métro fantôme*, avec Shirley Knight, Al Freeman Jr., Frank Lieberman. Grande-Bretagne, 1967 – 56 mn.

Dans une rame du métro new-yorkais, un Noir et une Blanche s'affrontent jusqu'au meurtre. Le film retransmet toute la violence de la pièce, dans le déchaînement des pulsions racistes et sexuelles.

LES DYNAMITEROS
"LA SPINA DORSALE DEL DIAVOLO/THE DESERTER"
Western de **Burt Kennedy**, avec Bekim Fehmiu, Richard Crenna, John Huston, Chuck Connors, Ricardo Montalban. Italie / Yougoslavie / États-Unis, 1971 – Couleurs – 1 h 40.

Malgré sa violence et bien qu'il ait déserté, on rappelle Caleb pour affronter un chef apache. Il entraîne un commando avant de passer à l'action. Dans le cadre du western, c'est une vraie opération de guerre et filmée comme telle.

LA DYNASTIE DES FORSYTE
"THAT FORSYTE WOMAN"
Mélodrame de **Compton Bennett**, d'après l'œuvre de John Galsworthy, avec Errol Flynn, Greer Garson, Walter Pidgeon, Robert Young, Janet Leigh. États-Unis, 1949 – Couleurs – 1 h 54.

Avant la célèbre série télévisée, la « Forsyte Saga » donna lieu à ce film soigné et bavard, interprété par de grandes vedettes dont Errol Flynn, en personnage antipathique, très éloigné de ses rôles habituels.

E

EASY RIDER "Easy Rider"

Drame social de **Dennis Hopper**, avec Peter Fonda *(Wyatt)*, Dennis Hopper *(Billy)*, Jack Nicholson *(Hanson)*, Luana Anders, Luke Askew, Toni Basil, Karen Black, Warren Finnerty, Robert Walker. • SC : P. Fonda, D. Hopper, Terry Southern. • PH : Laszlo Kovacs. • MUS : pop-music des années 70. • MONT : Donn Cambren, Larry Robbins. • PR : Columbia, Pando, Raybert (P. Fonda). États-Unis, 1969 – Couleurs – 1 h 34.
★ Prix de la Première œuvre, Cannes 1969.

Deux hippies californiens, Billy et Wyatt, qui ont amassé de l'argent en revendant de la drogue, partent à moto pour le carnaval de La Nouvelle-Orléans, dormant à la belle étoile car les propriétaires de motels voient ces « chevelus » d'un mauvais œil. En cours de route, ils séjournent quelque temps dans une communauté dont les membres mènent une vie spartiate et fraternelle. Dans le Sud, l'hostilité de la population devient de plus en plus évidente. Ils sont arrêtés pour s'être joints sans autorisation à un défilé officiel et font la connaissance en prison d'un avocat alcoolique, Hanson, avec qui ils sympathisent. Ils reprennent la route ensemble, se heurtent à un refus de service et à des quolibets xénophobes dans un café ; la nuit, alors qu'ils campent, ils sont matraqués et Hanson est frappé à mort. Après avoir enterré son cadavre dans la campagne, les deux amis arrivent à La Nouvelle-Orléans où ils font la fête toute la nuit avec des filles, se livrant à un trip au LSD dans un cimetière. Plus tard, en route vers la Floride, ils sont doublés par une voiture dont l'un des occupants, « pour leur faire peur », s'amuse à tirer sur Billy, qui tombe, mortellement blessé. Wyatt fonce sur les agresseurs, qui ont fait demi-tour et tirent à nouveau : touché à son tour, il est éjecté de sa moto qui prend feu sur le bord de la route.

◆ Une rédemption païenne

Ce film fut en son temps l'une des plus significatives manifestations de l'esprit de liberté issu du mouvement intellectuel de 1968 : pamphlet ironique et amer contre les préjugés, la sottise et la violence de l'Amérique « profonde », il se situe dans le courant de dénonciation des tares sociales qui a toujours été une constante de la production hollywoodienne. Ces deux garçons s'attirent la haine des médiocres et des conformistes parce qu'ils sont différents, *en ce sens qu'ils affichent une insolente liberté dans leur habillement et leur comportement, même si cette liberté est en partie conditionnée par une dépendance à l'alcool et à la drogue. Ce film sarcastique (la route des pionniers parcourue en sens inverse, la destruction du « rêve américain ») et iconoclaste (la séquence du cimetière), chargé de souvenirs historiques (Billy et Wyatt sont comme des « Indiens » dans cette société blanche) et cinéphiliques (la visite à Monument Valley), prend une résonance universelle par sa condamnation de l'intolérance comme source de toutes les violences possibles, mais aussi par sa dimension christique, les héros étant éliminés, comme Jésus, parce qu'ils dérangent, rachetant ainsi tous les péchés du (Nouveau) Monde.* *M.M.*

L'EAU À LA BOUCHE

Drame psychologique de **Jacques Doniol-Valcroze**, avec Bernadette Lafont, Françoise Brion, Alexandra

Stewart, Jacques Riberolles, Paul Guers, Michel Galabru. France, 1960 – 1 h 23.

Autour d'une châtelaine, ses cousins, son notaire et un couple de domestiques sont réunis pour régler une question d'héritage. Un ballet amoureux verra se former et se défaire les couples. Le premier film de son auteur.

L'EAU VIVE

Drame paysan de **François Villiers**, d'après l'œuvre de Jean Giono, avec Pascale Audret, Charles Blavette, Germaine Kerjean, Andrée Debar. France, 1958 – Couleurs – 1 h 36.

Un film original, tourné sur trois ans pour enregistrer les travaux gigantesques qui déplacèrent le cours de la Durance. Célèbre musique de Guy Béart.

LES EAUX PRINTANIÈRES "TORRENTS OF SPRING"

Drame de **Jerzy Skolimowski**, d'après une nouvelle de Tourgueniev, avec Timothy Hutton, Nastassja Kinski, Valeria Golino, Jacques Herlin. Italie / France, 1989 – Couleurs – 1 h 41.

En 1840, un jeune aristocrate russe, sentimental mais faible, tombe tour à tour amoureux, lors d'un voyage en Allemagne, d'une jeune Italienne et d'une comtesse russe.

EAUX PROFONDES

Drame psychologique de **Michel Deville**, d'après le roman de Patricia Highsmith, avec Isabelle Huppert, Jean-Louis Trintignant. France, 1981 – Couleurs – 1 h 34.

Sans rien abdiquer de ses droits de mari, Vic aime voir sa femme dans les bras d'autres hommes... jusqu'à un certain point. Un film troublant et virtuose sur la passion.

EAUX TROUBLES "NOGORIE"

Drame en trois parties de **Tadashi Imai**, avec Yatsuko Tanami, Yoshiko Kuga, Seiji Miyaguchi. Japon, 1953 – 2 h 10.

Une femme abandonne sa famille, retrouve son ami d'enfance et le quitte sans qu'ils s'avouent leur amour réciproque (I). Une servante vole de l'argent à sa maîtresse et est sauvée par le fils de la maison (II). Un homme sombre dans la misère pour l'amour d'une pauvre serveuse qui ne veut pas de lui (III).

ECCE BOMBO "ECCE BOMBO"

Comédie dramatique de **Nanni Moretti**, avec Nanni Moretti, Luisa Rossi, Glauco Mauri, Fabio Traversa, Lina Sastri, Piero Galletti, Susanna Javicoli. Italie, 1978 – Couleurs – 1 h 43.

À Rome, la vie quotidienne d'un étudiant ordinaire, avec ses aventures amoureuses et politiques, rythmées par l'année scolaire.

ÉCHAPPEMENT LIBRE

Film d'aventures de **Jean Becker**, avec Jean-Paul Belmondo, Jean Seberg, Gert Froebe. France, 1964 – 1 h 45.

Un spécialiste de la contrebande, qui doit mener au Liban, en compagnie d'une jeune femme, trois cents kilos d'or sous forme d'une voiture de sport, tente de doubler ses employeurs. Avec le couple mythique d'*À bout de souffle*.

ÉCHEC À BORGIA "PRINCE OF FOXES"

Film d'aventures de **Henry King**, avec Tyrone Power, Orson Welles, Wanda Hendrix. États-Unis, 1949 – 1 h 47.

Sous la Renaissance italienne, un aventurier s'oppose à la tyrannie de César Borgia. Un film luxueux.

ÉCHEC À LA GESTAPO "ALL THROUGH THE NIGHT"

Film d'espionnage de **Vincent Sherman**, avec Humphrey Bogart, Conrad Veidt, Karen Verne. États-Unis, 1942 – 1 h 47.

Un gangster découvre un centre de sabotage nazi à New York. Il va se heurter au chef de l'organisation et à un tueur fanatique.

ÉCHEC À L'ORGANISATION "THE OUTFIT"

Film policier de **John Flynn**, d'après le roman de Richard Stark, avec Robert Duvall, Karen Black, Joe Don Baker, Robert Ryan. États-Unis, 1973 – Couleurs – 1 h 43.

Un repris de justice lutte contre un « syndicat du crime » qui a tué son frère. Mais sa petite amie y laissera la vie.

ÉCHEC AU ROI "ROB ROY, THE HIGHLAND ROGUE"

Film d'aventures de **Harold French**, avec Richard Todd, Glynis Johns, James Robertson Justice, Finlay Currie. Grande-Bretagne, 1953 – Couleurs – 1 h 21.

Ample fresque historique relatant les exploits de Rob Roy, héros national écossais, qui prit les armes au début du XVIIIe siècle contre l'oppression anglaise.

L'ÉCHIQUIER DE LA PASSION

"SCHWARZ UND WEISS WIE TAGE UND NACHTE"

Drame psychologique de **Wolfgang Petersen**, avec Bruno Ganz, Gila von Weitershausen, René Deltgen, Ljuba Tadić. R.F.A., 1978 – Couleurs – 1 h 43.

Passionné d'échecs, un informaticien décide d'affronter le champion du monde. Il s'entraîne des années, et s'investit tellement dans sa passion qu'il en devient fou.

ÉCLAIRAGE INTIME "INTIMNÍ OSVĚTLENÍ"

Comédie d'**Ivan Passer**, avec Věra Křesaklová *(Stepa)*, Zdeněk Bezušek *(Peter)*, Karel Blažek *(Bambas)*, Jan Vostrčil *(le grand-père)*, Jaroslava Stědrá *(Mariette)*, Vlatismila Vlková *(la grand-mère)*, Karel Uhlik *(le pharmacien)*. • SC : Václav Sašek, Jaroslav Papousěk, I. Passer, d'après le conte de Václav Sašek *Quelque chose d'autre*. • PH : Josef Strěcha, Miroslav Ondřicek. • DÉC : Karel Černy. • MUS : Okdřich Korte, Josef Hart. • MONT : Jiřina Lukešosá.Tchécoslovaquie, 1965 – 1 h 25.

Dans une bourgade de Tchécoslovaquie, un concert est annoncé. L'orchestre local, composé d'amateurs, se prépare. Le soliste professionnel, Peter, arrive de Prague avec son amie Stepa. Il retrouve un camarade de conservatoire, installé à la campagne avec sa femme, ses enfants et ses beaux-parents. Un voisin se joint à eux pour former un quatuor. Il a un rhumatisme à l'auriculaire. La vie est comme suspendue, tandis que s'échangent les souvenirs dans une fin d'après-midi pleine des vibrations de la nature et des accents du quatuor.

◆ *Seul long métrage réalisé en Tchécoslovaquie par Ivan Passer, qui fut d'abord le scénariste de Miloš Forman, le film est un chef-d'œuvre inégalé dans la mesure où, sans aucune ligne dramatique, presque sans anecdote, un univers étonnamment palpable est recréé, instant de vie coulant à l'état pur, qu'on appréhende par tous les sens. D'aucuns ont voulu y voir une critique de la misère existentielle d'un échantillon social dans un pays socialiste. Présente sans doute, cette dimension n'est jamais le sujet du film, qui témoigne, au contraire, d'un hédonisme certain. La vie s'écoule, la jeunesse passe, la vieillesse approche. La mise en scène, tout entière fondée sur la musique, celle des objets, des corps, autant que des instruments, dit continuellement l'appétit de vivre et donne la sagesse, avec l'harmonie. Ni comédie, ni fable, ni constat, ni poème,* Éclairage intime *est un univers unique en son genre, où l'on klaxonne les déclarations d'amour, bat la mesure sur des ronflements, dévore littéralement les violons. C'est une œuvre magistrale.* *M.S.*

ÉCLAIR DE LUNE "MOONSTRUCK"

Comédie dramatique de **Norman Jewison**, avec Cher, Nicolas Cage. États-Unis, 1987 – Couleurs – 1 h 42.

Une jeune femme d'origine italienne, chargée d'inviter le frère de son futur mari à leur mariage, tombe amoureuse de lui. Peinture cocasse des us et mœurs d'une communauté issue de l'immigration.

L'ÉCLIPSE "L'ECLISSE"

Comédie dramatique de **Michelangelo Antonioni**, avec Monica Vitti *(Vittoria)*, Francisco Rabal *(Riccardo, son amant)*, Alain Delon *(Piero, le commis d'agent de change)*, Lilla Brignone *(la mère de Vittoria)*, Louis Seigner *(Ercoli)*. • SC : M. Antonioni, Tonino Guerra, Elio Bartolini, Ottero Ottieri. • PH : Gianni Di Venanzo. • DÉC : Piero Poletto. • MUS : Giovanni Fusco. • MONT : Eraldo da Roma. Italie / France, 1962 – 2 h 05.

Une femme de la bourgeoisie rompt avec un amant dont elle est fatiguée. Désœuvrée dans Rome en plein été, elle se promène, rencontre des amies, noue une liaison avec un jeune commis d'agent de change, qui lui plaît un moment, mais dont elle découvre la vacuité affective. Finalement, elle se retrouve de nouveau seule.

◆ *Le dernier volet, et le plus radicalement « dédramatisé », d'une trilogie qui compte* l'Avventura *et* la Nuit sur l'incommunicabilité moderne *: l'histoire se réduit à presque rien, mais les personnages sont dessinés et situés socialement avec beaucoup de précision. Les scènes à la Bourse captent admirablement le vide dans lequel se déploie toute activité frénétique (l'idée de la « minute de silence » que les boursiers observent en mémoire d'un de leurs disparus). La fin du film est célèbre comme exercice de « cinéma pur », où le soir tombe sur une ville moderne, montrée dans des plans fixes déserts, qui sont comme autant de photographies épurées.* *M.CH.*

L'ÉCOLE BUISSONNIÈRE

Comédie de **Jean-Paul Le Chanois**, avec Bernard Blier, Juliette Faber, Delmont, Arius. France, 1949 – 1 h 55.

Les méthodes révolutionnaires du jeune instituteur d'un petit village lui attirent bien des inimitiés.

L'ÉCOLE DES COCOTTES

Comédie dramatique de **Jacqueline Audry**, avec Dany Robin, Fernand Gravey, Bernard Blier, Odette Laure. France, 1958 – 1 h 40.

L'ascension d'une arpète qui devient une cocotte renommée de Paris, vers 1910. Lucien Aguettand a reconstitué avec soin les décors de la Belle Époque.

L'ÉCOLE DU CRIME "CRIME SCHOOL"

Drame de **Lewis Seiler**, avec Humphrey Bogart, Gale Page, Billy Halop, Huntz Hall, Leo Gorcey. États-Unis, 1938 – 1 h 26.

Dans un centre de redressement pour délinquants, un jeune avocat remplace la brutalité par la douceur et s'éprend de la sœur d'un de ses pensionnaires.

ÉCOUTE VOIR
Film policier d'**Hugo Santiago**, avec Catherine Deneuve, Sami Frey, Florence Delay, Anne Parillaud, Antoine Vitez. France, 1978 – Couleurs – 1 h 50.

Une femme détective privé est chargée d'une enquête par un drôle de savant. Elle ira beaucoup plus loin... Une bande-son remarquable, un véritable exercice de style qui rappelle le film noir américain.

L'ÉCRAN MAGIQUE "LA VELA INCANTATA"
Drame de **Gianfranco Mingozzi**, avec Massimo Ranieri, Monica Guerritore, Lina Sastri. Italie, 1982 – Couleurs – 1 h 52.

À la fin des années 20, deux frères unis par la même passion du cinéma vont se déchirer à cause de lui. Une réflexion passionnante sur le rôle du cinéma, véritable héros de l'histoire.

ÉCRIT DANS LE CIEL "THE HIGH AND THE MIGHTY"
Drame psychologique de **William A. Wellman**, d'après le roman d'Ernest K. Gann, avec John Wayne, Claire Trevor, Laraine Day, Robert Stack. États-Unis, 1954 – Couleurs – 2 h 27.

Entre Honolulu et San Francisco, la diversité de comportement des passagers d'un avion en perdition. Ex-cascadeur aérien, Wellman excella dans le film d'aviation.

ÉCRIT SUR DU VENT "WRITTEN ON THE WIND"
Drame de **Douglas Sirk**, avec Rock Hudson *(Mitch Wayne)*, Lauren Bacall *(Lucy Hadley)*, Robert Stack *(Kyle Hadley)*, Dorothy Malone *(Marylee Hadley)*. • SC : George Zuckerman, d'après le roman de Robert Wilder. • PH : Russell Metty. • DÉC : Alexander Golitzen, Robert Clatworthy. • MUS : Frank Skinner. • MONT : Russel F. Schoengarth. États-Unis, 1956 – Couleurs – 1 h 32.

Fils d'un magnat du pétrole, Kyle Hadley, ivrogne et noceur, se range en épousant Lucy, dont son ami d'enfance, Mitch Wayne, est épris. Lorsque Lucy est enceinte alors qu'il se croyait stérile, il soupçonne Mitch. Dans l'affrontement, Kyle est tué et Mitch accusé. Seule Marylee, la sœur nymphomane de Kyle, qui poursuit en vain Mitch de ses assiduités, pourrait le disculper.

◆ *Construit de façon circulaire au moyen d'un flash-back, ce film montre la décomposition d'êtres (Kyle et sa sœur) dévorés par une passion autodestructrice qui risque d'entraîner les autres (Mitch et Lucy) dans un destin qu'ils veulent fatal. Un superbe Technicolor aux limites de l'outrance, une mise en scène aux effets baroques, une interprétation paroxystique servent à merveille ce tourbillon lyrique, où des pulsions morbides mènent une famille et tout un monde vers une déchéance inéluctable.* *J.M.*

L'ÉCUME DES JOURS
Comédie dramatique de **Charles Belmont**, d'après le roman de Boris Vian, avec Marie-France Pisier, Jacques Perrin, Sami Frey. France, 1968 – Couleurs – 1 h 50.

Colin et Chloé s'aiment, mais la maladie et la mort n'aiment pas l'amour. L'auteur a tenté de promener ses comédiens dans l'univers de Vian, poursuivant la richesse des mots avec une certaine fantaisie dans l'image.

L'ÉCURIE WATSON "FRENCH WITHOUT TEARS"
Comédie d'**Anthony Asquith**, d'après une pièce de Terence Rattigan, avec Ray Milland, Ellen Drew, Guy Middleton, Ronald Culver, Jim Gerald. Grande-Bretagne, 1939 – 1 h 25.

Dans une boîte à bac française, de jeunes Anglais tombent amoureux de la sœur d'un de leurs camarades.

L'ÉDEN ET APRÈS
Essai d'**Alain Robbe-Grillet**, avec Catherine Jourdan, Pierre Zimmer, Richard Leduc. France, 1970 – Couleurs – 1 h 40.

Au bar « L'Éden », un étranger de passage donne une densité nouvelle, faite de violence et d'érotisme, aux saynètes que se jouent les habitués. Puis, tout recommence ailleurs... Le jeu habituel de Robbe-Grillet entre le rêve et la réalité, à coup de labyrinthes et de fantasmes.

ÉDITH ET MARCEL
Biographie de **Claude Lelouch**, avec Evelyne Bouix, Marcel Cerdan Jr., Jacques Villeret, Francis Huster. France, 1982 – Couleurs – 2 h 42.

L'évocation de l'idylle entre Édith Piaf et Marcel Cerdan, dont le rôle est tenu par son propre fils. Le maniérisme et la générosité de Lelouch.

ÉDOUARD ET CAROLINE
Comédie de **Jacques Becker**, avec Anne Vernon, Daniel Gélin, Élina Labourdette, Betty Stockfeld. France, 1951 – 1 h 25.

Au travers de la brouille passagère de jeunes mariés, une satire malicieuse des mœurs bourgeoises, supérieurement jouée.

ÉDOUARD MON FILS "Edward my Son"
Comédie dramatique de **George Cukor**, avec Spencer Tracy, Deborah Kerr, Ian Hunter. États-Unis, 1949 – 1 h 52.

L'incroyable soif de richesse et de puissance d'un petit commerçant qui parvient au faîte de la réussite sociale en détruisant son entourage.

L'ÉDUCATION DE RITA "Educating Rita"
Comédie dramatique de **Lewis Gilbert**, avec Michael Caine, Julie Walters. Grande-Bretagne, 1983 – Couleurs – 1 h 55.

Une jeune coiffeuse, avide de culture, demande à un professeur alcoolique de faire son éducation.

L'ÉDUCATION DE VÉRA "Angi Vera"
Comédie dramatique de **Pál Gábor**, d'après un roman d'Endre Vészi, avec Veronika Pap, Erzsi Pásztor, Eva Szabó, Tamás Dunai, László Halász, László Horváth. Hongrie, 1979 – Couleurs – 1 h 36.

En 1948, une jeune infirmière, qui se distingue en intervenant lors d'une réunion, est sélectionnée par le Parti pour être formée comme cadre. Elle tombe amoureuse de son professeur.

L'ÉDUCATION SENTIMENTALE
Comédie dramatique d'**Alexandre Astruc**, d'après le roman de Gustave Flaubert, avec Marie-José Nat, Jean-Claude Brialy, Dawn Addams, Michel Auclair. France, 1962 – 1 h 32.

Une jeune homme tombe amoureux d'une femme mariée, qui renoncera à lui pour suivre son époux. Transposition dans l'époque actuelle.

ÉDUCATION SPÉCIALE "Specijalno vaspitanje"
Drame de **Goran Marković**, avec Slavko Stimac, Bekim Fehmiu, Ljubiša Samardžić. Yougoslavie, 1977 – Couleurs – 1 h 51.

Un jeune voleur est confié à un éducateur qui s'efforce de gagner la confiance des délinquants. Mais le garçon tente de s'évader.

EDVARD MUNCH « LA DANSE DE LA VIE »
"Edvard Munch"
Biographie de **Peter Watkins**, avec Geir Westby, Gro Fraas. Norvège / Suède, 1976 – Couleurs – 2 h 45.

La vie du peintre norvégien qui contribua à la formation de l'expressionnisme comme mouvement artistique.

L'EFFACEUR "Eraser"
Film d'aventures de **Charles Russel**, avec Arnold Schwarzenegger, James Caan, Vanessa Williams, James Coburn. États-Unis, 1996 – Couleurs – 1 h 55.

John Kruger, « l'effaceur », sauve une jeune femme, Lee Cullen, qui a découvert un trafic d'armes dans la société où elle travaille. Mais les trafiquants russes sont obstinés et bénéficient de complicités au niveau le plus élevé du FBI, aussi l'effaceur devra-t-il mettre toute la gomme… et ça va décoiffer !

EFFI BRIEST "Effi Briest"
Drame de **Rainer Werner Fassbinder**, avec Hanna Schygulla, Wolfgang Schenck, Ulli Lommel, Karl-Heinz Böhm. R.F.A., 1974 – 2 h 20.

Pour combler le vide de sa vie, une femme, mariée très jeune à un baron prend un amant. Son époux découvre par hasard cette liaison quelques années plus tard, et tue l'homme en duel.

EFFRACTION
Film policier de **Daniel Duval**, d'après le roman de Francis Ryck, avec Marlène Jobert, Jacques Villeret, Bruno Crémer. France, 1982 – Couleurs – 1 h 35.

L'auteur d'un hold-up prend un couple en otage et l'entraîne dans sa cavale.

L'EFFRONTÉE
Chronique de **Claude Miller**, avec Charlotte Gainsbourg, Bernadette Lafont, Jean-Claude Brialy. France, 1985 – Couleurs – 1 h 36. ★ Prix Louis-Delluc 1985.

Un été, à la campagne, Charlotte, adolescente farouche, s'ennuie. Elle est attirée par Clara, une jeune pianiste brillante, et attire malgré elle un marin trop pressant.

L'EFFROYABLE SECRET DU DOCTEUR HICHCOCK
"Raptus / L'orribile segreto del dr. Hichcock"
Film d'épouvante de **Robert Hampton** [Riccardo Freda], avec Barbara Steele, Robert Flemyng. Italie / Grande-Bretagne, 1962 – Couleurs – 1 h 26.

Un médecin nécrophile injecte une drogue à sa femme pour lui donner l'apparence de la mort. Deux ans plus tard, sa nouvelle épouse va vivre un véritable cauchemar. Un grand film d'épouvante italien, avec la reine du genre, Barbara Steele, et l'un des rares à traiter ouvertement de la nécrophilie.

▷ Une suite a été réalisée : Voir LE SPECTRE DU PROFESSEUR HICHCOCK.

ÉGLANTINE
Chronique de **Jean-Claude Brialy**, avec Frédéric, Valentine Tessier, Odile Versois, Marco Perrin, Roger Carel, Claude Dauphin. France, 1972 – Couleurs – 1 h 30.

Un collégien de la bonne bourgeoisie, dans les années 1890, passe ses vacances dans la maison d'une merveilleuse grand-mère.

LES ÉGOUTS DU PARADIS
Film policier de **José Giovanni**, d'après le livre d'Albert Spaggiari, avec Francis Huster, Jean-François Balmer, Jean Franval. France, 1979 – Couleurs – 1 h 55.

Un ancien baroudeur d'Indochine organise le casse du siècle : atteindre par les égouts la salle des coffres de la Société Générale... Un fait divers authentique.

L'ÉGYPTIEN "THE EGYPTIAN"
Film d'aventures de **Michael Curtiz**, d'après le roman de Mika Waltari, avec Edmund Purdom, Jean Simmons, Victor Mature, Gene Tierney, Michael Wilding, Bella Darvi, Peter Ustinov. États-Unis, 1954 – Couleurs – 2 h 20.

Grandiose reconstitution de l'Égypte des Pharaons photographiée en CinémaScope : l'histoire de Sinouhé, son ascension et sa chute.

EIJANAÏKA / POURQUOI PAS ? "EIJANAÏKA"
Drame de **Shohei Imamura**, avec Shigeru Izumiya, Kaori Momoi, Ken Ogata, Shigeru Tsuyuguchi. Japon, 1981 – Couleurs – 2 h 31.

Le Japon à l'aube de l'ère Meiji. Après six ans d'absence, un paysan part en ville à la recherche de son épouse vendue à un gangster. Il devient homme de main de celui-ci et est tué dans une émeute.

EL "EL"
Drame de **Luis Buñuel**, avec Arturo de Cordova *(Francisco)*, Delia Garces *(Gloria)*, Luis Beristain *(Raul)*, Aurora Walker *(Esperanza)*, Carlos Martinez Baena *(le père Velasco)*. • SC : L. Buñuel, Luis Alcoriza, d'après le récit de Mercedes Pinto *Pensamientos*. • PH : Gabriel Figueroa. • DÉC : Edward Fitzgerald. • MUS : Luis Hernández Bretón. • MONT : Carlos Savage, Alberto Valenzuela. Mexique, 1952 – 1 h 31.

Un riche et pieux propriétaire terrien, Francisco, s'éprend de la ravissante Gloria. Séduite, elle rompt avec son fiancé, Raul, et l'épouse. Son mari, en proie à une jalousie pathologique, la soupçonne, l'humilie sans cesse et tente même de la séquestrer. Elle s'enfuit auprès de Raul, qu'elle épouse, tandis que Francisco, tombé dans la folie, se retire, une fois guéri, dans un monastère.

◆ *Proche, par le thème, de* la Jeune Fille *et de* Viridiana, El *se présente d'abord comme l'étude clinique d'un comportement paranoïaque, phénomène fort prisé des surréalistes. Francisco est en effet en proie à l'« amour fou », au sens littéral du terme. Le principal intérêt du film tient dans l'apparente objectivité de la description qui accumule les symptômes œdipiens, fétichistes, obsessionnels sans nuire à la complexité du personnage, au contraire !* *J.M.*

ELDORADO
« Mélodrame cinématographique » de **Marcel L'Herbier**, avec Ève Francis *(Sibilla)*, Jaque-Catelain *(Hedwick)*, Paulais *(Esteria)*, Philippe Hériat *(Joao, le bouffon)*, Marcelle Pradot *(Iliana)*, Édith Réal. • SC : M. L'Herbier, Dimitri Dragomir. • PH : Georges Lucas, Georges Specht. • DÉC : Louis Le Bertre. • MUS : Marius-François Gaillard. • PR : Gaumont Série Pax. France, 1921 – 2 000 m (env. 1 h 14).

Sibilla a été abandonnée par un riche protecteur. Pour survivre et élever son fils malade, elle se produit comme danseuse au cabaret « Eldorado ». Un jeune peintre suédois et un pitre difforme s'intéressent à elle. Mais son destin la condamne à la solitude et à l'ennui de vivre. Lasse d'une existence sans espoir, elle se suicide au moment d'entrer en scène.

◆ Maniérisme et état d'âme

Eldorado *se veut, d'entrée de jeu, un « mélodrame », mais au sens premier du terme (drame accompagné de musique – celle-ci ayant été confiée, spécialement pour les besoins du film, à un compositeur en renom, Marius-François Gaillard). C'est aussi une fantaisie dans le style espagnol, évoquant tour à tour Bizet, Velázquez et Maurice Barrès. Les extérieurs ont été tournés à l'Alhambra de Grenade, mantilles et fandangos sont abondamment mis à contribution, les jets d'eau fusent dans les patios fleuris... Le thème, par contre, est d'une rare indigence, et ne lésine pas sur le poncif (mère au grand cœur, enfant malade, tentative de viol dans un bouge). Toute la force du film réside dans ses truquages formels : flous, déformations optiques, ombres suggestives, etc. Par exemple, l'héroïne, songeuse au milieu de ses sœurs d'infortune, est filmée en « flou tramé », censé symboliser son absence psychologique. Ce qui occasionna, lors de la* preview, *une scène mémorable avec le producteur, Léon Gaumont, imputant au projectionniste une erreur de mise au point ! Marcel L'Herbier (1888-1979) fait partie de ces cinéastes – ou plutôt de ces cinégraphistes, comme on disait dans les années 20 – qui croient à la puissance absolue de l'image, aux vertus de la « photogénie », à l'autonomie de l'écriture filmique. Henri Fescourt (son antithèse, pourtant, à bien des égards) le décrit comme « un homme d'avant-garde, dans le sens non galvaudé du terme ». Il est de la génération des Gance, des Epstein, des Germaine*

Dulac. Homme de grande culture, d'un goût délicat, non exempt de préciosité, il a su s'entourer pour ses mises en scène, de collaborateurs de choix (au décor, à l'image, à la musique), et a puisé son inspiration chez les grands auteurs (Balzac, Bernstein, Oscar Wilde, Pirandello...). Esthète raffiné, il n'exclut pas pour autant un ancrage du film dans la réa-lité sociale, et assigne à ses « cinégraphies » des perspectives résolument « humanistes ». Guetté par le formalisme (l'Inhumaine), *il est parvenu touefois à un remarquable équilibre du sujet et de la technique, à une parfaite « dialectique du réel et de l'irréel » dans son avant-dernier film muet,* l'Argent. *Sa carrière parlante sera nettement plus inégale.* C.B.

EL DORADO "El Dorado"

Western de **Howard Hawks**, avec John Wayne, Robert Mitchum, James Caan. États-Unis, 1966 – Couleurs – 2 h 06.

Un cow-boy et un jeune homme viennent en aide à un shérif alcoolique contre une bande dirigée par un gros propriétaire. Variation sur le thème de *Rio Bravo*, avec un excellent Robert Mitchum.

EL DORADO "El Dorado"

Drame historique de **Carlos Saura**, avec Lambert Wilson, Omero Antonutti, Eusebio Poncela, Gabriela Roel. Espagne, 1988 – Couleurs – 2 h 31.

En 1560, une expédition espagnole remonte l'Amazone à la recherche du pays mythique. Ils rencontrent mille difficultés tandis que des rivalités déciment les membres du groupe.

ÉLECTRE "Elektra"

Drame de **Michael Cacoyannis**, avec Irène Papas *(Électre)*, Aleka Catseli *(Clytemnestre)*, Yannis Fertis *(Oreste)*. • SC : M. Cacoyannis, d'après la tragédie d'Euripide. • PH : Walter Lassaly. • DÉC : Spyro Vassiliou. • MUS : Mikis Theodorakis. • MONT : M. Cacoyannis. Grèce, 1961 – 1 h 50.

L'histoire d'Électre est une des plus connues qui soit : elle a inspiré les tragiques grecs, Euripide puis Sophocle, et bien des dramaturges modernes. L'intrigue est simple : fille d'Agamemnon et de Clytemnestre, sœur d'Oreste, Électre a assisté impuissante au meurtre de son père, de retour de Troie. Elle pousse son frère à le venger en tuant sa mère et l'amant de celle-ci.

◆ *Cacoyannis s'est voulu, à plusieurs reprises, le cinéaste de la tragédie grecque. Il a tenté de recréer, loin de l'académisme théâtral et des enluminures du péplum, l'atmosphère, les mœurs, les coutumes, le ton, le langage de personnages devenus des mythes. Cette entreprise de démythification n'était possible que par une parfaite adéquation du cinéaste, de ses interprètes et du lieu. Avec Irène Papas et, surtout, un enracinement grec incomparable, Cacoyannis parvient à faire passer un souffle de vie dans une légende aux aspects figés.* C.A.

L'ÉLÉGIE DE NANIWA / L'ÉLÉGIE D'OSAKA

"Naniwa Ereji"

Drame de **Kenji Mizoguchi**, avec Isuzu Yamada *(Ayako)*, Seichi Takegawa *(Junzo)*, Chijoko Okura *(Sachiko)*, Shinpachiro Asaka *(Hiroshi)*, Benkei Shinganoya *(Sonosuke Asai)*. • SC : K. Mizoguchi, Yoshikata Yoda, d'après le roman de Saburo Okada *Miko*. • PH : Minoru Miki. • MUS : Koichi Takagi. Japon, 1936 – 1 h 06.

Pour venir en aide à sa famille, une jeune standardiste d'Osaka accepte de céder à son patron. L'homme qu'elle aime la rejette et son patron l'abandonne aussi. Revenue dans sa famille, elle y est mal accueillie et se résigne alors à la prostitution.

◆ L'Élégie de Naniwa *a toutes les apparences du mélodrame, mais c'est un film fort. Il marque le début de la fructueuse collaboration entre Mizoguchi et Yoda et ouvre une période de grande maîtrise dans la carrière du cinéaste. Malgré la censure des militaires, il n'a en fait rien abandonné des préoccupations sociales déjà apparues dans son œuvre et, comme si souvent jusque dans ses films « historiques », il met en pleine lumière les aspects les plus durs de la condition féminine au Japon. La critique des mœurs est rendue encore plus vive par le réalisme des descriptions du quotidien.* J.-M.C.

ELEMENT OF CRIME

"The Element of Crime/Forbrydelsens element"

Film policier fantastique de **Lars von Trier**, avec Michael Elphick, Me Me Lei, Esmond Knight, Jerold Wells. Danemark, 1984 – Couleurs – 1 h 44.

Un inspecteur de police soigné par un psychothérapeute est chargé d'une enquête sur une série de meurtres. Pour les élucider, il essaie de s'identifier à leur auteur.

ÉLÉNA ET LES HOMMES

Comédie de **Jean Renoir**, avec Ingrid Bergman, Jean Marais, Mel Ferrer, Jean Richard, Magali Noël, Juliette Gréco, Dora Doll. France/Italie, 1956 – Couleurs – 1 h 38.

À la fin du siècle dernier, une princesse polonaise n'a qu'une passion : intervenir en faveur des hommes qui l'intéressent.

ELENI "ELENI"

Drame de **Peter Yates**, d'après le roman de Nicholas Gage, avec Kate Nelligan, John Malkovich, Oliver Cotton. États-Unis, 1985 – Couleurs – 1 h 58.

Un journaliste grec travaillant à New York revient dans son pays pour venger la mort de sa mère, tuée par les communistes durant la guerre civile.

ELEPHANT BOY "ELEPHANT BOY"

Film d'aventures de **Robert Flaherty** et **Zoltan Korda**, d'après le roman de Rudyard Kipling, avec Sabu, Walter Hudd, Allan Jeayes, W.E. Holloway. Grande-Bretagne, 1937 – 1 h 31.

En Inde, l'amitié d'un jeune garçon et d'un éléphant mise au service du gouvernement britannique. Quasi documentaire avec Flaherty, le film devient banalement « exotique » sous Korda.

ELEPHANT MAN "ELEPHANT MAN"

Drame de **David Lynch**, avec John Hurt *(John Merrick)*, Anthony Hopkins *(Frederick Treves)*, John Gielgud *(Carr Gomm)*, Anne Brancroft *(Madge Kendal)*, Freddie Jones *(Bytes)*. • SC : Christopher De Vore, Eric Bergen, D. Lynch, d'après les livres de sir Frederick Treves *The Elephant Man and Other Reminiscences*, et d'Ashley Montaigu *The Elephant Man, a Study in Human Dignity*. • PH : Freddie Francis. • DÉC : Stuart Craig, Bob Cartwright. • MUS : John Morris. • MONT : Anne V. Coates. États-Unis, 1980 – 2 h 05. ★ **GRAND PRIX, Avoriaz 1981.**

Londres, 1884. Le chirurgien Frederick Treves découvre dans une baraque foraine un jeune homme, John Merrick, hideusement déformé par une étrange maladie, la neurofibromatose, exhibé comme « homme-éléphant ». Il le prend au London Hospital pour l'examiner et s'aperçoit que le « monstre » cache une sensibilité et une intelligence surprenantes. Tout le monde s'intéresse à lui, mais pas toujours d'une façon désintéressée…

◆ *Auteur de l'extraordinaire* Eraserhead, *David Lynch a été engagé par Mel Brooks pour réaliser* Elephant Man, *dont le climat victorien est proche du fantastique : la photographie en noir et blanc de Freddie Francis est superbe, et les effets sonores renforcent l'étrangeté de l'ensemble. Mélodrame à l'état pur, inspiré d'une histoire véridique, c'est un film original, parfois bouleversant, qui jette un regard sans concession sur l'Angleterre victorienne. Ce fut paradoxalement la révélation, dans le rôle de John Merrick, du comédien John Hurt, méconnaissable sous le maquillage hallucinant créé par Christopher Tucker.* *G.L.*

ÉLISA

Comédie dramatique de **Jean Becker**, avec Vanessa Paradis, Gérard Depardieu, Clotilde Courau, Sekkou Sall. France, 1995 – Couleurs – 1 h 55.

Marie, qui a été élevée dans un foyer de la DASS après le suicide de sa mère, Élisa, part à la recherche de son père, qui a obligé Élisa à se prostituer. Elle rencontrera toute une série de personnages lâches et peu reluisants avant de retrouver enfin, à l'île de Sein, celui dont elle veut se venger. Mais là, c'est un homme brisé et pathétique qu'elle découvre.

ELISA / LA FILLE ELISA

Drame de **Roger Richebé**, d'après le roman d'Edmond de Goncourt, avec Dany Carrel, Serge Reggiani, Valentine Tessier, Marthe Mercadier, Marie-Hélène Dasté. France, 1957 – Couleurs – 1 h 30.

Au siècle dernier, une jeune prostituée rencontre un organiste aveugle qui s'éprend d'elle. Quand il découvre ses activités, il veut la violer. Elle le tue et finira ses jours en prison.

ELISA, MON AMOUR "ELISA, VIDA MIA"

Drame psychologique de **Carlos Saura**, avec Fernando Rey *(Luis)*, Geraldine Chaplin *(Elisa)*, Norman Briski *(Antonio)*, Isabel Mestres *(Isabel)*. • SC : C. Saura. • PH : Teo Escamilla. • DÉC : Antonio Belizon. • MUS : Erik Satie. • MONT : Pablo Del Amo. Espagne, 1976 – Couleurs – 2 h 10.

Une maison isolée, à la campagne. Un homme vieillissant, Luis, y vit retiré, de ses traductions et de cours qu'il dispense. Il écrit également un livre, dont il lit à haute voix des passages bien étranges à sa fille Elisa, venue passer quelques jours avec lui, sur sa demande. Quand l'ami d'Elisa, Antonio, vient la chercher, elle rompt avec lui comme avec l'existence normale, pour s'enfermer dans les phantasmes et les souvenirs de son père. À la mort de Luis, Elisa se retrouve seule dans une maison peuplée de fantômes.

◆ *Avec son actrice fétiche et un vieux routier des films de Buñuel, Carlos Saura a réussi un film troublant d'une gravité austère, sorte de méditation à mi-chemin du rêve sur les problèmes de la personnalité, de la solitude, de la communication. Il s'en dégage une atmosphère d'onirisme que met en valeur la grande qualité de la photographie.* *D.C.*

ÉLISE OU LA VRAIE VIE

Drame social de **Michel Drach**, avec Marie-José Nat *(Élise Letellier)*, Mohamed Chouikh *(Arezki)*, Bernadette Lafont *(Anna)*, Jean-Pierre Bisson *(Lucien)*, Catherine Allégret *(Didi)*. • SC : Claude Lanzman, M. Drach, d'après le roman de Claire Etcherelli. • PH : Claude Zidi. • MONT : Carlos de los Llanes. France / Algérie, 1970 – Couleurs – 1 h 40.

Pendant la guerre d'Algérie, une jeune femme monte à Paris pour travailler. Elle est engagée à l'usine Renault et se lie d'amitié avec un ouvrier algérien. Ils tombent amoureux malgré l'hostilité générale.

◆ *L'Amérique ne cesse de régler ses comptes avec la guerre du Viêt Nam grâce au cinéma. En France, la guerre d'Algérie reste un sujet tabou. Rapidement abordée dans les livres d'histoire, elle a inspiré quelques films qui ont eu, la plupart du temps, des problèmes avec la censure. Courageusement, Drach adapte* Élise ou la vraie vie *qui avait fait scandale à sa sortie. À travers les yeux d'Élise, il montre les exactions de la police française contre les Arabes, des perquisitions humiliantes aux « ratonnades » de sinistre mémoire. Drach essaie de peindre aussi les difficultés d'un couple mixte face au racisme et à la société.* CL.A.

ELISSO "ELISO"

Épopée de **Nikolai Chenguelaïa**, avec Alexandre Imedachvili *(Astamir)*, Kotka Karalachvili *(Vachia)*, Kira Andronikachvili *(Elisso)*, Alexandre Jorjoliani *(le général)*. • SC : Serguei Tretiakov, N. Chenguelaïa, d'après le roman d'Alexandre Qazbegui. • PH : Vladimir Kereselidze. • DÉC : Dimitri Chevarnadze. • MUS : Iona Touskia (sonorisation en 1935). U.R.S.S. (Géorgie), 1928 – 2 300 m (env. 1 h 25).

En 1864, le gouvernement tsariste, voulant russifier la Géorgie, ordonne la déportation des Tcherkesses du Caucase en Turquie. Les habitants d'un village tentent de résister par tous les moyens aux cosaques chargés de l'évacuation. Un valeureux guerrier contraint le général russe à signer une autorisation de rester sur place, mais finalement la population doit partir : alors, la belle Elisso incendie le village sous les yeux de l'envahisseur.

◆ *Ce superbe film révéla le talent de Nikolai Chenguelaïa. Dans cette évocation épique d'un épisode de l'histoire nationale, son lyrisme (belles images de paysages et de mouvements de foule) est rehaussé d'humour (exploit martial du guerrier à la Douglas Fairbanks) et de brillantes trouvailles visuelles (effets métaphoriques de montage rapide et d'accéléré).* M.MN.

ELLE "TEN"

Comédie dramatique de **Blake Edwards**, avec Dudley Moore, Julie Andrews, Bo Derek, Robert Webber. États-Unis, 1979 – Couleurs – 2 h.

Un homme dans la force de l'âge, marié à une femme ravissante, a soudain la vision d'une créature idéale : il se met à délirer gentiment...

ELLE A PASSÉ TANT D'HEURES SOUS LES SUNLIGHTS

Essai de **Philippe Garrel**, avec Mireille Perrier, Jacques Bonnaffé, Anne Wiazemsky. France, 1984 – Couleurs – 2 h 10.

La réalité (la vie d'un jeune acteur) et la fiction (le film qu'il est en train de jouer) s'entremêlent sur fond d'amour, de drogue, de mort, d'illusion.

ELLE BOIT PAS, ELLE FUME PAS, ELLE DRAGUE PAS, MAIS ELLE CAUSE

Comédie de **Michel Audiard**, avec Annie Girardot, Bernard Blier, Mireille Darc. France, 1970 – Couleurs – 1 h 25.

Une femme de ménage fait chanter ses trois patrons qui ont tous quelque chose à cacher derrière leur apparence respectable. Le titre a fait le succès du film.

ELLE CAUSE PLUS, ELLE FLINGUE

Comédie de **Michel Audiard**, avec Annie Girardot, Bernard Blier, Maurice Biraud, Roger Carel, Jean Carmet. France, 1972 – Couleurs – 1 h 27.

La femme de ménage (voir ci-dessus), devenue princesse, règne sur un bidonville et fournit le Vatican en os de saints !

ELLE COURT, ELLE COURT LA BANLIEUE

Comédie satirique de **Gérard Pirès**, d'après le livre de Brigitte Gros *Quatre Heures de transport par jour*, avec Marthe Keller, Jacques Higelin, Robert Castel. France, 1972 – Couleurs – 1 h 40.

Un jeune couple s'installe dans une H.L.M. de la banlieue parisienne. La promiscuité, les difficultés de transport engendrent rapidement des conflits. Le scénario de Nicole de Buron expose avec humour des problèmes bien réels.

ELLE EST TERRIBLE "LA VOGLIA MATTA"

Comédie de **Luciano Salce**, avec Ugo Tognazzi, Catherine Spaak. Italie / France, 1963 – 1 h 30.

Un quadragénaire rencontre une bande de jeunes avec lesquels il passe un dimanche. Séduit par une jeune fille, il devra admettre que sa jeunesse est définitivement derrière lui.

ELLE ÉTAIT COMME UNE FLEUR DES CHAMPS

"NOGIKU NO GOTOKI KIMI NARIKI."

Comédie dramatique de **Keisuke Kinoshita**, d'après le roman de Sachio Ito, avec Shinji Tanaka, Chishu Ryu, Haruko Sugimura. Japon, 1955 – 1 h 32.

Un vieil homme revient dans sa province natale après une très longue absence. Il se rappelle sa jeunesse et l'issue malheureuse de son amour pour sa cousine.

ELLE ET LUI "AN AFFAIR TO REMEMBER"

Comédie dramatique de **Leo McCarey**, avec Cary Grant, Deborah Kerr, Richard Denning. États-Unis, 1957 – Couleurs – 1 h 55.

À bord d'un paquebot, une ancienne chanteuse de cabaret tombe amoureuse d'un célibataire endurci...

▷ Remake de LOVE AFFAIR de **Leo McCarey**, avec Charles Boyer, Irene Dunne, Maria Ouspenskaya. États-Unis, 1939 – 1 h 29.

ELLE N'A DANSÉ QU'UN SEUL ÉTÉ

"HON DANSADE EN SOMMAR"

Drame sentimental d'**Arne Mattsson**, avec Folke Sundqvist *(Göran)*, Ulla Jacobsson *(Kerstin)*, Edwin Adolphson *(Anders Persson)*, Irma Christensson *(Sigrid)*, Gösta Gustavsson *(Berndt Larsson)*, Berta Hall *(Anna)*, John Elfström *(le pasteur)*. • SC : Wolodja Semitjov, d'après le roman de Per Olof Ekström *Sommardansen*. • PH : Goran Strindberg. • DÉC : Bibi Lindström. • MUS : Sven Sköld. • MONT : Lennart Wlallén. Suède, 1952 – 1 h 25.

En Suède, pendant la nuit de la Saint-Jean. Göran, un jeune bachelier à qui son père vient d'offrir une moto, arrive en vacances chez son oncle, dans un petit village rigoriste, contrastant avec l'atmosphère libre de la ville. Il s'éprend d'une jeune fille, Kerstin, pratiquement cloîtrée par ses parents. Au prix de mille difficultés, les jeunes gens réussissent à se rencontrer et deviennent amants presque sans s'en rendre compte. Mais au retour de leur unique nuit d'amour, un accident de moto enlève à jamais Kerstin à Göran désespéré. Le pasteur, personnage tout-puissant du village, invoque la colère divine.

◆ *Le film fit sensation au festival de Cannes 1952. Il apportait une note de pureté et de poésie. La scène d'amour entre les jeunes amants, merveilleusement photographiée par Goran Strindberg, reste l'une des plus belles de l'époque. Le film remporta le Prix de la Musique.* J.-C.S.

ELLES DEUX "OK KETTEN"

Drame de **Márta Mészáros**, avec Marina Vlady *(Mari)*, Lili Monori *(Juli)*, Jan Nowicki *(János)*, Miklós Tolnay *(Feri)*. • SC : M. Mészáros, Ildikó Koródy, Géza Bereményi. • PH : János Kende. • DÉC : Tamás Banovich. • MUS : György Kovács. Hongrie, 1978 – Couleurs – 1 h 35.

Malgré l'insistance de son époux qui voudrait qu'elle reste à la maison, Mari, quarante ans, directrice d'un foyer de jeunes ouvrières, refuse de quitter son emploi. Une jeune femme, Juli, et sa petite fille viennent un jour la voir : le mari, János, est alcoolique et fait des scènes épouvantables, malgré l'amour profond qui l'unit à Juli. Mari réalise alors ce qu'elle cherchait à se dissimuler et c'est elle qui prend en main la cure de désintoxication de János...

◆ *L'univers sombre et mesquin des adultes que dépeint Márta Mészáros est éclairé par cette histoire d'amitié entre deux femmes que le hasard a rapprochées. Alors, luit un pâle espoir...* C.D.R.

ELLE VOIT DES NAINS PARTOUT

Comédie de **Jean-Claude Sussfeld**, avec Philippe Bruneau, Marilyn Canto, Christian Clavier. France, 1981 – Couleurs – 1 h 23.

La reine de France meurt en mettant au monde une petite fille, Blanche-Neige. Le roi, furieux (il voulait un fils), se débarrasse de l'enfant. Il faudra l'intervention des fées, de Tarzan et de Robin des Bois (entre autres) pour que les choses s'arrangent.

ELMER GANTRY, LE CHARLATAN

"ELMER GANTRY"

Drame de **Richard Brooks**, avec Burt Lancaster *(Elmer Gantry)*, Jean Simmons *(sœur Sharon Falconer)*, Arthur Kennedy *(Jim Lefferts)*, Shirley Jones *(Lulu Bains)*, Dean Jagger *(William L. Morgan)*, Patti Page *(sœur Rachel Fowler)*, Edward Andrews *(George Babitt)*, John McIntire *(le révérend Pengilly)*. • SC : R. Brooks, d'après le roman de Sinclair Lewis. • PH : John Alton. • DÉC : Edward Carrere. • MUS : André Previn. • MONT : Marjorie Fowler. • PR : Bernard Smith. États-Unis, 1960 – Couleurs – 2 h 25.

Le Midwest, dans les années 20. Elmer Gantry, commis-voyageur au passé douteux, rejoint la troupe de l'évangéliste Sharon Falconer. Sa fougue et ses talents oratoires en font bientôt une vedette...

◆ **Les ambiguïtés de l'évangélisme**

Dans les années 50, on admirait principalement Richard Brooks pour son réformisme généreux et combatif. L'« honnête homme » du cinéma américain convainquait plus par sa droiture que par ses qualités de metteur en scène. Elmer Gantry *constitue à cet égard une exception : le courage, la rigueur intellectuelle du réalisateur y sont, plus que jamais, présents, mais la démonstrativité s'efface ici au bénéfice d'une approche sensuelle, intimiste, émouvante et lucide du sujet. Brooks réussit à nous offrir un « dossier » particulièrement minutieux et objectif du phénomène évangéliste, tout en serrant au plus près l'évolution psychologique, les rapports passionnels et conflictuels du couple Sharon-Gantry. Il est à la fois Jim*

Lefferts, le journaliste agnostique, qui scrute d'un œil froid les activités du « cirque » évangéliste, et Gantry, l'animateur-vedette de ce spectacle populaire et outrancier où se révèlent crûment les hantises de la société américaine. Il est, aussi, profondément fasciné par la figure rayonnante, pathétique, de Sharon Falconer, dont la pureté transcendante s'impose à chacun. L'ajout au titre français du mot « charlatan » simplifie outrageusement le propos d'un film qui a pour principale qualité une remarquable absence de préjugés à l'égard de son protagoniste. Elmer Gantry, au vrai, n'est pas un banal charlatan. C'est un croyant sincère – en même temps qu'un pécheur avoué –, un « vendeur » matois et plein de gouaille, un homme du peuple instinctif et entreprenant, un manipulateur de foules doté d'un punch peu commun, un orateur inspiré, grisé par ses propres harangues. C'est aussi, et surtout, un homme amoureux... Elmer Gantry *dit des choses singulièrement actuelles, voire définitives, sur l'évangélisme et la religion-spectacle, mais sa force et sa résonance émotionnelle lui viennent d'ailleurs. Elles tiennent à ce que le héros, idolâtré, puis renié par une foule versatile, devient le jouet des chimères qu'il propage. Grisé par l'illusion du pouvoir, il ne parvient pas à « réformer » la femme qu'il aime plus que tout au monde. Derrière les naïvetés du show religieux, derrière les manifestations primaires, grossières et hystériques de la foi collective, se profilent le mystère d'une vocation singulière, le drame individuel de la privation et du renoncement volontaires.* *O.E.*

ELSA, ELSA
Comédie dramatique de **Didier Haudepin**, avec François Cluzet, Lio, Tom Novembre. France, 1985 – Couleurs – 1 h 20.

Ferdinand écrit ses souvenirs, mais son inspiration est parasitée par sa rupture avec Elsa.

L'ÉLU "THE CHOSEN"
Comédie dramatique de **Jeremy Paul Kagan**, d'après le roman de Chaim Potok, avec Maximilian Schell, Rod Steiger, Robby Benson, Barry Miller. États-Unis, 1981 – Couleurs – 1 h 48.

Deux jeunes juifs, l'un d'éducation « orthodoxe », l'autre d'éducation libérale, apprennent à se connaître et à s'estimer malgré leurs familles.

ELVIRA MADIGAN "ELVIRA MADIGAN"
Drame sentimental de **Bo Widerberg**, avec Pia Degenmark *(Elvira Madigan)*, Thommy Berggren *(Sixten Sparre)*, Lensart Malmer *(Christopher)*. • SC : B. Widerberg • MONT : B. Widerberg. • PH : Jorgen Personn. • MUS : Mozart. Suède, 1967 – Couleurs – 1 h 24.

En 1889, le jeune comte Sixten Sparre abandonne femme et enfants pour vivre un amour fou avec la danseuse de corde Elvira Madigan. Leur aventure défraie la chronique, la société les condamne et les pourchasse. Il n'y a d'autre issue pour eux que la mort.

◆ *C'est une histoire vraie, très connue en Suède où l'on chante encore la complainte d'Elvira Madigan. Bo Widerberg en a fait un film romantique, passionné, hors du temps. À l'époque, ce romanesque choqua : on était alors aux films plus « sociaux », plus engagés, plus signifiants.* Elvira Madigan, *avec des images d'une grande beauté, souvent symboliques, montre la force irrépressible de la passion amoureuse.* *B.B.*

ELVIS ON TOUR "ELVIS ON TOUR"
Documentaire de **Pierre Adidge** et **Robert Abel**. États-Unis, 1972 – Couleurs – 1 h 35.

La tournée triomphale du King aux États-Unis en avril 1972. Une technique irréprochable au service d'un mythe incontournable.

ELVIS SHOW "ELVIS, THAT'S THE WAY IT IS"
Documentaire de **Denis Sanders**. États-Unis, 1970 – Couleurs – 1 h 45.

Les répétitions, puis le show d'Elvis Presley à Las Vegas. Remarquable travail à l'image du grand chef opérateur Lucien Ballard, pour un reportage intelligent et sensible, qui montre bien l'étonnante osmose entre le King et son public.

EMBRASSE-LA POUR MOI "KISS THEM FOR ME"
Comédie de **Stanley Donen**, d'après le roman de Frederick Wakeman *Shore Leave*, avec Cary Grant, Jayne Mansfield, Suzy Parker. États-Unis, 1957 – Couleurs – 1 h 45.

Trois pilotes de la Navy passent leur permission à San Francisco. Satire aimable et spirituelle de l'Amérique en guerre.

EMBRASSE-MOI CHÉRIE "KISS ME KATE"
Comédie musicale de **George Sidney**, d'après la pièce de Samuel et Bella Spewack, avec Kathryn Grayson, Howard Keel, Ann Miller, Keenan Wynn. États-Unis, 1953 – Couleurs – 1 h 49.

Version cinématographique d'un grand succès de Broadway sur le thème de *la Mégère apprivoisée* de Shakespeare. Couleurs, musique de Cole Porter et chorégraphie de Hermes Pan en font un luxueux spectacle conçu initialement pour le relief.

EMBRASSE-MOI IDIOT ! "KISS ME STUPID !"
Comédie de **Billy Wilder**, avec Dean Martin, Kim Novak, Ray Walston. États-Unis, 1964 – 2 h 04.

Un professeur de musique et un garagiste composent des chansons. Un chanteur célèbre fait halte à la station-service, et ils essaient de le retenir. Mais celui-ci est un séducteur et le professeur un terrible jaloux qui fait « remplacer » sa femme par une entraîneuse.

EMBRASSE-MOI / MA FEMME ET SON FLIRT
"Kiss Me Again"
Comédie d'**Ernst Lubitsch**, d'après la pièce de Victorien Sardou et Émile de Najac *Divorçons*, avec Marie Prevost, Monte Blue, John Roche, Clara Bow, Willard Louis. États-Unis, 1925 – 2 049 m (env. 1 h 15).

Un mari trompé feint de vouloir divorcer et éveille la jalousie de l'infidèle avec l'aide d'une jolie secrétaire.

▷ Le cinéaste signera plus tard un remake du film, intitulé ILLUSIONS PERDUES "That Uncertain Feeling", avec Merle Oberon, Melvyn Douglas, Burgess Meredith, Alan Mowbray, Olive Blakeney. États-Unis, 1941 – 1 h 24.

EMBRYO "Embryo"
Film d'épouvante de **Ralph Nelson**, avec Rock Hudson, Diane Ladd, Barbara Carrera, Roddy McDowall. États-Unis, 1976 – Couleurs – 1 h 44.

Un savant tente des expériences sur des fœtus en leur injectant des hormones de croissance. Le résultat dépasse ses espérances et il regrette bientôt son geste.

EMBUSCADE "Ambush"
Film d'aventures de **Sam Wood**, avec Robert Taylor, Arlene Dahl, John Hodiak, Don Taylor, Jean Hagen. États-Unis, 1949 – 1 h 29.

À la fin du XIXe siècle, affrontement entre un détachement de cavalerie et des Indiens qui ont enlevé une femme blanche.

L'ÉMERAUDE TRAGIQUE "Green Fire"
Film d'aventures d'**Andrew Marton**, avec Stewart Granger, Grace Kelly, Paul Douglas, John Ericson. États-Unis, 1954 – Couleurs – 1 h 40.

En Colombie, dans une mine abandonnée et une plantation de café, « chasse » aux émeraudes et intrigue sentimentale. Belle musique de Miklos Rozsa.

L'ÉMIGRANT "The Immigrant"
Comédie de **Charlie Chaplin**, avec Charlie Chaplin *(l'émigrant)*, Edna Purviance *(l'émigrante)*, Kitty Bradbury *(sa mère)*, Albert Austin, Henry Bergman, Loyal Underwood, Eric Campbell. • SC : C. Chaplin • MONT : C. Chaplin. • PH : Roland H. Totheroh. • DÉC : E.T. Mazy. États-Unis, 1917 – 584 mètres (env. 21 mn).

Sur un vieux rafiot qui vogue vers l'Amérique, Charlot, parmi diverses occupations, triche au poker et fait la connaissance d'une jeune fille. Quelques mois plus tard, après avoir franchi le dur barrage de l'Immigration, il la retrouve dans un restaurant et l'invite à dîner avec la pièce qu'il vient de ramasser sur le trottoir. Hélas, sa poche était trouée et au moment de payer...

◆ *Avec son soixante et unième film, Chaplin trouve l'équilibre entre le comique et le sentimental : le burlesque s'enracine dans des situations (mélo)dramatiques. Le petit faune dionysiaque des années 14-15 commence, à ses risques et périls, à faire preuve de générosité dans un monde où la tricherie est monnaie courante. À l'image du vagabond pour qui la survie reste essentielle, mais n'est plus l'unique préoccupation, la mise en scène de Chaplin, toujours centrée sur Charlot, s'ouvre à autre chose que ce qui le menace (objets, policiers...), l'amour par exemple.* *J.M.*

L'ÉMIGRANTE
Mélodrame de **Leo Joannon**, avec Edwige Feuillère, Jean Chevrier, Georges Lannes, Pierre Larquey. France, 1939 – 1 h 49.

Une femme qui possède pour toute fortune une poignée de diamants est prête aux pires trahisons pour les sauver. Elle les sacrifiera pourtant par amour.

LES ÉMIGRANTS "Utvandrarna"
Fresque historique de **Jan Troell**, avec Liv Ullmann *(Kristine)*, Max von Sydow *(Karl-Oskar)*, Monica Zetterlund *(Ulrika)*, Eddie Axberg *(Robert)*, Allan Edwall *(Daniel)*. • SC : J. Troell, Bengt Forslund, d'après les quatre romans de Vilhem Moberg • PH : J. Troell, Bengt Forslund • MONT : J. Troell, Bengt Forslund. • DÉC : P.A. Lundgren. • MUS : Erik Nordgren. Suède, 1973 – Couleurs – 2 h 15.

La vie est rude, au XIXe siècle, dans la province suédoise du Smaland, pour la famille Nilsson qui essaie d'exploiter une ferme. Le jour où l'un des enfants meurt à cause de la famine, Karl-Oskar et Kristine décident d'émigrer. Au terme d'un voyage tragique, ils abordent les États-Unis, où ils découvrent que, là aussi, l'inégalité existe... Ils s'établissent dans un coin de forêt du Minnesota, qu'ils entreprennent de cultiver.

◆ *Jan Troell photographia lui-même avec simplicité et amour, mais aussi avec un grand sens de l'espace, cette épopée des humbles, qui donna à Liv Ullmann un rôle de femme moins tourmenté que chez Bergman. Le succès américain du film, et de son second volet* le Nouveau Monde *(Voir ce titre), valut au réalisateur des propositions de tournage aux États-Unis, aboutissant en 1974 à* Zandy's Bride. *M.CH.*

L'ÉMIGRÉ "AL-MOHAGER"

Fiction historique de **Youssef Chahine**, avec Khaled El Nabaoui, Mahmoud Hemida, Michel Piccoli, Yoursa. France / Égypte, 1994 – Couleurs – 2 h 08.

Un fils de pauvre berger, Ram, quitte sa famille pour tenter sa chance dans la riche Égypte des pharaons. Vendu comme esclave, il gagne la faveur de son maître, devient le favori de la grande prêtresse d'Amon et reçoit en apanage un morceau de désert à faire reverdir. Il y réussit mais choisira finalement de retourner parmi ses frères bergers. Une évocation sympathique, quoique souvent naïve, de l'Égypte au temps d'Akhenaton.

ÉMILE ET LES DÉTECTIVES

"EMIL UND DIE DETEKTIVE"

Comédie policière de **Gerhard Lamprecht**, avec Rolf Wenkhaus *(Émile)*, Käthe Haack *(sa mère)*, Fritz Rasp *(le voleur)*, Hans Richter. • SC : Billy Wilder, d'après le roman d'Erich Kästner. • PH : Werner Brandes. • DÉC : W. Schlichting. • MUS : Allan Gray. Allemagne, 1931 – 1 h 15.

Le petit Émile Tischbein part pour Berlin remettre à sa grand-mère la somme de 120 marks. Dans le train, il est abusé par un voyageur en chapeau melon, qui lui dérobe son pécule. Avec une bande de copains spontanément recrutés, il se lance à la poursuite de son voleur, qui s'avère être un dangereux bandit recherché par la police.

◆ *Le roman d'Erich Kästner est un classique de la littérature enfantine, qui fera l'objet de plusieurs adaptations à l'écran (la dernière en date est une production des studios Disney). Celle de Gerhard Lamprecht reste la meilleure de toutes. On peut y voir une sorte de version rose de* M le Maudit, *où les enfants se liguent pour traquer un voleur – habilement stylisé – comme le faisaient les truands dans le film de Lang. C'est aussi, en filigrane, une belle leçon de solidarité démocratique, dans un pays en proie au spectre du nazisme.* *C.B.*

▷ Autre version réalisée, sous le même titre, par **R.A. Stemmle**, avec Kurt Meisel, Heli Finkenzeller. R.F.A., 1954 – Couleurs – 1 h 35.

EMMANUELLE

Film érotique de **Just Jaeckin**, d'après le roman d'Emmanuelle Arsan, avec Sylvia Kristel, Alain Cuny, Marika Green. France, 1974 – Couleurs – 1 h 30.

Une jeune femme part rejoindre son mari en Thaïlande. Elle y complète et parachève son éducation amoureuse...

▷ Un film-événement à l'époque, qui a suscité plusieurs « séquelles » : EMMANUELLE II, de **Francis Giacobetti**, avec Sylvia Kristel, Umberto Orsini, Frédéric Lagache. France, 1975 – Couleurs – 1 h 35. GOODBYE EMMANUELLE, de **François Leterrier**, avec Sylvia Kristel, Umberto Orsini, Jean-Pierre Bouvier. France, 1978 – Couleurs – 1 h 40. EMMANUELLE 4, de **Francis Leroi** et **Iris Letans**, avec Sylvia Kristel, Mya Nigren, Patrick Bauchau. France, 1984 – Couleurs – 1 h 30. EMMANUELLE 5, de **Walerian Borowczyk**, avec Monique Gabrielle, Dana Burns Westberg. France, 1987 – Couleurs – 1 h 25. EMMANUELLE 6, de **Bruno Zincone**, avec Nathalie Uher, Jean-René Gossart, Tamira. France, 1988 – Couleurs – 1 h 30.

EMMÈNE-MOI

Comédie dramatique de **Michel Spinosa**, avec Karin Viard, Antoine Basler, Inès de Medeiros, Éric Savin. France, 1994 – Couleurs – 1 h 26.

Deux permissionnaires draguent une fille dans un buffet de gare vide. Ainsi commence l'histoire d'un amour impossible entre deux êtres qui ne peuvent s'aimer sans se déchirer. Une descente aux enfers excellemment interprétée par Karin Viard, violente et fragile, et remarquablement mise en scène par Michel Spinosa, dont c'est le premier film.

L'EMMERDEUR

Comédie d'**Édouard Molinaro**, d'après la pièce de Francis Veber *le Contrat*, avec Lino Ventura, Jacques Brel. France, 1973 – Couleurs – 1 h 20.

Dans un hôtel, les préparatifs d'un tueur à gages sont contrariés par son voisin qui tente de se suicider. Les auteurs ont cassé les codes du polar dans cette comédie où s'affrontent deux grands solitaires et deux formidables acteurs.

L'EMPEREUR DE LA CALIFORNIE

"DER KAISER VON KALIFORNIEN"

Film d'aventures de **Luis Trenker**, avec Luis Trenker, Viktoria von Balasko, Alexander Gulling, Berta Drews. Allemagne, 1936 – 1 h 42.

L'épopée américaine d'un aventurier d'origine suisse. La découverte de l'or en Californie ruina tous ses efforts de pionnier.

L'EMPEREUR DU NORD

"THE EMPEROR OF THE NORTH POLE"

Film d'aventures de **Robert Aldrich**, avec Lee Marvin, Ernest Borgnine, Keith Carradine. États-Unis, 1972 – Couleurs – 2 h.

L'Amérique de la grande dépression : des vagabonds – les « trimards » – s'accrochent aux wagons pour traverser le pays. L'un d'eux, surnommé « l'empereur du Nord », s'oppose à un chef de train sadique. C'est l'occasion pour Aldrich de filmer des scènes spectaculaires et très physiques.

EMPIRE

Film expérimental d'**Andy Warhol**. États-Unis, 1964 – 8 h.

Huit heures de la « vie » de l'Empire State Building de New York, vu de l'extérieur et filmé en plan fixe. Un film unique en son genre qui ne fut, dit-on, projeté intégralement qu'une seule fois.

L'EMPIRE CONTRE-ATTAQUE

"The Empire Strikes Back"

Film fantastique d'**Irvin Kershner**, avec Mark Hamill, Harrison Ford, Carrie Fisher. États-Unis, 1980 – Couleurs – 2 h 04.

La suite du combat de Luke, Han et la princesse Leia contre les forces terrifiantes de l'Empire. Luke doit maîtriser la Force dont l'Empire détient le secret. Sur une planète mystérieuse, un être étrange est seul capable de le lui révéler.

▷ Voir aussi LA GUERRE DES ÉTOILES.

L'EMPIRE DE LA PASSION "Ai no borei"

Drame de **Nagisa Oshima**, avec Kazuko Yoshiyuki, Tatsuya Fuji, Takahiro Tamura, Takuso Kawatni. Japon/France, 1978 – Couleurs – 1 h 48.

Un homme et sa maîtresse assassinent le mari dont le fantôme vient les hanter. Suspectés, ils avouent sous la torture avant d'être exécutés.

L'EMPIRE DE LA TERREUR "Tales of Terror"

Film fantastique de **Roger Corman**, d'après des récits d'Edgar Poe, avec Vincent Price, Peter Lorre, Basil Rathbone, Debra Paget. États-Unis, 1961 – Couleurs – 1 h 30.

Une belle adaptation de trois contes : l'histoire d'une femme morte en couches, d'un ivrogne trompé par sa femme et d'un moribond assassin par amour.

L'EMPIRE DES SENS "Ai no Corrida"

Drame érotique de **Nagisa Oshima**, avec Eiko Matsuda *(Sada Abe)*, Tatsuya Fuji *(Kichizo Ishida)*, Aoi Nakajima *(Toku, l'épouse de Kichizo)*. • SC : N. Oshima. • PH : Hideo Ito. • DÉC : Jusho Toda. • MUS : Minoru Miki. • MONT : Keiichi Uraoka. • PR : Argos Films (Paris) / Oshima Prod. (Tokyo). Japon / France, 1976 – Couleurs – 1 h 44.

Ancienne geisha, Sada Abe est servante dans une auberge de Tokyo. Elle devient l'amante de Kichi, le mari de sa patronne, et le couple, dévoré par une passion charnelle et boulimique, est obligé de s'enfuir, de quitter toute attache avec le réel ou le social. La femme, peu à peu, prend le « pouvoir » dans la relation de jouissance et de domination qui lie les deux amants. Imperceptiblement, le « mâle », est pris à ce jeu ne pouvant mener qu'à la mort, qui sera aussi l'ultime moment de sa jouissance. En effet, au cours d'une scène amoureuse, Kichi consent à se laisser étrangler par sa maîtresse, au cours d'un ultime coït. De scène répétée en scène répétée, les deux amants iront jusqu'au bout du plaisir physique. Quelques jours plus tard, la police arrêtera Sada errant radieuse dans les rues de Tokyo, cachant sur elle le sexe coupé de son amant Kichi. Une voix off nous dit que lorsqu'on arrêta Sada, son visage rayonnait de bonheur...

◆ Le sexe et la mort

Au début des années 70, le producteur Anatole Dauman proposa à Nagisa Oshima de coproduire un film à caractère érotique, pour ne pas dire pornographique. Nagisa Oshima, dont le dernier film, Une petite fille pour l'été, *fut un échec en 1972, mit trois ans à relever le défi. Puis se mettant au travail, il s'inspira d'une affaire criminelle authentique qui agita le Japon en 1936. Oshima dut user de stratagèmes pour déjouer la censure et les ennuis pendant le tournage proprement dit. Mais dès la sortie du film au Japon, il fut la victime d'une puissante campagne de la part des tenants de la morale traditionnelle.* L'Empire des sens *(qui devait s'appeler* la Corrida de l'amour*) est sans doute le film le plus insolent jamais réalisé sur l'obsession érotique. Oshima brise les tabous en montrant les organes en gros plan, de manière presque clinique, et sa caméra ne quitte pratiquement jamais les corps des deux amants liés par une passion qui les pousse vers le paroxysme. Lentement, ceux-ci se coupent du réel pour s'enfermer dans des espaces clos et finir par ne plus devenir qu'un seul et même corps s'adonnant au plaisir sexuel. Son film est avant tout la mise en scène d'une relation « sacrificielle » – d'où le nom de « corrida » dans le titre japonais – qui verra l'un des deux amants aller jusqu'au bout du plaisir physique (le moment de la « mise à mort »). La force du film d'Oshima vient de ce qu'il évite tout voyeurisme, non par défaut mais, pourrait-on dire, par excès. La relation entre les deux personnages a quelque chose d'infernal, faisant tout basculer du côté d'une joie profondément morbide. À force d'être pris à témoin et de voir en gros plan les rapports physiques entre Kichi et Sada, le spectateur finit par comprendre qu'il s'agit là d'un film-manifeste sur l'amour fou, où la représentation du sexe excède la possibilité pour lui d'un regard facile, obscène.* L'Empire des sens *illustre avec force le mot de Georges Bataille : « L'érotisme est l'approbation de l'amour jusque dans la mort. »* S.T.

L'EMPIRE DU SOLEIL "EMPIRE OF THE SUN"
Film d'aventures de **Steven Spielberg**, d'après le roman autobiographique de G. Ballard, avec Christian Bale, John Malkovich, Miranda Richardson, Nigel Havers, Joe Pantoliano. États-Unis, 1987 – Couleurs – 2 h 34.

Shanghai, 1941. Ayant perdu la trace de ses parents qui fuyaient les Japonais, un jeune Anglais échoue dans un camp de prisonniers où il s'organise une vie trépidante. Une fresque spectaculaire.

L'EMPREINTE DE FRANKENSTEIN
"THE EVIL OF FRANKENSTEIN"
Film fantastique de **Freddie Francis**, avec Peter Cushing, Peter Woodthorpe, Kiwi Kingston. Grande-Bretagne, 1964 – Couleurs – 1 h 34.

Frankenstein crée un nouveau monstre, qui tombe sous l'influence d'un hypnotiseur criminel, tandis que son créateur sera une nouvelle fois victime de la haine de ses concitoyens.

▷ Voir aussi FRANKENSTEIN.

L'EMPREINTE DES GÉANTS
Film d'aventures de **Robert Enrico**, avec Serge Reggiani, Andréa Ferréol, Patrick Chesnais. France, 1980 – Couleurs – 2 h 20.

La vie quotidienne sur un grand chantier d'autoroute dans la Côte-d'Or : drames sentimentaux, accidents du travail, racisme.

L'EMPREINTE DU DIEU
Drame de **Léonide Moguy**, d'après le roman de Maxence Van der Meersch, avec Pierre Blanchar, Annie Ducaux, Blanchette Brunoy, Ginette Leclerc, Jacques Dumesnil, Pierre Larquey. France, 1941 – 2 h 10.

La femme d'un contrebandier se réfugie chez sa sœur lorsqu'il est arrêté. Elle a un enfant avec son beau-frère, que le mari tuera avant de mourir.

L'EMPRISE "OF HUMAN BONDAGE"
Drame de **John Cromwell**, d'après le roman de Somerset Maugham *Servitude humaine*, avec Leslie Howard, Bette Davis, Frances Dee. États-Unis, 1934 – 1 h 23.

À travers ses expériences sentimentales, les années de formation de Philip Carey, étudiant en médecine à Londres.

L'EMPRISE "THE HUNTED"
Drame policier de **Jack Bernhard**, avec Belita, Preston Foster, Larry Blake. États-Unis, 1948 – 1 h 17.

Une jeune femme qui sort de prison parvient à prouver son innocence grâce au policier dont elle est aimée.

L'EMPRISE DE LA PEUR "MAN AFRAID"
Comédie dramatique de **Harry Keller**, avec George Nader, Phyllis Thaxter, Tim Hovey, Eduard Franz. États-Unis, 1957 – 1 h 24.

Un homme non violent a tué accidentellement un jeune vagabond. Dès lors, le père de la victime ne cesse de le harceler. Un suspense sans faille.

L'EMPRISE DU CRIME
"THE STRANGE LOVE OF MARTHA IVERS"
Comédie dramatique de **Lewis Milestone**, avec Barbara Stanwyck *(Martha Ivers)*, Van Heflin *(Sam Masterson)*, Lizabeth Scott *(Toni Marachek)*, Kirk Douglas *(Walter O'Neil)*, Judith Anderson *(Mrs. Ivers)*, Roman Bohnen *(Mr O'Neil)*, Darryl Hickman *(Sam Masterson, enfant)*, Janis Wilson *(Martha Ivers, enfant)*, Ann Doran *(la secrétaire)*, James Flavin *(le détective)*. • SC : Robert Rossen, d'après l'histoire de John Patrick *Love Lies Bleeding*. • PH : Victor Milner. • DÉC : Hans Dreier, John Meehan, Sam Comer, Jerry Welch. • MUS : Miklos Rozsa. • MONT : Archie Marshek. États-Unis, 1946 – 1 h 56.

Martha Ivers a assassiné sa tante pour s'emparer de sa fortune. Walter O'Neil, témoin du crime, en a profité pour l'épouser. Tous deux dominent maintenant une petite ville, où revient Sam Masterson qui aima jadis Martha. Cette dernière et Walter le soupçonnent d'être au courant de leur crime.

◆ *Un film noir dont le scénario a été nommé pour les Oscars. Après un début assez lent, l'angoisse monte progressivement, accentuée par la forte composition de Barbara Stanwyck sur qui repose tout le film. L'assistant réalisateur se nommait Robert Aldrich et Blake Edwards tenait le rôle d'un marin.* J.-C.S.

L'EMPRISONNÉ "THE PRISONER"
Drame psychologique de **Peter Glenville**, avec Alec Guinness, Jack Hawkins, Wilfrid Lawson. Grande-Bretagne, 1955 – 1 h 35.

Dans un pays imaginaire, un cardinal, héros de la Résistance, doit, pour mater l'opposition, perdre son prestige. Un procureur, son ancien camarade, va s'y employer et obtenir des aveux spontanés. Un film d'un total dépouillement qui bénéficie de l'extraordinaire interprétation d'Alec Guinness.

ENAMORADA "ENAMORADA"
Drame d'**Emilio Fernandez**, avec Maria Felix, Pedro Armendariz, Fernando Fernandez. Mexique, 1947 – 1 h 32.

En 1912, un chef révolutionnaire fait arrêter tous les riches de la ville qu'il vient de prendre. Il s'éprend d'une jeune fille, qui abandonnera famille et fiancé pour le suivre.

EN ANGLETERRE OCCUPÉE "IT HAPPENED HERE"
Drame de **Kevin Brownlow** et **Andrew Mollo**, avec Sebastian Shaw, Pauline Murray. Grande-Bretagne, 1963 – 1 h 39.

En 1940, les Allemands gagnent la bataille d'Angleterre, y débarquent et instaurent un gouvernement national-socialiste. La collaboration devient la règle, mais une jeune infirmière s'insurge. Un bel exemple de politique-fiction cinématographique.

EN AVANT LA MUSIQUE "STRIKE UP THE BAND"
Comédie musicale de **Busby Berkeley**, avec Mickey Rooney, Judy Garland, Paul Whiteman. États-Unis, 1940 – 2 h.

La passion du jazz qui anime un jeune garçon l'amène à diriger un concert. D'étourdissants numéros musicaux.

EN AVOIR (OU PAS)
Chronique de **Lætitia Masson**, avec Sandrine Kiberlain, Arnaud Giovaninetti, Roschdy Zem, Claire Denis. France, 1995 – Couleurs – 1 h 30.

Comme un long cygne un rien gauche, Alice glisse, ironique et résignée, à travers les méandres glauques de la vie ordinaire : travail en usine, licenciement, recherche d'emploi, coïts brefs et longue solitude. Jusqu'au jour où elle quitte son Boulogne-sur-Mer natal pour Lyon. Là, elle élit domicile dans un petit hôtel chaleureux hébergeant quelques jeunes en mal d'insertion. Elle finira par trouver un emploi probablement précaire et un amour peut-être durable. Un film émouvant et juste, remarquablement interprété, même dans les seconds rôles.

EN CAS DE MALHEUR
Drame de **Claude Autant-Lara**, avec Jean Gabin *(André Gobillot)*, Brigitte Bardot *(Yvette Maudet)*, Edwige Feuillère *(Viviane Gobillot)*, Nicole Berger *(Janine)*, Julien Bertheau *(le commissaire)*, Franco Interlenghi *(Mazetti)*. • SC : Jean Aurenche, Pierre Bost, d'après le roman de Georges Simenon. • PH : Jacques Natteau. • DÉC : Max Douy. • MUS : René Cloerec. • MONT : Madeleine Gug. France, 1958 – 2 h 02.

Après le cambriolage manqué d'une petite bijouterie, Yvette Maudet va trouver un célèbre avocat, Me Gobillot, qui accepte de la défendre. Il fait acquitter Yvette qui devient alors sa maîtresse. Il l'installe dans un appartement, puis dans un hôtel particulier. Pour elle, il compromet sa carrière et son ménage. Mais Yvette est assassinée par un amant jaloux.

◆ *La rencontre explosive d'un Gabin à l'apogée de sa carrière et de la jeune « B.B. » rayonnante de sensualité donne une dimension toute particulière à cette vieille histoire de la passion d'un bourgeois installé pour une fille légère... Les dialogues très écrits et la mise en scène glacée font de cette honnête adaptation de Simenon une sorte de chant du cygne de cette « qualité française » qui allait subir, un an plus tard, les premiers coups de boutoir de la Nouvelle Vague.* G.L.

LES ENCHAÎNÉS "NOTORIOUS"
Film d'espionnage d'**Alfred Hitchcock**, avec Ingrid Bergman *(Alicia)*, Cary Grant *(Devlin)*, Claude Rains *(Alexandre Sébastien)*, Léopoldine Konstantin *(la mère)*. • SC : Ben Hecht. • PH : Ted Tetzlaff. • DÉC : Albert S. d'Agostino, Carol Black. • MUS : Roy Webb. • MONT : Theron Warth. États-Unis, 1946 – 1 h 43.

Devlin, un agent secret américain, contacte Alicia pour qu'elle s'introduise dans les milieux nazis du Brésil. Ils ne tardent pas à tomber amoureux l'un de l'autre, mais lorsque Sébastien, l'homme qu'elle est chargée d'espionner, la demande en mariage, Alicia doit accepter. Découvrant que c'est une espionne, Sébastien et sa mère décident de l'empoisonner lentement. Devlin la tirera des griffes des nazis.

◆ *Le film le plus épuré et le plus abstrait de Hitchcock. Presque tout le sens du film passe par la mise en scène, que ce soit par la lumière avec les ombres mobiles et les distorsions d'images pendant les malaises d'Alicia, par l'utilisation des objets dans la scène d'empoisonnement, où Hitchcock aligne une tasse de thé en avant-plan avec Alicia au fond, ou par les mouvements d'appareil dans la fameuse scène de la réception, où la caméra part d'un plan général pour finir son mouvement sur un gros plan de la main d'Alicia tenant une clé d'une importance capitale. Le premier chef-d'œuvre de Hitchcock.* S.K.

EN CHAIR ET EN OS "CARNE TREMULA"
Comédie dramatique de **Pedro Almodovar**, d'après le roman de Ruth Rendell, avec Javier Bardem, Francesca Neri, Liberto Rabal, Angela Molina. France / Espagne, 1997 – Couleurs – 1 h 39.

En sortant de prison, Victor n'a de cesse de retrouver Elena, la première femme de sa vie. Seulement voilà : Elena est mariée, et son époux est précisément le policier blessé – et handicapé depuis –, à cause duquel Victor a été condamné.

Mus par des instincts primaires (sexe, jalousie, vengeance...), les trois personnages vont être emportés dans un ballet cruel et désespéré, qui se terminera comme le film avait commencé : par une naissance, incertaine promesse d'espoir.

L'ENCHANTERESSE "The Gorgeous Hussy"
Biographie de **Clarence Brown**, avec Joan Crawford, Robert Taylor, Lionel Barrymore. États-Unis, 1936 – 1 h 42.

La vie de Peggy O'Neal, qui fut l'égérie du futur président des États-Unis Andrew Jackson. Une page de la petite histoire des États-Unis.

L'ENCLOS
Drame d'**Armand Gatti**, avec Jean Négroni, Hans-Christian Blech. France, 1961 – 1 h 35.

Un camp de concentration en 1944. Dans un enclos spécial, les S.S. laissent face à face un détenu allemand et un juif français et promettent la vie sauve à qui tuera l'autre.

ENCORE "Encore"
Comédie dramatique à sketches de **Harold French**, **Anthony Pelissier** et **Pat Jackson**, avec Nigel Patrick, Roland Culver, Glynis Johns, Terence Morgan, Kay Walsh. Grande-Bretagne, 1951 – 1 h 26.

Illustration cinématographique de trois nouvelles de Somerset Maugham : *la Cigale et la Fourmi, Gigolo et Gigolette, Croisière d'hiver.*

ENCORE "Once More"
Drame de **Paul Vecchiali**, avec Jean-Louis Roland, Florence Giorgetti. France, 1988 – Couleurs – 1 h 27.

Un père de famille, la quarantaine, donne libre cours à ses penchants homosexuels, jusqu'alors refoulés. Un regard quasi-clinique sur le drame du Sida.

END OF THE NIGHT "End of the Night"
Comédie dramatique de **Keith McNally**, avec Eric Mitchell, Audrey Matson, Nathalie Devaux. États-Unis, 1991 – Couleurs – 1 h 38.

Un homme tourne le dos à une existence confortable de cadre supérieur et plonge dans un New York glauque peuplé de solitaires et d'êtres déchus.

THE END OF VIOLENCE "The End of Violence"
Comédie dramatique de **Wim Wenders**, avec Bill Pullman, Andie MacDowell, Gabriel Byrne, Tracy Lind. France / Allemagne / États-Unis, 1997 – Couleurs – 2 h 02.

Un producteur de cinéma aux prises avec des agents de sécurité qui veulent mettre fin à la violence en installant un système de surveillance électronique généralisée et tuent impitoyablement ceux qui veulent révéler leur dessein. Un ensemble ténébreux et ambigu, où les éléments d'intelligibilité sont distribués avec parcimonie et si tardivement que l'on ne s'y intéresse plus vraiment. Ambitieux et décevant.

EN EFFEUILLANT LA MARGUERITE
Comédie de **Marc Allégret**, avec Brigitte Bardot, Daniel Gélin, Robert Hirsch, Mischa Auer, Darry Cowl. France, 1956 – 1 h 40.

La fille d'un général écrit, sous un nom d'emprunt, un livre qui met en scène les habitants de sa petite ville. Puis elle va à Paris pour faire du strip-tease.

ENEMY "Enemy Mine"
Film de science-fiction de **Wolfgang Petersen**, d'après la nouvelle de Barry Longyear, avec Dennis Quaid, Louis Gosset. États-Unis, 1985 – Couleurs – 1 h 48.

Sur la planète Dracon, un jeune pilote américain rencontre une étrange créature reptilienne, perdue comme lui au fin fond du cosmos. Ils se combattent avant de devenir les meilleurs amis du monde.

L'ENFANCE DE GORKI "Detsvo Gor'kogo" (I)
EN GAGNANT MON PAIN "V ljudjah" (II)
MES UNIVERSITÉS "Moi universitety" (III)

Biographie de **Mark Donskoï**, avec Mikhaïl Troïanovski *(Kachirine, le grand-père)*, Varvara Massalitinova *(Akoulina, la grand-mère)*, E. Alekseeva *(Varvara)*, Alecha Liarski *(Alecha Pechkov)*, N. Valbert *(Alexei Pechkov)*, Stepan Kaioukov *(Semenov)*, Nikolai Dorokhin *(Ospi Chatanov)*, Nikolai Plotnikov *(Nikiforych)*, Iraida Fedotova *(Macha)*, Daniil Sagal *(Gouri Pletniev)*. • SC : Ilia Grouzdev, M. Donskoï, d'après la trilogie autobiographique de Maxime Gorki. • PH : Petr Ermolov, I. Malov. • DÉC : Ivan Stepanov. • MUS : Lev Schwartz. U.R.S.S., 1938 (I), 1939 (II), 1940 (III) – 1 h 42 (I), 1 h 41 (II), 1 h 44 (III).

L'ENFANCE DE GORKI. À la fin des années 1870, le jeune Alecha Pechkov est accueilli avec sa mère Varvara par son grand-père Kachirine, accompagné de toute la famille, sur les quais de la Volga à Nijni-Novgorod. Il est aussitôt plongé dans l'univers terrible d'une famille traditionnelle au fonctionnement autoritaire : le grand-père fait vivre tout le monde dans la terreur, et ses fils se déchirent dans l'espoir de rafler l'héritage, à savoir la teinturerie du grand-père. Alecha se rapproche de sa grand-mère, Akoulina, protectrice et haute en couleurs qui raconte des récits enchanteurs. Le jeune garçon est cruellement battu lorsque, poussé par ses cousins, il trempe une nappe dans un bain de teinture. Un jour, la teinturerie prend feu, et c'est la ruine. Le grand-père est alors réduit à la mendicité et Alecha doit prendre la route.

EN GAGNANT MON PAIN. À la fin du premier film, Alecha a compris qu'il lui fallait posséder ce que le peuple n'a pas : savoir lire, écrire, se forger une discipline mentale. On le retrouve à treize ans, garçon de courses chez l'un de ses oncles dessinateur. C'est la nuit qu'il satisfait sa soif de connaissances. Plus tard, Alecha va se lier avec le cuisinier d'un paquebot sur la Volga, où lui-même effectue divers travaux. Sa vie de vagabond le mène ensuite dans un atelier de peinture d'icônes en tant qu'apprenti. Lorsqu'il est totalement démuni, il retourne chez sa grand-mère, avant de se lancer à nouveau à la recherche d'un gagne-pain.

MES UNIVERSITÉS. Alexei Pechkov s'installe à Kazan pour entreprendre des études et trouve un logement chez un étudiant révolutionnaire, Gouri Pletniev. Il ne réussit pas à entrer à l'université, ce qui était son rêve, et doit trouver du travail dans un artel de dockers. Sa route le mène ensuite chez un boulanger, Vasili Semenov, où il lit des brochures révolutionnaires aux apprentis. Un vent de révolte est vite étouffé à la mort de l'un des ouvriers, mais ses camarades reprennent le travail après avoir été battus, et Pechkov tente de mettre fin à ses jours. Réconforté par ses compagnons, il part à l'aventure.

◆ **Naturel et lyrisme**

La trilogie de Donskoï, réalisée à l'époque stalinienne et considérée comme l'un des phares du cinéma soviétique, est un modèle des films de reconstitution. L'œuvre de Gorki est simplifiée, allégée, mais l'adaptation est d'une totale fidélité. Tant l'atmosphère générale que le style subsistent car les films consistent en une suite de tableaux alertes, sans transition, comportant une description minutieuse des personnages et une action très lente. On retrouve à la fois le naturel de Gorki « en prise avec la vie » et son lyrisme. L'intérêt majeur du film réside dans l'extraordinaire reproduction de l'ancienne Russie : la campagne, la foire, les danses, les traditions familiales autoritaires, les différents corps de métiers. M.G.

L'ENFANCE DE L'ART

Comédie dramatique de **Francis Girod**, avec Clotilde de Bayser, Michel Bompoil, André Dussollier. France, 1988 – Couleurs – 1 h 47.

La dissension s'introduit dans un couple d'étudiants en art dramatique quand la jeune femme vole vers le succès tandis que son partenaire est confronté à l'échec.

L'ENFANCE D'IVAN "Ivanovo Detstvo"

Film de guerre d'**Andrei Tarkovski**, avec Valentin Zoubkov *(Holin)*, Kolia Bourliaev *(Ivan)*, Evgueni Jarikov *(Galecev)*, Stepan Krylov *(Katazonov)*. • SC : Vladimir Bogomolov, Mikhaïl Papava. • PH : Vladimir Youssov. • MUS : Vjatcheslav Ovtchinnikov. U.R.S.S. (Russie), 1962 – 1 h 40. ★ **Lion d'Or, Venise 1962.**

Pendant la guerre, un garçon d'une dizaine d'années, Ivan, orphelin de fraîche date, exécute pour l'armée soviétique des missions de surveillance très dangereuses dans le camp allemand. Deux officiers le prennent en affection. Ils le perdent de vue et retrouvent son corps décapité dans Berlin en ruines.

◆ *Sur un sujet de commande à la gloire de la résistance du peuple et de l'armée russes, Tarkovski, dès son premier long métrage, fait œuvre originale, non pas en détournant le sujet, mais en l'approfondissant jusqu'à ses conséquences extrêmes : l'héroïsme suicidaire de l'enfant n'est que l'expression de la perte de la tendresse caressante de sa mère.* S.K.

L'ENFANCE NUE

Drame de **Maurice Pialat**, avec Michel Tarrazon *(François)*, Linda Gutemberg *(Simone Joigny)*, Raoul Billerey *(Robert Joigny)*, Pierrette Deplanque *(Josette)*. • SC : M. Pialat. • PH : Claude Beausoleil. France, 1969 – 1 h 22. ★ **Prix Jean-Vigo 1969.**

François, neuf ans, est pupille de l'Assistance publique. Il est considéré comme « difficile ». Ses parents adoptifs renoncent à l'élever et le rendent à l'administration qui lui trouve une autre famille d'accueil. Elle aussi finit par déclarer forfait, car les bêtises de François se multiplient. Le seul contact profond et durable est, pour l'enfant, celui de sa grand-mère adoptive qui le comprend. Elle meurt. Il se retrouve finalement dans un centre de redressement.

◆ *Ce premier film de Pialat laissait présager la suite de sa carrière. C'est une œuvre dure, mais non dénuée de sentiment. L'enfant n'est pas appréhendé comme un cas, ni comme un phénomène, mais comme un être humain complexe, maladroit, instable et marqué. On sent, de la part de l'auteur, une sympathie profonde pour le personnage et une rage rentrée, une méfiance à l'égard des structures sociales et des administrations qui font ce qu'elles peuvent, sans bien comprendre la psychologie des enfants dont elles « s'occupent ». Cela dit, le film ne développe aucune thèse.* G.S.

L'ENFANT À LA VOIX D'OR "SAETA DEL RUISEÑOR"
Comédie musicale d'**Antonio del Amo**, avec Joselito. Espagne, 1958 – Couleurs – 1 h 25.

Dans la région de Séville, un jeune garçon utilise ses dons vocaux pour devenir une grande vedette et permettre à une jeune aveugle de recouvrer la vue.

L'ENFANT DE L'AMOUR
Mélodrame de **Marcel L'Herbier**, d'après la pièce d'Henry Bataille, avec Jaque-Catelain, Jean Angelo, Emmy Lynn, Marie Glory. France, 1930 – env. 1 h 30.

Le fils d'une vedette de music-hall abandonnée par son amant, un politicien arriviste, cherche à venger sa mère en se livrant à un chantage malheureux. Le premier film parlant de L'Herbier.

▷ Autre version réalisée par **Jean Stelli**, avec Gaby Morlay, François Périer, Aimé Clariond, Claude Génia. France, 1944 – env. 1 h 25.

L'ENFANT DE L'HIVER
Drame d'**Olivier Assayas**, avec Clotilde de Bayser, Michel Feller, Jean-Philippe Ecoffey, Marie Matheron, Gérard Blain. France, 1989 – Couleurs – 1 h 24.

Refusant la venue d'un enfant, Stéphane quitte Natalia et rejoint une décoratrice de théâtre. Mais celle-ci ne parvient pas à accepter l'échec de sa relation avec un comédien.

L'ENFANT DE PARIS
Mélodrame de **Léonce Perret**, avec Maurice Lagrenée, Suzanne Privat, Louis Leubas, Jeanne Marie Laurent. France, 1913 – en quatre parties de 600 m (env. 1 h 20).

Dans le Paris du début du siècle, les mésaventures d'un gosse de la rue. Une œuvre raffinée dans la recherche des éclairages et les mouvements de caméra.

L'ENFANT DU DIABLE "THE CHANGELING"
Film fantastique de **Peter Medak**, avec George C. Scott, Trish Van Devere, Melvyn Douglas. États-Unis, 1980 – Couleurs – 1 h 45.

Un professeur de musique s'installe dans une grande propriété à Seattle. Des signes mystérieux le mettent en contact avec l'esprit d'un enfant jadis assassiné.

L'ENFANT ET LA LICORNE
"A KID FOR TWO FARTHINGS"
Conte social de **Carol Reed**, avec Celia Johnson, Diana Dors, David Kossof, Joe Robinson. Grande-Bretagne, 1955 – Couleurs – 1 h 36.

Dans le quartier pauvre de l'East End de Londres, un petit garçon voit tous ses vœux exaucés par sa « licorne » (un chevreau à une seule corne).

L'ENFANT INVISIBLE
Film d'animation d'**André Lindon**. France, 1978-1984 – Couleurs – 1 h 03.

En vacances au bord de la mer, un garçonnet devient l'ami d'une mystérieuse petite fille transparente. Un joli film d'animation qui séduit par son originalité et sa simplicité poétique.

L'ENFANT LION
Fable de **Patrick Grandperret**, d'après le livre de René Guillot *Sirga la lionne*, avec Mathurin Sinze, Sophie-Véronique Toue Tagbe, Souleyman Koly, Were Were Liking. France, 1993 – Couleurs – 1 h 26.

Au pays de Pama, en Afrique, Oulé, le fils du chef a grandi avec Sirga, une lionne née le même jour que lui. Fait prisonnier par les hommes des hautes terres, Oulé devient l'esclave d'un prince du désert. Mais il retrouvera son amie Lena et sa lionne Sirga.

L'ENFANT PRODIGUE
Comédie dramatique de **Michel Carré**, avec Georges Wague. France, 1907 – 160 m (env. 6 mn).

Adaptation d'une pantomime écrite par Michel Carré en 1890, le film, interprété par un mime célèbre, fut à l'origine de la création de la Société du Film d'Art.

LES ENFANTS
Comédie de **Marguerite Duras**, avec Alexandre Bougosslavsky, Daniel Gélin, Tatiana Moukhine. France, 1985 – Couleurs – 1 h 34.

Ernesto, qui a sept ans, a l'air d'en avoir vingt-cinq, ce qui ne va pas sans quelques problèmes... La poésie de l'absurde.

L'ENFANT SAUVAGE
Drame psychologique de **François Truffaut**, avec Jean-Pierre Cargol *(Victor)*, François Truffaut *(Dr Itard)*, Françoise Seigner *(Mme Guérin)*. • SC : F. Truffaut, Jean Gruault, d'après le livre du Dr Itard. • PH : Nestor Almendros. • DÉC : Jean Mandaroux. • MUS : Vivaldi. • MONT : Agnès Guillemot. France, 1970 – 1 h 25.

En 1798, dans une forêt de l'Aveyron, un enfant vivant à l'état sauvage est capturé par des paysans. À Paris, d'abord considéré comme un idiot irrécupérable, il est pris en charge par le Dr Itard, qui l'emmène dans sa maison des Batignolles où, avec l'aide de sa gouvernante, il entreprend d'éveiller ses facultés intellectuelles.

◆ *C'est le film le plus représentatif de la personnalité de Truffaut. En plein après-68, où toute idée de culture est suspecte, il livre une méditation sur un thème qui parcourt toute son œuvre : l'importance et la beauté de la culture, du geste par lequel un être transmet à un autre ce qu'il a de plus précieux. Mais ce sobre récit en noir et blanc, d'allure quasi scientifique, d'où l'émotion jaillit sans cesse de façon inattendue, est aussi une réflexion sur le cinéma. En incarnant lui-même le Dr Itard, Truffaut ne manifeste pas seulement son attachement au sujet, mais rappelle que toute mise en scène relève de la pédagogie et vice versa.* *J.M.*

LES ENFANTS DE L'IMPASSE "ORPHANS"

Drame d'**Alan J. Pakula**, d'après la pièce de Lyle Kessler, avec Albert Finney, Matthew Modine, Kevin Anderson. États-Unis, 1987 – Couleurs – 1 h 55.

Deux frères orphelins, vivant reclus dans leur maison isolée, rencontrent un étrange personnage qui entreprend de les armer pour leur avenir. Un huis clos oppressant.

ENFANTS DE SALAUDS "PLAY DIRTY"

Film de guerre d'**André De Toth**, avec Michael Caine, Nigel Davenport, Nigel Green, Harry Andrews. Grande-Bretagne, 1969 – Couleurs – 1 h 58.

Un commando formé de repris de justice est chargé d'une mission impossible à l'intérieur des lignes de l'Afrika Korps.

LES ENFANTS DE SALEM "RETURN TO SALEM'S LOT"

Film d'épouvante de **Larry Cohen**, d'après Stephen King, avec Michael Moriarty, Samuel Fuller. États-Unis, 1987 – Couleurs – 1 h 43.

Venu pour se détendre dans un village en compagnie de son jeune fils, un anthropologue découvre qu'il est en fait tombé au sein d'une communauté de vampires. Beaucoup d'idées et une bonne dose d'humour.

LES ENFANTS D'HIROSHIMA "GENBAKU NO KO"

Drame de **Kaneto Shindō**, avec Nobuko Otowa *(l'institutrice)*, Chikako Hosokawa, Osamu Takizawa, Masao Shimizu, Jukichi Uno, Jun Tatara. • SC : K. Shindō, d'après un roman d'Arata Osada. • PH : Takeo Ito. • DÉC : Takashi Marumo. • MUS : Akira Ifukube. Japon, 1952 – 1 h 38.

Sept ans après l'explosion de la bombe, une jeune institutrice retourne à Hiroshima. Elle y rencontre des gens qu'elle connaissait, amis, collègues ou élèves. Au cours des conversations qu'elle a avec eux se révèlent les conséquences terribles du drame atomique, y compris pour les survivants, frappés de maux divers et irréversibles.

◆ *Lui-même né à Hiroshima, Kaneto Shindō a écrit et réalisé là un film extrêmement pudique entièrement consacré à la tragédie des victimes de la bombe. L'explosion elle-même n'est évoquée qu'en de courts flash-back et ce sont les personnages de rencontre qui dressent, avec la même pudeur, le catalogue de l'horreur.* *J.-M.C.*

LES ENFANTS DU CAPITAINE GRANT

"IN SEARCH OF THE CASTAWAYS"

Film d'aventures de **Robert Stevenson**, d'après le roman de Jules Verne, avec Maurice Chevalier, Hayley Mills, George Sanders. Grande-Bretagne, 1961 – Couleurs – 1 h 40.

Aidés par un professeur de géographie, des enfants partent à la recherche de leur père, explorateur disparu en Amérique du Sud. Une excellente production des studios Walt Disney, avec un Maurice Chevalier inattendu et remarquable.

LES ENFANTS DU PARADIS

Drame romantique en deux époques de **Marcel Carné**, avec Arletty *(Garance)*, Jean-Louis Barrault *(Baptiste Deburau)*, Pierre Brasseur *(Frédérick Lemaître)*, Marcel Herrand *(Lacenaire)*, Maria Casarès *(Nathalie)*, Louis Salou *(le comte Édouard de Montray)*, Pierre Renoir *(Jericho)*, Jane Marken *(Madame Hermine)*, Fabien Loris *(Avril)*. • SC : Jacques Prévert. • PH : Roger Hubert. • DÉC : André Barsacq, Raymond Gabutti, Alexandre Trauner. • MUS : Maurice Thiriet, Joseph Kosma, Georges Mouqué. • MONT : Henri Rust, Madeleine Bonin. • PR : Raymond Borderie, Fred Orain (Pathé-Cinéma). France, 1945 – 3 h 02.

LE BOULEVARD DU CRIME. Le boulevard du Temple à Paris, en 1830. Dans ce haut lieu du spectacle, se presse une foule venue applaudir le comédien Frédérick Lemaître et le mime Deburau pour lequel n'a d'yeux que la belle Garance, elle-même convoitée par le bandit Lacenaire.

L'HOMME BLANC. Marié à la douce Nathalie qui n'a pas réussi à lui faire oublier Garance, devenue la comtesse de Montray, Deburau rivalise avec Frédérick Lemaître. Par jalousie, Lacenaire assassine l'époux de Garance tandis que Nathalie se consume d'amour. Au cours d'un carnaval, Garance et Deburau s'avouent enfin leur passion réciproque.

◆ **Masques**

À quelques mois de la Libération, **les Enfants du paradis** *est l'un des plus gros succès populaires de l'histoire du cinéma français. Il est vrai qu'en filigrane des dialogues de Prévert, on peut lire une réflexion subtile sur la société de l'Occupation et deviner en réflexion les portraits de figures familières de l'époque.*

Les Enfants du paradis s'impose comme un défi lancé aux aléas de l'Histoire. En déjouant la censure, Carné fait aussi travailler « au noir » le décorateur Alexandre Trauner et le compositeur Joseph Kosma. Deux juifs au générique d'une fresque consacrée à l'esprit français dans ce qu'il a de plus authentique, même s'ils ne sont pas crédités officiellement, c'est un pied-de-nez formidable. Avec le recul, les images que l'on garde de ce film sont celles de visages, de regards. Même si l'on salue l'ampleur de la mise en scène et l'ambition du propos, ce dont on se souvient avant tout, c'est de la voix grave de Frédérick Lemaître, de la gouaille de Garance, de la triste douceur du regard de Nathalie, de la timidité de Baptiste Deburau ou de la virilité bafouée de Lacenaire. De cette grosse production en costumes, on retient surtout la force de ses caractères. Et comme la caméra de Carné tourbillonnant parmi les danseurs du carnaval, on s'attache à la substance des êtres. Les ingrédients, on les connaît : l'amour, la mort, les cœurs qui battent, les passions qui déchirent, les sentiments à vif. La recette, dès lors, réside dans la capacité du film à instaurer un fort pouvoir d'identification au spectateur. Or, qui n'a connu d'amoureux transi, de prétendant jaloux, de petite vertu au grand cœur ? « Qui se masque se démasque », disait justement Cocteau. J.-P.G.

LES ENFANTS DU PLACARD

Drame de **Benoît Jacquot**, avec Brigitte Fossey, Lou Castel. France, 1977 – Couleurs – 1 h 45.

Nicolas retrouve sa sœur Juliette après des années de séparation. Avec une tendresse un peu trouble, ils évoquent leurs souvenirs poignants ou douloureux.

LES ENFANTS DU SILENCE

"CHILDREN OF A LESSER GOD"

Comédie dramatique de **Randa Haines**, d'après la pièce de Mark Medoff, avec William Hurt, Marlee Matlin. États-Unis, 1986 – Couleurs – 1 h 58.

Grâce au professeur Leeds, les élèves d'un institut pour jeunes sourds s'ouvrent à la vie et à la parole. Seule Sarah, dont il est amoureux, résiste.

LES ENFANTS DU VENT

Comédie dramatique de **Brahim Tsaki**, avec Djamel Youbi, Boualem Bennani. Algérie, 1981 – Couleurs – 1 h 10.

Trois aspects de la vie de jeunes enfants algériens : l'un d'eux vend des œufs durs pour survivre avec son père alcoolique ; un autre, dans une maison délabrée, passe son temps à rêver devant la télévision ; dans le désert, d'autres fabriquent des jouets avec des fils de fer.

L'ENFANT SECRET

Drame de **Philippe Garrel**, avec Anne Wiazemsky, Henri de Maublanc. France, 1982 – 1 h 35. ★ PRIX JEAN-VIGO 1982.

Élie, comédienne et mère du jeune Swann, rencontre Jean-Baptiste, un cinéaste. Leur amour est compliqué. Fragile, lent, austère, poétique, le film est une recherche sur la solitude et le rapport à l'autre au quotidien.

LES ENFANTS NOUS REGARDENT

"I BAMBINI CI GUARDANO"

Drame psychologique de **Vittorio De Sica**, avec Emilio Cigoli, Luciano De Ambrosis, Isa Pola. Italie, 1943 – 1 h 26.

Un jeune garçon est victime de l'échec conjugal de ses parents. Sa mère partie avec un amant, il est ballotté au gré des événements, chez sa tante puis chez sa grand-mère, avant de s'enfuir pour retrouver son père et d'être finalement mis en pension chez les prêtres.

LES ENFANTS TERRIBLES

Drame psychologique de **Jean-Pierre Melville**, d'après le roman de Jean Cocteau, avec Nicole Stéphane, Edouard Dhermitte, Renée Cosima, Jacques Bernard. France, 1950 – 1 h 47.

La passion exclusive d'un frère et d'une sœur les conduira au suicide. Dans son style personnel, Melville a fidèlement adapté le scénario que Cocteau avait tiré de son propre roman.

LES ENFANTS VOLÉS "IL LADRO DI BAMBINI"

Comédie dramatique de **Gianni Amelio**, avec Enrico Lo Verso, Valentina Scalici, Giuseppe Ieracitano. Italie, 1991 – Couleurs – 1 h 50.

Un adulte qui a gardé le meilleur du monde de l'enfance, deux enfants qui ont vu le pire du monde des adultes… trois êtres vulnérables et solitaires qui découvrent pour trois jours la chaleur de l'affection partagée, avant de retourner l'un à sa caserne, les autres à l'orphelinat. Un chef-d'œuvre de sensibilité et de retenue.

L'ENFER "INFERNO"

Drame de **Francesco Bertolini**, **Adolfo Padovan** et **Giuseppe De Liguoro**, d'après *la Divine Comédie* de Dante, avec Salvatore Anzelmo Papa, Arturo Pirovano, Giuseppe De Liguoro. Italie, 1911 (RÉ : 1909) – 1 300 m (env. 48 mn).

Un des tout premiers longs métrages italiens qui reprend les principaux épisodes du voyage en enfer de Dante et Virgile.

L'ENFER

Drame psychologique de **Claude Chabrol**, d'après un scénario de Henri-Georges Clouzot, avec Emmanuelle Béart, François Cluzet, Marc Lavoine, Mario David. France, 1994 – Couleurs – 1 h 40.

Pour Paul, l'enfer, c'est bien les autres... À commencer par tous ceux qui tournent autour de sa trop ravissante femme, Nelly. Paul est jaloux, chaque jour un peu plus. Scènes de filatures, de violence et de ménage balisent le parcours jusqu'au naufrage.

L'ENFER AU-DESSOUS DE ZÉRO

"HELL BELOW ZERO"

Film d'aventures de **Mark Robson**, avec Alan Ladd, Joan Tetzel, Stanley Baker. États-Unis / Grande-Bretagne, 1954 – Couleurs – 1 h 31.

Lors d'une expédition baleinière dans l'Antarctique, un homme est assassiné. Sa fille se rend sur les lieux et mène l'enquête.

L'ENFER BLANC DE PIZ PALÜ / PRISONNIERS DE LA MONTAGNE

"DIE WEISSE HÖLLE VOM PIZ PALÜ"

Drame de **Georg-Wilhelm Pabst** et **Arnold Franck**, avec Leni Riefenstahl, Gustav Diessl, Ernst Petersen, Ernst Udet, Mizzi Götzel, Otto Spring. Allemagne, 1929 – 3 330 m (env. 2 h 03).

Un alpiniste perd sa fiancée au cours de l'ascension du mont Palü. Lors d'une nouvelle tentative, il se tue, après avoir, avec l'aide d'un ami, sauvé la vie de deux jeunes gens.

L'ENFER DANS LA VILLE "NELLA CITTÀ L'INFERNO"

Comédie dramatique de **Renato Castellani**, avec Anna Magnani, Giulietta Masina, Myriam Bru. Italie, 1958 – 1 h 32.

L'univers carcéral dans lequel une jeune femme pittoresque va entreprendre l'éducation d'une naïve nouvelle et la corrompre.

L'ENFER DE LA CORRUPTION "FORCE OF EVIL"

Film policier d'**Abraham Polonsky**, avec John Garfield *(Joe Morse)*, Beatrice Pearson *(Doris Lowry)*, Thomas Gomez *(Leo Morse)*, Marie Windsor *(Edna Tucker)*, Howland Chamberlain *(Freddy Bauer)*, Roy Roberts *(Ben Tucker)*. • SC : Ira Wolfert, A. Polonsky, d'après l'œuvre d'Ira Wolfert *Tucker's People*. • PH : George Barnes. • DÉC : Richard Day. • MUS : David Raksin. États-Unis, 1948 – 1 h 28.

Joe Morse, jeune avocat de Wall Street, décide par ambition de devenir conseiller d'un gang contrôlant les paris. Son frère Leo refuse d'entrer dans le racket. Assoiffé de pouvoir, amoureux d'une fille de la bande, Edna Tucker, Joe organise une machination, mais c'est son frère qui en est la victime. Alors seulement, il se révolte et s'attaque à l'organisation. Celle-ci le fait assassiner.

◆ *Très mal distribué aux États-Unis et dans le monde (il ne sortit en France qu'en 1967), c'est, pour citer Robert Aldrich qui en fut l'assistant-réalisateur, « un film étonnant, à la fois réaliste et poétique, baigné dans une ambiance typiquement juive ». Aux éléments caractéristiques du film noir (intrigue complexe, personnages corrompus, cadre urbain et nocturne), cet* Enfer *ajoute une dénonciation du capitalisme.* J.-P.B.

L'ENFER DES HOMMES "TO HELL AND BACK"

Biographie de **Jesse Hibbs**, avec Audie Murphy, Marshall Thompson, Charles Drake. États-Unis, 1955 – Couleurs – 1 h 46.

La vie d'Audie Murphy qui fut le soldat le plus décoré de l'armée américaine, avant d'embrasser la carrière d'acteur.

L'ENFER DES PAUVRES

"MUTTER KRAUSENS FAHRT INS GLÜCK"

Drame de **Piel Jutzi**, avec Alexandra Schmitt, Holmes Zimmermann, Ilse Trautschold. Allemagne, 1929 – 2 676 m (env. 1 h 40).

Dans un quartier misérable de Berlin, une vieille femme vit avec ses deux enfants. La misère pousse la fille à se prostituer et le fils à commettre un cambriolage. Désespérée, la mère se suicide.

L'ENFER DES TROPIQUES "FIRE DOWN BELOW"

Film d'aventures de **Robert Parrish**, d'après le roman de Max Catto, avec Rita Hayworth, Robert Mitchum, Jack Lemmon. États-Unis, 1957 – Couleurs – 1 h 56.

Aux Caraïbes, deux aventuriers tombent amoureux de la même femme, une danseuse au lourd passé.

L'ENFER DES ZOMBIES

"THE ISLAND OF THE LIVING DEAD / ZOMBIE 2"

Film d'horreur de **Lucio Fulci**, avec Ian McCulloch, Tisa Farrow, Al Cliver, Richard Johson, Olga Karlatos. Italie, 1979 – Couleurs – 1 h 30.

Dans une région tropicale, des zombies massacrent les habitants avant de partir à la conquête du monde. Présenté comme une « suite » au film de Romero ZOMBIE (Voir ce titre), celui-ci en est plutôt le prologue.

L'ENFER EST À LUI "WHITE HEAT"

Film policier de **Raoul Walsh**, avec James Cagney *(Arthur « Cody » Jarrett)*, Virginia Mayo *(Verna)*, Edmond O'Brien *(Hank Fallon / Vic Pardo)*, Margaret Wycherly *(Ma Jarrett)*, Steve Cochran *(« Big Ed » Somers)*. • SC : Ivan Goff, Ben

Roberts, d'après une histoire de Virginia Kellogg. • PH : Sid Hickox. • MUS : Max Steiner. • MONT : Owen Marks. • PR : Warner Bros. États-Unis, 1949 – 1 h 54.

Cody Jarrett, un gangster psychopathe et épileptique, qui voue à sa mère un amour maladif, est emprisonné pour un délit mineur. Un compagnon de cellule, Vic Pardo, s'attire sa confiance : il s'agit en réalité d'un policier, placé auprès de lui pour infiltrer sa bande. Cody s'évade avec son nouvel ami et l'associe à ses actions criminelles. La police, prévenue par son agent, parvient à neutraliser le gang. Cody se retrouve seul, traqué dans une usine à gaz. Dans une crise de délire, il provoque une explosion générale et meurt au milieu des flammes en appelant sa mère.

◆ Classicisme et fulgurations baroques

Le titre original de ce film, âpre, vigoureux, mené tambour battant, peut se traduire par « Chauffé à blanc ». Il s'applique à la fois au personnage central, l'une des figures les plus terrifiantes – et les plus approfondies psychologiquement – du film noir américain des années 40, et au climat paroxystique de l'œuvre, point culminant d'un genre (le thriller*) dont le réalisateur avait jeté les bases dans* High Sierra *(*la Grande Évasion*, 1941, avec Humphrey Bogart).* L'enfer est à lui *cumule l'accent d'authenticité de l'analyse clinique (les crises de violence du protagoniste sont traitées à la façon d'un documentaire médical) et l'implacable déroulement de la tragédie : un exégète du cinéaste, Michel Marmin, parle à juste titre, à propos de l'éblouissante séquence finale, de « grande cuvée shakespearienne ». Il faut remonter aux chefs-d'œuvre du film criminel d'avant-guerre, aux* Nuits de Chicago, *à* Scarface, *pour trouver un tel dosage de fulgurations baroques et de sobre classicisme dans la conduite du récit. C'est là la touche inimitable du très grand cinéaste qu'est Raoul Walsh, également à l'aise dans les schémas du western, du film de guerre, de la comédie intimiste et du « policier ». Chacun de ses films – et celui-ci peut être regardé comme un prototype – obéit à une logique interne rigoureuse, à un enchaînement dramaturgique sans faille, à la stricte efficacité de l'*action. *Il est puissamment aidé ici par James Cagney, monstre sublime et pitoyable, catalyseur de tous nos instincts de mort, véritable Œdipe-roi de la délinquance contemporaine. Une séquence de* L'enfer est à lui *nous montre Jarrett assistant à une projection dans un* drive-in *: sur l'écran, ce sont les images d'un film de guerre,* Horizons en flammes *(Delmer Daves, 1949), qui défilent. Comme si la fureur meurtrière de l'individu était reliée par un fil rouge à l'hécatombe collective.* *C.B.*

L'ENFER EST POUR LES HÉROS

"HELL IS FOR HEROES"

Film de guerre de **Don Siegel**, avec Steve McQueen, Bobby Darin, James Coburn. États-Unis, 1962 – 1 h 30.

Automne 1944, en Belgique. Un groupe de soldats américains reçoit pour mission d'anéantir un bastion allemand garni de mitrailleuses. Après plusieurs tentatives, un soldat, seul, réussira à faire exploser le blockhaus, en y laissant la vie.

L'ENFER POUR MISS JONES

"THE DEVIL IN MISS JONES"

Film pornographique de **Gérard Damiano**, avec Georgina Spelvin, Harry Reems, G. Damiano. États-Unis, 1973 – Couleurs – 1 h.

Une jeune femme frustrée se suicide et, aux portes de l'au-delà, rencontre un conseiller qui l'autorise à goûter les plaisirs qu'elle n'a jamais connus.

L'ENFER VERT "GREEN HELL"

Film d'aventures de **James Whale**, avec Douglas Fairbanks Jr., Joan Bennett, John Howard, Alan Hale. États-Unis, 1940 – 1 h 27.

Sous les tropiques, un groupe d'aventuriers cherche un trésor dans la haute forêt amazonienne.

ENFIN L'AMOUR "AT LONG LAST LOVE"

Comédie musicale de **Peter Bogdanovich**, avec Cybill Sheperd, Burt Reynolds, Madeline Kahn, Duilio Del Prete, Eileen Brennan, John Hillerman, Mildred Dunnock. États-Unis, 1975 – Couleurs – 2 h.

Un milliardaire courtise une comédienne qui va retrouver une ancienne amie, dont il tombe amoureux. Du coup, la première feint de s'intéresser à l'ami de la seconde...

EN GAGNANT MON PAIN

▷ Voir L'ENFANCE DE GORKI

L'ENGIN FANTASTIQUE "THE FLYING MISSILE"

Drame documentaire de **Henry Levin**, avec Glenn Ford, Viveca Lindfors, Henry O'Neill, Carl Benton Reid, Joe Sawyer, John Qualen. États-Unis, 1950 – 1 h 32.

Le commandant d'un sous-marin qui veut équiper son navire de missiles se heurte à des supérieurs sceptiques et entreprend de construire lui-même une rampe de lancement.

ENGRENAGES "HOUSE OF GAMES"

Comédie dramatique de **David Mamet**, avec Lindsay Crouse, Joe Mantegna. États-Unis, 1987 – Couleurs – 1 h 40.

Pour aider l'un de ses malades, une brillante psychiatre accepte de collaborer avec un tricheur auquel il doit de l'argent.

EN HAUT DES MARCHES
Drame de **Paul Vecchiali**, avec Danielle Darrieux, Micheline Presle, Giselle Pascal. France, 1983 – Couleurs – 1 h 32.

La veuve d'un collaborateur revient à Toulon après des années d'exil pour se venger de sa famille délatrice.

L'ÉNIGMATIQUE MONSIEUR D.
"FOREIGN INTRIGUE"
Film policier de **Sheldon Reynolds**, avec Robert Mitchum, Geneviève Page, Ingrid Thulin. États-Unis, 1956 – Couleurs – 1 h 40.

Pendant la guerre froide, un journaliste enquête en Suède, en France et en Autriche, pour connaître la vérité sur les dernières paroles prononcées par un milliardaire.

ÉNIGME AUX FOLIES-BERGÈRE
Film policier de **Jean Mitry**, d'après le roman de Léo Malet, avec Frank Villard, Bella Darvi, Armand Mestral, Claude Goddard, Jean Tissier, Dora Doll. France, 1959 – 1 h 12.

L'enquête que mène un commissaire sur un double meurtre le conduit aux Folies-Bergère, où plusieurs personnes susceptibles de l'aider sont également assassinées.

L'ÉNIGME DE KASPAR HAUSER
"JEDER FÜR SICH UND GOTT GEGEN ALLE"
Drame historique de **Werner Herzog**, avec Bruno S. *(Hauser)*, Walter Ladengast *(Daumer)*, Brigitte Mira *(Käthe)*, Michael Kroecher *(lord Stanhope)*, Hans Musaüs. • SC : W. Herzog. • PH : Jörg Schmidt-Reitwein. • DÉC : Henning von Gierke. • MUS : Johann Pachelbel, Orlando di Lasso, Tomaso Albinoni, Mozart. • MONT : Beate Mainka-Jellinghaus. R.F.A., 1974 – Couleurs – 1 h 50.

L'histoire de Kaspar Hauser, « enfant trouvé » en Allemagne au début du XIXe siècle, qui passa sa vie en milieu paysan et fut assassiné probablement par un inconnu.

◆ *Cette énigme, qui passionna toute l'Europe romantique, est prise comme prétexte par Herzog pour évoquer la solitude radicale de l'homme (le titre original signifie : « Chacun pour soi et Dieu contre tous »). Un excédent d'énergie (ici toute spirituelle : Hauser est quasi infirme) qui ne sait comment s'employer (thème récurrent chez Herzog) conduit son étrange héros dans l'univers visionnaire propre au cinéaste : il rêve de pays qu'il n'a jamais vus, tels le Caucase (allusion à Prométhée) et le Sahara. Nourri dans une cave par un rustre mystérieux qui sera peut-être son meurtrier, enfermé dans une tour comme vagabond, exhibé comme phénomène dans une foire, Hauser trouve le repos chez un pasteur : la Nature (merveilleusement évoquée en quelques plans) lui est-elle hostile ou protectrice ? Au spectateur de choisir. L'acteur anonyme (un ancien malade mental) est extraordinaire.* G.LD.

L'ÉNIGME DU CHICAGO-EXPRESS
"THE NARROW MARGIN"
Film policier de **Richard Fleischer**, avec Charles McGraw, Marie Windsor, Jacqueline White. États-Unis, 1952 – 1 h 10.

Un détective accompagne la veuve d'un gangster qui doit témoigner à un procès. Rythme rapide pour une action serrée, avec pratiquement un seul décor : le train.

L'ENJEU "STATE OF THE UNION"
Comédie dramatique de **Frank Capra**, d'après la pièce de Howard Lindsay et Russell Crouse, avec Spencer Tracy, Katharine Hepburn, Van Johnson. États-Unis, 1948 – 2 h 04.

Un politicien intègre lutte contre la corruption qui l'entoure. Classe, humour, virulence et une exceptionnelle interprétation.

L'ENJEU "MADEN"
Drame de **Yavuz Ozkan**, avec Cünyet Arkin, Tarik Akan, Hale Soygazi, Meral Orhonsay. Turquie, 1978 – Couleurs – 1 h 35.

Un accident dans une installation minière est le point de départ d'un conflit, d'abord hésitant, puis violent entre les mineurs et un patron impitoyable.

L'ENJÔLEUSE "EL BRUTO"
Drame de **Luis Buñuel**, avec Pedro Armendariz, Katy Jurado, Andres Soler, Rosita Arenas. Mexique, 1952 – 1 h 23.

Un colosse, engagé par un promoteur pour faire évacuer un immeuble qui doit être démoli, tue accidentellement un des habitants. Poursuivi, blessé, il est soigné par la fille de celui-ci.

EN LETTRES DE FEU "CAREER"
Comédie dramatique de **Joseph Anthony**, d'après la pièce de James Lee, avec Dean Martin, Anthony Franciosa, Shirley MacLaine, Carolyn Jones. États-Unis, 1959 – 1 h 45.

La lente ascension d'un provincial décidé à devenir une vedette de cinéma. Un aspect du mirage hollywoodien.

EN MARGE "The Edge"
Film politique de **Robert Kramer**, avec Jack Rader, Tom Griffin, Anne Waldman March. États-Unis, 1967 – 1 h 45.

Dan prépare un attentat contre le président des États-Unis et chacun s'interroge autour de lui sur l'efficacité de ce geste. Réalisé pendant la guerre du Viêt Nam et dans un contexte effectivement très marginal, le film, comme *Ice* l'année suivante, est une œuvre forte qui marque par son dépouillement.

EN MARGE DE L'ENQUÊTE "Dead Reckoning"
Film policier de **John Cromwell**, avec Humphrey Bogart, Lizabeth Scott, Morris Carnovsky, Charles Cane, William Prince, Marvin Miller. États-Unis, 1947 – 1 h 40.

Un ancien héros de la guerre enquête sur le passé d'un camarade assassiné et apprend qu'il était accusé de meurtre. Il s'attache à laver la mémoire de son ami et découvre que la vraie coupable est sa maîtresse.

L'ENNEMI PRINCIPAL "El enemigo principal"
Film politique de **Jorge Sanjines**, avec des comédiens non professionnels. • SC : J. Sanjines. • PH : Mario Arrieta. • MUS : Emilio Cusi. • MONT : groupe Ukamau• DÉC : groupe Ukamau. Bolivie, 1974 – Couleurs – 1 h 30.

Dans un village andin, les paysans indiens subissent les brutalités d'un grand propriétaire. Quand celui-ci tue l'un d'eux venu réclamer son taureau volé, ils tentent de le livrer à la justice mais sont punis. Avec l'aide de guérilleros installés au village, ils instaurent un tribunal populaire qui condamne le propriétaire. La répression s'abat sur les villageois et les guérilleros mais la lutte armée triomphe.

◆ *À partir de traditions culturelles indiennes et avec la participation créatrice de paysans ayant vécu des situations similaires, Jorge Sanjines réalise un film politique clair et didactique. Destiné aux paysans analphabètes d'Amérique latine, il démontre le bien-fondé de la lutte armée contre l'ennemi principal. Cette démarche singulière marque une étape dans le travail de l'auteur et apporte une contribution au débat politique sur la stratégie révolutionnaire du « foquisme ». À cause du décalage entre l'échec sur le terrain de la guérilla et la projection de son image victorieuse dans le film,* l'Ennemi principal *est un essai exemplaire de méthode d'éducation politique.* A.K.

L'ENNEMI PUBLIC "The Public Enemy"
Film policier de **William A. Wellman**, avec James Cagney *(Tom Powers)*, Jean Harlow *(Gwen Allen)*, Edward Woods *(Matt Doyle)*, Joan Blondell *(Mamie)*, Donald Cook *(Mike Powers)*, Leslie Fenton *(Nails Nathan)*, Beryl Mercer *(Ma Powers)*, Robert O'Connor *(Paddy Ryan)*, Mae Clarke *(Kitty)*, Murray Kinnell *(Putty Nose)*. • SC : Harvey Thew, d'après une histoire de Kubec Glasman et John Bright. • PH : Dev Jennings. • DÉC : Max Parker. • MUS : David Mendoza. • MONT : Edward McDermott. États-Unis, 1931 – 1 h 24.

Tom Powers et son ami d'enfance Matt, après une jeunesse délinquante, entrent dans la pègre lorsque survient la prohibition. Pendant la guerre des gangs, Matt est tué. Tom le venge, mais se fait blesser par le gang rival. Sur son lit d'hôpital, il se réconcilie avec sa mère et son frère Mike, mais le gang l'enlève et l'exécute.

◆ *Filmé nerveusement et sans fioriture, comme de coutume à la Warner Bros,* l'Ennemi public *fit une star de James Cagney, dans son premier grand rôle de gangster poupin, réglant à coups de feu la névrose collective d'une société. Le charisme de l'acteur, sa petite silhouette énergique, son faciès ricanant éclipsent le reste de la distribution (avant son remodelage à la M.G.M., Jean Harlow, en mondaine qui « s'encanaille », est particulièrement médiocre). Cagney tirant sur une tête d'ours empaillée pendant le hold-up d'un entrepôt de fourrures, Cagney écrasant un demi-pamplemousse sur le visage de Mae Clarke sans raison apparente, Cagney titubant sous la pluie, blessé, réalisant : « Je ne suis pas si dur que ça ! », Cagney enveloppé comme une momie, le visage ensanglanté, son cadavre tombant aux pieds de son frère horrifié : autant d'images choc qui font partie à jamais de la mythologie hollywoodienne des années 30.* N.T.B.

L'ENNEMI PUBLIC "Baby Face Nelson"
Film policier de **Don Siegel**, avec Mickey Rooney *(Nelson)*, Carolyn Jones *(Sue)*, sir Cedric Hardwicke *(Doc Saunders)*, Chris Dark, Ted De Corsia, Emile Meyer, Leo Gordon, Jack Elam, Tony Caruso. • SC : Irving Shulman, Daniel Mainwarning, Robert Adler. • PH : Hal Mohr. • MUS : Van Alexander. • MONT : Leon Barsha. États-Unis, 1957 – 1 h 25.

À sa sortie de prison, un gangster nommé Gillis est contacté par un chef de gang qui veut l'employer. Il refuse. Le gang lui tend un piège dont il parvient à s'échapper. Gillis prend alors le nom de sa compagne, Sue Nelson. Il massacre le gang qui a tenté de lui nuire, puis se lance dans une longue série de vols et de crimes. Son visage rond et poupin lui vaut le surnom de « Baby Face ». Il entre dans la bande de Dillinger. Lorsque ce dernier est abattu, Baby Face devient à son tour « l'ennemi public numéro un ». Blessé à mort par la police, il est achevé par Sue.

◆ *Ce film s'inscrit dans la tradition des « gangsters psychotiques » qui jalonnent l'histoire du cinéma poli-*

cier américain. La qualité de ce type de film dépend avant tout du metteur en scène et de l'acteur personnifiant le hors-la-loi, plus que du scénario, à peu près immuable. Dans le cas présent, la réalisation nerveuse de Don Siegel et la performance de Mickey Rooney placent ce film parmi les grandes réussites du genre. *L.A.*

ENNEMIS COMME AVANT "THE SUNSHINE BOYS"
Comédie de **Herbert Ross**, avec Walter Matthau, George Burns. États-Unis, 1976 – Couleurs – 1 h 55.

Un vieil acteur capricieux décroche un contrat à la télévision, à condition de refaire équipe avec un ancien partenaire qu'il déteste.

L'ENNUI "LA NOIA"
Drame de **Damiano Damiani**, d'après une nouvelle d'Alberto Moravia, avec Horst Buchholz, Catherine Spaak, Bette Davis, Isa Miranda. Italie / France, 1964 – 1 h 42.

Un fils de famille victime d'un incurable ennui s'éprend d'une jeune « modèle ». Une œuvre exceptionnelle de moraliste.

EN PARADE "GOLD DIGGERS OF 1937"
Comédie musicale de **Lloyd Bacon**, d'après la pièce de Richard Meibaum, avec Dick Powell, Joan Blondell, Glenda Farrell, Victor Moore, Lee Dixon, Osgood Perkins, Charles D. Brown. États-Unis, 1936 – 1 h 40.

Sur une chorégraphie de Busby Berkeley, des représentants en assurances montent un spectacle de music-hall.

EN PLEIN CIRAGE "FULLER BRUSH GIRL"
Comédie de **Lloyd Bacon**, avec Lucille Ball, Eddie Albert, Carl Benton Reid. États-Unis, 1950 – 1 h 25.

Deux employés d'une compagnie maritime sont entraînés dans une histoire de meurtre. Rocambolesque.

EN QUATRIÈME VITESSE "KISS ME DEADLY"
Film policier de **Robert Aldrich**, avec Ralph Meeker *(Mike Hammer)*, Albert Dekker *(Dr. Solerin)*, Paul Stewart *(Carl Evello)*, Marian Carr *(Friday)*, Maxene Cooper *(Velda)*, Cloris Leachman *(Christina Bailey)*, Gaby Rodgers *(Gabrielle)*, Jack Lambert *(Sugar)*, Jack Elam *(Charlie Max)*. • SC : A.I. Bezzerides, d'après le roman de Mickey Spillane. • PH : Ernest Laszlo. • DÉC : Howard Bristol. • MUS : Frank De Vol. • MONT : Michael Luciano. • PR : United Artists. États-Unis, 1955 – 1 h 25.

Le détective privé Mike Hammer croit enquêter sur la disparition d'une femme, alors que c'est la maîtrise de l'atome qui est en jeu.

◆ La quête du vrai

Là où Mickey Spillane écrivait : « La fille apparut brusquement dans le champ lumineux de mes phares, agitant ses deux bras comme une marionnette, et je lâchai une bordée de jurons qui me laissa les oreilles bourdonnantes », Robert Aldrich convoque l'Épouvante, et l'Émerveillement. Moyennant quoi, En quatrième vitesse *– le film – s'ouvre sur le halètement d'une femme, nue sous son imperméable, halètement insupportable et terrifiant. Ici, le cinéma se souvient qu'il est sonore, et que ce qui s'entend compte autant, sinon plus, que ce qui se voit. Godard, qui dédiera* À bout de souffle *à la Monogram, maison de production dans laquelle Aldrich démarra, ne l'oubliera pas, et, chez lui, comme chez le modèle américain, l'invisible ne sera jamais négligé. Donc, au point de départ, un thriller, pas mal ficelé, mais pauvre en perspectives, et, à l'arrivée, une pure merveille précise et implacable, tel un instantané radiographique. Les gangsters et le privé ont quitté leurs toges viriles, et du statut d'archétypes usés ils se sont hissés au rang de figures prophétiques. Au rebours de la plupart des séries noires, mais sans renier leurs qualités véristes,* En quatrième vitesse *use de la convention pour parler de ce qui occupait Lancelot et ses compagnons : la quête du vrai, et, mine de rien, du perpétuel. Reste que sans authenticité dans la manière de saisir au vol le banal et le fréquent, sans précision dans la description du milieu, le film tournerait vite au ridicule. Le supplément d'âme n'est possible que par une attention de tous les instants à la vie qui passe, sinon gare au pathos. Dans* En quatrième vitesse, *il y a des répondeurs téléphoniques, aussi angoissants que les trucages de Cocteau, et des bolides automobiles qui font « va, va, voum », plus emblématiques encore de la vanité humaine que les mannequins de Bergman. Et il y a aussi des visages tuméfiés, des femmes maltraitées, des morts en suspens, en somme les preuves patentes que, contre la décadence, contre la déchéance, le lyrisme seul protège. Qu'importe alors que le film se clôture sur une explosion atomique, puisque la conscience s'entête à résister.* *G.G.*

L'ENQUÊTE "SYLVIA"
Comédie dramatique de **Gordon Douglas**, d'après le roman d'E.V. Cunningham, avec Carroll Baker, George Maharis, Peter Lawford, Joanne Dru, Ann Sothern. États-Unis, 1965 – 1 h 55.

Un millionnaire s'attache les services d'un détective pour enquêter sur le passé de sa mystérieuse fiancée. Un rôle taillé sur mesure pour Carroll Baker en prostituée de haut vol.

ENQUÊTE DANS L'IMPOSSIBLE
"MAN ON A SWING"
Film policier de **Frank Perry**, avec Cliff Robertson, Joel Grey, Dorothy Tristan, Elizabeth Wilson, George Voskovec. États-Unis, 1974 – Couleurs – 1 h 49.

Une jeune fille est trouvée étranglée dans sa voiture. Impossible de savoir si le crime a été commis par un voyant en état de transe ou si ce dernier a manipulé un jeune désaxé.

L'ENQUÊTE DE L'INSPECTEUR GRAHAM
"THE UNGUARDED MOMENT"
Film policier de **Harry Keller**, avec Esther Williams, George Nader, John Saxon. États-Unis, 1956 – Couleurs – 1 h 35.

Une jeune femme est victime des assiduités d'un élève de sa classe qui la compromet dangereusement. Un rôle « non aquatique » pour Esther Williams.

L'ENQUÊTE DE L'INSPECTEUR MORGAN
"BLIND DATE"
Film policier de **Joseph Losey**, avec Hardy Krüger *(le peintre)*, Stanley Baker *(l'inspecteur Morgan)*, Micheline Presle, Robert Flemyng. • SC : Ben Barzmann, Millard Lampell, d'après le roman de Leigh Howard. • PH : Christopher Challis. • MUS : Richard Rodney Bennett. • MONT : Reginald Mills. Grande-Bretagne, 1959 – 1 h 35.

Un jeune peintre d'origine étrangère arrive, à Londres, dans l'appartement où sa maîtresse, une jeune femme énigmatique, lui a donné rendez-vous. C'est pour découvrir qu'elle a été assassinée : il s'évanouit avant d'avoir reconnu le cadavre. La police le suspecte fortement, mais l'inspecteur Morgan pressent la vérité. La jeune femme est en réalité la légitime épouse d'un lord : elle a voulu faire endosser au peintre la suppression d'une rivale, mais lors de ses visites à l'atelier, elle s'est éprise réellement de celui qu'elle voulait piéger... ce qui la perdra.

◆ *Le film entrelace une satire feutrée du conformisme de la police (Morgan comprend le peintre parce que lui-même est gallois, donc « intrus » dans le monde londonien) et le roman d'un amour impossible, tout habité de la fragile joie de vivre du jeune héros : l'accompagnement musical ultra-moderne de la première séquence est resté fameux à cet égard. La mise en scène sert une interprétation nuancée et homogène.* *G.LD.*

L'ENQUÊTE EST CLOSE "CIRCLE OF DANGER"
Comédie dramatique de **Jacques Tourneur**, avec Ray Milland, Patricia Roc, Marius Goring. Grande-Bretagne/États-Unis, 1951 – 1 h 26.

Un Américain se rend en Angleterre pour enquêter sur la mort de son frère, exécuté en 1944. Par qui, pourquoi ?

ENQUÊTE SUR UN CITOYEN AU-DESSUS DE TOUT SOUPÇON "INDAGINE SU UN CITTADINO AL DI SOPRA DI OGNI SOSPETTO"
Drame d'**Elio Petri**, avec Gian Maria Volonté *(l'inspecteur)*, Florinda Bolkan *(Augusta)*, Gianni Santuccio *(le commissaire)*, Salvo Randone, Orazio Orlando *(Biglia)*, Sergio Tramonti *(Pace)*. • SC : Ugo Pirro, E. Petri. • PH : Luigi Kuveiller. • DÉC : Carlo Egidi. • MUS : Ennio Morricone. • MONT : Ruggero Mastroianni. Italie, 1970 – Couleurs – 1 h 35. ★ **PRIX SPÉCIAL DU JURY, Cannes 1970. OSCAR DU MEILLEUR FILM ÉTRANGER, 1970.**

Un homme tue sa maîtresse. Mais l'auteur de ce crime passionnel, « l'assassin », est aussi un policier... Loin pourtant d'en profiter pour se mettre à l'abri des poursuites, il joue au contraire à orienter l'enquête vers tout ce qui peut l'impliquer – et il joue jusqu'au bout.

◆ *Un film extrêmement brillant, peut-être le plus achevé de Petri, qui y manie avec habileté et sur un rythme très soutenu tous les effets choc qu'on peut mettre dans une image. Le film se veut une dénonciation politique des perversions de l'autorité, à partir d'un exemple policier, mais il frappe davantage pour la peinture d'un caractère où la mégalomanie atteint au pathologique. La composition de Gian Maria Volonte est à cet égard exemplaire.* *J.-M.C.*

ENQUÊTE SUR UNE PASSION "BAD TIMING"
Film policier de **Nicolas Roeg**, avec Art Garfunkel, Theresa Russell, Harvey Keitel. Grande-Bretagne, 1980 – Couleurs – 2 h 02.

Un psychanalyste, amoureux d'une jeune femme qu'on a retrouvée inanimée, est soupçonné par la police : il revit cette passion jusqu'au moment où il l'a aimée une dernière fois...

EN RADE
Mélodrame d'**Alberto Cavalcanti**, avec Nathalie Lissenko *(la blanchisseuse)*, Catherine Hessling *(la fille de salle)*, Thomy Bourdelle *(un docker)*, Philippe Hériat *(l'idiot)*, Georges Charlia. • SC : A. Cavalcanti, Claude Heymann. • PH : Jimmy Rogers, P. Engberg, André Frairlie. • DÉC : Robert-Jules Garnier, Erik Aes (maquettes). France, 1927 – 1 600 m (env. 1 h).

Dans une ville portuaire, une idylle contrariée entre le fils d'une blanchisseuse et une serveuse de bar. L'homme est surtout attiré par l'appel du large, la fille est l'objet des moqueries des dockers. Un simple d'esprit, une mère possessive, quelques comparses complètent le tableau.

◆ *Français d'adoption, le Brésilien Alberto Cavalcanti avait fait ses débuts comme décorateur de Marcel L'Herbier, avant de se consacrer au cinéma d'avant-garde, dans la mouvance de Jean Renoir. Après une tentative de « cinéma pur », Rien que les heures, il tourne* En rade, *où les éléments mélodramatiques, de rigueur en ce temps-là, sont enchâssés dans un écrin visuel de qualité. Il y a des réminiscences de* Fièvre *de Delluc et des* Damnés de l'océan *de Sternberg dans cette « marine » qui a pu influencer, en retour, le* Marius *de Pagnol et, plus généralement, le « réalisme poétique » des années 30. L'échec commercial du film obligea son auteur à se tourner vers des entreprises moins ambitieuses, avant de partir pour l'Angleterre.* C.B.

LES ENRAGÉS
Drame de **Pierre-William Glenn**, avec Fanny Ardant, François Cluzet, Jean-Roger Milo. France, 1984 – Couleurs – 1 h 36.

Deux malfrats odieux et vulgaires s'attaquent une nuit à une star, Jessica, qu'ils réduisent à leur merci.

EN ROUTE POUR LA GLOIRE
"BOUND FOR GLORY"
Biographie de **Hal Ashby**, avec David Carradine, Ronny Cox, Melinda Dillon. États-Unis, 1976 – Couleurs – 2 h 28.

Dans l'Amérique en crise des années 30, l'itinéraire social, syndical, musical du chanteur de rythm'n blues Woody Guthrie. Une belle évocation, lyrique et passionnée.

EN ROUTE VERS LE SUD "GOIN' SOUTH"
Western de **Jack Nicholson**, avec Jack Nicholson, Mary Steenburger. États-Unis, 1979 – Couleurs – 1 h 48.

Pour échapper à la potence, Henry Moon, un voleur de chevaux, n'a qu'une issue : se marier ! Une belle femme se propose. Henry est aux anges... Mais il va vite déchanter !

LES ENSORCELÉS "THE BAD AND THE BEAUTIFUL"
Comédie dramatique de **Vincente Minnelli**, avec Lana Turner, Kirk Douglas, Walter Pidgeon, Dick Powell, Gloria Grahame, Barry Sullivan, Gilbert Roland. États-Unis, 1952 – 1 h 58.

Un producteur de Hollywood a tout sacrifié, amour et amitié, à sa carrière. Un metteur en scène, une scénariste et une actrice qui l'ont connu racontent... Minnelli fera référence à cette histoire dans *Quinze Jours ailleurs*. Ce film remporta six Oscars.

L'ENSORCELEUSE "THE SHINING HOUR"
Mélodrame de **Frank Borzage**, d'après la pièce de Keith Winter, avec Joan Crawford, Melvyn Douglas, Margaret Sullavan, Robert Young, Fay Bainter. États-Unis, 1938 – 1 h 16.

Une danseuse de cabaret épouse un jeune hobereau et le suit sur ses terres où elle a du mal à se faire accepter par sa famille.

L'ENTERREMENT DU SOLEIL "TAIYO NO HAKABA"
Drame de **Nagisa Oshima**, avec Kayoko Honoo, Junzaburo Ban, Fumio Watanabe. Japon, 1960 – 1 h 27.

Dans un quartier populaire d'Osaka, deux bandes de voyous s'affrontent, tandis que les habitants errent sans but, rêvant de la guerre ou de la révolution. Les jeunes délinquants survivent en faisant commerce de leur sang, en volant ou en se prostituant.

L'ENTERRÉ VIVANT "THE PREMATURE BURIAL"
Film fantastique de **Roger Corman**, lointainement inspiré de l'œuvre d'Edgar Poe, avec Ray Milland, Hazel Court, Richard Ney. États-Unis, 1962 – Couleurs – 1 h 21.

La peur d'être enterré vivant, comme son père, détermine tous les actes d'un homme hanté par ce souvenir morbide.

L'ENTOURLOUPE
Comédie de **Gérard Pirès**, avec Jean-Pierre Marielle, Jacques Dutronc, Gérard Lanvin, Anne Jousset. France, 1980 – Couleurs – 1 h 30.

Deux petits truands sont embauchés, dans le Poitou, comme représentants d'une encyclopédie médicale. Mais une de leurs copines, débarquée de Paris, vient semer la zizanie dans le calme provincial.

ENTR'ACTE
Essai de **René Clair**, avec Jean Borlin, Inge Fries, Francis Picabia, Erik Satie, Georges Auric, Man Ray, Marcel Duchamp, Marcel Achard. • SC : R. Clair, F. Picabia. • PH : Jimmy Berliet. • MUS : Erik Satie. France, 1924 – 325 m (env. 12 mn).

Cet enchaînement d'images surréalistes – où l'on remarque notamment une danseuse barbue filmée par en-dessous et une partie d'échecs entre Man Ray et Marcel Duchamp dérangée par un jet d'eau – se termine par l'enterrement burlesque d'un chasseur tyrolien : le corbillard est tiré par un chameau, et le cortège s'emballe jusqu'à devenir une folle poursuite. Le cercueil s'ouvre, en sort le chasseur transformé en prestidigitateur, qui escamote les différents personnages et se fait disparaître lui-même.

◆ *Le titre de ce vénérable échantillon du surréalisme cinématographique, dont l'attrait aujourd'hui est surtout de nous donner à voir d'illustres figures de l'époque, venait de ce qu'il était destiné à l'origine à être projeté dans l'entr'acte du ballet dadaïste* Relâche, *de Picabia et Satie. Aussi fut-il partiellement produit par les Ballets suédois. Il visait à produire des « images en liberté », délivrées de l'obligation de raconter, mais portées par un rythme de plus en plus rapide, et parfois inspirées des premiers films burlesques auquel il rendait aussi hommage.* M.CH.

L'ENTRAÎNEUSE
Mélodrame d'**Albert Valentin**, avec Michèle Morgan, Gilbert Gil, Félicien Tramel, Andrex. France, 1938 – 1 h 35.

Une entraîneuse passe quelques jours de vacances sur la Côte d'Azur où elle rencontre le grand amour. Reconnue par un client, elle est obligée de tout quitter.

L'ENTRAÎNEUSE FATALE "MANPOWER"
Mélodrame de **Raoul Walsh**, avec Edward G. Robinson, George Raft, Marlene Dietrich, Alan Hale, Frank McHugh, Eve Arden, Barton McLane. États-Unis, 1941 – 1 h 40.

L'amitié qui lie deux camarades de travail est compromise lorsque le premier épouse une entraîneuse qui s'éprend bientôt du second. Aveuglé par la jalousie, le mari tente d'éliminer son ami, mais c'est lui qui se tue.

ENTRÉE DES ARTISTES
Comédie dramatique de **Marc Allégret**, avec Louis Jouvet *(Lambertin)*, Claude Dauphin *(François Polti)*, André Bruno *(Grenaison)*, Odette Joyeux *(Cécilia)*, Janine Darcey *(Isabelle)*, Julien Carette *(le journaliste)*, Marcel Dalio *(le juge d'instruction)*. • SC : Henri Jeanson, André Cayatte. • PH : Christian Matras, Robert Juillard. • DÉC : Alexandre Trauner, Jacques Krauss. • MUS : Georges Auric. • MONT : Yvonne Martin. France, 1938 – 1 h 18.

Isabelle, nièce de blanchisseurs, est admise au Conservatoire, dans la classe du professeur Lambertin. François tombe amoureux d'Isabelle, suscitant la jalousie de Cécilia. Celle-ci intrigue pour l'éloigner d'elle, arrangeant un faux rendez-vous qui provoque la colère d'Isabelle. Au concours, Cécilia s'empoisonne volontairement en accusant François. Une enquête policière est ouverte.

◆ *L'amour du théâtre et l'enthousiasme des apprentis-comédiens baignent ce film, où les relations amoureuses entre les jeunes protagonistes sont moins fortes que le regard quasi documentaire sur l'ambiance et les rites du Conservatoire. Les leçons données par Louis Jouvet sont très proches de ce qu'elles étaient dans la réalité, et le grand acteur se plaît à déclamer les dialogues acérés d'Henri Jeanson dans quelques scènes savoureuses – comme sa fameuse visite à la blanchisserie, qui reste un morceau d'anthologie.* G.L.

ENTRE LE CIEL ET L'ENFER "TENGOKU TO JIGOKU"
Drame policier d'**Akira Kurosawa**, avec Toshirō Mifune, Kyoko Kagawa, Tatsuya Mihashi. Japon, 1963 – 2 h 24.

Après bien des hésitations, le directeur d'une grosse compagnie décide de payer les ravisseurs du fils de son chauffeur, enlevé par erreur à la place du sien.

ENTRE ONZE HEURES ET MINUIT
Comédie policière d'**Henri Decoin**, sur des dialogues d'Henri Jeanson, avec Louis Jouvet, Madeleine Robinson, Léo Lapara. France, 1949 – 1 h 32.

L'enquête d'un inspecteur sur un assassinat est grandement facilitée par sa ressemblance avec la victime. Ingénieuse histoire servie par deux comédiens hors pair.

L'ENTREPRENANT MONSIEUR PETROV
"SHALL WE DANCE ?"
Comédie musicale de **Mark Sandrich**, avec Fred Astaire, Ginger Rogers. États-Unis, 1937 – 1 h 40.

Un grand danseur classique rencontre une vedette de cabaret. Le mélange des genres donne lieu à de nouvelles et merveilleuses variations du duo de rêve, alors à son apogée.

ENTRONS DANS LA DANSE
"THE BARKLEYS OF BROADWAY"
Comédie musicale de **Charles Walters**, avec Fred Astaire, Ginger Rogers, Oscar Levant. États-Unis, 1949 – Couleurs – 1 h 49.

La seule comédie musicale tournée en couleurs par le couple Astaire-Rogers, dix ans après leur célèbre duo à la R.K.O. Ils endossent ici la personnalité d'un célèbre couple de danseurs de Broadway : les Barkleys.

ENVOÛTÉS "THE BELIEVERS"
Film policier de **John Schlesinger**, d'après le roman de Nicholas Conde *The Religion*, avec Martin Sheen, Helen Shaver. États-Unis, 1987 – Couleurs – 1 h 54.

L'enquête d'un psychiatre de la police new-yorkaise, confronté à deux meurtres de jeunes garçons trouvés dépecés, entraîne celui-ci dans un univers où sorcellerie et envoûtements vont jusqu'aux sacrifices humains.

ENVOYEZ LES VIOLONS
Comédie de **Roger Andrieux**, avec Anémone, Richard Anconina. France, 1988 – Couleurs – 1 h 32.

Un jeune et dynamique publicitaire s'éprend de « sa » professeur de flûte. Une aimable comédie.

L'ÉPAVE
Mélodrame de **Willy Rozier**, avec André Le Gall, Françoise Arnoul, Aimé Clariond. France, 1950 – 1 h 34.

Un scaphandrier ruine sa vie pour une jeune femme belle, mais infidèle. Les débuts remarqués de Françoise Arnoul à l'écran.

L'ÉPAVE "IL RELITTO"
Drame de **Michael Cacoyannis** et **Giovanni Paolucci**, avec Van Heflin, Franco Fabrizi, Ellie Lambetti. Italie/ Grèce, 1961 – 1 h 30.

À la suite d'un accident en mer, un richissime américain et son fils se retrouvent seuls sur une épave. Tout en luttant pour sauver leurs vies, le père passe en revue son passé.

L'ÉPÉE DE MONTE-CRISTO "MASK OF THE AVENGER"
Aventures historiques de **Phil Karlson**, avec John Derek, Anthony Quinn, Jody Lawrence. États-Unis, 1951 – Couleurs – 1 h 23.

En 1848, un jeune capitaine revenant de la guerre austro-italienne, poursuit le traître qui a fait exécuter son père.

L'ÉPÉE ENCHANTÉE "THE MAGIC SWORD"
Film d'aventures fantastiques de **Bert I. Gordon**, avec Basil Rathbone, Estelle Winwood. États-Unis, 1961 – Couleurs – 1 h 20.

À la recherche de sa fiancée enlevée par un redoutable sorcier, un chevalier affronte monstres, chimères et épreuves avant de triompher. Des images à la Méliès et un ahurissant mélange de quête du Graal, Chanson de Roland et mythe de Tristan.

L'ÉPÉE SAUVAGE "THE SWORD AND THE SORCERER"
Film d'aventures d'**Albert Pyun**, avec Lee Horsley, Richard Lynch, Kathleen Beller. États-Unis, 1982 – Couleurs – 1 h 40.

Un certain Cromwell d'Aragon, aventurier de sac et de corde, s'empare par magie du royaume de Richard. Le fils de ce dernier réussira à venger son père et à récupérer son trône.

L'ÉPERVIER
Mélodrame de **Marcel L'Herbier**, d'après la pièce de Francis de Croisset, avec Charles Boyer, Nathalie Paley, Pierre Richard-Willm. France, 1933 – env. 1 h 45.

Un couple de nobles hongrois vit d'escroqueries jusqu'à ce que l'épouse devienne la maîtresse d'un diplomate et quitte son mari.

▷ Autre version réalisée par **Robert Boudrioz**, avec Silvio de Pedrelli, Nilda du Pleessy, Youcca Troubetskoj. France, 1924 – env. 2 200 m (1 h 21).

EPIDEMIC "EPIDEMIC"
Drame de **Lars von Trier**, avec Lars von Trier, Niels Vörsel, Udo Kier. Danemark, 1987 – 1 h 46.

En écrivant un scénario relatant les aventures d'un médecin lors de la grande épidémie qui frappa Milan, les auteurs rencontrent des victimes de la pollution actuelle.

ÉPOUSES ET CONCUBINES
"RAISE THE RED LANTERN"
Drame de **Zhang Yimou** avec Gong Li *(Songlian)*, He Caifei *(Meishan)*, Cao Quifen *(Zhoyun)*, Jin Shuyuan *(Yuru)*, Ma Jingwu *(Maître Chen Zuoquian)*. • SC : Ni Zhen, d'après le roman de Su Tong. • PH : Zhao Fei. • DÉC : Qao Jiuping, Dong Humiao. • MUS : Zhao Jiping. • MONT : Du Yuan. Taïwan, 1991 – Couleurs – 2 h 06.

En Chine aux environs des années 20, la société féodale connaît des rites particuliers quant aux harems entretenus par les « seigneurs ». L'un d'eux vient de prendre une quatrième épouse, ce qui excite la jalousie des précédentes, lesquelles ont régné, à tour de rôle, sur le palais. Des intrigues sanglantes conduisent la plus jeune des épousées à la folie. Une cinquième femme vient la remplacer et ainsi pérenniser les coutumes.

◆ *Avant d'évoquer son contenu et son sens, il faut affirmer que ce film est d'une beauté prodigieuse : une beauté presque abstraite. Le réalisateur est assurément un esthète qui se plaît à composer des cadrages parfaits et à les enrichir de couleurs superbes. Cette qualité pourrait suffire à notre plaisir. S'y ajoutent les thèmes propres à la société chinoise du début de ce siècle – et en deçà. Les femmes, humiliées par leur « maître », au lieu de se révolter, luttent pour obtenir ou conserver la place de « favorite ». L'auteur ne condamne ni ne justifie ces usages, il nous laisse apprécier.* *G.S.*

L'ÉPOUVANTAIL "SCARECROW"
Drame de **Jerry Schatzberg**, avec Gene Hackman *(Max)*, Al Pacino *(Lion)*, Dorothy Tristan *(Coley)*, Ann Wedgeworth *(Frenchy)*, Richard Lynch, Eileen Brennan. • SC : Garry Michael White. • PH : Vilmos Zsigmond. • DÉC : Al Brenner. • MUS : Fred Myrow. • MONT : Evan Lottman. États-Unis, 1973 – Couleurs – 1 h 52.
★ **PALME D'OR, Cannes 1973.**

Max sort de prison, après six ans de captivité. Lion rentre d'un long périple en mer. Semi-clochards, ils se rencontrent sur la route et entament ensemble un voyage à la recherche de leurs origines et d'une seconde chance. Max veut fonder une entreprise de lavage de voitures à Pittsburg, avec l'argent qu'il a économisé. Lion veut retrouver la jeune fille qu'il a abandonnée enceinte.

◆ L'Épouvantail *est une fable, un voyage dans l'Amérique de la marginalité, où l'acuité documentaire le dispute à l'émotion des situations, à la grâce d'une mise en scène aussi percutante à magnifier les temps forts qu'attentive à l'instant fugitif où s'expriment l'accord ou le désaccord des héros et du monde. On a dit à juste titre que Max et Lion étaient les antithèses exactes des personnages de* l'Arrangement *de Kazan ou des* Gens de la pluie *de Coppola. Contrairement à ceux-là, en effet, ce ne sont pas des citoyens mal à l'aise dans la société et le rêve américains et qui chercheraient à les fuir. Exclus, ils veulent bien plutôt s'y intégrer. Mais tout dans leur comportement – violence inopérante de Max, qui n'est que l'envers de sa générosité, histrionisme de Lion qui s'exclut en se donnant en spectacle – les maintient en marge, désintégrés face à un ordre social qui ne peut, ni ne veut, les réintégrer. Une œuvre dont le pessimisme du propos est inversement proportionnel à la chaleur humaine et à la perfection esthétique.* *M.S.*

L'ÉPOUVANTAIL "ČUČELO"

Comédie dramatique de **Rolan Bykov**, avec Christina Orbakaite, Youri Nikouline, Rolan Bykov. U.R.S.S. (Russie), 1984 – Couleurs – 2 h 05.

Une fillette qui vit avec son grand-père est sujette aux moqueries et aux brimades de ses camarades.

L'ÉPREUVE DE FORCE "THE GAUNTLET"

Film policier de **Clint Eastwood**, avec Clint Eastwood, Sondra Locke, Pat Hingle, William Prince. États-Unis, 1977 – Couleurs – 1 h 49.

Un policier escorte une femme de Las Vegas à Phoenix, où elle doit témoigner : mais des tueurs sont lancés à leurs trousses.

L'ÉPREUVE DU FEU "VEM DÖMER ?"

Drame de **Victor Sjöström**, avec Jenny Hasselquist, Ivan Hedqvist, Tore Svennberg. Suède, 1921 – 1 953 m (env. 1 h 12).

À Florence, sous la Renaissance, une femme accusée d'avoir empoisonné son mari est soumise à l'épreuve du feu. Elle va prouver son innocence.

ÉQUATEUR

Drame de **Serge Gainsbourg**, d'après le roman de Georges Simenon, avec Barbara Sukowa, Francis Huster. France, 1983 – Couleurs – 1 h 25.

À Libreville dans les années 50, un nouvel arrivant a une liaison sulfureuse avec la trouble patronne de son hôtel.

LES ÉQUILIBRISTES

Drame de **Nico Papatakis**, avec Michel Piccoli, Lilah Dadi, Polly Walker. France, 1991 – Couleurs – 2 h.

Inspiré par un épisode de la vie de Jean Genet, l'histoire d'un jeune algérien et de son Pygmalion homosexuel.

L'ÉQUIPAGE

Drame d'**Anatole Litvak**, d'après le roman de Joseph Kessel, avec Annabella, Charles Vanel, Jean-Pierre Aumont, Suzanne Desprès. France, 1935 – 1 h 51.

En 1918, avant de rejoindre son unité, un jeune officier devient l'amant de la femme d'un officier avec qui il se liera au front. Il est tué au combat et l'époux trompé pardonne.

▷ Le cinéaste signe également une version américaine, intitulée THE WOMAN I LOVE, avec Paul Muni, Miriam Hopkins, Louis Hayward. États-Unis, 1937 – 1 h 25.

▷ Autre version réalisée par : **Maurice Tourneur**, avec Georges Charlia, Jean Dax, Claire de Lorez, Pierre de Guingand, Daniel Mendaille, Camille Bert, Charles Barrois. France, 1928 – 3 095 m (env. 1 h 54).

L'ÉQUIPÉE DU CANNONBALL

"THE CANNONBALL RUN"

Comédie de **Hal Needham**, avec Burt Reynolds, Roger Moore, Farah Fawcett, Dean Martin. États-Unis, 1981 – Couleurs – 1 h 38.

Un seul objectif pour les concurrents de la « Cannonball Run » : rouler de New York à Los Angeles le plus vite possible, en évitant les contrôles de police. Spectaculaire.

▷ Le réalisateur signe une suite, intitulée CANNONBALL 2 "CANNONBALL RUN II", avec Burt Reynolds, Dom De Luise, Dean Martin, Sammy Davies Jr. États-Unis, 1983 – Couleurs – 1 h 50.

L'ÉQUIPÉE SAUVAGE "THE WILD ONE"

Drame de **Laslo Benedek**, avec Marlon Brando *(Johnny)*, Mary Murphy *(Kathie)*, Robert Keith *(Harry Bleeker)*, Lee Marvin *(Chino)* • SC : John Paxton, d'après le récit de Frank Rooney *The Cyclist*. • PH : Hal Mohr. • DÉC : Walter Holscher. • MUS : Leith Stevens. • MONT : Al Clark. États-Unis, 1953 – 1 h 19.

Une bande de jeunes motocyclistes terrorise le bourgeois, pour s'amuser. Leur chef, Johnny, est un taciturne. Il détient le trophée d'une course, volé aux organisateurs. Cette horde plutôt disciplinée déboule dans une petite ville et l'investit. Une autre bande arrive, plus dépenaillée, moins hiérarchisée. Affrontement. Les habitants ont peur – et raison d'avoir peur – car bientôt l'équipée dégénère. Il y aura un mort. Au petit matin, tout est rentré dans l'ordre. Johnny (qui a failli être lynché) repart, avec un peu de plomb dans la cervelle.

◆ *C'est le premier film sur le terrorisme « voyou ». En avance sur la mode, il a lancé celle des blousons cloutés. Le scénario s'inspire d'un fait divers, mais l'important est moins la vérité que la mythologie. À partir de ce film, Marlon Brando a construit son image de jeune homme farouche et révolté. Il a utilisé l'enseignement de l'Actors Studio qui a inventé le jeu « intérieur ». Les auteurs ne s'en prennent pas à la jeunesse dévoyée, mais à l'ordre social qui l'a engendrée, aux bourgeois hypocrites, timorés et incompréhensifs qui, partisans des milices punitives, réamorcent la violence.* *G.S.*

EQUUS "EQUUS"

Drame de **Sidney Lumet**, d'après la pièce de Peter Shaffer, avec Richard Burton, Peter Firth, Colin Blakely, Joan Plowright, Eileen Atkins. Grande-Bretagne, 1977 – Couleurs – 2 h 17.

Un jeune homme a crevé inexplicablement les yeux de six chevaux. Un psychanalyste découvre ses motivations réelles.

ERASERHEAD (TÊTE À EFFACER) / LABYRINTH MAN "ERASERHEAD"

Drame de **David Lynch**, avec John Nance *(Henry Spencer)*, Charlotte Stewart *(Mary X)*, Allen Joseph *(Mr X père de Mary)*, Jeanne Bates *(Mrs. X)*, Judith Anna Roberts *(la « Belle fille de l'autre côté du couloir »)*, Laura Near *(la « Dame dans le radiateur »)*. • SC : D. Lynch • DÉC : D. Lynch. • PH : Frederick Elmes, Herbert Cardwell. • MUS : Peter Ivers. États-Unis, 1977 – 1 h 29. ★ **PRIX SPÉCIAL DU JURY, Avoriaz 1978.**

Henry Spencer, ayant traversé de sinistres terrains vagues, rentre chez lui et échange quelques propos avec la « belle fille de l'autre côté du couloir ». Puis il va dîner chez les parents de son amie Mary X, où il apprend que celle-ci, enceinte de lui, a donné naissance à un étrange bébé prématuré. Mary s'installe chez lui, mais s'en va très vite : le « bébé » ne cesse de couiner, puis il tombe malade. Henry passe son temps à contempler la « Dame dans le radiateur », puis il est séduit par sa voisine. Il rêve que sa tête, tombée dans la rue, est récupérée par un ouvrier qui fabrique de la gomme à effacer avec son cerveau. Excédé, Henry démaillote le « bébé » et le tue (?) déclenchant une délirante apothéose.

◆ *Métaphore caricaturale du mariage et de la procréation ? Satire sarcastique des classes moyennes ? Eraserhead est tout cela et beaucoup plus encore. Ce film inclassable, héritier du surréalisme, regorge d'images oniriques ou hallucinatoires, de bestioles improbables, de phantasmes, au premier rang desquels l'extraordinaire « bébé », fœtus cauchemardesque qui suscite un indicible malaise.* *G.L.*

ERENDIRA "ERENDIRA"

Drame de **Ruy Guerra**, avec Irène Papas, Claudia Ohana, Michael Lonsdale, Rufus. Brésil / France, 1983 – Couleurs – 1 h 40.

La triste histoire d'une jeune fille que sa grand-mère diabolique soumet à une prostitution intensive, pour lui faire payer une dette toujours renouvelée.

ERICA MINOR

Drame social de **Bertrand van Effenterre**, avec Juliet Berto, Brigitte Fossey, Edith Scob. Suisse, 1973 – 1 h 35.

Trois portraits-vérité de femmes modernes en situation de rupture : Marianne, professeur ; Anne, intellectuelle « postée » ; Claude, inclassable. Un film désenchanté de l'après-68.

ÉRIC LE GRAND "THE LAST PERFORMANCE"

Comédie dramatique de **Paul Fejos**, avec Conrad Veidt. États-Unis, 1929 – env. 2 100 m (1 h 17).

Portrait d'un illusionniste qui veut soumettre ses dons à ses désirs intimes.

L'ERMITE "BIRUK"

Drame de **Roman Balaïan**, d'après Tourgueniev, avec Mikhaïl Goloubovitch, Oleg Tabakov, Lana Chrol. U.R.S.S. (Ukraine), 1977 – Couleurs – 1 h 16.

Au XIXe siècle, le garde-chasse d'un immense domaine, impitoyable avec les braconniers, se dévoue corps et âme pour ses enfants. Il sera tué accidentellement par un chasseur.

ERNEST LE REBELLE

Comédie dramatique de **Christian-Jaque**, d'après le roman de Jacques Perret, avec Fernandel, Mona Goya, Pierre Alcover, Arthur Devère. France, 1938 – 1 h 32.

Un accordéoniste qui travaille sur un paquebot est poursuivi par un dangereux trafiquant (ou simplement par un mari jaloux).

ÉROICA "EROICA"

Film de guerre en deux parties d'**Andrzej Munk**, avec Edward Dziewoński *(Dzidzius)*, Barbara Polomska *(sa* *femme)*, Ignacy Machowski *(le major)* [1re partie], Józef Nowak *(Kurzawa)*, Kazimierz Rudzki *(Trurek)*, Tadeusz Lomnicki *(Zawistowski)*, Roman Klosowski *(Szpakovski)* [2e partie]. • SC : Jerzy Stefan Stawiński d'après ses nouvelles *les Hongrois* et *l'Évasion*. • PH : Jerzy Wójcik. • DÉC : Jan Grandys. • MUS : Jan Krenz. • MONT : Jadwiga Zajicek, Mirosława Garłicka. Pologne, 1957 – 1 h 27.

Première partie : Scherzo alla polacca. Dzidzius, combattant de l'insurrection de Varsovie, décide de rentrer chez lui quand la situation s'avère désespérée ; découvrant que sa femme le trompe, il retourne au combat. Deuxième partie : Ostinato lugubre. Arrivant dans un camp de prisonniers de guerre polonais, Kurzawa s'aperçoit qu'ils vivent dans le culte du seul d'entre eux qui a réussi à s'échapper, le lieutenant Zawistowski. En réalité, « l'évadé » est caché sous le toit d'une baraque et finira par se suicider en secret.

◆ *Cette « Symphonie héroïque » procède à une démystification sarcastique de l'exaltation romantique du devoir patriotique : au sacrifice inutile du premier récit répond celui du faux évadé désireux de maintenir le moral de ses camarades de captivité. Cet humour noir, destructeur de mythes, est caractéristique de l'amère lucidité de Munk.* *M.M.*

ÉROS + MASSACRE "Eros + Gyakusatsu"
Drame psychologique de **Yoshishige Yoshida**, avec Toshiyuki Hosokawa, Mariko Okada, Yuko Kusunoki. Japon, 1969 – 3 h 05.

En 1923, un militant anarchiste et son épouse sont assassinés pour leur idéal politique. Parallèlement, le film décrit l'expérience de deux étudiants d'aujourd'hui qui cherchent un sens aux théories de leur aîné. Les personnages du passé et du présent se rencontrent et dialoguent.

ÉROTISSIMO
Comédie de **Gérard Pirès**, avec Annie Girardot, Francis Blanche, Jean Yanne. France, 1968 – Couleurs – 1 h 25.

Un P.-D.G. est pris entre les extravagances de sa femme et l'enquête pointilleuse d'un polyvalent.

ES
Drame d'**Ulrich Schamoni**, avec Sabine Singen, Bruno Dietrich. R.F.A., 1966 – 1 h 28.

Un jeune couple non marié vit heureux. Enceinte, la femme décide d'avorter pour ne pas entraver la réussite de son ami.

L'ESCADRON BLANC "Squadrone bianco"
Drame d'**Augusto Genina**, d'après le roman de Joseph Peyré, avec Fosco Giachetti, Antonio Centa, Guido Celano. Italie, 1936 – 1 h 42.

La découverte du désert libyen pour un escadron de méharistes partis à la recherche de pillards, et le pouvoir de fascination qu'il exerce sur les soldats.

▷ Autre version réalisée par **René Chanas**, avec Jean Chevrier, René Lefèvre, François Patrice. France, 1949 – 1 h 44.

L'ESCADRON NOIR "Dark Command"
Western de **Raoul Walsh**, d'après le roman de W.R. Burnett, avec Walter Pidgeon, John Wayne, Claire Trevor. États-Unis, 1940 – 1 h 34.

Au Kansas, un shérif mène une lutte sans merci contre une bande qui pille la contrée.

L'ESCADRON VOLAPÜK
Comédie de **René Gilson**, avec Olivier Hussenot, André Thorent, Juliet Berto. France, 1971 – Couleurs – 1 h 40.

Cinq bidasses qui s'ennuient... Sur le ton de la farce, une satire de l'univers militaire, dans l'esprit de contestation de 68.

ESCALE À HOLLYWOOD "Anchors Aweigh"
Comédie musicale de **George Sidney**, avec Frank Sinatra, Kathryn Grayson, Gene Kelly, Jose Iturbi, Dean Stockwell, Pamela Britton, Rags Ragland. États-Unis, 1945 – Couleurs – 2 h 23.

Deux marins de passage à Hollywood font la connaissance d'une jolie figurante et d'une jeune serveuse, dont ils tombent amoureux. Des numéros de flirt irrésistibles.

ESCALE À ORLY
Comédie de **Jean Dréville**, avec Dany Robin, Dieter Borsche, Simone Renant, François Périer, Heinz Ruhmann. France / R.F.A., 1955 – 1 h 45.

Quelques heures de la vie de l'aéroport où se croisent tant de destins divers. Avec d'excellents acteurs français et allemands.

L'ESCALIER "Staircase"
Drame psychologique de **Stanley Donen**, d'après la pièce de Charles Dyer, avec Rex Harrison, Richard Burton, Cathleen Nesbitt. États-Unis / France, 1969 – Couleurs – 1 h 41.

Les scènes de ménage d'un vieux couple d'homosexuels. La pièce d'origine se voulait aussi une réflexion sur le vieillissement et la solitude. Il reste la matière d'un double numéro d'acteur.

ESCALIER C
Comédie dramatique de **Jean-Charles Tacchella**, d'après le roman d'Elvire Murail, avec Robin Renucci, Jean-Pierre Bacri, Catherine Leprince. France, 1984 – Couleurs – 1 h 42.

L'escalier d'un immeuble ancien où des destins multiples se croisent autour d'un écrivain raté. Drôle et désespérant.

L'ESCALIER DE SERVICE "DIE HINTERTREPPE"
Drame de **Leopold Jessner** et **Paul Leni**, avec Henny Porten, Wilhelm Wieterle, Fritz Kortner. Allemagne, 1921 – env. 2 000 m (env. 1 h 14).

Ému par une servante qui attend désespérément des nouvelles de son amant, un facteur rédige des lettres en son nom.

ESCALIER INTERDIT "UP THE DOWN STAIRCASE"
Drame de **Robert Mulligan**, d'après le roman de Bel Kaufman, avec Sandy Dennis, Eileen Heckart, Patrick Bedford, Ruth White. États-Unis, 1967 – Couleurs – 2 h 04.

La première année de professorat d'une jeune femme. À travers les péripéties du scénario (confrontation avec les élèves, suicide, initiatives pédagogiques), le problème de l'enseignement.

L'ESCALIER SANS FIN
Comédie dramatique de **Georges Lacombe**, avec Madeleine Renaud, Pierre Fresnay, Suzy Carrier, Raymond Bussières, Fernand Fabre. France, 1943 – 1 h 40.

Une assistante sociale face à un palefrenier que sa maîtresse a blessé d'un coup de revolver et dont elle est secrètement amoureuse.

ESCAMOTAGE D'UNE DAME CHEZ ROBERT HOUDIN
Vue fantastique de **Georges Méliès**, avec Georges Méliès. • PH : Leclerc. France, 1896 – 20 m (env. 45 s).

Sur une scène de théâtre, un magicien fait disparaître une femme, puis apparaître un squelette à sa place, et enfin réapparaître la femme.

◆ *Paradoxe : ce film représente à la fois une évolution et une négation du cinéma. Il est en effet difficile d'imaginer plus anticinématographique que cette reconstitution d'un spectacle scénique, filmé du point de vue du public, et qui se conclue par un salut de Méliès face à la caméra. Plastiquement, les « vues filmées » de Lumière sont de meilleure qualité. Mais* l'Escamotage *est aussi le premier film de Méliès dans lequel celui-ci utilise le procédé « arrêt-substitution », truquage fondamental qui, dans un premier temps, lui permet de se passer des « trappes » du numéro d'illusion original, et qui préfigure toutes les « scènes à transformation » de ses futures grandes mises en scène. Rappelons le procédé : il suffit d'arrêter la caméra, d'opérer une modification, puis de reprendre le tournage, les personnages ayant repris leur position du moment de l'arrêt. Une idée simple qui constitue une énorme évolution du langage cinématographique, moins d'un an après sa naissance officielle.* L.A.

L'ESCAPADE
Comédie dramatique de **Michel Soutter**, avec Marie Dubois, Antoinette Moya, Philippe Clévenot, Jean-Louis Trintignant. Suisse, 1973 – Couleurs – 1 h 35.

Un chercheur mène une vie paisible avec son épouse puis part pour un séminaire en montagne. Il y rencontre une jeune femme fâchée avec son ami. Un chassé-croisé s'engage entre les couples.

L'ESCLAVE
Drame psychologique d'**Yves Ciampi**, avec Daniel Gélin, Eleonora Rossi-Drago, Barbara Laage, Gérard Landry. France, 1953 – 1 h 39.

Ancien médecin, Ciampi brosse ici le portrait d'un drogué, dans lequel Gélin est remarquable. Le héros est compositeur, et la musique du film est de Georges Auric.

L'ESCLAVE AUX MAINS D'OR "GOLDEN BOY"
Comédie dramatique de **Rouben Mamoulian**, d'après la pièce de Clifford Odets, avec Barbara Stanwyck, Adolphe Menjou, William Holden. États-Unis, 1939 – 1 h 39.

Malgré son physique qui le destine à la boxe, un jeune homme est attiré par le violon. Les débuts à l'écran de William Holden.

L'ESCLAVE DE L'AMOUR (OU UN DRAME POIGNANT DU CINÉMATOGRAPHE)
"RABA LJUBVI"
Drame de **Nikita Mikhalkov**, avec Elena Solovei *(Olga Voznesenskaia)*, Rodion Nakhapetov *(Pototski)*, Aleksandre Kaliagine *(Kaliagine)*, Oleg Basilachvili *(Youjakov)*, Evgeni Steblov *(Kanine)*. • SC : Fridrich Gorenchtein, Andrei Mikhalkov-Kontchalovski. • PH : Pavel Zebechev. • DÉC : Aleksandre Adabachian. • MUS : Edvard Artemiev. U.R.S.S. (Russie), 1976 – Couleurs – 1 h 40.

Loin de la révolution qui embrase la Russie, se tourne en Crimée un mélodrame bourgeois. Toute l'équipe s'agite autour de l'actrice principale, Olga, star adulée du cinéma muet. Au contact de l'opérateur Pototski, Olga découvre la force du cinéma à la vue de documents filmés clandestinement sur les exactions de l'armée tsariste. Par amour pour Pototski, abattu par l'Okhrana, elle remet aux Rouges les bobines interdites. Seule dans un tramway lancé à vive allure par un chauffeur complice et prise en chasse par les Cosaques, Olga disparaît dans le brouillard.

◆ *Soixante ans après la révolution de 1917, porter à l'écran les événements d'Octobre, sans tomber dans les poncifs du cinéma de propagande et les pièges d'une histoire emblématique est le pari que tient ce film. Preuve éclatante d'une fidélité au passé révolutionnaire,* l'Esclave de l'amour *en restitue l'esprit par l'engagement politique d'Olga – diva du cinéma « usine à rêves » – devenue par amour relais du cinéma d'intervention. Cette belle et émouvante histoire est prétexte à une élégante reconstitution de l'atmosphère magique et du charme désuet des premiers tournages du cinéma muet.* A.K.

L'ESCLAVE LIBRE "Band of Angels"

Film d'aventures de **Raoul Walsh**, avec Clark Gable *(Hamish Bond)*, Yvonne De Carlo *(Amantha Starr)*, Sidney Poitier *(Rau-Ru)*, Efrem Zimbalist Jr. *(Ethan Sears)*, Patric Knowles *(Charles de Marigny)*, Rex Reason *(Seth Parton)*, Torin Thatcher *(le capitaine Canavan)*, Andrea King *(miss Idell)*. • SC : John Twist, Ivan Goff, Ben Roberts, d'après le roman de Robert Penn Warren. • PH : Lucien Ballard. • DÉC : Franz Bachelin. • MUS : Max Steiner. • MONT : Folmar Blangsted. États-Unis, 1957 – Couleurs – 2 h 07.

Amantha Starr découvre, le jour de la mort de son père, qu'elle est la fille d'une esclave. Cédée comme telle au trafiquant Calloway, elle devient la propriété, et bientôt la maîtresse, d'un riche et mystérieux aventurier de La Nouvelle-Orléans, connu sous le nom d'Hamish Bond. L'orgueil de la jeune femme, le lourd passé d'Hamish les séparent. Amantha tente sa chance dans la société blanche, mais revient à son amant. Fuyant la guerre de Sécession, tous deux partent ensemble à l'aventure sur les mers.

◆ *Le dernier grand film de Raoul Walsh marque à certains égards l'apogée de sa longue et féconde carrière. Conçu sur la lancée du* Roi et quatre reines, *il se fonde, comme lui, sur l'aura mythique d'un Clark Gable vieillissant, et plus « souverain » que jamais. C'est autour de la personnalité charismatique de Hamish Bond, de sa légende obscure, de ses souvenirs que s'ordonne le destin chaotique d'Amantha. Dans ce film d'amour et de mémoire, l'esclave et le maître ne conquièrent leur liberté qu'en assumant et transcendant leur passé, en fuyant les déchirements de l'Histoire, dans une course éperdue vers la mer, réservoir inépuisable de rêves et d'aventures.* O.E.

ESCLAVES "Slaves"

Drame d'**Herbert J. Biberman**, avec Ossie Davis, Stephen Boyd, Dionne Warwick. États-Unis, 1969 – Couleurs – 1 h 50.

Le destin contrasté d'un Noir au temps de l'esclavage dans le sud des États-Unis. C'est l'occasion pour l'auteur du SEL DE LA TERRE (Voir ce titre) de renouveler sa dénonciation de l'oppression et de l'injustice.

ESCLAVES DE NEW YORK "Slaves of New York"

Comédie de **James Ivory**, avec Bernadette Peters, Chris Sarandon, Mary Beth Hurt. États-Unis, 1988 – Couleurs – 2 h 05.

Dans le milieu artistique « branché » de Manhattan, une jeune créatrice de mode est à la recherche du bonheur et de la gloire. Elle ne récolte que des déboires. Un monde observé avec ironie.

LA ESCONDIDA "La Escondida"

Film d'aventures de **Roberto Gavaldon**, avec Maria Felix, Pedro Armendariz, Andres Soler. Mexique, 1956 – Couleurs – 1 h 43.

Durant le soulèvement mexicain de 1909, l'amour tragique et passionné vécu par une jeune fille pauvre mais ambitieuse et son fiancé, un paysan qui deviendra chef des insurgés.

ESCORT GIRL "Half Moon Street"

Film policier de **Bob Swaim**, d'après le roman de Paul Theroux *Dr. Slaugther*, avec Sigourney Weaver, Michael Caine. Grande-Bretagne / États-Unis, 1986 – Couleurs – 1 h 30.

Une jeune spécialiste de sciences politiques se voit proposer des salaires confortables pour être « escort girl ». Elle accepte et se trouve prise dans un imbroglio politique international.

ESKIMO "Eskimo"

Drame de **Woodbridge Slíong Van Dyke**, avec Ray Wise *(Mala l'Esquimau)*, Lulu Wong Wing *(sa femme, Aba)*, Lotus Long *(Iva)*, Peter Freuchen *(le capitaine)*, W.S. Van Dyke *(l'inspecteur)*. • SC : John Lee Mahin, Peter Freuchen, d'après ses récits d'exploration. • PH : Clyde De Vinna, Bob Roberts. États-Unis, 1933 – 1 h 57.

Mala vit avec sa famille en Alaska du produit de ses chasses. Un jour, un équipage de Blancs vient semer la perturbation dans sa rude mais paisible existence. Sa femme est violée et tuée. Mala se venge sans souci de la loi des Blancs. Condamné à la pendaison, il s'enfuit et dérive sur un iceberg.

◆ *Célèbre à plusieurs titres (sa rapidité d'exécution, son sens de l'aventure exotique, son habileté à honorer les commandes les plus difficiles), Van Dyke, l'un des piliers de la M.G.M., s'enthousiasma pour deux romans de l'explorateur danois Peter*

Freuchen, situés en territoire arctique, et partit tourner le film sur les lieux mêmes, près du détroit de Behring, avec une figuration en grande partie recrutée sur place, lui-même s'adjugeant un petit rôle. Le résultat est une superbe « saga de l'amour fou au pôle Nord » (Michel Mardore), qui cumule l'authenticité documentaire de Flaherty et le lyrisme de Borzage. *C.B.*

L'ESPION "THE THIEF"
Film d'espionnage de **Russell Rouse**, avec Ray Milland, Martin Gabel, Rita Gam. États-Unis, 1952 – 1 h 25.

Un scientifique américain qui vend des documents secrets à une puissance étrangère doit fuir à New York où il connaît une grave crise de conscience. Tout le film est muet. Seuls le bruitage et la musique ponctuent l'action, notamment durant la sensationnelle poursuite dans les escaliers de l'Empire State Building.

L'ESPION
Film d'espionnage de **Raoul Lévy**, avec Montgomery Clift, Hardy Krüger, Macha Méril. France/R.F.A., 1966 – Couleurs – 1 h 30.

À Munich, le professeur Bower est contacté par la C.I.A. On lui demande de profiter de son prochain voyage à l'Est pour recevoir des documents fournis par un savant soviétique. Mais tout ceci est un complot... Second et dernier film de Lévy avant son suicide.

L'ESPION AUX PATTES DE VELOURS
"THAT DARN CAT !"
Comédie de **Robert Stevenson**, avec Hayley Mills, Dean Jones, Dorothy Provine, Roddy McDowall, Neville Brand. États-Unis, 1965 – Couleurs – 1 h 56.

Comment un splendide chat siamois parvient à faire mettre hors d'état de nuire une bande de gangsters.

ESPION, LÈVE-TOI
Film d'espionnage d'**Yves Boisset**, d'après le roman de George Markstein *Chance Awakening*, avec Lino Ventura, Krystyna Janda, Michel Piccoli. France, 1981 – Couleurs – 1 h 38.

Un homme d'affaires français vit à Zürich avec son amie, assistante à l'Université. Un conseiller fédéral qui connaît son identité d'espion s'intéresse à lui. Les événements se précipitent brutalement.

ESPIONNE À BORD "CONTRABAND"
Film d'espionnage de **Michael Powell** et **Emeric Pressburger**, avec Conrad Veidt, Valerie Hobson, Esmond Knight. Grande-Bretagne, 1940 – 1 h 32.

Aventures mouvementées pour le capitaine d'un cargo danois et sa passagère qui lui a volé ses papiers.

L'ESPION NOIR "THE SPY IN BLACK"
Film d'espionnage de **Michael Powell** et **Emeric Pressburger**, d'après le roman de J. Storer Clouston, avec Conrad Veidt, Valerie Hobson, Hay Petrie, Helen Haye, Sebastien Shaw. Grande-Bretagne, 1938 – 1 h 22.

Dans l'Angleterre de 1917, un espion allemand déjoue, en partie seulement, les pièges qu'on lui tend.

L'ESPION QUI M'AIMAIT
"THE SPY WHO LOVED ME"
Film d'aventures de **Lewis Gilbert**, avec Roger Moore, Barbara Bach, Curd Jürgens. Grande-Bretagne, 1977 – Couleurs – 2 h 05.

James Bond, associé à une séduisante espionne soviétique, est à la recherche d'un précieux microfilm.

L'ESPION QUI VENAIT DU FROID
"THE SPY WHO CAME IN FROM THE COLD"
Film d'espionnage de **Martin Ritt**, d'après le roman de John Le Carré, avec Richard Burton, Claire Bloom, Oskar Werner. Grande-Bretagne, 1966 – 1 h 52.

L'envers de l'espionnage, en mode mineur, d'après le roman d'un ancien agent secret. Une œuvre forte par un élève d'Elia Kazan.

LES ESPIONS "SPIONE"
Film d'espionnage de **Fritz Lang**, avec Rudolf Klein-Rogge, Gerda Maurus, Lien Deyers, Willy Fritsch, Lupu Pick. Allemagne, 1928 – 4 364 m (env. 2 h 41).

Le chef d'un réseau d'espionnage, aux prises avec la police, emploie deux jolies femmes pour se débarrasser de ses adversaires.

LES ESPIONS
Film d'espionnage d'**Henri-Georges Clouzot**, d'après le roman d'Egon Hostovsky *le Vertige de minuit*, avec Curd Jürgens, Véra Clouzot, Peter Ustinov, Sam Jaffe. France, 1957 – 2 h 05.

D'étranges événements ont lieu dans la sinistre clinique psychiatrique du Dr Malic, qu'une angoisse permanente va étreindre.

LES ESPIONS S'AMUSENT "JET PILOT"
Comédie de **Josef von Sternberg**, avec John Wayne, Janet Leigh, Jay C. Flippen. États-Unis, 1957 (RÉ : 1950) – Couleurs – 1 h 52.

Une femme pilote russe se réfugie aux États-Unis où elle épouse un colonel américain.

ESPIONS SUR LA TAMISE / LE MINISTÈRE DE LA PEUR "THE MINISTRY OF FEAR"
Film d'espionnage de **Fritz Lang**, d'après le roman de Graham Greene, avec Ray Milland, Marjorie Reynolds, Carl Esmond, Dan Duryea, Hillary Brooke. États-Unis, 1944 – 1 h 24.

Un homme, qui a gagné par erreur un gâteau dans une kermesse, est poursuivi par des tueurs et découvre que l'objet contient des microfilms destinés à des espions nazis.

ESPOIR "UMUT"
Drame de **Yilmaz Güney**, avec Yilmaz Güney, Gulsen Alniacik, Tuncel Kurtiz, Osman Alyanak. Turquie, 1970 – Couleurs – 1 h 41.

Un pauvre cocher poursuivi par la malchance doit travailler comme terrassier pour payer ses dettes. Il deviendra fou en perdant toutes ses maigres économies.

ESPOIR / SIERRA DE TERUEL "SIERRA DE TERUEL"
Drame historique d'**André Malraux**, assisté de **Denis Marion**, avec José Sempere *(commandant Pena)*, Andrès Mejuto *(capitaine Muñoz)*, Nicolas Rodriguez *(Mercery)*, José Lado *(le paysan)*, Julio Pena *(Attigniès)*. • SC : A. Malraux, D. Marion, Max Aub, Boris Peskine. • PH : Louis Page, André Thomas, Manuel Berenguer. • DÉC : Vincent Petit. • MUS : Darius Milhaud. • MONT : A. Malraux, Georges Grace. • PR : Edouard Corniglion-Molinier (Regina). France, 1945 – 1 h 18. ★ PRIX LOUIS-DELLUC 1945.

La guerre d'Espagne et quelques faits d'armes des maquisards républicains opposés aux troupes franquistes. Dans l'air et sur terre, les combats font rage. Les patriotes soutiennent les défenseurs de la démocratie avec l'aide d'engagés volontaires venus de l'étranger. Peu à peu, la solidarité s'organise et un front de résistants héroïques se dresse contre la dictature avec un seul mot d'ordre : la liberté ou la mort.

◆ En direct de la guerre

Espoir *est le seul film de l'écrivain André Malraux, par ailleurs auteur d'un roman intitulé* l'Espoir, *consacré au même thème. Montré clandestinement en 1939, ce pamphlet sobre et lyrique n'est sorti qu'à la Libération, précédé d'un commentaire de Maurice Schumann. Plus que d'une œuvre de pure propagande, il s'agit de l'une des premières tentatives françaises (réussie) de cinéma-vérité. Auteur complet de son film, qu'il a écrit, dialogué, réalisé et même monté, Malraux use des images et des sons de la même manière qu'il se servait des mots dans* la Condition humaine. *Pour lui, le contexte socio-politique est un personnage à part entière. Il prend soin de décrire la guerre d'Espagne comme un catalyseur de passions vécues non pas par des individus isolés, mais plutôt par une communauté déchirée dans sa chair. En ce sens, il annonce le reportage tel qu'il s'est développé à l'occasion de la Seconde Guerre mondiale à l'instigation de photographes comme Robert Capa, fondateur de l'agence Magnum en 1939. En outre, Malraux évite le piège dans lequel tombent souvent les écrivains cinéastes : les grands discours moralisateurs.* Espoir *est une chronique dépouillée qui tend à ressembler le plus possible aux actualités cinématographiques de l'époque, sans en reprendre le ton sentencieux. Les faits sont là et les images se suffisent à elles-mêmes, l'une des qualités primordiales de cette œuvre étant l'habileté avec laquelle les documents pris sur le vif sont intégrés aux scènes de fiction pure. La distribution composée d'inconnus renforce encore cet aspect et confère aux différentes anecdotes une authenticité qui sait ne jamais tricher avec la vérité des sentiments. Cette osmose est sans doute due à la dérive d'un projet qui ne devait constituer initialement qu'un post-scriptum au roman écrit en 1937. Les deux œuvres n'ont d'ailleurs finalement que très peu de points communs, sinon cette passion de la liberté qui allait conduire l'auteur dans les rangs de la Résistance.* J.-P.G.

L'ESPRIT DE FAMILLE
Comédie dramatique de **Jean-Pierre Blanc**, avec Michel Serrault, Nicole Courcel, Pascale Rocard. France, 1978 – Couleurs – 1 h 30.

Pauline a dix-sept ans, trois sœurs, des parents. Elle rencontre son premier amour et devient sa maîtresse. Mais Pierre a une femme, une fille, et Pauline retourne à sa famille.

L'ESPRIT DE LA RUCHE "EL ESPÍRITU DE LA COLMENA"
Comédie dramatique de **Victor Erice**, avec Ana Torrent *(Ana)*, Fernando Fernán Gomez *(Fernando)*, Teresa Gimpera *(Teresa)*, Isabel Telleria *(Isabel)*. • SC : Erice Angel Fernandez Santos. • PH : Luis Cuadrado. • DÉC : Jaime Chavarri. • MUS : Luis de Pablo. • MONT : Pablo G. Del Amo. Espagne, 1973 – Couleurs – 1 h 35.

En 1940, dans un village perdu du plateau castillan, Ana et sa sœur assistent à une projection ambulante du film Frankenstein. Dans la grande maison délabrée qu'habitent leur père apiculteur, enfermé dans son mutisme, et leur mère qui se cloître pour écrire à un amant lointain et peut-être imaginaire, les deux fillettes recréent l'univers du film et se font peur. Ana découvre un soldat blessé dans un champ, et lui apporte de la nourriture. Recherché par la police, il est abattu. La mère déchire la dernière lettre à son correspondant qui était peut-être l'inconnu.

◆ *L'Espagne recluse et pétrifiée de Franco croise l'imaginaire enténébré d'une petite fille par la médiation d'un film et cela donne cette œuvre délicate, faite de chuchotements et d'impressions fugaces qui recrée la vision onirique et vaguement terrifiante qu'une enfant se fait du monde des adultes. L'atmosphère y est toute de suggestion. Ce film important d'un cinéaste trop rare s'inscrit dans une tradition du fantastique indicible et indiscernable qui va des nouvelles de Nathaniel Hawthorne au cinéma de Jacques Tourneur.* *S.K.*

L'ESPRIT S'AMUSE "BLITHE SPIRIT"
Comédie de **David Lean**, d'après la pièce de Noel Coward, avec Rex Harrison, Constance Cummings, Kay Hammond. Grande-Bretagne, 1945 – Couleurs – 1 h 36.

Étrange ménage à trois que celui formé par un romancier, son épouse et le fantôme de sa précédente femme décédée.

EST-CE BIEN RAISONNABLE ?
Comédie de **Georges Lautner**, avec Miou-Miou, Gérard Lanvin, Renée Saint Cyr, Michel Galabru. France, 1981 – Couleurs – 1 h 50.

Sur le point de réussir son évasion, un truand se fait prendre pour un juge par une journaliste licenciée, qui lui demande de débrouiller une ténébreuse affaire...

ESTE TEMPO "TEMPOS DIFICEIS"
Drame de **João Botelho**, d'après le roman de Dickens *les Temps difficiles*, avec Julia Britton, Inès Medeiros, Eunice Munoz. Portugal, 1988 – Couleurs – 1 h 30.

Dans une ville nommée « le puits du monde », la cohabitation des miséreux et d'une poignée de riches.

ESTHER ET LE ROI "ESTHER AND THE KING"
Film d'aventures de **Raoul Walsh**, avec Joan Collins, Richard Egan, Sergio Fantoni, Rik Battaglia. États-Unis / Italie, 1960 – Couleurs – 1 h 49.

Un roi perse choisit une nouvelle épouse qui l'aidera à lutter contre ses ennemis. Une grande fresque biblique écrite et réalisée à la manière d'un western.

L'ÉTALON
Comédie de **Jean-Pierre Mocky**, avec Bourvil, Francis Blanche, Michael Lonsdale. France, 1969 – Couleurs – 1 h 30.

Un vétérinaire a trouvé le moyen de soigner l'insatisfaction féminine en faisant légaliser le recours aux amants vigoureux. La farce est totale et la liberté de ton habituelle à Mocky fait des ravages.

L'ÉTALON NOIR "THE BLACK STALLION"
Film d'aventures de **Caroll Ballard**, avec Kelly Reno, Mickey Rooney, Teri Garr. États-Unis, 1979 – Couleurs – 1 h 57.

À bord d'un cargo, un jeune garçon s'éprend d'un magnifique pur-sang. Mais le bateau fait naufrage. Recueillis sur une île par des pêcheurs, le cheval et le jeune homme partent à la conquête de la gloire.

▷ Une suite, intitulée LE RETOUR DE L'ÉTALON NOIR "THE BLACK STALLION RETURNS", a été réalisée par **Robert Dalva**, avec Kelly Reno, Fredy Mayne, Woody Strode, Vincent Spano. États-Unis, 1983 – Couleurs – 1 h 33.

L'ÉTANG TRAGIQUE "SWAMP WATER"
Drame de **Jean Renoir**, d'après la nouvelle de Vereen Bell, avec Dana Andrews, Walter Huston, John Carradine, Eugene Pallette, Anne Baxter. États-Unis, 1941 – 1 h 26.

Dans les marais de Géorgie, un homme se heurte à un prisonnier évadé accusé d'un meurtre qu'il n'a pas commis, et qui lui demande de prendre soin de sa fille.

▷ Autre version réalisée par : **Jean Negulesco**, intitulée PRISONNIERS DU MARAIS "LURE OF THE WILDERNESS", avec Jeffrey Hunter, Jean Peters, Walter Brennan, Constance Smith. États-Unis, 1952 – Couleurs – 1 h 32.

L'ÉTAT DE GRÂCE
Comédie dramatique de **Jacques Rouffio**, avec Nicole Garcia, Sami Frey, Pierre Arditi. France, 1986 – Couleurs – 1 h 30.

Une femme d'affaires ambitieuse s'éprend d'un secrétaire d'État aux universités socialiste. Leurs destinées s'en trouvent bouleversées de façon passablement paradoxale.

L'ÉTAT DES CHOSES "DER STAND DER DINGE"
Drame psychologique de **Wim Wenders**, avec Patrick Bauchau, Paul Getty III, Samuel Fuller, Robert Kramer, Isabelle Weingarten. R.F.A. et six autres pays, 1982 – 2 h 07. ★ **LION D'OR, Venise 1982.**

Au Portugal, le tournage d'un film de science-fiction est interrompu par manque de crédits. Le réalisateur part rejoindre son producteur à Hollywood, et découvre un homme traqué.

ÉTAT DE SIÈGE
Film politique de **Costa-Gavras**, avec Yves Montand *(Philip Michael Santore)*, Renato Salvatori *(capitaine Lopez)*, O.E. Hasse *(Carlos Ducas)*, Jacques Weber *(Hugo)*, Jean-Luc Bideau *(Este)*. • SC : Costa-Gavras, Franco Solinas. • PH : Pierre-William Glenn. • MUS : Mikis Theodorakis. • MONT : Françoise Bonnot. France / Italie /

R.F.A., 1973 – Couleurs – 2 h 10. ★ PRIX LOUIS-DELLUC 1972.

Santore, fonctionnaire américain appartenant à l'Agence internationale de développement, est enlevé au cours d'une mission en Uruguay par les révolutionnaires Tupamaros. Tandis que la police le recherche, il est interrogé par ses geôliers. Le fonctionnaire modèle est aussi un agent de la C.I.A., chargé d'instruire la police locale.

◆ *Inspiré de faits réels (l'enlèvement et l'exécution de Dan Mitrione en 1970), le film appartient à la trilogie politique de Costa-Gavras* (Z, l'Aveu) *et dénonce avec efficacité les machinations du Gouvernement américain qui, sous couvert d'aide généreuse, maintient en tutelle les pays pauvres d'Amérique du Sud.* *C.M.*

L'ÉTAT SAUVAGE

Drame de **Francis Girod**, d'après le roman de Georges Conchon, avec Marie-Christine Barrault, Claude Brasseur, Jacques Dutronc, Doura Mané, Michel Piccoli. France, 1978 – Couleurs – 1 h 55.

Au lendemain de la décolonisation, un trafiquant français est gêné dans ses « activités » par un jeune ministre noir d'un petit État d'Afrique. Le pouvoir en place, gangrené, fera disparaître ce dernier.

ÉTATS D'ÂME

Comédie dramatique de **Jacques Fansten**, avec Robin Renucci, Jean-Pierre Bacri, François Cluzet, Tcheky Karyo, Xavier Deluc, Sandrine Dumas. France, 1986 – Couleurs – 1 h 40.

Cinq amis fêtent l'élection de François Mitterrand, en ce 10 mai 1981. Mais, les années passant, les rêves s'effilochent au gré des événements et des passions amoureuses.

L'ÉTAU "TOPAZ"

Film d'espionnage d'**Alfred Hitchcock**, d'après le roman de Léon Uris, avec Frederick Stafford, Dany Robin, Michel Piccoli, Philippe Noiret. États-Unis, 1969 – Couleurs – 2 h 06.

Le passage à l'Ouest d'un haut fonctionnaire soviétique permet finalement de démasquer le traître qui se cache dans les services français. Adaptation conventionnelle d'un best-seller anti-français, ce film porte peu la marque du maître, sauf pour les scènes situées à Cuba.

ET AU MILIEU COULE UNE RIVIÈRE

"A RIVER RUNS THROUGH IT"

Comédie dramatique de **Robert Redford**, d'après le roman autobiographique de Norman Maclean, avec Craig Sheffer, Brad Pitt, Tom Skerritt. États-Unis, 1992 – Couleurs – 2 h 03.

L'Amérique rurale et saine d'avant la permissivité : sentiments forts, famille unie sur fond de religion, pêche à la truite dans les torrents... et deux grands gaillards bien trempés, deux frères que la vie va éloigner puis rapprocher jusqu'à ce que la mort les sépare définitivement. Des personnages attachants et des paysages qui ne le sont pas moins.

ET DEMAIN ? "LITTLE MAN, WHAT NOW ?"

Drame psychologique de **Frank Borzage**, d'après un roman de Hans Fallada, avec Margaret Sullavan, Douglas Montgomery, Alan Hale, Muriel Kirkland, Alan Mowbray. États-Unis, 1934 – 1 h 35.

Dans l'Allemagne pré-hitlérienne, des jeunes couples vivent le drame du chômage. Une peinture terrible de la république de Weimar.

ET DIEU CRÉA LA FEMME

Drame de **Roger Vadim**, avec Brigitte Bardot *(Juliette)*, Curd Jürgens *(Eric Carradine)*, Jean-Louis Trintignant *(Michel Tardieu)*, Christian Marquand *(Antoine Tardieu)*, Georges Poujouly *(Christian Tardieu)*, Jane Marken *(Mme Morin)*, Isabelle Corey *(Lucienne)*, Jean Tissier *(M. Vigier-Lefranc)*. • SC : R. Vadim, Raoul J. Lévy. • PH : Armand Thirard. • DÉC : Jean André. • MUS : Paul Misraki. • MONT : Victoria Mercanton. France, 1956 – Couleurs – 1 h 30.

Une jeune orpheline de dix-huit ans, Juliette, vit chez les Morin, couple sans enfants et propriétaires d'une librairie dans une petite station balnéaire de la Côte d'Azur, Saint-Tropez. Belle en toute innocence, elle est l'objet du désir de tous les hommes, du vieux Morin qui épie ses bains de soleil au riche armateur allemand Carradine. Juliette est amoureuse de l'aîné des frères Tardieu, Antoine, qui la considère comme une fille facile. Par dépit, elle épouse le cadet, Michel. Elle le trompe avec Antoine à la suite d'un accident de bateau et se réfugie chez Carradine ; les deux frères se battent. Michel tire un coup de revolver sur Carradine et le blesse, puis gifle Juliette avant de la ramener au bercail.

◆ *Ce mélodrame familial eut un succès retentissant lors de sa sortie, surtout aux États-Unis et dans les pays d'Amérique latine. L'intrigue principale est assez conventionnelle et on s'intéresse peu aux activités de Carradine. Par contre, Vadim impose avec Brigitte Bardot un nouveau type de femme moderne, libre des mouvements de son corps et de l'élan de ses désirs, à cent lieues des stéréotypes antérieurs du cinéma français.* *M.M.*

L'ÉTÉ DE NOS QUINZE ANS
Comédie de **Marcel Jullian**, avec Michel Sardou, Cyrielle Claire, Elisa Servier. France, 1983 – Couleurs – 1 h 34.

Un adolescent retrouve la jolie Malène avec laquelle il avait fugué, dix ans auparavant. Une bluette comme Marcel Dassault (coscénariste et producteur) les affectionnait.

L'ÉTÉ EN PENTE DOUCE
Comédie de **Gérard Krawczyk**, avec Jacques Villeret, Pauline Lafont, Jean-Pierre Bacri, Jean Bouise, Claude Chabrol. France, 1987 – Couleurs – 1 h 42.

Retour à la terre raté d'un jeune couple de citadins. Krawczyck, dont c'est le second film démystificateur, après JE HAIS LES ACTEURS (Voir ce titre), confie à Chabrol le rôle d'un curé bougon.

ÉTÉ ET FUMÉES "SUMMER AND SMOKE"
Drame psychologique de **Peter Glenville**, avec Geraldine Page, Laurence Harvey. États-Unis, 1961 – Couleurs – 1 h 55.

Une jeune fille timide, marquée par son éducation puritaine, aime depuis l'enfance un jeune homme jouisseur et buveur. Il en épousera une autre et s'assagira tandis qu'elle suivra le chemin inverse.

L'ÉTÉ MEURTRIER
Drame de **Jean Becker**, d'après le roman de Sébastien Japrisot, avec Isabelle Adjani, Alain Souchon, Michel Galabru, Suzanne Flon. France, 1983 – Couleurs – 2 h 10.

Parce qu'elle a appris que sa naissance était le fruit du triple viol de sa mère, Éliane entreprend une implacable et savante vengeance. Le film vaut surtout par la performance troublante et l'arrogante sensualité d'Isabelle Adjani.

L'ÉTÉ PROCHAIN
Comédie dramatique de **Nadine Trintignant**, avec Philippe Noiret, Claudia Cardinale, Jean-Louis Trintignant. France, 1984 – Couleurs – 1 h 40.

Les amours, les disputes, la vie quotidienne, les crises d'une famille compliquée, mais aimante. Un film attachant.

ÉTERNEL CONFLIT
Drame de **Georges Lampin**, avec Fernand Ledoux, Annabella, Louis Salou, Michel Auclair, Mary Morgan, Gaston Modot, Line Noro, Roland Armontel. France, 1948 – 1 h 35.

Un professeur quitte son épouse et travaille dans un cirque. Il prend en affection une jeune acrobate, partagée entre deux liaisons minables.

L'ÉTERNEL MIRAGE / LE PORT DES FILLES PERDUES "SKEPP TILL INDIALAND"
Mélodrame d'**Ingmar Bergman**, avec Birger Malmsten, Anna Lindahl, Holger Löwenadler. Suède, 1947 – 1 h 44.

Un jeune bossu rencontre une chanteuse de cabaret dont il tombe amoureux ; son père, jaloux, tente de le tuer. Après sept ans de séparation, le couple s'enfuira pour les Indes.

L'ÉTERNEL RETOUR
Drame de **Jean Delannoy**, avec Madeleine Sologne *(Nathalie)*, Jean Marais *(Patrice)*, Jean Murat *(Marc)*, Junie Astor *(Nathalie 2)*, Roland Toutain *(Lionel)*, Piéral *(Achille)*, Jean d'Yd *(Amédée)*, Yvonne de Bray *(Gertrude)*, Alexandre Rignault *(Le Morolt)*. • SC : Jean Cocteau. • PH : Roger Hubert. • DÉC : Georges Wakhevitch. • MUS : Georges Auric. France, 1943 – 1 h 55.

Marc possède un château. Il y héberge sa belle-sœur, le mari de celle-ci et leur fils Achille, un nain malveillant. Le neveu de Marc, Patrice, est un beau jeune homme. Il rencontre Nathalie, une belle jeune femme, et l'amène au château pour qu'elle épouse son oncle. Le nain, jaloux, veut empoisonner Nathalie et Patrice. Or, le breuvage qu'il leur verse est un philtre d'amour. Il fonctionne si bien que Marc en prend ombrage et que l'aventure se complique. Elle se termine par la mort mythique des deux amants.

◆ *Jean Cocteau a écrit ce scénario en s'inspirant de la légende de Tristan et Iseut. Il l'a rénovée et a réussi à créer de nouveaux mythes qui ont enchanté les spectateurs des années 40. Le couple Marais-Sologne est devenu idéal et le romantisme effréné du propos a permis à Jean Delannoy, cinéaste d'habitude plus sec, de faire une œuvre émouvante. Un « film culte », réalisé à une époque où l'expression n'existait pas encore.* *G.S.*

L'ÉTERNITÉ ET UN JOUR
"MIA EONIOTITA KE MIA MERA"
Comédie dramatique de **Theo Angelopoulos**, avec Bruno Ganz, Renauld, Fabrizio Bentivoglio, Achileas Skevis. Grèce, 1998 – Couleurs – 2 h 10. ★ **PALME D'OR et PRIX ŒCUMÉNIQUE, Cannes 1998.**

Un vieil homme sur le point d'entrer à l'hôpital fait le tour de ses souvenirs. En déambulant dans Salonique, il rencontre un petit Albanais qu'il va aider à regagner son pays. Un beau film hiératique et glacé.

ÊTES-VOUS FIANCÉE À UN MARIN GREC OU À UN PILOTE DE LIGNE ?
Comédie de **Jean Aurel**, d'après le roman d'Henriette Jelinek *la Marche du fou*, avec Jean Yanne, Françoise

Fabian, Nicole Calfan, Francis Blanche. France, 1970 – Couleurs – 1 h 40.

Un cadre moyen croit sortir de la routine en s'installant avec une jeune et jolie maîtresse. Mais c'est bien trop compliqué !...

ÉTÉ VIOLENT "L'ESTATE VIOLENTA"
Drame sentimental de **Valerio Zurlini**, avec Eleonora Rossi-Drago, Jean-Louis Trintignant. Italie, 1959 – 1 h 31.

Dans un village italien loin de la guerre, une violente passion saisit une jeune veuve et un garçon de vingt ans. Une intéressante variation sur le thème du *Diable au corps*.

L'ÉTINCELLE
Comédie dramatique de **Michel Lang**, d'après le roman de Robert Rousson *Gene and Dale*, avec Clio Goldsmith, Roger Hanin, Simon Ward. France, 1983 – Couleurs – 1 h 48.

Un restaurateur quinquagénaire établi à Londres noue une idylle avec une ravissante disc-jockey, malheureusement mariée.

ET JE SALUE LES HIRONDELLES
"A POSDRAVUJI VLAVLOVSKY"
Drame historique de **Jaromil Jirès**, avec Magda Vasaryova, Viera Strniskova, Julius Vasek, Hana Pastejrikova. Tchécoslovaquie, 1972 – Couleurs – 1 h 27.

L'histoire authentique d'une héroïne de la résistance tchèque et de ses cent derniers jours dans la prison où elle sera exécutée au printemps de 1943.

ET L'ACIER FUT TREMPÉ "KAK ZAKALJALAS' STAL'"
Drame de **Mark Donskoï**, avec V. Perist-Petrenko, Daniil Sagal, Iraida Fedotova. U.R.S.S. (Ukraine), 1942 – 1 h 33.

Des cheminots s'organisent en groupes de résistance contre l'occupant nazi. L'un d'eux, dénoncé, est arrêté, mais parvient à s'enfuir et à rejoindre les rangs de l'Armée rouge.

ET LA FEMME CRÉA L'HOMME... PARFAIT
"MAKING MR. RIGHT"
Comédie de **Susan Seidelman**, avec John Malkovich, Anna Magnuson. États-Unis, 1987 – Couleurs – 1 h 49.

Conseillère en relations publiques, Frankie laisse tomber un client – et amant – pour lancer le sympathique robot Ulysse.

ET LA TENDRESSE ?... BORDEL !...
Comédie de **Patrick Schulmann**, avec Jean-Luc Bideau, Marie-Christine Conti, Bernard Giraudeau, Anne-Marie Philipe, Régis Porte, Evelyne Dress. France, 1979 – Couleurs – 1 h 35.

La vie de trois couples et leur entourage : l'un phallocrate, l'autre d'un romantisme dépassé, le troisième, enfin, tendre !

E.T., L'EXTRATERRESTRE
"E.T. (THE EXTRA-TERRESTRIAL IN HIS ADVENTURE ON EARTH)"
Film fantastique de **Steven Spielberg**, avec Dee Wallace *(Mary)*, Henry Thomas *(Elliot)*, Peter Coyote *(Keys)*, Drew Barrymore *(Gertie)*, Robert Mac Naughton *(Michael)*. • SC : Melissa Mathison. • PH : Allen Daviau. • DÉC : Jackie Carr. • MUS : John Williams. • MONT : Carol Littleton. États-Unis, 1982 – Couleurs – 1 h 54.
★ OSCARS 1982 : MEILLEURS EFFETS SPÉCIAUX, MEILLEUR SON, MEILLEURE MUSIQUE.

Une expédition d'extraterrestres pacifiques, surprise en plein travail, oublie un de ses membres dans sa précipitation. La créature se réfugie dans la cour d'un pavillon où Elliot, dix ans, la trouve, décide de l'héberger et la baptise « E.T. ». Les enfants du voisinage sont dans la confidence, mais E.T. tombe malade. Soigné par des médecins militaires, il meurt, puis ressuscite et réussit à s'échapper avec la complicité des enfants.

◆ *E.T. est un des records des recettes de toute l'histoire du cinéma. Cette réussite exemplaire de Steven Spielberg exploite remarquablement l'idée géniale de Melissa Mathison : la rencontre de l'extraterrestre, perdu et sans défense (mais d'une imagination et d'une ingéniosité prodigieuses), et de l'enfant, faible (mais représentant l'avenir et ses espérances), sous le signe de la tolérance et de l'acceptation de l'autre. Cette fable humaniste, voire évangélique (les interprétations ont pullulé !), est surtout un véritable conte de fées moderne, qui bénéficie de l'habileté des techniciens des effets spéciaux, et surtout d'une réalisation magistrale dans le moindre détail. Au total, un spectacle superbe et intelligent.* G.L.

ET MOURIR DE PLAISIR
Drame fantastique de **Roger Vadim**, d'après la nouvelle de Sheridan Le Fanu, avec Mel Ferrer, Elsa Martinelli, Annette Vadim, Serge Marquand. France / Italie, 1960 – Couleurs – 1 h 27.

Une jeune fille, descendante d'une riche famille à laquelle est attachée une vieille légende de vampirisme, devient de plus en plus étrange.

L'ÉTOFFE DES HÉROS "THE RIGHT STUFF"
Drame historique de **Philip Kaufman**, avec Sam Shepard *(Chuck Yeager)*, Scott Glenn *(Alan Shepard)*, Ed Harris *(John Glenn)*, Dennis Quaid *(Gordon Cooper)*, Fred Ward *(Gus Grissom)*, Barbara Hershey *(Glennis Yeager)*. • SC : Philip Kaufman, d'après le livre de Tom Wolfe. • PH : Caleb Deschanel. • DÉC : Geoffrey Kirkland,

Richard J. Lawrence, W. Stewart Campbell, Peter Romero. • MUS : Bill Conti. • MONT : Glenn Farr, Lisa Fruchtmann, Stephen A. Rotter, Tom Rolf, Douglas Stewart. États-Unis, 1983 – Couleurs – 3 h 10. ★ **OSCARS 1984 : MEILLEUR MONTAGE, MEILLEURE PRISE DE SON, MEILLEURE MUSIQUE ORIGINALE, MEILLEURS EFFETS SPÉCIAUX SONORES.**

En 1947, Chuck Yeager est le premier pilote américain à franchir le mur du son. Dix ans plus tard, l'U.R.S.S. lance son « Spoutnik ». Les États-Unis mettent alors en route le programme Mercury pour que le premier astronaute soit américain. Après un entraînement incroyable, sept hommes sont sélectionnés. Tour à tour, ils vont partir dans l'espace.

◆ *La mythologie des fusées et de l'espace a remplacé celle des pur-sang et du désert de l'Ouest, mais c'est toujours une Nouvelle Frontière qu'il s'agit de conquérir ! Telle est la morale du film de Philip Kaufman, impressionnant spectacle qui retrouve le souffle de l'épopée en reconstituant les étapes décisives de l'aventure de l'espace. L'exactitude minutieuse de cette évocation, bénéficiant de tous les moyens techniques, lui donne sa valeur documentaire et historique.* *G.L.*

L'ÉTOILE DES ÉTOILES "DOWN TO EARTH"
Comédie musicale d'**Alexander Hall**, avec Rita Hayworth, Larry Parks, Marc Platt. États-Unis, 1947 – Couleurs – 1 h 41.

Une déesse de l'Olympe descend sur Terre par amour pour un simple mortel, producteur à Broadway, et lui vient en aide en montant un nouveau spectacle dont elle est la vedette.

L'ÉTOILE DES INDES "STAR OF INDIA"
Film d'aventures d'**Arthur Lubin**, avec Cornel Wilde, Jean Wallace, Yvonne Sanson, Herbert Lom. Grande-Bretagne / Italie, 1953 – Couleurs – 1 h 24.

Un joyau est l'objet de bien des convoitises. Histoire de cape et d'épée dans le Midi de la France, sous le règne de Louis XIV.

L'ÉTOILE DU DESTIN "LONE STAR"
Film d'aventures de **Vincent Sherman**, avec Clark Gable, Ava Gardner, Broderick Crawford, Lionel Barrymore. États-Unis, 1952 – 1 h 34.

En 1845, un aventurier négocie la réunion du Texas aux États-Unis, en déjouant les manœuvres d'un politicien ambitieux. Il y gagnera le cœur de sa belle.

L'ÉTOILE DU NORD "THE NORTH STAR"
Film de guerre de **Lewis Milestone**, avec Anne Baxter, Farley Granger, Jane Withers, Eric Roberts, Dana Andrews, Walter Brennan, Ann Hardin, Walter Huston, Erich von Stroheim. États-Unis, 1943 – 1 h 46.

Un petit village soviétique vit dans le calme, mais les troupes nazies envahissent le pays. Les hommes prennent le maquis tandis que les atrocités se multiplient.

L'ÉTOILE DU NORD
Drame de **Pierre Granier-Deferre**, d'après le roman de Georges Simenon, avec Simone Signoret, Philippe Noiret, Fanny Cottençon, Julie Jézéquel. France, 1982 – Couleurs – 2 h.

L'homme de confiance d'une chanteuse égyptienne tente de négocier la bague qu'elle lui a offerte avant de mourir. Mais c'est un faux. Désemparé, il se réfugie dans une pension de famille.

L'ÉTOILE DU SUD "THE SOUTHERN STAR"
Film d'aventures de **Sidney Hayers**, d'après le roman de Jules Verne, avec George Segal, Ursula Andress, Orson Welles, Harry Andrews. Grande-Bretagne / France, 1969 – Couleurs – 1 h 45.

Un géologue amoureux de la fille d'un richissime propriétaire de mines part avec elle à la poursuite d'un diamant volé.

ÉTOILES "STERNE"
Drame de **Konrad Wolf**, avec Sascha Kruscharska *(Ruth)*, Jürgen Frohriep *(Walter)*, Erik S. Klein *(Kurt)*, Stefan Pejtschev, Georgi Naumov, Hannjo Hasse. • SC : Angel Wagenstein. • PH : Werner Bergmann. • DÉC : Maria Ivanova, Alfred Drosdek. • MUS : Simeon Pironkow. R.D.A. / Bulgarie, 1959 – 1 h 32. ★ **PRIX SPÉCIAL DU JURY, Cannes 1959 .**

En 1943, dans un petit village bulgare occupé par l'armée allemande, transite un convoi de déportés juifs à destination d'Auschwitz. Walter, un officier allemand, découvre l'atrocité de leurs conditions de vie et tombe amoureux d'une jeune juive qu'il veut sauver. Il échoue et décide d'aider les résistants bulgares.

◆ *Sur un scénario d'Angel Wagenstein – écrivain bulgare – que Konrad Wolf connut au V.G.I.K. (Institut supérieur de cinéma de Moscou),* Étoiles *est très caractéristique de l'œuvre de son auteur, centrée sur la condamnation du nazisme par l'engagement dans la lutte antinazie. Pour qui est allemand comme Konrad Wolf, cette préoccupation face à l'histoire est essentielle et évite au film les pièges du mélodrame.* *A.K.*

LES ÉTOILES DANS LE PUITS "LE STELLE NEL FOSSO"
Drame psychologique de **Pupi Avati**, avec Lino Capolicchio, Gianni Cavina, Carlo Delle Plane, Giulio Pizzirani. Italie, 1978 – Couleurs – 1 h 40.

Au XVIIIe siècle, dans la campagne, un père et ses quatre fils mènent une existence tranquille, jusqu'à l'arrivée d'une jeune femme. Elle accepte de tous les épouser.

LES ÉTOILES DE MIDI
Documentaire romancé de **Marcel Ichac**, avec Lionel Terray, Roger Blin, Pierre Rousseau. France, 1960 – Couleurs – 1 h 18. ★ GRAND PRIX DU CINÉMA FRANÇAIS 1959.

La grande aventure des sommets vécue par le guide Lionel Terray qui entraîne son équipe d'alpinistes vers les hautes cimes.

...ET POUR QUELQUES DOLLARS DE PLUS
"PER QUALCHE DOLLARI IN PIÙ..."
Western de **Sergio Leone**, avec Clint Eastwood, Lee Van Cleef, Gian Maria Volonte. Italie / R.F.A., 1965 – Couleurs – 2 h.

Dans le Far West du siècle dernier, la rivalité sans merci de deux justiciers mercenaires. Une démythification de l'histoire de l'Ouest, et un grand spectacle.

▷ Voir aussi LE BON, LA BRUTE ET LE TRUAND et POUR UNE POIGNÉE DE DOLLARS.

L'ÉTRANGE AVENTURIÈRE
"I SEE A DARK STRANGER"
Comédie dramatique de **Frank Launder**, avec Deborah Kerr, Trevor Howard, Raymond Huntley, Michael Howard, Norman Shelley. Grande-Bretagne, 1946 – 1 h 51.

En 1944, par haine des Anglais, une jeune patriote irlandaise entre au service d'un réseau d'espions nazis. Puis elle découvre l'horreur de l'idéologie qu'elle sert.

L'ÉTRANGE CRÉATURE DU LAC NOIR
"CREATURE FROM THE BLACK LAGOON"
Film de science-fiction de **Jack Arnold**, avec Richard Carlson, Julia Adams, Richard Denning. États-Unis, 1954 – (3-D)– 1 h 19.

Au cours d'une expédition en Haute Amazonie, une équipe de savants est attaquée par un monstre mi-homme mi-poisson.

L'ÉTRANGE DÉSIR DE MONSIEUR BARD
Comédie psychologique de **Geza Radvanyi**, avec Michel Simon, Yves Deniaud, Geneviève Page. France, 1954 – 1 h 50.

Un homme qui se sait condamné engage une jeune femme pour réaliser son dernier souhait : avoir un enfant.

L'ÉTRANGE HISTOIRE DU JUGE CORDIER
"THE DIARY OF A MADMAN"
Film fantastique de **Reginald Le Borg**, d'après Maupassant, avec Vincent Price, Nancy Kovack. États-Unis, 1962 – Couleurs – 1 h 36.

Un criminel explique au juge Cordier qu'il était possédé par un esprit diabolique. Celui-ci ne le croit pas, et pourtant l'esprit s'empare de sa volonté... Une adaptation peu convaincante du Horla, soutenue par la présence de Vincent Price.

L'ÉTRANGE INCIDENT "THE OX-BOW INCIDENT"
Western de **William A. Wellman**, avec Henry Fonda *(Gil Carter)*, Dana Andrews *(Martin)*, Mary Beth Hughes *(Rose Mapen)*, Anthony Quinn *(le Mexicain)*, William Eythe *(Gerald)*, Henry Morgan *(Art Crofts)*, Jane Darwell *(Ma Grier)*, Matt Briggs *(le juge Daniel Tyler)*, Harry Davenport *(Arthur Davies)*. • SC : Lamar Trotti, d'après le roman de Walter Van Tilburg Clark. • PH : Arthur Miller. • DÉC : Richard Day, James Basevi. • MUS : Cyril Mockridge. • MONT : Allen McNeil. États-Unis, 1943 – 1 h 15.

La population de Bridger's Wells est en émoi : l'éleveur Kinkaid aurait été assassiné par des voleurs de bétail. En l'absence du shérif, le Major Tetley rassemble une milice à laquelle se joignent deux étrangers, Gil Carter et Art Crofts. Au cours de la nuit, les lyncheurs appréhendent trois suspects : Martin, le « Mexicain » et « le Vieux », qu'ils pendent sans autre forme de procès. À l'aube, le shérif leur révèle leur erreur...

◆ L'étrange incident *est un des très rares films américains consacrés au lynchage, sujet anticommercial entre tous. William Wellman, repoussant la tentation du réquisitoire, signe ici un film sans héros, d'une sobriété extrême, qui illustre remarquablement certains aspects de la psychologie de groupe, la naissance d'une rumeur, la montée inexorable de la violence collective. Gerd Oswald tourna en 1955 un remake « condensé » du film pour la télévision.* *O.E.*

L'ÉTRANGE MADAME X
Drame de **Jean Grémillon**, avec Michèle Morgan, Henri Vidal, Maurice Escande, Arlette Thomas, Roland Alexandre. France, 1951 – 1 h 31.

L'épouse d'un grand éditeur parisien se fait passer pour une femme de chambre et devient la maîtresse d'un ouvrier ébéniste.

ÉTRANGE MARIAGE "WHEN STRANGERS MARRY"
Film policier de **William Castle**, avec Dean Jagger, Kim Hunter, Robert Mitchum, Neil Hamilton, Lon Lubin. États-Unis, 1944 – 1 h 07.

Une jeune mariée apprend que son époux est recherché pour meurtre par la police. Elle rencontre un ami d'enfance et découvre que c'est lui le coupable.

L'ÉTRANGE MONSIEUR VICTOR
Drame de **Jean Grémillon**, avec Raimu, Madeleine Renaud, Pierre Blanchar, Viviane Romance, Andrex. France, 1937 – 1 h 53.

Un homme aimé de tous est en fait un assassin qui a laissé condamner un innocent à sa place. Quelques années plus tard, celui-ci s'évade du bagne et la vérité éclate.

L'ÉTRANGE OBSESSION "KAGI"
Drame de **Kon Ichikawa**, avecMachiko Kyo, Ganjiro Nakamura, Junko Kano, Tatsuya Nakadai. Japon, 1959 – Couleurs – 1 h 47.

Un vieil homme, qui a besoin de la jalousie comme stimulant sexuel, tente de rapprocher sa femme du fiancé de sa fille.

L'ÉTRANGER "THE DEMI-PARADISE"
Comédie satirique d'**Anthony Asquith**, avec Laurence Olivier, Penelope Dudley Ward, Marjorie Fielding, Margaret Rutherford, Felix Aylmer, George Thorpe. Grande-Bretagne, 1943 – 1 h 45.

Installé dans une petite ville britannique avant la guerre, un ingénieur soviétique se heurte à la xénophobie des habitants.

L'ÉTRANGER "LO STRANIERO"
Drame de **Luchino Visconti**, d'après le roman d'Albert Camus, avec Marcello Mastroianni, Anna Karina, Bernard Blier, Georges Wilson, Bruno Crémer. Italie, 1967 – Couleurs – 1 h 40.

À Alger, en 1935, un homme apparemment dépourvu d'émotion commet un meurtre sans raison. Il sera condamné à mort. Dans cette tentative d'adaptation du célèbre roman, la principale erreur est sans doute d'avoir choisi une « star » pour le rôle de Meursault.

L'ÉTRANGÈRE "ALL THIS AND HEAVEN TOO"
Drame historique d'**Anatole Litvak**, d'après le roman de Rachel Field, avec Bette Davis, Charles Boyer, Jeffrey Lynn. États-Unis, 1940 – 2 h 23.

Au siècle dernier, un noble français tombe amoureux de la gouvernante de ses enfants. Il assassinera son épouse.

L'ÉTRANGÈRE INTIME "THE INTIMATE STRANGER"
Drame psychologique de **Joseph Losey**, avec Richard Basehart, Mary Murphy, Constance Cumming. Grande-Bretagne, 1956 – 1 h 35.

Le directeur d'un studio de cinéma se heurte à une machination : on lui invente une liaison. L'aspect policier prime dans ce film des débuts de la carrière anglaise de Losey.

L'ÉTRANGE RENDEZ-VOUS
"CORRIDOR OF MIRRORS"
Drame de **Terence Young**, d'après le roman de Chris Massy, avec Eric Portman, Edana Romney, Barbara Mullen, Hugh Sinclair, Joan Maude. Grande-Bretagne / France, 1948 – 1 h 45.

Un riche aristocrate, fasciné par la ressemblance d'une jeune Londonienne avec le modèle d'un tableau de la Renaissance, organise en son honneur une fête luxueuse.

L'ÉTRANGE RÊVE "BLIND ALLEY"
Thriller de **Charles Vidor**, d'après la pièce de James Warwick, avec Chester Morris, Ralph Bellamy, Ann Dvorak, Melville Cooper, Rose Stradner. États-Unis, 1939 – 1 h 08.

Un meurtrier en fuite trouve refuse chez un psychiatre qui explore son subconscient. Fascinante expérience de la psychanalyse d'un criminel qui en fait un film hors du commun.

▷ Voir aussi LA FIN D'UN TUEUR.

L'ÉTRANGE SURSIS "ON BORROWED TIME"
Comédie fantastique de **Harold S. Bucquet**, d'après une pièce de Paul Osborne et un roman de Lawrence Edward Watkin, avec Lionel Barrymore, Cedric Hardwicke, Beulah Bondi. États-Unis, 1939 – 1 h 39.

Un vieillard qui a emprisonné la mort la libère lorsque son petit-fils est condamné à être infirme toute sa vie.

L'ÉTRANGLEUR "LADY OF BURLESQUE"
Drame de **William A. Wellman**, d'après le roman de Gypsy Rose Lee *The G. String Murders*, avec Barbara Stanwyck, Michael O'Shea, J. Edward Bromberg, Iris Adrian, Gloria Dickson. États-Unis, 1943 – 1 h 35.

Des crimes en série surviennent dans les coulisses d'un théâtre de Broadway. Tous les comédiens sont suspectés.

L'ÉTRANGLEUR
Drame de **Paul Vecchiali**, avec Jacques Perrin, Julien Guiomar, Nicole Courcel, Eva Simonet. France, 1971 – Couleurs – 1 h 33.

Témoin involontaire d'un assassinat dans son enfance, un homme de trente ans essaie de revivre cet événement traumatisant et constitutif de sa personnalité. Huit femmes le paieront de leur vie.

L'ÉTRANGLEUR DE BOSTON

"THE BOSTON STRANGLER"

Film policier de **Richard Fleischer**, avec Tony Curtis *(Alberto de Salvo)*, Henry Fonda *(John Bottomly)*, George Kennedy *(Phil Di Natale)*, Mike Kellir *(Julian Sostnick)*. • SC : Edward Anhalt, d'après le roman de Gerald Frank. • PH : Richard H. Kline. • DÉC : Jack Martin Smith, Richard Day. • MUS : Lionel Newman. • MONT : Marion Rothman. États-Unis, 1968 – Couleurs – 1 h 56.

Les faits sont authentiques : entre 1962 et 1964, onze femmes sont étranglées à Boston. La police finit par découvrir que le coupable est un ouvrier plombier qui souffre d'un dédoublement de la personnalité. Après une série d'interrogatoires, il avoue.

◆ *Une réussite de Fleischer, spécialiste du fait divers puisque ses deux meilleurs films,* la Fille sur la balançoire *et* l'Étrangleur de la place Rillington, *sont également tirés d'histoires criminelles réelles. Leur point commun est une certaine propension à la bêtise, qui visiblement fascine Fleischer comme elle fascinait Flaubert. Si l'enquête qui constitue la première partie du film est intéressante par certains détails incongrus, la seconde partie, vue du côté du criminel, est extraordinaire. La création de Tony Curtis, pathétique, inquiétant, fascinant est un sommet de la composition.* S.K.

L'ÉTRANGLEUR DE LA PLACE RILLINGTON

"10, RILLINGTON PLACE"

Film policier de **Richard Fleischer**, d'après le roman de Ludovic Kennedy, avec Richard Attenborough, Judy Geeson, John Hurt. Grande-Bretagne, 1971 – Couleurs – 1 h 51.

Un soi-disant médecin étrangle des femmes, locataires ou clientes. À partir d'un fait divers, la description d'une terrible prise de pouvoir sur des êtres démunis. La mise en scène très dépouillée accentue l'horreur de l'obsession criminelle.

ÉTROITE SURVEILLANCE "STAKE OUT"

Comédie policière de **John Badham**, avec Richard Dreyfuss, Emilio Estevez, Madeleine Stowe. États-Unis, 1987 – Couleurs – 1 h 58.

Un policier jovial surveille l'appartement de la compagne d'un bandit en cavale. Il tombe amoureux d'elle.

L'ÉTROIT MOUSQUETAIRE

"THE THREE MUST-GET-THERE"

Comédie de **Max Linder**, avec Max Linder *(Lind'Ertagnan)*, Frank Cooke *(Louis XIII)*, Harry Mann *(Buckingham)*, Clarence Wertz *(Athos)*, Jack Richardson *(Aramis)*, Charles Mezzetti *(Porthos)*, Jobyna Ralston *(Constance)*, Bull Montana *(Durelieu)*. • SC : M. Linder, inspiré d'Alexandre Dumas. • PH : Max Dupont, H. Vallejo. États-Unis, 1922 – 1 800 m (env. 1 h 07).

Comme dans *les Trois Mousquetaires* de Dumas (ou presque) Max Lind'Ertagnan doit sauver la reine Anana d'Autriche des machinations du cardinal de Durelieu. En chemin, il tombe amoureux de Constance de Bonne-aux-Fieux et croise Napoléon accompagné de quelques motos !

◆ *Le Français Max Linder est considéré comme le premier auteur-acteur et cinéaste comique. Ses burlesques ont fasciné Charlie Chaplin et lui ont même inspiré quelques-uns de ses gags. Comme Charlot, Max Linder s'est choisi un costume : c'est le « gentleman de Paris », le dandy de la Belle Époque avec haut-de-forme et guêtres, qui, comme Arsène Lupin, aime les femmes et surtout leur argent. Les films de Max Linder sont devenus rares. Sa fille, Maud Linder, s'est consacrée à l'œuvre méconnue de son père qui, oublié du public comme Buster Keaton ou Stan Laurel, finit par se suicider. La vie n'est pas drôle pour les comiques !* C.A.

ET TOURNENT LES CHEVAUX DE BOIS

"RIDE THE PINK HORSE"

Film policier de **Robert Montgomery**, avec Robert Montgomery *(Blackie Gagin)*, Thomas Gomez *(Pancho)*, Wanda Hendrix *(Pila)*, Andrea King *(Marjorie)*, Fred Clark *(Hugo)*, Art Smith *(Bill Retz)*, Richard Gaines *(Jonathan)*. • SC : Ben Hecht, Charles Lederer, d'après le roman de Dorothy B. Hughes. • PH : Russell Metty. • DÉC : Bernard Herzbrun, Robert Boyle. • MUS : Frank Skinner. • MONT : Ralph Dawson. États-Unis, 1947 – 1 h 41.

Dans une petite ville du Nouveau-Mexique, Gagin fait chanter le gangster Hugo, responsable de la mort d'un de ses amis. Tandis que la fiesta bat son plein, il manque plusieurs fois de se faire tuer. Il s'en sort grâce à l'intervention d'un policier tenace, au soutien de Pancho, le gardien de manège, et à l'amour de Pila, la petite Mexicaine.

◆ *Adaptation fidèle du roman homonyme,* Et tournent les chevaux de bois *est le meilleur film de Robert Montgomery. Film noir au style dépouillé, dont il se dégage une étrange poésie, notamment dans les rapports entre Montgomery, taciturne protagoniste, et la petite adolescente merveilleusement incarnée par Wanda Hendrix. Le véritable manège de Tio Vivo, minutieusement décrit dans le roman et pivot de l'intrigue, fut transporté pièce par pièce dans les studios Universal, ajoutant au charme onirique de ce film pas comme les autres, qui fut mal compris à sa sortie.* N.T.B.

ET TOUT LE MONDE RIAIT "THEY ALL LAUGHED"
Comédie de **Peter Bogdanovich**, avec Dorothy Stratten, Audrey Hepburn, Ben Gazzara. États-Unis, 1980 – Couleurs – 1 h 53.

Deux équipes de détectives privés d'une agence de New York s'occupent de filatures à propos d'adultères. C'est l'occasion de chassés-croisés amoureux et professionnels.

L'ÉTUDIANT DE PRAGUE "DER STUDENT VON PRAG"
Drame de **Stellan Rye**, d'après le roman de Hanns Heinz Ewers, avec Paul Wegener, Fritz Weidemann, John Gottowt, Lyda Salmonova, Lothar Körner. Allemagne, 1913 – env. 1 400 m (50 mn).

À Prague, un pauvre étudiant qui tombe amoureux de la jeune fille d'un comte vend son image à un magicien.

▷ Autres versions réalisées par : **Henrik Galeen**, avec Conrad Veidt, Elizza La Porta, Werner Krauss, Fritz Alberti. Allemagne, 1926 – 3 173 m (env. 1 h 57). **Arthur Robison**, avec Anton Walbrook, Theodor Loos. Allemagne, 1935 – env. 1 h 30.

L'ÉTUDIANTE
Comédie dramatique de **Claude Pinoteau**, avec Sophie Marceau, Vincent Lindon, Élisabeth Vitali. France, 1988 – Couleurs – 1 h 43.

Une jeune candidate à l'agrégation de lettres ne sait trop comment mener sa liaison avec un musicien.

ÉTUDIANTS SUR L'ÉCHAFAUD
"STUDENTEN AUFS SCHAFOTT"
Drame de **Gustav Ehmck**, avec Gerhild Berktold, Christa Brauch, Stefan Miller, Walter Schmieding. R.F.A., 1972 – 1 h 07.

À travers scènes de fiction et images authentiques, l'histoire des frère et sœur Scholl, et de la « Rose blanche » : leur rébellion contre le national-socialisme et leur fin tragique.

ET VINT LE JOUR DE LA VENGEANCE
"BEHOLD A PALE HORSE"
Film d'aventures de **Fred Zinnemann**, avec Gregory Peck, Omar Sharif, Anthony Quinn, Raymond Pellegrin. États-Unis / France, 1964 – 2 h 15.

Un ancien chef républicain espagnol vit en exil à Pau. Il se laisse convaincre de retourner en Espagne pour tuer un chef de la police. Mais c'est un traquenard. Omar Sharif dans le rôle d'un prêtre.

ET VINT UN HOMME "E VENNE UN UOMO"
Biographie d'**Ermanno Olmi**, avec Rod Steiger, Adolfo Celi, Pietro Germi. Italie, 1965 – Couleurs – 1 h 26.

L'itinéraire humain et spirituel de celui qui devint le pape Jean XXIII. Une évocation qui mêle documents d'actualité et reconstitution historique.

ET VIVA LA RÉVOLUTION ! "VIVA LA MUERTE... TUA !"
Western de **Duccio Tessari**, avec Franco Nero, Eli Wallach, Lynn Redgrave. Italie, 1971 – Couleurs – 1 h 30.

Un descendant de prince russe s'associe à un bandit mexicain qu'une journaliste irlandaise a fait évader de prison pour mettre la main sur un magot. Le trio s'engage malgré lui dans une révolution.

ET VOGUE LE NAVIRE "E LA NAVE VA"
Comédie de **Federico Fellini**, avec Freddie Jones *(Orlando)*, Barbara Jefford *(Ildebranda Cuffari)*, Victor Poletti *(Aureliano Fuciletto)*, Peter Cellier *(sir Reginald Dongby)*, Pina Bausch *(la princesse Lhérimia)*. • SC : F. Fellini, Tonino Guerra. • PH : Giuseppe Rotunno. • DÉC : Dante Ferretti. • MUS : Gianfranco Plenizio. • MONT : Ruggero Mastroianni. Italie, 1982 – Couleurs – 2 h 08.

Un jour de 1914, un navire ayant à son bord une société mondaine et cosmopolite – une diva, un archiduc, un couple d'aristocrates anglais, un acteur comique, etc. – prend la mer pour aller disperser les cendres d'une cantatrice célèbre à proximité d'une île.

◆ *Par l'utilisation qui est faite de la mise en scène (souvent volontairement théâtrale), de la couleur, du son, des décors, et, surtout, de la parole, ce film est un hommage poétique à la magie des studios.* F.J.

EUGENIO "VOLTATI, EUGENIO !"
Drame de **Luigi Comencini**, avec Saverio Marconi, Dalila Di Lazzaro, Bernard Blier. Italie / France, 1979 – Couleurs – 1 h 45.

Le jeune Eugenio est abandonné par un ami de son père, censé le ramener. Branle-bas de combat, et retour en arrière sur la vie de l'enfant depuis 1968. Un regard acide sur la vie italienne.

EUROPA "EUROPA"
Drame de **Lars von Trier**, avec Jean-Marc Barr, Barbara Sukowa, Eddie Constantine. Allemagne / Suède / Danemark, 1991 – Couleurs et NB – 1 h 50.

En 1945, un Américain d'origine allemande revient au pays pour contribuer à sa reconstruction.

EUROPE 51 "EUROPA '51"
Drame de **Roberto Rossellini**, avec Ingrid Bergman *(Irène Gérard)*, Alexander Knox *(George Gérard)*, Ettore Giannini *(André Casati)*, Giulietta Masina *(« Passerotto »)*, Teresa

Pellati *(Inès)*. • SC : R. Rossellini, Mario Pannunzio, Sandro De Feo, Ivo Perilli, Antonio Pietrangeli, Brunello Rondi, Diego Fabbri. • PH : Aldo Tonti. • DÉC : Virgilio Marchi. • MUS : Renzo Rossellini. • MONT : Jolanda Benvenuti. Italie, 1952 1 h 45. ★ LION D'OR, Venise 1952.

Épouse d'un diplomate anglais, la Française Irène Gérard mène une vie mondaine. Se sentant délaissé, son fils Michel, hypersensible, se suicide. Poussée par un intellectuel marxiste, cousin de son mari, Irène se dévoue alors pour les déshérités. Mais sa riche et honorable famille peut-elle admettre un tel scandale et une telle « folie » ?

◆ *Second film de Rossellini avec Ingrid Bergman, ce film est une réflexion à la fois morale et historique : refusant la vanité de la société capitaliste, l'utopie marxiste d'un paradis terrestre, voire les formes superficielles de la foi chrétienne, Irène, « sainte laïque », ne peut être qu'objet de scandale. Comme le fut le film, qui y ajoutait le crime de lèse-star hollywoodienne. Dans un style sobre d'où émerge la force spirituelle de l'interprétation d'Ingrid Bergman, Rossellini applique sa définition personnelle du néoréalisme : une certaine attitude morale.* J.M.

LES EUROPÉENS "THE EUROPEANS"
Comédie dramatique de **James Ivory**, d'après l'œuvre de Henry James, avec Lee Remick, Lisa Eichhorn, Tim Woodward. États-Unis, 1979 – Couleurs – 1 h 35.

Venus d'Europe, un jeune homme et sa sœur font irruption dans la vie minutieuse et puritaine d'une famille de Boston.

EVA "EVA"
Drame de **Joseph Losey**, d'après le roman de James Hadley Chase, avec Jeanne Moreau, Stanley Baker, Virna Lisi. Grande-Bretagne / France, 1962 – 1 h 56.

Un écrivain célèbre est séduit par Eva, une courtisane de luxe qui joue au chat et à la souris. Pour elle, il va se ruiner, causer le suicide de son épouse et sombrer dans la déchéance.

L'ÉVADÉ "BREAKOUT"
Film d'aventures de **Tom Gries**, avec Charles Bronson, Jill Ireland, John Huston, Robert Duvall, Randy Quaid, Sheree North. États-Unis, 1974 – Couleurs – 1 h 45.

Condamné injustement, un homme s'évade d'une prison mexicaine grâce à un hélicoptère dont sa femme a recruté le pilote.

L'ÉVADÉ D'ALCATRAZ "ESCAPE FROM ALCATRAZ"
Film d'aventures de **Don Siegel**, d'après le roman de J. Campbell Bruce, avec Clint Eastwood, Patrick McGohan, Robert Blossom. États-Unis, 1979 – Couleurs – 1 h 51.

Transféré à Alcatraz, Frank Morris va monter un plan d'évasion avec plusieurs détenus et tenter l'impossible.

L'ÉVADÉ DU BAGNE "I MISERABILI"
Drame de **Riccardo Freda**, d'après le roman de Victor Hugo *les Misérables*, avec Gino Cervi, Valentina Cortese, Andreina Paghani, Giovanni Hinrich. Italie, 1948 – 1 h 35.

Version condensée du célèbre roman, avec Gino Cervi dans le rôle de Jean Valjean.

L'ÉVADÉE "WOMAN WANTED"
Film policier de **George B. Seitz**, avec Maureen O'Sullivan, Joel McCrea. États-Unis, 1935 – 1 h 20.

Injustement accusée d'un meurtre, une jeune femme est à la merci de gangsters. Un avocat va prouver leur culpabilité.

L'ÉVADÉE "THE CHASE"
Film policier d'**Arthur Ripley**, d'après le roman de Cornel Woolrich *The Black Path of Fear*, avec Michèle Morgan, Robert Cummings, Peter Lorre, Steve Cochran, Lloyd Corrigan. États-Unis, 1946 – 1 h 26.

Un jeune homme pauvre et honnête est le chauffeur d'un truand brutal. Il aide son épouse malheureuse à le fuir, mais ses hommes de main les poursuivent et les tuent. Ce n'était qu'un cauchemar...

LES ÉVADÉS DE LA NUIT "ERA NOTTE A ROMA"
Drame de **Roberto Rossellini**, avec Leo Genn, Giovanna Ralli, Serguei Bondartchouk, Renato Salvatori. Italie, 1960 – 2 h 20.

Rome 1943. Un Anglais, un Américain et un Russe, tous trois prisonniers de guerre évadés, sont cachés par une jeune Italienne.

LES ÉVADÉS DE LA PLANÈTE DES SINGES
"ESCAPE FROM THE PLANET OF THE APES"
Film de science-fiction de **Don Taylor**, d'après l'œuvre de Pierre Boulle, avec Roddy Mc Dowall, Kim Hunter, Bradford Dillman. États-Unis, 1971 – Couleurs – 1 h 30.

Des singes ont réussi à revenir dans le temps présent de la Terre. Après un accueil triomphal à Los Angeles, on se met à leur poursuite. Troisième volet de la série de LA PLANÈTE DES SINGES (Voir ce titre).

L'ÉVANGÉLISTE "EVANGELIEMANDENS LIV"
Comédie dramatique de **Holger-Madsen**, avec Valdemar Psilander, Frederik Jacobsen, Augusta Blad, Birger V.C. Schonberg, Alma Hinding. Danemark, 1915 – env. 1 500 m (55 mn).

Un prédicateur raconte à un jeune voyou comment lui-même s'est sorti du vice et converti. Ils sauveront de justesse sa fiancée et le missionnaire les unira.

L'ÉVANGILE SELON SAINT MATTHIEU
"IL VANGELO SECONDO MATTEO"
Film historique de **Pier Paolo Pasolini**, avec Enrique Irazoqui *(Jésus)*, Margherita Caruzo / Suzanna Pasolini *(Marie)*, Marcello Morante *(Joseph)*, Mario Socrate *(Jean le Baptiste)*, Settimo Di Porto *(Pierre)*, Ote'llo Sestili *(Judas)*. • SC : P.P. Pasolini, d'après saint Matthieu. • PH : Giuseppe Ruzzolini. • DÉC : Luigi Scaccianoce. • COST : Danilo Donati. • MONT : Nino Baragli. Italie / France, 1964 – 2 h 20. ★ PRIX SPÉCIAL DU JURY, Venise 1964.

Les différents épisodes de la vie terrestre de Jésus contés suivant le texte de l'évangéliste : de l'Annonciation et la naissance à Bethléem à la mort et la résurrection (suggérée). L'enseignement de Jésus est regroupé autour du Sermon sur la montagne.

◆ *Surprise que cette énième version de la vie de Jésus par un cinéaste marxiste ! Pour retrouver une certaine authenticité, Pasolini tient compte de deux mille ans d'interprétation chrétienne qui intercalent entre l'histoire et nous l'épaisseur du mythe, de l'épique et du sacré. Pour mieux cerner la complexité du texte évangélique, il emprunte, dans une totale liberté, à différents styles, du hiératisme du muet à la vivacité du reportage. Plus que le message christique, ce sont la force et la vérité des images qui emportent l'adhésion et suscitent l'émotion !* J.M.

ÉVASION "THE YOUNG LOVERS"
Aventures sentimentales d'**Anthony Asquith**, avec Odile Versois, David Knight, Joseph Tomelty. Grande-Bretagne, 1954 – 1 h 36.

L'amour passionné et douloureux d'un jeune Américain et de la fille d'un diplomate de l'Est.

ÈVE "ALL ABOUT EVE"
Drame de **Joseph L. Mankiewicz**, avec Bette Davis *(Margo Channing)*, Anne Baxter *(Ève Harrington)*, George Sanders *(Addison De Witt)*, Celeste Holm *(Karen)*, Gary Merill *(Bill)*, Gregory Ratoff *(Max)*, Marilyn Monroe *(Claudia Caswell)*. • SC : J.L. Mankiewicz, d'après le roman de Mary Orr. • PH : Milton Krasner. • DÉC : Lyle Wheeler, George W. Davis. • MUS : Alfred Newman. • MONT : Barbara McLean. États-Unis, 1950 – 2 h 12. ★ OSCAR DU MEILLEUR FILM, 1950 ; PRIX SPÉCIAL DU JURY, Cannes 1951.

Au moment où Ève Harrington est consacrée meilleure actrice de l'année, son amie Karen revoit sa carrière : sa rencontre avec la grande Margo Channing qui la prend comme secrétaire, la façon dont elle intrigue pour la supplanter, par la séduction ou le chantage, ses relations avec le critique Addison De Witt. Mais voici que surgit une jeune ambitieuse qui la révère : une nouvelle Ève ?...

◆ *Si le film sur le cinéma ou le théâtre était un genre en soi, Ève en serait le chef-d'œuvre. Il est difficile d'imaginer film plus cruel et plus lucide sur l'ambition et le cynisme du milieu du spectacle, particulièrement hollywoodien. Par une série de flash-back, le réalisateur dévoile peu à peu l'envers de la réussite et de la « vocation ». En offrant à Bette Davis et Anne Baxter ces rôles superbes et antagonistes, le film parfait son propos.* J.M.

L'ÉVEIL "AWAKENINGS"
Comédie dramatique de **Penny Marshall**, avec Robin Williams *(Dr Malcom Sayer)*, Robert De Niro *(Leonard Lowe)*, Julie Kavner *(Eleanor Costello)*, Ruth Nelson *(Mrs Lowe)*, John Heard *(Dr Kaufman)*, Max von Sydow *(Dr Peter Ingham)*, Penelope Ann Miller *(Paula)*, Alice Drumond *(Lucy Fishman)*, Judith Malina *(Rose)*, Barton Heyman *(Bert)*, George Martin *(Frank)*, Anne Meara *(Miriam)*, Richard Libertini *(Sidney)*, Dexter Gordon *(Rolando)*, Laura Esterman *(Lolly)*, Waheedah Ahmad *(Waheedah)*, Jane Haynes *(Frances)*. • SC : Steven Zaillain, d'après le livre d'Oliver Sacks. • PH : Miroslav Ondricek. • DÉC : Goerge De Titta. • MUS : Randy Newman. • MONT : Jerry Greenberg, Battle Davis. États-Unis, 1990 – Couleurs – 2 h 01.

Nouvellement nommé dans un hôpital du Bronx, un médecin, Malcolm Sayer, ne se résigne pas à laisser sans soins les victimes d'une épidémie d'encéphalite. Il réussit à montrer qu'elles ne sont dénuées ni de réflexes, ni de souvenirs. Encouragé, il essaye un nouveau traitement qui donne des résultats spectaculaires : les malades sortent de leur prostration, parlent, rient et semblent revenus à la vie. Las, il ne s'agit que d'une rémission éphémère et ils vont l'un après l'autre replonger dans la nuit.

◆ *Scénario bien ficelé, jeu d'acteur soigneusement dirigé, émotion garantie. Attrait supplémentaire : le film n'a pas été conçu par un pool de scénaristes mais retrace des événements qui ont réellement eu lieu.* C.D.R.

L'ÉVÉNEMENT LE PLUS IMPORTANT DEPUIS QUE L'HOMME A MARCHÉ SUR LA LUNE
Comédie de **Jacques Demy**, avec Catherine Deneuve, Marcello Mastroianni. France, 1973 – Couleurs – 1 h 35.

Un couple mène une vie banale jusqu'au jour où l'époux ressent des malaises qui l'obligent à consulter un médecin : il est enceint ! Mastroianni excelle dans cette comédie farfelue qui se moque gentiment des revendications féministes.

L'ÉVENTAIL DE LADY WINDERMERE

"Lady Windermere's Fan"

Comédie sentimentale d'**Ernst Lubitsch**, avec Ronald Colman *(lord Darlington)*, May McAvoy *(lady Windermere)*, Irene Rich *(Mme Erlynne)*, Bert Lytell *(lord Windermere)*. • SC : Julien Josephson, d'après la pièce d'Oscar Wilde. • PH : Charles J. van Enger, Willard van Enger. • DÉC : Harold Grieve. États-Unis, 1925 – 2 382 m (env. 1 h 20).

La jeune lady Windermere croit son mari infidèle car elle a surpris les signes d'une relation clandestine avec une certaine Mme Erlynne... En réalité, celle-ci est sa propre mère qui l'a abandonnée et qu'elle ne connaît pas. Elle décide alors de partir avec son soupirant, lord Darlington, qui, pour mieux la fléchir, a attiré son attention sur son infortune. Mme Erlynne sacrifiera ses propres espérances mondaines pour sauver la réputation et la tranquillité de sa fille, à qui elle laissera toujours ignorer sa véritable identité.

◆ *Pour beaucoup, le chef-d'œuvre muet de Lubitsch qui, révélant tout de suite (contrairement à la comédie originale de Wilde) l'identité réelle de Mme Erlynne, convie sans cesse un spectateur plus informé que ne le sont les personnages à guetter sur les visages de ceux-ci le trouble, l'aveuglement, le calcul, la malveillance, le désir, la curiosité, en un réseau subtil de relations dessinant comme l'image entière d'une société.* M.CH.

▷ Autre version réalisée par **Otto Preminger**, avec Madeleine Carroll, George Sanders, Jeanne Crain, Richard Greene, Martita Hunt, John Sutton, Hugh Dempster. États-Unis, 1949 – 1 h 19.

L'ÉVENTAIL DE LA JEUNE DAME

"Shaonainai de shanzi"

Comédie dramatique de **Li Pingqian**, avec Yuan Meiyun, Lu Luming, Mei Xi, Liu Qiong, You Guangzhao. Chine, 1939 – 2 h 02.

Une femme qui a quitté son foyer depuis près de vingt ans revient à l'occasion des noces de sa fille. Elle sacrifiera son honneur pour que celle-ci ne commette pas la même erreur.

EVIL DEAD "Evil Dead"

Film d'horreur de **Samuel M. Raimi**, avec Bruce Campbell, Ellen Sandweiss, Betsy Baker. États-Unis, 1982 – Couleurs – 1 h 30.

Deux jeunes couples s'installent dans une maison prêtée pour le week-end : elle est hantée ! Film culte pour les amateurs de gore, supplice insoutenable pour les « profanes », Evil Dead est un sommet absolu du « grand-guignol » réalisé sans vrais moyens mais avec beaucoup d'idées.

▷ Le réalisateur signe une suite, intitulée EVIL DEAD 2 "Evil Dead II", avec Bruce Campbell, Sarah Berry, Dan Hicks. États-Unis, 1987 – Couleurs – 1 h 25.

EXCALIBUR "Excalibur"

Film d'aventures de **John Boorman**, avec Nigel Terry *(le roi Arthur)*, Nicol Williamson *(Merlin)*, Helen Mirren *(Morgane)*, Nicolas Clay *(Lancelot)*, Cherie Lunghi *(Guenièvre)*. • SC : Rospo Pallenberg, J. Boorman, d'après le roman de Thomas Malory *la Mort d'Arthur*. • PH : Alex Thompson. • DÉC : Anthony Pratt. • MUS : Trevor Jones. • MONT : John Merritt. États-Unis, 1981 – Couleurs – 2 h 16.

Uther, chef guerrier celte, est devenu roi avec l'aide de Merlin. Il engendre Arthur qui, roi à son tour, va créer la célèbre Table ronde autour de laquelle siègent les non moins célèbres chevaliers, dont Lancelot, amoureux de la reine Guenièvre, et Perceval.

◆ *On a maintes fois, y compris au cinéma, raconté l'histoire des chevaliers de la Table ronde. Certains ont choisi le romanesque, d'autres le symbolique ; Boorman, lui, joue sur plusieurs registres. Son film est un récit d'aventures, superbement mis en scène, fait d'une suite de tableaux ou d'enluminures. Mais c'est aussi une réflexion sur l'amour et la guerre, la trahison et la loyauté, la nouvelle foi (le christianisme) qui supplante peu à peu les antiques croyances païennes. Nostalgie d'un monde qui disparaît et nostalgie d'un cinéaste qui, à sa façon, retrouve dans le ton des années 80 des accents de l'âge d'or de Hollywood.* C.A.

L'EXÉCUTEUR DE HONG-KONG

"Forced Vengeance"

Film d'aventures de **James Fargo**, avec Chuck Norris, Marie Louise Weller, Camila Griggs. États-Unis, 1982 – Couleurs – 1 h 32.

Un ancien du Viêt Nam doit venger son patron et sa famille tués par la maffia des casinos de Hong-Kong.

L'EXÉCUTION DU TRAÎTRE À LA PATRIE ERNST S.

"Die Erschiessung des Landesverraters Ernst S."

Documentaire de **Richard Dindo**. Suisse, 1976 – Couleurs – 1 h 39.

La vie et la mort du premier des dix-sept Suisses poursuivis, condamnés et exécutés pour trahison en 1942. Avec le témoignage de sa famille, des responsables de son procès et d'un historien.

EXECUTIVE ACTION "EXECUTIVE ACTION"
Documentaire-fiction de **David Miller**, d'après l'œuvre de Mark Lane l'Amérique fait appel, avec Burt Lancaster, Robert Ryan, Will Geer. États-Unis, 1973 – Couleurs – 1 h 30.

Description du complot d'extrême-droite qui, selon l'auteur, aurait monté l'assassinat de Kennedy en 1963. Le film, intéressant mais partial, intègre habilement des séquences d'actualité.

EXHIBITION
Film pornographique de **Jean-François Davy**, avec Claudine Beccarie. France, 1975 – Couleurs – 1 h 50.

Claudine Beccarie, actrice de films pornographiques, se raconte et se masturbe face à la caméra.

▷ EXHIBITION 2 avec Sylvia Bourdon. France, 1978 – Couleurs – 1 h 10. EXHIBITION 79 avec Claudine Beccarie. France, 1979 – Couleurs – 1 h 30.

L'EXILÉ "THE EXILE"
Film historique de **Max Ophuls**, d'après le roman de Cosmo Hamilton *His Majesty the King*, avec Douglas Fairbanks Jr., Maria Montez, Paule Croset, Henry Daniell, Nigel Bruce. États-Unis, 1947 – 1 h 30.

Charles Stuart, dont le père a été exécuté par Cromwell, vit en exil aux Pays-Bas avec quelques fidèles. Malgré les persécutions de son ennemi, il retrouvera le trône d'Angleterre.

EXODE "GRASS"
Documentaire de **Merian C. Cooper, Ernest B. Schoedsack** et **Margaret Harrisson.** • PH : M.C. Cooper, E.B. Schoedsack. • MONT : Ramsaye et Carver. États-Unis, 1926 – env. 2 100 m (1 h 20).

En Iran, la transhumance annuelle des tribus bakhtiari. Ces nomades et leur bétail traversent les plaines et franchissent les montagnes, cherchant toujours de l'herbe et de l'eau.

◆ *Ce documentaire, qui est une des premières œuvres communes de Schoedsack et Cooper, fit grosse impression par la force et le lyrisme des images : troupeaux dans la neige, immenses étendues, vie des nomades, importance de la migration. Mais, déjà, la recherche du spectaculaire l'emporte sur le seul souci de la vérité ethnographique et bien des séquences furent en réalité « mises en scène ».* *J.-M.C.*

EXODUS "EXODUS"
Film historique d'**Otto Preminger**, avec Paul Newman *(Ari Ben Canaan)*, Eva Marie Saint *(Kitty Fremont)*, Ralph Richardson *(le général Sutherland)*, Peter Lawford *(le major Fred Caldwell)*, Lee J. Cobb *(Barak Ben Canaan)*, Sal Mineo *(Dov Landau)*, John Derek *(Taha)*, Hugh Griffith *(Mandria)*, Gregory Ratoff *(Lakavitch)*, Felix Aylmer *(le Dr Lieberman)*, David Opatoshu *(Akiva)*, Jill Haworth *(Karen)*. • SC : Dalton Trumbo, d'après le roman de Leon Uris. • PH : Sam Leavitt. • DÉC : Richard Day. • MUS : Ernest Gold. • MONT : Louis R. Loeffler. États-Unis, 1960 – Couleurs – 3 h 32 (3 h 12 en France).

1947. Trente mille réfugiés juifs, interceptés par les Anglais sur le chemin de la Palestine, sont internés à Chypre. Ari Ben Canaan, un agent de l'organisation clandestine Hagannah, défie les autorités britanniques en embarquant les derniers arrivants sur un vieux navire grec rebaptisé Exodus. Menaçant de faire sauter celui-ci, il obtient du général Sutherland la levée du blocus... L'Exodus ralie Haïfa. Trois de ses passagers : l'infirmière américaine Kitty Fremont, sa jeune protégée Karen et un rescapé d'Auschwitz, Dov Landau, vivront, aux côtés d'Ari, les exploits et les drames préludant à la naissance de l'État d'Israël...

◆ Exodus *est le seul film « engagé » d'Otto Preminger, qui a su y exprimer son attachement profond à la cause israélienne sans renier son objectivité coutumière. Cette fresque lyrique ambitionnait d'éclairer toutes les facettes d'une problématique singulièrement complexe. Elle n'y parvient pas toujours, mais réalise l'exploit d'être à la fois un remarquable portrait de héros, un superbe film d'action et une grande œuvre intimiste, liant étroitement les destins contrastés de chaque protagoniste à celui d'un peuple à la recherche de son identité.* *O.E.*

L'EXORCISTE "THE EXORCIST"
Film d'épouvante de **William Friedkin**, avec Ellen Burstyn *(Chris McNeil)*, Max von Sydow *(le père Merrin)*, Linda Blair *(Regan McNeil)*, Lee J. Cobb *(lieutenant Kinderman)*, Kitty Wynn *(Sharon Spencer)*, Jack Mac Gowran *(Burke Dennings)*, Jason Miller *(le père Karras)*. • SC : William Peter Blatty, d'après son roman. • PH : Owen Roizman, Billy William. • MUS : Jack Nitzsche, Krzysztof Penderecki, Mike Oldfield. • MONT : Evan Lottman, Norman Gay. États-Unis, 1973 – Couleurs – 2 h 01. ★ **OSCARS 1973 DU MEILLEUR SCÉNARIO et DU MEILLEUR SON.**

Chris McNeil, actrice de télévision, s'inquiète pour sa fille Regan, douze ans, qui semble atteinte de troubles de la personnalité. Les examens médicaux ne décèlent aucune lésion du cerveau. Regan se transforme peu à peu en monstre et, autour d'elle, les phénomènes inquiétants se multiplient. Chris fait appel à l'Église. Le père Karras et le père Merrin vont exorciser Regan...

◆ L'Exorciste *est le premier film du genre qui ait rencontré un aussi vaste succès public. Misant sur le réa-*

lisme, la mise en scène de William Friedkin est d'une efficacité exemplaire, agençant parfaitement le crescendo de la terreur – le maquillage horrifique de Linda Blair possédée par le Démon étant naturellement le clou du spectacle. Pour le cinéma fantastique, ce triomphe marque le début d'une mutation : la fin de la suprématie anglaise et l'accès aux budgets importants dans les années 70-80. G.L.

L'EXORCISTE II : L'HÉRÉTIQUE
"EXORCIST II : THE HERETIC"
Film d'épouvante de **John Boorman**, avec Richard Burton *(le père Lamont)*, Linda Blair *(Regan)*, Louise Fletcher *(Dr Tuskin)*, Max von Sydow *(le père Merrin)*, James Earl Jones *(Kokumo)*. • SC : William Goodhart. • PH : William Fraker. • DÉC : Richard McDonald. • MUS : Ennio Morricone. • MONT : Tom Priestley. États-Unis, 1977 – Couleurs – 1 h 43.

Quatre ans après son exorcisme, Regan semble toujours troublée dans ses rêves. Grâce à une sorte de télépathie visuelle, le père Lamont pénètre dans son imaginaire. Il y voit d'étranges scènes africaines et le défunt père Merrin exorciser – comme Regan jadis – un petit garçon, Kokumo. Il se rend alors en Afrique pour le rencontrer. Devenu adulte, celui-ci lui dit comment sauver la jeune fille.

◆ *Le film a un scénario brillant mais trop compliqué, le casting est inadéquat et il fait suite à un film pseudo-puritain réalisé comme une dramatique télé ; pourtant,* l'Hérétique *est un film de premier ordre. Boorman est parvenu à y créer un espace imaginaire, l'Afrique que le père Lamont découvre dans l'inconscient de Regan, Afrique irréaliste (entièrement reconstituée en studio) qui s'oppose au monde « moderne » et lui répond. De cette confrontation Afrique-Amérique devraient surgir des valeurs nouvelles, l'Afrique apparaissant comme l'inconscient où l'Occident devra se replonger pour reconquérir une harmonie universelle. Par la « vision », Boorman nous invite à retrouver ces émotions perdues ou oubliées qui nous lient aux autres et, à travers eux, au cosmos, et il y parvient pleinement.* S.K.

L'EXPÉDITION DU FORT KING "SEMINOLE"
Film d'aventures de **Budd Boetticher**, avec Rock Hudson, Barbara Hale, Anthony Quinn, Lee Marvin. États-Unis, 1953 – Couleurs – 1 h 27.

Dans la Floride de 1830, un lieutenant héroïque doit lutter contre son supérieur, partisan de la destruction pure et simple des Indiens Séminoles.

LES EXPERTS "SNEAKERS"
Comédie policière de **Phil Alden Robinson**, avec Robert Redford, David Strathairn, Sidney Poitier. États-Unis, 1992 – Couleurs – 2 h 06.

Une équipe d'informaticiens se met en devoir de subtiliser une puce mise au point par les Soviétiques. Ils finissent par y parvenir mais découvrent que leurs commanditaires sont en fait de dangereux criminels. Un festival de gadgets électroniques.

LES EXPLOITS D'ÉLAINE / LES PÉRILS DE PAULINE "THE PERILS OF PAULINE"
Serial de **Louis Gasnier** et **Donald Mackenzie**, avec Pearl White, Crane Wilbur, Paul Panzer, Walter Mc Grail, Sam Katzman. États-Unis, 1915 – quatorze épisodes.

Les aventures extraordinaires d'une blonde explosive capable d'affronter les pires dangers.
▷ Voir aussi LES MYSTÈRES DE NEW YORK.

LES EXPLOITS DE PEARL WHITE
"THE PERILS OF PAULINE"
Comédie de **George Marshall**, avec Betty Hutton, John Lund, Billy De Wolfe. États-Unis, 1947 – Couleurs – 1 h 36.

Betty Hutton fait revivre Pearl White, reine du film à épisodes du cinéma muet (Voir ci-dessus) et grande vedette des MYSTÈRES DE NEW YORK (Voir ce titre).

LES EXPLOITS D'UN JEUNE DON JUAN
Comédie de **Gianfranco Mingozzi**, d'après le roman d'Apollinaire *les Mémoires d'un jeune don Juan*, avec Claudine Auger, Serena Grandi, Marina Vlady, Fabrice Josso. France / Italie, 1986 – Couleurs – 1 h 35.

Les grandes vacances érotiques d'un adolescent qui, en 1914, s'initie à l'amour quand les hommes de sa famille découvrent la guerre. Farce polissonne et satire sociale.

EXPLORERS "EXPLORERS"
Film de science-fiction de **Joe Dante**, avec Ethan Hawke, River Phoenix, Jason Presson. États-Unis, 1985 – Couleurs – 1 h 49.

Les aventures des trois inventeurs farfelus d'une navette spatiale qui les conduit à la rencontre des extraterrestres.

L'EXPRESS BLEU / LE TRAIN MONGOL
"GOLUBOJ EKSPRESS"
Drame d'**Ilya Trauberg**, avec I. Arbenine *(le missionnaire)*, I. Tcherniak *(le secrétaire)*, I. Saveliev *(un surveillant)*, Serguei Minine *(un Anglais)*, Jakov Goudkine *(un surveillant)*, San Bo-Yan *(la petite fille)*, Lian Din-do *(le marchand)*, Tchu Che-van *(le paysan)*. • SC : I. Trauberg,

Leonid Ierikhonov. • PH : B. Khrennikov, Youri Stilianoudis. • DÉC : Boris Doubrovski-Echke, Moiseï Levine. U.R.S.S. (Russie), 1929 – 1 700 m (env. 1 h 02).

En Chine, dans les années 20. L'Express bleu attend pour partir un diplomate anglais qui vient apporter son aide aux militaires chinois antirévolutionnaires. En cours de route, le train devient le lieu d'un affrontement entre les privilégiés de 1re classe et la masse des Chinois entassés en 3e classe. Malgré les efforts des soldats, ouvriers et paysans réussissent à prendre le contrôle du train. Symboliquement, un sous-titre dit alors : la voie est libre.

◆ *Frère cadet de Leonid Trauberg, Ilya était passionné par l'Asie. Son film est resté célèbre pour le rythme et l'efficacité de son montage, extrêmement brillant et varié. Mais il tire aussi sa force de l'éclat visuel des images et de la charge symbolique qu'elles portent à travers une histoire simple qui exalte et appelle la Révolution. En 1931,* l'Express bleu *bénéficia d'une version sonorisée, réalisée à Paris, qui en renforçait encore les effets.* *J.-M.C.*

L'EXPRESS DU COLONEL VON RYAN

"VON RYAN'S EXPRESS"

Film de guerre de **Mark Robson**, avec Frank Sinatra, Trevor Howard, Sergio Fantoni, Brad Dexter. États-Unis, 1965 – Couleurs – 2 h.

Un officier américain arrive dans un camp de prisonniers de guerre en Italie. Il prend les hommes en charge, puis réussit à les faire s'évader en utilisant un train allemand qui devait les conduire en Autriche. Un excellent film d'action.

L'EXPULSION DU PARADIS

"DIE VERTREIBUNG AUS DEM PARADIES"

Comédie dramatique de **Niklaus Schilling**, avec Herb Andress, Elke Halt. R.F.A. / Suisse, 1977 – Couleurs – 1 h 59.

Un acteur allemand qui vivait à Rome arrive à Munich en quête d'amour, d'argent et de travail. Il renoncera à l'argent et trouvera l'amour auprès de sa sœur.

EXTASE "EXTASE/SYMPHONIE DER LIEBE"

Drame de **Gustav Machatý**, avec Hedy Kiesler [plus tard Hedy Lamarr] *(Eva Jerman)*, Zvonimir Rogoz *(Emil)*, Ariber Mog *(Adam)*. • SC : G. Machatý, František Horký. • PH : Jan Stallich. • DÉC : Bohumil Hoesch. • MUS : Giuseppe Becce. Tchécoslovaquie, 1933 – 1 h 16. ★ **COUPE DE LA VILLE, Venise 1934.**

Une jeune femme dont le mariage n'a pas été consommé retourne vers la nature. Elle se baigne nue et rencontre un autre homme à qui elle se donne. Du coup, son mari se suicidera et elle quittera son amant.

◆ *Plus qu'un drame,* Extase *est en fait un poème visuel d'une grande beauté. Si l'image de la future Hedy Lamarr nue à travers les arbres est restée justement célèbre, au point que son mari se lança à la poursuite des copies du film pour les détruire, l'œuvre est attachante aussi parce qu'on y retrouve cette peinture unanimiste du monde (la nature et le travail de l'homme) développée dans les cinématographies de l'Est au début des années 30.* *J.-M.C.*

L'EXTASE ET L'AGONIE

"THE AGONY AND THE ECSTASY"

Film historique de **Carol Reed**, d'après le roman d'Irving Stone, avec Charlton Heston, Rex Harrison, Diane Cilento, Harry Andrews. États-Unis, 1965 – Couleurs – 2 h 20.

La vie de Michel-Ange et ses rapports orageux avec le pape Jules II. Une mise en scène grandiose, un hymne à l'art et à la foi d'une grande élégance, par un cinéaste épris de rigueur.

EXTÉRIEUR NUIT

Comédie dramatique de **Jacques Bral**, avec Christine Boisson, André Dussollier, Gérard Lanvin. France, 1980 – Couleurs – 1 h 50.

Un saxophoniste s'installe chez un ami écrivain. Bientôt, une femme rencontrée lors d'une errance nocturne exacerbe leur angoisse par son comportement provocateur. Un film entièrement tourné de nuit.

L'EXTRAORDINAIRE ÉVASION

"HANNIBAL BROOKS"

Film d'aventures de **Michael Winner**, avec Oliver Reed, Michael J. Pollard, Wolfgang Preiss. Grande-Bretagne, 1968 – Couleurs – 1 h 42.

Un prisonnier de guerre chargé de veiller sur un éléphant du zoo de Munich finira, tel Hannibal, par franchir les Alpes avec lui dans une évasion vraiment singulière.

L'EXTRAVAGANT DOCTEUR DOLITTLE

"DR DOLITTLE"

Film fantastique de **Richard Fleischer**, d'après le roman de Hugh Lofting, avec Rex Harrison, Samantha Eggar, Richard Attenborough. États-Unis, 1967 – Couleurs – 2 h 32.

Un vétérinaire qui parle aux animaux (il connaît 499 de leurs langues !) part dans les mers du Sud à la recherche du Grand Escargot Rose des Mers. Une adaptation en forme de film musical d'un classique de la littérature enfantine anglo-saxonne.

L'EXTRAVAGANTE HÉRITIÈRE
"YOU CAN'T RUN AWAY FROM IT"
Comédie de **Dick Powell**, avec June Allyson, Jack Lemmon, Charles Bickford. États-Unis, 1956 – Couleurs – 1 h 35.

Une richissime héritière s'éprend d'un journaliste de la presse à sensation. Ce film est un remake du célèbre film de Frank Capra NEW YORK-MIAMI (Voir ce titre).

L'EXTRAVAGANT MONSIEUR CORY
"MISTER CORY"
Comédie de **Blake Edwards**, avec Tony Curtis, Martha Hyer, Charles Bickford. États-Unis, 1957 – Couleurs – 1 h 32.

Par amour, un serveur devient un jeune homme très riche. Amusante satire du milieu des milliardaires.

L'EXTRAVAGANT MONSIEUR DEEDS
"MR DEEDS GOES TO TOWN"
Comédie de **Frank Capra**, avec Gary Cooper *(Longfellow Deeds)*, Jean Arthur *(Babe Bennett)*, George Bancroft *(Mac Wade)*, Douglas Dumbrille *(John Cedar)*. • SC : Robert Riskin, d'après une histoire de Clarence Budington Kelland *Opera Hat*. • PH : Joseph Walker. • DÉC : Stephen Goosson. • MUS : Howard Jackson. • MONT : Gene Havlick. États-Unis, 1936 – 1 h 55.

Longfellow Deeds est un grand jeune homme tranquille qui joue du tuba et écrit des poèmes naïfs. Il habite une petite ville, mais va bientôt se rendre à New York pour s'occuper d'un héritage fabuleux et inespéré qui vient de lui échoir. Il est exploité par un avocat véreux et une journaliste de la presse à sensation qui, bientôt, prend son parti. Généreux, il distribue sa fortune aux nécessiteux, ce qui amène ses ennemis à l'attaquer en justice. Il assure lui-même sa plaidoirie et gagne.

◆ *L'optimisme et la chaleur de Capra ont trouvé en Deeds un personnage-drapeau. C'est un Don Quichotte placide qui traite les grands problèmes par le bon sens. Ce discours moral, empreint de philosophie rooseveltienne, Capra le tient sans ennuyer. Le ton est celui de la comédie à rebondissements. Le rythme est parfait, les séquences de charme et d'humour inoubliables et la présence de Gary Cooper aussi impressionnante que celle de Jean Arthur est gratifiante. Tout fonctionne à merveille : même les bons sentiments. À voir ce film, on se sent meilleur.* *G.S.*

L'EXTRAVAGANT M. RUGGLES
"RUGGLES OF RED GAP"
Comédie de **Leo McCarey**, d'après le roman de Harry L. Wilson, avec Charles Laughton, Mary Boland, Charlie Ruggles. États-Unis, 1935 – 1 h 31.

Marmaduke Ruggles, domestique anglais typique, se retrouve dans une petite ville américaine, au service d'un Yankee. Savoureuse confrontation.

▷ Autre version réalisée par : **George Marshall**, intitulée PROPRE À RIEN "FANCY PANTS", avec Bob Hope, Lucille Ball, Bruce Cabot, Jack Kirkwood, Lea Penman, Eric Blore. États-Unis, 1950 – Couleurs – 1 h 32.

EXTRÊME PRÉJUDICE "EXTREME PREJUDICE"
Film policier de **Walter Hill**, avec Nick Nolte, Powers Boothe, Michael Ironside. États-Unis, 1986 – Couleurs – 1 h 45.

Le mystérieux major Hackett se joint au chef des Texas-Rangers pour poursuivre jusqu'au Mexique un trafiquant de drogue. Leur but n'est cependant pas le même.

F

FABIOLA
Drame d'**Alessandro Blasetti**, d'après le roman du cardinal Wiseman (1855), avec Michèle Morgan, Michel Simon, Louis Salou, Henri Vidal, Gino Cervi. France/Italie, 1949 – 2 h 45.

La plus importante production du cinéma européen de l'après-guerre pour faire revivre le supplice des premiers chrétiens.

▷ Autre version réalisée par : **Enrico Guazzoni**, avec Elena Sangro, Valeria San Filippo, Amleto Novelli, Livio Pavanelli. Italie, 1918 – 2 258 m (env. 1 h 23).

LA FABULEUSE AVENTURE DE MARCO POLO / L'ÉCHIQUIER DE DIEU
Film d'aventures de **Denys de La Patellière** et **Noël Howard**, avec Horst Buchholz, Anthony Quinn, Omar Sharif, Orson Welles, Robert Hossein, Elsa Martinelli, Akim Tamiroff. France/Italie, 1965 – Couleurs – 2 h.

Envoyé par le pape à la cour de l'empereur de Chine pour assurer la paix entre les deux grandes puissances spirituelles, le jeune Marco Polo vit bien des aventures avant de s'acquitter de sa tâche. ▷ Voir aussi LES AVENTURES DE MARCO POLO.

▷ Autre évocation de la vie du grand voyageur réalisée par : **Hugo Fregonese**, intitulée MARCO POLO "Marco Polo", avec Rory Calhoun, Yoko Tani, Pierre Cressoy, Italie/France, 1962 – Couleurs – 1 h 46.

LES FABULEUSES AVENTURES DU BARON DE MÜNCHAUSEN
Dessin animé de **Jean Image**. France, 1979 – Couleurs – 1 h 30.

Au cours d'un repas, le baron de Münchausen raconte des histoires extraordinaires à ses invités. Jean Image a créé un style dans le dessin animé en France et a, pendant plus de quarante ans, fait rêver les enfants. Voir aussi les Aventures du baron de Münchhausen.

FACE À FACE "Ansikte mot ansikte"
Drame d'**Ingmar Bergman**, avec Liv Ullmann, Erland Josephson, Gunnar Björnstrand. Suède, 1975 – Couleurs – 2 h 16.

En l'absence de son mari, une psychiatre, traumatisée par une tentative de viol, tente de se suicider. Elle trouve de l'aide auprès d'un confrère et surmonte son épreuve.

FACE À L'ORAGE "I Want You"
Drame psychologique de **Mark Robson**, avec Dana Andrews, Dorothy McGuire, Farley Granger, Peggy Dow. États-Unis, 1951 – 1 h 42.

Étude en profondeur des sentiments et des réactions de divers personnages face à la guerre de Corée, avec d'excellents acteurs.

FACE AU CRIME "Crime in the Streets"
Drame social de **Don Siegel**, avec James Whitmore, John Cassavetes, Sal Mineo. États-Unis, 1956 – 1 h 31.

Dans les ruelles sordides d'une grande ville américaine, l'histoire de quelques jeunes désaxés. Le style tout en violence de Siegel.

FACES "Faces"
Comédie dramatique de **John Cassavetes**, avec John Marley *(Richard Frost)*, Lynn Carlin *(Maria)*, Gena

Rowlands *(Jeannie Rapp)*, Seymour Cassel *(Chet)*. • SC : J. Cassavetes. • PH : Al Ruban. • MUS : Jack Ackerman. • MONT : Al Ruban, Maurice McEndree. États-Unis, 1968 – 2 h 10.

Un P.-D.G. dans la quarantaine cherche à se séparer de son épouse. Il entretient une relation ambiguë, mais tendre, avec une prostituée de luxe. Sa femme choisit quant à elle de prendre un amant plus jeune, mais elle a du mal à envisager la rupture avec son mari et tente de se suicider. Son amant la porte sous la douche et arrive avec peine à la ranimer. Le mari, toujours indécis, rentre chez lui au petit matin, et y découvre les amants.

◆ *Comme pour chaque film de Cassavetes, le spectateur se voit contraint de croire à ce qui se produit sur l'écran, d'où la puissance brutale qui se dégage du film, et qui balance entre le rire et la douleur. La méthode du cinéaste consiste à faire se rencontrer corps et langage, le scénario reliant les deux tandis que les plans-séquence lui laissent le temps de se dérouler.* S.S.

LE FACTEUR "IL POSTINO"

Comédie dramatique de **Michael Radford**, avec Massimo Troisi *(Mario)*, Philippe Noiret *(Pablo Neruda)*, Maria Grazia-Cucinotta *(Béatrice)*, Linda Moretti *(Rosa)*. • SC : Anna Pavignano, Michael Radford, Furio Scarpelli, Giacomo Scarpelli, Massimo Troisi, d'après le roman d'Antonio Skarmeta. • PH : Franco Di Giacomo. • DÉC : Lorenzo Baraldi. • MUS : Luis Enrique Bacalov. • MONT : Roberto Perpignani. France / Italie, 1996 – Couleurs – 1 h 40.

Expulsé de son pays en raison de ses opinions communistes, le grand poète chilien Pablo Neruda trouve refuge dans une des îles Lipari. Un fils de pêcheur naïf et rêveur, Mario, lui apporte son courrier et peu à peu une amitié va naître entre les deux hommes. Auprès de l'exilé, Mario découvrira la poésie et le communisme... et aussi l'amour, car Neruda aidera ce grand benêt attendrissant à séduire celle qu'il aime. Mais, le jour du mariage de Mario et de Béatrice, Pablo Neruda apprend qu'il peut enfin regagner sa patrie. Il ne reviendra dans l'île que plusieurs années plus tard.

◆ *Une histoire qui évoque le temps où le communisme était, dans les pays latins, un espoir pour demain et une solidarité pour aujourd'hui. Les notables (curés et députés) sont hypocrites, menteurs, étroits à souhait. Les communistes, eux, sont simples, droits et respectent les poètes. C'est d'ailleurs la poésie plus que la nostalgie du communisme du temps de Togliatti qui domine ce film et lui donne sa vraie saveur : poésie des mots, des paysages, des gestes, des expressions et des silences. Interprétation parfaite et mise en scène perlée,* Il postino *est un vrai bonheur de cinéma.Le fait que l'acteur principal ait vécu les derniers mois de sa vie pendant le tournage charge d'une émotion supplémentaire ce film déjà très riche.* J.-C.L.

LE FACTEUR S'EN VA-T-EN GUERRE

Film de guerre de **Claude-Bernard Aubert**, d'après un roman de Gaston Jean Gauthier, avec Charles Aznavour, Daniel Ceccaldi, Michel Galabru, Jean Rochefort. France, 1965 – Couleurs – 1 h 35.

Déçu par sa situation, un facteur parisien décide de partir pour l'Indochine. Mais ce n'est pas la tranquillité qu'il y trouve.

LE FACTEUR SONNE TOUJOURS DEUX FOIS

"THE POSTMAN ALWAYS RINGS TWICE"

Film noir de **Tay Garnett**, avec Lana Turner *(Cora Smith)*, John Garfield *(Frank Chambers)*, Cecil Kellaway, Hume Cronyn. • SC : Harry Ruskin, Niven Busch, d'après le roman de James M. Cain. • PH : Sidney Wagner. • DÉC : Edwin B. Willis. • MUS : George Bassman. • MONT : George White. États-Unis, 1946 – 1 h 53.

Frank et Cora, sa maîtresse, décident d'assassiner le mari de cette dernière. La première tentative échoue, mais attire les soupçons du procureur. Après le meurtre maquillé en accident, celui-ci cherche à diviser les amants. Un habile avocat les tire pourtant d'affaire. Et c'est à la suite d'un véritable accident qui coûte la vie à Cora que Frank sera condamné à mort.

◆ *Plus que le roman, l'adaptation souligne les coïncidences dont l'organisation suggère un destin. Malgré le commentaire qu'il en donne (c'est son ultime confession), Frank n'a pas compris toute son histoire. Son nomadisme lui rend inintelligibles les idéaux petits-bourgeois de Cora, et la passion qui les jette l'un vers l'autre ne les assure jamais de leur mutuelle sincérité.* A.M.

LE FACTEUR SONNE TOUJOURS DEUX FOIS

"THE POSTMAN ALWAYS RINGS TWICE"

Drame de **Bob Rafelson**, avec Jack Nicholson *(Frank Chambers)*, Jessica Lange *(Cora)*, John Colicos *(Nick Papadakis)*. • SC : David Mamet, d'après le roman de James M. Cain. • PH : Sven Nykvist. • MUS : Michael Small. • MONT : Graeme Clifford. États-Unis, 1980 – Couleurs – 2 h 01.

Un chemineau, Frank Chambers, enfant de la grande dépression de 1929, s'arrête dans une station-service et se fait embaucher par Nick Papadakis, qui a une femme appétissante et bien trop jeune pour lui : Cora. Une idylle qui devient passion orageuse rapproche l'employé et la femme du patron. Les amants décident de tuer le mari. Ils y parviennent à la deuxième tentative. La police les interroge, les arrête. Un avocat marron essaie de les faire chanter. Dès lors, le destin est en marche, implacable.

◆ *C'est la quatrième adaptation cinématographique (et probablement la meilleure) du célèbre roman. L'intérêt de la version de Bob Rafelson, c'est qu'il ne cherche ni à accuser ni à défendre ses personnages. Il raconte en observateur les progrès d'une aventure amoureuse. Cette passion a pour origine une entente physique torride (d'où le caractère cru des scènes d'amour) et se développe en « passion fatale ». Le fait divers devient tragédie. Le sordide est sublimé en « amour fou ».* G.S.

▷ Voir aussi LE DERNIER TOURNANT et OSSESSIONE.

LE FACTEUR SUBJECTIF "DER SUBJEKTIVE FAKTOR"
Drame d'**Helke Sander**, avec Angelika Rommel. R.F.A., 1981 – Couleurs – 2 h 18.

Dans la lignée du précédent film de la réalisatrice (*Personnalité réduite de toutes parts*), il s'agit de l'évocation des luttes féministes depuis 1967, à travers le regard d'une ancienne militante.

FAHRENHEIT 451 "FAHRENHEIT 451"
Drame de **François Truffaut**, d'après le roman de Ray Bradbury, avec Oskar Werner, Julie Christie, Cyril Cusack, Anton Diffring. Grande-Bretagne, 1966 – Couleurs – 1 h 45.

Dans une ville du futur, les livres sont bannis et des compagnies de pompiers sont chargées de les détruire. La seule incursion de François Truffaut dans la science-fiction.

FAIBLES FEMMES
Comédie de **Michel Boisrond**, avec Mylène Demongeot, Pascale Petit, Jacqueline Sassard, Alain Delon. France / Italie, 1959 – Couleurs – 1 h 08.

Un jeune séducteur agace si bien ses nombreuses victimes qu'elles tentent de l'assassiner. Une excellente comédie.

FAIBLESSE HUMAINE "SADIE THOMPSON"
Drame de **Raoul Walsh**, d'après la nouvelle de Somerset Maugham *Pluie*, avec Gloria Swanson, Lionel Barrymore, Raoul Walsh, Blanche Frederici, Charles Lane. États-Unis, 1928 – env. 2 560 m (1 h 34).

Chassée de San Francisco, une prostituée débarque dans une île du Pacifique et se heurte à l'hostilité d'un pasteur puritain, tandis qu'elle est aimée d'un « marine ».

▷ *Autres versions réalisées par :* **Lewis Milestone**, intitulée RAIN, avec Joan Crawford, Walter Huston, William Gargan, Beulah Bondi, Matt Moore, Guy Kibbee. États-Unis, 1932 – 1 h 32. **Curtis Bernhardt**, intitulée LA BELLE DU PACIFIQUE "MISS SADIE THOMPSON", avec Rita Hayworth, Jose Ferrer, Aldo Ray, Russell Collins. États-Unis, 1953 – Couleurs (3-D) – 1 h 31.

LA FAIM "SULT"
Drame d'**Henning Carlsen**, avec Per Oscarsson *(Pontus)*, Gunnel Lindblom *(Ylajali)*, Birgitte Federspiel *(sa sœur)*, Sigrid Horne-Rasmussen *(la patronne)*, Knud Rex *(son mari)*. • SC : H. Carlsen, Peter Seeberg, d'après le roman de Knut Hamsun. • PH : Henning Kristiansen. • DÉC : Erik Aaes. • MUS : Krzystof Komeda. • MONT : H. Carlsen. Danemark, 1966 – 1 h 51.

1890, à Christiania (aujourd'hui Oslo) : un jeune écrivain est réduit à la misère. Il endure d'intolérables souffrances physiques et morales, mais refuse par orgueil l'aide de quelques connaissances. Chassé de sa chambre, il parvient à faire s'intéresser à lui la jeune fille dont il est amoureux, et qui l'entraîne un soir dans l'appartement vide de ses parents. L'échec l'attend là aussi, et désespéré, en proie aux affres de la faim et devenu à demi-fou, il quitte la ville et s'embarque, grâce à un capitaine charitable, sur un navire qui le ramènera chez lui.

◆ *Fidèle à l'esprit du célèbre roman dont il est tiré, le film ne s'en démarque pas moins pour acquérir une autonomie et une puissance évocatrice propre. Portrait physique et moral d'une grande vérité d'un jeune homme affamé, le récit doit aussi sa force à la description minutieuse de sa compagne de misère, la ville fascinante de Christiania. Dans ce film envoûtant, d'un réalisme transfiguré par le regard d'un artiste, le cinéaste donne son image personnelle du monde à travers un personnage incarné avec beaucoup de talent et force d'expression par Per Oscarsson.* F.L.

LE FAISEUR DE PLUIE "THE RAINMAKER"
Comédie fantaisiste de **Joseph Anthony**, avec Burt Lancaster, Katharine Hepburn, Wendell Corey. États-Unis, 1956 – Couleurs – 2 h 01.

Une jeune femme de trente ans, qui se considère comme une « vieille fille », désire se marier. Elle hésite entre le shérif et le charlatan, faiseur de pluie.

LES FAISEURS DE SUISSES "DIE SCHWEIZERMACHER"
Comédie de **Rolf Lyssy**, avec Walo Lüönd, Emil Steinberger, Beatrice Kessler, Wolfgang Stendar. Suisse, 1978 – Couleurs – 1 h 37.

Un couple de psychiatres allemands, une famille de pâtissiers italiens et une danseuse yougoslave sont candidats à la naturalisation. Pendant des mois, ils vont être interrogés et épiés par deux fonctionnaires suisses.

FAIS-MOI TRÈS MAL... MAIS COUVRE-MOI DE BAISERS "STRAZIAMI MA DI BACI SAZIAMI"

Comédie de **Dino Risi**, avec Nino Manfredi, Ugo Tognazzi, Pamela Tiffin. Italie, 1968 – Couleurs – 1 h 40.

À cause des calomnies d'une rivale, Marina fuit Marino, qui part à la recherche de sa belle. Une parodie de roman-photo.

FAISONS UN RÊVE

Comédie de **Sacha Guitry**, avec Sacha Guitry *(l'amant)*, Raimu *(le mari)*, Jacqueline Delubac *(la femme)*, Robert Seller *(le maître d'hôtel)*, Andrée Guize *(la servante)* et, dans le prologue, Arletty, Michel Simon, André Lefaur, Claude Dauphin, Rosine Déréan, Pierre Bertin, Marguerite Moréno, Signoret, Yvette Guilbert. • SC : S. Guitry, d'après sa pièce. • PH : Georges Benoit. • DÉC : Robert Gys. • MUS : Jacques Zarou. • MONT : Myriam. France, 1936 – 1 h 20.

Le mari et la femme se trouvent chez le futur amant qui a préparé cette visite. Le mari s'en va prétextant un rendez-vous d'affaires. L'amant et la femme passent la nuit ensemble. L'épouse infidèle s'inquiète de son retour chez elle. C'est alors que le mari vient confier son infidélité à l'amant qui l'éloigne pour deux jours. « Alors, dit la dame, nous avons toute la vie devant nous. Mieux que ça, réplique l'amant, nous avons deux jours. »

◆ *Guitry avait créé sa pièce quelque vingt ans avant la réalisation du film. L'œuvre met en scène trois personnages et quelques comparses. Elle est précédée d'un prologue qui se passe dans un salon où plusieurs couples parlent avec esprit d'amour, d'infidélité conjugale et de théâtre.* *J.-C.S.*

FAITES-LE AVEC LES DOIGTS "THE GROOVE TUBE"

Comédie de **Ken Shapiro**, avec Ken Shapiro, Lane Sarasohn, Chevy Chase, Richard Belzer. États-Unis, 1974 – Couleurs – 1 h 15.

Une parodie de tous les types d'émissions de télévision, à travers huit sketches plus délirants les uns que les autres. Un film dans le courant du comique juif new-yorkais.

FAITS DIVERS

Documentaire de **Raymond Depardon**. • PH : R. Depardon. • MONT : Françoise Prenant. France, 1983 – Couleurs – 1 h 48.

◆ *Pendant les trois mois de l'été 1982, l'auteur, grand reporter, a enregistré au jour le jour les événements qui surviennent dans un commissariat du Ve arrondissement de Paris.*

◆ *Depardon a réussi à filmer au plus juste le quotidien du travail de la police parisienne, sans complaisance, sans mépris, sans fard. Remarquable exemple de cinéma-vérité, dans le meilleur sens du terme, Faits divers est un très beau témoignage de notre réalité contemporaine. À la disposition de nos descendants...* *D.C.*

LA FALAISE MYSTÉRIEUSE "THE UNINVITED"

Drame policier de **Lewis Allen**, avec Ray Milland, Ruth Hussey, Donald Crisp. États-Unis, 1944 – 1 h 38.

Spiritisme et suspense pour un jeune couple qui achète une maison hantée en Cornouailles.

FALBALAS

Comédie dramatique de **Jacques Becker**, avec Raymond Rouleau, Micheline Presle, Jean Chevrier, Gabrielle Dorziat. France, 1945 – 1 h 35.

Dans l'univers léger de la haute couture, un séducteur volage s'éprend d'une jeune fille qui sera sa fatale inspiratrice. Un des chefs-d'œuvre de Jacques Becker, où il parvient à donner une impression de luxe bien que le film fut tourné au lendemain de la libération de Paris.

FALLING IN LOVE "FALLING IN LOVE"

Mélodrame d'**Ulu Grosbard**, avec Robert De Niro, Meryl Streep, Harvey Keitel. États-Unis, 1984 – Couleurs – 1 h 46.

Après un quiproquo, Frank et Molly – tous deux mariés – tombent amoureux comme des collégiens. Mais la quête du bonheur ne les fait plus rêver.

FALSTAFF

"CHIMES AT MIDNIGHT / CAMPANADAS A MEDIANOCHE"

Drame d'**Orson Welles**, avec Orson Welles *(sir John Falstaff)*, John Gielgud *(le roi Henry IV)*, Jeanne Moreau *(Doll Tearsheet)*, Margaret Rutherford *(Mrs. Quickly)*, Marina Vlady *(Kate Percy, lady Hotspur)*, Fernando Rey *(Worcester)*, Keith Baxter *(le prince Hal, le roi Henry V)*. • SC : O. Welles, d'après les pièces de Shakespeare *Richard II, Henry IV, Henry V, les Joyeuses Commères de Windsor*. • PH : Adolphe Charlet, Jorge Herrero. • MUS : Angelo Lavagnino. • MONT : Fritz Mueller. Espagne / Suisse, 1965 – 1 h 55.

À la fin de sa vie, Falstaff évoque ses souvenirs. Joyeux compère, il partagea les frasques du prince Hal, guerroya malgré sa couardise et joua mille tours aux voyageurs. Mais lorsque Hal succéda à son père Henri IV, il renia et bannit son vieux compagnon, témoin de son passé frivole. Falstaff en meurt de chagrin.

◆ *Personnage secondaire de plusieurs pièces shakespeariennes, Falstaff devient le héros du film d'Orson Welles, qui l'incarne lui-même avec une truculente démesure. La séquence de la bataille de Shrewsbury reste une des plus spectaculaires et des plus baroques du cinéma, point fort d'un récit qui mêle joyeusement l'épique et le dérisoire. L'anarchisme joyeux et l'individualisme généreux de Falstaff, s'opposant à l'ordre nouveau qui s'installe en Angleterre, rejoignent la philosophie d'Orson Welles, plus génial que jamais dans ce dernier grand film.* G.L.

FAME "Fame"

Film musical d'**Alan Parker**, avec Irene Cara, Lee Curreri, Antonia Franceschi. États-Unis, 1980 – Couleurs – 2 h 13.

La vie d'apprentis comédiens dans une sorte de Conservatoire à l'américaine, où tous les arts se rencontrent. Un grand spectacle les réunira en fin d'année.

LA FAMILLE "La famiglia"

Chronique d'**Ettore Scola**, avec Vittorio Gassman, Stefania Sandrelli, Fanny Ardant. France/Italie, 1986 – Couleurs – 2 h 07.

L'anniversaire de Carlo est l'occasion de nous offrir la chronique de ces quatre-vingts dernières années à travers le récit de sa vie et de celle des membres de sa famille : amours, chagrins, guerres, déceptions.

LA FAMILLE FENOUILLARD

Film d'aventures burlesques d'**Yves Robert**, d'après l'œuvre de Christophe, avec Sophie Desmarets, Jean Richard, Marie-José Ruiz, Annie Sinigalia, André Gille. France, 1961 – 1 h 25.

Des riches commerçants de province, respectés de leurs concitoyens, se trouvent par erreur embarqués à bord d'un paquebot. Après de nombreuses aventures à travers le monde, ils retrouvent leur ville qui les accueille dans la joie.

LA FAMILLE PONT-BIQUET

Comédie de **Christian-Jaque**, d'après la pièce d'Alexandre Bisson, avec Armand Bernard, Gina Manès, Paul Pauley, Alice Tissot. France, 1935 – 1 h 30.

Un père juge d'instruction, une mère autoritaire, un gendre écervelé et une jeune fille ingénue : les mésaventures d'une famille banale...

FAMILY LIFE "Family Life"

Drame psychologique de **Kenneth Loach**, avec Sandy Ratcliff *(Janice Bailden)*, Bill Dean *(son père)*, Grace Cave *(sa mère)*, Malcolm Tierney *(Tim)*, Michael Riddall *(Dr Donaldson)*, Hilary Martyn. • SC : David Mercer, d'après sa pièce *In Two Minds*. • PH : William Mc Crow, Charles Stewart. • MUS : Marc Wilkinson. • MONT : Roy Watts. Grande-Bretagne, 1971 – Couleurs – 1 h 45.

Une jeune adolescente de condition modeste commence à être perturbée le jour où sa mère l'oblige à avorter de l'enfant qu'elle attendait de son ami Tim. Une thérapie de groupe, sous la conduite du Dr Donaldson, la remet sur pied, mais elle « replonge », entre autres à cause de l'incompréhension de ses parents figés dans leurs principes. Muette et murée dans sa souffrance, elle n'est plus qu'un « cas » de schizophrénie qu'on présente aux étudiants.

◆ *Un succès prolongé – fondé sur l'identification immédiate du jeune public – fut reçu en France par ce film très sobrement et invisiblement réalisé, qui rencontrait les thèses anti-psychiatriques de David Cooper et Ronald Laing. Parmi tous les films de Kenneth Loach consacrés à la jeunesse et à l'enfance, ce fut le plus populaire.* M.CH.

FAMILY ROCK

Chronique de **José Pinheiro**, avec Christophe Malavoy, Sylvie Orcier, Camille Robert, Serge Merle. France, 1981 – Couleurs – 1 h 30.

Un garçon et une fille se rencontrent, s'aiment, achètent un vieil autocar et un manège ambulant, et partent sur les routes. Deux enfants leur naissent. La vie est belle.

FAMILY VIEWING "Family Viewing"

Drame d'**Atom Egoyan**, avec David Hemblen, Aidan Tierney, Gabrielle Rose. Canada, 1987 – Couleurs – 1 h 26.

Un jeune homme vit avec son père et l'amie de ce dernier dans un appartement dont toutes les pièces sont équipées de télévision et magnétoscope. Un jour, en « zappant », il s'arrête sur une image : son père et lui assis devant un poste de télévision.

FANFAN LA TULIPE

Film d'aventures de **Christian-Jaque**, avec Gérard Philipe *(Fanfan)*, Gina Lollobrigida *(Adeline)*, Noël Roquevert *(Fier-à-Bras)*, Marcel Herrand *(Louis XV)*. • SC : René Wheeler, René Fallet (dialogues d'Henri Jeanson). • PH : Christian Matras. • DÉC : Robert Gys. • MUS : Maurice Thiriet, Georges Van Parys. • COST : Marcel Escoffier.

• MONT : Jacques Desagneaux. France, 1952 – 1 h 42.
★ **PRIX DE LA MISE EN SCÈNE, Cannes 1952.**

Fanfan le séducteur s'engage pour échapper au mariage. Prêtant foi aux fausses prédictions d'Adeline, il rêve de conquérir la fille du roi Louis XV. Il sauve par hasard celle-ci d'une embuscade, et, pour la revoir, pénètre dans le château royal : il est condamné à la pendaison. Gracié après un simulacre d'exécution, il lui faut arracher Adeline aux désirs du roi. Ce faisant, il capture tout l'état-major ennemi et obtient la belle en récompense.

◆ *Film au succès populaire très vif,* Fanfan la Tulipe *joue sur la verve et l'agilité de Gérard Philipe et l'éclat tout frais du décolleté de Gina Lollobrigida. La musique souligne l'enchaînement accéléré de hasards heureux et transforme en ballets duels, courses-poursuites et autres enlèvements. L'Histoire cependant pointe le nez, à travers un commentaire* off *aigre-doux, qui ironise sur les défauts des puissants et condamne la guerre, même « en dentelles ».* *M.L.*

▷ Le personnage était déjà apparu à l'écran dans une version de **René Leprince**, avec Aimé Simon-Girard, Jacques Guilhène, Claude France, Alexandre Colas, Simone Vaudry. France, 1925 – huit parties.

LES FANFARES DE LA GLOIRE "TUNES OF GLORY"
Drame de **Ronald Neame**, avec Alec Guinness, John Mills, Susannah York, Dennis Price, Kay Walsh. Grande-Bretagne, 1960 – Couleurs – 1 h 47.

Dans un régiment de Highlanders, un désaccord survient entre un commandant jovial et un colonel marqué par la vie. Prix d'interprétation à Venise en 1960 pour John Mills.

LE FANFARON "IL SORPASSO"
Comédie dramatique de **Dino Risi**, avec Vittorio Gassman *(Bruno)*, Jean-Louis Trintignant *(Roberto)*, Catherine Spaak *(Lili, la fille de Bruno)*, Claudio Gora *(Bibi)*. • SC : D. Risi, Ettore Scola, Ruggero Maccari. • PH : Alfio Contini. • MUS : Riz Ortolani. • MONT : Maurizio Lucidi. • PR : Mario Cecchi Gori (Fair Film). Italie, 1962 – 1 h 35.

Un week-end du 15 août à Rome. Les rues sont aussi désertes que dans les villes mortes des récits de science-fiction. Un homme qui porte beau, Bruno, au volant d'une voiture de sport, cherche à téléphoner. Il est volubile, sans-gêne, astucieux, entreprenant, indiscret. Il rencontre un jeune étudiant, Roberto, qui est tout son contraire : timide, sérieux, farouche, coincé. Les deux hommes vont apprendre à se connaître à la faveur d'une équipée pleine d'imprévus. Ils feront beaucoup de rencontres, de visites, de découvertes plus ou moins piquantes. Peu à peu, Roberto la fourmi va se surprendre à savourer la griserie de la vie telle que la conçoit Bruno la cigale. Mais cet homme si désinvolte, si « suradapté » est au fond un être blessé, malheureux, qui a conscience d'avoir gâché sa vie et qui ne cesse de faire le clown pour désarmer son désarroi... L'aventure finit tragiquement par un accident d'auto.

◆ Jusqu'à la tragédie pure

Ce film est incontestablement le meilleur qu'ait réalisé Dino Risi qui passe pour l'un des représentants les plus typiques de la « Comédie à l'italienne ». On désigne sous cette formule des films qui ont l'apparence, la forme, les caractéristiques de la comédie, mais qui, derrière le rire et le sourire, par le biais de la dérision et de la satire, dénoncent des comportements sociaux, des habitudes morales et, d'une façon générale, toutes sortes de structures stérilisantes. Par définition, la comédie à l'italienne est insolente et subversive. Mais attention : il faut se montrer vigilant à son égard, car beaucoup de films assez faibles, souvent commerciaux et vulgaires (il y en a aussi dans la filmographie de Dino Risi) se réclament de cette famille. L'intérêt du Fanfaron, *film tout à fait réussi, voire exemplaire, est que son anecdote est un florilège de situations et de personnages drôles. On ne pense pas à analyser l'« au-delà » du plaisir comique. On marche, on rit. Il faut dire que le talent de Vittorio Gassman, cabotin de génie, entre pour beaucoup dans le plaisir que nous prenons au spectacle. Jean-Louis Trintignant, avec son air penché, son regard vague, ses gestes esquissés, campe, de son côté, un « faire-valoir » parfait. Bref, ce couple de comédiens fonctionne à merveille. Le caractère dramatique de la fable apparaît progressivement pour finir dans la tragédie pure. Le rire s'étrangle tout à fait à l'épilogue et nous mesurons, rétrospectivement, ce qu'avait de grave et de touchant la succession d'épisodes comiques auxquels nous nous sommes tant divertis. Cette qualité est peut-être due au fait que le coscénariste du* Fanfaron *est Ettore Scola.* *G.S.*

FANNY
Comédie dramatique de **Marc Allégret** supervisée par Marcel Pagnol, d'après sa pièce, avec Raimu, Pierre Fresnay, Orane Demazis, Fernand Charpin. France, 1932 – 2 h 20.

Fanny, enceinte de Marius, avoue son état à Panisse, qui tient malgré tout à l'épouser. Au retour de Marius, Fanny, qui l'aime toujours, sacrifie son amour à son devoir. La suite de MARIUS (Voir ce titre).

▷ Autres versions réalisées par : **Mario Almirante**, avec Dria Paola, Lamberto Picasso, Alfredo De Sanctis. Italie, 1933 – env. 1 h 40. **Fritz Wendhausen**, intitulée DER SCHWARZE WALFISCH, avec Emil Jannings, Angela Salloker, Max Gülstor. Allemagne, 1934 – env. 1 h 50. **Joshua Logan**, avec Leslie Caron, Charles Boyer, Maurice Chevalier, Horst Buchholz. États-Unis, 1960 – Couleurs – 2 h 13. **James Whale** a signé, avec PORT OF SEVEN SEAS, une adaptation condensée de la trilogie de Pagnol, avec Wallace Berry, Frank Morgan, Maureen O'Sullivan, John Beal. États-Unis, 1938 – 1 h 21.

FANNY ET ALEXANDRE "FANNY OCH ALEXANDER"
Comédie dramatique d'**Ingmar Bergman**, avec Pernilla Allwin *(Fanny)*, Bertil Guve *(Alexandre)*, Gunn Wallgren *(Héléna)*, Ewa Fröling *(Émilie)*, Erland Josephson *(Isak Jacobi)*, Jarl Kulle *(Gustav Adolf)*, Jan Malmsjö *(l'évêque Vergerus)*, Allan Edwall *(Oscar)*. • SC : I. Bergman. • PH : Sven Nykvist. • DÉC : Anna Asp. • MUS : Daniel Bell, Benjamin Britten, Schumann. • MONT : Sylvia Ingermarsson. Suède / France / R.F.A., 1982 – Couleurs – 3 h 08. ★ OSCAR DU MEILLEUR FILM ÉTRANGER 1982.

Fête de Noël chez Héléna Ekdahl. Son ancien amoureux, Isak, ses fils, Oscar, Gustav Adolf et Carl, les familles, les petits-enfants ; parmi eux, Fanny et Alexandre. Puis les événements se précipitent : les deux enfants perdent leur père, comédien de son état, et leur mère Émilie se remarie avec l'évêque Vergerus, qui les fait affreusement souffrir. Ils finissent par s'échapper. L'évêque meurt. La famille se retrouve pour panser ses plaies et baptiser deux nouveau-nés, la fille d'Émilie et l'enfant adultérin de Gustav Adolf avec la bonne : « tout peut arriver ».

◆ *Négligeons la philosophie un peu courte des personnages : le film est admirable par la multiplicité des références aux œuvres antérieures du grand cinéaste et surtout par l'immense tendresse humaine qui s'en dégage. Les questions essentielles restent posées.* D.C.

FANNY HILL "FANNY HILL"
Film érotique de **Russ Meyer**, avec Miriam Hopkins, Laetitia Roman, Walter Giller, Alex d'Arcy, Helmut Weiss. R.F.A., 1965 – 1 h 44.

Au XVIIIe siècle, les aventures d'une femme dont la vie est dédiée aux plaisirs. Une œuvre proche de la parodie.

FANTASIA "FANTASIA"
Dessin animé musical de **Walt Disney**. Directeur musical : Deems Taylor. Avec la participation du Philadelphia Orchestra, dirigé par Leopold Stokowski. États-Unis, 1940 – Couleurs – 2 h 15.

Libre illustration en dessins animés, sans commentaire, d'un choix de morceaux de musique classique arrangés. Successivement : la *Toccata et Fugue en ré mineur* de Bach (images abstraites), la suite de *Casse-Noisette* de Tchaïkovski (les animaux et les végétaux de la forêt dansent), *l'Apprenti sorcier* de Paul Dukas (avec Mickey Mouse dans le rôle-titre), *le Sacre du printemps* de Stravinski (évocation de la formation de la Terre et de l'évolution des espèces), la *Symphonie pastorale* de Beethoven (ballet de créatures mythologiques conçu dans le style art-déco), la *Danse des heures de Ponchielli* (parodie de ballet classique avec des animaux sauvages), *la Nuit sur le Mont-Chauve* de Moussorgski (imagerie romantique classique) enchaînée avec l'*Ave Maria* de Schubert.

◆ *Présenté avec un système unique à l'époque de son stéréophonique, le « Fanta-sound »,* Fantasia *fut la tentative artistique la plus ambitieuse de Walt Disney. Mais malgré quelques moments réputés (comme* l'Apprenti sorcier *ou* la Danse des heures *traitée dans la veine parodique des* Silly Symphonies *du début des années 30), ou bien joliment poétiques* (Casse-Noisette)*, l'ensemble reste fastidieux et répétitif. Plastiquement, les références kitsch consciemment assumées n'empêchent pas une fréquente laideur. Cependant, le film fut l'occasion de multiples recherches techniques (utilisation de caméras « multiplanes » donnant une profondeur de champ) qui firent progresser l'animation.* M.CH.

FANTASIA CHEZ LES PLOUCS
Comédie de **Gérard Pirès**, d'après le roman de Charles Williams, avec Lino Ventura, Mireille Darc, Jean Yanne, Jacques Dufilho, Rufus. France, 1970 – Couleurs – 1 h 30.

La vie d'un bouilleur de cru de l'Alabama, ainsi que celle du shérif, est perturbée par l'arrivée de receleurs de diamants. Les interprètes n'ont pas lésiné sur la fantaisie, mais il n'est pas facile de transposer à l'écran l'oncle Sagamore et son équipe !

FANTASMES "BEDAZZLED"
Comédie de **Stanley Donen**, avec Peter Cook, Dudley Moore, Eleanor Bron, Raquel Welch. Grande-Bretagne, 1967 – Couleurs – 1 h 43.

Stanley fait un pacte avec le Diable, mais les sept vœux qu'il obtient en échange de son âme ne lui suffiront pas pour conquérir la femme qu'il aime. Des sketches souvent satiriques.

LES FANTASMES DE MADAME JORDAN / MONTENEGRO "MONTENEGRO"
Drame de **Dušan Makavejev**, avec Susan Anspach, Erland Josephson, Per Oscarsson, Boro Todorović. Suède, 1981 – Couleurs – 1 h 37.

Une Américaine mariée à un homme d'affaires suédois rencontre un groupe d'ouvriers yougoslaves. Elle participe à une fête slave, tue son amant d'une nuit et rentre chez elle, gagnée par la folie.

FANTASTICA
Comédie dramatique de **Gilles Carle**, avec Carole Laure, Lewis Furey, Serge Reggiani, Claudine Auger, John Vernon. Canada / Fance, 1980 – Couleurs – 1 h 46.

La vedette d'une troupe musicale ambulante tombe amoureuse d'un vieil écologiste dont le domaine merveilleux est menacé de disparition par la construction d'une usine. Leur lutte sera vaine.

LE FANTASTIQUE HOMME COLOSSE
"THE AMAZING COLOSSAL MAN"
Flm de science-fiction de **Bert I. Gordon**, avec Glenn Langan, Cathy Downs. États-Unis, 1957 – 1 h 20.

Au cours d'essais d'une bombe au plutonium, un savant est grièvement brûlé et se met à grandir de plusieurs mètres chaque jour. Devenu un monstre, il doit être abattu comme King-Kong.

LES FANTASTIQUES ANNÉES 20
"THE ROARING TWENTIES"
Film noir de **Raoul Walsh**, avec James Cagney *(Eddie Bartlett)*, Priscilla Lane *(Jean Sherman)*, Humphrey Bogart *(George Hally)*, Gladys George *(Lana Smith)*, Jeffrey Lynn *(Lloyd Hart)*. • SC : Jerry Wald, Richard Macaulay, Robert Rossen, d'après le récit de Mark Hellinger *The World Moves On*. • PH : Ernest Haller. • DÉC : Max Parker. • MUS : Heinz Roemheld, Ray Heindorf. • MONT : Jack Killifer. États-Unis, 1939 – 1 h 46.

Trois amis revenant de la guerre suivent trois destins différents : Lloyd devient avocat, George propriétaire de bar et Eddie, taxi puis trafiquant d'alcool. Ruiné par la dépression, Eddie tue George qui veut abattre Lloyd parce qu'il poursuit les trafiquants. Blessé, il meurt dans les bras de la femme dont il n'a su se faire aimer.

◆ *Rooseveltien dans l'idée, ce film dépasse, par son analyse de la dépression, le cadre réformiste qui était le sien. Son pessimisme foncier n'est qu'un éloge paradoxal de l'individualisme, qui préfère suivre Cagney dans la frénésie tragique de sa destinée plutôt que choisir une possibilité de compromis, quelle qu'elle soit, entre les valeurs sociales et le rêve d'un homme. Ce film foudroyant, peut-être le plus rapide qui ait été fait, brasse un matériau considérable. Il défile sous nos yeux sidérés aussi vite que notre vie au moment d'un accident grave, tout en dessinant des personnages complexes, consumés par l'élan vital qui leur donne leur inépuisable énergie.* S.K.

FANTÔMAS
Serial de **Louis Feuillade**, avec René Navarre *(Fantômas)*, Bréon *(Juve)*, Renée Carl *(lady Beltham)*, Georges Melchior *(Fandor)*, Yvette Andreyor *(Hélène)*. • SC : L. Feuillade, d'après les romans de Pierre Souvestre et Marcel Allain. • PH : Guérin. • DÉC : Robert Jules Garnier. France, 1913 (épisodes 1 et 2) et 1914 (épisodes 3, 4 et 5). Cinq épisodes de 1 200 à 1 800 m (env. 45 mn à 1 h 05).

1 : FANTÔMAS.

2 : JUVE CONTRE FANTÔMAS.

3 : LE MORT QUI TUE.

4 : FANTÔMAS CONTRE FANTÔMAS.

5 : LE FAUX MAGISTRAT.

Les exploits de Fantômas, « l'empereur du crime », mystérieux bandit en cagoule noire, auquel s'opposent le détective Juve, le journaliste Fandor, sa maîtresse lady Beltham et sa fille Hélène.

◆ *Tandis que sa mise en scène découvre la séquence découpée et que ses acteurs dialoguent par gestes avec une étonnante précision, Feuillade s'en tient à des motifs romantiques, que beaucoup jugeront fantastiques (mais tout s'explique). Femmes éperdues et fatales, usurpations d'autorité judiciaire, défis à l'enquête raisonnée : les aspects diaboliques et rocambolesques de la fable raviront les surréalistes. Mais les complots, les cachettes et les secrets, qui conservent « leur étrange poésie » (Soupault) tout en participant à « une épopée moderne » (Desnos), deviennent ici les repoussoirs d'un style cinématographique qui met en valeur la continuité du temps et de l'espace et s'applique à en faire éclater la transparence. Le succès fut immense.* A.M.

FANTÔMAS
Film policier de **Paul Féjos**, d'après les romans de Pierre Souvestre et Marcel Allain, avec Jean Galland, Tania Fédor, Thomy Bourdelle, Georges Rigaud. France, 1932 – 1 h 31.

Un inspecteur qui enquête sur le meurtre d'une marquise est persuadé que le crime a été commis par Fantômas. Il le démasquera mais, aidé par une femme, le criminel s'échappera.

FANTÔMAS
Film policier de **Jean Sacha**, d'après les romans de Pierre Souvestre et Marcel Allain, avec Marcel Herrand,

Simone Signoret, André Le Gall, Alexandre Rignault. France, 1947 – 1 h 37.

L'invincible bandit se heurte à sa fille, courageuse et honnête, qui veut mettre fin à ses activités criminelles. Avec un jeune journaliste, son fiancé, elle découvre son repaire.

FANTÔMAS

Film d'aventures d'**André Hunebelle**, lointainement inspiré des romans de Pierre Souvestre et Marcel Allain, avec Jean Marais, Louis de Funès, Mylène Demongeot. France, 1964 – Couleurs – 1 h 40.

Le journaliste Fandor et l'inspecteur Juve partent en chasse contre l'insaisissable criminel Fantômas. Jean Marais dans un double rôle (Fantômas et Fandor, ce qui est un non-sens !) se fait voler la vedette par Juve/de Funès.

▷ Le réalisateur signe deux suites, avec les mêmes comédiens : FANTÔMAS SE DÉCHAÎNE, France / Italie, 1965 – Couleurs – 1 h 45. FANTÔMAS CONTRE SCOTLAND YARD, France / Italie, 1967 – Couleurs – 1 h 30.

FANTÔMAS CONTRE FANTÔMAS

Film policier de **Robert Vernay**, d'après les romans de Pierre Souvestre et Marcel Allain, avec Aimé Clariond, Maurice Teynac, Yves Furet, Marcelle Chantal, Antoine Balpêtré, Alexandre Rignault, Nora Coste, Odile Versois. France, 1949 – 1 h 35.

Fantômas terrorise Paris. Fandor, soutenu par le commissaire Juve, enquête, jusqu'à un mystérieux chirurgien.

LE FANTÔME "Phantom"

Drame de **Friedrich Wilhelm Murnau**, avec Alfred Abel, Frieda Richard, Aud Egede Nissen, Lil Dagover, Grete Berger. Allemagne, 1922 – env. 2 000 m (1 h 14).

Un modeste employé renversé par l'attelage de la fille d'un bourgeois est obsédé par le visage de celle-ci. Il boit pour oublier, vole, va en prison et épousera finalement celle qui l'aimait.

FANTÔME À VENDRE "The Ghost Goes West"

Comédie fantastique de **René Clair**, avec Robert Donat *(Murdoch* et *Donald Glourie)*, Jean Parker *(Peggy Martin)*, Eugene Palette *(Joe Martin)*, Elsa Lanchester *(lady Shepperton)*. • SC : Robert Sherwood, R. Clair, Geoffrey Kerr, d'après une histoire d'Eric Keown. • PH : Harold Rosson. • DÉC : Vincent Korda. • MUS : Mischa Spoliansky. Grande-Bretagne, 1935 – 1 h 35.

Châtelain écossais ruiné, Donald Glourie est contraint de vendre son château. Il trouve acquéreur en la personne de Joe Martin, un milliardaire américain épais dont la fille, Peggy, est charmante. Le château est démonté pierre par pierre pour être reconstruit à l'identique en Amérique. Or, le fantôme qui hantait ce château, Murdoch, n'aime pas les voyages. Il ne jouira du repos éternel que lorsqu'il aura vengé l'honneur des Glourie en giflant un représentant du clan adverse. Il trouvera ce personnage outre-Atlantique.

◆ *René Clair s'est amusé au jeu de la satire avec beaucoup d'esprit. Sa cible est moins les ridicules rivalités de clans écossais (encore que...) que la trivialité des nouveaux riches américains (qui n'hésitent pas à dresser un château écossais dans leur parc en l'entourant de canaux et de gondoles, pour faire couleur locale). Humour donc. Mais également charme et poésie.* *G.S.*

FANTÔME D'AMOUR "Fantasma d'amore"

Drame fantastique de **Dino Risi**, d'après le roman de Mino Milani, avec Marcello Mastroianni, Romy Schneider, Victoria Zinny. Italie, 1980 – Couleurs – 1 h 35.

Un amour d'antan vient troubler la vie de Nino Monti, marié à une femme acariâtre. D'étranges aventures s'ensuivent, car c'est bien de l'au-delà que la « revenante » surgit pour se venger.

LE FANTÔME DE BARBE-NOIRE

"Blackbeard's Ghost"

Film d'aventures de **Robert Stevenson**, avec Peter Ustinov, Dean Jones, Suzanne Pleshette, Elsa Lanchester. États-Unis, 1968 – Couleurs – 1 h 47.

Avec l'aide d'un fantôme, un jeune entraîneur sportif parvient à écarter tous les obstacles. Un divertissement sans prétention.

LE FANTÔME DE CANTERVILLE

"The Canterville Ghost"

Comédie de **Jules Dassin**, librement adaptée de la nouvelle d'Oscar Wilde, avec Charles Laughton, Robert Young, Margaret O'Brien. États-Unis, 1944 – 1 h 36.

En 1943, des soldats américains sont cantonnés au château de Canterville où rôde, depuis trois siècles, le fantôme de sir Simon, ancien maître des lieux.

LE FANTÔME DE CAT DANCING

"The Man Who Loved Cat Dancing"

Western de **Richard C. Sarafian**, d'après le roman de Marilyn Durham, avec Burt Reynolds, Sarah Miles. États-Unis, 1973 – Couleurs – 2 h.

Un officier devenu bandit, qui vit dans le souvenir de Cat Dancing, sa jeune épouse morte, enlève une femme et vit avec elle de nombreuses aventures. Un « western » insolite et saisissant.

LE FANTÔME DE LA LIBERTÉ

Fable de **Luis Buñuel**, avec Bernard Verley *(le capitaine)*, Jean-Claude Brialy *(M. Foucault)*, Monica Vitti *(Mme Foucault)*, Milena Vukotić *(l'infirmière)*, Paul Frankeur *(l'aubergiste)*, Michael Lonsdale *(le chapelier)*, François Maistre *(le professeur)*, Hélène Perdrière *(la tante)*, Jean Rochefort *(M. Legendre)*, Julien Bertheau, Adriana Asti, Michel Piccoli. • SC : L. Buñuel, Jean-Claude Carrière. • PH : Edmond Richard. • DÉC : Pierre Guffroy. • MONT : Hélène Plemiannikov. France, 1974 – Couleurs – 1 h 43.

Série d'épisodes sans lien logique, encadrée par des scènes de répression où l'on entend en off le cri de « À bas la liberté ». Entre autres, un couple de bourgeois trouve « répugnantes » des photos des monuments de Paris, une infirmière passe une soirée dans une curieuse auberge, on recherche une fillette alors qu'elle est présente en chair et en os, un tueur est condamné à mort et aussitôt libéré.

◆ *Le succès de ce film dénué de toute cohérence narrative marqua la consécration commerciale du cinéma d'auteur. Certains n'y virent que vanité, mais ce regard libre porté sur nos habitudes sociales est pour le moins décapant. Imagination en liberté, inversion, abolition des contraires : le film est fidèle à l'esprit surréaliste. La seconde partie glisse dans un étrange climat de violence feutrée.* *J.-P.B.*

LE FANTÔME DE LA RUE MORGUE

"PHANTOM OF THE RUE MORGUE"

Film policier de **Roy Del Ruth**, avec Karl Malden, Claude Dauphin, Patricia Medina, Steve Forrest. États-Unis, 1954 – Couleurs (3-D) – 1 h 24.

Horreur, mystère et angoisse pour cette histoire de meurtre tirée d'Edgar Allan Poe, dans une version conçue pour le relief.

▷ Voir aussi DOUBLE ASSASSINAT DANS LA RUE MORGUE.

LE FANTÔME DE L'OPÉRA

"THE PHANTOM OF THE OPERA"

Drame musical d'**Arthur Lubin**, d'après le roman de Gaston Leroux, avec Nelson Eddy, Claude Rains, Susanna Foster. États-Unis, 1943 – Couleurs – 1 h 32.

Somptueuse version musicale et colorée du célèbre roman.

▷ Version muette réalisée par: **Rupert Julian**, avec Lon Chaney, Mary Philbin, Norman Kerry, Gibson Gowland. États-Unis, 1925 – env. 2 500 m (1 h 30).

LE FANTÔME DE L'OPÉRA

"THE PHANTOM OF THE OPERA"

Film d'épouvante de **Terence Fisher**, d'après le roman de Gaston Leroux, avec Herbert Lom, Heather Sears. Grande-Bretagne, 1962 – Couleurs – 1 h 30.

Un musicien trahi et défiguré hante les coulisses de l'Opéra.

LE FANTÔME DE MILBURN "GHOST STORY"

Film fantastique de **John Irvin**, avec Fred Astaire, Melvyn Douglas, Douglas Fairbanks Jr. États-Unis, 1982 – Couleurs – 1 h 50.

Une série de morts mystérieuses révèle la mauvaise conscience de quelques notables de cette ville du Vermont.

LE FANTÔME QUI NE REVIENT PAS

"PRIVIDENIE, KROTOSOE NE VOZRAŠČAETSJA"

Drame d'**Abram Room**, avec Boris Ferdinandov *(José Real)*, Olga Jizneva *(sa femme)*, Maxime Chtraukh *(le policier)*, Dmitri Kara-Dmitriev *(le commissaire)*, Daniil Vedensky *(le directeur de la prison)*. • SC : Valentin Tourkine, d'après le récit d'Henri Barbusse *Le rendez-vous qui n'a pas eu lieu*. • PH : Dmitri Feldman. • DÉC : Viktor Aden. • MUS : Alexandre Chenchine (sonorisé en 1933). U.R.S.S. (Russie), 1930 – 1 h 26.

Le chef révolutionnaire José Real, emprisonné dans un pays d'Amérique du Sud, reçoit une journée de liberté pour rendre visite à sa famille. Suivi par un policier qui a l'ordre de l'abattre sous prétexte d'une tentative de fuite.

◆ *Cet étonnant film est typique des recherches d'expression dans le cinéma soviétique de la fin du muet : montage rapide, caméra très mobile, effets subjectifs, audaces dramaturgiques.* *M.MN.*

LES FANTÔMES DU CHAPELIER

Film policier de **Claude Chabrol**, d'après le roman de Georges Simenon, avec Michel Serrault, Charles Aznavour, Monique Chaumette. France, 1982 – Couleurs – 2 h.

Un mystérieux étrangleur de femmes vient troubler la quiétude d'une petite ville de Bretagne. Le tailleur épie le chapelier et découvre en lui un assassin... logique.

FANTÔMES EN VADROUILLE "HOLD THAT GHOST"

Film burlesque d'**Arthur Lubin**, avec Bud Abbott, Lou Costello, Richard Carlson, Evelyn Ankers, Joan Davis. États-Unis, 1941 – 1 h 26.

Deux amis héritent de la propriété d'un gangster et sont harcelés par ses anciens complices, qui veulent s'emparer d'un trésor caché dans la maison.

▷ Voir aussi DEUX NIGAUDS CONTRE FRANKENSTEIN.

LA FARCE TRAGIQUE "LA CENA DELLE BEFFE"
Drame d'**Alessandro Blasetti**, d'après la pièce de Sem Benelli, avec Amedeo Nazzari, Osvaldo Valenti. Italie, 1941 – 1 h 27.

L'affrontement de deux jeunes aristocrates dans la Florence des Médicis au XVIe siècle.

LE FARCEUR
Comédie de **Philippe de Broca**, avec Anouk Aimée, Jean-Pierre Cassel, Geneviève Cluny, Palau, Georges Wilson. France, 1961 – 1 h 28.

Le monde fou, fou, fou d'un jeune homme dont la vie est vouée au plaisir. Un divertissement non dénué de philosophie.

FARGO "FARGO"
Policier de **Joel Coen**, avec Frances McDormand, Steve Buscemi, Peter Stormare, William H. Macy. États-Unis, 1995 – Couleurs – 1 h 37. ★ PRIX DE LA MISE EN SCÈNE, Cannes 1996.

Pour monter une affaire, Jerry Lundegaard, vendeur de voitures pas très doué, imagine de faire enlever sa femme par deux hommes de main et de récupérer une partie substantielle de la rançon payée par son riche beau-père. Mais le kidnapping dérape... Un polar attachant, qui se déroule dans un Minnesota enneigé, peuplé de pittoresques descendants de Scandinaves : taciturnes, lents et terriblement obstinés. Un remarquable personnage de femme commissaire incarné par Frances McDormand.

FARINELLI "IL CASTRATO"
Drame musical de **Gérard Corbiau**, avec Stefano Dionisi, Enrico Lo Verso, Elsa Zylberstein. France / Italie, 1994 – Couleurs – 1 h 56.

Castré à 10 ans, Farinelli a deux trésors : la gloire que lui apporte une voix sublime et l'affection de son frère aîné, qui compose pour lui. Mais le binôme fraternel va être mis en péril par une proposition de Haendel. Artifices, voix de synthèse... et vraie séduction.

FARREBIQUE (OU LES QUATRE SAISONS)
Documentaire de **Georges Rouquier**. • SC : G. Rouquier, sur une idée de C. Blanchard. • PH : André A. Danton. • MUS : Henri Sauguet. • MONT : Madeleine Gug. France, 1946 – 1 h 26. ★ GRAND PRIX DU CINÉMA FRANÇAIS, 1946 ; PRIX INTERNATIONAL DE LA CRITIQUE, Cannes 1946 ; PRIX DE LA BIENNALE, Venise 1948.

De la vie ralentie de l'hiver au grand rut de printemps, de l'activité estivale au partage des biens en automne, de la naissance de l'enfant à la mort du grand-père en passant par les promesses d'union future, Rouquier met en scène le cycle vital qui fonde la permanence de la vie paysanne traditionnelle.

◆ *Échec commercial, bien qu'il soit considéré comme un modèle d'enquête ethnographique autant que sociologique,* Farrebique *combine la vérité du détail et le travail poétique. Tourné en direct pendant une année entière, sans acteurs sinon sans scénario, le film est souvent vu comme précurseur du « cinéma-vérité ». Il joue cependant sur un symbolisme qui se manifeste dans son organisation narrative (avec l'invention de certains épisodes telle la mort du grand-père) comme dans l'utilisation d'effets spéciaux (accélérés notamment).* M.L.

LE FAR WEST
Comédie de **Jacques Brel**, avec Jacques Brel, Gabriel Jabbour, Danièle Evenou, Véronique Muret, Charles Gérard. France, 1973 – Couleurs – 1 h 30.

Jacques et son copain Gabriel réinventent le Far West en compagnie d'une infirme noire. Il s'agit en fait d'une mine désaffectée. Après *Franz* (1972), Brel met en scène le mythe de l'Ouest revu et corrigé par le rêve des enfants.

FAR WEST 89 "RETURN OF THE BADMEN"
Western de **Ray Enright**, avec Randolph Scott, Robert Ryan, Anne Jeffreys. États-Unis, 1948 – 1 h 30.

Un fermier tente en vain de ramener dans le droit chemin la jeune femme qui est à la tête d'une bande de hors-la-loi.

FASCINATION "POSSESSED"
Comédie dramatique de **Clarence Brown**, avec Joan Crawford, Clark Gable, Wallace Ford, Frank Conroy. États-Unis, 1931 – 1 h 16.

La rapide ascension d'une jeune employée d'usine de Pennsylvanie qui épouse un riche avocat destiné à une carrière politique.

FASTER PUSSYCAT, KILL ! KILL !
"FASTER PUSSYCAT, KILL ! KILL !"
Film policier satirique de **Russ Meyer**, avec Tura Satana, Haji, Lori Williams. États-Unis, 1983 – Couleurs – 1 h 23.

Des filles délurées tentent un cambriolage chez un paralytique flanqué d'un demeuré. Underground bourré de références.

FAST-WALKING
Film policier de **James B. Harris**, avec James Woods, Tim McIntire, Kay Lenz, Robert Hooks. États-Unis, 1981 – Couleurs – 1 h 55.

Un gardien de prison tranquille est mêlé malgré lui à une affaire politique liée à un leader noir détenu.

FATALE "DAMAGE"
Drame de **Louis Malle**, d'après le roman *Dangereuse* de Joséphine Hart, avec Jeremy Irons, Juliette Binoche, Miranda Richardson. France / Grande-Bretagne, 1992 – Couleurs – 1 h 50.

Un parlementaire influent et heureux en famille tombe amoureux de la fiancée de son fils. Un engrenage fatal qui fera un mort et brisera la vie des autres.

FATHERLAND "FATHERLAND"
Drame de **Ken Loach**, avec Gerulf Pannach, Fabienne Babe. Grande-Bretagne, 1986 – Couleurs – 1 h 50.

Dritteman, comme l'acteur qui l'interprète, a quitté la R.D.A. pour la R.F.A. Musicien, il veut s'exprimer et retrouver son père. Il découvrira que celui-ci collaborait avec la Gestapo.

FATSO "FATSO"
Comédie d'**Anne Bancroft**, avec Dom DeLuise, Anne Bancroft, Ron Carey. États-Unis, 1980 – Couleurs – 1 h 33.

La cure de désintoxication d'un boulimique s'achève dans le garde-manger... Déception sentimentale et enfer de l'obésité : une comédie qui aborde avec « légèreté » un sujet grave.

FATTY
Série de courts métrages burlesques d'une ou deux bobines (300 ou 600 m) réalisés par **Mack Sennett**, **Henry Lehrman**, **Eddie Dillon**, **Charlie Chaplin** ou **Roscoe Arbuckle** (à partir de 1917), produits par la Vitagraph puis la Keystone (1913-1914), la Triangle-Keystone (1915-1916) et la Comic-Paramount (1917-1919), puis de longs métrages produits par la Paramount (1920-1921), avec Roscoe Arbuckle. États-Unis, 1913-1921.

Les mésaventures d'un petit homme jovial, obèse innocent et malicieux, interprétées par Roscoe Arbuckle (surnommé « Fatty »). On retrouve le personnage dans près de cent courtes bandes.

▷ Fatty apparaît aussi dans sept longs métrages :

FATTY L'INTRÉPIDE SHÉRIF "THE ROUND UP"
de **George Melford**. 1920 – env. 2 100 m (1 h 15).

FATTY CANDIDAT "THE LIFE OF THE PARTY"
de **Joseph Henabery**. 1920 – env. 1 500 m (1 h).

LES MILLIONS DE FATTY "BREWSTERS'S MILLIONS"
de **Joseph Henabery**. 1921 – env. 1 800 m (1 h 05).

FATTY PLACIER "THE TRAVELING SALESMAN"
de **Joseph Henabery**. 1921 – env. 1 500 m.

FATTY DÉTECTIVE AMATEUR
"THE DOLLAR-A-YEAR MAN"
de **James Cruze**. 1921 – env. 1 500 m.

FATTY VEUT SE MARIER "CRAZY TO MARRY"
de **James Cruze**. 1921 – env. 1 500 m.

FATTY FAIT DE L'AUTO "GASOLINE GUS"
de **James Cruze**. 1921 – env. 1 500 m.

FAUBOURG SAINT-MARTIN
Comédie dramatique de **Jean-Claude Guiguet**, avec Françoise Fabian, Patachou, Marie-Christine Rousseau. France, 1986 – Couleurs – 1 h 30.

À Paris, dans un hôtel du Xe arrondissement, les destins des pensionnaires féminines se croisent jusqu'au drame final.

LES FAUBOURGS DE NEW YORK / À L'OMBRE DE BROOKLYN "THE BOWERY"
Film d'aventures de **Raoul Walsh**, avec Wallace Berry *(Chuck Connors)*, George Raft *(Steve Brodie)*, Jackie Cooper *(Swipes)*, Fay Wray *(Lucy)*. • SC : Howard Esterbrook, James Gleason. • PH : Barney Mc Gill. • DÉC : Richard Day. • MUS : Alfred Newman. • MONT : Allen McNeill. États-Unis, 1933 – 1 h 30.

Le Bowery, quartier mal famé et truculent de New York, est le théâtre des exploits de Chuck et Steve, rivaux et amis. Un jour, Steve parie avec Chuck qu'il sautera du pont de Brooklyn, et s'exécute ! Chuck perd ainsi son tripot et devient clochard. Mais Steve avait triché et Swipes, un enfant, saura le convaincre qu'il s'est mal conduit. Après un affrontement avec Chuck, Steve réitère son exploit, pour de bon cette fois.

◆ *Fondé sur la vie de personnages ayant existé et sur un exploit vraiment accompli par Steve Brodie, le film n'en est pas moins une reconstitution de la vie de Brooklyn dans les années 1880-1890. Cette réelle réussite, une des seules de Walsh dans les années 30 après les brillantes années du muet et avant les chefs-d'œuvre des années 40, éclate de santé et de truculence. Les bagarres y sont d'une gaieté contagieuse, et plus encore les dures représailles des suffragettes anti-alcooliques qui font régner la vertu la hache à la main. Le film, dominé par la création de Wallace Berry et la tendresse de Jackie Cooper, est un hymne à l'amitié digne de Steinbeck et contient un point d'orgue visuel dans la scène où George Raft se jette du haut du gigantesque pont.* S.K.

LE FAUCON
Film policier de **Paul Boujenah**, avec Francis Huster, Guy Pannequin, Marushka Detmers. France, 1983 – Couleurs – 1 h 20.

Un flic d'élite trouve la ressource de survivre à un accident survenu aux siens dans la traque d'un criminel.

LE FAUCON MALTAIS "THE MALTESE FALCON"
Film policier de **John Huston**, avec Humphrey Bogart *(Sam Spade)*, Mary Astor *(Birgid O'Shaughnessy)*, Gladys George *(Iva Archer)*, Peter Lorre *(Joel Cairo)*, Sidney Greenstreet *(Kasper Gutman)*. • SC : J. Huston, d'après le roman de Dashiell Hammett. • PH : Arthur Edeson. • MUS : Adolph Deutsch. • MONT : Thomas Richards. • PR : Hal Wallis. États-Unis, 1941 – 1 h 40.

Le détective privé Sam Spade confie à son associé Miles une affaire un peu fumeuse que lui a proposée une cliente nerveuse et énigmatique. Cet associé est assassiné. Sam éprouve de la gêne et de l'agacement à consoler sa veuve avec qui il a eu une vague aventure. Il veut comprendre et, d'une certaine manière, venger son associé. Il reprend donc l'affaire. Elle est extrêmement compliquée. La cliente a manifestement menti au détective, mais il se sent attiré par elle. Au cœur de l'imbroglio, il y a un objet fabuleux, un faucon en or massif d'une valeur inestimable, dont plusieurs « chasseurs » cherchent à retrouver la trace depuis des années. Un aventurier levantin, un truand obèse, un capitaine de bateau entrent dans cette étrange histoire. Le faucon existe bien. Sam Spade l'intercepte. Mais cet objet ne fera ni la fortune ni le bonheur de personne, et le détective, au terme de cette épuisante et décevante série d'aventures, retournera à ses routines de « privé ».

◆ **Le prototype du film « noir »**

Avec ce polar exemplaire, John Huston faisait une entrée triomphale dans le métier. Il était scénariste, il devient réalisateur de première grandeur. Illustrant fidèlement un roman de l'excellent Dashiell Hammett (lui-même ex-privé), il a contribué à imprimer un nouveau style au cinéma policier, le film « noir », moins fondé sur la surprise qui est au bout de l'enquête que sur la description des comportements. Sam Spade est un bon professionnel. Il fréquente la pègre plus ou moins dorée, mais conserve son intégrité morale. C'est un blasé actif. Humphrey Bogart a fait merveille dans ce rôle qui est au départ de sa propre légende, celle d'un homme courageux, obstiné, intelligent, voire machiavélique, mais, au fond, incorrigiblement vertueux. Rien de ce qui est humain ne l'indiffère, même s'il sait que la nature humaine est faible. John Huston s'est fait une spécialité de ce type de personnage attiré par l'action plus que par la récompense qui est au bout de l'action. On a dit que le héros « hustonien » était voué à l'échec. C'est vrai. Ses films sont pessimistes, mais pas désespérés. Le style est sobre, sec, percutant. L'image est toujours artistement composée, dans les tonalités propres aux films noirs : un expressionnisme du plus bel effet plastique. La nuit est noire, les lumières frisantes donnent du relief aux personnes et aux objets. Le tempo est rapide, le rythme haletant. Le Faucon maltais *est l'admirable prototype d'un genre devenu classique. Il est taillé dans « l'étoffe dont sont faits les rêves ».* G.S.

▷ Autres versions réalisées par: Roy Del Ruth, avec Ricardo Cortez, Bebe Daniels, Dudley Digges, Dwight Frye, Robert Elliott. États-Unis, 1931 – 1 h 20. William Dieterle, intitulée SATAN MET A LADY, avec Bette Davis, Warren William, Alison Skipworth, Arthur Treacher, Wini Shaw, Porter Hall. États-Unis, 1936 – 1 h 14.

LES FAUCONS "MAGASISKOLA"
Drame d'**István Gaál**, d'après un roman de Miklós Mészöly, avec Ivan Andonov, György Bánfly, Judit Meszléry. Hongrie, 1970 – Couleurs – 1 h 27.

Un étudiant en ornithologie entreprend avec passion un stage dans une fauconnerie. Il est fasciné par son chef, jusqu'à ce qu'il découvre sa cruauté.

LES FAUCONS DE LA NUIT "NIGHTHAWKS"
Film policier de **Bruce Malmuth**, avec Sylvester Stallone, Billy Dee Williams. États-Unis, 1981 – Couleurs – 1 h 40.

Deux policiers du Bronx sont engagés dans une brigade spécialement constituée pour mettre fin aux exploits d'un terroriste.

LE FAUSSAIRE "DIE FÄLSCHUNG"
Drame de **Volker Schlöndorff**, avec Bruno Ganz, Hanna Schygulla, Jerzy Skolimowsky, Gila von Weitershausen, Jean Carmet. R.F.A. / France, 1981 – Couleurs – 1 h 48.

Un reporter allemand, accompagné de son photographe, se rend à Beyrouth et découvre une ville qui a intégré la mort dans son quotidien.

FAUSSE ALERTE
Comédie dramatique de **Jacques de Baroncelli**, avec Lucien Baroux, Saturnin Fabre, Micheline Presle, Jean Tissier, Joséphine Baker, Georges Marchal. France, 1945 (RÉ : 1940) – 1 h 30.

Les propriétaires de deux immeubles voisins se détestent, alors que leurs enfants s'aiment. Les alertes les réunissent dans les caves.

LA FAUSSE MAÎTRESSE
Comédie dramatique d'**André Cayatte**, d'après la nouvelle d'Honoré de Balzac, avec Danielle Darrieux, Bernard Lancret, Lise Delamare, André Alerme, Jacques Dumesnil. France, 1942 – 1 h 25.

Un rugbyman fait appel à une trapéziste du cirque de son père afin de détourner les soupçons de son meilleur ami dont il courtise la femme.

LES FAUSSES CONFIDENCES
Comédie dramatique de **Daniel Moosmann**, d'après la pièce de Marivaux, avec Jean-Pierre Bouvier, Roger Coggio, Fanny Cottençon, Brigitte Fossey, Michel Galabru, Micheline Presle. France, 1984 – Couleurs – 1 h 50.

Une jeune veuve très riche recherche plus un intendant qu'un mari, et trouve un fier jeune homme dont elle conquiert involontairement le cœur.

FAUSSES NOUVELLES "BREAK THE NEWS"
Comédie de **René Clair**, avec Maurice Chevalier, Jack Buchanan, Marta Labarr, June Knight. Grande-Bretagne, 1938 – 1 h 18.

Deux acteurs montent un coup publicitaire pour se faire connaître. Remake du MORT EN FUITE (Voir ce titre).

FAUST "FAUST (EINE DEUTSCHE VOLKSSAGE)"
Drame de **Friedrich Wilhelm Murnau**, avec Gösta Ekman *(Faust)*, Emil Jannings *(Méphisto)*, Camilla Horn *(Gretchen / Marguerite)*, Wilhem Dieterle *(Valentin)*, Yvette Guilbert *(Marthe)*. • SC : Hans Kyser, d'après Goethe et Marlowe. • PH : Carl Hoffmann, Karl Freund. • DÉC : Robert Herlth, Walter Röhrig. Allemagne, 1926 – 2 400 m (env. 1 h 25 [version sonorisée]).

L'archange de Lumière promet la Terre à Méphisto s'il réussit à étouffer l'étincelle divine dans l'âme de Faust. Devant l'épidémie de peste déclenchée par Méphisto, le Dr Faust se sent impuissant et conclut un pacte diabolique. Mais lorsque la jeune fille qu'il a séduite est sur le point d'être brûlée vive pour infanticide, Faust la rejoint sur le bûcher, renonçant à son éternelle jeunesse...

◆ *Dernier film allemand de Murnau,* Faust *mêle des influences picturales précises, les grands thèmes du romantisme allemand et de l'expressionnisme et les préoccupations tant thématiques qu'esthétiques de l'auteur. Rarement film aura laissé si peu de place au hasard. Tout y est subordonné à la volonté d'expression métaphysique du cinéaste : jeu des acteurs, costumes, décors et surtout lumière, cette « Stimmung » qui unit êtres, âmes et objets dans une unité mystique.* *J.M.*

▷ Parmi les autres variations autour du thème, voir aussi LA BEAUTÉ DU DIABLE, MARGUERITE DE LA NUIT et DOCTEUR FAUSTUS.

FAUSTINE ET LE BEL ÉTÉ
Chronique de **Nina Companeez**, avec Isabelle Adjani, Muriel Catala, Maurice Garrel, Francis Huster. France, 1971 – Couleurs – 1 h 38.

En vacances à la campagne, une jeune fille de seize ans s'éveille à la sensualité. Film pudique et sensible, sur un sujet délicat.

LA FAUTE DE L'ABBÉ MOURET
Drame de **Georges Franju**, d'après l'œuvre de Zola, avec Francis Huster, Gillian Hills, André Lacombe. France, 1970 – Couleurs – 1 h 30.

La faute de l'abbé, c'est de découvrir le désir et l'amour. Adaptation très soignée du célèbre roman, qui permet à Franju d'exalter l'individu contre les systèmes et leurs contraintes.

FAUT-IL TUER SISTER GEORGE ?
"THE KILLING OF SISTER GEORGE"
Drame de **Robert Aldrich**, d'après la pièce de Frank Marcus, avec Beryl Reid, Susannah York, Coral Browne, Roland Fraser. États-Unis, 1969 – Couleurs – 2 h 18 (1 h 50 en France).

Une actrice vieillissante, célèbre parce qu'elle incarne une religieuse à la télévision, est, du fait de son homosexualité, la proie de la jalousie et du scandale. La peinture d'une déchéance.

FAUT PAS PRENDRE LES ENFANTS DU BON DIEU POUR DES CANARDS SAUVAGES
Comédie policière de **Michel Audiard**, avec Françoise Rosay, Bernard Blier, Marlène Jobert. France, 1968 – Couleurs – 1 h 20.

Bagarres de gangsters autour d'un magot. Audiard n'a pas changé de sujet en devenant réalisateur, mais il a su s'appuyer sur la maestria de Françoise Rosay pour mener à bien son premier film.

FAUT PAS S'EN FAIRE "WHY WORRY ?"
Film burlesque de **Sam Taylor** et **Fred Newmeyer**, avec Harold Lloyd, Jobyna Ralston, Leo White, John Aasen, Wallace Hone. États-Unis, 1923 – env. 1 700 m (1 h 03).

Un millionnaire hypochondriaque arrive dans une île d'Amérique latine en pleine effervescence. Il traverse la révolution, croyant que l'on manifeste en son honneur, et repart guéri.

FAUT S'FAIRE LA MALLE "STIR CRAZY"
Comédie de **Sidney Poitier**, avec Gene Wilder, Richard Pryor, George Stanford Brown. États-Unis, 1980 – Couleurs – 1 h 52.

Deux chômeurs mettent à profit leurs loisirs pour essayer de réaliser leurs rêves. Emprisonnés à la suite d'une erreur judiciaire, ils cherchent à s'évader et finissent par réussir.

LE FAUVE "PASSION FOR DANGER"
Film policier de **Buzz Kulik**, avec Burt Reynolds, Dyan Cannon, Ron Weyand. États-Unis, 1972 – Couleurs – 1 h 38.

Chargé par le riche Mr Hume de retrouver la trace de deux assassins, un détective privé découvre un trafic d'armes dont le chef est justement son propre commanditaire.

LE FAUVE EN LIBERTÉ
"KISS TOMORROW GOODBYE"
Film policier de **Gordon Douglas**, avec James Cagney, Barbara Payton, Helena Carter. États-Unis, 1950 – 1 h 42.

Épisodes dramatiques et brutaux à la suite de l'évasion d'un dangereux gangster.

LE FAUVE EST LÂCHÉ
Film d'espionnage de **Maurice Labro**, avec Lino Ventura, Estella Blain, Paul Frankeur, Nadine Alari. France, 1959 – 1 h 40.

Un ancien truand assagi doit reprendre du service dans la D.S.T. pour démasquer son meilleur ami, gangster notoire.

LES FAUVES
Film policier de **Jean-Louis Daniel**, avec Philippe Léotard, Gabrielle Lazure, Daniel Auteuil. France, 1984 – Couleurs – 1 h 30.

Un cascadeur est tenu pour responsable de la mort de sa compagne et partenaire par le frère de celle-ci. Le garçon n'a de cesse de la venger.

LES FAUVES MEURTRIERS "BLACK ZOO"
Film d'épouvante de **Robert Gordon**, avec Michael Gough, Virginia Grey, Jeanne Cooper. États-Unis, 1962 – Couleurs – 1 h 28.

Le propriétaire d'un zoo a dressé ses fauves dans le but de tuer tous ses ennemis. Sa femme découvre son secret, mais elle est sauvée par son fils infirme et muet. Un catalogue de pathologies !

LE FAUX COUPABLE "THE WRONG MAN"
Comédie dramatique d'**Alfred Hitchcock**, avec Henry Fonda, Vera Miles, Anthony Quayle. États-Unis, 1957 – 1 h 40.

Sa ressemblance étrange avec un gangster célèbre entraîne l'arrestation d'un paisible musicien new-yorkais. Hitchcock, habilement, va jouer avec ses nerfs et les nôtres.

LE FAUX-CUL
Comédie de **Roger Hanin**, avec Bernard Blier, Robert Hossein, Roger Hanin, Sabine Glaser, Edward Meeks, Roger Dumas, André Falcon. France/R.F.A., 1975 – Couleurs – 1 h 30.

Américains et Arabes s'efforcent de saboter un accord entre un président africain et le Gouvernement français, avec l'aide objective d'un agent des Renseignements Généraux, le « faux-cul ». Par bonheur, les services israéliens interviennent.

LES FAUX DURS "SEMI-TOUGH"
Comédie de **Michael Ritchie**, d'après le roman de Dan Jenkins, avec Burt Reynolds, Kris Kristofferson, Jill Clayburgh, Robert Preston. États-Unis, 1977 – Couleurs – 1 h 47.

Deux footballeurs volent de cœur en cœur et de victoire en victoire. Jusqu'au jour où une amie de toujours devient quelque chose de plus pour l'un d'eux.

FAUX-FUYANTS
Drame d'**Alain Bergala** et **Jean-Pierre Limosin**, avec Olivier Perrier, Rachel Rachel, Serge de Closets. France, 1982 – Couleurs – 1 h 40.

Serge a pris la fuite après avoir accidentellement écrasé un inconnu. Apprenant par les journaux que la victime a une fille, il décide de la rencontrer, sans lui révéler son identité.

FAUX MOUVEMENT "FALSCHE BEWEGUNG"
Comédie dramatique de **Wim Wenders**, avec Rüdiger Vogler, Hans-Christian Blech, Nastassja Nakszynski [N. Kinski], Hanna Schygulla, Peter Kern. R.F.A., 1975 – Couleurs – 1 h 40.

Un homme quitte sa ville natale, rencontre un chanteur et une adolescente, tombe amoureux d'une actrice et se lie à un poète. Le groupe séjourne chez un industriel, puis se disloque quand celui-ci se suicide. Le premier rôle de Nastassja Kinski à l'écran.

FAUX POIDS "DAS FALSCHE GEWICHT"
Drame de **Bernhard Wicki**, avec Helmut Qualtinger, Agnes Fink, Evelyn Opela. R.F.A., 1973 – Couleurs – 2 h 26.

En Galicie, le contrôleur des Poids et Mesures, ancien militaire, exerce sa profession avec une extrême sévérité. Il finira assassiné.

FAUX POLICIERS "THE SECRET PLACE"
Comédie dramatique de **Clive Donner**, avec Belinda Lee, David McCallum, Ronald Lewis, Michael Brooke. Grande-Bretagne, 1957 – 1 h 38.

Dans les quartiers populaires de Londres, une jeune fille est partagée entre le luxe que lui propose un gangster et l'amour sincère que lui porte un honnête garçon.

FAUX SEMBLANTS "DEAD RINGERS"
Film fantastique de **David Cronenberg**, avec Jeremy Irons *(Beverly et Elliot Mantle)*, Geneviève Bujold *(Claire Niveau)*, Heidi von Palleske, Barbara Gordon, Shirley Douglas. • SC : D. Cronenberg, Norman Snider, d'après le roman de Bari Wood et Jack Geasland. • PH : Peter Suschitzky. • DÉC : Carol Spier. • MUS : Howard Shore. • MONT : Ronald Sanders. Canada, 1988 – Couleurs – 1 h 53.

Beverly et Elliot Mantle sont deux « vrais » jumeaux, tous deux gynécologues réputés. Ils partagent tout : appartement, travail, femmes. Claire, une actrice célèbre, consulte Beverly, qui constate chez elle une mutation étonnante. Il tombe amoureux d'elle et n'apprécie plus le « partage ». Il devient toxicomane. Les rapports entre les frères vont sombrer dans l'horreur et la folie.

◆ *Par son style glacial, ce film pouvait apparaître comme un changement de cap dans l'œuvre de Cronenberg. C'est pourtant une épure et un point-limite de sa thématique : gémellité schizophrénique, horreur chromosomique, transformation de la chair... C'est aussi un tour de force, tant sur le plan technique (les superpositions qui permettent aux deux jumeaux de figurer sur un plan sont rigoureusement invisibles) que sur celui de la performance de Jeremy Irons, fascinant dans un subtil double rôle.* *L.A.*

FAUX TÉMOIN "THE BEDROOM WINDOW"
Film policier de **Curtis Hanson**, d'après le roman d'Anne Holden, avec Steve Guttenberg, Elizabeth McGovern, Isabelle Huppert. États-Unis, 1986 – Couleurs – 1 h 52.

Par peur du scandale, Sylvia refuse de témoigner contre un assassin violeur et laisse accuser son amant, Terry. Contraint de fuir, celui-ci devra lui-même confondre le coupable.

LES FAVORIS DE LA LUNE
Comédie dramatique d'**Otar Iosseliani**, avec Alix de Montaigu, Pascal Aubier, Gaspard Flori. France, 1984 – Couleurs – 1 h 46.

Une ronde d'individus hétéroclites autour d'un tableau de nu féminin et d'un service de porcelaine. Une métaphore de la vie pleine d'humour, par un des plus importants cinéastes géorgiens, de passage à Paris.

F... COMME FAIRBANKS
Comédie dramatique de **Maurice Dugowson**, avec Miou-Miou, Patrick Dewaere, Michel Piccoli, John Berry, Jean-Michel Folon. France, 1976 – Couleurs – 1 h 45.

André, dit « Fairbanks », qui vit difficilement, rêve de partir au Venezuela avec sa petite amie. Le rêve tourne au cauchemar, et il devient fou. Il ne sera jamais Douglas Fairbanks.

FÉDORA "FEDORA"
Comédie dramatique de **Billy Wilder**, avec William Holden, Marthe Keller, Jose Ferrer. R.F.A. / France, 1978 – Couleurs – 1 h 54.

Un producteur tente avec acharnement d'arracher de sa retraite confortable une ancienne star hollywoodienne à la beauté légendaire. Mais elle se suicide et la vérité éclate : la star défigurée se faisait représenter par sa propre fille.

LA FÉE AUX CHOUX
Vue féerique d'**Alice Guy**. France, 1902 (?) – env. 130 m (5 mn).

Les prodiges d'une « sage-femme de première classe ». Un des titres les plus connus d'une des nombreuses courtes bandes réalisées entre 1899 et 1905 par la secrétaire de Léon Gaumont.

FÉLICIE NANTEUIL
Drame de **Marc Allégret**, avec Claude Dauphin, Micheline Presle, Louis Jourdan, Jacques Louvigny. France, 1945 (RÉ : 1942) – 1 h 39.

Au début du siècle, le destin de Félicie Nanteuil, jeune fille de province devenue grande vedette de la scène grâce à un cabotin qui se suicidera par amour pour elle.

FÉLICITÉ
Drame de **Christine Pascal**, avec Christine Pascal, Monique Chaumette. France, 1979 – Couleurs – 1 h 35.

Jalouse parce qu'il a retrouvé une ex-amie, Félicité quitte Vincent. Elle passe une terrible nuit, assaillie par les souvenirs et les fantasmes. Au matin, elle se réconcilie avec lui. Entre-temps, son frère s'est pendu.

LA FÉLINE "CAT PEOPLE"
Film fantastique de **Jacques Tourneur**, avec Simone Simon *(Irena Dubrovna)*, Kent Smith *(Oliver Reed)*, Tom Conway *(le Dr Judd)*, Jane Randolph *(Alice)*, Jack Holt *(le commodore)*, Alan Napier *(Carver)*, Elizabeth Dunne *(miss Plunkett)*, Elizabeth Russell *(la femme-chat)*. • SC : DeWitt Bodeen. • PH : Nicholas Musuraca. • DÉC : Albert S. D'Agostino, Walter E. Keller. • MUS : Roy Webb. • MONT : Mark Robson. États-Unis, 1942 – 1 h 13.

Le village de Serbie où naquit Irena passe pour avoir été, au Moyen Âge, le repaire d'une étrange secte de sorcières, moitié-femmes, moitié-félines. Hantée par cet héritage, et craignant que l'amour n'éveille ses mauvais instincts, Irena mène une vie chaste et solitaire. Un jour, un jeune architecte naval, Oliver, tombe amoureux d'elle. Mal lui en prend.

◆ *Le producteur Val Lewton inaugurait avec* la Féline *une brève et mémorable série de films fantastiques, alternativement réalisés par Jacques Tourneur, Mark Robson et Robert Wise. D'une écriture et d'une facture très sophistiquées,* la Féline *est un film d'ambiance, insidieux et crépusculaire, qui joue magistralement sur la suggestion (le hors-champ et le clair-obscur y ont un rôle fondamental), l'angoisse, l'ambiguïté, la frustration sexuelle, la fascination et la peur de l'animalité. Le film fit l'objet d'une suite :* LA MALÉDICTION DES HOMMES-CHATS *(Voir ce titre).* *O.E.*

LA FÉLINE "CAT PEOPLE"

Film fantastique de **Paul Schrader**, avec Nastassja Kinski, Malcolm McDowell, John Heard. États-Unis, 1982 – Couleurs – 1 h 58.

Victimes d'une antique malédiction, Paul et Irena se transforment en panthères meurtrières à chaque nouvel amour. Remake du précédent.

LES FÉLINS

Film policier de **René Clément**, d'après le roman de Day Keene Vive la mariée, avec Alain Delon, Jane Fonda, Lola Albright. France, 1964 – 1 h 30.

Un homme traqué est embauché comme chauffeur par une Américaine. Il découvre que son emploi a pour but de favoriser l'évasion de l'amant de sa patronne, assassin du mari.

FELLINI-ROMA / ROMA "ROMA DI FELLINI"

Documentaire-fiction de **Federico Fellini**, avec Peter Gonzales, Fiona Florence, Britta Barnes, Pia De Doses, Marne Maitland, Renato Giovannoli, Elisa Mainardi, Galliano Sbarra. • SC : F. Fellini, Bernardino Zapponi. • PH : Giuseppe Rotunno. • DÉC : Danilo Donati. • MUS : Nino Rota. • MONT : Ruggero Mastroianni. Italie, 1972 – Couleurs – 2 h 08.

◆ *Film totalement à la première personne, soit que Fellini s'y montre en train de préparer un film « sur Rome », soit qu'il évoque l'arrivée en 1936 d'un jeune homme qui est évidemment son double. Des quartiers populaires entiers, ou le périphérique embouteillé, sont reconstitués en studio : la réalité d'autrefois et celle des années 70 sont aussi fantastiques que les évocations, dans la campagne proche, des symboles de l'Antiquité. D'épisode en épisode, la Ville éternelle cesse d'être un cliché pour devenir une réalité, juste saisissable par la caméra, réalité aussi fascinante que vouée à la ruine. Deux apparitions donnent la clé de cet hymne d'amour d'un Romain d'adoption : Anna Magnani conseillant au cinéaste d'aller se coucher plutôt que de l'interviewer, et Gore Vidal déclarant : « Rome est l'endroit rêvé pour attendre la fin du monde ». Le spectacle fellinien intègre ici la peur permanente d'une apocalypse pour mieux l'exorciser : c'est un triomphe du cinéma.* *G.LD.*

FEMALE TROUBLE "FEMALE TROUBLE"

Comédie satirique de **John Waters**, avec Divine, Edith Massey, David Lochary. États-Unis, 1974 – Couleurs – 1 h 32.

Ayant très jeune évolué dans un milieu interlope, une femme vulgaire est embauchée dans un salon de coiffure.

LA FEMME À ABATTRE "THE ENFORCER"

Film noir de **Raoul Walsh** et **Bretaigne Windust**, avec Humphrey Bogart *(Ferguson)*, Everett Sloane *(Mendoza)*, Zero Mostel *(Big Babe)*, Ted De Corsia *(Rico)*, Susan Cabot *(Nina)*. • SC : Martin Rackin. • PH : Robert Burks. • DÉC : Charles H. Clarke, William L. Kuehl. • MUS : David Buttolph. • MONT : Fred Allen. États-Unis, 1950 – 1 h 27.

Nina, une petite fille, a assisté au premier meurtre sur commande de Mendoza, un tueur qui fonde ensuite une véritable organisation du crime. Elle devient, des années plus tard, la seule à pouvoir le démasquer. Il faut l'abattre, mais les tueurs commettent une erreur sur la personne.

◆ *Commencé par Bretaigne Windust, renvoyé pour incompétence, ce film est entièrement de la main de Walsh. Il est un exemple de ce que peut accomplir au pied levé un cinéaste de génie sur un matériau banal. Le film, à l'éclairage contrasté et aux ombres portées judicieuses, est plein de trouvailles jubilatoires : le plan de la bande de cuir sur laquelle un coiffeur affûte son rasoir et où la main d'un tueur vient le remplacer ; Mendoza recrutant un tueur dans un café et lui expliquant sa théorie du meurtre indirect en assassinant le patron qui est en fait sa première commande ; le témoin accroché au-dessus du vide à la main de Bogart qui glisse sur la sienne. En bref, le film d'une brute raffinée.* *S.K.*

FEMME AIMÉE EST TOUJOURS JOLIE

"MR SKEFFINGTON"

Drame psychologique de **Vincent Sherman**, avec Bette Davis, Claude Rains, Walter Abel, Richard Waring, George Coulouris, Marjorie Riordan, Robert Shayne. États-Unis, 1944 – 2 h 26.

Une femme, qui a fait un mariage d'intérêt pour aider son frère, divorce, laissant fille et époux. Le temps passe, sa beauté se fane. Elle retrouve son mari devenu aveugle dans un camp nazi.

LA FEMME À L'ÉCHARPE PAILLETÉE
"THELMA JORDAN"

Film policier de **Robert Siodmak**, d'après le roman de Marty Holland, avec Barbara Stanwyck, Wendell Corey, Paul Kelly. États-Unis, 1949 – 1 h 38.

L'adjoint du procureur est le jouet d'une femme machiavélique.

LA FEMME AU CORBEAU "THE RIVER"

Drame de **Frank Borzage**, avec Charles Farrell *(Allen John Spender)*, Mary Duncan *(Rosalee)*, Ivan Linow *(Sam Thompson)*, Margaret Mann *(la mère de Sam)*. • SC : Philip Klein, Dwight Cummins, John Hunter, d'après un livre de Tristram Tupper. • PH : Ernest Palmer. • DÉC : Harry Oliver. • MONT : Barney Wolf. États-Unis, 1928 – env. 2 100 m (1 h 20).

Au bord d'un fleuve, bloqués par les glaces, un homme et une femme vivent côte à côte. Allen John est un bûcheron de l'Alaska, Rosalee une mondaine restée seule après l'arrestation de son amant, meurtrier par jalousie. Ils sont attirés l'un par l'autre, mais leurs différences de caractère et d'éducation les retiennent. Une nuit, il se défoule en allant abattre des arbres, torse nu, et tombe malade. Elle le soigne. Ils deviennent enfin amants.

◆ *Ce film fut accueilli avec indifférence à peu près partout dans le monde, sauf en France. Il est original non par son sujet, mais par la justesse avec laquelle est abordée une situation : « Rarement la psychologie amoureuse – c'est-à-dire sensuelle, érotique – fut traduite avec autant d'exactitude dans sa troublante et simple complexité » (Jean Mitry). Même aujourd'hui où le film ne subsiste que très incomplet, il est difficile de ne pas constater, émanant des gestes, des regards, de la lumière, une indicible et pure beauté.* J.-P.B.

LA FEMME AU GARDÉNIA "THE BLUE GARDENIA"

Film policier de **Fritz Lang**, avec Anne Baxter, Richard Conte, Ann Sothern, Raymond Burr. États-Unis, 1953 – 1 h 30.

Un journaliste décide d'innocenter une jeune femme injustement accusée d'un crime à la suite d'une crise d'amnésie.

LA FEMME AU PORTRAIT
"THE WOMAN IN THE WINDOW"

Film policier de **Fritz Lang**, avec Edward G. Robinson *(Richard Wanley)*, Joan Bennett *(Alice Face)*, Raymond Massey *(Frank Lalor)*, Edmond Breon *(le Dr Barkstone)*, Dan Duryea *(le garde du corps)*, Arthur Loft *(Mazard)*, Thomas E. Jackson *(l'inspecteur)*. • SC : Nunnally Johnson, d'après le roman de J.H. Wallis *Once off Guard*. • PH : Milton Krasner. • DÉC : Duncan Cramer. • MUS : Arthur Lange. • MONT : Marjorie Johnson, Gene Fowler Jr. États-Unis, 1944 – 1 h 39.

Un honorable professeur de criminologie, Richard Wanley, rencontre une très belle jeune femme, Alice Face, et la suit chez elle. Son amant survient alors et, accidentellement, Wanley le tue. Il réussit à dissimuler le corps mais assiste, terrorisé, à l'enquête que mène son ami, le procureur Frank Lalor. Le filet se resserre autour de lui. Bientôt surgit un maître chanteur. Découragé, Wanley se suicide. Puis il se réveille : ce n'était qu'un cauchemar...

◆ *Le thème cher à Fritz Lang de la culpabilité écrasante domine ce « film noir » admirablement joué par Edward G. Robinson, sur un scénario magistral dont la construction suit la logique de l'engrenage. Selon les puristes, le soulagement final, contraire à l'esprit de Lang, aurait été imposé par la production. Mais il est difficile de le croire, tant les moindres rebondissements du récit relèvent de la logique du rêve. En tout cas, c'est le type même du film à voir deux fois.* G.L.

LA FEMME AUX BOTTES ROUGES

Film fantastique de **Juan Buñuel**, avec Catherine Deneuve, Fernando Rey, Jacques Weber. France/Espagne, 1974 – Couleurs – 1 h 35.

Les aventures étranges d'un amateur d'art milliardaire et d'une jeune femme écrivain aux pouvoirs mystérieux et surnaturels.

LA FEMME AUX CHIMÈRES
"YOUNG MAN WITH A HORN"

Comédie dramatique de **Michael Curtiz**, d'après le roman de Dorothy Baker, avec Kirk Douglas, Lauren Bacall, Doris Day. États-Unis, 1950 – 1 h 52.

La vie et les tribulations romantiques du trompettiste Bix Beiderbecke, orphelin passionné de jazz, qui connut la célébrité mais mourut alcoolique en 1931, âgé de vingt-huit ans.

LA FEMME AUX CIGARETTES "ROAD HOUSE"

Drame psychologique de **Jean Negulesco**, avec Ida Lupino, Cornel Wilde, Richard Widmark, Celeste Holm. États-Unis, 1948 – 1 h 35.

La vengeance diabolique d'un tenancier de boîte de nuit, amoureux de la vedette du spectacle et évincé par son associé.

LA FEMME AUX CIGARETTES BLONDES
"TRADE WINDS"

Film policier de **Tay Garnett**, avec Fredric March, Joan Bennett, Ralph Bellamy. États-Unis, 1938 – 1 h 30.

Une femme accusée de meurtre est poursuivie par deux policiers dont un qui l'épouse pour la défendre.

LA FEMME AUX DEUX VISAGES
"Two-Faced Woman"
Comédie dramatique de **George Cukor**, d'après la pièce de Ludwig Fulda, avec Greta Garbo, Melvyn Douglas, Constance Bennett, Robert Sterling, Roland Young. États-Unis, 1941 – 1 h 25.

Aux sports d'hiver, un éditeur s'éprend de sa timide monitrice de ski et l'épouse. À New York, jalouse, la jeune femme se fait passer pour sa turbulente sœur jumelle.

LA FEMME D'À CÔTÉ
Drame de **François Truffaut**, avec Gérard Depardieu, Fanny Ardant, Henri Garcin, Michèle Baumgartner. France, 1981 – Couleurs – 1 h 46.

Bernard et Arlette sont heureux, jusqu'au jour où vient s'installer à côté de chez eux un autre couple dont la femme est l'ancienne maîtresse de Bernard. La passion sera plus forte que tout.

LA FEMME DÉFENDUE
Chronique de **Philippe Harel**, avec Isabelle Carré, Philippe Harel, Nathalie Conio. France, 1997 – Couleurs – 1 h 40.

Une banale histoire d'adultère. Filmée en "caméra subjective" (son champ est celui du regard de l'homme), cette histoire pourrait être très ennuyeuse s'il n'y avait l'émouvant et expressif visage d'Isabelle Carré, sujet quasi unique du film.

LA FEMME DE JEAN
Drame psychologique de **Yannick Bellon**, avec France Lambiotte *(Nadine)*, Claude Rich *(Jean)*, Hippolyte *(Rémi)*, James Mitchell *(David)*, Tatiana Moukhine *(Christine)*. • SC : Y. Bellon. • PH : Georges Barsky, Pierre-William Glenn. • MUS : Georges Delerue. • MONT : Janine See. France, 1974 – Couleurs – 1 h 45.

Jean quitte Nadine après quatorze ans de mariage. Nadine ne comprend pas, s'enferme dans sa douleur, puis, par la force des choses, réagit : il faut gagner sa vie, s'occuper de son fils. Elle reprend ses études, fait des rencontres, s'affirme, gagne une autonomie qu'elle ne connaissait pas. Elle redevient elle-même, Nadine, et non plus seulement « la femme de Jean ».

◆ La Femme de Jean *date de la grande époque du M.L.F., et pourtant, ce film n'est jamais marqué par la revendication féministe. C'est une histoire individuelle, celle de la renaissance de Nadine, magistralement interprétée par France Lambiotte, qui n'est pas comédienne. Yannick Bellon traite à travers un cas exemplaire une réalité contemporaine, sans sectarisme, sans rejet de l'homme, avec une justesse qui touche constamment.* *B.B.*

LA FEMME DE LA BRUME "Oboroyo no onna"
Drame de **Heinosuke Gosho**, avec Choko Iida, Shin Daitokuji, Takeshi Sakamoto. Japon, 1936 – 1 h 48.

Pour une famille pauvre vivant dans les bas quartiers de Tokyo, le seul espoir réside dans une brillante carrière du fils, étudiant à l'université. Mais une geisha est enceinte de lui...

LA FEMME DE L'ANNÉE "Woman of the Year"
Comédie de **George Stevens**, avec Spencer Tracy, Katharine Hepburn, Fay Bainter. États-Unis, 1942 – 1 h 52.

Une journaliste politique épouse un chroniqueur sportif. Ils n'ont rien en commun, si ce n'est l'amour. Brillante comédie réunissant pour la première fois le couple Hepburn-Tracy.

LA FEMME DE L'AVIATEUR OU ON NE SAURAIT PENSER À RIEN (COMÉDIES ET PROVERBES)
Comédie dramatique d'**Éric Rohmer**, avec Marie Rivière *(Anne)*, Anne-Laure Meury *(Lucie)*, Philippe Marlaud *(François)*, Mathieu Carrière *(Christian)*. • SC : É. Rohmer. • PH : Bernard Lutic, Romain Winding. • MONT : Cécile Decugis. France, 1981 – Couleurs – 1 h 44.

Amoureux d'Anne, François, étudiant en droit travaillant la nuit au tri postal, voit sortir de chez celle-ci Christian, pilote de ligne, son ancien amant qu'elle prétend ne plus voir. Celui-ci est venu rompre définitivement, mais François imagine le pire. Apercevant son rival en compagnie d'une jeune femme blonde, il suit le couple jusqu'aux Buttes-Chaumont où une jeune lycéenne, Lucie, l'aide. La blonde est-elle « la femme de l'aviateur » ou non ?...

◆ *Après les* « Contes moraux », *Rohmer inaugure ici les* « Comédies et Proverbes ». *Au lieu de se livrer à l'introspection, les héros tentent de se faire valoir aux yeux des autres comme d'eux-mêmes. Mensonge et séduction sont à la base de leurs comportements. Pour saisir la moindre nuance sur un visage ou le moment de la journée dans sa lumière propre, Rohmer revient aux origines de la Nouvelle Vague : 16 mm, caméra à l'épaule, pellicule ultrasensible. Une étonnante fraîcheur.* *J.M.*

LA FEMME DE MA VIE
Drame de **Régis Wargnier**, avec Christophe Malavoy, Jane Birkin, Jean-Louis Trintignant. France, 1986 – Couleurs – 1 h 42.

Un violoniste virtuose sombre dans l'alcool, pour fuir la peur, et bientôt la honte. Un ami de rencontre parviendra à le sauver.

LA FEMME DE MES RÊVES
"I'LL SEE YOU IN MY DREAMS"
Comédie musicale de **Michael Curtiz**, avec Doris Day, Frank Lovejoy, Danny Thomas. États-Unis, 1952 – 1 h 52.

Les principaux épisodes de la vie, privée et professionnelle, du compositeur à succès Gus Kahn (1886-1941).

LA FEMME DE MON POTE
Comédie de **Bertrand Blier**, avec Coluche, Isabelle Huppert, Thierry Lhermitte. France, 1983 – Couleurs – 1 h 40.

La nouvelle conquête du beau Pascal plaît bien à Mickey ; mais il s'agit de la « femme de son pote », alors...

LA FEMME D'EN FACE "DIE FRAU GEGENUBER"
Drame d'**Hans Noever**, avec Franciszek Pieczka, Petra-Maria Grühn. R.F.A., 1978 – 1 h 40.

Un homme jaloux de sa jeune épouse prétexte un départ pour l'observer depuis l'appartement d'en face. Sa fidélité est parfaite : il lui envoie un amant, qu'il abat avec un fusil à lunette.

LA FEMME DE NULLE PART
Drame de **Louis Delluc**, avec Eve Francis *(l'inconnue)*, Gine Avril *(la jeune femme)*, Roger Karl *(le mari)*, André Daven *(le jeune homme)*, Michel Duran. • SC : L. Delluc. • PH : Alphonse Gibory, Georges Lucas. • DÉC : Robert-Jules Garnier, Francis Jourdain. • MUS : Jean Wiener. France, 1922 – 1 700 m (env. 1 h 02).

Une femme délaissée par son mari revient sur les lieux où elle a été heureuse autrefois. La jeune propriétaire de l'endroit est sur le point d'abandonner, elle aussi, son foyer. L'inconnue parvient à l'en dissuader avant de repartir, seule, sur la grand-route.

◆ *« Un tel film crée surtout un état d'âme », écrivait en 1922 Léon Moussinac, critique ami du cinéaste. Aujourd'hui, on remarque surtout l'audace de la construction, fondée sur un usage subtil du retour en arrière, le raffinement de la forme, la sobre beauté du paysage. Alain Resnais s'en inspira, dit-on, pour* l'Année dernière à Marienbad. *Louis Delluc y parvient à une intensité émotionnelle qu'il n'avait pu jusqu'alors qu'esquisser. Ce « drame de cinéma » sera son meilleur film.* C.B.

LA FEMME DE PAILLE "WOMAN OF STRAW"
Drame de **Basil Dearden**, avec Gina Lollobrigida, Sean Connery, Ralph Richardson. Grande-Bretagne, 1964 – Couleurs – 2 h.

Un homme d'affaires riche, dur et infirme fait venir auprès de lui une jeune infirmière. Elle et le neveu du vieil homme montent une machination pour s'approprier l'héritage. Mais ce complot en cache un autre.

LA FEMME DU BOULANGER
Drame psychologique de **Marcel Pagnol**, avec Raimu *(Aimable Castanier)*, Ginette Leclerc *(Aurélie)*, Charles Moulin *(Dominique, le berger)*, Fernand Charpin *(le marquis)*, Robert Vattier *(le curé)*, Alida Rouffe *(sa bonne)*, Robert Bassac *(l'instituteur)*, Édouard Delmont *(Maillefer « Patience »)*, Charles Blavette *(Antonin)*. • SC : M. Pagnol, d'après un épisode du récit de Jean Giono *Jean le Bleu*. • PH : Georges Benoît. • MUS : Vincent Scotto. • MONT : Suzanne de Troye. • PR : Marcel Pagnol. France, 1938 – 2 h 05.

Séduite par Dominique, berger et valet du châtelain, Aurélie, la femme du boulanger, quitte son mari pour suivre son amant. Le boulanger, Aimable Castanier, se laisser aller au désespoir et refuse de cuire le pain. Dès lors, son malheur devient celui de tous les habitants du village, qui vont se liguer pour ramener l'infidèle et lui obtenir le pardon de son mari.

◆ Raimu tel qu'en lui-même

La Femme du boulanger *est inspirée d'un livre de Jean Giono,* Jean le Bleu, *recueil de souvenirs dont l'un des épisodes sert de point de départ au film de Marcel Pagnol. Celui-ci va cependant étoffer la nouvelle de Giono, la bâtir en lui donnant toute sa dimension dramaturgique. On retrouve dans le film le cadre villageois cher à Pagnol, avec toute la saga des personnages méridionaux : le curé, l'instituteur laïc et républicain, en passant par le marquis monarchiste et cocardier, la bonne Céleste, etc. Le drame du boulanger que sa femme rend cocu – un boulanger malheureux qui ne fait plus son pain – sera donc celui du village tout entier et la résolution du drame devra passer par l'assentiment de chacun.* La Femme du boulanger *est un film sur la démocratie villageoise : à partir du moment où l'un des membres de la communauté subit l'affront, c'est toute la communauté qui est visée, et le salut du boulanger passe par la mobilisation de tous. Tel semble être le message du film de Marcel Pagnol. Le berger devenu l'amant de la boulangère est un être de passage, il n'est pas du village, il est « étranger » à la communauté. Pour que l'harmonie revienne, il faudra que le berger s'en aille. Tout redeviendra ensuite « comme avant », lorsque le boulanger aura accordé son pardon (la scène est mémorable). Mais il n'est pas sûr que Pagnol soit réellement dupe : il est des cicatrices dont la marque est discrète, d'autant qu'elle est inscrite en chacun des membres de la communauté villageoise. Ce film fait date dans l'histoire du cinéma en raison du caractère exceptionnel de l'interprétation de Raimu, dont ce fut peut-être le plus beau rôle cinématographique. Sur une partition on ne peut plus complexe, passant du comique au pathétique sans crier gare, Raimu joue son rôle tout en finesse, avec une retenue qui ne fait qu'amplifier l'émotion. Et chacun se souvient de la fameuse séquence dans laquelle le boulanger sermonne sa chatte qui revient de cavale, chaque mot visant en fait l'infidèle Aurélie, rentrée honteuse de sa fugue amoureuse. Cette séquence fait partie, depuis cinquante ans, de l'anthologie des plus belles scènes du cinéma mondial.* S.T.

LA FEMME DU BOUT DU MONDE
Drame de **Jean Epstein**, d'après le roman d'Alain Serdac, avec Germaine Rouer, Charles Vanel, Jean-Pierre Aumont, Robert Le Vigan. France, 1937 – 1 h 27.

Des marins débarquent sur un îlot du Pacifique sud et sont pris au charme de la patronne de l'auberge, fidèle à un mari dément. Un crime est commis, puis classé comme accident.

LA FEMME DU CHEF DE GARE "BOLWIESER"
Drame de **Rainer Werner Fassbinder**, avec Kurt Raab, Elisabeth Trissenaar, Bernhardt Helfrich. R.F.A., 1976 – Couleurs – 1 h 52.

Dans les années 30, le chef de gare d'une petite ville aime sa femme qui le trompe allègrement. Pour faire cesser les ragots, il intente un procès en diffamation. Convaincu de parjure, il est condamné à la prison.

LA FEMME DU DIMANCHE
"LA DONNA DELLA DOMENICA"
Drame de **Luigi Comencini**, d'après un roman de Fruttero et Lucentini, avec Jacqueline Bisset, Marcello Mastroianni, Jean-Louis Trintignant. Italie, 1975 – Couleurs – 1 h 50.

Un architecte est assassiné. Le policier chargé de l'enquête s'apercevra que la victime faisait chanter la haute bourgeoisie de Turin.

LA FEMME DU GANGE
Essai de **Marguerite Duras**, avec Catherine Sellers, Nicole Hiss, Christian Baltauss, Gérard Depardieu. France, 1974 – Couleurs – 1 h 40.

Deux voix féminines racontent off des événements passés. Un homme, sur l'écran, croise des ombres apparemment nées de la mer omniprésente.

LA FEMME DU HASARD "FLAME OF THE ISLANDS"
Comédie dramatique d'**Edward Ludwig**, avec Yvonne De Carlo, Howard Duff, Zachary Scott, Kurt Kasznar, Barbara O'Neill. États-Unis, 1955 – Couleurs – 1 h 30.

Une femme investit ses économies dans une boîte de nuit aux Bahamas et devient la proie de plusieurs hommes, avant d'être demandée en mariage par un pêcheur.

LA FEMME DU PHARAON "DAS WEIB DES PHARAO"
Film historique d'**Ernst Lubitsch**, avec Emil Jannings, Harry Liedtke, Dagny Servaes, Paul Wegener. Allemagne, 1922 – 2 976 m (env. 1 h 50).

Un pharaon épris de sa jeune esclave grecque refuse de la rendre à son propriétaire, un roi éthiopien. Une guerre sanglante s'ensuit. Quand la jeune fille tombe amoureuse d'un autre homme, le pharaon fait lapider les amants.

LA FEMME DU PORT "LA MUJER DEL PUERTO"
Comédie dramatique d'**Arcady Boytler** et **Rafael Sevilla**, d'après une nouvelle de Guy de Maupassant, avec Andrea Palma, Elisa Altamira, Lina Boytler. Mexique, 1933 – env. 1 h 30.

Une femme de petite vertu, sur le point de commettre un inceste sans le savoir, évitera de justesse le drame. Un film qui marqua le début de la renaissance du cinéma mexicain.

LA FEMME DU PRÊTRE "LA MOGLIE DEL PRETE"
Comédie de **Dino Risi**, avec Sophia Loren, Marcello Mastroianni. Italie, 1970 – Couleurs – 1 h 47.

Une jeune femme désespérée appelle à l'aide. Un prêtre accourt, elle en tombe amoureuse. Sur un sujet particulièrement délicat en Italie, la verve habituelle de Risi s'exerce avec irrévérence.

LA FEMME DES SABLES "SUNA NO ONNA"
Drame de **Hiroshi Teshigahara**, avec Kyoko Kishida *(la femme)*, Eiji Okada *(l'entomologiste)*. • SC : Kobo Abe, d'après son roman. • PH : Hiroshi Segawa. • DÉC : Totetsu Hirakawa, Masao Yamazaki. • MUS : Toru Takemitsu. • MONT : Fusako Shuzui. Japon, 1963 – 2 h 01.

Un instituteur, passionné d'entomologie, s'égare dans une contrée désertique. Il rencontre, au fond d'une excavation sablonneuse, une femme qui vit seule, et lutte contre l'enfouissement. À ses côtés, il retrouvera les gestes primitifs de l'acte amoureux, de la procréation, de la survie. Ce lieu aride sera son tombeau.

◆ *Étrange film, à propos duquel on a évoqué tour à tour Beckett, Kafka, la science-fiction. Un « conte de la dune vague » illustrant avec une grande virtuosité (très gros plans, lents panoramiques) une fable fantastique gorgée d'érotisme et de poésie « brute ». Les deux interprètes sont pratiquement seuls en scène pendant deux heures. Le réalisateur, fils d'un peintre de fleurs japonais, se dit passionné par la quête philosophique de l'identité.* C.B.

LA FEMME EN BLEU
Drame de **Michel Deville**, avec Michel Piccoli, Lea Massari, Michel Aumont, Simone Simon. France, 1972 – Couleurs – 1 h 35.

Pierre, musicien et amant d'Aurélie, entrevoit une inconnue en bleu. Elle disparaît, il se met à sa recherche. La sensibilité et le raffinement de Deville pour la déroute d'un homme mûr aux prises avec son rêve d'amour fou.

LA FEMME EN CIMENT "LADY IN CEMENT"
Film policier de **Gordon Douglas**, avec Frank Sinatra, Raquel Welch, Richard Conte. États-Unis, 1968 – Couleurs – 1 h 35.

Le cadavre d'une jeune femme scellé dans un bloc de ciment amène un détective privé à affronter la maffia. Suite de TONY ROME EST DANGEREUX (Voir ce titre), dont Sinatra retrouve le personnage.

LA FEMME EN QUESTION
"THE WOMAN IN QUESTION"
Drame policier d'**Anthony Asquith**, avec Jean Kent, Dirk Bogarde, Susan Shaw. Grande-Bretagne, 1950 – 1 h 28.

Alors qu'il mène l'enquête, un inspecteur découvre la personnalité complexe d'une cartomancienne assassinée.

LA FEMME EN ROBE DE CHAMBRE
"WOMAN IN A DRESSING GOWN"
Comédie dramatique de **John Lee Thompson**, avec Yvonne Mitchell, Anthony Quayle, Sylvia Syms. Grande-Bretagne, 1957 – 1 h 34.

Vingt ans de routine auprès d'une épouse qui se laisse aller poussent un homme dans les bras d'une de ses secrétaires.

FEMME ENTRE CHIEN ET LOUP
"EEN VROUW TUSSEN HOND EN WOLF"
Drame psychologique d'**André Delvaux**, avec Marie-Christine Barrault, Roger Van Hoole, Rutger Hauer, Bert Andre. Belgique / France, 1979 – Couleurs – 1 h 45.

À Anvers, pendant la dernière guerre, une jeune femme heureuse, bien que délaissée par un mari collaborateur, découvre l'amour-passion dans les bras d'un résistant.

LA FEMME ERRANTE "THE FLAME WITHIN"
Mélodrame d'**Edmund Goulding**, avec Ann Harding, Maureen O'Sullivan, Louis Hayward, Henry Stephenson, Herbert Marshall. États-Unis, 1935 – 1 h 13.

Une femme, jadis séduite et contrainte d'abandonner son enfant, entre comme domestique dans la famille qui l'a adopté. Reconnue par son suborneur, elle s'en va à tout jamais.

LA FEMME ET LE PANTIN
Drame de **Jacques de Baroncelli**, d'après le roman de Pierre Lous, avec Raymond Destac, Conchita Montenegro, Jean Dalbe. France, 1928 – 2 250 m (env. 1 h 23).

Un homme riche tombe amoureux d'une belle fille provocante qui s'amuse à l'aguicher pour mieux le repousser. Il la retrouve à Paris, où elle continue à se moquer de lui dans les bras de son nouvel amant.

LA FEMME ET LE PANTIN "THE DEVIL IS A WOMAN"
Comédie dramatique de **Josef von Sternberg**, avec Marlene Dietrich *(Concha Perez)*, Lionel Atwill *(Don Pasqual)*, Cesar Romero *(Antonio Galvan)*. • SC : John Dos Passos, Sam K. Winston, d'après le roman de Pierre Lous. • PH : J. von Sternberg, Lucien Ballard. • DÉC : Hans Dreier, J. von Sternberg. • MUS : Rimski-Korsakov. • MONT : S. Winston. États-Unis, 1935 – 1 h 20.

Don Pasqual, à une fête espagnole, rencontre un ami, Antonio Galvan, en compagnie de Concha, une femme à la fatale beauté. Il lui raconte sa propre mésaventure avec cette femme pour le mettre en garde. Mais ni l'un ni l'autre ne sauront résister à l'appel des sirènes.

◆ *Le dernier film de l'association Sternberg-Dietrich semble reprendre littéralement le thème du premier : la déchéance par l'amour. Mais si l'Ange bleu montrait une passion charnelle à l'image des cuisses sensuelles de Marlène,* la Femme et le Pantin *en montre une image décantée, abstraite. Ce film qui tend vers le blanc tend aussi vers le néant. C'est de la blancheur d'une chambre d'hôpital aseptisée qu'il s'agit ici et le masque du visage de Dietrich suggère sans cesse la tête de mort qui le structure. Le désir est totalement exclu de ce film asphyxiant qui n'en donne que l'illusoire promesse de jouissance dont nous sommes tous les dupes.* *S.K.*

▷ Autre version réalisée par : **Julien Duvivier**, avec Brigitte Bardot, Antonio Vilar, Dario Moreno. France / Italie, 1959 – Couleurs – 1 h 40. Voir aussi autour du même thème : CET OBSCUR OBJET DU DÉSIR.

LA FEMME ET LE RÔDEUR "THE UNHOLY WIFE"
Drame psychologique de **John Farrow**, avec Diana Dors, Rod Steiger, Tom Tryon, Beulah Bondi. États-Unis, 1957 – Couleurs – 1 h 34.

Diabolique machination autour d'un riche viticulteur qui a épousé une entraîneuse.

LA FEMME ET L'ÉTRANGER
"DIE FRAU UND DER FREMDE"
Drame de **Rainer Simon**, d'après le récit de Leonhard Frank *Karl und Anna*, avec Joachim Lätsch, Kathrin

Waligura, Peter Zimmermann. R.D.A., 1985 – Couleurs – 1 h 35. ★ Ours d'or, Berlin 1985.

Un prisonnier de guerre évadé devient l'amant de la femme de son ancien camarade de cellule. De retour chez lui, ce dernier devra lutter pour retrouver l'amour de son épouse.

LA FEMME FLAMBÉE "Die flambierte Frau"
Comédie dramatique de **Robert Van Ackeren**, avec Gudrun Landgrebe, Mathieu Carrière. R.F.A., 1983 – Couleurs – 1 h 46.

Lassée de sa vie bourgeoise, une femme quitte son époux et se prostitue. Elle tombe amoureuse d'un gigolo, et tous deux s'installent jusqu'à ce que la routine la fasse fuir de nouveau.

LA FEMME FLIC
Drame policier d'**Yves Boisset**, avec Miou-Miou, Jean-Marc Thibault, Niels Arestrup, Roland Blanche. France, 1980 – Couleurs – 1 h 43.

Une femme inspecteur de police découvre un réseau de prostitution d'enfants et se heurte à la puissance des politiciens. Le cinéma imprécateur d'Yves Boisset.

LA FEMME GAUCHÈRE "Die linkshändige Frau"
Comédie dramatique de **Peter Handke**, avec Edith Clever, Bruno Ganz, Michael Lonsdale, Angela Winkler. R.F.A., 1978 – Couleurs – 1 h 50.

Dans la banlieue parisienne, une famille allemande vit paisiblement jusqu'à ce que la femme demande à son mari de partir, pour vivre seule avec son jeune fils.

LA FEMME INFIDÈLE
Drame psychologique de **Claude Chabrol**, avec Stéphane Audran, Michel Bouquet, Maurice Ronet. France, 1969 – Couleurs – 1 h 30.

Un mari qui a découvert son infortune tue l'amant de sa femme. Le crime finira par ressouder le couple. Analyse aiguë des comportements bourgeois qui font de ce film un Chabrol exemplaire.

LA FEMME INSECTE "Nippon Konchūki"
Comédie dramatique de **Shōhei Imamura**, avec Sachiko Hidari *(Tome)*, Jisuko Yoshimura *(Nobuko)*, Katsuo Kitamura *(Chūji)*. • SC : S. Imamura, Keiji Hasebe. • PH : Masahisa Himida. • DÉC : Kimihiko Nakamura. • MUS : Toshirō Mayuzumi. • MONT : Mutsuo Tanji. Japon, 1963 – 2 h 03.

Quarante ans de la vie d'une femme, de sa naissance jusqu'à l'âge mûr. La pauvreté de son milieu et la dureté de l'oppression sociale l'amènent à se prostituer. Malgré les difficultés, elle va toujours de l'avant, tâchant de fonder une famille et d'améliorer son sort.

◆ *Ce film drôle et d'une âpre violence précède les deux chefs-d'œuvre d'Imamura :* le Désir meurtrier *(Akai satsui, 1964) et* Profond Désir des dieux *(Kamigami no fukaki yokubo, 1968, sortie en France en 1990). On y retrouve l'attachement obsessionnel d'Imamura à nous montrer des destins tragiques de femmes, qui persistent dans leur destinée avec une conviction rageuse. Ces femmes subissent leur sort avec un mélange de révolte et d'humour, qui étonne autant que leur caractère fait de naïve innocence préservée et de roublardise calculatrice. On aurait tendance à se dire que c'est trop beau pour être vrai, si son* Histoire du Japon racontée par une hôtesse de bar *(Voir ce titre), ne nous donnait, sept ans après ce film, un portrait de femme en tout point identique à celui de la « femme insecte ». La construction du film évoque celle de la* Vie de O Haru, femme galante *de Mizoguchi, mais là où celui-ci faisait un lent lamento « féministe », Imamura n'hésite pas à introduire des notes humoristiques dans les situations les plus sordides. Sa crudité réaliste (qui lui vaut de n'être pas reconnu à sa juste valeur, au Japon comme en France où l'on aime les « beaux sujets »), sa fureur sociale et son engagement physique le rapprochent de Pasolini.* S.K.

LA FEMME INSECTE "Tchoungnyo"
Drame de **Kim Kee-Young**, avec Yoon Yeo-Jung, Namkoong Won, Jun Kyehyun. Corée, 1972 – Couleurs – 1 h 55.

Une jeune barmaid devient la maîtresse d'un riche professeur d'université impotent, avec le consentement de sa femme. Peu à peu, elle envahit la maison du couple.

LA FEMME INVISIBLE
Comédie de **Georges Lacombe**, avec Suzanne Christy, Jean Weber. France, 1933 – 1 h 30.

Ses parents refusant qu'elle se marie, une jeune fille monte un stratagème. Lors d'une séance de prestidigitation, elle est « escamotée » et rejoint celui qu'elle aime derrière le rideau.

LA FEMME INVISIBLE "The Invisible Woman"
Comédie d'**Edward Sutherland**, avec Virginia Bruce, John Barrymore, John Howard, Oscar Homolka. États-Unis, 1940 – 1 h 12.

Soutenu par un financier, un savant perce le secret de l'invisibilité et expérimente sa découverte sur une jeune femme. Enlevée par des gangsters, sauvée par les deux hommes, elle épousera le financier.

LA FEMME IVOIRE
Drame de **Dominique Cheminal**, avec Lucas Belvaux, Dora Doll, Roland Blanche. France, 1984 – Couleurs – 1 h 28.

Un jeune employé d'une maison de repos tombe amoureux d'une belle et mystérieuse pensionnaire.

LA FEMME MODÈLE "DESIGNING WOMAN"
Comédie de **Vincente Minnelli**, avec Gregory Peck, Lauren Bacall, Dolores Gray. États-Unis, 1957 – Couleurs – 1 h 58.

Un journaliste sportif épouse une dessinatrice de mode. Tout les sépare et la jalousie s'installe.

LA FEMME NUE
Mélodrame de **Jean-Paul Paulin**, d'après la pièce d'Henry Bataille, avec Florelle, Raymond Rouleau, Alice Field, Constant Rémy. France, 1932 – 1 h 31.

Un jeune peintre qui a épousé son modèle tombe amoureux d'une princesse lorsqu'il devient célèbre. La jeune femme tente de se suicider, puis retrouve son époux à qui elle a pardonné.

▷ Autres versions réalisées par : **Léonce Perret**, avec Louise Lagrange, Ivan Petrovitch, Nita Naldi, Maurice de Canonge. France, 1926 – 3 750 m (env. 2 h 18). **André Berthomieu**, avec Giselle Pascal, Yves Vincent, Michèle Philippe, Jean Davy. France, 1949 – 1 h 35.

FEMME OU DÉMON "DESTRY RIDES AGAIN"
Western de **George Marshall**, d'après le roman de Max Brand, avec Marlene Dietrich, James Stewart, Charles Winninger, Brian Donlevy. États-Unis, 1939 – 1 h 34.

Dans une petite ville du Far West dominée par un gang, un jeune shérif intervient dans le saloon où règne la maîtresse du chef de la bande.

▷ **Marshall** signera lui-même un remake. Voir LE NETTOYEUR.

FEMME OU MAÎTRESSE "DAISY KENYON"
Drame psychologique d'**Otto Preminger**, avec Joan Crawford, Dana Andrews, Henry Fonda. États-Unis, 1947 – 1 h 39.

Une dessinatrice est partagée entre un avocat en renom, dont elle est la maîtresse, et un jeune ingénieur, qu'elle épouse.

LA FEMME PUBLIQUE
Drame d'**Andrzej Zulawski**, d'après le roman de Dominique Garnier, avec Valérie Kaprisky, Francis Huster, Lambert Wilson. France, 1984 – Couleurs – 1 h 54.

Une jeune comédienne sans expérience est engagée par un réalisateur étrange et violent qui entreprend de devenir son pygmalion.

LA FEMME QUI PLEURE
Drame de **Jacques Doillon**, avec Dominique Laffin *(Dominique)*, Jacques Doillon *(Jacques)*, Haydée Politoff *(Haydée)*, Lola Doillon *(Lola)*, Jean-Denis Robert *(Jean-Denis)*. • SC : J. Doillon. • PH : Yves Lafaye. • MONT : Isabelle Rathery. France, 1978 – Couleurs – 1 h 30.

Jacques revient, après une longue absence, chez sa femme Dominique, qui garde leur enfant Lola. Dominique pleure et ne supporte pas qu'il la voie pleurer. Elle comprend qu'il aime une autre femme, Haydée. Mais elle ne peut plus veiller seule sur Lola. Elle rencontre Haydée et demande au couple de venir vivre sous son toit. Le malaise s'accroît. Haydée s'en va. Dominique tente de la tuer sur un coup de tête, Jacques restera seul.

◆ *Tourné par Jacques Doillon dans sa propre maison des Alpes-de-Haute-Provence,* la Femme qui pleure *est le film d'une génération, celle qui atteignait la trentaine dans les années 70. Ses mœurs et son langage sont remarquablement captés par le cinéaste qui pratique une dissection sentimentale très personnelle. La sensibilité frémissante de Dominique Laffin, qui tenait ici son premier rôle en vedette, apporte beaucoup à une œuvre qui, malgré sa grande économie de moyens, séduit par la justesse de son atmosphère et la vérité de ses personnages.* G.L.

LA FEMME REPTILE "THE REPTILE"
Film fantastique de **John Gilling**, avec Noel Willman, Ray Barrett, Jennifer Daniel. Grande-Bretagne, 1966 – Couleurs – 1 h 30.

Un village est terrifié par une série de meurtres horribles commis par une jeune fille, victime de la malédiction d'une secte orientale, qui se transforme en reptile. Un nouveau monstre dans le bestiaire de la « Hammer Film », et dont ce sera l'unique apparition.

FEMMES "THE WOMEN"
Comédie de **Georges Cukor**, d'après la pièce de Clare Booth, avec Norma Shearer, Joan Crawford, Rosalind Russell, Mary Boland, Paulette Goddard, Joan Fontaine. États-Unis, 1939 – Couleurs – 2 h 15.

Cinq femmes, cinq destinées, cinq récits entrecroisés autour d'une seule préoccupation : les hommes ! Brillant exercice de style sur la société américaine d'avant-guerre.

▷ Autre version réalisée par : **David Miller**, intitulée THE OPPOSITE SEX, avec June Allyson, Dolores Gray, Joan Collins, Ann Sheridan, Agnes Moorehead, Joan Blondell. États-Unis, 1956 – Couleurs – 1 h 56.

LES FEMMES
Comédie de **Jean Aurel**, avec Brigitte Bardot, Maurice Ronet, Anny Duperey. France, 1969 – Couleurs – 1 h 25.

Écrivain célèbre, Jérôme part en voyage avec une nouvelle secrétaire, censée l'aider à retrouver l'inspiration.

LES FEMMES ACCUSENT "LE ITALIANE E L'AMORE"
Film à sketches réalisé par onze cinéastes dont **Marco Ferreri** et **Dino Risi**, avec Inger Nystrom, Andrea Giordana, José Greci. Italie, 1961 – 1 h 50.

Douze sketches sur l'amour vu par les Italiennes : les adolescentes, la fille-mère, l'adultère, le voyage de noces, la séparation, etc.

FEMMES AU BORD DE LA CRISE DE NERFS
"MUJERES AL BORDE DE UN ATAQUE DE NERVIOS"
Comédie de **Pedro Almodovar**, avec Carmen Maura, Antonio Banderas, Julieta Serrano, Maria Barrancos. Espagne, 1988 – Couleurs – 1 h 40.

Une star de la publicité abandonne un tournage pour rejoindre son amant. Sur son chemin, elle trouvera beaucoup de monde, sauf celui qu'elle cherche.

FEMMES COUPABLES "UNTIL THEY SAIL"
Mélodrame de **Robert Wise**, avec Jean Simmons, Joan Fontaine, Paul Newman, Piper Laurie, Sandra Dee. États-Unis, 1957 – 1 h 35.

Le destin de quatre sœurs vivant en Nouvelle-Zélande, alors que la guerre fait rage dans le Pacifique.

LES FEMMES DE LA NUIT
"YORU NON ONNATACHI"
Drame de **Kenji Mizoguchi**, avec Kinuyo Tanaka, Sanae Takasugi, Tomie Sumita, Mitsuo Nagata. Japon, 1948 – 1 h 13.

À Osaka, une secrétaire veuve de guerre disparaît lorsque sa sœur devient la maîtresse de son patron. On la retrouve dans un hôpital qui abrite des prostituées dont elle est devenue la reine.

FEMMES DE PERSONNE
Drame de **Christopher Frank**, avec Caroline Cellier, Marthe Keller, Jean-Louis Trintignant, Fanny Cottençon, Philippe Léotard, Pierre Arditi. France, 1984 – Couleurs – 1 h 46.

Les parcours amoureux de quelques femmes qui travaillent ensemble. Des portraits âpres, mais non dénués d'humour.

FEMMES DEVANT LE DÉSIR "THE FEMALE ANIMAL"
Comédie dramatique de **Harry Keller**, avec Hedy Lamarr, Jane Powell, George Nader, Jan Sterling. États-Unis, 1958 – 1 h 24.

Une star de cinéma s'éprend d'un jeune et beau figurant dont sa fille est amoureuse. Les dessous de Hollywood.

LES FEMMES DU GÉNÉRAL
"THE WALTZ OF THE TOREADORS"
Comédie de **John Guillermin**, d'après la pièce de Jean Anouilh *la Valse des toréadors*, avec Peter Sellers, Dany Robin, Margaret Leighton. Grande-Bretagne, 1962 – Couleurs – 1 h 45.

Un général en retraite perd sa jeune maîtresse au profit d'un officier d'ordonnance, qui est en fait son fils naturel. Une comédie paillarde empreinte d'humour noir et d'amertume.

FEMMES D'UN ÉTÉ "RACCONTI D'ESTATE"
Comédie de **Gianni Franciolini**, sur un scénario d'Alberto Moravia et Ennio Flaiano, avec Michèle Morgan, Sylva Koscina, Dany Carrel, Alberto Sordi, Marcello Mastroianni. Italie / France, 1959 – Couleurs – 1 h 40.

Différents sketches racontent les brèves amours de vacances de quelques jolies femmes. Une comédie douce-amère.

FEMMES EN CAGE "CAGED"
Drame psychologique de **John Cromwell**, avec Eleanor Parker, Agnes Moorehead, Ellen Corby. États-Unis, 1950 – 1 h 36.

Dans une prison de femmes, une jeune fille compromise dans un vol subit peu à peu l'influence néfaste du milieu ambiant.

FEMMES ENTRE ELLES "LE AMICHE"
Drame psychologique de **Michelangelo Antonioni**, avec Eleonora Rossi-Drago *(Clélia)*, Valentina Cortese *(la céramiste)*, Gabriele Ferzetti *(le peintre)*, Franco Fabrizi *(le décorateur)*, Yvonne Furneaux *(Momina)*, Madeleine Fischer *(Rosetta)*. • SC : M. Antonioni, Suso Cecchi D'Amico, Alba de Cespedes, d'après la nouvelle de Pavese *Tra donne sole*. • PH : Gianni Di Venanzo. • DÉC : Gianni Polidori. • MUS : Giovanni Fusco. • MONT : Eraldo da Roma. Italie, 1955 – 1 h 30.

Clélia vient à Turin fonder une maison de couture. Elle est courtisée par le peintre et le décorateur de ses appartements. Elle se lie avec un mannequin, Rosetta, une céramiste et une oisive, Momina. Celle-ci entraîne le suicide du mannequin. Le groupe que formait ces femmes en prend un coup. Clélia s'en va.

◆ *«Je voulais placer mes personnages dans leur cadre, ne pas les séparer de leur décor quotidien. Aussi ne trouverez-vous pas un seul champ-contrechamp dans* Femmes entre elles. *La technique est instinctive et liée au désir de suivre les personnages pour dévoiler leurs pensées les plus cachées », déclare Antonioni, soucieux de mettre ses personnages en relation non seulement sociale, mais affective avec le cadre de leur vie. C'est dans ce film qu'il maîtrise pour la première fois son style si particulier, ayant auparavant préféré la dynamique du cadre à la logique psychologique des déplacements de ses personnages. Et si le film se distingue des suivants, c'est qu'il s'agit de films de solitudes alors qu'ici Antonioni décrit un groupe de façon organique, suivant son évolution et sa dislocation, exactement comme s'il s'agissait d'un processus chimique.* S.K.

FEMMES, FEMMES
Comédie dramatique de **Paul Vecchiali**, avec Sonia Saviange, Hélène Surgère, Michel Duchaussoy. France, 1974 – Couleurs – 2 h.

Deux actrices au chômage poursuivent leurs rêves de gloire, l'une dans l'alcool, l'autre dans les « cachetons » de seconde zone. La richesse qui survient à l'improviste ne les en sortira que très provisoirement.

FEMMES MARQUÉES "MARKED WOMAN"
Drame policier de **Lloyd Bacon**, avec Bette Davis, Humphrey Bogart, Eduardo Ciannelli. États-Unis, 1937 – 1 h 37.

Des entraîneuses s'unissent pour témoigner contre un chef de gang et le faire condamner. Film musical, policier et social, exemplaire de l'esprit Warner des années 30.

FEMMES POUR GOLDEN HILL
"FRAUEN FÜR GOLDEN HILL"
Film d'aventures d'**Erich Washneck**, avec Viktor Staal, Kirsten Heiberg, Georg Hurdalek. Allemagne, 1938 – 1 h 33.

Des pionniers australiens qui épousent des femmes sans les connaître éprouvent des joies matrimoniales inattendues.

LA FEMME SUR LA LUNE "DIE FRAU IM MOND"
Film de science-fiction de **Fritz Lang**, avec Gerda Maurus, Willy Fritsch, Fritz Rasp, Gustav von Wangenheim. Allemagne, 1929 – 1 400 m (env. 51 mn).

Une femme envoyée sur la Lune par un savant y découvre des personnages aux préoccupations bien terrestres.

LA FEMME SUR LA PLAGE
"THE WOMAN ON THE BEACH"
Drame de **Jean Renoir**, d'après le roman de Mitchell Wilson *None so Blind*, avec Robert Ryan, Joan Bennett, Charles Bickford, Nan Leslie, Irene Ryan. États-Unis, 1946 – 1 h 11.

Un officier traumatisé par des souvenirs de guerre tombe amoureux d'une aventurière mariée à un peintre célèbre devenu aveugle. Le dernier film hollywoodien de son auteur.

LA FEMME TATOUÉE "IREZUMI/SEKKA TOMURAI ZASHI"
Drame de **Yoichi Takabayashi**, avec Masayo Utsunomiya, Yuhsuke Takita, Tomisaburo Wakayama. Japon, 1981 – Couleurs – 1 h 50.

Un haut fonctionnaire, fasciné par le grain de peau de sa maîtresse, lui demande de se faire tatouer par un grand maître. Ce sera son ultime chef-d'œuvre.

FEMME VILLA VOITURE ARGENT
Comédie dramatique de **Mustapha Alassane**. Niger, 1972 – Couleurs – 1 h 15.

Les quatre composantes symbolisant au Niger la réussite sociale. Pour y arriver, il faut souvent passer par la magie noire et des compromis qui conduisent parfois en prison.

FENÊTRES SUR NEW YORK "WINDOWS"
Drame psychologique de **Gordon Willis**, avec Talia Shire, Joseph Cortese, Elizabeth Ashley. États-Unis, 1980 – Couleurs – 1 h 30.

Une femme, victime d'une tentative de meurtre, noue une relation personnelle avec l'inspecteur chargé de la protéger.

FENÊTRE SUR COUR "REAR WINDOW"
Film policier d'**Alfred Hitchcock**, avec James Stewart *(L.B. Jefferies)*, Grace Kelly *(Lisa Fremont)*, Wendell Corey *(Thomas Doyle)*, Thelma Ritter *(Stella)*, Raymond Burr *(Thorwald)*. • SC : John Michael Hayes, d'après le récit de Cornell Woolrich (William Irish). • PH : Robert Burks. • DÉC : Hal Pereira, Joseph McMillan Johnson. • MUS : Franz Waxman. • MONT : George Tomasini. États-Unis, 1954 – Couleurs – 1 h 57.

Dans son appartement de Greenwich Village, Jeff, reporter-photographe immobilisé avec une jambe dans le plâtre, observe au télé-objectif l'immeuble d'en face. Il se convainc qu'un meurtre a été commis. Avec l'aide de sa compagne Lisa et de son infirmière Stella, il tente d'élucider le mystère, à ses risques et périls.

◆ *Outre sa perfection dramatique, ce film livre la clé de la mise en scène et de l'univers de Hitchcock. Le héros occupe la situation du spectateur idéal, se livrant au plaisir secret et solitaire du voyeurisme. L'immeuble d'en face constitue l'écran qui concrétise ses désirs inavoués, jusqu'à ce que ceux-ci viennent menacer son existence même. Dans un sursaut vital, spectateur et héros ne peuvent que faire appel à leur sens moral afin d'échapper à l'angoisse pour le premier, au châtiment physique pour le second.* J.M.

FERDINAND LE RADICAL "DER STARKE FERDINAND"
Drame d'**Alexander Kluge**, avec Heinz Schubert, Verena Rudolph, Joachim Hackethal. R.F.A., 1976 – Couleurs – 1 h 35.

Un policier obnubilé par la subversion démissionne et se fait engager comme chef d'une milice patronale. Il perdra finalement son emploi pour avoir outrepassé ses fonctions.

LA FERME AUX LOUPS
Comédie dramatique de **Richard Pottier**, avec François Périer, Paul Meurisse, Martine Carol, André Gabriello, Suzanne Dantès. France, 1943 – 1 h 26.

Deux journalistes chargés d'un reportage sur l'assassinat d'un clochard se trouvent en présence d'un cadavre identique à celui du vieil homme. Les débuts à l'écran de Martine Carol.

LA FERME DES HOMMES BRÛLÉS
"WOMAN OBSESSED"
Comédie dramatique de **Henry Hathaway**, avec Susan Hayward, Stephen Boyd, Barbara Nichols. États-Unis, 1959 – Couleurs – 1 h 42.

Dans une ferme du nord du Canada, la haine sourde qu'un enfant porte au nouveau mari de sa mère.

LA FERME DES SEPT PÉCHÉS
Biographie de **Jean Devaivre**, avec Jacques Dumesnil, Pierre Renoir, Claude Génia, Alfred Adam. France, 1949 – 1 h 40.

L'histoire tragique de Paul-Louis Courier, pamphlétaire républicain célèbre sous la Restauration. Âpre et poétique.

LA FERME DU PENDU
Drame de **Jean Dréville**, d'après le roman de Gilbert Dupé, avec Charles Vanel, Alfred Adam, Guy Decomble, Lucienne Laurence, Henri Génès, Bourvil. France, 1945 – 1 h 30.

Un riche fermier interdit le mariage de ses frères afin d'éviter le morcellement du domaine. Les uns après les autres, les membres de la famille se révoltent.

FERNAND
Comédie dramatique de **René Féret**, avec Bernard Bloch, Yves Reynaud, Jany Gastaldi. France, 1980 – Couleurs – 1 h 25.

Un naïf est la proie de personnages odieux qui se servent de lui pour des petits boulots inavouables. Un scénario loufoque, prétexte à des recherches de style originales.

FERNAND CLOCHARD
Comédie de **Pierre Chevalier**, avec Fernand Raynaud, Renée Devillers, Magali de Vendeuil. France, 1957 – 1 h 40.

La découverte d'un sac contenant deux cents millions en bijoux perturbe considérablement la vie d'un paisible clochard.

LE FESTIN DE BABETTE "BABETTES GAESTEBUD"
Comédie dramatique de **Gabriel Axel**, avec Stéphane Audran *(Babette)*, Hanna Steensgard *(Filippa jeune)*, Bodil Kjer *(Filippa âgée)*, Vibeke Hastrup *(Martine jeune)*, Birgitte Federspiel *(Martine âgée)*, Jean-Philippe Lafont *(Achille Papin)*, Gudmar Wivesson *(Lorenz jeune)*, Jarl Kulle *(Lorenz âgé)*, Bibi Andersson *(une dame de la cour)*. • SC : G. Axel, d'après la nouvelle de Karen Blixen. • PH : Henning Kristiansen. • DÉC : Sven Wichman. • MUS : Per Nörgard. • MONT : Finn Henriksen. Danemark, 1987 – Couleurs – 1 h 42. ★ OSCAR DU MEILLEUR FILM ÉTRANGER 1988.

Martine et Filippa, deux filles de pasteur, ont été amoureuses, dans leur jeunesse, celle-ci d'un chanteur français (Achille Papin), celle-là d'un officier (Lorenz). Mais elles se sont sacrifiées pour cette petite communauté luthérienne du Jutland à laquelle elles se dévouent. En 1871, Babette, une Française qui fuit la répression de la Commune, entre au service des deux sœurs. Ayant gagné à la loterie, elle offre à la communauté « un vrai repas français », engloutissant sa fortune. Le passé ressurgit alors avec ses émotions, intactes et précieuses...

◆ *Un véritable joyau, un enchantement sans une seule fausse note. Une histoire très belle et très simple qui permet à son auteur de jeter un regard attendri sur tout un groupe de personnages vivant hors du monde.* C.D.R.

LE FESTIN NU "NAKED LUNCH"
Film fantastique de **David Cronenberg**, avec Peter Weller, Judy David, Ian Holm. États-Unis, 1991 – Couleurs – 1 h 40.

L'univers de William Burroughs transposé au cinéma par un metteur en scène inventif. Une gageure.

LA FÊTE À HENRIETTE
Comédie de **Julien Duvivier**, avec Dany Robin, Michel Auclair, Hildegard Knef, Saturnin Fabre. France, 1952 – 1 h 58.

Dans Paris pavoisé pour le 14 Juillet, deux auteurs, aux conceptions diamétralement opposées, écrivent un scénario. On passe du roman rose au roman noir sur des dialogues d'Henri Jeanson.

▷ Voir aussi DEUX TÊTES FOLLES.

FÊTE DE FAMILLE "FESTEN"

Comédie dramatique de **Thomas Vinterberg**, avec Ulrich Thomsen, Henning Moritzen, Thomas Bo Larsen, Paprika Steen. Danemark, 1998 – Couleurs – 1 h 45.
★ PRIX SPÉCIAL DU JURY ex aequo, Cannes 1998.

Un fils révèle, lors d'un dîner d'anniversaire, les sévices sexuels que son père lui a fait subir, ainsi qu'à sa sœur, morte l'année précédente.

LA FÊTE DE GION / LES MUSICIENS DE GION "GION BAYASHI"

Drame de **Kenji Mizoguchi**, avec Michiyo Kogure, Ayako Wakao. Japon, 1953 – 1 h 35.

À Kyoto, une geisha renommée prend en charge une jeune apprentie. Les deux femmes ne tardent pas à s'affronter.

LA FÊTE DE SAINT-JORGEN / LE MIRACLE DE SAINT-JORGEN "PRAZDNIK SVJATOGO JORGENA"

Comédie dramatique de **Jakov Protazanov**, d'après un roman de B. Bergstedt, avec Anatoli Ktorov, Igor Ilinski, Mikhaïl Klimov. U.R.S.S. (Russie), 1930 – 1 h 25.

Deux évadés se mêlent à une fête religieuse pour échapper à la police. Reconnu, l'un d'eux se fait passer pour un saint, opère un « miracle » sur l'autre et peut fuir la ville.

LA FÊTE ESPAGNOLE

Mélodrame de **Germaine Dulac**, avec Ève Francis *(Soledad)*, Jean Toulout *(Miguélan)*, Gaston Modot *(Réal)*, Robert Delsol *(Juanito)*, Anna Gay. • SC : Louis Delluc. • PH : Paul Parguel. • DÉC : Gaston David. France, 1919 – 1 671 m (env. 1 h 02).

Une ancienne danseuse est aimée de deux hommes : Réal et Miguélan. Elle les pousse à se battre pour elle, promettant de se donner au vainqueur. Ils s'entretuent. Pendant ce temps, la belle se laisse emporter par le tourbillon de la danse, et séduire par un plus jeune prétendant.

◆ *Un scénario, vaguement inspiré de* Carmen, *dû à Louis Delluc, qui faisait ses gammes avant de passer, l'année suivante, à la réalisation ; une atmosphère de carnaval andalou recréée avec soin sur la Côte d'Azur ; une mise en scène soignée et la sensualité lourde d'Ève Francis... Toutes ces qualités additionnées méritaient-elles l'engouement de la critique du temps ? Il semble qu'on ait un peu exagéré la portée de cette cuadrilla, et que Léon Moussinac ait vu juste en écrivant : « Les valeurs semblent trop souvent transposées, les images ne viennent pas tout à fait à leur place ».* C.B.

LA FÊTE SAUVAGE

Documentaire de **Frédéric Rossif**. France, 1976 – Couleurs – 1 h 32.

Un panorama des animaux les plus variés filmés, sans ordre zoologique ni géographique, à l'aide d'une caméra étudiée pour la prise de vue au ralenti, en une sorte de ballet visuel.

LES FÊTES GALANTES

Comédie de **René Clair**, avec Jean-Pierre Cassel, Philippe Avron, Jean Richard, Marie Dubois, Geneviève Casile. France / Roumanie, 1965 – Couleurs – 1 h 30.

Une parodie de guerre, transposée au XVIIIe siècle, dans un pays imaginaire. Un conte moraliste et drôle.

LE FEU DE PAILLE

Drame psychologique de **Jean Benoît-Lévy**, d'après le roman d'Henri Troyat, avec Lucien Baroux, Jean Fuller, Orane Demazis. France, 1939 – 1 h 57.

Le jeune fils d'un acteur raté est engagé par un cinéaste et devient aussitôt une vedette. Son père en souffre, mais lorsque le second film du garçon est un échec, il oublie sa jalousie devant l'effondrement de son fils.

FEU DE PAILLE "STROHFEUER"

Comédie dramatique de **Volker Schlöndorff** et **Margarethe von Trotta**, avec Margarethe von Trotta, Friedhelm Ptok, Martin Luttge. R.F.A., 1972 – Couleurs – 1 h 40.

Une jeune femme dont le divorce a été prononcé à ses torts doit mener une vie « régulière » pour avoir le droit de voir son enfant.

LE FEU FOLLET

Drame de **Louis Malle**, avec Maurice Ronet *(Alain Leroy)*, Jeanne Moreau *(Jeanne)*, Bernard Noël *(Dubourg)*, Lena Skerla *(Lydia)*, Alexandra Stewart *(Solange)*, Bernard Tiphaine *(Milou)*, Jean-Paul Moulinot *(Dr La Barbinais)*, Hubert Deschamps *(d'Averseau)*. • SC : L. Malle, d'après le roman de Pierre Drieu La Rochelle. • PH : Ghislain Cloquet. • DÉC : Bernard Evein. • MUS : Erik Satie. • MONT : Suzanne Baron. France, 1963 – 1 h 50.

Alain Leroy, qui vient de subir une cure de désintoxication à Versailles, est dégoûté de la vie. La rencontre de la jolie Lydia ne lui est d'aucun secours. Il décide de se suicider le 23 juillet, il lui reste quarante-huit heures à vivre. Il rencontre successivement son ancien ami Dubourg, puis

Jeanne, et Solange qui est sensible à sa détresse. Mais c'est trop tard.

◆ *Adaptation très libre du roman de Drieu La Rochelle, dont le mal de vivre n'allait pas sans une délectation morbide, transposée au début des années 60 dans le Paris des noctambules que Louis Malle affirmait bien connaître – et dont il trace un tableau incisif. Les portraits sont habilement croqués, et le lent enlisement d'Alain Leroy sonne toujours vrai grâce, en grande partie, à l'interprétation inspirée de Maurice Ronet entré véritablement en osmose avec le personnage et avec l'œuvre.* G.L.

FEUILLES D'AUTOMNE "AUTUMN LEAVES"

Comédie dramatique de **Robert Aldrich**, avec Joan Crawford, Cliff Robertson, Vera Miles. États-Unis, 1956 – 1 h 48.

Une femme mariée à un homme plus jeune qu'elle découvre la maladie de son époux. Lorsqu'il guérit, le bonheur revient.

FEUILLETS ARRACHÉS AU LIVRE DE SATAN / PAGES ARRACHÉES DU LIVRE DE SATAN

"BLAD AF SATANS DAGBOG"

Film historique de **Carl Theodor Dreyer**, avec Helge Nissen *(le représentant de Satan)*, Halvard Hoff *(Jésus)*, Hallander Hellemann *(Don Gomez)*, Ebon Strandin *(Isabelle)*, Tenna Kraft *(Marie-Antoinette)*, Carlo Wieth *(Paavo)*, Clara Pontoppidan *(Siri)*. • SC : C.T. Dreyer, Edgard Høyer, d'après le roman de Marie Corelli *Satans Sorger*. • PH : Georg Schneevoigt. • DÉC : C.T. Dreyer, Axel Bruun, Jen G. Lind. Danemark, 1921 – env. 2 000 m (env. 1 h 15).

L'action de Satan à travers les âges, au service de l'intolérance et du fanatisme. Quatre épisodes servent à illustrer le propos : En Palestine, avec l'histoire du Christ ; l'Inquisition ; la Révolution française, avec l'exécution de Marie-Antoinette ; la Rose rouge de Suomi, qui met en scène un commissaire du peuple bolchevik en Finlande.

◆ *Manifestement inspiré de Griffith (qui lui-même réalisa cinq ans plus tard les* Chagrins de Satan *d'après Marie Corelli), à la fois pour la structure du film et pour les conceptions qui s'y développent, ce film des débuts du grand cinéaste ne laisse encore qu'entrevoir certains des traits futurs de son génie. Le parti pris contre-révolutionnaire date les deux derniers épisodes. En revanche, le climat de l'Inquisition recèle déjà une force descriptive évidente et le tournage en plein air de la Passion est intéressant.* J.-M.C.

FEU MATHIAS PASCAL

Drame de **Marcel L'Herbier**, avec Ivan Mosjoukine *(Mathias Pascal)*, Jean Hervé *(Terence Papiano)*, Michel Simon *(Jérôme Pomino)*, Marcelle Pradot *(Romilde)*, Loïs Moran *(Adrienne Paleari)*, Marthe Bellot, Pauline Carton, Pierre Batcheff. • SC : M. L'Herbier, d'après le roman de Pirandello. • PH : Paul Guichard, Jimmy Berliet, Roudakoff, Jean Letort, Bourgassof. • DÉC : Alberto Cavalcanti, Lazare Meerson. France, 1926 (RÉ : 1924) – 3 300 m (env. 2 h 02).

Mathias Pascal vit une existence infernale avec sa femme et sa belle-mère. Il s'enfuit quelque temps. À son retour, il a la surprise de constater qu'à la suite d'une méprise, on le croit mort. Il est donc libre et tente de refaire sa vie. Mais il se heurte alors à de nombreuses difficultés liées à son absence d'état civil.

◆ *Cette première adaptation à l'écran d'une œuvre de Pirandello constitue pour Marcel L'Herbier un retour à une forme classique de narration et de mise en scène, après l'échec retentissant de l'avant-gardiste* Inhumaine. *Sa réalisation n'en est pas moins brillante et d'une grande virtuosité. L'autre atout du film est l'interprétation de Mosjoukine, l'un des meilleurs comédiens de l'art muet. Michel Simon fait ici ses débuts au cinéma.* L.A.

▷ Voir aussi LA DOUBLE VIE DE MATHIAS PASCAL et L'HOMME DE NULLE PART.

FEU NICOLAS

Comédie de **Jacques Houssin**, avec Rellys, Suzanne Dehelly, Yves Deniaud, Jacqueline Gauthier. France, 1943 – 1 h 38.

Le propriétaire d'un café qui a des dettes et soupçonne sa femme décide de passer pour mort. Mais il gagne le gros lot...

FEUX CROISÉS "CROSSFIRE"

Drame social d'**Edward Dmytryk**, avec Robert Young *(capitaine Finlay)*, Robert Mitchum *(Keeley)*, Robert Ryan *(Montgomery)*, Gloria Grahame *(Ginny)*, Paul Kelly *(l'homme)*, Sam Levene *(Joseph Samuels)*, Jacqueline White *(Mary Mitchell)*, Steve Brodie *(Floyd)*, George Cooper *(Mitchell)*, Richard Benedict *(Bill)*, Richard Powers, William Phipps, Lex Barker. • SC : John Paxton, d'après le roman de Richard Brooks *The Brick Foxhole*. • PH : J. Roy Hunt. • DÉC : Albert S. D'Agostino, Alfred Herman, Darrell Silvera, John Sturtevant. • MUS : Roy Webb, Constantin Bakaleinikoff (direct. mus.). • MONT : Harry Gerstad. États-Unis, 1947 – 1 h 26.

Le soldat juif Joseph Samuels est assassiné. Le capitaine Finlay interroge les trois soldats qui ont passé avec lui ses derniers moments et découvre le coupable en lui tendant un piège. Il s'aperçoit alors que seule sa haine des Juifs l'a poussé à l'irréparable.

◆ *Le premier film consacré à l'antisémitisme. Une réalisation rigoureuse et vigoureuse d'Edward Dmytryk qui mit le film en boîte en vingt-trois jours grâce à l'ingéniosité de son chef-opérateur qui signe des images contrastées, porteuses d'une lourde atmosphère. Il eut cinq nominations aux Oscars et remporta le Prix du film social à Cannes en 1947.* J.-C.S.

FEUX DANS LA PLAINE "Nobi"

Film de guerre de **Kon Ichikawa**, avec Eiji Funakoshi *(Tamura)*, Micky Curtis *(Nagamatsu)*, Osamu Takizawa *(Yasuda)*, Mantaru Ushio *(le sergent)*, Asao Sano, Masaya Tsukida, Hiraky Hoshi. • SC : Natto Wada, K. Ichikawa, d'après un roman de Shōhei Ōka. • PH : Setsuo Kobayashi. • DÉC : Atsuji Shibata. • MUS : Yasuchi Akutagawa. Japon, 1959 – 1 h 49.

Février 1945, aux Philippines. La fin est proche, mais des groupes de soldats japonais résistent encore avec acharnement. Dans un effort terrible pour survivre, trois d'entre eux finissent par se nourrir des cadavres de leurs compatriotes.

◆ *Partant d'un roman qui reprenait un fait véridique, Ichikawa a construit une œuvre bouleversante où la dénonciation de la guerre et de ses horreurs est exprimée avec une violence extrême. Les scènes de cannibalisme sont évidemment particulièrement dures, mais le film entier ne laisse aucun répit, et cette odyssée est rendue plus tragique encore par le sens plastique dont l'auteur a toujours fait preuve.* J.-M.C.

FEUX DE JOIE

Comédie dramatique de **Jacques Houssin**, avec René Lefèvre, Micheline Cheirel, Ray Ventura, Raymond Cordy, Mona Goya, Alice Tissot. France, 1938 – 1 h 35.

À la fin de leur service militaire, des musiciens forment un orchestre et décident d'exploiter un hôtel sur la Côte d'Azur.

LES FEUX DE LA CHANDELEUR

Drame de **Serge Korber**, d'après le roman de Catherine Paysan, avec Annie Girardot, Jean Rochefort, Bernard Le Coq. France, 1972 – Couleurs – 1 h 45.

La femme d'un notaire, divorcée de son mari trop « bourgeois », l'aime toujours et essaye, maladroitement, de le reconquérir.

LES FEUX DE LA NUIT "Bright Light, Big City"

Comédie dramatique de **James Bridges**, d'après le roman de Jay McInerney, avec Michael J. Fox, Kiefer Sutherland. États-Unis, 1988 – Couleurs – 1 h 48.

Pris dans la spirale de l'échec affectif et professionnel, un jeune homme se réfugie dans l'alcool et la drogue.

LES FEUX DE LA RAMPE "Limelight"

Mélodrame de **Charlie Chaplin**, avec Charlie Chaplin *(Calvero)*, Claire Bloom *(Terry)*, Sydney Chaplin *(Neville)*, Buster Keaton *(un partenaire)*, Norman Lloyd *(Bodalink)*. • SC : C. Chaplin• MUS : C. Chaplin. • PH : Karl Strauss, Roland H. Totheroh. • DÉC : Eugène Lourié. • MONT : Joseph Engel. États-Unis, 1952 – 2 h 23.

Clown autrefois célèbre, Calvero sauve du suicide une jeune ballerine paralysée et, pour elle, tente en vain de renouer avec le succès. En réponse à son dévouement, celle-ci vainc sa maladie, mais c'est un jeune compositeur qu'elle aime. Au faîte du succès, elle organise un gala en l'honneur de Calvero : le clown triomphe, mais meurt d'une crise cardiaque, abandonnant la scène à la ballerine.

◆ *Jamais, jusqu'aux* Feux de la rampe, *un mythe ne s'était démaquillé à l'écran. Chaplin, ici, au travers du clown Calvero, dit adieu à Charlot. Si le vagabond n'est jamais évoqué, même physiquement, il est présent, aujourd'hui encore, dans tous les esprits. Un créateur livre sa méditation sur son œuvre, sa hantise de l'échec, son besoin du public. Le clown meurt, laissant la place au metteur en scène et à son œuvre. Un tel degré d'impudeur et d'artifice atteint aux sommets de l'émotion.* J.M.

LES FEUX DE LA VIE "Har har du ditt liv"

Comédie dramatique de **Jan Troell**, avec Eddie Axberg, Per Oscarsson, Max von Sydow, Gunnar Björnstrand. Suède, 1966 – 2 h 07.

Le Grand Nord suédois entre 1914 et 1919. La vie d'un jeune garçon dans cet univers misérable, ses expériences, son engagement politique, ses échecs et sa volonté d'émigrer vers le Sud.

LES FEUX DE L'ÉTÉ "The Long Hot Summer"

Drame de **Martin Ritt**, inspiré de trois œuvres de William Faulkner *Barn Burning, The Spotted Horses, The Hamlet*, avec Paul Newman, Joanne Woodward, Anthony Franciosa, Orson Welles, Lee Remick. États-Unis, 1958 – Couleurs – 1 h 57.

Dans une petite ville du sud des États-Unis, à l'atmosphère étouffante, vit une famille dominée par un sévère patriarche, en conflit avec un de ses voisins.

LES FEUX D'HIMATSURI "Himatsuri"

Drame de **Mitsuo Yanagimachi**, avec Kinya Kitaoji, Kiwako Taichi, Ryota Nakamoto. Japon, 1984 – Couleurs – 2 h.

Dans un petit port, pêcheurs et bûcherons s'opposent, dans leur vie quotidienne comme dans leurs croyances. L'arrivée d'une belle jeune fille va déclencher de nouvelles rivalités.

LES FEUX DU MUSIC-HALL "LUCI DEL VARIETÀ"
Comédie dramatique de **Federico Fellini** et **Alberto Lattuada**, avec Peppino De Filippo *(Checco Dalmonte)*, Carla Del Poggio *(Liliana)*, Giulietta Masina *(Melina Amour)*, John Kitzmiller *(Johny)*, Folco Lulli *(Adelmo Conti)*, Carlo Romano *(La Rosa)*, Dante Maggio *(Remo)*, Giulio Cali *(Edison Wil)*. • SC : F. Fellini, A. Lattuada, Tullio Pinelli, Ennio Flaiano. • PH : Otello Martelli. • DÉC : Aldo Buzzi. • MUS : Felice Lattuada. • MONT : Mario Bonotti. Italie, 1950 – 1 h 30.

La vie errante d'une troupe d'acteurs minables, avec ses trivialités, ses spectacles bâclés, ses querelles, ses enthousiasmes à la petite semaine. Une flambée de passion entraîne Checco à quitter sa femme, Melina, pour essayer de monter une revue à Rome avec Liliana, une jeune spectatrice qui s'est jointe au groupe. C'est un « four » épouvantable, mais Liliana se trouve un protecteur bien placé ; Checco n'a plus qu'à regagner sa misère.

◆ *Bien que le film soit signé de deux noms, on y voit déjà annoncés les thèmes des futurs films du grand Fellini : petitesse du quotidien, pittoresque des marginaux, images insolites, réjouissances ridicules, nuit et grisaille. Le rire est – déjà – à la fois attendri et grinçant.* D.C.

LES FEUX DU THÉÂTRE "STAGE STRUCK"
Comédie dramatique de **Sidney Lumet**, avec Henry Fonda, Susan Strasberg, Joan Greenwood. États-Unis, 1958 – Couleurs – 1 h 35.

Les illusions d'une jeune provinciale qui arrive à New York pour faire du théâtre, avant de connaître la consécration.

▷ Remake de MORNING GLORY, de **Lowell Sherman**, d'après la pièce de Zoe Akins, avec Katharine Hepburn, Douglas Fairbanks Jr., Adolphe Menjou, Mary Duncan, C. Aubrey Smith. États-Unis, 1933 – 1 h 14.

LA FIANCÉE "DIE VERLOBTE"
Drame de **Günther Rücker** et **Günter Reisch**, avec Jutta Wachowiak, Regimantas Adomaitis, Slavka Budinova, Christine Gloger. R.D.A., 1980 – Couleurs – 1 h 50.

Prisonnière politique, incarcérée parmi des détenues de droit commun, une femme trouve la force de survivre grâce à l'amour qu'elle porte à un homme.

LA FIANCÉE DE FRANKENSTEIN
"THE BRIDE OF FRANKENSTEIN"
Film fantastique de **James Whale**, avec Boris Karloff *(la Créature)*, Colin Clive *(Henry Frankenstein)*, Valerie Hobson *(Elizabeth Frankenstein)*, Elsa Lanchester *(Mary Shelley / la Créature femelle)*, Ernest Thesiger *(Dr Pretorius)*, Una O'Connor *(Minnie)*. • SC : William Hurlblut, d'après les personnages créés par Mary Shelley. • PH : Jerome D. Mescall. • DÉC : Charles D. Hall. • MUS : Franz Waxman. • MONT : Ted Kent. États-Unis, 1935 – 1 h 18.

La Créature de Frankenstein, qui a survécu à l'incendie du moulin (Voir FRANKENSTEIN), est capturée par les paysans, mais réussit à s'évader. Après avoir trouvé un asile provisoire chez un vieil ermite aveugle, elle est recueillie par le savant Pretorius, qui propose à Frankenstein de reprendre ses travaux et de créer une Créature femelle qui sera la « fiancée » de l'autre. La première partie de ce plan se réalise.

◆ *« Suite » du premier* Frankenstein *de James Whale, tourné par la même équipe,* la Fiancée *le surpasse en qualité artistique et en poésie... Le scénario est moins schématique, insistant davantage sur l'ambivalence morale de la Créature, tributaire des rencontres qui l'influencent : le bon ermite (sublime morceau d'anthologie !) et le méchant Pretorius. La mise en scène est somptueuse, bénéficiant de moyens accrus (décors, musique, éclairages...) et la rencontre finale de Boris Karloff et de sa « fiancée », Elsa Lanchester, reste un grand moment, entré dans la légende du fantastique et du cinéma tout court.* G.L.

LA FIANCÉE DES TÉNÈBRES
Conte philosophique de **Serge de Poligny**, avec Pierre Richard-Willm, Jany Holt, Line Noro, Palau, Charpin, Delmont. France, 1945 – 1 h 40.

Dans la cité de Carcassonne, une étrange jeune femme vêtue de noir s'imagine qu'elle porte malheur à ceux qui l'aiment.

LA FIANCÉE DU PIRATE
Comédie dramatique de **Nelly Kaplan**, avec Bernadette Lafont *(Marie)*, Georges Géret *(Gaston Duvalier)*, Michel Constantin *(André)*, Julien Guiomar *(le duc)*, Jean Parédès *(M. Paul)*, Francis Lax *(Émile)*, Claire Maurier *(Irène)*, Louis Malle *(Jésus)*. • SC : N. Kaplan, Claude Makowski, Jacques Serguine, Michel Fabre. • PH : Jean Badal. • MUS : Georges Moustaki. France, 1969 – Couleurs – 1 h 46.

Dans une campagne perdue, Marie vit misérablement avec sa mère. Quand celle-ci vient à mourir, le débat est sordide au conseil municipal pour savoir qui paiera l'enterrement ; alors, Marie entraîne les hommes du village, et les obsèques sauvages dégénèrent en farce. Pour se venger des villageoises qui ont tué son bouc, Marie séduit leurs maris l'un après l'autre et enregistre leurs confidences au magnétophone.

◆ *Le personnage incarné avec sensualité et humour par Bernadette Lafont a réveillé, en 1969, un cinéma français quelque peu ronronnant. Porte-drapeau d'une révolte contre l'ordre établi et l'hypocrisie des conventions bourgeoises, Marie incarne un érotisme (audacieux alors) qui est le ferment d'une allègre anarchie. Les notables, remarquablement croqués par des « seconds rôles » bien choisis, sont les bêtes noires de cette fable ironique et salubrement impertinente.* *G.L.*

LA FIANCÉE DU VAMPIRE
"HOUSE OF DARK SHADOWS"
Film fantastique de **Dan Curtis**, avec Jonathan Frid, Joan Bennett, Grayson Hall. États-Unis, 1970 – Couleurs – 1 h 37.

Un vampire revient au bout de deux cents ans... et les meurtres se succèdent. Une doctoresse essaie de le soigner, mais il en aime une autre. Jeu intéressant avec les différents âges du héros.

LA FIANCÉE QUI VENAIT DU FROID
Comédie de **Charles Nemes**, avec Thierry Lhermitte, Barbara Nielsen. France, 1983 – Couleurs – 1 h 35.

Un séducteur se laisse convaincre de faire un mariage blanc avec une ravissante Polonaise afin qu'elle puisse sortir du pays.

LES FIANCÉES EN FOLIE "SEVEN CHANCES"
Film burlesque de **Buster Keaton**, avec Buster Keaton *(James Shannon)*, Ruth Dwyer *(Mary)*, T. Roy Barnes *(Billy)*, Snitz Edwards *(le notaire)*. • SC : Jean C. Havez, Joseph A. Mitchell, Clyde Bruckman, d'après la pièce de Roi Cooper Megrue. • PH : Elgin Lessley, Byron Houck. • DÉC : Fred Gabourie. États-Unis, 1925 – 1 559 m (env. 1 h 13).

Pour toucher un important héritage, dont il a le plus grand besoin, le timide James Shannon doit se marier le jour même avant dix-sept heures. Mary, à qui il n'a jamais osé se déclarer, refuse sa proposition, la croyant dictée par l'intérêt. Une petite annonce amène à James une centaine de postulantes qui se lancent à sa poursuite. Leur échappera-t-il et se mariera-t-il à temps ?

◆ *Keaton pousse ici aux limites extrêmes du délire cauchemardesque son goût de l'espace et des lois de la physique. Le film se déroule avec une parfaite logique, suivant un principe de démultiplication et d'accélération pour déboucher sur l'absurde. Il culmine au moment où James doit choisir entre affronter une avalanche de rochers qui déboulent vers lui et la meute des « fiancées en folie ». On devine sa décision... La construction symétrique et le rythme parfait achèvent de faire de ce film un sommet du cinéma burlesque et de l'œuvre de Keaton.* *J.M.*

LA FIANCÉE VENDUE "DIE VERKAUFTE BRAUT"
Comédie dramatique de **Max Ophuls**, avec Max Nadler, Jarmila Novotna, Hermann Kner. Allemagne, 1932 – 1 h 16.

La fille d'un bourgmestre doit épouser un riche dadais, mais elle est amoureuse d'un jeune homme au passé incertain. Tout le village s'en mêle.

LES FIANCÉS "I PROMESSI SPOSI"
Mélodrame de **Mario Camerini**, d'après le roman d'Alessandro Manzoni, avec Gino Cervi, Dina Sassoli. Italie, 1941 – 1 h 56.

Au temps de la Renaissance italienne, l'idylle pathétique de deux fiancés et le dénouement heureux de leur histoire.

LES FIANCÉS "I FIDANZATI"
Chronique sociale d'**Ermanno Olmi**, avec Anna Canzi *(Liliana)*, Carlo Cabrini *(Giovanni)*. • SC : E. Olmi. • PH : Lamberto Caimi. • DÉC : Ettore Lombardi. • MUS : Gianni Ferrio. • MONT : Carla Colombo. Italie, 1963 – 1 h 16.

Giovanni, ouvrier qualifié, quitte Milan et sa fiancée Liliana pour aller travailler comme soudeur en Sicile et gagner plus d'argent. Dépaysé, il répond – lui qui écrit peu – à la première lettre de Liliana. Cet échange épistolaire les rapproche.

◆ *Ermanno Olmi aborde le retard économique de la Sicile dans les années 50 par le truchement du regard d'un ouvrier milanais venu doubler son salaire sur un des chantiers patronnés par les grandes firmes industrielles du Nord. À la fois par isolement affectif et par décalage géographique, l'ouvrier lombard fait preuve d'une incapacité à comprendre une culture différente de la sienne. Il demeure l'étranger, venu exécuter un contrat de travail. Ce constat, qu'elle estima passéiste, fit bondir la critique de gauche. Aujourd'hui que le message importe moins, seules les maladresses d'écriture peuvent rendre le film discutable.* *A.K.*

LES FIANCÉS DE GLOMDAL "GLOMDALSBRUDEN"
Drame psychologique de **Carl Theodor Dreyer**, avec Tove Tellback, Einar Sissener. Danemark, 1925 – 3 350 m (env. 2 h 04).

Dans un petit village de Norvège, les amours contrariées, puis le mariage, d'un jeune homme pauvre et d'une jeune fille riche.

LA FIDÈLE LASSIE "LASSIE COME HOME"
Comédie dramatique de **Fred M. Wilcox**, d'après le roman d'Eric Knight, avec Roddy McDowall, Donald Crisp, Dame May Whitty, Edmund Gwenn, Nigel Bruce. États-Unis, 1943 – Couleurs – 1 h 35.

Une chienne de race, dont l'entretien devient trop coûteux pour une famille pauvre, est vendue à un aristocrate écossais. Pour retrouver le petit garçon qui l'aime, elle parcourt des centaines de kilomètres et vit maintes aventures. Premier film de la série des « Lassie » et premier film interprété par Elizabeth Taylor âgée de 10 ans.

▷ Voir aussi LE FILS DE LASSIE, LE COURAGE DE LASSIE, LE MAÎTRE DE LASSIE, LASSIE PERD ET GAGNE.

▷ Autres films de la série des Lassie réalisés par : **Richard Thorpe**, intitulé THE SUN COMES UP avec Jeanette MacDonald, Lloyd Nolan. États-Unis, 1949 – 1 h 30. **Richard Thorpe**, intitulé LE DÉFI DE LASSIE "CHALLENGE TO LASSIE", avec Edmund Gwenn, Donald Crisp. États-Unis, 1949 – 1 h 30. **Harold F. Kress**, intitulé THE PAINTED HILLS, avec Paul Kelly, Bruce Cowling. États-Unis, 1951 – 1 h 30. Ainsi que **Don Chaffey** qui signe un remake tardif, intitulé THE MAGIC OF LASSIE, avec James Stewart, Alice Faye, Mickey Rooney, Pernell Roberts. États-Unis, 1978 – Couleurs – 1 h 39.

LA FIÈRE CRÉOLE "THE FOXES OF HARROW"

Mélodrame de **John M. Stahl**, d'après le roman de Frank Yerby, avec Rex Harrison, Maureen O'Hara, Richard Haydn, Victor McLaglen. États-Unis, 1947 – 1 h 57.

Un joueur échoue à La Nouvelle-Orléans, gagne une fortune et peut, dès lors, épouser la jeune fille qu'il aime. Mais les époux se disputent et il faudra une révolte d'esclaves pour les rapprocher.

LE FIER REBELLE "THE PROUD REBEL"

Western de **Michael Curtiz**, d'après la nouvelle de James Edward Grant, avec Alan Ladd, Olivia De Havilland, David Ladd, Dean Jagger. États-Unis, 1958 – Couleurs – 1 h 43.

Après la guerre de Sécession, un Sudiste cherche à rendre la parole à son jeune fils devenu muet à la suite d'un choc.

FIESTA

Comédie dramatique de **Pierre Boutron**, d'après le roman de José Luis de Villalonga, avec Jean-Louis Trintignant, Grégoire Colin, Dayle Haddon, Marc Lavoine. France, 1995 – Couleurs – 1 h 50.

1936. Un jeune Espagnol de 17 ans, fils d'officier, se trouve arraché à la quiétude austère d'un collège religieux du sud-ouest de la France pour rejoindre les rangs de l'armée franquiste. Pour l'endurcir, son père l'a fait affecter dans une caserne dirigée par un très improbable officier homosexuel dilettante et pervers. « Nous vaincrons parce que nous sommes les plus cons ! » a-t-il coutume de proclamer (c'est ce qui est arrivé, mais est-ce bien la vraie raison ?). Mi-convaincu, mi-résigné, il apprendra à tuer. Il ne se rebellera qu'une seule fois et, quand un camion militaire l'emmène pour le front, nul ne sait si le visage qui s'encadre à l'arrière est celui d'un enfant ou d'un loup. Peut-être est-ce le pire : les deux réunis !

FIÈVRE / LA BOUE

Drame de **Louis Delluc**, avec Ève Francis *(Sarah)*, Edmond Van Daele *(Militis)*, Gaston Modot *(Topinelli)*, Footit *(l'homme au chapeau gris)*, Elena Sagrary, Lili Samuel, Léon Moussinac. • SC : L. Delluc. • PH : Alphonse Gibory, Georges Lucas. • DÉC : Francis Jourdain. France, 1921 – 1 200 m (env. 44 mn).

Un bouge à matelots à Marseille. Rivalités amoureuses, rixes, ambiance interlope, nostalgie de l'Extrême-Orient... Parmi la faune bigarrée de l'établissement : une fumeuse de pipe, un joueur de manille, une naine, un ivrogne, des filles...

◆ *Louis Delluc était surtout un critique et théoricien de cinéma, préconisant dans ses écrits (*Cinéma et Cie, la Jungle du cinéma*) la stylisation visuelle, la vérité des sentiments, la pureté des formes, à l'inverse des conventions narratives des « ciné-romans » en faveur à l'époque. Pour mettre en pratique ces nobles principes, il réalisera quelques films où « l'anecdote n'intervient que pour servir d'armature au tableau » (Léon Moussinac). Une pointe de mélodrame exotique, à la Francis Carco, pimente cette œuvre au charme un peu éventé, où se ressent l'influence de Griffith, et notamment du* Lys brisé. *C.B.*

LA FIÈVRE AU CORPS "BODY HEAT"

Film policier de **Lawrence Kasdan**, avec William Hurt, Kathleen Turner, Richard Crenna. États-Unis, 1981 – Couleurs – 1 h 53.

Un avocat d'une petite ville de Floride se laisse prendre au piège de la passion pour une femme mariée, qui a hérité de son mari après l'avoir fait tuer par son amant.

LA FIÈVRE DANS LE SANG
"SPLENDOR IN THE GRASS"

Drame d'**Elia Kazan**, avec Natalie Wood *(Wilma Dean Loomis)*, Warren Beatty *(Bud Stamper)*, Audrey Christie, Pat Hingle, Barbara Loden. • SC : William Inge. • PH : Boris Kaufman. • MUS : David Amran. • MONT : Gene Milford. États-Unis, 1961 – 2 h 04.

Dans une petite ville du Kansas, que le pétrole et la spéculation vont bouleverser, Deanie Loomis et Bud Stamper sont attirés l'un par l'autre. Le père de Bud s'oppose à l'union qui empêcherait son fils d'aller poursuivre ses études à

Yale. Après avoir tenté de résister, puis s'être plié à la volonté paternelle, sans succès d'ailleurs eu égard à ses médiocres résultats, Bud deviendra, après le krach de 1929 où son père aura perdu la fortune et la vie, le fermier qu'il avait toujours rêvé d'être. Deanie, après une dépression nerveuse, assumera l'existence désenchantée de l'adulte qu'elle est, en épousant le médecin qui l'a soignée.

◆ *À partir d'un scénario fort et complexe, Elia Kazan réalise ici l'un de ses plus beaux films. On y retrouve des thèmes qui lui sont chers, mais que l'intelligence du scénario, la précision et le lyrisme de la mise en scène portent ici à l'incandescence : l'indécision amoureuse des adolescents, la nécessité de faire un choix pour « devenir ce que l'on est », le conflit entre l'ancien et le nouveau, le hiatus entre les pratiques d'une société corrompue par l'argent et la morale dépassée qu'elle prétend perpétuer. Analyse sociale pertinente, superbe poème d'amour et réflexion sensible sur l'écoulement du temps, le film inscrit, avec une émotion rarement atteinte, un destin individuel dans l'histoire collective.* *M.S.*

LA FIÈVRE DE L'OR "MOTHER LODE"

Film d'aventures de **Charlton Heston**, avec Charlton Heston, Nick Mancuso, Kim Basinger. États-Unis, 1982 – Couleurs – 1 h 50.

Un homme et une femme partent à la recherche d'un ami commun disparu au Canada. Ils découvrent un vieux chercheur d'or, prêt à tout pour protéger son filon.

LA FIÈVRE DU SAMEDI SOIR

"SATURDAY NIGHT FEVER"

Comédie dramatique de **John Badham**, avec John Travolta, Karen L. Gorney, Barry Miller. États-Unis, 1977 – Couleurs – 1 h 50.

Tous les samedis soirs, un minable garçon de courses danse dans une boîte « disco » dont il est le roi. Quand l'amour s'en mêle, c'est peut-être l'occasion pour lui d'un nouveau départ. Film fétiche de toute une génération.

LA FIÈVRE MONTE À EL PAO

Drame de **Luis Buñuel**, d'après le roman d'Henry Castillou, avec Gérard Philipe, Maria Felix, Jean Servais, Raul Dantès. France / Mexique, 1960 – 1 h 37.

Après l'assassinat du gouverneur d'une île d'Amérique centrale, son secrétaire, chargé de l'intérim, veut humaniser le sort des prisonniers politiques. Mais son nouveau patron est implacable. Le dernier film de Gérard Philipe.

FIÈVRE SUR ANATAHAN

"THE SAGA OF ANATAHAN/ANATAHAN"

Drame de **Joseph von Sternberg**, avec Akemi Negishi *(Keiko, « reine des abeilles »)*, Tadashi Suganuma *(Kusakabe, le « mari »)*, Kisaburo Sawamura, Shoji Nakayama, Jun Fujijawa, Hirosho Kondo, Shozo Miyashita *(les cinq « bourdons »)*. • SC : J. von Sternberg, d'après le livre de Michiro Maruyama *Anatahan* • PH : J. von Sternberg. • DÉC : Kono. • MUS : Akira Ifukube. • MONT : Miyate. Japon, 1953 – 1 h 32.

Sur l'île d'Anatahan, des marins japonais survivants d'un bombardement demeurent sept ans à attendre un ennemi improbable. L'île est habitée par un autre Japonais, Kusakabe, et sa « femme », Keiko. Peu à peu, celle-ci devient une « reine des abeilles » autour de laquelle tournent les « bourdons ». Passions, convoitises, haines, meurtres se déchaînent.

◆ *Rarement film fut à ce point dominé, jusque dans ses moindres détails, par son créateur, dont la voix couvre même, par un commentaire anglais, les dialogues japonais. Tourné entièrement en studio et dans la plus totale liberté, le dernier film de Sternberg constitue à la fois une synthèse de son œuvre et un fulgurant concentré de l'histoire de l'humanité. L'idéalisation de la femme et les germes de destruction qu'elle recèle sont présentés ici dans des images d'une lucidité aussi sublime que cruelle.* *J.M.*

FIÈVRE SUR LA VILLE "BUS BILEY'S BACK IN TOWN"

Drame de **Harvey Hart**, avec Ann Margret, Michael Parks, Brad Dexter, Mimsy Farmer. États-Unis, 1964 – Couleurs – 1 h 35.

Au retour de l'armée, un jeune Américain se retrouve sans amis et sans travail. Un ton et un style libres et intimistes.

FIFI LA PLUME

Comédie d'**Albert Lamorisse**, avec Philippe Avron, Mireille Nègre, Henri Lambert. France, 1964 – 1 h 30.

Victime des circonstances, un pickpocket se retrouve dans un cirque avec des ailes greffées pour un numéro d'« homme-oiseau ». Pour les beaux yeux d'une écuyère, il va voler réellement.

FIFI PEAU DE PÊCHE "EVERY DAY'S A HOLIDAY"

Comédie d'**Edward Sutherland**, avec Mae West, Edmund Lowe, Charles Butterworth, Charles Winninger. États-Unis, 1937 – 1 h 19.

À New York, une femme escroc vend le pont de Brooklyn à des naïfs. On y voit (et entend) la trompette de Louis Armstrong.

LE FIGURANT "SPITE MARRIAGE"
Film burlesque d'**Edward Sedgwick**, avec Buster Keaton *(Elmer)*, Dorothy Sebastian *(Trilby Drew)*, Edward Earle *(Lionel Benmore)*, Leila Hyams *(Ethel Norcrosse)*, William Bechtel *(Frederick Nussbaum)*, John Byron *(Giovanni Scarzi)*. • SC : Richard Shayer, Lew Lipton, Ernest S. Pagano. • PH : Reggie Lanning. • MONT : Frank Sullivan. États-Unis, 1929 – 1 982 m (env. 1 h 13).

Elmer, obscur employé de pressing, est amoureux de la vedette Trilby Drew. Un jour, il est figurant dans une pièce qu'elle joue. Trilby l'épouse pour faire enrager l'homme qu'elle aime et qui la néglige. Elmer comprend vite qu'il n'est pas aimé et s'en va. Plus tard, sur un yacht où ils se retrouvent par hasard, il sauve Trilby de bootleggers, et éveille son amour.

◆ *Le dernier long métrage muet de Keaton, qui est en fait un bout-à-bout de deux histoires indépendantes. L'acteur est particulièrement émouvant dans la première, en amoureux transi empruntant au pressing où il travaille l'habit qu'il porte pour sortir, déguisé en soldat barbu de la guerre de Sécession dans le mélodrame où joue sa belle, et provoquant des catastrophes au cours de la représentation. Dans la seconde partie, l'inspiration de* la Croisière du Navigator *(Voir ce titre) est heureusement renouvelée.* *M.CH.*

FIGURE DE PROUE
Comédie dramatique de **Christian Stengel**, d'après le roman de Gilbert Dupé, avec Georges Marchal, Madeleine Sologne, Pierre Dudan. France, 1948 – 1 h 30.

Un marin amoureux de la figure de proue de son navire parcourt le monde à la recherche d'une femme qui lui rappelle la sculpture.

LE FIL DU RASOIR "THE RAZOR'S EDGE"
Drame psychologique d'**Edmund Goulding**, d'après le roman de Somerset Maugham, avec Tyrone Power, Gene Tierney, Anne Baxter, John Payne, Clifton Webb. États-Unis, 1946 – 2 h 26.

Un ancien combattant plein de désillusions rompt avec sa vie bourgeoise. Aux Indes, il rencontre un vieux moine puis retourne dans son pays pour se consacrer aux autres.

▷ Autre version réalisée par : **John Byrum**, avec Bill Murray, Theresa Russell, Catherine Hicks, Denholm Elliott. États-Unis, 1984 – Couleurs – 2 h 10.

LA FILLE "COSÌ COME SEI"
Drame d'**Alberto Lattuada**, avec Marcello Mastroianni, Nastassja Kinski. Italie, 1978 – Couleurs – 1 h 35.

Un architecte de cinquante ans, troublé par une belle étudiante, apprend qu'il pourrait être son père.

LA FILLE À LA VALISE "LA RAGAZZA CON LA VALIGIA"
Comédie dramatique de **Valerio Zurlini**, avec Claudia Cardinale, Jacques Perrin. Italie, 1961 – 2 h.

Une jeune femme trouve chez le jeune frère de l'amant qui l'a abandonnée la tendresse qui l'aide à surmonter sa désillusion.

LA FILLE À L'ENVERS
Film érotique de **Serge Roullet**, avec Pauline Godefroy, Edward Margeac, François Wimille, Nadia Vérine. France, 1974 – Couleurs – 1 h 30.

Une jeune fille accompagne son parrain en croisière, travestie en garçon. Elle séduira le matelot, le fils d'un ami et même une jolie fille embauchée comme mousse.

LA FILLE AU VAUTOUR "DIE GEIERWALLY"
Comédie dramatique de **Hans Steinhoff**, d'après le roman de Wilhelmine von Hillern, avec Heidemarie Hatheyer, Winnie Markus, Sepp Rist, Eduard Koch, Leopold Esterle. Allemagne, 1940 – 1 h 44.

Pour échapper à un mariage forcé, la fille d'un fermier s'enfuit dans la montagne et retrouve le chasseur dont elle est amoureuse.

▷ Autre version réalisée par : **Ewald Andre Dupont**, avec Henny Porten, Wilhelm Dieterle, Eugen Klöpfer. Allemagne, 1921 – env. 1 800 m (1 h 06).

LA FILLE AUX CHEVEUX BLANCS "BAIMAO NÜ"
Drame de **Wang Bin** et **Shui Hua**, avec Tian Hua *(Hsi)*, Chen Qiang *(la Zhuen)*, Hu Peng *(le seigneur)*. • SC : S. Hua, W. Bin, Yang Runshen. • PH : Wu Weiyun, Qian Jiang. • MUS : Ma Ke, Zhang Lu, Qu Wei. Chine, 1950 – 1 h 36 ou 2 h.

Dans la Chine de 1935, la gracieuse Hsi s'apprête à épouser le courageux jeune paysan la Zhuen. Le seigneur local oblige son père à l'envoyer travailler au château et la viole avant de la chasser. la Zhuen rejoint l'armée populaire. Hsi, qui ne cherche plus qu'à se venger, vit dans une caverne et ses cheveux blanchissent. Les paysans la prennent pour une déesse. Revenu avec l'Armée rouge, la Zhuen fait exécuter le seigneur et retrouve sa bien-aimée.

◆ *Tiré d'un opéra très populaire en Chine (d'où les commentaires chantés qui scandent le récit), ce film est un mélodrame à l'état pur n'échappant à aucune convention du genre : fille accablée, fiancé fidèle, seigneur cruel... Ce qui en fait l'intérêt, c'est la conviction absolue dont témoignent les auteurs, totalement étran-*

gers au second degré. Ce fut l'un des premiers films réalisés sous Mao et le premier film chinois projeté en Europe. *J.-B.B.*

LA FILLE AUX YEUX D'OR
Drame psychologique de **Jean-Gabriel Albicocco**, avec Marie Laforêt, Paul Guers, Françoise Prévost. France, 1961 – 1 h 32.

Un photographe de mode tombe amoureux d'une belle inconnue qui est en réalité l'amie de sa propre maîtresse. Lointainement inspiré de Balzac, un film dont le titre est resté attaché à sa vedette.

LA FILLE AUX YEUX GRIS
Comédie dramatique de **Jean Faurez**, avec Fernand Ledoux, Claude Génia, Paul Bernard, Jean Paqui. France, 1945 – 1 h 42.

Dans un village de montagne, un jeune médecin et un soi-disant rebouteux s'opposent, pour une étrange fille aux yeux gris.

LA FILLE AUX YEUX VERTS
"THE GIRL WITH GREEN EYES"
Drame de **Desmond Davis**, avec Peter Finch, Rita Tushingham, Lynn Redgrave. Grande-Bretagne, 1963 – 1 h 31.

Une jeune fille vient vivre à Dublin. Elle tombe amoureuse d'un écrivain, qui la délaissera. Premier film de son auteur, il est remarquable par sa fraîcheur, son interprétation et son sens des décors.

FILLE D'AMOUR "TRAVIATA'53"
Drame de **Vittorio Cottafavi**, avec Barbara Laage, Armando Francioli, Gabrielle Dorziat, Eduardo De Filippo. Italie / France, 1953 – 1 h 45.

À Milan, une prostituée se sacrifie pour empêcher la ruine du jeune homme qu'elle aime. L'un des meilleurs rôles de Barbara Laage dans cette version moderne de *la Dame aux camélias*.

LA FILLE DANS LA VITRINE
"LA RAGAZZA IN VETRINA"
Drame psychologique de **Luciano Emmer**, avec Lino Ventura, Marina Vlady, Magali Noël, Bernard Fresson. Italie / France, 1960 – 1 h 35.

Au moment de rentrer dans son pays, un mineur italien exilé en Hollande rencontre le grand amour avec une prostituée.

LA FILLE DE D'ARTAGNAN
Comédie de **Bertrand Tavernier**, avec Sophie Marceau, Philippe Noiret, Jean-Luc Bideau, Raoul Billerey. France, 1994 – Couleurs – 2 h 10.

La fille de d'Artagnan essaie de déjouer un complot ourdi par un duc négrier contre le jeune Louis XIV. Malheureusement, elle est faite prisonnière et vendue comme esclave. Mais papa se lance à son secours et, avec l'aide de ses amis mousquetaires, réussit à la délivrer après moult batailles.

LA FILLE DE DRACULA "DRACULA'S DAUGHTER"
Film fantastique de **Lambert Hillyer**, avec Otto Kruger, Marguerite Churchill, Edward Van Sloan, Irving Pichel. États-Unis, 1936 – 1 h 10.

La fille du vieux comte préside à Londres à la crémation de la dépouille mortelle de son père. Une suite digne de l'œuvre maîtresse, traitée comme une enquête policière (Voir DRACULA).

LA FILLE DE HAMBOURG
Drame d'**Yves Allégret**, avec Daniel Gélin, Hildegard Knef, Jean Lefebvre, Daniel Sorano. France, 1958 – 1 h 26.

Un homme retourne à Hambourg où il a vécu une brève passion avec une jeune femme qu'il retrouve catcheuse.

LA FILLE DE JACK L'ÉVENTREUR
"HANDS OF THE RIPPER"
Film fantastique de **Peter Sasdy**, avec Eric Porter, Angharad Rees, Jane Merrow. Grande-Bretagne, 1971 – Couleurs – 1 h 25.

Le célèbre Jack l'Éventreur ayant poignardé sa mère sous ses yeux, leur fille est restée marquée pour la vie. Elle entame elle aussi une carrière criminelle.

LA FILLE DE LA 5E AVENUE "FIFTH AVENUE GIRL"
Comédie de **Gregory La Cava**, avec Ginger Rogers, Walter Connolly, Verree Teasdale, Tim Holt, James Ellison. États-Unis, 1939 – 1 h 23.

Un vieux P.-D.G. a bien des soucis avec ses ouvriers (qui se syndiquent) et sa famille (qui ne guette que sa fortune) ! Il se lie avec une jeune chômeuse qu'il fait passer pour sa maîtresse.

LA FILLE DE L'AMIRAL "HIT THE DECK"
Comédie musicale de **Roy Rowland**, avec Jane Powell, Tony Martin, Debbie Reynolds, Walter Pidgeon, Ann Miller. États-Unis, 1955 – Couleurs – 1 h 52.

Aventures romantiques pour trois marins en permission à San Francisco. Un de ces « musicals » dont la M.G.M. avait le secret.

LA FILLE DE L'EAU
Drame de **Jean Renoir**, avec Pierre Philippe, Catherine Hessling, Maurice Touzé, Georges Térof. France, 1924 – 2 000 m (env. 1 h 14).

Un marinier ivrogne terrorise sa jeune nièce orpheline, qui s'enfuit. Recueillie par un couple, elle vivra enfin heureuse.

LA FILLE DE L'HOMME "DITTE MENNESKEBARN"
Drame de **Bjarne** et **Astrid Henning-Jensen**, avec Tove Maës *(Ditte)*, Karen Poulsen *(Maren, sa grand-mère)*, Rasmus Ottesen *(Søren Mand)*, Karen Lykkehus *(Sørine)*, Edvin Tiemroth *(Lars Peter)*, Ebbe Rode *(Johannes)*, Jette Kehlet *(Ditte enfant)*. • SC : B. Henning-Jensen, d'après le roman de Martin Andersen Nexö. • PH : Verner Jensen. • DÉC : Kai Rasch. • MUS : Herman D. Koppel. Danemark, 1946 – 1 h 45.

La petite Ditte grandit chez ses grands-parents et se désole de ne pas avoir de père comme les autres enfants. Elle est heureuse lorsque le marchand de chevaux Lars Peter vient la chercher pour l'adopter. L'épouse de Lars Peter, Sørine, ayant été emprisonnée pour vol, Ditte s'occupe avec dévouement de ses demi-frères et sœurs puis se loue dans une ferme où elle a une liaison malheureuse avec le fils des patrons : lorsqu'elle se trouve enceinte, elle est chassée.

◆ *Une partie seulement du roman a été adaptée, celle où Ditte, victime d'une sorte de fatalité sociale, se retrouve fille mère comme sa propre mère. Le drame naît de l'opposition entre la douceur et la bonté de la jeune fille et la brutalité impitoyable du milieu qui l'entoure : la critique sociale du romancier s'exprime à travers le regard de Ditte. Évitant le mélodrame comme le didactisme, le réalisateur se borne à une description objective nourrie par sa formation de documentariste et traitée dans un style sobrement réaliste.* *M.MN.*

LA FILLE DE NEPTUNE "NEPTUNE'S DAUGHTER"
Comédie d'**Edward Buzzell**, avec Esther Williams, Red Skelton, Keenan Wynn. États-Unis, 1949 – Couleurs – 1 h 33.

Une jolie styliste file le parfait amour avec un beau Latino-Américain. Le scénario n'est qu'un prétexte pour reformer le couple à succès du Bal des sirènes.

LA FILLE D'EN FACE
Comédie dramatique de **Jean-Daniel Simon**, avec Joël Barbouth, Marika Green, Bernard Verley. France, 1968 – Couleurs – 1 h 20.

En visite chez un ami, Roger découvre « la fille d'en face » et entre en contact avec elle. Mais, malgré les rendez-vous qu'il obtient, sa timidité reste la plus forte.

LA FILLE DE PRAGUE AVEC UN SAC TRÈS LOURD
Film politique de **Danielle Jeaggi**, avec Michal Bat Adam, Thérèse Liotard, Daniel Mesguisch. France, 1978 – Couleurs – 1 h 45.

Milena arrive de Prague, le sac plein de films clandestins qu'elle a l'intention de diffuser. Elle se heurte à l'indifférence des médias plus friands de nouvelles à sensation.

LA FILLE DE QUINZE ANS
Comédie dramatique de **Jacques Doillon**, avec Judith Godrèche, Melvil Poupaud, Jacques Doillon. France, 1989 – Couleurs – 1 h 30.

Juliette, quinze ans, vit une amitié amoureuse avec Thomas, quatorze ans. Elle part en vacances avec lui et Willy, le père du garçon, qui est attiré par Juliette. Elle décide de le séduire pour s'en débarrasser et rester seule avec Thomas.

LA FILLE DE RYAN "RYAN'S DAUGHTER"
Comédie dramatique de **David Lean**, avec Robert Mitchum *(Charles)*, Sarah Miles *(Rosy)*, Christopher Jones *(lieutenant Randolph)*, Trevor Howard *(le pasteur)*, John Mills *(Michael)*. • SC : Robert Bolt. • PH : Frederick A. Young, Denys Cook, Bob Huke. • MUS : Maurice Jarre. Grande-Bretagne, 1970 – Couleurs – 3 h 10.

Un petit village d'Irlande au début du siècle. Rosy, la fille du tenancier du bar, s'ennuie. Elle décide d'épouser Charles, l'instituteur, mais leur vie calme la déçoit. Un lieutenant anglais blessé à la guerre, et qui comme elle s'ennuie, devient son amant et lui apporte une intense joie physique, qui ne fait que masquer leur désarroi commun. L'arrivée par la mer déchaînée d'armes et de munitions destinées à l'I.R.A. va mobiliser le village et faire basculer le destin de tous les protagonistes.

◆ *Cette grosse production laissait présager que Lean allait poursuivre dans la veine de ses précédents succès, or, pendant deux heures, il ne se passe pratiquement rien. Et, tout à coup, la séquence de la tempête nous fait comprendre que c'est précisément ce rien le sujet du film : l'attention aux choses, la méticulosité de la reconstitution des vies décrites, les variations de la lumière, les caprices du temps et les fluctuations de la mer, tout épouse le long cheminement de la prise de conscience de Rosy. La splendeur de cette séquence est telle (tournée au sud de l'Afrique, elle dure un quart d'heure et a été réalisée sans aucune transparence, les acteurs agissant dans une véritable tempête) que l'on comprend alors le projet de Lean.*

Il y aurait autant de vanité à juger des actions humaines qu'à faire un procès d'intention à la mer lorsqu'elle déchaîne ses forces. S.K.

LA FILLE DES MARAIS "CIELO SULLA PALUDE"
Drame d'**Augusto Genina**, avec Ines Orsini, Mauro Matteuci, Giovanni Martella, Assunta Radico. Italie, 1949 – 1 h 45.

En 1902 dans les marais Pontins, la pauvre famille Goretti trouve à se loger chez un fermier ivrogne, dont le fils courtise leur fille de treize ans. Lorsqu'elle se refuse à lui, il la poignarde. Maria Goretti sera canonisée.

LA FILLE DES MONTAGNES "CUCA E MALEVE"
Film-ballet de **Dhimiter Anagnosti**, avec Zoïa Haxho. Albanie, 1974 – Couleurs – 1 h 30.

Dans un village de montagne dominé par un clergé réactionnaire, la lutte de toute une population vue à travers des chants et des danses populaires.

LA FILLE DE TRIESTE "LA RAGAZZA DI TRIESTE"
Drame de **Pasquale Festa Campanile**, avec Ornella Muti, Ben Gazzara, Jean-Claude Brialy. Italie, 1982 – Couleurs – 1 h 45.

Un auteur de B.D. s'éprend d'une mystérieuse mythomane sauvée de la noyade. En toile de fond, le personnage mythologique de Vénus.

LA FILLE DU BOIS MAUDIT
"THE TRAIL OF THE LONESOME PINE"
Comédie dramatique de **Henry Hathaway**, d'après le roman de John Fox Jr., avec Sylvia Sidney, Fred MacMurray, Henry Fonda, Fred Stone, Nigel Bruce, Beulah Bondi. États-Unis, 1936 – Couleurs – 1 h 42.

Les luttes qui opposent deux familles depuis des générations sont perturbées par l'irruption d'un jeune ingénieur. Il sera leur réconciliateur. Une première version avait été réalisée par Cecil B. De Mille en 1915.

LA FILLE DU DÉSERT "COLORADO TERRITORY"
Western de **Raoul Walsh**, avec Joel McCrea *(McQueen)*, Virginia Mayo *(Colorado Carson)*, Dorothy Malone *(Julie Winslow)*, Henry Hull *(Winslow)*. • SC : John Twist, Edmund North, d'après le roman de William Riley Burnett *High Sierra*. • PH : Sid Hickox, H.F. Kœnekamp, William McGann. • DÉC : Ted Smith, Fred Mac Lean. • MUS : David Buttolph. • MONT : Owen Marks. États-Unis, 1949 – 1 h 34.

Wes McQueen est tiré de prison par les hommes de sa bande. Amoureux de Julie, il rencontre Colorado, une Métis qui l'aime sans réciprocité bien que, par dépit amoureux, il la possède. Impliqué dans l'attaque d'un train, McQueen découvre que Julie l'a trahi en prévenant la police. Il cache l'argent dans une église et parvient à s'enfuir grâce à Colorado. Ils se réfugient dans la montagne, mais sont abattus ensemble par leurs poursuivants.

◆ *Remake intégral, en western, d'un précédent film de Walsh,* la Grande Évasion, *qui était un film noir (Voir ce titre). Si le couple McCrea/Mayo ne surpasse pas celui, si émouvant, formé par Bogart et Lupino, la montée tragique vers la mort du western est encore plus implacable que celle du film précédent. La surenchère d'une relation affective masochiste y est digne du théâtre élisabéthain et la mort des héros liée à la renaissance du désert par le rôle symbolique et double de l'argent volé.* S.K.

LA FILLE DU DIABLE
Thriller d'**Henri Decoin**, avec Pierre Fresnay, Fernand Ledoux, Andrée Clément, Thérèse Dorny. France, 1946 – 1 h 45.

Dans un petit village, un aventurier assassin est révélé à lui-même par une étrange jeune fille.

LA FILLE DU FLEUVE "LA DONNA DEL FIUME"
Drame sentimental de **Mario Soldati**, avec Sophia Loren, Gérard Oury, Lise Bourdin, Rik Battaglia. Italie/France, 1955 – Couleurs – 1 h 36.

Une jeune ouvrière, abandonnée avec son enfant par un contrebandier, accepte un travail de moissonneuse de roseaux à l'embouchure du Pô. Le film qui lança Sophia Loren, dans un rôle analogue à celui que tenait Silvana Mangano dans *Riz amer*.

LA FILLE DU GARDE-BARRIÈRE
Comédie satirique de **Jérôme Savary**, avec Mona Mour, Michel Dussarrat, Annick Berger, Jean-Paul Farré, Valérie Kling, Jean-Paul Muel, Roland Topor. France, 1975 – 1 h 30.

Victime d'un viol, une jeune fille est aimée d'un prince déchu. Enlevés, ils deviennent pensionnaires d'une maison close.

LA FILLE DU NIL "NI-LO-HO NÜ-ERH"
Drame psychologique de **Hou Hsiao-Hsien**, avec Yan Lin, Kao Jai, Yang Fan, Li Tien-Lu. Taiwan, 1987 – Couleurs – 1 h 30.

Une jeune collégienne, qui a la charge de sa famille depuis la mort de sa mère, rêve en lisant des récits d'aventures romanesques.

LA FILLE DU PUISATIER
Comédie dramatique de **Marcel Pagnol**, avec Raimu, Josette Day, Fernandel, Milly Mathis, Fernand Charpin, Line Noro. France, 1940 – 3 h 10.

La fille d'un puisatier est enceinte d'un jeune homme porté disparu à la guerre. Les parents du garçon cherchent à s'en rapprocher, mais le puisatier les ignore. Tout s'arrangera avec l'Armistice.

LA FILLE EN NOIR "To Koritsi me ta mavra"
Drame de **Michel Cacoyannis**, avec Ellie Lambetti *(Marina)*, George Foundas *(Christo)*, Dimitri Horn *(Pavlo)*. • SC : M. Cacoyannis. • PH : Walter Lassaly. • MUS : A. Koundannis. Grèce, 1956 – 1 h 37.

Dans la petite île grecque d'Hydra, Pavlo, un jeune Athénien en vacances chez l'habitant, tombe amoureux de Marina, la fille de sa logeuse. La jeune fille est persécutée par les jeunes gens du village, Christo en tête, dépités par sa dignité et sa fierté. Pavlo part en barque rejoindre Marina à l'autre bout de l'île. Mais Christo a enlevé la bonde de la barque et les enfants partis avec Pavlo périssent noyés. Christo sera démasqué par Marina et sans doute trouvera-t-elle le bonheur avec Pavlo.

◆ *Ce film révéla en 1957 l'existence d'un cinéma grec et ouvrit à Cacoyannis la porte d'une carrière internationale. Derrière un aspect néoréaliste (décors naturels, acteurs inconnus), on retrouve dans ce film le cadre et le souffle de la tragédie antique. La lenteur dramatique du récit, la qualité de la photo et de la musique, la beauté impitoyable des paysages et surtout l'interprétation de l'inoubliable Ellie Lambetti, moderne Antigone, tout nous ramène aux racines de la culture grecque.* *J.-B.B.*

LA FILLE EN ROUGE "The Woman in Red"
Comédie de **Gene Wilder**, avec Gene Wilder, Kelly Le Brock, Charles Grodin. États-Unis, 1984 – Couleurs – 1 h 30.

Un modeste employé s'éprend d'un superbe mannequin qu'il s'évertue à séduire avec l'aide de ses amis. Reprise « appliquée » du scénario d'*Un éléphant ça trompe énormément.*

LA FILLE OFFERTE "Die Berürhte"
Drame d'**Helma Sanders-Brahms**, avec Elizabeth Stepanek, Hubertus von Weyrauch, Irmgard Mellinger. R.F.A., 1980 – Couleurs – 2 h.

Une schizophrène suicidaire, à la recherche du Christ, se donne à tous les laissés-pour-compte des quartiers pauvres de Berlin.

LA FILLE PRODIGUE
Drame psychologique de **Jacques Doillon**, avec Jane Birkin, Michel Piccoli, Natasha Parry. France, 1981 – Couleurs – 1 h 35.

Une jeune femme en difficulté avec son mari revient chez ses parents. Pendant l'absence de sa mère, elle éprouve pour son père une attirance irrépressible.

LA FILLE QUI EN SAVAIT TROP
"La ragazza che sapeva troppo"
Film policier de **Mario Bava**, avec Laetitia Roman, John Saxon, Valentina Cortese. Italie, 1963 – 1 h 30.

Une jeune Anglaise passionnée de romans policiers, en vacances à Rome, croit être témoin d'un meurtre. Personne ne la croit, mais des menaces se précisent. Bava crée ici un nouveau genre : le « giallo », film policier et d'angoisse à l'italienne.

LA FILLE ROSEMARIE "Das Mädchen Rosemarie"
Comédie dramatique de **Rolf Thiele**, avec Nadja Tiller, Peter Van Eyck, Karl Raddatz, Gert Froebe. R.F.A., 1958 – 1 h 41.

À Francfort, en 1957, une jolie call-girl est assassinée. À partir de ce fait divers authentique, l'histoire de Rosemarie constitue une satire cinglante de la société contemporaine.

LES FILLES "Flickorna"
Drame de **Mai Zetterling**, avec Bibi Andersson, Harriet Andersson, Gunnel Lindblom, Erland Josephson. Suède, 1969 – 1 h 40.

Au cours d'une tournée, trois actrices prennent conscience de leur misérable condition féminine. Elles se révoltent, appellent à la grève de l'amour et prêchent l'égalité des sexes.

FILLES COURAGEUSES
"Daughters Courageous"
Comédie dramatique de **Michael Curtiz**, d'après la pièce de Dorothy Bennett *Fly Away Home*, avec Claude Rains, John Garfield, Jeffrey Lynn, Fay Bainter, Priscilla Lane. États-Unis, 1939 – 1 h 47.

Un homme revient après avoir laissé, vingt ans auparavant, sa femme et leurs quatre filles. Il la retrouve en pleins préparatifs de remariage.

LES FILLES DE GRENOBLE
Drame de **Joël Le Moigne**, avec Zoé Chauveau, André Dussollier, Patrick Lafani. France, 1981 – Couleurs – 1 h 35.

Inspiré d'une affaire réelle, le calvaire de prostituées dont l'une va rompre la loi du silence en prenant de grands risques.

LES FILLES DE KOHLHIESEL
"Kohlhiesels Töchter"
Comédie d'**Ernst Lubitsch**, avec Henny Porten, Emil Jannings, Gustav von Wangenheim. Allemagne, 1920 – 1 129 m (env. 41 mn).

Comptant sur un divorce rapide, un jeune homme demande la main d'une fille laide et brutale pour épouser ensuite sa douce et jolie sœur. Mais la revêche révèle sa beauté cachée...

LES FILLES DU CODE SECRET "Sebastian"
Film d'espionnage de **David Greene**, avec Dirk Bogarde, Lilli Palmer, Susannah York, John Gielgud. Grande-Bretagne, 1967 – Couleurs – 1 h 40.

M. Sebastian est professeur à Oxford. Mais c'est aussi le patron du Chiffre à l'Intelligence Service où plusieurs jolies filles travaillent à ses côtés.

FILLES SANS JOIE "The Weak and the Wicked"
Mélodrame de **John Lee Thompson**, avec Glynis Johns, Diana Dors, John Gregson. Grande-Bretagne, 1954 – 1 h 28.

Une jeune femme innocente est condamnée à un an de prison. Elle va côtoyer de curieux spécimens de l'humanité.

LA FILLE SUR LA BALANÇOIRE
"The Girl in the Red Velvet Swing"
Comédie dramatique de **Richard Fleischer**, avec Ray Milland, Joan Collins, Farley Granger. États-Unis, 1955 – Couleurs – 1 h 49.

La « Fille à la balançoire » évoque, dans son numéro de music-hall, sa propre vie sentimentale dans le New York du début du siècle.

FILMING OTHELLO "Filming Othello"
Documentaire d'**Orson Welles**. États-Unis, 1978 – Couleurs – 1 h 30.

Parmi les metteurs en scène de Shakespeare au cinéma, Orson Welles occupe une place à part. Dans Othello, il a créé, par son usage unique de la caméra, une extraordinaire atmosphère d'oppression : nous assistons au tournage de ce film.

LE FILS
Drame de **Pierre Granier-Deferre**, avec Yves Montand, Lea Massari, Marcel Bozzuffi, Frédéric de Pasquale, Germaine Delbat. France, 1972 – Couleurs – 1 h 45.

Un caïd new-yorkais revient en Corse au chevet de sa mère. Avec nostalgie, il renoue avec son passé, les lieux de son enfance, et retrouve un premier amour. Mais des tueurs le guettent.

LE FILS DE CAROLINE CHÉRIE
Film d'aventures de **Jean Devaivre**, avec Jean-Claude Pascal, Sophie Desmarets, Brigitte Bardot, Magali Noël. France, 1955 – Couleurs – 1 h 48.

À l'époque napoléonienne, les aventures galantes du fils de la piquante Caroline. La timidité de la jeune Brigitte Bardot.

LE FILS DE D'ARTAGNAN
"Il figlio di D'Artagnan"
Film d'aventures de **Riccardo Freda**, avec Gianna Maria Canale, Franca Marzi, Piero Palermini. Italie, 1950 – 1 h 26.

Le fils du célèbre mousquetaire connaît des aventures aussi mouvementées que celles que vécut son père vingt ans plus tôt.

LES FILS DE FIERRO "Los hijos de Fierro"
Film politique de **Fernando Ezequiel Solanas**. France/R.F.A., 1972-1977 – 2 h 14.

Une allégorie sur la misère du peuple argentin, qui décrit la vie des partisans du général exilé Juan Perón. Un film péroniste sur la révolution, le syndicalisme et, accessoirement, la liberté.

LE FILS DE FRANKENSTEIN
"Son of Frankenstein"
Film fantastique de **Rowland V. Lee**, avec Basil Rathbone, Boris Karloff, Bela Lugosi, Lionell Atwill, Josephine Hutchinson, Donnie Dunagan, Emma Dunn. États-Unis, 1939 – 1 h 39.

Le fils du vieux baron retourne dans la demeure paternelle et reprend les travaux de son père avec l'aide d'un assistant impressionnant. Le dernier volet d'une trilogie bien structurée (Voir FRANKENSTEIN et LA FIANCÉE DE FRANKENSTEIN), avant la vague des « séquelles » dérivant de plus en plus loin du récit original.

LE FILS DE KING KONG "Son of Kong"
Film d'aventures d'**Ernest B. Schoedsack**, avec Robert Armstrong, Helen Mack, Frank Richer. États-Unis, 1933 – 1 h 10.

Après la mort de King Kong, l'explorateur qui l'avait amené à New York repart dans les îles, à la recherche cette fois d'un trésor. Le fils du singe géant lui sert de guide.

LE FILS DE LASSIE "Son of Lassie"
Film d'aventures de **S. Sylvan Simon**, inspiré du roman d'Eric Knight, avec Peter Lawford, Donald Crisp, Nigel Bruce, Gene Lockhart. États-Unis, 1945 – 1 h 42.

Pendant la Seconde Guerre mondiale, le descendant de la fidèle chienne aide et sauve son maître qui combat en Norvège. Deuxième film de la série des Lassie. Voir aussi la Fidèle Lassie.

LE FILS DE SINBAD "SON OF SINBAD"
Film d'aventures de **Ted Tetzlaff**, avec Dale Robertson, Vincent Price, Sally Forrest, Lili Saint-Cyr. États-Unis, 1955 – Couleurs – 1 h 28.

Sinbad et Omar Khayyam sont faits prisonniers par le calife, mais parviennent à s'évader en emportant un fabuleux secret.

LES FILS DES MOUSQUETAIRES
"AT SWORD'S POINT"
Film de cape et d'épée de **Lewis Allen**, avec Cornel Wilde, Maureen O'Hara, Robert Douglas. États-Unis, 1952 – Couleurs – 1 h 21.

Les fils de d'Artagnan, Porthos et Aramis et la fille d'Athos se retrouvent pour vivre des aventures aussi palpitantes que celles de leurs illustres aînés.

LE FILS DE VISAGE PÂLE "SON OF PALEFACE"
Comédie de **Frank Tashlin**, avec Bob Hope, Jane Russell, Roy Rogers. États-Unis, 1952 – Couleurs – 1 h 35.

Partis à la recherche d'un trésor, un timide aventurier et un agent fédéral se battent pour l'amour d'une ardente femme-bandit. Aventures pastiches au Far West.

LE FILS DU CHEIKH "THE SON OF THE SHEIK"
Film d'aventures de **George Fitzmaurice**, d'après le roman d'E.M. Hull, avec Rudolph Valentino, Vilma Banky, Agnes Ayres. États-Unis, 1926 – env. 2 000 m (1 h 14).

Un jeune homme protège une danseuse contre une bande de brigands. Cette suite du *Cheikh* (*The Sheik*, réalisé en 1921 par George Melford, avec les mêmes interprètes) connut beaucoup plus de succès que l'œuvre mère, en raison de la mort prématurée de sa vedette.

LE FILS DU CID "I CENTO CAVALIERI"
Film d'aventures de **Vittorio Cottafavi**, avec Mark Damon, Antonella Lualdi, Gastone Moschin. Italie/Espagne, 1965 – Couleurs – 1 h 30.

En Espagne, un petit village de l'an mille résiste à l'occupation maure sous la conduite du héros local.

LE FILS DU DÉSERT "THREE GODFATHERS"
Film d'aventures de **John Ford**, d'après le récit de Peter B. Kyne, avec John Wayne, Pedro Armendariz, Harry Carey Jr., Ward Bond. États-Unis, 1948 – Couleurs – 1 h 45.

En Arizona, trois hors-la-loi recueillent le bébé d'une femme mourante. Leurs responsabilités vis-à-vis de l'enfant les transforment.

▷ Autres versions de l'histoire : THE THREE GODFATHERS, avec Harry Carey. États-Unis, 1916 – env. 1 800 m (1 h 06). MARKED MEN, de **Jack Ford**, avec Harry Carey. États-Unis, 1920 – env. 1 500 m (55 mn). HELL'S HEROES, de **William Wyler**, avec Charles Bickford, Raymond Hatton, Fred Kohler. États-Unis, 1930 – 1 h 05. THREE GODFATHERS, de **Richard Boleslawski**, avec Chester Morris, Walter Brennan, Lewis Stone. États-Unis, 1936 – 1 h 22.

LE FILS DU DRAGON "DRAGON SEED"
Film d'aventures de **Harold S. Bucquet** et **Jack Conway**, d'après le roman de Pearl Buck, avec Katharine Hepburn, Walter Huston, Aline MacMahon. États-Unis, 1944 – 2 h 25.

En 1937, la révolte des paysans chinois devant l'envahisseur nippon. Légèrement anti-japonais...

LE FILS D'UN HORS-LA-LOI
"THE SON OF A GUNFIGHTER"
Western de **Paul Landres**, avec Russ Tamblyn, Kieron Moore, James Philbrook, Fernando Rey. États-Unis/Espagne, 1966 – Couleurs – 1 h 30.

Un jeune homme aide des fermiers à se défendre contre des bandits et poursuit un hors-la-loi qui s'avère être son père.

FILS DU NORD-EST "LUK E-SAN"
Drame de **Vichit Kounavudhi**, avec Tongpan Pohntong, Wanphee Sirithep, Krailas Kriangkrai, Pailin Somnapha. Thaïlande, 1982 – Couleurs – 2 h.

Dans une région pauvre et aride du nord-est de la Thaïlande, des villageois doivent survivre à un environnement hostile.

LE FILS DU PENDU "MOONRISE"
Drame de **Frank Borzage**, d'après la nouvelle de Theodore Strauss, avec Dane Clark, Gail Russell, Ethel Barrymore. États-Unis, 1948 – 1 h 30.

Un jeune garçon obsédé par son hérédité est amené à tuer pour se défendre. Aidé par sa fiancée, il se livre à la justice.

LE FILS PRÉFÉRÉ
Comédie dramatique de **Nicole Garcia**, avec Gérard Lanvin, Bernard Giraudeau, Jean-Marc Barr. France, 1994 – Couleurs – 1 h 50.

Jean-Paul, gérant d'hôtel en difficulté, doit trouver une grosse somme d'argent dans les trois jours. Il va voir successivement son père et ses deux frères. Sa quête d'argent se double insensiblement d'une quête d'identité et d'une recherche de l'origine de la fêlure qui a séparé ces quatre hommes.

LE FILS PRODIGUE "THE PRODIGAL"

Film d'aventures bibliques de **Richard Thorpe**, avec Lana Turner, Edmund Purdom, Louis Calhern. États-Unis, 1955 – Couleurs – 1 h 54.

Un jeune Hébreu s'éprend de la grande prêtresse d'une divinité païenne et sombre dans la débauche, puis se repent. Une improvisation hollywoodienne à partir d'un passage de la Bible.

FIN D'AUTOMNE "AKIBIYORI"

Drame de **Yasujirō Ozu**, avec Setsuko Hara *(Akiko, la mère)*, Yuko Tsukasa *(Ayako, la fille)*, Chishu Ryū *(l'oncle)*, Keiji Sada *(Goto)*. • SC : Y. Ozu, Kōgo Noda, d'après un roman de Ton Satomi. • PH : Yuharu Atsuka. • DÉC : Tatsuo Hamada. • MUS : Kojun Saitō. • MONT : Yoshiyasu Hamamura. Japon, 1960 – Couleurs – 2 h 11.

Trois anciens collègues du mari décédé et ex-soupirants d'Akiko Miwa tentent de marier sa fille Ayako. Mais celle-ci ne se résoud pas à quitter sa mère. Ils décident alors de remarier d'abord Akiko à l'un d'entre eux, le veuf Hirayama. Elle refuse la proposition, mais Ayako est amenée à penser qu'elle est un obstacle au désir de remariage de sa mère. Elle se marie, tandis qu'Akiko reste seule.

◆ *Dans ce remake de son* Printemps tardif *de 1949, Ozu substitue une mère à un père, mais les rapports sont identiques. L'intrigue est fondée sur le simple cycle de la vie auquel chacun doit s'accorder, moins pour s'y conformer que pour s'épanouir en accord avec les lois les plus élémentaires de la nature. Une mise en scène dépouillée, des cadrages d'une absolue rigueur, une insistance du récit sur le quotidien au détriment des nœuds dramatiques achèvent d'élever ce drame familial à la réflexion métaphysique, sans emphase ni intellectualisme.* J.M.

FIN DE FÊTE "FIN DE FIESTA"

Drame politique de **Leopoldo Torre Nilsson**, avec Arturo Garcia Buhr *(Adolfo)*, Lautaro Murua *(Braceras)*, Graciella Borges *(Mariana)*, Leonardo Favio *(Gustavino)*. • SC : L. Torre Nilsson, Ricardo Luna, Beatriz Guido, d'après un roman de B. Guido. • PH : Ricardo Younis. • DÉC : Juan José Saavedra. • MUS : Juan Carlos Paz. • MONT : José Serra. Argentine, 1960 – 1 h 35.

Adolfo est le petit-fils de Braceras, maire d'une ville de province. Témoin par hasard de l'exécution de deux ennemis politiques en pleine période électorale, Adolfo en vient à détester son grand-père ; il est envoyé loin de la ville. De retour, Braceras veut l'initier à la politique. Adolfo se lie d'amitié avec Gustavino, l'homme de main de Braceras ; celui-ci est assassiné à son tour. Effondré, Adolfo n'aura qu'une idée : détruire ce cruel despote.

◆ *Outre la critique de la société bourgeoise, thème caractéristique de l'œuvre de Torre Nilsson, ce film a l'intérêt de se référer à un moment précis de l'histoire argentine, l'époque des fraudes électorales des années 30 d'un gouvernement mis en place par un régime militaire. Tiré d'un roman,* Fin de fête, *comme* la Maison de l'ange *et* la Main dans le piège *(Voir ces titres), du même réalisateur, a une structure très littéraire dans le goût d'une élite argentine pourtant ici fortement critiquée.* C.G.

LA FIN DE MADAME CHEYNEY

"THE LAST OF MRS. CHEYNEY"

Comédie dramatique de **Richard Boleslawski**, d'après la pièce de Frederick Lonsdale, avec Joan Crawford, Robert Montgomery, William Powell, Frank Morgan, Jessie Ralph. États-Unis, 1937 – 1 h 38.

Une aventurière se fait admettre dans la haute société londonienne et profite d'une invitation à un week-end pour commettre un vol sensationnel. Le scandale évité, elle épouse l'un de ses hôtes.

▷ Autres versions réalisées par : **Sidney Franklin**, avec Norma Shearer, Basil Rathbone, George Barraud, Hedda Hopper. États-Unis, 1929 – 2 540 m (env. 1 h 34). **Edwin H. Knopf**, intitulée L'AMANT DE LADY LOVERLY "THE LAW AND THE LADY", avec Greer Garson, Michael Wilding, Fernando Lamas, Marjorie Main. États-Unis, 1951 – 1 h 44.

LA FIN DE SAINT-PÉTERSBOURG

"KONEC SANKT-PETERBURGA"

Film historique de **Vsevolod Poudovkine**, avec Ivan Tchouvelev *(un ouvrier)*, Vera Baranovskaïa *(sa femme)*, Aleksandre Tchistiakov *(un ouvrier)*, Serguei Komarov *(le commissaire de police)*, Nikolai Khmelev. • SC : Natan Zarkhi. • PH : Anatoli Golovnia. • DÉC : Serguei Kozlovski. • MONT : V. Poudovkine. U.R.S.S. (Russie), 1927 – 2 500 m (env. 1 h 32).

1914. Un jeune paysan vient vivre à Saint-Pétersbourg, chez son oncle et sa tante, ouvriers. La guerre le retrouve au front, cependant qu'à l'arrière la vie continue. Puis c'est la Révolution.

◆ *Comme dans* la Mère *et* Tempête sur l'Asie, *c'est à travers le destin d'un individu que Poudovkine raconte l'Histoire. L'éveil à la conscience politique du jeune paysan sans formation s'inscrit en parallèle avec la marche des événements : contraste de la misère des combattants et des magouilles financières de la capitale, temps forts de la Révolution. La maîtrise de l'image, l'art du montage, au service d'un scénario très construit, donnent au film de Poudovkine une valeur qui franchit sans peine les décennies.* J.-M.C.

LA FIN DES PYRÉNÉES

Drame de **Jean-Pierre Lajournade**, avec Gérard Bellocq, Fiametta Ortega, Nina Engel. France, 1971 – Couleurs – 1 h 35.

Un jeune homme dont le père s'est suicidé va d'errance en errance, avec la compagne qu'il s'est choisie, jusqu'à l'asile… C'est la dernière œuvre réalisée par un cinéaste du désespoir, mort à trente-neuf ans.

LA FIN DU JOUR

Drame de **Julien Duvivier**, avec Michel Simon *(Cabrissade)*, Victor Francen *(Gilles Marny)*, Louis Jouvet *(Saint-Clair)*, Madeleine Ozeray *(Jeannette)*, Gabrielle Dorziat *(Mme Chabert)*, Sylvie *(Mme Tusini)*, Charles Granval *(Deaubonne)*, Gaston Modot *(le patron du café)*, François Périer *(le journaliste)*, Odette Talazac *(la chanteuse)*. • SC : Charles Spaak, J. Duvivier. • PH : Christian Matras. • DÉC : Jacques Krauss. • MUS : Maurice Jaubert. • MONT : Marthe Poncin. France, 1939 – 1 h 48. ★ COUPE DU FILM À SCÉNARIO, Venise 1939.

Un vieil acteur autrefois adulé, Saint-Clair, arrive dans une maison de retraite de comédiens. Il y retrouve l'ombrageux Gilles Marny, dont il a jadis « volé » la femme, et le truculent Cabrissade, généreux cabot qui est resté second rôle toute sa vie. Saint-Clair, toujours bourreau des cœurs, séduit Jeannette, la serveuse du café.

◆ *L'éloge funèbre de Cabrissade prononcé par Marny reste un des sommets du cinéma français d'avant-guerre, et sans doute une des séquences les plus émouvantes jamais tournées. Les dialogues de Charles Spaak font merveille et les numéros étincelants des trois protagonistes se succèdent sur fond de description, tour à tour cocasse et pathétique, de cette communauté de vieux comédiens. Incontestablement, c'est le chef-d'œuvre de Duvivier.* G.L.

LA FIN DU MONDE

Drame d'**Abel Gance**, sur un scénario de Camille Flammarion, avec Abel Gance, Victor Francen, Colette Darfeuil, Georges Colin, Sylvie Grenade. France, 1930 – 1 h 43.

Un savant découvre qu'une comète s'avance en direction de la Terre. Il annonce la fin du monde et fait proclamer par tous les dirigeants de la planète la République Universelle. Le danger passe et la Terre connaît la paix.

LA FIN D'UN TUEUR "THE DARK PAST"

Drame de **Rudolph Mate**, avec William Holden, Nina Foch, Lee J. Cobb. États-Unis, 1949 – 1 h 15.

Un tueur évadé se réfugie dans le chalet d'un psychanalyste qui le libère de ses tendances meurtrières.

FINIS TERRAE

Drame maritime de **Jean Epstein**, avec des habitants et pêcheurs des îles de Bannec et d'Ouessant. • SC : J. Epstein. • PH : Barthès, Goesta Kottula, Tulle, Louis Née. • PR : Société générale de films. France, 1929 – 1 820 m (env. 1 h 07).

Un îlot désertique au large d'Ouessant. Un petit groupe de jeunes goémoniers y mènent une existence sans joie, vivant chichement du produit de leur pêche. Un soir, une querelle éclate. Un des garçons, Ambroise, se blesse à la main avec un tesson de bouteille. La plaie s'infecte. Le malade se terre dans sa cahute. Jean-Marie, son compagnon, décide de le ramener à Ouessant, mais la mer est mauvaise et la fragile embarcation menace plus d'une fois de chavirer. Un médecin, alerté, se porte à leur secours, et c'est en pleine mer, dans une brume trouée par de furtifs éclats de phare, que l'opération a lieu, sauvant le jeune pêcheur de la gangrène.

◆ **La quête de la poésie brute**

Pour Jean Epstein (1897-1953), théoricien aux vues novatrices, poète, philosophe illuministe et réalisateur se rattachant à l'avant-garde française des années 20 (Cœur fidèle, la Chute de la maison Usher), *avec quelques incursions heureuses dans le « commercial »* (la Belle Nivernaise, Robert Macaire), *l'art cinématographique se doit d'évacuer autant que possible toutes les scories de la dramaturgie, tous les artifices de la narrativité, au profit de la seule recherche expressive de l'image, celle-ci étant considérée comme une unité autonome, « un calligramme où le sens est attaché à la forme ». Il croit au rythme pur, au montage signifiant, à l'impact des visages et du paysage. Le pays breton lui fournit la matière première, la quintescence de cette sorte de « magie visuelle » qui l'obsède. Point d'esthétisme fabriqué ici, mais une poésie brute, ancrée dans le réel. « En quittant Ouessant, dit-il, j'ai eu l'impression d'emporter non un film, mais un fait. » Document sans concession (mais non documentaire),* Finis Terrae *peut être regardé comme un ancêtre du néoréalisme, par son refus – audacieux pour l'époque – de tout épanchement mélodramatique, son tournage en décors réels, son interprétation confiée à des non-professionnels. On songe parfois à Flaherty devant ce constat aus-*

tère, qu'imprègne un lyrisme retenu et souvent poignant. Pierre Leprohon, l'un des exégètes du cinéaste, parle de « beauté nue, directe » et d'« évidence plastique » saisissante. Epstein poursuivra cet effort, en solitaire, dans Mor-Vran *(1931),* l'Or des mers *(1932) et une série de courts métrages, à la fois âpres et raffinés, sans jamais connaître toutefois un vrai succès, commercial ou critique. L'ensemble de son œuvre, pleine d'aspérités et de beautés éparses, a fait ces dernières années l'objet d'une patiente réévaluation.* C.B.

FIORILE "FIORILE"

Comédie dramatique de **Paolo** et **Vittorio Taviani**, avec Claudio Bigagli, Galatea Ranzi, Michael Vartan, Lino Capolicchio. Italie / France / Allemagne, 1993 – Couleurs – 1 h 58.

Une fresque toscane du XVIIIe siècle à nos jours, autour de l'histoire d'une famille maudite : les Benedetti, que l'on surnomme les Maledetti, voient se répéter, génération après génération, la tragédie d'un conflit frère-sœur.

FIREFOX, L'ARME ABSOLUE "FIREFOX"

Film d'espionnage de **Clint Eastwood**, avec Clint Eastwood, Freddie Jones, David Hoffman. États-Unis, 1982 – Couleurs – 2 h 10.

Les savants soviétiques ont mis au point un avion de combat, arme absolue dotée de tous les gadgets. On choisit un « as » américain pour aller en U.R.S.S. le dérober.

FISHER KING, LE ROI PÊCHEUR
"THE FISHER KING"

Comédie dramatique et fantastique de **Terry Gilliam**, avec Robin Williams *(Henry Sagan, dit Parry)*, Jeff Bridges *(Jack Lucas)*, Mercedes Ruehl *(Anne Napolitano)*, Amanda Plummer *(Lydia)*, David Pierce *(Lou Rosen)*, Tom Waits *(Sid)*. • SC : Richard La Gravenese. • PH : Roger Pratt. • DÉC : Cindy Carr. • MUS : George Fenton. • MONT : Lesley Walker. États-Unis, 1991 – Couleurs – 2 h 15.

Un animateur de radio a tellement d'influence sur son public qu'il provoque involontairement une hécatombe : un de ses auditeurs tue une dizaine de personnes avant de se suicider. Effrayé de son pouvoir, il abandonne le métier. Parallèlement, un vagabond cultivé, bizarre, extravagant, vit dans le souvenir de sa femme tuée lors du fameux massacre.

◆ *Terry Gilliam, une fois de plus, donne des ailes à sa fantaisie et nous embarque dans une histoire à tiroirs – incroyable et irracontable – mais qui, par la magie d'une mise en scène hyper-inventive et inspirée, se révèle sinon rationnelle, du moins convaincante. Le réalisme et le fantastique y font un excellent ménage et la morale de cette fable semi-burlesque est – chose rare – généreuse et optimiste.* G.S.

F.I.S.T. "F.I.S.T."

Drame de **Norman Jewison**, avec Sylvester Stallone, Rod Steiger, Peter Boyle, Melinda Dillon. États-Unis, 1978 – Couleurs – 2 h 10.

Un manœuvre d'origine polonaise est recruté par le syndicat des camionneurs, dans l'Amérique des années 30. Mais il n'accepte que jusqu'à un certain point les règles de la maffia.

FITZCARRALDO "FITZCARRALDO"

Film d'aventures de **Werner Herzog**, avec Klaus Kinski, Claudia Cardinale, José Lewgoy. R.F.A., 1982 – Couleurs – 2 h 37.

Au Pérou, un aventurier veut construire un opéra en pleine forêt. Il sacrifiera sa fortune et ira jusqu'à la folie pour réaliser son rêve.

FLAG

Film policier de **Jacques Santi**, avec Richard Bohringer, Pierre Arditi, Philippine Leroy-Beaulieu, Julien Guiomar. France / Canada, 1987 – Couleurs – 1 h 54.

L'inspecteur Simon, qui a raté l'arrestation des frères Djian, s'enfonce dans l'échec. Lorsqu'ils « tomberont » enfin, la trahison de son ami, le commissaire Tramoni, sera consacrée.

FLAGRANT DÉSIR

Film policier de **Claude Faraldo**, avec Sam Waterston, Marisa Berenson, Lauren Hutton, Bernard-Pierre Donnadieu. France / États-Unis, 1985 – Couleurs – 1 h 50.

Un policier américain, en stage dans le Médoc, enquête de son propre chef sur une affaire criminelle que ses collègues français voudraient bien classer.

LE FLAMBEUR "THE GAMBLER"

Drame de **Karel Reisz**, avec James Caan, Paul Sorvino, Lauren Hutton, Jacqueline Brookes, Burt Young. États-Unis, 1974 – Couleurs – 1 h 50.

Pour payer ses dettes de jeu, un professeur est forcé de truquer un match de cricket. Pris de remords, il se fera défigurer volontairement au cours d'une bagarre.

LA FLAMBEUSE

Comédie dramatique de **Rachel Weinberg**, avec Lea Massari, Laurent Terzieff, Gérard Blain. France, 1980 – Couleurs – 1 h 35.

Une petite bourgeoise qui s'ennuie découvre le monde du jeu. C'est le début d'une passion qui fait basculer sa vie.

LA FLAMBEUSE DE LAS VEGAS "Jinxed"
Comédie de **Don Siegel**, avec Bette Midler, Ken Wahl, Rip Torn. États-Unis, 1982 – Couleurs – 1 h 37.

À Las Vegas, une chanteuse de casino organise avec l'aide d'un croupier l'assassinat de son amant trop chanceux. Humour noir.

FLAME AND THE FLESH
"The Flame and the Flesh"
Comédie dramatique de **Richard Brooks**, d'après le roman d'Auguste Bailly, avec Lana Turner, Pier Angeli, Carlos Thompson. États-Unis, 1954 – Couleurs – 1 h 44.

À Naples, une Américaine sans scrupules s'éprend d'un chanteur. Remake de NAPLES AU BAISER DE FEU (Voir ce titre).

FLAMENCO "Spanish Affair"
Comédie sentimentale de **Don Siegel**, avec Carmen Sevilla, Richard Kiley, José Guardiola. États-Unis, 1958 – Couleurs – 1 h 35.

À Madrid, un architecte américain tombe amoureux de sa belle interprète, au fiancé jaloux. Scénario prétexte destiné à faire admirer l'Espagne, grâce au Technicolor et à la Vistavision.

LA FLAMME POURPRE "The Purple Plain"
Drame psychologique de **Robert Parrish**, avec Gregory Peck, Win Min Than, Brenda de Banzie. Grande-Bretagne, 1954 – Couleurs – 1 h 40.

En 1945, en Birmanie, une jolie Birmane redonne le goût de vivre à un as de la R.A.F. dont la femme est morte dans un bombardement.

LA FLAMME QUI S'ÉTEINT
"No Sad Songs for Me"
Drame de **Rudolph Mate**, avec Margaret Sullavan, Wendell Corey, Viveca Lindfors, Natalie Wood. États-Unis, 1950 – 1 h 29.

Une jeune femme condamnée par un cancer donne une belle leçon de courage et d'intelligence à son entourage avant de mourir.

LA FLAMME SACRÉE "Keeper of the Flame"
Drame psychologique de **George Cukor**, d'après le roman de I.A.R. Wylie, avec Spencer Tracy, Katharine Hepburn, Richard Whorf. États-Unis, 1942 – 1 h 40.

Un journaliste dévoile la véritable personnalité d'un héros populaire. Une des grandes rencontres du couple Hepburn-Tracy.

FLAMMES SUR L'ASIE "The Hunters"
Film de guerre de **Dick Powell**, avec Robert Mitchum, May Britt, Robert Wagner, Richard Egan. États-Unis, 1958 – Couleurs – 1 h 48.

Mission périlleuse en Corée, pour un officier et ses hommes. Nombreux combats aériens photographiés par Charles G. Clarke.

FLASHDANCE "Flashdance"
Mélodrame musical d'**Adrian Lyne**, avec Jennifer Beals, Michael Nouri, Lilia Skala. États-Unis, 1983 – Couleurs – 1 h 36.

Une ouvrière de Pittsburgh rêve de devenir une grande danseuse. Un conte de fées moderne et très « moral ».

FLASH GORDON « GUY L'ÉCLAIR »
"Flash Gordon"
Film de science-fiction de **Michael Hodges**, inspiré du personnage créé par Alex Raymond, avec Sam Jones, Ornella Muti, Melody Anderson, Max von Sydow. États-Unis, 1980 – Couleurs – 1 h 50.

Flash Gordon, le pur héros, capitaine d'une équipe de football américain, réussit, au péril de sa vie, à sauver la Terre, menacée par les projets de l'affreux empereur de la planète Mongo.

▷ Autres films inspirés par Flash Gordon : FLASH GORDON, de **Frederick Stephani**, avec Larry « Buster » Crabbe. États-Unis, 1936 – serial en 13 épisodes. FLASH GORDON'S TRIP TO MARS, de **Ford Beebe** et **Robert Hill**, avec Larry « Buster » Crabbe. États-Unis, 1938 – serial en 15 épisodes. FLASH GORDON CONQUERS THE UNIVERSE, de **Ford Beebe** et **Ray Taylor**, avec Larry « Buster » Crabbe. États-Unis, 1940 – serial. FLESH GORDON, de **Howard Ziehm** et **Michael Benveniste**, avec Jason Williams. États-Unis, 1974 – Couleurs – 1 h 30. Parodie semi-pornographique.

LA FLÈCHE BRISÉE "Broken Arrow"
Western de **Delmer Daves**, avec James Stewart *(Tom Jeffords)*, Jeff Chandler *(Cochise)*, Debra Paget *(Sonseeahray)*, Basil Ruysdael *(le général Howard)*, Will Geer *(Ben Slade)*, Joyce MacKenzie *(Terry)*, Arthur Hunnicutt *(Duffield)*, Raymond Bramley *(le colonel Bernall)*, Jay Silverheels *(Goklia)*. • SC : Michael Blankfort, d'après le roman d'Elliott Arnold *Blood Brother*. • PH : Ernest Palmer. • DÉC : Lyle Wheeler, Albert Hogsett. • MUS : Hugo Friedhofer. • MONT : J. Watson Webb Jr. États-Unis, 1950 – Couleurs – 1 h 33.

Au cours des guerres indiennes, l'éclaireur Tom Jeffords épouse une jeune Apache, Sonseeahray. Devenu l'ami du chef Cochise, il persuade celui-ci de signer un armistice avec le général Howard. Mais les extrémistes de chaque camp fomentent des troubles, et Sonseeahray est tuée par des renégats blancs. Jeffords se retourne contre les siens. Howard et Cochise le ramènent à la raison : la mort de la jeune Indienne scellera la paix entre Apaches et Américains.

◆ *L'itinéraire d'un homme de bonne volonté, son apprentissage de la culture indienne, ses efforts obstinés pour réconcilier deux peuples antagonistes. Longtemps (et abusivement) considéré comme le « premier » western antiraciste, ce film à l'humanisme généreux et quelque peu guindé plaide avec sincérité pour une meilleure compréhension des minorités, substituant au stéréotype de l'Indien sanguinaire celui de l'Indien noble, pacifique, au langage sentencieux, qui fera florès dans les années 50.* O.E.

▷ Le film inspira une série télévisée de soixante-douze épisodes, LA FLÈCHE BRISÉE "BROKEN ARROW", diffusée aux États-Unis (1956-1960).

LA FLÈCHE ET LE FLAMBEAU
"THE FLAME AND THE ARROW"
Film d'aventures de **Jacques Tourneur**, avec Burt Lancaster, Virginia Mayo, Robert Douglas, Nick Cravat, Aline MacMahon. États-Unis, 1950 – Couleurs – 1 h 28.

Dans l'Italie du XVIIe siècle, un chef rebelle se dresse contre l'occupant allemand, aidé par une jeune fille. Un modèle du genre.

FLESH "FLESH"
Chronique de **Paul Morrissey**, avec Joe Dallesandro *(Joe)*, Geraldine Smith *(Gerry)*, John Christian *(premier garçon)*, Maurice Bradell *(le sculpteur)*, Patti d'Arbanville *(Patti)*. • SC : P. Morrissey • PH : P. Morrissey • MONT : P. Morrissey. États-Unis, 1968 – Couleurs – 1 h 45.

À New York, pendant vingt-quatre heures, la vie d'un jeune marginal qui se prostitue.

◆ *Premier film d'une trilogie (Voir* Trash *et* Heat*) où la volonté de scénarisation se développe progressivement,* Flesh *appartient encore à l'univers underground des œuvres d'Andy Warhol auprès de qui Morrissey a fait ses premières armes. On y retrouve en effet les traits caractéristiques de ce courant : l'image comme le son sont traités de manière brute, au plus près de la réalité que l'on recrée ; les plans sont fixes, souvent longs, simplement mis bout à bout avec juste quelques ruptures par des images blanches ou floues. Et, comme dans les films de Warhol, l'accent est mis sur la simple présence, volontairement objectivée, des personnages, des corps eux-mêmes, d'où la permanence d'un climat érotique. Cette chronique d'un monde alors singulier garde toute sa valeur documentaire aussi bien pour ce qui est de l'évolution artistique que comme témoignage sur les mœurs du temps.* J.-M.C.

FLETCH AUX TROUSSES "FLETCH"
Film policier de **Michael Ritchie**, avec Chevy Chase, Joe Don Baker, Dana Wheeler-Nicholson. États-Unis, 1985 – Couleurs – 1 h 36.

Fletch, journaliste débrouillard, mène l'enquête contre des trafiquants de drogue associés à un policier véreux.

FLEUR DE CACTUS "CACTUS FLOWER"
Comédie de **Gene Saks**, d'après la pièce d'Abe Burrows, tirée de celle de Barillet et Grédy, avec Ingrid Bergman, Walter Matthau, Goldie Hawn. États-Unis, 1969 – Couleurs – 1 h 43.

En voulant régulariser sa situation avec sa jeune maîtresse, un dentiste finira dans les bras de sa fidèle assistante.

LA FLEUR DE L'ÂGE "RAPTURE"
Drame de **John Guillermin**, d'après le roman de Phyllis Hastings *Rapture in My Rags*, avec Patricia Gozzi, Melvyn Douglas, Dean Stockwell. États-Unis, 1965 – Couleurs – 1 h 35.

Un veuf et sa fille de seize ans mènent une vie de reclus dans une vieille maison. Survient un jeune délinquant en cavale.

LA FLEUR DE MON SECRET
"LA FLOR DE MI SECRETO"
Comédie dramatique de **Pedro Almodovar**, avec Marisa Paredes, Juan Echanove, Imanol Arias, Carmen Elias, Rossy de Palma. Espagne/France, 1995 – Couleurs – 1 h 42.

Pour Leocadia, auteur inépuisable de romans roses à succès, rien ne va plus : minée par la déprime, elle ne peut plus écrire que des romans réalistes de plus en plus noirs. Un homme attentif et prévenant va changer sa vie. L'histoire d'une redécouverte de soi-même, racontée par un Almodovar assagi mais qui n'a quand même pas renoncé aux digressions baroques où se mêlent désespoir et dérision.

FLEUR DE PAVÉ
Comédie dramatique de **Michel Carré**, avec Mistinguett, Prince-Rigadin. France, 1912 – env. 200 m (7 mn).

Immense succès public pour cette courte bande qui réunit une grande vedette du music-hall et un comique très populaire.

FLEUR D'ÉQUINOXE "HIGANBANA"
Comédie dramatique de **Yasujiro Ozu**, avec Shin Saburi, Kinuyo Tanaka, Ineko Arima. Japon, 1958 – Couleurs – 1 h 58.

Un homme d'affaires organise à contre-cœur le mariage de sa fille aînée. Le couple s'installe à Hiroshima, mais la jeune femme reste perturbée par les réticences de son père.

FLEUR D'OSEILLE
Comédie policière de **Georges Lautner**, avec Mireille Darc, Maurice Biraud, Anouk Ferjac. France, 1967 – Couleurs – 1 h 30.

La femme d'un gangster, abattu après un gros coup, doit faire face à la fois à la police et à une bande rivale.

FLEURS DE PAPIER "KAAGAZ KE PHOOL"
Drame de **Guru Dutt**, avec Guru Dutt, Waheeda Rehman, Baby Naaz, Johnny Walker, Mahesh Kaul. Inde, 1959 – 2 h 29.

Un cinéaste à succès souffre de sa séparation avec sa femme, qui lui interdit de voir leur fille. Lorsque la jeune actrice dont il s'est amouraché l'abandonne, il sombre dans l'alcool.

LES FLEURS DU MIEL
Drame psychologique de **Claude Faraldo**, avec Brigitte Fossey, Gilles Segal, Claude Faraldo. France, 1976 – Couleurs – 1 h 36.

Paul, le livreur de bouteilles, et Sylvie, qui souffre de la domination de son mari, finissent par passer la nuit ensemble.

LES FLEURS DU SOLEIL "I GIRASOLI"
Mélodrame de **Vittorio De Sica**, avec Sophia Loren, Marcello Mastroianni, Ludmilla Savelyeva. Italie, 1970 – Couleurs – 1 h 50.

Après la guerre, une femme part en Russie à la recherche de son mari. Mais il s'est remarié. La coloration exclusivement sentimentale est caractéristique des derniers films de son auteur.

LE FLEUVE "THE RIVER"
Drame de **Jean Renoir**, avec Patricia Walters *(Harriet)*, Rhada *(Melanie)*, Adrienne Corri *(Valerie)*, Nora Swinburne *(la mère)*, Esmond Knight *(le père)*, Thomas E. Breen *(le capitaine John)*, Richard Foster *(Bogey)*, Arthur Shields *(Mr John)*. • SC : J. Renoir, Rumer Godden, d'après son roman. • PH : Claude Renoir. • DÉC : Eugène Lourié, Bansi Chandra Gupta. • MUS : M.A. Paratta Sarati. • MONT : George Gale. États-Unis / Inde, 1951 – Couleurs – 1 h 40. ★ **PRIX INTERNATIONAL, Venise 1951.**

En Inde, une famille anglaise : un couple avec deux filles, Harriet et Valerie, et un garçonnet, Bogey. Leur voisin, Mr John, a une fille, née d'une mère indienne. Quand son neveu, le capitaine John, vient en visite, les trois jeunes filles s'éprennent de lui mais, ayant perdu une jambe à la guerre, il renonce à se déclarer. Bogey mordu par un serpent, on célèbre les funérailles, à la manière indienne. La vie continue.

◆ *Toutes les qualités de Renoir se manifestent dans ce chef-d'œuvre : humanisme (évidence de la fraternité des hommes par-delà les frontières et les races), spiritualité (la vie indienne en est profondément imprégnée), sensualité (impressionnisme plastique magnifié par la lumière tropicale et les chaudes couleurs du Technicolor magistralement mis en œuvre par son neveu). On lui a reproché de montrer une Inde mythique et d'en ignorer la vraie réalité, mais cette critique s'efface devant la beauté et la poésie du film.* M.MN.

LE FLEUVE DE LA DERNIÈRE CHANCE
"SMOKE SIGNAL"
Western de **Jerry Hopper**, avec Dana Andrews, Piper Laurie, Rex Reason. États-Unis, 1955 – Couleurs – 1 h 28.

Un ancien officier réussit à rétablir la paix entre Blancs et Apaches.

LE FLEUVE DE SANG "LAS AGUAS BAJAN TURBIAS"
Drame d'**Hugo del Carril**, d'après un roman d'Alfredo Varela, avec Hugo del Carril, Adriana Benetti, Raul del Valle. Argentine, 1952 – 1 h 22.

Des hommes s'engagent pour récolter le maté. Traités comme des esclaves, ils se révoltent et tuent leur patron.

LE FLEUVE SAUVAGE "WILD RIVER"
Drame d'**Elia Kazan**, avec Montgomery Clift *(Chuck Glover)*, Lee Remick *(Carol)*, Jo Van Fleet *(Ella Garth)*, Barbara Loden *(Betty Jackson)*. • SC : Paul Osborn, d'après les romans de William Bradford Huie *Mud on the Stars* et de Borden Deal *Dunbars's Cove*. • PH : Ellsworth Fredericks. • DÉC : W. M. Scott, J. Kish, Lyle Wheeler, H. A. Blumenthal. • MUS : Kenyon Hopkins. • MONT : W. Reynolds. États-Unis, 1960 – Couleurs – 1 h 50.

La politique du New Deal amène à engloutir sous l'eau d'un barrage, pour fertiliser une région du Tennessee, des propriétés de basse altitude. Chuck Glover est chargé de convaincre une vieille femme, qui refuse de livrer sa demeure, de se sacrifier pour le progrès. En même temps, il noue une idylle avec la fille de celle-ci, Carol. Finalement, l'accord sera obtenu, et le barrage réalisé.

◆ *Une des œuvres préférées de Kazan, que l'estime des cinéphiles européens consola de son insuccès public. Il s'était inspiré de sa propre participation à la cause de Roosevelt, pendant sa période sociale, et voulut réaliser sur ce sujet une histoire simple et biblique, sans l'agitation et la frénésie de beaucoup de ses films précédents, en y confrontant, dans le rôle de la mère et de la fille, des actrices figurant parmi ses préférées de l'Actors Studio : Lee Remick (qu'il avait fait débuter en 1952 dans* Un homme dans la foule*) et Jo Van Fleet.* M.CH.

LA FLIBUSTIÈRE DES ANTILLES
"ANNE OF THE INDIES"
Film d'aventures de **Jacques Tourneur**, avec Jean Peters, Louis Jourdan, Debra Paget, Herbert Marshall. États-Unis, 1951 – Couleurs – 1 h 21.

Les exploits de la redoutable femme-pirate connue sous le nom de Capitaine Providence. Un des meilleurs films du genre.

LES FLIBUSTIERS "THE BUCCANEER"
Film d'aventures de **Cecil B. De Mille**, avec Fredric March, Franciska Gaal, Akim Tamiroff, Margot Grahame, Walter Brennan, Ian Keith, Beulah Bondi, Anthony Quinn. États-Unis, 1938 – 2 h 05.

À La Nouvelle-Orléans, entre 1814 et 1820, les aventures d'un pirate français qui se bat aux côtés des Américains assiégés par la flotte anglaise.

▷ Voir aussi LES BOUCANIERS.

LE FLIC DE BEVERLY HILLS "BEVERLY HILLS COP"
Film policier de **Martin Brest**, avec Eddie Murphy, Judge Reinhold. États-Unis, 1984 – Couleurs – 1 h 45.

Le flic Axel Fowley enquête sur le meurtre d'un ami à Beverly Hills. Méthodes peu orthodoxes, irrévérence à l'égard des supérieurs, audace et insolence.

▷ Une suite, intitulée LE FLIC DE BEVERLY HILLS 2 "BEVERLY HILLS COP II", a été réalisée par **Tony Scott**, avec Eddie Murphy. États-Unis, 1987 – Couleurs – 1 h 43.

FLIC OU VOYOU
Film policier de **Georges Lautner**, d'après le roman de Michel Grisolia *l'Inspecteur de la mer*, avec Jean-Paul Belmondo, Michel Galabru, Georges Géret. France, 1979 – Couleurs – 1 h 45.

C'est la guerre des gangs à Nice. Débordé par les gangsters d'un côté et des flics « ripoux » de l'autre, l'inspecteur Grimaud fait appel à Borowitz, de la police des polices.

LE FLIC RICANANT "THE LAUGHING POLICEMAN"
Film policier de **Stuart Rosenberg**, d'après un roman de Maj Stowall et Per Whaloo, avec Walter Matthau, Bruce Dern, Lou Gossett. États-Unis, 1973 – Couleurs – 1 h 55.

À la suite d'un massacre à la mitraillette dans un bus de San Francisco, où son jeune assistant a trouvé la mort, Martin, le « flic ricanant », enquête.

LE FLIC SE REBIFFE "THE MIDNIGHT MAN"
Film policier de**Roland Kibbee** et **Burt Lancaster**, avec Burt Lancaster, Susan Clark, Cameron Mitchell. États-Unis, 1973 – Couleurs – 1 h 57.

Un ex-policier condamné pour meurtre sort de prison. Gardien de nuit à l'Université, il enquête à la suite d'un assassinat.

FLICS ET VOYOUS "COPS AND ROBBERS"
Comédie policière d'**Aram Avakian**, avec Cliff Gorman, Joe Bologna, Dick Ward. États-Unis, 1974 – Couleurs – 1 h 30.

Deux policiers décident d'améliorer leur maigre salaire en devenant (impunément) des gangsters. L'affaire manque de tourner mal avec la maffia...

LES FLICS NE DORMENT PAS LA NUIT
"THE NEW CENTURIONS"
Drame de **Richard Fleischer**, avec Stacy Keach, Georges C. Scott, Jane Alexander. États-Unis, 1972 – Couleurs – 1 h 43.

Roy Fehler abandonne ses études pour entrer dans la police. Il travaille de nuit et, devant la violence urbaine, comprend l'inutilité de ce qu'on lui a appris.

FLIC STORY
Film policier de **Jacques Deray**, d'après le roman de Roger Borniche, avec Alain Delon, Jean-Louis Trintignant, Marco Perrin, Renato Salvatori, André Pousse, Claudine Auger, Paul Crauchet. France / Italie, 1975 – Couleurs – 1 h 50.

L'inspecteur Borniche est à la poursuite du célèbre gangster Buisson. Après des échecs, il réussira à coincer le truand, pour lequel il va concevoir une certaine estime.

LE FLINGUEUR "THE MECHANIC"
Film policier de **Michael Winner**, avec Charles Bronson, Keenan Wynn, Jill Ireland, Jan Michael Vincent. États-Unis, 1972 – Couleurs – 1 h 39.

Un tueur neurasthénique se découvre un disciple attachant chargé de l'abattre. Par le cinéaste favori de Bronson.

FLIPPER CITY "HEAVY TRAFFIC"
Film policier et d'animation de **Ralph Bakshi**, avec Joseph Kaufmann, Beverley Hope Atkinson, Frank de Nova, Terri Haven. États-Unis, 1972 – Couleurs – 1 h 20.

Un jeune homme passe son temps à dessiner pendant qu'autour de lui se déroulent les mille facettes de la vie des bas-fonds new-yorkais. Une aventure avec une jeune Noire se terminera tragiquement. Un film qui intègre habilement des personnages réels au dessin animé.

LES FLOTS DU DANUBE "VALURILE DUVARIJ"
Film de guerre de **Liviu Ciulei**, avec Liviu Ciulei, Irina Petrescu, Lazar Vrabie. Roumanie, 1960 – 1 h 45.

L'expédition aventureuse à travers la Roumanie d'un jeune marinier, en pleine Seconde Guerre mondiale.

LA FLÛTE À SIX SCHTROUMPFS
Dessin animé de **Peyo (Pierre Culliford)** et **José Dutillieu**. Belgique, 1975 – Couleurs – 1 h 10.

Le peuple des Schtroumpfs, sympathiques petits lutins bleus, est mis à contribution pour lutter contre les effets néfastes d'une flûte aux pouvoirs magiques.

LA FLÛTE ENCHANTÉE "TROLLFLÖJTEN"
Opéra filmé d'**Ingmar Bergman**, avec Ulrik Cold *(Tamino)*, Josef Kostlinger *(Papageno)*, Birgit Nordin *(la Reine de la Nuit)*, Irma Urrila*(Pamina)*, Elisabeth Eriksson *(Papagena)*, Hakan Hagegard *(Sarastro)*, Rognar Ufung *(Monostato)*. • SC : I. Bergman, d'après l'opéra de Mozart, sur un livret d'Emmanuel Schikaneder. • PH : Sven Nykvist. • DÉC : Enny Noremark. • MUS : Mozart. • CHOR : Donya Fener. • MONT : Siv Lundgren. Suède, 1974 – Couleurs – 2 h 15.

Le prince Tamino est chargé par la Reine de la Nuit de retrouver sa fille Pamina, enlevée par Sarastro. Le prince s'adjoint comme compagnon un oiseleur aussi bouffon que lâche, Papageno. Au cours de leur quête, les deux hommes apprendront que Sarastro est en fait le Souverain principe du Bien et qu'il a soustrait Pamina à sa mère pour la préserver des forces du Mal. Tamino finira par épouser Pamina, après bien des épreuves, et Papageno une « Papagena » faite à son image. La Reine de la Nuit et ses acolytes, confondus, descendent aux Enfers. « Les rayons du soleil dissipent la nuit »...

◆ *Deux ans de préparation et neuf mois de tournage : l'enfant merveilleux de Mozart et Bergman charme sans équivoque les amants du cinéma et ceux de la musique !* *D.C.*

FOG "THE FOG"
Film fantastique de **John Carpenter**, avec Adrienne Barbeau, Jamie Lee Curtis, John Houseman, Janet Leigh. États-Unis, 1979 – Couleurs – 1 h 30.

Un bateau de lépreux est coulé par les habitants d'une petite ville côtière des États-Unis. Il réapparaît cent ans plus tard pour que justice soit faite...

LA FOIRE AUX ILLUSIONS "STATE FAIR"
Comédie musicale de **Henry King**, d'après le roman de Phil Stong, avec Will Rogers, Janet Gaynor, Lew Ayres, Louise Dresser, Sally Eilers, Norman Foster. États-Unis, 1933 – 1 h 20.

Les émouvants, tendres et comiques préparatifs d'une famille de paysans américains qui se rend à la foire de la grand-ville. Le film connut un succès considérable.

▷ Deux remakes ont été réalisés par : **Walter Lang**, avec Charles Winninger, Jeanne Crain, Dana Andrews, Vivian Blaine, Dick Haymes. États-Unis, 1945 – Couleurs – 1 h 40. **Jose Ferrer**, avec Pat Boone, Alice Faye, Ann-Margret, Tom Ewell, Pamela Tiffin. États-Unis, 1962 – Couleurs – 1 h 58.

LA FOIRE DES TÉNÈBRES
"SOMETHING THIS WAY COMES"
Film fantastique de **Jack Clayton**, sur un scénario de Ray Bradbury d'après son roman, avec Jason Robards, Jonathan Pryce, Dyane Ladd. États-Unis, 1983 – Couleurs – 1 h 35.

L'arrivée d'un train fantomatique transportant les sinistres attractions d'un personnage étrange perturbe la tranquillité d'une bourgade. Une tentative de renouer avec le fantastique d'atmosphère des années 60.

LA FOLIE AUX TROUSSES "HANKY PANKY"
Film d'aventures de **Sydney Poitier**, avec Gene Wilder, Gilda Radner, Kathleen Quinlan. États-Unis, 1982 – Couleurs – 1 h 48.

Aux États-Unis, une journaliste et un « privé » enquêtent sur plusieurs morts violentes, apparemment sans lien entre elles, mais visant en fait la défense territoriale.

LA FOLIE DES GRANDEURS
Comédie de **Gérard Oury**, avec Louis de Funès, Yves Montand, Alice Sapritch, Paul Préboist. France, 1971 – 1 h 50.

Les manigances de Don Salluste, ministre du roi d'Espagne, pour compromettre la reine avec son valet. Mais il y a aussi la duègne. Parodie efficace de Ruy Blas.

FOLIE-FOLIE "MOVIE-MOVIE"
Comédie de **Stanley Donen**, avec George C. Scott, Trish van Devere, Eli Wallach. États-Unis, 1978 – Couleurs et NB – 1 h 45.

Dynamite Hands : un homme boxe pour sauver sa sœur menacée de cécité. *Baxter Beauties of 1933* : un producteur sur le point de mourir décide de monter le show du siècle. En deux histoires, un excellent pastiche du cinéma des années 30.

FOLIES-BERGÈRE "FOLIES-BERGÈRE"
Comédie musicale de **Roy Del Ruth**, d'après la pièce de Rudolph Lotar et Hans Adler The Red Cat, avec Maurice Chevalier, Merle Oberon, Ann Sothern. États-Unis, 1935 – 1 h 23.

Un banquier parisien persuade un artiste de music-hall de représenter son propre personnage dans une revue, mais sa femme et sa maîtresse se laisseront prendre. Double rôle pour Maurice Chevalier.

▷ Parallèlement, **Marcel Achard** signe une version française, avec Maurice Chevalier, Nathalie Paley, Sim Viva, André Berley, Fernand Ledoux, Jacques Louvigny, Barbara Léonard. France, 1935 – 1 h 15.

▷ Remakes du film réalisés par : **Irving Cumming**, intitulé UNE NUIT À RIO "THAT NIGHT IN RIO", avec Don Ameche, Alice Faye, Carmen Miranda, J. Carrol Naish, Curt Bois, Maria Montez. États-Unis, 1941 – Couleurs – 1 h 30. **Walter Lang**, intitulé ON THE RIVIERA, avec Danny Kaye, Corinne Calvet, Gene Tierney, Marcel Dalio, Jean Murat. États-Unis, 1951 – Couleurs – 1 h 30.

FOLIES-BERGÈRE / UN SOIR AU MUSIC-HALL
Comédie musicale d'**Henri Decoin**, avec Eddie Constantine, Zizi Jeanmaire, Nadia Gray, Yves Robert. France, 1957 – Couleurs – 1 h 42.

Une danseuse s'éprend d'un G.I. en permission à Paris. Ils deviennent tous deux vedettes aux Folies-Bergère. Agréable « musical » français chorégraphié par Roland Petit.

FOLIES BOURGEOISES
Comédie dramatique de **Claude Chabrol**, d'après le roman de Lucie Faure *le Malheur fou*, avec Stéphane Audran, Bruce Dern, Jean-Pierre Cassel, Ann-Margret, Sydne Rome, Maria Schell, Tomas Milian, Curd Jürgens, Charles Aznavour. France / Italie / R.F.A., 1976 – Couleurs – 1 h 45.

Claire surprend son mari, William, avec celle qu'elle croit être la maîtresse de son amant, Jacques. Du coup, Claire tente la reconquête de William.

FOLIES D'AVRIL "THE APRIL FOOLS"
Comédie de **Stuart Rosenberg**, avec Catherine Deneuve, Jack Lemmon, Peter Lawford. États-Unis, 1969 – Couleurs – 1 h 34.

Howard séduit, sans le savoir, l'épouse de son patron et ils décident de partir ensemble... Une des rares incursions de Deneuve outre-Atlantique.

FOLIES DE FEMMES "FOOLISH WIVES"
Drame d'**Erich von Stroheim**, avec Erich von Stroheim *(comte Serge Karamzin)*, Maud George *(princesse Olga Petznikoff)*, Mae Bush *(Vera)*, Rudolph Christians *(l'ambassadeur)*, Dale Fuller *(la servante)*, Cesare Gravina, Malvina Polo. • SC : E. von Stroheim • DÉC : E. von Stroheim • MONT : E. von Stroheim . • PH : Ben Reynolds, William Daniels. • PR : Carl Laemmle (Universal). États-Unis, 1922 – 6 300 m, réduits à 4 200 m pour l'exploitation (env. 2 h 40).

Le comte Karamzin est un chevalier d'industrie cynique et corrompu, vivant sur un grand pied à Monte-Carlo en compagnie de deux aventurières, le trio se faisant passer pour des aristocrates russes émigrés. Il séduit l'épouse d'un ambassadeur, escroque une femme de chambre qu'il a mise enceinte et s'enfuit à temps pour échapper à la police. Mais le châtiment l'attend : alors qu'il s'apprête à violer une simple d'esprit, le père de celle-ci le met hors d'état de nuire et jette son cadavre dans un égout.

◆ Un monument de démesure baroque

Il y a plus d'un point commun entre l'auteur de ce film, le grand Erich von Stroheim, et son héros – en dehors du fait qu'il l'incarne avec un brio consommé : la fausse identité (simple roturier émigré aux États-Unis, Stroheim entretint longtemps sa légende d'ex-officier de la garde impériale d'Autriche), la mégalomanie, le sens du panache, le satyriasis, qui sont des constantes de son caractère. Pendant une courte période de dix ans, entre 1919 et 1929, il parvint à édifier une des œuvres les plus fortes – et les plus folles – du cinéma américain : de Maris aveugles *à* Queen Kelly, *en passant par ce bloc de réalisme brut que sont* les Rapaces, *c'est la même volonté d'exorcisme sauvage dans la description des rapports humains, la même démesure baroque, la même charge visionnaire. Il y a du Zola et du Sade là-dessous. Mais les producteurs, lassés à la longue des foucades de « l'homme que vous aimerez haïr » (comme le présentait la publicité de l'époque), finirent par le rayer des cadres hollywoodiens. À partir de 1932, Stroheim fut réduit à la condition humiliante d'acteur et ne toucha plus jamais une caméra.* Folies de femmes *est la satire impitoyable d'un monde corrompu, dominé par l'hypocrisie, le sexe et l'argent. Un miroir de la société américaine des années 20 ? C'est un « grand fleuve noir » (selon la formule de Michel Ciment) qui prend sa source dans le luxe effréné des palaces et s'achève dans la nausée des égouts. Le tournage dura près d'un an, et le coût de production fut exorbitant : 1 million de dollars, affirme-t-on. Stroheim, dans son délire perfectionniste, exigea que le grand hôtel qu'il avait fait construire en studio fût entièrement équipé (ascenseurs en état de marche, circuits électriques complets, etc.). Des séquences jugées trop audacieuses (le comte en travesti batifolant avec ses maîtresses) ou d'un réalisme exces-*

sif (l'éclatement en gros plan d'un bouton plein de pus) furent coupées, et le métrage final réduit d'un tiers pour l'exploitation commerciale. Même ainsi mutilé, le film fut boycotté par les ligues de décence. Il en reste un monument à l'architecture flamboyante, traversé d'éclairs de génie. *C.B.*

LA FOLLE ALOUETTE "SKYLARK"
Comédie dramatique de **Mark Sandrich**, d'après la pièce de Samson Raphaelson, avec Claudette Colbert, Ray Milland, Brian Aherne, Binnie Barnes, Walter Abel. États-Unis, 1941 – 1 h 32.

Une femme mariée depuis cinq ans aime toujours son époux, bien que celui-ci, absorbé par son agence de publicité, la néglige. Un homme la séduira, mais elle reviendra à son mari.

FOLLE À TUER
Film policier d'**Yves Boisset**, d'après le roman de Jean-Patrick Manchette *Ô dingos, ô châteaux...*, avec Marlène Jobert, Tomas Milian, Michael Lonsdale, Jean Bouise, Victor Lanoux. France / Italie, 1975 – Couleurs – 1 h 35.

Des tueurs enlèvent une ancienne malade mentale et le petit garçon qui lui est confié. Elle réussit à s'enfuir avec l'enfant et celui-ci découvre que l'instigateur de l'affaire n'est autre que son oncle.

LA FOLLE AVENTURE DE MACARIO
"IMPUTATO ALZATEVI !"
Comédie satirique de **Mario Mattoli**, avec Erminio Macario, Leila Guarni, Greta Gonda. Italie, 1939 – 1 h 22.

À Paris, les pérégrinations rocambolesques d'un homme simple entraîné dans des aventures qui le dépassent.

LA FOLLE CAVALE "SPEEDTRAP"
Film policier d'**Earl Bellamy**, avec Joe Don Baker, Tyne Daly, Morgan Woorward, Richard Jaekel. États-Unis, 1978 – Couleurs – 1 h 30.

Un détective privé est chargé d'enquêter sur des vols réitérés de voitures de luxe. Il fait tandem avec une femme-sergent, qui lui réservera bien des surprises.

LA FOLLE CONFESSION "TRUE CONFESSION"
Comédie de **Wesley Ruggles**, d'après la pièce de Louis Verneuil *Mon crime*, avec Carole Lombard, Fred MacMurray, John Barrymore, Una Merkel, Porter Hall, Edgar Kennedy. États-Unis, 1937 – 1 h 25.

Une jeune femme fantaisiste avoue un crime qu'elle n'a pas commis et se fait défendre par son mari, avocat. Acquittée, elle découvre le vrai meurtrier.

▷ Autre version réalisée par : **John Berry**, intitulée CROSS MY HEART, avec Betty Hutton, Sonny Tufts, Michael Chekhov, Rhys Williams, Ruth Donnelly, Al Bridge. États-Unis, 1945 – 1 h 23.

LA FOLLE DE CHAILLOT
"THE MADWOMAN OF CHAILLOT"
Comédie de **Bryan Forbes**, d'après la pièce de Jean Giraudoux, avec Katharine Hepburn, Yul Brynner, Danny Kaye, Edith Evans, Charles Boyer, Claude Dauphin, John Gavin, Paul Henreid. Grande-Bretagne / États-Unis, 1969 – Couleurs – 2 h 22.

Une comtesse « excentrique » aux prises avec des conspirateurs farfelus. Giraudoux passé à travers le filtre hollywoodien, reste Katharine Hepburn dans une composition intéressante.

LA FOLLE DE TOUJANE (OU COMMENT ON DEVIENT UN ENNEMI DE L'INTÉRIEUR)
Film politique de **René Vautier**, avec Gilles Servat, Micheline Welter. France, 1974 – Couleurs – 2 h 30.

Les itinéraires de deux amis d'enfance, Roger, instituteur, et Gwen, animatrice de radio. Le premier, au bout de sa quête de l'authentique, en Tunisie, en Algérie, en Bretagne trouve la mort. La seconde se réfugie dans la facilité de la vie parisienne.

LA FOLLE ENQUÊTE "ON OUR MERRY WAY"
Comédie de **King Vidor** et **Leslie Fenton**, avec Henry Fonda, Burgess Meredith, Paulette Goddard. États-Unis, 1948 – 1 h 47.

Trois sketches illustrent l'enquête menée par un journaliste sur le thème : « Un enfant a-t-il changé le cours de votre existence ? ». Apparition de nombreuses vedettes : James Stewart, Dorothy Lamour, Fred MacMurray.

LA FOLLE ESCAPADE "NO DEPOSIT, NO RETURN"
Comédie de **Norman Tokar**, avec David Niven, Darren McGavin, Don Knotte. États-Unis, 1976 – Couleurs – 1 h 51.

Deux enfants turbulents, pour ne pas aller chez leur sévère grand-père, s'imposent chez deux braves cambrioleurs et prétendent qu'ils ont été kidnappés.

LA FOLLE HISTOIRE DE L'ESPACE "SPACEBALLS"
Comédie de **Mel Brooks**, avec Mel Brooks, John Candy, Rick Moranis, Bill Pullman, Daphne Zuniga. États-Unis, 1987 – Couleurs – 1 h 40.

Une sorte de Guerre des étoiles délirante avec effets spéciaux et super pouvoirs à profusion, prétexte à une nouvelle parodie, écrite, produite, mise en scène et jouée par Mel Brooks.

LA FOLLE HISTOIRE DU MONDE
"MEL BROOK'S HISTORY OF THE WORLD – PART I"
Comédie de **Mel Brooks**, avec Mel Brooks, Dom De Luise, Madeline Kahn. États-Unis, 1981 – Couleurs – 1 h 32.

De la Préhistoire à la Révolution française, quelques épisodes de l'histoire du monde, revus et corrigés par la fantaisie débridée de Mel Brooks.

LA FOLLE INGÉNUE "CLUNY BROWN"
Comédie d'**Ernst Lubitsch**, d'après le roman de Margery Sharp, avec Jennifer Jones, Charles Boyer, Peter Lawford, Helen Walker, Richard Haydn. États-Unis, 1945 – 1 h 40.

En 1938, la nièce d'un plombier londonien se passionne pour ce métier et va elle-même dépanner les clients. Elle fait ainsi la connaissance d'un écrivain polonais, avec qui elle se mariera.

LA FOLLE JOURNÉE (OU LE MARIAGE DE FIGARO)
Comédie de **Roger Coggio**, d'après la pièce de Beaumarchais, avec Fanny Cottençon, Roger Coggio, Marie Laforêt, Claude Giraud, Michel Galabru, Line Renaud, Jean Lefebvre, Paul Préboist, Roger Carel. France, 1989 – Couleurs – 2 h 50.

Dans la série des « classiques » du répertoire théâtral portés à l'écran par Roger Coggio, une réalisation servie par une mise en scène très vivante et par des acteurs de grand renom.

LA FOLLE MISSION DU DOCTEUR SCHAEFFER
"THE PRESIDENT'S ANALYST"
Comédie de **Theodore J. Flicker**, avec James Coburn, Godfrey Cambridge, Severn Darden. États-Unis, 1967 – Couleurs – 1 h 43.

La C.I.A. recrute un psychanalyste pour les besoins du président des États-Unis. À coup de péripéties parodiant les histoires d'espionnage, une satire tous azimuts des mœurs américaines.

LES FOLLES ANNÉES DU TWIST
Comédie de **Mahmoud Zemmouri**, avec Mustapha El Anka, Malik Lakhdar Hamina, Fawzi B. Saichi, Richard Bohringer. Algérie / France, 1983 – Couleurs – 1 h 30.

Au cours des années sombres qui précèdent l'indépendance de l'Algérie, alors que d'autres s'engagent et se font tuer, deux jeunes Algériens ne songent qu'à twister.

LES FOLLES HÉRITIÈRES "THE GAY SISTERS"
Comédie dramatique d'**Irving Rapper**, d'après le roman de Stephen Longstreet, avec Barbara Stanwyck, George Brent, Geraldine Fitzgerald, Nancy Coleman, Donald Crisp, Gig Young, Gene Lockhart. États-Unis, 1942 – 1 h 46.

Trois sœurs, héritières d'une immense fortune, voient leurs droits contestés. Elles entreront finalement en possession de leurs biens et trouveront même le bonheur conjugal.

LE FOND DE LA BOUTEILLE
"THE BOTTOM OF THE BOTTLE"
Drame de **Henry Hathaway**, d'après le roman de Georges Simenon, avec Van Johnson, Joseph Cotten, Ruth Roman, Jack Carson. États-Unis, 1956 – Couleurs – 1 h 28.

Deux frères dont l'un est alcoolique se retrouvent pour se perdre aussitôt.

LE FOND DE L'AIR EST ROUGE
Documentaire de **Chris Marker**, avec les voix de Simone Signoret, Yves Montand, François Périer, Jorge Semprun, Davos Hanich, Sandra Scarnati, François Maspéro, Laurence Cuvillier. • SC : C. Marker • PH : C. Marker • MONT : C. Marker. • MUS : Luciano Berio. France, 1977 – Couleurs et NB – 4 h.

Il s'agit d'un montage de documents, sorte de dossier brut, couvrant la période de 1967-1977, et divisé en deux parties.

1re partie : *les Mains fragiles*. Depuis la guerre du Viêt Nam jusqu'au festival d'Avignon 1968, en passant par la Chine, Cuba, Régis Debray et la mort du « Che ».

2e partie : *les Mains coupées*. De l'intervention russe en Tchécoslovaquie aux manifestations en Irlande, en passant par la fin de De Gaulle, le massacre de Munich, la déstalinisation, la mort de Pompidou, l'assassinat d'Allende, les fêtes de Persépolis...

◆ *La génération de 1968 faisait, comme celles qui l'ont précédée, de l'histoire sans le savoir. Un montage très habile et des interviews bouleversantes à tous égards, comme celle d'Allende par Régis Debray. Des documents étonnants, pour la plupart inédits. Tout cela pour un « film kaléidoscope », d'où l'on sort abasourdi d'avoir tant vécu en dix ans.* D.C.

LE FOND DU PROBLÈME
"THE HEART OF THE MATTER"
Drame psychologique de **George O'Ferrall**, d'après le roman de Graham Greene, avec Trevor Howard, Maria Schell, Gérard Oury, Peter Finch. Grande-Bretagne, 1953 – 1 h 45.

Dans une colonie africaine, un officier de police perd son honneur et sacrifie son salut à sa maîtresse. La fin a été modifiée par rapport au roman.

FONDU AU NOIR "Fade to Black"

Drame de **Vernon Zimmerman**, avec Dennis Christopher, Linda Kerridge, Tim Thomerson. États-Unis, 1980 – Couleurs – 1 h 40.

Coursier dans une société de distribution de films, méprisé par ses collègues, Eric se réfugie dans ses rêves de cinéma, jusqu'au jour où il se décide à passer à l'action, de manière singulièrement efficace.

FONTAINE "The Fountain"

Mélodrame de **John Cromwell**, d'après le roman de Charles Morgan, avec Ann Harding, Brian Aherne, Paul Lukas. États-Unis, 1934 – 1 h 24.

Pendant la Première Guerre mondiale, une femme est déchirée entre son mari allemand et son amant de cœur anglais.

LA FONTAINE DES AMOURS

"Three Coins in the Fountain"

Comédie sentimentale de **Jean Negulesco**, avec Clifton Webb, Dorothy MacGuire, Jean Peters, Louis Jourdan, Maggie MacNamara, Rossano Brazzi. États-Unis, 1954 – Couleurs – 1 h 42.

Trois jeunes Américaines à Rome. Que cherchent-elles ? L'amour ! Belle photo en Scope de Milton Krasner et musique de Victor Young, qui reçurent tous deux un Oscar.

FOOL FOR LOVE "Fool for Love"

Comédie dramatique de **Robert Altman**, d'après la pièce de Sam Shepard, avec Sam Shepard, Kim Basinger, Harry Dean Stanton, Randy Quaid, Martha Crawford. États-Unis, 1985 – Couleurs – 1 h 47.

Une jeune femme attend Martin, son ami, dans un motel, mais surgit Eddie, un ancien amant qui tente de la séduire de nouveau. Une fois réunis, les trois protagonistes racontent, de façon souvent contradictoire, leur histoire commune.

LES FORBANS "The Spoilers"

Film d'aventures de **Jesse Hibbs**, d'après le roman de Rex Beach, avec Anne Baxter, Jeff Chandler, Rory Calhoun, Ray Danton. États-Unis, 1955 – Couleurs – 1 h 24.

À la fin du siècle dernier en Alaska, trois chercheurs d'or se disputent des concessions prometteuses.

▷ Autres versions réalisées par : **Edward Carenne**, intitulée THE SPOILERS, avec Gary Cooper, William S. Boyd, Betty Compson, Kay Johnson, Slim Summerville. États-Unis, 1930 – 1 h 26. **Ray Enright**, intitulée LES ÉCUMEURS "The Spoilers", avec Marlene Dietrich, Randolph Scott, John Wayne, Margaret Lindsay, Harry Carey. États-Unis, 1942 – 1 h 27.

LES FORBANS DE LA NUIT "Night and the City"

Film policier de **Jules Dassin**, avec Richard Widmark *(Harry Fabian)*, Gene Tierney *(Mary Bristol)*, Googie Withers *(Helen Nosseross)*, Francis L. Sullivan *(Phil Nosseross)*, Herbert Lom *(Kristo)*, Stanislaus Zbyszko *(Gregorius)*, Mike Mazurki *(l'Étrangleur)*. • SC : Jo Eisinger, d'après le roman de Gerald Kersh. • PH : Max Greene. • DÉC : C.P. Norman. • MUS : Franz Waxman. • MONT : Nick De Maggio, Sidney Stone. • PR : Fox. Grande-Bretagne, 1950 – 1 h 35.

Harry Fabian est rabatteur pour Phil Nosseross, patron du cabaret londonien le Silver Fox, où chante sa compagne, Mary. Débordant d'idées et d'aplomb, ce frimeur échafaude sans relâche des projets grandioses dont aucun n'aboutit jamais. Cette fois-ci, cependant, Harry est sûr de son affaire : fort de l'amitié de l'illustre catcheur Gregorius, il s'apprête à organiser la première rencontre de lutte gréco-romaine à Londres contournant le monopole qu'exerce en ce domaine le fils de Gregorius, Kristo. Helen Nosseross, l'épouse frustrée et cupide de Phil, subtilise à celui-ci une partie des fonds nécessaires. Harry s'engage en échange à lui fournir une licence pour ouvrir son propre cabaret. Phil découvre la combine. Il piège Harry en le forçant à opposer au jeune protégé de Gregorius le redoutable Étrangleur. Une bagarre éclate entre ce dernier et Gregorius, se soldant par la mort du vieux lutteur. Kristo offre alors 1 000 livres pour la capture de Fabian. La pègre londonienne tout entière se mobilise contre lui...

◆ Portrait d'un artiste à la recherche de son art

Les Forbans de la nuit, *premier film de Jules Dassin après son départ forcé des États-Unis, est le portrait d'un homme qui refuse de grandir, d'« un artiste à la recherche de son art », d'un mythomane obsédé par le désir de se faire un nom, d'un incorrigible bonimenteur, hanté par la crainte d'être trahi et vendu. Ce film, qui conclut la veine néoréaliste du cinéaste des* Démons de la Liberté *et de* la Cité sans voiles, *explore avec un œil quasi documentaire les bas-fonds de Londres et leurs multiples figures : vendeurs à la criée, musiciens des rues, trafiquants et brocanteurs, gogos, entremetteurs, propriétaires de boîtes, mendiants et recéleurs. C'est le récit d'une longue poursuite nocturne, qui s'achève à l'aube sur un constat d'échec étrangement serein. Au bout de ses rêves, Harry Fabian découvre un semblant de lucidité et se réhabi-*

lite par un ultime, mais dérisoire, sacrifice. Au-delà de la cupidité et de l'ambition, l'amour (impossible) se dévoile ainsi comme la principale motivation des personnages. Jules Dassin signe, en plein maccarthysme, un beau film sur la paranoïa, la peur et la dignité. O.E.

FORBIDDEN ZONE "FORBIDDEN ZONE"
Comédie de **Richard Elfman**, avec Susan Tyrell, Joe Spinel, Hervé Villechaize. États-Unis, 1980 – 1 h 14.

La nouvelle maison d'une petite famille possède une cave qui donne accès à un monde mystérieux. Un mélange de séquences animées et de personnages réels.

LES FORÇATS DE LA GLOIRE
"THE STORY OF G.I. JOE"
Film de guerre de **William A. Wellman**, avec Burgess Meredith, Robert Mitchum, Wally Cassell. États-Unis, 1945 – 1 h 49.

La vie d'un combattant d'une unité américaine ayant pris part à la campagne d'Italie. Authentique et non dénué d'humour.

LA FORCE DE FRAPPE "AFTENLANDET"
Documentaire-fiction de **Peter Watkins**. Danemark, 1976 – Couleurs – 1 h 53.

Utilisant les techniques du faux reportage, l'auteur présente les problèmes d'un chantier naval dont les ouvriers refusent de construire des sous-marins nucléaires.

LA FORCE DES TÉNÈBRES "NIGHT MUST FALL"
Drame de **Richard Thorpe**, d'après la pièce d'Emlyn Williams, avec Robert Montgomery, Rosalind Russell, Dame May Whitty. États-Unis, 1937 – 1 h 57.

Une vieille dame riche engage comme domestique un jeune homme inquiétant, sous les yeux de sa nièce fascinée et impuissante. Tension et angoisse diffuses pour un remarquable portrait d'assassin psychopathe.

▷ Sous le même titre, **Karel Reisz** signe une nouvelle adaptation de la pièce, avec Albert Finney, Susan Hampshire, Mona Washbourne, Sheila Hancock. Grande-Bretagne, 1964 – 1 h 45.

FORCE MAJEURE
Drame de **Pierre Jolivet**, avec Patrick Bruel, François Cluzet, Alan Bates, Sabine Haudepin. France, 1989 – Couleurs – 1 h 26.

Contactés par un avocat, Philippe et Daniel apprennent qu'Hans, un compagnon de voyage à qui ils ont laissé leur part de haschich avant de quitter l'Asie, a été arrêté et condamné pour trafic de drogue. Pour le sauver, ils devraient repartir et se dénoncer.

LA FORÊT D'ÉMERAUDE "THE EMERALD FOREST"
Film d'aventures de **John Boorman**, avec Powers Boothe, Charley Boorman, Meg Foster, William Rodriguez, Yara Vaneau. États-Unis, 1985 – Couleurs – 1 h 55.

Tommy a été enlevé par une tribu amazonienne. Son père passe des années à le rechercher. Une fable sur la civilisation.

LA FORÊT DES PENDUS "PADUREA SPÎNZURATILOR"
Drame de **Liviu Ciulei**, d'après le roman de Livia Rebreanu, avec Victor Rebenciuc, Ana Szeles, Liviu Ciulei. Roumanie, 1965 – 2 h 37.

En 1916 sur le front, un officier roumain des armées austro-hongroises, écœuré par les événements, prend la décision de déserter. Pourchassé, il est arrêté et pendu.

LA FORÊT INTERDITE
"WIND ACROSS THE EVERGLADES"
Film d'aventures de **Nicholas Ray**, avec Burl Ives, Christopher Plummer, Gypsy Rose Lee. États-Unis, 1958 – Couleurs – 1 h 33.

Un jeune professeur d'histoire naturelle part en guerre contre un trafiquant de plumes. Beaux extérieurs pour un film écologiste.

LA FORÊT PÉTRIFIÉE "THE PETRIFIED FOREST"
Mélodrame policier d'**Archie Mayo**, avec Leslie Howard *(Alan Squier)*, Bette Davis *(Gaby Maple)*, Humphrey Bogart *(Duke Mantee)*. • SC : Charles Kenyon, Delmer Daves, d'après la pièce de Robert E. Sherwood. • PH : Sol Polito. • DÉC : John Hughes. • MUS : Leo F. Forbstein. • MONT : Owen Marks. États-Unis, 1936 – 1 h 23.

Gabby Maple, une jeune serveuse romantique qui rêve de se rendre en France pour étudier la peinture, et Alan Squier, un écrivain désabusé, sont prisonniers d'un tueur psychopathe, Duke Mantee, dans une station d'essence isolée à la limite du désert de l'Arizona.

◆ *Le ton philosophique du film est insolite pour une production hollywoodienne des années 30. Les acteurs, Leslie Howard en particulier, sont très lyriques et l'action est limitée. On ne voit pas l'arrestation de Mantee. Les éléments naturels, le désert quand la tempête de sable souffle au dehors, et la forêt pétrifiée qui reste invisible, donnent une dimension symbolique au film. Ce lieu où les arbres se sont transformés en pierres représente la pérennité des éléments naturels face à la précarité de la condition humaine. Leslie Howard et Humphrey Bogart reprennent les rôles qu'ils ont créés à la scène. Le succès de Bogart dans le rôle de Duke Mantee oriente sa carrière vers des per-*

*sonnages de gangsters. Bette Davis joue le rôle de la gentille blonde moitié française moitié américaine qui s'éprend de Leslie Howard. Ce dernier est déjà l'intellectuel romantique qui refuse la vie, l'Ashley d'*Autant en emporte le vent. *S.P.*

FOREVER AND A DAY

Comédie dramatique de **René Clair**, **Edmund Goulding**, **Cedric Hardwicke**, **Frank Lloyd**, **Victor Saville**, **Robert Stevenson** et **Herbert Wilcox**, avec Ray Milland, Claude Rains, C. Aubrey Smith, Gene Lockhart, Charles Laughton, Ida Lupino, Buster Keaton, Nigel Bruce, Merle Oberon, Gladys Cooper, Donald Crisp, Victor McLaglen. États-Unis, 1943 – 1 h 44.

L'histoire d'une maison londonienne, de 1804 à 1940, racontée en une série de sketches par quelques-uns des cinéastes européens présents à Hollywood pendant la guerre.

FORFAITURE "The Cheat"

Mélodrame de **Cecil B. De Mille**, avec Fanny Ward *(Edith Hardy)*, Jack Dean *(Richard Hardy)*, Sessue Hayakawa *(Aka Arakau)*, James Neill *(Jones)*, Utaka Abe *(le valet d'Arakau)*, Dana Ong *(l'avocat)*, Hazel Childers *(Mrs. Reynolds)*. • SC : Hector Turnbull, Jeanie MacPherson, d'après le livre de Hector Turnbull. • PH : Alvin Wyckoff. • DÉC : Wilfred Buckland. • PR : Famous Players Lasky (Paramount). États-Unis, 1915 – env. 2 500 m (1 h 35).

Une femme du monde emprunte à un riche Japonais l'argent d'un fonds de charité qu'elle a perdu en Bourse. Il la marque au fer rouge quand elle refuse de lui appartenir. Elle le blesse avec un pistolet. Son mari s'accuse à sa place. Il est acquitté triomphalement après l'aveu public de sa femme.

◆ Une nouvelle syntaxe cinématographique

L'impact de Forfaiture *sur les critiques et les cinéastes fut aussi important que celui de* Citizen Kane *en son temps : « la seule date qu'il faille retenir de l'histoire du cinéma depuis la* Sortie des usines Lumière *de 1895 », écrit Léon Moussinac. Le jeu de Sessue Hayakawa, la mise en scène de Cecil B. De Mille, l'éclairage d'Alvin Wyckoff et l'intrigue de Hector Turnbull, tous éléments novateurs, illustrent la façon dont* Forfaiture *est un des films qui ont ouvert la voie au cinéma hollywoodien. À cette époque où les acteurs, souvent venus du théâtre, multiplient les gestes, la performance de Sessue Hayakawa fit sensation : « Cet artiste asiatique dont la puissante immobilité sait tout dire », selon Colette, « le premier tragédien de l'écran », pour Delluc. Hayakawa reprendra le rôle en 1937 sous la direction de Marcel L'Herbier qui fut aussi fortement impressionné par le film de Cecil B. De Mille. De Mille filme principalement en plans moyens et américains. La durée moyenne des plans est relativement longue (12 s contre 7, 5 s pour* Naissance d'une nation *produit la même année). Les intertitres sont composés de dialogues sauf dans les premiers cartons d'introduction. La compréhension de l'intrigue est donc laissée au spectateur, sans autre indice, comme dans les films parlants... 12 ans plus tard.* Forfaiture *révolutionnait l'éclairage par ses recherches sur le « Chiaroscuro » qui laisse une partie de l'image dans l'ombre. « Ces tentatives de rembrandtisme par quoi* Forfaiture *nous étonna » (Delluc). Une source lumineuse éclaire la scène sans lumière d'ambiance. Le contraste est d'autant plus important que la pellicule orthochromatique en usage à l'époque n'était pas très sensible. Cet éclairage qui permet de détacher une action de façon réaliste fut appelé par la suite « Lasky Lighting », d'après le nom du studio de production. Dans la prison, l'ombre des barreaux de la cellule se projette sur le visage de Richard Hardy. Celui de sa femme, à gauche du cadre, reste entièrement éclairé alors que c'est elle qui a commis le crime pour lequel il est emprisonné. De Mille utilise aussi de façon dramatique le décor de la maison du Japonais. Edith Hardy, aux abois, voit son mari en ombre chinoise de l'autre côté d'une cloison de papier et l'entend dire qu'il ne pourrait pas trouver d'argent, même pour sauver sa propre vie ! C'est sur ce même mur de papier blanc que Richard Hardy voit Aka Arakau s'écrouler en y laissant des traces de sang... L'intrigue comporte un thème qui sera censuré par le futur Code Hays : une tentative de viol et de meurtre dans un contexte multi-racial. Ces audaces fascinèrent les intellectuels français : « On admira la scène de voluptueuse violence où Sessue Hayakawa imprime son cachet brûlant sur l'épaule violée de Fanny Ward », écrit Louis Delluc. S.P.*

▷ **Remakes du film réalisés par : George Fitzmaurice**. *États-Unis, 1923 – env. 2 400 m (1 h 29).* **George Abbott**. *États-Unis, 1931 – env. 1 h 18.* **Marcel L'Herbier**, *avec Victor Francen, Lise Delamare, Sessue Hayakawa, Louis Jouvet, Ève Francis, Lucas Gridoux, Sylvia Bataille, Madeleine Sologne. France, 1937 – 1 h 40.*

FOR ME AND MY GAL

Comédie musicale de **Busby Berkeley**, avec Judy Garland, Gene Kelly, George Murphy, Richard Quine. États-Unis, 1942 – 1 h 40.

La carrière difficile de deux danseurs de music-hall, au moment où l'Amérique entre en guerre. Brillant et émouvant.

LA FORMULE "THE FORMULA"
Film policier de **John G. Avildsen**, d'après le roman de Steven Shagan, avec George C. Scott, Marlon Brando, Marthe Keller. États-Unis, 1980 – Couleurs – 1 h 57.

La « formule » d'un carburant de synthèse intéresse beaucoup de gens, en ces temps de crise pétrolière...

FORREST GUMP "FORREST GUMP"
Comédie de **Robert Zemeckis**, avec Tom Hanks *(Forrest Gump)*, Robin Wright *(Jenny)*, Sally Field *(la mère)*, Garry Sinise *(lieutenant Dan)*. • SC : Eric Roth, d'après le roman de Winston Groom. • PH : Don Burgess. • DÉC : Rick Carter. • MUS : Alan Silvestri. • MONT : Arthur Schmidt. États-Unis, 1994 – Couleurs – 2 h 22. ★ OSCAR DU MEILLEUR FILM.

Forrest Gump avait au départ tout ce qu'il faut pour ne pas réussir dans la vie : un QI très inférieur à la moyenne et un tempérament doux et docile. Mais il a un don : il peut courir plus vite qu'une voiture et pendant des mois. Ce don extraordinaire lui ouvre toutes les portes : celle de l'université, puis de la notoriété et de la fortune. Son ingénuité le fait se sortir indemne de la guerre du Viêt Nam ou de l'affaire du Watergate. Il ne comprend jamais vraiment ce qui lui arrive mais, comme tout tourne toujours à son avantage, il n'a pas à chercher plus loin. Il ne lui manque qu'un amour heureux. Son unique amie, Jenny, le quitte dès la fin de l'enfance. Quand elle lui revient enfin, bien abîmée par la vie, c'est pour mourir bientôt. Mais Forrest Gump ne sera plus seul : Jenny lui a laissé un enfant.

◆ *Un film drôle et émouvant qui se lit un peu comme la légende dorée d'un « innocent aux mains pleines » : les miracles se succèdent et la bonté finit toujours par triompher.* Forrest Gump *est un peu à la société méritocratique ce que* Cendrillon *a été à la société monarchique : un conte de fées pour faire rêver les pauvres, cocasserie et effets spéciaux en plus.* *J.-C.L.*

FORT BRAVO "ESCAPE FROM FORT BRAVO"
Western de **John Sturges**, avec William Holden, Eleanor Parker, John Forsythe. États-Unis, 1953 – Couleurs – 1 h 38.

Durant la guerre de Sécession, les Indiens attaquent un poste militaire où sont détenus des Sudistes. Western intense.

LA FORTERESSE CACHÉE
"KAKUSHI TORIDE NO SAN-AKUNIN"
Film d'aventures d'**Akira Kurosawa**, avec Toshirō Mifune *(Makabe)*, Misa Uehara *(Yukihime)*, Takashi Shimura *(Nagakura)*, Minoru Chiaki *(Tahei)*, Kamatari Fujuwara *(Matakishi)*. • SC : A. Kurosawa, Shinobu Hashimoto, Ryuzo Kikushima, Hideo Oguni. • PH : Kazuo Yamasaki. • DÉC : Yoshiro Muraki, Kohei Ezaki. • MUS : Masaru Sato. • MONT : A. Kurosawa. Japon, 1958 – 2 h 06.

Au Moyen Âge, dans un Japon divisé en une multitude de petits royaumes qui se font la guerre, la princesse Yukihime, en exil depuis son enfance, décide de rentrer dans son pays en faisant passer le trésor de sa famille, afin de reprendre le pouvoir et rétablir l'unité. Elle y est aidée par le général Makabe et deux vagabonds farfelus.

◆ *Kurosawa a probablement réalisé là le plus beau film d'aventures jamais vu, tant chaque scène déploie de manière jubilatoire les potentialités de la précédente. Une exaltation – qui vient des nombreuses péripéties du récit comme des prouesses formelles de la mise en scène – saisit le spectateur. Kurusawa se montre à la hauteur de son précepte : « Un film ne peut espérer intéresser un spectateur si celui-ci ne sent pas que les acteurs ont risqué leur vie en le faisant ». On trouve en contre-point de l'héroïsme guerrier du général la délicatesse sauvage de la princesse et la bouffonnerie savoureuse des deux vagabonds qui réinventaient Laurel et Hardy et furent les modèles de George Lucas pour ses deux sympathiques robots de* la Guerre des étoiles. *Si la force visuelle du film est terriblement impressionnante, tout son message est à interpréter au niveau symbolique, les signes d'une banale initiation à la vie se mêlant à une mystique assez élaborée dont il ne faut pas exclure un arrière-plan alchimique.* *S.K.*

LA FORTERESSE NOIRE "THE KEEP"
Film fantastique de **Michael Mann**, d'après le roman de F. Paul Wilson, avec Scott Glenn, Alberta Watson, Jürgen Prochnow. États-Unis, 1983 – Couleurs – 1 h 36.

Un régiment nazi est décimé par un maléfice qui hante une vieille forteresse roumaine. Un film sur lequel plane l'ombre de Lovecraft.

FORTINI CANI "I CANI DEL SINAÏ"
Essai politique de **Jean-Marie Straub** et **Danièle Huillet**, avec Franco Fortini, Luciana Nissim, Adriano Apra. Italie, 1977 – Couleurs – 1 h 23.

Sur le fond des événements ordinaires qui secouent l'Italie d'aujourd'hui, l'écrivain juif Fortini développe une pensée antifasciste et anti-sioniste.

FORT SAGANNE
Drame d'**Alain Corneau**, d'après le roman de Louis Gardel, avec Gérard Depardieu, Philippe Noiret, Catherine Deneuve, Sophie Marceau. France, 1983 – Couleurs – 3 h.

Un jeune et brillant officier s'illustre avec éclat au Sahara où il a été affecté à l'aube de la Première Guerre mondiale.

FORTUNAT

Drame psychologique d'**Alex Joffé**, avec Michèle Morgan, Bourvil, Gaby Morlay, Rosy Varte, Teddy Bilis. France / Italie, 1960 – 2 h.

Pendant l'Occupation, un braconnier est passeur vers la zone libre. Il s'attache à l'une de ses « clientes », l'aide à survivre, puis reprend sa vie solitaire lorsque après la guerre elle retrouve son mari.

LE FORUM EN FOLIE

"A FUNNY THING HAPPENED ON THE WAY TO THE FORUM"

Comédie de **Richard Lester**, avec Zero Mostel, Phil Silvers, Michael Crawford, Michael Hordern, Buster Keaton. Grande-Bretagne, 1966 – Couleurs – 1 h 39.

À Rome, Hero, fils de Senex, promet la liberté à son esclave Pseudolus, si celui-ci lui obtient Philia, une vierge esclave déjà vendue à un soldat. Une délirante comédie burlesque en péplum, et le dernier film de Buster Keaton.

LA FOSSE AUX SERPENTS "THE SNAKE PIT"

Drame psychologique d'**Anatole Litvak**, avec Olivia De Havilland, Mark Stevens, Leo Genn, Celeste Holm. États-Unis, 1948 – 1 h 48.

Une jeune femme amnésique est internée dans une institution psychiatrique. À la suite d'une crise violente, on l'enferme avec des fous furieux, provoquant chez elle une réaction salutaire.

LE FOU CHANTANT "THE SINGING FOOL"

Drame musical de **Lloyd Bacon**, d'après la pièce de Leslie S. Barrows, avec Al Jolson, Davey Lee, Betty Bronson, Josephine Dunn, Arthur Housman. États-Unis, 1928 – env. 3 200 m (1 h 58).

Un chanteur célèbre sombre brusquement lorsque son plus jeune fils meurt. Interprété par la première star du parlant, le film contribua largement au succès du cinéma sonore.

LE FOU DE GUERRE "SCEMO DI GUERRA"

Drame de **Dino Risi**, avec Coluche, Bernard Blier, Beppe Grillo. Italie / France, 1985 – Couleurs – 1 h 48.

En 1941, dans le désert libyen, le capitaine Oscar Pilli, fou de pouvoir et de meurtre, tyrannise ses subordonnés.

LES FOUGÈRES BLEUES

Comédie dramatique de **Françoise Sagan**, avec Françoise Fabian, Gilles Segal. France, 1977 – Couleurs – 1 h 25.

Au cours d'un week-end de chasse, les aventures amoureuses de Monika et de son mari Jérôme. Doucement douloureux.

LE FOUINEUR "IL COMMISSARIO PEPE"

Comédie d'**Ettore Scola**, avec Ugo Tognazzi, Silvia Dionisio, Marianne Comtell. Italie, 1969 – Couleurs – 1 h 46.

Chargé par ses supérieurs d'enquêter sur les mœurs de ses concitoyens, le commissaire Pepe constitue un volumineux dossier. Une dénonciation de l'hypocrisie et de l'intolérance.

LA FOULE "THE CROWD"

Drame de **King Vidor**, avec Eleanor Boardman *(Mary)*, James Murray *(John Sims)*. • SC : K. Vidor, John V.A. Weaver, Harry Behn. • PH : Henry Sharp. • PR : Irving Thalberg. États-Unis, 1928 – 2 600 m (env. 1 h 45) [muet].

John Sims naît le 4 juillet 1900. À l'âge de 12 ans, il voit mourir son père. Arrivant à New York à 21 ans, il devient employé aux écritures et se laisse entraîner à Coney Island pour une escapade qui le mène droit au mariage. Au Noël suivant, il déserte le réveillon familial. En avril, après une querelle, sa femme lui annonce qu'elle est enceinte. Son fils naît en octobre. Cinq ans plus tard, avec « un enfant et huit dollars de plus », il invente sur la plage un slogan publicitaire qui lui rapporte 500 dollars, mais sa fille meurt écrasée par un camion le jour de son triomphe. Alors commence sa déchéance : incapable de continuer à travailler, il songe au suicide quand son fils lui redonne courage, assez pour qu'il accepte un emploi de bateleur au service d'une réclame ; comme son épouse a renoncé à le quitter, la famille, perdue dans la foule du théâtre, applaudit ce soir-là un jongleur qui ressemble à John Sims.

◆ **L'Individu anonyme**

Fait pour continuer la Grande Parade, *le film évoque une vie banale, avec ses instants de bonheur et ses problèmes domestiques, mais aussi son épreuve mélodramatique, avant la réconciliation finale, dont la tournure invite le spectateur à méditer sur son propre cas. En contrepoint, une méditation sur l'anonymat. Se croyant promis à un grand destin, John est plongé par une série de plans vertigineux dans la cohue de la métropole. Bureaux, couples, berceaux : tout vient en série. Malgré son lyrisme, l'idylle même se réduit à des clichés. La pléthore ne rend pas seulement le quidam insignifiant : la foule reluque ses amours ; elle le presse ; elle aggrave son chagrin de ses bruits ; elle retarde, par sa masse même, sa réhabilitation. Il est vrai qu'il la nargue à l'occasion ; il est vrai surtout que ses échecs tiennent au caractère chimérique et paresseux de ses ambitions. Mais son absence de singularité reste accablante : Vidor avait choisi un acteur sensible, mais inconnu. Le film coûta 551 millions de dollars et fut tourné en grande partie à New York. La peinture précise de la vie moderne assura son succès et Vidor pourra lui donner une suite,* Notre pain quotidien, *en 1934. Quant à sa morale, elle est complexe. Sept dénouements avaient été réalisés ; le plus heureux ne fut pas retenu. Tel quel, l'ouvrage n'a pas cessé d'inspirer la discussion : Paul Rotha regrettait la solution de continuité entre l'intimisme et la vision de la masse ; Welford Beaton niait qu'un homme ordinaire pût intéresser le public ; Marshall Deutelbaum voit en Sims un individu prisonnier de son incapacité à comprendre combien il ressemble aux autres ; Barthélemy Amengual note que son drame est celui de l'ambition... Mais n'est-ce pas aussi l'absence de subjectivité d'un homme réduit au mutisme ? Comme* Crépuscule de gloire, Tabou *et* les Lumières de la ville, la Foule *répond au cinéma sonore, que Vidor défie par instants sur son terrain même.* A.M.

LA FOULE HURLE "THE CROWD ROARS"
Comédie dramatique de **Howard Hawks**, avec James Cagney *(Joe Greer)*, Joan Blondell *(Anne)*, Ann Dvorak *(Lee)*, Guy Kibbee *(Dad Greer)*. • SC : Kubec Glasmon, John Bright, Seton Miller, Niven Busch. • PH : Sid Hickox. • MUS : Leo F. Forbstein. • MONT : Thomas Pratt. États-Unis, 1932 – 1 h 27.

Un pilote automobile tente, en vain, de dissuader son jeune frère de suivre la même voie que lui. Très vite, il devient jaloux de ses succès sportifs et de ses conquêtes féminines.

◆ *Howard Hawks, qui a participé à des courses automobiles, s'est rendu compte que la vie des premiers circuits n'avait jamais été racontée à l'écran. Le réalisateur a tenu à s'entourer de spécialistes pour minimiser les risques d'accident pendant le tournage. Cinq ou six anciens vainqueurs d'Indianapolis participent à la course. Les cascades sont si réussies que la séquence de la course sera réutilisée dans le remake de Lloyd Bacon.* CL.A.

▷ Remake : INDIANAPOLIS SPEEDWAY, de **Lloyd Bacon**, avec Pat O'Brien, Ann Sheridan, John Payne, Gale Page, Frank McHugh. États-Unis, 1939 – 1 h 22.

LES FOURBERIES DE SCAPIN
Comédie de **Roger Coggio**, d'après la pièce de Molière, avec Roger Coggio, Michel Galabru, Jean-Pierre Darras. France, 1980 – Couleurs – 1 h 47.

Durant l'absence de son père, Hyacinthe a épousé une jeune fille. De son côté, Léandre, fils d'un avare, a besoin d'argent pour délivrer celle qu'il aime. Scapin le fourbe s'entremet...

LES FOURGUEURS "HOT STUFF"
Comédie policière de **Dom DeLuise**, avec Dom DeLuise, Suzanne Pleshette, Jerry Reed. États-Unis, 1979 – Couleurs – 1 h 31.

Quatre policiers de Miami, dont une femme, se font passer pour des receleurs afin de démasquer les truands de la ville. Ils réussiront un beau coup de filet. Une suite de sketches amusants.

FOUS À DÉLIER "MATTI DA SLEGARE"
Documentaire de **Marco Bellocchio**. Italie, 1974 – 2 h 10.

Avec trois jeunes assistants, le cinéaste a tourné 25 000 mètres de pellicule sur les malades de l'hôpital psychiatrique de Colorno, en Italie, et recueilli leurs témoignages. Impressionnant.

LES FOUS DU ROI "ALL THE KING'S MEN"
Drame de **Robert Rossen**, d'après le roman de Robert Penn Warren, avec Broderick Crawford, Joanne Dru, John Ireland, John Derek. États-Unis, 1949 – 1 h 51. ★ OSCAR DU MEILLEUR FILM 1949.

Dans une petite ville du Sud, un modeste employé, pour se battre contre la corruption, s'intéresse à la politique. Son irrésistible ascension le fait s'installer lui-même dans le chantage et la violence.

LA FRACTURE DU MYOCARDE
Comédie dramatique de **Jacques Fansten**, avec Sylvain Copans, Nicolas Parodi, Cécilia Rouaud, Delphine Goutmann. France, 1991 – Couleurs – 1 h 40.

C'est l'un des rares bons films sur l'enfance interprétés par des enfants (excellents amateurs). Le scénario est drôle, original, poétique et finalement très dramatique. Pour éviter l'Assistance publique, un enfant cache la mort de sa mère et ses copains de classe l'aident aux funérailles. Tout en détails, tout en finesse, ce film était à l'origine un téléfilm. Son succès dans plusieurs festivals lui a assuré une vraie carrière commerciale. La qualité paie, quelquefois.

FRA DIAVOLO "FRA DIAVOLO / THE DEVIL'S BROTHER"
Film burlesque de **Hal Roach** et **Charles Rogers**, d'après l'opérette d'Auber, avec Stan Laurel, Oliver Hardy, Dennis King, James Finlayson, Thelma Todd. États-Unis, 1933 – 1 h 30.

Fra Diavolo, un célèbre bandit italien, engage comme domestiques deux pauvres garçons que ses hommes ont dépouillés. Ils commettent gaffe sur gaffe.

LES FRAISES SAUVAGES "SMULTRONSTÄLLET"
Drame d'**Ingmar Bergman**, avec Victor Sjöström *(Isak Borg)*, Bibi Andersson *(Sara)*, Ingrid Thulin *(Marianne)*, Gunnar Björnstrand *(Evald)*, Folke Sündquist *(Anders)*, Björn Bjelvenstam *(Victir)*. • SC : I. Bergman. • PH : Gunnar Fischer. • DÉC : Gittan Gustavsson. • MUS : Erik Nordgren. • MONT : Oscar Rosander. Suède, 1957 – 1 h 30. ★ OURS D'OR, Berlin 1958.

À 78 ans, Isak Borg se rend en automobile, avec sa belle-fille Marianne, de Stockholm à Lund, où l'on va fêter son jubilé médical. Au hasard de rencontres, de rêves ou de souvenirs, il retrouve certains événements de son enfance ou de son adolescence qui l'amènent à faire le bilan de sa vie.

◆ *C'est l'un des films les plus caractéristiques du Bergman des années 50. Les grandes angoisses métaphysiques (la vie, la mort, Dieu) se mêlent aux questions morales ou psychologiques (l'amour, l'égoïsme, la solitude, la femme), dans un style et des symboles qui doivent beaucoup à l'expressionnisme comme à la tradition du cinéma muet nordique. Dans son dernier rôle à l'écran, l'acteur et réalisateur Victor Sjöström donne à ce film, d'une structure romanesque alors nouvelle chez Bergman, une puissance particulière.* *J.M.*

LA FRANÇAISE ET L'AMOUR
Comédie à sketches d'**Henri Decoin**, **Jean Delannoy**, **Michel Boisrond**, **René Clair**, **Henri Verneuil**, **Christian-Jaque** et **Jean-Paul Le Chanois**, avec Dany Robin, Jean-Paul Belmondo, Martine Carol, Marie-José Nat, Paul Meurisse, Annie Girardot. France, 1960 – 2 h 17.

Une peinture satirique de la Française face à l'enfance, l'adolescence, la virginité, le mariage, l'adultère, le divorce et la solitude.

FRANÇAIS, SI VOUS SAVIEZ
Documentaire d'**André Harris** et **Alain de Sédouy**. France, 1972 – Couleurs – 2 h 30 (I), 2 h 30 (II), 2 h 45 (III).

Vaste fresque en trois époques (*En passant par la Lorraine* ; *Général, nous voilà* ; *Je vous ai compris*), évoquant à partir de documents et de témoignages le passé de la France, des raisons de la débâcle consécutive à la Première Guerre mondiale jusqu'à la décolonisation.

FRANCES "FRANCES"
Drame de **Graeme Clifford**, avec Jessica Lange, Sam Shepard. États-Unis, 1982 – Couleurs – 2 h 20.

Grandeur et décadence de Frances Farmer, actrice rebelle des années 30, dont la carrière fut brisée par la folie et l'alcool.

FRANCESCO "FRANCESCO"
Biographie de **Liliana Cavani**, avec Mickey Rourke, Helena Bonham Carter, Andréa Ferréol, Mario Adorf. Italie, 1989 – Couleurs – 2 h 17.

Une évocation de la vie et de l'itinéraire spirituel de saint François d'Assise, mise en scène sans grande inspiration.

FRANCE, SOCIÉTÉ ANONYME
Film de science-fiction d'**Alain Corneau**, avec Michel Bouquet, Roland Dubillard, Francis Blanche, Allyn Ann McLerie. France, 1974 – Couleurs – 1 h 35.

En 2222, un personnage des années 1970, « le Français », est maintenu en survie artificielle et interrogé sur son passé de trafiquant de drogue. Film explosif, mais quelque peu désordonné.

FRANCISCA "FRANCISCA"
Drame de **Manoel de Oliveira**, avec Teresa Meneses *(Francisca / Fanny)*, Diodo Doria *(Jose Augusto)*, Mario Barroso *(Camilo Castelo Branco)*. • SC : M. de Oliveira, d'après le roman d'Agustina Bessa Luis *Fanny Owen*. • PH : Elso Roque. • DÉC : Antonio Casimiro. • MUS : João Paes. • MONT : Monique Rutler. Portugal, 1981 – Couleurs – 2 h 46.

Dans le Portugal du milieu du XIXe siècle, un cynique don juanesque, Jose Augusto, et un tendre fidèle, Camilo, voient leur amitié changer de visage avec leur amour commun pour Francisca, dite aussi « Fanny ». Le premier enlève la jeune femme qui se laisse faire, puis s'en lasse et la trompe. Le second éprouve les affres de la jalousie, mais bénéficie des confidences de Francisca. À sa mort, elle s'arrange, en mutilant son journal, pour laisser à jamais entier le mystère de ses sentiments, que même Jose Augusto ne pourra pénétrer en la faisant autopsier (elle est restée vierge) et en contemplant son cœur.

◆ *Le dernier volet, après* Le Passé et le Présent, Benilde ou la Vierge Mère, Amour de perdition *(Voir ces titres), d'une tétralogie dite par l'auteur lui-même des « amours frustrées ». Il a été réalisé selon les principes très personnels mis au point par ce très grand réalisateur portugais : notamment de longs plans statiques, où les acteurs, même dans les scènes de dialogues (fort beaux, et riches en aphorismes), parlent sans se regarder et en se tournant vers la caméra. Si surprenant que ce soit, ce parti pris fonctionne admirablement au service de cette belle et trouble histoire, où les femmes sont finalement montrées, derrière leur pureté et leur mystère, comme des êtres infiniment plus cruels et plus lointains que, sous leur affectation de cynisme, ne peuvent l'être les hommes.* *M.CH.*

LE FRANCISCAIN DE BOURGES
Drame de **Claude Autant-Lara**, d'après le livre de Marc Toledano, avec Hardy Krüger, Jean-Pierre Dorat, Beatrix Dussane, Suzanne Flon. France, 1968 – Couleurs – 1 h 50.

Peu avant la Libération, l'histoire vraie du père Stanke, soldat allemand qui n'oublia pas ses devoirs religieux, cherchant à soulager les prisonniers, sous quelque uniforme qu'ils soient.

FRANC-JEU "Honky Tonk"
Western de **Jack Conway**, avec Clark Gable, Lana Turner, Frank Morgan, Claire Trevor, Marjorie Main, Albert Dekker. États-Unis, 1941 – 1 h 45.

Un joueur professionnel arrive dans une petite ville de l'Ouest et devient riche en s'associant avec un juge corrompu, dont il épouse la fille.

FRANÇOIS ET LE CHEMIN DU SOLEIL
"Fratello sole, Sorella luna"
Biographie de **Franco Zeffirelli**, avec Graham Faulkner, Judi Bowker, Valentina Cortese, Alec Guinness. Italie / Grande-Bretagne, 1971 – Couleurs – 2 h.

La jeunesse dorée du poverello d'Assise, sa révolte et la naissance de sa vocation, sous la forme d'une comédie musicale qui aurait pour héros un hippy des années 70.

▷ **Michael Curtiz** a réalisé un FRANÇOIS D'ASSISE "Francis of Assisi", avec Bradford Dillman, Dolores Hart, Stuart Whitman, Eduard Franz, Pedro Armendariz, Cecil Kellaway. États-Unis, 1961 – Couleurs – 1 h 47.

▷ Voir aussi ONZE FIORETTI DE FRANÇOIS D'ASSISE et FRANCESCO.

FRANÇOIS Ier
Film d'aventures de **Christian-Jaque**, avec Fernandel, Mona Goya, Aimé Simon-Girard, Alexandre Rignault, Alice Tissot. France, 1937 – env. 1 h 40.

Devant remplacer dans le rôle de François Ier un comédien malade, un timide forain a recours à un hypnotiseur qui le transporte dans le passé, à la cour du roi ! Il y vivra de multiples aventures.

FRANÇOIS VILLON
Biographie d'**André Zwobada**, sur un scénario de Pierre Mac Orlan, avec Serge Reggiani, Renée Faure, Denise Noël, Micheline Francey. France, 1945 – 1 h 35.

L'histoire de François Villon, poète et gueux au Moyen Âge. Musique de Georges Auric.

FRANKENSTEIN "Frankenstein"
Film fantastique de **James Whale**, avec Boris Karloff *(la Créature)*, Colin Clive *(baron Henry Frankenstein)*, Mae Clarke *(Elizabeth)*, John Boles *(Victor)*, Edward Van Sloan *(Dr Waldmann)*, Dwight Frye *(Fritz)*. • SC : Garrett Fort, Robert Florey, Francis Edward Faragoh, d'après la pièce de Peggy Webling, adaptée du roman de Mary Shelley. • PH : Arthur Edeson. • DÉC : Herman Rosse. • MUS : David Broekman. • MONT : Clarence Kolster. États-Unis, 1931 – 1 h 21.

Le baron Frankenstein, qui vient d'achever de brillantes études de médecine, veut créer un être artificiel en assemblant des morceaux de cadavres. Son serviteur bossu, Fritz, lui procure par erreur le cerveau d'un criminel. Grâce à l'énergie de la foudre, la Créature prend vie – mais c'est un monstre qui étrangle Fritz, s'enfuit, tue le Dr Waldmann et une petite fille, puis entraîne son créateur dans un moulin auquel les paysans mettent le feu.

◆ *En tournant cette première adaptation sonore de* Frankenstein, *James Whale signait l'acte de naissance du cinéma fantastique moderne. L'énorme succès commercial du film entraîna en effet l'éclosion de l'« âge d'or » hollywoodien de l'épouvante des années 30 et révéla l'une de ses stars, Boris Karloff (pourtant absent du générique, où il est remplacé par un « ? »). Son maquillage horrifique, signé Jack Pierce, est resté un des emblèmes favoris du genre.* G.L.

▷ De nombreuses séquelles, plus ou moins inspirées de l'histoire originale, ont été filmées : Voir LA FIANCÉE DE FRANKENSTEIN, DEUX NIGAUDS CONTRE FRANKENSTEIN, LE FILS DE FRANKENSTEIN, FRANKENSTEIN RENCONTRE LE LOUP-GAROU, LA MAISON DE FRANKENSTEIN, FRANKENSTEIN S'EST ÉCHAPPÉ, LA REVANCHE DE FRANKENSTEIN, FRANKENSTEIN 1970, L'EMPREINTE DE FRANKENSTEIN, LE RETOUR DE FRANKENSTEIN, LES HORREURS DE FRANKENSTEIN, CHAIR POUR FRANKENSTEIN, FRANKENSTEIN JUNIOR et FRANKENSTEIN 90.

▷ Ainsi que : LE FANTÔME DE FRANKENSTEIN "The Ghost of Frankenstein" de **Erle C. Kenton**, avec Cedric Hardwicke, Lon Chaney Jr., Bela Lugosi, Lionel Atwill, Evelyn Ankers, Ralph Bellamy. États-Unis, 1942 – 1 h 07. FRANKENSTEIN CRÉA LA FEMME "Frankenstein Created Woman" de **Terence Fisher**, avec Peter Cushing, Thorley Walters, Susan Denberg, Robert Morris, Duncan Lamont. Grande-Bretagne, 1966 – Couleurs – 1 h 26. FRANKENSTEIN ET LE MONSTRE DE L'ENFER "Frankenstein and the Monster from Hell" de **Terence Fisher**, avec Peter Cushing, Shane Briant, Madeleine Smith, John Stratton. Grande-Bretagne, 1973 – Couleurs – 1 h 39.

FRANKENSTEIN "Mary Shelley's Frankenstein"
Film fantastique de **Kenneth Branagh**, avec Kenneth Branagh, Robert de Niro, Tom Hulce, Helena Bonham Carter. États-Unis, 1994 – Couleurs – 2 h 08.

Victor Frankenstein décide, après la mort de sa mère, d'étudier les secrets de la création de la vie. À la faveur d'une épidémie, il récupère des fragments disparates de cadavres auxquels il parvient à donner la vie par une nuit d'orage. La Créature est née. Elle va harceler son créateur, dont elle va tuer la sœur avant de l'entraîner dans les solitudes glacées du Grand Nord.

FRANKENSTEIN JUNIOR "YOUNG FRANKENSTEIN"
Comédie parodique de **Mel Brooks**, d'après les personnages de Mary Shelley, avec Gene Wilder, Peter Boyle, Marty Feldman, Madeline Kahn, Cloris Leachman. États-Unis, 1974 – 1 h 47.

Le jeune Dr Frankenstein crée un nouveau monstre qu'il présente à une Académie des sciences effrayée. Une nouvelle opération transfère sa personnalité à la créature, à la satisfaction de tous.

FRANKENSTEIN 1970 "FRANKENSTEIN '70"
Film fantastique d'**Howard W. Koch**, avec Boris Karloff, Tom Duggan, Jana Lund. États-Unis, 1958 – 1 h 23.

Une équipe de télévision fait halte dans le château du Dr Frankenstein. Celui-ci est justement à la recherche de fonds pour financer ses recherches. Une version futuriste qui adapte le mythe de façon un peu niaise.

FRANKENSTEIN 90
Comédie d'**Alain Jessua**, avec Jean Rochefort, Eddy Mitchell, Fiona Gélin. France, 1984 – Couleurs – 1 h 32.

La créature humanoïde du Dr Frankenstein s'éprend de la fiancée de ce dernier.

FRANKENSTEIN RENCONTRE LE LOUP-GAROU
"FRANKENSTEIN MEETS THE WOLF MAN"
Film fantastique de **Roy William Neill**, avec Lon Chaney Jr., Ilona Massey, Bela Lugosi, Patric Knowles, Maria Ouspenskaya. États-Unis, 1943 – 1 h 13.

Lawrence Talbot, le loup-garou éternellement en quête d'un remède à son mal, cherche à rencontrer le Dr Frankenstein, mais c'est le monstre qui l'attend.

FRANKENSTEIN S'EST ÉCHAPPÉ
"THE CURSE OF FRANKENSTEIN"
Film d'épouvante de **Terence Fisher**, avec Peter Cushing, Christopher Lee. Grande-Bretagne, 1957 – Couleurs – 1 h 23.

Le baron Frankenstein tente de nouvelles expériences pour créer un homme parfait. Il ne réussit qu'à créer un monstre.

FRANKIE ET JOHNNY "FRANKIE AND JOHNNY"
Comédie dramatique de **Garry Marshall**, d'après la pièce de Terence McNally *Frankie et Johnny in the clair de lune*, avec Al Pacino, Michelle Pfeiffer, Hector Elizondo. États-Unis, 1991 – Couleurs – 1 h 58.

Les amours d'un cuistot (Al Pacino) et d'une serveuse (Michelle Pfeiffer) dans un restaurant grec de New York.

FRANTIC "FRANTIC"
Film policier de **Roman Polanski**, avec Harrison Ford, Emmanuelle Seigner, Betty Buckley, Gérard Klein. États-Unis, 1987 – Couleurs – 1 h 59.

Un cardiologue américain venu à Paris pour un congrès se trouve embarqué dans une sombre affaire d'espionnage. Un suspense habile et angoissant.

FRANZ
Comédie dramatique de **Jacques Brel**, avec Barbara, Jacques Brel, Danièle Évenou. France, 1972 – Couleurs – 1 h 50.

Au bord de la mer du Nord, des fonctionnaires des Finances séjournent dans une maison de repos. L'un d'eux tombe amoureux et se heurte à la vulgarité gaffeuse de ses collègues.

FRAULEIN DOKTOR "FRAÜLEIN DOKTOR"
Film d'espionnage d'**Alberto Lattuada**, avec Suzy Kendall, Kenneth More, Capucine. Italie, 1969 – Couleurs – 1 h 40.

Les aventures d'une célèbre espionne s'emparant tour à tour de renseignements ou de la formule d'un gaz asphyxiant. Vigoureuse peinture des horreurs de la guerre.

FRED
Comédie dramatique de **Pierre Jolivet**, avec Vincent Lindon, Clotilde Courau, François Berléand, Stéphane Jobert. France, 1997 – Couleurs – 1 h 25.

Un ouvrier au chômage, Fred, est suivi par des inconnus qui finissent par tuer un de ses anciens collègues, avec lequel il s'était querellé. Soupçonné, Fred va se défendre et, avec l'aide du commissaire Barrère, il mettra au jour un mystérieux trafic de matériaux.

FRENCH CANCAN
Comédie de **Jean Renoir**, avec Jean Gabin *(Danglard)*, Françoise Arnoul *(Nini)*, Maria Felix *(la Belle Abbesse)*, Jean-Roger Caussimon *(Walter)*, Gianni Esposito *(le prince Alexandre)*. • SC : J. Renoir, d'après une idée d'André-Paul Antoine. • PH : Michel Kelber. • DÉC : Max Douy. • COST : Rosine Delamare. • MUS : Georges Van Parys. • MONT : Boris Lewin. France, 1955 – Couleurs – 1 h 48.

Directeur du Paravent Chinois où se produit la Belle Abbesse, Danglard fait construire le Moulin-Rouge, destiné à permettre aux bourgeois de s'encanailler dans un cabaret populaire. Il y ressuscite une ancienne danse, le « cancan », rebaptisée « french cancan », et en confie la vedette à une jeune blanchisseuse, Nini. La Belle Abbesse ne l'entend pas de cette oreille et fait jouer ses relations.

◆ *C'est le plus brillant, le plus virtuose, le plus endiablé et le plus populaire des films de Renoir de l'après-guerre. Second volet, avec* le Carrosse d'or, *d'un hommage au spectacle, il montre à la fois son inféodation au monde de l'argent et la façon dont l'artiste peut révéler sa liberté et son plaisir, à condition de renoncer à toute volonté de possession exclusive et durable. C'est aussi l'un des derniers rôles qui aient permis à Gabin de manifester à ce point l'étendue et la variété de ses talents.* *J.M.*

FRENCH CONNECTION
"THE FRENCH CONNECTION"
Film policier de **William Friedkin**, avec Gene Hackman, Fernando Rey, Roy Scheider, Marcel Bozzuffi. États-Unis, 1971 – Couleurs – 1 h 44. ★ **OSCAR DU MEILLEUR FILM 1971.**

La police américaine enquête sur un trafic de drogue en provenance de France. Elle remonte peu à peu le réseau, mais le grand patron, un Français, lui échappe au dernier moment.

FRENCH CONNECTION N° 2
"THE FRENCH CONNECTION II"
Film policier de **John Frankenheimer**, avec Gene Hackman, Bernard Fresson, Fernando Rey, Philippe Léotard, Cathleen Nesbitt. États-Unis, 1975 – Couleurs – 2 h.

Débarqué à Marseille, le policier qui a démantelé un réseau de trafiquants de drogue à New York traque des gros bonnets qui le capturent. D'abord mal reçu par ses collègues français, l'Américain réussira à abattre le chef des bandits.

FRENCH LINE "THE FRENCH LINE"
Comédie musicale de **Lloyd Bacon**, avec Jane Russell, Gilbert Roland, Arthur Hunnicutt. États-Unis, 1954 – Couleurs – 1 h 42.

Une reine de beauté multimilliardaire déchaîne les ligues de censure américaines avec ses danses provocantes.

FRENCH LOVER "UNTIL SEPTEMBER"
Comédie dramatique de **Richard Marquand**, avec Karen Allen, Thierry Lhermitte. États-Unis, 1983 – Couleurs – 1 h 31.

Une jeune Américaine égarée à Paris au mois d'août rencontre un séduisant Français. L'idylle est inévitable.

FRENZY "FRENZY"
Film policier d'**Alfred Hitchcock**, avec Jon Finch *(Richard Blaney)*, Alec McCowen *(inspecteur Oxford)*, Barry Foster *(Bob)*, Barbara Leigh-Hunt *(Barbara Blaney)*, Anna Massey *(Babs)*, Vivien Merchant *(Mrs. Oxford)*. • SC : Anthony Shaffer, d'après le roman d'Arthur La Berne *Goodbye Piccadilly, Farewell Leicester Square*. • PH : Gil Taylor. • DÉC : Sydney Cain, Robert Laing. • MUS : Ron Goodwin. • MONT : John Jympson. Grande-Bretagne, 1972 – Couleurs – 1 h 56.

À Londres, en allant rendre visite à son ex-femme Brenda, Richard, ancien pilote de la R.A.F. au chômage, rencontre son ami Bob. Brenda est découverte assassinée... Puis c'est au tour de Babs, la maîtresse de Richard ; celui-ci est condamné. Bob, paisible marchand de légumes de Covent Garden, serait-il le meurtrier de ces femmes retrouvées nues et étranglées, portant autour du cou la cravate d'un club, et que poursuit l'inspecteur Oxford ?...

◆ *Apparemment, Hitchcock revient aux vieilles recettes éprouvées du suspense, avec faux et vrai coupable. S'y ajoutent un humour macabre des plus grinçants et une virtuosité dont certains ne le croyaient plus capable. Mais le contexte des années 70 lui permet de développer crûment la composante sexuelle de son univers et d'impliquer plus que jamais le spectateur, qui croit ruser avec le maître, dans le déchaînement des forces maléfiques.* *J.M.*

FRÉQUENCE MEURTRE
Film policier d'**Élisabeth Rappeneau**, d'après le roman de Stuart Kaminsky *When the Dark Man Calls*, avec Catherine Deneuve, André Dussollier, Martin Lamotte. France, 1987 – Couleurs – 1 h 40.

Un mystérieux psychopathe harcèle jusque sur les ondes une psychiatre qui anime une émission de radio. Coup de maître pour ce premier film à l'atmosphère des plus angoissantes.

FRÈRE AÎNÉ, SŒUR CADETTE "ANI IMÔTO"
Comédie dramatique de **Mikio Naruse**, d'après une histoire de Saisei Muroo, avec Machiko Kyo, Masayuki Mori, Yoshiko Kuga. Japon, 1953 – 1 h 26.

Destins croisés de trois enfants d'un commerçant ruiné : l'une, enceinte, tombe dans la prostitution, son frère le lui reproche violemment bien que lui-même ne soit pas un ange. Quant à la petite dernière, elle ne parvient pas à se faire accepter par la famille de celui qu'elle aime. Un univers désespéré égréné en images simples et fortes.

LE FRÈRE LE PLUS FUTÉ DE SHERLOCK HOLMES "THE ADVENTURE OF SHERLOCK HOLMES' SMARTER BROTHER"
Comédie de **Gene Wilder**, avec Gene Wilder, Madeline Kahn, Marty Feldman, Dom DeLuise, Leo McKern, Roy Kinnear. États-Unis, 1975 – Couleurs – 1 h 39.

Le grand détective feint de quitter Londres. Son frère Sigi, qu'il aide en sous-main, le remplace dans l'affaire d'un document volé.

LES FRÈRES BOUQUINQUANT
Drame de **Louis Daquin**, avec Albert Préjean *(Léon Bouquinquant)*, Madeleine Robinson *(Julie Moret)*, Roger Pigaut *(Pierre Bouquinquant)*, Louis Seigner *(le juge d'instruction)*, Jean Vilar *(le prêtre)*. • SC : L. Daquin, André Cerf, Roger Vailland, d'après le roman de Jean Prévost. • PH : Louis Page. • DÉC : Paul Bertrand. • MUS : Jean Wiener. • MONT : Claude Nicole. France, 1948 – 1 h 39.

Petite bonne provinciale placée à Paris, Julie Moret rencontre Léon Bouquinquant et l'épouse. Mais Léon est un ivrogne qui la bat. Attirée par son beau-frère Pierre, Julie a un enfant de lui. Haineux, Léon rend la vie infernale à sa femme. Pierre le tue accidentellement et Julie s'accuse à sa place. Acquittée, Julie rentre chez elle et retrouve Pierre.

◆ *Œuvre populiste, les* Frères Bouquinquant *relate un fait divers parmi les mariniers. Il met en scène l'éternel triangle composé cette fois de deux frères très dissemblables et d'une femme, qui semblent, tous trois, attirer le malheur.* J.-C.S.

LES FRÈRES KARAMAZOV
"THE BROTHERS KARAMAZOV"
Drame de **Richard Brooks**, avec Yul Brynner *(Dmitri Karamazov)*, Maria Schell *(Grushenka)*, Claire Bloom *(Katya)*, Lee J. Cobb *(Fyodor)*, Richard Basehart *(Ivan)*. • SC : R. Brooks, d'après le roman de Dostoïevski. • PH : John Alton. • MUS : Bronislau Kaper. États-Unis, 1957 – Couleurs – 2 h 26.

En 1870, en Russie, Fyodor Karamazov vit dans la débauche. Il a trois fils : Alexei le pieux, Dmitri l'officier cynique et joueur, et Ivan l'intellectuel athée.

◆ *Le film respecte la trame du roman, mais on a beaucoup critiqué à l'époque l'esprit de son adaptation, et surtout l'éventail de sa distribution cosmopolite. Pourtant, le film prend souvent le contre-pied de la routine hollywoodienne, et l'interprétation de Yul Brynner est sobre, parfois saisissante. Formellement, il sort également des sentiers battus, surtout par l'utilisation « signifiante » du procédé Metrocolor.* G.L.

▷ Autres versions réalisées notamment par : **Fedor Ozep**, intitulée DER MÖRDER KARAMAZOW, avec Fritz Kortner, Bernhard Minetti, Max Pohl, Anna Sten, Hanna Waag, Liese Neumann. Allemagne, 1931 – env. 2 000 m (1 h 14). **Ivan Pyriev**, intitulée LES FRÈRES KARAMAZOV "BRATIA KARAMAZOV", avec Kiril Lavrov, Andrei Miagkov, Mikhaïl Oulianov, Lionda Pyrieva. U.R.S.S. (Russie), 1968 – Couleurs – 1 h 56.

LES FRÈRES MCMULLEN "THE BROTHERS MCMULLEN"
Comédie d'**Edward Burns**, avec Edward Burns, Mike McGlone, Jack Mulcahy, Maxine Bahns, Connie Britton. États-Unis, 1995 – Couleurs – 1 h 25. ★ **PRIX DU JURY ex aequo, Deauville 1995.**

Après la mort de leur père et le départ de leur mère pour son Irlande natale, trois frères se trouvent confrontés aux incertitudes de leurs vies affectives et sexuelles. Jack trompe sa femme avec remords, Patrick, très pieux, attend le grand amour, quant à Barny, il a du mal à se fixer. Tout finira par s'arranger mais, entre-temps, on aura passé des moments bien agréables avec ces trois gaillards sympathiques et toniques.

LES FRÈRES RICO "THE BROTHERS RICO"
Film policier de **Phil Karlson**, d'après une histoire de Georges Simenon, avec Richard Conte, Kathryn Grant, James Darren, Dianne Foster. États-Unis, 1957 – 1 h 32.

Exaltation des liens familiaux unissant trois frères d'origine italienne vivant aux États-Unis et qui sont mêlés à un meurtre.

LES FRÈRES SCHELLENBERG
"DIE BRÜDER SCHELLENBERG"
Drame de **Karl Grüne**, avec Conrad Veidt, Lil Dagover, Liane Haid, Henry de Vries. Allemagne, 1926 – 2 834 m (env. 1 h 44).

Deux frères s'opposent dans leur vie professionnelle et affective. L'un, cynique et sans scrupules, ne s'intéresse qu'à l'argent ; l'autre, bon et généreux, fait le bien autour de lui.

LES FRÈRES SICILIENS "THE BROTHERHOOD"
Drame de **Martin Ritt**, avec Kirk Douglas, Alex Cord, Irène Papas. États-Unis, 1968 – Couleurs – 1 h 35.

Sur ordre de la maffia, Vince doit aller en Sicile tuer son frère, pour venger le crime commis par celui-ci.

FREUD, PASSIONS SECRÈTES "FREUD"
Biographie de **John Huston**, avec Montgomery Clift, Larry Parks, Susannah York. États-Unis, 1962 – 2 h 20.

La vie de Freud depuis 1885, alors qu'il est un neurologue peu conformiste utilisant l'hypnose, jusqu'à sa découverte des fondements de la psychanalyse. Une œuvre rigoureuse, intelligente, qui s'attache moins à l'homme qu'à son idée.

FRIC-FRAC
Comédie dramatique de **Maurice Lehmann** et **Claude Autant-Lara**, avec Michel Simon, Arletty, Fernandel, Marcel Vallée. France, 1939 – 2 h.

L'employé d'une bijouterie, fiancé à la fille de son patron, se lie à un couple de cambrioleurs, auquel il donne innocemment des renseignements... Mais leur « coup » échouera.

FRIC-FRAC RUE DES DIAMS "11, HARROWHOUSE"
Film policier d'**Aram Avakian**, d'après le roman de Gerald A. Browne, avec Charles Grodin, Candice Bergen, John Gielgud, Trevor Howard, James Mason. États-Unis, 1974 – Couleurs – 1 h 35.

Un cartel maintient artificiellement le cours des diamants. Humilié par l'organisation, un courtier s'empare de son stock de pierres.

FRIDERICUS REX "FRIDERICUS REX"
Biographie en quatre parties d'**Arsen von Cserepy**, avec Otto Gebühr, Albert Steinrück, Gertrud de Lalsky, Charlotte Schultz, Erna Morena. Allemagne, 1920-1923 – env. 2 000 m (1 h 14 chacune).

Frédéric II de Prusse, sa révolte contre son père, sa tentative de fuite, son arrestation et sa soumission à la volonté paternelle.

FRISSONS "PARASITE MURDERS"
Film fantastique de **David Cronenberg**, avec Paul Hampton, Joe Silver, Lynn Lowry, Alan Migicovsky, Suzan Petrie. Canada, 1974 – Couleurs – 1 h 30.

Victime de mystérieux parasites, un savant tue sa maîtresse et se suicide. La contagion sera épouvantable.

FRITZ LE CHAT "FRITZ THE CAT"
Dessin animé de **Ralph Bakshi**, d'après les personnages de bandes dessinées de R.H. Crumb. États-Unis, 1971 – Couleurs – 1 h 17.

Un chat étudiant, las de se morfondre sur les bancs de l'Université, décide de découvrir la vie et ses voluptés.

FROID COMME LA MORT "DEAD OF WINTER"
Film policier d'**Arthur Penn**, avec Mary Steenburgen, Roddy McDowall, Jan Rubes. États-Unis, 1986 – Couleurs – 1 h 40.

Une jeune comédienne au chômage est engagée pour en remplacer une autre. De l'angoisse à la terreur, elle échappe à un assassinat, mais se débarrasse à son tour de ceux qui l'ont manipulée.

FRONTIÈRE CHINOISE "SEVEN WOMEN"
Drame de **John Ford**, avec Ann Bancroft, Sue Lyon, Margaret Leighton. États-Unis, 1965 – Couleurs – 1 h 30.

Une mission religieuse en Chine, en 1920, est menacée par une invasion mongole. Exaltation de la générosité et du sacrifice, le dernier film de Ford.

LES FRONTIÈRES "AL HODOUD"
Comédie de **Dourid Lahham**, avec Dourid Lahham, Raghda, Hani El Roumani, Omar Heggo. Syrie, 1984 – Couleurs – 1 h 40.

Ayant perdu son passeport entre deux postes frontières, un homme se voit interdire l'un puis l'autre pays. Condamné à vivre dans ce no man's land, il y installe une guinguette.

FRONTIER MARSHALL "FRONTIER MARSHAL"
Western d'**Allan Dwan**, d'après le livre de Stuart N. Lake, avec Randolph Scott, Nancy Kelly, Cesar Romero. États-Unis, 1939 – 1 h 10.

Le célèbre Wyatt Earp débarrasse Tombstone de ses bandits.

▷ Voir aussi MY DARLING CLEMENTINE.

▷ Autre version réalisée par : **Lew Seiler**, avec George O'Brien, Irene Bentley, George E. Stone, Ruth Gillette. États-Unis, 1933 – 1 h 06.

FRONT PAGE "THE FRONT PAGE"
Comédie de **Lewis Milestone**, avec Adolphe Menjou *(Walter Burns)*, Pat O'Brien *(Hildy Johnson)*, Edward Everett Horton *(Bensinger)*, Walter Catlett *(Murphy)*, Mary Brian *(Peggy)*. • SC : Bartlett Cormack, Charles Lederer, d'après la pièce de Ben Hecht et Charles MacArthur. • PH : Tony Gaudio, Hal Mohr, Glenn Mc Williams. • DÉC : Richard Day. • MUS : Billy May. • MONT : W. Duncan Mansfield. États-Unis, 1931 – 1 h 41.

Le fameux reporter Hildy Johnson veut convoler en justes noces et abandonner la profession quand son directeur lui demande un dernier travail : « couvrir » une des dernières pendaisons avant l'adoption définitive de la chaise électrique. La tentative d'évasion du condamné déboulant dans la salle de presse achève de convaincre le journaliste qui, en acceptant de le cacher, tient le plus beau « scoop » de sa carrière.

◆ *Les films de Hawks* (la Dame du vendredi) *et Wilder* (Spéciale Première) *ne doivent pas faire oublier cette première version, un des premiers grands films parlants et le coup de génie de Milestone. La pièce de Hecht et MacArthur est remarquablement adaptée dans ce film qui fait exploser le décor unique et dont la rapidité des dialogues n'a de comptes à rendre qu'à la savante mobilité de la caméra.* M.C.

FROU-FROU
Comédie dramatique d'**Augusto Genina**, avec Dany Robin, Gino Cervi, Philippe Lemaire, Jean Wall, Louis de Funès. France / Italie, 1955 – Couleurs – 1 h 52.

Au début du siècle, plusieurs messieurs d'un certain âge font d'une jolie bouquetière de seize ans une chanteuse en vogue.

LE FRUIT DÉFENDU
Comédie dramatique d'**Henri Verneuil**, d'après le roman de Georges Simenon *Lettre à mon juge*, avec Fernandel, Françoise Arnoul, Claude Nollier, Sylvie. France, 1952 – 1 h 39.

Dans la région d'Arles, un médecin honorable et honoré est guetté par le démon de midi. Un grand rôle dramatique pour Fernandel et la révélation de Françoise Arnoul.

LE FRUIT DU PARADIS "Ovoce stromu rajskych jime"
Comédie dramatique de **Vera Chytilova**, avec Jiti Novakova, Karel Novak, Jan Schmid. Tchécoslovaquie / Belgique, 1969 – Couleurs – 1 h 40.

Un couple d'amants se déchirent et se trompent jusqu'à ce que la femme découvre que l'homme est un assassin.

FRUITS AMERS
Drame de **Jacqueline Audry**, d'après la pièce de Colette Audry *Soledad*, avec Emmanuelle Riva, Laurent Terzieff, Beba Loncar, Roger Coggio, Rick Battaglia. France / Italie / Yougoslavie, 1967 – 1 h 40.

◆ *En Amérique du Sud, le drame d'un petit groupe de résistants à la dictature dont l'un des membres est arrêté.*

LES FRUITS DE LA PASSION
Drame de **Shuji Terayama**, d'après le roman de Pauline Réage, avec Klaus Kinski, Isabelle Illiers, Arielle Dombasle. France / Japon, 1981 – Couleurs – 1 h 23.

À la fin des années 20, en Chine, une jeune femme est soumise aux caprices les plus fous des clients d'une maison close. Un jeune garçon tombe amoureux d'elle.

FUCKING FERNAND
Comédie satirique de **Gérard Mordillat**, avec Thierry Lhermitte, Jean Yanne, Marie Laforêt, Charlotte Valandrey. France / R.F.A., 1987 – Couleurs – 1 h 29.

Pendant l'Occupation, les aventures de Fernand, un aveugle de trente ans dont l'idée fixe est de coucher enfin avec une fille.

LE FUGITIF "The Fugitive"
Film policier d'**Andrew Davis**, avec Harrison Ford, Tommy Lee Jones, Sela Ward, Joe Pantoliano. États-Unis, 1993 – Couleurs – 2 h 10.

Adaptation cinématographique d'une célèbre série américaine des années 60. Le chirurgien Richard Kimble est injustement accusé du meurtre de sa femme, tuée par un manchot. Condamné à mort, il parvient à s'évader et découvre une terrible machination...

LES FUGITIFS
Comédie de **Francis Veber**, avec Pierre Richard, Gérard Depardieu, Jean Carmet, Michel Blanc, Maurice Barrier. France, 1986 – Couleurs – 1 h 29.

Sorti de prison, un spécialiste du braquage décide de devenir honnête. C'est alors qu'il est pris en otage par un néophyte du hold-up. Hilarant.

LA FUGUE "Night Moves"
Film policier d'**Arthur Penn**, avec Gene Hackman, Jennifer Warren, Susan Clark, Janet Ward, James Wood, Anthony Costello, Melanie Griffith. États-Unis, 1975 – Couleurs – 1 h 40.

Un privé retrouve une jeune fugueuse. Apprenant sa mort au cours d'une cascade de cinéma, il découvre qu'elle a été la victime de trafiquants.

LA FUITE EN AVANT
Drame de **Christian Zerbib**, avec Bernard Blier, Michel Bouquet, Laura Betti. France, 1980 – Couleurs – 1 h 36.

Dans une petite entreprise belge paralysée par une grève, la violence va éclater. Une analyse sensible de la solitude.

FULL METAL JACKET " Full Metal Jacket"
Film de guerre de **Stanley Kubrick**, avec Matthew Modine *(Joker)*, Adam Baldwin *(Animal Mother)*, Vincent d'Onofrio *(Pyle)*, Lee Ermey *(Sergent)*. • SC : S. Kubrick, Michael Herr, Gustav Hasford, d'après son livre. • PH : Douglas Milsome. • DÉC : Anton Furst, Stephen Simmonds. • MUS : Abigail Mead. • MONT : Martin Hunter. États-Unis, 1987 – Couleurs – 1 h 58.

De jeunes recrues sont formées pour aller combattre au Viêt Nam. Leur instructeur est tué par l'un d'eux qui se donne la mort. Sur le terrain, après une longue attente, plusieurs soldats sont tués au cours d'une mission par un tireur isolé qui est finalement abattu. C'était une adolescente.

◆ Full Metal Jacket *est le premier film de guerre qui ne cède jamais à la tentation du spectaculaire. Kubrick fait méditer sur une émotion. Ce ne sont pas les avatars de la guerre, son délire et ses outrances qui l'intéressent. Ce qu'il nous montre, c'est comment fonctionne cette machine, sur quelles normes elle se constitue. Les acteurs sont interchangeables comme les soldats, incarnant une fonction qui vise à l'anihilation de l'ennemi par la négation de son propre moi. La guerre est réduite à son essence : le soldat s'ennuie, il a peur. Il est là, vivant, et puis il n'est plus là. Mort. Tout le film se condense dans le long gros plan du visage figé de Joker qui vient d'achever la Vietnamienne, et où passent toutes les émotions que nous avons accumulées.* S.K.

THE FULL MONTY, LE GRAND JEU
"The Full Monty"
Comédie de **Peter Cattaneo**, avec Robert Carlyle, Mark Addy, Tom Wilkinson. Grande-Bretagne, 1997 – Couleurs – 1 h 32.

Des chômeurs anglais décident, pour résoudre leurs problèmes financiers, de monter un spectacle de strip-tease masculin, façon Chippendales. À partir d'un sujet assez mince Peter Cattaneo a réussi à divertir des millions de gens en traitant avec légèreté et humour le problème de la misère sociale dans les sociétés post-industrielles.

FUNNY GIRL "Funny Girl"
Comédie musicale de **William Wyler**, d'après la pièce d'Isobel Lennart, avec Barbra Streisand, Omar Sharif, Walter Pidgeon, Kay Medford, Anne Francis. États-Unis, 1968 – Couleurs – 2 h 29.

Fanny Brice, vedette des Ziegfeld Follies, a magnifiquement réussi sa carrière, mais sa vie privée est plus décevante. L'incomparable Barbra Streisand obtint un Oscar pour son interprétation.

FUNNY LADY "Funny Lady"
Comédie musicale d'**Herbert Ross**, avec Barbra Streisand, James Caan, Omar Sharif, Roddy McDowall, Ben Vereen. États-Unis, 1975 – Couleurs – 2 h 18.

La « Funny Girl » du film précédent, devenue star, apprend à un propriétaire de boîte de nuit comment monter une revue. Sur le point de l'épouser, elle réalise qu'elle ne l'aime pas.

FUREUR APACHE "Ulzana's Raid"
Western de **Robert Aldrich**, avec Burt Lancaster, Bruce Davidson, Jorge Luke, Joaquin Martinez. États-Unis, 1971 – Couleurs – 1 h 43.

Avec quelques guerriers apaches, Ulzana quitte sa réserve et sème la terreur dans les fermes avoisinantes. L'armée le pourchasse.

LA FUREUR D'AIMER "Marjorie Morningstar"
Comédie dramatique d'**Irving Rapper**, d'après le roman de Herman Woulk, avec Gene Kelly, Natalie Wood, Claire Trevor. États-Unis, 1958 – Couleurs – 2 h 03.

Une jeune fille idéaliste s'éprend d'un auteur, danseur et compositeur volage et instable.

LA FUREUR DES HOMMES
"Man Hunt / From Hell to Texas"
Western de **Henry Hathaway**, d'après le roman de Charles O. Locke, avec Don Murray, Diane Varsi, Chill Wills, Dennis Hopper. États-Unis, 1958 – Couleurs – 1 h 40.

Un jeune homme innocent est poursuivi par la hargne vengeresse d'une famille de fermiers.

LA FUREUR DE VAINCRE "Fist of Fury"
Film-karaté de **Lo Wei**, avec Bruce Lee, Nora Miao, James Tien. Hong-Kong, 1972 – Couleurs – 1 h 40.

Chen Chen, élève d'une école de kung-fu, affronte les dirigeants japonais d'une école de karaté qu'il tient pour responsables de la mort de son maître.

LA FUREUR DE VIVRE "Rebel Without a Cause"
Drame de **Nicholas Ray**, avec James Dean *(Jim Stark)*, Natalie Wood *(Judy)*, Jim Backus *(le père de Jim)*. Ann Doran *(sa mère)*, Sal Mineo *(Plato)*, Corey Allen *(Buzz)*, Dennis Hopper, Rochelle Hudson, William Hopper. • SC : Stewart Stern, d'après N. Ray. • PH : Ernest Haller. • DÉC : William Wallace. • MUS : Leonard Rosenman. • MONT : William Ziegler. • PR : David Weisbart (Warner Bros). États-Unis, 1955 – Couleurs – 1 h 48.

Arrivé depuis peu dans une petite ville universitaire, Jim, adolescent trop gâté, rêve de devenir un homme. Au poste de police où il a été conduit après une nuit de beuverie, il rencontre Judy, une jeune fille privée d'affection parentale. Pour la conquérir, il affronte jusqu'à un risque mortel la bande de désaxés dont elle est l'égérie. Dans le même temps, il prend sous sa protection Plato, orphelin richissime et angoissé, qui possède un revolver et joue avec l'idée de s'en servir. Tous trois s'isolent du monde dans une villa fantomatique. Mais, tandis que la tendresse de Judy apaise Jim révolté contre ses parents, Plato apprend que la bande cherche à venger la mort accidentelle de son chef. Affolé, il s'enferme dans l'université : Jim se dévoue pour l'en faire sortir, mais, par erreur, la police abat Plato.

◆ **Entre chien et loup**

Ce film qui consacra la gloire de James Dean la dépasse. Il est plus que la peinture de la jeunesse américaine à une époque de modernisation (la famille de Jim est symboliquement confrontée à des déménagements perpétuels, et donc à des changements de programmes scolaires, le père soumis à la mère apparaît comme une figure archaïque que Jim essaie patheti-

quement de réanimer). Ici, Nicholas Ray exploite avec maîtrise ses motifs favoris : difficulté de communication, peinture des amours commençantes, fascination du crépuscule. C'est entre chien et loup, ou dans la nuit équivoque de la villa, que ses personnages rencontrent à la fois leur plus grande inquiétude et leur raison de vivre. Le film s'achève à l'aube, sur une happy end douteuse où Nicholas Ray joue lui-même le professeur qui arrive pour l'ouverture de l'université. Le drame humain a pour toile de fond une interrogation cosmique, suggérée lors de la course sur la falaise et surtout par l'admirable scène du planétarium. La Fureur de vivre *reste aussi l'un des films les plus passionnants du cinéaste sur le plan formel : découpage de l'espace du Scope (où se sent l'influence de son maître en architecture, Frank Lloyd Wright), emploi signifiant de la couleur (la robe rouge de Natalie Wood est restée célèbre), lyrisme des principaux interprètes et reprise de ce lyrisme par la seule mise en scène.* *G.L.*

LA FUREUR DU DANGER "HOOPER"
Film d'aventures de **Hal Needham**, avec Burt Reynolds, Jan Michael Vincent, Sally Field. États-Unis, 1978 – Couleurs – 1 h 36.

Sonny est cascadeur et plus tout jeune. Vedette d'une super-production, il s'inquiète de la rivalité de Ski. Mais l'amour du métier l'emporte et tous deux forment une superbe équipe.

LA FUREUR DU DRAGON
"THE WAY OF THE DRAGON"
Film-karaté de **Bruce Lee**, avec Bruce Lee, Chuck Norris, Nora Miao. Hong-Kong, 1973 – Couleurs – 1 h 25.

Un spécialiste des arts martiaux est appelé d'urgence à Rome par sa famille. Le kung-fu viendra à bout de tout...

LA FUREUR SAUVAGE "THE MOUNTAIN MEN"
Film d'aventures de **Richard Lang**, avec Charlton Heston, Brian Keith, Victoria Racimo. États-Unis, 1980 – Couleurs – 1 h 40.

L'histoire de deux trappeurs dans l'Ouest américain : une femme indienne s'attache à l'un d'eux, excitant ainsi la colère de sa tribu.

FUREUR SECRÈTE "THE SECRET FURY"
Drame psychologique de **Mel Ferrer**, avec Claudette Colbert, Robert Ryan, Paul Kelly. États-Unis, 1950 – 1 h 26.

Le jour de son mariage, une jeune femme est accusée de mener une double vie. Une histoire entre la psychologie et l'aventure.

FUREUR SUR LA VILLE "THE SOUND OF FURY"
Drame psychologique de **Cyril Endfield**, avec Frank Lovejoy, Kathleen Ryan, Richard Carlson, Lloyd Bridges. États-Unis, 1950 – 1 h 25.

Le rôle de la presse et de la société dans une affaire criminelle où s'est vu entraîné un chômeur.

FURIA À BAHIA POUR OSS 117
Film d'espionnage d'**André Hunebelle**, d'après le roman de Jean Bruce, avec Frederick Stafford, Mylène Demongeot, Raymond Pellegrin. France/Italie, 1965 – Couleurs – 1 h 40.

Hubert Bonnisseur de la Bath, en Amérique latine, va découvrir les tueurs « télécommandés » d'une organisation néo-nazie.

▷ Voir aussi OSS 117 SE DÉCHAÎNE.

FURIE "FURY"
Drame de **Fritz Lang**, avec Spencer Tracy *(Joe Wilson)*, Sylvia Sidney *(Katherine Grant)*, Walter Abel *(le district attorney)*, Edward Ellis *(le shérif)*, Bruce Cabot *(Kirby Dawson)*, Walter Brennan *(« Bugs » Mayers)*, George Walcott *(Tom)*. • SC : F. Lang, Bartlett Corack, d'après l'histoire de Norman Krasna *Mob Rule*. • PH : Joseph Ruttenberg. • DÉC : Cedric Gibbons. • MUS : Franz Waxman. • MONT : Frank Sullivan. États-Unis, 1936 – 1 h 34.

Joe Wilson prend la route pour rejoindre sa fiancée Katherine. En chemin, il est arrêté pour un enlèvement qu'il n'a pas commis. Entraînée par des meneurs, la foule en furie attaque la prison et y met le feu. Joe réussit à échapper à la mort, mais il se cache et demande à ses frères d'attaquer en justice les lyncheurs. Vingt-deux suspects nient farouchement, jusqu'à la projection d'un film qui prouve leur culpabilité. Joe savoure sa vengeance mais, sur les instances de Katherine, il se rend au tribunal...

◆ *Premier film tourné aux États-Unis par Fritz Lang,* Furie *traite les thèmes habituels du cinéaste : la loi et la justice, la vengeance et la culpabilité... Spécialisé dans les rôles de « brave type », Spencer Tracy est d'autant plus crédible en victime qui, à force de haine contre ses bourreaux, finit par se transformer en bourreau lui-même. La relativité de toute morale et l'implacable force du destin sont ainsi mises en relief, à la faveur d'un virulent réquisitoire contre une certaine Amérique.* *G.L.*

FURIE "THE FURY"
Film fantastique de **Brian De Palma**, avec Kirk Douglas, John Cassavetes, Carrie Snodgress. États-Unis, 1978 – Couleurs – 1 h 55.

Un agent du contre-espionnage recherche son fils, doué de voyance, enlevé par un commando arabe.

LA FURIE DE L'OR NOIR
"HIGH, WIDE AND HANDSOME"
Comédie dramatique de **Rouben Mamoulian**, avec Irene Dunne, Randolph Scott, Dorothy Lamour, Raymond Walburn, Alan Hale, Elizabeth Patterson, Akim Tamiroff. États-Unis, 1937 – 1 h 50.

En Pennsylvanie, en 1859, sur fond de lutte entre petits propriétaires et trusts pétroliers, les amours d'un fermier et d'une danseuse de cabaret ambulant.

LA FURIE DU DÉSIR "RUBY GENTRY"
Drame de **King Vidor**, avec Jennifer Jones *(Ruby Gentry)*, Charlton Heston *(Boake Tackman)*, Karl Malden *(Jim Gentry)*, Josephine Hutchinson *(Letitia Gentry)*, Tom Tully *(Jud Corey)*, James Anderson *(Jewel Corey)*, Bernard Phillips *(Dr Manfred)*. • SC : Silvia Richards. • PH : Russell Harlan. • DÉC : Edward Boyle. • MUS : Heinz Roemheld. • MONT : Terry Morse. États-Unis, 1953 – 1 h 32.

Une sauvageonne du « Sud profond » s'éprend d'un jeune ingénieur, et n'aura de cesse de le reconquérir quand, l'ayant « séduite », il l'abandonne. Orpheline, elle épouse le veuf qui l'a recueillie, aussi faible de santé que de caractère. Veuve, immensément riche, elle ruine son amant pour le tenir à sa merci : quand enfin il cède à l'amour qu'il a toujours refoulé par vanité mâle, il est abattu par le frère de la jeune femme, incarnation démoniaque du puritanisme et de la frustration sexuelle.

◆ *La violence des passions, l'aspect immédiatement grandiose de certains épisodes (l'auto lancée dans le lac) et surtout l'interprétation exacerbée de Jennifer Jones font de ce film à petit budget une sorte de codicille, un peu distancié, moins chaotique, à* Duel au soleil *qui traitait (entre autres) un thème analogue.* *G.LD.*

LA FURIE DU TEXAS "FORT WORTH"
Western de **Edwin L. Marin**, avec Randolph Scott, David Brian, Phyllis Thaxter, Helena Carter. États-Unis, 1951 – Couleurs – 1 h 20.

Après des années, un homme revient à Fort Worth et trouve sa ville terrorisée par les hors-la-loi. Il va y mettre bon ordre.

LES FURIES "THE FURIES"
Drame psychologique d'**Anthony Mann**, avec Barbara Stanwyck, Wendell Corey, Judith Anderson. États-Unis, 1950 – 1 h 49.

En 1880, dans un domaine du Nouveau-Mexique, la fille et la maîtresse d'un patriarche s'affrontent violemment.

FURIE SUR LE NOUVEAU-MEXIQUE
"YOUNG FURY"
Western de **Christian Nyby**, avec Rory Calhoun, Virginia Mayo, Lon Chaney, John Agar. États-Unis, 1965 – Couleurs – 1 h 20.

Le chef d'une bande de voyous apprend que son père, un célèbre tireur qu'il déteste, est revenu. Il provoque alors un conflit.

FURYO "SENJO NO MERRY CHRISTMAS / MERRY CHRISTMAS MISTER LAWRENCE"
Drame de **Nagisa Oshima**, avec David Bowie *(Jack Celliers)*, Tom Conti *(lieutenant-colonel John Lawrence)*, Ryuichi Sakamoto *(capitaine Yonoi)*, « Beat » Takeshi *(sergent Hara)*, Jack Thompson *(capitaine Hicksley)*. • SC : N. Oshima, Paul Mayersberg, d'après le roman de sir Laurens Van Der Post *The Seed and the Sower*. • PH : Toichiro Narushima. • DÉC : Shigemasa Toda, Andrew Sanders. • MUS : R. Sakamoto. • MONT : Tomoyo Oshima. Japon / Grande-Bretagne, 1983 – Couleurs – 2 h 02.

Le capitaine Yonoi dirige un camp de prisonniers à Java, en 1942, où il fait régner une discipline de fer dans la tradition japonaise du « bushido ». Le sergent Hara, lui, est en bons termes avec le lieutenant-colonel Lawrence, qui représente les prisonniers. Yonoi est fasciné par un officier anglais, Jack Celliers, qui le défie insolemment à tout propos et, suprême provocation, l'embrasse devant tout le camp réuni. Yonoi est limogé. Condamné à mort, Celliers est enterré jusqu'au cou sous le soleil brûlant...

◆ *L'antagonisme de Celliers et de Yonoi est celui de deux civilisations insulaires, l'anglaise et la japonaise, également attachées à l'honneur et à la fierté... Mais c'est aussi l'histoire d'une attirance homosexuelle inavouée, dont la révélation publique va briser le capitaine Yonoi, parce que son système de valeurs n'admet aucune faiblesse. L'interprétation de David Bowie et Ryuichi Sakamoto, tous deux musiciens et chanteurs de rock, donne une résonance particulière à ce face-à-face.* *G.L.*

LES FUSILS "OS FUZIS"
Drame social de **Ruy Guerra**, avec Atila Ioro *(Gaucho)*, Nelson Xavier *(Mario)*, Maria Gladys *(Luisa)*, Leonides Bayer *(le sergent)*, Ivan Candido, Paulo Cesar. • SC : R. Guerra, Miguel Torres • MONT : R. Guerra, Miguel Torres. • PH : Ricardo Aronovitch. • MUS : Moacyr Santos. Brésil, 1964 – 1 h 50. ★ **OURS D'ARGENT, Berlin 1964.**

Dans un village du Nordeste brésilien, écrasé à la fois par la famine, des structures économiques féodales et l'obscurantisme religieux, le gouvernement envoie des soldats pour prévenir d'éventuels troubles dus à la faim. Les paysans n'espèrent le salut que de pratiques superstitieuses, et les soldats peuvent se livrer à la violence sans que personne ne bronche.

◆ *Le film donne à voir une violence inouïe dans la montée de l'horreur, la description de l'injustice, de la cruauté de systèmes économiques écrasants, et du recours à la force armée. Montrer la résignation, l'apathie, les terreurs superstitieuses des paysans, c'est aussi une violence salutaire. Le Cinema Novo brésilien, dont Ruy Guerra est un des plus brillants représentants, est descriptif, politique et sans complaisance. Avec lui, les consciences s'éveillent aux problèmes du tiers monde.* *B.B.*

LE FUTUR EST FEMME "IL FUTURO È DONNA"
Drame de **Marco Ferreri**, avec Ornella Muti, Hanna Schygulla, Niels Arestrup. Italie/France/R.F.A., 1984 – Couleurs – 1 h 43.

Un couple que la crainte de l'apocalypse empêche d'avoir un enfant se prend d'amitié pour une jeune femme enceinte.

FUTURES VEDETTES
Drame psychologique de **Marc Allégret**, avec Jean Marais, Brigitte Bardot, Isabelle Pia, Yves Robert. France, 1955 – 1 h 35.

De jeunes élèves du Conservatoire de musique éprouvent la même passion pour leur professeur, un ténor célèbre. Il y a réellement de futures vedettes dans le film, telles que Mylène Demongeot, Pascale Audret ou Guy Bedos.

G

GABBO LE VENTRILOQUE "THE GREAT GABBO"
Film fantastique de **James Cruze**, avec Erich von Stroheim, Betty Compson, Margie Kane. États-Unis, 1929 – env. 2 300 m (1 h 25).

La marionnette d'un ventriloque vole peu à peu la personnalité de son « maître ».

LES GAIETÉS DE L'ESCADRON
Comédie de **Maurice Tourneur**, d'après la pièce tirée du roman de Georges Courteline, avec Raimu, Jean Gabin, Fernandel, Charles Camus, Henri Roussell, Mady Berry. France, 1932 – env. 1 h 30.

La vie quotidienne d'un escadron, de la tyrannie d'un adjudant féroce aux rigueurs des inspections d'un général, en passant par les pitreries de quelques fortes têtes ou l'arrivée des réservistes.

▷ Autre version réalisée par : **Émile Chautard** et **Maurice Tourneur**, avec Henry Roussell, Louis Gouget. France, 1912 – env. 1 400 m (52 mn).

GAIJIN "GAIJIN, CAMINHOS DA LIBERDADE"
Drame de **Tizuka Yamasaki**, avec Kyoko Tsukamoto, Antonio Fagundes, Jiro Kawarasaki. Brésil, 1980 – Couleurs – 1 h 45.

Après la guerre contre la Russie, les émigrés japonais ont du mal à s'adapter, souffrent de la violence des patrons de fazendas, mais, peu à peu, s'intégreront dans la société brésilienne.

LE GAI SAVOIR
Essai de **Jean-Luc Godard**, avec Jean-Pierre Léaud, Juliet Berto. France, 1977 – Couleurs – 1 h 35.

Émile et Patricia, et à travers eux Godard lui-même, décortiquent le sens et le contenu des images, des sons. Une réflexion austère sur l'audiovisuel.

GALACTICA, LA BATAILLE DE L'ESPACE
"BATTLESTAR GALACTICA"
Film de science-fiction de **Richard A. Colla**, avec Richard Hatch, Ray Milland, Richard Benedict. États-Unis, 1978 – Couleurs – 1 h 46.

La paix est sur le point d'être signée entre le président Adar, qui gouverne douze planètes, et les mutants « Cyclons ». Mais ces traîtres profitent de l'accalmie pour anéantir « Galactica ».

▷ Une suite est réalisée dès l'année suivante : GALACTICA, LES CYCLONS ATTAQUENT "MISSION GALACTICA, THE CYCLONS ATTACK", de **Vince Edwards** et **Chris Nyby**, avec Richard Hatch, Richard Benedict, Lorne Greene. États-Unis, 1979 – Couleurs – 1 h 50.

LES GALERIES LÉVY ET Cie
Comédie d'**André Hugon**, avec Léon Bélières, Charles Lamy, Simone Bourday, Christiane Dor, Jacques Maury. France, 1931 – 1 h 28.

Second film de la série, cette suite de LÉVY ET Cie (Voir ce titre) raconte l'histoire de Moïse et Salomon, devenus propriétaires d'un grand magasin, confrontés aux problèmes de la richesse.

LES GALETS D'ÉTRETAT
Drame psychologique de **Sergio Gobbi**, d'après un récit de Vahé Katcha, avec Virna Lisi, Maurice Ronet, Annie Cordy. France, 1971 – Couleurs – 1 h 50.

La directrice d'un centre de thérapie fait la connaissance d'un champion automobile. Leur liaison sera orageuse, car, si la jeune femme est amoureuse, elle refuse la soumission.

LA GALETTE DU ROI
Comédie de **Jean-Michel Ribes**, avec Jean Rochefort, Roger Hanin, Pauline Lafont, Jacques Villeret. France, 1985 – Couleurs – 1 h 30.

Le roi désargenté d'une minuscule principauté de la Méditerranée essaie de refaire sa fortune en mariant sa fille. Mais celle-ci embrouille tout à plaisir.

LES GALETTES DE PONT-AVEN
Comédie dramatique de **Joël Séria**, avec Jean-Pierre Marielle, Bernard Fresson, Claude Piéplu, Andréa Ferréol, Jeanne Goupil, Romain Bouteille. France, 1975 – Couleurs – 1 h 45.

Un représentant de commerce multiplie les bonnes fortunes pour oublier sa sinistre épouse, mais il découvre qu'elle est, en fait, une bacchante lubrique. Ayant sombré dans l'alcool, il trouvera enfin l'amour.

GALIA
Drame de **Georges Lautner**, avec Mireille Darc, Venantino Venantini, Françoise Prévost, Jacques Riberolles. France / Italie, 1965 – 1 h 35.

« Plaisir, liberté, ambition », c'est la devise de Galia, jeune femme affranchie qui s'élance à la conquête de Paris. Une étude de mœurs sarcastique où Mireille Darc rencontre son « look ».

GALILÉO "GALILEO"
Biographie de **Joseph Losey**, d'après la pièce de Bertolt Brecht, avec Topol, Edward Fox, Michael Lonsdale, Richard O'Callaghan, Tom Conti, Judy Parfitt, Patrick Magee, John Gielgud. Grande-Bretagne, 1975 – Couleurs – 2 h 25.

En Italie, au XVIIe siècle, les théories astronomiques d'un pauvre professeur de mathématiques sont jugées hérétiques. Cette vie de Galilée avait déjà été mise en scène au théâtre par Losey.

GALLIPOLI "GALLIPOLI"
Film de guerre de **Peter Weir**, avec Mark Lee, Mel Gibson, Bill Hunter, Bill Kerr. Australie, 1981 – Couleurs – 1 h 51.

En 1915, deux amis avides d'aventures s'enrôlent dans l'armée. La vie est belle jusqu'à ce que leur régiment soit engagé dans l'enfer des Dardanelles.

LES GAMINS D'ISTANBUL "YUSUF ILE KENAN"
Drame de **Omer Kavur**, avec Cem Davran, Tamer Celiker, Yalsin Avsar, Hakan Tanfer. Turquie, 1978 – Couleurs – 1 h 25.

À la mort de leur père, deux jeunes garçons partent à Istanbul en quête d'un oncle introuvable. L'un entre dans une bande de voleurs, l'autre réussit à se faire embaucher.

GANASHATRU (UN ENNEMI DU PEUPLE)
"GANASHATRU"
Drame de **Satyajit Ray**, d'après la pièce de Henrik Ibsen, avec Soumitra Chatterjee, Ruma Guhathakurta, Dhritiman Chatterjee. Inde, 1989 – Couleurs – 1 h 25.

Dans une ville du Bengale occidental, un médecin, qui constate un nombre inexplicable de maladies, découvre que l'eau du temple est polluée. Il se heurte à l'hostilité de certains groupes d'intérêt.

GANDHI "GANDHI"
Fresque historique de **Richard Attenborough**, avec Ben Kingsley *(Gandhi)*, Candice Bergen *(Margaret Bourke-White)*, Edward Fox *(le général Dyer)*, John Gielgud *(lord Irvin)*, Trevor Howard *(le juge Broomfield)*. • SC : John Briley. • PH : Billy Williams, Ronnie Taylor. • DÉC : Stuart Craig, Bob Laing. • MUS : Ravi Shankar [George Fenton aux États-Unis]. • MONT : John Bloom. Grande-Bretagne / États-Unis, 1982 – Couleurs – 3 h 09. ★ **8 OSCARS en 1982 dont : MEILLEUR FILM, MEILLEUR METTEUR EN SCÈNE, MEILLEUR ACTEUR, MEILLEUR MONTAGE.**

Issu d'un milieu indien aisé, formé à Londres et exerçant comme avocat en Afrique du Sud, Gandhi y découvre l'injustice faite à la minorité indienne, et entreprend de la défendre. Revenu aux Indes, il poursuit son action en faveur des paysans et des ouvriers contre les gros propriétaires britanniques. Philosophe de la non-violence, défenseur des « Intouchables », il devient le « Mahatma », avant d'être assassiné par un brahmane.

◆ *Vieux projet de Richard Attenborough, pour lequel il demanda l'appui de Nehru, mais qu'il refusa de monter avec une star américaine dans le rôle principal. Finalement, il trouva la perle rare en la personne d'un acteur anglais de père indien, Ben Kingsley. Ce dernier fit un prodigieux travail, où l'intensité de la composition n'excluait pas l'ironie. Le film, couvert d'Oscars, sut sauvegarder la grandeur et la force universelle de son sujet derrière les figures obligées du grand spectacle.* *M.CH.*

LE GANG
Film policier de **Jacques Deray**, avec Alain Delon, Nicole Calfan, Roland Bertin. France, 1977 – Couleurs – 1 h 40.

À la fin de la guerre, une bande de gangsters multiplie les hold-up brillants et dangereux sous l'autorité de Robert le Dingue.

GANGA BRUTA "Ganga Bruta"
Mélodrame de **Humberto Mauro**, avec Durval Bellini, Dea Selva. • SC : Octavio Gabus Mendes, H. Mauro. • PH : Afrodisio de Castro, Paulo Morano, Edgar Brasil. • MUS : Radames Gnatalli, H. Mauro. Brésil, 1933 – 1 h 25.

Le soir de ses noces, un ingénieur tue sa femme en découvrant qu'elle n'est pas vierge. Jugé, il est acquitté. Il part à l'intérieur du pays pour travailler dans une usine. Il rencontre Sonia, pleine de gaieté et de sensualité. Entraîné dans le jeu érotique de la jeune fille, il succombe et la dépucelle, puis l'épouse.

◆ Ganga Bruta, *un des documents les plus importants de l'avènement du cinéma parlant au Brésil, est considéré comme un chef-d'œuvre. Dans ce mélodrame aux apparences banales sont mêlées modernité et tradition, ville et campagne, dualité que l'on retrouve dans de nombreux films de Humberto Mauro. Musique, bruits et dialogues sont enregistrés sur disques et démontrent une grande maîtrise du nouveau procédé. Malheureusement, la production américaine aux techniques du parlant beaucoup plus développées s'étant imposée sur le marché brésilien, ce film est resté longtemps ignoré du public.* C.G.

LE GANG ANDERSON "The Anderson Tapes"
Film policier de **Sidney Lumet**, d'après le roman de Lawrence Sanders, avec Sean Connery, Dyan Cannon, Martin Balsam, Ralph Meeker. États-Unis, 1971 – Couleurs – 1 h 38.

À peine sorti de prison, un gangster prépare le cambriolage de l'immeuble de sa maîtresse. Un sujet de violence urbaine avec affrontement final et développements psychologiques.

GANGA ZUMBA "Ganga Zumba"
Drame historique de **Carlos Diegues**, avec Antonio Sampaio « Pitanga », Luiza Maranhas, Eliezer Gomes. • SC : Leopoldo Serran, Rubem Rocha Filho, C. Diegues, d'après le roman de João Felicio dos Santos. • PH : Fernando Duarte. • MUS : Moacir Santos et folklore brésilien. • MONT : Ismar Porto. Brésil, 1963 – 1 h 40.

Dans une plantation de canne à sucre au XVIIe siècle, Antão, un jeune esclave noir, assiste à la mort de sa mère au poteau de torture. Aroraba, le chef spirituel des esclaves, lui révèle qu'il est le petit-fils du roi Zambi qui a fondé son propre royaume : Palmares. Antão, Cipriana sa fiancée et Aroraba s'enfuient vers le royaume de la liberté poursuivis par les Blancs.

◆ *Premier long métrage de fiction de ce jeune cinéaste, c'est aussi le premier film du Cinema Novo qui utilise un sujet historique pour souligner l'oppression des Noirs au Brésil, jadis esclaves, aujourd'hui habitants des bidonvilles. Ce courant, malgré son désir de toucher le public populaire, demeura marginal.* C.G.

LE GANG DES FRÈRES JAMES "The Long Riders"
Western de **Walter Hill**, avec David Carradine, Robert Carradine, Keith Carradine. États-Unis, 1980 – Couleurs – 1 h 45.

Jesse et Frank James attaquent les banques, les diligences, les trains. Les chasseurs de prime de l'agence Pinkerton se lancent à leur poursuite. Une reconstitution soignée de la saga des célèbres bandits de l'Ouest.

▷ Voir aussi LE BRIGAND BIEN-AIMÉ.

LE GANG DES TUEURS "Brighton Rock"
Drame de **John Boulting**, avec Richard Attenborough, Hermione Baddeley, William Hartnell. Grande-Bretagne, 1947 – 1 h 31.

Une jeune serveuse épouse sans le savoir un assassin qu'elle se met à aimer profondément. Drame d'atmosphère pour un scénario de Graham Greene et Terence Rattigan.

LES GANGSTERS "Payroll"
Film policier de **Sidney Hayers**, avec Michael Craig, Françoise Prévost. Grande-Bretagne, 1960 – 1 h 45.

La femme d'un convoyeur de fonds abattu par des gangsters pourchasse les assassins de son mari, qui eux-mêmes s'entredéchirent autour du butin.

LES GANTS BLANCS DU DIABLE
Film policier de **Laszlò Szabò**, avec Bernadette Lafont, Yves Alfonso, Serge Marquand, Jean-Pierre Kalfon. France, 1972 – Couleurs – 1 h 40.

Un député marron fait du trafic de drogue. Un policier et son indicateur découvrent les liens qu'il entretient avec un tueur qui lui a autrefois donné son œil. Hommage aux séries B américaines, avec la décontraction des œuvres de la Nouvelle Vague.

LA GARCE "Beyond the Forest"
Drame de **King Vidor**, d'après le roman de Stuart Engstrand, avec Bette Davis, Joseph Cotten, Ruth Roman, David Brian. États-Unis, 1949 – 1 h 36.

L'épouse insatisfaite d'un médecin ne recule ni devant la dissimulation, ni devant le crime pour parvenir à ses fins.

LA GARCE
Film policier de **Christine Pascal**, avec Isabelle Huppert, Richard Berry, Vittorio Mezzogiorno. France, 1984 – Couleurs – 1 h 32.

Une jeune femme aux activités étranges est tiraillée entre son amant, caïd du Sentier, et un policier pour lequel elle éprouve une irrésistible attirance.

GARÇON !

Comédie dramatique de **Claude Sautet**, avec Yves Montand, Nicole Garcia, Jacques Villeret. France, 1983 – Couleurs – 1 h 42.

À l'aube de la soixantaine, le serveur-chef d'une brasserie croit à nouveau entrevoir le grand amour. Un Montand rayonnant et émouvant, des scènes conviviales très réussies.

LE GARÇON AUX CHEVEUX VERTS

"THE BOY WITH GREEN HAIR"

Drame psychologique de **Joseph Losey**, avec Dean Stockwell *(Peter)*, Pat O'Brien *(Gramp)*, Robert Ryan *(Dr Evans)*, Barbara Hale *(miss Brand)*, Richard Lyon. • SC : Ben Barzman, Alfred Lewis Levitt, d'après un sujet de Betsy Beaton. • PH : George Barnes. • DÉC : Darrell Silvera. • MUS : Leigh Harline. • MONT : Frank Doyle. États-Unis, 1948 – Couleurs – 1 h 22.

Peter, jeune orphelin de guerre élevé dans une petite ville par son grand-père, se réveille un jour avec les cheveux verts. Il est alors victime de l'hostilité de toute la ville : quolibets, vexations, brimades. Il se fait tondre, puis s'enfuit, avant de comprendre qu'il lui faut trouver le courage de vivre avec les cheveux verts.

◆ *Le premier film de Losey est une parabole limpide contre toutes les formes de racisme et d'intolérance. Un scénario et des dialogues trop ampoulés, des effets de mise en scène trop appuyés, desservent malheureusement la générosité du message ; cela n'enlève cependant rien à la sincérité et au courage des auteurs de ce film totalement hors des normes hollywoodiennes. Quelques années plus tard, Losey se retrouvera sur la fameuse « Liste Noire ».* L.A.

LA GARÇONNE

Comédie dramatique de **Jacqueline Audry**, d'après le roman de Victor Margueritte, avec Fernand Gravey, Andrée Debar, Jean Danet, Elisabeth Manet, George Reich. France, 1957 – Couleurs – 1 h 37.

Portrait d'une femme, d'une société, d'une époque. Première version en couleurs de la célèbre œuvre à scandale.

▷ Autres versions réalisées par : **Armand du Plessy**, avec France Dhélia, Jean Toulout, Maggy Derval, Renée Carl, Gaston Jacquet. France, 1923 – 2 400 m (env. 1 h 19). Interdit en France par la censure. **Jean de Limur**, avec Marie Bell, Arletty, Henri Rollan, Marcelle Praince, Jean Worms, Jaque-Catelain. France, 1936 – 1 h 35.

LA GARÇONNIÈRE "THE APARTMENT"

Comédie dramatique de **Billy Wilder**, avec Jack Lemmon *(C.C. Baxter)*, Shirley MacLaine *(Fran Kubelik)*, Fred MacMurray *(J.D. Sheldrake)*, Ray Walston *(Mr Dobisch)*, David Lewis *(Mr Kirkeby)*, Jack Kruschen *(le Dr Dreyfuss)*, Joan Shawlee *(Sylvia)*, Edie Adams *(miss Olsen)*. • SC : B. Wilder, I.A.L. Diamond. • PH : Joseph LaShelle. • DÉC : Alexandre Trauner, Edward G. Boyle. • MUS : Adolph Deutsch. • MONT : Daniel Mandell. États-Unis, 1960 – 2 h 05. ★ OSCAR DU MEILLEUR FILM 1960.

C.C. Baxter est employé dans une importante compagnie d'assurances new-yorkaise. Ambitionnant un poste de cadre, il met sa garçonnière à la disposition de ses chefs pour leurs rendez-vous galants. Le directeur du personnel, J.D. Sheldrake, apprend la combine. Il offre à C.C. l'emploi convoité et devient son « client » le plus assidu. C.C. découvre alors que la jolie et naïve liftière Fran Kubelik, dont il est amoureux, est la maîtresse de Sheldrake...

◆ *Écrit sur mesure pour Jack Lemmon,* la Garçonnière *évoque avec une férocité jubilante le monde des bureaux, avec ses intrigues, ses pièges et ses tentations. Dernier grand film « réaliste » de son auteur, l'œuvre brille par l'acuité d'un regard dénué de complaisance. Moraliste et romantique inavoué, Wilder mêle ici avec une extrême virtuosité satire, comédie urbaine et mélodrame, et dresse le portrait définitif du bureaucrate moderne, servile et anonyme, miraculeusement racheté par l'amour.* O.E.

▷ Le film inspira la comédie musicale PROMISES, PROMISES, livret de Neil Simon, lyrics de Hal David et musique de Burt Bacharach, en 1968.

LES GARÇONS "LA NOTTE BRAVA"

Drame de **Mauro Bolognini**, avec Antonella Lualdi, Laurent Terzieff, Jean-Claude Brialy, Mylène Demongeot, Tomas Milian. Italie / France, 1960 – 1 h 35.

Dans les faubourgs populeux de Rome, la nuit blanche de jeunes gens oisifs. Sur un scénario de Pasolini, le sens de l'observation de Bolognini.

LE GARÇON SAUVAGE

Comédie dramatique de **Jean Delannoy**, avec Madeleine Robinson, Frank Villard, Pierre-Michel Beck, Henri Vilbert. France, 1951 – 1 h 56.

Une prostituée marseillaise ramène à « la civilisation » son fils de onze ans, élevé à la montagne.

LES GARÇONS DE FENGKUEI "FENG-KUEI-LAI-TE JEN"

Comédie dramatique de **Hou Hsiao-Hsien**, avec Neo Cheng-Tse, Chang Shih, Chao Peng-Chi. Taiwan, 1983 – Couleurs – 1 h 41.

Dans un petit village de pêcheurs, des jeunes gens sans avenir rêvent d'aventures. Ils prennent le chemin de la grande ville où ils découvriront le travail et les femmes.

LES GARÇONS DE LA BANDE
"THE BOYS IN THE BAND"
Drame psychologique de **William Friedkin**, d'après la pièce de Mart Crowley, avec Leonard Frey, Kenneth Nelson, Laurence Luckinbill. États-Unis, 1970 – Couleurs – 2 h.

Pour l'anniversaire d'un ami, un garçon invite six de ses relations ; tous sont homosexuels. Leur réunion sera l'occasion d'un jeu de la vérité qui les marquera tous...

LE GARÇU
Comédie dramatique de **Maurice Pialat**, avec Gérard Depardieu, Géraldine Pailhas, Antoine Pialat, Dominique Rocheteau. France, 1995 – Couleurs – 1 h 45.

Un jeune garçon, Antoine, joue avec rouerie sur les conflits et la rivalité de ses parents, Sophie et Gérard. Disputes, brouilles, séparations autour d'un enfant capricieux et pathétique.

GARDE À VUE
Film policier de **Claude Miller**, avec Lino Ventura *(inspecteur Antoine Gallien)*, Michel Serrault *(Jérôme Martinaud)*, Romy Schneider *(Chantal Martinaud)*, Guy Marchand *(inspecteur Marcel Belmont)*. • SC : C. Miller, Jean Herman, d'après le roman de John Wainright *À table*. • PH : Bruno Nuytten. • DÉC : Eric Moulard. • MUS : Georges Delerue. • MONT : Albert Jurgenson. France, 1981 – 1 h 25.

Une nuit de réveillon, dans une ville de province, un policier interroge un notable, soupçonné d'être l'assassin de deux adolescentes.

◆ *Ce huis clos, pour lequel Audiard écrivit des dialogues plus feutrés qu'à l'ordinaire, tourne autour de deux solitudes : celle du policier n'est pas moindre que celle du suspect, marié à une femme qui ne rêve certainement que de le voir condamné à mort et qui, sans doute, le croit capable d'être coupable. Un détail matériel l'innocentera, mais une évocation du passé révélera le trouble de son subconscient. L'intérêt du film n'est pas dans le suspense de l'enquête, mais dans le drame :* Garde à vue *a donné l'occasion à Claude Miller d'une démonstration de métier dans les cadrages, de sûreté dans la direction d'acteurs, de sens de l'atmosphère qui, loin de l'inscrire dans la tradition de « qualité » française, lui a permis d'en décoller pour des œuvres plus personnelles.* *G.LD.*

LE GARDE DU CORPS
Comédie de **François Leterrier**, avec Jane Birkin, Gérard Jugnot, Sami Frey. France, 1983 – Couleurs – 1 h 40.

L'employé d'une agence matrimoniale entend protéger une cliente, dont il est amoureux, de son nouveau mari déjà deux fois veuf. Il les suit dans leur voyage de noces au Maroc.

GARDIEN DE LA NUIT
Drame de **Jean-Pierre Limosin**, avec Jean-Philippe Ecoffey, Aurelle Doazan, Nicolas Silberg. France, 1986 – Couleurs – 1 h 40.

Un garçon commet la nuit des vols qu'il découvre le jour comme auxiliaire de la police municipale.

GARDIENS DE PHARE
Drame de **Jean Grémillon**, avec Geymond Vital *(Yvon Bréhan)*, Fromet *(son père)*, Génica Athanasiou *(Marie)*, Gabrielle Fontan *(sa mère)*. • SC : Jacques Feyder, d'après la pièce de Paul Antier et Cloquemin. • PH : Georges Périnal, Jean Jouannetaud. • DÉC : André Barsacq. • MONT : J. Feyder. France, 1929 – 2 200 m (env. 1 h 21).

Un jeune gardien de phare est mordu par un chien enragé. Peu à peu, la maladie fait son œuvre. Dans une crise de délire, il tente de tuer son père qui est à ses côtés dans le phare. Au cours de l'affrontement, ce dernier, désespéré, est contraint de le précipiter à la mer.

◆ *Tourné presque entièrement en décors naturels, à Saint-Guénolé, ce film confirme le grand talent de Jean Grémillon. Partant d'un banal mélodrame du Grand-Guignol (débarrassé, il est vrai, de ses scories par Jacques Feyder, qui s'en tient ici au rôle effacé d'adaptateur), le cinéaste parvient à créer un paroxysme dramatique envoûtant, à la cristallisation d'un conflit lié à la poésie des éléments naturels (vagues déferlant sur les rochers, cloches d'alarme des bateaux en détresse, lumière tournante du phare...). Le refus de tout pittoresque, une interprétation sobre, un rythme sans faille, concourent à la réussite de cette tragédie à huis clos.* *C.B.*

GARE À LA PEINTURE "THE ART OF LOVE"
Comédie de **Norman Jewison**, avec James Garner, Elke Sommer, Angie Dickinson. États-Unis, 1965 – Couleurs – 1 h 32.

À Paris, un jeune peintre américain désespéré par son insuccès décide de faire croire à son suicide : ses toiles s'arrachent alors !

GARE CENTRALE "BAB EL-HADID"
Drame de **Youssef Chahine**, avec Youssef Chahine, Hind Rostom, Farid Chawki, Hassa el-Baroudi, Abdel el-Nagdi. • SC : Abdel Hay Adib. • PH : Alvise Orfanelli. • MUS : Fouad el-Zahery. • MONT : Kamal Aboul Ela. Égypte, 1958 – 1 h 30.

Dans le cadre grouillant de la gare du Caire, deux hommes bien dissemblables se disputent les faveurs d'une belle vendeuse : un porteur jeune et bien découplé, un boiteux malingre et fuyant, sorte de Quasimodo oriental qui finira meurtrier.

◆ Gare centrale *est bien plus qu'un mélodrame facile, parce que la peinture des personnages est développée avec force et humanité. La composition de Chahine lui-même est à cet égard impressionnante. Et puis, avec une chaleur qui rappelle les meilleurs moments du néoréalisme, il sait faire revivre dans sa diversité et son mouvement incessant l'univers populaire de la gare. Les quais, les rails, tous les éléments ferroviaires prennent aussi une grande valeur dramatique par leur utilisation dans l'isolement agressif du héros.* *J.-M.C.*

GASLIGHT "GASLIGHT/ANGEL STREET"

Mélodrame de **Thorold Dickinson**, avec Anton Walbrook *(Paul Mallen)*, Diana Wynyard *(Bella Mallen)*, Frank Pettingell *(Rough)*, Cathleen Cordell *(Nancy)*, Robert Newton *(Vincent)*, Jimmy Hanley *(Cobb)*. • SC : A.R. Rawlinson, Bridget Boland, d'après la pièce de Patrick Hamilton *Angel Street*. • PH : Bernard Knowles. • MUS : Richard Addinsell. • MONT : Sydney Cole. Grande-Bretagne, 1940 – 1 h 28.

Bella, jeune Londonienne de bonne famille dont la tante a été assassinée dans des conditions mystérieuses, épouse Paul Mallen, un séduisant étranger dont le comportement lui paraît de plus en plus bizarre : dénonçant comme absurdes ses inquiétudes et ses soupçons, il cherche à lui faire croire qu'elle est en train de devenir folle. L'homme est finalement démasqué comme le meurtrier de la tante dont il espérait trouver les bijoux dans le grenier de la maison.

◆ *Le film s'ouvre par une étonnante scène muette qui en donne le ton : la vieille femme est étranglée par un meurtrier qui reste invisible ; puis Bella est obsédée par les baisses répétées de l'intensité de l'éclairage au gaz lorsque son mari effectue ses vaines fouilles du grenier. Par sa qualité de suspense et d'atmosphère, le film s'est attiré un vif succès public qui a incité la M.G.M. à en produire un remake sous la direction de Cukor.* *M.MN.*

▷ Voir HANTISE.

GAS-OIL

Comédie dramatique de **Gilles Grangier**, avec Jean Gabin, Jeanne Moreau, Ginette Leclerc. France, 1955 – 1 h 32.

La vie d'un paisible routier est bouleversée par une bande de gangsters. Une série noire qui est aussi une étude de mœurs.

LES GASPARDS

Comédie de **Pierre Tchernia**, avec Michel Serrault, Philippe Noiret, Charles Denner, Michel Galabru. France, 1973 – Couleurs – 1 h 34.

Un libraire du Quartier latin découvre le peuple souterrain des « Gaspards », qui s'oppose aux travaux qui éventrent Paris. S'ensuivent des aventures rocambolesques.

GATOR "GATOR"

Film d'aventures de **Burt Reynolds**, avec Burt Reynolds, Jack Weston, Jerry Reed, Laurent Hutton, Alice Ghostley, Burton Gilliam. États-Unis, 1976 – Couleurs – 1 h 55.

Gator, le bootlegger, accepte d'aider la police à éliminer un truand qui fait régner la terreur dans une petite ville.

GATSBY LE MAGNIFIQUE "THE GREAT GATSBY"

Drame de **Jack Clayton**, d'après le roman de F. Scott Fitzgerald, avec Robert Redford, Mia Farrow, Bruce Dern, Karen Black. États-Unis, 1974 – Couleurs – 2 h 26.

Sa passion pour Daisy, jeune femme frivole et lâche, conduit Gatsby à une mort stupide sous les balles d'un garagiste. Grandeur et décadence des « Années folles ».

▷ Autre version réalisée par **Elliott Nugent**, intitulée LE PRIX DU SILENCE "THE GREAT GATSBY", avec Alan Ladd, MacDonald Carey, Betty Field, Barry Sullivan, Howard da Silva. États-Unis, 1949 – 1 h 30.

LE GAUCHER "THE LEFT HANDED GUN"

Western d'**Arthur Penn**, avec Paul Newman *(William Bonney)*, Lita Milan *(Celsa)*, John Dehner *(Pat Garrett)*, Hurd Hatfield *(Moultrie)*. • SC : Leslie Stevens, d'après la pièce de Gore Vidal. • PH : J. Peverell Marley. • DÉC : William Kuehl. • MUS : Alexander Courage. • MONT : Folmar Blangsted. • PR : Fred Coe Haroll (Warner Bros). États-Unis, 1958 – 1 h 40.

Tunstall, un éleveur d'origine anglaise, a engagé comme vacher le jeune William Bonney. Sa richesse et son domaine excitent les jalousies de ses concitoyens de Lincoln qui décident de se débarrasser de lui. Il est tué dans une embuscade, mais ses assassins sont abattus par Bonney qui avait juré de le venger. Traqué, William Bonney passe pour avoir péri dans l'incendie d'une maison et disparaît. Il va devenir un tueur, plus connu sous le nom de Billy le Kid. Un de ses plus anciens amis, Pat Garrett, devenu shérif, décide de le ramener mort ou vif.

◆ L'antiépopée d'un antihéros

Arthur Penn, quand il a commencé la réalisation du Gaucher, *venait de la télévision et du théâtre. Peut-être est-ce la raison qui lui fit choisir – pour son premier film – d'adapter à l'écran la pièce du romancier Gore Vidal,* la Mort de Billy le Kid, *tournée en 1956 pour la télévision par Robert Mulligan, avec, dans le rôle vedette, déjà Paul Newman. Si quelques traces de la pièce subsistent au niveau des dialogues (souvent très « littéraires ») et de l'action (resserrée en quelques scènes clefs), le film est profondément différent. C'est, selon Penn lui-même, un film « non pas sur l'Ouest, mais sur* un *Ouest. » Écrit à un moment où le genre subit une profonde mutation (l'année 1958 verra naître des films novateurs comme* le Jugement des flèches, 3 h 10 pour Yuma *ou* Du sang dans le désert*), le* Gaucher *ne veut pas se cantonner à la geste, déjà bien illustrée, du jeune tueur, interprété par Robert Taylor et Audie Murphy, entre autres. Il se présente comme une antiépopée, centrée moins sur les exploits du personnage que sur le héros – prototype d'ailleurs de l'antihéros – lui-même. Un être en proie à des pulsions qu'il ne comprend pas et, souvent, ne peut maîtriser. William Bonney ne devient lui-même qu'à la mort de son « père », Tunstall, avec lequel il a établi un rapport passionnel qu'il ne peut que reporter sur d'autres. L'homosexualité latente du jeune tueur éclate en plein dans ses rapports avec son ami Garrett, dont il souille symboliquement les noces. Ainsi conçu, si loin des canons du genre, même dans ses aspects les plus novateurs, le film n'eut aucun succès. Le public américain ne goûta guère la façon dont Penn avait terni l'image terriblement virile d'un bandit qui ne fut d'ailleurs jamais gaucher. Pourtant, il donna naissance non seulement à la carrière de l'auteur de* Little Big Man, *mais encore à quelques westerns où les mouvements de l'inconscient avaient leur place. Il est d'ailleurs curieux de constater que la même année – mais d'une façon plus feutrée – Edward Dmytryck traitait du même thème dans* l'Homme aux colts d'or. C.A.

LE GAUCHO "The Gaucho"

Film d'aventures de **F. Richard Jones**, avec Douglas Fairbanks, Lupe Velez, Eve Southern, Gustav von Seyffertitz. États-Unis, 1928 – 2 703 m (env. 1 h 40).

Une bande d'aventuriers s'empare par la ruse d'une cité sainte terrorisée par l'armée. Leur chef, le « Gaucho », est trahi par sa maîtresse jalouse, mais, grâce à son héroïsme, il la reconquerra.

LE GAUCHO "Way of a Gaucho"

Film d'aventures de **Jacques Tourneur**, avec Rory Calhoun, Gene Tierney, Richard Boone, Hugh Marlowe. États-Unis, 1952 – Couleurs – 1 h 31.

Dans la pampa argentine, vraie vedette du film magnifiquement photographiée en couleurs, une histoire d'amour et de combat contre l'envahissante civilisation.

GAUGUIN, LE LOUP DANS LE SOLEIL "Oviri"

Biographie de **Henning Carlsen**, avec Donald Sutherland, Jean Yanne, Luis Rego, Fanny Bastien, Max von Sydow. Danemark/France, 1985 – Couleurs – 1 h 40.

Évocation d'une des périodes les plus sombres de la vie de Gauguin, lors de son retour à Paris fin 1893 et de son séjour en Bretagne, où il doit faire face à l'indifférence et à l'échec.

LES GAULOISES BLEUES

Comédie dramatique de **Michel Cournot**, avec Annie Girardot, Jean-Pierre Kalfon, Nella Bielski, Bruno Crémer. France, 1968 – Couleurs – 1 h 30.

Sur le thème de la recherche de l'amour, une peinture très vive des divers états sociaux, à coups de situations dramatiques et d'images symboliques. Un film généreux et singulier.

GAZON MAUDIT

Comédie de **Josiane Balasko**, avec Josiane Balasko, Victoria Abril, Alain Chabat, Ticky Holgado. France, 1995 – Couleurs – 1 h 45.

Loli, jeune femme un peu délaissée par un mari volage, cède aux avances de Marijo, une routarde lesbienne. Le mari, Laurent, finit par se résigner à partager sa femme avec la nouvelle venue, qu'il supporte quand même assez mal. La venue d'anciennes amies de Marijo suscite la jalousie de Loli, qui décide de partir. Avant de s'en aller à son tour, Marijo oblige Laurent à lui faire un enfant. Après quelques autres péripéties, le trio se réunira autour du berceau, socle d'une nouvelle cohabitation. Les ingrédients d'un drame traités à la sauce vaudeville, relevés par la vitalité animale de Victoria Abril et l'interprétation sensible de Josiane Balasko.

GÉANT "Giant"

Drame de **George Stevens**, avec Elizabeth Taylor *(Leslie Lynton Benedict)*, Rock Hudson *(Bick Benedict)*, James Dean *(Jett Rink)*, Mercedes McCambridge *(Luz Benedict)*, Carroll Baker *(Luz Benedict II)*, Chill Wills *(l'oncle Bawley)*. • SC : Fred Guiol, Ivan Moffat, d'après le roman d'Edna Ferber. • PH : William C. Mellor, Edwin DuPar. • DÉC : Boris Leven. • MUS : Dimitri Tiomkin. • MONT : W. Hornbeck. États-Unis, 1956 – Couleurs – 3 h 18. ★ Oscar de la Mise en scène 1956.

Le Reata Ranch, au Texas, appartient à la famille Benedict. Il est dirigé par Luz et son frère Bick qui a épousé la belle Leslie. Celle-ci sympathise avec Jett Rink, un employé du ranch qui, à la mort de Luz, en hérite une parcelle. Jett trouve du pétrole sur cette terre et fait fortune. Devenu un magnat du pétrole, il poursuit de sa haine la famille Benedict et se conduit odieusement envers les enfants de Bick et Leslie. Mais il reste désespérément seul.

◆ *Une saga texane transformée en grand spectacle cinématographique par George Stevens, qui manifeste son sens de l'espace et son goût de l'épopée visuelle. Son succès, jamais démenti, atteste la fascination toujours vivace, bien après* Autant en emporte le vent, *pour le Sud et ses grandes fresques familiales. Par ailleurs,* Géant *est devenu légendaire parce qu'il fut le dernier film de James Dean, mort une semaine après la fin du tournage.* G.L.

LE GÉANT À LA COUR DE KUBLAI KHAN
"MACISTE ALLA CORTE DEL GRAN KAN"
Péplum de **Riccardo Freda**, avec Gordon Scott, Yoko Tani, Inkijinoff. Italie, 1961 – Couleurs – 1 h 30.

Maciste aide le peuple chinois à se libérer de la sanglante oppression des Mongols. Un film très réussi.

LE GÉANT DE THESSALIE
"I GIGANTI DELLA TESSAGLIA"
Péplum de **Riccardo Freda**, avec Massimo Girotti, Ziva Rodann, Alberto Farnese. Italie, 1960 – Couleurs – 1 h 30.

À travers toute la Méditerranée, Jason est à la recherche de la Toison d'Or dont la possession fera cesser les éruptions volcaniques. Une synthèse totalement fantaisiste et parfois réjouissante des grands mythes helléniques.

LES GÉANTS DE L'OUEST "THE UNDEFEATED"
Western d'**Andrew V. McLaglen**, avec John Wayne, Rock Hudson, Bruce Cabot. États-Unis, 1969 – Couleurs – 1 h 59.

D'anciens soldats, nordistes et sudistes, passent au Mexique avec pour tout bien un troupeau de chevaux à vendre.

LES GÉANTS DU CIEL "FIGHTER SQUADRON"
Film d'aventures de **Raoul Walsh**, avec Edmond O'Brien, Robert Stack, John Rodney. États-Unis, 1948 – Couleurs – 1 h 36.

En 1944, les hauts faits d'une escadrille américaine. Une combinaison réussie d'extraits d'actualités et de scènes de fiction.

GELOSIA
Drame de **Ferdinando Maria Poggioli**, avec Luisa Ferida, Roldano Lupi, Elena Zareschi. Italie, 1943 – 1 h 30.

Un riche marquis, amoureux d'une paysanne qu'il ne peut épouser, la marie à un de ses fermiers. Mais il devient jaloux.

LE GENDARME À NEW YORK
Comédie de **Jean Girault**, avec Louis de Funès, Michel Galabru, Christian Marin, Geneviève Grad, Jean Lefebvre. France, 1965 – Couleurs – 1 h 30.

La brigade de Saint-Tropez est désignée pour représenter la France au Congrès International de la gendarmerie à New York : le voyage sera mouvementé. Deuxième film de la série.

LE GENDARME DE SAINT-TROPEZ
Comédie de **Jean Girault**, avec Louis de Funès, Geneviève Grad, Michel Galabru. France, 1964 – Couleurs – 1 h 35.

Promu maréchal des logis-chef, le terrible gendarme Cruchot, muté à Saint-Tropez, mène la vie dure aux nudistes, avant de retrouver les auteurs d'un vol de tableaux. Le rôle qui fit de De Funès une star. Ses aventures se poursuivent dans cinq autres films.

LE GENDARME EN BALADE
Comédie de **Jean Girault**, avec Louis de Funès, Michel Galabru, Claude Gensac, Christian Marin. France, 1970 – Couleurs – 1 h 30.

Mis à la retraite d'office, le gendarme et ses compagnons reconstituent leur brigade pour guérir l'un des leurs devenu amnésique. Et tout recommence... Quatrième film de la série.

LE GENDARME ET LES EXTRATERRESTRES
Comédie de **Jean Girault**, avec Louis de Funès, Michel Galabru, Guy Grosso. France, 1978 – Couleurs – 1 h 25.

Une soucoupe volante a atterri près de Saint-Tropez ! Un gendarme, puis deux, l'aperçoivent mais l'adjudant-chef n'en croit rien. Or, les extraterrestres ont la capacité de prendre apparence humaine. Cinquième film de la série.

LE GENDARME ET LES GENDARMETTES
Comédie de **Jean Girault** et **Tony Aboyantz**, avec Louis de Funès, Michel Galabru, Maurice Risch, Guy Grosso, Michel Modo, Micheline Bourday, Patrick Préjean, Sophie Michaud, Claude Gensac. France, 1982 – Couleurs – 1 h 42.

Dans ses locaux refaits à neuf, la brigade de Saint-Tropez accueille un contingent de jolies collègues. Sixième et dernier film de la série, et ultime apparition à l'écran de De Funès.

LE GENDARME SE MARIE
Comédie de **Jean Girault**, avec Louis de Funès, Claude Gensac, Michel Galabru, Geneviève Grad, Jean Lefebvre. France, 1968 – Couleurs – 1 h 32.

À Saint-Tropez, Cruchot rencontre une jolie veuve de colonel et c'est le coup de foudre. Troisième film de la série.

GENDARMES ET VOLEURS "GUARDIE E LADRI"
Comédie de **Steno** et **Mario Monicelli**, avec Totò *(Ferdinando Esposito)*, Pina Piovani *(son épouse)*, Aldo Fabrizi *(le gendarme Bottoni)*, Ave Ninchi *(Giovanna Bottoni)*, Rossana Podestà *(leur fille)*, Carlo Delle Piane *(un fils Esposito)*, William Tubbs *(Locuzzo)*. • SC : Piero Tellini, Vitaliano Brancati, Aldo Fabrizi, Ennio Flaiano, Ruggero Macari, Steno, M. Monicelli. • PH : Mario Bava. • DÉC : Flavio Mogherini. • MUS : Alessandro Cicognini. • MONT : Franco Fraticelli. Italie, 1951 – 1 h 49. ★ PRIX DU SCÉNARIO, Cannes 1952.

Dans la Rome de l'après-guerre, Esposito vit d'escroqueries aux dépens des touristes américains. Reconnu par l'un d'eux, il est arrêté par le gendarme Bottoni, mais s'échappe. Bottoni doit retrouver le fugitif sous peine de renvoi. Il y parvient, et approche son entourage. Bientôt, les deux familles sympathisent. Quand Bottoni arrête le voleur, ils s'apitoient sur leurs malheurs respectifs. Esposito part en prison, traînant derrière lui le gendarme trop sensible.

◆ *Grâce à un scénario particulièrement riche et bien construit, ce film est un petit chef-d'œuvre de la comédie de mœurs. Ici, Totò n'est plus une marionnette, mais un acteur donnant vie à un personnage universel, le petit voleur minable. Décors, lieux, détails et grandes lignes de l'action composent un tableau de la vie de l'époque, faisant de cette comédie une synthèse entre le néoréalisme et la comédie à l'italienne.* *J.-P.B.*

GÉNÉALOGIES D'UN CRIME
Drame psychologique de **Raoul Ruiz**, avec Catherine Deneuve, Michel Piccoli, Melvil Poupaud, Andrzej Seweryn. France, 1997 – Couleurs – 1 h 50. ★ OURS D'ARGENT, Berlin 1997.

Bien que Raoul Ruiz ait choisi de faire plus simple et plus linéaire que d'habitude, l'histoire de cette femme assassinée qui se réincarne dans une autre et se venge ne devient claire que bien tardivement. Mais, une fois que l'on a accepté le fait que Catherine Deneuve incarne tantôt un personnage, tantôt un autre, que le passé recoupe sans cesse le présent et qu'il n'y a pas besoin de tout comprendre tout de suite, on trouve un vrai plaisir à voir se dérouler ce beau film insolite, où les plages de lumière font chanter les zones d'ombre tout en leur laissant leur part de mystère.

LE GÉNÉRAL DE L'ARMÉE MORTE
"IL GENERALE DELL'ARMA MORTA"
Comédie dramatique de **Luciano Tovoli**, d'après le roman d'Ismail Kadare, avec Marcello Mastroianni, Michel Piccoli, Anouk Aimée. Italie / France, 1983 – Couleurs – 1 h 45.

Un général flanqué d'un aumônier est chargé de rapatrier les restes de soldats italiens tombés en Arménie. Une farce macabre et grotesque aux accents bunueliens.

LE GÉNÉRAL DELLA ROVERE
"IL GENERALE DELLA ROVERE"
Drame de **Roberto Rossellini**, avec Vittorio De Sica *(Emmanuel Bertone)*, Sandra Milo *(Valeria)*, Hannes Messemer *(colonel Mueller)*, Anne Vernon *(Mme Fassio)*, Giovanna Ralli *(Olga)*. • SC : Sergio Amidei, Diego Fabbri, Indro Montanelli, R. Rossellini, d'après la nouvelle d'Indro Montanelli. • PH : Carlo Carlini. • DÉC : Piero Zuffi. • MUS : Renzo Rossellini. • MONT : C. Cavagna. France / Italie, 1959 – 2 h 17. ★ LION D'OR, Venise 1959.

Le général Della Rovere, héros de la Résistance italienne, est tué en 1943. Les Allemands songent alors à lui substituer un comédien pour l'utiliser comme espion auprès de la Résistance. Un escroc de charme désargenté, Emmanuel Bertone, accepte de jouer ce rôle. Il est donc incarcéré sous l'identité du général. Il rencontre des responsables de la Résistance, reçoit une lettre de la générale et va petit à petit devenir un véritable héros.

◆ *L'association Rossellini-De Sica s'est révélée heureuse. Ces deux « figures historiques » du mouvement néoréaliste italien ont trouvé un scénario brillant et original parfaitement adapté à leur talent. La caméra de Rossellini est sobre, efficace. Elle crée des ambiances naturelles crédibles. Ces ambiances sont investies par la personnalité de Vittorio De Sica, comédien ambigu et « habité », qui parvient à être alternativement et simultanément un séducteur intéressé et un patriote vraisemblable. C'est du grand art.* *G.S.*

LE GÉNÉRAL DU DIABLE "DES TEUFELS GENERAL"
Drame de **Helmut Kautner**, avec Curd Jürgens, Victor de Kowa, Marianne Koch. R.F.A., 1955 – 1 h 52.

En 1942, le destin mystérieux d'un général allemand à la forte personnalité. Ce film valut un Prix d'interprétation à Curd Jürgens au festival de Venise en 1955.

LE GÉNÉRAL EST MORT À L'AUBE
"THE GENERAL DIED AT DAWN"
Film d'aventures de **Lewis Milestone**, d'après le roman de Charles Booth, avec Gary Cooper, Madeleine Carroll, Akim Tamiroff, Dudley Digges. États-Unis, 1936 – 1 h 33.

En Chine, où s'affrontent deux bandes de trafiquants d'armes, un mercenaire qui se laisse prendre au charme d'une belle espionne est fait prisonnier.

GÉNÉRAL IDI AMIN DADA
Documentaire de **Barbet Schroeder.** • SC : B. Schroeder. • PH : Nestor Almendros. • MUS : Idi Amin Dada. • MONT : Denise de Casabianca. France, 1974 – Couleurs – 1 h 30.

Habilement interviewé par Barbet Schroeder et son équipe, le célèbre général, maître de l'Ouganda, se livre sans complexe, dans un mélange extraordinaire de naïveté et de lucidité, de forfanterie et de mesquinerie, de force et de faiblesse. Deux maximes sont à retenir pour l'action politique des apprentis-dictateurs : « tout pouvoir gagner par K.O. » et « personne ne court aussi vite qu'une balle de fusil »...

◆ *On ne sait ce qu'il faut admirer le plus dans le travail de B. Schroeder : le talent du journaliste politique, l'humour de la présentation, la force d'impact de l'image que le personnage nous renvoie, sorte de négatif grimaçant du visage du colonisateur.* D.C.

LE GÉNÉRAL INVINCIBLE / SA SEULE PASSION
"The President's Lady"
Biographie de **Henry Levin**, avec Susan Hayward, Charlton Heston, John McIntire. États-Unis, 1953 – 1 h 36.

La vie de Rachel Jackson, épouse d'Andrew Jackson, président des États-Unis de 1829 à 1837. Un beau portrait de femme.

GENÈSE D'UN REPAS
Documentaire de **Luc Moullet**. France, 1980 – 1 h 55.

Trois produits de consommation courante, une boîte de thon, une omelette et une banane, servent de support à une enquête sur le profit, la civilisation industrielle et le tiers monde. Une manière nouvelle de réaliser un documentaire.

GENESIS
Fable de **Mrinal Sen**, avec Shabana Azmi *(la femme)*, Naseerudin Shah *(le fermier)*, Om Puri *(le tisserand)*, M.K. Raina *(le marchand)*. • SC : M. Sen, Mohit Chattopadhya, Surendra P. Singh, Umashankar Pathik, d'après la nouvelle de Samaresh Basu. • PH : Carlo Varini. • DÉC : Nitish Roy. • MUS : Ravi Shankar. • MONT : Elizabeth Waelchli. France / Inde / Belgique / Suisse, 1986 – Couleurs – 1 h 45.

Deux hommes du peuple, l'un fermier, l'autre tisserand, pour rompre l'esclavage que leur impose la ville, s'installent dans un village abandonné et essayent de vivre en troquant leur production contre le nécessaire par l'intermédiaire d'un marchand. Une femme les rejoint bientôt et la jalousie s'installe entre les deux hommes, surtout quand un bébé naît. Après le départ de celle-ci, un conflit éclate avec le marchand qui les exploitait honteusement. Excédé et vindicatif, il arrive un jour avec un bulldozer.

◆ *À travers un huis clos et une peinture intimiste des personnages, le film développe une idée simple : quelques pauvres tentent de relever la tête et de construire un monde nouveau, mais l'argent, l'amour, le pouvoir viennent tout bouleverser.* D.C.

GENEVIÈVE "Genevieve"
Comédie de **Henry Cornelius**, avec John Gregson, Dinah Sheridan, Kenneth More, Kay Kendall. Grande-Bretagne, 1953 – Couleurs – 1 h 26.

Geneviève, c'est l'une des voitures des temps héroïques qui participent chaque année au rallye Londres-Brighton. La course constitue l'essentiel du film.

GENGIS KHAN "Gengis Khan"
Film historique de **Manuel Conde** [Lou Salvador], avec Manuel Conde, Andres Centenera, Elvira Reyes. Philippines, 1952 – 1 h 22.

La jeunesse et les premières aventures épiques du célèbre conquérant tartare. Le premier film philippin présenté en France.

▷ Voir aussi LE CONQUÉRANT.

▷ Autre évocation de la vie de Gengis Khan réalisée par **Henry Levin**, intitulée GENGIS KHAN, avec Omar Sharif, Stephen Boyd, Françoise Dorléac, James Mason, Robert Morley, Telly Savalas, Woody Strode, Eli Wallach. États-Unis, 1964 – Couleurs – 2 h 06.

LE GÉNIE DU MAL "Compulsion"
Drame policier de **Richard Fleischer**, avec Orson Welles, Diane Varsi, Dean Stockwell, Bradford Dillman. États-Unis, 1959 – 1 h 43.

À Chicago, en 1924, pour prouver leur mépris de la société et leur supériorité intellectuelle, deux fils de milliardaires assassinent un jeune garçon. Un film puissant, et le Prix d'interprétation à Cannes pour les trois acteurs masculins. Inspiré de ce même fait divers, voir aussi LA CORDE.

LE GENOU DE CLAIRE (SIX CONTES MORAUX, V)
Comédie dramatique d'**Éric Rohmer**, avec Jean-Claude Brialy *(Jérôme)*, Aurora Cornu *(Aurora, la romancière)*, Béatrice Romand *(Laura)*, Laurence de Monagham *(Claire)*. • SC : É. Rohmer. • PH : Nestor Almendros.

• MONT : Cécile Decugis. France, 1970 – Couleurs – 1 h 45. ★ PRIX LOUIS-DELLUC 1970.

Sur le point de se marier, Jérôme, diplomate, passe des vacances au bord du lac d'Annecy. Aurora, une amie romancière, observe et commente, en vue d'un futur roman, ses relations avec deux jeunes filles : Laura est amoureuse de lui, tandis que Claire s'est entichée d'un garçon de son âge. Jérôme parviendra-t-il à exorciser la fascination qu'il ressent pour le genou de Claire ?

◆ *Rarement la « mauvaise foi » des héros rohmériens, et particulièrement des* Contes moraux, *a été poussée à ce point, merveilleusement servie par le charme et le brillant de Brialy. Jérôme ne peut reconnaître le dépit que cause l'indifférence de Claire au séducteur mûrissant qu'il est, et déguise sa vengeance en défi quasi libertin, se réfugiant même derrière les incitations de la romancière pour garder bonne conscience. Un conte acidulé à l'image du temps des cerises et de l'adolescence sur fond de beauté naturelle aux couleurs intellectualisées d'un Gauguin.* *J.M.*

GENRE MASCULIN
Comédie dramatique de **Jean Marbœuf**, avec Jean-Marc Thibault, Jean-Pierre Darras, Michel Galabru, Patrick Laval, Judith Magre, Michel Vitold. France, 1977 – Couleurs – 1 h 20.

Tous les soirs, quatre célibataires se donnent rendez-vous dans le café d'un ami marié, et rêvent d'aventures en livrant chacun leurs fantasmes féminins.

LES GENS DE DUBLIN "THE DEAD"
Drame de **John Huston**, d'après une nouvelle de James Joyce, avec Donald McCann, Anjelica Huston, Helena Carroll, Cathleen Delany, Ingrid Craigie. États-Unis / R.F.A. / Grande-Bretagne, 1987 – Couleurs – 1 h 25.

À l'occasion d'un traditionnel repas de nouvel an, une jeune femme saisie par la mélancolie fait à son mari une confession douloureuse. D'abord empreinte d'humour et de légèreté, la description des protagonistes se teinte de gravité, et des thèmes comme l'amour ou la mort surgissent alors en filigrane. Avec ce film intimiste, le vieux lion Huston se retirait en nous léguant une sorte de testament spirituel.

LES GENS DE LA PLUIE "THE RAIN PEOPLE"
Drame de **Francis Ford Coppola**, avec Shirley Knight *(Natalie)*, James Caan *(Kilgannon)*, Robert Duvall *(Gordon)*, Maria Zimmet *(Rosalie)*. • SC : F.F. Coppola. • PH : William Butler. • MUS : Ronald Stein. États-Unis, 1969 – Couleurs – 1 h 41.

Une jeune femme enceinte fuit son foyer car elle ne sait si elle pourra assumer cette responsabilité. Elle prend en stop un jeune homme, champion de football rejeté après un accident qui en a fait un simple d'esprit. Elle doit seule s'occuper de cet innocent, qu'elle ne saura sauver d'une mort stupide.

◆ *Si ce film n'est pas très abouti formellement, il est rendu très émouvant par ce que Coppola a su révéler chez ses excellents acteurs, tous visiblement très touchés par l'enjeu du film. C'est l'œuvre de Coppola où sa grande tendresse (qu'on n'a pas assez remarquée) est la plus manifeste. Sa vision des rapports sociaux est très amère, bien qu'il n'en rende jamais vraiment responsables les hommes qui en sont plutôt les malheureux jouets, même lorsqu'ils font consciemment du mal.* *S.K.*

LES GENS DU VOYAGE
Drame de **Jacques Feyder**, avec Françoise Rosay, André Brûlé, Marie Glory, Fabien Loris, Sylvia Bataille. France, 1937 – 1 h 48.

La dompteuse d'un grand cirque recueille son ancien amant, évadé du bagne, dont elle a eu vingt ans plus tôt un fils. Le cinéaste signe parallèlement une version allemande intitulée FAHRENDES VOLK, avec Françoise Rosay, Hans Albers, Camilla Horn, Hannes Stelzer.

LE GENTILHOMME DE LA LOUISIANE
"THE MISSISSIPPI GAMBLER"
Film d'aventures de **Rudolph Mate**, avec Tyrone Power, Piper Laurie, Julia Adams. États-Unis, 1953 – Couleurs – 1 h 38.

Dans La Nouvelle-Orléans de l'époque des bateaux à aubes, un flambeur est au cœur d'une intrigue sentimentale.

LE GENTLEMAN DE COCODY
Film d'aventures de **Christian-Jaque**, avec Jean Marais, Liselotte Pulver, Philippe Clay. France / Italie, 1965 – Couleurs – 1 h 30.

Un sémillant diplomate en poste à Abidjan tombe amoureux d'une jeune chasseresse de papillons, qui se trouve être en fait la patronne d'une bande de gangsters.

LE GENTLEMAN DE LONDRES "KALEIDOSCOPE"
Comédie de **Jack Smight**, avec Warren Beatty, Susannah York, Eric Porter. Grande-Bretagne, 1966 – Couleurs – 1 h 43.

Un tricheur de génie, qui truque des jeux de cartes directement à la fabrique, tombe amoureux de la fille d'un policier.

LE GENTLEMAN D'EPSOM / LES GRANDS SEIGNEURS
Comédie de **Gilles Grangier**, avec Jean Gabin, Madeleine Robinson, Louis de Funès. France, 1962 – 1 h 22.

Un officier en retraite écume les champs de courses, en donnant des « tuyaux » à des pigeons.

GENTLEMAN JIM "GENTLEMAN JIM"
Comédie dramatique de **Raoul Walsh**, avec Errol Flynn *(James J. « Gentleman Jim » Corbett)*, Alexis Smith *(Victoria Ware)*, Jack Carson *(Walter Lowrie)*, Alan Hale *(Pat Corbett)*, Ward Bond *(John L. Sullivan)*. • SC : Vincent Laurence, Horace McCoy, d'après le livre de James J. Corbett, *The Roar of the Crowd*. • PH : Sid Hickox. • DÉC : Ted Smith. • MUS : Heinz Roemheld. • MONT : Jack Killifer. • PR : Warner Bros. États-Unis, 1942 – 1 h 44.

Cinq ans de la carrière météorique de « Gentleman Jim » Corbett. À San Francisco (1887), Corbett n'est qu'un petit employé de banque, passionné par la boxe (sport mal famé et quasi clandestin) et désireux de s'élever au-dessus de sa condition. Cet arrivisme agace les membres du Club Olympique, ainsi que la jolie Vicky Ware, fille d'un sénateur, mais leur tentative de faire corriger l'ambitieux lance au contraire sa carrière : il bat le champion d'Angleterre, puis remporte une série de matchs un peu partout aux États-Unis. La tribu querelleuse des Corbett bénéficie des largesses de Jim. Le champion incontesté John L. Sullivan accepte de mettre son titre en jeu face à Corbett, mais celui-ci doit réunir une caution de 10 000 dollars. Pour « avoir le plaisir de voir Corbett K.O. », Vicky Ware avance l'argent, mais, à La Nouvelle-Orléans (1892), c'est Gentleman Jim qui, au vingt et unième round, défait Sullivan par K.O. Sacré champion du monde, Corbett reçoit l'hommage du vaincu, et l'aveu de l'amour de Vicky.

◆ Une tactique de mouvement

Comme les Faubourgs de New York, Gentleman Jim *témoigne d'abord du goût de Walsh pour la période de l'âge du toc aux États-Unis, avec son mélange truculent d'énergie et de vulgarité. Ici, l'accent est mis sur San Francisco, dont l'« aristocratie » elle-même fort récente (1849) se voit obligée d'intégrer un Irlandais vantard et encombré de parasites braillards, mais qui a su introduire dans la boxe un « frisson nouveau ». De même que Corbett l'emporte sur Sullivan grâce à la rapidité de son jeu de jambes, de même, cas exceptionnel parmi les films sur la boxe,* Gentleman Jim *préfère l'esquive à la force de frappe, l'élégance d'une silhouette aux gros plans de visages tuméfiés, bref l'agilité du corps et de l'esprit à la puissance et même au courage. Cet éloge de la vitesse a son écho non seulement dans l'opposition entre la grâce apollinienne d'Errol Flynn et le physique athlétique de Ward Bond, buveur et bûcheron, mais aussi dans le style cinématographique, dans la variété des angles sous lesquels sont filmés les combats, qui reflète l'incessant ballet de Corbett, comme dans le montage rapide qui résume la naissance d'un champion. Si les pugilats des Celtes querelleurs donnent pour leur part l'image d'un mouvement toujours recommencé et plein de vanité, la louange de la vitesse trouve sa limite lorsque la magnanime « abdication » de Sullivan contraint Gentleman Jim à un rare moment de pause et de gravité.* J.-L.B.

GEORGE QUI ?
Essai biographique de **Michèle Rozier**, avec Anne Wiazemsky, Bulle Ogier, Yves Rénier. France, 1973 – Couleurs – 1 h 50.

À travers la vie d'Aurore Dupin, baronne Dudevant, dite George Sand, est évoquée la lutte féministe. Les ruptures de ton à la Godard et, l'introduction de personnages contemporains transforment l'héroïne en une figure allégorique du M.L.F.

GEORGIA "FOUR FRIENDS"
Drame d'**Arthur Penn**, avec Craig Wasson *(Danilo)*, Jodi Thelen *(Georgia)*, Michael Huddleston *(David)*, Jim Metzler *(Tom)*, Scott Hardt *(Danilo enfant)*, Elizabeth Lawrence *(Mrs. Prozor)*. • SC : Steve Tesich. • PH : Ghislain Cloquet. • DÉC : David Chapman, Dick Hughes. • MUS : Elizabeth Swados. • MONT : Barry Malkin, Marc Laub. États-Unis, 1982 – Couleurs – 1 h 55.

Au début des années 60, un jeune émigré yougoslave, Danilo, a deux amis, Tom et David. Tous trois courtisent Georgia, qui a une préférence pour Tom. Danilo part pour l'Université où il se lie avec Louie, dont il épouse la sœur Adrienne. Enceinte de Tom, Georgia épouse David. Le père d'Adrienne, amoureux de sa fille, tire sur elle et sur Danilo puis se suicide. Danilo va travailler en usine. Plus tard, il se réconcilie avec ses amis et Georgia décide de refaire sa vie avec lui.

◆ *C'est aux années 60, pendant lesquelles il connut son heure de gloire, qu'Arthur Penn consacre ce film nostalgique et foisonnant. Il recrée imperceptiblement, à travers la vie et les émotions de son quatuor, l'ambiance animée et exaltante de leur époque. Le scénario enchaîne les scènes fortes, sans temps morts, et Jodi Thelen, dans le rôle de Georgia, éclaire tout le film par sa fraîcheur, sa spontanéité, sa physionomie épanouie. Superbe photographie du Français Ghislain Cloquet.* G.L.

GERMINAL
Drame d'**Yves Allégret**, d'après le roman d'Émile Zola, avec Jean Sorel, Berthe Granval, Claude Brasseur, Bernard Blier. France / Hongrie / Italie, 1963 – 1 h 42.

En 1863, un mineur de fond révolté par l'injustice sociale tente de lancer le syndicalisme dans les mines. Une transposition de Zola dans le style « qualité française » des années 50.

GERMINAL
Drame social de **Claude Berri**, d'après le roman d'Émile Zola, avec Renaud, Gérard Depardieu, Miou-Miou, Judith Henry, Jean Carmet. France / Belgique / Italie, 1993 – Couleurs – 2 h 40.

Une adaptation très fidèle à l'œuvre de Zola, pour du grand cinéma populaire français.

GERONIMO "GERONIMO"
Western d'**Arnold Laven**, avec Chuck Connors, Ross Martin, Kamala Devi. États-Unis, 1962 – Couleurs – 1 h 41.

En 1883, Geronimo et ses Apaches ne désirent plus que la paix. Mais les traités sont rompus par des trafiquants et un officier raciste. Geronimo reprend les armes. Un western pro-indien.

GERTRUD "GERTRUD"
Drame de **Carl Theodor Dreyer**, avec Nina Pens Rode *(Gertrud)*, Bendt Rothe *(Gustav)*, Ebbe Rode *(Gabriel)*, Baard Owe *(Erland)*, Axel Strobye *(Axel)*. • SC : C.T. Dreyer, d'après la pièce de Hjalmar Søderberg. • PH : Henning Bendtsen, Arne Abrahmsen. • DÉC : Kai Rasch. • MUS : Jørgen, Jensild. • MONT : Edith Schlüssel. Danemark, 1964 – 1 h 59.

La cantatrice Gertrud quitte son mari Gustav, sur le point d'être ministre, et s'offre à son jeune amant Erland, lui aussi préoccupé par sa carrière. À son ancien amant Gabriel Lidman, poète que fête l'Université, elle explique qu'elle l'a quitté autrefois parce qu'il jugeait l'amour et le travail incompatibles. Elle choisit de vieillir dans la solitude, réaffirmant à la fin de sa vie à son confident Axel que « l'amour est tout ».

◆ *Ce film raffiné, à la structure musicale très subtile, différait trop de ce qu'on attendait de l'auteur d'*Ordet *et était trop en avance sur son temps sous des dehors désuets : il fut très mal accueilli à sa sortie. Cette œuvre ultime est pourtant le sommet de l'art de Dreyer. Porté par des images d'une absolue évidence, un texte sublime dit l'amour, la vie et la mort, et se transforme en musique.* *J.M.*

GERVAISE
Drame de **René Clément**, avec Maria Schell *(Gervaise Macquart)*, François Périer *(Coupeau)*, Suzy Delair *(Virginie Poisson)*, Armand Mestral *(Lantier)*, Jany Holt *(Mme Lorilleux)*, Florelle *(Mme Coupeau)*, Jacques Harden *(Goujet)*. • SC : Jean Aurenche, Pierre Bost, d'après le roman d'Émile Zola *l'Assommoir*. • PH : Robert Juillard. • DÉC : Paul Bertrand. • MUS : Georges Auric. • MONT : Henri Rust. France, 1956 – 1 h 51.

À Paris, à partir de 1852. La lamentable histoire de Gervaise, blanchisseuse que son amant Lantier abandonne avec deux enfants. Elle épouse un brave ouvrier couvreur, Coupeau, qu'un accident du travail va pousser à l'alcoolisme.

◆ *Un film d'une rare perfection technique. Tout un quartier du Paris de l'époque fut reconstitué en studio. Les décors, la musique, la photo accentuent le réalisme de l'ensemble remarquablement joué. Maria Schell obtint alors le Prix d'interprétation au festival de Venise et le film fut nommé pour les Oscars à Hollywood.* *J.-C.S.*

GET CRAZY "GET CRAZY"
Comédie musicale d'**Allan Arkush**, avec Malcom McDowell, Allen Goorwitz, Daniel Stern. États-Unis, 1983 – Couleurs – 1 h 32.

Malgré de nombreuses embûches, le propriétaire d'un music-hall organise un gigantesque concert de rock.

GHETTO TÉRÉZIN / LA LONGUE ROUTE
"DALEKÁ CESTA"
Drame historique d'**Alfred Radok**, avec Blanka Waleská, Otomar Krejča, Viktor Ōcasek. Tchécoslovaquie, 1949 – 1 h 23.

La « vie » dans le camp d'extermination de Térézin, où mourut Desnos. D'une façon inattendue, le réalisateur a choisi l'expressionnisme pour décrire le monde de l'authentique horreur. Mais, finalement, la complexité des décors, le contraste des éclairages, la recherche des effets se révèlent efficaces pour suggérer la violence inexprimable des camps.

GHOST "GHOST"
Comédie fantastique de **Jerry Zucker**, avec Patrick Swayze, Demi Morre, Woopi Goldberg. États-Unis, 1990 – Couleurs – 2 h 06.

Un couple vit heureux. Pas pour longtemps. L'ami de la famille fait tuer l'homme afin de pouvoir consoler sa veuve. Heureusement, le mort, devenu fantôme, protège la dame et rentre en contact avec elle grâce à un médium pittoresque. Cette comédie fantastique est une excellente surprise. On sourit, on rit, on marche (on accepte de marcher, plutôt).

GIACOMO MATTEOTTI "Il delitto Matteotti"
Film politique de **Florestano Vancini**, avec Franco Nero, Mario Adorf, Vittorio De Sica. Italie, 1976 – Couleurs – 1 h 55.

En 1924, le député Matteotti demande l'annulation des élections pour cause de pressions sur les électeurs. Il est assassiné par les hommes de main du parti fasciste.

GIBIER DE PASSAGE "Wildwechsel"
Drame de **Rainer Werner Fassbinder**, avec Eva Mattes, Harry Baer. R.F.A., 1972 – Couleurs – 1 h 40.

Après un séjour en prison pour détournement de mineure, Franz renoue avec Hanni. Le père de celle-ci menaçant de dénoncer le jeune homme, l'adolescente pousse son amant à le tuer.

GIBIER DE POTENCE
Drame de **Roger Richebé**, d'après le roman de Jean-Louis Curtis, avec Arletty, Georges Marchal, Nicole Courcel, Pierre Dux, Mouloudji. France, 1952 – 1 h 46.

Une femme aide un beau garçon à exploiter ses charmes auprès de dames esseulées.

GIBRALTAR
Mélodrame de **Fédor Ozep**, avec Viviane Romance, Erich von Stroheim, Roger Duchesne. France, 1938 – 1 h 45.

À Gibraltar, un officier anglais se fait passer pour traître aux yeux de tous, sa fiancée comprise, pour déjouer des plans terroristes.

LA GIFLE
Comédie de **Claude Pinoteau**, avec Lino Ventura, Annie Girardot, Isabelle Adjani, Jacques Spiesser, Francis Perrin. France, 1974 – Couleurs – 1 h 40. ★ Prix Louis-Delluc 1974.

Les déboires professionnels, familiaux et sentimentaux d'un professeur de géographie élevant seul sa fille.

GIGI
Comédie dramatique de **Jacqueline Audry**, d'après le roman de Colette, avec Danièle Delorme, Gaby Morlay, Yvonne de Bray, Jean Tissier. France, 1949 – 1 h 45.

Au début du siècle, l'éveil à l'amour de Gigi, jeune fille de seize ans. Le style de Jacqueline Audry convient parfaitement à cette adaptation qui lança Danièle Delorme.

▷ Une libre adaptation musicale du roman a été réalisée par **Vincente Minnelli**, avec Leslie Caron, Maurice Chevalier, Louis Jourdan. États-Unis, 1958 – Couleurs – 1 h 56. ★ 8 Oscars 1958, dont Meilleur film, Meilleur réalisateur, Meilleure photo, Meilleur scénario, Meilleure musique.

LE GIGOLO
Drame psychologique de **Jacques Deray**, avec Jean-Claude Brialy, Alida Valli, Jean Chevrier, Valérie Lagrange, Philippe Nicaud, Rosy Varte. France, 1960 – 1 h 38.

Un jeune homme, qui n'accepte pas la fin de sa liaison avec une riche veuve, revendique un crime dont est injustement accusée une jeune fille trop crédule.

GIGOLO
"Just a Gigolo/Schoener Gigolo, Armer Gigolo"
Comédie dramatique de **David Hemmings**, avec David Bowie, Marlene Dietrich, Sydne Rome, Kim Novak, David Hemmings, Maria Schell. R.F.A. / Grande-Bretagne, 1978 – Couleurs – 1 h 40.

Dans les années 20, à Berlin, Paul devient un gigolo réputé. Sur fond de troubles politiques et sociaux.

GIGOT CLOCHARD DE BELLEVILLE "Gigot"
Mélodrame de **Gene Kelly**, avec Jackie Gleason, Gabrielle Dorziat, Jean Lefebvre. États-Unis, 1962 – Couleurs – 1 h 45.

Un vieux clochard muet, naïf et généreux, est la risée de tous en raison de sa passion pour les enterrements.

GILDA "Gilda"
Film policier de **Charles Vidor**, avec Rita Hayworth *(Gilda)*, Glenn Ford *(Johnny Farrell)*, George Macready *(Ballin Mundson)*, Joseph Calleia *(Miguel Obregon)*, Steven Geray *(oncle Pio)*, Joe Sawyer *(Casey)*, Gerald Mohr *(le capitaine Delgado)*, Robert Scott *(Gabe Evans)*, Ludwig Donath *(l'Allemand)*, Don Douglas *(Thomas Langford)*. • SC : Marion Parsonnet, d'après une histoire de E.A. Ellington ; adaptation Jo Eisinger. • PH : Rudolph Mate. • DÉC : Stephen Goosson, Van Nest Polglase. • MUS : Marlin Skiles. Chansons « Put the Blame on Mame » et « Amado mío » d'Allan Roberts et Doris Fisher. • MONT : Charles Nelson. • PR : Virginia Van Upp (Columbia). États-Unis, 1946 – 1 h 50.

Un soir de guigne, dans les bas-fonds de Buenos Aires, le joueur Johnny Farrell tombe aux mains de « pigeons » irascibles, prêts à lui faire un mauvais sort. Sauvé par l'intervention d'un élégant et équivoque propriétaire de casino, Ballin Mundson, il devient son bras droit et son plus fidèle ami. Au retour d'un voyage, Mundson lui présente sa jeune et belle épouse : Gilda – une « ex » de Johnny. Décidée à reconquérir ce dernier, Gilda multiplie les avances. Johnny la repousse. La tension monte...

◆ Le filon misogyne

Les cinéphiles de l'immédiat après-guerre ont fait de Gilda *un film mythique. C'est à travers leur regard, leur nostalgie qu'il faudrait désormais l'étudier pour y déceler quelque magie, car les ans n'ont guère été charitables à cette modeste « perle noire » sortie des austères studios Columbia. Fabriqué pour une star de fraîche date, incertaine de son potentiel,* Gilda *fut à la fois son plus grand succès et la cause ultime de son échec : Rita Hayworth, identifiée pour toujours à ce personnage, ne put le faire oublier dans ses autres créations (*la Dame de Shanghai, *conçu explicitement dans ce but, fut boudé par le grand public), ni en égaler le rayonnement érotique et la perversité factice. Venue du cabaret, Rita Hayworth avait fait quelques années plus tôt l'objet d'un remodelage physique complet. Dépouillée de son hispanité, ses premiers films des années 40 révèlent une jeune femme athlétique, épanouie, saine, dénuée de malice et de sophistication : l'antithèse parfaite de la femme fatale... On conçoit la perplexité de ceux qui durent, le temps d'un film, « casser » cette image. Leur embarras transparaît dans plus d'une scène, obscurcissant à l'envi la personnalité de l'héroïne (vamp ou victime, femme-objet, proie innocente ou mante religieuse ?), ses relations avec Mundson, ses rapports sado-masochistes avec Johnny Farrell. Plus que la misogynie naïve qui impressionna tant certains commentateurs, plus que les références fétichistes et homosexuelles (largement inconscientes) qui le parsèment, nous frappe aujourd'hui cette indécision balourde, aggravée par les réticences instinctives d'une comédienne qui se savait à juste titre incapable de* composer. *O.E.*

GIMME SHELTER "Gimme Shelter"

Documentaire de **David Maysles**, **Albert Maysles** et **Charlotte Zwerin**. États-Unis, 1970 – Couleurs – 1 h 32.

Un concert des Rolling Stones en Californie, filmé avec ses répétitions. Mais, outre la qualité des images, le dérapage tragique de la soirée transforme les perspectives habituelles.

GINGER ET FRED "Ginger e Fred"

Comédie dramatique de **Federico Fellini**, avec Giulietta Masina, Marcello Mastroianni. Italie, 1985 – Couleurs – 2 h 05.

Une émission de télévision présente des sosies de personnages célèbres. Parmi eux, un couple qui imitait trente ans plus tôt le célèbre duo américain Ginger Rogers-Fred Astaire.

GIPSY "The Gipsy and the Gentleman"

Mélodrame de **Joseph Losey**, avec Mélina Mercouri, Keith Mitchell, Patrick McGoohan. Grande-Bretagne, 1958 – Couleurs – 1 h 47.

Les manigances d'une gitane qui essaie de s'approprier la fortune d'un jeune lord anglais. Ambiance passionnée et sensuelle.

LES GIRLS "Les Girls"

Comédie musicale de **George Cukor**, avec Gene Kelly *(Barry Nichols)*, Kay Kendall *(Sybil)*, Mitzi Gaynor *(Joy)*, Taina Elg *(Angèle)*. • SC : John Patrick, Vera Caspary. • PH : Robert Surtees. • DÉC : William A. Horning, Gene Allen. • MUS : Cole Porter (chansons), Adolph Deutsch (direction musicale). • CHOR : Jack Cole. • MONT : Ferris Webster. États-Unis, 1957 – Couleurs – 1 h 54.

Considérant son honneur atteint par le livre de souvenirs que vient de publier son ex-collègue Sybil (une Anglaise maintenant épouse d'un lord), Angèle, l'une des trois vedettes des tournées de Barry Nichols, une Française délurée, mariée elle aussi, lui fait un procès. Le récit que chacune fait de ses relations avec Barry diffère. Mais, en fait, Barry était amoureux de la troisième, l'Américaine Joy.

◆ *Le thème pirandellien – où est la vérité ? – s'efface ici au profit de la subtile description des nuances de comportement de ces trois femmes de nationalités et de tempéraments si divers.* *J.M.*

LE GITAN

Film policier de **José Giovanni**, avec Alain Delon, Annie Girardot, Paul Meurisse, Marcel Bozzuffi, Maurice Biraud, Renato Salvatori. France, 1975 – Couleurs – 1 h 42.

Un gitan multiplie les hold-up et se venge ainsi de la société, sans savoir qu'il perturbe la retraite d'un ancien truand.

LA GITANE

Comédie de **Philippe de Broca**, avec Claude Brasseur, Valérie Kaprisky, Clémentine Célarié, Stéphane Audran. France, 1985 – Couleurs – 1 h 35.

Un banquier « installé » partage ses affections entre son ex-femme, sa fille, sa maîtresse et sa voiture. Mais celle-ci est dérobée par la bande de « Mona la Gitane ».

LA GLACE À TROIS FACES

Drame de **Jean Epstein**, d'après une nouvelle de Paul Morand, avec René Ferté, Olga Day, Suzy Pierson, Jeanne Helbling. France, 1927 – 1 200 m (env. 44 mn).

Un jeune homme riche et un peu écervelé est aimé par trois femmes très dissemblables.

LES GLADIATEURS

"Demetrius and the Gladiators"

Film d'aventures de **Delmer Daves**, avec Susan Hayward, Victor Mature, Michael Rennie, Debra Paget. États-Unis, 1954 – Couleurs – 1 h 41.

Les jeux du cirque, la vie des gladiateurs et la dure mission de Demetrius, l'esclave grec affranchi chargé de conserver la tunique du Christ. La suite de LA TUNIQUE (Voir ce titre).

LES GLADIATEURS "GLADIATORERNA"
Film d'anticipation de **Peter Watkins**, avec des interprètes non professionnels. Suède, 1969 – Couleurs – 1 h 30.

Pour remplacer la guerre, les Nations-Unies organisent des Jeux de la Paix. Mais l'amour entre deux concurrents « ennemis » vient troubler le système. Un nouveau cri d'alarme par l'auteur de LA BOMBE (Voir ce titre).

LE GLAIVE ET LA BALANCE
Drame d'**André Cayatte**, avec Anthony Perkins, Jean-Claude Brialy, Renato Salvatori. France, 1963 – 2 h 10.

Trois hommes sont arrêtés en même temps. L'un des trois est un assassin recherché, mais ni l'instruction ni le procès ne permettront d'identifier le vrai coupable. Les trois hommes sont donc acquittés, puis tués par la foule.

GLISSEMENTS PROGRESSIFS DU PLAISIR
Essai d'**Alain Robbe-Grillet**, avec Anicée Alvina *(Alice)*, Olga Georges-Picot *(Nora)*, Jean-Louis Trintignant *(l'inspecteur de police)*, Michael Lonsdale *(le magistrat)*, Jean Martin *(le pasteur)*. • SC : A. Robbe-Grillet. • PH : Yves Lafaye. • MUS : Michel Fano. • MONT : Bob Wade. France, 1974 – Couleurs – 1 h 45.

Une jeune fille accusée d'un meurtre entraîne un magistrat, un pasteur et son avocate dans le labyrinthe de son imaginaire.

◆ *Ce film qui, à sa manière, raconte l'histoire de la sorcière, construit progressivement son anecdote autour de quelques images clés. Après avoir mis en cause le récit réaliste, Robbe-Grillet propose au spectateur de nouvelles logiques d'agencement des images et des sons.* *F.J.*

LA GLOIRE DE MON PÈRE
Biographie filmée d'**Yves Robert**, d'après l'œuvre de Marcel Pagnol, avec Philippe Caubère, Nathalie Roussel, Thérèse Liotard, Didier Pain. France, 1990 – Couleurs – 1 h 45.

Marcel Pagnol raconte sa vie. C'est un regard littéraire sur une destinée d'écrivain. Yves Robert filme ce regard. Cela donne une œuvre attachante, pleine de rimes provençales que les mauvaises langues baptisent clichés. Le deuxième volet de cette biographie, LE CHÂTEAU DE MA MÈRE, appelle les mêmes commentaires. Il est même plus réussi.

LA GLOIRE DU CIRQUE "ANNIE OAKLEY"
Biographie de **George Stevens**, avec Barbara Stanwyck, Preston Foster, Melvyn Douglas, Moroni Olsen, Pert Kelton. États-Unis, 1935 – 1 h 18.

Une évocation romancée de la vie de la célèbre femme de l'Ouest et de ses démêlés sentimentaux avec un autre champion de tir.

LA GLOIRE ET LA PEUR "PORK CHOP HILL"
Film de guerre de **Lewis Milestone**, avec Gregory Peck, Harry Guardino, Rip Torn, George Peppard. États-Unis, 1959 – 1 h 37.

L'atroce réalité de la guerre de Corée pour un officier et ses hommes qui doivent reprendre une colline aux Chinois.

GLORIA "GLORIA"
Drame de **John Cassavetes**, avec Gena Rowlands *(Gloria Swenson)*, Buck Henry *(Jack Dawn)*, Julie Carmen *(Jeri Dawn)*, Juan Adames *(Philip Dawn)*. • SC : J. Cassavetes. • PH : Fred Schuler. • MUS : Bill Conti. • MONT : Jack McSweeney. États-Unis, 1980 – Couleurs – 2 h 03.
★ **LION D'OR, Venise 1980.**

Une ancienne call-girl, Gloria, se voit confier un garçonnet par un « employé » de la maffia qui a cru pouvoir ruser avec ses maîtres et va être exécuté. Elle n'aime pas les enfants, et le gamin n'est guère supportable. Mais une colère élémentaire, individualiste, la soulève, et sa fuite à travers la ville avec l'enfant est une déclaration de guerre : elle abat deux ou trois hommes. Le chef de la maffia étant son ex-amant, la confrontation est inévitable.

◆ *Film de commande dont Cassavetes renie le dénouement,* Gloria *s'étire un peu sur le thème de l'apprentissage réciproque de la femme seule et de l'enfant, mais la composition de l'actrice et la photo en décors « réels » sont tout à fait remarquables.* G.LD.

GLORIA MUNDI
Drame de **Nico Papatakis**, avec Olga Karlatos, Jean-Louis Broust, Antoinette Moya, Michel Ruhl. France, 1976 (RÉ : 1974) – Couleurs – 1 h 55.

Une comédienne s'identifie au rôle qu'elle doit interpréter au point de se torturer elle-même pour mieux appréhender la réalité des sévices et en montrer toute l'horreur.

LA GLORIEUSE PARADE / LA PARADE DE LA GLOIRE "YANKEE DOODLE DANDY"
Biographie de **Michael Curtiz**, avec James Cagney, Joan Leslie, Walter Huston. États-Unis, 1942 – 2 h 06.

À travers la biographie du comédien George M. Cohan (1878-1942), un hymne à l'Américain moyen et au président Roosevelt. Oscar du Meilleur acteur pour James Cagney.

G. MEN CONTRE DRAGON NOIR
"G. MEN VS THE BLACK DRAGON"
Film d'aventures de **William Witney**, avec Rod Cameron, Roland Got, Constance Worth. États-Unis, 1942 – 1 h 32.

Trois G. Men s'opposent à une secte japonaise nommée « Dragon Noir ». Assemblage de plusieurs épisodes d'un « serial ».

LES GODELUREAUX
Comédie dramatique de **Claude Chabrol**, avec Jean-Claude Brialy, Bernadette Lafont, Charles Belmont, Jean Galland, Jean Tissier, Sacha Briquet. France, 1960 – 1 h 49.

Un garçon, qui rivalise de farces et plaisanteries nocturnes avec ses camarades, partage une petite amie avec un rival snob.

GOD'S COUNTRY "GOD'S COUNTRY"
Documentaire de **Louis Malle**. États-Unis, 1979-1985 – Couleurs – 1 h 30.

L'aboutissement de six ans de reportage quotidien dans une petite ville du Middle West.

GODSPELL "GODSPELL"
Comédie musicale de **David Greene**, avec Victor Garber, David Heskell, Jerry Sroka, Lynne Thigpen. États-Unis, 1972 – Couleurs – 1 h 50.

Transposition chorégraphique et musicale de certains épisodes de la vie de Jésus. Il s'agit de la version cinématographique de l'opéra pop' présenté sur les scènes de New York et Paris.

GODZILLA "GOJIRA"
Film fantastique d'**Inoshiro Honda**, avec Raymond Burr *(Steve Martin)*, Takashi Shimura *(Dr Kyohei Yamani)*, Momoko Kochi *(Imiko Yamani)*, Akira Takarada *(Hideo Ogata)*. • SC : Takeo Murata, I. Honda, d'après une histoire de Shigeru Kayama. • PH : Masao Tamai. • DÉC : Satoshi Chuko(effets spéciaux : Eiji Tsuburaya). • MUS : Akira Ifukube. Japon, 1954 – 1 h 20.

Des navires japonais sont inexplicablement détruits en pleine mer. Le journaliste américain Steve Martin se rend au Japon pour enquêter sur ce mystère. Avec le Dr Yamani et sa fille Imiko, il se rend dans l'île d'Oto où ils découvrent un monstre préhistorique, réveillé par les explosions de bombe H, qu'ils baptisent Godzilla. Malgré l'intervention de la Marine, Godzilla, apparemment indestructible, dévaste la baie de Tokyo. Un savant invente un procédé pour l'asphyxier.

◆ *La hantise nucléaire qui plane sur le Japon depuis les explosions d'Hiroshima et Nagasaki est très sensible dans* Godzilla, *modèle des films à monstres gigantesques baptisés « keija » par les Japonais. Une manière de ressusciter, à travers un scénario bâti sur le schéma de* King Kong, *les dragons des anciennes légendes, qui ne crachent plus le feu mais un rayon radio-actif ! La conception du monstre et les effets spéciaux semblent, aujourd'hui, d'une grande naïveté (surtout l'utilisation des maquettes) mais celle-ci ne manque pas de charme.* *G.L.*

GOHA
Drame poétique de **Jacques Baratier**, avec Omar Chérif [Sharif] *(Goha)*, Zina Bouzaiade *(Fulla)*, Lauro Gazzolo *(Taj el-Ouloum)*, Gabriel Jabbour *(Sayed Khamis)*, Daniel Emilfork *(Ibrahim)*, Claudia Cardinale. • SC : J. Baratier, Georges Schéhadé, d'après le livre d'Albert Adès *le Livre de Goha le Simple*. • PH : Jean Bourgoin. • DÉC : Georges Koskas. • MUS : Maurice Ohana. • MONT : Léonide Azar. France / Tunisie, 1959 (RÉ : 1957) – Couleurs – 1 h 23. ★ PRIMÉ POUR SA QUALITÉ POÉTIQUE, Cannes 1958.

Jeune homme insouciant et désœuvré, Goha fait le désespoir de son père. Son vieux mentor épouse la jeune et jolie Fulla. Celle-ci s'ennuie vite auprès de son barbon et se console avec Goha. Leur liaison est découverte : Fulla est répudiée et mise à mort et Goha chassé. Le vieux mentor finit par lui pardonner et, plein de remords, Goha se suicide... accidentellement avec l'aide de son ami le musicien aveugle.

◆ *Inspirée d'un conte populaire célèbre dans tout le monde arabe et tournée en décors naturels à Kairouan, c'est une œuvre d'une grande invention poétique où les scènes de la vie quotidienne musulmane éclairent le comportement des personnages. D'une qualité exceptionnelle, le texte et les dialogues de Georges Schéhadé sont le fleuron d'un générique de rêve, avec des acteurs alors inconnus : Omar Sharif et Claudia Cardinale dans un rôle très bref.* *J.-B.B.*

GOLD "GOLD"
Film d'aventures de **Peter Hunt**, d'après le roman de Wilbur Smith *Goldmine*, avec Roger Moore, Susannah York, Ray Milland. Grande-Bretagne, 1974 – Couleurs – 2 h 04.

À Johannesbourg, les manœuvres d'un patron de mines pour faire monter les cours de l'or échoueront grâce au dévouement héroïque d'un ingénieur.

GOLDEN CHILD (L'ENFANT SACRÉ DU TIBET)
"The Golden Child"
Film d'aventures de **Michael Ritchie**, avec Eddie Murphy, Charles Dance, Charlotte Lewis. États-Unis, 1986 – Couleurs – 1 h 33.

Le jeune dieu vivant du Tibet a été enlevé, et seul l'Élu qui vit dans la Cité des Anges peut le sauver. Avec Eddie Murphy dans le rôle d'un flic de Los Angeles.

GOLDEN EIGHTIES
Comédie musicale de **Chantal Akerman**, avec Myriam Boyer, John Berry, Delphine Seyrig, Charles Denner, Nicolas Tronc, Lio, Fanny Cottençon. France / Belgique / Suisse, 1985 – Couleurs – 1 h 36.

Dans l'une des galeries marchandes de Bruxelles, les destinées amoureuses de divers personnages se croisent. Doux-amer.

GOLDFINGER "Goldfinger"
Film d'aventures de **Guy Hamilton**, avec Sean Connery *(James Bond)*, Gert Froebe *(Auric Goldfinger)*, Honor Blackman *(Pussy Galore)*, Shirley Eaton *(Jill Masterson)*, Harold Sakata *(Oddjob)*, Bernard Lee *(«M»)*, Lois Maxwell *(Moneypenny)*. • SC : Richard Maibaum, Paul Dehn, d'après le roman de Ian Flemming. • PH : Ted Moore. • DÉC : Ken Adam. • MUS : John Barry. Grande-Bretagne, 1964 – Couleurs – 1 h 52.

L'homme d'affaires international Auric Goldfinger inquiète les États-Unis et l'Angleterre en spéculant sur l'or. Chargé de le surveiller, James Bond le traque jusqu'à son repaire en Suisse. Goldfinger veut atomiser Fort Knox. Bond réussit à retourner Pussy Galore, la femme-pilote de Goldfinger, et à éviter la catastrophe.

◆ *Troisième épisode des aventures de James Bond,* Goldfinger *comporte quelques-unes des images marquantes de la série : le corps nu de Shirley Eaton asphyxié par une fine pellicule d'or, la fameuse Aston Martin bardée de gadgets délirants... Intrigue simple, linéaire, criminel d'envergure et un peu fou, c'est l'univers du roman-feuilleton transposé dans la superproduction colorée. Le comédien allemand Gert Froebe, révélé entre autres par Fritz Lang, y trouva le rôle de sa vie.* *G.L.*

GOLDSTEIN "Goldstein"
Comédie dramatique de **Philip Kaufman** et **Benjamin Manaster**, avec Lou Gilbert, Ellen Madison, Thomas Erhart. États-Unis, 1963 – 1 h 25.

À Chicago, un vieillard, mystérieusement sorti des flots du lac Michigan vagabonde dans la ville, se lie à un écrivain, un sculpteur... Une dénonciation des absurdités du monde moderne.

LE GOLEM "Der Golem"
Film fantastique de **Paul Wegener** et **Carl Boese**, avec Paul Wegener *(le Golem)*, Albert Steinrück *(rabbin Löw)*, Ernest Deutsch, Lydia Salmonova. • SC : P. Wegener, Henrik Galeen, d'après le roman de Gustav Meyrink. • PH : Karl Freund. • DÉC : Hans Poelzig. Allemagne, 1920 – 1 800 m (env. 1 h 06).

Au XVIIe siècle à Prague, pour protéger la communauté juive, le rabbin Löw façonne une statue d'argile à laquelle il donne le souffle de vie : le Golem. La créature s'interpose devant ceux qui veulent nuire à la communauté et rend aussi de menus services dans le ghetto. Un soir, le rabbin oublie d'enlever sur la poitrine du Golem la capsule qui lui donne vie. Livrée à elle-même, la créature se met à détruire ceux qu'elle devait protéger. Mais une petite fille l'attendrit et lui ôte, en jouant, la capsule magique.

◆ *Ce film, remake d'un film réalisé en 1914 (voir ci-dessous), est une transposition d'une ancienne légende juive. Son thème fondamental est la révolte de la créature contre le démiurge et l'échec de l'homme qui veut égaler Dieu en créant à son tour la vie. Le film est dominé par l'impressionnant décor du ghetto, où les innombrables maisons aux murs inégaux semblent animées d'une vie propre. Cette sensation rattache le film au mouvement expressionniste, où le thème de « la maison vivante » revient souvent. La scène où le Golem se laisse attendrir par la petite fille est touchante et préfigure une scène du* Frankenstein *de Whale. L'apparition de la gigantesque tête démoniaque qu'évoque le rabbin Löw pour créer le Golem est saisissante. Saisissante mais aussi intelligente et humoristique, la scène où le rabbin visualise le futur pour l'empereur Rodolphe II, en se servant d'une boîte magique qui envoie des images sur un écran blanc, avec la parfaite apparence de la réalité.* *S.K.*

▷ Version précédente réalisée par **Henrik Galeen** et **Paul Wegener**, intitulée DER GOLEM, avec Paul Wegener, Lyda Salmonova, Henrik Galeen, Carl Ebert. Allemagne, 1914 – env. 1 500 m (55 mn).

LE GOLEM
Drame de **Julien Duvivier**, d'après le roman de Gustav Meyrink, avec Harry Baur, Roger Karl, Ferdinand Hart, Germaine Aussey, Jany Holt. France, 1935 – 1 h 40.

En 1610, dans le ghetto de Prague, les juifs mettent tous leurs espoirs dans le Golem, un monstre d'argile créé par un rabbin, et qui doit les délivrer. La créature se réveille, détruit le palais et tue tous les suppôts du tyran.

LOS GOLFOS

Drame de **Carlos Saura**, avec Manuel Zarzo, José Luis Marin. Espagne, 1959 – 1 h 28.

Un groupe de voyous trouve sa raison de vivre à travers le succès d'un de leurs camarades toréador. La bande s'effrite lorsque la première corrida du débutant est un désastre.

GOLGOTHA

Drame historique de **Julien Duvivier**, avec Robert Le Vigan, Harry Baur, Jean Gabin, Edwige Feuillère. France, 1935 – 1 h 35.

La vie du Christ, de son arrivée à Jérusalem à sa crucifixion et à sa résurrection. Une adaptation fidèle des Évangiles.

GOODBYE COLOMBUS "GOODBYE COLOMBUS"

Drame de **Larry Peerce**, d'après le roman de Philip Roth, avec Richard Benjamin, Ali McGraw, Jack Klugsman. États-Unis, 1969 – Couleurs – 1 h 42.

Un garçon pauvre se lie avec une jeune fille de la riche bourgeoisie juive. La différence sociale les séparera.

GOODBYE MR CHIPS "GOODBYE MR CHIPS"

Chronique sentimentale de **Sam Wood**, avec Robert Donat *(Mr Chips)*, Greer Garson *(Katherine)*, Paul Henreid *(Staefel)*, Terry Kilburn *(John Colley, Peter Colley I, II, III)*. • SC : R.C. Sherriff, Claudine West, Erric Maschwitz, d'après le livre de James Hilton. • PH : Frederick A. Young. • MUS : Richard Addinsell. Grande-Bretagne, 1939 – 1 h 54.

La vie d'un professeur de collège anglais, Mr Chipping surnommé Mr Chips, à la fin du siècle dernier. C'est un ours solitaire jusqu'à ce qu'il épouse la ravissante Katherine. Elle transforme sa vie par sa chaleur et sa joie de vivre. Chips devient alors très populaire auprès des écoliers. Après la mort de sa femme en couches, il se consacre entièrement à l'institution.

◆ *Les souvenirs d'école présents dans la mémoire de chacun expliquent en partie le succès du film. Robert Donat réalise un tour de force en jouant Chips de 24 à 83 ans, performance qui lui valut un Oscar l'année où* Autant en emporte le vent *les obtenait presque tous. Greer Garson, elle, débute au cinéma dans le rôle de la charmante Katherine. Le film joue sur le pittoresque britannique et sur la nostalgie. Le tournage eut lieu en partie dans un collège anglais et les figurants sont de vrais élèves. Quand Mr Chips entend le docteur se plaindre de n'avoir pas eu d'enfants, il dit, sur son lit de mort : « J'en ai eu des milliers et des milliers, tous des garçons ». Mais le film se termine sur une note juvénile ; un des élèves favoris de Chips regarde la caméra et dit « Goodbye Mr Chips, Goodbye ».* S.P.

GOODBYE MR CHIPS "GOODBYE MR CHIPS"

Comédie musicale d'**Herbert Ross**, avec Peter O'Toole, Petula Clark, Michael Redgrave. États-Unis, 1969 – 2 h 31.

Les tribulations de Mr Chips actualisées et mises en musique pour le premier film d'Herbert Ross. Remake du précédent.

GOODBYE SOUTH, GOODBYE

"GOODBYE SOUTH, GOODBYE"

Comédie dramatique de **Hou Hsiao Hsien**, avec Jack Kao, Hsu Kuei-ying, Lim Giong, Annie Shizuka Inoh. Taïwan, 1996 – Couleurs – 2 h.

Il n'y a pas d'histoire à proprement parler, mais une série de clips montrant la vie quotidienne de quelques jeunes de Taïwan : on y jongle beaucoup avec les téléphones cellulaires, on monte sur des grosses motos, on s'y lave les dents en durée réelle, on joue ; petits coups foireux pour le présent, petits rêves de fric en Chine ou en Amérique pour le futur. La mélancolie d'un pays qui n'est plus arrimé à la Chine et n'a pas encore rejoint l'univers nippo-américain.

GOOD MEN GOOD WOMEN "HAONAN, HAONU"

Comédie dramatique de **Hou Hsiao Hsien**, d'après la pièce de Chiang Bi-Yu et Lan Bo-chow, avec Annie Shizuka Inoh, Lim Giong, Jack Kao, Vicky Wei, King Jieh-wen. Taïwan, 1995 – Couleurs – 1 h 48.

Harcelée par un inconnu qui lui a dérobé son journal intime, une jeune femme de Taïpeh, Liang Ching, se met à vivre sur trois registres : son passé tragique qui lui revient en mémoire, sa vie quotidienne de comédienne et l'univers du personnage qu'elle doit incarner dans un film, Chiang Bi-Yu, dont le destin présente des similitudes avec le sien.

GOOD MORNING BABILONIA

"GOOD MORNING BABILONIA"

Comédie dramatique de **Paolo** et **Vittorio Taviani**, avec Vincent Spano, Joaquim de Almeida, Greta Scacchi, Desiree Becker. États-Unis / Italie / France, 1987 – Couleurs – 1 h 58.

L'épopée de deux frères italiens émigrés aux États-Unis, qui font fortune en travaillant avec le cinéaste David Wark Griffith. Peu après, la guerre et la mort les réunissent sur le sol natal.

GOOD MORNING VIETNAM

"GOOD MORNING VIETNAM"

Comédie de **Barry Levinson**, avec Robin Williams, Forest Whitaker, Tung Thanh. États-Unis, 1987 – Couleurs – 2 h.

Affecté à Saigon en 1968 comme disc-jockey de la radio militaire, un animateur impertinent devient l'idole des G.I. en même temps que la tête de turc de ses supérieurs.

GOOD NIGHT MOTHER "NIGHT, MOTHER"
Drame de **Tom Moore**, d'après la pièce de Marsha Norman, avec Sissy Spacek, Anne Bancroft, Ed Berke, Carol Robbins. États-Unis, 1986 – Couleurs – 1 h 36.

Une femme tente de convaincre sa mère du bien-fondé de sa décision de se suicider. Un bouleversant huis clos.

LES GOONIES "THE GOONIES"
Film d'aventures de **Richard Donner**, avec Sean Astin, Josh Brolin. États-Unis, 1985 – Couleurs – 1 h 51.

Une bande d'adolescents part à la chasse au trésor : souterrains, bandits, squelettes, bateau-fantôme, monstre enchaîné, etc.

GORGE PROFONDE "DEEP THROAT"
Film pornographique de **Gérard Damiano**, avec Linda Lovelace, Harry Reems. États-Unis, 1972 – Couleurs – 1 h 10.

Une femme a le clitoris placé au fond de la gorge. Un immense succès et une date dans l'histoire du film pornographique, celui-ci fut le premier exploité officiellement aux États-Unis.

LE GORILLE A MORDU L'ARCHEVÊQUE
Film d'espionnage de **Maurice Labro**, avec Roger Hanin, Jean Le Poulain. France, 1962 – 1 h 28.

Le « Gorille », agent des services secrets français, fait échouer un complot dirigé par le président d'un trust, surnommé « l'Archevêque », contre la construction d'un chemin de fer transafricain.

GORILLES DANS LA BRUME
"GORILLAS IN THE MIST (THE ADVENTURE OF DIAN FOSSEY)"
Film d'aventures de **Michael Apted**, avec Sigourney Weaver, Bryan Brown, Julie Harris. États-Unis, 1988 – Couleurs – 2 h 08.

Dian Fossey, paléontologue, se prend de passion pour les gorilles de montagne du Zaïre. Elle consacre sa vie à les étudier et à les défendre contre les braconniers, qui finiront par l'assassiner.

LE GORILLE VOUS SALUE BIEN
Film policier de **Bernard Borderie**, d'après le roman d'Antoine Dominique, avec Lino Ventura, Bella Darvi, Charles Vanel, Pierre Dux. France, 1958 – 1 h 44.

Partout où passe le « Gorille », les truands disparaissent et les cadavres s'amoncellent. Ce qui lui vaut les félicitations de ses chefs. Le film qui fit de Ventura une vedette.

▷ Autre film avec le « Gorille », réalisé par **Bernard Borderie**, intitulé LA VALSE DU GORILLE, avec Roger Hanin, Charles Vanel, Yves Barsacq. France, 1959 – 1 h 40.

GORKY PARK "GORKY PARK"
Film policier de **Michael Apted**, d'après le roman de Michael Cruz Smith, avec William Hurt, Lee Marvin, Brian Dennehy, Joanna Pacula. États-Unis, 1983 – Couleurs – 2 h 06.

Derrière trois cadavres défigurés découverts dans le parc Gorki à Moscou se profile l'ombre d'un homme d'affaires américain en cour au Kremlin.

GOSSES DE TOKYO "UMARETE WA MITA KEREDO"
Comédie dramatique de **Yasujiro Ozu**, avec Tatsuo Saito *(Yoshii, le père)*, Mitsuko Yoshikawa *(la mère)*, Hideo Sugarawa *(Ryoichi, le fils aîné)*, Tokkan Kozo *(Keiji, le fils cadet)*, Takeshi Sakamoto *(le principal)*. • SC : Akira Fushimi, Geibei Ibushiya, James Maki [Y. Ozu]. • PH : Hideo Shigehara. • DÉC : Takashi Kono. Japon, 1932 – 1 h 27.

Un modeste employé vient de s'installer dans les faubourgs de Tokyo avec sa femme et ses deux fils. Difficilement, ces derniers s'imposent comme meneurs à la bande du quartier et font du fils du patron leur souffre-douleur. Ils n'admettent pas de voir leur père obséquieux, faisant le pitre pour plaire au patron. Ils décident de ne plus manger, mais la faim l'emporte. Ils commencent à comprendre, tandis que leur mère se demande s'ils auront une vie meilleure.

◆ *Ozu traite ici avec humour son thème favori, les relations entre parents et enfants, mais offre surtout un message d'humanisme social en faveur du respect de l'identité des individus dans la société japonaise fortement hiérarchisée. Le ton est celui d'une chronique souriante de la vie quotidienne fortement marquée par l'opposition entre la forte personnalité des enfants et la résignation de leur père.* J.M.

GOTHIC "GOTHIC"
Film d'épouvante de **Ken Russell**, avec Gabriel Byrne, Julian Sands, Natasha Richardson, Myriam Cyr, Timothy Spall. Grande-Bretagne, 1986 – Couleurs – 1 h 30.

Le poète Shelley, sa femme, lord Byron et deux amis se retrouvent dans une villa isolée par une nuit de tempête : éclairs, drogues et alcools dans un univers gothique et maléfique.

GOTO, L'ÎLE D'AMOUR
Conte fantastique de **Walerian Borowczyk**, avec Pierre Brasseur, Ligia Branice, Ginette Leclerc, René Dary. France, 1969 – 1 h 35.

Goto, île imaginaire, est soumise au pouvoir tyrannique de Goto III, qui mêle l'absurde à l'arbitraire. Pour son premier long métrage de fiction, Borowczyk a gardé toute la violence de ses dessins animés. Certains plans, très fugitifs, sont en couleurs.

GOTT MIT UNS "DIO È CON NOI/GOTT MIT UNS"
Film de guerre de **Giuliano Montaldo**, avec Franco Nero, Richard Johnson, Bud Spencer. Italie, 1970 – Couleurs – 1 h 50.

Dans un camp de prisonniers allemands, en 1945, un officier canadien laisse exécuter par les prisonniers deux déserteurs de la Wehrmacht.

LE GOUFFRE AUX CHIMÈRES
"THE BIG CARNIVAL"
Drame de **Billy Wilder**, avec Kirk Douglas *(Charles Tatum)*, Jan Sterling *(Lorraine)*, Bob Arthur *(Herbie Cook)*. • SC : B. Wilder, Lesser Samuels, Walter Newman. • PH : Charles Lang Jr. • DÉC : Hal Pereira, Earl Hendrick. • MUS : Hugo Friedhoffer. • MONT : Doane Harrison. États-Unis, 1951 – 1 h 51.

Charles Tatum est un journaliste sans scrupules qui affiche volontiers son cynisme. Sans travail, alcoolique, il trouve enfin une occasion de se refaire une notoriété en obtenant l'exclusivité d'un reportage spectaculaire : un homme bloqué dans une galerie lutte contre la mort et Tatum recueille ses impressions. Il s'arrange pour retarder les opérations de sauvetage. Comme prévu, le public se passionne pour ce drame et se précipite sur les lieux. L'histoire finira très mal pour tout le monde.

◆ *C'est une satire cruelle des mœurs de la presse et, pourrait-on dire, une vision pessimiste de l'humanité tout entière. Avec un sens aigu de la tension dramatique, Billy Wilder nous montre jusqu'où un journaliste peut placer son orgueil professionnel (qui devient abjecte déformation) et son goût du lucre. Le « scoop », le suspense artificiellement entretenu, sont les armes de cet arriviste fringant qui ignore la déontologie et s'en flatte. L'apologue est un peu appuyé, mais d'une grande efficacité et Kirk Douglas est excellent dans un rôle antipathique.* G.S.

LE GOUJAT "THE SCOUNDREL"
Comédie dramatique de **Ben Hecht** et **Charles MacArthur**, avec Noel Coward, Alexander Woolcott, Julie Haydon, Stanley Ridges. États-Unis, 1935 – 1 h 14.

Après la mort d'un écrivain célèbre, son fantôme revient parmi les vivants pour découvrir le sens de l'amour.

GOULAG "GOULAG"
Film d'aventures de **Roger Young**, avec David Keith, Malcolm McDowell, David Suchet, Warren Clarke. États-Unis, 1984 – Couleurs – 1 h 57.

Un journaliste américain à Moscou, accusé d'espionnage, est envoyé au goulag. Il cherche à s'évader par tous les moyens.

GOUPI MAINS ROUGES
Drame de **Jacques Becker**, avec Fernand Ledoux *(Goupi Mains Rouges)*, Robert Le Vigan *(Goupi Tonkin)*, George Rollin *(Goupi Monsieur)*, Blanchette Brunoy *(Goupi Muguet)*, René Génin *(Goupi Dicton)*, Marcel Perès *(Eusèbe)*. • SC : Pierre Véry. • PH : Pierre Montazel. • DÉC : Pierre Marquet. • MUS : Jean Alfaro. • MONT : Marguerite Renoir. France, 1943 – 1 h 40.

Dans un village charentais vivent quatre générations de Goupi, qui ne s'entendent pas toujours très bien, mais lavent leur linge sale en famille. On trouve un soir le pépé mort, et c'est le drame car lui seul connaissait la place d'un magot qu'on se transmet de génération en génération. Qui a fait le coup ?

◆ *Becker s'imposa avec ce deuxième film comme un cinéaste de premier ordre. L'intrigue, qui pourrait être trop ingénieuse avec ses flash-back et ses ellipses, est constamment mise en abîme par une mise en scène fluide, d'une rigueur impressionnante et par une distribution magique, d'une homogénéité parfaite. Le milieu paysan est montré avec une exactitude presque vériste. Le sujet, qui exalte par certains aspects la communauté paysanne, pourrait être pétainiste avec son côté « retour à la terre », si la description n'était féroce et critique.* S.K.

LE GOUROU "THE GURU"
Drame psychologique de **James Ivory**, avec Michael York, Rita Tushingham. États-Unis, 1968 – Couleurs – 1 h 50.

Parti s'initier à la musique de l'Inde, un jeune chanteur anglais rencontre une jeune fille venue dans les mêmes intentions. Quelques aperçus sur l'incompatibilité de deux civilisations.

LE GOÛT DE LA CERISE "TAM E GILASS"
Chronique d'**Abbas Kiarostami**, avec Homaton Ershadi, Abdolrahman Bagheri. Iran, 1997 – Couleurs – 1 h 35.
★ PALME D'OR ex aequo, Cannes 1997.

Un homme erre au volant de sa voiture dans les faubourgs de Téhéran, à la recherche de quelqu'un qui l'aidera à mettre fin à ses jours.

LE GOÛT DU SAKÉ "SAMMA NO AJI"
Comédie dramatique de **Yasujiro Ozu**, avec Chishū Ryū *(Shūhei, le père)*, Shima Iwashita *(Michiko, la fille)*,

Shinichirō Mikami *(Kazuo)*, Keiji Sada *(Koichi)*, Mariko Okada *(Akiko)*. • SC : Y. Ozu, Kogo Noda. • PH : Yūharu Atsuda. • DÉC : Tatsuo Hamada. • MUS : Takayori Saitō. • MONT : Yoshiyasu Hamamura. Japon, 1962 – Couleurs – 1 h 52.

Hirayama, veuf, a un fils marié et une fille, Michiko, qui s'occupe de la maison. Un ami lui conseille d'épouser une femme jeune. Un autre ami, le professeur Sakuma, retraité, qui tient une épicerie avec sa fille, se reproche devant lui de gâcher l'avenir de celle-ci. Hirayama décide de marier rapidement Michiko. Celle-ci, secrètement amoureuse d'un garçon qui, las d'attendre, vient de se fiancer, accepte le choix paternel. Hirayama reste seul.

◆ *Ce film automnal est le dernier des cinquante-trois films d'Ozu. Son style contemplatif et sa réflexion sur la cellule familiale y sont portés à leur comble, ainsi que la description nostalgique d'un Japon où l'influence américaine (le whisky contre le saké) érode les valeurs traditionnelles. L'image de Chishū Ryū, tout à sa solitude, s'enivrant après le mariage de sa fille dans un bar dont la serveuse lui rappelle sa femme défunte reste l'emblème du cinéma d'Ozu.* J.M.

GOUVERNEUR MALGRÉ LUI
"THE GREAT MCGINTY"

Comédie de **Preston Sturges**, avec Brian Donlevy *(Dan McGinty)*, Muriel Angelus *(Catherine McGinty)*, Akim Tamiroff *(le chef de parti)*, Allyn Joslyn *(George)*, William Demarest *(le politicien)*, Harry Rosenthal *(Louie, le garde du corps)*, Louis Jean Heydt *(Thompson)*, Arthur Hoyt *(le maire Tillighast)*, Thurston Hall *(Mr Maxwell)*, Steffi Duna *(la fille)*. • SC : P. Sturges. • PH : William Mellor. • DÉC : Hans Dreier, Earl Hedrick. • MUS : Frederick Hollander. • MONT : Hugh Bennett. États-Unis, 1940 – 1 h 21.

Ayant voté trente-sept fois au cours de la même élection, le vagabond McGinty devient le protégé du « Boss » de la ville, qui le marie à Catherine et le fait élire gouverneur. Lorsqu'il veut s'affranchir du politicien, McGinty se retrouve en prison avec lui. Ils s'évadent et quittent le pays.

◆ *Premier film réalisé par Preston Sturges, après une prolifique carrière de scénariste à la Paramount, Gouverneur malgré lui, raconté en flash-back, traite un sujet à la Capra comme jamais celui-ci n'aurait osé le faire. La corruption politique y est dénoncée avec une ironie et un cynisme peu communs (surtout dans une comédie), que ne vient pas « racheter » quelque apologue idéaliste : McGinty, après avoir été clochard, puis gouverneur, finit barman dans un pays d'Amérique latine, racontant son histoire aux clients qui s'attardent. Ne disposant que d'un budget restreint, Sturges prit un comédien de second plan, spécialisé dans les emplois de méchants : ce fut le meilleur rôle de Brian Donlevy. Le film fut un succès, lança définitivement la carrière de réalisateur de Sturges et remporta l'Oscar du Meilleur scénario.* N.T.B.

GOYESCAS "GOYESCAS"

Comédie musicale de **Benito Perojo**, avec Imperio Argentina, Rafael Rivelles, Armando Calvo. Espagne, 1942 – 1 h 37.

Au XVIIIe siècle, rivalités amoureuses entre la comtesse Gualda et la chanteuse Petriya, toutes deux interprétées par Imperio Argentina. Chansons et musique viennent de l'opéra de Granados.

GRAFFITI PARTY "BIG WEDNESDAY"

Chronique de **John Milius**, avec Jan-Michael Vincent, William Katt, Gary Busey. États-Unis, 1977 – Couleurs – 1 h 58.

Trois amis, anciens champions de surf dans les années 60, évoquent leurs exploits avant de remonter sur la planche. Mais le temps a passé...

LE GRAIN DE SABLE

Drame de **Pomme Meffre**, avec Delphine Seyrig, Geneviève Fontanel, Michel Aumont. France, 1982 – Couleurs – 1 h 28.

La caissière d'un théâtre voué à la fermeture tente de ne pas sombrer en renouant avec son passé.

GRAINE DE VIOLENCE "THE BLACKBOARD JUNGLE"

Drame de **Richard Brooks**, avec Glenn Ford *(Richard Dadier)*, Anne Francis *(Anne Dadier)*, Margaret Hayes *(Lois Hammond)*, Vic Morrow *(Artie West)*, Sidney Poitier *(Gregory Miller)*. • SC : R. Brooks, d'après le roman d'Evan Hunter. • PH : Russell Harlan. • DÉC : Cedric Gibbons, Randall Duell. • MUS : Charles Wolcott. • MONT : Ferris Webster. États-Unis, 1955 – 1 h 41.

Jeune professeur, Richard Dadier doit affronter une classe très dure, où les Noirs et les Blancs ont leurs leaders : Gregory Miller et Artie West. Rien, ni l'autorité ni la patience, ne vient à bout de leur fureur. Sa collègue Lois Hammond est victime d'une tentative de viol, Richard est rossé par les élèves et sa femme Anne, enceinte, reçoit des lettres anonymes. Richard accuse Miller par réflexe raciste, mais c'est West qu'il devra affronter violemment en pleine classe.

◆ Graine de violence *est le premier d'une longue série de films consacrés au système éducatif américain. En mettant l'accent sur la criminalité juvénile, il choqua beaucoup aux États-Unis où l'on tenta d'em-*

pêcher la M.G.M. de le tourner (il fut même interdit en Géorgie). La mise en scène de Richard Brooks est d'une efficacité sans faille, et Glenn Ford s'affirme dans un rôle difficile, tandis qu'on découvre le talent de Sidney Poitier, le premier acteur noir qui devint vedette. La chanson « Rock Around the Clock », par Bill Haley et ses Comets, a aussi contribué au succès mondial du film. *G.L.*

GRAINE SAUVAGE "WILD SEED"
Drame de **Brian G. Hutton**, avec Michael Parks, Celia Kaye, Ross Elliott. États-Unis, 1965 – 1 h 40.

Une jeune fille de dix-sept ans fuit ses parents adoptifs à New York pour rejoindre son vrai père à Los Angeles. Un voyage à travers une Amérique dure, violente, implacable.

LES GRAINS DU ROSAIRE "PACIORKI JEDNEGO ROZANCA"
Drame de **Kazimierz Kutz**, avec Augustyn Halotta, Marta Straszna, Ewa Wisniewska. Pologne, 1980 – Couleurs – 1 h 56.

Un vieux mineur dont la maison doit être rasée pour laisser place à un lotissement s'accroche désespérément à son univers.

LE GRAND ALIBI "STAGE FRIGHT"
Comédie dramatique d'**Alfred Hitchcock**, avec Jane Wyman, Marlene Dietrich, Richard Todd, Michael Wilding. États-Unis, 1950 – 1 h 50.

Une grande vedette de music-hall accuse un homme du meurtre de son mari. La fiancée de celui-ci l'aide à se disculper. Mais...

LE GRAND AMOUR
Comédie de **Pierre Étaix**, avec Pierre Étaix, Annie Fratellini, Nicole Calfan. France, 1969 – Couleurs – 1 h 20.

Dans la vie simple de Pierre, heureux entre sa femme et sa belle-famille, l'arrivée d'une secrétaire sexy ne met qu'un trouble passager. La vie quotidienne dans ses conventions et ses rêves.

LE GRAND ATTENTAT "THE TALL TARGET"
Film policier d'**Anthony Mann**, avec Dick Powell, Paula Raymond, Adolphe Menjou. États-Unis, 1951 – 1 h 20.

Un policier, ridiculisé par ses supérieurs à la suite d'un rapport annonçant un attentat contre Abraham Lincoln, décide d'assurer seul la sécurité du Président. Un classique du cinéma américain.

LE GRAND AVOCAT "COUNSELLOR AT LAW"
Comédie dramatique de **William Wyler**, d'après la pièce d'Elmer Rice, avec John Barrymore, Bebe Daniels, Melvyn Douglas, Doris Kenyon, Onslow Stevens. États-Unis, 1933 – 1 h 18.

La fébrile vie de bureau chez un avocat juif new-yorkais. Un bon huis clos adapté d'un succès de Broadway.

LE GRAND BILL "ALONG CAME JONES"
Western de **Stuart Heisler**, avec Gary Cooper, Loretta Young, William Demarest, Dan Duryea, Frank Sully. États-Unis, 1945 – 1 h 30.

Un cow-boy timide et maladroit est le sosie d'un bandit. La fiancée de ce dernier lui demande de continuer à jouer ce rôle, mais, opposé au tueur, il finit par l'abattre et épouse la jeune femme.

LE GRAND BLEU
Comédie dramatique de **Luc Besson**, avec Jean-Marc Barr, Rosanna Arquette, Jean Reno. France, 1988 – Couleurs – 2 h 16 (version longue 1989 : 2 h 48).

Deux hommes, rivaux depuis l'enfance, luttent pour la suprématie dans le domaine de la plongée en apnée. Un immense succès auprès du jeune public, notamment en ce qui concerne les prises de vue sous-marines et la musique d'Éric Serra.

LE GRAND BLOND AVEC UNE CHAUSSURE NOIRE
Comédie d'**Yves Robert**, avec Pierre Richard, Mireille Darc, Jean Rochefort, Bernard Blier, Jean Carmet. France, 1972 – Couleurs – 1 h 30.

Le chef du Renseignement français mène une lutte sans merci contre... son adjoint. Il essaie de le piéger en lui sugggérant un dangereux espion étranger, en fait un inoffensif violoniste.

▷ Une suite a été réalisée : Voir LE RETOUR DU GRAND BLOND.

LE GRAND BOUM "THE BIG NOISE"
Film burlesque de **Mal Saint-Clair**, avec Stan Laurel, Oliver Hardy, Doris Merrick. États-Unis, 1944 – 1 h 14.

Deux détectives privés doivent veiller sur une bombe super-explosive. L'occasion pour eux de devenir des héros.

GRAND CANYON "GRAND CANYON"
Comédie dramatique de **Lawrence Kasdan**, avec Danny Glover *(Simon)*, Kevin Kline *(Mack)*, Steve Martin *(Davis)*, Mary McDonnel *(Claire)*, Alfre Woodard *(Jane)*, Mary-Louise Parker *(Dee)*. • SC : Lawrence et Meg Kasdan. • PH : Owen Roizman. • DÉC : Bo Welch. • MUS : James Newton Howard. • MONT : Carol Littleton. États-Unis, 1991 – Couleurs – 2 h 15.

Un jeune cadre attaqué dans la rue de Los Angeles par des voyous est sauvé par un brave chauffeur noir. Ils deviennent amis. La femme du cadre adopte un enfant abandonné dans la rue.

Le Noir trouve une âme sœur. Un cinéaste, spécialisé dans la violence, comprend qu'il fait fausse route...

◆ *Toutes ces petites histoires fonctionnent simultanément. Kasdan leur attribue une signification unanimiste. Il situe son patchwork dans la ville de Los Angeles qu'il connaît bien : ville opulente, mais ville sinistre, angoissante, en pleine décadence, comme l'ensemble du pays. Comment se satisfaire de ce siècle inhumain, insensé, égoïste ? Le scénario émet de timides hypothèses en s'efforçant de croire que la compréhension, la générosité, l'altruisme, toutes vertus traditionnelles et surannées, pourraient bien faire pièce au désordre établi. Il chante ce couplet d'espérance avec chaleur, conviction et talent.* G.S.

LE GRAND CARNAVAL
Comédie dramatique d'**Alexandre Arcady**, avec Philippe Noiret, Roger Hanin, Richard Berry, Macha Méril. France, 1983 – Couleurs – 2 h 14.

Deux vieux amis, notables de la ville de Tadjira, se déchirent sur fond de débarquement américain en Algérie. Dernier volet d'un tryptique pied-noir.

▷ Voir aussi LE COUP DE SIROCCO et LE GRAND PARDON.

LE GRAND CASINO "EL GRAN CASINO"
Drame de **Luis Buñuel**, avec Jorge Negrete, Libertad Lamarque, Agustin Isunza, Mercedes Barba. Mexique, 1947 – 1 h 35.

Quelque part en Amérique du Sud, un puits de pétrole est l'enjeu des plus sombres rivalités. L'un des premiers Buñuel, irréaliste, intelligent et saugrenu.

LE GRAND CÉRÉMONIAL
Drame de **Pierre-Alain Jolivet**, d'après la pièce d'Arrabal, avec Ginette Leclerc, Michel Tureau, Marcella Saint-Amant. France, 1969 – Couleurs – 1 h 45.

Un jeune homme en pleine dérive fantasmatique doit choisir entre sa mère et son amante. L'univers baroque d'Arrabal pour une tentative de cinéma d'avant-garde.

LE GRAND CHANTAGE "SWEET SMELL OF SUCCESS"
Drame d'**Alexander Mackendrick**, avec Burt Lancaster *(J.J. Hunsecker)*, Tony Curtis *(Sidney Falco)*, Susan Harrison *(Susan Hunsecker)*, Marty Milner *(Steve Dallas)*, Sam Levene *(Frank D'Angelo)*, Barbara Nichols *(Rita)*, Jeff Donnell *(Sally)*, Joseph Leon *(Robard)*, Edith Atwater *(Mary)*. • SC : Clifford Odets, Ernest Lehman, d'après la nouvelle d'Ernest Lehman *Tell Me About It Tomorrow*. • PH : James Wong Howe. • DÉC : Edward Carrere. • MUS : Elmer Bernstein. • MONT : Alan Crosland Jr. États-Unis, 1957 – 1 h 36.

Sidney Falco, imprésario arriviste et sans scrupules, est l'âme damnée de J.J. Hunsecker, le chroniqueur le plus influent et le plus redouté de Broadway. Passionnément attaché à sa sœur Susan, J.J. objecte à ses fiançailles avec le musicien de jazz Steve Dallas. Sidney intervient pour compromettre ce dernier.

◆ Le Grand Chantage *est un film réquisitoire qui démonte avec une implacable précision les combines, les servitudes, les ambitions mégalomanes, les alliances douteuses, les intrigues et les pressions insidieuses qui alimentent une certaine presse. Traité dans un style crûment réaliste, quasi documentaire, ce film nocturne accorde son tempo au jeu fébrile de Tony Curtis (son premier et meilleur rôle dramatique) et réunit autour d'un Burt Lancaster glacial à souhait une faune grouillante et inoubliable d'agents véreux, de starlettes, d'entraîneuses paumées, de politiciens et de flics corrompus.* O.E.

LE GRAND CHEF "CHIEF CRAZY HORSE"
Western de **George Sherman**, avec Victor Mature, Susan Ball, John Lund. États-Unis, 1955 – Couleurs – 1 h 26.

La vie et les problèmes tribaux du célèbre chef indien Crazy Horse qui combattit pour l'indépendance des siens.

LE GRAND CHEF
Comédie d'**Henri Verneuil**, avec Fernandel, Gino Cervi, Papouf, Gaby Basset, Georges Chamarat. France / Italie, 1959 – 1 h 32.

Comment deux simples citoyens se transforment en kidnappeurs, mais ne peuvent plus supporter le kidnappé, un gamin capricieux. Verneuil reforme le célèbre duo des *Don Camillo*.

LE GRAND CHEMIN
Comédie dramatique de **Jean-Loup Hubert**, avec Anémone, Richard Bohringer, Antoine Hubert, Vanessa Guedj. France, 1986 – Couleurs – 1 h 44.

À neuf ans, Louis découvre la campagne, les déchirements des adultes et leur complicité. Une petite villageoise lui révèle ce qu'elle sait de la vie, de l'amour et aussi l'abandon de son père.

LE GRAND CIRQUE
Film d'aventures de **Georges Péclet**, d'après le roman de Pierre Clostermann, avec Pierre Cressoy, Jean Barrière, Alexander Dundas, Pierre Larquey. France, 1950 – 2 h.

Récit vécu de l'aventure de Pierre Clostermann, qui fut un as de l'aviation française de la Seconde Guerre mondiale.

LE GRAND CITOYEN "VELIKIJ GRAŽDANIN"
Biographie en deux parties de **Friedrich Ermler**, avec Nikolai Bogolioubov, Ivan Bersenev, Oleg Jakov, Alexandre Zrajevski. U.R.S.S. (Russie), 1938-1939 – 1 h 53 et 2 h 14.

Autour de la vie et de la mort de Serguei Kirov, haut fonctionnaire assassiné en 1934, une évocation du stalinisme.

LE GRAND CONSOLATEUR "VELIKIJ UTEŠITEL'"
Comédie dramatique de **Lev Koulechov**, avec Konstanton Khohlov, Aleksandra Khohlova, Ivan Novoselcev. U.R.S.S. (Russie), 1933 – 1 h 36.

Dans une petite ville américaine, une jeune vendeuse rêve d'une vie nouvelle, tout imprégnée des récits du Grand Consolateur.

LE GRAND COUTEAU "THE BIG KNIFE"
Drame de **Robert Aldrich**, avec Jack Palance *(Charlie Castle)*, Ida Lupino *(Marion Castle)*, Rod Steiger *(Stanley Hoff)*, Shelley Winters *(Dixie)*, Wesley Addy *(Hank)*, Wendell Corey *(Smiley)*. • SC : James Poe, d'après la pièce de Clifford Odets. • PH : Ernest Laszlo. • DÉC : William Glasgow. • MUS : Frank De Vol. • MONT : Michael Luciano. États-Unis, 1955 – 1 h 51.

Charlie Castle est un acteur célèbre et riche qui vit à Hollywood. Il a des problèmes cependant : sa femme Marion va le quitter. Son producteur le harcèle pour l'obliger à signer un contrat de sept ans. Charlie résiste, mais il est l'objet d'un odieux chantage. Il a tué accidentellement une fillette, alors qu'il conduisait en état d'ivresse. Coincé, désespéré, Charlie finit par tenir tête à son producteur et trouve la solution de ses problèmes dans le suicide.

◆ *Robert Aldrich, cinéaste de la violence, a réalisé là une œuvre très puissante, tirée d'une pièce de théâtre, elle-même oppressante. Il n'a pas cherché à l'« aérer ». Tout se passe dans le même lieu clos. Les personnages s'affrontent et se déchirent comme des bêtes. Les dialogues et les monologues, littéraires, frappent fort. La tension et l'angoisse ne se relâchent pas. Ce sont les milieux cinématographiques hollywoodiens qui font les frais de cette tragédie américaine qui laisse pantois.* G.S.

LE GRAND DADAIS
Drame de **Pierre Granier-Deferre**, avec Jacques Perrin, Danielle Gaubert, Eva Renzi. France, 1967 – Couleurs – 1 h 30.

L'éducation sentimentale d'un jeune homme, qui imagine la vie bien plus belle qu'elle ne l'est.

LE GRAND DÉFI "HENNESSY"
Thriller de **Don Sharp**, avec Rod Steiger, Richard Johnson, Lee Remick, Trevor Howard, Eric Porter, Peter Egan, David Collings. Grande-Bretagne, 1975 – Couleurs – 1 h 44.

Ivre de vengeance après la mort de sa famille au cours d'affrontements à Belfast, un membre de l'I.R.A. va à Londres fomenter un complot destiné à faire sauter le Parlement.

LA GRANDE ATTAQUE DU TRAIN D'OR
"THE GREAT TRAIN ROBBERY"
Film d'aventures de **Michael Crichton**, avec Sean Connery, Donald Sutherland, Lesley-Anne Down, Alan Webb, Malcolm Terris. États-Unis, 1979 – Couleurs – 1 h 50.

En 1855, un audacieux projette de dévaliser le train qui emporte de l'or destiné à payer les soldats anglais en Crimée. Aidé de sa maîtresse et d'un spécialiste des coffres-forts, il réalise le premier hold-up ferroviaire.

LA GRANDE AVENTURE "DET STORA ÄVENTYRET"
Documentaire animalier d'**Arne Sucksdorff.** • SC : A. Sucksdorff • PH : A. Sucksdorff. Commentaire de René Barjavel, dit par Michel Droit. • MUS : Carl-Erid Larson. Suède, 1953 – 1 h 16.

La vie dans une ferme suédoise, moderne et accueillante. Deux enfants apprennent « la grande aventure » écologique. C'est moins à l'intérieur de leur maison que dans la nature sauvage que les choses se passent merveilleuses et cruelles. Un renard et ses renardeaux visitent les poulaillers. La loi des hommes veut qu'on tue ces prédateurs. La loi de la nature est tout aussi implacable. Les enfants recueillent une loutre qu'ils apprivoisent au prix de grands efforts et de quelques sacrifices. C'est leur secret, qui sera révélé. L'humanité est traîtresse. Mais la vie continue et elle est belle.

◆ *Ce très beau poème lyrique n'est pas seulement un documentaire, mais aussi une approche du monde animal par le truchement de deux enfants candides. Aucune mièvrerie dans le propos (les enfants et les bêtes sont pourtant bons conducteurs d'aberrations sentimentales). L'image est belle, le cycle des saisons photographié avec plus que de la sensibilité : une sorte de ferveur panthéiste.* G.S.

LA GRANDE BAGARRE DE DON CAMILLO
"DON CAMILLO E L'ONOREVOLE PEPPONE"
Comédie satirique de **Carmine Gallone**, avec Fernandel, Gino Cervi, Leda Gloria. Italie / France, 1955 – 1 h 40.

Peppone se présente à la députation et Don Camillo ne peut qu'essayer de l'en empêcher. Troisième film de la série.
▷ Voir aussi DON CAMILLO EN RUSSIE.

LA GRANDE BOUFFE "LA GRANDE ABBUFFATA"
Comédie dramatique de **Marco Ferreri**, avec Marcello Mastroianni *(Marcello)*, Ugo Tognazzi *(Ugo)*, Michel Piccoli *(Michel)*, Philippe Noiret *(Philippe)*, Andréa Ferréol *(Andréa)*, Monique Chaumette *(Madeleine)*, Florence Giorgetti *(Anne)*. • SC : M. Ferreri, Rafael Azcona. • DIAL : Francis Blanche. • PH : Mario Vulpiani. • MUS : Philippe Sarde. • MONT : C. Merlin, A. Salfa. • PR : Mara Capitolina. Italie / France, 1973 – Couleurs – 2 h 05.

Quatre amis décident, toutes affaires cessantes, de se suicider « à la bouffe » dans une maison 1900 du 16e arr. de Paris. Il s'agit de Marcello, pilote de ligne, Ugo, restaurateur, Michel, réalisateur à la télévision et Philippe, juge. Marcello insiste pour que des prostituées leur tiennent compagnie, mais celles-ci prennent peur et s'éclipsent très vite. Seule, une institutrice s'attache au quatuor de bourgeois hédonistes et les accompagne dans leur suicide collectif. Marcello est le premier à mourir, sous la neige, au volant de la Bugatti dans laquelle il avait pensé prendre la fuite. C'est ensuite le tour de Michel qui succombe à une terrible crise d'aérophagie, puis d'Ugo qui meurt dans un dernier orgasme. Et enfin Philippe, diabétique, à qui Andréa apporte le dernier plat fatal : un dessert en forme de seins.

◆ Une fable sociologique

La Grande Bouffe *est le film qui rendit enfin célèbre Marco Ferreri, cinéaste qui depuis une dizaine d'années avait poursuivi (en Espagne, puis en Italie) une œuvre mineure, mais très cohérente, d'entomologiste passionné par les perversions et les rites de la vie bourgeoise. Représentant la France au festival de Cannes, le film fait scandale et propulse Ferreri au nombre des meilleurs observateurs de son temps. Intervenant au tout début de la « crise » des pays riches, cette fable à base de héros trop nourris choque et fait prendre conscience au public de cinéma qu'il est entré dans une ère de digestion et de recyclage. Le film n'aurait jamais été possible sans la vieille complicité unissant les acteurs et leur confiance dans ce réalisateur qui leur a déjà donné des rôles de vieux enfants têtus et pervers. Le style de Ferreri, inimitable dans sa simplicité, est peut-être ce qui dérange le plus le public de l'époque. Loin de jouer les provocateurs ou les esthètes, celui-ci adopte une façon de filmer affectueuse et distanciée, et raffine son propre système qui consiste à multiplier les angles de prise de vue afin de créer, à la longue, un sentiment d'étrangeté né d'une fausse familiarité. La nourriture a beau être le « sujet » du film, elle n'est jamais l'objet-fétiche de la caméra, Ferreri concentrant toute son attention sur la façon dont chacun de ses personnages accepte de se laisser mourir, non par frustration, mais par trop-plein de matière. Ferreri développera cette approche dans ses films postérieurs, particulièrement* la Dernière Femme. *En ce sens, il est un des grands « témoins » des années 70.* S.D.

LA GRANDE BOURGEOISE
"FATTI DI GENTE PERBENE"
Drame de **Mauro Bolognini**, avec Catherine Deneuve, Giancarlo Giannini, Marcel Bozzuffi, Fernando Rey, Tina Aumont, Paolo Bonacelli, Laura Betti. Italie / France, 1975 – Couleurs – 2 h.

La comtesse déteste son brutal mari, mais elle est adorée de son frère, aux idées socialistes. Il assassinera le comte.

LA GRANDE CATHERINE "THE GREAT CATHERINE"
Comédie de **Gordon Flemyng**, d'après la pièce de G.B. Shaw, avec Peter O'Toole, Jeanne Moreau, Zero Mostel, Akim Tamiroff. Grande-Bretagne, 1968 – Couleurs – 1 h 40.

Un capitaine anglais, en mission auprès de la Grande Catherine, ne va rencontrer que des personnages caricaturaux. Cette adaptation tire la pièce dont elle s'inspire vers la grosse farce.
▷ Voir aussi L'IMPÉRATRICE ROUGE.

LA GRANDE CHASSE À LA FIANCÉE (LA PEINE HUMAINE) "ADAMIANTA SEVDA"
Comédie dramatique de **Goderzi Tchockheli**, avec Gouram Pirtskhalava, Mikhaïl Kherkheeoulidze, Amberk Pkhaladze. U.R.S.S. (Géorgie), 1985 – Couleurs – 1 h 35.

Des montagnards se sentent offensés lorsqu'une jeune fille d'un village voisin refuse d'épouser un des leurs.

LA GRANDE COMBINE "THE FORTUNE COOKIE"
Comédie de **Billy Wilder**, avec Jack Lemmon, Walter Matthau, Ron Rich. États-Unis, 1966 – 2 h 05.

Au cours d'un match de football, un cameraman est assommé par un joueur. À son réveil à l'hôpital, son beau-frère, avocat marron, lui conseille de simuler une paralysie.

LA GRANDE COURSE AUTOUR DU MONDE
"THE GREAT RACE"
Comédie de **Blake Edwards**, avec Jack Lemmon, Tony Curtis, Natalie Wood. États-Unis, 1965 – Couleurs – 2 h 40.

Le machiavélique professeur Fatalitas met tout en œuvre pour gagner la course automobile

New York-Paris via le Grand Nord, la Sibérie et l'Europe centrale. Une inénarrable succession de gags.

LA GRANDE CUISINE (OU L'ART ET LA MANIÈRE D'ASSAISONNER LES CHEFS)
"WHO IS KILLING THE GREAT CHEFS IN EUROPE ?"
Comédie de **Ted Kotcheff**, d'après le roman de Nan et Ivan Lyons, avec Jacqueline Bisset, George Segal, Robert Morley, Jean-Pierre Cassel, Philippe Noiret, Jean Rochefort. États-Unis, 1978 – Couleurs – 1 h 52.

Les grands cuisiniers européens sont assassinés l'un après l'autre. Chroniqueurs gastronomiques et policiers enquêtent. Surprenant.

GRANDE DAME D'UN JOUR "LADY FOR A DAY"
Comédie de **Frank Capra**, avec Warren William *(Dave the Dude)*, May Robson *(Apple Annie)*, Guy Kibbee *(« juge » Blake)*, Glenda Farrell *(Missouri Martin)*, Ned Sparks *(Happy McGuire)*, Jean Parker *(Louise)*, Walter Connolly *(comte Romero)*. • SC : Robert Riskin, d'après la nouvelle de Damon Runyon *Madame La Gimp*. • PH : Joseph Walker. • DÉC : Stephen Goosson. • MONT : Gene Havlick. États-Unis, 1933 – 1 h 28.

Apple Annie est une vieille mendiante, marchande de pommes qui « règne » sur les clochards de Broadway. Sa fille Louise, élevée en Espagne, lui annonce sa visite prochaine en compagnie de son fiancé et de son futur beau-père. Grâce à l'aide de Dave the Dude, sympathique gangster à qui elle porte bonheur, et à ses amis, Apple Annie deviendra « Mrs. E. Worthington Manville », riche femme du monde, l'espace d'une journée de rêve. Journée s'achevant par une mémorable réception où le gratin de la ville vient se mêler aux clochards et truands « déguisés » pour la circonstance. Après quoi, tout rendre dans l'ordre.

◆ *Premier triomphe personnel de Frank Capra,* Grande Dame d'un jour *sortit définitivement la Columbia du magma des « petits studios » en la faisant entrer dans la course aux Oscars. Ce fut aussi, pour le metteur en scène, le passage ultime du mélodrame à la comédie sentimentale, avec son ambiance de conte de fées moderne, sa souriante satire sociale, sa galerie de personnages farfelus. De cet ouvrage mineur, en demi-teintes, Capra tirera en 1961 un excellent remake, son dernier film en date, où Bette Davis remplaçait l'extraordinaire May Robson (Voir* Milliardaire pour un jour*).* *N.T.B.*

LA GRANDE ESCROQUERIE DU ROCK'N ROLL
"THE GREAT ROCK'N ROLL SWINDLE"
Documentaire musical de **Julian Temple**. Grande-Bretagne, 1979 – Couleurs – 1 h 45.

En dix leçons, Malcolm Mac Laren, manager des Sex Pistols, enseigne à la naine Hélène de Troie et aux spectateurs tous les trucs pour escroquer l'industrie discographique. Un film culte.

LA GRANDE ÉVASION "HIGH SIERRA"
Film noir de **Raoul Walsh**, avec Humphrey Bogart *(Mad Dog)*, Ida Lupino *(Marie Garson)*, Alan Curtis *(Babe Kozak)*, Arthur Kennedy *(Red Hattery)*, Joan Leslie *(Velma)*. • SC : John Huston, William Riley, Burnett, d'après son roman. • PH : Tony Gaudio. • DÉC : Ted Smith. • MUS : Adolph Deutsch. • MONT : Jack Killifer. États-Unis, 1941 – 1 h 50.

Mad Dog, gangster vieilli, sort de prison. Il participe à un hold-up après lequel ses comparses s'entretuent pour rafler l'argent. Il s'enfuit avec Marie, mais la police est sur leurs traces. Après une chasse à l'homme dans les montagnes, il est abattu.

◆ *Ce film offrit son premier grand rôle à Bogart qui remplaça George Raft, lequel refusait d'incarner un gangster vieilli. Le couple douloureux, réuni par la malchance, qu'il forme avec Ida Lupino est bouleversant. La poursuite finale dans la montagne, où les lacets de la route que dévorent les voitures sont filmés en vastes panoramiques heurtés, d'une grande audace, est d'un lyrisme rendu tragique par la présence obsédante de la masse montagneuse, écrasante et exaltante en ce qu'elle dessine contre le ciel une frontière qui mène à la mort, mais aussi à la libération du héros, prisonnier de son destin contraire.* *S.K.*

▷ Remake sous forme d'un western en 1949 (Voir LA FILLE DU DÉSERT), et en 1955 (Voir LA PEUR AU VENTRE).

LA GRANDE ÉVASION "THE GREAT ESCAPE"
Film de guerre de **John Sturges**, avec Steve McQueen *(Virgil Hills)*, James Garner *(Hendley)*, Richard Attenborough *(Bartlett)*, James Donald *(colonel Ramsey)*, Hannes Messemer *(von Luger)*. • SC : James Clavell, William Riley Burnett, d'après le récit de Paul Brickhill. • PH : Daniel L. Fapp. • MUS : Elmer Bernstein. • MONT : Ferris Webster. États-Unis, 1963 – Couleurs – 2 h 49.

Pendant la Seconde Guerre mondiale, les prisonniers alliés récalcitrants, récidivistes de l'évasion, sont internés dans un stalag spécial. Impossible de s'évader ? Virgil Hills est le premier à tenter l'aventure. Puis un plan gigantesque est mis sur pied : trois tunnels sont creusés, par où 250 hommes pourront s'enfuir !

◆ *Spécialiste du western et du cinéma d'aventures, John Sturges a voulu réaliser le plus spectaculaire des films d'évasion, et les moyens ne lui ont pas manqué pour y parvenir. Le récit est bien mené, sans longueur malgré sa durée, les péripéties s'enchaînent pour le plus grand plaisir des spectateurs, avec ces morceaux de bravoure que sont l'évasion à moto de Steve McQueen et le suspense de la fuite par les tunnels. Les compositions d'acteurs sont aussi nombreuses que variées.* G.L.

LA GRANDE FARANDOLE
"THE STORY OF VERNON AND IRENE CASTLE"
Comédie musicale de **Hank C. Potter**, d'après la biographie d'Irene Castle, avec Fred Astaire, Ginger Rogers, Edna May Oliver, Walter Brennan, Lew Fields. États-Unis, 1939 – 1 h 33.

L'histoire d'un couple de danseurs qui connurent leurs premiers succès à Paris et devinrent des célébrités internationales. Engagé dans l'Armée française, l'époux périt dans un accident d'avion.

LA GRANDE FROUSSE
Comédie de **Jean-Pierre Mocky**, d'après le roman de Jean Ray *la Cité de l'indicible peur*, avec Bourvil, Jean-Louis Barrault, Francis Blanche, Victor Francen. France, 1964 – 1 h 35.

À la recherche d'un condamné à mort évadé, un policier arrive dans une petite cité médiévale terrorisée par un monstre légendaire. L'un des films les plus personnels de Mocky.

LA GRANDE GUERRE "LA GRANDE GUERRA"
Drame de **Mario Monicelli**, avec Vittorio Gassman *(Giovanni Busacca)*, Alberto Sordi *(Oreste Jacovacci)*, Silvana Mangano *(Costantina)*, Folco Lulli *(Bordin)*, Bernard Blier *(capitaine Castelli)*, Romolo Valli *(lieutenant Gallina)*, Vittorio Sanipoli *(major Venturi)*, Livio Lorenzon *(sergent Battiferri)*, Nicola Arigliano *(Giardino)*, Mario Valdemarin *(Loquenzi)*, Tiberio Mitri. • SC : M. Monicelli, Luciano Vincenzoni, Age et Scarpelli. • PH : Giuseppe Rotunno, Roberto Gerardi. • DÉC : Mario Garbuglia. • MUS : Nino Rota. • MONT : Adriana Novelli. Italie / France, 1959 – 2 h 08. ★ **LION D'OR, Venise 1959.**

Un gredin et un embusqué, Giovanni et Oreste, s'engagent malgré eux en 1917. Prêts à tout pour sauver leur peau, ils sont pris dans la tourmente. Giovanni est volé par Costantina, une fille facile à qui le lie une brève aventure. Puis les deux hommes sont enrôlés dans la compagnie du capitaine Castelli qui les envoie en mission. Ils préfèreront se faire fusiller par les Autrichiens plutôt que de trahir leurs camarades.

◆ *Une grande fresque tragi-comique sur la guerre de 14-18. Deux hommes quelconques retrouvent leur diginité perdue en faisant face courageusement au peloton d'exécution. Monicelli a reconstitué avec un grand souci de précision les batailles et la vie dans les tranchées. Alberto Sordi reçut le Prix d'interprétation à Venise.* J.-C.S.

LA GRANDE HORLOGE "THE BIG CLOCK"
Comédie dramatique de **John Farrow**, d'après le roman de Kenneth Fearing, avec Ray Milland, Charles Laughton, Maureen O'Sullivan. États-Unis, 1948 – 1 h 35.

Un journaliste au flair infaillible est lancé par un magnat de la presse qui est aussi un assassin sur sa propre piste. Une nouvelle version a été réalisée en 1987 (Voir SENS UNIQUE).

LA GRANDE ILLUSION
Comédie dramatique de **Jean Renoir**, avec Jean Gabin *(lieutenant Maréchal)*, Pierre Fresnay *(capitaine de Boëldieu)*, Erich von Stroheim *(capitaine von Rauffenstein)*, Marcel Dalio *(Rosenthal)*, Julien Carette *(l'acteur)*, Dita Parlo *(Elsa)*, Jean Dasté *(l'instituteur)*, Georges Péclet *(un officier)*, Jacques Becker *(un soldat anglais)*. • SC : Charles Spaak, J. Renoir. • PH : Christian Matras. • DÉC : Eugène Lourié. • MUS : Joseph Kosma. • MONT : Marguerite Renoir. • PR : Raymond Blondy (R.A.C.). France, 1937 – 1 h 53. ★ **PRIX DU JURY INTERNATIONAL POUR LE MEILLEUR FILM ARTISTIQUE Venise ; PRIX DU MEILLEUR FILM ÉTRANGER décerné par la critique américaine.**

Dans un camp de prisonniers à la frontière franco-allemande, pendant la Première Guerre mondiale, l'uniforme unit des hommes de toutes origines sociales. Alors que la vie s'organise tant bien que mal, les liens apparaissent plus proches entre deux officiers ennemis issus de l'aristocratie qu'entre les soldats d'une même armée. Tandis que le capitaine de Boëldieu et son homologue allemand Rauffenstein évoquent le déclin de l'aristocratie et les honneurs de la guerre, deux prisonniers français s'évadent et réussissent à passer en Suisse grâce à l'aide d'une paysanne amoureuse de l'un d'eux.

◆ **Aristocrates de tous les pays...**
Classé en 1958 parmi les douze meilleurs films du monde, la Grande Illusion *avait jusqu'alors été amputée de dix-huit minutes par la censure qui y voyait une entreprise de démoralisation. À l'aube de la Seconde Guerre mondiale, cette œuvre idéaliste et pacifiste est apparue comme une mise en garde. Avec son sens habituel du récit, Jean Renoir s'attache à un microcosme, et l'on retrouve dans son stalag toutes les caractéristiques sociales de la France de l'entre-deux-guerres. L'habileté du réalisateur est d'avoir confié les rôles principaux de* la Grande Illusion *à des figures emblématiques du cinéma de l'époque. La raideur de Rauffenstein est encore accentuée par la minerve*

qu'arbore Erich von Stroheim. De même, les dialogues de Charles Spaak se chargent de faire parler les protagonistes français avec des intonations et des mots différents, qui dénotent mieux que de longs discours le fossé qui les sépare. Jean Gabin incarne ici le personnage le plus proche de Renoir lui-même, dans la lignée d'un mythe érigé avec Pépé le Moko. Maréchal correspond au Français moyen tel qu'on pouvait se le représenter alors : pétri de bon sens, grande gueule, bourru au cœur d'or et au patriotisme indéfectible. Rosenthal témoigne quant à lui de l'assimilation réussie de la communauté juive au sein de la société française, au moment même où le Reich nazi professe un antisémitisme endémique et barbare. Dernier vestige de la sédimentation provoquée par la Révolution, Boëldieu symbolise pour sa part une aristocratie en déliquescence, qui ne peut pas se reconnaître dans un monde où l'honneur semble tombé en désuétude. Pourtant, à son habitude, Renoir se garde des leçons de morale. Comme plus tard dans la Règle du jeu, *il préfère se livrer à son activité favorite : un jeu de massacre dont personne ne sort indemne.* *J.-P.G.*

LA GRANDE LESSIVE
Comédie de **Jean-Pierre Mocky**, avec Bourvil, Francis Blanche, Jean Poiret, Michael Lonsdale. France, 1968 – Couleurs – 1 h 35.

Un professeur se lance dans une grande campagne contre la télévision et c'est sur les toits qu'il va perturber les émissions.

LE GRAND EMBOUTEILLAGE
"L'INGORGO, UNA STORIA IMPOSSIBILE"
Comédie satirique de **Luigi Comencini**, avec Marcello Mastroianni, Alberto Sordi, Annie Girardot, Fernando Rey, Angela Molina. Italie, 1978 – Couleurs – 1 h 55.

Ça ne roule plus du tout sur une bretelle d'autoroute près de Rome ! Toutes les voitures, de la Jaguar à la 2 CV, vont y passer la nuit. Une petite étude sociologique des comportements.

LA GRANDE MENACE "THE MEDUSA TOUCH"
Drame de **Jack Gold**, avec Richard Burton, Lino Ventura, Lee Remick, Marie-Christine Barrault. Grande-Bretagne, 1977 – Couleurs – 1 h 45.

Un homme aux pouvoirs surnaturels risque de provoquer des catastrophes. Un enquêteur français dépêché en Angleterre découvre fortuitement l'horrible vérité.

LA GRANDE MEUTE
Comédie dramatique de **Jean de Limur**, avec Jacques Dumesnil, Aimé Clariond, Jacqueline Porel. France, 1945 – 1 h 45.

Un domaine lourdement hypothéqué et une meute font le malheur des châtelains.

LA GRANDE MURAILLE
"THE BITTER TEA OF GENERAL YEN"
Mélodrame de **Frank Capra**, avec Barbara Stanwyck *(Megan Davis)*, Nils Asther *(général Yen)*, Toshia Mori *(Mah-Li)*, Walter Connolly *(Jones)*, Gavin Gordon *(Dr Robert Strike)*, Lucien Littlefield *(Mr Jackson)*, Richard Loo *(capitaine Li)*. • SC : Edward Paramore, d'après le roman de Grace Zaring Stone. • PH : Joseph Walker. • MUS : W. Frank Harling. • MONT : Edward Curtis. États-Unis, 1933 – 1 h 28.

Dans une Chine ravagée par la guerre civile, la missionnaire Megan Davis est séquestrée par le redoutable général Yen. Refoulant l'attirance qu'elle ressent, elle refuse ses avances. Choquée par le comportement du seigneur de guerre, elle se porte garante de la maîtresse de Yen, laquelle le trahit. Ruiné, il se donne la mort en absorbant son « thé amer » au moment même où Megan, bouleversée, lui avoue son amour.

◆ *Joyau méconnu, ce film hors catégorie est à la fois un poème d'amour fou et un réquisitoire contre l'hypocrisie d'une morale occidentale bigote. La Columbia donna carte blanche à Frank Capra : sa mise en scène tisse autour des deux protagonistes un climat onirique, irréel, culminant dans une séquence de rêve où l'héroïne frustrée, subtilement campée par Barbara Stanwyck, est révélée à son propre désir. La distribution est parfaite. Acteur chevronné de Broadway, Walter Connolly fit des débuts remarqués à l'écran dans le rôle du conseiller bougon de Yen ; mais le coup de génie est d'avoir imposé, pour interpréter le général, un acteur suédois peu connu, Nils Asther, dont ce fut le seul grand rôle : sa composition énigmatique est inoubliable. Bien reçu par la critique, le film fut un échec commercial, interdit par la censure dans plusieurs pays, en raison de son thème « inter-racial ». Œuvre à part dans la carrière de Capra,* la Grande Muraille *resta un de ses films favoris, comme l'attestent ses Mémoires (« l'Art avec un grand A », écrit-il) et fut redécouverte bien plus tard par les cinéphiles du monde entier.* *N.T.B.*

LA GRANDE NUIT "THE BIG NIGHT"
Drame de **Joseph Losey**, d'après le roman de Stanley Ellin *Dreadful Summit*, avec John Barrymore Jr., Preston Foster, Howard St John, Philip Bourneuf. États-Unis, 1951 – 1 h 20.

Le jour de ses seize ans, un adolescent voit son père, un ancien boxeur, subir une correction. Il cherchera à le venger par tous les moyens. L'un des premiers films qui devaient imposer Losey.

LA GRANDE PAGAILLE / QUAND LA GUERRE FINIRA "Tutti a casa"

Drame de **Luigi Comencini**, avec Alberto Sordi, Serge Reggiani, Eduardo De Filippo, Carla Gravina, Didi Perego. Italie / France, 1961 – 2 h 08 (puis 1 h 45).

En septembre 1943, après l'armistice signé avec les Américains, l'armée italienne est prise sous le feu allemand. Un officier et un soldat vivent ensemble cette honteuse déroute.

LA GRANDE PARADE "The Big Parade"

Drame de **King Vidor**, avec John Gilbert *(James Apperson)*, Renée Adorée *(Mélisandre)*, Hobart Bosworth *(Mr Apperson)*, Claire McDowell *(Mrs. Apperson)*, Tom O'Brien *(Bull)*. • SC : Harry Behn, d'après une histoire de Laurence Stallings. • PH : John Arnold. • DÉC : James Basevi, Cedric Gibbons. • MUS : William Axt, David Mendoza. États-Unis, 1925 – 3 830 m env. à l'origine (2 h 21).

Pendant la Grande Guerre, un jeune Américain aisé, James Apperson, s'engage. Sur le terrain, il découvre la camaraderie puis l'amour auprès d'une jolie fermière française, Mélisandre. Mais son régiment part pour le front. James est gravement blessé. Après l'Armistice, il rentre chez lui amputé d'une jambe. Le souvenir de sa bien-aimée le hante et il part la retrouver en France.

◆ *C'est « l'histoire d'un jeune homme américain, ni très patriote ni très pacifiste, qui part pour la guerre et s'y comporte comme un citoyen ordinaire » (King Vidor). Des détails simples et concrets décrivent l'histoire d'amour de façon naturaliste. Ainsi, au moment où la jeune Française découvre le chewing-gum, les amoureux communiquent par gestes, « bienheureuse circonstance dans un film muet » (Vidor). La scène des adieux, où Mélisandre court après le camion qui emporte celui qu'elle aime, sera souvent citée. C'est un mélodrame où le « méchant » est la guerre. James donne sa dernière cigarette à un soldat allemand en train de mourir : la Grande Guerre fut un massacre inutile. Vidor dirige avec la même sûreté les scènes intimistes et celles de bataille, virtuosité dont il se souviendra pour réaliser* Guerre et Paix *en 1956.* S.P.

LA GRANDE SAUTERELLE

Comédie de **Georges Lautner**, avec Mireille Darc, Hardy Krüger, Maurice Biraud, Francis Blanche. France / R.F.A. / Italie, 1967 – Couleurs – 1 h 50.

À Beyrouth, deux gangsters surveillent un magnat du pétrole, habitué du casino, attendant qu'il réusssisse un grand coup pour le dévaliser. Or, il est malchanceux et entre en scène une grande blonde qui va modifier la donne.

LE GRAND ESCOGRIFFE

Comédie de **Claude Pinoteau**, d'après le roman de Rennie Airth *Snatch*, avec Yves Montand, Agostina Belli, Claude Brasseur, Aldo Maccione, Adolfo Celi. France / Italie, 1976 – Couleurs – 1 h 40.

Un imprésario raté tente un kidnapping : il remplace l'insupportable bébé d'un milliardaire par un charmant bambin. Mais le père ne tient pas à récupérer son « cher petit »...

LES GRANDES ESPÉRANCES

"Great Expectations"

Comédie dramatique de **David Lean**, avec John Mills *(Pip)*, Valerie Hobson *(Estella)*, Anthony Wager *(Pip jeune)*, Jean Simmons *(Estella jeune)*, Martita Hunt *(miss Havisham)*, Bernard Miles *(le bagnard)*. • SC : D. Lean, Ronald Neame, Anthony Havelock-Allan, d'après le roman de Charles Dickens. • PH : Guy Green. • DÉC : John Bryan. • MUS : Walter Goehr, Kenneth Pakeman, G. Linley. • MONT : Jack Harris. Grande-Bretagne, 1946 – 1 h 55.

Enfant, Pip aide un bagnard évadé. Il passe son temps libre chez une richissime excentrique qui vit seule dans son château en compagnie d'Estella, une petite fille qui se joue de Pip. Plus tard, Pip devient un gentleman grâce à un mystérieux héritage. Il pense qu'il le doit à la vieille excentrique, mais il s'agit en fait du bagnard reconnaissant, dont Estella, qu'il retrouve, est la fille.

◆ *Le film présente les mêmes qualités qu'*Oliver Twist *que Lean adapta également de Dickens. Si celui-ci est moins égal et soutenu, il contient, en revanche, les plus belles séquences : la maison au bord de la mer, la rencontre du bagnard dans le cimetière, la traversée rituelle de la sombre demeure de miss Havisham au mystérieux et labyrinthique escalier qui conduit jusqu'à elle, la salle à manger fantomatique où sa robe prend feu devant la cheminée. Les extérieurs sont beaux, mais le film se distingue par une très bonne utilisation du studio, que Lean abandonnera définitivement dans les années 50. Il deviendra alors le cinéaste de la révélation des hommes par leur contact avec une nature qui leur renvoie l'image de leur propre valeur. Comme elle l'a fait pour lui, qui y trouva sa véritable vocation.* S.K.

LES GRANDES FAMILLES

Drame de **Denys de La Patellière**, d'après le roman de Maurice Druon, avec Jean Gabin, Pierre Brasseur, Bernard Blier, Jean Desailly, Françoise Christophe. France, 1958 – 1 h 32.

Un magnat de l'industrie et de la presse s'impose par la toute-puissance de l'argent. Dialogues de Michel Audiard.

LES GRANDES GUEULES
Drame de **Robert Enrico**, avec Bourvil, Lino Ventura, Marie Dubois. France, 1965 – Couleurs – 1 h 45.

Le propriétaire d'une scierie des Vosges engage comme ouvriers d'anciens prisonniers, déchaînant ainsi l'hostilité de ses rivaux.

LES GRANDES MANŒUVRES
Drame de **René Clair**, avec Michèle Morgan *(Marie-Louise)*, Gérard Philipe *(Armand)*, Jean Desailly *(Duverger)*, Magali Noël *(Teresa)*, Brigitte Bardot *(Lucie)*, Yves Robert *(Félix)*, Simone Valère *(Gisèle)*. • SC : R. Clair, Jérôme Géronimi, Jean Marsan. • PH : Robert Lefebvre. • DÉC : Léon Barsacq. • COST : Rosine Delamare. • MUS : Georges Van Parys. • MONT : Louisette Hautecœur, Denise Natot. France, 1955 – Couleurs – 1 h 47. ★ PRIX LOUIS-DELLUC 1955.

Dans une ville de garnison, le lieutenant Armand de La Verne parie avec des camarades qu'il séduira la belle modiste divorcée, Marie-Louise, que courtise aussi un bourgeois de la ville. Malheureusement pour lui (et pour elle), s'il s'en fait aimer, il s'en éprend lui-même ! C'est alors qu'elle apprend que tout cela n'était (d'abord seulement, mais comment en être sûre ?) qu'un jeu. Le régiment, du reste, part bientôt : nous sommes à la veille de la Première Guerre mondiale, et les « grandes manœuvres » ne vont pas tarder à devenir réalité.

◆ *Voilà un très beau film d'amour, doux-amer, où l'émotion réelle des sentiments évoqués rejoint celle d'une époque à laquelle l'horizon des Emma Bovary était souvent la silhouette d'un fringant militaire.* D.C.

LES GRANDES PERSONNES
Comédie de **Jean Valère**, avec Micheline Presle, Jean Seberg, Maurice Ronet, Françoise Prévost. France / Italie, 1961 – 1 h 36.

Fine étude psychologique sur le comportement d'un séducteur et des femmes qui l'entourent.

LES GRANDES VACANCES
Comédie de **Jean Girault**, avec Louis de Funès, Maurice Risch, Claude Gensac. France, 1967 – Couleurs – 1 h 35.

Le directeur d'un internat envoie son fils en Grande-Bretagne en échange de la fille de la famille hôtesse. Mais un de ses camarades part à la place du garçon, et la jeune Anglaise affole le pensionnat.

LA GRANDE TRAQUE "TRACKDOWN"
Drame de **Richard T. Heffron**, avec Jim Mitchum, Anne Archer, Cathy Lee Crosby, Erik Estrada, Vince Cannon. États-Unis, 1975 – Couleurs – 1 h 35.

Débarquée à Los Angeles, Betsy est prise en charge par le milieu et devient prostituée avant d'être tuée par un client.

GRANDEUR NATURE "LIFE SIZE"
Drame psychologique de **Luis García Berlanga**, avec Michel Piccoli, Rada Rassimov, Lucienne Hamon, Michel Aumont. France / Italie / Espagne, 1974 – Couleurs – 1 h 40.

Un chirurgien-dentiste tombe amoureux d'une poupée gonflable. Cette passion le conduit à la folie, puis à la mort. Une fable d'une amertume désespérée et un Piccoli étonnant.

LA GRANDE VADROUILLE
Comédie de **Gérard Oury**, avec Bourvil *(Augustin Bouvet)*, Louis de Funès *(Stanislas Lefort)*, Terry-Thomas *(sir Reginald)*, Bruno Sterzenbach *(major Achbach)*, Claudio Brook *(Peter Cunningham)*, Mike Marshall *(Alan Mac Intosh)*, Andréa Parisy *(sœur Marie-Odile)*, Marie Dubois *(Ginette)*, Colette Brosset *(Mme Germaine)*. • SC : G. Oury, Marcel Jullian, Danièle Thompson. • PH : Claude Renoir. • DÉC : Jean André. • MUS : Georges Auric. • MONT : Albert Jungerson. France, 1966 – Couleurs – 2 h 02.

Trois parachutistes anglais, pendant l'Occupation, atterrissent à Paris. Deux d'entre eux sont pris en charge par un peintre en bâtiment, Augustin Bouvet, et un chef d'orchestre, Stanislas Lefort. Déguisés en soldats allemands, ces derniers s'arrangent pour permettre aux Anglais de rejoindre la zone libre. Ils vivent mille péripéties avant de franchir la ligne de démarcation.

◆ *La période de l'Occupation et le grand comique dans la tradition burlesque, voilà la recette en or qui a permis à Gérard Oury de réaliser le plus grand succès de tout le cinéma français : plus de treize millions de spectateurs ! La France entière s'est donc régalée à cette gigantesque partie de cache-cache entre les soldats de la Wehrmacht et le désopilant duo Bourvil-de Funès.* G.L.

LA GRANDE VIE
Drame d'**Henri Schneider**, avec Henri Nassiet, Claire Guilbert, Serge Benneteau Bento. France, 1951 – 1 h 40. ★ PRIX JEAN-VIGO 1952.

À Aubervilliers, un jeune homme pauvre est fasciné par un homme qu'il prend pour un caïd et à qui il voudrait ressembler.

LA GRANDE VIE "DAS KUNSTSEIDENE MÄDCHEN"
Comédie dramatique de **Julien Duvivier**, avec Giulietta Masina, Hannes Messemer, Agnes Fink, Gert Froebe. R.F.A. / France / Italie, 1960 – 1 h 45.

Une jeune femme part en ville à la recherche de la grande vie. Elle séduit tous les hommes, mais elle ne rencontre pas celui qui lui permetttrait de sortir de son milieu modeste.

LA GRANDE VILLE "THE BIG CITY"
Comédie dramatique de **Frank Borzage**, avec Spencer Tracy, Luise Rainer, Charley Grapewin, Janet Beecher, Irving Bacon, William Demarest. États-Unis, 1937 – 1 h 20.

Les dirigeants de plusieurs compagnies de taxis rivales font commettre des attentats contre les voitures de leurs concurrents.

LA GRANDE VILLE "MAHANAGAR"
Drame de **Satyajit Ray**, avec Madhabi Mukherjee, Anil Chatterjee, Haren Chatterjee, Harandhan Bannerjee. Inde, 1963 – 2 h 13.

Malgré la réticence de son mari et l'opposition radicale de son beau-père, une jeune femme décide de travailler. Révoltée par l'attitude xénophobe de son patron, elle démissionne.

LA GRANDE VOLIÈRE
Comédie dramatique de **Georges Péclet**, avec Albert Préjean, André Le Gall, Robert Moncade, Line Noro, André Chanu, Luce Feyrer. France, 1948 – 1 h 30.

Un jeune pilote civil, qui se plie mal à la discipline d'une école militaire d'aviation, est accusé d'être responsable d'un grave accident et donc interdit de vol. Il songe à se suicider.

LA GRANDE ZORRO "ZORRO, THE GAY BLADE"
Comédie de **Peter Medak**, avec George Hamilton, Lauren Hutton, Brenda Vaccaro, Ron Leibman. États-Unis, 1981 – Couleurs – 1 h 35.

Un quadragénaire au charme ravageur rentre en Californie après un séjour de rêve en Espagne. Il lui faudra l'aide de son frère, ancien marin efféminé, pour reconquérir ses prérogatives.

LE GRAND FRÈRE
Film policier de **Francis Girod**, avec Gérard Depardieu, Souad Amidou, Hakim Ghanem. France, 1982 – Couleurs – 1 h 55.

Un inspecteur de police tue un Arabe à Marseille. Le jeune frère de la victime l'a vu, et n'aura de cesse de venger son aîné.

LE GRAND FRISSON "HIGH ANXIETY"
Comédie de **Mel Brooks**, avec Mel Brooks, Madeleine Kahn, Cloris Leachmann, Harvey Korman. États-Unis, 1978 – Couleurs – 1 h 30.

Un prix Nobel de psychiatrie est nommé directeur d'une clinique à la suite de l'assassinat de son prédécesseur.

GRAND GUIGNOL
Comédie dramatique de **Jean Marbœuf**, avec Guy Marchand, Caroline Cellier, Jean-Claude Brialy, Michel Galabru, Marie Dubois. France, 1986 – Couleurs – 1 h 30.

Une troupe répète son spectacle à grand renfort d'hémoglobine, mais la vie est plus riche encore et les couples y jouent des drames plus terribles que ceux du Grand Guignol.

GRAND HÔTEL "GRAND HOTEL"
Mélodrame d'**Edmund Goulding**, avec Greta Garbo *(Grusinskaya)*, Joan Crawford *(Flaemmchen)*, John Barrymore *(baron Felix von Gaigern)*, Wallace Beery *(le directeur)*, Lionel Barrymore *(Otto Kringelein)*. • SC : E. Goulding, d'après le roman de Vicki Baum. • PH : William Daniels. • DÉC : Cedric Gibbons, Alexandre Toluboff. • COST : Adrian. • MONT : B. Sewell. États-Unis, 1932 – 1 h 55. ★ **OSCAR DU MEILLEUR FILM 1931-1932.**

Dans un palace berlinois, plusieurs destins se croisent. Une ballerine déchue et mélancolique s'éprend d'un baron désargenté et voleur. Une secrétaire ambitieuse surprend un riche financier en flagrant délit de meurtre. Tandis qu'un modeste employé veut profiter de ses économies pour finir sa vie dans le luxe et la paix.

◆ *En 1932, la M.G.M. décide de réunir ses plus prestigieuses vedettes dans le même film. Le scénario enchaîne dans un lieu artificiel, un palace, des épisodes qui permettent à chaque star de faire son numéro. Spécialiste du mélo, Goulding peut se consacrer à sa passion, la direction d'acteurs. Garbo est particulièrement émouvante en danseuse à la gloire passée vêtue de voiles et de transparences, mais elle se fait voler la vedette par Joan Crawford. À la sortie du film, qui est un énorme succès, c'est elle qui tire son épingle du jeu.* CL.A.

▷ Un remake du film a été réalisé par **Gottfried Reinhardt**, intitulé GRAND HÔTEL "MENSCHEN IM HOTEL", avec Michèle Morgan, Gert Froebe, O.W. Fischer. R.F.A. / France, 1959 – 1 h 45.

LE GRAND INQUISITEUR "WITCHFINDER GENERAL"
Drame historique de **Michael Reeves**, d'après le roman de Ronald Bassett, avec Vincent Price, Ian Ogilvy, Hilary Dwyer, Rupert Davies. Grande-Bretagne, 1968 – Couleurs – 1 h 20.

Pendant la guerre civile, au XVIIe siècle, un avocat s'est fait chasseur de sorcières et en profite pour se livrer à de multiples exactions. Le fiancé d'une jeune fille qui a été sa victime cherche à la venger.

LE GRAND JEU

Mélodrame de **Jacques Feyder**, avec Marie Bell *(Florence* et *Irma)*, Pierre Richard-Willm *(Pierre Martel)*, Françoise Rosay *(Blanche)*, Charles Vanel *(Clément)*, Georges Pitoëff *(Nicolas)*. • SC : Charles Spaak, J. Feyder. • PH : Harry Stradling. • DÉC : Lazare Meerson. • MUS : Hanns Eisler. • MONT : Jacques Brillouin. France, 1934 – 2 h.

Un jeune et brillant avocat, amant d'une femme du monde, Florence, quitte la France pour fuir un scandale et s'engage dans la Légion étrangère. Il croit reconnaître en Irma, prostituée d'un cabaret minable, la maîtresse pour laquelle il s'est ruiné.

◆ *Ce mélodrame qui eut un gros succès est célèbre pour la double composition de Marie Bell, femme du monde entretenue, à la voix snob et prétentieuse, et prostituée de bas étage, à la voix rauque et vulgaire (elle est doublée pour ce rôle par Claude Marcy qui prêtait sa voix aux versions françaises de Greta Garbo). Françoise Rosay et Charles Vanel composent un couple de patrons de cabaret du Sud marocain assez inoubliables.* *M.M.*

LE GRAND JEU

Comédie dramatique de **Robert Siodmak**, avec Gina Lollobrigida, Jean-Claude Pascal, Arletty, Raymond Pellegrin, Peter Van Eyck. France / Italie, 1954 – Couleurs – 1 h 40.

Luxueux remake du film précédent, dans lequel Lollobrigida joue le double rôle et Arletty reprend le personnage interprété précédemment par Françoise Rosay.

LE GRAND MC LINTOCK "McLINTOCK"

Western d'**Andrew McLagen**, avec John Wayne, Maureen O'Hara, Yvonne De Carlo, Stefanie Powers. États-Unis, 1963 – Couleurs – 2 h 07.

Dans l'Arkansas, un homme règne sur un immense territoire et sur tout ce qui s'y trouve : bétail, shérif, Indiens... sauf sur sa femme. Celle-ci l'a quitté et vient lui réclamer leur fille.

LE GRAND MEAULNES

Drame de **Jean-Gabriel Albicocco**, d'après le roman d'Alain-Fournier, avec Brigitte Fossey, Jean Blaise, Alain Libolt. France, 1967 – Couleurs – 1 h 55.

Au cours d'une fête dans un château de Sologne, un adolescent, Augustin Meaulnes, tombe amoureux d'une jeune femme à peine entrevue et la recherche. Des effets visuels intéressants.

GRAND MÉCHANT LOU APPELLE

"FATHER GOOSE"

Comédie de **Ralph Nelson**, avec Cary Grant, Leslie Caron, Trevor Howard. États-Unis, 1964 – Couleurs – 1 h 55.

En 1942, un navigateur solitaire rencontre la guerre dans le Pacifique et devient agent d'observation contre du whisky. Il portera secours à une jeune institutrice et ses sept petits élèves.

LE GRAND MENSONGE "THE GREAT LIE"

Mélodrame d'**Edmund Goulding**, d'après le roman de Polan Banks *January Heights*, avec Bette Davis, Mary Astor, George Brent, Lucille Watson, Hattie McDaniel. États-Unis, 1941 – 1 h 47.

Une femme, qui croit son amant tué dans un accident d'avion, prend soin du bébé que son égoïste épouse rejette. Lorsque l'homme réapparaît, on ne lui avouera que tardivement que l'enfant n'est pas celui de sa maîtresse.

LE GRAND NATIONAL "NATIONAL VELVET"

Comédie de **Clarence Brown**, avec Mickey Rooney, Elizabeth Taylor, Anne Revere. États-Unis, 1944 – Couleurs – 2 h 05.

Deux passionnés de courses entraînent un crack en vue du « Grand National ». L'auteur décrit aussi avec humour la vie d'une famille d'une petite bourgade écossaise.

▷ Plus de trente ans après, une suite a été réalisée par **Bryan Forbes**, intitulée SARAH "INTERNATIONAL VELVET", avec Nanette Newman, Tatum O'Neal, Anthony Hopkins, Christopher Plummer, Peter Barkworth. Grande-Bretagne, 1978 – Couleurs – 2 h 05.

LE GRAND PARDON

Film policier d'**Alexandre Arcady**, avec Roger Hanin, Jean-Louis Trintignant, Bernard Giraudeau. France, 1981 – Couleurs – 2 h 10.

Un clan de juifs pieds-noirs s'est installé par la force dans le « milieu » de la côte basque. Mais cela fait des jaloux et suscite les enquêtes de la police.

▷ Le réalisateur signe une suite se passant à Miami, intitulée LE GRAND PARDON II, avec Roger Hanin, Richard Berry, Gérard Darmon. France, 1992 – Couleurs – 2 h 25.

LE GRAND PASSAGE "NORTHWEST PASSAGE"

Film d'aventures de **King Vidor**, avec Spencer Tracy, Robert Young, Walter Brennan. États-Unis, 1940 – Couleurs – 2 h 05.

Dans de magnifiques extérieurs, la mission d'une troupe d'éclaireurs.

GRAND PRIX "GRAND PRIX"
Film d'aventures de **John Frankenheimer**, avec James Garner, Eva Marie Saint, Brian Bedford, Yves Montand, Toshirō Mifune, Françoise Hardy, Claude Dauphin, Geneviève Page. États-Unis, 1966 – Couleurs – 3 h.

La vie et les drames de pilotes de courses automobiles qui s'affrontent de circuit en circuit.

LE GRAND RENDEZ-VOUS
Film historique de **Jean Dréville**, avec Pierre Asso, René Blancard, Jacques Castelot. France, 1950 – 1 h 45.

La reconstitution, avec un grand souci du détail historique, du complot d'Alger qui prépara le débarquement américain en Afrique du Nord.

LE GRAND RESTAURANT
Comédie de **Jacques Besnard**, avec Louis de Funès, Bernard Blier, Noël Roquevert. France, 1966 – Couleurs – 1 h 35.

Monsieur Septime dirige avec maestria l'un des meilleurs restaurants parisiens. Hélas, on enlève dans son établissement un chef d'État étranger...

LE GRAND ROI "DER GROSSE KÖNIG"
Film historique de **Veit Harlan**, avec Otto Gebühr, Kristina Soderbaum, Gustav Froelich, Hans Nielsen, Hilde Korber. Allemagne, 1942 – 2 h.

Une évocation admirative du règne de Frédéric II de Prusse, par le cinéaste favori du régime nazi.

GRAND'RUE "CALLE MAJOR"
Drame de **Juan Antonio Bardem**, avec Betsy Blair *(Isabel)*, José Suarez *(Juan)*, Yves Massard *(Federico)*, Dora Doll *(Tonia)*, Luis Peña *(Luis)*, Alfonso Coda *(Calvo)*, Manuel Alexandre *(Luciano)*. • SC : J.A. Bardem. • PH : Michel Kelber. • MUS : Joseph Kosma, Isidro B. Maiztegui. • MONT : Margarita Ochoa. Espagne / France, 1956 – 1 h 40. ★ PRIX DE LA CRITIQUE INTERNATIONALE, **Venise 1956.**

Dans une petite ville de province, un groupe de jeunes gens tuent le temps en montant des blagues. Juan, le célibataire de la bande, va faire croire à Isabel, une vieille fille, qu'il est amoureux d'elle. Isabel, qui n'en demandait pas plus, s'épanouit de bonheur. Conscient d'être allé trop loin, Juan se dérobe et charge un ami madrilène de lui révéler la vérité.

◆ *Ce troisième long métrage de Bardem est peut-être le plus représentatif de son œuvre. Il y raconte dans un style simple (sans les effets de caméra de* Mort d'un cycliste*) la mesquinerie et l'ennui d'une petite ville de province où la passivité face au franquisme est peut être la plus forte. Sa description de cette société sclérosée est particulièrement acerbe.* C.G.

LE GRAND SAM "NORTH TO ALASKA"
Comédie de **Henry Hathaway**, avec John Wayne, Stewart Granger, Capucine, Fabian. États-Unis, 1960 – Couleurs – 2 h 02.

À l'époque de la ruée vers l'or, bagarres homériques en Alaska pour deux copains.

LES GRANDS CHEMINS
Drame de **Christian Marquand**, supervisé par Roger Vadim, d'après l'œuvre de Jean Giono, avec Robert Hossein, Anouk Aimée, Renato Salvatori. France, 1963 – Couleurs – 1 h 34.

Chargé de livrer une Jeep à Grenoble, Francis rencontre sur les plateaux de Haute-Provence un nomade nommé Samuel. Une amitié forte et violente naît entre eux. Une tentative originale de « western à la française ».

LE GRAND SECRET "ABOVE AND BEYOND"
Film de guerre de **Melvin Frank** et **Norman Panama**, avec Robert Taylor, Eleanor Parker, James Whitmore. États-Unis, 1952 – 2 h 02.

La crise de conscience du pilote de bombardier qui reçoit l'ordre de larguer la première bombe atomique.

LES GRANDS ESPACES "THE BIG COUNTRY"
Film d'aventures de **William Wyler**, avec Gregory Peck, Jean Simmons, Carroll Baker, Charlton Heston. États-Unis, 1958 – Couleurs – 2 h 46.

Un nouveau venu au Far West, où il rejoint sa fiancée, est mêlé à une querelle qui oppose sa future belle-famille à des ranchers voisins.

GRANDS ET PETITS "VELIKI I MALI"
Drame de **Vladimir Pogačič**, avec Jozo Laurencić, Ljuba Tadić, Severin Bijelić. Yougoslavie, 1956 – 1 h 24.

Pourchassé par la police, un résistant est caché par un ami. Son jeune fils parvient à avertir d'autres maquisards, qui aident l'homme à s'enfuir, tandis que l'ami est tué.

LES GRANDS FONDS "THE DEEP"
Film d'aventures de **Peter Yates**, avec Robert Shaw, Jacqueline Bisset. États-Unis, 1977 – Couleurs – 2 h 05.

En cherchant l'épave d'un galion espagnol, Gail et David ont découvert des capsules de morphine. Cela excite les convoitises de gens douteux.

LE GRAND SILENCE "IL GRANDE SILENZIO"
Western de **Sergio Corbucci**, avec Jean-Louis Trintignant, Klaus Kinski. Italie / France, 1968 – Couleurs – 1 h 30.

Dans l'Utah, à la fin du siècle dernier, la lutte des chasseurs de primes contre les hors-la-loi est à son apogée de cruauté. Un justicier muet va tenter d'y mettre fin. Un rare western hivernal.

LE GRAND SOIR (FRAGMENTS)
Drame de **Francis Reusser**, avec Niels Arestrup, Jacqueline Parent, Arnold Walter. Suisse/France, 1975 – Couleurs – 1 h 30.

Un petit escroc rejoint un groupuscule révolutionnaire, mais reste imperméable à leur idéologie. Il en est exclu pour avoir dévalisé une armurerie et la police l'arrête.

LE GRAND SOMMEIL "THE BIG SLEEP"
Film noir de **Howard Hawks**, avec Humphrey Bogart *(Marlowe)*, Lauren Bacall *(Vivian Sternwood)*, Martha Vickers *(Carmen Sternwood)*, John Ridgely *(Eddie Mars)*, Dorothy Malone *(la libraire)*. • SC : William Faulkner, Leight Brackett, Jules Furthman, d'après le roman de Raymond Chandler. • PH : Sid Hickox. • DÉC : Fred MacLean. • MUS : Max Steiner. • MONT : Cristian Niby. États-Unis, 1946 – 1 h 54.

Le détective Philip Marlowe est engagé par le général Sternwood pour retrouver une série de photos compromettantes de sa fille Carmen. Opposé puis allié à Vivian, l'autre fille du général, il demêlera les fils d'une intrigue compliquée et tombera amoureux de la belle.

◆ *Hawks, fasciné par la magie de son couple du* Port de l'angoisse, *fait ce film pour pouvoir le reformer. Il adapte un roman de Chandler auquel il ne comprend pas grand-chose, mais dont l'atmosphère lourde et sensuelle lui convient. Chandler confie d'ailleurs qu'un jour Hawks et Bogart lui téléphonèrent pour savoir si un protagoniste était assassiné ou s'il se suicidait. Lui-même n'en savait rien. Ce film est devenu l'archétype du film noir. Les rapports troubles et énigmatiques entre les personnages en faisaient un rêve éveillé, que la photo obscure et la musique enveloppante prolongeaient.* S.K.

▷ Voir aussi, avec Philip Marlowe : ADIEU MA BELLE, LA DAME DU LAC, LA VALSE DES TRUANDS, LE PRIVÉ, ADIEU MA JOLIE.

LE GRAND SOMMEIL "THE BIG SLEEP"
Film policier de **Michael Winner**, avec Robert Mitchum, Sarah Miles, Oliver Reed, Joan Collins, James Stewart. États-Unis, 1978 – Couleurs – 1 h 39.

La fille d'un richissime général anglais est la victime d'un mystérieux chantage. Un détective enquête parmi ses proches et finit par découvrir le pot-aux-roses. Remake du précédent.

LES GRANDS SENTIMENTS FONT LES BONS GUEULETONS
Comédie de **Michel Berny**, avec Michel Bouquet, Jean Carmet, Michel Lonsdale. France, 1971 – Couleurs – 1 h 45.

Dans le même immeuble, la famille Armand se prépare pour des obsèques, tandis que les Reverson marient leur fille. Les rites s'entrechoquent et les gags s'accumulent.

LE GRAND ZIEGFELD "THE GREAT ZIEGFELD"
Comédie musicale de **Robert Z. Leonard**, avec William Powell, Luise Rainer, Myrna Loy, Frank Morgan, Reginald Owen, Nat Pendleton. États-Unis, 1936 – 2 h 59.
★ OSCAR DU MEILLEUR FILM 1936.

De ses débuts lors de l'Exposition de Chicago en 1890 à sa mort en 1934, la carrière, les triomphes et les faillites retentissantes du grand producteur de Broadway.

LES GRANGES BRÛLÉES
Film policier de **Jean Chapot**, avec Alain Delon, Simone Signoret, Paul Crauchet, Miou-Miou, Catherine Allégret. France, 1972 – Couleurs – 1 h 40.

Un crime a été commis près de la ferme des « Granges Brûlées ». Le juge d'instruction soupçonne les fils du vieux couple de fermiers. L'affrontement de deux monstres sacrés (Delon-Signoret).

LE GRAPHIQUE DE BOSCOP
Comédie de **Sotha** et **Georges Dumoulin**, avec Romain Bouteille, Catherine Mitry, Philippe Manesse, Sotha, Patrice Minet. France, 1976 – Couleurs – 1 h 55.

Un éboueur a inventé un ordinateur qui assure le succès des spectacles proposés au public. Mais c'est grâce à son fils, simple d'esprit génial, qu'il connaîtra la gloire par ses chansons.

GREASE "GREASE"
Film musical de **Randal Kleiser**, d'après la comédie musicale de Jim Jacobs et Warren Casey, avec John Travolta, Olivia Newton-John, Stockard Channing, Jeff Conaway. États-Unis, 1978 – Couleurs – 1 h 50.

Danny et Sandy se connaissent, se perdent de vue, se retrouvent, au gré des vacances, des « boîtes » et des concours de danse.

▷ Une suite intitulée GREASE 2 "GREASE II" a été réalisée par **Patricia Birch**, avec Maxwell Caulfield, Michelle Pfeiffer, Adrian Zmed. États-Unis, 1982 – Couleurs – 1 h 54.

GREAT BALLS OF FIRE "GREAT BALLS OF FIRE"
Film musical de **Jim MacBride**, avec Dennis Quaid, Winona Ryder, Alec Baldwin. États-Unis, 1989 – Couleurs – 1 h 45.

Les débuts et les premières années de la carrière de Jerry Lee Lewis. Dans la limite du genre « biographique », ce film est une réussite grâce à l'interprétation de Dennis Quaid et aux nombreux numéros musicaux, interprétés au piano et chantés par le « Killer » lui-même.

GREMLINS "GREMLINS"

Film fantastique de **Joe Dante**, avec Hort Axton, Zach Galligan, Phoebe Cates. États-Unis, 1984 – Couleurs – 1 h 45.

Un jeune garçon reçoit pour Noël un étrange petit animal qui possède le don de se métamorphoser en redoutables monstres et de se reproduire à une vitesse fulgurante.

LA GRÈVE "STAČKA"

Film politique de **Serguei Mikhaïlovitch Eisenstein**, avec Maksim Chtrauch *(l'indicateur « la chouette »)*, Grigori Alexandrov *(le contremaître)*, Mikhaïl Gomorov *(l'ouvrier qui se pend)*, Ivan Kljoukvine *(le militant)* et les acteurs du Proletkult. • SC : S.M. Eisenstein, Valeri Pletniev, Ilia Kravtchounovski, Grigori Alexandrov. • PH : Edouard Tissé, Vassili Hvatov. • DÉC : Vassili Rakhals. • MONT : S.M. Eisenstein. U.R.S.S. (Russie), 1925 – 1969 m (env. 1 h 13).

Une usine en Russie au début du siècle. Tout est calme, le patron est souriant. Un groupe de militants préparent une grève. Un contremaître les dénonce et le gouverneur militaire utilise des indicateurs pour les espionner. La grève est cependant déclenchée après le suicide d'un ouvrier. Le patronat organise la riposte, la grève se prolonge. La police fait appel à la pègre pour monter une provocation. L'assaut final est donné : c'est une véritable « boucherie ».

◆ *Premier long métrage d'Eisenstein,* la Grève *est un film collectif où l'on retrouve toute la troupe du Proletkult. Eisenstein y expérimente sa théorie du « montage des attractions » et multiplie les séquences burlesques et parodiques, notamment par le typage et la caricature des patrons et du lumpenproletariat manipulé par la police. La tuerie finale, fondée sur une célèbre comparaison avec l'abattage des bœufs dans une boucherie, est particulièrement sanglante et mémorable.* *M.M.*

GRÈVE "STRIKE"

Drame politique de **Oddvar Bull Tuhus**, avec Kjell Petersen, Kjell Stormoen, Bjarne Andersen. Norvège, 1974 – 1 h 36.

À la suite d'une grève spontanée, des ouvriers sidérurgistes sont désavoués par leurs leaders syndicaux.

GREYSTOKE, LA LÉGENDE DE TARZAN, SEIGNEUR DES SINGES

"GREYSTOKE, THE LEGEND OF TARZAN, LORD OF THE APES"

Film d'aventures de **Hugh Hudson**, d'après le roman d'Edgar Rice Burroughs *Tarzan l'homme-singe*, avec Christophe Lambert, Ralph Richardson, Andie MacDowell, Ian Holm, Nigel Davenport. Grande-Bretagne, 1983 – Couleurs – 2 h 17.

Une adaptation fidèle de l'histoire originale de Tarzan imaginée par le romancier, filmée avec force moyens dans des décors dignes du mythe avec des comédiens parfaits.

▷ Voir aussi TARZAN L'HOMME-SINGE.

GRIBICHE

Comédie dramatique de **Jacques Feyder**, d'après la nouvelle de Frédéric Boutet, avec Jean Forest, Françoise Rosay. France, 1925 – 2 500 m (env. 1 h 32).

Un jeune garçon d'une famille ouvrière est adopté par une riche Américaine. Malgré le luxe qui l'entoure, il retourne chez lui.

GRIBOUILLE

Comédie dramatique de **Marc Allégret**, sur un scénario de Marcel Achard, avec Raimu, Michèle Morgan, Gilbert Gil, Jean Worms, Jacqueline Pacaud. France, 1937 – 1 h 35.

Un juré, désigné pour siéger au procès d'une femme accusée du meurtre de son amant, est persuadé de l'innocence de celle-ci et parvient à la faire acquitter.

LA GRIFFE "THE DOUBLE MAN"

Film d'espionnage de **Franklin J. Schaffner**, avec Yul Brynner, Britt Ekland, Clive Revill, Anton Driffing. Grande-Bretagne, 1967 – Couleurs – 1 h 45.

Les services secrets est-allemands mettent au point une opération audacieuse : attirer un agent américain dans un piège et le remplacer par son sosie. Avec Yul Brynner dans un double rôle.

LA GRIFFE DU PASSÉ / PENDEZ-MOI HAUT ET COURT "OUT OF THE PAST"

Drame de **Jacques Tourneur**, d'après le roman de Geoffrey Homes *Build My Gallows High*, avec Robert Mitchum, Kirk Douglas, Jane Greer, Rhonda Fleming. États-Unis, 1947 – 1 h 37.

Une femme tue ceux qui se dressent sur son chemin avant de tomber sous les balles de la police. Un classique du film noir.

▷ Un remake a été réalisé en 1984 : Voir CONTRE TOUTE ATTENTE.

LA GRIFFE ET LA DENT
Documentaire de **François Bel** et **Gérard Vienne**. France, 1977 – Couleurs – 1 h 33.

Un panorama de la faune africaine à travers les interactions de la nature et des groupes animaliers. Grâce au montage et à la bande sonore, les auteurs ont renouvelé le genre documentaire.

LES GRIFFES DE LA NUIT
"A Nightmare on Elm Street"
Film d'horreur de **Wes Craven**, avec Ronee Blackey, Heather Langenkamp, John Saxon, Amanda Wyss, Nick Corri, Robert Englund. États-Unis, 1984 – Couleurs – 1 h 40.

Des jeunes filles rêvent d'un monstre aux griffes de fer qui les déchiquette. Mais ce monstre, qui serait la réincarnation d'un tueur psychopathe, intervient dans la réalité.

▷ Trois suites, ont été réalisées : ELM STREET [LA REVANCHE DE FREDDY] "A Nightmare on Elm Street-Part 2" de **Jack Sholder**, avec Robert Englund, Mark Patton, Kim Myers, Robert Rusler. États-Unis, 1985 – Couleurs – 1 h 36. FREDDY 3 [LES GRIFFES DU CAUCHEMAR] "A Nightmare on Elm Street 3 – Dream Warriors" de **Chuck Russell**, avec Robert Englund, Heather Langenkamp, Patricia Arquette, Larry Fishburne. États-Unis, 1987 – Couleurs – 1 h 30. LE CAUCHEMAR DE FREDDY "Freddy IV" de **Renny Harlin**, avec Robert Englund, Rodney Eastman, Danny Hassel, Andras Jones. États-Unis, 1988 – Couleurs – 1 h 33.

GRIFFES JAUNES "Across the Pacific"
Film d'espionnage de **John Huston**, avec Humphrey Bogart, Mary Astor, Sydney Greenstreet. États-Unis, 1942 – 1 h 37.

Un officier américain utilise un subterfuge pour combattre un groupe d'espions japonais qui veut rendre inutilisable le canal de Panama.

LE GRILLON DU FOYER
Comédie dramatique de **Robert Boudrioz**, d'après le roman de Charles Dickens *The Cricket on the Hearth*, avec Gustave Hamilton, Jeanne Boitel, Jim Gérald, Guy Favières. France, 1933 – env. 1 h 30.

Pour ne pas la rendre malheureuse, un vieil homme cache certains drames à sa fille aveugle. Puis il retrouve son fils porté disparu en mer et peut enfin le réunir à sa fiancée.

EL GRINGO "Blue"
Western de **Silvio Narizzano**, avec Terence Stamp, Ricardo Montalban, Karl Malden, Joanna Pettet. États-Unis, 1967 – Couleurs – 1 h 53.

Partagé entre ses origines américaines et son adolescence mexicaine, Azul ne trouvera la paix d'aucun côté du fleuve-frontière.

GRISOU / LES HOMMES SANS SOLEIL
Drame de **Maurice de Canonge**, d'après la pièce de Pierre Brasseur et Marcel Dalio, avec Pierre Brasseur, Aimos, Madeleine Robinson, Lucien Galas, Odette Joyeux. France, 1938 – 1 h 27.

Une femme volage, maîtresse d'un mineur qui est le meilleur ami de son mari, s'éprend d'un troisième homme. Blessé dans un coup de grisou, l'époux apprend qu'elle veut le quitter.

LE GRONDEMENT DE LA MONTAGNE
"Yama no oto"
Comédie dramatique de **Mikio Naruse**, avec Setsuko Hara, So Yamamura, Ken Uehara. Japon, 1954 – Couleurs – 1 h 34.

Une épouse délaissée, un mari qui aime ailleurs, un père qui essaie de rapprocher les deux époux... en vain : le fossé se creuse et le silence s'installe entre les personnages de ce drame intimiste.

GROS CÂLIN
Comédie dramatique de **Jean-Pierre Rawson**, d'après le roman d'Émile Ajar, avec Jean Carmet, Nino Manfredi. France / Italie, 1979 – Couleurs – 1 h 30.

Émile Cousin est amoureux d'Irénée. Il confie son secret et ses espoirs à Gros Câlin, son python apprivoisé. Mais quand Irénée vient vivre chez lui, Gros Câlin entre en conflit avec elle.

LE GROS COUP
Film policier de **Jean Valère**, avec Emmanuelle Riva, Hardy Krüger, Francisco Rabal. France, 1964 – 1 h 45.

Un commerçant se tue lors d'un accident de voiture avec un footballeur professionnel. Ce dernier, blessé, tente d'abord de tromper l'assurance, puis exerce un chantage contre la veuve.

LE GROS LOT "Christmas in July"
Comédie de **Preston Sturges**, avec Dick Powell, Ellen Drew, Raymond Walburn. États-Unis, 1940 – 1 h 10.

Deux fiancés qui rêvent de gagner le gros lot d'un concours sont victimes d'une farce de leurs camarades de bureau.

GROS PLAN "Inserts"
Drame de **John Byrum**, avec Richard Dreyfuss, Jessica Harper, Veronica Cartwright, Bob Hoskins, Stephen Davies. Grande-Bretagne, 1975 – Couleurs – 1 h 57.

Dans le Hollywood d'autrefois, une actrice de porno meurt d'overdose. La petite amie du producteur veut la remplacer...

LA GROSSE MAGOUILLE "USED CARS"
Comédie de **Robert Zemeckis**, avec Kurt Russell, Jack Warden. États-Unis, 1980 – Couleurs – 1 h 55.

Roy et Luke, frères ennemis, sont tous deux revendeurs de voitures d'occasion. Ils se donnent du mal pour écouler leurs épaves.

LE GROUPE "THE GROUP"
Drame de **Sidney Lumet**, d'après le roman de Mary McCarthy, avec Joanna Pettet, Candice Bergen, Jessica Walter, Joan Hackett, Elizabeth Hartman, Mary Robin-Redd, Kathleen Widdoes, Shirley Knight. États-Unis, 1966 – Couleurs – 2 h 32.

Juin 1933 : le jour de la remise des diplômes, huit jeunes filles qui formaient un groupe uni se séparent. Le film suit la destinée amoureuse de chacune. Des années plus tard, elles se retrouvent pour l'enterrement de l'une d'elles. Un tableau de mœurs cruel.

GUENDALINA "GUENDALINA"
Comédie dramatique d'**Alberto Lattuada**, avec Jacqueline Sassard, Raf Vallone, Sylva Koscina, Raf Mattioli. Italie/France, 1957 – 1 h 38.

Une jeune fille renonce à son bonheur auprès du garçon qu'elle aime pour favoriser la réconciliation de ses parents.

LE GUÉPARD "IL GATTOPARDO"
Drame historique de **Luchino Visconti**, avec Burt Lancaster *(le prince de Salina)*, Alain Delon *(Tancrède)*, Claudia Cardinale *(Angelica)*, Paolo Stoppa *(Don Calogero)*, Serge Reggiani *(Don Ciccio Tumeo)*, Rina Morelli *(la princesse de Salina)*, Romolo Valli, Ivo Garrani, Leslie French, Pierre Clémenti, Giuliano Gemma, Ottavia Piccolo. • SC : Suso Cecchi D'Amico, Pasquale Festa Campanile, Enrico Medioli, Massimo Franciosa, L. Visconti, d'après le roman de Giuseppe Tomasi di Lampedusa. • PH : Giuseppe Rotunno. • DÉC : Mario Garbuglia. • MUS : Nino Rota (et Verdi). • MONT : Mario Serandrei. • PR : T.C.F. , Titanus, S.N.P.C. , G.P.C. Italie, 1963 – Couleurs – 2 h 10. ★ **PALME D'OR, Cannes 1963.**

L'action s'étend sur les années 1861-1863. Lors du débarquement de l'armée de Garibaldi, le prince de Salina, en Sicile, quitte ses domaines avec sa famille, qu'il domine despotiquement, pour son palais urbain de Donafugata. Comprenant que les jours de la féodalité sont passés, il assure le mariage de son neveu Tancrède avec la fille du riche maire libéral de Donafugata, Don Calogero : les deux jeunes gens se plaisent, mais leur mariage sera un mariage de raison. Après l'annexion de la Sicile au royaume d'Italie, tandis que Tancrède lâche les Garibaldiens pour rejoindre l'armée régulière, le prince refuse la place au Sénat que lui offre la monarchie, et assume complètement sa maxime : « Il faut que tout change pour que tout se conserve ».

◆ Magnificence et lucidité

Visconti lui-même a fait observer que la célèbre scène du bal occupait presque le tiers de son film. Cette séquence donne la clé du Guépard *sur le plan social et politique : le jeune aristocrate, naguère révolutionnaire, se rallie à la richesse et à la prudence des nouveaux bourgeois. Le vieil aristocrate sait qu'il ne lui reste qu'à retourner à sa solitude, après avoir littéralement ouvert le bal en compagnie de la jeunesse et de la beauté même. Tous les personnages sont parfaitement lucides quant à la phase historique qu'ils incarnent, phase de transition où fusionnent les classes. Cependant, Visconti se reconnaît à certains égards dans le personnage du prince :* le Guépard *est son premier film sur l'écoulement du temps, magnifié par la lenteur des mouvements d'appareil et l'insistance sur une somptuosité décadente. De là, contredisant le luxe du bal, l'aspect spectral de la famille princière au début du film.* Le Guépard *consacra deux jeunes vedettes : Delon et Claudia Cardinale. Quant à Burt Lancaster, qu'on annonçait incapable d'interpréter un noble sicilien, il donna la pleine mesure de son professionnalisme et de sa séduction intacte.* *G.L.*

LE GUÊPIER
Film policier de **Roger Pigaut**, avec Claude Brasseur, Marthe Keller, Gabriele Ferzetti, John Steiner. France, 1976 – Couleurs – 1 h 30.

Manipulé par des gangsters, un joueur doit s'emparer d'un magot, puis le protéger de la convoitise d'une jolie artiste de cabaret. Celle-ci lui sauvera la vie et le forcera à garder l'argent.

GUÊPIER POUR TROIS ABEILLES
"THE HONEY POT"
Comédie de **Joseph L. Mankiewicz**, avec Rex Harrisson *(Cecil Fox)*, Susan Hayward *(Mrs. Lone-Star)*, Cliff Robertson *(William McFly)*, Capucine *(princesse Dominique)*, Maggie Smith *(Sarah Watkins)*, Eddie Adams *(Merle McGill)*, Adolfo Celi *(inspecteur Rizzi)*. • SC : J.L. Mankiewicz. • PH : Gianni Di Venanzo. • DÉC : John De Cuir, Boris Juraga. • MUS : John Addison. • MONT : David Bretherton. États-Unis, 1967 – Couleurs – 2 h 20.

Un millionnaire habitant Venise a l'idée, à la suite d'une représentation de *Volpone* de Ben Jonson, de jouer cette pièce dans sa vie même, en éprouvant trois anciennes maîtresses afin de savoir laquelle mériterait sa fortune s'il venait à mourir. Mais le démiurge sera-t-il à la hauteur de sa création ?

◆ *Ce film, tièdement accueilli à sa sortie, peut-être à cause de sa cérébralité perverse et auto-destructrice, est une jubilation de l'esprit et des yeux de tous les instants. C'est le testament esthétique de Mankiewicz où la brillance décorative renvoie à l'illusion et à la mise en scène puisque les meubles de Fox y sont loués à Cinecittà, où le film lui-même a été tourné. L'emboîtement de la pièce de Jonson dans la mise en scène de Fox est lui-même inclus dans les aléas du destin, qui prend la figure du hasard et renvoie les complots de l'intelligence à la dérision.* S.K.

LE GUÊPIOT

Drame de **Joska Pillissy**, d'après le roman de Viviane Villamont, avec Émile Montgenet, Bernard Fresson, Evelyne Dress. France, 1981 – Couleurs – 1 h 30.

Une fillette est placée par sa mère dans une institution religieuse, à l'insu de son père. Elle réussira à rejoindre celui-ci, enfin divorcé.

GUÉRILLA "AMERICAN GUERILLA IN THE PHILIPPINES"

Film de guerre de **Fritz Lang**, d'après le roman d'Ira Wolfert, avec Tyrone Power, Micheline Presle, Tom Ewell. États-Unis, 1950 – Couleurs – 1 h 45.

Durant la guerre du Pacifique, un officier de marine organise la résistance. Lang tournait son premier film en couleurs.

LA GUÉRILLERA

Film d'aventures de **Pierre Kast**, avec Agostina Belli, Jean-Pierre Cassel, Alexandra Stewart, Maurice Ronet. France, 1981 – Couleurs – 1 h 37.

Un colonel de Napoléon est chargé d'une escorte à travers le Portugal et l'Espagne en guerre. Attaqué par des partisans conduits par une femme, il tombe amoureux de celle-ci et déserte.

LE GUÉRISSEUR

Drame psychologique d'**Yves Ciampi**, avec Danièle Delorme, Jean Marais, Maurice Ronet, Pierre Mondy. France, 1954 – 1 h 32.

Un médecin devenu guérisseur essaie de sauver une jeune femme dont il est épris, puis fait face à un procès intenté par ses anciens confrères.

GUERNICA

Documentaire d'**Alain Resnais** et **Robert Hessens**. • SC : A. Resnais, R. Hessens. • COMM : Paul Eluard, dit par Maria Casarès. • PH : Ferraud et Dumaître. • MUS : Guy Bernard. France, 1950 – 12 mn.

Évocation de la célèbre peinture monumentale de Picasso.

◆ Guernica *est l'exemple même de ces premières œuvres où Resnais renouvelle complètement l'approche du film d'art. Loin du documentaire traditionnel au rythme « scolaire », il compose, par la maîtrise caractéristique du montage, une sorte de poème ample où se mêlent, certes, les images de Picasso, mais aussi celles de la guerre civile et le double chant du texte d'Eluard et de la musique. C'est bien alors d'une véritable évocation qu'il s'agit, restituant de façon vivante l'émotion voulue par le peintre.* J.-M.C.

GUERRE AU CRIME "BULLETS OR BALLOTS"

Film policier de **William Keighley**, avec Edward G. Robinson, Joan Blondell, Humphrey Bogart. États-Unis, 1936 – 1 h 17.

Un détective feint de quitter la police pour entrer dans une bande de gangsters qu'il veut détruire. Un des bons produits Warner.

LA GUERRE D'ALGÉRIE

Documentaire d'**Yves Courrière** et **Philippe Monnier**, avec les voix de Bruno Crémer et Jean Brassat. France, 1972 – 2 h 40.

De 1954 à 1962, les divers épisodes de cette page de l'histoire de France montrés avec un grand souci d'impartialité, qui n'épargne personne. Un travail d'historien et de cinéaste.

LA GUERRE DE MURPHY "MURPHY'S WAR"

Film de guerre de **Peter Yates**, d'après le roman de Max Catto, avec Peter O'Toole, Sian Phillips, Philippe Noiret. Grande-Bretagne, 1970 – Couleurs – 1 h 40.

Au Venezuela, un soldat cherche à venger ses camarades en s'attaquant à un sous-marin allemand. Il ira jusqu'au bout, même après l'annonce de la fin de la guerre. Un cas extrême, décrit efficacement.

LA GUERRE DES ABÎMES "RAISE THE TITANIC !"

Film d'aventures de **Jerry Jameson**, d'après le roman de Clive Cussler, avec Jason Robards, Richard Jordan, David Selby, Alec Guinness, Anne Archer, J. D. Cannon. États-Unis, 1980 – Couleurs – 2 h.

Afin de récupérer un précieux minerai qui se trouvait à bord, des savants essaient de renflouer l'épave du Titanic. Des effets spéciaux très spectaculaires et la participation de l'U.S. Navy.

LA GUERRE DES BOOTLEGGERS

"THE MOONSHINE WAR"

Film policier de **Richard Quine**, d'après le roman d'Elmore Leonard, avec Patrick McGoohan, Richard

Widmark, Alan Alda, Melodie Johnson, Will Geer. États-Unis, 1970 – Couleurs – 1 h 30.

En pleine prohibition, un agent fédéral s'associe à un personnage douteux pour arrêter la distillation clandestine dans un village. Les « incorruptibles » à la campagne, mais avec nettement plus d'ambiguïté.

LA GUERRE DES BOUTONS

Comédie d'**Yves Robert**, avec Pierre Trabaud *(l'instituteur)*, Jean Richard, Michel Galabru, Jacques Dufilho *(les pères)*, André Treton *(Lebrac)*, « Petit Gibus » et cent autres enfants. • SC : Y. Robert, François Boyer, d'après le roman de Louis Pergaud. • PH : André Bac. • DÉC : Pierre-Yves Thévenet. • MUS : José Berghmans. • MONT : Marie-Josèphe Yoyotte. France, 1962 – 1 h 30. ★ PRIX JEAN-VIGO 1962.

Deux bandes d'enfants renouvellent de génération en génération la « guerre » acharnée entre deux villages. Les meneurs sont tour à tour faits prisonniers et privés des boutons de leurs vêtements avant d'être libérés ! Pour éviter cette humiliation, l'une des bandes se déshabille avant l'assaut suivant... Lorsque les parents s'en mêlent, c'est pour reprendre la querelle à leur compte. La réconciliation finale aura lieu en pension, où les « chefs » sont désormais bien seuls.

◆ *Yves Robert a filmé avec une grande simplicité cette adaptation du célèbre roman. Avec le concours de ses acteurs amateurs, et ô combien naturels, il a retrouvé les charmes de l'ancienne communale, mélange des aspirations laïques et des joies de l'enfance, surtout à la campagne. Le succès énorme du film permit à Yves Robert de poursuivre dans cette voie d'un cinéma direct et chaleureux où il excellait.* J.-M.C.

▷ Autre version réalisée par **Jacques Daroy** et **Eugène Deslaw**, intitulée LA GUERRE DES GOSSES, avec Jean Murat, Saturnin Fabre, Claude May, Véra Pharès. France, 1936 – 1 h 27.

LA GUERRE DES BOUTONS, ÇA RECOMMENCE... "WAR OF THE BUTTONS"

Comédie de **John Roberts**, avec Gregg Fitzgerald, John Coffey, Eveanna Ryan, Liam Cunningham. Grande-Bretagne, 1994 – Couleurs – 1 h 35.

Remake du film d'Yves Robert avec deux changements : l'action se passe en Irlande et l'affrontement des enfants prend une dimension sociale (fils de paysans contre fils de bourgeois).

LA GUERRE DES CERVEAUX "THE POWER"

Film de science-fiction de **Byron Haskin**, d'après le roman de Frank M. Robinson, avec George Hamilton, Suzanne Pleshette, Richard Carlson, Yvonne De Carlo. États-Unis, 1967 – Couleurs – 1 h 49.

Une terrible puissance cérébrale est sur le point d'être découverte, mais ce n'est qu'au terme de luttes mortelles qu'un savant finit par la maîtriser. Reste à savoir ce qu'il en fera.

LA GUERRE DES ÉTOILES "STAR WARS"

Film de science-fiction de **George Lucas**, avec Harrison Ford *(Han Solo/dans la VF : Yan Solo)*, Mark Hamill *(Luke Skywalker)*, Carrie Fisher *(princesse Leia Organa)*, Peter Cushing *(Grand Moff Tarkin)*, Alec Guinness *(Obi Wan, alias Ben Kenobi)*, Anthony Daniels *(Cee-Three-Pio, C3PO/dans la VF : 6PO)*, Kenny Baker *(Artoo-Deetoo, R2D2)*, Peter Mayhew *(Chewbacca)*, David Prowse *(lord Darth Vader/dans la VF : Dark Vador)*. • SC : G. Lucas. • PH : Gilbert Taylor. • DÉC : John Barry, Ralph McQarrie, Alex Tavoularis. Effets spéciaux : John Dykstra, John Stears. • MUS : John Williams. • MONT : Paul Hirsch, Marria Lucas. États-Unis, 1977 – Couleurs – 2 h 01.

Un empire totalitaire fait régner la terreur dans la galaxie. Un petit groupe de rebelles, dirigé par la princesse Leia, s'est emparé des plans de son arme absolue, l'Étoile de la Mort. Darth Vader, chef des forces impériales, capture Leia, mais deux robots, C3PO et R2D2, vont alerter Ben Kenobi, le dernier chevalier Jedi. L'audacieux Luke Skywalker et le sympathique brigand Han Solo se joignent aux rebelles pour détruire l'Étoile de la Mort.

◆ *Premier épisode d'une saga désormais entrée dans la légende. Pour mettre en œuvre cette épopée, George Lucas a réussi à forger avec habileté une mythologie nouvelle, s'inspirant des chansons de geste, des récits mystiques et des romans de cape et d'épée. L'importance inédite des moyens et la qualité impressionnante des effets spéciaux font que* Star Wars *marqua une date dans la science-fiction et fut, accessoirement, un des plus importants succès commerciaux du cinéma mondial.* G.L.

▷ Voir aussi L'EMPIRE CONTRE-ATTAQUE et LE RETOUR DU JEDI.

LA GUERRE DES FOUS "LA GUERRA DE LOS LOCOS"

Comédie dramatique de **Manuel Matji**, avec Alvaro de Luna, José Manuel Cervino, Juan Luis Galiardo. Espagne, 1986 – Couleurs – 1 h 44.

À la faveur de la guerre civile, des fous évadés d'un asile se mêlent aux combattants républicains.

LA GUERRE DES JEUNES FILLES
"DER MÄDCHENKRIEG"

Comédie dramatique d'**Alf Brustellin** et **Bernhard Sinkel**, avec Adelheid Arndt, Katharina Hunter, Antonia Reininghaus, Hans-Christian Blech. R.F.A., 1977 – Couleurs – 2 h 23.

En 1933, une famille bourgeoise allemande quitte Dessau pour Prague. La vie et l'histoire du directeur de banque, de sa femme, de son fils aveugle et de ses trois filles, jusqu'à la fin de la guerre.

LA GUERRE DES MONDES
"THE WAR OF THE WORLDS"
Film de science-fiction de **Byron Haskin**, d'après le roman de H.G. Wells, avec Gene Barry, Ann Robinson, Les Tremayne. États-Unis, 1953 – Couleurs – 1 h 25.

L'envahissement de la Terre par d'invulnérables Martiens. Un modèle du genre et de la technique des studios hollywoodiens.

LA GUERRE DES OTAGES "THE HUMAN FACTOR"
Film policier d'**Edward Dmytryk**, avec George Kennedy, John Mills, Raf Vallone, Barry Sullivan. États-Unis, 1975 – Couleurs – 1 h 30.

Expert au service de l'O.T.A.N., à Naples, un ingénieur en informatique n'a de cesse de venger sa femme et ses enfants assassinés par des terroristes.

LA GUERRE DES POLICES
Film policier de **Robin Davis**, avec Claude Brasseur, Marlène Jobert, Claude Rich. France, 1979 – Couleurs – 1 h 42.

Un dangereux gangster va être arrêté par la brigade territoriale ; lorsque les policiers de l'antigang surgissent, les premiers le relâchent... Un polar « à la française » au montage spectaculaire.

LA GUERRE DES ROSES "THE WAR OF THE ROSES"
Comédie de **Danny DeVito**, avec Michael Douglas, Kathleen Turner. États-Unis, 1990 – Couleurs – 1 h 57.

La comédie américaine d'antan, objet de tant de nostalgies, ressuscite quelquefois, mais complètement transformée. Voici l'histoire d'amour dernier cri. Ils s'adorent, font deux enfants, deviennent riches... et commencent à se jalouser, à se détester, à s'entre-dévorer. Le rire que provoque cet étonnant détournement de comédie est jaune et rauque. La cruauté du cinéaste est affolante. On en tremble.

LA GUERRE D'HANNA "HANNA'S WAR"
Drame de **Menahem Golan**, d'après les livres d'Hanna Senesh *The Diaries of Hanna Senesh* et Yoel Palgi *A Great Wind Cometh*, avec Maruschka Detmers, Ellen Burstyn, Anthony Andrews, Donald Pleasence, David Warner. États-Unis, 1988 – Couleurs – 2 h 38.

Une jeune juive hongroise enrôlée dans les forces alliées tombe entre les mains des nazis. Inspiré de la vie d'Hanna Senesh.

LA GUERRE DU FEU
Film (pré)historique de **Jean-Jacques Annaud**, avec Everett McGill *(Noah)*, Rae Dawn Chong *(Ika)*, Ron Perlman *(Amoukar)*, Nameer El Kadi *(Gaw)*, Gary Schwartz *(Rouka)*, Kurt Schlegl. • SC : Gérard Brach, d'après le roman de Rosny Aîné. • PH : Claude Agostini. • MUS : Philippe Sarde. • MONT : Yves Langlois. France / États-Unis / Canada, 1981 – Couleurs – 1 h 38. ★ CÉSAR DU MEILLEUR FILM 1981.

Les Ulams fuyaient dans la nuit : ils avaient perdu le feu, sans lequel, en cet âge de pierre, on était condamné à périr rapidement. Noah, Amoukar et Gaw, trois robustes guerriers, sont chargés de récupérer la fleur de vie. Au cours de leur recherche, ils rencontreront d'autres tribus.

◆ La Guerre du feu *(1911) appartient au cycle des romans préhistoriques de J.H. Rosny (alias Boex, 1856-1940). Son succès inspira – avec des variantes – maints films « préhistoriques », prétextes, le plus souvent, à montrer de spectaculaires affrontements entre tribus primitives et animaux monstrueux. Annaud, avec l'aide d'Antony Burgess, a choisi la voie de la reconstitution ethnologique. Montrer l'humanité telle qu'elle pouvait être il y a quelque soixante-quinze mille ans relevait du documentaire scientifique ou de l'imagination débridée. En évitant ces deux pièges, le cinéaste a su en donner une vision vraisemblable et fascinante.* C.A.

LA GUERRE D'UN SEUL HOMME
Documentaire d'**Edgardo Cozarinsky**, avec la voix de Niels Arestrup et des extraits des Journaux parisiens d'Ernst Jünger. France, 1981 – 1 h 46.

De 1941 à 1944, un montage d'archives relatant l'Occupation, le S.T.O., la Libération, etc. Trois années sombres de l'Histoire, commentées par un officier allemand antinazi en poste à Paris.

LA GUERRE DU PÉTROLE N'AURA PAS LIEU
Drame politique de **Souhel Ben Barka**, avec Claude Giraud, Philippe Léotard, Sacha Pitoëff, Assan Ganouni, Giorgio Ardisson. Maroc, 1975 – Couleurs – 1 h 25.

Dans un pays arabe, le nouveau ministre du pétrole dénonce la domination des trusts étrangers et la corruption des hommes politiques. Il sera emprisonné pour « haute trahison ».

LA GUERRE EST FINIE
Drame d'**Alain Resnais**, avec Yves Montand *(Diego)*, Ingrid Thulin *(Marianne)*, Geneviève Bujold *(Nadine)*, Jean Bouise *(Ramon)*, Jean Dasté *(le responsable du Parti)*. • SC : Jorge Semprun. • PH : Sacha Vierny. • DÉC : Jacques Saulnier. • MUS : Giovanni Fusco. • MONT : Eric Pluet. France / Suède, 1966 – 2 h 01. ★ PRIX LUIS-BUÑUEL des journalistes espagnols (Cannes 1966), PRIX DE LA FIPRESCI, PRIX LOUIS-DELLUC 1966, PRIX DU MEILLEUR FILM ÉTRANGER 1968 des critiques de New York.

Communiste espagnol en exil à Paris depuis la guerre civile, Diego revient d'une mission périlleuse en Espagne. Il veut empêcher son ami Juan, repéré par la police franquiste, de partir à son tour. Avant de rejoindre sa compagne Marianne, il rencontre la très jeune Nadine, qui se donne à lui aussitôt. Puis il expose aux responsables du Parti son scepticisme quant aux perspectives de sa lutte... Avec Nadine, il rencontre de jeunes étudiants partisans de l'action violente, avant de repartir pour Barcelone.

◆ *Deux ans avant mai 68, le scénario écrit par Jorge Semprun pour Alain Resnais rend bien compte de la crise que traverse alors le mouvement communiste, tiraillé entre l'orthodoxie des cadres permanents et l'impatience exaltée de jeunes dissidents. Diego, auquel Yves Montand a su donner toute sa force de conviction, se situe entre les deux – pour lui, ce sera le départ d'une nouvelle carrière. S'effaçant devant son sujet, la réalisation d'Alain Resnais rompt avec l'avant-gardisme qui l'avait distingué jusqu'alors, sans doute dans l'intention de toucher, par le biais de sa vedette, un plus vaste public.* G.L.

GUERRE ET AMOUR "LOVE AND DEATH"

Comédie de **Woody Allen**, avec Woody Allen, Diane Keaton, Olga Georges-Picot, James Tolkan, Howard Vernon, Hélène Vallier, Zvee Scooler. États-Unis, 1974 – Couleurs – 1 h 30.

En Russie, un jeune homme aime sa cousine qui accepte de l'épouser s'il sort vivant d'un duel avec un tireur d'élite. Il triomphe, et la jeune fille, d'abord furieuse, finit par l'aimer. Mais il sera exécuté par les Français pour avoir comploté...

GUERRE ET PAIX "WAR AND PEACE"

Drame de **King Vidor**, avec Audrey Hepburn *(Natacha Rostov)*, Henry Fonda *(Pierre Bezukhov)*, Mel Ferrer *(Andrei Bolkonsky)*, Anita Ekberg *(Hélène)*. • SC : K. Vidor, Bridget Boland, Robert Westerby, Mario Camerini, Ennio de Concini, Ivo Perilli, d'après le roman de Léon Tolstoï. • PH : Jack Cardiff. • DÉC : Piero Gerardi. • MUS : Nino Rota. • MONT : Leo Catozzo, Stuart Gilmore. États-Unis, 1956 – Couleurs – 3 h 28.

Les destins croisés de la famille Rostov et de la famille Bolkonsky. Natacha est amoureuse de l'amour, et le prince Andrei épouse sa sœur. Bezukhov, le timide ami des Rostov, épouse Hélène qui le trompe ouvertement. Il s'en moque car, au fond, il aime Natacha. La femme d'Andrei meurt et Bezukhov divorce. La guerre avec Napoléon commence, qui va bouleverser la vie de tout ce petit monde. Pierre et Natacha vont découvrir l'amour qu'ils ont l'un pour l'autre.

◆ *Le casting assez impropre du film et sa réduction narrative, bien qu'il soit très long, ne lui permettent pas d'être à la hauteur du roman, mais Vidor a fait mieux ici que tirer son épingle du jeu. Son invention visuelle est rarement en défaut et il dirige fort bien Audrey Hepburn. La bataille est ordonnée avec méticulosité tout en gardant un aspect parcellaire correspondant au regard « en retrait » de Bezukhov. Le passage de la Bérésina est un grand moment de cinéma pathétique, où l'on voit, dans un superbe travelling en traîneau, le regard de Napoléon devenir celui d'un enfant à qui on a pris son jouet et qui vient de comprendre qu'il vit dans un monde d'adultes.* S.K.

GUERRE ET PAIX "VOINA I MIR"

Film historique de **Serguei Bondartchouk**, d'après le roman de Léon Tolstoï, avec Ludmila Savelieva, Serguei Bondartchouk, Viacheslav Tihonov, Victor Stanitsin. U.R.S.S. (Russie), 1963-1967 – Couleurs – 7 h 35.

★ OSCAR DU MEILLEUR FILM ÉTRANGER 1968.

Cette adaptation du chef-d'œuvre de Tolstoï est remarquable essentiellement par son gigantisme et sa longueur (le film fut distribué en plusieurs parties, et parfois écourté), plus que par ses qualités purement cinématographiques.

GUERRE ET PAIX "KRIEG UND FRIEDEN"

Film politique de **Heinrich Böll**, **Volker Schlondorff**, **Alexander Kluge** et **Stefan Aust**, avec Jurgen Prochnow, Günter Kaufmann, Heinz Bennent, Angela Winkler, Manfred Zapatka. R.F.A., 1983 – Couleurs – 2 h 03.

Un film-enquête qui mêle des séquences de fiction et des images documentaires sur le danger de guerre et la volonté de paix, face au potentiel croissant d'armes nucléaires, à l'Ouest comme à l'Est.

GUERRE ET PASSION "HANOVER STREET"

Film de guerre de **Peter Hyams**, avec Lesley-Anne Down, Harrison Ford. Grande-Bretagne, 1978 – Couleurs – 1 h 49.

Londres, 1943. Margaret, une infirmière mariée et mère de famille, vit une passion avec David, un pilote américain. Un réseau d'espionnage est décimé en France, et Paul, le mari de Margaret, part en mission piloté par David.

LES GUERRIERS DE LA NUIT "THE WARRIORS"

Drame de **Walter Hill**, avec Michael Beck, James Remar, Deborah Van Valkenburg, Thomas Waites. États-Unis, 1979 – Couleurs – 1 h 24.

À New York, une bande de jeunes, injustement accusée d'un meurtre, devient la cible de toutes les autres.

LES GUERRIERS DE L'APOCALYPSE
"SENGOKU JIEITAI"

Film fantastique de **Mitsumasa Saito** et **Sonny Chiba**, avec Sonny Chiba, Isao Natsuki, Tsunehiko Watase, Raita Ryu, Jun Eto. Japon, 1981 – Couleurs – 2 h 10.

À la suite de phénomènes mystérieux, un détachement de l'armée japonaise se retrouve précipité à l'époque féodale. Avec leur armement moderne, les soldats prennent part à de furieuses luttes aux côtés d'un seigneur local.

LES GUERRIERS DE L'ENFER
"WHO'LL STOP THE RAIN ?"

Film policier de **Karel Reisz**, avec Nick Nolte *(Ray Hicks)*, Tuesday Weld *(Marge Converse)*, Michael Moriarty *(John Converse)*, Anthony Zerbe *(Antheil)*. • SC : Judith Rascoe, Robert Stone, d'après son roman *Dog Soldiers*. • PH : Richard H. Kline. • DÉC : Dale Hennesy, Robert de Vestel. • MUS : Laurence Rosenthal. • MONT : John Bloom. États-Unis, 1978 – Couleurs – 2 h 06.

À la demande de son ami John Converse, mais à contre-cœur, Ray Hicks accepte de « passer » du Viêt Nam aux États-Unis deux kilos d'héroïne. Manipulés, les deux passeurs occasionnels, avec Marge, l'épouse de John qui deviendra l'amie de Ray, vont se trouver impliqués, à leur retour aux États-Unis, dans une guerre de trafiquants qui prendra des allures de descente aux enfers.

◆ *Un des plus beaux films du trop méconnu Karel Reisz, cinéaste d'origine tchécoslovaque, dont l'essentiel de la carrière s'est déroulé en Angleterre. C'est aussi son second film américain, après* le Flambeur. *Film à la fois lyrique et analytique, dépassant les limites strictes du « thriller » dans lequel il s'inscrit d'emblée, c'est aussi la plus achevée des paraboles que le cinéma ait consacrées au thème du retour (du Viêt Nam) et à la toxicomanie, considérée comme maladie de société. Symboliques d'une nouvelle « génération perdue », les antihéros de Reisz ont un comportement infantile, régressif et suicidaire. Ils ont en commun le jeu avec la mort, caractéristique de l'adolescent immature. Film sur l'échec, foncièrement pessimiste,* les Guerriers de l'enfer *est aussi une manière de chef-d'œuvre d'un cinéma physique qui serait en même temps le plus subtil qui se puisse rêver, où la nécessité du cadrage, la perfection du montage, la gestuelle des interprètes répondent constamment à la justesse du point de vue et définissent ensemble la morale de l'œuvre : non celle de l'idée qui lui préexiste, mais celle qui sourd d'une mise en scène irréprochable.* *M.S.*

GUEST IN THE HOUSE

Drame psychologique de **John Brahm**, d'après la pièce de Dale Eunson et Hagar Wilde, avec Anne Baxter, Ralph Bellamy, Aline MacMahon, Ruth Warrick, Scott McKay. États-Unis, 1944 – 2 h 01.

Une jeune femme, apparemment charmante et sans problèmes, apporte haine et tragédie au sein d'une famille où elle est invitée à séjourner.

GUET-APENS "CONSPIRATOR"

Film d'espionnage de **Victor Saville**, d'après le roman de Humphrey Slater, avec Robert Taylor, Elizabeth Taylor, Robert Flemyng, Harold Warrender. Grande-Bretagne, 1949 – 1 h 27.

À Londres, une jeune Américaine épouse un bel officier de la Garde. Mais elle ignore que c'est un espion à la solde du K.G.B. Un mélodrame sur fond de guerre froide.

LE GUET-APENS "THE GETAWAY"

Film policier de **Sam Peckinpah**, d'après le roman de Jim Thompson, avec Steve McQueen, Ali MacGraw, Ben Johnson. États-Unis, 1972 – Couleurs – 2 h.

Doc McCoy réussit à s'évader de prison grâce à la complicité de sa femme et d'un certain Jack Benyon. Mais ce dernier exige que McCoy participe à un casse. Avec la violence chère à Peckinpah, la passion ravageuse d'un couple hors-la-loi.

GUEULE D'AMOUR

Mélodrame de **Jean Grémillon**, d'après le roman d'André Beucler, avec Jean Gabin, Mireille Balin, René Lefèvre, Jane Marken, Marguerite Deval. France, 1937 – 1 h 30.

Un militaire, grand séducteur, tombe amoureux d'une jolie femme qui fait de lui son souffre-douleur. Par amour pour elle, il abandonne son métier, devient son esclave et finit par la tuer.

LA GUEULE DE L'AUTRE

Comédie de **Pierre Tchernia**, avec Michel Serrault, Jean Poiret, Andréa Parisy. France, 1979 – Couleurs – 1 h 39.

À l'annonce de l'évasion d'un détenu, Martial Perrin, un homme politique, disparaît de la scène. Son secrétaire fait appel à son sosie comédien... La substitution est parfaite !

LA GUEULE DU LOUP

Film policier de **Michel Leviant**, avec Miou-Miou, Paul Crauchet, Anémone. France, 1981 – Couleurs – 1 h 35.

Un gangster malchanceux meurt à l'hôpital, à la suite de la négligence d'une infirmière. Culpabilisée, elle cherche à retrouver les amis du défunt, des marginaux vivant d'actes de délinquance.

LA GUEULE OUVERTE

Drame de **Maurice Pialat**, avec Nathalie Baye, Hubert Deschamps, Philippe Léotard, Monique Mélinand. France, 1973 – Couleurs – 1 h 25.

Une femme de cinquante ans va mourir d'un cancer. Son mari, son fils, sa belle-fille réagissent diversement face à cette agonie.

LES GUICHETS DU LOUVRE
Drame de **Michel Mitrani**, avec Christine Pascal, Christian Rist, Alice Sapritch. France, 1973 – Couleurs – 1 h 35.

À Paris, en 1942, un jeune étudiant essaie désespérément de sauver des juifs de la rafle du « Vel' d'Hiv' ». Ses efforts seront vains. Un film émouvant, simple et sincère.

LE GUIGNOLO
Comédie de **Georges Lautner**, avec Jean-Paul Belmondo, Michel Galabru, Georges Géret. France, 1980 – Couleurs – 1 h 45.

Un escroc de haut vol se charge imprudemment d'une mallette dans un aéroport et devient la cible de mystérieux tueurs. Un « numéro » époustouflant de Jean-Paul Belmondo.

GUMSHOE "GUMSHOE"
Comédie de **Stephen Frears**, avec Albert Finney *(Eddie Ginley)*, Billie Whitelaw *(Ellen)*, Frank Finlay *(William)*, Janice Rule*Mrs. Blankerscoon)*, Carolyn Seymour *(Alison Wyatt)*. • SC : Neville Smith. • PH : Chris Menges. • DÉC : Michael Seymour. • MUS : Andrew Lloyd Webber. • MONT : Fergus McDonnell. Grande-Bretagne, 1971 – Couleurs – 1 h 25.

Eddie Ginley est présentateur dans un petit night-club de Liverpool. Il lit les romans de Hammett et Chandler, rêve de Bacall et Bogart. Il se résout à placer une petite annonce dans un journal pour proposer ses services de détective privé. Son premier contrat consiste à retrouver une femme. Il y arrive, mais sera passé à tabac, puis perdra son emploi au night-club. On le relance sur une autre enquête, il découvre un trafic de drogue, un réseau d'armes pour l'Afrique du Sud... Il déjoue tous les desseins, les plans, et se retrouve seul dans sa chambre, comme au début, et comme ses héros.

◆ *Même s'il s'agissait d'un hommage au film noir, Frears confronte son « privé » aux trafics de drogue, d'armes : le point de vue critique du réalisateur de* My Beautiful Laundrette *(Voir ce titre) est déjà à l'œuvre. Et Albert Finney conserve l'accent et l'allure de la classe ouvrière anglaise, chère à Frears.* S.S.

GUNGA-DIN "GUNGA DIN"
Film d'aventures de **George Stevens**, d'après un poème de Rudyard Kipling, avec Cary Grant, Victor McLaglen, Douglas Fairbanks Jr., Sam Jaffe, Joan Fontaine. États-Unis, 1939 – 1 h 57.

À la frontière nord-ouest de l'Inde, l'épopée d'un porteur d'eau indigène qui se sacrifia pour empêcher les troupes anglaises de tomber dans l'embuscade tendue par une tribu sauvage.

▷ Remake semi-parodique : TROIS TROUPIERS "SOLDIERS THREE", de **Tay Garnett**, avec Stewart Granger, David Niven, Robert Newton, Walter Pidgeon, Cyril Cusack, Greta Gynt. États-Unis, 1951 – 1 h 27.

GUNS
Drame psychologique de **Robert Kramer**, avec Patrick Bauchau, Juliet Berto, Peggy Frankston. France, 1980 – Couleurs – 1 h 35.

Un journaliste enquête sur un trafic d'armes. Parallèlement, sa vie privée se déroule suivant une trame complexe et douloureuse. Un montage savant et des images superbes.

GUY DE MAUPASSANT
Drame biographique de **Michel Drach**, avec Claude Brasseur, Jean Carmet, Miou-Miou, Simone Signoret. France, 1982 – Couleurs – 2 h 11.

À quarante et un ans, en pleine gloire, Maupassant est atteint par la grande syphilis, conséquence d'une vie de débauche. Deux ans de déchéance physique et morale, avant la mort, en juillet 1893.

GWENDOLINE
Film d'aventures de **Just Jaeckin**, d'après la B.D. de John Willie, avec Tawny Kitaen, Brent Huff, Zabou, Bernadette Lafont. France, 1983 – Couleurs – 1 h 43.

Sur les traces de son père disparu en Asie, une jeune femme est confrontée à la cruauté d'étranges individus.

GWEN, LE LIVRE DE SABLE
Dessin animé de **Jean-François Laguionie**. France, 1984 – Couleurs – 1 h 07.

Dans le désert d'un monde futur, une fillette, Gwen, recherche son ami Nok Moon, enlevé par des adorateurs du catalogue Manufrance !

GYPSY, VÉNUS DE BROADWAY "GYPSY"
Comédie musicale de **Mervyn LeRoy**, avec Rosalind Russell, Natalie Wood, Karl Malden. États-Unis, 1962 – Couleurs – 2 h 29.

Poussée par sa mère, une jeune fille devient strip-teaseuse et triomphe à Broadway sous le nom de Gypsy Rose. Un grand « musical » desservi par l'interprétation médiocre de Rosalind Russell.

H

L'HABILLEUR "The Dresser"
Drame de **Peter Yates**, avec Albert Finney, Tom Courtenay, Edward Fox. États-Unis, 1983 – Couleurs – 1 h 58.

L'habilleur d'une troupe théâtrale est seul à partager l'intimité d'un célèbre et irascible acteur shakespearien.

L'HABIT NE FAIT PAS LE MOINE
"Say One For Me"
Comédie musicale de **Frank Tashlin**, avec Bing Crosby, Robert Wagner, Debbie Reynolds. États-Unis, 1959 – Couleurs – 1 h 57.

Les aventures comiques d'un prêtre, dont les paroissiens sont exclusivement des artistes du quartier des théâtres de New York.

L'HABIT VERT
Comédie de **Roger Richebé**, d'après la pièce de Flers et Caillavet, avec Victor Boucher, André Lefaur, Elvire Popesco, Jules Berry. France, 1937 – 1 h 49.

Le secrétaire perpétuel de l'Académie française surprend sa femme en compagnie d'un homme qui prétexte une demande d'appui pour entrer sous la coupole.

LA HAINE
Drame de **Mathieu Kassovitz**, avec Vincent Cassel, Hubert Koundé, Saïd Taghmaoui, Karim Belkhadra, Édouard Montoute. France, 1995 – NB – 1 h 35. ★ Prix de la mise en scène, Cannes 1995.

Une journée de la vie d'une petite bande de jeunes d'une cité de banlieue. Ils ont « pris la haine » à la suite d'une « bavure » policière qui a entraîné la mort de l'un des leurs.

HAINES "The Lawless"
Drame psychologique de **Joseph Losey**, avec MacDonald Carey *(Larry Wilder)*, Gail Russell *(Sunny Garcia)*, John Sands *(Joe Ferguson)*, Lee Patrick *(Jan Dawson)*, John Hoyt *(Ed Ferguson)*, Lalo Rios *(Paul Rodriguez)*, Maurice Jara *(Lopo Chavez)*, Argentine Brunetti *(Mrs. Rodriguez)*, Paul Harvey *(le chef de la police)*. • sc : Daniel Mainwaring [Geoffrey Homes], d'après son roman *The Voice of Stephen Wilder*. • ph : Roy Hunt. • déc : Al Kegerris. • mus : Mahlon Merrick. • mont : Howard Smith. États-Unis, 1950 – 1 h 23.

À Santa Maria – petite ville californienne – une population mexicaine d'ouvriers agricoles s'entasse dans un quartier périphérique. La vie est paisible : les communautés s'observent. Tout bascule un soir de bal au cours d'une bagarre entre Blancs et Mexicains, quand un jeune cueilleur de fruits – Paul Rodriguez – assomme un policier et s'enfuit. L'évanouissement d'une petite fille à la vue de son visage ensanglanté et la peur d'un fermier qu'il menace d'une fourche deviennent viol et meurtre pour les bons citoyens de Santa Maria. L'hystérie collective déclenche une chasse à l'homme. Poussé par son amie Sunny Garcia (une Métisse), le journaliste Larry Wilder tente, sans succès, de rétablir la vérité. In extremis, il sauve Paul des lyncheurs, le remet à la police et ouvre une souscription pour sa défense. Furieux, les justiciers haineux de Santa Maria saccagent les locaux de son journal.

◆ *Si, pour Losey, le tournage de* Haines *fut une série de conflits avec les producteurs et même d'affrontement physique avec le directeur de la produc-*

tion, Doc Murmann, il fut surtout un exceptionnel apprentissage du métier aux côtés du scénariste, du directeur de la photo et du dessinateur John Hubbley, le « conseiller visuel » du film. Leurs talents ont rencontré l'exigence professionnelle de Losey débutant. Cette osmose est la réussite du film. Dans un style sobre, l'auteur traduit la réalité de la vie provinciale où les préjugés voisinent avec le racisme. À la folie meurtrière de Santa Maria, il oppose l'esprit libéral américain et le triomphe des mots sur la violence. Acte de foi que la vague déferlante du maccarthysme contredira et dont Losey sera lui-même victime. A.K.

HAIR "HAIR"
Comédie musicale de **Miloš Forman**, d'après le spectacle de Gerome Ragni, James Rado et Galt MacDermot, avec John Savage, Treat Williams, Annie Golden. États-Unis, 1979 – Couleurs – 2 h.

Claude, un Américain du Middle West, doit partir pour le Viêt Nam. À New York, au cœur de Central Park, il rencontre un groupe de hippies et Sheila, une jolie bourgeoise... Toute la nostalgie d'une époque à travers des chansons.

HAIRSPRAY "HAIRSPRAY"
Comédie musicale de **John Waters**, avec Ricki Lake, Divine, Debbie Harry. États-Unis, 1987 – Couleurs – 1 h 30.

Le yé-yé bat son plein et le rêve des filles de Baltimore est de passer dans un show télévisé. Une satire du film de teen-agers.

HAÏTI : LE CHEMIN DE LA LIBERTÉ
"AYITI, MIN CHIMIN LIBÉTÉ"
Documentaire d'**Arnold Antonin**. Haïti, 1974 – 1 h 43.

Ce document sur la dictature duvaliériste, interdit dans son pays, est aussi un film militant. Le premier long métrage haïtien.

EL HAKIM "EL HAKIM"
Mélodrame de **Rolf Thiele**, d'après le roman de John Knittel, avec O.W. Fischer, Elisabeth Müller, Nadja Tiller, Giulia Rubini. R.F.A., 1956 – Couleurs – 1 h 40.

Un jeune homme pauvre réussit à devenir médecin au Caire, acquiert une grande réputation et s'installe à Londres. La nostalgie le ramènera vers sa terre natale et celle qu'il aima jadis.

HALLELUJAH "HALLELUJAH"
Drame musical de **King Vidor**, avec Daniel L. Haynes *(Zeke)*, Everett McGarrity *(Spunk)*, Harry Gray *(le père)*, Nina Mae McKinney *(Chick)*, William Fountaine *(Hot Shot)*, Harry Gray *(le pasteur)*, Fannie Belle De Knight *(Mamy)*, Victoria Spivey *(Missy Rose)*, les Dixie Jubile Singers. • SC : Wanda Tuchock, Richard Shayer, Ransom Rideout, K. Vidor. • PH : Gordon Avil. • DÉC : Cedric Gibbons. • MUS : Irving Berlin. • PR : King Vidor, Irving Thalberg. États-Unis, 1929 – env. 2 900 m (1 h 50).

Zeke et son grand frère Spunk vont à la ville vendre une récolte de coton. Zeke se laisse séduire par Chick, une entraîneuse, perd l'argent de la vente et tue involontairement son frère dans une bagarre. Il devient prédicateur après avoir obtenu le pardon de son père, mais tombe à nouveau amoureux de Chick. Leur vie commune est troublée par l'irruption de « Hot Shot », l'ancien protecteur de Chick, qui enlève la jeune femme. Final tragique dans les marais : Chick est tuée et Zeke étrangle « Hot Shot ».

◆ Un silence sonne le glas du muet

Parce qu'il se rendit compte à temps que le son risquait de faire revenir le cinéma à l'âge de la caméra fixe, le réalisateur de la Foule *signa le premier vrai chef-d'œuvre du parlant. L'obsession du mouvement va en effet de pair avec celle, maniaque, de la synchronisation dans* Hallelujah *où règne avant tout l'idée même de la mobilité. La séquence de la poursuite dans les marais est à cet égard un véritable archétype : source de multiples reprises (*Elmer Gantry, le Démon des armes, *etc.), elle doit moins au seul suspense qu'au mariage totalement inédit de longs travellings avec une respiration haletante, un bruissement de feuilles, un cri d'oiseau ou des bruits de pas dans la vase. Parfois rien : et ce silence, enfin perceptible, sonne le glas du muet. Coup d'essai, coup de maître, le premier film parlant de King Vidor ne succède pas fortuitement au trop méconnu* Mirages, *premier film important sur Hollywood réalisé au moment même où l'auteur devait abandonner son idiome natif. Après cette production délicieusement faisandée, dont la maîtrise absolue ne peut qu'aviver les nostalgies, Vidor, qui n'avait plus rien à prouver (ni à faire) dans le muet, peut prendre tous les risques et affronter non seulement le parlant, mais un tournage en extérieur avec une distribution intégralement noire. Et* Hallelujah *« swingue » énormément : negro spirituals, blues et « tap dance » font une intrusion remarquée dans le cinéma et sont la véritable carte de visite d'un film adulé en France où Jean-Georges Auriol lui consacre un numéro spécial de* la Revue du cinéma. *Vidor sut allier le charisme des têtes d'affiche venues de Broadway à l'aspect « documentaire » de son film : il évoquera dans son autobiographie les corrections de mise en scène indiquées par de véritables prêtres baptistes, présents à Memphis lors du tournage de la séquence du baptême dans la rivière. Bien évidemment le « bon Noir » n'est pas absent de ce film si « tomiste » ; sa voix est chuintante, et son imaginaire* *envahi par la plus désolante superstition ; en bref, c'est un grand enfant qui a le rythme dans la peau. La série ouverte par les affreux Noirs de* Naissance d'une nation *n'allait se clore qu'un demi-siècle plus tard, après l'emploi jusqu'à la nausée du brave domestique de couleur (« Oh non, Mam'zell Scarlett ! Pas les rideaux ! ! »). Mais* Hallelujah *inaugure une autre série d'images qui appartient à la musique et dont le caractère extatique, relié ici à son origine religieuse, sera avant longtemps un des plus sûrs atouts de libération – du moins au nord de la ligne Mason-Dixon.* *M.C.*

HALLELUJAH LES COLLINES
"HALLELUJAH THE HILLS"

Comédie d'**Adolfas Mekas**, avec Peter H. Beard, Martin Greenbaum, Sheila Finn. États-Unis, 1962 – 1 h 27.

Deux jeunes gens aiment la même fille, qui leur demande un an avant de choisir. En attendant, les deux amis parcourent les forêts du Vermont, en rêvant à leur amour. Une comédie insolite, en marge de la production hollywoodienne classique.

HAMBURGER FILM SANDWICH
"KENTUCKY FRIED MOVIE"

Comédie satirique de **John Landis**, avec le Kentucky Fried Theatre. États-Unis, 1977 – Couleurs – 1 h 35.

Une journée de programmes à la télévision sous forme de sketches : spots publicitaires, bandes-annonces de films, interviews, etc. Interpété par l'équivalent du « Splendid » français.

HAMLET "GAMLET"

Drame de **Grigori Kozintsev**, avec Innokenti Smoktounovski *(Hamlet)*, Anastasia Vertinskaïa *(Ophélie)*, Mikhaïl Nazvanov *(Claudius)*, Youri Touboulеïev *(Polonius)*. • SC : G. Kozintsev, Boris Pasternak, d'après la pièce de Shakespeare. • PH : Ionas Gricious. • DÉC : Evgueni Enei, Georgi Kronatchev. • MUS : Dimitri Chostakovitch. U.R.S.S. (Russie), 1964 – Couleurs – 2 h 32. ★ **PRIX SPÉCIAL, Venise 1964.**

La tragédie de Shakespeare, déjà maintes fois portée à l'écran, enrichie de dialogues de l'écrivain réfractaire Boris Pasternak et interprétée par un ancien déporté de Sibérie dans le rôle d'Hamlet.

◆ *L'originalité de cette dix-septième adaptation cinématographique de* Hamlet *(selon l'estimation des spécialistes) tient principalement à la confrontation du passé (le Danemark, en l'an 1600) et du présent (la Russie soviétique de 1960). Le réalisateur, en effet, ne se gêne pas pour « moderniser » Shakespeare à sa façon : Hamlet s'interroge sur les dangers du pouvoir absolu. Les vieux démons du culte de la personnalité, enfin exorcisés, mais que l'auteur de* la Trilogie des Maxime *avait cultivés en son temps, hantent le film, autant que le souvenir des purges staliniennes... Sur le plan esthétique, l'œuvre baigne dans une réelle splendeur décorative, que l'on retrouvera, en plus épuré peut-être, dans le dernier film de Kozintsev,* le Roi Lear *(Voir ce titre).* *C.B.*

▷ Voir aussi OPHELIA.

▷ Parmi la cinquantaine d'autres adaptations : LE DUEL D'HAMLET, de **Clément Maurice**, avec Sarah Bernhardt. France, 1900. HAMLET, PRINCE DE DANEMARK, de **Georges Méliès**. France, 1907. HAMLET "AMLETO", de **Mario Caserini**. Italie, 1908 – 260 ou 325 m. HAMLET "HAMLET", de **Svend Gade** et **Heinz Schall**, avec Asta Nielsen, Lilly Jacobsson, Eduard von Winterstein. Allemagne, 1921 – env. 1 500 m (55 mn). LE RESTE EST SILENCE "DER REST IST SCHWEIGEN", de **Helmut Kautner**, avec Hardy Krüger, Peter Van Eyck, Ingrid Andree, Adelheid Seeck. R.F.A., 1959 – 1 h 44. Version modernisée. LA REPRÉSENTATION D'HAMLET AU VILLAGE "PREDSTAVA HAMLETA U SELU MRDUSA DONJA", de **Krsto Papić**, avec Rade Šerbedžija, Milena Dravić, Fabijan Šovagović, Ljubisa Samardžić. Yougoslavie, 1973 – Couleurs – 1 h 37. UN HAMLET DE MOINS "UN AMLETO DI MENO", de **Carmelo Bene**. Italie, 1974 – Couleurs – 1 h 30.

HAMLET "HAMLET"

Tragédie filmée de **Laurence Olivier**, avec Laurence Olivier *(Hamlet)*, Basil Sydney *(le roi Claudius)*, Eileen Herlie *(la reine Gertrude)*, Jean Simmons *(Ophélie)*, Norman Wooland *(Horatio)*, Félix Aylmer *(Polonius)*, Stanley Holloway, Anthony Quayle, Peter Cushing. • SC : Alan Dent, d'après la pièce de William Shakespeare. • PH : Desmond Dickinson. • DÉC : Carmen Dillon. • MUS : sir William Walton. • MONT : Helga Cranston. • PR : Rank Two Cities Films. Grande-Bretagne, 1948 – 2 h 25. ★ **LION D'OR, Venise 1948 ; OSCAR DU MEILLEUR FILM 1948.**

Le château d'Elseneur, en Norvège. Chaque nuit, les gardes sont terrifiés par l'apparition d'un spectre, celui du défunt roi. Ce dernier apprend à son fils, le jeune prince Hamlet, que son frère Claudius l'a assassiné lâchement afin de s'emparer du trône, avec la complicité de sa femme Gertrude. Hamlet est effondré par ces révélations. Très lié à sa mère, amoureux d'Ophélie, la fille du chambellan Polonius fidèle au roi, il hésite à faire justice. Au cours d'une représentation donnée à la cour par des baladins, les masques vont tomber : Hamlet tue par mégarde Polonius caché derrière une tenture, avant d'être lui-même tué en duel, Claudius est châtié, la reine s'empoisonne, Ophélie devient folle et se noie.

◆ Le mariage réussi du théâtre et du cinéma

*Le film suit d'assez près la trame de l'œuvre célèbre de Shakespeare, qui fut portée très tôt à l'écran : en France dès 1900 avec Sarah Bernhardt, en Grande-Bretagne en 1904, par Georges Méliès en 1907, par le Danois August Blom en 1910, etc. Laurence Olivier était tout désigné pour tourner la version de référence. Homme de théâtre (il débuta à Stratford-on-Avon), metteur en scène, acteur puis – à partir de 1944 – codirecteur de l'Old Vic Company, il a à son actif une carrière parallèle – prestigieuse – de comédien de cinéma (*les Hauts de Hurlevent, Rebecca, Lady Hamilton, *etc.). Sa première réalisation,* Henry V *(1944), témoignait déjà d'une grande maîtrise dans le domaine du théâtre filmé. Fidèle à la lettre autant qu'à l'esprit de son illustre modèle, Olivier y ajoute une dynamique très personnelle, fondée sur une bonne connaissance de l'écriture filmique. Il ne fait pas oublier le théâtre : il en multiplie les pouvoirs par ceux du cinéma. On pourra lui préférer l'approche d'un Orson Welles dans* Macbeth, *plus spontanée, plus chaleureuse, moins soumise aux exigences de la scène. Le débat reste ouvert. À l'inverse de* Henry V, *où la couleur brillait de tous ses feux,* Hamlet *est tourné en noir et blanc, dans un décor quasi expressionniste ; le texte de la pièce a été élagué, l'arrivée finale de Fortimbras supprimée, les résonances « politiques » de l'œuvre cèdent le pas à un approfondissement psychanalytique du caractère d'Hamlet : c'est un velléitaire en proie à un fort complexe d'Œdipe. D'autre part, le réalisateur utilise toutes les ressources de la technique cinématographique (amples panoramiques balayant l'espace scénique). Il s'adjuge le rôle-titre, bien qu'il en ait passé l'âge. À ses côtés, Jean Simmons campe une Ophélie diaphane, sobre, émouvante. Le résultat est un mariage harmonieux théâtre-cinéma, particulièrement réussi dans la scène du duel et de l'affrontement entre Hamlet et sa mère. Le film obtint un grand succès, commercial et critique. L'auteur complètera sa trilogie shakespearienne à l'écran en 1955 avec* Richard III. *Le résultat sera moins heureux, et franchement décevant quand il s'essaiera, en 1957, à la comédie romantique avec* le Prince et la Danseuse. *À l'évidence, Laurence Olivier n'a jamais pu se libérer du carcan shakespearien : c'est sa limite, mais aussi sa grandeur.*

C.B.

HAMLET GOES BUSINESS
"HAMLET LIIKE MAAILMASSA"
Comédie dramatique d'**Aki Kaurismäki**, avec Pirkka-Pekka Petelius, Esko Salminen. Finlande, 1987 – 1 h 26.

Le fils d'un P.-D.G. assassiné par sa femme et l'amant de celle-ci décide de venger son père. Adaptation fidèle, mais profondément originale, du texte shakespearien, le film est un exercice de style brillant et imprégné d'humour noir.

HAMMETT "HAMMETT"
Film policier de **Wim Wenders**, avec Frederic Forrest, Peter Boyle, Marilu Henner. États-Unis, 1982 – Couleurs – 1 h 34.

San Francisco, 1928. Dashiell Hammett, détective privé devenu écrivain, transpose des histoires réelles dans ses fictions, ce qui lui vaut quelques ennuis.

HANA-BI (Feux d'artifice) "HANA-BI"
Drame psychologique de **Takeshi Kitano**, avec Takeshi Kitano, Kayoko Kishimoto, Ren Osugi. Japon, 1997 – Couleurs – 1 h 43. **★ LION D'OR, Venise 1997.**

Pour venir en aide à un collègue blessé dans une fusillade, un policier japonais s'endette auprès des yakusas, puis finit par attaquer une banque. Il espère ainsi rembourser ses créanciers, aider la veuve d'un de ses anciens amis et assurer une fin de vie heureuse à sa femme, condamnée par la maladie.

HANDS UP
Comédie de **Clarence Badger**, avec Raymond Griffith, Marion Nixon, Virginia Lee Corbin, Montagu Love. États-Unis, 1926 – env. 1 700 m (1 h 03).

Le général Lee lance un espion contre un agent ennemi qui tente de s'approprier un trésor. Une comédie légère sur fond de guerre de Sécession.

HANGOVER SQUARE "HANGOVER SQUARE"
Film d'épouvante de **John Brahm**, avec Laird Cregar, Linda Darnell, George Sanders. États-Unis, 1945 – 1 h 17.

L'hallucinant destin d'un compositeur surmené, victime de crises de folie criminelle.

HANNAH ET SES SŒURS
"HANNAH AND HER SISTERS"
Comédie de **Woody Allen**, avec Woody Allen *(Mickey)*, Michael Caine *(Elliot)*, Mia Farrow *(Hannah)*, Carrie Fisher *(April)*, Barbara Hershey *(Lee)*, Lloyd Nolan *(Evan)*, Maureen O'Sullivan *(Norma)*, Max von Sydow *(Frederick)*, Dianne Wiest *(Holly)*. • SC : W. Allen. • PH : Carlo Di Palma. • DÉC : Stuart Wurtzel. • MONT : Susan E. Morse. États-Unis, 1986 – Couleurs – 1 h 46.

Autour d'Hannah, vivante incarnation de la femme parfaite – trop parfaite peut-être – s'entrecroisent les destins de huit personnages : Mickey, son premier mari, Helliot le deuxième ; Lee et Holly, ses sœurs ; Norma et Evan, ses parents ; April, une théâtreuse ; Frederick, un peintre égocentrique, amant de Lee.

◆ Hannah et ses sœurs *possède une structure romanesque élaborée, un matériau narratif dense, avec une abondance de coups de foudre et de retournements, de jeux poignants et hilarants avec l'amour, le désir, le hasard et les souvenirs, une avalanche de notations brillantes sur la famille, le sexe, la fidélité, la paternité, la solidarité indéfectible des sœurs et leurs secrètes rivalités, l'impudeur des vieilles gens, les tourments de l'hypocondriaque, le pouvoir érotique de la poésie, la mélancolique beauté de New York en automne. Ce film s'adresse au cœur autant qu'à l'intelligence ; grave, vif, tendre, mordant, il respire le parfum des choses vécues puis sereinement remémorées.* O.E.

HANNA K

Drame de **Costa-Gavras**, avec Jill Clayburgh, Jean Yanne, Gabriel Byme. France / Italie / Israël, 1983 – Couleurs – 1 h 48.

Une avocate juive américaine va s'établir à Jérusalem où elle défendra la cause de réfugiés palestiniens. Un film qui mélange sentiments et politique.

HANS LE MARIN

Drame de **François Villiers**, d'après le roman d'Edouard Peisson, avec Maria Montez, Jean-Pierre Aumont, Lilli Palmer, Dalio. France, 1949 – 1 h 35.

Hans, un marin canadien, vient se perdre à Marseille pour une belle entraîneuse.

HANTISE "GASLIGHT"

Drame de **George Cukor**, avec Charles Boyer *(Gregory Anton)*, Ingrid Bergman *(Paula Alquist)*, Joseph Cotten *(Brian Cameron)*, Dame May Whitty *(Mrs. Twoithes)*, Angela Lansbury *(Nancy)*. • SC : John van Druten, Walter Reisch, John L. Balderston, d'après la pièce de Patrick Hamilton *Angel Street*. • PH : Joseph Ruttenberg. • DÉC : Cedric Gibbons, William Ferrari. • MUS : Bronislau Kaper. • MONT : Ralph E. Winters. États-Unis, 1944 – 1 h 54.

Paula épouse le pianiste Gregory Anton sans rien savoir de lui et ils s'installent dans la maison où la tante de Paula fut assassinée. Bientôt, Paula est sujette à des hallucinations et des absences qui lui font douter de sa raison, et que semble favoriser son époux. Ce dernier sera démasqué et ses mobiles dévoilés, grâce à l'intervention de Cameron, un jeune détective amoureux de Paula.

◆ *Remake d'un film anglais acclamé de Thorold Dickinson (Voir* Gaslight*) dont la M.G.M. détruisit le négatif après acquisition des droits, le film de Cukor lui est pourtant (contrairement à la légende) supérieur à tous points de vue. L'interprétation y est plus nuancée, la mise en scène plus élégante, et les clairs-obscurs embrumés de Joseph Ruttenberg infiniment plus angoissants. La thématique cukorienne de « Pygmalion » est ici renversée pour le meilleur effet, et Ingrid Bergman, dans une répétition de ses rôles chez Hitchcock, y est persécutée avec une conviction qui lui vaudra un Oscar.* N.T.B.

THE HAPPY ENDING

Comédie dramatique de **Richard Brooks**, avec Jean Simmons, John Forsythe, Shirley Jones, Lloyd Bridges, Teresa Wright, Dick Shawn. États-Unis, 1969 – Couleurs – 1 h 52.

Une femme s'interroge sur sa vie et revoit avec amertume ses soixante ans d'un mariage peu heureux.

HARAKIRI "SEPPUKU"

Drame de **Masaki Kobayashi**, avec Tatsuya Nakadai *(Hanshiro Tsugumo)*, Shima Iwashita *(Miho Tsugumo)*, Akira Ishihama *(Motome Chijiiwa)*, Yoshio Inaba *(Jinnai Chijiiwa)*. • SC : Shinobu Hashimoto, d'après le roman de Yasuhiko Takiguchi. • PH : Yoshio Miyajima. • DÉC : Junichi Ozumi. • MUS : Toru Takemitsu. Japon, 1962 – 2 h 15.

Un jeune samouraï réduit à la pauvreté (son seigneur a été destitué) demande au seigneur Iyi la faveur de se faire hara-kiri sur son domaine. Il veut se suicider, explique-t-il, parce qu'il est désespéré, sa femme et ses enfants étant gravement malades. Il espère, en fait, que le seigneur l'accueillera parmi les siens. Il n'en est rien et la cérémonie doit avoir lieu. Comme il avait vendu son sabre pour nourrir sa famille, il traîne un sabre en bambou, avec lequel on le force à s'exécuter. Lorsque son frère, également samouraï, apprend la nouvelle, il tue plusieurs samouraïs de Iyi et meurt fièrement par hara-kiri.

◆ *À la fois film de genre, fresque et reportage,* Harakiri *est un des nombreux succès de l'expérimentation cinématographique au Japon dans les années 60. Kobayashi combine les éléments du film d'action (le héros, la ruse, le suspense, la violence) et ceux du reportage objectif sur les samouraïs (les dates et les faits, les circonstances liées au déclin du code Bushido, et celles qui annoncent l'ouverture du Japon à l'Ouest). La fin fait un usage systématique du flashback et du récit dans le récit.* S.S.

LE HARAS "MÉNESGAZDA"
Drame politique d'**András Kovács**, avec József Madaras *(Jani, le directeur du haras)*, Ferenc Fábiáni *(Mátyás)*, Sándor Horváth *(Máte)*, Ferenc Bács *(Bazsi)*, András Csiki *(Aghy)*, András Ambrus *(Murom)*. • SC : A. Kovács, d'après le roman d'István Gáll. • PH : Lajos Koltai. • DÉC : Béla Zeichan. Hongrie, 1978 – Couleurs – 1 h 40.

En 1950, alors que la Hongrie est en pleine édification du socialisme, un jeune paysan un peu primitif, mais communiste irréprochable, est nommé directeur d'un haras de l'État. On lui donne comme subordonnés d'anciens officiers de la cavalerie horthyste, qui sont bien forcés de lui obéir. En fait, alors que ceux-ci comme celui-là aiment passionnément leur pays, les positions sont parfaitement antagonistes. De bravades en réprimandes, puis en sanctions, l'affaire tourne au drame.

◆ *Ce film au rythme et aux images très lyriques respire un immense amour de ce pays déchiré: la Hongrie de l'immédiat après-guerre.* D.C.

HARDCORE "HARDCORE"
Drame de **Paul Schrader**, avec George C. Scott, Peter Boyle, Season Hubley. États-Unis, 1979 – Couleurs – 1 h 48.

Un petit industriel puritain du Middle West découvre avec stupeur que sa fille disparue tourne dans des films pornographiques. Il part la chercher dans les milieux effroyables de la prostitution. Excellent George C. Scott en justicier solitaire.

LE HAREM "L'HAREM"
Comédie de **Marco Ferreri**, avec Carroll Baker, Gastone Moschin, Renato Salvatori, William Berger, Michel Le Royer, Ugo Tognazzi. Italie, 1967 – Couleurs – 1 h 40.

Elle aime trois hommes et les convoque pour ses vacances. Bientôt lassée, elle veut les fuir. Après s'être jalousés, les membres du « harem » s'entendent pour se venger.

HAREM
Mélodrame d'**Arthur Joffé**, avec Nastassja Kinski, Ben Kingsley. France, 1985 – Couleurs – 1 h 53.

Diane, une jeune femme indépendante, est enlevée à New York et se retrouve dans le harem d'un prince arabe raffiné, déchiré entre l'Orient et le monde moderne.

HARLAN COUNTY, USA "HARLAN COUNTY, USA"
Documentaire de **Barbara Kopple.** • PH : Hart Perry, Kevina Keating, Phil Parmet, Flip McCarthy, Tom Hurwitz. • MONT : Nancy Baker, Mary Lampson. États-Unis, 1977 – Couleurs – 2 h.

En 1973, les mineurs de Brookside, dans le comté de Harlan, adhèrent au syndicat U.M.W.A. Leurs patrons refusent de signer la convention collective. Une grève de treize mois commence. Le conflit s'achève provisoirement sur une victoire incertaine des mineurs.

◆ *Pendant toute la durée du conflit, Barbara Kopple a filmé les grévistes, leurs femmes qui entrent dans la lutte, les vieux mineurs atteints de silicose, avec une émotion rare et une générosité dans le regard qui évoquent John Ford. Si la cinéaste est du côté des mineurs dans leur lutte, ce n'est pas par manque d'objectivité, mais par parti pris. Quel autre choix faire lorsqu'on voit ceux à qui on vole leur vie et leur santé se battre avec désarroi, mais aussi avec humour, contre des nantis véreux qui leur envoient des tueurs pour les briser ? Ce documentaire exceptionnel donne une image de l'Amérique fort différente de celle, médiatisée, mythifiée à laquelle nous sommes habitués. Ici, nous voyons les humbles, les laissés-pour-compte d'un système dont ils sont pourtant la richesse. L'Amérique que chantent Woody Guthrie et Bruce Springsteen.* S.K.

HARLEM STORY "THE COOL WORLD"
Drame de **Shirley Clarke**, avec Hampton Clanton *(Duke Curtis)*, Yolanda Rodriguez *(Lou-Anne)*, Bastic Felton *(Rod)*, Carl Lee *(Priest)*, Clarence Williams *(Blood)*, John Marriott *(Hurst)*, Gary Bolling *(Littleman)*. • SC : S. Clarke, Carl Lee, d'après le roman de Warren Miller. • PH : Baird Bryant. • MUS : Mal Waldron, interprétée par Dizzie Gillespie, Arthur Taylor, Aaron Bell et Yusef Lateef. • MONT : S. Clarke. États-Unis, 1963 – 1 h 47.

Duke Curtis rêve de devenir le chef de la bande des Pythons Royaux et croit qu'il lui faut, pour ce faire, un revolver. Duke a à peine quinze ans. Il sait que l'ancien chef, Priest, pourra lui trouver l'arme. La bande s'installe chez Littleman, un adolescent abandonné par son père, et paie le loyer avec les recettes d'une jeune prostituée, Lou-Anne. Littleman est tué par une bande rivale, les Loups. Les Pythons vont le venger, en tuant le chef des Loups. Duke cherche à rentrer chez sa mère, mais se fait cueillir par la police qui l'embarque sans ménagement.

◆ *Véritable « welcome to the jungle » que ce film de la cinéaste indépendante Shirley Clarke. La première œuvre à montrer sans complaisance ce qu'était devenu Harlem. Bien qu'elle soit issue du milieu de la danse, et que son film repose sur une musique de jazz, Shirley Clarke ne cherche jamais à imiter* West Side Story. *Proche de plusieurs cinéastes expérimentaux qui se regroupaient autour de la revue new-yor-*

kaise Film Culture*, elle signe une mise en scène qui ne fait de cadeau à personne, et évite le piège des bons sentiments.* S.S.

HARLEQUIN "HARLEQUIN"
Film fantastique de **Simon Wincer**, avec Robert Powell, Carmen Dunca, David Hemmings. Australie, 1980 – Couleurs – 1 h 36.

Un inconnu pénètre dans la maison d'un sénateur et redonne miraculeusement vie à son jeune fils mourant. Devenu un proche du politicien, ses pouvoirs magiques en feront finalement l'homme à abattre.

HARLOW, LA BLONDE PLATINE "HARLOW"
Drame de **Gordon Douglas**, avec Carroll Baker, Peter Lawford, Mike Connors, Red Buttons, Angela Lansbury, Raf Vallone. États-Unis, 1965 – Couleurs – 2 h 05.

Une biographie de Jean Harlow et une reconstitution de la vie du Hollywood cinématographique des années 30. L'un des bons rôles de Carroll Baker.

HAROLD ET MAUDE "HAROLD AND MAUDE"
Comédie psychologique de **Hal Ashby**, avec Ruth Gordon *(Maude)*, Bud Cort *(Harold)*, Cyril Cusack *(le sculpteur)*, Charles Tyner *(Oncle Victor)*. • SC : Colin Higgins, d'après son roman. • PH : John A. Alonzo. • DÉC : Michael Haller. • MUS : Cat Stevens. • MONT : William A. Saymer, Edward Warshilka. États-Unis, 1972 – Couleurs – 1 h 32.

Un jeune héritier richissime est obsédé par le macabre, et passe son temps à simuler son propre suicide et à fréquenter les enterrements. C'est là qu'il rencontre Maude, une vieille dame dont l'enthousiasme et l'amitié le réhabituent à la vie, jusqu'à ce qu'elle meure, à quatre-vingts ans, en toute sérénité, lui laissant son message d'amour de l'existence.

◆ *Ce film joli et très « années 70 », dans son étrangeté calculée et son goût pour les marginaux, devint, en France notamment, un des grands films cultes de l'histoire du cinéma américain. Le couple Bud Cort-Ruth Gordon (actrice, mais aussi célèbre scénariste de comédies avec son mari Garson Kanin) y fonctionnait à merveille.* M.CH.

LA HARPE DE BIRMANIE "BIRUMA NO TATEGOTO"
Drame de **Kon Ichikawa**, avec Rentaro Mikuni, Shoji Yasui, Jun Hamamura, Taketoshi Naito. Japon, 1956 – 1 h 56.

En 1945, en Birmanie, un détachement de l'armée japonaise vaincue essaye de passer en Thaïlande. Un des soldats rejoint les prêtres birmans, afin de servir les âmes des soldats morts.

▷ Le cinéaste signe un remake de son film sous le même titre, avec Koji Ishizaha, Kiichi Nakai, Takuzo Kawatami, Atsushi Watanabe. Japon, 1985 – Couleurs – 2 h 13.

LE HARPON ROUGE "TIGER SHARK"
Drame de **Howard Hawks**, d'après un sujet de Houston Branch, avec Edward G. Robinson, Zita Johann, J. Carrol Naish. États-Unis, 1932 – 1 h 20.

Un pêcheur dont la main a été mangée par un requin épouse la fille d'un vieil ami. Une histoire simple d'amour et d'amitié, typique de Hawks.

HARRY DANS TOUS SES ÉTATS
"DECONSTRUCTING HARRY"
Comédie de **Woody Allen**, avec Woody Allen, Judy Davis, Robin Williams. États-Unis, 1997 – Couleurs – 1 h 35.

Écrivain célèbre, Harry crée ses personnages à partir de ses proches. Mais ceux-ci ne sont pas du tout contents de la façon dont il les traite dans ses romans et leurs récriminations gâchent un peu sa vie. Sa situation se complique un peu plus quand les personnages qu'il a créés se matérialisent et viennent parasiter son paysage humain. Un Woody Allen de bonne facture.

HARRY ET TONTO "HARRY AND TONTO"
Comédie dramatique de **Paul Mazursky**, avec Art Carney, Ellen Burstyn, Chief Dan George, Geraldine Fitzgerald, Arthur Hunnicutt, Larry Hagman. États-Unis, 1974 – Couleurs – 1 h 55.

Expulsé de son logement de Manhattan, le vieil Harry part sur les routes avec son chat. Il fait de curieuses rencontres avant de s'installer en Californie.

HARVEY "HARVEY"
Comédie satirique de **Henry Koster**, d'après la pièce de Mary Chase, avec James Stewart, Josephine Hull, Peggy Dow. États-Unis, 1950 – 1 h 44.

L'amitié, source de bien des quiproquos, d'un homme et de Harvey, un lapin géant. Une spirituelle satire non dénuée de philosophie.

LE HASARD "PRZYPADEK"
Comédie dramatique de **Krzysztof Kieslowski**, avec Boguslaw Linda, Tadeusz Lomnicki. Pologne, 1984 – Couleurs – 2 h 02.

Un jeune homme très marqué par la tradition familiale décide de se prendre en main à la mort de son père. Il se précipite à la gare, mais sa destinée sera différente selon qu'il attrape ou rate son train.

LE HASARD ET LA VIOLENCE

Drame de **Philippe Labro**, avec Yves Montand, Katharine Ross, Ricardo Cucciolla. France, 1973 – Couleurs – 1 h 23.

Un criminologue se trouve pris au piège de ses propres idées, auxquelles viennent se mêler ses souvenirs de résistant et sa passion pour une jeune et belle femme médecin.

HATARI ! "HATARI !"

Film d'aventures de **Howard Hawks**, avec John Wayne, Hardy Krüger, Elsa Martinelli, Gérard Blain. États-Unis, 1962 – Couleurs – 2 h 38.

En Afrique, les aventures d'une équipe internationale de chasseurs, capturant les animaux sauvages pour les envoyer dans les zoos du monde entier. Le scénario n'est qu'un prétexte à montrer de splendides séquences de safaris, d'action et d'humour.

HAUTE PÈGRE "TROUBLE IN PARADISE"

Comédie d'**Ernst Lubitsch**, avec Miriam Hopkins *(Lily)*, Kay Francis *(Mariette Colet)*, Herbert Marshall *(Gaston Monescu)*, Charlie Ruggles *(le Major)*, Edward Everett Horton *(François Filiba)*, C. Aubrey Smith *(Adolphe J. Giron)*, Robert Greig *(le majordome)*, Leonid Kinskey *(le Russe)*. • SC : Samson Raphaelson, Grover Jones, d'après la pièce de Laszlo Aladar *The Honest Finder*. • PH : Victor Milner. • DÉC : Hans Dreier. • MUS : W. Franke Harling. • PR : E. Lubitsch (Paramount). États-Unis, 1932 – 1 h 23.

Le gentleman-cambrioleur Gaston Monescu et sa compagne Lily, ayant écumé plusieurs palaces internationaux, gagnent Paris où ils jettent leur dévolu sur une nouvelle victime : la riche et belle Mariette Colet. Fort de ses bonnes manières et de son élégance raffinée, Gaston n'a guère de peine à se faire embaucher comme homme de confiance. Engagée à sa suite comme secrétaire, Lily assiste avec dépit à la naissance d'une idylle entre Gaston et leur séduisante patronne. Elle se venge en dévalisant le coffre de Mariette. Gaston, démasqué, s'accuse galamment du vol. Mariette le congédie à regret ; Gaston rejoint Lily pour de nouvelles aventures...

◆ L'amour masqué

Venise, la nuit. Un homme accoste devant une villa, se saisit d'une poubelle, la vide dans une gondole municipale, et repart en chantant allègrement « O Sole Mio »... Le prologue, justement célèbre, de Haute Pègre *nous installe d'emblée dans un univers enchanté où l'apparence et la réalité ne cessent de se combattre : la plus belle ville du monde possède* aussi *un service de voirie, mais le chant d'un éboueur gondolier suffit à effacer ce détail « vulgaire », élevant à la dignité d'un spectacle lyrique une tâche des plus médiocres. Un voleur se déguise parfois en baron, une pickpocket en comtesse, mais l'ingéniosité qu'ils mettent l'un et l'autre à mystifier le monde en fait d'authentiques artistes : l'élégance, le style n'ont pas de frontières... Le vol, pour Gaston et Lily, est un stimulant érotique, un prolongement naturel de l'amour, une preuve de savoir-faire et de savoir-vivre, un défi périodique. Nous sommes ici dans un monde raréfié de virtuoses du déguisement et de l'affabulation, qui évitent soigneusement d'énoncer et de mettre à l'épreuve leurs sentiments, de crainte de rompre leur précaire complicité. Un monde d'artistes avec lequel Lubitsch se sent d'autant plus en harmonie qu'il est, lui aussi, un maître de l'illusion, du non-dit, du retournement des apparences ; un poète des brèves rencontres, un escamoteur de génie qui nous dissimule ses personnages à chaque instant critique de leur vie, un manipulateur d'émotions, un magicien de haut vol qui sait bien que l'amour est, de toutes les formes de pillage, la plus cruelle et la plus douloureuse.* O.E.

HAUTE SÉCURITÉ "LOCK UP"

Film policier de **John Flynn**, avec Sylvester Stallone, Donald Sutherland, John Amos. États-Unis, 1989 – Couleurs – 1 h 50.

Frank Leone, prisonnier modèle, attend sa libération. Mais un directeur pervers cherche par tous les moyens à le faire se rebeller. Une tentative de Stallone pour sortir des « Rocky-Rambo ».

LA HAUTE SOCIÉTÉ "HIGH SOCIETY"

Comédie musicale de **Charles Walters**, avec Bing Crosby, Grace Kelly, Frank Sinatra, Celeste Holm. États-Unis, 1956 – Couleurs – 1 h 47.

Une arrogante jeune fille riche doit choisir entre plusieurs prétendants. Pour son dernier rôle, Grace Kelly est entourée des crooners Crosby et Sinatra et de Louis Armstrong en personne dans ce remake d'un film célèbre (Voir INDISCRÉTIONS).

LES HAUTS DE HURLEVENT

"WUTHERING HEIGHTS"

Mélodrame de **William Wyler**, avec Laurence Olivier *(Heathcliff)*, Merle Oberon *(Cathy)*, David Niven *(Edgar Linton)*, Flora Robson *(Ellen Dean)*, Donald Crisp *(Dr Kenneth)*, Leo G. Carroll *(Joseph)*. • SC : Ben Hecht, Charles MacArthur, d'après le roman d'Emily Brontë. • PH : Gregg Toland. • DÉC : James Basevi. • MUS : Alfred Newman. • MONT : Daniel Mandell. États-Unis, 1939 – 1 h 44. ★ NEW YORK CRITICS' AWARD FOR BEST PICTURE ; OSCAR POUR LA PHOTOGRAPHIE NOIR ET BLANC, 1939.

Cathy, fille d'un hobereau du Yorkshire, et Heathcliff, jeune Bohémien qui a grandi avec elle, s'aiment depuis l'enfance. L'inégalité de leurs conditions sociales éclate quand la jeune femme rencontre un riche propriétaire terrien, Edgar Linton. À la suite d'un malentendu, Heathcliff s'enfuit vers les Amériques et Cathy épouse Linton. Métamorphosé en gentleman, Heathcliff revient. Il aime toujours Cathy, mais il est trop tard.

◆ *Laurence Olivier exprime toute l'ambiguïté du personnage de Heathcliff, mi-prince, mi-palefrenier, tour à tour rustre et machiavélique, torturé par un amour fou. Dans ce classique du romantisme victorien, la nature joue avec le surnaturel. Les éléments, la pluie, l'orage, la neige participent de cette folie fantastique. La voix du fantôme de Cathy se mêle au vent pour appeler Heathcliff. On se souvient du plan leitmotiv des deux amants sur le rocher isolé qui leur tient lieu de château imaginaire. Contre l'avis de Wyler, le producteur Goldwyn imposa l'image finale de Cathy et Heathcliff main dans la main, réunis par-delà la mort.* S.P.

▷ Autre version réalisée par **Robert Fuest**, avec Anna Calder-Marshall, Timothy Dalton, Harry Andrews, Pamela Brown, Judy Cornwell. Grande-Bretagne, 1970 – Couleurs – 1 h 45.

▷ Voir aussi HURLEVENT.

LES HAUTS DE HURLEVENT

"Abismos de Pasión / Cumbres Borrascosas"

Drame de **Luis Buñuel**, d'après le roman d'Emily Brontë, avec Jorge Mistral, Irasema Dilian, Lilia Prado, Ernesto Alonso. Mexique, 1953 – 1 h 30.

Le retour d'un ancien valet, qui a fait fortune à l'étranger, bouleverse la vie tranquille d'une famille d'aristocrates. Au prix de sa vie, il se vengera des humiliations dont il a souffert à leur service.

HAVRE

Drame de **Juliet Berto**, avec Maneval, Frédérique Jamet, Joris Ivens, Alain Lathière. France, 1986 – Couleurs – 1 h 35.

À la mort de son amant, une toute jeune femme est prise en charge par la secte de « la Croyance régénératrice », dont le « directeur de conscience » lui rend la vie et l'autonomie.

HAWAÏ "Hawaii"

Drame de **George Roy Hill**, d'après le roman de James A. Michener, avec Julie Andrews, Max von Sydow, Richard Harris. États-Unis, 1966 – Couleurs – 3 h 06.

En 1820, un pasteur missionnaire arrive dans une île de l'archipel Hawaii. Il tente d'y implanter le christianisme, mais comprend trop tard qu'il a fait fausse route.

HAZAL "Hazal"

Drame d'**Ali Ozgenturk**, avec Turkan Soray, Talat Bulut, Meral Cetinkaya, Keriman Ulusoy. Turquie, 1980 – Couleurs – 1 h 30.

La fille de pauvres montagnards doit, selon la tradition, épouser le frère cadet de son fiancé disparu. Le petit garçon délaisse son épouse, qui s'enfuit à la ville avec son amant.

HEALTH

Comédie satirique de **Robert Altman**, avec Lauren Bacall, Glenda Jackson, James Garner, Dick Cavett, Carol Burnett, Paul Dooley, Henry Gibson. États-Unis, 1979 – Couleurs – 1 h 42.

Dans un hôtel de Floride, un congrès médical sur l'alimentation tourne au délire.

HEART BEAT (OU LES PREMIERS BEATNICKS)

"Heart Beat"

Chronique de **John Byrum**, avec Nick Nolte, Sissy Spacek, John Heard. États-Unis, 1980 – Couleurs – 1 h 59.

La vie de l'écrivain Jack Kerouac et de ses amis aux États-Unis, à la fin des années 50. Les premiers, ils mettent en cause la société de consommation. Une reconstitution soignée et des interprètes remarquables.

HEARTLAND

Drame de **Richard Pearce**, d'après le récit d'Elmore Randall Stewart, avec Conchata Ferrell, Rip Torn, Barry Primus, Lila Skala. États-Unis, 1979 – Couleurs – 1 h 36.

★ Ours d'or, Berlin 1980.

En 1910 dans le Wyoming, une femme qui vit avec sa petite fille travaille dur chez un fermier sévère. Un semi-documentaire sur les malheurs de la vie.

HEARTS DIVIDED

Mélodrame de **Frank Borzage**, d'après la pièce de Rida Johnson Young, avec Marion Davies, Dick Powell, Edward Everett Horton, Claude Rains, Charles Ruggles. États-Unis, 1936 – 1 h 16.

Le frère cadet de Napoléon tombe amoureux d'une jeune Américaine et l'épouse à Baltimore.

▷ Autre version réalisée par **Alan Crosland**, intitulée GLORIOUS BETSY, avec Conrad Nagel, Dolores Costello, John Miljan, Betty Blythe. États-Unis, 1928 – env. 2 400 m (1 h 19).

HEAT "Heat"

Drame de **Paul Morissey**, avec Joe Dalessandro, Sylvia Miles, Andrea Feldman. États-Unis, 1971 – Couleurs – 1 h 50.

Un comédien de second ordre retrouve dans un motel misérable une vieille actrice délaissée. Il la suit dans sa villa où ils passent leur temps à forniquer. Arrive la fille.

HEAT "HEAT"
Thriller de **Michael Mann**, avec Al Pacino, Robert De Niro, Val Kilmer, Jon Voight. États-Unis, 1995 – Couleurs – 2 h 50.

L'affrontement « à la loyale « de De Niro, le braqueur, et d'Al Pacino, le policier. Symétrie des caractères et des comportements, respect mutuel mais acceptation sans faille de la règle : il ne peut y avoir qu'un vainqueur.

HEAVEN "HEAVEN"
Documentaire de **Diane Keaton**. États-Unis, 1987 – Couleurs – 1 h 19.

Plusieurs dizaines de personnes répondent à cette question simple : « Qu'est-ce que le paradis ? ». Humour et émotion.

HÉCATE (MAÎTRESSE DE LA NUIT)
Drame psychologique de **Daniel Schmid**, d'après le roman de Paul Morand *Hécate et ses chiens*, avec Bernard Giraudeau, Lauren Hutton, Jean Bouise, Jean-Pierre Kalfon. France / Suisse, 1982 – Couleurs – 1 h 45.

En poste en Afrique du Nord, un jeune diplomate rencontre une femme avec laquelle il noue des liens de plus en plus passionnels.

HEDDA "HEDDA"
Drame de **Trevor Nunn**, d'après la pièce de Henrik Ibsen *Hedda Gabler*, avec Glenda Jackson, Peter Eyre, Patrick Ewart. Grande-Bretagne, 1974 – Couleurs – 1 h 45.

Hedda, jeune mariée, s'ennuie déjà dans sa morne vie conjugale. Deux hommes, le juge Brack et l'écrivain Lovborg, sont puissamment attirés par elle, en dépit de sa soif du néant.

HEIDI, LA PETITE SAUVAGEONNE "HEIDI"
Drame d'**Allan Dwan**, d'après le roman de Johanna Spyri, avec Shirley Temple, Jean Hersholt. États-Unis, 1937 – 1 h 28.

Une petite orpheline, qui vit chez son grand-père, est placée dans une austère famille de Francfort. D'après un best-seller suisse.

▷ La jeune fille connaîtra d'autres mésaventures dans : HEIDI "HEIDI", de **Luigi Comencini**, avec Elsbeth Sigmund. Suisse, 1952 – 1 h 25. HEIDI ET PIERRE "HEIDI UND PETER", de **Franz Schnyder**, avec Elsbeth Sigmund, Thomas Klameth, Willy Birgel. Suisse, 1954 – 1 h 30. HEIDI "HEIDI", de **Delbert Mann**, avec Jennifer Edwards, Maximilian Schell, Jean Simmons, Michael Redgrave, Walter Slezah. États-Unis / R.F.A., 1968 – Couleurs – 1 h 41. LES MALHEURS DE HEIDI "HEIDI' SONG", dessin animé de **Robert Taylor**. États-Unis, 1983 – Couleurs – 1 h 30.

HEIMAT "HEIMAT"
Chronique familiale d'**Edgar Reitz**, avec Marita Breuer *(Maria)*, Dieter Schaad *(Paul Simon âgé)*, Kurt Wagner *(Glasisch-Karl)*, Jörg Hube *(Otto)*, Rüdiger Weigang *(Eduard Simon)*, Karin Rasenack *(Luzie)* et vingt-deux autres acteurs principaux. • SC : E. Reitz, Peter Steinbach. • PH : Gernot Roll. • DÉC : Franz Bauer. • MUS : Nikos Namangakis. • MONT : Heidi Handorf. R.F.A., 1981-1984 – NB et Couleurs – 15 h 40.

Quatre-vingts ans d'histoire allemande à travers la vie du village de Schabbach dans le Hünsbruck et centrée sur Maria, fille du terroir née avec le siècle et morte en 1982. En onze parties, Heimat devient le « requiem des petites gens du Hünsbruck ».

◆ *L'émotion provoquée en Allemagne en 1979 par le feuilleton américain* Holocauste *décide Edgar Reitz à enquêter sur l'histoire de son village natal dont il s'est éloigné à l'âge de dix-huit ans. Après une semaine de conversation avec sa mère dans le Hünsbruck, il y écrit avec Peter Steinbach un scénario presque autobiographique « où les personnages prirent vite leur propre vie ». Dans l'exceptionnelle complicité de trois cents jours de tournage et au contact des acteurs, le projet s'enrichit.* Heimat *au lieu d'être l'histoire officielle en est l'envers vécu par une famille confrontée comme beaucoup d'autres à la Crise de 1929, à l'installation du nazisme, à la guerre, à la défaite, au boom économique des années 50 et à l'industrialisation. Les découvertes de la photographie, de la radio, du téléphone ponctuent le cours du temps, modifient le profil de Schabbach sans bouleverser la rue principale ni la maison de Maria. Film passionnant que ce long défi cinématographique sur les mille et une facettes d'une Allemagne jamais racontée.* A.K.

HEINRICH "HEINRICH, DIE GESCHICHTE MEINER SEELE"
Biographie de **Helma Sanders-Brahms**, avec Heinrich Giskes, Hannelore Hoger, Grischa Huber. R.F.A., 1977 – Couleurs – 2 h 05.

Reconstitué à partir de lettres et de documents biographiques, un portrait de l'écrivain Heinrich von Kleist, attiré par les hommes et dont les fiançailles tournèrent au désastre.

HÉLÈNE DE TROIE "HELEN OF TROY"
Fresque antique de **Robert Wise**, avec Rossana Podesta, Jacques Sernas, sir Cedric Hardwicke, Stanley Baker. États-Unis, 1955 – Couleurs – 1 h 58.

Reconstitution à grand spectacle, tournée en Italie, de la fameuse bataille de Troie. Avec Brigitte Bardot dans un rôle d'esclave.

HELLO DOLLY ! "HELLO DOLLY !"
Comédie musicale de **Gene Kelly**, d'après le spectacle de David Merrick, avec Barbra Streisand, Walter Matthau, Michael Crawford, Louis Armstrong. États-Unis, 1969 – Couleurs – 2 h 28.

À la fin du XIXe siècle, une « marieuse » réussit le plus beau coup de sa carrière : son propre mariage. C'est la version filmée d'un célèbre musical, écrin de luxe pour le talent de Barbra.

HELLO SISTER !
"HELLO SISTER / WALKING DOWN BROADWAY"
Drame d'**Erich von Stroheim** (non crédité) et **Alfred Werker**, d'après le roman de Dawn Powell, avec James Dunn, Boots Mallory, Zasu Pitts, Minna Gombell. États-Unis, 1933 – 1 h 02.

À New York, un garçon rencontre une fille. Stroheim tourna pendant l'été 1932 *Walking down Broadway*, que la Fox modifia ensuite et raccourcit beaucoup. Mais sa marque subsiste.

HELLZAPOPPIN "HELLZAPOPPIN"
Comédie de **Hank C. Potter**, avec Ole Olsen *(Ole)*, Chuck Johnson *(Chic)*, Martha Raye *(Betty)*, Mischa Auer *(Pepi)*. • SC : Nat Perrin, Warren Wilson, d'après la revue montée en 1938 à Broadway par Olsen et Johnson. • PH : Woody Bredell. • DÉC : Jack Otterson. • MUS : Frank Skinner. • MONT : Milton Carruth. États-Unis, 1941 – 1 h 24.

Dans un décor de studio qui est censé représenter l'enfer, Méphisto trouve un nouvel ami : le shérif de l'Arizona. Une action parfaitement loufoque débute alors dont on ne peut qu'énumérer les meilleurs moments : le générique « diabolique » sur la chanson-titre, Martha Raye chantant *Watch the Birdie* au bord d'une piscine plutôt surchargée, Mischa Auer et ses pitreries d'aristocrate russe, un ballet raté avec papiers collants sous les chaussons, l'invisibilité progressive puis totale des deux héros, les gags « filmiques » – arrivée impromptue d'un western, débobinage et décadrage – et l'inoubliable porteur d'une « plante pour Mr Jones ».

◆ *Le film-phare du loufoque réalisé par un tâcheron est une merveille d'adaptation. La revue fut un hit de Broadway et toute l'ingéniosité des scénaristes – Nat Perrin fut un collaborateur des Marx Brothers – consista à trouver des contrepoints cinématographiques à la réflexivité des gags théâtraux. Les idées primèrent alors sur la réalisation : l'œuvre n'eut pas de suite, mais exerça une durable influence.* M.C.

HELSINKI-NAPOLI "HELSINKI-NAPOLI, ALL NIGHT LONG"
Comédie politique de **Mika Kaurismäki**, avec Kari Vaananen, Roberta et Nino Manfredi. Finlande / Suisse, 1987 – Couleurs – 1 h 35.

Un chauffeur de taxi berlinois est entraîné dans une rocambolesque affaire criminelle. De savoureux stéréotypes.

HENRI V "HENRY V"
Tragédie de **Laurence Olivier**, avec Laurence Olivier *(Henri V)*, Harcourt William *(Charles VI)*, Renée Asherson *(la princesse Catherine)*, Robert Newton *(Pistol)*, Leslie Banks *(Chorus)*. • SC : L. Olivier, Allen Dent, d'après la pièce de Shakespeare. • PH : Robert Krasker, Jack Hildyard. • DÉC : Carmen Dillon, Paul Sheriff. • MUS : William Walton. • MONT : Reginald Beck. Grande-Bretagne, 1945 – Couleurs – 2 h 10.

Henri V, profitant de la lutte entre Armagnacs et Bourguignons, déclare la guerre à la France. Victorieux à Azincourt, il épouse la fille de Charles VI, Catherine.

◆ *La première partie du film nous montre une représentation de la pièce, comme si nous y assistions au temps de Shakespeare, avec les décors de l'époque, les conventions scéniques et l'intervention du public. Ensuite, l'esthétique change et le drame se poursuit dans un décor de style pictural évoquant* les Très Riches Heures du duc de Berry *par les frères de Limbourg, avec des disproportions décoratives et des perspectives verticales. Enfin, pour la bataille d'Azincourt, nous retrouvons un espace naturaliste qui donne tout son réalisme à la gigantesque confrontation. Ce film brillant préfigure les expériences modernes sur le rapport de représentation théâtre/cinéma, annonçant le travail de Manoel de Oliveira.* S.K.

HENRI V "HENRY V"
Drame de **Kenneth Branagh**, d'après la pièce de Shakespeare, avec Kenneth Branagh, Derek Jacobi, Simon Shepherd, James Larkin, Robbie Coltrane. Grande-Bretagne, 1991 – Couleurs – 2 h 18.

Le roi Henri V d'Angleterre, méprisé et humilié par la France, décide de débarquer et de livrer bataille. Ses barons renâclent, il y a des défections, mais le souverain est un véritable homme d'État qui n'hésite pas à trancher. Il défie les armées françaises très supérieures en nombre et – miracle – il triomphe à Azincourt. Cette glorieuse page d'histoire, devenue page de littérature, est aujourd'hui page de cinéma, grâce au jeune et puissant talent de Kenneth Branagh, qui a su renouveler la tradition en osant adapter la pièce après la version, que l'on disait définitive, de Laurence Olivier (voir ci-dessus).

HERCULE À LA CONQUÊTE DE L'ATLANTIDE
"ERCOLE ALLA CONQUISTA DALL'ATLANTIDE"
Péplum de **Vittorio Cottafavi**, avec Reg Park, Fay Spain, Ettore Manni. Italie, 1961 – Couleurs – 1 h 38.

Hercule empêche Antinéa d'accomplir son rêve hégémonique sur le monde antique. Un film très curieux mélangeant les univers de Pierre Benoit et Aldous Huxley.

HERCULE CONTRE LES TYRANS DE BABYLONE
"ERCOLE CONTRO I TIRANNI DI BABILONIA"
Péplum de **Domenico Paolella**, avec Rock Stevens, Helga Line. Italie, 1964 – Couleurs – 1 h 35.

La reine des Hellènes est prisonnière des tyrans de Babylone. Hercule, pour la délivrer, devra surmonter les plus grands périls.

HERCULE CONTRE LES VAMPIRES
"ERCOLE AL CENTRO DELLA TERRA"
Péplum de **Mario Bava**, avec Reg Park, Leonora Ruffo, Christopher Lee. Italie, 1961 – Couleurs – 1 h 16.

Pour sauver Déjanire, Hercule doit descendre aux Enfers où il séduit Proserpine qu'il devra rendre à Pluton pour que ce dernier veuille bien rappeler son affreux vampire ! Un des sommets du délire dans un genre qui en a pourtant suscité beaucoup...

HERCULE ET LA REINE DE LYDIE
"ERCOLE E LA REGINA DI LIDIA"
Péplum de **Pietro Francisci**, avec Steve Reeves, Sylva Koscina, Sylvia Lopez, Primo Carnera. Italie / France, 1959 – Couleurs – 1 h 50.

Hercule, drogué par l'eau d'une source, est à la merci de la sculpturale reine de Lydie. Suite des TRAVAUX D'HERCULE (Voir ce titre).

HERCULE, SAMSON ET ULYSSE
"ERCOLE SFIDA SANSONE"
Péplum de **Pietro Francisci**, avec Kirk Morris, Richard Lloyd, Liana Orfei. Italie, 1964 – Couleurs – 1 h 25.

Lors d'une expédition contre un monstre marin, Hercule et Ulysse arrivent en Israël. Ils y prêtent main forte à Samson dans sa lutte contre les Philistins.

▷ Voir aussi LES AMOURS D'HERCULE, LES TRAVAUX D'HERCULE, LA VENGEANCE D'HERCULE.

▷ Autres films avec le héros mythologique :

ULYSSE CONTRE HERCULE "ULISSE CONTRO ERCOLE"
de **Mario Caiano**, avec Georges Marchal, Michael Lane, Yvette Lebon. Italie / France, 1962 – 1 h 45.

HERCULE SE DÉCHAÎNE "LA FURIA DI ERCOLE"
de **Gianfranco Parolini**, avec Brad Harris, Serge Gainsbourg, Luisella Boni. Italie / France, 1962 – Couleurs – 1 h 33.

HERCULE CONTRE MOLOCH
"ERCOLE CONTRO MOLOCH"
de **Giorgio Ferroni**, avec Gordon Scott, Alessandra Parano, Michel Lemoine. Italie, 1964 – Couleurs – 1 h 38.

HERCULE HÉROS DE BABYLONE
"L'EROE DI BABILONIA"
de **Siro Marcellini**, avec Gordon Scott, Geneviève Grad, Moira Orfei. Italie, 1964 – Couleurs – 1 h 32.

HERCULE L'INVINCIBLE "ERCOLE L'INVINCIBILE"
d'**Al World [Alvaro Macori]**, avec Dan Vadis, Ken Clark, Carol Brown. Italie, 1965 – Couleurs – 1 h 15.

HERCULE CONTRE LES FILS DU SOLEIL
"ERCOLO CONTRO I FIGLI DEL SOLE"
d'**Osvaldo Civirani**, avec Mark Forest, Giuliano Gemma, Anna Maria Pace. Italie / Espagne, 1965 – Couleurs – 1 h 30.

HERCULE DÉFIE SPARTACUS
"IL GLADIATORE CHE SFIDO L'IMPERO"
de **Domenico Paolella**, avec Rock Stevens, Gloria Milland, Massimo Serrato. Italie, 1971 – Couleurs – 1 h 35.

HERCULE CONTRE KARATÉ "MING, RAGAZZI !"
d'**Anthony M. Dawson**, avec Tom Scott, Jolina Michell, Fred Harris. Italie, 1974 – Couleurs – 1 h 45.

HERCULE "HERCULES"
de **Lewis Coates [Luigi Cozzi]**, avec Lou Ferrigno, Sybil Danning, Rossana Podesta. États-Unis / Italie, 1984 – Couleurs – 1 h 40.

HÉRITAGE "A BILL OF DIVORCEMENT"
Comédie dramatique de **George Cukor**, d'après la pièce de Clemence Dane, avec John Barrymore, Katharine Hepburn, Billie Burke, David Manners, Paul Cavanagh. États-Unis, 1932 – 1 h 16.

Après un séjour dans un asile psychiatrique, un homme d'âge mûr retrouve sa fille. La première apparition de Katharine Hepburn.

L'HÉRITAGE "L'EREDIA FERRAMONTI"
Drame de **Mauro Bolognini**, avec Anthony Quinn, Dominique Sanda, Fabio Testi. Italie, 1976 – Couleurs – 2 h.

Le riche boulanger Ferramonti est séduit par une belle-fille intrigante au charme vénéneux qui vise l'héritage.

L'HÉRITAGE DE LA CHAIR "PINKY"
Drame d'**Elia Kazan**, d'après le roman de Cid Ricketts Sumner *Quality*, avec Jeanne Crain, Ethel Barrymore, Ethel Waters. États-Unis, 1949 – 1 h 42.

Une négresse blanche se consacre à l'émancipation des Noirs.

HÉRITAGE ET VIEUX FANTÔMES
"Happy Ever After"
Comédie de **Mario Zampi**, avec David Niven, Yvonne De Carlo, Barry Fitzgerald. Grande-Bretagne, 1954 – Couleurs – 1 h 31.

Dans une ambiance et avec un humour très britanniques, un jeune châtelain se fait détester par les habitants de son village, qui le chassent.

L'HÉRITIER
Drame de **Philippe Labro**, avec Jean-Paul Belmondo, Carla Gravina, Jean Rochefort, Charles Denner. France, 1972 – Couleurs – 1 h 50.

Bart Cordell, qui hérite d'un empire industriel et journalistique, recherche les causes de la mort accidentelle de son père. Il découvre une machination. Portrait romantique d'un magnat à la Kennedy, *l'Héritier* poursuit le mythe de *Citizen Kane*.

L'HÉRITIÈRE "The Heiress"
Mélodrame de **William Wyler**, avec Olivia De Havilland *(Catherine Sloper)*, Ralph Richardson *(Dr Austin Sloper)*, Montgomery Clift *(Morris Townsend)*, Miriam Hopkins *(Lavinia Penniman)*. • SC : Ruth et Augustus Goetz, d'après leur pièce *The Heiress* inspirée du livre de Henry James *Washington Square*. • PH : Leo Tover. • DÉC : John Meehan, Emile Kuri. • MUS : Aaron Copland. • MONT : William W. Hornbeck. États-Unis, 1949 – 1 h 55. ★ **Oscars pour Olivia De Havilland (Meilleure actrice), Aaron Copland (Meilleure musique dramatique), John Meehan et Emil Kuri (Meilleure décoration), et Edith Head (Meilleurs costumes d'époque).**

Washington Square au siècle dernier. Une jeune femme sans beauté souffre du manque d'affection de son père. Elle se venge de son soupirant qui ne l'a courtisée que pour son héritage.

◆ *Le personnage de Catherine Sloper résume les deux facettes de la carrière de Olivia De Havilland. Elle passe de l'ingénue confiante, Mélanie d'*Autant en emporte le vent *(1939), à la diabolique Miriam de* Chut, chut chère Charlotte *(1964). Sa diction saccadée et lente devient plus ferme au fur et à mesure qu'elle prend conscience de l'attitude de son père. La chanson « Plaisir d'amour », sur la souffrance des amours déçues, ponctue le film. Quant au sourire de Montgomery Clift, c'est une énigme. Recherche-t-il seulement l'argent de Catherine ou bien a-t-il découvert des charmes cachés chez la jeune femme ?* S.P.

LES HÉRITIERS "Die Erben"
Drame de **Walter Bannert**, avec Nikolas Vogel, Klaus Novak, Annelise Stoeckl-Eberhard, Jaromir Borek, Roger Schauer. Autriche, 1982 – Couleurs – 1 h 29.

Deux jeunes garçons aux origines sociales très différentes fréquentent le parti néo-nazi autrichien. L'un ira jusqu'à tuer.

HEROES "Heroes"
Comédie dramatique de **Jeremy Paul Kagan**, avec Henry Winkler, Sally Field, Harrison Ford. États-Unis, 1977 – Couleurs – 1 h 53.

Pensionnaire d'un hôpital psychiatrique, Jack Dunne, vétéran de la guerre du Viêt Nam, s'évade vers la Californie. Il rencontre Carol et, pour la première fois, confie à autrui ses peurs et ses angoisses...

LES HÉROÏNES DU MAL
Drame de **Walerian Borowczyk**, d'après la nouvelle d'André Pieyre de Mandiargues *Marceline*, avec François Guétary, Marina Pierro, Claude Dreyfus. France, 1978 – Couleurs – 1 h 45.

Margherita, Marceline et Marie sont les héroïnes de trois histoires où règnent le Mal, la perversité, l'amour et l'érotisme.

LE HÉRON BLANC "Shirasagi"
Drame de **Teinosuke Kinugasa**, d'après un roman de Kyoka Izumi, avec Fujiko Yamamoto, Keizo Kawasaki, Yosuke Irie, Shuji Sano, Natsuko Kahara. Japon, 1958 – Couleurs – 1 h 37. ★ **Prix spécial du jury, Cannes 1959.**

Après la ruine de sa famille, une jeune femme se fait geisha et devient la maîtresse d'un riche client. Mais elle tombe amoureuse d'un peintre et, déchirée, choisit de se donner la mort.

HÉROS À VENDRE "Heroes for Sale"
Drame de **William A. Wellman**, avec Richard Barthelmess, Loretta Young, Aline Mac-Mahon. États-Unis, 1933 – 1 h 13.

Un ancien soldat de la Grande Guerre est confronté aux problèmes économiques. Une peinture forte de la misère contemporaine.

LES HÉROS DANS L'OMBRE "O.S.S."
Film d'espionnage d'**Irving Pichel**, avec Alan Ladd, Geraldine Fitzgerald, Patric Knowles, John Hoyt, Gloria Saunders, Richard Benedict. États-Unis, 1946 – 1 h 47.

Pendant la guerre, des agents des services secrets américains sont parachutés en France. Deux sont tués au cours d'une mission de sabotage, un autre mourra dans un camp de concentration.

HÉROS DE GUERRE "War Hero"
Film de guerre de **Burt Topper**, avec Tony Russel, Bayne Barron, Burt Topper. États-Unis, 1961 – 1 h 18.

Dans les dernières heures de la guerre de Corée, un soldat américain tente de poursuivre les combats pour son compte, afin de devenir un héros. D'après un fait divers authentique.

LE HÉROS DE LA MARNE
Drame d'**André Hugon**, avec Raimu, Germaine Dermoz, Bernard Lancret, Paul Cambo. France, 1938 – 1 h 33.

À la fin de la guerre, un homme rendu aveugle par une blessure apprend que son fils aîné, dont il a refusé le mariage, a été tué. Il accueille la jeune veuve qu'il fiance à son fils cadet.

LES HÉROS DE TELEMARK
"THE HEROES OF TELEMARK"
Film de guerre d'**Anthony Mann**, avec Kirk Douglas, Richard Harris, Ulla Jacobsson, Michael Redgrave. Grande-Bretagne, 1965 – Couleurs – 2 h 15.

Un épisode capital de la dernière guerre : le sabotage par les Alliés de l'usine de Rjukan en Norvège, seule productrice d'eau lourde en Europe. Une superproduction d'après des faits authentiques.

HÉROS D'OCCASION "HAIL THE CONQUERING HERO"
Comédie de **Preston Sturges**, avec Eddie Bracken *(Woodrow Truesmith)*, Ella Raines *(Libby)*, Bill Edwards *(Forrest Noble)*, William Demarest *(le sergent)*, Raymond Walburn *(le maire)*, Jimmy Dundee *(le caporal)*. • SC : P. Sturges. • PH : John Seitz. • DÉC : Hans Dreier, Haldane Douglas. • MUS : Werner Heymann. • MONT : Stuart Gilmore. États-Unis, 1944 – 1 h 41.

Réformé, un homme retourne dans sa petite ville natale. À la suite de divers malentendus, la communauté s'est mis dans la tête que c'est un héros de Guadalcanal. Il n'ose avouer les véritables raisons de son retour et accepte de devenir maire. Tiraillé de tous côtés (la femme qui l'aime, l'armée, sa conscience), il révèle son mensonge à ses concitoyens qui décident de le garder.

◆ *Le film fut accueilli en Amérique comme une comédie généreuse façon « slapstick », dans laquelle le public retrouvait les comédiens fidèles à Sturges. En France,* Héros d'occasion *est perçu comme une satire de l'héroïsme ou encore, selon André Bazin, comme une fable de moraliste qui « prolonge la comédie américaine par sa négation ».* *S.S.*

LES HÉROS N'ONT PAS FROID AUX OREILLES
Comédie de **Charles Nemes**, avec Daniel Auteuil, Gérard Jugnot, Anne Jousset. France, 1978 – Couleurs – 1 h 23.

Deux cousins qui habitent Paris sont employés de banque et ont peur des hold-up. Ils prennent en stop une jeune fille qui s'installe chez eux, et apprennent bientôt qu'elle est mineure et recherchée.

HÉROS OU SALOPARDS "BREAKER MORANT"
Drame historique de **Bruce Beresford**, avec Edward Woodward, Jack Thompson, John Waters, Bryan Brown, Rod Mullinar. Australie, 1979 – Couleurs – 1 h 45.

Reconstitution du procès de trois officiers australiens accusés par l'état-major britannique du meurtre de prisonniers et d'un pasteur allemand, pendant la guerre des Boers, en 1901, en Afrique du Sud.

LE HÉROS SACRILÈGE "SHIN HEIKE MONOGATARI"
Drame historique de **Kenji Mizoguchi**, avec Raizo Ichikawa *(Kiyomori)*, Yoshiko Kuga *(Tokiko)*, Ichijiro Oya *(Tadamori)*, Michiyo Kogure *(son épouse)*. • SC : K. Mizoguchi, Yoshikata Yoda, Masashige Marusawa, Kyuichi Tsuji, d'après le roman d'Eiji Yoshikawa. • PH : Kazuo Miyagawa. • DÉC : Hiroshi Mizutani. • MUS : Fumio Hayasaka. Japon, 1956 – Couleurs – 1 h 50.

Sur fond classique des luttes pour le pouvoir dans le Japon médiéval, un jeune homme découvre la vérité sur sa naissance : il n'est pas le fils de son père, mais celui de l'Empereur défunt, et sa mère a été courtisane. Ces révélations l'aident à trouver sa vraie place dans la société : un mariage conforme à ses désirs, la victoire avec les samouraïs sur l'autorité des moines, contre lesquels il lance ses flèches.

◆ *C'est l'avant-dernier film de Mizoguchi et son deuxième en couleurs, tourné avec des moyens plus importants que d'habitude. Mais, comme dans ses autres œuvres « historiques », Mizoguchi s'est attaché à peindre l'ascension d'un héros, personnage en fait extrêmement humain et proche. Dans le milieu trouble d'une société essentiellement préoccupée de pouvoir, ce sont en effet les années d'apprentissage qui nous sont contées – et quel plus sûr, et dur, lieu de passage que la vérité sur ses parents ? La modernité est ici évidente et le héros n'est sacrilège que vis-à-vis d'un ordre déjà dépassé.* *J.-M.C.*

HÉROS SANS RETOUR "MARCIA O CREPA"
Film de guerre de **Frank Wisbar**, avec Stewart Granger, Dorian Gray, Fausto Tozzi. Italie / Espagne / R.F.A., 1962 – 1 h 40.

Le capitaine Leblanc reçoit l'ordre de capturer l'un des chefs du F.L.N., Ben Bled. Il y parvient après bien des dangers. Mais à son retour, les négociations de paix sont déjà engagées.

LES HÉROS SONT FATIGUÉS
Drame psychologique d'**Yves Ciampi**, d'après le récit de Christine Garnier, avec Yves Montand, Maria Felix, Jean Servais, Curd Jürgens, Gérard Oury. France / R.F.A., 1955 – 1 h 55.

Plusieurs anciens héros de la guerre se retrouvent dans la capitale d'un État noir indépendant. Épaves ou aventuriers, malgré l'appât du gain, certains essaieront d'adopter une attitude fraternelle.

L'HEURE DES BRASIERS "La hora de los hornos"
Documentaire de **Fernando Solanas**. • SC : F. Solanas, Octavie Getino. • MUS : F. Solanas • MONT : F. Solanas. Argentine, 1969 – 3 h 40.

Trois parties composent cette œuvre proprement révolutionnaire. Dans la première sont évoqués la libération de l'Argentine et les problèmes du néocolonialisme : dépendance de l'économie par rapport à l'étranger, abrutissement économique et culturel du peuple, anesthésié par sa propre misère. La deuxième partie montre la prise de conscience progressive de cette situation par le peuple enfin réveillé, les espérances soulevées par le « péronisme », puis l'arrivée des militaires « golpistes » sur la scène politique, et le désarroi des combattants isolés devant une répression systématique. La troisième partie est fille de l'arrivée du « Che » Guevara dans l'univers des guérillas d'Amérique latine : témoignages de combattants, actualités, reportages, etc.

◆ *Saisissant d'efficacité dramatique, ce film est un bon exemple de l'intelligence du cinéma au service d'une cause.* *D.C.*

L'HEURE DU CRIME "Johnny O'Clock"
Film policier de **Robert Rossen**, avec Dick Powell, Evelyn Keyes, Ellen Drew, Lee J. Cobb, Nina Foch, Thomas Gomez, John Kellog. États-Unis, 1947 – 1 h 25.

Soupçonné d'avoir tué la maîtresse d'un policier corrompu, le patron d'un tripot n'en devient pas moins l'amant de la sœur de la jeune femme. Sur le point d'être arrêté, il dénonce son associé comme auteur du crime.

L'HEURE DU LOUP "Vargtimmen"
Drame psychologique d'**Ingmar Bergman**, avec Max von Sydow *(Johan)*, Liv Ullmann *(Alma)*, Erland Josephson *(Von Merkens)*, Gertrud Fridh *(Corinne)*. • SC : I. Bergman. • PH : Sven Nykvist. • DÉC : Marik Vos-Lundh. • MUS : Lars Johan Werle. • MONT : Ulla Ryghe. Suède, 1967 – 1 h 40.

Alma, la jeune veuve de Johan, un peintre génial mais tourmenté, évoque leur vie. Johan avait un carnet de croquis secret où il dessinait toutes ses angoisses et tous ses fantasmes. Peu à peu, elle était entrée dans cet univers et avait commencé, comme lui, à donner vie et forme à ses créatures de cauchemar. Johan mort fou, elle reste seule avec son angoisse.

◆ *Avec ce film, Bergman renoue directement avec la nuit expressionniste et terrifiante du* Nosfératu *de Murnau. Ce tableau de Bosch, rendu vivant par les obsessions démentes du cinéaste derrière Johan, évoque la part la plus intime de la névrose de l'artiste en train de créer, la part qu'il ne dévoile qu'idéalisée à travers l'œuvre et qui ici en est le matériau brut. Bergman atteint un degré tel dans l'expressivité de ses images que son film apparaît comme l'émanation directe, « matérialisée », de ses torturants cauchemars.* S.K.

L'HEURE EXQUISE
Chronique de **René Allio**, avec René Allio, Paul Allio, Jean Allio, Jean Maurel, Akli Amouche. France, 1980 – Couleurs – 1 h.

Film-document retraçant les souvenirs du Marseille des années 20 à 50, et l'installation d'une famille d'immigrés italiens.

L'HEURE SUPRÊME "Seventh Heaven"
Drame de **Frank Borzage**, avec Janet Gaynor *(Diane)*, Charles Farrell *(Chico)*, Ben Bard *(colonel Brissac)*, David Butler *(Gobin)*, Marie Mosquini *(Mme Gobin)*, Albert Gran *(Boul)*, Émile Chautard *(père Chevillon)*. • SC : Benjamin Glazer, d'après la pièce d'Austin Strong. • PH : Ernest Palmer. • DÉC : Harry Oliver. • MONT : Barney Wolf. États-Unis, 1927 – env. 2 500 m (1 h 35).
★ Oscar pour Janet Gaynor (Meilleure actrice) et Frank Borzage (Meilleur metteur en scène).

Paris, 1914. Chico, un balayeur, rêve d'un avenir meilleur. Il rencontre Diane, une orpheline, la protège de sa sœur alcoolique, puis la sauve du suicide. Ayant obtenu un meilleur travail, Chico épouse Diane le jour même où il part pour la guerre. Ils se jurent une fidélité éternelle. Après l'Armistice, Chico revient, aveugle, remerciant Dieu d'avoir sauvé sa vie.

◆ *Adapté d'un succès théâtral de 1922, ce film fit grande impression sur le public et les critiques de 1927. En France, les surréalistes en firent une de leurs références, enthousiasmés par « l'amour fou » liant Chico et Diane. Curieusement, ils oubliaient tout le côté religieux, pourtant bien apparent. Aussi, mieux vaudrait parler de spiritualité, notion fondamentale chez Borzage, pour décrire l'intrigue, les personnages et le climat de l'œuvre, qui sous l'effet du décor, des objectifs à grand angle, de la lumière douce et diffuse, échappe à toute matérialité.* J.-P.B.

L'HEURE SUPRÊME "Seventh Heaven"
Drame de **Henry King**, avec James Stewart, Simone Simon, Jean Hersholt. États-Unis, 1937 – 1 h 42.

Remake du précédent, d'un moindre niveau. Il reste cependant estimable, King étant de la même famille de cinéastes que Borzage.

HEUREUSE ÉPOQUE "Altri tempi"
Film à sketches d'**Alessandro Blasetti**, avec Gina Lollobrigida, Vittorio De Sica, Aldo Fabrizi, Amedeo Nazzari, Folco Lulli. Italie, 1952 – 1 h 42.

Sans thème commun particulier, des sketches drôles ou tristes, inspirés d'œuvres d'écrivains italiens célèbres du début du siècle.

HEUREUX MORTELS "This Happy Breed"
Comédie dramatique de **David Lean**, avec Robert Newton, Celia Johnson, John Mills, Kay Walsh, Amy Veness, Alison Leggatt, Eileen Erskine. Grande-Bretagne, 1944 – Couleurs – 1 h 41.

En 1919, un homme s'installe avec sa famille dans la banlieue de Londres, à côté de la maison d'un ancien compagnon de régiment. Les années passent, leurs enfants se marient et connaissent à leur tour les joies et peines de la vie.

HEUREUX QUI COMME ULYSSE
Conte d'**Henri Colpi**, d'après la nouvelle de Marlèna Frick, avec Fernandel, Rellys, Henri Tisot. France, 1970 – Couleurs – 1 h 30.

Antonin doit conduire Ulysse, son vieux cheval désormais inutile, chez le picador. Mais il ne peut s'y résoudre. Le dernier rôle de Fernandel, dans une histoire poétique et très chaleureuse.

HIBERNATUS
Comédie d'**Édouard Molinaro**, avec Louis de Funès, Claude Gensac, Paul Préboist, Michael Lonsdale. France, 1969 – Couleurs – 1 h 40.

Un P.-D.G. voit surgir le grand-père de sa femme, qui, après soixante-cinq ans d'hibernation, a gardé l'apparence de sa jeunesse. Les situations délirantes s'accumulent.

HIER, AUJOURD'HUI, DEMAIN
"Ieri, oggi, domani"
Film à sketches de **Vittorio De Sica**, avec Sophia Loren, Marcello Mastroianni. Italie, 1964 – Couleurs – 1 h 55.
★ Oscar du Meilleur film étranger, 1964.

Trois sketches mettant en scène des couples originaux : des petits escrocs, de riches industriels, puis une call-girl et un séminariste. Un festival pour deux vedettes.

HIGH HOPES "High Hopes"
Comédie dramatique de **Mike Leigh**, avec Philip Davis, Ruth Sheen, Edna Dore. Grande-Bretagne, 1988 – Couleurs – 1 h 50.

Chronique de la vie de trois couples et d'une vieille dame dans l'Angleterre de Thatcher, à Londres : ceux qui profitent de la crise et ceux qui en sont victimes. Un film réaliste, acéré et cruel.

HIGHLANDER "Highlander"
Film d'aventures de **Russel Mulcahy**, avec Christophe Lambert, Sean Connery, Roxanne Hart. Grande-Bretagne, 1985 – Couleurs – 1 h 55.

De 1536 à 1986, le chef d'un clan guerrier écossais a miraculeusement survécu. Mais d'autres « immortels » existent et il lui faudra les supprimer tous, à travers les siècles.

L'HIRONDELLE ET LA MÉSANGE
Comédie dramatique d'**André Antoine**, avec Pierre Alcover *(Michel)*, Maylianes *(Griet)*, Louis Ravet *(Pierre Van Grout)*, Georges Denola *(le diamantaire)*, Maguy Deliac *(Marthe)*. • SC : A. Antoine, Gustave Grillet. • PH : René Guychard. France, 1922 – 2 300 m (env. 1 h 25).

Un couple de bateliers qui vit paisiblement sur une péniche prend un aide. Peu à peu, la femme lui devient hostile, mais le mari, bonhomme, arrondit les angles. La femme s'aperçoit que son hostilité n'est qu'une passion déguisée, mais elle ne veut pas céder aux avances de l'aide. Le mari s'apercevant de la chose devient comme fou. Lors d'un combat nocturne sur la péniche, il noie son rival en le maintenant sous l'eau avec une longue perche.

◆ *Le film d'Antoine rompait avec les conventions scéniques du cinéma français et s'évadait dans le plein air qu'une caméra attentive et contemplative restituait avec ferveur. Le drame humain alternait des scènes naturalistes aux discrètes notations psychologiques et des scènes plus dramatiques au jeu toujours aussi finement allusif. Mais Antoine ne parvenait pas vraiment à se servir du lieu clos de la péniche et de l'environnement naturel comme d'un vecteur essentiel du drame, et son film était davantage le montage parallèle d'un drame humain et d'une ballade paysagiste plutôt illustrative, qu'un tout organiquement lié où chaque élément multipliait l'impact des autres.* S.K.

Le film, inédit, fut retrouvé sous forme de négatif et remonté par Henri Colpi en 1982. Sa durée actuelle, avec une cadence de projection de 18 im. / s, est de 1 h 18.

HIROSHIMA MON AMOUR
Drame lyrique d'**Alain Resnais**, avec Emmanuelle Riva *(l'infirmière)*, Eiji Okada *(l'architecte japonais)*, Bernard

Fresson *(le soldat allemand)*, Stella Dassas *(la mère de la jeune femme)*, Pierre Barbaud *(le père)*. • SC : Marguerite Duras. • PH : Sacha Vierny, Takahashi Michio. • DÉC : Esaka Mayo, Petri. • MUS : Giovanni Fusco, Georges Delerue. • MONT : Henri Colpi. • PR : Argos / Como Films / Diaei / Pathé Overseas. France / Japon, 1959 – 1 h 31. ★ **PRIX DE LA CRITIQUE INTERNATIONALE (FIPRESCI), Cannes 1959.**

Un couple fait l'amour. On cadre leurs épaules en gros plan. Une voix d'homme à l'accent japonais dit : « Tu n'as rien vu à Hiroshima, rien » ; une voix de femme lui répond : « J'ai tout vu... Tout ». Les voix continuent à dialoguer pendant que l'on découvre des images des victimes de l'explosion atomique, puis des vues du musée, des photographies et des documents concernant « les deux cent mille morts et les quatre-vingt mille blessés en neuf secondes ». Le dialogue s'achève par une série de vues pénétrantes sur les artères d'Hiroshima, quatorze ans plus tard. Le lendemain matin, le couple s'éveille. Une première image associe la main de l'amant japonais à celle d'un jeune soldat allemand, premier amour de l'héroïne, connu pendant la guerre à Nevers. La jeune femme va revivre de plus en plus intensément auprès de son amant japonais les souvenirs enfouis de cet amour de jeunesse. Après une journée et une nouvelle nuit d'errance, ils vont se retrouver dans la chambre d'hôtel et, afin de conjurer l'inévitable oubli qui menace leur brève idylle, se nommer l'un, « Hi-ro-shi-ma », l'autre, « Nevers-en-France ».

◆ L'amour dans un univers vitrifié

*Alain Resnais, déjà célèbre comme documentariste engagé et talentueux (*Guernica*, 1950;* Nuit et Brouillard*, 1955), signe avec son premier long métrage, sur un audacieux scénario de Marguerite Duras, un film qui bouleverse toutes les normes esthétiques et spectaculaires gouvernant alors le cinéma. Le sujet lui-même mêle une aventure passionnelle entre une jeune Française et un architecte japonais à un réquisitoire antinucléaire aussi violent que pouvait l'être* Nuit et Brouillard *vis-à-vis des camps d'extermination nazis. De plus, l'héroïne fut la jeune maîtresse d'un soldat de la Wehrmacht pendant la guerre et, à ce titre, tondue à la Libération par une petite bourgeoisie revancharde. Des amants verbalisent leur passion physique avec une audace encore inusitée sur les prudes écrans du cinéma sonore (« Tu me tues, tu me fais du bien... Je t'en prie, dévore-moi, déforme-moi jusqu'à la laideur... ». Qui plus est, le film est conçu comme un ample poème lyrique à la scansion très littéraire, aux antipodes du réalisme habituel. Le jeu des acteurs, délibérément théâtralisé, souligne la psalmodie du très beau texte de Marguerite Duras. Enfin, cet essai sur les mécanismes psychiques de la mémoire et de la sensibilité, par sa construction non linéaire, la brutalité elliptique de ses images mentales et de ses retours en arrière exige du spectateur une attention plus que soutenue. Avec* Hiroshima mon amour, *Alain Resnais et Marguerite Duras ont ouvert la voie du cinéma moderne réclamant un nouveau spectateur, celui du cinéma « d'art et d'essai ».* *M.M.*

HISTOIRE CRUELLE DU BUSHIDO / LE SERMENT D'OBÉISSANCE "BUSHIDO ZANZOKU MONOGATARI"

Drame de **Tadashi Imai**, avec Kinosuke Nakamura, Masayuki Mori. Japon, 1963 – 2 h. ★ **OURS D'OR, Berlin 1963.**

À travers trois générations, l'histoire d'une famille, de sa soumission au Bushido, le code d'honneur des samouraïs, et de plus de trois siècles de cruauté.

L'HISTOIRE D'ADÈLE H.

Drame de **François Truffaut**, avec Isabelle Adjani *(Adèle Hugo)*, Bruce Robinson *(Lt Pinson)*, Sylvia Marriott *(Mrs. Saunders)*, Reuben Dorey *(Mr Saunders)*, Joseph Blatchey *(le libraire)*. • SC : F. Truffaut, Jean Gruault, d'après le livre de Frances Vernor Guille *le Journal d'Adèle Hugo*. • PH : Nestor Almendros. • DÉC : Jean-Pierre Kohut-Svelko. • MUS : Maurice Jaubert. • MONT : Yann Dedet. France, 1975 – Couleurs – 1 h 36. ★ **GRAND PRIX DU CINÉMA FRANÇAIS, 1975.**

Un jour de 1863, une jeune Française débarque à Halifax (Nouvelle-Écosse). C'est Adèle, la seconde fille de Victor Hugo, qui ne cesse de poursuivre le lieutenant anglais Pinson, dont elle est éperdument amoureuse. Lui ne l'aime pas. Cela ne décourage pas Adèle, qui en perdra la raison.

◆ *Ce film est d'abord un défi : raconter une histoire d'amour à un seul personnage. Truffaut réussit parfaitement à centrer son film sur le visage d'Adèle/Isabelle pour y faire sentir le poids de tous les absents : le père, alors l'homme le plus célèbre du monde, la sœur noyée, Léopoldine, l'amant fuyant. Dans ce personnage dont le désir ne fait que grandir à chaque fois que son objet se dérobe et dont l'échec se révèle malgré tout créateur (son journal), Adjani trouve l'un de ses plus grands rôles.* *J.M.*

HISTOIRE D'ADRIEN

Chronique de **Jean-Pierre Denis**, avec Bertrand Sautereau, Serge Dominique, Pierre Dieuaide. France, 1980 – Couleurs – 1 h 35.

Orphelin dès sa naissance, Adrien fait l'apprentissage de la vie dans le monde dur des paysans occitans du début du siècle.

HISTOIRE DE DÉTECTIVE "DETECTIVE STORY"
Comédie dramatique de **William Wyler**, avec Kirk Douglas, Eleanor Parker, William Bendix. États-Unis, 1951 – 1 h 43.

Description de la vie quotidienne d'un commissariat d'une grande ville et portrait d'un flic intransigeant. L'un des films les plus marquants de l'époque.

HISTOIRE DE PAUL
Drame de **René Féret**, avec Paul Allio, Jean Benguigui, Bernard Bloch, Philippe Clévenot, Georges Conti, Alain Mergnat. France, 1975 – 1 h 20. ★ PRIX JEAN-VIGO 1975.

Suicidaire, Paul est interné. Il fait la grève de la faim, mais, soumis à de durs traitements qui l'obligeront à se soumettre aux normes de l'asile, il subira son affreuse solitude.

L'HISTOIRE DE PIERRA "STORIA DI PIERA"
Drame de **Marco Ferreri**, avec Hanna Schygulla, Isabelle Huppert, Marcello Mastroianni. Italie / France / R.F.A., 1983 – Couleurs – 1 h 46.

Alors que, toute jeune, elle a été témoin des aventures amoureuses de sa mère, Pierra va devenir la complice intime de celle-ci. Une mise en scène splendide pour un récit provocant.

HISTOIRE DE RIRE
Comédie dramatique de **Marcel L'Herbier**, d'après la pièce d'Armand Salacrou, avec Fernand Gravey, Micheline Presle, Pierre Renoir, Marie Déa. France, 1941 – 1 h 57.

Une femme, en accord avec son mari à l'esprit très large, le quitte pour rejoindre son amant. Les problèmes surgissent avec les réactions de leur entourage.

HISTOIRE DE TROIS AMOURS
"THE STORY OF THREE LOVES"
Film à sketches de **Vincente Minnelli** et **Gottfried Reinhardt**, avec Pier Angeli, Kirk Douglas, Leslie Caron, Farley Granger, Ethel Barrymore, James Mason, Moira Shearer. États-Unis, 1953 – Couleurs – 2 h 02.

Trois histoires sentimentales (poétique, émouvante, amusante) évoquées par des retours en arrière dans le temps.

HISTOIRE D'O
Film érotique de **Just Jaeckin**, d'après le roman de Pauline Réage, avec Corinne Cléry, Udo Kier, Anthony Steel. France, 1975 – Couleurs – 1 h 52.

La découverte de plaisirs nouveaux pour une femme offerte par son amant aux fantasmes d'autres hommes. Sado-masochisme, saphisme et esclavage érotique.

L'HISTOIRE DU JAPON RACONTÉE PAR UNE HÔTESSE DE BAR
"NIPPON SENGO SHI-MADAMU ONBORO NO SEIKATSU"
Drame sociologique de **Shohei Imamura**, avec Tami Akaza, Etsuko Akaza, Akemi Akaza. Japon, 1970 – 1 h 45.

La propriétaire d'un bar proche de Tokyo commente les événements de bandes d'actualités qui lui sont projetées. L'histoire du Japon d'après-guerre à travers sa vie et ses témoignages.

HISTOIRE D'UN AMOUR "BACK STREET"
Drame sentimental de **John M. Stahl**, avec Irene Dunne *(Ray Schmidt)*, John Boles *(Walter Saxel)*, June Clyde *(Freda Schmidt)*, George Meeker *(Kurt Shendler)*, Zasu Pitts *(Mrs. Dole)*. • SC : Gladys Lehman, Lynn Starling, d'après le roman de Fannie Hurst. • PH : Karl Freund. • DÉC : Charles D. Hall. • MONT : Milton Carruth. États-Unis, 1932 – 1 h 33.

Cincinatti, 1900. Ray Schmidt se lie avec Walter Saxel. Il veut l'épouser, mais un contretemps lui fait croire qu'elle refuse. Cinq ans plus tard, elle le rencontre par hasard à New York. Il est riche, marié, père de famille. Ils s'aiment toujours. Ray quitte son travail et s'installe dans un appartement où elle attend qu'il puisse la rejoindre. Elle refuse d'épouser Kurt, un ancien amoureux, et passe sa vie dans l'ombre de Walter, le suivant jusque dans la mort.

◆ *Genre complexe, le mélodrame hollywoodien des années 30 fut souvent orienté vers la critique sociale. Ainsi, Ray, fille d'émigrés allemands, peut-elle être considérée comme « une victime du rêve américain ». La simplicité de l'interprétation, du style visuel, où quelques rares travellings possèdent un grand impact, assure un charme classique.* *J.-P.B.*

▷ Autre version réalisée par **David Miller**, avec Susan Hayward, John Gavin, Vera Miles, Virginia Grey, Charles Drake, Reginald Gardiner. États-Unis, 1961 – Couleurs – 1 h 47. Back Street.

HISTOIRE D'UNE CHAISE
Court métrage d'animation de **Norman McLaren** et **Claude Jutra**. Canada (Québec), 1957 – 9 mn.

Animation avec un acteur réel et une chaise déplacée selon la méthode de manipulation des marionnettes, par l'un des cinéastes majeurs du film d'animation d'aujourd'hui.

HISTOIRE D'UN HOMME VÉRITABLE
"POVEST' O NASTOJAŠČEM ČELOVEKE"
Drame d'**Alexandre Stolper**, d'après le roman de Boris Polevoï, avec Pavel Kadotchnikov, Nikolai Okhlopkov, Alexei Diki, Vassili Merkouriev. U.R.S.S. (Russie), 1948 – 1 h 35.

Abattu en combat aérien en 1942, un pilote soviétique se fracture les deux pieds. Amputé, il s'acharne à se rééduquer et parvient à reprendre les commandes d'un avion de chasse.

HISTOIRE D'UN PÉCHÉ "DZIEJE GRZECHU"
Drame de **Walerian Borowczyk**, avec Grazyna Dlugolecka, Jerzy Zelnik, Olgierd Lukaszewicz. Pologne, 1975 – Couleurs – 2 h 06.

Ayant tué l'enfant qu'elle a eu d'un homme marié, une jeune femme est contrainte de devenir la maîtresse d'un bandit qui la prostitue. Elle mourra dans les bras de son premier amant.

L'HISTOIRE OFFICIELLE "LA HISTORIA OFICIAL"
Drame psychologique de **Luis Puenzo**, avec Norma Aleandro, Hector Alterio, Hugo Arana, Guillermo Battaglia, Chela Ruiz. Argentine, 1984 – Couleurs – 1 h 52. ★ **OSCAR DU MEILLEUR FILM ÉTRANGER, 1985.**

Une femme de la bourgeoisie de Buenos Aires, proche du pouvoir, s'interroge sur la véritable origine de sa fille adoptive. Elle découvre ainsi une réalité de son pays – enlèvements, disparitions, tortures – dont elle ne connaissait que la version officielle, et remet en question ses valeurs et son couple. Sans militantisme, un film d'une émotion intense et une réflexion sur l'Histoire.

L'HISTOIRE SANS FIN
"DIE UNENDLICHE GESCHICHTE"
Comédie merveilleuse de **Wolfgang Petersen**, avec Barret Oliver, Noah Hathaway, Tami Stronach. R.F.A., 1984 – Couleurs – 1 h 34.

Un garçonnet rudoyé par son père et ses camarades d'école se réfugie dans l'imaginaire. Subjugué par un livre qui se passe dans un pays fantastique, il en devient l'un des personnages.

▷ La suite a été mise en scène par **George Miller**, L'HISTOIRE SANS FIN II : UN NOUVEAU CHAPITRE "THE NEVERENDING STORY II, THE NEXT CHAPTER", d'après le roman de Michael Ende, avec Jonathan Brandis, Kenny Morrison, Clarissa Burt. États-Unis / Allemagne, 1989 – Couleurs – 1 h 30.

HISTOIRES D'A
Film socio-politique de **Charles Belmont** et **Marielle Issartel**, avec les auteurs. France, 1973 – 1 h 30.

Enquête sur les problèmes sexuels et sur l'avortement, à partir de témoignages et de documents médicaux.

HISTOIRES D'AMÉRIQUE (FOOD, FAMILY AND PHILOSOPHY)
Comédie dramatique de **Chantal Akerman**, avec Mark Amitin, Max Brandt, Sharon Diskin. France / Belgique, 1989 – Couleurs – 1 h 37.

Dans les rues de New York, la nuit, des personnages surgissent et se racontent ; quatre générations de juifs, émigrés d'Europe centrale, évoquent le passé et leur présent. Enfin, tous se retrouvent dans un restaurant imaginaire, et le comique l'emporte, jusqu'au non-sens. Un film majeur dans l'œuvre de l'auteur.

HISTOIRES DE FANTÔMES CHINOIS
"A CHINESE GHOST STORY"
Film fantastique de **Ching Siu Tung**, avec Leslie Cheung, Wong Tsu Hsien, Wo Ma. Hong-Kong, 1987 – Couleurs – 1 h 30.

Un jeune collecteur d'impôts doit affronter mille sortilèges maléfiques dans un monastère où il s'est arrêté. Mélange subtil de burlesque, de fantastique et d'art martial.

HISTOIRES D'OUTRE-TOMBE
"TALES FROM THE CRYPT"
Film d'épouvante de **Freddie Francis**, d'après les B.D. de William Gaines, avec Joan Collins, Peter Cushing, Roy Dotrice. Grande-Bretagne, 1972 – Couleurs – 1 h 37.

Cinq histoires horribles, racontées par un moine à un groupe de touristes égarés dans les catacombes. Un humour très anglais.

HISTOIRES EXTRAORDINAIRES
Comédie dramatique de **Jean Faurez**, avec Fernand Ledoux, Suzy Carrier, Jules Berry, Guy Decomble. France, 1950 – 1 h 30.

Une adaptation de plusieurs thèmes d'Edgar Poe et de Thomas de Quincey pour composer un film d'humour noir.

HISTOIRES EXTRAORDINAIRES
Film fantastique à sketches de **Roger Vadim**, **Louis Malle** et **Federico Fellini**, d'après Edgar Poe, avec Jane Fonda, Brigitte Bardot, Alain Delon, Terence Stamp. France / Italie, 1968 – Couleurs – 2 h 03.

Seul le sketch signé par Fellini s'élève au-dessus d'un esthétisme académique. Retrouvant l'esprit de *La dolce vita*, il peint la décadence d'un acteur obsédé par l'image d'une petite fille.

HISTOIRES FANTASTIQUES "AMAZING STORIES"
Film fantastique en trois parties de **Steven Spielberg (I)**, **William Dear (II)** et **Robert Zemeckis (III)**. États-Unis, 1987 – Couleurs – 1 h 50.

I : LA MASCOTTE "THE MISSION"

Partie en permission une fois de trop, la Mascotte y rencontre la Mort.

II : PAPA, MOMIE "MUMMY, DADDY"

Une fausse momie devient papa et en libère une vraie.

III : LA MAUVAISE TÊTE "GO TO THE HEAD OF THE CLASS"

Un professeur sadique est ensorcelé par deux de ses élèves.

HISTOIRES SCÉLÉRATES "STORIE SCELLERATE"
Film érotique de **Sergio Citti**, sur un scénario de P.P. Pasolini, avec Ninetto Davoli, Franco Citti. France / Italie, 1973 – Couleurs – 2 h.

En attendant leur exécution imminente, deux jeunes condamnés à mort se racontent mutuellement des histoires d'adultère.

L'HISTOIRE TRÈS BONNE ET TRÈS JOYEUSE DE COLINOT TROUSSE-CHEMISE
Comédie de **Nina Companeez**, avec Francis Huster, Brigitte Bardot, Ottavia Piccolo, Nathalie Delon, Bernadette Lafont. France, 1973 – Couleurs – 1 h 40.

Colinot, surnommé « Trousse-Chemise » en raison de son goût pour la bagatelle, traverse la France à la recherche de sa fiancée disparue. Il rencontre des dames qui s'emploient à parfaire son éducation. Un périple gaillard dans des décors raffinés.

THE HIT / LE TUEUR ÉTAIT PRESQUE PARFAIT
"THE HIT"
Film policier de **Stephen Frears**, avec John Hurt, Terence Stamp, Laura del Sol. Grande-Bretagne, 1984 – Couleurs – 1 h 40.

Dix ans après avoir témoigné contre ses complices, un gangster repenti est enlevé par des tueurs à gages à la solde de ces derniers.

HITCHER "THE HITCHER"
Film policier de **Robert Harmon**, avec Rutger Hauer, C. Thomas Howell, Jennifer Jason Leigh, Jeffrey De Munn. États-Unis, 1985 – Couleurs – 1 h 45.

Un psychopathe sème la mort sur son passage. Un étudiant soupçonné s'enfuit avec une jeune serveuse. Ils sont traqués par la police et par le tueur. Un polar angoissant qui est devenu un film culte.

HITLER, CONNAIS PAS
Documentaire de **Bertrand Blier**. France, 1963 – 2 h 55.

Un film-enquête sur la jeunesse. Onze garçons et filles âgés de seize à vingt ans, appartenant à des milieux sociaux différents, répondent à des questions sur leur vie et leurs aspirations. La noirceur et la violence du tableau ainsi brossé valut au film une interdiction, paradoxale, aux moins de dix-huit ans ! Le premier film, déjà dérangeant et provocateur, de Bertrand Blier.

HITLER, UN FILM D'ALLEMAGNE
"HITLER, EIN FILM AUS DEUTSCHLAND"
Monologue dialogué de **Hans-Jürgen Syberberg**, avec Heinz Schubert, Peter Kern, Hellmut Lange, Rainer von Artenfels, Martin Sperr, Peter Moland, Johannes Buzalski, Alfred Edel, Amelie Syberberg, Harry Baer, Peter Lühr, André Heller. En hommage à Henri Langlois et à la Cinémathèque française. • SC : H.-J. Syberberg. • PH : Dietrich Lohmann. • MUS : Mahler, Mozart, Wagner. • MONT : Jutta Brandstaedter. R.F.A., 1977 – 7 h 20.

En deux séances et quatre parties (*Un film d'Allemagne, Un rêve allemand, la Fin d'un Conte d'hiver, Nous, les enfants de l'enfer*), « pas une histoire des hommes, mais l'histoire de l'humanité. Pas un film catastrophe, mais la catastrophe en tant que film. (...) Il est question d'Hitler en nous, sans décors, en projections, artisanat imaginaire que le budget nous permet juste et où chacun peut participer » (H. J. Syberberg). Un narrateur protéiforme, Koberwitz, est interprété par trois acteurs différents.

◆ *Un pari insensé, un événement de cette fin de siècle. Il appartenait à cet Allemand venu de l'Est, expert en mythes germaniques, de traiter du grand cauchemar et de sa survivance sous les traits du « culturel » et de l'asservissement de la planète : Hitler est en nous indubitablement. Pour Syberberg, Hitler est d'abord un prodigieux cinéaste, véritable metteur en scène d'une guerre conçue pour être filmée (« Oui, qui tient le cinéma tient l'avenir du monde »). Aussi, jouant sur les projections, recréant la* Black Maria *d'Edison – conçue comme un nouveau Graal –, se livrant à un étourdissant montage sonore, Syberberg utilise tout l'arsenal audiovisuel pour faire exister un monologue à plusieurs voix, véritable chant de détresse d'un Allemand d'aujourd'hui. Le film connut un immense retentissement en Occident, sauf en Allemagne.* *M.C.*

HO !
Film policier de **Robert Enrico**, d'après le roman de José Giovanni, avec Jean-Paul Belmondo, Joanna Shimkus, Sydney Chaplin. France, 1968 – Couleurs – 1 h 47.

Chauffeur d'une bande qui le méprise, François Holin cherche à s'émanciper en montant lui-même des coups. Belmondo dans l'engrenage de violence où son personnage s'est enfermé.

HOA-BINH
Film de guerre de **Raoul Coutard**, d'après le roman de Françoise Lorrain *la Colonne de cendres*, avec Phi Lan, Huynh Cazenas, Xuan Ha, Le Quynh. France, 1970 – Couleurs – 1 h 30. ★ PRIX JEAN-VIGO 1970.

Pendant la guerre du Viêt Nam, les malheurs d'une famille simple qui rêve de paix... Le premier film de Coutard, célèbre opérateur de la Nouvelle Vague, est une chronique attentive et pleine de compassion envers les victimes éternelles des conflits.

HOLD-UP
Film policier d'**Alexandre Arcady**, avec Jean-Paul Belmondo, Guy Marchand, Kim Cattrall. France, 1985 – Couleurs – 1 h 50.

Grimm se déguise en clown pour cambrioler une banque, en compagnie de son vieux complice Georges. Un hold-up génialement préparé, mais il y a des impondérables.

HOLD-UP À LONDRES
"THE LEAGUE OF GENTLEMEN"
Film policier de **Basil Dearden**, avec Jack Hawkins, Nigel Patrick, Richard Attenborough. Grande-Bretagne, 1960 – 1 h 54.

Le plan spectaculaire d'un ex-colonel et ses sept complices qui pillent une banque londonienne. Un des meilleurs films du genre.

HOLD-UP EN PLEIN CIEL "A PRIZE OF GOLD"
Film d'aventures de **Mark Robson**, avec Richard Widmark, Mai Zetterling, Nigel Patrick. États-Unis / Grande-Bretagne, 1955 – Couleurs – 1 h 38.

Un officier américain décide avec deux complices de s'emparer d'une cargaison d'or envoyée par air en Angleterre.

HOLLYWOOD COWBOY "HEARTS OF THE WEST"
Comédie de **Howard Zieff**, avec Jeff Bridges, Alan Arkin, Andy Griffith, Blythe Danner, Donald Pleasence, Richard B. Shull, Herb Edelman. États-Unis, 1975 – Couleurs – 1 h 45.

Un auteur de scénarios sur l'Ouest se rend à Los Angeles pour retrouver le cadre de ses œuvres. Il fait arrêter deux truands un peu malgré lui et devient ainsi un véritable héros.

HOLLYWOOD EN FOLIE "VARIETY GIRL"
Comédie musicale de **George Marshall**, avec Mary Hatcher, Olga San Juan, DeForest Kelley, William Demarest et trente comédiens et artistes dans leurs propres rôles. États-Unis, 1947 – 1 h 23.

Deux débutantes tentent leur chance à Hollywood. Elles vont d'accident en catastrophe, sèment le désordre dans les studios et finissent par triompher dans un gala de vedettes.

HOLLYWOOD, HOLLYWOOD
"THAT'S ENTERTAINMENT, PART 2"
Comédie musicale de **Gene Kelly**. États-Unis, 1976 – Couleurs – 2 h 10.

Dans ce film de montage, hommage à Hollywood, se trouvent réunis, entre autres, Fred Astaire et Frank Sinatra, Cyd Charisse et Esther Williams, Abbott et Costello et les Marx Brothers.

▷ Voir aussi IL ÉTAIT UNE FOIS À HOLLYWOOD.

HOLLYWOOD MÉLODIE "SONG OF THE OPEN ROAD"
Comédie de **Sylvan Simon**, avec Jane Powell, Edgar Bergen, Charlie McCarthy, W.C. Fields, Bonita Granville, Peggy O'Neill, Jackie Moran, Bill Christie. États-Unis, 1944 – 1 h 33.

Lasse des studios, une jeune vedette se réfugie à la campagne et travaille à la cueillette des fruits. Elle gagne la sympathie des habitants et leur offre un spectacle grandiose auquel participent tous ses amis de Hollywood.

HOLLYWOOD PARADE "FOLLOW THE BOYS"
Comédie musicale d'**A. Edward Sutherland**, avec George Raft, Vera Zorina, Grace McDonald, Charles Grapewin, Charles Butterworth, Ramsay Ames et la participation de nombreuses vedettes de l'écran. États-Unis, 1944 – 2 h 02.

À Hollywood dans les années 30, un jeune comédien accède au vedettariat en un temps record. Arrive la guerre, il tente alors vainement de s'engager, et se console en fondant le « Hollywood Victory Committee », qui organise des spectacles pour les soldats.

HOLLYWOOD VIXENS / ORGISSIMO
"BEYOND THE VALLEY OF THE DOLLS"
Comédie érotique de **Russ Meyer**, avec Dolly Read, Cynthia Myers, Marcia McBroom, John La Zar, Michael Blodgett, David Curian, Edy Williams. États-Unis, 1970 – Couleurs – 1 h 35.

Les membres d'un groupe de rock, qui font leurs débuts dans le showbiz, expérimentent de nouvelles formes de vie sexuelle, jusqu'à une délirante orgie finale.

HOMBRE "HOMBRE"
Western de **Martin Ritt**, avec Paul Newman, Diane Cilento, Fredric March, Richard Boone, Martin Balsam, Cameron Mitchell. États-Unis, 1967 – Couleurs – 1 h 50.

Les passagers d'une diligence sont attaqués et cernés par des bandits, qui prennent une femme en otage. Russel, un Blanc élevé chez les Indiens, les tirera d'affaire en y laissant la vie. Un western psychologique lent, très bien écrit et superbement interprété.

HOMEBOY "HOMEBOY"
Drame de **Michael Seresin**, avec Mickey Rourke, Christopher Walken. États-Unis, 1988 – Couleurs – 1 h 56.

Un jeune boxeur tombe sous la coupe d'un malfrat de bas étage. Mickey Rourke y a inséré nombre d'éléments autobiographiques mêlés à une exaltation mythologique du « loser ».

L'HOMME À FEMMES "LE SORELLE MATERASSI"
Drame de **Ferdinando Maria Poggioli**, avec Emma Gramatica, Irma Gramatica, Massimo Serato. Italie, 1943 – 1 h 19.

Deux riches sœurs recueillent un petit orphelin et décident de l'élever. Il leur apporte sa joie de vivre, jusqu'au jour où il épouse une jeune Américaine et les abandonne à leur solitude.

L'HOMME À FEMMES
Film policier de **Jacques-Gérard Cornu**, d'après le roman de Patrick Quentin *Shadow of Guilt*, avec Danielle Darrieux, Mel Ferrer, Catherine Deneuve. France, 1960 – 1 h 32.

Meurtre et passions dans la famille d'un riche industriel parisien. Danielle Darrieux interprète un double rôle.

L'HOMME À FEMMES "MAN WHO LOVED WOMEN"
Comédie de **Blake Edwards**, avec Burt Reynolds, Julie Andrews, Kim Basinger. États-Unis, 1983 – Couleurs – 1 h 51.

À l'occasion des funérailles de celui qui fut son amant, une femme se souvient de cet insatiable séducteur. Adaptation sans grâce du film de François Truffaut *l'Homme qui aimait les femmes*.

L'HOMME À LA BUICK
Comédie policière de **Gilles Grangier**, d'après le roman de Michel Campesc *Cher voyou*, avec Fernandel, Danielle Darrieux, Jean-Pierre Marielle. France, 1968 – Couleurs – 1 h 34.

Un milliardaire philanthrope se transforme à Pigalle en un truand qui prépare un dernier hold-up.

L'HOMME À LA CAMÉRA
"CELOVEK S KINOAPPARATOM"
Documentaire futuriste de **Dziga Vertov**, avec Mikhaïl Kaufman *(le caméraman)*. • PH : M. Kaufman. • MONT : D. Vertov, Elizaveta Svilova. • PR : VUFKU (Kiev). U.R.S.S., 1929 – 1 889 m (env. 1 h 10).

Des spectateurs entrent dans une salle de cinéma, l'opérateur prépare les bobines, un orchestre s'apprête à interpréter une partition..., puis la caméra décrit une ville assoupie qui va s'éveiller sous l'œil attentif du caméraman ; une jeune fille se lève, l'opérateur va filmer un train en se plaçant sur les rails, et toute la ville s'anime : les tramways, les avions, les machines. L'homme à la caméra, perché sur une automobile, enregistre le mouvement de la ville, à tous les rythmes, sous tous les angles, le travail de tous les machinistes, de la couturière, de la téléphoniste et de la monteuse du film. Il va s'enivrer de vitesse jusqu'à l'étourdissant montage final qui mêle l'espace de la salle à celui de l'écran : la « vie à l'improviste » perçue à un rythme frénétique, celui des soviets et de l'électricité, sous l'angle futuriste.

◆ Un manifeste futuriste
L'Homme à la caméra, *manifeste cinématographique du « Ciné-Œil », conçu et réalisé par le « Conseil des Trois » (Vertov, Kaufman et Svilova) est d'abord un film destiné à produire d'autres films, dans le but de faire connaître la grammaire des moyens cinématographiques. Comme film-manifeste, il s'oppose au cinéma de fiction, au cinéma littéraire, au cinéma qui a recours à l'acteur de théâtre et à la langue écrite (« un film sans intertitre »). C'est une apologie de la technique cinématographique comme moyen de connaissance et d'appréhension du réel : l'homme à la caméra est celui qui engendre la vie, permet au mouvement d'apparaître, à la jeune fille de se dessiller les yeux et d'y voir clair. Le film décline toutes les facettes du processus de la vision, surplombante, en gros plan, accélérée, ralentie, douée d'ubiquité... Mais l'homme à la caméra n'est pas un voyeur, c'est un travailleur qui apporte sa contribution au développement de la production socialiste, au même titre que les mineurs de charbon, les ouvriers des usines électriques, les emballeuses de cigarettes et les téléphonistes. La caméra est un super-œil ; le caméraman, allié à la monteuse, possède les pouvoirs du docteur Frankenstein : ils ont la capacité de créer des êtres proprement filmiques, une jeune femme à partir de fragments de mannequins, une ville imaginaire à partir d'éléments d'immeubles, de magasins, d'usines, de cinémas, de bars, de rues et de places. C'est le principe de la « géographie créatrice ». C'est*

la caméra qui décrit le flux de la vie, mêlant les images de la naissance, celles de la mort, du mariage, du divorce, du plaisir et du travail comme plaisir, dans un discours filmique délibérément non linéaire, fondé sur le montage associatif, la métaphore, l'anticipation et le brusque retour en arrière, à l'image de la structure libre d'un poème de Maïakovski... La ville est à l'image d'un corps humain : les rues et les rails des tramways sont ses artères, le sémaphore de la place centrale est son cœur. C'est ce double mouvement métaphorique liant les techniques cinématographiques, le corps humain et le tissu urbanistique d'une ville qui fait la densité extraordinaire de cet hymne à l'« homme électrique » du futur. M.M.

L'HOMME À LA CROIX "L'uomo dalla croce"

Film de guerre de **Roberto Rossellini**, avec Alberto Tavazzi, Roswita Schmidt, Aldo Capacci. Italie, 1942 – 1 h 30.

Œuvre de propagande qui raconte les exploits des aumôniers militaires sur le front russe, pendant la Seconde Guerre mondiale.

L'HOMME À L'AFFÛT "The Sniper"

Film policier psychologique d'**Edward Dmytryk**, avec Adolphe Menjou, Arthur Franz, Marie Windsor. États-Unis, 1952 – 1 h 27.

Un maniaque refoulé, muni d'un fusil à longue portée, tue des femmes. Excellente analyse d'un cas clinique.

L'HOMME À LA PEAU DE SERPENT
"The Fugitive Kind"

Comédie dramatique de **Sidney Lumet**, d'après la pièce de Tennessee Williams *la Descente d'Orphée*, avec Marlon Brando, Anna Magnani, Joanne Woodward. États-Unis, 1960 – 1 h 59.

Un homme qui vit d'expédients s'arrête dans une petite ville du Mississippi. Il devient l'amant d'une femme mariée à un infirme despotique qui la tue et incendie la maison où se trouve son rival.

L'HOMME À LA TÊTE FÊLÉE "A Fine Madness"

Comédie d'**Irvin Kershner**, avec Sean Connery, Jean Seberg, Joanne Woodward. États-Unis, 1966 – Couleurs – 1 h 45.

Les mésaventures d'un homme doté d'une âme de poète, d'une musculature de boxeur et d'un cœur de don Juan.

L'HOMME À L'IMPERMÉABLE

Comédie de **Julien Duvivier**, avec Fernandel, Jean Rigaux, Bernard Blier, Jacques Duby, Judith Magre. France / Italie, 1957 – 1 h 46.

Un clarinettiste au Châtelet profite d'une absence de son épouse pour passer une soirée en compagnie d'une fille facile. Une passade qui ne sera pas sans conséquences.

L'HOMME À L'OREILLE CASSÉE

Comédie dramatique de **Robert Boudrioz**, d'après le roman d'Edmond About, avec Thomy Bourdelle, Jacqueline Daix, Jim Gérald, Alice Tissot, Gustave Hamilton. France, 1934 – 1 h 15.

Un officier frappé de catalepsie en 1812, pendant la campagne de Russie, est ramené à la vie par des savants après plus d'un siècle d'hibernation, ce qui pose quelques problèmes d'adaptation.

L'HOMME ATLANTIQUE

Essai de **Marguerite Duras**, avec Yann Andrea et la voix de Marguerite Duras. France, 1981 – Couleurs – 45 mn.

Une femme vient d'être abandonnée. Elle dit sa douleur en un long poème poignant, tandis que défilent des images lentes ou un écran noir.

L'HOMME À TOUT FAIRE "Roustabout"

Comédie musicale de **John Rich**, avec Elvis Presley, Barbara Stanwyck, John Freeman. États-Unis, 1964 – Couleurs – 1 h 40.

Un jeune chanteur, recueilli par la patronne d'un cirque ambulant, connaît le succès et, grâce à ses chansons, fait la prospérité de la troupe. Il gagnera la reconnaissance de tous et l'amour de la jeune fille qu'il courtise.

L'HOMME À TOUT FAIRE "Der Gehülfte"

Drame de **Thomas Koerfer**, avec Paul Burian, Ingold Wildenauer, Verena Buss. Suisse, 1976 – Couleurs – 2 h 02.

Un chômeur entre au service d'un inventeur farfelu, dans la Suisse du début du siècle. Mais il est vite en porte-à-faux entre domestique et confident privilégié de l'épouse de l'inventeur.

L'HOMME AU BRAS D'OR
"The Man With the Golden Arm"

Drame d'**Otto Preminger**, avec Frank Sinatra *(Frankie Machine)*, Eleanor Parker *(Zosh)*, Kim Novak *(Molly)*, Arnold Stang *(Sparrow)*, Darren McGavin *(Louie)*, Robert Strauss *(Schwiefka)*, John Conte *(Drunky)*. • SC : Walter Newman, Lewis Meltzer, d'après le roman de Nelson Algren. • PH : Sam Leavitt. • DÉC : Joe Wright. • MUS : Elmer Bernstein. • MONT : Louis R. Loeffler. États-Unis, 1955 – 1 h 59.

Frankie Machine revient à Chicago après une longue cure de désintoxication, décidé à reprendre son emploi de batteur. Les circonstances l'obligent à travailler comme croupier pour un organisateur de jeux, Schwiefka. Harcelé par sa femme Zosh (qui se fait passer pour paralytique), Frankie cède aux sollicitations du dealer Louie. L'amour d'une entraîneuse, Molly, l'aidera à se libérer définitivement de la drogue.

◆ *Premier film américain à aborder le problème de la drogue,* l'Homme au bras d'or *a contribué à la réputation d'Otto Preminger comme « pourfendeur de la censure ». La générosité de son propos, son importance historique restent indéniables, mais le réalisme appuyé de la mise en scène, la lourdeur des ressorts dramatiques, le pittoresque outrancier des comparses et le naturalisme factice des décors en font aujourd'hui l'une des œuvres les moins satisfaisantes du cinéaste.* *O.E.*

L'HOMME AU CERVEAU GREFFÉ

Drame de **Jacques Doniol-Valcroze**, avec Mathieu Carrière, Nicoletta Machiavelli. France, 1971 – Couleurs – 1 h 30.

Un spécialiste de l'encéphale décide de faire greffer son propre cerveau sur un jeune accidenté de la route. Résultat : un personnage de jeune homme au savoir d'homme mûr.

L'HOMME AU CHAPEAU DE SOIE

Documentaire de **Maud Linder**. France, 1985 (RÉ : 1983) – 1 h 36.

De nombreux documents réunis par sa fille Maud pour nous faire connaître le grand Max Linder, auteur, acteur et réalisateur de films du temps du muet. Voir MAX.

L'HOMME AU CHAPEAU ROND

Drame de **Pierre Billon**, d'après le roman de Dostoïevski *l'Éternel Mari*, avec Raimu, Aimé Clariond, Gisèle Casadesus, Louis Seigner, Jane Marken. France, 1946 – 1 h 35.

À la mort de sa femme, un homme taciturne apprend qu'elle l'a trompé et que sa fille est en fait l'enfant de son ami, aujourd'hui malade. L'histoire d'une vengeance.

L'HOMME AU COMPLET BLANC

"THE MAN IN THE WHITE SUIT"

Comédie satirique d'**Alexander Mackendrick**, avec Alec Guinness *(Sydney Stratton)*, Joan Greenwood *(Daphne Birnley)*, Cecil Parker *(Alan Birnley)*, Michael Gough *(Corland)*, Ernest Theisiger *(sir John Kirlow)*, Vida Hope *(Bertha)*. • SC : Roger MacDougall, John Dighton. • PH : Douglas Slocombe. • MUS : Benjamin Frankel. • MONT : B. Cribble. Grande-Bretagne, 1951 – 1 h 21.

Sydney Stratton est un doux savant qui poursuit ses recherches dans les usines qui l'emploient (et à l'insu de la direction). Il est toujours éconduit. Il s'obstine néanmoins. Un jour, il réussit l'expérience de sa vie : parvenir à créer une fibre textile insalissable, incassable et imputrescible. La science triomphe, mais le commerce s'émeut. Les industriels concurrents se liguent pour empêcher la découverte de Sydney d'être exploitée. Ils le menacent, le cajolent. Il est tranquillement intraitable. Hélas, il s'est trompé dans ses calculs. La fibre s'effiloche. La profession respire. Pas pour longtemps. Le savant a une autre idée...

◆ *Ce chef-d'œuvre d'humour subversif représente l'équilibre parfait. C'est un film récréatif follement drôle, fondé sur une anticipation plausible. C'est une œuvre très poétique et une satire sociale acerbe qui s'attaque au capitalisme carnassier et au prolétariat myope. Tous ces aspects fonctionnent merveilleusement sur une mise en scène élégante.* *G.S.*

L'HOMME AU COMPLET GRIS

"THE MAN IN THE GRAY FLANNEL SUIT"

Comédie dramatique de **Nunnally Johnson**, d'après le roman de Sloan Wilson, avec Gregory Peck, Jennifer Jones, Fredric March, Marisa Pavan. États-Unis, 1956 – Couleurs – 2 h 33.

Alors qu'il cherche un sens à sa vie de modeste employé, un homme apprend qu'il est le père d'un enfant né de sa brève union avec une Italienne connue pendant la guerre. Son épouse, compréhensive, reforme le foyer un instant ébranlé.

L'HOMME AU CRÂNE RASÉ

"DE MAN DIE ZIJN HAAR KORT LIET KNIPPEN"

Drame d'**André Delvaux**, avec Senne Rouffaer *(Govert Miereveld)*, Beata Tyszkiewicz *(Fran)*, Hector Camerlynck *(le professeur Mato)*, Paul Jongers *(son assistant)*, Luc Philips *(l'échevin)*, François Bernard *(le juge Brantink)*. • SC : Anna de Pagter, A. Delvaux, d'après le roman de Johan Daisne. • PH : Ghislain Cloquet. • DÉC : Jean-Claude Maes. • MUS : Freddy Devreese. • MONT : Suzanne Baron, R. Delferrière. • PR : Télévision belge (B.R.T.). Belgique, 1966 – 1 h 34.

Même si l'intrigue de l'Homme au crâne rasé pouvait être cernée et facilement narrée de manière linéaire, il serait recommandé de se dispenser de le faire, pour préserver l'aura de cette œuvre parfaite, dans la perception et l'interprétation de laquelle on est invité à pénétrer par de multiples entrées, sans qu'une signification ne puisse, ni ne doive, être préférée à une autre, tant l'unité et la richesse de l'ensemble dépendent de l'addition des plans, des hypothèses, des échos que les situations, les symboles, les thèmes tissent entre eux. Govert Miereveld, petit homme gauche, solitaire, passif – qui apparaît d'emblée comme l'incarnation de l'anonymat – poursuit-il une quête qui serait une parabole de la condition humaine ? Le monde qu'il perçoit, et que nous percevons par le truchement de son regard, est-il le monde réel ou bien est-il déformé par son imaginaire qui pourrait être aussi sa folie, le film devenant alors la description clinique d'une schizophrénie ? À moins qu'il ne s'agisse d'un rêve ?

◆ Une architecture de symétries et d'échos

Aucun indice ne permet d'opter de façon décisive pour l'un ou l'autre des schémas et cette incertitude, loin de rendre l'œuvre confuse, est au contraire le gage de sa réussite esthétique. La beauté qui sourd de ce récit constamment déroutant tient dans une architecture savante qui organise un jeu d'échos, de symétries entre les éléments qui se soutiennent et se répondent mutuellement, ainsi que dans le glissement permanent du réel au surréel, du vécu au rêvé, du rationnel à l'irrationnel, de l'objectif au subjectif. Le contraste et la métamorphose dominent l'esthétique du film : la représentation de la mort succède à celle de la beauté, dont elle va ensuite précéder le meurtre, l'horreur de la mort devenant fascination. De la même façon, le bonheur se transforme en angoisse. L'Homme au crâne rasé, *œuvre cinématographique achevée, dont André Delvaux ne parviendra jamais à produire d'équivalent par la suite, s'inscrit aussi dans une filiation artistique qui a ses correspondants dans la littérature et la peinture ; celle de Magritte, notamment, mais aussi de Paul Delvaux, le surréaliste homonyme du cinéaste. Précision de la photographie, attention maniaque portée à la description des objets, placés successivement sous des éclairages différents qui en modifient la signification et invitent même à douter de leur réalité, sont les assises réalistes qui permettent ensuite au cinéaste de mieux conduire le spectateur dans un univers fantastique, où le mystère est d'autant plus crédible qu'il sourd du réel quotidien, où l'abstrait se dégage du concret sans solution de continuité apparente. Surtout – et c'est en cela que l'art de Delvaux relève bien de la grande famille de pensée et de sensibilité qui unit le romantisme anglo-saxon au surréalisme – le film, au fur et à mesure de son déroulement, place le spectateur qui a bien voulu entrer dans le jeu et perdre pied à ce point nodal de la perception où le réel devient surréel, où le rêve devient expérience supérieure de la réalité.* *M.S.*

L'HOMME AU FUSIL "ČELOVEK S RUŽ'EM"
Comédie dramatique de **Serguei Youtkevitch**, avec Maxime Chtraoukh, Mikhaïl Gelovani, Boris Tenine, Vladimir Loukine, Zoïa Fedorova. U.R.S.S. (Russie), 1938 – 1 h 43.

En 1917, des soldats écrivent à Lénine pour lui demander de mettre fin à la guerre. Un permissionnaire lui porte la lettre, se fait expliquer le sens des événements et décide alors de retourner au front en menant lui-même ses camarades au combat.

L'HOMME AU FUSIL "MAN WITH THE GUN"
Film d'aventures de **Richard Wilson**, avec Robert Mitchum, Jan Sterling, Karen Sharpe. États-Unis, 1955 – 1 h 23.

Un homme, qui a des problèmes avec sa femme, ramène l'ordre dans une petite ville terrorisée par des bandits.

L'HOMME AU MASQUE DE CIRE
"HOUSE OF WAX"
Film d'épouvante d'**André De Toth**, avec Vincent Price, Frank Lovejoy, Phyllis Kirk, Carolyn Jones, Charles Bronson. États-Unis, 1953 – Couleurs (3 D) – 1 h 28.

À New York, en 1900, le créateur d'un musée de cire disparaît dans un incendie. Affreusement défiguré, il vole des cadavres pour reconstituer son musée. Le premier film d'épouvante tourné en relief. Remake de MASQUES DE CIRE (Voir ce titre).

L'HOMME AU MASQUE DE FER
"THE MAN IN THE IRON MASK"
Aventures historiques de **James Whale**, avec Louis Hayward, Joan Bennett, Warren William. États-Unis, 1939 – 1 h 50.

Duels et bagarres pour l'histoire bien racontée d'une des énigmes de l'Histoire de France : l'existence du frère jumeau de Louis XIV auquel on aurait imposé un masque de fer pour cacher sa ressemblance avec le Roi-Soleil.

L'HOMME AU MILLION "THE MILLION POUND NOTE"
Comédie de **Ronald Neame**, avec Gregory Peck, Jane Griffiths, Ronald Squire, Joyce Grenfell, Reginald Beckwith. Grande-Bretagne, 1954 – Couleurs – 1 h 31.

Un jeune Américain, qui se retrouve à Londres sans argent, hérite d'un billet d'un million de livres qui lui complique l'existence mais lui ouvre des portes, ainsi que le cœur d'une jeune fille.

L'HOMME AU PISTOLET D'OR
"THE MAN WITH THE GOLDEN GUN"
Film d'espionnage de **Guy Hamilton**, d'après le roman de Ian Fleming, avec Roger Moore, Christopher Lee, Britt Ekland. Grande-Bretagne, 1974 – Couleurs – 2 h.

Le chef des services secrets anglais est menacé de mort. James Bond réussit à débrouiller l'affaire, extraordinairement compliquée et semée d'embûches. Des effets spéciaux sont très soignés.

L'HOMME-AUTO "AJANTRIK"
Comédie dramatique de **Ritwik Ghatak**, d'après Subodh Ghosh, avec Kali Banerji, Gyanesh Mukherjee. Inde (Bengale), 1958 – 1 h 42.

Un chauffeur et sa voiture : elle n'est plus très jeune, et bien capricieuse. Mais c'est la raison de vivre de son propriétaire.

L'HOMME AUX ABOIS "I WALK ALONE"
Film policier de **Byron Haskin**, d'après la pièce de Theodore Reeves *Beggars are Coming to Town*, avec Burt Lancaster, Lizabeth Scott, Kirk Douglas, Wendell Corey. États-Unis, 1948 – 1 h 38.

Après quinze ans de prison, un homme demande de l'aide à son ancien complice, aujourd'hui patron d'un cabaret prospère. Celui-ci tente de l'éliminer en l'accusant d'un meurtre.

L'HOMME AUX CENT VISAGES / LE MATAMORE
"IL MATTATORE"
Comédie de **Dino Risi**, avec Vittorio Gassman, Anna Maria Ferrero, Dorian Gray. Italie, 1959 – 1 h 45.

Un acteur raté, mais bon imitateur, incarne de multiples personnalités pour réussir les escroqueries dont il vit.

L'HOMME AUX CLÉS D'OR
Comédie dramatique de **Léo Joannon**, avec Pierre Fresnay, Annie Girardot, Grégoire Aslan, Jean Rigaux, Gil Vidal. France, 1956 – 1 h 32.

Une bande d'adolescents pervers provoquent la déchéance d'un de leurs professeurs. Ce dernier ne songe plus qu'à se venger. Un grand rôle pour Fresnay face à Girardot en petite peste.

L'HOMME AUX COLTS D'OR "WARLOCK"
Western d'**Edward Dmytryk**, avec Henry Fonda *(Clay Blaisdell)*, Richard Widmark *(Johnny Gannon)*, Anthony Quinn *(Tom Morgan)*, Dorothy Malone *(Lily Dollar)*, Dolores Michaels *(Jessie Marlow)*. • SC : Robert Alan Arthur, d'après le roman d'Oakley Hall. • PH : Joe MacDonald. • DÉC : Walter M. Scott, Stuart A. Reiss. • MUS : Leigh Harline. • MONT : Jack W. Holmes. États-Unis, 1958 – Couleurs – 2 h 01.

Dans les cités de l'Ouest, où la loi ne peut être appliquée, les citoyens font appel, parfois, à un prévôt. Clay Blaisdell en est un. Avec son ami Morgan, tenancier de saloon, il va « nettoyer » la cité qui l'a embauché, en avertissant ses employeurs que, bientôt, ils rêveront d'être débarrassés de lui.

◆ *Ce western de Dmytryk, que le genre inspira peu, se présente, au premier abord, comme une classique réflexion sur la loi et l'ordre. Jusqu'où peut-on aller pour rétablir ce dernier et quelles sont les frontières entre le meurtre légal et l'autre (réflexion que l'on retrouve dans* Tom Horn, *par exemple). En fait, c'est surtout une réflexion sur la lâcheté collective (Voir* Le train sifflera trois fois*) et la morale individuelle. C'est aussi l'histoire de deux amis qui vont se dresser l'un contre l'autre.* C.A.

L'HOMME AUX DEUX CERVEAUX
"THE MAN WITH TWO BRAINS"
Comédie de **Carl Reiner**, avec Steve Martin, Kathleen Turner, David Warner. États-Unis, 1983 – Couleurs – 1 h 33.

Un spécialiste de la chirurgie crânienne voudrait greffer un nouveau cerveau à son épouse délurée. Du comique de situation sans grande finesse, mais à la bonne humeur roborative.

L'HOMME AUX FLEURS "MAN OF FLOWERS"
Drame psychologique de **Paul Cox**, avec Norman Kaye, Allyson Best, Chris Haywood. Australie, 1983 – Couleurs – 1 h 30.

Un quinquagénaire riche et oisif, épris d'art et de beauté, entretient une relation platonique avec une jeune femme qui pose nue pour lui. Mais celle-ci a un amant qui devient vite menaçant.

L'HOMME AUX LUNETTES D'ÉCAILLE
"SLEEP, MY LOVE"
Drame de **Douglas Sirk**, avec Claudette Colbert, Robert Cummings, Don Ameche. États-Unis, 1948 – 1 h 37.

Une jeune femme richissime est la victime d'une machination ourdie par son époux. Un scénario qui n'est pas sans rappeler celui de *Hantise* de George Cukor.

L'HOMME AUX MILLE VISAGES
"MAN OF A THOUSAND FACES"
Biographie de **Joseph Pevney**, avec James Cagney, Dorothy Malone, Jane Greer. États-Unis, 1957 – 2 h 02.

Un portrait saisissant d'un grand acteur du cinéma muet, Lon Chaney, qui fit pleurer et frémir des millions de spectateurs.

L'HOMME AUX YEUX D'ARGENT

Film policier de **Pierre Granier-Deferre**, avec Alain Souchon, Tanya Lopert, Jean-Louis Trintignant. France, 1985 – Couleurs – 1 h 37.

À sa sortie de prison, Thierry cherche à récupérer son magot caché. Le village est méfiant, la police veille, la bibliothécaire est séduite. Une ambiance de western pour un polar contemporain.

L'HOMME BLESSÉ

Drame de **Patrice Chéreau**, avec Vittorio Mezzogiorno, Jean-Hugues Anglade, Roland Bertin. France, 1983 – Couleurs – 1 h 49.

Un jeune bourgeois est entraîné par un mystérieux homosexuel dans son univers âpre. Au-delà du récit d'une descente aux enfers, un regard pessimiste sur les relations humaines.

L'HOMME DANS L'OMBRE "RAGGEDY MAN"

Drame de **Jack Fisk**, avec Sissy Spacek, Eric Roberts, Sam Shepard. États-Unis, 1982 – Couleurs – 1 h 35.

La standardiste d'une petite ville texane, qui vit seule avec ses deux enfants, ne supporte plus l'atmosphère étouffante dans laquelle elle évolue. Un thriller sobre et intimiste.

L'HOMME D'ARAN "MAN OF ARAN"

Drame documentaire de **Robert J. Flaherty**, avec des interprètes non professionnels. • SC : R. David et Frances Flaherty. • PH : R. J. Flaherty. • MUS : John Greenwood, John Goldman. • MONT : John Monck. Grande-Bretagne, 1934 – 1 h 16.

Une famille de pêcheurs mène une lutte farouche et obstinée contre les éléments sur une île de l'archipel d'Aran, au large de l'Irlande. Sur ce sol rocailleux sans cesse balayé par la tempête, il faut fabriquer la terre cultivable. L'homme casse les pierres tandis que la femme amène de la terre arrachée aux crevasses. Le fils pêche du haut des falaises. Un jour, le père poursuit un requin dont il ne vient à bout qu'après une lutte acharnée. Reparti en mer, il est pris dans une nouvelle tempête. Son bateau est détruit, mais il réussit à rejoindre l'île et sa famille.

◆ *Avec des personnages et des situations simples, et sans utiliser le moindre dialogue, Flaherty a composé un ample et dramatique poème d'images puissantes et belles, qui exaltent la lutte de l'humanité pour sa survie et témoignent d'une bouleversante foi dans l'homme. Sans aucun tape-à-l'œil, ce film comporte aussi de formidables prouesses techniques et des scènes comme les tempêtes ont une puissance que sont loin d'égaler les plus grands films hollywoodiens.* J.-B.B.

L'HOMME DE BERLIN "THE MAN BETWEEN"

Drame social de **Carol Reed**, avec James Mason, Claire Bloom, Hildegard Kneff. Grande-Bretagne, 1953 – 1 h 41.

Dans les ruines de Berlin, un homme traqué se sacrifie pour l'amour d'une jeune femme. Presque un remake du *Troisième Homme*, par le même réalisateur.

L'HOMME DE BORNÉO "THE SPIRAL ROAD"

Drame de **Robert Mulligan**, d'après le roman de Jan de Hartog, avec Rock Hudson, Burl Ives, Gena Rowlands. États-Unis, 1962 – Couleurs – 2 h 25.

En 1936, un médecin athée combat une épidémie de lèpre ainsi que la sorcellerie vaudou, et retrouve progressivement la foi.

L'HOMME DE DÉSIR

Drame de **Dominique Delouche**, avec Emmanuelle Riva, François Timmerman, Eric Laborey, André Falcon. France, 1970 – 1 h 50.

Un écrivain chrétien recueille un jeune homme à la dérive. Pour l'aider, il acceptera peu à peu tous les sacrifices.

L'HOMME DE FER "CZŁOWIEK Z ZELAZA"

Film politique d'**Andrzej Wajda**, avec Jerzy Radziwilowicz *(Maciek)*, Krystyna Janda *(Agnieszka)*, Marian Opania *(Winkiel)*, Irena Byrska. • SC : Aleksander Scibor-Rylski. • PH : Edward Klosinski. • DÉC : Alan Starski. • MUS : Andrzej Korzynski. • MONT : Halina Prugar. Pologne, 1981 – Couleurs – 2 h 20. ★ **PALME D'OR, Cannes 1981.**

Un journaliste est chargé de faire une enquête sur Maciek, le fils de Birkut (qui était « l'Homme de marbre »).

◆ L'Homme de fer *est la suite directe du chef-d'œuvre de Wajda* l'Homme de marbre*, dont il ne retrouve ni l'habile construction à tiroirs, ni la nervosité du récit, ni l'agressive force formelle. Reste un témoignage sur une époque, soutenu par quelques séquences fortes.* S.K.

L'HOMME DE KIEV "THE FIXER"

Drame de **John Frankenheimer**, d'après le roman de Bernard Malamud, avec Alan Bates, Dirk Bogarde, Hugh Griffith. États-Unis, 1968 – Couleurs – 2 h 10.

Une affaire de racisme dans la Russie de 1914, ou comment un juif réussira à être innocenté d'un crime rituel. La défense des droits de l'homme par Dalton Trumbo, un scénariste qui avait subi le maccarthysme.

L'HOMME DE LA LOI "THE LAWMAN"
Western de **Michael Winner**, avec Burt Lancaster, Robert Ryan, Lee J. Cobb, Sheree North. États-Unis, 1971 – Couleurs – 1 h 40.

Un shérif se rend dans la ville voisine pour arrêter les responsables d'un meurtre. Un héros inexorable et une réflexion impressionnante sur l'exercice de la justice.

L'HOMME DE LA MANCHE "MAN OF LA MANCHA"
Comédie musicale d'**Arthur Hiller**, avec Peter O'Toole, Sophia Loren, James Coco. États-Unis, 1971 – Couleurs – 2 h 16.

Condamné par l'Inquisition, Miguel Cervantès est emprisonné. Avant d'être jugé, il raconte l'histoire de son héros, Don Quichotte. Adaptation cinématographique de la comédie musicale interprétée par Jacques Brel sur les planches parisiennes.

L'HOMME DE LA PLAINE "THE MAN FROM LARAMIE"
Western d'**Anthony Mann**, avec James Stewart *(Will Lockhart)*, Arthur Kennedy *(Vic)*, Donald Crisp *(Alec)*, Cathy O'Donnell *(Barbara)*, Alex Nicol, Aline McMahon, Wallace Ford, Jack Elam. • SC : Philip Yordan, Frank Burt, d'après un récit de Thomas T. Flynn. • PH : Charles Lang. • DÉC : Cary Odell, James Crowe. • MUS : George Duning, Morris Stoloff. • MONT : William Lyon. États-Unis, 1955 – Couleurs – 1 h 54.

Un capitaine de l'armée, Will Lockhart, est à la poursuite d'un trafiquant d'armes qui, par ses livraisons, permet aux Apaches d'effectuer des raids : le jeune frère de Will a été tué au cours de l'un d'eux. Malgré l'opposition d'un rancher, et avec l'aide d'un propriétaire de comptoir, il démasque le traître.

◆ *De tous les westerns d'Anthony Mann, celui-ci, le dernier qu'il réalisa avec le héros mannien par excellence, James Stewart, est celui qui accorde le plus d'importance à l'espace et au paysage, servis par une magnifique maîtrise du CinémaScope. Cette histoire, à la fois de vengeance et de violence, est filmée par une caméra contemplative qui ne fait que mieux ressentir le déchirement entre l'homme et la nature.* *J.M.*

L'HOMME DE LA RIVIÈRE D'ARGENT
"THE MAN FROM SNOWY RIVER"
Western de **George Miller**, avec Kirk Douglas, Jack Thompson, Tom Burlinson. Australie, 1982 – Couleurs – 1 h 35.

Un jeune homme, orphelin, doit faire ses preuves afin de reconquérir les terres de son père.

L'HOMME DE L'ARIZONA "TALL T"
Western de **Budd Boetticher**, avec Randolph Scott, Maureen O'Sullivan. États-Unis, 1957 – Couleurs – 1 h 28.

Un fermier se trouve mêlé à une prise d'otages. Par sa droiture et son courage, il réussira à vaincre les bandits et à conquérir l'héroïne abandonnée.

L'HOMME DE LA RUE "MEET JOHN DOE"
Comédie satirique de **Frank Capra**, avec Gary Cooper, Barbara Stanwyck, Edward Arnold, Walter Brennan, Spring Byington, James Gleason, Gene Lockhart. États-Unis, 1941 – 2 h 15.

Un grand journal, pour ne pas être accusé de faux, doit trouver un homme prêt à se suicider. Le volontaire devient vite une vedette, et sera sauvé in extremis par une jolie journaliste.

L'HOMME DE LA SIERRA "THE APPALOOSA"
Western de **Sidney J. Furie**, avec Marlon Brando, Anjanette Comer, John Saxon. États-Unis, 1966 – Couleurs – 1 h 40.

À la frontière du Mexique, un fermier rêve d'installer un élevage de chevaux. Il reçoit justement en cadeau une superbe bête qui excite la convoitise d'une bande de Mexicains.

L'HOMME DE LA TOUR EIFFEL
"THE MAN OF THE EIFFEL TOWER"
Film policier de **Burgess Meredith**, avec Burgess Meredith, Charles Laughton, Franchot Tone. États-Unis / France, 1949 – Couleurs – 1 h 44.

Un assassin névrosé est poussé aux aveux par un commissaire Maigret auquel Charles Laughton prête son flegme et son obésité.

L'HOMME DE LISBONNE "LISBON"
Film d'aventures de **Ray Milland**, avec Ray Milland, Maureen O'Hara, Claude Rains, Yvonne Furneaux. États-Unis, 1956 – Couleurs – 1 h 30.

À Lisbonne, un contrebandier hésite entre deux femmes également belles. Il choisira la moins cruelle.

L'HOMME DE LONDRES
Drame d'**Henri Decoin**, d'après le roman de Georges Simenon, avec Fernand Ledoux, Jules Berry, Suzy Prim, Jean Brochard, Héléna Manson. France, 1943 – 1 h 38.

Un homme assiste à un règlement de comptes et parvient à s'emparer d'une valise contenant des millions. Pour conserver son bien, il tuera à son tour.

L'HOMME DE L'OUEST "MAN OF THE WEST"
Western d'**Anthony Mann**, avec Gary Cooper *(Link Jones)*, Julie London *(Billie)*, Lee J. Cobb *(Dock Tobin)*,

Arthur O'Connell *(Sam Beasley)*, Jack Lord *(Coaley)*, John Dehner *(Claude)*. • SC : Reginald Rose, d'après le roman de William C. Brown. • PH : Ernest Haller. • DÉC : Hilyard Brown, Edward Boyle. • MUS : Leigh Harline. • MONT : Richard Heermance. États-Unis, 1958 – Couleurs – 1 h 40.

Ancien hors-la-loi devenu fermier, Link Jones revient chercher dans son pays natal une institutrice pour son nouveau village. Son convoi ayant été attaqué, il se retrouve seul avec Billie, une chanteuse de saloon, et un joueur, Sam Beasley. Il rejoint son ancienne bande, dirigée par son oncle, Dock Tobin, à qui il fait croire qu'il renoue avec le passé. Un duel final l'oppose à Dock dans une ville déserte.

◆ *Très critiqué à sa sortie, ce sera le dernier grand western d'un maître incontestable du genre. Incarné par un Gary Cooper âgé, le héros mannien, comme le héros du western tout court, y apparaît vieillissant, mais surtout désireux d'échapper à l'affrontement mythique du Bien et du Mal pour établir la loi civile, annonçant les héros crépusculaires des années 60.* *J.M.*

L'HOMME DE MAIN "JOHNNY ALLEGRO"

Film policier de **Ted Tetzlaff**, avec George Raft, Nina Foch, George MacReady. États-Unis, 1949 – 1 h 21.

Un bagnard permet l'arrestation d'une bande de faux-monnayeurs et épouse la femme du rival qu'il a ainsi éliminé.

L'HOMME DE MARBRE "CZŁOWIEK Z MARMURU"

Drame psychologique d'**Andrzej Wajda**, avec Jerzy Radziwiłowicz *(Mateusz Birkut)*, Krystyna Janda *(Agnieszka)*, Tadeusz Łomnicki *(Burski jeune)*, Michał Tarkowski *(Witek)*, Piotr Cieślak *(Michałak)*, Krystyna Zachwatowicz *(Hanka Tomczyk)*. • SC : Aleksander Scibor-Rylski. • PH : Edward Kłosiński. • DÉC : Allan Starski. • MUS : Andrzej Kórczyński. • MONT : Halina Pugarowa. • PR : Zespoły Filmowe. Pologne, 1976 – Couleurs et NB – 1 h 46.

Une jeune fille très déterminée (Agnieszka) décide de consacrer son film de fin d'études à un personnage à la fois mythique et oublié du nom de Birkut. Dans les années 50, Birkut fut, dans le contexte de l'industrialisation forcenée du pays, une sorte de Stakhanov polonais, statufié et cité en exemple. Puis il disparut. Surmontant tous les obstacles, Agnieszka reconstitue, à travers les témoignages de ceux qui l'ont connu, la personnalité et l'histoire véritable de Birkut. Un homme bon et courageux avec un regard d'ange, mais aussi un homme candide et aisément manipulable. Birkut est surtout une victime et quasiment tout le monde l'a trahi. Du jeune cinéaste ambitieux (Burski) qui eut l'idée de le filmer en train de poser trente mille briques dans une seule journée à Hanka, sa femme, qui le quitta et le calomnia sur ordre du Parti en passant par Michalak, le policier qui le suivait comme son ombre, ou même Witek, pourtant son meilleur ami, tous, aujourd'hui, survivent cyniquement à ces souvenirs dont le puzzle se complète sous nos yeux. Un jour, quelqu'un a saboté le personnage de Birkut en lui glissant dans les mains une brique chauffée à blanc. À partir de là, Birkut ne peut plus travailler et, de postes honorifiques en petits boulots, rentre peu à peu dans l'anonymat. Agnieszka finit par rencontrer le fils de Birkut qui lui apprend la mort de son père. Son enquête terminée, elle tient, en la personne du fils de l'Homme de marbre, comme une preuve vivante de ce passé qui est celui de la Pologne stalinienne. (Dans *l'Homme de fer*, Wajda suivra ces deux personnages dans les événements récents.)

◆ **Un magistral puzzle sociologique**

L'Homme de marbre *est un film exceptionnel. Celui où un cinéaste d'un pays socialiste a trouvé à la fois le courage qu'il fallait pour faire revenir un passé refoulé, l'intelligence pour qu'il revienne sous une forme complexe et la forme de récit éclaté qui correspond à cette complexité. Quelques années avant les événements de Gdansk, Wajda, cinéaste célèbre mais parfois académique, mène son propos de main de maître, racontant l'histoire d'un ouvrier modèle de la propagande socialiste avec la grandeur de Welles retraçant celle d'un Kane. Le principe du puzzle, qui montre les personnages « avant » et « après », permet de dresser un tableau vivant de la société polonaise. Grâce au talent et à la violence ingénue des acteurs qui interprètent Birkut et Agnieszka, ces deux personnages sont uniques dans le cinéma contemporain.* *S.D.*

L'HOMME DE MARRAKECH

Film policier de **Jacques Deray**, avec George Hamilton, Claudine Auger, Alberto de Mendoza. France / Italie / Espagne, 1965 – Couleurs – 1 h 30.

Trois gangsters organisent un hold-up dans le Sud marocain ; ils s'emparent d'une fortune en lingots d'or, mais bien vite la police se lance à leurs trousses.

L'HOMME DE NULLE PART

Comédie dramatique de **Pierre Chenal**, avec Pierre Blanchar *(Mathias Pascal)*, Isa Miranda *(Louise Paleari)*, Catherine Fonteney *(la veuve Pescatore)*, Ginette Leclerc *(Romilda)*, Robert Le Vigan *(Papiano)*, Sinoël *(Paleari)*, Alcover *(Malagna)*, Marcel Vallée *(le maire)*, Margo Lion *(la caporale)*, Palau *(chevalier Titus)*.

• SC : Armand Salacrou, P. Chenal, Christian Stengel, Roger Vitrac, d'après le roman de Luigi Pirandello *Feu Mathias Pascal*. • PH : Joseph-Louis Mundwiller. • DÉC : Guido Fiorini. • MUS : Jacques Ibert. • MONT : P. Chenal. France, 1937 – 1 h 35.

Jeune homme doux, Mathias Pascal a épousé Romilda, la fille de la redoutable veuve Pescatore. Les deux femmes lui mènent la vie dure et Mathias saisit la première occasion qui lui est donnée pour disparaître. À Rome, il s'éprend de Louise Paleari qui est fiancée à un aigrefin, Papiano. Pour pouvoir épouser Louise, Mathias retourne chez lui, retrouve Romilda remariée et obtient du nouveau mari un faux certificat d'état civil qui lui permet de recommencer une nouvelle vie.

◆ *Le roman de Pirandello avait déjà été porté à l'écran par Marcel L'Herbier en 1924 (Voir* FEU MATHIAS PASCAL*). Chenal a réalisé son film en Italie et bénéficié d'une luminosité exceptionnelle, notamment pour la scène de noces en pleine campagne toscane.* *J.-C.S.*

L'HOMME DE NULLE PART "JUBAL"

Western de **Delmer Daves**, avec Glenn Ford, Ernest Borgnine, Rod Steiger. États-Unis, 1956 – Couleurs – 1 h 41.

L'arrivée d'un inconnu dans une ferme provoque bien des passions. Dans des décors sauvages, des personnages bien dessinés par un Delmer Daves inspiré.

L'HOMME DE RIO

Film d'aventures de **Philippe de Broca**, avec Jean-Paul Belmondo *(Adrien)*, Françoise Dorléac *(Agnès)*, Jean Servais *(Catalan)*, Simone Renant *(Lola)*. • SC : P. de Broca, Jean-Paul Rappeneau, Ariane Mnouchkine, Daniel Boulanger. • PH : Edmond Séchan. • MUS : Georges Delerue. France, 1963 – Couleurs – 2 h.

Adrien a trois jours de permission pour revoir à Paris Agnès, sa fiancée. Mais celle-ci est enlevée sous ses yeux, tandis que le collaborateur de son défunt père ethnologue disparaît. Adrien ira jusqu'au Brésil où il trouvera sa fiancée mêlée à une obscure histoire de statuettes indiennes derrière laquelle se profile l'ombre du collaborateur disparu : Catalan.

◆ *Ce film aux allures décontractées et désinvoltes, qui l'apparentent à la Nouvelle Vague, est surtout un hommage au Hitchcock de* la Mort aux trousses, *dont il retrouve le rythme frénétique, le goût pour les situations insolites et l'hyperréalisme spatial. Une réussite menée par un Belmondo en grande forme.* *S.K.*

L'HOMME DES HAUTES PLAINES

"HIGH PLAINS DRIFTER"

Western de **Clint Eastwood**, avec Clint Eastwood, Verna Bloom, Mariana Hill, Mitchell Ryan. États-Unis, 1972 – Couleurs – 1 h 45.

Venu venger son frère, un cavalier solitaire est engagé par la compagnie minière pour repousser l'attaque de trois dangereux bandits. Bien vite, il se conduit en dictateur. Un western aux accents baroques et une parabole sur le pouvoir.

L'HOMME DES PLAINES

"THE BOY FROM OKLAHOMA"

Western de **Michael Curtiz**, avec Will Rogers Jr., Nancy Olson, Lon Chaney. États-Unis, 1954 – Couleurs – 1 h 28.

Un naïf jeune homme, qui suit des cours de droit par correspondance, devient le shérif d'une petite ville qu'il parvient à débarrasser de ses mauvais garçons.

L'HOMME DES VALLÉES PERDUES "SHANE"

Western de **George Stevens**, avec Alan Ladd *(Shane)*, Jean Arthur *(Marian Starett)*, Van Heflin *(Joe Starett)*, Jack Palance *(Wilson)*, Brandon de Wilde *(Joey Starett)*. • SC : Alan B. Guthrie, d'après le roman de Jack Schaeffer. • PH : Loyal Griggs. • DÉC : Hal Pereira. • MUS : Victor Young. États-Unis, 1952 – Couleurs – 1 h 45.

Cavalier mystérieux venu du fond de l'horizon, Shane, hébergé par un couple de fermiers, tombe amoureux de la femme de son hôte. Il va mener à ses côtés la lutte contre un propriétaire qui veut prendre les terres de ses voisins.

◆ *Malgré les faiblesses de son scénario et la mollesse de la réalisation, ce film eut un immense succès qui en fit l'archétype de ces « surwesterns » qui virent le jour vers la fin des années 50. Les jeunes (et moins jeunes) spectateurs eurent pour Shane (Alan Ladd, au sommet de sa gloire) les yeux du petit Joey. Car tout est vu par les yeux de cet enfant qui se cherche un père symbolique. Bref, de grosses ficelles freudiennes pour un western culte, curieusement disparu des grands et petits écrans.* *C.A.*

L'HOMME DU CLAN "THE KLANSMAN"

Drame de **Terence Young**, d'après le roman de William Bradford Huie, avec Lee Marvin, Richard Burton, Cameron Mitchell, O.J. Simpson, Lola Falana. États-Unis, 1974 – Couleurs – 1 h 52.

Dans une petite ville de l'Alabama, les membres du Ku Klux Klan terrorisent la population noire. Un militant des droits civiques et le shérif mettront fin aux agissements meurtriers de la secte.

L'HOMME DU JOUR
Comédie dramatique de **Julien Duvivier**, avec Maurice Chevalier, Elvire Popesco, André Alerme, Marcel Vallée, Robert Lynen. France, 1936 – env. 1 h 05.

Un électricien connaît son jour de gloire en donnant son sang pour sauver la vie d'une actrice célèbre. Mais il découvre bien vite l'ingratitude et la jalousie.

L'HOMME DU KENTUCKY "THE KENTUCKIAN"
Western de **Burt Lancaster**, avec Burt Lancaster, Dianne Foster, Diana Lynn, Walter Matthau. États-Unis, 1955 – Couleurs – 1 h 44.

Vers 1828, un homme et son fils quittent la forêt du Kentucky pour le Texas et découvrent les grands espaces.

L'HOMME DU LARGE
Drame de **Marcel L'Herbier**, d'après la nouvelle de Balzac *Un drame au bord de la mer*, avec Jaque-Catelain, Roger Karl, Marcelle Pradot, Charles Boyer, Claire Prélia. France, 1920 – 1 890 m (env. 1 h 10).

Un rude pêcheur, qui vit heureux avec sa femme et sa fille, est déçu par son fils, entraîné par un ami dans un cabaret de la ville.

L'HOMME DU NIGER
Drame de **Jacques de Baroncelli**, avec Victor Francen, Annie Ducaux, Jacques Dumesnil, Harry Baur. France, 1939 – 1 h 42.

Un officier qui veut construire un barrage sur le Niger est aidé par un ancien ministre dont il aime la fille. Mais il contractera la lèpre et sera tué par des indigènes hostiles à son projet.

L'HOMME DU SUD "THE SOUTHERNER"
Drame de **Jean Renoir**, avec Zachary Scott *(Sam Tucker)*, Betty Field *(Nona)*, Beulah Bondi *(la grand-mère)*, Charles Kemper *(Tim)*. • SC : J. Renoir, Hugo Butler, d'après le roman de George Sessions Perry *Hold Autumn in Your Hand*. • PH : Lucien Andriot. • DÉC : Eugène Lourié. • MUS : Werner Janssen. • MONT : Gregg Tallas. États-Unis, 1945 – 1 h 32.

Avec sa famille, l'ouvrier agricole Sam Tucker défriche une terre dont son patron lui a laissé l'usufruit. Luttant contre la maladie et les obstacles naturels, Sam refuse la proposition de son ami Tim d'aller travailler à l'usine. Alors que la récolte s'annonce excellente, une pluie diluvienne détruit tout… Déjà la femme de Sam s'est remise au travail.

◆ *C'est le meilleur des cinq films que Renoir réalisa aux États-Unis. Fondé sur la description de gestes quotidiens qui font participer les membres d'une famille à la nature et ses cycles, ce film annonce le cheminement du réalisateur vers cette contemplation sereine du monde qui culminera dans* le Fleuve, *cinq ans plus tard. Le style se refuse à tout effet dramatique excessif sans renoncer au lyrisme, rejoignant les recherches que commence alors à mener Rossellini en Europe.* *J.M.*

L'HOMME EN COLÈRE
Film policier de **Claude Pinoteau**, avec Lino Ventura, Angie Dickinson, Laurent Mallet. France / Canada, 1979 – Couleurs – 1 h 45.

Un homme de cinquante ans part pour le Canada reconnaître le corps de son fils. Mais il s'agit d'une méprise. Il poursuit ses recherches et découvre peu à peu le milieu de la pègre canadienne.

L'HOMME EN GRIS "THE MAN IN GREY"
Drame de **Leslie Arliss**, d'après le roman de lady Eleanor Smith, avec Margaret Lockwood, James Mason, Phyllis Calvert, Stewart Granger. Grande-Bretagne, 1943 – 1 h 56.

Deux jeunes gens des années 40 poursuivent une histoire d'amour commencée par leurs ancêtres au siècle dernier.

L'HOMME ET L'ENFANT
Film policier de **Raoul André**, avec Eddie Constantine, Juliette Gréco, Folco Lulli, Tania Constantine. France, 1956 – Couleurs – 1 h 30.

Sa fille adoptive ayant été enlevée, un homme part à sa recherche en distribuant force coups de poing et coups de feu. Tania Constantine, partenaire, pour la première fois, de son célèbre père.

L'HOMME FATAL "FANNY BY GASLIGHT"
Mélodrame d'**Anthony Asquith**, d'après le roman de Michael Sadleir, avec James Mason, Phyllis Calvert, Stewart Granger. Grande-Bretagne, 1944 – 1 h 48.

Au siècle dernier, un jeune homme de la haute société défend l'honneur de la fille illégitime d'un lord et finit par l'épouser.

L'HOMME FRAGILE
Comédie dramatique de **Claire Clouzot**, avec Richard Berry, Françoise Lebrun, Didier Sauvegrain. France, 1981 – Couleurs – 1 h 26.

Un correcteur de presse, divorcé, est malheureux jusqu'au jour où apparaît au journal une nouvelle collègue.

L'HOMME H "BIJO TO EKITAI NINGEN"
Film de science-fiction de **Inoshiro Honda**, avec Kenji Sahara, Yumi Shirakawa. Japon, 1958 – Couleurs – 1 h 26.

À la suite d'expériences atomiques, des monstres gélatineux envahissent Tokyo et dissolvent ceux qui entrent en contact avec eux. Une lutte acharnée s'engage pour les détruire.

L'HOMME INVISIBLE "THE INVISIBLE MAN"
Film fantastique de **James Whale**, avec Claude Rains *(Jack Griffin)*, Gloria Stuart *(Flora)*, William Harrigan *(Dr Kemp)*, Dudley Digges *(le chef des détectives)*, Una O'Connor *(Mrs. Hall)*, Forrester Harvey *(Mr Hall)*, Henry Travers *(Dr Cranley)*. • SC : R.C. Sherriff, Philip Wylie, d'après le roman de H.G. Wells. • PH : Arthur Edeson, John Mescal. • DÉC : Charles D. Hall. • MUS : Charles Previn, Franke Harling. • MONT : Ted Kent. États-Unis, 1933 – 1 h 38.

Le jeune chimiste Jack Griffin, assistant du Dr Kemp et fiancé de sa fille Flora, a disparu sans laisser de traces. Un inconnu s'est installé dans une auberge de campagne, entièrement dissimulé par des bandelettes et des lunettes noires. Quand la police a voulu le contrôler, il a tout retiré et... a disparu. Le Dr Kemp, alerté, comprend qu'il s'agit de Griffin. Mais celui-ci, devenu paranoïaque et mégalomane, veut se venger des villageois en semant la terreur.

◆ *Le génial argument du roman de Wells était une idée en or pour le cinéma et John P. Fulton s'est ingénié à « montrer l'invisibilité » grâce à ses effets spéciaux. Combien de fois, depuis, n'ont-ils pas été imités ! Cependant, le film de Whale ne se limite pas à ce merveilleux illusionnisme. Le plus inquiétant y est l'insensible montée de la folie de Griffin, et le tour de force pour Claude Rains est d'y concourir seulement par la voix, puisque son visage n'apparaît qu'aux (très poétiques) derniers plans.* *G.L.*

▷ Deux suites ont été réalisées : THE INVISIBLE MAN'S REVENGE, de **Ford Beebe**, avec Jon Hall, Leon Errol, John Carradine, Alan Curtis, Evelyn Ankers. États-Unis, 1944 – 1 h 17. LE RETOUR DE L'HOMME INVISIBLE (Voir ce titre).

L'HOMME-LÉOPARD "THE LEOPARD MAN"
Film fantastique de **Jacques Tourneur**, avec Dennis O'Keefe, Margo, Jean Brooks, Isabell Jewell. États-Unis, 1943 – 1 h 06.

Comme dans la Féline, un animal disparaît... et les meurtres commencent. Le climat d'épouvante et d'envoûtement se nourrit d'une description « innocente » de la vie quotidienne.

L'HOMME N'EST PAS UN OISEAU
"ČOVEK NIJE TICA"
Comédie sociale de **Dušan Makavejev**, avec Janez Vrhovec *(l'ingénieur)*, Milena Dravić *(la coiffeuse)*, Boris Svornik *(le chauffeur)*, Stojan Arandjelović *(Barbulović)*, Eva Ras *(sa femme)*. • SC : D. Makavejev. • PH : Aleksandar Petković. • DÉC : Dragoljub Ivkov. • MUS : Petar Bergamo. • MONT : Ljubica Nešić. Yougoslavie, 1965 – 1 h 22.

L'ingénieur Rudinski arrive à Borg, petite cité industrielle de Serbie orientale, et devient l'amant d'une jeune coiffeuse qui lui préfère un don juan de passage. L'ingénieur repart sur un autre chantier.

◆ *Avec une force poétique singulière et un brin d'humour, Dušan Makavejev restitue la truculence d'un peuple naïf et méfiant. Il excelle à entrecroiser des destins parallèles sans en privilégier un seul et à juxtaposer des niveaux de vie différents comme celui de l'ingénieur évolué, venu de l'extérieur, et celui de l'ouvrier local, primitif et qui bat sa femme. Sous l'ellipse et le rire mélancolique se profile un style sarcastique que confirme* Une affaire de cœur *(Voir ce titre).* *A.K.*

L'HOMME-ORCHESTRE
Comédie de **Serge Korber**, avec Louis de Funès, Noëlle Adam, Paul Préboist. France, 1970 – Couleurs – 1 h 25.

Le directeur d'une troupe de danseuses voit son travail perturbé par l'apparition de bébés ! Le tout en chansons et en ballets.

L'HOMME PERDU "THE LOST MAN"
Drame de **Robert Alan Aurthur**, d'après un roman de F.L. Green, avec Sidney Poitier, Joanna Shimkus, Paul Winfield. États-Unis, 1969 – Couleurs – 1 h 53.

Sur un schéma classique de film policier, hold-up avec prise d'otages et poursuite par la police, se greffe l'évocation du problème noir. C'est le seul film d'Aurthur comme réalisateur.

L'HOMME PRESSÉ
Comédie dramatique d'**Édouard Molinaro**, d'après le roman de Paul Morand, avec Alain Delon, Michel Duchaussoy, Mireille Darc. France, 1977 – Couleurs – 1 h 30.

Le collectionneur Pierre Niox vit sa vie en surmultipliée : ses acquisitions, son mariage, même sa mort, il fait tout à toute vitesse. La réalisation traduit bien ce tempo frénétique.

L'HOMME QUE J'AI TUÉ
"BROKEN LULLABY / THE MAN I KILLED"
Mélodrame d'**Ernst Lubitsch**, d'après la pièce de Maurice Rostand, avec Lionel Barrymore, Nancy Caroll, Philips Holmes. États-Unis, 1932 – 1 h 17.

Rongé par le remords d'avoir tué un alter ego allemand lors de la Première Guerre mondiale, un jeune Français va en Allemagne trouver la famille de celui-ci. Seule œuvre dramatique que l'auteur ait tournée aux États-Unis.

L'HOMME QUI AIMAIT LA GUERRE

"THE WAR LOVER"

Film de guerre de **Philip Leacock**, d'après le roman de John Hersey, avec Steve McQueen, Robert Wagner, Shirley Ann Field. États-Unis, 1962 – 1 h 45.

En 1943, un pilote de bombardier fuit les difficultés de l'existence quotidienne en ne vivant que pour la guerre et le combat. Un des grands rôles de Steve McQueen.

L'HOMME QUI AIMAIT LES FEMMES

Comédie dramatique de **François Truffaut**, avec Charles Denner, Brigitte Fossey, Geneviève Fontanel, Nathalie Baye, Nelly Borgeaud, Leslie Caron. France, 1977 – Couleurs – 2 h.

Bertrand vient de mourir. Ses funérailles sont suivies par un nombre impressionnant de femmes : toutes celles qu'il a aimées.

L'HOMME QUI CHERCHE LA VÉRITÉ

Comédie dramatique d'**Alexandre Esway**, avec Raimu, Jacqueline Delubac, André Alerme, Gabrielle Dorziat, Jean Mercanton. France, 1939 – 1 h 30.

Pour savoir ce qu'on pense de lui, un banquier simule la surdité. Il surprend ainsi les bassesses de sa famille et l'infidélité de ses amis.

L'HOMME QUI EN SAVAIT TROP

"THE MAN WHO KNEW TOO MUCH"

Film policier d'**Alfred Hitchcock**, avec Leslie Banks *(Bob Lawrence)*, Edna Best *(Jill)*, Peter Lorre *(Abbott)*, Frank Vosper *(Ramon Levine)*, Pierre Fresnay *(Louis Bernard)*, Nova Pilbeam. • SC : A.R. Rawlinson, Edwin Greenwood, d'après un récit de Charles Bennett et D.B. Wyndham Lewis. • PH : Curt Courant. • DÉC : Alfred Junge, Peter Proud. • MUS : Arthur Benjamin. • MONT : H.St.C. Stewart. Grande-Bretagne, 1934 – 1 h 24.

En vacances en Suisse avec leur fille Betty, Bob et Jill Lawrence se lient avec un Français, Louis Bernard. Celui-ci, assassiné, a juste le temps de leur confier un secret au sujet d'un complot visant à tuer un diplomate. Pour qu'ils gardent le silence, les conspirateurs enlèvent Betty. Leur tueur à gages, Abbott, se prépare à exécuter son contrat au cours d'un concert à l'Albert Hall.

◆ *Plus qu'à l'approfondissement des thèmes ou des personnages, Hitchcock vise ici à l'efficacité : il s'agit de se positionner comme l'un des plus brillants réalisateurs britanniques et livrer un produit capable de rivaliser avec les meilleures réalisations hollywoodiennes du genre. Il y réussit parfaitement et ce thriller-poursuite non dénué d'humour est exemplaire : la fusillade finale, inspirée de celle du* Docteur Mabuse *de Lang, reste un morceau d'anthologie.* J.M.

L'HOMME QUI EN SAVAIT TROP

"THE MAN WHO KNEW TOO MUCH"

Film policier d'**Alfred Hitchcock**, avec James Stewart *(Dr Ben McKenna)*, Doris Day *(Jo)*, Daniel Gélin *(Louis Bernard)*, Brenda de Banzie *(Mrs. Drayton)*, Bernard Miles *(Mr Drayton)*, Ralph Truman. • SC : John Michael Hayes, Angus McPhail. • PH : Robert Burks. • DÉC : Hal Pereira, Henry Bumstead, Sam Comer, Arthur Krams. • MUS : Bernard Herrmann. • MONT : George Tomasini. États-Unis, 1956 – Couleurs – 2 h.

En vacances au Maroc avec leur fils Hank, le Dr Ben McKenna et sa femme Jo se lient avec un couple d'Anglais, les Drayton, et le Français Louis Bernard, qui, poignardé, livre à Ben le nom d'« Ambrose Chapel ». Les Drayton enlèvent Hank et, à Londres, Ben tombe dans leurs mains à... Ambrose Chapel. Jo surgit à l'Albert Hall au moment où un meurtre se prépare, avec pour seule arme son instinct maternel...

◆ *En réalisant cette seconde version, Hitchcock ne se contente pas d'approfondir et de moderniser un film seulement brillant. Il réalise une œuvre totalement nouvelle. Au-delà d'un suspense mené à la perfection, en particulier dans la fameuse scène de l'Albert Hall, le cinéaste décrit l'itinéraire d'un couple dont la passion s'est émoussée.* J.M.

L'HOMME QUI MENT

Essai d'**Alain Robbe-Grillet**, avec Jean-Louis Trintignant, Sylvie Bréal, Dominique Prado. France, 1968 – 1 h 20.

Un homme s'installe dans une maison où trois femmes se sont retirées. Les récits se mêlent aux jeux érotiques comme de coutume chez Robbe-Grillet.

L'HOMME QUI N'A PAS D'ÉTOILE

"MAN WITHOUT A STAR"

Western de **King Vidor**, avec Kirk Douglas *(Dempsey Rae)*, Jeanne Crain *(Reed Bowman)*, Claire Trevor *(Idonee)*, William Campbell *(Jeff Jimson)*, Jay C. Flippen *(Strap Davis)*, Richard Boone *(Steve Miles)*. • SC : Borden Chase, D.D. Beauchamp, d'après le roman de Dee Linford. • PH : Russell Metty. • DÉC : Alexander Golitzen, Richard H. Riedel. • MUS : Joseph Gershenson. • MONT : Virgil Vogel. États-Unis, 1955 – Couleurs – 1 h 29.

Le cow-boy Dempsey Rae et son protégé Jeff Jimson sont embauchés par la belle et ambitieuse Reed Bowman. Décidée à étendre ses pâturages aux dépens des éleveurs locaux, Reed offre à Dempsey un poste de régisseur, que celui-ci refuse. À l'arrivée des troupeaux, convoyés par Steve Miles, les fermiers se regroupent pour enclore et protéger leurs terres. Dempsey se joint à eux, malgré sa haine des barbelés, puis repart vers une destination inconnue...

◆ L'Homme qui n'a pas d'étoile *entremêle trois lignes de force : l'initiation d'un adolescent aux codes de l'Ouest; les affrontements entre petits éleveurs et adeptes de la « pâture libre »; l'itinéraire tourmenté d'un nomade tiraillé entre son souci d'indépendance, sa haine de la violence et sa sympathie pour les opprimés. Ce western lyrique et sophistiqué est le point d'orgue de l'œuvre de King Vidor ; une réflexion subtile sur les contradictions de l'individualisme, et l'un des grands rôles d'aventuriers de Kirk Douglas. Ce film fit l'objet d'un remake (Voir* Un colt nommé Gannon*).* *O.E.*

L'HOMME QUI N'ÉTAIT PAS LÀ

Film policier psychologique de **René Féret**, avec René Féret, Claude Jade, Jacques Dufilho, Sabine Haudepin, Georges Descrières. France, 1986 – Couleurs – 1 h 23.

Un acteur célèbre est poursuivi par un inconnu qui veut le rendre fou et lui prendre sa fortune.

L'HOMME QUI RÉTRÉCIT "THE INCREDIBLE SHRINKING MAN"

Film de science-fiction de **Jack Arnold**, avec Grant Williams, Randy Stuart, April Kent. États-Unis, 1957 – 1 h 21.

Atteint par un nuage radioactif, un homme diminue, jusqu'à devenir minuscule : son chat est, pour lui, un géant et une araignée constitue une redoutable menace. Remarquables trucages.

L'HOMME QUI TUA LA PEUR "EDGE OF THE CITY"

Drame de **Martin Ritt**, avec John Cassavetes *(Axel North)*, Sidney Poitier *(Tommy Tyler)*, Jack Warden *(Charles Malik)*, Kathleen Maguire *(Ellen Wilson)*, Ruby Dee *(Lucy Tyler)*, Robert Simon *(Mr Nordmann)*, Ruth White *(Mrs. Nordmann)*, William A. Lee *(Davis)*, Val Avery *(le frère)*, John Kellogg *(le détective)*. • SC : Robert Alan Aurthur, d'après sa pièce télévisée *A Man in Ten Feet Tall*. • PH : Joseph Brun. • DÉC : Richard Sylbert, Saül Rays. • MUS : Leonard Rosenman. • MONT : Sidney Meyers. États-Unis, 1957 – 1 h 25.

Déserteur, Axel est devenu un vagabond. Engagé comme docker à New York, il est en butte aux tracasseries d'un contremaître gangster nommé Malik. Un Noir intègre, Tyler, prend sa défense. L'amitié naît, mais Tyler est tué par Malik. Alex le venge au prix de sa liberté et retrouve sa dignité.

◆ *Dans un style nerveux et réaliste, qui n'est pas sans rappeler* Sur les quais *d'Elia Kazan et les films italiens de l'après-guerre, Martin Ritt réalise son premier long métrage. Film violent, courageux et neuf pour l'époque, rares étant alors les histoires construites sur le thème de l'amitié d'un Blanc et d'un Noir.* *J.-C.S.*

L'HOMME QUI TUA LIBERTY VALANCE

"THE MAN WHO SHOT LIBERTY VALANCE"

Western de **John Ford**, avec James Stewart *(le sénateur Stoddard)*, John Wayne *(Doniphon)*, Vera Miles *(Hallie)*, Lee Marvin *(Liberty Valance)*. • SC : Willis Goldbeck, James Warner Bellah, d'après Dorothy M. Johnson. • PH : William H. Clothier. • DÉC : Hal Pereira, Eddie Imazu. • MUS : Cyril J. Mockridge. • MONT : Otho Lovering. États-Unis, 1962 – 2 h 02.

Revenu à Shinbone pour les funérailles de son vieil ami Doniphon, le sénateur Stoddard raconte à un journaliste comment fut tué Liberty Valance, qui faisait autrefois régner la terreur sur la ville. C'est lui-même, défenseur de la loi, qui obtint tout le crédit de cet exploit, dû en fait à Doniphon.

◆ *C'est à la fois une méditation nostalgique sur l'Ouest historique et mythologique et une synthèse de l'œuvre du cinéaste John Ford. Le film s'articule autour de trois personnages représentant trois positions historiques : le règne de la force (Valance), l'établissement de la loi (Stoddard), la nécessité de la force pour établir la loi (Doniphon), quitte à tourner un peu cette dernière.* *J.M.*

L'HOMME QUI VENAIT D'AILLEURS

"THE MAN WHO FELL TO EARTH"

Film de science-fiction de **Nicolas Roeg**, d'après un récit de Walter Tevis, avec David Bowie, Rip Torn, Candy Clark, Buck Henry. Grande-Bretagne / États-Unis, 1976 – Couleurs – 2 h.

Un être doué de pouvoirs extraordinaires s'avère être un extraterrestre qui cherche à sauver sa planète de la sécheresse. La curiosité, les manigances humaines l'en empêchent.

L'HOMME QUI VENDIT SON ÂME

Comédie dramatique de **Jean-Paul Paulin**, d'après le roman de Pierre-Gilles Veber, avec André Luguet, Robert Le Vigan, Michèle Alfa, Pierre Larquey, Mona Goya. France, 1943 – 1 h 39.

Un démon propose un crédit illimité à un banquier ruiné, si celui-ci emploie l'argent à faire le plus de mal possible.

▷ Autre version réalisée par **Pierre Caron**, avec David Evremond, Charles Dullin, Gladys Rolland. France, 1921 – 1 600 m (env. 1 h).

L'HOMME QUI VOULUT ÊTRE ROI
"THE MAN WHO WOULD BE A KING"
Film d'aventures de **John Huston**, avec Sean Connery *(Daniel Dravot)*, Michael Caine *(Peachy Carnehan)*, Christopher Plummer *(Rudyard Kipling)*, Saeed Jaffrey *(Billy Fish)*, Jock May *(le gouverneur)*, Shkira Caine *(Roxanne)*. • SC : J. Huston, Gladys Hill, d'après une histoire de Rudyard Kipling. • PH : Oswald Morris. • DÉC : Tony Inglis. • MUS : Maurice Jarre. • MONT : Russell Lloyd. États-Unis / Grande-Bretagne, 1975 – Couleurs – 2 h 11.

Rudyard Kipling rencontre par hasard Dravot et Carnehan, francs-maçons comme lui. Ceux-ci entreprennent un long voyage devant leur apporter la fortune. Ils se dirigent dans une région isolée, le Kafiristan. Là, ils viennent en aide à un peuple en guerre contre la ville voisine. Dravot acquiert alors une réputation d'immortalité. Il est considéré comme un roi et un dieu. Son orgueil le conduit à se laisser prendre au jeu. Mais le jour de ses noces avec Roxanne, une belle indigène, son peuple a la révélation qu'il n'est qu'un homme ordinaire, et le met à mort.

◆ *Cette fabuleuse épopée est l'un des sommets de l'œuvre de Huston. Il conjugue magistralement ses thèmes de prédilection (ambition, échec, exotisme et fraternité) avec les grands mythes du cinéma d'aventures. Caine et Connery forment un extraordinaire duo d'acteurs.* *L.A.*

LES HOMMES
Film policier de **Daniel Vigne**, avec Michel Constantin, Marcel Bozzuffi, Nicole Calfan. France, 1972 – Couleurs – 1 h 40.

Un trafiquant de cigarettes est assassiné. L'un de ses complices est arrêté. Avidité et jalousie motivent les truands virils et violents décrits dans ce film noir.

L'HOMME SANS FRONTIÈRE "THE HIRED MAN"
Western de **Peter Fonda**, avec Peter Fonda, Warren Oates, Verna Bloom. États-Unis, 1970 – Couleurs – 1 h 29.

Trois amis errent dans l'Ouest. L'un d'eux est abattu par le « patron » d'une petite ville. Les deux autres le vengent, puis repartent. D'autres circonstances les ramèneront sur les lieux du drame.

L'HOMME SAUVAGE "THE STALKING MOON"
Western de **Robert Mulligan**, d'après le roman de Theodore V. Olsen, avec Gregory Peck, Eva Marie Saint, Robert Foster. États-Unis, 1969 – Couleurs – 1 h 49.

En poursuivant une bande d'Apaches, un éclaireur libère une jeune femme blanche enlevée des années auparavant, mère d'un jeune métis. Mais le père de l'enfant, un Indien, revient la chercher.

LES HOMMES CONTRE "UOMINI CONTRO"
Film de guerre de **Francesco Rosi**, avec Mark Frechette *(le lieutenant Sassu)*, Alain Cuny *(le général Leone)*, Gian Maria Volonté *(le lieutenant Ottolenghi)*, Franco Graziosi, Pier Paolo Capponi, Daria Nicolodi. • SC : F. Rosi, Tonino Guerra, Raffaele La Capria, d'après le roman d'Emilio Lussu *Un anno sull'altipiano*. • PH : Pasqualino De Santis. • DÉC : Andrea Crisanti. • MUS : Piero Piccioni. • MONT : Ruggero Mastroianni. Italie, 1970 – Couleurs – 1 h 41.

Durant la Première Guerre mondiale, dans les rangs italiens sur le front des Alpes. Le général Leone envoie régulièrement ses hommes se faire massacrer dans des actions absurdes. Deux lieutenants tentent de s'opposer à lui. L'un, Ottolenghi, essaie de soulever les hommes, mais est tué lors d'une opération. L'autre, Sassu, est fusillé pour avoir refusé de réprimer une mutinerie.

◆ *S'inspirant d'authentiques faits de guerre (les mutineries, les massacres inutiles, les délirantes « armures » de protection), Rosi tente de développer un discours à la fois pacifiste et politique. Mais, malgré la qualité de la reconstitution, le film échoue en grande partie en raison du schématisme excessif des personnages, versant dans la caricature outrancière dans le cas du général interprété par Alain Cuny.* *L.A.*

LES HOMMES DE LA MER / LE LONG VOYAGE
"THE LONG VOYAGE HOME"
Drame de **John Ford**, d'après quatre pièces en un acte d'Eugene O'Neill, avec John Wayne, Thomas Mitchell, Ian Hunter, Barry Fitzgerald. États-Unis, 1940 – 1 h 45.

En six tableaux, une description de la vie aventureuse, des espoirs, des illusions et des déceptions des marins.

LES HOMMES DE LA MONTAGNE
"EMBEREK A HAVASON"
Drame d'**Istvan Szöts**, avec Alice Szellay, Janos Görbe, Jozsef Bihary. Hongrie, 1943 – 1 h 37.

La vie d'un couple change avec l'installation d'une grande exploitation forestière. L'épouse meurt d'une pneumonie, le mari tue l'homme qui avait voulu la déshonorer, et il sera abattu.

HOMMES DU MONDE "IN SOCIETY"
Film burlesque de **Jean Yarbrough**, avec Bud Abbott, Lou Costello. États-Unis, 1944 – 1 h 15.

Deux plombiers sont entraînés malgré eux dans des soirées mondaines où ils provoquent les pires catastrophes.

LES HOMMES DU PRÉSIDENT
"ALL THE PRESIDENT'S MEN"
Drame d'**Alan J. Pakula**, avec Dustin Hoffman *(Carl Bernstein)*, Robert Redford *(Bob Woodward)*, Jack Warden *(Harry Rosenfeld)*, Martin Balsam *(Howard Simons)*, Hal Holbrook *(« Deep Throat »)*, Jason Robards *(Ben Bradlee)*, Ned Beatty *(Dardis)*. • SC : William Goldman, d'après le livre de Carl Bernstein et Bob Woodward. • PH : Gordon Willis. • DÉC : George Jenkins, George Gaines. • MUS : David Shire. • MONT : Robert L. Wolfe. États-Unis, 1976 – Couleurs – 2 h 18.
★ OSCARS 1977 : DU MEILLEUR SCÉNARIO, DE LA MEILLEURE PRISE DE SON, DE LA MEILLEURE DIRECTION ARTISTIQUE, DU MEILLEUR SECOND RÔLE (Jason Robards).

Au cours de la campagne présidentielle de 1972, à Washington, la police surprend cinq cambrioleurs au Q.G. du Parti Démocrate, le Watergate. Journalistes du *Washington Post*, Bob Woodward et Carl Bernstein sont chargés d'enquêter sur cette affaire. Grâce à leur opiniâtreté, ils remontent la filière et obtiennent les révélations d'un personnage haut placé qu'ils baptisent « Deep Throat ». Il apparaît que de nombreux « hommes du Président » sont impliqués, et bientôt Richard Nixon lui-même est mis en cause par le journal.

◆ *Tourné « à chaud », à peine deux ans après la démission du président Nixon qui avait conclu l'affaire du Watergate, le film de Pakula se présente comme un véritable documentaire à suspense. Comme toujours, la structure de l'enquête, cette approche inexorable de la vérité, convient à merveille au cinéma. L'acharnement des deux reporters, aussi complémentaires que les comédiens qui les incarnent, donne sa vitalité à un film où les objets (téléphones, voitures, machines à écrire, magnétophones) occupent une place de choix très symbolique.* G.L.

LES HOMMES EN BLANC
Drame psychologique de **Ralph Habib**, d'après le livre d'André Soubiran, avec Raymond Pellegrin, Jeanne Moreau, Jean Chevrier, Fernand Ledoux. France, 1955 – 1 h 50.

La difficile mission des médecins à travers l'histoire d'un jeune interne qui choisira de s'installer à la campagne.

LES HOMMES ÉPOUSENT LES BRUNES
"GENTLEMEN MARRY BRUNETTES"
Comédie musicale de **Richard Sale**, avec Jane Russell, Jeanne Crain, Alan Young, Scott Brady. États-Unis, 1955 – Couleurs – 1 h 37.

Les « Jones Sisters », deux sœurs brunes, arrivent à Paris où elles connaissent le succès. Numéros musicaux et vues de la capitale. Une sorte de suite des HOMMES PRÉFÈRENT LES BLONDES.

HOMMES ET LOUPS "UOMINI E LUPI"
Film d'aventures de **Giuseppe De Santis**, avec Silvana Mangano, Yves Montand, Pedro Armendariz. Italie / France, 1957 – Couleurs – 1 h 45.

La vie rude d'un village perdu des Abruzzes, menacé par les loups. Par le réalisateur du célèbre *Riz amer* qui lança Silvana Mangano.

HOMMES, FEMMES : MODE D'EMPLOI
Comédie de **Claude Lelouch**, avec Pierre Arditi, Bernard Tapie, Fabrice Luchini, Alessandra Martines. France, 1996 – Couleurs – 2 h.

Pour se venger d'un ancien amant riche et volage, une femme médecin établit un faux diagnostic de cancer. S'ensuivront un faux miracle à Lourdes, une fausse mort, une réapparition en Chine sous un faux nom... avec un Bernard Tapie plus vrai que nature.

LES HOMMES LE DIMANCHE
"MENSCHEN AM SONNTAG"
Comédie dramatique de **Robert Siodmak** et **Edgar Ulmer**, avec Brigitte Borckert, Christel Eklers, Annie Scheyer, Wolfgang von Walterschauser, Erwin Splettstösser. • SC : Billie [Billy] Wilder, Fred Zinnemann, d'après une idée de Curt Siodmak. • PH : Eugen Schüfftan. Allemagne, 1929 – 2 014 m (env. 1 h 14).

Deux couples de Berlinois passent un dimanche à flâner et à flirter dans les rues de Berlin. Leur déambulation les conduit jusqu'aux forêts en lisière de la ville.

◆ *Le dernier grand film muet allemand est aussi le premier rendez-vous de la jeune génération vienno-berlinoise. Tous les participants deviendront en effet de grands réalisateurs... américains. Ce film, si peu hollywoodien et auquel on a même reproché son « fanatisme des faits », doit beaucoup à la subtile photographie de Schüfftan, jamais pris en défaut dans les décors naturels. Rétrospectivement, le Wilder réaliste apparaît comme le véritable inspirateur de l'œuvre.* M.C.

LES HOMMES NE COMPRENDRONT JAMAIS
"THE DIVIDED HEART"
Drame de **Charles Crichton**, avec Cornell Borchers, Yvonne Mitchell, Alexander Knox. Grande-Bretagne, 1954 – 1 h 29.

L'émouvante histoire d'un garçon de dix ans partagé entre ses parents adoptifs et sa vraie mère qui le réclame.

LES HOMMES NOUVEAUX
Comédie dramatique de **Marcel L'Herbier**, d'après le roman de Claude Farrère, avec Harry Baur, Nathalie Paley, Gabriel Signoret, Max Michel. France, 1936 – env. 1 h 50.

Un homme d'affaires, chargé de mettre en valeur le territoire marocain, est trop pris par son travail pour s'occuper de sa jeune femme, malgré la passion qu'il éprouve pour elle.

▷ Autre version réalisée par **Édouard-Émile Violet** et **E.B. Donatien**, avec E.B. Donatien, Marthe Ferrare, Georges Melchior. France, 1922 – 2 222 m (1 h 22).

LES HOMMES PRÉFÈRENT LES BLONDES
"Gentlemen Prefer Blondes"
Comédie musicale de **Howard Hawks**, avec Jane Russell *(Dorothy Shaw)*, Marilyn Monroe *(Lorelei Lee)*, Charles Coburn *(sir Francis Beekman)*, Tommy Noonan *(Gus)*, Elliott Reid *(Malone)*. • SC : Charles Lederer, d'après le roman d'Anita Loos et Joseph Fields. • PH : Harry J. Wild. • DÉC : Lyle Wheeler, Joseph C. Wright. • MUS : Jule Styne, Leo Robin, Hoagy Carmichael, Harold Adamson. • MONT : Hugh S. Fowler. États-Unis, 1953 – Couleurs – 1 h 31.

Deux vedettes d'un show musical ont des attitudes opposées face aux hommes. La blonde Lorelei ne voit que leur compte en banque, la brune Dorothy que leurs muscles. Au cours d'une croisière, Lorelei épouse le timide mais riche héritier Gus, tandis que Dorothy est séduite par Malone, le détective qui veille sur les intérêts de Gus.

◆ *Pour son unique incursion dans le domaine de la comédie musicale, Howard Hawks en bouscule les règles, abordant de front deux tabous du genre : le sexe et l'argent. L'opposition entre une star à son apogée, Jane Russell, et une vedette montante, Marilyn Monroe, fait merveille dans cette comédie caustique qui jette sur les relations amoureuses un regard sans illusions.* *J.M.*

LES HOMMES PRÉFÈRENT LES GROSSES
Comédie de **Jean-Marie Poiré**, avec Josiane Balasko, Ariane Lartéguy, Luis Rego, Dominique Lavanant, Daniel Auteuil, Thierry Lhermitte. France, 1981 – Couleurs – 1 h 26.

Une jeune femme rondelette vient d'être abandonnée par son « fiancé ». Elle sous-loue son appartement à la ravissante Eva, ce qui va donner un nouveau rythme à sa vie.

LES HOMMES, QUELS MUFLES
"Gli uomini, che mascalzoni..."
Comédie de **Mario Camerini**, avec Lia Franca, Vittorio De Sica. Italie, 1932 – 1 h 05.

Rendez-vous manqué et réconciliation entre un jeune chauffeur et la fille d'un chauffeur de taxi milanais. Présence intéressante de la capitale lombarde.

HOMMES SANS FEMMES "Men Without Women"
Drame psychologique de **John Ford**, avec Kenneth MacKenna, Frank Albertson, Paul Page, Pat Somerset, Stuart Erwin, Warren Hymer, John Wayne. États-Unis, 1930 – 1 h 17.

À la suite d'une avarie, un sous-marin est bloqué au fond de l'océan. Les hommes d'équipage s'affrontent avant d'être sauvés.

HOMMES SANS LOI "King of the Underworld"
Film policier de **Lewis Seiler**, avec Kay Francis, Humphrey Bogart, James Stephenson, John Eldredge. États-Unis, 1938 – 1 h 09.

Après l'assassinat de son mari par des gangsters, une femme médecin organise elle-même sa vengeance.

L'HOMME SUR LE MUR "Dem Mann auf dem Mauer"
Comédie dramatique de **Reinhard Hauff**, avec Marius Müller-Westernhagen, Julie Carmen. R.F.A., 1982 – Couleurs – 1 h 45.

Vivant à Berlin-Est face au mur, un homme est obnubilé par l'idée de le franchir et fait plusieurs tentatives avant de réussir. Une fois passé à l'Ouest, il est taraudé par le désir de retrouver sa femme, restée de l'autre côté.

LES HOMMES VOLANTS "Men With Wings"
Comédie dramatique de **William A. Wellman**, avec Fred MacMurray, Ray Milland, Louise Campbell, Andy Devine, Lynne Overman, Porter Hall, Walter Abel. États-Unis, 1938 – Couleurs – 1 h 46.

Un panorama de l'histoire des pionniers de l'aviation américaine, construit autour de la vie d'une fillette dont le père a été carbonisé au cours d'un vol d'essai, et de ses amis d'enfance.

L'HOMME TATOUÉ "The Illustrated Man"
Film de science-fiction de **Jack Smight**, d'après un récit de Ray Bradbury, avec Rod Steiger, Claire Bloom, Robert Drivas. États-Unis, 1969 – Couleurs – 1 h 43.

Les images dessinées sur le corps d'un homme tatoué sont autant de projections du futur. Une tentative pour recréer l'univers de Bradbury, mélange de prospective et de fantastique.

L'HOMME TRANQUILLE "The Quiet Man"
Comédie dramatique de **John Ford**, avec John Wayne *(Sean Thornton)*, Maureen O'Hara *(Mary Kate)*, Victor McLaglen *(Red Will Danaher)*, Ward Bond *(père*

Lonergan). • SC : Frank S. Nugent, d'après un récit de Maurice Walsh. • PH : Winton C. Hoch. • DÉC : Frank Hotaling. • MUS : Victor Young. • MONT : Jack Murray. États-Unis, 1952 – Couleurs – 2 h 09. ★ **OSCAR 1952 DU MEILLEUR RÉALISATEUR ; GRAND PRIX INTERNATIONAL et GRAND PRIX DE L'OCIC, Venise 1952.**

Boxeur américain d'origine irlandaise, Sean Thornton revient dans son village natal d'Inisfree pour y oublier son passé. Mais il se heurte à l'irascible Red Danaher dont il veut épouser la jeune sœur, Mary Kate. Selon la coutume locale, celle-ci ne se considère pas mariée sans la dot que lui refuse son frère. Pour la paix du ménage, Sean se rend chez Red et réclame la dot.

◆ *La chaleur humaine, la générosité, l'humour et la truculence caractérisent ce film à part dans l'œuvre de John Ford, le meilleur qu'il ait consacré à son pays d'origine. Sur fond de peinture délicate et sensible des paysages irlandais, le cinéaste met en scène son thème favori : les relations complexes de rejet et d'intégration entre un individu et une communauté.* *J.M.*

L'HOMME TRAQUÉ "A MAN ALONE"
Western de **Ray Milland**, avec Ray Milland, Mary Murphy, Ward Bond, Raymond Burr, Arthur Space, Lee Van Cleef. États-Unis, 1955 – Couleurs – 1 h 36.

Un tireur d'élite, qui doit fuir sa renommée pour éviter de tuer de nouveau, erre dans l'Ouest à la recherche de lieux plus cléments. En combattant l'injustice, il trouvera finalement la paix.

L'HOMME VOILÉ
Drame de **Maroun Bagdadi**, avec Bernard Giraudeau, Michel Piccoli, Laure Marsac, Michel Albertini. France/Liban, 1987 – Couleurs – 1 h 33.

Pierre, « médecin sans frontières », est détruit par cette guerre libanaise dont il revient. Sa fille, qui veut comprendre, est entraînée dans la violence, les déchirements et les ambiguïtés de ce conflit.

HOMUNCULUS "HOMUNCULUS"
Serial fantastique d'**Otto Rippert**, avec Olaf Fönss, Ernst Ludwig, Albert Paul, Lore Rückert, Max Ruhbeck, Lia Borre. Allemagne, 1916 – en six épisodes.

Un monstre de laboratoire épouse la fille de son créateur pour se venger de lui. Celle-ci finit par se suicider, et son père se met à la recherche d'Homunculus pour le neutraliser.

HONDO, L'HOMME DU DÉSERT "HONDO"
Western de **John Farrow**, avec John Wayne, Geraldine Page, Ward Bond. États-Unis, 1953 – Couleurs – 1 h 24.

Hondo, coureur de prairie, se bat contre les Apaches avant de se fixer dans le ranch d'une jeune veuve et de son fils.

HONKY TONK FREEWAY "HONKY TONK FREEWAY"
Comédie de **John Schlesinger**, avec William Devane, Beau Bridges, Teri Garr, Beverly d'Angelo, Hume Cronyn, Jessica Tandy, Howard Hesseman, Geraldine Page. États-Unis, 1981 – Couleurs – 1 h 47.

Le maire d'une station balnéaire de Floride fait peindre sa cité en rose pour attirer les touristes. Arrivent de bien étranges visiteurs.

HONKYTONK MAN "HONKYTONK MAN"
Comédie dramatique de **Clint Eastwood**, avec Clint Eastwood, Kyle Eastwood, John McIntire. États-Unis, 1983 – Couleurs – 2 h 02.

Rongé par la maladie, un musicien de saloon se rend à Nashville avec son jeune neveu pour l'audition de la dernière chance.

L'HONNEUR DES PRIZZI "PRIZZI'S HONOR"
Comédie policière de **John Huston**, avec Jack Nicholson *(Charley Partanna)*, Kathleen Turner *(Irene Walker)*, Robert Loggia *(Eduardo Prizzi)*, John Randolph *(Angelo « Pop » Partanna)*, William Hickey *(Don Corrado Prizzi)*, Anjelica Huston *(Maerose Prizzi)*. • SC : Richard Condon, Janet Roach, d'après le roman de Richard Condon. • PH : Andrzej Bartkowiak. • DÉC : Denis Washington. • MUS : Alex North. • MONT : Rudi et Katja Fehr. États-Unis, 1985 – Couleurs – 2 h 09.

Charley Partanna a été adopté par une puissante famille de la maffia new-yorkaise, les Prizzi, dont il est devenu l'exécuteur patenté. L'élégante Irene Walker, de modestes origines polonaises, se considère avec fierté comme « la meilleure tueuse freelance des États-Unis »... Ces deux « pros » se vouent un amour fou, mais les intrigues de l'ex-fiancée de Charley, Maerose, et le code d'honneur des Prizzi les dresseront l'un contre l'autre...

◆ L'Honneur des Prizzi *est le pendant moderne du* Faucon maltais, *dont il possède le cynisme nonchalant, l'humour pince-sans-rire et la complexité. Les manœuvres, parades et ripostes s'enchaînent sans répit, déterminant avec une implacable rigueur le destin des personnages. Huston observe avec un détachement amusé les errements d'un couple improbable, la théâtralité et le grotesque de la société maffieuse dans ce film-testament serein et jubilant, nourri par une insatiable curiosité à l'égard des formes les plus extrêmes du comportement humain.* *O.E.*

L'HONNEUR D'UN CAPITAINE
Drame de **Pierre Schoendoerffer**, avec Nicole Garcia, Jacques Perrin, Georges Wilson. France, 1982 – Couleurs – 1 h 57.

Au cours d'une émission de télévision, un professeur dénonce les actes de torture commis par un capitaine français, mort ensuite au combat. Sa veuve lui intente un procès en diffamation.

L'HONNEUR PERDU DE KATHARINA BLUM

"DIE VERLORENE EHRE DER KATHARINA BLUM"

Drame de **Volker Schlöndorff**, avec Angela Winkler *(Katharina Blum)*, Mario Adorf *(le commissaire Beizmenne)*, Dieter Laser *(Werner Tötges)*, Heinz Bennent *(l'avocat Blorna)*. • SC : V. Schlöndorff, Margarethe von Trotta, d'après le roman de Heinrich Böll. • PH : Jost Vacano. • DÉC : Günther Naumann. • MUS : Hans-Werner Henze. • MONT : Peter Przygodda. R.F.A., 1975 – Couleurs – 1 h 45. ★ **PRIX DE L'OCIC, San Sebastian 1975.**

Katharina Blum, jeune fille réservée, tombe amoureuse d'un homme surveillé par la police. Soupçonnée d'appartenir à un groupe révolutionnaire, elle est interrogée. Traînée dans la boue par des journaux à sensation, sa vie devient un enfer.

◆ *Les méfaits de la presse racoleuse, la psychose des mouvements gauchistes, l'appareil inhumain du pouvoir ordinaire : tout cela peut briser des vies autant que la pure violence. Schlöndorff ne dénonce pas le terrorisme, mais l'atteinte à la liberté individuelle. Cruel et implacable.* *B.B.*

LES HONNEURS DE LA GUERRE

Drame de **Jean Dewever**, avec Pierre Collet, Danielle Godet, Serge Davri, Irwin Strahl, Hans Elwenspoek. France, 1961 – 1 h 20.

Au cours de l'été 1944, les derniers jours d'occupation d'un village tenu par une poignée de soldats allemands.

L'HONORABLE ANGELINA

"L'ONOREVOLE ANGELINA"

Comédie de **Luigi Zampa**, avec Anna Magnani, Nando Bruno, Ave Ninchi. Italie, 1947 – 1 h 39.

Une mère de famille nombreuse lutte avec d'autres femmes contre les commerçants et propriétaires rapaces de son quartier.

L'HONORABLE CATHERINE

Comédie dramatique de **Marcel L'Herbier**, avec Edwige Feuillère, Raymond Rouleau, André Luguet, Claude Génia, Charles Granval, Denise Grey. France, 1943 – 1 h 39.

Une jeune femme fait chanter les couples irréguliers. Tout marche à merveille jusqu'au jour où elle tombe amoureuse.

L'HONORABLE MONSIEUR SANS-GÊNE

"THE RAKE'S PROGRESS"

Comédie de **Sidney Gilliat**, d'après une histoire de Val Valentine, avec Rex Harrison, Lilli Palmer, Godfrey Tearle. Grande-Bretagne, 1945 – 2 h 03.

Après un drame dû à sa légèreté, un fils de famille cherche une mort glorieuse à la guerre.

LA HONTE "SKAMMEN"

Drame d'**Ingmar Bergman**, avec Max von Sydow *(Jan Rosenberg)*, Liv Ullmann *(Eva Rosenberg)*, Gunnar Björnstrand *(colonel Jacobi)*, Sigge Furst. • SC : I. Bergman. • PH : Sven Nykvist. • DÉC : P.A. Lundgren. • MONT : Ulla Ryghe. Suède, 1968 – 1 h 42.

Un couple de musiciens, Jan et Eva, vit en mésentente sur une île. Une guerre civile éclate et ils se retrouvent plongés dans une existence cauchemardesque, tombant successivement aux mains des « gouvernementaux » et des « libérateurs » qui les manipulent et les humilient à plaisir. Un ami, le colonel Jacobi, les fait libérer et devient l'amant d'Eva. De bassesse en bassesse, Jan finit par tuer Jacobi. Ils s'enfuient de l'île sur une barque entourée de cadavres !

◆ *« J'ai l'impression de vivre le rêve d'un autre. Que se passera-t-il quand cet autre se réveillera et aura honte ? », dit Eva en déportation. Le film se présente effectivement comme un cauchemar d'une banalité effrayante. La guerre y survient, fulgurante, dans la vie déchirée et mesquine de ce couple qui, secoué par les événements, éclate puis se reforme sous la pression des manipulateurs de tous bords qui révèlent en eux toutes les bassesses nées de leur peur.* *S.K.*

HOOK OU LA REVANCHE DU CAPITAINE CROCHET "HOOK"

Film fantastique de **Steven Spielberg**, avec Dustin Hoffman, Robin Williams, Julia Roberts. États-Unis, 1991 – Couleurs– 2 h 20.

Peter Pan a fini par grandir : quadragénaire prospère, il néglige sa famille jusqu'au jour où le capitaine Crochet kidnappe ses enfants. Et l'on est reparti pour de nouvelles aventures passablement déconcertantes pour qui se souvient du Peter Pan original.

HOPE AND GLORY "HOPE AND GLORY"

Chronique de **John Boorman**, avec Sarah Miles, David Hayman, Sammi Davis, Sebastian Rice-Edwards. États-Unis, 1987 – Couleurs – 1 h 53.

Bill a neuf ans et la guerre transforme son quartier en terrain de jeux. Boorman s'est tourné avec humour vers son enfance.

L'HÔPITAL "The Hospital"

Comédie satirique d'**Arthur Hiller**, avec George C. Scott, Diana Rigg, Barnard Hughes, Nancy Marchand. États-Unis, 1972 – Couleurs – 1 h 44.

Le médecin-chef d'un gigantesque hôpital de New York accumule les problèmes familiaux et professionnels. Il faudra l'amour de la fille de l'un de ses malades pour que son univers s'éclaircisse.

HORACE 62

Drame d'**André Versini**, transposé de la tragédie de Corneille, avec Charles Aznavour, Giovanna Ralli, Raymond Pellegrin. France, 1961 – 1 h 30.

Les deux familles corses Colonna et Fabiani, qui s'entretuent depuis des années, règlent définitivement leurs comptes une nuit dans le quartier des Champs-Élysées. Transposition littérale de la tragédie classique de Corneille en décors et costumes actuels.

LA HORDE SAUVAGE "The Maverick Queen"

Western de **Joseph Kane**, avec Barbara Stanwyck, Barry Sullivan, Scott Brady. États-Unis, 1956 – Couleurs – 1 h 32.

La reine d'un saloon est aussi un chef de gang qui se sacrifiera pour le bonheur de l'homme qu'elle aime.

LA HORDE SAUVAGE "The Wild Bunch"

Western de **Sam Peckinpah**, avec William Holden *(Pyke)*, Ernest Borgnine *(Dutch)*, Robert Ryan *(Deke)*, Edmond O'Brien, Warren Oates, Ben Johnson, Jaime Sanchez, Emilio Fernandez. • SC : S. Peckinpah, Walon Green. • PH : Lucien Ballard. • DÉC : Edward Garrere. • MUS : Jerry Fielding. • MONT : Louis Lombardo. États-Unis, 1969 – Couleurs – 2 h 25.

Après un sanglant hold-up manqué, une bande de hors-la-loi se met au service du général Mapache au Mexique. Mais ils finissent par se retourner contre lui et se sacrifient pour la cause de la révolution mexicaine. Tout finit dans un carnage.

◆ *Ce film mythique, célèbre pour son extrême violence filmée en ralentis qui ont fait école et son montage éclaté, est aussi un film intimiste sur le vieillissement de ses héros, en décalage affectif et « économique » avec le siècle qui s'annonce. C'est aussi une quête, où un homme est contraint de poursuivre son meilleur ami pour le tuer, alors que son désir serait d'être à ses côtés pour son dernier baroud. Il marche sur ses traces, sans jamais combler la distance (qui est aussi la nostalgie d'une innocence perdue) qui les sépare jusque dans la mort. Il ne lui reste alors qu'à prendre sa place pour le peu de temps qui lui reste. Ce monument épique est au cinéma ce que* Moby Dick *est à la littérature.* *S.K.*

L'HORIZON

Drame de **Jacques Rouffio**, d'après le roman de Georges Conchon *les Honneurs de la guerre*, avec Jacques Perrin, Macha Méril, René Dary. France, 1967 – Couleurs – 1 h 35.

En 1917, Antonin Lavalette revient du front un éclat d'obus dans les reins. On le fête, on le soigne, et chacun s'organise pour qu'il ne reparte pas.

HORIZONS LOINTAINS "The Far Horizons"

Film d'aventures de **Rudolph Mate**, avec Fred MacMurray, Charlton Heston, Donna Reed, Barbara Hale. États-Unis, 1955 – Couleurs – 1 h 48.

Vers 1804, une expédition tente de rejoindre la côte du Pacifique, malgré la menace permanente des Indiens.

LES HORIZONS PERDUS "Lost Horizon"

Comédie dramatique de **Frank Capra**, d'après le roman de James Hilton, avec Ronald Colman, H. B. Warner, Thomas Mitchell, Edward Everett Horton, Sam Jaffe, Jane Wyatt. États-Unis, 1937 – 1 h 58.

Fuyant une révolution, quatre Européens sont capturés et emmenés dans une vallée tibétaine où le temps est toujours clément et les habitants gracieux.

▷ Autre version réalisée par **Charles Jarrott**, avec Peter Finch, Liv Ullmann, Sally Kellerman, Bobby Van, George Kennedy, Michael York, John Gielgud, Charles Boyer. États-Unis, 1972 – Couleurs – 2 h 23.

HORIZONS SANS FIN

Biographie de **Jean Dréville**, avec Giselle Pascal, Jean Chevrier, Paul Frankeur. France, 1953 – 1 h 44.

Dans les années 30, à Paris et aux alentours, l'itinéraire d'une jeune vendeuse des Champs-Élysées, Hélène Boucher, qui devient une championne de l'aviation et se tue en pleine gloire.

LES HORIZONS SANS FRONTIÈRES
"The Sundowners"

Chronique pastorale de **Fred Zinnemann**, avec Robert Mitchum, Deborah Kerr, Peter Ustinov. États-Unis, 1960 – Couleurs – 2 h 13.

Paddy conduit des troupeaux de moutons à travers l'Australie, mais sa femme rêve de se fixer. En toile de fond de l'histoire du couple, la description de la transhumance.

L'HORLOGE "The Clock"

Comédie de **Vincente Minnelli**, d'après une histoire de Paul et Pauline Gallico, avec Judy Garland, Robert Walker, James Gleason, Keenan Wynn. États-Unis, 1945 – 1 h 30.

Un caporal en permission à New York donne rendez-vous à une belle inconnue sous l'horloge de la gare. Minelli glisse le portrait d'une cité entre leurs battements de cœur. Le film a pourtant été tourné en studio (pour la plupart des scènes).

L'HORLOGER DE SAINT-PAUL

Drame de **Bertrand Tavernier**, avec Philippe Noiret *(Michel Descombes)*, Jean Rochefort *(commissaire Guibout)*, Jacques Denis *(Antoine)*, Julien Bertheau *(Édouard)*, Yves Afonso *(Bricard)*, Jacques Hilling *(Costes)*, Clotilde Joano *(Janine Boitard)*, William Sabatier *(l'avocat)*, Sylvain Rougerie *(Bernard)*, Andrée Tainsy. • SC : B. Tavernier, Jean Aurenche, Pierre Bost, d'après le roman de Georges Simenon *l'Horloger d'Everton*. • PH : Pierre-William Glenn. • MUS : Philippe Sarde. • MONT : Armand Psenny, Ariane Boeglin. France, 1974 – Couleurs – 1 h 45. ★ PRIX LOUIS-DELLUC 1973.

Michel Descombes, horloger à Lyon, a élevé son fils seul après le départ de sa femme. La police vient perquisitionner chez lui et il apprend que Bernard a tué un vigile d'usine et s'est enfui avec une jeune fille. Le commissaire Guibout sympathise avec Michel qui est déconcerté lorsque Bernard, arrêté, refuse de le voir. Au procès, il se déclare solidaire de son fils et, lorsque le jeune homme est condamné, lui rend visite. Un dialogue commence entre eux.

◆ *Tavernier a transposé le roman de Simenon d'une petite ville américaine au quartier Saint-Paul de Lyon, sa ville natale, en respectant sa structure comme son esprit. La vie rangée de l'horloger est ainsi brutalement remise en question, et il prend conscience de l'étouffant silence qui la dominait. Noiret donne toute son humanité à un rôle qu'on dirait écrit pour lui, et ses dialogues avec Rochefort en policier compréhensif constituent les moments forts d'un film dont la mise en scène est équilibrée, mesurée, classique.* *G.L.*

LES HORREURS DE FRANKENSTEIN

"HORRORS OF FRANKENSTEIN"

Film d'horreur de **Jimmy Sangster**, avec Ralph Bates, Kate O'Mara, Veronica Carlson, Dennis Price. Grande-Bretagne, 1970 – Couleurs – 1 h 35.

Le fils du baron créateur du fameux monstre poursuit les recherches entreprises par son père après l'avoir tué.

▷ Voir aussi FRANKENSTEIN.

LA HORSE

Film policier de **Pierre Granier-Deferre**, d'après le roman de Michel Lambesc, avec Jean Gabin, Danièle Ajoret, Pierre Dux, Christian Barbier, Éléonore Hirt. France, 1970 – Couleurs – 1 h 40.

La horse, c'est la drogue. Et le vieux maître d'un grand domaine agricole en a trouvé sur ses terres ; son petit-fils est impliqué dans le trafic. C'est le début d'une lutte à mort, qui oppose un clan à l'autre.

LES HORS-LA-LOI "G MEN"

Film policier de **William Keighley**, avec James Cagney, Ann Dvorak, Margaret Lindsay, Robert Armstrong, Barton MacLane. États-Unis, 1935 – 1 h 25.

Un jeune avocat, entré au F.B.I. pour venger le meurtre de son meilleur ami, traque un gangster qui est son père adoptif.

LES HORS-LA-LOI "ONE FOOT IN HELL"

Western de **James B. Clark**, avec Alan Ladd, Don Murray, Dolores Michaels. États-Unis, 1960 – Couleurs – 1 h 30.

Devenu shérif, un homme se venge de tous les villageois qu'il rend responsables de la mort de sa femme.

HORS-LA-LOI

Drame de **Robin Davis**, avec Clovis Cornillat, Wadeck Stanczak. France, 1984 – Couleurs – 1 h 47.

Une bande d'adolescents, après un chahut trop poussé, se retrouve traquée par la police. Leur cavale est un cauchemar.

HORS LA VIE

Drame de **Maroun Bagdadi**, avec Hippolyte Girardot. France / Italie / Belgique, 1991 – Couleurs – 1 h 37.

Un jeune photographe, correspondant de guerre, opère au Liban. Il est capturé et incarcéré. Le libre journaliste qu'il était est devenu otage.

HORS SAISON

Comédie dramatique de **Daniel Schmid**, avec Sami Frey, Maria-Maddalena Fellini, Carlos Devesa, Ingrid Caven. France / Suisse, 1992 – Couleurs – 1 h 35.

Évocation nostalgique de la vie dans un palace des Alpes suisses au lendemain de la guerre.

HÔTEL DE FRANCE

Drame de **Patrice Chéreau**, d'après la pièce de Tchekhov *Ce fou de Platonov*, avec la troupe des comédiens de Nanterre. France, 1987 – Couleurs – 1 h 38.

L'Hôtel de France accueille pour un dîner les amis et parents d'Anna qui doit vendre la maison de sa famille. Parmi eux, de nouveaux couples se sont formés, d'autres se retrouvent, se frôlent en un chassé-croisé amoureux qui dure jusqu'à l'aube.

L'HÔTEL DE LA PLAGE
Comédie de **Michel Lang**, avec Daniel Ceccaldi, Guy Marchand, Myriam Boyer, Martine Sarcey, Michel Robin, Michèle Grellier. France, 1977 – Couleurs – 1 h 45.

Arrivée des « aoûtiens » dans un hôtel du Finistère : intrigues des adultes, flirts des adolescents, singeries des enfants…

HÔTEL DES AMÉRIQUES
Drame d'**André Téchiné**, avec Catherine Deneuve, Patrick Dewaere, Étienne Chicot, Josiane Balasko. France, 1981 – Couleurs – 1 h 33.

Une jolie veuve, repliée sur ses souvenirs, rencontre un demi-marginal. Ils s'aiment, se quittent, se retrouvent de nouveau.

HÔTEL DES INVALIDES
Court métrage documentaire de **Georges Franju**. France, 1952 – 22 mn.

Dit par Michel Simon, un pamphlet antimilitariste tourné dans le sanctuaire des souvenirs de guerre.

L'HÔTEL DU LIBRE ÉCHANGE
Comédie de **Marc Allégret**, d'après le vaudeville de Georges Feydeau et Maurice Desvallières, avec Fernandel, Raymond Cordy, Mona Lys, Saturnin Fabre, Pierre Larquey. France, 1934 – env. 1 h 45.

Une succession d'imprévus et de quiproquos réunissent dans un hôtel des personnages qui vont vivre de truculentes aventures.

HÔTEL DU NORD
Drame populiste de **Marcel Carné**, avec Annabella *(Renée)*, Jean-Pierre Aumont *(Pierre)*, Arletty *(Mme Raymonde)*, Louis Jouvet *(M. Edmond / Paulo)*, Paulette Dubost *(Ginette)*, Andrex *(Kenel)*, Jane Marken et André Brunot *(M. et Mme Lecouvreur)*, François Périer *(Adrien)*. • SC : Jean Aurenche, Henri Jeanson, d'après le roman d'Eugène Dabit. • PH : Armand Thirard. • DÉC : Alexandre Trauner. • MUS : Maurice Jaubert. • MONT : René Le Hénaff, Marthe Gottié. France, 1938 – 1 h 35.

Un jeune couple arrive à l'Hôtel du Nord pour s'y suicider. On fête une première communion, interrompue par le geste des désespérés. Pierre, le jeune homme qui n'a pas retourné l'arme contre lui, s'enfuit. Renée, grièvement blessée, est hospitalisée. La vie reprend à l'Hôtel du Nord qui adoptera Renée lorsqu'elle sortira de l'hôpital alors que le proxénète M. Edmond, dénoncé par Mme Raymonde, sera abattu par ses anciens complices.

◆ *La quintessence du populisme cinématographique. Aurenche et Jeanson, adaptant et remaniant de fond en comble le roman initial, offrent à Carné un mélodrame qui s'ingénie à parodier le romantisme désespéré de Jacques Prévert avec un couple d'amoureux maudits, pour donner la part belle à la comédie de boulevard avec Arletty en tapineuse plus parisienne que nature et Louis Jouvet en souteneur aussi spirituel que cynique.* *M.M.*

L'HÔTEL HANTÉ "THE HAUNTED HOTEL"
Film d'animation de **James Stuart Blackton**. États-Unis, 1906 – 100 ou 200 m (4 ou 8 mn).

Une application de la technique de l'animation image par image inventée par le cinéaste, qui montre la transformation d'une maison en ogre, un couteau qui découpe tout seul, etc.

HÔTEL IMPÉRIAL "HOTEL IMPERIAL"
Drame de **Mauritz Stiller**, d'après la pièce de Lajos Biro, avec Pola Negri. États-Unis, 1927 – 2 160 m (env. 1 h 20).

Dans les Balkans en 1916, une danseuse polonaise suspecte un officier hongrois d'être responsable de la mort de sa sœur.

▷ Autre version réalisée par **Robert Florey**, avec Isa Miranda, Ray Milland, Reginald Owen, Gene Lockhart, J. Carrol Naish. États-Unis, 1939 – 1 h 18.

L'HÔTEL NEW HAMPSHIRE
"THE HOTEL NEW HAMPSHIRE"
Comédie dramatique de **Tony Richardson**, d'après le roman de John Irving, avec Jodie Foster, Beau Bridges, Rob Lowe, Nastassja Kinski. États-Unis, 1984 – Couleurs – 1 h 54.

Heurs et malheurs de la très turbulente famille Berry en ses successifs « Hôtel New Hampshire », des États-Unis à Vienne. Le foisonnement du roman en un flot d'images.

HÔTEL NEW YORK "HOTEL NEW YORK"
Comédie de **Jackie Raynal**, avec Jackie Raynal, Sid Geffen, Gary Indiana. États-Unis, 1984 – Couleurs – 52 mn.

Venue à New York présenter son dernier film, une cinéaste y vit une étrange expérience sentimentale. Une peinture amusée de l'« underground » new-yorkais.

HÔTEL SAINT-GREGORY "HOTEL"
Comédie de **Richard Quine**, avec Rod Taylor, Catherine Spaak, Karl Malden, Merle Oberon, Richard Conte, Melvyn Douglas. États-Unis, 1967 – Couleurs – 2 h 04.

La vie quotidienne et les aventures entrecroisées des clients d'un vieil hôtel au charme suranné de La Nouvelle-Orléans.

HÔTEL TERMINUS
"HOTEL TERMINUS : KLAUS BARBIE, HIS LIFE AND TIMES"
Documentaire historique de **Marcel Ophuls**. États-Unis, 1988 – Couleurs – 4 h 27.

À partir du témoignage de personnes l'ayant connu à diverses périodes, une enquête sur le tortionnaire nazi Klaus Barbie.

HOUDINI, LE GRAND MAGICIEN "HOUDINI"
Biographie de **George Marshall**, avec Tony Curtis, Janet Leigh, Torin Thatcher. États-Unis, 1953 – Couleurs – 1 h 46.

Les exploits du célèbre illusionniste incarné par Tony Curtis. Janet Leigh est sa partenaire et épouse (comme elle l'était alors dans la vie).

HOUSTON TEXAS
Documentaire de **François Reichenbach**. France, 1980 – Couleurs – 1 h 40.

Une équipe de cinéastes français, en reportage à Houston, fait une enquête sur la criminalité aux États-Unis.

HUIS CLOS
Drame psychologique de **Jacqueline Audry**, d'après la pièce de Jean-Paul Sartre, avec Arletty, Frank Villard, Gaby Sylvia, Yves Deniaud. France, 1954 – 1 h 35.

Dans un décor unique, les réflexions de trois personnages qui ont franchi le seuil de la mort. Adaptation très théâtrale.

HUIT ET DEMI "OTTO E MEZZO"
Comédie dramatique de **Federico Fellini**, avec Marcello Mastroianni *(Guido Anselmi)*, Claudia Cardinale *(Claudia)*, Anouk Aimée *(Luisa)*, Sandra Milo *(Carla)*. • SC : F. Fellini, Tullio Pinelli, Ennio Flaiano, Brunello Rondi. • PH : Gianni Di Venanzo. • DÉC : Piero Gherardi. • MUS : Nino Rota. • MONT : Leo Catozzo. Italie, 1963 – 3 h. ★ OSCAR DU MEILLEUR FILM ÉTRANGER 1963. GRAND PRIX, Moscou 1963.

Guido est cinéaste. En panne d'inspiration, il se réfugie alternativement dans une cure thermale, dans ses souvenirs d'enfance, dans des problèmes sentimentaux passablement confus entre sa femme, Luisa, et sa maîtresse, Carla, ou encore dans le rêve (Claudia). La ronde finale emportera tout ce monde sans que le problème soit vraiment résolu.

◆ *Réalité, souvenirs, fantasmes et création cinématographique à la croisée des chemins. Un film fabuleux, tourbillon d'images inoubliables où miroitent les émotions les plus variées.* D.C.

HUIT HEURES DE SURSIS "ODD MAN OUT"
Drame de **Carol Reed**, avec James Mason *(Johnny)*, Kathleen Ryan *(Kathleen)*, Robert Newton *(Lukey)*, Robert Beatty *(Dennis)*. • SC : R.C. Sheriff, F.L. Green, d'après son roman. • PH : Robert Krasker. • DÉC : Roger Furse, Ralph Brinton. • MUS : William Alwyn. • MONT : Fergus McDonnel. Grande-Bretagne, 1947 – 1 h 56.

Johnny est aux abois. Il vient de cambrioler une banque et a été blessé par l'un des employés. Ce n'est pas un gangster, mais un chef politique du Sinn-Fein, organisation révolutionnaire irlandaise qui lutte contre la domination anglaise. Johnny va connaître les affres de la fuite, de la douleur, de l'espoir. Il erre dans la nuit noire de Belfast. Son amie Kathleen le retrouvera, mais trop tard, au moment où il voyait enfin une possibilité de salut. Il sera abattu par la police. Elle aussi.

◆ *Plus qu'un pamphlet politique, ce film est un poème funèbre, cauchemardesque, sur la solitude et le poids du destin. Tous les éléments du film d'action sont présents (course-poursuite, suspense, etc.), mais ils sont sublimés par un style « réaliste poétique » qui élève le débat.* L'homme en fuite *devient quelque chose comme l'Homme avec une majuscule. Il est condamné. Des scènes étranges, presque surréalistes, émaillent son itinéraire, par exemple celle du peintre fou qui cherche à fixer sur la toile l'étincelle de la mort qu'il entrevoit dans l'œil du héros.* G.S.

LA HUITIÈME FEMME DE BARBE-BLEUE
"BLUEBEARD'S EIGHTH WIFE"
Comédie d'**Ernst Lubitsch**, d'après la pièce d'Alfred Savoir, avec Claudette Colbert, Gary Cooper, David Niven, Edward Everett Horton, Elizabeth Patterson. États-Unis, 1938 – 1 h 25.

Un milliardaire américain, déjà sept fois divorcé, choisit pour son huitième mariage la fille d'un aristocrate français ruiné. Mais celle-ci est bien déterminée à lui donner une bonne leçon.

LE HUITIÈME JOUR
Comédie dramatique de **Jaco Van Dormael**, avec Daniel Auteuil, Pascal Duquenne, Miou-Miou, Isabelle Sadoyan, Henri Garcin. France / Belgique, 1996 – Couleurs – 1 h 58.

Un homme d'affaires, Harry, va rendre visite à sa femme qui l'a quitté en emmenant leurs deux petites filles. En chemin, il rencontre un jeune trisomique, Georges, qui vient de s'échapper d'un centre spécialisé. Après quelques difficultés d'adaptation, les deux hommes vont trouver un langage commun et le jeune infirme aidera finalement Harry à retrouver le goût des valeurs simples et vraies.

HUIT MILLIONS DE FAÇONS DE MOURIR
"EIGHT MILLIONS WAYS TO DIE"
Film policier de **Hal Ashby**, d'après le roman de Lawrence Block, avec Jeff Bridges, Rosanna Arquette, Alexandra Paul, Randy Brooks. États-Unis, 1986 – Couleurs – 1 h 55.

Un policier, qui a dû abattre un dealer sous les yeux de ses enfants, démissionne et sombre dans l'alcool. Mais l'amour d'une belle prostituée le sauvera.

HULA, FILLE DE LA BROUSSE
"THE JUNGLE PRINCESS"
Film d'aventures de **William Thiele**, avec Dorothy Lamour, Ray Milland, Akim Tamiroff. États-Unis, 1936 – 1 h 22.

Hula, fille sauvage, s'éprend d'un Anglais. Les débuts à l'écran de Dorothy Lamour.

HUMAIN, TROP HUMAIN
Documentaire de **Louis Malle**. France, 1972 – Couleurs – 1 h 15.

Les usines Citroën à Rennes, filmées par un grand cinéaste. Un réquisitoire hallucinant contre les cadences et la déshumanisation dans ce type d'entreprise.

HU-MAN
Film fantastique de **Jérôme Laperrousaz**, avec Terence Stamp, Jeanne Moreau, Agnès Stevenin, Gabriella Rystedt. France, 1975 – Couleurs – 1 h 50.

Un acteur se lance dans un voyage dans le futur grâce à l'énergie fournie par sa propre peur. Le souvenir de sa femme morte causera sa perte.

L'HUMEUR VAGABONDE
Drame d'**Édouard Luntz**, d'après le roman d'Antoine Blondin, avec Erick Penet, Jeanne Moreau, Michel Bouquet, Madeleine Renaud, Mireille Franchino, Margo Lion. France, 1971 – Couleurs – 1 h 35.

Un provincial « monte » à Paris en quittant femme et enfants. Mais la grande ville le renvoie à sa solitude. Il rentre impromptu chez lui, et c'est le drame.

HUMORESQUE "HUMORESQUE"
Drame de **Jean Negulesco**, d'après le roman de Fanny Hurst, avec Joan Crawford, John Garfield, Oscar Levant, J. Carroll Naish, Joan Chandler, Tom D'Andrea. États-Unis, 1946 – 2 h 05.

Un jeune violoniste devient l'amant d'une femme alcoolique, mal mariée à un vieil homme riche. Grâce à elle, il connaît le succès et, ne pensant qu'à sa carrière, la délaisse...

▷ Autre version réalisée par **Frank Borzage**, avec Vera Gordon, Dore Davidson, Bobby Connelly, Gaston Glass. États-Unis, 1920 – env. 1 800 m (1 h 06). Le premier grand succès du cinéaste.

HURLEMENTS "THE HOWLING"
Film d'épouvante de **Joe Dante**, avec Dee Wallace, Patrick MacNee, Dennis Dugan. États-Unis, 1980 – Couleurs – 1 h 30.

Une présentatrice de télévision, en pleine dépression, fait un séjour avec son mari dans la clinique du Dr Waggner. La lycanthropie sera au rendez-vous de l'horrible, avec une fin surprenante.

HURLER DE PEUR "SCREAM OF FEAR"
Film policier de **Seth Holt**, avec Susan Strasberg, Ann Todd, Christopher Lee. Grande-Bretagne, 1961 – 1 h 21.

Une jeune Américaine paralysée, prisonnière de son fauteuil roulant, rencontre à plusieurs reprises le cadavre de son père : qui cherche à l'effrayer et pourquoi ?

HURLEVENT
Drame de **Jacques Rivette**, d'après le roman d'Emily Brontë *les Hauts de Hurlevent*, avec Fabienne Babe, Lucas Belvaux. France, 1985 – Couleurs – 2 h 10.

Transposition fidèle et passionnée. L'histoire se passe en Ardèche dans les années 30, mais l'esprit et le climat du roman sont très fidèlement restitués.

▷ Voir aussi LES HAUTS DE HURLEVENT.

HURRICANE "THE HURRICANE"
Film d'aventures de **John Ford** et **Stuart Heisler**, d'après le roman de Charles Nordhof, avec Dorothy Lamour, Jon Hall, C. Aubrey Smith, Mary Astor, Raymond Massey. États-Unis, 1937 – 1 h 50.

Dans une île du Pacifique sud, un bagnard évadé sauve la femme du gouverneur qui, loin de lui en être reconnaissant, le fait poursuivre en plein ouragan.

▷ Autre version réalisée par **Jan Troell**, intitulée L'OURAGAN "HURRICANE", avec Jason Robards, Mia Farrow, Trevor Howard, Max von Sydow. États-Unis, 1979 – Couleurs – 2 h.

HUSBANDS "HUSBANDS"
Comédie de **John Cassavetes**, avec Ben Gazzara *(Harry)*, Peter Falk *(Archie)*, John Cassavetes *(Gus)*. • SC : J. Cassavetes. • PH : Victor Kemper. • DÉC : René d'Auriac. • MONT : Tom Cornwal, Peter Tapner, Jack Woods, Robert Heffernan. États-Unis, 1972 – Couleurs – 2 h 10.

Trois copains rangés et mariés se retrouvent à l'enterrement d'un de leurs amis. Là, ils décident d'aller faire une virée de quarante-huit heures à Londres. Après quelques beuveries et coucheries, deux d'entre eux retournent à leurs foyers, tandis que le dernier décide de rester sur place.

◆ *Avec ce cinquième film, drôle et triste à la fois, Cassavetes persistait dans son parti pris de laisser aux scènes, très largement improvisées, leurs longueurs et leurs tunnels, au risque de la catastrophe, sans cesse évitée ici. Le trio masculin (le réalisateur et ses deux acteurs-fétiches) réussit à ne jamais être sordide ou caricatural. La prise de vue « colle » aux personnages, mais l'image a une texture granuleuse et floue de 16 mm « gonflé » qui maintient un sentiment d'ironie et de distance. Le clou du film est une très longue scène de concours de chant dans un bar londonien, où une consommatrice est mise en boîte : rarement une séquence cinématographique aura aussi bien capté le tempo de la vie, ses cycles d'exaltation et de retombée, ses soubresauts.* *M.CH.*

LE HUSSARD SUR LE TOIT

Film d'aventures de **Jean-Paul Rappeneau**, d'après le roman de Jean Giono, avec Olivier Martinez, Juliette Binoche, François Cluzet, Isabelle Carré. France, 1995 – Couleurs – 2 h 15.

1832. Un jeune officier piémontais, Angelo, est poursuivi par des meurtriers à la solde de l'Autriche à travers une Provence ravagée par le choléra. Accusé d'empoisonner l'eau, il se réfugie chez Pauline de Théus, qu'il s'engage à emmener chez elle, en zone sûre. Ils réussissent à passer à travers les barrages de l'armée et les villages livrés à l'épidémie et à l'anarchie, mais Pauline finit par être touchée par la maladie. Angelo réussit à la sauver. Pauline retrouve son mari. Angelo regagne son pays. Commence l'attente du courrier et de possibles retrouvailles... Beaux paysages, belles scènes de genre, mais une curieuse absence d'émotion et de rythme.

L'HYPOTHÈSE DU TABLEAU VOLÉ

Essai de **Raoul Ruiz**, sur une idée de Pierre Klossowski, avec Jean Rouget, Anne Debois, Chantal Palay. France, 1978 – 1 h 07.

Un collectionneur s'interroge sur les toiles d'un peintre académique du XIXe siècle. Il les reconstitue à l'aide de tableaux vivants. Un jeu brillant sur les rapports peinture/réalité, peinture/cinéma.

I

L'IBIS ROUGE

Comédie noire de **Jean-Pierre Mocky**, d'après le roman de Frederic Brown, avec Michel Simon, Michel Galabru, Michel Serrault, Jean Le Poulain, Évelyne Buyle. France, 1975 – Couleurs – 1 h 30.

Un voyageur de commerce, Raymond Villiers, identifie l'ennemi public numéro un, l'étrangleur qui défraie la chronique. Après l'assassinat de Raymond, le meurtrier épousera sa veuve et mènera une existence paisible. Le dernier rôle de Michel Simon.

ICE "Ice"

Film de politique-fiction de **Robert Kramer**, avec Robert Kramer *(Robert)*, Tom Griffin *(Tom)* et des interprètes anonymes non professionnels. • SC : R. Kramer. • PH : Robert Machover. • MONT : R. Machover, Norman Fruchter. États-Unis, 1969 – 2 h 15.

Quelques années dans le futur. L'Amérique est plongée dans une guerre avec le Mexique, succédané du Viêt Nam, qui mobilise toutes les énergies : la police, l'armée, les services secrets, tout ce joli monde tue avec conscience. Mais un groupe de révolutionnaires veut faire autre chose : pour cela, il faut convaincre. D'étranges opérations de commando sont montées, au cours desquelles les habitants d'un immeuble sont enfermés pendant des heures, pour entendre les exposés théoriques des conjurés.

◆ *Un film proprement terrifiant, sorte de cauchemar lucide sur les dangers des mises en condition : l'horreur des villes au quotidien.* *D.C.*

THE ICE STORM "The Ice Storm"

Comédie dramatique d'**Ang Lee**, d'après le roman de Rick Moody, avec Kevin Klyne, Joan Allen, Sigourney Weaver, Jamey Sheridan. États-Unis, 1997 – Couleurs – 1 h 52.

Quand une vague de froid s'abat sur cette petite ville du Connecticut, les lignes à haute tension explosent et les humains disjonctent. On passe de l'adultère discret de voisinage à l'échange collectif d'épouses. Jeux de chiens et chiennes en chaleur par temps froid. Quand la glace fond et que revient le soleil, ce sont des êtres hagards qui errent au milieu des décombres et font le bilan des dégâts. Une description au scalpel des familles libérées des « swinging seventies ».

ICI, BRIGADE CRIMINELLE "Private Hell 36"

Film policier de **Don Siegel**, avec Ida Lupino, Steve Cochran, Howard Duff, Dean Jagger, Dorothy Malone. États-Unis, 1954 – 1 h 21.

Des inspecteurs de police de Los Angeles essaient de s'approprier l'argent d'un hold-up. Efficace.

ICI ET AILLEURS

Essai de **Jean-Luc Godard** et **Anne-Marie Miéville**. France, 1970-1976 – Couleurs – 1 h.

Le père est au chômage. Les difficultés de la vie enveniment les rapports avec sa femme. Et, pendant ce temps-là, le poste de télévision reste allumé, évoquant les Palestiniens et leur déracinement.

I... COMME ICARE
Drame d'**Henri Verneuil**, avec Yves Montand, Michel Etcheverry, Pierre Vernier, Roland Blanche, Jacques Denis. France, 1979 – Couleurs – 2 h 10.

Le procureur Volney poursuit seul l'enquête sur l'assassinat du Président. Au terme de ses recherches, il découvre des informations stupéfiantes. Mais, comme Icare, il s'est trop approché du soleil...

L'IDÉE
Film d'animation de **Berthold Bartosch**, d'après l'œuvre de Frans Masereel • MUS : sur une partition d'Arthur Honegger. France, 1932 – env. 40 mn.

Une animation de gravures photographiées selon une technique de prise de vue à plusieurs plans superposés. Un superbe film pamphlet contre la répression des mouvements populaires et pour l'émergence de l'idée de la démocratie.

IDENTIFICATION D'UNE FEMME
"IDENTIFICAZIONE DI UNA DONNA"
Drame psychologique de **Michelangelo Antonioni**, avec Tomas Milian *(Niccolò)*, Daniela Silverio *(Mavi)*, Christine Boisson *(Ida)*, Marcel Bozzuffi *(Mario)*, Veronica Lazar *(Carla Farra)*, Enrica Fico *(Nadia)*, Sandra Monteleoni *(la sœur de Mavi)*. • SC : M. Antonioni, Gérard Brach, avec la collaboration de Tonino Guerra. • PH : Carlo Di Palma. • MUS : John Fox. • MONT : M. Antonioni. Italie, 1982 – Couleurs – 2 h 08.

Niccolò est metteur en scène de cinéma. La quête douloureuse d'un scénario difficile auquel il travaille lui fait rencontrer successivement une jeune fille de la haute société (Maria Vittoria, alias Mavi), et une jeune comédienne, Ida. Niccolò erre à la recherche de Mavi, aidé par Ida qui est devenue sa maîtresse. Il finit par perdre les deux femmes, à Venise, et rentre à Rome travailler à son scénario qu'il semble avoir trouvé entre-temps.

◆ *Les personnages de ce film hésitent, tâtonnent, à la recherche de leur vérité, de leurs rapports, au gré de leurs ambiguïtés, de leurs attirances et de leurs haines. La mort d'une passion est peut-être la naissance d'une œuvre. Nuit et lumière, dans une société qui se désagrège dans des « errements et tourments ».* D.C.

L'IDIOT "HAKUCHI"
Drame psychologique d'**Akira Kurosawa**, avec Masayuki Mori *(Kaedo Tassou)*, Toshirō Mifune *(Kameda)*, Setsuko Hara *(Akema)*, Takashi Shimura *(Ayako Ono)*, Yoshiko Kuga *(Kayama)*. • SC : Eijiro Hisaita, A. Kurosawa, d'après le roman de Dostoïevski. • PH : Toschio Ubukata. • DÉC : So Matsuyama. • MUS : Fumio Hayasaka. • MONT : A. Kurosawa. Japon, 1951 – 2 h 45.

Une jeune femme, Kaedo Tassou, énigmatique et fascinante, est désirée par trois hommes : Kameda, l'innocent, soigné pour traumatisme de guerre ; Akema, l'amant maudit ; Kayama, le secrétaire qui convoite sa fortune. Les errances sentimentales et les chassés-croisés unissent et séparent les personnages, dans un lent vertige de mort et d'amour. D'autant plus que Kayama aime réellement une jeune fille, qui, elle, est amoureuse de Kameda. Quand le vertige s'accélère, il devient totalement destructeur.

◆ *Transposant avec un hiératisme extrême les analyses labyrinthiques du roman russe, Akira Kurosawa crée une œuvre envoûtante qui tient le spectateur sous un charme total, fait de spiritualité et de pessimisme désespéré. Une œuvre bouleversante.* D.C.

▷ Autres versions réalisées notamment par : **Georges Lampin**, avec Edwige Feuillère, Lucien Coëdel, Gérard Philipe, Marguerite Moréno, Jean Debucourt, Jane Marken. France, 1946 – 1 h 35. **Ivan Pyriev**, avec Ioulia Borissova, Youri Yakovlev, Nikita Podgorny. U.R.S.S. (Russie), 1958 – Couleurs – 1 h 50.

L'IDOLE "LUCKY STAR"
Mélodrame de **Frank Borzage**, avec Janet Gaynor, Charles Farrell, Hedwig Reicher. États-Unis, 1929 – 2 677 m (env. 1 h 39).

Une jeune paysanne, dont la mère a déjà prévu le mariage, tombe amoureuse d'un vétéran de la Grande Guerre.

L'IDOLE
Comédie dramatique d'**Alexandre Esway**, avec Yves Montand, Albert Préjean, Suzanne Dehelly, Yves Deniaud, Danielle Godet, Pierre Labry. France, 1948 – 1 h 30.

Après un début de carrière prometteur, un jeune boxeur apprend de son manager que tous ses combats étaient truqués. Il se laisse battre dans son dernier match et tue celui en qui il avait mis sa confiance.

LES IDOLES
Comédie satirique de **Marc'O** et **Henry Zaphiratos**, avec Bulle Ogier, Pierre Clémenti, Jean-Pierre Kalfon. France, 1968 – Couleurs – 1 h 45.

Reprenant sa pièce de théâtre, Marc'O décrit jusqu'aux limites de la parodie les mœurs du show-business. De grands comédiens font là leurs débuts, du côté de l'avant-garde.

IF "IF"
Comédie dramatique de **Lindsay Anderson**, avec Christine Noonan *(la fille)*, Malcolm McDowell *(Mick)*,

David Wood *(Johnny)*, Richard Warwick *(Wallace)*, Hugh Thomas *(Denson)*, Guy Ross *(Stephan)*, Peter Jeffrey *(le directeur)*, Mona Washbourne *(l'infirmière)*, Robert Swann *(Rowntree)*, Arthur Lowe *(le surveillant)*, Graham Craowden *(le professeur d'histoire)*, Geoffrey Chater *(l'aumônier)*. • SC : John Hawlett, David Shervin, d'après son œuvre *Crusaders*. • PH : Miroslav Ondricek. • DÉC : John Herbert. • MUS : Marc Wilkinson et Sanctus de la Missa Luba. • MONT : David Gladwell. Grande-Bretagne, 1968 – Couleurs – 1 h 51. ★ **PALME D'OR, Cannes 1969.**

Analyse minutieuse du fonctionnement interne d'une public school et des méthodes d'éducation et de dressage destinées à transformer de simples potaches en dignes représentants et défenseurs de l'Establishment britannique. Trois d'entre eux rusent avec le système, le détournant en douceur jusqu'au jour où leur révolte tranquille devient une explosion de violence armée contre l'autorité.

◆ *Conçu avant les événements de mai 68,* If *n'est pas un film opportuniste. Par intuition et par intelligence, s'y profile la virtualité de la révolte estudiantine comme dans* la Chinoise *de Jean-Luc Godard, mais d'une tout autre façon. Si Lindsay Anderson met à mal l'absurdité et l'archaïsme du système éducatif des public schools, sa critique dépasse ce propos et bascule vers l'hypothétique passage à l'acte d'une jeunesse en colère contre toute structure de pouvoir. If eut un énorme succès public. En revanche, la critique – unanime à louer l'œuvre documentariste de Lindsay Anderson, champion du « Free Cinema » – s'est divisée sur ce film. Le même clivage entre détracteurs virulents et défenseurs acharnés se reproduisit en 1982 avec* Britannia Hospital. *A.K.*

IGNACE
Comédie de **Pierre Colombier**, d'après l'opérette de Jean Manse, avec Fernandel, Alice Tissot, Saturnin Fabre, Raymond Cordy, Fernand Charpin, Nita Raya. France, 1937 – 1 h 42.

Un soldat modèle est affecté au service d'un colonel et de sa femme. Grâce à lui, son chef devient général, sa fille épouse celui qu'elle aime, et lui se fiance à la petite bonne.

IL A SUFFI D'UNE NUIT "ALL IN A NIGHT'S WORK"
Comédie de **Joseph Anthony**, avec Dean Martin, Shirley MacLaine. États-Unis, 1961 – Couleurs – 1 h 34.

Le neveu d'un éditeur mort en galante compagnie craint un chantage et soupçonne à tort la jeune archiviste de la maison.

L'ÎLE AU COMPLOT "THE BRIBE"
Film policier de **Robert Z. Leonard**, avec Robert Taylor, Ava Gardner, Charles Laughton, Vincent Price. États-Unis, 1949 – 1 h 38.

En Amérique latine, un agent fédéral américain traque des trafiquants de moteurs d'avion.

L'ÎLE AU TRÉSOR "TREASURE ISLAND"
Film d'aventures de **Victor Fleming**, d'après le roman de Robert Louis Stevenson, avec Wallace Beery, Jackie Cooper, Lewis Stone, Lionel Barrymore, Otto Kruger. États-Unis, 1934 – 1 h 45.

Un garçon, qui a trouvé une carte indiquant l'emplacement d'une île renfermant un trésor, engage un équipage et part à sa recherche. Face aux hommes avides d'argent, il devra se défendre pour conserver sa part de butin.

▷ Autres versions réalisées par : **Maurice Tourneur**, avec Lon Chaney, Shirley Mason, Charles Ogle, Josie Melville, Bull Montana. États-Unis, 1920 – env. 1 500 m (55 mn). **Byron Haskin**, avec Robert Newton, Bobby Driscoll, Walter Fitzgerald. Grande-Bretagne, 1950 – Couleurs – 1 h 36. **John Hough**, avec Orson Welles, Kim Burfield, Lionel Stander, Walter Slezak, Rik Battaglia. Grande-Bretagne / France / R.F.A. / Espagne, 1971 – Couleurs – 1 h 35.

L'ÎLE AUX PLAISIRS "CONEY ISLAND"
Comédie musicale de **Walter Lang**, avec Betty Grable, George Montgomery, Cesar Romero. États-Unis, 1943 – Couleurs – 1 h 36.

Dans une grande fête foraine, deux hommes poursuivent de leurs avances une jeune chanteuse. Sur mesure pour Betty Grable, la plus célèbre pin-up des États-Unis durant la guerre.

▷ Le film a fait l'objet d'un remake intitulé LA RUE DE LA GAITÉ "WABASH AVENUE", de **Henry Koster**, avec Betty Grable, Victor Mature, Phil Harris, Reginald Gardiner, Margaret Hamilton. États-Unis, 1950 – Couleurs – 1 h 32.

L'ÎLE DE LA MORT "ISLE OF THE DEAD"
Film d'épouvante de **Mark Robson**, avec Boris Karloff, Ellen Drew, Marc Cramer, Katherine Emery. États-Unis, 1945 – 1 h 12.

Dans une île des Balkans où est enterrée sa femme, un général découvre d'étranges phénomènes dus à des morts-vivants.

L'ÎLE DES ADIEUX "ISLANDS IN THE STREAM"
Drame de **Franklin J. Schaffner**, avec George C. Scott *(Thomas Hudson)*, David Hemmings *(Eddy)*, Gilbert Roland *(Ralph)*, Susan Tyrell *(Lil)*, Richard Evans *(Willy)*, Claire Bloom *(Audrey)*. • SC : Denne Bart Petitclerc, d'après le roman d'Ernest Hemingway *Îles à la dérive*. • PH : Fred J. KoeneKamp. • DÉC : William J. Creber, Raphael Bretten. • MUS : Jerry Goldsmith. • MONT : Robert Swink. États-Unis, 1977 – Couleurs – 1 h 45.

Thomas Hudson, artiste sculpteur, vit et travaille retiré du monde, sur une île. Seul face à sa création, au bilan qu'il doit dresser de sa vie, il sera rejoint par les événements extérieurs, contraint de plonger dans une action où il trouvera la mort.

◆ *Adapté d'un roman largement autobiographique de Hemingway, le film de Schaffner n'en conserve qu'une épure pour dresser sur trois moments, scandés comme les actes d'une tragédie (solitude dans l'île, visite de sa première femme et de ses enfants, odyssée navale et mort du protagoniste), le portrait d'un « héros » ambigu auquel l'acteur George C. Scott apporte son génie de la personnification.* L'Île des adieux *est l'un des films les moins connus de l'auteur de* la Planète des singes *et de* Patton. *C'est aussi le plus sensible et le plus secret, la plus intimiste des superproductions qui, grâce à l'intelligence du scénario, de la mise en scène et de l'interprétation, unit des données à première vue incompatibles : l'opposition d'un cadre spatial démesuré et de la description intime d'un caractère dont il fallait trouver la transposition visuelle.* *M.S.*

L'ÎLE DES AMOURS "A ILHA DOS AMORES"

Essai de **Paulo Rocha**, avec Luis Miguel Cintra *(Wenceslau de Moraes)*, Clara Joana *(Isabel / Venus)*, Zita Duarte *(Francisca)*, Jorge Silva Melo *(le peintre)*, Paulo Rocha *(Pessanha)*, Yoshiko Mita *(O-Yone)*, Atsuko Murakumo *(Ko-Haru)*, Jun Toyokawa *(Asataro)*. • SC : P. Rocha, Atsuko Haneda. • PH : Acácio de Almeida, Elso Roque, K. Okazaki. • MUS : Paulo Brandão. • MONT : Yoshio Sugano. Portugal, 1978-1982 – Couleurs – 2 h 45.

Un officier portugais revient chez lui en 1885, après un exil volontaire au Mozambique. Il retrouve sa sœur Francisca, sa maîtresse Isabel. Menacé d'engluement dans le quotidien, Moraes repart, à Macao cette fois, où il fonde une famille avec une Chinoise. Puis, en 1895, il s'installe comme consul à Kobé, où il épouse une Japonaise, O-Yone. À la mort de celle-ci, sa nièce, Ko-Haru, prend la relève. Moraes écrit et ses œuvres ont du succès dans sa patrie. Mais il meurt au Japon, sans avoir revu le Portugal.

◆ *Une étonnante vision de l'histoire portugaise, dans une œuvre superbe où l'amour le dispute à la beauté et à la mort. Une des plus grosses productions de la cinématographie du Portugal.* *D.C.*

L'ÎLE DES AMOURS INTERDITES

"L'ISOLA DI ARTURO"

Drame de **Damiano Damiani**, avec Reginald Kernan, Vanni De Maigret. Italie, 1961 – 1 h 35.

À quinze ans, Arturo ne connaît que l'île de Procida, où il vit pratiquement seul. Un jour, son père arrive avec une jeune épouse, puis repart. Arturo tombe amoureux de la jeune femme.

L'ÎLE DU BOUT DU MONDE

Comédie dramatique d'**Edmond T. Gréville**, d'après le roman d'Henri Crouzat, avec Rossana Podestà, Dawn Addams, Magali Noël, Christian Marquand. France, 1959 – 1 h 44.

Climat passionnel et érotique sur une île déserte où ont échoué trois infirmières et un journaliste français.

L'ÎLE DU DOCTEUR MOREAU

"ISLAND OF LOST SOULS"

Film fantastique d'**Erle C. Kenton**, d'après le roman de H.G. Wells, avec Charles Laughton, Kathleen Burke, Richard Arlen, Bela Lugosi. États-Unis, 1932 – 1 h 15.

Un jeune homme aborde malgré lui sur une île où un savant fou se livre à de terribles expériences pour transformer les animaux en simili-humains. Ce film avec Laughton et Lugosi est un classique du genre, qui n'a rien perdu de son étrange poésie. Le noir et blanc ajoute encore à « l'exotisme » de l'histoire.

L'ÎLE DU DOCTEUR MOREAU

"THE ISLAND OF DR MOREAU"

Film fantastique de **Don Taylor**, d'après le roman de H.G. Wells, avec Michael York, Burt Lancaster, Nigel Davenport. États-Unis, 1977 – Couleurs – 1 h 38.

Don Taylor a adapté le célèbre roman de Wells en privilégiant l'aspect « aventure » aux dépens du mystère.

L'ÎLE ENCHANTÉE "ENCHANTED ISLAND"

Film d'aventures d'**Allan Dwan**, d'après le roman de Herman Melville *Typee*, avec Dana Andrews, Jane Powell, Don Dubbins, Ted De Corsia. États-Unis, 1958 – Couleurs – 1 h 33.

Au XIXe siècle, deux aventuriers échouent sur une île peuplée de cannibales. L'un d'eux réussit à séduire la fille du chef.

L'ÎLE MYSTÉRIEUSE

Film d'aventures de **Juan Antonio Bardem** et **Henri Colpi**, d'après le roman de Jules Verne, avec Omar Sharif, Philippe Nicaud, Gérard Tichy, Jess Hahn. France / Italie / Espagne, 1972 – Couleurs – 1 h 45.

Pour fuir un tyran qui a pris le pouvoir sur son île, un savant part à bord d'un sous-marin de son invention et poursuit la lutte sous les mers. Cette version cinématographique écourtée a été réalisée à l'origine pour la télévision.

▷ Autres versions réalisées par : **Maurice Tourneur**, **Benjamin Christensen** et **Lucien Hubbard**, intitulée L'ÎLE MYSTÉRIEUSE "MYSTERIOUS ISLAND", avec Lionel Barrymore, Jane Daly, Lloyd Hughes. États-Unis, 1929 (RÉ : 1926) – env. 2 500 m (1 h 35). **Cy Endfield**, intitulée L'ÎLE MYSTÉRIEUSE "MYSTERIOUS ISLAND", avec Joan Greenwood, Michael Craig, Herbert Lom, Michael Callan, Gary Merrill. Grande-Bretagne, 1961 – Couleurs – 1 h 41.

L'ÎLE NUE "HADAKA NO SHIMA"

Drame de **Kaneto Shindō**, avec Nobuko Otowa *(la femme)*, Taiji Tonoyama *(l'homme)*, Shinji Tanaka et Masonori Horimoto *(les enfants)*. • SC : K. Shindō, Eisaku Matsura. • PH : Kiyoshi Kuroda. • MUS : Hikaru Hayashi. • MONT : Kazu Enoki. Japon, 1960 – 1 h 39.

Sur une petite île presque déserte, perdue dans la mer intérieure du Japon, un couple et ses deux enfants s'épuisent à faire pousser quelques légumes, leur culture de survie. L'eau douce est rare. Il faut aller la chercher très loin, à dos d'homme (ou de femme). Chaque goutte compte. Le jour où la femme fait tomber un seau par maladresse, son mari la gifle. Elle accepte le châtiment. Un enfant meurt, la vie continue, monotone, désespérante.

◆ *L'originalité de ce film est double. C'est une sorte de documentaire répétitif à la manière du* Boléro *de Ravel (reprise inlassable du même leitmotiv) et c'est un film quasiment muet. On entend bien les bruits, on écoute une musique d'accompagnement très présente, lancinante, mais les personnages ne parlent pas. Ce parti pris ôte à cette description de la misère humaine son caractère réaliste et en fait un poème, une élégie, une sorte d'hymne à la fatalité et à la résignation qui sollicite l'adhésion et, par voie de conséquence, l'indignation du spectateur.* G.S.

LES ÎLES

Essai d'**Iradj Azimi**, avec Maximilian Schell, Marie Trintignant, Daniel Mesguich. France, 1982 – Couleurs – 1 h 50.

Les habitants d'une île bretonne se battent pour demeurer en place. Une œuvre qui fait la part belle à l'imaginaire.

L'ÎLE SANGLANTE "THE ISLAND"

Film d'aventures de **Michael Ritchie**, avec Michael Caine, David Warner, Angela Punch. États-Unis, 1980 – Couleurs – 1 h 54.

Un journaliste et son fils se rendent dans le triangle des Bermudes afin d'élucider des disparitions de bateaux. Ils découvrent une société de pirates qui n'ont pas évolué depuis le XVIIe siècle.

LES ÎLES DE L'ENFER "HELL'S ISLAND"

Film policier de **Phil Karlson**, avec John Payne, Mary Murphy, Francis L. Sullivan. États-Unis, 1955 – Couleurs – 1 h 24.

Dans les Caraïbes, aventures haletantes pour un détective chargé de retrouver un rubis qui provoque bien des convoitises.

IL EST GÉNIAL PAPY !

Comédie de **Michel Drach**, avec Guy Bedos, Marie Laforêt, Fabien Chombart. France, 1987 – Couleurs – 1 h 32.

Sébastien recherche son grand-père. Violoniste à Pigalle, celui-ci ne veut pas d'un enfant dans sa vie déjà embrouillée !

IL EST MINUIT, DOCTEUR SCHWEITZER

Biographie d'**André Haguet**, d'après la pièce de Gilbert Cesbron, avec Pierre Fresnay, Raymond Rouleau, Jean Debucourt, Jeanne Moreau. France, 1952 – 1 h 35.

Un épisode de la vie du célèbre théologien et médecin alsacien qui partit soigner les indigènes du Gabon. Un grand rôle pour Pierre Fresnay face à une Jeanne Moreau quasi débutante.

L'ÎLE SUR LE TOIT DU MONDE

"THE ISLAND AT THE TOP OF THE WORLD"

Film d'aventures de **Robert Stevenson**, d'après le roman de Ian Cameron *The Lost Ones*, avec David Hartman, Donald Sinden, Jacques Marin, David Gwillin. États-Unis, 1974 – Couleurs – 1 h 33.

En 1907, sir Anthony recherche son fils disparu dans l'Arctique. Grâce à un dirigeable, il le retrouve sur une île tempérée, mais ils devront tenir secrète leur découverte.

IL ÉTAIT UNE FOIS "A WOMAN'S FACE"

Drame de **George Cukor**, d'après la pièce de Francis de Croisset, avec Joan Crawford, Melvyn Douglas, Conrad Veidt, Osa Massen, Reginald Owen. États-Unis, 1941 – 1 h 45.

Une jeune fille défigurée par une opération devient gouvernante d'un enfant et tue l'homme qui voulait le faire assassiner.

▷ Autre version réalisée par **Léonce Perret**, avec André Luguet, Gaby Morlay, Jean Max. France, 1933 – 1 h 40.

IL ÉTAIT UNE FOIS À HOLLYWOOD

"THAT'S ENTERTAINMENT"

Film de montage de **Jack Haley Jr.** États-Unis, 1974 – 2 h 08.

Fred Astaire, Bing Crosby, Gene Kelly, Mickey Rooney, Frank Sinatra, Peter Lawford, James Stewart, Elizabeth Taylor, Liza Minnelli et les autres évoquent les grandes heures de la comédie musicale américaine à travers les productions de la Metro-Goldwyn-Mayer qui fête alors ses cinquante ans.

IL ÉTAIT UNE FOIS DANS L'OUEST

"C'ERA UNA VOLTA IL WEST"

Western de **Sergio Leone**, avec Henry Fonda *(Frank)*, Charles Bronson *(Harmonica)*, Jason Robards *(Cheyenne)*, Claudia Cardinale *(Jill)*, Gabriele Ferzetti *(Morton)*, Jack Elam *(Knuckles)*. • SC : S. Leone, Sergio Donati, d'après une histoire de S. Leone, Dario Argento et Bernardo Bertolucci. • PH : Tonino Delli Colli. • MUS : Ennio Morricone. • MONT : Nino Baragli. • PR : Fulvio Morsella. Italie, 1968 – Couleurs – 2 h 50 (version intégrale).

Un quai de gare désert, quelque part dans le Grand Ouest. Trois hommes, vêtus de longs manteaux cache-poussière et coiffés de chapeaux à larges bords, attendent un voyageur pour l'abattre, mais celui-ci sera le plus rapide. Son nom de guerre est Harmonica. Flanqué d'un détenu en cavale, Cheyenne, il se lance sur la piste de Frank, un tueur à gages qui a autrefois fait pendre son frère sous ses yeux. Frank est pour l'heure à la solde d'un exploitant véreux, Morton, prêt à tout pour élargir son domaine. Une jolie veuve, Jill, constitue une proie facile. D'une hécatombe à l'autre, Harmonica et Frank se livrent une lutte sans merci. Un duel à mort les opposera.

◆ De la parodie à la fresque sociale

Ce film est le prototype d'un genre dédaigné des puristes, mais qui a connu une telle faveur auprès du public des deux continents qu'il a fini par séduire les plus réticents – et influencer en retour le cinéma qu'il parodiait : ce qu'on a appelé, par dérision, le western spaghetti. *Né en Italie, il s'appuie sur les clichés du western américain classique, en les pétrifiant et en leur injectant des doses massives de violence et d'érotisme. Très loin des nobles épopées fordiennes, on retrouve ici, acclimatées avec plus ou moins d'habileté, les conventions du roman picaresque, de l'opéra bouffe et de la* commedia dell'arte. *Orfèvre en la matière, Sergio Leone (1929-1989) s'imposa avec la fameuse trilogie :* Pour une poignée de dollars, Et pour quelques dollars de plus, le Bon, la Brute et le Truand *(où fut révélé Clint Eastwood). Avec* Il était une fois dans l'Ouest, *Leone franchit un pas de plus dans la mise à plat de la mythologie westernienne, mais il s'oriente surtout vers une peinture acide d'un monde en mutation, où l'héroïsme des pionniers est durement confronté aux nouveaux enjeux de l'affairisme industriel (Morton et sa clique). Brodant, de son propre aveu, sur les stéréotypes les plus éculés (putain arriviste, bandit romantique, banquier malhonnête...) et ne lésinant pas sur la démesure baroque ni les surcharges narratives, il parvient à édifier une allégorie sociale non dénuée d'ampleur. La fable est orchestrée – avec éclat – par une musique lancinante d'Ennio Morricone, et bénéficie d'une interprétation – pour moitié américaine – de grand style, sachant tirer parti du contre-emploi (Henry Fonda en tueur sadique). Le tournage se fit en Italie et en Espagne, mais aussi aux États-Unis, à Monument Valley. Le succès commercial fut énorme, ce qui permit à Leone, après le chant du cygne d'*Il était une fois la Révolution *(1970), de mettre en chantier le troisième – et monumental – volet de son cycle sur le Nouveau Monde,* Il était une fois en Amérique *(1983).* *C.B.*

IL ÉTAIT UNE FOIS DES GENS HEUREUX... LES PLOUFFE

Comédie dramatique de **Gilles Carle**, avec Gabriel Arcand, Rémi Laurent, Anne Letourneau, Stéphane Audran, Serge Dupir. Canada (Québec) / France, 1980 – Couleurs – 2 h 44.

Québec, entre 1938 et 1945. La vie et la réalité d'une province, à travers le portrait d'une famille bourgeoise, tiraillée entre son américophilie et sa francophonie militante.

IL ÉTAIT UNE FOIS EN AMÉRIQUE

"ONCE UPON A TIME IN AMERICA"

Drame de **Sergio Leone**, avec Robert De Niro *(Noodles Aaronson)*, James Woods *(Max)*, Elizabeth McGovern *(Deborah)*, Treat Williams *(Jimmy O'Donnell)*. • SC : Leonardo Benvenuti, Piero De Bernardi, Enrico Medioli, Franco Arcali, Franco Ferrini, S. Leone, d'après le roman de Harry Grey *The Hoods*. • PH : Tonino Delli Colli. • DÉC : Giovanni Natalucci, Gratch-Rau, Osvaldo Desideri. • MUS : Ennio Morricone. • MONT : Nino Baragli. États-Unis, 1983 – Couleurs – 3 h 40.

À l'occasion d'une mystérieuse invitation, Noodles, un homme de soixante ans, revient à New York. Un souvenir le hante : celui du jour où, effrayé par le périlleux projet de hold-up nourri par Max, son meilleur ami, il a dénoncé toute l'équipe de copains d'enfance avec laquelle il avait fait fortune au temps de la prohibition. Tous seront abattus lors d'un guet-apens policier.

◆ Fruit de treize années de gestation, le seul film américain de Sergio Leone est bien plus qu'un simple film de gangsters. C'est une fable sur le rêve américain de puissance et sur sa compatibilité avec l'amitié, thème cher à l'auteur. Œuvre crépusculaire et tra-

gique, le film impressionne par son utilisation dramatique d'une durée qui donne toute leur épaisseur aux personnages magistralement interprétés par James Woods et Robert De Niro, notamment. Ce « testament mélancolique », selon ses propres mots, du cinéma qu'aimait Leone restera son chef-d'œuvre. B.R.

IL ÉTAIT UNE FOIS LA LÉGION "MARCH OR DIE"
Film d'aventures de **Dick Richards**, avec Gene Hackman, Terence Hill, Catherine Deneuve, Rufus, Marcel Bozzuffi, Max von Sydow. États-Unis, 1977 – Couleurs – 1 h 50.

Un ancien de la Première Guerre mondiale, major américain, s'est engagé dans la Légion. Il reçoit mission de protéger une expédition archéologique française des attaques d'un chef marocain.

IL ÉTAIT UNE FOIS LA RÉVOLUTION
"GIÙ LA TESTA !"
Western de **Sergio Leone**, avec Rod Steiger, James Coburn, Romolo Valli, Maria Monti. Italie, 1970 – Couleurs – 2 h 30.

Un peon d'Amérique du sud et un Irlandais spécialiste de la dynamite unissent leurs destinées dans un pays en proie aux convulsions politico-sociales.

IL ÉTAIT UNE FOIS UN FLIC
Film policier de **Georges Lautner**, avec Michel Constantin, Mireille Darc, Daniel Ivernel, Michael Lonsdale. France, 1972 – Couleurs – 1 h 35.

Pour piéger des trafiquants de drogue, un commissaire, célibataire endurci, doit jouer les hommes mariés et pères de famille.

IL ÉTAIT UNE FOIS UN MERLE CHANTEUR
"IQO ŠAŠVI MGALOBELI"
Comédie dramatique d'**Otar Iosseliani**, avec Guela Kandelaki *(Guia)*, Gogui Tcheidze, Irin Djandieri, Djansoug Kakhidze, Elena Lundiya, Iya Maivani, Marin Kavtsivadze. • SC : O. Iosseliani, Dmitri Eristavi. • PH : Abesalom Maïsouradze. • DÉC : Dmitri Eristavi. • MUS : Taïmouraz Bakouradze. U.R.S.S. (Géorgie), 1970 – 1 h 22.

Guia est percussionniste dans l'orchestre symphonique de Tbilissi : il n'a en général que quelques effets de grosse caisse en fin de concert et il arrive presque toujours à la dernière minute. Le reste du temps, il se livre à des activités sans grande importance, mais qui l'obligent à courir sans cesse, de réunions d'amis en rendez-vous féminins. Un jour il est écrasé par un autobus.

◆ *Guia est comme un oiseau sur la branche : son charme personnel le rend populaire auprès de tous. Autour de lui grouille la foule des passants qui ne s'arrêteront qu'un instant lors de son accident. Iosseliani présente son personnage avec une sympathie évidente et un humour discret ; il filme la rue et les gens dans un style néoréaliste tout empreint de chaleur et de vivacité qui rendent bien l'atmosphère « méditerranéenne » de la douceur de vivre en Géorgie.* M.MN.

IL ÉTAIT UNE FOIS UN VIEUX ET UNE VIEILLE
"ŽILIBYLI STARIK SO STARUHOJ"
Drame de **Grigori Tchoukhrai**, avec Ivan Marine, Vera Kouznetsova. U.R.S.S. (Russie), 1965 – 1 h 45.

Un vieux couple vit paisiblement au bord d'un fleuve jusqu'à ce qu'un incendie détruise leur isba. Ils partent alors dans le Nord.

IL FAUT MARIER PAPA
"THE COURTSHIP OF EDDIE'S FATHER"
Comédie de **Vincente Minnelli**, d'après le roman de Muriel Toby, avec Glenn Ford, Shirley Jones, Stella Stevens, Ronnie Howard. États-Unis, 1963 – Couleurs – 1 h 57.

Veuf, Tom vit avec son jeune fils, Eddie. Celui-ci souhaiterait que son père se remarie avec leur voisine de palier, et va tout faire pour cela. Une comédie sentimentale tonique. En raison de son succès, le film sera poursuivi en série télévisée.

IL FAUT TUER BIRGITT HAAS
Drame de **Laurent Heynemann**, avec Philippe Noiret, Jean Rochefort, Lisa Kreuzer. France, 1981 – Couleurs – 1 h 35.

La vie d'une ex-terroriste allemande est l'objet d'un marchandage entre services secrets français et allemands.

IL IMPORTE D'ÊTRE CONSTANT
"THE IMPORTANCE OF BEING EARNEST"
Comédie d'**Anthony Asquith**, d'après la pièce d'Oscar Wilde, avec Michael Redgrave, Richard Wattis, Edith Evans, Joan Greenwood, Margaret Rutherford. Grande-Bretagne, 1952 – Couleurs – 1 h 35.

Succession de quiproquos pour deux célibataires fortunés qui désirent se marier. Un humour typiquement britannique.

ILLUMINATION "ILUMICACJA"
Drame psychologique de **Krzysztof Zanussi**, avec Stanislaw Latallo, Malgorzata Pritulak. Pologne, 1973 – Couleurs – 1 h 31.

Un film d'amour qui est aussi une réflexion sur la vie, la vieillesse et la mort, et une interrogation sur la science.

ILLUSIONS PERDUES "That Uncertain Feeling"
Comédie d'**Ernst Lubitsch**, d'après la pièce de Victorien Sardou et Émile de Najac *Divorçons*, avec Merle Oberon, Melvyn Douglas, Burgess Meredith, Alan Mowbray. États-Unis, 1941 – 1 h 24.

Une femme est victime d'un hoquet si persistant qu'elle consulte un psychanalyste. Celui-ci la pousse dans les bras d'un pianiste qui la courtise au point de mettre son couple en danger.

IL MARCHAIT LA NUIT "He Walked by Night"
Film policier d'**Alfred Werker**, avec Richard Basehart, Scott Brady, Roy Roberts. États-Unis, 1948 – 1 h 19.

Haletante chasse à l'homme dans les égouts de Los Angeles pour deux inspecteurs qui traquent un criminel.

IL N'Y A PAS DE FUMÉE SANS FEU
Film politique d'**André Cayatte**, avec Annie Girardot, Mireille Darc, Bernard Fresson, André Falcon. France, 1972 – Couleurs – 2 h.

Le docteur Peyrac envisage de se présenter aux élections. Ses adversaires répandent alors des calomnies. Cayatte dénonce les manœuvres perverses de certains hommes du pouvoir (d'alors). Un pamphlet qui faillit être censuré.

I LOVE YOU
Comédie dramatique de **Marco Ferreri**, avec Christophe Lambert, Eddy Mitchell, Agnès Soral, Anémone. France / Italie, 1986 – Couleurs – 1 h 42.

Yves et Michel sont deux grands amis, mais l'un est heureux dans la vie, tandis que l'autre est chômeur. Un étrange porte-clés bouleverse progressivement leur vie.

I LOVE YOU, JE T'AIME "A Little Romance"
Comédie de **George Roy Hill**, d'après le roman de Patrick Cauvin *E = Mc2 mon amour*, avec Laurence Olivier, Diane Lane, Arthur Hill. États-Unis, 1979 – Couleurs – 1 h 48.

Elle est américaine et fille de diplomate, il est français et fils d'un chauffeur de taxi. Ils sont tous deux surdoués et décident de partir pour Venise afin d'échapper au monde mesquin des adultes.

IL PLEUT DANS MON VILLAGE
"Biče skoro propast sveta"
Comédie dramatique d'**Aleksandar Petrović**, avec Annie Girardot, Ivan Paluch, Mija Aleksić, Eva Ras. Yougoslavie / France, 1968 – Couleurs – 1 h 25.

L'arrivée d'une belle institutrice sème la perturbation dans un petit village aux mœurs un peu arriérées. Elle trouble tellement les hommes que l'un d'eux commettra un meurtre.

IL PLEUT SUR NOTRE AMOUR
"Det regnar pa var Kärlek"
Drame d'**Ingmar Bergman**, avec Barbro Kohlberg, Birger Malmsten. Suède, 1946 – 1 h 30.

Dans une gare de province, un chômeur rencontre une jeune campagnarde désemparée. Avec difficulté, ils achètent une modeste baraque et sont finalement expulsés.

IL PLEUT SUR SANTIAGO
Film politique d'**Helvio Soto**, avec Jean-Louis Trintignant, Laurent Terzieff, Bibi Andersson, Annie Girardot, Maurice Garrel. France / Bulgarie, 1975 – Couleurs – 1 h 50.

Au Chili, évocation du coup d'État militaire qui vit la chute et la mort de Salvador Allende.

IL PLEUT TOUJOURS LE DIMANCHE
"It Always Rains on Sunday"
Drame de **Robert Hamer**, d'après le roman d'Arthur La Bern, avec Googie Withers, Jack Warner, John McCallum, Edward Chapman. Grande-Bretagne, 1947 – 1 h 32.

Un évadé se réfugie chez une de ses anciennes amies, mariée à un vieux commerçant. Elle le cache toute la journée du dimanche. Il pleut. Le soir, le fugitif est repris par la police.

IL PLEUT TOUJOURS OÙ C'EST MOUILLÉ
Film politique de **Jean-Daniel Simon**, avec Sylvie Fennec, Jean Le Mouel, Myriam Boyer, Jacques Serre, Daniel Langlet, Jacques Portet. France, 1975 – Couleurs – 1 h 32.

La préparation des élections législatives dans le Lot-et-Garonne. Un militant communiste est agressé par des hommes de la droite.

ILS
Film fantastique de **Jean-Daniel Simon**, d'après le roman d'André Hardellet, avec Michel Duchaussoy, Charles Vanel, Alexandra Stewart. France, 1970 – Couleurs – 1 h 40.

Un jeune peintre en révolte contre le milieu artistique sert de cobaye à un vieux savant qui met au point une machine à commander les rêves.

ILS AIMAIENT LA VIE "Kanal"
Film de guerre d'**Andrzej Wajda**, avec Wieńkzysław Gliński *(Zadra)*, Tadeusz Janczar *(Jacques)*, Teresa Izewska *(Paquerette)*, Władisław Sheybal. • SC : Jerzy Stefan Stawiński. • PH : Jerzy Lipman. • DÉC : Roman Mann. • MUS : Jan Krenz, Józef Bartczak. • MONT : Halina Nawrocka. Pologne, 1957 – 1 h 20.

Des résistants polonais tentent de s'échapper du ghetto de Varsovie investi par les Allemands, en passant par les égouts (« Kanal » en polonais). Le chef qui les conduit, trompé par son second, ne se rend pas compte qu'il perd ses hommes les uns après les autres. Quand ils sortent, libres, il tue son second et retourne chercher les autres.

◆ *Ce grand classique marqua la véritable renaissance du cinéma polonais et fut, avec* Cendres et Diamant, *la matrice de l'œuvre future des jeunes cinéastes polonais de Polanski à Zulawski. Il imposa internationalement le nom de Wajda. Son thème – conradien – de la responsabilité morale du chef face à ses hommes, responsabilité dont il se sait incapable mais qu'il assume illusoirement, se dissout comme l'esprit des hommes gazés dans les tunnels. Le film devient une errance glauque et lyrique dans ce labyrinthe qui devient mental.* S.K.

ILS APPELLENT ÇA UN ACCIDENT

Drame de **Nathalie Delon**, avec Nathalie Delon, Patrick Norbert, Gilles Segal. France, 1981 – Couleurs – 1 h 28.

Une jeune femme, à la suite de la perte de son fils, victime d'une erreur médicale lors d'une intervention chirurgicale bénigne, s'acharne à venger cette mort scandaleuse.

ILS ÉTAIENT NEUF CÉLIBATAIRES

Comédie de **Sacha Guitry**, avec Sacha Guitry, Elvire Popesco, Max Dearly, Geneviève de Séréville (G. Guitry), André Lefaur, Marguerite Pierry, Saturnin Fabre, Betty Stockfeld. France, 1939 – 2 h 05.

Pour satisfaire des étrangères fortunées souhaitant devenir françaises, un homme d'affaires fonde un foyer pour célibataires prêts à contracter, moyennant une rente, des mariages blancs.

ILS ÉTAIENT TOUS MES FILS "ALL MY SONS"

Drame d'**Irving Reis**, d'après la pièce d'Arthur Miller, avec Edward G. Robinson, Burt Lancaster, Mady Christians. États-Unis, 1948 – 1 h 34.

La prise de conscience d'un homme que son âpreté au gain a poussé à devenir indirectement un criminel.

ILS ÉTAIENT TROIS "THESE THREE"

Drame de **William Wyler**, d'après la pièce de Lillian Hellman, avec Miriam Hopkins, Merle Oberon, Joel McCrea. États-Unis, 1936 – 1 h 33.

Par ses calomnies, une fillette compromet la pure amitié de deux jeunes institutrices. Habile réalisation de Wyler qui reprendra le même thème en 1961 pour LA RUMEUR (Voir ce titre).

ILS N'ONT QUE VINGT ANS "A SUMMER PLACE"

Comédie dramatique de **Delmer Daves**, d'après le roman de Sloan Wilson, avec Richard Egan, Dorothy McGuire, Sandra Dee, Troy Donahue. États-Unis, 1959 – Couleurs – 2 h 10.

Dans une île au large des côtes du Maine, les aventures amoureuses d'une bande de jeunes gens.

ILS SONT FOUS CES SORCIERS

Comédie de **Georges Lautner**, avec Jean Lefebvre, Renée Saint-Cyr, Julien Guiomar, Henri Guybet. France, 1978 – Couleurs – 1 h 40.

Un homme d'affaires, le gagnant d'un concours et une spécialiste de parapsychologie se retrouvent à l'île Maurice. Ils font alors connaissance avec l'envoûtement et ses sortilèges.

ILS SONT GRANDS CES PETITS

Comédie de **Joël Santoni**, avec Catherine Deneuve, Claude Brasseur, Claude Piéplu. France, 1978 – Couleurs – 1 h 35.

Louise et Léo, deux amis d'enfance, continuent les travaux scientifiques de leurs pères respectifs, mystérieusement disparus. Un curieux promoteur convoite leur propriété. Ils utilisent leur génie scientifique pour déjouer ses plans.

IL Y A DES JOURS ET DES LUNES

Comédie dramatique de **Claude Lelouch**, avec Gérard Lanvin, Francis Huster, Marie-Sophie L, Patrick Chesnais, Annie Girardot, Vincent Lindon, Philippe Léotard, Serge Reggiani. France, 1990 – Couleurs – 1 h 57.

Quand on passe de l'heure d'hiver à l'heure d'été, quand la lune est pleine, tout peut arriver. Lelouch nous raconte presque simultanément une demi-douzaine d'histoires qui convergent vers un dénouement commun. C'est un film brillant qui multiplie les problèmes de narration pour le plaisir de les résoudre.

IL Y A LONGTEMPS QUE JE T'AIME

Comédie de **Jean-Charles Tacchella**, avec Jean Carmet, Marie Dubois, José Luccioni. France, 1979 – Couleurs – 1 h 33.

François et Brigitte décident de se séparer après vingt-cinq ans de mariage. Au grand scandale de leur famille.

IL Y A MALDONNE

Film policier de **John Berry**, avec Clovis Cornillac, Luc Thuillier. France, 1987 – Couleurs – 1 h 22.

Harcelé par un policier qui le suspecte abusivement de vol, un adolescent le tue, mais c'est son meilleur ami qui est accusé.

L'IMAGE "DAS BILDNIS"
Comédie dramatique de **Jacques Feyder**, d'après Jules Romains, avec Arlette Marchal, Victor Vina, Malcolm Tod, Jean Margueritte, Louis Lerch, Suzy Vernon. Autriche, 1925 – 2 500 m (env. 1 h 32).

Quatre hommes, fascinés par la photographie d'une inconnue, partent en quête de la jeune femme.

IMAGES "IMAGES"
Drame de **Robert Altman**, avec Susannah York, René Auberjonois, Marcel Bozzuffi. États-Unis, 1971 – Couleurs – 1 h 50.

Auteur de livres pour enfants, Cathryn a des hallucinations et imagine le retour de ses anciens amants. Un film comme un puzzle.

IMAGES DE LA VIE "IMITATION OF LIFE"
Mélodrame de **John Stahl**, d'après le roman de Fanny Hurst, avec Claudette Colbert, Warren William, Louise Beavers, Ned Sparks, Rochelle Hudson, Alan Hale. États-Unis, 1934 – 1 h 49.

Une jeune veuve devient riche et trouve le bonheur grâce à sa domestique noire, tandis que cette dernière se sacrifie et connaît des moments difficiles. (Voir aussi MIRAGE DE LA VIE).

IMAGINE : JOHN LENNON
"IMAGINE : JOHN LENNON"
Documentaire d'**Andrew Solt**. États-Unis, 1988 – Couleurs et NB – 1 h 40.

Évitant l'hagiographie, ce film réalisé à partir de documents inédits et d'interviews est une évocation nostalgique de la personnalité attachante du leader des Beatles assassiné en 1980.

L'IMMORTELLE
Drame d'**Alain Robbe-Grillet**, avec Jacques Doniol-Valcroze *(N)*, Françoise Brion *(L)*, Guido Celano *(M)*, Catherine Robbe-Grillet *(Catherine Sarayan)*. • SC : A. Robbe-Grillet. • PH : Maurice Barry. • MUS : Georges Delerue. • MONT : Bob Wade. France, 1963 – 1 h 40.
★ PRIX LOUIS-DELLUC 1962.

Dans un Istamboul semi-rêvé, un homme rencontre une femme. Ils visitent la ville ensemble. Un jour, elle disparaît aussi brusquement qu'elle lui était apparue. Il la cherche partout. Elle réapparaîtra finalement à la manière d'un fantôme.

◆ *On aurait du mal à retrouver une histoire absolument « réaliste » dans ce premier film de Robbe-Grillet. Dans cette ville où le réel se mêle à la légende, tout est familier et, pourtant, tout est étrange... Comme dans nos rêves.* F.J.

IMPASSE AUX VIOLENCES
"THE FLESH AND THE FIENDS"
Film d'épouvante de **John Gilling**, avec Peter Cushing, Donald Pleasence, June Laverick. Grande-Bretagne, 1960 – Couleurs – 1 h 33.

Pour ses expériences, un docteur a besoin de cadavres frais... Ambiance d'horreur et d'angoisse pour des faits authentiques qui firent frissonner l'Angleterre au début du XIXe siècle.

L'IMPASSE DES DEUX ANGES
Drame policier de **Maurice Tourneur**, avec Paul Meurisse, Simone Signoret, Marcel Herrand, Jacques Baumer. France, 1948 – 1 h 25.

Une comédienne sur le point de faire un riche mariage retrouve son ancien ami devenu voleur. Un drame d'atmosphère qui fut le dernier film de Maurice Tourneur.

L'IMPASSE TRAGIQUE "THE DARK CORNER"
Film policier de **Henry Hathaway**, d'après un récit de Leo Rosten, avec Mark Stevens, Lucille Ball, Clifton Webb, Kurt Kruger, William Bendix. États-Unis, 1946 – 1 h 39.

Un détective privé, poursuivi de la haine d'un ancien associé qui tente de le tuer, se réveille un jour près du cadavre de ce dernier.

L'IMPÉRATIF "IMPERATIVE"
Essai de **Krzysztof Zanussi**, avec Robert Powell, Brigitte Fossey, Sigfrid Steiner, Matthias Habich, Jan Biczycki, Christoph Eichhorn, Leslie Caron. R.F.A. / France, 1982 – Couleurs – 1 h 42.

Augustin, professeur de mathématiques passionné par l'abstraction, oublie un peu sa femme. Quand elle le quitte, les angoisses d'Augustin prennent une tournure métaphysique, et lorsqu'un vieux professeur, son père spirituel, meurt, il devient violent. Interné à la suite de la profanation d'un sanctuaire, Augustin semble se remettre lentement...

L'IMPÉRATRICE ROUGE "THE SCARLET EMPRESS"
Drame historique de **Josef von Sternberg**, avec Marlene Dietrich *(Sophia Frederica, alias Catherine II)*, John Lodge *(le comte Alexei)*, Sam Jaffe *(le grand-duc Pierre)*, Louise Dresser *(l'impératrice Elizabeth)*, Maria Sieber *(Sophia enfant)*, C. Aubrey Smith *(le prince August)*, Ruthelma Stevens *(la comtesse Elisabeth)*, Olive Tell *(la princesse Johanna)*, Gavin Gordon *(Gregory Orloff)*. • SC : Manuel Komroff, d'après le *Journal* de Catherine de Russie.

• PH : Bert Glennon. • DÉC : Hans Dreier, Richard Kollorsz, Peter Ballbusch. • MUS : John M. Leipold, W. Franke Harling, J. von Sternberg, d'après Tchaïkovski, Mendelssohn, Wagner. • MONT : J. von Sternberg. • PR : Paramount. États-Unis, 1934 – 1 h 45.

La jeune princesse prussienne Sophia Frederica est livrée, à seize ans, par sa famille, à un époux dégénéré, le grand-duc Pierre, neveu et héritier d'Elizabeth, impératrice de toutes les Russies. Elle reçoit un prénom russe, Catherine. Pour se venger du comte Alexei, qu'elle aimait et qui l'a trahie, elle se donne au capitaine des gardes du palais, Orloff. Quand Pierre hérite du trône et projette de la faire disparaître, elle investit le palais à la tête de ses troupes, soutenue par l'Église et l'armée, tandis qu'Orloff assassine le grand-duc. Montée sur un cheval blanc, elle gravit les marches qui conduisent au trône et devient l'impératrice Catherine II.

◆ **Suprématie de la mise en scène**

Sixième des sept films que Marlene Dietrich tourna sous la direction de Sternberg, c'est aussi celui qui magnifie le plus l'actrice, par les costumes, la lumière et la situation. Bien qu'inspiré par le Journal *de l'impératrice Catherine II de Russie, le scénario n'est qu'un prétexte au déploiement des fastes de la mise en scène : l'univers de* l'Impératrice rouge *ne renvoie qu'à lui-même et au monde de Sternberg. Tous les détails, des sculptures et icônes à la musique qu'il dirigea lui-même, sont issus de l'imagination d'un auteur visionnaire. Le trajet du film n'est rien d'autre que la transformation d'une jeune fille pleine de vie en une figure idéale : en haut des marches qui conduisent au trône, au dernier plan du film, Marlene/Catherine (elle a même perdu son prénom) s'intègre au décor du palais dans une posture sculpturale. Le désir et le regard sont les moteurs du propos et de l'esthétique de Sternberg. Par le regard, le désir transforme l'autre en objet. Si Marlene n'incarne pas ici une prostituée ou une chanteuse de cabaret, elle n'en est pas moins une femme qui se détruit et perd son identité. N'ayant pu retenir le désir du comte Alexei, Catherine s'attribue le rôle viril pour mieux gouverner le désir des hommes et s'offrir en objet d'admiration pour tout un peuple. Contrairement à la thématique classique, où l'homme se perd en idéalisant la femme, c'est ici celle-ci qui aspire à répondre au fantasme masculin, quitte à s'y perdre. Les moments les plus sublimes sont aussi ceux où les personnages tendent à l'anéantissement.* *J.M.*

▷ Voir aussi, sur Catherine II, L'AIGLE NOIR, PARADIS DÉFENDU, TARAKANOVA, SCANDALE À LA COUR et LA GRANDE CATHERINE.

L'IMPÉRATRICE YANG KWEI-FEI "YŌKIHI"

Drame historique de **Kenji Mizoguchi**, avec Machikō Kyo *(Yang Kwei-Fei)*, Masayuki Mori *(Huan Tsung)*, Sō Yamamura *(général An Lu-Shan)*, Sakae Ozawa *(Yang Kuo-Chung)*, Eitaro Shindo *(Kao Li-Hsi)*. • SC : T'ao Ch'in, Matsutarō Kawaguchi, Yoshikata Yoda, Masashige Narusawa, d'après Ch'ang Hen Ko. • PH : Kōhei Sugiyama. • DÉC : Hiroshi Mizutani. • MUS : Fumio Hayasaka. • MONT : Miyata Mitsuzo. Japon, 1955 – Couleurs – 1 h 38. ★ **LION D'ARGENT, Venise 1956.**

L'empereur Huan Tsung se souvient. Inconsolable de la mort de sa première épouse, il se vit présenter par le général Lu-Shan une fille de cuisine parée dont il s'éprit et fit l'impératrice Yang Kwei-Fei. La famille Yang, parvenue ainsi au pouvoir, suscite la haine. Écarté, Lu-Shan fomente la révolte : le peuple réclame la mort des Yang. Pour sauver l'empereur, Kwei-Fei se sacrifie. Accablé, Huan Tsung n'attend plus que la mort pour rejoindre Kwei-Fei.

◆ *Du pur point de vue plastique, c'est assurément le sommet de l'art de Mizoguchi, y compris dans la magie de la couleur qu'il utilise pour la première fois. C'est en même temps un hymne à l'amour absolu d'un homme pour une femme, d'autant plus émouvant que Mizoguchi en présente à la fois l'attraction et le danger : l'oubli d'une réalité qui se venge et conduit à la mort.* *J.M.*

IMPÉTUEUSE JEUNESSE "AH ! WILDERNESS !"

Comédie de **Clarence Brown**, d'après la pièce d'Eugene O'Neill, avec Wallace Beery, Lionel Barrymore, Eric Linden, Mickey Rooney. États-Unis, 1935 – 1 h 41.

Les inquiétudes données à sa famille par un adolescent qui découvre la vie.

▷ Voir aussi LA BELLE JEUNESSE.

L'IMPITOYABLE "RUTHLESS"

Drame d'**Edgar G. Ulmer**, d'après une histoire de Dayton Stoddart, avec Zachary Scott, Louis Hayward, Diana Lynn. États-Unis, 1948 – 1 h 44.

La frénétique volonté de réussite d'un jeune homme qui, parvenu au faîte de la puissance, sera assassiné.

IMPITOYABLE "UNFORGIVEN"

Western de **Clint Eastwood**, avec Clint Eastwood *(Bill Munny)*, Gene Hackman *(le shérif Little Bill Daggett)*, Morgan Freeman *(Ned Logan)*, Richard Harris *(English Bob)*, Jaimz Woolvet *(The Schofield Kid)*, Frances Fisher *(Strawberry Alice)*, Anna Thomson *(Delilah Fitzgerald)*. • SC : David Webb, Peoples. • PH : Jack N. Green. • DÉC : Henry Bumstead. • MUS : Lennie Niehaus. • MONT : Joel Cox. États-Unis, 1992 – Couleurs – 2 h 10. ★ **OSCAR DU MEILLEUR FILM, DU MEILLEUR METTEUR EN SCÈNE.**

Ex-aventurier, bandit, hors-la-loi, Bill Munny est devenu un sage fermier pour l'amour d'une femme, puis veuf, pauvre, père de deux enfants. On vient le chercher pour participer à une opération de vengeance bien rémunérée. Il est réticent, mais finit par accepter.

◆ *Clint Eastwood avoue avoir réalisé son film en référence aux westerns qui ont bercé son enfance, mais a contrario de leur contenu. Il récuse la légende triomphaliste, le simplisme édifiant, le manichéisme de papa. Son film est sombre, pluvieux, boueux, englué, encrassé. Le héros qui s'était amendé retombe dans les intrigues et les combats douteux. Il prend des coups, en donne. Il est victime de la cruauté, mais cruel lui-même. Il n'y a pas de « bons » dans cet enfer. Eastwood décrit la décadence avec force, avec tristesse, mais sans délectation.* G.S.

LES IMPITOYABLES "GOD'S GUN"
Western de **Frank Kramer**, avec Lee Van Cleef, Jack Palance, Richard Boone. États-Unis, 1976 – Couleurs – 1 h 30.

Des bandits sèment la terreur dans une petite ville texane. Le pasteur est abattu. Heureusement, il a un frère jumeau.

L'IMPLACABLE "CRY DANGER"
Film policier de **Robert Parrish**, avec Dick Powell, Rhonda Fleming, Richard Erdman. États-Unis, 1951 – 1 h 19.

Pour retrouver une somme volée, la police relâche le présumé coupable et le suit pas à pas.

LES IMPLACABLES "THE TALL MEN"
Western de **Raoul Walsh**, avec Clark Gable, Jane Russell, Robert Ryan, Cameron Mitchell. États-Unis, 1955 – Couleurs – 2 h 02.

Au lendemain de la guerre de Sécession, deux aventuriers convoient un important troupeau du Texas au Montana.

L'IMPORTANT, C'EST D'AIMER
Mélodrame d'**Andrzej Zulawski**, avec Romy Schneider *(Nadine Chevalier)*, Fabio Testi *(Servais)*, Jacques Dutronc *(Jacques)*, Klaus Kinski *(Zimmer)*, Claude Dauphin *(Mazelli)*, Roger Blin *(le père)*, Michel Robin *(Lapade)*, Guy Mairesse *(Messala)*. • SC : A. Zulawski, Christopher Frank, d'après son roman *la Nuit américaine*. • PH : Ricardo Aronovich. • MUS : Georges Delerue. France / Italie / R.F.A., 1974 – Couleurs – 1 h 50.

Servais, reporter, paye les dettes de son père en photographiant des partouzes huppées pour un maître chanteur : Mazelli. Nadine, comédienne, attend une chance à laquelle elle ne croit plus en tournant des films minables. Il la rencontre par hasard sur le plateau d'un film porno et tombe amoureux d'elle. Il décide de l'aider, mais s'aperçoit qu'il est difficile de le faire sans que cela passe pour de la pitié intéressée. Nadine, quant à elle, vit avec Jacques, à qui l'unit un lien douloureux, mais solide.

◆ *Ce premier film français de Zulawski s'appuie sur les mêmes lignes de force que ses deux précédents films polonais : une structure au bord du chaos, à laquelle donne forme une forte intensité visuelle, l'éclairant de lueurs tour à tour sinistres et solaires, manifestations d'une providence cachée, secrète – et souvent cruelle – qui ordonne le destin des personnages. Dans ce film de commande, tous ces traits singuliers d'un créateur en marge des courants artistiques « majeurs » sont présents « sur la pointe des pieds ». Car ce qui trouble dans ce film, c'est l'irruption décapante de ce monde personnel dans des schémas scénaristiques conventionnels, auxquels la rage filmique de Zulawski et l'investissement total des interprètes redonnent vie, interrogeant la conscience du spectateur de manière particulièrement physique. Le film bénéficie en outre d'un « casting magique », c'est-à-dire d'une distribution homogène dans la disparité de ses interprètes, adéquats à leurs rôles et dont l'inégalité même crée une étrange et indéfinissable alchimie. Romy Schneider obtint en 1975 le premier César de la Meilleure actrice.* S.K.

L'IMPOSSIBLE AMOUR "OLD ACQUAINTANCE"
Comédie dramatique de **Vincent Sherman**, d'après la pièce de John Van Druten, avec Bette Davis, Miriam Hopkins, Gig Young, John Loder. États-Unis, 1943 – 1 h 50.

Aimée du mari de sa meilleure amie, une femme repousse cet amour par amitié. L'affrontement de deux stars.

L'IMPOSSIBLE MONSIEUR BÉBÉ
"BRINGING UP BABY"
Comédie de **Howard Hawks**, avec Cary Grant *(David Huxley)*, Katharine Hepburn *(Susan)*, Charles Ruggles *(le major Applegate)*, May Robson *(Élisabeth)*. • SC : Dudley Nichols, Hagar Wilde. • PH : Russell Metty. • DÉC : Van Nest Polglase, Perry Ferguson. • MUS : Roy Webb. • MONT : George Hively. États-Unis, 1938 – 1 h 42.

Le brillant paléontologiste David Huxley voit tout son travail de reconstitution d'un fossile mis en cause par sa rencontre avec une riche et extravagante héritière, Susan. L'intrusion d'un léopard apprivoisé envoyé à Susan, puis celle d'un autre léopard échappé d'un zoo ne font qu'accentuer quiproquos et confusion...

◆ *De toute évidence, un chef-d'œuvre de la « comédie sophistiquée » américaine, tendant ici au burlesque. Tout se déroule selon une logique implacable servie par une virtuosité éblouissante du scénario, de la mise en scène, de la direction d'acteurs, de l'enchaînement et du rythme des gags. Le mâle américain moderne se trouve, pour notre plus grande joie, totalement dépassé par un ouragan d'événements déchaîné par une femme aux intentions plus concertées qu'elle ne veut l'avouer.* *J.M.*

L'IMPOSSIBLE OBJET
Drame de **John Frankenheimer**, avec Alan Bates, Dominique Sanda, Michel Auclair, Lea Massari. France / Grande-Bretagne / Italie, 1972 – Couleurs – 1 h 55.

Un écrivain, marié mais insatisfait, se met en quête d'un nouvel amour. Il le trouve en la personne d'une jeune femme, mariée elle aussi, rencontrée dans un musée.

IMPOSSIBLE... PAS FRANÇAIS
Comédie de **Robert Lamoureux**, avec Jean Lefebvre, Pierre Mondy, Robert Lamoureux. France, 1974 – Couleurs – 1 h 30.

Un comptable mal payé se transforme en détective privé pour améliorer ses fins de mois.

L'IMPOSTEUR "The Impostor"
Drame de **Julien Duvivier**, avec Jean Gabin, Ellen Drew, Richard Whorf, Peter Van Eyck. États-Unis, 1944 – 1 h 35.

L'héroïque conduite d'un condamné à mort ayant endossé la personnalité d'un héros. Film de propagande tourné à Hollywood où Gabin et Duvivier étaient alors exilés.

L'IMPOSTEUR "Cercasi Gesù"
Comédie dramatique de **Luigi Comencini**, avec Beppe Grillo, Maria Schneider. Italie / France, 1982 – Couleurs – 1 h 45.

Un jeune homme bohème est choisi par l'Église pour camper la figure du Christ et ce, malgré sa liaison avec une jeune terroriste. Une fable savoureuse sur l'Italie contemporaine.

L'IMPRÉCATEUR
Drame de **Jean-Louis Bertucelli**, d'après le roman de René-Victor Pilhes, avec Jean Yanne, Michel Piccoli, Jean-Claude Brialy. France, 1977 – Couleurs – 1 h 40.

Une multinationale, minée par les révélations d'un « imprécateur » anonyme, s'effondre, au propre comme au figuré.

L'IMPRÉVU "L'Imprevisto"
Film policier d'**Alberto Lattuada**, avec Tomas Milian, Anouk Aimée, Jeanne Valérie, Raymond Pellegrin. Italie / France, 1961 – 1 h 45.

Un homme ambitieux organise un kidnapping mais sa femme, stérile, refuse de rendre l'enfant et provoque l'échec du plan.

L'IMPUDIQUE "Hilda Crane"
Comédie dramatique de **Philip Dunne**, d'après la pièce de Samson Raphaelson, avec Jean Simmons, Guy Madison, Jean-Pierre Aumont. États-Unis, 1956 – Couleurs – 1 h 27.

Après deux mariages malheureux, une jeune femme hésite à s'engager une troisième fois avec un séducteur français.

IN AND OUT "In and Out"
Comédie de Frank Oz, avec Kevin Kline, Joan Cusack, Tom Selleck. États-Unis, 1997 – Couleurs – 1 h 30.

Howard Brackett, professeur de littérature dans une petite ville de l'Indiana, est sur le point de se marier lorsqu'un de ses anciens élèves, devenu acteur célèbre, lui rend publiquement hommage tout en le présentant comme un homosexuel. Scandale ! Howard entreprend de se défendre, mais, peu à peu, le doute s'empare de son esprit et il finit par découvrir qu'il est bel et bien homosexuel. Dédramatisé et drôle.

L'INASSOUVIE "Un amore a Roma"
Comédie dramatique de **Dino Risi**, avec Mylène Demongeot, Peter Baldwin, Jacques Sernas. Italie, 1960 – 1 h 45.

Anna et Marcello passent leur temps à se quitter et à se retrouver jusqu'au jour où Marcello ne supporte plus les volte-face d'Anna.

L'INCANTATION "Vedreba"
Drame de **Tenguiz Abouladze**, avec Ramaz Tchikvadze, Spartak Bagachvili, Rousoupan Kiknadze. U.R.S.S. (Géorgie), 1968 – 1 h 17.

Dans un paysage majestueux, un drame de la jalousie et de l'amour brisé, fondé sur des légendes populaires.

L'INCENDIE DE CHICAGO "In Old Chicago"
Film d'aventures de **Henry King**, avec Tyrone Power *(Dion O'Leary)*, Alice Faye *(Belle Fawcett)*, Don Ameche *(Jack O'Leary)*, Alice Brady *(Molly O'Leary)*, Andy Devine *(Bixby)*, Brian Donlevy *(Warren)*, Tom Brown *(Bob O'Leary)*. • SC : Lamar Trotti, Sonya Levien, d'après le roman de Niven Bush *We the O'Leary*. • PH : Peverell Marley. • DÉC : Thomas Little. • MUS : Louis Silvers. États-Unis, 1937 – 1 h 55. ★ Oscars du meilleur second

RÔLE FÉMININ (Alice Brady) et DU MEILLEUR ASSISTANT RÉALISATEUR (Robert Webb).

En 1867, devenue veuve, Molly O'Leary vient s'installer avec ses trois fils dans un quartier pauvre de Chicago. Dion ouvre un saloon et devient le rival de Warren, dont il a volé l'amie, la chanteuse Belle Fawcett. Jack fait une carrière politique, mais n'apprécie pas les méthodes corrompues de Dion pour le faire élire maire. Une négligence de la mère provoque l'incendie qui détruit la vieille ville, le 30 octobre 1871.

◆ *Le producteur Zanuck entreprit le film pour répliquer à San Francisco, énorme succès de la M.G.M. en 1936. À cette époque, le film-catastrophe s'inscrit dans une vision morale : l'incendie final a valeur purificatrice, la ville étant, par opposition à la campagne, le lieu de la corruption. Mais « la ville de bois sera reconstruite en acier », dit la mère au final, et Henry King, dans son style harmonieux, équilibré, raconte, ici comme ailleurs, l'histoire et les valeurs de l'Amérique profonde.* J.-P.B.

L'INCIDENT "THE INCIDENT"
Drame de **Larry Peerce**, avec Gary Merrill, Victor Arnold, Thelma Ritter, Jan Sterling. États-Unis, 1968 – 1 h 47.

Deux voyous terrorisent et brutalisent les occupants d'un compartiment de métro. Tiré d'un fait divers authentique.

INCIDENT DE FRONTIÈRE "BORDER INCIDENT"
Film policier d'**Anthony Mann**, avec Ricardo Montalban, George Murphy, Howard Da Silva. États-Unis, 1949 – 1 h 32.

Deux policiers, un Américain et un Mexicain, s'opposent au trafic de paysans qui s'effectue à la frontière mexicaine. Très violent.

INCIDENTS DE PARCOURS "MONKEY SHINES"
Film fantastique de **George A. Romero**, avec Jason Beghe, John Pankow, Kate McNeil. États-Unis, 1988 – Couleurs – 1 h 44.

À la suite d'un accident, un homme devient tétraplégique. Un viel ami, brillant chercheur, lui offre une guenon, Ella, dressée à aider les paralysés. Mais il « traite » Ella avec un produit spécial. Les cerveaux de l'homme et du singe vont alors se substituer.

L'INCINÉRATEUR DE CADAVRES
"SPALOVAČ MRTVOL"
Drame psychologique de **Juraj Herz**, avec Rudolf Hrusinsky, Vlasta Chramostova, Miloš Vognić, Jana Stehnova. Tchécoslovaquie, 1969– 1 h 40.

Un employé du four crématoire de Prague adhère à l'idéologie nazie, qu'il applique avec passion, allant jusqu'à assassiner sa femme et ses enfants qui ont du sang juif.

L'INCOMPRIS "INCOMPRESO"
Drame de **Luigi Comencini**, avec Anthony Quayle *(sir Duncombe)*, Stefano Colagrande *(Andrea)*, Simone Giannozzi *(Milo)*, John Sharp, Giorgia Moll, Graziella Granata. • SC : Leo Benvenuti, Piero De Bernardi, d'après le roman de Florence Montgomery. • PH : Armando Nannuzzi. • DÉC : Ranieri Cochetti. • MUS : Fiorenzo Carpi (et Mozart). • MONT : Nino Baragli. • PR : Rizzoli Films. Italie, 1967 – Couleurs – 1 h 45.
★ NASTRO D'ARGENTO pour la photo (Venise), DAVID DE DONATELLO (Florence).

Le consul de Grande-Bretagne à Florence, sir Duncombe, a rejoint son poste après la mort de sa femme à Londres. Il retrouve ses deux fils, Andrea et Milo (qui est encore un petit enfant). Inconsciemment, il reporte sur celui-ci, qui est de santé fragile, toute son affection, provoquant ainsi le désarroi d'Andrea qui supporte mal la perte de sa mère. Le jeune garçon, tout en persécutant innocemment Milo dont il est jaloux, tente de conquérir l'estime de son père et même de devenir un adolescent capable de se mêler à la vie des adultes. Mais c'est Milo qui, involontairement, le jour de sa guérison, fera faire à Andrea une chute mortelle au cours d'un jeu périlleux. Pendant l'agonie d'Andrea, son père découvre tout l'amour que celui-ci lui portait. Il reconnaît son erreur et Andrea expire certain de son affection.

◆ Un mélodrame à portée universelle
Ce film a été d'abord un événement dans l'histoire... de la critique. Inaperçu, voire vilipendé quand l'Italie le présenta à Cannes en 1967, il fut unanimement salué onze ans plus tard comme l'un des chefs-d'œuvre de Comencini. Tiré d'un roman « lacrymal » fin-de-siècle, transposé à notre époque avec habileté (par exemple dans l'épisode de la bande magnétique conservant la voix de sa mère, et qu'Andrea efface par erreur), l'Incompris *est un film extrêmement personnel dans l'analyse du monde enfantin et du rapport entre père et fils. De cette histoire ténue, la sûreté de l'écriture, l'intelligence des repérages, opposant à la cruauté des situations la beauté des sites (le film est entièrement tourné en décors authentiques à Florence) et la maîtrise de l'interprétation (Quayle est remarquablement nuancé) distillent une émotion croissante, qui, par-delà le mélodrame, touche à l'universel.* G.L.

L'INCONNU "THE UNKNOWN"
Drame de **Tod Browning**, avec Lon Chaney, Joan Crawford, Norman Kerry. États-Unis, 1927 – env. 1 700 m (1 h 03).

Un faux manchot tombe amoureux d'une écuyère qui, jadis violée, refuse le contact des mains des hommes. Par amour, il se fait amputer, mais elle lui préférera un homme normal.

L'INCONNU DE LAS VEGAS "OCEAN'S ELEVEN"
Comédie policière de **Lewis Milestone**, avec Frank Sinatra, Dean Martin, Angie Dickinson, Peter Lawford, Sammy Davis Jr., Cesar Romero. États-Unis, 1960 – Couleurs – 2 h 07.

Onze amis se réunissent pour monter le fantastique hold-up simultané de cinq casinos de Las Vegas.

L'INCONNU DE SHANDIGOR
Film d'espionnage de **Jean-Louis Roy**, avec Marie-France Boyer, Daniel Emilfork, Jacques Dufilho, Ben Carruthers, Howard Vernon. Suisse, 1967 – 1 h 40.

Poursuivi par les espions de toutes les grandes puissances qui veulent s'emparer de sa découverte, un savant se réfugie dans une maison avec son assistant et sa fille.

L'INCONNU DU NORD-EXPRESS
"STRANGERS ON A TRAIN"
Film policier d'**Alfred Hitchcock**, avec Farley Granger *(Guy Haines)*, Robert Walker *(Bruno Anthony)*, Ruth Roman *(Ann)*, Patricia Hitchcock *(Barbara)*. • SC : Raymond Chandler, Czenzi Ormonde, d'après le roman de Patricia Highsmith. • PH : Robert Burks. • DÉC : Ted Hawortt, George James Hopkins. • MUS : Dimitri Tiomkin. • MONT : William H. Ziegler. États-Unis, 1951 – 1 h 41.

Dans un train, Bruno rencontre Guy, un champion de tennis. Il lui propose de le débarrasser de sa femme dont il veut divorcer à condition qu'il tue son père. N'ayant ainsi pas de mobile, les crimes seront parfaits. Guy ne prend pas la proposition au sérieux, mais Bruno remplit son contrat...

◆ *Hitchcock est un des cinéastes qui a le mieux compris l'intérêt dramatique de l'idée du double, qu'il traita sous de multiples aspects. Ici, il s'agit de doubles mentaux, Bruno étant évidemment une projection de l'inconscient de Guy. Si le casting, peu homogène, ne donne pas tout son suc à cet échange de personnalités, la mise en scène le magnifie par une géométrisation constante de l'espace (les rails, la partie de tennis, les manèges) et la création de deux temps parallèles : celui de Guy jouant au tennis et celui de Bruno allant au Luna Park compromettre Guy, qui se désynchronisent dramatiquement – Guy perdant un set (et du temps), Bruno perdant le briquet (et du temps aussi) – avant que les deux temps ne se confondent dans l'espace unique du parc, s'immobilisant dans l'attente de la nuit qui permettra d'agir.* S.K.

LES INCONNUS DANS LA MAISON
Drame policier d'**Henri Decoin**, avec Raimu *(Loursat)*, Juliette Faber *(Nicole Loursat)*, Jean Tissier *(Ducup)*, Jacques Baumer *(Rogissart)*, Tania Fédor *(Mme Dossin)*, André Reybaz *(Émile Manu)*, Héléna Manson *(Mme Manu)*, Mouloudji *(Ephraïm Luska)*. • SC : Henri-Georges Clouzot, d'après le roman de Georges Simenon. • PH : Jules Kruger. • DÉC : Guy de Gastyne. • MUS : Roland Manuel. • MONT : Marguerite Beaugé. France, 1942 – 1 h 35.

Le calme d'une petite ville de la province française est troublé par un crime mystérieux. Un cadavre est trouvé dans la maison de l'avocat Loursat. Ce dernier, qui n'a plus dessoûlé depuis la mort de sa femme, prend la défense de sa fille Nicole et surtout de son ami Émile qui est inculpé. Au cours du procès, mémorable, Loursat amène le vrai coupable aux aveux après avoir asséné quelques vérités aux notables de la ville. Puis il retourne à sa solitude et la ville à son calme habituel.

◆ *L'un des grands films de l'Occupation, qui fut interdit à la Libération. Decoin y fait le procès des parents d'une jeunesse livrée à elle-même et de toute une ville dont certaines familles « honorables » sont éclaboussées par le scandale. Raimu au sommet de son art.* J.-C.S.

LES INCONNUS DANS LA VILLE
"VIOLENT SATURDAY"
Film d'aventures de **Richard Fleischer**, avec Victor Mature, Richard Egan, Stephen McNally. États-Unis, 1955 – Couleurs – 1 h 31.

Des bandits, qui dévalisent une banque, bouleversent pendant vingt-quatre heures la vie d'une petite ville minière de Pensylvanie.

LES INCONNUS DE MALTE "EYEWITNESS"
Film policier de **John Hough**, avec Mark Lester, Lionel Jeffries, Susan George, Peter Vaughn. Grande-Bretagne, 1970 – Couleurs – 1 h 30.

Un gamin de Malte assiste à l'assassinat d'une personnalité. Comme il raconte beaucoup d'histoires, on ne veut pas le croire, mais les meurtriers se lancent à sa poursuite.

L'INCORRIGIBLE
Comédie de **Philippe de Broca**, d'après le roman d'Alex Varoux, avec Jean-Paul Belmondo, Geneviève Bujold, Julien Guiomar, Charles Gérard, Daniel Ceccaldi. France, 1975 – Couleurs – 1 h 30.

Sorti de prison, un escroc se « refait » très vite avec ses trafics et le vol d'un tableau de grand prix. Une assistante sociale judiciaire s'appropriera la rançon exigée pour rendre l'œuvre d'art.

LES INCORRUPTIBLES "The Untouchables"
Film policier de **Brian De Palma**, avec Kevin Costner, Sean Connery, Robert De Niro. États-Unis, 1987 – Couleurs – 1 h 59.

L'histoire d'Eliot Ness qui, avec trois autres « incorruptibles », lutta dans les années 30 contre la contrebande d'alcool et mit fin au mythe d'Al Capone. De Niro impressionnant.

L'INCREVABLE JERRY "It's Only Money"
Comédie de **Frank Tashlin**, avec Jerry Lewis, Zachary Scott, Joan O'Brien. États-Unis, 1962 – 1 h 24.

Lester March, réparateur de radio, entraîne son ami détective privé à la recherche du neveu disparu d'une millionnaire qui offre une grosse récompense. Ce neveu n'est autre que Lester.

L'INCROYABLE HULK "The Incredible Hulk"
Film fantastique de **Kenneth Johnson**, avec Bill Bixty, Susan Sullivan. États-Unis, 1977 – Couleurs – 1 h 45.

Désespéré de n'avoir pu sauver sa femme d'un accident de voiture, un savant cherche le secret de la force surhumaine. Lorsqu'il le trouve, une erreur de dosage le transforme en géant verdâtre...

INCUBUS "Incubus"
Film fantastique de **Leslie Stevens**, avec Alison Ames, William Shatner, Ann Atmar. États-Unis, 1965 – 1 h 25.

Deux incubes rôdent dans une région côtière à la recherche d'âmes damnées. Ce film présente la particularité d'être le seul parlé en espéranto. L'emploi de cette langue artificielle, à la fois étrangère et familière, renforce l'aspect fantastique de l'œuvre.

INCUBUS "Incubus"
Film d'épouvante de **John Hough**, d'après une nouvelle de Ray Russel, avec John Cassavetes, Kerri Keane, John Ireland. Canada, 1981 – Couleurs – 1 h 30.

Une série de meurtres sexuels est commise. Une journaliste, lancée sur l'affaire, découvre des analogies avec des faits vieux de trente ans. Le démon n'est pas loin, appelé par la sorcellerie.

INDEPENDENCE DAY, LE JOUR DE LA RIPOSTE
"Independence Day"
Film de science-fiction de **Roland Emmerich**, avec Bill Pullman, Will Smith, Jeff Goldblum, Mary McDonnell. États-Unis, 1996 – Couleurs – 2 h 20.

Une attaque extraterrestre menée par des vaisseaux spatiaux anéantit toutes les grandes villes du monde. Mais le président des États-Unis a réussi à s'échapper et, à partir d'une base secrète, il tente d'organiser une contre-attaque.

LES INDÉSIRABLES "Pocket Money"
Film d'aventures de **Stuart Rosenberg**, d'après une nouvelle de J.P.S. Brown, avec Paul Newman, Lee Marvin, Strother Martin. États-Unis, 1971 – Couleurs – 1 h 42.

Deux cow-boys malchanceux, convoyeurs de bétail, se font escroquer par des aigrefins. Réflexion sur deux anti-héros.

INDIA "India"
Documentaire de **Roberto Rossellini**. Italie, 1959 – Couleurs – 1 h 35.

Avec ce film, Rossellini voulait montrer « d'autres modes de vie et de pensée ». Il passe en revue la multitude de castes, races et religions qui forment le peuple indien.

INDIANA JONES ET LA DERNIÈRE CROISADE
"Indiana Jones and the Last Crusade"
Film d'aventures de **Steven Spielberg**, avec Harrison Ford, Sean Connery, Denhom Elliott, Alison Doody. États-Unis, 1989 – Couleurs – 1 h 55.

Dans ce troisième épisode, « Indy » se lance à la recherche du Saint-Graal. Le scénario est proche de celui du premier film de la série, mais ici Indiana Jones est accompagné de son père, un excentrique professeur.

▷ Voir LES AVENTURIERS DE L'ARCHE PERDUE.

INDIANA JONES ET LE TEMPLE MAUDIT
"Indiana Jones and the Temple of Doom"
Film d'aventures de **Steven Spielberg**, avec Harrison Ford, Kate Capshaw, Ke Huy Quan. États-Unis, 1984 – Couleurs – 1 h 58.

À la recherche d'un inestimable joyau, l'intrépide archéologue, flanqué d'une chanteuse de cabaret et d'un gamin chinois, échoue dans les profondeurs d'un temple indien où de terribles dangers les attendent.

▷ Suite des AVENTURIERS DE L'ARCHE PERDUE.

INDIA SONG
Essai de **Marguerite Duras**, avec Delphine Seyrig *(Anne-Marie Stretter)*, Michael Lonsdale *(le vice-consul)*, Mathieu Carrière *(le jeune attaché)*, Claude Mann *(Michael Richardson)*, Didier Flamand *(le jeune invité des Stretter)*, Vernon Dobtcheff *(Georges Crawn)*, Marguerite Duras, N. Hiss, M. Simonet, V. Forrester (les voix). • SC : M. Duras. • PH : Bruno Nuytten. • MUS :

Carlo d'Alessio. • MONT : Solange Leprince. France, 1975 – Couleurs – 2 h.

Au cours d'un bal à l'ambassade de France, l'histoire d'une passion et d'une dépossession.

◆ *Plusieurs voix commentent des scènes qui se déroulent sur l'écran: elles complètent, interprètent ou contredisent les images que nous voyons. C'est de la parole que surgit la passion : avec Duras, le cinéma devient véritablement parlant.* F.J.

L'INDIC

Film policier de **Serge Leroy**, d'après le roman de Roger Borniche, avec Thierry Lhermitte, Daniel Auteuil, Pascale Rocard. France, 1983 – Couleurs – 1 h 35.

Un jeune inspecteur tente de faire pression sur l'homme de confiance d'un truand par le biais de sa compagne. Un policier à l'intrigue réaliste qui vaut surtout par son interprétation.

L'INDIEN "THE LAST WARRIOR"

Drame de **Carol Reed**, avec Anthony Quinn, Shelley Winters, Claude Akims. États-Unis, 1970 – Couleurs – 1 h 46.

Flapping Eagle, un Indien, se révolte contre la vie dans les réserves. Des péripéties picaresques pour dénoncer le sort fait aux minorités.

LES INDIENS SONT ENCORE LOIN

Drame de **Patricia Moraz**, avec Isabelle Huppert, Christine Pascal, Mathieu Carrière, Nicole Garcia. France / Suisse, 1977 – Couleurs – 1 h 35.

Une lycéenne n'a guère qu'une vraie amie, avec laquelle elle passe ses soirées en compagnie de deux garçons, révolutionnaires désenchantés. Un dimanche, elle est seule au rendez-vous. Elle part dans la neige, et on la retrouvera morte de froid.

INDISCRET "INDISCREET"

Comédie sentimentale de **Stanley Donen**, d'après la pièce de Norman Krasna *Kind Sir*, avec Cary Grant, Ingrid Bergman, Cecil Parker. États-Unis / Grande-Bretagne, 1958 – Couleurs – 1 h 40.

Un diplomate américain en poste à Londres tombe amoureux d'une actrice. Avec le couple des *Enchaînés* de Hitchcock.

L'INDISCRÉTION

Film policier de **Pierre Lary**, avec Jean Rochefort, Jean-Pierre Marielle, Dominique Sanda. France, 1982 – Couleurs – 1 h 35.

Un technicien du pétrole rentre chez lui pour prendre du repos. Il fait connaissance de son nouveau voisin, qui lui ressemble étrangement. Le vertige le saisit, quand l'amour s'en mêle.

INDISCRÉTIONS "THE PHILADELPHIA STORY"

Comédie de **George Cukor**, avec Cary Grant *(C.W. Dexter Haven)*, Katharine Hepburn *(Tracy Lord)*, James Stewart *(Macaulay O'Connor)*, Ruth Hussey *(Elisabeth Umbrie)*, John Howard *(George Hidderidge)*, Roland Young *(Oncle Willie)*. • SC : Donald Ogden Stewart, d'après la pièce de Philip Barry. • DÉC : Cedric Gibbons, Wade B. Dubolton. • MUS : Frank Waxman. États-Unis, 1940 – 1 h 52.

Tracy Lord, une « aristocrate » de l'Est, doit épouser en secondes noces George Hidderidge, plébéien enrichi. Son premier mari, C.W. Dexter Haven, s'ingénie à faire avorter le projet en proposant ses services à l'éditeur d'une feuille à scandales. Un couple de reporters composé d'une photographe et d'un brillant écrivain sans le sou est introduit fallacieusement dans la somptueuse demeure des Lord. Après une bonne nuit où la déesse Tracy est successivement déboulonnée par son père et le sympathique écrivain (qui s'éprend pourtant de la belle héritière), Tracy donne son congé à George et se remarie avec son premier époux.

◆ *Plus qu'un simple film charnière,* Indiscrétions *est à la fois l'aboutissement de la comédie américaine et la matrice d'un romanesque dont les productions n'ont pas encore fini d'être marquées. Production étonnante réunissant les plus grands interprètes du genre sous la double baguette des meilleurs sorciers de Hollywood (Cukor et Mankiewicz, le producteur), c'est l'un des rares films à pouvoir s'intituler « classique » d'un bout à l'autre et ce, à tous les stades de la réalisation.* M.C.

▷ Voir aussi LA HAUTE SOCIÉTÉ.

INDOCHINE

Drame de **Régis Wargnier**, avec Catherine Deneuve, Vincent Pérez, Linh Dan Pham. France, 1991 – Couleurs – 2 h 40. ★ OSCAR DU MEILLEUR FILM ÉTRANGER.

Des vies qui se détruisent, un empire qui s'écroule, la guerre et l'amour se dévident en parallèle dans une atmosphère un peu mélo mais sur fond d'images somptueuses, celles de l'Indochine des années 30.

INDOMPTABLE ANGÉLIQUE

Film d'aventures de **Bernard Borderie**, avec Michèle Mercier, Robert Hossein, Roger Pigaut. France, 1967 – Couleurs – 1 h 45.

Angélique part à la recherche de son mari, Peyrac. Quand elle le retrouve, il est devenu capitaine de pirates. Quatrième épisode de la série.

▷ Voir ANGÉLIQUE, MARQUISE DES ANGES.

LES INDOMPTABLES "THE LUSTY MEN"
Comédie dramatique de **Nicholas Ray**, avec Susan Hayward, Robert Mitchum, Arthur Kennedy. États-Unis, 1952 – 1 h 53.

Cruelle histoire dans le milieu des rodéos. Des drames jalonnent la vie d'un « champion », qui finira par renoncer.

L'INÉVITABLE CATASTROPHE "SWARM"
Drame d'**Irwin Allen**, avec Michael Caine, Richard Widmark, Katharine Ross, Olivia De Havilland, Fred Mac Murray, Ben Johnson, Henry Fonda. États-Unis, 1978 – Couleurs – 1 h 50.

Un essaim d'abeilles en folie sème la mort sur son passage. Que faire pour les arrêter ? Savants et militaires sont aux abois.

L'INEXORABLE ENQUÊTE "SCANDAL SHEET"
Film policier de **Phil Karlson**, d'après le roman de Samuel Fuller, avec John Derek, Donna Reed, Broderick Crawford. États-Unis, 1952 – 1 h 22.

Un rédacteur en chef qui a tué sa femme est le témoin impuissant de l'enquête menée par ses adjoints.

INFERNO "INFERNO"
Film d'épouvante de **Dario Argento**, avec Leigh Mac Closkey, Irene Miracle, Sacha Pitoëff. Italie, 1978 – Couleurs – 1 h 50.

Un vieillard paralytique et son infirmière font peser une terrible malédiction sur une maison de New York. De somptueux décors, une technique brillante et du sang de la cave au grenier.

L'INFIDÈLE "THE UNFAITHFULL"
Drame de **Vincent Sherman**, d'après la pièce de Somerset Maugham, avec Ann Sheridan, Zachary Scott, Lew Ayres, Eve Arden. États-Unis, 1947 – 1 h 49.

Pour éviter le scandale, une femme tue son amant. Elle sera acquittée. Remake de LA LETTRE DE WILLIAM WYLER (Voir ce titre).

INFIDÈLEMENT VÔTRE "UNFAITHFULLY YOURS"
Comédie de **Preston Sturges**, avec Rex Harrison *(sir Alfred de Carter)*, Linda Darnell *(Daphne de Carter)*, Rudy Vallee *(August Henschler)*, Lionel Stander *(Hugo)*, Edgar Kennedy *(Sweeney)*, Alan Bridge *(le détective)*, Julius Tannen *(Dr Schulz)*. • SC : P. Sturges. • PH : Victor Milner. • DÉC : Thomas Little, Paul S. Fox. • MUS : Rossini, Wagner, Tchaïkovsky. • MONT : Stuart Gilmore. États-Unis, 1948 – 1 h 35.

Sir Alfred de Carter, prestigieux chef d'orchestre, est persuadé d'être trompé par sa femme Daphne. Pendant qu'il dirige un concert, il imagine sur des airs de Rossini, Wagner et Tchaïkovsky trois façons de se débarrasser de sa dulcinée et de son amant supposé, son secrétaire. Le passage à l'acte est ridicule : sir Alfred est un piètre meurtrier et sa femme s'avère être fidèle épouse.

◆ *Archétype du couple fantasme-échec,* Infidèlement Vôtre *est aussi le dernier véritable Sturges (c'est-à-dire le Sturges d'avant Zanuck). La construction impeccable à partir des extraits musicaux, le « timing » parfait et le mélange savamment dosé de burlesque et de virtuosité verbale ne peuvent donner que des regrets.* *M.C.*

▷ Le film a fait l'objet d'un remake : FAUT PAS EN FAIRE UN DRAME "UNFAITHFULLY YOURS", de **Howard Zieff**, avec Dudley Moore, Nastassja Kinski, Armand Assante. États-Unis, 1983 – Couleurs – 1 h 37.

LES INFIDÈLES "LE INFEDELI"
Drame de **Mario Monicelli** et **Steno**, avec Gina Lollobrigida, May Britt, Marina Vlady, Anna Maria Ferrero. Italie, 1953 – 1 h 35.

Les turpitudes de plusieurs femmes de la haute société italienne aboutissent au suicide d'une jeune bonne accusée de vol.

INGEBORG HOLM "INGEBORG HOLM"
Drame de **Victor Sjöström**, avec Hilda Borgström, Eric Lindholm, Georg Grönroos. Suède, 1913 – 1 975 m (env. 1 h 13).

À la mort de son mari, une femme dénuée de tout doit, selon la loi, rentrer dans un hospice et abandonner ses enfants.

IN GIRUM IMUS NOCTE ET CONSUMIMUR IGNI
Essai de **Guy Debord**. France, 1978 – 1 h 45.

Passent sur l'écran des images de Paris, de Venise, des bandes-annonces de films ; le texte parlé, en voix off, évoque les rapports aliénants de l'homme et de la société mercantile.

L'INHUMAINE
Drame de **Marcel L'Herbier**, avec Georgette Leblanc *(Claire Lescot)*, Jaque Catelain *(Einar Norsen)*, Marcelle Pradot *(l'innocente)*, Philippe Hériat *(le maharadjah de Nopur)*, Leonid Walter de Malte *(Vladimir Kranine)*, Fred Kellerman *(Franck Mahler)* et les Ballets Suédois. • SC : M. L'Herbier, Pierre Mac Orlan. • PH : George Specht. • DÉC : Fernand Léger, Robert Mallet-Stevens, Claude Autant-Lara, Alberto Cavalcanti. • MUS : Darius Milhaud. France, 1924 – 1 800 m (env. 1 h 06).

Femme fatale et cantatrice, Claire Lescot donne de nombreux récitals et jouit d'une grande renommée. Elle est courtisée par un savant, un maharadjah... En société, elle se montre hautaine et froide. Elle réunit un soir dans sa maison, temple de la modernité, le tout-Paris. Un invité, Einar Norsen, tarde. Elle fait servir le dîner sans l'attendre. Blessé, Norsen « monte » un faux accident afin de faire croire à sa mort. À cette nouvelle, Lescot est huée lors d'un récital au théâtre des Champs-Élysées.

◆ *Si* l'Inhumaine *est un chef-d'œuvre plastique, c'est plus par sa dimension de manifeste des Arts déco que par sa forme cinématographique. Les comédiens ne sont pas assez forts pour résister à l'assaut de Léger, Mallet-Stevens et Milhaud, et Marcel L'Herbier devra attendre* l'Argent *en 1928 pour devenir un directeur d'acteurs.* S.S.

L'INNOCENT "L'INNOCENTE"

Drame de **Luchino Visconti**, avec Giancarlo Giannini *(Tullio)*, Laura Antonelli *(Giuliana)*, Jennifer O'Neill *(Teresa)*, Didier Haudepin *(Federico)*. • SC : Suso Cecchi D'Amico, Enrico Medioli, L. Visconti, d'après le roman de Gabriele D'Annunzio *l'Intrus*. • PH : Pasqualino De Santis. • DÉC : Mario Garbuglia. • MUS : Chopin, Mozart, Liszt, Gluck, Franco Mannino (direction musicale). • MONT : Ruggero Mastroianni. Italie / France, 1976 – Couleurs – 2 h 08. ★ **PRIX DONATELLO 1976 POUR LA MUSIQUE (F. Mannino).**

Tullio Hermil ne saurait admettre d'être remplacé par qui que ce soit. Or, sa femme Giuliana, ouvertement délaissée, a eu un amant et un enfant. Tullio expose ce dernier au froid mortel de la nuit de Noël, puis, rejeté par son épouse comme par sa maîtresse, il se suicide emphatiquement.

◆ *Tourné dans des conditions très difficiles dues à la maladie qui emporta le réalisateur avant le montage, ce dernier film porte au sommet l'art que possède Visconti de dévoiler sans montrer ni démontrer, en faisant jouer des décalages subtils derrière l'éclat, ici presque excessif, d'images aux couleurs raffinées. Autant que de la décomposition d'une société, la vie et la mort pseudo-nietzschéennes de Tullio témoignent de l'irréalité d'un monde totalement clos.* M.L.

LES INNOCENTS "THE INNOCENTS"

Film fantastique de **Jack Clayton**, avec Deborah Kerr *(miss Giddens)*, Michael Redgrave *(l'oncle)*, Peter Wyngarde *(Quint)*, Meg Jenkins *(Mrs. Grose)*, Pamela Franklin *(Flora)*, Martin Stephens *(Miles)*, Clytie Jessop *(miss Jessel)*. • SC : William Archibald, Truman Capote, John Mortimer, d'après le roman de Henry James *le Tour d'écrou*. • PH : Freddie Francis. • DÉC : Wilfred Shingleton. • MUS : Georges Auric. • MONT : James Clark. Grande-Bretagne, 1961 – 1 h 39.

Miss Giddens est engagée pour être la gouvernante de deux enfants, Flora et Miles, qui vivent dans un manoir sous la garde de la vieille Mrs. Grose. Les enfants semblent hantés par l'esprit de miss Jessel, l'institutrice qui l'a précédée, et de son amant l'intendant Quint. Bientôt, miss Giddens aperçoit leurs fantômes.

◆ *Il était extrêmement épineux d'adapter le récit de Henry James, puisque les événements étranges qu'il relate sont peut-être imaginés par l'héroïne. Avec l'aide de l'écrivain américain Truman Capote, Jack Clayton a su résoudre subtilement tous les problèmes que posait cette transposition. Ainsi, les fantômes sont montrés de telle façon, grâce à un montage magistral, que le spectateur lui-même pourrait douter les avoir vus. La magnifique photographie en noir et blanc, la musique raffinée de Georges Auric, le soin apporté à l'ambiance sonore et le charme des deux enfants concourent à créer une atmosphère insolite et ambiguë. Un chef-d'œuvre du fantastique classique.* G.L.

▷ Voir aussi LE CORRUPTEUR.

LES INNOCENTS

Drame d'**André Téchiné**, avec Sandrine Bonnaire, Simon de La Brosse, Abdel Kechiche, Jean-Claude Brialy. France, 1987 – Couleurs – 1 h 40.

Jeanne se trouve au cœur d'un drame racial : des pêcheurs algériens ont été tués par un commando. Elle aimera Stéphane et Saïd dont la haine réciproque ira jusqu'au meurtre.

LES INNOCENTS AUX MAINS SALES

Film policier de **Claude Chabrol**, d'après le roman de Richard Neely, avec Romy Schneider, Rod Steiger, Paulo Giusti, Jean Rochefort, Pierre Santini. France, 1975 – Couleurs – 2 h.

Avec son amant, une jeune femme riche veut faire disparaître son époux. Or, c'est celui-ci qui se débarrasse de son rival et se rapproche de sa femme. Jusqu'au retour inopiné du « mort ».

LES INNOCENTS CHARMEURS

"NIEWINNI CZARODZIEJE"

Comédie d'**Andrzej Wajda**, avec Tadeusz Lomnicki *(Andrzej)*, Krystyna Stypułkowska *(Magda)*, Zbigniew Cybulski *(Edmund)*, Wanda Koczewska *(Mirka)*. • SC : Jerzy Skolimowski, Jerzy Andrzejewski. • PH : Krzysztof Wieniewicz. • DÉC : Leszek Wajda. • MUS : Krzysztof T. Komeda. • MONT : Aurelia Rut, W. Otocka. Pologne, 1960 – 1 h 26.

Andrzej, jeune médecin et batteur de jazz, s'ennuie ferme dans sa banlieue en compagnie de camarades aussi cyniques et désenchantés que lui. Il rencontre Magda avec qui il passe une soirée. Elle rate son dernier train et vient dans la chambre d'Andrzej. Ils jouent au jeu de la séduction avec désinvolture, mais doivent bien finir par avouer qu'ils ne sont pas si indifférents et malins qu'ils veulent le faire croire.

◆ *Wajda, voulant renouveler l'univers héroïque de ses premiers films, se penche sur la jeunesse des années 60. Son film est une sorte de Vitelloni polonais où se fait sentir, à travers le scénario de Skolimowski, l'influence de la Nouvelle Vague française dont il retrouve la désinvolture un peu informelle, mais fraîche. Le film est dominé par la longue séquence où le couple joue au jeu stupide et obsessionnel qui consiste à faire retomber une boîte d'allumettes sur son tranchant. Celui qui perd enlève un vêtement. On retrouvera ce ludisme d'autant plus « grave » qu'il paraît superficiel dans toute l'œuvre future de Skolimowski.* S.K.

L'INONDATION

Drame de **Louis Delluc**, d'après une nouvelle d'Andrée Corthis, avec Philippe Hériat, Ève Francis, Ginette Maddie. France, 1923 – 1 900 m (env. 1 h 10).

Un riche fermier, fiancé à une jeune fille, est attiré par la secrétaire de mairie. La première est emportée par une grande inondation. Or, elle a été tuée par le père de sa rivale.

L'INQUIÉTANTE DAME EN NOIR

"The Notorious Landlady"

Comédie policière de **Richard Quine**, avec Kim Novak, Jack Lemmon, Fred Astaire. États-Unis, 1961 – 2 h 05.

Un jeune diplomate américain et son chef mettent tout en œuvre pour innocenter une compatriote que Scotland Yard soupçonne d'avoir assassiné son mari. Le scénario est de Blake Edwards.

LES INSECTES DE FEU "Bug"

Film d'horreur de **Jeannot Szwarc**, avec Bradford Dillman, Joanna Miles, Richard Gilliland, Alan Fudge. États-Unis, 1975 – Couleurs – 1 h 40.

Des insectes embrasent tout ce qu'ils touchent. Sans le vouloir, un savant crée une espèce géante, pire encore.

INSIANG "Insiang"

Mélodrame de **Lino Brocka**, avec Hilda Koronal *(Insiang)*, Mona Lisa *(Tonia)*, Rez Cortez *(Danny)*, Ruel Vernal *(Dado)*, Marlon Ramirez. • SC : Mario O'Hara, Lamberto E. Antonio. • PH : Conrado Balthazar. • MUS : Minda Azarcon. • MONT : Augusto Salvador. Philippines, 1977 – Couleurs – 1 h 35.

Dans un bidonville de Manille vivent Tonia, une marchande de poisson, et sa fille Insiang, qui travaille dans une blanchisserie. Tout va bien jusqu'à l'irruption brutale de Dado, « caïd » du quartier, amant de Tonia, qui trouve Insiang à son goût et finit par la violer. Brouille entre la fille et la mère, puis retour de « l'indigne » à la maison. Le manège reprend avec Dado, jusqu'à ce qu'une nuit, le surprenant avec Insiang, Tonia le tue...

◆ *Dans cet univers de misère, la brutalité des rapports humains implique presque fatalement de passer par la violence pour acquérir la dignité. Dure et amère leçon. Beau film, tendu et serré.* D.C.

L'INSOUMIS

Drame d'**Alain Cavalier**, avec Alain Delon, Lea Massari, Maurice Garrel. France, 1964 – 1 h 50.

Thomas se bat en Algérie dans la Légion étrangère. Il déserte, enlève une avocate détenue par l'O.A.S. mais est sérieusement blessé. Le couple tente alors de gagner le Luxembourg.

LES INSOUMIS

Drame de **Lino Brocka**, avec Phillip Salvador, Dina Bonnevie, Gina Alajar. Apatride, 1989 – Couleurs – 1 h 34.

Aux Philippines, sous le régime de Cory Aquino, des « escadrons de la mort », tolérés par le gouvernement, mais incontrôlés, sèment la terreur. Un ancien opposant au dictateur Marcos va reprendre la lutte pour le respect des droits de l'homme. Ce film réalisé avec le style « coup de poing » propre à Brocka, tourné aux Philippines avec des capitaux français, n'a ni la nationalité philippine ni la nationalité française (suite à un refus du C.N.C.).

L'INSOUMISE "Jezebel"

Drame de **William Wyler**, avec Bette Davis *(Julie Marston)*, Henry Fonda *(Preston Dillard)*, George Brent *(Buck Cantrell)*, Donald Crisp *(Dr Livingstone)*, Fay Bainter *(tante Belle Massey)*, Margaret Lindsay *(Amy Bradford Dillard)*, Henry O'Neill *(général Bogardus)*, Richard Cromwell *(Ted Dillard)*, Spring Byington *(Mrs. Kendrick)*. • SC : Clements Ripley, Abem Finkel, John Huston, d'après la pièce d'Owen Davis. • PH : Ernest Haller. • DÉC : Robert Haas. • MUS : Max Steiner. • MONT : Warren Low. États-Unis, 1938 – 1 h 44.

En 1850, à La Nouvelle-Orléans, la riche et fière Julie Marston fait subir ses caprices à Pres Dillard, son fiancé. À la suite d'une dispute, elle apparaît au bal vêtue d'une robe rouge qui fait scandale. Pres l'humilie et la quitte. Quand ils se revoient, il est marié. Après avoir provoqué une série de drames, Julie apprend que Pres a contracté la fièvre jaune. Lorsqu'il est mis en quarantaine, elle le suit, promettant à sa jeune épouse qu'elle s'effacera s'il survit.

◆ *La collaboration entre William Wyler et Bette Davis, inaugurée ici, fut une des plus fructueuses du cinéma hollywoodien* (la Lettre, la Vipère). *Le style classique et un peu froid du cinéaste équilibrait parfaitement la tendance « hystérique » de l'actrice. On comprend bien, en revoyant* l'Insoumise, *pourquoi Selznick refusa Bette Davis pour le rôle principal d'*Autant en emporte le vent *: il n'y a rien de romantique dans son obstination amoureuse, rien de « glamoureux » dans ses attitudes provocatrices. N'existe qu'une sorte d'égocentrisme dément, destiné à être cruellement puni – l'image de marque même d'une comédienne indépendante et frondeuse qui, dans ses altercations incessantes avec la Warner Bros, à l'époque de* l'Insoumise, *perdit un procès, mais gagna un Oscar.* *N.T.B.*

L'INSOUTENABLE LÉGÈRETÉ DE L'ÊTRE

"The Unbearable Lightness of Being"

Drame de **Philip Kaufman**, d'après le roman de Milan Kundera, avec Daniel Day Lewis, Juliette Binoche, Lena Olin. États-Unis, 1987 – Couleurs – 2 h 52.

À Prague, en 1968, tandis que se profile la répression soviétique, un jeune et brillant chirurgien, qui se satisfaisait d'aventures amoureuses sans lendemain, s'éprend d'une petite provinciale. Cette adaptation intelligente est superbement photographiée par Sven Nykvist et bénéficie d'une remarquable interprétation.

INSPECTEUR DE SERVICE "Gideon's Day"

Film policier de **John Ford**, d'après le roman de J.J. Marric [John Creasey], avec Jack Hawkins, Anna Lee, Dianne Foster, Anna Massey. Grande-Bretagne, 1958 – Couleurs – 1 h 31.

Étude psychologique du milieu de Scotland Yard ou « Vingt-quatre heures de la vie d'un flic » pour reprendre le titre du roman.

L'INSPECTEUR HARRY "Dirty Harry"

Film policier de **Don Siegel**, avec Clint Eastwood *(Harry Callahan)*, Harry Guardino *(Bressler)*, Reni Santoni *(Chico)*, Andy Robinson *(Scorpio)*, John Vernon *(le maire)*, John Larch. • SC : Harry Julian Fink, R.M. Fink, Dean Riesner. • PH : Bruce Surtees. • DÉC : Dale Hennesy. • MUS : Lalo Schifrin. • MONT : Carl Pingitore. États-Unis, 1971 – Couleurs – 1 h 42.

Un tueur fou, Scorpio, fait régner la terreur à San Francisco. L'enquête est confiée à l'inspecteur Harry Callahan, surnommé « Dirty » Harry (« le pourri ») en raison de ses méthodes personnelles, et souvent brutales, qui lui causent des ennuis avec ses supérieurs. Il parvient à capturer Scorpio, mais ce dernier est immédiatement libéré, Harry n'ayant pas respecté les procédures légales. Écœuré, Harry agit alors de son propre chef.

◆ *Très critiqué lors de son apparition sur les écrans, considéré par beaucoup comme un réactionnaire, voire un « fasciste », Harry est un superbe personnage de flic pur et dur, mais aussi tragiquement seul, et désespéré. Après l'« homme sans nom » des westerns leoniens, Clint Eastwood donne ainsi naissance avec Harry, dont la saga se compose à ce jour de cinq films, à un nouveau mythe cinématographique.* *L.A.*

▷ Voir aussi L'INSPECTEUR NE RENONCE JAMAIS, MAGNUM FORCE, LE RETOUR DE L'INSPECTEUR HARRY et LA DERNIÈRE CIBLE.

INSPECTEUR LA BAVURE

Comédie satirique de **Claude Zidi**, avec Coluche, Gérard Depardieu, Dominique Lavanant. France, 1980 – Couleurs – 1 h 40.

Un jeune flic, victime des intrigues d'un redoutable truand, collabore malgré lui à l'enlèvement d'une journaliste.

INSPECTEUR LAVARDIN

Film policier de **Claude Chabrol**, avec Jean Poiret, Jean-Claude Brialy, Bernadette Lafont, Jean-Luc Bideau. France / Suisse, 1985 – Couleurs – 1 h 40.

Un écrivain catholique est assassiné dans une ville du bord de mer. L'inspecteur Lavardin enquête et reconstitue peu à peu un puzzle étrange. Deuxième apparition du personnage créé par Dominique Roulet.

▷ Voir POULET AU VINAIGRE du même Chabrol.

L'INSPECTEUR NE RENONCE JAMAIS

"The Enforcer"

Film policier de **James Fargo**, avec Clint Eastwood, Tyne Daly, Bradford Dillman. États-Unis, 1976 – Couleurs – 1 h 40.

L'inspecteur Harry préfère lutter à sa manière – forte – contre des révolutionnaires terroristes plutôt que de céder à leur chantage.

▷ Voir aussi L'INSPECTEUR HARRY.

INSPECTEUR SERGIL

Film policier de **Jacques Daroy**, d'après le roman de Jacques Rey (J. Daroy), avec Paul Meurisse, Liliane Bert, André Burgère, Véra Maxime. France, 1947 – 1 h 35.

Aidé par deux femmes, un inspecteur qui enquête sur un triple meurtre parvient à s'introduire dans le repaire des gangsters.

▷ Voir SERGIL ET LE DICTATEUR et SERGIL CHEZ LES FILLES.

L'INSPIRATRICE "INSPIRATION"
Comédie dramatique de **Clarence Brown**, inspirée du roman d'Alphonse Daudet Sapho, avec Greta Garbo, Robert Montgomery, Lewis Stone, Marjorie Rambeau. États-Unis, 1931 – 1 h 13.

La vie dissolue d'une jeune femme, modèle à Paris, éloignera d'elle à jamais le seul homme qu'elle aimera.

L'INSPIRATRICE "THE GREAT MAN'S LADY"
Comédie dramatique de **William A. Wellman**, d'après l'histoire de Vina Delmar *The Human Side*, avec Barbara Stanwyck, Joel McCrea, Brian Donlevy. États-Unis, 1942 – 1 h 30.

À la mort d'un sénateur, une femme raconte dans une interview comment elle fut l'inspiratrice du grand homme.

L'INSURGÉ "THE GREAT WHITE HOPE"
Drame de **Martin Ritt**, d'après la pièce de Howard Sackler, avec James Earl Jones, Jane Alexander, Lou Gilbert. États-Unis, 1970 – Couleurs – 1 h 43.

En 1913, Jack Jefferson devient champion du monde de boxe. Mais il est noir, et la haine raciale n'aura de cesse d'aboutir à sa déchéance. Avec sa générosité habituelle, Ritt a reconstitué le climat d'une époque aux résonances toujours actuelles.

LES INSURGÉS "WE WERE STRANGERS"
Drame social de **John Huston**, d'après le roman de Robert Sylvester Rough Sketch, avec John Garfield, Jennifer Jones, Pedro Armendariz, Gilbert Roland. États-Unis, 1949 – 1 h 46.

En 1930, à Cuba, la lutte implacable de révolutionnaires qui se dressent devant le régime dictatorial.

INTELLIGENCE SERVICE "I'LL MET BY MOONLIGHT"
Film d'espionnage de **Michael Powell** et **Emeric Pressburger**, d'après le livre de W. Stanley Moss, avec Dirk Bogarde, Marius Goring, Cyril Cusack. Grande-Bretagne, 1957 – 1 h 44.

Authentiques exploits des services secrets britanniques qui, durant la Seconde Guerre mondiale, capturèrent un chef allemand en Crète.

L'INTENDANT SANSHŌ "SANSHŌ DAYŪ"
Drame historique de **Kenji Mizoguchi**, avec Kinuyo Tanaka *(Tamaki)*, Yoshiaki Hanayagi *(Zushiō)*, Kyōko Kagawa *(Anju)*, Eitarō Shindō *(Sanshō Dayū)*, Akitake Kono *(Taro)*. • SC : Fuji Yahiro, Yoshikata Yoda, d'après un récit d'Ogai Mori. • PH : Kazuo Miyagawa. • DÉC : Kisaku Ito. • MUS : Fumio Hayasaka. • MONT : Mitsuzo Miyata. Japon, 1954 – 1 h 59. ★ LION D'ARGENT, Venise 1954.

Au XIIe siècle, Tamaki, l'épouse du gouverneur Taira, exilé pour avoir voulu défendre les paysans, son fils Zushiō et sa fille Anju, en route pour le rejoindre, sont enlevés par des brigands. La mère est vendue à une maison de tolérance, les enfants deviennent esclaves du cruel intendant Sanshō. Seul Zushiō s'en sortira, suivant l'exemple de son père et retrouvant sa mère aveugle.

◆ *Sur une trame mélodramatique, Mizoguchi porte à la perfection son style à la fois contemplatif et tendu, fondé sur le plan-séquence, la profondeur de champ et de lents et subtils mouvements de caméra. Cette descente au fond du désespoir dans un monde où ne règnent plus qu'injustice et cruauté est en même temps, au-delà de la souffrance et de la mort, une célébration de la vie, un chant d'amour et d'espoir dans le triomphe de la justice sous l'action de l'homme.* J.M.

INTERDIT AUX MOINS DE 13 ANS
Drame de **Jean-Louis Bertuccelli**, avec Patrick Depeyrat, Sandra Montaigu, Akim Oumaouche. France, 1982 – Couleurs – 1 h 30.

Un livreur de blanchisserie décide de « s'évader » de sa vie de banlieue. Mais son hold-up dans le supermarché tourne mal.

INTÉRIEURS "INTERIORS"
Drame de **Woody Allen**, avec Kristin Griffith *(Flynn)*, Mary Beth Hurt *(Joey)*, Richard Jordan *(Frederick)*, Diane Keaton *(Renata)*, E.G. Marshall *(Arthur)*, Geraldine Page *(Ève)*, Maureen Stapleton *(Pearl)*, Sam Waterson *(Mike)*. • SC : W. Allen. • PH : Gordon Willis. • DÉC : Daniel Robert, Mario Mazzola. • MUS : Tommy Dorsey. • MONT : Ralph Rosenblum. États-Unis, 1978 – Couleurs – 1 h 31.

Arthur et Ève, couple sexagénaire, ont eu trois filles : Renata, Joey et Flynn. Devenue décoratrice à force d'aménager leur intérieur, Ève impose son « goût » et Arthur n'en peut plus. Il décide de la quitter. Au cours d'un voyage en Grèce, il a rencontré une autre femme, tout le contraire d'Ève. Il annonce ses intentions à ses trois filles, ce qui déclenche une série de drames et de déchirures, les problèmes de chacun éclatant au grand jour.

◆ *Pour la première fois, Woody Allen a tourné un film exclusivement dramatique, dédié spirituellement à son maître scandinave Ingmar Bergman. L'étude psychologique est grave, fine, nuancée. C'est avec une grande économie de moyens que le cinéaste décrit cette famille en crise, occasion de croquer sous différents angles la société américaine contemporaine, en cernant l'antagonisme entre une bourgeoisie cultivée et une intruse « vulgaire ». L'interprétation est d'une justesse irréprochable.* *G.L.*

INTERNATIONAL HOUSE
"INTERNATIONAL HOUSE"
Comédie d'**A. Edward Sutherland**, avec W.C. Fields, George Burns, Gracie Allen, Peggy Hopkins Joyce, Stuart Erwin, Sari Matitza, Bela Lugosi. États-Unis, 1933 – 1 h 13.

Une étrange assemblée de voyageurs est en quarantaine dans un hôtel de Shanghai, où un médecin chinois met au point un système de télévision révolutionnaire.

INTERROGATOIRE SECRET
"CIRCLE OF DECEPTION"
Film d'espionnage de **Jack Lee**, avec Bradford Dillman, Suzy Parker. Grande-Bretagne, 1960 – 1 h 40.

En 1944, sauvagement torturé par les Allemands, un espion britannique finit par livrer des renseignements dont il ignore qu'ils sont faux. Persuadé qu'il a craqué, il n'admet pas d'avoir été manipulé par ses supérieurs. Une histoire authentique.

INTERVISTA "INTERVISTA"
Essai de **Federico Fellini**, avec Sergio Rubini, Anita Ekberg, Marcello Mastroianni. Italie / France, 1986 – Couleurs – 1 h 52.

Fellini filme le passé ; les ombres que ranime le cinéaste sont célébrées dans les cinémathèques du monde entier. Lui, tantôt attristé, tantôt cabotin, se voit attaqué par les « Indiens télévision », enfermé dans sa forteresse décrépite : Cinecittà.

IN THIS OUR LIFE "IN THIS OUR LIFE"
Drame de **John Huston**, d'après le roman d'Ellen Glasgow, avec Bette Davis, Olivia De Havilland, George Brent. États-Unis, 1942 – 1 h 37.

À la veille de son mariage, une jeune femme fantasque et capricieuse s'enfuit avec le mari de sa sœur.

INTOLÉRANCE "INTOLERANCE"
Épopée historique de **David Wark Griffith**, avec Lillian Gish *(la femme au berceau)*, Mae Marsh *(la bien-aimée)*, Robert Harron *(le jeune homme)*, Sam de Grasse *(Arthur Jenkins)*, Margery Wilson *(Brown Eyes)*, Constance Talmadge *(la fille de la montagne)*, Elmer Clifton *(le rhapsode)*. • SC : D.W. Griffith. • PH : Billy Bitzer, Karl Brown. • DÉC : Franz Wortman. • MUS : Joseph Carl Breil, D.W. Griffith. • MONT : J. Smith, R. Smith, Joe Allen, D.W. Griffith. • PR : Wark Producing Corporation. États-Unis, 1916 – 3 600 m (env. 3 h 20).

Une jeune femme berce son nouveau-né. Parallèlement, quatre destins se déroulent à quatre époques. À l'époque contemporaine, un jeune homme, réduit au chômage par le puritanisme d'une ligue féminine, est amené à voler. Il épouse celle qu'il aime, renonce à ses activités illégales. Il est arrêté et accusé du meurtre du voyou qui convoitait sa femme et qui a été en fait tué par une maîtresse délaissée. Condamné à mort, il sera sauvé in extremis de la pendaison. En Judée, on assiste aux noces de Cana, à l'épisode biblique de la femme adultère, puis à la crucifixion du Christ. En 1572, en France, Catherine de Médicis, qui souhaite la mort des protestants, obtient de son fils Charles IX la signature d'un ordre d'extermination. La Saint-Barthélemy est la date choisie. Prosper Latour, noble protestant, et sa femme sont massacrés. En 539 av. J.-C., en Chaldée, les prêtres de Baal pactisent avec Cyrus et se préparent à lui livrer Babylone sur laquelle règne Nabonide, souverain tolérant. Cyrus marche sur Babylone. La fille de la montagne découvre le complot des prêtres, mais il est trop tard et Babylone tombe aux mains de Cyrus. Balthazar se suicide.

◆ Le conflit éternel de la haine et de l'amour
*Le sous-titre d'*Intolérance *est* Love's Struggle Throughout the Ages *et son récit mêle quatre histoires « coulant comme des fleuves majestueux, puis se mélangeant comme des torrents impétueux ». Cette fresque historique mégalomane conçue par David W. Griffith après l'extraordinaire succès de* Naissance d'une nation *(1914) est, en même temps qu'une superproduction, un essai d'une extrême audace puisqu'il déroge au principe de la continuité et de la linéarité narrative. Griffith entend s'y mesurer avec les formes cinématographiques de l'époque antérieure. Si dans l'épisode moderne,* la Mère et la loi, *il récapitule ses propres inventions formelles mises au point dans ses courts métrages de la Biograph, il cite les* Passions *Pathé avec la crucifixion du Christ, le Film d'Art Français comme* l'Assassinat du duc de Guise *avec le massacre de la Saint-Barthélemy tandis qu'avec* la Chute de Babylone, *il entend battre les Italiens sur leur propre terrain (notamment en dépassant le colossal de* Cabiria *de Pastrone). L'originalité profonde d'*Intolérance *est d'avoir surpassé le principe de l'alternance propre au récit de chacune des histoires par la mise en parallèle globale de celles-ci avec le thème de l'amour maternel, métaphore des forces du Bien et du Progrès dans l'Histoire. L'image de la mère, « issue du berceau se balançant*

sans fin », s'oppose à elle seule à la diversité illusoire et au fanatisme des différentes périodes de l'Histoire passée. Cette symphonie en quatre mouvements, entrecroisant les épisodes, sautant d'une époque et d'un lieu à l'autre, multiplie les télescopages et les analogies symboliques avant de se transfigurer, lors de l'épilogue, dans une apothéose pacifiste qui prendra à revers l'opinion publique américaine à quelques mois de l'intervention des États-Unis dans le conflit européen. M.M.

LES INTOUCHABLES "GLI INTOCCABILI"
Film policier de **Giuliano Montaldo**, avec John Cassavetes, Britt Ekland, Gabriele Ferzetti, Peter Falk, Gena Rowlands. Italie, 1969 – Couleurs – 1 h 30.

Dans la hiérarchie de la maffia, les parrains sont intouchables. Pour avoir voulu quand même s'attaquer à un casino de Las Vegas, un groupe de gangsters sera impitoyablement abattu.

L'INTRIGANTE DE SARATOGA
"SARAGOTA TRUNK"
Comédie dramatique de **Sam Wood**, d'après le roman d'Edna Ferber, avec Gary Cooper, Ingrid Bergman, Florence Bates, Flora Robson. États-Unis, 1945 – 2 h 15.

Une jeune Américaine d'origine modeste décide de sortir de sa condition en faisant un riche mariage.

INTRIGUE AU CONGO "CONGO CROSSING"
Film d'aventures de **Joseph Pevney**, avec Virginia Mayo, George Nader, Peter Lorre. États-Unis, 1956 – Couleurs – 1 h 27.

Une belle aventurière arrive au Congo où elle va se débarrasser d'une bande de gangsters et trouver l'amour !

INTRIGUES "A WOMAN OF AFFAIRS"
Comédie dramatique de **Clarence Brown**, d'après le roman de Michael Arlen *The Green Hat*, avec Greta Garbo, Lewis Stone, John Gilbert, John Mack Brown, Douglas Fairbanks Jr. États-Unis, 1928 – env. 2 400 m (1 h 29).

Une jeune fille riche et volontaire voltige d'homme en homme et connaît une fin tragique. Adapté d'un roman à scandale.

INTRIGUES EN ORIENT "BACKGROUND TO DANGER"
Film d'espionnage de **Raoul Walsh**, avec George Raft, Sydney Greenstreet, Peter Lorre. États-Unis, 1943 – 1 h 20.

Envoyé en Turquie pour combattre les services allemands, un agent secret américain est sauvé grâce aux Russes.

INTRODUCTION À L'ANTHROPOLOGIE : LE PORNOGRAPHE
"« ERO GOTOSHI TACHI » YORI-JINRUI-GAKU NYUMON"
Drame de **Shohei Imamura**, avec Shoichi Ozawa, Sumiko Sakamoto. Japon, 1966 – 1 h 47.

Dans un quartier populaire d'Osaka, un homme procure à ses clients des prostituées et tourne de minables films porno.

L'INTROUVABLE "THE THIN MAN"
Comédie policère de **W.S. Van Dycke**, d'après le roman de Dashiell Hammett, avec William Powell, Myrna Loy, Maureen O'Sullivan, Nat Pendleton, Minna Gombell, Edward Ellis. États-Unis, 1934 – 1 h 33.

À New York, un détective, sa femme et son chien débrouillent une affaire de meurtre. Le premier film d'une série de cinq, avec le même duo de vedettes. (Voir NICK, GENTLEMAN DÉTECTIVE).

L'INTRUS "INTRUDER IN THE DUST"
Drame de **Clarence Brown**, avec Juano Hernandez *(Lucas Beauchamp)*, David Brian *(John Gavin Stevens)*, Claude Jarman Jr. *(Chick Mallison)*, Porter Hall *(Nub Gowrie)*, Elizabeth Patterson *(Mrs. Habersham)*, Charles Kemper *(Crawford Gowrie)*. • SC : Ben Maddow, d'après le roman de William Faulkner. • PH : Robert Surtees. • DÉC : Cedric Gibbons, Edwin B. Willis, Ralph S. Hurst. • MUS : Adolph Deutsch. États-Unis, 1949 – 1 h 29.

Dans le Mississippi, le Noir Lucas Beauchamp est arrêté pour le meurtre du Blanc Vinson Gowrie. Il réclame l'appui de Chick, un jeune homme qu'il a aidé un jour, et de l'oncle de celui-ci, l'avocat Stevens. Ce dernier est réticent, à cause de la tension qui règne dans la ville. Aidé de Mrs. Habersham, Chick découvre, en examinant le corps de la victime, l'innocence de Lucas et la personne du vrai meurtrier : son frère Crawford.

◆ *Clarence Brown, ici son propre producteur, ne joua pas la facilité en adaptant le roman antiraciste de Faulkner, surtout au sein de la conservatrice M.G.M. Tourné en décors naturels, sans effet voyant, son film possède la simplicité brutale et intense du document (bruits de la nuit lors de l'exhumation du cadavre, inconscience de la foule se préparant à la pendaison du Noir comme à une fête). Ce fut une des rares œuvres de Hollywood à traiter le problème noir avant les années 60.* J.-P.B.

L'INTRUS
Drame d'**Irène Jouannet**, avec Marie Dubois, Richard Anconina, Christine Murillo. France, 1984 – Couleurs – 1 h 30.

Une femme murée dans sa solitude voit un jeune loubard traqué faire irruption chez elle.

L'INTRUSE "DANGEROUS"
Drame psychologique d'**Alfred E. Green**, avec Bette Davis, Franchot Tone, Margaret Lindsay, Alison Skipworth, John Eldridge. États-Unis, 1935 – 1 h 18.

Un jeune homme quitte sa fiancée par compassion pour une ancienne star de cinéma déchue. Celle-ci réhabilitée le temps d'une illusion, il l'abandonne à la boisson pour retrouver celle qu'il aime.

L'INTRUSE
Drame de **Bruno Gantillon**, avec Richard Bohringer, Bernard-Pierre Donnadieu, Laura Morante. France, 1985 – Couleurs – 1 h 28.

Deux frères ennemis cachent une étrangère poursuivie par la haine de villageois féroces. La mort sera au rendez-vous pour eux trois.

L'INVAINCU ▷ Voir PATHER PANCHALI.

INVASION
Film politique d'**Hugo Santiago**, avec Olga Zubarry, Lautoro Murua, Juan Carlos Paz. Argentine, 1969 – 2 h 05.

Un vieil homme organise la lutte contre une invasion imminente. Le premier film de Santiago est une allégorie de la résistance aux forces hostiles qui nous environnent. Un ton original.

L'INVASION DES MORTS-VIVANTS
"THE PLAGUE OF THE ZOMBIES"
Film d'épouvante de **John Gilling**, avec André Morell, Diane Clare. Grande-Bretagne, 1965 – Couleurs – 1 h 30.

À peine enterrés, les cadavres des victimes d'une mystérieuse épidémie reviennent hanter les vivants. Un « classique » du genre.

L'INVASION DES PROFANATEURS
"INVASION OF THE BODY SNATCHERS"
Film fantastique de **Philip Kaufman**, avec Donald Sutherland, Brooke Adams, Leonard Nimoy. États-Unis, 1978 – Couleurs – 1 h 55.

De mystérieuses graines venues de l'espace contaminent les habitants de San Francisco et les privent de tout sentiment. Un homme va tenter de résister. Un excellent remake du suivant.

L'INVASION DES PROFANATEURS DE SÉPULTURE "INVASION OF THE BODY SNATCHERS"
Film fantastique de **Don Siegel**, avec Kevin McCarthy *(Miles Bennell)*, Dana Wynter *(Becky Driscoll)*, Larry Gates *(Dr Kauffman)*, King Donovan *(Jack Belicec)*. • SC : Daniel Mainwaring, d'après le roman de Jack Finney. • PH : Ellsworth Fredericks. • DÉC : Ted Haworth. • MUS : Carmen Dragon. • MONT : Robert Eisen. États-Unis, 1956 – 1 h 20.

À Santa Mira, petite ville de Californie, le Dr Bennell et son confrère psychiatre le Dr Kauffman sont déconcertés par une série d'événements étranges : parmi leurs concitoyens, certains ne reconnaissent plus leurs proches parents. On découvre alors un corps bizarre dont le visage inachevé ressemble à celui de leur ami Jack Belicec. Dans la serre de celui-ci, d'énormes cosses s'entrouvrent, contenant d'autres corps. Miles Bennell comprend qu'une invasion martienne vient de commencer, les envahisseurs prenant l'apparence des humains. Mais à qui peut-il se fier ?

◆ *Renouvelant subtilement le thème de l'invasion extraterrestre, ce scénario remarquablement agencé, où la terreur va crescendo, illustre avec une efficacité confondante le thème de la paranoïa – à tel point qu'il a souvent été considéré, au-delà de son prétexte de science-fiction, comme une parabole déguisée sur le maccarthysme. Bien sûr, les haricots géants venus d'ailleurs peuvent symboliser, comme les rhinocéros de Ionesco, toute forme de totalitarisme. C'est ce qui fait la force de ce film.* G.L.

INVASION LOS ANGELES "THEY LIVE"
Film de science-fiction de **John Carpenter**, avec Roddy Piper, Keith David, Meg Foster. États-Unis, 1988 – Couleurs – 1 h 34.

Par hasard, un ouvrier décèle un trafic de lunettes permettant de détecter la présence d'une société d'extraterrestres aux visages d'écorchés vifs, des messages subliminaux ordonnant tous ses actes à la population. Une grande réussite.

INVASION PLANÈTE X "KAIJU DAI-SENSO"
Film de science-fiction d'**Inoshiro Honda**, avec Nick Adams, Akira Takarada, Jun Tazaki. Japon, 1965 – Couleurs – 1 h 34.

Les habitants de la planète X réclament aux Terriens les services de Godzilla et Radon pour tuer un monstre qui ravage leur univers. En fait, ce n'est qu'une ruse pour envahir la Terre.

INVASION SECRÈTE "THE SECRET INVASION"
Film de guerre de **Roger Corman**, avec Stewart Granger, Raf Vallone, Mickey Rooney, Henry Silva. États-Unis, 1964 – Couleurs – 1 h 38.

En 1943, sur le front italien. Les Alliés forment un commando de condamnés de droit commun ayant pour mission de libérer un général antifasciste. Ce bon film au budget restreint servira de « modèle » aux célèbres DOUZE SALOPARDS (Voir ce titre).

L'INVASION VIENT DE MARS
"INVADERS FROM MARS"
Film de science-fiction de **Tobe Hopper**, avec Karen Black, Hunter Carson, Timothy Bottoms, Laraine Newman. États-Unis, 1986 – Couleurs – 1 h 35.

Un jeune garçon passionné d'astronomie assiste à l'invasion des Martiens près d'une base de la N.A.S.A. Était-ce un cauchemar ?

INVESTIGATIONS CRIMINELLES "VICE SQUAD"
Film policier d'**Arnold Laven**, avec Edward G. Robinson, Paulette Goddard. États-Unis, 1953 – 1 h 27.

La journée bien remplie d'un chef de la police new-yorkaise...

L'INVISIBLE MEURTRIER "THE UNSEEN"
Film policier de **Lewis Allen**, avec Joel McCrea, Gail Russell, Herbert Marshall. États-Unis, 1945 – 1 h 21.

Un crime est commis dans une maison abandonnée d'un quartier aristocratique. Une institutrice va faire arrêter le meurtrier.

L'INVITATION
Comédie dramatique de **Claude Goretta**, avec Michel Robin *(l'employé de bureau)*, Jean-Luc Bideau *(le comique)*, Jean Champion *(le maître d'hôtel)*, Pierre Collet *(le chef de bureau)*, Corinne Coderey *(la stagiaire)*, François Simon *(le père de famille)*, Rosine Rochette *(la secrétaire)*, Jacques Rispal *(le sous-chef)*. • SC : C. Goretta, Michel Viala. • PH : Jean Zeller. • DÉC : Yanko Hodgis. • MUS : Patrick Moraz. • MONT : Joëlle Van Effenterre. Suisse, 1973 – Couleurs – 1 h 40.

À la suite d'un héritage, un employé de bureau se trouve à la tête d'une luxueuse propriété des environs de Genève. Il invite alors ses supérieurs et ses collègues. L'alcool aidant, les masques tombent, les langues se délient. La « fête » terminée, au bureau, la routine reprend.

◆ *Claude Goretta a épinglé avec bonne humeur le microcosme bureaucratique.* D.C.

INVITATION À LA DANSE
"INVITATION TO THE DANCE"
Film-ballet de **Gene Kelly**, avec Gene Kelly. États-Unis, 1956 – Couleurs – 1 h 33. ★ **OURS D'OR, Berlin 1956.**

Gene Kelly est l'homme-orchestre de ce superbe film composé de trois ballets très différents dont il est le seul point commun. Richesse de la mise en scène et de la chorégraphie.

L'INVITATION AU VOYAGE
Drame de **Peter Del Monte**, avec Nina Scott, Laurent Malet, Mario Adorf. France, 1982 – Couleurs – 1 h 33.

Un frère et une sœur jumeaux s'aiment d'un amour fou. Lorsqu'elle meurt, son frère emporte son cadavre dans un étui de contrebasse et gagne un port d'où il veut s'embarquer.

LES INVITATIONS DANGEREUSES
"LAST OF SHEILA"
Film policier de **Herbert Ross**, avec Richard Benjamin, James Mason, James Coburn, Dyan Cannon, Raquel Welch, Joan Hackett. États-Unis, 1972 – Couleurs – 1 h 59.

Un an après le décès de son épouse, un producteur invite sur son yacht six personnalités de Hollywood présentes au moment du drame. Un scénario diabolique d'Anthony Perkins.

L'INVITÉE "L'INVITATA"
Drame psychologique de **Vittorio De Seta**, d'après le roman de Simone de Beauvoir, avec Joanna Shimkus, Michel Piccoli, Clotilde Joano. France, 1969 – Couleurs – 1 h 45.

Anne n'est pas prête à partager sa vie conjugale avec la jeune femme que son mari a ramenée à la maison. Un voyage en compagnie de son patron l'aidera à réfléchir.

L'INVITÉE "L'OSPITE"
Drame de **Liliana Cavani**, avec Peter Gonzales, Lucia Bosè. Italie, 1971 – Couleurs – 1 h 48.

Destiné à une émission de télévision, ce long métrage illustre les théories de « l'anti-psychiatre » italien Franco Basaglia. L'histoire de la mise à l'écart d'une jeune fille pas comme les autres.

LES INVITÉS DE HUIT HEURES
"DINNER AT EIGHT"
Comédie dramatique de **George Cukor**, avec Marie Dressler *(Carlotta Vance)*, John Barrymore *(Larry Renault)*, Wallace Beery *(Dan Packard)*, Jean Harlow *(Kitty Packard)*, Lionel Barrymore *(Oliver Jordan)*, Lee Tracy *(Max Kane)*, Edmund Lowe *(Dr Wayne Talbot)*, Billie Burke *(Millicent Jordan)*, Madge Evans *(Paula Jordan)*, Jean Hersholt *(Jo Stengel)*, Karen Morley *(Lucy Talbot)*, Philip Holmes *(Ernest de Graff)*. • SC : Frances Marion, Herman J. Mankiewicz, d'après la pièce de George S. Kaufman et Edna Ferber. • PH : William Daniels. • MUS : William Axt. • DÉC : Hope Erwin, Fred Hope. • MONT : Ben Lewis. États-Unis, 1933 – 1 h 53.

Carlotta Vance, « ex-grande dame » du théâtre, ainsi que plusieurs personnages sont invités à dîner chez Oliver Jordan, vieil industriel au cœur fatigué, près d'être acculé à la faillite par l'arriviste Packard. La femme de ce dernier le trompe avec le Dr Talbot, tandis que la fille de Jordan est la maîtresse de l'acteur déchu et alcoolique Larry Renault. Tous ces drames se dénoueront avant de passer à table.

◆ *La M.G.M., dans les années 30, aimait offrir au public de la Dépression ces films luxueux et épisodiques où un simple prétexte narratif réunissait plusieurs intrigues et une foule de stars. Peu d'entre eux égalent en homogénéité, en émotion et en brio ces Invités de huit heures, où, malgré les contraintes d'une adaptation théâtrale, on croit déjà rencontrer de futurs personnages de l'œuvre de George Cukor : un acteur ivrogne et suicidaire* (Une étoile est née)*, un homme d'affaires rustre et malhonnête flanqué d'une blonde idiote* (Comment l'esprit vient aux femmes)*, des femmes inconséquentes ou insatisfaites* (Femmes, les Liaisons coupables)*, une vieille excentrique* (Voyages avec ma tante)*, ici Marie Dressler, qui vole la vedette à tous ses partenaires.* *N.T.B.*

L'INVITÉ SURPRISE

Comédie de **Georges Lautner**, avec Éric Blanc, Victor Lanoux, Jean Carmet, Michel Galabru. France, 1989 – Couleurs – 1 h 35.

Un jeune Noir est le seul témoin de l'explosion d'une voiture piégée. Devenu la cible des médias et des services secrets, il contre-attaque.

INVRAISEMBLABLE VÉRITÉ

"BEYOND A REASONABLE DOUBT"

Drame policier de **Fritz Lang**, avec Dana Andrews, Joan Fontaine, Sidney Blackmer, Barbara Nichols. États-Unis, 1956 – 1 h 20.

Deux adversaires de la peine de mort fabriquent de fausses preuves pour que l'un d'eux soit accusé de meurtre, le second devant l'innocenter. Mais ce dernier meurt dans un accident.

IO, IO, IO... E GLI ALTRI "IO, IO, IO... E GLI ALTRI"

Comédie satirique d'**Alessandro Blasetti**, avec Gina Lollobrigida, Silvana Mangano, Walter Chiari, Vittorio De Sica, Marcello Mastroianni, Sylva Koscina. Italie, 1966 – 1 h 55.

Un journaliste enquête sur l'égoïsme et l'égocentrisme dans Rome. Une pléiade de stars pour le testament d'Alessandro Blasetti.

IP5 (L'ILE AUX PACHYDERMES)

Comédie dramatique de **Jean-Jacques Beineix**, avec Yves Montand *(Léon Marcel)*, Olivier Martinez *(Tony)*, Sekkou Sall *(Jockey)*, Géraldine Pailhas *(Gloria)*, Colette Renard, Sotigui Kouyate, Georges Staquet. • SC : Jacques Forgeas. • PH : Jean-François Robin. • DÉC : Dan Weil. • MUS : Gabriel Yared. • MONT : Joëlle Hache. France, 1992 – Couleurs – 1 h 59.

Dans une banlieue miséreuse, un gamin et un jeune adulte, copains, vivent de menus expédients illicites. Une infirmière sympathique croise leur chemin ; le jeune homme, frappé d'un coup de foudre, la poursuit à travers la France en compagnie du gosse. Venu d'on ne sait où, un vieux sage aux allures de vieux fou, s'incorpore à l'équipée.

◆ *Entre la peinture de la société d'aujourd'hui avec son folklore et le conte philosophique à double détente, Jean-Jacques Beineix développe la gamme de ses talents et inventorie certaines de ses obsessions : l'aventure, la rencontre amoureuse fatale, le mystère des individus insolites, la vie et ses surprises. Le voyage lui-même est symbolique du cours de la vie. Il y a de l'humour, de l'émotion et cent péripéties inattendues dans cet étrange récit.* *G.S.*

I.P.C.R.E.S.S. DANGER IMMÉDIAT

"THE IPCRESS FILE"

Film d'espionnage de **Sidney J. Furie**, avec Michael Caine, Nigel Green, Sue Lloyd. Grande-Bretagne, 1965 – Couleurs – 1 h 30.

Un sous-officier britannique est lancé sur la piste d'un savant disparu. Un espion international est l'auteur de l'enlèvement.

IPHIGÉNIE "IPHIGENEIA"

Drame de **Michel Cacoyannis**, d'après Euripide, avec Irène Papas, Costa Kazakos, Costa Carras, Tatiana Papamoskou. Grèce, 1977 – Couleurs – 2 h 07.

Adaptation modernisée de la tragédie antique. Obéissant aux oracles, Agamemnon fait immoler sa fille Iphigénie pour que le vent souffle à nouveau et que ses bateaux puissent partir en guerre.

IRACEMA "IRACEMA, UMA TRANSA AMAZÔNICA"

Drame de **Jorge Bodanzky** et **Orlando Senna**, avec Edna de Cassia, Paolo Cesar Pereio. Brésil, 1979 (RÉ : 1974) – Couleurs – 1 h 30.

Un routier prend en stop une jeune prostituée indienne. Plus tard, la retrouvant malade et précocement vieillie, il refusera de l'aider.

IRÈNE, IRÈNE "IRENE, IRENE"

Drame de **Peter Del Monte**, avec Alain Cuny *(Guido)*, Olimpia Carlisi *(Emilia)*, Sibilla Sedat *(Alma)*, Maria Michi *(Maria)*. • SC : P. Del Monte, Gianni Menon. • PH : Tonino Nardi. • MUS : Paolo Renosto, Stefano Provinciali. • MONT : Alfredo Muschietti. Italie, 1975 – Couleurs – 1 h 40.

Un juge de plus de soixante ans, Guido Baeri, vit à Florence avec sa femme Irène, dans l'estime et le respect général. Mais, un soir, en entrant chez lui, il ne trouve plus Irène, partie sans un mot d'explication. Guido part en maison de repos, mais n'y rencontre que des déséquilibrés ou des désespérés. De longues conversations avec son fils nous le montrent complètement désemparé. Il apprend brutalement la mort d'Irène, et décide, avant de sombrer dans la folie, de « partir » lui aussi volontairement vers cet « ailleurs » mystérieux.

◆ *Un film sensible et pathétique, dans lequel le personnage se révèle peu à peu à lui-même. Le néant d'une vie privée de sens réel ne sera racheté que par une sortie volontaire et pleinement assumée.* *D.C.*

IRIS ET LE CŒUR DU LIEUTENANT
"IRIS OCH LÖJTNANTSHJÄRTA"
Drame d'**Alf Sjöberg**, avec Mai Zetterling, Alf Kjellin. Suède, 1946 – 1 h 25.

Les amours contrariées d'un beau lieutenant, riche fils de famille qui refuse une héritière choisie par son père, et d'une soubrette.

L'IRLANDAIS "A PRAYER FOR THE DYING"
Drame de **Mike Hodges**, d'après le roman de Jack Higgins, avec Mickey Rourke, Bob Hoskins, Alan Bates, Sammi Davis. États-Unis, 1986 – Couleurs – 1 h 55.

Fallon veut quitter l'I.R.A., mais pour pouvoir le faire, il doit encore tuer. Un prêtre l'a vu et sera entraîné avec une jeune aveugle dans la violence et le meurtre.

IRMA LA DOUCE "IRMA LA DOUCE"
Comédie de **Billy Wilder**, d'après la pièce d'Alexandre Breffort, avec Shirley MacLaine, Jack Lemmon, Lou Jacobi. États-Unis, 1963 – Couleurs – 2 h 26.

Rue Saint-Denis à Paris, un policier nouvellement affecté dans ce secteur chaud devient le protecteur d'une prostituée, Irma. Jaloux, il se déguise en vieux lord anglais pour avoir l'exclusivité de ses faveurs. Oscar de la Meilleure musique à André Previn.

L'IRONIE DU SORT
Essai d'**Édouard Molinaro**, d'après le roman de Paul Guimard, avec Claude Rich, Pierre Clémenti, Jacques Spiesser. France, 1973 – Couleurs et NB – 1 h 20.

À Nantes, au temps de l'Occupation, deux amis ont décidé d'abattre un officier allemand pour sauver leur réseau. Mais une panne de voiture peut modifier leur plan... Un film à parcours multiples, avec deux issues possibles.

IRONWEED (LA FORCE D'UN DESTIN)
"IRONWEED"
Drame de **Hector Babenco**, d'après le roman de William Kennedy, avec Jack Nicholson, Meryl Streep, Carroll Baker, Michael O'Keefe. États-Unis, 1987 – Couleurs – 2 h 25.

Un vagabond se souvient de son passé douloureux et de ses compagnons victimes de la grande dépression de 1929.

ISADORA "ISADORA"
Biographie de **Karel Reisz**, avec Vanessa Redgrave *(Isadora Duncan)*, James Fox *(Gordon Craig)*, Jason Robards *(Paris Singer)*, Ivan Tchenko *(Serge Essenine)*. • SC : Melvyn Bragg, Clive Exton, d'après les livres d'Isadora Duncan et Sewell Stokes. • PH : Larry Pizer. • DÉC : Michael Seymour, Ralph Brinton. • MUS : Maurice Jarre. • MONT : Tom Priestley. Grande-Bretagne, 1969 – Couleurs – 2 h 15. ★ **PRIX D'INTERPRÉTATION FÉMININE pour Vanessa Redgrave, Cannes 1969.**

Isadora Duncan, danseuse américaine non-conformiste, mena en France au début du siècle une vie indépendante aux amours tumultueuses et aspirations féministes. Elle créa une ruineuse école de danse où l'on apprenait moins l'académisme que le libre chant du corps, inspiré par la Grèce antique. Elle perdit ses deux jeunes enfants et connut une fin tragique.

◆ *Les épisodes les plus marquants de la riche vie d'une femme libre et en avance sur son temps. La reconstitution est brillante et sophistiquée, et Vanessa Redgrave a toute la vitalité libertaire d'Isadora.* *B.B.*

ISHTAR "ISHTAR"
Comédie d'**Elaine May**, avec Warren Beatty, Dustin Hoffman, Isabelle Adjani, Charles Grodin. États-Unis, 1987 – Couleurs – 1 h 47.

Le seul contrat décroché par Lyle et Chuck, chanteurs-compositeurs, est pour Marrakech. À partir de là, tout se complique : une séduisante révolutionnaire les entraîne dans le désert avec la C.I.A, les Libyens, les trafiquants d'armes, le K.G.B...

ISTAMBOUL "ISTANBUL"
Film d'aventures de **Joseph Pevney**, avec Errol Flynn, Cornell Borchers, Torin Thatcher. États-Unis, 1957 – Couleurs – 1 h 24.

Dans l'atmosphère cosmopolite d'Istamboul, un aventurier est au centre d'un trafic de diamants. L'amour d'une jeune femme amnésique va le transformer. Remake de SINGAPOUR (Voir ce titre).

IT "IT"
Comédie de mœurs de **Clarence Badger**, avec Clara Bow, Antonio Moreno, William Austin, Jacqueline Gadson, Gary Cooper, Elinor Glyn. États-Unis, 1927 – env. 1 900 m (1 h 10).

Pendant les années folles, une jeune vendeuse tente de vivre selon les principes de l'héroïne de son roman favori, ce qui la conduit... dans les bras de son patron.

L'ITALIEN DES ROSES
Drame de **Charles Matton**, avec Richard Bohringer, Isabelle Mercanton, Pierre Santini. France, 1971 – Couleurs – 1 h 30.

Juché sur le toit d'un immeuble, un jeune Italien de la cité des Roses hésite à sauter. En bas, la foule se rassemble. Richard Bohringer explose dans ce rôle d'écorché, victime de l'égoïsme médiocre des couples et des groupes, « portraiturés » ici par le peintre Charles Matton.

ITINÉRAIRE BIS
Comédie dramatique de **Christian Drillaud**, avec Georges Wilson, Rufus, Claire Maurier. France, 1983 (RÉ : 1981) – Couleurs – 1 h 35.

Un homme désargenté cherche à acquérir une camionnette à frites. Un film désinvolte pour peindre un univers original.

ITINÉRAIRE D'UN ENFANT GÂTÉ
Comédie de **Claude Lelouch**, avec Jean-Paul Belmondo, Richard Anconina. France, 1988 – Couleurs – 2 h 05.

Voulant garder ses distances avec une vie qui le mine, un ex-enfant de la balle devenu P.-D.G. d'une société prospère pilote celle-ci en secret par le biais d'un jeune employé complice.

IT'S THE OLD ARMY GAME
"IT'S THE OLD ARMY GAME"
Film burlesque d'**A. Edward Sutherland**, d'après la pièce de Joseph P. McEvoy, avec W.C. Fields, Louise Brooks, Blanche Ring, William Gaxton. États-Unis, 1926 – env. 2 100 m (1 h 18).

Dans un village, un pharmacien tranquille est perturbé par des clients nocturnes, des rumeurs tapageuses et l'arrivée en force des pompiers. Une peinture piquante de la vie de province.

ITTO
Drame de **Jean Benoît-Lévy** et **Marie Epstein**, d'après des nouvelles de Maurice Le Glay, avec Simone Berriau, Moulay Ibrahim, Aïsha Fadah, Pauline Carton. France, 1934 – 1 h 57.

Au Maroc, un médecin français et son épouse aident et soignent les indigènes qui s'entretuent dans des guerres fratricides.

IVAN "IVAN"
Drame d'**Alexandre Dovjenko**, avec Piotr Masokha, Semen Chagaida, K. Bondarevski, Stepan Chousat. U.R.S.S. (Ukraine), 1932 – 1 h 43.

La vie du chantier de construction d'une centrale hydroélectrique et la prise de consience politique d'un jeune kolkhozien qui veut entrer au parti et entamer une formation professionnelle.

IVANHOÉ "IVANHOE"
Film d'aventures de **Richard Thorpe**, d'après le roman de sir Walter Scott, avec Robert Taylor, Elizabeth Taylor, Joan Fontaine, George Sanders, Robert Douglas, Finlay Currie. États-Unis / Grande-Bretagne, 1952 – Couleurs – 1 h 46.

Au XIIe siècle, dans une Angleterre déchirée entre Saxons et Normands, le chevalier Ivanhoé lutte pour le rétablissement de son roi Richard-Cœur de Lion, prisonnier du duc d'Autriche. Un excellent Technicolor pour un chef-d'œuvre du genre.

IVAN LE TERRIBLE "IVAN GROZNYJ"
Film historique en deux parties de **Serguei Mikhaïlovitch Eisenstein**, avec Nikolai Tcherkassov *(Ivan)*, Loudmila Tchelikovskaïa *(Anastasia)*, Serafina Birman *(Euphrosinia)*, Piotr Kadotchnikov *(Vladimir)*, Mikhaïl Nazvanov *(Kourbsky)*, Andrei Abrikosov *(Kolitchev)*, Mikhaïl Jarov *(Skouratov)*, Amvrosi Boutchma *(Basmanov)*, Vsevolod Poudovkine *(Nikola, le fanatique)*. • SC : S.M. Eisenstein. • PH : Edouard Tissé (extérieurs), Andrei Moskvine (intérieurs). • DÉC : Iossif Chpinel (d'après les croquis de S.M.E.). • COST : Lidia Naoumova (d'après les croquis de S.M.E.). • MUS : Serge Prokofiev. • MONT : S.M.E., assisté d'Esfir Tobak et L. Indenbom. • PR : SOKS (Alma Ata), Mosfilm. U.R.S.S. Sortie en U.R.S.S. en 1958 (RÉ : [1re partie] 1942-1944 – [2e partie] 1945-1946) – (1re partie) NB, (2e partie) Couleurs – 1 h 40 et 1 h 30.

Ivan IV, grand-duc de Moscovie, se fait couronner tsar malgré l'opposition farouche des nobles, les boyards, et de sa propre tante, Euphrosinia, qui souhaite placer sur le trône son fils Vladimir, un simple d'esprit. Il épouse la princesse Anastasia, que courtise également le prince Kourbsky, et brise un soulèvement populaire fomenté par les boyards. Il mène campagne contre les Tatars de Kazan qui lui ont déclaré la guerre et s'empare de la ville. Il parvient à conserver le pouvoir malgré les menées d'Euphrosinia et la trahison de Kourbsky, mais Anastasia est empoisonnée par Euphrosinia. Basmanov, un forgeron, réunit autour de lui une garde personnelle, les Opritchniki. Découragé, Ivan décide d'abdiquer pour s'assurer de la fidélité du peuple et quitte Moscou : le peuple vient en foule le conjurer de rester au pouvoir. À son retour à Moscou, informé que la tsarine a été victime d'Euphrosinia, Ivan fait exécuter trois des principaux boyards tandis que le moine Philippe le somme de se soumettre. Euphrosinia décide de le faire assassiner, mais le tsar déjoue le complot et, grâce à sa ruse, c'est Vladimir qui est poignardé. Définitivement assuré sur son trône, Ivan proclame la nécessité d'un pouvoir fort pour vaincre les ennemis de la patrie.

◆ Un grandiose film-opéra

Tourné à Alma-Ata (Asie centrale), le film devait comporter une troisième partie qui ne fut pas réalisée et dont il ne subsiste que les vingt dernières minutes (en couleurs) de la deuxième partie, laquelle fut interdite par la censure jusqu'en 1958. Il est clair que Staline s'était senti visé par cette hagiographie ambiguë où l'on peut voir aussi bien une condamnation de la dictature qu'une apologie du pouvoir légitime : « Ma force est la confiance du peuple », dit Ivan. Ce grandiose film-opéra *conjugue les prestiges plastiques de la peinture et les vertus dramatiques du théâtre, chaque plan étant conçu comme un* tableau, *au sens où l'on parle de tableaux au théâtre, dans un constant souci de composition dynamique. Dominée par la puissante interprétation de Tcherkassov, cette œuvre à la fois hiératique et convulsive rejoint « le bruit et la fureur » des tragédies shakespeariennes. Le caractère* expressionniste *du style visuel atteint son apogée dans les séquences en couleurs conçues dans une perspective psychologique et non réaliste.* *M.M.*

L'IVRESSE ET L'AMOUR "SOMETHING TO LIVE FOR"
Drame psychologique de **George Stevens**, avec Joan Fontaine, Ray Milland, Teresa Wright. États-Unis, 1952 – 1 h 29.

Un ancien ivrogne, qui a adhéré à une ligue anti-alcoolique, essaie de sauver de la boisson une jeune actrice déçue par l'amour. Ray Milland reprend un rôle proche de celui qu'il tenait dans le POISON DE BILLY WILDER (Voir ce titre).

I WANT TO GO HOME
Comédie d'**Alain Resnais**, avec Adolph Greene, Gérard Depardieu, Linda Lavin, Micheline Presle, John Ashton, Geraldine Chaplin. France, 1989 – Couleurs – 1 h 45.

Un auteur américain de bandes dessinées se rend à Paris où un hommage lui est consacré. Il y retrouve sa fille. Mais il doit faire face à l'impression d'étrangeté que lui procure la France et à sa propre situation d'étranger. Une aventure intellectuelle en forme de comédie, dans laquelle Resnais rend hommage à une certaine culture populaire qu'il affectionne.

IWO JIMA "SANDS OF IWO JIMA"
Film de guerre d'**Allan Dawn**, avec John Wayne, John Agar, Forrest Tucker, Adele Mara. États-Unis, 1949 – 1 h 50.

L'armée, l'aviation et la flotte américaines ont participé à cette grandiose reconstitution de la plus célèbre bataille du Pacifique.

J

JABBERWOCKY "Jabberwocky"
Comédie satirique de **Terry Gilliam**, avec Michael Palin, Max Wall, Deborah Fallender, Warren Mitchell. Grande-Bretagne, 1977 – Couleurs – 1 h 41.

Dans une cité médiévale, le jeune tonnelier Dennis s'en va combattre un monstre, l'affreux Jabberwocky. Une illustration du « nonsense » sous son plus beau jour.

J'ACCUSE
Film de guerre d'**Abel Gance**, avec Romuald Joubé *(Jean Diaz)*, Séverin-Mars *(François Laurin)*, Maryse Dauvray *(Édith)*, Maxime Desjardins *(le père d'Édith)*, Mme Mancini *(la mère de Jean Diaz)*. • SC : A. Gance. • PH : Léonce Henri Burel, Marc Bujard, Maurice Forster. France, 1919 – 3 200 m (env. 1 h 58).

Le poète Jean Diaz est amoureux d'Édith, mariée contre son gré à un paysan jaloux et brutal, François Laurin. Vient la guerre où Jean et François se réconcilient avant que ce dernier soit tué, tandis qu'Édith est victime de la barbarie teutonne. À la fin, le poète, halluciné des suites d'une explosion d'obus, lance un « Debout les morts ! » à toutes les victimes de l'hécatombe pour qu'elles empêchent une nouvelle guerre et s'écroule mort.

◆ *Cette « Tragédie des Temps Modernes en trois Époques » est marquée à la fois par l'exaltation patriotique du temps de la Grande Guerre et par le fervent espoir qu'elle serait « la der des der ». Visionnaire et prophétique, surchargé de symboles visuels naïfs mais saisissants, le film frappe pourtant par la sincérité de son message pacifiste et par la puissance fantasmagorique du « réveil des morts ».* *M.MN.*

▷ **Gance** a réalisé une nouvelle version du même sujet, avec Victor Francen, Line Noro, Jean Max, Renée Devillers. France, 1937 – 2 h 05.

JACK LE MAGNIFIQUE "Saint Jack"
Drame de **Peter Bogdanovich**, avec Ben Gazzara, Denholm Elliott, James Villiers. États-Unis, 1978 – Couleurs – 1 h 52.

Jack n'a qu'une idée : devenir tenancier de maisons closes dans un Singapour plein de soldats américains. Mais les Chinois du milieu ne sont pas d'accord et détruisent tous ses efforts.

JACK L'ÉVENTREUR "The Lodger"
Drame de **John Brahm**, avec Laird Cregar, Merle Oberon, George Sanders. États-Unis, 1944 – 1 h 24.

À Londres, vers 1880, un locataire du quartier de Whitechapel s'avère être un tueur de femmes seules.

JACKNIFE "Jacknife"
Drame de **David Jones**, avec Robert De Niro, Ed Harris. États-Unis, 1988 – Couleurs – 1 h 40.

Deux anciens du Viêt Nam se retrouvent ; l'un replié sur lui-même, l'autre chaleureux. Mais tous deux gardent la même blessure.

JACK SLADE LE DAMNÉ "Jack Slade"
Western de **Harold Schuster**, avec Mark Stevens, Dorothy Malone, Barton McLane, Lee Van Cleef. États-Unis, 1953 – 1 h 30.

Meurtrier par accident, un « justicier », chef de poste d'un service de diligences, tue une seconde fois et sombre dans la déchéance.

JACOB LE MENTEUR "JAKOB DER LÜGNER"
Drame de **Frank Beyer**, avec Vlastimil Brodsky, Erwin Geschonneck, Manuela Simon, Henry Hübchen, Blanche Kommerell. R.D.A., 1974 – Couleurs – 1 h 44.

Dans un ghetto d'Europe de l'Est, un homme est obligé de mentir pour conserver l'espoir qu'il a fait naître imprudemment dans la communauté juive.

JACQUES ET JACOTTE
Mélodrame de **Robert Péguy**, avec Jacotte, Germaine Roger, Roger Tréville. France, 1936 – 1 h 20.

Une jeune fille qui peint des natures mortes vit dans un atelier de Montmartre avec sa petite sœur. L'huissier la menaçant de saisie, elle va voir le propriétaire qui sera conquis.

JACQUES ET NOVEMBRE
Chronique de **Jean Baudry** et **François Bouvier**, avec Jean Beaudry, Carole Fréchette, Marie Cantin, Pierre Rousseau. Canada (Québec), 1984 (RÉ : 1982) – Couleurs et NB – 1 h 12.

Jacques, trente ans, se sait condamné. Avec l'aide de ses amis, il fait un bilan de son existence, sous forme de film vidéo.

JACQUOT DE NANTES
Chronique d'**Agnès Varda**, d'après les souvenirs de Jacques Demy, avec Philippe Maron, Edouard Joubeaud, Laurent Monnier. France, 1991 – Couleurs et NB – 1 h 58.

En décrivant les années d'enfance et de jeunesse de Jacques Demy, celle qui partagea sa vie nous livre les secrets de la formation esthétique d'un grand metteur en scène.

JAGUAR
Chronique de **Jean Rouch**, avec Damouré Zika, Lam Ibrahima Dia, Illo Gaoudel. France, 1967 – 1 h 31.

Les aventures de trois jeunes Nigériens partis chercher fortune au Ghana. À son habitude, la caméra de Jean Rouch fait merveille.

JAGUAR "JAGUAR"
Drame de **Lino Brocka**, avec Phillip Salvador, Amy Austria, Menggie Cobarrubias, Anita Linde. Philippines, 1979 – Couleurs – 1 h 40.

Pour avoir sauvé son patron, un jeune veilleur de nuit devient son garde du corps attitré. Loin de combler l'espoir qu'il avait de s'élever socialement, sa nouvelle situation le conduit à la délinquance et à la prison.

J'AI ÉPOUSÉ UNE OMBRE
Drame de **Robin Davis**, d'après le roman de William Irish, avec Nathalie Baye, Francis Huster, Richard Bohringer. France, 1982 – Couleurs – 1 h 50.

Une jeune femme désemparée est conduite à jouer auprès d'une riche famille de viticulteurs bordelais un rôle qui n'est pas le sien.

▷ Voir aussi CHAÎNES DU DESTIN.

J'AI LE DROIT DE VIVRE "YOU ONLY LIVE ONCE"
Drame policier de **Fritz Lang**, avec Sylvia Sidney *(Jo)*, Henry Fonda *(Eddie)*, Barton McLane *(Stephen Whitney)*, Jean Dixon *(Bonnie Graham)*, William Gargan *(le père Dolan)*. • SC : Gene Towne, Graham Baker. • PH : Leon Shamroy. • DÉC : Alexander Toluboff. • MUS : Alfred Newman. • MONT : Daniel Mandell. États-Unis, 1937 – 1 h 27.

Libéré de prison, Eddie Taylor épouse Jo et lui promet qu'il en a fini avec le crime. Mais lorsqu'une banque est attaquée, quoiqu'innocent, il est inculpé et condamné à mort en raison de son casier judiciaire chargé. Ignorant que le coupable vient d'être arrêté, Eddie s'évade en tuant l'aumônier. Avec Jo, ils fuient vers la frontière, mais sont abattus au moment de la franchir.

◆ *Le second film américain de Lang, après* Furie, *décrit un univers glauque, d'essence plus métaphysique que policière, où l'individu clamant son innocence dans un monde voué au strict enchaînement des effets et des causes se rend coupable par sa révolte même. Merveilleusement servi par Henry Fonda et Sylvia Sidney, il nous offre une critique impitoyable de la société américaine, en même temps que l'une de ses rares histoires d'amour, quasi lyrique, mais aussi lucide que désespérée.* J.M.

J'AI MÊME RENCONTRÉ DES TZIGANES HEUREUX "SKUPLJAČI PERJA"
Chronique d'**Aleksandar Petrović**, avec Bekim Fehmiu *(Bora)*, Olivera Vučo *(Lence)*, Bata Živojinović *(Mirta)*, Gordana Jovanović *(Tissa)*. • SC : A. Petrović. • PH : Tomislav Pinter. • DÉC : Veljko Despotonič. • MUS : airs du folklore. • MONT : Mirjana Mitič. Yougoslavie, 1967 – Couleurs – 1 h 26. ★ **PRIX SPÉCIAL DU JURY, Cannes 1967.**

Parmi les Tziganes exerçant de petits métiers dans la vaste plaine de Yougoslavie vit, insouciant, Bora, un homme jeune et plein de vitalité. Il est amoureux de Tissa et affronte pour elle Mirta, le beau-père de la jeune fille, qui la convoite aussi.

◆ *Reportage unique sur la vie des Tziganes d'Europe centrale. Comme partout ailleurs, les Tziganes sont des exclus que Petrović décrit avec réalisme et sympa-*

thie, à coups de détails vrais et de jovialité. Ils vivent dans l'instant, avec la passion de la liberté, la passion tout court. *B.B.*

J'AI TUÉ JESSE JAMES "I SHOT JESSE JAMES"
Western de **Samuel Fuller**, d'après le roman de Homer Croy, avec Preston Foster, Barbara Britton, John Ireland, Reed Hadley. États-Unis, 1948 – 1 h 20.

Pour toucher une prime, Bob tue son ami Jesse James, le redoutable hors-la-loi. Il devient riche et respecté, mais sa fiancée le quitte. Blessé dans un duel, il lui confie ses remords avant de mourir.

J'AI TUÉ RASPOUTINE
Film historique de **Robert Hossein**, avec Gert Froebe, Peter Mac Enery, Geraldine Chaplin, Robert Hossein. France, 1967 – Couleurs – 1 h 30.

Les souvenirs du prince Félix Youssoupov, en exil à Paris après avoir échappé à la révolution d'Octobre. C'est lui qui fut l'instigateur et le principal exécutant du meurtre du fameux Raspoutine.

J'AI VÉCU L'ENFER DE CORÉE / SERGENT ZACK
"THE STEEL HELMET"
Film de guerre de **Samuel Fuller**, avec Robert Hutton, Steve Brodie, Gene Evans, James Edwards. États-Unis, 1951 – 1 h 24.

Un épisode de la guerre de Corée qui reflète la dureté des épreuves imposées aux soldats américains.

J'AI VINGT ANS "MNE DVADCAT'LET"
Drame de **Marlen Khoutziev**, avec Marina Vertinskaïa, Stanislav Lioubchine, Valentin Popou, Nicolai Goubenko. U.R.S.S. (Russie), 1965 – 2 h 57.

Dans le quartier de la Porte Ilitch à Moscou, des jeunes gens tourmentés s'interrogent sur le sens de leur vie. Sorti deux ans plus tôt sous le titre la Porte Ilitch (Zastava Ilicka), le film, violemment critiqué par Khrouchtchev, avait dû être remanié pour pouvoir être de nouveau projeté.

JALNA
Comédie dramatique de **John Cromwell**, d'après le roman de Mazo de La Roche, avec Kay Johnson, Ian Hunter, C. Aubrey Smith, Jessie Ralph, Nigel Bruce. États-Unis, 1935 – 1 h 15.

Adaptée d'un best-seller canadien, la vie riche en péripéties d'une famille comme les autres.

JALOUSIE "DECEPTION"
Drame psychologique d'**Irving Rapper**, d'après la pièce de Louis Verneuil, avec Bette Davis, Paul Henreid, Claude Rains, John Abbott. États-Unis, 1946 – 1 h 50.

Après quatre années d'absence, un violoncelliste épouse sa fiancée qui l'avait cru mort. Maîtresse d'un célèbre chef d'orchestre, elle le tue quand il menace de révéler sa liaison à son mari.

JAMAIS LE DIMANCHE
"POTE TIN KYRIAKI / NEVER ON SUNDAY"
Comédie de **Jules Dassin**, avec Mélina Mercouri *(Ilya)*, Jules Dassin *(Homer Thrace)*, George Foundas *(Tonio)*, Titos Vandis *(Jorgo)*, Despo Diamantidou *(Despo)*. • SC : J. Dassin. • PH : Jacques Natteau. • DÉC : Alekos Zonis. • MUS : Manos Hadjidakis. Grèce / États-Unis, 1960 – 1 h 37. ★ **PRIX D'INTERPRÉTATION pour Mélina Mercouri, Cannes 1960.**

Le riche Américain Homer Thrace débarque en Grèce. Dans le port du Pirée, il rencontre une belle jeune femme, Ilya, qui est en fait une prostituée, indépendante, joyeuse, et ne travaillant pas le dimanche. Il veut la ramener à une vie honnête, et reçoit l'aide d'un souteneur qui redoute l'exemple donné par Ilya. Quand celle-ci découvre leur accord, elle reprend son métier et dirige la révolte des prostituées. Homer repart en ayant appris la joie de vivre méditerranéenne.

◆ *L'énorme succès commercial s'explique par l'interprétation brillante de Mélina Mercouri, la présence d'une chanson « typique »* (les Enfants du Pirée) *ou l'habileté d'un scénario opposant un intellectuel idéaliste aux réalités de la vie. Le personnage d'Homer peut être compris comme la critique de l'Américain qui cherche à imposer ses valeurs. Mais la vision euphorique de la prostitution est assez gênante.* *J.-P.B.*

JAMAIS PLUS JAMAIS "NEVER SAY NEVER AGAIN"
Film d'espionnage d'**Irvin Kershner**, avec Sean Connery, Klaus Maria Brandauer, Max von Sydow. États-Unis, 1983 – Couleurs – 2 h 13.

Quoiqu'émoussé par les ans, 007 est chargé de neutraliser un dangereux psychopathe qui détient deux missiles atomiques. Un quasi-remake d'Opération Tonnerre.

JAMAIS PLUS TOUJOURS
Drame de **Yannick Bellon**, avec Bulle Ogier, Loleh Bellon, Jean-Marc Bory, Roger Blin, Marianne Epin, Bernard Giraudeau. France, 1976 – Couleurs – 1 h 20.

À la mort d'une comédienne, son amie retrouve à l'hôtel Drouot les objets témoins de leur passé et rencontre un ami qui lui avoue l'avoir aimée autrefois. Ensemble, ils tentent un nouveau départ.

J.A. MARTIN, PHOTOGRAPHE
Comédie dramatique de **Jean Beaudin**, avec Marcel Sabourin, Monique Mercure. Canada (Québec), 1976 – Couleurs – 1 h 40.

Un photographe itinérant s'apprête à se rendre en tournée dans la campagne lorsque sa femme décide de partir avec lui. Au cours du voyage, le couple se redécouvre et se renforce.

JAMES BOND 007 CONTRE DOCTEUR NO
"DOCTOR NO"
Film d'espionnage de **Terence Young**, avec Sean Connery *(James Bond)*, Ursula Andress *(Honey)*, Joseph Wiseman *(Dr No)*, Jack Lord *(Felix Leiter)*, Bernard Lee *(M)*, Anthony Dawson *(professeur Dent)*, Zena Marshall *(miss Taro)*, John Kitzmiller *(Quarrel)*. • SC : Richard Maibaum, Joanna Harwood, Barkley Mather, d'après le roman de Ian Fleming. • PH : Ted Moore. • DÉC : Ken Adam. • MUS : John Barry. • MONT : Peter Hunt. Grande-Bretagne, 1962 – Couleurs – 1 h 45.

L'agent anglais aux Caraïbes ayant été assassiné, James Bond est envoyé sur place où il se lie avec Felix Leiter, l'envoyé de la C.I.A. chargé d'enquêter sur les activités du mystérieux Dr No, qui règne sur l'île interdite de Crab Key. Bond réussit à s'y introduire et, en compagnie de la jolie pêcheuse Honey, il est capturé par les hommes de No. Celui-ci, membre du S.P.E.C.T.R.E., veut s'attaquer aux fusées américaines de la base voisine.

◆ *Ce premier épisode du cycle « James Bond », habilement troussé par Terence Young, vieux routier du film de genre, est une production moyenne dont le succès dépassa toutes les prévisions. Acteur encore peu connu, Sean Connery, âgé de trente-deux ans, y gagna ses galons de vedette, comme la Suissesse Ursula Andress – dont l'apparition en bikini, sortant de l'onde comme la Vénus de Botticelli, reste une image clé de la série, au même titre que les mains mécaniques de l'inquiétant Dr No, émule moderne et post-nucléaire de Fu-Manchu.* G.L.

▷ Voir aussi avec James Bond : AU SERVICE SECRET DE SA MAJESTÉ, BONS BAISERS DE RUSSIE, CASINO ROYALE, DANGEREUSEMENT VÔTRE, LES DIAMANTS SONT ÉTERNELS, L'ESPION QUI M'AIMAIT, GOLDFINGER, L'HOMME AU PISTOLET D'OR, JAMAIS PLUS JAMAIS, MOONRAKER, OCTOPUSSY, ON NE VIT QUE DEUX FOIS, OPÉRATION TONNERRE, PERMIS DE TUER, RIEN QUE POUR VOS YEUX, TUER N'EST PAS JOUER, VIVRE ET LAISSER MOURIR.

JAMES OU PAS
Drame de **Michel Soutter**, avec Harriet Ariel, Jean-Luc Bideau, Serge Nicoloff. Suisse, 1970 – 1 h 30.

D'étranges relations lient pendant quelques heures deux couples d'amis, jusqu'à ce qu'un des hommes soit retrouvé mort dans un champ.

JANE B. PAR AGNÈS V.
Essai d'**Agnès Varda**, avec Jane Birkin. France, 1987 – Couleurs – 1 h 35.

Un portrait-dialogue kaléidoscopique de l'actrice et chanteuse Jane Birkin où celle-ci, tour à tour, se raconte et joue des saynètes en compagnie d'amis comédiens. Humour, tendresse, vérité.

JANE EYRE "JANE EYRE"
Drame psychologique de **Robert Stevenson**, d'après le roman de Charlotte Brontë, avec Orson Welles, Joan Fontaine, Margaret O'Brien. États-Unis, 1944 – 1 h 36.

Le destin romanesque de Jane Eyre qui connut une enfance malheureuse avant de devenir préceptrice dans un sinistre manoir anglais dominé par la personnalité du maître de maison.

▷ Autre version réalisée par **Christy Cabanne**, avec Colin Clive, Beryl Mercer, Jameson Thomas, Aileen Pringle. États-Unis, 1934 – 1 h 02.

JANE SERA TOUJOURS JANE "JANE BLEIBT JANE"
Comédie dramatique de **Walter Bockmayer** et **Rolf Buhrman**, avec Johanna König, Peter Chatel. R.F.A., 1977 – Couleurs – 1 h 25.

Dans un asile de vieillards, une femme qui se prétend la veuve de Tarzan sème le désordre parmi les pensionnaires et devient un objet de curiosité, avant de s'envoler pour l'Afrique.

JANOSIK LE REBELLE "JANOŠIK"
Comédie dramatique de **Martin Frič**, d'après la pièce de Jiři Mahen, avec Palo Biêlik, Zlata Hajduková, Andrej Bagar, Theodor Pistek. Tchécoslovaquie, 1936 – env. 1 h 30.

Au XVIIIe siècle, un jeune étudiant devenu meurtrier s'enfuit dans la montagne et décide de consacrer sa vie à lutter contre les injustices sociales en s'attaquant aux nobles. Il sera arrêté et exécuté.

LE JARDIN D'ALLAH "THE GARDEN OF ALLAH"
Comédie dramatique de **Richard Boleslawski**, d'après le roman de Robert Hichens, avec Marlene Dietrich, Charles Boyer, Basil Rathbone. États-Unis, 1936 – Couleurs – 1 h 25.

Un trappiste s'échappe de son monastère pour épouser une jeune femme, elle-même élevée dans le respect de Dieu. Mais un tiers troublera cette belle entente. Le Technicolor d'époque est remarquable.

LE JARDIN DES DÉLICES
"EL JARDÍN DE LAS DELICIAS"
Comédie dramatique de **Carlos Saura**, avec José Luis Lopez Vasquez, Lucky Soto, Geraldine Chaplin. Espagne, 1970 – Couleurs – 1 h 39.

Les efforts désespérés d'une famille cupide pour faire retrouver la mémoire au riche industriel dont elle dépend mais qui a placé sa fortune à l'étranger.

LE JARDIN DES FINZI CONTINI
"IL GIARDINO DEI FINZI CONTINI"
Drame de **Vittorio De Sica**, d'après le roman de Giorgio Bassani, avec Dominique Sanda, Lino Capolicchio, Helmut Berger, Fabio Testi. Italie, 1970 – Couleurs – 1 h 30. ★ OURS D'OR, Berlin 1971 ; OSCAR DU MEILLEUR FILM ÉTRANGER 1971.

Ferrare, à la fin des années 30. Deux familles se trouvent progressivement exclues de la vie sociale. De Sica a fait passer la chronique avant l'analyse des relations entre les héros.

LE JARDIN DES SUPPLICES
Drame de **Christian Gion**, d'après le roman d'Octave Mirbeau, avec Roger Van Hool, Jacqueline Kerry, Tony Taffin, Jean-Claude Carrière. France, 1976 – Couleurs – 1 h 30.

Envoyé en Chine en 1926, un médecin y rencontre une fascinante créature qui lui montrera comment, pour son plaisir et celui de son père, des esclaves sont torturés. Les révolutionnaires élimineront bientôt ces criminels.

LE JARDIN DES TORTURES "TORTURE GARDEN"
Film fantastique à sketches de **Freddie Francis**, avec Burgess Meredith, Jack Palance, Peter Cushing, Beverly Adams. Grande-Bretagne, 1967 – Couleurs – 1 h 33.

Cinq personnes entrent dans une baraque foraine, dans laquelle le Dr Diabolo va leur révéler leur futur. À voir surtout pour le troisième sketch, opposant Palance et Cushing, dans les rôles de deux collectionneurs des œuvres de Poe, dont l'un conserve chez lui le corps ressuscité.

LE JARDIN DU DIABLE "GARDEN OF EVIL"
Film d'aventures de **Henry Hathaway**, avec Gary Cooper, Susan Hayward, Richard Widmark. États-Unis, 1954 – Couleurs – 1 h 40.

Au Mexique, une femme engage trois aventuriers pour aller délivrer son mari emmuré dans une mine d'or. Mais les Indiens attaquent... Un des grands films d'aventures des années 50.

LE JARDINIER
Essai de **Jean-Pierre Sentier**, avec Maurice Benichou, Michèle Marquais. France, 1980 – Couleurs – 1 h 37. ★ PRIX JEAN-VIGO 1981.

Une usine étrange, où l'on paye les ouvriers en eau et en morceaux de puzzle ; un jardinier amoureux et fantasque... Au rendez-vous de l'insolite, une parabole grinçante sur notre société.

LE JARDINIER D'ARGENTEUIL
Comédie de **Jean-Paul Le Chanois**, avec Jean Gabin, Liselotte Pulver, Noël Roquevert, Curd Jürgens. France / R.F.A., 1966 – Couleurs – 1 h 30.

Monsieur Martin cache sous ses airs débonnaires une âme de faussaire : il fait fonctionner sa planche à billets pour subvenir à ses besoins. Une comédie taillée pour Gabin.

LE JARDIN QUI BASCULE
Drame de **Guy Gilles**, avec Delphine Seyrig, Jeanne Moreau, Anouk Ferjac, Patrick Jouané, Sami Frey, Guy Bedos, Philippe Chemin, Jean-Marie Proslier. France, 1975 – Couleurs – 1 h 20.

Un jeune tueur à gages doit assassiner une femme. Fasciné par celle-ci, il devient son amant. Quand elle le rejette, il la tue et se suicide.

JARDINS DE PIERRE "GARDENS OF STONE"
Drame de **Francis Ford Coppola**, d'après le roman de Nicholas Profitt, avec James Caan, Anjelica Huston. États-Unis, 1987 – Couleurs – 1 h 52.

À l'occasion des funérailles d'un jeune soldat mort au Viêt Nam, le portrait de son père spirituel, militaire amer et désabusé.

JASON ET LES ARGONAUTES
"JASON AND THE ARGONAUTS"
Péplum de **Don Chaffey**, avec Todd Amstrong, Honor Blackman, Gary Raymond, Nancy Kovacs. Grande-Bretagne, 1963 – Couleurs – 1 h 44.

L'expédition de Jason en terre de Colchide à la recherche de la Toison d'or. Si ce film est le chef-d'œuvre du genre mythologique, il le doit avant tout aux fabuleux effets spéciaux de Ray Harryhausen : les dieux sur l'Olympe, le géant de métal ou encore la bataille contre les squelettes.

J'AURAI TA PEAU "I, THE JURY"
Film policier de **Richard T. Heffron**, d'après le roman de Mickey Spillane, avec Armand Assante, Barbara Carrera. États-Unis, 1982 – Couleurs – 1 h 46.

Décidé à venger la mort de son ami, Mike Hammer oriente son enquête vers une étrange clinique.

▷ Voir aussi EN QUATRIÈME VITESSE et SOLO POUR UNE BLONDE.

▷ Autre version réalisée sous le même titre par **Harry Essex**, avec Biff Elliott, Peggie Castle, Preston Foster, Elisha Cook Jr., John Qualen. États-Unis, 1953 – 3-D – 1 h 27.

LA JAVA DES OMBRES

Film policier de **Romain Goupil**, avec Tcheky Karyo, Francis Camus, Anne Alvaro. France, 1983 – Couleurs – 1 h 30.

Les services secrets profitent de la libération d'un activiste pour remonter jusqu'à un groupe fascisant. Un propos dérangeant.

J'AVAIS CINQ FILS "THE SULLIVANS"

Drame de **Lloyd Bacon**, avec Thomas Mitchell, Selena Royle, Anne Baxter, Edward Ryan, Trudy Marshall, John Campbell, James Cardwell, John Alvin. États-Unis, 1944 – 1 h 52.

L'histoire authentique d'une famille cruellement touchée par la guerre. L'enfance et l'adolescence des cinq frères et leur départ pour le front où tous disparaîtront.

JEAN DE FLORETTE

Drame de **Claude Berri**, d'après le roman de Marcel Pagnol *l'Eau des collines* (Tome 1), avec Yves Montand, Gérard Depardieu, Élisabeth Depardieu, Daniel Auteuil. France / Italie, 1986 – Couleurs – 2 h.

Pour faire fortune en cultivant des œillets, Ugolin, conseillé par son oncle, le Papet, détourne la source de Jean de Florette, causant ainsi sa ruine et sa mort.

▷ Voir aussi MANON DES SOURCES.

JEAN DE LA LUNE

Comédie dramatique de **Jean Choux**, d'après la pièce de Marcel Achard, avec Michel Simon, Madeleine Renaud, René Lefèvre. France, 1931 – 1 h 24.

Un fleuriste naïf, surnommé Jean de la Lune, épouse une jeune femme légère. Dans le train qui l'emmène vers une nouvelle aventure, l'infidèle, émue en entendant la chanson « Jean de la Lune », revient auprès de son mari.

▷ Autre version réalisée par : **Marcel Achard**, avec Claude Dauphin, François Périer, Danielle Darrieux, Pierre Dux. France, 1949 – 1 h 34.

JEANNE AU BÛCHER

"GIOVANNA D'ARCO AL ROGO"

Drame de **Roberto Rossellini**, avec Ingrid Bergman, Tullio Carminati. Italie / France, 1954 – Couleurs – 1 h 10.

Adaptation cinématographique de l'opéra de Paul Claudel et Arthur Honegger, dans lequel Jeanne d'Arc, après son supplice, demande à frère Dominique de lui expliquer l'aventure dont elle vient d'être l'héroïne.

JEANNE D'ARC

Drame historique en douze tableaux de **Georges Méliès**. France, 1900 – 240 m (env. 9 mn chacun).

L'histoire édifiante de la sainte guerrière par un des grands pionniers du cinéma.

JEANNE D'ARC "JOAN THE WOMAN"

Biographie historique de **Cecil B. De Mille**, avec Geraldine Farrar (*Jeanne d'Arc*), Wallace Reid (*Trent*), Raymond Hatton (*Charles VII*), Theodore Roberts (*Cauchon*), Hobart Bosworth (*La Hire*), Charles Clary, Franklyn Farnum, Noah Berry. • SC : Jeanie MacPherson. • PH : Alvin Wyckoff. • MONT : C. B. De Mille. États-Unis, 1917 – env. 3 000 m (1 h 51).

La vie de Jeanne d'Arc, jusqu'à son procès et son exécution.

◆ *Réalisée dans le respect le plus absolu de la tradition populaire, cette version de la vie de Jeanne d'Arc est la première tentative de Cecil B. De Mille dans le domaine de la superproduction. Geraldine Farrar était une chanteuse d'opéra alors en pleine gloire. Son interprétation à la fois mystique et physique fut très appréciée. Autour d'elle, de nombreux costumes et décors, une distribution imposante et, selon la Paramount, un millier de figurants. Le film, tourné et distribué au milieu de la Première Guerre mondiale, et que l'on peut donc considérer comme un soutien à l'entrée en guerre des États-Unis, ne connut pas un véritable triomphe. Mais De Mille découvrait là ce qui allait devenir son domaine privilégié : le film épique et colossal.* L.A.

JEANNE D'ARC "JOAN OF ARC"

Biographie historique de **Victor Fleming**, d'après le récit de Maxwell Anderson *Joan of Lorraine*, avec Ingrid Bergman, Jose Ferrer, Francis L. Sullivan. États-Unis, 1948 – Couleurs – 2 h 25.

Reconstitution à grand spectacle qui fut un des grands films américains de la fin des années 40. Ingrid Bergman est une Jeanne d'Arc inspirée et Jose Ferrer un excellent Charles VII.

▷ Voir aussi LA PASSION DE JEANNE D'ARC, LE PROCÈS DE JEANNE D'ARC, SAINTE JEANNE.

JEANNE DIELMAN, 23, QUAI DU COMMERCE, 1080 BRUXELLES

Drame de **Chantal Akerman**, avec Delphine Seyrig (*Jeanne Dielman*), Henri Storck (*Sylvain*), Jacques Doniol-Valcroze (*un client*). • SC : C. Akerman. • PH : Babette Mangolte. • DÉC : Philippe Graff. • MONT : Patricia Canino. France, Belgique, 1976 (RÉ : 1974) – Couleurs – 3 h 20.

Une veuve de quarante-cinq ans, Jeanne Dielman, vit avec son fils Sylvain, âgé de seize ans. Elle subvient à leurs besoins en recevant à domicile des « clients », selon un cérémonial bien réglé, dans lequel la vie familale n'interfère jamais avec la vie professionnelle. Mais cette « mécanique » va peu à peu avoir raison de la malheureuse et, un certain mercredi, tout dérape. Le lendemain, Jeanne Dielman tue son habitué du jeudi.

◆ *Chantal Akerman montre, avec une totale économie de moyens, comment à partir d'une situation chaque jour plus contraignante un être humain est inexorablement conduit à sa perte. Les longs plans fixes, les dialogues à la Bresson dits sur un ton monocorde traduisent un univers vidé de sentiments.* C.D.R.

JEANNE ET LE GARÇON FORMIDABLE

Comédie musicale d'**Olivier Ducastel** et **Jacques Martineau**, avec Virginie Ledoyen, Mathieu Demy, Jacques Bonnaffé. France, 1998 – Couleurs – 1 h 38.

Jeanne, jeune fille libre et volage, rencontre enfin le grand amour, Olivier, qui lui annonce assez vite qu'il est séropositif. Cela ne change rien aux sentiments de Jeanne, mais Olivier décide de ne pas lui infliger le spectacle en phase terminale de sa dégradation. Une histoire d'amour d'aujourd'hui – simple, tendre et tragique – que les auteurs ont audacieusement choisi de traiter en comédie musicale.

JEANNE LA FRANÇAISE "JOANNA FRANCESA"

Drame psychologique de **Carlos Diegues**, avec Jeanne Moreau, Eliezer Gomes, Carlos Kroeber. Brésil / France, 1973 – Couleurs – 1 h 50.

Dans les années 30, une Française tenancière d'un bordel à São Paulo préfère suivre un client dans sa fazenda plutôt que de rentrer en Europe avec un vieil ami. Peu à peu, elle devient la patronne de l'exploitation.

JEANNE LA PUCELLE

Film historique de **Jacques Rivette**, avec Sandrine Bonnaire, André Marcon, Didier Sauvegrain, Bruno Wolkowitch. France, 1994 – Couleurs – 2 h 40 (LES BATAILLES), 2 h 56 (LES PRISONS).

De sa rencontre, à Chinon, avec le dauphin Charles VII, à sa mort, à Rouen, sur le bûcher, le parcours exceptionnel de Jeanne d'Arc. Deux films (LES BATAILLES et LES PRISONS) pour la femme la plus célèbre de l'histoire de France.

JEANNE, PAPESSE DU DIABLE "POPE JOAN"

Chronique de **Michael Anderson**, avec Liv Ullman, Olivia De Havilland, Trevor Howard. Grande-Bretagne, 1974 – Couleurs – 1 h 55.

Le long parcours légendaire d'une petite fille intellectuellement très douée, qui réussit à monter sur le trône de saint Pierre.

JEANNOT L'INTRÉPIDE

Dessin animé de **Jean Image**. France, 1951 – Couleurs – 1 h 20.

Le premier dessin animé français de long métrage, inspiré de l'histoire du Petit Poucet. Jeannot, le jeune héros, se retrouve ensuite au pays des Insectes. Poésie, humour et fraîcheur.

JE CHANTE POUR VOUS "JOLSON SINGS AGAIN"

Biographie musicale de **Henry Levin**, avec Larry Parks, Barbara Hale, William Demarest. États-Unis, 1949 – Couleurs – 1 h 36.

L'histoire de la vie d'Al Jolson, avec quelques-uns des grands succès de son répertoire interprétés par sa propre voix.

▷ Voir aussi LE ROMAN D'AL JOLSON.

J'ÉCRIS DANS L'ESPACE

Film historique de **Pierre Étaix**, **Jean-Claude Carrière** et **Denis Guedj**, interprété par des élèves de l'École nationale du cirque. France, 1989 – Couleurs – 40 mn.

L'histoire du télégraphe inventé par les frères Chappe, système de communication par sémaphores utilisé pour la première fois dans les Flandres le 6 novembre 1792, pour avertir la Convention de la victoire remportée à Jemmapes sur les Autrichiens. Le premier film de fiction tourné en procédé Omnimax.

JE DEMANDE LA PAROLE "JA PRAŠUSLOVA"

Chronique de **Gleb Panfilov**, avec Inna Tchourikova *(Elisaveta Ouvarova)*, Nikolai Goubenko *(Serioja Ouvarov)*, Vassili Choukchine *(Fedia)*, Leonid Bronevoï *(Piotr Altoukhov)*. • SC : G. Panfilov. • PH : Alexandre Antipenko. • DÉC : Marksen Gaouhman-Sverdlov. • MUS : Vadim Bibergan. U.R.S.S. (Russie), 1976 – Couleurs – 2 h 15.

Le fils d'Elisaveta Ouvarova vient de mourir accidentellement d'une balle malencontreusement tirée. Maire d'une petite ville, celle-ci doit pourtant continuer à faire face à ses responsabilités politiques et sociales malgré les doutes qui l'assaillent, sur le système et sur sa propre vie.

◆ *Sous couvert d'un idéalisme grandiose, à l'image de son personnage, Panfilov se livre en profondeur à la critique subtile d'un régime oppressant. Un morceau d'anthologie : le duel téléphonique entre Elisaveta Ouvarova et le dramaturge sur le problème de la liberté et de la censure, de la morale et de l'art.* C.D.R.

JE DONNERAIS UN MILLION "Darò un milione"

Comédie dramatique de **Mario Camerini**, avec Vittorio De Sica, Assia Noris, Luigi Almirante. Italie, 1935 – 1 h 19.

Un millionnaire fatigué de vivre se déguise en miséreux et offre un million à qui accomplira un acte de bonté à son égard.

JEFF

Drame de **Jean Herman**, avec Alain Delon, Mireille Darc, Suzanne Flon. France, 1969 – Couleurs – 1 h 32.

Le hold-up est réussi, mais Jeff a disparu... L'appât du gain et l'amitié trahie relancent constamment l'action.

JE HAIS LES ACTEURS

Comédie policière de **Gérard Krawczyk**, d'après le roman de Ben Hecht, avec Jean Poiret, Michel Blanc, Bertrand Blier, Michel Galabru, Pauline Lafont, Dominique Lavanant. France, 1986 – Couleurs – 1 h 30.

On tourne un film de cape et d'épée, à Hollywood, en 1942. Mais trois acteurs sont successivement assassinés. L'esprit des Marx Brothers n'est pas loin.

JE LA CONNAISSAIS BIEN

"Io la conoscevo bene"

Drame d'**Antonio Pietrangeli**, avec Stefania Sandrelli, Ugo Tognazzi, Jean-Claude Brialy. Italie / France, 1966 – Couleurs – 2 h 05.

Une jeune et jolie manucure se jette dans les bras d'un escroc, d'un boxeur, d'un metteur en scène... Les mésaventures d'une âme naïve dans une société aliénée.

JE L'AI ÉTÉ TROIS FOIS

Comédie de **Sacha Guitry**, avec Sacha Guitry, Bernard Blier, Lana Marconi. France, 1952 – 1 h 21.

Un acteur vieillissant, mais portant beau, séduit une spectatrice mariée et se joue du cocu dont c'est la troisième infortune.

J'EMBRASSE PAS

Drame d'**André Téchiné**, avec Philippe Noiret, Emmanuelle Béart, Manuel Blanc. France / Italie, 1991 – Couleurs – 1 h 55.

La descente aux enfers d'un jeune infirme du cœur qui n'aime ni donner ni recevoir. Derniers cercles : la prostitution au bois de Boulogne puis la Légion.

JE N'AI PAS TUÉ LINCOLN

"The Prisoner of Shark Island"

Film historique de **John Ford**, avec Warner Baxter *(Dr Samuel Mudd)*, Gloria Stuart *(Peggy Mudd)*, Claude Gillingwater *(colonel Dyer)*, Arthur Byron, Harry Carey, Francis Ford, John Carradine, O.P. Heggie. • SC : Nunnally Johnson. • PH : Bert Glennon. • DÉC : William Darling, Thomas Little. • MUS : Louis Silver. • MONT : Jack Murray. États-Unis, 1936 – 1 h 35.

Un médecin sudiste, Samuel Mudd, soigne un jour un homme sans le connaître. Il s'agit de l'assassin de Lincoln, blessé lors de l'attentat. Mudd est arrêté puis, après un procès inique, condamné à la prison à vie. Il est détenu dans un bagne situé sur « l'Île aux Requins », au large de la Floride. Lors d'une épidémie de fièvre jaune, son attitude héroïque lui vaut d'être gracié, puis réhabilité grâce au courage de sa femme qui lutte pour sa cause.

◆ *Lincoln est la figure centrale de l'œuvre de John Ford. Il l'aborde ici d'une manière originale, en retraçant l'histoire authentique du docteur Mudd, victime des circonstances et de ses origines sudistes. Sur un scénario sans faille, Ford réalise un film grave et austère. Remarquable interprétation de Warner Baxter.* *L.A.*

JENATSCH

Film fantastique de **Daniel Schmid**, avec Michel Voita, Christine Boisson, Vittorio Mezzogiorno, Jean Bouise, Laura Betti, Carole Bouquet. Suisse / France, 1986 – Couleurs – 1 h 37.

Enquêtant sur l'assassinat d'un héros suisse du XVIIe siècle, un journaliste rencontre de curieux personnages. Il est victime d'une crise de folie où passé et présent se confondent et découvre finalement que c'est lui le meurtrier.

JE NE SUIS PAS UN ANGE "I'm no Angel"

Comédie de **Wesley Ruggles**, avec Mae West, Cary Grant, Edward Arnold. États-Unis, 1933 – 1 h 27.

Une opulente et sexy dompteuse de cirque dresse tout aussi bien les hommes. Celui sur lequel elle a jeté son dévolu devient un mâle soumis.

JE NE VOIS PAS CE QU'ON ME TROUVE

Comédie de **Christian Vincent**, avec Jackie Berroyer, Karin Viard, Tara Romer. France, 1997 – Couleurs – 1 h 35.

Pierre-Yves est un humoriste connu, qu'une tournée en province ramène dans sa ville minière natale. Il drague vaguement son accompagnatrice, se prend au jeu, se fait éconduire et retrouve son enfance de « loser » né. Peu d'événements, mais des dialogues ciselés, une mise en scène efficace et sobre, un étonnant numéro d'acteur et un portrait juste, quoique désabusé, d'une certaine province.

JE NE VOULAIS PAS ÊTRE UN NAZI "KIRMES"
Drame de **Wolfgang Staudte**, avec Götz George, Juliette Mayniel, Hans Mahnke, Wolfgang Reichman. R.F.A., 1960 – 1 h 43.

À la fin de la guerre, un jeune soldat allemand qui ne peut plus supporter la tuerie se réfugie dans son village natal. Mais comme personne n'ose protéger un déserteur et qu'il n'a plus le courage de fuir devant les nazis, il se suicide.

JENNY
Comédie dramatique de **Marcel Carné**, avec Françoise Rosay, Albert Préjean, Charles Vanel, Jean-Louis Barrault, Lisette Lanvin, Roland Toutain, Sylvia Bataille. France, 1936 – 1 h 45.

Une jeune fille qui ignore tout de la vie de sa mère la suit un soir et découvre qu'elle dirige une boîte de nuit. Elle y tombe amoureuse de l'amant de sa mère, et celle-ci s'efface.

JENNY, FEMME MARQUÉE "SHOCKPROOF"
Comédie dramatique de **Douglas Sirk**, avec Cornel Wilde, Patricia Knight, John Baragrey. États-Unis, 1949 – 1 h 19.

La difficile réinsertion d'une condamnée au bagne à perpétuité, aimée d'un policier.

J'ÉPOUSE MA FEMME "BEDTIME STORY"
Comédie d'**Alexander Hall**, avec Fredric March, Loretta Young, Robert Benchley, Allyn Joslyn, Eve Arden. États-Unis, 1943 – 1 h 25.

Une comédienne désire se retirer de la scène, mais elle se heurte à son mari qui voudrait lui voir interpréter sa dernière pièce. Elle le quitte pour un banquier insipide puis revient auprès de lui.

JEREMIAH JOHNSON "JEREMIAH JOHNSON"
Western de **Sydney Pollack**, avec Robert Redford *(Jeremiah Johnson)*, Will Greer *(Bear Claw)*, Stephan Gierasch *(Del Gue)*, Allyn McLerie. • SC : John Milius, Edward Anhalt, d'après le roman de Vardis Fisher *Mountain Man* et la nouvelle de Raymond Thorp et Robert Bunker *Crowkiller*. • PH : Duke Callaghan. • DÉC : Ted Haworth. • MUS : John Rubinstein, Tim McIntire. • MONT : Thomas Stanford. États-Unis, 1972 – Couleurs – 1 h 48.

Jeremiah Johnson fuit les villes et son passé pour renaître au sein de la nature sauvage des montagnes Rocheuses. Là, il apprend à survivre auprès des trappeurs et des Indiens et s'installe avec une Indienne et un enfant recueilli. Mais la tragédie va frapper et il perd sa famille. Il se venge, appelant d'autres vengeances. Mais toujours il survit, devenant une légende vivante.

◆ *Une fable écologique qui évoque le Jack London de* Construire un feu, *où, dans de beaux paysages enneigés, Jeremiah apprend que la liberté et la beauté s'acquièrent par la souffrance et par la violence donnée et reçue. Au bout de cette initiation spartiate, il y a peut-être la reconnaissance et la paix.* S.K.

JE RETOURNE CHEZ MAMAN
"THE MARRYING KING"
Comédie de **George Cukor**, avec Judy Holliday, Aldo Ray, Madge Kennedy. États-Unis, 1952 – 1 h 33.

Deux jeunes époux qui veulent divorcer se retrouvent chez un juge bienveillant qui parvient à les réconcilier.

JE REVIENDRAI À KANDARA
Drame policier de **Victor Vicas**, d'après le roman de Jean Hougron, avec Daniel Gélin, François Périer, Bella Darvi, Jean Brochard. France, 1957 – Couleurs – 1 h 35.

De retour de Kandara où il a échoué, un professeur de français en pleine crise conjugale est effrayé par le comportement bizarre d'un homme qu'il sait être l'assassin d'un usurier.

JÉRICHO
Drame d'**Henri Calef**, avec Pierre Brasseur, Louis Seigner, René Génin, Larquey, Palau. France, 1946 – 1 h 57.

Durant la guerre, à Amiens, des prisonniers doivent être exécutés à l'aube. Chacun réagit selon son tempérament.

JERRY CHEZ LES CINOQUES
"THE DISORDERLY ORDERLY"
Comédie de **Frank Tashlin**, avec Jerry Lewis, Glenda Farrell, Everett Sloane. États-Unis, 1964 – Couleurs – 1 h 30.

Le fils d'un grand médecin ne parvient qu'à être infirmier dans un hôpital psychiatrique. Il souffre lui-même du « complexe de sympathie » qui se manifeste par une violente souffrance à la vue de celle des autres. Un film burlesque, mais aussi pathétique et parfois très cruel.

JERRY LA GRANDE GUEULE "THE BIG MOUTH"
Comédie de **Jerry Lewis**, avec Jerry Lewis, Harold J. Stone, Susan Day. États-Unis, 1967 – Couleurs – 1 h 47.

Un comptable sans histoires, Gerald, pêche un homme-grenouille durant ses vacances. Ce dernier meurt dans ses bras. Gerald ne peut voir son visage. Il s'agissait d'un gangster, sosie de Gerald, qui va avoir alors une meute de bandits à ses trousses sans comprendre ce qui lui arrive.

JERRY MAGUIRE "Jerry Maguire"
Comédie dramatique de **Cameron Crowe**, avec Tom Cruise, Cuba Gooding Jr., Renee Zellweger, Kelly Preston. États-Unis, 1996 – Couleurs – 2 h 18.

Agent des champions, Jerry croit pouvoir dénoncer les dérives commerciales du sport. Renvoyé, il décide de fonder sa propre agence, mais toutes les stars qu'il a « coachées » se dérobent. Il ne lui reste plus qu'une secrétaire dévouée et amoureuse et un seul client, Rod Tidwell, ombrageux et imprévisible. C'est avec eux qu'il va essayer de remonter la pente. Tonique, efficace et sans surprise.

JERRY SOUFFRE-DOULEUR "The Patsy"
Comédie de **Jerry Lewis**, avec Jerry Lewis *(Stanley Belt)*, Everett Sloane *(Caryl Ferguson)*, Ina Balin *(Ellen Betz)*, Keenan Wynn *(Harry Silver)*, Peter Lorre *(Morgan Heywood)*, John Carradine *(Bruce Alden)*, Phil Harris *(Chic Wymore)*. • SC : J. Lewis, Bill Richmond. • PH : Wallace Kelley. • DÉC : Hal Pereira, Carey Odell, Sam Comer, Ray Moyer. • MUS : David Raksin. • MONT : John Woodcock, Arthur P. Schmidt. États-Unis, 1964 – Couleurs – 1 h 41.

Après la mort d'un acteur célèbre dans un accident d'avion, ses managers décident de lui trouver un remplaçant. Ils choisissent au hasard un simple groom d'hôtel, Stanley, et tentent, en vain, au cours d'un entraînement intensif, de lui inculquer l'art du comique. Le jour de son premier grand spectacle, abandonné de tous, il doit improviser et révèle alors un immense talent. Reprenant confiance en lui, Stanley déclare à ses managers qu'il est désormais le chef et qu'il les conserve auprès de lui, mais qu'il ne garde pas Ellen, sa secrétaire, préférant l'épouser...

◆ *Le ratage de l'effet comique, aboutissant au non-rire du spectateur, est sans doute la hantise de tout comédien qui travaille dans ce genre difficile. Le film, qui montre un Stanley incompris accumulant sans succès les tentatives pour provoquer le rire (ce qui se produit tout de même au second degré, c'est-à-dire pour le spectateur du film), totalement fondé sur l'échec du processus comique, prend alors valeur d'exorcisme pour le cinéaste. L'histoire qu'il raconte est par ailleurs un peu la sienne et contient de nombreuses allusions à sa carrière. S'il se prend pour cible, c'est pour mieux donner une magistrale leçon de comique, que ses détracteurs pourraient étudier avec profit.* *F.L.*

JE SAIS OÙ JE VAIS "I Know Where I'm Going"
Comédie dramatique de **Michael Powell** et **Emeric Pressburger**, avec Roger Livesey, Wendy Hiller, Finlay Currie, Pamela Brown. Grande-Bretagne, 1945 – 1 h 32.

Une jeune femme ambitieuse veut épouser un vieil homme très riche mais elle s'amourache d'un jeune capitaine.

JE SAIS QUE TU SAIS "Io so che tu sai che io so"
Comédie d'**Alberto Sordi**, avec Alberto Sordi, Monica Vitti, Isabella De Bernardi. Italie, 1982 – Couleurs – 1 h 46.

Un homme qui se croit heureux en famille découvre par hasard qu'il n'en est rien. Un rôle sur mesure pour son auteur.

JE SAIS RIEN MAIS JE DIRAI TOUT
Comédie de **Pierre Richard**, avec Pierre Richard, Bernard Blier, Bernard Haller, Danièle Minazzoli. France, 1973 – Couleurs – 1 h 20.

Fils d'un marchand de canons, Pierre Gastié-Leroy préfère le métier d'éducateur social. Après un passage en prison, il rejoint l'usine familiale pour y semer la zizanie. Notre comique lunaire se transforme ici en un féroce dénonciateur : patrons, vendeurs d'armes meurtrières sont, entre autres, égratignés.

JE SUIS CURIEUSE "Jag är nyfiken"
Comédie dramatique de **Vilgot Sjöman**, avec Lena Nyman, Borje Ahlstedt, Peter Lindgren. Suède, 1968 – 1 h 35.

Quelques semaines de la vie sentimentale d'une jeune actrice, partagée entre le tournage d'un film, sa liaison avec le réalisateur et ses débordements amoureux en tout genre.

JE SUIS PHOTOGÉNIQUE "Sono fotogenico"
Comédie de **Dino Risi**, avec Renato Pozzeto, Edwige Fenech, Aldo Maccione. Italie, 1980 – Couleurs – 1 h 45.

Un grand adolescent de trente ans se rend à Rome pour devenir acteur. Il traîne dans les milieux cinématographiques où il est surtout engagé dans des rôles de cinquième couteau...

JE SUIS PIERRE RIVIÈRE
Drame de **Christine Lipinska**, avec Jacques Spiesser, Michel Robin, Thérèse Quentin, Marianne Epin, Isabelle Huppert, André Rouyer, Francis Huster. France, 1976 – Couleurs – 1 h 20.

Au XIXe siècle, dans un village normand, Pierre Rivière tue sa mère et sa sœur, qui humiliaient sans cesse son père. Jugé, condamné à mort, gracié par le roi, il préfère se pendre dans sa cellule. (Voir aussi MOI, PIERRE RIVIÈRE...).

JE SUIS TIMIDE, MAIS JE ME SOIGNE
Comédie de **Pierre Richard**, avec Pierre Richard, Aldo Maccione, Mimi Coutelier, Jacques François. France, 1978 – Couleurs – 1 h 30.

Le caissier d'un palace de Vichy tombe amoureux d'une cliente. Mais il est timide et il aura bien du mal à lui déclarer son amour.

JE SUIS UN AUTARCIQUE
"IO SONO UN AUTARCHICO"
Comédie de **Nanni Moretti**, avec Nanni Moretti, Lorenza Codignola, Paolo Beniamino. Italie, 1976 – Couleurs – 1 h 35.

Un jeune metteur en scène d'avant-garde cherche à monter une troupe pour jouer sa pièce. Non sans difficultés, chaque comédien apportant ses problèmes personnels avec lui.

JE SUIS UN AVENTURIER "THE FAR COUNTRY"
Western d'**Anthony Mann**, avec James Stewart, Ruth Roman, Corinne Calvet, Walter Brennan. États-Unis, 1955 – Couleurs – 1 h 35.

Dans des paysages grandioses, deux aventuriers partent à la recherche de l'or. Un des plus beaux westerns d'Anthony Mann.

JE SUIS UN CRIMINEL "THEY MADE ME A CRIMINAL"
Comédie dramatique de **Busby Berkeley**, avec John Garfield, Claude Rains, Gloria Dickson. États-Unis, 1939 – 1 h 32.

Un champion de boxe, sur le point de sombrer dans la délinquance, se refait une santé morale chez des paysans de l'Arizona. Le rôle qui fit de John Garfield une grande vedette.

▷ Remake de THE LIFE OF JIMMY DOLAN d'**Archie Mayo**, d'après la pièce de Bertram Millhauser et Beulah Marie Dix, avec Douglas Fairbanks Jr., Loretta Young, Aline MacMahon, Guy Kibbee, Lyle Talbot. États-Unis, 1933 – 1 h 25.

JE SUIS UN ÉVADÉ
"I AM A FUGITIVE FROM A CHAIN GANG"
Thriller de **Mervyn Le Roy**, avec Paul Muni *(Willen)*, Glenda Farrell *(Marie)*, Helen Wilson *(Helen)*, Preston Foster *(Pete)*. • SC : Howard J. Green, Brown Holmes, d'après le récit de Robert Burns. • PH : Sol Polito. • DÉC : Jack Okey. • MUS : Leo F. Forbstein. • MONT : William Holmes. États-Unis, 1932 – 1 h 16.

Un innocent est incarcéré dans un pénitencier où les méthodes pratiquées sont intolérables. Il s'évade, refait sa vie dans un autre État, accepte de retourner au bagne, jusqu'à sa prochaine réhabilitation. Mais il n'est pas acquitté. Désespéré, il s'évade de nouveau et vole pour survivre.

◆ *Un film digne et émouvant, dans la tradition de critique sociale de la Warner Bros. La création lourde, sobre et convaincue de Paul Muni est exemplaire. La mise en scène est classique et inventive, surtout dans la description de la vie inhumaine du bagne. Le dernier plan, où Muni recule dans l'obscurité en déclarant à sa fiancée : « Maintenant, je vole », évoque irrésistiblement Bresson par sa façon de finir à « contretemps » dans un « inachèvement » volontaire.* S.K.

JE SUIS UN FUGITIF "THEY MADE ME A FUGITIVE"
Film policier d'**Alberto Cavalcanti**, avec Sally Gray, Trevor Howard, Griffith Jones. Grande-Bretagne, 1947 – 1 h 43.

Un ancien aviateur, dont la réinsertion dans la vie civile s'avère difficile, se laisse entraîner dans une bande de trafiquants. D'une rare violence pour l'époque.

JE SUIS UN NÈGRE / LA DEMEURE DES BRAVES
"HOME OF THE BRAVE"
Drame psychologique de **Mark Robson**, avec Douglas Dick, Steve Brodie, Jeff Corey, Lloyd Bridges. États-Unis, 1949 – 1 h 25.

Drame racial pour un commando chargé d'une dangereuse mission pendant la guerre et dont le spécialiste en topographie est un Noir. Un sujet courageux.

JÉSUS-CHRIST SUPERSTAR
"JESUS CHRIST SUPERSTAR"
Comédie musicale de **Norman Jewison**, avec Ted Neeley, Carl Anderson, Yvonne Elliman. États-Unis, 1973 – Couleurs – 1 h 45.

Des jeunes descendent d'un car. Ils se costument et, en plein désert, jouent les derniers événements marquants de la vie du Christ. Le gigantisme de cette comédie musicale (adaptée d'un show théâtral) contredit le message contestataire et vaguement hippie que sont censés transmettre les principaux personnages.

JÉSUS DE MONTRÉAL
Comédie dramatique de **Denys Arcand**, avec Lothaire Bluteau *(Daniel)*, Catherine Wilkening *(Mireille)*, Johanne-Marie Tremblay *(Constance)*, Rémy Girard *(Martin)*, Robert Lepage *(René)*, Gilles Pelletier *(le père Leclerc)*. • SC : D. Arcand. • PH : Guy Dufaux. • DÉC : François Séguin. • MUS : Yves Laferrière. • MONT : Isabelle Dedieu. Canada (Québec), 1989 – Couleurs – 1 h 58.

Daniel, un jeune acteur, accepte de mettre en scène la Passion, pour un spectacle devant avoir lieu dans un parc, devant une église. Il part à la recherche d'acteurs prêts à tout quitter pour le suivre ; il arrache ainsi Constance, Martin et d'autres à des petits boulots, « pubs » humiliantes ou doublages de films pornos. Le spectacle, grandiose et dérangeant, propose une lecture révolutionnaire des Évangiles, attire les spectateurs en masse, et provoque de nombreux remous. Les autorités cléricales décident de l'interdire.

◆ *Chef-d'œuvre d'humour, d'intelligence et d'émotion, ce film est passionnant tant par la réinterprétation des Évangiles qu'il propose que par le regard acerbe et critique qu'il promène sur la société moderne en général et le monde du « show-biz » en particulier. C'est ainsi, pour reprendre les propos d'Arcand, qu'on y parle aussi bien « du Big Bang que de la formule du Coca-Cola, du monologue d'Hamlet que des fascistes qui communient tous les jours, bref, de tout ce qui est incontournable ».* *L.A.*

JÉSUS DE NAZARETH "GESÙ DI NAZARETH"

Film historique de **Franco Zeffirelli**, avec Robert Powell, Olivia Hussey, James Mason, Anne Bancroft, Anthony Quinn, Michael York, Rod Steiger. Italie / Grande-Bretagne, 1976 – Couleurs – 2 h 15.

Vie, enseignement et mort de Jésus de Nazareth dans la Palestine occupée par les Romains. Un film d'une rare beauté, fidèle au message des Évangiles.

JE T'AIME, JE T'AIME

Film fantastique d'**Alain Resnais**, avec Claude Rich *(Claude Ridder)*, Olga Georges-Picot *(Catrine)*, Anouk Ferjac *(Wiana Lust)*. • SC : Jacques Sternberg. • PH : Jean Boffety. • DÉC : Jacques Dugied, Auguste Pace. • MUS : Krysztof Penderecki. • MONT : Colette Leloup, Albert Jurgenson. France, 1968 – 1 h 31.

Claude Ridder, rescapé d'une tentative de suicide, représente un cas qui intéresse les savants. Puisqu'il a vécu entre la vie et la mort, il est le cobaye idéal pour un voyage dans le temps. Claude accepte de se soumettre à l'expérience. On le place dans une énorme machine et il est précipité, pendant une minute, dans le passé : exactement un an avant la date de ce « voyage ». Mais la machine se détraque et Claude est ballotté dans d'autres moments de son passé. La science est confuse et impuissante.

◆ *Cette histoire-puzzle est fascinante. On ne comprend pas vraiment qui sont les personnages qui l'animent ni ce qu'ils représentent exactement pour le héros. Son drame est profond mais demeure mystérieux. Des éclairs d'explications nous mettent sur la voie, mais insuffisamment. Une sourde poésie se dégage de ces méandres psychologiques qui mettent en présence et presque en conflit, non pas seulement le présent et le passé, mais le conscient et l'inconscient. Resnais est parvenu à créer une atmosphère angoissante, inoubliable.* *G.S.*

JE T'AIME, MOI NON PLUS

Drame de **Serge Gainsbourg**, avec Jane Birkin, Joe Dallessandro, Hugues Quester, René Koldenoff, Jimmy Lover Man Davis, Gérard Depardieu. France, 1976 – Couleurs – 1 h 30.

Un marginal, malgré son homosexualité, s'éprend d'une serveuse androgyne. Jaloux, son ami tentera d'étouffer la jeune femme. Les deux hommes finiront par l'abandonner.

J'ÉTAIS UNE AVENTURIÈRE

Comédie dramatique de **Raymond Bernard**, avec Edwige Feuillère, Jean Murat, Marguerite Moréno, Jean Max, Jean Tissier. France, 1938 – 1 h 43.

Soumise au chantage d'anciens complices, des escrocs mondains, une jeune femme est obligée d'avouer à son mari son passé ténébreux.

▷ Autres versions réalisées par : **Gregory Ratoff**, sous le titre I WAS AN ADVENTURESS, avec Vera Zorina, Erich von Stroheim, Peter Lorre, Richard Greene, Sig Rumann. États-Unis, 1940 – 1 h 21. **Raymond Bernard**, sous le titre LE SEPTIÈME COMMANDEMENT, avec Edwige Feuillère, Jacques Dumesnil, Jacques Morel. France, 1957 – 1 h 36.

LA JETÉE

« Photo-roman » fantastique de **Chris Marker**, avec Davos Hanich *(l'homme)*, Hélène Chatelain *(la femme)*, Jean Négroni *(le récitant)*, Jacques Ledoux, André Heinrich. , • SC : C. Marker • PH : C. Marker. • MUS : Trevor Duncan et liturgie russe du samedi saint. • MONT : Jean Ravel. • PR : Argos Films. France, 1962 – 29 mn. ★ **PRIX JEAN-VIGO 1963 ; ASTRONEF D'OR, Trieste 1963.**

À la suite de la Troisième Guerre mondiale, qui a détruit Paris, quelques survivants s'installent dans les souterrains de Chaillot. Pour sauver cette humanité condamnée, on décide de projeter dans le Temps des émissaires, qui appelleraient le passé et l'avenir au secours du présent. Un homme est choisi pour sa fixation sur un souvenir. Envoyé dans le passé, il rencontre une femme et découvre avec elle le bonheur d'instants partagés. Devant le succès de ces expériences, on tente alors de l'envoyer dans l'avenir. Il se trouve face aux hommes du futur et sollicite leur aide. Plutôt que de choisir ce monde pacifié, qui propose de l'accueillir, il décidera de renouer avec son passé, sa vie d'homme, mais aussi sa propre mort, sur la jetée d'Orly.

◆ **L'immobilité d'un monde sans avenir**

Ce film où les hommes ne peuvent être sauvés que par leur avenir, où un enfant voit mourir devant lui l'adulte qu'il sera échappe à toute explication « rationnelle ». Comme le héros, le spectateur est convié à un voyage dans le temps, dont il ne sort pas indemne : au bout de la Jetée, *c'est son espace mental, fait d'images d'amour et de mort, qu'il aura traversé. La profonde émotion qui se dégage de ce court métrage n'est pas étrangère à sa forme même. Cette succession de photographies, d'où le récit surgit progressivement grâce au commentaire d'une voix anonyme, nous fait sentir l'immobilité d'un monde sans avenir. Dans ce monde figé, où les images mentales ne sont que des « instantanés », il suffit d'un seul mouvement pour que renaisse la vie : il viendra de la femme ouvrant les yeux pour regarder autour d'elle. Dans cette transformation de la fixité en mouvement, du révolu en devenir, c'est aussi le passage de la photographie au cinéma qui est représenté.* *F.J.*

JE TE TIENS, TU ME TIENS PAR LA BARBICHETTE

Comédie satirique de **Jean Yanne**, avec Jean Yanne, Mimi Coutelier, Micheline Presle, Jacques François, Michel Duchaussoy. France, 1978 – Couleurs – 1 h 40.

On a kidnappé l'animateur de télé le plus populaire ! Le commissaire Chodaque, chargé de l'enquête, s'en donne à cœur joie. Après la radio *(Tout le monde il est beau...)*, Jean Yanne s'attaque à la télévision avec le même humour mordant.

JE, TU, IL, ELLE

Drame psychologique de **Chantal Akerman**, avec Chantal Akerman, Niels Arestrup, Claire Wauthion. Belgique, 1974 – 1 h 30.

Les derniers soubresauts de l'adolescence pour une jeune fille qui effectue avec douleur son passage vers l'âge adulte.

LE JEU AVEC LE FEU

Comédie dramatique d'**Alain Robbe-Grillet**, avec Jean-Louis Trintignant, Philippe Noiret, Anicée Alvina, Philippe Ogouz, Agostina Belli, Sylvia Kristel. France, 1975 – Couleurs – 1 h 49.

Pour protéger sa fille d'une menace d'enlèvement, un banquier fait appel à un détective qui suggère de la mettre en sécurité dans une maison de plaisirs. Un film déroutant qui se joue de la chronologie.

LE JEU DE LA POMME "Hra o jablko"

Comédie de **Vera Chytilova**, avec Dagmar Blahova, Jiri Menzel, Evelina Steinmarova. Tchécoslovaquie, 1976 – Couleurs – 1 h 35.

Un gynécologue collectionne les conquêtes auprès des infirmières de sa clinique. Quand l'une d'elle s'attache à lui, il la repousse comme toutes les autres. Enceinte, elle quitte l'hôpital et décide d'élever seule son enfant.

LE JEU DE LA VÉRITÉ

Drame psychologique de **Robert Hossein**, avec Jean Servais, Jean-Louis Trintignant, Paul Meurisse, Robert Hossein, Nadia Gray, Françoise Prévost, Perrette Pradier, Jeanne Valérie. France, 1961 – 1 h 25.

Réunis dans une maison de campagne, les invités d'un écrivain s'égratignent au « jeu de la vérité ». La présence d'un maître chanteur corse la situation.

JEU DE MASSACRE

Comédie d'**Alain Jessua**, avec Jean-Pierre Cassel, Claudine Auger, Michel Duchaussoy. France, 1967 – Couleurs – 1 h 30.

Un auteur de bandes dessinées utilise les récits d'un jeune mythomane, Bob, pour son nouvel album. Mais Bob s'identifie lui-même au héros de fiction.

LE JEU DU FAUCON

"The Falcon and the Snowman"

Film d'espionnage de **John Schlesinger**, avec Timothy Hutton, Sean Penn, David Suchet. États-Unis, 1984 – Couleurs – 2 h 11.

Chris travaille à la C.I.A. Dégoûté des agissements de son pays, il utilise son ami Daulton pour transmettre des informations aux services secrets soviétiques.

LE JEU DU SOLITAIRE

Drame de **Jean-François Adam**, avec Sami Frey, Alida Valli, Romain Tagli, Emmanuel Ulmo, Tanya Lopert, Jean-Claude Carrière, François Perrot. France, 1976 – Couleurs – 1 h 30.

Un psychiatre, Julien Vogel, qui est allé chez son ex-femme pour voir son fils, découvre un matin le corps de celui-ci, poignardé. Julien, qui éprouve une étrange affection pour le meurtrier, un camarade de son fils, se suicide.

JEUNE AMÉRIQUE "Young America"

Comédie dramatique de **Frank Borzage**, d'après la pièce de John Frederick Ballard, avec Spencer Tracy, Doris Kenyon, Tommy Conlon, Ralph Bellamy. États-Unis, 1932 – 1 h 14.

Deux amis qui vivent d'expédients et de petits larcins sont considérés comme des délinquants sans scrupules. Mais l'un d'eux, orphelin, retrouve le droit chemin.

JEUNE AMOUR "ŘEKA"
Comédie dramatique de **Josef Rovenský**, avec Vasá Jalovec, Jarmila Beranková, Jaroslav Vojta, Hermina Vojtová, Jan Svítak. Tchécoslovaquie, 1933 – env. 1 h 30.

De retour dans son village après un séjour en prison, un braconnier retrouve son fils et la jeune fille qu'il aime. Le jeune homme risque sa vie pour lui faire plaisir.

LE JEUNE CASSIDY "YOUNG CASSIDY"
Biographie de **Jack Cardiff** et **John Ford**, avec Rod Taylor, Maggie Smith, Flora Robson. Grande-Bretagne, 1964 – Couleurs – 1 h 50.

Le film s'inspire de la vie de Sean O'Casey, grand romancier irlandais, et de ses débuts dans le Dublin des années 1900, agité par la révolution. John Ford, malade, n'a pu terminer le film. Cardiff le remplaça en suivant fidèlement le script.

JEUNE ET INNOCENT "YOUNG AND INNOCENT"
Film policier d'**Alfred Hitchcock**, avec Nova Pilbeam, Derrick de Marney, Percy Marmont. Grande-Bretagne, 1937 – 1 h 23.

Un jeune homme, à qui l'on a volé son imperméable, est accusé du meurtre d'une femme, étranglée avec la ceinture du vêtement. Au procès, il s'échappe pour mener lui-même son enquête.

LA JEUNE FILLE "THE YOUNG ONE"
Drame de **Luis Buñuel**, avec Zachary Scott, Kay Meersman, Bernie Hamilton, Graham Denton. Mexique / États-Unis, 1960 – 1 h 35.

Un Noir accusé de viol se réfugie sur une petite île où vit un garde-chasse et une jeune fille, pour lesquels il finira par travailler. Mais, de nouveau traqué, il devra fuir encore.

LA JEUNE FILLE "DEVOJKA"
Film de guerre de **Mladomir [Puriša] Djordević**, avec Milena Dravić *(la jeune fille)*, Ljubiša Samardžić *(le garçon)*, Rade Marković, Siniša Ivetić, Bekim Fehmiu, Mija Aleksić. • SC : P. Djordević. • PH : Branko Perak. • DÉC : Miodrag Hadžić. • MONT : Vojislav [Vanja] Bjenjaš. Yougoslavie, 1965 – 1 h 38.

Une histoire d'amour entre deux jeunes résistants pendant la Seconde Guerre mondiale, sur le front yougoslave.

◆ *Premier volet d'un tryptique poétique sur la lutte héroïque des partisans pendant la guerre de libération nationale. Le ton personnel rompt avec la vision dominante des films de partisans romantiques et stéréotypés des années 50. Ici, le mélange de quatre récits, de quatre visions subjectives des événements aborde plus profondément le drame de chaque individu confronté à la dureté des combats et à l'obsédante présence de la mort. L'écriture quoique compliquée témoigne d'une liberté et d'une audace narrative que les deux films suivants,* le Rêve et l'Aube, *confirmeront (Voir ce dernier titre).* *A.K.*

LA JEUNE FILLE AU CARTON À CHAPEAU
"DEVUŠKA S KOROBKOJ"
Comédie dramatique de **Boris Barnet**, avec Anna Sten *(Natacha)*, V. Mihajlov *(le grand-père)*, Ivan Koval-Samborski *(Illia Snegirev)*, Serafima Borman *(Madame Irène)*, Vladimir Vogel *(le télégraphiste)*, Pavel Pov. • SC : Valentin Tourkine, Vadim Cherchenevitch. • PH : Boris Francissone, B. Filchine. • DÉC : Serguei Kozlovski. U.R.S.S. (Russie), 1927 – 1 650 m (env. 1 h 01).

Natacha Korosteleva mène avec son grand-père une existence paisible dans leur petite datcha près de Moscou. Elle fabrique des chapeaux à domicile, qu'elle va vendre ensuite à Madame Irène, la modiste, qui a son magasin à Moscou. Un jour, dans le train, elle fait la connaissance d'Illia, un jeune ouvrier qui va travailler en ville. Pour lui venir en aide, elle accepte de jouer la comédie du mariage blanc. Après quelques péripéties cocasses avec leurs employeurs, l'union sera consommée.

◆ *« Il faut vraiment avoir un cœur de pierre pour bouder les films de Barnet », écrivait Jean-Luc Godard à propos d'une des dernières productions de ce cinéaste russe méconnu,* le Lutteur et le Clown *(1958). C'est pourtant ce que fit longtemps la critique occidentale, préférant à son art tout de nuances et de demi-teintes les grandes orgues d'Eisenstein ou de Poudovkine. Barnet fait ici un tableau à la pointe sèche de la petite bourgeoisie moscovite, empêtrée dans des problèmes d'argent, et par contraste un pastel idyllique de la classe ouvrière, vivant dans un état proche de l'innocence.* *C.B.*

LA JEUNE FILLE ET LA MORT
"DEATH AND THE MAIDEN"
Drame psychologique de **Roman Polanski**, d'après la pièce d'Ariel Dorfman, avec Sigourney Weaver, Ben Kingsley, Stuart Wilson. France / États-Unis, 1995 – Couleurs – 1 h 45.

Le film se déroule dans un pays d'Amérique latine qui pourrait être l'Argentine. Une jeune femme croit reconnaître dans l'homme qui a ramené à la maison son mari tombé en panne sur la route celui qui l'a violée et torturée quelques années auparavant. Commence alors un dramatique interrogatoire dans le huis-clos d'une maison isolée qu'une panne de courant coupe un peu plus du monde. Le ballet de la folie et de la mort qu'orchestre habituellement si bien Polanski est cette fois-ci un peu trop mécanique pour emporter complètement l'adhésion, même si l'on se demande, presque jusqu'au bout, qui dit la vérité : l'accusatrice manifestement un peu déséquilibrée ou le replet médecin ?

LA JEUNE FILLE XIAO XIAO "XIANGU XIAO XIAO"
Mélodrame de **Xie Fei**, avec Na Renhua, Liu Qing, Deng Xiaguang, Ni Meilling. Chine populaire, 1986 – Couleurs – 1 h 30.

Deux enfants, mariés très jeunes selon la coutume, grandissent comme frère et sœur. Mais la jeune fille est séduite par un ouvrier agricole qui l'abandonne, enceinte. Devenu grand, son fils refuse l'union forcée.

LA JEUNE FOLLE
Drame d'**Yves Allégret**, avec Danièle Delorme, Henri Vidal, Jacqueline Porel, Maurice Ronet. France, 1952 – 1 h 35.

Dans l'Irlande automnale de 1922, où de sanglantes insurrections secouent Dublin, une jeune orpheline faible d'esprit sombre dans la folie lorsqu'elle s'éprend de l'assassin de son frère.

LA JEUNE GARDE "MOLODAJA GVARDIJA"
Film de guerre de **Serguei Guerassimov**, avec Tamara Makarova *(Kochevaïa)*, Viktor Khokhriakov *(Procenko)*, Serguei Bondartchouk *(Valko)*, Vladimir Ivanov *(Oleg)*, Serguei Gourzo *(Serguei)*, Inna Makarova *(Lioubov)*. • SC : S. Guerassimov, d'après le roman d'Alexandre Fadeev. • PH : Vladimir Rappoport. • DÉC : Ivan Stepanov. • MUS : Dimitri Chostakovitch. U.R.S.S. (Russie), 1948 – 3 h 09 (en deux parties).

À Krasnodon en Ukraine, pendant l'occupation allemande, un groupe de jeunes komsomols tentent d'organiser la résistance contre l'ennemi et créent pour cela une organisation clandestine appelée « la Jeune Garde ». Distribution de tracts, libération de prisonniers, punition des traîtres, telle est leur action jusqu'à ce que la Gestapo arrête un des membres de l'organisation. Torturé, il donne les noms de ses camarades, qui seront tous fusillés alors que l'Armée rouge approche.

◆ *Le film de Guerassimov appartient sans conteste à ce cinéma « patriotique » alors prédominant en Union soviétique. Tout y est traité de façon contrastée, même si quelques épisodes plus légers viennent détendre l'atmosphère. Les héros sont parfaits et l'ennemi uniformément « noir ». À noter dans ce film, les débuts comme acteur de Serguei Bondartchouk.* *J.-M.C.*

LE JEUNE MARIÉ
Drame de **Bernard Stora**, avec Richard Berry, Brigitte Fossey. France, 1982 – Couleurs – 1 h 37.

À peine marié, un jeune maçon s'éprend d'une autre femme. Un premier film attachant.

LES JEUNES ANNÉES D'UNE REINE
"MÄDCHENJAHRE EINER KÖNIGIN"
Biographie historique d'**Ernst Marischka**, avec Romy Schneider, Adrian Hoven, Magda Schneider, Karl Ludwig Diehl. Autriche, 1954 – Couleurs – 1 h 40.

En 1837, à la mort de Guillaume IV, la jeune Victoria est placée sur le trône d'Angleterre. Elle apprend sagement son métier de souveraine mais entend bien choisir seule son futur époux.

JEUNES APHRODITES "MIKRES AFRODITES"
Drame de **Nikos Kondouros**, avec Hélène Prokopiou, Takis Emmanouel, Kleopatra Rota, Vangelis Joanides. Grèce, 1962 – 1 h 25.

Dans la Grèce antique, un jeune berger se lie à une fillette avec laquelle, surprenant un couple, il découvrira le spectacle de l'amour. Mais c'est un de ses aînés qui la fera femme et, désespéré, il disparaîtra dans la mer.

LES JEUNES FILLES DE SAN FREDIANO
"LE RAGAZZE DI SAN FREDIANO"
Comédie dramatique de **Valerio Zurlini**, d'après le roman de Vasco Pratolini, avec Antonio Cifariello, Rossana Podestà, Corinne Calvet, Giovanna Ralli. Italie, 1955 – 1 h 52.

Les mésaventures d'un séducteur et de ses victimes. Première réalisation de Zurlini et fraîche peinture de l'âme féminine.

JEUNES FILLES EN DÉTRESSE
Drame de **Georg Wilhelm Pabst**, d'après le roman de Peter Quinn, avec Marcelle Chantal, Micheline Presle, Jacqueline Delubac, Louise Carletti, Paulette Elambert. France, 1939 – 1 h 30.

Les pensionnaires d'un institut de jeunes filles, qui souffrent presque toutes de la séparation de leurs parents, fondent une ligue contre le divorce, après qu'une d'entre elles eut tenté de se suicider.

JEUNES FILLES EN UNIFORME
"MÄDCHEN IN UNIFORM"
Drame de **Leontine Sagan** et **Carl Froelich**, avec Emilia Hunda *(la directrice)*, Dorothea Wieck *(Mlle von Bernburg)*, Hertha Thiele *(Manuela von Meinhardis)*, Hedwig Schlichter *(Mlle von Kesten)*, Ellen Schwanneke *(Ilsa von Westhager)*. • SC : F.D. Adam, Christa Winsloe, d'après sa pièce *Gestern und Heute*. • PH : Reimar Kuntze, Frantz Weihmayr. • DÉC : Fritz Maurischat,

Frederick Winckler-Tannenberg. • MUS : Hansom Milde-Meissner. Allemagne, 1931 – 1 h 36.

En Prusse, dans un collège de jeunes filles, une histoire classique d'amours adolescentes : Manuela est éprise de l'un de ses professeurs et, devant les réactions très violentes de la directrice, ira jusqu'à une tentative de suicide.

◆ *La description d'un milieu exclusivement féminin, les travestissements de l'héroïne, l'évocation directe du saphisme ont valu à ce film un succès de scandale. Mais cette œuvre quasiment unique, d'ailleurs désignée comme « Meilleur film de l'année » en Allemagne même et aux États-Unis, vaut bien davantage par ses qualités plastiques et la force de la description d'un milieu symbolique d'une société d'ordre.* J.-M.C.

▷ Autre version réalisée sous le même titre par **Geza Radvanyi**, avec Lilli Palmer, Romy Schneider, Danik Patisson. R.F.A. / France, 1958 – Couleurs – 1 h 34.

LES JEUNES LOUPS
"ALL THE FINE YOUNG CANNIBALS"
Drame de **Michael Anderson**, avec Robert Wagner, Natalie Wood, Susan Kohner, George Hamilton. États-Unis, 1960 – Couleurs – 1 h 52.

Le mal de vivre de deux jeunes couples. Un curieux mélange de Nouvelle Vague et de luxe hollywoodien.

LES JEUNES LOUPS
Drame de **Marcel Carné**, avec Christian Hay, Haydée Politoff, Yves Beneyton, Maurice Garrel. France, 1967 – Couleurs – 1 h 50.

Deux jeunes gens traversent tant bien que mal les milieux mondains de la capitale, en jouant les libérés. Carné a sans doute voulu refaire *les Tricheurs*.

LES JEUNES MARIS "GIOVANI MARITI"
Comédie de **Mauro Bolognini**, avec Gérard Blain, Antonella Lualdi, Sylva Koscina, Franco Interlenghi. Italie / France, 1958 – 1 h 35.

L'amitié de cinq camarades ne survivra pas à leurs mariages respectifs.

LA JEUNESSE D'EDISON "YOUNG TOM EDISON"
Biographie de **Norman Taurog**, avec Mickey Rooney, Fay Bainter. États-Unis, 1940 – 1 h 22.

Premier volet du dyptique biographique consacré à Thomas Edison, l'inventeur du phonographe. Mickey Rooney ne ressemble pas à Spencer Tracy, qui jouera Edison adulte, mais ce n'est pas grave.

▷ Voir LA VIE DE THOMAS EDISON.

LA JEUNESSE DE MAXIME "JUNOST' MAKSIMA (I)"
LE RETOUR DE MAXIME "VOZVRAŠČENIE MAKSIMA (II)"
MAXIME À VYBORG / LE QUARTIER DE VYBORG
"VYBORGSKAJA STORONA (III)"
Trilogie historique de **Grigori Kozintsev** et **Leonid Trauberg**, avec Boris Tchirkov *(Maxime)*, Stepan Kaioukov *(Dema)*, Valentina Kibardina *(Natacha)*, Mikhaïl Tarkhanov *(Polivanov)*, Andrei Koulakov *(Andrei)*, Anatoli Kouznecov *(Touraiev)*, Maksim Chtraukh *(Lénine)*, Mikhaïl Gelovani *(Staline)*. • SC : G. Kozintsev, L. Trauberg, Lev Slavine (II). • PH : Andrei Moskvine, Gueorgi Filatov (III). • DÉC : Evgueni Eneï, V. Vlasov (III). • MUS : Dimitri Chostakovitch. U.R.S.S. (Russie), 1935 (I) ; 1937 (II) ; 1939 (III) – 1 h 39 (I) ; 1 h 54 (II) ; 2 h 01 (III).

Maxime, héros de la trilogie, représente l'ouvrier russe que sa prise de conscience révolutionnaire entraîne peu à peu du côté de l'Histoire. On le voit donc d'abord en 1910, jeune ouvrier amoureux, devenir militant et prendre part à l'action clandestine, jusqu'à ce qu'il soit arrêté. Dans le deuxième épisode, qui se situe en 1914, les ouvriers se mobilisent en masse contre la guerre, dans de grandes manifestations à Saint-Pétersbourg ; puis l'on retrouve Maxime à son départ pour le front. Après la victoire des Bolcheviks, en octobre 1917, Maxime est nommé commissaire politique et chargé, à ce titre, de diriger une banque ; il rencontre Lénine et Staline. C'est le troisième épisode.

◆ *Cette trilogie marque une date importante dans le cinéma soviétique, ne serait-ce que par son ampleur et le soin avec lequel elle fut réalisée. Venus en effet de l'avant-garde la plus dynamique des années 20, Kozintsev et Trauberg ont franchi avec Maxime une nouvelle étape qui les amène à la réalité contemporaine et, dans le domaine de l'expression artistique, à ce réalisme que l'on qualifiera bientôt de « socialiste ».* J.-M.C.

LE JEUNE WERTHER
Drame psychologique de **Jacques Doillon**, avec Ismaël Jolé-Ménébhi, Mirabelle Rousseau, Thomas Brémond. France, 1993 – Couleurs – 1 h 35.

Une bande d'amis veut comprendre pourquoi l'un des leurs s'est suicidé à 13 ans. Une exploration de l'univers des adolescents fin de siècle : leurs mots, leurs désirs, leurs souffrances et leurs passions.

JEUX D'ADULTES "IL PADRE DI FAMIGLIA"
Chronique de **Nanni Loy**, avec Nino Manfredi, Leslie Caron, Claudine Auger, Ugo Tognazzi. Italie, 1967 – Couleurs – 1 h 50.

Description de la vie d'un couple pendant les vingt années qui ont suivi la fin de la guerre. Ou comment les individus, pris dans l'engrenage de la famille, tombent dans les situations conventionnelles que, jeunes, ils rejetaient.

JEUX D'ARTIFICES

Drame de **Virginie Thévenet**, avec Myriam David, Gaël Seguin, Ludovic Henry. France, 1987 – Couleurs – 1 h 38.

Deux adolescents, Elisa et Éric, se retrouvent seuls et sans argent. Installés dans un appartement prêté, ils fuient le réel à travers des jeux de déguisements, de miroirs et l'objectif d'un appareil photo. Jalousie, narcissisme, le jeu se dérègle.

LES JEUX DE LA COMTESSE DOLINGEN DE GRATZ

Essai de **Catherine Binet**, avec Carol Kane, Michael Lonsdale, Marina Vlady. France, 1981 – Couleurs – 1 h 50.

L'épouse d'un collectionneur rend visite à une amie écrivain qui se donnera la mort quelques jours après. Le collectionneur est victime de vols répétés. Sa femmme décide d'en finir avec la vie.

LES JEUX DE L'AMOUR

Comédie dramatique de **Philippe de Broca**, avec Geneviève Cluny, Jean-Pierre Cassel, Jean-Louis Maury. France, 1960 – 1 h 23.

Une antiquaire parisienne qui vit avec un compagnon farfelu voudrait l'épouser pour avoir un enfant. Quand un ami commun la demande en mariage, le jeune homme se décide enfin.

LES JEUX DE L'AMOUR ET DE LA GUERRE

"THE AMERICANIZATION OF EMILY"

Comédie d'**Arthur Hiller**, avec Julie Andrews, James Garner, Melvyn Douglas, James Coburn. États-Unis, 1964 – 1 h 55.

Une jeune femme élevée dans le culte de l'héroïsme tombe amoureuse d'un officier « planqué » à l'état-major. Mais il est désigné pour participer au débarquement en Normandie.

JEUX DE NUIT "NATTLEK"

Drame psychologique de **Mai Zetterling**, avec Ingrid Thulin *(Irène)*, Keve Hjelm *(Jan adulte)*, Jorgen Lindstrom *(Jan adolescent)*, Lena Brundin *(Mariana)*, Naima Wifstrand *(tante Astrid)*. • SC : David Hughes, M. Zetterling, d'après son roman. • PH : Rune Ericson. • DÉC : Jan Boleslaw. • MUS : Jan Johansson, George Riedel. • MONT : Paul Davies. Suède, 1966 – 1 h 44.

Un jeune homme, Jan, invite sa fiancée, Mariana, dans le château de sa famille. Harcelé par les souvenirs de son enfance qu'éveillent toutes les pièces de la demeure et les objets qu'il revoit, il se retrouve incapable d'aimer celle qu'il veut pour épouse. D'autant plus que surgit, plus aigu encore, l'amour-fascination qu'il porte à sa mère, Irène, et qu'il revoit les images des perversions sexuelles du milieu dépravé dans lequel il a vécu. Pour se débarrasser de ses fantasmes, il brûle le château au cours d'une ultime soirée où ses amis s'enivrent et se vautrent dans la luxure. Libéré, il repart dans la neige, avec Mariana.

◆ *Sélectionné en 1966 au festival de Venise,* Jeux de nuit *fut précédé d'une telle aura de scandale qu'il ne fut présenté qu'au jury et à la presse, qui l'éreinta dans son immense majorité. Mais il faut voir dans ce film à grande portée sociale, politique et esthétique, une véritable œuvre de recherche psychologique, construite avec rigueur, où le passé et le présent se fondent dans une continuité atemporelle. Peinture formellement très belle de notre société moderne décadente, le film évoque finalement les aspirations, plus ou moins symboliques, à une certaine pureté.* F.L.

JEUX D'ESPIONS "HOPSCOTCH"

Comédie de **Ronald Neame**, avec Walter Matthau, Glenda Jackson, Sam Waterston. États-Unis, 1980 – Couleurs – 1 h 47.

Un enfant terrible de la C.I.A. écrit ses Mémoires. Ses chefs voulant alors le réduire définitivement au silence, il leur échappe et voit son livre couronné de succès.

JEUX D'ÉTÉ "SOMMARLEK"

Drame d'**Ingmar Bergman**, avec Maj-Britt Nilsson *(Marie)*, Birger Malmsten *(Henrik)*, Alf Kjellin *(David)*. • SC : Herbert Grevenius, I. Bergman. • PH : Gunnar Fischer, Bengt Jarnmark. • DÉC : Nils Svenwall. • MUS : Erik Nordgren. • MONT : Oscar Rosander. Suède, 1950 – 1 h 30.

Marie est une vedette du ballet classique et prépare fébrilement la première du *Lac des cygnes*. Elle est courtisée par un journaliste sympathique mais ombrageux, David. Marie est en plein désarroi, car on vient de lui apporter le journal intime de Henrik, son premier amour, un jeune homme mort accidentellement. Marie se souvient. Elle entreprend même un pèlerinage à l'endroit où elle a connu un bonheur aussi intense que bref. Elle y rencontre son oncle, personnage douteux qui a eu un rôle assez trouble dans son histoire. Mais... la vie continue. Marie retourne à son ballet. Son ami le journaliste sera peut-être – grâce à son métier – l'artisan de son salut.

◆ *Il y a dans cette évocation d'une idylle adolescente lumineuse et tragique un ressort propre aux amours éphémères, au « nevermore » suédois. Bergman, ordinairement pessimiste, laisse au couple une chance. Il inventorie toutefois quelques-uns de ses leitmotive : le passé qui vient perturber le présent, l'importance de la profession artistique, son rôle thérapeutique, ses exigences, les querelles d'un couple... Il y a même une séquence où l'on mange des fraises sauvages. Contrairement à sa réputation, ce film n'est pas une œuvre mineure de Bergman.* G.S.

JEUX INTERDITS

Comédie dramatique de **René Clément**, avec Georges Poujouly *(Michel)*, Brigitte Fossey *(Paulette)*, Amédée *(Francis Gouard)*, Laurence Badie *(Berthe Dollé)*. • SC : Jean Aurenche, Pierre Bost, R. Clément, François Boyer, d'après son roman *les Jeux inconnus*. • PH : Robert Juillard. • DÉC : Paul Bertrand. • MUS : Narcisso Yepes. • MONT : Robert Dwyre. France, 1951 – 1 h 22. ★ LION D'OR, Venise 1952; OSCAR DU MEILLEUR FILM ÉTRANGER, 1952 ; GRAND PRIX INDÉPENDANT DE LA CRITIQUE, Cannes 1952.

Juin 1940. La route de l'exode : Paulette perd ses parents sous un bombardement, et, amenée à la ferme par Michel, est recueillie temporairement par une famille paysanne. Les deux enfants jouent « au cimetière », volant des croix pour orner les tombes des animaux qu'ils enterrent. Il faudra pourtant que Paulette rejoigne l'orphelinat.

◆ *L'impact du motif musical de Jeux interdits est caractéristique d'un succès lié surtout à la charge émotionnelle du film. L'image qu'il donne d'enfants traumatisés par la guerre fut considérée comme exceptionnellement juste : à la fois pervers et innocents, « tendres et menteurs », Paulette et Michel ont un regard critique sur des adultes indifférents aux malheurs du monde.* M.L.

JEUX PRÉCOCES "IL ROSSETTO"

Drame policier de **Damiano Damiani**, avec Pierre Brice, Bella Darvi, Georgia Moll. Italie, 1960 – 1 h 30.

Un jeune homme soupçonné de meurtre est l'objet d'un chantage sentimental de la part d'une adolescente jalouse dont le témoignage pourrait l'accabler.

LES JEUX SONT FAITS

Drame de **Jean Delannoy**, sur un scénario de Jean-Paul Sartre, avec Micheline Presle, Marcel Pagliero, Marguerite Moréno, Fernand Fabre, Charles Dullin. France, 1947 – 1 h 45.

Une jeune femme riche empoisonnée par son mari et un ouvrier tué par un policier s'aiment dans l'au-delà. On leur propose de refaire leur vie ensemble s'ils ne pensent qu'à leur amour mais, sur terre, tout les oppose.

JE VAIS CRAQUER

Comédie de **François Leterrier**, d'après la bande dessinée de Gérard Lauzier, avec Christian Clavier, Nathalie Baye, Anémone. France, 1980 – Couleurs – 1 h 35.

Un jeune cadre dynamique se lance dans la vie parisienne branchée : malheureusement, il va d'échec en désillusion, perd l'amour de sa femme mais gagne celui d'une marginale.

JE VEUX VIVRE "I WANT TO LIVE"

Drame de **Robert Wise**, avec Susan Hayward, Simon Oakland, Theodore Bikel, Virginia Vincent. États-Unis, 1958 – 2 h.

La véritable et bouleversante histoire de Barbara Graham, femme sans scrupules, injustement accusée de meurtre et exécutée dans la chambre à gaz. Un Oscar pour Susan Hayward.

JE VOUS AIME

Comédie dramatique de **Claude Berri**, avec Catherine Deneuve, Jean-Louis Trintignant, Gérard Depardieu, Serge Gainsbourg, Alain Souchon. France, 1980 – Couleurs – 1 h 55.

Une femme repense à tous les hommes aimés qu'elle a conviés à un souper de réveillon. Une réflexion sur la quête de l'amour et du bonheur.

JE VOUS AIMERAI TOUJOURS "T'AMERÒ SEMPRE"

Comédie dramatique de **Mario Camerini**, avec Elsa De Giorgi, Nino Besozzi. Italie, 1933 – 1 h 14.

Une jeune femme élève seule la petite fille qu'elle a eue d'un amant volage. Le comptable du salon de coiffure où elle travaille lui propose de l'épouser.

JE VOUS AI TOUJOURS AIMÉ

"I'VE ALWAYS LOVED YOU"

Film musical de **Frank Borzage**, avec Philip Dorn, Catherine McLeod, William Carter. États-Unis, 1946 – Couleurs – 1 h 57.

La passion sans retour d'une jeune fille pour un grand pianiste. Un film luxueux. Arthur Rubinstein double Philip Dorn au piano.

JE VOUS FERAI AIMER LA VIE

Drame de **Serge Korber**, avec Julien Guiomar, Marie Dubois, Stéphane Garcin. France, 1978 – Couleurs – 1 h 30.

Un médecin qui ne vit que pour son métier. Une femme désespérée à l'annonce de la mort de son fils. La rencontre de deux être emplis de solitude.

JE VOUS SALUE MAFFIA

Film policier de **Raoul J. Levy**, avec Henry Silva, Micheline Presle, Eddie Constantine. France / Italie, 1965 – 1 h 20.

Un industriel new-yorkais lié avec la maffia envoie deux tueurs en France pour abattre un homme qui doit témoigner contre lui. Ce film d'action bien réalisé permet à Constantine de sortir des rôles caricaturaux style Nick Carter ou Lemmy Caution.

JE VOUS SALUE MARIE

Essai de **Jean-Luc Godard**, avec Myriem Roussel, Thierry Rode. France / Suisse, 1983 – Couleurs – 1 h 10.

Curieuse adaptation, tout à fait métaphysique, de l'histoire sainte, ou comment Marie se trouve enceinte sans que son fiancé Joseph l'ait touchée. À la fois iconoclaste, malicieux et profond. Un film qui provoqua des remous parmi les catholiques intégristes.

JFK "JFK"

Drame historique d'**Oliver Stone**, avec Kevin Costner *(Jim Garrison)*, Sissy Spacek *(Liz Garrison)*, Joe Pesci *(David Ferrie)*, Tommy Lee Jones *(Clay Shaw)*, Gary Oldman *(Lee Harvey Oswald)*, Laurie Metcalf *(Suzie Cox)*, Jack Lemmon *(Jack Martin)*, Walter Matthau *(Russel Long)*, Donald Sutherland *(Colonel X)*. • SC : O. Stone, Zachary Sklar. • PH : Robert Richardson. • DÉC : Victor Kempster. • MUS : John Williams. • MONT : Joe Hutshing, Pietro Scalia. États-Unis, 1991 – Couleurs – 3 h 10.

Le 22 novembre 1963, le président des États-Unis, John Kennedy, est assassiné à Dallas. Une longue enquête sanctionnée par un rapport, le rapport Warren, conclut évasivement : le président aurait été tué par un tireur unique. En automne 1966, le sénateur Jim Garrison, choqué par l'invraisemblance de cette hypothèse, rouvre le dossier et découvre bien des mystères, faiblesses et irrégularités.

◆ *Le réalisateur Oliver Stone a épousé le point de vue du sénateur Garrison et soulevé les cent énigmes irrésolues de cette affaire bizarrement « classée ». Le film est excité, excitant, haletant, conduit comme une enquête journalistique, voire un suspense policier. La thèse qu'il propose est, certes contestable (la culpabilité conjointe de la CIA, du FBI, de la mafia et de la Maison Blanche), mais elle est donnée comme une hypothèse, non comme une vérité historique.* G.S.

JICOP LE PROSCRIT "The Lonely Man"

Western de **Henry Levin**, avec Jack Palance, Anthony Perkins, Neville Brand, Elaine Aiken. États-Unis, 1957 – 1 h 27.

Un hors-la-loi prend conscience de ses devoirs de père et se rapproche de son fils.

J'IRAI COMME UN CHEVAL FOU

Drame de **Fernando Arrabal**, avec Emmanuelle Riva, George Shannon, Hachemi Marzouk. France, 1973 – Couleurs – 1 h 40.

Dans un désert africain, un homme se lie avec un nabot fruste, faiseur de miracles, puis tous deux retournent vers la civilisation.

J'IRAI CRACHER SUR VOS TOMBES

Drame de **Michel Gast**, d'après le roman de Vernon Sullivan [Boris Vian], avec Antonella Lualdi, Christian Marquand, Fernand Ledoux, Paul Guers, Daniel Cauchy. France, 1959 – 1 h 47.

Aux États-Unis, un jeune homme décide de venger son frère noir, lynché pour avoir aimé une femme blanche. Il séduit une riche héritière, s'enfuit avec elle, mais le couple sera abattu lors d'une chasse à l'homme organisée par la police.

J.L.G. / J.L.G.

Documentaire de **Jean-Luc Godard**. France / Suisse, 1991 – Couleurs – 1 h.

Deux voix entrecroisées proposent des images, des sons, des citations de Diderot ou d'Aragon et des réflexions de Jean-Luc Godard, série d'indices qui composent non pas un portrait, mais une sorte de kit impressionniste offert à ceux qui aiment (beaucoup) Godard.

JO

Comédie de **Jean Girault**, avec Louis de Funès, Claude Gensac, Bernard Blier. France, 1971 – Couleurs – 1 h 25.

Un écrivain tue un maître chanteur, mais le cadavre est bien encombrant.

JOANNA "Joanna"

Comédie de **Michael Sarne**, avec Genevieve Waite, Calvin Lockhart, Christian Doermer. Grande-Bretagne, 1968 – Couleurs – 1 h 53.

Les rencontres d'une jeune provinciale venue tenter sa chance à Londres sont l'occasion d'une galerie de portraits. Donald Sutherland en milliardaire atteint d'un mal incurable.

JOCELYN

Mélodrame de **Léon Poirier**, d'après le poème de Lamartine, avec Armand Tallier, Roger Karl, Pierre

Blanchar, Laurence Myrga, Suzanne Bianchetti. France, 1922 – 2 400 m (env. 1 h 29).

Un jeune homme, chassé du séminaire par la Révolution, se réfugie dans une grotte et vit une histoire d'amour avec une jeune fille. Mais, fidèle à ses vœux, il devient prêtre et retrouvera des années plus tard, mourante, celle qu'il a aimée.

▷ Autres versions réalisées par : **Pierre Guerlais**, avec Samson Fainsilber, Marguerite Weintenberger. France, 1933 – 1 h 26. **Jacques de Casembroot**, avec Jean Desailly, Simone Valère. France, 1951 – 1 h 23.

JODY ET LE FAON "The Yearling"
Drame de **Clarence Brown**, d'après le roman de Marjorie Kinnan Rawlings, avec Gregory Peck, Jane Wyman, Claude Jarman Jr. États-Unis, 1946 – Couleurs – 2 h 14.

L'amitié d'un jeune garçon et d'un faon qu'il a élevé se transforme en tragédie lorsqu'il devient nécessaire d'abattre l'animal qui dévore les récoltes de la famille.

JOE CALIGULA
Film policier de **José Benazeraf**, avec Gérard Blain, Ginette Leclerc, Jeanne Valérie. France, 1968 (RÉ : 1966) – 1 h 20.

Un petit truand « monté » de Marseille à Paris veut faire chanter le milieu grâce aux renseignements d'une veuve qu'il a séduite. Mais, chez Benazeraf, la volonté d'érotisme domine.

JOE, C'EST AUSSI L'AMÉRIQUE "Joe"
Drame de **John G. Avildsen**, avec Peter Boyle, Dennis Patrick, Audrey Caire. États-Unis, 1970 – Couleurs – 1 h 30.

Après avoir tué l'amant de sa fille, parce qu'il l'aidait à se droguer, un Américain moyen se lie avec un ouvrier réactionnaire. Un portrait documenté et aigu de l'Amérique telle qu'elle est.

JOE HILL "Joe Hill"
Drame de **Bo Widerberg**, avec Thommy Berggren *(Joe Hill)*, Anja Schmidt *(Lucia)*, Kelvin Malave *(le Renard)*. • SC : B. Widerberg • MONT : B. Widerberg. • PH : Peter Davidsson. • DÉC : Ulf Axen. • MUS : Stefan Grossmann. Suède, 1970 – Couleurs – 1 h 50. ★ **Prix du jury, Cannes 1971.**

Joe et Paul Hill arrivent aux États-Unis avec de grands espoirs, mais sont immédiatement confrontés à la misère de l'East Side de New York. Paul quitte la ville, Joe reste car il est amoureux d'une jeune Italienne. Liaison de courte durée. Joe Hill se dirige vers l'Ouest afin d'y retrouver son frère. Pendant sa traversée du pays, il se rallie aux Industrial Workers of the World, syndicat avant-gardiste dont il devient une des grandes figures. Il sera accusé à tort d'un meurtre par les autorités anti-syndicalistes de l'Utah. Il est exécuté et ses cendres sont envoyées aux différentes sections de l'IWW à travers le monde.

◆ *L'interprétation de Thommy Berggren qui passe de l'humour dans la première partie à la rage et à l'indignation dans la seconde est excellente. Le montage de Widerberg effectue ce passage sans artifice ; son film est construit comme une ballade. On retrouvera cette approche dans* En route vers la gloire *de Hal Ashby, quelques années plus tard.* S.S.

JOE KIDD "Joe Kidd"
Western de **John Sturges**, avec Clint Eastwood, Robert Duvall, John Saxon. États-Unis, 1972 – Couleurs – 1 h 40.

Au Nouveau-Mexique, au début de ce siècle, les gros propriétaires et les petits paysans se disputent âprement les terres. Hommes de main et héros-justiciers s'affrontent sans merci.

JOE SMITH AMERICAN "Joe Smith American"
Film d'espionnage de **Richard Thorpe**, d'après l'histoire de Paul Gallico, avec Robert Young, Marsha Hunt, Harvey Stephens, Darryl Hickman, Jonathan Hale. États-Unis, 1942 – 59 mn.

L'employé d'une usine aéronautique qui met au point une nouvelle bombe obéit strictement aux consignes de sécurité, cachant même à sa femme ses véritables activités. Mais il est enlevé par des espions qui tenteront de le faire parler.

JOHN ET MARY "John and Mary"
Comédie sentimentale de **Peter Yates**, avec Dustin Hoffman, Mia Farrow. États-Unis, 1969 – Couleurs – 1 h 35.

Après une nuit passée ensemble, deux jeunes gens s'interrogent chacun de son côté sur l'avenir de leur liaison. Mais les événements leur feront comprendre la réalité de leur attachement.

JOHN MCCABE "McCabe and Mrs. Miller"
Western de **Robert Altman**, avec Warren Beatty *(John McCabe)*, Julie Christie *(Mrs. Miller)*, René Auberjonois *(Pat Sheehan)*, Hugh Millais *(Dog Butler)*, Shelley Duvall *(Ida Coyle)*. • SC : R. Altman, Brian MacKay, d'après le roman d'Edmund Naughton *McCabe*. • PH : Vilmos Zgismond. • DÉC : Leon Eriksen. • MUS : Leonard Cohen (chansons). • MONT : Lou Lombardo. États-Unis, 1971 – Couleurs – 2 h 08.

Dans une de ces villes de l'Ouest qui poussèrent si vite (et disparurent non moins vite), un aventurier se lance dans le commerce. Avec l'aide d'une charmante (maîtresse) femme, il va ouvrir et faire prospérer ce que l'on appelle pudiquement une maison close. Au point de susciter bien des convoitises. Plus dure sera la chute.

◆ *Humour noir sur paysage de neige et de boue ; peinture au vitriol de ce bon vieil Ouest des familles. Il n'y a ici que maquereaux et putes, financiers véreux et brutes avinées. Une façon comme une autre (l'autre ce sera* Buffalo Bill et les Indiens) *de décaper les mythes, de montrer de près les « vertus pionnières » et la morale de la Bible et du fusil. Bien sûr, la noirceur du propos serait insoutenable si un humour constant ne la tempérait, jusqu'au dernier plan.* C.A.

JOHNNY APOLLO "Johnny Apollo"

Drame de **Henry Hathaway**, avec Tyrone Power, Dorothy Lamour, Lloyd Nolan, Edward Arnold, Charley Grapewin. États-Unis, 1940 – 1 h 36.

Un fils qui a jadis reproché la malhonnêteté de son père, le retrouve en prison comme surveillant, alors qu'il est lui-même incarcéré pour escroquerie.

JOHNNY BELINDA "Johnny Belinda"

Drame psychologique de **Jean Negulesco**, avec Jane Wyman, Lew Ayres, Charles Bickford, Agnes Moorehead. États-Unis, 1948 – 1 h 43.

L'émouvant destin d'une jeune fille sourde-muette qu'un médecin révèle à elle-même et aux autres en démontrant son intelligence. Un Oscar pour Jane Wyman.

JOHNNY CONCHO "Johnny Concho"

Western de **Don MacGuire**, avec Frank Sinatra, Keenan Wynn, Phyllis Kirk. États-Unis, 1956 – 1 h 24.

Sur fond de western, l'évolution intérieure d'un lâche qui redonne courage aux habitants d'une petite ville de l'Ouest.

JOHNNY GUITARE "Johnny Guitar"

Western de **Nicholas Ray**, avec Sterling Hayden *(Johnny Guitare)*, Joan Crawford *(Vienna)*, Scott Brady *(Dancing Kid)*, Mercedes McCambridge *(Emma)*, Ward Bond *(le shérif)*, John Carradine, Ernest Borgnine. • SC : Philip Yordan, d'après le roman de Roy Chanslor. • PH : Harry Stradling. • MUS : Victor Young. • MONT : R.L. Van Enger. • PR : N. Ray (Republic). États-Unis, 1954 – Couleurs – 1 h 50.

Vienna, propriétaire en Arizona d'une maison de jeu située sur le trajet du futur chemin de fer, refuse de quitter les lieux, espérant que le train lui amènera de nouveaux clients. Emma, riche puritaine pour qui l'arrivée des colons représente la fin du règne des éleveurs du pays, est son ennemie jurée en même temps que sa rivale en amour. En effet, Emma est amoureuse du jeune et séduisant Dancing Kid, qui exploite avec trois autres aventuriers une mine d'argent dans la région, mais le Kid lui préfère Vienna. Vienna fait venir dans son établissement Johnny Guitare, un ancien amant et l'un des tireurs les plus rapides de l'Ouest, pour y jouer des ballades. Avant de quitter le pays, où ils sont considérés comme indésirables, le Kid et ses hommes cambriolent la banque. Par dépit amoureux, Emma accuse Johnny Guitare et Vienna d'avoir partie liée avec les bandits, et se joint aux miliciens lancés à leur poursuite. Cernés dans la cabane du juge où ils se sont réfugiés, Johnny et l'aventurier tiennent tête à leurs assaillants conduits par une Emma déchaînée. Quand ils comprennent que celle-ci agit par haine personnelle, les miliciens se retirent. Au cours du règlement de compte final, Emma et le Kid sont tués. Vienna, dont le saloon a été incendié, acceptera enfin de quitter la région, avec Johnny.

◆ **Le western engagé**

Nicholas Ray crée avec Johnny Guitare *le film de genre au second degré. Ses personnages cessent d'être emblématiques du mythe de la grande ruée vers l'Ouest, où doit les attendre l'assurance d'une meilleure vie. En faisant du western une allégorie contemplative, Nicholas Ray opérait une critique de l'évolution de la société américaine de l'après-guerre et de l'arrivée sur la scène politique d'hommes comme Joseph McCarthy, dont Emma incarne ici les valeurs : le puritanisme, le pouvoir des riches conservateurs. Le personnage du shérif, quant à lui, illustre les états d'âme de la démocratie, et c'est à l'ancien bandit Johnny Guitare de trancher et d'assurer la justice. Mais ce dernier, en dépit du fait qu'il joue le rôle de l'ange omniprésent, demeure un personnage secondaire. Le film est avant tout un conflit entre deux femmes. Cela permit une lecture féministe du film, dans lequel deux femmes s'affrontent pour préserver leur autonomie, les conséquences de ce duel déterminant les destins des hommes qui les entourent. La réussite de Nicholas Ray s'explique par le soin qu'il porte à l'écriture, à la limpidité de la mise en scène, à l'innovation dans la distribution.* S.S.

JOHNNY S'EN VA-T-EN GUERRE / JOHNNY GOT HIS GUN "Johnny Got His Gun"

Drame de **Dalton Trumbo**, avec Timothy Bottoms *(Joe Bonham)*, Kathy Fields *(Kareen)*, Jason Robards *(le père)*, Marsha Hunt *(la mère)*, Donald Sutherland *(le Christ)*, Diane Varsi *(l'infirmière)*. • SC : D. Trumbo, d'après son propre roman (1939). • PH : Jules Brenner. • DÉC :

Harold Michelson. • MUS : Jerry Fielding. • MONT : Millie Moore. États-Unis, 1971 – Couleurs et NB – 1 h 51. ★ **GRAND PRIX SPÉCIAL DU JURY et PRIX DE LA CRITIQUE INTERNATIONALE, Cannes 1971 ; MEILLEUR FILM DU « FESTIVAL DES FESTIVALS », Belgrade 1972.**

Le dernier jour de la Première Guerre mondiale, Joe Bonham, engagé volontaire, est mis en pièces par un obus. Il n'a plus ni bras, ni jambes, ni visage. Privé de tous les organes sensoriels, il ne lui reste que son cerveau, qui pense et qui rêve. Il tente de communiquer avec l'infirmière mais, lorsqu'il y parvient (en morse, en remuant la tête), les médecins militaires rejettent ses suppliques et le maintiennent en vie contre son gré.

◆ *Aucun film n'a jamais montré d'une façon aussi atroce et aussi bouleversante l'horreur de la guerre et le désespoir d'un être sans défense à la merci de la tyrannie médicale. Victime du maccarthysme, Dalton Trumbo, l'un des « Dix de Hollywood », avait été contraint de travailler treize ans sous pseudonyme avant de signer ici sa première réalisation. Œuvre singulière, où le noir et blanc et la couleur s'entrecroisent tandis que les rêves et les fantasmes de Joe déchirent la sinistre réalité. D'une noirceur totale, à l'écart de tous les lieux communs pacifistes ou humanistes, ce film a pourtant reçu un accueil unanime.* G.L.

LES JOIES DE LA FAMILLE

"THE MAN ON THE FLYING TRAPEZE"

Comédie de **Clyde Bruckman**, avec W.C. Fields, Kathleen Howard, Mary Brian, Grady Sutton. États-Unis, 1935 – 1 h 05.

Ambroise est mal marié. Aussi invente-t-il n'importe quoi pour s'échapper du quotidien. W.C. Fields atteint ici les sommets de son art et les scènes de ménage du film sont des morceaux d'anthologie.

JOIES MATRIMONIALES "MR. AND MRS. SMITH"

Comédie d'**Alfred Hitchcock**, avec Carole Lombard, Robert Montgomery, Gene Raymond, Jack Carson, Philip Merivale, Lucile Watson. États-Unis, 1941 – 1 h 35.

Un avocat apprend que son mariage n'a pas été validé. Pour tester son amour, son épouse l'oblige à lui refaire la cour et, après avoir éprouvé leur fidélité, ils se marient définitivement.

LE JOLI CŒUR

Comédie de **Francis Perrin**, avec Francis Perrin, Cyrielle Claire, Sylvain Rougerie. France, 1984 – Couleurs – 1 h 31.

Désespérant de conquérir le cœur d'une ravissante psychiatre, un don Juan, pourtant irrésistible, se fait passer pour paranoïaque.

LE JOLI MAI

Documentaire de **Chris Marker**, avec la participation de la population parisienne dans « 76 grands rôles ». • SC : C. Marker, Catherine Varlin. Texte de C. Marker dit par Yves Montand. • PH : Pierre Lhomme, Denys Clerval assisté d'Étienne Becker. • MUS : Michel Legrand. • MONT : Eva Zora, Annie Meunier, Madeleine Lecompère. France, 1963 – 1 h 50.

En mai 1962 – premier mois de paix depuis sept ans – Chris Marker et son équipe, caméra Coutant à l'épaule, filment Paris et ses habitants. Ainsi naît *le Joli Mai* dont *la Prière sur la tour Eiffel* (première partie) s'ouvre sur une vue panoramique de la capitale. Dans les rues, des Parisiens, de tous milieux sociaux, disent leurs préoccupations immédiates. *Le Retour de Fantômas* (seconde partie) les confronte au passé récent des attentats O.A.S., du massacre de Charonne et à l'actualité du procès Salan et d'une grève à l'E.D.F. Quelques spectacles du mois – concours de twist au Garden-Club, etc. – interfèrent avec les commémorations nationales du 13 mai, place des Pyramides et place de l'Étoile sur l'image emblématique de « De Gaulle ». Les portraits d'une costumière de théâtre, d'un ancien prêtre ouvrier (militant syndicaliste), d'un étudiant africain et d'un ouvrier algérien concluent cette enquête lucide et personnelle qui se referme sur une vue de Paris en accéléré.

◆ *Après* Cuba si *(encore censuré en 1962), Chris Marker joue le jeu du cinéma direct. Muni d'une caméra légère son synchrone, il développe une approche subjective de l'interview qu'il enrichit au montage de jeux sur l'image. Entre les entretiens, ou pendant, il glisse une ponctuation de plans fétiches (chat, chouette), de détails insolites et de tics d'auteur. Avec le même esprit inventif, il mixe son direct et quantité de bruits rapportés pour casser la trame linéaire des questions-réponses et la monotonie du champ-contrechamp. Avec brio et impertinence, Chris Marker fait un sort au « docu-cu » insipide.* Le Joli Mai *est un regard sur le peuple de Paris aux antipodes des clichés et des idées reçues.* A.K.

JONAS QUI AURA 25 ANS EN L'AN 2000

Comédie dramatique d'**Alain Tanner**, avec Jean-Luc Bideau, Myriam Mézière, Rufus, Myriam Boyer, Dominique Labourier, Miou-Miou. Suisse/France, 1976 – Couleurs – 1 h 50.

À Genève, le destin ordinaire de quelques marginaux, intellectuels désabusés, écologistes convaincus ou ouvriers rêveurs.

JONATHAN (LE DERNIER COMBAT CONTRE LES VAMPIRES) "VAMPIRE STERBEN NICHT"
Film fantastique de **Hans W. Geissendorfer**, avec Jürgen Jung, Paul Albert Krumm, Hertha von Walter. R.F.A., 1969 – Couleurs – 1 h 50.

Au siècle dernier, une communauté de vampires sévit dans un vieux château et terrorise la population locale. Un jeune homme décide de les éliminer et, aidé par la Secte du Bien, repousse les monstres à la mer où ils périssent.

JONATHAN LIVINGSTON LE GOÉLAND
"JONATHAN LIVINGSTON SEAGULL"
Documentaire allégorique de **Hall Bartlett**, d'après l'œuvre de Richard Bach. États-Unis, 1975 – Couleurs – 1 h 40.

Le goéland Jonathan multiplie les expériences et se voit exclu du groupe pour avoir volé la nuit. Mais il a fait des adeptes, et, devenu vieux, il demandera à son meilleur disciple de le remplacer dans son œuvre d'émancipation.

LE JONGLEUR "THE JUGGLER"
Drame psychologique d'**Edward Dmytryk**, avec Kirk Douglas, Milly Vitale, Paul Stewart. États-Unis, 1953 – 1 h 26.

La difficile réadaptation d'un jongleur juif allemand, ancien prisonnier de camp de concentration, qui se réfugie en Israël pour essayer de redonner un sens à sa vie.

JOSEPHA
Comédie dramatique de **Christopher Frank**, avec Miou-Miou, Claude Brasseur, Bruno Crémer. France, 1981 – Couleurs – 1 h 54.

Deux comédiens de seconde zone sont sur le point de se séparer. Un déplacement en province pour elle, un grand rôle décroché par hasard pour lui...

JOSEY WALES HORS-LA-LOI
"THE OUTLAW JOSEY WALES"
Western de **Clint Eastwood**, d'après le roman de Forrest Carter, avec Clint Eastwood, Chief Dan George, Sondra Locke, John Vernon, Bill McKiney, Paula Trueman. États-Unis, 1976 – Couleurs – 2 h 15.

À la fin de la guerre de Sécession, le Sudiste Wales échappe à ses ennemis et multiplie les bonnes actions. Il sera rattrapé une dernière fois mais lui-même et son adversaire renonceront à se combattre encore.

LE JOUET
Comédie de **Francis Veber**, avec Pierre Richard, Michel Bouquet, Fabrice Greco, Jacques François, Suzy Dyson, Charles Gérard, Michel Aumont. France, 1976 – Couleurs – 1 h 30.

Un journaliste au chômage est amené à accepter les caprices les plus extravagants du fils de son patron, dont il devient le « jouet ». Mais il réussira à transformer la mentalité de l'enfant gâté.

LE JOUEUR
Drame psychologique de **Gerhard Lamprecht** et **Louis Daquin**, d'après le roman de Dostoïevski, avec Viviane Romance, Pierre Blanchar, Roger Karl, Marcel André, Suzet Maïs, André Burgère. France / Allemange, 1938 – 1 h 35.

Dans une station thermale au début du siècle, toute une galerie de personnages s'affrontent, parfois jusqu'à la mort, pour l'amour des femmes ou celui de l'argent. Parallèlement, **Gerhard Lamprecht** réalise une version allemande, intitulée DER SPIELER ROMAN EINES SPIELER, avec Lida Baarova, Albrecht Schoenhals, Hannes Stelzer. Allemagne, 1938 – 1 h 35.

▷ Autre version réalisée par **Claude Autant-Lara**, avec Gérard Philipe, Françoise Rosay, Bernard Blier, Jean Danet. France / Italie, 1958 – Couleurs – 1 h 42.

LE JOUEUR D'ÉCHECS
Drame de **Jean Dréville**, d'après le roman d'Henri Dupuy-Mazuel, avec Conrad Veidt, Françoise Rosay, Paul Cambo, Micheline Francey. France, 1938 – 1 h 30.

Pour fuir la Russie, un jeune patriote polonais est caché dans un automate joueur d'échecs. Il bat au jeu l'impératrice Catherine, qui décide de le faire fusiller. Il s'en tire par un stratagème.

LE JOUEUR DE FLÛTE [DE HAMELIN]
"THE PIED PIPER"
Drame légendaire de **Jacques Demy**, avec Donovan, Donald Pleasence, Jack Wild, Cathryn Harrison, Diana Dors, John Hurt. Grande-Bretagne, 1971 – Couleurs – 1 h 30.

Au XIVe siècle, un mystérieux joueur de flûte charme les rats, porteurs de la peste, et les fait se noyer. Mais on ne lui paie pas son dû et, pour se venger, il emmènera tous les enfants de la ville au Pays des Chansons.

LES JOUEURS D'ÉCHECS "SHATRANJ KE KHILARI"
Film historique de **Satyajit Ray**, avec Amjad *(Wajid Ali Shah)*, Sanjeev Kumar *(Mirza)*, Saeed Jaffrey *(Mir)*. • SC : S. Ray, d'après une nouvelle de Munshi Premchand. • PH : Sumendu Roy. • DÉC : Bansi Chandragupta. • MUS : S. Ray. • MONT : Dulal Dutta. Inde, 1977 – Couleurs – 1 h 56.

En 1856, dans un petit royaume des Indes, les Anglais s'apprêtent à déposer un roi débonnaire et poète. Pendant ce temps, deux aristocrates, Mir et Mirza, font d'interminables parties d'échecs, sans avoir la moindre conscience du drame politique qui se joue tout près d'eux.

◆ *Une admirable reconstitution historique du grand cinéaste indien. Son premier film en couleurs est somptueux dans ses moindres détails, qui sont autant de symboles. C'est une fable : les joueurs d'échecs, tout à leur partie, dans une douce nonchalance, ne se rendent jamais compte qu'ils vivent une tragédie de fin de règne. C'est aussi une métaphore : la partie des deux enragés représente la partie qui se joue entre le roitelet et l'Angleterre.* *B.B.*

LE JOUR D'APRÈS "UP FROM THE BEACH"
Film de guerre de **Robert Parrish**, avec Cliff Robertson, Red Buttons, Françoise Rosay, Broderick Crawford. États-Unis, 1965 – 1 h 38.

Quelques heures après le débarquement en Normandie, un groupe de soldats américains connaît des difficultés autour d'un petit village. Comme le souligne le titre français, ce film est une sorte de suite du JOUR LE PLUS LONG (Voir ce titre).

JOUR DE CHANCE "RIDING HIGH"
Comédie de **Frank Capra**, avec Bing Crosby, Coleen Gray, Charles Bickford. États-Unis, 1950 – 1 h 27.

Sa passion pour Broadway Bill, un pur-sang, mène un éleveur au succès et au bonheur. Remake de LA COURSE DE BROADWAY BILL (Voir ce titre).

JOUR DE COLÈRE / DIES IRAE "VREDENS DAG"
Drame de **Carl Th. Dreyer**, avec Thorkild Roose *(Absalon)*, Lisbeth Movin *(Anne)*, Sigrid Neiliendam *(sa belle-mère)*, Preben Lerdoff Rye *(Martin)*, Anna Svierkier *(Marte Herlofs)*. • SC : C.T. Dreyer, Mogens Skot-Hansen, Poul Knudsen, d'après la pièce d'Hans Wiers-Jenssen *Anne Pedersdotter*. • PH : Carl Andersson. • DÉC : Erik Aaes. • MUS : Poul Schierbeck. • MONT : Edith Schlüssel, Anne Marie Petersen. Danemark, 1943 – 1 h 32.

Au début du XVIIe siècle, Marte, une sorcière, est condamnée au bûcher. Elle menace l'un de ses juges, le pasteur Absalon, de se venger sur sa jeune épouse, Anne. Celui-ci meurt lorsqu'il apprend qu'Anne le trompe avec Martin, son fils d'un premier lit. La mère d'Absalon dénonce Anne comme sorcière. Elle est brûlée comme Marte.

◆ *Rappelant celle de* la Passion de Jeanne d'Arc *et annonçant celle de* Gertrud, *l'héroïne de* Dies Irae, *la plus sensuelle de l'œuvre de Dreyer, incarne une femme écrasée par une société formaliste et intolérante. Jouant d'une remarquable stylisation picturale qui fait plus d'une fois songer à Rembrandt sans rompre avec un strict réalisme, le film amène sans faille à ce troublant désespoir final où il n'importe plus qu'Anne soit ou non réellement une sorcière.* *J.M.*

JOUR DE FÊTE
Comédie de **Jacques Tati**, avec Jacques Tati *(François le facteur)*, Guy Decomble *(Roger)*, Paul Frankeur *(Marcel)*, Maine Vallée *(Jeannette)*. • SC : J. Tati, Henri Marquet, René Wheeler. • PH : Jacques Mercanton, Marcel Franchi. • DÉC : René Moulaert. • MUS : Jean Yatove. • MONT : Marcel Moreau. France, 1949 (RÉ : 1947) – Certaines copies du film furent colorées au pochoir – 1 h 10.

Le petit village de Sainte-Sevère se prépare à recevoir la fête foraine. C'est un grand jour. Le café local fait le plein. Les habitants s'endimanchent, le facteur s'affaire et se donne de l'importance ; il a vu, dans une baraque foraine, un documentaire sur les postes aux États-Unis dotées d'un équipement ultra-moderne. Il veut, lui aussi, faire une « tournée à l'américaine » et s'élance sur son vieux vélo.

◆ *Tournée en 1947 et sortie en 1949, cette comédie fut une formidable révélation. Il y avait longtemps qu'aucun tempérament comique ne s'était manifesté en France. Jacques Tati avec peu de moyens et beaucoup d'idées a retrouvé le secret perdu de la tradition burlesque. Gags visuels, gags sonores, poésie des personnages et même du paysage : le plaisir est total. Le succès fut immédiat et populaire.* *G.S.*

LE JOUR DES APACHES "DAY OF THE EVIL GUN"
Western de **Jerry Thorpe**, avec Glenn Ford, Arthur Kennedy, Dean Jagger. États-Unis, 1968 – Couleurs – 1 h 30.

La longue poursuite d'un homme pour retrouver sa femme et ses enfants, au milieu des Apaches, des bandits, des mutins.

LE JOUR DES IDIOTS "DER TAG DER IDIOTEN"
Drame psychologique de **Werner Schroeter**, avec Carole Bouquet, Ida Di Benedetto, Ingrid Caven. R.F.A., 1981 – Couleurs – 1 h 50.

Une fille de bonne famille au comportement provocateur est envoyée dans un hôpital psychiatrique. Le médecin-chef, une femme, se prend de sympathie pour elle.

LE JOUR DES MORTS-VIVANTS "DAY OF THE DEAD"
Film d'horreur de **George A. Romero**, avec Lari Cardille, Terry Alexander, Joseph Pilato. États-Unis, 1985 – Couleurs – 1 h 43.

Après un cataclysme nucléaire, une ville se retrouve peuplée de morts-vivants. Une base militaire située non loin de là n'échappera pas à l'assaut des hordes sauvages.

LE JOUR DU DAUPHIN "THE DAY OF THE DOLPHIN"
Film de science-fiction de **Mike Nichols**, d'après le roman de Robert Merle *Un animal doué de raison*, avec George Scott, Trish Van Devere. États-Unis, 1973 – Couleurs – 1 h 40.

Les découvertes d'un savant sur les dauphins risquent d'être utilisées à des fins criminelles.

LE JOUR DU FLÉAU "THE DAY OF THE LOCUST"
Drame de **John Schlesinger**, d'après le roman de Nathanael West, avec Donald Sutherland, Karen Black, William Atherton, Burgess Meredith, Geraldine Page. États-Unis, 1975 – Couleurs – 2 h 20.

À Hollywood dans les années 30, un décorateur ambitieux rencontre une jeune fille qui rêve d'être une star. Elle devient en fait call-girl et fait souffrir un homme qui sera la cause d'une explosion apocalyptique de haine.

LE JOUR DU VIN ET DES ROSES
"DAYS OF WINE AND ROSES"
Drame de **Blake Edwards**, avec Jack Lemmon, Lee Remick, Charles Bickford. États-Unis, 1962 – 2 h.

Un couple se constitue, mais, malgré la présence d'une petite fille tendrement aimée, l'alcool le désunit et apporte la misère.

LE JOUR ET L'HEURE
Drame de **René Clément**, avec Simone Signoret, Stuart Whitman, Michel Piccoli, Geneviège Page. France, 1963 – 1 h 36.

En 1944, Thérèse, dont le mari est détenu en Allemagne, tombe amoureuse d'un aviateur américain. Elle l'accompagne sur le chemin de l'Espagne. Le couple est arrêté à Toulouse et doit son salut à un collaborateur, mais la séparation est inévitable.

JOUR ET NUIT
Drame psychologique de **Jean-Bernard Menoud**, avec Peter Bonke, Mireille Perrier, Patrick Fierry. Suisse/France, 1985 – Couleurs – 1 h 30.

Un employé, qui vit seul avec sa fille à Genève, se lie d'amitié avec une call-girl. Reçue chez lui pour un week-end, elle s'attire la sympathie de l'adolescente, se met à aimer l'homme et connaît le bonheur avant d'être lâchement abandonnée.

LE JOUR LE PLUS LONG "THE LONGEST DAY"
Film de guerre de **Ken Annakin**, **Andrew Marton**, **Bernard Wicki** et **Darryl F. Zanuck**, avec John Wayne *(lieutenant-colonel Vandervoort)*, Robert Mitchum *(général Cota)*, Henry Fonda *(général Theodore Roosevelt)*, Robert Ryan *(général Gavin)*, Rod Steiger *(le commandant du destroyer)*, Robert Wagner *(un ranger)*, Mel Ferrer *(général Haines)*, Richard Burton *(pilote R.A.F.)*, Sean Connery *(soldat Flanagan)*, Stuart Whitman *(lieutenant Sheen)*, Gert Froebe *(sergent Kaffeeklatsch)*, Henry Grace *(général Eisenhower)*, Paul Hatmann *(général von Rundstedt)*, Curd Jürgens *(général Blumontritt)*, Werner Hinz *(maréchal Rommel)*, Alexander Knox *(général Smith)*, Peter Lawford *(lord Lovat)*, Edmond O'Brien *(général Barton)*, Christian Marquand *(commandant Kieffer)*, Peter Van Eyck *(colonel Ocker)*, Bourvil *(le maire de Colleville)*, Jean-Louis Barrault *(père Roulland)*, Arletty *(madame Barrault)*, Madeleine Renaud *(la mère supérieure)*. • SC : Romain Gary, James Jones, David Pusall, Jack Seddon, Cornelius Ryan, d'après son livre. • PH : Jean Bourgoin, Henri Persin, Walter Wottitz. • MUS : Paul Anka, Maurice Jarre. • MONT : Samuel E. Beatley. États-Unis, 1962 – 3 h.

Les préparatifs et le déroulement du débarquement en Normandie le 6 juin 1944.

◆ *Un parfait exemple du genre « all stars cast », c'est-à-dire une superproduction réunissant le plus grand nombre possible de stars au mètre carré d'écran ou de décors. Lorsque même un simple soldat américain a le visage de Paul Anka, on comprend que la reconstitution historique n'est que prétexte pour le jeu, très plaisant d'ailleurs, d'identifier des visages connus entre deux scènes spectaculaires.* *L.A.*

LE JOURNAL D'ANNE FRANK
"THE DIARY OF ANNE FRANK"
Drame de **George Stevens**, d'après le récit autobiographique d'Anne Frank et la pièce de Frances Goodrich et Albert Hackett, avec Millie Perkins, Joseph Schildkraut, Shelley Winters, Richard Beymer. États-Unis, 1959 – 3 h.

Le bouleversant témoignage d'une jeune fille juive confinée dans un grenier pendant des mois pour échapper à la Gestapo. Oscar pour Shelley Winters.

JOURNAL DE CAMPAGNE
Documentaire d'**Amos Gitaï**. France/Israël, 1982 – Couleurs – 1 h 22.

Scènes d'expropriations, exactions diverses à l'encontre des populations palestiniennes caractérisent ce film qui porte un regard critique sur l'occupation de la Cisjordanie et de la bande de Gaza par l'armée israélienne.

LE JOURNAL D'ÉDITH "EDITHS TAGEBUCH"
Drame de **Hans W. Geissendörfer**, avec Angela Winkler, Vadim Glowna, Leopold von Verschuer, Hans Madin. R.F.A., 1983 – Couleurs – 1 h 48.

Une jeune femme qui aspire à un monde meilleur lutte par son engagement politique et tient un journal intime dans lequel elle libère son imagination.

LE JOURNAL D'UN CURÉ DE CAMPAGNE
Drame de **Robert Bresson**, avec Claude Laydu *(le curé d'Ambricourt)*, Armand Guibert *(le curé de Torcy)*, Marie-Monique Arkell *(la comtesse)*, Nicole Ladmiral *(Chantal)*, Jean Riveyre *(le comte)*, Nicole Maurey *(Mlle Louise)*. • SC : R. Bresson, d'après l'œuvre de Georges Bernanos. • PH : Léonce-Henri Burel. • DÉC : Pierre Charbonnier. • MUS : Jean-Jacques Grunewald. • MONT : Paulette Robert. France, 1951 – 1 h 50. ★ **PRIX LOUIS-DELLUC 1950 ; GRAND PRIX, Venise 1950 ; PRIX DE L'OCIC, 1951.**

Le curé d'Ambricourt, dans le Nord, est un jeune prêtre malade et zélé, nouvellement arrivé, qui se heurte à l'incompréhension de ses paroissiens. Il s'attire même l'inimitié du comte en lui parlant de sa liaison avec l'institutrice, Mlle Louise. En vainquant la révolte de la comtesse contre Dieu, née de la perte d'un enfant, il dresse le château et le village contre lui. Il meurt d'un cancer.

◆ *Avec ce film, Bresson renouvelle l'adaptation littéraire au cinéma, faisant naître ses images du texte même de Bernanos au lieu de l'illustrer. Il restitue la vie intérieure et spirituelle, à l'aide d'un style fait de rigueur et d'ascèse, jusque dans la direction d'acteurs dépouillée de tout artifice théâtral. Le « Tout est grâce » final définit le film entier.* J.M.

LE JOURNAL D'UNE FEMME DE CHAMBRE
Drame de **Luis Buñuel**, avec Jeanne Moreau *(Célestine)*, Michel Piccoli *(M. Monteil)*, Françoise Lugagne *(Mme Monteil)*, Jean Ozenne *(M. Rabour)*, Georges Géret *(Joseph)*, Daniel Ivernel *(le capitaine Mauger)*, Gilberte Géniat *(Rose)*, Muni *(Marianne)*, Jean-Claude Carrière *(le curé)*, Bernard Musson *(le sacristain)*. • SC : L. Buñuel, Jean-Claude Carrière, d'après le roman d'Octave Mirbeau. • PH : Roger Fellous. • DÉC : Georges Wakhevitch. • MONT : Louisette Hautecœur. France, 1964 – 1 h 38.

Engagée comme femme de chambre chez les Monteil, Célestine observe les petits travers de chacun : la fringale sexuelle de Monsieur, le refoulement aigri de Madame, le fétichisme raffiné du beau-père M. Rabour... Des escarmouches ont lieu avec le voisin, le colérique capitaine Mauger ; l'intendant Joseph, qui complote avec le sacristain chez les Camelots du roi, propose à Célestine de l'épouser. Lorsque la petite Claire est violée et assassinée dans les bois, Célestine le soupçonne et tente, sans succès, de le faire condamner.

◆ *C'est le premier film de la dernière période de Luis Buñuel, pendant laquelle il tournera essentiellement en France, et toujours avec la collaboration de Jean-Claude Carrière pour le scénario. Le roman de Mirbeau, qui se déroulait à la fin du XIXe siècle, est transposé en 1928, époque dont Buñuel a vécu en France l'effervescence sociale et politique. La peinture d'une bourgeoisie provinciale, décrépite et impuissante tandis que les ligues fascistes exploitent le nationalisme et l'antisémitisme viscéral, prend l'allure d'une revanche jubilatoire trente ans après* Un chien andalou. G.L.

▷ Autre version réalisée par **Jean Renoir**, intitulée LE JOURNAL D'UNE FEMME DE CHAMBRE "DIARY OF A CHAMBERMAID", avec Paulette Goddard, Burgess Meredith, Hurd Hatfield, Francis Lederer, Judith Anderson. États-Unis, 1946 – 1 h 26.

LE JOURNAL D'UNE FEMME EN BLANC
Drame de **Claude Autant-Lara**, d'après le roman d'André Soubiran, avec Marie-José Nat, Jean Valmont, Claude Gensac. France, 1965 – 1 h 50.

La vie, les amours et les problèmes d'une jeune interne d'un service de maternité, qui apprend qu'elle est elle-même enceinte.

▷ Le cinéaste en réalisera une nouvelle mouture intitulée : LE NOUVEAU JOURNAL D'UNE FEMME EN BLANC / UNE FEMME EN BLANC SE RÉVOLTE, avec Danielle Volle, Michel Ruhl, Claude Titre. France, 1966 – 1 h 55.

LE JOURNAL D'UNE FILLE PERDUE / TROIS PAGES D'UN JOURNAL
"DAS TAGEBUCH EINER VERLORENEN"
Drame de **Georg Wilhelm Pabst**, avec Louise Brooks *(Thymiane)*, Joseph Rovens *(le pharmacien Henning)*, Fritz Rasp *(Meinert)*, André Roanne *(Osdorff)*. • SC : Rudolf Leonhardt, d'après le roman de Margaret Boehme. • PH : Sepp Algeier. • DÉC : Ernö Metzner. Allemagne, 1929 – 2 863 m (env. 1 h 45).

La fille d'un pharmacien est pratiquement violée par un préparateur libidineux. Elle devient fille-mère et ses parents la mettent dans une maison de correction après s'être arrangés avec le préparateur. Elle s'en échappe et trouve asile dans un bordel. Elle épouse un millionnaire qui l'emmène faire ses charités dans l'institut même où elle avait dû subir les sévices d'une dame patronnesse sadique.

◆ *Après le sommet que fut* Loulou *dans son œuvre, Pabst retrouve dans ce film Louise Brooks, dont il capta mieux que quiconque la féminité si particulière, qui semblait subir les événements mais qui par sa seule présence passive en changeait le cours. Si* Loulou *était d'un réalisme un peu décoratif, nimbé de nuit aux couleurs d'un rêve opalescent, le* Journal d'une fille perdue *se veut plus cru et plus diurne, le réalisme social y prenant une importance plus documentaire (tendance qui s'accentuera dans ses films parlants). Mais le goût de Pabst pour les effets de clairs-obscurs et les ambiances « particulières » persiste, ce qui situe bien ce cinéaste au confluent des influences de Stroheim et de Sternberg. Le film est un violent constat social teinté de fascination pour le spectacle des aberrations qu'il dévoile, et son portrait d'une jeune fille qui ne demandait qu'à être et dont les rouages sociaux gâchent la vie et la jeunesse est touchant au possible.* *S.K.*

LE JOURNAL D'UNE SCHIZOPHRÈNE
"DIARIO DI UNA SCHIZOFRENICA"
Drame de **Nelo Risi**, avec Margarita Lozano, Ghislaine d'Orsay. Italie, 1969 – Couleurs – 1 h 40.

Venu du documentaire, Nelo Risi fait ici, sous forme de fiction, le récit de la prise en charge psychanalytique d'une jeune schizophrène.

LE JOURNAL D'UN FOU
Drame de **Roger Coggio**, avec Roger Coggio, Dorothée Blank. France, 1963 – 1 h 45.

Un ouvrier d'imprimerie aigri et frustré sombre peu à peu dans la schizophrénie, allant jusqu'à se croire prétendant au trône d'Espagne. Cette adaptation de Gogol repose entièrement sur la remarquable performance d'acteur de Coggio. Le cinéaste en proposa une nouvelle adaptation, avec lui-même, Fanny Cottençon, Yvette Etievan, Jean-Pierre Darras, Charles Charras. France, 1987 – Couleurs – 1 h 29.

LE JOURNAL DU SÉDUCTEUR
Comédie de **Danièle Dubroux**, avec Chiara Mastroianni, Melvil Poupaud, Mathieu Amalric, Jean-Pierre Léaud. France, 1996 – Couleurs – 1 h 35.

Les mécanismes de l'amour et de la séduction en milieu « rive gauche » : traits d'esprit, pirouettes, brefs émois et quelques cadavres sans conséquence.

JOURNAL INTIME "CRONACA FAMILIARE"
Drame de **Valerio Zurlini**, avec Marcello Mastroianni *(Enrico)*, Jacques Perrin *(Ferruccio)*, Sylvie *(la grand-mère)*, Valeria Ciangottini. • SC : V. Zurlini, Mario Missiroli, d'après le roman de Vasco Pratolini. • PH : Giuseppe Rotunno. • DÉC : Flavio Mogherini. • MUS : Goffredo Petrassi. • MONT : Mario Serandrei. Italie, 1962 – Couleurs – 1 h 28. ★ LION D'OR, **Venise 1962.**

Enrico et Ferruccio, deux frères, ont été séparés dans leur enfance. Enrico a grandi dans une famille pauvre et a du mal à se faire une place dans la vie sociale, d'autant qu'il est tuberculeux, tandis que Ferruccio a passé une enfance aisée. Enrico guérit et devient journaliste quand Ferruccio est atteint d'un mal incurable. Ils partageront les derniers instants de leur grand-mère.

◆ *Un film d'une grande émotion par un cinéaste mal connu qui a réalisé des films aussi beaux qu'*Été violent, la Fille à la valise *et le* Professeur. *Zurlini est inégalable quand il s'agit de suggérer la naissance d'un sentiment amoureux entre deux êtres. C'est presque le cas ici, bien qu'il s'agisse de la relation difficile de deux frères qu'un même désespoir existentiel rapproche et qui se comprennent trop bien pour ne pas se fuir. Zurlini filme cette pathétique histoire en longs plans-séquences très composés, magnifiés par la photo de Rotunno, qui fait passer « le lait des tendresses humaines » avec ses jaunes pâles ou ocres et ses contre-jours pudiques.* *S.K.*

JOURNAL INTIME "NAPLÖ"
Drame de **Márta Mészáros**, avec Zsuzsa Czinkoczi *(Juli)*, Anna Polony *(Magda)*, Jan Nowicki *(Janos / le père de Juli)*, Tamas Toth *(le fils de Janos)*, Pal Zolnay *(le grand-père)*, Mari Szemes *(la grand-mère)*, Ildiko Bansagi *(la mère de Juli)*. • SC : M. Mészáros. • PH : Miklos Jancsó. • MUS : Zsolt Dome. • MONT : Eva Karmento. Hongrie, 1982 – 1 h 46.

Une jeune Hongroise, Juli, fille d'émigrés, rentre dans sa patrie en 1947. Ses parents sont morts en U.R.S.S., où ils s'étaient réfugiés. Juli est confiée à Magda, une journaliste qui a connu les prisons fascistes et soutient vigoureusement le nouveau régime.

◆ *Un film sensible et pudique, qui réussit à mêler destins individuels et destinée collective dans un habile contrepoint.* *D.C.*

JOURNAL INTIME "CARO DIARIO"
Comédie de **Nanni Moretti**, avec Nanni Moretti, Renato Carpentieri, Raffaella Lebboroni, Claudia Della Seta. France / Italie, 1993 – Couleurs – 1 h 40. ★ PRIX DE LA MISE EN SCÈNE, **Cannes 1994.**

En trois chapitres de son journal intime, Nanni Moretti nous donne sa vision de l'Italie d'aujourd'hui. Un film rempli d'humour, d'émotion et de sagesse.

LE JOURNAL INTIME DE DAVID HOLZMAN

"DAVID HOLZMAN'S DIARY"

Essai de **Jim Mc Bride**, avec L.M. Kit Carson, Penny Wohl, Louise Levine, Michael Levine, Robert Lesser, Fern Mc Bride, Lorenzo Mans. États-Unis, 1967 – 1 h 14.

Un cinéaste amateur entreprend la rédaction de son journal intime à l'aide d'une caméra et d'un magnétophone. En dix jours, il enregistre tout ce qui l'entoure, ses proches, son quartier et lui-même, avant de se faire voler tout son matériel.

JOURNAL INTIME D'UNE FEMME MARIÉE

"DIARY OF A MAD HOUSEWIFE"

Drame de **Frank Perry**, d'après le roman de Sue Kaufman, avec Carrie Snodgress, Richard Benjamin, Frank Langella. États-Unis, 1970 – Couleurs – 1 h 40.

Une femme est tyrannisée par son mari qui ne pense qu'à sa carrière. L'amant auquel elle finit par céder ne voit en elle qu'un objet de plaisir.

LE JOUR OÙ LA TERRE S'ARRÊTA

"THE DAY THE EARTH STOOD STILL"

Film de science-fiction de **Robert Wise**, avec Michael Rennie *(Klaatu)*, Patricia Neal *(Helen Benson)*, Hugh Marlowe *(Tom Stevens)*, Sam Jaffe *(le Dr Barnhardt)*, Billy Gray *(Bobby Benson)*, Frances Bavier *(Mrs. Barley)*, Lock Martin *(Gort)*, Drew Pearson *(lui-même)*, Frank Conroy *(Harley)*, Carleton Young *(le colonel)*. • SC : Edmund H. North, d'après la nouvelle de Harry Bates *Farewell to the Master*. • PH : Leo Tover. • DÉC : Lyle Wheeler, Addison Hehr. • MUS : Bernard Herrmann. • MONT : William Reynolds. États-Unis, 1951 – 1 h 32.

Une soucoupe volante atterrit près de la Maison-Blanche. Son pilote, Klaatu, est venu alerter l'humanité sur le péril nucléaire. Menacé de mort, et incapable de faire passer son message, Klaatu se réfugie chez une jeune veuve, Helen Benson, et contacte le vénérable Dr Barnhardt, le « plus grand savant du monde ».

◆ *Les symboles clés de la science-fiction des années 50, l'Ovni, le Robot, le Savant, le Politique, le Militaire et la Famille Américaine sont réunis dans ce film d'inspiration ouvertement messianique, où un envoyé du Ciel se mêle aux hommes sous le nom de Carpenter (Charpentier), se heurte à leur incompréhension, meurt et renaît pour leur salut. Au plus fort de la guerre froide, Le jour où la terre s'arrêta a le courage de dénoncer la paranoïa ambiante, de mettre en doute la sagesse des gouvernants et de l'armée, pour lancer à la fois un avertissement et un message d'espoir en la coexistence pacifique.* O.E.

LE JOUR OÙ LES POISSONS

"THE DAY THE FISH CAME OUT"

Film d'anticipation de **Michael Cacoyannis**, avec Tom Courtenay, Colin Blakely, Candice Bergen. Grande-Bretagne / Grèce, 1967 – Couleurs – 1 h 50.

Un avion en difficulté largue des produits radioactifs dans la mer Égée. Des recherches sont entreprises discrètement, mais toute la région finira par être polluée. Ce film aurait pu être une farce dans l'esprit de Docteur Folamour, mais ni le scénario ni la réalisation ne sont à la hauteur.

LE JOUR OÙ L'ON DÉVALISA LA BANQUE D'ANGLETERRE

"THE DAY THEY ROBBED THE BANK OF ENGLAND"

Drame de **John Guillermin**, avec Aldo Ray, Elizabeth Sellars, Peter O'Toole, Hugh Griffith. Grande-Bretagne, 1959 – 1 h 25.

Plusieurs activistes irlandais ont décidé de dévaliser la Banque d'Angleterre. Un mélange réussi de suspense et d'humour.

LES JOURS "DANI"

Drame psychologique d'**Aleksandar Petrović**, avec Olga Vujadinović, Ljubiša Samardzić. Yougoslavie, 1963 – 1 h 20.

Une femme mariée se retrouve abandonnée à elle-même et vient à s'interroger sur le sens de sa vie. Un jour, elle rencontre un jeune homme aussi perdu qu'elle.

JOURS DE 36 "MERES TU '36"

Film politique de **Théo Angelopoulos**, avec Georges Kiritsis *(l'avocat)*, Yannis Kandilas *(le député)*, Thanos Grammenos *(le frère de Sofianos)*, Kostas Pavlou *(Sofianos)*, Christophoros Chimaras *(le ministre)*, Takis Doukakos *(le chef de la Police)*, Christoforos Nezer *(le directeur de la prison)*, Petros Choidas *(le procureur)*, Petros Makaris *(le syndicaliste assassiné)*. • SC : T. Angelopoulos. • PH : Ghiorgos Arvanitis. • DÉC : Mikis Karapiperis. • MUS : Ghiorgos Papasterphanu (direction musicale). • MONT : Vassili Siropulos. Grèce, 1972 – Couleurs – 1 h 50.

Nous sommes en 1936 : le général M. gouverne la Grèce, avec l'appui d'une coalition démocrate et conservatrice. Assassinats politiques, attentats fascistes marquent l'actualité. Un syndicaliste ayant été ainsi éliminé, le gouvernement tente d'accuser de meurtre un « indic » dont il veut se débarrasser. Mais Sofianos prend un otage et bloque la situation. Pendant ce temps, son frère et son avocat échouent à trouver des preuves et des témoins pour l'innocenter. Sofianos sera finalement exécuté à distance par un tireur d'élite, et son corps fera partie d'une charrette de prisonniers politiques exécutés le même jour.

◆ *Un film très maîtrisé dans son rythme et ses moyens, qui dénonce avec vigueur et efficacité les mécanismes du fascisme politique.* D.C.

LE JOUR SE LÈVE

Drame réaliste de **Marcel Carné**, avec Jean Gabin *(François)*, Jacqueline Laurent *(Françoise)*, Arletty *(Clara)*, Jules Berry *(Valentin)*, Mady Berry et René Genin *(les concierges)*, Jacques Baumer *(le commissaire)*. • SC : Jacques Viot. Adaptation et dialogues de Jacques Prévert. • PH : Curt Courant. • DÉC : Alexandre Trauner. • MUS : Maurice Jaubert. • MONT : René Le Hénaff. • PR : Sigma. France, 1939 – 1 h 25.

Un immeuble tout en hauteur sur une banale place de la banlieue parisienne. Dans une chambre sous les toits, deux hommes se querellent violemment. Un coup de feu éclate. François, ouvrier dans une entreprise de peinture, vient de tuer Valentin, un ignoble dresseur de chiens. La police intervient et cerne l'immeuble. François va évoquer les récents épisodes de sa vie qui l'ont amené à rencontrer Françoise, jeune employée chez un fleuriste. Il apprendra plus tard que Valentin a sans doute été l'amant de Françoise et rencontrera l'ancienne maîtresse du dresseur, Clara, qui lui montre son affection. François, fatigué, remonte son réveil car il travaille très tôt. C'est alors que Valentin vient le provoquer chez lui... La police fait évacuer la place et lance des bombes lacrymogènes dans l'appartement, mais François s'est déjà tiré une balle dans le cœur.

◆ **L'envoûtement du réalisme poétique**

Ce scénario original de Jacques Viot adapté et dialogué par Jacques Prévert a permis à Marcel Carné de réaliser le chef-d'œuvre de l'école du « réalisme poétique » d'avant-guerre. L'action se déroule en une nuit, du meurtre à l'assaut de la police, au matin, et Jean Gabin offre un visage saisissant de l'ouvrier célibataire, bourru et sentimental, enfermé dans sa chambre meublée, et comme scellé dans sa tombe. Tout le récit est construit par d'habiles retours en arrière qui permettent de découvrir les étapes de l'idylle amoureuse entre François et la jeune fleuriste. François, dans sa chambre, est entouré d'objets – un ours en peluche, une broche, des photos, des boyaux de vélo, etc. – dont le développement narratif va offrir la signification réaliste et symbolique au spectateur. Marcel Carné a particulièrement bien dirigé les quatre acteurs principaux de ce drame et s'est livré à un travail étonnant sur le timbre de la voix de Gabin qui murmure timidement lorsqu'il s'adresse à Françoise, s'exprime avec une lassitude résignée face à Clara et hurle d'une colère trop longtemps contenue (« Tu vas la taire, ta gueule... Tu vas la taire ! ») devant le cynique dresseur de chiens, incarné par un Jules Berry nettement plus sobre qu'à l'accoutumée, malgré un rôle de crapule peu nuancé. Mais la réussite de l'ensemble tient à la réunion d'une équipe magistrale, et le climat d'envoûtement propre au film naît d'une osmose étroite entre les leitmotive musicaux de Maurice Jaubert accompagnant les lents fondus-enchaînés, la lumière crépusculaire de Curt Courant et, plus essentiellement encore, le décor étonnant d'Alexandre Trauner, entièrement reconstruit en studio, véritable quintessence de l'urbanisme parisien populaire de l'avant-guerre. M.M.

LES JOURS ET LES NUITS DE CHINA BLUE

"CRIMES OF PASSION"

Drame de **Ken Russell**, avec Kathleen Turner, Anthony Perkins. États-Unis, 1984 – Couleurs – 1 h 46.

Joanna Crane, styliste sage, se transforme la nuit en prostituée sado-masochiste. Un film culte.

JOURS GLACÉS "HIDEG NAPOK"

Drame d'**András Kovács**, d'après le roman de Tibor Cseres, avec Zoltan Latinovits, Iván Darvas, Ádám Szirtes, Margit Bara. Hongrie, 1966 – 1 h 40.

Trois officiers et un caporal attendent d'être jugés pour la mort de milliers de personnes en 1942. Leur conversation va mettre en lumière le système de responsabilité collective qui les a conduits jusque là.

JOURS HEUREUX "HIDEOUT"

Mélodrame de **W.S. Van Dyke**, avec Robert Montgomery, Maureen O'Sullivan, Mickey Rooney, Edward Arnold, C. Henry Gordon. États-Unis, 1934 – 1 h 23.

Un gangster se réfugie dans une ferme isolée, se fait soigner par une douce paysanne et coule des jours heureux. Retrouvé par la police, il promet de revenir épouser la jeune fille.

LA JOYEUSE DIVORCÉE "GAY DIVORCEE"

Comédie musicale de **Mark Sandrich**, avec Fred Astaire, Ginger Rogers. États-Unis, 1934 – 1 h 57.

Elle est en train de divorcer, elle le rencontre et ils dansent. « Continental », « Tea for Two »... les airs sont célèbres, les numéros parfaits et les gags excellents.

LA JOYEUSE PARADE
"THERE'S NO BUSINESS LIKE SHOW BUSINESS"
Comédie musicale de **Walter Lang**, avec Ethel Merman, Donald O'Connor, Marilyn Monroe, Dan Dailey, Johnny Ray, Mitzi Gaynor. États-Unis, 1954 – Couleurs – 1 h 57.

L'histoire d'une famille d'artistes de music-hall dans les années 20. CinémaScope, et musique d'Irving Berlin.

JOYEUSES PÂQUES
Comédie de **Georges Lautner**, d'après la pièce de Jean Poiret, avec Jean-Paul Belmondo, Sophie Marceau, Marie Laforêt. France, 1984 – Couleurs – 1 h 37.

Un industriel joli cœur héberge une jeune fille qu'il doit faire passer auprès de son épouse pour sa fille cachée.

LA JOYEUSE SUICIDÉE "NOTHING SACRED"
Comédie de **William A. Wellman**, avec Carole Lombard *(Hazel)*, Fredric March *(Wally Cook)*, Charles Winninger *(Dr Bowner)*, Walter Connolly. • SC : Ben Hecht, Charles Mc Arthur, d'après le roman de James H. Street *Letter to the Editor*. • PH : W. Howard Greene. • DÉC : Lyle Wheeler. • MUS : Oscar Levant. • MONT : James E. Newcom. États-Unis, 1937 – Couleurs – 1 h 15.

Un journaliste en disgrâce redore son blason en exposant le cas d'une pauvre fille de la campagne condamnée à mort parce qu'elle a été accidentellement irradiée. Sa campagne de presse émeut l'Amérique dont la jeune fille devient la coqueluche. Hélas, le journaliste a été victime d'un contresens sur un mot. La fille, prise de remords devant les proportions de l'affaire, veut se suicider, mais le journaliste saura la convaincre que la vie vaut d'être vécue.

◆ *L'impressionnant réalisateur de films sublimes comme* Convoi de femmes, *s'il est avant tout un cinéaste dramatique et lyrique, est aussi l'auteur de nombreuses comédies d'un bon niveau. Ce film est une sympathique mais réelle satire des fausses valeurs de l'« american way of life ». Souvent drôle, il contient un beau moment d'émotion quand le couple, allongé derrière une caisse sur un quai, s'embrasse. On ne voit que leurs pieds qui dépassent et dont les différentes positions font deviner l'action, tandis qu'un lent travelling latéral découvre progressivement leur baiser.* S.K.

LE JOYEUX BANDIT "THE GAY DESPERADO"
Film d'aventures musicales de **Rouben Mamoulian**, avec Ida Lupino, Nino Martini, Leo Carrillo. États-Unis, 1936 – 1 h 25.

Un ténor est enrôlé dans une bande de bandits mexicains qui le font chanter à tout propos.

JOYEUX DÉBARQUEMENT "ALL ASHORE"
Comédie musicale de **Richard Quine**, avec Michey Rooney, Dick Haymes, Peggy Ryan. États-Unis, 1953 – Couleurs – 1 h 20.

Des marins américains débarquent dans l'île de Catalina pour s'amuser. Plages, belles filles et musique.

LES JOYEUX DÉBUTS DE BUTCH CASSIDY ET LE KID "BUTCH AND SUNDANCE : THE EARLY DAYS"
Western de **Richard Lester**, avec William Katt, Tom Berenger, Jeff Corey. États-Unis, 1979 – Couleurs – 1 h 51.

Un commis boucher, qui prend le nom de « Butch » Cassidy, et un tricheur au poker, Sundance Kid, partent à la conquête criminelle de l'Ouest.

▷ Voir aussi BUTCH CASSIDY ET LE KID.

LES JOYEUX FANTÔMES "FANTASMI A ROMA"
Comédie d'**Antonio Pietrangeli**, avec Marcello Mastroianni, Eduardo De Filippo, Vittorio Gassman, Belinda Lee, Sandra Milo. Italie, 1961 – Couleurs – 1 h 40.

Allègre description des monstruosités de la spéculation immobilière dans l'Italie des années 50.

LES JOYEUX GARÇONS "VESELYE REBJATA"
Comédie musicale de **Grigori Alexandrov**, avec Leonid Outiessov *(Kostia)*, Lioubov Orlova *(Torgsine)*, Elena Tiaphina *(Léna)*. • SC : G. Alexandrov, Vladimir Mass, Nikolai Erdman. • PH : Vladimir Nilsen. • DÉC : Alexandre Outkine. • MUS : Isaak Dounaievski. U.R.S.S. (Russie), 1934 – 1 h 35.

La jeune et snob Léna prend le berger musicien Kostia pour un chef d'orchestre à la mode et l'invite chez elle. Kostia arrive avec son troupeau qui saccage la villa. Puis il part pour Moscou où il forme un orchestre de jazz qui se déplace en corbillard ! Au Grand Théâtre, une bataille musicale l'oppose à un autre orchestre plus conventionnel. Kostia en sort vainqueur avec l'aide d'Aniouta, la petite bonne de Léna.

◆ *Ce film est un cas unique dans la production soviétique. Comédie musicale bourrée de gags et d'inventions, il manifeste un esprit burlesque et iconoclaste quasi surréaliste, tout à fait inattendu dans l'Union soviétique de 1934. C'est un peu le pendant soviétique des Marx Brothers et le précurseur d'Helzapoppin. Alexandrov ne retrouvera hélas jamais la même réussite dans ses autres films. L'« hénaurme » travelling final qui part des visages des musiciens et s'achève sur l'extérieur du théâtre est plus qu'un morceau de bravoure : sa démesure est un pied de nez au cinéma classique.* *J.-B.B.*

LE JOYEUX PRISONNIER "SMALL TOWN GIRL"
Comédie musicale de **Leslie Kardos**, avec Jane Powell, Farley Granger, Ann Miller, Robert Keith. États-Unis, 1953 – Couleurs – 1 h 33.

Un riche célibataire new-yorkais tombe amoureux de la charmante fille du juge qui l'a condamné pour excès de vitesse ! Un étourdissant numéro de danse d'Ann Miller avec des violons.

JUBILÉ "JUBILEE"
Film fantastique de **Derek Jarman**, avec Jenny Runacre, Jordan, Little Nelle. Grande-Bretagne, 1977 – Couleurs – 1 h 43.

Élisabeth Ire d'Angleterre obtient d'un magicien d'être transportée au XXIe siècle. Elle assiste aux derniers soubresauts d'un monde dégénéré. Une fable pessimiste inspirée par le mouvement punk.

JUDEX
Serial de **Louis Feuillade**, avec René Cresté *(Judex)*, Musidora *(Diana Monti / Marie Verdier)*, Yvette Andreyor *(Jacqueline)*, Marcel Levesque *(Cocantin)*, Louis Lebas *(Favraux)*, Bout-de-Zan, Gaston Michel. • SC : Arthur Bernède, L. Feuillade. • PH : Léon Clausse, André Glatti. • DÉC : R.-J. Garnier. France, 1917 – 8 106 m (env. 5 h, en douze épisodes). 1) *L'Ombre mystérieuse* (1 260 m avec le prologue). 2) *L'Expiation* (600 m). 3) *La Meute fantastique* (762 m). 4) *Le Secret de la tombe* (488 m). 5) *Le Moulin tragique* (742 m). 6) *Le Môme Réglisse* (816 m). 7) *La Femme en noir* (853 m). 8) *Les Souterrains du château rouge* (638 m). 9) *Lorsque l'enfant paraît* (600 m). 10) *Le Cœur de Jacqueline* (484 m). 11) *L'Ondine* (427 m). 12) *Le Pardon d'amour* (436 m).

Un mystérieux justicier, Judex, entre en lutte contre le banquier Favraux, qui a édifié sa fortune en employant des méthodes indignes. Mais ses plans sont contrariés par une aventurière, Diana, qui désire épouser le banquier. De plus, Judex est amoureux de Jacqueline, la propre fille de Favraux.

◆ Judex *naquit de la volonté de Feuillade de donner naissance à un héros positif, après les ennuis que connurent* les Vampires *interdits par le préfet de police. On ne retrouve donc pas dans ce serial la saveur sulfureuse de Fantômas. Au contraire, le film bascule parfois dans le pur mélodrame bourgeois, malgré cependant de belles séquences mystérieuses. Judex est quant à lui un héros étrange et blafard. Avec sa longue cape noire, son chapeau à large bord et son air triste, il peut faire songer de nos jours à certains héros taciturnes et solitaires du western italien.* *L.A.*

▷ L'année suivante, le cinéaste réalise une suite en douze épisodes, intitulée LA NOUVELLE MISSION DE JUDEX.

▷ Autre version réalisée par **Maurice Champreux**, intitulée JUDEX 34, avec René Ferté, Marcel Vallée, Louise Lagrange, Alexandre Mihalesco, Paule Andral, René Navarre, Blanche Bernis. France, 1933 – 1 h 35.

JUDEX
Film d'aventures de **Georges Franju**, avec Channing Pollock, Edith Scob, Fancine Bergé, Michel Vitold, Sylva Koscina. France / Italie, 1963 – 1 h 45.

Ce film reprend le scénario du précédent Judex. Il ne s'agit pas d'un « remake », mais d'un hommage rendu par Franju à Feuillade. Le résultat est un chef-d'œuvre de fantastique poétique.

JUDITH "JUDITH"
Drame de **Daniel Mann**, d'après le récit de Lawrence Durrell, avec Sophia Loren, Peter Finch, Jack Hawkins. États-Unis, 1965 – Couleurs – 1 h 30.

Les débuts de l'État d'Israël, à travers le portrait d'une femme, déportée par les nazis. Une superproduction hollywoodienne, par l'auteur de la Rose tatouée.

JUDITH DE BÉTHULIE "JUDITH OF BETHULIA"
Drame biblique de **David W. Griffith**, avec Blanche Sweet *(Judith)*, Henry B. Walthall *(Holopherne)*, Mac Marsh *(Naomi)*, Robert Harron *(Nathan)*, Lillian Gish *(la jeune mère)*. • SC : Frank Woods, d'après le poème *Judith et Holopherne* et la pièce *Judith de Béthulie* de Thomas Bailey Aldrich, tous deux d'après *le Livre de Judith*. • PH : Billy Bitzer. • MONT : James Smith. États-Unis, 1914 – env. 1 200 m (45 mn).

Holopherne, général du roi de Babylone Nabuchodonosor, assiège la ville de Béthulie, point de passage obligé pour envahir la Judée. Pour sauver ses concitoyens tenaillés par la faim et la soif, une jeune veuve, Judith, se rend dans le camp ennemi et décapite Holopherne.

◆ *Inspirée du texte biblique (apocryphe), cette première reconstitution historique de D.W. Griffith est aussi la première production américaine en quatre bobines. Le réalisateur, très influencé par l'esthétique du cinéma italien « à l'antique », a tenté de retrouver, à travers la tension dramatique et les scènes épiques (combats, siège), la densité et le relief des tableaux historiques.* *C.A.*

JUDITH THERPAUVE
Drame de **Patrice Chéreau**, avec Simone Signoret, Philippe Léotard, Robert Manuel. France, 1978 – Couleurs – 2 h 05.

Une veuve quinquagénaire et retraitée se voit dans l'obligation de prendre la direction d'un journal local dont elle est actionnaire. C'est le début d'une lutte qui la conduira à l'échec et à la mort.

LE JUGE

Film policier de **Philippe Lefebvre**, avec Jacques Perrin, Richard Bohringer, Andréa Ferréol. France, 1983 – Couleurs – 1 h 37.

Aidé par un commissaire de police, un juge d'instruction s'emploie à décapiter le trafic de drogue à Marseille. Le film est inspiré des événements qui valurent la mort au juge Michel en 1981.

JUGE ET HORS-LA-LOI

"THE LIFE AND TIMES OF JUDGE ROY BEAN"

Western de **John Huston**, avec Paul Newman, Ava Gardner, Jacqueline Bisset, Stacy Keach, John Huston, Victoria Principal. États-Unis, 1972 – Couleurs – 2 h.

En 1890, dans une petite ville texane, Roy Bean, un hors-la-loi, prend la direction du saloon et impose son autorité. Un western nostalgique et désenchanté.

LE JUGE ET L'ASSASSIN

Drame de **Bertrand Tavernier**, avec Philippe Noiret *(le juge Rousseau)*, Michel Galabru *(Joseph Bouvier)*, Isabelle Huppert *(Rose)*, Jean-Claude Brialy *(Villedieu)*, Renée Faure *(Madame Rousseau)*, Cécile Vassort *(Louise Lesueur)*, Yves Robert *(le professeur Degueldre)*. • SC : B. Tavernier, Jean Aurenche. • PH : Pierre William Glenn. • DÉC : Antoine Roman. • MUS : Philippe Sarde. • MONT : Armand Psenny. France, 1976 – Couleurs – 1 h 50.

En 1893, Joseph Bouvier, qui a dû quitter l'armée à cause de ses crises de violence, tire sur sa fiancée Louise qui le repousse, puis tente de se suicider. Interné à l'asile de Dole, il s'en évade l'année suivante. Au cours de ses pérégrinations, il commet une douzaine d'agressions en quelques mois, violant et étranglant des jeunes filles. Le juge Rousseau découvre l'identité de l'assassin et le traque pour l'envoyer à la guillotine.

◆ *L'assassin en question a réellement existé, il s'appelait Joseph Vacher et son histoire a alimenté la chronique criminelle de la IIIe République. L'opposition entre ce personnage complexe, tourmenté, mystique, victime de ses crises de folie meurtrière, et le juge intransigeant, soutien aveugle de l'ordre social, est parfaitement rendue par le face-à-face entre les deux comédiens. C'est surtout la performance de Michel Galabru qui fut applaudie : pour la première fois, cet habitué des farces et du Boulevard assumait un grand rôle dramatique, où il est d'une émouvante humanité. La réalisation de Tavernier a frappé par son ampleur et son lyrisme maîtrisé : filmés en écran large (Panavision), les paysages traversés par Bouvier sont de toute beauté.* *G.L.*

LE JUGE FAYARD DIT « LE SHÉRIF »

Film policier d'**Yves Boisset**, avec Patrick Dewaere, Aurore Clément, Philippe Léotard. France, 1977 – Couleurs – 1 h 52. ★ **PRIX LOUIS-DELLUC 1976.**

Le juge Fayard, qui menait une enquête apparemment banale, mais dangereuse pour des personnalités politiques et des hommes d'affaires, est abattu par des inconnus. Inspiré d'une affaire authentique.

LE JUGEMENT DE NUREMBERG / JUGEMENT A NUREMBERG

"JUDGEMENT AT NUREMBERG"

Drame psychologique de **Stanley Kramer**, avec Spencer Tracy *(le juge Haywood)*, Burt Lancaster *(le juriste Janning)*, Richard Widmark *(le colonel Lawson)*, Marlene Dietrich, Maximilian Schell, Judy Garland, Montgomery Clift. • SC : Abby Mann. • PH : Ernest Laszlo. • DÉC : George Milo. • MUS : Ernest Gold. • MONT : Frederic Knudston. États-Unis, 1961 – Couleurs – 2 h 54.

En 1948, le juge américain Haywood est envoyé à Nuremberg pour présider le procès des magistrats allemands coupables de trop de complaisance à l'égard du régime nazi. Le magistrat Janning, écartant les témoignages et les films sur les camps de concentration, dit qu'il n'a fait qu'appliquer la loi en vigueur.

◆ *Malgré sa longueur, ce n'est pas un film spectaculaire que cette relation assez théâtrale d'un procès. Les témoignages se succèdent, sobrement, dans ce lieu unique d'une salle de palais de justice. C'est pour mieux mettre l'accent sur les vraies questions : jusqu'où doit aller la complaisance d'un juge ? Était-ce une excuse que de prétendre n'avoir pas su ? L'indifférence n'est-elle pas une forme de complicité ?* *B.B.*

LE JUGEMENT DERNIER "IL GIUDIZIO UNIVERSALE"

Comédie de **Vittorio De Sica**, avec Vittorio Gassman, Fernandel, Paolo Stoppa, Anouk Aimée, Mélina Mercouri. Italie, 1961 – 1 h 38.

Le jugement dernier est annoncé à Naples et provoque les réactions souvent imprévues d'une foule de personnages. Une mosaïque de sketches napolitains.

LE JUGEMENT DES FLÈCHES
"RUN OF THE ARROW"
Western de **Samuel Fuller**, avec Rod Steiger *(O'Meara)*, Ralph Meeker *(le lieutenant Driscoll)*, Charles Bronson *(Blue Buffalo)*, Sarita Montiel *(Yellow Mocassin)*. • SC : S. Fuller. • PH : Joseph Biroc. • DÉC : Albert D. D'Agostino, Jack Okey. • MUS : Victor Young. • MONT : Gene Fowler Jr. États-Unis, 1956 – Couleurs – 1 h 26.

Un soldat sudiste, qui a refusé la défaite de son camp, s'en va vivre parmi les Indiens. Soumis à des épreuves rituelles, il peut finir par se considérer comme adopté. Pourtant, et bien qu'il rencontre l'amour, il comprendra qu'on ne peut impunément se couper de ses racines.

◆ *Idéaliste meurtri, obstiné et cabochard, le héros de ce très beau film poursuit, loin des hommes, la recherche de son identité. À travers des images fortes, d'une violence parfois difficilement soutenable, Fuller a voulu choquer (il en a l'habitude) mais pour aboutir à une réflexion, souvent désabusée, sur les notions de patriotisme et de culture.* *C.A.*

LE JUIF ERRANT "L'EBREO ERRANTE"
Drame de **Goffredo Alessandrini**, avec Vittorio Gassman, Valentina Cortese, Noëlle Norman. Italie, 1948 – 1 h 40.

L'histoire du Juif errant à l'époque du nazisme en 1935 à Berlin, durant la guerre à Paris en 1940, et dans un camp de concentration. Un des premiers rôles importants de Gassman.

LE JUIF POLONAIS
Drame de **Jean Kemm**, d'après le roman d'Erckmann-Chatrian, avec Harry Baur, Simone Mareuil, Mady Berry, Georges La Cressonnière. France, 1931 – env. 1 h 30.

En 1866 en Alsace, un cafetier qui a assassiné un vieux juif quinze ans auparavant rêve, le jour du mariage de sa fille, qu'il est démasqué.

LE JUIF SÜSS "JUD SÜSS"
Drame de **Veit Harlan**, avec Ferdinand Marian *(Süss)*, Heinrich George *(le duc de Wurtemberg)*, Werner Krauss *(le rabbin)*, Eugen Klöpfer *(le conseiller Sturm)*, Kristina Söderbaum *(Dorothea Sturm)*, Malte Jaeger *(l'actuaire Faber)*. • SC : Luwig Metzger, Eberhard Wolfgang Möller, V. Harlan, d'après le roman de Leon Feuchtwanger. • PH : Bruno Mondi. • MONT : Wolfgang Zeller. Allemagne, 1940 – 1 h 36.

Le duc de Wurtemberg, qui a besoin d'argent, se laisse circonvenir par un juif dont il fait son ministre des Finances : Joseph Süss-Oppenheimer. Celui-ci, manœuvré par un horrible rabbin, fait du Wurtemberg un paradis pour ses coréligionnaires. Il viole la fille du conseiller Sturm, après avoir fait incarcérer son père et son fiancé, le jeune Faber. Le peuple finit par se soulever contre les exactions de Süss et de ses amis : Süss est arrêté, condamné et brûlé vif. Les juifs ont trois jours pour quitter le pays.

◆ *Archétype de l'abjection du cinéma au service d'une idéologie monstrueuse, ce film utilise les « ficelles » les plus grosses mais, hélas ! les plus efficaces. Il fit un triomphe dans l'Allemagne nazie.* *D.C.*

Quelques années auparavant, **Lothar Mendes** adapte le roman et réalise à Londres avec un groupe d'antinazis, un JUIF SÜSS "JEW SÜSS", avec Conrad Veidt, Benita Hume, Frank Vosper, Cedric Hardwicke, Gerald du Maurier. Grande-Bretagne, 1934 – 1 h 49.

JUILLET EN SEPTEMBRE
Drame de **Sébastien Japrisot**, avec Laetia Gabrieli, Daniel Desmars, Anne Parillaud. France, 1988 – Couleurs – 1 h 36.

Une jeune fille abandonnée à sa naissance revient vingt ans après sur les traces de son passé.

JULES CÉSAR "JULIUS CAESAR"
Drame historique de **Joseph L. Mankiewicz**, avec Marlon Brando *(Marc Antoine)*, James Mason *(Brutus)*, John Gielgud *(Cassius)*, Louis Calhern *(Jules César)*, Edmond O'Brien *(Casca)*. • SC : J.L. Mankiewicz, d'après la pièce de William Shakespeare. • PH : Joseph Ruttenberg. • DÉC : Edwin B. Willis, Hugh Hunt. • MUS : Miklos Rozsa. • MONT : John Dunning. États-Unis, 1953 – 2 h 01.

À Rome, en 44 av. J.-C., Jules César vient d'être nommé dictateur. Brutus, un de ses amis les plus chers, est convaincu par Cassius que les institutions sont en péril. Tous deux et d'autres conjurés tuent César en plein Sénat. Antoine, lieutenant de César, réussit à retourner le peuple contre les meurtriers qui s'enfuient.

◆ *Adaptation volontairement sobre – à la limite de l'ascétisme – de l'œuvre de Shakespeare, le film de Mankiewicz, qui joue sur le noir et le blanc, les ombres et la lumière – le Bien et le Mal – a coupé dans le texte pour dramatiser davantage, s'il se pouvait, un acte dont les tenants et les aboutissants sont bien connus. Tous les personnages, joués par des acteurs shakespeariens pour la plupart, sont magnifiquement interprétés, et la performance de Brando-Antoine s'adressant au peuple reste un grand moment déclamatoire.* *C.A.*

JULES ET JIM
Drame de **François Truffaut**, avec Jeanne Moreau *(Catherine)*, Oskar Werner *(Jules)*, Henri Serre *(Jim)*, Marie Dubois *(Thérèse)*, Cyrus Bassiak [C. Rezvani] *(Albert)*, Sabine Haudepin *(Sabine)*, Vanna Urbino

(*Gilberte*). • SC : F. Truffaut, Jean Gruault, d'après le roman d'Henri-Pierre Roché. • PH : Raoul Coutard. • DÉC : Fred Capel. • MUS : Georges Delerue, chanson « le Tourbillon » de C. Bassiak. • MONT : Claudine Bouché. France, 1962 – 1 h 45.

Vers 1900, à Paris, l'Allemand Jules et le Français Jim, amis inséparables, rencontrent Catherine, une femme qui a le même sourire qu'une statue qui les avait enchantés. Jules l'épouse. La guerre sépare les deux amis, puis Catherine vit un moment avec Jim avant de retourner vers Jules. Au moment où Jim va se marier, Catherine l'invite à une promenade en auto : la voiture fait un plongeon sous les yeux de Jules qui assiste ensuite à l'incinération des deux corps.

◆ *Cette relation triangulaire où une femme aime deux hommes liés par une indéfectible amitié, dans une totale innocence, donne lieu à un film brillant, libre, aérien, rapide comme un tourbillon. Aujourd'hui, si la noblesse des deux hommes frappe, on retient surtout un portrait de femme unique au cinéma, que Jim résume à merveille : « Une apparition pour tous, pas une femme pour soi tout seul. »* J.M.

JULIA "JULIA"

Drame de **Fred Zinnemann**, avec Jane Fonda (*Lillian Hellman*), Vanessa Redgrave (*Julia*), Jason Robard (*Dashiell Hammett*), Maximilian Schell (*Johann*), Meryl Streep (*Anne-Marie*). • SC : Alvin Sargent, d'après un récit de Lillian Hellman. • PH : Douglas Slocombe. • DÉC : Pierre Charron, Tessa Davies. • MUS : Georges Delerue. • MONT : Walter Murch. États-Unis, 1977 – Couleurs – 2 h 05.

Dans les années 30, l'amitié de l'écrivain et dramaturge Lillian Hellman (compagne du romancier Dashiell Hammett) et de la militante antifasciste Julia. Un jour, un homme, Johann, aborde Lillian à Paris et se réclame de Julia pour lui demander de transporter à Berlin une importante somme d'argent destinée à la lutte contre le nazisme. Au terme d'un voyage éprouvant, Lillian retrouve Julia à Berlin, amputée (à la suite d'une blessure reçue dans une manifestation), mais toujours combattante. Plus tard, elle apprendra la mort de son amie, qui a donné son prénom, Lillian, à sa fille.

◆ *D'après un texte autobiographique de Lillian Hellman, une élégie tranquille à la gloire des femmes courageuses et de leur amitié. Jane Fonda et Vanessa Redgrave, militantes progressistes dans la vie, sont émouvantes et lumineuses. Le film marqua en 1977 une redécouverte de Fred Zinnemann, et d'un cinéma à mi-voix franchement émotionnel, préservé de toute surenchère spectaculaire.* M.CH.

JULIE POT-DE-COLLE

Comédie de **Philippe de Broca**, avec Marlène Jobert, Jean-Claude Brialy, Alexandra Stewart. France, 1977 – Couleurs – 1 h 30.

Un fondé de pouvoir sérieux se fait berner par Julie qui vient de tuer son mari. Un petit air de comédie américaine.

JULIETTA

Comédie de **Marc Allégret**, d'après le roman de Louise de Vilmorin, avec Dany Robin, Jean Marais, Jeanne Moreau, Bernard Lancret, Denise Grey. France, 1953 – 1 h 39.

Une pétillante comédie qui met en scène une jeune fille romanesque, un avocat séduisant et une femme snob et capricieuse. Un exceptionnel trio d'acteurs.

JULIETTE DES ESPRITS "GIULIETTA DEGLI SPIRITI"

Comédie dramatique de **Federico Fellini**, avec Giulietta Masina (*Giulietta*), Sandra Milo (*l'amie*), Sylva Koscina (*la star*), Mario Pisu (*le mari*). • SC : Tullio Pinelli, Ennio Flaiano, Brulello Rondi. • PH : Gianni Di Venanzo. • MUS : Nino Rota. Italie, 1965 – Couleurs – 2 h 09.

Giulietta, une bourgeoise indolente, découvre que son mari la trompe. Elle engage un détective pour savoir avec qui. Elle est assaillie de rêves, de visions qui la tourmentent. Elle devra s'en délivrer, ainsi que de son attachement pour son mari, pour redevenir elle-même.

◆ *Dans un délire décoratif baigné de couleurs aux harmonies stridentes, les rêves et les fantasmes de Giulietta interfèrent avec la réalité. À la fin du film, cette bourgeoise imaginative et coincée quittera ce monde obsessionnel et finalement négatif pour aller vers les grands arbres, c'est-à-dire vers sa nature.* S.K.

JULIETTE ET JULIETTE

Comédie de **Rémo Forlani**, avec Annie Girardot, Marlène Jobert, Pierre Richard. France, 1973 – Couleurs – 1 h 30.

Une « courriériste du cœur » et une vendeuse de magasin, après avoir perdu leur emploi, fondent un journal féministe. Maintes aventures s'ensuivront.

JULIETTE ET L'AIR DU TEMPS

Chronique de **René Gilson**, avec Agnès Chateau, Jacques Zanetti, Evane Hanska. France, 1977 – Couleurs – 1 h 32.

Juliette l'insouciante vit de petits boulots et de rencontres diverses. Le film brosse un portrait attachant de la jeunesse.

JULIETTE OU LA CLÉ DES SONGES
Drame poétique de **Marcel Carné**, d'après la pièce de Georges Neveux, avec Gérard Philipe, Suzanne Cloutier, Jean-Roger Caussimon. France, 1951 – 1 h 40.

Un jeune homme qui a commis un vol par amour trouve refuge dans l'univers des songes. Épaulé par une équipe technique de très grande qualité (Henri Alekan à la photo, Joseph Kosma pour la musique et Alexandre Trauner aux décors), Carné a essayé de transposer en images la poésie de la pièce.

LE JUMEAU
Comédie d'**Yves Robert**, d'après le roman de Donald Westlake, avec Pierre Richard, Carey et Camila More. France, 1984 – Couleurs – 1 h 48.

Rencontrant deux ravissantes jumelles américaines, un homme leur fait croire qu'il a lui-même un frère jumeau. Elles ont la mauvaise idée de vouloir le rencontrer.

JUMEAUX "Twins"
Comédie d'**Ivan Reitman**, avec Arnold Schwarzenegger, Danny De Vito, Kelly Preston. États-Unis, 1988 – Couleurs – 1 h 52.

À trente-cinq ans, deux jumeaux qui s'ignoraient se retrouvent. Ils sont le résultat d'une expérience génétique un peu ratée : l'un, splendide athlète, est pratiquement parfait, mais l'autre est un petit rondouillard, roublard et escroc.

LES JUMEAUX DE BRIGHTON
Comédie de **Claude Heymann**, avec Raimu, Michel Simon, Suzy Prim, Jean Tissier, Charlotte Lysès. France, 1936 – 1 h 29.

Pour que ses jumeaux puissent hériter d'un vieil oncle qui ne tolère qu'un seul héritier, un homme dissimule l'existence de l'un de ses deux fils. Ils grandissent chacun de leur côté, jusqu'à ce que le destin les réunisse un jour.

LA JUMENT VAPEUR
Comédie dramatique de **Joyce Buñuel**, avec Carole Laure, Pierre Santini, Liliane Roveyre. France, 1978 – Couleurs – 1 h 40.

Coincée entre un mari très ordinairement phallocrate, des enfants à mener à l'école et des tâches ménagères répétitives, une jeune femme craque.

LA JUMENT VERTE
Comédie dramatique de **Claude Autant-Lara**, d'après le roman de Marcel Aymé, avec Bourvil, Francis Blanche, Sandra Milo, Yves Robert, Achille Zavatta, Julien Carette. France/Italie, 1959 – Couleurs – 1 h 34.

En 1870, une jeune mère est violée par un officier prussien. Bien des années plus tard, le fils de la victime se vengera en séduisant la propre femme du soudard.

JUNGLE FEVER "Jungle Fever"
Comédie dramatique de **Spike Lee**, avec Wesley Snipes, Annabella Sciorra, Spike Lee, Ossie Davis. États-Unis, 1991 – Couleurs – 2 h 01.

Un architecte qui a la peau noire, marié et père de famille, s'éprend d'une jeune fille d'origine italienne. Leurs amours sont contrariées et finalement détruites en raison des racismes ambiants. Comme d'habitude, Spike Lee utilise conjointement les armes de la comédie et du drame pour dénoncer l'intolérance.

JUNIOR BONNER, LE DERNIER BAGARREUR
"Junior Bonner"
Film d'aventures de **Sam Peckinpah**, avec Steve Mc Queen, Robert Preston, Ida Lupino. États-Unis, 1972 – Couleurs – 1 h 42.

Spécialiste du rodéo, Junior Bonner retrouve sa famille et sa ville d'origine à l'occasion d'un concours.

JUNON ET LE PAON "Juno and the Peacock"
Comédie dramatique d'**Alfred Hitchcock**, d'après la pièce de Sean O'Casey, avec Sara Allgood, Edward Chapman, Sidney Morgan, Marie O'Neill. Grande-Bretagne, 1930 – 1 h 25.

À Dublin, tandis que catholiques et Anglais s'affrontent, une famille dans la misère se démène pour toucher un héritage. Du simple théâtre filmé qui connut un grand succès.

JURASSIC PARK "Jurassic Park"
Film d'aventures de **Steven Spielberg**, d'après Michael Crichton, avec Sam Neill, Laura Dern, Jeff Goldblum, Richard Attenborough. États-Unis, 1993 – Couleurs – 2 h 07.

Les dinosaures resurgissent du passé où on les avait enterrés, semant la terreur et la destruction. Mais, face à ces monstres, une famille américaine fait de la résistance... Une véritable prouesse technique pour l'impression de réalité des dinosaures.

JUSQU'AU BOUT DU MONDE
Drame de **François Villiers**, avec Pierre Mondy, Didi Perego, Marie Dubois, Marietto. France/Italie, 1962 – 1 h 27.

Un homme solitaire débarque en Corse, dans un pauvre village. Là, il se voit contraint de recueillir un enfant de neuf ans dont la mère vient de mourir et dont il est sans doute le père.

JUSQU'AU BOUT DU MONDE
"UNTIL THE END OF THE WORLD"
Film de science-fiction de **Wim Wenders**, avec Solveig Dommartin, William Hurt, Sam Neill. France / Allemagne / Australie, 1991 – Couleurs – 2 h 59.

Caméras à filmer les rêves... Wim Wenders continue à explorer l'image dans tous ses états, en mélangeant allègrement les genres : voyages, suspense, science-fiction...

JUSQU'AU BOUT DU RÊVE "FIELD OF DREAMS"
Film fantastique de **Phil Alden Robinson**, avec Kevin Costner, Amy Madigan, James Earl Jones, Burt Lancaster. États-Unis, 1989 – Couleurs – 1 h 45.

Un soir dans son champ, Ray Kinsella entend une voix lui répéter « Si tu le construis, IL viendra ». Ray rase alors ses maïs et construit un terrain de base-ball. C'est le début d'une aventure fantastique qui lui permettra de réaliser son plus grand rêve. Un superbe film dans lequel on retrouve l'esprit de Frank Capra.

JUSQU'AU CŒUR
Fable de **Jean-Pierre Lefebvre**, avec Robert Charlebois, Claudine Monfette, Paul Berval. Canada (Québec), 1968 – Couleurs – 1 h 32.

Un déserteur est opéré du cerveau afin de rentrer dans la norme. Mais il s'enfuit dans la vraie nature avec son amie. Le message du cinéaste québécois est clair et la réalisation percutante.

JUSQU'AU DERNIER
Drame de **Pierre Billon**, d'après un roman d'André Duquesne, avec Raymond Pellegrin, Jeanne Moreau, Paul Meurisse, Mouloudji, Orane Demazis. France, 1957 – 1 h 30.

Le fruit d'un hold-up porte malheur à tous ceux qui le convoitent. Une Série noire dialoguée par Michel Audiard.

JUSQU'À UN CERTAIN POINT "HASTA CIERTO PUNTO"
Drame psychologique de **Tomas Gutierrez Alea**, avec Oscar Alvarez, Mirta Ibarra, Coralia Veloz, Omar Valdes. Cuba, 1983 – 1 h 08.

En interrogeant des travailleurs sur la question du machisme, un cinéaste met au jour les contradictions existant entre l'esprit révolutionnaire et l'attitude envers les femmes.

JUSTE AVANT LA NUIT
Drame psychologique de **Claude Chabrol**, avec Michel Bouquet, François Périer, Stéphane Audran. France, 1971 – Couleurs – 1 h 50.

Un homme a assassiné sa maîtresse, qui était la femme de son meilleur ami. Le crime lui pèse de plus en plus mais personne ne veut accepter d'entendre ses aveux. Une situation psychologiquement lourde, dans l'esprit des autres Chabrol de ces années-là.

JUSTICE DE FLIC
Film policier de **Michel Gérard**, avec Maurice Risch, Clémentine Célarié, Jean-Marc Maurel, Frank Dubosc, Jean-Pierre Loustau. France, 1986 – Couleurs – 1 h 25.

Un gangster, dont le jeune frère a été contraint à la prostitution par une bande rivale, traque les criminels avec l'aide de son amie. Des comptes sanglants se règleront sous l'œil d'un commissaire sadique.

LA JUSTICE DES HOMMES
"THE TALK OF THE TOWN"
Comédie de **George Stevens**, avec Cary Grant, Jean Arthur, Ronald Colman, Glenda Farrell. États-Unis, 1942 – 1 h 58.

L'ironique rencontre, dans un chalet, d'un homme accusé d'être un incendiaire et d'un juriste qui va siéger à la Cour suprême de Washington. Un sujet dramatique traité avec optimisme.

JUSTICE EST FAITE
Drame d'**André Cayatte**, avec Claude Nollier *(Elsa Lundenstein)*, Antoine Balpêtré *(le président de la Cour)*, Michel Auclair *(Serge Kremer)*, Valentine Tessier, Raymond Bussières, Jacques Castelot, Jean Debucourt, Jean-Pierre Grenier, Marcel Pérès, Noël Roquevert *(les jurés)*, Dita Parlo, Jean d'Yd, Jean Vilar. • SC : A. Cayatte, Charles Spaak. • PH : Jean Bourgoin. • DÉC : Jacques Colombier. • MUS : Raymond Legrand. France, 1950 – 1 h 45. ★ **LION D'OR, Venise 1950 ; PRIMÉ au festival de Berlin 1951.**

Aux assises de Versailles, comparaît le docteur Elsa Lundenstein, qui a tué son amant atteint d'un cancer incurable. Avant et pendant le procès, nous voyons se dérouler la vie quotidienne des jurés : une antiquaire, un garçon de café, un éleveur de chevaux, un commerçant, un imprimeur, un cultivateur, un officier en retraite. Quand ils auront rendu leur sentence, justice sera faite.

◆ *Montrer que les jurés sont dépendants de leur vie personnelle quand se forme leur intime conviction, représentait, en 1950, une certaine audace et rompait avec la dramaturgie traditionnelle du procès au cinéma. Cela valut au film un énorme retentissement. Malheureusement, le peu de nuances des portraits, les stéréotypes dans le choix et le jeu des interprètes, affaiblissent aujourd'hui la portée de l'œuvre.* J.-P.B.

JUSTICE POUR TOUS "AND JUSTICE FOR ALL"
Drame de **Norman Jewison**, avec Al Pacino, Jack Warden, John Forsythe. États-Unis, 1979 – Couleurs – 1 h 59.

Un avocat est victime de la vindicte d'un juge. Mais celui-ci étant accusé de viol, il sera amené à le défendre. Un film efficace sur la justice et les hommes de loi.

JUSTICE SAUVAGE "WALKING TALL"
Film policier de **Phil Karlson**, avec Joe Don Baker, Elizabeth Hartman. États-Unis, 1973 – Couleurs – 1 h 40.

Un ancien « marine », de retour chez lui, découvre que sa ville est mise en coupe réglée par un gang local : élu au poste de shérif, il « nettoie » le pays de façon expéditive.

LE JUSTICIER "THE MOONRAKER"
Film de cape et d'épée de **David McDonald**, avec George Baker, Silvia Syms, Peter Arne, Marius Goring. Grande-Bretagne, 1958 – Couleurs – 1 h 22.

En Angleterre, en 1651, un gentilhomme surnommé « le Justicier » met son épée au service du futur Charles II.

LE JUSTICIER DE L'ARIZONA
"RETURN OF THE GUNFIGHTER"
Western de **James Neilson**, avec Robert Taylor, Chad Everett, Ana Martin. États-Unis, 1966 – Couleurs – 1 h 38.

Un redoutable tireur part à la recherche des assassins de ses amis. Un thème classique et un film banal, tourné à l'origine pour la télévision.

LE JUSTICIER DE L'OUEST "THE GUN HAWK"
Western d'**Edward Ludwig**, avec Rory Calhoun, Rod Cameron, Ruta Lee. États-Unis, 1963 – Couleurs – 1 h 32.

Un jeune homme se prend d'affection pour un hors-la-loi pourchassé par un shérif. Blessé, le bandit demande au garçon de l'achever et, devant son refus, le provoque en duel.

LE JUSTICIER DE MINUIT "TEN TO MIDNIGHT"
Film policier de **Jack Lee Thompson**, avec Charles Bronson, Lisa Eilbacher, Andrew Stevens. États-Unis, 1982 – Couleurs – 1 h 40.

Un policier baroudeur a maille à partir avec un maniaque sexuel.

JUSTIN DE MARSEILLE
Comédie dramatique de **Maurice Tourneur**, avec Berval, Pierre Larquey, Alexandre Rignault, Ghislaine Bru, Aimos. France, 1934 – 1 h 35.

Le chef d'une bande de trafiquants de drogue, aimé et estimé de tous parce qu'il protège les faibles, finit par tuer son plus grand ennemi. Il peut alors tranquillement parler d'amour à la jeune fille qu'il a sauvée.

JUSTINE "JUSTINE"
Drame psychologique de **George Cukor**, d'après le récit de Lawrence Durrell, avec Anouk Aimée, Dirk Bogarde, Robert Forster, Anna Karina, Michael York. États-Unis, 1969 – Couleurs – 1 h 30.

Alexandrie, à la veille de la guerre. Justine est au centre d'une brillante vie mondaine où la liberté des mœurs sert de façade à des missions d'espionnage.

JUSTINE
Film érotique de **Claude Pierson**, d'après le roman du marquis de Sade, avec Alice Arno, France Verdier, Mauro Parenti, Franco Fantasia. France / Italie / Canada, 1972 – Couleurs – 1 h 50.

L'innocente Justine retrouve sa sœur, que la pratique de toute une série de perversions sexuelles met au contact permanent d'hommes lubriques et débauchés.

K

KAFKA "KAFKA"

Drame historique de **Steven Soderbergh**, avec Jeremy Irons *(Kafka)*, Theresa Russell *(Gabriela)*, Joel Grey *(Burgel)*, Ian Holm *(Dr Murnau)*, Jeroen Krabbe *(Bizzlebek)*, Armin Mueller-Stahl *(l'inspecteur Grubach)*, Alec Guinness *(le chef du personnel)*. • SC : Lem Dobbs. • PH : Walt Lloyd. • DÉC : Gavin Bocquet. • MUS : Cliff Martinez. • MONT : S. Soderbergh. États-Unis, 1991 – Couleurs et NB – 1 h 40.

Franz Kafka est un jeune et ténébreux employé d'assurance. Il travaille dans une entreprise gigantesque sous la férule soupçonneuse d'un « petit chef ». La nuit, il écrit des romans étranges. Mais voilà que l'homme et l'artiste vont être confondus en un personnage à qui il arrive des aventures extraordinaires...

◆ *L'idée est audacieuse – mais excellente – qui consiste à inventer une aventure de la vie du romancier Franz Kafka selon un principe de narration et des atmosphères franchement « kafkaïens ». On entre comme naturellement dans un univers surréaliste. Les images accentuent le vertige. Celles qui sont en noir et blanc rappellent les grands classiques de l'école expressionniste. Œuvre troublante et remarquable exercice de style.* *G.S.*

KAFR KASSEM "KAFR KASSEM"

Film politique de **Borhan Alaouïé**, avec Abdallah Abbassi, Ahmed Ayoud, Selim Chabri, Charlotte Rochdi, Chafik Manfalouti. • SC : B. Alaouïé, Issam Mahfuz, d'après le roman d'Assem Al-jundi. • PH : Charlie Van Damme. • DÉC : Tejeddin Teji. • MUS : Walid Golmich. • MONT : Eliane Dubois. Liban / Syrie, 1974 – Couleurs – 1 h 40.

Trois mois après la nationalisation de la zone de Suez, en 1956, en Palestine occupée par Israël, la population supporte au jour le jour les exactions de l'occupant : fouilles surprises, rafles « anti-terroristes », racisme à visage découvert. Dans la nuit du 29 octobre, pour faire un exemple, les troupes israéliennes investissent le village de Kafr Kassem et massacrent la population arabe. Un crime qui pèsera lourd dans la suite des événements...

◆ *Film sans complaisance, qui démonte efficacement les logiques infernales qui conduisent à la violence érigée en principe de gouvernement.* *D.C.*

KAGEMUSHA (L'OMBRE DU GUERRIER)
"KAGEMUSHA"

Drame historique d'**Akira Kurosawa**, avec Tatsuya Nakadai *(Shingen Takeda* et *Kagemusha)*, Tsutomu Yamazaki *(Nobukado Tokeka)*, Kenichi Hagiwara *(Katsuyori)*, Kota Yui *(Takemaru Takeda)*, Hidegi Otaki *(Masakage Yamagata)*. • SC : A. Kurosawa, Masato Ide • MONT : A. Kurosawa, Masato Ide. • PH : Takao Saito, Masaharu Ueda. • DÉC : Yoshiro Muraki. • MUS : Shinichiro Ikebe. Japon, 1980 – Couleurs – 2 h 39.
★ PALME D'OR, Cannes 1980.

Le Japon est divisé en clans rivaux au cours du XVIe siècle. Shingen, chef du clan Takeda, impose pour se protéger la présence d'un « guerrier-ombre », un kagemusha, choisi pour sa ressemblance avec le Maître afin de « doubler » ses apparitions publiques. À la mort du seigneur, le kagemusha doit rester trois ans au pouvoir, pour maintenir la continuité de la politique extérieure du clan, aidé des conseils du frère du défunt.

Pourtant, malgré la valeur que révèle celui qui n'était qu'un brigand sauvé de la potence, il sera découvert fortuitement et l'héritier véritable du pouvoir mènera alors son clan au désastre militaire.
◆ *Beauté et férocité du Japon médiéval, plastique somptueuse de la prise de vue, mais aussi étude troublante du thème du « double » : c'est encore l'identité du Japon qui est ici en question.* D.C.

KAMIZAZE
Film policier de **Didier Grousset**, avec Richard Bohringer, Michel Galabru, Dominique Lavanant. France, 1986 – Couleurs – 1 h 30.

Un bricoleur démoniaque invente un dispositif qui permet de tuer à distance par une caméra de télévision. La police enquête.

KAMOURASKA
Comédie dramatique de **Claude Jutra**, avec Geneviève Bujold, Richard Jordan, Philippe Léotard, Marcel Cuvelier. Canada (Québec) / France, 1973 – Couleurs – 2 h.

Au Québec, vers 1870, une femme revit, au chevet de son mari agonisant, son passé et sa jeunesse tumultueuse.

KANSAS CITY "KANSAS CITY"
Policier de **Robert Altman**, avec Jennifer Jason Leigh, Miranda Richardson, Harry Belafonte, Michael Murphy. États-Unis, 1995 – Couleurs – 1 h 55.

Pour sauver son ami, petit truand qui a eu le tort de dévaliser un ami des patrons de la mafia, Blondie kidnappe la femme d'un homme politique influent. Tableaux d'époque (USA - années 30), bonnes séquences de jazz et narration sans éclat.

KAOS (CONTES SICILIENS) "KAOS"
Drame en 4 épisodes de **Paolo** et **Vittorio Taviani**, avec Margarita Lozano *(la mère)*, Orazio Torrisi *(le fils maudit)*, Carlo Cartier *(le jeune docteur)* [I] ; Claudio Bigabli *(Batà)*, Massimo Bonetti *(Saro)*, Enrica Maria Modugno *(Sidora)* [II] ; Biagio Barone *(Salvatore)*, Laura Mollica *(la fille)* [III] ; Omero Antonutti *(Pirandello)*, Regina Bianchi *(la mère de l'auteur)*, Massimo Bonetti *(le cocher)* [IV]. • SC : P. et V. Taviani, Tonino Guerra, d'après quatre des *Nouvelles pour une année* de Pirandello. • PH : Giuseppe Lanci. • MUS : Nicola Piovani. • MONT : Roberto Perpignani. Italie, 1984 – Couleurs – 2 h 13.

L'Autre fils (L'altro figlio) raconte les origines de la haine d'une mère pour son fils, en évoquant le passé dramatique de la vieille femme à l'époque de Garibaldi. Le Mal de lune (Mal di luna) montre un jeune paysan, Batà, qui devient loup-garou à chaque pleine lune, victime d'un incident de son enfance ; sa jeune épouse, malgré les pressions de sa mère, réussit à l'aider. Dans Requiem, des paysans luttent avec les fonctionnaires de la ville pour pouvoir enterrer où ils veulent leur patriarche qui va mourir. Enfin, Entretien avec la mère (Colloquio con la madre) narre le retour de Pirandello lui-même dans sa maison natale : le fantôme très doux de sa mère lui apparaît et lui parle de sa propre enfance.
◆ *Émotion et rigueur s'unissent dans ces quatre contes, où passe l'âme de la Sicile, lieu de mémoire et d'histoire par excellence.* D.C.

KAPO
Drame de **Gillo Pontecorvo**, avec Susan Strasberg, Emmanuelle Riva, Laurent Terzieff. France / Italie, 1960 – 2 h.

Peinture effrayante de l'univers concentrationnaire d'un camp de la mort.

KARATÉ KID "THE KARATE KID, PART II"
Film d'aventures de **John G. Avildsen**, avec Ralph Macchio, Noriyuki, « Pat » Morita, T. Tomita. États-Unis, 1986 – Couleurs – 1 h 54.

À la mort de son père, un maître de karaté se rend au Japon avec son jeune élève. Mais les vieilles haines ne sont pas éteintes, et un cyclone vient tout compliquer. Suite du *Moment de vérité*.
▷ Le cinéaste signe une suite intitulée KARATÉ KID 3 "THE KARATE KID, PART III", avec Ralph Macchio, Noriyuki Morita, Robyn Lively, Thomas Ian Griffith. États-Unis, 1989 – Couleurs – 1 h 51.

KARIN MANSDOTTER
Drame historique d'**Alf Sjöberg**, avec Ulla Jacobsson, Ulf Palme, Jarl Kulle. Suède, 1954 – Couleurs – 1 h 42.

Une fille du peuple a deux enfants du roi Erik de Suède. Il l'épouse, mais lorsqu'il sera renversé, sa famille sera enfermée.

KARL MAY / À LA RECHERCHE DU PARADIS PERDU "KARL MAY"
Drame d'**Hans J. Syberberg**, avec Helmut Käutner, Kristina Söderbaum, Käthe Gold. R.F.A., 1974 – Couleurs – 3 h 10.

Évocation des dernières années de la vie du célèbre romancier populaire allemand.

KASHIMA PARADISE
Documentaire de **Yann Le Masson** et **Benny Deswarte**. France, 1974 – Couleurs – 1 h 50.

Un reportage-enquête sur le Japon, des images de la vie quotidienne aux problèmes posés par le pouvoir et sa politique d'expansion à travers les populations de Kashima et de Narita.

KATIA

Film historique de **Maurice Tourneur**, d'après le roman de Lucile Decaux (princesse Bibesco), avec Danielle Darrieux, John Loder, Marie-Hélène Dasté, Aimé Clariond, Marcel Carpentier. France, 1938 – 1 h 31.

Évocation romancée des amours du tsar Alexandre II et d'une petite roturière, et de leur mariage fastueux.

▷ Autre version réalisée par **Robert Siodmak**, avec Romy Schneider, Curd Jürgens, Pierre Blanchar, Gabrielle Dorziat, Antoine Balpêtré, Françoise Brion. France, 1960 – Couleurs – 1 h 33.

KATKA, PETITE POMME REINETTE

"KAT'KA BUMAŽNYJ RANET"

Drame de **Friedrich Ermler** et **Edouard Joganson**, avec Veronika Boujinskaïa *(Katka)*, Bela Tchernova *(Verka)*, Fedor Nikitine *(Vadka)*, Valeri Solovtsov *(Semka)*, Yakov Goudkine *(son compagnon)*. • SC : Mikhaïl Borisoglevski, Boris Leonidov. • PH : Andrei Moskvine, Evgueni Mikhailov. • DÉC : Evgueni Enei. U.R.S.S. (Russie), 1926 – 2 010 m (env. 1 h 14).

À Leningrad, une jeune fille venue de la province vend des pommes à la sauvette pour gagner quelques sous, avec la complicité d'un chômeur. Elle se laisse séduire par un mauvais garçon qui s'impose à elle et finit par l'abandonner. Mais la solidarité des pauvres l'aidera à s'en sortir.

◆ *Ce film appartient à la première période de l'œuvre d'Ermler, celle des années 20, où il n'est pas encore un simple artiste officiel. La peinture qu'il donne ici, en effet, de la vie quotidienne dans la grande ville est totalement exempte de considérations politiques ou militantes : c'est la chronique des petites gens de la rue, se livrant à toutes sortes de métiers plus ou moins avouables, dans une période (celle de la N.E.P.), où l'individu a provisoirement retrouvé quelque liberté.* *J.-M.C.*

KEAN / DÉSORDRE ET GÉNIE

Drame d'**Alexandre Volkoff**, avec Ivan Mosjoukine *(Edmond Kean)*, Nathalie Lissenko *(comtesse de Koefeld)*, Mary Odette *(Anna Damby)*, Otto Detlefsen *(le prince de Galles)*, Nicolas Koline *(Salomon)*, Albert Bras, Pauline Pô. • SC : Kenelm Foss, Ivan Mosjoukine, d'après la pièce d'Alexandre Dumas. • PH : Joseph-Louis Mundwiller, Fedote Bourgassoff. • DÉC : Ivan Lochakoff, Goch. France, 1924 – 2 600 m (env. 1 h 36).

Kean, un acteur excentrique et génial, est aimé de la comtesse de Koefeld et d'une riche héritière de la gentry, Anna Damby. Mis au ban de l'aristocratie pour sa conduite dissolue, il est recueilli par la comtesse, qui le soignera tendrement jusqu'à son dernier souffle.

◆ *Plus que celle du réalisateur, un Russe émigré au talent intermittent, le film porte la marque de l'acteur (Russe émigré lui aussi) Ivan Mosjoukine, prédestiné à jouer – à la rime près – le héros de Dumas, dont Frédérick Lemaître avait fait en son temps un archétype. Il lui apporte son quotient particulier de fougue et de démesure slaves, efficaces notamment dans la séquence de la gigue folle à la taverne du « Trou au charbon », et dans le final, qui hausse presque ce mélodrame flamboyant à la dimension de la tragédie. Coïncidence ? Mosjoukine, après quelques rôles de moindre importance* (Michel Strogoff, Casanova)*, mourra, comme Kean, dans une semi-misère.* *C.B.*

KEAN "KEAN, GENIO E SREGOLATEZZA"

Comédie de **Vittorio Gassman**, d'après la pièce d'Alexandre Dumas, avec Vittorio Gassman, Anna-Maria Ferrero, Eleonora Rossi Drago. Italie, 1956 – 1 h 30.

La vie tumultueuse de l'acteur le plus célèbre du théâtre anglais, à l'époque romantique, selon une adaptation de Jean-Paul Sartre.

KENNY "THE KID BROTHER"

Comédie dramatique de **Claude Gagnon**, avec Kenny Easterday, Caitlin Clarke, Liane Curtis. États-Unis / Canada / Japon, 1987 – Couleurs – 1 h 35.

La vie quotidienne d'un enfant-tronc doté d'une énergie et d'une joie de vivre peu communes. Kenny joue son propre rôle dans ce film qui hésite entre documentaire et fiction.

LA KERMESSE DE L'OUEST "PAINT YOUR WAGON"

Comédie musicale de **Joshua Logan**, d'après la pièce d'Alan Jay Lerner et Frederick Loewe, avec Lee Marvin, Clint Eastwood, Jean Seberg. États-Unis, 1969 – Couleurs – 2 h 44.

Au temps de la ruée vers l'or, deux pionniers s'essaient au ménage à trois. La plupart des péripéries renvoient néanmoins au western, et le tout est mis en musique.

LA KERMESSE DES AIGLES

"THE GREAT WALDO PEPPER"

Film d'aventures de **George Roy Hill**, avec Robert Redford, Bo Svenson, Bo Brudin, Susan Sarandon, Roderick Cook, Edward Herrmann. États-Unis, 1975 – Couleurs – 1 h 47.

Dans les années 20, un pilote cascadeur s'invente un passé guerrier, mais ses démonstrations tournent mal. À Hollywood, il rencontre l'as allemand qu'il avait prétendu combattre et se lie avec lui.

LA KERMESSE HÉROÏQUE

Comédie historique de **Jacques Feyder**, avec Françoise Rosay *(Cornelia)*, André Alerme *(le bourgmestre)*, Jean Murat *(le duc)*, Micheline Cheirel *(Siska)*, Bernard Lancret *(Jean Breughel)*, Louis Jouvet *(le chapelain)*, Alfred Adam *(le boucher)*. • SC : Charles Spaak et J. Feyder, d'après une idée de Ch. Spaak. • PH : Harry Stradling. • DÉC : Lazare Meerson assisté d'Alexandre Trauner et Georges Wakhevitch. • MUS : Louis Beydts. • MONT : Jacques Brillouin. • PR : Tobis. France, 1935 – 1 h 55. ★ GRAND PRIX DU CINÉMA FRANÇAIS, 1936 ; PRIX DE LA MEILLEURE MISE EN SCÈNE, Venise 1936 ; GRAND PRIX DU CINÉMA INTERNATIONAL (critiques japonais) 1936 ; PRIX DU MEILLEUR FILM DE L'ANNÉE, New York 1936.

Une petite ville de Flandre au XVIe siècle. On prépare la kermesse et un fastueux banquet chez le bourgmestre ; celui-ci promet sa fille à un boucher, bien qu'elle soit éprise du peintre Breughel. Alors qu'il se fait vertement tancer par son épouse Cornelia, favorable aux tourtereaux, on annonce l'arrivée des Espagnols. Terrifié, le bourgmestre préfère se faire passer pour mort ; au contraire, sa femme, assistée de toutes les dames de la cité, décide de recevoir en grande pompe les « occupants ». Toutes y gagnent d'agréables moments, au détriment de l'honneur conjugal. Femme d'affaires avisée, Cornelia en profite aussi pour marier sa fille sous l'autorité du duc d'Olivarès, et obtenir pour la ville un an d'exemption d'impôts.

◆ Une truculente satire

Travail soigné d'« artisans » méticuleux, la Kermesse héroïque *connaît un franc succès tant auprès du public que de la critique. Les décors précis et somptueux, l'interprétation des acteurs, bien servie par des répliques souvent cinglantes, sont plus admirés encore que le subtil montage en alternance. Les cadrages savants, le travail de la lumière qui dose les contrastes entre l'éclat des blancs et la fluidité des ombres évoquent, au moins autant que les thèmes traités, les maîtres flamands explicitement cités par un film qui saisit la sensualité de la nourriture, des étoffes, des gestes. Le plus intéressant est la réflexion, amorcée dans le dialogue, mise en évidence par la composition des plans, sur la « reproduction » du réel et sur la fonction de trompe-l'œil de la représentation. C'est dans l'inversion des rôles et des situations que réside le comique de cette « farce » que revendique Feyder. Aux gros hommes vantards, couards et pantouflards s'opposent des femmes énergiques, sensibles et sensuelles. Tandis que la morgue et la brutalité espagnoles, qui provoquaient les fantasmes de terreur du bourgmestre, se muent en civilité et élégance symbolisées par la fourchette dont use le duc au festin. Dans ce « miroir » qui renverse le monde, tous peuvent s'entendre, comme le font, autour de leurs travaux d'aiguille, le lieutenant-brodeur et l'échevin-tricoteur. Sifflé en Flandre, interdit par Goebbels en 1939, censuré de fait en France pendant la guerre, le film laisse en effet percer, sous la charge truculente et anodine, la critique de certaines valeurs admises. On sent, derrière la caricature traditionnelle des femmes qui portent la culotte, un féminisme réel, qui laisse le dernier mot à Françoise Rosay, la seule à être sensible et intelligente. Et surtout, au-delà de la satire d'une « collaboration » entre* occupants *et* occupées, *persiste la trace d'un pacifisme qui prône la nécessaire entente entre nations et la fonde sur une meilleure connaissance des us et coutumes de chacune.* M.L.

▷ **Version allemande :** DIE KLUGEN FRAUEN, avec Françoise Rosay, Paul Hartmann, Will Dohm (1935).

KES "KES"

Comédie Dramatique de **Ken Loach**, avec David Bradley *(Billy)*, Colin Welland *(Mr Farthing)*, Lynn Perrie *(Mrs. Casper)*. • SC : K. Loach, Tony Garnett, Barry Hines, d'après son roman *A Kestrel for a Knave*. • PH : Chris Menges. • DÉC : William McCrow. • MUS : John Cameron. • MONT : Roy Watts. Grande-Bretagne, 1970 – Couleurs – 1 h 53.

Dans le milieu pauvre des mineurs du Yorkshire, le jeune Billy trouve un petit faucon et l'élève. À l'école, où il s'ennuie, un professeur lui fait faire un exposé sur Kes le faucon, qui passionne tous les élèves. Pour se venger d'une erreur de Billy à son égard, son frère, un mineur rude, tue l'oiseau.

◆ *Une description minutieuse du monde des mineurs, qui s'appuie sur les moments les plus banals de leur existence pour en dire l'ennui et la fatigue, mais aussi pour en faire ressortir la chaleur et l'humour désenchanté. L'inadaptation d'un système éducatif de classes y est démontrée à rebours dans la scène où Billy parle de sa passion pour son faucon, qui intéresse chaque élève dans la mesure où ce qu'il y apprend est lié à sa propre vie. Le style naturaliste et très photographique de Loach sait ici préserver l'émotion romanesque du récit.* S.K.

LES KEUFS

Comédie dramatique de **Josiane Balasko**, avec Josiane Balasko, Isaach de Bankolé, Jean-Pierre Léaud. France, 1987 – Couleurs – 1 h 36.

Mireille, rousse prostituée de Ménilmontant, appartient en fait à la police. Les deux proxénètes qu'elle arrête aussi, et ils enquêtent sur elle. En s'associant (tendrement) à l'un d'eux, elle accomplira sa mission.

KEY LARGO "KEY LARGO"

Film policier de **John Huston**, avec Humphrey Bogart *(Frank McCloud)*, Edward G. Robinson *(Johnny Rocco)*, Lauren Bacall *(Nora Temple)*, Lionel Barrymore *(James Temple)*, Claire Trevor *(Gaye Dawn)*. • SC : Richard Brooks, J. Huston, d'après la pièce de Maxwell Anderson. • PH : Karl Freund. • DÉC : Leo K. Kuter. • MUS : Max Steiner. • MONT : Rudi Fehr. États-Unis, 1948 – 1 h 41.

Frank McCloud, héros de la Seconde Guerre, rend visite à la veuve d'un de ses compagnons d'armes, Nora, qui tient avec son père un hôtel dans l'île de Key Largo (Floride). L'établissement a été investi par le gangster Johnny Rocco, accompagné de quatre hommes de main et de sa maîtresse, Gaye, une alcoolique qu'il tourmente à plaisir. La tension monte au fil des heures. La bande assassine deux Indiens et le shérif local, et menace Nora et son père, tandis que McCloud reste étrangement indifférent à ces violences.

◆ *Inspiré par une pièce de la fin des années 30,* Key Largo *est un doublon tardif de* la Forêt pétrifiée *(Voir ce titre) où Robinson reprend le rôle du gangster mégalomane créé par Bogart, tandis que ce dernier assume celui du poète apathique jadis dévolu à Leslie Howard. Huston ne dissimule guère les origines théâtrales du sujet, ni ses archaïsmes, perversement soulignés par ses efforts pour « actualiser » le propos. Exercice de style consciencieux, le film possède deux atouts : la photo de Karl Freund et l'interprétation, brillante et expressionniste à souhait, d'un Edward G. Robinson en grande forme.* O.E.

KHANDHAR (LES RUINES) "KHANDHAR"

Drame psychologique de **Mrinal Sen**, avec Shabana Azmi *(la fille)*, Naseeruddin Shah *(le photographe)*, Gita Sen *(la mère)*, Pankaj Kapoor, Annu Kappor, Sreela Majumdar, Rajen Tarafdar. • SC : M. Sen, d'après le roman de Premendra Mitra. • PH : K.K. Mahajan. • DÉC : Nitish Roy. • MUS : Bhaskar Chandavarkar. Inde, 1984 – Couleurs – 1 h 42.

Fuyant l'agitation de la ville, un photographe s'installe dans un palais délabré en compagnie d'un cousin de la propriétaire. Celle-ci, aveugle et malade, ne vit que dans l'espoir que sa fille puisse enfin épouser le garçon auquel elle était promise, mais qui a disparu. Quand on lui présente le photographe, elle croit qu'il est le fiancé revenu et personne n'ose la détromper. Le photographe, qui a d'abord accepté de jouer le jeu pour tranquilliser la vieille dame, finit par s'éclipser.

◆ *Ce photographe, dont le métier suggère qu'il ne s'attache qu'à l'apparence des choses, reste complètement étranger au drame où il se trouve impliqué par hasard. Son atmosphère pathétique lui apparaît d'abord comme une curiosité psychologique, puis comme un piège dont il lui faut s'échapper. Cette constatation de l'incommunicabilité entre des milieux trop différents est l'un des thèmes constants du réalisateur, ici traité dans une perspective plus individuelle que sociale.* M.MN.

KHARTOUM "KHARTOUM"

Drame de **Basil Dearden**, avec Charlton Heston, Laurence Olivier, Richard Johnson. Grande-Bretagne, 1966 – Couleurs – 2 h 40.

La transcription à peine romancée de la vie de Gordon Pacha, proconsul du Soudan à la fin du siècle dernier, mort dans Khartoum assiégée par les infidèles.

LE KID / LE GOSSE "THE KID"

Comédie mélodramatique de **Charlie Chaplin**, avec Charlie Chaplin *(le vagabond)*, Jackie Coogan *(le kid)*, Edna Purviance *(la femme)*, Carl Miller *(l'homme)*, Lita Grey *(l'ange)*. • SC : C. Chaplin • MUS : C. Chaplin • MONT : C. Chaplin. • PH : Rollie Totheroh. États-Unis, 1921 – 1 320 m (env. 40 mn).

Charlot a trouvé un bébé abandonné et l'a adopté. Il l'adore, le soigne, s'occupe de lui comme une vraie mère (ou un « nouveau père »). L'enfant – le « kid » – grandit, adorable et attaché à son père adoptif qui exerce le métier de vitrier. La vie est agréable jusqu'au triste jour où l'administration vient chercher l'enfant pour le placer dans une institution. La séparation est douloureuse, mais brève. La mère du kid se manifeste. Elle est devenue riche et récupère son enfant. Charlot jubile.

◆ *Il s'agit d'un petit chef-d'œuvre de drôlerie et d'émotion. On dit mélodrame. Acceptons le mot qui n'a rien de péjoratif. Charlie Chaplin a donné libre cours à son imagination : il a inséré un nombre étonnant de gags irrésistibles dans ce moyen métrage. Le gosse, Jackie Coogan, est exceptionnel lui aussi. Si l'on rit beaucoup, on ne peut s'empêcher d'être ému au cours de la grande scène de séparation, l'une des plus déchirantes de toute l'œuvre de Chaplin.* G.S.

KID BLUE "KID BLUE"

Western de **James Frawley**, avec Dennis Hopper, Warren Oates, Peter Boyle, Ben Johnson. États-Unis, 1973 – Couleurs – 1 h 40.

Au début du siècle, un chef de brigands repenti essaie de s'intégrer à la communauté d'une petite ville du Texas. Western original, mélange heureux d'humour et de sérieux.

LE KID DE CINCINNATI "The Cincinnati Kid"
Drame de **Norman Jewison**, d'après la pièce de Richard Jessup, avec Steve McQueen, Ann Margret, Edward G. Robinson. États-Unis, 1965 – Couleurs – 1 h 50.

La Nouvelle-Orléans dans les années 30. Dans le monde louche des tripots, le Kid est le champion des joueurs de poker. Jusqu'à l'arrivée de King, « l'imbattable ».

LE KID DE LA PLAGE "The Flamingo Kid"
Comédie dramatique de **Gary Marshall**, avec Matt Dillon, Richard Crenna. États-Unis, 1984 – Couleurs – 1 h 40.

Jeffrey trouve un job dans un club luxueux où il gagne de l'argent, mais finit par se rendre compte qu'on ne réussit qu'en trichant.

LE KID DU TEXAS "The Kid from Texas"
Western de **Kurt Neumann**, avec Audie Murphy, Gale Storm, Albert Dekker. États-Unis, 1950 – Couleurs – 1 h 18.

Version magnifiquement photographiée par Charles Van Enger de la brève existence du célèbre BILLY LE KID (Voir ce titre).

LE KID EN KIMONO "The Geisha Boy"
Comédie de **Frank Tashlin**, avec Jerry Lewis, Marie McDonald, Sessue Hayakawa, Suzanne Pleshette. États-Unis, 1958 – Couleurs – 1 h 38.

Un prestidigitateur et son inséparable lapin partent pour le Japon distraire les troupes. Au terme de multiples aventures dues à sa maladresse, il trouvera l'amour.

KID RODELO
Western de **Richard Carlson**, avec Don Murray, Janet Leigh, Broderick Crawford. États-Unis, 1966 – 1 h 31.

Une bande de cow-boys parcourt l'Ouest à la recherche d'une petite fortune en pièces d'or.

KIDS "Kids"
Chronique de **Larry Clark**, avec Leo Fitzpatrick, Justin Pierce, Sajan Bhagat, Billy Valdes. États-Unis, 1995 – Couleurs – 1 h 31.

Un groupe de jeunes ados traîne interminablement dans New York : skate, hasch et bastons meublent l'oisiveté. Mais la grande distraction et le principal sujet de conversation est le sexe. Telly, grand dadais antipathique, a une spécialité obsessionnelle : la défloration des très jeunes filles. Il parvient en général assez facilement à ses fins, mais l'une de ses victimes découvre qu'il l'a rendue séropositive. À la charnière du documentaire et de la fiction, Kids se veut la description neutre d'un univers de mutants urbains. Un film fort et dérangeant.

KIKA "Kika"
Comédie meurtrière de **Pedro Almodovar**, avec Veronica Forqué, Peter Coyote, Victoria Abril, Alex Casanovas, Rossy de Palma. Espagne, 1993 – Couleurs – 1 h 52.

Une maquilleuse (Kika) + un romancier serial killer + l'animatrice d'un reality-show sanglant + un prisonnier en cavale = un univers classique à l'Almodovar ; comme toujours, derrière la comédie, pointe la critique. Celle du monde des médias en l'occurrence.

KILL
Film policier de **Romain Gary**, avec Jean Seberg, James Mason, Stephen Boyd, Curd Jürgens. France / Espagne / Italie / R.F.A., 1971 – Couleurs – 1 h 45.

La brigade des stupéfiants et un truand repenti s'affrontent au Moyen-Orient autour de la drogue. Mais qui est le traître ?

KILLER OF SHEEP "Killer of Sheep"
Chronique de **Charles Burnett**, avec Henry Sanders, Kaycee Moore, Charles Bracy. États-Unis, 1978 – 1 h 17.

L'employé d'un abattoir de Los Angeles, aux prises avec la fatigue et la pauvreté, n'a qu'un rêve : une vieille voiture qu'il remonte avec un ami. Mais leur escapade ne durera qu'un jour.

KIM "Kim"
Film d'aventures de **Victor Saville**, d'après le roman de Rudyard Kipling. États-Unis, 1950 – Couleurs – 1 h 53.

Un charmant enfant perdu aux Indes participe à la lutte secrète que se livrent Britanniques et Russes au XIXe siècle.

KING KONG "King Kong"
Film fantastique de **Merian C. Cooper** et **Ernest B. Schoedsack**, avec Fay Wray *(Ann Darrow)*, Bruce Cabot *(John Driscoll)*, Robert Armstrong *(Carl Denham)*, Frank Reicher, Sam Hardy, Noble Johnson, James Flavin. • SC : M.C. Cooper, Ruth Rose, James A. Creelman, d'après une idée d'Edgar Wallace. • PH : Eddie Linden, Vernon Walker, J.O. Taylor. • DÉC : Willis O'Brien, Carroll Clark, Al Herman. • MUS : Max Steiner. • MONT : Ted Cheeseman. • PR : Merian C. Cooper (R.K.O.). États-Unis, 1933 – 1 h 40.

Sur le point de partir en expédition, des cinéastes engagent une jeune actrice au chômage, Ann Darrow. Il se révèle en cours de route que l'un d'eux, Denham, a prévu de gagner une île mystérieuse de l'océan Indien où il espère trouver un monstre qui fera de son film un événement. Effectivement, à peine ont-ils débarqué que les choses se précipitent : les indigènes s'emparent de la jeune femme pour l'offrir en sacrifice au roi King Kong, gigantesque singe qui l'enlève aussitôt. L'autre chef de l'expédition, Driscoll, qui est tombé amoureux d'Ann, s'engage alors dans une poursuite folle, au cours de laquelle surgissent des bêtes préhistoriques terrifiantes. Finalement, King Kong est fait prisonnier et ramené à New York, où on l'exhibe dans un théâtre. Mais il détruit ses liens et sa cage, retrouve Ann et, après avoir démoli une partie de la ville, se réfugie au sommet de l'Empire State Building. Il ne faudra rien de moins qu'une escadrille aérienne pour en venir à bout.

◆ Le triomphe du mythe

King Kong *est assurément un des films qui ont marqué le cinéma, en tant qu'il est un art de la mise en résonance de l'imaginaire avec les sentiments les plus profonds de l'humanité. Un succès total et jamais démenti, dont témoignent aussi les multiples suites, remakes et imitations qu'il connut, vint d'ailleurs récompenser tout de suite un travail énorme – un an de tournage, des maquettes exceptionnelles, un très gros budget. Ainsi arrivait à son apogée la collaboration de Cooper et Schoedsack, qui, fait particulièrement intéressant, avait commencé par des documentaires à la fois très réalistes et très travaillés en Asie. Très allégoriquement, la mise en situation de l'histoire s'appuie sur des éléments absolument contemporains : la capitale du progrès technique, le plus récent et le plus haut de ses gratte-ciel, le tournage d'un film. Mais ce n'est que pour mieux retrouver dans toute leur puissance les grands thèmes mythiques de la Belle et la Bête et du monde primitif de la jungle. C'est en effet ce double croisement qui a donné au film son impact indélébile par une série d'images définitivement inscrites dans la mémoire collective – et ce, que l'on ait ou non vu le film lui-même. De la fragile créature féminine perdue dans la paume du monstre au déchaînement de sa force aussi bien face aux bêtes de la préhistoire que parmi les constructions de l'homme, la liste est longue de ces images auxquelles il faut bien sûr associer, à côté de Cooper et Schoedsack, O'Brien qui en fut, au sens propre, le génial animateur.* *J.C.*

KING KONG "King Kong"

Film fantastique de **John Guillermin**, avec Jessica Lange, Jeff Bridges, Charles Grodin, John Randoph, René Auberjonois. États-Unis, 1976 – Couleurs – 2 h 10.

Au cours d'une expédition sur une île inconnue, une jeune femme est offerte par les indigènes à un singe géant, qui en tombe amoureux. Capturé, emmené à New York, King Kong se libère. Il sera abattu par les hélicoptères de l'armée. Un remake décevant. Le cinéaste réalise une suite, intitulée KING KONG II "King Kong Lives", avec Peter Elliot, George Yiasomi, Brian Kerwin, Linda Hamilton, John Ashton. États-Unis, 1986 – Couleurs – 1 h 45.

▷ Parmi les autres suites et séquelles : LE FILS DE KING KONG "Son of Kong", d'**Ernest B. Schoedsack**, avec Robert Armstrong, Helen Mack, Frank Reicher, John Marston. États-Unis, 1933 – 1 h 09. KING KONG CONTRE GODZILLA "King Kong Vs. Godzilla", de **Thomas Montgomery** et **Inoshiro Honda**, avec Michael Keith Tadao Takashima. États-Unis/Japon, 1976 – Couleurs – 1 h 30. KING KONG REVIENT, de **Paul Leder**, avec Rod Arrants, Joanna de Verona, Alex Nicol, Lee Hoon. États-Unis/Japon, 1977 – Couleurs – 1 h 30.

THE KING OF MARVIN GARDENS

"The King of Marvin Gardens"

Comédie dramatique de **Bob Rafelson**, avec Jack Nicholson *(David Staebler)*, Bruce Dern *(Jason Staebler)*, Ellen Burstyn *(Sally)*, Julia Anne Robinson *(Jessica)*. • SC : Jacob Brackman, B. Rafelson. • PH : Laszlo Kovacs. • DÉC : Toby Carr Rafelson. • MONT : John F. Link. États-Unis, 1971 – Couleurs – 1 h 45.

Un animateur de radio retrouve son frère Jason, la femme de celui-ci et sa belle-mère pour essayer de monter un projet de cité de jeux à Hawaï. Ils arpentent les rues et les jetées d'Atlantic City en égrenant leurs rêves. Finalement, le projet se dissout, Jason meurt et David reprend son émission de confidences nocturnes.

◆ *Après* Head *et* Cinq Pièces faciles, *le troisième long métrage intimiste de Bob Rafelson rencontra moins d'écho que le précédent. Le film est pourtant plein de charme, avec ses personnages en demi-teintes bâtissant des châteaux en Espagne, avec la belle photo de Laszlo Kovacs et l'interprétation nuancée de Nicholson. Une attachante tendance marginale du cinéma américain.* *M.CH.*

KINI & ADAMS "Kini & Adams"

Comédie d'**Idrissa Ouedraogo**, avec Vusi Kunene, David Mohloki, Nthati Moshesh. France/Grande-Bretagne, 1997 – Couleurs – 1 h 33.

Au Zimbabwe, deux amis rêvent depuis des années de remettre en marche une vieille voiture. Quand ils y parviendront enfin, c'est leur amitié qui ne marchera plus : rivalités, affrontements, mensonges... Un conte moral pessimiste et tonique.

KISMET "KISMET"
Comédie musicale de **Vincente Minnelli**, avec Howard Keel, Ann Blyth, Dolores Gray, Vic Damone. États-Unis, 1955 – Couleurs – 1 h 53.

À Bagdad, les aventures du poète Hadji qui s'unit à la fille du Grand Vizir. Chants, danses et costumes pour un conte luxueux.

KISS ME GOODBYE
Comédie de **Robert Mulligan**, avec James Caan, Sally Field, Jeff Bridges, Paul Dooley, Claire Trevor, Mildred Natwick. États-Unis, 1982 – Couleurs – 1 h 41.

Une veuve qui veut se remarier est persécutée par le fantôme de son premier mari. Une œuvre loufoque qui rappelle, sans cependant atteindre sa perfection, DONA FLOR ET SES DEUX MARIS (Voir ce titre).

KISS OF DEATH "KISS OF DEATH"
Film policier de **Barbet Schroeder**, avec David Caruso, Samuel L. Jackson, Nicolas Cage, Kathryn Erbe. États-Unis, 1995 – Couleurs – 1 h 40 .

Inspiré par le scénario de Carrefour de la mort de Henry Hathaway, ce film n'est pas véritablement un remake : les personnages sont plus ambivalents et, dans ces banlieues de New York, minutieusement décrites, le mal est partout, y compris dans les rangs de la police.

THE KITCHEN TOTO "THE KITCHEN TOTO"
Drame de **Harry Hook**, avec Edwin Mahinda, Bob Peck. États-Unis, 1987 – Couleurs – 1 h 35.

Au début de la guerre d'indépendance du Kenya, un garçonnet noir, aide-cuistot chez un policier blanc, se trouve pris entre les insurgés Mau Mau et ses patrons. Un premier film en partie autobiographique.

KITTY FOYLE "KITTY FOYLE"
Comédie de **Sam Wood**, avec Ginger Rogers, Dennis Morgan, James Craig, Eduardo Ciannelli. États-Unis, 1940 – 1 h 47.

Sur le point de partir avec l'homme qu'elle aime, une jeune employée se remémore son passé et les hommes qui l'ont jalonné. Un rôle qui valut l'Oscar à Ginger Rogers.

KLUTE "KLUTE"
Film policier d'**Alan J. Pakula**, avec Jane Fonda *(Bree Daniels)*, Donald Sutherland *(John Klute)*, Charles Cioffi *(Peter Cable)*, Roy Scheider *(Frank Ligourin)*. • SC : Andy et Dave Lewis. • PH : Gordon Willis. • DÉC : G. Jenkins. • MUS : Michael Small. • MONT : Carl Lerner. États-Unis, 1971 – Couleurs – 1 h 50.

Le détective privé John Klute enquête sur la disparition du savant Tom Grunemann. Il rencontre la call-girl Bree Daniels qui a peut-être été en rapport avec Grunemann. Bree a peur et refuse de coopérer. Klute passe outre et la surveille, cherchant une piste.

◆ *Ce film policier aurait pu être traité de façon classique, or il ne s'arrête pas au simple suspense. Klute ne cherche pas seulement à résoudre l'énigme, il veut comprendre Bree, prostituée de luxe au comportement complexe et attachant. Dans un New York inquiétant et sordide, Jane Fonda et Donald Sutherland forment un tandem bien charpenté, pour un polar de classe.* *B.B.*

LE KNACK... ET COMMENT L'AVOIR
"THE KNACK... AND HOW TO GET IT"
Comédie de **Richard Lester**, avec Rita Tushingham *(Nancy Jones)*, Ray Brooks *(Tolen)*, Michael Crawford *(Colin)*, Donald Donelly *(Tom)*. • SC : Charles Wood, R. Lester, d'après la pièce d'Ann Jellicoe. • PH : David Watkin. • DÉC : Asheton Gorton. • MUS : John Barry. • MONT : Anthony Gibbs. Grande-Bretagne, 1965 – 1 h 24. ★ **PALME D'OR, Cannes 1965.**

Le « knack », c'est le charme, cette faculté qu'ont certaines personnes de séduire immédiatement et totalement. Les trois héros du film en sont inégalement pourvus : Tolen l'a, Colin pas et il en souffre, Tom non plus, mais il s'en fout. Une petite provinciale arrive dans cet univers masculin. Elle choisit Colin, malgré son manque de « knack », ce qui fait réfléchir Tolen.

◆ *Cette étrange fantaisie venue d'Angleterre est pleine d'esprit, de mouvement, de scènes drôles et absurdes. C'est une œuvre inclassable qui procède de la tradition burlesque, mais s'en distingue par toutes sortes de libertés qu'elle s'accorde à l'égard des genres connus.* *G.S.*

KNOCK OU LE TRIOMPHE DE LA MÉDECINE
Comédie de **Louis Jouvet** et **Roger Goupillières**, d'après la pièce de Jules Romains, avec Louis Jouvet, Robert Le Vigan, Madeleine Ozeray, Alexandre Rignault, Pierre Larquey, Jane Lory. France, 1933 – 1 h 35.

Un médecin fait fortune en transformant des malades qui s'ignoraient en patients assidus.

▷ Autres versions réalisées par : **René Hervil**, avec Fernand Fabre, Léon Malavier, Maryane, Raoul Darblay,

Iza Reyner. France, 1925 – 2 700 m (env. 1 h 40). **Guy Lefranc**, intitulée KNOCK, avec Louis Jouvet, Jean Brochard, Pierre Renoir, Marguerite Pierry. France, 1951 – 1 h 43.

KŒNIGSMARK

Drame de **Léonce Perret**, d'après le roman de Pierre Benoit, avec Jaque-Catelain, Georges Vaultier, Huguette Duflos. France, 1923 – 3 000 ou 3 750 m (1 h 51 ou 2 h 18).

En 1914, un jeune professeur français, précepteur dans une petite cour allemande, découvre par hasard que le prince a été assassiné par son frère. Il devient l'amant de la princesse, mais la guerre les sépare à jamais.

▷ Autres versions réalisées par : **Maurice Tourneur**, avec Pierre Fresnay, John Lodge, Elissa Landi. France, 1935 – 1 h 55. **Solange Térac**, avec Jean-Pierre Aumont, Silvana Pampanini, Roldano Lupi. France / Italie, 1952 – 1 h 30.

KOKO, LE GORILLE QUI PARLE

Documentaire de **Barbet Schroeder**. France, 1977 – Couleurs – 1 h 25.

Aux États-Unis, une universitaire essaie d'apprendre à un jeune gorille les rudiments de notre langage. Le regard de Schroeder et les images de Nestor Almendros font merveille.

KORCZAK "KORCZAK"

Drame d'**Andrzej Wajda**, avec Wojciech Pszoniak *(Korczak)*, Ewa Dalkowska *(Stefa)*, Piotr Koslowski *(Heniek)*, Marzena Trybala *(Estera)*. • SC : Agnieszka Holland. • PH : Robby Müller. • DÉC : Allan Starski. • MUS : Votjek Kilar. • MONT : Ewa Smal. Pologne / R.F.A. / France, 1989 – 1 h 53.

En 1940, en Pologne, un médecin célèbre, pédagogue, auteur de causeries radiodiffusées à succès, choisit de rester près des orphelins dont l'institution qu'il dirige a la charge. Ces orphelins sont parqués dans le ghetto de Varsovie. Le saint homme fait tout pour leur rendre la vie supportable, en commençant par leur rendre un minimum de dignité sur le plan matériel. Il a contre lui les indifférents, les lâches et, évidemment, les nazis. Il ira jusqu'au bout de sa mission et accompagnera les enfants dans les wagons qui les mèneront à la mort, alors qu'il aurait facilement pu éviter cet ultime sacrifice.

◆ *Cette biographie d'un homme admirable est traitée comme une hagiographie. Sans s'embarrasser de subtilités psychologiques ou autres, Andrzej Wajda ressuscite cette figure héroïque du martyrologe polonais. Il s'est permis une seule entorse (mais de taille) au caractère simple et lisse de son récit. La fin est traitée de façon onirique. Les enfants voués au camp d'extermination s'échappent de leur wagon en une sorte de chorégraphie lyrique, filmée au ralenti. C'est audacieux, mais pas ridicule. Le film dans son ensemble est poignant.* G.S.

KRAKATOA À L'EST DE JAVA

"KRAKATOA, EAST OF JAVA"

Film d'aventures de **Bernard Kowalsky**, avec Maximilian Schell, Rossano Brazzi, Diane Baker, Brian Keith. États-Unis, 1969 – Couleurs – 2 h.

Un voilier à la recherche d'une épave se rapproche dangereusement du Krakatoa, volcan bientôt en éruption. Un « film-catastrophe » avant la lettre.

KRAMER CONTRE KRAMER

"KRAMER VERSUS KRAMER"

Mélodrame de **Robert Benton**, d'après le roman d'Avery Corman, avec Dustin Hoffman, Meryl Streep, Justin Henry. États-Unis, 1979 – Couleurs – 1 h 45. ★ OSCAR DU MEILLEUR FILM 1979.

Un publicitaire abandonné par sa femme prend en charge les tâches ménagères et l'éducation de son jeune fils. Mais la mère veut reprendre son enfant et entame un procès.

KRULL "KRULL"

Film de science-fiction de **Peter Yates**, avec Ken Marshall, Lysette Anthony, Freddie Jones. États-Unis, 1983 – Couleurs – 1 h 57.

Un jeune prince entreprend d'extraire sa promise des griffes d'une Bête malfaisante qui l'a enlevée.

KUNG-FU MASTER

Comédie dramatique d'**Agnès Varda**, avec Jane Birkin, Mathieu Demy, Charlotte Gainsbourg. France, 1987 – Couleurs – 1 h 20.

Une femme mûre s'éprend d'un garçon de quinze ans, camarade de classe de sa fille. Une peinture pleine de tact d'un amour improbable.

KWAIDAN "KAIDAN"

Film fantastique de **Masaki Kobayashi**, avec Rentaro Mikuni, Michiko Aratama, Keiko Kishi, Tatsuya Nakadai, Katsuo Nakamura, Tahashi Shimura, Kanemon Nakamura. • SC : Yoko Mizuki, d'après les contes de Yagumo Koizumi [Lafcadio Hearn]. • PH : Yoshio Miyajima. • DÉC : Jusho Toda. • MUS : Toru Takemitsu. Japon, 1964 – Couleurs – 2 h (en trois récits). ★ PRIX SPÉCIAL DU JURY, Cannes 1965.

I – Un samouraï abandonne sa femme pour épouser la fille d'un notable. Plein de regrets, il retourne vers elle et la retrouve, toujours aussi belle. Mais, le lendemain, il s'aperçoit qu'il est au côté d'un squelette dans une maison en ruines.

II – Un barde aveugle chante la gloire des samouraïs à la demande d'un mystérieux messager, mais c'est devant leurs tombes. Des religieux le recouvrent d'inscriptions destinées à éloigner le mal.

III – Un guerrier voit se refléter dans un bol de thé la figure d'un samouraï, alors qu'il est absolument seul dans un temple.

◆ *Réalisé à partir de vieilles légendes recueillies par un Européen fasciné par le Japon,* Kwaidan *avait l'ambition de rendre compte d'un territoire spirituel où réel et imaginaire se confondent. Le climat d'envoûtement recherché laisse cependant une impression d'artifice et le hiératisme de la mise en scène ne fait qu'accentuer la froideur des évocations.* J.-M.C.

▷ Le film présenté en France comporte trois récits. La version complète est constituée de quatre histoires et dure 3 h 03.

L

LA BAULE-LES-PINS

Comédie dramatique de **Diane Kurys**, avec Nathalie Baye, Richard Berry, Jean-Pierre Bacri, Zabou. France, 1990 – Couleurs – 1 h 40.

C'est un des épisodes de l'autobiographie filmée (et romancée) de la réalisatrice. Deux petites filles partent en vacances à La Baule, en famille, mais la famille se fissure. Les parents vont divorcer, la mère a une aventure, le père fait n'importe quoi. La description obéit à la technique de la douche écossaise : alternance de moments légers, comiques, et de scènes douloureuses. Diane Kurys sait raconter.

LABYRINTHE "LABYRINTHE"

Film fantastique de **Jim Henson**, avec David Bowie, Jennifer Connelly, Froud. États-Unis, 1986 – Couleurs – 1 h 41.

Sarah ne retrouvera son frère Toby, disparu par magie, que si elle traverse le labyrinthe du cruel Jareth-Bowie. Aidée par des personnages pittoresques, ours cornu, gnome peureux, mousquetaire miniature, elle déjouera tous les pièges.

LABYRINTHE DES PASSIONS

"LABERINTO DE PASIONES"

Comédie dramatique de **Pedro Almodovar**, avec Cecilia Roth, Imanol Arias, Helga Line. Espagne, 1982 – Couleurs – 1 h 40.

Un film-brouillon où sont déjà présents tous les ingrédients de la séduction almodovarienne.

LAC AUX DAMES

Comédie dramatique de **Marc Allégret**, avec Jean-Pierre Aumont *(Eric Heller)*, Rosine Deréan *(Dany Lyssenhop)*, Simone Simon *(Puck)*, Michel Simon *(Oscar Lyssenhop)*, Illa Meery *(Anika)*, Odette Joyeux *(Carla Lyssenhop)*, Wladimir Sokoloff. • SC : Jean-Georges Auriol, d'après le roman de Vicki Baum, sur des dialogues de Colette. • PH : Jules Kruger. • DÉC : Lazare Meerson. • MUS : Georges Auric. • MONT : Denise Batcheff, Yvonne Martin. France, 1934 – 1 h 46.

Sur les bords d'un lac tyrolien, Eric Heller, jeune ingénieur sans engagement, essaie de gagner sa vie comme maître-nageur. Beau et plein de charme, il devient la coqueluche de toutes les belles oisives de l'endroit. Amoureux de Dany, la fille d'un industriel, il succombe au charme de Puck, une adolescente fantasque.

◆ *Tourné sur les lieux mêmes de l'action, le film de Marc Allégret, grand découvreur de talents, lança Jean-Pierre Aumont et Simone Simon. Le jeune couple évolue dans une atmosphère poétique et sensuelle qui imposa immédiatement le film.* J.-C.S.

LES LÂCHES VIVENT D'ESPOIR

Drame psychologique de **Claude Bernard-Aubert**, avec Françoise Giret, Gordon Heath, Aram Stephan. France, 1961 – 1 h 30.

Ardent plaidoyer contre le racisme : deux étudiants, une Blanche et un Noir, s'unissent malgré la réprobation ambiante.

LÂCHEZ LES MONSTRES

"SCREAM AND SCREAM AGAIN"

Film fantastique de **Gordon Hessler**, d'après le roman de Peter Saxon The Disorientated Man, avec Vincent Price, Christopher Lee, Peter Cushing, Alfred Marks. États-Unis, 1969 – Couleurs – 1 h 35.

La maison du docteur Browning suscite bien des curiosités, mais il est dangereux de s'intéresser de trop près à ses « greffes ». Toutes les stars de l'épouvante sont là.

LACOMBE LUCIEN

Drame de **Louis Malle**, avec Pierre Blaise *(Lucien Lacombe)*, Aurore Clément *(France Horn)*, Holger Lowenadler *(Albert Horn)*, Thérèse Giehse *(la grand-mère)*, Stéphane Bouy *(Jean Bernard)*, Loumi Iacobesco *(Betty Beaulieu)*, René Bouloc *(Faure)*. • SC : L. Malle, Patrick Modiano. • PH : Tonino Delli Colli. • DÉC : Ghislain Uhry. • MUS : Django Reinhardt, André Claveau, Irène de Trébert. • MONT : Suzanne Baron. France / Italie / R.F.A., 1974 – Couleurs – 2 h 20.

Juin 1944, les Alliés ont débarqué. Dans le Sud-Ouest, un jeune paysan, Lucien Lacombe, tente en vain d'entrer dans la Résistance puis, à la suite d'un concours de circonstances, échoue dans un groupe de Français qui collaborent avec la Gestapo. Ayant accepté de « travailler » avec eux, il fait la connaissance d'un tailleur juif, Albert Horn, et de sa fille, France, dont il tombe amoureux. Quand les choses se gâtent, il tente de fuir avec elle.

◆ *Il s'agit du premier travail au cinéma de Patrick Modiano, illustrant une idée déjà développée dans ses écrits : la suprématie, dans des circonstances historiques troublées, du hasard sur l'idéologie.* G.L.

L.A. CONFIDENTIAL "L.A. CONFIDENTIAL"

Thriller de **Curtis Hanson**, d'après le roman de James Ellroy, avec Kevin Spacey, Kim Basinger, Danny DeVito, Guy Pearce, James Cromwell. États-Unis, 1997 – Couleurs – 2 h 15.

Trois personnages de policiers : le sanguin brutal, le « médiatique « combinard et l'incorruptible glacé. Au fur et à mesure qu'on les voit vivre et que progressent les enquêtes sur des affaires de drogue, de chantage et de call-girls, on découvre que leurs personnalités ne sont pas tout d'une pièce : le brutal a du cœur et de l'intuition, le combinard n'est pas totalement dénué de sens moral et l'incorruptible sait aussi manœuvrer. Tant mieux pour eux, car la corruption contre laquelle ils luttent a des ramifications multiples et inattendues...

LA DU BARRY "MADAME DU BARRY"

Comédie d'**Ernst Lubitsch**, avec Pola Negri *(Jeanne Vaubernier, la Du Barry)*, Emil Jannings *(Louis XV)*, Harry Liedke *(Armand Saint-Foy)*, Reinhold Schünzel *(duc de Choiseul)*, Elsa Berna *(duchesse de Gramont)*, Eduard von Winterstein *(Jean du Barry)*, Karl Platen *(Guillaume du Barry)*. • SC : Fred Orbing, Hans Kräly. • PH : Theodor Sparkuhl. • DÉC : Karl Machus, Kurt Richter. Allemagne, 1919 – 2 280 m (env. 1 h 24).

En délaissant son amoureux Armand pour le plus prestigieux don Diego, la midinette Jeanne accomplit la première étape d'une carrière de courtisane qui la mènera, via les cousins du Barry, au statut envié de favorite de Louis XV. Au faîte de sa gloire, elle doit faire face aux pièges de Choiseul, son ennemi juré, mais elle n'oublie pas Armand, que son ressentiment rapproche des antimonarchistes. Vient le temps de la disgrâce et (très vite) celui de la Révolution. Accusateur public, Armand obtient la tête de l'ancienne favorite, mais la passion est la plus forte et le traître est abattu dans la cellule de Jeanne qui finira sur l'échafaud.

◆ *La réputation de* la Du Barry *est fondée sur un de ces malentendus dont l'histoire du cinéma a le secret : film historique « à costumes », cette superproduction de la U.F.A. apporta la gloire à son auteur qui fut surnommé le « Griffith européen » et ne tarda pas à rejoindre Hollywood (en 1923). Mais le film est surtout la première véritable comédie du cinéma, où tout Lubitsch est déjà et qui vaut infiniment plus par ses scènes intimistes que par les fameuses séquences de foule « à la Reinhardt ».* M.C.

THE LADY AND THE MONSTER

Thriller de **George Sherman**, d'après le roman de Curt Siodmak *Donovan's Brain*, avec Erich von Stroheim, Richard Arlen, Vera Hruba Ralston, Mary Nash, Sidney Blackmer. États-Unis, 1944 – 1 h 26.

Un savant maintient en vie le cerveau d'un financier mortellement blessé, qui peu à peu finit par exercer sur lui un total contrôle.

▷ Autres versions réalisées par : **Felix Feist**, intitulée DONAVAN'S BRAIN, avec Lew Ayres, Gene Evans, Nancy Davis, Steve Brodie, Lisa K. Howard. États-Unis, 1953 – 1 h 21. Freddie Francis, intitulée THE BRAIN, avec Anne Heywood, Peter Van Eyck, Cecil Parker, Bernard Lee, Maxime Audley, Jeremy Spenser. Grande-Bretagne / R.F.A., 1962 – 1 h 23.

LADYBIRD "LADYBIRD"

Drame de **Ken Loach**, avec Crissy Rock *(Maggie)*, Vladimir Vega *(Jorge)*, Sandie Lavelle *(Mairead)*, Mauricio Venegas *(Adrian)*. • SC : Rona Munro. • PH : Barry Ackroyd. • DÉC : Martin Johnson. • MUS : George Fenton. • MONT : Jonathan Morris. Grande-Bretagne, 1994 – Couleurs – 1 h 42. ★ **OURS D'ARGENT, Berlin 1994.**

Maggie, chanteuse de bar, n'a pas eu de chance dans la vie : ses quatre enfants, nés de quatre pères différents, lui ont été retirés à la suite d'un incendie provoqué par l'un d'eux, un soir où elle était de sortie. Elle trouve enfin un compagnon en la personne de Jorge, pauvre réfugié paraguayen. Il essaie de l'aider à récupérer les enfants. Faute d'y parvenir, ils décident de faire un nouvel enfant, qui leur sera à nouveau retiré par les services sociaux, Maggie étant considérée comme incapable d'élever ses enfants. Ils recommencent et subissent un nouveau retrait.

◆ *Si c'était un documentaire, on souhaiterait connaître le point de vue des services sociaux anglais, dont le comportement paraît d'une inhumanité assez invraisemblable. Mais c'est un film et il ne reste qu'à admirer l'efficacité de la mise en scène et la flamboyante interprétation de Crissy Rock, pathétique bête blessée et hurlante qui réclame ses petits face à des fonctionnaires sociaux et des policiers sans âme. Bien sûr, elle n'a pas la manière de s'adresser à l'administration mais est-elle la seule à se trouver dans ce cas-là ?* J.-C.L.

LADY DÉTECTIVE ENTRE EN SCÈNE
"MURDER MOST FOUL"
Film policier de **George Pollock**, d'après le roman d'Agatha Christie, avec Margaret Rutherford, Ron Moody. Grande-Bretagne, 1964 – 1 h 31.

Jurée dans une affaire criminelle, miss Marple croit en l'innocence de l'accusé. Le procès ayant été ajourné, elle en profite pour mener sa propre enquête.

LADY HAMILTON "THAT HAMILTON WOMAN"
Film historique d'**Alexander Korda**, avec Vivien Leigh, Laurence Olivier, Alan Mowbray. États-Unis, 1941 – 2 h 08.

Avec pour prétexte historique la bataille de Trafalgar et les interventions de Nelson à Naples, les amours malheureuses d'Emma Hamilton et de Nelson. Le film favori de Churchill.

▷ Sur le même thème : LES AMOURS DE LADY HAMILTON, de **Christian-Jaque**, avec Michèle Mercier, Richard Johnson, Nadja Tiller. France / R.F.A. / Italie, 1969 – Couleurs – 1 h 35.

▷ Autre version réalisée par **Frank Lloyd**, intitulée LADY HAMILTON "THE DIVINE LADY", avec Corinne Griffith, Victor Varconi, H.B. Warner, Montagu Love, Marie Dressler. États-Unis, 1929 – 2 700 m (env. 1 h 40).

LADYHAWKE, LA FEMME DE LA NUIT
"LADYHAWKE"
Film fantastique de **Richard Donner**, avec Michelle Pfeiffer, Rutger Hauer. États-Unis, 1984 – Couleurs – 1 h 57.

À la suite d'une malédiction, deux amants se transforment, l'homme en loup la nuit, la femme en épervier le jour. Une éclipse de soleil pourrait leur permettre de recouvrer leur apparence humaine. Un émouvant conte médiéval.

LADY L "LADY L"
Comédie de **Peter Ustinov**, d'après le roman de Romain Gary, avec Sophia Loren, Paul Newman, David Niven, Michel Piccoli, Philippe Noiret, Claude Dauphin. États-Unis / France / Italie, 1965 – Couleurs – 2 h.

Les aventures politico-sentimentales d'une pétroleuse de la Belle Époque. Un film malicieux.

LADY LOU "SHE DONE HIM WRONG"
Comédie de **Lowell Sherman**, avec Mae West *(Lady Lou)*, Cary Grant *(le capitaine Cummings)*, Gilbert Roland *(Serge Stanieff)*, Noah Beery *(Gus Jordan)*. • SC : Harry Thew, John Bright, d'après la pièce de Mae West *Diamond Lil*. • PH : Charles Lang. • MUS : Ralph Rainger. États-Unis, 1933 – 1 h 06.

New York, le Bowery à la fin du XIXe siècle. Une tenancière de saloon, Lady Lou, s'éprend du policier déguisé en membre de l'Armée du salut engagé à sa poursuite.

◆ *Mae West est une figure unique dans l'histoire du cinéma avec sa démarche provocante, ses robes étroites et scintillantes et sa voix nasillarde. Elle se pavane, une main sur la hanche, l'autre recoiffant ses boucles blondes.* Lady Lou, *son deuxième film, est adapté d'une pièce qu'elle a écrite et montée avec succès à Broadway. Elle offre un contraste saisissant avec Cary Grant, le parfait gentleman. « Lorsque les femmes prennent le mauvais chemin, les hommes savent trouver le bon pour les rejoindre », dit Lady Lou. Mae West ne respecte pas les valeurs traditionnelles. Elle est lucide et ironique. Elle exalte la sexualité au moment où Hollywood met en place le code de censure Hays. « N'avez-vous jamais rencontré un homme qui pourrait vous rendre heureuse ? » « Bien sûr, de nombreuses fois », répond Lady Lou. Sa silhouette sexy annonce une autre blonde, vingt ans plus tard, dans* Les hommes préfèrent les blondes *où Marilyn chante sa passion pour les diamants.* S.P.

LADY MACBETH SIBÉRIENNE
"SIBIRSKA LEDI MAGBET"
Drame d'**Andrzej Wajda**, d'après une nouvelle de Nikolaï Semenovitch Leskov, avec Olivera Marković, Juba Tadić, Kapitalina Erić. Pologne / Yougoslavie, 1965 – Couleurs – 1 h 35.

Une femme de la bourgeoisie russe de la fin du siècle dernier s'amourache d'un de ses employés, empoisonne son beau-père, assassine son mari, étouffe un jeune prétendant à l'héritage. L'un des grands « Wajda ».

LADY OSCAR
Film d'aventures de **Jacques Demy**, avec Catriona MacCall, Barry Stockes. Japon, 1979 – 2 h 04.

Dans la France de 1785, les tribulations d'une jeune noble déguisée en homme. Production japonaise tournée en France avec des acteurs anglais.

LADY PANAME
Comédie d'**Henri Jeanson**, avec Louis Jouvet, Suzy Delair, Henri Guisol, Henri Crémieux, Jane Marken. France, 1950 – 1 h 43.

Dans le Paris de 1925, un anarchiste réconcilie une chanteuse avec son camarade et compositeur. Pour sa seule réalisation, Jeanson donne libre cours à son humour féroce.

LADY SINGS THE BLUES "LADY SINGS THE BLUES"
Biographie de **Sidney J. Furie**, avec Diana Ross, Billy Dee Williams, Richard Pryor, Virginia Capers. États-Unis, 1972 – Couleurs – 2 h 06.

La vie de la grande chanteuse noire Billie Holliday, morte en 1954 à 44 ans : ses débuts, ses problèmes avec la drogue et ses démêlés avec les racistes. Le film est tiré du livre écrit par la chanteuse elle-même qu'incarne une autre artiste célèbre : Diana Ross.

LAFAYETTE ESCADRILLE
Mélodrame de **William A. Wellman**, avec Tab Hunter, David Janssen, Clint Eastwood, Etchika Choureau. États-Unis, 1958 – 1 h 33.

Pendant la Première Guerre mondiale, les amours d'un Américain engagé dans l'Escadrille La Fayette et d'une jeune Française.

LE LAGON BLEU "THE BLUE LAGOON"
Film d'aventures de **Randal Kleiser**, avec Brooke Shields, Christopher Atkins, Leo McKern. États-Unis, 1980 – Couleurs – 1 h 45.

Un naufrage dans les eaux du Pacifique : deux enfants et le cuisinier du bord, rescapés, découvrent sur une île déserte les aléas de la vie sauvage.

▷ Remake d'un film réalisé sous le même titre par **Frank Launder**, avec Jean Simmons, Donald Houston, Noel Purcell. Grande-Bretagne, 1949 – Couleurs – 1 h 43.

LAISSE ALLER, C'EST UNE VALSE
Film policier de **Georges Lautner**, avec Jean Yanne, Bernard Blier, Michel Constantin, Mireille Darc. France, 1971 – Couleurs – 1 h 40.

Dès sa sortie de prison, un gangster part à la recherche et du butin et de son épouse. Un commissaire lui emboîte le pas. L'intrigue est policière, mais les gags nombreux.

LAISSE BÉTON
Drame de **Serge Le Péron**, avec Julien Gangnet, Khalid Ayadi. France, 1983 – Couleurs – 1 h 38.

Deux adolescents volent dans les supermarchés afin de financer leur voyage à San Francisco.

LAME DE FOND "UNDERCURRENT"
Drame psychologique de **Vincente Minnelli**, d'après un récit de Thelma Strabel, avec Robert Taylor, Katharine Hepburn, Robert Mitchum, Edmund Gwenn. États-Unis, 1946 – 1 h 56.

Ann découvre que son mari, Alan, a tué un vieux savant pour lui voler son invention. Il veut se débarrasser d'elle mais meurt accidentellement et Ann aimera son frère.

LA LAME NUE "THE NAKED EDGE"
Drame policier de **Michael Anderson**, avec Gary Cooper, Deborah Kerr, Peter Cushing. Grande-Bretagne, 1960 – 1 h 40.

Une femme commence à soupçonner son mari d'être le véritable auteur d'un meurtre pour lequel son témoignage a fait condamner un autre homme. Le dernier film de Gary Cooper.

LAMIEL
Drame de **Jean Aurel**, d'après le roman inachevé de Stendhal, avec Anna Karina, Jean-Claude Brialy, Michel Bouquet, Robert Hossein, Claude Dauphin, Bernadette Lafont. France, 1967 – Couleurs – 1 h 40.

La découverte de l'amour par une jeune paysanne devenue duchesse grâce à la protection d'un médecin.

LA LANCE BRISÉE "BROKEN LANCE"
Western d'**Edward Dmytryk**, d'après une histoire de Philip Yordan, avec Spencer Tracy, Robert Wagner, Jean Peters, Richard Widmark, Katy Jurado. États-Unis, 1954 – Couleurs – 1 h 36.

Dans les vastes plaines de l'Ouest, au début du siècle, Matt dirige un immense domaine avec une implacable autorité. À sa mort, ses fils vont s'entretuer. Un remake de LA MAISON DES ÉTRANGERS (Voir ce titre), sous forme de western psychologique.

LANCELOT DU LAC
Drame de **Robert Bresson**, avec Luc Simon, Laura Duke Condominas, Humbert Balsan, Fabrice Luchini. France / Italie, 1974 – Couleurs – 1 h 25.

Lancelot, après l'échec de la « quête » du Graal, demande à Guenièvre de le relever de ses serments. Mais le jeu des passions conduira à l'anéantissement final d'Arthur et de ses chevaliers.

▷ Autres films avec le même héros : LANCELOT CHEVALIER DE LA REINE "LANCELOT AND GUENEVERE", de **Cornel Wilde**, avec Cornel Wilde, Jean Wallace, Brian Aherne. États-Unis, 1962 – Couleurs – 1 h 56.

▷ Voir aussi LES CHEVALIERS DE LA TABLE RONDE.

LAND AND FREEDOM "LAND AND FREEDOM"
Comédie dramatique de **Ken Loach**, avec Ian Hart, Rosana Pastor, Iciar Bollain, Tom Gilroy. Grande-Bretagne, 1995 – Couleurs – 1 h 49. ★ **PRIX ŒCUMÉMIQUE, Cannes, 1995.**

En 1936, un jeune chômeur anglais quitte Liverpool pour rejoindre en Espagne les Brigades internationales qui luttent contre les troupes de Franco. Il découvrira les horreurs de la guerre civile, la fraternité des combattants et aussi la trahison, celle des communistes staliniens, dont l'objectif principal est la liquidation des anarchistes.

LANDRU
Drame de **Claude Chabrol**, sur un scénario de Françoise Sagan, avec Charles Denner, Michèle Morgan, Danielle Darrieux, Stéphane Audran. France, 1963 – Couleurs – 1 h 42.

L'histoire authentique de Landru qui, sous divers noms d'emprunt, épousa de nombreuses femmes et les tua pour hériter après les avoir fait disparaître en les brûlant dans sa cuisinière. Ce fait divers est traité avec un art consommé de l'humour noir par Chabrol. Une composition extraordinaire de Denner.

LAPUTA "LAPUTA"
Drame psychologique d'**Helma Sanders-Brahms**, avec Sami Frey, Krystyna Janda. R.F.A., 1986 – Couleurs – 1 h 32

À Berlin, un homme marié venu de l'Ouest retrouve durant quelques heures sa maîtresse, photographe de presse polonaise.

LES LARMES AMÈRES DE PETRA VON KANT
"DIE BITTEREN TRÄNEN DER PETRA VON KANT"
Drame de **Rainer Werner Fassbinder**, avec Margit Carstensen, Hanna Schygulla, Irm Herrmann. R.F.A., 1971 – Couleurs – 2 h 04.

Une créatrice de mode vit une passion orageuse avec une jeune femme modeste, sous les yeux de sa domestique, rongée par la jalousie. Abandonnée, elle se console dans l'alcool.

LARMES DE CLOWN / CELUI QUI REÇOIT DES GIFLES "HE WHO GETS SLAPPED"
Comédie dramatique de **Victor Sjöström**, d'après la pièce de Leonid Andreïev, avec Lon Chaney, Norma Shearer, John Gilbert, Tully Marshall, Ford Sterling. États-Unis, 1924 – env. 2 150 m (1 h 20).

Un savant abandonne toute activité scientifique et entame une vie nouvelle comme clown dans un cirque. Une adaptation fidèle de la pièce et la toute première production de la M.G.M.

LARMES DE JOIE "RISATE DI GIOIA"
Comédie de **Mario Monicelli**, avec Anna Magnani, Totò, Ben Gazzara. Italie / États-Unis, 1960 – 1 h 45.

Un soir de réveillon, une figurante de cinéma va d'échec en désillusion, sans pourtant perdre son optimisme.

LES LARMES DE LA RIVIÈRE DES PERLES
"ZHUJIANG LEI"
Drame de **Wang Weiyi** et **Cai Chusheng**, avecLi Qing, Wang Xin, Zhang Ying, Ma Mengping. Chine, 1949 – 1 h 50.

Au lendemain de la guerre, un couple de paysans exploités par un riche propriétaire s'enfuit à Canton. Le mari est incorporé de force dans l'armée et son épouse doit se prostituer.

LES LARMES DU YANGZI
"YIJIANG CHUNSHUI XIANG DONGLIU"
Drame historique de **Cai Chusheng** et **Zheng Junli**, avec Bai Yang, Tao Jin, Shu Xiuwen, Zhou Boxun, Shangguan Yunzhu. • SC : C. Chusheng, Zheng Junli. • PH : Wu Weiyun, Zhu Jinming, Shen Xilin. • DÉC : Zhu Fuxiang, Lin Afu, Zhu Axiang. • MUS : Zhang Zhengfan. • MONT : Wu Tingfang. Chine, 1947 – 3 h 12 (en deux parties).

Le destin d'une famille de Shanghai, de 1934 à la fin de la guerre. Quand survient l'invasion japonaise en 1937, le mari, instituteur, s'engage et s'évade après avoir été fait prisonnier ; il rejoint alors la capitale provisoire, Chongqing. Et pendant que sa femme, ouvrière, et son fils, qu'il a laissés à Shanghai, subissent toutes les souffrances de l'occupation, lui mène la grande vie avec maîtresse et marché noir. De retour à Shanghai à la libération de la ville, il amène finalement sa femme au suicide.

◆ *En marge de la censure officielle du Guomindang, les deux auteurs, cinéastes importants plus tard victimes de la Révolution culturelle, ont réussi là une fresque en deux parties qui connut un succès retentis-*

sant. Car, derrière l'intrigue romanesque, c'est l'humiliation subie par tout un peuple qui est longuement et puissamment décrite, sans oublier une dénonciation très critique de « ceux de l'arrière ». *J.-M.C.*

LE LARRON "IL LADRONE"

Comédie de **Pasquale Festa Campanile**, avec Enrico Montesano, Edwige Fenech, Bernadette Lafont. Italie / France, 1981 – Couleurs – 1 h 50.

L'histoire d'un larron, hâbleur et bon vivant, qui écume la Palestine, alors que Jésus vit la fin de son ministère. Ils se retrouveront... pour le dernier acte, chacun sur une croix.

LARRY FLYNT "THE PEOPLE VS. LARRY FLYNT"

Comédie dramatique de **Miloš Forman**, avec Woody Harrelson, Courtney Love, Edward Norton. États-Unis, 1996 – Couleurs – 2 h 10. ★ **OURS D'OR, Berlin 1997.**

Gérant d'un club de strip-tease, Larry Flynt conquit la notoriété, au prix de quelques démêlés avec la justice, en fondant Hustler, revue pornographique qui lui apporta la fortune. Milos Forman se donne beaucoup de mal pour faire de ce personnage assez sordide, mû essentiellement par l'appât du gain, un héraut de la liberté d'expression et la victime d'un système qui, selon lui, préfère l'obscénité de la guerre à l'obscénité tout court.

LARRY LE DINGUE ET MARY LA GARCE

"DIRTY MARY, CRAZY LARRY"

Film d'aventures de **John Hough**, d'après le roman de Richard Unekis *The Chase*, avec Peter Fonda, Susan George, Adam Roarke. États-Unis, 1974 – Couleurs – 1 h 35.

Deux garçons commettent un hold-up fructueux et s'enfuient à bord d'une puissante voiture, avec une jeune fille, Mary. Mais en franchissant un passage à niveau non gardé...

LASSIE PERD ET GAGNE "THE SUN COMES UP"

Film d'aventures de **Richard Thorpe**, d'après le roman de Marjorie Kinnan Rawlings, avec Jeanette MacDonald, Lloyd Nolan, Claude Jarman Jr., Lewis Stone. États-Unis, 1948 – Couleurs – 1 h 33.

Une jeune veuve en mal d'affection s'attache à un jeune garçon et à son chien.

▷ Voir aussi LE COURAGE DE LASSIE, LA FIDÈLE LASSIE, LE FILS DE LASSIE, LE MAÎTRE DE LASSIE.

THE LAST MOVIE "THE LAST MOVIE"

Comédie dramatique de **Dennis Hopper**, avec Dennis Hopper, Stella Garcia, Samuel Fuller. États-Unis, 1971 – Couleurs – 1 h 50.

Un jeune cascadeur américain, resté au Pérou après le tournage d'un western, est pris à partie par les indigènes qui veulent singer le film sans avoir saisi le décalage entre violence réelle et simulée.

THE LAST WALTZ "THE LAST WALTZ"

Documentaire musical de **Martin Scorsese**. États-Unis, 1978 – Couleurs – 1 h 55.

Le dernier concert public du groupe américain « The Band », entouré d'invités de prestige.

LAS VEGAS... UN COUPLE

"THE ONLY GAME IN TOWN"

Drame psychologique de **George Stevens**, avec Elizabeth Taylor, Warren Beatty. États-Unis, 1970 – Couleurs – 1 h 50.

Les amours difficiles d'une danseuse de boîte de nuit et d'un pianiste de bar. Elle veut y croire, lui est dévoré par le jeu...

LA TOUR, PRENDS GARDE !

Film d'aventures historiques de **Georges Lampin**, avec Jean Marais, Eleonora Rossi Drago, Nadja Tiller. France / Italie / Yougoslavie, 1958 – Couleurs – 1 h 22.

Un comédien ambulant se bat à un contre mille pour réparer l'injustice et servir son roi, Louis XV.

LAURA "LAURA"

Film policier d'**Otto Preminger**, avec Gene Tierney *(Laura)*, Dana Andrews *(Mark McPherson)*, Clifton Webb *(Waldo Lydecker)*, Vincent Price *(Shelby Carpenter)*, Judith Anderson *(Ann Treadwell)*, Dorothy Adams *(Bessie Clary)*, James Flavin *(McAvity)*. • SC : Jay Dratler, Samuel Hoffenstein, Betty Reinhardt, d'après le roman de Vera Caspary. : • PH : Joseph LaShelle. • DÉC : Lyle Wheeler, Leland Fuller, Thomas Little. • MUS : David Raksin. • MONT : Louis R. Loeffler. • PR : O. Preminger (20th Century-Fox). États-Unis, 1944 – 1 h 28.

L'inspecteur McPherson enquête sur le meurtre de Laura Hunt, une jeune et brillante publicitaire new-yorkaise. Le chroniqueur Waldo Lydecker, protecteur de Laura, son ex-fiancé, Shelby Carpenter, et sa tante, Ann Treadwell, lui tracent le portrait fascinant d'une femme qui avait su, par sa beauté, son dynamisme et son talent, s'élever au sommet de sa profession. Le fruste McPherson tombe à son tour sous le charme de Laura. Envoûté, il hante son appartement, hume son parfum, s'imprègne de ses souvenirs, contemple longuement, amoureusement, son image, devant laquelle il finit par s'endormir, épuisé. C'est alors que Laura surgit, bien vivante...

◆ **Le triomphe de la mémoire**
Une femme disparaît, et le Pygmalion misanthrope qui l'aima vainement, en secret, recompose les fragments de sa légende. Ses confidences voilées, chargées de regrets, entraînent un policier apparemment blasé dans un rêve qui fait renaître la morte. Magie du désir : celui de Waldo « créa » une première fois Laura ; celui de McPherson la ramène parmi les vivants. Les songes, un instant confondus, des deux hommes auront réussi ce miracle... Commence alors un étrange duel entre deux adversaires d'inégale valeur. Lydecker, le romantique, semble disposer de tous les atouts pour conquérir Laura : culture, esprit, humour, élégance, alors que McPherson, le réaliste, n'a pour lui que la vérité de ses sentiments. Celle-ci lui assurera une victoire par défaut, mais Laura restera à jamais une énigme ; elle n'existait que par le regard de celui qui la façonna, et, privée de son mentor, redevient une femme parmi d'autres. Laura *est de ces films dont rien ne paraît devoir altérer la beauté ni épuiser les richesses et les ambiguïtés. Cette œuvre, qui tient à la fois du film noir, de la satire sociale et du poème, est une méditation nostalgique sur le temps révolu, un jeu savant sur la présence / absence, une illustration magistrale de la toute-puissance de l'image et du discours amoureux.* O.E.

LAURA, LES OMBRES DE L'ÉTÉ
Comédie dramatique de **David Hamilton**, avec James Mitchell, Maud Adams, Dawn Dunlap. France, 1979 – Couleurs – 1 h 30.

Un sculpteur remarque dans un cours de danse une belle adolescente, et désire la prendre comme modèle.

LE LAURÉAT "The Graduate"
Comédie dramatique de **Mike Nichols**, avec Dustin Hoffman *(Benjamin Braddock)*, Anne Bancroft *(Mme Robinson)*, Katharine Ross *(Elaine Robinson)*, William Daniels *(M. Braddock)*, Murray Hamilton, Elizabeth Wilson. • SC : Calder Willingham, Buck Henry, d'après le roman de Charles Webb. • PH : Robert Surtees. • MUS : Paul Simon, Dave Grusin. • MONT : Sam O'Steen. États-Unis, 1967 – Couleurs – 1 h 45. ★ **Oscar 1967 du Meilleur metteur en scène.**

Benjamin, un jeune homme riche, rentre en Californie après de brillantes études. Lors d'une réception, il rencontre la femme d'un des amis d'affaires de son père. Il devient l'amant de celle-ci. Mais peu de temps après, il rencontre la fille de sa maîtresse, et en tombe amoureux. Lorsqu'il annonce à Mme Robinson qu'il veut la quitter pour sa fille, elle révèle tout à celle-ci, à son mari, au père de Benjamin... Elaine rompt à son tour et décide d'épouser un jeune cadre. Mais Benjamin ne renonce pas au mariage.

◆ *Un des grands films portraits du conflit de générations des années 60 qui rencontra un public important voyant en Benjamin un contestataire déterminé plutôt que menaçant. Également une des premières musiques de film « pop » à remporter un succès commercial (les chansons de Simon et Garfunkel). Enfin,* le Lauréat *fut la première grande composition de Dustin Hoffman qui pose ici le regard new-yorkais de Mike Nichols sur les mœurs californiennes.* S.S.

LAUREL ET HARDY
Série de courts métrages burlesques d'une ou deux bobines (300 ou 600 m), avec Stan Laurel et Oliver Hardy. États-Unis, 1927-1935.

Le plus célèbre tandem comique du cinéma, le vif et maigre Laurel (Stan) et le gros balourd Hardy (Oliver, ou « Ollie ») s'est illustré dans de nombreux films où sa maladresse provoque des catastrophes en chaîne. Outre les courtes bandes les plus connues en France, le duo a interprété vingt-sept films de long métrage de 1929 à 1951 (Voir SOUS LES VERROUS, FRA DIAVOLO, LES COMPAGNONS DE LA NOUBA, BONS POUR LE SERVICE, LA BOHÉMIENNE, C'EST DONC TON FRÈRE, LAUREL ET HARDY AU FAR WEST, LES MONTAGNARDS SONT LÀ, TÊTES DE PIOCHE, LAUREL ET HARDY CONSCRITS, LES AS D'OXFORD, LAUREL ET HARDY EN CROISIÈRE, QUEL PÉTARD !, LAUREL ET HARDY CHEFS D'ÎLOT, MAÎTRES DE BALLET et LES CUISTOTS DE SA MAJESTÉ). Écrite par Laurel le plus souvent et signée par des réalisateurs cantonnés dans un rôle purement technique, la série des Laurel et Hardy comprend près de quatre-vingt-dix titres.

▷ Parmi les titres de la série :

LAUREL ET HARDY RÉSERVISTES / LES GAIETÉS DE L'INFANTERIE "With Love and Hisses", 1927.

LAUREL ET HARDY MARINS "Sailors, Beware !", 1927.

LAUREL ET HARDY DÉTECTIVES
"Do Detectives Think ?", 1927.

LAUREL ET HARDY À L'ÂGE DE PIERRE
"Flying Elephants ", 1927.

V'LÀ LA FLOTTE / LAUREL ET HARDY CASSENT TOUT
"Two Tars", 1928.

TON COR EST À TOI "You're Darn Tootin", 1928.

LA FLOTTE EST DANS LE LAC / DEUX MARINS EN VADROUILLE "Men o'War", 1929.

VIVE LA LIBERTÉ "Liberty", 1929.

JOYEUX PIQUE-NIQUE / JOUR DE VACANCES "Perfect Day", 1929.

DERRIÈRE LES BARREAUX "The Hoose-Gow", 1929.

SON ALTESSE ROYALE "Double Whoopee", 1929.

LES BONS PETITS DIABLES "Brats", 1930.

AU-DESSOUS DE ZÉRO / LAUREL ET HARDY MUSICIENS "Below Zero", 1930.

LES BRICOLEURS "Hog Wild", 1930.

LA NOUBA "Blotto", 1930.

LA MAISON DE LA PEUR / LA MAISON FANTÔME / L'HÉRITAGE "The Laurel-Hardy Murder Case", 1930.

DRÔLES DE BOTTES "Be Big", 1930.

QUELLE BRINGUE ! "Chickens Come Home", 1931.

UNE BONNE ACTION "One Good Turn", 1931.

TOUTE LA VÉRITÉ "Come Clean", 1931.

LES DEUX LÉGIONNAIRES "Beau Hunks", 1931.

MAISON DE TOUT REPOS / VISITE À L'HÔPITAL "Country Hospital", 1932.

LAUREL ET HARDY DÉMÉNAGEURS / LIVREURS SACHEZ LIVRER "The Music Box", 1932.

LAUREL ET HARDY BONNES D'ENFANTS "Their First Mistake", 1932.

STAN BOXEUR "Any Old Port", 1932.

LES VAGABONDS "Scram !", 1932.

AIDONS-NOUS "Help-Mates", 1932.

LAUREL ET HARDY MARCHANDS DE POISSONS "Towed in a Hole", 1933.

LES DEUX FLEMMARDS "Me and My Pal", 1933.

LAUREL ET HARDY MENUISIERS "Busy Bodies", 1933.

LAUREL ET HARDY RAMONEURS / UN SALE BOULOT / SALE BESOGNE "Dirty Work.", 1933.

LAUREL ET HARDY POLICIERS "The Midnight Patrol", 1933.

LAUREL ET HARDY COIFFEURS / UNE HISTOIRE DE FOUSGAIS, GAIS, MARIONS-NOUS "Oliver the Eighth" 1934.

COMPAGNONS DE VOYAGE / LES JAMBES AU COU "Going bye-bye", 1934.

LAUREL ET HARDY CAMPEURS / JOYEUX COMPÈRES "Them Thar Hills", 1935.

QUI DIT MIEUX ? "Thicker Than Water", 1935.

LAUREL ET HARDY AU FAR WEST "Way Out West"

Film burlesque de **James Horne**, avec Stan Laurel, Oliver Hardy, James Finlayson, Sharon Lynne, Rosina Lawrence. États-Unis, 1937 – 1 h 06.

Les deux compères sont chargés de remettre le titre de propriété d'une mine d'or à la domestique du cabaret d'une petite ville. Mais ils commettent une erreur de destinataire.

LAUREL ET HARDY CHEFS D'ÎLOT
"Air Raid Wardens"

Film burlesque d'**Edward Sedgwick**, avec Stan Laurel, Oliver Hardy, Edgar Kennedy, Jacqueline White. États-Unis, 1943 – 1 h 07.

Bons à rien, Laurel et Hardy sont promus chefs d'îlot par le chef de la Défense passive. Malgré leurs innombrables bévues, ils vont faire arrêter des espions nazis.

LAUREL ET HARDY CONSCRITS
"The Flying Deuces"

Film burlesque d'**Edward Sutherland**, avec Stan Laurel, Oliver Hardy, Jean Parker, Reginald Gardiner. États-Unis, 1939 – 1 h 05.

Par désespoir d'amour, Laurel et Hardy s'engagent dans la Légion où ils vont vivre des aventures mouvementées avant que Hardy disparaisse dans un accident d'avion et se réincarne en cheval.

LAUREL ET HARDY EN CROISIÈRE
"Saps at Sea"

Film burlesque de **Gordon Douglas**, avec Stan Laurel, Oliver Hardy, James Finlayson, Ben Turpin, Richard Cramer, Eddie Conrad. États-Unis, 1940 – 57 mn.

Fatigués de leur travail, les deux amis se retirent au bord de la mer et louent un vieux bateau soigneusement amarré au quai. Ils se retrouvent un matin en pleine mer avec un bandit évadé.

LES LAURIERS SONT COUPÉS
"Return to Peyton Place"

Comédie dramatique de **Jose Ferrer**, avec Eleanor Parker, Jeff Chandler, Carol Linley. États-Unis, 1961 – Couleurs – 1 h 58.

Une jeune romancière, qui a dépeint sans complaisance sa petite ville natale, est confrontée aux conséquences de son succès. Version cinéma d'un feuilleton télé encore plus célèbre en Amérique qu'en France.

LAWRENCE D'ARABIE "Lawrence of Arabia"

Film d'aventures de **David Lean**, avec Peter O'Toole *(Lawrence)*, Alec Guinness *(Fayçal)*, Omar Sharif *(Ali)*, Anthony Quinn *(Auda)*. • sc : Robert Bolt, d'après le roman de Thomas Edward Lawrence *les Sept Piliers de la sagesse.* • PH : Frederick A. Young. • DÉC : J. Box, J. Stoll. • MUS : Maurice Jarre. • MONT : Anne Coates. Grande-Bretagne, 1962 – Couleurs – 3 h 21 puis 3 h 42. ★ **OSCAR DU MEILLEUR FILM 1962.**

En 1916, le lieutenant Lawrence est chargé par les Anglais de contacter les tribus arabes pour les pousser à lutter à leurs côtés contre l'occupant turc. Il s'acquitte fort bien de sa mission et inspire le respect aux Arabes à qui il promet l'indépendance. Mais l'Angleterre ne le voit pas de cet œil. Le gêneur est écarté.

◆ *Le bon réalisateur des années 40 s'est révélé en quittant l'Angleterre qui l'étouffait pour aller filmer les Anglais à l'étranger. Mal apprécié de la critique française qui le trouve académique, il est au contraire un perfectionniste qui travaille sans cesse des enchaînements de séquences prodigieux, et dont la problématique est celle même de Dreyer et du Rossellini de Stromboli : l'intolérable terreur d'être vivant. Ce sentiment passe par l'épreuve des hommes face à des éléments naturels d'une indifférente monstruosité qui écrasent et magnifient ses héros. Ici, c'est le désert, filmé avec une matérialité qui fascine l'œil et envoûte l'esprit. Une version remontée, augmentée de 21 mn inédites, a été présentée au festival de Cannes 1989.* S.K.

LEÇON DE CHIMIE À NEUF HEURES
"ORE NOVE LEZIONE DI CHIMICA"

Comédie mélodramatique de **Mario Mattoli**, avec Alida Valli, Irasema Dilian, Andrea Checchi. Italie, 1941 – 1 h 32.

La chronique d'un collège féminin en proie aux commérages des élèves effrontées et le trouble que sème un séduisant professeur.

LA LEÇON DE PIANO "THE PIANO"

Comédie dramatique de **Jane Campion**, avec Holly Hunter *(Ada)*, Harvey Keitel *(Baines)*, Sam Neill *(Stewart)*, Anna Paquin *(Flora)*, Kerry Walker *(Tante Morag)*. • SC : J. Campion. • PH : Stuart Dryburgh. • DÉC : Andrew McAlpine. • MUS : Michael Nyman. • MONT : Veronika Jenet. Australie, 1993 – Couleurs – 2 h. ★ **PALME D'OR, Cannes 93.**

Ada, jeune musicienne muette, débarque sur une plage de Nouvelle-Zélande. Mariée par correspondance, elle vient retrouver son mari, Stewart, un colon fruste et mal assuré. D'emblée, le nouveau mari refuse de faire transporter le piano qui restera sur la plage. Il faudra qu'Ada circonvienne un autre colon, Baines, pour récupérer le précieux instrument. Pour peu de temps, car Baines amènera bientôt Stewart à lui céder le piano en échange d'un lopin de terre. Commence alors un trouble marchandage où, sous couvert de leçons de piano, Baines rend son piano à Ada, en échange de privautés. Au fil de ces rencontres, Ada tombe amoureuse de Baines, suscitant ainsi la jalousie de Stewart.

◆ *Mince visage pâle, aux lèvres serrées et aux yeux flamboyants, Ada est habitée par une force vitale qui ignore les calculs et les demi-mesures. La personnalité d'Ada domine tout le film, mais les autres personnages sont loin d'être falots pour autant. Et puis, il y a la nature néo-zélandaise, magistralement évoquée à travers ces plages du bout du monde balayées de déferlantes, ces forêts spongieuses aux troncs enchevêtrés qui, en quelques plans, nous installent dans un monde élémentaire où seules les passions poussées à leur paroxysme sont acceptables.* C.D.R.

LEÇONS D'HISTOIRE "GESCHICHTSUNTERRICHT"

Drame psychologique de **Jean-Marie Straub**, d'après un roman de Bertolt Brecht *les Affaires de Monsieur Jules César*, avec Benedikt Zulauf, Gottfried Bold, Johan Unterpertinger, Henri Ludwig. R.F.A., 1972 – Couleurs – 1 h 15.

Un jeune homme en costume moderne rencontre divers contemporains de César qui évoquent la naissance du capitalisme dans la Rome antique.

LA LECTRICE

Comédie de **Michel Deville**, d'après le roman de Raymond Jean, avec Miou-Miou, Patrick Chesnais, Maria Casarès, Pierre Dux, Simon Eine, Jean-Luc Boutté. France, 1988 – Couleurs – 1 h 39.

Une jeune femme aime tant la littérature qu'elle se fait lectrice à domicile. C'est l'occasion pour l'auteur de se livrer à un jeu intellectuel et libertin d'une grande subtilité.

LEGACY "LEGACY"

Drame psychologique de **Karen Arthur**, avec Joan Hotchkis, George McDaniel, Sean Allen, Dixie Lee. États-Unis, 1974 – Couleurs – 1 h 30.

Une bourgeoise de quarante ans fait le point sur sa vie en préparant une réception.

LEGEND "LEGEND"

Film fantastique de **Ridley Scott**, avec Tom Cruise, Mia Sara, Tim Curry, David Bennent. États-Unis / Grande-Bretagne, 1985 – Couleurs – 1 h 38.

Un monstre a reçu pour mission de tuer les licornes sacrées qui protègent un monde paradisiaque. Heureusement, il y a les héros, la princesse Lili, le bûcheron Jack et la fée Oona.

LA LÉGENDE DE GÖSTA BERLING

"GÖSTA BERLING SAGA"

Drame de **Mauritz Stiller**, avec Lars Hanson *(Gösta Berling)*, Greta Garbo *(Elisabeth Dohna)*, Gerda Lundqvist *(la commandante d'Ekeby)*, Mona Mårtenson *(Ebba Dohna)*, Jenny Hasselqvist *(Marianne Sinclaire)*. • SC : M. Stiller, Ragnar Hyltén-Cavallius, d'après le roman de Selma Lagerlöf. • PH : Julius Jaenzon. • DÉC : Wilhelm Bryde, I. Günther. • MONT : M. Stiller. • PR : Svenskfilmindustri. Suède, 1924 – 4 534 m (env. 2 h 48).

Pasteur défroqué, Gösta Berling est un des douze « chevaliers », roués et ivrognes, que la commandante d'Ekeby tolère dans son château. Trois femmes s'attachent à lui. La naïve Ebba est poussée dans ses bras par sa marâtre, la comtesse Dohna, qui veut lui faire épouser un roturier pour la déshériter au profit de son fils Hendrik. Après la mort d'Ebba, une liaison passionnée et tragique unit Gösta Berling à Marianne Sinclaire, mais la jeune femme est reniée par son père, et sa beauté défigurée par la variole. En définitive, c'est la douce Elisabeth, la jeune épouse qu'Hendrik Dohna a ramenée d'Italie, qui permettra la rédemption de Gösta Berling. Dans l'intervalle, la commandante aura elle aussi expié son infidélité conjugale et le mauvais traitement qu'elle avait infligé à sa mère.

◆ Déchéance et rédemption

Comme il en avait coutume, Mauritz Stiller a bouleversé l'agencement du roman, lui-même assez touffu, de Selma Lagerlöf, multipliant par exemple les flash-back, parfois même à l'intérieur d'un flash-back... Le film fut mutilé et réduit à quelques morceaux d'anthologie, d'ailleurs superbes (notamment la poursuite du traîneau par les loups sur le lac gelé et l'incendie d'Ekeby), mais seule la version intégrale, en deux époques, aujourd'hui restaurée par la Cinémathèque suédoise, permet d'apprécier l'épaisseur romanesque de cette « saga » dont les nombreux acteurs servent d'abord à éclairer toutes les facettes du protagoniste. C'est ainsi que, face à Gösta Berling en toréador, Marianne Sinclaire (interprétée par Jenny Hasselqvist, la Sumurun de Lubitsch) campe une Carmen pleine de fougue et de sensualité tragique. Lars Hanson exprime magistralement la complexité d'un héros byronien, à la beauté et aux fulgurances diaboliques, mais dont la déchéance vient d'une soif d'absolu, et qui, tel Liszt auquel il ressemble, a aussi la capacité du diable de se faire réellement ermite. Pasteur indigne et ivrogne, il dénonce le pharisaïsme de ses paroissiens, dans des accents éloquents et passionnés que n'aurait pas reniés le Hawthorne de la Lettre écarlate. *Ce séducteur mélancolique, à la noire bouche reptilienne, est racheté par l'angélique Elisabeth Dohna, avec sa pureté, mais aussi sa spontanéité d'adolescente, son inexpérience, sa chevelure ébouriffée, l'air d'Italie et la senteur des orangers qu'elle apporte dans l'hypocritement austère Värmland : il faut dire que c'est là le premier vrai rôle de Greta Garbo, dont les élans amoureux évoquent moins le* Verrou *que le* Vœu *de Fragonard.* J.-L.B.

LA LÉGENDE DE JESSE JAMES

"THE GREAT NORTHFIELD MINNESOTA RAID"

Western de **Philip Kaufman**, avec Cliff Robertson, Robert Duvall, Luke Askew. États-Unis, 1971 – Couleurs – 1 h 30.

Le Missouri, en 1876. Cole Younger et Jesse James, naguère fermiers, sont entrés dans l'illégalité armée à la suite de l'expropriation de leurs terres. On n'échappe pas à son destin.

▷ Voir aussi LE BANDIT BIEN-AIMÉ.

LA LÉGENDE DE LA FORTERESSE DE SOURAM

"AMBAVI SURAMIS CIXISA"

Drame de **Serguei Paradjanov** et **Dodo Abachidze**, avec Levan Outchanechvili, Zourab Kipchidze, Sofiko Tchiaourelli. U.R.S.S. (Géorgie), 1984 – Couleurs – 1 h 29.

Pour se protéger des envahisseurs, les Géorgiens construisent une forteresse dont l'un des murs s'effondre sans cesse. Pour qu'il tienne, il faut, selon la voyante, y emmurer vivant un beau garçon.

LA LÉGENDE DES MONTS TIANYUN

"TIANYUNSHAN CHUANQI"

Mélodrame de **Xie Jin**, avec Shi Weijian, Wang Fuli, Shi Jianlan, Zhong Xinghuo. Chine, 1980 – Couleurs – 2 h 07.

Avec son mari, une jeune femme, cadre du Parti, est envoyée en province pour s'occuper des victimes de la Révolution culturelle. Elle retrouve celui qu'elle aima dans sa jeunesse.

LA LÉGENDE DU GRAND BOUDDHA

"DAIBUTSU KAIGEN"

Drame de **Teinosuke Kinugasa**, avec Kazuo Hasegawa, Machiko Kyo, Mitsuko Mito. Japon, 1952 – 2 h 09.

La décision de l'empereur de faire construire un bouddha géant divise son entourage.

LA LÉGENDE DU GRAND JUDO

"SUGATA SANSHIRO"

Drame d'**Akira Kurosawa**, avec Susumu Fujita, Denjiro Okochi, Ryonosuke Tsukigata. Japon, 1943 – 1 h 20.

À l'aube de l'ère Meiji, un champion de judo très réputé doit affronter un valeureux adversaire dont il aime la fille. Le premier film du grand maître du cinéma japonais.

LA LÉGENDE DU SAINT BUVEUR
"LA LEGGENDA DEL SANTO BEVITORE"
Drame d'**Ermanno Olmi**, avec Rutger Hauer, Anthony Quayle, Sandrine Dumas. Italie / France, 1988 – Couleurs – 2 h 05. ★ **LION D'OR, Venise 1988.**

À Paris, un clochard se voit offrir deux cents francs par un vieil homme distingué, à la condition de les rendre à la statue de sainte Thérèse dans une église. Le clochard va alors vivre une série de rencontres étranges.

LÉGENDES D'AUTOMNE "LEGENDS OF THE FALL"
Drame romanesque d'**Edward Zwick**, d'après le roman de Jim Harrison, avec Anthony Hopkins, Brad Pitt, Aïdan Quinn, Henry Thomas, Julia Ormond. États-Unis, 1994 – Couleurs – 2 h 13.

Trois frères, Alfred, l'habile, Tristan, l'aventureux, et Samuel, le plus vulnérable, ont été élevés dans une ferme du Montana par leur père et une famille d'Indiens. Arrive Susannah, fiancée de Samuel, qui sera bientôt tué au front. Susannah finira par épouser Alfred, qui réussit brillamment dans la politique, mais celui qu'elle aime secrètement, c'est Tristan, parti à l'autre bout du monde...

LA LÉGION DES DAMNÉS "THE TEXAS RANGERS"
Western de **King Vidor**, avec Fred MacMurray, Jack Oakie, Lloyd Nolan, Jean Parker, Edward Ellis. États-Unis, 1936 – 1 h 35.

Trois bandits, spécialisés dans les attaques de diligence, sont obligés de se séparer, et deux d'entre eux s'engagent dans les Texas Rangers. Ils doivent un jour arrêter leur ancien camarade.

▷ Remakes réalisés par: **Leslie Fenton** (voir LA CHEVAUCHÉE DE L'HONNEUR). **Phil Karlson**, intitulé THE TEXAS RANGERS, avec George Montgomery, Jerome Courtland. États-Unis, 1952 – Couleurs – 1 h 40.

LA LÉGION DU SAHARA "DESERT LEGION"
Film d'aventures de **Joseph Pevney**, avec Alan Ladd, Arlene Dahl, Richard Conte, Akim Tamiroff. États-Unis, 1953 – Couleurs – 1 h 26.

En traquant des pillards dans le Sahara, un capitaine de la Légion découvre une cité mystérieuse et une femme d'une radieuse beauté. Mystère, amour et exotisme.

LA LÉGION NOIRE "THE BLACK LEGION"
Film policier d'**Archie Mayo**, avec Humphrey Bogart *(Frank Taylor)*, Dick Foran *(Ed Jackson)*, Erin O'Brien-Moore *(Ruth Taylor)*, Ann Sheridan *(Betty Grogan)*, Robert Barrat *(Brown)*, Helen Flint *(Pearl Davis)*, Joseph Sawyer *(Cliff Moore)*, Addison Richards *(l'attorney)*, Eddie Acuff *(Metcalf)*. • SC : Abem Finkel, William Wister Haines, d'après une histoire de Robert Lord. • PH : George Barnes. • DÉC : Robert Haas. • MUS : Bernhard Kaun. • MONT : Owen Marks. États-Unis, 1936 – 1 h 20.

Frank Taylor, un ouvrier, s'est fait prendre sa place par un immigrant polonais. Pour se venger des étrangers, il entre dans une secte, « la Légion noire », sorte de Klu Klux Klan dont les membres pillent, incendient et massacrent, souvent guidés par leurs rancunes personnelles. Taylor va même jusqu'à tuer son meilleur ami. Mais, pris de remords, il dénonce l'organisation et les coupables sont immédiatement appréhendés. Lui-même est condamné à la prison à vie.

◆ *Le film fut interdit pendant plusieurs mois aux États-Unis où les autorités avaient démantelé une organisation similaire, à Détroit. La censure l'interdit également pendant un an et demi en France. Le film, qui comporte des scènes brutales, est interprété par un Humphrey Bogart antipathique, dans un de ses premiers rôles importants.* *J.-C.S.*

LA LÉGION SAUTE SUR KOLWEZI
Film de guerre de **Raoul Coutard**, d'après le récit de Pierre Sergent, avec Giuliano Gemma, Bruno Crémer, Laurent Malet, Mimsy Farmer. France, 1980 – Couleurs – 1 h 40.

Des Français sont pris en otage au Zaïre par des rebelles katangais. La Légion étrangère est envoyée pour les délivrer. Un événement politique transformé en un film d'aventures à la gloire de l'armée.

LES LÉGIONS DE CLÉOPÂTRE
"LE LEGIONI DI CLEOPATRA"
Film d'aventures historiques de **Vittorio Cottafavi**, avec Linda Cristal, Georges Marchal, Ettore Manni. Italie / France / Espagne, 1960 – Couleurs – 1 h 42.

En 34 av. J.-C., la lutte menée pour le pouvoir par Cléopâtre et son amour pour le Romain Marc Antoine.

LÉGITIME VIOLENCE
Film policier de **Serge Leroy**, avec Claude Brasseur, Véronique Genest, Thierry Lhermitte. France, 1982 – Couleurs – 1 h 35.

Trois membres de la famille Modot sont tués en même temps qu'un responsable politique. Apprenant qu'il s'agit d'une « bavure », le survivant de la famille cherche à se venger.

LE MANS "LE MANS"
Comédie dramatique de **Lee H. Katzin**, avec Steve McQueen, Siegfried Rauch, Elga Andersen, Ronald Leigh-Hunt. États-Unis, 1971 – Couleurs – 1 h 48.

Un pilote américain dispute la célèbre épreuve automobile française. Un film quasi-documentaire, fait d'une succession de prises de vues de l'acteur au volant.

LEMMY POUR LES DAMES

Comédie policière de **Bernard Borderie**, d'après Peter Cheyney, avec Eddie Constantine, Françoise Brion, Claudine Coster. France, 1961 – 1 h 37.

À peine arrivé en vacances sur la Côte d'Azur, Lemmy Caution tombe sur un cadavre, deux « gorilles » et trois jolies femmes pour lesquelles il traversera bagarres et attentats.

▷ Voir aussi, avec le même héros, ALPHAVILLE, BRELAN D'AS, ÇA VA BARDER, LES FEMMES S'EN BALANCENT, L'HOMME ET L'ENFANT, LA MÔME VERT-DE-GRIS, VOTRE DÉVOUÉ BLAKE.

LE LENDEMAIN DU CRIME "THE MORNING AFTER"

Film policier de **Sidney Lumet**, avec Jane Fonda, Jeff Bridges, Raul Julia. États-Unis, 1986 – Couleurs – 1 h 43.

Une femme alcoolique et amnésique se réveille couchée à côté d'un cadavre. A-t-elle tué ? Son ex-mari et un ancien policier l'aideront à chercher la vérité mais l'un d'eux est l'assassin.

LÉNINE EN 1918 "LENIN V 1918 GODU"

Film historique de **Mikhaïl Romm**, avec Boris Chtchoukine, Nikolai Bogolioubov, Nicolai Tcherkasov, V. Markov, Leonid Lioubachevski. U.R.S.S. (Russie), 1939 – 2 h 16.

L'année 1918 est difficile pour la jeune république soviétique. Les contre-révolutionnaires sont actifs et Lénine est blessé. Une fois guéri, il envoie l'Armée rouge attaquer définitivement les armées blanches.

LÉNINE EN OCTOBRE "LENIN V OKTJABRE"

Film historique de **Mikhaïl Romm**, avec Boris Chtchoukine, Nicolas Okhlopkov, Vassili Vanine. U.R.S.S. (Russie), 1937 – 1 h 52, puis 1 h 44.

Lorsque Lénine rentre de Finlande, des agents du gouvernement provisoire tentent de l'éliminer. Il prend alors en main l'insurrection ouvrière et mène les bolcheviks à la victoire.

LÉNINE EN POLOGNE "LENIN V POL'SE"

Film historique de **Serguei Youtkevitch**, avec Maxime Chtraoukh, Anna Lisianskaïa, Antonina Pavlytcheva, Ulka Kousmerskaïa. U.R.S.S. (Russie), 1966 – 1 h 39.

En 1914, Lénine, qui se trouve en Pologne, est arrêté et emprisonné. Libéré, il appelle les travailleurs de tous les pays à tourner leurs armes contre leurs ennemis de classe.

LENI RIEFENSTHAL, LE POUVOIR DES IMAGES

"LENI RIEFENSTAHL"

Documentaire de **Ray Müller**, avec Leni Riefenstahl. Allemagne / Belgique, 1993 - Couleurs et NB - 3 h 02.

Ce portrait retrace la vie de la grande réalisatrice allemande qui eut la malchance de naître en Allemagne et le tort d'y rester après 1933. Fascinée par les corps, l'énergie physique, la chorégraphie des foules, elle épanouit son immense talent sous la protection du Führer. Fut-elle nazie ? Elle se défend, pas toujours très adroitement, d'avoir adhéré aux thèses racistes et guerrières du national-socialisme. Il ressort quand même clairement de ce portrait sans complaisance qu'elle n'avait pas beaucoup de réticences vis-à-vis d'un régime qui lui donnait les moyens de réaliser les films qu'elle voulait faire. Ambitieuse et d'une énergie vitale hors du commun (on la voit faire de la photographie sous-marine à 93 ans !), elle aurait probablement tout aussi bien pu se mettre au service du bolchevisme... voire même de la démocratie si le pouvoir établi avait été celui-là. À l'évidence, la politique n'était pas son fort et, dans son orgueil d'artiste, elle a peut-être pensé que l'histoire serait aussi indifférente à ses mécènes qu'elle l'est à ceux de Michel-Ange... ou d'Eisenstein. Le destin en jugea différemment et son œuvre cinématographique s'arrêta avec la chute du Troisième Reich. Chassée du cinéma, elle s'adonna à la photographie et immortalisa les corps noirs des Noubas après avoir si longtemps, et si puissamment, exalté à l'écran les brutes blondes de Nuremberg.

LENNY "LENNY"

Biographie de **Bob Fosse**, d'après la pièce de Tom O'Horman, avec Dustin Hoffman, Valerie Perrine, Jan Miner, Stanley Beck, Gary Morton. États-Unis, 1974 – 2 h.

Un minable artiste de variétés épouse une strip-teaseuse, mais ils vont d'échec en échec et divorcent. Peu à peu, Lenny fait des progrès. Mais, devenu célèbre, il se drogue et meurt d'overdose.

LÉO LE DERNIER "LEO THE LAST"

Comédie dramatique de **John Boorman**, avec Marcello Mastroianni *(Léo)*, Billie Whitelaw *(Margaret)*, Olenna F. Jones *(Salambo)*, Calvin Lockhart. • SC : J. Boorman, Willie Stair. • PH : Peter Suschitzky. • DÉC : Tony Woolard. • MUS : Fred Myrov. • MONT : Tom Priestley. Grande-Bretagne, 1970 – Couleurs – 1 h 44.

Léo, prostré et riche, revient dans sa demeure de Londres. Pour tromper son ennui, il observe les oiseaux à la longue-vue. Il tombe par hasard sur une scène de ménage entre des Noirs fauchés. Il s'intéresse à eux puis à la vie de sa rue. Scandalisé par la pauvreté, il sera forcé, malgré sa répugnance, d'intervenir lui-même.

◆ *Contrairement à* Fenêtre sur cour *auquel il fait penser, le film de Boorman considère que le passage du voyeurisme à l'action est capable de changer les gens (et donc l'objet perçu), tandis que Hitchcock indiquait le contraire. Léo essaie de transformer « du regard » le monde injuste qu'il découvre mais ne pourra le faire qu'en agissant, et accède par là au sentiment, détruisant avec jubilation son propre univers fermé et dépassé. Des chansons populaires et sarcastiques, visiblement chantées par ceux-là même que Léo observe, survolent et commentent le film, et nous livrent une morale dérisoire qui relativise l'action tout en la justifiant.* S.K.

LÉOLO

Comédie dramatique de **Jean-Claude Lauzon**, avec Maxime Collin, Ginette Reno, Julien Guiomar. Canada, 1992 – Couleurs – 1 h 50.

Évocation d'une adolescence canadienne dans une famille excentrique et haute en couleurs. Un curieux mixage de sordide, de drôlerie et de poésie onirique.

LÉON

Drame policier de **Luc Besson**, avec Jean Reno, Garry Oldman, Nathalie Potman, Danny Aïello. France, 1994 – Couleurs – 1 h 45.

Tueur à gages analphabète, Léon est une parfaite machine à tuer qui donne pleinement satisfaction à ses employeurs du quartier de la Little Italy à New York. Jusqu'au jour où il recueille, un peu contre son gré, Mathilda, petite fille de 12 ans dont la famille a été exterminée par Stansfield, un policier qui a partie liée avec la mafia. Un étonnant compagnonnage s'établit entre la petite fille et la brute ; il est fondé sur un échange de services : elle lui apprendra à lire et à écrire et, en échange, il lui apprendra à tuer afin qu'elle puisse réaliser son rêve de vengeance. Elle y parviendra, mais pas sans dommages. Un festival de violence sans état d'âme.

LÉONCE

Série de courts métrages burlesques d'une ou deux bobines (300 ou 600 m) de **Léonce Perret**, produits par Gaumont (plus de soixante bandes), avec Léonce Perret et, selon les films, Suzanne Grandais, Suzanne Le Bret, Suzanne Privat, Madeleine Célia, Valentine Petit, Yvette Lancry ou Fabienne Fabrèges. France, 1912-1915.

LÉON MORIN, PRÊTRE

Drame de **Jean-Pierre Melville**, avec Jean-Paul Belmondo *(Léon Morin)*, Emmanuelle Riva *(Barny)*, Patricia Gozzi *(France)*, Irène Tunc *(Christine)*, Nicole Mirel *(Sabine)*, Monique Bertho *(Marion)*, Howard Vernon *(le colonel)*, Gérard Buhr *(Gunther)*. • SC : J.-P. Melville, d'après le roman de Béatrix Beck. • PH : Henri Decae. • DÉC : Daniel Gueret. • MUS : Martial Solal. • MONT : Jacqueline Meppiel, Nadine Marquand, Marie-Josèphe Yoyotte. France, 1961 – 2 h 05.

Une petite ville, pendant l'Occupation. Une jeune femme, Barny, élève seule sa petite fille. De tempérament passionné, amoureuse frustrée, elle décide, par défi, de braver un prêtre, le jeune abbé Morin. Mais celui-ci a un tel charisme que Barny s'éprend de lui pour de bon, tandis que le prêtre, au fil de leurs rencontres quotidiennes, tente de l'amener à la foi religieuse...

◆ *L'audacieux pari de Jean-Pierre Melville a été de faire porter la soutane à Jean-Paul Belmondo qui venait d'être révélé par ses rôles de mauvais garçon. Celui-ci s'en tira d'ailleurs brillamment, Emmanuelle Riva lui donnant la réplique avec une sensibilité frémisssante, si bien que ce face-à-face psychologique, mis en scène comme un véritable suspense, est passionnant de bout en bout. La description attentive et vivante d'une petite ville pendant la guerre lui fournit un décor réaliste, fourmillant de détails vrais et évitant toute dramatisation artificielle.* G.L.

LÉONOR

Film fantastique de **Juan Buñuel**, avec Liv Ullmann, Michel Piccoli, Ornella Muti, Antonio Ferrandis. France / Italie / Espagne, 1975 – Couleurs – 1 h 45.

Au Moyen Âge, un seigneur, veuf d'abord inconsolable, se remarie, mais bientôt le spectre de la morte lui apparaît. Un inconnu lui ayant proposé de faire revivre son épouse, il accepte, mais Léonor est devenue vampire.

LE LÉOPARD

Comédie de **Jean-Claude Sussfeld**, avec Claude Brasseur, Dominique Lavanant. France, 1983 – Couleurs – 1 h 36.

Un homme et une femme, auteurs de romans à suspense, sont embarqués dans une rocambolesque aventure africaine.

LEPKE LE CAÏD "LEPKE"

Film policier de **Menahem Golan**, avec Tony Curtis, Anjanette Comer, Warren Berlinger, Michael Callan, Milton Berle, Gianni Russo. États-Unis, 1974 – Couleurs – 1 h 50.

Un petit pickpocket devient le chef du milieu et se met à régenter le trafic des stupéfiants. Mais il finira sur la chaise électrique.

LET IT BE "LET IT BE"

Documentaire de **Michael Lindsay-Hogg**. Grande-Bretagne, 1970 – Couleurs – 1 h 20.

La répétition, puis le concert. C'est un reportage sur le travail des Beatles, des coulisses à la scène. Un document exceptionnel.

LETTER TO JANE

Essai de **Jean-Luc Godard** et **Jean-Pierre Gorin**. France, 1972 – Couleurs – 1 h.

Dans une longue lettre à Jane Fonda, l'une des interprètes de leur film précédent *(Tout va bien)*, les auteurs expliquent les raisons du choix d'une photo accompagnant la brochure publicitaire. De fait, l'image de la comédienne, montrée en train d'interroger les habitants de Hanoi sur les bombardements américains, n'a – a priori – aucun lien avec le film.

LA LETTRE "THE LETTER"

Drame de **William Wyler**, d'après la nouvelle de Somerset Maugham, avec Bette Davis, Herbert Marshall, James Stephenson, Frieda Inescort, Gale Sondergaard. États-Unis, 1940 – 1 h 37.

Pendant l'absence de son mari, une femme tue son amant à qui elle avait demandé de venir dans une lettre. Son avocat rachète celle-ci à l'épouse du défunt, parvient à faire acquitter la coupable, mais n'empêchera pas la veuve de se venger.

▷ Autres versions réalisées par : **Jean de Limur** et **Monta Bell**, avec Jeanne Eagels, O.P. Heggie, Reginald Owen, Herbert Marshall, Irene Browne. États-Unis, 1929 – 1 650 m (env. 1 h). **Louis Mercanton**, avec Marcelle Romée, Gabriel Gabrio, Paul Capellani, Hoang Thi The. France, 1930 – env. 1 h 30. **Dimitri Buchowetzki**, intitulée WELB IM DSCHUNGEL, avec Charlotte Ander, Ernst Stahl-Nachbauer, Erich Ponto, Robert Thoeren. Allemagne, 1930 – env. 1 h 30. **Adelqui Millar**, intitulée LA CARTA, avec Carmen Larrabeiti, Fernando Diaz de Mendoza, Luis Pena, Cecilio Rodriguez de la Vega. Espagne, 1930 – env. 1 h 30.

LETTRE DE SIBÉRIE

Documentaire de **Chris Marker**. France, 1958 – 1 h 02.

Alternance de vues fixes et de dessins animés sur la Sibérie. Aucun scénario ne sert de fil conducteur aux images.

LA LETTRE DU KREMLIN "THE KREMLIN LETTER"

Film d'espionnage de **John Huston**, avec Richard Boone *(Ward)*, Bibi Andersson *(Erika Boeck)*, Max von Sydow *(Koslov)*, Patrick O'Neal *(Rone)*, Orson Welles *(Bresnavitch)*, George Sanders *(la Sorcière)*, Ronald Radd *(Potkin)*, Nigel Green *(Janis la Pute)*, Barbara Parkins *(la Vierge)*. • SC : J. Huston, Gladys Hill, d'après le roman de Noel Behn. • PH : Ted Scaife. • MUS : Robert Drasnin. États-Unis, 1969 – Couleurs – 2 h 02.

Les services d'espionnage soviétiques et américains veulent s'approprier une lettre contenant des renseignements sur la force nucléaire chinoise. Un chef de service américain et son collaborateur s'introduisent à Moscou pour mener l'enquête. Il s'avère que la lettre est en possession des services secrets chinois. Les espions russes et américains règlent des comptes personnels et échangent leurs postes. Le tout finit atrocement.

◆ *Le film de Huston est un compte rendu impitoyable des méthodes des services secrets internationaux. Les espions y sont tous des crapules sanguinaires par fonction ou par goût, qui changent de camp selon les aléas de leur métier et qui n'ont de véritable patrie que celle de l'argent et de la puissance. Mais ces ordures ont un cœur et leur entraînement d'espion consiste essentiellement à ne s'attacher à personne. La violence du film tient autant à des scènes physiques qu'à des évocations parlées où les mots sont chargés par de remarquables acteurs d'un poids d'horreur presque insoutenable. L'implacable et sèche rigueur formelle que Huston impose à son film est peut-être à l'origine du semi-échec public et critique que le film rencontra à sa sortie, alors que cette œuvre froide et ironique est une des plus ambitieuses du cinéaste.* S.K.

LETTRE D'UNE INCONNUE

"LETTER FROM AN UNKNOWN WOMAN"

Drame de **Max Ophuls**, avec Joan Fontaine *(Liza Berndle)*, Louis Jourdan *(Stefan Brand)*, Mady Christians *(Mme Berndle)*, Marcel Journet *(Johann Stauffer)*, John Good *(le lieutenant Leopold von Kaltnegger)*, Carol Yorke *(Marie)*, Art Smith *(John, le domestique)*. • SC : Howard Koch, M. Ophuls, d'après la nouvelle de Stefan Zweig. • PH : Frank [Franz] Planer. • DÉC : Russell A. Gausman, Ruby R. Levitt, Charles Baker. • MUS : Daniele Amfitheatrof. • MONT : Ted J. Kent. États-Unis, 1948 – 1 h 30.

Vienne, au début du siècle. Stefan Brand reçoit la dernière lettre d'une femme qui l'a aimé et qui a construit, sans qu'il le sache, toute sa vie autour de cet amour : une brève idylle, lorsqu'il était pianiste à succès, d'où est né un enfant qu'il n'a jamais vu ; une seconde rencontre, une nuit, pour laquelle elle sacrifia son avenir et toutes ses chances de bonheur. Il ne l'a même pas reconnue. Et c'est sur son lit de mort qu'elle lui écrit cette lettre...

◆ *Fraîchement accueilli à sa sortie,* Lettre d'une inconnue *a été depuis reconnu comme un des plus beaux films (sinon le plus beau...) de Max Ophuls. Fidèle à l'esprit de la célèbre nouvelle de Zweig dont il s'inspire, le chef-d'œuvre d'Ophuls porte à son apogée les thèmes de prédilection du cinéaste : la fuite du temps, le déchirement des cœurs derrière l'apparence de la frivolité, l'illusion du bonheur face à la prescience de la mort. Les dialogues du film sont admirables, mais comme toujours, Ophuls en exprime plus encore avec ses mouvements de caméra : lentement, il vient cadrer, dans l'escalier, l'entrée de Liza chez Stefan, de la même façon qu'il avait montré celle d'une courtisane, au cours d'une précédente séquence, et tout est dit sur le « sentiment » du protagoniste vis-à-vis de l'héroïne. Le film avait été produit par John Houseman* (Citizen Kane, Jules César) *pour la maison de production de William Dozier, alors marié à Joan Fontaine (Rampart Prod.). Ni elle ni Louis Jourdan ne retrouveront par la suite de rôles aussi parfaits.* *N.T.B.*

LA LETTRE ÉCARLATE / LA LETTRE ROUGE

"THE SCARLET LETTER"

Drame de **Victor Sjöström**, avec Lillian Gish *(Hester Prynne)*, Lars Hanson *(le pasteur)*, Henry B. Walthall, Karl Dane, William H. Tooker, Marcelle Corday. • SC : Frances Marion, d'après le roman de Nathaniel Hawthorne. • PH : Hendrik Sartov. • MONT : Hugh Wynn. États-Unis, 1926 – 2 900 m (env. 1 h 47).

Salem, Nouvelle-Angleterre, au début du XVIIIe siècle. Une jeune femme, séparée de son mari depuis des années, donne naissance à une petite fille. Elle est condamnée par les notables à être exposée en place publique, avec l'infâmante lettre A, désignant les femmes adultères, brodée sur sa poitrine. Son amant, un jeune pasteur, pris de remords, monte sur l'estrade du déshonneur pour partager l'épreuve de sa bien-aimée et meurt dans ses bras.

◆ *« Réservé aux adultes », proclamait la publicité de l'époque, par crainte des réactions des ligues puritaines. Le roman de Nathaniel Hawthorne a fait l'objet de plusieurs adaptations à l'écran. Le Suédois Victor Sjöström, qui avait été engagé aux États-Unis après une carrière prestigieuse dans son pays* (les Proscrits, la Charrette fantôme), *en donne ici la version de référence. Il stigmatise l'obscurantisme religieux et exalte par contraste la toute-puissance de l'amour, dans un film à la plastique superbe, qui se souvient de la lumière des maîtres flamands.* *C.B.*

LA LETTRE ÉCARLATE

"DER SCHARLACHROTE BUCHSTABE"

Drame de **Wim Wenders**, d'après le roman de Nathaniel Hawthorne, avec Senta Berger, Lou Castel, Hans Christian Blech. R.F.A. / Espagne, 1972 – Couleurs – 1 h 35.

Au XVIIe siècle, une femme adultère comparaît chaque année devant un tribunal qui la somme de révéler le nom de son amant. Comme elle s'obstine au silence, le gouverneur la gracie tandis que des événements révèlent la culpabilité du pasteur.

LETTRE PAYSANNE "KADDU BEYKAT"

Chronique de **Safi Faye**, avec Assane Faye *(Ngor)*, Maguette Gueye *(Coumba)* et les habitants du village de Fadial (Sénégal). • SC : S. Faye. • PH : Patrick Fabry. • MUS : Charles Diouf, Maya Bracher. • MONT : Andrée Davanture. Sénégal, 1975 – 1 h 35. ★ PRIX GEORGES-SADOUL 1975 ; PRIX DE LA CRITIQUE INTERNATIONALE et PRIX DE L'O.C.I.C., Berlin 1976.

Rien n'a bougé depuis des siècles dans ce petit village du Sénégal. Les femmes cultivent le riz, les hommes s'occupent du mil et de l'arachide qui épuise les terres pour une exportation dont les paysans ne voient guère les « retombées » financières. Un jeune homme, Ngor, las de supporter cet état des choses, et de ne pouvoir se marier avec Coumba parce qu'il est trop pauvre, va tenter sa chance à la ville. Il y acquiert une modeste aisance qui lui permet de revenir en vainqueur au village. Les noces se célèbrent. Ngor se fait peu à peu le catalyseur des mécontentements diffus qui se font jour parmi les gens de son âge.

◆ *S'appuyant sur une situation réelle, la réalisatrice réussit à faire passer dans son film l'inquiétude de la paysannerie africaine en même temps que son éveil à la conscience politique.* *D.C.*

LETTRES D'AMOUR

Comédie sentimentale de **Claude Autant-Lara**, avec Odette Joyeux, François Périer, Simone Renant, Alerme, Carette. France, 1942 – 1 h 50.

Sous le second Empire, dans une petite ville provinciale, une jeune fille accepte de recevoir les lettres d'amour écrites par un jeune homme à la dame de ses pensées : la préfète. Un scandale éclate.

LETTRES D'AMOUR EN SOMALIE

Essai de **Frédéric Mitterrand**. France, 1981 – Couleurs – 1 h 35.

De la Somalie qu'il parcourt et qu'il nous fait découvrir, un homme écrit à sa compagne, qui l'a quitté, pour lui dire son amour et ses expériences présentes.

LES LETTRES DE MON MOULIN

Comédie de **Marcel Pagnol**, avec Roger Crouzet, Henri Vilbert, Fernand Sardou, Rellys, Delmont. France, 1954 – 2 h 40.

L'adaptation de trois des célèbres contes d'Alphonse Daudet : *les Trois Messes basses*, *l'Élixir du Père Gaucher* et *le Secret de Maître Cornille*.

LETTRES D'UN HOMME MORT

"Pisma mertvogo čeloveka"

Drame psychologique de **Constantin Lopouchanski**, avec Rolan Bykov. U.R.S.S. (Russie), 1986 – Couleurs (sépia) – 1 h 26.

Dans un abri souterrain, un scientifique, survivant d'une guerre nucléaire, veille sur sa femme agonisante et écrit des lettres à son fils disparu. Il sort, s'occupe d'autres survivants, puis meurt.

LEUR DERNIÈRE NUIT

Drame policier de **Georges Lacombe**, avec Jean Gabin, Madeleine Robinson, Yves Massard. France, 1953 – 1 h 35.

Un honnête bibliothécaire municipal est aussi un audacieux chef de gang. La rencontre d'une jeune femme professeur ne pourra empêcher la marche inexorable du destin.

LEUR PREMIER NÉ "Thomas Graals bästa barn"

Drame de **Mauritz Stiller**, avec Victor Sjöström, Karin Molander. Suède, 1918 – 1 836 m (env. 1 h 08).

Épanouie par sa maternité, une femme se néglige et repousse son mari pour se consacrer totalement à son enfant.

LÉVIATHAN

Drame de **Léonard Keigel**, d'après l'œuvre de Julien Green, avec Louis Jourdan, Lilli Palmer, Marie Laforêt, Madeleine Robinson, Georges Wilson. France, 1961 – 1 h 30.

Un jeune homme, amoureux de la maîtresse du châtelain chez lequel il est précepteur, la viole, la défigure et croit l'avoir tuée.

LÉVY ET CIE

Comédie d'**André Hugon**, avec Léon Bélières, Charles Lamy, Marie Glory, Lucien Baroux. France, 1930 – env. 1 h 30.

Plusieurs dizaines de Lévy, convaincus d'êtres les héritiers d'un milliardaire, se retrouvent à bord d'un paquebot se rendant à New York. Le premier film de la série des Lévy.

▷ Voir les GALERIES LÉVY ET CIE, LES MARIAGES DE MLLE LÉVY, et MOÏSE ET SALOMON, PARFUMEURS.

LÉVY ET GOLIATH

Comédie de **Gérard Oury**, avec Richard Anconina, Michel Boujenah, Jean-Claude Brialy. France, 1986 – Couleurs – 1 h 45.

Retrouvailles des frères Lévy : Moïse le pratiquant et Albert qui ne l'est plus. Tout les oppose mais, entraînés à Paris dans une affaire de drogue avec poursuites et travestis, ils s'unissent pour abattre (avec une fronde évidemment) Goliath le trafiquant.

LIAISON FATALE "Fatal Attraction"

Drame d'**Adrian Lyne**, avec Michael Douglas, Glenn Close, Anne Archer. États-Unis, 1987 – Couleurs – 1 h 58.

Un avocat, père de famille, est persécuté par une femme avec laquelle il a eu une aventure d'un jour et qui l'aime à la folie.

LES LIAISONS COUPABLES

"The Chapman Report"

Drame de **George Cukor**, avec Shelley Winters, Claire Bloom, Glynis Johns, Jane Fonda, Efrem Zimbalist Jr. États-Unis, 1962 – Couleurs – 2 h 05.

Quatre femmes répondent à un questionnaire sur leur vie intime. Cette confession apportera à chacune la révélation d'elle-même. Un film inspiré du célèbre rapport Kinsey, réalisé par le plus célèbre portraitiste de femmes du cinéma américain.

LES LIAISONS DANGEREUSES

"Dangerous Liaisons"

Drame de **Stephen Frears**, d'après la pièce de Christopher Hampton adaptée du roman de Choderlos de Laclos, avec Glenn Close, John Malkovich, Michelle Pfeiffer, Keanu Reeves, Uma Thurman. Grande-Bretagne, 1988 – Couleurs – 2 h.

Une splendide adaptation du célèbre roman de Choderlos de Laclos, centrée sur l'opposition entre les deux personnages principaux, la marquise de Merteuil et Valmont.

▷ Autre version réalisée par **Miloš Forman**, intitulée VALMONT "Valmont", avec Colin Firth, Fairuza Balk, Annette Bening, Meg Tilly, Jeffrey Jones, Henry Thomas. États-Unis, 1989 – Couleurs – 2 h 10.

LES LIAISONS DANGEREUSES 1960

Drame de **Roger Vadim**, avec Jeanne Moreau *(Juliette Valmont)*, Gérard Philipe *(Valmont)*, Annette Vadim *(Marianne Tourvel)*, Jean-Louis Trintignant *(Danceny)*, Jeanne Valerie *(Cécile Volanges)*, Simone Renant *(Mme Volanges)*, Boris Vian *(Prévan)*, Nicolas Vogel

(Court), Alexandra Stewart. • SC : R. Vadim, Roger Vailland, Claude Brûlé, d'après le roman de Choderlos de Laclos. • PH : Marcel Grignon. • DÉC : Robert Guisgand. • MUS : Thelonius Monk. • MONT : Victoria Mercanton. France, 1959 – 1 h 45.

Couple monstrueux, le séduisant Valmont et la perverse Juliette prennent un malin plaisir à détruire leurs partenaires respectifs. Valmont pousse à la folie la vertueuse Marianne Tourvel puis déshonore la jeune Cécile Volanges dont le fiancé, Danceny, est fou de jalousie. Valmont est tué accidentellement par Danceny alors que Juliette est défigurée en voulant détruire des lettres compromettantes.

◆ *Le roman de Choderlos de Laclos parut en 1782 et fit scandale. Il est ici modernisé et l'action se situe à Mégève et Paris. Le film fit aussi scandale à sa sortie par la noirceur de ses personnages. Il fut interdit aux moins de 16 ans, ce qui ne l'empêcha pas d'être le champion du box-office de la saison 59-60.* J.-C.S.

LIAISONS SECRÈTES "STRANGERS WHEN WE MEET"
Comédie dramatique de **Richard Quine**, d'après le roman d'Evan Hunter, avec Kirk Douglas, Kim Novak, Barbara Rush. États-Unis, 1960 – Couleurs – 1 h 57.

Un homme et une femme, tous deux mariés et ayant des enfants, ne peuvent résister à l'élan qui les pousse l'un vers l'autre.

LIBERA ME
Drame d'**Alain Cavalier**, avec Annick Concha, Pierre Concha, Thierry Labelle, Christophe Turrier. France, 1993 – Couleurs – 1 h 18. ★ PRIX ŒCUMÉNIQUE, Cannes 1993.

Une détonation. C'est le seul bruit de ce film sans son, sans époque et sans lieu. Donc universel. Car l'oppression de la dictature, la solidarité des hommes et leur résistance, filmées ici en gros plans, sont bien des thèmes universels.

LIBERA, MON AMOUR "LIBERA, AMORE MIO"
Drame de **Mauro Bolognini**, avec Claudia Cardinale, Philippe Leroy, Bekim Fehmiu. Italie, 1975 – Couleurs – 1 h 50.

Libera tombe sous les balles d'un tireur isolé, nostalgique du fascisme, au lendemain de la Libération. À travers cet épisode tragique, le metteur en scène italien cherche à montrer la continuité du fascisme dans l'après-guerre.

LIBERTÉ, ÉGALITÉ, CHOUCROUTE
Comédie de **Jean Yanne**, avec Jean Poiret, Michel Serrault, Jean Yanne, Ursula Andress. France, 1985 – Couleurs – 1 h 44.

La Révolution française revue par Jean Yanne de très iconoclaste et anachronique façon. Décousu, mais plaisant.

LIBERTÉ, LA NUIT
Drame de **Philippe Garrel**, avec Emmanuelle Riva, Maurice Garrel, Christine Boisson. France, 1983 – 1 h 30.

À Paris, un couple de quinquagénaires engagés aux côtés du F.L.N. vivent sous la menace de partisans de l'O.A.S.

LIBERTY BELLE
Drame de **Pascal Kané**, avec Jérôme Zucca, Dominique Laffin, André Dussollier. France, 1982 – Couleurs – 1 h 52.

Pendant la guerre d'Algérie, un étudiant en lettres se trouve entraîné dans l'activisme de gauche par son professeur.

LIBRE COMME LE VENT "SADDLE THE WIND"
Western de **Robert Parrish** et **John Sturges**, avec Robert Taylor, Julie London, John Cassavetes. États-Unis, 1958 – Couleurs – 1 h 24.

Un jeune homme veut prouver sa supériorité au revolver et devient un danger. Son frère aîné essaie de lui faire entendre raison.

LIEBELEI "LIEBELEI"
Drame de **Max Ophuls**, avec Magda Schneider *(Christine Weiring)*, Luise Ullrich *(Mizzi Schlager)*, Gustav Gründgens *(baron Eggersdorf)*, Wolfgang Liebeneimer *(le lieutenant Fritz Lobheimer)*, Paul Hörbiger *(Herr Weiring)*. • SC : M. Ophuls, Hans Wilhelm, Curt Alexander, d'après l'œuvre d'Arthur Schnitzler. • PH : Franz Planer. • DÉC : Gabriel Pellon. • MUS : Theo Mackeben. Allemagne, 1933 – 1 h 27.

De la pièce assez violente de Schnitzler, Ophuls n'a apparemment conservé que l'intrigue « fin de siècle » mettant en jeu les personnages familiers de l'opérette viennoise : un jeune officier amoureux et sa fiancée issue d'un milieu simple, une ancienne maîtresse aristocratique dont l'époux vient, par une fatalité tardive, venger l'honneur dans un duel où périra le héros.

◆ *Tout l'art d'Ophuls dans ce premier chef-d'œuvre est de dépasser les conventions du genre. Avec une caméra sans cesse en mouvement, qui glisse avec élégance et précision sur les éléments baroques du décor tout en accompagnant continûment ses personnages, le metteur en scène porte à incandescence la confrontation entre des sentiments vrais et les automatismes guindés d'une société mondaine et inégalitaire. La jeunesse et la fraîcheur des interprètes (Magda*

Schneider en particulier, future mère de Romy, n'a alors que vingt-cinq ans) contribuent également à la réussite sensible de cette « amourette ». *J.-M.C.*

LE LIEN "THE TOUCH"
Drame psychologique d'**Ingmar Bergman**, avec Elliott Gould, Bibi Andersson, Max von Sydow. États-Unis / Suède, 1970 – Couleurs – 1 h 52.

La rencontre de l'épouse d'un médecin et d'un archéologue américain marque le début d'une passion qui bouleversera l'existence de la jeune femme.

LIEN DE PARENTÉ
Comédie dramatique de **Willy Rameau**, d'après le roman d'Oliver Lang *Next of Kin*, avec Jean Marais, Serge Ubrette, Anouk Ferjac, Roland Dubillard. France, 1986 – Couleurs – 1 h 30.

Un vieux paysan apprend que son fils a eu un enfant avec une chanteuse jamaïcaine, le jour où on le charge de l'éducation de l'orphelin, jeune délinquant métis londonien.

LE LIEN SACRÉ "MADE FOR EACH OTHER"
Mélodrame de **John Cromwell**, avec Carole Lombard, James Stewart, Charles Coburn, Lucile Watson, Harry Davenport, Eddie Quillan, Louise Beavers. États-Unis, 1938 – 1 h 30.

Un jeune ménage peu fortuné se heurte à une série de difficultés et se sépare avant de se réconcilier au chevet d'un enfant malade.

LES LIENS DU PASSÉ "I LOVE TROUBLE"
Film policier de **Sylvan Simon**, d'après un récit de Roy Huggins, avec Franchot Tone, Janet Blair, Janis Carter, Adele Jergens. États-Unis, 1948 – 1 h 34.

Un mari apprend que sa femme a emprunté l'identité d'une autre. Mais elle est tuée, et lui arrêté. Il s'évade et, quand l'intrigue est éclaircie, épouse la sœur de celle qu'il croyait avoir épousée.

LES LIENS DU SANG
Film policier de **Claude Chabrol**, avec Donald Sutherland, Stéphane Audran, Laurent Malet, Lisa Langlois, David Hemmings. France / Canada, 1978 – Couleurs – 1 h 45.

Une jeune orpheline hésite entre deux hommes, dont son cousin. Elle est assassinée et un commissaire enquête.

LIÉS PAR LE SANG "BLOODLINE"
Film policier de **Terence Young**, avec Audrey Hepburn, James Mason, Irène Papas, Romy Schneider, Maurice Ronet, Gert Froebe, Omar Sharif. États-Unis, 1979 – Couleurs – 1 h 56.

Après la mort de son père, la fille d'un riche industriel hérite de tous ses biens. Mais elle est victime de plusieurs tentatives de meurtre et soupçonne des membres de son entourage.

LE LIEU DU CRIME
Film policier d'**André Téchiné**, avec Catherine Deneuve, Victor Lanoux, Danielle Darrieux. France, 1985 – Couleurs – 1 h 30.

Un garçon de 14 ans, perdu dans son petit village natal, s'invente des histoires, jusqu'au jour où la réalité dépasse la fiction. Truands en cavale, filles perdues... C'est la « java des paumés ».

LE LIEUTENANT SOURIANT
"THE SMILING LIEUTENANT"
Comédie dramatique d'**Ernst Lubitsch**, d'après l'opérette de Leopold Jacobson et Felix Dörmann *A Waltz Dream*, avec Maurice Chevalier, Claudette Colbert, Miriam Hopkins, Charlie Ruggles, George Barbier. États-Unis, 1931 – 1 h 28.

À Vienne, pendant la visite d'un souverain étranger et de sa fille, un officier de la garde lance un sourire qui l'oblige à épouser la fade princesse. Il sera finalement satisfait de son sort.

LIFEBOAT "LIFEBOAT"
Drame psychologique d'**Alfred Hitchcock**, avec Tallulah Bankhead, William Bendix, Walter Slezak, John Hodiak. États-Unis, 1944 – 1 h 36.

Durant la Seconde Guerre mondiale, les rescapés d'un navire allié se retrouvent sur un bateau de sauvetage en compagnie du capitaine allemand qui les a coulés. Un Hitchcock inhabituel.

LIFEFORCE, L'ÉTOILE DU MAL "LIFEFORCE"
Film de science-fiction de **Tobe Hooper**, avec Steve Railsback, Peter Firth. États-Unis, 1985 – Couleurs – 1 h 44.

Un vampire de l'espace, transformé en somptueuse fille, se repaît des habitants de la Terre.

LA LIGNE DE DÉMARCATION
Drame de **Claude Chabrol**, d'après le colonel Rémy, avec Jean Seberg, Maurice Ronet, Daniel Gélin, Stéphane Audran. France, 1965 – 1 h 30.

Un village du Jura, en 1941 : entre la zone libre et la zone occupée, la ligne de démarcation, gardée jour et nuit par les patrouilles allemandes, est l'enjeu de mille espoirs d'évasion.

LA LIGNE DE MIRE
Comédie dramatique de **Jean-Daniel Pollet**, avec Michèle Mercier, Edith Scob, Pierre Assier, Rémy Jussan, Joël Holmes, Claude Melki. France, 1959 – env. 1 h 30.

Cinq riches jeunes gens passent un week-end ennuyeux dans un château. Pour se distraire, ils se livrent au trafic d'armes.

LIGNE DE VIE

Comédie dramatique de **Pavel Lounguine**, avec Vincent Perez, Armen Djigarkanian, Tania Metcherkina. France, 1996 – Couleurs – 1 h 40.

Un jeune musicien français en transit à l'aéroport de Moscou se laisse séduire par une belle Russe qui l'entraîne dans une folle nuit. Au réveil, il se retrouve entre les mains de brutes malveillantes qui préparent une mystérieuse machination. Il y aura de l'action, de la cruauté, de l'amour, et une bonne dose de folie russe. Pour traiter cette épopée du chaos, Pavel Lounguine a, cette fois-ci, choisi la profusion : de thèmes (politico-ethnographiques), de personnages (taillés à la hache), de situations (paroxystiques).... du coup le borchtch est un peu trop riche et les saveurs s'annulent.

LA LIGNE DU DESTIN "Rekava"

Drame de **Lester James Peries**, avec Somapala Dharmapriya, Mertle Fernando, Sesha Paliyakkara. Ceylan, 1956 – 1 h 40.

Un jeune garçon à qui l'on attribue des dons surnaturels se heurte peu à peu à la haine des villageois. Sur le point d'être sacrifié, il sera sauvé par la mousson.

LA LIGNE GÉNÉRALE / L'ANCIEN ET LE NOUVEAU "Staroe i Novoe"

Essai historique de **Serguei Mikhaïlovitch Eisenstein** et **Grigori Alexandrov**, avec Martha Lapkina *(Martha)*, Mikhaïl Ivanine *(son fils)*, Vassia Bouzenkov *(un komsomol)*, Nejnikov *(l'instituteur Mitrochkine)*, Tchoukhmariev *(le boucher, un koulak)*. • SC : S.M. Eisenstein, G. Alexandrov. • PH : Edouard Tissé. • DÉC : Vassili Kovriguine, Vassili Rakhals. U.R.S.S. (Russie), 1929 – 2 469 m (env. 1 h 30).

La paysanne Martha vit dans un village encore soumis aux superstitions et à l'obscurantisme, sous le joug des riches koulaks. À travers sa prise de conscience des bienfaits du modernisme et de l'industrialisation, nous suivons l'implantation et le développement d'une coopérative agricole.

◆ *Malgré le propos ouvertement abstrait du film (montrer comment on doit passer de l'ancien au nouveau en industrialisant l'agriculture), tout repose ici sur les ressources de la composition de l'image et du montage. À sa manière,* la Ligne générale *est un film expérimental.* *F.J.*

LIGNE ROUGE 7000 "Red Line 7000"

Drame de **Howard Hawks**, avec Gail Hire, Marianna Hill, James Caan. États-Unis, 1966 – Couleurs – 1 h 30.

Un coureur automobile se tue parce qu'il n'a pas respecté la limite de la ligne rouge sur son compte-tours. Il est remplacé par un jeune conducteur, mais d'autres accidents surviennent.

LI'L ABNER

Comédie musicale de **Melvin Frank**, d'après la pièce de Johnny Mercer et Gene De Paul, avec Peter Palmer, Leslie Parrish, Billie Hayes, Howard St John, Stubby Kaye, Stella Stevens. États-Unis, 1959 – Couleurs – 1 h 53.

Une petite ville du sud-est des États-Unis est choisie comme site d'expérimentations nucléaires. La communauté de montagnards combat énergiquement les projets du gouvernement.

LILI "Lili"

Comédie musicale de **Charles Walters**, avec Leslie Caron, Mel Ferrer, Jean-Pierre Aumont, Zsa Zsa Gabor. États-Unis, 1953 – Couleurs – 1 h 21.

Conte de fées chanté et dansé, dont l'héroïne est une petite orpheline qui s'éprend d'un montreur de marionnettes. Un film délicieusement poétique.

LILI MARLEEN "Lili Marleen"

Drame de **Rainer Werner Fassbinder**, avec Hanna Schygulla, Giancarlo Giannini, Mel Ferrer, Karl-Heinz von Hassel. R.F.A., 1980 – Couleurs – 2 h.

Une chanteuse munichoise aime un jeune musicien juif, mais les circonstances les séparent. Elle devient une figure de proue du Reich, et la chanson « Lili Marleen » est sur toutes les lèvres. À la fin de la guerre, ils se retrouvent, mais le jeune homme est marié.

LILIOM "Liliom"

Drame fantastique de **Frank Borzage**, d'après la pièce de Ferenc Molnar, avec Charles Farrell, Rose Hobart, Estelle Taylor, Lee Tracy, Walter Abel. États-Unis, 1930 – 1 h 34.

Dans une fête foraine à Budapest, un homme est tué lors d'une bagarre. Il revient sur terre après quelques années passées au ciel.

LILIOM

Drame de **Fritz Lang**, avec Charles Boyer *(Liliom)*, Madeleine Ozeray *(Julie / sa fille)*, Florelle *(Mme Moscat)*, Alcover *(Alfred)*. • SC : Robert Liebmann, d'après la pièce de Ferenc Molnar. • PH : Rudolph Mate. • DÉC : Paul Colin. • MUS : Jean Lenoir, Franz Waxman. France, 1934 – 2 h.

Liliom, un mauvais garçon, est en ménage avec la patronne d'un manège de foire, Mme Moscat. Il la quitte pour une jeune femme, Julie, auprès de laquelle il s'ennuie. Il meurt dans un mauvais coup qui tourne mal. Au ciel (où règne la même bureaucratie que sur la Terre), il se voit infliger seize ans de purgatoire, puis est renvoyé sur terre avec pour mission de faire quelque chose de beau pour sa fille. Incorrigible, il se laisse aller à frapper son enfant, mais l'amour des femmes le « repêche ».

◆ *Le seul film français de Fritz Lang, réalisé juste après son départ de l'Allemagne nazie, et d'après une pièce hongroise déjà adaptée à l'écran en 1930 (Voir plus haut). Charles Boyer y était vigoureux dans un rôle populaire bien différent des messieurs « bien » qu'il jouera par la suite en abondance. Le traitement cinématographique de cet univers à la René Clair, stylisé, ironique et tranchant, déconcerta. Les scènes « au ciel » sont remarquables d'humour et de fantaisie.* M.CH.

LILITH "LILITH"

Drame de **Robert Rossen**, avec Warren Beatty *(Vincent Bruce)*, Jean Seberg *(Lilith Arthur)*, Peter Fonda *(Stephen Evshevsky)*, Kim Hunter *(Bea Brice)*, Anne Meacham *(Mrs. Yvonne Meaghan)*, James Patterson *(Dr Lavrier)*, Jessica Walter *(Laura)*, Gene Hackman *(Norman)*, Robert Reilly *(Bob Clayfield)*, Rene Auberjonois *(Howie)*, Lucy Smith *(la grand-mère de Vincent)*. • SC : R. Rossen, d'après le roman de J.R. Salamanca. • PH : Eugen Schuftan. • DÉC : Richard Sylbert, Gene Callahan. • MUS : Kenyon Hopkins. • MONT : Aram Avakian. États-Unis, 1964 – 1 h 50.

Déçu par la vie, sa fiancée et la guerre de Corée d'où il revient, Vincent Bruce entre comme infirmier dans une clinique pour malades mentaux. Il se donne pleinement à sa tâche et s'éprend de Lilith, une malade très belle, qui vit dans son univers et dont il subit l'étrange fascination. Il cède à l'appel des sens et à ceux, déréglés, de la belle ensorceleuse, véritable nymphomane. Lilith entraîne à sa suite Vincent dans une profonde dépression...

◆ *Après son triomphal* Arnaqueur, *Robert Rossen aborde le problème des malades mentaux, en observant le comportement d'une jeune fille, véritable réincarnation de la Lilith biblique, enfermée dans son univers destructeur et entraînant avec elle tous ceux qui tentent d'y pénétrer. Warren Beatty n'est pas toujours très convaincant. Jean Seberg réussit une composition fascinante et envoûtante. Ce fut le dernier film de Rossen.* J.-C.S.

LILY, AIME-MOI

Comédie satirique de **Maurice Dugowson**, avec Rufus, Jean-Michel Folon, Patrick Dewaere, Zouzou, Roland Dubillard, Juliette Gréco. France, 1975 – Couleurs – 1 h 45.

Chargé d'une enquête sociale, un journaliste entreprend sans succès de réconcilier Claude et sa femme Lily. Par sa persévérance et ses touchantes extravagances, Claude sauvera son couple.

LILY LA TIGRESSE

"WHAT'S UP, TIGER LILY ? / KAGI NO KAGI"

Comédie de **Woody Allen**, adaptant un film d'espionnage de Senkichi Taniguchi, avec Woody Allen, Tatsuya Mihashi, Mie Hama, Akiko Wakabayashi, Tadao Nakamura. États-Unis / Japon, 1964-1966 – Couleurs – 1 h 34 (1 h 20).

Partant d'un film d'espionnage japonais, semi-parodie de James Bond, Woody Allen tourne des séquences additionnelles, retouche des séquences originales, ajoute à la bande-son une nouvelle musique et des dialogues nonsensiques, pour donner une comédie brillante très éloignée de l'œuvre originale.

LE LIMIER "SLEUTH"

Comédie policière de **Joseph L. Mankiewicz**, avec Laurence Olivier *(Andrew Wyke)*, Michael Caine *(Milo Tindle)*. • SC : Anthony Shaffer, d'après sa pièce. • PH : Oswald Morris. • DÉC : Ken Adam. • MUS : John Addison. • MONT : Richard Marden. Grande-Bretagne, 1972 – Couleurs – 2 h 18.

Andrew Wyke, le maître du roman à énigme, reçoit dans son élégant manoir Milo Tindle, un coiffeur d'origine modeste, amant de sa femme, Marguerite. Apparemment résigné à son infortune, l'écrivain propose à son jeune rival de « voler » les bijoux de Marguerite pour qu'il puisse empocher la prime d'assurance. Milo se prête au jeu, qui réservera à son instigateur bien des surprises.

◆ *L'ultime réalisation de Mankiewicz est une brillante synthèse de son cinéma, ici réduit à ses composantes essentielles : une intrigue d'une rigueur mathématique, une joute implacable entre représentants de classes antagonistes, un divertissement théâtral, cruel et raffiné, une machination labyrinthique fondée sur une vertigineuse succession de rebondissements, déguisements, ripostes, humiliations et coups fourrés. Illustration fidèle d'une pièce à succès d'Anthony Shaffer,* le Limier *appartient pourtant totalement à son réalisateur, qui dévoile, en fin de course, tous les ressorts de son œuvre : le goût et l'illusion du pouvoir, le plaisir pervers de la domination intellectuelle, la jalousie, la hantise de l'impuissance, la présence / absence lancinante de la femme aimée.* O.E.

LIMITE "Limite"
Film expérimental de **Mario Peixoto**, avec Olga Breno, Taciana Rei, Paul Schnoor, D.G. Pedrera, Carmen Santos, Mario Peixoto. • SC : M. Peixoto • MONT : M. Peixoto. • PH : Edgar Brasil. • MUS : Satie, Debussy, Ravel, Frank, Borodine, Stravinski, Prokofiev. Brésil, 1929 – env. 3 200 m (2 h).

Un homme et deux femmes dérivent en mer sur un canot. L'une des femmes raconte qu'elle s'est évadée de prison mais n'a pas pu reprendre une vie normale. L'autre confie qu'elle a fait un mariage malheureux avec un pianiste ivrogne et l'a quitté. L'homme raconte qu'il a eu une liaison avec une femme mariée. Comme ils n'ont plus d'eau, l'homme se jette à la mer pour atteindre un baril qui flotte non loin mais il ne reparaît pas.

◆ *Typique des recherches de l'avant-garde à la fin du muet et influencé par l'école française, ce film visualise sans paroles les récits des trois personnages en mettant en œuvre toutes les ressources expressives et suggestives du langage filmique : cadrages et angles insolites, montage court, images subjectives, mobilité de la caméra, manifestant ainsi la volonté du cinéaste de refuser les codes narratifs et visuels du cinéma dominant.* M.MN.

LE LION A DES AILES "The Lion Has Wings"
Drame de **Michael Powell, Brian Desmond Hurst** et **Adrian Brunel**, avec Merle Oberon, Ralph Richardson, June Duprez, Robert Douglas, Anthony Bushell. Grande-Bretagne, 1939 – 1 h 16.

Un panorama des événements qui ont conduit au déclenchement de la Seconde Guerre mondiale. Une œuvre de circonstance.

LE LION À SEPT TÊTES "Il leone a sette teste"
Film politique de **Glauber Rocha**, avec Rada Rassimov, Gabriele Tinti, Jean-Pierre Léaud, Guillo Brogi. Italie / France, 1970 – Couleurs – 1 h 30.

Une jeune femme blonde est la proie des Européens néo-colonialistes, puis la prisonnière de la population noire. Rocha a transporté en Afrique la confrontation, qui l'obsédait, entre Nord et Sud, « civilisation » et permanence des mythes.

LE LION DU DÉSERT "Lion of the Desert"
Drame historique de **Moustapha Akkad**, avec Rod Steiger, Anthony Quinn, Oliver Reed, Raf Vallone. États-Unis, 1979 – Couleurs – 2 h 45.

Les Italiens se heurtent à une forte résistance dans leur occupation de la Tripolitaine, en 1922. Les méthodes expéditives du général Graziani auront raison de l'héroïsme des Bédouins et de leur chef.

LE LION ET LE VENT "The Wind and the Lion"
Film d'aventures de **John Milius**, avec Sean Connery, Candice Bergen, Brian Keith, John Huston, Vladek Sheybal, Steve Kanaly, Mark Zuber. États-Unis, 1975 – Couleurs – 1 h 59.

Au Maroc, en 1904, une Américaine et ses enfants sont enlevés par un chef rifain qui exige la concession d'un territoire. Tombé dans un piège tendu par les Allemands et les Français, celui-ci sera finalement délivré par les Américains eux-mêmes.

LION'S LOVE "Lion's Love"
Chronique d'**Agnès Varda**, avec Shirley Clarke, Viva, Carlos Clarens, Jim Rado, Jerry Ragny. États-Unis, 1970 – Couleurs – 1 h 50.

Shirley Clarke, célèbre cinéaste new-yorkaise, vient à Hollywood tourner un film. Mais elle va surtout rencontrer des gens, en particulier des vedettes de l'underground. Comme toujours chez Varda, c'est la vivacité et l'humanité du regard qui priment.

LE LION SORT SES GRIFFES "Rough Cut"
Comédie policière de **Don Siegel**, d'après le roman de Derek Lambert *Touch the Lion's Paw*, avec Burt Reynolds, Lesley-Anne Down, David Niven. États-Unis, 1980 – Couleurs – 1 h 51.

Voulant terminer sa carrière en beauté, un inspecteur de Scotland Yard cherche à faire « tomber » un spécialiste du vol de diamants. La fin est surprenante.

LES LIONS SONT LÂCHÉS
Comédie satirique d'**Henri Verneuil**, d'après le roman de Nicole, avec Jean-Claude Brialy, Claudia Cardinale, Danielle Darrieux, Michèle Morgan, Lino Ventura. France / Italie, 1961 – 1 h 38.

Une jeune et belle provinciale en rupture de ban découvre l'insignifiance du Paris mondain et va de lassitude en désillusion.

LE LIQUIDATEUR "The Liquidator"
Film d'espionnage de **Jack Cardiff**, avec Rod Taylor, Trevor Howard, Jill St John. Grande-Bretagne, 1965 – Couleurs – 1 h 44.

Le chef d'un réseau de services de sécurité britanniques est chargé de recruter un tueur pour liquider des agents secrets encombrants.

Par l'un des plus grands directeurs de la photo britanniques.

LE LIS DE MER

Comédie dramatique de **Jacqueline Audry**, avec Carole André, Angelo Infanti, Kiki Caron. France / Italie, 1969 – Couleurs – env. 1 h 30.

L'étrange initiation à l'amour d'une jeune fille qui passe ses vacances en Sardaigne avec une amie. Un film resté inédit.

LA LISTE DE SCHINDLER "SCHINDLER'S LIST"

Drame historique de **Steven Spielberg**, avec Liam Neeson *(Oskar Schindler)*, Ben Kingsley *(Itzhak Stern)*, Ralph Fiennes *(Amon Goeth)*, Caroline Goodal *(Émilie Schindler)*, Embeth Davidtz *(Helen Hirsch)*. • SC : Steven Zaillian, d'après le livre de Thomas Keneally. • PH : Janusz Kaminski. • DÉC : Allan Starski. • MUS : John Williams. • MONT : Michael Kahn. États-Unis, 1994 – Couleurs et NB – 3 h 15. ★ OSCAR DU MEILLEUR FILM.

Oskar Schindler, industriel allemand installé en Pologne occupée, fabrique du matériel de cuisine destiné aux armées du Reich. Il a l'idée, pour développer ses affaires, d'utiliser la main-d'œuvre à bon marché constituée par les Juifs arrêtés par les nazis. Bouleversé par la détresse de ces gens voués à la mort, il se fera peu à peu leur protecteur.

◆ *Steven Spielberg a choisi de traiter le drame de l'holocauste à travers un personnage ambigu : affairiste, inscrit au parti nazi, viveur, chaleureux et humain. Il a réellement existé et Israël lui a officiellement rendu hommage. C'est le seul personnage ambivalent du film et il ne le reste pas très longtemps car le metteur en scène en fait très vite un grand chef charismatique devant lequel se courbent les foules. Tous les autres personnages sont archi-stéréotypés, ce qui ajoute au caractère hollywoodien d'une mise en scène professionnellement impeccable mais curieusement dénuée d'émotion.* *C.D.R.*

LA LISTE NOIRE "GUILTY BY SUSPICION"

Drame politique d'**Irwin Winkler**, avec Robert De Niro, Annette Benning, George Wendt, Sam Wannamaker. États-Unis, 1991 – Couleurs – 1 h 40.

Retour de voyage, un réalisateur de films hollywoodien découvre que toute la profession est empoisonnée par un vent de délation. La fameuse « Commission des activités anti-américaines », animée et manipulée par le sénateur McCarthy, organise des tribunaux d'exception destinés à obtenir des professionnels du cinéma des dénonciations politiques. Cette triste période de la vie américaine est stigmatisée avec intelligence dans ce film remarquablement écrit, réalisé et interprété.

LISZTOMANIA "LISZTOMANIA"

Biographie de **Ken Russell**, avec Roger Daltrey, Paul Nicholas, Fiona Lewis, Sara Kestelman, Veronica Quilligan, Andrew Reilly, Ringo Starr. Grande-Bretagne, 1975 – Couleurs – 1 h 44.

Liszt protège le jeune Wagner, qui séduira sa fille Cosima. Dans sa lutte titanesque contre les hordes de Wagner, Liszt viendra à bout de son rival, qui ressemble de plus en plus à Hitler, dans les ruines de Berlin. Une œuvre fantasmatique.

LE LIT À COLONNES

Drame de **Roland Tual**, d'après le roman de Louise de Vilmorin, avec Fernand Ledoux, Michèle Alfa, Odette Joyeux, Jean Marais, Mila Parely, Valentine Tessier. France, 1942 – 1 h 43.

Un directeur de prison s'approprie l'œuvre musicale d'un prisonnier et se fait passer pour un compositeur.

LITAN (LA CITÉ DES SERPENTS VERTS)

Film fantastique de **Jean-Pierre Mocky**, avec Marie-José Nat, Jean-Pierre Mocky, Nino Ferrer. France, 1981 – Couleurs – 1 h 28.

Alors que la petite cité de Litan s'apprête à fêter le carnaval, d'étranges phénomènes s'y produisent, conduisant peu à peu la communauté entière à la folie et à l'anéantissement.

LE LIT CONJUGAL

"L'APE REGINA/UNA STORIA MODERNA"

Comédie de **Marco Ferreri**, avec Marina Vlady, Ugo Tognazzi. Italie / France, 1962 – 1 h 30.

Sa jeune femme est ardente, et la santé d'Alfonso décline vite. Une critique acerbe d'une certaine forme de famille italienne.

LITTLE BIG MAN (LES EXTRAVAGANTES AVENTURES D'UN VISAGE PÂLE)

"LITTLE BIG MAN"

Western d'**Arthur Penn**, avec Dustin Hoffman *(Jack Crabb)*, Faye Dunaway *(Mrs. Pendrake)*, Martin Balsam *(Merriweather)*, Richard Mulligan *(le général Custer)*. • SC : Calder Willingham, d'après le roman de Thomas Berger. • PH : Harry Stradling Jr. • DÉC : Angelo Graham. • MUS : John Hammond. • MONT : Dede Allen. États-Unis, 1970 – Couleurs – 2 h 15.

Un centenaire, Jack Crabb, raconte sa vie à un journaliste et, à travers elle, la conquête de l'Ouest. Enlevé autrefois par les Cheyennes, il devient très vite un des leurs sous le nom de « grand petit homme ». De retour chez les Blancs, il côtoie de pittoresques personnages mais, écœuré par la civilisation, Jack retourne chez les Indiens jusqu'à ce que, enrôlé de force dans l'armée, il assiste impuissant au massacre de sa famille puis à la défaite de Little Big Horn.

◆ *Arthur Penn adopte un ton acide et satirique pour démystifier la conquête de l'Ouest tout en reconstituant, avec lyrisme, la vie des Cheyennes. Custer, héros national, est montré comme un dangereux dandy au bord de la folie alors que le film est tourné en pleine guerre du Viêt Nam. Le réalisateur ne fait aucune concession au mythe des pionniers. La parodie aigre-douce se transforme en un réquisitoire sans appel lors de la scène atroce du carnage de Sand Creek.* C.A.

LITTLE BUDDHA "LITTLE BUDDHA"
Grand spectacle de **Bernardo Bertolucci**, avec Ying Ruocheng, Alew Wiesendanger, Keanu Reeves. France/États-Unis, 1993 – Couleurs – 2 h 15.

Jesse Conrad, une petite tête blonde de Seattle, est sollicitée par le lama Norbu pour venir à Bouthan. Là, avec deux autres enfants, Raju et Gita, il va passer les épreuves de reconnaissance nécessaires pour savoir s'il est bien la réincarnation d'un lama mort.

LITTLE ODESSA "LITTLE ODESSA"
Drame de **James Gray**, avec Tim Roth, Edward Furlong, Moïra Kelly, Vanessa Redgrave. États-Unis, 1994 – Couleurs – 1 h 38. ★ LION D'ARGENT, **Venise 1994.**

Joshua Shapira, tueur professionnel, doit exécuter son prochain « contrat » à Little Odessa, quartier new-yorkais juif russe d'où il est originaire. Mais Volkoff, dont il a assassiné le fils, a vent de sa venue. L'intrigue de ce film très représentatif du cinéma indépendant américain est classiquement policière mais la facture est originale.

LE LIVRE DE LA JUNGLE "THE JUNGLE BOOK"
Film d'aventures de **Zoltan Korda**, d'après le livre de Rudyard Kipling, avec Sabu, Joseph Calleia, John Qualen, Frank Puglia. États-Unis, 1942 – Couleurs – 1 h 49.

Les aventures du jeune Mowgli, fils de la jungle qui rejoindra ses amis de la forêt.

▷ Autre version réalisée sous forme de dessin animé par **Wolfgang Reitherman**, pour les studios Walt Disney. États-Unis, 1968 – 1 h 58.

LE LIVRE DE LA JUNGLE
"RUDYARD KIPLING'S THE JUNGLE BOOK"
Film d'aventures de **Stephen Sommers**, d'après le roman de Rudyard Kipling, avec Jason Scott Lee, Cary Elwes, Lena Haedey. États-Unis, 1994 – Couleurs – 1 h 50.

Remake où l'élément humain (affrontement et aventure) est privilégié au détriment de la vie sauvage, qui n'est plus qu'un élément de décor.

LE LIVRE NOIR "REIGN OF TERROR"
Film d'aventures historiques d'**Anthony Mann**, avec Robert Cummings, Arlene Dahl, Richard Hart, Richard Basehart. États-Unis, 1949 – 1 h 29.

La « Terreur » sert de toile de fond à cette grandiose reconstitution d'un épisode de la Révolution française.

LIZA
Comédie dramatique de **Marco Ferreri**, avec Catherine Deneuve, Marcello Mastroianni, Corinne Marchand, Michel Piccoli. France/Italie, 1971 – Couleurs – 1 h 40.

Un peintre misanthrope vit retiré du monde avec son chien. Survient une mondaine désœuvrée, qui tue l'animal.

LOCAL HERO "LOCAL HERO"
Comédie de **Bill Forsyth**, avec Burt Lancaster, Peter Riegert, Fulton McKay. Grande-Bretagne, 1982 – Couleurs – 1 h 51.

Des négociations ont lieu entre autochtones et Américains pour l'implantation d'un complexe pétrolier sur le littoral écossais.

LE LOCATAIRE
Film fantastique de **Roman Polanski**, avec Roman Polanski *(Trelkowski)*, Isabelle Adjani *(Stella)*, Melvyn Douglas *(M. Zy)*, Shelley Winters *(la concierge)*. • SC : R. Polanski, Gérard Brach, d'après le roman de Roland Topor. • PH : Sven Nykvist. • DÉC : Pierre Guffroy. • MUS : Philippe Sarde. France, 1976 – Couleurs – 2 h 05.

Trelkowski, un petit employé timide et complexé, loue un appartement dont l'ancienne locataire s'est suicidée en sautant par la fenêtre. Trelkowski s'imagine, à tort ou à raison, que ses voisins veulent lui faire subir le même sort.

◆ *Avec ses limites, et sans arriver complètement à équilibrer l'humour et le fantastique paranoïaque, le Locataire reste une grande réussite, où l'auteur fait une création inspirée, dans cet appartement rendu si présent qu'on croit en sentir l'odeur.* S.K.

LA LOI "LA LEGGE"
Drame de **Jules Dassin**, d'après le roman de Roger Vailland, avec Gina Lollobrigida, Pierre Brasseur,

Marcello Mastroianni, Mélina Mercouri, Yves Montand. Italie / France, 1959 – 2 h 06.

Dans un petit village des Pouilles, on joue à un jeu cruel : « la loi ». Mais une jeune femme va imposer la sienne à ceux qui voulaient la posséder. Dialogues de Françoise Giroud.

LA LOI DE LA HAINE "The Last Hard Men"
Western d'**Andrew V. McLaglen**, avec Charlton Heston, James Coburn, Barbara Herschey, Jorge Riveiro, Michael Parks, Christopher Mitchum. États-Unis, 1976 – Couleurs – 1 h 35.

Un bagnard évadé cherche à venger la mort de sa femme.

LA LOI DE LA PRAIRIE "Tribute to a Bad Man"
Western de **Robert Wise**, avec James Cagney, Irène Papas, Stephen McNally. États-Unis, 1956 – Couleurs – 1 h 35.

Dans le Wyoming, un éleveur de chevaux, rude et têtu, gagne le cœur de celle qu'il aime lorsqu'il devient plus doux.

LA LOI DES BAGNARDS "Convicted"
Comédie dramatique de **Henry Levin**, avec Glenn Ford, Dorothy Malone, Broderick Crawford. États-Unis, 1950 – 1 h 31.

Impliqué accidentellement dans un meurtre, un jeune homme connaît la dureté de l'univers carcéral. L'amitié d'un avocat général, convaincu de son innocence, l'aidera à sortir de cet enfer.

LA LOI DU DÉSIR "La ley del deseo"
Drame de **Pedro Almodovar**, avec Eusebio Poncela, Carmen Maura, Antonio Banderas, Miguel Molina. Espagne, 1986 – Couleurs – 1 h 44.

Un écrivain à la mode rencontre un adolescent qui tombe amoureux de lui, mais leur liaison tourne rapidement au drame.

LA LOI DU FOUET "Kangaroo"
Film d'aventures de **Lewis Milestone**, avec Maureen O'Hara, Peter Lawford, Finlay Currie, Richard Boone. États-Unis, 1952 – Couleurs – 1 h 24.

Premier film américain tourné en Australie, avec pour toile de fond la lutte des hommes contre la nature et entre eux.

LA LOI DU MILIEU "Get Carter"
Film policier de **Mike Hodges**, d'après le roman de Ted Lewis *Jack's Return Home*, avec Michael Caine, Britt Ekland, Ian Hendry, John Osborne. Grande-Bretagne, 1971 – Couleurs – 1 h 52.

Carter, qui enquête à Newcastle sur la mort de son frère, est entraîné dans une guerre des gangs. L'histoire n'est pas neuve, mais le film bénéficie de la présence de Michael Caine.

LA LOI DU NORD / LA PISTE DU NORD
Drame de **Jacques Feyder**, d'après le roman de Maurice Constantin-Weyer *Telle qu'elle était en son vivant*, avec Pierre Richard-Willm, Michèle Morgan, Charles Vanel, Jacques Terranne. France, 1942 (Ré : 1939) – 1 h 50.

Un homme, qui a tué l'amant de sa femme, fuit avec sa secrétaire au Canada où il se fait aider par un trappeur. Poursuivis par un policier, ils se perdent dans le Grand Nord.

LA LOI DU SEIGNEUR "Friendly Persuasion"
Drame psychologique de **William Wyler**, d'après le roman de Jessamyn West, avec Gary Cooper, Dorothy McGuire, Anthony Perkins. États-Unis, 1956 – Couleurs – 2 h 20. ★ Grand Prix, Cannes 1957.

La guerre de Sécession bouleverse la vie d'une famille de Quakers. Un drame de conscience, magnifiquement interprété.

LA LOI DU SILENCE "I Confess"
Drame psychologique d'**Alfred Hitchcock**, avec Montgomery Clift, Anne Baxter, Karl Malden, Brian Aherne. États-Unis, 1953 – 1 h 34.

Après avoir recueilli les aveux d'un assassin, un prêtre tenu par le secret de la confession risque sa vie.

LA LOI DU SURVIVANT
Film d'aventures de **José Giovanni**, avec Michel Constantin, Alexandra Stewart. France, 1967 – Couleurs – 1 h 40.

Un aventurier est introduit dans un château où une jeune femme se livre à tous ceux qu'on lui amène. Il la fait s'évader et les maîtres du château le provoquent en duel.

LA LOI... ET LA PAGAILLE "Law and Disorder"
Comédie dramatique d'**Ivan Passer**, avec Carroll O'Connor, Ernest Borgnine, Karen Black, Ann Wedgeworth. États-Unis, 1974 – Couleurs – 1 h 43.

Excédés par les vols et les agressions, un coiffeur et un chauffeur de taxi de Manhattan décident de mettre sur pied une sorte de « milice » privée.

LOIN DE LA FOULE DÉCHAÎNÉE
"Far from the Madding Crowd"
Mélodrame de **John Schlesinger**, d'après le roman de Thomas Hardy, avec Julie Christie, Terence Stamp, Alan

Bates, Peter Finch. Grande-Bretagne, 1967 – Couleurs – 2 h 51.

Une jeune fille gère seule l'exploitation agricole dont elle a hérité, mais les hommes se la disputent avec des fortunes diverses. Une reconstitution fidèle de l'univers rural cher à Thomas Hardy.

LOIN DE MANHATTAN

Essai de **Jean-Claude Biette**, avec Jean-Claude Bouvet, Sonia Saviange, Howard Vernon. France, 1981 – Couleurs – 1 h 20.

Un jeune critique d'art essaie, avec l'aide de son amie, de percer le mystère des années improductives d'un peintre qu'il admire.

LOIN DU VIÊT-NAM

Film politique d'**Alain Resnais**, **William Klein**, **Joris Ivens**, **Agnès Varda**, **Claude Lelouch** et **Jean-Luc Godard**, avec 150 comédiens. France, 1967 – Couleurs et NB – 2 h.

Un film-manifeste contre la guerre du Viêt Nam, composé de onze courts métrages encadrés par un prologue et un épilogue. Un ensemble disparate mais passionnant.

LES LOIS DE L'HOSPITALITÉ "OUR HOSPITALITY"

Film burlesque de **John G. Blystone** et **Buster Keaton**, avec Buster Keaton *(William McKay)*, Natalie Talmadge *(Virginia Canfield)*, Buster Keaton Jr. *(le bébé)*, Joe Keaton *(Lem Doolittle)*, Kitty Bradbury *(Tante Marie)*, Joe Roberts *(Joseph Canfield)*. • SC : Jean Havez, Joseph Mitchell, Clyde Bruckman. • PH : Gordon Jennings, Elgin Lessley. • DÉC : Fred Gabourie. États-Unis, 1923 – 2 480 m (environ 1 h 32).

Vers 1830, en Virginie, deux familles en pleine vendetta. Mais, comme Roméo et Juliette, deux jeunes gens se rencontrent et s'aiment. Tout se gâte quand William se retrouve dans la maison de Virginia. Certes, l'hospitalité est sacrée, mais les frères de la jeune fille n'ont de cesse de faire sortir William pour pouvoir le tuer. Gags de Keaton pour rester à l'intérieur, poursuites échevelées dès qu'il est dehors, jusqu'à ce qu'enfin l'amour l'emporte.

◆ *C'est l'un des grands chefs-d'œuvre de Keaton. Tout y porte sa marque, depuis la rigueur logique des péripéties jusqu'à la précision des cadrages. Alors, on rit, parce que les événements qui s'enchaînent sont toujours inattendus ; on rit aussi parce que les objets participent de ce jeu très subtil d'association d'idées et de gestes. Et puis on est heureux parce que l'image est belle, et ce décor naturel dans lequel le héros circule en zigzags rapides vrai et palpable pour nous comme pour lui.* *J.-M.C.*

LOLA

Mélodrame poétique de **Jacques Demy**, avec Anouk Aimée *(Lola)*, Jacques Harden *(Michel)*, Marc Michel *(Roland)*, Annie Dupeyroux *(Cécile)*, Élina Labourdette *(Mme Desnoyers)*, Alan Scott *(Frankie)*, Margo Lion *(Jeanne)*, Catherine Lutz *(Claire)*, Corinne Marchand *(Daisy)*. • SC : J. Demy. • PH : Raoul Coutard. • DÉC : Bernard Evein. • MUS : Michel Legrand. • MONT : Anne-Marie Cotret. France, 1961 – 1 h 30.

Lola, danseuse de cabaret à Nantes, attend depuis sept ans le retour de Michel, le père de son enfant, parti chercher fortune. Ce matin-là, Jeanne, la patronne d'un café, croit avoir aperçu Michel en ville, au volant d'une somptueuse voiture. Lola retrouve par hasard Roland, un ami d'enfance, passionnément amoureux d'elle. Roland, incapable de conserver un emploi, rêve d'aventures et de pays lointains et a accepté une affaire louche pour pouvoir partir en Afrique du Sud. Il restera à Nantes si Lola accepte de vivre avec lui. Mais Lola aime toujours Michel. Même si, un soir, elle se donne à Frankie, un matelot américain, parce qu'il ressemble à Michel. Lola fait croire à Roland qu'elle part le lendemain pour l'Amérique avec Frankie, puis elle lui avoue la vérité : elle lui avait menti pour qu'il ne se sacrifie pas pour elle. Roland se remet alors à espérer. Mais, retournant au café de Jeanne, il apprend que Michel est bel et bien revenu. Michel et Lola se retrouvent et s'en vont dans la belle automobile avec leur enfant. Ils croisent Roland, seul avec sa valise.

◆ Un conte de fées doux-amer

Lola *est le premier long métrage de Jacques Demy, alors âgé de vingt-neuf ans. C'est un hommage avoué à Max Ophuls, notamment à* la Ronde, *à travers ce recours systématique aux coïncidences, aux ressemblances, aux fausses reconnaissances. En pleine explosion de la Nouvelle Vague, Demy réhabilite un certain réalisme poétique, une merveilleuse version mélo, aux antipodes du cinéma tranche de vie alors en vogue. À sa sortie, certains critiques ironisèrent d'ailleurs sur ce côté destin, fatalité, sentimentalisme facile, très « avant-guerre ». Aujourd'hui, au contraire,* Lola *apparaît à beaucoup comme le meilleur film de Jacques Demy. Précisément à cause de ce climat de liberté poétique, de douce ironie, de danse de personnages ballottés par le hasard. La photographie de Raoul Coutard, fluide, aérienne, y est pour beaucoup, ainsi que cette vision d'un Nantes magique, où les rues, les cafés, sont les lieux d'un conte de fées doux-amer. La cohérence de* Lola *est celle de l'imaginaire, du rêve, de l'enchantement. Bref, du romanesque pur. Pris par la main, emporté par la ronde des coïncidences, le spectateur pleure, s'émerveille, s'étonne, applaudit, loin de tout souci de vraisemblance, de réalisme. Il faut parler de grâce, de charme, d'un monde en proie au souvenir, d'un carrousel réglé par les entrées et les sorties, les apparitions des protagonistes – au premier rang desquels Anouk Aimée, toute d'élégance et de fausse désinvolture, Anouk Aimée et son visage lumineux où se reflète un film qui veut à tout prix croire au bonheur.* A.R.

LOLA MONTÈS

Drame de **Max Ophuls**, avec Martine Carol *(Lola Montès)*, Peter Ustinov *(Monsieur Loyal)*, Anton Walbrock *(Louis 1er de Bavière)*, Ivan Desny *(le lieutenant James)*, Lise Delamare*(Mrs. Craigie)*, Henri Guisol *(Maurice)*, Paulette Dubost *(Joséphine)*, Oskar Werner *(l'étudiant)*, Will Quadflieg *(Franz Liszt)*, Jacques Fayet *(le steward)*. • SC : M. Ophuls, Annette Wademant, Jacques Natanson, d'après le roman de Cécil Saint-Laurent *la Vie extraordinaire de Lola Montès*. • PH : Christian Matras. • DÉC : Jean d'Eaubonne, assisté de Jacques Guth, Willy Schatz. • MUS : Georges Auric. • MONT : Madeleine Gug. • PR : Gamma Films, Florida Films (Paris), Union Films (Munich). France / R.F.A., 1955 – Couleurs – 1 h 50.

Maria Dolorès Porriz y Montez, comtesse de Lansfeld, dite Lola Montès, est l'attraction principale du cirque Mammouth, qui vient de planter son chapiteau à La Nouvelle-Orléans, vers 1880. Le spectacle, commenté et présenté par un grand écuyer en uniforme chamarré, retrace la vie tumultueuse de cette ancienne courtisane qui fit tourner tant de têtes en Europe. Chaque épisode donne lieu à un flash-back ; nous revivons ainsi ses amours avec Franz Liszt, son mariage raté avec le lieutenant James, un ancien soupirant de sa mère, sa liaison avec le chef d'orchestre Pirotto et puis son idylle avec le roi de Bavière, Louis 1er, qui déclencha une révolution ! Chassée du pays, Lola rencontre un étudiant avant d'être engagée au cirque Mammouth. Chaque soir, à la fin du spectacle, elle risque sa vie en exécutant un saut périlleux puis, enfermée dans une cage dorée, elle est exposée pour les spectateurs qui paient un dollar pour la toucher...

◆ La piste à sensation

Dernier film de Max Ophuls, Lola Montès *fut d'abord une œuvre maudite, qui rencontra l'hostilité du public et déclencha une bataille d'Hernani chez les critiques. « Long, ennuyeux, d'une lourdeur de style germanique » pour les uns, « chef-d'œuvre baroque, sommet du cinéma moderne » pour les autres, il fut, procédé rarissime, rapidement retiré de l'affiche pour être raccourci, et présenté à nouveau dans un montage qui rétablissait l'ordre chronologique ! Véritable aberration puisque tout l'intérêt de la construction conçue par Ophuls était de montrer et d'analyser la mise en spectacle d'un fait divers, de stigmatiser l'indécente indiscrétion de la presse à sensation (on pourrait transposer aujourd'hui cette morale aux médias audiovisuels), à travers la dérision d'une séance de cirque qui consacre la déchéance d'une femme fatale légendaire transformée en mythe pour roman à quatre sous. De cette piste où les clowns et les lilliputiens entourent Lola, au passé reconstitué en puzzle, la virtuosité d'Ophuls se donne libre cours dans l'éblouissante chorégraphie de la caméra comme dans les surprises constantes de son montage. Comme André Bazin, on peut « admirer Max Ophuls d'avoir osé faire un film d'avant-garde sur le sujet le plus conventionnel et dans des conditions de production qui imposent d'ordinaire le pire académisme ». Là, sans doute, réside la cause de ses vicissitudes : déroutant le grand public par les audaces de sa narration et de son esthétique, il fut mal jugé par ceux qui reprochèrent au cinéaste le choix d'un thème pour « littérature de gare ». Triomphe constant à la Cinémathèque, dans les ciné-clubs, puis lors de sa réédition dans sa version intégrale en 1968,* Lola Montès *est aujourd'hui totalement réhabilité.* G.L.

LOLA, UNE FEMME ALLEMANDE "LOLA"

Comédie dramatique de **Rainer Werner Fassbinder**, avec Barbara Sukowa, Armin Mueller-Stahl, Mario Adorf. R.F.A., 1981 – Couleurs – 1 h 53.

Dans une petite ville, en 1957, les spéculations frauduleuses du patron du cabaret local sont découvertes par le nouveau directeur des travaux publics. Mais même les hommes vertueux ont leur point faible...

LOLITA "LOLITA"

Drame psychologique de **Stanley Kubrick**, avec James Mason *(Humbert)*, Shelley Winters *(C. Haze)*, Sue Lyon *(Lolita)*, Peter Sellers *(Quilty)*. • SC : Vladimir Nabokov, d'après son roman. • PH : Oswald Morris. • DÉC : William Andrews, Sid Cain. • MUS : Nelson Riddle, Bob Harris (thème). • MONT : Anthony Harvey. États-Unis / Grande-Bretagne, 1962 – 2 h 33.

Le professeur Humbert épouse une veuve excentrique, car il est attiré par sa fille, Lolita. La veuve est écrasée par une voiture, et Humbert entame alors une relation sexuelle avec Lolita. Mais elle s'enfuit avec Quilty.

◆ *La psychologie des personnages du film est toujours connotée par le décor et par l'influence du mode de vie amé-*

ricain. Mais ce « rationalisme » est sans cesse bousculé par l'irruption grimaçante du grotesque, en la personne de Quilty, qui ramène ce fondement psychologique à un pur jeu de masques, où chacun interprète successivement tous les rôles que la vie lui impose, pour de pathétiques enjeux que la proximité de la mort rend plus dérisoires. S.K.

LES LOLOS DE LOLA
Comédie de **Bernard Dubois**, avec Jean-Pierre Léaud, Claudine Vannier, Zouzou, Yann Dedet, Serge Marquand, Lola Dolores. France, 1976 – Couleurs – 1 h 23.

Un jeune banlieusard s'enrichit grâce à un hold-up et s'embourgeoise. Mais, en quête d'un idéal qu'il est incapable d'atteindre, il va se marginaliser.

LONESOME COWBOYS "LONESOME COWBOYS"
Essai d'**Andy Warhol** et **Paul Morrissey**, avec Viva, Taylor Mead, Joe Dallesandro, Tom Hompertz. États-Unis, 1967 – Couleurs – 1 h 45.

Le film ne se résume pas : les auteurs ont tenté de démystifier le Far West ou, plutôt, de mettre en exergue certains de ses éléments latents comme l'homosexualité.

LES LONGS ADIEUX "DOLGIE PROVODY"
Drame de **Kira Mouratova**, avec Zinaïda Charko, Oleg Vladimirski. U.R.S.S. (Ukraine), 1971 – 1 h 37.

Une jeune femme qui a élevé seule son fils continue de le traiter comme un enfant alors qu'il est adolescent.

LES LONGS JOURS DE LA VENGEANCE
"I LUNGHI GIORNI DELLA VENDETTA"
Western de **Stan Vance** [Florestano Vancini], avec Giuliano Gemma, Francisco Rabal, Gabriella Giorgelli. Italie, 1966 – Couleurs – 2 h.

Ted Barnett est incarcéré à la suite d'un complot ourdi par un trafiquant d'armes et d'esclaves. Il s'évade et fait justice. Un western italien « haut de gamme », une réussite du genre.

LES LONGS MANTEAUX
Drame de **Gilles Béhat**, d'après le roman de G.-J. Annaud, avec Bernard Giraudeau, Claudia Ohana, Robert Charlebois. France / Argentine, 1985 – Couleurs – 1 h 40.

À la frontière entre Argentine et Bolivie, un géologue français se trouve mêlé à une sombre machination politique qui met aux prises des soldats loyalistes et des milices d'extrême-droite.

LA LONGUE MARCHE
Drame d'**Alexandre Astruc**, avec Robert Hossein, Maurice Ronet, Jean-Louis Trintignant. France, 1965 – Couleurs – 1 h 35.

En juin 1944, un jeune médecin soigne un blessé dans un camp de maquisards. Mais des paysans dénoncent les résistants. Commence alors « la longue marche » à travers les Cévennes.

LA LONGUE NUIT DE 43 "LA LUNGA NOTTE DEL '43"
Drame de **Florestano Vancini**, d'après un récit de Giorgio Bassani, avec Belinda Lee, Gabriele Ferzetti, Enrico Maria Salerno. Italie, 1960 – 1 h 40.

À Ferrare, en 1943, les rivalités entre fascistes provoquent l'exécution de dix otages. Plus intéressant par l'atmosphère, la perspective historique que par la réalisation.

LES LONGUES VACANCES DE 36
"LAS LARGAS VACACIONES DEL 36"
Chronique de **Jaime Camino**, avec Angela Molina *(Encarna)*, José Sacristan *(Jorge)*, Ismaël Merlo *(Abuelo)*, Francisco Rabal *(Maestro Rius)*. • SC : J. Camino, Manuel Guttierez-Aragon. • PH : Fernando Arribas. • MUS : Xavier Montsalvatje. • MONT : Teresa Alcover. Espagne, 1977 – Couleurs – 1 h 35.

En cet été 1936, deux familles de grands bourgeois de Barcelone passent les vacances dans leurs maisons de campagne. C'est alors qu'éclate la guerre civile. Les uns s'engagent aux côtés des Républicains, pour défendre la légitimité de l'État ; d'autres se contentent d'un prudent attentisme. Mais, comme la rébellion franquiste dure plus longtemps que prévu, il faut bien s'organiser. En janvier 1939, les Républicains s'installent pour un temps au village. Il faut laisser les maisons aux soldats : c'est la fin des « vacances ».

◆ *Une certaine ambiguïté dans le regard jeté sur ces gens plus ou moins conscients de la gravité des enjeux rend assez convaincante cette description de l'entrelacs des petites ambitions et des grands dévouements, des destins individuels et des mouvements collectifs qui font la grande Histoire.* D.C.

LONGUE VIE À LA SIGNORA
"LUNGA VITA ALLA SIGNORA !"
Comédie d'**Ermanno Olmi**, avec Marco Esposito, Simona Brandalise, Stefania Busarello, Simone Dalla Rosa, Lorenzo Paolini. Italie, 1987 – Couleurs – 1 h 55.

Les meilleurs élèves d'une école hôtelière sont conviés à servir le repas préparé pour l'anniversaire d'une étrange et riche signora. Une allégorie sociale goguenarde.

LONG WEEK-END "LONG WEEK-END"
Film fantastique de **Colin Eggleston**, avec John Hargreaves, Baiony Behets. Australie, 1978 – Couleurs – 1 h 30.

Un jeune couple part en week-end sur une plage désertique du nord du pays. Une série d'événements inexplicables va transformer leur séjour en un véritable cauchemar.

LOOKER "Looker"
Film policier de **Michael Crichton**, avec Albert Finney, James Coburn, Susan Dey. États-Unis, 1981 – Couleurs – 1 h 36.

Soupçonné après la disparition de plusieurs de ses clientes, un chirurgien esthétique découvre leur lien avec un étrange laboratoire d'étude de publicité visuelle. Un thriller ironique et haletant.

LOOKING FOR RICHARD "Looking for Richard"
Essai d'**Al Pacino**, avec Al Pacino *(lui-même / Richard III)*, Kevin Spacey *(Buckingham)*, Penelope Allen *(la reine Élisabeth)*, Alec Baldwin *(Clarence)*. • SC : A. Pacino, Frederic Kimball, d'après la pièce *Richard III*, de Shakespeare. • PH : Robert Leacock, John Kranhouse, Steve Conter. • MUS : Howard Shore. • MONT : Pascale Buba, Ned Bastille, William A. Anderson, Andre Betz. États-Unis, 1996 – Couleurs – 1 h 54.

Al Pacino et son équipe entreprennent de monter *Richard III* un peu comme on met au point une nouvelle boisson rafraîchissante, avec enquêtes, tests, expertises, debriefings. On interroge des universitaires et des gens de la rue sur ce qu'ils pensent de Shakespeare, de Richard III, des différentes situations de la pièce, des personnages... Résultat de cette pêche : des naïvetés qui flattent le spectateur, des incongruités qui font rire, mais aussi des échappées pénétrantes qui font découvrir tel ou tel aspect méconnu. Petit à petit, l'équipe avance dans l'exploration de la pièce et répète les scènes qui apparaissent en contrepoint de cette chronique d'un montage.

◆ *On peut se dire que le vrai Richard III est bien plus intéressant que toute cette promenade périphérique savamment dirigée, mais il n'en reste pas moins que le film se regarde sans ennui et donne envie d'aller se plonger (ou se replonger) dans la pièce d'origine. Une excellente propédeutique et un exercice de style réussi.* J.-C.L.

LORD JIM "Lord Jim"
Drame de **Richard Brooks**, avec Peter O'Toole *(Lord Jim)*, James Mason *(Gentleman Brown)*, Curd Jürgens *(Cornelius)*, Eli Wallach *(le général)*, Jack Hawkins *(Marlow)*, Paul Lukas *(Stein)*, Akim Tamiroff *(Schomberg)*, Daliah Lavi *(la fille)*, Ichizo Itami *(Waris)*. • SC : R. Brooks, d'après le roman de Joseph Conrad. • PH : Frederick Young. • DÉC : Bill Hutchinson. • MUS : Bronislau Kaper. États-Unis / Grande-Bretagne, 1965 – Couleurs – 2 h 34.

À la fin du siècle dernier, un officier de marine, qui fit une fois montre de lâcheté dans une circonstance dramatique, se retrouve aventurier en Malaisie. Amené à prendre la défense d'une population indigène terrorisée par un groupe de trafiquants, il lutte à leur tête en compagnie d'un jeune prince, héritier d'un fabuleux trésor. Il devra toutefois surmonter une défaillance ultime, liée à l'apparition d'une sorte de « tentateur » démoniaque (évidemment symbolique) et à sa propre imprudence (qui entraîne la mort du prince) pour assurer la liberté des indigènes par son sacrifice final, rachat de ses erreurs passées.

◆ *Si l'esprit général du film reste fidèle à Conrad, que le problème de la lucidité morale n'intéresse pas moins que Brooks, le choix d'un acteur peut-être déjà trop frêle pour assumer un personnage complexe grève la réalisation, qui présente plutôt d'admirables morceaux qu'une continuité forte, malgré la qualité constante de la photographie.* G.L.

▷ Autre version réalisée par **Victor Fleming**. États-Unis, 1925 – env. 2 100 m (1 h 18).

LOST ANGELS "Lost Angels"
Drame de **Hugh Hudson**, avec Donald Sutherland, Adam Horovitz, Amy Locane. États-Unis, 1989 – Couleurs – 1 h 40.

À Los Angeles, un « jeune délinquant » est amené de force dans un institut. Il remontera la pente grâce à un psychiatre. Une sorte de *Fureur de vivre* des années 80.

LOST HIGHWAY "Lost Highway"
Drame psychologique de **David Lynch**, avec Bill Pullman, Patricia Arquette, Balthazar Getty. États-Unis, 1996 – Couleurs – 2 h 15.

Ce film décrit les crimes d'un assassin schizophrène en se plaçant à l'intérieur de ses différentes personnalités. Inutile donc d'essayer de suivre un personnage ; il peut changer de tête tout en restant le même et ce n'est pas non plus parce qu'il garde la même tête qu'il s'agit toujours de la même personne ! Une fois ces repères abandonnés, on peut se laisser aller à dériver avec David Lynch : il y a de jolies choses à voir... à condition de ne pas trop chercher à comprendre, car le plaisir en serait irrémédiablement gâté.

LA LOTERIE DE L'AMOUR "The Love Lottery"
Comédie de **Charles Crichton**, avec David Niven, Anne Vernon, Peggy Cummins, Herbert Lom. Grande-Bretagne, 1954 – Couleurs – 1 h 29.

Rex Allerton, acteur adulé, est fatigué de l'ardeur de ses admiratrices. Il lance l'idée d'une loterie dont il sera l'enjeu.

LOUFOQUE ET COMPAGNIE "LOVE ON THE RUN"
Comédie de **W.S. Van Dyke**, avec Joan Crawford, Clark Gable, Franchot Tone, Reginald Owen, Mona Barrie, Ivan Lebedeff, William Desmarest. États-Unis, 1936 – 1 h 21.

Des journalistes rivaux découvrent, en aidant une héritière à échapper à un mariage forcé, une organisation d'espionnage.

LOUIS II DE BAVIÈRE "LUDWIG II"
Biographie d'**Helmut Kautner**, avec O.W. Fischer, Ruth Leuwerik, Marianne Koch, Paul Bildt. Autriche, 1955 – 1 h 49.

La vie étonnante du roi Louis II de Bavière, esthète passionné, qui vida les caisses de l'État pour construire ses palais et subventionner le génie qu'il admirait, Richard Wagner.

▷ Voir aussi LUDWIG / LE CRÉPUSCULE DES DIEUX et LUDWIG, REQUIEM POUR UN ROI VIERGE.

LOUISE
Mélodrame d'**Abel Gance**, d'après l'opéra-comique de Gustave Charpentier, avec Grace Moore, Georges Thill, Suzanne Desprès, André Pernet, Ginette Leclerc. France, 1939 – 1 h 25.

Une petite ouvrière amoureuse de son voisin, un compositeur, s'enfuit avec lui. Elle retrouve un jour son père malade et, malgré ses supplications, retourne à son destin.

LOUISE L'INSOUMISE
Drame de **Charlotte Silvera**, avec Catherine Rouvel, Roland Bertin, Myriam Stern. France, 1984 – Couleurs – 1 h 35.

Pendant les années 60, Louise, une adolescente, se révolte violemment contre l'éducation qu'elle reçoit, les contraintes religieuses, sociales et culturelles.

LOUIS ENFANT ROI
Film historique de **Roger Planchon**, avec Carmen Maura, Maxime Mansion, Paolo Graziosi. France, 1992 – Couleurs – 2 h 40.

Un enfant de 11 ans, Louis XIV, fait son apprentissage de roi et d'homme. Ballotté entre sa mère, Anne d'Autriche, et le cardinal Mazarin, il affirme peu à peu sa personnalité face aux Grands du royaume. Beaucoup de longueurs mais aussi de très belles scènes et une réflexion très contemporaine sur le pouvoir.

LOUISIANA STORY "LOUISIANA STORY"
Documentaire romancé de **Robert Flaherty**, avec Joseph Boudreaux *(le jeune Latour)*, Lionel Le Blanc *(son père)*, E. Bienvenu *(sa mère)*, Frank Hardy et C.P. Guedry *(les hommes du derrick)*. • SC : R. et Frances Flaherty. • PH : Richard Leacock. • MUS : Virgil Thompson. • MONT : Helen Van Dongen. • PR : Standard Oil Company. États-Unis, 1948 – 1 h 10.

Une équipe de prospecteurs de pétrole arrive pour faire des sondages dans la région des bayous, en Louisiane, zone marécageuse où la nature sauvage est encore préservée. Là, vit avec sa famille un jeune garçon, le petit Latour, qui a une douzaine d'années. Familier depuis toujours de ce monde paradisiaque, il passe son temps à pêcher ou se promener dans la forêt. Et voici qu'après un raton-laveur (qui devient son ami) et un crocodile (avec lequel il se bat), c'est un autre « animal » mystérieux qu'il rencontre : le derrick qui va servir aux forages. Des liens se nouent alors entre les ouvriers et l'enfant, rythmés par la progression du travail. C'est grimpé sur cet « arbre de Noël » que Latour leur dira au revoir.

◆ Un testament ambigu

Le dernier film important de Flaherty n'a vu le jour, comme le premier, Nanouk, *que grâce à des fonds privés. Mais, ici, il s'agit véritablement d'une commande, et d'autant plus inattendue et paradoxale, s'adressant à un cinéaste de l'environnement et de la nature, qu'elle émanait d'une compagnie pétrolière, la Standard Oil. Fidèle à sa méthode habituelle de travail – de longs mois de repérage et le recours unique aux êtres et aux décors de la région –, Flaherty allait cependant réussir cette impossible gageure de rester lui-même tout en honorant la commande, grâce à une vision humaniste supérieure, où chacun était regardé avec un respect total, quel que fût son rôle dans l'histoire. D'où, aussi, à côté de la qualité des images (dues à un homme qui allait, à son tour, devenir un des grands du documentaire américain, Richard Leacock), le succès universel de l'œuvre. Car dans la simplicité du scénario, et avec la limpidité de sa transcription visuelle, chacun peut retrouver ses vérités quotidiennes autant que ses nostalgies lointaines. De tout cela naît un lyrisme efficace, celui-là même qui fait chanter de façon si personnelle toute l'œuvre de Flaherty. Et le fait que beaucoup de scènes aient été élaborées, écrites, répétées, n'enlève rien à cette présence si forte de la réalité qui caractérise l'inventeur du documentaire. Car ce travail d'artiste est toujours au service d'une transcription « objective » des êtres et des lieux. Il reste néanmoins qu'en ne prenant pas parti entre la nature et la machine, particulière-*

ment par l'absence dans la narration de toute observation véritablement critique, Flaherty nous quitte sur un message ambigu et trop idéaliste. Et nous savons trop bien aujourd'hui que les arbres du bayou et les forêts des champs pétrolifères ne sont vraiment pas de même nature... *J.-M.C.*

LOUISIANE

Film d'aventures historiques de **Philippe de Broca**, d'après les romans de Maurice Denuzières, avec Margot Kidder, Ian Charleson, Victor Lanoux, Andréa Ferréol. France / Canada, 1983 – Couleurs – 3 h 07.

En 1836, une orpheline désargentée de bonne famille entreprend d'affirmer son autorité sur une propriété de Louisiane où elle a été accueillie.

LOULOU "LULU, DIE BÜCHSE DER PANDORA"

Mélodrame de **Georg Wilhelm Pabst**, avec Louise Brooks *(Loulou)*, Fritz Kortner *(Peter Schoen)*, Franz Lederer *(Alva Schoen)*, Carl Goetz *(Schilgoch)*, Alice Roberts *(Anna Geschwitz)*, Gustav Diessl *(Jack l'Éventreur)*, Krafft Raschig *(Rodrigo)*, Daisy d'Ora *(la fiancée de Peter Schoen)*, Michael von Newlinsky *(le marquis Casti-Piani)*. • SC : Ladislao Vajda, d'après deux pièces de Frank Wedekind. • PH : Günther Krampf. • DÉC : Andrei Andrejew, Hesch. • MONT : J.R. Fiesler. • PR : Seymour Nebenzahl (Nero Film). Allemagne, 1929 – Muet – 3 254 m (env. 2 h, copie d'origine) ; 2 880 m (env. 1 h 46, copie actuelle).

Splendide créature capricieuse, insouciante et voluptueuse, Loulou ne vit que pour l'amour physique, entretenue par un grand bourgeois, le Dr Peter Schoen. Elle reçoit la visite de son ancien protecteur, le vieux Schilgoch, qui veut la convaincre de reprendre sa carrière de danseuse. Mais elle prépare un numéro dans une revue dont s'occupe Alva, le fils de Schoen, et dont les costumes sont dessinés par Anna Geschwitz, une lesbienne amoureuse d'elle. Bien qu'elle ait été sciemment cause de la rupture de ses fiançailles avec une bourgeoise, Schoen décide d'épouser Loulou, mais, choqué par ses louches fréquentations et découvrant son fils en posture compromettante avec elle, il lui tend un pistolet et lui ordonne de se suicider : elle se débat, le coup part, mais c'est lui qui est tué. Au tribunal, elle parvient à s'enfuir avec la complicité de ses amis et devient la maîtresse d'Alva. À la suite de diverses aventures, elle se retrouve à Londres avec Alva et Schilgoch dans la plus noire misère : elle décide de se prostituer et attire dans leur mansarde un client désargenté qui n'est autre que Jack l'Éventreur. Qui la poignarde.

◆ L'innocence corrosive

Le scénario s'inspire de deux pièces du grand dramaturge expressionniste allemand Frank Wedekind : l'Esprit de la terre *(1893) et* la Boîte de Pandore *(1901). Loulou est à la fois la cause du déchaînement des tempêtes de la passion et l'incarnation de la* nature, *de la vitalité pulsionnelle opposée aux tabous imposés par la « culture » d'une société prisonnière d'une « morale » immorale : en ce sens, elle est parfaitement* innocente *des drames qu'elle suscite. Elle représente, pour le meilleur et pour le pire, l'« éternel féminin » : c'est une créature totalement possessive dans ses désirs érotiques, mais profondément désintéressée dans ses rapports avec les hommes, à la fois force de vie et instrument de destruction, dont l'existence et la mort sont l'illustration de la dialectique freudienne Éros-Thanatos. On comprend que cette image vénéneuse et provocante de la femme libre ait fait scandale à l'époque : le film a été mutilé et défiguré par la censure, et la copie actuelle n'est que partiellement reconstituée. Le personnage a trouvé dans la sculpturale et incandescente Louise Brooks une interprète idéale, dominant magistralement cette tragédie de sexe et de sang dans la visualisation superbement expressionniste qu'en donne Pabst.* *M.M.*

▷ Autre version réalisée par **Leopold Jessner**, intitulée LOULOU "ERDGEIST", avec Asta Nielsen, Albert Bassermann, Rudolf Forster, Carl Ebert. Allemagne, 1922 – env. 2 000 m (1 h 15).

LOULOU

Drame psychologique de **Maurice Pialat**, avec Gérard Depardieu *(Loulou)*, Isabelle Huppert *(Nelly)*, Guy Marchand *(André, son mari)*, Humbert Balsan *(Michel, son frère)*. • SC : Arlette Langmann. • PH : Pierre-William Glenn. • DÉC : Max Berto. • MUS : Philippe Sarde (adaptation). • MONT : Yann Dedet, Sophie Coussein. France, 1980 – Couleurs – 1 h 50.

Nelly, l'épouse bourgeoise d'un publicitaire, vit une passion avec Loulou, un loubard dont la muflerie et la puissance sexuelle la séduisent. Tout en conservant des relations avec un mari geignard, elle envisage de vivre avec Loulou, et celui-ci promet de travailler pour l'enfant qu'elle attend de lui. Mais au cours d'un déjeuner de famille où la tribu de Loulou est réunie, elle prend conscience du monde où elle allait entrer et décide d'avorter. C'est la séparation.

◆ *Après plusieurs films remarqués seulement par la critique,* Loulou *marque les retrouvailles de Maurice Pialat avec le grand public, à l'aide de deux stars très bien confrontées et dirigées. Le rôle assez développé du mari (où Guy Marchand fut remarquable) joue sur la même corde masochiste que celui de Jean Yanne dans* Nous ne vieillirons pas ensemble. *Mais le sommet du film est la longue scène de famille, lentement gagnée par le malaise et la violence. Une nouvelle fois, Pialat montrait, sans didactisme, la réalité des clivages sociaux.* *M.CH.*

LE LOUP DES MALVENEUR
Drame de **Guillaume Radot**, avec Pierre Renoir, Madeleine Sologne, Michel Marsay, Gabrielle Dorziat. France, 1943 – 1 h 39.

Un savant, obsédé par la sombre histoire d'un ancêtre transformé en loup, poursuit des expériences biologiques et disparaît mystérieusement.

LE LOUP-GAROU "THE WOLF MAN"
Film d'épouvante de **George Waggner**, avec Claude Rains, Warren William, Ralph Bellamy, Bela Lugosi. États-Unis, 1941 – 1 h 11.

À la suite d'une morsure, un fils de famille devient loup-garou. Un de ces films dont Universal était spécialiste dans les années 30 et 40.

LE LOUP-GAROU DE LONDRES
"AN AMERICAN WEREWOLF IN LONDON"
Film fantastique de **John Landis**, avec David Naughtin, Griffin Dunne, Jenny Agutter. Grande-Bretagne, 1981 – Couleurs – 1 h 37.

Deux jeunes Américains parcourent l'Angleterre en auto-stop. Ils sont attaqués par un loup-garou et c'est alors que commencent pour eux de terrifiantes mutations.

LA LOUPIOTE
Drame de **Jean Kemm** et **Jean-Louis Bouquet**, d'après le roman d'Aristide Bruant, avec Pierre Larquey, Gaby Triquet, Suzanne Rissler, Jeanne Fusier-Gir. France, 1936 – 1 h 27.

Une petite fille adultérine abandonnée est recueillie par un forain, qu'elle console d'une fille qui a mal tourné.

▷ Autre version réalisée par **Georges Hatot**, avec Régine Dumien, Lucien Dalsace, Jacques Normand. France, 1922 – 6 260 m (env. 3 h 51, en six épisodes).

LES LOUPS DANS LA BERGERIE
Drame d'**Hervé Bromberger**, d'après le roman de John Amila, avec Pierre Mondy, Pascale Roberts, Jean-Marc Bory, Françoise Dorléac, Jean-François Poron. France, 1960 – 1 h 20.

Trois gangsters en fuite trouvent refuge dans une propriété qui abrite de jeunes délinquants. D'abord fascinés par les bandits, les adolescents comprennent vite que ce ne sont pas des héros.

LES LOUPS DE HAUTE MER "NORTH SEA HIJACK"
Film d'aventures d'**Andrew V. McLaglen**, avec Roger Moore, James Mason, Anthony Perkins. États-Unis, 1980 – Couleurs – 1 h 39.

Un commando de terroristes prend en otage les ouvriers d'une plate-forme pétrolière qu'ils menacent de détruire si le gouvernement britannique ne leur verse pas une énorme rançon.

LES LOUPS ENTRE EUX
Film d'espionnage de **José Giovanni**, avec Claude Brasseur, Bernard-Pierre Donnadieu, Gérard Darmon. France, 1985 – Couleurs – 2 h.

Un commando de choc se réunit pour délivrer le général Simon enlevé par les Brigades rouges. Spectaculaire et efficace.

LES LOUPS ET L'AGNEAU "THE STRIPPER"
Mélodrame de **Franklin J. Schaffner**, avec Joanne Woodward, Richard Beymer, Claire Trevor. États-Unis, 1963 – 1 h 35.

Une actrice, cantonnée dans des petites tournées, revient par hasard dans sa ville natale. Le premier film de Schaffner.

LA LOUVE DE CALABRE "LA LUPA"
Drame d'**Alberto Lattuada**, d'après le roman de Giovanni Verga, avec Kerima, May Britt, Ettore Manni, Giovanni Ralli. Italie, 1953 – 1 h 38.

Dans un misérable et pittoresque village de Calabre, le comportement impudique et sensuel de « la Louve » provoque des catastrophes et la conduit à une fin horrible.

LES LOUVES
Drame policier de **Luis Saslavsky**, d'après le roman de Boileau-Narcejac, avec François Périer, Micheline Presle, Jeanne Moreau, Madeleine Robinson. France, 1957 – 1 h 41.

En France, sous l'Occupation, l'évadé d'un stalag trouve « refuge » chez trois femmes qui vont se transformer en mantes religieuses.

LOVE "WOMEN IN LOVE"
Drame psychologique de **Ken Russell**, avec Alan Bates *(Rupert Birkin)*, Oliver Reed *(Gerald Crich)*, Glenda Jackson *(Gudrun Brangwen)*, Jennie Linden *(Ursula Brangwen)*, Eleanor Bron *(Hermione Roddice)*, Vladek Sheybal *(Loerke)*.
• SC : Larry Kramer, d'après le roman de D.H. Lawrence.
• PH : Billy Williams. • DÉC : Ken Jones, Luciana Arrighi.
• MUS : Georges Delerue. • MONT : Michael Bradsell.
Grande-Bretagne, 1969 – Couleurs – 2 h 10.

En Angleterre, en 1920, deux sœurs font la connaissance de deux jeunes gens et les couples se forment. Mais l'un des hommes ne se satisfait pas de ce rapport classique.

◆ Love *est un des meilleurs films de Russell et, à coup sûr, le plus achevé. Car il a su « reproduire » la clarté et l'intensité du roman, et donner ainsi à voir, sans aucun faux-semblant, les grandes batailles intérieures des êtres confrontés au conflit sans fin de la sexualité, de l'affectivité et de la morale. Des images superbes de sensualité, celle des corps (hommes et femmes indistinctement) comme celle de la nature environnante (paysages ou nourriture), une interprétation magnifique (Glenda Jackson obtint l'Oscar de la Meilleure actrice en 1970) donnent à l'œuvre une plénitude qui marque profondément le spectateur.* J.-M.C.

LOVE, VALOUR, COMPASSION
"LOVE ! VALOUR ! COMPASSION !"
Comédie dramatique de **Joe Mantello**, d'après la pièce de Terrence McNally, avec Jason Alexander, Stephen Bogardus, John Glover. États-Unis, 1997 – Couleurs – 1 h 55.

Sept hommes, plus tard rejoints par un huitième, dans une maison de vacances. Un seul point commun : l'homosexualité ; mais chacun la vit très différemment. Les couples déjà existants vont s'éprouver : certains se sépareront, d'autres se fortifieront. Il en est même un qui se trouvera. Un microcosme gay, souvent drôle, et toujours émouvant.

LOVE STORY "LOVE STORY"
Mélodrame d'**Arthur Hiller**, avec Ali McGraw *(Jenny)*, Ryan O'Neal *(Oliver)*, Ray Milland *(le père d'Oliver)*. • SC : Erich Segal, d'après son roman. • PH : Dick Kratina. • DÉC : Phil Smith. • MUS : Francis Lai. • MONT : Robert C. Jones. États-Unis, 1970 – Couleurs – 1 h 40.

Jenny aime Oliver. Ils se sont connus à l'université. Elle est fille d'immigrés italiens, il est fils de banquier richissime. Passant outre le veto de sa famille, Oliver épouse Jenny. Les deux étudiants ont du mal à joindre les deux bouts, mais connaissent finalement l'aisance. Malheureusement pas pour longtemps : Jenny est atteinte de leucémie et meurt entre les bras de son jeune mari.

◆ *Contre toute attente, le livre avait été un succès. Le film le fut aussi. Sans violence ni revendication politique (fort à la mode dans les années 70), un film parvenait à faire l'unanimité : touchant, délicat, bien joué, bien filmé, et remettant à l'honneur l'amour fou et même conjugal. Finalement, cela sortait de l'ordinaire.* B.B.

LOVING "LOVING"
Drame d'**Irvin Kershner**, d'après le roman de J.M. Ryan *Brooks Wilson Ltd*, avec George Segal, Eva Marie Saint, Sterling Hayden. États-Unis, 1969 – 1 h 28.

Un publicitaire est en passe de remporter un contrat susceptible d'aplanir les difficultés financières qu'il rencontre. Il vient de rompre avec sa maîtresse quand sa femme le surprend dans les bras d'une autre.

L. 627
Film policier de **Bertrand Tavernier**, avec Didier Bezace *(Lulu)*, Jean-Paul Comart *(Dodo)*, Charlotte Kady *(Marie)*, Jean-Roger Milo *(Manuel)*, Nils Tavernier *(Vincent)*, Philippe Torreton *(Antoine)*, Lara Guirao *(Cécile)*, Cécile Garcia-Fogel *(Kathy)*, Claude Brosset *(Adore)*. • SC : Michel Alexandre, B. Tavernier. • PH : Alain Choquart. • DÉC : Guy-Claude François. • MUS : Philippe Sarde. • MONT : Ariane Boeglin. France, 1992 – Couleurs – 2 h 25.

Lulu est un enquêteur de police qui – pour avoir tenu tête à un plus gradé que lui – a été muté dans un commissariat avec la fonction de dactylo. Un brave commissaire de P.J. l'affecte à une brigade spécialisée dans la lutte antidrogue.

◆ *C'est l'un des films « sur la drogue » les plus originaux, les plus inattendus, les plus déconcertants qui soient. Ni polar, ni film-sermon, ni exploration exotique de milieux sordides, il décrit la vie d'une antenne de police au quotidien, avec ses problèmes terre-à-terre, sa médiocrité, ses mesquineries, ses employés (beaufs, braves types, pauvres types, etc.).* G.S.

LUCIA "LUCIA"
Drame historique de **Humberto Solas**, avec Raquel Revuelta *(Lucia 1895)*, Elisenda Nunez *(Lucia 1932)*, Adela Legra *(Lucia 1960)*, Adolfo Llaurado, Ramon Brito. • SC : H. Solas, Garcia Espinosa. • PH : Jorge Herrera. • MUS : Leo Brouwer. • MONT : Nelson Rodriguez. Cuba, 1968 – 2 h 40.

1895 : une jeune aristocrate cubaine se laisse séduire par un bellâtre espagnol, déjà marié dans son pays. Quand elle apprend la vérité, sa raison est ébranlée. 1932 : une jeune bourgeoise se lie avec un révolutionnaire, après avoir quitté une famille enlisée dans la routine. 1960 : une ouvrière agricole est amoureuse d'un paysan abruti particulièrement borné, qui refuse l'alphabétisation et veut garder sa femme enfermée.

◆ *Trois épisodes illustrant la condition de la femme à Cuba, et sa lente libération au fil du temps.* D.C.

LUCIA ET LES GOUAPES "I GUAPPI"
Drame de **Pasquale Squitieri**, avec Claudia Cardinale, Franco Nero, Fabio Testi, Raymond Pellegrin. Italie, 1973 – Couleurs – 2 h 10.

Don Gaetano introduit l'intellectuel Nicola dans la Camorra de Naples. Celui-ci devient avocat et défendra Don Gaetano.

LES LUCIOLES "HOTARUBI"
Drame d'**Heinosuke Gosho**, avec Chikage Awashima, Junzaburo Ban, Miki Mori, Ayako Wakao. Japon, 1958 – 2 h 02.

Lors des luttes de pouvoir qui secouèrent le Japon à l'aube de l'ère Meiji, un chef de parti de l'empereur, poursuivi par la police du shogun, se réfugie dans une auberge tenue par une femme.

LUCKY JO
Comédie de **Michel Deville**, avec Eddie Constantine, Françoise Arnoul, Pierre Brasseur, Georges Wilson, Claude Brasseur. France, 1964 – 1 h 30.

Les aventures d'un gangster, Lucky Jo (Jo le Chanceux), qui est poursuivi par une malchance semble-t-il sans remède.

LUCKY LUCIANO "LUCKY LUCIANO"
Biographie politique de **Francesco Rosi**, avec Gian Maria Volonté, Rod Steiger, Charles Siragusa. Italie, 1973 – Couleurs – 1 h 55.

Après avoir purgé neuf ans de prison en Amérique, Lucky Luciano est relâché. Dès son retour à Naples, la police découvre qu'il organise un vaste trafic de drogue.

LUCKY LUKE
Dessin animé de **Morris, René Goscinny** et **Pierre Tchernia**, d'après les bandes dessinées de Morris. France / Belgique, 1971 – Couleurs – 1 h 16.

LUCKY LUKE : LES DALTON EN CAVALE
Dessin animé de **Morris, Bill Hanna** et **Joe Barbera**. France / États-Unis, 1983 – Couleurs – 1 h 30.

Amalgame bancal de différents albums de Morris et Goscinny.

▷ Voir aussi LA BALLADE DES DALTON.

LUCRÈCE BORGIA
Drame historique d'**Abel Gance**, avec Edwige Feuillère, Gabriel Gabrio, Josette Day, Roger Karl. France, 1935 – 1 h 35.

Dans la Rome du XVe siècle, le fils du pape Alexandre VI se sert de sa sœur Lucrèce, dont il fait assassiner les maris, pour consolider son pouvoir et sa fortune.

LUCRÈCE BORGIA
Film d'aventures historiques de **Christian-Jaque**, avec Martine Carol, Pedro Armendariz, Massimo Serato, Valentine Tessier. France / Italie, 1953 – Couleurs – 1 h 37.

Somptueuse reconstitution où Lucrèce est présentée comme la victime des ambitions politiques de son frère César. Martine Carol au sommet de sa beauté et de sa gloire.

▷ Autres films inspirés des Borgia : LUCREZIA BORGIA de **Richard Oswald**, avec Liane Haid, Conrad Veidt, Albert Bassermann, Paul Wegener, Heinrich George, Wilhelm Dieterle. Allemagne, 1922 – env. 2 000 m (1 h 14). LA VENGEANCE DES BORGIA "BRIDE OF VENGEANCE" de **Mitchell Leisen**, avec John Lund, Paulette Goddard, McDonald Carey. États-Unis, 1949 – 1 h 31. LES NUITS DE LUCRÈCE BORGIA "LE NOTTI DI LUCREZIA BORGIA", de **Sergio Grieco**, avec Belinda Lee, Jacques Sernas, Michèle Mercier. Italie / France, 1959 – Couleurs – 1h 53.

▷ Voir aussi ÉCHEC À BORGIA.

LUDWIG / LE CRÉPUSCULE DES DIEUX
"LUDWIG"
Film historique de **Luchino Visconti**, avec Helmut Berger *(Ludwig)*, Trevor Howard *(Wagner)*, Romy Schneider *(Elizabeth)*, Silvana Mangano *(Cosima)*. • SC : L. Visconti, Enrico Medioli, Suso Cecchi D'Amico. • PH : Armando Nannuzzi. • DÉC : Mario Chiari, Mario Scisci. • MUS : extraits de *Lohengrin*, *Tristan et Isolde*, *Tannhaüser* de Wagner, et de *Scènes d'enfants* de Schumann. • MONT : Ruggero Mastroianni. Italie / France / R.F.A., 1973 – Couleurs – Plusieurs versions dont la courte de 3 h 09 (1re sortie, *le Crépuscule des dieux* en français) et la longue de 4 h 05 (Ludwig) ; la VO durait 4 h 24.

Du couronnement à la mort du mythique Louis II, une histoire que les ministres qui le condamnèrent tentent de filtrer, mais qui excède les normes. L'échec de son rêve d'idéal personnifié par Elizabeth et Wagner l'entraîne à la fuite dans le jeu de la représentation, puis à une mortelle solitude nocturne.

◆ *Film reçu comme « décadentiste », martyrisé par les distributeurs qui le coupent sans vergogne,* Ludwig *est une méditation romantique sur la relation de l'homme au monde. Contradictoirement jugé pour la splendeur de sa mise en scène (à laquelle Wittelsbach et Habsbourg ont prêté leur concours), il témoigne d'une maîtrise éblouissante dans l'utilisation dialectique du son et de l'image, du mythe et de l'Histoire.* M.L.

LUDWIG, REQUIEM POUR UN ROI VIERGE
"LUDWIG II, REQUIEM FÜR EINEM JUNGFRAULICHEN KÖNIG"
Biographie poétique de **Hans Jürgen Syberberg**, avec Harry Baer, Ingrid Graven, Hanna Kohler. R.F.A., 1972 – Couleurs – 2 h 15.

L'histoire de Louis II de Bavière, son admiration pour Wagner, son isolement dans ses châteaux baroques, ses divertissements en compagnie de jeunes domestiques, ses angoisses et sa folie.

LUKE LA MAIN FROIDE "COOL HAND LUKE"
Drame de **Stuart Rosenberg**, avec Paul Newman, George Kennedy, Jo Van Fleet. États-Unis, 1967 – Couleurs – 2 h 05.

Luke est condamné à deux ans de pénitencier pour avoir brisé des parcmètres un soir d'ivresse. Il devient très populaire parmi les prisonniers par son obstination, ses ruses et son perpétuel sourire. Bientôt, il ne songe qu'à l'évasion.

LULU
Drame de **Walerian Borowczyk**, d'après le roman de Franz Wedeking, avec Ann Benent, Michele Placido, Jean-Jacques Delbo. France/Italie/R.F.A., 1980 – Couleurs – 1 h 35.

Une femme sensuelle et sans scrupules gravit les échelons de la réussite sociale jusqu'à la chute irrémédiable et la mort, à Londres, sous le poignard de Jack l'Éventreur.
▷ Voir aussi LOULOU.

LUMIÈRE
Comédie dramatique de **Jeanne Moreau**, avec Jeanne Moreau, Francine Racette, Lucia Bosè, Caroline Cartier, François Simon, Francis Huster, Bruno Ganz, Jacques Spiesser. France, 1976 – Couleurs – 1 h 35.

Quatre comédiennes se retrouvent. Chacune évoque ses soucis, ses espoirs. Le suicide inattendu de l'ami de l'une d'elles fera l'effet d'une bombe.

LA LUMIÈRE BLEUE "DAS BLAUE LICHT"
Film fantastique de **Leni Riefenstahl**, avec Leni Riefenstahl *(Junta)*, Mathias Wieman *(le peintre)*, Martha Mair, Beni Fuhrer. • SC : L. Riefenstahl, Béla Bàlasz. • PH : Hans Schneeberger. • DÉC : Leopold Blonder. • MUS : Becce. Allemagne, 1932 – 1 h 25.

En plein cœur des Dolomites, le Monte Cristallo étincelle par les nuits de pleine lune. Pour en découvrir le secret, un jeune peintre suit Junta l'orpheline, qui vit à l'écart du village et que l'on accuse de sorcellerie. Arrivé derrière elle au sommet, il découvre une grotte tapissée de cristaux, dont s'emparent les villageois.

◆ *Dans la lignée des films qu'elle avait interprétés pour Arnold Fanck, premier apôtre de la montagne au cinéma, Leni Riefenstahl a réuni dans* la Lumière bleue *la recherche de la pureté, le sentiment du mystère supra-humain, la célébration de l'alpinisme comme un rite d'accès à une autre vie. Les glaciers, les cimes désertes et une population magnifiquement photographiés engendrent une poésie inoubliable qui se passe aisément de paroles.* J.-M.C.

LUMIÈRE DANS LA NUIT "ROMANZE IN MOLL"
Drame d'**Helmut Käutner**, d'après Maupassant, avec Marianne Hope, Paul Dahlke, Ferdinand Marian. Allemagne, 1943 – 1 h 39.

Dans un vieil appartement berlinois, une femme hésite entre l'amour pour son mari et la chaleur des bras de son amant. Incapable de prendre une décision, elle préfère se suicider.

LUMIÈRE DANS LES TÉNÈBRES
"LUCE NELLE TENEBRE"
Mélodrame de **Mario Mattoli**, avec Fosco Giachetti, Alida Valli. Italie, 1941 – 1 h 24.

Un ingénieur rendu aveugle à la suite d'un accident retrouve la vue en même temps que l'amour d'une belle jeune femme.

LA LUMIÈRE D'EN FACE
Drame de **Georges Lacombe**, avec Raymond Pellegrin, Roger Pigaut, Brigitte Bardot. France, 1956 – 1 h 40.

La jeune épouse provocante d'un ancien routier devenu impuissant provoque un drame de la folie en s'éprenant du pompiste voisin. Une atmosphère sensuelle et étouffante.

LUMIÈRE D'ÉTÉ
Drame psychologique de **Jean Grémillon**, avec Paul Bernard *(Patrice)*, Madeleine Renaud *(Cricri)*, Madeleine Robinson *(Michèle)*, Pierre Brasseur *(Roland)*, Georges Marchal *(Julien)*, Marcel Lévesque *(M. Louis)*, Jane Marken *(Mme Martinet)*. • SC : Jacques Prévert, Pierre Laroche. • PH : Louis Page. • DÉC : Max Douy, Alexandre Trauner, André Barsacq. • MUS : Roland-Manuel. • MONT : Louisette Hautecœur. France, 1943 – 1 h 30.

En Haute-Provence, l'amie d'un châtelain tient une auberge dans la montagne, près du chantier d'un barrage. Le châtelain, homme de plaisir, cherche à séduire une jeune femme, liée, elle, à un artiste à la dérive. Tout s'exacerbe jusqu'à ce qu'un bal masqué organisé par le châtelain serve de détonateur : la jeune femme découvre le bonheur avec l'ingénieur du barrage, que son rival essaie de tuer. Mais c'est le peintre qui meurt et les ouvriers se dressent contre l'aristocrate corrompu, qui fait une chute mortelle dans un ravin.

◆ *Résumer le scénario ne rend pas justice à un film qui, comme toute l'œuvre de ce grand cinéaste oublié que fut Grémillon, trouve sa pleine valeur dans le langage de l'image. Certes, il est tout à fait à part, ne serait-ce que par l'intrusion permanente d'un baroque évidemment lié à l'apport de Jacques Prévert. Le lyrisme parfois étrange des dialogues, l'intensité excessive de l'interprétation (on a vraiment l'impression que chaque comédien va jusqu'au bout de son personnage), la folie du bal masqué dans un décor étourdissant laissent cependant une place symboliquement importante à des éléments plus proches de l'univers habituel de Grémillon : une nature sauvage et dure, le travail et la dignité des ouvriers, la vérité des sentiments simples. Ainsi transparaît une opposition de classes sociales qui fait en définitive l'intérêt majeur du film.* J.-M.C.

LA LUMIÈRE QUI S'ÉTEINT "THE LIGHT THAT FAILED"
Drame de **William A. Wellman**, d'après le roman de Rudyard Kipling, avec Ronald Coman, Ida Lupino, Walter Huston. États-Unis, 1939 – 1 h 37.

Un peintre qui devient aveugle tente de créer son dernier chef d'œuvre : le portrait d'une très belle jeune femme. Mais le modèle le détruira.

LES LUMIÈRES DE LA VILLE "CITY LIGHTS"
Mélodrame de **Charlie Chaplin**, avec Charlie Chaplin *(le vagabond)*, Virginia Cherrill *(la jeune aveugle)*, Harry Myers *(le millionnaire)*, Florence Lee *(la grand-mère)*, Allan Garcia *(le valet de chambre)*, Hank Mann *(le boxeur)*, Henry Bergman *(le portier)*, Albert Austin *(un voleur)*.
• SC : C. Chaplin • MUS : C. Chaplin • MONT : C. Chaplin.
• PH : Rollie Totheroh, Gordon Pollock, Mark Marlatt.
• DÉC : Charles D. Hall. États-Unis, 1931 – Muet – 1 h 27.

Un vagabond errant dans une grande ville rencontre une jeune fleuriste aveugle qui le prend pour un riche promeneur, puis sauve d'une noyade volontaire un millionnaire qui fait de lui son ami dans ses moments d'ébriété. Il tente en vain de gagner de l'argent en balayant les rues, ou en boxant, pour entretenir l'illusion de la jeune femme et la faire soigner à Vienne par un spécialiste. Dans un de ses moments d'ivresse prodigue, le millionnaire lui donne la somme nécessaire. Mais la police soupçonne le vagabond d'un cambriolage. Il s'enfuit, remet l'argent à la jeune femme et se retrouve en prison. Libéré, il erre, plus misérable que jamais, et découvre avec joie la fleuriste guérie. Il ne lui dit rien et accepte la pièce et la fleur qu'elle lui tend.

◆ Le mélodrame du regard

La première des originalités de ce film est de demeurer fidèle au cinéma muet à une époque où le parlant triomphe, ce qui ne l'empêche nullement de rencontrer un immense succès, aussi bien public que critique. Méprisant le parlant, qui lui semblait menacer l'art de la pantomime sur lequel il avait fondé son personnage de « vagabond », Chaplin n'en éprouva pas moins de grandes inquiétudes et le film, commencé en 1928, mit près de trois ans à arriver à son plein accomplissement. Curieusement, c'est le film qui annonce le plus la dissociation du personnage, voire du mythe, de Chaplin, tel qu'il apparaîtra, quelques années plus tard, avec Monsieur Verdoux *ou* Limelight (les Feux de la rampe). *Le vagabond est ici confronté à un malentendu quant à son identité. Il est aimé par la jeune aveugle pour une personnalité qui n'est pas la sienne (un homme riche), presque ignoré lorsqu'il apparaît tel qu'en lui-même à la jeune fille qui a recouvré la vue. De même, il est l'ami du millionnaire quand celui-ci ne jouit pas de sa lucidité, rejeté quand il est sobre. Tout est affaire de regard (ce que le sujet immédiat du film suggère) : preuve supplémentaire, s'il en était besoin, que Chaplin n'est nullement un clown qui s'est contenté de plier le cinéma à ses besoins, mais que celui-ci, au contraire, est au cœur de son univers et de son imagination créatrice. L'essentiel du comique, comme de l'émotion, tient au décalage entre le personnage social que tente de jouer Charlot et sa réalité de vagabond : tout le drame découle de sa volonté de se conformer au personnage que la jeune aveugle a imaginé. À l'inverse d'un précédent film de Chaplin,* la Ruée vers l'or, *le vagabond, ici, demeure en marge du monde de la prospérité* J.M.

LES LUMIÈRES DU NORD "HAVLANDET"
Drame de **Lasse Glomm**, avec Arja Saijonmaa, Bjorn Sundquist, Sven Wollter, Stein Bjorn. Norvège, 1985 – Couleurs – 1 h 27.

Une famille de paysans à la fin du XIXe siècle. À la mort de ses parents, le jeune garçon réalise son rêve : partir pour le grand Nord.

LUMIÈRE SUR LA PIAZZA
"THE LIGHT IN THE PIAZZA"
Comédie dramatique de **Guy Green**, avec Olivia De Havilland, Yvette Mimieux, George Hamilton. Grande-Bretagne, 1962 – Couleurs – 1 h 40.

À Florence, une femme souhaite marier sa fille, retardée mentale, à un jeune Italien, tout en se posant un cas de conscience. Le mariage finit par se faire, et entraîne la guérison de la malade.

LA LUMIÈRE VERTE "GREEN LIGHT"
Drame de **Frank Borzage**, d'après le roman de Lloyd C. Douglas, avec Errol Flynn, Anita Louise, Margaret Lindsay. États-Unis, 1937 – 1 h 25.

Pour protéger la réputation de son médecin-chef, un jeune chirurgien risque la sienne. Mais sa foi en la vie vaincra bien des obstacles.

LA LUNA "LA LUNA"
Drame de **Bernardo Bertolucci**, avec Jill Clayburgh, Matthew Barry, Fred Gwynne. Italie, 1979 – Couleurs – 2 h 10.

Caterina, cantatrice célèbre, découvre que son fils se drogue. Avec un amour sans borne, elle va l'aider à sortir de l'impasse.

LUNA PARK
Comédie dramatique de **Pavel Lounguine**, avec Oleg Borisov *(Naoum)*, Andreï Goutine *(Andreï)*, Natalia Egorova *(Aliona)*, Nonna Mordioukova *(la tante)*, Michaël Goloubovich *(le muet)*, Alexandre Feklistov *(Boris Ivanovitch)*. • SC : P. Lounguine. • PH : Denis Evstigneev. • DÉC : Boris Pasternak. • MUS : Isaac Schwartz. • MONT : Elisabeth Guido. France / Russie, 1992 – Couleurs – 1 h 52.

Andreï, fils de la directrice de Luna Park, appartient à une bande de jeunes qui trompent leur mal à vivre en bousculant les Juifs, les pédés... jusqu'au jour où il découvre que son père, charmant poète et un peu trafiquant sur les bords, est juif. C'est pour lui le début de la redécouverte de la tendresse, de l'humour et d'un certain bonheur de vivre. Mais sa mère et ses anciens compagnons n'aiment pas les « traîtres ».

◆ *Appartements meublés de bric et de broc, personnalités chaotiques, violentes et exaltées.* Luna Park *est une plongée dans l'univers destructuré de l'après-Perestroïka : des êtres qui se cherchent dans les décombres glacés, se rencontrent parfois et, souvent, s'affrontent ou se déchirent. Le retour des « possédés », version brut de décoffrage marxiste.* *C.D.R.*

LA LUNE DANS LE CANIVEAU
Drame de **Jean-Jacques Beineix**, d'après le roman de David Goodis, avec Gérard Depardieu, Nastassja Kinski, Victoria Abril, Vittorio Mezzogiorno. France, 1983 – Couleurs – 2 h 17.

Alors qu'il cherche à venger la mort de sa sœur, un docker s'éprend d'une riche jeune femme. Un film inégal, mais attachant, aux grandes qualités plastiques.

LUNE DE MIEL "LUNA DE MIEL"
Film de danse de **Michael Powell** et **Emeric Pressburger**, avec Ludmilla Tchérina, Anthony Steel, Pepe Nieto. Espagne, 1959 – Couleurs – 1 h 30.

Tourisme et chorégraphie pour un film qui rassemble deux superbes ballets : *l'Amour sorcier* et *les Amants de Teruel.*

LUNE DE MIEL
Film policier de **Patrick Jamain**, avec Nathalie Baye, John Shea. France / Canada, 1985 – Couleurs – 1 h 35.

Pour pouvoir rester aux États-Unis, Cécile fait un mariage blanc. Mais, un jour, le « mari » apparaît, et elle ne peut pas s'en débarrasser.

LUNE DE MIEL MOUVEMENTÉE
"ONCE UPON A HONEYMOON"
Comédie dramatique de **Leo McCarey**, avec Ginger Rogers, Cary Grant, Walter Slezak, Albert Dekker. États-Unis, 1942 – 1 h 57.

À Vienne, un reporter américain rencontre une ancienne danseuse mariée au chef d'un commando nazi.

LA LUNE ÉTAIT BLEUE "THE MOON IS BLUE"
Comédie d'**Otto Preminger**, d'après la pièce de F. Hugh Herbert, avec William Holden, Maggie McNamara, David Niven, Dawn Addams. États-Unis, 1953 – 1 h 35.

Les hésitations d'un architecte, qui se demande si sa fiancée est aussi naïve qu'elle le paraît.

▷ Parallèlement, le cinéaste réalise une version allemande, intitulée DIE JUNGFRAU AUF DEM DACH, avec Hardy Kruger, Johanna Matz, Johannes Heesters.

LUNEGARDE
Drame de **Marc Allégret**, d'après le roman de Pierre Benoit, avec Gaby Morlay, Jean Tissier, Saturnin Fabre, Giselle Pascal, Gérard Landry. France, 1946 – 1 h 30.

Alors que sa fille vit son premier amour, une femme déchue, qui l'abandonna jadis, entre au couvent. Les débuts à l'écran de Dany Robin.

LUNES DE FIEL "BITTER MOON"
Comédie dramatique de **Roman Polanski**, d'après le roman de Pascal Bruckner, avec Peter Coyote, Emmanuelle Ségnier, Hugh Grant. France / Angleterre, 1992 – Couleurs – 2 h 18.

Nigel et Fiona, un couple de jeunes Anglais tout à fait classique, font en croisière la connaissance d'un sulfureux tandem, un écrivain américain raté, Oscar, et une danseuse française, Mimi, que lie une perverse relation sado-masochiste. Un drame va peu à peu se nouer entre ces quatre personnages, orchestré par Oscar qui veut au moins réussir une chose dans sa vie : sa sortie.

LES LUNETTES D'OR "GLI OCCHIALI D'ORO"
Drame de **Giuliano Montaldo**, d'après le roman de Giorgio Bassani, avec Philippe Noiret, Rupert Everett, Valeria Golino, Nicola Farron. Italie, 1987 – Couleurs – 1 h 43.

Les bourgeois de Ferrare, fascisants et antisémites, excluent le Dr Fadigati qui s'est laissé séduire par un étudiant arrogant. La sympathie de David, rejeté, lui, parce qu'il est juif, ne le sauvera pas.

LYDIA "LYDIA"

Drame psychologique de **Julien Duvivier**, avec Merle Oberon, Joseph Cotten, Alan Marshall, Edna May Oliver. États-Unis, 1941 – 2 h 24.

Une vieille dame se souvient de ses flirts. Metteur en scène à succès du célèbre *Carnet de bal* (1937), Duvivier en tourna ce remake plus ou moins déguisé, qui fut sa première réalisation américaine.

LE LYS BRISÉ "BROKEN BLOSSOMS"

Drame de **David Wark Griffith**, avec Lillian Gish *(Lucy Burrows)*, Richard Barthelmess *(Chen Huan)*, Donald Grisp *(Battling Burrows)*. • SC : D.W. Griffith, d'après la nouvelle de Thomas Burke *The Chink and the Child* dans *Limehouse Nights*. • PH : Billy Bitzer. • DÉC : Wilfred Buckland. • MUS : D.W. Griffith, Louis Gottschalk. • MONT : James et Rose Smith. États-Unis, 1919 – env. 1 800 m (1 h 09).

Chen Huan a dû quitter la Chine pour Londres. Dans cette même ville, le boxeur Burrows brutalise sa fille. Elle se réfugie un jour chez le Chinois, qui l'accueille avec une respectueuse tendresse. Quand Burrows la ramène à la maison et la bat à mort, Chen Huan vient le tuer avant de se poignarder lui-même.

◆ *Presque dépourvu d'intrigue, le film rapproche la victime innocente et l'émigré nostalgique, cœurs sensibles dont la soif de beauté contraste avec la rudesse du boxeur et la misère de Limehouse. La qualité des gros plans et la délicatesse des interprètes donnèrent à l'œuvre un retentissement profond. On n'oublie ni le sourire forcé de Lillian Gish ni l'émerveillement de Barthelmess devant la jeune fille évanouie.* A.M.

LE LYS DE BROOKLYN

"A TREE GROWS IN BROOKLYN"

Mélodrame d'**Elia Kazan**, d'après le roman de Betty Smith, avec Dorothy MacGuire, Joan Blondell, James Dunn, Lloyd Nolan. États-Unis, 1945 – 2 h 08.

La vie d'une famille ouvrière dans le quartier populeux de Brooklyn. Le premier film d'Elia Kazan.

LES LYS DES CHAMPS "LILIES OF THE FIELDS"

Comédie de **Ralph Nelson**, d'après le roman de William E. Barrett, avec Sidney Poitier, Lilia Skala. États-Unis, 1963 – 1 h 34.

Un G.I. démobilisé part à l'aventure à travers les États-Unis. En Arizona, il offre son aide à cinq religieuses d'Allemagne de l'Est qui ont reçu pour leur congrégation un morceau de terre aride.

M

MA BLONDE, ENTENDS-TU DANS LA VILLE...
Chronique de **René Gilson**, avec Francine Carpon, Jacques Zanetti, Josette Hemsen, Elisabeth Chailloux. France, 1980 – Couleurs – 1 h 30. ★ PRIX JEAN-VIGO 1980.

L'amour d'une ouvrière et d'un fils d'immigré italien dans la France du Front populaire. Tous deux participent aux bouleversements sociaux de l'époque. Un film sensible qui entremêle Histoire et vie privée sans aucun didactisme.

MA BONNE AMIE IRMA "MY FRIEND IRMA"
Comédie de **George Marshall**, d'après un programme radio de Cy Howard, avec Marie Wilson, John Lund, Diana Lynn, Dean Martin, Jerry Lewis, Don De Fore. États-Unis, 1949 – 1 h 43.

Un escroc, petit ami d'une belle blonde passablement idiote, prête son appartement à deux amis, serveurs dans un snack. Première apparition à l'écran du duo Jerry Lewis/Dean Martin. L'année suivante, **Hal Walker** signe une suite intitulée IRMA À HOLLYWOOD "MY FRIEND IRMA GOES WEST", avec les mêmes comédiens. États-Unis, 1950 – 1 h 31.

MACADAM
Drame de **Jacques Feyder** et **Marcel Blistène**, avec Françoise Rosay, Paul Meurisse, Andrée Clément, Simone Signoret, Jacques Dacqmine. France, 1946 – 1 h 40.

Du côté de Montmartre, la vie de la patronne d'un petit hôtel louche, qui a assassiné son mari et vit de contrebande.

MACADAM À DEUX VOIES
"TWO-LANE BLACKTOP"
Chronique de **Monte Hellman**, avec James Taylor *(le conducteur)*, Warren Oates *(le mécanicien)*, Laurie Bird *(l'auto-stoppeuse)*, Dennis Wilson *(le play-boy)*. • SC : Rudolph Wurlitzer, Will Corry. • PH : Jack Deerson. • MUS : Billy James. • MONT : M. Hellman. États-Unis, 1971 – Couleurs – 1 h 40.

Un conducteur et un mécanicien passent leur vie à faire des courses et des paris avec leur vieille Chevrolet. Ils recueillent un jour une auto-stoppeuse, puis un pari est engagé avec le conducteur d'une Pontiac. Mais la fille part avec ce dernier... Lorsque la Chevrolet rejoint la Pontiac, la belle plaque le trio d'enfants attardés et s'enfuit avec ... un motocycliste. La Chevrolet reprend la route « vers d'autres aventures ».

◆ *Culte de la voiture, passion de la vitesse, ivresse de la liberté au fil des routes américaines, une plongée dans l'univers de cette nouvelle race de nomades qu'a engendrée le Nouveau Monde.* D.C.

MACADAM COWBOY "MIDNIGHT COWBOY"
Drame de **John Schlesinger**, avec Jon Voight *(Joe Buck)*, Dustin Hoffman *(Enrico « Ratso » Rizzo)*, Brenda Vaccaro *(Shirley)*, John Mc Giver *(Mr O'Daniel)*, Ruth White *(Sally Buck)*, Sylvia Miles *(Cass)*. • SC : Waldo Salt, d'après le roman de James Leo Herlihy. • PH : Adam Holender. • DÉC : John Robert Lloyd. • MUS : John Barry. • MONT : Hugh A. Robertson. États-Unis, 1969 – Couleurs – 1 h 55. ★ OSCARS 1969 DU MEILLEUR FILM et DU MEILLEUR METTEUR EN SCÈNE.

Fraîchement débarqué de son Texas natal, un jeune « cow-boy » prend New York pour la Terre promise où il fera fortune comme gigolo. Mais il doit vite déchanter, car il n'est pas si facile de monnayer ses charmes. La rencontre d'un infirme apparemment plus débrouillard lui rend l'espoir, pour peu de temps... Finalement, une amitié se noue entre les deux paumés, jusqu'à la mort de l'infirme.

◆ Macadam Cowboy *a été consacré à la fois par la critique et par le public. On y découvre, en effet, traitée de façon brillante et efficace, une peinture de la marginalité dans la grande métropole. La chronique est réaliste, abordant sans faux-fuyants la prostitution masculine et le monde qui l'entoure, psychologiquement fouillée, dans l'approfondissement de la relation entre les deux héros, picaresque aussi, par les rebondissements liés aux rencontres du cowboy-gigolo. La conclusion de sa première prestation est à cet égard très réussie, puisque chacun croit avoir eu l'autre comme client ! Et puis Jon Voight et Dustin Hoffman sont étourdissants de naturel.* *J.-M.C.*

MACAO, L'ENFER DU JEU

Film d'aventures de **Jean Delannoy**, avec Mireille Balin, Erich von Stroheim, Sessue Hayakawa, Roland Toutain. France, 1942 (RÉ : 1939) – 1 h 39.

Les destins se croisent et se séparent à Macao, ville de plaisirs et de jeux. Un récit romanesque avec des vedettes mythiques.

MACARONI "MACCHERONI"

Comédie dramatique d'**Ettore Scola**, avec Jack Lemmon, Marcello Mastroianni, Daria Nicolodi, Isa Danieli. Italie, 1985 – Couleurs – 1 h 45.

Quarante ans après la libération de Naples par les Américains, l'un d'eux revient sur les lieux de sa jeunesse et retrouve le frère d'une Napolitaine qu'il a aimée alors.

MAC ARTHUR, LE GÉNÉRAL REBELLE

"MAC ARTHUR, THE REBEL GENERAL"

Film de guerre de **Joseph Sargent**, avec Gregory Peck, Ed Flanders, Dan O'Herlihy, Ward Costello. États-Unis, 1977 – Couleurs – 2 h.

De 1942 à 1951, l'ascension puis le déclin du général Mac Arthur, vainqueur du Japon et limogé lors de la guerre de Corée.

MACBETH "MACBETH"

Tragédie d'**Orson Welles**, avec Orson Welles *(Macbeth)*, Jeannette Nolan *(lady Macbeth)*, Dan O'Herlihy *(Macduff)*, Peggy Weber *(lady Macduff)*, Edgar Barrier *(Banquo)*, Roddy McDowall *(Malcolm)*. • SC : O. Welles, d'après la tragédie de Shakespeare. • PH : John L. Russel. • DÉC : Fred Ritter, John Mc Carthy Jr., James Reed. • COST : O. Welles, F. Ritter, Adele Palmer. • MUS : Jacques Ibert. • MONT : Louis Lindsay. États-Unis, 1948 – 1 h 47.

Macbeth est un ambitieux qui a assassiné Duncan, le roi d'Écosse, pour régner à sa place. Des sorcières ayant prédit qu'il aura pour successeur un membre de la famille de Banquo, il ordonne sa mort, ainsi que celle de Macduff, son propre lieutenant (qui a le temps de s'enfuir). D'autres crimes vont ensanglanter ce règne ; lady Macbeth devient folle et se suicide. La prophétie se réalise. Macbeth n'échappe pas à son destin.

◆ *Le moins qu'on puisse dire de cette adaptation de la pièce de Shakespeare est qu'elle est originale. Orson Welles lui a donné une esthétique barbare, tout à fait dans l'esprit du dramaturge anglais (qu'il idolâtrait). Le décor est remplacé par un paysage de grottes. Les vêtements et ornements évoquent un monde et une époque indéterminés. On s'est gaussé du « réchaud à gaz » qui sert de couronne à Macbeth. À tort. Ce style saugrenu a triomphé du temps. Shakespeare est « retravaillé », non trahi. Orson Welles est grand.* *G.S.*

MACBETH "MACBETH"

Drame historique de **Roman Polanski**, d'après la tragédie de Shakespeare, avec John Finch, Francesca Annis. Grande-Bretagne, 1971 – Couleurs – 2 h 19.

Vus par Polanski, le roi Macbeth reste sanguinaire, mais lady Macbeth devient une créature douce et frêle.

MACBETH "MACBETH"

Opéra filmé de **Claude d'Anna**, d'après Shakespeare, avec Shirley Verrett, Leo Nucci, Johan Leysen / Samuel Ramey (voix). France / R.F.A., 1987 – Couleurs – 2 h 15.

Poussé au crime par sa femme, l'ambitieux Macbeth est hanté par ses forfaits. Claude d'Anna se sert de l'opéra de Verdi pour amplifier encore le drame jusqu'à l'effondrement final. Voir aussi LE CHÂTEAU DE L'ARAIGNÉE.

▷ Autres versions réalisées notamment par : **Stuart Blackton**. États-Unis, 1907. **André Calmettes**, avec Mounet-Sully, Réjane, Henri Pouctal. France, 1910. **Louis N. Parker**, avec sir Beerbohm-Tree. Grande-Bretagne, 1912.

MA CHÉRIE

Comédie dramatique de **Charlotte Dubreuil**, avec Marie-Christine Barrault, Béatrice Bruno, Herman Gilis. France / Belgique, 1980 – Couleurs – 1 h 30.

Une femme divorcée vit seule avec sa fille. Mais quand la jeune fille commence à s'ouvrir au monde, sa mère se rend compte du vide de sa propre existence. Une étude minutieuse des rapports entre les générations.

LA MACHINE

Drame de **Paul Vecchiali**, avec Jean-Christophe Bouvet, Sonia Saviange, Monique Melinand. France, 1977 – Couleurs – 1 h 30.

Pierre a assassiné une petite fille. Il est incarcéré, examiné par des psychiatres, finalement condamné et exécuté. Un sobre réquisitoire contre la peine de mort.

LA MACHINE À DÉCOUDRE

Comédie dramatique de **Jean-Pierre Mocky**, d'après le roman de Georges Brewer, avec Jean-Pierre Mocky, Patricia Barzyk, Peter Semler. France, 1986 – Couleurs – 1 h 21.

Un jeune couple en mal d'argent est sur le point d'avoir un enfant. C'est alors qu'intervient le Dr Enger, aussi efficace que loufoque.

LA MACHINE À EXPLORER LE TEMPS

"The Time Machine"

Film fantastique de **George Pal**, d'après le roman de H. G. Wells, avec Rod Taylor, Yvette Mimieux, Alan Young. États-Unis, 1960 – Couleurs – 1 h 43.

À Londres, à l'aube du XXe siècle, un savant expérimente sa machine à explorer le temps et fait un voyage fantastique dans le futur.

LA MACHINE À TUER LES MÉCHANTS

"La macchina ammazzacattivi"

Comédie de **Roberto Rossellini**, d'après un sujet d'Eduardo de Filippo, avec Gennaro Pisano, Giovanni Amato, Marilyn Buferd. Italie, 1948 – 1 h 20.

Un jeune photographe du sud de l'Italie reçoit d'un saint le don de tuer les méchants en utilisant son appareil. Le film a été achevé par les assistants du cinéaste.

MACISTE AUX ENFERS "Maciste all'inferno"

Film d'aventures de **Guido Brignone**, avec Bartolomeo Pagano. Italie, 1925 – 2 475 m (env. 1 h 32).

Les exploits fantastiques du célèbre colosse soutenus par des effets spéciaux bien réalisés.

MACISTE CONTRE LE FANTÔME

"Maciste contro il vampiro"

Péplum de **Giacomo Gentilomo** et **Sergio Grieco**, avec Gordon Scott, Gianna Maria Canale, Jacques Sernas. Italie, 1962 – Couleurs – 1 h 40.

Maciste entre en lutte contre un vampire à qui sont livrées des jeunes filles en sacrifice. Un Maciste particulièrement violent.

MACISTE CONTRE LES HOMMES DE PIERRE

"Maciste e la regina di Samar/Maciste contro gli uomini della Luna"

Péplum de **Giacomo Gentilomo**, avec Alan Steel, Jany Clair, Jean-Pierre Honoré. Italie / France, 1964 – Couleurs – 1 h 20.

Maciste lutte contre la reine de Samar, obéissant elle-même à de terrifiantes créatures extraterrestres. Réalisé trois ans plus tôt, c'est-à-dire avec un budget plus important, ce « Maciste » aurait sûrement été l'un des chefs-d'œuvre de la série.

MACISTE EN ENFER "Maciste all'inferno"

Péplum de **Riccardo Freda**, avec Kirk Morris, Hélène Chanel, Vira Silenti. Italie, 1962 – Couleurs – 1 h 30.

Afin de délivrer un village écossais de la malédiction d'une sorcière, Maciste descend aux enfers pour la retrouver, voyage qui prend la forme d'un parcours initiatique.

▷ Autres aventures du colosse :

MACISTE CONTRE LE CYCLOPE

"Maciste nella terra dei ciclopi"

d'**Antonio Leonviola**, avec Gordon Mitchell, Chelo Alonso, Vira Silenti. Italie, 1960 – Couleurs – 1 h 35.

MACISTE CONTRE LES MONSTRES

"Maciste contro i mostri"

de **Guido Malatesta**, avec Reg Lewis, Margaret Lee, Luciano Marin. Italie, 1961 – Couleurs – 1 h 20.

MACISTE DANS LA VALLÉE DES LIONS "Ursus nella valle dei leoni",

de **Carlo Ludovico Bagaglia**, avec Ed Fury, Moira Orfei, Alberto Lupo. Italie, 1961 – Couleurs – 1 h 33.

MACISTE L'HOMME LE PLUS FORT DU MONDE

"Maciste l'uomo piú forte del mondo",

d'**Antonio Leonviola**, avec Mark Forest, Moira Orfei, Gianni Garko. Italie, 1961 – Couleurs – 1 h 35.

MACISTE À LA COUR DU CHEIK

"Maciste contro lo sceicco",

de **Domenico Paolella**, avec Ed Fury, Erno Crisa, Gisela Arden. Italie, 1962 – Couleurs – 1 h 35.

MACISTE CONTRE LES GÉANTS

"Maciste il gladiatore piú forte del mondo",

de **Michel Lupo**, avec Mark Forest, Scilla Gabel, Erno Crisa. Italie, 1962 – Couleurs – 1 h 38.

MACISTE CONTRE LES MONGOLS

"Maciste contro i Mongoli",

de **Domenico Paolella**, avec Mark Forrest, Jose Greci, Ken Clark. Italie, 1963 – Couleurs – 1 h 29.

MACISTE CONTRE ZORRO
"ZORRO CONTRO MACISTE",
d'**Umberto Lenzi**, avec Pierre Brice, Alan Steel, Massimo Serato. Italie, 1963 – Couleurs – 1 h 32.

MACISTE ET LES CENT GLADIATEURS
"MACISTE GLADIATORE DI SPARTE", de **Mario Caiano**, avec Mark Forest, Marilu Tolo, Robert Hundar. Italie / France, 1964 – Couleurs – 1 h 43.

MACISTE DANS LES MINES DU ROI SALOMON
"MACISTE NELLE MINIERE DI RE SALOMONE",
de **Piero Regnoli**, avec Reg Park, Wandisa Guida, Dan Harrison. Italie, 1964 – Couleurs – 1 h 30.

MACISTE ET LES FILLES DE LA VALLÉE
"LA VALLE DELL'ECO TORNANTE",
d'**Amerigo Anton**, avec Kirk Morris, Hélène Chanel, Alberto Farnese. Italie, 1965 – Couleurs – 1 h 30.

MACISTE LE VENGEUR DU DIEU MAYA
"IL VENDICATORE DEI MAYAS",
de **Guido Malatesta**, avec Kirk Morris, Barbara Loy, Luciano Marin. Italie, 1969 – Couleurs – 1 h 22.
▷ Voir aussi CABIRIA.

MA COUSINE RACHEL "MY COUSIN RACHEL"
Drame de **Henry Koster**, d'après le roman de Daphné Du Maurier, avec Olivia De Havilland, Richard Burton, Audrey Dalton. États-Unis / Grande-Bretagne, 1952 – 1 h 38.

En Cornouailles, un jeune homme romantique tombe éperdument amoureux de la jeune veuve de son cousin, dont il ne saura jamais si elle était coupable de la mort de celui-ci.

MACUNAÏMA "MACUNAÏMA"
Comédie dramatique de **Joaquim Pedro de Andrade**, avec Grande Otelo *(Macunaïma noir)*, Paolo Jose *(Macunaïma blanc)*, Dina Sfat *(la belle-sœur)*, Jardel Filho *(la guérillera)*, Joana Somm *(la naïade)*. • SC : J. P. de Andrade. • PH : Guido Cosulich. • DÉC : Anisio Medeiros. • MONT : Eduardo Escore. Brésil, 1969 – Couleurs – 1 h 40.

Un enfant noir naît au Brésil âgé de 50 ans. Cela n'étonne guère, d'autant que sa belle-sœur, jeune et jolie sorcière, le transforme de temps en temps, pour leur commun plaisir, en beau et vigoureux jeune homme blanc. Une source miraculeuse le blanchit du reste définitivement et il part pour la ville. Il y fait connaissance d'une ravissante « guérillera », avec laquelle il a un enfant. Malheureusement, la mère et l'enfant disparaissent bientôt, volatilisés dans une explosion. Macunaïma se réfugie dans la forêt. Il y est un jour séduit par une somptueuse naïade...

◆ *Un conte insolite, déroutant, où l'humour macabre masque le malaise secret d'un peuple bigarré.* D.C.

MADAME BOVARY
Comédie dramatique de **Jean Renoir**, d'après le roman de Gustave Flaubert, avec Valentine Tessier, Max Dearly, Pierre Renoir, Alice Tissot, Daniel Lecourtois, Robert Le Vigan, Pierre Larquey. France, 1933 – 1 h 41.

Une adaptation sage des célèbres amours de la belle Emma.

MADAME BOVARY "MADAME BOVARY"
Drame de **Vincente Minnelli**, d'après le roman de Gustave Flaubert, avec Jennifer Jones, James Mason, Van Heflin, Louis Jourdan. États-Unis, 1949 – 1 h 55.

La M.G.M. racheta les droits du roman et permit à Minnelli de réaliser un film purement hollywoodien, interprété par quatre grandes vedettes.
▷ Autre version réalisée notamment par **Albert John Ray**, intitulée UNHOLY LOVE, avec Lila Lee. États-Unis, 1932 – env. 1 h 20.

MADAME BOVARY
Drame de **Claude Chabrol**, avec Isabelle Huppert, Christophe Malavoy, Jean-François Balmer, Jean Yanne, Lucas Belvaux, Christiane Minazzoli. • SC : Claude Chabrol, d'après le roman de Gustave Flaubert. • PH : Jean Rabier. • DÉC : Michèle Abbe. • MUS : Mathieu Chabrol. • MONT : Monique Fardoulis. France, 1991 – Couleurs – 2 h 20.

◆ *Cette nouvelle adaptation du très célèbre roman est un vieux rêve de Claude Chabrol dont on connaît les sentiments à l'égard de la bourgeoisie de province. Autrement dit, Flaubert a écrit, par anticipation, un scénario sur mesure pour Chabrol. Cette* Bovary *n'est ni une sotte ni une jouisseuse, simplement une frustrée ordinaire. La surprise que nous réserve le film est... que l'on pouvait s'attendre à être surpris et que nous ne le sommes pas. Tout est en place, sage, traditionnel, presque conventionnel. Claude Chabrol semble même avoir limé ses griffes...* G.S.

MADAME BUTTERFLY
Film-opéra de **Frédéric Mitterrand**, d'après l'opéra de Giacomo Puccini, avec Ying Huang, Richard Troxell, Ning Liang, Richard Cowan. France, 1995 – Couleurs – 2 h 15.

Un capitaine américain épouse une geisha, Ciociosan, pour le temps de son séjour au Japon. Mais pour Ciociosan c'est un vrai mariage, d'autant plus qu'un enfant est né de leur union, et elle attendra patiemment le retour de son « mari «. Il reviendra, mais marié, et ce sera la fin de l'espoir pour la geisha fidèle.

MADAME CLAUDE
Film érotique de **Just Jaeckin**, avec Françoise Fabian, Dayle Haddon, Murray Head. France, 1977 – Couleurs – 1 h 45.

La belle et froide Madame Claude, directrice d'un réseau hupppé, envoie ses « filles » séduire les riches hommmes politiques ou hommes d'affaires, qu'un photographe, par ailleurs, fait chanter.

▷ Une suite a été réalisée par **François Mimet**, intitulée MADAME CLAUDE II, avec Alexandra Stewart, Bernard Fresson, Kim Harlow. France, 1981 – Couleurs – 1 h 50.

MADAME CURIE "MADAME CURIE"

Biographie de **Mervyn LeRoy**, d'après le livre d'Ève Curie, avec Greer Garson, Walter Pidgeon, Henry Travers, Albert Basserman, Robert Walker, C. Aubrey Smith, Victor Francen. États-Unis, 1943 – 2 h 05.

La vie difficile de la jeune étudiante polonaise, devenue l'assistante puis l'épouse de Pierre Curie, et leur fructueuse carrière scientifique, au cours de laquelle ils découvrirent, notamment, le radium.

MADAME DE

Drame psychologique de **Max Ophuls**, avec Danielle Darrieux *(la comtesse Louise de)*, Charles Boyer *(le général)*, Vittorio De Sica *(le baron Donati)*, Jean Debucourt *(le bijoutier)*, Lia Di Leo *(Lola)*, Mireille Perrey *(la nourrice)*. • SC : M. Ophuls, Marcel Achard, Annette Wademant, d'après le roman de Louise de Vilmorin. DIAL : Marcel Achard. • PH : Christian Matras. • DÉC : Jean d'Eaubonne. • COST : Georges Ammemkov, Rosine Delamare. • MUS : Georges Van Parys (thème d'Oskar Straus). • MONT : Boris Lewin. • PR : France-London Films, Indusfilms, Rizzoli Films. France, 1953 – 1 h 40.

Madame de... (son nom ne sera jamais prononcé, couvert par des bruits de fond ou masqué par un objet ou le cadre de l'écran) est l'épouse élégante et frivole d'un général d'artillerie, aristocrate fortuné. Pour éponger quelques dettes, elle vend à son bijoutier des boucles d'oreilles en diamant offertes par son mari, qu'elle feint ensuite d'avoir perdues. L'affaire fait grand bruit – mais le bijoutier accommodant sauve la situation en revendant le joyau au mari, qui l'offre à sa maîtresse, qui le perd au jeu ; il est racheté par un séduisant diplomate qui l'offre à Madame de, dont il s'est épris. Ce petit jeu va tourner au drame : Madame de découvre le grand amour. Son mari, délaissant les règles de la courtoisie, provoque son rival en duel. Madame de en meurt.

◆ Un vaudeville racinien

Le point de départ de ce film, l'avant-dernier qu'ait réalisé Max Ophuls, est emprunté à un court récit de Louise de Vilmorin, dont la donnée mélodramatique a été considérablement étoffée. Si le schéma, en effet, reste le même (des bijoux perdus et retrouvés qui font le malheur d'une femme), le développement suit une toute autre courbe. Dans l'œuvre écrite, Mme de reste coquette jusqu'au bout : elle prend froid au bal et meurt en paix entre son mari et son amant réunis à son chevet, offrant à chacun une des boucles symboles de son inconstance. La fin du film, au contraire, nous fait basculer dans un climat de haute tension dramatique : on n'est plus dans le ton du vaudeville fin de siècle, mais dans celui de la pure tragédie. Le remue-ménage mondain cède le pas à une exaspération des sentiments, d'autant plus émouvante que jamais on ne dérape dans le pathétique. Il n'est pas exagéré d'évoquer le climat racinien, ou celui de la Princesse de Clèves. *Toute la force de l'œuvre filmée procède de sa technique. Max Ophuls y reprend et développe les thèmes de l'amour impossible qui étaient déjà au centre de deux de ses meilleurs films :* Liebelei *(Allemagne, 1933) et* Lettre d'une inconnue *(États-Unis, 1948). Certaines séquences (la valse qui n'en finit pas, le duel) se répètent presque identiquement d'un film à l'autre. Mais jamais l'impulsion romantique n'avait atteint ce point de stridence. L'élégante virtuosité de la caméra (chaque mouvement d'appareil traduit un élan du cœur, un sursaut ou une crispation du sentiment), la finesse du dialogue, la somptuosité du cadre, le raffinement de la musique, une interprétation de premier ordre (entre deux acteurs parfaits, Danielle Darrieux rayonne de féminité et de passion contenue), tout concourt à la perfection harmonique d'une œuvre sans faille.* *C.B.*

MADAME DU BARRY

Biographie de **Christian-Jaque**, avec Martine Carol, André Luguet, Daniel Ivernel, Gianna Maria Canale. France / Italie, 1954 – Couleurs – 1 h 50.

La vie romancée de la dernière maîtresse de Louis XV permet à Martine Carol de connaître l'un de ses plus grands succès.

▷ Autres évocations de la vie de la courtisane : DU BARRY, WOMAN OF PASSION, de **Sam Taylor**, d'après la pièce de David Belasco, avec Norma Talmadge, William Farnum, Hobart Bosworth, Conrad Nagel. États-Unis, 1930 – 1 h 28. MADAME DU BARRY, de **William Dieterle**, avec Dolores del Rio, Reginald Owen, Victor Jory, Anita Louise, Osgood Perkins. États-Unis, 1934 – 1 h 17.

▷ Voir aussi LA DU BARRY et LA DU BARRY ÉTAIT UNE DAME.

MADAME ET LE MORT

Comédie dramatique de **Louis Daquin**, d'après le roman de Pierre Véry, avec Renée Saint-Cyr, Henri Guisol, Pierre Renoir, Raymond Bussières, Michel Vitold. France, 1943 – 1 h 43.

Dans un train, un romancier et une jeune provinciale se trouvent mêlés malgré eux à l'assassinat d'un truand.

MADAME ET SES FLIRTS "PALM BEACH STORY"
Comédie de **Preston Sturges**, avec Claudette Colbert, Joel McCrea, Mary Astor. États-Unis, 1942 – 1 h 30.

Lasse de la vie médiocre que lui offre son mari, une jeune femme part tenter sa chance en Californie où elle rencontre un milliardaire.

MADAME ET SON CLOCHARD
"MERRILY WE LIVE"
Comédie de **Norman Z. McLeod**, avec Constance Bennett *(Jerry Kilbourne)*, Brian Aherne *(Wade Rawlins)*, Billie Burke *(Mme Emily Kilbourne)*, Alan Mowbray *(Grosvenor, le majordome)*, Patsy Kelly *(Rosa, la cuisinière)*, Ann Dvorak *(Minerva Harlan)*, Bonita Granville *(Marion Limbourne)*, Tom Brown *(Kane Kilbourne)*, Clarence Kolb *(Mr Kilbourne)*. • SC : Eddie Moran, Jack Jevne. • PH : Norbert Brodine. • DÉC : Charles D. Hall. • MUS : Marvin Hatley. • MONT : William Terhune. États-Unis, 1938 – 1 h 30.

À la suite d'un accident d'auto, Wade Rawlins, écrivain mal rasé, demande l'hospitalité à la famille Kilbourne qui habite un superbe domaine. Pris pour un clochard par Mme Kilbourne, qui a pour manie le relèvement des malchanceux, il est engagé comme chauffeur. Se piquant au jeu, il s'installe et remet un peu d'ordre dans cette famille échevelée. Tout se termine par son mariage avec Jerry, la fille aînée des Kilbourne.

◆ *C'est le prototype de la comédie à l'américaine, bourrée de gags et de trouvailles comiques qui s'enchaînent dans un mouvement endiablé, portée par des comédiens rompus à ce genre d'exercice et défendant des personnages tous plus farfelus les uns que les autres.* *J.-C.S.*

MADAME ET SON COW-BOY
"THE COWBOY AND THE LADY"
Comédie de **Hank C. Potter**, avec Gary Cooper, Merle Oberon, Patsy Kelly, Walter Brennan, Fuzzy Knight, Henry Kolker, Harry Davenport. États-Unis, 1938 – 1 h 31.

Un cow-boy timide et sincère épouse une jeune femme qui prétend être domestique, et qui est en fait la fille d'un homme politique influent.

MADAME ET SON FLIRT
Comédie musicale de **Jean de Marguenat**, avec Giselle Pascal, Andrex, Robert Dhéry, Denise Grey. France, 1946 – 1 h 44.

Voulant rendre jaloux son époux qu'elle aime, une jeune femme prend un flirt. Comédie française sans prétention.

MADAME MINIVER "MRS. MINIVER"
Comédie dramatique de **William Wyler**, avec Greer Garson *(Mrs Kay Miniver)*, Walter Pidgeon *(Clem Miniver)*, Teresa Wright *(Carol Beldon)*, Dame May Whitty *(lady Beldon)*, Henry Travers *(Mr. Ballard)*, Reginald Owen *(Foley)*, Miles Mander (la voix de l'Allemand), Henry Wilcoxon *(Vicar)*, Richard Ney *(Vin Miniver)*, Clare Sandars *(Judy Miniver)*, Christopher Severn *(Toby Miniver)*. • SC : Arthur Wimperis, George Froeschel, James Hilton, Claudine West, d'après le roman de Jan Struther. • PH : Joseph Ruttenberg. • DÉC : Cedric Gibbons, Urie McCleary, Edwin B. Willis. • MUS : Herbert Stothart. • MONT : Harold F. Kress. États-Unis, 1942 – 2 h 14.

Dans un petit bourg proche de Londres vit la famille Miniver, heureuse et unie. La guerre éclate et les hommes partent au front. Les jours heureux enfuis, commence alors pour Kay Miniver et les siens une période de lutte, pour continuer à vivre malgré les événements, les bombardements, la mort de sa belle-fille Carol. Dans l'église bombardée, le pasteur exalte les morts et exhorte les vivants à poursuivre leur tâche pour que le monde reste libre.

◆ *L'un des plus grands succès commerciaux et artistiques du cinéma américain. Exaltation des valeurs éternelles dans une mise en scène soignée, composée de plusieurs tableaux grâce au talent du chef opérateur Joseph Ruttenberg qui reçut un Oscar. Cinq autres Oscars récompensèrent le film : Meilleur film, Meilleur réalisateur, Meilleure actrice, Meilleur second rôle féminin (Teresa Wright) et Meilleur scénario.* *J.-C.S.*

▷ Une suite, intitulée L'HISTOIRE DES MINIVER "THE MINIVER STORY", a été réalisée par **H.C. Potter**, avec Greer Garson, Walter Pidgeon, Léo Genn. États-Unis, 1950 – 1 h 44.

MADAME PORTE LA CULOTTE "ADAM'S RIB"
Comédie de **George Cukor**, avec Spencer Tracy, Katharine Hepburn, Judy Holliday. États-Unis, 1949 – 1 h 41.

Bien que très épris l'un de l'autre, deux amants s'opposent souvent : il est substitut et elle est avocate !

MADAME SANS-GÊNE
Comédie dramatique de **Léonce Perret**, d'après la pièce de Victorien Sardou et Émile Moreau, avec Gloria Swanson, Charles de Rochefort, Warwick Ward, Émile Drain, Suzanne Bianchetti. France, 1925 – 3 000 m (env. 1 h 51).

À l'époque napoléonienne, le maréchal Lefèbvre et son épouse, une ancienne blanchisseuse que son langage et sa franchise font surnommer Madame Sans-Gêne, sont liés à une intrigue de cour qui verra un heureux dénouement.

▷ Autres versions réalisées notamment par: **André Calmettes** et **Henri Desfontaines**, avec Réjane, Dorival, Duquesne, Aimée Raynal. France, 1911 – env. 300 m (11 mn). **Roger Richebé**, avec Arletty, Henri Nassiet, Albert Dieudonné, Aimé Clariond. France, 1941 – 1 h 40. **Christian-Jaque**, avec Sophia Loren, Robert Hossein, Julien Bertheau, Renaud Mary. France / Italie / Espagne, 1962 – Couleurs – 1 h 37.

MADAME SATAN "MADAME SATAN"
Comédie dramatique de **Cecil B. De Mille**, avec Kay Johnson, Reginald Denny, Lillian Roth, Roland Young. États-Unis, 1930 – 1 h 45.

Lorsque son mari lui échappe, une femme du monde se transforme en « vamp » afin de le reconquérir. Elle y parviendra au cours d'une spectaculaire réception à bord d'un dirigeable.

MADAME SOUSATZKA "MADAME SOUSATZKA"
Comédie dramatique de **John Schlesinger**, avec Shirley MacLaine, Navin Chowdhry. Grande-Bretagne, 1988 – Couleurs – 2 h 02.

Un garçon de quatorze ans, doué pour le piano, est confié par sa mère à Madame Sousatzka. Celle-ci est un remarquable professeur, mais aussi une personnalité fantasque et obstinée.

MADE IN HEAVEN (BIENVENUE AU PARADIS)
"MADE IN HEAVEN"
Comédie dramatique d'**Alan Rudolph**, avec Timothy Hutton, Kelly McGillis, Maureen Stapleton, Don Murray. États-Unis, 1987 – Couleurs – 1 h 40.

Un jeune homme décédé se voit accorder une nouvelle vie de trente ans pour retrouver sur terre la jeune fille dont il est tombé amoureux au paradis. Un petit bijou kitsch dans la veine de Lubitsch et Capra.

MADE IN U.S.A.
Drame de **Jean-Luc Godard**, avec Anna Karina, Marianne Faithfull, Jean-Pierre Léaud. France, 1967 – Couleurs – 1 h 25.

Une jeune femme enquête sur la mort suspecte d'un militant communiste dont elle était amoureuse. Des polices parallèles la surveillent. Dans le style éclaté – et explosif – de Godard.

MADELEINE "MADELEINE"
Drame psychologique de **David Lean**, avec Ann Todd, Norman Wooland, Yvan Desny. Grande-Bretagne, 1950 – 1 h 54.

Une énigme policière qui défraya la chronique judiciaire anglaise du siècle dernier.

MADELEINE ET LE LÉGIONNAIRE
"MADELEINE UND DER LEGIONÄR"
Comédie dramatique de **Wolfgang Staudte**, avec Hildegard Knef, Bernhard Wicki, Hannes Messemer, Helmut Schmid. R.F.A., 1958 – 1 h 41.

Une institutrice française aide trois légionnaires de nationalités différentes à fuir l'armée. À travers leur histoire, une peinture des rudesses de la Légion étrangère.

MADEMOISELLE
Drame de **Tony Richardson**, scénario de Jean Genet, avec Jeanne Moreau, Ettore Manni, Umberto Orsini. France / Grande-Bretagne, 1966 – Couleurs – 1 h 45.

Dans un village corrézien, un bûcheron saisonnier est l'objet des pires suspicions. L'institutrice l'accuse bientôt de l'avoir violée.

MADEMOISELLE DOCTEUR / SALONIQUE, NID D'ESPIONS
Film d'espionnage de **Georg Wilhelm Pabst**, avec Pierre Fresnay, Pierre Blanchar, Dita Parlo, Louis Jouvet, Viviane Romance, Charles Dullin, Jean-Louis Barrault. France, 1936 – 1 h 56.

Une célèbre espionne allemande, envoyée en mission à Salonique, se tire de toutes les situations avec une assurance rare. Mais sa tranquillité hautaine est entamée par l'attachement qu'elle porte à un jeune officier français.

▷ Autres versions réalisées par : **Sam Wood**, intitulée STAMBOUL QUEST, avec Myrna Loy, George Brent, Lionel Atwill. États-Unis, 1934 – 1 h 28. **Edmond T. Gréville**, avec Dita Parlo, John Loder, Erich von Stroheim. Grande-Bretagne, 1937 – 1 h 24. **Alberto Lattuada**, intituée FRAÜLEN DOKTOR, avec Suzy Kendall, Kenneth More, James Booth. Italie / Yougoslavie, 1968 – Couleurs – 1 h 44.

MADEMOISELLE ET SON BÉBÉ
"BACHELOR MOTHER"
Comédie de **Garson Kanin**, avec Ginger Rogers, David Niven, Charles Coburn, Frank Albertson. États-Unis, 1939 – 1 h 22.

Une jeune vendeuse qui a recueilli un bébé abandonné est, malgré ses dénégations, prise pour sa mère. Le fils de son patron, amoureux d'elle, s'offre à le reconnaître.

▷ Remake musical réalisé par : **Norman Taurog**, intitulé LE BÉBÉ DE MADEMOISELLE "BUNDLE OF JOY", avec Debbie Reynolds, Eddie Fisher, Adolphe Menjou, Melville Cooper. États-Unis, 1956 – Couleurs – 1 h 38.

MADEMOISELLE FIFI "MADEMOISELLE FIFI"
Drame de **Robert Wise**, d'après deux nouvelles de Guy de Maupassant *Boule de Suif* et *Mademoiselle Fifi*, avec Simone Simon, John Emery. États-Unis, 1944 – 1 h 09.

Durant la guerre de 1870, une blanchisseuse se montre plus intègre et patriote que les bourgeois qui voyagent avec elle. Reconstitution soignée.
▷ Voir aussi BOULE DE SUIF.

MADEMOISELLE GAGNE-TOUT "PAT AND MIKE"
Comédie de **George Cukor**, avec Spencer Tracy, Katharine Hepburn, Aldo Ray. États-Unis, 1952 – 1 h 35.

Un manager entraîne une jeune femme qui abondonne l'Université et remporte de nombreux matchs de tennis. Un tendre sentiment va bientôt les unir.

MADEMOISELLE GÉNÉRAL "FLIRTATION WALK"
Comédie musicale de **Frank Borzage**, avec Dick Powell, Ruby Keeler, Pat O'Brien, Ross Alexander, John Arledge, Henry O'Neill. États-Unis, 1934 – 1 h 37.

À l'académie militaire de West Point, la rivalité entre deux élèves amoureux de la fille du général qui dirige l'école.

MADEMOISELLE HICKS / SPITFIRE "SPITFIRE"
Comédie dramatique de **John Cromwell**, d'après la pièce de Lula Vollmer Trigger, avec Katharine Hepburn, Robert Young, Ralph Bellamy, Martha Sleeper, Louis Mason. États-Unis, 1934 – 1 h 28.

Une jeune femme vivant dans la montagne, qui croit avoir des dons de guérisseuse, est exclue de sa communauté. Un curieux mélodrame bâti sur mesure pour une star.

MADEMOISELLE JULIE "FRÖKEN JULIE"
Drame psychologique d'**Alf Sjöberg**, avec Anita Björk *(Mademoiselle Julie)*, Ulf Palme *(Jean)*, Anders Henrikson *(le père)*, Märta Dorff *(Kristin)*, Max von Sydow *(Stogvartaren)*, Lissi Alandh *(Bertha)*, Margareta Krook, Inga Gill, Åke Claesson, Inger Norberg, Jan Hagerman, Kurt-Olof Sundström. • SC : A. Sjöberg, d'après la pièce d'August Strindberg. • PH : Göran Strindberg. • DÉC : Bibi Lindström. • MUS : Dag Wiren. • MONT : Lennart Wallén. • PR : Sandrew. Suède, 1951 – 1 h 28. ★ **PALME D'OR ex aequo, Cannes 1951.**

Le soir de la Saint-Jean, seule au château, la comtesse Julie rejoint les farandoles des paysans qui célèbrent la fête du solstice d'été. Jean, le valet de son père, l'invite à danser. Elle feint de s'abandonner, il resserre son étreinte, elle le repousse brutalement. Attirée par les soupirs et les rires d'un couple couché dans le foin, Mademoiselle Julie les observe avec volupté et désir. Excitée, elle retrouve Jean dans la cuisine, trinque avec lui et lui ordonne de s'agenouiller et d'embrasser une de ses bottines. Il s'exécute. Dans l'atmosphère chaude et magique d'une nuit d'été, ils échangent des confidences, s'adonnent aux jeux pervers d'attraction/répulsion jusqu'au moment où Mademoiselle Julie se donne au domestique. Le lendemain, ils veulent fuir, mais la distance sociale qui les sépare réapparaît. Le comte sonne la cuisine, réclame ses bottes et son café. Jean redevient servile et supplie Mademoiselle Julie de quitter les lieux. Elle rentre au château et, prise de panique à l'idée d'affronter son père, se tranche la gorge.

◆ Un authentique classique

En 1888, quand Strindberg écrit Mademoiselle Julie, *il note que « ce sujet va faire du bruit ». En effet, en Suède, aucun directeur de théâtre ne montera la pièce avant 1906. Au cinéma, la première adaptation paraît en 1912 signée d'August Falck, suivie en 1921 de celle de Félix Basch avec Asta Nielsen et Wilhem Dieterle. En 1947, l'Argentin Mario Soffici en fait une version sonorisée. Admirateur passionné du texte de Strindberg, Alf Sjöberg le met en scène au Théâtre Royal de Stockholm en 1949 et le porte à l'écran un an plus tard. Le film remporte la Palme d'or au festival de Cannes en 1951 à égalité avec* Miracle à Milan *de Vittorio De Sica, remettant ainsi à l'honneur le cinéma suédois. Son succès est immense : à Paris, il reste quatre mois à l'affiche et au Japon bat tous les records de fréquentation car « en se tuant pour se laver de sa souillure », l'héroïne procède, selon Sjöberg, « comme les antiques samouraïs lorsqu'ils se soumettaient au code d'honneur du hara-kiri ». En France, redécouvert lors des Journées cinématographiques de Poitiers en 1970, le film fait une seconde carrière : son statut de « classique du cinéma » est acquis. On le revoit à la Cinémathèque et au gré des rétrospectives du cinéma suédois ou autres hommages à Alf Sjöberg, tel celui du 13e festival de La Rochelle en 1985. Ici comme dans ses autres films, Alf Sjöberg montre l'attirance d'êtres de classes sociales opposées qui se cherchent, se prennent et se repoussent. Le présent de l'amour brutal et éphémère déclenche en eux la remontée des souvenirs d'enfance dont l'interférence, voire la fusion, exprime leur désarroi existentiel et la complexité de leur désir et de leur peur. L'élégance et l'invention de la mise en scène et de l'utilisation de l'espace donnent au drame de cette comtesse – non pas aux pieds nus, mais aux bottines étincelantes – une grande émotion. La modernité du discontinu narratif justifie que les flash-back de* Mademoiselle Julie *soient des morceaux d'anthologie du langage cinématographique.* *A.K.*

MADEMOISELLE MA FEMME "I Dood It"
Comédie musicale de **Vincente Minnelli**, avec Red Skelton, Eleanor Powell, John Hodiak. États-Unis, 1943 – 1 h 42.

Fantaisie musicale dont l'action est située dans les milieux du music-hall. Rythmes, chansons, danses et gags.

MADEMOISELLE MA MÈRE
Comédie d'**Henri Decoin**, avec Danielle Darrieux, Pierre Brasseur, Pierre Larquey, Robert Arnoux. France, 1937 – 1 h 35.

Lasse de ses multiples fiançailles rompues et pour éviter les reproches de son père, une jeune fille fait un mariage blanc avec un quinquagénaire, qui a un fils du même âge qu'elle...

MADEMOISELLE SWING
Comédie de **Richard Pottier**, avec Jean Murat, Elvire Popesco, Pierre Mingand, Irène de Trébert, Saturnin Fabre. France, 1942 – 1 h 40.

Une jeune fille rencontre dans une boîte de nuit un garçon, chanteur à la radio. Ils se disputent, se réconcilient et se marient.

MADEMOISELLE VENDREDI / TERESA VENERDI
"Teresa Venerdi"
Mélodrame de **Vittorio De Sica**, avec Adriana Benetti, Irasema Dilian, Anna Magnani. Italie, 1941 – 1 h 34.

Un médecin, responsable d'une institution pour jeunes filles, a une liaison avec une chanteuse. Mais une des pensionnaires est amoureuse de lui.

MAD MAX "Mad Max"
Film d'aventures de **George Miller**, avec Mel Gibson, Joanne Samuel, Hugh Keays-Byrne, Steve Bisley. Australie, 1979 – Couleurs – 1 h 33.

Dans un futur proche, alors que la route appartient à des maniaques de la vitesse, un policier hors du commun fait respecter la loi. Mais tandis qu'il est en vacances en famille, une bande de motards écrase sa femme et son enfant. Il ne pense plus qu'à se venger et à éliminer, un à un, les tueurs.

MAD MAX AU-DELÀ DU DÔME DU TONNERRE
"Mad Max Beyond the Thunder Dome"
Film d'aventures de **George Miller** et **George Ogilvie**, avec Mel Gibson, Tina Turner, Bruce Spence, Adam Cockburn, Frank Thring. Australie, 1985 – Couleurs – 1 h 48.

Après vingt ans d'errance à la surface de la Terre détruite par la guerre nucléaire, Max guide une troupe d'enfants vers la cité du troc et affronte la terrible maîtresse des lieux. Suite du précédent film.

MAD MAX 2 "Mad Max 2"
Film d'aventures de **George Miller**, avec Mel Gibson, Bruce Spence, Vernon Wells, Emil Minty. Australie, 1981 – Couleurs – 1 h 37.

Dans un monde où le pétrole est vital et où règnent l'anarchie et la violence, l'ancien policier poursuit sa vengeance. Il viendra en aide à une tribu détentrice de grosses réserves d'essence, avant de reprendre sa route. Suite du précédent.

MADO
Comédie dramatique de **Claude Sautet**, avec Michel Piccoli, Ottavia Piccolo, Jacques Dutronc, Charles Denner, Julien Guiomar, Romy Schneider. France, 1976 – Couleurs – 2 h 15.

Un promoteur est ruiné par son concurrent, ce qui va provoquer le suicide de son associé. L'homme va alors se venger, mais cela ne lui donnera pas l'amour de Mado, la jeune prostituée.

LA MADONE DU DÉSIR "San Francisco Story"
Comédie dramatique de **Robert Parrish**, avec Joel McCrea, Yvonne De Carlo, Sidney Blackmer. États-Unis, 1952 – 1 h 20.

En 1856, un riche mineur de retour à San Francisco s'éprend d'une aventurière qui agit pour le compte d'un politicien sans scrupules.

LA MADONE GITANE "Torch Song"
Comédie dramatique de **Charles Walters**, avec Joan Crawford, Michael Wilding, Gig Young. États-Unis, 1953 – Couleurs – 1 h 30.

Une orgueilleuse vedette de music-hall change de vie au contact d'un pianiste aveugle, qu'elle épousera. Les multiples talents de Joan Crawford qui chante, joue et danse.

LA MADRIGUERA "La Madriguera"
Drame psychologique de **Carlos Saura**, avec Geraldine Chaplin, Per Oscarsson. Espagne, 1969 – Couleurs – 1 h 38.

Un jeune couple de riches bourgeois vit une existence de routine dans une luxueuse villa. Après une dispute, ils se coupent du monde et entretiennent des rapports sadomasochistes, à mort.

MA FEMME EST DINGUE "FOR PETE'S SAKE"
Comédie de **Peter Yates**, avec Barbra Streisand, Michael Sarrazin, Estelle Parsons. États-Unis, 1974 – Couleurs – 1 h 30.

Un cruel manque d'argent conduit un chauffeur de taxi et sa femme à des mésaventures de plus en plus farfelues, sur fond de trafics et de banditisme.

MA FEMME EST UNE SORCIÈRE
"I MARRIED A WITCH"
Comédie fantastique de **René Clair**, avec Veronica Lake *(Jennifer)*, Fredric March *(Wallace Wooley)*, Robert Benchley *(Dudley)*, Susan Hayward *(Estelle)*, Robert Warwick *(J.B.)*. • SC : R. Clair, d'après une histoire de Thorne Smith et Norman Matson *The Passionate Witch*. • PH : Ted Tetzlaff. • DÉC : Hans Dreier, Ernst Feyte. • MUS : Roy Webb. États-Unis, 1942 – 1 h 22.

Wallace Wooley est un bourgeois sérieux, nanti, qui fait de la politique. Il est fiancé à Estelle, jeune femme de son milieu. Équilibre parfait, brisé par le surgissement d'une sorcière nommée Jennifer et de son père, emprisonnés depuis des siècles dans un arbre, mais libérés par la foudre. Jennifer devrait punir Wallace qui a fait jadis condamner au bûcher une ancêtre. Mais l'amour est le plus fort et les lois naturelles prévalent sur le surnaturel.

◆ *René Clair, cinéaste français par excellence (esprit, rigueur, clarté, distance) s'est très bien adapté au style hollywoodien. Il adore les fables, et celle-ci est remarquablement imaginée et écrite. De plus, c'est une comédie légère, pas un pensum laborieux. Avec très peu d'effets spéciaux, mais beaucoup de poésie dans les images et les éclairages, le cinéaste a réussi une fantaisie de grande classe. Le charme de Veronica Lake n'est pas étranger à cette réussite.* *G.S.*

MA FEMME EST UN VIOLON "IL MERLO MASCHIO"
Comédie satirique de **Pasquale Festa Campanile**, d'après le roman de Luciano Biancardi *le Complexe de Loth*, avec Lando Buzzanca, Laura Antonelli, Lino Toffolo. Italie, 1972 – Couleurs – 1 h 50.

Un violoncelliste frustré utilise la beauté (nue) de sa femme pour se faire reconnaître. Une comédie corrosive stigmatisant le machisme. Son titre primitif, Ma femme est un violon sexe, fut censuré.

MA FEMME S'APPELLE REVIENS
Comédie de **Patrice Leconte**, avec Michel Blanc, Anémone, Xavier Saint-Macary. France, 1982 – Couleurs – 1 h 25.

Un médecin a été abandonné par sa femme ; sa voisine d'immeuble, une photographe de mode, par son ami. Ils se rencontrent, s'aiment un peu, se séparent. La vie continue.

LA MAFFIA FAIT LA LOI "IL GIORNO DELLA CIVETTA"
Drame de **Damiano Damiani**, d'après le récit de Leonardo Sciascia, avec Claudia Cardinale, Franco Nero, Lee J. Cobb, Serge Reggiani. Italie / France, 1968 – Couleurs – 1 h 40.

Derrière une intrigue policière classique d'affrontement avec la maffia, une vigoureuse peinture des mœurs siciliennes.

MAGGIE "THE MAGGIE"
Comédie d'**Alexander Mackendrick**, avec Paul Douglas, Alex Mackenzie, James Copeland. Grande-Bretagne, 1954 – 1 h 32.

L'insouciance d'un capitaine face à l'agitation d'un homme d'affaires américain, autour d'un vieux rafiot : la Maggie. Quand l'humour écossais s'en mêle...

MAGIC "MAGIC"
Drame de **Richard Attenborough**, d'après le roman de William Goldman, avec Anthony Hopkins, Ann Margret, Ed Lauter. États-Unis, 1978 – Couleurs – 1 h 46.

Un ventriloque, Corky, retourne dans sa région natale en compagnie de Fats, sa marionnette. Peu à peu, Corky et Fats ne font plus qu'un et commettent plusieurs crimes...

LE MAGICIEN DE LUBLIN
"THE MAGICIAN OF LUBLIN"
Drame de **Menahem Golan**, d'après le roman d'Isaac Bashevis Singer, avec Alan Arkin, Louise Fletcher, Valerie Perrine. États-Unis / Israël, 1979 – Couleurs – 2 h 05.

Dans la Pologne du début du siècle, un funambule est engagé sur la promesse qu'il pouvait voler. Ne pouvant évidemment réussir, il regagne son pays natal où il déchaîne le village contre lui.

LE MAGICIEN D'OZ "THE WIZARD OF OZ"
Film musical de **Victor Fleming**, avec Judy Garland *(Dorothy Gale)*, Bert Lahr *(Zeke, l'homme en fer blanc)*, Ray Bolger *(Hunk, l'épouvantail)*, Jack Haley *(Hickory, le lion peureux)*, Frank Morgan *(le magicien)*, Billie Burke *(Glinda, la bonne fée)*, Margaret Hamilton *(Elvira, la méchante fée)*, Charley Grapewin *(l'once Henry)*, Clara Blandick *(la tante Em)*. • SC : Noel Langley, Florence Ryerson, Edgar Allan Woolf, d'après le roman de Frank L. Baum *The Wonderful Wizard of Oz*. • PH : Harold Rosson. • CHOR : Bobby Connolly. • EFFETS SPÉCIAUX : A. Arnold Gillespie. • MUS : Harold Harlen, Herbert Stothart. • MONT : Blanche Sewell. États-Unis, 1939 – Couleurs – 1 h 40. ★ **OSCAR 1939 DE LA MEILLEURE JEUNE ACTRICE pour Judy Garland.**

Dorothy Gale, qui vit chez son oncle et sa tante au Kansas, est persécutée par la vieille Elvira Gulch, qui veut lui prendre son chien Toto. Assommée pendant un ouragan, Dorothy rêve qu'elle visite le pays d'Oz, où les nains Munchkins vénèrent un magicien tandis qu'une sorcière fait régner la terreur. Pour rencontrer le magicien, Dorothy part sur la Route de briques jaunes. En chemin, elle rencontre l'homme en fer blanc, le lion peureux et l'épouvantail, qui deviennent ses amis et l'aident à parvenir jusqu'au Palais d'émeraude où une surprise les attend...

◆ *D'une richesse visuelle foisonnante, cette illustration hollywoodienne du roman de Frank L. Baum, best-seller du livre pour enfants dans les pays anglo-saxons, est une éclatante réussite des studios M.G.M. Musique entraînante, costumes chatoyants, maquillages insolites, le tout baignant dans un Technicolor euphorique. Le film marque aussi le véritable début de la carrière de Judy Garland, qui devint grâce à lui une étoile.* G.L.

▷ Autre version réalisée notamment par **Walter Murch**, intitulée OZ, UN MONDE EXTRAORDINAIRE "RETURN TO OZ", avec Fairuza Balk, Nicol Williamson, Jean Marsh, Piper Laurie, Matt Clark. États-Unis, 1985 – Couleurs – 1 h 50.

▷ Voir aussi THE WIZ.

LES MAGICIENS

Drame de **Claude Chabrol**, d'après le roman de Frédéric Dard *Initiation au meurtre*, avec Jean Rochefort, Stefania Sandrelli, Franco Nero, Gert Froebe. France / Italie / R.F.A., 1976 – Couleurs – 1 h 30.

Un riche quadragénaire s'ennuie à Djerba. Un illusionniste lui permet de deviner le destin des autres touristes de l'hôtel.

LE MAGNIFIQUE

Comédie de **Philippe de Broca**, avec Jean-Paul Belmondo, Jacqueline Bisset, Vittorio Caprioli, Monique Tarbès. France, 1973 – Couleurs – 1 h 33.

Modeste auteur de polars, François Merlin se glisse dans la peau de son héros Bob Saint-Clar, un invincible agent secret, pour vivre de rocambolesques aventures en compagnie de personnages qui ont les traits de ceux qu'il côtoie dans la vie réelle. Une satire irrésistible des films d'espionnage.

MAGNUM FORCE "MAGNUM FORCE"

Film policier de **Ted Post**, avec Clint Eastwood, Hal Holbrok, Mitchell Ryan. États-Unis, 1973 – Couleurs – 2 h 03.

À San Francisco, des meurtres en série attisent la rivalité entre services de la police locale. Le justicier solitaire – et son colt magnum – réussira à débrouiller tout cela.

▷ Voir aussi L'INSPECTEUR HARRY.

LE MAGOT DE JOSÉFA

Comédie de **Claude Autant-Lara**, avec Anna Magnani, Bourvil, Pierre Brasseur. France, 1963 – 1 h 30.

Justin, compositeur de chansons, charge son meilleur ami d'aller escroquer sa propre mère, Joséfa, une truculente épicière, d'une somme importante afin de l'aider dans sa carrière.

MA GRAND-MÈRE "ČEMI BEBIA"

Comédie de **Konstantin Mikaberidze**, avec Aleksandre Taq'aichvili, B. Tchernova. U.R.S.S. (Géorgie), 1929 – 2 000 m (env. 1 h 14).

Récemment licencié, un bureaucrate consciencieux rencontre un ami qui lui conseille de se trouver une « grand-mère », c'est-à-dire une protection. Mais la fameuse lettre de recommandation jouera en fait contre son porteur.

LE MAHABHARATA

Épopée mythologique de **Peter Brook**, avec Robert Langdon Lloyd, Antonin Stahly-Vishwandan, Bruce Myers. • SC : Jean-Claude Carrière. • PH : William Lubtchansky. • DÉC : C. Obolensky. • MUS : Toshi Tsuchitori. • MONT : N. Gaster. France / Grande-Bretagne, 1990 – Couleurs – 2 h 51.

Au commencement, *le Mahabharata* était un livre sacré, un recueil touffu de mythes et de légendes, une sorte de texte fondateur qui a généré plusieurs grandes religions orientales. Ce fleuve impétueux prend sa source en Inde. Jean-Claude Carrière et Peter Brook ont travaillé une dizaine d'années avant de proposer aux spectateurs du festival théâtral d'Avignon un condensé du *Mahabharata* en un spectacle de neuf heures. Ce condensé a été condensé à son tour pour le cinéma. La version commerciale exploitée dure près de trois heures (la version télévisée, six heures).

◆ *Le public spécialisé a fait un triomphe au film, qui se présente comme une fresque ténébreuse, fondée sur des histoires complexes de luttes pour le pouvoir, des affrontements entre deux clans, des alternances de sérénité et de violence.* G.S.

MAHLER "MAHLER"

Biographie romancée de **Ken Russell**, avec Robert Powell, Georgina Hale, Richard Morant. Grande-Bretagne, 1974 – Couleurs – 1 h 55.

La vie et les rêves du compositeur autrichien, quelques semaines avant sa mort. Des passages émouvants, mais Russell a été sensible à l'enflure que suggère souvent la musique du maître de Kalischt.

MAIGRET ET L'AFFAIRE SAINT-FIACRE
Film policier de **Jean Delannoy**, d'après le roman de Georges Simenon, avec Jean Gabin, Michel Auclair, Valentine Tessier, Robert Hirsch, Paul Frankeur. France / Italie, 1959 – 1 h 41.

Une comtesse, prévenue par une lettre anonyme de sa mort à la messe du lendemain, succombe effectivement à une crise cardiaque. Maigret enquête dans un univers trouble.

MAIGRET FAIT MOUCHE
"MAIGRET UND SEIN GRÖSSTER FALL"
Film policier d'**Alfred Weidenmann**, d'après le roman de Georges Simenon la Danseuse du Gai Moulin, avec Heinz Ruhmann, Françoise Prévost, Gunther Strack. R.F.A. / France, 1966 – Couleurs – 1 h 30.

À la suite du vol d'un Van Gogh dans un musée et du meurtre d'un gardien, Maigret enquête dans le milieu des collectionneurs et fréquente le Paris nocturne.

MAIGRET TEND UN PIÈGE
Film policier de **Jean Delannoy**, avec Jean Gabin, Annie Girardot, Jean Desailly, Lucienne Bogaert. France / Italie, 1958 – 1 h 56.

Le portrait d'un impuissant sexuel, auteur de plusieurs crimes, que Maigret va pousser aux aveux.

MAIGRET VOIT ROUGE
Film policier de **Gilles Grangier**, d'après le roman de Georges Simenon Maigret, Lognon et les gangsters, avec Jean Gabin, Françoise Fabian, Paulette Dubost. France, 1963 – 1 h 27.

Maigret se retrouve mêlé à une affaire criminelle internationale, dont s'occupe également le F.B.I. Probablement le moins réussi des « Maigret » interprétés par Gabin.

▷ Autres films avec le commissaire Maigret : LES CAVES DU MAJESTIC, de **Richard Pottier**, avec Albert Préjean, Suzy Prim, Denise Grey, Florelle. France, 1945 – 1 h 45. MAIGRET DIRIGE L'ENQUÊTE, de **Stany Cordier**, avec Maurice Manson, Peter Walher, Svetlana Pitoëff. France, 1956 – 1 h 35. LE COMMISSAIRE MAIGRET À PIGALLE "MAIGRET À PIGALLE", de **Mario Landi**, avec Gino Cervi, Lila Kedrova, Raymond Pellegrin. Italie / France, 1967 – Couleurs – 1 h 40.

▷ Voir aussi LE CHIEN JAUNE, LA NUIT DU CARREFOUR, LA TÊTE D'UN HOMME, PICPUS, CÉCILE EST MORTE, L'HOMME DE LA TOUR EIFFEL, BRELAN D'AS.

LA MAIN À COUPER
Film policier d'**Étienne Périer**, d'après le roman de Pierre Salva *Quatre Jours en enfer*, avec Lea Massari, Michel Bouquet, Michel Serrault, Bernard Blier. France / Italie, 1973 – Couleurs – 1 h 35.

Le jeune amant d'une bourgeoise rangée est retrouvé assassiné. L'enquête policière se développe alors, fertile en coups de théâtre.

LA MAIN AU COLLET "TO CATCH A THIEF"
Film policier d'**Alfred Hitchcock**, avec Cary Grant *(John Robie, « le Chat »)*, Grace Kelly *(Frances Stevens)*, Charles Vanel *(Bertrani)*, Brigitte Auber *(Danielle Foussard)*, Jessie Royce Landis *(Mrs. Stevens)*. • SC : John Michael Hayer, d'après le roman de David Dodge. • PH : Robert Burks. • DÉC : Hal Pereira, Joseph MacMillan. • MUS : Lynn Murray. • MONT : George Tomasini. États-Unis, 1955 – Couleurs – 1 h 37.

La police voudrait que John Robie, dit « le Chat », ex-gentleman-cambrioleur retiré sur la Côte d'Azur, soit l'auteur des vols dont les clients des palaces locaux sont les victimes. Aidé par la fille de l'une d'elles, qui ne rejetterait pas cette hypothèse, Robie doit mettre la main au collet du coupable pour se disculper.

◆ *Célèbre pour avoir été l'occasion de la rencontre de Grace Kelly avec son prince charmant, mineur dans l'œuvre de Hitchcock, c'est pourtant un film fascinant et plein de charme. Être touriste, n'est-ce pas voler, du moins des yeux, la richesse profonde d'un peuple ? En retour, que cette « jouissance » légale transforme le voleur en volé(e) plus ou moins consentant(e)... L'humour pervers du maître est à son comble dans cette comédie savoureuse magnifiquement servie par des interprètes parfaits.* *J.M.*

MAIN BASSE SUR LA VILLE "LE MANI SULLA CITTÀ"
Drame de **Francesco Rosi**, avec Rod Steiger *(Edoardo Nottola)*, Salvo Randone *(De Angelis)*, Guido Alberti *(Maglione)*, Angelo D'Alessandro *(Balsamo)*. • SC : F. Rosi, Rafaele La Capria, Enzo Forcella, Enzo Provenzale. • PH : Gianni Di Venanzo. • DÉC : Angelo Canevari. • MUS : Piero Piccioni. • MONT : Mario Serandrei. Italie, 1963 – 1 h 45. ★ **LION D'OR, Venise 1963.**

Près d'un chantier de construction, l'effondrement d'un immeuble vétuste cause la mort de deux personnes. Le promoteur du chantier est responsable, mais il dispose de nombreux appuis politiques.

◆ *À partir d'un fait divers, une violente dénonciation des manœuvres spéculatives et des rapports étroits entre la promotion immobilière et la politique, qui dispense son appui aux riches et lèse les pauvres. Ce grave problème est ici mené comme une enquête, froide et méthodique, sans passion revendicative : la démonstration n'en est que plus probante.* *B.B.*

LA MAIN CHAUDE

Comédie dramatique de **Gérard Oury**, avec Jacques Charrier, Macha Méril, Franca Bettoja, Paulette Dubost, Alfred Adam. France / Italie, 1960 – 1 h 34.

Une veuve d'âge mûr veut refaire sa vie avec un garçon de café... abusé par une jolie vendeuse qui le trompe avec un jeune gigolo... dupé par la fille de la concierge qui se fait passer pour une riche héritière !

LA MAIN DANS LE PIÈGE "LA MANO EN LA TRAMPA"

Drame psychologique de **Leopoldo Torre Nilsson**, avec Elsa Daniel *(Laura)*, Francisco Rabal *(Cristobal)*, Maria Rosa Gallo. • SC : Beatriz Guido. • PH : Alberto Etchebenere. • MUS : Atilio Stampone, Cristobal Haffter. Espagne / Argentine, 1961 – 1 h 30. ★ PRIX DE LA CRITIQUE INTERNATIONALE, Cannes 1961.

De retour dans la demeure familiale après un long séjour au couvent, Laura est intriguée par le fait que le premier étage est inaccessible : y est enfermé, dit-on, un être monstrueux. Poussée par la curiosité, Laura découvre stupéfaite que sa tante, soi-disant mariée à l'étranger, y vit volontairement pour échapper au déshonneur provoqué par la rupture de ses fiançailles. Bouleversée par le terrible secret et la mesquinerie familiale, Laura rencontre l'ex-fiancé de sa tante. Elle est à son tour prise au piège...

◆ *Plus qu'une intrigue mystérieuse, le suspense n'est pas le but recherché, ce film nous plonge dans le monde ambigu et sclérosé de la haute bourgeoisie provinciale argentine chère à la romancière et scénariste Beatriz Guido et à Leopoldo Torre Nilsson. Il nous introduit dans un univers où le réel est mêlé au rêve. La beauté des images et de l'écriture a amené nombre de critiques de l'époque à le comparer à un Buñuel ou un Antonioni.* *C.G.*

LA MAIN DANS L'OMBRE

"SYSTEM OHNE SCHATTEN"

Film policier de **Rudolf Thome**, avec Bruno Ganz, Dominique Laffin, Hanns Zischler. R.F.A., 1983 – Couleurs – 1 h 54.

Une actrice séduit un informaticien pour, avec son ami, détourner de l'argent d'une banque de Berlin sur un compte en Suisse. L'opération se déroule bien, sauf pour l'informaticien.

LA MAIN DE FER "KING BOXER"

Film de karaté de **Cheng Chang Ho**, avec Lo Lieh, Wang Ping. Hong-Kong, 1973 – Couleurs – 1 h 45.

Un adepte des arts martiaux s'inscrit dans une école célèbre pour se perfectionner. Malgré un entraîneur rival qui s'évertue à le faire éliminer, il dispute victorieusement un tournoi avant de tuer tous les bandits !

LA MAIN DROITE DU DIABLE "BETRAYED"

Film policier de **Costa-Gavras**, avec Debra Winger, Tom Berenger. États-Unis, 1988 – Couleurs – 2 h 07.

Enquêtant auprès des fermiers du Middle West, une jeune femme, agent du F.B.I., s'éprend de l'un d'eux qui se révèle être membre d'une organisation raciste occulte.

LA MAIN DU DIABLE

Film fantastique de **Maurice Tourneur**, avec Pierre Fresnay *(Roland Brissot)*, Pierre Palau *(le Diable)*, Josseline Gaël *(Irène)*, Noël Roquevert *(Mélissa)*, Guillaume de Sax *(Gibelin)*, Pierre Larquey *(Ange)*, Douking *(le voleur)*, Garzoni *(le jongleur)*. • SC : Jean-Paul Le Chanois. • PH : Armand Thirard. • MUS : Roger Dumas. • DÉC : André Andréjew. • MONT : Christian Gaudin. France, 1943 – 1 h 22.

À bout de forces, Roland Brissot frappe à la porte d'une auberge de montagne, le soir à la veillée. Devant les pensionnaires fascinés, il raconte son histoire : peintre sans succès, il a acheté au cuisinier italien Mélissa un curieux talisman, une main coupée dans un coffret, qui lui a apporté la gloire et la fortune. Un an plus tard, le Diable lui est apparu sous la forme d'un petit homme vêtu de noir, lui proposant un marché : il reprend la main si Roland lui rend un sou. Mais ce prix double chaque jour et atteint bientôt une somme astronomique.

◆ *Le cinéma français n'a guère cultivé le fantastique, si ce n'est sous l'Occupation : ce film de Tourneur est sans doute la plus belle réussite du genre. L'interprétation inspirée, parfois hallucinée, de Pierre Fresnay sert admirablement le récit conçu par Jean-Paul Le Chanois à la manière des vieilles légendes celtiques... Quant à Pierre Palau, il donne du Diable une image inattendue, parfaitement ordinaire et d'autant plus inquiétante ! L'influence de l'expressionnisme allemand se fait sentir dans les séquences évoquant la malédiction de la main.* *G.L.*

MAINE OCÉAN

Comédie de **Jacques Rozier**, avec Bernard Menez, Luis Rego, Yves Afonso, Lydia Feld, Rose-Maria Gomes. France, 1986 – Couleurs – 2 h 11. ★ PRIX JEAN-VIGO 1986.

Entre la gare Montparnasse et l'île d'Yeu, une danseuse brésilienne et une avocate aux prises avec des contrôleurs pointilleux de la S.N.C.F. Un film en « temps réel », drôle, tendre et insolite.

LA MAIN GAUCHE DU SEIGNEUR
"The Left Hand of God"
Comédie dramatique d'**Edward Dmytryk**, avec Humphrey Bogart, Gene Tierney, Lee J. Cobb. États-Unis, 1955 – Couleurs – 1 h 27

Dans une Chine déchirée par la guerre civile, un ancien aviateur est contraint de revêtir les habits d'un prêtre catholique.

LES MAINS D'ORLAC "Orlacs Hände"
Drame fantastique de **Robert Wiene**, d'après le roman de Maurice Renard, avec Conrad Veidt, Fritz Kortner, Carmen Cartellieri. Autriche, 1924 – env. 2 100 m (1 h 18).

Un pianiste qui a perdu ses mains lors d'un accident s'en fait greffer de nouvelles, prélevées sur un assassin que l'on vient d'exécuter. Mais il ne peut plus jouer et se sent irrésistiblement attiré par le crime.

▷ Autres versions réalisées par : **Karl Freund**, intitulée LES MAINS D'ORLAC "Mad Love", avec Peter Lorre, Colin Clive, Frances Drake. États-Unis, 1935 – 1 h 23. **Edmond T. Greville**, intitulée LES MAINS D'ORLAC, avec Mel Ferrer, Dany Carrel, Christopher Lee. France / Grande-Bretagne, 1961 – 1 h 45.

LES MAINS QUI TUENT "Phantom Lady"
Film policier de **Robert Siodmak**, d'après le roman de William Irish, avec Ella Raines, Franchot Tone, Alan Curtis. États-Unis, 1944 – 1 h 27.

Un homme est accusé du meurtre de sa femme et ne peut retrouver le témoin qui l'innocenterait. Angoisse permanente.

LES MAINS SALES
Drame politique de **Fernand Rivers**, d'après la pièce de Jean-Paul Sartre, avec Pierre Brasseur, Daniel Gélin, Claude Nollier, Jacques Castelot. France, 1951 – 1 h 43.

Dans un pays imaginaire occupé, un jeune bourgeois quitte la maison familiale pour s'engager au parti communiste. Une fidèle adaptation de la pièce.

MAIS NE NOUS DÉLIVREZ PAS DU MAL !
Drame de **Joël Séria**, avec Jeanne Goupil, Catherine Wagener, Bernard Dhéran. France, 1970 – Couleurs – 1 h 40.

Deux adolescentes, élèves d'une institution religieuse, se complaisent dans des actes de plus en plus criminels. Seule la mort viendra mettre un terme à la carrière de ces anges du mal.

MAI 68
Documentaire de **Gudie Lawaetz** et **Jérôme Kanapa**. France, 1974 – Couleurs et NB – 3 h 10.

Présentation brute de documents sur ces semaines étonnantes, dont les conséquences multiples se font toujours sentir dans la France d'aujourd'hui.

LA MAISON
Comédie dramatique de **Gérard Brach**, avec Michel Simon, Patricia d'Arbanville, Paul Préboist. France, 1970 – Couleurs – 1 h 35.

Un ancien professeur vit dans une maison à l'écart, avec son fidèle domestique. Le passage d'une jeune fille et de ses amis relance son interrogation sur la vie. Le scénariste Gérard Brach se fait ici réalisateur.

LA MAISON AU PIED DU ROC
"Haz a sziklak alatt"
Drame de **Karoly Makk**, avec Janos Görbe, Iren Psota, Margit Bara. Hongrie, 1959 – 1 h 41.

À la mort de sa femme, un homme retrouve son fils élevé par sa belle-sœur, secrètement amoureuse de lui. Celle-ci lui mène la vie dure lorsqu'il ramène une nouvelle épouse.

LA MAISON BONNADIEU
Comédie satirique de **Carlo Rim**, avec Danielle Darrieux, Bernard Blier, Yves Deniaud, Françoise Arnoul. France, 1951 – 1 h 39.

Satire de la vie conjugale et portrait d'un mari trompé dans la bourgeoisie provinciale du début du siècle.

LA MAISON DANS LA DUNE
Comédie dramatique de **Pierre Billon**, d'après le roman de Maxence Van der Meersch, avec Madeleine Ozeray, Pierre Richard-Willm, Colette Darfeuil, Thomy Bourdelle. France, 1934 – 1 h 40.

À la frontière franco-belge, un contrebandier s'éprend d'une jolie villageoise, mais sa maîtresse jalouse le dénonce à la police.

▷ Autre version réalisée par **Georges Lampin**, avec Ginette Leclerc, Jean Chevrier, Roger Pigaut. France, 1952 – 1 h 30.

LA MAISON DANS L'OMBRE
"On Dangerous Ground"
Drame psychologique de **Nicholas Ray**, avec Ida Lupino, Robert Ryan, Ward Bond. États-Unis, 1951 – 1 h 22.

Un inspecteur de police brutalise ses suspects pour en obtenir des aveux. La rencontre d'une aveugle modifie son comportement.

MAISON DE BAMBOU "HOUSE OF BAMBOO"
Film policier de **Samuel Fuller**, avec Robert Ryan, Robert Stack, Cameron Mitchell. États-Unis, 1955 – Couleurs – 1 h 42.

En Extrême-Orient, les services secrets américains et la police japonaise traquent une bande de gangsters.

LA MAISON DE DRACULA "HOUSE OF DRACULA"
Film fantastique d'**Erle C. Kenton**, avec Lon Chaney Jr., John Carradine, Glenn Strange, Lionel Atwill. États-Unis, 1945 – 1 h 07.

Un médecin, qui devient la victime de Dracula, découvre le corps du monstre de Frankenstein qu'il ramène à la vie, lorsqu'il a affaire à un loup-garou. Un amalgame de trois mythes du cinéma fantastique.

▷ Voir aussi DRACULA.

LA MAISON DE FRANKENSTEIN
"HOUSE OF FRANKENSTEIN"
Film fantastique d'**Erle C. Kenton**, avec Boris Karloff, John Carradine, Lon Chaney Jr., George Zucco, J. Carroll Naish, Anne Gwynne, Lionel Atwill. États-Unis, 1944 – 1 h 11.

Un médecin fou extirpe des glaces le monstre de Frankenstein et le loup-garou, tous deux congelés lors d'un récent affrontement.

▷ Voir FRANKENSTEIN RENCONTRE LE LOUP-GAROU.

LA MAISON DE JEANNE
Comédie dramatique de **Magali Clément**, avec Christine Boisson, Benoît Régent, Jean-Pierre Bisson. France, 1987. Couleurs – 1 h 27.

Cheville ouvrière d'une maisonnée fournie, une jeune femme est séduite par un inconnu de passage.

LA MAISON DE L'ANGE "LA CASA DEL ANGEL"
Drame psychologique de **Leopoldo Torre Nilsson**, avec Elsa Daniel *(Anna)*, Lautaro Murua *(Pablo)*, Guillermo Battaglia, Jordana Fain. • SC : Beatriz Guido, Martin Mentasti, L. Torre Nilsson, d'après une nouvelle de B. Guido. • PH : Anibal Gonzales Paz. • DÉC : Emilio Rodriguez Mentasti. • MUS : Juan Carlos Paz. • MONT : Jorge Garate. Argentine, 1957 – 1 h 25.

Anna et ses deux sœurs vivent confinées dans « la maison de l'ange », entourées d'une mère bigote qui les élève dans la crainte de l'enfer et d'un père politicien nourri de valeurs anciennes. L'arrivée du jeune député Pablo va bouleverser l'univers d'Anna qui découvre sa féminité à ses côtés au cours d'un premier bal ; il abuse d'elle à la veille d'un duel. Anna, désemparée, souhaite mourir... On les retrouve des années plus tard, frustrés d'un amour inavoué.

◆ *Leopoldo Torre Nilsson construit ici une peinture de la bourgeoisie argentine qu'un puritanisme exacerbé et la croyance en des valeurs traditionnelles conduisent à la déchéance et à l'autodestruction. Des plans extrêmement travaillés et une lumière créant une atmosphère de rêve ajoutent à* la Maison de l'ange *des qualités qui vont faire connaître pour la première fois Torre Nilsson et le cinéma argentin à un niveau international.* G.L.

LA MAISON DE LA PLAGE TROUBNAÏA
"DOM NA TRUBNOJ"
Comédie satirique de **Boris Barnet**, avec Vera Mareckaja, Vladimir Fogel, Elena Tjapkina. U.R.S.S. (Russie), 1928 – 1 757 m (env. 1 h 05).

Dans une maison habitée par de petits bourgeois, un coiffeur engage une bonne. La jeune fille est honteusement exploitée, puis chassée, mais le syndicat prend sa défense et ses employeurs seront sévèrement jugés.

LA MAISON DE LA 92e RUE
"THE HOUSE ON 92nd STREET"
Film d'espionnage de **Henry Hathaway**, avec William Eythe *(Bill Dietrich)*, Lloyd Nolan *(Insp. Briggs)*, Signe Hasso *(Elsa Gebhardt)*, Gene Lockhart *(Charles Ogden Roper)*, Leo G.Carroll *(colonel Hammersohn)*, Lydia St-Clair *(Johanna Schwartz)*. • SC : Barre Lyndon, Charles G. Booth, John Monks Jr. • PH : Norbert Brodine. • DÉC : Lyle Wheeler, Lewis Creber. • MUS : David Buttolph. États-Unis, 1945 – 1 h 28. ★ OSCAR DE LA MEILLEURE HISTOIRE ORIGINALE pour Charles G. Booth .

Pendant la Seconde Guerre mondiale, l'inspecteur Briggs, chef du F.B.I., convainc Bill Dietrich d'infiltrer un réseau d'espions nazis. Bill réussit brillamment et, après une formation en Allemagne, devient un responsable de l'organisation. Dans sa hâte d'en découvrir le chef (Elsa Gebhardt, une femme déguisée en homme), il se trahit et serait exécuté sans l'intervention du F.B.I.

◆ *C'est le premier film, et pas forcément le meilleur, d'une série semi-documentaire entreprise par le producteur Louis de Rochemont. Principales constantes : scénario dramatisé à partir d'événements réels ; tournage en extérieurs réels ; volonté d'objectivité dans la réalisation et le ton du récit. Le F.B.I. ici a fourni, outre l'argument, des documents filmés par ses propres agents et jusque-là tenus secrets. Le film, proposé à Hathaway parce qu'on connaissait son goût pour le tournage en extérieurs, fut un succès malgré l'absence de vedettes.* *J.-P.B.*

LA MAISON DE L'EXORCISME
"LA CASA DELL'ESORCISMO"
Film d'horreur de **Mario Bava**, avec Telly Savalas, Elke Sommer, Sylva Koscina, Alida Valli. Italie, 1973 – Couleurs – 1 h 30.

En proie au Malin, Liza souffre d'un dédoublement de personnalité. À l'hôpital où elle est soignée, on tente un exorcisme.

LA MAISON DE MADAME ADLER
"A HOUSE IS NOT A HOME"
Drame de **Russell Rouse**, avec Shelley Winters, Robert Taylor, Cesar Romero. États-Unis, 1964 – 1 h 38.

Polly, pauvre émigrante européenne, débarque à New York. Rapidement, sous le nom de Madame Adler, elle va devenir une des plus importantes tenancières de maison close.

MAISON DE POUPÉE "A DOLL'S HOUSE"
Drame de **Joseph Losey**, d'après la pièce d'Henrik Ibsen, avec Jane Fonda, David Warner, Trevor Howard, Delphine Seyrig, Edward Fox. Grande-Bretagne / France, 1973 – Couleurs – 1 h 45.

Nora a contracté un emprunt auprès de Krogstad, chassé de la banque par son propre mari, promu directeur après des années de vaches maigres. Des décors travaillés et une interprète talentueuse (Jane Fonda) pour décrire le passage d'une femme de la légèreté infantile à la maturité adulte.

▷ Autre version réalisée par **Patrick Garland**, intitulée A DOLL'S HOUSE, avec Claire Bloom, Anthony Hopkins, Ralph Richardson, Deholm Elliot. Grande-Bretagne, 1973 – Couleurs – 1 h 35.

LA MAISON DES BORIES
Drame psychologique de **Jacques Doniol-Valcroze**, d'après le roman de Simone Ratel, avec Marie Dubois, Maurice Garrel, Mathieu Carrière. France, 1970 – Couleurs – 1 h 30.

Un jeune homme trouble, par sa seule présence, l'équilibre d'une famille installée en Provence. Variation élégante sur le thème de la tentation, des images très soignées et un bon découpage.

LA MAISON DES DAMNÉS
"THE LEGEND OF HELL HOUSE"
Film d'épouvante de **John Hough**, d'après le roman de Richard Matheson, avec Pamelin Franklin, Roddy McDowall, Gayle Hunnicutt. Grande-Bretagne, 1973 – Couleurs – 1 h 35.

Quatre scientifiques s'efforcent de mettre un terme aux forces terrifiantes qui bouleversent un château abandonné. Ce n'est pas de tout repos ! Remake de LA MAISON DU DIABLE (Voir ce titre).

LA MAISON DES ÉTRANGERS
"HOUSE OF STRANGERS"
Comédie dramatique de **Joseph L. Mankiewicz**, d'après le roman de Jerome Weidman, avec Edward G. Robinson, Susan Hayward, Richard Conte. États-Unis, 1949 – 1 h 41.

Les erreurs d'un homme, véritable tyran familial, qui fait le malheur de ses proches. Prix d'interprétation à Cannes en 1949 pour Edward G. Robinson.

▷ Voir aussi LA LANCE BRISÉE.

LA MAISON DES FENÊTRES QUI RIENT
"LA CASA DALLE FINESTRE CHE RIDONO"
Film fantastique de **Pupi Avati**, avec Lino Capolicchio, Francesca Marciano, Gianni Cavina. Italie, 1976 – Couleurs – 1 h 50.

Un peintre, qui doit restaurer dans une église de campagne une fresque représentant le martyre de saint Sébastien, découvre que quelqu'un veut empêcher ce travail. On évoque de vieilles légendes et des histoires macabres de sorcellerie.

LA MAISON DES OTAGES
"THE DESPERATE HOURS"
Film policier de **William Wyler**, d'après le roman de Joseph Hayes *Terreur dans la maison*, avec Humphrey Bogart, Fredric March, Arthur Kennedy, Martha Scott. États-Unis, 1955 – 1 h 52.

Trois meurtriers évadés trouvent refuge dans la villa d'une paisible famille qu'ils vont terroriser.

LA MAISON DES SEPT FAUCONS
"THE HOUSE OF THE SEVEN HAWKS"
Film d'aventures de **Richard Thorpe**, d'après le roman de Victor Canning *House of the Seven Flies*, avec Robert Taylor, Nicole Maurey, Linda Christian. États-Unis, 1959 – 1 h 32.

À bord de leur yacht, un aventurier américain et sa maîtresse partent à la recherche d'un trésor de guerre nazi englouti dans les eaux hollandaises.

LA MAISON DE THÉ "CHA GUAN"
Drame de **Xie Tian**, avec Yu Shizhi, Ying Ruocheng, Zheng Rong, Lan Tianye. Chine, 1982 – Couleurs – 2 h 05.

À travers l'histoire d'une maison de thé et de sa clientèle, de 1898 à 1949, le portrait des trois périodes clés de la Chine moderne d'avant Mao.

LA MAISON DU DIABLE "THE HAUNTING"
Film d'épouvante de **Robert Wise**, d'après le roman de Shirley Jackson *The Haunting of Hill House*, avec Richard Johnson, Claire Bloom, Julie Harris. États-Unis / Grande-Bretagne, 1963 – 1 h 52.

Un savant anthropologiste, ses assistants et deux jeunes femmes, médiums, s'installent dans un vieux manoir réputé hanté pour des expériences sur le paranormal. Un des plus célèbres films de « maison hantée » qui atteint parfaitement son objectif : faire peur.
▷ Voir aussi LA MAISON DES DAMNÉS.

LA MAISON DU DOCTEUR EDWARDES
"SPELLBOUND"
Film policier d'**Alfred Hitchcock**, avec Ingrid Bergman *(Constance Petersen)*, Gregory Peck *(John Ballantine)*, Michael Chekhov *(Dr Alex Brulov)*, Leo G. Carroll *(Dr Murchinson)*, Rhonda Fleming *(Mary Carmichael)*. • SC : Ben Hecht, Angus McPhail, d'après le roman de Francis Beeding *The House of Dr. Edwardes*. • PH : George Barnes. • DÉC : James Basevi, John Ewing. • MUS : Miklos Rozsa. • MONT : William Ziegler. États-Unis, 1945 – 1 h 51.

Le Dr Edwardes arrive dans un hôpital psychiatrique où il doit remplacer le directeur, le Dr Murchinson. Le Dr Constance Petersen tombe amoureuse du nouveau venu, mais se rend compte qu'il n'est pas exempt de problèmes psychologiques graves et a sans doute pris la place d'Edwardes. Est-il l'assassin du vrai Dr Edwardes, comme le croit la police ? Avec l'aide de son ancien professeur, elle mène une enquête d'ordre psychanalytique…

◆ *L'importance de la psychanalyse et le rôle de cette théorie et de cette technique dans l'œuvre de Hitchcock ne sont un secret pour personne. Ce n'est pourtant que la surface du film, comme le célèbre rêve du faux Edwardes, conçu par Salvador Dali, étranger à la manière hitchcockienne. La force de ce film plutôt sec tient à l'intérêt du réalisateur pour sa nouvelle interprète, Ingrid Bergman.* *J.M.*

LA MAISON DU LAC "ON GOLDEN POND"
Comédie dramatique de **Mark Rydell**, d'après la pièce d'Ernest Thompson, avec Katharine Hepburn, Henry Fonda, Jane Fonda. États-Unis, 1981 – Couleurs – 1 h 59.

Un couple de septuagénaires voit arriver, pendant les vacances, sa fille, accompagnée de son fiancé et du fils de celui-ci. Les rapports entre les générations sont l'occasion de mises au point aigres-douces, mais nécessaires.

LA MAISON DU MALTAIS
Drame de **Pierre Chenal**, d'après le roman de Jean Vignaud, avec Viviane Romance, Marcel Dalio, Pierre Renoir, Louis Jouvet, Jany Holt, Gina Manès, Aimos. France, 1938 – 1 h 39.

À Sfax, une ancienne prostituée épouse un éminent archéologue, alors qu'elle est enceinte d'un homme qu'elle croit mort. Or, elle retrouve celui-ci par hasard à Paris. Il se taira et disparaîtra.
▷ Autre version réalisée par : **Henri Fescourt**, avec Silvio de Pedrelli, Tina Meller, Louis Vonelly. France, 1929 (RÉ : 1926) – 1 635 m (env. 1 h).

LA MAISON DU SILENCE "LA VOCE DEL SILENZIO"
Drame psychologique de **Georg Wilhelm Pabst**, avec Jean Marais, Daniel Gélin, Frank Villard, Aldo Fabrizi. Italie / France, 1953 – 1 h 40.

À Rome, des hommes de diverses origines viennent méditer dans une maison de repos puis repartent vers leur destin.

LA MAISON DU SOUVENIR "CASA RICORDI"
Comédie musicale de **Carmine Gallone**, avec Micheline Presle, Danièle Delorme, Gabriele Ferzetti, Marta Toren, Maurice Ronet, Marcello Mastroianni, Nadia Gray. Italie / France, 1954 – Couleurs – 1 h 49.

L'histoire de l'art lyrique du début du XIXe siècle en Italie, à travers celle de la « Casa Ricordi » dont le directeur imposa les œuvres de Rossini, Bellini, Verdi et tant d'autres.

LA MAISON ET LE MONDE "GHARE BAIRE"
Drame psychologique de **Satyajit Ray**, avec Soumitra Chatterjee, Victor Bannerjee, Swatillekha Chatterjee, Gopa Aich. Inde, 1984 – Couleurs – 2 h 21.

Le Bengale du début du siècle, dans la demeure du seigneur local, un homme aux idées larges, qui laisse beaucoup de liberté à sa jeune épouse. Séduite par un vil et cruel ami de son époux, elle se retourne en vain vers celui-ci.

LA MAISON PRÈS DU CIMETIÈRE
"QUELLA VILLA ACCANTO AL CIMITERO / FREUDSTEIN"
Film fantastique de **Lucio Fulci**, avec Katherine McColl, Paolo Malco, Ania Pieroni. Italie, 1981 – Couleurs – 1 h 20.

Dans sa maison, le Dr Freudstein assure sa survie en prélevant les parties vitales de ceux qui viennent y habiter. Un « Fulci » sans zombie, mais toujours dans le gore outrancier.

LA MAISON SOUS LES ARBRES

Drame de **René Clément**, d'après le roman d'Arthur Cavanaugh *The Children Are Gone*, avec Faye Dunaway, Frank Langella, Barbara Parkins. France/Italie, 1971 – Couleurs – 1 h 40.

Un couple désuni se retrouve lors de l'enlèvement de ses enfants. L'intrigue est policière, mais l'essentiel du sujet est psychologique. Travail « américain » pour un des derniers films de Clément.

LA MAISON SUR LA PLAGE

"FEMALE ON THE BEACH"

Drame de **Joseph Pevney**, avec Joan Crawford, Jeff Chandler, Jan Sterling, Cecil Kellaway. États-Unis, 1955 – 1 h 37.

Dans une luxueuse villa au bord de la mer, une femme dans l'épanouissement de sa maturité s'éprend passionnément d'un jeune homme séduisant.

MAIS OU ET DONC ORNICAR ?

Drame de **Bertrand Van Effenterre**, avec Geraldine Chaplin, Brigitte Fossey, Jean-François Stévenin. France, 1978 – Couleurs – 1 h 50.

Isabelle mène une enquête sur les relations humaines et la communication, Anne est contremaître ; toutes deux ont des problèmes de couple... Un homme et une petite fille s'aiment sans rien dire... C'est une très belle réflexion sur l'incommunicabilité.

MAIS OÙ EST DONC PASSÉE LA 7e COMPAGNIE ?

Comédie de **Robert Lamoureux**, avec Jean Lefebvre, Pierre Mondy, Aldo Maccione. France, 1973 – Couleurs – 1 h 30.

La 7e Compagnie est arrêtée pendant la débâcle de 1940 mais trois des soldats échappent à l'ennemi. Robert Lamoureux consacrera encore deux autres vaudevilles à ces aventures militaro-cocardières.

▷ Voir ON A RETROUVÉ LA 7e COMPAGNIE et LA 7e COMPAGNIE AU CLAIR DE LUNE.

MAIS QU'EST-CE QUE JE VIENS FOUTRE AU MILIEU DE CETTE RÉVOLUTION ?

"CHE C'ENTRIAMO NOI CON LA RIVOLUZIONE ?"

Film d'aventures de **Sergio Corbucci**, avec Vittorio Gassman, Paolo Villagio, Riccardo Garrone. Italie, 1973 – Couleurs – 1 h 43.

Un acteur participe à une tournée au Mexique, au moment où le pays est en plein soulèvement. Cela lui vaudra de multiples mésaventures tragicomiques, jusqu'à sa mort héroïque du côté des opprimés.

MAIS QU'EST-CE QU'ELLES VEULENT ?

Documentaire de **Coline Serreau**. France, 1976 – Couleurs – 1 h 30.

Des femmes, interrogées sur le vif, racontent leurs espérances, leurs vies, leurs peines. Un bon exemple de cinéma-vérité.

MAIS QUI A TUÉ HARRY ?

"THE TROUBLE WITH HARRY"

Comédie policière d'**Alfred Hitchcock**, avec Edmund Gwenn *(capitaine Albert Wiles)*, John Forsythe *(Sam Marlowe)*, Shirley MacLaine *(Jennifer)*, Mildred Natwick *(miss Gravely)*, Mildred Dunnock *(Mrs. Wiggs)*. • SC : John Michael Hayes, d'après son roman *Jack Trevor Story*. • PH : Robert Burks. • DÉC : Hal Pereira, John Goodman. • MUS : Bernard Herrmann. • MONT : Alma Macroire. États-Unis, 1955 – Couleurs – 1 h 39.

Un petit garçon, Tony, trouve un cadavre dans la campagne. Sa mère, Jennifer, reconnaît son ex-mari, Harry, qu'elle a assommé d'un coup de bouteille. Le capitaine Wiles, chasseur invétéré, le croit victime d'une de ses balles perdues. Une vieille fille, miss Gravely, se croit à son tour coupable, tandis que Sam, peintre, y voit un pur motif esthétique. On s'empresse d'enterrer Harry, dont le cadavre réapparaît toujours mal à propos...

◆ *Cette comédie au sujet apparemment anodin semble faite pour mettre seulement en valeur le goût de Hitchcock pour l'humour noir et les farces un peu macabres. Que le cadavre de Harry soit cadré comme un Christ de Rouault devrait pourtant nous mettre sur une piste autrement plus féconde : de la mort d'un père à celle de Dieu, il n'y a qu'un pas que franchissent bien des exégètes. Que deviennent les créatures livrées à elles-mêmes ? Ce film nous apporte une réponse où l'angoisse se cache derrière le cocasse.* J.M.

MAÎTRE APRÈS DIEU

Drame de **Louis Daquin**, inspiré de la pièce de Jan de Hartog, avec Pierre Brasseur, Jean-Pierre Grenier, Loleh Bellon, Jean Mercure. France, 1951 – 1 h 32.

Un capitaine sans foi ni loi doit transporter sur son vieux cargo du « bétail humain » à destination d'Alexandrie. Le problème des Juifs à la recherche d'une terre pour les accueillir.

LE MAÎTRE D'ÉCOLE

Comédie de **Claude Berri**, avec Coluche, Josiane Balasko, Jacques Debary, Roland Giraud. France, 1981 – Couleurs – 1 h 35.

Un jeune chômeur se résoud à devenir instituteur suppléant. Il découvre un monde « remuant » et attachant et, finalement, rencontre sa vocation.

LE MAÎTRE DE DON JUAN
"Il maestro di Don Giovanni / Crossed Swords"
Film de cape et d'épée de **Milton Krims**, avec Errol Flynn, Gina Lollobrigida, Nadia Gray, Cesare Danova. Italie / États-Unis, 1954 – Couleurs – 1 h 20.

Un jeune duc italien s'oppose avec succès à une insurrection populaire. Tout le charme du Moyen Âge revit grâce aux couleurs, aux décors et aux costumes.

LE MAÎTRE DE GUERRE "Heartbreak Ridge"
Film de guerre de **Clint Eastwood**, avec Clint Eastwood, Marsha Mason. États-Unis, 1986 – Couleurs – 2 h 10.

Un ancien du Viêt Nam transforme de jeunes recrues à problèmes en valeureux guerriers et libère avec eux des otages américains détenus par les Cubains sur l'île de la Grenade.

LE MAÎTRE DE LA PRAIRIE "The Sea of Grass"
Drame d'**Elia Kazan**, d'après le roman de Conrad Richter, avec Spencer Tracy, Katharine Hepburn, Melvyn Douglas, Robert Walker, Phyllis Thaxter. États-Unis, 1946 – 2 h 11.

En 1880, la fille d'un bourgeois de Saint-Louis épouse un rude éleveur, puis prend un amant et retourne en ville en laissant ses deux fils. La mort brutale de l'un d'eux réconcilie le couple.

LE MAÎTRE DE LASSIE "Hills of Home"
Comédie dramatique de **Fred M. Wilcox**, avec Edmund Gwenn, Donald Crisp, Tom Drake, Janet Leigh. États-Unis, 1948 – Couleurs – 1 h 37.

La belle histoire de l'amitié d'un vieux médecin de campagne et d'une chienne, Lassie, qui lui sauvera la vie. Quatrième film de la série des Lassie.

▷ Voir aussi LA FIDÈLE LASSIE.

LE MAÎTRE DE MARIONNETTES
"Hsimeng rensheng"
Chronique de **Hou Hsiao Hsien**, avec Lin Chung, Cheng Kuei-chung, Cho Ju-vei, Hung Liu. Taiwan, 1993 – Couleurs – 2 h 22. ★ **Prix du jury, Cannes 1993.**

À Taiwan, la vie d'un marionnettiste de 1909 jusqu'à la fin de l'occupation japonaise en 1945 : petite histoire dans la grande et mise en abîme : « Mes mains ont insufflé la vie à mes marionnettes. Puis j'ai dirigé le théâtre de leurs vies, comme si j'avais été Dieu. Mais en vérité quelqu'un d'autre, derrière moi, tirait les ficelles et j'étais moi-même une marionnette. »

LE MAÎTRE DE MUSIQUE
Drame de **Gérard Corbiau**, avec José Van Dam, Anne Roussel, Philippe Volter. Belgique, 1987 – Couleurs – 1 h 30.

Au début du siècle, un grand chanteur lyrique se retire de la scène. Il se consacre désormais à l'enseignement, avec une unique élève, Sophie, rejointe ensuite par un jeune homme à la voix prometteuse. Un ancien rival du maître invite les deux jeunes gens à participer à un concours de chant.

LE MAÎTRE DE POSTE "Der Postmeister"
Drame de **Gustav Ucicky**, avec Heinrich George *(le maître de poste)*, Hilde Krahl *(sa fille, Dunya)*, Siegfried Breuer *(le capitaine Minski)*, Hans Holt *(Mitia)*, Ruth Helberg *(Élisabeth)*, Margit Symo, Erik Frey. • SC : Gerhard Menzel, Konstantin Peter von Landau, d'après la nouvelle de Pouchkine. • PH : Hans Schneeberger. • MUS : Willy Schmit-Gentner. Allemagne, 1940 – 1 h 36.

Un vieux maître de poste n'a, depuis la mort de sa femme, que la compagnie de sa fille, la belle Dunya. Un jour, celle-ci s'enfuit avec un hussard. Le vieillard les poursuit, mais ne parvient pas à faire entendre raison à l'imprudente. Il meurt de chagrin.

◆ *La nouvelle de Pouchkine a été plusieurs fois portée à l'écran, mais la version de référence reste celle du Viennois Gustav Ucicky. Fils du peintre Gustav Klimt, Ucicky est l'un des rares cinéastes de talent de l'ère hitlérienne. Son œuvre suit de près les consignes du IIIe Reich, et* le Maître de poste *fait ainsi écho au pacte germano-soviétique. Le folklore slave s'y marie assez bien avec les paysages danubiens et les évolutions du corps de ballet d'Hedy Pfundmayr, appelé en renfort. Le film fut primé au festival de Venise en 1940 et connut un grand succès en France sous l'Occupation.* C.B.

▷ Autres versions réalisées par : **Youri Jeliaboujski** et **Ivan Moskvine**, intitulée LE MAÎTRE DE POSTE "Kollezskij registrator", avec Ivan Moskvine, Vera Malinovskaïa, Boris Tamarine. U.R.S.S. (Russie), 1925 – 2 100 m (env. 1 h 18). **Josef von Baky**, intitulée LE MAÎTRE DE POSTE "Dunja", avec Eva Bartok, Ivan Desny, Karl Heinz Böhm. R.F.A., 1958 – Couleurs – 1 h 39.

LE MAÎTRE DES ÎLES "The Hawaiians"
Film d'aventures de **Tom Gries**, d'après Michener, avec Charlton Heston, Geraldine Chaplin, John Phillip Law. États-Unis, 1970 – Couleurs – 2 h.

Whipple Hoxworth a perdu l'héritage de son grand-père, mais il s'enrichit dans la culture de l'ananas. Sa femme le quitte et il assiste à la montée en puissance des Chinois. Suite de HAWAÏ.

LE MAÎTRE DU GANG "THE UNDERCOVER MAN"
Film policier de **Joseph Lewis**, avec Glenn Ford, Nina Foch, James Whitmore. États-Unis, 1949 – 1 h 25.

Un agent du Trésor recherche le chef d'un puissant gang de fraudeurs fiscaux. Un film dans un style néoréaliste.

LE MAÎTRE DU LOGIS "DU SKAL ÆRE DIN HUSTRU"
Comédie de **Carl Theodor Dreyer**, avec Johannes Meyer *(Viktor)*, Astrid Holm *(Ida)*, Mathilde Nielsen *(Mad)*, Karin Mellemose *(Karen)*. • SC : C.T. Dreyer, Sven Rindom, d'après sa pièce *la Chute d'un tyran*. • PH : Georges Schneevoigt. • DÉC : C.T. Dreyer. Danemark, 1925 – 2 892 m (env. 1 h 47).

À Copenhague, Ida Frandy, mère de trois enfants, est tyrannisée par un mari égoïste et autoritaire. Elle tombe malade et ne recueille que des rudoiements ; sa mère l'envoie à la campagne. Mais la vieille nourrice de Viktor, Mad, décide de le dresser pour lui apprendre l'humilité et l'humanité ; alors seulement elle permet à l'homme maté de voir sa femme rétablie.

◆ *Partant d'une pièce de théâtre qu'il s'ingénia à épurer au maximum et se situant dans la lignée du « Kammerspiel » (drame de chambre) allemand, Dreyer fit reproduire en studio, pour en faire le décor presque unique de ce film, un authentique appartement d'ouvrier. Rarement les humbles gestes quotidiens du ménage ont été filmés avec autant d'humour et d'attention. Dreyer jugea l'interprétation, extrêmement subtile et retenue sous sa direction, partiellement gâchée par un maquillage outré. Ce fut une des expériences qui devaient le décider plus tard à en priver totalement les acteurs de sa* Jeanne d'Arc. *M.CH.*

LE MAÎTRE DU MONDE
"THE MASTER OF THE WORLD"
Film d'aventures de **William Witney**, d'après le roman de Jules Verne, avec Vincent Price, Charles Bronson, Mary Webster, Richard Harrison. États-Unis, 1961 – Couleurs – 1 h 36.

Robur, inventeur d'un astronef très perfectionné, veut obtenir des divers gouvernements un désarmement général. Il détruit pour cela toutes les armées qui résistent à ses injonctions.

LE MAÎTRE DU TEMPS
Drame fantastique de **Jean-Daniel Pollet**, avec Jean-Pierre Kalfon. France, 1971 – Couleurs – 1 h 30.

Un être à visage humain, dont on ne sait s'il est un extraterrestre ou un homme, est doté du pouvoir de voyager dans le temps. Débarquant au Brésil, il est mêlé à différents épisodes de son histoire.

LE MAÎTRE ET MARGUERITE
"MAJSTOR I MARGARITA"
Drame d'**Aleksandar Petrović**, d'après le roman de Mikhaïl Boulgakov, avec Ugo Tognazzi, Mimsy Farmer, Alain Cuny, Velimir Živojinović, Pavle Vuisić. Yougoslavie / Italie, 1972 – Couleurs – 1 h 36.

À Moscou, en 1925, un écrivain est confronté à l'ajournement de la première de sa pièce. Alors que la femme qu'il aime décide de vivre à ses côtés, il disparaît mystérieusement. On le retrouve interné dans un asile psychiatrique.

LE MAÎTRE-NAGEUR
Comédie satirique de **Jean-Louis Trintignant**, avec Guy Marchand, Stefania Sandrelli, Jean-Claude Brialy. France, 1979 – Couleurs – 1 h 30.

Marie fait des rêves prémonitoires : elle sait qu'elle a rencontré l'homme de sa vie, Marcel, et aussi qu'elle deviendra riche ; tout se réalise mais Marcel meurt... Plus tard, son petit-fils fait un rêve...

MAÎTRES DE BALLET "THE DANCING MASTERS"
Film burlesque de **Mal Saint-Clair**, avec Stan Laurel, Oliver Hardy, Trudy Marshall. États-Unis, 1943 – 1 h 03.

Devenus professeurs de danse classique, Laurel et Hardy ont des ennuis d'argent et s'occupent du lancement d'un rayon secret inventé par le fiancé d'une de leurs amies. Les deux compères en « tutu »...

LES MAÎTRES DE LA MER "RULERS OF THE SEA"
Drame de **Frank Lloyd**, avec Douglas Fairbanks Jr., Margaret Lockwood, Will Fyffe, George Bancroft, Montagu Love, David Torrence. États-Unis, 1939 – 1 h 35.

Un officier de la marine à voile britannique se lance, avec un vieil inventeur, dans la construction d'un bateau à moteur. Après bien des incidents, ils font la traversée de l'Atlantique jusqu'à New York.

LES MAÎTRES DE L'UNIVERS
"MASTERS OF THE UNIVERSE"
Film fantastique de **Gary Goddard**, avec Dolph Lundgren, Frank Langella. États-Unis, 1987 – Couleurs – 1 h 50.

Une princesse jeune et belle sur une « bonne » planète. Le méchant Skeletor les attaque, et Musclor, pacifique et musclé, les défend. Après beaucoup de violences et grâce à deux jeunes Terriens, la paix reviendra et Skeletor s'enfoncera dans le néant.

LES MAÎTRES DU TEMPS
Dessin animé de **René Laloux** et **Moebius [Jean Giraud]**, d'après le roman de Stefan Wul l'Orphelin de Perdide. France, 1982 – Couleurs – 1 h 18.

Le fils d'un explorateur interstellaire est abandonné sur la planète Perdide, infestée de frelons géants. Son ami part à sa recherche, aidé d'un vieux navigateur et deux gnomes télépathes.

MAÎTRESSE
Drame psychologique de **Barbet Schroeder**, avec Bulle Ogier, Gérard Depardieu, André Rouyer, Holger Lowenadler, Nathalie Keryan. France, 1976 – Couleurs – 1 h 55.

Au cours d'un casse, un cambrioleur d'occasion rencontre une jeune femme qui se révèle être la maîtresse d'un petit univers sado-masochiste. Il en tombe amoureux et tentera, en vain, de la soustraire à son milieu pervers.

LA MAÎTRESSE "ALSKARINNAN"
Drame psychologique de **Vilgot Sjöman**, avec Bibi Andersson, Max von Sydow. Suède, 1962 – 1 h 17.

Une jeune secrétaire, liée à un tendre jeune homme, devient la maîtresse d'un des organisateurs du congrès auquel elle participe. Pour ne pas être déchirée entre les deux hommes, elle décide de s'expatrier et d'oublier son passé.

LA MAÎTRESSE DE FER "THE IRON MISTRESS"
Comédie dramatique de **Gordon Douglas**, avec Alan Ladd, Virginia Mayo, Joseph Calleia. États-Unis, 1952 – Couleurs – 1 h 50.

Un jeune bûcheron batailleur devient un riche planteur de coton pour les beaux yeux d'une ravissante jeune femme qui refuse de l'épouser. Le charme de la Louisiane de 1825, mis en valeur par un très beau Technicolor, et deux bagarres à l'arme blanche.

LA MAÎTRESSE DU LIEUTENANT FRANÇAIS
"THE FRENCH LIEUTENANT'S WOMAN"
Comédie dramatique de **Karel Reisz**, avec Meryl Streep *(Sarah Woodruff / Anna)*, Jeremy Irons *(Charles Smithson / Mike)*, Leo McKern *(Dr Grogan)*, Lynsey Baxter *(Ernestina)*, Patience Collier *(Mrs. Poulteney)*. • SC : Harold Pinter, d'après le roman de John Fowles *Sarah et le Lieutenant français*. • PH : Freddie Francis. • DÉC : Norman Dorme, Terry Pritchard, Allan Cameron. • MUS : Carl Davis, Mozart. • MONT : John Bloom. Grande-Bretagne, 1981 – Couleurs – 2 h 03.

Dans la petite ville de Lyme, sur la côte sud-ouest de l'Angleterre victorienne, un jeune rentier et collectionneur de fossiles quitte les chemins de la respectabilité et compromet son mariage avec Ernestina, une jeune fille de bonne famille, pour une « femme perdue » et peut-être folle, qui dit avoir été la maîtresse d'un lieutenant français. En 1981, les deux interprètes principaux du film qui relate cette histoire vivent une passion similaire alors qu'ils sont tous les deux mariés.

◆ *Dans le roman, l'auteur prenait la parole pour analyser avec une distance critique et pince-sans-rire les mœurs et les codes amoureux et sociaux de ses héros victoriens. Dans l'habile transposition cinématographique, cette distance critique, qui n'empêche pas l'émotion, est recréée en imaginant que les acteurs de cinéma modernes qui interprètent l'histoire vivent eux-mêmes une « love affair ». Le style précis, ironique et séduisant de Karel Reisz fit merveille, aidé par une magnifique photographie de Freddie Francis, et bien sûr par les acteurs, dont Meryl Streep qui trouve là le premier grand rôle romanesque digne d'elle.* M.CH.

LES MAÎTRESSES DE DRACULA
"THE BRIDES OF DRACULA"
Film d'épouvante de **Terence Fisher**, avec Peter Cushing, Martita Hunt, Yvonne Monlaur. Grande-Bretagne, 1960 – Couleurs – 1 h 25.

Une jeune Française qui se rend en Transylvanie est courtisée par un châtelain qui n'est autre qu'un dangereux vampire. Macabre aventure.

▷ Voir aussi DRACULA.

LA MAJA NUE "THE NAKED MAJA"
Comédie dramatique de **Henry Koster**, avec Ava Gardner, Anthony Franciosa, Amedeo Nazzari, Gino Cervi. États-Unis / Italie / France, 1959 – Couleurs – 1 h 51.

Les amours tumultueuses de Goya et de la duchesse d'Albe. Fresque passionnante de l'Espagne de la fin du XVIIIe siècle.

MAJOR DUNDEE "MAJOR DUNDEE"
Western de **Sam Peckinpah**, avec Charlton Heston, Richard Harris, James Coburn, Warren Oates. États-Unis, 1965 – Couleurs – 2 h 10.

Après avoir décimé un peloton de cavalerie, les Apaches enlèvent trois enfants et les emmènent de l'autre côté de la frontière. Dédaignant les consignes du haut commandement, le major Dundee prépare une expédition formée d'une troupe hétéroclite de fédéraux, de sudistes, de bandits et d'aventuriers.

MALADIE D'AMOUR
Drame de **Jacques Deray**, avec Nastassja Kinski, Michel Piccoli, Jean-Claude Brialy, Jean-Hugues Anglade. France, 1987 – Couleurs – 2 h.

C'est l'amour fou entre Clément, jeune médecin, et Juliette, shampouineuse. Mais Clément tient à sa carrière. Véritable roman-photo, le film s'achève de façon pathétique, en dépit de scènes de bonheur qu'accompagne *la Sonate au clair de lune*.

LA MALADIE DE HAMBOURG
"Die Hamburger Krankheit"
Drame fantastique de **Peter Fleischmann**, avec Helmut Griem, Fernando Arrabal, Carline Seiser. R.F.A. / France, 1979 – Couleurs – 1 h 57.

À Hambourg, puis dans tout le pays, une mystérieuse maladie décime la population. Malgré les mesures sévères des autorités, un petit groupe parvient à s'enfuir de la ville, mais tous seront victimes de la maladie.

MALCOLM X "Malcolm X"
Biographie de **Spike Lee**, avec Denzel Washington, Angela Bassett, Albert Hall. États-Unis, 1992 – Couleurs – 3 h 20.

La vie du leader charismatique des musulmans noirs américains : ses débuts comme petit trafiquant dans le ghetto de Boston, sa conversion à l'islam, ses combats et son assassinat par un rival en 1965.

LE MAL D'AIMER
Drame de **Giorgio Treves**, avec Robin Renucci, Isabelle Pasco, Carole Bouquet. France / Italie, 1986 – Couleurs – 1 h 31.

La syphilis fait des ravages dans la France du début du XVIe siècle. Un jeune médecin s'éprend d'une prostituée condamnée par le mal... d'amour.

LE MAL DE VIVRE "The Hoodlum Priest"
Comédie dramatique d'**Irvin Kershner**, avec Don Murray, Keir Dullea, Larry Gates. États-Unis, 1961 – 1 h 41.

Le sacerdoce d'un prêtre qui tente de sauver de jeunes délinquants. Inspiré de la vie du jésuite Charles Dismas Clark à St-Louis.

MALDONE
Drame de **Jean Grémillon**, avec Charles Dullin *(Olivier Maldone)*, Genica Athanasiou *(Zita)*, Geymond-Vital *(Marcellin Maldone)*, Annabella *(Flora)*, Marcelle Charles-Dullin *(Misia, la voyante)*, Roger Karl *(Lévigné)*. • SC : Alexandre Arnoux. • PH : Georges Périnal, Christian Matras. • DÉC : André Barsacq. • MUS : Marcel Delannoy, Jacques Brillouin, sur des thèmes de Maurice Jaubert. France, 1927 – 2 800 m (env. 1 h 44).

Le fils d'une riche famille a quitté les siens pour vivre en nomade, le long des routes. Il s'éprend d'une jolie bohémienne, Zita. À l'occasion de la mort de son frère, il rentre au bercail. Mais l'attrait de la liberté est le plus fort : il s'enfuit à nouveau.

◆ *Produit et interprété par le comédien Charles Dullin, dont ce fut l'une des rares expériences cinématographiques,* Maldone *est aussi le premier film de fiction de Jean Grémillon, cantonné jusqu'alors dans le documentaire d'avant-garde. C'est un mélodrame, mais rehaussé par un sens aigu des rythmes naturels, de la dramaturgie visuelle, du paroxysme des sentiments, que l'on retrouvera dans ses meilleurs films parlants, de* Remorques *au* Ciel est à vous. *C.B.*

MALDONNE
Drame de **Sergio Gobbi**, avec Pierre Vaneck, Jean Topart, Elsa Martinelli, Robert Hossein, Jacques Castelot. France, 1969 – Couleurs – 1 h 35.

Parce qu'il est le sosie sans le savoir d'un ancien S.S., un pianiste désargenté accepte de le remplacer auprès de sa femme. À partir de là, les péripéties se multiplient.

MALDONNE POUR UN ESPION
"A Dandy in Aspic"
Film d'espionnage d'**Anthony Mann**, d'après le roman de Derek Marlowe, avec Laurence Harvey, Tom Courtenay, Mia Farrow. Grande-Bretagne, 1968 – Couleurs – 1 h 47.

Un agent double est sur le point d'être démasqué. De Londres à Berlin, il tâche de sauver les apparences entre Russes et Britanniques. C'est le dernier film d'Anthony Mann, d'ailleurs achevé par Laurence Harvey, après la mort du cinéaste en plein tournage.

MALEC / FRIGO
Série de courts métrages burlesques de deux bobines environ (600 m) produits par la Metro, avec Buster Keaton. États-Unis, 1920-1923.

Les mésaventures de Buster Keaton, l'« homme qui ne rit jamais », aux prises avec les pires dangers dont il réchappera au prix d'incroyables prouesses athlétiques ou intellectuelles. Après les pitreries interprétées par Fatty (Roscoe Arbuckle) et sous la direction de celui-ci, de 1917 à 1920, clôturées par *Fatty* et *Malec mécanos/ Garagistes d'occasion (The Garage)*, Buster Keaton, surnommé en France Malec ou Frigo, prend la direction d'une vingtaine de courtes bandes qui le consacrent l'égal de Charlot.

▷ Malec / Frigo apparaît dans :

CE CRÉTIN DE MALEC "The Saphead"
de **Herbert Blache**. 1920.

LA MAISON DÉMONTABLE "One Week"
de **B. Keaton** et **E. Cline**. 1920.

MALEC CHAMPION DE GOLF "Convict 13"
de **B. Keaton** et **E. Cline**. 1920.

L'ÉPOUVANTAIL "The Scarecrow"
de **B. Keaton** et **E. Cline**. 1920.

MALEC CHAMPION DE TIR "The High Sign"
de **B. Keaton** et **Eddie Cline**. 1921.

VOISINS-VOISINES "Neighbours"
de **B. Keaton** et **E. Cline**. 1921.

MALEC CHEZ LES FANTÔMES "The Haunted House"
de **B. Keaton** et **E. Cline**. 1921.

LA GUIGNE DE MALEC "The Hard Luck"
de **B. Keaton** et **E. Cline**. 1921.

L'INSAISISSABLE "The Goat"
de **Malcolm St Clair**. 1921.

FRIGO FREGOLI "The Playhouse"
de **B. Keaton** et **E. Cline**. 1921.

FRIGO CAPITAINE AU LONG COURS "The Boat"
de **B. Keaton** et **E. Cline**. 1921.

MALEC CHEZ LES INDIENS "The Paleface"
de **B. Keaton** et **E. Cline**. 1921.

FRIGO DÉMÉNAGEUR "Cops"
de **B. Keaton** et **E. Cline**. 1922.

LES PARENTS DE MA FEMME "My Wife's Relations"
de **B. Keaton** et **E. Cline**. 1922.

FRIGO ESQUIMAU "The Frozen North"
de **B. Keaton** et **E. Cline**. 1922.

MALEC FORGERON "The Blacksmith"
de **M. St Clair**. 1922.

GRANDEUR ET DÉCADENCE "Day Dreams"
de **B. Keaton** et **E. Cline**. 1922.

FRIGO À L'ÉLECTRIC HOTEL "The Electric House"
de **B. Keaton** et **E. Cline**. 1922.

MALEC AÉRONAUTE "The Balloonatic"
de **B. Keaton** et **E. Cline**. 1923.

THE LOVE NEST
de **B. Keaton** et **E. Cline**. 1923.

LA MALÉDICTION "The Omen"

Film d'épouvante de **Richard Donner**, avec Gregory Peck, Lee Remick, Harvey Stevens, David Warner, Billie Whitelaw, Leo McKern. États-Unis, 1976 – Couleurs – 1 h 51.

Un bébé meurt à sa naissance. Il est remplacé par un autre, à l'insu de sa mère. Lorsqu'il a cinq ans, les drames accompagnent la vie du petit Damien, qui se révèle être l'envoyé du Mal, et auquel une haute destinée est réservée.

▷ Deux suites sont réalisées : DAMIEN (Voir ce titre). LA MALÉDICTION FINALE "Final Conflict" de **Graham Baker**, avec Sam Neil, Rossano Brazzi, Don Gordo. États-Unis, 1981 – Couleurs – 1 h 50.

LA MALÉDICTION D'ARKHAM

"The Haunted Palace"

Film fantastique de **Roger Corman**, inspiré de récits d'Edgar Poe et H.P. Lovecraft, dont *le Cas de Charles Dexter Ward*, avec Debra Paget, Vincent Price, Lon Chaney, Frank Maxwell, Leo Gordon. États-Unis, 1963 – Couleurs – 1 h 26.

Un magicien brûlé au XVIIIe siècle revient, cent ans plus tard, habiter le corps et l'esprit de son descendant pour tirer vengeance de ses bourreaux. Une réussite dans un genre que Corman a beaucoup illustré, et le climat des œuvres de Lovecraft.

LA MALÉDICTION DE LA PANTHÈRE ROSE

"The Revenge of the Pink Panther"

Comédie de **Blake Edwards**, avec Peter Sellers, Herbert Lom, Robert Webber, Dyan Cannon. États-Unis, 1978 – Couleurs – 1 h 40.

L'inspecteur Clouseau, rescapé de seize attentats, est menacé de mort par un patron de la French Connection. Une équipée rocambolesque le conduira aux plus hautes destinées. Cinquième film de la série

▷ Voir aussi LA PANTHÈRE ROSE.

LA MALÉDICTION DE LA VALLÉE DES ROIS

"The Awakening"

Film d'aventures de **Mike Newell**, avec Charlton Heston, Susannah York, Jill Townsend. Grande-Bretagne, 1980 – Couleurs – 1 h 47.

Un archéologue viole la tombe d'une reine d'Égypte morte à seize ans après avoir épousé son père. Seize ans plus tard, des événements mystérieux se produisent où la fille même de l'archéologue va jouer un rôle tragique. D'extraordinaires décors.

LA MALÉDICTION DES HOMMES-CHATS

"The Curse of the Cat People"

Film fantastique de **Robert Wise** et **Gunther von Fritsch**, avec Simone Simon, Julia Dean, Kent Smith, Ann Carter, Jane Randolph. États-Unis, 1944 – Couleurs – 1 h 10.

Une petite fille solitaire trouve une amie grâce à un anneau magique. Robert Wise, qui reprenait le film pour sa première réalisation, a suivi avec délicatesse cette histoire féerique. La suite de LA FÉLINE (Voir ce titre).

LA MALÉDICTION DES PHARAONS
"THE MUMMY"
Film d'épouvante de **Terence Fisher**, avec Peter Cushing, Christopher Lee, Yvonne Furneaux, Eddie Byrne. Grande-Bretagne, 1959 – Couleurs – 1 h 28.

Une momie vivante est transportée, à la fin du siècle dernier, en Angleterre où elle sème la terreur parmi un groupe d'archéologues. Remake du film interprété en 1932 par Boris Karloff (voir LA MOMIE).

LA MALÉDICTION DES WHATELEY
"THE SHUTTERED ROOM"
Film fantastique de **David Greene**, d'après le roman de H.P. Lovecraft et August Derleth, avec Carol Lynley, Gig Young, Oliver Reed. Grande-Bretagne, 1967 – Couleurs – 1 h 39.

L'héritière d'un moulin maudit est confrontée avec son mari aux tentatives monstrueuses d'une créature inconnue ainsi qu'à l'hostilité des villageois. Un effort pour rendre les images et le climat du roman.

LE MÂLE DU SIÈCLE
Comédie dramatique de **Claude Berri**, avec Juliet Berto, Claude Berri, Hubert Deschamps, Jacques Debary, Denise Provence, Laszlo Szabo, Yves Afonso. France, 1975 – Couleurs – 1 h 30.

Le boutiquier est très jaloux de sa femme, qui va se trouver prise en otage par des gangsters. Délivrée après quatre jours d'épreuve, elle sera encore soumise à la suspicion maladive de son époux.

LES MÂLES OU L'ÉTERNEL MASCULIN
Comédie dramatique de **Gilles Carle**, avec Donald Pilon, René Blouin, Catherine Mousseau, Andrée Pelletier. Canada (Québec), 1970 – Couleurs – 1 h 40.

Pour rompre leur solitude dans la forêt, un bûcheron et un ancien étudiant enlèvent une jeune fille. Arrêtés, puis libérés, ils retrouvent leur campement occupé par une jolie femme qui leur fera partager des joies simples et naturelles.

MALEVIL
Film de science-fiction de **Christian de Chalonge**, d'après le roman de Robert Merle, avec Michel Serrault, Jacques Dutronc, Robert Dhéry, Jacques Villeret. France, 1980 – 1 h 59.

Un petit groupe d'hommes échappe par hasard au premier cataclysme atomique de l'histoire. Il leur faut réapprendre à vivre dans un monde bouleversé.

LES MALHEURS D'ALFRED
Comédie de **Pierre Richard**, avec Pierre Richard, Anny Duperey, Pierre Mondy, Jean Carmet. France, 1972 – Couleurs – 1 h 38.

Alfred est un garçon né sous une mauvaise étoile : tout ce qu'il entreprend rate plus ou moins lamentablement. Jusqu'au jour où il entre à la télévision. Une cascade de gags sympathiques.

LES MALHEURS DE SOPHIE
Comédie de **Jacqueline Audry**, d'après l'ouvrage de la comtesse de Ségur, avec Madeleine Rousset, Michel Auclair, Marguerite Moréno, Alerme, Colette Darfeuil. France, 1946 – 1 h 35.

Les démêlés d'une jeune fille avec son intraitable gouvernante. Le premier film de la réalisatrice Jacqueline Audry.

LES MALHEURS DE SOPHIE
Chronique de **Jean-Claude Brialy**, d'après l'ouvrage de la comtesse de Ségur, avec Paprika Bommenel, Frédéric Mestre, Corinne Richard. France, 1980 – Couleurs – 1 h 27.

Dans la France du second Empire, une petite fille de 6 ans vit avec ses parents dans un château. Les vacances sont l'occasion de maintes bêtises enfantines avec le cousin et les amies.

LA MALIBRAN
Biographie de **Sacha Guitry**, avec Géori Boué, Sacha Guitry, Jean Debucourt, Geneviève Guitry, Jacques Jansen, Suzy Prim, Mona Goya, Jean Cocteau. France, 1944 – 1 h 35.

Une évocation souriante et pleine de fantaisie de la vie de la célèbre cantatrice d'origine espagnole. Célébrée par Musset (personnifié par Cocteau), elle mourut à 28 ans, en 1836.

MALICIA "MALIZIA"
Comédie de **Salvatore Samperi**, avec Laura Antonelli, Turi Ferro, Alessandro Momo. Italie, 1973 – Couleurs – 1 h 35.

Dans une petite ville de Sicile, l'arrivée d'une nouvelle servante bouleverse la vie d'un veuf et de ses trois fils. Le père finira par se remarier avec elle.

LE MALIN "WISE BLOOD"
Drame de **John Huston**, avec Brad Dourif *(Hazel Motes)*, Ned Beatty *(Hoover Shoates)*, Harry Dean Stanton *(Asa Hawkes)*, Daniel Shor, Amy Wright, Mary Nell, John Huston *(Grand-Père Motes)*. • SC : Benedict et Michael Fitzgerald, d'après le roman de Flannery O'Connor. • PH : Gerry Fisher. • DÉC : Sally Fitzgerald. • MUS : Alex North. • MONT : Roberto Silvi. États-Unis / R.F.A., 1979 – Couleurs – 1 h 45.

Se retrouvant seul à son retour de l'armée, Hazel Motes décide de devenir prêcheur, comme l'était son grand-père. Il rêve de fonder une nouvelle secte, « l'Église du Christ sans le Christ ». Au cours de son périple, il rencontre divers charlatans, faux prêcheurs ou faux aveugle, qui ne comprennent pas l'authenticité de sa démarche. Hazel finit par tuer un de ces escrocs, puis se brûle les yeux avec de la chaux vive.

◆ *Ce film a été réalisé dans des conditions semi-artisanales, avec un petit budget. Par la vigueur de sa réalisation et son aspect spontané, il ressemble à un « premier film » qu'aurait tourné un jeune cinéaste de génie. Mais John Huston avait déjà soixante-dix ans lorsqu'il réalisa* le Malin, *preuve s'il en était besoin de l'étonnante et constante modernité de ce grand maître du cinéma. Il est aidé dans le cas présent par Brad Dourif, extraordinaire acteur trop méconnu.* L.A.

MALINA "MALINA"

Drame de **Werner Schroeter**, avec Isabelle Huppert, Mathieu Carrière, Can Togay. Allemagne / Autriche, 1990 – Couleurs – 2 h 05.

À Vienne au début des années 70, une femme se partage entre deux hommes tout en sombrant dans la névrose. Une flamboyance glacée.

LA MALLE DE SINGAPOUR "CHINA SEAS"

Film d'aventures de **Tay Garnett**, d'après le roman de Crosbie Garstin, avec Clark Gable, Jean Harlow, Wallace Beery, Rosalind Russell, Lewis Stone, Dudley Digges. États-Unis, 1935 – 1 h 29.

En mer de Chine, un luxueux paquebot qui transporte de l'or est attaqué par des pirates. Grâce au courage d'un officier, ils échouent dans leur entreprise, et leur jonque sera détruite.

MALOMBRA "MALOMBRA"

Drame de **Mario Soldati**, avec Isa Miranda *(Marina di Malombra)*, Andrea Checchi *(Corrado Silla)*, Irasema Dilian *(Edith)*, Gualtiero Tumiati *(César)*, Nino Crisman *(Salvador)*. • SC : Mario Bonfantini, Renato Castellani, Ettore Margadonna, Tino Richelmy, M. Soldati, d'après le roman d'Antonio Fogazzaro. • PH : Massimo Terzano. • DÉC : Gastone Medin. • MUS : Giuseppe Rosati. Italie, 1942 – 1 h 35.

Vers 1880, dans un château italien situé au bord d'un lac alpestre, le comte César élève sévèrement sa nièce Marina. Celle-ci découvre les lettres d'une ancêtre séquestrée par son mari. Le jeune professeur Silla vient travailler au château. Marina s'éprend de lui, mais, peu à peu imprégnée de la personnalité de la morte, le tue et se suicide.

◆ *C'est un des plus célèbres films du courant calligraphique, dont Soldati le lettré est sans doute le meilleur représentant. Les décors et paysages, splendidement éclairés par Terzano, assurent une prenante atmosphère de romantisme morbide. Selon Isa Miranda, la dernière partie aurait subi des coupures. Elle paraît pourtant bien longue ! Lyda Borelli avait interprété une version muette, réalisée par Carmine Gallone en 1916.* J.-P.B.

LES MAL-PARTIS

Drame de **Jean-Baptiste Rossi** [Sébastien Japrisot], avec France Dougnac, Olivier Jallageas, Marie Dubois, Pascale Roberts, Bernard Verley. France, 1976 – Couleurs – 1 h 55.

En 1944, un élève des jésuites tombe amoureux d'une jolie religieuse, qui se laisse séduire et part sur les routes avec son jeune amant.

MAMAN

Comédie de **Romain Goupil**, avec Anémone, Arthur H, William Lafon, Karim Massard. France, 1990 – Couleurs – 1 h 28.

Une jeune femme sort de prison. Ses enfants lui font fête. C'est une famille unie, drôle et marginale, qui se débrouille pour survivre en utilisant des moyens pas vraiment honnêtes. Romain Goupil a mis de la chaleur et de l'humour dans la description de cette joyeuse dérive. Il a été aidé par des comédiens excellents, en tête desquels l'irrésistible Anémone.

MAMAN A CENT ANS "MAMA CUMPLE CIEN AÑOS"

Comédie dramatique de **Carlos Saura**, avec Geraldine Chaplin, Amparo Munoz, Fernando Fernan Gomez, Rafaela Aparicio. Espagne, 1979 – Couleurs – 1 h 40.

Pour fêter l'anniversaire d'une centenaire débordante de vitalité, sa famille se réunit autour d'elle dans la vieille demeure familiale. Chacun des membres de la famille se révèle alors au hasard des situations et des rencontres.

LA MAMAN ET LA PUTAIN

Drame de **Jean Eustache**, avec Bernadette Lafont *(Marie)*, Jean-Pierre Léaud *(Alexandre)*, Françoise Lebrun *(Véronika)*, Isabelle Weingarten *(Gilberte)*, Jean Douchet *(le dragueur)*, Noël Simsolo *(l'intellectuel)*, Jean Eustache *(le mari de Gilberte)*. • SC : J. Eustache. • PH : Pierre Lhomme. • MUS : Offenbach, Mozart, Deep Purple. • MONT : J. Eustache, Denise de Casabianca. • PR : Pierre Cottrell. France, 1973 – 3 h 40.

Alexandre aime Marie, mais comme tout, alentour, paraît changer, il décide lui aussi de changer et s'amourache de Véronika.

◆ **Solitude et pauvreté**

Ce film miroir, et reflet, Eustache l'aura contrôlé de bout en bout. Il l'aura écrit, et, pour être sûr que ce qu'il avait imaginé serait entendu, il aura assuré l'enregistrement du son. Et après y avoir figuré, afin de marquer sa dette à Renoir, le patron, il l'aura, pour finir, monté. De la Maman et la Putain, *Eustache est donc l'auteur complet puisqu'il en aura, averti qu'il est par ses précédentes expériences, supervisé la production : à peine 700 000 F (ce qui met, entre parenthèses, la minute à un peu plus de 3 000 F). Bref, en assurant quasiment tous les rôles, et en se pliant à la contrainte du strict minimum, il aura, tel Rossellini autrefois, renoué avec la seule morale créatrice acceptable : la solitude et la pauvreté. Mais les artisans sont rares, car dans artisan, il y a artiste, et qui se soucie des artistes ? Et pourtant la modernité, tarte à la crème de tous les apostats, ne se courtise qu'à de pareilles conditions. Elle se refuse toujours à la foule, et à l'opulence. Et la modernité, autrement dit le retour de l'éternité habillée de neuf, court tout au long de* la Maman et la Putain. *Lorsqu'on voudra, plus tard, connaître ce qui se jouait dans les années d'après la mutation, que croyez-vous que l'on consultera ? Très peu de choses, sûrement pas la presse, ni les ouvrages dits de sciences humaines, un ou deux romans peut-être, pas de peinture, un soupçon de musique, et Eustache qui jamais n'abdiqua. Et qui persista dans ses convictions. Lesquelles tiennent sur les doigts d'une seule main. Primo, foutre sa peau sur la table. Secundo, bourrer la pellicule de l'air du temps, de ce qui domine, et de ce qui est refoulé. Tertio, ne choisir pour interprètes que ceux qui participent de votre univers. Et quarto (il n'y a pas de quinto), refuser le double jeu. On vous serine que 220 minutes de 16 mm, c'est beaucoup trop pour la moyenne des spectateurs. Ce n'est pas faux, mais choisissez de vous tromper. Seule l'erreur, en art, trouve sa récompense. De même que Rimbaud ne fut pas le poète de la génération de la Commune (la belle blague !), Eustache ne fut pas davantage le cinéaste soixante-huitard que le tout-Paris cherchait. Il fut simplement contre, résolument contre. Contre les compromis, et les accommodements. À preuve,* la Maman et la Putain *qui porte en soi la certitude que la fête est déjà finie, et qu'aux prétendus libertins vont succéder les liberticides. Film granitique, mais d'un granit fissuré, film dur, compact, film gaiement désespéré, l'avenir lui appartient, comme il appartint à* la Règle du jeu, *au soir de son échec public.* *G.G.*

MAMAN, JE SUIS EN VIE "MAMA, ICH LEBE"

Drame de **Konrad Wolf**, avec Peter Prager, Donatas Banionis, Detlef Giess, Uwe Zerbe, Eberhard Kirchberg. R.D.A., 1976 – Couleurs – 1 h 50.

Quatre soldats allemands sont prisonniers en Union soviétique. Prenant conscience de l'absurdité du nazisme, ils suivent les cours d'une école antifasciste et subissent un entraînement qui les préparera à une mission menée contre l'armée allemande.

MAMAN KUSTERS S'EN VA AU CIEL

"MUTTER KÜSTERS FÄHRT ZUM HIMMEL"

Drame de **Rainer Werner Fassbinder**, avec Brigitte Mira, Ingrid Caven, Karl Heinz Böhm, Margit Carstensen. R.F.A., 1975 – Couleurs – 1 h 45.

La femme d'un ouvrier, qui s'est suicidé après avoir tué un cadre de son usine, est choquée par l'attitude de ses enfants face au drame. Elle adhère au Parti après sa rencontre avec des journalistes communistes et participe avec eux à une action qui se termine tragiquement.

MAMAN TRÈS CHÈRE "MOMMIE DEAREST"

Biographie de **Frank Perry**, d'après le livre de Christina Crawford, avec Faye Dunaway, Diana Scarwid, Steve Forrest. États-Unis, 1981 – Couleurs – 2 h 08.

Malgré sa gloire cinématographique, l'actrice Joan Crawford n'est pas heureuse : elle voudrait adopter des enfants. Elle y parvient, mais les élève très durement. Basé sur les Mémoires de la fille adoptive de la star.

MAMBO "MAMBO"

Drame de **Robert Rossen**, avec Silvana Mangano, Michael Rennie, Shelley Winters, Vittorio Gassman. Italie / États-Unis, 1954 – 1 h 34.

Une jeune vendeuse de Venise devient une célèbre danseuse de mambo, fait un mariage d'amour puis, à la mort de son mari, trouve refuge dans son art. Avec les ballets de Katherine Dunham.

MAME "MAME"

Comédie musicale de **Gene Saks**, d'après la pièce de Jerome Lawrence et Robert E. Lee inspirée du roman de Patrick Dennis Auntie *Mame*, avec Lucille Ball, Beatrice Arthur, Robert Preston, Bruce Davison. États-Unis, 1974 – Couleurs – 2 h 11.

En 1928, un jeune garçon part vivre avec une tante excentrique et sophistiquée. Un film à gros budget adapté d'un succès de Broadway, mais qui fut un échec commercial.

▷ Remake de MA TANTE "AUNTIE MAME", de **Morton da Costa**, avec Rosalind Russell, Forrest Tucker, Coral Browne, Fred Clark, Roger Smith, Patric Knowles. États-Unis, 1958 – Couleurs – 2 h 24.

MAMITO

Comédie dramatique de **Christian Lara**, avec Lucrèce Saintol, Greg Germain, Roger Tannous. France, 1980 – Couleurs – 1 h 30.

Une vieille Guadeloupéenne, venue en ville chercher du travail, fait la connaissance d'un jeune militant indépendantiste qui va modifier sa vision du monde. Un plaidoyer talentueux pour l'indépendance de la Guadeloupe.

MAMMA ROMA "MAMMA ROMA"

Drame de **Pier Paolo Pasolini**, avec Anna Magnani, Ettore Garofalo, Silvana Corsini, Franco Citti, Paolo Volpini. Italie, 1962 – 1 h 40.

« Mamma Roma » abandonne enfin la prostitution pour vivre avec son fils. Mais celui-ci s'enfonce dans la délinquance, et il mourra en prison, tandis que sa mère reprendra son ancien métier.

MAMMY "MAMMY"

Film musical de **Michael Curtiz**, avec Al Jolson, Lowell Sherman, Hobart Bosworth, Louise Dresser, Lee Moran. États-Unis, 1930 – 1 h 24.

Un meurtre a lieu lors d'un spectacle de cabaret ambulant. Une description réaliste de la vie des interprètes de negro spirituals, et un des meilleurs films du jazz singer.

MAM'ZELLE BONAPARTE

Comédie dramatique de **Maurice Tourneur**, avec Edwige Feuillère, Raymond Rouleau, Guillaume de Sax, Monique Joyce, Noël Roquevert, Marguerite Pierry. France, 1942 – 1 h 40.

Sous le second Empire, une courtisane en vue aspire à une vie sage et paisible. Découvrant que l'homme qu'elle aime conspire contre l'empereur, elle sacrifie ses espoirs amoureux à sa foi bonapartiste.

MAM'ZELLE MITRAILLETTE

"THE BEAUTIFUL BLONDE FROM BASHFUL BEND"

Western parodique de **Preston Sturges**, avec Betty Grable, Cesar Romero, Rudy Vallee. États-Unis, 1949 – Couleurs – 1 h 17.

Au Far West, les démêlés d'une chanteuse de beuglant qui est aussi une tireuse d'élite au pistolet avec le juge de son bourg qu'elle prend chaque fois pour cible.

MAM'ZELLE NITOUCHE

Comédie dramatique de **Marc Allégret**, d'après l'opérette d'Henri Meilhac et Albert Millaud, avec Janie Marèse, Raimu, André Alerme, Edith Méra, Alida Rouffe. France, 1931 – env. 1 h 45.

La jeune pensionnaire d'un couvent, rappelée par ses parents qui veulent la marier, est accompagnée par l'organiste. Après quelques péripéties, elle se retrouve dans une caserne et rencontre un jeune officier qui n'est autre que le fiancé qu'on lui destine. Parallèlement, **Carl Lamac** signe une version allemande de cette comédie, intitulée MAMSELL NITOUCHE, avec Anny Ondra, Oskar Karlweis, Georg Alexander.

▷ Autres versions réalisées notamment par : **Mario Caserini**, intitulée MAM'ZELLE NITOUCHE "SANTARELLINA", avec Gigetta Morano, Mario Bonnard. Italie, 1912 – 885 m (env. 33 mn). **Yves Allégret**, avec Fernandel, Pier Angeli, Jean Debucourt, Renée Devillers. France / Italie, 1954 – Couleurs – 1 h 30.

LA MANDARINE

Comédie satirique d'**Édouard Molinaro**, avec Annie Girardot, Philippe Noiret, Madeleine Renaud. France / Italie, 1972 – Couleurs – 1 h 30.

Un couple de bourgeois paisibles dirige un hôtel de la rue de Rivoli, propriété d'une vieille dame au cœur généreux. L'arrivée d'un jeune Anglais agrandira « le cercle de famille ».

LE MANDAT "MANDABI"

Comédie d'**Ousmane Sembène**, avec Mamadou Gueye *(Dieng)*, Ynousse N'Diaye *(la première épouse)*, Serigne N'Diaye *(l'iman)*, Serigne Sow *(Maissa)*, Moustapha Touré *(le boutiquier)*, Modoun Faye *(le facteur)*, Farba Sarr *(l'agent d'affaires)*, Moussa Diouf *(le neveu)*, Christophe M'Doulabia *(le marchand d'eau)*, Issa Niang *(la seconde épouse)*. • SC : O. Sembène. • PH : Paul Soulignac. • MONT : Gillou Kikoine. PR : • PR : Jean Moumy, Paulin Vieyra, Comptoir français du film, Films Domiteve-Dakar. Sénégal / France, 1968 – Couleurs – 1 h 45 (version ouolof), 1 h 30 (version française). ★ PRIX DE LA CRITIQUE INTERNATIONALE, Venise 1968.

Ibrahima Dieng, quinquagénaire tranquille, musulman pratiquant, vit dans un quartier de Dakar, entouré du respect de ses deux épouses et de ses sept enfants. Un jour, le facteur lui apporte une lettre de son neveu émigré – balayeur de rues à Paris – avec un mandat de vingt-cinq mille francs CFA à son nom. La somme est à remettre à la mère du neveu et deux mille francs sont pour Ibrahima. À peine a-t-il lu la missive que retentit le tam-tam (téléphone local). Aussitôt, parents et voisins envahissent sa cour : les griots chantent sa sagesse et les autres lui rappellent les devoirs traditionnels du riche. Ibrahima oublie que l'argent lui est confié et prodigue de généreuses promesses qu'il honorera en empruntant sur ledit mandat. Quand il veut le toucher, les difficultés commencent : il doit présenter une carte d'identité qu'il n'a pas. Pour l'obtenir, il arpente les couloirs de nombreux services administratifs, erre de bureau en bureau et se fait voler son mandat par un homme d'affaires véreux. Le jeune facteur clôt le récit par un appel au changement.

◆ Une histoire venue d'Afrique

Coproduit par une société française et avec l'avance sur recettes du C.N.C. –, André Malraux est ministre de la Culture à l'époque – le Mandat *a deux versions : l'une en français et l'autre en ouolof – langue peu écrite même si l'alphabet est codifié et si 85 % des Sénégalais la parlent. Au tournage, il a fallu que les acteurs apprennent des dialogues simples, écrits en français, et les restituent en ouolof, étant entendu qu'ils doivent coller au mieux à la gestuelle de chaque langage. Si les acteurs se sont prêtés au jeu, de l'avis même du réalisateur et des spectateurs, leur ton sonne faux dans la version française alors que l'enflure colorée du ouolof communique l'émotion et semble naturelle. En 1968, en pleine contestation du festival de Venise,* le Mandat, *retiré par l'auteur de la compétition, passe dans la section « Information » et obtient le Prix de la Critique internationale. L'anecdote veut que le diplôme ne soit jamais parvenu au destinataire. Cette récompense salue la force du style de l'auteur de* Borom Sarret *et de* la Noire de. *Elle confirme la percée du cinéma noir africain et lui donne une audience internationale. Pour les quelques cinéastes africains comme le Nigérien Oumarou Ganda* (Cabascabo) *et pour l'Ivoirien Désiré Ecaré* (Concerto pour un exil) *et pour les autres, c'est un formidable espoir. Depuis* Borom Sarret, *Ousmane Sembène ne cesse d'attaquer la nouvelle bourgeoisie sénégalaise, apparue avec l'Indépendance. Ici, sous le rire et la palabre du conte africain, il dénonce les nouveaux profiteurs – intellectuels et cadres administratifs – qui usent et abusent du pouvoir maléfique de l'argent sur le dos des pauvres naïfs et illettrés. Avec lucidité et sans misérabilisme, il met à nu le présent tragique de l'Afrique et parie sur l'avenir, au nom du bon sens de son peuple, sans pouvoir le définir. Qui le lui reprocherait ?* *A.K.*

MANDINGO "MANDINGO"

Drame de **Richard Fleischer**, avec James Mason, Perry King, Susan George, Richard Ward, Brenda Sykes, Ken Norton. États-Unis, 1975 – Couleurs – 2 h 09.

En 1840, le fils d'un riche propriétaire sudiste se réserve une belle esclave, mais, pour se venger, sa femme se fait faire un enfant par le père de celle-ci. Le jeune homme tue les infidèles mais il est lui-même exécuté par un esclave.

LA MANDRAGORE "ALRAUNE"

Film fantastique d'**Henrik Galeen**, avec Brigitte Helm *(Alraune)*, Paul Wegener *(professeur Ten Brinken)*, Ivan Petrovich *(Franz Braun)*, Mia Pankau, Georg John, Valeska Gert. • SC : H. Galeen, d'après le roman d'Hans Heinz *Alraune, die Geschichte eines lebenden Wesens.* • PH : Franz Planer. • DÉC : Reimann Heilbronner. Allemagne, 1928 – 2 757 m (env. 1 h 42).

Un savant fasciné depuis longtemps par la légende de la Mandragore entreprend une expérience de fécondation artificielle à partir d'un criminel qu'on vient de pendre et d'une prostituée. Il réussit ainsi à faire naître une créature féminine qu'il élève comme sa propre fille. Mais elle devient plus qu'une femme fatale, une sorte d'être démoniaque qui ruine tous ceux qu'elle attire. Dompteuse dans un cirque après avoir fui son « père », elle apprend le secret de ses origines et se venge sur lui.

◆ La Mandragore *est l'une des dernières manifestations de l'expressionnisme allemand. Galeen et Wegener avaient ainsi déjà collaboré aux deux versions du* Golem *(Voir ce titre) et, si la créature mise au monde est cette fois une femme, on reste bien dans le même fantastique qu'exacerbe le choix contrasté des décors et des éclairages. Magnifiquement incarné par l'héroïne de* Metropolis, *Brigitte Helm, le personnage central du film oscille en outre entre imaginaire et réalité, de telle façon que les processus psychiques viennent au premier plan, donnant ainsi à l'œuvre une dimension supplémentaire.* *J.M.*

▷ Autre version réalisée notamment par **Arthur Maria Rabenalt**, intitulée MANDRAGORE (LA FILLE SANS ÂME) "ALRAUNE", avec Erich von Stroheim, Hildegarde Neff, Karl Heinz Böhm. R.F.A., 1952 – 1 h 25.

LA MANDRAGORE "LA MANDRAGOLA"

Comédie d'**Alberto Lattuada**, d'après la comédie de Machiavel, avec Rosanna Schiaffino, Philippe Leroy, Jean-Claude Brialy. Italie, 1966 – 1 h 45.

Au XVIe siècle, à Florence, pour conquérir une belle réputée inaccessible, un jeune homme se fait passer pour un médecin.

MANDY "MANDY"

Drame d'**Alexander Mackendrick**, avec Phyllis Calvert, Jack Hawkins, Terence Morgan. Grande-Bretagne, 1952 – 1 h 33.

Dans une famille anglaise, la petite Mandy est née sourde. Ses parents décident de la placer dans une institution spécialisée ce qui provoque discussions et commérages. Un très beau film traité avec sobriété.

MANÈGES

Drame d'**Yves Allégret**, avec Simone Signoret *(Dora)*, Bernard Blier *(Robert)*, Jacques Baumer *(Louis)*, Jane Marken *(la mère de Dora)*, Frank Villard *(François)*. • SC : Jacques Sigurd. • PH : Yves Bourgoin. • DÉC : Alexandre Trauner, Auguste Capelier. • MONT : Maurice Serein. France, 1950 – 1 h 30.

Blessée dans un grave accident d'auto, Dora reçoit la visite de sa mère et de son époux Robert. La croyant perdue, la mère révèle à Robert que sa fille ne l'a jamais aimé et qu'elle l'a épousé pour son argent. Dora l'a trompé plusieurs fois et elle partait rejoindre son amant quand l'accident eut lieu. Robert, effondré, s'éloigne laissant Dora paralysée.

◆ *Raconté en flash-back, le film est un modèle de précision dans le découpage. Allégret illustre une histoire sordide dans laquelle deux femmes monstrueuses ne reculent devant aucun mensonge ni aucune vilenie pour satisfaire leur cupidité. Il est servi par le talent de l'exceptionnel trio d'acteurs qui interprétait déjà* Dédée d'Anvers. *J.-C.S.*

MANGANINNIE "MANGANINNIE"

Conte de **John Honey**, d'après le roman de Beth Roberts, avec Mawuyul Yanthalawuy, Anna Ralph, Philip Hinton. Australie, 1980 – Couleurs – 1 h 32.

En Australie, en 1830, Manganinnie, femme aborigène de Tasmanie fait découvrir à une petite Européenne les rites et les traditions d'une race qui disparaît.

MANGECLOUS

Comédie de **Moshé Mizrahi**, d'après le roman d'Albert Cohen, avec Pierre Richard, Bernard Blier, Jacques Villeret. France, 1988 – Couleurs – 1 h 58.

Aspirant à revoir sa pittoresque famille de Céphalonie, un jeune diplomate les attire à Genève en leur tendant un piège.

LE MANGEUR DE CITROUILLES

"THE PUMPKIN EATER"

Drame de **Jack Clayton**, d'après le roman de Penelope Mortimer, avec Anne Brancroft, Peter Finch, James Mason. Grande-Bretagne, 1964 – 1 h 58.

L'histoire d'un couple en crise, vue par la femme, qui en est à son troisième mariage avec huit enfants à la clef, et qui se rend compte que son mari la trompe et a rendu sa maîtresse enceinte. Sur un sujet mince, une grande recherche stylistique.

MANHATTAN "MANHATTAN"

Comédie de **Woody Allen**, avec Woody Allen *(Isaac Davis)*, Diane Keaton *(Mary Wilke)*, Michael Murphy *(Yale)*, Mariel Hemingway *(Tracy)*, Meryl Streep *(Jill)*, Anne Byrne *(Emily)*, Karen Ludwig *(Connie)*, Michael O'Donoghue *(Dennis)*. • SC : W. Allen, Marshall Brickman. • PH : Gordon Willis. • DÉC : Mel Bourne. • MUS : George Gershwin. • MONT : Susan E. Morse. • PR : Jack Rollins, Charles H. Joffe (United Artists). États-Unis, 1979 – 1 h 36.

Le scénariste Isaac Davis a deux amours : New York, qu'il idolâtre sur tous les tons, et Tracy, une adolescente dont la candeur et la spontanéité cachent une précoce maturité. Échaudé par ses échecs matrimoniaux (sa deuxième femme, Jill, l'a récemment quitté pour... une autre), Isaac hésite à s'engager avec Tracy, et s'efforce de la persuader qu'elle est trop jeune pour faire sa vie avec lui. Yale, le meilleur ami d'Isaac, entretient une liaison discrète et mouvementée avec une journaliste, Mary. Isaac s'irrite de l'élitisme et des prétentions intellectuelles de cette jeune provinciale, mais ne tarde pas à lui découvrir un charme et une fantaisie irrésistibles. Lorsque Mary rompt avec Yale, Isaac prend la relève de son ami, avec la bénédiction de ce dernier. Une idylle prometteuse s'amorce, mais Mary tombe à nouveau amoureuse de Yale. Après quelques semaines de solitude, Isaac comprend enfin ce que lui a apporté Tracy, et décide de la reconquérir.

◆ Une chronique lyrique

New York est la ville fétiche de Woody Allen, sa source constante d'inspiration. Bien davantage qu'un décor, elle définit un cadre social, des personnages et un folklore spécifiques. Sa diversité, ses richesses inépuisables se prêtent idéalement à la forme de la chronique, dont Manhattan *constitue un des exemples modernes les plus achevés.* Manhattan *est d'abord une célébration lyrique de la vie new-yorkaise, une gerbe d'images montées sur les rythmes euphorisants de Gershwin. C'est, avec* Radio Days, *le plus grand film « musical » de Woody Allen, et le premier où s'épanouissent en toute liberté les multiples composantes de son cinéma : l'humour – revers d'une incurable et féconde angoisse –, le goût de l'aphorisme, la satire de l'intelligentsia, la passion de l'introspection, la tendresse, la nostalgie, la perplexité devant les choses de l'amour et une disposition inattendue, mais fort réelle, au* bonheur. *Tout cela s'équilibre en une construction harmonieuse où alternent avec aisance face-à-face, séquences de montage, vignettes et scènes de groupe. Après chaque épisode, Allen ménage une « respiration » qui donne l'occasion à ses héros d'évoluer, de se remettre en question, de s'éloigner les uns des autres, de découvrir leurs dépendances mutuelles. L'écran large (une première pour le cinéaste) permet de subtils cloisonnements du champ visuel, enfermant les protagonistes dans leur propre espace, leur propre subjectivité. La course finale d'Isaac vers Tracy fait exploser ces barrières en une triomphale coda : filmée en plan général, en longs travellings latéraux, elle est comme un immense appel d'air – après bien des atermoiements, un homme accourt vers celle qui lui a appris la confiance...* O.E.

MANILLE "MAYNILA/SA MGA KUKO NG LIWANAG"
Drame de **Lino Brocka**, avec Hilda Koronel, Rafael Roca Jr., Lou Salvador Jr., Tommy Abuel. Philippines, 1975 – Couleurs – 2 h.

La quête d'un jeune pêcheur à la recherche de sa fiancée perdue dans Manille. Il connaîtra toutes sortes d'épreuves, physiques et morales, avant de retrouver sa belle.

THE MAN I LOVE "THE MAN I LOVE"
Drame de **Raoul Walsh**, avec Ida Lupino, Robert Alda, Andréa King, Bruce Bennett. États-Unis, 1946 – 1 h 25.

Une chanteuse new-yorkaise revient chez elle, en Californie, pour Noël ; elle y retrouve les siens, un peu dévoyés, qu'elle tente de remettre sur le droit chemin. Avec la musique de Gershwin.

LE MANOIR DE LA HAINE "THE SWORDSMAN"
Film d'aventures de **Joseph Lewis**, avec Larry Parks, Ellen Drew, George Macready, Edgar Buchanan. États-Unis, 1947 – Couleurs – 1 h 21.

En Écosse au XVIIIe siècle, deux enfants s'aiment malgré la haine que se vouent leurs familles respectives.

MANON
Drame d'**Henri-Georges Clouzot**, d'après le roman de l'abbé Prévost *Manon Lescaut*, avec Cécile Aubry, Serge Reggiani, Michel Auclair, Gabrielle Dorziat. France, 1949 – 1 h 40. ★ **LION D'OR, Venise 1949.**

Dans l'immédiat après-guerre, Manon, totalement amorale, se prostitue puis va mourir avec Des Grieux dans les sables du désert. Une peinture cruelle qui lança Cécile Aubry.

▷ Autres versions réalisées notamment par : **Carmine Gallone**, intitulée MANON LESCAUT, avec Alida Valli, Vittorio De Sica. Italie, 1940 – env. 1 h 30. **Roman Chalbaud**, intitulée MANON, avec Mayra Alejandra, Victor Mallarino, Miguelangel Landa, Eva Moreno. Venezuela, 1985 – Couleurs – 1 h 52.

▷ Voir aussi MANON 70.

MAN ON A TIGHTROPE
Drame d'**Elia Kazan**, avec Fredric March, Cameron Mitchell, Adolphe Menjou, Gloria Grahame, Terry Moore, Richard Boone. États-Unis, 1953 – 1 h 45.

En Tchécoslovaquie, le directeur d'un cirque tente de fuir à l'Ouest. Un film d'aventures que nourrit la guerre froide.

MANON DES SOURCES
Comédie dramatique de **Marcel Pagnol**, d'après son roman *l'Eau des collines*, avec Jacqueline Pagnol, Raymond Pellegrin, Rellys. France, 1953 – 3 h 20.

En Provence, Manon des Sources, une jeune fille qui vit seule dans la montagne, détourne l'eau alimentant un village pour se venger de ses habitants qui causèrent jadis la mort de son père.

MANON DES SOURCES
Drame de **Claude Berri**, d'après le roman de Marcel Pagnol *l'Eau des collines* (tome 2), avec Yves Montand, Daniel Auteuil, Emmanuelle Béart, Hippolyte Girardot. France / Italie, 1986 – Couleurs – 1 h 54.

La fille de « Jean de Florette » a grandi, depuis que son père est mort à la suite des malversations du Papet et d'Ugolin. Mais l'heure de la vengeance arrive, car Manon sait tout. Suite de *Jean de Florette* (Voir ce titre).

MAN ON FIRE "MAN ON FIRE"
Drame d'**Élie Chouraqui**, avec Scott Glenn, Jonathan Pryce, Laura Morante. États-Unis, 1987 – Couleurs – 1 h 37.

Vieux baroudeur et agent de la C.I.A., Creasy, devient le garde du corps de Samantha, fille d'un industriel. Une amitié naît.

MANON 70
Comédie dramatique de **Jean Aurel**, d'après le roman de l'abbé Prévost *Manon Lescaut*, avec Catherine Deneuve, Sami Frey, Jean-Claude Brialy, Elsa Martinelli. France, 1968 – Couleurs – 1 h 50.

Manon et Des Grieux sont devenus, elle, jeune femme libre d'aujourd'hui, lui, journaliste. Adaptation aussitôt démodée.

LE MANTEAU "SINEL'"
Drame de **Grigori Kozintsev** et **Leonid Trauberg**, d'après deux nouvelles de Gogol, avec Andrei Kostritchkine, A. Eremeieva. U.R.S.S. (Russie), 1926 – 1 800 m (1 h 07).

Un jeune fonctionnaire tombe amoureux d'une inconnue qu'il ne reverra jamais. Des années de travail ennuyeux s'écoulent, jusqu'à ce qu'il se décide à s'offrir un nouveau manteau. Mais des voleurs le lui dérobent.

LE MANTEAU "IL CAPPOTTO"
Comédie dramatique d'**Alberto Lattuada**, avec Renato Rascel *(Carmine de Carmine)*, Yvonne Sanson *(Caterina)*, Ettore Mattia *(le secrétaire)*, Antonella Lualdi *(Vittoria)*.

• SC : A. Lattuada, Cesare Zavattini, Luigi Malerba, d'après le récit de Gogol. • PH : Mario Montuori. • DÉC : Giannio Polidori. • MUS : Felice Lattuada. Italie, 1952 – 1 h 25.

La vie d'un médiocre employé de mairie, aussi plein de bonne volonté que timide et inefficace, est bouleversée par l'acquisition d'un manteau neuf, puis par le vol de ce manteau. La protestation qu'il esquisse alors lui révèle l'ampleur de la machine dont il n'est qu'un rouage, et aussi son vide (on lance des « travaux publics » uniquement pour la venue d'un ministre).

◆ *Plus qu'une satire de la bureaucratie italienne, le film est une parabole universelle, qui annonce Kafka, lorsque le chétif héros affronte des décors gigantesques. Si l'acteur Rascel (rarement mieux employé au demeurant) s'efforce parfois trop d'imiter Chaplin, l'ensemble du film, par la rigueur de sa mise en scène, atteint au réalisme fantastique manifestement visé. Le manteau devient le symbole du rêve (notamment amoureux) qui arracherait le personnage à sa médiocrité. S'il meurt à la tâche, son fantôme tirera vengeance des méticuleux et absurdes « chefs » qui ont détruit sa vie.* G.L.

LA MANTE ROUGE "DEN RODE KAPPE"

Drame de **Gabriel Axel**, avec Gitte Haenning, Oleg Vidov, Eva Dahlbeck, Gunnar Björnstrand, Lisbeth Movin. Danemark, 1967 – Couleurs – 1 h 20.

Au XIIe siècle, issus de familles ennemies, Hagbard et Signe ne pourront vivre leur passion qu'à la veille de la mort. Récit épique inscrit dans le cadre majestueux des fjords norvégiens.

MA NUIT CHEZ MAUD (SIX CONTES MORAUX, III)

Comédie dramatique d'**Éric Rohmer**, avec Jean-Louis Trintignant *(le narrateur)*, Françoise Fabian *(Maud)*, Marie-Christine Barrault *(Françoise)*, Antoine Vitez *(Vidal)*. • SC : É. Rohmer. • PH : Nestor Almendros. • DÉC : Nicole Rachline. • MUS : Mozart. • MONT : Cécile Decugis. • PR : Les Films du Losange. France, 1969 – 1 h 50.

Catholique, installé depuis peu à Clermont-Ferrand, le narrateur remarque, à la messe, la blonde Françoise, dont il décide qu'elle sera sa femme. Un ami d'enfance, Vidal, marxiste, lui présente la brune Maud, libre penseuse et divorcée. Celle-ci manque de peu le faire déroger à ses principes de fidélité. Françoise, qui sort d'une liaison qui l'a meurtrie avec un homme marié, hésite à s'engager dans une nouvelle aventure et se trouve indigne du narrateur. Celui-ci, pour la rassurer, lui raconte que lorsqu'ils se sont rencontrés, il sortait de chez sa maîtresse. Cinq ans plus tard, ils sont mariés, ont un petit garçon et rencontrent par hasard Maud, remariée, mais déjà déçue. Devant le trouble de Françoise, le narrateur, sur le point de lui avouer que rien ne s'est passé entre lui et Maud, comprend que l'amant de Françoise n'était autre que l'ex-mari de Maud et décide de garder le silence.

◆ Hasard, nécessité et Providence

Troisième de la série des « Contes moraux », mais quatrième dans l'ordre chronologique du tournage parce que Rohmer tenait absolument à Jean-Louis Trintignant, ce film, au sujet austère et réalisé en noir et blanc, assied la réputation du cinéaste, après le succès d'estime de la Collectionneuse. *Il le catalogue en même temps dans le genre sérieux (on y parle de marxisme, de religion, du pari de Pascal), l'aspect comédie n'étant perçu que bien plus tard. Le film repose pourtant, comme toute la série, sur la mauvaise conscience, le narrateur n'ayant de cesse de justifier ses choix par des arguments parfois spécieux, manifestant clairement le décalage entre les principes moraux qu'il énonce et ses actes : Maud ne l'accuse-t-elle pas d'être « un chrétien honteux, doublé d'un don Juan honteux » ? C'est à l'évidence le film le plus clair sur la problématique qui traverse toute l'œuvre de Rohmer. Les hommes sont-ils libres, soumis aux desseins de la Providence ou aux lois de la matière ? L'univers est-il chaos ou cosmos, fruit du hasard, de la nécessité ou de quelque plan divin ? Dans cette perspective, Rohmer offre trois variations, nous laissant la possibilité de choisir. Vidal, en bon déterministe, doit croire que les lois de la nature et de la société sont plus fortes que les aspirations individuelles. Maud, qui tient à sa liberté de pensée et de comportement, ne peut qu'échouer dans son désir de vie conjugale. « J'aime les gens qui savent ce qu'ils veulent », lance-t-elle au narrateur. Mais sait-elle ce qu'elle veut ? Lui, au moins, au prix de quelque entorse à ses principes, a ce qu'il a voulu. Rarement film a abordé de telles questions de façon aussi concrète et avec un tel humour.* J.M.

LE MANUSCRIT TROUVÉ À SARAGOSSE

"REKOPIS ZNALEZIONY W SARAGOSIE"

Film fantastique de **Wojciech J. Has**, avec Zbigniew Cybulski *(Alfons Van Worden)*, Iga Cembrzynska *(Emina)*, Joanna Zedryka *(Zibelda)*, Kazimierz Opalinski *(l'ermite)*, Slawomir Linder *(le père de van Worden)*, Miroslawa Lombardo *(Doña Uracca)*, Barbara Krafftówna *(Camilla)*, Pola Raksa *(Inezilla)*, Beata Tiszkiewicz *(Doña Rebecca)*. • SC : Tadeusz Kwiatkowski, d'après le roman de Jan Potocki. • PH : Mieczyslaw Jahoda. • DÉC : Jerzy Skarzynski, Tadeusz Myszorek. • COST : Lidia et Jerzy Skarzynski. • MUS : Krzysztof Penderecki. • PR : Ensemble « Kamera », Films Polski. Pologne, 1964 – 3 h 05.

Le jeune Alfons Van Worden, capitaine des gardes wallones au service du roi d'Espagne, en route pour Madrid, passe la nuit dans une auberge de la sierra. Il y fait la connaissance de deux princesses mauresques, Emina et Zibelda, qui lui révèlent qu'il est promis aux plus hautes destinées, mais qu'il devra se soumettre à une série d'épreuves pour démontrer son courage, sa loyauté et son sens de l'honneur. Il se trouve dès lors mêlé à des événements de plus en plus inattendus et surprenants : il est en proie à des possédés et à des sorcières, interrogé par des représentants de l'Inquisition, astreint à l'enseignement d'un kabbaliste et d'un mathématicien. Dans la seconde partie du film, d'autres personnages insolites animent des « récits madrilènes » dans un tourbillon d'aventures jusqu'à la révélation finale.

◆ **Le labyrinthe des merveilles**
Le comte Jan Potocki (1761-1815), savant et voyageur, éminent représentant du siècle des Lumières, a écrit en français vers la fin de sa vie ce vaste récit romanesque, où l'on peut voir une parabole philosophique sur la lutte du rationalisme contre la superstition. Dans cette œuvre où l'Histoire ne sert que de décor à l'imaginaire, il a mêlé le réalisme et le fantastique, le rêve et la féerie, le suspense et l'humour, la truculence picaresque et l'invention « surréaliste ». Le réalisateur en a parfaitement rendu le foisonnement et le délire visionnaire dans une construction à tiroirs, où les récits s'emboîtent les uns dans les autres en un parcours labyrinthique qui ne cesse de tenir en haleine et d'émerveiller par ses trouvailles visuelles et ses rebondissements dramatiques. M.M.

MARA-MARU "MARA-MARU"
Film d'aventures de **Gordon Douglas**, avec Errol Flynn, Ruth Roman, Raymond Burr. États-Unis, 1952 – 1 h 38.

Un spécialiste part à la recherche d'une épave de navire contenant un trésor, également convoité par une bande de méchants.

MARATHON MAN "THE MARATHON MAN"
Film policier de **John Schlesinger**, avec Dustin Hoffman *(Babe)*, Laurence Olivier *(Szell)*, Roy Scheider *(Doc)*, William Devane *(Janeway)*, Marthe Keller *(Elsa)*, Fritz Weaver *(professeur Biesenthal)*, Richard Bright *(Karl)*, Marc Lawrence *(Erhard)*. • SC : William Goldman, d'après son roman. • PH : Conrad Hall. • MUS : Michael Small. • MONT : Jim Clark. États-Unis, 1976 – Couleurs – 2 h 05.

Un étudiant new-yorkais, Babe, s'entraîne pour le marathon à Central Park, où il rencontre une étudiante suisse, Elsa. Christian Szell, criminel nazi réfugié en Uruguay, vient à New York pour les obsèques de son frère Karl. Doc, le frère aîné de Babe, est poignardé par Szell, dont les sbires enlèvent Babe. Torturé pour un motif qu'il ne comprend pas, Babe réussit à s'évader et découvre que Szell, qui bénéficie de nombreuses complicités, veut récupérer un trésor de guerre dont son frère avait la garde...

◆ *Intrigue criminelle mettant en scène d'anciens nazis, dans un New York moderne remarquablement évoqué, et aboutissant à un suspense haletant. Réalisé par l'Anglais John Schlesinger, ce thriller se signale par sa violence comme par l'habileté de son scénario. D'emblée, le spectateur s'identifie au personnage de Dustin Hoffman, projeté dans un mystère dont les implications lui échappent, et de plus en plus oppressant – le sommet étant l'insoutenable séance de torture par le dentiste nazi. Laurence Olivier, qui incarne celui-ci, réussit à donner froid dans le dos.* G.L.

MARAT SADE "THE PERSECUTION AND ASSASSINATION OF JEAN-PAUL MARAT AS PERFORMED BY THE INMATES OF THE ASYLUM OF CHARENTON UNDER THE DIRECTION OF THE MARQUIS DE SADE"
Drame de **Peter Brook**, d'après la pièce de Peter Weiss, avec Glenda Jackson, Patrick Mage, Ian Richardson. Grande-Bretagne, 1966 – Couleurs – 1 h 55.

Il s'agit d'une transposition à l'écran du spectacle théâtral de Peter Brook. Le long titre anglais résume le thème ; à la fin de la représentation, une révolte tourne en orgie, puis en massacre.

LES MARAUDEURS ATTAQUENT
"MERRILL'S MARAUDERS"
Film de guerre de **Samuel Fuller**, avec Jeff Chandler, Ty Hardin, Andrew Dugga. États-Unis, 1962 – Couleurs – 1 h 38.

L'odyssée des trois mille hommes du général Merrill en lutte contre l'armée japonaise dans la jungle extrême-orientale. L'un des plus beaux films de guerre jamais réalisés, dominé par quelques portraits saisissants. Un des meilleurs films de Fuller.

MARCELLIN, PAIN ET VIN
"MARCELLINO, PAN Y VINO"
Mélodrame de **Ladislao Vajda**, avec Pablito Calvo, Rafael Rivelles. Espagne, 1955 – 1 h 45.

Un jeune orphelin, recueilli par des franciscains et élevé dans un couvent, découvre un grand crucifix enfoui dans un grenier. Il passe ses journées à dialoguer avec le Christ.

LE MARCHAND DES QUATRE-SAISONS
"DER HÄNDLER DER VIER JAHRESZEITEN"
Drame de **Rainer Werner Fassbinder**, avec Hans Hirschmüller, Irm Hermann, Hanna Schygulla, Ingrid Caven. R.F.A., 1971 – Couleurs – 1 h 27.

Un marchand malheureux en ménage prend un employé pour pousser sa charrette. Il devient un patron autoritaire et se suicide quand il apprend que le garçon est l'amant de sa femme.

LA MARCHANDE D'AMOUR "La provinciale"
Drame de **Mario Soldati**, avec Gina Lollobrigida, Gabriele Ferzetti, Alda Mangini, Renato Baldini, Franco Interlenghi. Italie, 1953 – 1 h 42.

Étude en profondeur du caractère d'une jeune femme qui, déçue dans ses aspirations amoureuses, tombe entre les griffes d'une « amie » vénale. Un des meilleurs films italiens des années 50.

LA MARCHE À L'ENFER "Edge of Doom"
Drame de **Mark Robson**, d'après le roman de Leo Brady, avec Dana Andrews, Farley Granger, Joan Evans. États-Unis, 1950 – 1 h 33.

La lente et violente évolution d'un jeune homme qui s'oppose à l'Église.

MARCHE À L'OMBRE
Comédie de **Michel Blanc**, avec Michel Blanc, Gérard Lanvin, Sophie Duez. France, 1984 – Couleurs – 1 h 30.

Un petit chauve hypochondriaque et son ami grand charmeur, las de leur vie itinérante et précaire, décident de se fixer à Paris où diverses péripéties les attendent. Coup d'essai réussi du comédien derrière la caméra.

MARCHÉ DE BRUTES "Raw Deal"
Film d'aventures d'**Anthony Mann**, avec Dennis O'Keefe, Claire Trevor, John Ireland, Raymond Burr. États-Unis, 1948 – 1 h 19.

La vie d'un gangster, évadé de prison, qui va mourir tragiquement. Policier dur et violent.

LA MARCHE SUR ROME "La marcia su Roma"
Comédie de **Dino Risi**, avec Vittorio Gassman, Ugo Tognazzi, Roger Hanin, Mario Brega. Italie / France, 1963 – 1 h 34.

Les aventures tragi-comiques de deux pauvres hères engagés, par hasard et par force, dans une brigage de Chemises noires. Un grand pamphlet politique du maître de la comédie italienne.

LA MARCHE TRIOMPHALE "Marcia trionfale"
Drame de **Marco Bellocchio**, avec Michele Placido, Franco Nero, Miou-Miou. Italie, 1975 – Couleurs – 1 h 56.

Passeri met une évidente mauvaise volonté à se plier à la discipline militaire, puis finit par renoncer. Pour Bellocchio, l'armée est une machine qui réduit les hommes à néant.

MARDI, ÇA SAIGNERA "Black Tuesday"
Film policier de **Hugo Fregonese**, avec Edward G. Robinson, Peter Graves, Jean Parker. États-Unis, 1954 – 1 h 20.

Deux condamnés à mort s'évadent en emmenant des otages. La police donne l'assaut à l'entrepôt où ils se sont réfugiés.

LA MARGE
Drame de **Walerian Borowczyk**, d'après le roman d'André Pieyre de Mandiargues, avec Sylvia Kristel, Joe Dallessandro, Mireille Audibert, André Falcon. France, 1976 – Couleurs – 1 h 30.

Un bourgeois s'éprend d'une prostituée. Avait-il pressenti ses malheurs ? Son petit garçon se noie, sa femme se suicide. Il se tire alors une balle dans la tête.

LE MARGINAL
Film policier de **Jacques Deray**, avec Jean-Paul Belmondo, Henry Silva, Claude Brosset. France, 1983 – Couleurs – 1 h 41.

Récemment muté à Paris, un policier aux méthodes peu orthodoxes se met en tête de faire tomber un trafiquant de drogue.

LES MARGINAUX "Oka Oorie Katha"
Drame de **Mrinal Sen**, avec Vasudeva Rao *(le père)*, Mamata Shankar *(la bru)*, Narayana Rao *(le fils)*. • SC : M. Sen, Mohit Chattopadhyaya, d'après Munshi Premchand. • PH : K.K. Mahajan. • MUS : Vijai Raghava Rao. • MONT : G. Naskar. • PR : Paradhama Reddy. Inde, 1977 – Couleurs – 1 h 55.

Dans un village, un vieillard et son fils vivent misérablement, à l'écart d'une société répressive et quasi féodale. Mais le fils se marie, et l'arrivée de la jeune épouse met en cause cette marginalité. Enceinte, elle se tue au travail pour essayer de construire un foyer. En vain : faute de soins, elle meurt en couches, « laissant les deux hommes dans l'amertume et le désespoir » (Mrinal Sen).

◆ Silences et cris

Cinéaste issu de la génération en colère du cinéma indien des années 50 (avec Satyajit Ray et Ritwik Ghatak), Mrinal Sen tourna son premier film en 1956. Depuis, au long de son inégal parcours, il a toujours recherché l'équilibre entre un souci d'engagement social et la maîtrise d'un style personnel, qu'il définit ainsi : « Seul ce qui est émotionnellement vrai peut devenir esthétiquement vrai ». Son dix-huitième film, les Marginaux, *constitue peut-être l'expression la plus aboutie de cette quête. Mrinal Sen, qui a si souvent choisi le cadre urbain pour filmer ses apologues didac-*

tiques, ouvre ici son regard à la beauté de grands paysages dénudés. C'est sur le mode de la fable qu'il raconte son histoire : pour nous parler de société, il choisit des marginaux absolus. Après avoir décrit l'exploitation des paysans par les « propriétaires de village », Mrinal Sen brosse le portrait anticonformiste d'un vieil ermite, obsédé par le refus des compromis avec le monde extérieur. Cet oisif professionnel fait de sa misère même une condition de sa révolte – en brandissant sa pauvreté comme une provocation, il hurle sa liberté. Mais la faille se devine assez vite chez cet anarchiste édenté qui clame son insoumission en urinant contre un mur, comme le Boudu de Renoir crachait dans les livres. On s'étonne qu'il ait un fils : rejeton au sens propre, seul souvenir de ce passé qu'il a rejeté. Un passé d'opprimé, de travailleur, de père de famille qui a vu mourir son épouse après huit fausses couches : justification de sa marginalité, prémonition de l'atroce dénouement du film. L'arrivée d'une femme, d'ailleurs elle-même exclue de la communauté, va signifier le retour inconscient à un ordre social aborrhé. Dans Une journée comme les autres *(Sen, 1979), l'absence de la fille aînée, soutien matériel du foyer, provoquait la panique dans le microcosme familial. Ici, la présence de la bru déclenche le même effroi, pour des raisons inverses : sa belle autonomie menacée, le vieillard constate avec fureur qu'il doit s'interdire, désormais, le soulagement naguère anti-social de ses besoins naturels ! Les marginaux auront beau « éliminer » la jeune femme de leur univers, la société aura le dernier mot : ultime avilissement, le père et le fils seront obligés de mendier pour les obsèques. La grande force de Sen est d'avoir refusé de « romancer » la misère de ses protagonistes. Il fait émerger de leur autodestruction observée au quotidien des vertus positives, créatrices, des cris d'indépendance. Sauvagerie et tendresse, gags et sanglots s'y côtoient avec le même bonheur que chez les marginaux de Kurosawa* (Dodes'ka-den) *ou de Papatakis* (la Photo). *La mise en scène épouse remarquablement ces contrastes, alternant la grandiloquence et l'extrême dépouillement, comme ces hurlements libérateurs venant rompre le silence du désespoir.* *N.T.B.*

MARGUERITE DE LA NUIT

Drame de **Claude Autant-Lara**, d'après le roman de Pierre Mac Orlan, avec Michèle Morgan, Yves Montand, Jean-François Calvé, Palau. France / Italie, 1956 – Couleurs – 2 h 05.

Autant-Lara, grâce aux décors de Max Douy, aux costumes de Rosine Delamare et à la très belle photo de Jacques Natteau, recrée la vieille légende de Faust.

▷ Voir aussi FAUST.

MARIA CANDELARIA

Drame d'**Emilio Fernandez**, avec Dolores del Rio *(Maria Candelaria)*, Pedro Armandariz *(Lorenzo Rafael)*, Alberto Galan *(le peintre)*. • SC : E. Fernandez, Mauricio Magdaleno. • PH : Gabriel Figueroa. • MUS : Francisco Dominguez. Mexique, 1943 – 1 h 20.

Maria Candelaria est une indienne maudite de tout le village. Seul Lorenzo l'aime et veut l'aider. Un jour, il vole un médicament pour la guérir et se retrouve en prison. Pour le faire libérer, Maria devient le modèle d'un peintre pour un peu d'argent, en refusant, cependant, de poser nue. À son insu, celui-ci ajoute au portrait le corps nu d'un autre modèle. Le scandale éclate au village. Maria, dénoncée comme pécheresse, est lapidée.

◆ *Emilio Fernandez fut le principal représentant d'un courant visant à mettre en valeur la culture indigène du Mexique comme l'on fait les peintres muraux Orozco, Rivera ou Siqueiros. Troisième film de ce réalisateur, Maria Candelaria fut son plus grand succès. À noter particulièrement, le travail du meilleur cameraman mexicain de l'époque, Gabriel Figueroa, qui a donné aux images, presque statiques, une force plastique et poétique d'une rare qualité.* *C.G.*

MARIA CHAPDELAINE

Drame de **Julien Duvivier**, d'après le roman de Louis Hémon, avec Madeleine Renaud, Jean Gabin, Jean-Pierre Aumont, Suzanne Desprès, André Bacqué, Alexandre Rignault. France, 1934 – 1 h 15. ★ GRAND PRIX DU CINÉMA FRANÇAIS 1934.

Au début du siècle, une jeune Canadienne hésite entre un trappeur et un citadin. Mais lorsque le premier meurt de froid et que sa mère décède aussi, elle abandonne tous ses rêves de bonheur pour rester auprès de son père après avoir épousé un bûcheron.

▷ Autres versions réalisées par : **Marc Allégret**, avec Michèle Morgan, Kieron Moore, Françoise Rosay, Philippe Lemaire. France, 1950 – 1 h 36. **Gilles Carle**, avec Carole Laure, Nick Mancuso, Claude Rich. Canada / France, 1983 – Couleurs – 1 h 45.

MARIA DO MAR

Documentaire romancé de **José Leitao de Barros**, avec Rosa Maria, Oliveira Martins, Adeliena Abranches. Portugal, 1930 – 1 h 13.

Soutenus par une légère intrigue, les épisodes et les événements de la vie des pêcheurs de Nazaré, une des populations les plus typiques de la côte portugaise.

MARIAGE
Comédie dramatique de **Claude Lelouch**, avec Rufus, Bulle Ogier, Marie Déa. France, 1974 – Couleurs – 1 h 30.

Vingt ans après la Libération, un couple d'amoureux fous s'est peu à peu défait. Dix ans plus tard, après leur séparation, le mari rentre un soir... Un film amer sur l'échec du couple.

LE MARIAGE À LA MODE
Comédie de **Michel Mardore**, d'après son roman, avec Catherine Jourdan, Yves Beneyton, Geraldine Chaplin, Gilles Segal. France, 1973 – Couleurs – 1 h 40.

L'ennui et le mal de vivre conduisent un couple d'intellectuels rive-gauche à multiplier les aventures amoureuses et à s'en confesser en se réclamant des thèses de Fourier. L'échec d'un certain libertinage sexuel et la souffrance amoureuse.

MARIAGE À L'ITALIENNE
"Matrimonio all'italiana"
Comédie de **Vittorio De Sica**, avec Marcello Mastroianni, Sophia Loren. Italie, 1964 – Couleurs – 1 h 35.

Domenico vit depuis vingt ans avec une prostituée qu'il refuse d'épouser. Cette dernière obtient par ruse le mariage, en se faisant passer pour mourante. Domenico découvre alors qu'elle élève clandestinement trois fils, dont l'un est de lui... mais lequel ?

MARIAGE DANS L'OMBRE "Ehe im Schatten"
Drame de **Kurt Maetzig**, d'après une nouvelle de Hans Schweikart, avec Paul Klinger, Ilse Steppat, Alfred Balthoff, Claus Holm. Allemagne, 1947 – 1 h 35.

En 1933, une actrice juive épouse un comédien aryen qui connaît un gros succès théâtral. Sommé par les nazis de choisir entre sa femme et le divorce, il se suicide avec elle.

LE MARIAGE DE CHIFFON
Comédie dramatique de **Claude Autant-Lara**, d'après le roman de Gyp, avec Odette Joyeux, André Luguet, Suzanne Dantès, Jacques Dumesnil, Pierre Larquey. France, 1942 – 1 h 43.

Une adolescente, en révolte contre le milieu aristocratique de province, se heurte à sa mère qui voudrait lui faire épouser un duc, commandant du régiment local.

LE MARIAGE DE FIGARO
Comédie de **Jean Meyer**, d'après la pièce de Beaumarchais, avec Jean Meyer, Louis Seigner, Georges Chamarat, Georges Descrières, Jean Piat, Micheline Boudet. France, 1959 – Couleurs – 1 h 45.

Une adaptation sans fard de l'histoire du mariage compromis entre un valet de chambre et une camériste, et des rebondissements qui permettront finalement de célébrer joyeusement les noces.

LE MARIAGE DE MARIA BRAUN
"Die Ehe der Maria Braun"
Drame de **Rainer Werner Fassbinder**, avec Hanna Schygulla *(Maria)*, Klaus Löwitsch *(Hermann)*, Ivan Desny *(Oswald)*, Gottfried John *(Willi)*, Gisela Ulhen *(la mère)*, Günter Lamprecht *(Wetzel)*. • SC : Peter Marthescheimer, Pia Froelich, sur une idée de R.W. Fassbinder. • PH : Michael Ballhaus. • MUS : Peer Raben. • MONT : Juliane Lorenz. • PR : Albatros Produktion (Munich), Trio Film (Duisburg), WDR (Cologne). R.F.A., 1979 – Couleurs – 2 h.

L'histoire de Maria commence juste après la capitulation de l'Allemagne. Son mari fait prisonnier – leur mariage n'a duré que vingt-quatre heures –, elle doit affronter, avec sa mère et son grand-père, leur survie dans un pays détruit par la guerre : marché noir, trocs, petits trafics, c'est le lot de tous les Allemands à l'époque. Mais cela ne suffit pas pour vivre, et Maria qui croit son mari mort s'engage comme entraîneuse dans un bar pour soldats américains. Elle a une liaison avec un officier noir qui la comble de cadeaux, mais son mari revient et, prise de peur, elle tue l'Américain. Hermann s'accuse du crime et est condamné à huit ans de prison. Maria ne vit que dans l'espoir de sa sortie. Entre-temps, elle est engagée par un riche industriel – dont elle devient accessoirement la maîtresse – et grâce à son travail, sa ténacité, son intelligence, fait rapidement carrière. Au bout de quelques années, sa réussite est totale, mais Hermann, sorti de prison, refuse de profiter de l'argent gagné par sa femme et s'expatrie au Canada. Désespérée, Maria devient de plus en plus âpre au gain, égoïste et amère. Malgré son extraordinaire réussite, sa vie est un échec. Hermann revient, fortune faite, et le couple peut enfin, après tant d'années de séparation et d'épreuves, se reconstituer. C'est alors qu'une explosion de gaz fait sauter la maison...

◆ Une héroïne métaphore

L'actrice Hanna Schygulla, omniprésente dans le film, lui donne une force particulière en jouant avec talent sur l'ambiguïté du personnage, oscillant sans cesse entre la femme dure, arriviste, sans scrupules et l'amoureuse éternellement fidèle à son époux. Mais il est évident que Maria est une métaphore de l'Allemagne de l'après-guerre : ses ruines, son désastre économique, le désespoir de ses habitants n'ont été surmontés que grâce à l'aide américaine, et l'enrichissement de Maria, c'est, bien sûr, l'extraordinaire et rapide remontée économique de l'Allemagne d'Adenauer dont on entend la voix proclamant l'abandon de tout rêve de gloire et de conquête et la volonté du pays de s'enrichir et uniquement de s'enrichir. Mais l'explosion finale est un signe de fragilité : de même que Maria s'endurcit au fur et à mesure de sa réussite, de même l'Allemagne perd son âme dans ce processus. Si le film véhicule une certaine critique de l'Allemagne post-Adenauer, repue dans sa richesse et son égoïsme, il faut noter qu'aucune allusion n'est faite à la période nazie ; il y a occultation du passé – et de la responsabilité de la génération des parents de Maria. Or, c'est ce passé que Maria essaie de retenir, malgré aventures et compromissions, en restant fidèle à son mari : il n'est pas seulement l'homme qu'elle aime, mais celui qu'elle a épousé vingt ans auparavant, et qui constitue un élément fondamental de sa propre identité. A.G.

LE MARIAGE DE MINUIT
"PICCOLO MONDO ANTICO"
Mélodrame de **Mario Soldati**, inspiré du roman d'Antonio Fogazzaro, avec Alida Valli, Massimo Serato, Ada Dondini. Italie, 1941 – 1 h 47.

En Italie du Nord, l'histoire d'une jeune femme pendant les années du Risorgimento et de la guerre contre l'Autriche.

LE MARIAGE DE MON MEILLEUR AMI
"MY BEST FRIEND'S WEDDING"
Comédie de **P. J. Hogan**, avec Julia Roberts, Dermot Mulroney, Rupert Everett. États-Unis, 1997 – Couleurs – 1 h 45.

Une jeune femme indépendante et volage se découvre amoureuse de celui qu'elle croyait être seulement son meilleur ami, lorsque ce dernier lui annonce son prochain mariage. Elle va employer tous les moyens pour essayer de ruiner ce projet. Une comédie enlevée et tonique, exemple particulièrement réussi de ces *make-feel-good movies* d'où l'on sort avec un vrai sentiment de bien-être.

LE MARIAGE EST POUR DEMAIN
"TENNESSEE'S PARTNER"
Film d'aventures d'**Allan Dwan**, avec John Payne, Ronald Reagan, Rhonda Fleming. États-Unis, 1955 – Couleurs – 1 h 27.

En Californie, à l'époque de la ruée vers l'or, deux hommes s'affrontent pour la possession d'une mine... et accessoirement d'une belle rousse.

MARIAGE INCOGNITO "VIVACIOUS LADY"
Comédie de **George Stevens**, avec Ginger Rogers, James Stewart, Charles Coburn, Beulah Bondi, James Ellison. États-Unis, 1938 – 1 h 30.

Une chanteuse de cabaret épouse un professeur de botanique, ce qui pose de sérieux problèmes aux parents de celui-ci.

MARIAGE ROYAL "ROYAL WEDDING"
Comédie musicale de **Stanley Donen**, avec Fred Astaire, Jane Powell, Peter Lawford. États-Unis, 1951 – Couleurs – 1 h 33.

Un couple de danseurs célèbres, frère et sœur, vogue vers l'Angleterre où chacun va rencontrer l'amour. Un morceau d'anthologie : Fred Astaire dansant sur les murs et au plafond.

LES MARIAGES DE MLLE LÉVY
Comédie d'**André Hugon**, avec Yvette Lebon, Léon Bélières, Charles Lamy, Pierre Mingand. France, 1936 – 1 h 33.

Deux frères, Moïse et Salomon, tailleurs dans une petite ville d'Alsace, sont sérieusement menacés par un concurrent. La fille de l'un d'eux refuse obstinément de faire un mariage de raison. Le quatrième film de la série des *Lévy*.
▷ Voir aussi LÉVY ET CIE.

MARIANNE DE MA JEUNESSE
Mélodrame de **Julien Duvivier**, d'après le roman de Mandelssohn *Douloureuse Arcadie*, avec Marianne Hold, Pierre Vaneck, Isabelle Pia, Gil Vidal. France / R.F.A., 1955 – 1 h 45.

Dans un vieux château perdu en pleine forêt bavaroise, un adolescent vit une passion pour une jeune fille irréelle. Un film poétique à part dans l'œuvre de Julien Duvivier.

MARIA'S LOVERS "MARIA'S LOVERS"
Drame psychologique d'**Andrei Kontchalovsky**, avec Nasstasja Kinski *(Maria Bosic)*, John Savage *(Ivan Bibic)*, Robert Mitchum *(le père d'Ivan)*, Keith Carradine *(Clarence Butts)*. • SC : Gérard Brach, A. Kontchalovsky, Paul Zindel, Marjorie David. • PH : Juan Ruiz Anchia. • DÉC : Jeannine Oppewall. • MUS : Gary S. Remal. • MONT : Humphrey Dixon. États-Unis, 1984 – Couleurs – 1 h 43.

1946, en Pennsylvanie. Un soldat démobilisé retrouve sa communauté d'émigrés yougoslaves, et en particulier Maria, qu'il aime depuis toujours. Le mariage a lieu, mais il n'est pas consommé, car le jeune homme est comme inhibé par son amour même. Il cède à une voisine pour se rassurer, mais cela envenime ses relations avec sa femme et il part dans une autre ville. Pendant son absence, Maria cède elle-même à un chanteur errant, qu'elle chasse ensuite mais dont elle est enceinte. Le hasard fait se rencontrer les deux hommes et l'époux peut alors rentrer chez lui pour vivre enfin son amour.

◆ Maria's Lovers *est le premier film américain de Kontchalovsky. Derrière les apparences mélodramatiques, il y décrit, avec tendresse, poésie et délicatesse, le cheminement de l'amour fou chez un être marqué par l'horreur de la guerre. Jouant sur tous les registres (car le film est aussi une évocation très réussie de la vie dans les petites villes américaines), aidé par des comédiens dont il a su tirer le meilleur (Nasstasja Kinski est ici admirable de simplicité et d'émotion), Kontchalovsky a retrouvé et égalé le lyrisme de ses chefs-d'œuvre russes.* *J.-M.C.*

LE MARI DE LA FEMME À BARBE
"LA DONNA SCIMMIA"

Comédie de **Marco Ferreri**, avec Ugo Tognazzi, Annie Girardot. Italie / France, 1964 – 1 h 30.

Un oisif découvre dans un hôpital une jeune femme recouverte de poils. Il exploite sa découverte en l'exhibant comme une « femme-singe » et l'épouse pour la conserver.

LE MARI DE L'INDIENNE "THE SQUAWMAN"

Western de **Cecil B. De Mille**, avec Dustin Farnum *(Cpt. James Wyngate)*, Winifred Kingston *(Diana, comtesse de Kerhill)*, Monroe Salisbury *(Henry, comte de Kerhill)*, Billy Elmer *(Cash Hawking)*, Dick La Strange *(Grouchy)*. • SC : C. B. De Mille, Oscar Apfel, d'après la pièce d'Edwin Milton Royle. • PH : Alfred Gandolfi. • MONT : Mamie Wagner. États-Unis, 1914 – 6 bobines – env. 1 800 m (1 h 07).

Injustement accusé de vol, un aristocrate anglais quitte son pays pour le Far West. Il y rencontre une jeune Indienne, l'épouse, a un enfant avec elle ; mais il finit par retourner en Angleterre.

◆ *Ce sombre mélodrame, dans lequel Dustin Farnum reprend l'un de ses succès du théâtre, n'aurait guère d'intérêt s'il ne s'agissait du premier film de Cecil B. De Mille. Celui-ci devait le tourner en Arizona mais, la région se révélant impraticable, il se replia en Californie.* Le Mari de l'Indienne *est un des premiers films réalisés dans un lieu nommé Hollywood. Il devait également rester le sujet favori de De Mille qui en fit deux remakes, en 1918 et en 1931.* *L.A.*

MARIE "HOLDUDVAR"

Drame de **Márta Mészáros**, avec Mari Töröcski, Lajos Balazsovits, Kati Kovacs, Agi Mészáros, Mari Szemes, Istvan Avar. Hongrie, 1969 – 1 h 38.

Après la mort de son mari, une femme décide de ne rien garder des souvenirs de leur vie commune. Son fils l'emmène dans leur villa où sa fiancée se charge de la garder. Après une longue conversation, la jeune fille choisit de rompre.

MARIE-ANTOINETTE

Drame historique de **Jean Delannoy**, avec Michèle Morgan, Richard Todd, Jacques Morel. France / Italie, 1956 – Couleurs – 2 h.

Somptueuse reconstitution de la cour de Louis XVI et Marie-Antoinette. Les émotions, le grand amour pour Fersen et la dignité de la reine au cours des événements sont parfaitement rendus par le talent de Michèle Morgan, au sommet de son art.

▷ Autre évocation de la vie de la souveraine, réalisée par **W.S. Van Dyke**, avec Norma Shearer, Tyrone Power, John Barrymore, Robert Morley, Gladys George, Anita Louise, Joseph Schildkraut. États-Unis, 1938 – 2 h 40.

MARIE-CHANTAL CONTRE LE DOCTEUR KAH

Comédie de **Claude Chabrol**, avec Marie Laforêt, Francisco Rabal, Serge Reggiani, Charles Denner, Roger Hanin. France, 1965 – 1 h 40.

Dans un train, Marie-Chantal se voit confier par hasard un bijou contenant un terrifiant liquide bactériologique. Elle est entraînée alors dans une série d'aventures qui la mènent à Agadir. Un film fantaisiste défini par Chabrol comme un « conte de fées moderne ».

LA MARIE DU PORT

Comédie dramatique de **Marcel Carné**, inspiré du roman de Georges Simenon, avec Jean Gabin, Blanchette Brunoy, Nicole Courcel, Jane Marken. France, 1950 – 1 h 28.

L'attirance irrésistible qu'éprouvent l'un pour l'autre un homme désabusé et la jeune serveuse d'un café du port. Un film d'atmosphère, imprégné de pessimisme.

LA MARIÉE DU DIMANCHE "JUNE BRIDE"

Comédie de **Bretaigne Windust**, avec Bette Davis, Robert Montgomery, Fay Bainter, Betty Lynn. États-Unis, 1948 – 1 h 37.

Un couple de reporters part dans une petite ville de l'Indiana pour effectuer un reportage sur le mariage.

LA MARIÉE EST TROP BELLE

Comédie de **Pierre Gaspard-Huit**, avec Brigitte Bardot, Micheline Presle, Louis Jourdan, Marcel Amont. France, 1956 – 1 h 35.

Une jeune provinciale devient une cover-girl à succès. La grâce et la jeunesse de B.B., le charme et l'autorité de Micheline Presle sur le scénario d'une ex-comédienne, Odette Joyeux.

LA MARIÉE ÉTAIT EN NOIR

Film policier de **François Truffaut**, d'après le roman de William Irish, avec Jeanne Moreau, Michel Bouquet, Michael Lonsdale, Jean-Claude Brialy, Charles Denner, Claude Rich, Daniel Boulanger, Alexandra Stewart. France, 1967 – Couleurs – 1 h 40.

Veuve le jour même de son mariage, Julie élimine l'un après l'autre les cinq hommes qu'elle pense responsables de la mort de son mari. Autour de Jeanne Moreau, un festival de grands comédiens.

MARIE, LÉGENDE HONGROISE "TAVASZI ZÁPOR"

Mélodrame de **Paul [Pál] Fejos**, avec Annabella *(Marie Szabó)*, István Gyergyai *(l'intendant)*, Ilona Dajbukát *(la patronne)*, Karola Zala *(la patronne du « Fortuna »)*. • SC : Ilona Fülöp, P. Fejos. • PH : Peverell Marley, István Eiben. • DÉC : Serge Pimenoff. • MUS : György Rankl, László Angyal, Vincent Scotto, György Ránki. • MONT : Lothar Wolff. Hongrie / France, 1932 – 1 h 15.

Jeune servante séduite et abandonnée, Marie, enceinte, perd son emploi, avant d'être recueillie dans une maison de plaisir. Son enfant lui est enlevée par les autorités. Elle tombe dans la misère, se laisse mourir et monte au ciel, d'où elle protègera les jeunes filles des générations futures, pour leur éviter son triste sort, en faisant tomber des giboulées sur leurs ébats.

◆ *Fable populaire, très peu dialoguée, ciselée par un des artistes les plus sous-estimés de l'histoire du cinéma,* Marie, légende hongroise *est empreint d'une poésie naïve qui conserve, aujourd'hui encore, tout son pouvoir d'émotion. Les larmes, le sourire, la silhouette fragile d'Annabella, alliés à la magie du style visuel de Fejos font de l'histoire sordide de Marie une comptine délicate, qui est aussi un plaidoyer contre l'intolérance. L'année suivante, Fejos retrouvera sa miraculeuse interprète pour un film tourné à Vienne,* Gardez le sourire. *N.T.B.*

▷ Le film est tourné simultanément en quatre versions : hongroise, française, allemande (MARIE) et anglaise (SPRING SHOWER).

MARIE-MARTINE

Comédie dramatique d'**Albert Valentin**, avec Renée Saint-Cyr, Jules Berry, Bernard Blier, Marguerite Deval, Saturnin Fabre, Jean Debucourt. France, 1943 – 1 h 43.

Une jeune fille au passé agité vit maintenant un bonheur tranquille avec un gentil garçon. Un écrivain, qui l'a connue autrefois, veut écrire un roman sur sa vie, au risque de lui nuire.

MARIE-OCTOBRE

Drame de **Julien Duvivier**, avec Danielle Darrieux, Bernard Blier, Paul Meurisse, Serge Reggiani, Lino Ventura. France, 1959 – 1 h 35.

Marie-Octobre, directrice d'une maison de couture, réunit les membres du réseau de résistance dont elle faisait partie en 1944 pour découvrir lequel d'entre eux les a trahis. Un des meilleurs films des années 50 respectant l'unité de lieu, d'action et de temps.

MARIE-POUPÉE

Drame de **Joël Séria**, avec Jeanne Goupil, André Dussollier, Bernard Fresson, Andréa Ferréol, François Perrot, Marie Mergey. France, 1976 – Couleurs – 2 h.

Un marchand de jouets épouse la fragile Marie, qui va peu à peu penser qu'elle n'est qu'un bibelot pour son mari. Elle flirte avec un employé du magasin, qui devient trop pressant.

MARIE POUR MÉMOIRE

Essai de **Philippe Garrel**, avec Zouzou, Thierry Garrrel, Maurice Garrel, Élisabeth Lami, Jacques Robiolle, Via Meta Artega, Sylvaine Massart, André Binault. France, 1972 – 1 h 20.

Dans une vie aliénante où tous les rapports semblent fondés sur l'agressivité et la domination, quatre garçons et quatre filles hurlent leur mal de vivre, leur solitude et leur désespoir.

LES MARIÉS DE L'AN II

Comédie de **Jean-Paul Rappeneau**, avec Jean-Paul Belmondo, Marlène Jobert, Laura Antonelli. France, 1971 – Couleurs – 1 h 30.

Un Français émigré en Amérique avant la Révolution doit rentrer chez lui pour divorcer. Commence alors un chassé-croisé haletant avec son épouse au beau milieu des événements de 1789.

MARIE SOLEIL

Drame d'**Antoine Bourseiller**, avec Danièle Delorme, Jacques Charrier, Michel Piccoli. France, 1964 – 1 h 35.

Il a vingt-cinq ans, elle en a trente-cinq. Il est coureur et joli garçon, elle est belle fille et sans scrupules. Ils s'aiment, se disputent... L'un des bons rôles de Danièle Delorme.

MARIE STUART "MARY OF SCOTLAND"

Drame historique de **John Ford**, d'après la pièce de Maxwell Anderson, avec Katharine Hepburn, Fredric

March, Donald Crisp, Florence Eldridge, Douglas Walton, John Carradine. États-Unis, 1936 – 2 h 03.

La tragédie de la malheureuse reine d'Écosse, ses mariages forcés et sa fuite en Angleterre où sa rivale Élisabeth la fait emprisonner puis exécuter.

MARIE STUART, REINE D'ÉCOSSE
"Mary, Queen of Scots"
Drame historique de **Charles Jarrott**, avec Vanessa Redgrave, Glenda Jackson, Trevor Howard. Grande-Bretagne, 1971 – Couleurs – 2 h 08.

La destinée et les amours tragiques de la jeune reine, victime des machinations d'Élisabeth d'Angleterre et d'un pasteur calviniste.

MARIE TUDOR "Tudor Rose"
Film historique de **Robert Stevenson**, avec Cedric Hardwicke, Nova Pilbeam, John Mills, Felix Aylmer, Leslie Perrins, Frank Cellier, Desmond Tester. Grande-Bretagne, 1936 – 1 h 18.

La vie de lady Jane Grey, désignée par Édouard VI comme héritière et qui régna dix jours en juillet 1553 avant d'être destituée par Marie Tudor et condamnée à mort.

MARIE WALEWSKA "Conquest"
Drame de **Clarence Brown**, d'après la pièce d'Helen Jerome inspirée d'un roman de Vaclaw Gasiorowski, avec Greta Garbo, Charles Boyer, Reginald Owen. États-Unis, 1937 – 1 h 52.

L'histoire d'amour de Napoléon et de la comtesse polonaise Marie Walewska.

LE MARIN DE GIBRALTAR
"The Sailor From Gibraltar"
Drame de **Tony Richardson**, d'après une nouvelle de Marguerite Duras, avec Jeanne Moreau, Ian Bannen, Vanessa Redgrave, Orson Welles. Grande-Bretagne, 1967 – 1 h 31.

Alan quitte sa compagne et part au bord de la mer. Il s'éprend d'une jeune veuve, Ana, qui parcourt le monde à bord de son yacht à la recherche d'un marin auprès duquel elle a connu un bref mais intense bonheur.

LA MARINE EN FOLIE
"The Private Navy of Sergent O'Farrell"
Comédie de **Frank Tashlin**, avec Gina Lollobrigida, Bob Hope. États-Unis, 1968 – Couleurs – 1 h 30.

Sur une île isolée, en pleine guerre du Pacifique, des soldats s'ennuient... Et s'ennuient tellement qu'ils noient les jours calmes dans la bière. Oui, mais voilà, si la bière vient à manquer ?

LA MARINE EST DANS LE LAC
"You're in the Navy Now"
Comédie de **Henry Hathaway**, avec Gary Cooper, Jane Greer, Millard Mitchell. États-Unis, 1951 – 1 h 33.

Malgré son ignorance dans ce domaine, un ingénieur est promu capitaine d'un prototype de vedette rapide.

MARINELLA
Mélodrame de **Pierre Caron**, avec Tino Rossi, Yvette Lebon, Jeanne Fusier-Gir. France, 1936 – 1 h 28.

Un jeune décorateur, devenu vedette après avoir remplacé au pied levé un chanteur malade, s'éprend d'une dactylo qui fait elle-même ses débuts sur scène en chanteuse masquée.

MARIN MALGRÉ LUI "A Sailor-Made Man"
Film burlesque de **Fred C. Newmeyer** et **Harold Lloyd**, avec Harold Lloyd, Mildred Davis, Dick Sutherland, Noah Young. États-Unis, 1921 – env. 1 200 m (45 mn).

Un jeune homme timide, qui s'ennuie lors du vernissage d'une exposition, demande par jeu la main d'une jeune femme, et se trouve entraîné dans de drôles d'aventures.

LES MARINS DE KRONSTADT
"My iz Kronštadta"
Film historique d'**Efim Dzigan**, avec Vassili Zaitchikov *(Martinov)*, Grigori Bouchouïev *(Artem Balachov)*, Oleg Jakov *(Ian Droudine)*, Raisa Essipova *(l'institutrice)*, Petr Kirillov *(Valentin Besprozvanie)*, Nikolai Ivakine *(Bourmistrov)*. • sc : Vsevolod Vichnevsky. • ph : Naoumov-Straf. • déc : Vladimir Egorov. • mus : Nicolas Krioukhov. U.R.S.S. (Russie), 1936 – 1 h 38.

La Russie en 1919. Un épisode de la résistance des soviets à la contre-offensive tsariste. Réfugiés dans le port de Kronstadt, les bolcheviks se défendent héroïquement contre la flotte des « blancs » commandée par le général Youtkevitch. Un jeune baroudeur, Balachov, qui ne s'embarrasse pas de scrupules stratégiques, s'illustre par sa bravoure.

◆ *Le film porte la marque du dramaturge soviétique Vsevolod Vichnevsky, l'auteur de la* Tragédie optimiste. *Il s'inscrit dans le droit fil des recommandations de Staline qui visaient à exalter à l'écran les grandes heures de la Révolution, mais ne tombe pas pour autant dans les excès du « réalisme socialiste ». Un indéniable souffle épique traverse le film, auquel on pourra reprocher seulement le conformisme de sa réalisation.* *C.B.*

LES MARINS DE L'ORGUEILLEUX
"DOWN TO THE SEA IN SHIPS"
Drame de **Henry Hathaway**, avec Richard Widmark, Lionel Barrymore, Dean Stockwell. États-Unis, 1949 – 2 h.

Un vieux capitaine confie l'éducation de son petit-fils à son second qui fera de l'enfant un homme et un vrai capitaine.

MARIS AVEUGLES / LA LOI DES MONTAGNES
"BLIND HUSBANDS"
Drame d'**Erich von Stroheim**, avec Erich von Stroheim *(lieutenant von Steuben)*, Gibson Gowland *(Sepp)*, Sam de Grasse *(Dr Armstrong)*, Francilla Billington *(Mme Armstrong)*. • SC : E. von Stroheim, d'après son récit *The Pinacle*. • PH : Ben Reynolds. • DÉC : E. von Stroheim. • MONT : Frank Lawrence, Eleanor Fried. États-Unis, 1919 – 2 300 m (env. 1 h 25 mn).

Le Dr Armstrong et sa femme vont s'adonner à l'alpinisme dans un village autrichien. Ils y rencontrent le lieutenant von Steuben qui prend des vacances et qui, non content de jeter son dévolu sur les soubrettes, entreprend Mme Armstrong. Sa tâche est facilitée par la muflerie du docteur envers sa femme. Mais elle a peur de se laisser tenter. Trop tard car le mari a des soupçons et invite von Steuden à une ascension à deux.

◆ *Dès son premier film, Stroheim affirme son univers avec une cruauté tranquille qui ne se démentira pas mais deviendra à la fois plus raffinée et plus exacerbée. Stroheim se sert d'une trame moralisatrice (« prenez soin de votre femme si vous ne voulez pas qu'il vous arrive la même chose », dit à peu près la conclusion) pour mettre le doigt sur les ignominies du genre humain.* S.K.

MARIS ET FEMMES "HUSBANDS AND WIVES"
Comédie dramatique de **Woody Allen**, avec Woody Allen *(Gabe Roth)*, Mia Farrow *(Judy Roth)*, Judy Davis *(Sally)*, Sydney Pollack *(Jack)*, Juliette Lewis *(Rain)*, Liam Neeson *(Michael)*, Lysette Anthony *(Sam)*. • SC : W. Allen. • PH : Carlo Di Palma. • DÉC : Santo Loquasto. • MUS : Cole Porter, Lew Brown, Irving Berlin, etc. • MONT : Susan E. Morse. États-Unis, 1992 – Couleurs – 1 h 45.

À mi-vie, deux couples new-yorkais vieillissants se remettent en cause, chacun à sa façon. Jack et Sally se séparent et se retrouveront. Gabe et Judy commencent une lente dérive qui finira par la solitude pour l'un et un nouveau mariage pour l'autre.

◆ *Une réflexion désenchantée sur le mariage au péril de l'âge et de l'égoïsme. L'humour de Woody Allen est au rendez-vous mais ce n'est plus celui de l'entomologiste posant un regard amusé sur les insectes humains, c'est la « politesse du désespoir » d'un homme guetté par le vieillissement et la solitude. Les révélations sur la vie privée du metteur en scène, concomitantes de la sortie du film, ont fait disparaître l'impression de distance ironique tout en conférant à ce « documentaire psychologique » une densité et une crédibilité supplémentaires.* C.D.R.

LES MARIS, LES FEMMES, LES AMANTS
Comédie dramatique de **Pascal Thomas**, avec Jean-François Stévenin, Susan Moncur, Émilie Thomas, Clément Thomas, Olga Vincent, Michel Robin, Catherine Jacob, Daniel Ceccaldi. France, 1989 – Couleurs – 1 h 47.

Des femmes ayant envoyé leurs maris et fils à l'île de Ré pour les vacances se retrouvent à Paris avant de partir les rejoindre.

MARIUS
Mélodrame d'**Alexandre Korda** et **Marcel Pagnol**, avec Raimu *(César)*, Pierre Fresnay *(Marius)*, Orane Demazis *(Fanny)*, Charpin *(Panisse)*, Robert Vattier *(Monsieur Brun)*. • SC : M. Pagnol, d'après sa pièce. • PH : Pahle. • DÉC : Alfred Junge, Zoltan Korda. • MUS : Francis Gromon. • MONT : Roger Spiri-Mercanton. France, 1931 – 2 h 10.

César est patron du « Bar de la Marine » où se retrouvent ses amis les habitués pour bavarder, jouer aux cartes, plaisanter. Marius, fils de César, rêve de quitter Marseille pour partir en mer. Un soir, sans rien dire, il réalisera ce rêve, laissant son père étonné, malheureux et furieux, laissant aussi sa fiancée Fanny à son chagrin.

◆ *Il s'agit d'un « drame gai ». Le fond de l'histoire est mélodramatique mais les personnages sont si truculents, les comparses si pittoresques, les reparties si drôles, l'interprétation si brillante, que l'on oublie l'anecdote au profit du détail. La pièce de théâtre de Marcel Pagnol a été filmée avec respect et sans trop de recherche de style. Cette sobriété était un bon calcul. Le film n'a pas vieilli. Il a fait les délices de toutes les générations qui se sont succédé depuis 1931.* G.S.

▷ Premier volet d'une trilogie qui se poursuit avec FANNY et CÉSAR (Voir ces titres). Parallèlement, **Alexandre Korda** signe une version allemande, intitulée ZUM GOLDENEN ANKER, avec Ursula Grabley, Jakob Tiedkte, Lucie Höflich, Mathias Wieman.

MARIUS ET JEANNETTE
Chronique de **Robert Guédiguian**, avec Ariane Ascaride, Gérard Meylan, Pascale Roberts. France, 1997 – Couleurs – 1 h 42. ★ CÉSAR DE LA MEILLEURE ACTRICE pour Ariane Ascaride.

Oubliez toutes les recettes de marketing et prenez une mère de famille célibataire, un peu soupe au lait mais au cœur simple, un gardien d'usine qui a eu des malheurs mais a bon fond, des voisins pauvres et chaleureux. Faites chauffer doucement au soleil de Marseille et si vous y ajoutez de bonnes pincées de poésie et que vous nappez le tout de talent, sauce Guédiguian, vous aurez un vrai petit miracle de cinéma, un film qui fait courir les foules avec ce qui est censé n'intéresser personne : une histoire de gens pauvres auxquels il n'arrive que des choses ordinaires.

MARJORIE "Cross Creek"
Chronique biographique de **Martin Ritt**, avec Mary Steenburger, Rip Torn. États-Unis, 1983 – Couleurs – 2 h 02.

Marjorie Rawlings (l'auteur de *Jody et le faon)* quitte New York pour la Floride. Le film décrit sa vie dans ce nouveau milieu.

MARK DIXON DÉTECTIVE
"Where the Sidewalk Ends"
Film policier d'**Otto Preminger**, d'après le roman de William L. Stuart, avec Dana Andrews, Gene Tierney, Gary Merrill. États-Unis, 1950 – 1 h 35.

Un policier tue accidentellement un suspect et tente de faire accuser un chef de gang. Portrait d'un policier antipathique.

LA MARMAILLE
Comédie dramatique de **Bernard-Deschamps**, d'après le roman d'Alfred Machard, avec Pierre Larquey, Florelle, Paul Azaïs, Hélène Perdrière. France, 1935 – 1 h 30.

Un menuisier modeste, veuf avec une petite fille, épouse la mère d'un petit garçon qui le quitte rapidement. Il élève seul les deux enfants, puis rencontre de nouveau une mère sans époux.

LA MARQUE "The Mark"
Drame psychologique de **Guy Green**, avec Stuart Whitman, Maria Schell, Rod Steiger, Brenda de Banzie, Maurice Denham, Donald Wolfit. Grande-Bretagne, 1961 – 2 h 07.

Après de nombreuses années passées en prison, un maniaque sexuel tente de refaire sa vie mais il est hanté par son passé.

MARQUÉ AU FER "Branded"
Western de **Rudolph Maté**, avec Alan Ladd, Mona Freeman, Charles Bickford. États-Unis, 1950 – Couleurs – 1 h 35.

Un aventurier se fait passer pour l'héritier d'un riche propriétaire terrien, avant de se repentir.

LA MARQUE DU VAMPIRE "Mark of the Vampire"
Film fantastique de **Tod Browning**, avec Lionel Barrymore, Elizabeth Allan, Bela Lugosi. États-Unis, 1935 – 1 h 01.

Un policier tente de résoudre une affaire de meurtre en engageant des comédiens pour jouer les vampires. Atmosphère envoûtante.

MARQUÉ PAR LA HAINE
"Somebody Up There Likes Me"
Drame de **Robert Wise**, avec Paul Newman *(Rocky Graziano)*, Pier Angeli *(Norma)*, Everett Sloane *(Irving Cohen)*, Eileen Heckart *(Ma Barbella)*, Sal Mineo *(Romolo)*, Harold J. Stone *(Nick Barbella)*. • SC : Ernest Lehman, d'après l'autobiographie de Rocky Graziano. • PH : Joseph Ruttenberg. • DÉC : Edwin B. Willis, Keogh Gleason. • MUS : Bronislau Kaper. • MONT : Albert Akst. États-Unis, 1956 – 1 h 53.

La vie de Rocco Barbella, plus connu sous le nom de Rocky Graziano, depuis sa jeunesse délinquante dans les bas-fonds de New York. Mobilisé à sa sortie de maison de redressement, il déserte. À la prison, un éducateur découvre ses talents de boxeur.

◆ *Le personnage de Rocky Graziano, violent, indiscipliné, tourmenté, devait être tenu à l'origine par James Dean. Paul Newman, alors jeune acteur débutant formé lui aussi à l'Actors Studio, reprit le rôle et gagna ses galons de vedette. La qualité et le succès du film permirent aussi à Robert Wise d'entrer dans la catégorie des réalisateurs de grande envergure. Pour l'anecdote, signalons l'apparition éclair au début du film d'un débutant nommé Steve McQueen.* *L.A.*

LA « MARQUE » TERRE CONTRE SATELLITE
"Quatermass Two"
Film de science-fiction de **Val Guest**, avec Brian Donlevy, John Longden, Sidney James, Bryan Forbes, William Franklyn, Charles Lloyd Pack. Grande-Bretagne, 1957 – 1 h 25.

Une station militaire, censée fabriquer de la nourriture synthétique, est en fait un centre d'accueil pour des envahisseurs venus de l'espace. Une suite du MONSTRE (Voir ce titre).

MARQUIS
Comédie dramatique de **Henri Xhonneux**, avec François Marthouret, Valérie Kling, Michel Robin. France / Belgique, 1989 – Couleurs – 1 h 30.

Marquis, écrivain libertin, est enfermé à la Bastille. Il a pour seul compagnon son sexe, nommé Colin, avec lequel il dialogue. Un film provocateur inspiré du Marquis de Sade, et dont les personnages sont des créatures animales.

LE MARQUIS DE SAINT-ÉVREMONT
"A TALE OF TWO CITIES"
Film d'aventures historiques de **Jack Conway**, d'après le roman de Charles Dickens, avec Ronald Colman, Elizabeth Allan, Edna May Oliver. États-Unis, 1935 – 2 h 01.

Sur fond de Révolution française, le cruel marquis de Saint-Évremont suscite la haine sur son passage.

▷ Autre version réalisée par **Ralph Thomas**, intitulée A TALE OF TWO CITIES, avec Dirk Bogarde, Dorothy Tutin, Christopher Lee, Athene Seyler, Rosalie Crutchley, Ernest Clark. Grande-Bretagne, 1958 – 1 h 57.

MARQUISE
Comédie dramatique de **Véra Belmont**, avec Sophie Marceau, Bernard Giraudeau, Lambert Wilson. France, 1997 – Couleurs – 1 h 58.

L'ascension et la chute d'une danseuse de rue qui voulait devenir tragédienne et finit par mourir... tragiquement, après avoir été la maîtresse, entre autres, de Molière et de Racine. Fastes et frasques.

LA MARQUISE D'O... "DIE MARQUISE VON O..."
Drame d'**Éric Rohmer**, avec Édith Clever *(la marquise)*, Bruno Ganz *(le comte)*, Peter Luhr *(le père)*, Edda Seippel *(la mère)*. • SC : É. Rohmer, d'après le récit d'Heinrich von Kleist. • PH : Nestor Almendros. • DÉC : Roger von Möllendorff. • MUS : Roger Delmotte. • MONT : Cécile Decugis. R.F.A. / France, 1976 – Couleurs – 1 h 47. ★ PRIX SPÉCIAL DU JURY, Cannes 1976.

Alors qu'une place forte commandée par son père est attaquée par les Russes, une jeune veuve, la marquise d'O..., est sauvée du déshonneur par le comte F. qui l'emmène évanouie... Il doit repartir se battre, mais la demande en mariage, lui faisant promettre de l'attendre. La marquise se trouve enceinte mais nie avoir fauté. Inflexible, son père la chasse. Le comte revenu maintient sa demande. La marquise, par annonce, prie le père de se faire connaître.

◆ *Le défi de Rohmer, dans ce film, est d'adapter le texte de Kleist sans le moderniser, mais en le restituant pleinement dans son époque, la toute fin du* XVIII*e siècle. Le langage, mais surtout les comportements, les gestes, les attitudes de l'époque sont respectés. Le conflit de l'héroïne avec ses principes moraux prolonge la trame des* « Contes moraux », *tandis que sa lutte contre son entourage annonce les* « Comédies et Proverbes ». *J.M.*

LE MARQUIS S'AMUSE "IL MARCHESE DEL GRILLO"
Comédie satirique de **Mario Monicelli**, avec Alberto Sordi, Paolo Stoppa, Caroline Berg. Italie / France, 1981 – Couleurs – 2 h 07.

Le camérier du pape, marquis del Grillo, s'amuse bien dans la Rome du début du XIXe siècle. Il a même l'idée de mettre à sa place un sosie. Mais la farce tourne mal.

LA MARRAINE DE CHARLEY
Comédie de **Pierre Chevalier**, d'après la pièce de Brandon Thomas, avec Fernand Raynaud, Pierre Bertin, Claude Véga, Annie Auberson, Renée Caron, Monique Vita. France, 1959 – 1 h 27.

Quatre de ses amis contraignent un étudiant à s'habiller en femme pour jouer le rôle de sa marraine, et louer un hôtel particulier.

▷ Autre version réalisée par **Pierre Colombier**, avec Lucien Baroux, Claude Lehmann, Julien Carette, Monique Rolland. France, 1935 – 1 h 25.

MARS ATTACKS ! "MARS ATTACKS !"
Comédie de science-fiction de **Tim Burton**, avec Jack Nicholson, Glenn Close, Annette Bening, Pierce Brosnan. États-Unis, 1996 – Couleurs – 1 h 45.

Un exercice de science-fiction-dérision : les Martiens sont des marionnettes grotesques qu'un air de folk country music suffit à faire exploser et leurs adversaires terriens sont encore plus ridicules avec leurs petits calculs et leurs aveuglements. Malgré tout, ce petit monde s'étripe avec conviction et à grands coups d'effets spéciaux : gratte-ciel en capilotade, Terriens hachés ou grillés, Martiens à la sauce verte (c'est la couleur de leur sang)... Des trouvailles et du rythme.

LA MARSEILLAISE
Film historique de **Jean Renoir**, assisté de Jacques Becker, Claude Renoir, Jean-Paul Dreyfus [Le Chanois], avec Pierre Renoir *(Louis XVI)*, Lise Delamare *(Marie-Antoinette)*, Aimé Clariond *(M. de Saint-Laurent)*, Louis Jouvet *(Rœderer)*, Andrex *(Arnaud)*. • SC : J. Renoir. • PH : Alain Douarinou, Jean-Serge Bourgoin. • DÉC : Léon Barsacq, Georges Wakhevitch, Jean Perrier. • MUS : Rameau, Mozart, Bach, Joseph Kosma (arr.). • MONT : Marguerite Renoir. France, 1938 – 2 h 02.

Le film s'articule sur le trajet des volontaires qui, en chantant la Marseillaise, partent défendre la patrie en danger. Prenant les Tuileries au passage, ils renversent la monarchie affaiblie par ses hésitations et l'inconscience des aristocrates. Commencé avec une réédition, à Marseille, de la prise de la Bastille, le récit s'achève devant Valmy sur la marche en avant des soldats de la nation.

◆ *Célèbre pour son relatif échec autant que pour l'enthousiasme de sa préparation (impulsée d'abord par la gauche unie, puis surtout par la C.G.T.), cette reconstitution témoigne à la fois des événements de*

1792 tels qu'on pouvait les saisir en 1937 et de l'esprit du Front populaire. Quoiqu'un peu bavarde, c'est une œuvre traversée d'un souffle, soutenue par la conscience que seul le peuple peut faire la Révolution, et que celle-ci est toujours à recommencer sous peine de confiscation. *M.L.*

MARSEILLE CONTRAT "The Marseille Contract"
Film policier de **Robert Parrish**, avec Michael Caine, Anthony Quinn, James Mason, Marcel Bozzuffi, Maurice Ronet. Grande-Bretagne / France, 1974 – Couleurs – 1 h 30.

Dans l'impossibilité légale d'arrêter un gros trafiquant de drogue, un policier décide de le faire abattre par un tueur professionnel.

MARTHE RICHARD AU SERVICE DE LA FRANCE
Biographie de **Raymond Bernard**, avec Edwige Feuillère, Erich von Stroheim, Délia Col, Jean Galland. France, 1937 – 1 h 35.

Une évocation romancée de la vie de l'espionne française pendant la Première Guerre mondiale, de ses relations avec le chef du contre-espionnage allemand et du suicide de ce dernier.

MARTIN "Martin"
Film fantastique de **Georges A. Romero**, avec John Amplas, Lincoln Maazel, Christine Forrest. États-Unis, 1977 – Couleurs – 1 h 35.

Un jeune homme d'Europe centrale est détenteur, bien malgré lui, d'une loude hérédité : celle de Nosferatu, le « non-mort ». Son besoin de sang déchaîne les drames.

MARTIN ET LÉA
Drame d'**Alain Cavalier**, avec Isabelle Hô, Xavier Saint-Macary. France, 1979 – Couleurs – 1 h 32.

Martin est attiré vers Léa, elle-même entretenue par Lucien à qui elle procure des jeunes filles dociles. À la suite du suicide d'une de ses amies, Léa renonce à son rôle et épouse Martin.

MARTIN ROUMAGNAC
Drame de **Georges Lacombe**, avec Marlene Dietrich, Jean Gabin, Marcel Herrand, Margo Lion, Daniel Gélin. France, 1946 – 1 h 35.

La dramatique passion éprouvée par un ouvrier dévoré par la jalousie pour une belle commerçante d'une petite ville de province. La seule réunion à l'écran de Marlene et Gabin.

MARTIN SOLDAT
Comédie de **Michel Deville**, avec Robert Hirsch, Véronique Vendell, Marlène Jobert. France, 1966 – Couleurs – 1 h 30.

Un acteur de troisième ordre déguisé en officier allemand pour les besoins du théâtre est fait prisonnier par les Américains le jour du Débarquement. Une suite de quiproquos, évasions, enlèvements...

MARTY "Marty"
Comédie dramatique de **Delbert Mann**, avec Ernest Borgnine *(Marty)*, Betsy Blair *(Clara)*, Esther Minciotti *(Catherine)*. • SC : Paddy Chayefsky. • PH : Joseph LaShelle. • DÉC : Edward S. Haworth, Walter Simonds. • MUS : Roy Webb. • MONT : Alan Crosland. États-Unis, 1955 – 1 h 27. ★ **Palme d'or, Cannes 1955 ; Oscar du Meilleur film 1955.**

Marty est un garçon boucher sympathique, mais grassouillet et pas très beau. Il en souffre. Au bal populaire, il rencontre une institutrice, Clara, qui elle aussi à des problèmes avec un physique qu'elle trouve ingrat. Ils vont se revoir, se plaire, former des projets d'avenir. Mais la famille et les amis de Marty font obstacle à ce bonheur. Ce garçon plutôt faible va s'offrir une immense colère et imposer avec véhémence son droit au bonheur.

◆ *Le film est l'adaptation cinématographique d'un téléfilm du même Delbert Mann. Une œuvre modeste, donc, réalisée avec simplicité, sans beaucoup de moyens, interprétée par des comédiens pas très célèbres et bien entendu pas très séduisants, mais extrêmement attachants et talentueux. L'intelligence du scénario, la valeur morale et sentimentale du propos ont fait de ce « petit film » un succès international.* *G.S.*

LE MARTYRE DE L'OBÈSE
Comédie dramatique de **Pierre Chenal**, d'après le roman d'Henri Béraud, avec André Berley, Suzet Maïs, Jacques Maury. France, 1932 – 1 h 27.

Pour rendre jaloux un mari qui la trompe, une jeune femme rend amoureux d'elle un obèse qui décide de maigrir. Après de vains efforts, l'homme abandonne tandis que le couple se réconcilie.

LES MARX BROTHERS AU GRAND MAGASIN
"The Big Store"
Film burlesque de **Charles Riesner**, avec les Marx Brothers, Tony Martin. États-Unis, 1941 – 1 h 20.

Les Marx sont engagés dans un grand magasin pour déjouer les manœuvres du directeur qui veut déposséder son associé. Un des meilleurs films de Groucho, Harpo et Chico.

MARY POPPINS "Mary Poppins"
Comédie musicale de **Robert Stevenson**, avec Julie Andrews, Dick Van Dyke, Glynis Johns. États-Unis, 1965 – Couleurs – 2 h 20.

Une drôle de gouvernante entraîne les enfants qu'elle surveille dans un univers enchanté, peuplé de créatures magiques et fantastiques. L'une des plus grandes réussites des studios Disney.

MA SAISON PRÉFÉRÉE

Comédie dramatique d'**André Téchiné**, avec Catherine Deneuve *(Émilie)*, Daniel Auteuil *(Antoine)*, Marthe Villalonga *(Berthe)*, Jean-Pierre Bouvier *(Bruno)*, Chiara Mastroianni *(Anne)*, Anthony Prada *(Lucien)*, Carmen Chaplin *(Khadija)*. • SC : A. Téchiné, Pascal Bonitzer. • PH : Thierry Arbogast. • DÉC : Carlos Conti. • MUS : Philippe Sarde. • MONT : Martine Giordano. France, 1993 – Couleurs – 2 h 05.

Les enfants de Berthe ont bien réussi : Antoine est chirurgien du cerveau et Émilie notaire. Mais Berthe commence à avoir des malaises et Émilie décide de l'accueillir chez elle. La réunion de famille va faire apparaître la fragilité de la situation de chacun d'entre eux : Berthe commence à perdre la tête, Émilie souffre de l'absence d'échange aussi bien avec son mari qu'avec ses enfants ; quant à Antoine, il ne rêve que de retrouver la relation fusionnelle qu'il avait avec Émilie lorsqu'ils étaient enfants.

◆ *Un beau film sur l'enfance perdue, le temps qui passe, le vieillissement et la mort. Les dialogues, drôles ou pathétiques, sonnent toujours juste et le jeu des acteurs est sans défaut. Bien que centré sur un cas limite, l'amour passion d'un frère et d'une sœur, le film de Téchiné évoque avec talent et sensibilité des situations que tout un chacun a vécues.* C.D.R.

MASCARADE "MASKERADE"

Comédie dramatique de **Willi Forst**, avec Adolf Wohlbrück [Anton Walbrook], Paula Wesseley, Peter Petersen, Olga Tscheshova. Autriche, 1934 – 1 h 27.

À Vienne, en 1905, un peintre trop épris de jolies femmes vit une étrange aventure avant d'être finalement lui-même pris au piège.

LA MASCOTTE DU RÉGIMENT "WEE WILLIE WINKIE"

Film d'aventures de **John Ford**, d'après un conte de Rudyard Kipling, avec Shirley Temple, Victor McLaglen, C. Aubrey Smith, June Lang, Michael Whalen. États-Unis, 1937 – 1 h 39.

Une petite fille rejoint son père, officier de l'armée des Indes, et devient la mascotte du régiment. Elle parviendra à amadouer un chef de rebelles et à en faire un allié des Anglais.

MASCULIN-FÉMININ

Drame de **Jean-Luc Godard**, avec Jean-Pierre Léaud, Chantal Goya, Marlène Jobert. France/Suède, 1965 – Couleurs – 1 h 50.

La jeunesse des années 60, sous le regard sarcastique et analytique de Jean-Luc Godard, cinéaste-sociologue.

M.A.S.H. "M.A.S.H."

Comédie de **Robert Altman**, avec Donald Sutherland *(Haw Keye)*, Elliott Gould *(Trapper John)*, Tom Skerritt *(Duke)*, Robert Duvall *(major Frank Burns)*, Sally Kellerman *(major Lèvres en feu)*. • SC : Ring Lardner Jr., d'après le roman de Richard Hooker. • PH : Harold E. Stone. • DÉC : Walter M. Scott, Stuart A. Reiss. • MUS : Johnny Mandel. • MONT : Danford B. Greene. États-Unis, 1970 – Couleurs – 1 h 53. ★ **PALME D'OR, Cannes 1970.**

Pendant la guerre de Corée, deux médecins d'une unité chirurgicale partagent leur temps entre leur métier et leur passion pour les femmes, en l'occurrence leurs infirmières.

◆ *Cette chronique féroce de la vie d'un hôpital de campagne condamne sans appel l'absurdité et la boucherie de la guerre. Tourné en 1970, le film évoque métaphoriquement une guerre encore plus meurtrière que celle de Corée : le Viêt Nam. L'horreur, la farce, le cynisme, la bouffonnerie et l'acidité du propos vont de pair avec une authenticité quasi documentaire de certaines scènes. Altman mélange les genres comme il mêle les zooms, le téléobjectif, la saturation de l'image. Cette comédie sexuelle et satirique s'inscrit, par son humour noir, dans la lignée du* To Be or Not to Be *de Lubitsch. Les personnages de Lubitsch se ressourcent dans le théâtre tandis que ceux d'Altman le font dans le sexe et parfois même, en bons gentlemen, dans le golf !* C.A.

MASK "MASK"

Drame de **Peter Bogdanovich**, avec Cher, Sam Elliott, Eric Stoltz. États-Unis, 1984 – Couleurs – 2 h.

Le drame quotidien de Rocky, un adolescent au visage déformé, et de Rusty, sa mère, qui se réfugie dans la drogue.

THE MASK "THE MASK"

Comédie de **Charles Russell**, d'après la bande dessinée de Mike Richardson, avec Jim Carrey, Peter Riegert, Peter Green, Richard Jeni. États-Unis, 1994 – Couleurs – 1 h 40.

La découverte d'un masque magique transforme la terne vie d'un employé de banque : libéré de ses inhibitions, il peut alors entreprendre de faire la conquête de Tina, la belle espionne. Mais l'ami en titre de celle-ci, le bandit Dorian, ne l'entend pas de cette oreille... Un film peu banal qui mélange allègrement les genres (bande dessinée, comédie musicale, film policier, etc.) et comporte d'étonnants effets spéciaux.

MA SŒUR EST CAPRICIEUSE "MY SISTER EILEEN"
Comédie d'**Alexander Hall**, avec Rosalind Russell, Brian Aherne, Janet Blair. États-Unis, 1942 – 1 h 36.

Les expériences new-yorkaises de deux sœurs, l'une écrivain et l'autre actrice, qui tentent leur chance dans la grande ville. Film à « gags » autour de Rosalind Russell. Remake sous le titre suivant.

MA SŒUR EST DU TONNERRE "MY SISTER EILEEN"
Comédie musicale de **Richard Quine**, avec Janet Leigh, Jack Lemmon, Betty Garrett. États-Unis, 1955 – Couleurs – 1 h 48.

Remake du précédent sous forme de musical d'après un spectacle de Broadway, sur une chorégraphie de (et avec) Bob Fosse.

MA SŒUR, MON AMOUR "SYSKONBÄDD"
Drame psychologique de **Vilgot Sjöman**, d'après la pièce de John Ford, avec Bibi Andersson, Per Oscarsson, Jarl Kulle, Gunnar Bjornstrand. Suède, 1966 – 1 h 35.

À la fin du XVIIIe siècle, une passion incestueuse lie un frère à sa sœur. Enceinte, celle-ci épouse un baron, mais elle sera tuée par une jeune fille jalouse, amoureuse de son frère.

LE MASQUE ARRACHÉ "SUDDEN FEAR"
Drame psychologique de **David Miller**, avec Joan Crawford, Jack Palance, Gloria Grahame. États-Unis, 1952 – 1 h 50.

Un acteur ambitieux épouse une femme écrivain célèbre, puis cherche à la tuer pour hériter de sa fortune et épouser son amie.

LE MASQUE AUX YEUX VERTS
"THE WICKED LADY"
Drame de **Leslie Arliss**, d'après le roman de Magdalen King-Hall *The Life and Death of the Wicked Lady Skelton*, avec Margaret Lockwood, James Mason, Patricia Roc, Griffith Jones. Grande-Bretagne, 1945 – 1 h 44.

En Angleterre, sous le règne de Charles II, une jeune femme ambitieuse épouse le fiancé de sa cousine, puis l'abandonne pour suivre, masquée, un bandit. Elle est tuée accidentellement par un autre homme, qu'elle aimait sincèrement et qui ne la reconnaît pas sous son masque.

LE MASQUE DE DIJON "THE MASK OF DIJON"
Drame psychologique de **Lew Landers**, avec Erich von Stroheim, Jeanne Bates, Denise Vernac. États-Unis, 1946 – 1 h 13.

La tragique disparition d'un illusionniste dont le dernier numéro a été un échec. Von Stroheim dans un rôle inquiétant.

LE MASQUE DE DIMITRIOS
"THE MASK OF DIMITRIOS"
Film policier de **Jean Negulesco**, avec Sydney Greenstreet *(Mr Peters)*, Zachary Scott *(Dimitrios)*, Faye Emerson *(Irana Preveza)*, Peter Lorre *(Cornelius Latimer Leyden)*, George Tobias *(Fedor Muiskin)*. • SC : Frank Gruber, d'après le roman d'Eric Ambler *A Coffin for Dimitrios*. • PH : Arthur Edeson. • MUS : Adolph Deutsch. États-Unis, 1944 – 1 h 35.

Un Néerlandais auteur de romans policiers, Leyden, enquête sur la vie d'un individu aux multiples facettes, espion, escroc et criminel international, Dimitrios, qui vient de disparaître. Il rencontre des gens l'ayant connu qui évoquent sa carrière mouvementée. Une des victimes de Dimitrios, Peters, révèle à Leyden que Dimitrios a mis en scène sa mort pour vivre tranquille. Peters se sert de Leyden pour faire chanter Dimitrios, lequel tente d'assassiner ses adversaires. Dimitrios et Peters s'entretuent.

◆ *Bénéficiant du talent de conteur de Jean Negulesco, ce film noir eut l'originalité de n'offrir ni glamour ni romance, seulement des confrontations entre acteurs de caractère, dont le tandem, déjà réuni par John Huston (dans* Le Faucon maltais) *du petit Peter Lorre et du massif Sidney Greenstreet. Avec* Voyage au pays de la peur, *de Norman Foster et Orson Welles, ce fut aussi une des rares adaptations à l'écran d'Eric Ambler.* *M.CH.*

LE MASQUE DE FER "THE IRON MASK"
Film d'aventures d'**Allan Dwan**, adapté de l'œuvre d'Alexandre Dumas, avec Douglas Fairbanks, Marguerite de la Motte, Leon Barry, Stanley Stanford. États-Unis, 1929 – 1 919 m (env. 1 h 11) [version sonorisée en 1954].

Les aventures des trois mousquetaires qui donnent leur vie pour rendre à leur roi son trône usurpé par le Masque de fer.

▷ Voir aussi L'HOMME AU MASQUE DE FER.

LE MASQUE DE FER
Film d'aventures d'**Henri Decoin**, avec Jean Marais, Sylva Koscina, Giselle Pascal, Claudine Auger. France/Italie, 1962 – Couleurs – 2 h 05.

D'Artagnan est chargé par Mazarin de ramener à Paris le frère jumeau de Louis XIV. Jean Marais est le principal atout du film.

LE MASQUE DE FU MANCHU
"THE FACE OF FU MANCHU"
Film d'aventures de **Don Sharp**, avec Christopher Lee, James Robertson Justice, Nigel Green, Howard Marion-Crawford. Grande-Bretagne/R.F.A., 1965 – Couleurs – 1 h 40.

Le maléfique Fu Manchu, une nouvelle fois aux prises avec son implacable adversaire, le détective Nayland Smith. Un épisode de plus dans la longue série des Fu Manchu.

▷ Voir LE MASQUE D'OR.

LE MASQUE DE LA MORT ROUGE
"THE MASK OF THE RED DEATH"
Film fantastique de **Roger Corman**, d'après un récit d'Edgar Poe, avec Vincent Price, Hazel Court, Jane Asher, Patrick Magee. Grande-Bretagne, 1964 – Couleurs – 1 h 29.

Le prince Prospero, qui s'est voué à Satan, donne un grand bal, mais la Mort Rouge est au milieu des invités. Cette adaptation de Poe, réalisée par Corman, est devenue un classique du genre.

LE MASQUE D'OR "THE MASK OF FU MANCHU"
Film d'aventures de **Charles Brabin** et **Charles Vidor**, d'après l'œuvre de Sax Rohmer [Arthur Sarsfield Ward], avec Boris Karloff, Lewis Stone, Myrna Loy, Karen Morley. États-Unis, 1932 – 1 h 10.

Le redoutable docteur Fu Manchu enlève et torture un archéologue et ses compagnons pour entrer en possession du masque d'or de Gengis Khan dont il a besoin pour succéder au conquérant. Il y parviendra aidé par sa fille.

▷ Fu Manchu apparaît encore notamment dans : THE MYSTERIOUS DR FU MANCHU, de **Rowland V. Lee**, avec Warner Oland. États-Unis, 1929 – 2 340 m (env. 1 h 26). THE RETURN OF DR FU MANCHU, de **Rowland V. Lee**, avec Warner Oland. États-Unis, 1930 – 1 h 14. DAUGHTER OF THE DRAGON, de **Lloyd Corrigan**, avec Warner Oland. États-Unis, 1931 – env. 1 h 29. DRUMS OF FU MANCHU, de **William Witney** et **John English**, avec Henry Brandon. États-Unis, 1940. Serial en quinze épisodes d'env. 20 mn chacun, condensés et ressortis en 1943 sous forme d'un long métrage d'env. 1 h 18. LES TREIZE FIANCÉES DE FU MANCHU "BRIDES OF FU MANCHU", de **Don Sharp**, avec Christopher Lee, Marie Versini, Roger Hanin. Grande-Bretagne / Italie, 1966 – Couleurs – 1 h 30. THE VENGEANCE OF FU MANCHU, de **Jeremy Summers**, avec Christopher Lee, Douglas Wilmer, Hurst Frank, Tsai Chin. Grande-Bretagne, 1967 – Couleurs – 1 h 32. LE CHÂTEAU DE FU MANCHU "EL CASTILLO DE FU MANCHU", de **Jésus Franco**, avec Christopher Lee, Richard Greene, Maria Pershy. Espagne / Italie, 1968 – Couleurs – 1 h 32.

LE MASQUE DU DÉMON
"LA MASCHERA DEL DEMONIO"
Film d'épouvante de **Mario Bava**, d'après une nouvelle de Nicolas Gogol, avec Barbara Steele, John Richardson, Andrea Checchi. Italie, 1960 – 1 h 23.

Belle accumulation d'images macabres où les morts ressuscitent, les vers grouillent et les cercueils s'entrouvrent. Un modèle du genre.

MASQUERADE "MASQUERADE"
Film policier de **Bob Swaim**, avec Rob Lowe, Meg Tilly. États-Unis, 1988 – Couleurs – 1 h 31.

Un séducteur tombe amoureux de la jeune millionnaire qu'il devait faire disparaître.

MASQUES
Film policier de **Claude Chabrol**, avec Philippe Noiret, Robin Renucci, Bernadette Lafont, Anne Brochet. France, 1986 – Couleurs – 1 h 40.

Christian, auteur de romans policiers, mène l'enquête chez un animateur-vedette de la télévision, dont l'entourage lui semble suspect. Chaque personnage porte un masque qui finira par tomber.

MASQUES DE CIRE "MYSTERY OF THE WAX MUSEUM"
Film d'épouvante de **Michael Curtiz**, d'après la pièce de Charles S. Belden, avec Lionel Atwill, Fay Wray, Glenda Farrell, Frank McHugh, Gavin Gordon. États-Unis, 1933 – Couleurs – 1 h 17.

Un sculpteur défiguré dans un incendie devient célèbre en construisant un musée de personnages de cire. On découvrira que chacune de ses œuvres contient un cadavre.

▷ Voir aussi le remake L'HOMME AU MASQUE DE CIRE.

MASSACRE "SLAUGHTER"
Film policier de **Jack Starrett**, avec Jim Brown, Stella Stevens, Ripo Torn, Don Gordon. États-Unis, 1972 – Couleurs – 1 h 32.

Le père et la mère de Slaughter, un Noir, ancien du Viêt Nam, trouvent la mort dans une voiture piégée. Slaughter accuse le syndicat du crime. Un policier de série.

MASSACRE À FURNACE CREEK
"FURY AT FURNACE CREEK"
Drame de **Bruce Humberstone**, avec Victor Mature, Coleen Gray, Glenn Langan, Reginald Gardiner, Albert Dekker, Fred Clark. États-Unis, 1948 – 1 h 30.

Un général meurt subitement devant le tribunal militaire où il comparaît comme responsable du massacre de sa garnison par les Indiens. Son fils entreprend alors de rétablir la vérité.

MASSACRE À LA TRONÇONNEUSE
"THE TEXAS CHAINSAW MASSACRE"
Film d'horreur de **Tobe Hooper**, avec Marilyn Burns, Allen Danziger, Paul A. Partain. États-Unis, 1974 – Couleurs – 1 h 23.

Cinq copains partent en vacances dans une vieille maison. Mais des fous, maniaques de la tronçonneuse, rôdent. La joyeuse bande du départ ne compte bientôt plus qu'une seule rescapée.

▷ Le réalisateur signe une suite, plus humoristique MASSACRE À LA TRONÇONNEUSE 2 "The Texas Chainsaw Massacre 2", avec Dennis Hopper, Caroline Williams. États-Unis, 1986 – Couleurs – 1 h 40.

MASSACRE DANS LE TRAIN FANTÔME
"The Funhouse"
Film d'horreur de **Tobe Hooper**, avec Elizabeth Berridge, Shawn Carson, Jeanne Austin. États-Unis, 1981 – Couleurs – 1 h 36.

À la fête, des adolescents se laissent enfermer dans la baraque du train fantôme. L'occasion d'une nuit d'horreur.

LE MASSACRE DE FORT APACHE
"Fort Apache"
Film d'aventures de **John Ford**, d'après une histoire de James Warner Bellah, avec John Wayne, Henry Fonda, Shirley Temple, John Agar, Pedro Armendariz. États-Unis, 1948 – 2 h 07.

À Fort Apache, menacé par les Indiens, l'affrontement d'un capitaine habitué à la lutte et d'un colonel imbu de sa science livresque qui va lui faire commettre une erreur tactique et conduire ses hommes à la mort. Un des grands westerns de John Ford, premier de sa trilogie.

▷ Voir LA CHARGE HÉROÏQUE et RIO GRANDE.

MATADOR "Matador"
Film policier de **Pedro Almodovar**, avec Assumpta Serna, Antonio Banderas, Nacho Martinez. Espagne, 1986 – Couleurs – 1 h 45.

Atmosphère de poussière, de sueur et de sang autour d'un jeune toréro mythomane, d'une avocate un peu mante religieuse et d'un ex-matador qui assassine des femmes.

MATA-HARI "Mata-Hari"
Film d'aventures de **George Fitzmaurice**, avec Greta Garbo *(Mata-Hari)*, Ramon Novarro *(lieutenant Alexis Rosanoff)*, Lionel Barrymore *(genéral Serge Shubin)*, Lewis Stone *(Andriani)*, C. Henry Gordon *(Dubois)*, Karen Morley *(Carlotta)*, Alec B. Francis *(Caron)*, Blanche Frederici *(sœur Angelica)*, Edmund Breese *(Warden)*. • SC : Benjamin Glazer, Leo Birinski, Doris Anderson, Gilbert Emery. • PH : William Daniels. • DÉC : Cedric Gibbons. • MONT : Frank Sullivan. États-Unis, 1931 – 1 h 31.

Danseuse exotique à Paris, Mata-Hari est aussi une espionne au service de l'Allemagne. Elle est chargée par son chef Andriani d'intercepter certains messages russes. C'est le lieutenant Rosanoff qui les détient. Mata-Hari tombe follement amoureuse de lui et, après diverses péripéties au cours desquelles elle tue le général Shubin, Rosanoff devient aveugle. Peu de temps après, la belle espionne tombe sous les balles du peloton d'exécution.

◆ *Le scénario est très éloigné de la vérité historique. C'est avant tout un prétexte pour offrir à la « Divine » un rôle mystérieux, sensuel et troublant. C'est également sa seule rencontre cinématographique avec Ramon Novarro, le* « Ben Hur » *de Fred Niblo. La réalisation de George Fitzmaurice est somptueuse et stylisée.* *J.-C.S.*

▷ Autres évocations filmées de la célèbre espionne réalisées par : **Ludwig Wolff**, intitulée L'ESPIONNE MATA-HARI "Mata-Hari", avec Asta Nielsen. Allemagne, 1921. **Carmine Gallone**, intitulée LA FILLE DE MATA-HARI "La figlia di Mata-Hari", avec Ludmilla Tchérina, Erno Crisa, Frank Latimore. Italie / France, 1955 – Couleurs – 1 h 32. **Curtis Harrington**, intitulée MATA-HARI "Mata-Hari", avec Sylvia Kristel, Christopher Cazenave, Olivier Tobias, Gaye Brown. États-Unis, 1984 – Couleurs – 1 h 42.

MATA-HARI AGENT H 21
Film d'espionnage de **Jean-Louis Richard**, avec Jeanne Moreau, Jean-Louis Trintignant, Claude Rich. France / Italie, 1964 – 1 h 30.

En 1917, à Paris, une espionne au service de l'Allemagne tombe amoureuse d'un capitaine français. Ce sentiment cause sa perte. Jeanne Moreau donne au personnage une dimension plus humaine.

MATCH D'AMOUR "Take Me Out to the Ball Game"
Comédie musicale de **Busby Berkeley**, avec Frank Sinatra, Esther Williams, Gene Kelly. États-Unis, 1949 – Couleurs – 1 h 33.

Au début du siècle, une femme prend en main une équipe de base-ball, ce qui provoque des rivalités entre les joueurs. Un « musical sportif ».

LE MATELOT 512
Drame de **René Allio**, d'après le roman d'Émile Guinde, avec Jacques Penot, Dominique Sanda, Bruno Crémer, Laure Duthilleul. France, 1984 – Couleurs – 1 h 40.

En 1907, un jeune matelot a une liaison avec la femme de son commandant, avant et après la guerre de 14. Romanesque.

MATER DOLOROSA
Mélodrame d'**Abel Gance**, avec Firmin Gémier *(le médecin)*, Emmy Lynn *(son épouse)*, Armand Tellier *(l'amant)*,

Gaston Modot. : • SC : A. Gance. : • PH : Léonce-Henri Burel. France, 1917 – env. 1 800 m (1 h 07).

L'héroïne est mariée à un grand médecin. Son amant se suicide, mais elle a eu de lui un enfant que son mari va lui enlever. Pour compléter sa vengeance, il la chasse. Mais une maladie de l'enfant entraîne l'aveu de sa mère... et le pardon.

◆ *Après quelques œuvres de propagande patriotique,* Mater Dolorosa *est le premier grand film de Gance. On y trouve déjà ce qui caractérisera nombre de ses productions futures : des recherches techniques et visuelles très poussées (et il est alors parmi les grands explorateurs du langage cinématographique), mais au service d'un scénario hypersentimental propice au pathos. Très grand succès aux États-Unis, le film fit l'objet d'un remake par l'auteur lui-même (Voir ci-dessous).* *J.-M.C.*

▷ MATER DOLOROSA, d'**Abel Gance**, avec Line Noro, Samson Fainsilber, Jean Galland, Gaston Dubosc, Antonin Artaud, Gaby Triquet. France, 1932 – 1 h 55.

LA MATERNELLE

Drame de **Jean Benoît-Lévy** et **Marie Epstein**, d'après le roman de Léon Frapié (Prix Goncourt 1903), avec Madeleine Renaud, Henri Debain, Mady Berry, Edmond Van Daele, Alice Tissot. France, 1933 – 1 h 40.

Une jeune bourgeoise qui travaille dans une école pauvre recueille une fillette abandonnée. Elle est demandée en mariage par un médecin et l'enfant, se sentant trahie, tente de se suicider. Le jeune couple décide de l'adopter.

▷ Autre version réalisée par **Henri Diamant-Berger**, avec Blanchette Brunoy, Marie Déa, Yves Vincent, Pierre Larquey. France, 1949 – 1 h 45.

MATHIAS SANDORF

Film d'aventures de **Georges Lampin**, d'après le roman de Jules Verne, avec Louis Jourdan, Francisco Rabal, Bernard Blier, Valeria Fabrizi, Renaud Mary, Antoine Balpétré. France / Espagne / Italie, 1963 – Couleurs – 1 h 55.

Dans un pays imaginaire, Sandorf, chef révolutionnaire, veut abattre la dictature qui opprime le peuple. Spectaculaire.

LES MATINS D'UN GARÇON SAGE

"DIMINETILE UNUI BAIAT CUMINTE"

Drame psychologique d'**Andrei Blaier**, avec Dan Nutu, Irina Petrescu, Stefan Ciobotarasu. Roumanie, 1967 – 1 h 30.

Un jeune homme quitte les siens et part travailler sur un grand chantier. Il s'y fait des amis, et s'éprend même quelque temps de la fiancée de l'ingénieur.

LA MATIOUETTE (OU L'ARRIÈRE-PAYS)

Comédie dramatique d'**André Téchiné**, d'après la pièce de Jacques Nolot, avec Jacques Nolot, Patrick Fierry. France, 1982 – 48 mn.

Dix ans après leur séparation, un jeune comédien retrouve son frère qui a choisi de rester au pays. Une œuvre qui décrit avec justesse le gouffre séparant deux proches au tempérament opposé.

LES MATOUS SONT ROMANTIQUES

Comédie de **Sotha**, avec Henri Guybet, Patrice Minet, Philippe Manesse, Odette Laurent, Christine Dejoux, Véronique Rivière. France, 1981 – Couleurs et NB – 1 h 36.

Trois Jeanne, trois Roger, et les affres d'une soirée plus ou moins ratée que les hommes et les femmes ont passée séparément.

MATRICULE 217 "ČELOVEK N° 217"

Film de guerre de **Mikhaïl Romm**, avec Elena Kouzmina, A. Lissinskaïa, Vassili Yaitchikov. U.R.S.S. (Russie et Ouzbékistan), 1945 – 1 h 40.

La vie en Allemagne des travailleurs russes déportés et les traitements inhumains qu'ils eurent à subir. Un film dans le style des expressionnistes allemands.

MATT HELM, AGENT TRÈS SPÉCIAL

"THE SILENCERS"

Film d'espionnage de **Phil Karlson**, d'après le roman de Donald Hamilton, avec Dean Martin, Stella Stevens, Cyd Charisse, Dahlia Lavi, Victor Buono. États-Unis, 1965 – Couleurs – 1 h 45.

Les aventures très « jamesbondesques » de l'élégant Matt Helm, agent des services spéciaux américains. Le premier épisode d'une série à succès.

▷ Autres « Matt Helm » avec Dean Martin : BIEN JOUÉ MATT HELM "MURDERER'S ROW", de **Henry Levin**, avec D. Martin, Ann Margret, Karl Malden. États-Unis, 1966 – Couleurs – 1 h 46. MATT HELM TRAQUÉ "THE AMBUSHERS", de **Henry Levin**, avec D. Martin, Senta Berger, Janice Rule. États-Unis, 1967 – Couleurs – 1 h 42. MATT HELM RÈGLE SON « COMTE » "THE WRECKING CREW", de **Phil Carlson**, avec D. Martin, Elke Sommer, Sharon Tate, Tina Louise. États-Unis, 1968 – Couleurs – 1 h 45.

MAUDITE APHRODITE "MIGHTY APHRODITE"

Comédie de **Woody Allen**, avec Woody Allen *(Lenny)*, Helena Bonham Carter *(Amanda)*, Mira Sorvino *(Linda)*, F. Murray Abraham *(le chef du chœur grec)*. • SC : W. Allen. • PH : Carlo Di Palma. • DÉC : Santo Loquasto. • COST : Jeffrey Kurland. • MUS : Dick Hyman. • MONT : Susan E. Morse. États-Unis, 1995 – Couleurs – 1 h 34.

Cédant aux pressions de sa femme, Amanda, qui souhaite avoir un enfant mais ne veut pas compromettre sa carrière en en faisant un, Lenny adopte le petit Max. Bien vite il tombe sous le charme du bambin et se met en tête de retrouver sa mère, qui s'avère être une call-girl de bas étage. Comme Amanda s'éloigne de lui, Lenny finit par nouer une relation étrange et précaire avec la vraie mère de Max. Finalement tout ce petit monde se sépare plus ou moins, mais les enfants sont à peu prés casés, pas nécessairement chez leurs véritables géniteurs.

◆ *En plaçant le problème de l'adoption au centre de son film, Woody Allen jouait avec le feu, car il a été lui-même en butte à de graves difficultés judiciaires liées à son comportement vis-à-vis d'une fille adoptive. Pourtant, on n'y trouve ni plaidoyer, ni remords, ni amertume. Il reste imperturbablement fidèle à sa manière ironique, distanciée et paradoxale. Une fois de plus, la magie opère et l'on s'amuse sans réserve de ces personnages qui s'acharnent à décrire en termes rationnels leurs comportements parfaitement erratiques. Dans un pathétique effort pour se donner l'illusion de maîtriser le cours des choses, ils verbalisent à l'infini sur un destin qu'ils ne maîtrisent en rien. Si bien qu'au bout du compte il n'y a plus ni innocents, ni coupables, mais seulement des êtres dérisoires et prolixes, ballottés dans un monde absurde où rien n'a vraiment d'importance : la vie poursuit inexorablement son cours.* *J.-C.L.*

LA MAUDITE GALETTE

Comédie dramatique de **Denys Arcand**, avec Luce Guilbault, Marcel Sabourin, Léo Gagnon, Renée Caron. Canada (Québec), 1971 – Couleurs – 1 h 30.

Un ferrailleur dérobe le magot de son oncle, avant d'être assassiné par son commis qui s'enfuit avec l'argent. Celui-ci le donne à ses parents dans le besoin avant d'être tué.

MAUDITE SOIT LA GUERRE / LE MOULIN MAUDIT

Mélodrame d'**Alfred Machin**, avec Baert *(Hardeff, l'aviateur)*, Le Berni *(Lydia)*, Albert Hendricks *(le frère)*, Fernand Crommelynck et Nadia d'Angély *(les parents)*, Jane Tony, Georges Étienne. • SC : A. Machin. • PH : Alfred Sablon. Belgique, 1914 – 1 050 m (env. 39 mn).

L'aviateur Hardeff a connu en temps de paix une fille et sœur d'officier, Lydia, et s'en est épris. Mais la guerre, déclarée entre leurs deux pays, les sépare. Les machines meurtrières font rage. Dans un moulin où ils se sont réfugiés, un combat fratricide opposera le soldat au propre frère de sa fiancée.

◆ *Ce film, ignoré de presque toutes les histoires du cinéma, est l'œuvre d'un réalisateur belge tout aussi méconnu : Alfred Machin. Cinéaste animalier, auteur de quelques documentaires et courts métrages comiques (avec* Little Moritz *ou* Serpentin*), il tourna aussi en 1917 des actualités de guerre et fut assistant opérateur de Griffith pour* les Cœurs du monde. Maudite soit la guerre*, au message pacifiste explicite, bénéficia du concours de l'armée belge. Le film sortit en juin 1914, deux mois avant le déclenchement des hostilités, et fut promptement relégué aux oubliettes.* *C.B.*

LES MAUDITS (L'HÉRITAGE D'INGMAR et VERS L'ORIENT)

"INGMARSARVET ET TILL OSTERLAND"

Drame de **Gustaf Molander**, avec Lars Hanson, Mona Martenson, Jenny Hasselqvist, Conrad Veidt, John Ekman, Anna Lindahl. Suède, 1926 – env. 3 000 m (1 h 50).

Dans un petit village, un instituteur qui aime une simple paysanne est contraint par son entourage d'épouser une riche héritière. Un prédicateur, las de la cupidité de ses contemporains, prêche des sermons apocalyptiques. Il s'agit de deux films distincts, réunis en France sous le titre *les Maudits*.

LES MAUDITS

Drame de **René Clément**, avec Henri Vidal *(le Dr Guilbert)*, Michel Auclair *(Willy Morus)*, Paul Bernard *(Couturier)*, Marcel Dalio *(Larga)*, Fosco Giachetti *(Garosi)*, Florence Marly *(sa femme)*, Jo Dest *(Forster)*, Kronenfeld *(le général)*, Jean Didier *(le commandant)*. • SC : R. Clément, Jacques Companeez, Alexandroff, Henri Jeanson, Jacques Rémy. • PH : Henri Alekan. • DÉC : Paul Bertrand. • MUS : Yves Baudrier. • MONT : Roger Dwyre. France, 1946 – 1 h 45. ★ GRAND PRIX D'HONNEUR DES FILMS D'AVENTURES, Cannes 1947.

En 1945, alors que le IIIe Reich est à l'agonie, le Dr Guilbert est emmené de force dans un sous-marin à bord duquel des nazis et des sympathisants veulent tenter de se rendre en Amérique du Sud. Parmi eux, un général allemand, un chef de la Gestapo et son adjoint, un industriel italien et sa femme, un journaliste français « collabo », un savant compromis. Au cours du voyage, ils vont s'entretuer ou s'enfuir et le Dr Guilbert, resté seul à bord, sera recueilli par les Américains.

◆ *L'aventure fictionnelle revêt ici, comme dans* la Bataille du rail*, un aspect documentaire qui assure sa crédibilité et dans lequel René Clément montre à nouveau son souci du détail exact et de la notation précise. Les dialogues d'Henri Jeanson jouent un rôle essentiel dans l'intérêt constant de ce huis clos spatial* *et dramatique où s'agitent des spécimens d'humanité fort peu recommandables mais excellemment interprétés.* *M.MN.*

MAUDITS, JE VOUS AIMERAI
"MALEDETTI, VI AMERÒ"
Film politique de **Marco Tullio Giordana**, avec Flavio Bucci, Biagio Pelligra, Micaela Pignatelli. Italie, 1980 – Couleurs – 1 h 25.

Dix ans après mai 68, un jeune révolutionnaire italien revient au pays. Mais tout a changé, le système ayant récupéré les uns, achevé de pourrir les autres.

MAURICE "MAURICE"
Drame de **James Ivory**, d'après le roman de E.M. Forster, avec James Wilby, Hugh Grant, Rupert Graves. Grande-Bretagne, 1986 – Couleurs – 2 h 10.

Déçu par son orageuse passion pour l'étudiant Clive, d'origine aristocratique, Maurice sera initié à l'amour charnel par Alec, garde-chasse de Clive. Une subtile et sensible version homosexuelle de *l'Amant de lady Chatterley*.

MAURIN DES MAURES
Comédie d'**André Hugon**, d'après le roman de Jean Aicard, avec Berval, Nicole Vattier, Jean Aquistapace, Jeanne Boitel. France, 1932 – env. 1 h 40.

Un braconnier jovial se moque des gendarmes, joue les redresseurs de torts et séduit les filles à l'occasion. Il tombe amoureux de la fiancée d'un gendarme et triomphera facilement de son rival.

LES MAUVAIS COUPS
Drame de **François Leterrier**, d'après le roman de Roger Vailland, avec Simone Signoret, Reginald Kernon, Alexandra Stewart. France, 1960 – 1 h 43.

Confronté à lui-même, un couple se déchire. L'arrivée au village d'une jeune institutrice fournira à la femme l'occasion de jouer un jeu dangereux.

MAUVAISE CONDUITE
Documentaire de **Nestor Almendros** et **Orlando Jimenez Leal**. France, 1983 – Couleurs – 1 h 50.

Ce film, bilan critique de vingt-cinq ans de castrisme à Cuba, a été réalisé à partir d'entretiens avec divers dissidents.

MAUVAISE GRAINE
Comédie dramatique de **Billy Wilder**, avec Pierre Mingand, Danielle Darrieux, Raymond Galle, Jean Wall. France, 1934 – 1 h 26.

Un jeune homme honnête se laisse enrôler dans une bande de voleurs de voitures. Le seul film français de Billy Wilder.

LA MAUVAISE GRAINE "THE BAD SEED"
Drame de **Mervyn LeRoy**, d'après la pièce de Maxwell Anderson, inspirée du roman de William March, avec Nancy Kelly, Patty McCormack, Henry Jones, Eileen Heckart. États-Unis, 1956 – 2 h 09.

Des conséquences de l'hérédité sur le comportement d'une gamine de huit ans, véritable petit monstre.

LES MAUVAISES FRÉQUENTATIONS
Drame en deux sketches de **Jean Eustache**. France, 1967 – 1 h 28. DU CÔTÉ DE ROBINSON avec Aristide, Dominique Jayr. LE PÈRE NOËL A LES YEUX BLEUS avec Jean-Pierre Léaud, René Gilson.

Deux petits chefs-d'œuvre de Jean Eustache. Dans le premier épisode, deux « dragueurs » minables séduisent une femme et lui pillent son sac à main ; dans le second, un jeune homme déguisé en père Noël pour se faire de l'argent se permet des libertés auprès des femmes qui se font photographier avec lui.

LES MAUVAISES RENCONTRES
Drame d'**Alexandre Astruc**, avec Anouk Aimée *(Catherine)*, Jean-Claude Pascal *(Walter)*, Philippe Lemaire *(Alain Bergère)*, Claude Dauphin *(le Dr Daniely)*, Gianni Esposito *(Pierre)*, Yves Robert *(le commissaire)*. • SC : A. Astruc, Roland Laudenbach, d'après le récit de Cécil Saint-Laurent. • PH : Robert Le Fèbvre. • DÉC : Max Douy. • MUS : Maurice Leroux. • MONT : Maurice Serein. France, 1955 – 1 h 42. ★ **MÉDAILLE DE LA MISE EN SCÈNE, Venise 1955.**

Catherine est arrivée de province pour conquérir Paris. Vite découragé, son ami Pierre est parti. Sa liaison avec le cynique Walter permet à Catherine de devenir une journaliste célèbre. Elle lance à son tour son nouvel amant, le photographe Alain Bergère. Une dernière « mauvaise rencontre » avec le Dr Daniely la rend à sa solitude.

◆ *Annonciateur de la Nouvelle Vague, ce film dessinait un portrait du désarroi moral de la jeunesse contemporaine et se voulait œuvre d'un auteur imprimant son style à sa création. Il reste marqué par un romanesque d'essence littéraire (renforcé par la construction en flash-back) et l'influence d'Orson Welles. Par son audace et sa nouveauté, qui suscitèrent des réactions parfois virulentes, il marque un tournant radical et une étape irréversible dans le cinéma français.* *J.M.*

LES MAUVAIS GARÇONS "RACCONTI ROMANI"
Comédie de **Gianni Franciolini**, d'après plusieurs nouvelles d'Alberto Moravia, avec Vittorio De Sica, Silvana Pampanini, Totò, Antonio Cifariello, Giovanna Ralli. Italie, 1955 – Couleurs – 1 h 38.

L'histoire et les déboires de quelques jeunes vauriens romains. Dans la lignée des *Vitelloni* de Fellini.

MAUVAIS SANG
Drame de **Léos Carax**, avec Denis Lavant, Juliette Binoche, Michel Piccoli. France, 1986 – Couleurs – 2 h 05.
★ PRIX LOUIS-DELLUC 1986.

Un orphelin dévoré d'amour impossible tente de refaire sa vie en volant, dans un laboratoire, un virus très disputé. Mais le destin le guette, avec le double visage de l'amour et de la mort. Une œuvre éblouissante et glaciale.

MA VACHE ET MOI "GO WEST"
Film burlesque de **Buster Keaton**, avec Buster Keaton *(« Friendless »)*, Howard Truesdale *(le rancher)*, Kathleen Myers *(sa fille)*, Ray Thompson *(le contremaître)*. • SC : B. Keaton, Raymond Cannon. • PH : Elgin Lesslmey, Bert Haines. États-Unis, 1925 – env. 2 100 m (1 h 18).

Un jeune homme naïf prend la route de l'Ouest, où il pense pouvoir faire fortune. Il se fait embaucher comme cow-boy. Après de menus travaux agricoles et la rencontre d'une jeune fille, il doit conduire à la ville un immense troupeau.

◆ *Il est toujours mélancolique, toujours solitaire, désabusé mais tendre et, alors qu'on le croyait godiche, il se révèle héroïque. Buster Keaton, personnage lunaire, passe à travers les malheurs (et les gags innombrables) avec une grâce de funambule. Un chef-d'œuvre de drôlerie grave.* B.B.

MA VIE "WO ZHE YI BEIZI"
Drame de **Shi Hui**, avec Shi Hui, Wei Heling, Li Wei, Cheng Zhi. Chine, 1950 – 2 h.

La vie quotidienne, les misères et les désillusions des habitants de Pékin, de la révolution de 1911 à la victoire des communistes en 1949, vues à travers un humble policier, dévoué à tous les régimes.

MA VIE À MOI "A LIFE OF HER OWN"
Mélodrame de **George Cukor**, avec Lana Turner, Ray Milland, Tom Ewell, Louis Calhern. États-Unis, 1950 – 1 h 48.

Un célèbre mannequin new-yorkais s'éprend d'un homme marié dont l'épouse est handicapée. Poursuite d'un impossible bonheur pour l'éternel triangle.

MA VIE COMMENCE EN MALAISIE
"A TOWN LIKE ALICE"
Comédie dramatique de **Jack Lee**, avec Peter Finch, Virginia McKenna, Maureen Swanson. Grande-Bretagne, 1956 – 1 h 57.

En 1941, en Malaisie occupée par les Japonais, un grand amour naît entre une Anglaise et un Australien, tous deux prisonniers.

MA VIE DE CHIEN
"MY LIFE AS A DOG / MITT LIV SOM HUND"
Comédie dramatique de **Lasse Hallström**, d'après une nouvelle de Reidar Jönsonn, avec Anton Glanzelius, Melinda Kinnaman, Manfred Serner. Suède, 1985 – Couleurs – 1 h 40.

En Suède, dans les années 50, un petit garçon en butte à un entourage hostile se constitue un univers cocasse et douillet. Un petit chef-d'œuvre d'émotion.

MA VIE EST UNE CHANSON
"WORDS AND MUSIC"
Biographie musicale de **Norman Taurog**, avec June Allyson, Judy Garland, Cyd Charisse, Janet Leigh, Gene Kelly, Lena Horne, Mickey Rooney. États-Unis, 1948 – Couleurs – 1 h 59.

Fastueuse reconstitution de la vie des compositeurs Lorenz Hart et Richard Rodgers, auteurs de célèbres comédies musicales.

MAX
Série de courts métrages burlesques d'une ou deux bobines (300 ou 600 m), produits par Pathé (1910-1916) et Essanay (1917), avec Max Linder. France puis États-Unis, 1910-1917.

Les tribulations à travers la France, mais aussi l'Allemagne (juillet-août 1912), l'Espagne (octobre-novembre 1912) et la Russie (janvier-février 1913) d'un dandy de la Belle Époque à la silhouette élancée et au sourire malicieux, coureur de jupons, mais bon garçon, souvent confronté aux difficultés de la vie quotidienne.

▷ La série comprend plus de quatre-vingt-dix films, parmi lesquels :

LES DÉBUTS DE MAX AU CINÉMA
de **Lucien Nonguet**, 1910.

MAX AÉRONAUTE de **L. Nonguet**, 1910.

MAX CHAMPION DE BOXE de **L. Nonguet**, 1910.

MAX NE SE MARIERA PAS de **L. Nonguet**, 1910.

MAX CHERCHE UNE FIANCÉE de **L. Nonguet**, 1910.

MAX SE MARIE de **L. Nonguet**, 1910.

MAX ET SA BELLE-MÈRE de **L. Nonguet**, 1910.

MAX DANS SA FAMILLE
de **M. Linder** et **René Leprince**, 1911.

VOISIN...VOISINE de **M. Linder** et **R. Leprince**, 1911.

MAX A UN DUEL de **M. Linder** et **R. Leprince**, 1911.

MAX VICTIME DU QUINQUINA
de **M. Linder** et **R. Leprince**, 1911.

MAX ET JANE EN VOYAGE DE NOCES
de **M. Linder** et **R. Leprince**, 1911.

MAX ET JANE FONT DES CRÊPES
de **M. Linder** et **R. Leprince**, 1911.

MAX ET JANE VEULENT FAIRE DU THÉÂTRE
de **M. Linder** et **R. Leprince**, 1911.

UNE NUIT AGITÉE de **M. Linder** et **R. Leprince**, 1911.

MAX LANCE LA MODE de **M. Linder** et **R. Leprince**, 1912.

MAX BOXEUR PAR AMOUR
de **M. Linder** et **R. Leprince**, 1912.

MAX JOCKEY PAR AMOUR
de **M. Linder** et **R. Leprince**, 1912.

MAX REPREND SA LIBERTÉ
de **M. Linder** et **R. Leprince**, 1912.

MAX PEINTRE PAR AMOUR
de **M. Linder** et **R. Leprince**, 1912.

MAX ET LA FUITE DE GAZ
de **M. Linder** et **R. Leprince**, 1912.

MAX COCHER DE FIACRE
de **M. Linder** et **R. Leprince**, 1912.

MAX PROFESSEUR DE TANGO de **M. Linder**, 1912.

OH ! LES FEMMES ! de **M. Linder**, 1912.

IDYLLE À LA FERME de **M. Linder**, 1912.

UN PARI ORIGINAL de **M. Linder**, 1912.

MATCH DE BOXE ENTRE PATINEURS À ROULETTES
de **M. Linder**, 1912.

MAX TORÉADOR de **M. Linder**, 1912.

MAX ET L'ENTENTE CORDIALE de **M. Linder**, 1912.

MAX VEUT GRANDIR de **M. Linder**, 1912.

UN MARIAGE AU TÉLÉPHONE de **M. Linder**, 1912.

LE ROMAN DE MAX de **M. Linder**, 1912.

MAX PRATIQUE TOUS LES SPORTS
de **M. Linder**, 1912.

COMMENT MAX FAIT LE TOUR DU MONDE
de **M. Linder**, 1913.

MAX FAIT DES CONQUÊTES de **M. Linder**, 1913.

MAX ET LE BILLET DOUX de **M. Linder**, 1913.

LE CHAPEAU DE MAX de **M. Linder**, 1913.

MAX VIRTUOSE de **M. Linder**, 1913.

LES RENDEZ-VOUS DE MAX de **M. Linder**, 1913.

MAX À MONACO de **M. Linder**, 1913.

MAX A PEUR DE L'EAU de **M. Linder**, 1913.

LE DUEL DE MAX de **M. Linder**, 1913.

UN MARIAGE IMPRÉVU de **M. Linder**, 1913.

MAX AU COUVENT de **M. Linder**, 1913.

LA RUSE DE MAX de **M. Linder**, 1913.

MAX SAUVETEUR de **M. Linder**, 1914.

MAX ET LE COMMISSAIRE de **M. Linder**, 1914.

MAX ILLUSIONNISTE de **M. Linder**, 1914.

L'ANGLAIS TEL QUE MAX LE PARLE
de **M. Linder**, 1914.

MAX ET LE MARI JALOUX de **M. Linder**, 1914.

MAX MAÎTRE D'HÔTEL de **M. Linder**, 1914.

MAX DEVRAIT PORTER DES BRETELLES
de **M. Linder**, 1915.

MAX ET LE SAC de **M. Linder**, 1915.

MAX ET L'ESPION de **M. Linder**, 1915.

MAX VICTIME DE LA MAIN-QUI-ÉTREINT
de **M. Linder**, 1916.

MAX MÉDECIN MALGRÉ LUI de **M. Linder**, 1916.

MAX ENTRE DEUX FEUX de **M. Linder**, 1916.

MAX PART EN AMÉRIQUE "MAX COMES ACROSS"
de **M. Linder**, 1917.

MAX EN TAXI "MAX IN A TAXI" de **M. Linder**, 1917.

MAX VEUT DIVORCER "MAX WANTS A DIVORCE"
de **M. Linder**, 1917.

MAX ET LES FERRAILLEURS
Film policier de **Claude Sautet**, avec Michel Piccoli *(Max)*, Romy Schneider *(Lily)*, Bernard Fresson *(Abel)*, François Périer *(Rozinsky)*, Georges Wilson, Bobby Lapointe. • SC : C. Sautet, Jean-Loup Dabadie, Claude Néron, d'après son roman. • PH : René Mathelin. • DÉC : Pierre Guffroy. • MUS : Philippe Sarde. France, 1971 – Couleurs – 1 h 52.

Max, un policier sur le retour, veut faire un coup d'éclat. Il incite une bande de voyous à commettre un hold-up, en se faisant passer pour un directeur de banque auprès de Lily, une prostituée qu'il entretient et petite amie du chef de bande. Il lui donne tous les renseignements sur les rentrées d'argent, et l'idée fait son chemin. Les voyous tombent dans un guet-apens et Max pourra être promu. Mais le commissaire Rozinsky flaire la machination et veut faire inculper Lily pour complicité. Max, qui est amoureux d'elle, le tue. Il est incarcéré, elle reste libre.

◆ *Une réussite de Sautet. Si la description des marginaux est trop typique, la mise en place de la machination, où les sentiments réels des personnages restent opaques puisqu'ils « jouent » – elle à aimer, lui au directeur de banque – est fascinante. Comme chez Lang, une action brutale renverse les données et révèle tragiquement le sens d'une destinée.* *S.K.*

MAXIE "MAXIE"

Comédie de **Paul Aaron**, d'après le roman de Jack J. Finney *Marion's Wall*, avec Glenn Close, Mandy Patinkin, Ruth Gordon. États-Unis, 1985 – Couleurs – 1 h 32.

Un jeune couple de San Francisco découvre l'identité de la locataire qui les a précédés dans l'appartement qu'ils louent, une danseuse et actrice des années 30. Bientôt, la jeune femme est littéralement possédée par ce personnage.

MAXIME

Comédie satirique d'**Henri Verneuil**, d'après le roman d'Henri Duvernois, avec Michèle Morgan, Charles Boyer, Arletty, Félix Marten. France, 1958 – 2 h 04.

À la veille de la Grande Guerre, un vieux beau et un jeune homme fortuné se disputent les faveurs d'une jolie Parisienne. Une reconstitution soignée de la « Belle Époque ».

MAX MON AMOUR

Comédie dramatique de **Nagisa Oshima**, avec Charlotte Rampling, Anthony Higgins. France / États-Unis, 1986 – Couleurs – 1 h 32.

Tout irait bien pour ce diplomate anglais en poste à Paris si sa femme ne passait tous ses après-midi avec un très étrange amant, Max, dont l'rruption dans la famille et le milieu des ambassades fera quelque bruit. Un film tendrement cruel.

MAYA

Comédie dramatique de **Raymond Bernard**, d'après la pièce de Simon Gantillon, avec Viviane Romance, Marcel Dalio, Louis Seigner, Jean-Pierre Grenier. France, 1949 – 1 h 18.

Peinture réaliste de la vie d'une prostituée du « quartier réservé » d'un grand port. Un rôle célèbre où s'illustra Viviane Romance.

MAYA L'ABEILLE "MAYA"

Dessin animé de **Marty Murphy**. Autriche / R.F.A., 1979 – Couleurs – 1 h 22.

Une jeune abeille indisciplinée entraîne l'un de ses amis sur la voie de l'école buissonnière. Ils frôlent ensemble mille dangers, puis reviennent assagis au bercail.

MAYERLING

Drame historique d'**Anatole Litvak**, d'après le roman de Claude Anet *la Fin d'une idylle*, avec Charles Boyer, Danielle Darrieux, Jean Dax, Marthe Régnier, Jean Debucourt, Gabrielle Dorziat. France, 1936 – 1 h 41.

Au sein de la rigide cour de l'Empire austro-hongrois, l'archiduc Rodolphe de Habsbourg n'a d'autre issue, devant l'échec de son mariage et ses impossibles amours, que de se suicider avec sa maîtresse, Marie Vetsera, le 30 janvier 1889.

▷ Autres versions réalisées par : **Jean Delannoy**, intitulée LE SECRET DE MAYERLING, avec Jean Marais, Dominique Blanchar, Claude Farell, Jacques Dacqmine. France, 1949 – 1 h 30. **Rudolph Jugert**, intitulée KRONPRINZ RUDOLFS LETZTE LIEBE, avec Rudolf Prack, Winnie Markus, Christiane Horbiger. Autriche, 1956 – 1 h 40.

MAYERLING

Drame de **Terence Young**, avec Catherine Deneuve, Omar Sharif, Ava Gardner, James Mason. France / Grande-Bretagne, 1968 – Couleurs – 2 h 20.

Reconstitution à grand spectacle de la tragique histoire d'amour de Rodolphe de Habsbourg et Marie Vetsera. Ava Gardner est l'impératrice Elizabeth et James Mason, François-Joseph.

MAYRIG

Comédie dramatique d'**Henri Verneuil**, avec Claudia Cardinale, Omar Sharif, Isabelle Sadoyan. France, 1991 – Couleurs – 2 h 17.

Une famille arménienne, celle d'Henri Verneuil, s'installe à Marseille après avoir échappé au génocide mené par les Turcs.

MAZEL TOV, OU LE MARIAGE

Comédie de **Claude Berri**, avec Claude Berri, Élisabeth Wiener, Grégoire Aslan, Régine. France, 1968 – Couleurs – 1 h 30.

Claude tombe facilement amoureux, mais, après une dernière aventure, il se retrouvera à Anvers pour la célébration du mariage prévu avec Isabelle. Évocation tendre du milieu familial et du folklore juifs.

M COMME MATHIEU

Drame de **Jean-François Adam**, avec Sami Frey, Brigitte Fossey, Roland Dubillard. France, 1971 – Couleurs – 1 h 35.

Un homme sort de maison de repos. Sa femme l'attend mais il préfère vivre dans la solitude et le souvenir de cette épouse encore jeune. Le premier long métrage de Jean-François Adam.

MEAN STREETS "MEAN STREETS"
Drame de **Martin Scorsese**, avec Robert De Niro *(Johnny Boy)*, Harvey Keitel *(Charlie)*, David Proval *(Tony)*, Amy Robinson *(Teresa)*, Richard Romanus *(Michael)*, Martin Scorsese *(Shorty)*. • SC : M. Scorsese, Mardik Martin. • PH : Kent L. Wakeford. • DÉC : David Nichols. • MUS : rock et country. • MONT : Sid Levin. États-Unis, 1973 – Couleurs – 1 h 33.

New York. Dans les bas quartiers de l'East Side, la Petite Italie, quatre Italiens immigrés de la seconde génération dérivent, aux franges de la délinquance, dans un univers où le poids de la tradition, la violence, la culpabilité conditionnent les esprits jusqu'à la folie et au meurtre. Tony tient un bar ; Michael gère des affaires louches ; Johnny Boy, irresponsable, s'enlise dans ses dettes et les bagarres qu'il provoque, protégé par Charlie qui rêve de réussite sociale sous les aspects d'un restaurant promis par son oncle maffioso. Ballotté entre cet oncle, son amour pour Teresa, une épileptique, la protection qu'il croit devoir à Johnny Boy et Jésus, dont l'obsession semble guider ou contrecarrer tous ses comportements, Charlie cherche (et trouve ?) la sainteté en passant par la damnation.

◆ *Narcissique, fébrile, tour à tour baroque (dans le traitement des éclairages et la mobilité de la caméra) et hyperréaliste (par le choix des décors),* Mean Streets *est une œuvre clé dans la filmographie de Martin Scorsese, qui démarque, complète et approfondit son premier film, très autobiographique* (Who's That Knocking at My Door ?). *Le rythme visuel autant que musical qui le sous-tend de la première à la dernière image l'apparente à un opéra. Il tient la gageure de se maintenir, une heure et demie durant, à un niveau paroxistique qui confère au propos (une succession de tableaux, plus qu'une intrigue véritable) une dimension parabolique, celle d'une liturgie infernale. Le rituel purificateur qui assure le passage de la damnation à la sainteté et qui constitue le sujet réel de nombre de films de Scorsese trouve ici une expression cinématographique homogène dans l'incandescence.* *M.S.*

LE MÉCANO DE LA « GÉNÉRAL » "THE GENERAL"
Comédie de **Buster Keaton et Clyde Bruckman**, avec Buster Keaton *(Johnnie Gray)*, Marion Mack *(Annabelle Lee)*, Charles Smith *(son père)*, Frank Barnes *(son frère)*, Glenn Cavender *(capitaine Anderson)*, Jim Farley *(général nordiste Thatcher)*, Frederick Vroom *(général sudiste)*, Frank Hagney *(sergent recruteur)*, Joe Keaton, Mike Donlin, Tom Nawn. • SC : Al Boasberg, Charles Smith, d'après B. Keaton, C. Bruckman, William Pittenger. • PH : J. Devereux Jennings, Bert Haines. • DÉC : Fred Gabourie. • MONT : J. Sherman Kell, Harry Barnes. • PR : United Artists. États-Unis, 1926 – 2 287 m (env. 1 h 47).

Johnnie Gray a deux amours : sa locomotive, la General, et sa petite amie, Annabelle Lee. Quand éclate la guerre de Sécession, il ne peut s'engager dans l'armée sudiste : il est plus utile dans son métier. Annabelle et sa famille le croient lâche et le rejettent. Un an plus tard, alors que la jeune fille se rend au chevet de son père à bord du train conduit par Johnnie, le convoi est subtilisé par des espions nordistes. Johnnie part alors à la poursuite conjointe d'Annabelle et de la General, jusqu'en plein cœur des lignes nordistes. Là, il découvre les plans de l'ennemi, récupère jeune fille et locomotive, sauve la Confédération et ramène un général nordiste prisonnier : gloire et amour le récompensent.

◆ Un mécanisme d'horlogerie

Fort justement considéré comme le chef-d'œuvre de Keaton, voire du cinéma burlesque, ce film repose sur des faits authentiques, relatés sur le mode dramatique par un soldat nordiste. Un souci scrupuleux de vérité historique et une mise en scène d'une ampleur digne de Griffith lui donnent un accent d'authenticité rare dans le genre : la guerre n'est pas une toile de fond, mais partie intégrante de l'action, de la même façon que le patriotisme de Johnnie est inséparable de ses amours. La parfaite rigueur du scénario, avec son aller et son retour totalement symétriques, confirme la conception esthétique du cinéaste : « Un film comique s'assemble avec la même précision que les rouages d'une montre ». C'est l'œuvre aussi bien d'un architecte que d'un chorégraphe. Cette géométrie dans l'espace et en mouvement qu'est la mise en scène de Keaton trouve ici son plus haut degré d'accomplissement. Les principes de trajectoire et de déplacement qui sont au cœur du comique et du gag keatoniens se prolongent naturellement dans le double trajet qui structure le film. Le réalisme du point de départ et de la reconstitution historique (dont le refus de tout plan de studio, toile peinte ou transparence) empêchent cette mécanique de virer à l'abstraction desséchante : gags et situations sont toujours issus de l'action conjuguée du mouvement du corps de l'acteur ou de ses véhicules (locomotive, draisine, wagons, canon, etc.) et des éléments naturels. Si les gags se répondent de l'une à l'autre partie, leur co-

mique se renforce de subtiles variations qui ne font qu'augmenter notre plaisir à chaque vision. J.M.

▷ Un remake « sérieux » a été réalisé par : **Francis D. Lyon**, intitulé L'INFERNALE POURSUITE "THE GREAT LOCOMOTIVE CHASE", avec Fess Parker, Jeffrey Hunter, Jeff York. États-Unis, 1956 – Couleurs – 1 h 25.

LE MÉDAILLON "THE LOCKET"

Drame psychologique de **John Brahm**, avec Laraine Day, Brian Aherne, Robert Mitchum, Gene Raymond. États-Unis, 1947 – 1 h 25.

Une jeune kleptomane se remarie avec un homme qui refuse de croire à sa maladie. Mais elle s'effondre à la vue du médaillon qui l'a traumatisée durant son enfance, et on doit l'interner.

LE MÉDECIN DE GAFIRÉ

Comédie dramatique de **Mustapha Diop**, avec Sidiki Bakaba, Merlin N'Diagne. Niger / Mali, 1984 – Couleurs – 1 h 28.

Formé à l'école occidentale, un jeune médecin est affecté dans un dispensaire de brousse. D'abord en conflit avec le guérisseur local, il s'ouvrira finalement à la médecine traditionnelle.

MÉDÉE "MEDEA"

Tragédie de **Pier Paolo Pasolini**, avec Maria Callas *(Médée)*, Guiseppe Gentile *(Jason)*, Laurent Terzieff *(le Centaure)*, Massimo Girotti. • SC : P.P. Pasolini, d'après la tragédie d'Euripide. • PH : Ennio Guarnieri. • DÉC : Dante Ferretti. • MUS : P.P. Pasolini, Elsa Morante. • MONT : Nino Baragli. Italie / France / R.F.A., 1969 – Couleurs – 1 h 50.

Jason, en quête de la Toison d'or, arrive dans l'île où règne Médée, et s'enfuit avec elle en emportant la Toison. Il épouse Médée et en a trois enfants. À Corinthe, elle découvre que Jason la trahit avec la fille du roi et, faisant appel à la magie, tâche d'éliminer sa rivale et égorge ses propres enfants.

◆ *Après* l'Évangile selon Matthieu *et* Œdipe Roi *et avant* les Mille et Une Nuits *(Voir ces titres), Pasolini poursuit avec* Médée *son exploration des grands mythes qui éclairent tout à la fois ce que nous sommes aujourd'hui et ce que nous avons perdu. Son esthétique lie paradoxalement un art brut et sauvagement « documentaire » à une grande picturalité qui joue de la palette étroite des couleurs primaires. Ce style archaïsant traduit merveilleusement la tragique confrontation du monde magique, irrationnel et absolu de Médée et de celui rationnel, pragmatique et complaisant de Jason. Les deux cultures ne peuvent cohabiter, l'une doit mourir.* S.K.

LE MÉDIUM "THE MEDIUM"

Drame lyrique de **Gian-Carlo Menotti**, avec Marie Powers, Anna-Maria Alberghetti, Leo Coleman. Italie / États-Unis, 1951 – 1 h 24.

L'histoire (entièrement chantée) d'une voyante qui abuse de la crédulité de ses clients et se prend à ses propres supercheries. Menotti, auteur de l'opéra qui a servi de thème au film, a réalisé une œuvre fantastique et étrange, sans équivalent.

MÉFIEZ-VOUS DES BLONDES

Film d'aventures d'**André Hunebelle**, avec Raymond Rouleau, Martine Carol, Claude Farell, Yves Vincent. France, 1950 – 1 h 27.

Les aventures décontractées de Georges Masse, grand reporter qui enquête sur une série de crimes.

MÉFIEZ-VOUS FILLETTES

Film policier d'**Yves Allégret**, d'après le roman de James Hadley Chase *Miss Callaghan Comes to Grief*, avec Antonella Lualdi, Robert Hossein, Michèle Cordoue, Jean Gaven. France, 1957 – 1 h 27.

Une jeune femme honnête, témoin d'un crime, est séquestrée par des proxénètes.

MEGAVIXENS "UP OVER, UNDER AND UP !"

Comédie policière érotique de **Russ Meyer**, avec Raven de la Croix, Janet Wood, Robert McLane. États-Unis, 1976 – Couleurs – 1 h 20.

La fille d'Eva Braun cherche à venger l'assassinat du sosie d'Hitler.

LA MÉGÈRE APPRIVOISÉE

"THE TAMING OF THE SHREW"

Comédie dramatique de **Franco Zeffirelli**, avec Richard Burton *(Petrucchio)*, Elizabeth Taylor *(Katharina)*, Cyril Cusak *(Gremio)*, Michael Hordern *(Baptista)*, Michael York *(Lucentio)*, Natasha Payne *(Bianca)*. • SC : Paul Dehn, F. Zeffirelli, Suso Cecchi D'Amico, d'après la pièce de William Shakespeare. • PH : Oswald Morris, Luciano Trasati. • DÉC : Dario Simoni, Carlo Gervasi. • MUS : Nino Rota. • MONT : Peter Taylor, Carlo Fabianelli. Grande-Bretagne / Italie, 1967 – Couleurs – 2 h.

Riche marchand de Padoue, Baptista donnera son consentement au mariage de sa fille cadette, la douce Bianca, seulement après les noces de son aînée, Katharina, une vraie furie dont personne ne veut. Un homme sans fortune, jouant les rustres, Petrucchio, accepte alors d'épouser la mégère afin de la « dompter ». Petit à petit, ses traitements brutaux, sans ménagement, feront place à un sentiment amoureux...

◆ *Transposition honnête et fidèle de la pièce de Shakespeare. Sans l'inspiration baroque d'un Orson*

Welles, sans la rigueur glacée de Laurence Olivier, le travail de Zeffirelli consiste à aérer les classiques et à les ressourcer : les paysages de Lombardie jouent leur rôle dans l'idylle de Petrucchio et Katharina. Par ailleurs, un soin extrême est apporté aux décors et aux couleurs. Quant au couple Burton/Taylor, leur affrontement et leur amour tumultueux prennent évidemment une dimension savoureuse à travers le texte shakespearien. G.L.

▷ Autre version réalisée notamment par **Sam Taylor**, avec Douglas Fairbanks, Mary Pickford, Edwin Maxwell, Joseph Cawthorn, Clyde Cook. États-Unis, 1929 – env. 1 830 m (1 h 08).

LE MEILLEUR "The Natural"

Mélodrame de **Barry Levinson**, avec Robert Redford, Robert Duvall, Glenn Close, Kim Basinger. États-Unis, 1984 – Couleurs – 2 h 02.

Au début du siècle, un talentueux joueur de base-ball va surmonter les obstacles qui le séparent de la gloire. Un film entièrement voué à Redford, avec de réelles qualités plastiques et beaucoup de clichés.

LE MEILLEUR DES MONDES POSSIBLES
"O Lucky Man !"

Comédie satirique de **Lindsay Anderson**, avec Malcolm McDowell *(Mick Travis)*, Ralph Richardon *(sir James Burgess / Monty)*, Dandy Nichols *(la serveuse* et *la voisine)*. • SC : David Sherwin, d'après une idée de M. McDowell. • PH : Miroslav Ondricek. • DÉC : Alan Withy, Harry Cordwell. • MUS : Alan Price. • MONT : David Gladwell, Tom Priestley. Grande-Bretagne / États-Unis, 1973 – Couleurs – 3 h 05.

Travis, jeune homme présentant bien, est engagé comme représentant par une firme. Pris pour un espion par les militaires d'une centrale nucléaire, il s'échappe et se vend dans une clinique où l'on greffe des corps d'animaux sur des têtes d'hommes. Il devient l'assistant d'un magnat qui est un escroc, ce qui lui vaut quelques années de prison. En sortant, croyant au Bien universel, il devient la victime désignée de la violence urbaine.

◆ *Un long et inégal récit picaresque qui se réclame, via* Orange mécanique *(même interprète, même construction, épisodes similaires), du* Candide *de Voltaire. Le mélange d'un naturalisme très anglais et d'un onirisme décapant n'est pas toujours réussi, mais acerbe est la satire de la vie sociale contemporaine.* S.K.

LA MEILLEURE FAÇON DE MARCHER

Comédie dramatique de **Claude Miller**, avec Patrick Dewaere *(Marc)*, Patrick Bouchitey *(Philippe)*, Claude Piéplu *(le directeur de la colonie)*, Christine Pascal *(Chantal)*. • SC : C. Miller, Luc Béraud. • PH : Bruno Nuytten. • DÉC : Alain Jomy. • MONT : Jean-Bernard Bonis. France, 1975 – Couleurs – 1 h 30.

La « colo » et ses gaietés. Deux moniteurs s'opposent : Marc, partisan d'un scoutisme « paramilitaire », et Philippe, l'intellectuel, qui veut faire du théâtre avec les enfants. Une découverte fortuite livrera Philippe aux humiliations de Marc, jusqu'à la crise finale.

◆ *Claude Miller a surtout réussi, dans ce film, la peinture des rapports très ambigus qui « unissent » les deux moniteurs. Comme dans* Sa Majesté des mouches, *toute communauté semble avoir besoin d'un bouc émissaire, et l'homosexualité latente de Philippe en fait une victime toute désignée. La transformation finale, on s'en doute, ne convainc guère.* D.C.

LA MEILLEURE PART

Drame d'**Yves Allégret**, avec Gérard Philipe, Michèle Cordoue, Gérard Oury, Michel François. France / Italie, 1956 – Couleurs – 1 h 30.

Sur un barrage en construction, un jeune ingénieur compromet sa santé pour ses ouvriers. Un rôle conforme aux idées de Gérard Philipe.

LES MEILLEURES INTENTIONS
"Den Goda Viljan"

Comédie dramatique de **Bille August**, avec Samuel Fröler, Pernilla August, Max von Sydow, Ghita Norby. Suède, 1992 – Couleurs – 3 h. ★ **Palme d'or, Cannes 1992.**

Une mère qui a longtemps empêché sa fille, Anna, de se marier avec Henrik finit par donner son consentement. Le nouveau couple va affronter de graves difficultés : désaccord sur le lieu de résidence, conflits avec un notable local, crise avec l'enfant maltraité qu'ils ont adopté, Petrus. La marque bergmanienne apparaît dans le scénario et les dialogues sur la religion, mais la réalisation est d'un autre qui a fait tout ce qu'il a pu pour se comporter en élève fidèle du maître suédois. Prix d'interprétation à Cannes pour Pernilla August.

LES MEILLEURS AMIS "Best Friends"

Comédie dramatique de **Norman Jewison**, avec Burt Reynolds, Goldie Hawn, Jessica Tandy. États-Unis, 1982 – Couleurs – 1 h 56.

Un couple de scénaristes décide de se marier et prend un congé à cet effet. Une comédie sauvée par une réalisation efficace.

MELINDA "On a Clear Day You Can See Forever"
Comédie musicale de **Vincente Minnelli**, avec Barbra Streisand, Yves Montand, Jack Nicholson. États-Unis, 1970 – Couleurs – 2 h 09.

Hypnotisée par un psychanalyste, une jeune femme quelconque se retrouve dans une vie antérieure sous les traits d'une autre, plus séduisante.

MÉLO
Drame d'**Alain Resnais**, avec Sabine Azéma *(Romaine Belcroix)*, Fanny Ardant *(Christiane Levesque)*, Pierre Arditi *(Pierre Belcroix)*, André Dussollier *(Marcel Blanc)*, Jacques Dacqmine *(docteur Rémy)*, Hubert Gignoux *(un prêtre)*, Catherine Arditi *(Yvonne)*. • SC : A. Resnais, d'après la pièce d'Henry Bernstein. • PH : Charlie Van Damme. • DÉC : Jacques Saulnier. • MUS : Philippe-Gérard. • MONT : Albert Jurgenson. France, 1986 – Couleurs – 1 h 52.

Deux amis violonistes se sont perdus de vue à leur sortie du Conservatoire : Pierre est premier violon aux Concerts Colonne, Marcel a fait, lui, une brillante carrière de soliste international. Lors de la soirée de leurs retrouvailles, Marcel séduit, malgré lui d'abord, l'épouse de Pierre, Romaine (dont le surnom est Maniche). Celle-ci entreprend d'empoisonner Pierre par petites doses. Mais la situation s'éternise et Maniche finit par se jeter dans la Seine. Pierre, remarié avec Christiane, cousine lointaine, retrouve un jour Marcel, pour une explication dramatique : Maniche, avant de mourir, a écrit un mot...

◆ *Resnais a réussi le pari de rendre vivants et crédibles les personnages caricaturaux d'un théâtre vieilli. Un chef-d'œuvre de sensibilité et de finesse, d'une intense vie cinématographique.* D.C.

LA MÉLODIE DU BONHEUR "Blue Skies"
Comédie musicale de **Stuart Heisler**, avec Fred Astaire, Bing Crosby, Joan Caulfield, Billy De Wolfe, Olga San Juan, Robert Benchley, Frank Faylen. États-Unis, 1946 – Couleurs – 1 h 44.

Un danseur célèbre se bat pendant des années pour conquérir le cœur d'une belle inconnue, face à un propriétaire de cabaret qui veut en faire une vedette.

LA MÉLODIE DU BONHEUR
"The Sound of Music"
Comédie musicale de **Robert Wise**, avec Julie Andrews, Christopher Plummer, Eleanor Parker. États-Unis, 1965 – Couleurs – 3 h. ★ Oscar du meilleur film 1965.

Une gouvernante autrichienne enseigne le chant à ses jeunes protégés. Unique de fraîcheur et de gentillesse.

MÉLODIE DU MONDE "Melodie der Welt"
Documentaire de **Walter Ruttmann**. • SC : W. Ruttmann • MONT : W. Ruttmann. • PH : Wilhelm Lehne, Rudolph Rathmann. • MUS : Wolfgang Zeller. Allemagne, 1929 – 1 115 m (env. 41 mn).

Quelle que soit leur race, leur couleur ou leur terre, les hommes sont partout semblables dans leur comportement et leur vie quotidienne. C'est sur ce thème simple et universaliste, qu'à l'aide d'images venues du monde entier, Ruttmann construit son film.

◆ *Mélodie du monde est très représentatif de cette première partie de son œuvre, la plus belle assurément, où, parallèlement aux recherches développées en U.R.S.S., Ruttmann fait avancer le documentaire dans la voie d'un lyrisme généreux et profondément humaniste.* J.-M.C.

MÉLODIE EN SOUS-SOL
Film policier d'**Henri Verneuil**, d'après le roman de John Trinian, avec Jean Gabin, Alain Delon, Viviane Romance, Maurice Biraud. France / Italie, 1963 – 2 h.

Un truand chevronné, un jeune voyou et un brave garagiste s'associent pour cambrioler le casino de Cannes. Un film d'action célèbre aussi pour le « coup de théâtre » final.

MÉLODIE INTERROMPUE "Interrupted Melody"
Drame musical de **Curtis Bernhard**, avec Glenn Ford, Eleanor Parker, Roger Moore. États-Unis, 1955 – Couleurs – 1 h 46.

Luxueuse biographie musicale de la vie dramatique et mouvementée de Marjorie Lawrence, grande vedette du Metropolitan Opera.

MÉLODIE MEURTRIÈRE "Giallo napoletano"
Comédie policière de **Sergio Corbucci**, avec Marcello Mastroianni, Ornella Muti, Michel Piccoli. Italie, 1978 – Couleurs – 1 h 40.

Un joueur de mandoline napolitain est embarqué dans une intrigue où les cadavres s'accumulent.

MÉLODIE POUR UN TUEUR "Fingers"
Drame de **James Toback**, avec Harvey Keitel, Tisa Farrow, Jim Brown. États-Unis, 1977 – Couleurs – 1 h 31.

Les déboires tragi-comiques d'un jeune Américain, tiraillé entre un père abusif, une fiancée lubrique et son homosexualité latente.

MÊME HEURE, L'ANNÉE PROCHAINE
"Same Time, Next Year"
Comédie de **Robert Mulligan**, d'après la pièce de Bernard Slade, avec Ellen Burstyn, Alan Alda, Ivan Bonar. États-Unis, 1978 – Couleurs – 2 h.

En 1951, Doris et George se rencontrent, s'aiment et passent la nuit ensemble... Ils décident alors de se retrouver chaque année, même heure, même endroit...

MÊME LES ASSASSINS TREMBLENT
"SPLIT SECOND"
Film policier de **Dick Powell**, avec Stephen McNally, Alexis Smith, Jan Sterling, Keith Andes, Richard Egan. États-Unis, 1953 – 1 h 25.

Des gangsters évadés d'un pénitencier prennent des otages tandis qu'un risque d'explosion atomique menace les environs.

MÊME LES MOULES ONT DU VAGUE À L'ÂME
Programme de sept courts métrages. France, 1978-1982 – Couleurs.

BLUFF, de **Philippe Bensoussan**, 14 mn. Une étonnante partie de poker dans les caves d'une banque.

LA DÉCOUVERTE, d'**Arthur Joffé**, 17 mn. Les effets inattendus d'une toile peinte sur le mur d'en face.

HAPPY END, d'**Anne Le Monnier**, 11 mn. Un homme seul élimine un à un les bruits qui le dérangent.

JAMAIS BATTU ! de **Manuel Boursinhac**, 3 mn. Les surprises du désir-express...

NE ME PARLEZ PLUS JAMAIS D'AMOUR, 16 mn. L'amour d'un garçon naïf et rêveur, qui tourne mal.

PAYSAGE AVEC UN PRINCE CHARMANT, de **Serge Dubor**, 20 mn. Un homme et une femme, le jeu du désir et du rêve.

THE SUBTLE CONCEPT, de **Gérard Krawczyk**, 20 mn. Un détective privé enquête sur la mort de Dieu en 1940.

LA MÉMOIRE (UNE HISTOIRE ÉGYPTIENNE)
"HADDUTA MISRIYA"
Film autobiographique de **Youssef Chahine**, avec Nour el-Cherif, Mohsen Mohiel Dine, Oussama Nadir, Yousra, Soheir el-Bably. Égypte, 1982 – Couleurs – 2 h 10.

Au cours d'une anesthésie, un cinéaste revit son enfance, son adolescence, sa vie affective et professionnelle.

MÉMOIRE COMMUNE
Évocation historique de **Patrick Poidevin**, avec Jean-Paul Wenzel, Florence Camaroque, Roland Amstutz. France, 1978 – Couleurs – 1 h 25.

Le second Empire et la Commune en cinq tableaux, qui mêlent documents commentés, jeux théâtraux, monologues...

LA MÉMOIRE COURTE
Drame d'**Eduardo De Gregorio**, avec Nathalie Baye, Philippe Léotard, Bulle Ogier, Jacques Rivette. France, 1979 – Couleurs – 1 h 40.

Une interprète à l'U.N.E.S.C.O. s'intéresse au passé d'un écrivain décédé qui enquêtait sur les activités d'un « passeur » de nazis.

LA MÉMOIRE FERTILE
Drame de **Michel Khleifi**, avec Farah Hatoum, Sarah Khalifeh. Belgique, 1980 – Couleurs – 1 h 40.

À travers le portrait de deux Palestiniennes, un témoignage sur une culture qui lutte pour sa survie et, au-delà, sur l'aliénation de la femme dans la société arabe.

MÉMOIRES DE PRISON "MEMORIAS DO CARCERE"
Drame de **Nelson Pereira dos Santos**, d'après le livre de Graciliano Ramos, avec Carlos Vereza, Gloria Pires, Jofre Soares, José Dumont. Brésil, 1984 – Couleurs – 3 h 05.

Au lendemain du soulèvement militaire de 1935, la répression anticommuniste frappe un écrivain. Arrêté, il est emprisonné, d'abord dans une caserne, puis dans la prison de Rio et enfin dans l'univers concentrationnaire du camp de l'île Grande.

MÉMOIRES DU TEXAS "THE TRIP TO BOUNTIFUL"
Comédie dramatique de **Peter Masterson**, d'après la pièce de Horton Foote, avec Geraldine Page, John Heard, Carlin Glynn, Richard Bradford. États-Unis, 1985 – Couleurs – 1 h 46.

Une vieille dame décide, avant de mourir, de revoir son village natal. La route est longue et la désillusion au bout du compte.

LA MENACE
Drame de **Gérard Oury**, d'après le roman de Frédéric Dard, avec Robert Hossein, Marie-José Nat, Elsa Martinelli, Paolo Stoppa. France / Italie, 1961 – 1 h 25.

Pour combler sa monotone vie de province, une jeune fille s'insère dans une bande de jeunes gens exubérants et, pour se faire valoir, accuse le pharmacien local d'un meurtre récent.

LA MENACE
Film policier d'**Alain Corneau**, avec Yves Montand, Carole Laure, Marie Dubois. France, 1977 – Couleurs – 1 h 55.

Voulant quitter sa maîtresse pour une femme plus jeune, Henri Savin se trouve pris dans un engrenage kafkaïen.

MENACES
Drame d'**Edmond T. Gréville**, avec Erich von Stroheim, Mireille Balin, Jean Galland, Ginette Leclerc, Henri Bosc, John Loder, Wanda Wangen [W. Gréville]. France, 1939 – env. 1 h 30.

Dans un hôtel du Quartier latin, des émigrés vivent dans une alternance d'espoir et d'angoisse. L'un se suicide, d'autres partent à la guerre, l'hôtel se vide et la vie s'arrête.

MENACES DANS LA NUIT
"He Ran All the Way"
Film policier de **John Berry**, d'après le roman de Sam Ross, avec John Garfield, Shelley Winters, Wallace Ford. États-Unis, 1951 – 1 h 17.

Un redoutable gangster traqué par la police trouve refuge chez une jeune femme. Le dernier film de John Garfield.

MENACES SUR LA VILLE "Racket Busters"
Film policier de **Lloyd Bacon**, avec Georges Brent, Humphrey Bogart, Gloria Dickson, Henry O'Neill. États-Unis, 1938 – 1 h 11.

Un racketteur oblige les syndicats de camionneurs à lui payer un droit de protection.

MÉNAGE À TROIS "Whose Little Girl Are You ?"
Comédie de **Bryan Forbes**, avec David Niven, Art Carney, Maggie Smith. Grande-Bretagne, 1982 – Couleurs – 1 h 37.

Deux hommes sont convoqués sur la côte d'Azur pour découvrir que l'un d'eux est le grand-père d'une riche orpheline.

LA MÉNAGERIE DE VERRE
"The Glass Menagerie"
Comédie de **Paul Newman**, d'après la pièce de Tennessee Williams, avec Joanne Woodward, John Malkovich. États-Unis, 1987 – Couleurs – 2 h 14.

Paul Newman adapte la première pièce de Tennessee Williams sans en gommer le caractère théâtral. L'atmosphère fiévreuse d'une famille américaine originaire du Sud et tournée vers le passé.

▷ Autre version réalisée par **Irving Rapper**, avec Gertrude Lawrence, Jane Wyman, Kirk Douglas, Arthur Kennedy. États-Unis, 1950 – 1 h 47.

LES MENDIANTS
Drame de **Benoît Jacquot**, d'après le roman de Louis-René des Forêts, avec Dominique Sanda, Jean-Philippe Ecoffey, Anne Roussel, Assane Fall, Pierre Forget. France / Suisse, 1988 – Couleurs – 1 h 30.

Dans un port de l'Atlantique, les trajectoires croisées de trois groupes humains : des enfants, des comédiens et des contrebandiers.

LES MENDIANTS DE LA VIE "Beggars of Life"
Film d'aventures de **William A. Wellman**, avec Louise Brooks *(Nancy)*, Richard Arlen *(Jim)*, Wallace Beery *(Oklahoma Red)*, Edgar Washington Blue *(Mose)*, Andy Clark *(Skelly)*, H.A. Morgan *(Skinny)*, Roscoe Karns *(Hopper)*. • SC : Benjamin Glazer, Jim Tully, d'après son récit. • PH : Henry Gerrard. États-Unis, 1928 – 2 289 m (env. 1 h 25).

Dans le Middle West, Nancy, venant d'abattre son tuteur qui voulait abuser d'elle, part, déguisée en homme, avec Jim le vagabond. Se cachant dans les trains, affamés, traqués, ils s'intègrent à une bande de clochards, bientôt dirigée par Oklahoma Red. Après l'attaque par la police du train où ils se sont installés, quelques survivants se réfugient dans une maison abandonnée.

◆ *Un film quelque peu mythique, par la présence de Louise Brooks, une des actrices les plus rayonnantes du cinéma, et son sujet qui donne la parole à ceux que la vie a laissés pour compte. L'œuvre est belle, surtout dans la première partie où voyages en wagons de marchandises, nuits dans une meule de foin conjuguent superbement réalisme et poésie. Les péripéties finales, couronnées par la rédemption du méchant, se ressentent un peu des conventions de l'époque. Conçu et tourné en muet, le film fut parfois projeté en version sonore.* *J.-P.B.*

LA MENEUSE DE JEU "The Matchmaker"
Comédie de **Joseph Anthony**, d'après la pièce de Thornton Wilder, avec Shirley Booth, Anthony Perkins, Shirley MacLaine. États-Unis, 1958 – 1 h 41.

À la fin du siècle dernier, près de New York, les ruses d'une intrigante qui désire épouser un riche épicier.

MÉNILMONTANT / LES CENT PAS
Mélodrame de **Dimitri Kirsanoff**, avec Nadia Sibirskaïa *(la jeune fille)*, Yolande Beaulieu *(sa sœur)*, Guy Belmoré *(le séducteur)*, Jean Pasquier, Maurice Ronsard. • SC : D. Kirsanoff. France, 1925 – 890 m (env. 33 mn).

La vie quotidienne d'un quartier pauvre de la capitale, avec son cortège de drames et de bonheurs éphémères. Une jeune fille séduite par un vil suborneur se retrouve enceinte. Elle est sur le point de suivre le triste exemple de sa sœur aînée, que la même mésaventure a conduite à la prostitution. Mais un fragile espoir de remonter la pente subsiste...

◆ *À mi-chemin du documentaire d'avant-garde, riche en effets de montage « à la russe » (rues démultipliées, surimpressions...), et du mélodrame naturaliste à la Victor Margueritte, ce court essai de Dimitri Kirsanoff, cinéaste sensible et méconnu, est une belle leçon de*

« réalisme poétique » avant la lettre. L'interprète favorite et compagne de l'auteur, Nadia Sibirskaïa, au beau visage triste et à la silhouette gracile, y ajoute un quotient de mélancolie particulier. C.B.

MEN IN BLACK "MEN IN BLACK"
Comédie de **Barry Sonnenfeld**, d'après une bande dessinée de science-fiction, avec Tommy Lee Jones, Will Smith, Linda Fiorentino. États-Unis, 1997 – Couleurs – 1 h 38.

Agents secrets au service du gouvernement, les Men In Black ne traquent pas les allogènes sans papiers : ils les protègent, car les immigrants viennent de planètes qui ne laisseraient pas malmener leurs ressortissants sans réagir. Mais un être mystérieux semble s'être mis en devoir d'abattre les représentants les plus éminents de la communauté extraterrestre. Du pain sur la planche pour les MIB, qui manient aussi bien le lance-roquettes que l'auto-dérision.

LE MENSONGE D'UNE MÈRE "CATENE"
Mélodrame de **Raffaele Matarazzo**, avec Amedeo Nazzari, Yvonne Sanson, Aldo Nicodemi. Italie, 1949 – 1 h 22.

Une jeune femme mariée et mère de deux enfants voit ressurgir son ancien fiancé, qui compromet son mariage.

LES MENTEURS
Comédie d'**Edmond T. Gréville**, avec Dawn Addams, Jean Servais, Claude Brasseur. France, 1961 – 1 h 30.

Pour épouser un homme riche et âgé, une jeune actrice se déguise en femme mûre et fait passer son amant pour son fils.

MÉPHISTO "MEPHISTO"
Drame d'**István Szabó**, avec Klaus Maria Brandauer *(Hendrik Hofgen)*, Ildiko Bansagi *(Nicoletta)*, Krystyna Janda *(Barbara)*, Rolf Hoppe *(le général nazi)*, György Cserhalmi *(Miklas)*, Peter Andorai *(Ulrichs)*, Karin Boyd *(Juliette)*, Christine Harbort *(Lotte)*. • SC : I. Szabó, Peter Dobai, d'après le roman de Klaus Mann. • PH : Lajos Koltai. • MUS : Zdenko Tamassy. • MONT : Zsuzsa Csakany. Hongrie, 1981 – Couleurs – 2 h 18. ★ OSCAR DU MEILLEUR FILM ÉTRANGER 1981.

Un comédien, Hendrik Hofgen, rêve de gloire dans l'Allemagne morose d'après 1918. Réussissant à la fois son mariage avec la fille d'un conseiller et sa liaison avec une Noire splendide, il parvient à se faire recruter par le Staatstheater de Berlin, où il triomphe dans le rôle de Méphisto de Faust. Avec l'arrivée des nazis, le piège de gloire se referme sur Hendrik : sa famille est obligée de fuir l'Allemagne, il doit divorcer, quitter sa maîtresse et devenir l'histrion officiel du régime, au prix de la perte de son âme.

◆ *Réflexion sans concession sur le rôle de l'artiste face à la société, ce film interpelle puissamment le spectateur par les problèmes qu'il soulève. La force du propos rejoint la maîtrise cinématographique.* D.C.

LE MÉPRIS
Drame de **Jean-Luc Godard**, avec Brigitte Bardot *(Camille Javal)*, Jack Palance *(Jeremiah Prokosch)*, Fritz Lang *(lui-même, réalisateur de l'Odyssée)*, Michel Piccoli *(Paul Javal)*, Georgia Moll *(Francesca Vanini)*, Jean-Luc Godard *(assistant de Fritz Lang)*. • SC : J.-L. Godard, d'après le roman d'Alberto Moravia. • PH : Raoul Coutard. • MUS : Georges Delerue. • MONT : Agnès Guillemot. • PR : Georges de Beauregard, Carlo Ponti, Joseph E. Levine. France / Italie, 1963 – Couleurs – 1 h 50.

Paul et Camille Javal vivent à Rome. Il est écrivain, et travaille parfois à de modestes projets de cinéma : traduction de dialogue, rédaction de commentaires pour des documentaires industriels... Il est engagé par le producteur américain Jeremiah Prokosch pour une adaptation de l'Odyssée que doit réaliser Fritz Lang. Paul nourrit depuis des années le rêve d'écrire une grande pièce de théâtre, et compte sur cette occasion pour gagner l'argent qui lui permettra plus tard de s'y consacrer entièrement. Paul veut surtout prouver à Camille qu'il est quelqu'un d'exceptionnel, car il s'imagine (à tort) qu'elle commence à le mépriser. Le producteur et le réalisateur manifestant des divergences d'opinion au sujet du film, Paul flatte tantôt l'un, tantôt l'autre et, toujours croyant servir son propre intérêt, favorise l'attirance de Prokosch pour sa femme. Camille refuse d'entrer dans ce jeu et l'amour qu'elle éprouvait pour son mari fait place au mépris. Alors qu'elle repart pour Rome dans la voiture de Prokosch, tous deux trouvent la mort dans un accident. L'Odyssée est interrompue.

◆ **Le cinéma révélé**
L'un des plus grands films du cinéma français des années 60, et une œuvre quasi sans faute, comme Psychose *d'Alfred Hitchcock ; des films desquels on ne peut rien extraire, rien déplacer, sinon tout s'effondre. À partir de ce que Godard qualifiait de « roman de gare », nous assistons au déploiement des sens cinématographiques. Car* le Mépris *est un film sur la signification, et sur les voies diverses qu'empruntent les êtres qui n'arriveront jamais à s'entendre. Mais, dans un premier temps, Godard règle des comptes et fait le point. Son film précédent,*

les Carabiniers, *fut mal reçu à sa sortie ; on reprocha à Godard de ne savoir ni tourner ni monter, de ne pas savoir faire de cinéma. Le cinéaste revenait à la charge avec* le Mépris, *disposant de moyens importants, d'une distribution exceptionnelle, et, tout en poursuivant la cohérence de son œuvre, arrivait à faire taire ceux qui s'acharnaient à tracer une ligne de conduite au cinéma, par le raffinement et la grâce de ce film. Dans un second temps, Godard signait le film le plus révélateur de l'influence du cinéma sur la vie des gens de cinéma, Fritz Lang et Brigitte Bardot en demeurant les incarnations mythiques. Par ailleurs, au niveau formel, le film opérait une série de glissements virtuels, se refusant à ceux qui cherchaient à l'isoler du côté du montage, du mouvement de caméra (que nous aurions envie ici de privilégier) ou du mixage sonore. Une œuvre à la (dé)mesure de l'expérience humaine dont il témoigne.* S.S.

LA MÉPRISE "The Hireling"

Drame d'**Alan Bridges**, d'après le roman de L.P. Hartley, avec Robert Shaw, Sarah Miles, Peter Egan. Grande-Bretagne, 1973 – Couleurs – 1 h 30. ★ **Palme d'or ex aequo, Cannes 1973.**

Après une dépression nerveuse, une jeune veuve se lie avec un garagiste qui lui sert de chauffeur. Une Palme d'or controversée sur l'amour contrarié par les préjugés sociaux.

LE MERCENAIRE DE MINUIT

"Invitation to a Gunfighter"

Western de **Richard Wilson**, avec Yul Brynner, George Segal, Janice Rule. États-Unis, 1964 – Couleurs – 1 h 30.

Un énigmatique étranger de passage accepte de débarrasser le tyran local de celui qui lui tient tête. Mais il va changer de camp.

LES MERCENAIRES "Killer Force"

Film d'aventures de **Val Guest**, avec Telly Savalas, Peter Fonda, Hugh O'Brian, Christopher Lee, Maud Adams. États-Unis, 1975 – Couleurs – 1 h 45.

Un inspecteur enquête sur les vols de diamants d'une compagnie minière. Le responsable n'est autre que le chef de la sécurité.

LES MERCENAIRES DU RIO GRANDE

"Der Schatz der Azteken"

Western de **Robert Siodmak**, avec Lex Barker, Michèle Girardon, Gérard Barray. R.F.A. / France / Italie, 1965 – Couleurs – 1 h 35.

Au Mexique, en 1874, le président Juarez doit faire face aux troupes françaises tandis que son fils cherche à s'emparer du trésor des Aztèques.

MERCI D'AVOIR ÉTÉ MA FEMME "Starting Over"

Comédie d'**Alan J. Pakula**, d'après le roman de Dan Wakefield, avec Burt Reynolds, Jill Clayburgh, Candice Bergen. États-Unis, 1979 – Couleurs – 1 h 45.

Phil et Jessica décident de divorcer. Phil rencontre Marilyn, et se trouve pris dans un subtil chassé-croisé entre son ex-femme et la nouvelle. Une comédie sur le couple des années 70.

MERCI LA VIE

Drame de **Bertrand Blier**, avec Charlotte Gainsbourg, Anouk Grinberg, Annie Girardot, Gérard Depardieu, Jean Carmet. France, 1990 – Couleurs – 1 h 57.

Deux filles se rencontrent sur une route. L'une pousse un caddie surmonté d'un goéland, l'autre, en robe de mariée, vient d'être abandonnée par son homme. Elles vont vivre une somme d'aventures compliquées et rencontrer des personnages bizarres. C'est une sorte de rêve discontinu, un délire surréaliste. Bertrand Blier a ses adeptes et ses ennemis, deux camps également intolérants. Pour se faire une idée, il faut voir le film.

MERCI MA TANTE "Grazie zia"

Drame de **Salvatore Samperi**, avec Lisa Gastoni, Lou Castel, Gabriele Ferzetti. Italie, 1968 – 1 h 30.

Par refus de la société qui l'entoure, un jeune homme simule une paralysie des jambes. On le confie alors à sa tante, qu'il va entraîner dans une relation perverse d'attirance-rejet. Un film typique de la contestation d'avant mai 68.

LA MER CRUELLE "The Cruel Sea"

Film de guerre de **Charles Frend**, d'après le roman de Nicholas Monsarrat, avec Jack Hawkins, Donald Sinden, Stanley Baker, John Stratton, Denholm Elliott, John Warner. Grande-Bretagne, 1953 – 2 h 06.

À bord d'un navire britannique durant la Seconde Guerre mondiale, la vie et la mort au milieu de l'Atlantique.

MER CRUELLE "Bas ya bahr"

Drame de **Khalid Siddik**, avec Mohammed Mansour, Mohammed Munay, Saad Faraj, Hayat Fahad. Koweït, 1971 – 1 h 30.

Pour faire vivre sa famille et apporter une belle dot à la fille qu'il aime, un jeune homme devient pêcheur de perles. Il le paiera cher.

LE MERDIER "Go Tell the Spartans"

Film de guerre de **Ted Post**, avec Burt Lancaster, Marc Singer, Craig Wasson. États-Unis, 1977 – Couleurs – 1 h 54.

La guerre du Viêt Nam, en 1964 : les uns se battent par idéalisme, les autres par habitude, d'autres font du zèle. Pour tous, la mort dans la boue et les fièvres.

LA MÈRE "MAT'"

Drame de **Vsevolod Poudovkine**, avec Vera Baranovskaïa *(Pelageia Vlassova)*, Nikolai Batalov *(Pavel)*, Aleksandr Tchistiakov *(Mikhaïl Vlassov)*, Anna Zemtsova, Ivan Koval-Samborski, N.Vidonov. • SC :V. Poudovkine, Natan Zarkhi, d'après le roman de Maxime Gorki. • PH : Anatoly Golovnia. • DÉC : S. Kozlovsky. • PR : Mezrabpom-Rouss. U.R.S.S., 1926 – 1 800 m (env. 1 h 30).

Épouse soumise d'un ouvrier ivrogne et briseur de grève, la mère désapprouve les sentiments révolutionnaires de son fils. Au reste, demeurée paysanne dans l'âme, elle n'y comprend rien. À la suite d'une bagarre où son fils est impliqué et qui coûte la vie à son mari, elle indique aux policiers l'endroit où son fils cachait des armes : elle a cru à la parole de ceux-ci, qui promettaient l'impunité à qui dirait la vérité. La mère prend conscience de la duplicité des institutions, du régime, lorsque son fils est condamné au bagne. Elle devient révolutionnaire ; son fils s'évade et la retrouve. Ils sont tués au cours d'une manifestation.

◆ Une symbolique efficace

On a souvent confronté l'œuvre de Poudovkine à celle d'Eisenstein, plus exactement la Grève *d'Eisenstein et* la Mère *de Poudovkine. Si les thèmes sont voisins, le traitement est totalement différent. Chez Poudovkine, le projet révolutionnaire est analysé, explicité, le spectateur étant amené peu à peu à s'identifier au sort d'un individu, à faire son parcours avec lui. Chez Eisenstein, le héros n'est pas une mère, ou un fils : ce sont les masses, personnage collectif et anonyme. Alors que Poudovkine utilise un cas individuel pour faire sentir une situation, Eisenstein reconstruit une situation pour rendre intelligible l'état de la Russie, et le caractère inéluctable des conflits qui s'y développent. Le premier est un poète, le second un historien. Poudovkine a expliqué qu'il a composé ses scènes tantôt selon un naturalisme exagéré (la beuverie à la taverne par exemple), tantôt en s'inspirant de la peinture classique (la visite des soldats, le tribunal, etc.). En vérité, Poudovkine n'est pas un théoricien, tel Eisenstein, et il est assez court dans l'analyse de son travail d'artiste : il utilise néanmoins avec un savoir-faire consommé la contre-plongée pour sublimer ses personnages, et la plongée pour traduire leur état de soumission. Il a su imaginer des scènes que seule la psychanalyse a su expliciter, telle celle où un gardien noie un cafard qui s'efforce de sortir de la platée de bouillie : cela montre qu'il n'y aura pas d'évasion possible pour le fils, mais qu'il mourra dans les bras de sa mère (symbolisée par le lait). Cette symbolique simple et efficace a toujours fonctionné auprès du public populaire russe, qui a applaudi et apprécié Poudovkine alors qu'Eisenstein a séduit plutôt les intellectuels. À la veille de la guerre, en 1939,* la Mère *était considéré par la critique comme un des dix chefs-d'œuvre du cinéma ; il l'est demeuré. Il faut seulement se méfier de la nouvelle sonorisation réalisée durant les années 70, d'une orchestration trop clinquante, et préférer celle des années 30.* M.F.

MÈRE JEANNE DES ANGES

"MATKA JOANNA OD ANIOŁÓW"

Drame historique de **Jerzy Kawalerowicz**, avec Lucyna Winnicka *(mère Jeanne)*, Mieczysław Voit *(père Joseph Suryn)*, Anna Ciepielewska *(sœur Margaret)*, Maria Chwalibog *(Awdosia)*. • SC : Tadeusz Konwicki, J. Kawalerowicz, d'après le roman de Jarostan Iwaszkiewicz. • PH : Jerzy Wójcik. • DÉC : Roman Mann, Tadeusz Borowczyk. • MUS : Adam Walacinski. • MONT : Wiesława Otocka. Pologne, 1961 – 2 h 05. ★ PRIX SPÉCIAL DU JURY, Cannes 1961.

Dans un couvent, les religieuses menées par mère Jeanne des Anges sont possédées par le démon, et les exorcismes n'y font rien. On leur envoie un nouveau prêtre pour chasser le Malin, mais celui-ci succombe à son tour. Il choisit de prendre sur lui la malédiction, en tuant deux innocents.

◆ *Cette histoire est très librement inspirée par celle des possédées de Loudun, qui eut lieu au XVIIe siècle. La critique religieuse chrétienne se déchaîna contre un film qui n'en méritait pas tant. Est-il anti-religieux ou pas ? Il ressemble plutôt à une étude psychiatrique de religieuses frustrées, qui s'ennuient dans leur cloître. Par ailleurs, c'est une réussite esthétique qui évoque parfois Dreyer.* B.B.

LA MÉRIDIENNE

Comédie dramatique de **Jean-François Amiguet**, avec Jérôme Angé, Kristin Scott Thomas, Sylvie Orcier. Suisse / France, 1987 – Couleurs – 1 h 20.

Un homme qui vit dans une luxueuse demeure avec deux sœurs très belles se met en quête d'une épouse, en compagnie d'un détective. Mais ce dernier séduit l'une des sœurs.

LE MERLE BLANC

Comédie de **Jacques Houssin**, d'après un conte de Frédéric Boutet, avec Saturnin Fabre, Marcelle Géniat, Georges Rollin, Alice Tissot, Julien Carette. France, 1944 – 1 h 40.

Une famille d'industriels qui vit d'un héritage détourné subit un jour le chantage d'un malheureux ouvrier.

MERLIN L'ENCHANTEUR
"THE SWORD IN THE STONE"
Dessin animé de **Wolfgang Reitherman** (studios Walt Disney). États-Unis, 1963 – Couleurs – 1 h 20.

L'enchanteur Merlin prend en main l'éducation d'un jeune garçon surnommé Moustique, et le protège contre une sorcière, madame Mime. Lors d'un tournoi, Moustique découvre qu'il est destiné à devenir le légendaire roi Arthur.

MERLUSSE
Comédie dramatique de **Marcel Pagnol**, avec Henri Poupon, André Pollack, Annie Toinon. France, 1935 – 1 h 12.

Un professeur de lycée subit les tracasseries de ses élèves, qui le chahutent sans reconnaître l'affection et la sollicitude qui se cachent sous son aspect sévère et rébarbatif.

MERRY-GO-ROUND
Essai de **Jacques Rivette**, avec Maria Schneider, Joe Dallessandro. France, 1978 – Couleurs – 2 h 40.

Un jeune homme et une jeune femme se rencontrent alors qu'ils ont rendez-vous avec la même femme. Un jeu de l'oie codé.

LA MERVEILLEUSE VISITE
Conte de **Marcel Carné**, d'après le roman de H.G. Wells, avec Gilles Kohler, Deborah Berger, Roland Lesaffre. France, 1974 – Couleurs – 1 h 45.

L'arrivée d'un ange dans un village de Bretagne. En butte à l'hostilité grandissante des villageois, il finira par... s'envoler ! À l'écart des modes, un conte philosophique intemporel.

MES CHERS AMIS "AMICI MIEI"
Comédie de **Mario Monicelli**, avec Philippe Noiret, Ugo Tognazzi, Gastone Moschin, Bernard Blier, Duilio Del Prete, Olga Karlatos, Adolfo Celi. Italie, 1975 – Couleurs – 1 h 45.

Quatre quadragénaires, amis d'enfance, se retrouvent à l'hôpital après une mémorable bordée. En compagnie du chirurgien, ils reprennent leur tournée burlesque.

▷ Le cinéaste réalise une suite qui reprend, sous forme de flash-back, de nombreuses scènes du film : MES CHERS AMIS N° 2 "AMICI MIEI, ATTO II", avec Philippe Noiret, Ugo Tognazzi, Gastone Moschin, Adolfo Celi. Italie, 1982 – Couleurs – 1 h 55.

MESDAMES ET MESSIEURS, BONSOIR
"SIGNORE, SIGNORI, BUONA NOTTE"
Comédie de **Luigi Comencini, Ettore Scola, Mario Monicelli, Nanni Loy** et **Luigi Magni**, avec Marcello Mastroianni, Vittorio Gassman, Ugo Tognazzi, Nino Manfredi, Andréa Ferréol. Italie, 1977 – Couleurs – 1 h 50.

Pendant deux heures, la télévision présente ses émissions habituelles : un véritable jeu de massacre qui n'épargne personne, pas même le pape !

MES DEUX HOMMES "MÄNNER"
Comédie de **Doris Dorrie**, avec Heiner Lauterbach, Ulrike Kriene. R.F.A., 1985 – Couleurs – 1 h 39.

Paula s'ennuie aux côtés d'un mari qui fait carrière. Elle se jette dans les bras du marginal Stefan. Son époux se venge en... faisant la réussite de son jeune rival.

MES FUNÉRAILLES À BERLIN
"FUNERAL IN BERLIN"
Film d'espionnage de **Guy Hamilton**, avec Michael Caine, Oscar Homolka, Eva Renzi. Grande-Bretagne, 1967 – Couleurs – 1 h 40.

Harry Palmer est chargé d'organiser le passage à l'Ouest d'un colonel russe. Caine est toujours excellent dans l'univers glacial de l'espionnage. Second film de la série «*Harry Palmer*», après *I.P.C.R.E.S.S. Danger immédiat*.

MES MEILLEURS COPAINS
Comédie dramatique de **Jean-Marie Poiré**, avec Gérard Lanvin, Christian Clavier, Jean-Pierre Bacri, Philippe Khorsand, Jean-Pierre Darroussin, Louise Portal. France, 1989 – Couleurs – 1 h 50.

À l'approche de la quarantaine, cinq amis se retrouvent lors de la venue à Paris de la rock-star québécoise qui a symbolisé leur jeunesse. L'occasion de régler de vieux comptes.

MES NUITS SONT PLUS BELLES QUE VOS JOURS
Drame d'**Andrej Zulawski**, d'après le roman de Raphaëlle Billetdoux, avec Sophie Marceau, Jacques Dutronc, Valérie Lagrange, Myriam Mézières. France, 1989 – Couleurs – 1 h 50.

Un informaticien de génie apprend qu'un virus qui s'attaque au cerveau le condamne à mort. Il vit alors une folle passion amoureuse avec Blanche, et tous deux disparaissent dans les vagues. Une réussite de Zulawski qui revient, avec ce film, à un style proche de celui de *L'important, c'est d'aimer* (Voir ce titre).

MES PETITES AMOUREUSES
Essai de **Jean Eustache**, avec Martin Loeb, Ingrid Caven, Jacqueline Dufranne. France, 1974 – 2 h.

Un adolescent élevé par sa grand-mère retrouve sa mère et fait l'apprentissage de la vie et des conquêtes amoureuses.

MES PETITS "EMMA"
Mélodrame de **Clarence Brown**, d'après une histoire de Frances Marion, avec Marie Dressler, Richard Cromwell, Jean Hersholt, Myrna Loy. États-Unis, 1932 – 1 h 13.

Durant vingt ans, le dévouement d'une nourrice pour « ses enfants » qui ne lui rendront que de l'ingratitude.

LE MESSAGE "MOHAMMAD, MESSENGER OF GOD"
Épopée de **Moustapha Akkad**, avec Anthony Quinn, Irène Papas, Michael Ansara. Grande-Bretagne / Libye / Maroc / Koweït, 1976 – Couleurs – 2 h 46.

Une fresque plus spectaculaire qu'inspirée. Les débuts du prophète Mahomet et ses luttes pour propager la nouvelle religion, l'Islam.

LE MESSAGER
Mélodrame de **Raymond Rouleau**, sur un scénario de Marcel Achard, d'après la pièce d'Henry Bernstein, avec Gaby Morlay, Jean Gabin, Jean-Pierre Aumont, Pierre Alcover. France, 1937 – 1 h 38.

Un agent colonial tombe amoureux de l'image de la femme de son chef, restée en France, et devient son amant lorsqu'il revient à Paris. Mais le mari rentre...

LE MESSAGER "THE GO-BETWEEN"
Comédie dramatique de **Joseph Losey**, avec Julie Christie *(Marian Maudsley)*, Alan Bates *(Ted Burgess)*, Margaret Leighton *(Mrs. Maudsley)*, Michael Redgrave *(Léo adulte)*, Dominic Guard *(Léo enfant)*, Michael Gough *(Mr Maudsley)*. • SC : Harold Pinter, d'après le roman de L.H. Hartley. • PH : Gerry Fisher. • DÉC : Carmen Dillon. • MUS : Michel Legrand. • MONT : Reginald Beck. Grande-Bretagne, 1971 – Couleurs – 1 h 58. ★ PALME D'OR, Cannes 1971.

Léo, un jeune garçon d'origine modeste, est invité dans le château familial d'un de ses camarades. Très vite, il devient le messager de la sœur aînée de son ami et porte sa correspondance amoureuse à un séduisant fermier.

◆ *Harold Pinter a conçu un scénario en forme de puzzle. Le narrateur se souvient de ses vacances cinquante ans plus tôt dans une riche famille, mais sa mémoire le trahit. Ses souvenirs nous transportent au cœur de la société victorienne où des barrières d'interdits et de tabous séparent les différentes classes sociales. Pour son initiation amoureuse, Léo va, sans le savoir, passer ces barrières en facilitant la liaison d'une aristocrate et d'un paysan. Tourné dans de superbes paysages anglais, le film s'attache à nous montrer les codes et les mœurs d'une société que la Première Guerre mondiale va engloutir.* CL.A.

MESSALINE "MESSALINA"
Drame historique d'**Enrico Guazzoni**, avec Rina De Liguoro, Augusto Mastripietri. Italie, 1924 – 3 373 m (env. 2 h 04).

La vie de l'ambitieuse impératrice romaine, mère de Britannicus, interprétée par une des plus grandes « divas » du cinéma italien des années 20.

▷ Autres évocations de Messaline réalisées notamment par : **Carmine Gallone**, avec Maria Felix, Georges Marchal, Jean Chevrier, Jean Tissier. Italie / France, 1951 – 2 h. **Vittorio Cottafavi**, intitulée MESSALINE "MESSALINA VENERE IMPERATRICE", avec Belinda Lee, Spiros Focas, Carlo Giustini. Italie, 1959 – Couleurs – 1 h 20. **Bruno Corbucci**, intitulée MESSALINE, IMPÉRATRICE ET PUTAIN "MESSALINA, MESSALINA", avec Anneka Di Lorenzo, Vittorio Caprioli, Tomas Milian. Italie, 1979 – Couleurs – 1 h 35.

LA MESSE EST FINIE "LA MESSA È FINITA"
Comédie dramatique de **Nanni Moretti**, avec Nanni Moretti *(Don Giulio)*, Ferruccio De Ceresa *(le père de Giulio)*, Enrica Maria Modugno *(Valentina)*, Margarita Lozano *(la mère de Giulio)*, Marco Messeri *(Saverio)*, Roberto Vezzosi *(Cesare)*, Dario Cantarelli *(Gianni)*, Vincenzo Salemme *(Andrea)*. • SC : N. Moretti. • PH : Franco Di Giacomo. • MUS : Nicola Piovani. • MONT : Mirco Garrone. Italie, 1985 – Couleurs – 1 h 34.

Un jeune prêtre arrive à Rome, nommé dans une paroisse désertée par les fidèles. Il retrouve sa famille et les anciens amis, et, peu à peu, tout se « décale » : Andrea est devenu terroriste, Gianni est crispé sur ses livres, Cesare est irritant de naïveté, Saverio a rompu les ponts. Sa sœur veut avorter, le père part avec une jeunesse, la mère se donne la mort. Tout bascule, « la messe est finie », et Giulio part pour le Grand Nord, où le vent rend fou...

◆ *Cinquième film du jeune acteur-réalisateur, cette « fable » amère est le témoignage désemparé de quelqu'un qui ne comprend pas pourquoi tout se met à grincer. Un comique sérieux et prenant.* D.C.

MESSIDOR
Drame d'**Alain Tanner**, avec Clémentine Amouroux, Catherine Rétoré. Suisse / France, 1979 – Couleurs – 2 h.

Une vendeuse et une étudiante se rencontrent sur la route en faisant du stop. Une fuite commune vers un ailleurs et une escalade dans le drame.

LE MESSIE "IL MESSIA"
Biographie historique de **Roberto Rossellini**, avec Pier Maria Rossi, Mita Ungaro, Carlos de Carvalho, Fausta di Bella, Jean Martin, Vernon Dobtcheff. Italie / France, 1975 – Couleurs – 2 h 25.

La vie quotidienne de Jésus dans un film évangélique d'une simplicité sulpicienne.

LE MESSIE SAUVAGE "SAVAGE MESSIAH"
Comédie dramatique de **Ken Russell**, d'après le livre de H.S. Ede, avec Scott Antony, Dorothy Tutin, Helen Mirren, Lindsay Kemp, Michael Gough. Grande-Bretagne, 1972 – Couleurs – 1 h 43.

Un sculpteur de 18 ans tombe amoureux d'une femme écrivain de vingt ans son aînée. Leur passion sera brisée par la mort du jeune homme à la guerre de 14.

MESSIEURS LES RONDS-DE-CUIR
Comédie d'**Yves Mirande**, d'après la pièce de Georges Courteline, avec Lucien Baroux, Pierre Larquey, Josette Day, Gabriel Signoret, Arletty, Saturnin Fabre. France, 1936 – env. 1 h 40.

Un auteur de revues, aux nombreuses aventures galantes, recherche un dossier dans un ministère. Satire féroce des fonctionnaires.

MESSIEURS LUDOVIC
Comédie dramatique de **Jean-Paul Le Chanois**, d'après le roman de Pierre Scize, avec Bernard Blier, Marcel Herrand, Odette Joyeux, Jules Berry, Arlette Merry, Jean Chevrier. France, 1946 – 1 h 45.

Une jeune ouvrière est abandonnée par le garçon qui l'a séduite. L'homme qui l'aime la voit partir avec un rival fortuné.

MES UNIVERSITÉS ▷ voir L'ENFANCE DE GORKI.

LA MÉTAMORPHOSE DES CLOPORTES
Film policier de **Pierre Granier-Deferre**, d'après le roman d'Alphonse Boudard, avec Lino Ventura, Charles Aznavour, Maurice Biraud, Pierre Brasseur, Françoise Rosay. France, 1965 – 1 h 30.

Un cambriolage qui tourne mal, l'arrestation d'un comparse, puis sa vengeance à sa sortie de prison... Du rififi chez les voyous.

METELLO "METELLO"
Chronique sociale de **Mauro Bolognini**, avec Massimo Ranieri, Ottavia Piccolo, Tina Aumont, Lucia Bosè. Italie, 1970 – Couleurs – 1 h 51.

À Florence, de la fin du XIXe siècle aux grandes grèves de 1920, le parcours politique et sentimental d'un ouvrier. Ottavia Piccolo a reçu pour ce film le Prix d'interprétation à Cannes en 1970.

MÉTÉORE "METEOR"
Film d'aventures de **Ronald Neame**, avec Sean Connery, Natalie Wood, Karl Malden. États-Unis, 1979 – Couleurs – 1 h 58.

Un astéroïde, qui menace d'anéantir la Terre, conduit les Américains et les Soviétiques à unir leurs forces nucléaires contre lui. Une fable sur la détente !

LE MÉTÉORE DE LA NUIT
"IT CAME FROM OUTER SPACE"
Film de science-fiction de **Jack Arnold**, avec Richard Carlson, Barbara Rush, Charles Drake. États-Unis, 1953 – 1 h 17.

Des extraterrestres, dont l'engin spatial est en panne, prennent la forme d'humains en attendant de repartir dans l'espace. À l'origine, le film était projeté en relief.

METROPOLIS "METROPOLIS"
Film de science-fiction de **Fritz Lang**, avec Brigitte Helm *(Maria et le robot)*, Alfred Abel *(Joh Fredersen)*, Gustav Fröhlich *(Freder)*, Rudolf Klein-Rogge *(Rotwang)*. • SC : Thea von Harbou. • PH : Karl Freund, Gunther Rittau. • DÉC : Otto Hunte, Karl Vollbecht, Erich Kettelhut. • MUS : K. Eifers, Gottfried Huppertz (version 1984 : Giorgio Moroder). • PR : U.F.A. Allemagne, 1927 – 4 189 m (version d'origine), 3 170 m (version actuelle) [env. 1 h 57].

Joh Fredersen règne en despote sur Metropolis, la cité de l'avenir. La ville est divisée en deux : en haut, la ville des maîtres, comme une pyramide gigantesque ; dans les profondeurs, la ville des travailleurs, esclaves aux maisons uniformes. Un jour, aux portes du jardin éternel où Freder, le fils de Fredersen, coule des jours heureux en compagnie de ses riches amis, apparaît Maria, entourée d'une troupe d'enfants misérables. Elle leur désigne leurs « frères », ces jeunes oisifs. On la chasse. En tentant de la rejoindre, Freder découvre la ville du bas et son asservissement. Bouleversé, il court chez son père et implore sa pitié, mais sans succès. Il décide alors d'épouser la cause des travailleurs, auxquels Maria dispense des paroles consolatrices de foi et d'amour, la nuit, dans les catacombes. Mais Fredersen, grâce à la complicité de l'énigmatique Rotwang, fabrique un robot à l'image de la jeune fille, qui circule dans la ville et sème la tempête. Grâce à la vraie Maria et à Freder, la ville se réconciliera autour de Fredersen, transformé par cette épreuve.

◆ La ville-mère

Si, par certains aspects, cette superproduction anticipe sur ce que sont devenues nos villes aujourd'hui (avec leurs buildings, leurs transports, mais aussi leurs caméras de surveillance, leurs murs d'images), elle témoigne d'abord d'une interrogation sur ce que doit être la ville. Il faut « un médiateur entre le cerveau et les mains, et ce médiateur doit être le cœur ». On a souvent vu dans cette parole de Maria une parabole chrétienne, alors que, plus radicalement, c'est le développement de la Cité occidentale en tant que telle qui est repensé : comment éviter l'apocalypse ? En fondant à nouveau la ville-mère sur une tripartition harmonieuse, répond à sa manière le film de Lang. Dès sa sortie, Métropolis *a frappé par la hardiesse de ses décors et de ses prises de vues. Soixante ans plus tard, c'est encore là que réside sa modernité.* F.J.

LE METTEUR EN SCÈNE "FREE AND EASY"
Film burlesque d'**Edward Sedgwick**, avec Buster Keaton, Anita Page, Robert Montgomery, Trixie Freganza. États-Unis, 1930 – 1 h 15.

La gagnante d'un concours de beauté est emmenée à Hollywood par son imprésario. Le premier film parlant de Buster Keaton.

MEURTRE "MURDER"
Film policier d'**Alfred Hitchcock**, avec Herbert Marshall, Norah Baring, Phyllis Konstam, Edward Chapman, Miles Mander. Grande-Bretagne, 1930 – 1 h 48.

Une comédienne est retrouvée devant le cadavre de la femme du directeur de la troupe. Emprisonnée, elle reste prostrée...

MEURTRE À L'ITALIENNE
"UN MALEDETTO IMBROGLIO"
Film policier de **Pietro Germi**, avec Claudia Cardinale, Pietro Germi, Eleonora Rossi Drago. Italie, 1960 – 1 h 45.

Un vol est commis dans un immeuble ; quelques jours plus tard, dans un autre appartement, une femme est assassinée.

MEURTRE AU GALOP "MURDER AT THE GALLOP"
Film policier de **George Pollock**, d'après le roman d'Agatha Christie *After the Funeral*, avec Margaret Rutherford, Flora Robson, Robert Morley. Grande-Bretagne, 1963 – 1 h 21.

Un vieil homme meurt d'une crise cardiaque. Mais miss Marple soupçonne un meurtre diabolique et enquête à l'auberge « Le Galop ». Le meilleur film de la série des « *Miss Marple* ».

▷ Voir aussi LADY DÉTECTIVE ENTRE EN SCÈNE et PASSAGE À TABAC.

MEURTRE AU SOLEIL "EVIL UNDER THE SUN"
Film policier de **Guy Hamilton**, d'après le roman d'Agatha Christie, avec Peter Ustinov, Jane Birkin, Nicholas Clay, James Mason. Grande-Bretagne, 1981 – Couleurs – 1 h 58.

Pour leurs fiançailles, un milliardaire offre un somptueux bijou à une actrice. Après la rupture, le bijou est rendu, mais c'est un faux. Hercule Poirot intervient.

MEURTRE DANS UN JARDIN ANGLAIS
"THE DRAUGHTSMAN'S CONTRACT"
Comédie dramatique de **Peter Greenaway**, avec Anthony Higgins *(Mr Neville)*, Janet Suzman *(Mrs. Herbert)*, Anne-Louise Lambert *(Mrs. Talman)*, Hugh Fraser *(Mr Talman)*. • SC : P. Greenaway. • PH : Curtis Clark. • DÉC : Bob Ringwood. • MUS : Michael Nyman. • MONT : John Wilson. Grande-Bretagne, 1982 – Couleurs – 1 h 45.

Au XVIIe siècle, Mr Herbert, aristocrate anglais, commande à un Mr Neville une série de dessins de son château et de son jardin, qu'il devra exécuter à des moments particuliers. Au travers des esquisses successives du dessinateur, une intrigue policière surgit progressivement.

◆ *Peter Greenaway, qui fut révélé en France par ce film, appartient à l'espèce rare des cinéastes ludiques : pour lui, le décor, la composition de l'image, la lumière, l'intrigue elle-même sont les éléments d'un jeu qui mêle les plaisirs du récit et ceux de la peinture.* F.J.

MEURTRE EN 45 TOURS
Film policier d'**Étienne Périer**, d'après le roman de Boileau-Narcejac *À cœur perdu*, avec Danielle Darrieux, Michel Auclair, Jean Servais, Henri Guisol. France, 1960 – 1 h 33.

La vengeance posthume du mari trompé d'une vedette de la chanson.

MEURTRE MYSTÉRIEUX À MANHATTAN
"MANHATTAN MURDER MISTERY"
Comédie de **Woody Allen**, avec Woody Allen, Diane Keaton, Jerry Adler, Lynn Cohen, Anjelica Huston. États-Unis, 1993 – Couleurs – 1 h 48.

Flanqué d'une femme un peu trop curieuse, Larry Lipton mène, bien malgré lui, une enquête sur le meurtre présumé d'une voisine de palier par son mari. Sur fond d'intrigue policière, les jeux de l'amour et de l'humour entre deux couples de New-Yorkais, comme Woody Allen sait, seul, les raconter.

MEURTRE PAR DÉCRET "MURDER BY DECREE"
Film policier de **Bob Clark**, avec Christopher Plummer, James Mason, David Hemmings. Grande-Bretagne/Canada, 1979 – Couleurs – 1 h 50.

Dans le Londres de la fin du XIXe siècle, Jack l'Éventreur a encore frappé. Holmes et Watson découvrent un secret d'État.

MEURTRES
Drame psychologique de **Richard Pottier**, d'après le roman de Charles Plisnier, avec Fernandel, Mireille Perrey, Jeanne Moreau, Jacques Varennes. France, 1950 – 1 h 47.

Las de voir souffrir son épouse, victime d'un mal incurable, un homme lui fait une piqûre libératrice. Un Fernandel dramatique.

MEURTRES À DOMICILE
Film policier de **Marc Lobet**, avec Anny Duperey, Bernard Giraudeau, Daniel Emilfork, André Bernier. Belgique / France, 1982 – Couleurs – 1 h 30.

Une jeune femme inspecteur enquête sur un meurtre commis dans son immeuble. En interrogeant ses propres voisins, elle parviendra à confondre l'assassin.

MEURTRE SANS FAIRE-PART
"PORTRAIT IN BLACK"
Drame policier de **Michael Gordon**, avec Lana Turner, Anthony Quinn, Sandra Dee, John Saxon. États-Unis, 1960 – Couleurs – 1 h 52.

La folle passion qui unit un médecin et sa maîtresse les pousse au crime. Excellent scénario aux multiples rebondissements.

MEURTRES DANS LA 110e RUE
"ACROSS THE 110th STREET"
Film policier de **Barry Shear**, d'après une nouvelle de Wally Ferris, avec Anthony Quinn, Yaphet Kotto, Anthony Franciosa, Antonio Fargas, Paul Benjamin. États-Unis, 1972 – Couleurs – 1 h 58.

Les héros d'un hold-up sanglant à Harlem sont traqués par deux flics rivaux (l'un Noir, l'autre Blanc) et par la maffia.

MEURTRES EN DIRECT
"THE MAN WITH THE DEADLY LENS/WRONG IS WRIGHT"
Film d'aventures de **Richard Brooks**, avec Sean Connery, George Grizzard, Katharine Ross, Hardy Krüger. États-Unis, 1982 – Couleurs – 2 h.

Un grand reporter américain se trouve mêlé à une affaire de terrorisme international, qui met en jeu le président des États-Unis et la survie d'Israël.

MEURTRE SOUS CONTRAT
"MURDER BY CONTRACT"
Film policier d'**Irving Lerner**, avec Vince Edwards, Philip Pine, Herschel Bernardi, Caprice Toriel. États-Unis, 1958 – 1 h 21.

Un tueur à gages commet une erreur fatale et se fait descendre par la police.

MEURTRES SOUS CONTRÔLE
"GOD TOLD ME TO"
Film fantastique de **Larry Cohen**, avec Tony Lo Bianco, Sandy Dennis, Sylvia Sidney. États-Unis, 1976 – Couleurs – 1 h 30.

Une série de meurtres s'abat sur la ville... Les responsables n'ont qu'une défense : « Dieu me l'a ordonné ».

LE MEURTRIER
Film policier de **Claude Autant-Lara**, d'après le roman de Patricia Highsmith, avec Robert Hossein, Marina Vlady, Maurice Ronet. France, 1963 – 1 h 47.

Un libraire soupçonné du meurtre de sa femme, un client suspect de l'assassinat de la sienne : de troublantes analogies...

MICHAEL "MIKAEL"
Drame de **Carl Theodor Dreyer**, avec Benjamin Christensen, Walter Slezak, Nora Gregor. Danemark, 1924 – 2 918 m (env. 1 h 48).

Adopté par un célèbre sculpteur, un jeune homme, pour l'amour d'une femme, abandonne son protecteur qui meurt seul.

MICHAEL KOHLHAAS, LE REBELLE
"MICHAEL KOHLHAAS, DER REBELL"
Drame de **Volker Schlöndorff**, d'après une nouvelle d'Heinrich von Kleist, avec David Warner, Anna Karina, Inigo Jackson, Anton Diffring. R.F.A., 1969 – Couleurs – 1 h 40.

Au XVIe siècle, un éleveur de chevaux se heurte au seigneur local. Sa femme est tuée, il fomente alors une révolte paysanne.

MICHEL STROGOFF
Film d'aventures de **Jacques de Baroncelli** et **Richard Eichberg**, d'après le roman de Jules Verne, avec Adolf Wohlbrück [plus tard Anton Walbrook], Colette Darfeuil, Armand Bernard, Charles Vanel. France, 1935 – 1 h 40.

Dans la Russie de la fin du XIXe siècle, les aventures, à travers les lignes ennemies, du messager chargé par le tsar de contacter le grand duc en guerre contre les Tartares.

▷ **Richard Eichberg** signe parallèlement une version allemande, intitulée DER KURIER DES ZAREN, avec Adolf Wohlbrück, Maria Andergast, Alexander Golling, Hilde Hildebrand.

▷ Autres versions réalisées par : **Viatcheslav Tourjansky**, avec Ivan Mosjoukine, Nathalie Kovanko, Acho Chakatouny, Jeanne Brindeau, Henri Debain. France, 1926 – env. 3 000 m (1 h 50) en « deux chapitres ». **Georges Nicholls Jr.**, intitulée THE SOLDIER AND

THE LADY, avec Anton Walbrook, Elizabeth Allan, Margot Grahame, Akim Tamiroff. États-Unis, 1937 – 1 h 25. **Carmine Gallone**, avec Curd Jürgens, Geneviève Page, Françoise Fabian, Sylva Koscina. France / Italie, 1956 – Couleurs – 1 h 51. **Victor Tourjansky**, intitulée LE TRIOMPHE DE MICHEL STROGOFF, avec Curd Jürgens, Capucine, Pierre Massimi. France / Italie, 1961– Couleurs – 1 h 36. **Eriprando Visconti**, intitulée MICHEL STROGOFF "STROGOFF", avec notamment John Philip Law, Mimsy Farmer, Hiram Keller. Italie / France / R.F.A., 1970 – Couleurs – 2 h.

MICKEY ONE "MICKEY ONE"
Drame d'**Arthur Penn**, avec Warren Beatty, Alexandra Stewart, Franchot Tone. États-Unis, 1965 – 1 h 35.

Prisonnier d'un gang de racketteurs, un animateur de night-club de New York s'évade et cherche à refaire sa vie à Chicago.

MICKI ET MAUDE "MICKI AND MAUDE"
Comédie de **Blake Edwards**, avec Dudley Moore, Amy Irving, Anne Reinking. États-Unis, 1984 – Couleurs – 1 h 58.

Rob Salinger est bigame. Ses deux femmes attendent un enfant pour la même date et il est incapable de choisir.

MICROCOSMOS (LE PEUPLE DE L'HERBE)
Documentaire de **Claude Nuridsany** et **Marie Perennou**. France, 1996 – Couleurs – 1 h 15. ★ CÉSARS DE LA MEILLEURE PHOTO, DE LA MEILLEURE MUSIQUE, DU MEILLEUR MONTAGE, DU MEILLEUR SON.

La vie d'une prairie par une belle journée d'été : les insectes naissent et meurent, cherchent leur provende et s'aiment, se promènent et s'affrontent. Un beau documentaire qui a connu un immense succès dans le monde entier.

MIDI, GARE CENTRALE "UNION STATION"
Film policier de **Rudolph Maté**, avec William Holden, Nancy Olson, Barry Fitzgerald, Lyle Bettger. États-Unis, 1950 – 1 h 20.

Des gangsters kidnappent la fille d'un riche industriel. Explication finale dans une gare. L'un des meilleurs films du genre.

MIDNIGHT EXPRESS "MIDNIGHT EXPRESS"
Drame d'**Alan Parker**, avec Brad Davis *(Billy Hayes)*, Randy Quaid *(Jimmy)*, John Hurt *(Max)*, Paul Smith *(Hamidou)*. • SC : Oliver Stone, d'après le livre de Billy Hayes et William Hopper. • PH : Michel Seresin. • DÉC : Geoffrey Kirkland. • MUS : Giorgio Moroder. • MONT : Gerry Hambling. Grande-Bretagne / États-Unis, 1978 – Couleurs – 1 h 58.

Pour avoir tenté de faire passer deux kilos de haschich, Billy Hayes est pris par la police turque et incarcéré à la prison de Sagmalcilar. Billy est condamné à une très lourde peine, car les Turcs veulent faire un exemple. Une détention cauchemardesque...

◆ *La réalisation est efficace et terrifiante dans le propos – n'importe qui peut faire trente ans de prison – comme dans le traitement. L'histoire de Billy, véridique, est traitée sur un mode paroxystique insoutenable. Alan Parker a le sens de l'image choc, et il est bien servi par ses interprètes. La Turquie a estimé le film raciste.* B.B.

MI-FIGUE MI-RAISIN "NEŠTO IZMEDJU"
Comédie dramatique de **Srdjan Karanović**, avec Caris Corfman, Predrag Manojlović, Dragan Nikolić. Yougoslavie, 1982 – Couleurs – 1 h 46.

À Belgrade, une jeune journaliste américaine tombe amoureuse d'un médecin qu'elle avait connu à New York, et a une liaison avec son meilleur ami.

LA MIGRATION DES MOINEAUX
"BEG'OUREBIŠ GADAPRENA"
Comédie dramatique de **Temour Bablouani**, avec Goudja Bourdouli, Temour Bitchiasvili. U.R.S.S. (Géorgie), 1979 – 56 mn.

Dans un train, un homme qui se vante d'être un chanteur célèbre suscite l'admiration de tous, à l'exception d'un passager. L'explication a lieu lors d'un arrêt.

MIKEY ET NICKY "MIKEY AND NICKY"
Film policier d'**Elaine May**, avec John Cassavetes, Peter Falk. États-Unis, 1976 – Couleurs – 1 h 46.

Nicky est malade et traqué. Il appelle son ami Mikey. L'errance nocturne des deux copains s'achève sur des coups de feu.

MILAGRO "THE MILAGRO BEANFIELD WAR"
Comédie de **Robert Redford**, d'après le roman de John Nichols, avec Ruben Blades, Richard Bradford, Sonia Braga. États-Unis, 1987 – Couleurs – 1 h 58.

Un petit village du Nouveau-Mexique se rebelle contre le projet d'implantation d'un parc de loisirs. L'auteur manifeste à nouveau son tempérament humaniste ainsi que ses convictions écologistes.

MILAREPA "MILAREPA"
Drame psychologique de **Liliana Cavani**, avec Lajos Balaszovits, Paolo Bonacelli, Marisa Fabbri, Marcella Michelangeli, George Wang. Italie, 1973 – Couleurs – 1 h 48.

Tibétain du XIe siècle, Milarepa pratique par vengeance la magie noire. Ses remords l'amèneront à la vie contemplative.

MILESTONES "MILESTONES"
Documentaire de **Robert Kramer** et **John Douglas**. États-Unis, 1975 – Couleurs – 3 h 15.

Un film fleuve qui décrit de façon pessimiste la société américaine des années 70, à travers des expériences communautaires rurales.

LE MILIEU DU MONDE
Drame psychologique d'**Alain Tanner**, avec Philippe Léotard, Olimpia Carlisi, Juliet Berto. Suisse, 1974 – Couleurs – 1 h 55.

Un jeune ingénieur se débat, dans une petite ville du Jura suisse, entre ses amours adultères et une carrière politique naissante.

LES MILLE ET UNE MAINS
Drame de **Souhel Ben Barka**, avec Abbou Chaibane, Mimsy Farmer, Aissa Elghasi. Maroc, 1972 – Couleurs – 1 h 15.

Un riche fabricant de tapis, imprégné de culture occidentale, est marié à une jeune et belle Européenne. Un de ses ouvriers, qu'elle a humilié, la tue. Le premier film national marocain.

LES MILLE ET UNE NUITS "ARABIAN NIGHTS"
Film d'aventures de **John Rawlins**, avec Maria Montez, Jon Hall, Sabu. États-Unis, 1942 – Couleurs – 1 h 26.

Luxueuse illustration de la célèbre légende où rien n'est épargné pour le plaisir des yeux. Maria Montez est la belle princesse Shéhérazade et Jon Hall le calife Haroun-el-Raschid.

LES MILLE ET UNE NUITS
"I FIORI DELLE MILLE E UNA NOTTE"
Film d'aventures orientales de **Pier Paolo Pasolini**, avec Ninetto Davoli, Franco Merli, Ines Pellegrini. Italie/France, 1974 – Couleurs – 2 h 10.

Quelques-unes des légendes fastueuses, érotiques ou sanglantes qui ont sauvé la vie de Shéhérazade. Même si la sultane est absente du film, il en reste un parfum de l'Orient brûlant et fascinant.

▷ Autres versions réalisées notamment par : **Viatcheslav Tourjansky**, intitulée LES CONTES DES MILLE ET UNE NUITS, avec Nicolas Rimsky, Nathalie Kovanko, Paul Ollivier. France, 1921 – 3 050 m (env. 1 h 52) en « trois chapitres ». **Walter Reisch**, intitulée SHÉHÉRAZADE "SONG OF SHEHERAZADE", avec Yvonne De Carlo, Jean-Pierre Aumont, Brian Donlevy. États-Unis, 1947 – Couleurs – 1 h 46. **Henry Levin** et **Mario Bava**, intitulée LES MILLE ET UNE NUITS "LE MERAVIGLIE DI ALADINO", avec Donald O'Connor, Michèle Mercier, Vittorio De Sica. Italie/France, 1962 – Couleurs – 1 h 40. **Pierre Gaspard-Huit**, intitulée SHÉHÉRAZADE, avec Anna Karina, Gérard Barray, Antonio Villar. France/Italie/Espagne, 1963 – Couleurs – 1 h 10. **Anthony M. Dawson** [A. Margheriti], intitulée LES MILLE ET UNE NUITS ÉROTIQUES "FINALMENTE, LE MILLE E UNA NOTTE", avec Barbara Bouchet, Femi Benussi. Italie, 1974 – Couleurs – 1 h 20.

1860 "1860"
Film historique d'**Alessandro Blasetti**, avec Aida Bellia, Giuseppe Gulino. Italie, 1933 – 1 h 22.

La libération de la Sicile et son rattachement au royaume d'Italie vus par un berger.

MILLE MILLIARDS DE DOLLARS
Film policier d'**Henri Verneuil**, avec Patrick Dewaere, Caroline Cellier, Fernand Ledoux. France, 1982 – Couleurs – 2 h 12.

Un journaliste parisien révèle un scandale financier. Il est manipulé et la vérité est encore pire. Il s'acharne au péril de sa vie.

1900 "NOVECENTO"
Drame de **Bernardo Bertolucci**, avec Robert De Niro *(Alfredo Berlinghieri)*, Burt Lancaster *(son grand-père)*, Gérard Depardieu *(Olmo Dalco)*, Sterling Hayden *(Leo Dalco, son grand-père)*, Dominique Sanda *(Ada)*, Laura Betti *(Regina)*, Donald Sutherland *(Attila, le contremaître)*, Stefania Sandrelli *(Anita)*, Alida Valli *(signora Poppi)*. • SC : B. Bertolucci, Franco Arcalli, Giuseppe Bertolucci. • PH : Vittorio Storaro. • DÉC : Ezio Frigerio. • MUS : Ennio Morricone. • MONT : Franco Arcalli. Italie, 1976 – Couleurs – 5 h 20 (en deux « actes »).

Pendant l'été 1900, naissent deux enfants qui vont grandir ensemble : Alfredo Berlinghieri, petit-fils de grand propriétaire terrien, et Olmo Dalco, petit-fils du métayer. Revenant de la guerre 14-18, Olmo découvre les progrès du machinisme et épouse une institutrice, Anita. Alfredo hérite du domaine et épouse une belle citadine, Ada. Le contremaître Attila, à la tête de bandes fascistes, veut étouffer dans l'œuf les syndicats. Les Chemises noires prennent le pouvoir. Alfredo renonce à ses idéaux de jeunesse tandis qu'Olmo devient communiste. À la fin de la guerre 39-45, les partisans et les paysans révoltés envahissent le domaine des Berlinghieri. Entre les deux hommes, c'est l'ultime face-à-face.

◆ *Fresque monumentale et ambitieuse,* 1900 *(qui aurait dû s'appeler plutôt, comme en italien,* « Vingtième Siècle »*) a été présenté en deux parties.*

Bertolucci a su retrouver le souffle lyrique des grandes épopées pour retracer l'évolution sociale de son Émilie natale, de la féodalité survivante à l'espérance socialiste. L'écran large, les travellings somptueux, la musique grandiose de Morricone et la brillante interprétation internationale, tout est ici à la hauteur de cette ambition ! *G.L.*

1941 "1941"

Comédie de **Steven Spielberg**, avec Dan Aykroyd, Ned Beatty, John Belushi. États-Unis, 1979 – Couleurs – 1 h 57.

Au début de la Seconde Guerre mondiale, la côte ouest des États-Unis se prépare à un assaut des forces japonaises. Une vision burlesque de la société américaine en temps de guerre.

1984 "1984"

Drame de **Michael Radford**, d'après le roman de George Orwell, avec John Hurt, Richard Burton, Suzanna Hamilton, Cyril Cusack. Grande-Bretagne, 1984 – Couleurs – 2 h.

Dans une société totalitaire, oppressante et inquisitoriale, que domine un tuteur mythique nommé Big Brother, un homme se bat clandestinement pour sa liberté. Une adaptation intelligente d'un chef-d'œuvre et le dernier rôle de Richard Burton.

▷ Autre version réalisée par **Michael Anderson**, avec Michael Redgrave, Edmond O'Brien, Jan Sterling, David Kossoff, Mervyn Johns, Donald Pleasence. Grande-Bretagne, 1955 – 1 h 31.

1492 CHRISTOPHE COLOMB

"The Conquest of Paradise"

Film d'aventures de **Ridley Scott**, avec Gérard Depardieu, Armand Assante, Sigourney Weaver. France / États-Unis, 1992 – Couleurs – 2 h 35.

De Christophe Colomb, l'histoire a surtout retenu la découverte de l'Amérique. Scott Ridley lui fabrique une psychologie, des états d'âme, des idées politiques... tout en essayant quand même de faire un film à grand spectacle. Un demi-succès.

1789

Film historique d'**Ariane Mnouchkine**, avec la troupe du Théâtre du Soleil. France, 1974 – Couleurs – 2 h 35.

Fixées sur la pellicule, les représentations données à la Cartoucherie de Vincennes de 1970 à 1973. Un film foisonnant.

LE MILLIARDAIRE "Let's Make Love"

Comédie de **George Cukor**, avec Marilyn Monroe, Yves Montand, Tony Randall. États-Unis, 1960 – Couleurs – 1 h 58.

Un milliardaire brocardé dans une revue de Broadway entre incognito dans la troupe ! Il tombe amoureux d'une danseuse qui succombe à son charme. « La » rencontre Marilyn-Montand, entourés de Gene Kelly, Bing Crosby, Milton Berle. Musique de Cole Porter et Lionel Newman.

MILLIARDAIRE POUR UN JOUR

"Pocketful of Miracles"

Comédie de **Frank Capra**, avec Glenn Ford, Bette Davis, Hope Lange. États-Unis, 1961 – Couleurs – 2 h 10.

À New York, dans les années 1900, un patron de boîte de nuit protège une jeune orpheline, qu'il épousera, et une clocharde dont il fera une milliardaire d'un jour.

▷ Voir aussi GRANDE DAME D'UN JOUR.

MILLIE "Thoroughly Modern Millie"

Comédie musicale de **George Roy Hill**, avec Julie Andrews, Mary Tyler Moore, John Gavin. États-Unis, 1967 – Couleurs – 2 h 20.

Dans les années 20, une jeune femme naïve, Millie, vit dans une pension qui sert de relais à la traite des Blanches !

LE MILLION

Comédie «musicale» de **René Clair**, avec Annabella *(Béatrice)*, René Lefèvre *(Michel)*, Wanda Gréville *(Wanda)*, Paul Ollivier *(le père La Tulipe)*, Louis Allibert *(Prosper)*, Constantin Stroesco *(Sopranelli)*, Odette Talazac *(la cantatrice)*, Raymond Cordy *(le chauffeur de taxi)*. • SC : R. Clair, d'après la pièce de Georges Berr et Marcel Guillemaud. • PH : Georges Périnal. • DÉC : Lazare Meerson. • MUS : Armand Bernard, Philippe Pares, Georges Van Parys. • MONT : René Le Hénaff. Tobis. France, 1931 – 1 h 20.

Michel est un jeune rapin qui vit dans une chambre modeste, assiégé par les commerçants du quartier venant réclamer leurs créances. Il les évite ou les éconduit. Il a une jolie petite amie, Béatrice, qui danse à l'Opéra, il a aussi une ancienne amie... Tout va très mal jusqu'au jour où – miracle ! – la fortune lui tombe du ciel sous la forme d'un billet de la Loterie nationale gagnant. Il peut rembourser ses dettes, et invite tout le quartier à célébrer la fantastique nouvelle. Mais où est le billet ? Michel le cherche vainement. Béatrice se rappelle avoir donné une vieille veste à un clochard douteux, et le billet se trouvait dans cette veste. Mais où trouver ce clochard ? Une poursuite dans les rues de Paris conduit les protagonistes de cette folle équipée à l'Opéra Lyrique.

La veste passe de main en main. On se l'arrache, se la vole, se la reprend. Le suspense n'est pas tragique puisque l'on se doute bien qu'une comédie de ce style ne peut pas finir mal...

◆ Un classique de l'opérette cinématographiée

En 1931, le cinéma parlant, venu d'Amérique, commençait la carrière que l'on sait. René Clair, ex-critique de cinéma devenu l'un des réalisateurs les plus doués du muet – et plus tard du parlant –, s'était prononcé contre ce nouveau procédé technique qui remplaçait « le langage plastique et dynamique des images » par un dialogue de théâtre platement explicatif. Cette querelle n'a pas duré trop longtemps. René Clair a prouvé, singulièrement avec ce film, enlevé et charmeur, qu'il savait manier la bande sonore avec plus que du talent. Il a intégré des chœurs dans sa comédie, et même des scènes d'opéra (mais pour les ridiculiser). Grâce aux jeux combinés des mouvements de caméra, du rythme propre de la comédie-poursuite et de l'utilisation intelligente et subtile du son, le Million *est devenu un classique de l'opérette cinématographiée (on ne disait pas encore « comédie musicale »). Les années passent, le charme du film demeure et même croît, l'effet rétro aidant. Comme dans ses autres comédies, René Clair s'ingénie à emmêler les fils de l'intrigue et à placer ses personnages sur des trajectoires différentes qui se recoupent et divergent pour se rejoindre à nouveau. Il s'agit d'une chorégraphie élégante, mais qui s'exerce sur un scénario sans ambition, un scénario-prétexte, dont les conventions mêmes sont délicieuses.* Le Million *est aussi une savoureuse description de l'âme populaire de Paris, poétiquement et tendrement schématisée.* *G.S.*

MILLION DOLLAR LEGS / FOLIES OLYMPIQUES
"MILLION DOLLAR LEGS"

Film burlesque d'**Edward Cline**, avec W.C. Fields *(le président)*, Jack Oakie *(Migg Tweeny)*, Suzan Fleming *(Angela)*, Andy Clyde *(le majordome)*, Ben Turpin, Hugh Herbert. • SC : Joseph L. Mankiewicz, Henry Myers, Nick Barrows. • PH : Arthur Todd. États-Unis, 1932 – 1 h 04.

La Klopstockie est un pays idéal où les jeunes femmes, qui s'appellent toutes Angela, gardent paisiblement leurs chèvres et où les ministres sont jugés en fonction de leurs capacités sportives. Le président est champion du poids à l'arraché, et son vieux chambellan court le 800 mètres en un clin d'œil. Quant aux espions qui rôdent dans la coulisse, ils ne font peur qu'à eux-mêmes. Une « vamp » tentera en vain de déstabiliser le régime.

◆ *W.C. Fields, l'un des plus fameux excentriques de l'histoire du cinéma, à l'éthylisme et au nonsense légendaires, est le héros imperturbable de cette charge contre les dictatures de tout poil, souvent imitée (notamment par René Clair, dans* le Dernier Milliardaire*), rarement égalée. C'est une des dernières survivances de burlesque pur à l'américaine, dans la tradition des grandes réussites du muet. Mais la mise en scène n'est pas toujours à la hauteur d'un scénario riche en gags.* *C.B.*

MIMI MÉTALLO BLESSÉ DANS SON HONNEUR
"MIMI METALLURGICO FERITO NELL'ONORE"

Comédie de **Lina Wertmüller**, avec Giancarlo Giannini, Mariangela Melato, Turi Ferro. Italie, 1971 – Couleurs – 1 h 55.

Un Sicilien victime de la maffia s'exile dans le Nord, abandonnant sa femme pour fonder un second foyer.

MINA TANNENBAUM

Comédie dramatique de **Martine Dugowson**, avec Romane Bohringer, Elsa Zylberstein, Florence Thomassin, Nils Tavernier. France, 1994 – Couleurs – 2 h 10.

Mina et Ethel se ressemblaient trop pour ne pas s'assembler. Leurs chemins se croisent en 1968 : elles ont toutes deux 10 ans. L'amitié naît. Mais la vie est là qui veut qu'on avance. Vite (trop vite ?), les deux fillettes deviennent des adultes. Toujours amies ?

MINES DE RIEN "THE BANK DICK"

Film burlesque d'**Edward Cline**, avec W.C. Fields, Cora Witherspoon, Una Merkel. États-Unis, 1940 – 1 h 14.

En Californie, un hurluberlu fait échouer accidentellement un hold-up, devient détective avant d'acquérir des actions d'une mine en faillite et de perturber enfin le tournage d'un film.

LES MINES DU ROI SALOMON
"KING SOLOMON'S MINES"

Film d'aventures de **Compton Bennett** et **Andrew Marton**, d'après le roman d'Henri Rider Haggard, avec Deborah Kerr, Stewart Granger, Richard Carlson. États-Unis / Grande-Bretagne, 1950 – Couleurs – 1 h 42.

À la fin du siècle dernier, en pleine forêt vierge africaine, des explorateurs partent à la recherche d'un disparu et d'un trésor.

▷ Autres versions réalisées par : **Robert Stevenson**, avec Cedric Hardwicke, Paul Robeson, Roland Young, Ralph Spence. Grande-Bretagne, 1937 – 1 h 20. **J. Lee Thompson**, intitulée ALLAN QUATERMAIN ET LES MINES DU ROI SALOMON "KING SOLOMON'S MINES", avec Richard Chamberlain, Sharon Stone, Herbert Lom, John Rhys-Davies, Ken Gampu. États-

Unis, 1985 – Couleurs – 1 h 34. **Gary Nelson**, intitulée ALLAN QUATERMAIN ET LA CITÉ DE L'OR PERDU "ALLAN QUATERMAIN AND THE LOST CITY OF GOLD", avec Richard Chamberlain, Sharon Stone, James Earl Jones, Henry Silva, Robert Donner. États-Unis, 1986 – Couleurs – 1 h 35.

MINNE, L'INGÉNUE LIBERTINE
Comédie dramatique de **Jacqueline Audry**, d'après le roman de Colette *l'Ingénue libertine*, avec Danièle Delorme, Frank Villard, Jean Tissier, Simone Paris. France, 1950 – 1 h 30.

À Paris, au début du siècle, une jeune fille naïve épouse son cousin mais, insatisfaite, connaît de nombreuses aventures. Elle finira pourtant par tomber amoureuse de... son mari.

MINUIT... QUAI DE BERCY
Drame policier de **Christian Stengel**, avec Madeleine Robinson, Erich von Stroheim, Philippe Lemaire. France, 1953 – 1 h 35.

La concierge d'un immeuble parisien est assassinée. Un inspecteur enquête et passe en revue tous les locataires – pittoresques – qui sont autant de suspects.

MINUIT SUR LE GRAND CANAL
"THE VENITIAN AFFAIR"
Film d'espionnage de **Jerry Thorpe**, avec Robert Vaughn, Elke Sommer, Karl Boehm, Boris Karloff, Ed Asner, Felicia Farr. États-Unis, 1967 – Couleurs – 1 h 32.

À la suite d'un attentat à Venise contre une conférence sur la paix, un journaliste américain doit démasquer les responsables.

LA MINUTE DE VÉRITÉ
Drame psychologique de **Jean Delannoy**, avec Michèle Morgan, Jean Gabin, Daniel Gélin. France / Italie, 1952 – 1 h 48.

Appelé auprès d'un jeune suicidé, un médecin découvre à son chevet un portrait de sa propre épouse.

LE MIOCHE
Comédie dramatique de **Léonide Moguy**, avec Lucien Baroux, Gabrielle Dorziat, Pauline Carton, Madeleine Robinson, Gilbert Gil. France, 1936 – 1 h 38.

Le professeur d'un pensionnat de jeunes filles trouve un bébé devant sa porte et le cache. S'ensuivent bien des ennuis.

MIQUETTE
Comédie dramatique de **Jean Boyer**, d'après la pièce de Flers et Caillavet, avec Lilian Harvey, Marguerite Pierry, Lucien Baroux, André Lefaur. France, 1940 – env. 1 h 30.

Par dépit amoureux, une petite provinciale s'en va à Paris pour y faire du théâtre.

MIQUETTE ET SA MÈRE
Comédie dramatique d'**Henri Diamant-Berger**, d'après la pièce de Flers et Caillavet, avec Blanche Montel, Roland Toutain, Jeanne Cheirel, Michel Simon, Pauline Carton. France, 1933 – 1 h 25.

Miquette, lassée des hommes qui tournent autour d'elle, devient une vedette de théâtre et part pour Hollywood afin d'oublier celui qu'elle aime. Mais le hasard existe.

▷ Autres versions réalisées par : **Henri Pouctal**, avec Ève Lavallière, Henri Germain. France, 1914 – env. 800 m (30 mn). **Henri-Georges Clouzot**, avec Louis Jouvet, Bourvil, Saturnin Fabre, Danièle Delorme. France, 1950 – 1 h 36.

MIRACLE À L'ITALIENNE "PER GRAZIA RICEVUTA"
Comédie de **Nino Manfredi**, avec Nino Manfredi, Delia Boccardo, Lionel Stander. Italie, 1971 – Couleurs – 2 h.

Benedetto est un enfant « miraculé ». Adulte, il cherche sa voie et un autre miracle se produit. Par-delà une satire générale, une ambitieuse interrogation sur les choix essentiels de la vie.

MIRACLE À MILAN "MIRACOLO A MILANO"
Comédie fantastique de **Vittorio De Sica**, avec Francesco Golisano *(Totò)*, Emma Grammatica *(Lolotta, la fée)*, Brunella Bovo *(Edwige)*, Paolo Stoppa *(Rapi)*. • SC : V. De Sica, Cesare Zavattini, d'après son roman *Totò il buono*. • PH : G.B. Aldo, Aldo Graziati. • DÉC : Guido Fiorini. • MUS : Alessandro Cicognini. • MONT : Eraldo Da Roma. Italie, 1951 – 1 h 40. ★ **PALME D'OR, Cannes 1951.**

Totò est un orphelin angélique qui voit la beauté et la bonté partout, qui rend le bien pour le mal, qui rit ou sourit toujours. Avec ses amis clochards, il entreprend de reconstruire leur bidonville qui, malheureusement, se révèle pétrolifère et attire les industriels. Une bataille s'engage entre les gueux et les spéculateurs. La mère adoptive de Totò (qui est une vieille et charmante fée) vient au secours des réprouvés.

◆ *Ce conte fantastique est le fruit de la collaboration de deux des plus célèbres théoriciens et praticiens du « néoréalisme italien », mouvement qui a pris son essor après la dernière guerre, De Sica et Zavattini. Ils ont abandonné, ici, le ton du quotidien, mais tiennent toujours le même discours qui glorifie les pauvres et les humbles et flétrit les riches et les profiteurs. La satire est alimentée de beaucoup de gags plus ou moins « signifiants » et agrémentée d'effets drolatiques originaux. Ce film unique, d'un style très particulier, est fondé sur une philosophie généreuse d'un altruisme candide qui réchauffe le coeur.* G.S.

MIRACLE À TUNIS "THE LIGHT TOUCH"
Film d'aventures de **Richard Brooks**, avec Stewart Granger, Pier Angeli, George Sanders, Joseph Calleia. États-Unis, 1951 – 1 h 50.

En Sicile et en Afrique du Nord, une toile de maître permet à un cynique aventurier de rencontrer la femme de sa vie.

MIRACLE AU VILLAGE
"THE MIRACLE OF MORGAN'S CREEK"
Comédie satirique de **Preston Sturges**, avec Betty Hutton, Eddie Bracken, William Demarest, Diana Lynn, Porter Hall, Akim Tamiroff, Brian Donlevy, Alan Bridge. États-Unis, 1943 – 1 h 39.

Péripéties rocambolesques pour un jeune homme qui cherche à retrouver le responsable du déshonneur de sa fiancée.

LE MIRACLE DE LA 34e RUE
"MIRACLE ON 34th STREET"
Comédie de **George Seaton**, avec Maureen O'Hara, John Payne, Edmund Gwenn, Natalie Wood. États-Unis, 1947 – 1 h 36.

Le père Noël fait le bonheur d'une petite fille qui rêve d'une maison idéale. Ingénieux scénario qui obtint un Oscar et valut celui du Meilleur second rôle à Edmund Gwenn (le père Noël).

LE MIRACLE DES CLOCHES
"THE MIRACLE OF THE BELLS"
Comédie dramatique d'**Irving Pichel**, avec Fred MacMurray, Alida Valli, Frank Sinatra, Lee J. Cobb. États-Unis, 1948 – 2 h.

La curieuse campagne publicitaire qui accompagne la sortie d'un film dont l'héroïne est morte. Satire des milieux hollywoodiens.

LE MIRACLE DES LOUPS
Film historique de **Raymond Bernard**, avec Charles Dullin *(Louis XI)*, Romuald Joube *(Robert Cottereau)*, Vanni-Marcoux *(Charles le Téméraire)*, Yvonne Sergyl *(Jeanne Fouquet)*. • SC : Henry Dupuy-Mazel, Jean-José Frappa. • PH : Robert Forster. • DÉC : Robert Mallet-Stevens. • MUS : Henri Rabaud. France, 1924 – 3 000 m (env. 1 h 51).

Robert Cottereau, porte-bannière de Charles le Téméraire, est épris de Jeanne Fouquet, filleule de Louis XI. Les aléas de la politique font que les jeunes gens sont séparés. Le sinistre sire de Châteauneuf ourdit des complots contre le roi, à qui Jeanne sert d'émissaire secret. Elle est un jour sauvée de ses poursuivants par une bande de loups qui la protègent du traître Châteauneuf.

◆ *C'est un des grands films muets français, et à l'époque on le compara aux fresques d'Abel Gance. Costumes, décors, scènes héroïques ou prestigieuses, tout avait été mis en œuvre pour réussir un grand film, qui fut un succès considérable. Raymond Bernard continua dans la veine historico-romanesque avec* le Joueur d'échecs *et* les Misérables. B.B.

▷ Autre version réalisée par **André Hunebelle**, avec Jean Marais, Rosanna Schiaffino, Jean-Louis Barrault. France, 1961 – Couleurs – 2 h.

MIRACLE EN ALABAMA "THE MIRACLE WORKER"
Drame d'**Arthur Penn**, avec Anne Bancroft *(Annie Sullivan)*, Patty Duke *(Helen Keller)*, Victor Jory *(capitaine Keller)*, Inga Swenson *(Kate Keller)*, Andrew Prine *(James Keller)*. • SC : William Gibson. • PH : Ernest Caparos. • DÉC : George Jenkins, Mel Bourne. • MUS : Laurence Rosenthal. • MONT : Aram Avakian. États-Unis, 1962 – 1 h 47. ★ OSCARS 1962 DE LA MEILLEURE ACTRICE (Anne Bancroft) et DU MEILLEUR SECOND RÔLE (Patty Duke).

À la suite d'une maladie, Helen Keller est devenue sourde, aveugle et muette. Elle a dix ans lorsque ses parents font appel à une institutrice spécialisée, Annie Sullivan, elle-même à demi-aveugle.

◆ *Cette lutte pour permettre à un être enfermé dans un corps diminué d'accéder au langage, indispensable à l'éclosion des sentiments, est traitée à travers les rapports les plus physiques qui soient (la violence) et un symbolisme volontairement élémentaire (eau, terre, feu). La tension constante et le paroxysme auquel atteignent des actrices remarquables font déferler l'émotion de ce film d'une générosité exceptionnelle.* J.M.

LES MIRACLES N'ONT LIEU QU'UNE FOIS
Comédie dramatique d'**Yves Allégret**, avec Alida Valli, Jean Marais. France/Italie, 1951 – 1 h 38.

L'histoire d'amour en deux temps de deux jeunes gens qui se rencontrent en 1939 puis sont séparés durant une dizaine d'années. Un film doux-amer.

THE MIRACLE WOMAN "THE MIRACLE WOMAN"
Drame de **Frank Capra**, avec Barbara Stanwyck *(Florence Fallon)*, David Manners *(John Carson)*, Sam Hardy *(Hornsby)*, Beryl Mercer. • SC : Jo Swerling, d'après la pièce de John Meehan et Robert Riskin *Bless You, Sister*. • PH : Joseph Walker. • MONT : Maurice Wright. États-Unis, 1931 – 1 h 27.

Après la mort de son père, pasteur, Florence Fallon devient une prédicatrice célèbre, avec l'aide du promoteur véreux Hornsby. L'amour d'un jeune aveugle, qu'elle a conquis par ses sermons hypocrites, la « sauvera ».

◆ *Quintessence du mélodrame social à la Capra,* The Miracle Woman *fut son « premier film à perdre de l'argent ». Étonnant pamphlet contre la manipulation des foules et les marchands de religion, le film a gardé toute sa force et son actualité. Capra regretta longtemps le compromis de la « happy end » qui voyait, dans un bref épilogue, la rédemption subite de l'héroïne. Les séquences d'hystérie collective sont filmées avec une virtuosité préfigurant celles de* l'Homme de la rue, *qui transposera les mêmes préoccupations dans la sphère politique. Contrebalançant ces moments spectaculaires, les scènes intimistes arborent une émouvante sobriété : dans un passage célèbre, l'aveugle David Manners tente de faire croire à Barbara Stanwyck qu'elle a fait un miracle et qu'il a retrouvé la vue. « C'est vous qui m'avez ouvert les yeux », finit-elle par lui avouer annonçant une réplique presque identique de* la Grande Muraille *(Stanwyck, missionnaire, face au général Yen : « Vous m'avez appris une terrible leçon ! »). Dans cette situation qui aurait pu frôler le ridicule, les deux interprètes sont bouleversants.* *N.T.B.*

LE MIRACULÉ

Comédie de **Jean-Pierre Mocky**, avec Michel Serrault, Jean Poiret, Jeanne Moreau, Sophie Moyse, Jean Rougerie. France, 1987 – Couleurs – 1 h 30.

Un soi-disant paralysé, entouré d'un petit groupe de margoulins, espère faire des affaires à Lourdes. Une farce un peu brouillonne.

MIRAGE "MIRAGE"

Film policier d'**Edward Dmytryk**, d'après le roman de Walter Ericson, avec Gregory Peck, Diane Baker, Walter Matthau. États-Unis, 1964 – 1 h 49.

Un physicien attaché à la recherche scientifique et militaire des États-Unis est victime d'une amnésie. Des résonances kafkaïennes.

MIRAGE DE LA VIE "IMITATION OF LIFE"

Mélodrame de **Douglas Sirk**, d'après le roman de Fannie Hurst, avec Lana Turner, John Gavin, Sandra Dee. États-Unis, 1959 – Couleurs – 2 h 04.

La vie d'une célèbre actrice qui ne songe qu'à sa carrière et les drames qui en découlent. Deuxième version cinématographique du célèbre roman (Voir IMAGES DE LA VIE).

MIRAGES "SHOW PEOPLE"

Comédie de **King Vidor**, avec Marion Davies, William Haines. États-Unis, 1928 – env. 2 160 m (1 h 20).

À Hollywood, une jeune actrice naïve devient une grande comédienne. Un film sur la réussite où de nombreuses vedettes de l'époque font une apparition.

MIRAGES DE PARIS

Drame de **Fedor Ozep**, avec Jacqueline Francell, Alice Tissot, Roger Tréville, André Gabriello. France, 1932 – 1 h 17.

Une petite provinciale qui veut connaître Paris découvre le milieu effrayant des hôtels sordides et, pour échapper à une rafle policière, demande protection à des voyous.

▷ Parallèlement, le cinéaste signe une version allemande, intitulée GROSSTADTNACHT, avec Dolly Haas, Trude Berliner, Fritz Kampers.

LE MIROIR "ZERKALO"

Drame d'**Andrei Tarkovski**, avec Margarita Terekhova *(Nathalie* et *la mère)*, Ignat Daniltsev *(Alexei* et *Ignat)*, Larissa Tarkovskaïa *(Nadejda Petrovna)*, Alla Demidova *(Elisaveta Pavlona)*. • SC : Alexandre Micharine, A. Tarkovski. • PH : Gueorgui Rerberg. • DÉC : Nikolai Dvigoubski. • MUS : Edouard Artemiev, Bach, Pergolèse, Purcell. • MONT : L. Feiguinova. U.R.S.S. (Russie), 1974 – Couleurs – 1 h 45.

Malade, au bord de la mort, un cinéaste de 40 ans (dont on entend seulement la voix) mélange le présent et le passé : images de sa mère (jouée par la même actrice que le personnage de son ex-femme), qui était correctrice dans une revue et qui l'élevait seule ; documents filmés de la Seconde Guerre mondiale ; évocation d'un monde où les pères sont absents, partis sur le front, et où les petits garçons baignent dans un univers féminin plein de mystère ; sensations de l'enfance et images de la culture.

◆ *Après* Solaris, *beau récit méconnu, Tarkovski rompit toute attache avec la chronologie linéaire pour ce film-essai directement autobiographique et volontairement composite (mélange d'époques et aussi de documents et d'images mises en scène), sans cesse au bord de se dissoudre en une collection de moments séparés. Avec cependant l'image obsédante de la mère, une mère énigmatique, proche et indifférente à la fois, qui n'explique jamais les choses à ses enfants et leur laisse le monde, avec ses sensations, comme un immense labyrinthe. Rarement le cinéma a touché d'aussi près les impressions premières, quand elles ne sont pas nommées : choses qui bougent et qui brillent, blanc d'une jatte de lait, houle du vent qui passe. Les poèmes du père de l'auteur, lus pompeusement de temps en temps, ne parviennent pas à structurer ce monde-forêt, soumis aux cycles féminins... Sans être interdit, le film fut retenu quelque temps en U.R.S.S., et distribué à l'étranger au compte-gouttes.* M.CH.

LE MIROIR À DEUX FACES

Drame psychologique d'**André Cayatte**, avec Michèle Morgan, Bourvil, Yvan Desny, Sandra Milo, Sylvie. France / Italie, 1958 – 1 h 36.

Un homme refuse l'opération de chirurgie esthétique qui rendrait la beauté à son épouse au physique ingrat. Le côté sensationnel repose sur une Michèle Morgan défigurée.

LE MIROIR SE BRISA "The Mirror Crack'd"

Film policier de **Guy Hamilton**, avec Elizabeth Taylor, Kim Novak, Rock Hudson, Tony Curtis. États-Unis, 1980 – Couleurs – 1 h 50.

Sur le tournage d'un grand film historique, une série de meurtres mystérieux fera remonter de l'oubli le passé trouble des acteurs et du metteur en scène.

MISE À SAC

Film policier d'**Alain Cavalier**, avec Michel Constantin, Daniel Ivernel, Irène Tunc. France, 1967 – Couleurs – 1 h 48.

Un gangster monte un coup extraordinaire : neutraliser les points névralgiques d'une petite ville de province et tout dévaliser.

LES MISÉRABLES

Drame de **Raymond Bernard**, avec Harry Baur *(Jean Valjean)*, Charles Vanel *(Javert)*, Charles Dullin et Marguerite Moréno *(les Thénardier)*, Florelle *(Fantine)*, Jean Servais *(Marius)*. • SC : R. Bernard, André Lang, d'après le roman de Victor Hugo. • PH : Jules Kruger. • DÉC : Jean Perrier. • MUS : Arthur Honegger. France, 1933 – 4 h 24 (en trois épisodes : 1 h 41, 1 h 21, 1 h 22).

1. UNE TEMPÊTE SOUS UN CRÂNE : de la libération du bagnard, en 1815, à la fuite de Valjean, arrêté par Javert, après ses aveux d'Arras.

2. LES THÉNARDIER : Valjean recueille Cosette. Des années plus tard, les Thénardier et Javert s'acharnent en vain contre lui. **3. LIBERTÉ, LIBERTÉ CHÉRIE** : de l'émeute républicaine à la mort de Jean Valjean (1835).

◆ *Grâce à la sobriété des dialogues et à la qualité de l'interprétation, Bernard donne une adaptation aussi touchante que fidèle. Marqué de longues pauses, descriptives ou épiques, le récit garde le sens du symbole et du refrain ; le décor confronte stylisation et réalisme ; la diction différencie les milieux sociaux. Peu importe donc que les cadrages obliques aient beaucoup vieilli.* A.M.

▷ Autres versions réalisées notamment par : **Albert Capellani**, avec Gabriel de Gravone, Marie Ventura, Mistinguett, Étiévant. France, 1912 – 3 450 m (env. 2 h 08, en quatre épisodes). **Henri Fescourt**, avec Gabriel Gabrio, Jean Toulout, Sandra Milowanoff, Georges Saillard, Renée Carl, François Rozet, Charles Badiole, Suzanne Nivette. France, 1925 – en quatre épisodes. **Richard Boleslawski**, intitulée LES MISÉRABLES "Les Misérables", avec Fredric March, Charles Laughton, Rochelle Hudson. États-Unis, 1935 – 1 h 49. **Jean-Paul Le Chanois**, avec Jean Gabin, Danièle Delorme, Bernard Blier, Bourvil, Serge Reggiani, Gianni Esposito, Fernand Ledoux, Béatrice Altariba. France, 1958 – Couleurs – 3 h 15. **Robert Hossein**, avec Lino Ventura, Michel Bouquet, Jean Carmet, Evelyne Bouix, Christiane Jean, Françoise Seigner, Paul Préboist, Louis Seigner. France, 1982 – Couleurs – 3 h 03.

▷ Voir aussi L'ÉVADÉ DU BAGNE et LA VIE DE JEAN VALJEAN.

LES MISÉRABLES

Fresque dramatique de **Claude Lelouch**, avec Jean-Paul Belmondo, Michel Boujenah, Alessandra Martines, Salomé. France, 1995 – Couleurs – 2 h 50.

Une très libre transposition de l'œuvre de Victor Hugo. Les époques et les personnages se télescopent d'une manière pas toujours évidente mais le tonus, la chaleur et le lyrisme d'un Lelouch au mieux de sa forme nappent l'ensemble et emportent l'adhésion de ceux qui ne détestent pas les belles histoires, même si elles sont compliquées, et les émotions vraies, même si elles sont simples.

LES MISFITS / LES DÉSAXÉS "The Misfits"

Drame de **John Huston**, avec Clark Gable *(Gay Langland)*, Marilyn Monroe *(Roslyn Taber)*, Montgomery Clift *(Perce Howland)*, Eli Wallach *(Guido)*, Thelma Ritter *(Isabelle Steers)*. • SC : Arthur Miller. • PH : Russell Metty. • MUS : Alex North. • MONT : George Tomasini. • PR : United Artists. États-Unis, 1961 – 2 h 04.

À Reno, Nevada, des femmes divorcées rencontrent des cow-boys solitaires.

◆ Crépusculaire

Plus Huston vieillit, et plus s'affirme sa manière : moins d'amidon, plus de laisser-aller. Comme si, n'écoutant que soi (un soi menacé), il ose enfin, au sein de l'histoire qu'il filme, introduire toujours plus de ses angoisses. Dans The Misfits, *il y a un plan, dès les premières minutes, impensable du temps où Huston se satisfaisait de séquences impeccablement filées, un plan que n'aurait pas désavoué Bonnard : Marilyn, sur fond de lune, improvise devant l'arbre de vie, symbole inévitable, quelques pas d'une danse lascive. Eli Wallach, qui la devine ivre, souhaiterait y mettre un terme, mais Gable, que la maladie ronge, l'en empêche,* car il veut voir. *Eh bien, métaphoriquement parlant, Wallach, c'est le producteur, chargé d'aller à l'efficace, et Gable, c'est Huston, qui prend son temps, et en savoure chaque instant. Plus qu'aucun autre film,* The Misfits *se présente comme un document ethnologique sur la mort au travail, sur la disparition des races condamnées par l'Économie, cow-boys et chevaux sauvages. Races qui s'affrontent, et se détruisent, alors qu'elles sont solidaires, ainsi que le hurle, dans le petit matin glacé du Nevada, cet autre papillon des temps futurs, la suicidaire Marilyn Monroe. Crépusculaire,* The Misfits, *tourné volontairement en noir et blanc, les couleurs du deuil, démontre que quiconque, aurait-il en face les intouchables monstres sacrés, interpelle son propre malheur, ne peut que s'élever au plus haut de la douleur, là où les mots disent ce qu'ils sont censés dire, là où Montgomery Clift, archange au nez cassé, peut enfin baisser la garde, tomber le masque, et attendre, avec sérénité, le verdict. « Que faites-vous dans l'existence ? », demande, non sans calcul, Marilyn, à peine divorcée et déjà en quête d'un compagnon. Et Gable, qui se doute qu'on ne lui repassera pas deux fois le plat, répond, comme Huston le fera désormais : « Oh ! Je vis ! ». Pour nous résumer, la nonchalance dans le style ne fait que confirmer qu'en maîtrisant l'ensemble, l'artiste s'autorise quelques dérives, sans craindre d'être viré du studio. Il est au-delà, on ne pourra jamais plus le ramener en deçà.* *G.G.*

MISHIMA "Mishima"

Biographie de **Paul Schrader**, avec Ken Ogata, Junkichi Orimoto, Masaynki Shionoya, Naoko Otani. États-Unis, 1985 – Couleurs et NB – 2 h.

Reconstitution ambitieuse et esthétique, en quatre grandes étapes, de la vie de l'écrivain japonais Mishima. Un homme passionné par la beauté pure.

MISS BARRETT "The Barretts of Wimpole Street"

Drame psychologique de **Sidney Franklin**, d'après la pièce de Rudolph Besier, avec Norma Shearer, Fredric March, Charles Laughton, Maureen O'Sullivan. États-Unis, 1934 – 1 h 49.

Cinq garçons et trois filles vivent sous l'emprise d'un père tyrannique. Seule l'aînée, invalide, trouve grâce à ses yeux.

▷ Le réalisateur signe un remake du film avec Jennifer Jones, Bill Travers, John Gielgud, Virginia McKenna. Grande-Bretagne, 1956 – Couleurs – 1 h 45.

MISS DAISY ET SON CHAUFFEUR

"Driving Miss Daisy"

Comédie de **Bruce Beresford**, avec Jessica Tandy, Morgan Freeman, Dan Aycroyd. États-Unis, 1989 – Couleurs – 1 h 40.

Une vieille dame riche et égoïste est contrainte de supporter la présence d'un chauffeur noir. Elle harcèle ce pauvre homme qui, infatigablement, oppose un respect et une gentillesse naturelles aux provocations de sa patronne... laquelle finit par craquer. Une grande amitié naît. Bruce Beresford, qui n'a pas honte des grands sentiments, a réussi une comédie émouvante, légère et piquante, qui valut l'Oscar à Jessica Tandy. Oscar du Meilleur film.

MISSING "Missing"

Drame de **Costa-Gavras**, avec Jack Lemmon, Sissy Spacek, Melanie Mayron. États-Unis, 1982 – Couleurs – 2 h 02. ★ **Palme d'or, Cannes 1982.**

Un Américain est bloqué au Chili par le coup d'État du 10 septembre 1973. Il découvre le rôle de la C.I.A. et « disparaît ». Sa femme et son père le recherchent.

MISSION "The Mission"

Drame historique de **Roland Joffé**, avec Robert De Niro, Jeremy Irons, Ray McAnally, Liam Nelson. États-Unis / Grande-Bretagne, 1986 – Couleurs – 2 h 05. ★ **Palme d'or, Cannes 1986.**

En ce milieu du XVIIIe siècle, l'Espagne et le Portugal redéfinissent leurs empires coloniaux. Les idéalistes des missions n'ont plus leur place dans ce Nouveau Monde, régi par le pouvoir et l'argent. Missionnaires et Indiens seront sacrifiés. Le spectacle et l'aventure, le paysage et l'action au service d'une réflexion généreuse.

LA MISSION DU COMMANDANT LEX

"Springfield Rifle"

Western d'**André De Toth**, avec Gary Cooper, Phyllis Thaxter, David Brian. États-Unis, 1952 – Couleurs – 1 h 33.

Durant la guerre de Sécession, le commandant Lex, nordiste chargé de découvrir des pillards de chevaux, démasque un traître.

MISSION : IMPOSSIBLE "Mission : Impossible"

Film d'espionnage de **Brian De Palma**, d'après la série télévisée de Bruce Geller, avec Tom Cruise, Jon Voight, Henry Czerny, Emmanuelle Béart, Jean Reno. États-Unis, 1996 – Couleurs – 1 h 50.

La CIA monte une opération à Prague à seule fin de démasquer un agent double en son sein.

Mais la mission tourne mal et faux traîtres et vrais traîtres vont s'affronter férocement jusque dans le T.G.V. Paris-Londres.

MISSION TO MOSCOW
Drame politique de **Michael Curtiz**, avec Walter Huston, Ann Harding, Oscar Homolka, George Tobias. États-Unis, 1943 – 2 h 03.

Joseph E. Davies, ancien ambassadeur américain à Moscou, raconte comment il est devenu l'ami de l'U.R.S.S. Le maccarthysme devait faire regretter à Jack Warner d'avoir produit ce film de circonstance.

MISSION ULTRA-SECRÈTE "IL FEDERALE"
Comédie de **Luciano Salce**, avec Ugo Tognazzi, Georges Wilson, Mireille Granelli. Italie, 1961 – 1 h 40.

En 1944, en Italie, les fascistes confient à Primo la mission de capturer le professeur Bonafe, philosophe antifasciste et probable futur président de la République à venir. Le jeune homme le ramène à Rome en une épopée tragi-comique.

MISSISSIPPI "MISSISSIPPI"
Comédie musicale d'**Edward Sutherland**, avec W.C. Fields, Bing Crosby, Joan Bennett, Gail Patrick, Claude Gillingwater, John Miljan. États-Unis, 1935 – 1 h 15.

Un jeune homme, sur le point d'épouser une riche héritière, refuse de se battre pour une affaire d'honneur et s'engage comme chanteur sur un bateau.

MISSISSIPPI BLUES
Documentaire de **Bertrand Tavernier** et **Robert Parrish**. France / États-Unis, 1984 (RÉ : 1982) – Couleurs – 1 h 47.

Centré autour de la musique blues, un voyage dans le sud des États-Unis en compagnie des deux cinéastes.

MISSISSIPPI BURNING "MISSISSIPPI BURNING"
Drame d'**Alan Parker**, avec Gene Hackman, Willem Dafoe. États-Unis, 1989 – Couleurs – 2 h 06.

Mississippi, 1964 : deux agents du F.B.I. enquêtent sur la disparition de trois jeunes volontaires pour la promotion des droits civiques et affrontent le Ku Klux Klan. Un film qui fait la part belle au F.B.I. et où les Noirs n'ont aucun rôle. Ambigu.

MISS MARY "MISS MARY"
Comédie dramatique de **Maria-Luisa Bemberg**, avec Julie Christie, Nacha Guevara, Luisina Brando, Tato Pavlovsky. Argentine / États-Unis, 1986 – Couleurs – 1 h 40.

Entre 1930 et 1945, une vieille fille britannique, chargée de l'éducation de trois enfants de la grande bourgeoisie argentine, est bouleversée par l'arrivée de Perón.

MISS MEND "MISS MEND"
Film d'aventures de **Fedor Ozep** et **Boris Barnet**, avec Natalia Glan, Igor Ilinski, Vladimir Fogel. U.R.S.S. (Russie), 1926 – 5 100 m (env. 3 h 09, en trois épisodes).

Les mésaventures d'une jeune dactylo américaine et de son collègue, aux prises avec une organisation secrète antisoviétique.

MISS MONA
Drame de **Mehdi Charef**, avec Jean Carmet, Ben Smaïl. France, 1987 – Couleurs – 1 h 40.

Samir, jeune chômeur immigré, se laisse entraîner à la prostitution homosexuelle par « Miss Mona », un vieux travesti.

MISSOURI BREAKS "THE MISSOURI BREAKS"
Western d'**Arthur Penn**, avec Marlon Brando, Jack Nicholson, Randy Quaid, Kathleen Lloyd. États-Unis, 1976 – Couleurs – 2 h 05.

Un éleveur de chevaux engage un tueur pour éliminer les voleurs de bétail. Leur chef, amoureux de la fille de l'éleveur, finira par abattre le tueur à gages et son commanditaire.

MISS OYU "OYU SAMA"
Mélodrame de **Kenji Mizoguchi**, avec Kinuyo Tanaka, Nobuko Otawa, Yuji Hori. Japon, 1951 – 1 h 35.

Un garçon, qui a épousé une lointaine cousine, s'éprend de la sœur aînée de sa femme qui s'efface d'abord devant cet amour.

MISTER FLOW
Drame de **Robert Siodmak**, d'après le roman de Gaston Leroux, avec Fernand Gravey, Edwige Feuillère, Louis Jouvet, Mila Parely, Wladimir Sokoloff. France, 1936 – 1 h 40.

Un malfaiteur emprisonné se sert de sa maîtresse pour compromettre son avocat dans des cambriolages. La femme s'éprend de l'homme de loi et s'enfuit avec lui.

MISTER FREEDOM
Film politique de **William Klein**, avec John Abbey, Delphine Seyrig, Jean-Claude Drouot, Philippe Noiret. France, 1969 – Couleurs – 1 h 42.

Mr Freedom débarque en France pour débarrasser l'Europe des Rouges. L'univers de la bande dessinée et de la caricature inventive pour une satire de la droite américaine.

MISTER MAJESTYK "MISTER MAJESTYK"
Film d'aventures de **Richard Fleischer**, avec Charles Bronson, Al Lettieri, Linda Cristal. États-Unis, 1974 – Couleurs – 1 h 45.

Un fermier du Colorado est en butte aux intrigues croisées d'un racketteur local et de la maffia.

MISTER MOTO
Série policière produite par la 20th Century Fox, d'après le personnage créé par John P. Marquand, avec Peter Lorre. États-Unis, 1937-1939.

À travers huit films à petit budget, les mésaventures d'un détective japonais machiavélique.

THINK FAST, MISTER MOTO
de **Norman Foster**. 1937 – 1 h 07.

LE SERMENT DE M. MOTO "THANK YOU, MISTER MOTO"
de **N. Foster**. 1937 – 1 h 08.

MISTER MOTO'S GAMBLE
de **James Tinling**. 1938 – 1 h 14.

M. MOTO COURT SA CHANCE
"MISTER MOTO TAKES A CHANCE"
de **N. Foster**. 1938 – 1 h 15.

M. MOTO DANS LES BAS-FONDS
"MYSTERIOUS MISTER MOTO"
de **N. Foster**. 1938 – 1 h 04.

MISTER MOTO'S LAST WARNING
de **N. Foster**. 1938 – 1 h 07.

MISTER MOTO IN DANGER ISLAND/DANGER ISLAND
de **Herbert I. Leeds**. 1939 – 1 h 10.

MISTER MOTO TAKES A VACATION
de **N. Foster**. 1939 – 1 h 03.

MISTER NORTH "MR NORTH"
Comédie de **Danny Huston**, d'après le roman de Thorton Wilder *Theophilus North*, avec Anthony Edwards, Robert Mitchum, Anjelica Huston, Lauren Bacall, Harry Dean Stanton, David Warner. États-Unis, 1988 – Couleurs – 1 h 42.

Un jeune homme, doté d'un curieux fluide électrique, est engagé comme lecteur dans une riche famille de Newport en 1926. Il se fait adopter par la haute société et, malgré les jalousies, conquiert la fille la plus en vue de la ville ! Un splendide film d'acteurs réalisé par le fils de John Huston.

MISTER PATMAN "MR PATMAN"
Drame psychologique de **John Guillermin**, avec James Coburn, Kate Nelligan, Fionnela Flanagan. Canada/États-Unis, 1980 – Couleurs – 1 h 50.

Travaillant dans un hôpital psychiatrique, Patman est obsédé par le souvenir d'un suicide qu'il n'a pu empêcher.

LES MISTONS
Court métrage de **François Truffaut**, avec Bernadette Lafont, Gérard Blain. France, 1958 – 23 mn.

Une bande de gamins jaloux rend la vie impossible à un couple d'amoureux. Deuxième court métrage de François Truffaut après *Une visite* (1954).

LE MISTRAL
Comédie dramatique de **Jacques Houssin**, d'après le roman de Jacques Carton, avec Fernand Charpin, Orane Demazis, Paul Ollivier, Ginette Leclerc. France, 1943 – 1 h 15.

Dans un petit port provençal, une jeune fille essaie de détourner un pêcheur de sa vie laborieuse et de ses chastes amours.

MITCHOURINE / LA VIE EN FLEURS "MIČURIN "
Biographie d'**Alexandre Dovjenko**, avec Vladimir Soloviev, Gregori Belov, Alexandra Vasilieva, Nikolai Chamine. U.R.S.S. (Russie), 1949 – Couleurs – 1 h 41.

Un biologiste poursuit des expériences qui se heurtent à l'idéologie de la Russie tsariste. La révolution d'Octobre lui permettra de faire aboutir ses travaux.

MITRAILLETTE KELLY "MACHINE GUN KELLY"
Film policier de **Roger Corman**, avec Charles Bronson, Susan Cabot. États-Unis, 1958 – 1 h 20.

La carrière brève et violente d'un gangster névrosé. Un film « B » nerveux, dans lequel Bronson fait ses débuts en tant que vedette.

MITSOU
Comédie de **Jacqueline Audry**, d'après le roman de Colette, avec Danièle Delorme, Fernand Gravey, François Guérin, Gaby Morlay. France, 1956 – Couleurs – 1 h 35.

En 1917, un riche quinquagénaire fait l'éducation d'une petite vedette de music-hall.

M LE MAUDIT "M"
Drame de **Fritz Lang**, avec Peter Lorre *(Frantz Becker, alias M)*, Otto Wernicke *(commissaire Lohmann)*, Gustav Gründgens *(Schränker, chef de la pègre)*, Ellen Widmann *(Mme Becker)*, Inge Landgut *(Elsie)*. • SC : F. Lang, Thea von Harbou, Paul Falkenberg, Adolf Jang, Karl Vosh, d'après Egon Jacobson. • PH : Fritz Arno Wagner. • DÉC : Karl Vollbrecht, Emil Hasler. • MUS : extraits de Peer Gynt d'Edvard Grieg. • MONT : P. Falkenberg. • PR : Nero Film. Allemagne, 1931 – 1 h 57 (version originale), 1 h 29 (version actuelle).

À Berlin, vers 1930, après bien d'autres enfants, la petite Elsie est à son tour victime d'un inconnu qui l'assassine après lui avoir offert un ballon. Les rafles de la police dérangent la pègre, aussi ses chefs mobilisent-ils leurs troupes pour faire surveiller les enfants par le syndicat des mendiants et autres vrais ou faux infirmes. En étudiant la liste des malades sortis récemment des cliniques psychiatriques, le commissaire Lohmann est mis sur une piste. Mais l'assassin se trahit en sifflotant, devant le marchand de ballons aveugle, le même air de Peer Gynt que le jour de la mort d'Elsie. Ses collègues du syndicat le marquent à la craie de la lettre « M » sur l'épaule, le filent et le coincent dans l'immeuble où il s'est réfugié. La pègre organise un procès au cours duquel l'assassin, Frantz Becker, implore en vain la pitié, affirmant être poussé à tuer par une force irrésistible. La police intervient alors qu'il est sur le point d'être lynché.

◆ Le piège du destin

Le premier film parlant de Lang est aussi l'avant-dernier qu'il réalisa en Allemagne. Tourné sous le titre initial Mörder unter uns (Les assassins sont parmi nous), *il attira l'attention des nazis qui, se sentant visés, tentèrent de le faire interdire. Pourtant, Lang s'attachait avant tout à une réflexion sur le crime et s'inspira du cas authentique de Kürten, « le Vampire de Düsseldorf ». De ce point de vue, on peut considérer le film comme une remarquable reconstitution d'un cas pathologique en même temps que la description précise des méthodes d'investigation policières et du milieu de la pègre. Si le portrait social et moral de l'Allemagne de Weimar est hallucinant, il ne faudrait pas extrapoler à l'excès l'ambition consciente de Lang, qui vise bien moins ici à dénoncer la montée du nazisme qu'il ne le fera dans* le Testament du docteur Mabuse. *Mais la puissance d'évocation de* M *tient moins à cet aspect documentaire qu'à l'imagination poétique et visuelle du cinéaste. Si le style est plus réaliste, il est encore fortement marqué par l'expressionnisme. La mise en scène est conçue comme un immense piège qui enserre peu à peu le maudit. Ombres et lumières, grilles, lignes, angles aigus, cercles, miroirs agressent et cernent l'assassin dans le labyrinthe d'un destin qui, pour n'être plus exclusivement externe, comme dans* les Trois Lumières *ou* les Niebelungen, *n'en est pas moins implacable. Par sa souplesse d'écriture et ses thèmes (l'homme double et traqué, l'hystérie de la foule, la vengeance...),* M *annonce les grandes œuvres américaines de Lang et leur univers infernal, soumis à la nécessité et voué à la mort.* *J.M.*

M LE MAUDIT "M"

Film policier de **Joseph Losey**, avec David Wayne, Howard Da Silva, Luther Adler, Raymond Burr. États-Unis, 1951 – 1 h 28.

Remake du célèbre film de Fritz Lang, habilement transposé dans la société américaine.

MOANA "MOANA"

Documentaire de **Robert Flaherty**. • SC : R. et Frances Flaherty. • PH : R. Flaherty • MONT : R. Flaherty. États-Unis, 1925 – 1 200 m (env. 45 mn).

Activités et coutumes des indigènes d'une île de Polynésie. Arrachage de racines comestibles, pêche au harpon et chasse à la tortue de mer, cueillette des noix de coco. Préparatifs culinaires d'une fête : poissons et plantes sont enveloppés dans de grandes feuilles et mis à cuire sur des pierres chauffées. Cérémonie du tatouage initiatique de Moana. Danses collectives. Bonheur du jeune couple.

◆ *Après le succès de* Nanouk, *la Paramount proposa à Flaherty de financer un documentaire du même genre qu'il tournerait dans les mers du Sud. Le cinéaste et sa femme s'installèrent en 1923 sur une île de l'archipel des Samoa dans l'intention de filmer « la vie des Polynésiens tels qu'ils avaient vécu avant l'arrivée de l'homme blanc ». Ils réalisèrent ce documentaire purement contemplatif, sans action ni drame, un poème d'images superbes sur une nature paradisiaque et des indigènes pas encore contaminés par la civilisation.* *M.MN.*

MOBY DICK "MOBY DICK"

Film d'aventures de **John Huston**, avec Gregory Peck *(le capitaine Achab)*, Richard Basehart *(Ishmael)*, Leo Genn *(Statbuck)*, Orson Welles *(Mapple)*, Harry Andrews *(Stubb)*, James Robertson Justice *(le capitaine Boomer)*. • SC : J. Huston, Ray Bradbury, Anthony Veiller, d'après le roman de Herman Melville. • PH : Oswald Morris, Freddie Francis. • DÉC : Ralph Brinton. • MUS : Philip Stainton. • MONT : Russell Lloyd. États-Unis / Grande-Bretagne, 1956 – Couleurs – 1 h 55.

Le capitaine Achab est déterminé à tuer Moby Dick, la grande baleine tueuse, terreur des pêcheurs, qui lui a déjà fait perdre une jambe. Son obsession le poussera à sacrifier son navire et son équipage, dans une quête furieuse, mystique et désespérée.

◆ *« Le film, comme le livre, est donc un blasphème, et on peut admettre que Dieu se soit défendu en déchaînant contre nous ces ouragans et ces vagues énormes », écrit John Huston en évoquant les difficultés du tournage de* Moby Dick, *ainsi que le caractère mystique et incantatoire du roman et du personnage d'Achab. Huston a réussi une splendide adaptation du chef-*

d'œuvre de Melville. La distribution est excellente ; Gregory Peck, inattendu dans ce rôle, y est très convaincant, et la séquence interprétée par Orson Welles est un véritable morceau de bravoure. Enfin, Huston, souvent attiré par des recherches sur la couleur, utilise ici un curieux procédé combinant le noir et blanc avec le Technicolor, pour obtenir un splendide effet proche du sépia des gravures marines. L.A.

▷ Autre version réalisée par **Lloyd Bacon**, avec John Barrymore, Joan Bennett, Lloyd Hughes, May Boley, Walter Long. États-Unis, 1930 – 1 h 15.

MODEL SHOP "MODEL SHOP"

Drame sentimental de **Jacques Demy**, avec Anouk Aimée, Gary Lockwood, Alexandra Hay, Carol Cole. États-Unis, 1969 – 1 h 32.

Un jeune Américain à la dérive croise une jeune Française qui pose pour des photographes amateurs, Lola... Le seul film américain de Demy.

MODERATO CANTABILE

Drame psychologique de **Peter Brook**, avec Jeanne Moreau *(Anne Desbaresdes)*, Jean-Paul Belmondo *(Chauvin)*, Didier Haudepin *(le jeune garçon)*. • SC : Marguerite Duras, Gérard Jarlot, P. Brook, d'après le roman de Marguerite Duras. • PH : Armand Thirard. • DÉC : Jean André. • MUS : Diabelli. • MONT : Albert Jurgenson. France, 1960 – 1 h 35.

Anne Desbaresdes, épouse désœuvrée d'un patron de la région de Blaye, trompe son ennui dans l'amour qu'elle porte à son jeune fils. Au cours d'une des leçons de piano qu'elle lui fait prendre « en ville » (une sonatine de Diabelli, dont le tempo donne le titre du livre et du film), un crime est commis dans un café voisin. Anne y rencontre bientôt un ancien employé de son mari, Chauvin, avec qui elle essaye de nouer désespérément une liaison passionnée, dans l'espoir inconscient que cette liaison lui apporterait la même délivrance que celle du crime passionnel dont elle a presque été témoin. Chauvin refuse le jeu et, après quelques errances, M. Desbaresdes récupère son épouse. Guérie ?...

◆ *De belles images poétiques et de beaux jeux de lumière pour nous présenter symboliquement la destinée morose de Mme Desbaresdes. Jeanne Moreau, parfaite, obtint avec ce rôle le Prix d'interprétation à Cannes en 1960.* D.C.

LES MODERNES "THE MODERNS"

Comédie dramatique d'**Alan Rudolph**, avec Keith Carradine, John Lone, Linda Fiorentino. États-Unis, 1988 – Couleurs – 2 h 05.

À Paris, en 1926, un peintre américain désargenté, et faussaire à ses heures, retrouve son ex-femme. Une élégante mise en scène du « faux ».

MODESTY BLAISE "MODESTY BLAISE"

Comédie policière de **Joseph Losey**, avec Monica Vitti, Terence Stamp, Dirk Bogarde. Grande-Bretagne, 1965 – Couleurs – 2 h.

Modesty Blaise est une jeune personne à l'esprit aventureux et aux ressources multiples : mettra-t-elle la main sur les diamants d'un roi du pétrole ?

LA MODIFICATION

Drame de **Michel Worms**, d'après le roman de Michel Butor, avec Maurice Ronet, Emmanuelle Riva, Sylva Koscina. France, 1970 – Couleurs – 1 h 30.

Dans le train pour Rome, où il rejoint sa maîtresse, un homme repense à sa vie. L'adaptation classique d'un célèbre roman.

MOGAMBO "MOGAMBO"

Film d'aventures de **John Ford**, avec Clark Gable, Ava Gardner, Grace Kelly. États-Unis, 1953 – Couleurs – 1 h 55.

En Afrique équatoriale, un chasseur de fauves entre deux femmes. Animaux sauvages et beaux sentiments. Tourné sur les lieux mêmes de l'action, un film qui a fait rêver toute une génération.

MOI, CHRISTIANE F., 13 ANS, DROGUÉE, PROSTITUÉE

"CHRISTIANE F., WIR KINDER VOM BAHNHOF ZOO"

Drame d'**Ulrich Edel**, d'après le livre homonyme et les enregistrements de K. Herrman et M. Rieck, avec Natja Brunckhorst, Thomas Haustein, Jean Kuphal. R.F.A., 1981 – Couleurs – 2 h 04.

Descente aux enfers et lente remontée pour une jeune paumée. Un drame poignant, réalisé sous forme de reportage.

MOI ET LE COLONEL "ME AND THE COLONEL"

Comédie dramatique de **Peter Glenville**, d'après la pièce de Franz Werfel, avec Danny Kaye, Curd Jürgens, Nicole Maurey, Françoise Rosay. États-Unis, 1958 – 1 h 49.

En 1940, lors de l'avance des troupes allemandes, un colonel polonais antisémite et un israélite doivent voyager ensemble.

MOI, FLEUR BLEUE

Comédie dramatique d'**Éric Le Hung**, avec Jodie Foster, Jean Yanne, Sydne Rome, Bernard Giraudeau. France, 1977 – Couleurs – 1 h 35.

Un détective privé se lance en compagnie d'un routier sur la piste d'une cover-girl et de sa sœur plus jeune.

MOI, LA FEMME "NOI DONNE SIAMO FATTE COSI"
Comédie à sketches de **Dino Risi**, avec Monica Vitti, Carlo Giuffre, Enrico Maria Salerno. Italie, 1971 – Couleurs – 1 h 45.

Un one woman show comique et caustique pour stigmatiser l'aliénation dont peuvent souffrir les femmes, en une suite de portraits interprétés par Monica Vitti.

LE MOINE
Drame d'**Ado Kyrou**, d'après le roman de Matthew Lewis, avec Franco Nero, Nathalie Delon. France, 1973 – Couleurs – 1 h 30.

À l'époque de l'Inquisition, un moine honnête succombe à la tentation, puis accède à la papauté.

LE MOINEAU "AL-'USFŪR"
Film politique de **Youssef Chahine**, avec Seif el-Dine *(Raouf)*, Salah Kabil *(Youssef)*, Nohsena Tewfik *(Habiba)*. • SC : Y. Chahine, Lofti el-Kholy. • PH : Mustapha Imam. • MUS : Ali Ismaïl, Sheikh Imam, Nahfouz Bahgat. Égypte / Algérie, 1973 – Couleurs – 1 h 39.

Juin 1967 : l'Égypte sort de la guerre des Six Jours, battue, humiliée, comme les autres pays arabes qui ont participé à l'offensive contre Israël. Des milliers de morts, d'immenses destructions, une partie du pays à reconstruire. Le peuple gronde dans les rues, s'interroge sur les capacités de ses dirigeants et de ses chefs militaires, réfléchit sur l'oppression quotidienne qu'il subit à cause des suites inéluctables du conflit. Au milieu de ces destinées douloureuses, une femme se distingue par la réflexion qu'elle conduit sur tous ces événements : est-ce l'espoir d'un changement ?

◆ *Film dense et riche de perspectives croisées, par lequel Chahine a voulu « donner au monde arabe » la « force du cinéma », selon ses propres paroles.* D.C.

MOINEAUX DE PARIS
Comédie dramatique de **Maurice Cloche**, avec Jean-Pierre Aumont, Virginia Keiley, Max Elloy, Robert Lombard et les Petits Chanteurs à la Croix de Bois. France, 1953 – 1 h 30.

Un imprésario américain et sa fille veulent engager les Petits Chanteurs pour une tournée aux États-Unis. L'un d'eux reconnaît au cou de la jeune fille un médaillon qui appartient à sa grand-mère.

LE MOINE ET LA SORCIÈRE
Drame de **Suzanne Schiffman**, avec Jean Carmet, Christine Boisson, Tcheky Karyo, Raoul Billerey. France, 1987 – Couleurs – 1 h 38.

À travers l'histoire d'une sorcière présumée, le conflit entre le masculin et le féminin, la raison et l'intuition. Le premier film de l'assistante de Truffaut, entre la fable et la chronique historique.

MOI, PIERRE RIVIÈRE, AYANT ÉGORGÉ MA MÈRE, MA SŒUR ET MON FRÈRE...
Drame de **René Allio**, avec Claude Hebert, Jacqueline Millière, Joseph Leportier, Émile Lihou, Antoine Bourseiller. France, 1976 – Couleurs – 2 h 05.

En 1835, Pierre, jeune paysan, a commis tous les crimes cités par le titre. Il erre dans la campagne avant d'être arrêté. Il se pendra dans sa cellule.

▷ Voir aussi JE SUIS PIERRE RIVIÈRE.

LES MOIS D'AVRIL SONT MEURTRIERS
Film policier de **Laurent Heynemann**, avec Jean-Pierre Marielle, Jean-Pierre Bisson. France, 1986 – Couleurs – 1 h 28.

Entre le policier et le militaire devenu assassin, un « bras de fer » est entamé. Mise en scène et décors créent un climat de fièvre.

MOÏSE ET SALOMON PARFUMEURS
Comédie d'**André Hugon**, avec Léon Bélières, Charles Lamy, Meg Lemonnier, Albert Préjean. France, 1935 – env. 1 h 40.

Deux frères, propriétaires d'un bazar à Paris, entourent leur nièce d'une affection jalouse. Le troisième film de la série des Lévy.

▷ Voir aussi LÉVY ET CIE.

LA MOISSON "VOZVRAŠČENIE VASILYA BORTNIKOVA"
Drame de **Vsevolod Poudovkine**, avec Serguei Loukianov *(Vassili Bortnikov)*, Natalia Medvedeva *(Avdotia)*, Nikolai Timofeiev *(Stepan)*, Anatoli Tchemodourov *(Tchekanov)*, Inna Makarova *(Froska)*, Aleksandre Ignatiev *(Pavel)*, Vsevolod Sanaïev *(Kanatourov)*. • SC : Evgueni Gabrilovitch, Galina Nikolaïeva, d'après son roman. • PH : Serguei Ourousevski. • DÉC : Avram Freidine, Boris Tchebotarev. • MUS : Kirill Moltchanov. U.R.S.S. (Russie), 1953 – Couleurs – 1 h 50.

Vassili Bortnikov, que l'on croyait mort à la guerre, rentre chez lui, où il trouve sa femme Avdotia remariée à Stepan. Il décide que Stepan doit partir, et reprend sa place à la tête du kolkhoze. Travailleur acharné, on lui reproche la dureté de son comportement. Avdotia part à la ville suivre des cours d'agriculture. Pourtant, les semailles et les moissons seront une réussite, grâce à la réparation du matériel et à l'enthousiasme de tous. Vassili et Avdotia se retrouvent.

◆ *Les histoires de tracteurs et de productivité relèvent du pire cinéma stalinien. Ici, pourtant, la convention passe au second plan, masquée par la vérité des deux personnages principaux. C'était même exceptionnel que la sexualité intervienne dans une intrigue soviétique. Pareille authenticité se retrouve dans le lyrisme ample, chaleureux, de certaines séquences : le dégel de la nature (avec une grande délicatesse de couleurs), le travail dans les champs. Avec ce film, son ultime, Poudovkine retrouvait le niveau du début de sa carrière.* *J.-P.B.*

LES MOISSONS DU CIEL "DAYS OF HEAVEN"

Drame de **Terence Malick**, avec Richard Gere *(Bill)*, Brooke Adams *(Abby)*, Sam Shepard *(le fermier)*, Linda Manz *(Linda)*, Robert Wilke *(le contremaître de la ferme)*, Stuart Margolin *(le contremaître du moulin)*. • SC : T. Malick. • PH : Nestor Almendros. • MUS : Ennio Morricone. • MONT : Billy Weber. États-Unis, 1978 – Couleurs – 1 h 35.

Au début du siècle, un jeune immigré de Chicago blesse son contremaître dans une usine. Il quitte la ville, avec sa jeune sœur et sa fiancée, pour les champs de blé de l'Ouest. Afin d'améliorer leurs conditions de vie, Bill laisse sa fiancée accepter les avances du fermier, qui l'épouse. Celui-ci est gravement malade, et Bill et Abby imaginent qu'ils hériteront de tout. Mais Abby devient amoureuse du fermier, et leur projet tourne au drame.

◆ *L'histoire d'un triangle amoureux sur fond de conditions de travail des ouvriers américains du début du siècle. Les usines et les champs de blé sont cadrés avec le même soin, mais ce qui distingue cette œuvre tient sûrement à la beauté malheureuse de ce besoin de l'Américain prolétaire d'améliorer son sort par tous les moyens. C'est un peu l'anti-*Raisins de la colère *(John Ford). Reste à ce jour le plus beau rôle de Richard Gere. Nestor Almendros reçut un Oscar pour ses images.* *S.S.*

LES MOISSONS DU PRINTEMPS

"RACING WITH THE MOON"

Mélodrame de **Richard Benjamin**, avec Sean Penn, Elizabeth McGovern, Nicolas Cage. États-Unis, 1983 – Couleurs – 1 h 48.

Avant de partir à la guerre, deux adolescents s'attachent à trouver l'argent nécessaire à l'avortement de la fiancée de l'un d'eux.

MOI, UN NOIR (TREICHVILLE)

Documentaire subjectif de **Jean Rouch**, avec Oumarou Ganda *(Edward G. Robinson)*, Petit Touré *(Eddie Constantine)*, Alassane Maiga *(Tarzan)*, Amadou Demba *(Élite)*, Seydou Guede *(Facteur)*, Karidyo Daoudou *(Petit Jules)*. • SC : J. Rouch et les interprètes. • PH : J. Rouch. • MUS : Joseph Degré, Myriam Touré, N'Dyaye Yera, Amadou Demba. • MONT : Marie-Josèphe Yoyotte. France, 1958 – 1 h 20. ★ PRIX LOUIS-DELLUC 1958.

Le portrait d'un groupe d'adolescents africains de Treichville, faubourg populaire d'Abidjan. Leur vie quotidienne, du lundi au week-end ; leur rapport au travail (ils sont manœuvres, journaliers ou dockers) et aux loisirs de la vie urbaine, à travers les mythologies du cinéma de consommation populaire tel qu'il était distribué en Afrique coloniale.

◆ *Les surnoms que les protagonistes se donnent à eux-mêmes sont tout un programme : Eddie Constantine, Edward G. Robinson, Tarzan, Dorothy Lamour... Ces jeunes Africains, frais sortis de la brousse nigérienne, découvrent la civilisation blanche à travers les mythes des films policiers américains et français de grande série. Le génie de Jean Rouch est d'avoir laissé le protagoniste principal, Oumarou Ganda, improviser un commentaire en voix off où il se double lui-même, faisant du film un miroir où le personnage se découvre avec son imaginaire et ses mythes. Jean-Luc Godard se souviendra très directement de cette liberté de ton lorsqu'il concevra les dialogues de Michel Poiccard dans* À bout de souffle. *M.M.*

MOI VOULOIR TOI

Comédie de **Patrick Dewolf**, avec Gérard Lanvin, Jennifer. France, 1985 – Couleurs – 1 h 32.

Les amours tumultueuses d'un animateur de radio libre et d'une directrice artistique de groupes rock.

MOI Y'EN A VOULOIR DES SOUS

Comédie de **Jean Yanne**, avec Jean Yanne, Bernard Blier, Paul Préboist. France, 1972 – Couleurs – 1 h 50.

Après un licenciement, Benoît Lepape suggère à son oncle, un dirigeant syndicaliste, d'utiliser l'argent des cotisations pour monter une entreprise. Une fable poujadiste qui ridiculise toutes les catégories sociales et démontre que l'argent corrompt tout.

MOLIÈRE

Biographie historique d'**Ariane Mnouchkine**, avec Philippe Caubère *(Molière adulte)*, Frédéric Ladonne *(Molière enfant)*, Odile Cointepas *(Mme Poquelin)*, Armand Delcampe *(M. Poquelin)*, Jean Dasté *(le grand-père)*, Joséphine Derenne *(Madeleine Béjart)*, Brigitte Catillon *(Armande Béjart)*, Daniel Mesguich *(le duc d'Orléans)* et toute la troupe du Théâtre du Soleil. • SC : A. Mnouchkine. • PH : Bernard Zitzermann.

• DÉC : Guy-Claude François. • MUS : René Clemencit (direction). • MONT : Françoise Savet, Georges Klotz. France, 1978 – Couleurs – 4 h 10 (en deux époques).

Toute une vie de luttes et d'angoisses, avec ses grandes joies et ses immenses peines. Les joies : la fête des Rois où Jean-Baptiste est couronné, la fête du carnaval d'Orléans, la découverte des comédiens, le succès qui s'affirme peu à peu. Les peines : la mort de la mère, avec ces médecins ripailleurs qui ne savent que « saigner », la répression policière des excès du carnaval, les échecs et l'errance de l'Illustre Théâtre, la trahison de Lulli, la défaveur du roi, les soupçons infernaux sur la fidélité de la belle Armande, la mort de Madeleine, et ce dernier Malade imaginaire qu'il faut jouer, malgré la mort que l'on sent rôder.

◆ *Une biographie très impressionniste et un peu longuette malgré la qualité des images. Le spectateur n'y retrouvera pas les chromos habituels, mais il s'approchera d'une compréhension en profondeur d'une œuvre où le rire est souvent la politesse de la souffrance.* C.D.R.

MOLLENARD

Drame de **Robert Siodmak**, avec Harry Baur *(Justin Mollenard)*, Albert Préjean *(Kérotret)*, Gabrielle Dorziat *(Mme Mollenard)*, Jacques Baumer *(le secrétaire général)*, Pierre Renoir *(Bonnerot)*, Robert Lynen *(Gianni Mollenard)*, Élisabeth Pitoëff *(Marie Mollenard)*, Marcel Dalio *(Happy Jones)*, Maurice Baquet *(le joueur d'harmonica)*. • SC : Charles Spaak, Oscar-Paul Gilbert, d'après son roman. • PH : Eugen Schüfftan, Henri Alekan. • DÉC : Alexandre Trauner. • MUS : Darius Milhaud, Jacques Dallin. • MONT : Léonide Azar. France, 1937 – 1 h 31.

Trafiquant d'armes, le capitaine Mollenard rentre d'Asie où il a échappé aux manœuvres criminelles de son rival Bonnerot. Mais son navire est détruit en mer, ce qui lui vaut d'être accueilli en héros dans le port de Dunkerque. À la suite d'une attaque, il reste paralysé. Devenu dépendant d'une épouse qu'il hait, il est « enlevé » par son équipage, afin de pouvoir mourir en pleine mer.

◆ *Par un surprenant mélange des genres, Mollenard passe sans transition du film d'aventures exotiques au drame naturaliste. L'unité du film est cependant assurée par la performance d'Harry Baur : à la fois tyrannique et anarchiste, monstrueux et vulnérable, le grand comédien offre ici une des créations les plus complexes de sa carrière. La beauté des images et des décors (de l'Orient embrumé à la grisaille portuaire), la crudité des dialogues et des situations (en particulier dans les affrontements avec Gabrielle Dorziat, impressionnante mégère) font de Mollenard le meilleur film français de Robert Siodmak.* N.T.B.

LE MÔME

Film policier d'**Alain Corneau**, avec Richard Anconina, Ambre, Michel Duchaussoy, Marc Brunel. France, 1986 – Couleurs – 1 h 39.

Un jeune policier, détesté par ses collègues des « stup » pour ses méthodes expéditives et quelque peu brouillonnes, s'entête à résoudre seul une grosse affaire.

LE MÔME BOULE-DE-GOMME

"THE LEMON DROP KID"

Comédie de **Sidney Lanfield**, avec Bob Hope, Marilyn Maxwell, Lloyd Nolan, Jane Darwell, Andrea King, Fred Clark. États-Unis, 1951 – 1 h 31.

Un bookmaker a fait perdre la femme d'un gangster, qui exige d'être remboursé ! Déguisé en père Noël, il quête dans la rue, et gagne si bien sa vie qu'il fait appel à la police pour se débarrasser des truands.

LE MOMENT DE LA VÉRITÉ

"IL MOMENTO DELLA VERITÀ"

Drame de **Francesco Rosi**, avec Miguel Mateo Miguelin, Linda Christian. Italie / Espagne, 1965 – Couleurs – 1 h 45.

La recherche de la gloire par un jeune torero qui veut sortir de la misère. Le succès arrive, mais il meurt dans l'arène. Un film à part dans l'œuvre de Rosi, entre fiction et documentaire.

LE MOMENT DE VÉRITÉ "THE KARATE KID"

Mélodrame de **John G. Avrildsen**, avec Ralph Macchio, Noryuki « Pat » Morita. États-Unis, 1984 – Couleurs – 2 h 06.

En butte à l'hostilité des autres adolescents, un garçon trouve refuge dans le karaté auquel il est initié par un vieux maître japonais.

▷ Voir aussi KARATÉ KID.

LE MOMENT LE PLUS BEAU

"IL MOMENTO PIÙ BELLO"

Comédie dramatique de **Luciano Emmer**, avec Marcello Mastroianni, Giovanna Ralli, Marisa Merlini. Italie / France, 1957 – 1 h 23.

Un jeune médecin et une infirmière, tous deux adeptes de l'accouchement sans douleur, ne peuvent se marier faute d'argent.

LA MÔME VERT-DE-GRIS

Comédie policière de **Bernard Borderie**, avec Eddie Constantine, Dominique Wilms, Howard Vernon. France, 1953 – 1 h 37.

À Casablanca, Lemmy Caution, délégué du F.B.I., doit démasquer un chef de gang. La rencontre d'un acteur débutant et du héros de Peter Cheyney remporta un fantastique succès. Eddie Constantine fut lancé et reprit le personnage durant une quinzaine d'années (Voir LEMMY POUR LES DAMES).

LA MOMIE "The Mummy"
Film fantastique de **Karl Freund**, avec Boris Karloff, Zita Johann, David Manners, Arthur Byron, Edward Van Sloan. États-Unis, 1932 – 1 h 12.

Ramenée à l'air libre par un archéologue, une momie égyptienne de plus de trois mille ans renaît à la vie et convoite une jolie fille. Une œuvre très proche du courant expressionniste allemand.

LA MOMIE "al-Mūmiyā'"
Drame historique de **Shādi 'Abd As-Salām**, avec Ahmed Marei, Ahmad Hegazi, Zouzou El Hakim, Nadia Loufti, Gaby Karraz. • sc : S. 'Abd As-Salām. • ph : Abdel Aziz Fahmy. • déc : Salah Marei. • mus : Mario Nascimbene. • mont : Kamal Abou Ella. Égypte, 1970 – Couleurs – 1 h 40.

En 1881, des objets provenant d'une tombe royale circulent au marché noir du Caire. Des bergers, qui connaissent le secret des antiques tombeaux, profanent les momies pour vendre les trésors et se procurer un peu d'argent. Le nouveau jeune chef de la tribu refuse de continuer ce trafic et livre le secret des tombes aux archéologues occidentaux.

◆ *Il est rare que les films égyptiens se rappellent l'héritage des temps pharaoniques, époque, pourtant, du plus grand épanouissement de cette civilisation. Conscient qu'il est dépositaire d'un bien qui le dépasse, le jeune chef confie le trésor aux archéologues plutôt que de le voir pillé. C'est une façon de le sauvegarder, un acte de patriotisme.* *B.B.*

MONA, L'ÉTOILE SANS NOM
Comédie poétique d'**Henri Colpi**, avec Marina Vlady, Christea Avram, Claude Rich. France / Roumanie, 1967 – 1 h 35.

Un jeune professeur d'une petite ville roumaine tombe amoureux d'une jeune femme, descendue, un soir, d'un train.

MONA LISA "Mona Lisa"
Drame de **Neil Jordan**, avec Bob Hoskins, Cathy Tyson, Michael Caine, Robbie Coltrane. Grande-Bretagne, 1986 – Couleurs – 1 h 40.

Un truand sort de prison. Pour l'aider, on en fait le chauffeur (et le chaperon) d'une call-girl. Il découvre alors la réalité du monde de la drogue et de la prostitution : il ne lui sera pas facile d'en sortir. Un hyperréalisme de choc. Prix d'interprétation à Bob Hoskins, Cannes 1986.

MON AMIE FLICKA "My Friend Flicka"
Film d'aventures de **Harold Schuster**, d'après le roman de Mary O'Hara, avec Roddy McDowall, Preston Foster, Rita Johnson. États-Unis, 1943 – Couleurs – 1 h 29.

Un jeune garçon reçoit comme cadeau une pouliche qu'il dresse avec patience et douceur.

▷ Une suite a été réalisée par **Louis King**, intitulée JUPITER "Thunderhead Son of Flicka", avec Roddy McDowall, Preston Foster, James Bell. États-Unis, 1945 – Couleurs – 1 h 18.

MON AMI IVAN LAPCHINE
"Moj drug Ivan Lapšin"
Drame d'**Aleksei Guerman**, avec Andrei Boltnev, Nina Rouslsnova, Andrei Mironov. U.R.S.S. (Russie), 1982 – Couleurs – 1 h 35.

Dans les années 30, un magistrat fait la connaissance d'une femme qui aime un journaliste. Celui-ci accompagne le premier lors de l'arrestation d'une bande de tueurs, et sera gravement blessé.

MON AMI VICTOR
Comédie dramatique d'**André Berthomieu**, d'après une nouvelle de Georges Dolley, avec René Lefèvre, Pierre Brasseur, Simone Bourday. France, 1930 – 1 h 49.

Un jeune aristocrate pauvre tombe sous la coupe d'un homme arriviste et cynique, auquel il sert de faire-valoir pour mener à bien un mariage d'argent.

MON AMOUR, MON AMOUR
Drame de **Nadine Trintignant**, avec Jean-Louis Trintignant, Valérie Lagrange, Jean-Pierre Kalfon, Michel Piccoli. France, 1967 – Couleurs – 1 h 20.

Vincent part travailler à Nice tandis qu'Agathe reste à Paris, sans que leur relation en souffre. Mais lorsque Agathe apprend qu'elle est enceinte, elle n'ose l'avouer à Vincent... Le premier film de Nadine Trintignant.

MON BEAU-FRÈRE A TUÉ MA SŒUR
Comédie de **Jacques Rouffio**, avec Michel Serrault, Michel Piccoli, Juliette Binoche, Jean Carmet. France, 1986 – Couleurs – 1 h 35.

Deux « Immortels », dont l'un est psychiatre, se lancent sur la piste de l'assassin de la sœur d'une des clientes de ce dernier, une ravissante vétérinaire ! Ils iront jusqu'au Vatican...

MON « BEAU » LÉGIONNAIRE
"THE LAST REMAKE OF BEAU GESTE"
Comédie de **Marty Feldman**, avec Ann-Margret, Marty Feldman, Michael York, Peter Ustinov. États-Unis, 1977 – Couleurs – 1 h 26.

Deux frères jumeaux, l'un beau, l'autre laid, s'enrôlent dans la Légion et combattent dans le désert. Du burlesque débridé et tonique. Remake parodique de BEAU GESTE (Voir ce titre).

MON CAS
Essai de **Manoël de Oliveira**, avec Bulle Ogier, Luis Miguel Cintra, Axel Bougousslavsky, Fred Personne. France/Portugal, 1985 – Couleurs – 1 h 30.

Une série de montages sophistiqués à partir des répétitions d'une pièce de théâtre. Parabole sur l'indifférence, la violence et la vacuité des mots. Avec l'évocation du livre de Job.

MON CHER PETIT VILLAGE
"VESNICKO MA STREDISKOVA"
Comédie de **Jiri Menzel**, avec Janos Ban, Marian Labuda, Rudolf Hrusinsky. Tchécoslovaquie, 1985 – Couleurs – 1 h 38.

L'assistant d'un chauffeur de camion, sympathique idiot du village, accumule les gaffes. Sa maison est cédée à des citadins, et il est déplacé à Prague. Mais son patron le rapatrie au village.

MON CHER SUJET
Comédie dramatique d'**Anne-Marie Miéville**, avec Gaële Le Roi, Anny Romand, Hélène Roussel. France/Suisse, 1989 – Couleurs – 1 h 36.

Trois portraits de femmes, trois âges de la vie : Angèle, vingt ans ; sa mère Agnès, quarante ans ; sa grand-mère Odile, soixante ans. Par une collaboratrice de longue date de Godard.

MON CŒUR EST ROUGE
Chronique de **Michèle Rosier**, avec Françoise Lebrun, Ghedalia Tazartes. France, 1977 – Couleurs – 1 h 45.

Une journée de la vie de Clara, une femme généreuse, humaine, attentive aux autres. Une œuvre de féministe militante qui pose sur la femme un regard dérangeant et insolite.

MON CURÉ CHEZ LES PAUVRES
Comédie d'**Henri Diamant-Berger**, d'après le roman de Clément Vautel, avec Yves Deniaud, Arletty, Raymond Bussières, Robert Arnoux, Jean Debucourt, Jean Tissier. France, 1956 – 1 h 30.

Victime d'un escroc qui lui a acheté une statuette du Christ bien au-dessous de sa valeur réelle, un curé de campagne enquête lui-même pour retrouver l'objet.

▷ Autre version réalisée par **E.B. Donatien**, avec E.B. Donatien, Lucienne Legrand, Louis Kerly, Marsa Reinhardt. France, 1925 – 2 400 m (env. 1 h 30).

MON CURÉ CHEZ LES RICHES
Comédie de **Jean Boyer**, d'après le roman de Clément Vautel, avec Bach, André Alerme, Elvire Popesco, Jean Dax, Jacqueline Marsan, Marcel Vallée. France, 1938 – 1 h 40.

Dans un petit village, un nouveau riche, dont l'épouse s'est enfuie à Paris avec le fils du châtelain, fait appel au curé pour éviter le scandale. Celui-ci ramène la jeune femme, fait élire le mari député et marie la fille du maire avec le jeune homme.

▷ Autres versions réalisées par : **E.B. Donatien**, avec E.B. Donatien, Lucienne Legrand, Georges Melchior, Marsa Reinhardt. France, 1925 – 2 420 m (env. 1 h 30). **E.B. Donatien**, avec Jim Gérald, Alice Roberte, Pierre Juvenet, Pauline Carton. France, 1932 – 1 h 38. **Henri Diamant-Berger**, avec Yves Deniaud, Lysiane Rey, Robert Arnoux, Raymond Bussières. France, 1952 – 1 h 38.

LE MONDE D'APU ▷ voir PATHER PANCHALI.

LE MONDE DE SUZIE WONG
"THE WORLD OF SUZIE WONG"
Comédie dramatique de **Richard Quine**, d'après le roman de Richard Mason et la pièce de Paul Osborn, avec William Holden, Nancy Kwan, Sylvia Syms. États-Unis, 1960 – Couleurs – 2 h 09.

Dans la ville grouillante qu'est Hong Kong, un architecte américain s'éprend d'une entraîneuse au grand cœur...

LE MONDE DU SILENCE
Documentaire de **Jacques-Yves Cousteau** et **Louis Malle**. • PH : Edmond Séchan. Prises de vues sous-marines : L. Malle, J.-Y. Cousteau, Albert Falco, Dumas. • MUS : Yves Baudrier. • MONT : Georges Alépée. France, 1955 – 1 h 26. ★ PALME D'OR, Cannes 1956.

Le commandant Cousteau et son équipage en mission en mer Rouge, dans l'océan Indien et le golfe Persique sur le bâtiment océanographique la Calypso. Observation d'un pêcheur d'éponges, rencontre d'un troupeau de dauphins, descente dans les grands fonds, attaque d'un cachalot blessé par des requins, repérage et fouille d'une épave, description des mœurs des tortues de mer, apprivoisement d'un mérou.

◆ *Après plusieurs collaborations avec Cousteau comme assistant pour des courts et moyens métrages,*

Louis Malle a coréalisé ce spectaculaire film d'exploration qui permet de découvrir la faune et la flore des fonds marins grâce à un équipement technique sophistiqué (scaphandres autonomes, scooters sous-marins). La beauté des images en couleurs et l'intérêt des péripéties confèrent à ce film une valeur qui dépasse le cadre habituel du documentaire. *M.MN.*

LE MONDE EN MARCHE "The World Moves on"
Drame de **John Ford**, avec Madeleine Carroll, Franchot Tone, Reginald Denny. États-Unis, 1934 – 1 h 30.

De 1860 à 1930, l'histoire d'une famille de Louisiane, dispersée en Angleterre, France, Allemagne. La permanence de la cellule familiale est le sujet fordien par excellence.

LE MONDE, LA CHAIR ET LE DIABLE
"The World, the Flesh and the Devil"
Film d'anticipation de **Ronald Mac Dougall**, avec Harry Belafonte, Inger Stevens, Mel Ferrer. États-Unis, 1959 – Couleurs – 1 h 35.

Un nuage atomique a détruit toute vie à New York ne laissant que trois rescapés qui vont tenter de survivre. Impressionnant.

LE MONDE LUI APPARTIENT
"The World in His Arms"
Film d'aventures de **Raoul Walsh**, avec Gregory Peck, Ann Blyth, Anthony Quinn. États-Unis, 1952 – Couleurs – 1 h 44.

À San Francisco et en Alaska, vers 1850, deux commandants de voiliers s'affrontent afin de conquérir une belle jeune fille.

LE MONDE PERDU
"The Lost World : Jurassic Park n°2"
Film d'aventures de **Steven Spielberg**, d'après le roman de Michael Crichton, avec Jeff Goldblum, Julianne Moore, Pete Postlethwaite, Arlis Howard. États-Unis, 1997 – Couleurs – 2 h 14.

Sur une île perdue au large des côtes d'Amérique du Sud, gentils chercheurs, cupides chasseurs et cruels dinosaures vont se pourchasser et s'affronter plus de deux heures durant. Effets spéciaux spectaculaires et émotions fortes garanties.

LE MONDE SANS SOLEIL
Documentaire de **Jacques-Yves Cousteau, Simone Cousteau, Albert Falco**. France, 1964 – Couleurs – 1 h 35.

Ce documentaire sous-marin fait suite au célèbre *Monde du silence*. Dans ce film, l'attention est davantage portée sur les hommes de l'équipe Cousteau.

LE MONDE SELON GARP
"The World According to Garp"
Drame de **George Roy Hill**, d'après le roman de John Irving, avec Robin Williams, Mary Beth Hurt, Glenn Close, John Lithgow. États-Unis, 1982 – Couleurs – 2 h 16.

Né orphelin de père, un romancier entretient des rapports chaotiques avec sa femme et sa mère, militante féministe.

MONDES PRIVÉS "Private Worlds"
Drame de **Gregory La Cava**, d'après le roman de Phyllis Bottome, avec Claudette Colbert, Charles Boyer, Joan Bennett, Joel McCrea. États-Unis, 1935 – 1 h 24.

L'univers d'une clinique psychiatrique où chacun, des médecins aux malades, évolue dans son « monde privé ». Le premier vrai film sur les malades mentaux.

MON DIEU, COMMENT SUIS-JE TOMBÉE SI BAS... "Dio mio, como sono caduta in basso..."
Comédie de **Luigi Comencini**, avec Laura Antonelli, Alberto Lionello, Michele Placido, Karin Schubert. Italie, 1974 – Couleurs – 1 h 50.

En Sicile, à la fin du XIXe siècle, deux jeunes époux apprennent qu'ils sont frère et sœur. Pour éviter le scandale, ils décident de ne pas se séparer mais ne consomment pas leur mariage. Un jour, où ils sont sur le point de braver la morale...

MONDO CANE "Mondo Cane"
Documentaire de **Gualtiero Jacopetti, Paolo Cavara, Franco Prosperi**. Italie, 1962 – Couleurs – 1 h 40.

Premier film d'une célèbre série de « documentaires », censés montrer la bassesse, la cruauté et la monstruosité de l'homme et de son environnement.

MONDWEST "Westworld"
Film de science-fiction de **Michael Crichton**, avec Yul Brynner, Richard Benjamin, James Brolin. États-Unis, 1972 – Couleurs – 1 h 30.

En l'an 2000, un complexe de loisirs offre à ses clients la possibilité de se retrouver dans l'époque de leur choix, grâce à des robots perfectionnés. Variations sur le thème de l'apprenti sorcier.

MON ÉPOUSE FAVORITE "My Favorite Wife"
Comédie de **Garson Kanin**, avec Irene Dunne, Cary Grant, Randolph Scott, Gail Patrick, Ann Shoemaker. États-Unis, 1940 – 1 h 28.

Un veuf, qui a perdu sa femme dans un naufrage, se remarie au moment où sa première épouse, qui avait échoué sur une île déserte, reparaît. Il finit par retomber dans ses bras.

▷ Remake sous le titre POUSSE-TOI CHÉRIE "MOVE OVER DARLING", de **Michael Gordon**, avec Doris Day, James Garner, Polly Bergen. États-Unis, 1963 – Couleurs – 1 h 43.

MON GÉNÉRAL "MI GENERAL"
Comédie dramatique de **Jaime de Armiñan**, avec Fernando Rey, Fernando Fernan Gomez, Hector Alterio. Espagne, 1987 – Couleurs – 1 h 47.

Des généraux suivent des cours d'initiation à la guerre moderne. Devant leurs professeurs plus jeunes et moins gradés qu'eux, ils montrent d'autres aspects de leur personnalité.

LES MONGOLS "MOGOLHA"
Comédie dramatique de **Parviz Kimiavi**, avec Parviz Kimiavi, Fatimeh Rastgar, Idrisse Tchamani, Agha Mirza. Iran, 1973 – Couleurs – 1 h 30.

Tandis que sa femme tape infatigablement une thèse sur l'invasion des Mongols, un réalisateur de télévision travaille sur une émission consacrée à l'histoire du cinéma. Des visions étranges l'assaillent et le plongent soudain dans l'univers des envahisseurs.

MON GRAND "SO BIG"
Mélodrame de **William A. Wellman**, d'après le roman d'Edna Ferber, avec Barbara Stanwyck, George Brent, Dickie Moore, Guy Kibbee, Bette Davis, Hardie Albright. États-Unis, 1932 – 1 h 20.

Une jeune institutrice épouse un fermier, mais se heurte à son fils et tombe amoureuse d'un sculpteur. Une bonne adaptation d'un best-seller.

▷ Autres versions réalisées par : **Charles Brabin**, avec Colleen Moore. États-unis, 1925 – 2 700 m (env. 1 h 40). **Robert Wise**, avec Jane Wyman, Sterling Hayden, Richard Beymer, Nancy Olson, Steve Forrest. États-Unis, 1953 – 1 h 41.

MON HOMME
Comédie dramatique de **Bertrand Blier**, avec Anouk Grinberg, Gérard Lanvin, Valeria Bruni-Tedeschi, Olivier Martinez. France, 1996 – Couleurs – 1 h 38.

« Bien dans sa tête et bien dans son cul », Marie, prostituée de son état, a en plus du cœur. Elle tombe amoureuse d'un clochard qui s'avère être un maquereau. Séduction, déception, réconciliation. Bonheurs d'écriture de monsieur (Bertrand Blier) et remarquable interprétation de madame (Anouk Grinberg).

MON HOMME GODFREY "MY MAN GODFREY"
Comédie de **Gregory La Cava**, avec William Powell *(Godfrey Parke)*, Carole Lombard *(Irene Bullock)*, Alice Brady *(Angelica Bullock)*, Eugene Pallette *(Alexander Bullock)*, Gail Patrick *(Cornelia Bullock)*, Alan Mowbray *(Tommy Gray)*, Jean Dixon *(Molly)*, Mischa Auer *(Carlo)*, Robert Light *(Faithful George)*. • SC : Morrie Ryskind, Eric Hatch, G. La Cava, d'après l'histoire d'Eric Hatch *1101 Park Avenue*. • PH : Ted Tetzlaff. • DÉC : Charles D. Hall. • MUS : Charles Previn. • MONT : Ted Kent. États-Unis, 1936 – 1 h 34.

Deux sœurs, Irene et Cornelia Bullock, qui mènent la folle vie mondaine des jeunes écervelées de Park Avenue, rencontrent un ex-natif de Boston que la Dépression a transformé en clochard. Irene ramène dans leur superbe demeure ce Godfrey Parke qui va vite se rendre indispensable en majordome stylé. Il récupère peu à peu la fortune qu'Alexander Bullock, le « chef de famille », dilapide à tous vents. Godfrey, renfloué, ouvre un night-club qui connaît le succès et épouse l'adorable Irene.

◆ *Les pauvres, dignes et travailleurs, viennent au secours des riches, fantasques et inconscients. Ce n'est pas un film social, mais une folle comédie, l'une des meilleures jamais produites dans les studios hollywoodiens. Six mentions aux Oscars (Meilleur acteur et Meilleure actrice [William Powell et Carole Lombard], Meilleurs seconds rôles [Mischa Auer et Alice Brady], Meilleur réalisateur et Meilleur scénario). Il y eut deux remakes : l'un déguisé (Voir* Madame et son clochard)*, l'autre officiel (Voir ci-dessous).* *J.-C.S.*

MON HOMME GODFREY "MY MAN GODFREY"
Comédie de **Henry Koster**, avec June Allyson, David Niven, Jessie Royce Landis. États-Unis, 1957 – Couleurs – 1 h 32.

Comment un noble autrichien, amateur de sensations fortes, s'éprend d'une jeune fille issue d'une riche famille. Remake en couleurs du film de Gregory La Cava.

MONIKA / UN ÉTÉ AVEC MONIKA
"SOMMAREN MED MONIKA"
Drame d'**Ingmar Bergman**, avec Harriet Andersson, Lars Ekborg. Suède, 1952 – 1 h 27.

Une vendeuse et un livreur empruntent un bateau pour aller vivre six mois dans une île. Au retour, ils se marient, puis, découragée, la jeune femme laisse son époux seul avec leur enfant.

MON MARI LE PATRON "SHE MARRIED HER BOSS"
Comédie de **Gregory La Cava**, avec Claudette Colbert, Melvyn Douglas, Raymond Walburn, Edith Fellows, Jean Dixon, Katherine Alexander. États-Unis, 1935 – 1 h 30.

Une secrétaire épouse son patron qui a délaissé sa première femme trop désordonnée ! Absorbé par ses affaires, il la néglige jusqu'à ce que les assiduités d'un ami lui ouvrent les yeux.

MONNAIE DE SINGE "MONKEY BUSINESS"

Comédie de **Norman Z. McLeod**, avec Groucho, Harpo, Chico et Zeppo Marx *(les passagers clandestins)*, Thelma Todd *(Lucille)*, Rockcliffe Fellowes *(Joe Helton)*, Tom Kennedy *(Gibson)*, Ruth Hall *(Mary Helton)*, Harry Woods *(Alky Briggs)*. • SC : S.J. Perelman, Will B. Johnstone, Arthur Sheekman. • PH : Arthur L. Todd. États-Unis, 1931 – 1 h 17.

Les Marx Brothers sont passagers clandestins sur un paquebot. Alors que l'équipage cherche à les mettre aux fers, ils sont mêlés à des règlements de comptes entre bootleggers, qui se poursuivront à terre lors d'une grande réception, puis dans une grange transformée en repaire de gangsters.

◆ *La verve corrosive des Marx est ici au meilleur de sa forme. Sur le bateau, les moments mémorables se succèdent : les quatre frères cachés dans des tonneaux, Harpo à la poursuite d'une grenouille, Groucho et Chico s'invitant à la table du capitaine, Groucho tentant de séduire Thelma Todd en dansant le tango (c'est dans cette séquence qu'il lance le fameux : « Je retourne dans le placard où les hommes sont des pardessus vides ! »). La meilleure séquence les montre qui essayent de débarquer à l'aide du passeport de Maurice Chevalier, et l'imitent à tour de rôle (Harpo à l'aide d'un gramophone caché derrière son dos). Ensuite, le rythme faiblit quelque peu, mais la bagarre finale dans les foins reste un morceau d'anthologie.* *N.T.B.*

MONNAIE DE SINGE

Comédie d'**Yves Robert**, d'après le roman de Pierre Chaland, avec Robert Hirsch, Sylva Koscina, Jean-Pierre Marielle, Jean Yanne. France / Italie / Espagne, 1965 – Couleurs – 1 h 30.

Un extraordinaire Robert Hirsch dans le rôle d'un faux-monnayeur naïf. Sous le regard malicieux d'Yves Robert.

MON NOM DE CODE : JAGUAR "JAGUAR LIVES"

Film d'aventures d'**Ernest Pintoff**, avec Joe Lewis, Donald Pleasence, Capucine. États-Unis / Espagne, 1978 – Couleurs – 1 h 30.

Jaguar – un agent secret – a perdu son compagnon de route et se retire. Mais les meurtres se multiplient et il repart au combat.

MON NOM EST PERSONNE

"IL MIO NOME È NESSUNO"

Western de **Tonino Valerii**, avec Henry Fonda, Terence Hill, Jean Martin, Piero Lulli. Italie, 1973 – Couleurs – 1 h 30.

Pistolero célébré dans tout l'Ouest, Jack Beauregard pense à se retirer. Un admirateur, appelé « Personne », organise sa sortie. Réalisée par l'assistant de Sergio Leone sur une idée du maître, une parodie des westerns spaghetti truffée de citations.

LE MONOCLE NOIR

Comédie policière de **Georges Lautner**, avec Paul Meurisse *(Dromard, le Monocle)*, Elga Andersen *(Martha)*, Pierre Blanchar *(le marquis)*, Albert Rémy *(Mérignac)*, Bernard Blier *(Tournemire)*. • SC : Jacques Robert, d'après le roman de Rémy. • PH : Maurice Fellous. • DÉC : Robert Bouladoux. • MUS : Jean Yatove. • MONT : Michelle David. France, 1961 – 1 h 28.

Au château de Villemaur se réunissent quelques nostalgiques du nazisme. Tous ne sont pas ce qu'on croit, il y a dans la petite assemblée des tueurs et des agents secrets, dont le commandant Dromard, le gentleman au monocle noir.

◆ *Georges Lautner, spécialiste des polars parodiques et des films d'espionnage détournés par l'humour, crée ici un personnage caricatural, faussement cynique et assez farfelu qu'on retrouvera dans d'autres films, et donne une atmosphère « anglaise » à cette comédie flegmatique d'humour noir, bien servie par des acteurs épatants.* *B.B.*

LE MONOCLE RIT JAUNE

Comédie de **Georges Lautner**, avec Paul Meurisse, Robert Dalban, Barbara Steele, Marcel Dalio. France / Italie, 1964 – 1 h 40.

Dromard est envoyé à Hong Kong pour éclaircir une série de meurtres et de sabotages. Le film est cher aux cinéphiles pour la présence de Barbara Steele.

▷ Voir aussi L'ŒIL DU MONOCLE.

MON ONCLE

Comédie de **Jacques Tati**, avec Jacques Tati *(M. Hulot)*, Jean-Pierre Zola *(M. Arpel)*, Alain Becourt *(Gérard)*, Adrienne Servantie *(Mme Arpel)*. • SC : J. Tati. • PH : Jean Bourgouin. • DÉC : Henri Schmitt. • MUS : Norbert Glanzberg, Alain Romans, Franck Barcellini. France, 1958 – Couleurs – 2 h. ★ **OSCAR du Meilleur film étranger 1958.**

Hulot, qui habite une pittoresque maison d'un quartier populaire, vient de temps en temps distraire son neveu, qui s'ennuie dans la villa ultramoderne de ses parents.

◆ *Après la vision pittoresque et harmonieuse du village de* Jour de fête, *qui apparaît comme un paradis perdu, et celle, flottante et artificielle, du temps des vacances dans* les Vacances de M. Hulot, *Tati « dialectise » son propos en confrontant cet univers qui ressort du rêve à la géométrie fonctionnelle du monde moderne, source de gags, certes, mais de gags pathétiques. Les cadrages se font de plus en plus « rigoureux », tandis que le décor et ses avatars prennent une importance considérable aux dépens des hommes, réduits à l'état de maladroits rouages. Il ne reste plus à Tati, dans* Play Time, *qu'à rechercher ce qui reste de traces d'humanité dans cette pure transparence fonctionnelle où seul le regard peut encore bâtir des « fictions ».* S.K.

MON ONCLE ANTOINE

Comédie dramatique de **Claude Jutra**, avec Claude Jutra, Lyne Champagne, Jean Duceppe, Jacques Gagnon. Canada (Québec), 1970 – Couleurs – 1 h 50.

La vie quotidienne dans les années 40, au Québec, vue par les yeux d'un petit garçon qui découvre l'adultère, la mort et le désir.

MON ONCLE BENJAMIN

Comédie d'**Édouard Molinaro**, d'après le roman de Claude Tillier, avec Jacques Brel, Claude Jade, Rosy Varte, Bernard Blier. France, 1969 – Couleurs – 1 h 30.

Benjamin, médecin des pauvres au XVIIIe siècle, est aussi un coureur impénitent. Il s'oppose aux riches et fuit le mariage. Aventures picaresques, parfaitement assumées par Jacques Brel.

MON ONCLE D'AMÉRIQUE

Comédie dramatique d'**Alain Resnais**, avec Gérard Depardieu *(René Ragueneau)*, Nicole Garcia *(Janine Garnier)*, Roger Pierre *(Jean Le Gall)*, Nelly Borgeaud *(Arlette Le Gall)*, Marie Dubois *(Thérèse Ragueneau)*, Pierre Arditi *(Zambeaux)*, Henri Laborit *(lui-même)*. • SC : Jean Gruault. • PH : Sacha Vierny. • DÉC : Jacques Saulnier. • MUS : Arié Dzierlatka. • MONT : Albert Jurgenson. France, 1980 – Couleurs – 2 h 05. ★ PRIX SPÉCIAL DU JURY, Cannes 1980.

Jean Le Gall, issu de la bourgeoisie, ambitieux, mène une carrière politique et littéraire. Pour la comédienne Janine Garnier, il abandonne sa femme et ses enfants. Janine a quitté sa famille de modestes militants communistes, pour « vivre sa vie ». Elle finit par se séparer de Jean et devient conseillère d'un groupe industriel où elle doit résoudre le cas difficile de René Ragueneau, fils de paysans catholiques devenu chef de service. Le professeur Henri Laborit intervient au cours de ces trois récits entrecroisés pour expliquer sa théorie du comportement humain.

◆ *Du cinéma considéré comme une gageure : jamais à court d'audaces, Resnais a bâti ici un film à la structure complètement originale. À la fois pure fiction et démonstration scientifique, il met en lumière les clés biologiques de notre comportement en mêlant les trajectoires de ses trois héros aux exposés très vivants du Pr. Laborit, aux extraits signifiants de films anciens et aux expériences sur des rats de laboratoire ! Le tout avec une verve, un humour souvent décapant, et le concours de comédiens remarquablement choisis : auprès de Nicole Garcia en passionnée et de Depardieu en frustré, on a découvert le talent dramatique du fantaisiste Roger Pierre.* G.L.

MON PASSÉ DÉFENDU "MY FORBIDDEN PAST"

Comédie dramatique de **Robert Stevenson**, avec Robert Mitchum, Ava Gardner, Melvyn Douglas. États-Unis, 1951 – 1 h 21.

Dans La Nouvelle-Orléans du début du siècle, les intrigues menées par une belle et indomptable aristocrate pour reconquérir l'homme qu'elle aime.

MON PÈRE AVAIT RAISON

Comédie de **Sacha Guitry**, avec Sacha Guitry, Jacqueline Delubac, Paul Bernard, Pauline Carton. France, 1936 – 1 h 27.

Lorsque sa femme le quitte, un homme se console de son départ et refuse de reprendre par la suite la vie commune.

MON PÈRE, CET ÉTRANGER

"THE YOUNG STRANGER"

Comédie dramatique de **John Frankenheimer**, avec James McArthur, Kim Hunter, James Gregory. États-Unis, 1957 – 1 h 24.

Les difficiles rapports d'un adolescent avec ses parents, producteurs à Hollywood. Le film traite le sujet sous deux aspects : celui des parents et celui de l'enfant.

MON PETIT POUSSIN CHÉRI

"MY LITTLE CHICKADEE"

Western parodique d'**Edward Cline**, avec Mae West, W.C. Fields, Joseph Calleia, Dick Foran. États-Unis, 1940 – 1 h 23.

Dans une petite ville de l'Ouest, une ondulante et opulente personne ne peut se décider à choisir un de ses trois prétendants.

MON PREMIER AMOUR

Drame d'**Élie Chouraqui**, avec Anouk Aimée, Richard Berry, Gabriele Ferzetti, Jacques Villeret, Nathalie Baye. France, 1978 – Couleurs – 1 h 30.

Un jeune étudiant découvre que sa mère va mourir de leucémie. Il s'attache désespérément à elle, et découvre (trop tard) l'immensité de leur amour.

MONSEIGNEUR

Comédie dramatique de **Roger Richebé**, d'après le roman de Jean Martet, avec Bernard Blier, Fernand Ledoux, Nadia Gray, Maurice Escande, Marion Tourès, Yves Deniaud. France, 1949 – 1 h 36.

Abusé par un escroc, un serrurier se croit le descendant de Louis XVI, et est fêté par une duchesse ! Puis il apprend la vérité...

MONSIEUR

Comédie de **Jean-Paul Le Chanois**, avec Jean Gabin, Liselotte Pulver, Mireille Darc, Philippe Noiret, Gaby Morlay. France, 1964 – 1 h 45.

Un banquier, veuf inconsolable, change d'identité et devient maître d'hôtel. Du théâtre filmé sauvé par Gabin et les seconds rôles, parmi lesquels Gaby Morlay dont c'est le dernier film.

MONSIEUR ALBERT

Drame de **Jacques Renard**, avec Philippe Noiret, Dominique Labourier, Patrick Chesnais, Suzanne Flon, Monique Chaumette. France, 1976 – Couleurs – 1 h 45.

Monsieur Albert, agent d'assurances « respectable », est en fait un escroc traqué. Il retrouve un ancien d'Algérie qui veut repartir à zéro et dont il « sabote » le couple. Il finit par le tuer.

MONSIEUR ARKADIN / DOSSIER SECRET

"CONFIDENTIAL REPORT / MR ARKADIN"

Drame d'**Orson Welles**, avec Orson Welles *(Gregory Arkadin)*, Robert Arden *(Guy Van Stratten)*, Paola Mori *(Raina Arkadin)*, Patricia Medina *(Mily)*, Akim Tamiroff *(Jacob Zouk)*, Michael Redgrave *(Burgomil Trebitsch)*, Katina Paxinou *(Sophie)*, Mischa Auer *(le dresseur de puces)*, Grégoire Aslan *(Bracco)*, Peter Van Eyck *(Thadeus)*, Suzanne Flon *(baronne Nagel)*. • SC : O. Welles• DÉC : O. Welles. • PH : Jean Bourgoin. • MUS : Paul Misraki. • MONT : Renzo Lucidi. Espagne / Suisse / France, 1955 – 1 h 36.

L'aventurier Guy Van Stratten, grâce aux confidences que lui a faites Bracco avant de mourir, se propose de faire chanter le puissant Arkadin, homme d'affaires international. Mais celui-ci, se prétendant amnésique, l'engage pour retrouver les témoins de son passé aux quatre coins du monde. Van Stratten s'aperçoit bientôt que ces témoins sont assassinés après son passage : Arkadin s'est servi de lui pour que sa fille ignore toujours ses crimes d'autrefois. Il sait désormais qu'il est le prochain sur la liste...

◆ *Exilé en Europe, loin de Hollywood, Orson Welles est l'auteur complet de ce film qui traite, dans un univers proche du roman noir, tous ses thèmes majeurs : le pouvoir, la corruption, le mensonge, la manipulation, la mémoire et le secret de la personnalité. Construit à coups de flash-back, empruntant comme* Citizen Kane *la structure de l'enquête, Monsieur Arkadin est un jeu de miroirs déformants et de pièges, dont la mise en scène multiplie les audaces baroques. Au centre de ce brillant exercice, l'auteur lui-même, en démiurge ambigu, a le charisme et la vulnérabilité d'un héros shakespearien.* G.L.

MONSIEUR BALBOSS

Drame de **Jean Marboeuf**, avec Michel Galabru, Marcel Guiet, Michèle Simonnet, Michel Aumont, José Artur, Andréas Voustinas. France, 1975 – Couleurs – 1 h 25.

Un commissaire de police se confie à un petit voyou et lui apprend comment tourner la loi. Il prétend même se faire assassiner, mais c'est l'élève qui sera tué.

MONSIEUR BROTONNEAU

Comédie dramatique d'**Alexandre Esway**, sur un scénario de Marcel Pagnol, d'après la pièce de Flers et Caillavet, avec Raimu, Josette Day, Saturnin Fabre, Marguerite Pierry, Robert Vattier. France, 1939 – 1 h 40.

Un homme quitte sa femme adultère pour sa secrétaire. Il accepte de reprendre l'épouse repentante en gardant sa maîtresse, mais, devant les réactions de son entourage, doit faire un choix...

MONSIEUR COCCINELLE

Comédie dramatique de **Bernard-Deschamps**, avec Pierre Larquey, Jane Lory, Jeanne Provost. France, 1938 – 1 h 40.

La tante romantique d'un couple de petits bourgeois attend patiemment le retour de l'homme qu'elle a aimé. Elle partira avec lui, abandonnant ses médiocres neveux.

MONSIEUR DE POURCEAUGNAC

Comédie de **Michel Mitrani**, d'après la pièce de Molière, avec Michel Galabru, Roger Coggio, Fanny Cottençon. France, 1985 – Couleurs – h 31.

Comédie-ballet assez burlesque, où les amoureux s'emploient à ridiculiser le barbon futur mari, pour s'en débarrasser.

MONSIEUR DES LOURDINES

Comédie dramatique de **Pierre de Hérain**, d'après le roman de Chateaubriand, avec Constant Rémy, Raymond Rouleau, Claude Génia, Jacques Varennes, Mila Parely. France, 1943 – 1 h 49.

Alors que ses parents vivent chichement dans leur domaine, un jeune noble mène grande vie à Paris. Au chevet de sa mère mourante, il s'amende et épouse son amie d'enfance.

MONSIEUR FABRE

Biographie d'**Henri Diamant-Berger**, avec Pierre Fresnay, Elina Labourdette, Pierre Bertin. France, 1951 – 1 h 28.

Durant la seconde moitié du XIXe siècle, le portrait de Jean-Henri Fabre qui consacra sa vie à l'étude des insectes.

MONSIEUR GRÉGOIRE S'ÉVADE

Comédie policière de **Jacques Daniel-Norman**, avec Bernard Blier, Yvette Lebon, Jules Berry, Aimé Clariond. France, 1946 – 1 h 40.

La publication du nom du gagnant d'un concours de mots croisés provoque une invraisemblable suite d'aventures.

MONSIEUR HIRE

Drame de **Patrice Leconte**, d'après le roman de Georges Simenon *les Fiançailles de M. Hire*, avec Michel Blanc, Sandrine Bonnaire, Luc Thuillier, André Wilms. France, 1989 – Couleurs – 1 h 31.

Tous les soirs, Monsieur Hire, un personnage trouble, glacé, sans âge, épie sa voisine par sa fenêtre, quand elle se déshabille ou reçoit son amant. Un jour, il est témoin d'un crime. Mais il ne veut pas dénoncer la jeune fille.

▷ Voir aussi PANIQUE.

MONSIEUR JOE "MIGHTY JOE YOUNG"

Film d'aventures d'**Ernest Schoedsack**, avec Terry Moore, Ben Johnson, Robert Armstrong. États-Unis, 1949 – 1 h 34.

Le patron d'une boîte de nuit de Hollywood ramène « Monsieur Joe », un gorille gigantesque trouvé en Afrique, qui sauvera notamment des enfants pris dans un incendie.

MONSIEUR KLEIN

Drame de **Joseph Losey**, avec Alain Delon *(M. Klein)*, Jeanne Moreau *(Florence)*, Juliet Berto *(Janine)*, Suzanne Flon *(la concierge)*, Jean Bouise *(un juif)*. • SC : Franco Solinas, Fernando Morandi. • PH : Gerry Fischer. • DÉC : Pierre Duquesne. • MUS : Egisto Macchi, Pierre Porte. • MONT : Henri Lanoë. France, 1976 – Couleurs – 2 h 02. ★ CÉSAR DU MEILLEUR FILM 1976.

Robert Klein, qui profite de l'Occupation comme beaucoup de Français, se trouve fiché comme juif car il est l'homonyme de quelqu'un qui joue sur cette coïncidence pour s'abriter derrière lui. En voulant démasquer son double, Klein se laisse fasciner par sa quête. Elle le perdra, mais aura révélé en lui une personnalité qu'il ne soupçonnait pas.

◆ *Enfin un film authentiquement kafkaïen. Ici, comme chez Kafka, on ne traite pas d'un être dépersonnalisé que la société écrase de son indifférence, mais d'un homme « qui a des responsabilités » et que la société remet en cause, en lui laissant toute lattitude de s'y réintégrer. Cette mise en cause devient une quête de quelque chose ou de quelqu'un qui lui permettra de se justifier, quête qui finit par fasciner l'homme et devient un but en soi, lui interdisant qu'il le veuille ou non, toute réintégration. L'homme écrasé par sa propre démesure.* S.K.

MONSIEUR LA SOURIS

Comédie policière de **Georges Lacombe**, d'après le roman de Georges Simenon, avec Raimu, Marie Carlot, Paul Amiot, Micheline Francey, René Bergero. France, 1942 – 1 h 46.

Un clochard, qui ouvre les portières devant un cabaret, trouve dans une voiture un cadavre dont il ramasse le portefeuille. Apprenant qu'il s'agit d'un banquier, il enquête pour son compte.

MONSIEUR LE PRÉSIDENT-DIRECTEUR GÉNÉRAL

Comédie de **Jean Girault**, avec Pierre Mondy, Michel Galabru, Jacqueline Maillan, Claude Rich. France, 1966 – Couleurs – 1 h 30.

Le président d'une multinationale organise un week-end au cours duquel il doit nommer un nouveau vice-président.

MONSIEUR LUCKY "MR LUCKY"

Comédie dramatique de **H.C. Potter**, avec Cary Grant, Laraine Day, Charles Bickford, Gladys Cooper, Alan Carney, Paul Stewart. États-Unis, 1943 – 1 h 38.

Durant la Seconde Guerre mondiale, le propriétaire d'un casino flottant se lance dans la mêlée avec son navire.

MONSIEUR PAPA

Comédie de **Philippe Monnier**, avec Claude Brasseur, Nathalie Baye. France, 1977 – Couleurs – 1 h 30.

Un homme divorcé élève seul un gamin déluré et un peu jaloux de l'amie de son père. Une comédie au ton cocasse et chaleureux.

MONSIEUR PUNTILA ET SON VALET MATTI

"HERR PUNTILA UND SEIN KNECHT MATTI"

Comédie satirique d'**Alberto Cavalcanti**, avec Kurt Bois *(M. Puntila)*, Heinz Engelmann *(Matti)*, Maria Emo *(la fille* *de Puntila)*, Edith Piager. • SC : A. Cavalcanti, Peter Loss, d'après la pièce de Bertolt Brecht. • PH : André Bac, Arthur Hämmerer. • DÉC : Erik Aaes, Hans Zehetner. • MUS : Hanns Eisler. Autriche, 1956 – Couleurs – 1 h 35.

M. Puntila, homme riche, veut que sa fille épouse Matti, son valet. Il n'y parviendra pas, mais cela permet de nouvelles et réjouissantes variations sur la dialectique du maître et de l'esclave.

◆ *Cavalcanti a signé là un film très classique dans sa forme, d'une fidélité à l'original reconnue par l'auteur. Le charme de cette œuvre, assez singulière dans sa carrière, tient à la stylisation de la mise en scène, alliée à une utilisation très efficace de la couleur.* J.-M.C.

MONSIEUR RIPOIS "KNAVE OF HEARTS"

Comédie de **René Clément**, avec Gérard Philipe *(Ripois)*, Valerie Hobson *(Catherine)*, Joan Greenwood *(Norah)*, Germaine Montero *(Marcelle)*, Nathasha Parry *(Patricia)*. • SC : R. Clément, Hugh Mills, Raymond Queneau, d'après le roman de Louis Hémon *Monsieur Ripois et la Némésis*. • PH : Oswald Morris. • DÉC : Ralph Brinton. • MUS : Roman Vlad. • MONT : Françoise Javet, Vera Campbell. Grande-Bretagne / France, 1954 – 1 h 40. ★ PRIX SPÉCIAL DU JURY, Cannes 1954.

Le volage André Ripois tente de séduire Patricia en lui racontant sa vie. Il n'a été qu'un homme menteur et intéressé avec l'autoritaire Anne, sa chef de bureau ; la naïve et sentimentale Norah ; la maternelle prostituée française, Marcelle ; la riche Catherine qu'il a épousée. Patricia est la seule qu'il ait jamais aimée, et il le lui prouvera !

◆ *Un des charmes du film, tourné en partie dans les rues avec une caméra cachée, tient aux notations sur Londres et au jeu sur le bilinguisme des acteurs. Construit en flash-back mis en scène du point de vue de Ripois, il offre, à travers la galerie de ses conquêtes, une féroce satire du conformisme féminin. Mais les cadrages, le montage, la musique indiquent subtilement l'ambiguïté de ce séducteur faible, qui ne ment pas qu'aux femmes, et finit par trouver ce qu'il désire tout en le fuyant : une dépendance totale.* M.L.

MONSIEUR SAINT-IVES "ST IVES"

Film policier de **Jack Lee Thompson**, avec Charles Bronson, Jacqueline Bisset, Joan Houseman, Maximilian Schell, Harry Guardino. États-Unis, 1976 – Couleurs – 1 h 35.

Auteur de polars, Saint-Ives se voit chargé de récupérer des documents volés à un riche sexagénaire. Il réussit la transaction, mais des pages essentielles manquent au registre restitué...

MONSIEUR SHOME "BHUVAN SHOME"

Comédie de **Mrinal Sen**, avec Utpal Dutt, Suhasini Mulay, Sekhar Chatterjee, Sadhu Meher. Inde, 1969 – 1 h 36.

Les mésaventures d'un bureaucrate à l'esprit victorien, qu'un chauffeur du village va débaucher avec l'aide d'une beauté locale.

MONSIEUR SMITH AU SÉNAT
"MR SMITH GOES TO WASHINGTON"

Comédie de **Frank Capra**, avec Jean Arthur *(Clarissa Saunders)*, James Stewart *(Jefferson Smith)*, Claude Rains *(le sénateur Joseph Paine)*, Edward Arnold *(Jim Taylor)*, Guy Kibbee *(le gouverneur Hubert Hopper)*, Thomas Mitchell *(Diz Moore)*, Eugene Pallette *(Chick McGann)*, Beulah Bondi *(Ma Smith)*, H.B. Warner *(le sénateur Agnew)*, Harry Carey *(le président du Sénat)*. • SC : Sidney Buchman, d'après une histoire de Lewis R. Foster *The Gentleman from Montana*. • PH : Joseph Walker. • DÉC : Lionel Banks. • MUS : Dimitri Tiomkin. • MONT : Gene Havlick, Al Clark. États-Unis, 1939 – 2 h 05.

Jeune sénateur idéaliste, Jefferson Smith, dès son arrivée à Washington, est « pris en main » par son aîné corrompu, Joseph Paine, au service du politicien Jim Taylor. Entraîné dans leurs manœuvres, il manque de démissionner puis, soutenu par sa secrétaire Clarissa, entreprend de dénoncer les faits au Sénat, au cours d'un marathon oratoire. Avec l'aide de boy-scouts et après plusieurs coups de théâtre, Smith fait triompher ses idéaux.

◆ *Film le plus fameux et le plus « typique » de Frank Capra,* Monsieur Smith au Sénat *provoqua de vives polémiques dans le monde politique américain d'alors. Cela n'entrava pas, au contraire, son énorme succès, mais le film, malgré onze nominations, fut éclipsé dans la course aux Oscars par l'ouragan d'*Autant en emporte le vent*. Le scénario de Sidney Buchman (remplaçant ici Robert Riskin, collaborateur habituel du cinéaste), grâce à une progression remarquablement construite, rend plus excitant que de coutume le message d'idéalisme naïf cher à Capra. La leçon de civisme, incomparablement véhiculée par la performance de Stewart, est pimentée par la présence toujours fiable de la merveilleuse Jean Arthur, et celle de tout un régiment de seconds rôles comme seul Capra savait les faire vivre.* N.T.B.

MONSIEUR VERDOUX "MONSIEUR VERDOUX"

Comédie de **Charlie Chaplin**, avec Charlie Chaplin *(Henri Verdoux)*, Marilyn Nash *(la jeune fille)*, Martha Raye *(Annabella Bonheur)*, Isobel Elsom *(Marie Grosnay)*, Mady Correll *(Mme Verdoux)*, Robert Lewis. • SC : C. Chaplin, d'après une idée d'Orson Welles. • PH : Curt Courant, Roland H. Totheroh. • DÉC : John Beckman.

• MUS : C. Chaplin. • MONT : Willard Nico. États-Unis, 1947 – 2 h 03.

Afin de subvenir aux besoins de sa famille, en pleine crise économique, Henri Verdoux épouse de riches dames solitaires, s'appropriant leur fortune en les faisant disparaître. Ruiné par le krach boursier, ayant perdu sa famille, Verdoux rencontre une jeune femme qu'il avait autrefois épargnée parce qu'elle avait volé par amour, maintenant mariée à un marchand de canons. Invité par elle à une réception, il est reconnu par la famille d'une de ses victimes...

◆ *Verdoux continue Charlot, qui n'avait de cesse de se couler dans le moule des règles sociales, non par conformisme, mais par intérêt. Il reprend à son compte la logique de la libre entreprise capitaliste, dans des circonstances particulières. Mais Chaplin dévoile aussi le cynisme que cachait le sentimentalisme de certains films, réglant ainsi quelques comptes avec l'Amérique et son matriarcat.* *J.M.*

MONSIEUR VINCENT
Biographie de **Maurice Cloche**, sur des dialogues de Jean Anouilh, avec Pierre Fresnay, Aimé Clariond, Lise Delamare, Jean Debucourt, Gabrielle Dorziat. France, 1947 – 1 h 50. ★ OSCAR DU MEILLEUR FILM ÉTRANGER 1948.

La vie édifiante de Vincent de Paul, curé, fondateur d'hôpitaux et d'hospices pour les déshérités, grand bienfaiteur des pauvres, et qui mourut parmi eux.

MONSIGNORE "MONSIGNORE"
Drame de **Frank Perry**, d'après le roman de Jack-Alain Léger, avec Christopher Reeve, Geneviève Bujold, Fernando Rey. États-Unis, 1982 – Couleurs – 2 h 10.

Investi des finances du Vatican, un jeune et brillant ecclésiastique américain noue des relations incompatibles avec sa charge.

LE MONSTRE "THE QUATERMASS EXPERIMENT"
Film de science-fiction de **Val Guest**, avec Brian Donlevy, Jack Warner, Marcia Dean. Grande-Bretagne, 1955 – 1 h 22.

Après une exploration interplanétaire, un seul voyageur a survécu, mais, pour des raisons inconnues, il se transforme bientôt en monstre et épouvante tout Londres.

▷ Voir aussi LES MONSTRES DE L'ESPACE et TERRE CONTRE SATELLITE.

LE MONSTRE "IL MOSTRO"
Comédie de **Roberto Benigni**, avec Roberto Benigni, Michel Blanc, Nicoletta Braschi, Dominique Lavanant. France/Italie, 1994 – Couleurs – 1 h 48.

Suite à de savantes déductions du chef de la police aidé d'un psychiatre, un marginal inoffensif est pris pour le tueur en série qui terrorise la ville. Une séduisante auxiliaire de police est chargée de se faire inviter par le présumé « monstre » afin de l'amener à se trahir. Gags, quiproquos et rebondissements.

LE MONSTRE DE LONDRES
"THE WEREWOLF OF LONDON"
Film d'épouvante de **Stuart Walker**, avec Henry Hull, Warner Oland, Valerie Hobson, Spring Byington, Lester Matthews, Zeffie Tilbury. États-Unis, 1935 – 1 h 15.

Plusieurs loups-garous se battent pour la possession d'une rarissime fleur tibétaine aux pouvoirs magiques. Un film important dans son genre, mené par un excellent suspense.

LE MONSTRE DES TEMPS PERDUS
"THE BEAST FROM 20 000 FATHOMS"
Film fantastique d'**Eugène Lourié**, avec Paul Hubschmid, Paula Raymond, Cecil Kellaway. États-Unis, 1953 – 1 h 20.

Un monstre antédiluvien sème la panique au cœur de New York et seules les armes atomiques pourront l'abattre.

LE MONSTRE EST VIVANT "IT'S ALIVE"
Film d'horreur de **Larry Cohen**, avec John Ryan, Sharon Farrell, Andrew Duggan, Guy Stockwell. États-Unis, 1975 – Couleurs – 1 h 31.

Une jeune femme accouche d'un monstre qui massacre tout le monde n'épargnant que les membres de sa famille. Traqué par la police, il sera abattu après une longue poursuite.

▷ Voir aussi LES MONSTRES SONT TOUJOURS VIVANTS.

LES MONSTRES "I MOSTRI"
Comédie de **Dino Risi**, avec Vittorio Gassman *(le prêtre, le boxeur)*, Ugo Tognazzi *(le mari, le père, le soldat, le patron)*, Michèle Mercier *(la mère)*. • SC : Ettore Scola, Ruggero Maccari, Age et Scarpelli. • PH : Alfio Contini. • DÉC : Ugo Pericoli. • MUS : Armando Trovajoli. Italie/France, 1963 – Couleurs – 1 h 40.

Un téléspectateur, drogué du petit écran au point de ne pas voir que son épouse le trompe allègrement dans la pièce voisine, un député qui couvre – par simple paresse – une escroquerie de plusieurs milliards de lires : ce sont deux des dix-neuf portraits satiriques dressés dans ce long métrage de Dino Risi qui répertorie en quelque sorte à travers une série de sketches des exemples de monstruosité très quotidienne. Certains de ses personnages sont typiquement italiens, comme ce piéton qui s'en prend à tous les chauffeurs, avant de devenir lui-même le plus redoutable des chauffards. D'autres sont en quelque sorte universels. Tous offrent à Vittorio Gassman et Ugo Tognazzi l'occasion de faire d'excellents numéros d'acteurs, l'un avec sa faconde, l'autre avec sa truculence habituelles.

◆ *Ce film est l'une des meilleures illustrations de l'esprit caustique de Risi qui travaille ici avec une équipe de scénaristes et dialoguistes dont les noms sont aujourd'hui célèbres. Ettore Scola, Age et Scarpelli constituaient dans les années 60 un trio incontournable.* G.V.

▷ Une suite à sketches a été réalisée en 1977. Voir LES NOUVEAUX MONSTRES.

LES MONSTRES DE L'ESPACE
"QUATERMASS AND THE PIT"
Film de science-fiction de **Roy Ward Baker**, avec James Donald, Andrew Keir, Barbara Shelley, Julian Glover. Grande-Bretagne, 1967 – Couleurs – 1 h 38.

Le percement d'une ligne de métro ressuscite d'étranges créatures démoniaques ou extraterrestres. Des séquences impressionnantes quand elles reprennent vie.

▷ Voir aussi LE MONSTRE.

LES MONSTRESSES "LETTI SELVAGGI"
Comédie de **Luigi Zampa**, avec Ursula Andress, Laura Antonelli, Sylvia Kristel, Monica Vitti. Italie, 1978 – Couleurs – 1 h 40.

Huit sketches qui montrent, chacun à leur façon, les dangers auxquels les hommes s'exposent en poussant les femmes à bout. La truculence de la comédie italienne.

LES MONSTRES SONT TOUJOURS VIVANTS
"IT LIVES AGAIN"
Film d'horreur de **Larry Cohen**, avec Frederic Forrest, Kathleen Lloyd, John P. Ryan, John Marley, Andrew Duggan, Eddie Constantine. États-Unis, 1978 – Couleurs – 1 h 28.

Une femme qui doit donner naissance à un monstre sanguinaire accouche chez un médecin qui tente d'élever d'autres bébés-monstres. Mais ceux-ci s'échappent et tuent. Les parents devront aider la police à les exterminer. Suite du MONSTRE EST VIVANT.

LA MONSTRUEUSE PARADE / FREAKS "FREAKS"
Film fantastique de **Tod Browning**, avec Wallace Ford *(Phroso)*, Leila Hyams *(Vénus)*, Olga Baclanova *(Cléopâtre)*, Roscoe Ates *(Roscoe)*, Henry Victor *(Hercule)*, Harry Earles *(Hans)*, Daisy Earles *(Frieda)*, Rose Dione *(Mme Tetrallini)*. • SC : Willis Goldbeck, Leon Gordon, d'après le roman de Clarence Aaron Robbins *Spurs*. • PH : Merritt B. Gerstad. • DÉC : Cedric Gibbons, Merrill Pye. • MONT : Basil Wrangell. États-Unis, 1932 – 1 h 04.

Au cirque Tetrallini, le lilliputien Hans, fasciné par la beauté de l'acrobate Cléopâtre, délaisse sa fiancée, la minuscule écuyère Frieda. Apprenant que Hans vient d'hériter, Cléopâtre l'épouse pour l'empoisonner avec la complicité d'Hercule. Insultés et provoqués par Cléopâtre au cours du banquet, les phénomènes du cirque découvrent le poison et décident de venger horriblement Hans et Frieda...

◆ *Impressionné par le succès des films d'épouvante de la Universal, Irving Thalberg voulut en produire un « encore plus terrifiant ». Réalisateur prolifique (il venait de signer* Dracula*), Tod Browning fut chargé de ce* Freaks *et en fit un film hors du commun, puisque les monstres de cette histoire atroce sont incarnés par de véritables phénomènes du cirque Barnum ! Le résultat est si dérangeant que, malgré une amputation qui l'avait ramené de 90 à 64 minutes, il choqua le public et fut rapidement retiré du catalogue M.G.M. En France, il fut l'objet d'un culte de la part des surréalistes. Aujourd'hui, il fait figure de chef-d'œuvre consacré du cinéma fantastique.* G.L.

LES MONTAGNARDS SONT LÀ "SWISS MISS"
Film burlesque de **John G. Blystone**, avec Stan Laurel, Oliver Hardy, Walter Woolf King, Della Lind, Eric Blore. États-Unis, 1938 – 1 h 13.

Vendeurs de pièges à souris en Suisse, les deux compères sont contraints de devenir serveurs dans un hôtel et se trouvent mêlés à la réconciliation d'un ménage momentanément désuni.

LA MONTAGNE DES NEUF SPENCER
"SPENCER'S MOUNTAIN"
Comédie dramatique de **Delmer Daves**, avec Henry Fonda, Maureen O'Hara, James McArthur, Donald Crisp, Wally Cox. États-Unis, 1963 – Couleurs – 2 h 01.

Chronique de la vie d'un fermier, Clay Spencer, et de ses neuf enfants dans une région rurale des États-Unis des années 30. Une manière de western moderne qui tombe par moments dans le sentimentalisme bon marché.

LA MONTAGNE DU DIEU CANNIBALE
"LA MONTAGNA DEL DIO CANNIBALE"
Film d'aventures de **Luciano Martino**, avec Ursula Andress, Stacy Keach, Claudio Cassinelli. Italie, 1978 – Couleurs – 1 h 30.

Une jeune femme et son frère partent à la recherche du mari de la première, disparu en Nouvelle-Guinée. Malheureusement, les cannibales arrivent.

LA MONTAGNE ENSORCELÉE
"ESCAPE TO WITCH MOUNTAIN"
Film d'aventures de **John Hough**, d'après le roman d'Alexander Key, avec Ray Milland, Eddie Albert, Donald Pleasence, Kim Richards. États-Unis, 1975 – Couleurs – 1 h 37.

Deux orphelins communiquent par télépathie et ont le don de voyance. Un homme puissant veut utiliser leurs pouvoirs, mais ils échappent à son hospitalité intéressée et découvrent qu'ils sont originaires d'une autre planète. Une suite a été réalisée, intitulée LES VISITEURS D'UN AUTRE MONDE (Voir ce titre).

LA MONTAGNE MAGIQUE "DER ZAUBERBERG"
Drame de **Hans W. Geissendörfer**, d'après le roman de Thomas Mann, avec Christoph Eichhorn, Marie-France Pisier, Alexander Radszun, Flavio Bucci, Charles Aznavour. R.F.A., 1982 – Couleurs – 2 h 30.

En 1907, un jeune homme arrive dans un sanatorium mondain pour se reposer. Il tombe amoureux d'une pensionnaire, est atteint d'une mystérieuse maladie, fait de nombreuses rencontres, et sera toujours présent lors de la déclaration de guerre.

LA MONTAGNE SACRÉE "DER HEILIGE BERG"
Drame d'**Arnold Fanck**, avec Leni Riefenstahl *(Diotima)*, Luis Trenker *(l'alpiniste)*, Ernst Petersen *(l'ami)*, Frieda Richard, Friedrich Schneider, Hannes Schneider. • SC : A. Fanck. • PH : Hans Schneeberger, Sepp Allgeier, Helmar Lerski. • DÉC : Leopold Blonder. • MUS : Edmund Meisel. Allemagne, 1926 – 3 100 m (env. 1 h 54) puis 2 668 m (env. 1 h 38).

Dans un village des Alpes suisses, la danseuse Diotima consacre sa vie à la montagne. Elle est fiancée à un alpiniste qui au cours d'une ascension avec un ami reconnaît en celui-ci un rival. Une violente altercation oppose alors les deux hommes. Ils périront tous les deux, emportés dans le vide.

◆ *Un des films typiques de la période qui suivit la grave crise économique de l'Allemagne de l'après-guerre, marquée par la « nouvelle objectivité » qui conduit de plus en plus les cinéastes à tourner en extérieurs. De fait, Fanck réalise ici un superbe film de montagne, même si certains passages dangereux sont encore tournés en studio. Le spectacle grandiose de la nature reflète le drame auquel il est associé.* F.L.

LA MONTAGNE SACRÉE "THE HOLY MOUNTAIN"
Essai d'**Alejandro Jodorowsky**, avec Alejandro Jodorowsky *(l'alchimiste)*, Horacio Salinas *(le vagabond)*, Ramona Saunders *(la disciple)*, Juan Ferrara *(Fon)*, Adriana Page *(Isla)*. • SC : A. Jodorowsky • DÉC : A. Jodorowsky. • PH : Rafael Corkidi. • MUS : A. Jodorowsky, Ronald Frangipane, Don Cherry. • MONT : Federico Landeros. États-Unis / Chili / Mexique, 1973 – Couleurs – 2 h 06.

Un vagabond sosie du Christ, mort puis ressuscité, escalade une tour, s'introduit à l'intérieur où il est reçu par un maître alchimiste qui lui présente les sept chefs des planètes. Ensemble, guidés par l'alchimiste, ils partent pour la montagne sacrée de l'île du Lotus, où vivent neuf sages immortels, afin de leur dérober le secret de l'immortalité. Une quête qui passe par une initiation mystique composée de nombreux exercices spirituels, étapes de la renonciation, du dépouillement, jusqu'à la grande illumination.

◆ *Spectacle étonnant, foisonnant, fourmillant d'inventions, d'un baroque échevelé mais d'une rigueur constante,* la Montagne sacrée *est le film le plus achevé de Jodorowsky. Celui-ci met en scène une quête mystique sans renoncer à son humour décapant, collectionnant les outrances provocatrices dans l'esprit du surréalisme, les trouvailles visuelles et les anecdotes en forme de fables. La composition rigoureuse de l'image et l'utilisation audacieuse de la stéréo concourent à la splendeur formelle de l'ensemble.* G.L.

LES MONTAGNES BLEUES
"CISPERI MTEBI ANU DAUDJEREBELI AMBAVI"
Comédie satirique d'**Eldar Chenguelaïa**, avec Ramaz Giorgobiani, Teimouraz Tchirkadze, Vassili Kakhniachvili. U.R.S.S. (Géorgie), 1983 – Couleurs – 1 h 35.

Le directeur et les employés d'une maison d'édition se livrent à toutes sortes d'occupations, mais ne lisent jamais de livres. Durant des années, un jeune écrivain en fait le siège.

MONTAGNES D'OR "ZLATYE GORY"
Film politique de **Serguei Youtkevitch**, avec Boris Poslavsky *(Piotr)*, Ivan Chtraukh *(Vassili)*, Boris Ténine *(Vikhrasty)*, Nikolai Mitchourine *(l'artisan)*, I. Korvin-Kroukovski *(le patron)*, V. Fedossiev *(son fils, ingénieur)*, N. Razoumova *(la jeune fille)*. • SC : Andrei Mikhaïlovsky, Vladimir Nedobrovo, S. Youtkevitch, Lev Arnchtam. • PH : Joseph Martov. • DÉC : Nikolai Souvorov. • MUS : Dimitri Chostakovitch. U.R.S.S. (Russie), 1931 – 1 h 34.

En 1914, Piotr, un paysan chassé de son village par la misère, est venu travailler en usine à Saint-Pétersbourg. Comme il refuse de participer à une grève, son patron le nomme contremaître. L'ouvrier

Vassili déclenche dans l'usine un mouvement de solidarité avec des grévistes de Bakou : Piotr tente de le tuer, comme on le lui a suggéré, mais bientôt, honteux du rôle qu'on lui fait jouer, il donne lui-même le signal de la grève à ses camarades.

◆ *Pour son premier film sonore, Youtkevitch a utilisé le son de manière réaliste et non selon les principes du « contrepoint audiovisuel » qu'Eisenstein et Poudovkine venaient de proclamer dans leur* Manifeste de 1928 ; *les images, elles, sont marquées par une certaine stylisation et par des effets de montage qui relèvent encore de l'esthétique du muet. Le rêve de Piotr – acquérir un cheval et retourner à la campagne – est suggéré par des scènes oniriques dont la beauté plastique évoque l'art de Dovjenko.* *M.MN.*

MONTANA "MONTANA"

Western de **Ray Enright**, avec Errol Flynn, Alexis Smith, S.Z. Sakall. États-Unis, 1950 – Couleurs – 1 h 16.

Au Montana, en 1879, lutte épique entre bergers et éleveurs de bovins.

MONT-DRAGON

Drame de **Jean Valère**, avec Jacques Brel, Catherine Rouvel, Françoise Prévost. France, 1970 – Couleurs – 1 h 35.

Un ancien militaire cherche à humilier la famille de l'officier qui a provoqué son renvoi de l'armée. Un sujet très fort.

MONTE CARLO "MONTE CARLO"

Comédie musicale d'**Ernst Lubitsch**, avec Jack Buchanan, Jeanette MacDonald. États-Unis, 1930 – 1 h 30.

Un comte se fait passer pour un coiffeur afin d'approcher et de séduire une comtesse désargentée. Excellente comédie, où Lubitsch maîtrise déjà parfaitement le cinéma sonore.

MONTE-CRISTO

Serial en six épisodes d'**Henri Pouctal**, d'après le roman d'Alexandre Dumas, avec Léon Mathot, Nelly Cormon, Marc Gérard. France, 1914-1917 – env. 300 m par épisode.

Pour un fabuleux trésor, le célèbre bagnard évadé va poursuivre sa terrible vengeance contre les responsables de son incarcération.

▷ Voir aussi LE COMTE DE MONTE-CRISTO.

LA MONTÉE AU CIEL "SUBIDA AL CIELO"

Drame psychologique de **Luis Buñuel**, avec Lilia Prado, Carmelita Gonzalez, Esteban Marquez, Luis Aceves Castaneda. Mexique, 1952 – 1 h 25.

Un jeune homme doit interrompre son voyage de noces pour rejoindre sa mère mourante. Dans le car qui le ramène, une passagère se donne à lui. Il ne reverra jamais sa mère.

MONTE LÀ-DESSUS ! "SAFETY LAST"

Film burlesque de **Fred Newmayer** et **Sam Taylor**, avec Harold Lloyd *(Lui)*, Mildred Davis *(la fiancée)*, Bill Strother *(le copain)*, Noah Young *(le policeman)*, Wescott B. Clarke. • SC : Hal Roach, S. Taylor, Tim Whelan. • PH : Walter Lundin. États-Unis, 1923 – 1 600 m (env. 1 h).

Modeste vendeur dans un supermarché, Lui fait croire à sa fiancée qu'il fait partie des huiles. Pour se faire bien voir de la direction, il imagine un truc publicitaire destiné à attirer la clientèle : l'ascension de l'immeuble, un gratte-ciel, par un acrobate. Mais la malchance veut que ce soit lui-même qui « s'y colle ».

◆ *Ce film hissa au pinacle Harold Lloyd, acteur comique de la grande époque un peu en retrait par rapport à ses pairs, Chaplin et Keaton. Le morceau de bravoure en est la fameuse escalade du building, réalisée en décors réels, sans truquages apparents (mais avec toutes les précautions prises pour éviter la chute de l'acteur ou de sa doublure). Ce clou se retrouve, avec des variantes, dans d'autres films de Lloyd* (Voyage au paradis, À la hauteur). *Le jeune homme ahuri aux lunettes d'écaille y incarne avec conviction un personnage d'Américain moyen constamment aux prises avec l'aiguillon de l'adversité.* *C.B.*

MONTE LÀ D'SSUS

"THE ABSENT-MINDED PROFESSOR"

Comédie de **Robert Stevenson**, avec Fred MacMurray, Nancy Olson, Keenan Wynn. États-Unis, 1962 – 1 h 30.

Digne émule du professeur Tournesol, le professeur Brenner oublie l'heure de son mariage en mettant au point un produit miracle qui sauvera son collège des appétits d'un banquier. Un produit très caractéristique des studios Walt Disney.

MONTEREY POP "MONTEREY POP"

Documentaire de **Don Alan Pennebaker** et **Richard Leacock**. États-Unis, 1968 – Couleurs – 1 h 20.

Reportage sur le festival de musique pop de Monterey en 1967, réalisé avec le concours entre autres artistes, d'Albert Maysles à la caméra. Vision de stars aujourd'hui disparues (Janis Joplin, Jimi Hendrix ou Otis Redding) et justesse du regard sociologique font de ce film le chef-d'œuvre du genre.

MONTE WALSH "MONTE WALSH"

Western de **William A. Fraker**, d'après le roman de Jack Schaefer, avec Lee Marvin, Jack Palance, Jeanne Moreau. États-Unis, 1970 – Couleurs – 1 h 48.

Les cow-boys se sont sédentarisés, mais Monte Walsh reprend la route pour venger un ami. Film nostalgique sur la fin de l'Ouest, dû à un grand opérateur dont c'est la première œuvre.

MONTMARTRE-SUR-SEINE

Comédie dramatique de **Georges Lacombe**, avec Édith Piaf, Jean-Louis Barrault, Denise Grey, Henri Vidal, Paul Meurisse, Huguette Faget, Roger Duchesne. France, 1941 – 1 h 50.

Dans le Paris de la Butte, deux couples d'artisans s'aiment tendrement. Le hasard révèle chez l'une des jeunes filles un talent de chanteuse. Elle devient vedette de cabaret tandis que ses amis se marient.

MONTPARNASSE 19

Drame biographique de **Jacques Becker**, d'après le roman de Michel Georges-Michel *les Montparnos*, avec Gérard Philipe, Lilli Palmer, Anouk Aimée, Lea Padovani. France / Italie, 1958 – 1 h 48.

Œuvre ambitieuse dans laquelle Becker fait revivre le visage tourmenté du peintre maudit de Montparnasse : Modigliani, à qui Gérard Philipe, mort comme lui à 37 ans, prête sa fièvre et sa fougue désespérée.

LA MONTRE BRISÉE "KARIN INGMARSDÖTTER"

Drame de **Victor Sjöström**, avec Victor Sjöström, Tora Teje, Bertil Malmstedt, Tor Weijden, Nils Lundell. • SC : V. Sjöström, Esther Julin, d'après le roman de Selma Lagerlöf *Jérusalem en Dalécarlie*. • PH : Henrik Jaenzon, Gustaf Bage. • DÉC : Axel Esbensen. Suède, 1919 – 2 340 m (env. 1 h 27).

La fille d'un vieux paysan doit épouser le jeune épicier du village, mais celui-ci, s'étant saoûlé, se déconsidère aux yeux du père. Karin se marie donc avec un riche fermier. Mais un jour, en voulant sauver des enfants en train de se noyer, le père se tue et sa montre alors se brise... Le fermier devient alcoolique et en meurt. Karin est de nouveau libre et pourra retrouver son amour jamais oublié.

◆ *Ce film est la suite de* la Voix des ancêtres, *également tiré du roman de Selma Lagerlöf et qui racontait la jeunesse et les amours du père de Karin. Mais, alors que le précédent jouait avec le fantastique en évoquant le Paradis,* la Montre brisée *se présente comme une chronique paysanne dans un XIXe siècle de convention. L'immense talent de Victor Sjöström s'y manifeste par une présence très active de la nature, en particulier au moment de l'inondation qui provoque indirectement la mort du père ; par un soin quasi pictural dans la description des intérieurs, avec des atmosphères enfumées et des perspectives à travers plusieurs pièces ; et puis aussi par la traduction visuelle très travaillée (flash-back, mise en scène symbolique des attitudes et des gestes, surimpressions, images subjectives) des mouvements psychologiques et affectifs des personnages.* *J.-M.C.*

LE MONTREUR D'OMBRES

"SCHATTEN (EINE NÄCHTLICHE HALLUZINATION)"

Drame d'**Arthur Robison**, avec Fritz Kortner, Ruth Weyher, Gustav von Wangenheim, Alexander Granach, Eugen Rex, Max Gülstorff, Fritz Rasp. Allemagne, 1923 – env. 2 000 m (1 h 14).

Au cours d'un dîner, un montreur d'ombres propose un spectacle décrivant le drame qui arrivera si la maîtresse de maison continue ses coquetteries et l'invité ses assiduités. La représentation terminée, la femme retrouve son mari et l'amoureux s'enfuit.

LE MONTREUR D'OURS (L'ORSHALHER)

Chronique de **Jean Fléchet**, avec Patrice Icart, Nadia Slacik, Marcel Amont. France, 1983 – Couleurs – 1 h 47.

Vers 1850, dans les Pyrénées ariégeoises, un jeune paysan se fait montreur d'ours pour échapper à sa modeste condition. Plus légendaire qu'ethnographique.

MONTY PYTHON À HOLLYWOOD

"MONTY PYTHON LIVE AT THE HOLLYWOOD BOWL"

Comédie à sketches de **Terry Hughes**, avec Graham Chapman, John Cleese, Terry Gilliam, Eric Idle, Terry Jones, Michael Palin. Grande-Bretagne, 1980 – Couleurs – 1 h 23.

Corrosifs, salaces, « nonsensiques », jubilatoires : vingt sketches du célèbre groupe anglais au meilleur de sa forme.

MONTY PYTHON, LA VIE DE BRIAN

"MONTY PYTHON'S LIFE OF BRIAN"

Comédie de **Terry Gilliam** et **Terry Jones**, avec Graham Chapman, Michael Palin, John Cleese, Eric Idle, Terry Gilliam. Grande-Bretagne, 1979 – Couleurs – 1 h 30.

Une parodie des Évangiles où le héros Brian, membre du Front de Libération de Judée, est finalement crucifié après avoir couvert les palais romains de graffitis. Des gags, du générique jusqu'au mot « fin ».

MONTY PYTHON, LE SENS DE LA VIE

"MONTY PYTHON'S THE MEANING OF LIFE"

Comédie de **Terry Gilliam** et **Terry Jones**, avec Graham Chapman, John Cleese, Terry Gilliam, Eric Idle, Terry Jones, Michael Palin. Grande-Bretagne, 1982 – Couleurs – 1 h 47.

Le sens de la vie vu à travers les yeux perplexes de poissons nageant dans un aquarium.

MONTY PYTHON, SACRÉ GRAAL

"MONTY PYTHON AND THE HOLY GRAIL"

Comédie de **Terry Gilliam** et **Terry Jones**, avec Graham Chapman *(le roi Arthur)*, Terry Gilliam *(le page Patsy)*, John Cleese *(Lancelot le Brave)*, Michael Palin *(Galahad le Pur)*, Eric Idle *(sir Robin le Pas-si-brave)*, Carol Cleveland, Connie Footh. • SC : Monty Python. • PH : Terry Bedford. • DÉC : Roy Smith. • MUS : Neil Innes. Grande-Bretagne, 1975 – Couleurs – 1 h 30.

En 932, le roi Arthur et son page Patsy se mettent à la recherche de chevaliers, pour les inviter à se joindre autour de la Table ronde. Ils croisent des paysans syndiqués, affrontent un lapin « enragé », puis rencontrent tour à tour les chevaliers Lancelot, Galahad, Robin. Un mystérieux Chevalier Noir ne cesse de les suivre, de les provoquer en duel, et Arthur et ses hommes devront le « mettre en pièces » pour s'en défaire. Enfin vient l'ordre de Dieu ; ils partent à la recherche du Graal.

◆ *Comme le seront tous les autres* Monty Python, *ce film est composé d'une série de sketches privilégiant chaque membre du groupe. Graham Chapman et Michael Palin proposent des compositions hilarantes, mordantes. On remarque déjà « l'ampleur et l'appétit » de la mise en scène selon Terry Gilliam, qui charge un plan comme on remplit un placard. Grande réussite dans la rencontre de l'animation de Gilliam et des décors de Roy Smith ; l'allure médiévale du film est tout à fait crédible.* *S.S.*

MOONRAKER "MOONRAKER"

Film d'aventures de **Lewis Gilbert**, avec Roger Moore, Lois Chiles, Michael Lonsdale. États-Unis / Grande-Bretagne, 1979 – Couleurs – 2 h 06.

La race humaine est en danger ! De parachute en navette spatiale, de la France au Brésil, James Bond 007 va arracher des mains du terrible Drax les fusées destructrices « Moonraker ». La série continue...

▷ Voir aussi JAMES BOND 007 CONTRE DOCTEUR NO.

MOONWALKER "MOONWALKER"

Film musical de **Colin Chilvers** et **Jerry Kramer**, avec Michael Jackson. États-Unis, 1988 – Couleurs – 1 h 30.

À l'image de la superstar de la pop music, dont le film est à la gloire exclusive, une incursion naïve dans l'univers de Michael Jackson.

MORA

Film politique de **Léon Desclozeaux**, avec Philippe Léotard, Ariel Besse, Patrick Bouchitey. France, 1981 – Couleurs – 1 h 30.

Un photographe professionnel est, par hasard, témoin d'un assassinat dans une ville d'Amérique du Sud. Compromis par les clichés qu'il a pris, il est pourchassé et abattu.

MORANBONG

Drame psychologique de **Jean-Claude Bonnardot**, avec des interprètes non professionnels. France, 1964 (RÉ : 1960) – 1 h 35.

En 1950, en Corée, sur fond de guerre, les amours d'un combattant et d'une jeune fille danseuse et actrice de théâtre.

MORE

Drame de **Barbet Schroeder**, avec Mimsy Farmer, Klaus Grunberg, Heinz Engelman. Luxembourg, 1969 – Couleurs – 1 h 50.

Un jeune Allemand suit une Américaine dans une île de la Méditerranée. Ils y vivront d'amour et de drogue, en pleine époque hippie.

LES MORFALOUS

Film d'aventures d'**Henri Verneuil**, avec Jean-Paul Belmondo, Michel Constantin, Michel Creton. France, 1984 – Couleurs – 1 h 45.

En 1943, des légionnaires français chargés de convoyer des lingots d'or décident de se les approprier.

MORGAN "MORGAN, A SUITABLE CASE FOR TREATMENT"

Drame psychologique de **Karel Reisz**, avec Vanessa Redgrave *(Leonie Delt)*, David Warner *(Morgan Delt)*, Robert Stephens *(Charles Napier)*, Irene Handl *(Mrs. Delt)*, Bernard Bresslaw *(le policier)*, Arthur Mullard *(Wally)*. • SC : David Mercer, d'après sa pièce télévisée. • PH : Larry Pizer, Gerry Turpin. • DÉC : Philip Harrison. • MUS : John Dankworth. • MONT : Victor Procto, Tom Priestley. Grande-Bretagne, 1966 – 1 h 37.

Morgan est un jeune peintre plus que bohème dont les excentricités finissent par lasser l'amour d'une épouse conventionnelle. Mais le divorce qu'elle obtient n'empêche pas Morgan de venir la relancer sans cesse, tout en lui jouant des tours de sa façon : inscrire un marteau et une faucille dans les tapis, mettre un squelette dans son lit, etc. Il finit en prison pour un moment ; et puis, à peine sorti, le voici qui, déguisé en gorille, vient troubler le remariage de la jeune femme. Cette fois, il est bon pour l'hôpital psychiatrique.

◆ *Dans le droit fil de son engagement pour le renouvellement du cinéma britannique, Reisz privilégie ici, avec le concours de Mercer, l'opposition entre un individualisme épris de liberté et les conventions rigides de la société. Cela sous une forme allègre et brillante, à coup de péripéties satiriques qui n'épargnent personne. La dénonciation sous-jacente des contraintes du système social prend cependant un tour plus grave avec le recours à la prison et à l'asile pour contenir l'originalité des individus, posant ainsi, comme souvent chez Reisz, des questions réelles et très critiques. Vanessa Redgrave, fine interprète de l'épouse, reçut pour le film le Prix d'interprétation féminine à Cannes (1966).* *J.-M.C.*

MORITURI "Morituri"
Film de guerre de **Bernhard Wicki**, avec Marlon Brando, Yul Brynner, Trevor Howard. États-Unis, 1965 – Couleurs – 2 h 03.

Au Japon en 1942, un déserteur de la Wermacht doit accepter une mission de sabotage à bord d'un cargo allemand.

LE MORS AUX DENTS "The Rounders"
Western de **Burt Kennedy**, avec Henry Fonda, Glenn Ford, Edgar Buchanan. États-Unis, 1965 – Couleurs – 1 h 25.

Les aventures tragi-comiques de deux cow-boys qui gagnent tant bien que mal leur vie en dressant des chevaux sauvages.

LE MORS AUX DENTS
Drame de **Laurent Heynemann**, avec Jacques Dutronc, Michel Piccoli, Michel Galabru. France, 1979 – Couleurs – 1 h 45.

Sous couvert d'un chantage, un escroc tente de soutirer de l'argent à un parti politique pour truquer une course de chevaux. Un jeune loup du parti s'occupe de l'affaire et va tenter de le confondre.

THE MORTAL STORM "The Mortal Storm"
Drame de **Frank Borzage**, d'après le roman de Phyllis Bottome, avec Margaret Sullavan, James Stewart, Robert Young. États-Unis, 1940 – 1 h 40.

Sous les coups du nazisme, les divisions puis la destruction d'une famille juive allemande. Par sa force émotionnelle, un chef-d'œuvre.

LA MORT AUX ENCHÈRES "Still of the Night"
Film policier de **Robert Benton**, avec Roy Scheider, Meryl Streep, Jessica Tandy. États-Unis, 1982 – Couleurs – 1 h 35.

Un psychiatre s'éprend d'une jeune femme blonde et va l'aider à sortir du sanglant cauchemar qu'elle est en train de vivre. Un hommage élégant, habile et haletant à Alfred Hitchcock.

LA MORT AUX TROUSSES
"North by Northwest"
Film d'espionnage d'**Alfred Hitchcock**, avec Cary Grant *(Roger Thornhill)*, Eva Marie Saint *(Eve Kendall)*, James Mason *(Philip Vandamm)*, Jessie Royce Landis *(Clara Vandamm)*, Leo G. Carroll *(le professeur)*, Martin Landau *(Leonard)*. • sc : Ernest Lehman. • ph : Robert Burks. • déc : Robert Boyle, William A. Horning, Merrill Pye. • mus : Bernard Herrmann. • mont : George Tomasini. • pr : A. Hitchcock (M.G.M.). États-Unis, 1959 – Couleurs – 2 h 16.

À New York, un publiciste du nom de Thornhill se fait enlever en plein jour par deux hommes qui le prennent pour un certain Kaplan. Thornhill se retrouve dans la riche maison d'un nommé Vandamm, puis au volant d'une voiture où on l'a mis après l'avoir saoulé. La police l'arrête puis le relâche. Au siège des Nations unies, un homme avec qui Thornhill avait rendez-vous est poignardé sous ses yeux. Surpris le couteau à la main, Thornhill prend la fuite. Dans le train pour Chicago, la belle Eve Kendall le cache et lui permet d'échapper à la police. Toujours à la recherche de ce Kaplan avec lequel on le confond dès le départ, le héros se retrouve en rase campagne, attaqué par un avion pulvérisant des insecticides et s'en sort de justesse. Finalement, il apprend que Kaplan n'existe pas, mais est un leurre qui permet à Eve, agent de la C.I.A., d'exposer Vandamm, un espion dont elle est la maîtresse. C'est désormais en connaissance de cause que Thornhill se dirige vers le mont Rushmore où, après un combat avec l'homme de main de Vandamm pour la possession de microfilms, il obtient, outre Eve, le droit de revenir au monde normal.

◆ Un divertissement empathique

La Mort aux trousses *passa longtemps pour un film mineur, un exercice brillant, mais moins sérieux que* Vertigo *et moins grave que* Psychose. *En fait, jamais le mot « divertissement » ne fut mieux appliqué à un film. Au sommet de son art, Hitchcock semble avoir pris un grand plaisir à tenter l'expérience d'un film qui tire toute sa force de son improbabilité même. D'un côté, les métamorphoses incessantes d'un récit construit comme une bande dessinée, de l'autre, le souci persistant des apparences, des corps et de la vraisemblance.*

Autrement dit, Hitchcock livre avec élégance comme un « art poétique » de son propre cinéma, fondé sur la contradiction entre le principe de plaisir et le principe de réalité. Le film, loin d'être « vide », montre au contraire comment à partir d'un mot vide (« Kaplan ») se met en place toute une série de personnages, de calculs et de malentendus, allant du simple quiproquo à l'espionnage international. À l'image du spectateur confronté au film, le personnage de Roger Thornhill (l'un des grands rôles de Cary Grant) est persuadé qu'il doit élucider une histoire qui a de l'avance sur lui alors que, par ses mouvements, c'est lui qui la fait avancer. En ce sens, Hitchcock désignait avec la Mort aux trousses *le point de perfection d'un cinéma qui tirait son existence même du désir du spectateur de* se projeter. *S.D.*

MORT À VENISE "MORTE A VENEZIA"

Drame de **Luchino Visconti**, avec Dirk Bogarde *(Aschenbach)*, Bjorn Andresen *(Tadzio)*, Silvana Mangano *(la mère de Tadzio)*. • SC : L. Visconti, Nicola Badalucco, d'après le récit de Thomas Mann *la Mort à Venise*. • PH : Pasqualino De Santis. • DÉC : Ferdinando Scarfiotti. • MUS : extraits des IIIe et V^e symphonies de Mahler, Beethoven, Moussorgsky. • MONT : Ruggero Mastroianni. Italie / France, 1971 – Couleurs – 2 h 10. ★ PRIX SPÉCIAL DU JURY, Cannes 1971.

Dans la riche Europe cosmopolite de l'avant-guerre de 1914, le musicien von Aschenbach arrive pour une cure de repos à Venise. Il y rencontre l'ange de la beauté (Tadzio) et l'ange de la mort (le typhus).

◆ *Unanimement admiré pour la délicatesse un peu morbide de ses images, ce film est trop souvent réduit à un discours esthétisant et pédophile. Construit sur un système de flash-back qui autorisent la méditation sur les rapports entre l'art et la vie, la beauté et la mort, il est nourri de toute une culture d'Europe centrale. Tout en se ressentant de l'atmosphère proustienne (le scénario sur* la Recherche *date aussi de 1971), il s'inspire en effet de sources nietzschéennes et, au moins autant que de la* Mort à Venise, *du* Docteur Faustus *du même Thomas Mann, lui-même marqué par les analyses d'Adorno, notamment sur Malher.* *M.L.*

LA MORT DE BELLE

Drame policier d'**Édouard Molinaro**, d'après le roman de Georges Simenon, avec Jean Desailly, Alexandra Stewart, Yvette Étiévant, Yves Robert. France, 1961 – 1 h 44.

À Genève, la vie d'un professeur de lettres est bouleversée par l'assassinat à son domicile d'une jeune Américaine. Adaptation de Jean Anouilh.

LA MORT DE MARIA MALIBRAN

"DER TOD DES MARIA MALIBRAN"

Essai de **Werner Schroeter**, avec Magdalena Montezuma *(Maria)*, Christine Kaufman, Candy Darling, Annette Tissier, Ingrid Caven. • SC : W. Schroeter • PH : W. Schroeter. • MUS : airs d'opéra (Brahms, Beethoven, Mozart, Cherubini, Haendel, Rossini, Stravinski). • MONT : W. Schroeter, Ila von Asperg. R.F.A., 1971 – Couleurs – 1 h 45.

La Malibran était une diva romantique, morte en pleine gloire à 26 ans. Mais cela n'a qu'un rapport lointain avec le film, qui montre trois femmes photographiées en gros plan selon des cadrages savants ou dans des décors baroques, sur des airs d'opéra.

◆ La Mort de Maria Malibran *est un poème hermétique, affecté, purement esthétique. On y voit des paysages oniriques d'une beauté à couper le souffle, des battements de cils, une larme sur une joue. Ce film sans structure est un hommage à la femme éternelle et permet au spectateur doué d'imagination toutes les extrapolations.* *B.B.*

LA MORT DE MARIO RICCI

Drame psychologique de **Claude Goretta**, avec Gian Maria Volonté, Magali Noël, Heinz Bennent, Mimsy Farmer. Suisse / France, 1982 – Couleurs – 1 h 40.

Dans un petit village, l'interview d'un professeur par un journaliste est interrompue par la mort d'un ouvrier italien.

LA MORT D'EMPÉDOCLE

"DER TOD DES EMPEDOKLES"

Drame de **Jean-Marie Straub** et **Danièle Huillet**, d'après le poète Hölderlin, avec Andrea von Rauche. R.F.A. / France, 1986 – Couleurs – 2 h 12.

Déclamation lente, plans fixes : du théâtre filmé qui évoque la mort du philosophe grec.

LA MORT DU CYGNE

Comédie dramatique de **Jean Benoît-Lévy** et **Marie Epstein**, d'après une nouvelle de Paul Morand, avec Yvette Chauviré, Mia Slavenska, Janine Charrat, Jean Périer. France, 1937 – 1 h 40.

Un petit rat provoque un accident qui brise la carrière de la rivale de son idole, une danseuse étoile.

MORT D'UN BÛCHERON

Drame de **Gilles Carle**, avec Carole Laure *(Maria Chapdelaine)*, Daniel Pilon *(François Paradis)*, Willie Lamothe *(Armand St-Amour)*, Denise Filiatraut *(Blanche Bellefeuille)*, Marcel Sabourin *(Ti-Noir l'espérance)*, Pauline Julien *(Charlotte Juillet)*. • SC : G. Carle, Arthur Lamothe. • PH : René Verdier. • MUS : Willie Lamothe, Tristan Hansiger. Canada (Québec), 1972 – Couleurs – 1 h 40.

Une jeune Canadienne de Chibougamau vient à Montréal en quête de son père qu'elle na pas connu. Elle se fait d'abord exploiter par les hommes – un ami de sa mère, puis un journaliste, qui en fait une call-girl de luxe. Elle rencontre aussi la maîtresse de son père, avec laquelle elle se rend au camp de bûcherons où celui-ci a disparu – pour apprendre là qu'il a été tué dans une émeute par des policiers.

◆ *Un des films les plus complexes et les plus ambitieux du réalisateur québécois, sorte de réflexion sur l'identité de la Belle Province – le personnage naïf et fervent joué par Carole Laure (à qui les auteurs ont donné le nom de l'héroïne de Louis Hémon qui incarne le Québec dans l'imaginaire international), représentant à lui seul la nation exploitée. Le film vise aussi à analyser l'aliénation capitaliste, à travers les allusions à l'industrie québécoise prédominante, celle du papier et de l'exploitation forestière.* M.CH.

LA MORT D'UN COMMIS VOYAGEUR
"DEATH OF A SALESMAN"
Drame de **Laslo Benedek**, avec Fredric March *(Willy Loman)*, Kevin McCarthy *(Biff Loman)*, Cameron Mitchell *(Happy Loman)*, Mildred Dunnock *(Linda Loman)*. • SC : Stanley Roberts, d'après la pièce d'Arthur Miller. • PH : Franz Planer. • DÉC : William Kiernan. • MUS : Alex North, Morris Stoloff (direction musicale). États-Unis, 1951 – 1 h 55.

Les années 50 dans une petite ville américaine. Un voyageur de commerce vieillissant, au chômage et père de famille, prend conscience du vide de son existence et se suicide.

◆ *Tragédie de la folie moderne où le passé se mêle au présent. Willy Loman n'a plus de quoi faire vivre sa famille. Il perd la raison, soliloque. Une image ou un son, un objet ou un lieu provoquent les flash-back. Les personnages d'autrefois sortent de la profondeur de champ, au troisième plan, qui s'éclaire soudain; son frère Ben qui a fait fortune en Afrique, son fils Biff, alors adolescent plein d'avenir, qu'il adore et qui lui ressemble. Les lumières du métro défilent sur le visage de Loman et symbolisent son désarroi. Le voyageur de commerce est une victime du rêve américain qui sacralise la réussite financière. Le texte d'Arthur Miller donne toute sa dimension à cette satire sociale. Fredric March dans le rôle du V.R.P. est tour à tour pitoyable, malhonnête, mythomane, loquace et tendre dans cette représentation américaine, version années 50, du* Dernier des hommes *de Murnau.* S.P.

MORT D'UN COMMIS VOYAGEUR
"DEATH OF A SALESMAN"
Drame de **Volker Schlöndorff**, d'après la pièce d'Arthur Miller, avec Dustin Hoffman, Kate Reid, John Malkovich, Charles Durning. États-Unis, 1985 – Couleurs – 2 h 20.

Un petit représentant perd peu à peu toutes ses illusions de réussite et sombre lentement dans la folie.

MORT D'UN CYCLISTE "MUERTE DE UN CICLISTA"
Drame social de **Juan Antonio Bardem**, avec Lucia Bosè *(Maria-José)*, Alberto Closas *(Juan)*, Carlos Casaravilla *(Rafà)*, Otello Toso *(Miguel)*, Bruna Corra. • SC : Luis F. de Igoa, J.A. Bardem. • PH : Alfredo Fraile. • DÉC : Enrique Alarcon. • MUS : Isidoro Maiztegui. • MONT : Margarita Ochoa. • PR : Cesareo Gonzalez (Madrid) / Trionfal Cine (Rome). Espagne / Italie, 1954 – 1 h 40.

Épouse d'un riche industriel, Maria-José est la maîtresse d'un intellectuel, professeur d'université, Juan. Au cours d'une promenade en voiture avec lui, elle écrase un ouvrier à bicyclette et prend la fuite. Tandis que son amant est bouleversé par ce drame, elle ne redoute qu'un scandale public et s'inquiète des insinuations d'un maître chanteur, Rafà. Profondément tourmenté, Juan prend conscience de sa veulerie au contact des étudiants : il démissionne de l'université et demande à sa maîtresse d'aller à la police avec lui pour avouer leur responsabilité dans la mort du cycliste. Alors qu'elle est sur le point de prendre l'avion avec son mari, la jeune femme fait semblant d'accepter et, ayant conduit Juan sur les lieux de l'accident, elle l'écrase avec sa voiture. Puis elle se dirige à grande vitesse vers l'aéroport : pour éviter un cycliste, elle tombe dans un ravin tandis que le responsable de l'accident s'enfuit.

◆ **Critique sociale et raffinement du style**
Ce remarquable film a marqué une date importante dans la renaissance du cinéma espagnol : Bardem y fait œuvre de critique sociale en dénonçant l'égoïsme de la grande bourgeoisie et le désarroi de certains intellectuels, et en suggérant que les étudiants incarnent le réveil moral des nouvelles générations. Le réalisateur conduit son récit avec une grande efficacité dramaturgique (le parallélisme entre la corruption bourgeoise et la misère ouvrière) et dans un style visuel extrêmement raffiné (la composition très étudiée des images), affirmant ainsi un professionnalisme qui a fait de lui, durant une décennie, le meilleur représentant du nouveau cinéma espagnol. La performance de l'ensorcelante Lucia Bosè et son personnage de femme fatale ont suscité des rapprochements avec Chronique d'un amour *d'Antonioni (1950).* M.M.

MORT D'UN GUIDE
Drame de **Jacques Ertaud**, avec Pierre Rousseau, Georges Claisse, Victor Lanoux, Jean Valmont, Françoise Lugagne. France, 1975 – Couleurs – 1 h 45.

Un guide chamoniard tente une première hivernale au mont Blanc, mais son imprudence cause la mort de son client. Plus tard, il se tuera au cours d'un sauvetage.

MORT D'UN POURRI
Film policier de **Georges Lautner**, d'après le roman de Raf Vallet, avec Alain Delon, Ornella Muti, Maurice Ronet, Stéphane Audran. France, 1977 – Couleurs – 2 h.

Xavier Maréchal détient un dossier pour lequel, autour de lui, on assassine, on enlève, par crainte d'un scandale politique.

MORTELLE RANDONNÉE
Drame de **Claude Miller**, d'après Marc Behm, avec Michel Serrault, Isabelle Adjani, Guy Marchand, Stéphane Audran, Sami Frey, Macha Méril. France, 1982 – Couleurs – 2 h.

Un détective d'un certain âge traque sans relâche une superbe meurtrière qu'il croit être sa fille. Une histoire d'amour fou hors des normes, nimbée d'une aura quasi magique et au romanesque tout à fait singulier.

MORTELLE RENCONTRE "DEADLY STRANGERS"
Film policier de **Sidney Hayers**, avec Hayley Mills, Simon Ward, Sterling Hayden. Grande-Bretagne, 1974 – Couleurs – 1 h 40.

Une jeune fille fait de l'auto-stop avec le garçon qui lui a fait rater son train. Leur randonnée sera jalonnée de morts mystérieuses…

LA MORT EN CE JARDIN
Film d'aventures de **Luis Buñuel**, d'après le roman de José André Lacour, avec Simone Signoret, Charles Vanel, Georges Marchal, Michèle Girardon, Michel Piccoli. France / Mexique, 1956 – Couleurs – 1 h 44.

Une révolte dans une cité minière de l'Amazonie contraint un groupe d'hommes et de femmes à s'enfoncer dans la forêt vierge.

LA MORT EN DIRECT
Drame de **Bertrand Tavernier**, d'après le roman de David Campton, avec Romy Schneider, Harvey Keitel, Harry Dean Stanton. France, 1979 – Couleurs – 2 h 08.

Une femme proche de la mort est filmée par un journaliste dont les yeux cachent des microcaméras. Une allégorie sur la société-spectacle.

MORT EN FRAUDE
Comédie dramatique de **Marcel Camus**, d'après le roman de Jean Hougron, avec Daniel Gélin, Anne Méchard. France, 1957 – 1 h 45.

En Indochine, de 1949 à 1956, le destin d'un homme se joue dans un petit village où une famille eurasienne l'a recueilli.

LE MORT EN FUITE
Comédie dramatique d'**André Berthomieu**, avec Jules Berry, Michel Simon, Marie Glory, Marcel Vibert. France, 1936 – 1 h 25.

Pour accéder à la gloire, deux pauvres acteurs simulent le meurtre du premier par le second.

LA MORTE-SAISON DES AMOURS
Comédie dramatique de **Pierre Kast**, avec Françoise Arnoul, Daniel Gélin, Françoise Prévost, Pierre Vaneck, Alexandra Stewart, Michèle Verez, Anne-Marie Bauman. France, 1961 – 1 h 44.

Pour se consacrer à son travail, un romancier se retire avec sa jeune épouse loin de la ville. Un couple de voisins tumultueux les trouble d'abord, puis s'attire leur amitié, pour former un quatuor ambigu.

LA MORT EST MON MÉTIER
"AUS EINEM DEUTSCHEN LEBEN"
Drame de **Theodor Kotulla**, d'après le roman de Robert Merle, avec Götz George, Elisabeth Schwarz, Hans Korte. R.F.A., 1977 – Couleurs – 2 h 30.

Entre 1941 et 1945, Franz Lang a commandé le camp d'Auschwitz et porté la mort au rang de l'industrialisation.

LA MORT FRAPPE TROIS FOIS "DEAD RINGER"
Film policier de **Paul Henreid**, avec Bette Davis, Karl Malden, Peter Lawford. États-Unis, 1964 – 1 h 56.

Une femme assassine sa sœur jumelle. Un policier soupçonneux enquête, aidé par l'amant de la disparue.

LE MORT NE REÇOIT PLUS
Comédie dramatique de **Jean Tarride**, avec Gérard Landry, Jules Berry, Jacqueline Gautier, Raimond Aimos, Félix Oudart. France, 1944 – env. 1 h 30.

À la mort de son patron, un majordome monte une escroquerie utilisant la ressemblance de celui-ci avec son complice.

LA MORT N'ÉTAIT PAS AU RENDEZ-VOUS
"CONFLICT"
Drame policier de **Curtis Bernhardt**, avec Humphrey Bogart, Alexis Smith, Sydney Greenstreet. États-Unis, 1945 – 1 h 26.

L'épouse d'un architecte disparaît mystérieusement sans qu'on puisse déterminer si elle est toujours en vie. Dénouement surprenant pour ce scénario de Robert Siodmak et Alfred Neumann.

MORT, OÙ EST TA VICTOIRE ?
Drame d'**Hervé Bromberger**, d'après le roman de Daniel Rops, avec Pascale Audret, Laurent Terzieff, Michel Auclair, Philippe Noiret. France, 1963 – 2 h 45.

Laure mène une vie dissolue et désespérée. Elle trouvera sa voie en entrant au carmel.

MORT OU VIF
Comédie policière de **Jean Tédesco**, d'après la pièce de Max Régnier, avec Max Régnier, Léonce Corne, Nicole Riche, Jean Sinoël, Élisa Ruis. France, 1948 – 1 h 35.

Un jeune homme en vacances se fait passer pour un commissaire célèbre. Le faux policier va mener une extravagante enquête.

MORT PARMI LES VIVANTS / LE COMMENCEMENT ET LA FIN "Bidāya wa nihāya"
Mélodrame de **Salah Abu Sayf**, avec Farī Shawqi, Omar Sharif, Amīna Rizq, Sanā Gamīl. Égypte, 1960 – 2 h 10.

À la suite de la mort de son père, une jeune fille se prostitue en cachette pour subvenir aux études de ses deux frères cadets.

LE MORT QUI MARCHE "The Walking Dead"
Film d'épouvante de **Michael Curtiz**, avec Boris Karloff, Edmund Gwenn, Marguerite Churchill, Ricardo Cortez, Barton MacLane, Warren Hull. États-Unis, 1936 – 1 h 06.

Un savant parvient à ranimer un condamné exécuté sur la chaise électrique dont on s'était aperçu qu'il était innocent. Il a dès lors la faculté de rendre fous ceux qui l'ont fait condamner.

MORTS SUSPECTES "Coma"
Drame de **Michael Crichton**, avec Geneviève Bujold, Michael Douglas, Richard Widmark. États-Unis, 1978 – Couleurs – 1 h 54.

Une série de comas inexpliqués suscite la curiosité d'une femme chirurgien qui découvre un trafic d'organes humains.

MORT SUR LE NIL "Death on the Nile"
Film policier de **John Guillermin**, d'après le roman d'Agatha Christie, avec Peter Ustinov, Jane Birkin, Lois Chiles, Bette Davis, Mia Farrow. Grande-Bretagne, 1978 – Couleurs – 2 h 17.

Une lune de miel sur le Nil est troublée par trois assassinats, dont celui de la jeune mariée. Hercule Poirot enquête.

MORT UN DIMANCHE DE PLUIE
Drame de **Joël Santoni**, d'après le roman de Joan Aiken, avec Nicole Garcia, Dominique Lavanant, Jean-Pierre Bacri, Jean-Pierre Bisson. France / Suisse, 1986 – Couleurs – 1 h 50 .

Un architecte cherche à fuir son passé et ses malversations, mais l'une de ses victimes le retrouve. L'horreur s'installe sous son toit.

MOSCOU À NEW YORK
"Moscow on the Hudson"
Comédie de **Paul Mazursky**, avec Robin Williams, Maria Conchita Alonso, Cleavant Derricks. États-Unis, 1984 – Couleurs – 1 h 57.

Un Soviétique se réfugie à New York à l'occasion d'une tournée du cirque de Moscou. Une comédie douce-amère sur les vicissitudes de l'immigration.

MOSCOU NE CROIT PAS AUX LARMES
"Moskva slezam ne verit"
Comédie dramatique de **Vladimir Menchov**, avec Vera Alentova, Irina Mouraviova, Raisa Ryazanova. U.R.S.S. (Russie), 1980 – Couleurs – 2 h 10. ★ Oscar du meilleur film étranger 1980.

Deux jeunes filles, installées dans un luxueux appartement dont elles ont la garde, invitent des célébrités dans l'espérance d'un beau mariage.

MOSQUITO COAST "Mosquito Coast"
Film d'aventures de **Peter Weir**, avec Harrison Ford, River Phoenix. États-Unis, 1986 – Couleurs – 1 h 58.

Un inventeur américain s'est mis dans la tête de créer, seul avec sa famille, un nouveau monde dans un pays envahi de moustiques.

LES MOTARDS
Comédie de **Jean Laviron**, avec Roger Pierre, Jean-Marc Thibault, Francis Blanche. France, 1959 – 1 h 28.

La mission de protection d'un diplomate par un policier motocycliste est perturbée par son beau-frère farfelu.

LE MOT DE CAMBRONNE
Comédie de **Sacha Guitry**, avec Sacha Guitry, Marguerite Moréno, Jacqueline Delubac, Pauline Carton. France, 1936 – 32 mn.

L'épouse du général Cambronne questionne son mari au sujet de son célèbre mot.

LA MOTOCYCLETTE "The Girl on a Motorcycle"
Drame de **Jack Cardiff**, d'après le roman d'André Pieyre de Mandiargues, avec Alain Delon, Marianne Faithfull, Roger Mutton. Grande-Bretagne / France, 1968 – Couleurs – 1 h 35.

Une jeune femme quitte son mari et va rejoindre son amant sur la motocyclette qu'il lui a offerte. Adaptation très académique du trio envoûté de Mandiargues.

LES MOTS POUR LE DIRE
Drame de **José Pinheiro**, d'après le livre de Marie Cardinal, avec Nicole Garcia, Marie-Christine Barrault, Daniel Mesguich. France, 1983 – Couleurs – 1 h 32.

Souffrante, angoissée, une femme entreprend une psychanalyse afin d'exorciser son passé.

LE MOUCHARD "THE INFORMER"
Drame de **John Ford**, avec Victor McLaglen *(Gypo Nolan)*, Heather Angel *(Mary McPhilip)*, Preston Foster *(Dan Gallagher)*, Margot Grahame *(Katie Madden)*, Una O'Connor*(Mrs. McPhilip)*. • SC : Dudley Nichols, d'après le roman de Liam O'Flaherty. • PH : Joseph H. August. • DÉC : Van Nest Polglase, Charles Kirk, Julia Heron. • MUS : Max Steiner. • MONT : George Hively. États-Unis, 1935 – 1 h 31. ★ OSCARS 1935 DE LA MEILLEURE MISE EN SCÈNE, DU MEILLEUR SCÉNARIO, DE LA MEILLEURE MUSIQUE, DU MEILLEUR ACTEUR (V. McLaglen) .

Dublin, 1922. Trop pauvre pour émigrer aux États-Unis, Gypo Nolan dénonce à la police son ex-ami Frankie McPhilip, membre du Sinn Féin, dont la tête était mise à prix 20 livres, et dilapide cet argent au cabaret. Craignant d'être soupçonné, il répand le bruit que Frankie a été trahi par un autre. Il n'est pas cru, et les nationalistes le condamnent à mort. Il trouvera refuge chez Katie Madden, mais seulement pour un temps.

◆ *Le soin extrême apporté aux décors, aux éclairages (dans la ligne de l'expressionnisme) comme aux cadrages font du* Mouchard *un parfait spécimen du classicisme. Acteur déjà réputé au temps du muet, Victor McLaglen compose un personnage pathétique et tourmenté dont l'itinéraire, de la faute à la rédemption, s'inscrit dans la symbolique chrétienne chère à John Ford. Le contexte irlandais, particulièrement sensible au cinéaste en raison de ses origines, prend une dimension universelle qui implique le bien et le mal, la trahison et la justice.* Le Mouchard *a fait l'unanimité de la critique et du public.* G.L.

▷ Voir aussi POINT NOIR.

LA MOUCHE "THE FLY"
Film fantastique de **David Cronenberg**, avec Jeff Goldblum *(Seth Brundle)*, Geena Davis *(Veronica Quaife)*, John Getz *(Stathis Borans)*. • SC : Charles Edward Pogue, D. Cronenberg, d'après la nouvelle de Georges Langelaan. • PH : Mark Irwin. • DÉC : Elinor Rose Galbraith. • MUS : Howard Shore. • MONT : Ronald Sanders. États-Unis, 1986 – Couleurs – 1 h 36.

Inventeur génial de la téléportation par reconstitution moléculaire, le biologiste Seth Brundle se prend lui-même comme cobaye pour démontrer l'efficacité du processus à une séduisante journaliste. Hélas, une mouche s'introduit dans l'appareil lors de l'opération. Brundle se mue alors jour après jour en un monstrueux insecte.

◆ *La force du film de Cronenberg et sa supériorité sur la première mouture (Voir* la Mouche noire) *tiennent certes à sa simplicité narrative préservée ou à sa perfection plastique, mais surtout à la hauteur philosophique du propos qu'il manifeste.* La Mouche *est en effet une sorte de parabole qui évoque irrésistiblement le Kafka de* la Métamorphose. *Préoccupé de longue date par les dérèglements du corps humain, l'auteur délaisse ici son attitude habituelle d'entomologiste distant pour nous livrer un hymne bouleversant à la tolérance et à l'amour vis-à-vis de ceux qu'isole la maladie. Œuvre humaniste à dimension métaphysique et sur laquelle plane l'ombre du Sida,* la Mouche *s'installe sans coup férir dans le Panthéon des chefs-d'œuvre du fantastique.* B.R.

LA MOUCHE 2 "THE FLY 2"
Film fantastique de **Chris Walas**, avec Eric Stolz, Lee Richardson, Daphne Zuniga. États-Unis, 1989 – Couleurs – 1 h 45.

Le fils de l'« homme-mouche » (Voir ci-dessus) sert de cobaye involontaire à une équipe scientifique sans scrupules. Le final est d'une très grande cruauté qui fait penser à Tod Browning.

LA MOUCHE NOIRE "THE FLY"
Film fantastique de **Kurt Neumann**, avec Al Hedison, Patricia Owens, Vincent Price, Herbert Marshall. États-Unis, 1958 – Couleurs – 1 h 34.

Les hallucinantes expériences d'un savant qui désintègre un objet pour lui rendre sa forme par la suite. Lorsqu'il tente l'expérience sur lui-même, une mouche s'introduit avec lui dans l'appareil...

MOUCHETTE
Drame de **Robert Bresson**, avec Nadine Nortier *(Mouchette)*, Jean-Claude Guilbert *(Arsène)*, Paul Hébert *(le père)*, Marie Cardinal *(la mère)*, Jean Vimenet *(le garde Mathieu)*, Marie Susini *(son épouse)*. • SC : R. Bresson, d'après le roman de Georges Bernanos. • PH : Ghislain Cloquet. • DÉC : Pierre Guffroy. • MUS : Monteverdi, Jean Wiener. • MONT : Raymond Lamy. France, 1967 – 1 h 22. ★ PRIX GEORGES-MÉLIÈS ; PRIX O.C.I.C., 1967.

Fille d'un contrebandier ivrogne et d'une mère lentement rongée par la tuberculose, l'adolescente Mouchette est humiliée par tous, à l'école, dans le village, à la maison. Elle se prend de pitié pour le braconnier Arsène, en proie au delirium tremens et en qui elle voit une autre victime de la société, mais celui-ci abuse d'elle. Après la mort de sa mère, Mouchette ne rencontre toujours qu'incompréhension et se laisse glisser dans un étang.

◆ *En transposant le roman de Bernanos dans le monde moderne, Bresson décrit un univers de sadisme et de souffrance, où même les bonnes volontés se révèlent cruelles. La révolte de Mouchette, pour être silencieuse et fermée, n'en est pas moins héroïque et émouvante. Elle fait pourtant surgir du plus noir pessimisme l'espoir d'un ailleurs qui échapperait au cercle infernal de la cruauté. Un cercle que le style impitoyable de Bresson rend à merveille.* J.M.

LA MOUETTE "THE SEAGULL"
Drame de **Sidney Lumet**, d'après la pièce de Tchekhov, avec James Mason, Simone Signoret, Vanessa Redgrave. États-Unis / Grande-Bretagne, 1968 – Couleurs – 2 h 20.

Les jeux de l'amour et de la haine dans la Russie du siècle dernier. Sidney Lumet, venu du théâtre, a tourné une adaptation très sensible du chef-d'œuvre.

LA MOUETTE "IL GABBIANO"
Drame de **Marco Bellochio**, d'après la pièce de Tchekhov, avec Laura Betti, Giulo Brogi, Pamela Villarest. Italie, 1976 – Couleurs – 2 h.

En plein cœur de l'été, Konstantin souffre tandis que la jeune Nina joue sa pièce, sans le comprendre. La mère de Konstantin regarde son amant flirter avec Nina. Les années passent... Une vision pessimiste du rôle de l'artiste dans une société agonisante.

LE MOULIN DU PÔ "IL MULINO DEL PO"
Drame historique d'**Alberto Lattuada**, avec Carla del Poggio *(Berta)*, Jacques Sernas *(Orbino)*, Giacomo Giurardel *(Principale)*, Isabelle Riva *(Cecilia)*, Mario Besesti *(le Baron)*. • SC : Federico Fellini, Tullio Pinelli, A. Lattuada, Luigi Comencini, Mario Bonfantini, Sergio Romano, d'après le roman de Riccardo Bacchelli *Il mulino del Po* : La miseria viene in barca (deuxième de la trilogie). • PH : Aldo Tonti. • DÉC : Aldo Buzzi. • MUS : Ildebrando Pizzetti. • MONT : Mario Bonotti. Italie, 1949 – 1 h 34.

En 1880, près de Ferrare, la famille Sciacerni exploite un moulin sur le Pô, selon des méthodes ancestrales. L'une des filles, Berta, est fiancée à Orbino, un paysan ouvert aux idéaux révolutionnaires. Une grève éclate dans la région, et une répression sévère s'ensuit. Le moulin est incendié, son propriétaire emprisonné, Orbino tué...

◆ *Alberto Lattuada a été un des chefs de file du courant néoréaliste, et a fait débuter nombre de célébrités. Il pratique un cinéma impulsif, contestataire, un peu relâché dans la forme.* Le Moulin du Pô *fait partie de sa veine « épique ». On y vit à l'époque un bon exemple de cinéma « engagé » (face-à-face dramatique des paysans et des soldats). Aujourd'hui, on appréciera plutôt le style d'imagerie « à l'ancienne ». Bernardo Bertolucci, dans* 1900, *s'en est souvenu.* C.B.

MOULIN-ROUGE "MOULIN-ROUGE"
Film historique de **John Huston**, avec Jose Ferrer *(Toulouse-Lautrec)*, Colette Marchand *(Marie Charlet)*, Zsa-Zsa Gabor *(Jane Avril)*, Suzanne Flon *(Myriamme Hayem)*, Claude Nollier *(comtesse de Toulouse-Lautrec)*, Katherine Kath *(La Goulue)*, William Chrisham *(Valentin le Désossé)*, Christopher Lee *(Seurat)*, Michel Balfour *(Dodo)*, Peter Cushing *(Marcel de Lavoisier)*. • SC : J. Huston, Anthony Veiller, d'après le roman de Pierre La Mure. • PH : Oswald Morris. • DÉC : Paul Sheriff. • MUS : Georges Auric. Grande-Bretagne, 1953 – Couleurs – 2 h. ★ LION DE SAINT-MARC, Venise 1953.

Une évocation de la vie du peintre Toulouse-Lautrec et de Montmartre à la Belle Époque.

◆ *John Huston n'est pas parvenu à éviter deux défauts inhérents à ce type de biographie : d'une part, les stéréotypes sur Paris (vu par un Américain) et, d'autre part, l'obligation d'édulcorer sensiblement le personnage de Toulouse-Lautrec qui n'était pas filmable au début des années 50. Le film est néanmoins de grande qualité. L'interprétation de Jose Ferrer, au sommet de son art, y est pour beaucoup. Mais Huston a particulièrement soigné l'aspect visuel, effectuant pour la première fois des recherches originales sur la couleur, en utilisant des filtres spéciaux, afin d'être en harmonie avec les toiles du maître.* L.A.

MOURIR À MADRID
Documentaire de **Frédéric Rossif**. Texte de Madeleine Chapsal, dit par Suzanne Flon, Germaine Montero, Pierre Vaneck, Roger Mollien, Jean Vilar. • SC : Georges Barsky. • MUS : Maurice Jarre. France, 1963 – 1 h 23. ★ PRIX JEAN-VIGO 1963.

À partir d'archives cinématographiques, Frédéric Rossif relate l'histoire de l'Espagne de 1931 à 1939. La plus grande partie du film est consacrée à la guerre civile.

◆ *Il s'agissait pour Rossif qui, comme il le dit, a « le cœur à gauche », de sélectionner dans une énorme masse de documents les images les plus significatives, les plus éclairantes d'une dure réalité, prélude à la Seconde Guerre mondiale. Objectivement, Rossif s'est employé à montrer les deux camps, l'armée contre les Républicains, à expliquer les mouvements de troupes à l'aide de cartes, à faire ressortir les images d'une Espagne millénaire. Mais les temps forts sont bien évidemment ceux de la guerre même : la mort de García Lorca, le bombardement de*

Guernica, la défense de Madrid, les Brigades internationales. Cette fresque épique porte un regard formidablement humain sur une lutte fratricide atroce. Une œuvre majeure. *B.B.*

MOURIR À TRENTE ANS
Documentaire de **Romain Goupil**, avec Michel Recanati, Romain Goupil. France, 1982 – 1 h 35.

Les souvenirs de la génération qui a fait 68, autour de la figure de Michel Recanati, suicidé en 1978. Un beau film, pétri d'intelligence et de pudique émotion.

MOURIR D'AIMER
Drame d'**André Cayatte**, avec Annie Girardot, Bruno Pradal, François Simon. France, 1971 – Couleurs – 1 h 30.

Une jeune femme professeur est poursuivie en justice pour sa liaison avec un élève mineur, et finalement acculée au suicide. Transposition à peine voilée de l'affaire Russier.

LA MOUSSON "THE RAINS CAME"
Drame de **Clarence Brown**, d'après le roman de Louis Bromfield, avec Myrna Loy, Tyrone Power, George Brent, Brenda Joyce, Maria Ouspenskaya, Joseph Schildkraut. États-Unis, 1939 – 1 h 43.

Aux Indes, l'épouse d'un haut fonctionnaire anglais s'éprend d'un jeune médecin indien qui la repousse. Engagée comme infirmière, elle sera emportée par la peste.

▷ Autre version réalisée par **Jean Negulesco**, intitulée LA MOUSSON "THE RAINS OF RANCHIPUR", avec Lana Turner, Richard Burton, Fred MacMurray, Joan Caulfield. États-Unis, 1955 – Couleurs – 1 h 44.

LA MOUTARDE ME MONTE AU NEZ
Comédie de **Claude Zidi**, avec Pierre Richard, Jane Birkin, Claude Piéplu. France, 1974 – Couleurs – 1 h 45.

Un professeur naïf et gaffeur emmêle malencontreusement les travaux qu'on lui confie : enseignement, politique et presse à sensation ! Les catastrophes s'enchaînent.

LE MOUTON À CINQ PATTES
Comédie d'**Henri Verneuil**, avec Fernandel, Françoise Arnoul, Delmont, Andrex, Paulette Dubost, Noël Roquevert. France, 1954 – 1 h 43.

Le maire d'un village décide de réunir les quintuplés qui y sont nés quarante ans auparavant. C'est un rôle en or pour Fernandel qui joue six personnages – le père et ses fils – ô combien différents !

LE MOUTON ENRAGÉ
Comédie dramatique de **Michel Deville**, d'après le roman de René Blondel, avec Jean-Louis Trintignant, Romy Schneider, Jean-Pierre Cassel, Jane Birkin, Florinda Bolkan. France, 1974 – Couleurs – 1 h 45.

L'irrésistible ascension d'un employé de banque, qui comprend trop tard qu'on l'a manipulé. Avec une brochette de femmes cruellement dépeintes.

LE MOUTON NOIR
Comédie policière de **Jean-Pierre Moscardo**, avec Jacques Dutronc, Tanya Lopert, Jean Desailly. France, 1979 – Couleurs – 1 h 38.

Un ancien avocat veut récupérer sa fille confiée à son riche beau-père, un banquier véreux dont il va dénoncer les malversations.

M 15 DEMANDE PROTECTION
"THE DEADLY AFFAIR"
Film d'espionnage de **Sidney Lumet**, avec James Mason, Simone Signoret, Harry Andrews, Maximilian Schell. Grande-Bretagne, 1966 – Couleurs – 1 h 45.

Un membre du Foreign Office, accusé de complicité avec les communistes, meurt dans des conditions étranges. L'agent chargé de l'enquête démissionne pour agir à titre privé.

MUNA MOTO
Drame de **Jean-Pierre Dikongué Pipa**. Cameroun, 1976 – Couleurs – 1 h 30.

Parmi la foule en fête, un homme erre misérablement : au nom de la tradition, on lui a volé sa femme et son enfant.

LES MUPPETS – ÇA C'EST DU CINÉMA
"THE MUPPET MOVIE"
Film de marionnettes de **James Frawley**, avec la participation de Mel Brooks, James Coburn, Orson Welles, Charles Durning, Bob Hope, Milton Berle, Elliott Gould. États-Unis, 1979 – 1 h 34.

Les célèbres marionnettes de la télévision, cette fois-ci dans un « grand film ». Kermit la grenouille, à la conquête de Hollywood, rencontre en route tous ses vieux complices et de nombreuses vedettes. Des gags et des trucages clins d'œil aux cinéphiles.

LE MUR
Drame de **Serge Roullet**, d'après la nouvelle de Jean-Paul Sartre, avec Michel del Castillo, Mathieu Klossowski, Bernard Anglade. France, 1967 – 1 h 30.

Durant la guerre d'Espagne, en 1936, trois condamnés à mort passent la nuit dans l'attente de leur exécution. La vie sauve est offerte à l'un d'entre eux contre une dénonciation.

LE MUR

Drame de **Yilmaz Güney**, avec Tuncel Kurtiz, Ayse Emel Mesci, Malik Berrichi, Nicolas Hossein, Isabelle Tissandier, Ahmet Ziyrek. France / Turquie, 1983 – Couleurs – 1 h 57.

Les conditions de détention inhumaines des enfants du pénitencier central d'Ankara. Terreur, humiliations, châtiments sadiques. Un réquisitoire implacable.

LA MURAILLE D'OR "FOXFIRE"

Film d'aventures de **Joseph Pevney**, avec Jane Russell, Jeff Chandler, Dan Duryea, Mara Corday. États-Unis, 1955 – Couleurs – 1 h 32.

Dans une région minière de l'Arizona, l'amour passionné qui unit un ingénieur et une jeune femme en vacances.

LE MUR DE L'ATLANTIQUE

Comédie de **Marcel Camus**, avec Bourvil, Peter McEnery, Sophie Desmarets. France, 1970 – Couleurs – 1 h 40.

En 1944, un paisible restaurateur normand est entraîné malgré lui dans la Résistance. Le dernier rôle de Bourvil.

MURIEL OU LE TEMPS D'UN RETOUR

Drame musical d'**Alain Resnais**, avec Delphine Seyrig *(Hélène)*, Jean-Baptiste Thierrée *(Bernard)*, Jean-Pierre Kérien *(Alphonse)*, Nita Klein *(Françoise)*, Claude Sainval *(De Smoke)*, Laurence Badie, Jean Champion, Jean Dasté. • SC : Jean Cayrol. • PH : Sacha Vierny. • DÉC : Jacques Saulnier. • MUS : Hans Werner Henze. • MONT : Kenout Peltier. France / Italie, 1963 – Couleurs – 1 h 57. ★ PRIX DE LA CRITIQUE, Venise 1963.

Boulogne-sur-Mer, à l'automne 1962. Hélène, une veuve de 40 ans, vit avec le fils de son mari, Bernard. Celui-ci rentre d'Algérie, où il vient de passer 22 mois qui l'ont profondément marqué. Hélène attend un amour de jeunesse, Alphonse, qui arrive de Paris, accompagné de Françoise, une jeune actrice débutante. Bernard et Alphonse, qui prétend être un ancien gérant de café en Algérie, vont violemment s'affronter. On va suivre pendant quelques semaines la vie quotidienne des personnages, perdus dans Boulogne, jusqu'à l'éclatement du groupe.

◆ *L'un des films majeurs de Resnais, sur un scénario original de Jean Cayrol. Le film est fondé sur un fort contraste entre le prosaïsme de la vie quotidienne des personnages, malgré la violence de la dénonciation de la torture en Algérie, et un traitement esthétique extrêmement audacieux dans lequel Resnais mêle avec bonheur une vision quasi cubiste du monde contemporain, une partition dodécaphonique de Hans Werner Henze, orchestrés par un montage elliptique proche d'Eisenstein.* M.M.

MURIEL "MURIEL'S WEDDING"

Comédie de **P.J. Hogan**, avec Toni Collette *(Muriel Heslop)*, Bill Hunter *(Bill Heslop)*, Rachel Griffiths *(Rhonda)*, Jeanie Drynan *(Betty Heslop)*. • SC : P.J. Hogan. • PH : Martin McGrath. • DÉC : Patrick Reardon. • COST : Terry Ryan. • MUS : Peter Best. • MONT : Jill Bilcock. Australie, 1994 – Couleurs – 1 h 45.

Entre son père, politicien véreux, sa mère simplette et ses frères obèses et abrutis de télévision, Muriel rêve de mariage en robe blanche. Elle n'est pas très jolie et essuie rebuffades sur rebuffades. Elle décide d'aller vivre sa vie dans un village de vacances puis à Sydney. Elle trouvera une amie, Rhonda, et un mari. Le mariage est fabriqué (son mari est un champion sud-africain qui a besoin d'obtenir la nationalité australienne pour participer aux jeux Olympiques) mais prestigieux et rémunérateur. Rhonda, elle, est gravement malade mais c'est une vraie amie.

◆ *Un Palavas australien, des chipies de province, une caricature de famille, sur fond de veulerie et de médiocrité bien nourrie, le cadre n'a rien d'exaltant et le rêve de midinette de Muriel paraît à l'avenant. Mais bien vite on s'attache à ces personnalités pathétiques et dérisoires qui prouvent qu'il n'est pas nécessaire d'être beau, mince et intelligent pour avoir droit à de vrais moments de bonheur – à condition de ne pas se résigner et d'avoir un peu de cœur. Dépaysant et tonique.* J.-C.L.

MURIETA "JOAQUIN MURIETA"

Western de **George Sherman**, avec Jeffrey Hunter, Arthur Kennedy, Diana Lorys. Espagne / États-Unis, 1965 – Couleurs – 1 h 45.

Murieta, un pionnier d'origine mexicaine, tente d'échapper à la misère en Californie. En 1849, la découverte d'un filon d'or va opposer des bandes rivales.

LE MUR INVISIBLE "GENTLEMAN'S AGREEMENT"

Comédie dramatique d'**Elia Kazan**, avec Gregory Peck *(Phil Green)*, Dorothy Mc Guire *(Kathy Lacey)*, John Garfield *(Dave Goldmann)*, Celeste Holm *(Anne Dettrey)*. • SC : Moss Hart, d'après le roman de Laura Z. Hobson. • PH : Arthur C. Miller. • DÉC : Thomas Little, Paul S. Fox. • MUS : Alfred Newman. • MONT : Harmon Jones. États-Unis, 1948 – 1 h 58. ★ OSCAR DU MEILLEUR FILM 1947.

Un journaliste new-yorkais décide de mener une enquête sur l'antisémitisme aux États-Unis. Il se fait passer pour juif et découvre ainsi le « mur invisible » et subtil que la bonne société dresse entre elle et les juifs.

◆ *Le producteur Darryl Zanuck travailla de près sur le script et le concept de ce film, que ne reconnaît pas entièrement pour sien Elia Kazan – lequel trouve le film hollywoodien à souhait, mais lénifiant et sans âme : « On aurait dit une illustration pour magazine. Tout le monde y était embelli ». Mais c'était une des premières fois que ce problème était abordé directement dans le cinéma américain. Le succès public et critique encouragea Zanuck à vouloir « rempiler » avec Kazan... sur la question noire : ce fut* l'Héritage de la chair. *M.CH.*

LES MURS "AL ASWAR"

Drame politique de **Muhammad Shourky Jamil**, avec Ibrahim Jalal, Sami Abdel Hamio, Saadiya Zobeydi. Iraq, 1979 – Couleurs – 1 h 34.

Les premiers jours de la Révolution islamique, vue d'un quartier populaire de Bagdad.

MURS MURS

Documentaire d'**Agnès Varda**. France, 1980 – Couleurs – 1 h 20.

Des murs de Los Angeles couverts de fresques reflètent les rapports des individus avec leur environnement. Un film intelligent et plein d'humour. La philosophie du quotidien.

LA MUSICA

Drame de **Marguerite Duras** et **Paul Seban**, d'après la pièce de Marguerite Duras, avec Delphine Seyrig, Robert Hossein. France, 1966 – 1 h 35.

Un homme retrouve sa femme dans une ville de l'Ouest à l'occasion de leur divorce. Ils parlent. Le premier essai cinématographique de Marguerite Duras.

MUSIC BOX "MUSIC BOX"

Drame politique de **Constantin Costa-Gavras**, avec Jessica Lange, Armin Mueller-Stahl, Frederic Forrest. • SC : Joe Eszterha. • PH : Patrick Blossier. • MUS : Philippe Sarde. États-Unis, 1989 – Couleurs – 2 h 03.

Un brave homme, réfugié hongrois vivant depuis trente ans et plus en Amérique, est arrêté et inculpé de rien moins qu'une série de crimes contre l'humanité. Des enquêteurs ont cru reconnaître en lui un ancien chef nazi particulièrement cruel. La fille de ce brave homme est avocate. Abasourdie, outrée de ces soupçons, connaissant son père comme elle le connaît, elle se lance dans la lutte, assure sa défense, enquête à son tour. Les séances de prétoire sont nombreuses et palpitantes, d'étranges témoignages inquiètent notre confort moral.

◆ *Costa-Gavras a gagné ses galons de réalisateur international. Son long apprentissage en France et la brillante carrière qu'il y a faite l'ont conduit aux États-Unis. Il s'y trouve manifestement à l'aise. Music Box est un bon film-américain. Il en possède non seulement les qualités techniques, mais cette façon de raconter des histoires excitantes en modulant le suspense, en y introduisant le mystère afin de mieux faire éclater, au dénouement, une révélation surprenante. Ce film politique et policier laisse pantois. G.S.*

LES MUSICIENS DU CIEL

Mélodrame de **Georges Lacombe**, d'après le roman de René Lefèvre, avec Michèle Morgan, René Lefèvre, Michel Simon, Sylvette Saugé. France, 1939 – 1 h 38.

Un jeune homme sur le point de devenir un voyou rencontre une jeune femme de l'Armée du Salut, qui le sauve du pire.

MUSIC LOVERS "THE MUSIC LOVERS"

Biographie musicale de **Ken Russell**, avec Richard Chamberlain *(Tchaïkovski)*, Glenda Jackson *(Nina)*, Kenneth Colley *(Modeste)*, Zabella Jeleznska *(Mme von Meck)*. • SC : Melvyn Bragg, d'après le roman de Catherine Drinker Dowen et Barbara von Meck *Beloved Friend*. • PH : Douglas Slocombe. • DÉC : Michael Knight. • MUS : Tchaïkovski, André Previn (direction). • MONT : Michael Bradsell. Grande-Bretagne, 1971 – Couleurs – 2 h 03.

Homosexuel honteux, le compositeur Tchaïkovski veut se « normaliser » : il épouse une admiratrice jeune et naïve, Nina, mais ne peut la satisfaire. La frustration de celle-ci se change en nymphomanie, puis en une folie qui la mène à l'asile. Tchaïkovski se console grâce au mécénat de la comtesse von Meck, qui ne réclame en échange qu'une amitié platonique. Poursuivi par l'image de sa mère morte du choléra quand il était jeune, il s'inocule la maladie en buvant un verre contaminé.

◆ *Grâce à Richard Chamberlain et Glenda Jackson, couple pathétique, mais aussi grâce à une furia du montage et de la prise de vue qui confère une dimension épique à cette Russie de studio,* Music Lovers *est la meilleure biographie musicale de Ken Russell, dont les autres tentatives – sur Liszt et Mahler notamment – pécheront par manque de structure, et ne seront qu'une succession de morceaux. M.CH.*

LES MUTINÉS DE L'ELSENEUR

Drame de **Pierre Chenal**, d'après le roman de Jack London, avec Jean Murat, André Berley, Maurice Lagrenée, Winna Winfried. France, 1936 – env. 1 h 30.

En raison des brutalités d'un officier et de l'assassinat du commandant, l'équipage d'un navire se mutine. Un journaliste prend le commandement du bateau.

MY BEAUTIFUL LAUNDRETTE

"MY BEAUTIFUL LAUNDRETTE"

Comédie dramatique de **Stephen Frears**, avec Gordon Warnecke *(Omar)*, Roshan Seth *(son père)*, Daniel Day Lewis *(Johnny)*, Saeed Jaffrey *(Nasser)*. • SC : Hanif Kureishi. • PH : Oliver Stapleton. • DÉC : Hugo Luczyc Wyhowski. • MUS : Ludus Tonalis. • MONT : Mick Audsley. Grande-Bretagne, 1985 – Couleurs – 1 h 33.

Dans la banlieue sud de Londres, un jeune immigré pakistanais, entreprend par tous les moyens de sortir de la pauvreté. Ayant réussi à se faire confier par son oncle Nasser, un affairiste douteux, une laverie automatique décrépite, il en fait une affaire rentable, avec l'aide de son amant, le voyou anglais Johnny, un ex-raciste qu'il exploite plus ou moins.

◆ *Produite en tant que téléfilm, l'œuvre fut diffusée dans les salles et connut un succès public et critique international, frappant par sa description âpre et sans complaisance du racisme entre immigrés et jeunes Anglais, et par son refus de montrer des personnages édifiants. Elle contribua à relancer la vogue d'un cinéma social anglais, évoquant l'âge d'or du Free Cinema, et lança définitivement Stephen Frears, vétéran de la télévision, dont le public international ne connaissait jusqu'alors qu'un film policier beaucoup moins réussi,* The Hit. *M.CH.*

MY DINNER WITH ANDRÉ

"MY DINNER WITH ANDRÉ"

Essai de **Louis Malle**, avec Wallace Shawn, Andre Gregory. États-Unis, 1981 – Couleurs – 1 h 50.

Deux hommes de théâtre de fortune inégale devisent ensemble à l'occasion d'un dîner.

MY FAIR LADY "MY FAIR LADY"

Comédie musicale de **George Cukor**, avec Audrey Hepburn *(Eliza)*, Rex Harrison *(Pr Higgins)*, Stanley Holloway *(Alfred Doolittle)*, Wilfrid Hyde-White *(colonel Pickering)*. • SC : Alan Jay Lerner, d'après la pièce de George Bernard Shaw *Pygmalion*. • PH : Harry Stradling. • MUS : Frederick Loewe. • CHOR : Hermes Pan. • DÉC : Cecil Beaton • COST : Cecil Beaton. • MONT : William Ziegler. États-Unis, 1964 – Couleurs – 2 h 50 (France : 2 h 27). ★ OSCAR DU MEILLEUR FILM 1964.

Très réputé linguiste, le professeur Higgins, frappé par l'accent cockney d'une petite marchande de fleurs de Covent Garden, à Londres, se vante d'en faire une duchesse. Six mois plus tard, l'expérience réussie, Higgins ne s'inquiète plus de la jeune fille.

◆ *Cette variation sur le thème de Pygmalion souffre un peu du gigantisme décoratif imposé par le producteur Jack L. Warner. Le réalisateur, lui, s'est concentré sur les acteurs, et Rex Harrison comme Audrey Hepburn tiennent là des rôles à la mesure de leur immense talent. L'épanouissement de la femme dans le spectacle, thème privilégié de Cukor, trouve dans ce film sa pleine dimension, même si c'est un peu le chant du cygne de la phase classique du genre.* *J.M.*

MY LEFT FOOT "MY LEFT FOOT"

Biographie de **Jim Sheridan**, avec Daniel Day Lewis, Fiona Shaw, Ruth McCabe, Ray McAnally, Brenda Fricker. • SC : Shane Connaughton, Jim Sheridan, d'après le livre de Christy Brown. • PH : Jack Conroy. • DÉC : Austen Spriggs. • MUS : Elmer Bernstein. • MONT : J. Patrick Duffner. Grande-Bretagne, 1989 – Couleurs – 1 h 38.

Christy Brown, paralysé presque complet à la naissance, n'avait que l'usage du pied gauche. Avec ce moyen d'expression minimal, il est parvenu à devenir célèbre. Il peignait, il écrivait...

◆ *Egoïsme ou superstition : les handicapés font fuir, même les spectateurs. C'est dommage car certains des films qui leur sont consacrés sont, comme celui-ci, admirables. Une histoire vraie aussi dramatique, transposée à l'écran, risquait de sombrer dans un attendrissement excessif. L'écueil est évité. C'est un film dur, fort, prenant, réaliste qu'a signé Jim Sheridan. Certaines scènes de paroxysme sont bouleversantes. Le comédien Daniel Day Lewis y fait une prestation extraordinaire (elle lui a valu l'Oscar d'interprétation).* *G.S.*

MY NAME IS JOE "MY NAME IS JOE"

Comédie dramatique de **Ken Loach**, avec Peter Mullan, Louise Goodall, Gary Lewis, David McKay, Anne-Marie Kennedy. Grande-Bretagne, 1998 – Couleurs – 1 h 45. ★ PRIX DU MEILLEUR ACTEUR à Peter Mullan, Cannes 1998.

Les amours d'une assistante sociale anglaise et d'un ex-alcoolique sans travail. Une chronique anglaise misérabiliste dont on connaît maintenant bien les ingrédients : alcoolisme, chômage, drogue. Le ton est toujours aussi juste, l'interprétation parfaite, mais Ken Loach a déjà fait beaucoup mieux dans le genre.

MY OWN PRIVATE IDAHO
"My Own Private Idaho"
Comédie dramatique de **Gus Van Sant Jr.**, avec River Phoenix, Keanu Reeves, James Russo. États-Unis, 1991 – Couleurs – 1 h 45.

Film de l'errance d'un jeune prostitué homosexuel de Portland à la recherche de son enfance et de sa mère. Pudique et beau.

MYRA BRECKINRIDGE / HERMAPHRODITE
"Myra Breckinridge"
Comédie de **Michel Sarne**, d'après le roman de Gore Vidal, avec Raquel Welch, John Huston, Mae West, Rex Reed, Farrah Fawcett. États-Unis, 1970 – Couleurs – 1 h 30.

Un jeune transsexuel se rend chez son oncle, se fait passer pour Myra, la veuve de Myron, le neveu ; et exige sa part d'héritage. Après quelques aventures, Myra se réveille... Myron à l'hôpital !

LE MYSTÈRE ALEXINA
Drame de **René Féret**, avec Vuillemin, Valérie Stroh. France, 1985 – Couleurs – 1 h 23.

Au siècle dernier, Alexina, institutrice, découvre qu'elle est un garçon que sa famille a élevé comme une fille.

LE MYSTÈRE ANDROMÈDE
"The Andromeda Strain"
Film de science-fiction de **Robert Wise**, d'après le roman de Michael Crichton, avec Arthur Hill, David Wayne, James Olson, Kate Reid. États-Unis, 1971 – Couleurs – 2 h 08.

À la suite d'une catastrophe, des savants découvrent un micro-organisme venu de l'espace qui risque d'anéantir la planète.

LE MYSTÈRE BARTON
Drame de **Charles Spaak**, d'après la pièce de Walter Hackett, avec Françoise Rosay, Fernand Ledoux, Madeleine Robinson, Jean Marchat. France, 1949 – 1 h 20.

Un financier est tué, or, plusieurs personnages avaient intérêt à le voir disparaître. L'unique réalisation de Charles Spaak.

LE MYSTÈRE DE LA CHAMBRE JAUNE
Film policier de **Marcel L'Herbier**, d'après le roman de Gaston Leroux, avec Roland Toutain, Léon Bélières, Huguette Duflos. France, 1930 – 1 h 48.

Assaillie par deux fois dans sa chambre, la fille d'un professeur échappe miraculeusement à la mort. Un journaliste découvre la clef de l'énigme.

▷ Autres versions réalisées par : **Émile Chautard**, avec Maurice de Féraudy, Jean Garat. France, 1912 – env. 800 m (30 mn). **Maurice Tourneur**, avec Marcel Simon, Laurence Duluc. France, 1914 – env. 1 000 m (37 mn). **Henri Aisner**, avec Serge Reggiani, Pierre Renoir, Hélène Perdrière, Marcel Herrand. France, 1948 – 1 h 30.

LE MYSTÈRE DE LA MAISON NORMAN
"The Cat and the Canary"
Film d'épouvante d'**Elliott Nugent**, d'après la pièce de John Willard, avec Bob Hope, Paulette Goddard, Gale Sondergaard, Douglas Montgomery, George Zucco, Elizabeth Patterson. États-Unis, 1939 – 1 h 12.

Des personnages avides écoutent les dernières volontés d'un mourant. Une jeune fille commence à perdre la raison.

▷ Autres versions réalisées par : **Paul Leni** (Voir LA VOLONTÉ DU MORT). **Radley Metzger**, intitulée LE CHAT ET LE CANARI "The Cat and the Canary", avec Honor Blackman, Michael Callan, Edward Fox, Wendy Miller, Beatrix Lehmann. Grande-Bretagne, 1979 – Couleurs – 1 h 38.

LE MYSTÈRE DE LA PLAGE PERDUE
"Mystery Street"
Film policier de **John Sturges**, avec Ricardo Montalban, Sally Forrest, Bruce Bennett, Elsa Lanchester. États-Unis, 1950 – 1 h 33.

Enquête policière minutieuse à la suite de la découverte d'un squelette sur une plage déserte.

LE MYSTÈRE DE LA VILLA ROSE
Film policier de **Louis Mercanton** et **René Hervil**, d'après le roman d'Alfred Edward Woodley, avec Léon Mathot, Simone Vaudry, Georges Péclet, Héléna Manson. France, 1929 – env. 2 000 m (1 h 14).

À la suite de l'assassinat d'une vieille dame fervente de spiritisme, des personnages hétéroclites se mêlent à l'enquête.

LE MYSTÈRE DES DOUZE CHAISES
"The Twelve Chairs"
Comédie de **Mel Brooks**, d'après le roman d'Ilf et Petrov, avec Ron Moody, Frank Langella, Dom De Luise, Andreas Voutsinas, Diana Coupland. États-Unis, 1970 – Couleurs – 1 h 30.

Pendant la Révolution, une comtesse russe cache ses bijoux dans une chaise de la salle à manger. À sa mort, les chercheurs de trésor seront déçus...

LE MYSTÈRE DU CHÂTEAU NOIR
"The Black Castle"
Film d'épouvante de **Nathan Juran**, avec Stephen McNally, Richard Greene, Boris Karloff, Lon Chaney Jr., Paula Corday, John Hoyt. États-Unis, 1952 – 1 h 21.

Un Anglais entreprend de rechercher deux de ses camarades qui ont disparu dans un mystérieux château.

LE MYSTÈRE DU PRINTEMPS "O Acto da Primavera"
Drame de **Manoel de Oliveira**, avec Nicolau da Silva, Ermelinda Pires, Maria Madalena, Amélia Chaves, Luis de Sousa, Francisco Luis. Portugal, 1962 – Couleurs – 1 h 34.

Après ses tâches quotidiennes, une communauté rurale reconstitue la Passion du Christ.

LE MYSTÈRE PICASSO
Documentaire d'**Henri-Georges Clouzot**. • PH : Claude Renoir. • MUS : Georges Auric. • MONT : Henri Colpi. France, 1956 – Couleurs et NB – 1 h 18.

Clouzot filme Picasso au travail, par des plans-séquence en caméra fixe.

◆ *Cette élaboration de l'œuvre dans la durée est le sujet et l'objet du film, suspense à l'état pur que ce rapport indéterminable à l'avance entre le temps qui s'écoule et l'événement qui va surgir. L'autre aspect remarquable est le travail sur la couleur. Lorsque Picasso et Clouzot sont dans l'atelier, le film est en noir et blanc (tiré sur pellicule couleurs) et il le reste lorsque l'artiste travaille au crayon, au fusain ou à l'encre, mais lorsqu'il se met à peindre, l'apppparition des couleurs sur la toile crée un effet saisissant : rétrogradant celles de la vie au noir et blanc, ce sont les couleurs mêmes de la création.* S.K.

LES MYSTÈRES DE NEW YORK
"The Exploits of Elaine"
Serial de **Donald Mackenzie, supervisé par Louis Gasnier**, avec Pearl White *(Elaine Dodge)*, Arnold Daly *(Justin Clarel)*, Sheldon Lewis, Creighton Hale, Lionel Barrymore. • SC : L. Gasnier, George B. Seitz, D. Mackenzie, Edouard José, d'après le feuilleton de A.B. Reeve et C.W. Goddard. • PH : Joseph Dubray. États-Unis, 1914-1915 – 14 épisodes (d'env. 600 m chacun) [env. 3 h 40 pour la VF concentrée].

Les extravagantes aventures d'une jolie héritière, Elaine Dodge, traquée par un cousin qui, sous des déguisements divers et avec la complicité de bandits chinois, l'attire dans des pièges mortels.

◆ *Ce film américain donna le coup d'envoi d'un genre qui fit florès au temps du « muet » : le serial, équivalent cinématographique du feuilleton à épisodes. La France en avait jeté les bases dès 1910 avec la série des* Nick Carter *et des* Zigomar. C.B.

▷ D'autres aventures d'Elaine ont suivi : THE NEW EXPLOITS OF ELAINE. 1915, 10 épisodes, et THE ROMANCE OF ELAINE. 1915, 12 épisodes.

LES MYSTÈRES DE PARIS
Film d'aventures d'**André Hunnebelle**, d'après le roman d'Eugène Sue, avec Jean Marais, Dany Robin, Pierre Mondy. France, 1962 – Couleurs – 1 h 50.

Un noble recherche la fille d'un homme qu'il a involontairement tué.

▷ Autres versions réalisées par : **Albert Capellani**, avec Duquesne, Henri Houry, Félix Gandera. France, 1911. **Charles Burguet**, avec Roby Guichard, Maxime Desjardins, Pierre Fresnay, Huguette Duflos, Charles Lamy, Yvonne Sergil, Georges Lannes, Jeanne Bérangère, Paul Vermoyal, Gaston Modot. France, 1922 – 12 070 m (env. 7 h 45) en 12 épisodes. **Félix Gandéra**, avec Constant Rémy, Madeleine Ozeray, Lucien Baroux, Lucienne Le Marchand, Henri Rollan, Raoul Marco, Marcelle Géniat, Raymond Cordy. France, 1935 – 1 h 50. **Jacques de Baroncelli**, avec Marcel Herrand, Yolande Laffon, Alexandre Rignault, Lucien Coëdel. France, 1943 – 1 h 29.

LES MYSTÈRES D'UNE ÂME / LE CAS DU PROFESSEUR MATHIAS "Geheimnisse einer Seele"
Drame de **Georg Wilhelm Pabst**, avec Werner Krauss, Ruth Weyher. Allemagne, 1926 – 2 214 m (env. 1 h 22).

Un soir qu'il est en compagnie de sa femme, un crime est commis près de la demeure d'un professeur qui dès lors, ne peut plus dissocier meurtre et acte sexuel. Il consulte un psychanalyste...

LE MYSTÈRE SILKWOOD "Silkwood"
Drame de **Mike Nichols**, avec Meryl Streep, Kurt Russell, Cher. États-Unis, 1983 – Couleurs – 2 h 10.

Malgré les intimidations, une employée d'une usine de traitement nucléaire se bat pour dénoncer la contamination radioactive du personnel. Solide dossier à l'américaine sur un fait divers réel.

LE MYSTÈRE VON BULOW
"Reversal of Fortune"
Drame de **Barbet Schroeder**, d'après le livre d'Alan Dershowitz *Reversal of Fortune – Inside the von Bulow case*, avec Jeremy Irons, Glenn Close, Ron Silver. États-Unis, 1990 – Couleurs – 1 h 50.

Inspiré par un fait divers réel (un milliardaire américain accusé de l'assassinat de sa femme dans les années 70), ce film prenant dépeint la vie des milliardaires de Newport et fait réfléchir sur le fonctionnement de la justice américaine.

LE MYSTÉRIEUX DOCTEUR CLITTERHOUSE
"The Amazing Dr Clitterhouse"
Comédie dramatique d'**Anatole Litvak**, d'après la pièce de Barre Lyndon, avec Edward G. Robinson, Humphrey Bogart, Claire Trevor, Allen Jenkins, Donald Crisp. États-Unis, 1938 – 1 h 27.

Afin d'étudier la mentalité des criminels, un médecin commet les pires méfaits. Arrêté, déclaré fou, il est interné.

LE MYSTÉRIEUX DOCTEUR KORVO
"WHIRLPOOL"
Drame policier d'**Otto Preminger**, avec Gene Tierney, Richard Conte, Jose Ferrer, Charles Bickford. États-Unis, 1949 – 1 h 37.

Une kleptomane est psychanalysée par le Dr Korvo qui la fait accuser d'un crime qu'elle n'a pas commis.

MYSTERY TRAIN "MYSTERY TRAIN"
Comédie dramatique de **Jim Jarmusch**, avec Masatoshi Nagase, Youki Kudoh, Nicoletta Braschi, Joe Strummer. États-Unis, 1989 – Couleurs – 1 h 53.

Pendant 24 heures à Memphis (Tennessee) se déroulent trois histoires – *Loin de Yokohama*, *Un fantôme* et *Perdus dans l'espace* – indépendantes, mais cependant liées. Dernier volet de la trilogie de Jarmusch (Voir STRANGER THAN PARADISE et DOWN BY LAW).

N

NA !
Comédie de **Jacques Martin**, avec Jacques Martin, Marcelle Arnold, Teddy Bilis, Danièle Évenou. France, 1973 – Couleurs – 1 h 50.

Un ancien d'Algérie fonde, avec des retraités agacés par la grève de la Sécurité sociale, le M.L.V. (Mouvement de Libération des Vieillards).

NAAPET "Naapet"
Drame de **Guenrikh Malian**, avec Soss Sarkissian *(Naapet)*, Sofik Sargsian *(Noubar)*, Mtcher Mkrtchian, Galla Noventz. • SC : G. Malian, d'après un roman de Ratchia Kotchara. • PH : Serguei Israelian. • DÉC : Rafael Babaian. • MUS : Aleksandre Aroutounian. U.R.S.S. (Arménie), 1977 – Couleurs – 1 h 32.

En Arménie, dans les années 20, après le génocide et la naissance de l'Arménie soviétique, Naapet est de retour dans son village, mais il est seul et le souvenir de sa famille massacrée le hante. Il accepte enfin de se remarier et, au rythme des saisons, la vie revient en lui.

◆ *Ce très beau film témoigne, à côté des œuvres de Paradjanov, de la renaissance du cinéma arménien. Car tout ici est symbolique : le destin de Naapet, c'est aussi celui de l'Arménie qui, après les années terribles, se reconstruit peu à peu. Et si le lien entre l'épanouissement du héros dans son couple et la montée des fruits de la terre peut paraître relever d'un lyrisme démodé, Malian a su l'exprimer avec beaucoup de délicatesse et de sensibilité.* *J.-M.C.*

NADA
Film policier de **Claude Chabrol**, d'après le roman de Jean-Patrick Manchette, avec Fabio Testi, Maurice Garrel, Michel Duchaussoy, Michel Aumont. France, 1973 – Couleurs – 2 h 10.

Cinq anarchistes enlèvent l'ambassadeur des États-Unis. Les R.G. sont chargés de la récupération, qui ne se déroulera pas sans casse, matérielle et morale.

NADINE "Nadine"
Comédie de **Robert Benton**, avec Kim Basinger, Jeff Bridges. États-Unis, 1987 – Couleurs – 1 h 25.

Nadine tente de récupérer des photos compromettantes et tombe sur une affaire de meurtre. Bien qu'elle soit sur le point de divorcer, elle n'hésite pas à appeler son mari à son secours.

LE NAÏF AUX QUARANTE ENFANTS
Comédie de **Philippe Agostini**, d'après le roman de Paul Guth, avec Michel Serrault, Sylva Koscina, Darry Cowl, Jean Poiret. France, 1958 – 1 h 38.

Les méthodes révolutionnaires d'un jeune professeur de français lui attirent la sympathie de ses élèves et d'excellents résultats en fin d'année.

LES NAINS AUSSI ONT COMMENCÉ PETITS
"Auch Zwerge haben klein angefangen"
Drame psychologique de **Werner Herzog**, avec Helmut Döring, Gerd Gickel, Paul Glauer. R.F.A., 1970 – 1 h 36.

Révolte dans un centre pour nains, vagabonds, orphelins ou marginaux, qui s'en prennent à tout et à eux-mêmes.

NAÏS

Comédie psychologique de **Raymond Leboursier**, d'après une nouvelle d'Émile Zola, avec Fernandel, Jacqueline Pagnol, Raymond Pellegrin. France, 1945 – 2 h.

Une jeune fille séduite par un fils de famille épouse un bossu au grand cœur qui l'aime depuis toujours.

LA NAISSANCE D'UNE NATION

"THE BIRTH OF A NATION"

Film historique de **David Wark Griffith**, avec Henry B. Walthall *(Ben Cameron)*, Mae Marsh *(Flora Cameron)*, Miriam Cooper *(Margaret Cameron)*, Spottiswoode Aitken *(Dr. Cameron)*, Ralph Lewis *(Austin Stoneman)*, Lillian Gish *(Elsie, sa fille aînée)*, Elmer Clifton, Jammie Lee, Robert Harrow, Marie Alden, Tom Wilson, Wallace Reid, Raoul Walsh, Donald Crisp. • SC : D.W. Griffith, Frank Woods, d'après Thomas Dixon. • PH : George « Billy » Bitzer, Karl Brown. • DÉC : F.H. Wortman. • MUS : J.C. Breil, D.W. Griffith. • MONT : J. Smith. • PR : D.W. Griffith et Harry E. Aitken (Epoc Producing Corp.). États-Unis, 1915 – 3 360 m (env. 2 h 40).

La guerre de Sécession sépare deux familles sudistes amies : les Stoneman, fidèles à l'Union, et les Cameron, sécessionnistes. Après la chute d'Atlanta, Ben Cameron, prisonnier de son ami Phil Stoneman (dont le père est un conseiller de Lincoln), tombe amoureux de la sœur de celui-ci, Elsie, qui est son infirmière. La cadette des Cameron, Flora, se suicide pour ne pas être violée par un Noir, jadis esclave. Pour la venger, Ben Cameron (qui a eu la vie et l'honneur sauvés par Lincoln) rompt avec Elsie et participe à la fondation de ce qui sera le Ku Klux Klan. Bataille finale entre une troupe anarchique de Noirs assiégeant les Cameron et les cavaliers de Ben (auxquels se joignent in extremis des nordistes !). Le vieux Stoneman déplore le passé : ce « méchant mélodrame » (Griffith dixit) s'achève par une vision de paix universelle.

◆ **Une pièce de musée ?**

À l'époque, ce film provoqua à la fois la reviviscence du racisme dans le Sud (résultat non voulu par Griffith) et une exaltation de cette unité nationale que Lincoln avait souhaitée non raciste. Il véhicule des idéologies contradictoires, qui n'ont plus qu'un intérêt historique, et passa inaperçu en Europe en 1921. Son interprétation, en outre, est plus statique (sauf pour quelques rôles secondaires) que celle d'autres films de Griffith. S'il reste l'un des chefs-d'œuvre de l'art cinématographique, c'est pour les prouesses techniques et plastiques qui y sont accumulées : direction parfaite d'innombrables figurants ; animation de « gravures d'époque » ; ébauche d'un déplacement latéral de la vision, avec profondeur de champ ; épisode de la bataille, où le mouvement des acteurs est suivi en continu ; enfin et surtout, extension modèle du montage parallèle, notamment dans la dernière bobine. La photographie est restée célèbre pour sa variété et sa netteté. G.L.

NAITOU

Film-opéra de **Moussa Kemoko Diakité**. Guinée, 1982 – Couleurs – 2 h.

D'après un conte très populaire dans toute l'Afrique de l'Ouest, l'histoire d'une orpheline dominée par une marâtre. Le premier opéra du cinéma africain interprété par les ballets nationaux de Guinée.

NAKED "NAKED"

Comédie dramatique de **Mike Leigh**, avec David Thewlis, Lesley Sharp, Katrin Cartlidge, Claire Skinner. Grande-Bretagne, 1993 – Couleurs – 2 h 06. ★ PRIX DE LA MISE EN SCÈNE, Cannes 1993.

Dans les bas-fonds de Londres, la galère d'un jeune paumé : Johnny va retrouver une ancienne petite amie, se faire tabasser par une bande d'autres loulous, rencontrer un gardien de nuit, un colleur d'affiches, une serveuse de bar...

NAMOUS / L'HONNEUR "NAMUS"

Drame d'**Amo Bek-Nazarov**, avec M. Chahoubatian-Tatieva, Samuel Mkrtchian, Ovancs Abelian. U.R.S.S. (Géorgie), 1926 – 2 300 m (env. 1 h 25).

Fiancés de longue date, deux jeunes gens décident de ne pas attendre le mariage pour s'aimer. Ce sera pour eux le début du malheur.

NANA

Drame de **Jean Renoir**, avec Catherine Hessling *(Nana)*, Jean Angélo *(Vandoeuvres)*, Werner Krauss *(Muffat)*. • SC : J. Renoir, Pierre Lestringuez, d'après le roman d'Émile Zola. • PH : Jean Bachelet, Carl Edmund Carwin. • DÉC : Claude Autant-Lara • COST : Claude Autant-Lara. • MONT : J. Renoir. France, 1926 – 2 800 m (env. 1 h 44).

Nana est une médiocre actrice, mais une belle créature et elle a de l'ambition. Après quelques succès dans des rôles où son physique lui tient lieu de talent, elle choisit d'être une femme entretenue et mène une existence tumultueuse, suscitant passions et désespoirs. Elle mourra de la petite vérole, abandonnée de tous.

◆ *Tourné sous l'influence du film de Stroheim* Folies de femmes*, dont il venait d'avoir la révélation, c'est, pour Renoir, le premier de ses films « qui vaille la peine qu'on en parle » et le seul de ses films muets qu'il n'ait pas renié. On y voit déjà nombre de thèmes de ses grands films à venir : le parallèle entre les valets et les maîtres, la femme qui se cherche, la comédienne qui se trompe... À noter enfin les superbes décors dus à Claude Autant-Lara.* J.-B.B.

▷ Autres versions réalisées notamment par : **Dorothy Arzner**, avec Anna Sten, Lionel Atwill, Phillips Holmes, Richard Bennett, Mae Clarke. États-Unis, 1934 – 1 h 29. **Christian-Jaque**, avec Martine Carol, Charles Boyer, Noël Roquevert, Jacques Castelot, Walter Chiari, Paul Frankeur, Elisa Cegani, Jean Debucourt, Marguerite Pierry, Dora Doll. France / Italie, 1955 – Couleurs – 2 h.

LES NANAS

Comédie d'**Annick Lanoë**, avec Marie-France Pisier, Anémone, Dominique Lavanant. France, 1984 – Couleurs – 1 h 30.

Comme dans un puzzle, sous la forme de petits tableaux sympathiques et doux-amers, les vies et les problèmes quotidiens de femmes des années 80.

NANOUK L'ESQUIMAU "NANOOK OF THE NORTH"

Documentaire de **Robert Flaherty**, avec Nanouk et sa famille. • SC : R. Flaherty • PH : R. Flaherty • MONT : R. Flaherty • MUS : L. Levy • PR : Revillon. États-Unis, 1922 – 1 525 m (env. 55 mn).

Dans le Grand Nord canadien, la vie quotidienne d'une famille d'Esquimaux au fil des saisons. Présentation de Nanouk et des siens en été : arrivée du kayak pagayé par Nanouk et d'où sortent successivement tous les membres de sa famille, sa femme, leurs deux enfants et sa belle-sœur ; vente au comptoir local des fourrures récoltées au cours de l'hiver ; écoute amusée de la musique jouée sur un gramophone (il mordille le disque en riant) ; chasse à l'otarie ; pêche en mer. En hiver : déplacement de la famille en traîneau à chiens, chasse au renard blanc, construction d'un igloo avec une niche pour les chiots, exercice du jeune fils à la chasse aux phoques, installation pour la nuit dans l'igloo. Au cours d'un voyage, la famille est surprise par une tempête de neige et trouve refuge dans un igloo abandonné tandis que les chiens restent dehors, pelotonnés sous le blizzard.

◆ Ethnographie et dramatisation

*Flaherty a vécu pendant quinze mois avec cette famille. Saisi très tôt par une vocation d'explorateur à l'instar de son père, chercheur d'or et prospecteur de métaux, il a parcouru la région durant six ans, à partir de 1910 : c'est ainsi qu'il a découvert les Esquimaux et a tourné en 1914 un premier reportage qui sera détruit dans un incendie. En 1919, il reçoit de la maison Revillon Frères, fourreurs parisiens qui gèrent des comptoirs près de la baie d'Hudson, la commande d'un film qui pourrait leur servir de support publicitaire. Abandonnant le point de vue de son premier film, qu'il qualifie lui-même d'*entomologique, *il fait alors œuvre authentiquement* ethnographique *en montrant la vie quotidienne des Esquimaux avec une exactitude et une compréhension dénuées de tout « exotisme » : il* met en scène *avec l'aide de Nanouk les épisodes les plus significatifs de leur vie et de leur activité, mais sa* dramatisation *de la réalité est strictement conforme à la vérité des faits. Elle montre comment la vie des indigènes est une lutte constante contre le froid et la faim, lutte dont Nanouk devait illustrer tragiquement la dureté en périssant de froid, deux ans plus tard, dans une tempête. Mais cette existence ancestrale, où hommes et animaux sont à la merci des forces de la nature, comporte aussi ses modestes plaisirs et ses moments d'hilarité lorsque Nanouk, par ailleurs le type même du « bon vivant », danse une gigue sur la glace, accroché au filin au bout duquel se débat un phoque pris au piège. Sa vérité documentaire et sa chaleur humaine valurent au film un succès mondial considérable (c'est depuis lors qu'on vend des* esquimaux *dans les cinémas) et on peut le considérer comme le lointain précurseur du* cinéma-vérité. *M.M.*

NAPLES AU BAISER DE FEU

Mélodrame d'**Augusto Genina**, d'après le roman d'Auguste Bailly, avec Tino Rossi, Mireille Balin, Michel Simon, Viviane Romance, Dalio. France, 1937 – 1 h 32.

Une jeune aventurière s'éprend du chanteur d'un restaurant napolitain et le bouleverse au point qu'il abandonne sa fiancée le jour de son mariage. Mais il se repentira et sera pardonné.

▷ Voir aussi FLAME AND THE FLESH.

▷ Autre version réalisée par **Serge Nadejdine**, avec Georges Charlia, Gina Manès, Gaston Modot, Lilian Constantini. France, 1925 – 1 880 m (env. 1 h 10).

NAPLES MILLIONNAIRE "NAPOLI MILIONARIA"

Comédie dramatique d'**Eduardo De Filippo**, avec Eduardo De Filippo, Leda Gloria, Delia Scala, Totò. Italie, 1950 – 1 h 30.

Durant la guerre, une famille napolitaine fait preuve d'ingéniosité pour s'enrichir.

NAPOLÉON

Film historique d'**Abel Gance**, avec Albert Dieudonné *(Napoléon)*, Gina Manes *(Joséphine)*, Harry Krimer *(Rouget de L'Isle)*, Edmond Van Daële *(Robespierre)*, Alexandre Koubitzky *(Danton)*, Antonin Artaud *(Marat)*, Pierre Batcheff *(Hoche)*, Annabella *(Violine Fleury)*, Abel Gance *(Saint-Just)*, Marguerite Gance *(Charlotte Corday)*, Nicolas Koline *(Tristan Fleury)*, Suzanne Bianchetti *(Marie-Antoinette)*, Vladimir Rovdenkóv *(Bonaparte enfant)*, Philippe Hériat, Georges Campin, Damia *(la Marseillaise)*, Armand Bernard *(Jean-Jean)*. • SC : A. Gance. • PH : Jules

Kruger, Roger Hubert, Georges Lucas, Mundwiller, Léonce-Henri Burel, Fédor Bourgassoff. • DÉC : Alexandre Benois, Eugène Lourié, Pierre Schildknecht, Jacouty, Ivan Lochakoff. • MUS : Arthur Honegger. • MONT : A. Gance. • PR : A. Gance. France, 1927 – Version intégrale : 13 000 m. Version présentée le 7 avril 1927 à l'Opéra : 5 200 m (env. 3 h 20). Version Brownlow : 5 h à 18 images/s.

Limité aux trois premières parties d'un vaste projet qui aurait dû donner naissance à huit films, de « la Jeunesse de Bonaparte » à « Sainte-Hélène », le Napoléon comprend six périodes : 1. Prologue, la jeunesse de Bonaparte : Brienne, neuf années plus tard au club des Cordeliers, les Tuileries, Violine, Pozzo di Borgo. 2. Bonaparte en Corse, les Deux Tempêtes. 3. Le siège de Toulon, après la prise de Toulon. 4. Bonaparte et la Terreur, l'assassinat de Marat par Charlotte Corday, Thermidor, Vendémiaire. 5. Joséphine de Beauharnais, les adieux à la Révolution. 6. Le départ pour la campagne d'Italie, les « mendiants de la Gloire ».

◆ Un chef-d'œuvre visionnaire

Le film, sans cesse remanié, a été présenté en sept versions différentes entre 1927 et 1982, muet, puis sonorisé en 1935 et 1970, redevenant muet pour la dernière projection, la plus complète et monumentale, préparée par Kevin Brownlow en 1982. Œuvre d'un poète et non reconstitution fidèle, composé d'épisodes disparates, le Napoléon *se prête à ces métamorphoses que ne redoutait sans doute pas son auteur. « Il n'y a pas dans le film un seul passage sans originalité technique », écrivait Léon Moussinac en 1927. La caméra enfin libérée de son pied, perpétuellement en mouvement, permet à Gance de « faire du spectateur un acteur », de « faire en sorte qu'il participe à l'action, l'emporter dans le rythme des images ». Pour organiser les images grandioses qu'il méditait, il fallait à ce visionnaire créer une nouvelle expression. L'invention essentielle est celle du triple écran, ancêtre du « Cinérama ». Gance en multiplie les possibilités ; le triptyque fait faire au cinéma un pas gigantesque en utilisant des images diversifiées : ou distinctes mais procédant d'une même action, ou identiques, répétées trois fois, ou encore symétriques, ou en mouvement de part et d'autre de l'image centrale donnant à ce film unique une démesure, une puissance qui emporte le spectateur. Certains, dont Moussinac, ont prétendu que le* Napoléon *est un film fasciste. La lecture politique ne doit-elle pas, pour une fois, s'effacer devant l'immensité créatrice de l'œuvre, l'une des plus importantes de l'histoire du cinéma ?* R.F.

NAPOLÉON

Film historique de **Sacha Guitry**, avec Raymond Pellegrin *(Napoléon)*, Daniel Gélin *(Bonaparte)*, Michèle Morgan *(Joséphine)*, Maria Schell *(Marie-Louise)*, Pierre Brasseur *(Barras)*, Danielle Darrieux *(Éléonore Denuelle)*, Sacha Guitry *(Talleyrand)*, Dany Robin *(Désirée Clary)*, Jean Gabin *(Lannes)*, Micheline Presle *(Hortense)*, Erich von Stroheim *(Beethoven)*, Orson Welles *(sir Hudson Lowe)*. • SC : S. Guitry. • PH : Pierre Montazel, Roger Dormoy. • DÉC : René Renoux. • MUS : Jean Françaix. • MONT : Raymond Lamy. France, 1955 – Couleurs – 3 h 16.

À l'annonce de la mort de Napoléon, Talleyrand raconte l'Empereur à ses amis réunis autour de lui.

◆ *Guitry-Talleyrand, cynique et sceptique, raconte « la petite histoire » de l'Empereur, avec ses bons mots et son esprit habituel. Les séquences d'action sont réalisées par un spécialiste qui avait travaillé à Hollywood : Eugène Lourié.* J.-C.S.

NAPOLÉON II L'AIGLON

Film historique de **Claude Boissol**, avec Bernard Verley, Danielle Gaubert, Jean Marais, Georges Marchal. France, 1961 – Couleurs – 1 h 40.

Né en 1811, mort en 1832, le fils de Napoléon ne réussira jamais à se soustraire à l'influence du chancelier autrichien Metternich. Une morne biographie bien loin de Rostand.

NARCISSE

Comédie d'**Ayres d'Aguiar**, avec Rellys, Monique Rolland, Gabriello, Georges Lannes. France, 1939 – 1 h 40.

Pour hériter de son oncle, un jeune homme est obligé de passer son brevet de pilote. Il l'obtient finalement involontairement, gagne son héritage et l'amour en prime.

LE NARCISSE NOIR "BLACK NARCISSUS"

Drame de **Michael Powell** et **Emeric Pressburger**, d'après le roman de Rumer Godden, avec Deborah Kerr, Sabu, Flora Robson, David Farrar, Kathleen Byron. Grande-Bretagne, 1947 – Couleurs – 1 h 39.

Au cœur de l'Himalaya, une religieuse chargée de fonder un couvent s'éprend du représentant anglais et déclenche la jalousie meurtrière d'une autre sœur.

NASHVILLE "NASHVILLE"

Chronique de **Robert Altman**, avec David Arkin *(Norman)*, Barbara Baxley *(Lady Pearl)*, Karen Black *(Connie White)*, Shelley Duvall *(L.A. Joan)*, Timothy Brown *(Tommy Brown)*, Keith Carradine *(Tom Frank)*, Geraldine Chaplin *(Opal)*, Barbara Harris *(Albuquerque)*, Ronee Blakley *(Barbara Jean)*. • SC : Joan Tewkesbury. • PH : Paul

Lohmann. • DÉC : Jules Melino. • MUS : Richard Baskin. • MONT : Sidney Levin, Dennis Hill. • PR : R. Altman (Paramount). États-Unis, 1975 – Couleurs – 2 h 39.

Entre une séquence d'ouverture à l'aéroport de Nashville (Tennessee), qui introduit la quasi-totalité des vingt-quatre personnages lors de l'arrivée de la chanteuse Barbara Jean, et la séquence finale au Parthénon où, pendant son concert, l'artiste est assassinée, Altman a fait se croiser, s'effleurer, parfois se rencontrer des destinées individuelles dans la confusion d'abord, tant visuelle que sonore, puis en s'attachant aux gestes et aux comportements, mais de l'extérieur, sans volonté d'analyse psychologique.

◆ Un chaos bien organisé

Altman a tourné des œuvres plus poétiques (John McCabe), *plus délirantes* (Brewster McCloud), *plus introspectives* (Trois Femmes), *plus expérimentales* (California Split), *mais aucune ne résume mieux son projet artistique. En deux heures quarante, se gardant de privilégier un seul personnage, il détourne le genre bien établi du feuilleton familial ou collectif télévisé où les auteurs multiplient les scènes mélodramatiques, les rencontres inattendues, pour créer l'émotion larmoyante. Altman, lui, a toujours aimé utiliser les stéréotypes (du western, du film noir, du film de gangsters, de la science-fiction) pour mieux subvertir et dévoiler les mythes qui sous-tendent la culture de son pays. Il est donc à la fois l'un des cinéastes les plus américains qui soient et l'un des rares qui refusent les lois du spectacle et préviennent toute possibilité d'identification. D'où ses nombreux insuccès commerciaux. Réalisé peu après le scandale du Watergate et peu avant la célébration du bicentenaire des États-Unis,* Nashville *est une interrogation sur le spectacle comme politique et sur la politique comme spectacle. Le monde de la « country music », des affaires qui s'y brassent et des concerts au Grand Opry est mis en parallèle avec la campagne présidentielle de Hal Philip Walker, le candidat invisible du Replacement Party. Poursuivant ses recherches entreprises dans* California Split, *Altman superpose les événements, adopte une structure de récit qui donne en permanence une impression de flottement et d'improvisation (mais rien de plus organisé que ce chaos apparent), sature sa bande-son de musiques et de bruits divers, nous grise d'enregistrements, de disques, d'émissions de télévision, de conversations téléphoniques, faisant de son film un des commentaires les plus pertinents et les plus ironiques à la fois du monde de la communication et de la société médiatique. Vingt-sept chansons ajoutent à la richesse de la texture formelle en moquant l'action ou en l'anticipant. Mais on aurait tort de privilégier le point de vue satirique du metteur en scène. En témoigne le personnage d'Opal, faux reporter de la B.B.C., qui multiplie les simplifications outrancières et les clichés sur le Nouveau Monde et qu'interprète Geraldine Chaplin. Car Altman, s'il aime fustiger les mœurs et les valeurs de son pays, sait aussi à l'occasion exalter ce qu'il ridiculise. Les aspirantes chanteuses, les épouses esseulées, les interprètes démagogues ou les playboys cyniques qu'il nous montre avec distance peuvent fugitivement nous révéler leur part de vulnérabilité ou d'humanité.* *M.C.*

NASHVILLE LADY "COAL MINER'S DAUGHTER"

Comédie dramatique de **Michael Apted**, avec Sissy Spacek, Tommy Lee Jones, Beverly d'Angelo. États-Unis, 1980 – Couleurs – 2 h 05.

Issue du rude milieu des mineurs du Kentucky, une jeune fille réussit à percer grâce à ses chansons de style « country music ». Mais la vie n'est pas tendre.

NATHALIE

Comédie de **Christian-Jaque**, avec Martine Carol, Mischa Auer, Michel Piccoli, Louis Seigner. France, 1957 – 1 h 35.

Un ravissant mannequin enquête sur la disparition d'un bijou. Comédie pétillante sur des dialogues d'Henri Jeanson. Le film a une suite : NATHALIE, AGENT SECRET (Voir ci-dessous).

NATHALIE, AGENT SECRET

Film policier d'**Henri Decoin**, avec Martine Carol, Félix Marten, Dario Moreno, Noël Roquevert, Howard Vernon, Dany Saval. France, 1959 – 1 h 32.

À Mégève, un mannequin se trouve soupçonné du meurtre d'un industriel. Mais son charme, son courage et sa perspicacité lui feront découvrir le véritable assassin. Suite du précédent.

NATHALIE GRANGER

Essai de **Marguerite Duras**, avec Jeanne Moreau, Lucia Bosè, Gérard Depardieu. France, 1972 – 1 h 25.

Une maison dans les Yvelines, un chat, un transistor, deux femmes. Nathalie, la fille de l'une d'elles, est renvoyée de l'école pour violence. La radio rapporte également les violences de deux adolescents fugueurs.

NATIVE LAND

Film politique de **Leo Hurwitz** et **Paul Strand**, avec Howard Da Silva, Fred Jackson, Virginia Stevens, Louis Grant, Mary George. • SC : L. Hurwitz, P. Strand, Ben Maddow (commentaire dit par Paul Robeson). • PH : P. Strand. • MUS : Mark Blitzstein. • MONT: Sidney Meyers. États-Unis, 1938-1942 – 1 h 35.

Un fermier est tué par deux inconnus après avoir pris la parole dans un meeting ; un syndicaliste est assassiné en pleine rue à Cleveland ; deux métayers, un Blanc et un Noir, sont abattus par la police après une chasse à l'homme ; un espion au service du patronat, infiltré dans un syndicat, est démasqué par ses camarades. Partout, la police et les milices privées exercent des violences meurtrières contre les grévistes et les chômeurs.

◆ *Présenté comme « un document sur la lutte des États-Unis pour la liberté », le film rassemble des reconstitutions jouées et des séquences d'actualités illustrant « la conspiration criminelle dirigée par une poignée de trusts fascisants contre la Déclaration des Droits ». La documentation s'appuie sur les révélations de la commission d'enquête sénatoriale La Follette-Thomas (1936) sur les violations des droits civiques par le patronat. Produit et réalisé par le groupe de documentaristes militants Frontier Film, le film ne connut en 1942 qu'une diffusion très restreinte du fait de l'esprit d'« union sacrée » engendré par l'état de guerre.* *M.MN.*

NATURE MORTE "TADIATE BIOJAN"
Drame de **Sohrab Sahid-Saless**. Iran, 1974 – Couleurs – 1 h 30.

L'univers d'un vieux garde-barrière s'effondre lorsque, mis à la retraite après trente ans de service, il doit quitter sa maison.

LES NAUFRAGÉS DE L'AUTOCAR
"THE WAYWARD BUS"
Comédie dramatique de **Victor Vicas**, d'après le roman de John Steinbeck, avec Joan Collins, Jayne Mansfield, Dan Dailey, Rick Jason. États-Unis, 1957 – 1 h 22.

Variation sur le thème du groupe placé hors de son contexte habituel et des réactions psychologiques de ses membres.

LES NAUFRAGÉS DE L'ESPACE "MAROONED"
Film de science-fiction de **John Sturges**, d'après le roman de Martin Caidin, avec Gregory Peck, Richard Crenna, David Janssen. États-Unis, 1969 – Couleurs – 2 h 13.

Difficile sauvetage et retour sur Terre d'astronautes en mission prolongée dans l'espace. Une superproduction très soignée quant aux développements scientifiques.

LES NAUFRAGÉS DE L'ÎLE DE LA TORTUE
Comédie de **Jacques Rozier**, avec Pierre Richard, Jacques Villeret, Maurice Risch, Caroline Cartier, Jean-François Balmer. France, 1976 – Couleurs – 2 h 25.

Un employé d'une agence touristique propose à ses clients de revivre l'aventure de Robinson. Il trouve le lieu idéal, mais l'acheminement des clients dans l'île pose de sérieux problèmes.

LES NAUFRAGEURS DES MERS DU SUD
"REAP THE WILD WIND"
Film d'aventures de **Cecil B. De Mille**, d'après le récit de Thelma Strabel, avec Ray Milland, John Wayne, Paulette Goddard, Raymond Massey, Susan Hayward, Robert Preston. États-Unis, 1942 – Couleurs – 2 h 04.

En 1840, une intrépide jeune femme explore des épaves et affronte un armateur sans scrupules qui coule ses propres navires.

LE NAVIRE BLANC "LA NAVE BIANCA"
Drame de **Roberto Rossellini**, avec des non-professionnels. Italie, 1941 – 1 h 02.

Des marins blessés sont soignés sur un bateau-hôpital. L'un d'eux découvre que son infirmière est la marraine de guerre avec laquelle il entretenait une correspondance amoureuse. Le premier long métrage du cinéaste.

LE NAVIRE DES FILLES PERDUES
"LA NAVE DELLE DONNE MALEDETTE"
Film d'aventures de **Raffaello Matarazzo**, avec May Britt, Kérima, Ettore Manni. Italie, 1953 – Couleurs – 1 h 19.

Pour sauver sa cousine, une jeune fille s'accuse d'un crime. Elle est déportée sur un navire où elle va vivre des aventures mouvementées.

LE NAVIRE DES HOMMES PERDUS
"DAS SCHIFF DER VERLORENEN MENSCHEN"
Drame de **Maurice Tourneur**, avec Marlene Dietrich. Allemagne, 1929 – env. 2 400 m (1 h 29).

Seule sur un bateau au milieu d'un équipage qui s'adonne à l'alcool, une jeune femme a fort à faire pour se garder de la horde des marins entreprenants.

LE NAVIRE EN FEU "SAN DEMETRIO LONDON"
Film de guerre de **Charles Frend**, avec Walter Fitzgerald, Robert Beatty, Mervyn Johns, Ralph Michael, Gordon Jackson. Grande-Bretagne, 1943 – 1 h 45.

En 1940, un pétrolier en flammes est ramené par son équipage près des côtes anglaises. Une reconstitution d'un fait réel.

LE NAVIRE NIGHT
Essai de **Marguerite Duras**, avec Bulle Ogier, Dominique Sanda, Mathieu Carrière. France, 1979 – Couleurs – 1 h 34.

Une nuit, puis des mois, un homme et une femme se parlent au téléphone, s'aiment et se désirent... sans se voir. Un texte magnifique au rythme poétique.

NAZARIN "NAZARIN"
Drame de **Luis Buñuel**, avec Francisco Rabal *(Don Nazarin)*, Marga Lopez *(Beatriz)*, Rita Macedo *(Andara)*, Jesus Fernandez *(le nain Ujo)*, Noé Murayama *(Pinto)*, Ofelia Guilmain *(Chanfa)*. • SC : L. Buñuel, Julio Alejandro, d'après la nouvelle de Bénito Pérez Galdós. • PH : Gabriel Figueroa. • DÉC : Edward Fitzgerald. • MUS : José de Pérez. • MONT : Carlos Savage. Mexique, 1958 – 1 h 34. ★ PRIX SPÉCIAL DU JURY, Cannes 1959.

Don Nazarin vit pauvrement parmi les plus démunis. Il porte secours à Beatriz, abandonnée par son amant. Il recueille chez lui Andara, une prostituée qui a blessé mortellement une rivale. Objet de scandale, il part sur les routes vivre l'Évangile. Après avoir guéri la nièce d'Andara, celle-ci et Beatriz l'accompagnent, malgré ses protestations, comme des disciples. On jase de plus belle...

◆ *L'aventure de ce prêtre, dont tous les actes sont accomplis dans le plus pur réalisme, renvoie à l'évidence à Don Quichotte. Buñuel y atteint au sommet de l'ambiguïté : on peut lire l'échec de Don Nazarin comme l'inutilité de l'attitude évangélique devant les difficultés matérielles du monde comme on peut y voir une œuvre aux résonances chrétiennes, même réalisée par un athée convaincu. C'est précisément cette dualité qui fait la force et la beauté du film, qui doit beaucoup à la magnifique interprétation de Francisco Rabal.* J.M.

NAZI AGENT
Film d'espionnage de **Jules Dassin**, avec Conrad Veidt, Ann Ayars. États-Unis, 1942 – 1 h 24.

Un Américain d'origine allemande est contraint par son frère jumeau de se mettre au service d'un réseau d'espions nazis. Conrad Veidt interprète les deux rôles.

NÉA
Drame de **Nelly Kaplan**, d'après la nouvelle d'Emmanuelle Arsan, avec Sami Frey, Ann Zacharias, Micheline Presle, Françoise Brion, Heinz Bennent, Ingrid Caven. France, 1976 – Couleurs – 1 h 40.

Une jeune fille, obsédée par le sexe, écrit un roman érotique qui va faire connaître son éditeur, sans profit pour elle. Pour se venger, elle le fera accuser de viol.

NE DITES JAMAIS ADIEU "NEVER SAY GOODBYE"
Comédie dramatique de **Jerry Hopper**, avec Rock Hudson, Cornell Borchers, George Sanders. États-Unis, 1956 – Couleurs – 1 h 36.

La difficile reconquête de son enfant par une femme disparue de son foyer plusieurs années auparavant. Douglas Sirk participa à la réalisation du film.

▷ Remake de NOTRE CHER AMOUR "THIS LOVE IS OURS", de **William Dieterle**, d'après la pièce de Pirandello *Comme avant, mieux qu'avant*, avec Merle Oberon, Charles Korvin, Claude Rains, Carl Esmond, Jess Barker, Harry Davenport, Ralph Morgan. États-Unis, 1945 – 1 h 30.

NED KELLY "NED KELLY"
Drame de **Tony Richardson**, avec Mick Jagger, Allen Bickford, Geoff Gilmour. Grande-Bretagne, 1970 – Couleurs – 1 h 43.

Ned Kelly subit avec ses compatriotes irlandais la situation pénible faite aux déportés en Australie. La lutte contre l'injustice le mènera au gibet. Une dénonciation forte de tous les régimes d'oppression.

LA NEF DES FOUS "SHIP OF FOOLS"
Drame de **Stanley Kramer**, d'après le roman de Katherine Anne Porter, avec Vivien Leigh, Simone Signoret, Oskar Werner, Lee Marvin, Jose Ferrer, George Segal. États-Unis, 1965 – 2 h 25.

Dans les années qui précèdent la Seconde Guerre mondiale, un navire allemand appareille d'Amérique du Sud pour rallier Brême. À bord, les tensions entre les différents passagers sont insupportables.

NEIGE
Drame de **Juliet Berto** et **Jean-Henri Roger**, avec Juliet Berto, Jean-François Stévenin, Robert Liensol. France, 1980 – Couleurs – 1 h 30.

Dans les milieux interlopes de Pigalle, la drogue est un besoin pour les uns, une source de profits pour les autres, une occasion de sortir les « flingues » pour beaucoup.

LA NEIGE EN DEUIL "THE MOUNTAIN"
Film d'aventures d'**Edward Dmytryk**, d'après le roman d'Henri Troyat, avec Spencer Tracy, Robert Wagner, Claire Trevor. États-Unis, 1956 – Couleurs – 1 h 45.

Deux frères tentent, pour des raisons différentes, une difficile ascension vers l'épave d'un avion.

LA NEIGE ÉTAIT SALE
Drame de **Luis Saslavsky**, d'après le roman de Georges Simenon, avec Daniel Gélin, Valentine Tessier, Balpétré, Daniel Ivernel. France, 1954 – 1 h 39.

Dans l'atmosphère trouble de l'Occupation, le drame intérieur d'un jeune homme perverti depuis son adolescence. Pleinement conscient de son amoralité, il s'enferme chaque jour davantage dans l'abjection.

LES NEIGES DU KILIMANDJARO
"THE SNOWS OF KILIMANJARO"
Comédie dramatique de **Henry King**, d'après le roman d'Ernest Hemingway, avec Gregory Peck, Susan Hayward, Ava Gardner, Hildegard Kneff. États-Unis, 1952 – Couleurs – 1 h 57.

Au pied du Kilimandjaro, un écrivain-reporter, luttant contre la mort, prend du recul par rapport à sa tumultueuse existence et débouche sur une certaine philosophie de la vie.

NEIGES SANGLANTES / S.V.D.
"S.V.D. (SOJUS VELIKOGO DELA)"
Film historique de **Grigori Kozintsev** et **Leonid Trauberg**, avec Serguei Guerassimov *(Medox)*, Konstantin Khokhlov *(Vichnevski)*, Petr Sobolevski *(Soukhanov)*, Andrei Kostritchkine *(le valet)*, Sofia Magarill. • SC : Youri Tynianov, Youri Oksman. • PH : Andrei Moskvine. • DÉC : Evgueni Enei. U.R.S.S. (Russie), 1927 – 2 100 m (env. 1 h 18).

L'action se situe sous Nicolas Ier, au moment de la conspiration dite des « décembristes ». Un officier, qui fait partie du groupe des comploteurs, veut entraîner les autres officiers de sa garnison dans cette tentative d'insurrection contre le nouveau tsar. Il est en même temps amoureux d'une comtesse. En fin de compte, le mouvement échouera à cause d'une trahison.

◆ *En relatant un épisode « révolutionnaire » de l'histoire russe, Kozintsev et Trauberg continuent d'appliquer les principes et les méthodes de la F.E.K.S., cette Fabrique où ils inventaient le travail de l'acteur et renouvelaient l'expression cinématographique. Mais, à côté d'œuvres plus actuelles, le sujet leur offre l'occasion de développements romantiques et de scènes d'action extrêmement animées, à la manière des films d'aventures de l'époque. À noter que Guerassimov, qui joue ici le traître, devait plus tard devenir lui-même réalisateur et que le titre original, très éloquent, signifie : l'union pour la grande cause.* J.-M.C.

NELLY ET M. ARNAUD
Comédie dramatique de **Claude Sautet**, avec Emmanuelle Béart *(Nelly)*, Michel Serrault *(M. Arnaud)*, Jean-Hugues Anglade *(Vincent)*, Claire Nadeau *(Jacqueline)*, Françoise Brion *(Lucie)*. • SC : C. Sautet, Jacques Fieschi, Yves Ulmann. • PH : Jean-François Robin. • DÉC : Carlos Conti. • MUS : Philippe Sarde. • MONT : Jacqueline Thiedot. France, 1995 – Couleurs – 1 h 46.
★ CÉSAR DU MEILLEUR RÉALISATEUR.

Un ancien juge d'outre-mer, M. Arnaud, engage pour taper ses Mémoires une jeune fille vivant de travaux précaires, Nelly. Peu à peu une relation étrange, passionnée et pudique, va s'établir entre le vieux bougon qui a nettoyé sa vie par le vide et la jeune fille qui n'arrive pas à remplir la sienne, ni professionnellement ni affectivement.

◆ *Gestes inachevés, questions à contretemps, réponses décalées... les personnages se frôlent, se croisent et restent dans leur solitude. Même quand une attraction plus forte que les autres semble devoir balayer mariages résiduels et amours contingentes, elle court en pointillé et se termine en points de suspension. On pourra y lire le face-à-face du vieil homme, qui connaît le poids du temps et le caractère infranchissable de la différence d'âge, et de la jeune fille, qui ne reconnaît d'autre loi que celle de son cúur. D'autres y verront une variation de l'éternel tango amoureux : « Si tu ne m'aimes pas, je t'aime et si je t'aime prends garde à toi. « Difficile de savoir si M. Arnaud retourne à ses arrangements conjugaux imparfaits, mais cimentés dans le temps, par peur de l'échec, par égard pour Nelly, ou par goût de la délectation morose. Claude Sautet a tellement entrecroisé les fils de la vérité psychologique de ses personnages qu'ils deviennent des personnes à part entière, ambiguës et complexes, avec lesquelles chacun peut se trouver des points d'adhérence.* J.-C.L.

NÉMO
Conte fantastique d'**Arnaud Selignac**, avec Seth Kibel, Mathilda May, Jason Connery. France / Grande-Bretagne, 1984 – Couleurs – 1 h 37.

Entraîné dans un monde féerique, un garçonnet va y vivre d'extraordinaires aventures au milieu de ses héros préférés.

NE NOUS FÂCHONS PAS
Comédie policière de **Georges Lautner**, avec Lino Ventura, Jean Lefebvre, Mireille Darc, Jean Constantin. France, 1966 – Couleurs – 1 h 45.

Un ancien truand retraité, plutôt soupe au lait, reprend du service malgré lui. La grande tradition des comédies parodiques.

NE PAS AVALER "NIL BY MOUTH"
Chronique sociale de **Gary Oldman**, avec Ray Winstone, Charlie Creed-Miles, Kathy Burke. Grande-Bretagne, 1997 – Couleurs – 1 h 50.

Une famille à la dérive dans un quartier populaire de la banlieue de Londres : chômage, alcool, drogue. Deux parcours : celui des hommes, pathétique et violent, et celui des femmes, arc-boutées sur la défense obstinée des leurs et de ce qui reste de la famille.

NÉ POUR TUER "BORN TO KILL"
Drame de **Robert Wise**, d'après le roman de James Gunn, avec Claire Trevor, Lawrence Tierney, Walter Slezak, Phillip Terry. États-Unis, 1947 – 1 h 32.

À Reno, une jeune femme a la malchance de faire la rencontre d'un assassin brutal qui va détruire sa vie.

NÉ POUR VAINCRE "BORN TO WIN"
Drame d'**Ivan Passer**, avec George Segal, Karen Black, Paula Prentiss, Jay Fletcher. États-Unis, 1971 – Couleurs – 1 h 30.

Un drogué aux abois se laisse embarquer dans les « coups » les plus tordus pour se procurer son « fix » quotidien. La mort est au bout de la route.

NE RÉVEILLEZ PAS UN FLIC QUI DORT
Film policier de **José Pinheiro**, d'après le roman de Frédéric H. Fajardie *Clause de style*, avec Alain Delon, Michel Serrault, Xavier Deluc. France, 1988 – Couleurs – 1 h 37.

Un commissaire intrépide déclare la guerre à une organisation souterraine fascisante qui gangrène la police.

LES NERFS À VIF "CAPE FEAR"
Film policier de **Jack Lee Thompson**, avec Gregory Peck, Robert Mitchum, Polly Bergen, Martin Balsam, Telly Savalas. États-Unis, 1962 – 1 h 46.

Un ancien bagnard, jadis condamné pour viol sur le témoignage d'un avocat, terrorise la famille de celui-ci. Un très fort suspense.

LES NERFS À VIF "CAPE FEAR"
Film policier de **Martin Scorsese**, avec Robert De Niro, Nick Nolte, Jessica Lange. États-Unis, 1991 – Couleurs – 2 h 08.

Remake du film de J. Lee Thompson auquel Scorsese ajoute une dénonciation des mythes de la société américaine (la famille, le puritanisme, le droit) qui confère au criminel une dimension de justicier apocalyptique.

NÉRON "NERONE"
Drame historique de **Roberto Omegna**, avec Lydia De Roberti, Alberto Cappozzi, Luigi Maggi. Italie, 1909 – 330 m (env. 12 mn).

Les amours de l'empereur et de Poppée, le meurtre de sa femme et la révolte du peuple contre le tyran, avant qu'il ne fasse incendier la ville de Rome.

NE SOIS PAS TRISTE ! / NE T'EN FAIS PAS !
"AR IDARDO"
Comédie dramatique de **Gueorgui Danelia**, avec Vakhtang Kikabidze, Sofiko Tchiaoureli, Sergo Zakhriadze. U.R.S.S. (Géorgie), 1968 – Couleurs – 1 h 34.

À la fin de ses études, un jeune médecin regagne sa ville natale, mais se heurte à la suprématie du guérisseur local.

NESTOR BURMA, DÉTECTIVE DE CHOC
Film policier de **Jean-Luc Miesch**, d'après le roman de Léo Malet, avec Michel Serrault, Jane Birkin, Guy Marchand, Alain Bashung. France, 1982 – Couleurs – 1 h 40.

Un privé quelque peu marginalisé par ses options idéologiques se voit confier une étrange affaire de suicide, qui cache en fait un trafic de drogue organisé par un chanteur de rock.

▷ Voir aussi avec le même héros : 120, RUE DE LA GARE, ÉNIGME AUX FOLIES-BERGÈRE et LA NUIT DE SAINT-GERMAIN-DES-PRÉS.

NE TIREZ PAS SUR LE SHÉRIF
"SUPPORT YOUR LOCAL SHERIF"
Comédie de **Burt Kennedy**, avec James Garner, Joan Hackett, Walter Brennan, Jack Elam. États-Unis, 1969 – Couleurs – 1 h 32.

Le village de Calender est le lieu d'une nouvelle ruée vers l'or. Débordé, le conseil communal cherche un shérif qui remette de l'ordre. Un western volontairement parodique, avec des comédiens détournés de leur emploi habituel.

NETTOYAGE À SEC
Comédie dramatique d'**Anne Fontaine**, avec Miou-Miou, Charles Berling, Stanislas Merhar. France, 1997 – Couleurs – 1 h 37. ★ MÉDAILLE D'OR DU MEILLEUR SCÉNARIO ORIGINAL, VENISE 1993.

Les affres d'un couple petit-bourgeois saisi par la débauche : un danseur de boîte séduit tour à tour l'épouse et le mari. Une démonstration un peu lourde, sauvée par une interprétation juste et fine.

LE NETTOYEUR "DESTRY"
Western de **George Marshall**, avec Audie Murphy, Mari Blanchard, Lyle Bettger, Lori Nelson. États-Unis, 1954 – Couleurs – 1 h 35.

Un jeune homme, en apparence inoffensif, débarrasse une petite ville du Far West de ses bandits. Remake presque scène pour scène de FEMME OU DÉMON (Voir ce titre).

NETWORK (MAIN BASSE SUR LA T.V.)
"NETWORK"
Drame de **Sidney Lumet**, avec Faye Dunaway *(Diana Christenson)*, William Holden *(Max Schumacher)*, Peter Finch *(Howard Beale)*, Robert Duvall *(Frank Hackett)*, Wesley Addy *(Nelson Chaney)*, Ned Beatty *(Arthur Jensen)*. • SC : Paddy Chayefsky. • PH : Owen Roizman. • DÉC : Phil Rosenberg. • MUS : Elliot Lawrence. • MONT : Alan Heim. États-Unis, 1976 – Couleurs – 2 h 02.

Le présentateur-vedette d'U.B.S.-TV, Howard Beale, licencié pour impopularité, dénonce ses employeurs dans une harangue enflammée et déclare son intention de se suicider devant les caméras. Sa cote remonte en flèche, et la responsable des feuilletons, Diana Christenson, après avoir évincé le directeur de l'information, Max Schumacher, confie à Beale l'animation d'une émission défouloir, exploitant les rancœurs et les frustrations des téléspectateurs. Le « prophète fou » devient bientôt la figure la plus populaire du petit écran.

◆ *Comme Max Schumacher et Howard Beale, Sidney Lumet et Paddy Chayefsky ont vécu l'« âge d'or » du direct, et assisté à la mercantilisation de la télévision américaine, à l'emprise croissante des conglomérats sur le petit écran, au développement de l'information-spectacle.* Network *est leur réponse à ces phénomènes : un film aux outrances calculées, mêlant brillamment polémique et nostalgie, réalisme et envolées lyriques, politique-fiction et faits divers.* O.E.

NEUF JOURS D'UNE ANNÉE

"DEVJAT' DNEJ ODNOGO GODA"

Drame de **Mikhaïl Romm**, avec Alexei Batalov *(Mitia Goussev)*, Innokenti Smoktounovski *(Ilya Koulikov)*, Tatiana Lavrova *(Liolia)*, Nikolai Plotnikov *(Sintsov)*. • SC : Daniil Khrabrovitski, M. Romm. • PH : Guerman Lavrov. • DÉC : Gueorgui Kolganov. • MUS : Djon Ter-Tatevosian. U.R.S.S. (Russie), 1962 – 1 h 51. ★ **GRAND PRIX, Karlovy-Vary 1962.**

Parce qu'il a été irradié au cours d'une expérience de laboratoire, Goussev, physicien atomiste, hésite à épouser sa fiancée Liolia, courtisée par son collègue Koulikov. Après leur mariage, la jeune femme réalise que la vie conjugale est difficile avec un homme tout entier voué à son travail. Irradié à nouveau, Goussev semble perdu : une audacieuse opération le sauvera-t-elle ?

◆ *La fin du film laisse l'interrogation en suspens, ce qui traduit l'inquiétude que Romm entend exprimer en traitant ce thème d'actualité, mais relativement tabou, qui lui permet d'aborder les problèmes éthiques posés aux chercheurs scientifiques par rapport au progrès de l'humanité. Esthétiquement, le film est d'une grande et belle rigueur plastique soulignée par le noir et blanc d'images très travaillées.* *M.MN.*

NEUF MOIS "KILENC HONAP"

Drame psychologique de **Márta Mészáros**, avec Lili Monori, Jan Nowicki, Djoko Rosić. Hongrie, 1976 – Couleurs – 1 h 33.

Une ouvrière a une liaison avec son contremaître. Jaloux des bons rapports qu'elle continue d'entretenir avec son ancien mari, il la renvoie et la rejette lorsqu'elle lui apprend qu'elle est enceinte.

NEUF SEMAINES ET DEMIE

"NINE AND A HALF WEEKS"

Comédie dramatique d'**Adrian Lyne**, avec Mickey Rourke, Kim Basinger, Margaret Whitton. États-Unis, 1985 – Couleurs – 1 h 55.

Séparée de son mari, l'employée d'une galerie de peinture de New York découvre le plaisir dans les bras d'un pervers. Cela n'aura qu'un temps.

NÉ UN 4 JUILLET "BORN ON THE FOURTH OF JULY"

Drame d'**Oliver Stone**, d'après l'autobiographie de Ron Kovic, avec Tom Cruise, Raymond J. Barry, Caroline Kava, Willem Dafoe. États-Unis, 1989 – Couleurs – 2 h 25.

Le héros de ce film n'est pas vraiment un héros de guerre. Il s'est engagé dans les Marines la fleur au fusil, a connu l'enfer du Viêt Nam, a même tué involontairement un soldat américain, est revenu handicapé, aigri, désespéré, a retrouvé goût à la vie en militant dans le pacifisme. Excellente réalisation sanctionnée par un Oscar (que méritait également Tom Cruise, étonnant).

LE NEUVIÈME CERCLE "DEVETI KRUG"

Drame de France Štiglic, avec Dušica Žegarac *(Ruth)*, Boris Dvornik *(Ivo)*, Desanka Lončar, Dragan Milivojevič, Ervina Dragman, Branko Tatič. • SC : Zora Dirnbach. • PH : Ivan Marinček. • DÉC : Želimir Zagotta. • MUS : Branimir Sakač. • MONT : Liva Braniš. Yougoslavie, 1960 – 1 h 48.

Pendant la Seconde Guerre mondiale, alors que les vagues de déportations de juifs s'intensifient, le vieux Vojnović décide, pour la protéger, de marier à son fils Ivo une jeune fille juive, Ruth, réfugiée chez lui et dont les parents ont été arrêtés. Bien que cette union ne soit qu'un mariage blanc, l'amour naît peu à peu entre les deux jeunes gens. Ruth apprend par hasard la mort de son père et est arrêtée peu après par des Oustachis, collaborateurs des nazis. Ivo décide alors de la retrouver, même s'il lui faut aller jusqu'au « neuvième cercle » de l'enfer, le camp de concentration où il réussit à retrouver celle qu'il aime. Tous deux tentent de s'enfuir, mais ils mourront, enlacés, sur la clôture électrifiée.

◆ *Profondément marquée par les persécutions nazies, la Yougoslavie donne là une des œuvres importantes de son nouveau cinéma, belle et aux intentions des plus nobles. Il s'agit essentiellement, après la description précise d'une famille bourgeoise et aryenne, du portrait d'un garçon qui prend peu à peu conscience de sa dignité d'homme, au moment même où il découvre la vie et l'amour. Un film profondément humain et pacifiste, nommé pour l'Oscar du Meilleur film étranger 1960.* F.L.

NEVADA SMITH "NEVADA SMITH"
Western de **Henry Hathaway**, d'après le roman de Harold Robbins The *Carpetbaggers*, avec Steve McQueen, Arthur Kennedy, Raf Vallone. États-Unis, 1966 – Couleurs – 2 h 21.

Après la mort de ses parents, massacrés par trois hors-la-loi, un jeune garçon décide de se venger. Sous le nom de Nevada Smith, il assouvira par tous les moyens sa soif de justice. Un « grand » Steve McQueen.

LE NEVEU DE BEETHOVEN
Drame de **Paul Morrissey**, avec Wolfgang Reichmann, Dietmar Prinz, Jane Birkin, Mathieu Carrière, Nathalie Baye. France / R.F.A., 1985 – Couleurs – 1 h 45.

Évocation parfois maladroite de la vie du génial compositeur, à travers le regard de son neveu.

NE VOUS RETOURNEZ PAS "DON'T LOOK NOW"
Film fantastique de **Nicolas Roeg**, avec Julie Christie *(Laura Baxter)*, Donald Sutherland *(John Baxter)*, Hilary Mason *(Heather)*, Massimo Serato *(Monseigneur Barbarrigo)*, Renato Scarpa *(inspecteur Longhi)*. • SC : Alan Scott, Chris Bryant, d'après une histoire de Daphné Du Maurier. • PH : Anthony Richmond. • DÉC : Giovanni Soccol. • MUS : Pino Donaggio. • MONT : Graeme Clifford. Grande-Bretagne / Italie, 1973 – Couleurs – 1 h 52.

Après la mort par noyade de leur fille Christine, les Baxter se rendent à Venise où John, qui est architecte, doit superviser la restauration d'une église. Laura rencontre deux vieilles femmes dont l'une, médium, lui décrit avec précision la silhouette de Christine et lui annonce qu'un grave danger menace John. Hostile au spiritisme et ne croyant pas à la prémonition, celui-ci refuse de tenir compte de cet avertissement.

◆ *L'extrême virtuosité de la prise de vue et du montage est le principal atout de Nicolas Roeg, qui réussit à rendre crédible les phénomènes paranormaux de ce récit fantastique sans jamais tomber dans le ridicule. La ville de Venise, admirablement filmée, exhale un mystère inquiétant, une angoisse indicible... Le jeu concentré de Donald Sutherland et la sensibilité de Julie Christie contribuent à cette dissection psychologique d'un couple, où les scènes érotiques ont frappé, à l'époque, par leur audace inédite.* G.L.

NEW MEXICO "THE DEADLY COMPANIONS"
Western de **Sam Peckinpah**, avec Maureen O'Hara, Brian Keith, Steve Cochran. États-Unis, 1961 – Couleurs – 1 h 30.

Kit Telden entreprend, avec l'aide d'un vétéran de la guerre de Sécession, de traverser le territoire indien pour enterrer son fils sur le sol natal. Un regard désabusé sur le western.

NEWS FROM HOME
Documentaire de **Chantal Akerman**. France / Belgique, 1977 – Couleurs – 1 h 30.

Portrait de New York en longs plans monotones avec la voix off d'une jeune fille lisant les lettres que sa mère lui envoie de Belgique.

NEWSFRONT "NEWSFRONT"
Drame de **Philip Noyce**, avec Bill Hunter, Gerard Kennedy, Angela Punch Macgregor. Australie, 1978 – Couleurs – 1 h 50.

À travers la vie d'un reporter d'actualités cinématographiques, un portrait de l'Australie, de l'après-guerre jusqu'aux jeux Olympiques de Melbourne en 1956.

NEW YORK-MIAMI "IT HAPPENED ONE NIGHT"
Comédie de **Frank Capra**, avec Clark Gable *(Peter Warne)*, Claudette Colbert *(Ellie Andrews)*, Walter Connolly *(Alexander Andrews)*, Roscoe Karns *(Oscar Shapeley)*, Jameson Thomas *(King Westley)*. • SC : Robert Riskin, d'après la nouvelle de Samuel Hopkins Adams *Night Bus*. • PH : Joseph Walker. • DÉC : Stephen Goosson. • MUS : Louis Silvers. • MONT : Gene Havlick. • PR : F. Capra (Columbia). États-Unis, 1934 – 1 h 45.
★ OSCARS 1934 : MEILLEUR FILM, MEILLEUR SCÉNARIO, MEILLEUR METTEUR EN SCÈNE, MEILLEUR ACTEUR (Gable), MEILLEURE ACTRICE (Colbert).

Ellie Andrews veut épouser un magnat de l'aviation malgré l'opposition de son père. Elle quitte sa cage dorée de Miami et s'enfuit vers New York par le premier bus de nuit où elle rencontre Peter, journaliste au chômage, qui la reconnaît et en tombe amoureux, non sans préparer un fructueux reportage. Elle découvre à la fois l'amour et les joies d'une vie simple dans une Amérique inconnue. Retrouvée par son père et se croyant grugée par Peter, elle se prépare à épouser l'industriel quand le vieil Andrews, bourru mais avisé, comprend que sa fille a mûri et lui permet de convoler avec l'homme de sa vie.

◆ **La jambe de Claudette et le pouce de Clark**
Le film qui allait peut-être inventer un genre, et à coup sûr établir la double réputation de Capra et de la Columbia, ne déclencha pas l'enthousiasme au moment de sa préparation. Doté d'un budget modeste et desservi par la mauvaise grâce de Colbert et Gable, respectivement prêtés par la Paramount et la M.G.M., le film ne semblait défendu que par les seuls Capra et Riskin. L'histoire était somme toute bien conventionnelle, et New York-Miami *apparaissait plutôt comme un film de transition après le triomphe de* Grande Dame d'un jour *(1933). Pourquoi alors cinq Oscars ? Pourquoi la « naissance de la comédie américaine » ? Pourquoi ce « film d'autocar » fut-il tout sauf un film de tocards ? On voudrait répondre : « le naturel » ! Et pourtant... Dans un cinéma parlant qui a tout juste l'âge de raison, cette qualité n'étouffe pas les productions – c'est le moins que l'on puisse dire. Bien sûr, Lubitsch régnait (mais sur la comédie sophistiquée), les Marx déliraient (mais ils poursuivaient la seule tradition du burlesque) et Hawks n'allait pas tarder à faire parler les protagonistes de* la Dame du vendredi *à la vitesse de la lumière. Si le film de Capra, par-delà un genre que d'autres serviront mieux encore, exerça une telle influence, c'est que pour la première fois un homme et une femme existent* ensemble. *La frivole et le dur à cuire ne viennent pas de là, mais ici les répliques font mouche, les caractères existent, le scénario s'efface. La leçon dépasse largement la seule comédie. C'est tout le cinéma qui trouve à la fois son idiome et son mode d'existence, d'autant plus qu'avec Capra le langage suit : durée allongée, rythme frénétique (avec accalmies), découpage incomparable. Dès lors, les images fondatrices abondent : la jambe de Claudette est bien plus efficace que le pouce de Clark pour faire de l'auto-stop ; la pudeur est « respectée » lors des étapes par une bien mince couverture entre les futurs (déjà) amants, etc. Sans oublier les instants de grâce « à la Capra », telle cette séquence improvisée où les vedettes entonnent avec les figurants le si rooseveltien « The Man on the Flying Trapeze ». Chassez le naturel...* *M.C.*

NEW YORK 1997 "Escape From New York"
Film de science-fiction de **John Carpenter**, avec Kurt Russell, Lee Van Cleef, Ernest Borgnine, Donald Pleasence. États-Unis, 1980 – Couleurs – 1 h 42.

Dans la ville de New York transformée en prison, un groupe de malfaiteurs a réussi à capturer le président des États-Unis. Un commando est chargé de le délivrer.

NEW YORK NE RÉPOND PLUS
"The Ultimate Warrior"
Film de science-fiction de **Robert Clouse**, avec Yul Brynner, Max von Sydow, Joanna Miles, Richard Kelton, William Smith. États-Unis, 1974 – Couleurs – 1 h 50.

En 2012, quelques groupes isolés et rivaux ayant survécu aux conflits nucléaires subsistent à New York. Celui du « Baron », le plus civilisé, fait appel pour sa défense à un étranger, Carson.

NEW YORK, NEW YORK "New York, New York"
Comédie musicale de **Martin Scorsese**, avec Robert De Niro *(Jimmy Doyle)*, Liza Minnelli *(Francine Evans)*, Lionel Stander *(Harwell)*, Barry Primus *(Wilson)*. • SC : Earl Mac Rauch, Mardik Martin. • PH : Laszlo Kowacs. • DÉC : Harry R. Kemm, Boris Leven. • MUS : John Kander, Fredd Ebb. • MONT : Tom Rolf, Bertrand Lovitt. États-Unis, 1977 – Couleurs – 2 h 43.

Doyle, un saxophoniste de jazz ambitieux, rencontre Francine Evans, une chanteuse, dans le New York de l'après-guerre. Ils vont jouer dans le même orchestre de jazz blanc qui ne satisfait pas Doyle. Il monte son propre orchestre qui se rapproche des influences noires. Il épouse Francine, mais bientôt les contraintes du métier et les divergences de carrière et de style vont les séparer.

◆ *Un film de studio aux décors irréalistes pour ce cinéaste de la rue qu'est Scorsese, voilà qui n'était pas très prometteur. Mais Scorsese a réussi le pari de garder le ton naturaliste et cru qui est le sien dans sa direction d'acteurs et dans les situations dépeintes, tout en contraignant sa mise en scène à une artificialité de convention qui se réfère explicitement au cinéma hollywoodien des années 50 (principalement le cinéma de Minnelli, Donen et Curtiz), qu'il évoque comme un âge d'or révolu, mais qu'il condamne aussi comme un passé aseptisé qui a nourri son imaginaire. Le film se construit sur ces partis pris extrêmes, qui s'opposent et se conjuguent parfois, dans les scènes musicales que Martin Scorsese filme avec une virtuosité et une émotion confondantes.* *S.K.*

NEW YORK 42e RUE "Forty Deuce"
Drame de **Paul Morrissey**, avec Orson Bean, Kevin Bacon, Mark Keyloum. États-Unis, 1982 – Couleurs – 1 h 30.

Deux adolescents prostitués cherchent à se débarrasser du cadavre d'un compagnon de misère âgé de 12 ans, en le « livrant » à un amateur préalablement drogué, à qui l'on fera endosser le crime... Éprouvant.

NEW YORK STORIES "New York Stories"
Comédie dramatique en trois parties de **Martin Scorsese** (I), **Francis Ford Coppola** (II) et **Woody Allen** (III). États-Unis, 1989 – Couleurs – 2 h 04.

I. APPRENTISSAGES "Life Lessons",
avec Nick Nolte, Rosanna Arquette, Patrick O'Neal.

Le peintre Lionel Dobie prépare fébrilement sa prochaine exposition. Sa jeune assistante, qui est aussi sa compagne, souhaite le quitter. Afin de retrouver l'inspiration, il l'implore de lui donner une nouvelle chance ; ce sera l'occasion d'un féroce règlement de comptes.

II. LA VIE SANS ZOÉ "Life Without Zoe",
avec Heather McComb, Talia Shire, Giancarlo Giannini, Carole Bouquet.

En l'absence de ses parents toujours en voyage, Zoé mène une vie de rêve dans le plus bel hôtel de Manhattan. Mais une petite fille peut avoir besoin de ses parents – et inversement.

III. LE COMPLOT D'ŒDIPE "Oedipus Wrecks",
avec Woody Allen, Mae Questel, Mia Farrow, Julie Kavner.

Sheldon est affligé d'une mère possessive qui fait de sa vie privée un véritable enfer. Lors d'un spectacle, un magicien réalise son vœu en la faisant se volatiliser. Mais elle réapparaît, flottant dans le ciel, parlant de son fils à la foule...

◆ *Dans cet ensemble très inégal, on retiendra surtout le film de Scorsese, virtuose de la caméra et du style : jamais n'a été aussi bien rendu l'acte de peindre. Allen propose une comédie juive hilarante mais qui traîne légèrement en longueur dans sa seconde moitié. Le film de Coppola est un peu mièvre.* L.A.

THE NEXT MAN
Thriller de **Richard C. Sarafian**, avec Sean Connery, Cornelia Sharpe, Albert Paulsen, Adolfo Celi, Charles Cioffi. États-Unis, 1976 – Couleurs – 1 h 47.

Une femme est engagée pour assassiner le ministre d'État saoudien aux Nations unies. Une approche confuse, par le biais de la fiction, des dessous de la politique internationale.

NEXT STOP GREENWICH VILLAGE
"Next Stop, Greenwich Village"
Chronique de **Paul Mazursky**, avec Lenny Baker *(Larry Lapinsky)*, Shelley Winters *(Mom)*, Ellen Greene *(Sarah)*, Lois Smith *(Anita)*. • SC : P. Mazursky. • PH : Arthur Ornitz. • DÉC : Phil Rosenberg. • MUS : Bill Conti. • MONT : Richard Halsey. États-Unis, 1976 – Couleurs – 1 h 52.

Larry Lapinsky, apprenti comédien, a réussi à échapper à une mère possessive et s'installe à Greenwich Village. Il a des copains et une petite amie, de l'humour et de l'ambition, et fait bientôt carrière à Hollywood.

◆ *Avec brio et tendresse, Mazursky narre diverses anecdotes, décousues et probablement autobiographiques, d'une certaine jeunesse new-yorkaise. À travers la vie quotidienne d'Américains moyens, à peine marginaux, il dépeint le stress, les désarrois et gamineries d'une jeunesse qui ne se prend pas vraiment au sérieux. C'est très frais, très drôle, et assez nostalgique : la vie ne vous mène pas toujours où vous auriez voulu.* B.B.

NEZ DE CUIR
Drame psychologique d'**Yves Allégret**, d'après le roman de Jean de La Varende, avec Jean Marais, Françoise Christophe, Jean Debucourt, Massimo Girotti. France, 1952 – 1 h 30.

Un jeune homme défiguré pendant la campagne de France est obligé de porter un masque, d'où son surnom : « Nez de cuir. »

NIAGARA "Niagara"
Drame policier de **Henry Hathaway**, avec Marilyn Monroe, Joseph Cotten, Jean Peters. États-Unis, 1953 – Couleurs – 1 h 29.

Dans le décor majestueux des chutes du Niagara, un mari tue l'amant de sa femme, puis étrangle l'infidèle. Les chutes disputent la vedette du film à une Marilyn Monroe au mieux de sa séduction.

NICHOLAS NICKLEBY "Nicholas Nickleby"
Drame d'**Alberto Cavalcanti**, d'après le roman de Charles Dickens, avec Cedric Hardwicke, Derek Bond, Alfred Drayton, Sybil Thorndike, Stanley Holloway. Grande-Bretagne, 1947 – 1 h 48.

Maltraité par son oncle, un jeune homme essaie de procurer une vie moins miséreuse à sa mère et à sa sœur. D'abord instituteur, il devient comédien ambulant.

NICK CARTER
Serial de **Victorin Jasset**, avec André Liabel, Camille Bardou, Gilbert Dalleu, Julien Dupré, Josette Andriot, produit par Éclair (six films en 1908, neuf films en 1909, un film en 1911, un film en 1912). France, 1908-1912 – env. 300 m (11 mn par épisode).

Les exploits du célèbre détective américain, relatés dans une série de films indépendants les uns des autres, qui introduisent en France le principe du « serial ».

NICK CARTER VA TOUT CASSER
Film policier d'**Henri Decoin**, avec Eddie Constantine, Daphné Dayle, Paul Frankeur. France, 1964 – 1 h 35.

Nick Carter combat Liang le Chinois qui tente de s'emparer des plans d'un engin redoutable, mis au point par un savant français. Eddie Constantine « ressuscite » ici le célèbre détective américain, mais avec moins de succès que pour *Lemmy Caution*.

NICKELODEON "NICKELODEON"
Comédie dramatique de **Peter Bogdanovich**, avec Ryan O'Neal, Burt Reynolds, Tatum O'Neal, Brian Keith, Stella Stevens, John Ritter. États-Unis, 1976 – Couleurs – 2 h.

En 1910, l'essor de l'industrie cinématographique conduit les producteurs indépendants à s'installer en Californie. Quatre jeunes gens se trouvent propulsés dans cette épopée.

NICKEL RIDE "THE NICKEL RIDE"
Drame de **Robert Mulligan**, avec Jason Miller, Linda Haynes, Victor French. États-Unis, 1973 – Couleurs – 1 h 50.

Un self-made man a réussi à conquérir une situation clé dans une ville. Mais il vieillit, et « l'organisation » qui l'emploie envisage de se débarrasser de lui.

NICK, GENTLEMAN DÉTECTIVE
"AFTER THE THIN MAN"
Comédie policière de **W.S. Van Dyke**, d'après un roman de Dashiell Hammett, avec William Powell, Myrna Loy, James Stewart, Elissa Landi, Joseph Calleia. États-Unis, 1936 – 1 h 53.

À New York, un détective amateur, aidé de son épouse et de leur inséparable chien, résoud l'énigme posée par un meurtre. Suite de L'INTROUVABLE, du même réalisateur (Voir ce titre).

▷ Autres aventures du détective : NICK JOUE ET GAGNE "ANOTHER THIN MAN" de **W.S. Van Dyke**, avec William Powell, Myrna Loy, Otto Kruger, Tom Neal, Ruth Hussey. États-Unis, 1939 – 1 h 45. L'OMBRE DE L'INTROUVABLE "SHADOW OF THE THIN MAN" de **W.S. Van Dyke**, avec William Powell, Myrna Loy, Donna Reed. États-Unis, 1941 – 1 h 31. L'INTROUVABLE RENTRE CHEZ LUI "THE THIN MAN GOES HOME" de **Richard Thorpe**, avec William Powell, Myrna Loy, Lucille Watson, Leon Ames, Gloria de Haven. États-Unis, 1944 – 1 h 40. MEURTRE EN MUSIQUE "SONG OF THE THIN MAN" d'**Edward Buzzell**, avec William Powell, Myrna Loy, Dean Stockwell, Gloria Grahame, Patricia Morison. États-Unis, 1947 – 1 h 26. NICK CARTER ET LE TRÈFLE ROUGE de **Jean-Paul Savignac**, avec Eddie Constantine, Nicole Courcel, Joe Dassin, Jeanne Valérie. France/Italie, 1965 – 1 h 30.

NICK'S MOVIE "LIGHTNING OVER WATER"
Documentaire-fiction de **Wim Wenders**. R.F.A., 1980 – Couleurs – 1 h 31.

Avec la complicité de Nicholas Ray, le réalisateur allemand crée une fiction autour des derniers mois de la vie du cinéaste américain, en le filmant dans son quotidien jusqu'à sa mort.

NICOLAS ET ALEXANDRA
"NICHOLAS AND ALEXANDRA"
Film historique de **Franklin J. Schaffner**, d'après le livre de Robert K. Massie, avec Michael Jayston, Janet Suzman, Harry Andrews. États-Unis / Grande-Bretagne, 1971 – Couleurs – 3 h 03.

Depuis 1904 jusqu'à leur massacre par les Bolcheviks en 1918, la dynastie des Romanov agonise lentement. Hémophilie du tsarévitch, scandales de Raspoutine, Révolution...

LES NIEBELUNGEN "DIE NIEBELUNGEN"
Film d'aventures en deux parties de **Fritz Lang**, avec Paul Richter *(Siegfried)*, Margarete Schön *(Kriemhild)*, Rudolf Klein-Rogge *(Attila)*, Georg August Koch, Theodor Loos, Bernhard Goetzke, Georg John, Hanna Ralph. • SC : Thea von Harbou. • PH : Carl Hoffmann, Günther Rittau. • DÉC : Otto Hunte, Erich Kettelhut, Karl Vollbrecht. Allemagne, 1924 – 3 216 m (I. env. 1 h 59) et 3 576 m (II. env. 2 h 12).

I. LA MORT DE SIEGFRIED "SIEGFRIEDS TOD".

Siegfried devient invulnérable en se baignant dans le sang du dragon qu'il a tué. Il désire épouser Kriemhild, princesse des Burgondes. Pour cela, il doit conquérir la reine Brunehild pour le roi Gunther, frère de Kriemhild, et y parvient. Mais Brunehild et Gunther s'allient contre Siegfried. Par inadvertance, Kriemhild leur indique le seul point vulnérable du héros. Siegfried trouve la mort.

II. LA VENGEANCE DE KRIEMHILD
"KRIEMHILDS RACHE".

Kriemhild épouse Attila, roi des Huns. Pour célébrer la naissance de son enfant, elle invite Gunther et Brunehild à un banquet. Ils sont massacrés par les Huns, et Kriemhild meurt à son tour dans l'incendie du palais qu'elle a provoqué.

◆ *Ce célèbre diptyque est inspiré par la légende germanique originale, bien plus que par Wagner. Fritz Lang se livre dans ce film à de grandes recherches visuelles et stylistiques.* *L.A.*

NI FLEURS NI COURONNES
"Too Many Crooks"
Comédie de **Mario Zampi**, avec Terry-Thomas, George Cole, Brenda de Banzie. Grande-Bretagne, 1959 – 1 h 27.

Une épouse enlevée se venge de son époux volage en prenant la tête de ses kidnappeurs pour dévaliser l'infidèle.

NIGHT MAGIC
Film musical de **Lewis Furey**, avec Carole Laure, Nick Mancuso. France / Canada, 1985 – Couleurs – 1 h 30.

Le destin et l'amour entrent dans la vie de Michael, musicien sans succès, sous la forme de trois anges.

NIGHT TIDE "Night Tide"
Film fantastique de **Curtis Harrington**, avec Dennis Hopper, Linda Lawson, Gavin Muir, Luana Anders. États-Unis, 1961 – 1 h 24.

Un marin s'éprend d'une jeune femme aperçue dans une baraque foraine, et qui est peut-être une véritable sirène.

NIJINSKY "Nijinsky"
Drame de **Herbert Ross**, avec George de La Pena, Alan Bates, Jeremy Irons, Leslie Browne. États-Unis, 1980 – Couleurs – 2 h 05.

La vie du célèbre danseur des Ballets russes, partagé entre son mentor, Diaghilev, et une jeune aristocrate hongroise. La reconstitution d'une des grandes aventures artistiques du siècle.

NIKITA
Film policier politique de **Luc Besson**, avec Anne Parillaud *(Nikita)*, Tchéky Karyo, Jean-Hugues Anglade, Jean Reno, Jean Bouise, Jeanne Moreau. • SC : Luc Besson, inspiré d'une histoire de Gérard de Villiers. • PH : Thierry Argobast. • DÉC : Dan Weil. • MUS : Eric Serra. • MONT : Olivier Mauffroy. États-Unis, 1990 – Couleurs – 1 h 35.

Nikita est une jeune femme qui pratique le coup de feu avec une bande de dévoyés. Lors de l'attaque d'une pharmacie (un vrai carnage), elle est capturée et cloîtrée dans la cellule d'une prison pas ordinaire. Son agressivité est matée (difficilement). Un jeune instructeur va faire d'elle l'élément d'une des polices parallèles dont l'État a besoin. Formée, Nikita devra accepter des missions délicates, périlleuses et sanglantes.

◆ *De nombreuses formes de suspense se superposent et se multiplient entre elles dans ce film insolite qui donne le frisson. Polar ? Mieux : étude de plusieurs cas complexes, celui d'une femme manipulée, d'un service officieux, d'un de ses serviteurs, d'un autre type qui s'intègre à l'histoire pour qu'elle devienne, aussi, histoire d'amour. Le savoir-faire de Besson est impressionnant, mais il ne faudrait pas limiter son film à un brillant exercice de style. C'est une tragédie moderne, violente jusqu'au paroxysme, sentimentale et romantique comme le veut la tradition des grands films mythiques. L'interprétation, parfaite, est dominée par Anne Parillaud, surprenante, exceptionnelle. Elle n'a pas volé son César.* G.S.

NIMITZ, RETOUR VERS L'ENFER
"The Final Countdown"
Film de science-fiction de **Don Taylor**, avec Kirk Douglas, Martin Sheen, Katharine Ross. États-Unis, 1980 – Couleurs – 1 h 40.

Un porte-avions nucléaire américain, pris dans une mystérieuse tempête, se retrouve, avec son équipage, en 1941, à la veille de Pearl Harbor. Un scénario à la gloire de l'Aéronavale américaine.

NINA "Nina/A Matter of Time"
Drame de **Vincente Minnelli**, d'après le roman de Maurice Druon *la Volupté d'être*, avec Liza Minnelli, Ingrid Bergman, Charles Boyer, Tina Aumont, Gabriele Ferzetti. États-Unis / Italie, 1976 – Couleurs – 1 h 37 (2 h 45 à l'origine).

Une comtesse d'un certain âge raconte sa vie à une modeste femme de chambre employée dans un hôtel romain.

NINOTCHKA "Ninotchka"
Comédie d'**Ernst Lubitsch**, avec Greta Garbo *(Ninotchka)*, Melvyn Douglas *(le comte Léon d'Agout)*, Ina Claire *(la grande-duchesse Swana)*, Bela Lugosi *(Razinin)*, Sig Rumann *(Iranoff)*, Felix Bressart *(Buljanoff)*, Alexander Granach *(Kopalski)*. • SC : Charles Brackett, Billy Wilder, Walter Reisch, d'après un sujet de Melchior Lengyel. • PH : William Daniels. • DÉC : Cedric Gibbons, Randall Duell, Edwin B. Willis. • MUS : Werner Heymann. • MONT : Gene Ruggerio. États-Unis, 1939 – 1 h 50.

Trois émissaires soviétiques s'habituent un peu trop aux charmes bourgeois de la vie parisienne. Le Kremlin envoie la rigide et impitoyable Nina Yakushova mettre fin à leurs manigances, mais c'est sans compter avec Léon d'Agout qui, de symbole de la décadence, devient l'homme idéal pour la commissaire Ninotchka. Le retour à Moscou est des plus sinistres, mais Ninotchka peut compter sur trois de ses amis qui font parler d'eux... à Constantinople.

◆ *Il fut de bon ton, jadis, de crier à l'anticommunisme primaire, mais nul ne résiste longtemps à ce fastueux cocktail Lubitsch concocté par le trio Brackett-Wilder-*

Reisch et transcendé par une Greta Garbo très en forme ("Garbo rit", claironnait la publicité). Le mérite en revient plus encore à cette inoubliable troïka qui découvre dans les palaces les bienfaits du capitalisme et restera dans les mémoires le parfait symbole de la jobardise russe. M.C.

▷ Voir aussi LA BELLE DE MOSCOU.

NI VU NI CONNU

Comédie d'**Yves Robert**, d'après le roman d'Alphonse Allais *l'Affaire Blaireau*, avec Louis de Funès, Noëlle Adam, Moustache, Pierre Mondy. France, 1958 – 1 h 35.

Un braconnier facétieux nargue un rigide garde-champêtre.

NOBLESSE OBLIGE "KIND HEARTS AND CORONETS"

Comédie satirique de **Robert Hamer**, avec Dennis Price *(Louis d'Ascoyne)*, Valerie Hobson *(Edith)*, Joan Greenwood *(Sibella)*, Alec Guinness *(huit membres de la famille d'Ascoyne)*. • SC : R. Hamer, John Dighton, d'après le roman de Roy Horniman *Israel Rank*. • PH : Douglas Slocombe. • DÉC : William Kellner. • MUS : Mozart. • MONT : Peter Tanner. Grande-Bretagne, 1949 – 1 h 46.

Louis d'Ascoyne est un gentilhomme. Il appartient à l'aristocratie par sa mère qui s'est mésalliée avec un roturier. Condamné pour un crime qu'il n'a pas commis, il écrit, en prison, ses Mémoires et dévoile comment il a tué tous les parents qui s'interposaient entre lui et le titre de duc. Récit plaisant et cynique qu'il oublie malencontreusement dans sa cellule le jour où, son innocence étant prouvée, il est relaxé...

◆ *C'est une des plus brillantes satires sociales que le cinéma anglais – dont c'est la spécialité – nous ait offertes. Le héros raconte avec désinvolture ses crimes et nous en rend quasiment complices. Puisqu'il a été injustement dépouillé de son titre, il s'ingénie à le reconquérir. C'est la logique de l'humour anglais, humour noir, certes, mais orné de fanfreluches et falbalas du plus élégant effet. Une curiosité dans cet immoral conte moral : la performance d'Alec Guinness qui interprète huit rôles différents, dont celui d'une femme.* G.S.

LES NOCES "WESELE"

Drame historique d'**Andrzej Wajda**, avec Daniel Olbrychski *(le marié)*, Ewa Zietek *(la mariée)*, Andrzej Łapicki *(le poète)*, Wojciech Pszoniak. • SC : Andrzej Kijowski, d'après la pièce de Stanisław Wyspiański. • PH : Witold Sobociński. • DÉC : Tadeusz Wybult. • MUS : Stanisłas Radwan. Pologne, 1972 – Couleurs – 1 h 46.

Au début du siècle en Pologne, près de la frontière russo-autrichienne, un intellectuel épouse une paysanne. Les noces rassemblent des gens destinés à ne pas se rencontrer et à ne pas se comprendre : des artistes, des intellectuels, des paysans, un juif et sa fille. Dans la beuverie qui suit, ils créent dans leur ivresse une Pologne libre, qui s'évanouira au matin.

◆ *Adapté d'une célèbre pièce en vers du début du siècle, le film de Wajda, sur un environnement et des caractères naturalistes, crée un univers fantasmatique né de l'alcool, expression de l'éternel retour de l'histoire qui hante les convives et qu'ils projettent en une utopie de liberté et de bonheur, où réel et imaginaire se marient fugitivement. Ils ont – indique le scénariste – « une mission à accomplir, mais quelle est cette mission, avec qui et contre qui, ils n'en savent rien ». La caméra, tenue à la main et filmant de près, nous plonge dans cette ivresse qui devient nôtre.* S.K.

LES NOCES BARBARES

Drame de **Marion Hänsel**, d'après le roman de Yann Queffélec, avec Thierry Frémont, Marianne Basler, Yves Cotton. Belgique / France, 1987 – Couleurs – 1 h 40.

Né d'un viol perpétré par des soldats américains, un jeune garçon vit enfermé, au début dans un grenier puis, adolescent, dans une institution pour débiles légers. D'abord résigné, il se révolte et tue sa mère qui l'a toujours haï.

LES NOCES DE CENDRE "ASH WEDNESDAY"

Drame de **Larry Peerce**, avec Elizabeth Taylor, Henry Fonda, Helmut Berger, Keith Baxter, Maurice Teynac, Margaret Bly. États-Unis, 1973 – Couleurs – 1 h 40.

Mark et Barbara ne sont plus jeunes. Pour connaître de nouveau le succès auprès des hommes, Barbara va en Italie subir une opération de chirurgie esthétique. Mark divorcera malgré tout.

LES NOCES DE FIGARO

Opéra filmé de **Jean-Pierre Ponnelle**, avec Hermann Prey, Mirella Freni, Kiri Te Kanawa. France, 1985 – Couleurs – 3 h.

Mise en images très réussie de la « folle journée » du mariage de Figaro et Suzanne, avec ses coups de théâtre et ses quiproquos. Mozart est formidablement servi.

LES NOCES DE PAPIER

Comédie dramatique de **Michel Brault**, avec Geneviève Bujold, Manuel Aranguiz. Canada, 1990 – Couleurs – 1 h 30.

Une Canadienne épouse un Sud-Américain émigré pour lui permettre de vivre et de travailler au Canada. Ce cas banal de mariage blanc, repris par Peter Weir dans *Green Card*, est ici traité avec délicatesse et dans un registre réaliste qui vaut cent fois celui des éternelles et vaines comédies sophistiquées.

NOCES DE SABLE

Drame d'**André Zwobada**, avec Denise Cardi *(la mère et la jeune fille)*, Larbi Tounsi *(le prince)*, Himmoud Brahimi *(le bouffon)*, Itto Bent Lahcen *(la folle)*. • SC : A. Zwobada (texte de Jean Cocteau). • PH : André Bac. • MUS : Georges Auric. France / Maroc, 1948 – 1 h 25.

La fille d'un chef arabe, abandonnée à sa naissance, est recueillie et élevée par une folle. À sa maturité, elle tombe amoureuse d'un prince, mais leur idylle est contrariée par un diabolique bouffon. Elle se suicide, le prince est tué. Sur leur tombe se produira un miracle : il en surgit l'eau bienfaisante qui irriguera le pays.

◆ *Cette version saharienne de* Tristan et Iseut *a été tournée dans le Sud marocain par un ancien assistant de Jean Renoir qui y réalisera également* la Septième Porte. *Documentaire, folklore et référence à un fonds commun de légende se combinent heureusement dans ce film trop oublié, qui bénéficie en outre de l'apport d'un commentaire, riche en métaphores, de Jean Cocteau : le sable est de la « neige brûlante », le désert « une mer sans eau », et l'on y évoque « le masque grave, éternel et muet de la Mort ».* *C.B.*

NOCES DE SANG "BODAS DE SANGRE"

Film-ballet de **Carlos Saura**, d'après la pièce de Federico García Lorca, avec Antonio Gades, Cristina Hoyos, Juan Antonio, Pilar Cardenas, Carmen Villena. Espagne, 1981 – Couleurs – 1 h 12.

Adaptation fidèle de l'œuvre de García Lorca qui conte la poursuite et le duel sanglant entre un jeune marié et un homme amoureux de sa fiancée, qui s'est enfui avec elle à l'issue des noces.

LES NOCES DE SHIRIN "SHIRINS HOCHZEIT"

Drame d'**Helma Sanders-Brahms**, avec Ayten Erten, Aras Oren, Aykut Kaptanoglu. R.F.A., 1976 – 1 h 56.

La fille de pauvres paysans turcs, pour échapper à un mariage forcé, part en Allemagne rejoindre l'homme qu'elle aime. Elle tombera aux mains d'un souteneur qui la tuera.

LES NOCES D'OR "NOZZE D'ORO"

Drame historique de **Luigi Maggi**, avec Alberto A. Capozzi, Mary Cleo Tarlarini. Italie, 1911 – 447 m (env. 17 mn).

Reconstitution soignée de la bataille de Palestro (1859), un épisode de la deuxième guerre d'indépendance italienne.

NOCES EN GALILÉE

Drame de **Michel Khleifi**, avec Ali M. el-Akili, Bushra Karaman, Makram Khouri. Belgique / France / R.F.A. / Grande-Bretagne, 1987 – Couleurs – 1 h 56.

Pour pouvoir marier son fils en grande pompe, le chef d'un village palestinien des territoires occupés doit inviter le gouverneur israélien et ses officiers. La noce sera émaillée d'incidents.

LES NOCES ROUGES

Drame de **Claude Chabrol**, avec Stéphane Audran, Michel Piccoli, Claude Piéplu. France / Italie, 1973 – Couleurs – 1 h 30.

Mal mariés chacun de leur côté, Pierre et Lucienne s'aiment en cachette. Lassés de la clandestinité, ils décident de faire disparaître leurs conjoints respectifs. Inspiré d'un fait divers (le crime des amants de Bourganeuf), le film, typiquement chabrolien, est une satire de la bourgeoisie provinciale. Sa sortie s'est vue retardée en raison des responsabilités politiques de ses personnages.

LES NOCES VÉNITIENNES

Comédie d'**Alberto Cavalcanti**, d'après le roman d'Abel Hermant, avec Martine Carol, Vittorio De Sica, Philippe Nicaud, Jacques Sernas. France / Italie, 1959 – Couleurs – 1 h 30.

À Venise, une ravissante « fausse riche » va dire leurs quatre vérités à une bande de snobs avant de rencontrer l'amour. Le dernier film de Cavalcanti.

NOCTURNE "NOCTURNE"

Film policier d'**Edwin L. Marin**, avec George Raft, Lynn Bari, Virginia Huston, Joseph Pevney, Myrna Dell, Edward Ashley. États-Unis, 1946 – 1 h 27.

Après la mort d'un compositeur, un inspecteur qui ne croit pas au suicide recherche la femme mystérieuse dont parle une de ses chansons. Il tombe amoureux d'une suspecte.

NOCTURNE INDIEN

Comédie dramatique d'**Alain Corneau**, d'après le roman d'Antonio Tabucchi, avec Jean-Hugues Anglade, Clémentine Célarié, Otto Tausig, T.P. Jain. France, 1989 – Couleurs – 1 h 50.

Un homme se rend à Bombay à la recherche d'un ami perdu en Inde. En fait, il va s'y chercher, et s'y perdre, lui-même. Un film d'atmosphère et une transposition réussie d'un roman a priori inadaptable.

NOËL BLANC "WHITE CHRISTMAS"

Comédie musicale de **Michael Curtiz**, avec Bing Crosby, Danny Kaye, Rosemary Clooney, Vera-Ellen. États-Unis. 1954 – Couleurs – 2 h.

Deux anciens combattants deviennent partenaires au music-hall. La nuit de Noël, ils montent un spectacle pour leurs camarades de guerre. Brillant, léger, avec la musique d'Irving Berlin.

NOGENT, ELDORADO DU DIMANCHE
Documentaire de **Marcel Carné**. France, 1929 – env. 600 m (22 mn).

Ce premier film réalisé avec des moyens de fortune est un document plein de poésie sur les guinguettes des bords de la Marne et les plaisirs populaires.

LA NOIRE DE...
Comédie dramatique d'**Ousmane Sembène**, avec Thérèse M'Bissine, Robert Fontaine, Anne-Marie Jelinek, M'mar Nar. Sénégal, 1967 – 1 h 10. ★ PRIX JEAN-VIGO 1966.

Employée par une famille française, une jeune Sénégalaise, fraîchement débarquée en France, est incapable de communiquer.

NOIR ET BLANC
Drame de **Claire Devers**, avec Francis Frappat, Jacques Martial. France, 1985 – 1 h 20.

Un expert-comptable sans histoires découvre les plaisirs de la gymnastique et du massage. Il sombre peu à peu dans la perversité.

NOIX DE COCO "THE COCOANUTS"
Film burlesque de **Robert Florey** et **Joseph Santley**, avec les Marx Brothers, Margaret Dumont, Oscar Shaw, Mary Eaton, Kay Francis, Basil Ruysdael. États-Unis, 1929 – env. 2 500 m (1 h 32).

Profitant du boom sur les terres de Floride, un escroc tente de vendre des terrains marécageux. La première apparition à l'écran des Marx Brothers, dans cette version filmée de leur revue triomphale.

NOLA DARLING N'EN FAIT QU'À SA TÊTE
"SHE'S GOTTA HAVE IT"
Comédie de **Spike Lee**, avec Tracy Camilla Johns, Redmond Hicks, John Terrel, Spike Lee. États-Unis, 1986 – Couleurs et NB – 1 h 30.

Nola a trois amants et une amie lesbienne qui supportent mal la concurrence. Elle finira par congédier tout le monde. Premier long métrage très personnel du cinéaste noir.

NO MAN'S LAND "NIEMANDSLAND"
Drame de **Victor Trivas**, avec Ernst Buch *(l'Allemand)*, Renée Stobrawa *(sa femme)*, Georges Péclet *(le Français)*, Rose Mai *(la Française)*, Hugh S. Douglas *(l'Anglais)*, Louis Douglas *(le Noir)*, Wladimir Sokoloff *(le tailleur juif)*. • SC : V. Trivas, d'après un sujet de Leonhard Frank et Victor Trivas. • PH : Alexander Lagorio, Georg Stilianudis. • DÉC : Arthur Schwartz. • MUS : Hanns Eisler, Kurt Schröder. Allemagne, 1931 – 1 h 32.

En août 1914, cinq hommes, dans un bel enthousiasme héroïque, quittent leur paisible vie familiale : un menuisier berlinois, un ajusteur parisien, un employé anglais, un danseur noir américain, un tailleur juif. En 1918, le hasard des bombardements les rassemble dans un trou de mine devenu un no man's land. Bientôt, ils fraternisent et s'organisent une vie de groupe. Ils ne sortiront de leur réduit que pour briser les barbelés.

◆ *Un film célèbre pour incarner le pacifisme, généreux et naïf, de la gauche allemande au début des années 30. Il devait d'ailleurs être interdit par les nazis en avril 1933. Certains aspects ont beaucoup vieilli : l'interprétation de Georges Péclet, les raccords entre plans dans les séquences de huis clos. D'autres restent de grande valeur comme le contrepoint image/commentaire musical ou l'élan épique de la séquence finale. Et le schématisme du film à thèse est à peu près toujours évité.* J.-P.B.

NO MAN'S LAND
Drame d'**Alain Tanner**, avec Hugues Quester, Myriam Mézières, Jean-Philippe Écoffey, Betty Berr, Marie-Luce Felber. Suisse / France, 1985 – Couleurs – 1 h 50.

Dans le Jura, de part et d'autre de la frontière franco-suisse, quatre amis, garçons et filles, rêvent de bonheur et se livrent à la contrebande. Mais l'aventure se termine tragiquement.

LE NOM DE LA ROSE
Film policier historique de **Jean-Jacques Annaud**, d'après le livre d'Umberto Eco, avec Sean Connery, Christian Slater. France / R.F.A. / Italie, 1986 – Couleurs – 2 h 11.

En 1327, un franciscain, ancien inquisiteur, vient enquêter dans une abbaye bénédictine italienne, où se produisent d'étranges assassinats. Une bibliothèque à secrets est au centre de l'énigme.

NON COUPABLE
Drame d'**Henri Decoin**, avec Michel Simon, Jany Holt, Jean Debucourt, Jean Wall, Ariane Muratore, Henry Charrett, Georges Bréhat. France, 1947 – 1 h 30.

Dans une petite ville, un médecin alcoolique, trompé par sa maîtresse, provoque une nuit un accident mortel qu'il maquille. Fier de son subterfuge, il multiplie les meurtres...

NO NO NANETTE "TEA FOR TWO"
Comédie musicale de **David Butler**, avec Doris Day, Gordon McRae, Gene Nelson, Eve Arden. États-Unis, 1950 – Couleurs – 1 h 38.

Un couple de jeunes amoureux tente de monter une revue. Technicolor, chants, danses et l'air célèbre *Tea for Two*.

LES NON-RÉCONCILIÉS "NICHT VERSÖHNT"

Drame de **Jean Marie Straub**, d'après un roman d'Heinrich Böll, avec Ulrich Hopmann, Heiner Braun. R.F.A., 1965 – 53 mn.

Deux lycéens allemands se retrouvent 30 ans après les années troublées du nazisme ; une réflexion sur le destin du peuple juif et les dangers du racisme.

NORMANDIE-NIÉMEN

Film de guerre de **Jean Dréville**, avec Pierre Trabaud, Roland Ménard, Gianni Esposito, Marc Cassot, Gérard Darrieu. France/U.R.S.S., 1960 – 2 h.

En 1940, des aviateurs français décident de rejoindre l'Union soviétique pour lutter contre les nazis. C'est l'escadrille française Normandie, qui combattra aux côtés des Russes.

NORMA RAE "NORMA RAE"

Drame de **Martin Ritt**, avec Sally Field *(Norma Rae)*, Beau Bridges *(Sonny)*, Ron Leibman *(Reuben)*, Pat Hingle *(Vernon)*, Gail Strickland *(Bonnie May)*. • SC : Irving Ravetch, Harriet Frank Jr. • PH : John A. Alonzo. • DÉC : Walter Scott Herndon, Tracy Bousman. • MUS : David Shire. • MONT : Sidney Levin. États-Unis, 1979 – Couleurs – 1 h 54.

Norma Rae est une jeune veuve mère de famille qui travaille dans une usine de textile du sud des États-Unis. Sonny lui tient compagnie. Au fil des ans, elle devient sensible au fait que les conditions de travail et les salaires ne s'améliorent guère. Arrive un syndicaliste de New York, Reuben, qui veut aider les ouvriers à s'organiser, et confie des responsabilités à Norma Rae. Sa relation avec Reuben ébranle Sonny que Norma Rae a épousé et qui voit d'un mauvais œil de telles activités pour une femme. Mais Norma Rae participera à la fondation d'un syndicat.

◆ *Tiré d'un fait réel, le film illustre la découverte involontaire d'une conscience politique par la classe moyenne américaine. Norma Rae montrait comment l'ouvrière pouvait être figée à la fois par la perception passive de son fiancé ou de son mari, et celle, stagnante, de son lieu de travail. Ce rôle relança la carrière de Sally Field qui remporta l'Oscar (puis un autre en 1984 pour* les Saisons du cœur*). Néanmoins, le film est nettement moins engagé que* le Mystère Silkwood de Mike Nichols *(Voir ce titre).* *S.S.*

NOSFERATU, FANTÔME DE LA NUIT

"NOSFERATU, PHANTOM DER NACHT"

Film fantastique de **Werner Herzog**, d'après le roman de Bram Stoker Dracula, avec Klaus Kinski, Isabelle Adjani, Bruno Ganz, Jacques Dufilho, Roland Topor. R.F.A. / France, 1978 – Couleurs – 1 h 45.

Les aventures terribles d'un innocent commerçant au pays du maléfique comte Dracula. Un hommage à Murnau.

NOSFERATU LE VAMPIRE

"NOSFERATU, EINE SYMPHONIE DES GRAUENS"

Film fantastique de **Friedrich Wilhelm Murnau**, avec Max Schreck *(comte Orlock, Nosferatu)*, Alexander Granach *(Knock)*, Gustav von Wangenheim *(Thomas Hutter)*, Greta Schroeder *(Ellen)*. • SC : Henrik Galeen, d'après le roman de Bram Stoker Dracula. • PH : Fritz Arno Wagner, G. Krampf. • DÉC : Albin Grau. • MUS : Hans Erdmann, P. Schirmann. • PR : Prana Film-GmbH. Allemagne, 1922 – 1 967 m (env. 1 h 12).

Vers 1830, un jeune agent immobilier, Thomas Hutter, quitte sa jeune femme Ellen pour le château de Nosferatu dans les Carpates. Là-bas, il est victime des morsures répétées du monstre. Celui-ci quitte son château dans un cercueil rempli de terre et, après un voyage en voilier au cours duquel il décime l'équipage terrorisé, va prendre livraison de sa nouvelle demeure, située face à celle de Hutter et Ellen. Celle-ci se sacrifiera pour permettre la survie de son bien-aimé et provoquer la disparition du vampire, surpris par les premiers rayons de l'aube.

◆ Le regard romantique de la terreur

Ce film célèbre de F.W. Murnau est d'abord une adaptation illégale du roman de Bram Stoker, Dracula*, d'où le changement de titre de l'œuvre. Le scénariste Henrik Galeen s'empare de ce roman gothique pour offrir au cinéaste son premier succès international, et au mouvement qualifié d'« expressionniste » une « symphonie de l'horreur », principalement fondée sur une exploitation fantastique des décors naturels. En effet, Murnau et son opérateur F.A. Wagner engendrent l'effroi chez le spectateur en filmant des forêts désertiques, des chevaux frémissant nerveusement dans des prairies montagneuses à l'écoute du cri d'une hyène, des voiles de navires cinglant vers le large. Le regard de la terreur domine l'ensemble du récit et intervient dès la première plongée du film sur un beffroi gothique pour s'exprimer ensuite à travers les fermetures à l'iris et les caches circulaires qui recadrent les images pour y inscrire la malédiction vampirique ; il ne disparaît qu'à la dernière image lorsque les rayons lumineux ont dissipé les ombres de la mort sur les ruines du château du monstre. Ce sont les éléments naturels qui sont les messagers de la mort, ainsi le vent qui agite les* *bosquets en fleurs dès les premières images et qui gonflera ensuite les voiles du navire convoyant les cercueils et les brumes pestilentielles du vampire jusqu'au port paisible de la petite ville hanséatique.* Nosferatu, *c'est aussi un poème de l'amour fou tel que les surréalistes le découvrirent en 1928. Ellen hallucine en plein cauchemar la vampirisation de son bien-aimé par la créature diabolique, alors que Nosferatu reconnaît d'emblée la gorge de la jeune femme sur le médaillon que lui présente Hutter. Dans une extraordinaire alternance d'images, Ellen tend les bras au vampire alors que celui-ci, à mille lieues de là, vient d'assouvir sa soif de sang sur le corps endormi du jeune homme. Plus tard, Ellen, au bord de la mer, attend l'arrivée du monstre tout autant qu'elle espère le retour de Hutter. C'est elle qui fait apparaître sa silhouette fantomatique derrière les fenêtres noires des façades gothiques des greniers à grain avant de s'offrir à son ombre. Il est clair que Nosferatu et Hutter représentent alors les deux faces complémentaires du héros romantique, sa face diurne, morale et asexuée, et sa face nocturne, maléfique et primaire : le désir et la pulsion de mort tels que Freud les définit alors.* M.M.

NOS HÉROS RÉUSSIRONT-ILS À RETROUVER LEUR AMI MYSTÉRIEUSEMENT DISPARU EN AFRIQUE ? "RIUSCIRANNO I NOSTRI EROI A RITROVARE L'AMICO MISTERIOSAMENTE SCOMPARSO IN AFRICA ?"
Comédie d'**Ettore Scola**, avec Alberto Sordi, Bernard Blier, Franca Bettoja, Nino Manfredi. Italie, 1968 – Couleurs – 2 h 05.

Un éditeur part à la recherche de son beau-frère, disparu en Angola. Une quête picaresque dans une Afrique de bande dessinée avec quelques dénonciations bien amenées sur le mode satirique. Le film n'est sorti en France qu'en 1978.

NOS PLUS BELLES ANNÉES "I GIORNI PIU BELLI"
Comédie dramatique de **Mario Mattoli**, avec Emma Gramatica, Antonella Lualdi, Franco Interlenghi, Vittorio De Sica. Italie / France, 1956 – 1 h 27.

L'affection d'anciens élèves pour leur institutrice permet d'éviter la démolition de l'école où ils passèrent leurs plus belles années.

NOS PLUS BELLES ANNÉES "THE WAY WE WERE"
Chronique romantique de **Sydney Pollack**, avec Barbra Streisand *(Katie Morovsky)*, Robert Redford *(Hubbel Gardiner)*, Patrick O'Neal *(George Bissinger)*, Bradford Dillman *(J.J.)*. • SC : Arthur Laurents, d'après son roman. • PH : Harry Stradling Jr. • DÉC : William Kiernan. • MUS : Marvin Hamlisch. • MONT : Margaret Booth. États-Unis, 1973 – Couleurs – 1 h 58.

La vie commune de deux amis de faculté, Katie et Hubbel, qui s'aiment mais que tout sépare, leur caractère comme leur vision du monde. L'histoire américaine ponctue le film, des manifestations de 1936 pour aider les Républicains en Espagne aux pétitions des années 70 pour le désarmement nucléaire.

◆ *Cette chronique romantique aux accents fitzgeraldiens décrit les contradictions américaines sur des airs de Gershwin et Miller. Barbra Streisand est une militante pugnace, Robert Redford un play-boy désinvolte et décontracté. Leur première apparition les situe immédiatement : la caméra suit Katie qui court dans la rue, alors que Hubbel est immobile sur une chaise dans un bar, les yeux fermés, en uniforme blanc ; la caméra s'avance vers lui. Devant le maccarthysme, leurs différences éclatent. Hubbel reste insensible à cette chasse aux sorcières. Katie défend les Dix de Hollywood avec acharnement. Si Hubbel est « à l'image du pays où il est né », selon ses propres mots, c'est Katie qui construit l'Amérique idéale de Sydney Pollack.* S.P.

NOSTALGHIA "NOSTALGHIA"
Drame psychologique d'**Andrei Tarkovski**, avec Oleg Jankovski *(Gortchakov)*, Domiziana Giordano *(Eugenia)*, Erland Josephson *(Domenico)*. • SC : A. Tarkovski, Tonino Guerra. • PH : Giuseppe Lanci. • DÉC : Andrea Grisanti. • MUS : Debussy, Verdi, Wagner, Beethoven. • MONT : Amadeo Salga, Erminia Marani. Italie, 1983 – Couleurs et NB – 2 h 10.

Gortchakov, un poète russe, est en Italie, accompagné d'une interprète, une femme d'une grande beauté avec qui il pourrait vivre une histoire d'amour s'il n'était hanté par le souvenir de son pays et de sa femme. Il rencontre un « fou » qui s'immole par le feu. Lui-même meurt en accomplissant la tâche que celui-ci lui avait confiée.

◆ *Une longue et lente mélopée qui chante la beauté perdue du passé tout en créant une beauté actuelle qui l'égale. L'acte que le « fou » demande à Gortchakov d'accomplir « pour faire un petit geste pour sauver le monde » – traverser un bassin vide, une bougie allumée à la main – témoigne de la puissante persuasion « magique » du film. L'accomplissement de cette action simple, filmée en un seul plan, devient pour le spectateur un acte vital, où tout est suspendu à une petite flamme incertaine.* S.K.

NOS VIGNES ONT DE TENDRES GRAPPES
"OUR VINES HAVE TENDER GRAPES"
Comédie de **Roy Rowland**, avec Edward G. Robinson, Margaret O'Brien. États-Unis, 1945 – 1 h 45.

Dans la campagne américaine, la ferme d'un paysan est sauvée d'un incendie grâce à l'initiative de sa voisine, une petite fille.

NOTRE AGENT À LA HAVANE
"Our Man in Havana"
Film d'espionnage de **Carol Reed**, d'après le roman de Graham Greene, avec Alec Guinness, Burl Ives, Maureen O'Hara. Grande-Bretagne, 1959 – 1 h 52.

Un voyageur de commerce séjournant à Cuba est engagé comme agent secret britannique. Drame et humour noir se côtoient. D'intéressants personnages secondaires.

NOTRE-DAME DE PARIS
Drame de **Jean Delannoy**, d'après le roman de Victor Hugo, avec Gina Lollobrigida, Anthony Quinn, Jean Danet, Alain Cuny. France / Italie, 1956 – Couleurs – 1 h 40.

Le monstrueux sonneur de Notre-Dame, Quasimodo, tombe amoureux de la bohémienne Esméralda. L'immortel chef-d'œuvre de Victor Hugo revit avec force dans ce film, champion du box-office du cinéma français des années 50.

▷ Autres versions réalisées notamment par : **William Dieterle** (Voir QUASIMODO). **Wallace Worsley**, avec Lon Chaney, Patsy Ruth Miller, Norman Kerry, Ernest Torrence, Gladys Brockwell, Kate Lester. États-Unis, 1923 – env. 3 200 m (1 h 58).

NOTRE-DAME DES TURCS
"Nostra Signora dei Turchi"
Drame lyrique de **Carmelo Bene**, avec Carmelo Bene *(l'auteur)*, Lydia Mancinelli *(Margherita)*, Salvatore Siniscalchi *(l'éditeur)*. • SC : C. Bene, d'après son roman. • PH : Mario Masini. • MUS : Moussorgsky, Puccini, Verdi, Tchaïkovski, Gounod, Karas, Donizetti. • MONT : Maurizio Contini. Italie, 1968 – Couleurs – 2 h 04.
★ Prix spécial du jury, Venise 1968.

Évocation obsessionnelle de la prise d'Otrante par les Turcs, qui fut l'occasion d'un massacre dont huit cents crânes conservés jusqu'à aujourd'hui constituent le souvenir terrifiant. Mais le film va bien au-delà du seul fait historique et se présente plutôt comme un opéra morbide et narcissique.

◆ *Si* Notre-Dame des Turcs *conserve une place à part dans la mémoire des cinéphiles, c'est par l'extrémisme d'une mise en scène absolutiste, multipliant les images et les effets dans une tension exacerbée et incessante. Comment oublier ce véritable délire sonore et visuel, au demeurant impressionnant dans sa folie plastique ? Il s'agit d'une œuvre unique, même si, avant de revenir au théâtre, Bene devait donner, entre autres, un intéressant* Don Giovanni. *J.-M.C.*

NOTRE HISTOIRE
Comédie dramatique de **Bertrand Blier**, avec Alain Delon, Nathalie Baye, Michel Galabru. France, 1984 – Couleurs – 1 h 50.

Abordé dans un train par une jeune femme désemparée, un garagiste s'installe dans la vie de celle-ci contre son gré. Delon bouscule son image virile dans cette parodie grinçante, ce qui lui valut un César qu'il ne vint pas recevoir...

NOTRE HOMME FLINT "Our Man Flint"
Film d'espionnage de **Daniel Mann**, avec James Coburn, Lee J. Cobb, Gila Golan. États-Unis, 1965 – Couleurs – 1 h 45.

Le redoutable agent Flint a pour mission d'anéantir un gang de savants mégalomanes et criminels. Jolies filles et explosifs.

▷ Une suite a été réalisée, intitulée F. COMME FLINT "In Like Flint", de **Gordon Douglas**, avec James Coburn, Lee J. Cobb, Andrew Duggan, Jean Hale. États-Unis, 1967 – Couleurs – 1 h 54.

NOTRE MARIAGE
Mélodrame de **Valeria Sarmiento**, avec Nicolas Silberg, Nadège Clair. France / Portugal, 1985 – Couleurs – 1 h 40.

Lorenzo a recueilli la petite Lola après avoir payé une opération qui lui a sauvé la vie. Lola grandit, les voisins jasent. Lorenzo et Lola doivent-ils se marier ?

NOTRE PAIN QUOTIDIEN "Our Daily Bread"
Comédie dramatique de **King Vidor**, avec Tom Keene *(John)*, Karen Morley *(Mary)*, John T. Qualen *(Chris)*, Barbara Pepper *(Sally)*. • SC : K. Vidor, Elizabeth Hill. • PH : Robert Planck. • MUS : Alfred Newman. • MONT : Lloyd Nossler. États-Unis, 1934 – 1 h 14.

John et Mary, chômeurs citadins, héritent d'une ferme en ruine. Ils en font une coopérative où chacun partage le fruit de son travail avec les autres. Malgré les difficultés, la coopérative est opérationnelle. Il ne reste plus qu'à amener l'eau jusqu'à la terre.

◆ *Comme l'œuvre de Capra, ce film de Vidor semble envisager le New Deal de Roosevelt comme une pratique « communiste » à petite échelle à l'intérieur d'un système libéral. On comprend le caractère généreux et utopique de l'entreprise. Le film respire la bonne humeur, même s'il est émaillé de drames. La construction du canal à coups de pelles à même la terre, où les hommes se relaient en scandant le rythme de leurs voix, est exaltée par des cadrages lyriques et un montage dynamique. L'arrivée dans les champs de l'eau boueuse où plongent les paysans est une de ces métaphores littéralement sexuelles dont l'œuvre de Vidor fourmille, mais où l'insistance de l'idée est dépassée et sublimée, par l'ampleur de la forme qui l'exprime.* *S.K.*

NOTRE PAIN QUOTIDIEN "UNSER TÄGLICH BROT"
Drame de **Slatan Dudow**, avec Paul Bildt, Inge Landgut, Harry Hindemith, Irene Korb. R.D.A., 1949 – 1 h 43.

De 1945 à 1948, la vie quotidienne d'une famille de Berlinois désunie par le conflit, face aux problèmes de l'après-guerre.

LE NÔTRE PARMI LES AUTRES
"SVOJ SREDI CUZIK, CUZOJ SREDI SVOJH"
Film d'aventures de **Nikita Mikhalkov**, avec Youri Bogatyrev, Anatoli Solonitsyne, Nikolai Pastoukhov, Alexandre Kajdanovski. U.R.S.S. (Russie), 1975 – Couleurs – 1 h 40.

Au début des années 20, une fortune convoyée par des anciens officiers de l'Armée rouge est volée par une bande de pillards.

NOUA
Film politique d'**Abdelaziz Tolbi**, avec les habitants du douar Ain el-Berda. Algérie, 1973 – 1 h 40.

Le petit peuple algérien vit dans la misère sous la férule des nantis. La lutte pour l'indépendance commence à s'organiser. Ce film méconnu est revendicatif, manichéen, mais chaleureux.

NOUS AVONS GAGNÉ CE SOIR "THE SET UP"
Drame de **Robert Wise**, avec Robert Ryan *(Stoker)*, Audrey Totter *(Julie)*, Georges Tobias *(Tony)*, Alan Baxter, Wallace Ford. • SC : Art Cohn, d'après le poème de Joseph Moncure March. • PH : Milton Krasner. • DÉC : Albert S. D'Agostino, Jack Okey. • MUS : Constantin Bakaleinikoff. • MONT : Roland Gross. États-Unis, 1949 – 1 h 12.

Stoker Thompson, un boxeur vieillissant et raté, se sent capable de gagner le combat qui l'oppose à un nouveau venu. Sa femme, fatiguée et qui a perdu tout espoir, décide de ne pas assister au match. Or, il s'agit d'un combat truqué. Le manager de Stoker a été payé pour que son poulain « se couche », mais celui-ci n'a pas été mis au courant. Croyant bien faire, il attaque et gagne le combat. Il sera passé à tabac par le gang qui lui brise la main droite pour qu'il ne puisse plus boxer.

◆ *Au départ de ce film noir, il y a, fait exceptionnel, non pas un scénario, mais un poème. C'est une histoire simple, forte et cruelle, renouvelée du mythe de Prométhée. Un homme seul affronte les dieux, le destin, la loi. Il triomphera, mais sera brisé, puni de son audace. Cette fable terrible prend la forme d'une tragédie moderne qui se déroule dans le temps exact du spectacle. L'image, burinée, contrastée, dit le monde de la nuit, du désespoir, puis de l'espoir retrouvé. Un chef-d'œuvre du fantastique social à l'américaine.* G.S.

NOUS ÉTIONS TOUS DES NOMS D'ARBRES
Essai documentaire d'**Armand Gatti**. France / Belgique, 1981 – Couleurs – 1 h 50.

Autour d'un atelier d'apprentissage, un portrait de la jeune génération irlandaise. Un plaidoyer pour la culture gaélique sous une forme expérimentale originale.

NOUS IRONS À PARIS
Comédie musicale de **Jean Boyer**, avec Ray Ventura, Françoise Arnoul, Philippe Lemaire. France, 1950 – 1 h 38.

Trois jeunes gens s'installent à la campagne pour fonder un poste clandestin d'émissions radiophoniques. Une comédie bourrée d'optimisme et de gags, avec quelques apparitions de vedettes : Martine Carol, George Raft, les Peter Sisters...

NOUS IRONS TOUS AU PARADIS
Comédie d'**Yves Robert**, avec Jean Rochefort, Claude Brasseur, Guy Bedos, Victor Lanoux, Danièle Delorme, Marthe Villalonga, Gaby Sylvia, Daniel Gélin. France, 1977 – Couleurs – 1 h 50.

Les déboires sentimentalo-conjugaux de quatre quadragénaires qui achètent ensemble une maison de campagne. Derrière le comique un peu boulevard, un regard tendre et nostalgique sur une amitié masculine vieillissante. La suite d'UN ÉLÉPHANT ÇA TROMPE ÉNORMÉMENT (Voir ce titre).

NOUS LES FEMMES "SIAMO DONNE"
Film à sketches de **Gianni Franciolini**, **Roberto Rossellini**, **Luigi Zampa**, **Luchino Visconti** et **Alfredo Guarini**, avec Alida Valli, Ingrid Bergman, Isa Miranda, Anna Magnani. Italie, 1953 – 1 h 33.

Quatre portraits de grandes actrices par quatre grands metteurs en scène italiens.

NOUS LES GOSSES
Comédie de **Louis Daquin**, avec Louise Carletti *(Mariette)*, Gilbert Gil *(René)*, Pierre Larquey *(le père Finot)*, André Brunot *(le commissaire)*, Émile Genevois *(Cros Charles)*, Raymond Bussières *(Gaston)*, Louis Seigner *(le directeur)*. • SC : Maurice Hiléro, Gaston Modot, L. Daquin, Marcel Aymé. • PH : Jean Bachelet. • DÉC : Lucien Aguettand. • MUS : Marius-François Gaillard. • MONT : Suzanne de Troye. France, 1941 – 1 h 30. ★ GRAND PRIX DU CINÉMA FRANÇAIS.

Dans la cour d'une école communale de la banlieue parisienne, des gosses jouent au ballon. L'un d'eux brise une verrière. Récidiviste, il est condamné à payer les dégâts. Ses camarades profitent des vacances de Pâques pour gagner les 1 800 F nécessaires. Mais un voyou, Gaston, vole la cagnotte. Et les voilà transformés en détectives à la recherche du coupable.

◆ *Premier film marquant la renaissance du cinéma français sous l'occupation allemande, c'est à l'évidence une œuvre à double sens. Derrière le charme, la spontanéité, la vivacité d'une intrigue apparemment anodine, Daquin exalte la solidarité et l'esprit collectif face à l'adversité. Dans le rôle de Gaston, Raymond Bussières fait un début remarqué. La générosité, la fraîcheur et l'humour font du film une totale réussite.* J.M.

NOUS MAIGRIRONS ENSEMBLE

Comédie de **Michel Vocoret**, avec Peter Ustinov, Bernadette Lafont, Catherine Alric. France, 1979 – Couleurs – 1 h 40.

Victor prend soudainement conscience de son excès de poids ! Décidé à faire un régime, il va de salles de gymnastique en saunas, rencontre Patricia et se sépare de sa femme.

NOUS NE VIEILLIRONS PAS ENSEMBLE

Drame psychologique de **Maurice Pialat**, avec Jean Yanne *(Jean)*, Marlène Jobert *(Catherine)*, Macha Méril *(Françoise)*, Christine Fabréga *(la mère de Catherine)*, Jacques Galland *(le père de Catherine)*, Muse Dalbray *(la grand-mère de Catherine)*, Harry-Max *(le père de Jean)*, Maurice Risch *(Michel)*. • SC : M. Pialat. • PH : Luciano Tovoli. • MONT : Arlette Langmann. France, 1972 – Couleurs – 1 h 46.

Marié à Françoise, Jean a une liaison avec Catherine depuis six ans. Il l'emmène sur le tournage d'un film qu'il va réaliser en Camargue, mais se conduit si odieusement que Catherine se réfugie chez sa grand-mère, où Jean la rejoint. Rupture, réconciliation, nouvelle rupture : tel est le cycle infernal de ce couple terrible. Catherine finit par se lasser.

◆ *Maurice Pialat n'a jamais caché que ce récit était autobiographique. Le personnage de Jean, avec sa veulerie, son caractère exécrable et ses accès de tendresse, c'est lui. Un « portrait sans retouches » auquel Jean Yanne donne son extraordinaire naturel, récompensé du Prix d'interprétation à Cannes malgré ses protestations. Marlène Jobert et Macha Méril, la maîtresse et l'épouse, sont également parfaites.* G.L.

NOUS N'IRONS PLUS AU BOIS

Film de guerre de **Georges Dumoulin**, avec Marie-France Pisier, Richard Leduc, Siegfried Rauch, Jacques Higelin. France, 1968 – Couleurs – 1 h 31.

Un groupe de jeunes résistants accueille en 1944 des déserteurs allemands, mais le soupçon s'installe.

NOUS NOUS SOMMES TANT AIMÉS

"C'ERAVAMO TANTO AMATI"

Comédie historique d'**Ettore Scola**, avec Nino Manfredi *(Antonio)*, Vittorio Gassman *(Gianni)*, Stefania Sandrelli *(Luciana)*, Stefano Satta Flores *(Nicola)*, Giovanna Ralli *(Elide)*, Aldo Fabrizi *(Catenacci)*, Mariella Michelangeli *(Gabriella)*, et *dans leur propre rôle* : Federico Fellini, Marcello Mastroianni, Vittorio De Sica. • SC : Age et Scarpelli, E. Scola. • PH : Claudio Cirillo. • DÉC : Luciano Ricceri. • MUS : Armando Trovajoli. • MONT : Raimondo Crociani. • PR : Dean Film. Italie, 1974 – NB, puis Couleurs – 1 h 55. ★ **GRAND PRIX, Chamrousse 1976.**

Dans l'euphorie de la Libération, Antonio, Gianni et Nicola, qui ont combattu ensemble dans la Résistance, fêtent la chute du fascisme et l'avènement de la République, pleins d'espoir et d'illusions. La vie les sépare : Nicola est enseignant dans une obscure province, Gianni avocat à Milan en quête de clients, Antonio brancardier dans un hôpital romain. Les années passent et nos amis se retrouvent dans la capitale. Gianni devient le fondé de pouvoir d'un promoteur immobilier véreux dont, pour ce faire, il a épousé la fille. Nicola, cinéphile enragé, abandonne sa famille pour devenir journaliste à Rome. Il y retrouve Antonio qui n'a pas changé : militant syndical, il affiche ses opinions, et toute promotion lui est refusée. Antonio est amoureux de Luciana, qui rêve de faire du cinéma et s'éprend successivement de Gianni et de Nicola. Régulièrement, les trois amis se retrouvent, mais le cœur n'y est plus. Antonio et Luciana finissent par se marier. Nicola est enfin critique de cinéma, mais subit de nombreuses rebuffades. Gianni est riche et s'ennuie dans sa belle villa avec piscine. Elles sont bien loin, les grandes illusions de la Libération : « On croyait changer le monde, et c'est le monde qui nous a changés… »

◆ Entre le sourire et les larmes

Les histoires d'amour et d'amitié à travers le temps qui passe et les illusions perdues dans son sillage, voilà une matière en or pour Ettore Scola. Désormais aguerri dans le genre de la comédie aigre-douce, il peaufine, en collaboration avec le tandem Age et Scarpelli, un scénario émouvant et fort, tressant les destins de trois personnages « symboliques » qui composent, insensiblement, un tableau de l'Italie contemporaine et de son évolution de la fin de la guerre au milieu des années 70. Très per-

tinemment, la couleur du temps est livrée par une suite de références et de citations du cinéma italien et de l'air qu'on y respire, du néoréalisme auquel le film constitue une sorte d'hommage à peine voilé – il est dédié à De Sica, qui y fait une apparition – à la grande saison de La dolce vita *et de l'aliénation selon Antonioni. Apogée d'une « comédie italienne » qui connut son heure de gloire dans les années 60 et sa consécration culturelle (et surtout publicitaire) dans les années 70, le onzième film de Scola reçut un accueil public et critique unanime. Sans doute parce qu'il est la conjonction de tout ce qu'il y eut de meilleur dans le « genre » : l'esquisse d'une comédie humaine dont les caractères universels se fondent dans une réalité sociale et politique décrite avec acuité, l'utilisation de vedettes au mieux de leur talent, un dosage subtil et efficace de la gravité et de l'humour, du sourire et des larmes de la nostalgie. Avec, en prime pour les cinéphiles, ce coup d'œil en arrière sur les meilleures pages du cinéma d'après-guerre. La lucidité du constat qui sanctionne l'échec d'une génération est, certes, d'une ironie cruelle, mais tempérée par une tendresse désarmante.* C.D.

NOUS SOMMES TOUS COUPABLES

"IL MAGISTRATO"

Drame de **Luigi Zampa**, avec José Suarez, François Périer, Jacqueline Sassard, Claudia Cardinale, Massimo Serato, Anna Mariscal. Italie / France, 1959 – 1 h 30.

La crise de conscience d'un juge qui a vu mourir sous ses yeux, sans intervenir, la famille chez qui il logeait.

NOUS SOMMES TOUS DES ASSASSINS

Drame d'**André Cayatte**, avec Mouloudji *(René Le Guen)*, Raymond Pellegrin *(Gino)*, Antoine Balpêtré *(Dutoit)*, Claude Laydu *(l'avocat Philippe Arnaud)*. • SC : Charles Spaak, A. Cayatte. • PH : Jean Bourgoin. • DÉC : Jacques Colombier. • MONT : Paul Cayatte. France, 1962 – 1 h 55.

Après avoir été homme de main pendant la guerre, René Le Guen continue à tuer. Arrêté, il est condamné à mort et attend son exécution en compagnie de trois autres assassins. Chacun des cas évoqués met en cause la responsabilité de la société.

◆ *À l'heure où la peine de mort était encore loin d'être abolie, André Cayatte, amorçant une série de films dénonciateurs, s'attaquait avec vigueur et générosité à la peine capitale. Comme il ne s'agit pas d'une étude psychologique, l'auteur se soucie assez peu de vraisemblance et de nuances. Il défend une thèse, dresse un échantillonnage de condamnés qui sont, finalement, des victimes d'une société injuste ou absurde. Le public a réagi très favorablement à la démonstration.* B.B.

NOUS SOMMES TOUS DES VOLEURS

"THIEVES LIKE US"

Film noir de **Robert Altman**, avec Keith Carradine *(Bowie)*, Shelley Duvall *(Keechie)*, John Schuck *(Chicamaw)*, Bert Remsen *(T. Dub)*, Louise Fletcher *(Mattie)*. • SC : R. Altman, Calder Willingham, Joan Tewkesbury, d'après le roman d'Edward Anderson. • PH : Jean Boffety. • DÉC : Jack De Govia. • MONT : Lou Lombardo. États-Unis, 1973 – Couleurs – 2 h 02.

Le Mississippi dans les années 30. Chicamaw, T. Dub et Bowie s'évadent du pénitencier et se réfugient chez le frère de Chicamaw, Mobley. Bowie s'éprend de la fille de Mobley, Keechie. La bande reprend ses activités. Ils sont arrêtés, à l'exception du couple qui se réfugie dans un bungalow. Bowie, trahi, est abattu sous les yeux de Keechie.

◆ *Continuant à revisiter les genres, Altman fait le remake d'un bon film surestimé de Nicholas Ray,* LES AMANTS DE LA NUIT *(Voir ce titre) qu'il surpasse aisément... Contrairement aux lois du genre, il privilégie les « temps morts » aux dépens de scènes d'action qui en paraissent d'ailleurs d'autant plus violentes. Il utilise constamment des actualités radiophoniques pour replacer cette histoire dans son contexte socio-économique qui est celui de la crise de 1929. Une attaque de banque est ramenée à l'essentiel : plan d'un revolver puis des billets.* S.K.

NOUS SOMMES VIVANTS "DOKKOI IKITERU"

Drame de **Tadashi Imai**, avec Chojuro Kawarazaki *(le mari)*, Shizue Kawarazaki *(la mère)*, Kamenon Nakamura, Isao Kimura. • SC : T. Imai, Kenzō Hirata. • PH : Yoshio Miyajima. • DÉC : Kazuo Kubo. • MUS : Masao Oki. Japon, 1951 – 1 h 40.

Au lendemain de la guerre, la vie à Tokyo est dure pour les pauvres. Une famille en fait l'expérience dans des conditions de grande misère, accrue par le chômage du père. Ils sont près de se résigner à l'issue tragique d'un suicide collectif, mais ils continueront quand même à « vivre ».

◆ *Imai avait lui-même repris après la guerre son activité de cinéaste « engagé », participant même à des grèves. C'est donc avec un regard généreux et critique qu'il met sur pied de façon indépendante, et avec l'aide d'une souscription nationale, ce film très réaliste qui dépeint avec force l'état des classes populaires dans le Japon en reconstruction. Le retentissement fut d'ailleurs très grand et l'œuvre classée parmi les meilleures productions de l'année.* J.-M.C.

NOUS VOULONS LES COLONELS

"VOGLIAMO I COLONNELLI"

Comédie satirique de **Mario Monicelli**, avec Ugo Tognazzi, Claude Dauphin, François Périer. Italie, 1973 – Couleurs – 1 h 35.

Un coup d'État est organisé en Italie par des milieux d'extrême droite. Mais les conjurés sont tellement stupides qu'ils feront eux-mêmes tout échouer. Une satire politique plutôt drôle.

LE NOUVEAU GULLIVER "NOUYJ GULLIVER"
Film d'animation d'**Alexandre Ptouchko**, d'après l'œuvre de Jonathan Swift. U.R.S.S. (Russie), 1935 – 1 h 21.

Dans un univers de poupées caricaturales, un garçon s'impose par sa taille. Une allégorie politique pour le premier long métrage tridimensionnel réalisé à partir de marionnettes animées.

LE NOUVEAU MONDE "NYBYGGARNA"
Drame de **Jan Troell**, avec Max von Sydow, Liv Ullmann, Eddie Axberg, Pierre Lindstedt, Per Oscarsson. Suède, 1972 – Couleurs – 2 h 15.

Au début du XIXe siècle, l'installation d'une famille de pionniers suédois dans une région fertile d'Amérique du Nord. Le désenchantement des parents et l'espoir pour les enfants. Suite chronologique des ÉMIGRANTS (Voir ce titre).

LE NOUVEAU MONDE
Comédie dramatique d'**Alain Corneau**, d'après le roman de Pascal Quignard *l'Occupation américaine*, avec Nicolas Chatel, Sarah Grappin, James Gandolfini, Alicia Silverstone. France, 1995 – Couleurs – 2 h 05.

Une adolescence des années 50 dans l'Orléanais. Patrick aime bien son amie d'enfance, Marie-José, mais il aime encore plus le jazz et rêve de l'Amérique. Grâce à la protection de Will, sous-officier de l'armée américaine, il arrive à avoir libre accès à l'univers opulent, coloré et tonique de la base américaine, échappant ainsi à l'univers gris de la petite ville française. Mais il est des frontières que l'on ne franchit pas impunément, et des événements tragiques ramèneront Patrick vers les siens.

LE NOUVEAU TESTAMENT
Comédie dramatique de **Sacha Guitry**, avec Sacha Guitry, Jacqueline Delubac, Christian Gérard, Betty Daussmand, Charles Dechamps. France, 1936 – env. 1 h 30.

Un médecin trompé fait croire à sa mort. Sa femme et ses amis trouvent un testament qui révèle quelques secrets déplaisants.

LES NOUVEAUX EXPLOITS DE SHAFT
"SHAFT'S BIG SCORE"
Film policier de **Gordon Parks**, avec Richard Roundtree, Moses Gunn, Joseph Mascolo, Drew Bundini Brown. États-Unis, 1972 – Couleurs – 1 h 45.

Shaft, détective privé noir, enquête sur la mort d'un P.-D.G. Il est plongé dans un trafic de loteries clandestines. Réalisateur noir, Parks met en scène avec efficacité les aventures de Shaft, réplique noire de Philip Marlowe.
▷ Voir aussi LES NUITS ROUGES DE HARLEM.

LES NOUVEAUX MESSIEURS
Comédie satirique de **Jacques Feyder**, avec Gaby Morlay *(Suzanne Verrier)*, Albert Préjean *(Jacques Gaillac)*, Henry Roussell *(comte de Montoire-Grandpré)*, Henry Valbel *(le député d'extrême-gauche)*, Guy Ferrant, Charles Barrois. • SC : Charles Spaak, J. Feyder, d'après la pièce de Robert de Flers et Francis de Croisset. • PH : Georges Périnal, Maurice Desfassiaux. • DÉC : Lazare Meerson. France, 1929 – 3 700 m (env. 2 h 17).

Une danseuse de l'Opéra partage ses faveurs entre un riche politicien conservateur et un fringant syndicaliste attiré par le pouvoir. Ce dernier finira par sacrifier l'amour à la politique, et le barbon regagnera les grâces de sa protégée.

◆ *Adaptation habile d'une pièce de boulevard à succès, corsée de quelques jolis truquages, le film se présente comme une aimable satire des mœurs politiques. Cela lui valut les foudres de la censure de l'époque, qui y vit une « atteinte à la dignité du Parlement et des ministres ». Aux entrechats des ballerines de l'Opéra répondaient, en un contrepoint savoureux, les manigances de la Chambre des députés. C'était du René Clair en plus corrosif, rien de plus. Gaby Morlay y était excellente en donzelle écervelée, rêvant de promotion sociale. Ce fut le dernier film muet français – et non le moins réussi – de Jacques Feyder.* C.B.

LES NOUVEAUX MONSTRES "I NUOVI MOSTRI"
Comédie à sketches de **Mario Monicelli**, **Dino Risi** et **Ettore Scola**, avec Vittorio Gassman, Ugo Tognazzi, Alberto Sordi, Ornella Muti. Italie, 1978 – Couleurs – 1 h 55.

En douze séquences inégales, un « portrait par petites touches » de l'absurdité et de la férocité du monde contemporain.

LA NOUVELLE AURORE "BRIGHT VICTORY"
Comédie dramatique de **Mark Robson**, avec Arthur Kennedy, Peggy Dow, James Edwards, Julia Adams. États-Unis, 1951 – 1 h 37.

Une infirmière aide un jeune soldat revenu aveugle de la guerre à reprendre goût à la vie. Avec Rock Hudson dans un petit rôle.

LA NOUVELLE BABYLONE "NOVYJ VAVILON"
Drame de **Grigori Kozintsev** et **Leonid Trauberg**, avec Elena Kouzmina *(Louise Poirier)*, Piotr Sobolevski *(Jean,*

un soldat), David Goutman *(le patron du grand magasin)*, Serguei Gerasimov *(Lutro, un journaliste)*, Sofia Magarill *(une actrice)*. • SC : G. Kozintsev, L. Trauberg. • PH : Andrei Moskvine, Evgeni Mikhaïov. • DÉC : Evgeni Enei. • MUS : Chostakovitch. U.R.S.S. (Russie), 1929 – 2 200 m (env. 1 h 21).

Paris, 1871. Malgré la guerre, le grand magasin « À la Nouvelle Babylone » fait de grosses ventes. La direction décide d'organiser une grande fête où tout le personnel est invité, y compris Louise, une petite vendeuse. Mais les Prussiens assiègent la ville. Jean, un garde national, devient l'ami de Louise. La bourgeoisie veut livrer Paris, mais les Communards, dont Louise fait partie, s'y opposent. Leur révolte est noyée dans le sang. Jean, resté dans l'armée des Versaillais, doit fusiller Louise.

◆ *Le film fut critiqué pour sa construction discontinue, qui gênerait la participation affective du spectateur. Il est vrai qu'il est fait de séquences assez autonomes, mais cela n'empêche pas qu'on soit ébloui par bien des aspects : l'art des détails significatifs, la richesse et la variété des cadrages, et surtout le rythme créé par le montage, qui font de certaines scènes, comme celle de la construction de la barricade, de grands moments de cinéma pur.* *J.-P.B.*

LES NOUVELLES AVENTURES DE CHVEIK

"NOVYE POHOŽDENIJA ŠVEJKA"

Comédie de **Serguei Youtkevitch**, avec Boris Ténine *(Chveik)*, Serguei Martinson *(Hitler)*, Serguei Filippov *(le caporal)*, Faïna Ranevskaïa *(tante Adèle)*, Pavel Soukhanov *(le cuisinier)*. • SC : Evgueny Pomechtchikov, Nikolai Rojkov. • PH : Mark Maguidson. • DÉC : Serguei Kozlovsky. • MUS : Anatoli Lepine. U.R.S.S. (Russie), 1943 – 1 h 12.

Le brave soldat Chveik s'échappe de prison et se réfugie chez sa tante Adèle. Il est enrôlé à son corps défendant par les nazis et envoyé sur le front des Balkans où il fait tout son possible pour aider les résistants. Il rêve d'en finir lui-même avec Hitler, qu'il rencontre, toujours en rêve, mais sans pouvoir se résoudre à employer les moyens qu'il a imaginés pour mettre le dictateur hors d'état de nuire.

◆ *Le célèbre personnage du romancier tchèque Jaroslav Hašek est astucieusement mis à contribution, dans le contexte de la Deuxième Guerre mondiale, par Youtkevitch qui révèle ici pour la comédie des dons satiriques qui s'épanouiront plus tard dans ses adaptations des Bains et de la Punaise de Maïakovski. Ce film est l'extension d'un court sujet réalisé en 1941 par le même cinéaste pour l'« Album de guerre » n° 7, Chveik au camp de concentration.* *M.MN.*

▷ Voir aussi LE BRAVE SOLDAT CHVEIK.

LES NOUVELLES AVENTURES DE TARZAN

"THE NEW ADVENTURES OF TARZAN"

Film d'aventures d'**Edward Kull**, avec Herman Brix, Ula Holt. États-Unis, 1935 – 1 h 15.

Tarzan quitte l'Afrique pour aider des amis au Guatemala. Il participe à la recherche d'une idole, la « déesse verte ». Produit par la compagnie d'E.R. Burroughs, ce film existe aussi en « serial » de 12 épisodes et, avec un autre montage, sous le titre *Tarzan and the Green Goddess*.

▷ Voir aussi TARZAN.

LES NOUVELLES VIERGES

"OUR DANCING DAUGHTERS"

Comédie dramatique de **Harry Beaumont**, avec Joan Crawford, Johnny Mack Brown, Dorothy Sebastian, Anita Page, Nils Asther. États-Unis, 1928 – env. 2 300 m (1 h 25).

Une jeune mondaine saisit l'occasion d'un bon mariage, tandis que son amie court à sa perte en sombrant dans l'alcool.

NOUVELLE VAGUE

Comédie dramatique de **Jean-Luc Godard**, avec Alain Delon, Domiziana Gordano. France, 1991 – Couleurs – 1 h 29.

Un homme se noie. Une femme le regarde se noyer. Un autre homme, qui lui ressemble (serait-ce le même ?), sauve la même femme, qui se noyait. Ce résumé s'inspire d'un texte de Godard sur son film, qui est hermétique. On peut donc le raconter de cent manières. Les poèmes n'ont pas besoin d'être trop compréhensibles. Est-ce un poème ? Sinon quoi ? On polémique beaucoup à ce sujet.

LA NOVICE "LETTERE DI UNA NOVIZIA"

Drame d'**Alberto Lattuada**, d'après le roman de Guido Piovene, avec Pascale Petit, Jean-Paul Belmondo, Massimo Girotti. Italie / France, 1960 – 1 h 22.

La fausse vocation d'une novice qui révèle sa véritable personnalité à son confesseur. Dialogues de Roger Vailland.

LES NOVICES

Comédie de **Guy Casaril**, avec Brigitte Bardot, Annie Girardot, Jean Carmet. France, 1970 – Couleurs – 1 h 35.

Une jeune religieuse qui s'est échappée du couvent rencontre une « respectueuse » sympathique qui l'héberge.

NOYADE INTERDITE

Film policier de **Pierre Granier-Deferre**, d'après le roman d'Andrew Coburn *Widow Walk*, avec Philippe

Noiret, Suzanne Flon, Stefania Sandrelli. France / Italie, 1987 – Couleurs – 1 h 42.

Noyades en série dans une station balnéaire. Un policier un peu suspect mène l'enquête. Son adjoint cherche à le doubler.

NUAGES D'ÉTÉ "IWASHIGUMO"
Comédie dramatique de **Mikio Naruse**, avec Chikage Awashima, Michiyo Aratama, Kumi Mizuno. Japon, 1958 – Couleurs – 2 h 08.

À travers les destins de deux frères et de leur sœur qui vivent sur la terre héritée de leurs parents, Naruse montre le déclin des traditions rurales et l'irrésistible attraction qu'exerce la ville.

NUAGES FLOTTANTS "UKIGUMO"
Drame de **Mikio Naruse**, avec Hideko Takamine *(Yukiko Kōda)*, Masayuki Mori *(Kenkichi Tomioka)*, Mariko Okada *(Osei)*, Chieko Nakakita *(Kuniko)*, Osao Yamagata *(Sugio Iba)*. • SC : Yōko Mizuki, d'après le roman de Fumiko Hayashi. • PH : Masao Tamai. • DÉC : Satoshi Chūko. • MUS : Ichirō Saitō. Japon, 1955 – 2 h 03.

En 1946, à Tokyo, Yukiko retrouve Kenkichi qu'elle a rencontré durant la guerre en Indochine et qui lui a promis le mariage, mais il ne veut plus quitter sa femme. Sans travail, Yukiko se prostitue mais continue à voir Kenkichi qui ne cesse de la tromper. Lorsqu'il vient enfin lui demander de l'argent pour les funérailles de sa femme, Yukiko vole pour lui, puis l'accompagne malgré lui dans une île lointaine, où elle meurt tandis qu'il s'enfonce dans la forêt.

◆ *Spécialiste des shomin-geki (drames du petit peuple), Naruse n'apporte aucune analyse sociale (Mizoguchi) ni ouverture spirituelle (Ozu) au comportement tragique d'une femme amoureuse d'un être sans intérêt : il constate les contradictions et les souffrances de son personnage, dans une écriture fondée sur le strict respect des faits, décrits avec minutie. Le mélodrame débouche ici sur un pessimisme absolu, avec la mort pour seule perspective.* J.M.

LA NUIT "LA NOTTE"
Drame psychologique de **Michelangelo Antonioni**, avec Marcello Mastroianni *(Giovanni)*, Jeanne Moreau *(Lidia)*, Monica Vitti *(Valentina)*, Bernhard Wicki *(Tommaso)*. • SC : M. Antonioni, Ennio Flaiano, Tonino Guerra. • PH : Gianni Di Venanzo. • DÉC : Piero Zuffi. • MUS : Giorgio Gaslini. • MONT : Eraldo da Roma. Italie, 1961 – 2 h 02. ★ OURS D'OR, Berlin 1961.

Lidia et Giovanni forment un couple à la dérive. Tandis qu'il dédicace son dernier roman dans un cocktail, elle erre dans la ville. Ils se retrouvent dans une soirée chic où tous deux flirtent. Au matin, ils s'étreignent sur la pelouse, désespérément unis.

◆ *La première partie du film fait sentir le malaise du couple par des événements « extérieurs » : la visite à l'ami qui va mourir, la nymphomane qui « agresse » Giovanni, la vision insupportable d'une bagarre entre deux jeunes, les fusées qui partent d'un terrain vague devant un public fasciné où tout le monde s'ignore, le triste et beau strip-tease de la danseuse. La seconde partie (la soirée chic), bien que plus explicite, avec des notes plus psychologiques, garde la même obsession du décor non pas vide, mais « vidé » de sens, d'humanité et sur les « arêtes » duquel les protagonistes viennent s'écorcher, y laissant un peu de leur substance qui le remplit d'une paradoxale émotion.* S.K.

LA NUIT AMÉRICAINE
Comédie dramatique de **François Truffaut**, avec Jacqueline Bisset *(Julie Baker)*, Valentina Cortese *(Séverine)*, Alexandra Stewart *(Stacey)*, Jean-Pierre Aumont *(Alexandre)*, Jean-Pierre Léaud *(Alphonse)*, François Truffaut *(Ferrand)*, Nathalie Baye *(Joëlle)*. • SC : F. Truffaut, Jean-Louis Richard, Suzanne Schiffman. • PH : Pierre-William Glenn. • DÉC : Damien Lanfranchi. • MUS : Georges Delerue. • MONT : Yann Dedet. France, 1973 – Couleurs – 1 h 55. ★ OSCAR DU MEILLEUR FILM ÉTRANGER 1973.

Aux studios de la Victorine, à Nice, le cinéaste français Ferrand tourne un film américain, *Je vous présente Paméla*. De multiples intrigues amoureuses viennent influer sur le tournage, en particulier autour de l'acteur principal, Alphonse. La mort accidentelle de celui qui, dans le film, joue le rôle de son père, Alexandre, ajoute la tristesse à la confusion, mais le tournage continuera.

◆ *Si fonder l'intrigue d'un film sur un tournage n'est pas nouveau, Truffaut donne à ce principe toute son ampleur. C'est un véritable documentaire romancé sur le sujet, posant la question qui hante le cinéma de Truffaut : « Le cinéma est-il supérieur à la vie ? »* J.M.

LA NUIT BENGALI
Drame de **Nicola Klotz**, d'après le roman de Mircea Eliade, avec Hugh Grant, Shabana Azmi, Supriya Pathak. France / Suisse, 1988 – Couleurs – 1 h 59.

À Calcultta, un jeune ingénieur anglais tombe amoureux de la fille de son patron indien. Un premier film extrêmement ambitieux qui vise à capter l'aura magique et trouble de l'Inde.

LA NUIT BESTIALE "THE WILD PARTY"
Drame psychologique de **Harry Horner**, avec Anthony Quinn, Carol Ohmart, Arthur Franz. États-Unis, 1956 – 1 h 21.

Plusieurs « épaves humaines » vivent une nuit de honte au cours de laquelle elles donnent libre cours à leurs désirs.

LA NUIT BULGARE
Drame psychologique de **Michel Mitrani**, avec Marina Vlady, Charles Vanel, Henri Garcin, François Périer. France, 1971 – Couleurs – 1 h 30.

Un haut fonctionnaire, chargé d'un important contrat avec la Bulgarie, est soumis aux pressions et au chantage d'un gros industriel.

LA NUIT CLAIRE
Essai de **Marcel Hanoun**, avec Lorraine Bonnemaison, Gérard Rouzier, Florence Rousseau. France / Suisse, 1978 – Couleurs – 1 h 30.

Orphée descend aux enfers rechercher Eurydice piquée par un serpent. Mais Eurydice disparaît et Orphée erre sans but... Anne et Julien regardent l'écran et s'identifient.

NUIT DE CAUCHEMAR "MOTEL HELL"
Film d'horreur de **Kevin Connor**, avec Rory Calhoun, Paul Linke, Nancy Parsons. États-Unis, 1980 – Couleurs – 1 h 40.

Dans un motel de Californie, des hôteliers un peu détraqués engraissent des êtres humains dont ils fabriquent une excellente viande fumée ! Un curieux mélange d'humour et d'horreur.

LA NUIT DE LA PEUR "THE SPIRAL STAIRCASE"
Film policier de **Peter Collinson**, avec Jacqueline Bisset, Christopher Plummer, Mildred Dunnock, John-Phillip Law, Sam Wanamaker, Gayle Hunnicutt. Grande-Bretagne, 1975 – Couleurs – 1 h 30.

Un assassin terrorise une petite ville en s'attaquant uniquement aux handicapés. Une jeune femme muette échappe de justesse au maniaque (Voir aussi DEUX MAINS, LA NUIT).

LA NUIT DE LA SAINT-SYLVESTRE "SYLVESTER"
Drame de **Lupu Pick** et **Carl Mayer**, avec Eugen Klöpfer *(le patron du café)*, Edith Fosca *(sa femme)*, Frieda Richard *(sa mère)*, Harbacher, Julius E. Hermann, Rudolf Blümmer. • SC : C. Mayer. • PH : Guido Seeber, Karl Hasselmann. • MUS : Klaus Pringsheim. Allemagne, 1923 – 1 529 m (env. 57 mn).

Pendant le réveillon de la Saint-Sylvestre, dans l'arrière-salle d'une brasserie berlinoise où les clients font bombance, un violent conflit éclate entre la mère et l'épouse du cabaretier : celui-ci, objet de la jalousie maladive des deux femmes, finit par se suicider.

◆ *Cette « tragédie de la nuit » s'ouvre par un carton qui présente sobrement l'intrigue et les trois personnages : « L'homme écartelé entre les tendances tyranniques et jalouses de la femme et de la mère ». Aucun sous-titre ne vient rompre le déroulement des images, la progression du « suspense ». C'est l'apogée du « Kammerspiel », pendant exact du* Dernier des hommes *de Murnau (mais sans le génie visuel de celui-ci). Les trois unités sont scrupuleusement respectées : tout se joue un 31 décembre, autour de minuit, dans le décor clos d'un café populaire. Plutôt que d'expressionnisme, on parlera de naturalisme, en raison de l'appesantissement de la caméra sur les accessoires de la vie quotidienne (fourneau, miroir, pendules...), rompu à intervalles réguliers par des plans symboliques de mer démontée ou de cimetière, censés traduire la tourmente intérieure du personnage central. Tout cela, qui a bien vieilli, frappa durablement les contemporains. Jean Epstein y vit un exemple achevé de narration filmique, apte à décrire « un pôle des passions humaines ».* *C.B.*

LA NUIT DE L'IGUANE "THE NIGHT OF THE IGUANA"
Drame de **John Huston**, d'après la pièce de Tennessee Williams, avec Richard Burton, Ava Gardner, Deborah Kerr, Sue Lyon. États-Unis, 1964 – 2 h 05.

Après avoir dû quitter sa paroisse à la suite d'une affaire de mœurs, le révérend Shannon devient guide dans une miteuse agence touristique, dont des clientes lui font des avances.

NUIT DE NOCES CHEZ LES FANTÔMES
"HAUNTED HONEYMOON"
Comédie de **Gene Wilder**, avec Gene Wilder, Gilda Radner. États-Unis, 1986 – Couleurs – 1 h 23.

Deux acteurs enregistrent un feuilleton d'épouvante, mais « lui » n'arrive pas à se débarrasser de sa peur, bien réelle.

LA NUIT DE SAINT-GERMAIN-DES-PRÉS
Film policier de **Bob Swaim**, d'après le roman de Léo Malet, avec Michel Galabru, Mort Shuman, Daniel Auteuil, Chantal Dupuy. France, 1977 – Couleurs – 1 h 30.

Nestor Burma enquête sur un vol de bijoux et l'assassinat d'un musicien noir. Toute l'atmosphère des romans de Malet.

LA NUIT DES ALLIGATORS "THE PENTHOUSE"
Drame de **Peter Collinson**, avec Terence Morgan, Suzy Kendall, Martine Beswick. Grande-Bretagne, 1967 – Couleurs – 1 h 36.

Un couple illégitime se réfugie dans un appartement situé au dernier étage d'un gratte-ciel encore inoccupé. Ils y sont terrorisés par des intrus déséquilibrés.

LA NUIT DE SAN LORENZO
"LA NOTTE DI SAN LORENZO"
Drame historique de **Paolo** et **Vittorio Taviani**, avec Omero Antonuti *(Galvano)*, Margarita Lozano *(Concetta)*, Claudio Bicagli *(Corrado)*, Massimo Ponetti *(Nicola)*, Micol Guidelli *(Cecilia)*. • SC : P. et V. Taviani, Giuliano De Negri, Tonino Guerra. • PH : Franco Di Giacomo. • DÉC : Gianni Sparra. • MUS : Nicola Piovani. • MONT : Roberto Perpignani. Italie, 1982 – 1 h 45. ★ PRIX SPÉCIAL DU JURY, Cannes 1982.

Pendant l'été 1944, les Allemands en fuite en Toscane veulent faire sauter la plus grande partie d'un village pour retarder les partisans. Les habitants se scindent en deux groupes ; l'un se réfugie dans l'église sous la conduite de l'évêque, l'autre part dans la nuit à la rencontre des Alliés. La première troupe sera massacrée ; l'autre, plus nombreuse, sera prise dans le choc entre résistants et fascistes, qui sont souvent du même village, parfois de la même famille. En contrepoint de la bataille, un vieil homme retrouve la femme qu'il aimait autrefois.

◆ *Le film se présente comme la narration par une jeune femme, au cours d'une nuit d'été, de l'épouvante qu'elle vécut enfant pendant une autre nuit. Mais il ne comporte aucune intention d'atténuer un conflit. La charge émotionnelle et signifiante de la vision, dont les épisodes sont constamment reliés à la nature et à un humanisme vécu, familier, emplit d'une noblesse intemporelle la recomposition lyrique, parfois d'une violence inouïe, parfois toute de tendresse, du passé.* G.LD.

LA NUIT DES ESPIONS
Drame psychologique de **Robert Hossein**, avec Marina Vlady, Robert Hossein, Michel Etcheverry, Robert Le Béal. France / Italie, 1959 – 1 h 20.

En 1941, deux espions allemands qui doivent se rencontrer sont remplacés par deux agents de l'Intelligence Service. L'homme et la femme qui se retrouvent se méfient, cherchant à se connaître.

LA NUIT DES FORAINS "GYKLARNAS AFTON"
Drame d'**Ingmar Bergman**, avec Ake Grönberg *(Alberti)*, Harriet Andersson *(Anna)*, Anders Ek *(le clown)*, Hasse Ekman *(Franz)*, Annika Tretow *(Agda)*, Gunnar Björnstrand *(Sjuberg)*. • SC : I. Bergman. • PH : Sven Nykvist, Hilding Bladh. • DÉC : Bibi Lindström. • MUS : Karl-Birger Blomdahl. • MONT : Carl Olov Skeppstedt. Suède, 1953 – 1 h 30.

Un petit cirque ambulant traverse le paysage désolé de la Suède, au début du siècle. Son directeur, Alberti, et sa jeune compagne, l'écuyère Anna, semblent accablés. Ils s'arrêtent dans une ville où Alberti va rendre visite à son ex-femme qui le repousse. Il connaîtra plusieurs autres humiliations qui le conduiront à une tentative de suicide avortée. Au terme de cuisantes expériences, le directeur, l'écuyère et la troupe reprennent la route.

◆ *Il y a dans ce film un morceau de bravoure hors-texte : l'histoire courte, racontée comme au temps du cinéma muet, de la déconvenue du clown Frost dont la femme, nue, est la risée de la soldatesque. C'est une métaphore dans le film, le film lui-même étant une métaphore de la vie qui va, triste et douloureuse. Bergman, pessimiste mais pas désespéré, trouve la force de compenser par l'esthétique somptueuse de ce poème tragique sa philosophie défaitiste.* G.S.

LA NUIT DES FOUS-VIVANTS "THE CRAZIES"
Film fantastique de **Georges A. Romero**, avec Lane Carrol, W.G. McMillian, Lynn Lowry. États-Unis, 1974 – Couleurs – 1 h 45.

Après la chute d'un avion, une petite ville des États-Unis est victime d'un virus inconnu. Une armée de policiers envahit la ville pour vacciner les habitants. La résistance s'organise.

LA NUIT DES GÉNÉRAUX
"THE NIGHT OF THE GENERALS"
Film historique d'**Anatole Litvak**, avec Peter O'Toole, Omar Sharif, Tom Courtenay, Donald Pleasence, Philippe Noiret. Grande-Bretagne / France, 1967 – Couleurs – 2 h 30.

Durant la Seconde Guerre mondiale, un officier allemand enquête sur des meurtres de prostituées, commis par un général nazi.

LA NUIT DES JUGES "THE STAR CHAMBER"
Film policier de **Peter Hyams**, avec Michael Douglas, Hal Holbrook, Yaphet Kotto. États-Unis, 1983 – Couleurs – 1 h 54.

Déçu par le formalisme tatillon d'une justice qui vaut l'impunité à des criminels notoires, un jeune magistrat rejoint un cercle occulte pratiquant l'auto-justice, avant de le combattre.

LA NUIT DES MARIS "THE BACHELOR PARTY"
Comédie dramatique de **Delbert Mann**, avec Don Murray, E.G. Marshall, Jack Warden, Carolyn Jones. États-Unis, 1957 – 1 h 33.

Un époux modèle passe la nuit avec des copains, dont l'un enterre sa vie de garçon. Soirée bien morne consacrée à l'alcool qui le pousse à rentrer très vite... Une tranche de vie américaine.

LA NUIT DES MASQUES "Halloween"
Film fantastique de **John Carpenter**, avec Donald Pleasence, Nancy Loomis, Jamie Lee Curtis. États-Unis, 1978 – Couleurs – 1 h 30.

Une nuit de Halloween, la fête des sorcières, un jeune garçon tue sa sœur à coups de couteau. Quinze ans plus tard, il s'échappe d'un hôpital psychiatrique la veille de Halloween. Son médecin prévient la police, la ville est en danger.

▷ Le film a suscité deux suites : HALLOWEEN 2 "Halloween II", de **Rich Rosenthal**, avec Jamie Lee Curtis, Donald Pleasence, Charles Cyphers. États-Unis, 1981 – Couleurs – 1 h 31. HALLOWEEN III, LE SANG DU SORCIER "Halloween III, Season of the Witch", de **Tommy Lee Wallace**, avec Tom Atkins, Stacey Nelkin, Dan O'Herlihy. États-Unis, 1982 – Couleurs – 1 h 36.

LA NUIT DES MORTS-VIVANTS
"The Night of the Living Dead"
Film d'horreur de **George A. Romero**, avec Judith O'Dea *(Barbara)*, Russell Streiner *(Johnny)*, Duane Jones *(Ben)*, Karl Hardman *(Harry)*. • SC : G.A. Romero, John A. Russo. • PH : G.A. Romero • MONT : G.A. Romero. Trucages : Regis Survinski, Toni Pantanello. • MUS : Gary Zeller. États-Unis, 1968 – 1 h 30.

À la suite d'une mutation, les morts sortent des tombeaux pour dévorer les vivants. Réfugiée dans une ferme isolée, une famille accueille contre son gré un Noir. Au matin, les membres de la famille se sont entre-dévorés et le Noir survivant est abattu par une milice de protection contre les morts-vivants.

◆ *Ce film « fauché » est un modèle d'efficacité et d'intelligence. Filmant dans un style documentaire et quasiment dans un décor unique toute l'action, il s'éloigne de toutes les conventions du genre « gothique » et en crée d'autres qui ont toujours cours aujourd'hui. Il nous semble assister « en direct » à cette épopée de l'horreur servie par des effets spéciaux simples, crus et matérialistes. Secrètement, le film est une parabole. La maison représente les États-Unis refusant « l'intégration » du Noir, qui, parce qu'il est isolé, est le mieux armé pour survivre. Ils sont entourés d'agresseurs éliminés par leurs forces répressives qui, dans un « acte manqué », confondent le Noir avec un mort-vivant.* *S.K.*

▷ Voir aussi ZOMBIE et LE JOUR DES MORTS-VIVANTS.

LA NUIT DES VERS GÉANTS "Squirm"
Film d'horreur de **Jeff Lieberman**, avec Don Scardino, Patricia Pearcy, R.A. Dow, Jean Sullivan. États-Unis, 1976 – Couleurs – 1 h 32.

Dans une petite ville du Sud, des vers sortent de terre par milliers et dévorent plusieurs personnes. À l'aube, l'invasion monstreuse se retire, ne laissant que trois survivants dans un arbre.

NUIT DE TERREUR "The Night Holds Terror"
Film policier d'**Andrew L. Stone**, avec Jack Kelly, Hildy Parks, Vince Edwards, John Cassavetes. États-Unis, 1955 – 1 h 26.

Nuit d'angoisse pour un ingénieur dont la famille est prise en otage par trois bandits.

LA NUIT DE VARENNES
Drame historique d'**Ettore Scola**, avec Jean-Louis Barrault, Marcello Mastroianni, Hanna Schygulla, Harvey Keitel, Jean-Claude Brialy, Daniel Gélin, Andréa Ferréol, Michel Vitold. France / Italie, 1982 – Couleurs – 2 h 30.

Restif de La Bretonne et Casanova rejoignent, dans un relais de poste, un mystérieux carrosse parti du Palais-Royal par une belle nuit de juin 1791. Sans savoir qu'un autre les a précédés sur la route de Varennes.

NUIT D'IVRESSE
Comédie de **Bernard Nauer**, avec Thierry Lhermitte, Josiane Balasko. France, 1986 – Couleurs – 1 h 27.

Un présentateur de télévision, célébré pour son élégance et sa courtoisie, se laisse aller aux vertiges crapuleux de l'alcool.

NUIT DOCILE
Drame de **Guy Gilles**, avec Patrick Jouané, Pascal Kelaf, Pierre Étaix, Françoise Arnoul, Piéral, Jean-Marie Proslier. France, 1986 – Couleurs et NB – 1 h 30.

Vagabondage nocturne dans les quartiers de Pigalle, des Halles et du canal Saint-Martin où un peintre rencontre des marginaux.

NUIT D'OR
Drame de **Serge Moati**, avec Bernard Blier, Klaus Kinski, Marie Dubois. France, 1977 – Couleurs – 1 h 35.

Un homme que l'on croyait mort réapparaît. Sa famille resserre les rangs pour se débarrasser de lui. Un climat expressionniste et esthétique, un peu irréel.

LA NUIT DU CARREFOUR
Film policier de **Jean Renoir**, d'après le roman de Georges Simenon, avec Pierre Renoir, Winna Winfried, Michel Duran, Jane Pierson, Georges Koudria. France, 1932 – env. 1 h 30.

Le cadavre d'un diamantaire ayant été découvert à un carrefour, Maigret enquête auprès des riverains.

LA NUIT DU CHASSEUR

"THE NIGHT OF THE HUNTER"

Drame de **Charles Laughton**, avec Robert Mitchum *(Harry Powell)*, Shelley Winters *(Willa Harper)*, Lillian Gish *(Rachel Cooper)*, Billy Chapin *(John)*, Sally Jane Bruce *(Pearl)*, James Gleason *(Birdie)*, Peter Graves *(Ben Harper)*. • SC : James Agee et C. Laughton (non crédité), d'après le roman de David Grubb. • PH : Stanley Cortez. • DÉC : Al Spencer. • MUS : Walter Schumann. • MONT : Robert Golden. • PR : Paul Gregory (United Artists). États-Unis, 1955 – 1 h 33.

Un criminel psychopathe, Harry Powell, partage la cellule de Ben Harper, condamné pour vol et meurtre et qui sera pendu sans avoir révélé la cachette de son butin. Seuls John et Pearl, ses enfants, savent que les dix mille dollars sont dissimulés dans la poupée de la petite fille, mais leur père leur a fait jurer de garder le secret. Libéré, Harry Powell se met en quête du butin, arrive dans la petite ville où, se faisant passer pour un prédicateur, il n'a aucun mal à séduire Willa, la veuve de Ben Harper. Il l'épouse, mais la tue très vite, sans l'avoir touchée. Effrayés, les enfants réussissent à échapper à leur beau-père et à s'enfuir en descendant la rivière. Harry Powell suit et traque les enfants qui traversent la campagne américaine, le petit garçon veillant sur sa sœur. Au bout de leur voyage, ils sont recueillis par Rachel Cooper, âme charitable qui a déjà à charge une troupe d'enfants abandonnés. La vieille dame, ayant deviné le lourd secret qui pèse sur eux, affronte courageusement Powell qui les a retrouvés et croit toucher au but. La police le capture avant qu'il n'arrive à ses fins et les enfants, libérés du poids de leur serment, restent chez Rachel.

◆ Tout le cinéma en un film

La Nuit du chasseur *est l'un des films les plus étranges et les plus beaux du cinéma américain. Le mot qui revient le plus souvent à son propos est « aérolithe ». En effet, il reste l'œuvre unique de l'acteur Charles Laughton qui, fort du feu vert du producteur Paul Gregory, fit le film à son idée et sans tenir compte des canons du récit hollywoodien. Film hors norme,* la Nuit du chasseur *traverse tous les genres, mais ne se plie à aucun en particulier. En faisant confiance à Stanley Cortez (pour l'aspect visuel du film) et à Robert Mitchum (pour la composition du rôle de Harry Powell), en dirigeant les enfants non comme des petits singes mais comme de vraies personnes, en alternant les styles et les figures, en inventant un temps paradoxal qui est autant celui de la flânerie mythologique que celui du film policier, en se permettant, à travers Lillian Gish, un hommage à Griffith et aux débuts du cinéma, Laughton réussit en un sens le premier film « cinéphile » du cinéma, à la fois très cultivé et totalement innocent. C'est sans doute pourquoi* la Nuit du chasseur *(qui n'eut à sa sortie qu'un succès d'estime) ne deviendra que progressivement le film phare qu'il est aujourd'hui. Très peu de films, en effet, donnent ce sentiment de se situer à la fois en amont et en aval du cinéma et d'en dominer toute l'évolution.* *S.D.*

LA NUIT DU LENDEMAIN

"THE NIGHT OF THE FOLLOWING DAY"

Film policier d'**Hubert Cornfield**, avec Marlon Brando, Richard Boone, Rita Moreno, Jess Hahn, Pamela Franklin. États-Unis, 1969 – Couleurs – 1 h 45.

Une jeune Anglaise est kidnappée à son arrivée en France. Les membres du gang composent un éventail assez terrifiant du sadisme jusqu'à la drogue. Mais tout cela est-il bien réel ?

LA NUIT DU LOUP-GAROU

"THE CURSE OF THE WEREWOLF"

Film d'épouvante de **Terence Fisher**, avec Clifford Evans, Oliver Reed, Catherine Feller, Yvonne Romain, Anthony Dowson. Grande-Bretagne, 1961 – Couleurs – 1 h 32.

Né du viol d'une pauvre servante muette par un prisonnier dément, un jeune homme se transforme en loup-garou chaque fois que reviennent les nuits de pleine lune.

LA NUIT EST À NOUS

Comédie dramatique de **Carl Froelich** et **Henry Roussell**, d'après la pièce d'Henry Kistemaeckers, avec Marie Bell, Henry Roussell, Jean Murat, Mary Costes, Jim Gérald. France, 1929 – env. 2 000 m (1 h 14).

Une jeune fille blessée lors d'une course automobile est secourue par un inconnu qui disparaît peu après. Ils se retrouvent plus tard, mais l'homme est marié. Un des tout premiers films français parlants, réalisé en son direct et tourné en Allemagne.

▷ Parallèlement, **Carl Froelich** réalise une version allemande, intitulée DIE NACHT GEHÖRT UNS, avec Hans Albers, Charlotte Ander, Otto Wallburg, Walter Janssen.

LA NUIT EST MON ENNEMIE "LIBEL"

Drame d'**Anthony Asquith**, d'après la pièce d'Edward Wool, avec Olivia De Havilland, Dirk Bogarde, Robert Morley. Grande-Bretagne, 1959 – 1 h 40.

Drame de l'amnésie pour un baronnet qui doit prouver sa véritable identité.

LA NUIT EST MON ROYAUME

Comédie dramatique de **Georges Lacombe**, avec Jean Gabin, Simone Valère, Suzanne Dehelly, Gérard Oury. France, 1951 – 1 h 50.

La vie d'un conducteur de locomotive qui a perdu la vue à la suite d'un accident de travail, et sa difficile adaptation au monde des aveugles. Ce film sensible et humain valut deux Prix d'interprétation à Jean Gabin.

NUIT ET BROUILLARD

Documentaire d'**Alain Resnais**. Texte de Jean Cayrol. Conseillers historiques : André Michel et Olga Wormser. • MUS : Hans Eissler. France, 1956 – Couleurs – 32 mn. ★ PRIX JEAN-VIGO 1956 ; GRAND PRIX DU CINÉMA FRANÇAIS (ex aequo) 1956; GRAND PRIX DU DOCUMENTAIRE, Karlovy-Vary 1957 ; GRAND PRIX DU FILM D'AVANT-GARDE (doc.) 1957.

Montage en alternance de prises de vue en couleurs des camps d'extermination nazis tels qu'ils apparaissent dix ans après et d'images d'archives en noir et blanc qui décrivent en détail l'horreur de l'univers concentrationnaire.

◆ *Le commentaire sobre et retenu fait ressortir le caractère insoutenable d'images qui ne doivent, hélas, rien à l'imagination du cinéaste. Immortalisant un des chapitres les plus sinistres de l'histoire universelle, ce film tire une bonne partie de son efficacité pédagogique du fait qu'il se termine par une seule question immense : « Qui est responsable ? ». Interrogation qui laisse à penser que les causes du mal n'ont pas été définitivement extirpées et peuvent surgir de nouveau...* C.D.R.

NUIT ET BROUILLARD AU JAPON

"NIHON NO YORU TO KIRI"

Drame de **Nagisa Oshima**, avec Fumio Watanabe, Miyuki Kuwano, Masahiko Tsugawa. Japon, 1960 – Couleurs – 1 h 47.

Un banquet est organisé pour le mariage d'un journaliste et d'une militante de gauche. Chacun évoque le passé, la tension monte et des événements inattendus se produisent.

LA NUIT FANTASTIQUE

Comédie fantastique de **Marcel L'Herbier**, avec Fernand Gravey *(Denis)*, Micheline Presle *(Irène)*, Saturnin Fabre *(Thalès)*, Jean Parédès *(Cadet)*, Charles Granval *(Adalbert)*, Michel Vitold *(Boris)*, Marcel Lévesque *(Le Tellier)*, Bernard Blier *(Lucien)*, Christiane Néré *(Nina)*. • SC : Louis Chavance, Maurice Henry, M. L'Herbier, Henri Jeanson (dialogues). • PH : Pierre Montazel. • DÉC : René Moulaert. • MUS : Maurice Thiriet. France, 1942 – 1 h 43. ★ GRAND PRIX DU FILM D'ART ; GRAND PRIX DE LA CRITIQUE CINÉMATOGRAPHIQUE 1942.

Denis, un étudiant qui travaille de nuit aux Halles, rêve, quand il s'endort, d'une jeune fille en longue robe blanche. Un soir, lui apparaît Irène, qu'il suit sans savoir si c'est le rêve ou la réalité. Elle l'entraîne dans des aventures étranges, avec son père le magicien Thalès, Cadet à qui on veut la marier, Adalbert le poète aveugle, les fous de l'asile du docteur Le Tellier. Au petit matin, Irène est bien réelle et épouse Denis.

◆ *Hommage à Méliès (le titre de tournage était d'ailleurs* le Tombeau de Méliès) *et, peut-être, à l'amour-fou surréaliste, ce film constitue une des bonnes réussites de ce cinéma d'évasion apparu vers 1941-1942, avec son climat nocturne, ses inventions de scénario, des recherches visuelles et sonores proches de ce que L'Herbier affectionnait à l'époque du muet.* J.-P.B.

LA NUIT MERVEILLEUSE

Comédie dramatique de **Jean-Paul Paulin**, avec Fernandel, Charles Vanel, Madeleine Robinson, Janine Darcey, Charpin. France, 1948 (RÉ : 1940) – 1 h 10.

Le soir de Noël 1940, un couple de réfugiés, dont la femme attend un bébé, revit l'itinéraire de Joseph et Marie.

LA NUIT OÙ MON DESTIN S'EST JOUÉ

"THE NIGHT MY NUMBER CAME UP"

Comédie dramatique de **Leslie Norman**, avec Michael Redgrave, Sheila Sim, Alexander Knox, Denholm Elliot. Grande-Bretagne, 1955 – 1 h 34.

Au cours d'une soirée d'adieu, un colonel raconte son rêve sur un accident d'avion... qui arrive quelques heures plus tard.

LA NUIT PORTE CONSEIL "ROMA, CITTÀ LIBERA"

Comédie satirique de **Marcello Pagliero**, avec Andrea Checchi, Valentina Cortese, Vittorio De Sica. Italie, 1948 – 1 h 30.

Dans la Rome de l'après-guerre, un collier de prix, subtilisé par un pickpocket, passe de main en main. Néoréaliste et surréaliste.

LA NUIT PORTE-JARRETELLES

Comédie de **Virginie Thévenet**, avec Ariel Genet, Jézabel Carpi, Arielle Dombasle. France, 1985 – Couleurs – 1 h 25.

Une balade coquine dans le Paris nocturne, celui des sex-shops et des peep-shows, où Jézabel entraîne son jeune amant Ariel.

NUITS BLANCHES "LE NOTTI BIANCHE"

Drame de **Luchino Visconti**, d'après la nouvelle de Dostoïevski *les Nuits blanches*, avec Marcello Mastroianni, Maria Schell, Jean Marais. Italie / France, 1957 – 1 h 39. ★ LION D'ARGENT, Venise 1957.

Un jeune homme solitaire fait la connaissance d'une bizarre jeune fille fidèle à un bel inconnu. Poétique histoire filmée dans des décors irréels.

▷ Autre version réalisée par **Ivan Pyriev**, intitulée NUITS BLANCHES "BELIE NOŠI". U.R.S.S. (Russie), 1960 – env. 1 h 30.

LES NUITS BLANCHES DE SAINT-PÉTERSBOURG

Drame de **Jean Dréville**, d'après le roman de Léon Tolstoï *la Sonate à Kreutzer*, avec Gaby Morlay, Jean Yonnel, Pierre Renoir, Edmonde Guy. France, 1937 – 1 h 37.

Un jeune homme obsédé par le suicide d'un ami, dont il a brisé le ménage, se marie et devient la proie d'une jalousie maladive. Il tente d'assassiner sa femme et un violoniste.

NUITS DE BAL "THE SISTERS"

Comédie dramatique d'**Anatole Litvak**, d'après le roman de Myron Brinig, avec Bette Davis, Errol Flynn, Anita Louise, Ian Hunter, Donald Crisp, Beulah Bondi. États-Unis, 1938 – 1 h 38.

Trois sœurs se marient, mais l'époux de l'une d'elles se met à boire, la quitte, puis revient quelques années plus tard...

LES NUITS DE CABIRIA "LE NOTTI DI CABIRIA"

Comédie dramatique de **Federico Fellini**, avec Giulietta Masina *(Cabiria)*, Amedeo Nazzari *(le grand acteur)*, François Périer *(D'Onofrio)*, Aldo Silvani *(l'hypnotiseur)*, Franca Marzi *(Wanda)*, Dorian Gray *(Jessy)*, Polidor *(le moine mendiant)*. • SC : F. Fellini, Tullio Pinelli, Ennio Flaiano, Brunello Rondi. • PH : Aldo Tonti. • DÉC : Piero Gherardi. • MUS : Nino Rota. • MONT : Leo Catozzo. Italie, 1957 – 2 h 06. ★ **OSCAR du Meilleur film étranger 1957.**

Destin d'une petite prostituée romaine. Cabiria est jetée dans le Tibre par un de ses clients, se querelle avec ses collègues de misère, connaît l'éblouissement du luxe au cours d'une soirée avec un « grand acteur », participe à un pèlerinage dans l'espoir – déçu – d'un miracle, se fait escroquer de tout son avoir par un honorable employé, D'Onofrio. Un cortège de masques sortis de la commedia dell'arte escortera sa marche finale, « concluant » sur un point d'interrogation cette quête enragée d'un bonheur impossible.

◆ *Le moine mendiant qui revient périodiquement dans le film est sans doute celui qui nous donne la clé du personnage émouvant de Cabiria : l'innocence d'un cœur désarmé face à la vilenie des hommes. Avec la musique tendre et navrée des meilleurs Fellini.* *D.C.*

LES NUITS DE CHICAGO "UNDERWORLD"

Film noir de **Josef von Sternberg**, avec George Bancroft *(Bull)*, Evelyn Brent *(Feathers)*, Clive Brook *(Rolls Royce)*, Larry Semon *(Slippy)*. • SC : Ben Hecht, Charles Furthman, Robert N. Lee. • PH : Bert Glennon. • DÉC : Hans Dreier. • MONT : E. Lloyd Sheldon. États-Unis, 1927 – 2 400 m (env. 1 h 29).

Le gangster Bull s'évade de prison après une tentative organisée par son amie Feathers et son lieutenant Rolls Royce. Bull croit qu'ils l'ont trahi, mais ils viennent le retrouver alors qu'il est assiégé par la police. S'apercevant de leur amour, il les fait partir et reste seul à combattre.

◆ *Ce film, préparé par Howard Hawks et repris par Sternberg, est le premier qui prit des gangsters pour héros. Son succès mondial lança le genre. Hawks lui-même, peiné de n'avoir pu le faire, en reprit le matériau pour réaliser Scarface. Hawks définit bien la différence entre son appréhension des choses et celle de son ami Sternberg : « Sternberg étire un événement insignifiant jusqu'à ce qu'il devienne dramatique, moi je traite d'un événement dramatique comme s'il s'agissait de quelque chose de banal ». Les relations entre les trois personnages y sont d'une extrême finesse. Nous comprenons tous les enjeux qui les lient par des échanges de regards très sobres et des réactions en « décalage » avec la situation. Elle est ainsi constamment ironique sans cesser d'être émouvante.* *S.K.*

NUITS DE FEU

Drame de **Marcel L'Herbier**, d'après le roman de Léon Tolstoï *le Cadavre vivant*, avec Victor Francen, Gaby Morlay, Gabriel Signoret, Madeleine Robinson, Georges Rigaud. France, 1937 – 1 h 38.

Un procureur requiert sévèrement contre un homme marié qui a tué son rival, lorsqu'il apprend soudain que sa propre épouse le trompe.

LES NUITS DE LA PLEINE LUNE (COMÉDIES ET PROVERBES IV)

Comédie dramatique d'**Éric Rohmer**, avec Pascale Ogier, Tcheky Karyo, Fabrice Luchini. France, 1984 – Couleurs – 1 h 42.

Fuyant toute forme de relation affective susceptible de restreindre sa liberté, une jeune femme indépendante finit par lasser ses proches et se retrouve esseulée. Le film est l'occasion pour son auteur de jeter un regard pétillant d'intelligence et d'ironie sur les mœurs de l'époque sans pour autant la juger. Ce devait être hélas le seul grand rôle de la lumineuse Pascale Ogier disparue peu après.

LES NUITS DE RASPOUTINE "L'ULTIMO ZAR"
Drame historique de **Pierre Chenal**, avec Edmund Purdom, Gianna Maria Canale, Yvette Lebon. Italie/France, 1960 – Couleurs – 1 h 33.

Un portrait de Raspoutine qui présente le célèbre et mystérieux personnage comme un visionnaire sympathique.

LES NUITS DE SAINT-PÉTERSBOURG
"PETERBURGSKAJA NOC'"
Drame de **Grigori Rochal** et **Vera Stroeva**, d'après deux nouvelles de Dostoïevski, avec Boris Dobronravov, Anatoli Goriounov, Ksenia Tarasova. U.R.S.S. (Russie), 1934 – 1 h 47.

Un ancien serf, qui rêve d'aller à Saint-Pétersbourg exercer son talent de violoniste, perd toutes ses illusions en se heurtant à une lourde bureaucratie féodale.

NUITS D'EUROPE "EUROPA DI NOTTE"
Film de montage d'**Alessandro Blasetti**, avec Carmen Sevilla, Henri Salvador, Domenico Modugno, Coccinelle. Italie/France, 1959 – Couleurs – 1 h 35.

Blasetti promène sa caméra (en compagnie du chef opérateur Gabor Pogany) de Rome à Berlin, de Moscou à Barcelone, dans les meilleurs music-halls d'Europe.

NUITS DU SERTAO "NOITES DO SERTAÕ"
Drame de **Carlos Alberto Prates Correia**, avec Cristina Aché, Débora Bloch, Carlos Kroeber. Brésil, 1984 – Couleurs – 1 h 50.

Abandonnée par son mari, une jeune femme trouve refuge dans une fazenda auprès de son beau-père. Elle y découvre un monde nouveau fait de rêves, de peur et de désirs secrets.

NUITS ENSORCELÉES "LADY IN THE DARK"
Comédie dramatique de **Mitchell Leisen**, d'après la pièce de Moss Hart, Kurt Weill et Ira Gershwin, avec Ginger Rogers, Ray Milland, Jon Hall, Warner Baxter, Barry Sullivan. États-Unis, 1944 – Couleurs – 1 h 40.

La sévère rédactrice en chef d'un grand magazine, déprimée et poursuivie par des rêves étranges, consulte un psychanalyste en vogue. Les hommes se mettent à la courtiser et elle épousera finalement son chef de publicité.

LES NUITS FAUVES
Drame de **Cyril Collard**, avec Cyril Collard, Romane Bohringer, Carlos Lopez. France, 1992 – Couleurs – 2 h 06. ★ CÉSAR DU MEILLEUR FILM.

Un univers à la dérive : homosexualité de groupe, drogue, Sida, sado-masochisme, ratonnades racistes... toute la panoplie fin de siècle, avec, en prime, un humour inattendu, une remarquable interprétation et un rythme musclé.

LES NUITS MOSCOVITES
Drame d'**Alexis Granowsky**, d'après le roman de Pierre Benoit, avec Harry Baur, Annabella, Pierre Richard-Willm, Roger Karl, Jean Toulout. France, 1934 – 1 h 35.

À Moscou, en 1916, un jeune officier et un marchand sont amoureux de la même jeune fille. Le second, convaincu de trahison, devra la vie au premier, brutal, mais honnête.

▷ Autre version réalisée par **Anthony Asquith**, intitulée MOSCOW NIGHTS, avec Laurence Olivier, Harry Baur, Penelope Dudley Ward, Robert Cochran. Grande-Bretagne, 1935 – 1 h 15.

NUITS ROUGES
Film d'aventures de **Georges Franju**, avec Gayle Hunnicutt, Jacques Champreux, Gert Froebe. France/Italie, 1974 – Couleurs – 1 h 45.

À la poursuite du fabuleux trésor des Templiers, une mercière se transforme en génie du mal, mais échoue dans toutes ses tentatives de percer le secret de l'énigme. Le retour de Franju au « feuilleton ».

LES NUITS ROUGES DE HARLEM "SHAFT"
Film policier de **Gordon Parks**, d'après le roman d'Ernest Tidyman, avec Richard Roundtree, Moses Gunn, Charles Cioffi, Christopher Saint-John. États-Unis, 1971 – Couleurs – 1 h 40.

Un détective privé noir, qui opère à Harlem, est engagé par un truand noir pour retrouver sa fille, enlevée par des maffiosi blancs.

▷ Voir aussi LES NOUVEAUX EXPLOITS DE SHAFT.

▷ Autre aventure du « privé » noir, Shaft : LES TRAFIQUANTS D'HOMMES "SHAFT IN AFRICA", de **John Guillermin**, avec Richard Roundtree, Frank Finlay, Vonetta McGee. États-Unis, 1973 – Couleurs – 1 h 52.

LA NUIT TOUS LES CHATS SONT GRIS
Essai de **Gérard Zingg**, avec Gérard Depardieu, Robert Stephens, Laura Betti. France, 1977 – Couleurs – 1 h 45.

Pour sa nièce Lily, Charles Watson invente les aventures de Philibert, dans lesquelles il finit par entrer, en entraînant la petite fille. On n'est pas loin de la psychanalyse pour ce premier film au climat trouble.

NUMBER SEVENTEEN "NUMBER SEVENTEEN"
Film policier d'**Alfred Hitchcock**, d'après le roman de Jefferson Farjeon, avec Leon M. Lion, Anne Grey, John Stuart, Donald Calthrop. Grande-Bretagne, 1932 – 1 h 05.

Un passant découvre un cadavre dans une maison : or, l'homme, un voleur, n'est pas mort, et c'est lui qui ligote le visiteur importun ! Celuici, un célèbre détective, réussira à le faire coffrer ainsi que ses complices.

NUMÉRO DEUX

Essai de **Jean-Luc Godard**, avec Sandrine Battistella, Pierre Oudry, Alexandre Rignault, Rachel Stefanopoli. France, 1975 – Couleurs – 1 h 30.

Devant un équipement vidéo, l'auteur parle de son travail : un film qui a pour sujet la vie d'un jeune couple, présentée sous forme de tableaux rapides avec des titres et des commentaires.

NUMÉRO ZÉRO

Documentaire de **Raymond Depardon**. France, 1977 – Couleurs – 1 h 30.

La mise au point du premier numéro du quotidien *le Matin de Paris*, vue par l'œil souvent critique d'un grand reporter.

LES NUS ET LES MORTS

"THE NAKED AND THE DEAD"

Film de guerre de **Raoul Walsh**, avec Aldo Ray *(sergent Croft)*, Cliff Robertson *(lieutenant Hearn)*, Raymond Massey *(général Cummings)*, Lily St Cyr *(Lily)*, Barbara Nichols *(Mildred)*. • SC : R. Walsh, Denis et Terry Sanders, d'après le roman de Norman Mailer. • PH : Joseph LaShelle. • DÉC : Ted Haworth, William L. Kuehl. • MUS : Bernard Herrmann. • MONT : Arthur P. Schmidt. États-Unis, 1958 – Couleurs – 2 h 15.

Lors de la guerre du Pacifique, une compagnie menée par le sergent Croft est chargée de conquérir une petite île. Croft est un homme dur, cruel et sadique. À cause de lui, la compagnie vit de nombreux drames. Il réussit pourtant à accomplir sa mission avant d'être tué par un de ses hommes.

◆ *À l'origine du film, un terrible roman et le goût de Walsh pour les sujets militaires. Mais, après une adaptation très réductrice et des problèmes avec la censure, il ne reste au bout du compte qu'un film de guerre de plus, certes très bien mené, mais qui ne s'écarte guère des conventions, voire des clichés du genre. Seul le personnage du sergent Croft, complexe et ambigu, remarquablement interprété par Aldo Ray, sort de l'ordinaire. Dans le registre des films guerriers dénonçant le militarisme, Kubrick ou Aldrich ont réalisé des œuvres plus puissantes.* L.A.

NYAMANTON "NYAMANTON"

Drame de **Cheick Sissoko**, avec Maciré Kante, Ada Thiocary, Diarrah Sanogo, Chaka Diarra. Mali, 1986 – Couleurs – 1 h 30.

Kalifa, un garçon de 9 ans, est renvoyé de l'école le jour de la rentrée car il ne possède pas de « banc-table ». Ses parents empruntent et il partage son temps entre l'école et le ramassage d'ordures dans la décharge. Il lui sera pourtant impossible de poursuivre sa scolarité.

O

O AMULETO DE OGUM "O AMULETO DE OGUM"
Film policier de **Nelson Pereira dos Santos**, avec Jofre Soares, Anecy Rocha, Ney Santana. Brésil, 1974 – Couleurs – 1 h 50.

Un jeune homme rendu immortel s'intègre à la pègre et se fait des ennemis. Ceux-ci se servent d'une jeune fille pour l'affaiblir peu à peu.

OASIS
Film d'aventures d'**Yves Allégret**, d'après le roman de Joseph Kessel, avec Michèle Morgan, Pierre Brasseur, Cornell Borchers, Grégoire Aslan. France / R.F.A., 1955 – Couleurs – 1 h 44.

Dans le Sud marocain, l'histoire d'amour tragique d'une jeune Française et d'un aventurier soupçonné de trafic d'or. Le premier film français en CinémaScope.

L'OBIER ROUGE "KALINA KRASNAJA"
Drame de **Vassili Choukchine**, avec Vassili Choukchine *(Egor)*, Lidia Fedosseïeva *(Liouba)*, Janna Prokhorenko *(la sœur d'Egor)*, Maria Skvortsova *(la mère de Liouba)*, Ivan Ryjov *(son père)*, Alexei Vanine *(le chef des gangsters)*, Lev Dourov *(le garçon)*. • SC : V. Choukchine. • PH : Anatoli Zabolotski. • DÉC : Ippolit Novoderejkine. • MUS : Pavel Tchekalov. U.R.S.S. (Russie), 1973 – Couleurs – 1 h 34.

Sortant de prison, Egor est décidé à refaire sa vie honnêtement mais son premier contact avec la liberté lui laisse peu d'espoir d'échapper à la fatalité de la délinquance. Il se rend donc chez Liouba, sa marraine de prison, et reçoit dans cette famille de paysans un bon accueil qui lui fait entrevoir la possibilité d'une vie nouvelle. Mais ses anciens complices le retrouvent : comme il refuse de les suivre, ils le tuent.

◆ *Acteur et réalisateur, Choukchine a couronné sa trop brève carrière avec ce remarquable film qui frappe par sa vigueur et sa vérité dans la peinture des personnages comme dans l'analyse sociale et qui a causé un choc, en pleine période de « stagnation » brejnévienne, en brossant avec une tranquille audace une étude de mœurs refusant tout optimisme de commande autour d'un héros apparemment peu « positif ». L'évocation de l'univers carcéral et du monde de la pègre est particulièrement saisissante par son authenticité.* M.MN.

OBJECTIF 500 MILLIONS
Film policier de **Pierre Schoendoerffer**, avec Bruno Crémer, Marisa Mell, Jean-Claude Rolland. France / Italie, 1966 – 1 h 40.

Un ancien baroudeur d'Algérie est enrôlé dans un hold-up... Un film sur les séquelles psychologiques d'une guerre.

L'OBSÉDÉ "OBSESSION"
Drame d'**Edward Dmytryk**, avec Robert Newton, Sally Gray, Michael Balfour, Phil Brown, Naunton Wayne. Grande-Bretagne, 1949 – 1 h 38.

Un médecin est obsédé par le meurtre qu'il va commettre sur la personne du dernier flirt de sa femme. Il conçoit un plan diabolique.

L'OBSÉDÉ "THE COLLECTOR"
Drame de **William Wyler**, avec Terence Stamp *(Freddie)*, Samantha Eggar *(Miranda)*, Maurice Dallimore *(le voisin)*. • SC : Stanley Mann, John Kohn, d'après le roman de John Fowles. • PH : Robert Surtees, Robert Krasker.

• DÉC : John Stoll. • MUS : Maurice Jarre. • MONT : Robert Swink. États-Unis, 1965 – Couleurs – 1 h 57.

Freddie, un employé de banque timide qui collectionne les papillons, gagne une forte somme à un concours et s'achète une propriété dont il aménage la cave. Il enlève Miranda et l'y séquestre, s'occupant d'elle avec attention. Elle tente de s'échapper, contracte une pneumonie et meurt. Freddie l'enterre et se met en chasse d'une autre jeune fille...

◆ *Ce film, dont le caractère entomologique dans la description d'une obsession évoque Buñuel et dont le goût pour les détails « signifiants », drôles puis tragiques, annonce Polanski, témoigne de la faculté d'adaptation d'un « classique » dans le cinéma moderne. Il faut redécouvrir ce film et reconsidérer Wyler, dénigré par trente ans de critique « parisienne » qui le taxe d'académisme. Or, c'est un précurseur de la mise en scène conceptuelle qui privilégie le plan-séquence aux dépens du montage et la profondeur de champ analytique contre la séduction esthétique du « flou artistique » du cinéma classique hollywoodien.* S.K.

L'OBSÉDÉ EN PLEIN JOUR "HAKACHU NO TORIMA"
Drame de **Nagisa Oshima**, avec Kei Sato, Saeda Kawaguchi, Akiko Koyama, Rokko Toura. Japon, 1966 – 1 h 39.

Un garçon, témoin des ébats d'une jeune fille, tombe amoureux d'elle et, devant son refus, la viole. La police recherche un obsédé... La jeune fille hésite à le dénoncer.

OBSESSION
Drame de **Jean Delannoy**, d'après une nouvelle de William Irish, avec Michèle Morgan, Raf Vallone, Jean Gaven, Marthe Mercadier. France, 1954 – Couleurs – 1 h 40.

Dans le monde du cirque, les réactions d'une trapéziste qui soupçonne son partenaire et époux d'être un assassin.

OBSESSION "OBSESSION"
Drame de **Brian De Palma**, avec Cliff Robertson, Geneviève Bujold, John Lythgow. États-Unis, 1975 – Couleurs – 1 h 37.

Quinze ans après le décès de sa femme, Michael croit la reconnaître à Florence. Il épouse le sosie de la morte. Brillante variation sur le thème de l'éternel recommencement.

L'OBSESSION DE MADAME CRAIG
"CRAIG'S WIFE"
Comédie dramatique de **Dorothy Arzner**, avec Rosalind Russell, John Boles, Billie Burke. États-Unis, 1936 – 1 h 15.

Le portrait fouillé d'une femme que son égoïsme pousse inexorablement à la solitude.

OBSESSIONS "FLESH AND FANTASY"
Drame de **Julien Duvivier**, avec Charles Boyer, Edward G. Robinson, Barbara Stanwyck, Robert Cummings, Thomas Mitchell, Charles Winninger. États-Unis, 1943 – 1 h 38 (en trois sketches).

Obsédé par un rêve, un homme consulte un ami qui lui lit trois récits où les prédictions ont eu une influence prépondérante.

O CANGACEIRO "O CANGACEIRO"
Drame de **Lima Barreto**, avec Alberto Ruschel *(Teodoro)*, Marisa Prado *(Olivia)*, Milton Ribeiro *(Galdino)*, Vanja Orico. • SC : L. Barreto. • PH : H.E. Fowley. • DÉC : Carybé et Pierino Massenzi. • MUS : Gabriel Migliori. • MONT : Oswald Hofenrichter. Brésil, 1953 – 1 h 45.
★ PRIX INTERNATIONAL DU FILM D'AVENTURES, Cannes 1953.

Dans le Brésil misérable du début du siècle, des bandits d'honneur, les « cangaceiros », enlèvent une institutrice dans un village. Le lieutenant du chef de bande tombe amoureux de la jeune fille et la fait évader, s'attirant ainsi la colère de son capitaine.

◆ *Les cangaceiros étaient bel et bien des rebelles en lutte contre l'oppression sociale des gros propriétaires terriens brésiliens, et pour cela très aimés du peuple. Cela dit, le film n'insiste absolument pas sur les données sociales du pays. La bande de cangaceiros sert de cadre à une aventure dramatique et sentimentale lyriquement et puissamment traitée, mais sans esprit de revendication particulier. C'était pourtant l'occasion de découvrir en Europe un cinéma brésilien plus près d'une certaine réalité que de l'exotisme habituel.* B.B.

L'OCCUPATION EN 26 IMAGES
"OKUPACIJA U 26 SLIKA"
Drame de **Lordan Zafranović**, avec Boris Kralj, Milan Strljić, Stevo Zigon. Yougoslavie, 1978 – Couleurs – 2 h.

Trois jeunes gens inséparables, issus des bonnes familles de Dubrovnik, mènent une vie insouciante jusqu'à ce que la guerre éclate. Soudain, leurs rapports changent ainsi que leurs destins.

OCCUPE-TOI D'AMÉLIE
Comédie de **Claude Autant-Lara**, avec Danielle Darrieux *(Amélie)*, Jean Desailly *(Marcel)*, Charles Dechamps *(le maire)*, Julien Carette *(Pochet)*, Roland Armontel *(le général Koschnadieff)*, Grégoire Aslan *(le prince)*, André Bervil *(Étienne)*. • SC : Jean Aurenche, Pierre Bost, d'après la pièce de Georges Feydeau. • PH :

André Bac. • DÉC : Max Douy. • MUS : René Cloérec. • MONT : Madeleine Gug. France, 1949 – 1 h 32.

Dans le Paris de la Belle Époque, Étienne entretient une cocotte, la ravissante et étourdissante Amélie. Un ami d'Étienne, Marcel Courbois, ne pourra toucher son héritage que lorsqu'il sera marié. Les jeunes gens décident d'organiser un faux mariage. Marcel épouse Amélie mais Étienne, jaloux, s'arrange pour que le mariage ait vraiment lieu. Qu'importe ! Amélie et Marcel sont déjà amoureux l'un de l'autre.

◆ *La pièce de Feydeau, modèle de rythme vaudevillesque, est un des grands moments de la carrière d'Autant-Lara, avec Danielle Darrieux qui retrouvait ici tout son éclat. Les décors de Max Douy obtinrent un prix au festival de Cannes 1949.* J.-C.S.

▷ Autre version réalisée par : **Richard Weisbach** et **Marguerite Viel**, avec Renée Bartout, Jean Weber, Yvonne Hébert, Raymond Dandy, Aimé Clariond. France, 1932 – 1 h 47.

OCTOBRE (OU DIX JOURS QUI ÉBRANLÈRENT LE MONDE) "OKTJABR'"

Film historique et politique de **Serguei Mikhaïlovitch Eisenstein**, avec Vassili N. Nikandrov *(Lénine)*, Nikolai Popov *(Kerenski)*, Boris Livanov *(le ministre Terechtchenko)*, Édouard Tissé *(un soldat allemand)*, Poïdvoïski *(le chef de l'état-major révolutionnaire)*, le personnel du Palais d'hiver et des milliers de figurants fournis par l'armée et la flotte. • SC : S. M. Eisenstein. • PH : É. Tissé. • DÉC : Vladimir Kovriguine. U.R.S.S. (Russie), 1928 – 2 220 m à 2 873 m suivant les copies (env. 1 h 22 à 1 h 46).

Les principaux épisodes politiques de l'année 1917 à Petrograd jusqu'à l'assaut du Palais d'hiver et la prise du pouvoir par les bolcheviks.

◆ *Les moyens mis à la disposition du cinéaste ont été considérables. Mais Eisenstein tourne le dos au style de l'épopée historique traditionnelle pour pousser jusqu'à leurs limites extrêmes ses conceptions du montage intellectuel et du cinéma métaphorique.* M.M.

OCTOPUSSY "OCTOPUSSY"

Film d'espionnage de **John Glen**, avec Roger Moore, Maud Adams, Louis Jourdan. Grande-Bretagne, 1983 – Couleurs – 2 h 10.

Chargé d'éclaircir une mystérieuse affaire de bijoux, 007 va mettre en échec une organisation criminelle indienne de mèche avec les Soviétiques.

▷ Voir aussi JAMES BOND 007 CONTRE DOCTEUR NO.

L'ODEUR DE LA PAPAYE VERTE

Comédie dramatique de **Tran Anh Hung**, avec Tran Nu Yoen-Khoe *(Mui, 20 ans)*, Lu Man San *(Mui, 10 ans)*, Truong Thi-Looc *(la mère)*, Nguyen Anh Hoa *(la vieille Thi)*. • SC : Tran Anh Hung. • PH : Benoît Delhomme. • DÉC : Nicolas Cambois. • MUS : Ton-That Tioet. • MONT : Nicole Dedieu, Jean-Pierre Roques. France, 1993 – Couleurs – 1 h 40. ★ **CAMÉRA D'OR, Cannes 93 ; CÉSAR DE LA MEILLEURE PREMIÈRE ŒUVRE DE FICTION.**

Dans le Viêt Nam des années 50, Mui est une petite fille pauvre. Donc une servante faute de pire. Elle a réussi à se placer dans une famille à Saigon. Mui est chanceuse : pour la mère qui a perdu sa fille, elle sera plus qu'une servante. Mais le père de famille tombe malade et meurt. La veuve ne pouvant plus assurer le même train de vie doit se séparer de Mui. Celle-ci entre alors au service d'un ami du fils aîné, qui s'éprend d'elle : il lui apprend à lire et elle lui donne un enfant. Mui, fillette au départ, est devenue femme. Pendant ce temps, dans le jardin, la papaye verte mûrit et devient un fruit.

◆ *Tran Anh Hung est vietnamien. Il habite en France. C'est ici qu'il a recréé son pays : tout le film a été tourné dans les studios de Bry-sur-Marne. Pourtant on sent dans l'air l'humidité, la chaleur et l'odeur de la papaye verte. Le film est fait d'allers et retours de la caméra entre la vie des personnages et celle du jardin. Des âmes aux fleurs, des sentiments aux petits animaux. Et quand Mui est enceinte, elle dépose un fruit de papaye, tel un œuf, sur un nénuphar.* C.D.R.

L'ODYSSÉE DE CHARLES LINDBERGH

"THE SPIRIT OF SAINT-LOUIS"

Film historique de **Billy Wilder**, avec James Stewart, Murray Hamilton, Patricia Smith. États-Unis, 1957 – Couleurs – 2 h 18.

En une succession de flash-back, l'exceptionnelle reconstitution de l'odyssée de Charles Lindbergh qui traversa l'Atlantique seul à bord de son Spirit of Saint-Louis en 1927.

L'ODYSSÉE DU DOCTEUR WASSELL

"THE STORY OF DR WASSELL"

Film de guerre de **Cecil B. De Mille**, avec Gary Cooper, Laraine Day, Signe Hasso, Dennis O'Keefe. États-Unis, 1944 – Couleurs – 2 h 10.

Les aventures d'un médecin de la marine américaine lors de la retraite des troupes alliées à Java, devant l'arrivée des Japonais. S'inspirant d'une histoire vraie, un grand spectacle dominé par Gary Cooper.

L'ODYSSÉE DU HINDENBURG

"THE HINDENBURG"

Drame de **Robert Wise**, avec George C. Scott, Anne Bancroft, William Atherton, Roy Thinnes, Gig Young,

Burgess Meredith, Charles Durning. États-Unis, 1975 – Couleurs – 1 h 54.

Le grand dirigeable allemand décolle pour l'Amérique. Antinazi, un membre de l'équipage doit détruire l'appareil après l'atterrissage, mais la bombe explosera en plein vol...

L'ODYSSÉE NUE "ODISSEA NUDA"

Comédie dramatique de **Franco Rossi**, avec Enrico Maria Salerno, Venantino Venantini. Italie, 1960 – Couleurs – 1 h 45.

Après avoir fui la civilisation européenne frelatée, un jeune homme s'arrache à la Polynésie corrompue et trouve le bonheur dans une île inconnue grâce à une religieuse....

ŒDIPE ROI "EDIPO RE"

Drame de **Pier Paolo Pasolini**, d'après la tragédie de Sophocle, avec Franco Citti, Silvana Mangano, Alida Valli, Julian Beck, Carmelo Bene. Italie, 1967 – Couleurs – 1 h 50.

Encadrée par des images symboliquement tournées dans la vie contemporaine, la tragédie de Sophocle retrouve espace et souffle antique dans le Sud marocain.

L'ŒIL AU BEURRE NOIR

Comédie de **Serge Meynard**, avec Julie Jézéquel, Smaïn. France, 1987 – Couleurs – 1 h 30.

Le Paris des immigrés vu à travers l'histoire de Rachid, dragueur impénitent, de ses amis, Virginie, militante à S.O.S. Racisme, et Denis qui est en quête d'un appartement.

L'ŒIL DE VICHY

Documentaire de **Claude Chabrol**. Conseillers historiques : Jean-Pierre Azéma et Robert O. Paxton. Voix off : Michel Bouquet. France, 1992 – 1 h 50.

Le choix de bandes d'actualités qu'a fait Claude Chabrol pour nous montrer l'État français des années 40-44, ne prétend pas à la neutralité mais il laisse d'abord parler les documents et c'est accablant.

L'ŒIL DU DIABLE "DJÄVULENS ÖGA"

Comédie d'**Ingmar Bergman**, avec Gunnar Björnstrand, Jarl Kulle, Bibi Andersson. Suède, 1961 – 1 h 26.

Don Juan est renvoyé sur terre par Satan pour séduire et compromettre la fille d'un pasteur, mais il s'éprend d'elle, au grand dépit du Malin. Un film peu connu où Bergman a traité en comédie ses thèmes habituels : l'amour, le péché, la culpabilité.

L'ŒIL DU MAÎTRE

Chronique de **Stéphane Kurc**, avec Patrick Chesnais, Olivier Granier, Dominique Laffin. France, 1980 – Couleurs – 1 h 35.

Deux amis journalistes s'opposent au sujet d'un reportage sur les harkis. Une réflexion sur la liberté de la presse, les groupes de pression et le devoir moral des journalistes.

L'ŒIL DU MALIN

Drame psychologique de **Claude Chabrol**, avec Jacques Charrier, Stéphane Audran, Walter Reyer. France, 1961 – 1 h 15.

Jaloux de la joie et du bonheur que semble vivre un jeune couple de voisins, un journaliste s'ingénie à ruiner leur confiance et les pousse à un crime qui est en réalité le sien.

L'ŒIL DU MONOCLE

Comédie de **Georges Lautner**, avec Paul Meurisse, Elga Andersen, Maurice Biraud, Robert Dalban, Gala Germani. France, 1962 – 1 h 45.

Les services spéciaux du monde entier recherchent un coffre, immergé en 1944 par un commando sur ordre de Himmler, et contenant des archives secrètes et un milliard en or. Le second volet des aventures du « Monocle », alias l'irrésistible Paul Meurisse.

▷ Voir LE MONOCLE NOIR.

L'ŒIL DU TÉMOIN "EYEWITNESS"

Film policier de **Peter Yates**, avec William Hurt, Sigourney Weaver, Christopher Plummer. États-Unis, 1980 – Couleurs – 1 h 42.

Le patron d'une société est assassiné. Le gardien de nuit, vétéran du Viêt Nam, et la police mènent des enquêtes parallèles.

L'ŒIL DU TIGRE (ROCKY III) "ROCKY III"

Film d'aventures de **Sylvester Stallone**, avec Sylvester Stallone, Talia Shire, Burt Young. États-Unis, 1982 – Couleurs – 1 h 45.

Sérieusement bousculé, le champion de boxe Rocky Balboa décide de ne plus se reposer sur ses lauriers et part se ressourcer. Un hymne naïf et violent aux valeurs de l'Amérique éternelle. La suite de ROCKY (Voir ce titre).

ŒIL POUR ŒIL

Drame d'**André Cayatte**, d'après le roman de Vahé Katcha, avec Curd Jürgens, Folco Lulli, Lea Padovani, Paul Frankeur. France/Italie, 1957 – Couleurs – 1 h 53.

L'époux d'une femme morte faute de soins appropriés exerce une implacable vengeance sur le médecin qu'il juge responsable.

ŒIL POUR ŒIL "Lone Wolf McQuade"
Film d'aventures de **Steve Carver**, avec Chuck Norris, David Carradine, Barbara Carrera. États-Unis, 1982 – Couleurs – 1 h 45.

Un Texas-ranger solitaire cherche à neutraliser un dangereux trafiquant d'armes allié aux Cubains.

L'ŒIL QUI MENT "Dark at Noon"
Film fantastique de **Raul Ruiz**, avec John Hurt, Didier Bourdon, Daniel Prévost. France, 1992 – Couleurs – 1 h 40.

Un village du Portugal où tout le monde vit la nuit et où miracles et mystères s'enchaînent dans un délire visuel à la Méliès.

L'ŒIL SAUVAGE "The Savage Eye"
Drame de **Ben Maddow** et **Joseph Strick**, avec Barbara Baxley, Gary Merrill. États-Unis / Grande-Bretagne, 1960 – 1 h 25.

Une femme abandonnée tente d'analyser son existence en livrant les rêves qui expriment son inconscient. Une tentative originale de transposition cinématographique de la psychanalyse.

L'ŒUF
Comédie satirique de **Jean Herman**, d'après la pièce de Félicien Marceau, avec Guy Bedos, Jean Rochefort, Michel Galabru, Marie Dubois, Bernadette Lafont. France, 1971 – Couleurs – 1 h 30.

Dans un monde clos où la morale traditionnelle est battue en brèche, un homme fait lentement son éducation pour pouvoir, enfin, « hurler avec les loups ».

ŒUF "Ei"
Comédie dramatique de **Danniel Danniel**, avec Johan Leysen, Marijke Veugelers, Jake Kruyer, Coby Timp. Pays-Bas, 1987 – Couleurs – 57 mn.

Dans un petit village, la vie s'écoule doucement pour le boulanger rêveur qui passe son temps à observer les habitants.

L'ŒUF DU SERPENT "The Serpent's Egg"
Drame d'**Ingmar Bergman**, avec Liv Ullmann *(Manuela Rosenberg)*, David Carradine *(Abel)*, Gert Froebe *(commissaire Bauer)*, Heinz Bennent *(Hans Vergerus)*, James Whitmore, Edith Heerdegen. • SC : I. Bergman. • PH : Sven Nykvist. • DÉC : Rolf Zehetbauer. • MUS : Rolf Wilhelm. • MONT : Petra von Oefllen, Jutta Hering. États-Unis, 1977 – Couleurs – 1 h 59.

À Berlin, en 1923, Abel découvre le suicide de son frère Max, avec qui il exécutait un numéro de trapèze. La police qui enquête sur des morts mystérieuses le soupçonne, d'autant qu'il est juif. La femme de Max, Manuela, leur trouve un logement dans les dépendances de la clinique de Vergerus. Mais qui est ce médecin qui tente d'étranges expériences sur des cobayes humains ?
◆ *Ce film est à part dans l'œuvre de Bergman, ne serait-ce que parce qu'il est situé très précisément dans l'Histoire. Mais en tournant exceptionnellement en Allemagne, l'auteur ne se contente pas de la énième dénonciation du nazisme. Il prolonge sa réflexion sur la peur, le spectacle et la mort. La reconstitution du Berlin de 1923 est d'une minutie hallucinante, en référence explicite au Fritz Lang du* Docteur Mabuse. *David Carradine se révèle un grand acteur bergmanien face à la fabuleuse Liv Ullmann.* *J.M.*

L'ŒUF ET MOI "The Egg and I"
Comédie de **Chester Erskine**, d'après le roman de Betty MacDonald, avec Claudette Colbert, Fred MacMurray, Marjorie Main, Louise Allbritton, Percy Kilbridge. États-Unis, 1947 – 1 h 48.

Un jeune ménage s'installe à la campagne pour élever des poulets, mais le mari se lie à une séduisante veuve.

LES ŒUFS BROUILLÉS
Comédie de **Joël Santoni**, avec Jean Carmet, Anna Karina, Jean-Claude Brialy, Michael Lonsdale, Michel Aumont, Michel Peyrelon, Jean-Pierre Cassel. France, 1976 – Couleurs – 1 h 35.

La popularité du président de la République est en baisse. Il va tenter de remonter la pente avec l'aide de « Monsieur-Français-Moyen ».

L'ŒUVRE AU NOIR
Drame historique d'**André Delvaux**, d'après le roman de Marguerite Yourcenar, avec Gian Maria Volonté, Sami Frey, Anna Karina, Philippe Léotard, Johan Leysen. France / Belgique, 1988 – Couleurs – 1 h 50.

Poursuivi pour des écrits dissidents, un médecin alchimiste erre depuis des années à travers l'Europe du XVIe siècle. En passant par Bruges, sa ville natale, le passé ressurgit mais cette étape le conduira à sa perte.

OFFICIER ET GENTLEMAN
"An Officer and a Gentleman"
Mélodrame de **Taylor Hackford**, avec Richard Gere, Debra Winger, David Keith. États-Unis, 1982 – Couleurs – 2 h 04.

Un aspirant officier et son ami séduisent deux jolies ouvrières. Sous couvert d'idylle romantique, le film fait une apologie vibrante de l'opiniâtreté comme vecteur du progrès social.

L'OGRE D'ATHÈNES "O DRAKOS"
Drame de **Nikos Kondouros**, avec Dinos Iliopoulos, Margarita Papageorgiou, Yanis Arguris, Marika Lekaki. Grèce, 1956 – 1 h 52.

Un modeste employé de banque doit fuir devant la menace que sa ressemblance avec un malfaiteur fait peser sur lui.

LES OGRESSES "LE FATE"
Comédie à sketches de **Luciano Salce, Mario Monicelli, Mauro Bolognini** et **Antonio Pietrangeli**, avec Claudia Cardinale, Monica Vitti, Capucine, Raquel Welch, Alberto Sordi. Italie/France, 1967 – Couleurs – 1 h 41.

Quatre contes cinématographiques dans l'esprit de ceux de Boccace, mettant en scène quatre personnages féminins particulièrement cruels envers les hommes.

OH ! CES BELLES-MÈRES/UNE RICHE FAMILLE "HOT WATER"
Film burlesque de **Fred Newmeyer** et **Sam Taylor**, avec Harold Lloyd, Jobyna Ralston, Josephine Crowell, Charles Stevenson. États-Unis, 1924 – env. 1 350 m (50 mn).

Un jeune mari très épris de sa femme, et tyrannisé par sa belle-famille, connaît des soucis domestiques, de la dinde récalcitrante à la nouvelle voiture...

OH ! QUEL MERCREDI ! "MAD WEDNESDAY"
Film burlesque de **Preston Sturges**, avec Harold Lloyd, Jimmy Conlin, Frances Ramsden, Raymond Walburn, Franklin Panghorn, Al Bridge, Margaret Hamilton, Edgar Kennedy. États-Unis, 1947 – 1 h 17.

Démis de ses fonctions, un bibliothécaire entre deux âges sème le désordre en ville. Le dernier film du grand comique, qui vaut surtout comme document analysant les mécanismes de son art.

LES OIES SAUVAGES "THE WILD GEESE"
Film d'aventures d'**Andrew V. McLaglen**, avec Richard Burton, Roger Moore, Richard Harris, Hardy Krüger. États-Unis/Grande-Bretagne, 1977 – Couleurs – 2 h 10.

Des mercenaires, chargés de déposer un régime nouvellement installé en Afrique, sont trahis par leur commanditaire.

L'OISEAU AU PLUMAGE DE CRISTAL
"L'UCCELLO DALLE PIUME DI CRISTALLO"
Film policier de **Dario Argento**, avec Tony Musante, Enrico Maria Salerno, Eva Renzi, Suzy Kendall. Italie, 1969 – Couleurs – 1 h 42.

Un écrivain a assisté à un meurtre étrange. Un autre survient, et il décide de mener son enquête... Dans ce premier film réalisé par Argento, le goût du sadisme se mêle au plaisir du mystère.

L'OISEAU BLEU "THE BLUE BIRD"
Comédie féerique de **George Cukor**, d'après la fable de Maurice Maeterlinck, avec Elizabeth Taylor, Ava Gardner, Jane Fonda, Cicely Tyson, Oleg Popov, Georgi Vitzin, Nadezda Pavlova. États-Unis/U.R.S.S., 1975 – Couleurs – 1 h 40.

Mytil et Tyltyl partent à la recherche de l'Oiseau bleu à l'aide d'un diamant magique. Ils parcourent le pays du Souvenir, le palais de la Nuit et le royaume du Futur... en vain.

▷ Autres versions réalisées par : **Maurice Tourneur**, avec Robin McDougall, Tula Belle, Edward Elkas, Nora Cecil. États-Unis, 1918 – env. 1 500 m (56 mn). **Walter Lang**, avec Shirley Temple, Johnny Russell, Gale Sondergaard, Eddie Collins, Nigel Bruce, Jessie Ralph, Spring Byington. États-Unis, 1940 – Couleurs – 1 h 38.

L'OISEAU DE PARADIS "BIRD OF PARADISE"
Drame de **King Vidor**, avec Joel McCrea, Dolores del Rio, John Halliday. États-Unis, 1932 – 1 h 20.

Dans une île des mers du Sud, un aventurier épouse une indigène. Amours tragiques et grandes catastrophes.

▷ Remake réalisé par : **Delmer Daves**, avec Louis Jourdan, Jeff Chandler, Debra Paget, Maurice Schwartz, Everett Sloane. États-Unis, 1951 – Couleurs – 1 h 40.

L'OISEAU NOIR "THE BLACKBIRD"
Drame de **Tod Browning**, avec Lon Chaney, Renée Adorée, Owen Moore, Doris Lloyd. États-Unis, 1925 – env. 1 800 m (67 mn).

Un petit voleur joue les infirmes mais une balle perdue transformera la supercherie en réalité.

L'OISEAU RARE
Comédie de **Jean-Claude Brialy**, avec Jean-Claude Brialy, Micheline Presle, Barbara, Jacqueline Maillan, Anny Duperey. France, 1973 – Couleurs – 1 h 25.

Le patron d'Armand, parfait valet de chambre, est arrêté. Armand se met successivement au service de tous ceux qui l'ont remarqué. L'occasion pour Brialy d'une suite de sketches inspirés de Sacha Guitry et pimentés par de brillants numéros d'actrices.

LES OISEAUX "THE BIRDS"
Drame d'**Alfred Hitchcock**, avec Rod Taylor *(Mitch Brenner)*, Tippi Hedren *(Melanie Daniels)*, Jessica Tandy *(Mrs. Brenner)*, Suzanne Pleshette *(Annie Hayworth)*, Veronica Cartwright *(Cathy Brenner)*. • SC : Evan Hunter, d'après le roman de Daphné Du Maurier. • PH : Robert Burks. • DÉC : Robert Boyle, George Milo. • MONT : George Tomasini. États-Unis, 1963 – Couleurs – 2 h.

La très chic Melanie Daniels se rend à Bodega Bay pour offrir à Cathy, petite sœur de Mitch Brenner, un avocat qu'elle connaît à peine, un couple d'« inséparables »... Peu à peu, contre toute logique, toutes sortes d'oiseaux se mettent à attaquer les humains. Chaque fois l'agression est plus meurtrière. Un matin, Melanie, Cathy, Mitch et sa mère partent, tandis que se regroupent les volatiles, menaçants...

◆ *Unique incursion de Hitchcock dans le domaine du pur fantastique, c'est son film le plus angoissant, dans la mesure où le postulat (l'agression des oiseaux) en demeure irrationnel. C'est en même temps le film d'un moraliste impitoyable et d'un technicien (spécialiste de la « direction de spectateur ») au sommet de sa maîtrise. Mais les prouesses techniques, utilisant autant des animaux dressés que des effets spéciaux, sont au service d'un propos qui élargit la critique sociale à la réflexion métaphysique.* J.M.

LES OISEAUX, LES ORPHELINS ET LES FOUS
Drame de **Juraj Jakubisco**, avec Philippe Avron, Magda Vacaryova, Jan Sykora. France / Tchécoslovaquie, 1969 – Couleurs – 1 h 23.

Trois personnages vivent à l'écart du monde, dans une sorte de délire partagé, à l'intérieur d'une maison pleine d'oiseaux, à côté d'un orphelinat. Un film-parabole d'un pessimisme noir.

LES OISEAUX SAUVAGES "VILDFÅGLAR"
Drame psychologique d'**Alf Sjöberg**, avec Maj-Britt Nilsson, Per Oscarsson, Ulf Palme. Suède, 1955 – 1 h 40.

Un garçon dévoué, incapable de se trouver un but dans l'existence, s'éprend d'une jeune femme de bonne famille, mais ne pourra proposer à son amour qu'une inutile fuite dans la mort.

LES OISEAUX VONT MOURIR AU PÉROU
Drame psychologique de **Romain Gary**, avec Jean Seberg, Maurice Ronet, Pierre Brasseur, Danielle Darrieux, Jean-Pierre Kalfon. France, 1968 – Couleurs – 1 h 35.

Rebecca se débat au milieu des hommes qui la poursuivent. Son destin se jouera sur une plage du Pérou. Le film a été écrit « sur mesure » pour Jean Seberg, alors épouse de Romain Gary.

OKASAN (LA MÈRE) "OKASAN"
Drame de **Mikio Naruse**, avec Kinuyo Tanaka *(la mère)*, Masao Mishima *(le mari)*, Akihiko Katayama *(le fils)*, Kyoko Kagawa *(la fille)*, Eiji Okada *(le boulanger)*, Daisuke Kato *(le teinturier)*. • SC : Yoko Mizuki. • PH : Hiroshi Suzuki. • DÉC : Masatoshi Kato. • MUS : Ichiro Saito. • MONT : Hidetoshi Kasama. Japon, 1952 – 1 h 38.

La vie quotidienne d'une mère de famille dans un quartier ouvrier de Tokyo. Son mari et son fils meurent, elle reste seule avec sa fille, et la compagnie de voisins attentionnés. Un oncle vient leur rendre visite, un groupe de musiciens joue dans la rue, on va passer le dimanche au parc d'attractions... Est-ce le bonheur ?

◆ *Le cinéma japonais, encore peu connu en France lorsque ce film y fut présenté dans les années 50, a toujours accordé une importance extrême au personnage de la mère, pôle de la vie familiale et garante de la survie de la communauté, ainsi qu'à la description intimiste des « travaux et des jours ». Le cinéaste qui est allé le plus loin dans ce style unanimiste, où la monotonie finit par ressembler à la sérénité, est sans doute Yasujiro Ozu. Mais Mikio Naruse a aussi sa manière inimitable, plus sentimentale peut-être, moins distanciée, dans des œuvres (inédites en Occident) et cet Okasan qui sécrète une émotion rare.* C.B.

OKINAWA "HALLS OF MONTEZUMA"
Film de guerre de **Lewis Milestone**, avec Richard Widmark, Jack Palance, Robert Wagner. États-Unis, 1950 – Couleurs – 1 h 53.

Durant la guerre du Pacifique, la conquête d'une petite île par les « marines ». Tourné avec l'appui de l'armée américaine.

OKLAHOMA "OKLAHOMA"
Film musical de **Fred Zinnemann**, d'après la pièce de Lynn Riggs *Green Grow the Rushes*, avec Gordon McRae, Gloria Grahame, Gene Nelson, Shirley Jones. États-Unis, 1955 – Couleurs – 2 h 25.

Un cow-boy parvient à conquérir le cœur de celle qu'il aime malgré les interventions d'un sinistre individu. Opérette à grand spectacle mêlant humour, chants et danses.

O.K. PATRON
Comédie de **Claude Vital**, avec Jacques Dutronc, Mireille Darc, Francis Blanche. France, 1973 – Couleurs – 1 h 20.

« Métamorphose d'un cloporte », un petit représentant malchanceux se retrouve soudain successeur du patron de la maffia en France. Il révélera alors sa véritable étoffe...

OKRAÏNA / FAUBOURG "OKRAÏNA"
Comédie de **Boris Barnet**, avec Serguei Komarov *(Grechine)*, Elena Kouzmina *(Manka)*, Robert Erdman *(Robert Karlovitch)*, Alexandre Tchistiakov *(Kadkine)*, Nikolai Bogolioubov *(Nikolai)*, Nikolai Krioutchkov *(Senka)*, Hans Klering *(Müller)*. • SC : Konstantin Finn et B. Barnet. • PH : Mikhaïl Kirillov, A. Spiridonov. • DÉC :

Serguei Kozlovski. • MUS : Serguei Vassilenko. • PR : Mejrabpomfilm. U.R.S.S., 1933 – 1 h 38.

La nouvelle de la déclaration de la guerre de 1914 secoue la torpeur d'un faubourg perdu de la Russie tsariste. Certains, comme Grechine, propriétaire d'un atelier de bottes, font du zèle dans les sentiments patriotiques, mais les femmes voient partir leurs hommes avec inquiétude. Les deux fils du cordonnier Kadkine sont envoyés au front. Nikolai, l'aîné, a des idées révolutionnaires et son frère, Senka, découvre l'horrible réalité des tranchées. Pendant ce temps, on envoie dans la petite ville quelques soldats allemands prisonniers, dont le jeune Müller, cordonnier lui aussi. Entre Manka, fille de Grechine, et le jeune Allemand une idylle naît. Sur le front, les mots d'ordre bolcheviques pénètrent dans les rangs et les soldats commencent à fraterniser. Avant d'être blessé, Nikolai est le premier à sortir des tranchées avec un drapeau blanc. Irrésistible, le mouvement révolutionnaire arrive jusqu'à la petite ville où l'on voit le père Kadkine défiler avec le jeune Müller, son ex-« ennemi » allemand qui est, en fait, son frère de classe.

◆ Quand la subtilité l'emporte sur le manichéisme

Okraïna *est le film le plus célèbre de Boris Barnet, lequel apparaît de plus en plus, avec le recul, comme un grand cinéaste. Lorsqu'il réalise ce film, il a trente et un ans. Élève de Koulechov, acteur à ses heures, il gagne souvent sa vie dans des exhibitions de boxe. Quelques films* (la Jeune Fille au carton à chapeau, la Maison de la place Troubnaïa) *ont déjà établi sa réputation de cinéaste sensible et ironique, capable de loger des sentiments subtils derrière sa bonne humeur.* Okraïna *est l'un des meilleurs films consacrés à la vie quotidienne en Russie avant la révolution de 1917. Barnet procède par notations elliptiques, avec un sens de l'implicite et une grande précision dans des effets comiques qui évoquent encore le burlesque. On a pu parler de Tchekhov à propos de ce film où le goût des personnages pour le bonheur l'emporte sur le manichéisme du « typage ». C'est sans doute la raison pour laquelle, moins idéologue et moins théoricien que les grands noms du cinéma soviétique, Barnet a paru un cinéaste mineur et est souvent oublié. Mais si l'on en juge par l'affection que lui portent aujourd'hui les jeunes générations du cinéma soviétique, on peut dire que cette situation change. En Union soviétique, où le cinéma muet continua encore quelques années,* Okraïna *est l'un des premiers films parlants. Le travail sur le son, dû à L. Obolenski et à L. Ozornov, y est tout à fait remarquable. Barnet semble y inventer spontanément la « perspective sonore » et une façon d'emblée très originale d'inclure le monde du son et de ses déplacements dans celui de l'image.* S.D.

OLD GRINGO "OLD GRINGO"

Film d'aventures de **Luis Puenzo**, avec Jane Fonda, Gregory Peck, Jimmy Smits, Pedro Armendariz Jr. États-Unis, 1989 – Couleurs – 1 h 59.

En 1913, Harriet Wislow abandonne sa famille bourgeoise et part pour le Mexique. Elle arrive en pleine révolution et fait la connaissance d'un général des troupes de Villa, ainsi que de l'écrivain Ambrose Bierce, vieux et vigoureux contestataire venu chercher son ultime aventure.

OLE DOLE DOFF

Comédie dramatique de **Jan Troell**, d'après le roman de Klas Engström, avec Per Oscarsson, Kertsin Tidelius, Ane-Marie Gyllenspetz. Suède, 1967 – 1 h 50. ★ OURS D'OR, Berlin 1968.

Un jeune maître d'école, incapable de faire régner la discipline, s'enferme chaque jour davantage dans son amertume. Mais une joyeuse et jolie collègue s'intéresse à lui.

OLIVER "OLIVER !"

Comédie musicale de **Carol Reed**, d'après la pièce de Lionel Bart inspirée du roman de Charles Dickens *Oliver Twist*, avec Mark Lester, Ron Moody, Oliver Reed, Hugh Griffith. Grande-Bretagne, 1968 – Couleurs – 2 h 26. ★ OSCAR DU MEILLEUR FILM 1968.

C'est Oliver Twist, orphelin tâchant d'échapper à la pègre, devenu ici le héros d'une célèbre comédie musicale. Excellente transposition sur grand écran.

OLIVER'S STORY "OLIVER'S STORY"

Drame psychologique de **John Korty**, d'après le roman d'Erich Segal, avec Ryan O'Neal, Candice Bergen, Nicola Pagett, Edward Binns. États-Unis, 1978 – Couleurs – 1 h 32.

Après la mort de sa femme (Voir LOVE STORY), un avocat s'enferme dans le désespoir et la solitude sans que rien ne puisse le tirer de sa douleur. Il refusera même un amour sincère.

OLIVER TWIST "OLIVER TWIST"

Drame de **David Lean**, avec John Howard Davies *(Oliver Twist)*, Robert Newton *(Bill Sikes)*, Alec Guinness *(Fagin)*, Kay Walsh *(Nancy)*, Francis L. Sullivan *(Mr Bumble)*, Henry Stephenson *(Mr Brownlow)*, Diana Dors *(Charlotte)*, Mary Clare *(Mrs. Corney)*. • SC : D. Lean, Stanley Haynes, d'après le roman de Charles Dickens.

• PH : Guy Green. • DÉC : John Bryan. • MUS : Arnold Bax. • MONT : John Harris. Grande-Bretagne, 1948 – 1 h 56.

Après son calvaire dans un orphelinat et un passage chez un fabricant de cercueils, Oliver Twist se retrouve à Londres, dans la bande d'enfants voleurs du vieux Fagin. Après bien des péripéties, il est pris en otage par l'assassin Bill Sikes, mais en réchappe et est recueilli par le bon Mr Brownlow.

◆ *Deux ans après la réussite exemplaire des* Grandes Espérances, *David Lean donne à nouveau, avec ce film, un modèle d'adaptation littéraire. Condensant le livre sans le démanteler, donnant vie à des personnages déjà façonnés par l'imagination collective, Lean débouche sur une perfection sans académisme, que n'atteindra pas le remake musical de Carol Reed, pourtant fort agréable (Voir* OLIVER). *Par un de ces coups de génie dont il a le secret, le réalisateur confia le rôle du vieux juif Fagin au tout jeune Alec Guinness : une carrière était née.* *N.T.B.*

OLIVIA

Comédie dramatique de **Jacqueline Audry**, d'après le roman d'Olivia, avec Edwige Feuillère, Simone Simon, Marie-Claire Olivia. France, 1951 – 1 h 35.

L'irrésistible attrait exercé sur les élèves d'une institution de jeunes filles par leur professeur de littérature, Mlle Julie.

LES OLIVIERS DE LA JUSTICE

Drame social de **James Blue**, avec des interprètes non professionnels. France, 1961 – 1 h 21.

Revenu en Algérie au chevet de son père, un pied-noir fixé en France se rappelle son enfance marquée alors par la bonne entente entre colons et Arabes. À ce jour, le seul film valable sur les causes et les acteurs de la guerre d'Algérie.

LOS OLVIDADOS (PITIÉ POUR EUX)

"LOS OLVIDADOS"

Drame de **Luis Buñuel**, avec Alfonso Mejia *(Pedro)*, Estela Inda *(sa mère)*, Ramon Martinez *(son frère)*, Roberto Cobo *(Jaïbo)*, Miguel Inclán *(l'aveugle)*, Alma Delia Fuentes *(Meche)*. • SC : L. Buñuel, Luis Alcoriza. • PH : Gabriel Figueroa. • DÉC : Edward Fitzgerald. • MUS : Rodolfo Halffter, Gustavo Pittaluga. • MONT : Carlos Savage. • PR : Oscar Dancigers (Ultramar Films). Mexique, 1950 – 1 h 29. ★ PRIX DE LA MEILLEURE RÉALISATION ; PRIX DE LA CRITIQUE INTERNATIONALE, Cannes 1951.

Dans les faubourgs de Mexico, une bande d'enfants plus ou moins abandonnés vit de chapardages. Leur chef, Jaïbo, évadé d'un centre de redressement, monte une expédition contre un vieil aveugle. Persuadé qu'il a été enfermé à cause d'une dénonciation de Julian, il le tue devant Pedro, qu'il menace de représailles s'il le livre à la police. Ce dernier va travailler chez un coutelier à qui Jaïbo vole un couteau. Accusé à tort, livré par sa mère séduite par Jaïbo, Pedro est interné dans une ferme-école. Pour lui rendre confiance, le directeur lui donne un billet pour acheter des cigares. Mais Jaïbo le lui vole. Pedro le provoque au combat, le dénonce publiquement, puis va se cacher. Jaïbo le tue avant d'être abattu à son tour par des policiers guidés par l'aveugle.

◆ Le beau au cœur de l'atroce

C'est le premier film important que Luis Buñuel réalise depuis Terre sans pain, *dix-huit ans plus tôt. Il apparaît d'abord comme un film social, quasi documentaire, réalisé avec la collaboration du ministère de la Justice mexicain. Les délinquants qu'il montre sont des enfants mal aimés auxquels la société et la misère n'ont donné aucune chance de faire autre chose que lutter pour leur survie, dépouiller, voler ou soumettre plus faibles qu'eux. Buñuel décrit l'envers de la civilisation et de la société policée, une jungle atroce où règne la cruauté. Le film est d'autant plus tragique ou pessimiste qu'il n'offre aucune issue : même l'amour, entre Jaïbo et la mère de Pedro, n'a que des conséquences négatives. Le mal n'est d'ailleurs pas donné comme venant des adultes pervertissant la pureté de l'enfance : il est inhérent à la nature humaine. Le monde se réduit à « une sorte de paradis terrestre inversé dont une épée de feu interdit la sortie » (André Bazin). Pourtant,* Los olvidados *n'est pas un film à thèse, un pamphlet antisocial. C'est avant tout une œuvre poétique, de cette poésie qu'affectionne le réalisateur, la poésie de l'atroce. Le film nous entraîne peu à peu dans une série de contradictions : l'aveugle du début, victime d'abord, devient impitoyable, Jaïbo est crapuleux, mais rêve de tendresse maternelle... Buñuel nous force à changer sans cesse de point de vue, à découvrir au-delà de l'atroce plus atroce encore. Cette œuvre qui tourne autour du regard (l'aveugle qui écarte le « mauvais œil », l'enfant qu'on appelle « Ojitos » (Petits Yeux) est une œuvre de visionnaire, qui force à regarder le mal en face, à admettre qu'il fait partie de la vie. À l'opposé de toute complaisance dans l'atroce comme de toute tentation consolatrice, Buñuel a réalisé là le chef-d'œuvre du « cinéma de la cruauté ».* *J.M.*

OMAR GATLATO

Comédie de **Merzak Allouache**, avec Boualem Benani *(Omar)*, Aziz Degga *(Moh)*, Farida Gaenaneche *(Selma)*.

• SC : M. Allouache. • PH : Smaïl Lakhdar-Hamina. • MUS : Ahmed Malek. • MONT : Moufida Tlatli. Algérie, 1977 – Couleurs – 1 h 30.

La vie à Alger d'Omar, petit employé, don Juan hâbleur et pourtant timide, entre l'appartement surpeuplé où il vit, son bureau, sa musique préférée, sa passion pour une voix inconnue.

◆ *Pour la première fois, un film algérien décrit non plus les méfaits de la colonisation, les affres de la guerre, les troubles politiques, mais tout simplement la vie quotidienne des jeunes qui n'ont pas connu le passé douloureux de leur pays. Omar Gatlato, c'est une étude sociologique savoureuse et légère, réaliste pourtant, de la jeunesse algérienne d'aujourd'hui. L'heure n'est plus à l'amertume, mais au coup d'œil aigu et amusé. Cela vaut toutes les démonstrations.* B.B.

L'OMBRE "CIEN"

Drame de **Jerzy Kawalerowicz**, avec Zygmunt Kestowicz, Emil Karewicz, Ignacy Machowski, Adolf Chronicki. Pologne, 1956 – 1 h 29.

Au cours de son enquête sur la mort d'un inconnu, un inspecteur a pour seul indice les confidences de deux personnages étranges.

L'OMBRE DE LA TERRE "DHIL AL ARDT"

Drame de **Taïeb Louhichi**, avec Despina Tomazani, Abdellatif Hamrouni, Hélène Catzaras. Tunisie / France, 1982 – Couleurs – 1 h 30.

La vie quotidienne dans une tribu nomade aux confins du Sahara. La fête, la vie familiale, les travaux de chacun et les drames liés à l'inadaptation du nomadisme à la société moderne.

L'OMBRE DES ANGES "SCHATTEN DER ENGEL"

Drame de **Daniel Schmid**, avec Ingrid Caven *(Lily)*, Rainer Werner Fassbinder *(Raoul)*, Klaus Loewitsch *(le riche Juif)*, Annemarie Düringer *(la mère)*, Adrian Hoven *(Müller)*, Boy Gobert *(le chef de la police)*, Ulli Lommel *(Kleiner Prinz)*, Jean-Claude Dreyfuss. • SC : D. Schmid, Rainer Werner Fassbinder. • PH : Renato Berta. • MUS : Peer Raben, Gottfried Hungsberg. • MONT : Ila von Hasperg. Suisse, 1976 – Couleurs – 1 h 40.

Raoul est un éternel « fauché », et sa jeune femme, Lily, ne gagne guère, dans cette ville de cauchemar où tout est régi par l'argent. Un riche Juif offre de la tirer d'affaire, moyennant sa « protection » : elle accepte, et Raoul, dégoûté, la quitte pour plonger dans l'homosexualité. Le père de Lily, Müller, ancien nazi, est lui aussi devenu un travesti ; il attend patiemment que revienne le temps béni où il a pu envoyer en déportation les parents du riche Juif (entre autres). Ce dernier abrège les souffrances intolérables d'un Raoul abandonné de tous, et la ville, bien dressée, l'absout de ce crime, consacrant la puissance de l'argent.

◆ *Le festival de Cannes 1976 a souligné par son refus l'extrême ambiguïté du propos de ce film, par ailleurs excessivement théâtral.* D.C.

L'OMBRE DES CHÂTEAUX

Drame de **Daniel Duval**, avec Philippe Léotard, Albert Dray, Zoé Chauveau. France, 1977 – Couleurs – 1 h 30.

Une famille marginale vit de petits délits. Les deux frères font tout pour sauver leur sœur d'un centre de rééducation.

L'OMBRE D'UN DOUTE "SHADOW OF A DOUBT"

Drame d'**Alfred Hitchcock**, avec Joseph Cotten *(Charlie Oakley, l'oncle)*, Teresa Wright *(Charlie Newton)*, MacDonald Carey *(Jack)*, Patricia Collinge *(Emma Newton)*, Henry Travers *(Joseph Newton)*. • SC : Thornton Wilder, Alma Reville, Sally Benson, d'après un récit de Gordon McDonnel. • PH : Joseph Valentine. • DÉC : John B. Goodman, Robert Boyle. • MUS : Dimitri Tiomkin. • MONT : Milton Carruth. États-Unis, 1943 – 1 h 48.

Un sémillant célibataire, Charlie Oakley, rend visite aux siens dans une petite ville californienne. Sa nièce Charlie, fascinée, comprend qu'il est l'assassin de vieilles dames que recherche son fiancé, un policier. L'oncle tente de la supprimer, mais périt sous les roues d'un train dans une ultime tentative, ce qui lui vaut de brillantes obsèques.

◆ *La caractéristique principale du film est de s'inscrire dans une description réaliste, quotidienne, d'une petite ville américaine. Rarement le maître du suspense a montré à ce point combien ses personnages, ses thèmes et sa dramaturgie prennent racine dans la vie ordinaire, dans la mentalité de l'Américain moyen, de l'homme sans qualités. Jamais non plus à quel point son propos ne fait que mettre au jour ce que cache, recèle ou refoule chacun de nous.* J.M.

▷ Remake réalisé par **Harry Keller**, intitulé STEP DOWN TO TERROR, avec Charles Drake, Coleen Miller, Rod Taylor, Josephine Hutchinson. États-Unis, 1959 – 1 h 16.

L'OMBRE D'UNE CHANCE

Drame psychologique de **Jean-Pierre Mocky**, avec Jean-Pierre Mocky, Marianne Eggerickx, Robert Benoît. France, 1973 – Couleurs – 1 h 35.

Par le jeu des circonstances, un anarchiste militant devient le rival amoureux de son propre fils. La mort est au bout du compte.

L'OMBRE D'UN GÉANT "Cast a Giant Shadow"
Biographie historique de **Melville Shavelson**, avec Kirk Douglas, Angie Dickinson, Senta Berger, John Wayne, Frank Sinatra, Yul Brynner. États-Unis, 1966 – Couleurs – 2 h 20.

L'histoire de « Mickey » Marcus, avocat new-yorkais israélite, colonel de réserve et ancien membre du Pentagone, qui accepte en 1947 d'organiser en Israël l'armée du nouvel État.

L'OMBRE D'UN HOMME "The Browning Version"
Drame psychologique d'**Antony Asquith**, avec Michael Redgrave *(Crocker Harris)*, Jean Kent *(Millie)*, Nigel Patrick *(Frank Hunter)*, Brian Smith *(l'élève Taplow)*. • SC : Terence Rattigan, d'après sa pièce. • PH : Desmond Dickinson. • DÉC : Carmen Dillon. • MONT : John Guthridge. Grande-Bretagne, 1951 – 1 h 30.

Andrew Crocker Harris est un professeur de grec détesté de ses élèves. Déçu par sa vie personnelle et professionnelle, il s'est réfugié dans l'attitude hautaine du professeur implacable. Un jeune élève spontané va ébranler ce monument.

◆ *La pièce de Terence Rattigan repose sur la description psychologique d'un vieux professeur et sur l'étude de son environnement. Pour les Français, cette approche a quelque chose de folklorique (l'éternelle Angleterre, le cricket, les toges, etc.). À cet aspect pittoresque s'ajoute le mélodrame, ici fort bienvenu. L'intellectuel froid va s'humaniser au cours d'un spectaculaire numéro d'éloquence. Le discours final de l'enseignant devant le collège réuni est un morceau d'anthologie. Il a valu à Michael Redgrave le Prix d'interprétation au festival de Cannes 1951.* G.S.

L'OMBRE DU PASSÉ "Una storia d'amore"
Mélodrame de **Mario Camerini**, avec Assia Noris, Piero Lulli, Carlo Campanini. Italie, 1942 – 1 h 36.

Une jeune femme vit heureuse avec son mari, ouvrier dans une usine, jusqu'au jour où un ancien amant veut la faire chanter.

L'OMBRE DU PASSÉ "I Could Go on Singing"
Drame de **Ronald Neame**, avec Judy Garland, Dirk Bogarde, Aline McMahon. Grande-Bretagne, 1962 – Couleurs – 2 h.

Le drame d'un enfant victime de la désunion de ses parents, un célèbre médecin et une chanteuse de music-hall. La mère est incarnée par Judy Garland, dont ce sera le dernier film.

L'OMBRE ROUGE
Drame politique de **Jean-Louis Comolli**, avec Claude Brasseur, Jacques Dutronc, Nathalie Baye, Andréa Ferréol. France / R.F.A., 1981 – Couleurs – 1 h 52.

Luttes d'influence au sein des groupes communistes chargés d'acheminer des armes aux Républicains espagnols.

OMBRES BLANCHES
"White Shadows in the South Seas"
Drame de **W.S. Van Dyke** et **Robert Flaherty**, avec Monte Blue *(Dr Lloyd)*, Raquel Torres *(Fayaway)*, Robert Anderson *(Sebastian)*. • SC : Jack Cunningham, d'après le roman de Frederick O'Brien. • PH : Clyde De Vinna, Bob Roberts, George Nogle, R. Flaherty. • MONT : R. Flaherty. États-Unis, 1928 – 2 500 m (env. 1 h 32).

Un médecin, rescapé, aborde dans une île qui n'a pas connu la civilisation et trouve l'amour avec une jeune Maorie. Mais la civilisation lui manque et il fait un feu pour avertir un bateau qui passe que l'île est habitée. Aussitôt, la corruption s'installe et le médecin comprend qu'il vient de détruire un paradis.

◆ *Ce remarquable film n'est pas un accident dans la carrière de W.S. Van Dyke, cinéaste mal connu, auteur de plusieurs réussites, notamment dans le domaine de l'exotisme. Flaherty collabora à l'élaboration du film, mais, comme pour* Tabou, *il fut en désaccord avec le caractère romanesque que prenait l'histoire et il se désista.* S.K.

LES OMBRES DU CŒUR "Shadowlands"
Mélodrame de **Richard Attenborough**, avec Anthony Hopkins, Debra Winger, Edward Hardwicke, John Wood. États-Unis, 1993 – Couleurs – 2 h 11.

Un amour transatlantique entre Jack, professeur de littérature anglaise à Oxford, et Joy Gresham, une jeune romancière américaine d'origine juive. Longue à se révéler, la passion qui va les unir sera contrariée par le cancer de Joy.

OMBRES EN PLEIN JOUR "Mahiru no ankoku"
Drame de **Tadashi Imai**, avec Kojirō Kusanagi *(Kojima)*, Teruo Matsuyama, Noburu Yano, Masatsugu Makika, Hiroshi Kobayashi, Yoshi Kato, Sachiko Hidari. • SC : Shinobu Hashimoto, d'après le roman de Hiroshi Masaki *le Juge*. • PH : Shunichirō Nakao. • DÉC : Kazuo Kubo. • MUS : Akira Ifukube. Japon, 1956 – 2 h 02.

En janvier 1951, dans un petit village de pêcheurs, un vieux couple est assassiné et volé. Arrêté et brutalement interrogé, Kojima finit par avouer sa culpabilité mais aussi tout ce que la police exige de lui, à savoir qu'il aurait eu des complices, dont Uemura qui, brutalisé lui aussi, avoue qu'il est le meurtrier. Malgré la plaidoirie d'un courageux avocat, Uemura est condamné à mort et Kojima à la prison à perpétuité. Ils font appel.

◆ *Le film retrace un fait divers qui fit grand bruit parce qu'il mettait en cause les méthodes d'interrogatoire de la police. Quand il fut tourné, l'affaire était encore en appel devant la Haute Cour (celle-ci devait relaxer tous les inculpés en 1968) et les auteurs présentaient leur propre version du crime. Le récit, très rapide et très incisif, est construit sur une série de flash-back subjectifs qui visualisent les points de vue de Kojima et de l'avocat.* M.MN.

OMBRES ET BROUILLARD "SHADOWS AND FOG"
Comédie insolite de **Woody Allen**, avec Woody Allen *(Kleinman)*, Mia Farrow *(Irmy)*, John Malkovich *(Paul)*, John Cusack *(Jack)*, Donald Pleasence *(le docteur)*, Kenneth Mars *(Almstead)*. • SC : W. Allen. • PH : Carlo Di Palma. • DÉC : Santo Loquasto. • MUS : Kurt Weill. • MONT : Susan E. Morse. États-Unis, 1991 – 1 h 26.

Dans l'ombre et les brouillards d'une ville inquiétante autant qu'imaginaire, un mystérieux tueur frappe jour après jour, sans relâche. La police étant inopérante, une milice s'organise qui ordonne au chétif et timoré Kleinman de se joindre à elle. Il est épouvanté. Il s'exécute néanmoins. Dans son équipée nocturne il rencontre une avaleuse de sabres qui se vend (cher) à un intellectuel heureux aux jeux...

◆ *Le climat cauchemardesque du film, ses méandres inattendus, son goût de l'insolite et de l'incongru, évoquent cent autres films expressionnistes et surtout l'univers de Kafka. Ces références, avouées, assimilées, dominées, s'harmonisent en un conte absurde et fascinant qui jongle avec « les grands problèmes » mais sur un ton de dérision, voire de farce.* G.S.

OMBRES SOUS LA MER "BOY ON A DOLPHIN"
Film d'aventures de **Jean Negulesco**, d'après le roman de David Dirine, avec Alan Ladd, Sophia Loren, Clifton Webb. États-Unis, 1957 – Couleurs – 1 h 51.

Une pêcheuse d'éponges grecque découvre un trésor sous-marin, que lui disputent un archéologue américain et un collectionneur sans scrupules.

ON ACHÈVE BIEN LES CHEVAUX
"THEY SHOOT HORSES, DON'T THEY ?"
Drame de **Sydney Pollack**, avec Jane Fonda *(Gloria Beatty)*, Michael Sarrazin *(Robert)*, Susannah York *(Alice)*, Gig Young *(Rocky)*, Red Buttons *(« Sailor », le marin)*, Bruce Dern *(James)*, Michael Conrad *(Rollo)*, Bonnie Bedelia, Allyn Ann McLerie, Robert Fields, Paul Mantee. • SC : James Poe, Robert E. Thompson, d'après le roman de Horace McCoy. • PH : Philip H. Lathrop. • DÉC : Harry Horner. • MUS : John Green. • MONT : Fredric Steinkamp. • PR : Warner Bros. États-Unis, 1969 – Couleurs – 2 h 09.

1932. À la suite du krach de 1929, les États-Unis sont en pleine dépression économique. On se presse pour participer à l'un des nombreux « marathons de danse » organisés à travers le pays. Il s'agit de danser durant six jours, avec seulement dix minutes de pause toutes les heures. Les candidats viennent dans le but de remporter les cinq cents dollars de prime, et les spectateurs dans celui d'échapper à leur misère morale en voyant souffrir d'autres gens. Robert est l'un de ces candidats. Il trouve sur place sa partenaire, Gloria, qui vient de « perdre » le sien. Ils sont accueillis par le maître de cérémonie, Rocky, avec les autres concurrents : des habitués, des nouveaux, une jeune fille novice, un vieux marin et bien d'autres. Le marathon commence, interminable. Pour pimenter le spectacle, Rocky lance parfois des « derbys » : les danseurs doivent courir, en se tenant, tout autour de la piste ; le dernier couple est éliminé. Le marin meurt d'épuisement, la jeune fille devient à moitié folle. Gloria rompt avec Robert, se donne à Rocky dans l'espoir de le dominer. Puis elle retrouve Robert. Elle découvre finalement que Rocky l'a abusée. Brisée, elle demande à Robert de l'achever...

◆ Une cruelle parabole

*Ce film cruel et désespéré apporte un double témoignage : d'une part, sur les fameux marathons de danse, véritables jeux du cirque des années 30 (encore pratiqués récemment en Pologne...), symptôme et symbole de la dépression économique et morale dans laquelle était plongée l'Amérique ; d'autre part, sur la crise morale de ce même pays à la fin des années 60, ère de toutes les contestations, de toutes les remises en cause. Car, bien sûr, l'œuvre de Pollack se voulait avant tout parabole. Sans doute est-ce cet aspect qui, vingt ans plus tard, peut sembler le plus daté, voire manqué. En effet, cette critique de l'usine à rêves (les marathons, Hollywood) est tout de même réalisée dans la grande tradition hollywoodienne, cela même qui fait aujourd'hui d'*On achève bien les chevaux *un classique : qualité de l'adaptation, de l'interprétation (l'Oscar du Meilleur acteur de second rôle pour Gig Young, et Red Buttons splendide) et de la réalisation. Il convient également de noter, rompant avec la linéarité du récit en lieu clos, l'emploi très particulier du flash-back, et surtout du « flash-forward », procédé peu fréquent que l'on retrouve (est-ce un hasard ?) dans* Easy Rider, *autre film ayant reflété et marqué son époque.* L.A.

ON A RETROUVÉ LA 7E COMPAGNIE
Comédie de **Robert Lamoureux**, avec Jean Lefebvre, Pierre Mondy, Henri Guybet, Pierre Tornade, Jacques Monod, Bernard Dhéran, Robert Lamoureux. France, 1975 – Couleurs – 1 h 30.

Pendant la « drôle de guerre », en 1940, quatre soldats réussissent à délivrer une compagnie entière, prisonnière des Allemands. Suite de MAIS OÙ EST DONC PASSÉE LA 7e COMPAGNIE ? (Voir ce titre).

ON AURA TOUT VU !
Comédie de **Georges Lautner**, avec Pierre Richard, Miou-Miou, Jean-Pierre Marielle, Henri Guybet, Renée Saint-Cyr. France, 1976 – Couleurs – 1 h 35.

Un apprenti cinéaste tombe aux mains d'un réalisateur de films porno. Sa fiancée, indignée, réussira à faire échouer l'entreprise.

ON A VOLÉ CHARLIE SPENCER !
Drame de **Francis Huster**, avec Francis Huster, Béatrice Dalle. France, 1986 – Couleurs – 1 h 36.

Un employé de banque plutôt minable est hanté par des rêves de cinéma ; il finit bientôt par mélanger fiction et réalité.

ON A VOLÉ LA CUISSE DE JUPITER
Comédie de **Philippe de Broca**, avec Annie Girardot, Philippe Noiret, Catherine Alric, Francis Perrin. France, 1980 – Couleurs – 1 h 42.

Un couple en voyage de noces en Grèce est impliqué dans le vol des fesses d'une Vénus antique dont la tête se trouve dans un musée d'Athènes et les jambes dans un monastère ! Suite de TENDRE POULET (Voir ce titre).

ON A VOLÉ LA JOCONDE
Comédie de **Michel Deville**, avec Marina Vlady, George Chakiris, Henri Virlojeux, Jean Lefebvre. France / Italie, 1966 – Couleurs – 1 h 30.

Un monte-en-l'air entreprend de voler la Joconde. Il y parvient, mais tombe amoureux d'un sosie bien vivant de Mona Lisa.

ON A VOLÉ UN HOMME
Comédie dramatique de **Max Ophuls**, avec Henri Garat, Charles Fallot, Lili Damita, Fernand Fabre. France, 1933 – env. 1 h 30.

Un jeune financier sur le point de réaliser une grosse affaire est enlevé par des concurrents et placé sous la garde d'une jolie fille. Ils tombent amoureux et parviennent à s'échapper.

ON A VOLÉ UN TRAM "LA ILUSION VIAJA EN TRANVIA"
Comédie de **Luis Buñuel**, avec Lilia Prado, Carlos Navarro, Augustin Isunza. Mexique, 1953 – 1 h 30.

Le tramway du vieux Mexico doit être désaffecté. Passablement ivres, ses deux conducteurs lui font accomplir son dernier voyage.

L'ONCLE "THE UNCLE"
Comédie dramatique de **Desmond Davis**, avec Rupert Davies, Brenda Bruce, Robert Duncan. Grande-Bretagne, 1963 – 1 h 20.

Le monde de l'enfance, ses rites, ses épopées, ses drames et ses joies à travers le regard d'un enfant de sept ans.

ONCLE VANIA "DJADJA VANJA"
Drame d'**Andrei Mikhalkov-Kontchalovski**, d'après la pièce de Tchekhov, avec Innokenti Smoktounosvki, Serguei Bondartchouk, Irina Kouptchenko. U.R.S.S. (Russie), 1971 – Couleurs – 1 h 35.

Ivan Petrovitch Voïnitski vit en compagnie de sa mère et de sa nièce. L'arrivée d'un couple ami et du docteur Astrov suscite des espoirs amoureux. Une histoire de cœurs meurtris dont les mouvements traversent l'écran grâce au génie des interprètes et à la maîtrise du réalisateur.

ON CONNAÎT LA CHANSON
Comédie d'**Alain Resnais**, avec Pierre Arditi, Sabine Azema, Jean-Pierre Bacri, André Dussollier, Agnès Jaoui, Lambert Wilson. France, 1997 – Couleurs – 1 h 30.
★ CÉSAR DU MEILLEUR FILM, DU MEILLEUR ACTEUR (André Dussollier), DU MEILLEUR SECOND RÔLE FÉMININ (Agnès Jaoui), DU MEILLEUR SECOND RÔLE MASCULIN (Jean-Pierre Bacri).

Deux femmes, quatre hommes : incertitudes du cœur, problèmes immobiliers et bribes de chanson d'hier à pleines brassées. Une comédie pétillante, nostalgique et tendre, où les acteurs passent avec un naturel stupéfiant du registre parlé au registre chanté, comme si toutes les difficultés n'étaient que passagères !

ON CONTINUE À L'APPELER TRINITA
"CONTINUAVANO A CHIAMARLO TRINITA"
Western de **E.B. Clucher**, avec Terence Hill, Bud Spencer, Jessica Dublin. Italie, 1971 – Couleurs – 2 h 05.

Un cow-boy doué d'une force énorme, Bambino, doit faire l'éducation de son frère Trinita.
▷ Voir aussi ON L'APPELLE TRINITA.

ON EFFACE TOUT...
Drame de **Pascal Vidal**, avec Yves Beneyton, Christine Pascal, Bruno Crémer. France, 1978 – Couleurs – 1 h 50.

Jacques, journaliste de gauche, héberge une amie dont le compagnon fait partie d'une organisation terroriste. Il est arrêté, renvoyé du journal, puis l'extrême droite s'en mêle.

ONE MORE TIME "One More Time"
Comédie de **Jerry Lewis**, avec Peter Lawford, Sammy Davis Jr. Grande-Bretagne, 1969 – Couleurs – 1 h 35.

Chris, perpétuel fauché, prend la place de son jumeau assassiné. Jerry Lewis officie, pour une fois, uniquement derrière la caméra.

ONE PLUS ONE
"One plus one / Sympathy for the Devil"
Essai de **Jean-Luc Godard**, avec Anne Wiazemsky, Iain Quarrier, Les Rolling Stones. Grande-Bretagne, 1969 – Couleurs – 1 h 44.

Parallèlement aux séances d'enregistrement des Rolling Stones, une série de séquences provocantes donne la parole aux Black Panthers et à d'autres groupes de contestation. C'est le dernier film de Godard avant le groupe Dziga Vertov et son engagement dans une recherche collective pour un nouveau cinéma politique.

ONÉSIME
Série de courts métrages burlesques d'une ou deux bobines (300 ou 600 m)de **Jean Durand**, produits par Gaumont (près de 70 bandes), avec Onésime Bourbon. France, 1912-1914.

Des aventures délirantes filmées par le cinéaste considéré par Jean Mitry comme le véritable créateur du burlesque de cinéma.

ONE TWO TWO, 122, RUE DE PROVENCE
Comédie dramatique de **Christian Gion**, avec Nicole Calfan, Francis Huster, Jacques François, Anicée Alvina. France, 1978 – Couleurs – 1 h 40.

Un Lyonnais et une Marseillaise, débarqués à Paris en 1935, gravissent les échelons du succès, lui dans la politique, elle dans la prostitution de luxe, jusqu'à l'Occupation.

ONIBABA (LES TUEUSES) "Onibaba"
Drame de **Kaneto Shindo**, avec Nobuko Otawa *(la vieille femme)*, Jitsuko Yoshimura *(la jeune veuve)*, Kei Sato *(Hachi)*, Taiji Tonoyama *(Ushi)*, Jukichi Uno *(le samouraï)*. • SC : K. Shindo. • PH : Kiyomi Kuroda. • MUS : Mitsu Hayashi. • MONT : Kazuo Henoki. Japon, 1965 – Couleurs – 1 h 45.

Dans un marécage du Japon médiéval dévasté par la guerre, deux femmes survivent en tuant et détroussant les soldats égarés. Un jour, la plus jeune en épargne un, qui devient son amant. La plus âgée ne le supporte pas et se déguise en démon pour effrayer les amants.

◆ *Kaneto Shindo était connu en France comme le réalisateur de* l'Île nue, *austère description d'une famille paysanne écrasée par un travail inhumain.* Onibaba *est beaucoup plus sensuel, tragique voire même érotique. Shindo révèle ici une autre face du goût japonais : le paroxysme échevelé, bien loin des délicatesses convenues de l'art oriental.* Onibaba *est un film déconcertant et fascinant, où l'esthétisme est au service du mélodrame sanglant, voire grand guignolesque.* *B.B.*

ONIMARU "Arashi ga oka"
Drame de **Yoshishige Yoshida**, inspiré du roman d'Emily Brontë *les Hauts de Hurlevent*, avec Yusaku Matsuda, Yuko Tanaka, Tatsuo Nadaka, Eri Ishida. Japon / Suisse, 1987 – Couleurs – 2 h 10.

Dans le Japon médiéval, au sein d'une des familles de prêtres gardiennes des montagnes, un jeune garçon adopté est amoureux de la fille aînée. Parti pour faire fortune, il ne retrouve pas à son retour son aimée qui est morte, et sombre dans la démence.

ON L'APPELAIT MILADY "The Four Musketeers"
Film d'aventures de **Richard Lester**, d'après le roman d'Alexandre Dumas *les Trois Mousquetaires*, avec Oliver Reed, Raquel Welch, Richard Chamberlain, Michael York, Frank Finlay, Christopher Lee, Geraldine Chaplin, Faye Dunaway, Jean-Pierre Cassel, Charlton Heston. Grande-Bretagne, 1975 – Couleurs – 1 h 40.

Milady fait enlever Constance, l'amie de d'Artagnan. Avec ses compagnons, le vaillant mousquetaire tue le protecteur de Milady, mais celle-ci assassine Constance, avant d'être elle-même exécutée.

▷ Voir aussi LES TROIS MOUSQUETAIRES.

ON L'APPELLE TRINITA "Lo chiamavani Trinita"
Western de **E.B. Clucher** [Enzo Barboni], avec Terence Hill, Bud Spencer, Farley Granger. Italie, 1970 – 1 h 30.

Trinita retrouve son frère shérif malgré lui. Ils aideront une colonie de Mormons à chasser les bandits qui voulaient s'approprier leurs chevaux. Le western-spaghetti est ici totalement parodique.

▷ Voir aussi ON CONTINUE À L'APPELER TRINITA.

▷ Autres aventures du héros : TRINITA, PRÉPARE TON CERCUEIL "Preparati la baral", de **Fernandino Baldi**, avec Terence Hill, Horst Frank, George Eastman. Italie, 1974 – Couleurs – 1 h 25. TRINITA, CONNAIS PAS "Simone e Matteu, un gioco da ragazzi", de **Giuliano Carmineo**, avec Paul Smith, Michael Coby, Fernando Bilbao. Italie / Espagne, 1976 – Couleurs – 1 h 40. TRINITA NOUS VOILÀ "Noi non siamo angeli", de **Frank Kramer**, avec Paul Smith, Michael Coby, Renato Cestie. Italie, 1976 – Couleurs – 1 h 25. TRINITA, UNE CLOCHE ET UNE GUITARE "Prima ti suono e poi ti

SPARO", de **François Legrand**, avec George Hilton, Rinaldo Talamonti, Piero Lulli. Italie, 1977 – Couleurs – 1 h 35. TRINITA TIRE ET DIS AMEN "COSI SIA", d'**Algio Caltabiano**, avec Sydne Rome, Luc Meranda, Tano Cimarosa. Italie, 1977 – Couleurs – 1 h 25.

ON LUI DONNA UN FUSIL "THEY GAVE HIM A GUN"
Drame de **W.S. Van Dyke**, d'après le roman de William Joyce Cowen, avec Spencer Tracy, Franchot Tone, Gladys George. États-Unis, 1937 – 1 h 30.

Pendant et après la Première Guerre mondiale, l'amitié de deux hommes qui aiment la même femme.

ON M'APPELLE DOLLARS "MISTER BILLION"
Film d'aventures de **Jonathan Kaplan**, avec Terence Hill, Valerie Perrine, Jackie Gleason. États-Unis, 1976 – Couleurs – 1 h 32.

Guido doit arriver à San Francisco avant dix jours pour toucher un énorme héritage. Sur sa route, embûches et jolie traîtresse.

ON M'APPELLE MALABAR "OCCHIO ALLA PENA"
Comédie de **Michele Lupo**, avec Bud Spencer, Amidou, Joe Bugner. Italie, 1980 – Couleurs – 1 h 40.

L'Indien Girolamo et son ami Buddy, poussés par la fringale de celui-ci et par les voleries de celui-là, connaissent mille aventures.

ON MURMURE DANS LA VILLE/ LE DOCTEUR MIRACLE "PEOPLE WILL TALK"
Comédie dramatique de **Joseph L. Mankiewicz**, avec Cary Grant, Jeanne Crain, Hume Cronyn. États-Unis, 1951 – 1 h 50.

En butte à la jalousie d'un de ses confrères, le docteur Praetorius sauve la vie d'une jeune étudiante qu'il épouse, et confond son détracteur qui l'accusait d'être un guérisseur.

ON N'ACHÈTE PAS LE SILENCE
"THE LIBERATION OF L.B. JONES"
Drame de **William Wyler**, d'après le roman de Jesse Hill Ford, avec Lee J. Cobb, Anthony Zerbe, Roscoe Lee Browne. États-Unis, 1970 – Couleurs – 1 h 42.

Dans le Tennessee, un policier blanc liquide le mari de sa maîtresse, un Noir. On étouffe l'affaire. Le dernier film de Wyler.

ON N'ARRÊTE PAS LE PRINTEMPS
Film politique de **René Gilson**, avec Jeanne Goupil, Marc Chapiteau, Gilda Laghan, Didier Blanleuil. France, 1971 – Couleurs – 1 h 40.

Les espoirs et les révoltes de quatre jeunes lycéens face à la politique, l'argent, leur famille et la vie.

ON NE JOUE PAS AVEC LE CRIME
"FIVE AGAINST THE HOUSE"
Film policier de **Phil Karlson**, avec Guy Madison, Kim Novak, Brian Keith, Kerwin Nathews. États-Unis, 1955 – 1 h 24.

À Reno, capitale du jeu, quatre camarades d'université montent un cambriolage parfait qui tourne au drame.

ON NE MEURT QUE DEUX FOIS
Film policier de **Jacques Deray**, avec Michel Serrault, Charlotte Rampling, Xavier Deluc. France, 1985 – Couleurs – 1 h 45.

L'inspecteur Staniland, pour mieux enquêter sur la mort du pianiste Berliner, se met dans la peau de la victime. Et fait la connaissance de la sulfureuse Barbara.

ON N'ENTERRE PAS LE DIMANCHE
Drame de **Michel Drach**, d'après le roman de Fred Kassak, avec Philippe Mory, Christina Bendz, Hella Petri, Albert Gilou. France, 1960 – 1 h 35. ★ PRIX LOUIS-DELLUC 1959.

Interrogé par la police à la suite de la mort d'un éditeur, un jeune Martiniquais revit sa rencontre avec une Suédoise et le drame de la jalousie qui l'a conduit à tuer. Le premier film de son auteur.

ON N'EST PAS DES ANGES, ELLES NON PLUS
Comédie de **Michel Lang**, avec Sabine Azéma, Pierre Vernier, Georges Beller. France, 1981 – Couleurs – 1 h 50.

Trois garçons habitués à ce que leur amie commune ne soit qu'une « copine » découvrent un jour qu'elle est aussi une femme.

ON NE VIT QUE DEUX FOIS "YOU ONLY LIVE TWICE"
Film d'espionnage de **Lewis Gilbert**, avec Sean Connery, Donald Pleasence, Tetsuro Tamba, Karin Dor, Charles Gray. Grande-Bretagne, 1967 – Couleurs – 2 h.

James Bond lutte au Japon contre une organisation qui kidnappe fusées russes et américaines afin de déclencher une guerre mondiale. Science-fiction, arts martiaux et décors fabuleux : l'un des meilleurs « Bond ».

▷ Voir aussi JAMES BOND 007 CONTRE DOCTEUR NO.

ON N'Y JOUE QU'À DEUX "ONLY TWO CAN PLAY"
Comédie de **Sydney Gilliat**, d'après le roman de Kingsley Amis *That Uncertain Feeling*, avec Peter Sellers, Mai Zetterling, Virginia Maskell, Richard Attenborough. Grande-Bretagne, 1962 – 1 h 46.

Un bibliothécaire, à la vie monotone malgré une épouse charmante, tombe amoureux d'une entreprenante séductrice. Mais il comprend que la vie conjugale ne se joue qu'à deux...

ON PEUT LE DIRE SANS SE FÂCHER
Comédie de **Roger Coggio**, avec Élisabeth Huppert, Roger Coggio, Madeleine Robinson. France, 1977 – Couleurs – 1 h 31.

Une jeune énarque, lasse de son destin programmé, organise ses funérailles avant de se donner la mort. Malheureusement, un intrus vient faire obstacle à ses projets.

ON PURGE BÉBÉ
Comédie de **Jean Renoir**, d'après la pièce de Georges Feydeau, avec Michel Simon, Marguerite Pierry, Jacques Louvigny, Fernandel. France, 1931 – 1 h 02.

Un négociant qui veut obtenir l'adjudication de pots de chambre incassables pour l'armée reçoit le chargé des achats. Mais il rate l'affaire par la faute de son fils qui ne veut pas avaler sa purge.

ON S'EST TROMPÉ D'HISTOIRE D'AMOUR
Drame de **Jean-Louis Bertucelli**, avec Coline Serreau, Francis Perrin, Nicole Dubois. France, 1973 – Couleurs – 1 h 34.

Deux employés d'une compagnie d'assurances se rencontrent, s'aiment et se marient lorsque la jeune femme attend un enfant. Le portrait sans fard d'un jeune couple d'aujourd'hui.

ON S'FAIT LA VALISE, DOCTEUR ?
"WHAT'S UP, DOC ?"
Comédie de **Peter Bogdanovich**, avec Barbra Streisand, Ryan O'Neal, Kenneth Mars. États-Unis, 1972 – Couleurs – 1 h 34.

À l'hôtel, un musicologue, une jeune fille modeste, une femme très riche et un homme d'affaires confondent leurs valises.

ONZE FIORETTI DE FRANÇOIS D'ASSISE
"FRANCESCO GIULLARE DI DIO"
Biographie religieuse de **Roberto Rossellini**, avec Aldo Fabrizi *(Nicolaio)*, Arabella Lemaître *(sainte Claire)* et des moines franciscains. • SC : R. Rossellini, Federico Fellini, Sergio Amidei. • PH : Otello Martelli. • DÉC : Virgilio Marchi. • MUS : Renzo Rossellini, Enrico Buondonno. • MONT : Jolanda Benvenuti. Italie, 1950 – 1 h 25.

Inspiré des fioretti, ces courts récits qui colportèrent la geste de saint François, le film de Rossellini est simplement constitué de onze moments de cette vie qui allia la quête spirituelle dans l'abandon du monde et un prosélytisme évangélique spontanéiste.

◆ *Rossellini suit François d'Assise à partir du moment où il quitte la ville avec quelques disciples et il a réussi lui-même le prodigieux miracle de restituer dans sa simplicité et son innocence ce temps de l'abandon quasi mystique à la contemplation. Loin des conflits de l'après-guerre, il se plonge pour la première fois dans l'évocation du passé, genre dont il deviendra le maître. Ici, déjà, dans une pauvreté volontaire de moyens qui fait écho à celle du « jongleur de Dieu », la grâce et le rayonnement circulent à travers l'écran, abolissant le temps. Ils sont si proches de nous, ces vrais moines représentant les initiateurs de leur ordre, avec un rire, une gravité, un naturel qui donnent à ce Moyen Âge inspiré la vérité d'une actualité. Confrontation avec la violence des reîtres ou l'incompréhension hostile des paysans, passage des femmes avec le même rayonnement chez Claire d'Assise, égrenage de l'humble quotidien, tout vient nourrir la chronique dans l'esprit même de la légende.* J.-M.C.

ONZE HEURES SONNAIENT "ROMA ORE 11"
Drame de **Giuseppe De Santis**, avec Lucia Bosè *(Simona)*, Carla Del Poggio *(Luciana)*, Elena Varzi *(Adriana)*, Lea Padovani *(Caterina)*, Delia Scala *(Angelina)*, Massimo Girotti *(Nando)*, Raf Vallone *(Carl)*, Paolo Stoppa *(un père)*, Maria Grazia Francia *(Cornelia)*, Nando Di Claudio *(Ferrari)*, Armando Francioli *(le réparateur)*, Henri Vilbert *(le commissaire)*. • SC : G. De Santis, Cesare Zavattini, Rodolfo Sonego, Basilio Franchina, Gianni Puccini. • PH : Otello Martelli. • DÉC : Léon Barsacq. • MUS : Mario Nascimbene. Italie / France, 1952 – 1 h 42.

Rome, onze heures du matin. Des centaines de jeunes filles sans travail se précipitent dans l'escalier d'une vieille maison pour obtenir un emploi, à la suite d'une petite annonce publiée dans le journal. Bousculade. Tension. L'escalier s'effondre. Plusieurs d'entre elles sont blessées.

◆ *Le scénario est basé sur un fait divers authentique. Les scénaristes et le réalisateur en ont fait un film néoréaliste aussi bien dans la description des différents personnages que dans la manière de filmer « l'accident », en images rapides. Comme toujours dans le cinéma italien, le film aborde un problème social : ici le chômage et ses conséquences sur la vie des héroïnes, interprétées par quelques-unes des actrices les plus en vue de l'époque.* J.-C.S.

OPENING NIGHT "OPENING NIGHT"
Drame psychologique de **John Cassavetes**, avec Gena Rowlands, John Cassavetes, Ben Gazzara. États-Unis, 1978 – Couleurs – 2 h 24.

Une comédienne à succès est prise entre un ancien amant, son partenaire et le metteur en scène amoureux d'elle. La mort d'une de ses admiratrices déclenche la crise.

L'OPÉRA DE QUAT'SOUS

"Die Dreigroschenoper"

Comédie de **Georg Wilhelm Pabst**, avec Rudolf Forster *(Mackie)*, Carola Neher *(Polly Peachum)*, Fritz Rasp *(Peachum)*, Valeska Gert *(Mme Peachum)*, Lotte Lenya *(Jenny)*, Ernst Busch *(le bonimenteur)*. • SC : Leo Larna, Ladislaus Vajda, Béla Balasz, d'après la pièce de John Gay *l'Opéra des gueux* et l'opéra de Bertolt Brecht et Kurt Weill. • PH : Fritz Arno Wagner. • DÉC : Andrei Andreiev. • MUS : Kurt Weill. • MONT : Henri Rust. • PR : Seymour Nebenzahl (Warner Bros-First National, Tobis, Nero Films). Allemagne, 1931 – 1 h 51.

Dans les rues londoniennes de 1900, un bonimenteur raconte l'histoire de Mackie, le roi des bandits de la ville. Celui-ci séduit et épouse Polly Peachum, la fille du roi des mendiants. Furieux, le père de la mariée lance ses hordes de miséreux et de traîne-savates dans les rues de la capitale en liesse à l'occasion du couronnement de la reine. Arrêté puis condamné à mort, Mackie réussit à s'évader avec la complicité des forces de l'ordre. Il s'associe finalement avec son beau-père dans une entreprise très lucrative.

◆ La symphonie des gueux

Comme il était de coutume dans les années 30, l'Opéra de quat'sous *a fait simultanément l'objet d'une version française, dans laquelle les rôles principaux étaient tenus par Albert Préjean, Florelle et Gaston Modot. Bien que désavoué par Brecht dont l'œuvre a été tirée du côté de la féerie, ce film flamboyant est une parabole sur la société et ses exclus. L'idéalisme n'est féroce qu'en filigrane de ce pamphlet humaniste et Pabst oriente le sujet vers la fresque, annonçant par là* la Kermesse héroïque *de Jacques Feyder. Loin de la mièvrerie qui affectait certaines comédies musicales allemandes de l'époque,* l'Opéra de quat'sous *est également un saisissant portrait en coupe d'un pays où le fossé des inégalités sociales a été creusé par une crise économique terrible. L'avènement de la reine d'Angleterre n'est ici qu'une allusion déguisée à l'arrivée d'Hitler au pouvoir. En contrepoint de l'action, la musique de Kurt Weill apporte une nouvelle dimension à un propos qui sait se parer de séduisants atours en s'attachant à des problèmes graves et universels. Esthétiquement, le film intègre à merveille l'humour anglais des dialogues avec des images encore fortement marquées par l'expressionnisme allemand. L'atmosphère populiste naît quant à elle de l'interprétation, tendance que la distribution française infléchit plus encore. On retrouve parfois dans ce climat bon enfant et ce décor d'opérette un ton qui n'est pas sans évoquer* le Million *de René Clair. Habitué à noircir les tableaux qu'il peint, Pabst n'échappe pas ici à sa nature et flirte souvent avec le naturalisme, même si celui-ci se tient aussi éloigné que possible du misérabilisme tentateur. Ainsi que le montre avec insistance la mise en scène, les personnages de* l'Opéra de quat'sous *sont, au-delà des apparences, des archétypes sublimés. Le dénouement optimiste – l'union sacrée de Mackie et Peachum – n'est qu'un stratagème visant à opposer au pouvoir un contrepoids émanant du peuple, même si l'histoire prouve qu'il n'y a pas forcément antagonisme entre les deux.* *J.-P.G.*

L'OPÉRA DE QUAT'SOUS

"Die Dreigroschenoper"

Drame de **Wolfgang Staudte**, d'après la pièce de Bertolt Brecht, avec Curd Jürgens, Hildegard Knef, Gert Froebe, June Ritchie, Lino Ventura. R.F.A., 1962 – Couleurs – 2 h 04.

Au début du siècle, dans les bas quartiers de Londres, les aventures du chef d'une bande de brigands, du roi des mendiants et d'un commissaire de police corrompu...

L'OPÉRA DES GUEUX "The Beggar's Opera"

Film d'aventures-opéra de **Peter Brooks**, d'après l'opéra de John Gay, avec Laurence Olivier, Stanley Holloway, Mary Claire. Grande-Bretagne, 1953 – Couleurs – 1 h 34.

Le brigand du film précédent monte un vaste opéra à sa propre gloire, narrant ses exploits.

OPERA DO MALANDRO "Opera do Malandro"

Drame de **Ruy Guerra**, avec Edson Celulari, Claudia Ohana, Elba Ramalho. Brésil / France, 1986 – Couleurs – 1 h 45.

À la veille de la Seconde Guerre mondiale, un petit trafiquant se lie à la fille d'un Allemand, patron d'un bordel de Rio. Mais la maîtresse du « malandro » fait intervenir la police.

L'OPÉRATEUR / LE CAMÉRAMAN

"The Cameraman"

Film burlesque d'**Edward Sedgwick**, avec Buster Keaton *(Luke Shannon)*, Marceline Day *(Sally)*, Harold Goowin *(Harold Stagg)*, Sidney Bracy *(Edward J. Blake)*. • SC : E. Richard Sayer, sur un sujet de Clyde Bruckman et Lew Lipton. • PH : Eggie Lessley, Reggie Lanning. • MONT : Hugh Wynn. États-Unis, 1928 – 2 130 m (env. 1 h 19).

Un photographe ambulant de Broadway, pour l'amour d'une femme qui travaille au service Actualités de la M.G.M., se fait engager comme caméraman. Ses premiers reportages sont catastrophiques. Mais, un jour, il rapporte un document exclusif... filmé par un singe qui s'était emparé de sa caméra.

◆ *Un des derniers Buster Keaton muets, chéri des critiques parce qu'il montre le cinéma « en abîme », comme dans la séquence où le « reporter » met en scène, autoritairement, la bagarre de truands chinois qu'il filme. Son charme tient cependant tout autant à des scènes isolées : Keaton perdant son maillot de bain à la piscine ou descendant l'escalier quatre à quatre pour répondre aux coups de fil de sa belle. Mais l'ensemble, comme étouffé par le cadre urbain trop présent, n'a pas l'unité et la poésie des Keaton « de plein air ».* *M.CH.*

OPÉRATION BÉTON
Court métrage documentaire de **Jean-Luc Godard**. France, 1954 – 20 mn.

La vie du chantier de construction du barrage de la Grande Dixence, en Suisse, filmée par un jeune ouvrier engagé pour la circonstance. Les premiers pas du célèbre cinéaste.

OPÉRATION CAPRICE "CAPRICE"
Comédie de **Frank Tashlin**, avec Doris Day, Richard Harris, Ray Walston. États-Unis, 1967 – Couleurs – 1 h 38.

Une « espionne » entre dans une entreprise afin de se procurer le secret d'une nouvelle laque. Elle y rencontre un agent d'Interpol et, ensemble, ils démontent un trafic de drogue.

OPÉRATION CLANDESTINE "A CASE OF MURDER"
Film policier de **Blake Edwards**, d'après le roman de Jeffery Hudson *A Case of Need*, avec James Coburn, Jennifer O'Neill, Pat Hingle. États-Unis, 1972 – Couleurs – 1 h 45.

Un médecin chinois d'une clinique de Boston est injustement accusé d'avoir provoqué la mort de la fille du grand patron. L'un de ses amis découvre l'horrible vérité.

OPÉRATION CROSSBOW
"OPERATION CROSSBOW"
Film de guerre de **Michael Anderson**, avec Sophia Loren, George Peppard, Tom Courtenay, Lilli Palmer, John Mills, Anthony Quayle, Patrick Wymark. Grande-Bretagne, 1965 – Couleurs – 1 h 55.

Un commando suicide est envoyé en Allemagne afin de saboter l'usine souterraine qui fabrique les V2. Spectaculaire.

L'OPÉRATION DIABOLIQUE "SECOND"
Drame de **John Frankenheimer**, d'après le roman de David Ely, avec Rock Hudson, John Randolph, Will Geer. États-Unis, 1966 – 1 h 45.

Un homme d'affaires quinquagénaire se voit proposer une opération chirurgicale qui lui rendra santé et jeunesse. Il se retrouve peintre en vogue, alerte comme un jeune homme.

OPÉRATION DRAGON "ENTER THE DRAGON"
Film d'aventures de **Robert Clouse**, avec Bruce Lee, John Saxon, Jim Kelly. États-Unis, 1973 – Couleurs – 1 h 36.

Les services de renseignements américains recrutent trois champions d'arts martiaux pour démanteler un réseau de drogue et de traite des Blanches.

OPÉRATION JUPONS "OPERATION PETTICOAT"
Comédie de **Blake Edwards**, avec Cary Grant, Tony Curtis, Dina Merrill, Gene Evans. États-Unis, 1959 – Couleurs – 2 h 04.

Pendant la guerre du Pacifique, un sous-marin recueille cinq infirmières perdues, à la grande joie de l'équipage...

OPÉRATION « LADY MARLÈNE »
Comédie de **Robert Lamoureux**, avec Robert Lamoureux, Michel Serrault, Bernard Menez, Pierre Tornade, Mary Marquet. France / R.F.A., 1975 – Couleurs – 1 h 30.

Un jeune Français, qui vit du marché noir et de petits pillages, détient les plans secrets d'un débarquement allemand en Angleterre.

OPÉRATION SCOTLAND YARD "SAPPHIRE"
Film policier de **Basil Dearden**, avec Nigel Patrick, Yvonne Mitchell, Michael Craig. Grande-Bretagne, 1959 – Couleurs – 1 h 32. ★ **OSCAR DU MEILLEUR FILM BRITANNIQUE 1959.**

À Londres, Scotland Yard enquête sur l'assassinat de Sapphire, une jeune métisse.

OPÉRATION THUNDERBOLT
"OPERATION THUNDERBOLT"
Drame de **Menahem Golan**, avec Klaus Kinski, Sybil Danning, Yehoram Gahon, Assaf Dayan. Israël, 1977 – Couleurs – 2 h.

Après un détournement sur l'Ouganda d'un Airbus d'Air France venant d'Israël, les autorités israéliennes envoient un commando délivrer les otages. Le troisième film tiré d'un événement authentique.

▷ Voir aussi RAID SUR ENTEBBE et VICTOIRE À ENTEBBE.

OPÉRATION TONNERRE "THUNDERBALL"
Film d'espionnage de **Terence Young**, avec Sean Connery, Claudine Auger. Grande-Bretagne, 1965 – Couleurs – 2 h.

James Bond est lancé sur la piste de l'organisation internationale qui a volé des bombes nucléaires dont elle menace le Royaume-Uni.

▷ Voir aussi JAMES BOND 007 CONTRE DOCTEUR NO.

OPHÉLIA

Drame de **Claude Chabrol**, avec Alida Valli, Juliette Mayniel, Claude Cerval. France, 1963 – 1 h 35.

Ivan ne peut se remettre de la mort de son père et du remariage de sa mère avec le frère du défunt. Avec un ami, il réalise un film pour confondre ses parents, qu'il croit criminels. Une curieuse transposition de *Hamlet*.

L'OPINION PUBLIQUE "A WOMAN OF PARIS"

Mélodrame de **Charlie Chaplin**, avec Edna Purviance *(Marie)*, Adolphe Menjou *(Pierre Revel)*, Carl Miller *(Jean)*, Lydia Knott *(la mère)*. • SC : C. Chaplin. • PH : Rollie Totheroh, Jack Wilson. • DÉC : Arthur Stibolt. • MONT : Monta Bell. États-Unis, 1923 – 2 450 m (env. 1 h 31).

Marie et Jean vivent un amour malheureux dans une triste campagne. Ils doivent s'enfuir, mais Jean est retenu par la mort de son père. Elle part seule. Ils se retrouvent un an plus tard à Paris, où elle est entretenue par le riche Pierre Revel. Ils renouent, mais sont séparés par le chantage affectif de la mère de Jean. Marie le quitte. Il se suicide. Elle retourne à la campagne.

◆ *Le premier film où Chaplin ne joue pas et qu'il fit pour répondre aux critiques qui le disaient grand acteur mais piètre metteur en scène. À dire vrai, Chaplin était depuis longtemps un des plus grands metteurs en scène et aussi un monteur de génie, mais ce film le démontre par-dessus tout, car il ne se contenta pas de « bien » mettre en scène, il y créa une intelligence nouvelle du cinéma. Des générations entières de cinéastes s'en inspirèrent et Lubitsch y découvrit la « Lubitsch touch » dont les ellipses et les métonymies viennent de ce film révolutionnaire. On n'oubliera pas Marie prenant un train qu'on ne voit pas, suggéré simplement par les lumières qui passent sur son visage. Jean comprenant que Marie est une femme entretenue en voyant un faux-col tomber d'un tiroir. Le jeu d'acteurs, fin, retenu, sans aucune expressivité, était une révolution comparable à celle que Chaplin amenait dans le domaine de la mise en scène et faisait de* l'Opinion publique *le premier film psychologique du cinéma.* S.K.

L'OPIUM ET LE BÂTON

Drame d'**Ahmed Rachedi**, avec Marie-José Nat, Jean-Louis Trintignant. Algérie, 1969 – Couleurs – 2 h 15.

Dans un village de montagne, la majorité de la population a rallié le F.L.N. Les Français décident de le rayer de la carte.

ORAGE

Drame de **Marc Allégret**, d'après une pièce d'Henry Bernstein, avec Michèle Morgan, Charles Boyer, Jean-Louis Barrault, Lisette Lanvin, Robert Manuel. France, 1938 – 1 h 38.

Une jeune étudiante « facile » cherche l'amour, mais ne provoque que des drames. Lorsqu'elle le découvre enfin, elle préfère se suicider, plutôt que de briser le mariage de celui qu'elle aime.

▷ Autre version réalisée par : **Pierre Billon** et **Giorgio Capitani**, intitulée ORAGE "DELIRIO", avec Françoise Arnoul, Raf Vallone, Elena Varzi, Giorgio Albertazzi. Italie, 1954 – 1 h 36.

ORAGE AU PARADIS "RAW WIND IN EDEN"

Film d'aventures de **Richard Wilson**, avec Esther Williams, Jeff Chandler, Rosanna Podestà. États-Unis, 1958 – Couleurs – 1 h 29.

Dans les sauvages paysages sardes, une jeune femme chasse le millionnaire parmi les aventuriers qui l'entourent.

ORAGE D'ÉTÉ

Comédie dramatique de **Jean Gehret**, avec Gaby Morlay, Odette Joyeux, Odile Versois, Peter Trent, Balpêtré. France / Italie, 1950 – 1 h 35.

Deux sœurs aiment le même jeune Anglais venu passer ses vacances dans leur famille. Les débuts à l'écran de Marina Vlady.

ORANGE MÉCANIQUE "A CLOCKWORK ORANGE"

Film de science-fiction satirique de **Stanley Kubrick**, avec Malcolm McDowell *(Alex)*, Patrick Magee *(Alexander)*, Michael Blates *(le gardien)*, Warren Clark *(Dim)*. • SC : S. Kubrick, d'après le roman d'Anthony Burgess. • PH : John Alcott. • DÉC : John J. Barry. • MUS : Beethoven, Purcell, Walter Carlos (arrangements). • MONT : Bill Butler. Grande-Bretagne, 1971 – Couleurs – 2 h 16.

Alex et ses « droogs » terrorisent la population : agressions, viols et vols se succèdent. Après un meurtre « accidentel », Alex est incarcéré. Il sert de cobaye pour la méthode Ludovico qui combat la violence de chacun en la retournant contre elle-même. Il sort de prison « guéri » mais devient la proie de ses anciennes victimes. Il tente de se suicider, se rate et redevient celui qu'il était. Mais sa violence sera cette fois-ci « au service » de l'État.

◆ *Un film brillant au style composite, où alternent, dans une construction symétrique, des scènes spectaculaires d'une violence rendue esthétique par le brio de la mise en scène et des scènes analytiques où cette violence individuelle et instinctive est combattue par une violence à plus grande échelle, sociale et organisée, avant que les deux ne fraternisent dans le meilleur des mondes. Kubrick nous mettait perversement « à côté » d'Alex, nous faisant partager ses pensées, ses émotions, ses plaisirs, dans un but satirique certes, prêchant le faux pour savoir le vrai, mais avec un résultat troublant : Alex devenait la projection instinctive de nos pulsions tandis qu'intellectuellement nous en étions distants. Sans condamner ni approuver les actes d'Alex, le spectateur se demande : le Mal est-il un principe actif et est-il contagieux ?* S.K.

ORCA "ORCA"
Film d'aventures de **Michael Anderson**, avec Charlotte Rampling, Richard Harris, Bo Derek. États-Unis, 1976 – Couleurs – 1 h 35.

Une orque attaque avec une redoutable intelligence les hommes qui ont massacré sa famille. Des effets spéciaux très réussis.

L'ORCHIDÉE NOIRE "THE BLACK ORCHID"
Comédie dramatique de **Martin Ritt**, avec Sophia Loren, Anthony Quinn, Ina Balin. États-Unis, 1959 – 1 h 36.

Parmi la colonie italienne d'une ville américaine, la veuve d'un gangster est courtisée par un veuf dont la fille refuse qu'il se remarie.

L'OR DANS LA MONTAGNE "I RECUPERANTI"
Chronique sociale d'**Ermanno Olmi**, avec Antonio Lunardi *(Du)*, Andreino Carli *(Gianni)*, Alessandra Micheletto *(Elsa)*, Pietro Tollin, Marilena Rossi, Ivana Frigo, Oreste Costa, Mario Strazzabosco, Francesco et Mario Covolo. • SC : Mario Rigoni Stern, Tullio Kezich, E. Olmi. • PH : E. Olmi • MONT : E. Olmi. • MUS : Gianni Ferrio. Italie, 1974 (RÉ : 1970) – Couleurs – 1 h 37.

Histoire vraie d'un jeune homme – ancien combattant du front russe – qui revient dans son village natal après la guerre et qui, pour survivre, déterre des armes et des obus enfouis depuis la Grande Guerre, sous la conduite d'un étonnant vieillard.

◆ *Sous forme de fable, on retrouve ici les thèmes récurrents de l'auteur, à savoir la rencontre initiatique entre un vieil homme expérimenté et un néophyte dans la solitude sauvage de la montagne, lieu de ressourcement existentiel. S'y ajoute un défi à la mort, un parcours suicidaire, alternative ultime pour les oubliés du « miracle économique ». Une fois de plus, Olmi, fidèle à lui-même, réaffirme sa prédilection pour un cinéma de l'intérieur, en dehors de tout courant et de toute mode.* A.K.

L'OR DE MACKENNA "MCKENNA'S GOLD"
Western de **Jack Lee Thompson**, d'après le roman de Will Henry, avec Gregory Peck, Omar Sharif, Telly Savalas. États-Unis, 1969 – Couleurs – 2 h 08.

Le shérif McKenna doit, sous la contrainte, conduire un groupe d'aventuriers jusqu'à un canyon que la légende dit rempli d'or.

L'OR DE NAPLES "L'ORO DI NAPOLI"
Comédie dramatique de **Vittorio De Sica**, avec Silvana Mangano, Sophia Loren, Vittorio De Sica, Totò, Erno Crisa. Italie, 1954 – 1 h 50.

Quatre sketches drôles ou émouvants de la vie napolitaine, avec ses aristocrates, ses filles, ses rues et ses pizzas...

L'OR DES MERS
Documentaire de **Jean Epstein**. France, 1933 – env. 1 h 10.

Une évocation simple et poétique de la vie des habitants et des pêcheurs des îles bretonnes de Houat et Hoedic.

ORDET (LA PAROLE) "ORDET"
Drame mystique de **Gustav Molander**, avec Victor Sjöström *(Bory Anders, le patriarche)*, Rune Lindström *(Johannes Anders)*, Holger Löwenadler, Stig Olin, Gunn Wallgren, Wanda Rothgardt. • SC : R. Lindström, d'après la pièce de Kaj H. Munk. • PH : Gösta Roosling. Suède, 1943 – 1 h 40.

L'action se passe au sein d'un clan paysan, sur lequel règne un véritable patriarche. L'un de ses fils, qui doit devenir pasteur, est en proie à des troubles religieux qui le font basculer dans une folie mystique quand il tente en vain de ressusciter sa femme, tuée dans un accident d'auto. Mais quand, plus tard, la femme enceinte de son frère meurt à son tour, il revient pour l'enterrement et réussit alors en faisant appel à la force du verbe, à la faire revivre.

◆ *Tiré d'une pièce d'un pasteur danois qui devait être exécuté par les nazis, le film de Molander aère l'action en l'étendant au village et aux paysages. Servi par une distribution exceptionnelle, car Sjöström était aussi impressionnant comme acteur que comme réalisateur, il donne à la parabole toute sa force d'évocation. Le symbolisme de la mort et de la résurrection, traversé par la dérive mystique d'un illuminé, trouve là l'une de ses expression les plus marquantes dans l'histoire du cinéma.* J.-M.C.

ORDET "ORDET"
Drame de **Carl Theodor Dreyer**, avec Henrik Malberg *(Morten Borgen)*, Emil-Hass Christensen *(Mikkel)*, Preben

Lerdorff-Rye *(Johannes)*, Cay Kristiansen *(Anders)*, Birgitte Federspiel *(Inger)*, Ann Elisabeth Hansen *(Maren)*, Susanne *(Lilleinger)*, Ejner Federspiel *(Peter)*, Gerda Nielsen *(Anne)*. • SC : C.T. Dreyer, d'après la pièce de Kaj Munk. • PH : Henning Bendtsen. • DÉC : Erik Aaes. • MUS : Poul Schierbeck. • MONT : Edith Schlüssel. • PR : Palladium Film. Danemark, 1955 – 2 h 04. ★ **LION D'OR, Venise 1954.**

En 1930, au Danemark, le vieux luthérien Morten Borgen exploite sa ferme cossue, le domaine de Borgensgaard, aidé de son fils Mikkel, sa belle-fille Inger, leurs deux fillettes, son second fils Johannes, mystique au cerveau dérangé, et le cadet, Anders. Peter, modeste tailleur, refuse la main de sa fille Anne à Anders et son père, en raison de divergences religieuses. Une nuit, Inger meurt en accouchant d'un enfant mort-né. Johannes, qui avait prédit le drame, disparaît dans la campagne. Le jour de l'enterrement, Peter se réconcilie avec Morten et accorde la main de sa fille à Anders. Mikkel laisse éclater son désespoir lorsque Johannes entre. Il a retrouvé la raison et reproche aux assistants leur manque de foi. En raison de la foi de l'une des fillettes, Maren, et au nom de Jésus-Christ, Johannes ressuscite Inger.

◆ La lumière de l'esprit

*Dès 1932, lorsqu'il vit au théâtre la pièce écrite en 1925 par Kaj Munk, pasteur et poète dramatique, Dreyer envisagea de la porter à l'écran. Il ne le fit que vingt-trois ans plus tard, malgré une première adaptation suédoise, en 1943, par Gustav Molander. À l'opposé de Molander, qui donne une version réaliste, voire « positiviste » du drame mystique de Munk, Dreyer réalise une œuvre profondément stylisée, conçue sur des partis pris affirmés tant dans le cadrage (le plan moyen, qui s'accorde ici au choix de l'écran large) que dans le rythme lent et le jeu posé des acteurs, sans négliger la lumière feutrée, diffuse, qui caractérise la demeure de Borgensgaard. Il ne s'agit nullement, par l'imposition d'une forme contraignante, de marquer la présence de la spiritualité, mais au contraire de faire sentir son absence dans un univers pourtant profondément marqué par le religieux. Si l'intolérance religieuse est bien l'un des thèmes traités par Dreyer, ce n'est qu'indirectement. Éric Rohmer a parfaitement résumé la question centrale du film : « Le débat qui s'y livre n'a point pour thème quelque question de théologie abstraite, mais bien les rapports concrets, physiques, de Dieu et de la créature : la prière, la parole de l'homme (*Ordet* signifie parole) parvient-elle à Dieu et Dieu lui répond-il ? » L'univers du tailleur Peter est fait d'austérité maniaque, celui de Borgen, plus vivant en surface, repose sur des conventions, la foi y est devenue dogme. Le film est construit en fonction de la scène finale, le miracle. Il faut aux personnages aller jusqu'au bout de la mort pour retrouver la vraie lumière, la vie de l'esprit. Pour Dreyer, elle ne peut passer que par le principe féminin.* J.M.

L'ORDINATEUR DES POMPES FUNÈBRES

Comédie de **Gérard Pirès**, d'après le roman de William Kempley, avec Jean-Louis Trintignant, Mireille Darc, Bernadette Lafont, Lea Massari. France / Italie, 1976 – Couleurs – 1 h 35.

Un homme se débarrasse de son épouse à l'aide d'ordinateurs, puis liquide un collègue dont la femme est très séduisante. Mais ses conquêtes en savent trop...

ORDRE DE TUER "ORDERS TO KILL"

Drame d'**Anthony Asquith**, avec Eddie Albert, Paul Massie, Irene Worth, James Robertson Justice, Leslie French, Lillian Gish. Grande-Bretagne, 1958 – 1 h 51.

Pendant la guerre, un jeune pilote américain doit éliminer un résistant français qui est accusé d'être un agent double. Il le tuera conformément aux ordres, bien qu'il soit convaincu de son innocence.

L'ORDRE ET LA SÉCURITÉ DU MONDE

Film policier de **Claude D'Anna**, avec Bruno Crémer, Donald Pleasence, Laure Deschanel, Dennis Hopper. France, 1978 – Couleurs – 1 h 45.

Dans un train, une femme échange fortuitement son passeport avec celui d'un mystérieux journaliste. Elle se trouve alors impliquée dans un imbroglio financier international.

ORDRES SECRETS AUX ESPIONS NAZIS

"VERBOTEN !"

Film de guerre de **Samuel Fuller**, avec James Best, Susan Cummings, Tom Pittman. États-Unis, 1959 – 1 h 33.

À la fin de la guerre, les derniers sursauts hitlériens, le procès de Nuremberg et une histoire d'amour entre un G.I. et une jeune Allemande. Mélange de documents et de scènes de fiction.

L'OR DU DUC

Comédie de **Jacques Baratier**, avec Claude Rich, Pierre Brasseur, Jean Richard, Jacques Dufilho, Annie Cordy, Danielle Darrieux, Elsa Martinelli. France, 1965 – 1 h 30.

Un bienheureux marginal hérite d'un oncle richissime un autocar... en or massif. Des poursuites folles s'ensuivent.

L'OR DU HOLLANDAIS "THE BADLANDERS"
Western de **Delmer Daves**, avec Alan Ladd, Ernest Borgnine, Katy Jurado, Claire Kelly. États-Unis, 1958 – Couleurs – 1 h 23.

Deux rudes aventuriers affrontent les pires dangers pour s'emparer d'un chargement d'or. Remake sous forme de western de QUAND LA VILLE DORT (Voir ce titre).

L'OR ET LA CHAIR "THE TOAST OF NEW YORK"
Comédie dramatique de **Rowland V. Lee**, avec Edward Arnold, Cary Grant, Frances Farmer, Jack Oakie. États-Unis, 1937 – 1 h 49.

Au milieu du siècle dernier, l'ascension et la chute d'un spéculateur de grande envergure aux États-Unis.

L'OR ET L'AMOUR "GREAT DAY IN THE MORNING"
Western de **Jacques Tourneur**, d'après le roman de Robert Hardy Andrews, avec Virginia Mayo, Robert Stack, Ruth Roman. États-Unis, 1956 – Couleurs – 1 h 32.

À la veille de la guerre de Sécession, un homme est partagé entre deux femmes et sa mission : l'or qu'il doit apporter aux sudistes.

ORFEU NEGRO
Drame de **Marcel Camus**, avec Marpessa Dawn *(Eurydice)*, Breno Mello *(Orphée)*, Lourdes de Oliveira *(Mira)*, Léa Garcia *(Serafina)*, Adhemar de Silva *(la Mort)*. • SC : Jean Viau, M. Camus, d'après la pièce de Vinicius de Moraes. • PH : Jean Bourgoin. • MUS : Antonio Carlos Jobim, Luis Bona. • MONT : Andrée Feix. France / Italie, 1959 – Couleurs – 1 h 45. ★ **PALME D'OR, Cannes 1959 ; OSCAR DU MEILLEUR FILM ÉTRANGER 1959.**

À la veille du carnaval de Rio, Eurydice arrive de la campagne pour y retrouver sa cousine Serafina, afin d'échapper à un homme qui veut la tuer. Elle rencontre Orphée, conducteur de tramway, mais considéré comme un dieu en raison de ses talents de danseur et guitariste. Sa fiancée, Mira, est jalouse. Elle tuera Orphée, après que ce dernier aura tué accidentellement Eurydice, foudroyée par des câbles électriques alors qu'elle cherchait à échapper à la mort.

◆ *Adaptation du mythe d'Orphée chez les Noirs du Brésil. Marcel Camus y mélange des acteurs et danseurs professionnels avec la population locale (les habitants du Morro, notamment, qui vénèrent Orphée), et obtient un grand succès commercial. Cependant, cette rencontre entre modernité, telle qu'elle est représentée par la centrale électrique, et mythologie, nuit peut-être aujourd'hui au film.* S.S.

ORGUEIL ET PASSION "THE PRIDE AND THE PASSION"
Film historique de **Stanley Kramer**, avec Cary Grant, Frank Sinatra, Sophia Loren. États-Unis, 1957 – Couleurs – 2 h 12.

En Espagne, durant l'épopée napoléonienne, une bande de partisans fait traverser le pays à un énorme canon abandonné qui va leur servir à conquérir Avila.

ORGUEIL ET PRÉJUGÉS "PRIDE AND PREJUDICE"
Comédie dramatique de **Robert Z. Leonard**, d'après le roman de Jane Austen, avec Greer Garson, Laurence Olivier, Mary Boland, Edna May Oliver. États-Unis, 1940 – 1 h 58.

Dans une petite bourgade de l'Angleterre de 1820, l'arrivée de deux jeunes gens crée l'émotion dans une famille où il y a cinq filles à marier.

LES ORGUEILLEUX
Drame psychologique d'**Yves Allégret**, avec Michèle Morgan *(Nellie)*, Gérard Philipe *(Georges)*, Victor Manuel Mendoza, Michèle Cordoue. • SC : Jean Aurenche, Jean Clouzot, d'après un sujet de Jean-Paul Sartre *Typhus*. • PH : Alex Philipps. • DÉC : Auguste Capelier. • MONT : Claude Nicole. France / Mexique, 1953 – 1 h 43.

Au Mexique, dans un petit port brûlé par le soleil, l'improbable rencontre d'une jeune femme désemparée et d'un ancien médecin alcoolique qu'une épidémie de typhus va rapprocher. Transfigurés par l'amour, ils vont renaître à la vie.

◆ *Ce film, l'un des plus célèbres du cinéma français, réunissait pour la première fois Michèle Morgan et Gérard Philipe, deux ans avant les* Grandes Manœuvres. *D'une très grande densité dramatique, il obtint plusieurs prix dont le Lion de Saint-Marc (Venise 1953).* J.-C.S.

ORIANE "ORIANA"
Comédie dramatique de **Fina Torres**, avec Doris Wells, Daniela Silverio, Maya Oloe, Claudia Venturini, Mirtha Borges, Philippe Rouleau. Venezuela / France, 1985 – Couleurs – 1 h 30. ★ **CAMÉRA D'OR, Cannes 1985.**

Dans l'hacienda de son enfance, une jeune femme revit son adolescence et le drame qui hante son souvenir.

ORIENT-EXPRESS "ORIENTE EXPRESS"
Film d'aventures de **Carlo Ludovico Bragaglia**, avec Silvana Pampanini, Henri Vidal, Eva Bartok, Curd Jürgens. Italie / France, 1954 – Couleurs – 1 h 35.

Multiples intrigues dues au hasard qui met en présence les voyageurs d'un train de luxe et les habitants d'un petit village.

ORINOKO "ORINOKO, NUEVO MUNDO"
Film féerique de **Diego Risquez**, avec Kosiregue, Roland Pena, Hugo Marquez, Carlos Castillo, Diego Risquez. Venezuela, 1984 – Couleurs – 1 h 43.

Reconstitution poétique, et en quelques tableaux muets, en remontant le cours de l'Orénoque, des grands moments de l'histoire du Venezuela.

L'OR MAUDIT "SUTTER'S GOLD"
Western de **James Cruze**, avec Edward Arnold, Lee Tracy, Binnie Barnes, Katherine Alexander, Addison Richards, Montagu Love. États-Unis, 1936 – 1 h 15.

L'épopée d'un émigrant d'origine suisse lors de la ruée vers l'or en Californie, ruiné alors qu'il pensait coloniser la région par des entreprises agricoles.

L'OR NOIR DE L'OKLAHOMA
"OKLAHOMA CRUDE"
Film d'aventures de **Stanley Kramer**, avec George C. Scott, Faye Dunaway, John Mills, Jack Palance, Woodrow Parfrey. États-Unis, 1972 – Couleurs – 1 h 50.

Oklahoma, 1910 : une jeune femme exploite seule son puits de pétrole et tient tête à la compagnie qui contrôle toute la région. Une parabole sur la tenacité victorieuse des individus.

ORPHÉE
Poème fantastique de **Jean Cocteau**, avec Jean Marais *(Orphée)*, Maria Casarès *(la Princesse)*, François Périer *(Heurtebise)*, Marie Déa *(Eurydice)*, Édouard Dhermitte *(Cégeste)*, Pierre Bertin, Juliette Gréco. • SC : J. Cocteau. • PH : Nicolas Hayer. • DÉC : Jean d'Eaubonne. • MONT : J. Sadoul. • MUS : Georges Auric et extraits d'*Orphée* de Glück. • PR : André Paulvé. France, 1950 – 1 h 52.

À la suite d'un étrange accident dont il a été le témoin, Orphée, un poète comblé d'honneurs, pénètre dans un monde interdit, sous la conduite d'une mystérieuse Princesse et de son chauffeur Heurtebise. Est-il victime d'un sortilège ? De retour dans son foyer, il néglige sa femme Eurydice, ne vivant que dans le souvenir de la Princesse et cherchant à capter des messages radiophoniques qu'il croit envoyés par elle. Eurydice est renversée par des motocyclistes : avec l'aide d'Heurtebise, Orphée parvient à l'arracher au royaume des morts, sous la promesse de ne plus jamais la regarder. Une imprudence fatale les sépare à nouveau. Dans la ville, la révolte gronde contre les caprices d'Orphée. Le Tribunal de l'au-delà fera tomber les masques : la Princesse aime Orphée et en est aimée, Heurtebise aime Eurydice. Tous deux se sacrifieront pour rendre le couple à sa médiocre vie terrestre.

◆ Le cauchemar d'un démiurge

Jean Cocteau reprend et développe ici les thèmes esquissés dans son premier film, le Sang d'un poète *(1930), et que l'on retrouve aussi dans nombre de ses poèmes, romans ou pièces (dont la version théâtrale d'*Orphée, *1925, différente de l'œuvre cinématographique) : la solitude de l'artiste, les « morts » – ou mortifications – successives qui jalonnent son destin, les incertitudes de l'inspiration, la recherche d'un ailleurs qui transcende la promiscuité des relations humaines, la traversée du miroir symbolisant le passage d'un monde à l'autre. Tous ces thèmes seront encore repris dans son dernier film,* le Testament d'Orphée *(1960), où reparaissent, entre autres, la Princesse et Heurtebise, exactement tels qu'on les a laissés ici, Cocteau lui-même succédant à Jean-Marais dans le rôle, quasi autobiographique, d'Orphée. Ces trois films – les plus personnels de sa carrière de cinéaste – forment une sorte de trilogie de la création poétique, conçue comme un vagabondage organisé, au carrefour du mythe, du conte fantastique et du subconscient.* Orphée *est en outre un film riche en truquages : effet de* travelling mate *lors de la marche tâtonnante dans la « zone » intermédiaire entre la vie et la mort, faux yeux peints sur les paupières de la Princesse, utilisation de bacs à mercure filmés à l'horizontale pour suggérer l'entrée dans le miroir, etc. Des détails curieusement réalistes viennent à la traverse : sifflets de train, évocation de la faune de Saint-Germain-des-Prés, décor des ruines de Saint-Cyr. Il est possible que l'auteur ait été influencé par l'expressionnisme allemand (*Nosferatu le Vampire, *notamment), le « Livre des Morts » tibétain ou des cauchemars consécutifs à l'usage de l'insuline. Reste une œuvre pleine d'énigmes, qui nous transporte, selon Chris Marker, dans « le territoire le plus avancé de la démiurgie ».* *C.B.*

L'OR SE BARRE "THE ITALIAN JOB"
Comédie policière de **Peter Collinson**, avec Michael Caine, Noel Coward, Raf Vallone. Grande-Bretagne, 1969 – Couleurs – 1 h 30.

Un hold-up original : voler, à la faveur des embouteillages de Turin, l'or d'un convoi blindé et l'évacuer dans une escouade de Mini-Cooper ! Gags et cascades automobiles en série.

O'SALTO
Drame de **Christian de Chalonge**, avec Marco Pico, Ludmila Mikaël. France, 1967 – 1 h 30. ★ PRIX JEAN-VIGO 1968.

Encouragé par la lettre d'un ami, un menuisier portugais se décide à émigrer en France. C'est le début de nombreuses difficultés, désillusions et humiliations. Le premier film de Christian de Chalonge est aussi l'un des premiers à évoquer la réalité de l'immigration en France.

OSCAR

Comédie d'**Édouard Molinaro**, avec Louis de Funès, Claude Rich, Paul Préboist. France, 1967 – Couleurs – 1 h 25.

La folle journée d'un promoteur plongé dans un inextricable imbroglio, au centre duquel se trouve une valise contenant une fortune. Adapté d'une pièce de boulevard, ce film est avant tout un phénoménal one man show de Louis de Funès.

OSCAR WILDE "OSCAR WILDE"

Biographie de **Gregory Ratoff**, avec Robert Morley, Ralph Richardson, Dennis Price, Alexander Knox. Grande-Bretagne, 1960 – 1 h 38.

Version cinématograhique d'une pièce de théâtre qui retrace la vie de l'écrivain irlandais et son procès retentissant pour « corruption de mineur ».

OSS 117 SE DÉCHAÎNE

Film d'espionnage d'**André Hunebelle**, d'après le roman de Jean Bruce, avec Kerwin Mathews, Irina Demick, Nadia Sanders, Henri-Jacques Huet. France / Italie, 1963 – 1 h 50.

Après la mystérieuse disparition en Corse d'un agent secret américain, Hubert Bonnisseur de la Bath (alias OSS 117) est dépêché sur place et démantèle une organisation terroriste.

▷ Autres films avec le super-espion britannique : OSS 117 N'EST PAS MORT, de **Jean Sacha**, avec Magali Noël, Ivan Desny, Yves Vincent. France, 1957 – 1 h 20. BANCO À BANGKOK, d'**André Hunebelle**, avec Kerwin Mathews, Pier Angeli, Robert Hossein. France / Italie, 1964 – Couleurs – 1 h 58. FURIA À BAHIA POUR OSS 117 (Voir ce titre). ATOUT CŒUR À TOKYO POUR OSS 117, de **Michel Boisrond**, avec Frederick Stafford, Marina Vlady, Henri Serre. France / Italie, 1966 – Couleurs – 1 h 35. PAS DE ROSES POUR OSS 117, d'**André Hunebelle** et **Jean-Pierre Desagnat**, avec John Gavin, Margaret Lee, Curd Jürgens, Robert Hossein. France / Italie, 1968 – Couleurs – 1 h 45. OSS 117 PREND DES VACANCES, de **Pierre Kalfon**, avec Luc Merenda, Edwige Feuillère, Elsa Martinelli. France / Brésil, 1970 – Couleurs – 1 h 30.

OSSESSIONE / LES AMANTS DIABOLIQUES

"OSSESSIONE"

Drame de **Luchino Visconti**, avec Massimo Girotti *(Gino)*, Clara Calamai *(Giovanna)*, Juan De Landa *(le mari)*, Elio Marcuzzo *(l'Espagnol)*, Vittorio Duse *(le détective)*, Dhia Cristiani *(la fille)*. • SC : Mario Alicata, Antonio Pietrangeli, Gianni Puccini, Giuseppe De Santis, L. Visconti, d'après le roman de James Cain *Le facteur sonne toujours deux fois*. • PH : Aldo Tonti, Domenico Scala. • DÉC : Gino Franzi. • MUS : Giuseppe Rosati. • MONT : Mario Serandrei. • PR : Industria Cinematografica Italiana. Italie, 1942 – 2 h 20.

Gino, un jeune chômeur, trouve du travail dans une station-service de la basse plaine du Pô, près de Ferrare. Le patron est un brave homme marié à une sensuelle créature, Giovanna, dont Gino ne va pas tarder à faire sa maîtresse. Ils projettent de fuir ensemble, mais la femme préfère encore la promiscuité du ménage à l'existence aventureuse que lui offre Gino. Celui-ci repart sur les routes avec son ami l'Espagnol. Il retrouve Giovanna et son mari et, la passion aidant, ira cette fois jusqu'au meurtre, camouflé en accident, avec l'active complicité de l'épouse infidèle. Mais le remords le poursuit, la police veille, et aussi le destin, qui va s'abattre sur le couple alors même qu'il se croit enfin libre.

◆ Un opéra réaliste

Ce premier film de Luchino Visconti a été salué d'emblée par la critique pour son inspiration « néo-réaliste », qui devait orienter de manière décisive l'évolution de l'école italienne après 1945. Le thème est pourtant emprunté – sans que les droits aient été acquis, d'où certaines difficultés d'exploitation – à un roman noir américain très proche du mélodrame naturaliste classique, pimenté d'un lourd érotisme. Cet ouvrage, Le facteur sonne toujours deux fois, *avait déjà fait l'objet d'une adaptation française, par Pierre Chenal (*le Dernier Tournant, *1939) ; il sera encore porté à l'écran à deux reprises, sous son titre et dans son pays d'origine, par Tay Garnett en 1946 et Bob Rafelson en 1981. C'est Jean Renoir qui le fit lire à Visconti, lequel avait été son assistant avant guerre. Le jeune auteur en conserva la trame générale, en l'ancrant fortement dans la réalité sociale italienne comme l'y incitaient son engagement marxiste, son admiration pour l'écrivain « vériste » Giovanni Verga et les liens qu'il entretenait avec les intellectuels du groupe « Cinema », hostiles à la production lénifiante de l'époque (et protégés par Vittorio Mussolini, le propre fils du Duce !). Il y ajoute sa vision personnelle d'un monde dominé par l'âpreté des passions, et les rudiments d'une esthétique dont le prétendu réalisme est profondément imprégné de théâtralité et de préciosités formelles. Objet de censures et de mutilations* *diverses,* Ossessione *sera d'abord présenté en France dans une version réduite, sous le titre* les Amants diaboliques *! Il sera ensuite repris sous sa forme originale. Visconti en est encore au stade de la recherche expérimentale : il affinera son style dans* La Terre tremble *(1948) et* Senso *(1954). L'influence de cette première œuvre n'en fut pas moins considérable sur le mouvement néoréaliste : un film tel que* le Cri *(Michelangelo Antonioni, 1957) s'en ressent encore.* *C.B.*

OSTERMAN WEEK-END "THE OSTERMAN WEEK-END"
Film d'espionnage de **Sam Peckinpah**, d'après le roman de Robert Ludlum, avec Rutger Hauer, John Hurt, Meg Foster. États-Unis, 1983 – Couleurs – 1 h 45.

Un journaliste accepte d'aider la C.I.A. à démanteler un prétendu réseau d'espions. L'auteur illustre l'ambiguïté des activités du contre-espionnage avec le style dévastateur qu'on lui connaît. Ce fut son dernier film.

OSTIA "OSTIA"
Drame de **Sergio Citti**, avec Laurent Terzieff, Franco Citti, Anita Sanders, Ninetto Davoli. Italie, 1970 – Couleurs – 1 h 45.

De jeunes marginaux recueillent une inconnue, Ostia, à la vie aussi misérable que la leur. L'univers terrible de Pasolini, dans une mise en scène fidèle d'un de ses compagnons.

OTALIA DE BAHIA
Comédie dramatique de **Marcel Camus**, d'après le roman de Jorge Amado, avec Mira Fonseca, Antonio Pitanga, Maria Viana, Massu, Zeni Pereira. France / Brésil, 1976 – Couleurs – 2 h.

La petite et chaleureuse communauté du quartier pauvre de Mata Gato, à Bahia, accueille Otalia, la bonne prostituée. Elle aimera le jeune Martim... qui ne reviendra que pour l'enterrer.

OTHELLO "A DOUBLE LIGE"
Drame psychologique de **George Cukor**, avec Ronald Colman, Signe Hasso, Edmond O'Brien, Shelley Winters. États-Unis, 1948 – 1 h 44.

Un acteur s'identifie à ses personnages et finit comme Othello, en se suicidant en scène. Le film obtint deux Oscars : Meilleur acteur (Ronald Colman) et Meilleure musique (Miklos Rozsa).

OTHELLO "OTHELLO"
Drame d'**Orson Welles**, avec Orson Welles *(Othello)*, Michael MacLiammoir *(Iago)*, Suzanne Cloutier *(Desdémone)*, Robert Coote *(Rodrigo)*, Michael Lawrence *(Cassio)*, Hilton Edwards *(Brabantio)*, Fay Compton *(Emilio)*, Nicolas Bruce *(Lodovico)*, Doris Dowling *(Bianca)*, Joseph Cotten, Joan Fontaine. • SC : O. Welles, d'après la tragédie de William Shakespeare. • PH : G.R. Aldo, Anchise Brizzi, George Franto. • DÉC : Alexandre Trauner. • MUS : Francesco Lavagnino, A. Barberis. États-Unis / Maroc, 1952 – 1 h 32. ★ **PALME D'OR ex æquo, Cannes 1952.**

Adaptation abrégée et en apparence chaotique du drame shakespearien, qu'Orson Welles (exceptionnel interprète du rôle-titre) mit quelque cinq ans à mener à bien, *Othello* est moins le drame de la jalousie du Maure que celui de la jalousie de Iago, personnage éminemment wellesien, dont la crise d'identité (« Je ne suis pas ce que je suis ») se répercute sur l'assurance d'Othello et le fait douter de son propre être. Le film est un immense flash-back « vu » par Iago qui, suspendu dans une cage de fer, assiste aux obsèques solennelles du couple dont il a provoqué l'anéantissement.

◆ *À l'influence des grands cinéastes russes, Welles joint un jeu de références à la grande peinture italienne et assure l'unité stylistique par un montage acrobatique. Le film a été tourné à Rome, à Venise, en divers lieux d'Italie et, enfin, au Maroc, et c'est sous pavillon marocain qu'il remporta une demi-Palme d'or (sic) à Cannes. Il ne fut distribué dans les pays anglo-saxons qu'en 1955-56. Il existe sur cette équipée un passionnant document-souvenir de Welles (Voir* Filming Othello*).* *G.LD.*

OTHELLO "OTELLO"
Drame de **Serguei Youtkevitch**, avec Serge Bondartchouk, Irina Skobtseva, A. Popov, V. Sochalski, E. Besnik. • SC : S. Youtkevitch, d'après la tragédie de Shakespeare. • PH : Evgueni Andrikanis. • DÉC : Weisfeld, Dorrer, Kariakine. • MUS : Aram Khatchatourian. U.R.S.S. (Russie), 1956 – Couleurs – 1 h 50.

Othello, le Maure de Venise, est un homme comblé : la République a confiance en lui et il vit avec Desdémone un amour partagé. Mais les ruses et les traîtrises de Iago, l'un de ses subordonnés, le mèneront à la ruine en nourrrissant en lui une folle jalousie bientôt criminelle.

◆ *Dès avant la guerre, Youtkevitch avait commencé à écrire une adaptation de la pièce de Shakespeare. C'est donc en s'appuyant sur un scénario longuement travaillé qu'il réalisa enfin ce film si longtemps rêvé. Les décors naturels, en Crimée notamment, sont superbes, la lumière et la couleur efficacement dramatiques et l'interprétation masculine remarquable (grâce, en particulier, à la « présence » de Bondartchouk). Mais le plus intéressant et le plus original, dans cette nouvelle version, tient à l'éclairage un peu différent donné à la psychologie d'Othello. C'est moins la jalousie qui est mise en avant ici que la rupture d'un lien de confiance qui est au fondement de la force du personnage – un homme bon et généreux abusé par la puissance du mensonge.* *J.-M.C.*

▷ Autres adaptations réalisées notamment par : **Stuart Burge**, avec Laurence Olivier, Maggie Smith, Frank Finlay, Joyce Redman. Grande-Bretagne, 1965 – Couleurs – 2 h 46. **Franco Zeffirelli**, intitulée OTELLO "OTELLO", d'après l'opéra de Giuseppe Verdi, avec Placido Domingo, Katia Ricciarelli, Justino Diaz. Italie, 1986 – Couleurs – 2 h.

OTHON
Essai de **Jean-Marie Straub** et **Danièle Huillet**, d'après la pièce de Corneille, avec Adriano Apra, Anne Brumague, Ennio Lauricella. France / Italie, 1969 – Couleurs – 1 h 30.

Intrigues autour de Galba pour le choix de son successeur. La pièce est filmée selon la technique de Straub et Huillet : ni spectacle ni confort d'écoute. Le texte brut, pour lui-même et dans le cadre de la vie réelle ; c'est une étape importante pour la recherche cinématographique.

Ô TOI MA CHARMANTE
"YOU WERE NEVER LOVELIER"
Comédie musicale de **William A. Seiter**, avec Fred Astaire, Rita Hayworth, Adolphe Menjou. États-Unis, 1942 – 1 h 37.

Une jeune femme rêve au prince charmant qui se présente en la personne d'un danseur qui l'emporte sur les ailes de la danse.

OUBLIE-MOI, MANDOLINE
Comédie de **Michel Wyn**, d'après le roman de Jacques Faizant, avec Bernard Menez, Marie-Hélène Breillat, André Pousse, Pierre Tornade, Suzy Delair. France, 1976 – Couleurs – 1 h 30.

Une jeune employée est amoureuse d'un agent du fisc indifférent à son charme. En vain lui fournit-elle des dossiers compromettants pour son patron. Il ne lui restera plus qu'à s'amouracher du nouveau polyvalent, son successeur.

OUBLIER VENISE "DIMENTICARE VENEZIA"
Drame psychologique de **Franco Brusati**, avec Erland Josephson, Mariangela Melato, Eleonora Giorgi. Italie, 1979 – Couleurs – 1 h 48.

La mort brutale d'une femme dans une vieille demeure italienne : son frère et sa sœur, tous deux homosexuels, sont renvoyés à leur solitude fondamentale. Une étude raffinée du pouvoir dissolvant de la mort sur les liens entre les êtres.

OÙ EST LA LIBERTÉ ? "DOV'È LA LIBERTÀ ?"
Comédie dramatique de **Roberto Rossellini**, avec Totò, Vera Molnar, Nyta Dover, Leopoldo Trieste. Italie, 1954 – 1 h 20.

La difficile réadaptation d'un homme rendu à la liberté après vingt-cinq ans passés en prison pour avoir tué l'amant de sa femme. Dégoûté par le monde extérieur, il décide finalement de se faire réemprisonner. Le néoréalisme cher à Rossellini.

OÙ EST PASSÉE MON IDOLE ?
"MY FAVORITE YEAR"
Comédie de **Richard Benjamin**, avec Peter O'Toole, Mark Linn-Baker, Jessica Harper. États-Unis, 1982 – Couleurs – 1 h 32.

Un jeune scénariste veut aider l'idole de son enfance, qui a sombré dans l'alcoolisme, à faire son grand retour. Un film attachant sur l'univers du show-business.

OÙ EST PASSÉ TOM ?
Drame de **José Giovanni**, d'après le roman de Bill Reade, avec Rufus, Jean Gaven, Alexandra Stewart. France, 1971 – Couleurs – 1 h 50.

Tom, pacifiste, finit par prendre les armes pour abattre un tyran responsable de détentions arbitraires. Un film d'aventures, auquel la générosité de José Giovanni donne une forte coloration humaniste.

OUI OU NON AVANT LE MARIAGE
"UNDER THE YUM YUM TREE"
Comédie de **David Swift**, avec Jack Lemmon, Carol Lynley, Dean Jones. États-Unis, 1963 – Couleurs – 1 h 50.

Un jeune Américain loue les chambres de sa pension de famille à de jeunes et jolies étudiantes. Mais l'une d'elles, dont il tombe amoureux, vient s'installer avec son fiancé. Le propriétaire des lieux s'acharne en vain à les faire rompre.

OÙ QUE TU SOIS
Drame d'**Alain Bergala**, avec Serge Maggiani, Mireille Perrier, Monique Silver. France, 1986 – Couleurs – 1 h 30.

Composé en trois épisodes qui se déroulent dans trois villes différentes (Paris, Florence, Salerne), le film évoque l'art de la Renaissance tout en décrivant les difficultés de vivre du trio humain classique, l'homme, l'épouse et la maîtresse.

L'OURAGAN DE LA VENGEANCE
"RIDE IN THE WHIRLWIND"
Western de **Monte Hellman**, avec Cameron Mitchell *(Vern)*, Jack Nicholson *(Wes)*, Millie Perkins *(Abby)*, Rupert Crosse *(Indian Joe)*, Katherine Squire *(Catherine)*. • SC : J. Nicholson. • PH : Gregory Sandor. • DÉC : Wally Moon. • MUS : Robert Drasnin. • MONT : M. Hellman, Peter Cannon. États-Unis, 1966 – Couleurs – 1 h 22.

Après l'attaque d'une diligence, des bandits se réfugient dans une cabane à côté de laquelle trois cavaliers viennent camper. Ces derniers sont pris pour des complices par une patrouille de civils lancée à la poursuite des malfaiteurs. La fusillade commence. Les bandits sont tous tués ainsi que l'un des trois innocents. Les deux survivants, malgré eux en situation de hors-la-loi et obligés de fuir, terrorisent une famille de fermiers. Le plus âgé, déjà blessé, se sacrifie pour que son compagnon échappe à l'engrenage fatal.

◆ *Entièrement voulu par Jack Nicholson qui participe également à la production,* l'Ouragan de la vengeance *confirme l'originalité de Monte Hellman en tant qu'auteur de westerns. Sur une trame très épurée, avec peu de personnages, peu de péripéties, le film devient une tragédie où la fatalité tient en quelque sorte le premier rôle. Cette impression est renforcée par l'étirement du temps, l'emploi inhabituel de la couleur, la sobriété des comédiens et du dialogue.* J.-M.C.

OURAGAN SUR L'EAU PLATE "WATER"
Comédie de **Dick Clement**, avec Michael Caine, Valerie Perrine, Brenda Vaccaro, Billy Connolly. Grande-Bretagne, 1985 – Couleurs – 1 h 36.

Une île des Caraïbes serait un paradis si des intrigues politico-commercialo-amoureuses n'en venaient troubler le calme. Mais l'eau minérale y jaillit à la place du pétrole qu'on espérait.

OURAGAN SUR LE CAINE "THE CAINE MUTINY"
Drame psychologique d'**Edward Dmytryk**, avec Humphrey Bogart *(le capitaine Queeg)*, Jose Ferrer *(le lieutenant Barney Greenwald)*, Van Johnson *(le lieutenant Steve Maryk)*, Fred MacMurray *(le lieutenant Tom Keefer)*, May Wynn *(May)*. • SC : Stanley Roberts, d'après le roman de Herman Wouk. • PH : Franz Planer. • DÉC : Rudolph Sternard. • MUS : Max Steiner. • MONT : William Lyon. États-Unis, 1954 – Couleurs – 2 h 05.

La vie quotidienne, sur le destroyer Caine, est pleine de rivalités, de malaise, de jalousies... surtout avec un capitaine comme Queeg, qui montre des signes inquiétants de nervosité et même de paranoïa. Au cours d'un typhon, Queeg perd tout contrôle et se trouve relevé de ses fonctions. Le procès qui s'ensuit révèle les conflits régnant au sein de l'équipage ainsi que le dérangement mental de Queeg, ce qui conduit à acquitter les mutins.

◆ *Adapté d'un best-seller, ce récit d'un « cas de conscience », prétexte à des scènes de procès et d'intrigues corporatives comme les aime le cinéma américain, laisse un souvenir surtout par deux ou trois portraits d'officiers, dont celui offert par un Humphrey Bogart très crédible dans la névrose. Célèbres sont restés les détails « absurdes » et maniaques de son comportement : le drame qu'il fait sur le bateau pour le vol d'une portion de fraises, et les billes d'acier que dans ses moments de « dérapage » il roule fébrilement entre ses doigts.* M.CH.

L'OURAGAN VIENT DE NAVARONE
"FORCE 10 FROM NAVARONE"
Film de guerre de **Guy Hamilton**, d'après le roman d'Alistair MacLeane, avec Robert Shaw, Harrison Ford, Edward Fox, Barbara Bach. Grande-Bretagne, 1978 – Couleurs – 2 h 07.

Les héros de la mission sur Navarone reçoivent une nouvelle tâche à accomplir en Yougoslavie.

OUR GANG
Série de courts métrages burlesques d'une ou deux bobines (300 ou 600 m)de **Gordon Douglas**, produits par Hal Roach pour Pathé (six bandes, 1922-1924), Metro-Goldwyn-Mayer (soixante-sept bandes, 1927-1937) et Loew's Inc., 1938-1939. États-Unis, 1922-1939.

L'OURS
Comédie d'**Edmond Séchan**, avec Renato Rascel, Francis Blanche. France / Italie, 1960 – 1 h 30.

Dans un zoo, un homme chargé de s'occuper d'un grand ours découvre avec stupéfaction que son pensionnaire parle.

L'OURS
Comédie dramatique de **Jean-Jacques Annaud**, d'après le roman de James Oliver Curwood *The Grizzly King*, avec Tchéky Karyo, Jack Wallace, André Lacombe. France, 1988 – Couleurs – 1 h 36.

Un ourson, dont la maman est morte, doit apprendre à se défendre au milieu d'un environnement hostile. Une extraordinaire prouesse technique (il a fallu diriger les ours comme des comédiens) et un hymne à la nature.

L'OURS ET LA POUPÉE
Comédie de **Michel Deville**, avec Brigitte Bardot, Jean-Pierre Cassel, Daniel Ceccaldi. France, 1970 – Couleurs – 1 h 30.

Un violoncelliste rêveur, une snob qui a tous les hommes à ses pieds : la rencontre impossible a lieu à la faveur d'un accident. Un joli marivaudage excellemment mené.

OUTLAND "OUTLAND"
Film de science-fiction de **Peter Hyams**, avec Sean Connery, Peter Boyle, Frances Sternhagen. États-Unis, 1981 – Couleurs – 1 h 55.

Sur un satellite de Jupiter, un chef d'exploitation obtient un rendement étonnant de ses ouvriers... en les droguant !

OUT OF AFRICA "OUT OF AFRICA"
Drame de **Sydney Pollack**, avec Meryl Streep *(Karen Blixen)*, Robert Redford *(Denys Finch Hatton)*, Klaus Maria Brandauer *(Bror Blixen)*, Suzanna Hamilton *(Felicity)*, Stephen Kinyanjui *(Kinanjui)*. • SC : Kurt Luedtke, d'après le roman d'Isak Dinesen [Karen Blixen] *la Ferme africaine*, la biographie de Karen Blixen par Judith Thurman et le livre d'Errol Trzebinski *Silence Will Speak*. • PH : David Watkin. • DÉC : Stephen Grimes. • MUS : John Barry et extraits de Mozart. • MONT : Fredric Steinkamp, William Steinkamp, Pembroke Herring, Sheldon Kahn. États-Unis, 1986 – Couleurs – 2 h 35. ★ **OSCARS 1985 : MEILLEUR FILM, MEILLEUR METTEUR EN SCÈNE, MEILLEUR SCÉNARISTE, MEILLEUR DIRECTEUR DE LA PHOTOGRAPHIE, MEILLEUR COMPOSITEUR.**

En 1914, lors d'une partie de chasse, Karen Dinesen propose au baron Blixen de l'épouser : elle lui apporte sa fortune et lui son titre. Ils décident d'acheter une ferme au Kenya (à cette époque l'Afrique anglaise de l'Est). Pendant le voyage, elle rencontre Denys Finch Hatton. Sur place, elle constate l'ampleur du racisme européen et l'irresponsabilité de son mari. Karen et Finch Hatton deviennent amants. En dépit du chauvinisme des fermiers anglais, la plantation s'avère rentable. Puis Karen perd tout : sa ferme par le feu, sa fécondité par la syphilis que son mari lui a transmise, son mariage, et Finch Hatton, tué dans un accident d'avion. Elle quitte l'Afrique et consacre sa vie à l'écriture.

◆ *Ce film de trente millions de dollars a reçu de très nombreuses récompenses. Le succès du public a été tout aussi considérable. Il est vrai qu'il avait des atouts importants : une histoire d'amour-passion malheureux et les splendides décors de l'Est africain, sur fond de réquisitoire anticolonialiste. Le tout servi par une interprétation remarquable. Mais le charme profond du film est ailleurs : malgré les rebondissements mélodramatiques de l'action (pourtant fondée sur la vie réelle de la romancière danoise Karen Blixen), les effets sont toujours retenus, presque gommés pour éviter qu'ils ne concurrencent les vrais temps forts : des regards, des silences, des plans de bivouac, une musique de Mozart dans la nuit africaine... Mais le drame conserve quand même une fonction : rendre plus intenses les moments de bonheur et d'harmonie avec la nature en les sertissant de précarité.* C.D.R.

OUT OF THE BLUES "OUT OF THE BLUES"
Drame de **Dennis Hopper**, avec Linda Manz, Sharon Farrell, Dennis Hopper, Raymond Burr. États-Unis, 1980 – Couleurs – 1 h 34.

La révolte d'une jeune fille contre ses parents qui ne s'entendent pas la conduit à embrasser le mouvement punk. Elle tue son père et entraîne sa mère dans la mort.

OUT ONE
Chronique de **Jacques Rivette** et **Suzanne Schiffman**, avec Michael Lonsdale *(Thomas)*, Bernadette Lafont *(Sarah)*, Bulle Ogier *(Pauline / Émilie)*, Juliet Berto *(Frédérique)*, Jean-Pierre Léaud *(Colin)*, Françoise Fabian *(Lucie)*, Pierre Baillot, Jean Bouise, Sylvain Cortlay, Michel Delahaye, Jacques Doniol-Valcroze, Hermine Karagheuz. • SC : J. Rivette, S. Schiffman. • PH : Pierre William Glenn. • MONT : Nicole Lubtchansky. France, 1971 – Couleurs – 12 h 40.

Avatar extrêmement libre de *l'Histoire des Treize* de Balzac, *Out One* suit les jours, les travaux et les sentiments d'un groupe de comédiens.

◆ *Retrouvant le thème du complot qui lui est si cher, l'auteur ajoute cette fois la durée, une vraie durée, à son art du récit d'initiés. Aussi* Out One *est-elle une œuvre inclassable et malheureusement invisible de par cette durée même... Et pourtant, il s'agit d'une très grande réussite, la qualité et l'homogénéité de l'équipe d'acteurs (ce sont tous des fidèles) se nourrissant à merveille de la liberté prise, très sûrement, avec le temps et les normes. Rivette avait imaginé que la télévision pourrait diffuser* Out One *comme un feuilleton, mais il n'a pu jusqu'à présent que présenter, en 1974, une version cinéma « courte » de 4 h 15 intitulée* Out One : Spectre. J.-M.C.

OUTRAGE
Drame d'**Ida Lupino**, avec Mala Powers, Tod Andrews. États-Unis, 1950 – 1 h 15.

Une jeune fille victime d'un viol n'arrive pas à se remettre du traumatisme subi. Un sujet original dans le Hollywood de 1950.

L'OUTRAGE "THE OUTRAGE"
Drame de **Martin Ritt**, avec Paul Newman, Edward

G. Robinson, Laurence Harvey, Claire Bloom. États-Unis, 1964 – 1 h 37.

Un hors-la-loi est accusé du meurtre d'un aristocrate du Sud et du viol de sa femme. Divers témoins donnent leur version du drame. Un remake de *Rashōmon*, transposé en cadre western.

OUTSIDERS "OUTSIDERS"

Drame de **Francis Ford Coppola**, avec C. Thomas Howell, Matt Dillon, Ralph Macchio, Diane Lane. États-Unis, 1982 – Couleurs – 1 h 31.

À l'aube des années 60, deux bandes d'adolescents s'affrontent sans merci. Une œuvre lyrique, flamboyante et âpre.

OVER THE TOP (LE BRAS DE FER)

"OVER THE TOP"

Comédie dramatique de **Menahem Golan**, avec Sylvester Stallone, Robert Loggia, Susan Blakely. États-Unis, 1987 – Couleurs – 1 h 33.

Pour revoir son fils dont il est séparé, Lincoln Hawk doit affronter les champions du bras de fer. Le portrait irréprochable d'un super-héros.

P

LE PACHA

Film policier de **Georges Lautner**, d'après le roman de Jean Laborde, avec Jean Gabin, Dany Carrel, Jean Gaven. France, 1968 – Couleurs – 1 h 30.

Pour venger son ami, un commissaire s'introduit dans un hold-up qui finira en massacre. Par des spécialistes du genre.

PACIFIC EXPRESS "UNION PACIFIC"

Western de **Cecil B. De Mille**, avec Barbara Stanwyck *(Mollie Monahan)*, Joel McCrea *(Jeff Butler)*, Akim Tamiroff *(Fiesta)*, Robert Preston *(Dick Allen)*. • SC : Walter Deleon, C. Gardner Sullivan, Jesse Lasky Jr., Jack Cunningham, d'après le roman d'Ernest Haycox. • PH : Victor Milner, Dewey Wrigley. • DÉC : Hans Dreier, Roland Anderson. • MUS : George Antheil, Sigmund Krumgold. • MONT : Anne Bauchens. États-Unis, 1939 – 2 h 15.

Deux compagnies de chemin de fer rivales décident de partir de deux points opposés pour bâtir la voie qui traversera les États-Unis. La portion de voie que chacune aura pu construire sera sous son contrôle d'exploitation. Si l'Union Pacific joue le jeu franchement, la compagnie rivale fait tout pour lui mettre des bâtons dans les roues.

◆ *C'est dans le domaine du western que le talent de De Mille s'est le mieux exprimé, dans un travail de mise en scène où la rigueur de la composition alterne avec des moments de pure démesure.* Pacific Express *est, après* les Tuniques écarlates *et* les Conquérants d'un Nouveau Monde, *la meilleure œuvre de De Mille. La vie grouillante et impitoyable des pionniers y est évoquée avec chaleur et sauvagerie. L'éventualité d'un déraillement sur un pont qui surplombe un précipice constitue un moment de suspense vraiment inoubliable.* S.K.

PACO L'INFAILLIBLE

Comédie dramatique de **Didier Haudepin**, avec Alfredo Lanca, Christine Pascal, Patrick Dewaere. France, 1979 – Couleurs – 1 h 25.

Pour se faire engager comme nourrices dans les familles bourgeoises de Madrid, en 1920, des femmes se font engrosser par un vitrier inépuisable. Mais la demande dépasse bientôt ses moyens...

PACTE AVEC UN TUEUR "BEST-SELLER"

Film policier de **John Flynn**, avec James Woods, Brian Dennehy. États-Unis, 1986 – Couleurs – 1 h 35.

Un tueur à gages déclare à un policier avoir participé quinze ans plus tôt à un sanglant hold-up et le policier reconnaît en son interlocuteur l'homme qui avait failli le tuer alors. Un thriller original qui joue sur l'ambiguïté des rapports entre les deux hommes.

LE PACTOLE

Film policier de **Jean-Pierre Mocky**, avec Richard Bohringer, Patrick Sébastien, Pauline Lafont. France, 1985 – Couleurs – 1 h 30.

Dans cette méchante satire, un inspecteur de police pas très net traque un couple de gentils et médiocres cambrioleurs.

PADRE NUESTRO "PADRE NUESTRO"

Comédie dramatique de **Francisco Regueiro**, avec Fernando Rey, Francisco Rabal, Victoria Abril. Espagne, 1984 – Couleurs – 1 h 40.

Un cardinal demande au pape la permission de rentrer en Espagne pour y régler des problèmes familiaux. Il découvre que sa fille, fruit d'une liaison avec sa gouvernante, est une prostituée.

PADRE PADRONE "Padre padrone"

Comédie dramatique de **Paolo** et **Vittorio Taviani**, avec Saverio Marconi *(Gavino Ledda)*, Omero Antonutti *(son père)*, Marcella Michelangeli *(sa mère)*, Stanko Molnar *(Sebastiano)*. • SC : P. et V. Taviani, d'après le récit autobiographique de Gavino Ledda *Educazione di un pastore*. • PH : Mario Masini. • MUS : Egisto Macchi. • MONT : Roberto Perpignani. • PR : RAI. Italie, 1977 – Couleurs – 1 h 51. ★ Palme d'or, Cannes 1977.

Né dans une pauvre famille de Sardaigne, analphabète, Gavino Ledda est normalement voué à rester un berger méprisé, enfermé dans son dialecte local, au service d'un père tyrannique qui le fait trimer, le rosse et lui refuse toute instruction. Mais le déclic se produit lorsque Gavino rencontre deux garçons qui lui vendent, contre deux agneaux du père, un vieil accordéon. C'est en travaillant cet instrument qu'il sent s'éveiller en lui le besoin d'une autre existence. Avide de sortir de sa condition, Gavino tente sans succès d'émigrer en Allemagne, puis se résout à se porter volontaire pour le service militaire : là, un compagnon d'uniforme l'aide à étudier les lettres classiques. De retour en Sardaigne, Gavino fréquente l'université tout en continuant de travailler pour son père, contre lequel cependant il finit par se rebeller. Libéré, Gavino deviendra diplômé de linguistique, mais retournera en Sardaigne assumer les racines de la culture.

◆ Une histoire édifiante

Padre padrone *est adapté de l'histoire vécue d'un berger sarde, Gavino Ledda. On voit d'ailleurs ce dernier apparaître au début, et transmettre symboliquement à l'acteur qui interprète son rôle son propre bâton de berger. L'histoire est donnée toute crue, sans « romance » (pas de partenaire féminine pour le jeune berger, pas de péripéties ni de retournements de situation), avec le talent de raconter que maîtrisent les auteurs du film. Mais si on retrouve dans* Padre padrone, *qui fut le premier grand succès international du tandem Taviani, les thèmes politiques et sociaux déjà abordés dans leurs précédentes œuvres, comme* Saint Michel avait un coq *et* Allonsanfan *(l'utopie, la révolution, le mythe) ainsi que le même ton de fable à la fois solennelle et distanciée, ici, la nécessité d'être fidèle à un modèle contemporain semble avoir empêché les auteurs de délivrer un message aussi complexe et ambigu que d'habitude. On assiste à une histoire édifiante dont le dénouement ne fait pas de doute, et qui semble toute à la gloire des belles lettres... et de l'armée comme facteur de culture. Le rapport que les auteurs ont voulu établir entre la lutte du héros pour sa libération sociale et l'intérêt qu'en tant que membre d'une minorité linguistique il porte à la philologie, reste, dans le film, un peu théorique. En revanche, le film laisse une puissante impression à d'autres niveaux, notamment par l'âpreté et la violence sans concession des scènes entre fils et père. L'interprète de ce dernier rôle, Omero Antonutti, devait d'ailleurs continuer de hanter de sa figure patriarcale une bonne partie des films ultérieurs des Taviani. Du point de vue stylistique, l'œuvre équilibre assez heureusement une sorte de raideur didactique et brechtienne (qui se ressent notamment dans l'emploi ironique et « contrapuntique » de la musique) et une volonté de simplicité épique, dans l'évocation des duretés de la vie pastorale. Les paysages de Sardaigne sont très bien filmés dans leur espace et leur nudité. À signaler que le film fut tourné en 16 mm pour la RAI, puis « gonflé » en 35 mm pour l'exploitation en salles.* M.C.

LA PAGE ARRACHÉE "Lost"

Film policier de **Guy Green**, avec David Farrar, David Knight, Julia Arnall, Anthony Oliver. Grande-Bretagne, 1956 – Couleurs – 1 h 29.

Devant l'impuissance de la police à retrouver son bébé kidnappé, un jeune couple mène sa propre enquête.

PAIEMENT CASH "52 Pick-Up"

Film policier de **John Frankenheimer**, avec Roy Scheider, Ann-Margret. États-Unis, 1986 – Couleurs – 1 h 45.

Pour sauver sa carrière et celle de sa femme, Harry s'efforce de coincer un trio de maîtres chanteurs. Le cinéaste multiplie ici les péripéties et semble vouloir donner une leçon de morale.

PAIN, AMOUR, AINSI SOIT-IL "Pane, amore e..."

Comédie de **Dino Risi**, avec Vittorio De Sica, Sophia Loren, Lea Padovani, Antonio Cifariello. Italie / France, 1955 – Couleurs – 1 h 35.

Le brigadier Carotenuto (Voir films suivants) se retire à Sorrente, sa ville natale, et courtise une superbe créature. Une tranche (de vie) napolitaine. Troisième film de la série, dans lequel Sophia prend la place de Gina.

PAIN, AMOUR ET FANTAISIE

"Pane, amore e fantasia"

Comédie de **Luigi Comencini**, avec Gina Lollobrigida, Vittorio De Sica, Marisa Merlini, Roberto Risso. Italie, 1953 – 1 h 29.

Un brigadier de carabiniers est nommé dans un petit village du Sud et tente sa chance auprès de la sage-femme et d'une jeune paysanne, surnommée la « Bersagliera ». Un film plein de santé, brillamment interprété.

PAIN, AMOUR ET JALOUSIE
"PANE, AMORE E GELOSIA"
Comédie de **Luigi Comencini**, avec Gina Lollobrigida, Vittorio De Sica, Roberto Risso, Marisa Merlini. Italie, 1954 – 1 h 33.

Suite de *Pain, Amour et Fantaisie*. Le brigadier, trahi par la sage-femme qu'il devait épouser, se console lorsque arrive au village une nouvelle jeune femme.

LE PAIN DES JEUNES ANNÉES
"DAS BROT DER FRÜHEN JAHRE"
Comédie dramatique d'**Herbert Vesely**, avec Christian Dörmer, Karen Blanguernon, Vera Tschechova. R.F.A., 1962 – 1 h 25.

Dans une grande ville, un jeune homme aisé a oublié les années difficiles, mais l'arrivée d'une amie d'enfance lui fait réaliser la banalité de sa vie. Il partagera avec elle la liberté reconquise.

PAIN ET CHOCOLAT "PANE E CIOCCOLATA"
Comédie dramatique de **Franco Brusati**, avec Nino Manfredi *(Nino)*, Anna Karina *(Helena)*. • SC : F. Brusati, Iaia Fiastri, N. Manfredi. • PH : Luciano Tovoli. • MUS : Daniele Patucci. • MONT : Mario Morra. Italie, 1974 – Couleurs – 1 h 55.

Nino a quitté l'Italie dans l'espoir de faire fortune en Suisse, mais il connaît de nombreuses tribulations dans les emplois qu'il trouve et dans ses efforts pour se fondre dans la population locale.

◆ *Les pauvres et les étrangers n'ont guère leur place au pays du capitalisme et des banques. On se méfie d'eux a priori, et Brusati montre avec un mélange d'émotion et d'humour que l'intégration n'est jamais qu'un mot. La gravité du propos est sans cesse contrebalancée par des notations comiques, des traits de caractère, des épisodes drolatiques, et le jeu merveilleux de Nino Manfredi. Ce perpétuel décalage accentue la force du réquisitoire de Brusati.* B.B.

PAINTERS PAINTING "PAINTERS PAINTING"
Documentaire d'**Emile De Antonio**. États-Unis, 1972 – Couleurs – 2 h.

Les peintres, les critiques d'art, les directeurs de galeries qui contribuèrent à la création de l'expressionnisme abstrait américain parlent de leur œuvre ou expliquent l'évolution de ce mouvement. Une vision de l'art moderne par l'un des plus grands documentaristes actuels d'outre-Atlantique.

LO PAÏS
Chronique de **Gérard Guérin**, avec Olivier Bousquet, Nada Strancar, Raymond Miquelestorena. France, 1973 – Couleurs – 1 h 37.

Gaston quitte son Aveyron natal pour monter à Paris où il devient colleur d'affiches. Porteur d'une thèse précise (l'impossibilité pour les provinciaux de s'adapter à la vie parisienne), le film joue le naturel avec ses fous rires, ses temps morts et ses propos de bistrots.

PAÏSA "PAISÀ"
Drame de **Roberto Rossellini**, avec Carmela Sazio *(Carmela)*, Robert Van Loon *(Robert)*, Alfonsino *(Pasquale)*, Dots M. Johnson *(Joe)*, Maria Michi *(Francesca)*, Gar Moore *(Fred)*, Harriet White *(Harriet)*, Renzo Avenzo *(Massimo)*, Bill Tubbs *(Bill Martin)*, Dale Edmonds *(Dale)*, Cigolani. • SC : Sergio Amidei, R. Rossellini, Klaus Mann, Federico Fellini, Victor Haines, Marcello Pagliero. • PH : Otello Martelli. • MUS : Renzo Rossellini. • MONT : Eraldo Da Roma. Italie, 1946 – 2 h 06. ★ **COUPE ANICA, Venise 1946.**

Six épisodes de la guerre. Lors du débarquement, un G.I. rencontre une jeune Sicilienne qui est tuée. À Naples, un « sciuscia » vole les souliers d'un G.I. noir. À Rome, un G.I. reconnaît en une prostituée la fraîche jeune fille qui l'a accueilli à la Libération. Dans Florence coupée en deux, une Anglaise cherche un ami mort. Des moines franciscains reçoivent un pasteur protestant, un rabbin et un catholique. Dans le delta du Pô, maquisards et parachutistes sont tués.

◆ *Incontestablement, un des chefs-d'œuvre du néoréalisme italien ! Réalisé principalement avec des acteurs non professionnels choisis sur les lieux du tournage, ce film est exemplaire de l'attitude de Rossellini : humaniste et témoin lucide de son temps.* J.M.

PAIX SUR LE RHIN
Drame de **Jean Choux**, d'après le roman de Pierre Claude, avec John Loder, Abel Jacquin, Georges Péclet, Dita Parlo, Françoise Rosay. France, 1938 – env. 1 h 30.

En 1918, en Alsace, deux frères rentrent chez eux, l'un sous l'uniforme français, l'autre allemand. Le premier s'est marié avec une Parisienne. Le second veut épouser une Allemande.

PALACE
Comédie dramatique d'**Édouard Molinaro**, avec Claude Brasseur, Daniel Auteuil, Gudrun Landgrebe. France/R.F.A., 1985 – Couleurs – 1 h 35.

Expédié en Allemagne, en 1944, Lucien retrouve son frère Robert qui s'est fait une place douillette d'homme à tout faire dans un palace. Lucien rêve de retourner au combat, pas Robert.

PALACE HÔTEL "GOLD DIGGERS OF 1935"
Comédie musicale de **Busby Berkeley**, avec Dick Powell, Gloria Stuart, Adolphe Menjou, Glenda Farrell. États-Unis, 1935 – 1 h 35.

Le second des trois « Gold Diggers », somptueusement mis en scène et chorégraphié par Busby Berkeley, dans le même style que *Quarante-Deuxième Rue*.

▷ Voir LES CHERCHEUSES D'OR DE 1933.

PALE RIDER (LE CAVALIER SOLITAIRE)
"PALE RIDER"
Western de **Clint Eastwood**, avec Clint Eastwood, Michael Moriarty, Carrie Snodgress. États-Unis, 1985 – Couleurs – 1 h 53.

Un pasteur à la détente rapide défend un campement de chercheurs d'or contre les hommes de main du caïd local. Un beau western légèrement ironique.

PALERMO "PALERMO WOLFSBOURG"
Drame de **Werner Schroeter**, avec Nicola Zarbo, Brigitte Tilg, Antonio Orlando. R.F.A., 1980 – Couleurs – 2 h 55. ★ **OURS D'OR, Berlin 1980.**

Un jeune Sicilien émigre pour l'Allemagne où il est aidé par des amis italiens. Sa petite amie allemande l'ayant provoqué avec deux de ses compatriotes, il tue les garçons. Son procès sera très long.

LA PALOMA
Mélodrame de **Daniel Schmid**, avec Ingrid Caven, Peter Kern, Peter Chatel, Bulle Ogier. France / Suisse, 1974 – Couleurs – 1 h 50.

Condamnée par la maladie, une chanteuse sur le déclin accepte d'épouser un aristocrate qui la courtisait depuis longtemps, et guérit. Elle meurt de n'avoir pu conquérir un ami de son époux.

LA PALOMBIÈRE
Drame de **Jean-Pierre Denis**, avec Jean-Claude Bourbault, Christiane Millet. France, 1983 – Couleurs – 1 h 30.

Dans le Périgord, un célibataire amateur d'oiseaux tombe amoureux de l'institutrice du village.

LE PALTOQUET
Film policier de **Michel Deville**, d'après le roman de Franz-Rudolph Falk *On a tué pendant l'escale*, avec Michel Piccoli, Jeanne Moreau, Claude Piéplu, Philippe Léotard, Fanny Ardant, Daniel Auteuil, Richard Bohringer, Jean Yanne. France, 1986 – Couleurs – 1 h 32.

Huit personnages, dans un immense hangar, jouent aux cartes et boivent d'improbables mixtures. Un fabuleux huis clos.

PAMÉLA
Drame historique de **Pierre de Hérain**, d'après la pièce de Victorien Sardou, avec Renée Saint-Cyr, Fernand Gravey, Georges Marchal, Yvette Lebon. France, 1945 – 1 h 49.

Sous le Directoire, le complot qui visait à faire évader le Dauphin Louis XVII de la prison du Temple.

LA PAMPA SAUVAGE "PAMPA SALVAJE"
Film d'aventures de **Hugo Fregonese**, avec Robert Taylor, Ron Rondelle. Espagne / États-Unis, 1965 – Couleurs – 1 h 55.

Au cœur de la pampa, les soldats désertent « par manque de femmes ». Un convoi de prostituées est envoyé par chemin de fer mais la caravane qui les amène au fort est attaquée. Il s'agit du remake hollywoodien d'un film argentin de 1943.

PANCHO VILLA "VILLA RIDES"
Film historique de **Buzz Kulik**, avec Yul Brynner, Robert Mitchum, Charles Bronson. États-Unis, 1968 – Couleurs – 2 h 05.

Quelques épisodes plus ou moins romancés de la vie de Pancho Villa, pour une évocation de la révolution mexicaine. Malgré l'idéal du héros, c'est l'esprit du film d'aventures qui l'emporte.

PANDORA "PANDORA AND THE FLYING DUTCHMAN"
Drame d'**Albert Lewin**, avec Ava Gardner *(Pandora)*, James Mason *(Van der Zee)*, Nigel Patrick *(Stephen)*. • SC : A. Lewin. • PH : Jack Cardiff. • DÉC : Joan Hawkesworth. • MUS : Allan Rawsthorne. États-Unis / Grande-Bretagne, 1951 – Couleurs – 2 h 03.

Pandora, une femme éblouissante et blasée qui suscite une passion mortelle chez tous ceux qui l'approchent, rencontre un mystérieux navigateur qui n'est autre que le Hollandais Volant, condamné à errer dans les siècles jusqu'à ce qu'une femme donne sa vie par amour pour lui. Ce sera elle. On retrouvera leur corps enlacés sur une plage d'Espagne.

◆ *Dans une Espagne réaliste et folklorique, Lewin a greffé une ambiance kitsch dominée par un style néoclassique. La juxtaposition de ces éléments crée l'esthétique surréaliste du film. En combinant des fragments de lé-*

gendes passées et « mortes » à une intrigue contemporaine assez superficielle, Lewin est parvenu à créer une légende moderne. Pandora est devenu un film culte, reflet mythique d'un certain Hollywood qui permettait parfois l'existence de « bizarreries » géniales, dont ce film est l'émouvant archétype. S.K.

PANIQUE

Drame de **Julien Duvivier**, d'après le roman de Georges Simenon *les Fiançailles de M. Hire*, avec Michel Simon, Viviane Romance, Paul Bernard, Charles Dorat, Lita Reccio, Lucas Gridoux. France, 1946 – 1 h 40.

Monsieur Hire, un individu taciturne, se laisse séduire par une jeune femme, dont l'amant a commis un meurtre. Les soupçons se portent sur lui. Traqué par une foule déchaînée, il se réfugie sur un toit, d'où il glisse et se tue.

▷ Voir aussi MONSIEUR HIRE.

PANIQUE À L'HÔTEL "ROOM SERVICE"

Film burlesque de **William A. Seiter**, avec Groucho, Chico et Harpo Marx. États-Unis, 1938 – 1 h 18.

Des acteurs sans le sou s'arrangent pour vivre à l'hôtel jusqu'à ce qu'ils aient trouvé un commanditaire. Un des rares films des Marx à avoir perdu de l'argent.

PANIQUE À NEEDLE PARK
"THE PANIC IN NEEDLE PARK"

Drame de **Jerry Schatzberg**, avec Al Pacino *(Bobby)*, Kitty Winn *(Helen)*, Adam Vint *(Hotchner)*, Richard Bright *(Hank)*. • SC : Joan Didion, John Gregory Dunne, d'après le roman de James Mills. • PH : Adam Holender. • DÉC : Murray P. Stern. • MUS : Philip Smith (arrangements). • MONT : Evan Lottman. États-Unis, 1971 – Couleurs – 1 h 50.

Needle Park, au centre de New York, est le rendez-vous des drogués, trafiquants, prostituées, membres de la pègre. Helen, qui vient de se faire avorter, délaisse son fiancée pour Bobby, un petit trafiquant. Elle devient « dépendante » à son tour. À cours d'argent, et en manque d'héroïne, elle se prostitue, et Bobby joue le mari offusqué afin de faire payer plus cher. Bobby se lie avec d'importants trafiquants mais se fait repérer par l'inspecteur Hotchner qui demande à Helen de l'aider. Elle acceptera pour se sauver, avec Bobby, de la déchéance totale.

◆ *Le film fit beaucoup de bruit à sa sortie, et fut considéré comme une juste représentation d'un certain milieu new-yorkais. Jerry Schatzberg donnait ici à Al Pacino un de ses premiers grands rôles. L'acteur et le metteur en scène se retrouveront par la suite.* S.S.

PANIQUE ANNÉE ZÉRO "PANIC IN YEAR ZERO"

Film de science-fiction de **Ray Milland**, avec Ray Milland, Jean Hagen, Frankie Avalon. États-Unis, 1962 – 1 h 33.

Une famille américaine part pour un weekend. Pendant ce temps, Los Angeles est détruit par une attaque nucléaire. Commence alors la lutte pour la survie. Si l'idéologie du film est discutable (éloge de l'individualisme, de la famille américaine et de l'armée), il reste passionnant pour être le premier du genre.

PANIQUE DANS LA RUE "PANIC IN THE STREETS"

Film policier d'**Elia Kazan**, avec Richard Widmark *(Dr Clinton Reed)*, Jack Palance *(Blackie)*, Paul Douglas *(Warren)*, Barbara Bel Geddes *(Nancy Reed)*, Zero Mostel *(Fitch)*. • SC : Richard Murphy, Daniel Fuchs, Edward et Edna Anhalt. • PH : Joe Mac Donald. • DÉC : Thomas Little, Fred J. Rode. • MUS : Alfred Newman. • MONT : Harmon Jones. États-Unis, 1950 – 1 h 33.

Meurtre crapuleux dans les docks de La Nouvelle-Orléans. La victime, un immigré clandestin, porteur de la peste bubonique, a infecté ses assassins. Le docteur Clinton Reed a 48 heures pour les retrouver et ainsi empêcher que la terrible maladie ne se propage. Après une enquête rendue difficile par la méfiance qu'il rencontre, il finit par retrouver les fuyards.

◆ *Le film s'inscrivit dans la vogue des policiers semi-documentaires en décors réels, et Kazan s'offrit le luxe de le tourner au jour le jour, en réaménageant le scénario au gré des décors et des idées quotidiennes. « Je planterai ma caméra dans des endroits où l'on n'en avait jamais vu ! ». À part Richard Widmark – que le film sortit de ses rôles de méchants ricanants – les acteurs étaient surtout connus dans le milieu du théâtre new-yorkais. Curieusement, l'inspirateur de Kazan était John Ford, en ce qu'il voulait faire un film totalement visuel et concret.* M.C.

PANIQUE DANS UN TRAIN "LUDZIE Z POCIAGU"

Chronique de **Kazimierz Kutz**, avec Jerzy Block *(le chef de gare)*, Maciej Damiecki *(le garçon)*, Malgosia Dziedzic *(Marylka)*, Danuta Szaflarska *(sa mère)*, Andrzej May *(Piotr)*, Janina Traczykowna *(Ana)*, Aleksander Fogiel *(le marchand)*, Bogdan Baer, Zdzislaw Karczewski. • SC : Ludwika Woznicka, Marian Brandys, d'après sa nouvelle. • PH : Kurt Weber. • DÉC : Jan Grandys. • MUS : Tadeusz Baird. Pologne, 1961 – 1 h 36.

Quelque part en Pologne, pendant la guerre, à la suite d'une avarie matérielle, un train s'arrête dans une petite gare. Regroupés dans la salle d'attente, les voyageurs prennent leur mal en patience. Les langues se délient et la vodka circule. Par suite d'un quiproquo, la police allemande encercle la gare et recherche le propriétaire d'une mitraillette abandonnée. Un petit garçon se dénonce pour sauver tout le monde. Depuis, une main inconnue jette des fleurs sur le quai de la petite gare.

◆ *Ironique remise en cause de l'héroïsme polonais dans le prolongement du premier film de Kutz,* Croix de guerre. *On y retrouve la résistance contre l'occupant allemand, vécue au jour le jour et sans combat spectaculaire, qui improvise à chaud, avec courage. Film d'atmosphère qu'un montage rapide fait basculer vers le drame. Kutz y affirme déjà son attention aux humbles.* *A.K.*

PANTALASKAS

Comédie dramatique de **Paul Paviot**, d'après le roman de René Masson, avec Carl Studer, Anna-Maria Cassan, Bernard Lajarrige, Jacques Marin, Albert Rémy. France, 1960 – 1 h 30.

Expulsé de son hôtel parisien et très affecté par la mort d'un ami, un Lituanien tente de se suicider. Trois hommes le sauvent et deviennent ses amis.

LA PANTHÈRE ROSE "THE PINK PANTHER"

Comédie de **Blake Edwards**, avec Peter Sellers, David Niven, Robert Wagner, Claudia Cardinale. États-Unis / Grande-Bretagne, 1963 – Couleurs – 1 h 53.

L'inspecteur Clouseau, véritable catastrophe ambulante, traque le voleur d'un diamant inestimable, la « Panthère rose ». Cette excellente comédie donnera lieu à cinq « suites » ainsi qu'à une série de « cartoons » inspirés du générique. Le thème musical d'Henri Mancini est quant à lui devenu un véritable tube.

▷ Voir aussi QUAND L'INSPECTEUR S'EMMÊLE, LE RETOUR DE LA PANTHÈRE ROSE, QUAND LA PANTHÈRE ROSE S'EMMÊLE, LA MALÉDICTION DE LA PANTHÈRE ROSE et À LA RECHERCHE DE LA PANTHÈRE ROSE.

LE PANTIN BRISÉ "THE JOKER IS WILD"

Drame de **Charles Vidor**, avec Frank Sinatra, Mitzi Gaynor, Jeanne Crain. États-Unis, 1957 – 2 h 03.

Biographie d'un des plus grands amuseurs américains, Joe Lewis, chanteur devenu pitre après un accident. Sinatra domine le film.

LA PANTOUFLE DE VERRE "THE GLASS SLIPPER"

Film musical de **Charles Walters**, avec Leslie Caron, Michael Wilding, Keenan Wynn. États-Unis, 1955 – Couleurs – 1 h 34.

Somptueuse illustration par la M.G.M. de l'histoire de Cendrillon.

PAPA D'UN JOUR "THREE'S A CROWD"

Film burlesque de **Harry Langdon**, avec Harry Langdon, Gladys Mac Connell, Cornelius Keefe. États-Unis, 1927 – env. 1 600 m (1 h).

Un employé recueille une jeune femme enceinte qui a fui l'homme qui l'a déçue. Il l'entretient sans compter, mais se retrouve seul lorsque le vrai père vient rechercher femme et enfant.

PAPA EST EN VOYAGE D'AFFAIRES

"OTAC NA SLUZBENOM PUTU"

Comédie dramatique d'**Emir Kusturica**, avec Predag Manojlović *(Meša)*, Moreno de Bartolli *(Malik, son fils)*, Mirjana Karanović *(Sena, sa femme)*, Mustafa Nadarević *(Zijo)*, Pavle Vuisić. • SC : Abdulah Sidran. • PH : Vilko Filač. • DÉC : Predrag Lukovac. • MUS : Zoran Simjanović. • MONT : Andrija Zafranović. Yougoslavie, 1985 – Couleurs – 2 h 15. ★ **PALME D'OR et GRAND PRIX DE LA CRITIQUE INTERNATIONALE, Cannes 1985.**

Au début des années 50, sous le régime titiste, Meša est déporté pour une vague parole sans importance, et sur la dénonciation d'une femme amoureuse. Sa famille tente de s'arranger avec cette situation, les enfants étant censés croire leur père « en voyage d'affaires ». C'est plus particulièrement par les yeux de l'un d'eux, Malik, atteint de somnambulisme, qu'est racontée cette histoire.

◆ *Ce second long métrage d'un jeune réalisateur yougoslave, remarquablement interprété, plein de qualités humaines et foisonnant de scènes émouvantes donne aussi le sentiment de jouer sur beaucoup de tableaux à la fois – l'humour, l'onirisme, le drame privé, l'Histoire – sans choisir un point de vue, et sans toujours trouver la verve capable d'emporter tout cela dans un irrésistible mouvement.* *M.C.*

PAPA, LES PETITS BATEAUX

Comédie satirique de **Nelly Kaplan**, d'après le roman de Jean Laborde *Bande de ratés*, avec Sheila White, Michel Bouquet, Judith Magre. France, 1971 – Couleurs – 1 h 40.

Une héritière excentrique réussit à garder pour elle la rançon versée à ses ravisseurs. Une parodie en règle des films policiers, pour mieux dénoncer la corruption générale.

PAPA LONGUES JAMBES "DADDY LONG LEGS"

Comédie musicale de **Jean Negulesco**, d'après le roman de Jean Webster, avec Fred Astaire, Leslie Caron, Terry Moore, Thelma Ritter. États-Unis, 1955 – Couleurs – 2 h 06.

Un riche Américain cherche à adopter une orpheline française. Charmante comédie qui réunit de nombreux talents.

▷ Autres versions réalisées par : **Marshall A. Neilan**, avec Mary Pickford, Mahlon Hamilton. États-Unis, 1919 – env. 2 100 m (1 h 18). **Alfred Santell**, avec Janet Gaynor, Warner Baxter, Una Merkel, John Arledge. États-Unis, 1931 – 2 187 m (env. 1 h 21). **Irving Cummings** (Voir BOUCLES D'OR).

PAPA, MAMAN, LA BONNE ET MOI
Comédie de **Jean-Paul Le Chanois**, avec Robert Lamoureux, Gaby Morlay, Fernand Ledoux, Nicole Courcel. France, 1954 – 1 h 37.

Succession de petits tableaux « vrais » de la vie quotidienne du Français moyen dans les années 50.

PAPA, MAMAN, MA FEMME ET MOI
Comédie de **Jean-Paul Le Chanois**, avec Robert Lamoureux, Gaby Morlay, Fernand Ledoux, Nicole Courcel. France, 1956 – 1 h 45.

Suite du précédent, le film reprend les mêmes personnages. Le fils de la maison se marie avec la bonne. Deux enfants viennent agrandir la famille et poser de nouveaux problèmes.

LE PAPE DE GREENWICH VILLAGE
"VILLAGE DREAMS"
Comédie dramatique de **Stuart Rosenberg**, avec Eric Roberts, Mickey Rourke. États-Unis, 1984 – Couleurs – 2 h.

À New York dans le quartier de Little Italy, deux cousins, Charlie et Paulie, vivent avec optimisme de « coups » et de combines.

PAPILLON "PAPILLON"
Film d'aventures de **Franklin J. Schaffner**, d'après le récit d'Henri Charrière, avec Steve McQueen, Dustin Hoffman, Victor Jory. États-Unis, 1973 – Couleurs – 2 h 25.

La vie mouvementée du célèbre bagnard, d'évasions en reprises, jusqu'à la « belle » finale, enfin réussie.

PAPY FAIT DE LA RÉSISTANCE
Comédie de **Jean-Marie Poiré**, avec Christian Clavier, Martin Lamotte, Gérard Jugnot, Jacqueline Maillan, Dominique Lavanant, Roland Giraud, Pauline Lafont, Jacques Villeret, Michel Galabru. France, 1983 – Couleurs – 1 h 40.

L'immeuble parisien d'une turbulente famille de patriotes est investi par l'occupant allemand.

LE PAQUEBOT TENACITY
Comédie dramatique de **Julien Duvivier**, d'après la pièce de Charles Vildrac, avec Albert Préjean, Hubert Prélier, Marie Glory, Nita Alvarez. France, 1934 – 1 h 25.

Deux amis, qui ont décidé d'émigrer au Canada, logent à l'hôtel en attendant le départ de leur bateau. Ils tombent amoureux de la petite servante de l'établissement : l'un gagnera son cœur, l'autre s'embarquera.

PÂQUES FLEURIES "VIRAGVASARNAP"
Drame d'**Imre Gyöngyössy**, avec Frantisek Velecky, Bence Toth, Erzsi Hegedüs. Hongrie, 1969 – Couleurs – 1 h 22.

Au lendemain de la Première Guerre mondiale, deux frères militent pour les idéaux communistes. L'un deviendra instituteur, l'autre curé. Tous deux seront victimes de la terreur blanche.

PÂQUES SANGLANTES "NON C'È PACE TRA GLI ULIVI"
Drame de **Giuseppe De Santis**, avec Raf Vallone *(Francesco Dominici)*, Lucia Bosè *(Lucia Silvestri)*, Folco Lulli *(Agostino Bonfiglio)*, Maria Grazia Francia *(Maria Grazia Dominici)*, Dante Maggio *(Capuano)*. • SC : Libero De Libero, Carlo Lizzani, G. De Santis, Gianni Puccini. • PH : Piero Portalupi. • DÉC : Carlo Egidi. • MUS : Goffredo Petrassi. Italie, 1950 – 1 h 40.

En 1945, Francesco, démobilisé, trouve sa famille dans le dénuement, le troupeau ayant été volé par le voisin Bonfiglio. Celui-ci, devenu important, se fiance à Lucia malgré l'amour qui la lie à Francesco. Ce dernier reprend ses moutons, mais Bonfiglio le fait condamner à l'aide de faux témoignages obtenus sous la menace. Francesco s'évade, enlève Lucia, puis, grâce au soutien des bergers, traque Bonfiglio et parvient à prouver son innocence.

◆ *De Santis tenait depuis longtemps à tourner un film sur les problèmes agricoles de l'Italie et de sa région natale, la Ciociaria. Avec sa photo précise jusqu'à l'abstraction, des poses volontairement théâtrales, le film ne manque pas de qualités esthétiques. Mais il s'éloigne du néoréalisme, puisqu'il veut non pas constater le réel, mais l'expliquer, allant, dans la séquence finale, jusqu'au discours de propagande à la gloire de la solidarité de classe.* J.-P.B.

PARACELSE "PARACELSUS"
Biographie de **Georg Wilhelm Pabst**, avec Werner Krauss, Mathias Wieman, Harald Kreutzberg. Allemagne, 1943 – 1 h 48.

Évocation de la vie de l'alchimiste suisse, dont la doctrine a pour fondement une correspondance entre les éléments du monde extérieur et les différentes parties de l'organisme humain.

PARACHUTISTE MALGRÉ LUI "JUMPING JACKS"
Comédie de **Norman Taurog**, avec Jerry Lewis, Dean Martin, Mona Freeman, Don DeFore. États-Unis, 1952 – 1 h 36.

Pour rendre service à un ami, un comique de Broadway se retrouve à l'armée...

LES PARACHUTISTES ARRIVENT
"THE GYPSY MOTHS"
Drame de **John Frankenheimer**, avec Burt Lancaster *(Mike Rettig)*, Deborah Kerr *(Elizabeth Brandon)*, Gene Hackman *(Joe Browdy)*, Scott Wilson *(Malcolm Webson)*, William Windom *(V. John Brandon)*, Bonnie Bedelia *(Annie Burke)*, Sheree North *(la serveuse)*, Carl Reindel *(le pilote)*, Ford Rainey *(le propriétaire des tribunes)*. • SC : William Hanley, d'après le roman de James Drought. • PH : Philip Lathrop, Carl Boenisch (vues aériennes). • DÉC : George W. Davis, Cary Odell. • MUS : Elmer Bernstein. • MONT : Henry Berman. États-Unis, 1969 – Couleurs – 1 h 46.

Mike Rettig, Joe Browdy et Malcolm Webson ont monté un spectacle d'acrobaties aériennes et sillonnent le Middle West, risquant chaque jour leur vie pour quelques dizaines de dollars. Arrivés dans la petite bourgade de Bridgeville, ils sont hébergés par la tante de Malcolm, Elizabeth Brandon, dont Mike tombe amoureux. Deux autres idylles se nouent, entre Joe et une danseuse d'une part, entre Malcolm et la jeune Annie d'autre part. Au cours de la nuit, chacun fait le bilan de sa vie. Le lendemain, Mike renonce à ouvrir son parachute pendant le « saut de la mort ».

◆ *Les parachutistes arrivent illustre les attitudes contrastées de trois hommes face au danger, opposant à la vantardise naïve de Joe Browdy et aux angoisses juvéniles de Malcolm Webson la détermination, la lucidité et le fatalisme serein de Mike Rettig. Ce film dénué d'esbroufe témoigne d'une réelle connivence avec les professionnels de l'exploit. Sa description en demi-teintes de la province américaine en fait aussi, avec* le Pays de la violence, *une des œuvres les plus accomplies d'un réalisateur qui nous a, depuis, souvent déçus.* *O.E.*

PARADE
Comédie de **Jacques Tati**, avec Jacques Tati, Karl Kossmayr, Pia Colombo. France, 1974 – Couleurs – 1 h 25.

Suite de numéros filmés dans un petit cirque. Tati y reprend des numéros de mime montés autrefois au cabaret.

PARADE D'AMOUR "THE LOVE PARADE"
Comédie musicale d'**Ernst Lubitsch**, avec Jeanette MacDonald *(la reine Louise)*, Maurice Chevalier *(le comte Alfred Renard)*, Lupino Lane *(Jacques)*, Lilian Roth *(Lulu)*, Eugene Pallette *(le ministre de la guerre)*. • SC : Ernest Vajda, Pierry Ivins, d'après la pièce de Léon Xanrof et Jules Chancel *le Prince consort*. • PH : Victor Milner. • DÉC : Hans Dreier. • MUS : Victor Schertzinger, Guy Bolton (lyrics). • MONT : Merrill White. États-Unis, 1929 – 3 108 m (env. 1 h 55).

La reine d'un État d'opérette, la Sylvanie, épouse un attaché d'ambassade viveur et séduisant, le comte Renard. Mais celui-ci ne s'accommode pas de son rôle de prince consort. Il faut, pour qu'il accepte de reprendre sa place aux cérémonies, que la reine lui restitue ses droits de seigneur et maître...

◆ *La première comédie musicale de Lubitsch, avec les moyens tout neufs du parlant débutant, fut un coup de maître : il sut créer, sur les ailes de la musique, un genre sans pesanteur, où était préservée la fluidité du montage et qui s'efforçait d'intégrer les numéros musicaux à l'action. Ce fut le début cinématographique du couple Chevalier/MacDonald, révélant l'accent parigot de l'un (dans les deux versions, américaine et française), mais aussi la voix et l'humour de l'autre.* *M.C.*

PARADE DE PRINTEMPS "EASTER PARADE"
Comédie musicale de **Charles Walters**, avec Judy Garland, Fred Astaire, Ann Miller, Peter Lawford. États-Unis, 1948 – Couleurs – 1 h 43.

Le charme désuet du début du siècle pour les exhibitions dansantes et chantantes du couple Astaire-Garland et de l'extraordinaire danseuse de claquettes, Ann Miller. La musique est d'Irving Berlin.

PARADE EN SEPT NUITS
Comédie dramatique de **Marc Allégret**, avec Raimu, Janine Darcey, Maupi, Elvire Popesco, Jean-Louis Barrault, Jules Berry, Julien Carette, Micheline Presle, Louis Jourdan. France, 1941 – 1 h 40.

Capturé et conduit à la fourrière, un chien raconte son histoire à ses congénères. Animal de cirque ou compagnon du curé, il a été témoin ou acteur de nombreuses aventures.

PARADE ET RIRE "THE OLD-FASHIONED WAY"
Comédie de **William Beaudine**, avec W. C. Fields, Joe Morrison, Judith Allen, Jan Duggan. États-Unis, 1934 – 1 h 14.

Le directeur d'une petite troupe de théâtre est toujours à la recherche d'expédients, ou de riches mécènes, pour survivre. On est, bien sûr, en plein délire et Fields est toujours par lui-même un spectacle absolu.

LE PARADIS DES MAUVAIS GARÇONS
"MACAO"
Film policier de **Josef von Sternberg**, avec Robert Mitchum, Jane Russell, William Bendix, Gloria Grahame. États-Unis, 1952 – 1 h 20.

Aventures exotiques dans Macao, capitale du jeu, pour le trio formé d'un policier, d'un ancien officier et d'une chanteuse.

LE PARADIS DES PILOTES PERDUS
Drame psychologique de **Georges Lampin**, avec Henri Vidal, Michel Auclair, Andrée Debar, Paul Bernard, Daniel Gélin. France, 1949 – 1 h 29.

Les différentes réactions des passagers d'un avion obligé de se poser en plein désert.

PARADISO, HÔTEL DU LIBRE ÉCHANGE
"HOTEL PARADISO"
Comédie de **Peter Glenville**, d'après la pièce de Georges Feydeau, avec Gina Lollobrigida, Alec Guinness, Marie Bell. Grande-Bretagne, 1966 – Couleurs – 1 h 40.

Amants, femmes et maris se retrouvent dans un même hôtel et mènent une folle sarabande pour éviter de se rencontrer.

PARADIS PERDU
Drame d'**Abel Gance**, avec Fernard Gravey, Micheline Presle, André Alerme, Elvire Popesco. France, 1939 – env. 1 h 40.

En 1910, un peintre, devenu dessinateur chez un couturier célèbre, épouse une jeune femme qui meurt en couches. Vingt ans plus tard, il sacrifie un nouveau bonheur à celui de sa fille.

PARADIS POUR TOUS
Drame d'**Alain Jessua**, avec Patrick Dewaere, Jacques Dutronc, Fanny Cottençon, Stéphane Audran. France, 1982 – Couleurs – 1 h 50.

Un médecin a inventé une méthode révolutionnaire pour faire des individus particulièrement performants.

PARANO
Drame psychologique de **Bernard Dubois**, avec Jean-Pierre Léaud, Agathe Vannier, Lou Castel. France, 1981 – Couleurs – 1 h 30.

Une malade mentale tue son mari et sa fille avant de s'attaquer à toute personne qui tente de l'approcher.

LES PARAPLUIES DE CHERBOURG
Comédie musicale de **Jacques Demy**, avec Catherine Deneuve *(Geneviève)*, Nino Castelnuovo *(Guy)*, Anne Vernon *(Mme Emery)*, Marc Michel *(Roland Cassard)*, Ellen Farner *(Madeleine)*, Mireille Perrey *(tante Élise)*. • SC : J. Demy. • PH : Jean Rabier. • DÉC : Bernard Evein. • MUS : Michel Legrand. • MONT : Anne-Marie Cotret. France, 1964 – Couleurs – 1 h 23. ★ **PRIX LOUIS-DELLUC 1963 ; PALME D'OR et PRIX OCIC, Cannes 1964.**

En 1957, à Cherbourg, Mme Emery, marchande de parapluies, ne voit pas d'un très bon œil l'idylle de sa fille Geneviève avec un jeune garagiste, Guy. Elle lui fait bientôt épouser un bijoutier prêt à légitimer l'enfant qu'elle attend de Guy, alors en Algérie. De retour de l'armée, celui-ci épouse Madeleine et achète une station-service. Un jour d'hiver, Geneviève revoit Guy en venant chercher de l'essence. Il refuse de voir sa fille. Elle repart.

◆ *À partir d'une intrigue dont il n'élude ni ne transcende le caractère mélodramatique, Demy invente un genre inédit, à mi-chemin entre l'opéra et la comédie musicale proprement dite, le « film en couleur et en chanté ». Les mouvements du cœur sont rendus par les décors, les couleurs, la chorégraphie de la mise en scène, la mélodie des voix et de la musique, dans une harmonie totale.* *J.M.*

PAR-DELÀ LES NUAGES "AL DI LÀ DELLE NUVOLE"
Comédie dramatique de **Michelangelo Antonioni**, avec Inès Sastrez *(Carmen)*, Kim Rossi-Stuart *(Silvano)*, Sophie Marceau *(la jeune fille)*, John Malkovich *(le réalisateur)*, Fanny Ardant *(Patrizia)*. • SC : M. Antonioni, Wim Wenders, Tonino Guerra, d'après les nouvelles *Rien que des mensonges* d'Antonioni. • PH : Alfio Contini. • DÉC : Thierry Flamand. • COST : Esther Walz. • MUS : Lucio Dalla, Laurent Petitgand, Van Morrison, Passengers. • MONT : Claudio Di Mauro, M. Antonioni, Vincent Arnadi. France, 1996 – Couleurs – 1 h 44.

Quatre histoires évasives de rencontre. La première se passe à Ferrare. Un homme fait la connaissance d'une jeune femme et se retrouve, assez vite, dans sa chambre. Mais ils resteront au seuil du désir. Des années plus tard ils se rencontreront à nouveau et l'issue sera identique. Dans le sketch suivant, situé à Portofino, les deux personnages font l'amour sans trop d'états d'âme, mais il y a quand même un problème : la jeune femme affirme avoir tué son père de douze coups de couteau. Le troisième sketch se passe à Paris : une femme qui vient de quitter son mari accaparé par sa maîtresse rencontre dans un appartement à louer un homme sur le point de rompre avec son amie. Le dernier sketch semble devoir nous narrer une rencontre plus classique et plus aboutie. Le soir, à Aix-en-Provence, un jeune homme tombe amoureux d'une belle jeune fille qui se rend à l'Église. Il est pressant, la jeune fille est réservée mais semble secrètement attirée. Las ! il y a, cette fois-ci encore, un obstacle.

◆ *Antonioni a tourné ce film à 83 ans, alors qu'il était hémiplégique, avec l'aide de Wim Wenders qui a réalisé quelques séquences destinées en particulier à établir une liaison entre les différents sketches. Film sibyllin et imparfait,* Par-delà les nuages *est cependant un film riche. On y voit s'exprimer, à travers des images somptueuses, la quête pathétique d'un grand metteur en scène pour lequel le mystère de la femme est aussi insondable que la beauté absolue est inatteignable.* J.-C.L.

LA PARENTÈLE "RODNIA"

Comédie dramatique de **Nikita Mikhalkov**, avec Nonna Mordioukova, Svetlana Krioutchkova, Andrei Petrov. U.R.S.S. (Russie), 1981 – Couleurs – 1 h 35.

Une paysanne se rend en ville et découvre que sa fille est séparée de son époux et fréquente un autre homme. Quant à son ancien mari, il est remarié et a deux enfants.

LES PARENTS TERRIBLES

Drame de **Jean Cocteau**, avec Jean Marais *(Michel)*, Josette Day *(Madeleine)*, Yvonne de Bray *(Yvonne)*, Gabrielle Dorziat *(tante Léo)*, Marcel André *(Georges)*. • SC : J. Cocteau, d'après sa pièce. • PH : Michel Kelber. • DÉC : Guy de Gastyne. • MUS : Georges Auric. • MONT : Jacqueline Douarinou. France, 1948 – 1 h 40.

Michel, adoré par Yvonne, sa mère, lui annonce qu'il est amoureux de Madeleine. Cette dernière est aussi la maîtresse de Georges, le père de Michel. Tante Léo essaie d'« arranger » le drame qui s'ensuit. Elle y réussit presque : Michel et Madeleine sont heureux. Mais Yvonne s'empoisonne à l'insuline.

◆ *En adaptant sa pièce, Cocteau refusa de « l'aérer » : toute l'action du film se déroule dans l'atmosphère confinée de la « roulotte », surnom que les personnages donnent à l'appartement des* Parents terribles. *Grandement aidé par l'opérateur Kelber, Cocteau scrute les visages, décrit l'enfermement des corps prisonniers d'un huis clos. Et si les jeunes premiers ne sont plus tout à fait assez jeunes pour leurs rôles (la pièce avait été créée pour Jean Marais dix ans auparavant), le terrifiant trio parental reste fabuleux. Le travelling arrière final s'étant révélé instable, Jean Cocteau lui adjoignit un bruit de roulotte et un bref commentaire récité par lui-même, nous livrant ainsi l'une des images les plus fortes du cinéma français des années 40.* N.T.B.

PARFUM DE FEMME "PROFUMO DI DONNA"

Comédie dramatique de **Dino Risi**, avec Vittorio Gassman *(Fausto)*, Alessandro Momo *(Giovanni)*, Agostina Belli *(Sara)*. • SC : Ruggero Maccari, D. Risi, d'après un roman de Giovanni Arpino. • PH : Claudio Cirillo. • DÉC : Lorenzo Baraldi. • MUS : Armando Trovajoli. • MONT : Alberto Gallitti. Italie, 1974 – Couleurs – 1 h 43.

Un ancien capitaine de cavalerie, Fausto, accomplit un voyage à Naples en compagnie du jeune officier d'ordonnance qui lui a été affecté, Giovanni. Fausto est aveugle, mais il a le don de repérer les femmes à leur parfum, ce qui exacerbe toujours une vitalité restée très puissante. On fait escale à Gênes, puis à Rome, où Fausto rencontre un cousin religieux. À Naples, enfin, Fausto retrouve un vieil ami, Vincenzo, avec qui il a décidé de se donner la mort. Ils ratent leur suicide. Fausto, changé, consent alors à répondre à l'amour dévoué de la jeune Sara.

◆ *Malgré le caractère improbable de l'intrigue, l'atmosphère du film est très convaincante grâce à la finesse des observations psychologiques qui y abondent et au talent des interprètes.* D.C.

▷ Le film a fait l'objet d'un remake, intitulé LE TEMPS D'UN WEEK-END "SCENT OF A WOMAN", de **Martin Brest**, avec Al Pacino, Chris O'Donnell, James Rebhorn. États-Unis, 1993 – Couleurs – 2 h 36.
★ **OSCAR DU MEILLEUR ACTEUR pour Al Pacino.**

LE PARFUM DE LA DAME EN NOIR

Film policier de **Marcel L'Herbier**, d'après le roman de Gaston Leroux, avec Roland Toutain, Léon Bélières, Huguette Duflos, Marcel Vibert. France, 1930 – 1 h 49.

La fille d'un professeur est poursuivie par son époux qu'elle croyait mort. Grâce au journaliste qui dénoue l'intrigue, elle retrouve un fils. Suite du MYSTÈRE DE LA CHAMBRE JAUNE.

▷ Autres versions réalisées par : **Émile Chautard**, avec Maurice de Féraudy, Jean Garat. France, 1914 – env. 800 m (30 mn). **Maurice Tourneur**, sous le titre LA DERNIÈRE INCARNATION DE LARSAN, avec Marcel Simon, Laurence Duluc. France, 1914 – env. 1 000 m (37 mn). **Louis Daquin**, avec Serge Reggiani, Lucien Nat, Marcel Herrand, Hélène Perdrière, Gaston Modot. France, 1949 – 1 h 40.

PARIS AU MOIS D'AOÛT

Comédie de **Pierre Granier-Deferre**, d'après le roman de René Fallet, avec Charles Aznavour, Susan Hampshire, Daniel Ivernel, Michel de Ré. France, 1965 – 1 h 35.

L'aventure extra-conjugale d'un vendeur de la Samaritaine et d'une ravissante Anglaise, dans un Paris déserté.

PARIS BLUES "PARIS BLUES"
Comédie dramatique de **Martin Ritt**, avec Paul Newman, Sidney Poitier, Joanne Woodward, Diahann Carroll. États-Unis, 1961 – 1 h 38.

Les amours de deux musiciens de jazz américains fixés à Paris avec deux jeunes Américaines en vacances. Ce film permet de voir et d'entendre les meilleurs musiciens de jazz de l'époque.

PARIS BRÛLE-T-IL ?
Film historique de **René Clément**, d'après le livre de Lapierre et Collins, avec Jean-Paul Belmondo, Gert Froebe, Kirk Douglas, Yves Montand, Alain Delon, Simone Signoret. France, 1966 – Couleurs – 2 h 50.

Août 1944 : un général allemand a reçu d'Hitler l'ordre d'anéantir Paris en cas d'invasion des Alliés. Mais la résistance s'organise. Un film culte.

PARISIEN MALGRÉ LUI "TOTÒ A PARIGI"
Comédie de **Camillo Mastrocinque**, avec Totò, Fernand Gravey, Sylva Koscina, Paul Guers. Italie / France, 1958 – Couleurs – 1 h 40.

Double rôle pour un Totò parisien mêlé à une escroquerie à l'assurance-vie. Dialogues de René Barjavel.

LES PARISIENNES
Comédie dramatique à sketches de **Jacques Poitrenaud**, **Michel Boisrond**, **Claude Barma**, **Marc Allégret**, avec Dany Saval, Dany Robin, Françoise Brion, Françoise Arnoul, Catherine Deneuve. France, 1961 – 1 h 45.

Ella, Antonia, Françoise et Jacqueline dansent autour des hommes le ballet d'une séduction plutôt intéressée et Sophie, qui n'a que 17 ans, voudrait faire croire qu'elle y participe aussi...

PARIS-MÉDITERRANÉE / DEUX DANS UNE VOITURE
Comédie de **Joe May**, avec Annabella, Jean Murat, José Noguero, Louis Florencie. France, 1931 – 1 h 15.

Une vendeuse accompagne vers la Côte d'Azur un garçon qu'elle croit de condition modeste. Or, il s'avère être un lord richissime...

PARIS 1900
Documentaire de **Nicole Védrès**. • SC : N. Védrès, Pierre Braunberg. • MUS : Guy Bernard. • MONT : Myriam, Yannick Bellon. • COMM : N. Védrès. France, 1948 – 1 h 30. ★ PRIX LOUIS-DELLUC 1947.

Film de montage entièrement composé d'images préexistantes (actualités et petits films d'époque) : une évocation de la capitale du tournant du siècle, de la Belle Époque jusqu'à la Grande Guerre.

◆ *La télévision a, depuis, beaucoup développé le documentaire à base d'archives, mais c'était alors un procédé rare et neuf. De surcroît, le regard de Nicole Védrès, fait d'intelligence et de culture, élimine justement tout ce qu'il pourrait y avoir de factice dans ce type de réalisation. Subjectivité d'un auteur très présent, jeux du montage et science des rythmes, on n'a pas fait mieux.* *J.-M.C.*

PARIS N'EXISTE PAS
Film fantastique de **Robert Benayoun**, avec Danielle Gaubert, Richard Leduc, Serge Gainsbourg. France, 1969 – Couleurs – 1 h 40.

Un jeune peintre est emporté dans d'étranges hallucinations qui lui font « voir » le passé et de possibles avenirs. Premier film réalisé par un critique venu du surréalisme.

PARIS NOUS APPARTIENT
Drame de **Jacques Rivette**, avec Betty Schneider *(Anne Goupil)*, Gianni Esposito *(Gérard)*, Daniel Croheim *(Philip)*, Françoise Prévost *(Terry)*, François Maistre *(Pierre)*, Jean-Claude Brialy *(Jean-Marc)*. • SC : J. Rivette, Jean Gruault. • PH : Charles Bitsch. • MUS : Philippe Arthuys. • MONT : Denise de Casabianca. France, 1961 (RÉ : 1958) – 2 h 17.

Pierre introduit sa sœur Anne dans un cercle d'intellectuels parisiens. Elle tente d'éclaircir le mystère de la mort de Juan, afin de sauver Gérard, qu'elle croit menacé, tandis que celui-ci se débat pour monter son Périclès au théâtre. Pierre est abattu par Terry, qui le tient pour un agent du « complot ». Anne comprend finalement que ce « complot » n'était, peut-être, qu'imaginaire.

◆ *Rivette connut les mêmes difficultés pour tourner son film que son personnage Gérard à monter Périclès : commencé en 1958, il ne sortit que fin 1961, déroutant les spectateurs. L'intrigue policière, en effet, n'est qu'un leurre et la métaphore d'une réflexion sur le mystère du cinéma. Dans un contexte apparemment réaliste (le Paris des intellectuels de 1957, après Budapest), l'auteur développe une vision poétique et angoissée du monde, en restituant la complexité.* *J.M.*

PARIS PALACE HÔTEL
Comédie d'**Henri Verneuil**, avec Charles Boyer, Françoise Arnoul, Roberto Risso, Tilda Thamar. France / Italie, 1956 – Couleurs – 1 h 40.

Un richissime client fait le bonheur d'une petite manucure du grand hôtel où il est descendu. Un joli conte de Noël.

PARIS QUI DORT
Film fantastique de **René Clair**, avec Henri Rollan, Albert Préjean, Madeleine Rodrigue, Marcel Vallée. France, 1925 (RÉ : 1923) – 1 480 m (env. 55 mn).

Un gardien de nuit s'aperçoit un matin que Paris est totalement paralysé par le sommeil. Il en profite pour s'offrir tout ce qui lui plaît, puis vient en aide au savant responsable de cette situation.

PARIS, TEXAS "PARIS, TEXAS"
Drame psychologique de **Wim Wenders**, avec Harry Dean Stanton *(Travis)*, Nastassja Kinski *(Jane)*, Dean Stockwell *(Walt)*, Aurore Clément *(Anne)*, Hunter Carson *(Hunter)*. • SC : Sam Shepard, avec L.M. Kit Carson. • PH : Robby Müller. • DÉC : Anne Kuljian. • MUS : Ry Cooder. • MONT : Peter Przygodda, Barbara von Weitershausen. • PR : Don Guest, Karen Koch, Chris Sievernich, Anatole Dauman. R.F.A. / France, 1984 – Couleurs – 2 h 25. ★ PALME D'OR, Cannes 1984.

Comme poussé par une idée fixe, un homme marche dans le désert américain. Il s'appelle Travis et revient auprès des siens, qui le tiennent pour mort ou disparu. Travis ne parle pas, même lorsqu'il a retrouvé son frère Walt qui s'occupe d'une petite entreprise de panneaux publicitaires et qui, avec sa femme Anne, élève comme son propre fils Hunter, l'enfant de Travis. Le film retrace les étapes du « retour » de Travis chez les vivants et de sa « remontée » le long de sa propre histoire, laquelle a commencé, pense-t-il, dans une petite ville du Texas du nom de Paris. Il montre comment Travis découvre son propre fils et gagne peu à peu sa confiance. Et surtout la façon dont il se rapproche de son ancienne femme, Jane, qu'il retrouve travaillant dans un peep-show de Houston. Avant de disparaître de nouveau, Travis fait en sorte que l'enfant retrouve sa mère.

◆ Le récit retrouvé
Couronné à Cannes en 1984, Paris, Texas *illustre parfaitement la façon dont le désir de raconter une histoire et la peur de ne pas y parvenir préoccupa les auteurs de la première génération d'après les Nouvelles Vagues. Jeune cinéaste allemand au talent déjà reconnu, Wim Wenders raconte l'histoire de quelqu'un qui, sorti du désert, prendra un nouveau départ à condition d'avoir renoué les fils de son passé. Il en va de même pour Wenders qui, après une période marquée par le thème de la « mort du cinéma », se demande à quelles conditions un cinéaste peut retrouver le goût du récit tout en sachant que, depuis Homère, toutes les histoires ont été racontées. Très conscient du poids de l'histoire du cinéma, Wenders se lance le défi de faire un film américain sans rien renier de son histoire de cinéphile européen, né après la guerre et fortement marqué par la culture populaire américaine.* Paris, Texas *parcourt donc plusieurs strates du cinéma américain, du western au mélodrame en passant par la comédie et le documentaire. Le film possède toutes ces dimensions et prend le temps de jeter sur elles un regard d'observateur affectueux. Wenders filme en effet un paysage et des personnages qui ont changé depuis l'âge d'or du cinéma et qu'il est possible de voir d'un œil plus contemplatif. Sociologiquement, le succès du film auprès de plusieurs générations de cinéphiles tend à prouver que Wenders est le cinéaste qui a réussi à articuler un sentiment généalogique (et nostalgique) du cinéma avec le désir (un peu volontariste) de continuer à raconter. L'esthétique maniériste qui en découle trouve dans* Paris, Texas *l'un de ses grands moments.* S.D.

PARIS VU PAR...
Chronique de **Claude Chabrol, Jean-Luc Godard, Jean-Daniel Pollet, Jean Douchet, Éric Rohmer, Jean Rouch**, avec Claude Chabrol, Stéphane Audran, Joanna Shimkus, Micheline Dax. France, 1965 – Couleurs – 1 h 30.

Six sketches, dans le style « cinéma-direct », racontent un Paris féroce et la détresse de ceux qui y vivent.

PARIS VU PAR... VINGT ANS APRÈS
Chronique de **Chantal Akerman, Bernard Dubois, Philippe Garrel, Frédéric Mitterrand, Vincent Nordon, Philippe Venault.** France, 1984 – Couleurs – 1 h 41.

Place Clichy, rue Fontaine, rue du Bac, canal Saint-Martin : conformément au modèle de 1965, de jeunes cinéastes font chacun vivre un lieu de la capitale en quelques minutes. Dubois et Mitterrand se hissent à la hauteur de leurs aînés.

PARJURE "SPERGIURA !"
Drame d'**Arturo Ambrosio**, avec Mary Cleo Tarlarini, Luigi Maggi. Italie, 1909 – 253 m (env. 10 mn).

Le réalisme des décors et le symbolisme des images firent de l'intrigue inspirée de *la Grande Bretèche* de Balzac une œuvre novatrice, accueillie comme un chef-d'œuvre.

PARKING
Comédie musicale de **Jacques Demy**, avec Francis Huster, Jean Marais, Marie-France Pisier. France, 1985 – Couleurs – 1 h 35.

L'histoire d'Orphée et Eurydice transposée de nos jours. Orphée est un chanteur, les Enfers un parking dont Hadès est le directeur. Un conte sur une musique de Michel Legrand.

PARK ROW "Park Row"
Comédie dramatique de **Samuel Fuller**, avec Gene Evans, Mary Welch, Herbert Hayes, Forrest Taylor. États-Unis, 1952 – 1 h 23.

À New York, en 1886, un grave conflit oppose deux journalistes. Un film à petit budget, mais réalisé de façon convaincante par un cinéaste qui connaît bien les milieux de la presse.

PAR L'AMOUR POSSÉDÉ "By Love Possessed"
Drame de **John Sturges**, d'après le roman de James Gould Cozzens, avec Lana Turner, Jason Robards Jr., Barbara Bel Geddes. États-Unis, 1961 – Couleurs – 1 h 56.

Le portrait d'une petite ville américaine vue par un avocat qui gère les biens de la plupart des habitants : les amours, les haines, les envies, etc. Un film rappelant les « *soap operas* » de la télévision.

PAR LA PORTE D'OR "Hold Back the Dawn"
Comédie dramatique de **Mitchell Leisen**, avec Charles Boyer, Olivia De Havilland, Paulette Goddard. États-Unis, 1941 – 1 h 55.

Un aventurier européen se sert d'une institutrice pour entrer aux États-Unis sans attendre le délai fixé par les services de l'Immigration. L'un des premiers films projetés en France à la libération de Paris.

PAR LE SANG DES AUTRES
Drame de **Marc Simenon**, avec Yves Beneyton, Francis Blanche, Bernard Blier, Mylène Demongeot. France, 1973 – Couleurs – 1 h 35.

Un preneur d'otages exige la plus belle fille du village en échange de la liberté de ses deux prisonnières. Les autorités atermoient. La fille du maire se porte volontaire.

PARLEZ-MOI D'AMOUR
Drame de **Michel Drach**, avec Louis Julien, Nathalie Roussel, Andréa Ferréol, Michel Aumont, Joëlle Bernard, Nelly Borgeaud, Zouc. France, 1975 – Couleurs – 1 h 38.

Un lycéen est vampé par une voisine, chez laquelle il s'installe, avant de la quitter pour une jeune actrice, qui le trahira pour un metteur en scène. Désespéré, il ratera pourtant son suicide.

PARLONS FEMMES "Se permette, parliamo di donne"
Comédie d'**Ettore Scola**, avec Vittorio Gassman, Antonella Lualdi, Sylva Koscina, Giovanna Ralli. Italie / France, 1964 – 1 h 30.

Éternel sujet : les femmes, mises en scène en huit sketches cocasses, gaillards. Le tout premier film d'Ettore Scola.

PARODIE PARADE
Comédie de **Paul Paviot**, avec Michel Piccoli, Daniel Gélin, Véra Norman. France, 1965 – 1 h 35.

Il s'agit d'un ensemble de trois courts métrages, parodies de western, de Série noire et de film fantastique.

PAROLE DE FLIC
Film policier de **José Pinheiro**, avec Alain Delon, Jacques Perrin. France, 1985 – Couleurs – 1 h 40.

Ancien flic, Pratt reprend du service et enquête sur la mort de sa fille. Une milice d'extrême-droite semble vouloir l'en empêcher.

LA PAROLE DONNÉE "O pagador de promessas"
Drame d'**Anselmo Duarte**, d'après la pièce de Diaz Gomes, avec Leonardo Vilar, Glória Menezes, Dionísio Azevedo, Norma Bengell, Geraldo Del Rey. Brésil, 1962 – 1 h 37. ★ Palme d'or, Cannes 1962.

Pour accomplir un vœu fait à une divinité païenne, un homme distribue ses terres aux pauvres et fait pénitence en portant une croix. Le curé lui refusant, par prudence, l'accès de son église, l'affaire s'amplifie et la police intervient.

PAROLES ET MUSIQUE
Comédie dramatique d'**Élie Chouraqui**, avec Catherine Deneuve, Christophe Lambert, Richard Anconina. France / Canada, 1984 – Couleurs – 1 h 47.

Deux inséparables copains musiciens voient leurs routes s'écarter lorsque l'un d'eux s'éprend d'une jolie femme imprésario.

PAR OÙ T'ES RENTRÉ, ON T'A PAS VU SORTIR
Comédie de **Philippe Clair**, avec Jerry Lewis, Philippe Clair, Marthe Villalonga. France, 1984 – Couleurs – 1 h 30.

Un détective ringard est embarqué dans une folle aventure en compagnie du mari infidèle qu'il est chargé de confondre.

LE PARRAIN "The Godfather"
Chronique policière de **Francis Ford Coppola**, avec Marlon Brando *(Don Corleone)*, Al Pacino *(Mike Corleone)*, James Caan *(Sonny Corleone)*, Richard Castellano *(Clemenza)*, Robert Duvall *(Tom Hagen)*, Sterling Hayden *(Mac Cluskey)*, Diane Keaton *(Kay*

Adams), John Cazale *(Fredo Corleone)*. • SC : F.F. Coppola, d'après le roman de Mario Puzo. • PH : Gordon Willis. • DÉC : Dean Tavoularis. • MUS : Nino Rota. • MONT : William Reynolds, Peter Zinner, Marc Laub, Murray Salomon. États-Unis, 1971 – Couleurs – 2 h 58. ★ OSCAR DU MEILLEUR FILM 1972.

Le vieux « parrain » Don Vito Corleone, un des chefs respectés de la maffia new-yorkaise, vieillit. Comme il refuse de convertir ses « activités » et de faire du trafic de drogue, certains de ses pairs le font abattre dans la rue. Il survit diminué. Mike, son plus jeune fils, qui jusque-là avait voulu se tenir à l'écart de la « famille », devient le plus dévoué des héritiers : plus efficace que ses frères Sonny et Fredo, il venge son père, organise froidement l'élimination des adversaires de sa famille et, à la mort du Parrain, se trouve à la tête d'un pouvoir rénové.

◆ *Un phénoménal succès international accueillit cette rentrée en grande pompe – joues affaissées, port voûté mais digne de vieillard – de Marlon Brando dans son plus célèbre rôle de composition. Il consacra aussi définitivement Al Pacino (déjà vedette de* Panique à Needle Park*), et montra en Francis F. Coppola un excellent conteur, sachant magnifiquement occuper la durée et doser ses effets – même si le conte est en l'occurrence un peu douteux, alimentant la mythologie de l'honneur des truands. La photo très sobre et tragique de Gordon Willis, un thème funèbre de Nino Rota, contribuèrent à cette réussite.* M.CH.

LE PARRAIN II "THE GODFATHER, PART II"

Chronique policière de **Francis Ford Coppola**, avec Al Pacino *(Mike Corleone)*, Robert Duvall *(Tom Hagen)*, Diane Keaton *(Kay)*, Robert De Niro *(Vito Corleone)*, Lee Strasberg *(Hyman Roth)*, James Caan *(Sonny)*, John Cazale *(Fredo)*. • SC : F.F. Coppola, Mario Puzo, d'après son roman. • PH : Gordon Willis. • DÉC : Dean Tavoularis, Angelo Graham, Joe Chevalier. • MUS : Nino Rota, Carmine Coppola. • MONT : Peter Zinner, Barry Malkin, Richard Marks. États-Unis, 1974 – Couleurs – 3 h 20. ★ OSCAR DU MEILLEUR FILM 1974.

Le Parrain II raconte, par vastes pans alternés, ce qui s'est passé avant et après *le Parrain* (n° 1) et achève une saga s'étalant sur presque un siècle. D'un côté, la jeunesse pauvre et l'ascension de Vito Corleone, lui-même rendu orphelin par la maffia, émigrant de la « Petite Italie », puis commençant à se faire une place en développant une affaire d'huile d'olive et en commettant ses premiers meurtres. De l'autre, la suite de l'ascension de Mike Corleone, l'héritier du Parrain, ascension payée de plus en plus cher : sa femme le quitte, il doit faire abattre son frère Fredo et se défendre contre tous, rivaux, gouvernement et police. Businessman du crime, sans romantisme, il reste intouché, mais solitaire.

◆ *En réalisant cette suite, qui lança la mode des « sequels », Coppola voulut réaliser un film plus complexe, lent et feutré. La partie ancienne pastiche très heureusement, du point de vue visuel, l'esthétique des films muets primitifs. Elle révéla au grand public Robert De Niro, en Vito Corleone jeune, qui construisit entièrement son rôle d'après l'interprétation de Brando dans le premier* Parrain. *La partie moderne vise à montrer la solitude grandissante de Mike Corleone, de plus en plus froid et comme « embaumé » dans son pouvoir, contraint à abandonner toute chaleur humaine. Elle souhaite dresser un portrait du business-gangstérisme actuel. Pour l'exploitation télévisée, l'ensemble des* Parrain I *et* II *fut remonté chronologiquement et débité en épisodes, qui retraçaient les carrières du père et du fils.* M.C.

PARRAIN D'UN JOUR "THINGS CHANGES"

Comédie de **David Mamet**, avec Don Ameche, Joe Mantegna, Robert Prosky. États-Unis, 1988 – Couleurs – 1 h 40.

Un vieux cordonnier accepte de prendre momentanément la place d'un gros bonnet de la pègre, dont il est le sosie.

PARSIFAL "PARSIFAL"

Drame musical d'**Hans-Jürgen Syberberg**, d'après l'opéra en trois actes de Richard Wagner, avec Armin Jordan, Martin Sperr, Robert Lloyd, Michael Kutter, Karin Krick. R.F.A. / France, 1982 – Couleurs – 4 h 15.

Le jeune Parsifal récupère la lance sacrée avec laquelle Klingsor a blessé son roi, et devient ainsi chevalier. Une adaptation fidèle.

LA PART DU FEU

Drame d'**Étienne Périer**, avec Michel Piccoli, Claudia Cardinale, Jacques Perrin, Rufus. France, 1977 – Couleurs – 1 h 45.

Un agent immobilier et son associé sont décidés à toutes les compromissions pour réaliser une opération fructueuse. Mais ils se font rapidement doubler. Meurtre et scandale à la clé.

PARTENAIRES

Drame de **Claude D'Anna**, avec Nicole Garcia, Jean-Pierre Marielle. France, 1984 – Couleurs – 1 h 18.

Un couple d'acteurs égarés dans le mauvais théâtre de boulevard s'aime et se déchire. Un beau film intimiste et sensible sur les acteurs, le théâtre, la vie.

LA PARTIE DE CHASSE "THE SHOOTING PARTY"
Drame d'**Alan Bridges**, avec James Mason, John Gielgud. Grande-Bretagne, 1984 – Couleurs – 1 h 40.

Le regard désabusé que porte sir Randolph sur l'aristocratie anglaise, juste avant la Grande Guerre. Dans la plus pure veine du cinéma classique britannique.

PARTIR, REVENIR
Drame de **Claude Lelouch**, avec Richard Anconina, Évelyne Bouix, Jean-Louis Trintignant. France, 1985 – Couleurs – 1 h 57.

Salomé est la seule survivante de sa famille, dénoncée et envoyée en déportation alors qu'elle se cachait chez des amis. Par de perpétuels allers et retours passé-présent, Salomé cherche la vérité.

PARTI SANS LAISSER D'ADRESSE
Drame psychologique de **Jacqueline Veuve**, avec Jacques Zanetti, Emmanuelle Ramu, Roland Amstutz. Suisse/France, 1982 – Couleurs – 1 h 30.

Incarcéré, un jeune homme passe son temps à écrire et à lire. Au fil des mois, ses échanges épistolaires retracent sa vie, ses échecs et ses espoirs. Quand sa femme le trompe, il se pend.

PARTITION INACHEVÉE POUR PIANO MÉCANIQUE
"NEOKONČENNAJA PIESA DLJA MEHANIČESKOGO PIANINO"
Comédie dramatique de **Nikita Mikhalkov**, avec Antonina Chouranova *(Anna)*, Elena Solovei *(Sofia)*, Aleksandre Kaliagine *(Platonov)*, Evgenia Glousenko *(Sachenka)*, Nikita Mikhalkov *(Nikolai)*. • SC : N. Mikhalkov, Aleksandre Adabasian, d'après la pièce de Tchekhov Platonov. • PH : Pavel Lebechev. • DÉC : A. Adabasian, Aleksandre Samoulekine. • MUS : Edouard Artemiev. U.R.S.S. (Russie), 1977 – Couleurs – 1 h 42.

La veuve d'un général reçoit des invités à la campagne : son beau-fils, des propriétaires, un instituteur, un médecin... Un couple qui s'était aimé autrefois s'y retrouve. Les invités échangent des souvenirs qui sont devenus des désillusions. C'est avec amertume qu'ils font le point sur leur vie présente ; la journée ne se déroule pas comme la veuve le souhaitait, elle qui croit « que tout ira comme auparavant, tout ira bien ».

◆ *Si le déchirement et la fougue caractérisent le cinéma d'Andrei Konchalovski, il en est autrement de son « collègue » Mikhalkov, cinéaste de l'élégance et du raffinement. Partition annonce déjà le succès que son auteur rencontrera avec* les Yeux noirs. *Mikhalkov aborde l'œuvre de Tchekhov sans cynisme, et prend au mot « le médecin » lorsque celui-ci insiste sur le fait que ses pièces sont des comédies ; quant au cinéaste, cette œuvre lui permet de se mettre à « la recherche de l'harmonie entre sa personnalité et le monde qui l'entoure ».* S.S.

PARTNER "PARTNER"
Drame psychologique de **Bernardo Bertolucci**, avec Pierre Clémenti, Tina Aumont, Stefania Sandrelli, Ninetto Davoli. Italie, 1968 – Couleurs – 1 h 45.

Leur révolte conduit des personnages à un comportement de violence à l'opposé de leur vie apparente. Pour son deuxième film, Bertolucci a poussé jusqu'au bout l'introspection.

PARTNERS "PARTNERS"
Comédie de **James Burrows**, avec Ryan O'Neal, John Hurt. États-Unis, 1982 – Couleurs – 1 h 32.

Un tandem de policiers enquête dans le milieu homosexuel. Le scénario de Francis Veber parvient à éviter la vulgarité.

LA PARTY "THE PARTY"
Comédie de **Blake Edwards**, avec Peter Sellers *(Hrundi V. Backshi)*, Claudine Longet *(Monet)*, Edward McKinley *(Clutterbuck)*. • SC : B. Edwards, Tom et Frank Waldman. • PH : Lucien Ballard. • DÉC : Reg Allen. • MUS : Henri Mancini. États-Unis, 1968 – Couleurs – 1 h 40.

À Hollywood, un petit acteur indien de second ordre est invité par erreur à une réception. Il commet gaffe sur gaffe, mais il n'est pas le seul. Au matin, la party s'achève dans une ambiance morose.

◆ *Cette perle de la comédie américaine est un pastiche de* la Nuit *d'Antonioni, dont Edwards reprend l'esthétique géométrique et « froide » ainsi que le parfum d'ennui qui se dégageait des joies artificielles. Mais surtout, Edwards y reprend l'idée de Tati : tout le monde (et plus seulement l'acteur central qui n'est qu'un fil conducteur) est source de gags et tout le monde observe et est observé. Par la « transparence » du décor, chacun est spectateur des autres et source de spectacle.* S.K.

PAR UN BEAU MATIN D'ÉTÉ
Film policier de **Jacques Deray**, avec Jean-Paul Belmondo, Sophie Daumier, Geraldine Chaplin. France, 1965 – 1 h 40.

Las de vivre d'expédients, un couple d'escrocs s'associe avec un autre truand pour enlever la fille d'un richissime Américain.

PASCUAL DUARTE "PASCUAL DUARTE"
Drame de **Ricardo Franco**, avec José Luis Gomez, Paca Ojea, Hector Alterio. Espagne, 1975 – Couleurs – 1 h 38.

Trente ans de la vie d'un paysan rude, obligé de lutter quotidiennement contre le malheur. Amené à tuer, il finira exécuté au garrot.

PAS DE CAVIAR POUR TANTE OLGA
Comédie de **Jean Becker**, avec Pierre Brasseur, Sophie Daumier, Francis Blanche, Denise Grey. France, 1965 – 1 h 40.

Dans un bureau de l'O.T.A.N. où elle fait le ménage, une jeune femme dérobe un microfilm pour le compte de son amant. Un essai original de Becker dans le domaine du comique non-sensique.

PAS DE GUÉ DANS LE FEU "V OGNE BRODA NET"
Drame de **Gleb Panfilov**, avec Inna Tchourikova, Mikhaïlkononov, Anatoli Solomycine. U.R.S.S. (Russie), 1968 – 1 h 36.

Une jeune infirmière d'un train sanitaire tente d'échapper à l'univers d'horreur qui l'entoure en peignant. Faite prisonnière lors d'une mission, elle est tuée par les Blancs.

PAS DE LARMES POUR JOY "POOR COW"
Drame de **Kenneth Loach**, d'après le roman de Nell Dunn, avec Carol White, Terence Stamp, John Bindon. Grande-Bretagne, 1967 – Couleurs – 1 h 41.

Joy épouse le père de son enfant, un petit truand qui se fait arrêter. Elle s'éprend alors de son complice que la prison lui arrache également. Issu de la télévision, Kenneth Loach s'inspire des méthodes du filmage audiovisuel pour ce premier long métrage.

PAS DE LAURIERS POUR LES TUEURS
"THE PRIZE"
Film d'espionnage de **Mark Robson**, avec Paul Newman, Elke Sommer, Edward G. Robinson, Micheline Presle. États-Unis, 1963 – Couleurs – 2 h 15.

Lors de la remise des prix Nobel à Stockholm, un physicien est enlevé par les communistes et remplacé par un sosie.

PAS DE PRINTEMPS POUR MARNIE "MARNIE"
Drame d'**Alfred Hitchcock**, avec Tippi Hedren, Sean Connery, Diane Baker. États-Unis, 1964 – Couleurs – 2 h 10.

Un homme riche épouse une kleptomane qui avait tenté de le voler, découvre qu'elle est de plus frigide, et l'aide à résoudre sa névrose qui trouve son origine dans son enfance.

PAS DE PROBLÈME
Comédie de **Georges Lautner**, avec Miou-Miou, Jean Lefebvre, Bernard Menez, Anny Duperey, Henri Guybet, Maria Pacôme. France, 1975 – Couleurs – 1 h 45.

Un homme traqué meurt chez une jeune femme. Elle demande à un ami de l'aider à se débarrasser du corps. Ils le déposent dans la malle d'une voiture, mais le véhicule disparaît.

PAS D'ORCHIDÉES POUR MISS BLANDISH
"THE GRISSOM GANG"
Film policier de **Robert Aldrich**, d'après le roman de James Hadley Chase, avec Kim Darby, Scott Wilson, Tony Musante, Wesley Addy. États-Unis, 1971 – Couleurs – 1 h 55.

Une riche héritière, après avoir été enlevée, passe aux mains d'un gang familial. Alors, naît une étrange histoire d'amour...

▷ Autre version réalisée par **St John L. Clowes**, intitulée PAS D'ORCHIDÉES POUR MISS BLANDISH "NO ORCHIDS FOR MISS BLANDISH", avec Jack La Rue, Linden Travers, Hugh McDermott, Walter Crisham, Lily Molnar. Grande-Bretagne, 1948 – 1 h 42.

PASQUALINO "PASQUALINO SETTE BELLEZZE"
Comédie dramatique de **Lina Wertmüller**, avec Giancarlo Giannini, Fernando Rey, Shirley Stoler. Italie, 1975 – Couleurs – 1 h 56.

Pasqualino est délinquant, assassin, violeur avant la guerre, déserteur, voleur, avili, « kapo » dans un camp, pendant. Un héros totalement négatif, animé par la seule rage de vivre.

PAS QUESTION LE SAMEDI
Comédie d'**Alex Joffé**, avec Robert Hirsch, Dahlia Friedland, Misha Acheroff, Yona Lévy. France / Israël, 1965 – 1 h 45.

Sur le point de mourir, « le plus grand chef d'orchestre juif » apprend par l'esprit de son père qu'il doit réparer le mal qu'il a fait en semant des fils illégitimes un peu partout dans le monde. Robert Hirsch interprète treize rôles différents !

LE PASSAGE
Film fantastique de **René Manzor**, avec Alain Delon, Christine Boisson, Alain Musy, Jean-Luc Moreau, Alberto Lomco. France, 1986 – Couleurs – 1 h 24.

Un spécialiste de dessins animés, connu pour sa non-violence, est engagé dans une lutte supranaturelle avec la Mort. Alain Delon, moderne Faust, aux prises avec la métaphysique !

PASSAGE À TABAC "MURDER AHOY"
Film policier de **George Pollock**, avec Margaret Rutherford, Lionel Jeffries, Stringer Davis. Grande-Bretagne, 1964 – 1 h 33.

Miss Marple mène son enquête à propos d'un meurtre sur un bateau-école de la marine.

LE PASSAGE DE SANTA FE "SANTA FE PASSAGE"
Western de **William Witney**, avec John Payne, Faith Domergue, Rod Cameron. États-Unis, 1955 – Couleurs – 1 h 10.

Un convoi doit traverser un territoire infesté d'Indiens.

LE PASSAGE DU CANYON "CANYON PASSAGE"
Western de **Jacques Tourneur**, d'après une histoire d'Ernest Haycox, avec Dana Andrews, Brian Donlevy, Susan Hayward, Hoagy Carmichael, Andy Devine. États-Unis, 1946 – Couleurs – 1 h 32.

Un jeune homme cache l'amour qu'il éprouve pour la fiancée de son ami. Sa conduite héroïque lors d'une attaque indienne lui ouvrira le cœur de la jeune femme.

LE PASSAGE DU RHIN
Drame d'**André Cayatte**, avec Charles Aznavour, Nicole Courcel, Georges Rivière. France, 1960 – 1 h 40. ★ **LION D'OR, Venise 1960.**

1940. Deux prisonniers français travaillent dans un village allemand. Le premier s'évade, le second y découvre son bonheur : libéré, il repassera le Rhin.

PASSAGE INTERDIT "UNTAMED FRONTIER"
Western de **Hugo Fregonese**, avec Joseph Cotten, Shelley Winters, Scott Brady, Susan Ball. États-Unis, 1952 – Couleurs – 1 h 15.

Une femme réussit à arrêter la guerre des clans qui ravage les grands espaces américains. Bagarres et chevauchées dans l'Ouest.

LE PASSAGER CLANDESTIN
Film policier de **Ralph Habid**, d'après le roman de Georges Simenon, avec Martine Carol, Karl Heinz Böhm, Arletty, Serge Reggiani. France / Australie, 1958 – Couleurs – 1 h 38.

En Polynésie, une entraîneuse intéressée est rachetée par l'amour d'un jeune radio.

LE PASSAGER DE LA PLUIE
Film policier de **René Clément**, avec Marlène Jobert, Charles Bronson, Annie Cordy, Jill Ireland, Gabriele Tinti. France / Italie, 1970 – Couleurs – 1 h 59.

Victime d'un viol, une jeune femme parvient à tuer son agresseur et à se débarrasser du cadavre. Un Américain enquêtant sur le crime tente, par l'emprise qu'il exerce sur elle, de lui faire avouer la vérité. Un scénario complexe de Sébastien Japrisot.

LA PASSAGÈRE "PASAZERKA"
Drame d'**Andrzej Munk**, terminé par Witod Lesiewicz, avec Aleksandra Slaska *(Liza)*, Anna Ciepietewska *(Marta)*, Jan Kreczmar *(Walter)*, Marek Watczewski *(Tadeusz)*. • SC : A. Munk, Zofia Posmysz-Piasecka, d'après son roman. • PH : Krzysztof Winiewicz. • DÉC : Tadeusz Wybult. • MUS : Tadeusz Baird. • MONT : Zofia Dwornik. Pologne, 1963 – 1 h 15. ★ **PRIX DU FESTIVAL DE LONDRES 1963 ; PRIX DE LA CRITIQUE, Cannes 1964.**

Sur un bateau qui rentre en Europe, Liza, ex-surveillante S.S. à Auschwitz, croit reconnaître une ancienne détenue passée à la chambre à gaz, Marta. Des images du camp surgissent, qu'elle tente de réorganiser en deux récits : l'un est destiné à son mari, l'autre constitue une auto-justification qui reste incomplète.

◆ *La force et la beauté de ce film ne sont pas entamées par son inachèvement (Munk est mort avant la fin du tournage, en 1961) : aux passages terminés sur le camp s'opposent de simples plans fixes sur le bateau. Les premières images, atroces et brèves, marquent le jaillissement du souvenir ; les autres, contredisant subtilement les deux commentaires de Liza, font percevoir la fausseté irrémédiable de tout récit du passé. L'analyse du rapport complexe entre bourreau et victime reste ouverte.* *M.L.*

LES PASSAGERS
Film policier de **Serge Leroy**, avec Jean-Louis Trintignant, Bernard Fresson. France, 1977 – Couleurs – 1 h 35.

Alex rentre d'Italie avec son jeune beau-fils. Sur l'autoroute, une camionnette les suit puis les agresse.

LES PASSAGERS DE LA NUIT "DARK PASSAGE"
Drame policier de **Delmer Daves**, avec Humphrey Bogart *(Vincent Parry)*, Lauren Bacall *(Irene Jansen)*, Bruce Bennett *(Bob)*, Agnes Moorehead *(Madge Rapf)*. • SC : D. Daves, d'après le roman de David Goodis. • PH : Sid Hickox. • DÉC : William Kuehl. • MUS : Franz Waxman, Max Steiner, Leo Forbstein (direction). États-Unis, 1947 – 1 h 46.

Un homme traqué pour le meurtre de sa femme (qu'il n'a pas commis) est recueilli par une belle artiste, Irene, qui l'aide à se faire refaire entièrement le visage. Il découvre la véritable meurtrière en la personne d'une amie de sa femme, Madge. Celle-ci se suicide. Vincent, qui ne peut être disculpé, s'enfuit au Pérou avec Irene.

◆ *Reconstituant une troisième fois le couple Bogart/Bacall, et filmée avec beaucoup de poésie dans un San Francisco brumeux, l'œuvre est également célèbre pour sa première partie en caméra subjective où l'on est censé voir, au moins partiellement, par les yeux de l'homme traqué ; son visage (celui de Bogart) ne sera révélé qu'une heure plus tard, après sa métamorphose.*

Les « regards-caméras » (tournés vers l'objectif) des personnages prennent alors un sens troublant et culpabilisant qui justifie le procédé, mieux encore que dans le film de Robert Montgomery la Dame du lac *– où la caméra incarne les yeux du détective Philip Marlowe.* M.CH.

PASSAGE SECRET

Comédie dramatique de **Laurent Perrin**, avec Dominique Laffin, Franci Camus. France, 1985 – Couleurs – 1 h 15.

Des enfants cambriolent pour permettre à Anita et Camille de garder leur bar...

PASSAGE TO MARSEILLES

"PASSAGE TO MARSEILLES"

Film de guerre de **Michael Curtiz**, avec Humphrey Bogart, Michèle Morgan, Claude Rains. États-Unis, 1944 – 1 h 45.

Un ancien bagnard de l'île du Diable rejoint l'Angleterre et devient pilote de guerre. Il y laissera la vie.

LA PASSANTE

Drame psychologique d'**Henri Calef**, d'après le roman de Serge Groussard la Femme sans passé, avec Henri Vidal, Maria Mauban, Daniel Ivernel. France, 1951 – 1 h 42.

La rencontre d'un marinier et d'une femme qui vient de tuer son mari.

LA PASSANTE DU SANS-SOUCI

Drame de **Jacques Rouffio**, avec Romy Schneider, Michel Piccoli, Helmut Griem, Maria Schell. France, 1981 – Couleurs – 1 h 55.

Le président de Solidarité Internationale démasque et abat l'ambassadeur du Paraguay, un ancien nazi. C'est l'occasion d'un retour au passé : Berlin 1933. Le dernier film de Romy Schneider.

LA PASSE DU DIABLE

Documentaire romancé de **Jacques Dupont** et **Pierre Schoendoerffer**, • SC : sur un scénario de Joseph Kessel. France, 1959 (RÉ : 1957) – Couleurs – 1 h 20.

En Afghanistan, une équipe de cavaliers dispute un jeu millénaire qui consiste à enlever de terre le cadavre d'un bouc décapité pour le porter dans un cercle tracé au sol.

LE PASSÉ ET LE PRÉSENT

"O PASSADO E O PRESENTE"

Drame de **Manoel de Oliveira**, avec Maria de Saisset *(Vanda)*, Manoela de Freitas *(Noémia)*, Barbara Vieira *(Angélica)*, Alberto Inácio *(Ricardo)*, Pedro Pinheiro *(Firmino)*, António Machado *(Maurício)*, Duarte de Almeida *(Honório)*. • SC : M. de Oliveira, Vicente Sanches, d'après son roman. • PH : Acácio de Almeida. • DÉC : Zeni d'Ovar. • MUS : Mendelssohn. • MONT : M. de Oliveira. Portugal, 1972 – Couleurs – 1 h 55.

Vanda, mariée en secondes noces à Firmino, invite ses amis au transfert des cendres de son premier mari, Ricardo, dont elle continue à vénérer le souvenir. Lorsque le frère jumeau de Ricardo, Daniele, arrive, Firmino se suicide. Daniele avoue alors à Vanda qu'il est en fait Ricardo, et que c'est Daniele qui est mort. Vanda et Ricardo reprennent la vie commune, mais Vanda regrette Firmino...

◆ *Un film totalement maîtrisé dans son mécanisme de substitutions à rebondissements. Son message est noir : la vie à deux est une imposture permanente et une impasse totale.* D.C.

PASSE-MONTAGNE

Drame de **Jean-François Stévenin**, avec Jacques Villeret *(Georges)*, Jean-François Stévenin *(Serge)*, Texandre Barberat *(son vieux complice)*, Yves Lemoigne *(« Speer »)*, Denise Gremion *(la voisine)*. • SC : J.-F. Stévenin, Babou Rappeneau, Stéphanie Granel, Michel Delahaye. • PH : Lionel Legros, Jean-Yves Escoffier. • MUS : Philippe Sarde. • MONT : Yann Dedet. France, 1978 – Couleurs – 1 h 50.

Serge, mécanicien divorcé, vit dans un hameau du Jura. Sur l'autoroute, il rencontre Georges, un architecte parisien en panne. Serge remorque sa voiture et héberge Georges. Celui-ci n'est pas pressé de repartir et Serge lui parle de sa quête : il recherche une vallée inconnue, la « combe magique », et pour l'explorer il a construit un oiseau de bois. Les deux hommes marchent dans la forêt et vivent plusieurs jours avec des villageois une expérience euphorique.

◆ *Œuvre ambitieuse, à contre-courant, le premier film de Jean-François Stévenin (qui poursuit, par ailleurs, sa carrière de comédien) se caractérise par le rejet de la dramaturgie traditionnelle, et même de toute logique apparente de la narration. Ce qui compte ici, ce sont les individus, leur vie au sein de la nature, leurs rêves. C'est le temps qui passe à son rythme, ce sont les temps morts où « il ne se passe rien ». C'est le hasard, enfin, des rencontres et des itinéraires imprévisibles. Stévenin et Jacques Villeret, tous deux d'une présence magistrale, sont les antihéros de cette antihistoire, qui est pourtant un vrai miracle de cinéma !* G.L.

LE PASSE-MURAILLE / GAROU-GAROU, LE PASSE-MURAILLE

Comédie de **Jean Boyer**, d'après la nouvelle de Marcel Aymé, avec Bourvil, Joan Greenwood, Marcelle Arnold, Raymond Souplex, Gérard Oury. France, 1951 – 1 h 25.

Un fonctionnaire qui traverse les murs tombe amoureux d'une souris d'hôtel et se fait passer pour un voleur. Arrêté, il s'évade, avoue son amour et constate qu'il a perdu son pouvoir...

▷ Parallèlement, le cinéaste signe une version anglaise, intitulée MR PEEK-A-BOO, avec Bourvil, Joan Greenwood, Marcelle Arnold, Payne Williams, Charles Jarrell.

LE PASSEPORT JAUNE "The Yellow Ticket"

Drame de **Raoul Walsh**, d'après la pièce de Michael Morton, avec Elissa Landi, Lionel Barrymore, Laurence Olivier, Walter Byron, Arnold Korff, Sarah Padden. États-Unis, 1931 – 1 h 22.

Dans la Russie tsariste, une jeune fille est obligée de se prostituer pour obtenir un passeport qui lui permet de voir son père, qui est prisonnier politique.

PASSEPORT POUR L'OUBLI "Where the Spies Are"

Film d'espionnage de **Val Guest**, avec David Niven, Françoise Dorléac, Cyril Cusak. Grande-Bretagne, 1965 – Couleurs – 1 h 50.

Un médecin de campagne accepte, des services secrets britanniques, une mission d'espionnage au Liban.

PASSEPORT POUR PIMLICO

"Passport to Pimlico"

Comédie de **Henry Cornelius**, avec Stanley Holloway *(Arthur Pemberton)*, Hermione Baddeley *(Edie Randal)*, Margaret Rutheford *(le professeur Hatton-Jones)*, Basil Radford *(Gregg)*. • SC : T.E.B. Clarke. • PH : Lionel Banes. • DÉC : Roy Oxley. • MUS : Georges Auric. • MONT : Michael Truman. Grande-Betagne, 1949 – 1 h 24.

Dans le quartier londonien de Pimlico, on découvre des documents du XVe siècle qui attestent que l'endroit n'appartient pas à l'Angleterre, mais au duché de Bourgogne ! Les habitants brûlent leurs papiers, établissent des barrières douanières, engagent des actions diplomatiques.

◆ Passeport pour Pimlico *appartient à un genre qui fleure bon l'humour anglais : la comédie loufoque, auquel appartiennent également* Noblesse oblige *ou* Whisky à gogo. *On part d'une situation invraisemblable et on l'exploite avec une logique imperturbable, inébranlable, tout à fait cohérente dans son extravagance. On y retrouve la galerie de portraits pittoresques, la satire des institutions, l'excentricité bon genre typiquement britannique. C'est décapant et réjouissant.* *B.B.*

LA PASSERELLE

Drame de **Jean-Claude Sussfeld**, d'après le roman de Richard Wright *Savage Holiday*, avec Mathilda May, Pierre Arditi. France, 1987 – Couleurs – 1 h 32.

Une jeune femme veut amener son voisin à lui avouer qu'il est indirectement à l'origine d'un accident ayant plongé son fils dans le coma.

LE PASSÉ SIMPLE

Drame de **Michel Drach**, d'après le roman de Dominique Saint-Alban *les Étangs de Hollande*, avec Marie-José Nat, Victor Lanoux, Anne Lonberg, Vania Villers. France, 1977 – Couleurs – 1 h 36.

Cécile, amnésique à la suite d'un accident, cherche à reconstituer son passé. Elle y est aidée par François, qui se dit son mari...

PASSE TON BAC D'ABORD

Chronique de **Maurice Pialat**, avec Sabine Haudepin, Philippe Marlaud, Annick Alane, Jean-François Adam. France, 1979. – Couleurs – 1 h 25.

À Lens, le chômage sévit, les lycéens s'ennuient, le prof de philo est seul. On se retrouve au café à essayer de savoir pourquoi on vit, aujourd'hui, et ce que sera demain. Dur, mais juste.

PASSEZ MUSCADE

"Never Give a Sucker an Even Break"

Film burlesque d'**Edward Cline**, avec W.C. Fields, Gloria Jean, Leon Errol. États-Unis, 1941 – 1 h 11.

L'oncle Bill tente de placer un scénario à Hollywood. Prétexte à une suite de saynètes destinées à mettre en valeur W.C. Fields.

PAS SI MÉCHANT QUE ÇA

Comédie dramatique de **Claude Goretta**, avec Marlène Jobert, Gérard Depardieu, Dominique Labourier, Philippe Léotard. France / Suisse, 1974 – Couleurs – 1 h 50.

Pour remonter ses finances, le jeune patron d'une entreprise attaque des banques et des bureaux de poste. Il tombe amoureux d'une jolie postière.

PASSION

Mélodrame de **Georges Lampin**, avec Viviane Romance, Clément Duhour, Paul Frankeur. France, 1951 – 1 h 28.

La dramatique histoire d'une femme mal mariée qui a tué son époux. Le film a été produit par Viviane Romance.

PASSION

Essai de **Jean-Luc Godard**, avec Isabelle Huppert *(Isabelle)*, Hanna Schygulla *(Hanna)*, Michel Piccoli *(Michel Boulard)*, Jerzy Radziwilowicz *(Jerzy)*, László Szabó *(Laszlo)*,

Jean-François Stévenin *(Jean-François)*, Patrick Bonnel, Sophie Loucachevsky, Barbara Tissier, Myriem Roussel. • SC : J.-L. Godard • MONT : J.-L. Godard. • PH : Raoul Coutard. • DÉC : Serge Marzolff, Jean Bauer. • MUS : Ravel, Mozart, Dvorak, Fauré, Beethoven. • PR : Sara Films / Sonimage / Films A2 / Films et Vidéo Productions / S.S.R. France / Suisse, 1982 – Couleurs – 1 h 27.

Dans un village suisse, plusieurs personnes réunies par l'amour et (ou) le travail se croisent, cohabitent, et tentent de vivre (un peu) ensemble... Jerzy et un cinéaste polonais qui n'arrive pas à trouver la bonne lumière pour éclairer sa superproduction (de cinéma ou de télévision, on ne sait pas), consacrée aux grands tableaux de la peinture occidentale. Isabelle est une ouvrière insatisfaite à l'usine où l'on ne comprend pas son amour du travail. La femme de son patron tient l'hôtel où est hébergée l'équipe du film. Jerzy oscille entre les deux femmes au beau milieu d'une production chaotique. Le film se termine et chacun rentre chez soi.

◆ Unir l'amour et le travail

Contrairement à une idée reçue, il n'y a pas de peinture dans Passion. *Les tableaux, vivants, reconstitutions de Delacroix, Goya, Rembrandt, Ingres, Watteau et le Greco renvoient avant tout au cinéma : que le* rapport *apparaisse plutôt clairement,* comme *l'indique la grosse machinerie de* l'Entrée des croisés dans Constantinople, *ou qu'il soit plus diffus dans le traitement de sujets isolés, c'est toujours le lien entre les pratiques qui importe – et s'exporte – pour un cinéaste avouant vouloir filmer «*comme *un peintre peint». Prime alors un rapport tout métaphorique à haut risque car il exige, tant de l'équipe de tournage que du spectateur, d'être ici et ailleurs, d'occuper les intervalles, de toujours faire deux choses à la fois, de se sentir en* connaissance de comme. *À ce prix, le désir peut éclore dans le* transport *des sens qui, sans effort, grâce à un* élan *prodigieux, abolit les distances infinies. Couple majeur, véritable thèse de l'auteur qui en fait son* « ars poetica in vivo », *l'union de l'amour et du travail est le but du travail métaphorique. Les gestes d'Isabelle à l'usine ne diffèrent pas de ses postures amoureuses : son amour du travail la rend remarquable à Jerzy qui veut lui adjoindre le travail de l'amour. Un moment, la grâce aidant, il parvient à réunir les deux termes quand Jerzy et Hanna regardent une image façonnée en commun. Cette thèse est une des grandes obsessions de Godard. Arme tranchante, elle permet de stigmatiser le manque d'implication des acteurs et des techniciens et par là d'accabler le grand coupable (d'absence d'amour dans le travail) : la télévision. Dès les premiers plans, la radicalité de l'entreprise est revendiquée. La traînée blanche d'un avion dans l'azur indique d'emblée que la peinture est une trace de l'image à trouver avant toute histoire, tandis que la séquence désynchrone de la réunion syndicale* dit *avec une blanche ferveur la qualité d'écoute et de regard que le cinéma doit exiger. Le respect de cet impératif fait de* Passion *le dernier – mais pas l'ultime – chef-d'œuvre de l'histoire du cinéma. À voir aussi :* Scénario du film Passion, *bande vidéo qui explicite* de visu *un des grands enjeux de* Passion *concernant l'histoire : celle-ci ne pouvant venir qu'après, il était logique que le scénario succédât au film.* M.C.

LA PASSION BÉATRICE

Drame de **Bertand Tavernier**, avec Bernard-Pierre Donnadieu, Julie Delpy. France / Italie, 1987 – Couleurs – 2 h 11.

Dans un Moyen Âge barbare, les aventures d'un chevalier à la fois violent et mystique qui finira par s'incliner devant l'innocence de sa fille Béatrice.

PASSION D'AMOUR "PASSIONE D'AMORE"

Drame d'**Ettore Scola**, d'après le roman d'I.U. Tarchetti Fosca, avec Bernard Giraudeau, Valeria d'Obici, Laura Antonelli, Jean-Louis Trintignant. Italie / France, 1980 – Couleurs – 1 h 57.

En 1862, un jeune capitaine de cavalerie, en garnison dans les Alpes, est déchiré entre deux amours.

LA PASSION DE JEANNE D'ARC

Drame historique de **Carl Theodor Dreyer**, avec Renée Falconetti *(Jeanne)*, Eugène Sylvain *(Cauchon)*, Maurice Schutz *(Nicolas Loyseleur)*, Antonin Artaud *(Jean Massieu)*, Jean D'Yd *(Nicolas de Houppeville)*. • SC : C. T. Dreyer, Joseph Delteil. • PH : Rudolph Maté. • DÉC : Jean Victor-Hugo, Hermann G. Warm. • MONT : C. T. Dreyer, Marguerite Beaugé. • PR : Société générale de films. France, 1928 – 2 210 m (env. 1 h 25).

Les minutes du procès de Jeanne d'Arc en 1431 à Rouen, devant un tribunal ecclésiastique, sous l'autorité de l'armée d'occupation anglaise : « Le procès-verbal nous permet d'être témoin du drame d'une jeune femme croyante, confrontée à une cohorte de théologiens aveuglés et de juristes chevronnés ». Jeanne est conduite enchaînée, dans le château de Rouen, devant le tribunal qui l'assaille de questions. Elle fait front contre les outrages avec une humilité désarmante. Pour tenter de la confondre, on lui tend une lettre apocryphe du roi. Elle est amenée involontairement à blasphémer. L'évêque Cauchon ordonne qu'on la soumette à la torture. Terrifiée, elle signe son abjuration puis se rétracte. Jugée relapse, elle est conduite sur la place du marché de Rouen où elle sera brûlée vive. Le peuple crie alors sa révolte. L'armée anglaise réprime sauvagement le mouvement populaire.

◆ Un poème visuel de l'aveu arraché

Après le succès en France du Maître du logis *en 1926, la Société générale fait venir Dreyer du Danemark pour lui proposer un sujet historique. Entre Marie-Antoinette, Catherine de Médicis et Jeanne d'Arc, le choix du cinéaste est rapide. Il retrouve dans le destin de la jeune fille le thème du martyre et de l'intolérance religieuse qui parcourt son œuvre des* Feuillets arrachés au livre de Satan *(1921) à* Dies irae *(1943). Mais alors que la production contemporaine sur le même sujet, réalisée par Marc de Gastyne pour Aubert-Nathan avec Simone Genevois,* la Merveilleuse Vie de Jeanne d'Arc, *opte pour l'épopée historique spectaculaire, Dreyer ne retient que l'épisode final et condense les journées en une seule et épuisante séance de questionnement. Et surtout, bouleversé par le choc du* Cuirassé Potemkine *qu'il découvre, il prend le parti de cadrer le drame en gros plan, de centrer la mise en scène sur les seuls visages de Jeanne et des juges et d'éliminer toute référence extérieure au décor afin de mieux scruter l'âme de ses acteurs. L'idée géniale de l'auteur est d'avoir conçu son drame à partir du handicap majeur de son moyen d'expression, le cinéma muet, et d'avoir délibérément voulu filmer la parole en actes par les seules images. Pour cela, Dreyer n'a pas cherché à transposer les échanges verbaux entre Jeanne et ses juges au moyen d'habiles subterfuges. Au contraire, il condense admirablement le texte et scande son film sur une alternance entre plans de visages, de bouches, de regards, de gestes, de mimiques, et de brefs intertitres visuels que le spectateur lit quelques secondes après que les paroles ont été proférées par le personnage. Il en résulte une écoute d'une intensité inégalée, comme si le dialogue des personnages surgissait de l'intérieur même du spectateur. Pour la première fois, Dreyer donne à* voir *la parole, jusqu'au crépitement des flammes du bûcher final. Le destin du film sera aussi dramatique que celui de l'héroïne car le négatif brûlera deux fois avant que l'on retrouve miraculeusement, en 1984, une copie positive originale de 1928 dans un asile d'aliénés en Norvège...* M.M.

PASSION FATALE "The Great Sinner"

Drame de **Robert Siodmak**, avec Gregory Peck, Ava Gardner, Melvyn Douglas, Walter Huston. États-Unis, 1949 – 1 h 50.

L'envoûtante passion du jeu s'empare de tous les personnages et les conduit à leur perte. Version américaine lointainement inspirée du *Joueur* de Dostoïevski.

LE PAS SUSPENDU DE LA CIGOGNE

Comédie dramatique de **Theo Angelopoulos**, avec Marcello Mastroianni, Jeanne Moreau, Gregory Karr. France / Grèce / Suisse, 1991 – Couleurs – 2 h 20.

La vie quotidienne d'un camp de réfugiés dans une ville frontalière et le portrait d'un homme incarnant la crise des idéologies.

PASTEUR

Biographie de **Sacha Guitry** et **Fernand Rivers**, avec Sacha Guitry, Jean Périer, José Squinquel. France, 1935 – 1 h 15.

La vie du grand savant, ses difficultés avec l'Académie de médecine, ses expériences et sa vieillesse auréolée de gloire.

▷ Autres films sur le même thème réalisés par : **Jean Epstein**, avec Charles Mosnier, Maurice Touzé, Jean Rauzena, Robert Tourneur. France, 1922 – 1 500 m (env. 56 mn). **William Dieterle** (Voir LA VIE DE LOUIS PASTEUR).

PASTORALE "Pastoral"

Chronique d'**Otar Iosseliani**, avec Rezo Tchakhalachvili *(l'homme à la jeep)*, Nana Iosseliani *(la jeune paysanne)*, Leri Zardiachvili, Lia Dzougeli *(les voisins)*, Mikhaïl Naneichvili, Noukri Davitachvili, Baïa Matsaberidze *(les musiciens)*. • SC : O. Iosseliani, Rezo Inaniohvili, Otar Mekhrichvili. • PH : Abessalom Maisouradzé. • DÉC : Vakhtang Rouroua. • MUS : Teimouraz Bakouradze. U.R.S.S. (Géorgie), 1976 – 1 h 35.

Un quatuor à cordes venu de la ville vient répéter dans un petit village géorgien. Installés dans une ferme, les musiciens sont au centre d'une intense vie rurale : travaux des champs, amourettes, banquets. Ils s'en retournent sans que presque rien ait changé, sinon le souvenir qu'ils laissent à une jeune fille vaguement amoureuse.

◆ *Une chronique en noir et blanc, admirablement filmée, qui cherche surtout à faire ressentir la texture de la vie dans un coin de Géorgie. Coexistence des traditions et du socialisme moderne, cohabitation – sans interpénétration – des mentalités citadines et rurales. Le film est parlé en langue locale et fourmille de recherches sonores, à partir de la collision entre musique classique et bruits modernes. On y retrouve aussi l'amour du réalisateur pour les ambiances de répétition musicale (comme dans Il était une fois un merle chanteur) et sa façon très particulière de créer l'apparence d'un style improvisé et « pris sur le vif », alors que chaque plan est minutieusement préparé.* M.C.

PATAQUESSE
"AND NOW FOR SOMETHING COMPLETELY DIFFERENT"
Comédie de **Ian McNaughton**, d'après une émission télévisée des Monty Python, avec Les Monty Python. Grande-Bretagne, 1971 – Couleurs – 1 h 30.

Suite de sketches farfelus, dans la grande veine du nonsense à l'anglaise. La verve de l'équipe est souvent irrésistible.

PATATE
Comédie de **Robert Thomas**, d'après la pièce de Marcel Achard, avec Jean Marais, Danielle Darrieux, Pierre Dux, Anne Vernon, Sylvie Vartan. France, 1964 – 1 h 30.

Un raté, surnommé « Patate » par un ancien camarade d'école qui a réussi, lui demande une avance de fonds et découvre le moyen de se venger des humiliations subies.

LES PATATES
Comédie dramatique de **Claude Autant-Lara**, d'après le livre de Jacques Vacherot, avec Pierre Perret, Pascale Robert, Henri Virlojeux. France, 1969 – Couleurs – 1 h 30.

Pendant l'Occupation, les pommes de terre tournent à l'obsession pour un paysan : comment en récupérer et les garder. C'est *la Traversée de Paris*... à la campagne.

PAT GARRETT ET BILLY LE KID
"PAT GARRETT AND BILLY THE KID"
Western de **Sam Peckinpah**, avec James Coburn, Kris Kristofferson, Bob Dylan, Jason Robards. États-Unis, 1973 – Couleurs – 2 h.

Devenu shérif, Pat Garrett doit combattre son ancien ami, Billy le Kid. Deux des figures de la légende de l'Ouest dans une longue ballade crépusculaire.
▷ Voir aussi BILLY LE KID.

PATHER PANCHALI (la Complainte du sentier)
"PATHER PANCHALI" (I)
APARAJITO (l'Invaincu) "APARAJITO" (II)
LE MONDE D'APU "APU SANSAR" (III)
Drame en trois époques de **Satyajit Ray**, avec Subir Bannerjee *(Apu enfant)*, Smaram Ghosal *(Apu adolescent)*, Soumitra Chatterjee *(Apu adulte)*, Kanu Bannerjee *(le père)*, Karuna Bannerjee *(la mère)*, Uma Das Gupta *(Durga)*, Sharmila Tagore *(la femme d'Apu)*, Chunibala Devi. • SC : S. Ray, d'après le roman de Biblutibhusan Bannerjee. • PH : Subrata Mitra. • DÉC : Bansi Chandragupta. • MUS : Ravi Shankar. • MONT : Dulal Gupta. • PR : S. Ray et gouvernement du Bengale occidental. Inde, 1955-1959 – chaque époque : 1 h 50 env. ★ **LION D'OR, Venise 1957 pour *Aparajito*.**

Les années d'apprentissage d'un fils de paysans bengalis, Apu, de 1910 à 1930 : sa dure vie au village, entre un père rêveur et une mère résignée, la mort de sa sœur Durga pendant la mousson, ses premiers émois d'enfant (I) ; ses progrès scolaires, à Bénarès puis à Calcutta (II) ; ses débuts dans la vie active, son mariage, la mort de sa femme en couches, l'espoir d'un avenir meilleur pour son fils Kajal (III).

◆ Misère et grandeur humaine
La « trilogie d'Apu », dont le premier volet – intitulé d'abord la Complainte du sentier *– fut la révélation du festival de Cannes 1956, où il obtint le prix du « Meilleur document humain », est une œuvre puissante, austère, pétrie de sensibilité, qui fit découvrir le cinéma indien aux Occidentaux. On ne trouve à lui comparer que les grands cycles romanesques de Dickens ou de Gorki. Son auteur, Satyajit Ray, issu d'une famille d'artistes, avait été l'assistant de Jean Renoir pour* le Fleuve *; il a confirmé son talent dans une trentaine de films, tous frappés du sceau de la même exigence intérieure, du même dépouillement, du même refus des compromissions commerciales inhérentes à la production indienne, vouée aux mélodrames musicaux et aux niaiseries sentimentales. Inspiré des méthodes du néoréalisme italien,* Pather Panchali *fut entrepris par Satyajit Ray dans des conditions difficiles, avec un budget dérisoire (8 000 roupies). Les autres volets bénéficieront d'aides substantielles, liées à la réputation internationale que s'était acquise entre-temps le jeune réalisateur. Sans paradoxe, on pourrait dire que c'est la pauvreté de l'œuvre qui fait sa richesse. Se conformant à l'enseignement de son maître le poète Rabindranāth Tagore, Ray appréhende les êtres et les choses avec une ferveur presque religieuse, un amour infini pour tout ce qui vit, tout ce qui bouge, n'excluant pas pour autant un ardent désir de justice sociale. Tour à tour contemplatif et réaliste, lyrique et révolté, il brosse un tableau sans concession de la misère et de la grandeur humaine, décrit la quête obstinée et quasi initiatique d'une éthique supérieure, qui puise sa force dans ses échecs mêmes. Il plonge son héros – un enfant sans défense – dans le jeu cruel des cycles cosmiques, et le suit humblement à la trace. Et ainsi, surmontant les contradictions et les mirages dont son pays est le théâtre, il parvient à nous faire entendre les notes indicibles et poignantes d'une harmonie universelle. Cela est du grand art.* C.B.

LE PATIENT ANGLAIS "THE ENGLISH PATIENT"
Drame d'**Anthony Minghella**, d'après le roman *l'Homme flambé* de Michael Ondaatje, avec Ralph Fiennes, Juliette Binoche, Kristin Scott Thomas, Willem Dafoe. États-Unis, 1997 – Couleurs – 2 h 40. ★ **OSCAR DU MEILLEUR FILM.**

Cinq personnages dans un monastère italien abandonné, pendant la guerre : un grand brûlé anglais qui se prétend amnésique, une infirmière qui vient de perdre deux hommes qu'elle aimait, un homme à la recherche de quelqu'un qui l'a trahi, un traître qui pourrait bien être le patient anglais et un officier sikh, démineur taciturne, aimé de l'infirmière. Au fur et à mesure que le patient anglais évoque ses souvenirs se reconstitue la trame d'une histoire d'amour, d'espionnage et de mort sur fond de guerre et d'Orient.

LES PÂTRES DU DÉSORDRE
Drame de **Nico Papatakis**, avec Olga Carlatos, George Dialegmenos, Lambeos Tsangas. France / Grèce, 1968 – 2 h 11.

Dans un village grec, les traditions et le poids des différences sociales s'opposent aux aspirations des individus, ici l'amour entre un berger pauvre et une jeune fille riche.

PATRICK "PATRICK"
Film fantastique de **Richard Franklin**, avec Susan Penhaligon, Robert Helpmann, Rod Mullinar, Bruce Barry. Australie, 1978 – Couleurs – 1 h 45. ★ **GRAND PRIX, Avoriaz 1979.**

Une infirmière débutante se voit attribuer la garde d'un comateux profond dont les dons parapsychiques lui permettent d'exercer sa secrète vengeance.

PATRIE
Drame historique de **Louis Daquin**, d'après la pièce de Victorien Sardou, avec Pierre Blanchar, Maria Mauban, Jean Desailly, Mireille Perrey. France, 1946 – 1 h 35.

Au XVIe siècle, la lutte impitoyable qui oppose le peuple des Flandres aux oppresseurs espagnols.

LE PATRIOTE "THE PATRIOT"
Drame d'**Ernst Lubitsch**, d'après la pièce d'Alfred Neumann, avec Emil Jannings, Lewis Stone, Florence Vidor. États-Unis, 1928 – 2 993 m (env. 1 h 51, version muette) et 3 100 m (env. 1 h 55, version sonore).

Pour éliminer Paul Ier, qui domine la Russie, son homme de confiance monte une conspiration afin que son fils accède au trône.

LE PATRIOTE
Film historique de **Maurice Tourneur**, avec Harry Baur, Pierre Renoir, Josette Day. France, 1938 – 1 h 45.

Une évocation romancée du règne de Paul Ier, le tsar dément, et des intrigues de son ami le gouverneur pour le faire assassiner.

LE PATRIOTE "DIE PATRIOTIN"
Comédie dramatique d'**Alexander Kluge**, avec Hannelore Hoger, Dieter Mainka, Alfred Edel. R.F.A., 1979 – Couleurs – 2 h 01.

À travers les activités d'une historienne, le film montre la difficulté de relater l'histoire de l'Allemagne.

PATROUILLE DE CHOC
Film de guerre de **Claude Bernard-Aubert**, avec Jean Pontoizeau, Jean-Claude Michel, Alain Bouvette. France, 1957 – 1 h 30.

Durant la guerre d'Indochine, les efforts inutiles d'un groupe de Français qui essaient de pacifier un petit village. Le premier film de son auteur.

LA PATROUILLE DE L'AUBE "THE DAWN PATROL"
Film de guerre de **Howard Hawks**, avec Richard Barthelmess *(Dick Courthney)*, Douglas Fairbanks Jr. *(Douglas Scott)*, Neil Hamilton *(major Brand)*, William Janney *(Gordon Scott)*, James Finlayson, Clyde Cook, Gardner James, Edmond Breon. • SC : H. Hawks, Seton I. Miller, Dan Totheroh, d'après le livre de John Monk Saunders *The Flight Commander*. • PH : Ernest Haller. • DÉC : Jack Okey. • MUS : Leo F. Forbstein. • MONT : Ray Curtis. États-Unis, 1930 – 1 h 35.

En 1915, sur le front français, une escadrille composée de pilotes américains volontaires réalise de nombreux exploits. Mais les pertes sont très lourdes. Un officier entre alors en conflit avec le commandant de l'unité, tenu pour responsable de l'hécatombe.

◆ *Film de guerre réaliste,* la Patrouille de l'aube *est sans doute une des œuvres les plus personnelles de Hawks, lui-même ancien pilote de guerre, et son premier film parlant. Grand succès public, ce film marqua son époque par ses séquences aériennes et ses combats spectaculaires. Mais on remarqua également la qualité des dialogues, qui étaient souvent le point faible des premiers films parlants.* *L.A.*

LA PATROUILLE DE LA VIOLENCE
"BULLET FOR A BADMAN"
Western de **R.G. Springsteen**, avec Audie Murphy, Darren McGavin, Ruita Lee. États-Unis, 1964 – Couleurs – 1 h 20.

Un tueur est poursuivi par une patrouille, dans laquelle se trouve l'ami qui a épousé son ancienne femme et élève son enfant.

LA PATROUILLE ÉGARÉE
"THE LONG AND THE SHORT AND THE TALL"
Film de guerre de **Leslie Norman**, d'après la pièce de Willis Hall, avec Laurence Harvey, Richard Todd, Richard

Harris, David McCallum. Grande-Bretagne, 1960 – 1 h 45.

En Extrême-Orient, durant la Seconde Guerre mondiale. Une patrouille égarée cherche à rejoindre son camp. Un prisonnier japonais blessé retarde sa marche...

PATROUILLE EN MER "SUBMARINE PATROL"
Comédie dramatique de **John Ford**, d'après un livre de Ray Milholland, avec Richard Greene, Nancy Kelly, Preston Foster, George Bancroft, Slim Summerville, John Carradine. États-Unis, 1938 – 1 h 33.

À bord d'un bâtiment de guerre, de jeunes recrues apprennent l'art et la manière de chasser les sous-marins.

LA PATROUILLE INFERNALE "BEACHHEAD"
Film d'aventures de **Stuart Heisler**, avec Tony Curtis, Frank Lovejoy, Mary Murphy. États-Unis, 1954 – Couleurs – 1 h 29.

Un épisode de la guerre du Pacifique et de la lutte sans merci que se livraient Japonais et « marines ».

LA PATROUILLE PERDUE "THE LOST PATROL"
Film d'aventures de **John Ford**, avec Victor McLaglen *(le sergent)*, Boris Karloff *(Sanders)*, Wallace Ford *(Morelli)*, Reginald Denny *(George Brown)*, J.M. Kerrigan *(Quincannon)*. • SC : Dudley Nichols, Garrett Fort, d'après le roman de Philip Mac Donald *Patrol*. • PH : Harold Wenström. • DÉC : Van Nest Polglase, Sidney Ullman. • MUS : Max Steiner. • MONT : Paul Weatherwax. États-Unis, 1934 – 1 h 14.

En 1917, un groupe de soldats anglais est assiégé par des Arabes dans une oasis. Isolés du reste du monde, les soldats vont résister jusqu'au bout, exaltés par la conduite héroïque de leur sergent.

◆ *Le film est conçu comme un huis clos. L'immensité du désert emprisonne un groupe réuni par le hasard. Faisant face à un ennemi invisible, les hommes affrontent en fait la folie et la mort. C'est la première collaboration de Ford avec la R.K.O. qui lui a fourni l'aide du réalisateur de King Kong, Merian C. Cooper. La théâtralisation de l'intrigue privilégie les dialogues, mais Ford laisse parfois les images signifier d'elles-mêmes, notamment lorsqu'il ne reste plus dans l'oasis qu'un groupe de sabres plantés dans le sable. Dans le rôle de l'héroïque sergent, Ford emploie son acteur fétiche, Victor McLaglen, qui jouera les Irlandais ivrognes aux côtés d'un autre acteur fétiche : John Wayne.* C.A.

LA PATROUILLE PERDUE "LA PATTUGLIA SPERDUTA"
Drame historique de **Piero Nelli**, avec Sandro Isola, Giuseppe Apra, Giuseppe Raumer. Italie, 1954 – 1 h 35.

En mars 1849, une patrouille piémontaise, qui effectue une reconnaissance, est décimée par les troupes autrichiennes.

PATTE DE CHAT "THE CAT'S PAW"
Comédie de **Sam Taylor**, avec Harold Lloyd, George Barbier, Una Merkel, Nat Pendleton, Grant Mitchell, Vince Barnett. États-Unis, 1934 – 1 h 41.

Le fils d'un missionnaire chinois retourne chez lui et se retrouve en pleine guerre de clans. Un des tout derniers films construits par et pour Harold Lloyd.

PATTES BLANCHES
Drame de **Jean Grémillon**, avec Fernand Ledoux *(Jock Le Guen)*, Suzy Delair *(Odette)*, Paul Bernard *(Julien de Keriadec)*, Michel Bouquet *(Maurice)*, Arlette Thomas *(Mimi)*, Sylvie *(la mère de Maurice)*, Jean Debucourt *(le juge d'instruction)*. • SC : Jean Anouilh, Jean Bernard-Luc. • PH : Philippe Agostini. • DÉC : Léon Barsacq. • MUS : Elsa Barraine. France, 1949 – 1 h 32.

Julien de Keriadec, surnommé « Pattes blanches » à cause de ses guêtres, est détesté dans son village de Bretagne, surtout par son frère bâtard, Maurice. Seule la servante bossue, Mimi, lui est attachée. Le riche mareyeur Jock Le Guen installe chez lui sa maîtresse Odette, une vamp de Saint-Brieuc. Julien s'enflamme pour elle, qui lui cède et passe ensuite dans les bras de Maurice, au nez et à la barbe de Jock Le Guen, qui décide de l'épouser. Le jour des noces, Julien, fou de rage, met le feu à son château et étrangle la mariée...

◆ *Écrit par Jean Anouilh, qui devait également le réaliser,* Pattes blanches *porte la marque de Jean Grémillon. L'action, qui se déroulait dans un pays indéfini, a été transposée en Bretagne – environnement auquel le cinéaste donne un relief tout particulier, sa démarche s'apparentant à celle du néoréalisme italien alors en plein essor. Inscrivant un argument de tragédie dans un contexte naturaliste, ce film insolite bénéficie d'une réunion de talents originaux : Fernand Ledoux, Paul Bernard, Suzy Delair, Michel Bouquet débutant...* G.L.

LES PATTES DE MOUCHE
Mélodrame de **Jean Grémillon**, d'après la pièce de Victorien Sardou, avec Renée Saint-Cyr, Pierre Brasseur, Claude May, Charles Dechamps, Mila Parely. France, 1936 – 1 h 25.

Une jeune femme, sur le point de faire un mariage de raison, écrit une lettre passionnée à son amant. La lettre se perd...

PATTI ROCKS "Patti Rocks"
Comédie dramatique de **David Burton Morris**, avec Chris Mulkey, John Jenkins, Karen Landry. États-Unis, 1987 – Couleurs – 1 h 26.

Billy demande à son copain Eddie de l'accompagner chez Patti, enceinte de Billy – qui est déjà marié – pour la convaincre d'avorter. Chez Patti, les choses prennent une autre tournure...

PATTON "Patton"
Film de guerre de **Franklin J. Schaffner**, avec George C. Scott *(Patton)*, Karl Malden *(Bradley)*, Stephen Young *(Hansen)*, Michael Strong *(Carver)*, Karl Michael Vogler *(Rommel)*, Michael Bates *(Montgomery)*. • SC : Francis Ford Coppola, Edmund H. North, d'après les livres de Ladislas Farago *Patton : Ordeal and Triumph* et Omar N. Bradley *A Soldier's Story*. • PH : Fred Koenekamp. • DÉC : A. Mateos, Pierre Louis Thevenet. • MUS : Jerry Goldsmith. • MONT : Hugh S. Fowler. États-Unis, 1970 – Couleurs – 2 h 50. ★ **Oscars 1970 : Meilleur film, Meilleur réalisateur, Meilleur scénario et Meilleur acteur (G.C. Scott).**

Un portrait du général américain Patton durant la Seconde Guerre mondiale, au cours de ses nombreuses campagnes. Soldat aux multiples victoires, il sera acclamé comme un héros, mais aussi sanctionné pour ses prises de position jugées excessives.

◆ *D'un côté, un personnage démesuré, incarné de façon proprement hallucinante par George C. Scott. De l'autre, un scénario riche et intelligent, décrivant toute la complexité du célèbre général, ses contradictions, ses excès et son génie, sans pour autant le juger, le condamner ou le glorifier (on peut par ailleurs voir, dans l'intérêt de Coppola pour Patton, une préfiguration du colonel Kurtz d'*Apocalypse Now*). Enfin, un excellent réalisateur sachant équilibrer les remarquables scènes de guerre avec les passages psychologiques sans que jamais l'un ne soit sacrifié au profit de l'autre. Tout cela fait de Patton un des meilleurs films de guerre de l'histoire du cinéma américain.* L.A.

PATTY HEARST "Patty Hearst, Her Own Story"
Drame de **Paul Schrader**, d'après le récit de Patty Hearst, avec Natasha Richardson, William Forsythe, Ving Rhames, Frances Fisher, Jodi Long. États-Unis, 1988 – Couleurs – 1 h 44.

La petite-fille d'un magnat de la presse, enlevée par des terroristes, vient à adhérer à leur cause et à se battre à leurs côtés.

PAULE PAULÄNDER
Drame de **Reinhard Hauff**, avec Manfred Reiss, Angelika Kulessa, Manfred Gnoth, Katharina Tüschen. R.F.A., 1976 – Couleurs – 1 h 35.

Un garçon vit pauvrement avec sa famille. Pour échapper à un père brutal, il se lie avec une jeune fille de la ville, mais elle trahira son amitié en partant avec un riche.

PAULINA 1880
Drame psychologique de **Jean-Louis Bertuccelli**, d'après le roman de Pierre-Jean Jouve, avec Eliana de Santis, Olga Karlatos, Maximilian Schell, Sami Frey, Michel Bouquet. France, 1971 – Couleurs – 1 h 51.

De 1862 à 1880, l'histoire d'une jeune fille de la bourgeoisie italienne partagée entre mysticisme et passion amoureuse.

PAULINA S'EN VA
Drame d'**André Téchiné**, avec Bulle Ogier, Marie-France Pisier, Laura Betti, Michèle Moretti, Yves Beneyton. France, 1975 (RÉ : 1969) – Couleurs – 1 h 30.

Au cours d'un périple sans but, une jeune fille en quête d'absolu donne libre cours à ses rêves et à ses obsessions.

PAULINE À LA PLAGE (COMÉDIES ET PROVERBES)
Comédie dramatique d'**Éric Rohmer**, avec Amanda Langlet *(Pauline)*, Arielle Dombasle *(Marion)*, Pascal Greggory *(Pierre)*, Féodor Atkine *(Henri)*, Simon de La Brosse *(Sylvain)*, Rosette *(Louisette)*. • SC : É. Rohmer. • PH : Nestor Almendros. • MUS : Jean-Louis Valéro. • MONT : Cécile Decugis. France, 1983 – Couleurs – 1 h 34.

En vacances près de Granville avec sa cousine Marion, dessinatrice de mode, la jeune Pauline fait la connaissance de Sylvain, un garçon de son âge. Ancien flirt toujours amoureux de Marion, Pierre lui présente son contraire, Henri, qui la séduit. Un quiproquo compromet Sylvain à la place de Pierre. Lorsque Pauline apprend la vérité, elle la tait à Marion.

◆ *À travers ce chassé-croisé en apparence anodin, Rohmer analyse avec une ironie parfois cruelle diverses attitudes face à l'amour : Henri se veut sans attaches et, comme Louisette, dispose librement de son corps ; Pierre rêve à un amour idéal et durable ; Marion croit à l'amour-passion ; Pauline, enfin, refuse le coup de foudre. À ce jeu, personne ne gagne et chacun se trompe sur chacun et sur soi-même. Mais Pauline apprend à confronter ses idées toutes faites à la réalité et que toute vérité n'est pas bonne à dire.* J.M.

LE PAUVRE AMOUR "True Heart Susie"
Drame de **David Wark Griffith**, avec Lillian Gish *(Susie May Trueheart)*, Robert Harron *(William Jenkins)*, Walter Higby. • SC : Marian Fremont. • PH : Billy Bitzer. • MONT : James Smith. États-Unis, 1919 – 1 891 m (env. 1 h 10).

Susie la sincère aime en vain William, son voisin ; elle finance ses études à son insu. Devenu pasteur, il épouse Bettina, qui ne tarde pas à succomber à la fièvre que lui vaut une galante escapade. Susie cache au veuf les badinages de la défunte. Il apprend pourtant ce qu'il lui doit et découvre l'amour vrai.

◆ *Avec une simplicité touchante, cette pastorale oppose la grâce naïve de Susie aux modernes afféteries de Bettina. Son mérite repose sur la délicatesse de l'exécution : symboles esquissés, minces peccadilles, sensible mise en œuvre de l'espace. Le jeu subtil des comédiens introduit dans ces tableaux greuziens une pénétration morale digne de Jane Austen.* A.M.

LA PAUVRE MILLIONNAIRE
"THERE GOES MY HEART"
Comédie de **Norman Z. McLeod**, avec Fredric March, Virginia Bruce, Patsy Kelly, Nancy Carroll, Eugene Pallette, Claude Willingwater, Harry Langdon. États-Unis, 1938 – 1 h 21.

Une jeune fille riche, lasse de la vie sans soucis qui lui est faite, s'engage comme vendeuse dans les grands magasins que possède sa famille.

PAUVRES MAIS BEAUX "POVERI MA BELLI"
Comédie de **Dino Risi**, avec Marisa Allasio, Maurizio Arena, Renato Salvatori, Ettore Manni. Italie, 1956 – 1 h 38.

Insouciance et joie de vivre pour une jeune Romaine qui ne s'en laisse pas conter par les beaux garçons !

PAVANE POUR UN HOMME ÉPUISÉ
"NIHON NO SEISHUN"
Drame de **Masaki Kobayashi**, avec Makoto Fujita, Tomoko Naraoka, Toshio Kurosawa. Japon, 1968 – 2 h 10.

Démobilisé, un soldat devenu sourd rencontre la femme qu'il a aimée jadis et l'officier responsable de son infirmité.

PAVILLON NOIR "THE SPANISH MAIN"
Film d'aventures de **Frank Borzage**, d'après le roman d'Aeneas Mac Kenzie, avec Paul Henreid, Maureen O'Hara, Walter Slezak, Binnie Barnes, John Emery. États-Unis, 1945 – Couleurs – 1 h 41.

Un capitaine hollandais devient pirate après que son équipage a été fait prisonnier par un gouverneur espagnol.

PAVILLONS LOINTAINS "THE FAR PAVILLONS"
Film d'aventures de **Peter Duffell**, d'après le roman de M.M. Kaye, avec Ben Cross, Amy Irving, Christopher Lee. Grande-Bretagne, 1983 – Couleurs – 1 h 53.

Un jeune officier britannique en poste aux Indes noue une idylle avec une des deux princesses indiennes qu'il est chargé d'escorter.

PAYSAGE APRÈS LA BATAILLE
"KRAJOBRAZ PO BITWIE"
Drame d'**Andrzej Wajda**, avec Daniel Olbrychski *(Tadeusz)*, Stanistawa Celińska *(Nina)*, Tadeusz Janczar *(Karot)*. • SC : A. Wajda, Andrzej Brzozowski, d'après des nouvelles de Tadeusz Borowski. • PH : Zygmunt Samiosiuk. • DÉC : Jerzy Szescki. • MUS : Zygmunt Konieckzny, Vivaldi, Chopin. Pologne, 1970 – Couleurs – 1 h 45.

À la fin de la guerre, un camp de prisonniers polonais a été libéré par les Américains. Ils ne sortent pas des barbelés : en attendant qu'on les reloge, ils sont parqués dans une ancienne caserne, sous surveillance, de crainte qu'ils ne fassent mauvais usage de leur liberté. Parmi eux, se trouve Tadeusz, un intellectuel qui cherche sa raison de vivre, et la trouve avec Nina, qui mourra par accident.

◆ *Il est dur de réapprendre à vivre après le grand choc de la guerre et des camps. Wajda le démontre sans complaisance : l'homme reste un loup pour l'homme, et les prisonniers libérés valent à peine mieux que leurs bourreaux. Il n'y a aucun espoir : l'amour aurait pu en être un, il est vite sacrifié. C'est un propos difficile, presque désespéré.* B.B.

PAYSAGE DANS LE BROUILLARD
"TOPIO STIN OMIKHLI"
Drame psychologique de **Theo Angelopoulos**, avec Mikelis Zeke, Tania Palaiologou, Stratos Tzortzoglou. Grèce / France / Italie, 1988 – Couleurs – 2 h 05.

L'itinéraire de deux enfants qui quittent leur maison et prennent le train pour retrouver leur père en Allemagne.

PAYSAGE MORT "HOLT VIDÉK"
Drame d'**István Gaál**, avec Mari Töröcsik *(Juli)*, István Ferenczi *(Anti)*, Irma Patkos *(tante Erzsi)*. • SC : I. Gaál, Péter Nádas. • PH : János Zsombolyaî. • DÉC : József Romvári. • MUS : András Szöllo Jsy. Hongrie, 1972 – Couleurs – 1 h 35.

Peu à peu déserté par ses habitants, un village se meurt. Ne restent bientôt plus qu'un couple, Anti et Juli, et une vieille voisine, surnommée « tante Erzsi », qui a vu son fils émigrer au Canada. La vie est trop dure, dans ce coin de terre. Juli est progressivement détruite par l'angoisse : son fils, pensionnaire en ville, son mari, qui doit travailler à l'extérieur du village... La mort de la « tante Erzsi » achève de la désorienter, de même que l'absence de secours de l'Église. Un matin, sous les yeux de son mari, elle glisse, plus ou moins volontairement, dans un précipice.

◆ *Un beau film, angoissé et tendu, qui lie avec sensibilité la fin d'un monde et la destruction progressive d'un être humain privé de ses points de repère. Admirable interprétation.* D.C.

LES PAYSANS "KREST'JANE"

Drame de **Friedrich Ermler**, avec Elena Younger, Boris Poslavski, A. Petrov, Elena Kortchagina-Aleksandrovskaïa, Nikolai Bogolioubov, Vladimir Gardine. U.R.S.S. (Russie), 1985 – 1 h 54.

Un kolkhozien tente de ruiner l'exploitation, mais son épouse s'apprête à le dénoncer.

LE PAYS BLEU

Comédie dramatique de **Jean-Charles Tacchella**, avec Brigitte Fossey, Jacques Serres, Ginette Garcin. France, 1977 – Couleurs – 1 h 42.

Louise abandonne tout pour vivre le retour à la terre. Mathias s'en va en ville pour devenir chauffeur-livreur. Les réalités économiques sont dures.

PAYS DE COCAGNE

Documentaire de **Pierre Étaix**. France, 1971 – Couleurs – 1 h 25.

À travers un montage d'images réelles, Étaix propose une vision très dure des Français en vacances. On est loin des comédies humoristiques qu'il a signées par ailleurs.

LE PAYS DE LA HAINE "DRANGO"

Film d'aventures de **Hall Bartlett** et **Jules Bricken**, avec Jeff Chandler, Joanne Dru, Julie London. États-Unis, 1957 – 1 h 32.

Après la guerre de Sécession, un major chargé de réorganiser une ville meurtrie se heurte à l'hostilité de la population.

LE PAYS DE LA TERRE SANS ARBRE

Documentaire de **Pierre Perrault**. Canada (Québec), 1980 – Couleurs – 1 h 45.

Le récit des expéditions québécoises au Mouchouanipi. Les scientifiques confrontent leurs connaissances à celles des Indiens.

LE PAYS DE LA VIOLENCE "I WALK THE LINE"

Drame de **John Frankenheimer**, avec Gregory Peck *(Tawes)*, Tuesday Weld *(Anna McCain)*, Ralph Meeker *(l'enquêteur fédéral)*, Lonny Chapman *(Hunnicutt)*. • SC : Alvin Sargent, d'après le roman de Madison Jones *An Exile*. • PH : David M. Walsh. • MUS : Johnny Cash. • MONT : Henry Berman. États-Unis, 1970 – Couleurs – 1 h 40.

Dans une petite ville du Tennessee, la distillerie clandestine est pratiquement la seule ressource des habitants. Pour pouvoir continuer ses affaires en toute tranquillité, McCain ordonne à sa fille Anna de devenir la maîtresse du shérif Tawes. Ce dernier est tellement conquis qu'il trompe l'enquêteur fédéral et couvre l'assassinat par les McCain d'un policier, Hunnicutt, qui avait tout découvert. Mais Anna est mariée et, quand Tawes lui propose de s'enfuir avec elle, c'est elle qui s'en va et lui fait comprendre qu'il a été le dindon de la farce...

◆ *L'ennui et la misère de l'Amérique profonde, la crise des 40 ans pour un homme qui n'a pas d'avenir, tout cela sur le mode doux-amer, filmé avec intelligence.* D.C.

PAYS DE NEIGE "YUKIGUNI"

Drame de **Shiro Toyoda**, d'après le roman de Yasunari Kawabata, avec Ryo Ikebe, Keiko Kishi, Yaoru Yachigusa. Japon, 1957 – 2 h 13.

Dans une station thermale, un jeune homme marié retrouve ainsi que chaque hiver une femme qui travaille comme geisha.

LE PAYS D'OÙ JE VIENS

Comédie de **Marcel Carné**, avec Françoise Arnoul, Gilbert Bécaud, Madeleine Lebeau. France, 1956 – Couleurs – 1 h 34.

Dans une petite ville de province, la veille de Noël, un jeune homme étranger, sosie parfait du pianiste de l'endroit, fait le bonheur de ce dernier, amoureux de la jeune serveuse de la brasserie. Le premier film en couleurs de Carné.

LE PAYS OÙ RÊVENT LES FOURMIS VERTES

"WHERE THE GREEN ANTS DREAM/WO DIE GRÜNEN AMEISEN TRAUMEN"

Drame de **Werner Herzog**, avec Bruce Spence, Wandjuk Marika, Roy Marika, Ray Barrett, Norman Kaye. R.F.A., 1983 – Couleurs – 1 h 40.

Une compagnie minière qui veut exploiter l'uranium d'un désert australien se heurte à l'opposition non-violente des aborigènes.

LE PAYS SANS ÉTOILES

Drame fantastique de **Georges Lacombe**, avec Jany Holt, Pierre Brasseur, Gérard Philipe, Sylvie. France, 1946 – 1 h 40.

À un siècle de distance, des personnages vivent les mêmes situations. Un des rares films français évoquant la réincarnation.

LA PEAU "LA PELLE"
Drame de **Liliana Cavani**, d'après le roman de Curzio Malaparte, avec Marcello Mastroianni, Burt Lancaster, Claudia Cardinale. Italie, 1981 – Couleurs – 2 h 11.

En 1943, les Américains libèrent Naples. Un ancien journaliste, Malaparte, officier de liaison, les accompagne et découvre les horreurs de la réalité.

PEAU D'ÂNE
Comédie féérique de **Jacques Demy**, d'après le conte de Charles Perrault, avec Catherine Deneuve, Jacques Perrin, Jean Marais, Fernand Ledoux, Micheline Presle, Delphine Seyrig. France, 1970 – Couleurs – 1 h 30.

Jacques Demy a revisité le célèbre conte avec la fraîcheur et la naïveté censées être l'apanage de l'enfance. Décors et costumes d'apparat, vedettes, et musique signée Michel Legrand...

PEAU DE BANANE
Comédie de **Marcel Ophuls**, d'après le roman de Charles Williams, avec Jeanne Moreau, Jean-Paul Belmondo, Claude Brasseur. France, 1963 – 1 h 45.

Cathy, dont le père a jadis été ruiné par ses associés, veut se venger en les dépouillant à leur tour. Une comédie pleine de rebondissements réussie par le futur réalisateur du *Chagrin et la Pitié*.

PEAU D'ESPION
Film d'espionnage d'**Édouard Molinaro**, avec Louis Jourdan, Senta Berger, Bernard Blier. France / R.F.A. / Italie, 1967 – Couleurs – 1 h 25.

Un romancier sans succès accepte de collaborer avec les services secrets et s'introduit chez un éditeur d'art qui est soupçonné de collaboration avec l'Est.

LA PEAU DE TORPEDO
Film d'espionnage de **Jean Delannoy**, d'après le roman de Francis Ryck, avec Lilli Palmer, Klaus Kinski, Stéphane Audran. France, 1970 – Couleurs – 1 h 50.

La femme d'un antiquaire ignore que son mari est un espion. De quipropos en errances, elle le tuera par jalousie.

LA PEAU DOUCE
Drame de **François Truffaut**, avec Françoise Dorléac *(Nicole)*, Jean Desailly *(Pierre Lachenay)*, Nelly Benedetti *(Franca)*, Daniel Ceccaldi *(Clément)*. • SC : F. Truffaut, Jean-Louis Richard. • PH : Raoul Coutard. • MUS : Georges Delerue. • MONT : Claudine Bouché. France, 1964 – 1 h 55.

Directeur d'une petite revue littéraire, Pierre Lachenay, marié à Franca, donne des conférences sur Balzac. Il tombe amoureux d'une hôtesse de l'air, Nicole, qui devient sa maîtresse. Ils vivent mal les difficutés de la dissimulation, mais lorsque Pierre veut épouser Nicole, elle refuse. Franca, qui a découvert sa liaison, rejoint Pierre au restaurant, un fusil de chasse à la main...

◆ *L'un des films les plus personnels de Truffaut, en même temps que l'un des moins « séduisants ». Son style sec, très découpé, répond à l'angoisse et à la nervosité du personnage central. Truffaut renouvelle le triangle classique du boulevard français en faisant de Pierre un être écartelé entre le personnage social pesant que les autres voient en lui et l'être gai, léger, vivant qu'il croit pouvoir devenir auprès de sa maîtresse. Jean Desailly lui donne une vérité et une sensibilité émouvantes.* *J.M.*

LA PEAU D'UN HOMME
Film policier de **René Jolivet**, avec Roger Pigaut, Pierre Larquey, Colette Ripert, Yves Deniaud. France, 1951 – 1 h 38.

Un professeur en criminologie démontre la culpabilité d'un journaliste qui a assassiné le séducteur de sa sœur.

LA PEAU ET LES OS
Drame policier de **Jean-Paul Sassy**, avec Gérard Blain, Juliette Mayniel, André Oumansky, René Dary. France, 1961 – 1 h 32. ★ PRIX JEAN-VIGO 1961.

Des détenus luttent pour prouver l'innocence de l'un d'entre eux après en avoir fait leur souffre-douleur.

PEAUX DE VACHES
Drame de **Patricia Mazuy**, avec Sandrine Bonnaire, Jean-François Stévenin, Jacques Spiesser. France, 1989 – Couleurs – 1 h 28.

Un soir d'ivresse, un vagabond meurt dans l'incendie d'une vieille ferme. Des deux frères présents, l'un ira en prison pour dix ans, tandis que l'autre se mariera et « réussira ».

LE PÉCHÉ "AL-HARĀM"
Drame d'**Henry Barakāt**, avec Fātin Hamāma, Zaki Rustum, Hassan al-Barudī, Abd al-Halim Khattab, Samy Sarhan. • SC : Wahba, d'après Idriss. • PH : al-Mahdi. • MUS : Soliman Gamil. • MONT : Abd as-Salām. Égypte, 1965 – 1 h 45.

Dans les années 50, une jeune paysanne est violée par un propriétaire. Elle accouche dans un champ, pendant la récolte, et tue l'enfant nouveau-né. Ce drame dresse les paysans contre les travailleurs saisonniers, avant que la solidarité ne l'emporte face aux patrons qui les exploitent.

◆ *Sur un sujet qui pouvait facilement tourner au mélodrame, Barakāt, qui a pourtant réalisé pour l'essentiel des films de divertissement, souvent musicaux, a fait une œuvre forte qui marque une date dans le cinéma égyptien. Cela tient à la qualité de l'interprétation, la sensibilité de l'héroïne jouée par Fātin Hamāma se mariant parfaitement avec l'authenticité de nombreux non-professionnels ; mais c'est aussi que Barakāt a su donner une place importante à une description sans artifice de la réalité, la vie difficile des paysans égyptiens, qui intervient dès lors dans l'action comme un ressort dramatique.* *J.-M.C.*

LA PÊCHE AU TRÉSOR "LOVE HAPPY"
Film burlesque de **David Miller**, avec Chico Marx, Groucho Marx, Harpo Marx, Vera-Ellen. États-Unis, 1949 – 1 h 31.

Harpo, Chico et Groucho se repassent une boîte de sardines contenant un collier de grand prix. Apparition de Marilyn Monroe.

PÉCHÉ MORTEL "LEAVE HER TO HEAVEN"
Drame de **John Stahl**, d'après le roman de Ben Ames Williams, avec Gene Tierney, Cornel Wilde, Jeanne Crain, Vincent Price, Mary Philips, Ray Collins. États-Unis, 1945 – Couleurs – 1 h 50.

La jeune épouse jalouse d'un romancier provoque la mort de son beau-frère, puis se suicide en s'arrangeant pour que sa cousine soit accusée de meurtre.

PÉCHÉS DE JEUNESSE
Comédie dramatique de **Maurice Tourneur**, avec Harry Baur, Lise Delamare, Guillaume de Sax, Monique Joyce, Pierre Bertin, Suzanne Dantès. France, 1941 – 1 h 35.

Las de sa solitude, un homme d'âge mûr part à la recherche des enfants qu'il a pu avoir au cours d'une jeunesse folle.

LE PÉCHÉ SUÉDOIS "BARNVAGNEN"
Comédie dramatique de **Bo Widerberg**, avec Inger Taube, Thommy Berggren, Lars Passgärd. Suède, 1962 – 1 h 20.

Une jeune ouvrière hésite entre un chanteur de rock et un jeune homme de bonne famille. Enceinte du premier, elle essaye de vivre avec le second.

PÊCHEUR D'ISLANDE
Mélodrame de **Jacques de Baroncelli**, d'après le roman de Pierre Loti, avec Charles Vanel, Sandra Milowanoff. France, 1924 – 2 700 m (env. 1 h 40).

Un pauvre pêcheur de Paimpol amoureux d'une jeune fille riche refuse le mariage qui l'humilierait. En rentrant d'Islande, il la trouve ruinée et l'épouse, mais il disparaîtra dans un naufrage.

▷ Autres versions réalisées par : **Pierre Guerlais**, avec Thomy Bourdelle, Marguerite Weintenberger. France, 1933 – 1 h 15. **Pierre Schoendoerffer**, avec Jean-Claude Pascal, Juliette Mayniel. France, 1959 – Couleurs – 1 h 24.

PÊCHEURS DE REQUINS "TIBURONEROS"
Drame psychologique de **Luis Alcoriza**, avec Julio Aldama, Dacia Gonzalez, Nino David del Carpio, Tito Junco. Mexique, 1962 – 1 h 40.

Pour l'amour d'une fraîche jeune fille, un homme quitte la ville et retrouve son ancien travail de pêcheur de requins.

PÉDALE DOUCE
Comédie de **Gabriel Aghion**, avec Patrick Timsit, Fanny Ardant, Richard Berry, Michèle Laroque, Jacques Gamblin. France, 1996 – Couleurs – 1 h 40.

Alexandre découvre avec consternation qu'Adrien, avec lequel il est en relation d'affaires, et son amie Eva, dont il vient de tomber amoureux, font partie du milieu « gay ». Après quelques malentendus, tout ce petit monde constituera un ménage à trois avec enfant et cercle d'amis attendris.

PEE-WEE BIG ADVENTURE
"PEE-WEE'S BIG ADVENTURE"
Comédie de **Tim Burton**, avec Pee-Wee Herman, Elizabeth Daily. États-Unis, 1985 – Couleurs – 1 h 30.

Le coureur Pee-Wee Herman part à la recherche de son vélo perdu. Série d'aventures rocambolesques où le rêve se mêle à la réalité.

PEGGY SUE S'EST MARIÉE
"PEGGY SUE GET MARRIED"
Comédie de **Francis Ford Coppola**, avec Kathleen Turner, Nicolas Cage. États-Unis, 1986 – Couleurs – 1 h 40.

Peggy Sue, dont le mariage est en crise, rêve de revenir 25 ans en arrière, au bal du lycée où elle était la reine. Un Coppola intimiste.

PEINE CAPITALE "YIELD TO THE NIGHT"
Drame psychologique de **John Lee Thompson**, avec Diana Dors, Yvonne Mitchell, Michael Craig. Grande-Bretagne, 1956 – 1 h 39.

Dans sa cellule, une condamnée à mort revit les événements qui l'ont amenée là. Diana Dors loin de son personnage de vamp.

LA PEINE DU TALION "THE MAN FROM COLORADO"
Drame de **Henry Levin**, avec Glenn Ford, William Holden, Ellen Drew, Ray Collins, Edgar Buchanan, Jerome Courtland. États-Unis, 1948 – Couleurs – 1 h 39.

Un ancien officier nordiste, nommé juge d'une petite ville, terrorise la région en condamnant à mort pour des peccadilles. Le shérif, son ancien adjoint, rejoint ses opposants.

PÉKIN-CENTRAL
Drame de **Camille de Casabianca**, avec Yves Rénier, Christine Citti. France, 1986 – Couleurs – 1 h 35.

Un journaliste propose à sa jeune maîtresse de l'emmener en Chine. Ce voyage sera l'occasion de leur séparation.

LE PÈLERIN "The Pilgrim"
Comédie de **Charlie Chaplin**, avec Charlie Chaplin *(le forçat)*, Mack Swain *(le bedeau)*, Edna Purviance *(la jeune fille)*, Tom Murray *(le shérif)*, Sydney Chaplin, Chuck Reisner. • SC : C. Chaplin • MONT : C. Chaplin. • PH : Rollie Totheroh. États-Unis, 1923 – 1 300 m (env. 48 mn).

Charlot, forçat évadé déguisé en pasteur, est pris pour un vrai clergyman par le bedeau qui l'accueille dans une petite ville où il courtise une fille de famille. Arrêté par le shérif, il est amené à la frontière mexicaine.

◆ *Une satire violente et corrosive des milieux bigots et puritains, où Chaplin stigmatise l'hypocrisie de l'Amérique profonde. La force du film vient évidemment du décalage entre les habitudes du vagabond (à l'église, il cherche du pied la barre d'appui d'un bar) et la dignité que réclame son rôle (il vérifie « injurieusement » le poids des pièces après la quête). La scène finale est extraordinaire qui montre Charlot, recherché aux États-Unis et au Mexique, marchant sur la ligne frontière comme sur une corde raide, vivant symbole de la précarité burlesque de toute vie et de l'absurdité de toutes les barrières, symboliques et réelles.* S.K.

LE PÉLICAN
Drame psychologique de **Gérard Blain**, avec Gérard Blain, Dominique Ravix, Régis Blain. France, 1973 – Couleurs – 1 h 30.

Pour assurer le bonheur des siens, un pianiste de jazz se compromet dans un trafic de faux dollars. Arrêté et condamné, déchu de ses droits paternels, il fera tout ce qu'il peut pour retrouver son fils.

LA PELICULA DEL REY (LE FILM DU ROI)
"La pelicula del Rey"
Drame de **Carlos Sorin**, avec Ulises Dumont, Julio Chaves, Villenueva Cosse, Ana Maria Giunta. Argentine, 1986 – Couleurs – 1 h 40.

Un cinéaste prépare un film sur un Français qui se fit proclamer roi au milieu du siècle dernier par les Indiens de Patagonie. La fiction finit par dépasser la réalité.

PELLE LE CONQUÉRANT "Pelle erobreren"
Drame de **Bille August**, avec Max von Sydow, Pelle Hvenegaard. Danemark / Suède, 1987 – Couleurs – 2 h 30. ★ Palme d'or, Cannes 1988.

À la fin du siècle dernier, un veuf et son jeune fils quittent la Suède pour le Danemark, où ils espèrent trouver une vie meilleure.

LA PENDAISON "Kōshikei"
Drame satirique de **Nagisa Ōshima**, avec Yun-do Yun *(R.)*, Kei Satō *(le chef des exécuteurs)*, Fumio Watanabe *(l'officier)*, Toshirō Ishida *(l'aumônier)*, Mutsuhiro Touro *(l'officier médecin)*, Hōsei Komatsu *(le ministère public)*, Akiko Koyama *(la Coréenne)*. • SC : N. Ōshima, Tsutomu Tamura, Mamoru Sasaki, Michinori Fukao. • PH : Yasuhiro Yoshioka. • DÉC : Jushō Toda. • MUS : Hikaru Hayashi. • MONT : Keichi Uraoka. Japon, 1968 – 1 h 57.

Coupable de viol et de meurtre, R. est exécuté. Mais il survit à sa pendaison, ayant perdu le souvenir de son identité. La loi interdisant d'exécuter un individu inconscient, le gardien, l'aumônier, le médecin miment devant lui son enfance et les circonstances de son crime pour agir sur sa mémoire. R. accepte d'assumer son identité et peut donc de nouveau être exécuté.

◆ *Un huis clos psychodramatique où les représentants de l'autorité, en mimant hystériquement à R. les moments (l'enfance, le viol, le meurtre) et les personnages (les parents, les éducateurs) importants de sa vie pour lui prouver sa culpabilité (il est coupable parce que meurtrier, Coréen et pauvre), libèrent leurs propres fantasmes et interdits. La peine de mort y devient la caricature grotesque d'une illusoire justice qui a deux poids et deux mesures et que Ōshima, dans un style rigoureux et très « café-théâtre », renvoie au néant du non-sens.* S.K.

PENDEZ-LES HAUT ET COURT
"Hang'em High"
Western de **Ted Post**, avec Clint Eastwood, Inger Stevens, Ed Begley. États-Unis, 1967 – Couleurs – 1 h 54.

Jed Cooper, à la poursuite de ceux qui ont voulu le lyncher, devient shérif. Peinture solide d'un Ouest en train de se légaliser.

LA PENDULE À SALOMON
Drame de **Vicky Ivernel**, avec Daniel Ivernel, René-Louis Lafforgue, Charles Moulin. France, 1961 – 1 h 26. ★ Grand Prix du film social 1961.

De 1942 à 1946, le travail des compagnons charpentiers qui parcourent les routes de la douce France.

LE PENSEUR

Drame de **Léon Poirier**, avec André Nox, Marguerite Madys, Armand Tallier. France, 1920 – 1 770 m (1 h 05).

Un peintre célèbre, obsédé par le désir de voir la pensée humaine, contemple sans cesse la statue de Rodin et délaisse sa famille.

PENSION D'ARTISTES "STAGE DOOR"

Comédie dramatique de **Gregory La Cava**, d'après la pièce d'Edna Ferber et George S. Kaufman, avec Katharine Hepburn, Ginger Rogers, Adolphe Menjou. États-Unis, 1937 – 1 h 33.

Plusieurs jeunes filles qui veulent faire du théâtre se retrouvent, au seuil de la gloire, dans une pension de famille.

PENSION MIMOSAS

Drame de **Jacques Feyder**, avec Françoise Rosay *(Louise Noblet)*, André Alerme *(Gaston Noblet)*, Paul Bernard *(Pierre Brabant)*, Lise Delamare *(Nelly)*, Jean Max *(Romani)*, Ila Meery *(Vilma)*, Arletty *(Parasol)*, Paul Azaïs *(Georges)*, Raymond Cordy, Nane Germon, Pierre Labry. • SC : J. Feyder, Charles Spaak. • PH : Roger Hubert. • DÉC : Lazare Meerson. • MUS : Armand Bernard. France, 1934 – 1 h 49.

Louise et Gaston Noblet tiennent la pension Mimosas à Nice. À Paris, Pierre, leur fils adoptif, fréquente les cercles de jeux et vit d'expédients malhonnêtes. Louise le fait venir à la pension, héberge aussi sa maîtresse Nelly, à qui l'oppose vite une sourde rivalité. Pierre supporte les infidélités de Nelly, replonge dans le jeu, s'endette. Nelly le quitte et il se suicide alors que Louise venait de rassembler la somme nécessaire au remboursement.

◆ *Certes, l'histoire est cousue de gros fils et le découpage de valeur inégale, mais le sujet et son traitement tranchent sur le cinéma français de l'époque. Sans schématisme ni recours excessif au dialogue, les rapports Louise-Nelly-Pierre sont montrés avec une intensité qui permet de dépasser la simple anecdote. Le rapprochement, justifié, avec* Phèdre, *le naturalisme à la Zola, prouvent que le personnage de Louise accède à la vérité du type. Françoise Rosay y est excellente, même si Arletty, en une seule séquence, lui vole presque la vedette en lançant : « Alors, c'est vous les Hortensias ? »* J.-P.B.

LA PENSIONNAIRE "LA SPIAGGIA"

Comédie dramatique d'**Alberto Lattuada**, avec Martine Carol, Raf Vallone. Italie/France, 1954 – Couleurs – 1 h 43.

Sur la Riviera italienne, satire amère de la bourgeoisie snob et dépravée autour du portrait d'une prostituée qui aspire à la respectabilité.

LA PENTE "DANCE, FOOLS, DANCE"

Film policier de **Harry Beaumont**, avec Joan Crawford, Lester Vail, Cliff Edwards, William Bakewell, Clark Gable. États-Unis, 1931 – 1 h 20.

Au moment du krack de Wall Street, en 1929, un jeune homme ruiné devient la proie d'un bootlegger (Clark Gable dans un de ses premiers rôles).

LA PENTE DOUCE

Drame psychologique de **Claude D'Anna**, avec Pascale Audret, Michel de Ré, Adrian Hoven, Julie Dassin. France, 1972 – Couleurs – 1 h 30.

Une bourgeoise désœuvrée achète une maison de campagne, où elle cède peu à peu à ses pulsions obscures d'obsession sexuelle.

PÉPÉ "PEPE"

Comédie de **George Sidney**, avec Cantinflas, Dan Dailey, Shirley Jones. États-Unis, 1960 – Couleurs – 2 h 30.

Suite de sketches dans lesquels paraissent de nombreuses stars : Maurice Chevalier, Tony Curtis, Kim Novak, Janet Leigh, Debbie Reynolds, Bing Crosby, Zsa Zsa Gabor, Frank Sinatra.

PÉPÉ LE MOKO

Drame policier de **Julien Duvivier**, avec Jean Gabin *(Pépé le Moko)*, Mireille Balin *(Gaby Gould)*, Line Noro *(Inès)*, Lucas Gridoux *(Slimane)*, Charpin *(Régis)*, Saturnin Fabre *(Grand-Père)*, Gilbert Gil *(Pierrot)*, Fréhel *(Tania)*. • SC : J. Duvivier, Jacques Constant, Henri Jeanson (dialogues), Roger Ashelbé, d'après son roman. • PH : Jules Kruger, Marc Fossard. • DÉC : Jacques Krauss. • MUS : Vincent Scotto, Mohamed Yguerbouchen. • MONT : Marguerite Beaugé. France, 1937 – 1 h 33.

La casbah d'Alger dans les années 30. C'est le refuge d'un chef de gang, Pépé le Moko, qui est cerné par la police de la ville et ne peut sortir de sa prison symbolique. Un policier arabe, Slimane, profitant d'une liaison amoureuse entre Pépé et une jeune Parisienne, monte un stratagème afin de le capturer plus facilement hors de son repaire. Pépé rejoint sur le port la jeune femme qui embarque. Arrêté, il se suicide en regardant le bateau partir.

◆ *Julien Duvivier, avec le concours d'un brillant dialoguiste, métamorphose un médiocre récit policier de série du détective Ashelbé en noir mélodrame colonial, fondé sur le mythe naissant de Jean Gabin, gangster séduisant trahi par une femme du monde et par la nostalgie du « parfum » du métro parisien. Outre sa fin dramatique, le film est également célèbre pour le portrait caustique des membres de la bande de Pépé, avec leurs répliques pittoresques signées Henri Jeanson.* *M.M.*

▷ Voir aussi CASBAH et TOTÒ LE MOKO.

PEPPERMINT FRAPPÉ "PEPPERMINT FRAPPÉ"
Drame psychologique de **Carlos Saura**, avec Geraldine Chaplin, José Luis Lopez Vazquez. Espagne, 1967 – Couleurs – 1 h 31.

Le jeu périlleux et destructeur d'un médecin qui transforme sa collaboratrice pour en faire le double de la femme d'un ami, idéal qui l'obsède et cristallise son désir.

LE PERCEUR DE COFFRES "THE SAFECRACKER"
Film policier de **Ray Milland**, avec Ray Milland, Barry Jones, Jeannette Sterkes, Victor Maddern. Grande-Bretagne / États-Unis, 1958 – 1 h 36.

Durant la Seconde Guerre mondiale, un perceur de coffres est engagé par les services secrets britanniques pour dérober des documents aux nazis. Basé sur des faits authentiques.

PERCEVAL LE GALLOIS
Drame historique d'**Éric Rohmer**, avec Fabrice Luchini *(Perceval)*, André Dussollier *(Gauvain)*, Clémentine Amouroux, Jacques Le Carpentier, Gérard Falconetti, Arielle Dombasle, Marie-Christine Barrault. • SC : É. Rohmer, d'après Chrétien de Troyes. • PH : Nestor Almendros. • DÉC : Jean-Pierre Kohut-Svelko. • MUS : Guy Robert. • MONT : Cécile Decugis. France, 1979 – Couleurs – 2 h 18.

Malgré l'avis de sa mère, Perceval se rend à la cour du roi Arthur pour devenir chevalier. Sa simplicité et sa naïveté lui font commettre bien des erreurs qui l'entraînent dans une longue quête, au cours de laquelle il croise nombre de personnages. Le jour du vendredi saint, il se recueille devant la représentation de la Passion et se repend de sa vanité avant de reprendre son errance.

◆ *C'est une des œuvres les plus neuves et les plus audacieuses de la décennie. Rohmer y pousse à l'extrême ses recherches sur la représentation de l'histoire amorcées dans* la Marquise d'O... *Il restitue les octosyllabes de Chrétien de Troyes et utilise le mode de représentation de l'espace de la peinture et de la sculpture des XIIe et XIIIe siècles, tournant en studio dans un décor unique. Loin de toute sécheresse, cette exigence lui fait retrouver la fraîcheur et la drôlerie de l'œuvre originale.* *J.M.*

EL PERDIDO "THE LAST SUNSET"
Western de **Robert Aldrich**, avec Kirk Douglas, Rock Hudson, Dorothy Malone, Joseph Cotten. États-Unis, 1961 – Couleurs – 1 h 53.

Poursuivi au Mexique par un shérif texan, un aventurier revient vers une femme qu'il a aimée autrefois...

PERDU DANS LES TÉNÈBRES "SPERDUTI NEL BUIO"
Comédie dramatique de **Camillo Mastrocinque**, d'après l'œuvre de Roberto Bracco, avec Vittorio De Sica, Jacqueline Plessis, Sandro Ruffini. Italie, 1947 – 1 h 30.

Aveugle de naissance, un violoniste s'attache à une enfant qu'il recueille et qui, bien des années plus tard, le laissera seul pour partir avec l'homme qu'elle aime.

PERDUS DANS LES TÉNÈBRES "SPERDUTI NEL BUIO"
Mélodrame de **Nino Martoglio**, avec Virginia Balestrieri *(Paolina)*, Giovanni Grasso *(Nunzio)*, Dillo Lombardi *(le duc)*, Maria Carmi *(Livia)*, Vittorina Moneta *(la mère de Paolina)*. • SC : N. Martoglio, d'après l'œuvre de Roberto Bracco • MONT : N. Martoglio. • PH : Romagnoli. Italie, 1914 – env. 1 780 m (env. 1 h 06).

Deux adolescents se rencontrent à Naples, puis se séparent. Alors que Nunzio reste dans le milieu populaire, Paolina s'élève dans la société et devient une vedette. Mais elle a eu, entre-temps, une liaison avec un duc et leur enfant, confiée à un aveugle, ne saura que beaucoup plus tard la vérité sur sa naissance.

◆ *La dernière copie connue de ce film a disparu pendant la dernière guerre... Les témoignages antérieurs nous permettent néanmoins de voir dans cette œuvre d'un homme de théâtre, qui ne réalisa que quatre films, un lointain ancêtre du néoréalisme, chose d'autant plus étonnante que la mode était alors en Italie aux grands spectacles antiques. Mais il est vrai qu'auteur et interprètes s'étaient appuyés sur une tradition réaliste, et même dialectale, dans cette transposition visuelle de tranches de vie. Le jeu des contrastes entre quartiers et personnages, par une opposition constante entre pauvres et riches, devait également alimenter une peinture directe et hors de toute théâtralité de la vie quotidienne.* *J.-M.C.*

PÈRE "APA"
Chronique d'**István Szabó**, avec Miklós Gábor *(le père)*, Dániel Erdélyi *(Takó enfant)*, András Bálint *(Takó)*, Klári Tolnay *(la mère)*, Zsuzsa Rátonyi *(la mère, jeune fille)*, Katalin Sólyom *(Anni)*. • SC : I. Szabó. • PH : Sándor Sára. • DÉC : Béla Zeichán. • MUS : János Gonda. • MONT : János Rózsa. Hongrie, 1966 – 1 h 35. ★ **GRAND PRIX, Moscou 1967.**

Le jeune Takó est élevé dans la mémoire de son père, mort durant le siège de Budapest en 1945. À partir de souvenirs personnels et d'objets reliques (montre, lunettes, stylo et manteau de cuir), il s'invente un père héroïque dont il raconte les exploits. Son imagination transforme le défilé du 1er Mai en une manifestation à la gloire de ce père exceptionnel dont la photographie recouvre les portraits géants de Staline. Les événements de 1956 provoquent son premier doute vis-à-vis des « héros positifs ». La rencontre d'Anni – étudiante juive dont le père est mort en déportation – accélère sa prise de conscience. Le décalage entre son rapport au père – mythique et extraverti – et celui d'Anni – tragiquement réel et refoulé – le tire de son rêve. Il enquête, interroge des témoins qui se souviennent d'un médecin dévoué et non d'un héros. La réalité chasse l'image idéalisée du père.

◆ *Sous l'anecdote, István Szabó montre la création de mythes sociaux nécessaires à sa génération orpheline, en mal de père et qui a eu besoin de s'identifier aux figures emblématiques de la Résistance et des dix premières années de l'après-guerre. Après* l'Âge des illusions, Père – *parabole feutrée sur le culte de la personnalité – démystifie avec humour et nostalgie une époque confuse et douloureuse pour les Hongrois. Sans être directement autobiographique, ce travail de deuil est une autre version de la perte des illusions.* *A.K.*

LE PÈRE "FADERN"
Drame d'**Alf Sjöberg**, d'après la pièce d'August Strindberg, avec Georg Rydeberg, Gunnel Lindblom, Lena Nyman. Suède, 1969 – Couleurs – 1 h 38.

Au début du siècle, dans une famille bourgeoise, la lutte implacable que se livrent deux époux, utilisant l'un et l'autre leur fille unique comme arme.

LE PÈRE DE LA MARIÉE "FATHER OF THE BRIDE"
Comédie de **Vincente Minnelli**, avec Spencer Tracy, Joan Bennett, Elizabeth Taylor. États-Unis, 1950 – 1 h 33.

Amusantes aventures d'un père de famille au cours des préparatifs du mariage de son unique fille. Dans la foulée, le réalisateur signe une suite intitulée ALLONS DONC, PAPA (Voir ce titre).

LE PÈRE DE MADEMOISELLE
Comédie de **Marcel L'Herbier** et **Robert-Paul Dagan**, d'après la pièce de Roger Ferdinand, avec Arletty, André Luguet, Suzy Carrier, Denise Grey. France, 1953 – 1 h 40.

Une actrice célèbre joue les Cupidon en favorisant l'idylle de sa secrétaire avec un jeune attaché d'ambassade.

LE PÈRE DU SOLDAT "DJARISKACIS MAMA"
Drame de **Rezo Tchkheidze**, avec Serguei Zakariadze, V. Privaltsev. U.R.S.S. (Géorgie), 1965 – 1 h 33.

En 1942, un vieux paysan endosse l'uniforme pour retrouver son fils. Du Caucase jusqu'en Allemagne, impitoyable au combat, il respectera cependant le labeur des travailleurs ennemis.

PÈRE MALGRÉ LUI "THE TUNNEL OF LOVE"
Comédie de **Gene Kelly**, avec Doris Day, Richard Widmark, Gig Young, Gia Scala. États-Unis, 1958 – 1 h 38.

Un couple qui ne peut pas avoir d'enfant décide d'en adopter un. Une assistance sociale vient quêter sur leur moralité. Nombreux seront les quiproquos...

LE PÈRE NOËL EST UNE ORDURE
Comédie satirique de **Jean-Marie Poiré**, d'après la pièce du Splendid, avec Anémone, Thierry Lhermitte, Marie-Anne Chazel, Gérard Jugnot, Christian Clavier, Josiane Balasko. France, 1982 – Couleurs – 1 h 31.

Deux « écoutants » de S.O.S.-Détresse s'apprêtent à passer leur nuit de Noël en répondant aux appels des malheureux. Mais ils sont submergés de catastrophes diverses.

LE PÈRE SERGE "OTEC SERGIJ / KNJAZ KASACKIJ"
Drame de **Jakov Protazanov**, avec Ivan Mosjoukine *(le père Serge)*, Natalija Lisenko *(la veuve Makovkina)*, Vera Dzenejava *(Maria)*, Evgueni Gajdarov *(Nicolas Ier)*, Nikolai Panov *(le père de Kasacki)*, Olga Kondorova *(comtesse Korotkova)*. • SC : Aleksandre Volkov, d'après le récit de Léon Tolstoï. • PH : Fedor Bourgasov. • DÉC : Vladimir Balliouzek, Aleksandre Lochakov, V. Vorobiev. U.R.S.S. (Russie), 1918 – env. 2 200 m (1 h 21).

Le prince Kasacki entreprend, à 18 ans, une brillante carrière militaire, conformément au vœu de son père. Refusant d'épouser la comtesse Korotkova parce qu'elle a été la maîtresse du tsar, il devient le moine Serge. Ambitieux, mais déçu par les hommes, il se fait ermite, résiste aux avances d'une belle veuve, mendie sur les routes, et se voit déporté en Sibérie.

◆ *Une œuvre surprenante de beauté et de modernité. Le personnage principal, orgueilleux et tourmenté, possède une complexité rare dans le cinéma de l'époque. La réalisation utilise avec brio la photo, les cadrages, la profondeur de champ, et certaines images (Serge de profil, en gros plan, sur fond de campagne parfaitement nette) annoncent* Ivan le Terrible *d'Eisenstein. Le film, entrepris avant la révolution d'Octobre, fut interrompu, repris, et sortit en mai 1918.* *J.-P.B.*

▷ Autre version réalisée par: **Lucien Gasnier-Raymond**, avec Jacques Dumesnil, Marcel Herrand, Mila Parely, Ariane Borg. France, 1946 – 1 h 45.

PÈRES ET FILS "PADRI E FIGLI"
Comédie de **Mario Monicelli**, avec Antonella Lualdi, Vittorio De Sica, Marcello Mastroianni. Italie/France, 1957 – 1 h 48.

Bonne humeur et acteurs célèbres pour plusieurs sketches sur les rapports parents-enfants.

LE PÈRE TRANQUILLE
Comédie dramatique de **René Clément**, avec Noël-Noël, Claire Olivier, Nadine Alari, José Artur. France, 1946 – 1 h 37.

Un père de famille, apparemment sans histoires, se révèle être le chef d'un réseau de la Résistance. Portrait d'une famille bien française durant l'Occupation.

PERFECT "PERFECT"
Comédie dramatique de **Jeff Bridges**, avec John Travolta, Jamie Lee Curtis, Anne de Salvo, Marilu Henner. États-Unis, 1985 – Couleurs – 2 h.

Un journaliste enquête sur un industriel qui pourrait être un trafiquant de drogue et sur l'animatrice d'un club d'aérobic.

PERFORMANCE "PERFORMANCE"
Drame de **Nicholas Roeg** et **Donald Cammell**, avec James Fox, Mick Jagger, Anita Pallenberg, Michèle Breton. Grande-Bretagne, 1970 – Couleurs – 1 h 45.

Un truand en cavale se réfugie chez une ancienne vedette de pop music. Le premier film de Roeg comme réalisateur.

PÉRIL EN LA DEMEURE
Film policier de **Michel Deville**, d'après le roman de René Belletto Sur la terre comme au ciel, avec Nicole Garcia, Christophe Malavoy, Michel Piccoli, Richard Bohringer, Anémone. France, 1985 – Couleurs – 1 h 40.

Julia trompe son mari avec David, le professeur de guitare de sa fille. Le mari veut le faire supprimer. Le tueur à gages est trop bon, la voisine en sait beaucoup...

LE PÉRIL JEUNE
Comédie de **Cédric Klapisch**, avec Julien Lambroschini, Nicolas Koretzky, Vincent Elbaz. France, 1994 – Couleurs – 1 h 40. ★ GRAND PRIX DU FESTIVAL D'HUMOUR de Chamrousse.

Quatre adultes évoquent, dans la salle d'attente d'une maternité, leur année du bac en 1975 : bagarres avec les flics, histoires de filles, etc. Mais à l'époque ils étaient cinq : l'un d'eux vient de mourir d'une overdose et il a confié à ses vieux copains le soin de s'occuper de sa femme et de l'enfant qui va naître.

LA PERLE NOIRE "ALL THE BROTHERS WERE VALIANT"
Film d'aventures de **Richard Thorpe**, avec Robert Taylor, Stewart Granger, Ann Blyth, Betta St-John. États-Unis, 1953 – Couleurs – 1 h 41.

À bord d'un voilier, à la fin du XIXe siècle, deux frères aiment la même femme. Mutinerie, chasse au trésor et romance.

LES PERLES DE LA COURONNE
Comédie historique de **Sacha Guitry** et **Christian-Jaque**, avec Sacha Guitry, Raimu, Jacqueline Delubac, Renée Saint-Cyr, Marguerite Moréno, Arletty, Simone Renant, Jean-Louis Barrault. France, 1937 – 2 h.

L'histoire de plusieurs perles, à travers les siècles et les personnages qui les ont possédées.

PERMANENT VACATION "PERMANENT VACATION"
Essai de **Jim Jarmusch**, avec Chris Parker, Leila Gastil, John Lurie. États-Unis, 1980 – Couleurs – 1 h 17.

Deux jours de la vie d'un adolescent errant sans but dans les rues de New York. Une œuvre lente, très personnelle.

PERMIS DE TUER "LICENSE TO KILL"
Film d'espionnage de **John Glen**, avec Timothy Dalton, Carey Lowell, Robert Davi, Talisa Soto. Grande-Bretagne, 1989 – Couleurs – 2 h 10.

Pour venger son ami, James Bond quitte les services secrets et agit seul contre un puissant trafiquant de drogue. Ce second « Bond » interprété par Timothy Dalton est plus classique et contient moins de gadgets.
▷ Voir aussi JAMES BOND 007 CONTRE DOCTEUR NO.

LA PERMISSION
Comédie dramatique de **Melvin Van Peebles**, avec Nicole Berger, Harry Baird, Pierre Doris. France, 1968 – 1 h 27.

Un soldat noir américain appartenant à l'O.T.A.N. a trois jours de permission. Il rencontre une jeune femme blanche...

PERMISSION D'AIMER "CINDERELLA LIBERTY"
Drame de **Mark Rydell**, d'après le roman de Darry Ponnicsan, avec James Caan, Marsha Mason, Eli Wallach. États-Unis, 1973 – Couleurs – 1 h 57.

Un marin hospitalisé s'éprend d'une jeune entraîneuse. Il se considère comme chargé de son bonheur et de celui de son fils... et se retrouve seul avec l'enfant.

PERMISSION JUSQU'À L'AUBE "MISTER ROBERTS"
Comédie de **John Ford** et **Mervyn LeRoy**, d'après la pièce de Thomas Heggen et Joshua Logan, avec Henry Fonda, James Cagney, Jack Lemmon, William Powell. États-Unis, 1955 – Couleurs – 2 h 03.

Sur un rafiot, en 1945, la solide amitié qui unit un officier de marine et ses hommes.

PERSONA "PERSONA"

Drame psychologique d'**Ingmar Bergman**, avec Bibi Andersson *(Alma, l'infirmière)*, Liv Ullmann *(Elizabeth Vogler, la comédienne)*, Marghareta Krook *(la doctoresse)*, Gunnar Björnstrand *(M. Vogler)*, Jörgen Lindström *(le fils)*. • SC : I. Bergman. • PH : Sven Nykvist. • DÉC : Bibi Lindström. • MUS : Lars Johan Werle. • MONT : Ulla Ryghe. • PR : Lars-Owe Carlberg (Svensk Filmindustri). Suède, 1966 – 1 h 24.

Un pré-générique offre des visions de cauchemar, liées à des détails du mécanisme de la projection cinématographique. La pellicule se casse, un enfant, filmé en contre-jour, passe la main sur un très gros plan du visage d'une femme, un diable en squelette sort d'un cercueil comme dans un vieux film muet... Une femme médecin convoque une infirmière et l'informe qu'elle devra prendre en charge une actrice célèbre, soudain saisie de mutisme au milieu d'une représentation d'Électre. Les deux femmes partent au bord de la mer et, au silence volontaire de l'actrice Elizabeth Vogler, va répondre le flot verbal de la jeune infirmière Alma. L'une semble l'envers de l'autre. L'actrice souffre d'une maternité mal assumée vis-à-vis de son fils, l'autre a supporté un avortement. Alma va exhiber les détails de sa vie intime dans une longue confession qu'Elizabeth écoute, toujours silencieuse. Mais leurs rapports vont brusquement se détériorer lorsque Alma lira une lettre écrite par Elizabeth à son mari, dans laquelle elle analyse avec ironie et cruauté le comportement de l'infirmière...

◆ **L'investigation cinématographique**

*Au début des années 60, Ingmar Bergman vient de s'interroger, à travers sa trilogie métaphysique, sur les fondements de la foi chrétienne (*À travers le miroir, *1961 ;* les Communiants, *1962 ;* le Silence, *1963). La conclusion de ce dernier film, malgré la présence finale du mot « âme », se révélait particulièrement pessimiste. Après un divertissement en couleurs,* Toutes ses femmes *(1964), il livre avec* Persona *son film le plus ambitieux, celui où il pousse jusqu'aux limites les plus extrêmes ses tentatives d'investigation du psychisme par les voies de l'auto-analyse, en s'interrogeant sur le dispositif même de l'enregistrement cinématographique comme capture de la voix et du visage de l'autre.* Persona, *c'est d'abord le masque qu'offre le visage de l'individu, sa physionomie opaque et faussement déchiffrable ; le film oppose le visage d'Elizabeth, l'actrice de théâtre qui a réussi sa carrière et raté sa vie conjugale et son rapport de mère, et le visage de la jeune infirmière, à la personnalité apparemment plus simple et psychologiquement moins tourmentée. Le long séjour en duo dans la villa isolée au bord de la mer va offrir le spectacle éprouvant d'une cure analytique au cours de laquelle c'est, paradoxalement, l'infirmière qui se confiera pendant que sa patiente se concentrera sur l'écoute. Le spectateur du film, pris en tenaille dans l'alternance des gros plans de visage, ne pourra que scruter avec une attention soutenue la parole proférée par Alma et l'écoute de cette même parole dont les effets seront perceptibles sur le visage d'Elizabeth. Bergman explore les extraordinaires pouvoirs du cinéma sonore comme instrument d'écoute de l'autre, comme microscope acoustique, un cinéma dans lequel ce n'est plus le sens des paroles qui prédomine, mais les expressions d'une actrice muette, ses regards, le mouvement de ses paupières et le léger pincement de ses lèvres : les silences de Liv Ullmann, magistralement mis en valeur par le délire verbal de Bibi Andersson, ont rarement été filmés avec une telle virtuosité analytique.* *M.M.*

PERSONAL SERVICES "PERSONAL SERVICES"

Comédie de **Terry Jones**, avec Julie Walters, Alec McCowen, Shirley Stelfox. Grande-Bretagne, 1987 – Couleurs – 1 h 45.

Les hypocrisies de la « perfide Albion » mises en évidence par l'histoire d'une prostituée dont la vie évoque celle de Cynthia Payne, célèbre accusée d'un procès qui s'est déroulé en 1980. Le réalisateur, ex-Monty Python, ne ménage personne.

PERSONNALITÉ RÉDUITE DE TOUTES PARTS – REDUPERS

"DIE ALL SEITIG REDUZIERTE PERSÖNLICHKEIT – REDUPERS"

Comédie dramatique d'**Helke Sander**, avec Helke Sander, Joachim Baumann, Andrea Malkowsky. R.F.A., 1977 – 1 h 40.

Une photographe berlinoise féministe tente de vivre de son métier et de s'occuper au mieux de sa petite fille.

PERSONNE N'EST PARFAIT "NESSUNO È PERFETTO"

Comédie de **Pasquale Festa Campanile**, avec Renato Pozzetto, Ornella Muti, Lina Volonghi. Italie, 1981 – Couleurs – 1 h 45.

Un jeune veuf s'éprend à son insu d'un transsexuel (Ornella Muti !) et devient un objet de risée.

LA PESTE À FLORENCE "DIE PEST IN FLORENZ"

Drame d'**Otto Rippert**, sur un scénario de Fritz Lang, avec Otto Mannstaedt, Anders Wickman, Marga Kierska. Allemagne, 1919 – env. 1 300 m (48 mn).

Une jeune et jolie courtisane arrive dans la pieuse ville de Florence, amenant avec elle la corruption et la débauche. Mais la peste emportera tout le monde.

PÉTAIN

Film historique de **Jean Marbœuf**, avec Jacques Dufilho *(Pétain)*, Jean Yanne *(Laval)*, Jean-Claude Dreyfus *(Dumoulin)*, Jean-Pierre Cassel *(Hans Roberto)*, Denis Manuel *(Reynaud)*, Julie Marbœuf *(Colette)*, Clovis Cornillac *(François)*. • SC : J. Marbœuf, Jean-Pierre Marchand, Alain Riou. • PH : Dominique Bouilleret. • DÉC : Jérôme Clément. • MUS : Georges Garvarentz. • MONT : Anne-France Lebrun. France, 1992 – Couleurs – 2 h 13.

Invasion allemande, soldats français déchiquetés par les schrapnell, exode éperdu des Français vers le Sud sous le mitraillage des Messerschmitt... dès les premières images, le décor est planté. Puis viennent les pleins pouvoirs accordés par l'Assemblée du Front Populaire au vieux maréchal (84 ans) encore auréolé de la gloire de Verdun. Commence alors l'étonnant compagnonnage-affrontement entre les deux hommes qui vont gérer la faillite de la France : Pétain et Laval.

◆ *Pour les auteurs du film il n'y a pas de doute sur le verdict final : Pétain et Laval se sont lourdement trompés et rien n'est passé sous silence des aspects les plus honteux du régime de Vichy : épuration des juifs et des francs-maçons, discrimination raciale, rafle du Vél d'Hiv, collaboration avec l'occupant. Cette volonté d'être complet est ce qui fait la force du film sur le plan historique mais l'affaiblit un peu sur le plan cinématographique : séquences trop courtes, style heurté, personnages esquissés à grands traits. Le film trouve son rythme quand se noue le lien ambigu entre Pétain et Laval. En présentant des portraits nuancés de Pétain et sourtout de Laval, les auteurs du film nous font pénétrer plus avant dans la psychologie des deux hommes qui ont probablement cru servir leur pays. Cela n'amène pas le spectateur à en conclure que tout le monde avait raison et, à la fin de ce film historiquement crédible et psychologiquement vraisemblable, c'est avec soulagement que l'on voit danser la bannière étoilée derrière les dunes de Normandie, annonce de la fin de la cour mérovingienne de Vichy.* C.D.R.

PETER ET ELLIOTT LE DRAGON "PETE'S DRAGON"

Comédie musicale de **Don Chaffey**, avec Helen Reddy, Sean Marshall, Jim Dale. États-Unis, 1977 – Couleurs – 1 h 45.

Un orphelin martyrisé par sa famille adoptive est protégé par un dragon vert bienveillant. Un agréable mélange d'animation et de comédiens en chair et en os.

PETER ET TILLIE "PETE N'TILLIE"

Drame de **Martin Ritt**, d'après le roman de Peter De Vries Witch's Milk, avec Walter Matthau, Carol Burnett, Geraldine Page, René Auberjonois. États-Unis, 1972 – Couleurs – 1 h 40.

Un homme et une femme d'âge mûr se rencontrent, s'épousent, ont un enfant. L'enfant meurt, le couple vacille et s'affronte.

PETER GUNN DÉTECTIVE SPÉCIAL "GUNN"

Film policier de **Blake Edwards**, avec Craig Stevens, Laura Devon, Asner Edward. États-Unis, 1967 – Couleurs – 1 h 35.

Un détective privé enquête sur la mort d'un gangster qui lui avait autrefois sauvé la vie. Inspiré de la célèbre série T.V.

PETER IBBETSON "PETER IBBETSON"

Drame romantique de **Henry Hathaway**, avec Gary Cooper *(Peter Ibbetson)*, Ann Harding *(Mary, duchesse de Towers)*, John Halliday *(le duc de Towers)*, Ida Lupino *(Agnes)*. • SC : Vincent Lawrence, Waldemar Young, Constance Collier, d'après George Du Maurier. • PH : Charles Lang. • DÉC : Hans Dreier, Robert Usher. • MUS : Ernst Toch. • MONT : Stuart Heisler. • PR : Paramount. États-Unis, 1935 – 1 h 28.

Camarades d'enfance, à Paris, Mary et Peter sont séparés lorsque la mère du petit garçon meurt. Ils se retrouvent, adultes, en Angleterre. Mary est devenue duchesse de Towers ; Peter, architecte, a été engagé par le duc. Entre les deux personnages, rapprochés par les souvenirs d'enfance, l'amour naît et suscite la jalousie du mari. Peter, en état de légitime défense, le tue. Il est condamné à la réclusion perpétuelle, mais partage avec Mary le même rêve télépathique qui permet aux amants de se rejoindre, défiant la séparation dans l'espace, le passage du temps et jusqu'à la mort.

◆ **La vie transfigurée**

Peter Ibbetson *doit son statut mythique à l'admiration des surréalistes. Cet enthousiasme est parfaitement justifié tant par l'argument du récit que par la magie propre du cinéma. Le thème de l'amour fou est présent dès le roman de Du Maurier, un amour sublimé, jamais consommé, qui remonte à l'enfance et se joue des barrières du temps et de l'espace. Proche du fantastique, le procédé de la télépathie est commun à* Peter Ibbetson *et plusieurs autres « drames romantiques », notamment* l'Heure suprême *de Borzage. À ce motif se rattache le person-*

nage de l'aveugle qui « voit » la couleur des vagues dans une marine de Turner. Profondément romantique, en effet, est l'idée que l'esprit (ou plutôt l'âme) a autorité sur la matière. Le voyage dans le temps ou le télescopage de l'espace ne dépendent pas de techniques compliquées : ils sont un acte de foi. Loin de l'anarchie créatrice d'un Vigo, Peter Ibbetson *appartient à la même lignée académique que* le Portrait de Jennie *et* Pandora. *Les conventions du récit littéraire, telle la division en chapitres, sont perpétuées. La retenue du style met en valeur, par un effet de contrepoint, certains moments privilégiés. C'est ainsi que le premier « chapitre » se conclut par un long travelling arrière qui, combinant l'ornement rhétorique et le point de vue subjectif, rend la séparation des enfants vertigineusement « réelle » dans l'espace de la fiction. De même les séquences rêvées acquièrent-elles une force spécifique grâce à la nature même – à la fois concrète et fugitive – de l'image cinématographique. Si elles constituent un rêve à l'intérieur d'un rêve (celui de la projection du film dans une salle obscure), cette mise en abîme, loin d'en souligner le caractère précaire, leur confère un « être-là » équivalent. Il est juste, cependant, de préciser que si Gary Cooper est touchant dans son rôle d'architecte victorien, Ann Harding a quelque chose de pincé face à la vitalité cockney qu'incarne Ida Lupino.* *J.-L.B.*

PETER PAN / LES AVENTURES DE PETER PAN

"PETER PAN"

Dessin animé de **Hamilton Luske, Clyde Geronimi** et **Wilfred Jackson**, produit par Walt Disney. • SC : Ted Sears, Bill Peet, Joe Rinaldi, Ed Penner, Winston Hibler, M. Banta, Ralph Wright, d'après le roman de James M. Barrie. • ANIMATION : Milt Kahl, Wolfgang Reitherman, Ward Kimball. • MUS : Oliver Wallace. États-Unis, 1953 – Couleurs – 1 h 16.

Wendy Darling s'apprête à devenir « grande », lorsqu'une nuit Peter Pan apparaît pour la conduire, en compagnie de ses frères John et Michael, au Pays Imaginaire.

◆ *En transformant le héros androgyne de James M. Barrie en adolescent « standard », Walt Disney fit perdre une partie de son charme au fragile récit du conteur (c'est Betty Bronson qui incarnait Peter Pan dans la plus célèbre des adaptations antérieures, en 1924, par Hebert Brennon). Mais, comme souvent, c'est par les personnages secondaires que le film se rattrape, notamment le capitaine Crochet, son mousse, et le crocodile affamé qui fait « tic-tac ». Sur le plan de l'animation, l'envol des enfants au-dessus de Londres et la bataille finale sont de jolis morceaux de bravoure.* *N.T.B.*

PETIT À PETIT

Chronique documentaire de **Jean Rouch**, avec Damouré Zika, Lam Ibrahim Dia, Illo Gadoual, Safi Faye, Ariane Brunston. • SC : J. Rouch. • MUS : Enos Amelolon, Allan Helly. • MONT : Josée Matarasso, Dominique Villain. France, 1971 – Couleurs – 1 h 36.

Las de vendre des bestiaux sur les marchés de leur pays natal, deux Africains se muent en hommes d'affaires à Paris. Ils font de l'ethnographie à rebours sur les passants et rêvent même d'une virée à Hollywood.

◆ *Tourné à Paris et au Niger, et durant 8 heures dans son premier état,* Petit à petit *est un bon exemple de la « méthode » Rouch. Le film a été entièrement réalisé et critiqué au fur et à mesure avec le concours de ses interprètes. Le retour et la fondation de Paris-sur-Niger sont en fait une satire de la coopération telle qu'elle fonctionnait à l'époque. C'est seulement alors qu'affleure une certaine gravité : le film est, dans son ensemble, plein de bonne humeur, voire de drôlerie, et exempt à la fois de paternalisme et de démagogie.* *G.LD.*

LE PETIT ARPENT DU BON DIEU

"GOD'S LITTLE ACRE"

Drame d'**Anthony Mann**, d'après le roman d'Erskine Caldwell, avec Robert Ryan, Aldo Ray, Tina Louise, Jack Lord. États-Unis, 1958 – 1 h 50.

Pendant des années, un père de famille recherche un hypothétique trésor et délaisse sa terre et ses enfants.

LE PETIT BAIGNEUR

Comédie de **Robert Dhéry**, avec Louis de Funès, Robert Dhéry, Colette Brosset. France / Italie, 1968 – Couleurs – 1 h 30.

Le patron d'un chantier naval est prêt à tout pour récupérer un ancien employé inventeur d'un voilier révolutionnaire.

LE PETIT CAFÉ

Comédie de **Ludwig Berger**, d'après la pièce de Tristan Bernard, avec Maurice Chevalier, Yvonne Vallée, Émile Chautard, Françoise Rosay. France, 1930 – 1 h 20.

Un garçon de café, devenu millionnaire, continue à exercer son métier pendant la journée pour ne pas payer à son patron un énorme dédit. Le soir, il se rattrape en menant la grande vie.

▷ Parallèlement, le cinéaste signe une version américaine intitulée PLAYBOY OF PARIS, avec Maurice Chevalier, Frances Dee, Stuart Erwin.

▷ Autre version réalisée par **Raymond Bernard**, avec Max Linder, Jean Joffre, Wanda Lyon, Henri Debain, Flavienne Mérindol. France, 1919 – 1 800 m (env. 1 h 07).

LE PETIT CÉSAR "LITTLE CAESAR"
Film policier de **Mervyn LeRoy**, avec Edward G. Robinson *(Rico)*, Douglas Fairbanks Jr. *(Joe)*, William Collier Jr. *(Tony)*, Ralph Ince *(Pete)*, Glenda Farrell *(Olga)*, George E. Stone *(Otero)*, Stanley Fields *(Sam)*. • SC : Francis Edward Faragoh, Robert W. Lee, d'après le roman de William R. Burnett. • PH : Tony Gaudio. • DÉC : Anton Grot. • MUS : Erno Rapee (direction). • MONT : Ray Curtiss. États-Unis, 1931 – 1 h 17.

L'ascension d'un gangster, Rico. Aidé par Joe, son bras droit, il combat puis élimine les gangsters rivaux et parvient à prendre le contrôle total de la ville, avec ses trafics et ses tripots. Mais à la suite de la trahison d'une femme, il est tué par la police.

◆ Little Caesar *fut produit par la Warner en pleine période de restriction budgétaire, et donc dans les conditions d'un « film B ». Ces contraintes sont certainement à l'origine des qualités du film : sécheresse, nervosité d'un style dépourvu de toute fioriture. Il marque le point de départ de la longue série de films de gangsters produits à Hollywood.* *L.A.*

LE PETIT CHAPERON ROUGE
Mélodrame d'**Alberto Cavalcanti**, d'après le conte de Charles Perrault, avec Jean Renoir, Pierre Prévert, Catherine Hessling. France, 1929 – 1 720 m (env. 1 h 04).

En forêt de Fontainebleau, la célèbre fillette est en butte aux assiduités galantes d'un vagabond qui la traque dans les fourrés.

LE PETIT CHOSE
Drame de **Maurice Cloche**, d'après le roman d'Alphonse Daudet, avec Robert Lynen, Jean Mercanton, Arletty, Fernand Charpin, Jeanine Darcey, Jean Tissier. France, 1938 – env. 1 h 30.

Deux garçons, leurs parents ruinés, doivent subvenir à leur existence et affronter de nombreux problèmes. Leurs destins seront bien différents.

▷ Autre version réalisée par **André Hugon**, avec Max de Rieux, Jean Debucourt, Alexiane, Gilbert Dalleu, André Calmettes. France, 1923 – 2 660 m (1 h 38).

LE PETIT COLONEL "THE LITTLE COLONEL"
Comédie de **David Butler**, d'après le roman d'Annie Fellows, avec Shirley Temple, Lionel Barrymore, Evelyn Venable, John Lodge, Bill Robinson. États-Unis, 1935 – 1 h 20.

Dans le Sud, après la guerre de Sécession, une fillette met fin à une vieille vendetta familiale, chasse de sinistres individus et attendrit son acariâtre grand-père.

LE PETIT CRIMINEL
Comédie dramatique de **Jacques Doillon**, avec Gérald Thomassin, Richard Anconina, Clotilde Coureau. • SC : Jacques Doillon. • PH : William Lubtchansky. • MUS : Philippe Sarde. • MONT : Catherine Quesemand. France, 1990 – Couleurs – 1 h 40.

Le petit criminel n'est pas un petit criminel, mais un adolescent candide, farouche et résolu, en quête d'affection et, comme on dit aujourd'hui, d'identité. Ayant appris qu'il a une sœur aînée dont il n'avait jamais entendu parler, il se met en tête d'aller la retrouver et fait le voyage de Sète à Montpellier... en compagnie d'un jeune flic qu'il a « braqué » et attaché (par une paire de menottes) au volant de sa voiture de police.

◆ *Étrange voyage, drôle d'affrontement entre le représentant sympathique de la loi et le non moins sympathique hors-la-loi. Le dialogue est vif, réaliste, lourd de pensées et d'arrière-pensées. Des sentiments confus s'entrechoquent, ce qui prouve au moins que les protagonistes sont très sentimentaux. Jacques Doillon, à qui il arrive quelquefois de s'égarer, a réalisé ici un sans faute. Tout est captivant : les personnages, ce qu'ils disent et font, le jeu des comédiens, la lumière, la petite musique sous-jacente.* *G.S.*

LE PETIT DIABLE "IL PICCOLO DIAVOLO"
Comédie de **Roberto Benigni**, avec Roberto Benigni, Walter Matthau, Nicoletta Braschi, John Lurie, Stefania Sandrelli. Italie, 1988 – Couleurs – 1 h 50.

Un prêtre exorcise une femme possédée du démon. Le petit diable demeure dans la sacristie, bien décidé à rester encore un moment sur Terre... où il va semer des catastrophes en tout genre.

LA PETITE "PRETTY BABY"
Comédie dramatique de **Louis Malle**, avec Brooke Shields, Keith Carradine, Susan Sarandon, Antonio Fargas, Frances Faye. États-Unis, 1978 – Couleurs – 1 h 52.

La Nouvelle-Orléans, 1917. Une très jeune fille fait son « éducation » dans un bordel de luxe. Et y prend goût, jusqu'à ce que les ligues de vertu fasse fermer la « maison ».

LA PETITE ALLUMEUSE
Comédie de **Danièle Dubroux**, avec Roland Giraud, Alice Papierski, Pierre Arditi, David Léotard. France, 1987 – Couleurs – 1 h 30.

Camille, 15 ans, s'applique à séduire Jean-Louis, un ami de son père. Mais elle est aussi sous le charme d'un garçon de son âge. Une Lolita des années 80.

LA PETITE ANNIE "LITTLE ANNIE ROONEY"
Comédie dramatique de **William Beaudine**, d'après la bande dessinée de Brandon Walsh, avec Mary Pickford, William Haines, Walter James, Gordon Griffith. États-Unis, 1925 – env. 2 600 m (1 h 36).

Dans les bas quartiers de New York, une petite fille se démène pour faire arrêter l'assassin de son père policier. Sur mesure pour Mary Pickford.

LA PETITE BANDE
Comédie dramatique de **Michel Deville**, avec des non-professionnels. France, 1982 – Couleurs – 1 h 31.

Six petits Anglais décident de faire une fugue jusqu'en France. Une fable poétique et raffinée, où la musique et le silence suppléent l'absence de dialogues.

LA PETITE BOUTIQUE DES HORREURS
"LITTLE SHOP OF HORRORS"
Comédie musicale de **Frank Oz**, avec Rick Moranis, Ellen Greene, Steve Martin. États-Unis, 1986 – Couleurs – 1 h 28.

Les aventures d'un fleuriste timide dont l'une des petites protégées est une extraterrestre carnivore ! Un film allègre bourré de trouvailles en tous genres.

LA PETITE CHOCOLATIÈRE
Comédie de **Marc Allégret**, d'après la pièce de Paul Gavault, avec Raimu, Jacqueline Francell, Pierre Bertin, Michèle Verly. France, 1931 – env. 1 h 40.

La fille délurée d'un riche chocolatier perturbe la vie d'un bureaucrate caricatural, et se jure de l'épouser malgré lui.

▷ Autres versions réalisées par: **René Hervil**, avec André Roanne, Dolly Davis, Lutz Morat, Simone Mareuil. France, 1927 – env. 2 400 m (1 h 29). **André Berthomieu**, avec Giselle Pascal, Claude Dauphin, Bernard Lajarrige, Paulette Dubost. France, 1949 – 1 h 25.

LA PETITE FILLE AU BOUT DU CHEMIN
"THE LITTLE GIRL WHO LIVES DOWN THE LANE"
Drame psychologique de **Nicolas Gessner**, avec Jodie Foster, Martin Sheen, Alexis Smith. Canada / France, 1977 – Couleurs – 1 h 34.

Rynn Jacobs, 13 ans, vit dans une grande maison avec son père. Un père que personne n'a jamais vu... Malheur aux curieux !

LA PETITE FILLE AU TAMBOUR
"THE LITTLE DRUMMER GIRL"
Film d'espionnage de **George Roy Hill**, d'après le roman de John Le Carré, avec Diane Keaton, Yorgo Voyagis, Klaus Kinski. États-Unis, 1984 – Couleurs – 2 h 10.

Une actrice est contactée par les services secrets israéliens pour collaborer à la suppression de terroristes palestiniens.

LA PETITE FILLE EN VELOURS BLEU
Drame d'**Alan Bridges**, avec Michel Piccoli, Claudia Cardinale, Umberto Orsini, Bernard Fresson. France, 1978 – Couleurs – 1 h 50.

Un chirurgien autrichien, réfugié dans le midi de la France en 1940, soigne des réfugiés italiens : une baronne avec sa fille et son amant. Mais la « petite » s'éprend de lui.

LA PETITE HUTTE "THE LITTLE HUT"
Comédie de **Mark Robson**, d'après la pièce d'André Roussin, avec Ava Gardner, Stewart Granger, David Niven, Walter Chiari. États-Unis, 1957 – Couleurs – 1 h 18.

Trois naufragés se retrouvent sur une île déserte où ils forment l'éternel triangle : mari, femme et amant !

LA PETITE LISE
Mélodrame de **Jean Grémillon**, avec Pierre Alcover, Nadia Sibirskaïa, Julien Bertheau, Raymond Cordy. France, 1930 – 2 800 m (env. 1 h 43).

Berthier revient du bagne animé par l'amour qu'il porte à sa fille, la petite Lise... Celle-ci est aux mains d'un usurier. Elle le tue et c'est son père qui se dénonce. Ce film attachant fut malheureusement un échec commercial. L'interprétation de Sibirskaïa et Alcover est magnifique et Grémillon y déploie déjà un art très efficace des cadrages et du montage.

LA PETITE MAISON DE THÉ
"TEAHOUSE OF THE AUGUST MOON"
Comédie satirique de **Daniel Mann**, avec Marlon Brando, Glenn Ford, Machiko Kyo. États-Unis, 1956 – Couleurs – 2 h 03.

Un capitaine du « service psychologique » de l'armée est chargé de faire pénétrer les mœurs démocratiques dans un petit village du Japon, en 1946.

LA PETITE MARCHANDE D'ALLUMETTES
Film fantastique de **Jean Renoir** et **Jean Tedesco**, avec Catherine Hessling *(Karen)*, Manuel Raaby *(agent de police / hussard de la mort)*, Jean Storm *(Axel Ott)*, Amy Wells *(la poupée)*. • SC : J. Renoir, d'après le conte d'Andersen. • PH : Jean Bachelet. • DÉC : Éric Aës. France, 1928 – 887 m (env. 33 mn).

Dans une rue, un soir d'hiver, une vendeuse d'allumettes transie tente de se réchauffer en les brûlant une à une. Elle bascule dans un univers onirique et fantastique. Au matin, on la retrouve morte de froid.

◆ *Traditionnellement, cette féerie tragique est considérée par les historiens du cinéma comme faisant partie du courant de « l'avant-garde » française des années 20. Thématiquement et esthétiquement, le film de Renoir n'a pourtant que peu de rapports avec les essais de Clair ou de Vigo. Il s'y rattache cependant par son procédé de fabrication, totalement artisanal. Renoir a ainsi raconté comment lui et son équipe ont « bricolé » le film, qui comporte de nombreux truquages. Il ne s'agit pas, loin s'en faut, du film le plus marquant de Renoir, mais d'une œuvre attachante, dans laquelle se fait sentir l'influence de Chaplin.* L.A.

LA PETITE PRINCESSE "The Little Princess"
Comédie dramatique de **Walter Lang**, d'après le roman de Frances Hodgson Burnett, avec Shirley Temple, Richard Greene, Anita Louise, Ian Hunter, Cesar Romero. États-Unis, 1939 – Couleurs – 1 h 33.

Un officier place sa fille dans un pensionnat avant de partir pour la guerre. À l'annonce de la mort du père, les conditions de vie de la fillette changent...

LES PETITES DU QUAI AUX FLEURS
Comédie de **Marc Allégret**, avec Odette Joyeux, Louis Jourdan, Bernard Blier, André Lefaur, Marcelle Praince. France, 1944 – 1 h 32.

Les histoires sentimentales des filles d'un bouquiniste. Une gentille comédie due à la plume de Marcel Achard et Jean Aurenche.

LES PETITES FUGUES
Comédie d'**Yves Yersin**, avec Michel Robin *(Pipe, le valet de ferme)*, Fabienne Barraud *(Josiane, la fille)*, Dore De Rosa *(Luigi, le saisonnier italien)*, Fred Personne *(le père)*, Mista Prechac *(Rose)*, Laurent Sandoz *(Alain, le fils)*. • SC : Y. Yersin, Claude Muret. • PH : Robert Alazraki. • DÉC : Jean-Claude Maret. • MUS : Léon Francioli. • MONT : Y. Yersin. Suisse, 1979 – Couleurs – 2 h 20.

Dans le canton de Vaud, Pipe, un vieux valet de ferme qui travaille depuis 40 ans, profite de sa prime de retraite pour s'acheter un vélomoteur avec lequel il s'émancipe et découvre le monde autour de lui. Au cours de ses six « petites fugues », il participe à un moto-cross, se saoule, photographie son environnement au Polaroid, et s'offre une envolée en hélicoptère au-dessus du Cervin.

◆ *Premier long métrage d'un réalisateur formé dans le documentaire (dont de remarquables courts métrages muets sur les vieux métiers dans le canton de Vaud), ce film, à la texture sonore et visuelle extrêmement élaborée, proposa un mélange étonnant de description sociale (peinture d'une exploitation agricole sur le déclin et des intrigues familiales qui l'agitent) et de « féerie », les scènes de fugues étant traitées sur un mode légèrement irréel. On en retient aussi la composition de Michel Robin, dans le rôle de Pipe, le valet de ferme vaudois.* M.CH.

PETITES GUERRES "Al-Houroub al-Saghira"
Drame de **Maroun Bagdadi**, avec Soraya Khoury, Roger Hawa, Nabil Ismail, Reda Khoury. Liban, 1982 – Couleurs – 1 h 48.

Face à son devoir, un homme dont le père a été tué prend la tête du clan et mène ses hommes à la guerre.

LA PETITE SIRÈNE
Drame de **Roger Andrieux**, d'après le roman d'Yves Dangerfield *les Petites Sirènes*, avec Laura Alexis, Philippe Léotard, Évelyne Dress, Marie Dubois. France, 1980 – Couleurs – 1 h 44.

Une adolescente amoureuse d'un homme de 40 ans le séduit peu à peu et l'entraîne dans un monde hors du réel. Une transposition subtile du conte d'Andersen.

LES PETITES MARGUERITES "Sedmikrásky"
Comédie de **Věra Chytilová**, avec Jitka Cerhová *(Marie I)*, Ivana Karbanová *(Marie II)*, Julius Albert *(le collectionneur de papillons)*. • SC : V. Chytilová, Esther Krumbachova, Pavel Juráček. • PH : Jaroslav Kučera. • MUS : Jiří Šlitr, Jiří Šust. • MONT : Miroslav Hájek. Tchécoslovaquie, 1966 – Couleurs – 1 h 26.

Ce sont deux jeunes filles délicieuses, espiègles et même provocatrices dans leur manière de multiplier les farces. Elles s'ennuient dans ce monde et ce siècle, alors elles inventent mille sottises pour rendre leur vie plus savoureuse. Ce sont généralement les messieurs qui font les frais de leurs inventions insensées qui tournent autour du boire, du manger et du rire.

◆ *Cette comédie loufoque tire sur le surréalisme. Elle est composée d'une suite de moments qui sont autant de sketches farfelus, comme improvisés, fondés sur le dynamisme et le non-conformisme. Derrière l'humour fou du spectacle, on peut déceler une sorte de désespoir latent ou du moins une réflexion désabusée sur un monde qui aurait besoin d'être vigoureusement secoué pour devenir intéressant. On peut aussi y voir les prémisses de la secousse révolutionnaire tchèque de 1968.* G.S.

LA PETITE VÉRA "MALENKAJA VERA"
Drame social de **Vassili Pitchoul**, avec Natalia Negoda *(Véra)*, Andrei Sokolov *(Serguei)*, Youri Mazarov *(le père)*, Ludmila Zaïtseva *(la mère)*, Andrei Fomine *(Andrei)*, Alexandre Alexeiev-Negreba *(Victor)*, Alexandra Tabakova *(Tchistiakova)*. • SC : Maria Khmelik. • PH : Efim Reznikov. • DÉC : Vladimir Pasternak. • MUS : Vladimir Matietski. U.R.S.S. (Russie), 1988 – Couleurs – 2 h 15.

Véra, adolescente qui n'en fait qu'à sa tête, supporte mal les perpétuelles critiques de ses parents, père alcoolique, mère résignée. Courtisée par Andrei, un garçon sérieux, elle tombe amoureuse de Serguei, un étudiant dont elle devient la maîtresse et qui semble disposé à l'épouser. Elle lui demande de s'installer dans le logement familial mais son père ne supporte pas le garçon et, dans un moment d'ébriété, lui donne un coup de couteau : Véra commet une tentative de suicide mais la vie va continuer.

◆ *Ce premier film d'un cinéaste de 27 ans, sur un scénario de sa femme, est un constat social percutant autour de la personne d'une adolescente qui peut sembler typique de la jeune génération soviétique en conflit avec ses aînés au nom de sa volonté de « vivre sa vie » sans entraves : Véra se veut totalement libre, dans ses habitudes vestimentaires comme dans ses relations sexuelles. Le style visuel du film est souvent proche du reportage (caméra tenue à la main) et évite toute complaisance mélodramatique pour s'en tenir à un réalisme rigoureux.* M.MN.

LA PETITE VERTU
Drame de **Serge Korber**, d'après le roman de James Hadley Chase, avec Dany Carrel, Jacques Perrin, Robert Hossein, Pierre Brasseur. France, 1968 – Couleurs – 1 h 30.

Un jeune photographe cherche à « sauver » une voleuse à la tire du monde de la délinquance.

LA PETITE VOITURE "EL COCHECITO"
Comédie de **Marco Ferreri**, avec José Isbert *(Anselmo)*, Pedro Porcel *(Luca)*, José Luis Lopez Vazques, Maria Luisa Ponte. • SC : M. Ferreri, Rafael Azcona, d'après son récit. • PH : Juan Julio Baena. • DÉC : Enrique Alarcon. • MUS : Miguel Asins Arbo. Espagne, 1960 – 1 h 28.
★ **PRIX DE LA FIPRESCI, Venise 1960.**

Don Anselmo vit dans la famille de son fils où on le traite en gêneur. Il voit son ami Lucas, infirme, faire d'agréables randonnées de groupe sur sa petite voiture à moteur. Il veut s'en acheter une. Son fils refuse. Il engage des bijoux et achète la voiturette à crédit, mais le fils annule l'opération. Anselmo décide alors d'empoisonner tous les siens. Arrêté, il part en prison sur son « cochecito ».

◆ *Avec son troisième film, réalisé en Espagne comme les deux précédents, l'Italien Ferreri acquit soudain une réputation internationale. La particularité de l'œuvre tient, plus qu'à l'égoïsme généralisé, au côté ordinaire, anodin, presque banal, que revêt la monstruosité d'Anselmo. Le cauchemar n'en a que plus de force. En 1960, cette noirceur tranquille était unique en son genre. Sous d'autres formes, elle devait se développer tout au long de la décennie.* J.-P.B.

LA PETITE VOLEUSE
Comédie dramatique de **Claude Miller**, avec Charlotte Gainsbourg, Simon de La Brosse, Didier Bezace, Raoul Billerey, Chantal Banlier, Nathalie Cardone, Clotilde de Bayser. France, 1988 – Couleurs – 1 h 50.

Rêvant d'échapper à une existence morne, une adolescente provinciale se livre à de petits larcins. On retrouve le ton de Truffaut, à travers un scénario qu'il n'eut pas le temps de tourner.

LE PETIT FUGITIF "LITTLE FUGITIVE"
Drame de **Ray Ashley, Morris Engel** et **Ruth Orkin**, avec Richie Andrusco *(Joey)*, Richie Brewster *(Lennie)*, Winnifred Cushing *(leur mère)*, Jay Williams *(le patron du manège)*. • SC : R. Ashley, M. Engel, R. Orkin. • PH : M. Engel. • MUS : Eddie Manson. • MONT : R. Orkin, Lester Troos. États-Unis, 1953 – 1 h 15.

Un enfant de 7 ans, Joey, erre dans le parc d'attractions de Coney Island, à New York. Il est seul. Sa mère est partie pour deux jours auprès de son père malade ; son frère, 12 ans, lui a joué la mauvaise farce de « faire le mort » en lui faisant croire que c'est lui, Joey, qui est responsable de cette mort. Le gosse, d'abord consterné, retrouve peu à peu le goût de la vie et du jeu. Il fait le tour de la fête foraine, ramasse des bouteilles qu'il revend pour faire des tours de manège. Quand il retourne chez lui, son frère et sa mère sont là. La vie reprend son cours.

◆ *L'histoire vaut par les cent détails qui la composent : des moments d'humour, de poésie, de trouble, d'émotion. Les cinéastes se sont attachés aux pas de cet enfant qui est livré à ses instincts d'enfant. Ce n'est pas une étude psychologique, mais la description d'un comportement. L'image grise, à grain, donne du caractère au décor naturel de Coney Island. Cet aspect semi-documentaire, passionnant, s'harmonise parfaitement avec l'histoire dramatique qui lui fait contrepoids. Ce « petit film » tourné en dehors des normes professionnelles est une grande réussite.* G.S.

LE PETIT GARÇON "SHONEN"
Drame de **Nagisa Oshima**, avec Akiko Koyama, Fumio Watanabe, Tetsuo Abe. Japon, 1969 – Couleurs – 1 h 37.

Une famille pauvre vit de l'argent qu'elle soutire, en simulant des accidents de voiture, aux automobilistes soucieux de s'arranger à l'amiable.

PETIT GUIDE POUR MARI VOLAGE
"A GUIDE FOR THE MARRIED MAN"
Comédie de **Gene Kelly**, avec Walter Matthau, Inger Stevens, Jayne Mansfield, Sue Ann Langlon, Lucille Ball. États-Unis, 1967 – Couleurs – 1 h 31.

Un homme las du mariage se fait initier par un ami entraîné aux règles de l'adultère réussi.

PETIT JOSEPH
Comédie dramatique de **Jean-Michel Barjol**, avec Jean-Marc Thibault, Juliette Brac, Isabelle Weingarten, Jean-Paul Blanc, Naiche Caudron. France, 1982 – Couleurs – 1 h 38.

Joseph, 7 ans, rêve d'une vie différente entre ses parents qui se déchirent au lieu de lui faire une petite sœur...

LE PETIT LORD FAUNTLEROY
"LITTLE LORD FAUNTLEROY"
Comédie dramatique de **John Cromwell**, d'après le roman de Frances Hodgson Burnett, avec Freddie Bartholomew, C. Aubrey Smith, Mickey Rooney, Dolores Costello, Jessie Ralph. États-Unis, 1936 – 1 h 38.

Un jeune Américain qui vit avec sa mère découvre qu'il est l'héritier d'une couronne ducale britannique...

▷ Autres versions réalisées par : **Jack Pickford** et **Alfred E. Green**, avec Mary Pickford, Claude Gillingwater, Kate Price, James A. Marcus. États-Unis, 1921 – 297 m (env. 11 mn). **Jack Gold**, avec Alec Guinness, Ricky Schroder, Eric Porter, Colin Blakely. Grande-Bretagne / États-Unis, 1981 – Couleurs – 1 h 50.

LE PETIT MARCEL
Drame de **Jacques Fansten**, avec Jacques Spiesser, Isabelle Huppert, Yves Robert, Anouk Ferjac, Michel Aumont, Jean Dasté, Jean-François Balmer. France, 1976 – Couleurs – 1 h 45.

Le petit Marcel veut monter une entreprise de transport, mais il n'est pas en règle. Quand l'un de ses amis trouve la mort, il se révèle un indicateur de police.

LE PETIT MONDE DE DON CAMILLO
Comédie de **Julien Duvivier**, d'après le roman de Giovanni Guareschi, avec Fernandel, Gino Cervi, Sylvie. France / Italie, 1952 – 1 h 47.

Dans un petit village italien de la plaine du Pô, l'affrontement d'un curé de campagne aux poings vifs et d'un maire communiste. Le premier film de la série des Don Camillo.

▷ Voir aussi DON CAMILLO EN RUSSIE.

LE PETIT NOIR TRANQUILLE "THE QUIET ONE"
Drame psychologique de **Sidney Meyers**, avec Donald Peters, Clarence Cooper, Sadie Stockton, Estelle Evans. États-Unis, 1949 – 1 h 07. ★ **GRAND PRIX, Venise 1949.**

Après la séparation de ses parents, un petit garçon noir de Harlem est recueilli par une grand-mère taciturne puis placé dans une institution psychiatrique.

LE PETIT PRINCE "THE LITTLE PRINCE"
Comédie musicale de **Stanley Donen**, d'après le roman d'Antoine de Saint-Exupéry, avec Richard Kiley, Steven Warner, Bob Fosse, Gene Wilder, Joss Ackland. États-Unis, 1974 – Couleurs – 1 h 29.

Un petit garçon quitte l'astéroïde sur lequel il vivait et atterrit dans le désert. « Lyrics » de Frederick Loewe et Alan Jay Lerner.

LE PETIT PRINCE A DIT
Drame de **Christine Pascal**, avec Richard Berry, Anénome, Marie Kleiber. France, 1992 – Couleurs – 1 h 46.

Violette, 10 ans, vit avec son père, séparé de sa femme, et sa grand-mère. Elle est maladroite et a souvent mal à la tête. Bientôt on découvre la vérité : elle a une tumeur incurable au cerveau. Le père, médecin, renonce à tout acharnement thérapeutique et décide de faire des derniers jours de sa fille des jours heureux. Commence alors un étonnant et merveilleux voyage à travers l'Europe où le père et sa fille, bientôt rejoints par la mère, s'inventent un vrai bonheur de vivre au seuil de la mort. Un film déchirant.

LE PETIT PROF
Comédie de **Carlo Rim**, avec Darry Cowl, Yves Robert, Béatrice Altariba, Rosy Varte. France, 1959 – 1 h 28.

La leçon d'optimisme donnée par un instituteur tout au long de sa vie. Satire des mœurs de 1925 à 1958.

LE PETIT ROI
Comédie de **Julien Duvivier**, d'après le roman d'André Lichtenberger, avec Robert Lynen, Jean Toulout, Arlette Marchal, Marcel Vallée. France, 1933 – 1 h 30.

Un jeune roi, placé sur le trône après l'assassinat de son père, apprend avec soulagement la proclamation de la République...

PETITS ARRANGEMENTS AVEC LES MORTS

Drame psychologique de **Pascale Ferran**, avec Didier Sandre, Catherine Ferran, Charles Berling, Sabrina Leurquin. France, 1994 – Couleurs – 1 h 48. ★ CAMÉRA D'OR, Cannes 1994.

Une plage en Bretagne et quelques personnages qui essaient de vivre avec le souvenir de disparus. Trois récits, trois regards et une construction en puzzle qui fait apparaître progressivement les secrets et les regrets des êtres.

LES PETITS CÂLINS

Comédie dramatique de **Jean-Marie Poiré**, avec Dominique Laffin, Caroline Cartier, Josiane Balasko, Roger Mirmont. France, 1977 – Couleurs – 1 h 35.

Une jeune divorcée est bien décidée à vivre sa vie : les hommes, il suffit de leur faire savoir ce que l'on veut qu'ils soient.

LES PETITS MATINS

Comédie de **Jacqueline Audry**, avec Agathe Aems, Fernand Gravey, François Périer, Robert Hossein, Noël-Noël, Daniel Gélin, Jean-Claude Brialy. France, 1962 – 1 h 40.

En descendant vers le Midi en auto-stop, Agathe doit se protéger des nombreux personnages qu'elle rencontre...

PETITS MEURTRES ENTRE AMIS

"SHALLOW GRAVE"

Thriller de **Danny Boyle**, avec Kerry Fox, Christopher Eccleston, Ewan McGregor, Ken Scott. Grande-Bretagne, 1994 – Couleurs – 1 – h 35.

Trois amis partageant un bel appartement choisissent, après mûre réflexion, un quatrième colocataire. Celui-ci meurt la nuit même de son installation, laissant une valise remplie de billets de banque. Ils se débarrassent aussitôt du corps, dont ils couperont les mains et qu'ils défigureront pour éviter que la police ne remonte jusqu'à eux. Mais le magot ne sera pas facile à défendre et les trois amis devront encore découper d'autres cadavres avant de s'entretuer dans une apothéose grand-guignolesque.

PETITS MEURTRES SANS IMPORTANCE

"LITTLE MURDERS"

Drame d'**Alan Arkin**, d'après la pièce de Jules Feiffer, avec Elliott Gould, Marcia Rood, Donald Sutherland. États-Unis, 1971 – Couleurs – 1 h 50.

Un photographe non-violent finira par recourir aux armes quand la vague de meurtres atteint son amie. Violence à New York.

LE PETIT SOLDAT

Drame psychologique de **Jean-Luc Godard**, avec Michel Subor, Anna Karina, Henri-Jacques Huet, Paul Beauvais, Laszlo Szabo. France, 1963 (RÉ : 1960) – 1 h 28.

Un déserteur français travaille en Suisse pour un groupuscule terroriste d'extrême-droite puis cherche à fuir pour l'amour d'une femme. Le film fut interdit plusieurs années par la censure.

LES PETITS RIENS

Comédie dramatique de **Raymond Leboursier**, avec Raimu, Fernandel, Suzy Prim, Claude Dauphin, Cécile Sorel, Jules Berry, Janine Darcey. France, 1942 – 1 h 28.

Quelques amis se réunissent en écoutant Mozart. Ils évoquent les événements qui un jour changèrent leur vie et en firent des gens respectés.

LE PETIT THÉÂTRE DE JEAN RENOIR

Comédie dramatique de **Jean Renoir**, avec Nicolas Fornicola, Minny Monti, Marguerite Cassan, Pierre Olaf, Jacques Dynam, Jeanne Moreau, Fernand Sardou, Françoise Arnoul, Jean Carmet, Dominique Labourier. France, 1975 (RÉ : 1969) – Couleurs – 1 h 30.

Le cinéaste présente quatre sketches, tendres et tristes, qui content le *Dernier Réveillon* d'un clochard, les inconvénients de *la Cireuse électrique*, les problèmes d'un mariage à trois *(le Roi d'Yvetot)* et un portrait de la Belle Époque *(l'Amour meurt)*.

LES PÉTROLEUSES

Comédie de **Christian-Jaque**, avec Brigitte Bardot, Claudia Cardinale, Michael Pollard, Micheline Presle. France, 1971 – Couleurs – 1 h 45.

Dans un Ouest américain de fantaisie, ce sont les femmes qui mènent la bagarre pour le contrôle d'un ranch...

PÉTULIA "PETULIA"

Mélodrame de **Richard Lester**, avec Julie Christie *(Pétulia Danner)*, Richard Chamberlain *(David Danner)*, George C. Scott *(Archie Bollen)*, Joseph Cotten *(M. Danner)*, Arthur Hill *(Barney)*. • SC : Lawrence B. Markus, d'après le roman de John Haase. • PH : Nicholas Roeg. • MUS : John Barry. • MONT : Anthony Gibbs. Grande-Bretagne, 1968 – Couleurs – 1 h 45.

Mariée depuis peu à David, Pétulia rencontre lors d'une fête le docteur Bollen. Elle décide le soir même de quitter David et de vivre avec Archie Bollen. Fou de rage, David se rend chez Bollen et frappe Pétulia. Elle se retrouve à l'hôpital, soignée par Bollen. Elle tente de lui expliquer le geste de David, évoque leurs moments difficiles, dont la mort d'un enfant qu'ils voulaient adopter. Une fois sur pied, elle quitte Bollen, retrouve David et part avec lui pour l'Amérique du Sud. Au retour, elle donne naissance à leur enfant.

◆ *Attaqué par la critique,* Pétulia *connut un grand succès auprès d'un public jeune. L'intérêt de ce film tient surtout à la rencontre des mœurs du « swinging London » et de San Francisco, et à la démonstration d'une contestation confuse chez de jeunes adultes de la classe aisée. Les images de Nicholas Roeg, qui allait devenir lui-même metteur en scène peu après, sont audacieuses, saturées, mais n'arrivent jamais tout à fait à illustrer l'incohérence insouciante des personnages de Richard Lester.* S.S.

LE PEUPLE ACCUSE O'HARA
"The People Against O'Hara"
Film policier de **John Sturges**, avec Spencer Tracy, Pat O'Brien, Diana Lynn, John Hodiak. États-Unis, 1951 – 1 h 42.

Un avocat lutte au péril de sa vie pour éviter une erreur judiciaire. Un policier psychologique.

LE PEUPLE ET SES FUSILS
Film politique de **Joris Ivens** et **Jean-Pierre Sergent**, avec Marceline Loridan, Joris Ivens, Jean-Pierre Sergent. France, 1970 – Couleurs – 1 h 35.

Œuvre de propagande en faveur du combat des communistes au Laos, le film a pour sujet l'entraînement et l'action quotidienne de l'armée populaire.

LE PEUPLE SINGE
Documentaire de **Gérard Vienne**. Commentaire dit par Michel Piccoli. France / Indonésie, 1989 – Couleurs – 1 h 25.

Ce film splendide étudie le comportement des singes dans le monde entier. Différents thèmes sont ainsi abordés : l'enfance, le jeu, la vie sociale (relations, agressions), la nourriture, l'outil.

LA PEUR "Angst"
Comédie dramatique de **Roberto Rossellini**, d'après le roman de Stefan Zweig, avec Ingrid Bergman, Mathias Wieman, Renate Mannhardt. R.F.A., 1954 – 1 h 13.

À cause d'une infidélité passagère à son mari, une femme que l'on fait chanter est victime d'une peur qu'elle n'arrive plus à contrôler.

LA PEUR "Strah"
Drame de **Matjaž Klopčič**, avec Ljuba Tadić, Milena Zupancić, Milena Dravić. Yougoslavie, 1974 – Couleurs – 1 h 42.

Un jeune homme crée à Ljubljana une maison close et s'enferme dans un univers de vénalité qui éclatera avec un tremblement de terre.

LA PEUR AU VENTRE "I Died a Thousand Times"
Film policier de **Stuart Heisler**, avec Jack Palance, Shelley Winters, Lori Nelson, Lee Marvin. États-Unis, 1955 – Couleurs – 1 h 49.

Un ancien bagnard, qui vient de sortir de prison et voudrait mener une vie rangée, est repris dans l'engrenage de la violence.

▷ Remake de LA GRANDE ÉVASION de Walsh (Voir ce titre).

LA PEUR DU SCALP "The Half Breed"
Western de **Stuart Gilmore**, avec Robert Young, Janis Carter, Jack Buetel, Barton MacLane. États-Unis, 1952 – Couleurs – 1 h 21.

En 1867, dans l'Arizona, l'amitié d'un Blanc et d'un Métis évite de nouveaux affrontements avec les Indiens.

PEUR SUR LA VILLE
Film policier d'**Henri Verneuil**, avec Jean-Paul Belmondo, Charles Denner, Adalberto Maria Merli, Lea Massari, Rosy Varte, Henri-Jacques Huet. France / Italie, 1975 – Couleurs – 2 h 05.

Minos mène la lutte contre la dégradation des mœurs et multiplie les exécutions de ceux qu'il considère comme des dépravés.

LA PHALÈNE D'ARGENT "Christopher Strong"
Drame de **Dorothy Arzner**, d'après le roman de Gilbert Frankau, avec Katharine Hepburn, Colin Clive, Billie Burke, Helen Chandler, Ralph Forbes. États-Unis, 1933 – 1 h 12.

Un père, qui n'admet pas la passion de sa fille pour un homme marié, s'éprend d'une aviatrice et devient dès lors plus compréhensif.

PHANTASM (FANTASME) "Phantasm"
Film fantastique de **Don Coscarelli**, avec Michael Baldwin, Kathy Lester, Bill Thornbury. États-Unis, 1979 – Couleurs – 1 h 30.

Au cours d'une expédition nocturne dans un cimetière, Mick surprend un géant extraterrestre qui enlève les morts…

▷ Le réalisateur signe une suite intitulée PHANTASM N° 2 "Phantasm II", avec James Le Gros, Rennie Bannister, Angus Scrimm, Paula Irvine. États-Unis, 1988 – Couleurs – 1 h 31.

PHANTOM OF THE PARADISE / LE FANTÔME DU PARADIS "Phantom of the Paradise"
Film d'épouvante musical de **Brian De Palma**, avec Paul Williams, William Finley, Jessica Harper, George

Memmoli, Gerrit Graham. États-Unis, 1974 – Couleurs – 1 h 32.

Un magnat du disque, créature du Diable, pirate la musique de la formation de Winslow Leach, qui sera défiguré en tentant de la récupérer.

PHARAON "FARAON"
Film historique de **Jerzy Kawalerowicz**, avec Jerzy Zelnik *(Ramsès XIII)*, Piotr Pawloski *(Hechor)*, Leszek Herdegen *(Pentuer)*, Jerzy Buczacki *(Tutmosis)*, Stanislaw Milski *(Memphres)*, Wieslawa Mazurkiewicz *(Nikotris)*, Krystyna Mikolajewska *(Sarah)*, Barbara Brylska *(Kama)*. • SC : J. Kawalerowicz, Tadeusz Konwicki, d'après le roman de Boleslav Prus. • PH : Jerzy Wojcik. • DÉC : Jerzy Skrzepinski. • MUS : Adam Walacinski. Pologne, 1966 – Couleurs – 3 h 16.

Ramsès, le nouveau pharaon réformateur, combat le pouvoir des prêtres, qui sont les vrais maîtres du pays.

◆ *Tiré d'un classique de la littérature polonaise, ce film est comme le livre une parabole anticléricale. Il vaut par sa franchise visuelle, sa fine analyse politique, la sensualité de Barbara Brylska et l'audace de sa dernière séquence : Ramsès s'apprête à rejoindre ses troupes pour combattre les prêtres, mais ceux-ci ont chargé son double (les pharaons en avaient plusieurs) de le tuer. Il est blessé mais élimine son adversaire. Les soldats attendent son arrivée, fixant l'ouverture sombre d'où il doit sortir. Au lieu du pharaon, c'est un point rouge qui en surgit, qui emplit rapidement tout l'écran, répondant à l'attente par l'attente et laissant le spectateur avec ses interrogations.* S.K.

LE PHARE DU BOUT DU MONDE
"LA LUZ DEL FIN DEL MUNDO"
Film d'aventures de **Kevin Billington**, d'après le roman de Jules Verne, avec Kirk Douglas, Yul Brynner, Samantha Eggar, Renato Salvatori, Fernando Rey, Jean-Claude Drouot. Espagne / Suisse / Grande-Bretagne, 1971 – Couleurs – 2 h 10.

L'affrontement terrible, au cap Horn, des gardiens du phare et d'une troupe de corsaires naufrageurs. Une violence moderne.

PHARES DANS LE BROUILLARD
"FARI NELLA NEBBIA"
Mélodrame de **Gianni Franciolini**, avec Fiosco Giachetti, Luisa Ferida, Mariella Lotti. Italie, 1942 – 1 h 19.

Le monde des conducteurs de poids lourds qui sillonnent les routes de la Ligurie sert de toile de fond à une histoire d'adultère.

PHASE IV "PHASE IV"
Film de science-fiction de **Saul Bass**, avec Nigel Davenport, Lynne Frederick, Michael Murphy, Alan Gifford, Helen Horton. États-Unis, 1974 – Couleurs – 1 h 26.

Un savant étudie les étranges changements dans le comportement des fourmis. Elles finiront par le dévorer…

PHÈDRE "PHAEDRA"
Drame de **Jules Dassin**, d'après les pièces d'Euripide et de Racine, avec Melina Mercouri, Raf Vallone, Anthony Perkins. Grèce / France / États-Unis, 1962 – 2 h.

Transposition de la tragédie classique dans le monde moderne. Si l'on admet ce principe, le film est une réussite, tant sur le plan de la mise en scène que sur celui de l'interprétation.

PHFFFT "PHFFFT"
Comédie de **Mark Robson**, avec Judy Holliday, Jack Lemmon, Jack Carson, Kim Novak. États-Unis, 1954 – 1 h 31.

Une scénariste de télévision et un avoué divorcent et s'aperçoivent alors qu'ils ne peuvent se passer l'un de l'autre.

PHILADELPHIA "PHILADELPHIA"
Drame de **Jonathan Demme**, avec Tom Hanks, Denzel Washington, Jason Robards, Mary Steenburgen. États-Unis, 1993 – Couleurs – 1 h 59.

Andrew Benett, promis à une brillante carrière d'avocat dans le cabinet Wheeler, est brutalement licencié par son patron quand celui-ci apprend qu'Andy est séropositif. En même temps qu'il lutte contre la maladie, Andy, assisté d'un avocat noir, attaque son patron en justice. Le premier vrai film américain sur le sida.

PHILADELPHIA EXPERIMENT
"THE PHILADELPHIA EXPERIMENT"
Film de science-fiction de **Stewart Raffill**, avec Michael Pare, Eric Christmas, Nancy Allen. États-Unis, 1984 – Couleurs – 1 h 43.

1943 : les expériences du Pr Longstreet provoquent des distorsions de l'espace-temps. Jim et David sont projetés en 1984…

LE PHILOSOPHE "DER PHILOSOPH"
Comédie dramatique de **Rudolf Thome**, avec Johannes Herrschmann, Adriana Altaras, Friederike Tiefenbacher. R.F.A., 1988 – Couleurs – 1 h 20.

Un jeune philosophe ayant vécu jusqu'à présent en ermite se trouve embarqué dans une histoire d'amour avec trois femmes qui prétendent être des déesses.

PHOBIA "PHOBIA"
Film policier de **John Huston**, avec Paul-Michael Glaser, Susan Hogan, John Colicos. États-Unis, 1980 – Couleurs – 1 h 30.

Les expériences tentées par un psychanalyste sur des criminels atteints de phobie tournent mal. Un thriller de commande.

LA PHOTO "I PHOTOGRAPHIA"
Comédie de **Nicos Papatakis**, avec Christos Tsangas, Aris Retsos, Zozo Zarpa, Despina Tomazzini. Grèce / France, 1986 – Couleurs – 1 h 42.

Les rapports chaleureux mais faussés de deux cousins âgés l'un de 45 ans, l'autre de 26. Sous l'apparente simplicité de l'anecdote, une révélation du monde complexe des émigrés grecs à Paris, en même temps qu'une parabole sur la dictature et l'oppression.

PIAF
Biographie de **Guy Casaril**, d'après le livre de Simone Berteaut, avec Brigitte Ariel, Pascale Christophe, Guy Tréjean. France, 1973 – Couleurs – 1 h 45.

D'après le livre de la sœur de la chanteuse, les premières années de la future « môme Piaf », dans la misère et la promiscuité.

PIANOFORTE "PIANOFORTE"
Drame de **Francesca Comencini**, avec Giulia Boschi, François Siener, Giovanella Grifeo, Marie-Christine Barrault. Italie, 1984 – Couleurs – 1 h 42.

Pour sauver leur amour, un couple de drogués fait une cure de désintoxication. Ils replongent. Après une ultime querelle, Paolo met fin à ses jours. Maria se retrouve seule, face à son piano.

PICKPOCKET
Drame de **Robert Bresson**, avec Martin Lassale *(Michel)*, Marika Green *(Jeanne)*, Jean Pelegri *(l'inspecteur)*, Pierre Leymarie *(Jacques)*. • SC : R. Bresson. • PH : Léonce-Henri Burel. • DÉC : Pierre Charbonnier. • MUS : Jean-Baptiste Lulli. • MONT : Raymond Lamy. France, 1959 – 1 h 15.

Fasciné par l'idée que, dans certains cas, « des hommes capables, indispensables à la société » seraient « libres d'échapper aux lois », Michel devient pickpocket. Malgré un commissaire qui le surveille et Jeanne qui l'aime, il ne peut s'empêcher de voler. Il se fait prendre et c'est en prison qu'il découvre « le drôle de chemin » qu'il lui a fallu prendre pour aller jusqu'à Jeanne...

◆ *Ce film atteint un point-limite de la démarche de Bresson. Film d'objets et de bruits, il met en œuvre une écriture pure qui vise moins à montrer qu'à créer un rythme, un mouvement suspendu, où l'enchaînement des plans se suffit à lui-même. C'est toujours l'invisible que vise Bresson : l'idée de destin à travers cet engrenage du style qui renvoie à la façon dont les actes déterminent l'être, mais aussi l'idée de hasard (ou de grâce), voire de liberté. Sorti l'année de l'éclosion de la Nouvelle Vague, ce film sera la référence majeure de la plupart des jeunes cinéastes de ce mouvement.* J.M.

PICNIC "PICNIC"
Drame psychologique de **Joshua Logan**, avec William Holden *(Hal)*, Rosalind Russell *(Rosemary)*, Kim Novak *(Madge)*, Susan Strasberg *(Millie)*, Betty Field *(Flo)*, Cliff Robertson *(Alan)*. • SC : Daniel Taradash, d'après la pièce de William Inge. • PH : James Wong Howe. • DÉC : Jo Mielziner. • MUS : George Dunning. • MONT : Charles Nelson, William A. Lyon. États-Unis, 1955 – 1 h 55.

Un jeune homme, voyageur de nulle part, arrive dans un village de l'Amérique profonde. Il cherche à s'y installer, à tout le moins à y travailler. Il rencontre une jeune fille romanesque et passionnée. Ils se plaisent, mais elle est fiancée. Au cours d'une longue partie de campagne, tous les conflits, toutes les passions exacerbées s'expriment violemment, comme en un immense psychodrame. C'est un orage dramatique qui, une fois passé, laissera la communauté dans son statu quo. Mais peut-être un couple s'est-il formé à la faveur de la tourmente.

◆ *Les origines théâtrales de ce film apparaissent clairement, notamment par l'abondance et la qualité littéraire du dialogue. Mais cela n'est pas forcément un défaut. À travers les affrontements des divers personnages, les auteurs expriment le désarroi d'un pays et d'une classe : la petite bourgeoisie américaine frileuse et frustrée. À côté de l'autorité de la star William Holden et du professionnalisme de Rosalind Russell, on remarque la personnalité bouleversante de l'adolescente Susan Strasberg et surtout la présence fascinante de la pulpeuse Kim Novak.* G.S.

PICPUS
Film policier de **Richard Pottier**, d'après le roman de Georges Simenon, avec Albert Préjean, Jean Tissier, Juliette Faber, André Gabriello, Gabrielle Fontan. France, 1943 – 1 h 35.

Enquêtant sur une série de meurtres, le commissaire Maigret suit un vieillard sur la Côte d'Azur. Bien entendu, il résout l'énigme et démasque le criminel.

PIEDRA LIBRE "PIEDRA LIBRE"
Drame de **Leopoldo Torre Nilsson**, avec Marilina Ross, Juan José Camero, Luisina Brando. Argentine, 1976 – Couleurs – 1 h 35.

Après la disparition de ses parents comédiens, une jeune fille est recueillie par une ancienne amie de pension appartenant à la vieille bourgeoisie aisée. L'intrusion d'un jeune fermier du voisinage, avide de richesse, provoquera le drame.

LES PIEDS DANS LE PLAT
"THE MAN FROM THE DINER'S CLUB"
Comédie de **Frank Tashlin**, avec Danny Kaye, Telly Savalas, Martha Hyer. États-Unis, 1963 – 1 h 36.

Un employé du Diner's Club qui a remis par erreur une carte de crédit à un escroc notoirement connu cherche à la récupérer. Une comédie mineure avec de bons gags et « Kojak » en escroc burlesque.

PIEDS NUS DANS LE PARC "BAREFOOT IN THE PARK"
Comédie de **Gene Saks**, d'après la pièce de Neil Simon, avec Robert Redford, Jane Fonda, Mildred Natwick, Charles Boyer. États-Unis, 1967 – Couleurs – 1 h 50.

Les débuts dans la vie d'un couple de jeunes mariés qui emménagent dans un logement précaire. La jeune femme tentera aussi de trouver un nouveau compagnon à sa mère. Une excellente interprétation.

LE PIÈGE "THE MACKINTOSH MAN"
Film d'espionnage de **John Huston**, d'après le roman de Desmond Bagley *The Freedom Trap*, avec Paul Newman, Dominique Sanda, James Mason. Grande-Bretagne, 1973 – Couleurs – 1 h 37.

Ballet de diamants et d'espions, entre l'Angleterre, la Suisse et l'Irlande. Huston s'amuse visiblement à multiplier les clins d'œil aux poncifs du genre.

LE PIÈGE "TOURIST TRAP"
Film d'épouvante de **David Schmoeller**, avec Chuck Connors, John Van Ness, Robin Sherwood. États-Unis, 1978 – Couleurs – 1 h 30.

Cinq jeunes gens tombent en panne d'essence dans une contrée sauvage des États-Unis. Ils sont assaillis par de féroces marionnettes et découvrent un musée dont les statues sont des cadavres embaumés. Une atmosphère de psychose.

LE PIÈGE À CONS
Comédie satirique de **Jean-Pierre Mocky**, avec Jean-Pierre Mocky, Catherine Leprince, Jacques Legras. France, 1979 – Couleurs – 1 h 30.

Michel Rayan rentre d'un exil volontaire dix ans après les événements de mai 68. À la suite de l'assassinat d'un ex-disciple devenu extrémiste, il est de nouveau entraîné dans la lutte.

LE PIÈGE À LOUPS/LA TANIÈRE DES LOUPS
"VLČI JÁMA"
Comédie dramatique de **Jiři Weiss**, d'après le roman de Jarmila Glazarova, avec Jana Brejchova, Jirina Sejbalova, Miroslav Dolezal, Jaroslav Prücha. Tchécoslovaquie, 1957 – 1 h 40.

Un homme marié à une femme autoritaire tombe amoureux de la jeune orpheline qu'ils ont adoptée. Incapable d'affronter la situation, il quitte son foyer. À la mort de son épouse, il retourne chez lui, mais la jeune fille le repousse.

PIÈGE À MINUIT "MIDNIGHT LACE"
Drame psychologique de **David Miller**, d'après la pièce de Janet Green Matilda Shouted Fire, avec Doris Day, Rex Harrison, John Gavin, Myrna Loy. États-Unis, 1960 – Couleurs – 1 h 48.

À Londres, l'épouse d'un homme d'affaires reçoit des menaces de mort et vit dans l'angoisse... Un suspense digne de Hitchcock.

LE PIÈGE À PÉDALES "THE GAY DECEIVERS"
Comédie de **Jack Starrett**, avec Larry Casey, Kevin Coughlin, Michael Greer. États-Unis, 1969 – Couleurs – 1 h 30.

Pour échapper à la guerre du Viêt Nam, deux jeunes gens se font passer pour des homosexuels, ce qui les amène à quelques « obligations ».

LE PIÈGE À RATS "ELIPPATHAYAM"
Drame d'**Adoor Gopalakrishnan**, avec Karamana, Sarada, Jalaja, Rajam K. Nair. Inde, 1981 – Couleurs – 2 h 01.

Un propriétaire terrien, héritier d'une société féodale en décomposition, vit avec ses deux sœurs. Incapable de faire face à ses problèmes, il sombre dans la folie.

PIÈGE AU GRISBI "THE MONEY TRAP"
Drame de **Burt Kennedy**, d'après le roman de Lionel White, avec Glenn Ford, Rita Hayworth, Elke Sommer, Joseph Cotten, Ricardo Montalban, Tom Reese. États-Unis, 1965 – 1 h 30.

Escroquerie et corruption dans les milieux de la police à San Francisco. Un remarquable thriller.

PIÈGE DE CRISTAL "DIE HARD"
Film policier de **John McTiernan**, d'après le roman de Broderick Thorpe *Nothing Last Forever*, avec Bruce Willis, Alan Rickman. États-Unis, 1988 – Couleurs – 2 h 11.

Un duel sans merci entre des terroristes surarmés et un vigoureux policier s'engage à l'intérieur d'un gigantesque gratte-ciel.

LE PIÈGE DE VÉNUS "DIE VENUSFALLE"
Drame de **Robert Van Ackeren**, avec Myriem Roussel, Horst-Günther Marx. R.F.A., 1988 – Couleurs – 1 h 44.

Lassé de sa vie monotone, un médecin voudrait tomber amoureux encore une fois. Il cherche la femme idéale dans les rues, et croit la trouver sous les traits de Marie, qui lui échappe sans cesse.

LE PIÈGE INFERNAL "THE SQUEEZE"
Film policier de **Michael Apted**, d'après le roman de David Craig, avec Stacy Keach, Freddie Starr, Edward Fox. Grande-Bretagne, 1977 – Couleurs – 1 h 47.

Un ex-policier alcoolique, sur la piste de kidnappeurs, réussit à retrouver les victimes et à empêcher un hold-up.

PIÈGE MORTEL "DEATH TRAP"
Comédie policière de **Sidney Lumet**, d'après la pièce d'Ira Levin, avec Michael Caine, Christopher Reeve, Dyan Cannon, Irene Worth, Henry Jones. États-Unis, 1982 – Couleurs – 1 h 54.

Un célèbre dramaturge en panne d'inspiration est prêt à tout pour s'approprier le manuscrit que lui a confié un de ses élèves. Un jeu de masques brillant.

PIÈGE POUR CENDRILLON
Drame d'**André Cayatte**, d'après le roman de Sébastien Japrisot, avec Danny Carrel, Madeleine Robinson, Jean Gaven. France, 1965 – 1 h 50.

Une jeune femme devenue amnésique à la suite d'un accident de voiture s'efforce de retrouver sa véritable identité : est-elle cette diabolique arriviste qu'on lui dépeint ?

PIÈGES
Film policier de **Robert Siodmak**, avec Maurice Chevalier, Marie Déa, Pierre Renoir, André Bruno, Madeleine Geoffroy, Erich von Stroheim. France, 1939 – 1 h 39.

Après la disparition de plusieurs jeunes filles, l'amie de l'une d'elles est utilisée comme appât par la police qui inculpe son propre fiancé, jusqu'à ce que l'on identifie le véritable coupable.

▷ Voir aussi DES FILLES DISPARAISSENT.

LES PIÈGES DE BROADWAY "THE RAT RACE"
Comédie de **Robert Mulligan**, avec Tony Curtis, Debbie Reynolds, Jack Oakie. États-Unis, 1960 – Couleurs – 1 h 45.

Un jeune provincial passionné de jazz arrive à Broadway pour réussir. À défaut de notoriété, il rencontre l'amour.

LES PIÈGES DE LA PASSION
"LOVE ME OR LEAVE ME"
Biographie musicale de **Charles Vidor**, avec Doris Day, James Cagney, Cameron Mitchell. États-Unis, 1955 – Couleurs – 2 h 02.

La vie de Ruth Etting, chanteuse qui eut son heure de gloire dans les années 20 aux États-Unis.

PIERRE ET DJEMILA
Drame de **Gérard Blain**, avec Jean-Pierre André, Nadja Reski. France, 1987 – Couleurs – 1 h 26.

Roméo (Pierre) est français, Juliette (Djemila) maghrébine. Comme dans la pièce de Shakespeare, leur entourage les empêchera de s'aimer. Un film sur l'incommunicabilité entre les cultures qui s'achève tragiquement.

PIERRE ET JEAN "UNA MUJER SIN AMOR"
Mélodrame de **Luis Buñuel**, d'après la nouvelle de Guy de Maupassant, avec Julio Villareal, Rosario Granados, Tito Junco. Mexique, 1951 – 1 h 20.

Un étranger lègue sa fortune au fils cadet de la femme d'un antiquaire. Le frère aîné apprend de sa mère que le donateur a été son amant vingt ans auparavant et qu'il est le père de cet enfant.

PIERRE ET PAUL
Drame de **René Allio**, avec Pierre Mondy, Bulle Ogier, Madeleine Barbulée. France, 1969 – Couleurs – 1 h 40.

Le rêve de jeunes mariés bute sur les difficultés de la société de consommation et aussi sur le poids des liens familiaux.

LA PIERRE LANCÉE "FELDOBOTT KÖ"
Film politique de **Sándor Sára**, avec Lajos Balázsovits *(Balázs)*, Todor Todorov *(Illias)*, János Pásztor *(le père)*, Katalin Berek *(la mère)*, József Bihary *(le grand-père)*, Nadesda Kazassian *(Irini)*. • SC : Sándor Csoóri, Ferenc Kósa, S. Sára. • PH : S. Sára. • DÉC : László Duba. • MUS : András Szöllösy. Hongrie, 1969 – 1 h 25.

Un fils de cheminot est admis à l'École supérieure des arts dramatiques et du cinéma, en 1950, à Budapest. Mais son père est bientôt arrêté pour faute professionnelle (en fait, pour tiédeur à l'égard du Parti). Adieu le cinéma... Le jeune homme part alors pour le centre de la plaine hongroise, en qualité de géomètre, afin de préparer sur le terrain les réformes agraires. Il y fait la connaissance d'un jeune communiste grec avec lequel il se lie. Leurs efforts pour expliquer aux paysans les réformes nécessaires se heurtent cependant à la brutalité des méthodes des autres envoyés du gouvernement. C'est l'échec, renouvelé dans un village tzigane pour les mêmes raisons. Mais la persévérance finit par payer, malgré les erreurs officielles...

◆ *Chronique quelque peu autobiographique illustrant bien les difficultés du collectivisme dans des milieux traditionnels au début des années 50. Surtout connu comme opérateur, Sándor Sára réalise ici son premier long métrage.* D.C.

PIERRE LE GRAND "PETR PERVYJ"

Film historique de **Vladimir Petrov**, avec Nikolai Simonov, Alla Tarasova, Mikhaïl Jarov, Mikhaïl Tarkhanov, Irina Zarubina. U.R.S.S. (Russie), 1937-1939 – (en deux parties) 1 h 44 et 2 h 06.

Les succès russes inquiètent les grandes puissances européennes, qui affronteront sans succès, dans un combat naval, l'invincible Pierre Ier, empereur de Russie de 1682 à 1725.

PIERROT LA TENDRESSE

Comédie policière de **François Villiers**, avec Michel Simon, Dany Saval, Claude Brasseur, Marie Daems, Jean-Pierre Marielle. France, 1960 – 1 h 18.

Comment un tueur débonnaire renonce à exécuter sa victime à cause de l'amour que lui porte sa pupille. Un grand rôle pour Michel Simon face au jeune couple Saval-Brasseur.

PIERROT LE FOU

Essai policier de **Jean-Luc Godard**, avec Jean-Paul Belmondo *(Pierrot/Ferdinand)*, Anna Karina *(Marianne)*, Dirk Sanders *(le frère de Marianne)*, Raymond Devos *(lui-même)*, Graziella Galvani *(la femme de Ferdinand)*, Roger Dutoit et Hans Meyer *(les deux gangsters)*, Jimmy Karoubi *(le nain)*. • SC : J.-L. Godard, d'après le roman de Lionel White *Obsession*. • PH : Raoul Coutard. • MUS : Antoine Duhamel. • MONT : Françoise Colin. France/Italie, 1965 – Couleurs – 1 h 55.

Ferdinand Griffon, professeur d'espagnol marié à une Italienne, lit à sa petite fille des pages d'Élie Faure consacrées à Velázquez. Une jeune fille, Marianne, vient garder les enfants. Les Griffon se rendent à une réception bourgeoise chez des amis. Ferdinand jette un gâteau au visage des invités et, retrouvant Marianne chez lui, part à l'aventure. Le lendemain, ils fuient ensemble vers le Sud, et « la mer, allée avec le soleil ». Leur idylle se terminera tragiquement par la trahison et la mort de Marianne et par le suicide de Ferdinand/Pierrot (le surnom qu'elle lui a donné).

◆ *L'un des grands succès critiques de Jean-Luc Godard qui retrouve, cinq ans après* À bout de souffle, *Jean-Paul Belmondo en grande forme. La trame policière initiale du récit de Lionel White est totalement recouverte par une recherche désespérée et très rimbaldienne de l'amour fou et de l'aventure post-romantique. Tout oppose l'impulsive Marianne, qui préfère les disques et la danse, à l'intellectuel Ferdinand qui préfère la lecture et l'écriture. L'un des films de Godard qui offre le plus de références à la poésie moderne en même temps qu'une réflexion sur la peinture, de Velázquez à Picasso.* M.M.

LE PIÉTON "DER FUSSGÄNGER"

Drame de **Maximilian Schell**, avec Gustav Rodolf Sellner, Ruth Hausmeister, Maximilian Schell. R.F.A., 1973 – Couleurs – 1 h 40.

À la suite de la mort accidentelle de son fils, un industriel sexagénaire se penche sur son passé. Lié à l'Allemagne nazie, il se trouve mêlé à un scandale politico-mondain.

LE PIGEON "I SOLITI IGNOTI"

Comédie de **Mario Monicelli**, avec Vittorio Gassman *(Beppe)*, Marcello Mastroianni *(Tiberio)*, Renato Salvatori *(Mario)*, Totò *(Dante Cruciani)*, Tiberio Murgia *(Ferribotte)*, Carlo Pisacane *(Capannelle)*, Memmo Carotenuto *(Cosimo)*, Claudia Cardinale *(Carmela)*, Gina Rovere *(Teresa)*. • SC : Age et Scarpelli, Suso Cecchi D'Amico, M. Monicelli. • PH : Gianni Di Venanzo. • DÉC : Piero Gherardi. • MUS : Piero Umiliani. • MONT : Adriana Novelli. • PR : Franco Cristaldi (Lux, Vides, Cinecittà). Italie, 1958 – 1 h 45.

Une bande de petits malfrats haute en couleurs. Cosimo, le cerveau, médite un gros coup, mais se fait arrêter sur un misérable vol de voiture. Pour le sortir de prison, ses copains se mettent en quête du « pigeon » qui s'accusera du vol. Le brave Mario, orphelin affublé de trois mamans d'adoption et voleur malgré lui, Capannelle, ex-garçon d'écurie bolognais et éternel crève-la-faim, Ferribotte, ombrageux Sicilien qui protège l'honneur de sa sœur Carmela en l'enfermant à double tour, et Tiberio, photographe qui, entre deux larcins, prépare la bouillie de bébé en l'absence de sa femme qui est sous les verrous, convainquent Beppe, boxeur un peu sonné, de se charger de cette mission. Hélas, la comédie que Beppe monte devant le magistrat lui vaut de se retrouver en prison... aux côtés de Cosimo. Avant d'en sortir, il se fait livrer par Cosimo le fameux « plan » que celui-ci mijote. Et sitôt dehors, prenant la tête de la bande, il organise « scientifiquement » le coup : un casse au mont-de-piété. On va se faire instruire dans l'art de l'ouverture des coffres-forts par Dante Cruciani, spécialiste en liberté très surveillée. Les choses se compliquent lorsque, à la faveur d'une amnistie, Cosimo sort de prison bien décidé à se venger. Mais il en est réduit à un vol à la tire qui tourne mal et meurt sous les roues d'un tram. Après force repérages, nos larrons s'introduisent dans la place et se mettent au travail : le mur est enfin percé, mais ce n'était pas le bon...

◆ Le printemps de la « comédie à l'italienne »

Une distribution brillantissime où le public retrouvait Mastroianni et Salvatori, transfuges d'un néoréalisme décoloré, et découvrait Claudia Cardinale et un insoupçonnable Gassman comique, créé de toutes pièces par Monicelli, qui prend ici ses leçons du grand Totò, prince de la farce, transformé en oracle d'une petite pègre dérisoire. Un scénario signé des plus grands, plein de verve et d'entrain, des gags qui s'enchaînent à un rythme trépidant, des dialogues étincelants qui empruntent toutes les couleurs de la palette dialectale. Le Pigeon *opère le grand bond en avant de la farce à la comédie, et met en place les ressorts de la future « comédie à l'italienne ». La pantomime cède la place au personnage, dont les coordonnées sociales et psychologiques s'épaississent. Cette ballade des paumés en dit plus qu'il n'y paraît sur une Italie combinarde, qui se veut scientifique et moderne mais est vouée à l'empirisme et à l'improvisation. Aussi, au-delà de la parodie du* Rififi chez les hommes, *au-delà de sa drôlerie irrésistible,* le Pigeon *a-t-il un arrière-goût d'amertume. Réservoir de gags et de situations où les scénaristes puisent depuis trente ans, le film a donné lieu à une cascade de remakes dont les plus connus sont, en 1960,* L'audace colpo dei soliti ignoti, *et le récent* I soliti ignoti vent'anni dopo *(1986), très en deçà du film-souche... En France il est le film de référence du comique italien, et aux États-Unis il est devenu un film culte, inspirant à Louis Malle* Crackers *(1983) – où un mafioso italien prend le nom de Monicelli ! – et à Bob Fosse une comédie musicale,* Big Deal *(1986), qui fait triompher à Broadway le rififi à l'italienne.* *C.D.*

PIGEON D'ARGILE "Clay Pigeon"

Film policier de **Tom Stern**, avec Telly Savalas, Robert Vaughn, Burgess Meredith. États-Unis, 1972 – Couleurs – 1 h 30.

De retour du Viêt Nam, un soldat est entraîné à collaborer avec la police contre un puissant trafiquant de drogue. Il y trouvera la mort.

LE PIGEON QUI SAUVA ROME

"The Pigeon That Took Rome"

Comédie de **Melville Shavelson**, avec Charlton Heston, Elsa Martinelli, Brian Donlevy. États-Unis, 1962 – 1 h 40.

En 1944, deux officiers américains sont envoyés en mission de renseignement à Rome. Les pigeons voyageurs qu'ils utilisent pour transmettre les messages sont mangés par les Italiens et remplacés par des volatiles allemands, qui iront droit au Q.G. ennemi...

PILE OU FACE

Film policier de **Robert Enrico**, avec Philippe Noiret, Michel Serrault, Dorothée, André Falcon, Jean Desailly. France, 1980 – Couleurs – 1 h 45.

Un policier se persuade de la culpabilité d'un comptable dont la femme a été tuée. Il le traque jusqu'au jour où l'homme fait d'étranges aveux. Des dialogues de Michel Audiard.

LES PILIERS DU CIEL "Pillars of the Sky"

Western de **George Marshall**, avec Jeff Chandler, Dorothy Malone, Ward Bond, Lee Marvin. États-Unis, 1956 – Couleurs – 1 h 35.

Vers 1870, dans une réserve indienne de l'Oregon, la guerre est rallumée entre les Indiens et un colonel américain. Un missionnaire sauvera la situation.

THE PILLOW BOOK "The Pillow Book"

Comédie dramatique de **Peter Greenaway**, avec Vivian Wu, Ewan McGregor, Yoshi Oida, Ken Ogata. Grande-Bretagne, 1996 – Couleurs – 2 h 05.

C'est sur la peau de ses amants que Nagiko écrit ses livres, à l'instar de son père, qui faisait la même chose avec elle lorsqu'elle était petite fille. Mais l'un d'eux l'aime plus que les autres, il se suicide, et c'est sur son corps mort que Nagiko écrira *le Livre de l'amant.*

PILOTE DU DIABLE "Chain Lightning"

Film d'aventures de **Stuart Heisler**, avec Humphrey Bogart, Eleanor Parker, Raymond Massey. États-Unis, 1950 – 1 h 34.

Les périlleux essais de plusieurs pilotes pour prouver l'efficacité d'un avion à réaction.

PINK FLAMINGOS "Pink Flamingos"

Drame de **John Waters**, avec Divine, David Lochary, Mink Stole, Mary Pierce, Edith Massey. États-Unis, 1972 – Couleurs – 1 h 35.

Le travesti Divine qui vit dans une roulotte avec sa mère, une amie et son propre fils, a la réputation d'être le « monstre le plus immonde » des États-Unis et le démontre sous les yeux dégoûtés du spectateur.

PINK FLOYD, THE WALL "THE WALL"
Film musical d'**Alan Parker**, d'après l'opéra-rock des Pink Floyd, avec Bob Geldof, Christine Hargreaves, James Laurenson, Eleanor David, Kevin McKeon, Bob Hoskins. États-Unis / Grande-Bretagne, 1982 – Couleurs – 1 h 35.

Une ex-star du rock s'enferme dans un hôtel de Los Angeles et, prostrée, revoit sa vie passée, son ascension et sa déchéance. Un mélange de vues réelles et d'animation.

PINK NARCISSUS "PINK NARCISSUS"
Film érotique, réalisateur inconnu et acteurs anonymes. États-Unis, 1972 – Couleurs – 1 h 30.

Le portrait d'un jeune homosexuel qui tente de fuir les réalités de la vie quotidienne. Ce célèbre film underground, l'un des premiers à aborder le thème de l'érotisme homosexuel (renforcé par le narcissisme), est devenu un film culte, régulièrement projeté.

PINOCCHIO "PINOCCHIO"
Drame de **Giulio Antamoro**, d'après le roman de Carlo Collodi, avec Ferdinand Guillaume. Italie, 1911 – 1 500 m (env. 56 mn).

Adaptation très libre du célèbre roman, qui obtint un grand succès renforcé par les nombreuses scènes tournées en extérieur.

PINOCCHIO "PINOCCHIO"
Dessin animé de **Walt Disney**, supervisé par Ben Sharpsteen et Hamilton Luske. États-Unis, 1940 – Couleurs – 1 h 17.

Pour répondre au rêve d'un vieux sculpteur de marionnettes, la Fée Bleue donne la vie à sa dernière création, Pinocchio, qui va connaître une incroyable série d'aventures. L'un des chefs-d'œuvre de Disney. Voir aussi LES AVENTURES DE PINOCCHIO.

PINOT SIMPLE FLIC
Comédie de **Gérard Jugnot**, avec Gérard Jugnot, Fanny Bastien, Pierre Mondy, Patrick Fierry, Jean-Claude Brialy. France, 1984 – Couleurs – 1 h 27.

Un gardien de la paix très ordinaire et plutôt gaffeur s'attache à une jeune toxicomane dont il va essayer d'arrêter le fournisseur.

LE PION
Comédie de **Christian Gion**, avec Henri Guybet, Claude Piéplu, Michel Galabru, Claude Jade. France, 1978 – Couleurs – 1 h 25.

Un surveillant et maître auxiliaire, chahuté par ses élèves, nourrit des ambitions amoureuses et littéraires : celles-ci sont couronnées de succès, celles-là doivent changer d'objet.

LES PIONNIERS DE LA WESTERN UNION
"WESTERN UNION"
Western de **Fritz Lang**, avec Robert Young, Randolph Scott, Virginia Gilmore. États-Unis, 1941 – Couleurs – 1 h 34.

Des politiciens et des escrocs essayent d'empêcher l'établissement de la première ligne téléphonique par la « Western Union ».

PIPICACADODO "CHIEDO ASILO"
Drame de **Marco Ferreri**, avec Roberto Benigni, Dominique Laffin, Chiara Moretti. Italie / France, 1980 – Couleurs – 1 h 52.

Un instituteur se sert de méthodes pédagogiques révolutionnaires pour changer le système éducatif. Un plaidoyer pour une éducation dont les modèles ne sont pas les adultes.

PIQUE-NIQUE À HANGING ROCK
"PICNIC AT HANGING ROCK"
Film fantastique de **Peter Weir**, avec Rachel Roberts *(Mrs. Appleyard)*, Dominic Guard *(Michael Fitzhubert)*, Helen Morse, Anne Lambert, Karan Robson, Vivean Gray, Jacky Weaver, Kirsty Child. • SC : Cliff Green, d'après le roman de Joan Lindsay. • PH : Russell Boyd. • DÉC : David Copping. • MUS : Gheorghe Zamphir (flûte de Pan), Bruce Smeaton, Mozart, Beethoven. Australie, 1975 – Couleurs – 1 h 55.

Australie, 1900. Par une belle journée ensoleillée, trois pensionnaires du collège Appleyard, Miranda, Irma, Marion, et leur professeur disparaissent en escaladant la pointe de Hanging Rock. Un jeune aristocrate, Michael Fitzhubert, et son valet découvrent Irma en état de choc. La jeune fille ne livrera jamais le secret de sa disparition. Les corps de ses camarades ne seront jamais retrouvés. Le mystère de Hanging Rock restera entier...

◆ *Ce chef-d'œuvre du fantastique australien est aussi le premier film où s'exprime la poétique de la dissolution chère à Peter Weir, et sa sensibilité particulière aux éléments naturels. Le soleil, la roche, l'eau, le vent composent ici un univers de tentations insidieuses, où s'abolissent tous les repères traditionnels de la rationalité. À l'instant où elles y pénètrent, Miranda, Irma et Marion subissent une étrange métamorphose, libérant des forces, des désirs qui les détruiront et bouleverseront à long terme leur entourage...* Pique-nique à Hanging Rock *est un parcours initiatique, un film envoûtant, sensuel et lyrique, dont l'écho se fera entendre à travers toute l'œuvre de Peter Weir.* *O.E.*

PIQUE-NIQUE EN PYJAMA "The Pajama Game"
Comédie musicale de **Stanley Donen** et **George Abbott**, avec Doris Day, John Raitt, Barbara Nichols. États-Unis, 1957 – Couleurs – 1 h 41.

Un chef d'atelier s'éprend d'une de ses ouvrières. Le scénario sert de prétexte à un déploiement de couleurs, à une chorégraphie signée Bob Fosse et à plusieurs chansons à succès.

PIRANHAS "Piranha"
Drame de **Joe Dante**, avec Bradford Dillman, Heather Menzies, Kevin McCarthy. États-Unis, 1978 – Couleurs – 1 h 35.

Un chômeur, retiré en pleine forêt, et une jeune détective enquêtant sur des disparitions inexpliquées, découvrent le terrible secret d'expériences clandestines de l'armée : le développement d'une nouvelle race de poissons carnivores ultra-résistants et féroces...

▷ Les petits poissons récidivent dans PIRANHA 2 : LES TUEURS VOLANTS "Piranha 2 : Flying Killers", de **James Cameron**, avec Tricia O'Neal, Steve Marachuk, Lance Henriksen. États-Unis/Italie, 1981 – Couleurs – 1 h 34.

LE PIRATE "The Pirate"
Comédie musicale de **Vincente Minnelli**, avec Judy Garland, Gene Kelly, Walter Slezak. États-Unis, 1948 – Couleurs – 1 h 42.

Un hypnotiseur conquiert une jeune femme amoureuse d'un pirate imaginaire. Rêve et réalité en musique.

LA PIRATE
Drame de **Jacques Doillon**, avec Jane Birkin, Maruschka Detmers, Laure Marsac, Philippe Léotard, Andrew Birkin. France, 1984 – Couleurs – 1 h 38.

Une femme est écartelée entre son mari qu'elle aime et une jeune femme pour laquelle elle éprouve une véritable passion. Huis clos d'un dépouillement et d'une tension extrêmes. Poignant

LE PIRATE DES CARAÏBES
"The Scarlet Bucaneer"
Film d'aventures de **James Goldstone**, avec Robert Shaw, James Earl Jones, Peter Boyle. États-Unis, 1976 – Couleurs – 1 h 40.

À la Jamaïque, au XVIIIe siècle, le pirate Ned Lynch aide la belle Jane Barnet à retrouver son père et sa fortune.

LE PIRATE NOIR "The Black Pirate"
Film d'aventures de **Douglas Fairbanks** et **Alfred Parker**, avec Douglas Fairbanks *(le duc d'Arnolo)*, Billie Dove *(la princesse)*, Anders Randolf *(le chef des pirates)*, Donald Crisp *(McTavish)*. • SC : Dwight Franklin, Edward M. Langley, Jack Holden, Jack Cunningham, Lotta Woods, d'après le roman d'Elton Thomas [D. Fairbanks]. • PH : Henry Sharp. • DÉC : Oscar Borg. • MUS : Mortimer Wilson. • MONT : William Nolan. États-Unis, 1926 – Couleurs – 2 600 m (env. 1 h 36).

Un gentilhomme tue un pirate en combat singulier et se fait passer, sur le bateau des flibustiers, pour le Pirate Noir. Démasqué, il est laissé pour mort, après avoir voulu sauver une princesse retenue en otage. Il revient avec une troupe d'hommes décidés, vainc les pirates et libère la princesse.

◆ *Ce film institua le genre et ne fut jamais égalé. La fraîcheur bondissante de Fairbanks force la sympathie et ses exploits spatiaux qui ignorent la loi de la gravitation et se font toujours à l'intérieur du plan, dans des décors écrasants, sans trucage de montage, forcent l'admiration. Scènes marquantes : le combat où le pirate vient s'empaler sur l'épée fichée dans le sable par Fairbanks en « prévision » de ce dénouement, la prise du bateau par une troupe qui nage géométriquement sous la mer transparente, l'abordage fulgurant et la salutation de Fairbanks au navire grouillant d'hommes. Ce film est une des premières expériences sur le Technicolor bichrome. Ses belles et sobres teintes bleu-vert et brun-rouge évoquent judicieusement Rembrandt.* *S.K.*

PIRATES
Film d'aventures de **Roman Polanski**, avec Walter Matthau, Cris Campion, Charlotte Lewis. France/Tunisie/États-Unis, 1986 – Couleurs – 2 h 04.

Les aventures truculentes du capitaine corsaire Red et de son second, la Grenouille, de Saint-Malo. L'or, les femmes et la mer.

LES PIRATES DE MONTEREY
"Pirates of Monterey"
Film d'aventures d'**Alfred Werker**, avec Maria Montez, Rod Cameron, Philip Reed. États-Unis, 1947 – Couleurs – 1 h 17.

En Californie, une histoire d'amour sur fond de lutte entre républicains mexicains et troupes espagnoles.

LES PIRATES DU DIABLE "Devil Ship Pirates"
Film d'aventures de **Don Sharp**, avec Christopher Lee, Andrew Keir, John Cairney, Michael Ripper, Natacha Pyne, Ernest Clark. Grande-Bretagne, 1963 – Couleurs – 1 h 30.

Gravement touché lors d'un combat naval, un navire espagnol aborde les côtes de Cornouailles et terrorise les villageois.

LES PIRATES DU MÉTRO
"THE TAKING OF PELHAM 1.2.3."
Film policier de **Joseph Sargent**, d'après le roman de John Godey, avec Walter Matthau, Robert Shaw, Martin Balsam, Hector Elizondo, Earl Hindman. États-Unis, 1974 – Couleurs – 1 h 45.

Prenant tous les passagers d'un wagon du métro en otage, des gangsters exigent une rançon contre leur libération.

LES PIRATES DU ROI "KING'S PIRATE"
Film d'aventures de **Don Weis**, avec Doug McClure, Jill St.John, Guy Stockwell. États-Unis, 1967 – Couleurs – 1 h 40.

Un jeune officier britannique s'introduit chez les pirates basés à Madagascar afin de saboter leurs canons. Remake de À L'ABORDAGE avec Errol Flynn (Voir ce titre).

PIROSMANI "PIROSMANI"
Biographie de **Georgui Chenguelaïa**, avec Avtandil Varazi *(Nico Pirosmani)*, David Abachidzé *(Chavoua)*, Zourab Kapianidze *(Ouchangi)*, Teimouraz Beridze, Boris Cipouria. • SC : Erlom Akhvlediani, G. Chenguelaïa. • PH : Constantin Apriatine. • DÉC : Avtandi Varazi, Vassili Arabidze. • MUS : V. Koukhianidzé. U.R.S.S. (Géorgie), 1970 – Couleurs – 1 h 25.

Nicolas Pirosmani parcourt la Géorgie en peignant pour qui le lui demande des tableaux, des enseignes, des écriteaux, des affiches, dans le style « naïf ». Il mène une vie errante, assez misérable, et ses tableaux sont raillés par les peintres académiques. Il meurt dans la solitude.

◆ *Le peintre Pirosmani, qui a vécu dans la seconde moitié du XIXe siècle, n'a pas été reconnu de son vivant. Georgui Chenguelaïa s'emploie ici à faire connaître celui qui est aujourd'hui considéré comme un des plus grands artistes géorgiens. Il le fait en appliquant le « style naïf » à l'écran : séquences très descriptives, perspective écrasée, emploi des couleurs, richesse de l'évocation sous un apparent simplisme. L'univers du film et l'univers pictural de l'artiste se superposent. C'est d'une esthétique nouvelle dans le cinéma soviétique.* *B.B.*

LA PISCINE
Drame psychologique de **Jacques Deray**, avec Alain Delon, Romy Schneider, Maurice Ronet, Jane Birkin. France, 1969 – Couleurs – 1 h 55.

La vie d'un couple à Saint-Tropez est troublée par l'arrivée, avec sa fille, de l'ancien amant de la femme. L'engrenage des passions est en marche.

PISO PISELLO
Drame psychologique de **Peter Del Monte**, avec Lucca Porro, Fabio Peraboni, Valeria d'Obici, Alessandro Haber, Victoria Gasden. Italie, 1981 – Couleurs – 1 h 25.

Le jeune fils d'un couple de Milanais un peu farfelus est séduit par une fille de passage qui revient plus tard avec un enfant.

LA PISTE DE SANTA FE "SANTA FE TRAIL"
Drame de **Michael Curtiz**, avec Errol Flynn, Olivia De Havilland, Raymond Massey, Ronald Reagan, Alan Hale, William Lundigan. États-Unis, 1940 – 1 h 50.

En 1850, deux jeunes officiers sont envoyés dans le Kansas pour arrêter un homme qui veut libérer les Noirs de l'esclavage.

LA PISTE DES ÉLÉPHANTS "ELEPHANT WALK"
Drame de **William Dieterle**, avec Elizabeth Taylor, Dana Andrews, Peter Finch. États-Unis, 1954 – Couleurs – 1 h 43.

Une Anglaise transplantée à Ceylan connaît de rudes épreuves avant de trouver l'apaisement auprès de son époux. Avec une spectaculaire charge d'un troupeau d'éléphants.

LA PISTE DES GÉANTS "THE BIG TRAIL"
Western de **Raoul Walsh**, avec John Wayne *(Breck Coleman)*, Marguerite Churchill *(Ruth Cameron)*, El Brendel *(Gussie)*, Tully Marshall *(Zeko)*, Tyrone Power Sr. *(Red Flack)*, Charles Stevens *(Lopez)*. • SC : Jack Peabody, Marie Boyle, Florence Postal, d'après un récit de Hal G. Evarts. • PH : Lucien Andriot, Arthur Edeson (version 70 mm). • DÉC : Harold Miles, Fred Sersen. • MUS : Arthur Kay. États-Unis, 1930 – 2 h 05 (2 h 38 pour la version 70 mm).

Une caravane de pionniers part des rives du Mississippi pour la côte Ouest, en empruntant la piste de l'Oregon. Breck Coleman s'est engagé comme éclaireur parce qu'il a reconnu en Flack et Lopez, les chefs convoyeurs, les assassins d'un de ses amis. Son habileté, son courage, sa connaissance des lieux et des Indiens, sauvent la caravane de maints dangers. Une fois les méchants punis, il épouse la belle Ruth Cameron.

◆ *Tourné simultanément en format standard et en 70 mm, bénéficiant de moyens considérables, ce fut le premier western épique du cinéma parlant. Caravane dans la plaine ou franchissant une rivière, chariots qu'on descend dans un canyon au moyen de cordes et de treuils : le spectaculaire tend vers le documentaire.*

Curieusement, Walsh se montre moins à l'aise dans la narration dramatique. J.-P.B.

EL PISTOLERO "The Master Gunfighter"
Western de **Tom Laughlin**, avec Tom Laughlin, Ron O'Neal, Lincoln Kilpatrick, Barbara Carrera. États-Unis, 1975 – Couleurs – 2 h.

En Californie, à l'époque de la ruée vers l'or, un justicier entend protéger les faibles contre les gros propriétaires.

LE PISTONNÉ
Comédie de **Claude Berri**, avec Guy Bedos, Yves Robert, Rosy Varte, Coluche, Georges Géret. France, 1970 – Couleurs – 1 h 35.

Au temps de la guerre d'Algérie, les aventures d'un appelé qui croit pouvoir, grâce au piston, échapper aux contraintes les plus pénibles du service militaire.

PIXOTE, LA LOI DU PLUS FAIBLE "Pixote"
Drame d'**Hector Babenco**, avec Fernando Ramos Da Silva *(Pixote)*, Marilla Terra *(Sueli)*, Gioge Juliano *(Lilica)*, Gilberto Moura *(Dito)*. • SC : Gioge Duran, H. Babenco, d'après le roman de José Louzeyro *l'Enfance des morts*. • PH : Rodolfo Sanchez. • MUS : John Neschling. • MONT : Louiz Elias. Brésil, 1980 – Couleurs – 2 h 05.

Dans les rues de São Paulo, des enfants volent pour survivre. De temps à autre, des bandes sont envoyées en maison de redressement. C'est ce qui arrive à Pixote, 10 ans qui vit dans un cadre de violence, de promiscuité, de drogue, de prostitution.

◆ *Il y a au Brésil trois millions d'enfants sans foyer. Pour eux, ni place dans la société ni avenir. Le film de Babenco est tourné comme un atroce documentaire sur ces enfants sacrifiés, ces victimes qui ont tôt fait de devenir inhumaines. C'est un constat absolument sans espoir, insupportable. Quel destin pour ces enfants ? Le jeune interprète de Pixote est mort à 19 ans, abattu par la police dans un hold-up raté.* B.B.

PLACE AU CINÉRAMA "This Is the Cinerama"
Documentaire d'**Ernest B. Schoedsack** et **R. Rose**. États-Unis, 1952 – Couleurs.

Cette succession de spectaculaires séquences était destinée à présenter ce nouveau procédé – le Cinérama – qui projetait sur un écran concave trois images simultanées.

PLACE AU RYTHME "Babes in Arms"
Comédie musicale de **Busby Berkeley**, avec Mickey Rooney, Judy Garland, Charles Winninger. États-Unis, 1939 – 1 h 36.

Des enfants de comédiens bravent tous les obstacles, montent un spectacle musical et le font triompher à Broadway.

PLACE AUX JEUNES / AU CRÉPUSCULE DE LA VIE "Make Way for Tomorrow"
Comédie de **Leo McCarey**, avec Beulah Bondi *(Lucy Cooper)*, Victor Moore *(Barclay Cooper)*, Fay Bainter *(Anita)*, Thomas Mitchell *(George)*, Porter Hall *(Harvey Chase)*, Barbara Read *(Rhoda)*. • SC : Vina Delmar, d'après le roman de Josephine Lawrence *The Years Are so Long* et la pièce de Helen et Nolan Leary. • PH : William C. Mellor. • DÉC : Hans Dreier, Bernard Herbrun. • MUS : Georges Antheil. • MONT : LeRoy Stone. États-Unis, 1937 – 1 h 34.

Un couple de vieillards, qui ne parvient plus à subvenir aux besoins de son existence, essaie de vivre chez leurs enfants respectifs, mais ceux-ci dissimulent à peine à leurs parents qu'ils les dérangent et contrarient leurs projets. Barclay et Lucy doivent donc se résoudre à aller finir leurs jours dans un asile de vieillards chacun de son côté, et, avant de se séparer, récapitulent leurs tendres moments d'autrefois.

◆ *Un des rares films, déjà courageux à l'époque de sa sortie, sur un problème aussi rarement traité à l'écran. La publicité pour le lancement du film, très embarrassée, cachait même son véritable sujet, en laissant attendre une comédie sur les jeunes ménages ! Mais rien n'est caricatural dans ce drame de la petite bourgeoisie qui pourtant éclaire des conduites peu glorieuses. Réalisateur toujours sous-estimé en Europe, Leo McCarey s'affirme ici pour la première fois, après plusieurs comédies, comme le maître du mélodrame familial, genre où seuls peut-être des cinéastes orientaux comme Mizoguchi, Ozu ou le Chinois Xie Jin, devaient parvenir à l'égaler ou à le surpasser.* M.CH.

PLACE DE LA RÉPUBLIQUE
Documentaire de **Louis Malle**. France, 1972 – Couleurs – 1 h 34.

Louis Malle et son équipe interviewent, en octobre 1972, les passants de la place de la République à Paris. Un exercice réussi de caméra-vérité.

PLACIDO "Placido"
Comédie de **Luis Garcia Berlanga**, avec Casto Sendra Cassen, José Luis Lopez Vasquez. Espagne, 1962 – 1 h 29.

Un industriel organise une grande campagne sur le thème : « Ayez un pauvre à dîner pour Noël » ! Une charge satirique contre la société espagnole sous Franco.

LA PLAGE DÉSERTE "JEOPARDY"
Comédie dramatique de **John Sturges**, avec Barbara Stanwyck, Barry Sullivan, Ralph Meeker. États-Unis, 1953 – 1 h 09.

Sur une plage isolée du Mexique, un homme est victime d'un accident. Sa femme cherche du secours, et c'est un assassin en fuite qui va lui prêter assistance.

LE PLAISIR
Drame de **Max Ophuls**, avec Claude Dauphin *(le docteur)*, Jean Galland *(le masque)*, Gaby Morlay *(la femme du masque)*, Daniel Gélin *(le peintre)*, Simone Simon *(le modèle)*, Jean Servais *(l'ami)*, Jean Gabin *(Rivet)*, Madeleine Renaud *(Madame)*, Danielle Darrieux *(Rosa)*, Ginette Leclerc *(Flora)*, Mila Parely *(Raphaële)*, Pierre Brasseur *(le commis-voyageur)*, Paulette Dubost *(Fernande)*. • SC : Jacques Natanson, M. Ophuls, d'après trois contes de Guy de Maupassant. • PH : Christian Matras, Philippe Agostini. • MUS : Joe Hajos, Maurice Yvain, d'après Jacques Offenbach. France, 1952 – 1 h 35.

LE MASQUE :

Un homme masqué se rend au Palais de la Danse où il fait merveille par son agilité, avant de s'effondrer... On lui ôte alors son masque, il s'agit d'un vieillard.

LA MAISON TELLIER :

Les pensionnaires d'une maison close vont assister à une communion solennelle à la campagne et versent de nostalgiques larmes sur la pureté perdue — tandis que leurs clients habituels sont désemparés par leur absence inexpliquée.

LE MODÈLE :

Un jeune peintre vit avec son modèle d'orageuses amours. Elle se jette par la fenêtre, reste paralysée. Pour réparer, il l'épouse et ils vieillissent ensemble...

◆ *Brillante adaptation de trois nouvelles de Maupassant, reliées par le commentaire du narrateur (l'écrivain). Pour Max Ophuls, c'est le prétexte à un exercice de mise en scène d'une éblouissante virtuosité : travellings tourbillonnants dans la salle de danse, aériens pour la visite de la Maison Tellier vue de l'extérieur... Loin de la gratuité esthétique, c'est aussi une réflexion de moraliste, un parallèle entre le plaisir et le bonheur (« qui, lui, n'est pas gai »...)* *G.L.*

LES PLAISIRS DE LA CHAIR "ETSURAKU"
Drame de **Nagisa Oshima**, avec Katsuo Nakamura, Mariko Kaga, Yumiko Nogawa, Masako Yagi. Japon, 1965 – Couleurs – 1 h 36.

À la tête d'une fortune illicite, avant de mourir, un homme décide de tout dépenser avec des femmes.

LES PLAISIRS DE L'ENFER "PEYTON PLACE"
Chronique de **Mark Robson**, d'après le roman de Grace Metalious, avec Lana Turner, Hope Lange, Terry Moore, Arthur Kennedy. États-Unis, 1957 – Couleurs – 2 h 42.

Multiples intrigues, sentimentales ou sexuelles, à Peyton Place, petite ville américaine « sans histoires ». Le film donna naissance à un feuilleton télévisé.

LES PLAISIRS DE PÉNÉLOPE "PENELOPE"
Comédie d'**Arthur Hiller**, d'après le roman de E.V. Cunningham, avec Natalie Wood, Ian Bannen, Lila Kedrova. États-Unis, 1966 – Couleurs – 1 h 38.

Négligée par son mari, Pénélope est devenue kleptomane et son psychanalyste s'inquiète. Vraie comédie sur les mœurs du temps.

LA PLANÈTE DES SINGES "PLANET OF THE APES"
Film de science-fiction de **Franklin J. Schaffner**, d'après le roman de Pierre Boulle, avec Charlton Heston, Roddy Mc Dowall, Kim Hunter, Maurice Evans. États-Unis, 1967 – Couleurs – 1 h 52.

Lors d'un voyage interplanétaire, des astronautes se retrouvent dans un monde gouverné par les singes... et qui se révèle n'être autre que la Terre. Le travail sur les masques est remarquable. Une série devait s'ensuivre pour exploiter le succès du film.

▷ Voir LE SECRET DE LA PLANÈTE DES SINGES, LES ÉVADÉS DE LA PLANÈTE DES SINGES, LA CONQUÊTE DE LA PLANÈTE DES SINGES et LA BATAILLE DE LA PLANÈTE DES SINGES.

PLANÈTE INTERDITE "FORBIDDEN PLANET"
Film de science-fiction de **Fred M. [McLeod] Wilcox**, avec Walter Pidgeon *(Dr Morbius)*, Anne Francis *(Altaïra)*, Leslie Nielsen *(commandant Adam)*, Warren Stevens *(Dr Ostrow)*, Jack Kelly *(lieutenant Farman)*, Richard Anderson *(Quinn)*. • SC : Cyril Hume, d'après un récit d'Irving Block et Allen Adler. • PH : George J. Folsey. • DÉC : Cedric Gibbons, Arthur Lonergan. • MUS : Louis et Bebe Barron. États-Unis, 1956 – Couleurs – 1 h 38.

Au XXIIe siècle, un croiseur sidéral, sous les ordres du commandant Adam, se pose sur la planète Altaïr 4. Les seuls habitants de celle-ci sont le Dr Morbius et sa fille Altaïra, venus vingt ans plus tôt avec une expédition qui fut exterminée par une force inconnue. Morbius montre à Adam ses découvertes sur la civilisation disparue des Krells, et lui présente son robot Robby. La nuit, des monstres invisibles attaquent les Terriens. Adam découvrira que ces monstres sont des matérialisations de l'agressivité inconsciente de Morbius, qui veut préserver sa fille...

◆ *Par la richesse de ses décors, le réalisme de ses effets spéciaux, l'ingéniosité de son scénario freudien,* Planète interdite *a tranché, dès sa sortie, avec le tout-venant de la production S.F. Aujourd'hui dépassé à bien des égards, il a cependant gardé un charme et une fraîcheur intacts, sans doute grâce à son méticuleux dosage d'angoisse et d'émerveillement, de terreur et d'humour... Outre la délirante visite du monde des Krells et la séquence des monstres (animés par les studios Disney), le clou est Robby-le-robot, dont la popularité a été foudroyante dès la sortie du film.* *G.L.*

LA PLANÈTE SAUVAGE

Dessin animé de **René Laloux**, sur des dessins de Roland Topor. • SC : R. Laloux, R. Topor, d'après le roman de Stefan Wul *Oms en série*. • PH : Lubomir Rejthar, Boris Barmykin. • DESSIN : Joseph Kabrt (personnages), Joseph Vana (décors). • MUS : Alain Goraguer. • VOIX : Jennifer Drake, Jean Topart, Sylvie Lenoir, Jean Valmont. France / Tchécoslovaquie, 1973 – Couleurs – 1 h 12. ★ **PRIX SPÉCIAL DU JURY, Cannes 1973.**

Sur la planète Ygam vivent les géants Draags, qui ont domestiqué les minuscules Oms. Une enfant Draag, Tina, adopte un petit Om dont la mère a été tuée et le baptise Terr. Devenu adolescent, Terr s'enfuit et rejoint un groupe d'Oms sauvages qui organisent la résistance contre les Draags. Il réussit, avec une vieille fusée, à atteindre la Planète Sauvage où il découvre le secret des rites sacrés des Draags. Ceux-ci accepteront de libérer les Oms...

◆ *L'esthétique de* la Planète sauvage, *due à Roland Topor, tranche délibérément – et heureusement – avec les normes habituelles du « cartoon ». Certes, on peut déplorer une certaine rigidité de l'animation réalisée à Prague, encore que son hiératisme concoure à l'étrangeté d'un film dont bien des scènes ont un pouvoir envoûtant, avec une influence sensible du surréalisme... Intelligemment adapté pour toucher tous les publics, le roman de science-fiction de Stefan Wul n'est pourtant pas édulcoré par Laloux et Topor.* *G.L.*

LE PLANQUÉ MALGRÉ LUI
"When Willie Comes Marching Home"

Comédie satirique de **John Ford**, avec Dan Dailey, Corinne Calvet, William Demarest. États-Unis, 1950 – 1 h 22.

Tireur d'élite, le fils d'un vétéran de l'armée fait une guerre qui le renvoie constamment dans ses foyers où on le considère bientôt comme un planqué.

PLATOON "Platoon"

Film de guerre d'**Oliver Stone**, avec Tom Berenger, Charlie Sheen, Willem Dafoe. États-Unis, 1986 – Couleurs – 2 h. ★ **OSCAR DU MEILLEUR FILM 1986.**

Chris, engagé volontaire au Viêt Nam, vit l'enfer au quotidien. Il s'oppose au sergent Barnes, mais il ne peut rien contre la peur et la sueur, les insectes et les bombes.

PLAY BOY PARTY "L'Ombrellone"

Comédie de **Dino Risi**, avec Sandra Milo, Enrico Maria Salerno, Jean Sorel. Italie / France, 1966 – Couleurs – 1 h 37.

Un ingénieur retrouve, chaque week-end, sa femme dans la station balnéaire où elle passe, seule, ses vacances. Ils sont pris tous deux dans de drôles de jeux.

THE PLAYER "The Player"

Comédie dramatique de **Robert Altman**, d'après son propre roman, avec Tim Robbins, Greta Scacchi, Whoopi Golberg. États-Unis, 1991 – Couleurs – 1 h 55.

Un homme tout-puissant à Hollywood voit des nuages apparaître à l'horizon : un concurrent aux dents longues, des lettres anonymes. Heureusement pour lui, il a de la ressource côté cynisme.

PLAYTIME

Comédie de **Jacques Tati**, avec Jacques Tati *(M. Hulot)*, Barbara Dennek *(la jeune étrangère)*, Jacqueline Lecomte, Valérie Camille, Erika Dentzler, Rita Maiden, Henri Piccoli, Georges Montant, Billy Kearns. • SC : J. Tati, Jacques Lagrange. • PH : Jean Badal, Andréas Winding. • DÉC : Eugène Roman. • MUS : Francis Lemarque. • MONT : Gérard Pollicand. France, 1967 (RÉ : 1964) – Couleurs – 2 h 33, puis 2 h 17.

À l'aérogare d'Orly, à l'aube, un groupe de touristes américains débarque pour une visite de 24 heures. On les promène dans un Paris ultramoderne et inhumain. De son côté, Hulot cherche vainement quelqu'un dans un labyrinthe de bureaux, puis visite un « shopping center ». Sa rencontre avec les touristes dans un restaurant dérègle cet univers : la vie renaît, les embouteillages deviennent carrousel de voitures, la nuit féerie et poésie.

◆ *Film très coûteux, entièrement tourné en décors artificiels, sa réalisation prit trois ans et ruina son réalisateur. Ce qui surprit, c'est que Hulot n'est pas le personnage principal, plus souvent observateur que cause des gags. Le film comporte une certaine critique de la société de consommation et de l'architecture moderne inhumaine, mais il décrit surtout avec génie le bouleversement que la vie engendre dans un univers réglé par une logique abstraite.* J.M.

PLEASANTVILLE "PLEASANTVILLE"
Drame de **Vicki Polon** et **Kenneth Locker**, avec Gale Sondergaard, Suzanne Weber. États-Unis, 1976 – Couleurs – 1 h 25.

La petite Sam passe ses vacances chez sa grand-mère dont la maison doit être détruite pour permettre le passage d'une autoroute.

LE PLEIN DE SUPER
Comédie dramatique d'**Alain Cavalier**, avec Patrick Bouchitey, Étienne Chicot, Bernard Crommbey, Xavier Saint-Macary, Nathalie Baye, Béatrice Agenin. France, 1976 – Couleurs – 1 h 40, Béatrice Agenin.

Klouk convoie une « station-wagon » dans le Midi, avec son ami Philippe et deux auto-stoppeurs. Une amitié s'instaure entre les quatre voyageurs.

PLEINE DE VIE "FULL OF LIFE"
Comédie de **Richard Quine**, d'après le roman de John Fante, avec Judy Holliday, Richard Conte. États-Unis, 1956 – 1 h 31.

Un pauvre couple d'Italo-Américains attend un enfant. Successions de gags dans une maison rongée par les termites.

PLEIN LA GUEULE "THE MEAN MACHINE"
Comédie dramatique de **Robert Aldrich**, avec Burt Reynolds, Eddie Albert, Ed Lauter, Michael Conrad. États-Unis, 1974 – Couleurs – 2 h 02.

Un prisonnier, ancien joueur professionnel, est chargé de former une équipe de football composée de détenus, opposée à une équipe de gardiens.

PLEIN LES BOTTES "TRAMP, TRAMP, TRAMP"
Comédie de **Harry Edward**, avec Harry Langdon *(Harry Logan)*, Joan Crawford *(Betty)*, Tom Murray *(Nick Kargas)*, Edward Davis, Carlton Griffin. • SC : Frank Capra, Tim Whelan, Hal Conklin, J. Frank Holliday, Murray Roth, Gerald Duffy. • PH : Elgin Lessley. États-Unis, 1926 – env. 1 700 m (1 h 03).

Le gentil Harry Logan, pour renflouer le commerce familial de chaussures, participe à un grand championnat de marche à pied à travers le pays. Les embûches ne lui sont pas épargnées, de la part de concurrents perfides ou de cataclysmes naturels. Il gagnera cependant le rallye, et par la même occasion le cœur de la fille de son sponsor.

◆ *Harry Langdon est le doux poète de l'école burlesque américaine, injustement éclipsé par ses rivaux Chaplin ou Keaton. Il se meut à l'aise dans un univers bien à lui, entre le rêve et la réalité. Son visage de Pierrot lunaire, sa léthargie chronique, ses velléités érotiques en ont fait l'enfant chéri des surréalistes. Il est ici au meilleur de sa forme, bucolique plutôt qu'olympique. Son mentor, ciseleur de gags extrafins, n'est autre que Frank Capra, et sa muse une bien jolie débutante nommée Joan Crawford.* C.B.

PLEINS FEUX SUR L'ASSASSIN
Film policier de **Georges Franju**, avec Pierre Brasseur, Pascale Audret, Marianne Koch, Dany Saval. France, 1961 – 1 h 28.

Plusieurs personnes sont réunies dans un vieux château pour une question d'héritage. Elles disparaissent l'une après l'autre. Spectaculaires effets de « Son et Lumière ».

PLEIN SOLEIL
Film policier de **René Clément**, avec Alain Delon *(Tom Ripley)*, Marie Laforêt *(Marge Duval)*, Maurice Ronet *(Philippe Greenleaf)*, Elvire Popesco *(la Popova)*. • SC : R. Clément, Paul Gégauff, d'après le roman de Patricia Highsmith *Monsieur Ripley*. • PH : Henri Decae. • DÉC : Paul Bertrand. • MUS : Nino Rota. • MONT : Françoise Javet. France/Italie, 1960 – Couleurs – 1 h 54.

En Italie, en 1959. Un jeune homme qui a eu une enfance malheureuse, Tom Ripley, est payé par un riche Américain pour ramener Philippe Greenleaf, son fils, aux États-Unis. Constamment humilié par le capricieux jeune homme, Tom le tue puis, avec une adresse diabolique, imite sa signature, s'approprie sa fortune et sa maîtresse Marge. Mais le destin a le dernier mot...

◆ *Remarquable adaptation du roman de Patricia Highsmith dont* l'Inconnu du Nord-Express *avait déjà été porté à l'écran par Alfred Hitchcock. Clément réunit pour la première fois Alain Delon et Maurice Ronet, pour des rapports assez troubles que les deux acteurs reprendront plusieurs fois par la suite dans d'autres films. À noter la très courte apparition de Romy Schneider.* J.-C.S.

PLEIN SUD
Comédie dramatique de **Luc Béraud**, avec Patrick Dewaere, Clio Goldsmith, Jeanne Moreau. France/Espagne, 1980 – Couleurs – 1 h 30.

L'épouse fantasque d'un haut fonctionnaire abandonne son mari pour vivre sa vie avec le premier venu.

PLENTY "PLENTY"

Mélodrame de **Fred Schepisi**, d'après la pièce de David Hare, avec Meryl Streep, Sam Neil, Charles Dance. États-Unis, 1985 – Couleurs – 1 h 50.

Une Anglaise traverse les vicissitudes de l'histoire à la recherche, passablement névrotique, de l'amour idéal. Cela ne lui réussit guère.

PLEURE, Ô MON PAYS BIEN-AIMÉ

"CRY THE BELOVED COUNTRY"

Drame de **Zoltan Korda**, d'après le roman d'Alan Paton, avec Canada Lee, Charles Carson, Sidney Poitier, Joyce Carey. Grande-Bretagne, 1952 – 1 h 37.

À la recherche de son fils et sa sœur à Johannesburg, un pasteur noir retrouve celle-ci prostituée, tandis que le premier est compromis dans un meurtre.

PLEURE PAS LA BOUCHE PLEINE

Chronique de **Pascal Thomas**, avec Annie Colé, Frédéric Duru, Bernard Menez, Jean Carmet, Daniel Ceccaldi. France, 1973 – Couleurs – 1 h 55.

Annie vit à Montcontour, dans les Deux-Sèvres. Elle est amoureuse de Frédéric, un copain d'enfance, mais elle se laisse séduire par un dragueur venu de la ville.

LE PLOMBIER AMOUREUX

"THE PASSIONATE PLUMBER"

Film burlesque d'**Edgar Sedgwick**, d'après la pièce de Frederick Lonsdale *Her Cardboard Lover*, avec Buster Keaton, Jimmy Durante, Irene Purcell, Polly Moran, Gilbert Roland, Mona Maris. États-Unis, 1932 – 1 h 13.

Une femme loue les services d'un amant professionnel pour la protéger des avances d'un homme indigne d'elle. Il en tombe amoureux.

▷ Parallèlement, **Claude Autant-Lara** tourne une version française avec les mêmes acteurs et Jean Delval, Jeannette Ferney, Georges Davis.

LA PLUIE "REGEN"

Documentaire de **Joris Ivens**. Pays-Bas, 1929 – 12 mn.

Les mille et un aspects de la pluie qui frappe les objets, les animaux et les hommes.

PLUIE NOIRE "KUROI AME"

Drame de **Shoei Imamura**, avec Kazuo Kitamura, Etsuko Ichihara, Yoshiko Tanaka. Japon, 1989 – 2 h 03.

6 août 1945, à bord d'un ferry, Yasuko reçoit la pluie radioactive produite par la bombe d'Hiroshima. Cinq ans plus tard, elle est en âge de se marier, mais la rumeur de sa contamination se répand.

LA PLUIE QUI CHANTE

"TILL THE CLOUDS ROLL BY"

Comédie musicale de **Richard Whorf**, avec June Allyson, Judy Garland, Cyd Charisse, Van Johnson, Frank Sinatra, Kathryn Grayson. États-Unis, 1946 – Couleurs – 2 h.

Biographie, constellée d'étoiles de la M.G.M., du compositeur Jerome Kern qui les fit chanter et danser.

PLUMES DE CHEVAL "HORSE FEATHERS"

Film burlesque de **Norman McLeod**, avec Groucho, Harpo, Chico, Zeppo Marx, Thelma Todd *(Connie Bailey)*, David Landau *(Jennings)*. • SC : Bert Kalmar, Harry Ruby, S.J. Perelman. • PH : Ray June. • MUS : B. Kalmar, H. Ruby. États-Unis, 1933 – 1 h 10.

Groucho, directeur de collège, embauche ses compères pour semer la perturbation dans un match de rugby. Ils y réussissent, et de quelle façon !

◆ *Comme la plupart des films des Marx, celui-ci est tiré tel quel d'un spectacle de Broadway, à son époque bénie. On peut à peine parler d'un scénario, mais il y a l'humour dévastateur, le perpétuel non sens, l'extravagance à chaque plan, les jeux de mots à chaque réplique. Inutile d'y chercher bon goût ou fil conducteur. C'est un spectacle de pure folie, littéralement « pour rire ».* *B.B.*

PLUS BEAU QUE MOI, TU MEURS

Comédie de **Philippe Clair**, avec Aldo Maccione, Philippe Clair, Raymond Pellegrin. France / Italie, 1982 – Couleurs – 1 h 45.

Un détenu insupportable se fait mettre à la porte (sous conditions) par le directeur de la prison où il est enfermé.

LA PLUS BELLE FILLE DU MONDE

"BILLY ROSE'S JUMBO / JUMBO"

Comédie de **Charles Walters**, avec Doris Day, Stephen Boyd, Jimmy Durante. États-Unis, 1962 – Couleurs – 2 h 05.

La vie d'une troupe, dont la vedette est un éléphant géant, Jumbo. Un scénario-prétexte à la présentation de numéros de cirque.

LES PLUS BELLES ANNÉES DE NOTRE VIE

"THE BEST YEARS OF OUR LIVES"

Comédie dramatique de **William Wyler**, avec Fredric March *(Al Stephenson)*, Myrna Loy *(Milly Stephenson)*, Dana Andrews *(Fred Derry)*, Teresa Wright *(Peggy Stephenson)*, Virginia Mayo *(Marie Derry)*, Cathy O'Donnell *(Wilma Cameron)*, Hoagy Carmichael *(Butch Engle)*, Harold Russell *(Homer Parrish)*, Gladys George *(Hortense Derry)*, Roman Bohnen *(Pat Derry)*, Ray Collins *(Mr Milton)*, Minna Gombell *(Mrs. Parrish)*, Walter Baldwin *(Mr Parrish)*, Steve

Cochran *(Cliff)*. • SC : Robert Sherwood, d'après le roman de MacKinlay Kantor Glory for Me. • PH : Gregg Toland. • DÉC : Perry Ferguson, George Jenkins. • MUS : Hugo Friedhofer. • MONT : Daniel Mandell. • PR : Samuel Goldwyn. États-Unis, 1946 – 2 h 52. ★ **OSCARS 1946 : MEILLEUR FILM, MEILLEUR METTEUR EN SCÈNE, MEILLEUR ACTEUR (F. March), MEILLEUR ACTEUR DE SECOND RÔLE (H. Russell).**

1945. Trois anciens combattants regagnent leurs foyers dans la petite ville de Boone City : le sergent d'infanterie Al Stephenson retrouve sa femme Milly, ainsi que ses enfants Peggy et Rob, parvenus au seuil de la vie adulte ; le capitaine d'aviation Fred Derry, jadis modeste serveur de drugstore, est accueilli en héros par son épouse, Marie ; le marin Homer Parrish, amputé des deux mains, tente de faire face au désarroi de sa famille et de sa fiancée de toujours, Wilma. Au fil des semaines, les trois hommes tentent de s'adapter à leur nouvelle vie : Al, promu vice-président de sa banque, et chargé des prêts aux vétérans, découvre vite les contraintes de son emploi. Fred, après avoir vainement cherché un emploi, retourne, dépité, à son drugstore. Abandonné par Marie, il tombe amoureux de Peggy Stephenson, mais renonce à celle-ci pour ne pas contrarier Al. Homer, triomphant de ses doutes, prend le risque d'épouser la fidèle et dévouée Wilma. Fred et Peggy se retrouvent le jour de ses noces et décident, eux aussi, de tenter leur chance...

◆ Justesse et probité

Conçu à l'initiative de Samuel Goldwyn, qui en commanda le sujet au journaliste-romancier MacKinlay Kantor, les Plus Belles Années de notre vie *cerne avec justesse et probité le climat et les problèmes de l'après-guerre. Classé d'emblée parmi les classiques du cinéma américain, ce film possède une authentique « épaisseur » romanesque, une construction contrapuntique finement architecturée (le développement simultané de plusieurs actions, grâce à la profondeur de champ, a été largement commenté) et un habile choix de personnages : un représentant de chaque arme, un bourgeois aisé, deux hommes du peuple, quatre types féminins fortement contrastés – une mère stoïque et sophistiquée (Milly), une jeune fille active et moderne (Peggy), une autre naïve et protectrice (Wilma), une vamp (Marie). William Wyler s'est attaché à une approche réaliste et quotidienne, privilégiant la vérité émotionnelle sans jamais dévier d'une stricte objectivité (les épisodes consacrés à Homer et son entourage sont à cet égard exemplaires). Humaniste et généreux,* les Plus Belles Années de notre vie *est aussi un passionnant document sur les contradictions de son temps, les difficultés psychologiques et professionnelles, la solitude affective de ceux qui, après s'être battus au loin, eurent le sentiment justifié d'avoir été abandonnés par leur pays.* *O.E.*

▷ Le film fit l'objet d'un remake télévisé : LE RETOUR DU HÉROS "RETURNING HOME", réalisé par **Daniel Petrie** en 1975.

LES PLUS BELLES ESCROQUERIES DU MONDE

Film à sketches de **Hiroichi Horikawa**, **Roman Polanski**, **Ugo Gregoretti** et **Claude Chabrol**, avec Jean-Pierre Cassel, Francis Blanche, Catherine Deneuve, Nicole Karen, Gabriella Giorgelli. France / Italie / Japon, 1964 – 1 h 30.

Dans quatre villes, l'histoire d'escroqueries véridiques et futiles. On retiendra surtout les épisodes de Polanski et Chabrol, où des escrocs convainquent un Allemand d'acheter la tour Eiffel.

LA PLUS BELLE SOIRÉE DE MA VIE

"LA PIU BELLA SERATA DELLA MIA VITA"

Comédie dramatique d'**Ettore Scola**, avec Alberto Sordi, Michel Simon, Pierre Brasseur, Claude Dauphin, Charles Vanel. Italie, 1972 – Couleurs – 1 h 55.

Victime d'une panne de voiture, un industriel milanais passe la nuit dans un château en Suisse. Au dîner, les invités recréent des procès historiques. L'industriel est jugé et condamné à mort...

PLUS ÇA VA, MOINS ÇA VA

Comédie de **Michel Vianey**, avec Jean-Pierre Marielle, Jean Carmet, Niels Arestrup. France, 1977 – Couleurs – 1 h 40.

Deux flics médiocres enquêtent sur un meurtre dans les milieux riches de la Côte d'Azur. Ironique et désabusé.

PLUS DURE SERA LA CHUTE

"THE HARDER THEY FALL"

Film policier de **Mark Robson**, avec Humphrey Bogart *(Eddie Willis)*, Rod Steiger *(Nick Benko)*, Jan Sterling *(Beth Willis)*, Mike Lane *(Toro Moreno)*. • SC : Philip Yordan, d'après le roman de Budd Schulberg. • PH : Burnett Guffey. • DÉC : William Flannery. • MUS : Hugo Friedhofer. • MONT : Jerome Thoms. États-Unis, 1956 – 1 h 48.

Willis, un chroniqueur sportif déchu et dans le besoin, se laisse convaincre par le louche Nick Benko de promouvoir un mauvais boxeur argentin, Toro Moreno, dans des matchs truqués. Un accident se produit et Willis passe du côté de Moreno pour essayer de mettre fin aux activités de Benko.

◆ *Inspiré de la carrière de Primo Carnera, le film est célèbre pour avoir offert son dernier rôle à un Bogart très marqué, mais il reste aussi, dans sa dénonciation « à l'américaine » du racket dans le sport, une des meilleures et des plus sobres réalisations de Mark Robson – qui, sur la boxe, avait déjà dirigé* le Champion *(Voir ce titre).* *M.CH.*

PLUS FORT QUE LA LOI
"BEST OF THE BADMEN"
Western de **William D. Russell**, avec Robert Ryan, Claire Trevor, Robert Preston, Walter Brennan. États-Unis, 1951 – Couleurs – 1 h 24.

Lutte impitoyable, à la fin de la guerre de Sécession, entre un ancien major nordiste et un traître notoire.

PLUS FORT QUE LA NUIT "STÄRKER ALS DIE NACHT"
Film historique de **Slatan Dudow**, avec Wilhel Koch-Hooge, Helga Göring, Kurt Oligmüller, Harald Halgardt, Rita Gödikmeier, Helmut Schreiber. R.D.A., 1954 – 1 h 30.

Lors de l'accession d'Hitler au pouvoir, deux dirigeants du parti communiste essaient en vain de dresser contre lui les travailleurs.

PLUS FORT QUE LE DIABLE "BEAT THE DEVIL"
Film d'aventures de **John Huston**, avec Humphrey Bogart, Gina Lollobrigida, Jennifer Jones, Robert Morley, Peter Lorre. États-Unis / Italie, 1954 – 1 h 32.

Plusieurs curieux personnages embarquent sur un vieux rafiot à destination d'une mine d'uranium, en Afrique. L'humour noir de Huston pour un scénario de Truman Capote.

LE PLUS GRAND CIRQUE DU MONDE
"CIRCUS WORLD"
Drame de **Henry Hathaway**, avec John Wayne, Rita Hayworth, Claudia Cardinale. États-Unis, 1964 – Couleurs – 2 h 20.

L'épopée d'un grand cirque américain, qui présente un exceptionnel numéro « western » ; les drames et les passions de la troupe.

LA PLUS GRANDE AVENTURE DE TARZAN
"TARZAN'S GREATEST ADVENTURE"
Film d'aventures de **John Guillermin**, avec Gordon Scott, Anthony Quayle, Sara Shane, Sean Connery. Grande-Bretagne, 1959 – Couleurs – 1 h 28.

Dans la jungle, Tarzan poursuit des bandits qui se dirigent vers une mine de diamants. Un des meilleurs « Tarzan », avec Sean Connery dans un petit rôle.

▷ Voir aussi TARZAN.

LA PLUS GRANDE HISTOIRE JAMAIS RACONTÉE "THE GREATEST STORY EVER TOLD"
Film historique de **George Stevens**, avec Max von Sydow, Charlton Heston, Sidney Poitier, Carroll Baker, John Wayne. États-Unis, 1964 – Couleurs – 3 h 20.

Une « Vie de Jésus » inspirée de l'Évangile selon saint Jean. Une superproduction dans la grande tradition hollywoodienne.

PLUS ON EST DE FOUS "THE MORE THE MERRIER"
Comédie de **George Stevens**, avec Jean Arthur, Joel McCrea, Charles Coburn, Richard Gaines, Bruce Bennett. États-Unis, 1943 – 1 h 44.

Pendant la guerre, une jeune femme sous-loue son appartement à un homme d'âge mûr et à un fringant jeune officier. Comme il se doit, ce dernier gagnera son cœur. Romantique. Remake intitulé RIEN NE SERT DE COURIR (Voir ce titre).

PLUS ON EST DE FOUS "ONE GOOD TURN"
Comédie de **John Paddy Carstairs**, avec Norman Wisdom, Joan Rice, Thora Hird. Grande-Bretagne, 1954 – 1 h 30.

Suite de sketches burlesques destinés à mettre en valeur le comique anglais Norman Wisdom qui sévit cette fois dans un orphelinat.

LE PLUS SAUVAGE D'ENTRE TOUS "HUD"
Drame de **Martin Ritt**, avec Paul Newman, Patricia Neal, Melvyn Douglas, Brandon De Wilde. États-Unis, 1963 – 1 h 52.

Dans un ranch moderne du Texas, le jeune John Bannon se révolte contre sa famille, tandis qu'une épidémie décime le bétail qu'il faut abattre. Oscars pour Patricia Neal et Melvyn Douglas.

LE PLUS VIEUX MÉTIER DU MONDE
Film à sketches de **Franco Indovina** (I), **Mauro Bolognini** (II), **Philippe de Broca** (III), **Michael Pfleghar** (IV), **Claude Autant-Lara** (V) et **Jean-Luc Godard** (VI). France / Italie, 1967 – Couleurs – 1 h 50

I : L'ÈRE PRÉHISTORIQUE, avec Michèle Mercier, Enrico Maria Salerno.

II : NUITS ROMAINES, avec Elsa Martinelli.

III : RÉVOLUTION FRANÇAISE, avec Jeanne Moreau, Jean-Claude Brialy.

IV : LA BELLE ÉPOQUE, avec Raquel Welch.

V : AUJOURD'HUI, avec France Anglade, Nadia Gray, Dalio, Francis Blanche.

VI : ANTICIPATION, avec Marilu Tolo, Anna Karina, Jacques Charrier.

La prostitution à travers les âges.

PO DI SANGUI "PO DI SANGUI"
Chronique allégorique de **Flora Gomes**, avec Ramiro Naka, Bia Gomes, Edna Evora, Adama Kouyate. Guinée-Bissau, 1996 – Couleurs – 1 h 30.

Lorsque Dou revient dans son village de Guinée-Bissau, son frère jumeau vient de mourir. Reste l'arbre qui incarne l'âme du défunt. Chaque habitant a le sien. Mais la forêt est menacée et le sorcier donne l'ordre de partir pour le désert.

LE POÈME DE LA MER "POEMA O MORE"
Comédie dramatique de **Youlia Solnceva**, avec Zinaida Kirienko, Boris Livanov, Boris Andreiev, Mikhail Romanov, Ivan Kozlovski. U.R.S.S. (Russie), 1958 – Couleurs – 1 h 41.

En Ukraine, avant la construction d'un grand barrage qui doit submerger toute une région.

POIL DE CAROTTE
Drame de **Julien Duvivier**, avec Robert Lynen *(François Lepic, dit Poil de Carotte)*, Harry Baur *(M. Lepic)*, Catherine Fonteney *(Mme Lepic)*, Christiane Dor *(Annette)*, Louis Gauthier *(le parrain)*. • SC : J. Duvivier, d'après la pièce de Jules Renard. • PH : Armand Thirard. • DÉC : Lucien Aguettand, Lucien Carré. • MUS : Alexandre Tansman. France, 1932 – 1 h 30.

François Lepic, surnommé Poil de Carotte à cause de ses cheveux roux, est un enfant toujours rudoyé par sa mère qui ne l'aime pas. Son père, lui aussi une victime, ne lui manifeste qu'une affection distante. Il cherche un refuge dans la nature et l'amitié avec une enfant de son âge. Accablé de punitions, il finit par vouloir se pendre, mais son père intervient pour le sauver et le réconforter de ses sentiments enfin déclarés.

◆ *Malgré un certain vieillissement (jeu appuyé de Catherine Fonteney), ce film constitue une excellente adaptation de l'œuvre de Jules Renard, six ans après une version muette (Voir ci-dessous) : cadrages serrés, plans longs (celui d'ouverture est remarquable de densité narrative), personnages dessinés d'un trait ferme, poésie de l'enfance et de la nature, grande maîtrise du découpage dans la séquence de la course folle à cheval. Le succès commercial lança la carrière du jeune Robert Lynen.* J.-P.B.

▷ **Duvivier** avait déjà réalisé une adaptation de POIL DE CAROTTE, avec André Heuzé, Henri Krauss, Charlotte Barbier Krauss, Suzanne Talba. France, 1926 – 2 900 m (env. 1 h 47).

LES POINGS DANS LES POCHES
"PUGNI IN TASCA"
Drame psychologique de **Marco Bellocchio**, avec Lou Castel *(Alessandro)*, Paola Pitagora *(Giulia)*, Marino Mase *(Augusto)*, Liliana Gerace *(la mère)*. • SC : M. Bellocchio. • PH : Alberto Marrama. • DÉC : Rosa Sala. • MUS : Ennio Morricone. • MONT : Silvan Agosti. Italie, 1965 – 1 h 45.

Alessandro, épileptique, cadet d'une famille dégénérée, un peu amoureux de sa sœur, cherche à dominer son destin, à s'échapper d'une maison oppressante, d'une réalité étouffante. Pour cela, il assassine sa mère aveugle, noie son frère épileptique lui aussi et meurt à son tour dans une crise.

◆ *Alessandro est-il malade ou trop lucide ? L'un et l'autre probablement. Bellocchio faisait ici ses armes avec une assurance tranquille sur le thème célèbre « Familles, je vous hais ». Avec sincérité, certes, mais le propos est tout de même abominable, jamais allégé par la moindre pointe d'humour noir, jamais distancié. Un fait divers morbide, remarquablement filmé et joué.* B.B.

LES POINGS FERMÉS
Drame de **Jean-Louis Benoît**, avec André Wilms, Laurent Pahud. France / Suisse, 1985 – Couleurs – 1 h 35.

Un film-poème sur la folie meurtrière de la Première Guerre mondiale, vue par un soldat renvoyé du front qui force un enfant à jouer « comme dans les tranchées ».

POINT DE CHUTE
Drame de **Robert Hossein**, avec Johnny Hallyday, Robert Hossein, Pascale Rivault, Albert Minsky, Robert Dalban. France, 1970 – Couleurs – 1 h 24.

La jeune victime d'un kidnapping espère le salut grâce au plus humain de ses trois geôliers, mais ils seront abattus ensemble.

LE POINT DE MIRE
Film policier de **Jean-Claude Tramont**, d'après le roman de Pierre Boulle *le Photographe*, avec Jacques Dutronc, Annie Girardot, Jean-Claude Brialy. France, 1977 – Couleurs – 1 h 35.

Un photographe est assassiné pour une pellicule qui compromet un homme politique. Sa veuve mène imprudemment l'enquête.

LE POINT DE NON-RETOUR "POINT BLANK"
Thriller de **John Boorman**, avec Lee Marvin *(Walker)*, Angie Dickinson *(Chris)*, Keenan Wynn *(Yost)*, Michael Strong *(Stegman)*. • SC : Alexander Jacobs, David et Rafe Newhouse, d'après le roman de Richard Stark. • PH : Philip Lathrop. • DÉC : Henry Grace, Keigh Gleason. • MUS : Johnny Mandel. • MONT : Henry Berman. États-Unis, 1967 – Couleurs – 1 h 30.

Walker, laissé pour mort par son complice après un hold-up contre « l'organisation », essaie de le retrouver pour récupérer les 93 000 dollars qui lui sont dus. Il remonte les échelons de l'organisation, laissant derrière lui un monceau de cadavres, pour découvrir qu'il a été manipulé depuis le début de cette affaire.

◆ *Un film « élémentaire » tournant autour d'un seul motif : Walker et son opiniâtreté obsessionnelle à récupérer ses 93 000 dollars, déclenchant une violence qui fait boule de neige et devient absolue, tant elle dépasse son enjeu initial. Remarquons simplement que, contrairement à ce qui a été dit, Walker n'y tue personne. Il est l'agent indirect de la mort, se contentant de « tuer » un téléphone et une voiture à la place de ses victimes. Il n'est qu'un fantasme, la projection (tout le monde le croit mort) de la mauvaise conscience autodestructrice d'une société de profit. Des perspectives béantes jalonnent cette œuvre physique, constituée d'inoubliables effets abstraits, qui renforcent l'impression que ce film toujours en mouvement fait métaphoriquement du sur place.* S.K.

LE POINT DU JOUR

Chronique de **Louis Daquin**, avec Jean Desailly *(Larzac)*, Loleh Bellon *(Marie)*, Michel Piccoli *(Georges)*. • SC : Vladimir Pozner, L. Daquin. • PH : André Bac. • DÉC : Paul Bertrand. • MUS : Jean Wiener. • MONT : Claude Nicole. France, 1948 – 1 h 41.

Dans un village du Nord où tout le monde travaille à la mine, Louise est fiancée à Marek, qui veut retourner en Pologne. Elle hésite à le suivre. Son frère Georges est fiancé à Marie qui voudrait continuer à travailler une fois mariée pour éviter à son jeune frère Roger de descendre à la mine. Les deux jeunes gens rompent tandis qu'arrive de Paris un jeune ingénieur, Larzac, qui ne parvient pas à établir le contact avec les mineurs. Insistant pour faire l'expérience de la mine, Roger est pris sous un éboulement. Le sauvetage rapprochera l'ingénieur du délégué syndical et réconciliera les amoureux.

◆ *Au moment où éclatait le néoréalisme italien, Daquin et Pozner ont voulu faire « le premier film français consacré au travail des hommes ». Le scénario fut écrit avec des mineurs et soumis à leur critique. Bien que tourné à une époque de grande agitation sociale, bien qu'ayant recherché un style quasi documentaire, ce film, réalisé en grande partie en studio, paraît aujourd'hui encore plus poétique que réaliste.* J.-B.B.

LA POINTE COURTE

Chronique d'**Agnès Varda**, avec Philippe Noiret, Silvia Monfort. • SC : A. Varda. • PH : Louis Stein, Paul Soulignac. • MUS : Pierre Barbaud. • MONT : Alain Resnais. France, 1956 (RÉ : 1954) – 1 h 15.

La Pointe Courte, c'est le nom d'un village de pêcheurs près de Sète. Et si Agnès Varda l'a choisi pour titre de son premier film, c'est bien parce que son contenu ne se résume pas au long déchirement d'un couple. L'histoire éternelle de l'homme et de la femme est ici mêlée à la vie non moins éternelle d'une communauté, avec ses fêtes, ses deuils et ses gestes quotidiens.

◆ *S'appuyant sur de nombreux éléments amicaux, cette région où elle a vécu, Alain Resnais, Philippe Noiret venu du T.N.P., Varda a parfaitement réussi son passage de la photographie à l'image animée. Et si le film préfigure avec éclat la Nouvelle Vague, il porte déjà ce qui caractérise toute l'œuvre de la cinéaste : le goût de la vie réelle, l'acuité du regard, la rigueur des images.* J.-M.C.

POINT LIMITE "FAIL SAFE"

Film d'anticipation de **Sidney Lumet**, avec Henry Fonda, Walter Matthau, Dan O'Herlihy. États-Unis, 1964 – 1 h 50.

À la suite d'une erreur, des bombardiers américains portant des charges atomiques sont lancés sur Moscou, sans retour possible. Pour éviter une guerre mondiale, le président des États-Unis détruit lui-même New York.

POINT LIMITE ZÉRO "VANISHING POINT"

Drame de **Richard C. Sarafian**, avec Barry Newman *(Kowalski)*, Cleavon Little *(l'animateur de radio)*, Victoria Nedlin *(Vera)*, Dean Jagger. • SC : Guillermo Cain, Malcolm Hart. • PH : John A. Alonzo. • MUS : Jimmy Bowen. • MONT : Stephen Arnsten. États-Unis, 1971 – Couleurs – 1 h 36.

Kowalski, un fanatique de la voiture, parie avec un ami qu'il peut être à San Francisco en partant de Denver en quinze heures. Il refuse de s'arrêter quand un policier le prend en chasse et, bientôt, il a toute la police du pays à ses trousses, tandis que la population l'encourage. Il finira par se fracasser contre un barrage de bulldozers.

◆ *Ce film d'une vitesse vertigineuse témoigne du talent de Sarafian, à qui l'on doit aussi* le Convoi sauvage, le Fantôme de Cat Dancing *et* Une fille nommée Lolly Madonna. *La fascination qu'il exerce vient de la gratuité totale de l'action de Kowalski, que des flashback font mieux connaître (inutilement d'ailleurs) sans expliciter davantage la teneur de cette quête sans objet qui finit aussi absurdement qu'elle a commencé.* S.K.

POINT NOIR "UP TIGHT"

Drame de **Jules Dassin**, avec Raymond St-Jacques, Julian Mayfield, Ruby Dee. États-Unis, 1968 – Couleurs – 1 h 35.

À Cleveland, un vieux militant noir dénonce un membre du Black Power qui a tué un policier.

Dassin a actualisé ce sujet de O'Flaherty, déjà filmé par Ford (Voir LE MOUCHARD).

LE POINT ZÉRO "STUNDE NULL"
Drame d'**Edgar Reitz**, avec Kai Taschner, Anette Jünger, Herbert Weissbach. R.F.A. / France, 1976 – 1 h 48.

En 1945, un jeune Allemand essaie de récupérer un trésor nazi caché entre les lignes de démarcation russe et américaine.

LE POISON "LOST WEEK-END"
Drame de **Billy Wilder**, avec Ray Milland *(Don Birnam)*, Jane Wyman *(Helen St. James)*, Howard Da Silva *(Nat, le barman)*, Philip Terry *(Wick Birnam)*, Doris Dowling *(Gloria)*. • SC : B. Wilder, Charles Brackett, d'après le roman de Charles R. Jackson. • PH : John F. Seitz. • DÉC : Hans Dreier, E. Hedrick. • MUS : Miklos Rosza. États-Unis, 1945 – 1 h 39. ★ **OSCARS 1945 : MEILLEUR FILM, MEILLEUR RÉALISATEUR, MEILLEUR SCÉNARIO, MEILLEUR ACTEUR MASCULIN (Ray Milland).**

Écrivain sans succès, Don Birnam est devenu alcoolique. Son frère Wick et sa fiancée Helen tentent de le sauver. Après une cure de désintoxication, il doit partir avec eux en week-end, mais il rechute. Trompant la vigilance d'Helen, il cherche par tous les moyens à se procurer de l'alcool, y compris en revendant sa machine à écrire. Puis il tente de voler un sac à main et se retrouve finalement à l'hôpital, d'où il s'enfuit. Terrifié par une crise atroce de delirium tremens, il ne voit plus qu'une issue : le suicide...

◆ *L'immense succès public et critique du* Poison *fut une surprise car personne à la Paramount ne croyait à un film consacré à l'alcoolisme. Au lieu de se contenter d'une démonstration sur les méfaits de ce fléau, Billy Wilder met tout son savoir-faire au service de la description implacable d'un cas clinique, retrouvant le ton et l'atmosphère du film noir qu'il avait expérimenté avec* Assurance sur la mort. *Tourné en décors naturels, en plein Manhattan et à l'hôpital Bellevue de New York, le film est d'un réalisme qui renforce la crédibilité angoissante de son récit.* G.L.

LA POISON
Comédie dramatique de **Sacha Guitry**, avec Michel Simon, Germaine Reuver, Jean Debucourt, Pauline Carton. France, 1951 – 1 h 25.

Dégoûté de sa femme, ivrogne et laide, un homme prend les conseils d'un avocat pour commettre le crime parfait.

POLAR
Film policier de **Jacques Bral**, d'après le roman de Jean-Pierre Manchette, avec Jean-François Balmer, Sandra Montaigu, Pierre Santini. France, 1983 – Couleurs – 1 h 37.

Un détective privé est sollicité par une jeune femme dont l'amie a été assassinée dans d'étranges conditions.

POLENTA
Drame psychologique de **Maya Simon**, avec Bruno Ganz, Jean-Marc Stehlé, Aude Eggimann, Marina Golovine. Suisse, 1980 – Couleurs – 1 h 35.

Dans un paysage de neige, deux cabanes abritent deux hommes et deux fillettes. Quand la plus jeune meurt, l'autre vient partager le repas de ses voisins.

POLICE
Film policier de **Maurice Pialat**, avec Gérard Depardieu, Sophie Marceau. France, 1985 – Couleurs – 1 h 53.

L'inspecteur Mangin essaie de coincer des trafiquants de drogue. Il devient l'amant de Noria, une des femmes de la bande.

POLICE ACADEMY "POLICE ACADEMY"
Comédie de **Hugh Wilson**, avec Steve Guttenberg, Kim Cattrall, G.W. Bailey. États-Unis, 1983 – Couleurs – 1 h 35.

L'académie de police d'une ville américaine est un repaire de joyeux turlupins.

▷ Cinq autres épisodes ont suivi : POLICE ACADEMY 2 : AU BOULOT ! "POLICE ACADEMY 2 : THEIR FIRST ASSIGNMENT", de **Jerry Paris**. États-Unis, 1984 – Couleurs – 1 h 27. POLICE ACADEMY 3 : INSTRUCTEURS DE CHOC "POLICE ACADEMY 3 : BACK IN TRAINING", de **Jerry Paris**. États-Unis, 1986 – Couleurs – 1 h 22. POLICE ACADEMY 4 "POLICE ACADEMY 4 : CITIZENS ON PATROL", de **Jim Drake**. États-Unis, 1987 – Couleurs – 1 h 27. POLICE ACADEMY 5 "POLICE ACADEMY 5 : ASSIGNMENT MIAMI BEACH", d'**Alan Myerson**. États-Unis, 1988 – Couleurs – 1 h 30. POLICE ACADEMY 6 : S.O.S. VILLE EN ÉTAT DE CHOC "POLICE ACADEMY 6 : CITY UNDER SIEGE", de **Peter Bonerz**. États-Unis, 1989 – Couleurs – 1 h 24.

LA POLICE ÉTAIT AU RENDEZ-VOUS
"SIX BRIDGES TO CROSS"
Film policier de **Joseph Pevney**, avec Tony Curtis, Julia Adams, George Nader, Sal Mineo. États-Unis, 1955 – 1 h 36.

L'itinéraire d'un jeune vaurien qui, malgré l'amitié d'un policier, deviendra gangster avant de trouver une mort tragique lors d'un hold-up.

POLICE FÉDÉRALE LOS ANGELES
"TO LIVE AND TO DIE IN L.A."
Film policier de **William Friedkin**, d'après le roman de Gerald Petievich, avec William L. Petersen, Willem

Dafoe, John Pankow, Debra Feuer. États-Unis, 1985 – Couleurs – 1 h 55.

Un faux-monnayeur défie la police. Quelques meurtres de trop déclenchent l'engrenage de la vengeance.

POLICE FRONTIÈRE "The Border"
Drame de **Tony Richardson**, avec Jack Nicholson, Harvey Keitel, Warren Oates. États-Unis, 1981 – Couleurs – 1 h 50.

Un policier de Los Angeles, victime de la folie des grandeurs de sa femme, accepte de servir de « passeur » pour les clandestins à la frontière d'El Paso.

LE POLICEMAN "Fort Apache, The Bronx"
Film policier de **Daniel Petrie**, avec Paul Newman, Ken Wahl, Edward Asner. États-Unis, 1980 – Couleurs – 1 h 55.

Deux policiers du Bronx voient leurs habitudes bouleversées par l'arrivée d'un nouveau commissaire, décidé à intensifier la lutte contre le banditisme.

POLICE PYTHON 357
Film policier d'**Alain Corneau**, avec Yves Montand, Simone Signoret, François Périer, Stefania Sandrelli, Mathieu Carrière. France / R.F.A., 1976 – Couleurs – 2 h 05.

Un commissaire tombe amoureux d'une mystérieuse jeune femme qui le surveille. Tandis qu'il apprend qu'elle a été la maîtresse de son chef, elle est assassinée.

POLICE SANS ARME / LA LAMPE BLEUE
"The Blue Lamp"
Drame policier de **Basil Dearden**, avec Jack Warner, Jimmy Hanley, Dirk Bogarde. Grande-Bretagne, 1950 – 1 h 24.

Deux mauvais garçons tentent le hold-up d'un cinéma, mais un agent de police survient et trouve la mort.

POLICE SPÉCIALE "The Naked Kiss"
Drame de **Samuel Fuller**, avec Constance Towers, Anthony Eisley, Michael Dante. États-Unis, 1965 – 1 h 35.

Une ancienne prostituée est accusée du meurtre de son fiancé qu'elle a surpris en train de violer une fillette.

POLICE SUR LA VILLE "Madigan"
Film policier de **Don Siegel**, d'après le roman de Richard Dougherty *The Commissioner*, avec Richard Widmark, Henry Fonda, Inger Stevens. États-Unis, 1968 – Couleurs – 1 h 40.

Une équipe d'inspecteurs est à la poursuite d'un gangster qui leur a subtilisé leurs armes. Une bonne série B qui fut reprise en feuilleton à la télévision.

LA POLKA DES MARINS "Sailor Beware"
Comédie de **Hal Walker**, avec Dean Martin, Jerry Lewis, Corinne Calvet, Elaine Stewart. États-Unis, 1951 – 1 h 48.

Un jeune homme chétif et un sémillant tombeur se retrouvent dans la marine, où le premier devient un irrésistible séducteur !

POLTERGEIST "Poltergeist"
Film d'horreur de **Tobe Hooper**, avec Craig T. Nelson, Jobeth Williams, Heather O'Rourke. États-Unis, 1982 – Couleurs – 1 h 54.

La paisible existence d'une famille d'Américains moyens est bouleversée par les dons de communication avec l'au-delà qui se manifestent chez leur fille.

▷ Les esprits frappent encore dans : POLTERGEIST II "Poltergeist II, the Other Side", de **Brian Gibson**, avec Jobeth Williams, Craig T. Nelson, Heather O'Rourke. États-Unis, 1986 – Couleurs – 1 h 30. POLTERGEIST III "Poltergeist III", de **Gary Sherman**, avec Tom Sherrit, Nancy Allen, Heather O'Rourke, Zelda Rubinstein. États-Unis, 1988 – Couleurs – 1 h 35.

POLYESTER "Polyester"
Comédie satirique de **John Waters**, avec Divine, Tab Hunter, Edith Massey. États-Unis, 1981 – Couleurs – 1 h 20.

La vie d'une famille américaine se détraque : le mari s'en va, le fils est jeté en prison, la fille est enceinte hors mariage...

LA POMME
Comédie dramatique de **Michel Soutter**, avec Elsbeth Schoch, André Widmer, Arnold Walter. Suisse, 1969 – 1 h 30.

Une jeune Allemande revient pour quelques jours à Genève, à la rencontre de son premier amour.

PONETTE
Drame de **Jacques Doillon**, avec Victoire Thivisol, Delphine Schiltz, Léopoldine Serre. France, 1996 – Couleurs – 1 h 35. ★ **Prix œcuménique ex aequo, Venise 1996.**

Une petite fille de quatre ans qui a perdu sa mère dans un accident de voiture refuse de croire que celle-ci ne reviendra plus jamais. Une exploration subtile et émouvante de l'univers de la petite enfance.

LE PONEY ROUGE "THE RED PONY"
Comédie dramatique de **Lewis Milestone**, d'après John Steinbeck, avec Myrna Loy, Robert Mitchum, Louis Calhern. États-Unis, 1949 – Couleurs – 1 h 29.

Grâce à l'amitié d'un poney rouge, un enfant découvre dans un ranch les lois de la nature.

LE PONT "DE BRUG"
Documentaire de **Joris Ivens**. Pays-Bas, 1928 – env. 300 m (11 mn).

Aux Pays-Bas, la construction d'un énorme ouvrage métallique filmée avec brio et agilité par un grand cinéaste-documentariste-poète.

LE PONT "DIE BRÜCKE"
Film de guerre de **Bernhard Wicki**, avec Volker Bohnet, Fritz Wepper, Michael Hinz, Frank Glaubrecht, Volker Lechterbrink, Gunther Hoffmann, Karl-Michael Balzer, Cordula Trantow. • SC : Michael Mansfeld, Karl-Wilhelm Vivier, d'après Manfred Gregor. • PH : Gerd von Bonin. • MUS : Hans-Martin Majewski. R.F.A., 1959 – 1 h 30.

En 1945, sept adolescents rêvant d'héroïsme guerrier sont incorporés dans l'armée allemande en déroute. Leur supérieur, voulant les sauver du carnage, leur confie momentanément la défense d'un pont sans importance stratégique. Mais il est tué stupidement. Respectant ses ordres à la lettre, les enfants vont défendre le pont face aux Américains, et se faire exterminer.

◆ *Si* le Pont *est un des plus grand films consacrés à l'absurdité de la guerre, il ne le doit pas seulement à l'emploi d'adolescents comme héros et victimes. Évitant les pièges du pathétique bon marché et des effets larmoyants, il est d'une grande rigueur tant au niveau du scénario que de la mise en scène ; il est ainsi en adéquation parfaite avec l'implacable logique meurtrière dont sont victimes les enfants-soldats, jusqu'au final d'une tragique et cruelle ironie.* Le Pont *est un film de guerre véritablement traumatisant.* L.A.

PONTCARRAL, COLONEL D'EMPIRE
Drame de **Jean Delannoy**, d'après le roman d'Albéric Cahuet, avec Pierre Blanchar, Annie Ducaux, Suzy Carrier, Marcel Delaitre, Simone Valère, Jean Marchat. France, 1942 – 2 h 05.

Un officier resté fidèle à Napoléon épouse par dépit une orgueilleuse jeune femme dont il tue en duel l'ancien amant. À l'avènement de Louis-Philippe, il part combattre en Algérie.

LE PONT DE CASSANDRA
"CASSANDRA CROSSING"
Film-catastrophe de **George Pan Cosmatos**, avec Sophia Loren, Richard Harris, Ava Gardner, Burt Lancaster, Martin Sheen, Ingrid Thulin, Lou Castell, Alida Valli. États-Unis, 1977 – Couleurs – 2 h.

D'une façon involontaire, un terroriste répand un virus mortel. Tous les passagers d'un train semblent avoir été contaminés, et la police les isole.

LE PONT DE LA RIVIÈRE KWAI
"THE BRIDGE ON THE RIVER KWAI"
Film de guerre de **David Lean**, avec William Holden *(Shears)*, Jack Hawkins *(major Warden)*, Alec Guinness *(colonel Nicholson)*, Sessue Hayakawa *(colonel Saïto)*, James Donald *(docteur Clipton)*, Geoffrey Horne *(lieutenant Joyce)*. • SC : Carl Foreman, Michael Wilson (non crédité), Pierre Boulle, d'après son roman. • PH : Jack Hildyard. • DÉC : Donald M. Ashton. • MUS : Malcolm Arnold. • MONT : Peter Taylor. • PR : Sam Spiegel (Columbia). Grande-Bretagne, 1957 – Couleurs – 2 h 41.
★ OSCARS 1957 : MEILLEUR FILM, MEILLEUR METTEUR EN SCÈNE, MEILLEUR ACTEUR (A. Guinness), MEILLEUR DIRECTEUR DE LA PHOTO, MEILLEUR COMPOSITEUR, MEILLEUR SCÉNARIO (C. Foreman).

Capturé par les Japonais, un détachement de prisonniers de guerre anglais est conduit à marche forcée au bord de la rivière Kwai, en Birmanie, dans un camp commandé par le colonel Saïto. Celui-ci veut contraindre les prisonniers à participer à la construction d'un pont sur la rivière. Le colonel Nicholson, commandant du détachement de prisonniers, refuse d'abord au nom des conventions de Genève. Les prisonniers font alors l'objet de brimades, Nicholson lui-même est enfermé dans un cachot et torturé par la soif. Les deux chefs finissent par conclure un accord. Nicholson acceptera de construire le pont et de prouver ainsi la supériorité de l'armée britannique. Shears, un prisonnier américain, a pu s'échapper et rejoindre le quartier général allié, aidé par des indigènes. Il sert de guide au commando, dirigé par le major Warden, chargé de dynamiter le pont. Shears, Saïto et Nicholson seront tués. Celui-ci, en tombant sur le détonateur, déclenche involontairement l'explosion.

◆ Spectaculaire, intelligent et beau
Ce film est, à plus d'un titre, un événement dans le cinéma des années 50. D'abord une date dans l'histoire du film de guerre qui commençait à s'essouffler. Avec le Pont de la rivière Kwai, *le point de vue évolue et se nuance. Il n'y a plus, d'un côté les puissances occidentales, nanties à la fois du bon droit et des bonnes méthodes, face à un ennemi à peine silhouetté, mais deux civilisations qui s'opposent, avec leurs coutumes, leurs croyances et les perversions de ces croyances. Pour*

Saïto, mû par le code d'honneur du bushido, les Anglais sont méprisables parce qu'ils n'éprouvent pas de honte à être battus. S'il est vaincu, il se suicidera. Convaincu que l'Empire britannique a pour mission de faire régner l'ordre et la loi, Nicholson n'a de cesse d'endurer et de persévérer pour imposer sa supériorité morale sur celle des barbares. Pour Shears, l'Américain, la guerre n'est qu'une affaire de survie, dépourvue de toute dimension héroïque, où le plus fort et le plus malin l'emportent. Confié à David Lean, connu jusque-là pour ses films intimistes, le Pont de la rivière Kwai *est le premier film-spectacle d'une série* (Lawrence d'Arabie, Docteur Jivago) *qui va redorer le blason d'un cinéma fortement concurrencé par la télévision. Les films de Lean, sur ce point, apporteront la preuve qu'il est possible de réaliser, grâce aux nouveaux moyens techniques, des films spectaculaires, intelligents et beaux. Toutes les composantes de cette première réalisation ont été, en effet, également soignées. La construction du scénario, d'après le roman de Pierre Boulle, est particulièrement habile ; le grand écran et la lourdeur des moyens mis en œuvre ne nuisent jamais au rythme du film, à la beauté des cadres, ni à la célérité de la mise en scène. Quant aux acteurs, ils incarneront leurs personnages à un point tel que ces rôles leur colleront pour longtemps à la peau.* *M.S.*

LE PONT DE REMAGEN "THE BRIDGE AT REMAGEN"
Film de guerre de **John Guillermin**, avec Georges Segal, Robert Vaughn, Ben Gazzara. États-Unis, 1969 – Couleurs – 1 h 55.

En 1945, le pont de Remagen, point de passage obligé sur le Rhin pour les Américains, va être l'objet de combats sanglants.

LE PONT DE SINGE
Documentaire d'**André Harris** et **Alain de Sedouy**. France, 1976 – Couleurs – 2 h 15.

À l'aide de reportages et d'entretiens, la permanence de l'armée à travers l'histoire de France au XXe siècle, dans ses périodes de guerre et en temps de paix.

LE PONT DU NORD
Essai de **Jacques Rivette**, avec Bulle Ogier, Pascale Ogier, Pierre Clémenti, Jean-François Stévenin. France, 1981 – Couleurs – 2 h 07.

Une ancienne terroriste sort de prison, retrouve son ami, puis croise une mystérieuse fille qui s'attache à ses pas.

LES PONTS DE TOKO-RI "THE BRIDGES AT TOKO-RI"
Film de guerre de **Mark Robson**, avec William Holden, Grace Kelly, Fredric March, Mickey Rooney, Robert Strauss, Charles McGraw. États-Unis, 1954 – Couleurs – 1 h 43.

Le pénible entraînement d'aviateurs américains qui doivent bombarder les ponts de Toko-Ri, durant la guerre de Corée.

POOKIE "THE STERILE CUCKOO"
Drame psychologique d'**Alan J. Pakula**, d'après le roman de John Nichols, avec Liza Minnelli, Elizabeth Harrower, Wendell Burton, Tim McIntire, Austin Green. États-Unis, 1969 – Couleurs – 1 h 45.

Pookie est une jeune étudiante très instable, tantôt gaie, tantôt vulnérable et désarmée. Tout cela se révèle dans la liaison sans avenir qu'elle entretient avec un jeune homme...

POPEYE "POPEYE"
Comédie de **Robert Altman**, d'après la B.D. de E.C. Segar, avec Robin Williams, Shelley Duval, Ray Walston. États-Unis, 1980 – Couleurs – 1 h 37.

Popeye le marin est à la recherche de son père : il le retrouvera, ainsi qu'une fiancée et un enfant inconnu...

POPPY
Comédie dramatique de **A. Edward Sutherland**, d'après la pièce de Dorothy Donnelly, avec W.C. Fields, Rochelle Hudson, Richard Cromwell, Granville Bates, Catherine Doucet. États-Unis, 1936 – 1 h 14.

Un médecin itinérant s'installe pour quelque temps dans une petite ville, où sa fille tombe amoureuse du fils du maire.

POPSY POP
Film d'aventures de **Jean Herman**, avec Claudia Cardinale, Stanley Baker, Henri Charrière. France, 1970 – Couleurs – 1 h 40.

Une strip-teaseuse et un vieux truand s'emparent de diamants. Mais la fille veut le butin pour elle seule...

PORCHERIE "PORCILE"
Drame symbolique de **Pier Paolo Pasolini**, avec Pierre Clémenti *(le cannibale)*, Jean-Pierre Léaud *(Julian Klotz)*, Anne Wiazemsky *(Ida)*, Franco Citti *(le second cannibale)*. • SC : P.P. Pasolini. • PH : Torino Delli Colli, Armando Nannuzzi. • DÉC : Danilo Donati. • MUS : Benedetto Ghiglia. Italie / France, 1969 – Couleurs – 1 h 20.

Deux destins parallèles : celui d'un jeune homme qui vit dans une région désertique, pratique le cannibalisme et mourra condamné à être dévoré par des animaux ; celui d'un autre jeune homme, riche, qui révèle à sa fiancée sa monstrueuse passion pour les porcs, et mourra lui aussi dévoré par des animaux dans sa porcherie.

◆ *Pasolini a le symbole plutôt provocateur et abject. Il explique que les deux jeunes gens de son film sont des métaphores qui expriment sa révolte devant la société, son déchirement personnel. Certes. C'était un homme très tourmenté, écorché vif, un poète « dévoré » par la société dans laquelle il ne s'intégrait pas. On a affaire à une œuvre de poète qui ne s'embarrasse pas de vraisemblance, mais use de symboles pour transmettre, par une voie d'une étrange poésie, ce qu'il y a en lui de différent, de discriminatoire, de puissamment « singulier ». Si le propos choque, la démarche est pourtant sincère.* B.B.

PORC ROYAL "A PRIVATE FUNCTION"

Comédie de **Malcolm Mowbray**, avec Michael Palin, Maggie Smith, Denholm Elliott, Richard Griffiths, Tony Haygarth, John Normington. Grande-Bretagne, 1984 – Couleurs – 1 h 35.

Au lendemain de la guerre, par des temps de disette, les notables élèvent secrètement un cochon, enjeu important de la lutte des classes. Un humour typiquement anglais.

PORGY AND BESS "PORGY AND BESS"

Film musical d'**Otto Preminger**, avec Sidney Poitier *(Porgy)*, Dorothy Dandridge *(Bess)*, Sammy Davis Jr. *(Sportin' Life)*, Pearl Bailey *(Maria)*, Brock Peters *(Crown)*, Leslie Scott *(Jake)*, Diahann Carroll *(Clara)*, Ruth Attaway *(Serena)*, Clarence Muse *(Peter)* et les voix de Robert McFerrin (Porgy), Adele Addison (Bess), Loulie Jean Norman (Clara), Inez Matthews (Serena). • SC : N. Richard Nash, d'après l'opéra de George Gershwin, inspiré de la pièce de DuBose Heyward et Dorothy Heyward *Porgy* et du roman homonyme de D. Heyward. • PH : Leon Shamroy. • DÉC : Oliver Smith. • MUS : G. Gershwin. Paroles : D. Heyward, Ira Gershwin. • CHOR : Hermes Pan. • MONT : Daniel Mandell. États-Unis, 1959 – Couleurs – 2 h 18 (en France : 1 h 58).

Au début du siècle, dans le ghetto noir de Catfish Row, à Charleston (Caroline du Sud). Porgy, un jeune infirme, aime en secret Bess, compagne du brutal Crown. Ce dernier, ayant poignardé un homme au cours d'une partie de dés, doit prendre la fuite ; Bess accepte la protection de Porgy, et ne tarde pas à répondre à son amour. Mais Crown décide de reprendre la jeune femme par la force, contraignant Porgy à le tuer. Laissée à elle-même, Bess tombe sous la coupe du gandin Sportin' Life, qui l'entraîne à New York. Porgy se lance sur leurs traces...

◆ *Adaptateur respectueux des classiques du théâtre américain, le producteur Samuel Goldwyn avait initialement confié la réalisation de* Porgy and Bess *au premier metteur en scène de l'opéra de Gershwin, Rouben Mamoulian. L'annonce du projet suscita une vive controverse dans la communauté noire, qui jugeait l'œuvre paternaliste, voire raciste. Un incendie détruisit décors et costumes à la veille du tournage, hâtant le départ de Mamoulian, que remplaça au pied levé Otto Preminger. Limité par les options esthétiques de Goldwyn, le réalisateur de* Carmen Jones *sut cependant les tourner à son profit avec le concours inspiré du chef opérateur Leon Shamroy. Réalisé presque intégralement dans un décor unique,* Porgy and Bess *échappe au hiératisme du théâtre filmé et propose une lecture moderne et épurée du célèbre opéra folklorique américain, agrémentée d'une inoubliable composition de l'émouvante Dorothy Dandridge.* O.E.

PORKY'S "PORKY'S"

Comédie de **Bob Clark**, avec Dan Monahan, Mark Herrier, Wyatt Knight. États-Unis, 1981 – Couleurs – 1 h 38.

Une équipe d'adolescents d'un collège de Floride, les « Angel Beach », ne parle que de basket-ball et... de sexe.

▷ Les mêmes potaches récidivent dans : PORKY'S 2 "PORKY'S II : THE NEXT DAY", de **Bob Clark**. États-Unis, 1982 – Couleurs – 1 h 38. PORKY'S CONTRE-ATTAQUE "PORKY'S REVENGE", de **James Komach**. États-Unis, 1985 – Couleurs – 1 h 33.

PORT ARTHUR

Drame de **Nicolas Farkas**, d'après le roman de Pierre Frondaie, avec Danielle Darrieux, Adolf Wohlbrück, Charles Vanel, Jean Max, Jean Worms. France, 1936 – env. 1 h 45.

Pendant la guerre russo-japonaise, l'épouse japonaise d'un officier russe est compromise par son frère, espion à la solde des Japonais.

▷ Parallèlement, le cinéaste signe une version allemande, avec Adolf Wohlbrück, Karin Hardt, René Deltgen, Paul Hartmann.

LE PORT DE LA DROGUE

"PICK UP ON SOUTH STREET"

Film d'espionnage de **Samuel Fuller**, avec Richard Widmark, Jean Peters, Thelma Ritter. États-Unis, 1953 – 1 h 20.

Un pickpocket new-yorkais dérobe par mégarde le microfilm d'une arme secrète américaine.

LE PORT DE L'ANGOISSE "TO HAVE AND HAVE NOT"

Drame de **Howard Hawks**, avec Humphrey Bogart *(Harry Morgan)*, Lauren Bacall *(Slim)*, Walter Brennan *(Eddie)*, Marcel Dalio *(Frenchy)*. • SC : Jules Furthman,

William Faulkner, d'après le roman d'Ernest Hemingway *En avoir ou pas.* • PH : Sidney Hickox. • DÉC : Charles Novi. • MUS : Leo F. Forbstein. • MONT : Christian Nyby. États-Unis, 1944 – 1 h 37.

En 1942, à Fort-de-France, Harry Morgan gagne sa vie en organisant des parties de pêche pour de riches amateurs. Il fait la connaissance de Mary, dite Slim, au bar de l'hôtel. Une fusillade entre miliciens et résistants l'empêche de récupérer l'argent d'un client qui tentait de l'escroquer. Il est contraint d'accepter un travail pour les clandestins et prend peu à peu conscience de son amour pour Slim, avec qui il choisit de rejoindre les gaullistes.

◆ *Le film est devenu mythique pour avoir marqué (et été marqué par) la rencontre entre Humphrey Bogart et Lauren Bacall. Rarement Hawks a inventé une héroïne aussi insolente (un comble face à Bogart) qui ne perd rien de sa trouble sensualité. Plus que la description du héros individualiste qui découvre la nécessité de l'engagement, ce sont aujourd'hui les rapports antagonistes et complices du couple, aux sous-entendus nettement sexuels, qui nous enchantent.* *J.M.*

▷ Autres versions réalisées par : **Michael Curtiz**, intitulée TRAFIC EN HAUTE MER "THE BREAKING POINT", avec John Garfield, Patricia Neal, Phyllis Thaxter, Juano Hernandez, Wallace Ford. États-Unis, 1950 – 1 h 37. **Don Siegel**, intitulée THE GUN RUNNERS, avec Audie Murphy, Eddie Albert, Patricia Owens, Everett Sloane. États-Unis, 1958 – 1 h 22.

LE PORT DES PASSIONS "THUNDER BAY"

Film d'aventures d'**Anthony Mann**, avec James Stewart, Joanne Dru, Gilbert Roland, Dan Duryea. États-Unis, 1953 – Couleurs – 1 h 42.

À Port Felicity, village de pêcheurs en Louisiane, deux aventuriers cherchant du pétrole ont à lutter contre la population.

LE PORT DU DÉSIR

Film d'aventures policières d'**Edmond T. Gréville**, avec Jean Gabin, Andrée Debar, Henri Vidal, Jean-Roger Caussimon. France, 1955 – 1 h 34.

Rivalité amoureuse pour deux renfloueurs de navires mêlés à un meurtre commis par le chef d'une bande de gangsters marseillais.

LA PORTE DE CHAIR / BARRIÈRE DE CHAIR "NIKUTAI NO MON"

Drame de **Seijun Suzuki**, avec Ikuko Kasai, Yumiko Nogawa, Kayo Matsuo. Japon, 1964 – Couleurs – 1 h 30.

Dans les ruines du Japon d'après-guerre, un groupe de prostituées s'érigent des règles de conduite impitoyables.

LA PORTE DE L'ENFER "JIGOKU MON"

Drame de **Teinosuke Kinugasa**, avec Kazuo Hasegawa *(Moritoh)*, Machiko Kyo *(Lady Kesa)*, Isao Yamagata *(Wataru)*, Yataro Kurokawa *(Shigemori)*. • SC : T. Kinugasa, Kisaku Ito, d'après le roman de Kan Kikuchi *Kesa no otto.* • PH : Kōhei Sugiyama. • DÉC : Kosaburo Nakagima. • MUS : Yasushi Akutagawa. Japon, 1953 – Couleurs – 1 h 28. ★ **PALME D'OR, Cannes 1954 ; OSCAR DU MEILLEUR FILM ÉTRANGER 1954.**

Dans le climat de violence exacerbée du Japon médiéval, relayé par un roman contemporain dont le film est l'adaptation, une femme se trouve prise entre deux hommes ; seule sa mort pourra résoudre une situation ici tragique.

◆ *Bien plus qu'avec* Rashōmon *quelques années auparavant, c'est avec ce film que le cinéma japonais a fait irruption en Europe. La « découverte » d'un monde lointain, l'exotisme des comportements, la qualité réelle de la couleur ont certainement contribué au moment de sa sortie à surévaluer une œuvre finalement assez académique.* *J.-M.C.*

PORTE DES LILAS

Comédie dramatique de **René Clair**, d'après le roman de René Fallet *la Grande Ceinture*, avec Pierre Brasseur, Georges Brassens, Henri Vidal, Dany Carrel. France / Italie, 1957 – 1 h 36.

Portrait d'une brochette de « petites gens » du quartier des Lilas, à Paris, bouleversés par l'évasion d'un dangereux individu.

LA PORTE DU DIABLE "DEVIL'S DOORWAY"

Film d'aventures d'**Anthony Mann**, avec Robert Taylor, Paula Raymond, Louis Calhern, Marshall Thompson. États-Unis, 1950 – 1 h 24.

Un Indien, ami des Blancs, prend le parti de ses frères de race quand il les voit spoliés par ses anciens amis.

LA PORTE DU LARGE

Comédie dramatique de **Marcel L'Herbier**, avec Victor Francen, Jean-Pierre Aumont, Marcelle Chantal, Roland Toutain. France, 1936 – env. 1 h 45.

Le fils du commandant de l'École navale de Brest tombe amoureux de la fiancée de son père, sans connaître les liens qui l'attachent à celui-ci.

LA PORTE DU PARADIS "HEAVEN'S GATE"

Western de **Michael Cimino**, avec Kris Kristofferson *(James Averill)*, Christopher Walken *(Nate Champion)*, Isabelle Huppert *(Ella)*, John Hurt *(Billy Irvine)*, Jeff Bridges *(John)*, Sam Waterston *(Canton)*. • SC : M. Cimino. • PH : Vilmos Zsigmond. • DÉC : Tambi Larsen, Spencer Deverill, Maurice Fowler. • MUS : David Mansfield. • MONT : Tom Rolf, William Reynolds, Lisa

Fruchtman, Gerald Greenberg. États-Unis, 1980 – Couleurs – 3 h 30 (version longue), 2 h 30 (version courte).

1 : 1870. Diplômés de Harvard, James Averill et Billy Irvine, des nantis, envisagent un avenir radieux consacré à l'amélioration du monde. Averill est amoureux d'une jeune et jolie fille. 2 : 1890. Averill est devenu shérif et défend la cause d'émigrés « gênants » que les riches éleveurs veulent abattre. Au cours de la tuerie, Ella, une prostituée qu'Averill désirait épouser, est abattue. 3 : 1903. Sur son bateau, Averill évoque amèrement les événements passés. Auprès de lui, vit la jeune femme du début, devenue la caricature de ses rêves déçus.

u *Ce film cher et ambitieux qui devait consacrer le cinéma d'auteur aux États-Unis fut, par son échec, son tombeau. Mal compris et détesté, ce film d'une grande audace structurelle, où des personnages volontairement évasifs et ambigus ne sont définis que par ce que les autres en disent et par les actes contradictoires qu'ils accomplissent, contient une douzaine des plus belles séquences visuelles de l'histoire du cinéma, organisées autour d'un principe de composition circulaire où les cercles définissent géométriquement, socialement et symboliquement le film. Davantage et plus lucidement que Griffith ou Ford (qu'il cite), Cimino est le « porte-parole » idéal d'une nation et de toutes ses contradictions. Ce qu'on ne lui a pas pardonné, c'est d'avoir montré comment se sont vraiment constitués les États-Unis, en tant que nation de droit : pas seulement en éliminant les Indiens, mais en permettant que le riche tue le pauvre et qu'une majorité de minorités soit dominée par une minorité.* S.K.

LES PORTES CLAQUENT

Comédie de **Jacques Poitrenaud**, d'après la pièce de Michel Fermaud, avec Dany Saval, Françoise Dorléac, Maurice Sarfati, Noël Roquevert, Jacqueline Maillan. France, 1960 – 1 h 30.

Truffée d'imprévus, la vie quotidienne d'une famille d'écervelés. Le premier film de Poitrenaud.

LES PORTES DE FEU

Film de guerre de **Claude Bernard-Aubert**, avec Dany Carrel, Annie Cordy, Emmanuelle Riva, Juliet Mills, Georges Aminel. France, 1971 – Couleurs – 1 h 25.

Octobre 1942. Montgomery attaque Rommel dans le désert. Les occupants d'un véhicule français (un médecin et quatre infirmières) sont faits prisonniers par les Allemands. Au péril de leur vie, ils continuent la lutte.

LES PORTES DE LA NUIT

Drame de **Marcel Carné**, avec Yves Montand *(Diego)*, Nathalie Nattier *(Malou)*, Pierre Brasseur *(son mari)*, Julien Carette *(Quinquina)*, Jean Vilar *(le clochard)*, Saturnin Fabre *(Sénéchal)*, Serge Reggiani *(son fils)*, Raymond Bussières *(Raymond)*, Dany Robin *(Étiennette)*. • SC : Jacques Prévert, d'après le ballet *le Rendez-Vous*. • PH : Philippe Agostini. • DÉC : Alexandre Trauner. • MUS : Joseph Kosma. • MONT : Jean Feyte. France, 1946 – 2 h.

Durant « le dur hiver qui suivit la Libération », l'ouvrier Diego rencontre un clochard qui lui annonce son destin. Il a le coup de foudre pour une belle inconnue, Malou, venue en compagnie de son mari, qu'elle n'aime pas, revoir le décor de son enfance ainsi que son père et son frère, deux anciens « collabos ». Le mari jaloux veut tuer Diego mais il blesse grièvement Malou, qui meurt à l'hôpital où Diego l'a fait transporter tandis que son frère se suicide.

◆ *C'est la dernière collaboration de Prévert avec Carné et la moins réussie : les débutants Montand et Nathalie Nattier ne remplacent pas Gabin et Marlène Dietrich prévus à l'origine et la mythologie prévertienne de l'amour fou s'accorde mal avec la thématique politique dictée par l'actualité. Il reste un drame romantique que l'intervention du Destin tente en vain de hausser au niveau de la tragédie et une belle étude d'atmosphère populiste autour de la fameuse station du métro Barbès reconstruite en studio.* M.MN.

PORTÉS DISPARUS "MISSING IN ACTION"

Films d'aventures de **Joseph Zito** et **Lance Hool**, avec Chuck Norris, M. Emmet Walsh, David Tress, James Hong. États-Unis, 1984 – Couleurs – 1 h 41.

Le colonel Braddock, ancien prisonnier évadé, décide de retourner au Viêt Nam pour retrouver ceux qui sont désormais « portés disparus ».

▷ Autres missions de Braddock : PORTÉS DISPARUS 2 (POURQUOI ?) "MISSING IN ACTION II (THE BEGINNING)", de **Lance Hool**. États-Unis, 1985 – Couleurs – 1 h 35. BRADDOCK (PORTÉS DISPARUS 3) "BRADDOCK (MISSING IN ACTION III)", d'**Aaron Norris**. États-Unis, 1987 – Couleurs – 1 h 40.

LA PORTE S'OUVRE "NO WAY OUT"

Drame social de **Joseph L. Mankiewicz**, avec Richard Widmark, Linda Darnell, Stephen McNally, Sidney Poitier. États-Unis, 1950 – 1 h 46.

Un escroc développe au plus haut point un sentiment de haine raciale vis-à-vis d'un médecin noir responsable de la mort de son frère. Mélodrame sur fond d'hôpital.

LES PORTES TOURNANTES
"The Revolving Doors"
Comédie dramatique de **Francis Mankiewicz**, avec Miou-Miou, Gabriel Arcand, Monique Spaziani, Jacques Penot. Canada / France, 1988 – Couleurs – 1 h 40.

Un homme reçoit de sa vieille mère, qu'il n'a pas vue depuis longtemps, un cahier dans lequel elle raconte sa vie...

LE PORTEUR D'EAU EST MORT "As-Saqqā' mat"
Drame de **Salah Abu Sayf**, avec Farid Chawki, Ezzat el Alayli, Shuikar, Amina Rizk, Tahia Karioka. Égypte, 1978 – Couleurs – env. 1 h 30.

Dans un quartier du Caire où la vie est demeurée traditionnelle, un homme vit dans le souvenir de sa femme défunte.

LE PORTEUR DE SERVIETTE "Il portaborse"
Comédie dramatique de **Daniele Luchetti**, avec Silvio Orlando, Nanni Moretti, Anne Roussel. Italie / France, 1991 – Couleurs – 1 h 30.

Un professeur de province se trouve propulsé dans l'entourage des hommes de pouvoir et découvre alors un univers de manœuvres et de corruption.

LA PORTEUSE DE PAIN
Drame de **Maurice Cloche**, d'après le roman de Xavier de Montépin, avec Vivi Gioi, Carlo Ninchi, Jean Tissier, Philippe Lemaire. France / Italie, 1950 – 1 h 38.

Jeanne Fortier, injustement accusée de l'assassinat de son patron, est condamnée à la prison à perpétuité.

▷ Le cinéaste réalise une nouvelle version de son film, avec Suzanne Flon, Philippe Noiret, Jean Rochefort. France / Italie, 1963 – Couleurs – 2 h 01.

PORTIER DE NUIT "Il portiere di notte"
Drame psychologique de **Liliana Cavani**, avec Charlotte Rampling *(Lucia Atherton)*, Dirk Bogarde *(Max)*, Philippe Leroy *(Klaus)*, Gabriele Ferzetti *(Dr Hans Vogler)*, Isa Miranda *(la comtesse Stein)*. • SC : L. Cavani, Italo Moscati. • PH : Alfio Contini. • DÉC : Jean-Marie Simon, Nedo Azzini. • MUS : Danièle Paris. • MONT : Franco Arcalli. Italie, 1973 – Couleurs – 1 h 55.

En 1957, la femme d'un célèbre chef d'orchestre, Lucia, accompagne son mari à Vienne ; elle découvre, fascinée, que le « portier de nuit » de son hôtel est un ancien S.S. qui en avait fait sa compagne forcée de jeux sadiques lorsqu'à 15 ans elle était prisonnière d'un camp d'extermination. Ils se retrouvent et renouent leur relation sado-masochiste. Revêtus de leur « uniforme » d'autrefois, de S.S. et de jeune fille, tous deux sont abattus par d'anciens compagnons nazis de Max, qui craignaient d'être trahis et mis au jour.

◆ *Le film visait, selon sa réalisatrice, à montrer un des crimes du nazisme : sa sollicitation du masochisme présent en chacun de nous. Mais la façon dont il le montrait pouvait en faire un roman-photo douteux, ramenant l'atroce réalité à une histoire de fantasmes et de « désir à assumer ». Rapproché du* Lacombe Lucien *de Louis Malle, à peu près contemporain, il fit l'objet d'une polémique qui dénonçait en lui une complaisance rétro et fétichiste pour le passé, transformé en matière romancée au lieu d'être analysé lucidement. Il fit aussi définitivement de Charlotte Rampling, révélée par* les Damnés *de Visconti, en 1969, une star internationale, mais qui aurait du mal par la suite à se sortir des rôles « vénéneux ».* *M.CH.*

PORTNOY ET SON COMPLEXE
"Portnoy's Complaint"
Drame psychologique d'**Ernest Lehman**, d'après le roman de Philip Roth, avec Richard Benjamin, Karen Black, Lee Grant, Jack Somack, Jill Clayburgh. États-Unis, 1972 – Couleurs – 1 h 40.

Un jeune fonctionnaire new-yorkais, pervers sexuel, consulte un psychiatre et lui raconte sa vie et sa liaison passionnelle avec une jeune cover-girl.

LE PORTRAIT DE DORIAN GRAY
"The Picture of Dorian Gray"
Film fantastique d'**Albert Lewin**, d'après le roman d'Oscar Wilde, avec Hurd Hatfield, George Sanders, Donna Reed, Peter Lawford, Lowell Gilmore, Angela Lansbury. États-Unis, 1944 – quelques plans en couleurs – 1 h 50.

Par désespoir amoureux, un jeune lord signe un pacte avec le diable qui lui assure l'éternelle jeunesse, les signes de vieillesse et de débauche n'atteignant que son portrait...

▷ Autres versions réalisées notamment par : **Massimo Dallamano**, intitulée LE DÉPRAVÉ "Il dio chiamato Dorian", avec Helmut Berger, Richard Todd, Herbert Lom, Isa Miranda. Italie / R.F.A., 1970 – Couleurs – 1 h 30. **Pierre Boultron**, avec Patrice Alexsandre, Raymond Gérôme, Denis Manuel. France, 1977 – 1 h 35.

PORTRAIT DE GROUPE AVEC DAME
"Gruppenbild mit Dame"
Drame d'**Aleksandar Petrović**, d'après l'œuvre d'Heinrich Böll, avec Romy Schneider, Brad Dourif, Michel Galabru, Rüdiger Vogler. R.F.A., 1977 – Couleurs – 1 h 47.

Leni, incomprise, détestée, revoit sa jeunesse. Pendant la guerre, elle vivait avec un Russe, et maintenant, on la méprise parce qu'elle vit avec un Turc. Une adaptation confuse.

LE PORTRAIT DE JENNIE "Portrait of Jennie"
Drame psychologique de **William Dieterle**, d'après le roman de Robert Nathan, avec Jennifer Jones, Joseph Cotten, Ethel Barrymore, Lillian Gish. États-Unis, 1948 – 1 h 26.

Un peintre de talent se débat avec l'irréel portrait d'une jeune femme. Le rôle du peintre valut à Joseph Cotten un prix d'interprétation au festival de Venise en 1949.

PORTRAIT D'UN ASSASSIN
Drame psychologique de **Bernard Roland**, avec Maria Montez, Erich von Stroheim, Arletty, Pierre Brasseur, Jules Berry, Dalio. France, 1949 – 1 h 40.

Le destin des hommes qui gravitent autour d'une femme qui porte malheur.

PORTRAIT D'UNE ENFANT DÉCHUE
"Puzzle of a Downfall Child"
Drame psychologique de **Jerry Schatzberg**, avec Faye Dunaway *(Lou)*, Barry Primus *(Aaron)*, Roy Scheider *(Mark)*, Viveca Lindfors *(Paulina)*. • SC : J. Schatzberg, Adrian Joyce. • PH : Adam Holender. • MUS : Michael Small. • MONT : Evan Lottman. États-Unis, 1970 – Couleurs – 1 h 45.

Aaron, photographe de presse, veut réaliser un film sur Lou Andreas Sand. Il enregistre sa confession. Ancienne cover-girl, elle a abandonné sa carrière à la suite d'une crise de mythomanie.

◆ *Le premier film de ce cinéaste très sensible reconstitue comme un puzzle, dont les pièces viendraient de différents jeux, l'itinéraire chaotique d'une jeune femme. Le film est une sorte de reportage sophistiqué qui reprend l'esthétique glacée et « idéaliste » des photos de mode, explicitant ainsi par un redoublement « schizophrénique » formel le trouble mental d'une femme déchirée. Interprétation saisissante de Faye Dunaway dans un rôle difficile et complexe.* S.K.

PORTRAIT ROBOT
Drame de **Paul Paviot**, avec Maurice Ronet, Andréa Parisy, Jacques Riberolles, Nanna Michael. France, 1961 – 1 h 26.

Un journaliste découvre avec horreur en ouvrant le journal le portrait-robot d'un assassin qui lui ressemble étrangement !

LA POSSÉDÉE "Possessed"
Drame de **Curtis Bernhardt**, d'après le roman de Rita Weiman *One Man's Secret*, avec Joan Crawford, Van Heflin, Raymond Massey, Geraldine Brooks, Stranley Ridges, John Ridgely. États-Unis, 1947 – 1 h 48.

Une infirmière, engagée par un industriel pour soigner sa femme, malade mentale, l'épouse après le suicide de cette dernière.

LES POSSÉDÉS
Drame d'**Andrzej Wajda**, d'après le roman de Dostoïevski, avec Isabelle Huppert, Lambert Wilson, Jerzy Radziwilowicz, Jean-Philippe Ecoffey, Omar Sharif, Philippine Leroy-Beaulieu. France, 1987 – Couleurs – 1 h 56.

En 1870, en Russie, un groupe de révolutionnaires exaltés décide de cimenter son union dans le meurtre d'un des leurs...

POSSESSION
Drame fantastique d'**Andrzej Zulawski**, avec Isabelle Adjani, Sam Neill, Heinz Bennent. France / R.F.A., 1981 – Couleurs – 2 h 02.

Une étrange jeune femme se partage entre son mari, son amant et un monstre, sans oublier son fils...

POST COÏTUM, ANIMAL TRISTE
Comédie dramatique de **Brigitte Roüan**, avec Brigitte Roüan, Patrick Chesnais, Boris Terral. France, 1997 – Couleurs – 1 h 37.

Une femme d'une quarantaine d'années, heureuse en famille, dans son ménage et dans son travail d'éditrice, rencontre un jeune homme travaillant dans l'humanitaire ; coup de foudre, amour fou... jusqu'au jour où le jeune homme est repris par l'envie de repartir en mission. Commence alors pour Françoise la longue spirale du désespoir. Mais un auteur s'intéresse à elle ; il est jeune, attentionné... *Nil novi sub sole !*

IL POSTO "Il posto"
Chronique psychologique d'**Ermanno Olmi**, avec Loredana Detto *(Antonietta)*, Sandro Panzeri *(Domenico)*, Tullio Kezich *(l'examinateur)*, Mara Revel *(la collègue de Domenico)*. • SC : E. Olmi. • PH : Lamberto Caimi. • DÉC : Ettore Lombardi. • MONT : Carla Colombo. Italie, 1961 – 1 h 45. ★ **Prix de la Critique internationale, Venise 1961.**

Un jeune homme d'origine modeste vient à Milan passer le concours d'entrée d'une grande entreprise. Admis, il s'installe dans la grisaille quotidienne de la vie d'employé de bureau.

◆ *Film en demi-teintes où Ermanno Olmi montre de l'intérieur le destin ordinaire d'un gratte-papier anonyme et évacue en douceur son propre passé d'employé à la Volta Edison. Si les références à Gogol, à Kafka s'imposent, la pesanteur existentielle qui écrase le jeune Sandro Panzeri – acteur non professionnel choisi judicieusement – rejoint celle des films tchèques de Jiri Menzel et de Pavel Juracek et atteint l'universel.* Il posto *révèle un auteur de grand talent.* *A.K.*

POT-BOUILLE
Comédie dramatique de **Julien Duvivier**, d'après le roman d'Émile Zola, avec Gérard Philipe, Danielle Darrieux, Dany Carrel, Jacques Duby, Anouk Aimée. France, 1957 – 1 h 55.

L'ascension d'un jeune homme ambitieux dans le Paris du milieu du siècle dernier.

LE POT-DE-VIN "LA MAZZETTA"
Comédie policière de **Sergio Corbucci**, avec Nino Manfredi, Paolo Stoppa, Ugo Tognazzi. Italie, 1978 – Couleurs – 1 h 50.

Sasa, un habitué des bars napolitains, est chargé par un riche promoteur de retrouver sa fille qui s'est enfuie avec un dossier.

LA POUDRE D'ESCAMPETTE
Film d'aventures de **Philippe de Broca**, d'après le roman de Robert Beylen *la Route au soleil*, avec Marlène Jobert, Michel Piccoli, Michael York. France, 1971 – Couleurs – 2 h.

Pendant la guerre, un trafiquant et un officier britannique se voient obligés d'unir leurs efforts pour sauver leur vie...

POUIC-POUIC
Comédie de **Jean Girault**, avec Louis de Funès, Jacqueline Maillan, Mireille Darc, Christian Marin, Philippe Nicaud, Guy Tréjan. France, 1963 – 1 h 30.

Pour se débarrasser d'un amoureux, Patricia « engage » un mari... Pendant ce temps, sa mère offre à son mari une concession imaginaire qu'elle a payé très cher à un escroc. Le père de Patricia compte sur elle pour convaincre son prétendant de la racheter.

POULET AU VINAIGRE
Film policier de **Claude Chabrol**, d'après le roman de Dominique Roulet *Une mort en trop*, avec Jean Poiret, Stéphane Audran, Michel Bouquet. France, 1985 – Couleurs – 1 h 50.

Pince-sans-rire, l'inspecteur Lavardin mène l'enquête sur des assassinats dans la bourgeoisie de province.

▷ Voir aussi INSPECTEUR LAVARDIN.

LES POULETS "FUZZ"
Film policier de **Richard Colla**, avec Burt Reynolds, Yul Brynner, Raquel Welch, Jack Weston. États-Unis, 1972 – Couleurs – 1 h 32.

Un criminel fait chanter les policiers d'un commissariat de Boston, qui ne peuvent empêcher deux meurtres. Les difficultés quotidiennes de la police américaine, sans clichés.

LA POUPÉE "DIE PUPPE"
Comédie d'**Ernst Lubitsch**, avec Ossi Oswalda, Hermann Thimig, Victor Janson, Jacob Tiedkte. Allemagne, 1919 – 1 375 m (env. 51 mn).

Pour satisfaire son oncle, un jeune homme doit se marier. Comme il a peur des femmes, il fait semblant d'épouser une poupée laquelle s'avère être vivante...

LA POUPÉE
Comédie de **Jacques Baratier**, d'après le roman de Jacques Audiberti, avec Zbignew Cybulski, Sonne Teal, Sacha Pitoëff. France, 1962 – Couleurs – 1 h 35.

Le professeur Palinas invente un appareil à dédoubler la matière. Il prend comme sujet Marion, épouse d'un capitaliste qui soutient un dictateur hystérique, et anime la « poupée » de sentiments libertaires.

LA POUPÉE BRISÉE "THE BIG STREET"
Drame psychologique d'**Irving Reis**, d'après la nouvelle de Damon Runyon *Little Pinks*, avec Henry Fonda, Lucille Ball, Agnes Moorehead. États-Unis, 1942 – 1 h 28.

Un barman amoureux d'une vedette de boîte de nuit réalise son rêve lorsque la jeune femme devient paralysée.

LA POUPÉE DE CHAIR / BABY DOLL
"BABY DOLL"

Drame psychologique d'**Elia Kazan**, avec Carroll Baker *(Baby Doll)*, Karl Malden *(Archie Lee Meigham)*, Eli Wallach *(Silva Vaccaro)*, Mildred Dunnock *(tante Rose Confort)*. • SC : Tennessee Williams, d'après ses deux pièces *27 Camions de coton* et *The Unsatisfactory Supper (Meal)*. • PH : Boris Kaufman. • DÉC : Richard Sylbert, Paul Sylbert. • MUS : Kenyon Hopkins. • MONT : Gene Milford. États-Unis, 1956 – 1 h 54.

À Benoit, dans le Mississippi, un fileur de coton, ancien aristocrate ruiné, a épousé une femme-enfant qu'il a convenu de ne pas toucher avant sa vingtième année, et qui se dérobe à lui : Baby Doll. Un autre fileur, le Sicilien Vaccaro, dont on a brûlé le hangar pour briser la concurrence, veut se venger du mari, qu'il pense dans le coup, et pour ce faire il entreprend de séduire sa femme. Un combat s'ensuit entre les deux hommes.

◆ *Tourné par Kazan dans le Sud réel, avec les habitants du Mississippi et quelques membres de son « Actors Studio », ce film est le résultat de plusieurs pièces courtes de Tennessee Williams cousues ensemble. Il impose un climat d'étrangeté par son âpreté (les deux hommes ne sont pas plus sympathiques ou séduisants l'un que l'autre), son goût du grotesque et son tempo : certaines scènes s'étirent aussi longuement que la virginité de l'héroïne. Une image innocente de celle-ci, dormant dans un lit de fonte en suçant son pouce, fit scandale et attira les foudres du cardinal Spellman. Il en resta le nom de « baby doll » donné à des nuisettes... et une célébrité épisodique pour Carroll Baker, alors dans la fraîcheur de ses 25 ans.* M.CH.

LES POUPÉES "LE BAMBOLE"
Comédie à sketches de **Dino Risi**, **Franco Rossi**, **Luigi Comencini** et **Mauro Bolognini**, avec Gina Lollobrigida, Virna Lisi, Monica Vitti, Elke Sommer, Nino Manfredi, Jean Sorel. Italie / France, 1965 – 1 h 40.

En quatre sketches comiques et grivois, les déboires amoureux de jeunes femmes d'hier et d'aujourd'hui.

POUPÉES DE CENDRES "THE PSYCHOPATH"
Drame de **Freddie Francis**, avec Patrick Wymark, Margaret Johnson, Alexander Knox. Grande-Bretagne, 1966 – Couleurs – 1 h 23.

Quatre hommes ont été assassinés dans d'horribles conditions. Aux côtés de chacune des victimes, une mystérieuse poupée.

LES POUPÉES DU DIABLE "THE DEVIL DOLL"
Film fantastique de **Tod Browning**, avec Lionel Barrymore, Maureen O'Sullivan. États-Unis, 1936 – 1 h 19.

Un évadé du bagne se sert d'êtres miniatures pour se venger de ceux qui l'ont fait condamner injustement.

POUR CENT BRIQUES, T'AS PLUS RIEN !
Comédie d'**Édouard Molinaro**, avec Daniel Auteuil, Gérard Jugnot, Anémone. France, 1982 – Couleurs – 1 h 25.

Deux chômeurs commettent un hold-up. Encerclés par la police, ils entament des négociations et se retrouvent... aux Caraïbes.

POUR CLÉMENCE
Drame de **Charles Belmont**, avec Jean Crubelier, Eva Darlan, Lucia Bensasson. France, 1977 – Couleurs – 1 h 40.

Un chômeur voit sa vie et son équilibre bouleversés. Il surmonte sa déprime en refusant de se laisser récupérer.

POUR ÉLECTRE "SZERELEM, ELEKTRA"
Drame de **Miklós Jancsó**, avec Mari Töröcsik, Jozsef Madaras, György Cserhalmi, Gabi Jobba. Hongrie, 1975 – Couleurs – 1 h 17.

Le mythe d'Électre revu et adapté à la société moderne hongroise par le cinéaste de la parabole et de la métaphore.

POUR ELLE, UN SEUL HOMME
"THE HELEN MORGAN STORY"
Comédie dramatique de **Michael Curtiz**, avec Ann Blyth, Paul Newman, Richard Carlson. États-Unis, 1957 – 1 h 58.

À l'époque de la prohibition, l'amour fidèle que la grande vedette de Broadway Helen Morgan porte à un trafiquant d'alcool.

POUR L'AMOUR DU CIEL
"E PIÙ FACILE CHE UN CAMMELLO"
Film d'aventures fantastiques de **Luigi Zampa** sur des dialogues d'Henri Jeanson, avec Jean Gabin, Mariella Lotti, Antonella Lualdi, Carette. Italie / France, 1950 – 1 h 21.

Victime d'un accident qui lui a coûté la vie, un homme revient sur terre pendant douze heures pour réparer les fautes qu'il a commises.

POUR LA PEAU D'UN FLIC
Film policier d'**Alain Delon**, d'après le roman de Jean-Pierre Manchette, avec Alain Delon, Anne Parillaud, Michel Auclair, Daniel Ceccaldi. France, 1981 – Couleurs – 1 h 50.

Un ancien « flic », devenu détective privé, se trouve embarqué par ses ex-chefs dans une histoire d'enlèvement et de drogue.

POUR LA SUITE DU MONDE
Documentaire ethnographique de **Pierre Perrault** et **Michel Brault**, avec les habitants de l'Île-aux-Coudres. • PH : M. Brault, Bernard Gosselin. • MUS : Jean Cousineau, Jean Meunier. • MONT : Werner Nold. Canada (Québec), 1963 – 1 h 45.

La vie quotidienne des habitants d'une petite île du Saint-Laurent au Québec. Le récit mythique de la pêche au marsouin amène les protagonistes à revivre devant les cinéastes cette pratique disparue depuis une trentaine d'années.

◆ *Véritable manifeste du « cinéma-direct » québécois,* Pour la suite du monde *est, au dire de ses auteurs, un enfant du magnétophone. Le film est d'ailleurs conçu après une longue expérience radiophonique et, 30 ans après les débuts du cinéma parlant, inaugure une pratique radicalement nouvelle au cinéma de l'enregistrement de la « parole vécue ». Les acteurs de cette saga, non professionnels, sont présents à l'écran avec toute la densité de leur « parlure » populaire et offrent à l'auditeur un usage totalement inédit de la langue qui marquera profondément l'histoire du cinéma documentaire francophone.* M.M.

POUR LE MAILLOT JAUNE

Mélodrame de **Jean Stelli**, avec Albert Préjean, Meg Lemonnier, René Génin, Robert Arnoux. France, 1939 – 1 h 31.

Au bord de l'abandon, le favori du Tour de France reprend la course, soutenu par une journaliste, obtient puis perd le maillot jaune, mais gagne le cœur de la jeune fille.

POUR LE ROI DE PRUSSE "DER UNTERTAN"

Comédie satirique de **Wolfgang Staudte**, avec Werner Peters, Gertrud Bergmann, Carola Brambach, Emmi Burg. R.D.A., 1951 – 1 h 35.

Un petit bourgeois de province, terrorisé par ses supérieurs, gravit tous les échelons sociaux avec la conscience que toute liberté est faite pour être écrasée.

POUR L'EXEMPLE "KING AND COUNTRY"

Drame de **Joseph Losey**, avec Dirk Bogarde *(capitaine Hargeaves)*, Tom Courtenay *(Hamp)*, Leo McKern *(capitaine O'Sullivan)*. • SC : Evan Jones, d'après la pièce de John Wilson Hamp, inspirée du livre de James Lansdale Hodson. • PH : Denys Coop. • DÉC : Peter Mullins, William Holmes. • MUS : Larry Adler. • MONT : Reginald Mills. Grande-Bretagne, 1964 – 1 h 26.

En 1917 sur le front belge, les dernières heures d'un jeune soldat britannique, Hamp, accusé de désertion : l'interrogatoire, le procès, le verdict, l'attente et l'exécution.

◆ *Losey a construit son film comme une tragédie classique : unités de lieu, de temps et d'action. Un mort raconte son histoire : « Nous voilà morts de n'avoir point voulu que le pays eût à rougir de nous », dit la voix off au début du film, sur l'image d'un squelette en uniforme. Tous les personnages du film sont des victimes en sursis. Les horreurs de la guerre, l'insoutenable proximité de la mort les condamnent à une attitude résignée. La musique monocorde et discrète, le sobre jeu des acteurs, les photos réelles de la guerre donnent le tempo du film. Pourtant, les images sont crues : des rats et des hommes dans la boue et la pluie. Au milieu de l'horreur, les soldats mangent, rient et boivent. Il existe une grande camaraderie entre ces êtres réunis pour leur malheur dans cette guerre. La situation n'est jamais mélodramatique. Lorsque le soldat Hamp apprend qu'il va être exécuté le 22 octobre, il dit : « Quand est-ce ? » Quand il s'écroule dans la boue sous les balles et qu'on lui demande si c'est fini, il répond : « Non, mon capitaine, excusez-moi. »* S.P.

POUR L'INDÉPENDANCE "AMERICA"

Film historique de **David Wark Griffith**, avec Neil Hamilton, Erville Alderson, Carol Dempster, Charles Emmett, Lee Beggs, John Dunton, Lionel Barrymore. États-Unis, 1924 – 3 355 m (env. 2 h 04).

Sur fond de lutte des patriotes américains contre l'armée du roi d'Angleterre, l'amour d'une femme pour un officier américain.

POUR PLAIRE À SA BELLE "TO PLEASE A LADY"

Comédie de **Clarence Brown**, avec Clark Gable, Barbara Stanwyck, Adolphe Menjou. États-Unis, 1950 – 1 h 31.

Dans le milieu des courses automobiles, romance entre un as des compétitions et une journaliste très influente.

POUR QUE VIVENT LES HOMMES
"NOT AS A STRANGER"

Drame psychologique de **Stanley Kramer**, d'après le roman de Morton Thompson, avec Olivia De Havilland, Robert Mitchum, Frank Sinatra, Gloria Grahame, Broderick Crawford. États-Unis, 1955 – 2 h 05.

Le portrait d'un jeune homme pour qui l'exercice de la médecine passe avant tout. La mort d'un malade à la suite d'une faute professionnelle le rapproche de sa femme.

POUR QUI SONNE LE GLAS
"FOR WHOM THE BELL TOLLS"

Drame historique de **Sam Wood**, avec Gary Cooper *(Robert Jordan)*, Ingrid Bergman *(Maria)*, Akim Tamiroff *(Pablo)*, Arturo de Cordova *(Agustin)*, Katina Paxinou *(Pilar)*, Wladimir Sokoloff *(Anselmo)*. • SC : Dudley Nichols, d'après le roman d'Ernest Hemingway. • PH : Ray Rennahan. • DÉC : William Cameron Menzies. • MUS : Victor Young. • MONT : Sherman Todd, John Link. États-Unis, 1943 – Couleurs – 2 h 10.

Pendant la guerre civile espagnole, Robert Jordan s'engage aux côtés des républicains contre les franquistes. Il se joint pour quelques jours à un groupe d'Espagnols cachés dans les montagnes qui a recueilli une jeune femme échappée des prisons franquistes. L'amour naît entre Maria et l'Américain, mais Jordan sait qu'il devra le sacrifier pour la cause.

◆ *Le film est une adaptation fidèle d'Hemingway, qui avait fait partie des Brigades internationales en 1936.*

La bonne idée de Wood est d'avoir réuni pour la première fois Cooper et Bergman. Le premier joue avec sincérité un vétéran usé qui se laisse emporter par l'amour tandis que Bergman, les cheveux courts, oppose son profil de madone à la barbarie des franquistes. Bizarrement, les producteurs ont demandé son accord, avant le tournage du film, à Franco. Finalement, le tournage eut lieu au Mexique dans des sites que le réalisateur jugeait trop gais. Tous les jours, l'équipe devait donc arracher les fleurs qui avaient poussé pendant la nuit ! C.A.

POURQUOI L'AMÉRIQUE ?

Documentaire de **Frédéric Rossif**. France, 1970 – 1 h 30.

Rossif présente un montage d'archives américaines consacré à la période 1917-1939.

POURQUOI NOUS COMBATTONS

"WHY WE FIGHT"

Série de sept documentaires produits par le U.S. War Department, réalisés par **Frank Capra** et **Anatole Litvak** (sauf le nº 1). • SC : Eric Knight, Anthony Veiller. • MUS : Dimitri Tiomkin. • MONT : William Hornbeck. • COMM : Walter Huston et parfois Anthony Veiller (nºs 2, 3, 4). États-Unis, 1942-1945.

1. PRELUDE TO WAR, 1942 – 53 mn.
★ OSCAR DU MEILLEUR DOCUMENTAIRE.

2. THE NAZIS STRIKE, 1942 – 42 mn.

3. DIVIDE AND CONQUER, 1943 – 58 mn.

4. THE BATTLE OF BRITAIN, 1943 – 54 mn.

5. THE BATTLE OF RUSSIA, 1944 – 1 h 20.

6. THE BATTLE OF CHINA, 1944 – 1 h 07.

7. WAR COMES TO AMERICA, 1945 – 1 h 10.

◆ *« Capra, je veux mettre au point avec vous un plan pour réaliser une série de films documentaires qui expliqueront à nos soldats pourquoi nous combattons et les principes pour lesquels nous combattons », dit le chef d'état-major à Frank Capra qui vient de s'engager dans l'armée. Capra réalise des films de propagande depuis des années. L'héroïne de ses films est l'Amérique, elle sort toujours grandie quand le mot FIN apparaît sur l'écran. Pour cette commande de l'armée, il se sert des propres films de l'ennemi : « Faites écouter à nos gars les nazis et les Japonais hurler leurs prétentions à être une race de seigneurs et nos combattants sauront pourquoi ils portent l'uniforme. » (Capra). Chaque documentaire expose les causes historiques et géographiques du conflit. La réussite de Capra est d'avoir su rendre ces sujets, a priori rébarbatifs, passionnants en utilisant tout son savoir-faire. Les croix gammées deviennent des termites. Les mouvements de caméra sur les cartes de géographie expliquent clairement les déplacements des nazis en Europe. La musique de Tiomkin et la voix de Walter Huston concourent à l'attrait des films. L'armée américaine et les soldats du Commonwealth ont vu ces documentaires. Ils furent traduits en plusieurs langues. Winston Churchill donna l'ordre de passer toute la série dans des salles britanniques.* S.P.

POURQUOI PAS ?

Comédie dramatique de **Coline Serreau**, avec Sami Frey, Christine Murillo, Mario Gonzalez, Nicole Jamet. France, 1977 – Couleurs – 1 h 33.

Louis, Fernand et Alexa vivent ensemble en une cellule marginale, renfermée, heureuse. Ils accueillent un jour Sylvie...

POURQUOI VIENS-TU SI TARD ?

Comédie dramatique d'**Henri Decoin**, avec Michèle Morgan, Henri Vidal, Claude Dauphin. France, 1959 – 1 h 40.

Un photographe de presse aide une avocate célèbre à lutter contre le fléau qu'est l'alcoolisme.

POUR SAUVER SA RACE "THE ARYAN"

Western de **William S. Hart** et **Clifford Smith**, avec William S. Hart *(Steve Denton)*, Bessie Love *(Mary Jane)*, Louise Glaum *(Trixie)*. • SC : C. Gardner Sullivan. • PH : August et de Vinna. États-Unis, 1916 – env. 1 500 m (56 mn).

Dans un saloon, un chercheur d'or est la victime d'une entraîneuse, de sorte qu'il perd toute sa fortune. Il devient hors-la-loi et se trouve à la tête d'une bande qui écume la région. Mais il accepte de porter secours à un groupe d'émigrants et il rencontre ainsi une jeune fille qui va le ramener dans le droit chemin, c'est-à-dire participer au salut de la race blanche.

◆ *On associe toujours le nom de Thomas Ince à ce film, dont il fut l'initiateur et le producteur, mais probablement sans participer à sa réalisation. Le trio de base, réalisateur, scénariste et comédien, a beaucoup fait pour le développement des films consacrés aux histoires déjà légendaires de l'Ouest. Hart lui-même avait vécu parmi les Indiens et l'on a ici toute la panoplie du genre : bagarres, grands espaces et vie rude des pionniers, etc., jusques et y compris le thème si durable de la supériorité américaine, celle des Blancs, évidemment...* J.-M.C.

LA POURSUITE DURA SEPT JOURS

"THE COMMAND"

Western de **David Butler**, avec Guy Madison, Joan Weldon, James Whitmore. États-Unis, 1954 – Couleurs – 1 h 28.

Un détachement de cavalerie, que commande par nécessité un médecin de l'armée, doit escorter un convoi de civils et le protéger des attaques répétées des Indiens.

LA POURSUITE IMPITOYABLE "THE CHASE"
Drame d'**Arthur Penn**, avec Marlon Brando *(Calder)*, Angie Dickinson *(sa femme)*, Jane Fonda *(Anna Reeves)*, Robert Redford *(Bubber Reeves)*, James Fox *(Jake Rogers)*, E.G. Marshall *(Val Rogers)*, Robert Duvall. • SC : Lilian Hellman, d'après le roman de Horton Foote. • PH : Joseph LaShelle, Robert Surtees. • DÉC : Frank Tuttle. • MUS : John Barry. • MONT : Gene Milford. États-Unis, 1965 – Couleurs – 2 h 15.

Bubber Reeves s'évade de prison pour aller revoir sa femme. En ville, la nouvelle échauffe les esprits, d'autant que ce soir-là, il y a fête chez le grand patron de la ville et chez un sous-directeur où se réunissent les classes moyennes. Calder, le shérif, veut retrouver Bubber avant que l'ambiance tourne au lynchage mais il sera impuissant face à la fatalité.

◆ *Une tragédie sociale où Arthur Penn détecte avec beaucoup de compréhension les aspirations de toutes les couches du tissu social, aspirations détournées, refoulées ou brisées par la mesquinerie de rapports de classes humiliants. La frustration générale qui en découle explique la montée expiatoire de violence irrationnelle sous-tendant le film, qui évoque* La Règle du jeu *de Renoir par la situation qu'il dépeint et par le sentiment constant que pendant qu'on est dans un endroit avec des personnages, il se passe d'autres choses ailleurs, dans un hors-champ actif qui détermine à notre insu la situation présente et rend le drame inéluctable.* S.K.

LA POURSUITE INFERNALE
"MY DARLING CLEMENTINE"
Western de **John Ford**, avec Henry Fonda *(Wyatt Earp)*, Linda Darnell *(Chihuahua)*, Victor Mature *(Doc Holliday)*, Walter Brennan *(le père Clanton)*, Cathy Downs *(Clementine Carter)*, Tim Holt *(Virgin)*, Ward Bond *(Morgan)*. • SC : Samuel G. Engel, Winston Miller, Sam Hellman, d'après le livre de Stuart N. Lake *Wyatt Earp Frontier Marshall*. • PH : Joseph MacDonald. • DÉC : James Basevi, Lyle R. Wheeler. • MUS : Cyril J. Mockridge. • MONT : Dorothy Spencer. États-Unis, 1946 – 1 h 37.

Pour venger son frère assassiné, un gardien de bétail, Wyatt Earp, accepte le poste de shérif de Tombstone. Il soupçonne d'abord Doc Holliday, un médecin alcoolique qui vit avec l'Indienne Chihuahua. Celle-ci le met sur la piste des meurtriers, les Clanton, que Wyatt et ses frères vont affronter à O.K. Corral. Mission accomplie, Wyatt Earp laisse derrière lui la belle Clementine...

◆ *C'est l'archétype du western classique. Fondé sur des personnages et des faits authentiques, mais beaucoup moins glorieux dans la réalité, le film échappe à l'apologie lénifiante du héros et offre l'image d'un héroïsme simple où l'être est en parfait accord avec une communauté, une Amérique en pleine construction. La légende s'enracine dans le quotidien et se colore d'humour et d'émotion.* J.M.

LA POURSUITE SAUVAGE "THE REVENGERS"
Western de **Daniel Mann**, avec William Holden, Ernest Borgnine, Susan Hayward. États-Unis, 1972 – Couleurs – 1 h 30.

Revenant de la chasse, un fermier trouve sa famille massacrée. Il n'aura de cesse qu'elle ne soit vengée.

POUR TOI J'AI TUÉ "CRISS-CROSS"
Film policier de **Robert Siodmak**, d'après le roman de Don Tracy, avec Burt Lancaster, Yvonne De Carlo, Dan Duryea, Stephen MacNally. États-Unis, 1949 – 1 h 37.

Un convoyeur de fonds se trouve mêlé, à cause de sa femme infidèle, à une impitoyable histoire de gangsters.

POUR UN AMOUR LOINTAIN
Chronique d'**Edmond Séchan**, avec Jean Rochefort, Isabel et Cristina Jardim, Julien Guiomar, Jacques Jouanneau. France, 1968 – Couleurs – 1 h 30.

Des comédiens sont en tournée au Brésil. L'un d'eux s'éprend d'une jeune névrosée et l'amour devient médecin.

POUR UN BAISER "QUALITY STREET"
Mélodrame de **George Stevens**, d'après la pièce de J.M. Barrie, avec Katharine Hepburn, Franchot Tone, Fay Bainter, Eric Blore, Cora Witherspoon, Joan Fontaine. États-Unis, 1937 – 1 h 24.

Lorsqu'un officier revient des guerres napoléoniennes, il ne reconnaît pas sa fiancée dont la beauté s'est évanouie...

POUR UNE POIGNÉE DE DOLLARS
"PER UN PUGNO DI DOLLARI"
Western de **Sergio Leone** [Bob Robertson], avec Clint Eastwood *(Joe)*, Marianne Koch *(Marisol)*, John Welles [Gian Maria Volonté] *(Ramon Rojo)*. • SC : S. Leone, Duccio Tessari, Victor Catena, d'après un sujet original d'Akira Kurosawa. • PH : Federico Larraya, Jack Delmas. • DÉC : Charles Simons. • MUS : Ennio Morricone. • MONT : Roberto Cinquini. Italie, 1964 – Couleurs – 1 h 35.

Aventurier cynique et intéressé, Joe, à la fin de la guerre de Sécession, arrive dans un village partagé entre deux clans qui attaquent les diligences et rançonnent les pauvres. Joe saura, avec habileté, dresser les rivaux les uns contre les autres et tirer les marrons du feu.

◆ *Western historique, le premier (non pas en date, mais en importance) qui fonda le genre nommé stupidement « spaghetti ». Les personnages, les codes, l'intrigue, la musique, tout est là, magnifié par la présence d'un jeune acteur de séries américaines, Clint Eastwood. Deux autres films, reprenant avec variantes et fioritures le schéma initial, formèrent avec celui-ci une trilogie fondatrice (Voir* le Bon, la Brute et le Truand *et* ... Et pour quelques dollars de plus). *Sans doute faut-il voir là un hommage au western classique, mais plus sûrement la création d'un genre nouveau inspiré du baroque et de l'opéra.* C.A.

POURVU QUE CE SOIT UNE FILLE
"SPERIAMO CHE SIA FEMINA"
Comédie de **Mario Monicelli**, avec Catherine Deneuve, Liv Ullmann, Giuliana De Sio, Philippe Noiret, Stefania Sandrelli. France / Italie, 1985 – Couleurs – 1 h 50.

Pour réaliser une opération immobilière, il faut de l'argent, mais il faut aussi compter avec les multiples femmes de la famille.

LE POUSSE-POUSSE "MUHOMATSU NO ISSHO"
Drame d'**Hiroshi Inagaki**, d'après un roman de Shunsaku Iwashita, avec Toshirō Mifune, Chishu Ryu, Hiroshi Akutagawa, Hideko Takamine, Kenji Kasahara. Japon, 1958 – Couleurs – 1 h 44. ★ LION D'OR, **Venise 1958.**

Matsugoro, conducteur de pousse-pousse, sauve un jour la vie d'un petit garçon, fils d'officier.

▷ Autre version réalisée par : **Kenji Misumi**, avec Shintaro Katsu, Eijiro Tono, Ken Utsui, Ineko Arima, Hideki Ninomiya, Kazuhiko Otsuka. Japon, 1965 – Couleurs – 1 h 35.

POUSSIÈRE D'ANGE
Film policier d'**Édouard Niermans**, avec Bernard Giraudeau, Fanny Bastien, Fanny Cottençon, Jean-Pierre Sentier, Michel Aumont, Gérard Blain. France, 1987 – Couleurs – 1 h 34.

Simon, flic alcoolique, veut venger sa femme Martine, victime, en même temps que son amant Igor, d'assassins inconnus.

POUSSIÈRE DANS LE VENT "LIEN-LIEN FENG-CHEN"
Drame de **Hou Hsiao-Hsien**, avec Wang Ching-Wen, Hsing Shu-Fen, Li Tien-Lu. Taiwan, 1986 – Couleurs – 1 h 49.

Accompagné de son amie d'enfance, un jeune homme quitte sa famille pour aller travailler dans la capitale, jusqu'à ce qu'il soit appelé au service militaire.

POUSSIÈRE D'EMPIRE
Drame de **Lâm Lê**, avec Dominique Sanda, Jean-François Stévenin, Than Long, Yann Roussel. France / Viêt Nam, 1983 – Couleurs – 1 h 43.

Lors de la guerre d'Indochine, une religieuse et un soldat français se font les messagers involontaires d'un maquisard indigène.

POUSSIÈRE D'ÉTOILE "POLVERE DI STELLE"
Comédie d'**Alberto Sordi**, avec Alberto Sordi, Monica Vitti, John Philip Law. Italie, 1973 – Couleurs – 2 h 22.

Les vicissitudes et les amours d'une petite troupe de comédiens en tournée entre Rome et Bari, à la fin de la Seconde Guerre mondiale.

LA POUSSIÈRE, LA SUEUR ET LA POUDRE
"THE CULPEPPER CATTLE C°"
Western de **Dick Richards**, avec Gary Grimes, Billy « Green » Bush, Luke Askew. États-Unis, 1971 – Couleurs – 1 h 40.

Un adolescent fait l'apprentissage douloureux du métier de cow-boy, affrontant les obstacles dressés par la nature comme par les hommes.

LE POUVOIR DU MAL "PARADIGME"
Drame psychologique de **Krzysztof Zanussi**, avec Marie-Christine Barrault, Vittorio Gassman, Benjamin Voelz, Raf Vallone. France / Italie, 1985 – Couleurs – 1 h 45.

Enceinte d'un étudiant en théologie, une femme mûre accepte sa grossesse à condition que le jeune homme la débarrasse de son mari cardiaque.

LES PRAIRIES DE L'HONNEUR "SHENANDOAH"
Western d'**Andrew V. MacLaglen**, avec James Stewart, Doug McClure, Patrick Wayne, Glenn Corbett, Rosemary Forsyth, Katharine Ross. États-Unis, 1964 – Couleurs – 1 h 40.

Une famille de fermiers virginiens plongée dans la tourmente de la guerre de Sécession. Un sincère hommage à John Ford.

LE PRÉ "IL PRATO"
Drame de **Paolo** et **Vittorio Taviani**, avec Michele Placido, Saverio Marconi, Isabella Rossellini. Italie, 1979 – Couleurs – 1 h 55.

Un jeune homme envoyé par son père en Toscane y rencontre une jeune paysanne dont il tombe amoureux. Avec le fiancé de celle-ci, ils forment un mystérieux trio que la vie brisera.

LES PRÉDATEURS "THE HUNGER"
Film fantastique de **Tony Scott**, d'après le roman de Whitley Strieber, avec Catherine Deneuve, David Bowie, Susan Sarandon. Grande-Bretagne, 1983 – Couleurs – 1 h 37.

Une spécialiste du vieillissement est abordée par un couple de vampires.

PREDATOR "PREDATOR"
Film fantastique de **John McTiernan**, avec Arnold Schwarzenegger, Carl Weathers, Elpidia Carrillo, Bill Duke. États-Unis, 1987 – Couleurs – 1 h 47.

Baroudeur chargé d'une opération de commando contre la guerilla en Amérique latine, le major Dutch Schaeffer doit surtout affronter une terrible créature invisible.

PREMIER AMOUR "ERSTE LIEBE"
Drame de **Maximilian Schell**, d'après une nouvelle de Tourgueniev, avec John Moulder Brown, Dominique Sanda, Maximilian Schell, Valentina Cortese. Suisse/ R.F.A., 1970 – Couleurs – 1 h 30.

Un garçon voue un amour profond à une jeune aristocrate, dont il découvre qu'elle fut un jour la maîtresse de son père.

PREMIER AMOUR, VERSION INFERNALE
"HATSUKOI JIGOKU-HEN"
Drame de **Susumu Hani**, avec Akio Takahashi, Kuniko Ishii. Japon, 1968 – 1 h 48.

À la suite de leur première expérience amoureuse, qui s'est soldée par un échec, un garçon et une fille se racontent leur vie. Le lendemain, le garçon se fait tuer par des voyous.

PREMIER BAL
Comédie dramatique de **Christian-Jaque**, avec Fernand Ledoux, Marie Déa, Gaby Sylvia, Raymond Rouleau, François Périer, Gabrielle Fontan, Bernard Blier. France, 1941 – 1 h 40.

Deux sœurs sont amoureuses du même jeune médecin. Celui-ci épouse la plus délurée, qui est vite infidèle. L'autre rapprochera le couple.

LE PREMIER CRI "KRIK"
Comédie de **Jaromil Jires**, avec Josef Abraham, Eva Limanova. Tchécoslovaquie, 1964 – 1 h 25.

Alors que leur premier enfant est sur le point de naître, un homme et une femme se remémorent chacun de leur côté leur rencontre, leur mariage et le début de leur vie conjugale.

PREMIER DE CORDÉE
Comédie dramatique de **Louis Daquin**, d'après le roman de Roger Frison-Roche, avec Irène Corday, André Le Gall, Marcel Delaître, Jean Davy. France, 1944 – 1 h 46.

L'irrésistible attrait exercé par la haute montagne sur un jeune homme qui a décidé de devenir guide.

LA PREMIÈRE CHARGE À LA MACHETTE
"LA PRIMERA CARGA AL MACHETE"
Drame historique de **Manuel Octavio Gomez**, avec Idalia Andrens, Miguel Benavides, René de la Cruz, Adolfo Llaurado. • SC : M.O. Gomez. • PH : Jorge Herrera. • MUS : Leo Brouwer. • MONT : Nelson Rodriguez. Cuba, 1968 – 1 h 24.

En 1868, un département de l'île s'étant soulevé contre la domination espagnole, le gouverneur de Cuba envoie deux colonnes expéditionnaires pour mater cette rébellion. Mais les insurgés sont très fortement retranchés dans Bayamo, une des principales villes de l'île. Manquant d'armes et de munitions, les forces révolutionnaires compensent cette infériorité en matériel par une tactique éprouvée de guérilla.

◆ *Ce récit tragique et sanglant appartenant à l'histoire de Cuba est présenté comme un véritable sujet d'actualité enregistré sur le vif avec caméras et magnétophones. La photo a même été « salie » pour imiter celle des bandes d'actualité.* C.D.R.

PREMIÈRE DÉSILLUSION "THE FALLEN IDOL"
Comédie dramatique de **Carol Reed**, avec Michèle Morgan *(Julie)*, Ralph Richardson *(Baines)*, Sonia Dresdel *(Mrs. Baines)*, Bobby Henrey *(Felipe)*, Dennis O'Dea *(l'inspecteur Crowe)*, Jack Hawkins *(l'inspecteur Ames)*, Walter Fitzgerald *(Dr Fenton)*, Dandy Nichols *(Mrs. Patterson)*, Joan Young *(Mrs. Barrow)*. • SC : Graham Greene, d'après sa nouvelle *The Basement Room*. • PH : Georges Périnal. • DÉC : Vincent Korda, James Sawyer. • MUS : William Alwyn. • MONT : Oswald Haffenrichter. GrandeBretagne, 1948 – 1 h 35.

En l'absence de ses parents, Felipe, le fils d'un ambassadeur à Londres, est confié au majordome Baines qui lui raconte de merveilleuses aventures vécues en Afrique. Marié, Baines a pour maîtresse Julie, une secrétaire d'ambassade qui rencontre l'enfant. Mrs. Baines, jalouse, meurt accidentellement et Felipe croit que son grand ami l'a tuée. Il s'embrouille lorsque la police l'interroge et découvre alors que Baines n'est jamais allé en Afrique. Première désillusion qu'il oublie dès le retour de ses parents.

◆ *L'univers des adultes vu par un jeune garçon à l'imagination débordante, qui a fait de son majordome un héros. Grâce à son sens du détail et au travail de son cameraman Georges Périnal, Reed a composé un thriller passionnant qui respecte la spontanéité du petit Bobby Henrey (fils du romancier Robert Henrey).* J.-C.S.

LA PREMIÈRE FOIS

Comédie de **Claude Berri**, avec Alain Cohen, Charles Denner, Zorica Lozic, Delphine Levy, Claude Lubicki. France, 1976 – Couleurs – 1 h 25.

Au détriment de sa scolarité, un adolescent ne pense qu'aux filles. Après une première expérience avec une prostituée, il tombe amoureux d'une jolie Canadienne.

LA PREMIÈRE LÉGION "THE FIRST LEGION"

Drame psychologique de **Douglas Sirk**, avec Charles Boyer, William Demarest, Lyle Bettger. États-Unis, 1951 – 1 h 26.

Un faux miracle aide une jeune fille paralysée à guérir. La question de la foi religieuse, des miracles et des guérisons.

PREMIÈRES ARMES

Drame de **René Wheeler**, avec Guy Decomble *(Émile Lafarge)*, Michèle Alfa *(Yvonne)*, Paul Frankeur *(Victor)*, Jean Cordier *(René)*, Albert Plantier *(Josito)*, Julien Carette *(Simon)*, Serge Soltani *(Bobo)*, Henri Poupon *(le père Lafarge)*, Serge Grave *(Michel)*. • SC : R. Wheeler. • PH : Marcel Franchi. • DÉC : Henri Schmitt. • MUS : René Cloérec. France, 1950 – 1 h 32.

Émile Lafarge dirige, avec sa femme Yvonne et son frère Victor, une écurie d'apprentis jockeys. René subit, à son arrivée, les brimades de Simon et Bobo. Son père l'oblige à rester. Bientôt, il se lie d'amitié avec Josito. Jalousés ou moqués par leurs camarades, ils trouvent un réconfort auprès d'Yvonne. René, accidenté au bras, doit quitter le métier. Josito, brutalisé par Victor, s'en va également.

◆ *Lui-même apprenti jockey dans sa jeunesse (son personnage s'appelle René comme lui), Wheeler utilise ses souvenirs pour raconter les premiers pas de deux jeunes adolescents dans la vie active. On a évoqué* Zéro de conduite *ou* les Dernières Vacances, *mais son film ne possède ni la poésie ni la résonance de ces deux chefs-d'œuvre. La justesse des personnages (celui de Victor étant particulièrement complexe et trouble), la rudesse du dialogue, l'amertume de la leçon proposée, font que cette œuvre s'inscrit dans un certain réalisme à la française.* J.-P.B.

LA PREMIÈRE SIRÈNE "MILLION DOLLAR MERMAID"

Biographie musicale de **Mervyn LeRoy**, avec Esther Williams, Victor Mature, Walter Pidgeon, David Brian. États-Unis, 1952 – Couleurs – 1 h 55.

Grande mise en scène et ballets nautiques de Busby Berkeley pour retracer la vie d'Annette Kellerman, championne australienne de natation du début du siècle.

PREMIÈRE VICTOIRE "IN HARM'S WAY"

Film de guerre d'**Otto Preminger**, avec John Wayne, Kirk Douglas, Patricia Neal, Tom Tryon, Henry Fonda. États-Unis, 1965 – 2 h 47.

L'attaque de Pearl Harbor détruit la flotte américaine. Au mépris des règles de sécurité, le capitaine « Rock » Torrey tente de poursuivre les Japonais, mais son bateau est coulé. Après être passé en conseil de guerre, il est chargé de reprendre l'offensive dans le Pacifique. Il sera à l'origine de la « première victoire » américaine.

LE PREMIER MAÎTRE "PERVYJ UČITEL"

Comédie dramatique d'**Andrei Mikhalkov-Kontchalovsky**, avec Bolot Beichenaliev *(le maître)*, Natalia Arikabassanova *(Altynaï)*, Darcoule Kouyoukova *(le baï)*. • SC : Tchinguiz Aïtmatov, Boris Dobrodeiev, A. Mikhalkov-Kontchalovsky. • PH : Gueorgui Rerberg. • DÉC : Mikhaïl Romadin. • MUS : Viatcheslav Ovtchinnikov. U.R.S.S. (Russie / Kirghizie), 1965 – 1 h 43.

En 1923, un militant révolutionnaire nommé instituteur arrive dans un petit village kirghize, où il tente d'implanter une école pour transmettre aux enfants le savoir, mais aussi la foi révolutionnaire. Il y tombe amoureux de la jeune Altynaï, qu'il veut aider à sortir de sa condition. Il s'affrontera à l'inertie, aux coutumes locales, au pouvoir féodal du « baï », mais aussi à sa propre inexpérience et ignorance, dont il se rend compte lorsque son école est brûlée, et qu'un élève périt en voulant la sauver. Devenu humble, mais resté résolu, il abat le seul peuplier du village pour la reconstruire..

◆ *Inspiré d'une nouvelle de l'écrivain kirghiz Tchinguiz Aïtmatov, le premier long métrage de Kontchalovsky, dans sa peinture de l'« édification du socialisme », ne dissimulait pas toutes les contradictions de l'époque. Il excella à faire exister par petites touches une communauté, et à faire vivre la nature autour d'elle, dans un mouvement de conquête de l'espace toujours renouvelé.* M.CH.

PREMIER RENDEZ-VOUS

Comédie d'**Henri Decoin**, avec Danielle Darrieux, Fernand Ledoux, Jean Tissier, Sophie Desmarets, Louis Jourdan, Suzanne Dehelly. France, 1941 – 1 h 45.

En quête d'affection, une orpheline répond à une petite annonce et rencontre, décontenancée, un vieux monsieur. Venu pour représenter son neveu, il cède bientôt la place au jeune homme.

PREMIERS DÉSIRS
Comédie érotique de **David Hamilton**, avec Monique Broeke, Patrick Bauchau. France / R.F.A., 1983 – Couleurs – 1 h 30.

Deux jolies adolescentes échouent sur une île aux charmes multiples... Flou artistique et nymphettes dénudées.

LES PREMIERS HOMMES DANS LA LUNE
"FIRST MEN IN THE MOON"
Film de science-fiction de **Nathan Juran**, d'après le roman de H.G. Wells, avec Lionel Jeffries, Martha Hyer, Edward Judd. États-Unis / Grande-Bretagne, 1964 – Couleurs – 2 h.

En 1970, la première expédition lunaire découvre qu'un savant excentrique l'avait précédée d'un siècle ! Sympathique film de « rétro-fiction » avec de bons effets spéciaux.

PREMIERS PAS DANS LA MAFIA
"THE FRESHMAN"
Comédie d'**Andrew Bergman**, avec Matthew Broderick, Penelope Ann Miller, Marlon Brando. États-Unis, 1990 – Couleurs – 1 h 42.

Après tant de films sérieux et « tragiques » sur l'univers de la mafia, voici une comédie satirique dont le mérite est de détendre les nerfs. Un tout jeune homme entre, quasiment à son insu, dans l'organisation et se voit confier une tâche des plus bizarres. Cette comédie a du souffle et du rythme. Marlon Brando, hyper-parrain, s'y autoparodie avec génie.

PREMIER VOYAGE
Drame de **Nadine Trintignant**, avec Marie Trintignant, Vincent Trintignant, Richard Berry, Patrick Chesnais. France, 1979 – Couleurs – 1 h 30.

Après la mort de leur mère, une jeune fille et son petit frère s'enfuient à la recherche d'un père marin qu'ils n'ont pas revu depuis des années. Ils traversent seuls une partie de la France.

PRENDS L'OSEILLE ET TIRE-TOI
"TAKE THE MONEY AND RUN"
Comédie de **Woody Allen**, avec Woody Allen, Janet Margolin, Marcel Hillaire. États-Unis, 1969 – Couleurs – 1 h 25.

Un jeune homme de Baltimore s'essaie péniblement à la carrière de pilleur de banque. Il n'est guère heureux dans ses tentatives, ce qui ne l'empêche pas de se marier et d'être père de famille.

PRENEZ GARDE À LA SAINTE PUTAIN
"WARNUNG VOR EINER HEILIGEN NUTTE"
Drame psychologique de **Rainer Werner Fassbinder**, avec Eddie Constantine, Lou Castel, Hanna Schygulla, Marquard Bohm. R.F.A., 1971 – Couleurs – 1 h 48.

Dans un vieil hôtel de luxe, les membres d'une équipe de cinéma soignent leurs névroses à la « cuba libre » dans un climat de sexualité déréglée, en attendant le réalisateur. Celui-ci parviendra cependant à créer une œuvre harmonieuse.

PRÉNOM : CARMEN
Essai de **Jean-Luc Godard**, avec Maruschka Detmers, Jacques Bonnaffé, Myriem Roussel. France, 1983 – Couleurs – 1 h 25. ★ **LION D'OR, Venise 1983.**

Carmen tombe amoureuse du gendarme venu l'arrêter après le hold-up qu'elle a commis avec ses complices. Adaptation on ne peut plus personnelle et originale du mythe de la cigarière.

PRÉPAREZ VOS MOUCHOIRS
Comédie dramatique de **Bertrand Blier**, avec Gérard Depardieu, Patrick Dewaere, Carole Laure, Michel Serrault. France, 1977 – Couleurs – 1 h 48. ★ **OSCAR DU MEILLEUR FILM ÉTRANGER 1977.**

Une jeune femme se trouve aussi mal à l'aise avec son mari qu'avec l'inconnu auquel il l'a donnée un jour de lassitude. Apparaît dans sa vie un jeune garçon de treize ans : le sauveur !

LE PRÉSIDENT "PRAESIDENTEN"
Drame de **Carl Theodor Dreyer**, avec Halvard Hoff, Olga Raphael Linden. Danemark, 1920 – env. 2 700 m (1 h 40).

Un magistrat reconnaît en une jeune femme accusée d'infanticide sa propre fille née d'une femme qu'il abandonna autrefois. Plutôt que de la juger, il préfère fuir avec elle, et la marier, avant de mourir dans la solitude.

LE PRÉSIDENT
Comédie dramatique d'**Henri Verneuil**, avec Jean Gabin, Bernard Blier, Renée Faure, Henri Crémieux, Louis Seigner, Alfred Adam. France / Italie, 1961 – 1 h 50.

Un ancien président du Conseil revit son aventure politique. Ses déboires avec des collaborateurs indiscrets, la lutte contre ses opposants et son retrait de la vie politique.

LE PRÉSIDENT HAUDECŒUR
Comédie dramatique de **Jean Dréville**, d'après la pièce de Roger Ferdinand, avec Harry Baur, Betty Stockfeld,

Robert Pizani, Jean Témerson, Sonia Gobar. France, 1939 – 1 h 50.

Le fils d'un magistrat se heurte à la sévérité de son père qui lui refuse de convoler avec une jeune Américaine. Mais grâce au charme de celle-ci, le mariage aura lieu.

LE PRÉSIDENT KRUGER "Ohm Krüger"
Film historique d'**Hans Steinhoff**, inspiré d'un roman d'Arnold Krieger, avec Emil Jannings, Lucie Höflich, Wernes Hinz, Ernst Schröder, Gisela Uhlen. Allemagne, 1941 – 2 h 12.

Lors de l'annexion du Transvaal par les Britanniques, le président Kruger mène la guerre des Boers contre la Couronne. Après des années de lutte, il devra abandonner face aux persécutions et mourra en exil.

PRÊT-À-PORTER "Ready to Wear"
Comédie de **Robert Altman**, avec Anouk Aimée, Lauren Bacall, Kim Basinger, Michel Blanc. États-Unis, 1994 – Couleurs – 2 h 12.

Une trame assez lâche (assassinat du patron de la fédération du prêt-à-porter et manœuvres ténébreuses autour du rachat d'une marque) sert de fil directeur à un patchwork de séquences évoquant le milieu de la mode, ses mannequins, ses stylistes, ses petites mains, ses chroniqueuses et ses financiers plus ou moins occultes.

PRÊTE-MOI TON MARI "Good Neighbour Sam"
Comédie de **David Swift**, avec Jack Lemmon, Romy Schneider, Edward G. Robinson. États-Unis, 1964 – Couleurs – 2 h 10.

Un publicitaire, bon époux et bon père de famille, se voit contraint de jouer le rôle du mari de sa voisine divorcée, amie de sa femme, pour une question d'héritage contesté.

LE PRÊTE-NOM "The Front"
Comédie dramatique de **Martin Ritt**, avec Woody Allen, Zero Mostel, Herschel Bernardi, Michael Murphy. États-Unis, 1976 – Couleurs – 1 h 35.

Lors de la chasse aux sorcières, Howard accepte de servir de prête-nom à un ami écrivain soupçonné d'« activités anti-américaines ». Une sobre dénonciation de l'intolérance.

LE PRÊTEUR SUR GAGES "The Pawnbroker"
Drame de **Sidney Lumet**, avec Rod Steiger, Geraldine Fitzgerald. États-Unis, 1965 – Couleurs – 1 h 52.

Survivant des camps nazis, Sol Nazerman est prêteur sur gages. Mais tout le renvoie au drame qu'il a vécu. Magistralement soutenu par Rod Steiger, Lumet a traité avec force les effets toujours présents du racisme.

PRÊTRE "Priest"
Comédie dramatique d'**Antonia Bird**, avec Linus Roache, Tom Wilkinson, Cathy Tyson, Robert Carlyle. Grande-Bretagne, 1994 – Couleurs – 1 h 45.

Un jeune prêtre des quartiers pauvres de Liverpool découvre successivement que le père Matthew, avec lequel il partage la responsabilité de la paroisse, a une liaison avec sa gouvernante et que lui-même a des penchants homosexuels, qu'il ne tarde pas à concrétiser. Une affaire d'inceste lui pose un autre cas de conscience car, lié par le secret de la confession, il ne peut venir en aide à la victime. Surpris dans les bras de son amant, il se trouve rejeté par tous, sauf par le père Matthew.

PRÊTRES INTERDITS
Drame de **Denys de La Patellière**, avec Robert Hossein, Claude Piéplu, Claude Jade, Louis Seigner. France, 1973 – Couleurs – 1 h 30.

La France de 1936 à 1942. Deux prêtres s'opposent à leur évêque. L'un refuse d'abandonner la jeune fille qu'il aime et qui attend un enfant de lui. L'autre s'engage dans la Résistance.

PRETTY WOMAN "Pretty Woman"
Comédie de **Garry Marshall**, avec Julia Roberts, Richard Gere, Ralph Bellamy. États-Unis, 1990 – Couleurs – 1 h 57.

Fable : un milliardaire blasé rencontre une ravissante prostituée. Elle le dépanne, il la paye. Il la garde quelque temps, il l'utilise pour des réunions mondaines, elle s'en sort bien, elle est de bon conseil, il s'y attache, ils doivent se quitter, mais... On connaît le refrain. Le grand succès populaire de cette jolie comédie sans prétention est mérité.

PRICK UP "Prick up Your Ears"
Drame de **Stephen Frears**, d'après la biographie de John Lahr, avec Gary Oldman, Alfred Molina, Vanessa Redgrave, Wallace Shawn, Julie Walters, James Grant. Grande-Bretagne, 1987 – Couleurs – 1 h 45.

Le jeune Joe est initié à l'art et à la littérature par l'homosexuel Kenneth, plus âgé que lui. Devenu célèbre, Joe délaisse son ami et leur histoire finira tragiquement. Un film qui parle, avec force, de la tolérance et de la création.

PRIEST OF LOVE
Biographie de **Christopher Miles**, avec Ian McKellen, Janet Suzman, Helen Mirren, Penelope Keith, Jorge

Rivero, John Gielgud. Grande-Bretagne, 1981 – Couleurs – 2 h 05.

Les dernières années de la vie de l'écrivain D.H. Lawrence, alors que ses livres étaient voués au purgatoire et qu'il était à la recherche de climats plus chauds pour soigner sa tuberculose.

PRIMA DELLA RIVOLUZIONE

"PRIMA DELLA RIVOLUZIONE"

Chronique de **Bernardo Bertolucci**, avec Adriana Asti *(Gina)*, Francesco Barilli *(le garçon)*, Morando Morandini *(l'enseignant)*, Alain Midgette *(Agostino)*. • SC : B. Bertolucci, Gianni Amico. • PH : Aldo Scavarda. • MUS : Gino Paoli, Ennio Morricone, Gato Barbieri. • MONT : Roberto Perpignani. Italie, 1964 – NB et Couleurs – 1 h 55.

À Parme, à l'époque contemporaine. Un jeune bourgeois très cultivé, attiré par le communisme, rompt avec sa fiancée, découvre qu'il est épris de sa très jeune tante mais ne peut dominer cette situation et finit par épouser sa fiancée.

◆ *Sorti en France quatre ans après une première confidentielle à Cannes et un succès d'estime en Italie, le film fut alors acclamé pour ce qu'il est : le coup d'éclat d'un débutant génial. Cette sortie ambiguë de l'adolescence du héros se réfère ouvertement à Stendhal (séquence de la Chartreuse, la seule en couleurs, qui est aussi une réflexion sur le pouvoir du cinéma) mais le film n'est psychologique que dans son principe. Ce qui importe ici, c'est le lyrisme d'une extraordinaire sensibilité (d'intellectuel) qui porte un regard de nature ontologique sur la vérité des êtres et des choses. Références, citations, voire virtuosité formelle, sont entraînées dans une lumière dont Bertolucci ne s'est depuis distancié parfois que pour s'y ressourcer.* G.L.

PRIMARY

Documentaire de **Richard Leacock**. • SC : R. Leacock, Robert Drew. • PH : Albert Maysle. États-Unis, 1960 – 26 mn.

Le film relate sous la forme d'une chronique au jour le jour la campagne du futur président Kennedy et du sénateur Humphrey pour les élections primaires du Wisconsin. On suit les candidats pas à pas dans leurs visites aux électeurs, les trajets en voiture, les meetings publics ; leur affrontement à la télévision est vu de la coulisse et à travers les réactions de leur entourage, particulièrement Jacqueline Kennedy. Le film se termine sur la joie du couple et du clan Kennedy après la victoire de J.F.K. dans cette primaire qui fut décisive pour la suite.

◆ *C'est un fantastique tableau de la démocratie américaine qu'a réalisé pour la télévision celui qui fut l'opérateur de Flaherty pour* Louisiana Story. *Utilisant systématiquement une caméra portable, ce qui était à l'époque une innovation, ce film fut une révélation pour les tenants français du cinéma-vérité, Rouch et Marker en tête, qui y virent à juste titre une éclatante illustration de leurs conceptions. Depuis, la télévision nous a habitués à ce style, mais la manière dont la caméra sait se faire oublier est déjà celle qu'aura Depardon 25 ans plus tard...* J.-B.B.

PRIMAVERA "È PRIMAVERA !"

Comédie de **Renato Castellani**, avec Mario Angelotti, Elena Varzi, Danilo Donati. Italie, 1949 – 1 h 36.

Le voyage à travers la péninsule d'un jeune libertin qui multiplie les aventures, d'une ville à l'autre. Prétexte pour une satire sociale.

LA PRIME "PREMIJA"

Drame politique de **Serguei Mikaelian**, avec Evgueni Leonov *(Potapov)*, Vladimir Samoilov *(Batartsev)*, Oleg Jankovski *(Solomakhine)*, Mikhaïl Glouzki *(Chatounov)*, Nina Ourgant *(Dina Melinina)*, Armen Djigarkhanian *(Frolovski)*. • SC : Alexandre Guelman. • PH : Vladimir Tchoumak. • DÉC : Boris Bourmistrov, Mikhaïl Ivanov. U.R.S.S. (Russie), 1975 – Couleurs – 1 h 28.

Une équipe de travailleurs d'un chantier refuse la prime de rendement attribuée à l'entreprise ! Devant la cellule du Parti convoquée d'urgence, le porte-parole du groupe explique que la désorganisation du travail a fait perdre plus d'argent qu'on ne leur en propose en « prime ». Il en vient à conclure que les normes ont été trafiquées pour l'attribution de cette prime et que ceux qui l'ont touchée doivent en fait la rembourser.

◆ La Prime *s'inscrit pleinement dans la dénonciation du bureaucratisme, de l'indifférence et du désordre contre lesquels lutte – depuis Eisenstein – le gouvernement soviétique par l'entremise de son cinéma.* C.D.R.

LE PRINCE "THIN ICE"

Mélodrame de **Sidney Lanfield**, d'après le roman d'Attila Orbok Der Komet, avec Sonja Henie, Tyrone Power, Arthur Treatcher, Raymond Walburn, Joan Davis. États-Unis, 1937 – 1 h 18.

Lors d'un voyage officiel, un souverain tombe amoureux d'une jeune et jolie femme, professeur de patinage, et vit avec elle une charmante idylle.

PRINCE BAYAYA "BAJAJA"

Film d'animation de marionnettes de **Jiri Trnka**, d'après un conte de Bozena Nemcova. Tchécoslovaquie, 1950 – Couleurs – 1 h 14.

Un jeune paysan devenu chevalier lutte contre des monstres pour conquérir la fille du roi qui ira vivre avec lui dans sa chaumière.

LE PRINCE DE NEW YORK "PRINCE OF THE CITY"
Film policier de **Sidney Lumet**, avec Treat Williams *(Daniel Ciello)*, Jerry Orbach *(Gus Levy)*, Richard Foronjy *(Joe Marinaro)*, Don Billett *(Bill Mayo)*, Kenny Marino *(Dom Bando)*. • SC : Jay Presson Allen, S. Lumet, d'après le livre de Robert Daley. • PH : Andrzej Bartkowiak. • DÉC : Tony Walton. • MUS : Paul Chilhara. • MONT : John J. Fitzstephens. États-Unis, 1981 – Couleurs – 2 h 47.

1971. Dany Ciello et ses collègues Levy, Marinaro, Mayo et Bando appartiennent à une section spéciale de la brigade des stupéfiants. Chargés d'appréhender le « gros gibier », ces « Princes de New York » opèrent selon leurs propres règles, s'aidant d'informateurs toxicomanes qu'ils approvisionnent en drogue. Fragile et vulnérable, Dany assume difficilement les contradictions et les hypocrisies de son métier. Après bien des réticences, il décide de collaborer à une commission d'enquête sur la corruption policière, à laquelle il livrera peu à peu tous ses camarades.

◆ Le Prince de New York *est l'histoire (véridique) d'un homme pris au piège de la délation. Sur ce thème qui lui est familier (Voir* Serpico*), Lumet signe ici l'un de ses films les plus denses et les plus oppressants. Au fil d'une action complexe, entrelaçant les destins de plusieurs dizaines de personnages, le réalisateur éclaire les liens occultes entre la pègre et la police et dévoile avec une remarquable précision les ressorts d'un système fondé sur la dissimulation, le chantage et la corruption. Traitée avec une froide et implacable objectivité, cette dérangeante dénonciation figure parmi les grandes réussites d'un des meilleurs spécialistes du « polar » urbain.* O.E.

PRINCE DES TÉNÈBRES "PRINCE OF DARKNESS"
Film fantastique de **John Carpenter**, avec Donald Pleasence, Jameson Parker. États-Unis, 1987 – Couleurs – 1 h 43.

Un groupe de scientifiques essaye de comprendre le secret de la crypte d'une mystérieuse église désaffectée.

LE PRINCE ET LA DANSEUSE
"THE PRINCE AND THE SHOWGIRL"
Comédie de **Laurence Olivier**, d'après la pièce de Terence Rattigan *The Sleeping Prince*, avec Laurence Olivier, Marilyn Monroe. Grande-Bretagne, 1957 – Couleurs – 1 h 57.

Plaisante histoire d'un grand-duc rigide et compassé et d'une danseuse de revue qui a la beauté et le charme de Marilyn. L'amour naîtra, bien vite étouffé par la raison d'État. Olivier avait joué la pièce à la scène avec son épouse Vivien Leigh.

LE PRINCE ÉTUDIANT
"THE STUDENT PRINCE (IN OLD HEIDELBERG)"
Comédie dramatique d'**Ernst Lubitsch**, d'après la pièce de Meyer-Förster *Old Heidelberg* et l'opérette de Dorothy Donnelly et Sigmund Romberg, avec Ramon Novarro, Norma Shearer, Jean Hersholt, Gustav von Seyffertitz. États-Unis, 1927 – 2 908 m (env. 1 h 48).

Pendant ses études à Heidelberg, un prince tombe amoureux d'une jolie servante d'auberge. Devenu roi, il tente en vain de retrouver la jeune fille, et épousera finalement la princesse que lui avait choisie le vieux roi, son oncle, avant de mourir.

▷ Autre version réalisée par **Richard Thorpe**, avec Edmund Purdom, Ann Blyth, John Williams, Edmund Gwenn, John Ericson, Louis Calhern. États-Unis, 1954 – Couleurs – 1 h 47.

LE PRINCE JEAN
Mélodrame de **Jean de Marguénat**, d'après la pièce de Charles Méré, avec Pierre Richard-Willm, Arnaudy, Nathalie Paley, Roger Karl, Aimé Clariond, Jean Debucourt. France, 1934 – 1 h 35.

Un jeune prince, engagé dans la Légion étrangère à la suite d'une querelle avec son père, revient à la mort de celui-ci. Entre-temps son frère a usurpé son titre et la femme qu'il aimait s'est fiancée.

▷ Autre version réalisée par **René Hervil**, avec Lucien Dalsace, Paul Guidé, Renée Héribel, André Dubosc. France, 1927 – 2 250 m (env. 1 h 23).

LES PRINCES
Drame de **Tony Gatlif**, avec Gérard Darmon, Muse Dalbray. France, 1982 – Couleurs – 1 h 40.

Parce qu'elle prend la pilule, un gitan chasse sa femme de l'H.L.M. où il vit avec sa famille. L'auteur, lui-même gitan, brosse un portrait des siens, digne, lucide et assez pathétique.

PRINCESS BRIDE "THE PRINCESS BRIDE"
Comédie fantastique de **Rob Reiner**, avec Carly Elwes, Robin Wright, Mandy Patinkin. États-Unis, 1987 – Couleurs – 1 h 38.

Un preux jouvenceau s'emploie, avec l'aide d'un bon géant et d'un fin bretteur, à délivrer sa dulcinée des griffes d'un redoutable individu. Une parodie iconoclaste des contes de fées.

PRINCESSE "ADJ KIRALY KATONAT !"
Drame de **Pal Erdöss**, avec Erika Ozsda, Andrea Szendrei, Dénes Diczhazy, Arpad Toth. Hongrie, 1983 – 1 h 53. ★ CAMÉRA D'OR, Cannes 1983.

Une jeune provinciale, qui a été élevée par l'Assistance, gagne Budapest pour y travailler. La vie n'est pas drôle, ses amies la trahissent et, peu à peu, elle perd toutes ses illusions.

LA PRINCESSE À L'ÉVENTAIL DE FER
"TIE SHAN GONGZHU"
Film d'animation de **Wan Laiming** et **Wan Guchan**. Chine, 1941 – 1 h 05.

Pour retrouver les classiques de la loi bouddhique, un moine et ses disciples doivent franchir la montagne de feu. Le roi des singes qui les accompagne réussit à s'emparer de l'éventail de fer qui permettra d'accomplir l'exploit.

LA PRINCESSE AUX HUÎTRES
"DIE AUSTERNPRINZESSIN"
Film burlesque d'**Ernst Lubitsch**, avec Viktor Janson *(M. Quaker)*, Ossi Oswalda *(Ossi)*, Harry Liedtke *(le prince Nuki)*, Julius Falkenstein *(Julius)*. • SC : E. Lubitsch, Hans Kräli. • PH : Theodor Sparkuhl. • DÉC : Kurt Richter. Allemagne, 1919 – 1 144 m (env. 42 mn).

Ossi, fille du richissime roi des huîtres, exige de toute urgence un mari noble. Un prince ruiné envoie en délégation son valet Julius qu'Ossi prend pour son maître...

◆ *Ce film constitue le sommet de la période allemande de Lubitsch. Sa maîtrise de l'espace et du déplacement d'un grand nombre de figurants laisse aujourd'hui encore pantois. Ce qui prime, c'est le sentiment pur de l'instant que la situation permet de « déplier » tant que ses virtualités spatiales, décoratives et humaines n'ont pas été épuisées.* *C.D.R.*

LA PRINCESSE D'EBOLI "THAT LADY"
Film d'aventures historiques de **Terence Young**, avec Olivia De Havilland, Gilbert Roland, Françoise Rosay, Paul Scofield. Grande-Bretagne / États-Unis, 1955 – Couleurs – 1 h 40.

En Espagne, au XVIe siècle, sous le règne de Philippe II, l'amour passionné et dangereux qui unit la princesse d'Eboli, aimée du roi, et un ministre d'origine modeste.

LA PRINCESSE DE CLÈVES
Drame psychologique de **Jean Delannoy**, d'après le roman de Mme de La Fayette adapté par Jean Cocteau, avec Marina Vlady, Jean Marais, Jean-François Poron. France / Italie, 1961 – Couleurs – 1 h 50.

L'amour sans issue de la princesse de Clèves, fidèle à son époux, pour le duc de Nemours. Une mise en scène majestueuse.

LA PRINCESSE DE SAMARCANDE
"THE GOLDEN HORDE"
Film d'aventures de **George Sherman**, avec Ann Blyth, David Farrar, George Macready. États-Unis, 1951 – Couleurs – 1 h 17.

En Orient, au XIIIe siècle, une légende historique autour de Gengis Khan et de ses hordes à l'assaut de la ville de Samarcande.

LA PRINCESSE DES FAUBOURGS "AFSPORET"
Drame de **Bodil Ipsen** et **Lau Lauritzen Jr.**, avec Paul Reumert, Illona Wieselmann, Bjarne Forchammer. Danemark, 1942 – 1 h 30.

Une riche bourgeoise amnésique est accueillie parmi des prostituées. Elle vit un bel amour avec un jeune criminel jusqu'au jour où, sa véritable identité lui étant révélée, elle se suicide.

LA PRINCESSE ET LE PIRATE
"THE PRINCESS AND THE PIRATE"
Comédie de **David Butler**, avec Bob Hope, Virginia Mayo, Victor McLaglen. États-Unis, 1944 – Couleurs – 1 h 34.

Les mésaventures burlesques d'un imposteur embarqué sur un navire en compagnie d'une princesse convoitée par des pirates. Beaucoup de trouvailles et une apparition de Bing Crosby.

PRINCESSE TAM-TAM
Comédie dramatique d'**Edmond T. Gréville**, avec Joséphine Baker, Albert Préjean, Germaine Aussey, Robert Arnoux, Georges Péclet. France, 1935 – 1 h 17.

Un romancier part en Tunisie chercher l'inspiration et ramène une jeune arabe qu'il fait passer pour une princesse.

PRINCE VAILLANT "PRINCE VALIANT"
Film d'aventures romanesques de **Henry Hathaway**, avec James Mason, Janet Leight, Robert Wagner, Debra Paget, Sterling Hayden, Victor McLaglen, Brian Aherne. États-Unis, 1954 – Couleurs – 1 h 40.

L'intrépide prince Vaillant lutte contre le chevalier félon et conquiert le cœur de sa belle. « Western moyenâgeux » inspiré des bandes dessinées de magazines pour la jeunesse.

PRINTEMPS À BUDAPEST "BUDAPESTI TAVASZ"
Drame de **Félix Mariassy**, d'après le roman de Ferenc Karinthy, avec Miklos Gabor, Tibor Molnar, Gabor Rajnay, Maria Mezey, Lajos Rajczy. Hongrie, 1955 – 1 h 39.

Fin 1944, deux amis parviennent à pénétrer dans Budapest encerclé. Ils entrent dans la Résistance et l'un d'eux tombe amoureux d'une jeune fille qui sera exécutée par les Allemands.

LE PRINTEMPS D'UNE PETITE VILLE
"XIAOCHENG ZHI CHUN"
Mélodrame de **Fei Mu**, avec Wei Wei, Shi Yu, Li Wei, Zhang Hongmei. Chine, 1948 – 1 h 30.

Une jeune femme mal mariée vit avec sa famille dans une petite bourgade du Sud. Arrive un jeune médecin en qui elle reconnaît un ancien amour. Ils vont devoir faire face à de nombreuses difficultés.

PRINTEMPS PRÉCOCE "SHÔSHUN"
Drame de **Yasujiro Ozu**, avec Ryo Ikebe *(Shoji Sugiyama)*, Chikage Awashima *(Masako)*, Keiko Kishi *(« Poisson rouge »)*, Chishi Ryu *(l'ami)*. • SC : Y. Ozu, Kogo Noda. • PH : Yuharu Atsuta. • DÉC : Tatsuo Hamada. • MUS : Kojun Saito. • MONT : Yoshiyasu Hamamura. Japon, 1956 – 2 h 24.

Shoji Sugiyama, jeune employé de bureau, lassé de son travail et de sa femme Masako, a une liaison avec une collègue coquette surnommée « Poisson rouge ». Il se dispute avec sa femme et envisage une séparation. Il accepte alors son transfert dans une succursale de province. Masako le rejoint et ils se réconcilient.

◆ *Revenant à un milieu qu'il explora dans ses premiers films, celui des employés de bureau, Ozu vise à décrire « ce qu'on pourrait nommer le pathos d'une telle vie » : les espoirs qui s'effondrent peu à peu lorsque le héros prend conscience qu'il n'a rien accompli malgré des années de travail. C'est pourquoi il préfère à la dramatisation de l'intrigue conjugale une succession de scènes de la vie quotidienne. Une caméra impassible observe l'écoulement du temps et montre indirectement, dans les réactions des camarades de bureau de Sugiyama ou de sa femme, sans analyse psychologique, ses déceptions, sa faute et ses remords.* J.M.

PRINTEMPS PRÉCOCE "ZAOCHUN ERYUE"
Drame de **Xie Tieli**, avec Sun Daolin, Xie Fang, Shangguan Yunzhu, Gao Bo. Chine populaire, 1964 – 1 h 45.

Dans les années 20, un jeune enseignant s'occupe de la veuve d'un de ses anciens camarades. Mais les ragots l'accablent, et la femme se suicide. Il se rallie à la cause révolutionnaire.

PRINTEMPS TARDIF "BANSHUN"
Drame de **Yasujiro Ozu**, avec Chishu Ryu *(le père)*, Setsuko Hara *(Noriko, la fille)*, Haruko Sugimura *(la tante)*, Jun Usami *(Hattori, le jeune homme)*, Yumeji Tsukioka *(Aya, l'amie de Noriko)*. • SC : Y. Ozu, Kogo Noda, d'après une histoire de Kazuo Hirotsu. • PH : Yuharu Atsuta. • DÉC : Tatsuo Hamada. • MUS : Senji Ito. Japon, 1949 – 1 h 50.

Noriko, 24 ans, vit avec son père, veuf. Inquiet pour l'avenir de sa fille, celui-ci veut la marier à Hattori, son jeune assistant. Mais il est déjà fiancé. Noriko accepte de rencontrer, par l'intermédiaire de sa tante, un beau parti qui « ressemble à Gary Cooper ». Pour que Noriko ne refuse pas le mariage, son père prétend qu'il a lui-même l'intention de reprendre femme. Mais il n'en est rien et, après la cérémonie, le vieil homme se retrouve seul.

◆ *Premier film de la « maturité » d'Ozu,* Printemps tardif *lui fit retrouver son scénariste favori d'avant-guerre, Noda, spécialiste d'histoires intimistes et familiales qui avaient fait la notoriété du cinéaste. Mais le ton acerbe et satirique d'autrefois a bien changé : une mélancolie souriante est en train de s'installer, définitivement, dans l'univers d'Ozu. Le cadre statique, extrêmement composé, la musique doucement sentimentale contribuent à ce climat serein, où l'on ravale ses larmes et se chuchote ses quatre vérités avec les mots de tous les jours. Radieuse, Setsuko Hara parvient à exprimer sa douleur ou son bonheur par un mouvement de sourcil, un frémissement de lèvre. Déchirant, Chishu Ryu, seul dans sa maison vide, se pèle une pomme, sans dire un mot. On se souvient d'une petite phrase : « Si ta fille ne se marie pas, tu as du souci. Si elle se marie, tu as de la peine... » Ozu aimait tant le sujet qu'il refit, de ce chef-d'œuvre, deux versions en couleurs :* Fin d'automne *(1960), où Setsuko Hara, cette fois, jouait le rôle de la mère veuve, et le* Goût du saké *(1962), dernier film d'Ozu, où Ryu reprenait le rôle du père.* N.T.B.

PRISCILLA, FOLLE DU DÉSERT
"THE ADVENTURES OF PRISCILLA, QUEEN OF THE DESERT"
Comédie de **Stephan Elliott**, avec Terence Stamp, Hugo Weawing, Guy Pearce. Australie, 1994 – Couleurs – 1 h 43.

Folle traversée de l'Australie par un couple de travestis accompagnés d'un transsexuel. Très voyants et très bruyants, ils ne font rien pour passer inaperçus et provoquent des réactions mélangées à chaque étape de leur voyage.

LA PRISE DE ROME "LA PRESA DI ROMA"
Film historique de **Filoteo Alberini**, avec Carlo Rosaspina, Ubaldo Maria Del Colle. Italie, 1905 – 250 m (env. 9 mn).

Les circonstances qui permirent aux troupes piémontaises d'entrer à Rome en 1870 et d'annexer la ville à l'Italie. Le premier film italien à scénario.

LA PRISE DU POUVOIR PAR LOUIS XIV

Film historique de **Roberto Rossellini**, avec Jean-Marie Patte *(Louis XIV)*, Raymond Jourdan *(Colbert)*, Giulio Cesare Silvani *(Mazarin)*, Katharina Renn *(Anne d'Autriche)*. • SC : Philippe Erlanger. • PH : Georges Leclerc, Jean-Louis Picavet. • DÉC : Maurice Val. • MUS : Betty Willemetz (illustration musicale). • MONT : Armand Ridel. France, 1966 – Couleurs – 1 h 40.

1661 : Mazarin est sur son lit de mort. Il fait ses dernières recommandations au jeune Louis XIV qui n'a encore jamais réellement gouverné. Avec l'aide de Colbert, le roi, dès lors, prend de l'autorité : il fait arrêter Fouquet, mate la noblesse en instituant une cour où la docilité le dispute au luxe, crée Versailles...

◆ *Une stricte reconstitution historique, sans suspense, sans grands effets. Rossellini raconte les débuts du Roi-Soleil de la façon la plus réaliste, la moins pittoresque qui soit. Il est bien plus près du reportage que de la reconstitution romancée, et son Louis XIV en est d'autant plus crédible, compréhensible. Il ne s'agit pas d'un divertissement, mais d'une passionnante leçon d'histoire, la première et la seule tentative de « re-création » authentique d'une époque et d'un milieu.* *B.B.*

LA PRISE DU POUVOIR PAR PHILIPPE PÉTAIN

Documentaire de **Jean-A. Chérasse**. France, 1980 – 1 h 55.

De 1914 à l'armistice de 1940, un montage de documents d'actualité retraçant la carrière militaire et politique de l'homme qui a le plus divisé les Français. L'auteur s'abstient prudemment de prendre parti.

LA PRISON "FÄNGELSE"

Drame psychologique d'**Ingmar Bergman**, avec Doris Svendlund, Birger Malmsten, Eva Henning, Hasse Ekman. Suède, 1948 – 1 h 18.

Un cinéaste, qui travaille sur un film traitant de l'enfer transposé dans les bas-fonds de Stockholm, se lie avec une jeune prostituée qui se suicidera peu après. La première œuvre importante du grand réalisateur suédois.

LE PRISONNIER D'ALCATRAZ

"BIRDMAN OF ALCATRAZ"

Drame de **John Frankenheimer**, avec Burt Lancaster, Karl Malden, Thelma Ritter, Neville Brand, Telly Savalas, Edmond O'Brien, Betty Field. États-Unis, 1961 – 2 h 28.

Un prisonnier condamné à perpétuité pour meurtre devient durant sa captivité un ornithologue réputé. Mais il se heurte à l'administration pénitenciaire. Ce rôle, inspiré d'un cas réel, valut à Burt Lancaster le Prix d'interprétation à Venise en 1962.

LE PRISONNIER DE LA 2e AVENUE

"THE PRISONER OF 2nd AVENUE"

Comédie de **Melvin Frank**, d'après la pièce de Neil Simon, avec Jack Lemmon, Anne Bancroft, Gene Saks, Elizabeth Wilson. États-Unis, 1974 – Couleurs – 1 h 38.

Un publicitaire new-yorkais, qui souffre de l'inconfort de son logement, perd son emploi, est cambriolé et sombre dans la dépression. Avec l'arrivée de l'hiver et de la neige, il se vengera du sort et de son voisin.

PRISONNIER DE LA PEUR "FEAR STRIKES OUT"

Drame de **Robert Mulligan**, avec Anthony Perkins, Karl Malden, Norma Moore. États-Unis, 1957 – 1 h 40.

L'entraînement trop intensif d'un futur champion de base-ball le conduit à la dépression. Inspiré de la vie du champion américain Jimmy Piersall.

PRISONNIER DE SATAN "THE PURPLE HEART"

Drame de **Lewis Milestone**, avec Dana Andrews, Richard Conte, Farley Granger, Kevin O'Shea, Donald Barry, Trudy Marshall, Sam Levene. États-Unis, 1943 – 1 h 40.

Au cours d'une attaque aérienne sur Tokyo, des avions américains sont abattus et leurs équipages, prisonniers des Japonais, jugés, humiliés et torturés avant d'être exécutés.

LE PRISONNIER DE ZENDA

"THE PRISONER OF ZENDA"

Film d'aventures de **Richard Thorpe**, avec Stewart Granger *(Rodolphe Rassendyll* et *Rodolphe V)*, Deborah Kerr *(la princesse Flavia)*, James Mason *(Rupert de Hentzau)*. • SC : John L. Balderston, Noel Langley, d'après le roman d'Anthony Hope et la pièce d'Edward Rose. • PH : Joseph Ruttenberg. • DÉC : Lyle Wheeler, C. Roberts. • MUS : Alfred Newman. • MONT : George Boemler. États-Unis, 1952 – Couleurs – 1 h 40.

Rudolph Rassendyll, jeune Anglais de noble famille, se rend compte, au cours d'un séjour en Ruritanie, qu'il est le sosie du roi, un cousin lointain. Pour déjouer les manœuvres de conspirateurs, il accepte de prendre sa place quelque temps. Mais il tombe amoureux de celle que son sosie doit épouser... et qui le prend pour le vrai. Il devra finalement combattre le méchant qui l'a dévoilé.

◆ *Ce film est considéré comme un des plus beaux du genre. Tiré d'un roman célèbre, bénéficiant d'un Technicolor flamboyant et de superbes décors, il met face à face deux grands acteurs : James Mason et, surtout, Stewart Granger. L'interprète de* Scaramouche *et de* Moonfleet *trouve là un rôle à sa mesure et le duel final est un morceau d'anthologie.* *C.A.*

▷ Autres versions réalisées par : **Rex Ingram**, intitulée LE ROMAN D'UN ROI, avec Ramon Novarro, Alice Terry, Lewis Stone, Robert Edeson, Stuart Holmes. États-Unis, 1922 – env. 300 m (11 mn). John Cromwell, avec Ronald Colman, Douglas Fairbanks Jr., Madeleine Carroll, David Niven, Raymond Massey, Mary Astor, C. Aubrey Smith, Montagu Love. États-Unis, 1937 – 1 h 41. **Richard Quine**, avec Peter Sellers, Lynne Frederick, Lionel Jeffries, Elke Sommer, Gregory Sierra, Stuart Wilson. États-Unis, 1979 – Couleurs – 1 h 48.

LA PRISONNIÈRE
Drame d'**Henri-Georges Clouzot**, avec Laurent Terzieff, Bernard Fresson, Élisabeth Wiener, Dany Carrel, Michel Etcheverry. France, 1968 – Couleurs – 1 h 50.

Une jeune femme, prise aux jeux pervers de la soumission et du voyeurisme, y trouve la force envoûtante d'une passion. Le dernier film de Clouzot, dans lequel il abordait la couleur.

LA PRISONNIÈRE DU DÉSERT "THE SEARCHERS"
Western de **John Ford**, avec John Wayne *(Ethan Edwards)*, Jeffrey Hunter *(Martin Pawley)*, Vera Miles *(Laurie Jorgensen)*, Ward Bond *(capitaine / révérend Samuel Clayton)*, Natalie Wood *(Debbie Edwards)*, Henry Brandon *(Scar)*, John Qualen *(Lars Jorgensen)*, Hank Worden *(Mose)*. • SC : Frank S. Nugent, d'après Alan Le May. • PH : Winton C. Hoch, Alfred Gilks. • DÉC : Frank Hotaling, James Basevi, Victor Gangelin. • MUS : Max Steiner. • MONT : Jack Murray. • PR : Merian C. Cooper (Warner / C.V. Whitney). États-Unis, 1956 – Couleurs – 1 h 59.

Texas, 1868 : Ethan Edwards revient au pays après avoir combattu dans les rangs sudistes. Une bande de Comanches attaque la ferme de son frère et en massacre les occupants, à l'exception de la petite Debbie, que les Indiens emmènent prisonnière. Ethan, accompagné de Martin Pawley (qui, élevé avec Debbie, la considère comme sa sœur), se lance à leur poursuite. Ponctuée d'incidents violents, comiques, pathétiques, la traque se déroule, cinq ans durant, sur les terrains les plus divers. Ethan est obsédé par l'idée de tuer Debbie, devenue la jeune épouse du chef comanche Scar, tandis que Martin est également résolu à l'en empêcher et à ramener l'adolescente « chez elle ». La fiancée de Martin, Laurie Jorgensen, se lasse d'attendre et s'apprête à épouser un autre soupirant. Une dernière fois, les Texans retrouvent la trace des Comanches. Scar est tué par Martin. Ethan prend Debbie dans ses bras. Les deux hommes ramènent la jeune fille chez les Jorgensen. Ethan repart seul, comme il était arrivé au début du récit.

◆ L'errance des vaincus
Sur fond de Monument Valley, la Prisonnière du désert *campe un espace où l'enracinement familial et féminin constitue le rêve impossible de protagonistes qui sont autant de chevaliers errants. Si le nomadisme est poussé le plus loin par les Comanches « Noyaki », un parallèle insistant assimile Ethan Edwards à son ennemi mortel, le chef Scar : rescapés de causes perdues, défaits par la même cavalerie yankee, décorés tour à tour de la même médaille mexicaine, ils sont également hantés par l'idée de venger leurs morts, collectionnent les scalps et manient, l'un à l'égard de l'autre, le même sarcasme qui cache la même blessure ; leur amour pour Debbie manifeste d'ailleurs la même tendresse inexplicable. Debbie erre d'une culture à l'autre, comme dans le registre picaresque Sam Clayton endosse alternativement la tunique du révérend et le manteau du capitaine de Rangers. Préfigurant* les Cheyennes, *l'air guilleret de «* Gary Owen *» accompagne un honteux génocide. Une action pleine de bruit et de fureur a pour témoin le vieux Mose, fou shakespearien qui mime trop bien la folie pour ne pas être sage et sait en effet mériter le rocking-chair qui mettra un terme à sa propre errance. L'interprétation a la clarté de l'évidence : Wayne massif et bougon, Jeffrey Hunter au regard bleu acéré, Natalie Wood aux graves yeux noirs, Bond en moine-soldat, Vera Miles en garçon manqué à la franche sexualité.* *J.-L.B.*

PRISONNIÈRES
Drame de **Charlotte Silvera**, avec Marie-Christine Barrault, Annie Girardot, Bernadette Lafont, Agnès Soral, Fanny Bastien, Corrine Touzet, Milva. France, 1988 – Couleurs – 1 h 40.

Intrigues entre les détenues dans une prison de femmes. Une peinture de l'univers carcéral et de ses tensions avec un générique impressionnant.

PRISONNIERS DE LA TERRE "PRISIONEROS DE LA TIERRA"
Drame social de **Mario Soffici**, avec Francisco Petrone, Angel Magaña, Roberto Fugazot, Raul de Lange, Elisa Galvé. • SC : Ulises Petit de Murat, Dario Quiroga, d'après trois nouvelles de Horacio Quiroga. • PH : Pablo Tabernero. • DÉC : Ralph Pappier. • MUS : Lucio Demare. Argentine, 1939 – 1 h 25.

Dans les plantations de « yerba maté » de Misiones, au nord-est de l'Argentine, la vie misérable des ouvriers agricoles. L'un d'eux ayant été châtié par un contremaître, une rébellion éclate...

◆ *Mario Soffici signe ici son chef-d'œuvre, où l'on découvre un langage authentique sur la misère humaine, sur les caractéristiques des cultures de maté, du côté des opprimés. Il recrée avec brio l'univers angoissant d'un des plus grands écrivains argentins : Horacio Quiroga. Jorge Luis Borges dira, à propos de ce film, sur le rapport du contremaître et de l'ouvrier, qu'il montre l'exercice de la violence avec une efficacité presque intolérable. Prisonniers de la terre est un des films les plus marquants du cinéma latino-américain des années 30. Sans doute le précurseur du cinéma politique en Amérique latine.* C.G.

PRISONNIERS DES MARTIENS "CHIKYU BOEIGUN"
Film de science-fiction de **Inoshiro Honda**, avec Kenji Sahara, Akihiko Hirata, Momoko Kochi, Yumi Shirakawa. Japon, 1957 – Couleurs – 1 h 28.

Un professeur d'astrophysique rend visite à sa sœur au pied du mont Fuji. Durant son séjour, des phénomènes inexplicables se succèdent jusqu'à ce que surgisse un monstre d'une soucoupe volante.

PRISONNIERS DU PASSÉ "RANDOM HARVEST"
Comédie dramatique de **Mervyn LeRoy**, d'après le roman de James Hilton, avec Ronald Colman, Greer Garson, Philip Dorn, Susan Peters. États-Unis, 1942 – 2 h 04.

Drame de l'amnésie pour un homme qui perd par deux fois la mémoire.

PRISON SANS BARREAUX
Mélodrame de **Léonide Moguy**, avec Annie Ducaux, Corinne Luchaire, Roger Duchesne, Ginette Leclerc, Giselle Préville, Marthe Mellot, Marguerite Pierry. France, 1937 – 1 h 38.

Dans une maison de redressement, une détenue sauvée par la sollicitude de la directrice lui vole son amant. Pleine de générosité, celle-ci ne se consacrera plus qu'à ses pensionnaires.

▷ Autre version réalisée par **Brian Desmond Hurst**, sous le titre PRISON WITHOUT BARS, avec Edna Best, Corinne Luchaire, Mary Morris, Lorraine Clewes. Grande-Bretagne, 1938 – 1 h 20.

PRISONS DE FEMMES
Drame de **Roger Richebé**, avec Viviane Romance, Renée Saint-Cyr, Francis Carco, Jean Worms, Marguerite Deval. France, 1938 – 1 h 34.

À sa libération, une femme condamnée pour tentative de meurtre, et dont l'innocence a été prouvée, épouse un industriel à qui elle cache son passé. Mais, victime d'un chantage, elle ne peut empêcher le scandale.

PRISONS DE FEMMES
Mélodrame de **Maurice Cloche**, avec Danièle Delorme, Jacques Duby, Gabriel Cattand. France, 1958 – 1 h 40.

Une jeune femme accusée à tort est condamnée à dix ans de prison. Elle va connaître les dures lois de l'univers carcéral.

LE PRIVÉ "THE LONG GOODBYE"
Film policier de **Robert Altman**, avec Elliott Gould *(Philip Marlowe)*, Nina Van Pallandt *(Helen Wade)*, Sterling Hayden *(Roger Wade)*. • SC : Leigh Brackett, d'après le roman de Raymond Chandler *Sur un air de navaja*. • PH : Vilmos Zsigmond. • MUS : John T. Williams. • MONT : Lou Lombardo. États-Unis, 1972 – Couleurs – 1 h 52.

Le détective Marlowe découvre, après avoir fait passer d'urgence au Mexique son ami Terry Lennox, que la femme de celui-ci a été assassinée. La police lui annonce bientôt que Terry est mort aussi. Il mène l'enquête chez deux voisins de Terry qu'il soupçonne, mais finit par découvrir que son ami s'est servi de lui et qu'il est vivant. Marlowe l'abat.

◆ *Avec ce film, Altman « dépoussière » complètement un genre qui, depuis trente ans, avait accumulé les archétypes et les clichés, et oriente le film noir vers une esthétique naturaliste ; l'effet de dépaysement est d'autant plus grand que le film nous semble proche du « déjà vu » de la vie courante, même si par sa décontraction et le désir de contre-pied (le choix d'Elliott Gould pour interpréter Marlowe par exemple), ce film démystifiant, finit, selon un processus connu, par créer une contre-mythologie.* S.K.

▷ Voir aussi, avec le personnage de Philip Marlowe, LE GRAND SOMMEIL.

LE PRIVÉ DE CES DAMES "THE CHEAP DETECTIVE"
Comédie de **Robert Moore**, avec Peter Falk, Eileen Brennan, Madeline Kahn, Louise Fletcher. États-Unis, 1978 – Couleurs – 1 h 33.

L'associé du détective privé Lou Peckinpau est assassiné. Les relations de sa femme avec Lou font soupçonner ce dernier, qui doit se disculper. Une parodie réussie du genre.

PRIVILÈGE "PRIVILEGE"
Comédie de **Peter Watkins**, avec Paul Jones, Jean Shrimpton, Mark London. Grande-Bretagne, 1967 – Couleurs – 1 h 45.

Steven, « idole » populaire, est exploité sans merci par ses agents publicitaires qui en font un véritable dieu vivant, jusqu'à ce qu'il se révolte. Un pamphlet satirique violent et cruel.

PRIX DE BEAUTÉ

Drame d'**Augusto Genina**, avec Louise Brooks, Jean Bradin, Georges Charlia. France, 1930 – 1 h 49.

Une jeune dactylo qui gagne un concours de beauté s'habitue à sa nouvelle vie de luxe et délaisse son ancien ami. Alors qu'elle assiste à la projection du film dont elle est la vedette, il la tue.

LE PRIX DU DANGER

Drame d'**Yves Boisset**, d'après le roman de Sheckley *The Price of Peril*, avec Gérard Lanvin, Michel Piccoli, Marie-France Pisier, Bruno Crémer. France, 1982 – Couleurs – 1 h 40.

Un jeune chômeur est sélectionné pour un jeu télévisé truqué au cours duquel il doit échapper à cinq tueurs lancés à ses trousses. Un film spectaculaire et efficace quoique ambigu.

LE PRIX D'UN HOMME "THIS SPORTING LIFE"

Drame de **Lindsay Anderson**, avec Richard Harris *(Frank Machin)*, Rachel Roberts *(Margaret Hammond)*, Alan Badel *(Weaver)*, William Hartnell *(Johnson)*, Colin Blakely *(Braithwaite)*, Vanda Godsell *(Mrs. Weaver)*, Arthur Lowe *(Slomer)*. • SC : David Storey. • PH : Denys Coop. • DÉC : Alan Withy. • MUS : Roberto Gerhard. Grande-Bretagne, 1963 – 2 h 14. ★ **PRIX D'INTERPRÉTATION pour Richard Harris, Cannes 1963.**

Soigné pour un accident survenu au cours d'un match de rugby, Frank Machin, sous l'effet de l'anesthésie, revit son passé. Échappant à un obscur destin de mineur, il est en effet devenu un célèbre joueur de l'équipe des Midlands. Sa force physique n'a cependant pas d'effet sur Mrs. Hammond, sa logeuse, dont il est amoureux. Un jour, pourtant, elle a été sa maîtresse. En sortant de chez le dentiste, il va la retrouver, mais elle rompt, ce qui le plonge dans un désarroi total. Trois jours plus tard, elle meurt d'une hémorragie cérébrale, pleurée par Frank qui n'a pu lui montrer sa tendresse.

◆ *C'est le premier long métrage d'un cinéaste qui, depuis quinze ans, par ses textes critiques et ses courts métrages, appelait à un renouvellement du cinéma britannique. Il n'y est pas allé de main morte dans sa condamnation d'une société qui exalte la brutalité au détriment de l'amour et de la tendresse. Noir et blanc austère, montage vigoureux, cette tragédie tendue lança la carrière internationale de Richard Harris.* J.-P.B.

LE PROCÈS "THE TRIAL"

Comédie dramatique de **Mark Robson**, avec Glenn Ford, Dorothy McGuire, Arthur Kennedy, John Hodiak, Katy Jurado. États-Unis, 1955 – 1 h 45.

Lors du procès d'un jeune Métis accusé d'avoir assassiné une Blanche, un avocat s'aperçoit qu'il est manipulé par un homme politique.

LE PROCÈS

Drame psychologique d'**Orson Welles**, avec Anthony Perkins *(Joseph K.)*, Jeanne Moreau *(la voisine)*, Elsa Martinelli *(Hilda)*, Orson Welles *(l'avocat)*, Romy Schneider *(Leni)*, Madeleine Robinson *(Mme Grubach)*. • SC : O. Welles, d'après le roman de Franz Kafka. • PH : Edmond Richard. • DÉC : Jean Mandaroux. • MUS : Jean Ledrut, T. Albinoni (Adagio). France / Italie / R.F.A., 1962 – 2 h.

Joseph K. se réveille un matin accusé, par des policiers qui se sont introduits dans son appartement, d'un délit dont il ignore la nature. Il mène sa propre enquête pour savoir ce qu'on lui veut et finit par se laisser exécuter, consentant et hilare.

◆ *On peut contester cette vision de l'œuvre de Kafka, qui prolonge un malentendu en créant un espace « métaphorique » pour donner forme à un contenu lui-même métaphorique : c'est le fameux petit bonhomme « kafkaïen » écrasé par de gigantesques murs représentant une société déshumanisée. On ne peut, en revanche, qu'admirer la puissance onirique de l'approche de Welles où les raccords parfaits d'entrée et de sortie de champ des acteurs créent le labyrinthe mental et physique où se cherche et se perd Joseph K.* S.K.

LE PROCÈS DE JEANNE D'ARC

Drame historique de **Robert Bresson**, avec Florence Carrez [Delay] et des acteurs non professionnels. France, 1961 – 1 h 07.

Du début des audiences au supplice final, le film suit au plus près les minutes authentiques du procès. Bresson refuse toute psychologie pour privilégier l'aventure intérieure et l'énigme à jamais insoluble de Jeanne.

LE PROCÈS DES DOGES "IL FORNARETTO DI VENEZIA"

Film historique de **Duccio Tessari**, avec Michèle Morgan, Sylva Koscina, Jacques Perrin. Italie / France, 1964 – Couleurs – 1 h 40.

À Venise, au XVe siècle, un noble, débauché notoire, est assassiné. Un jeune boulanger, Pietro, est accusé à tort. Bientôt, le procès prend une tournure politique : celui de l'aristocratie contre le peuple. Un film ambitieux et réussi.

PROCÈS DE SINGE "INHERIT THE WIND"
Comédie dramatique de **Stanley Kramer**, avec Spencer Tracy, Fredric March, Gene Kelly. États-Unis, 1960 – 2 h 07.

Dans une petite ville bigote des États-Unis, en 1925, conflits idéologiques, lors d'un procès, entre l'avocat général et l'avocat de la défense.

LE PROCÈS DES TROIS MILLIONS
"PROCESS O TREH MILLIONAH"
Comédie satirique de **Yakov Protazanov**, d'après le roman d'Umberto Notari, avec Igor Ilinski, Anatoli Ktorov, Mikhaïl Klimov, Olga Jizneva. U.R.S.S. (Russie), 1926 – 1 800 m (env. 1 h 07).

Un aventurier vole la fortune d'un banquier et disparaît ; l'un de ses amis est arrêté à sa place. Au procès, il réapparaît, dénonce l'hypocrisie des bourgeois et parvient à faire évader son ami.

LE PROCÈS DE VÉRONE "IL PROCESSO DI VERONA"
Film historique de **Carlo Lizzani**, avec Silvana Mangano, Frank Wolff, Françoise Prévost. Italie / France, 1962 – 2 h 05.

Reconstitution du procès et de l'exécution, en janvier 1944, du comte Ciano et de ses compagnons qui avaient tenté de renverser Mussolini. Le film montre aussi la lutte d'Edda, épouse de Ciano et fille de Mussolini, pour obtenir la grâce de son mari.

LE PROCÈS D'OSCAR WILDE
"THE TRIALS OF OSCAR WILDE"
Drame de **Ken Hughes**, avec Peter Finch, Yvonne Mitchell, John Fraser, Lionel Jeffries, Nigel Patrick, James Mason, Emrys Jones. Grande-Bretagne, 1960 – Couleurs – 2 h 03.

Le célèbre écrivain intente un procès en diffamation au marquis de Queensberry. Il le perd, est arrêté et condamné à la prison pour corruption de mineurs. Basé sur les faits historiques.

LE PROCÈS PARADINE "THE PARADINE CASE"
Drame d'**Alfred Hitchcock**, avec Gregory Peck, Ann Todd, Charles Laughton, Charles Coburn, Ethel Barrymore, Alida Valli, Louis Jourdan. États-Unis, 1948 – 2 h 05.

Un avocat tombe amoureux de la cliente dont il cherche à assurer la défense malgré son évidente culpabilité.

LE PROCÈS 68 "AL-QADIYYA 68"
Comédie dramatique de **Salah Abu Sayf**, d'après une pièce de Lutfi al-Khūli, avec H. Yussif, M. Amin, S. Manzur, A. Rātib. Égypte, 1968 – 1 h 45.

Au Caire, deux familles – celle d'un fonctionnaire et celle de retraités – sont voisines de palier. Leurs enfants s'aiment en secret tandis que l'immeuble s'effondre peu à peu...

LES PRODUCTEURS "THE PRODUCERS"
Comédie de **Mel Brooks**, avec Zero Mostel, Gene Wilder, Lee Meredith. États-Unis, 1968 – Couleurs – 1 h 30.

Deux escrocs montent un spectacle destiné à échouer, afin de garder l'argent des investisseurs. Leur choix se porte sur une biographie chantée d'Hitler ! Ce premier film de Mel Brooks est un véritable chef-d'œuvre : la satire est totale et constante, et le duo Mostel-Wilder irrésistible.

LE PROFESSEUR "SPEAK EASILY"
Film burlesque d'**Edward Sedgwick**, d'après le roman de Clarence Budington, avec Buster Keaton, Jimmy Durante, Hedda Hopper. États-Unis, 1932 – 1 h 23.

Un sage professeur hérite d'un cabaret de Broadway. Les derniers feux du grand comique sur le déclin.

LE PROFESSEUR "LA PRIMA NOTTE DI QUIETE"
Drame psychologique de **Valerio Zurlini**, avec Alain Delon, Sonia Petrova, Giancarlo Giannini, Alida Valli, Lea Massari. Italie / France, 1972 – Couleurs – 1 h 45.

Un professeur remplaçant arrive à Rimini. Très vite, il est fasciné par l'une de ses élèves, en qui il soupçonne un drame secret, semblable au sien.

LE PROFESSEUR HANNIBAL "HANNIBÁL TANÁR UR"
Drame de **Zoltán Fábri**, avec Ernö Szabó *(Béla Nyul)*, Manyi Kiss *(sa femme)*, Zoltán Makláry *(Manzák)*, Noémi Apor *(Lolo)*, Zoltán Greguss *(le député)*, Emmi Buttykay *(Mici)*. • SC : Z. Fábri, Istvan Gyenes, Péter Szácz, d'après une nouvelle de Ferenc Móra. • PH : Ferenc Szécsényi. • DÉC : Ivan Ambrózy. • MUS : Zdenko Tamássy. Hongrie, 1956 – 1 h 34.

Sous la dictature du régent Horthy, un professeur défend des thèses sur Hannibal qui ne sont pas conformes aux idées fascisantes alors prédominantes. Il sera donc exposé aux pressions et aux persécutions des censeurs officiels.

◆ *Comme toujours chez Fábri, la forme reste académique et un peu lourde, accentuée en cela par la composition carrée de Szabó. Mais il passe beaucoup de traits satiriques dans l'évocation de ce « combat » individuel contre la prétention totalitaire à régenter les esprits. Tout à fait en phase avec l'état d'esprit qui allait l'emporter provisoirement à Budapest, cette critique pouvait aussi bien s'appliquer aux comportements des dirigeants de la République populaire...* J.-M.C.

PROFESSEUR HOLLAND "Mr Holland's Opus"
Comédie dramatique de **Stephen Herek**, avec Richard Dreyfuss, Glenne Headly, Jay Thomas, Olympia Dukakis. États-Unis, 1995 – Couleurs – 2 h 20.

Glenn Holland a une femme aimante et un grand dessein : composer une symphonie. Il prend un emploi de professeur de musique qui lui permettra de subvenir aux besoins de son foyer tout en lui laissant la possibilité de poursuivre l'élaboration de son úuvre. Malheureusement, sa femme met au monde un enfant, Cole, qui ne pourra jamais partager la passion de Glenn pour la musique : il est sourd. Glenn va alors se rabattre sur ses élèves et devenir un professeur exceptionnel. Au fil des années, Cole se sent délaissé et finit un jour par exprimer sa peine. Bouleversé, Glenn se met alors en devoir de rattraper le temps perdu...

LE PROFESSEUR SCHNOCK "Professor Beware"
Film burlesque d'**Elliot Nugent**, avec Harold Lloyd, Phyllis Welch, Raymond Walburn, Lionel Stander, William Frawley, Thurston Hall. États-Unis, 1938 – 1 h 33.

Un professeur très sérieux, à la recherche d'une antiquité égyptienne, se trouve lancé dans une série d'aventures à travers l'Amérique.

PROFESSION : MAGLIARI "I magliari"
Comédie dramatique de **Francesco Rosi**, avec Alberto Sordi, Belinda Lee, Renato Salvatori. Italie, 1959 – 1 h 47.

Des petits escrocs italiens installés en Allemagne sont sous la coupe d'un « Parrain ». Un des premiers films de Rosi.

LE PROFESSIONNEL
Film policier de **Georges Lautner**, d'après le roman de Patrick Alexander, avec Jean-Paul Belmondo, Robert Hossein, Jean Desailly. France, 1981 – Couleurs – 1 h 45.

Un agent des services spéciaux français est chargé d'une mission délicate en Afrique. Il ne pourra l'exécuter que... deux ans plus tard. Le chasseur devient alors le chassé.

LA PROFESSIONNELLE "No niego mi pasado"
Drame d'**Alberto Gout**, avec Ninon Sevilla, Roberto Canedo, Tito Junco, Andrea Palma, Ruben Rojo, Miguel Inclan, Jorge Mondragon. Mexique, 1950 – 1 h 41.

Une jeune fille heureuse se retrouve livrée à elle-même à la suite du départ de sa mère et de la mort de son père. Après plusieurs tentatives pour obtenir du travail, elle se trouve acculée à la prostitution.

LES PROFESSIONNELS "The Professionals"
Western de **Richard Brooks**, avec Burt Lancaster *(Bill Dolworth)*, Lee Marvin *(Henry Rico Farden)*, Robert Ryan *(Hans Ehrengard)*, Jack Palance *(Jesus Raza)*, Claudia Cardinale *(Maria Grant)*, Woody Strode *(Jacob Sharp)*, Ralph Bellamy *(J.W. Grant)*. • SC : R. Brooks, d'après le roman de Frank O'Rourke *A Mule for the Marquesa*. • PH : Conrad Hall. • MUS : Maurice Jarre. • MONT : Peter Zinner. États-Unis, 1966 – Couleurs – 1 h 57.

Quatre mercenaires sont chargés de récupérer l'épouse d'un riche businessman enlevée par des révolutionnaires mexicains. L'action se situe en 1917, de part et d'autre du rio Grande, et raconte l'aller-retour du commando dans l'accomplissement de sa mission. Les données initiales, ainsi que la morale de la fable, seront quelque peu bouleversées, pour la plus grande édification des protagonistes et le plaisir du spectateur.

◆ *Richard Brooks, prototype du cinéaste « libéral » américain, scénariste avant d'être metteur en scène, brillant défenseur de grandes causes morales, illustrateur de sujets sociaux signe, avec* les Professionnels, *son chef-d'œuvre, qui est en même temps l'un des plus beaux westerns de l'histoire du cinéma, servi par les plus grandes stars du moment et les plus prestigieux techniciens de Hollywood. Film d'action pure, mené tambour battant d'un bout à l'autre, construit sur un scénario sans faille qui inspire et relance continuellement la mise en scène, d'une beauté plastique jamais gratuite,* les Professionnels *est aussi une métaphore de la question vietnamienne, sur laquelle les artistes américains de l'époque prirent position.* *M.S.*

PROFESSION : REPORTER
"Professione : reporter / The Passenger"
Drame psychologique de **Michelangelo Antonioni**, avec Jack Nicholson *(David Locke / David Robertson)*, Maria Schneider *(la jeune fille)*, Jenny Runacre *(Rachel Locke)*, Ian Hendry *(Martin Knight)*. • SC : M. Antonioni, Mark Peploe, Peter Wollen. • PH : Luciano Tovoli. • DÉC : Piero Poletto. • MONT : Franco Arcalli, M. Antonioni. • PR : Carlo Ponti (M.G.M.). Italie / France / Espagne, 1975 – Couleurs – 2 h 06.

Profession : reporter est l'odyssée d'un homme en transit, d'un homme fatigué du monde, qui va vers une mort libératrice après avoir échangé son identité avec celle d'un voyageur rencontré par hasard dans un hôtel du Tchad et qui vient d'y mourir. David Locke est un journaliste que sa femme trompe et méprise, un voyeur professionnel qui se trouve soudain attiré par le mystère de l'autre et accomplit l'acte ultime du voyeurisme : devenir cet autre, entrer dans les détails intimes d'une vie de substitut.

◆ La fascination du vide et de l'ineffable

1975, l'année où paraît Profession : reporter, *est aussi celle du* Voyage des comédiens, *de* Faux Mouvement, *de* Nashville, *d'une* Femme sous influence, *de* Milestones, *films d'une modernité qui jette ses derniers feux avant le conservatisme frileux des années 80, de cette modernité qu'Antonioni inaugurait en 1950 avec* Chronique d'un amour *et qu'il ne cessa de défendre avec une rare constance pendant vingt-cinq ans. Depuis son premier film, Antonioni a été le plus souvent fidèle à la structure narrative du* giallo, *du roman policier basé sur l'enquête. Le goût lui en est venu de sa lecture des écrivains américains Hammett, Chandler ou Caine comme chez beaucoup d'artistes de sa génération (Camus, Moravia). Mais cette fois, par le thème même du double, c'est le disparu qui vit l'enquête, non l'investigateur. Ce que la réflexion existentielle chère à Antonioni pourrait drainer de lieux communs est précisément sauvé de la généralité abstraite par cette démarche tout en suspens qui est aussi l'exploration d'un espace, la peinture d'un état des lieux. Car Antonioni, plus qu'aucun autre cinéaste contemporain peut-être, incarne la mise en scène, ce qu'ont bien compris les cinéastes les plus novateurs aujourd'hui (Angelopoulos, Wenders) qui se réclament de son exemple et de sa rigueur. Dans* Profession : reporter *comme dans ses autres films le sens du récit naît avant tout de sa mise en forme. À cet égard, l'avant-dernier plan qui a fini abusivement par se substituer pour les commentateurs au film tout entier est un magistral exemple de la stylistique antonionienne. Grâce à une grue géante et à un gyroscope, la caméra accomplit un plan séquence de sept minutes, travelling avant imperceptible qui abandonne David Locke dans sa chambre d'hôtel, traverse les grilles de la fenêtre, se dirige vers une cour ensoleillée où s'affairent divers personnages, puis revient vers cette même fenêtre pour retrouver David Locke mort. Cette caméra n'est pas subjective, ce n'est pas lui déjà absent du monde qui porte son regard vers l'extérieur, elle n'est pas objective non plus mais serait bien plutôt l'expression du passage de Locke vers un ailleurs, son basculement dans l'absence. Car Antonioni a toujours été fasciné par la disparition, par le vide, par les surfaces nues. D'où son goût du désert, comme dans* Profession : reporter, *qui témoigne d'une tentation folle de dire l'ineffable, de définir ce point mystérieux, proche du mirage, entre l'attente et l'oubli.* *M.C.*

PROFESSOR MAMLOK

Drame de **Gerbert Rappaport** et **Adolf Minkine**, avec Serguei Majinski, S. Nikitina, Oleg Jakov. U.R.S.S. (Russie), 1938 – 1 h 46.

En 1933, en Allemagne, un chirurgien célèbre en butte à l'antisémitisme tente de se suicider, après avoir accompli son devoir en opérant un chef nazi.

▷ Un remake du film est réalisé par **Konrad Wolf**, avec Wolfgang Heinz, Ursula Burg, Hilmar Thate, Lissi Tempelhof. R.D.A., 1961 – 1 h 40.

P.R.O.F.S.

Comédie de **Patrick Schulmann**, avec Patrick Bruel, Fabrice Luchini, Christophe Bourseiller, Charlotte Julian. France, 1985 – Couleurs – 1 h 35.

Les jeunes profs dynamiques contre les vieux croûtons de l'enseignement. Ils chahutent plus et mieux que leurs élèves, mais les conséquences sont quelquefois amères.

LA PROIE "CRY OF THE CITY"

Film policier de **Robert Siodmak**, avec Victor Mature, Richard Conte, Debra Paget, Fred Clark, Shelley Winters. États-Unis, 1948 – 1 h 35.

L'affrontement de deux amis d'enfance dont l'un est gangster et l'autre policier. Drame d'atmosphère montrant l'évolution d'un tueur pris dans l'engrenage de la violence.

LA PROIE DES VAUTOURS "NEVER SO FEW"

Film de guerre de **John Sturges**, d'après le roman de Tom Chamales, avec Frank Sinatra, Gina Lollobrigida, Peter Lawford. États-Unis, 1959 – Couleurs – 2 h 04.

En pleine jungle birmane, des actions de commando, une réflexion sur la guerre et une histoire d'amour. La rencontre Lollobrigida-Sinatra, entourés de « seconds rôles » tels que Steve McQueen et Charles Bronson.

LA PROIE DU MORT / JALOUSIE "RAGE IN HEAVEN"

Drame de **W.S. Van Dyke**, d'après le roman de James Hilton, avec Robert Montgomery, Ingrid Bergman, George Sanders, Lucille Watson, Oscar Homolka, Philip Merivale. États-Unis, 1941 – 1 h 25.

Un industriel anglais, atteint de troubles mentaux, tyrannise sa femme, qu'aime un ingénieur de son usine. Les deux hommes en viennent aux mains ; le premier est retrouvé mort, et le second est bien près d'être pendu.

LA PROIE NUE "THE NAKED PREY"

Film d'aventures de **Cornel Wilde**, avec Cornel Wilde, G. Van der Berg, B. Randles. États-Unis, 1964 – Couleurs – 1 h 34.

En Afrique noire, à la fin du siècle dernier, des chasseurs d'ivoire et des tribus sauvages s'affrontent. Leur combat s'achève en une haletante et barbare chasse à l'homme.

LA PROIE POUR L'OMBRE
Comédie dramatique d'**Alexandre Astruc**, avec Annie Girardot, Daniel Gélin, Christian Marquand. France, 1961 – 1 h 32.

Le portrait d'une femme moderne qui choisit l'indépendance mais aussi la solitude.

LES PROIES "THE BEGUILED"
Drame psychologique de **Don Siegel**, avec Clint Eastwood *(Mc Burney)*, Geraldine Page *(Martha)*, Elizabeth Hartman *(Edwina)*, Jo Ann Harris *(Carol)*. • SC : John B. Sherry, Grime Grice, Albert Maltz, d'après le roman de Thomas Cullinan. • PH : Bruce Surtess. • DÉC : Alexandre Golitzen. • MUS : Lalo Schifrin. • MONT : Carl Pingatore. États-Unis, 1970 – Couleurs – 1 h 45.

Un pensionnat de jeunes filles du sud des États-Unis recueille, pendant la guerre de Sécession, un soldat nordiste blessé. D'abord hostiles, la directrice et les pensionnaires en viennent à lui porter une affection qui prend des tournures diverses selon les personnes et les âges. Mais le soldat est-il aussi gentil qu'il le paraît ?

◆ *Le film essaie, avec beaucoup de précision, de recréer l'environnement de la guerre de Sécession, notamment dans l'utilisation de lampes à pétrole qui lui donnent sa chatoyante ambiance lumineuse. La guerre, la claustration, les rivalités exacerbent rapidement des relations où l'affectif s'imbrique perversement dans le sexuel, où chacun ment et se ment à soi-même et peut accomplir les pires horreurs avec une innocence paradoxale.* S.K.

PROJECTION PRIVÉE
Drame de **François Leterrier**, avec Françoise Fabian, Jean-Luc Bideau, Jane Birkin, Bulle Ogier, Jacques Weber. France, 1973 – Couleurs – 1 h 35.

Un réalisateur décide de porter à l'écran un événement de sa vie privée (rupture suivie du suicide de la femme aimée). Mais l'histoire se renouvelle en cours de tournage. Inspirée de Pirandello, une réflexion subtile sur les rapports de l'imaginaire et du réel, l'influence de la vie sur le cinéma, du cinéma sur la vie, le métier de créateur.

PROLOGUE "FOOTLIGHT PARADE"
Comédie musicale de **Lloyd Bacon** et **Busby Berkeley**, avec James Cagney, Joan Blondell, Ruby Keeler, Dick Powell, Frank McHugh, Guy Kibbee. États-Unis, 1933 – 1 h 44.

À l'avènement du parlant, un comédien se reconvertit dans les « prologues » qui font la première partie des séances de cinéma. Le film est surtout prétexte à d'extraordinaires numéros dansés.

PROMENADE AVEC L'AMOUR ET LA MORT
"A WALK WITH LOVE AND DEATH"
Drame de **John Huston**, avec Anjelica Huston, Assaf Dayan, John Huston. États-Unis, 1968 – Couleurs – 1 h 30.

Dans un Moyen Âge livré à la superstitution et à la violence, deux jeunes gens traversent une multitude de dangers avant d'accepter d'attendre la mort dans une abbaye. Un film injustement oublié.

PROMESSE "NINGEN NO YAKOSOKU"
Drame de **Yoshihige Yoshida**, avec Rentaro Mikuni, Sachiko Murase, Choichiro Kawarasaki. Japon, 1986 – Couleurs – 1 h 45.

Une femme qui sombrait dans une extrême sénilité est trouvée morte. Son mari soupçonne un membre de la famille de l'avoir tuée. Le cinéaste aborde ici avec une lumineuse rigueur le problème de l'euthanasie.

LA PROMESSE
Drame de **Luc** et **Jean-Pierre Dardenne**, avec Jérémie Renier, Olivier Gourmet, Assita Ouedraogo. Belgique, 1996 – Couleurs – 1 h 33.

Igor quitte sa place d'apprenti mécanicien pour travailler dans la banlieue liégeoise avec son père, Roger, qui vit de l'exploitation des immigrés clandestins. Roger va savamment jouer sur l'affection et le respect que lui porte son fils, mais celui-ci finira quand même par comprendre quel genre d'homme est son père et ce sera l'affrontement.

LA PROMESSE DE L'AUBE
Drame psychologique de **Jules Dassin**, d'après le roman autobiographique de Romain Gary, avec Mélina Mercouri, Assaf Dayan, Didier Haudepin. France, 1970 – Couleurs – 1 h 40.

Une actrice russe a reporté toutes ses passions sur son fils, pour qui elle veut un destin éclatant.

PROMÉTHÉE DE L'ÎLE DE VISEVICA
"PROMETEJ S OTOKA VIŠEVICE"
Drame de **Vatroslav Mimica**, avec Sloboban Dimitrijević, Mira Sardoc, Janez Vrhovec. Yougoslavie, 1964 – 1 h 33.

Un directeur d'usine revient dans son île natale et se remémore son passé, la Libération et, après la guerre, sa lutte infructueuse pour moderniser l'île.

LA PROMISE "THE BRIDE"
Film fantastique de **Franc Roddam**, avec Jennifer Beals, Anthony Higgins. États-Unis / Grande-Bretagne, 1985 – Couleurs – 1 h 50.

Nouvelle version des aventures du savant Frankenstein et de ses créatures.

PROPHECY, LE MONSTRE "PROPHECY"
Film d'aventures fantastiques de **John Frankenheimer**, avec Talia Shire, Robert Foxword. États-Unis, 1979 – Couleurs – 1 h 40.

Au Canada, dans une usine de pâte à papier, Indiens et bûcherons se reprochent mutuellement des faits mystérieux. Un médecin découvre que l'usine emploie un produit qui contamine l'eau, ce qui provoque la naissance d'enfants monstrueux.

LA PROPHÉTIE "KOYAANISQATSI"
Essai musical de **Godfrey Reggio**. États-Unis, 1982 – Couleurs – 1 h 27.

Un film culte, littéralement porté par les images et surtout la musique somptueuse de Philip Glass, qui offre une réflexion de philosophie écologiste sur les mutations actuelles de la planète.

LE PROPRE DE L'HOMME
Comédie dramatique de **Claude Lelouch**, avec Claude Lelouch, Janine Magnan. France, 1961 – 1 h 30.

Deux jeunes gens, qui se sont rencontrés chez des amis, passent une journée à déambuler dans Paris.

LE PROPRIÉTAIRE "THE LANDLORD"
Comédie dramatique de **Hal Ashby**, avec Beau Bridges, Pearl Bailey, Diana Sands, Lee Grant, Melvin Stewart. États-Unis, 1970 – Couleurs – 1 h 50.

Un Blanc devient propriétaire à Harlem. Ses projets d'aménagement se heurtent aux différents locataires noirs. Le premier film d'Ashby porte déjà la marque de toutes ses qualités d'humour grinçant et de montage incisif.

LA PROPRIÉTÉ, C'EST PLUS LE VOL
"LA PROPRIETÀ NON È PIÙ UN FURTO"
Comédie satirique d'**Elio Petri**, avec Ugo Tognazzi, Flavio Bucci, Daria Nicolodi. Italie, 1973 – Couleurs – 2 h 05.

Les aventures d'un employé de banque fasciné par l'argent et le pouvoir qu'il donne. Fable cynique et désabusée sur le monde contemporain.

PROPRIÉTÉ INTERDITE
"THIS PROPERTY IS CONDEMNED"
Drame de **Sydney Pollack**, avec Natalie Wood *(Alva Starr)*, Robert Redford *(Owen Legate)*, Charles Bronson *(J.J. Nichols)*, Kate Reid *(Hazel Starr)*, Mary Badham *(Willie Starr)*, Alan Baxter *(Knopke)*, Robert Blake *(Sidney)*. • SC : Francis Ford Coppola, Fred Coe, Edith Sommer, d'après la pièce de Tennessee Williams. • PH : James Wong Howe. • DÉC : Hal Pereira, Stephen Grimes, Phil Jeffries. • MUS : Kenyon Hopkins. • MONT : Adrienne Fazan. États-Unis, 1966 – Couleurs – 1 h 50.

Une petite ville du Mississippi, dans les années 30. Alva Starr tombe amoureuse du visiteur Owen Legate, mais sa mère empêche qu'elle reparte avec lui. Par dépit elle épouse Johnson, mais rejoint Owen à La Nouvelle-Orléans. Lorsque sa mère révèle le mariage à Owen, Alva s'enfuit. Elle devient prostituée, puis meurt de tuberculose. Sa petite sœur évoque aujourd'hui sa mémoire.

◆ *À partir d'un sujet sordide, Pollack bâtit un film étrangement poétique au récit décousu, un hymne à la beauté vibrante de Natalie Wood. Le climat presque onirique du film doit beaucoup à la photo du vétéran James Wong Howe et à l'insolite décor naturel, côtoyant une voie ferrée abandonnée sur laquelle une petite fille joue à la poupée. Ce premier film important de Sydney Pollack, produit par John Houseman pour la compagnie indépendante de Ray Stark (Seven Arts), fut mal reçu à sa sortie et mérite d'être redécouvert.* *N.T.B.*

PROPRIÉTÉ PRIVÉE "PRIVATE PROPERTY"
Drame de **Leslie Stevens**, avec Corey Allen, Warren Oates, Kate Manx. États-Unis, 1960 – 1 h 19.

Analyse du comportement et des problèmes sexuels de deux jeunes gens qui finiront tragiquement. Un ton nouveau pour un film de la Nouvelle Vague américaine.

LE PROSCRIT "KIDNAPPED"
Drame d'**Otto Preminger**, repris et signé par **Alfred L. Werker**, d'après le roman de Robert Louis Stevenson, avec Warner Baxter, Freddie Bartholomew, Arleen Whelan, John Carradine, C. Aubrey Smith. États-Unis, 1938 – 1 h 33.

Un patriote écossais en lutte contre les troupes anglaises doit quitter son pays, après avoir été dénoncé. Dans sa fuite, il est amené à aider un enfant et une jeune fille.

LE PROSCRIT "THE BRIGAND"
Film d'aventures de **Phil Karlson**, avec Anthony Dexter, Jody Lawrance, Anthony Quinn, Gale Robbins. États-Unis, 1952 – Couleurs – 1 h 34.

Dans un pays imaginaire, un proscrit, sosie du roi des lieux, prend provisoirement sa place. Dexter, lui-même sosie de Rudolph Valentino, se bat en duel contre le machiavélique Anthony Quinn.

LES PROSCRITS "BERG EJVIND OCH HANS HUSTRU"
Drame de **Victor Sjöström**, avec Victor Sjöström *(Berg Ejvind)*, Edith Erastoff *(Halla)*, John Ekman *(Arnes)*, Nils Arehn *(Björn)*. • SC : V. Sjöström, Sam Ask, d'après une pièce de Johann Sigurjonsson. • PH : Julius Jaenzon. • DÉC : Axel Esbensen. • PR : Svenska Biografteatern. Suède, 1917 – 2 781 m (env. 1 h 43).

L'action se situe en Islande, au milieu du siècle dernier. Le berger Arnes présente l'athlétique vagabond Kari à sa patronne, la riche veuve Halla, qui l'engage et fait de lui son amant. Björn, le beau-frère de Halla, est jaloux de Kari et dénonce en lui un forçat évadé, Berg Ejvind. Dans un flash-back, Kari explique à Halla qu'en effet il a volé pour nourrir sa famille, a été condamné au bagne et s'est évadé. Pour échapper à Björn, Berg Ejvind et Halla s'enfuient dans la montagne, où ils sont rejoints par Arnes. Leur existence d'abord idyllique est gâtée par la rivalité des deux hommes, la mort de la petite fille qu'a eue Halla, les poursuivants venus de la plaine qui forcent les proscrits à chercher refuge dans une nature de plus en plus hostile. Chez le couple, l'amour a fait place à la haine. Dans la tempête de neige, Halla quitte leur cabane pour mourir, Berg Ejvind la rejoint et les amants sont réunis dans la mort.

◆ Une œuvre totale

L'école suédoise du cinéma muet fut quelque temps la plus belle du monde. Sans doute devait-elle cette prééminence à la rencontre de deux facteurs : toute la culture scandinave de l'époque 1900 avait témoigné d'une vie intense et d'une capacité à se faire reconnaître, théâtre, littérature, peinture, musique, dans l'Europe entière ; la personnalité hors pair de Victor Sjöström, acteur et metteur en scène, prêta à ce cinéma non seulement sa silhouette puissante, mais l'humanité profonde d'un visage tour à tour tendre, rieur ou tragique, non seulement le respect scrupuleux de l'adaptateur (il « traduit » ici un drame de l'Islandais Sigurjonsson), mais le génie d'un poète à la fois dramatique, lyrique et épique, qui d'un paysage de montagne et de neige fait, selon le mot de Louis Delluc, « un troisième interprète, singulièrement éloquent ». Seuls certains films de Stroheim, comme Maris aveugles *ou* les Rapaces, *donnent une impression aussi physique de réalité. Doté du même sens de conteur que Griffith, c'est en virtuose que Sjöström organise les masses de son récit, par exemple les retours en arrière qui font contraster les moments édéniques qu'ont vécus les proscrits avec leur vieillesse haineuse, mais il est dégagé des contingences idéologiques qui bornent l'Américain. Il conclut par une coda tragique, néanmoins amoureuse et grandiose. Sur pellicule teintée et avec sa partition musicale (des thèmes de Sibelius accompagnaient la projection originale), le film devient l'œuvre totale rêvée par Wagner, synthèse des qualités les plus éminentes que sont susceptibles d'offrir les arts pratiqués par Ibsen et Bjørnson, par Selma Lagerlöf, par Munch et par Carl Nielsen.* *J.-L.B.*

LE PROTECTEUR
Film policier de **Roger Hanin**, avec Georges Géret, Bruno Crémer, Jean-Paul Tribout, Roger Coggio, Manuel de Blas, Robert Hossein, Roger Hanin, Jean Servais. France / Espagne, 1974 – Couleurs – 1 h 30.

Un riche architecte dont la fille a disparu fait lui-même son enquête. Il s'infiltre chez les proxénètes, met en émoi le milieu, mais ne réussira pas à sauver sa fille.

PROVIDENCE
Comédie dramatique d'**Alain Resnais**, avec Dirk Bogarde *(Claud)*, John Gielgud *(Clive)*, Ellen Burstyn *(Sonia)*, David Warner *(Kevin)*, Elaine Stritch. • SC : David Mercer. • PH : Ricardo Aronovitch. • DÉC : Jacques Saulnier. • MUS : Miklos Rozsa. • MONT : Albert Jurgenson. • PR : Action Films, SFP, FR3, Citel Films. France, 1977 – Couleurs – 1 h 50. ★ CÉSAR DU MEILLEUR FILM 1977.

Tout repose sur l'affabulation d'un écrivain âgé et malade qui, pendant une nuit d'ivresse solitaire, entremêle des fantasmes de vieillard à des situations, réelles ou imaginaires, mettant en scène les membres de sa famille et leur entourage. Ce jeu créatif est d'abord relativement clair : il y a le souvenir du suicide de sa femme, un procès qui oppose ses deux fils, Claud et Kevin, des gens parqués dans un stade, des exécutions sommaires par des miliciens, la hantise de la décrépitude et de la mort... Puis la mécanique se détraque, en même temps que la nuit avance : ne subsiste plus alors qu'une mosaïque incertaine de lieux et de visages. Au matin, les principaux protagonistes se retrouvent pour un repas d'anniversaire dans le jardin de la villa de l'écrivain.

◆ Un jeu avec la mort

Providence *est un film gigogne, caractéristique de la démarche d'Alain Resnais. Le titre par lui-même est équivoque : il désigne à la fois la résidence du narrateur, un écrivain en quête de personnages, et sans doute le titre de son dernier roman, mais aussi un nom de ville, celle où vécut H.P. Lovecraft, auteur fantastique très prisé du cinéaste (quelques plans du film y ont été tournés) ; on peut penser enfin au concept chrétien de prédestination ou, en extrapolant, à la notion de création artistique, dont nous est exposé ici le processus, aléatoire et douloureux. Un film se fait et se défait sous nos yeux, les acteurs ne sont que des pantins dont un magicien sarcastique tire les ficelles, la crédibilité, l'identification, l'émotion sont sans cesse déjouées ; certains décors sont en trompe l'œil, les scènes s'emboîtent mal, les actions se chevauchent dans l'esprit embué d'un démiurge facétieux, tel personnage (celui du footballeur perdu, par exemple) semble sorti du théâtre de l'absurde. N'y a-t-il donc là qu'une « comédie macabre » (comme le suggère Resnais lui-même), un puzzle dérisoire ? Peut-être, mais doublés d'une amère réflexion sur la mort, les dédales de la création, la confusion des sentiments. Ce jeu poignant rejoint ceux de* l'Année dernière à Marienbad, l'Amour à mort *et* Mélo, *notamment. Comme toujours chez Resnais, c'est la forme du film qui lui donne sa cohérence. Le cinéaste joue en virtuose sur l'énigme des lieux, le sortilège des objets, les végétations insolites. La caméra sculpte des ombres, les images sont trempées dans un bain de surréalisme. La musique de Miklos Rozsa, spécialiste des superproductions, confère à cette fable intimiste des accents d'oratorio funèbre. Et l'interprétation, étrangère à quatre-vingt-dix pour cent, ajoute au dépaysement (les acteurs anglais ont été doublés dans la VF par François Périer, Claude Dauphin, Gérard Depardieu, Suzanne Flon). « Tout cela donne beaucoup à rêver. Tout cela est profond et beau » (Claude Mauriac).* Providence *n'en fut pas moins un rude échec commercial.* C.B.

LA PROVINCIALE

Chronique de **Claude Goretta**, avec Nathalie Baye, Angela Winkler, Bruno Ganz. France / Suisse, 1980 – Couleurs – 1 h 50.

Une jeune femme vient tenter sa chance à Paris. Elle n'y rencontre que désillusions et humiliation et regagne alors sa Lorraine natale.

PSAUME ROUGE "MÉG KÉR A NÉP"

Drame de **Miklós Jancsó**, avec Lajos Balázsovits *(le jeune officier)*, András Bálint *(le comte)*, Gyöncyi Buros *(la jeune paysanne)*, Andrea Dahota *(la militante)*, József Madaras *(Hegedüs)*, Tibor Molnár *(Csuzdi)*, Bartalan Solti *(le vieux)*. • SC : Guylia Hernádi. • PH : János Kende. • DÉC : Tamás Banovich. • MUS : Ferenc Sebo, Tamás Cseh. Hongrie, 1972 – Couleurs – 1 h 28. ★ PRIX DE LA MISE EN SCÈNE, Cannes 1972.

La plaine hongroise, à la fin du XIXe siècle. Des ouvriers agricoles, las de l'oppression qu'ils subissent, se révoltent contre leurs seigneurs et attendent la réponse à leurs revendications en danse et en musique. Chantages, menaces des gendarmes, rien n'y fait. C'est alors que les soldats, qui s'étaient mêlés à la foule, l'encerclent soudain et tirent. Massacre général. Pourtant, l'heure de la vengeance viendra tôt ou tard.

◆ *Film d'un lyrisme révolutionnaire évident et communicatif, qui sonne comme un immense poème d'images et d'émotions. Une mise en scène, des couleurs, une chorégraphie sans faille.* D.C.

PSY

Comédie de **Philippe de Broca**, avec Patrick Dewaere, Anny Duperey, Michel Creton. France, 1980 – Couleurs – 1 h 40.

Un psychologue, ancien de « 68 », conduit des psychothérapies de groupe à la campagne, jusqu'au jour où son passé amoureux et militant se rappelle brutalement à son bon souvenir.

PSYCHOSE "PSYCHO"

Film policier d'**Alfred Hitchcock**, avec Anthony Perkins *(Norman Bates)*, Janet Leigh *(Marion Crane)*, Vera Miles *(Lila Crane)*, John Gavin *(Sam Loomis)*, Martin Balsam *(Milton Arbogast)*, John McIntire *(shérif Chambers)*, Simon Oakland *(Dr Richmond)*, Frank Albertson *(Tom Cassidy)*. • SC : Joseph Stefano d'après le roman de Robert Bloch. • PH : John L. Russell. • DÉC : Joseph Hurley, Robert Claworthy, George Milo. • MUS : Bernard Herrmann. • MONT : George Tomasini. • PR : A. Hitchcock (Paramount). États-Unis, 1960 – 1 h 49.

Employée dans une agence immobilière, Marion dérobe 40 000 dollars à son patron dans un mouvement irraisonné et s'enfuit de la ville. À la nuit, elle arrête son auto dans un motel désert, tenu par un jeune homme étrange, Norman, qui vit en compagnie de sa vieille mère invisible (on l'entend crier). Alors qu'elle prend sa douche, Marion est assassinée par la vieille. Mais elle est recherchée par son amant, et par sa sœur Lila, et aussi par le détective de la compagnie d'assurances. Ce dernier se rend au motel où il est tué à son tour. En fouillant la maison, Lila échappe de peu à la mort... et démasque la folie de Norman.

◆ Un faux film d'épouvante

Produit par Hitchcock pour 8 000 dollars, le film en rapporta (du vivant du metteur en scène) 13 millions. Tourné avec une équipe rapide de télévision, il n'en est pas moins typique de son auteur (dialogue réduit, jeu sur les nerfs du spectateur...) et, selon lui, « appartient aux cinéastes plus que tous les films que j'ai tournés ». Il marque toutefois un écart dans la carrière de Hitchcock : il n'y a pas de personnage central, et la caméra ne peut proposer au spectateur l'identification partielle qui était sa règle. Aussi Psychose *s'impose d'abord par sa virtuosité technique (le meurtre sous la douche, la découverte de la mère) et par le malaise que créent des passages plus lents (l'errance de Marion dans sa voiture, le plan autour de son cadavre). L'immense succès du film tient à un malentendu : sous la défroque de l'épouvante, on retrouve quelques-unes des obsessions majeures du cinéaste : le voyeurisme et le meurtre se substituant l'un à l'autre, le rapport à l'argent fatal mais obscène, l'Œdipe inguérissable. La simplicité du prétexte (un fait divers) accentue le caractère mythologique de ces thèmes. Aussi, l'action terminée, les scènes finales relèvent du constat scientifique. L'interprétation hallucinante d'Anthony Perkins le rendit célèbre, mais figea sa carrière.* *G.L.*

PSYCHOSE II "Psycho II"
Film d'épouvante de **Richard Franklin**, avec Anthony Perkins, Vera Miles, Meg Tilly. États-Unis, 1982 – Couleurs – 1 h 53.

Après vingt-deux ans d'internement, Norman Bates est déclaré guéri et remis en liberté... D'évidents clins d'œil à Hitchcock.

▷ **Anthony Perkins** signe une troisième mouture, intitulée PSYCHOSE III "Psycho III". États-Unis, 1985 – Couleurs – 1 h 33.

PSYCHOSE PHASE 3 "The Legacy"
Film fantastique de **Richard Marquand**, avec Katharine Ross, Sam Elliott, Roger Daltrey. États-Unis, 1979 – Couleurs – 1 h 40.

Margaret et Peter sont mystérieusement conviés dans un château dont les habitants ont passé un pacte avec le diable. Peu à peu, tous deux comprennent qu'ils en constituent l'enjeu.

P'TIT CON
Comédie de **Gérard Lauzier**, avec Bernard Brieux, Guy Marchand, Caroline Cellier, Éric Carlos, Philippe Khorsand. France, 1983 – Couleurs – 1 h 30.

Un jeune bourgeois mal dans sa peau a des velléités d'indépendance et des idées « progressistes ». Une peinture acerbe et implacable qui fait souvent mouche.

LES P'TITES TÊTES
Comédie de **Bernard Menez**, avec Bernard Menez, Robert Castel, Nicole Calfan. France, 1982 – Couleurs – 1 h 20.

Trois compères en mal d'argent fondent une agence de voyages. Deux d'entre eux, accompagnant un groupe au Maroc, découvrent que le troisième n'a rien préparé : qu'importe, on improvisera !

P'TITE TÊTE DE TROUFION "The Sad Sack"
Comédie de **George Marshall**, d'après les bandes dessinées de George Baker, avec Jerry Lewis, Phyllis Kirk, David Wayne, Peter Lorre. États-Unis, 1957 – 1 h 38.

Bien que connaissant par cœur tous les manuels militaires, Jerry est inapte au service armé, ce qui provoque évidemment bien des catastrophes.

LA PUCE À L'OREILLE "A Flea in Her Ear"
Comédie de **Jacques Charon**, d'après la pièce de Georges Feydeau, avec Rex Harrison, Louis Jourdan, Rachel Roberts. États-Unis, 1968 – Couleurs – 1 h 35.

Une fausse lettre d'amour met le feu aux poudres parmi les clients de l'hôtel du Coq d'Or. Adaptation à l'américaine du vaudeville parisien, dont il ne reste que Jacques Charon... mais derrière la caméra.

LA PUCE ET LE PRIVÉ
Film policier de **Roger Kay**, avec Bruno Crémer, Catherine Alric, Charles Vanel, Jean-Pierre Darras. France, 1980 – Couleurs – 1 h 53.

Un détective se trouve embarqué par une infirmière mythomane dans une histoire de mort suspecte : celle d'un milliardaire qu'elle soignait, au grand dam de ses héritiers... déshérités.

LE PUITS "The Well"
Drame social de **Leo Popkin** et **Russell Rouse**, avec Henry Morgan, Richard Rober, Barry Kelley. États-Unis, 1951 – 1 h 25.

Flambée de haine raciale dans une petite ville américaine. Mais pour sauver une petite fille tombée dans un puits, un élan de solidarité se manifeste.

LE PULL-OVER ROUGE
Drame de **Michel Drach**, d'après le livre de Gilles Perrault, avec Serge Avedikian, Michelle Marquais, Roland Bertin. France, 1979 – Couleurs – 2 h.

Un homme d'une vingtaine d'années est accusé du meurtre d'une fillette. Au cours de l'enquête, il avoue puis nie les faits. Il est finalement jugé et condamné à mort. Une réflexion sur le fonctionnement de la justice, d'après un fait divers authentique.

PULP FICTION "Pulp Fiction"
Thriller de **Quentin Tarantino**, avec John Travolta *(Vincent Vega)*, Bruce Willis *(Butch)*, Samuel L. Jackson *(Jules)*, Uma Thurman *(Mia)*, Maria de Medeiros *(Fabienne)*. • SC : Q. Tarantino. • PH : Andrzej Sekula. • DÉC : David Wasco. • COST : Betsy Heimann. • MUS : Karyn Rachtman. • MONT : Sally Menke. États-Unis, 1994 – Couleurs – 2 h 29. ★ Palme d'or, Cannes 1994.

Le film commence là où il finira : dans une cafétéria où deux jeunes gens tentent un hold- up maladroit. Parmi les clients, deux gangsters patentés que nous verrons à travers tout le film suivre leur train-train quotidien : exécutions, séances de torture, jalonnées d'insolites bribes de conversations décalées et de versets de la Bible.

◆ *Un montage rythmé où les principaux personnages se relaient efficacement d'un épisode à l'autre : le rôle secondaire devient principal à l'épisode suivant, vice versa et ainsi de suite. Les images sont d'une exceptionnelle violence mais le parti pris de dérision humoristique qui imprègne le scénario et les dialogues permet au spectateur de garder ses marques et d'apprécier sereinement la performance.* J.-C.L.

PULSIONS "Dressed to Kill"

Film policier de **Brian De Palma**, avec Michael Caine *(Dr Robert Elliot)*, Angie Dickinson *(Kate Miller)*, Nancy Allen *(Liz Blake)*, Keith Gordon *(Peter Miller)*, Dennis Franz *(l'inspecteur Marino)*. • SC : B. De Palma. • PH : Ralf Bode. • DÉC : Gary Weist, Gary Brink. • MUS : Pino Donaggio. • MONT : Jerry Greenberg. États-Unis, 1980 – Couleurs – 1 h 46.

Kate Miller, épouse sexuellement frustrée, confie ses phantasmes à son psychiatre, le Dr Elliot. En visitant un musée, elle rencontre un inconnu à qui elle se donne. Le lendemain, elle est assassinée à coups de rasoir par une tueuse blonde à grosses lunettes. Témoin du meurtre, une call-girl de luxe, Liz Blake, est à la fois soupçonnée par la police et traquée par la tueuse. Elle sympathise avec Peter, le fils de Kate. Ensemble, ils vont découvrir l'incroyable identité de la coupable.

◆ *Sur un scénario remarquable, qui ménage habilement la surprise et le suspense, Brian De Palma propose une brillante variation sur les structures et les thèmes hitchcockiens. Allusions et citations fourmillent :* Psychose, Vertigo *et* les Trente-Neuf Marches... *La brutalité du meurtre inattendu de Kate Miller, le voyeurisme de la caméra, les souples travellings lors de la visite du musée, sont autant de points de repère pour définir cet hommage qui entre en osmose avec la propre dialectique de l'auteur : le dédoublement, la psychanalyse, le cauchemar.* G.L.

PUNISHMENT PARK "Punishment Park"

Film de science-fiction de **Peter Watkins**, avec Stan Armsted, Jim Bohan, Bob Franklin. États-Unis, 1971 – Couleurs – 1 h 28.

Au Viêt Nam, le président Nixon a décrété l'état d'urgence. Les adversaires du régime comparaissent devant un tribunal improvisé et doivent choisir entre la prison et le camp d'entraînement de Punishment Park.

LA PUNITION

Comédie dramatique de **Jean Rouch**, avec Nadine Ballot, Landry, Jean-Claude Darnal. France, 1964 – 58 mn.

Les rencontres dans Paris de Nadine, mise à la porte de son lycée pour une journée. Rouch poursuit ses expériences de cinéma-vérité en filmant des rencontres improvisées.

LA PUNITION

Film érotique de **Pierre-Alain Jolivet**, d'après le roman de Xavière, avec Karin Schubert, Georges Géret, Amidou, Anne Jolivet, Marcel Dalio. France, 1973 – Couleurs – 1 h 35.

Adapté d'un roman autobiographique, l'inexorable descente aux enfers d'une prostituée de luxe qui, récalcitrante, est punie par un proxénète cruel.

LE PURITAIN

Drame de **Jeff Musso**, avec Pierre Fresnay *(le commissaire)*, Viviane Romance *(Molly, la prostituée)*, Jean-Louis Barrault *(Ferriter, le puritain)*. • SC : J. Musso, Liam O'Flaherty, d'après son roman *le Mouchard*. • PH : Curt Courant. • DÉC : Serge Pimenoff, Henry Ménessier. • MUS : J. Musso, Jacques Dallin. • MONT : Émilienne Nelissen. France, 1937 – 1 h 37. ★ **Prix Louis-Delluc 1938.**

Un jeune journaliste (Ferriter) assassine une femme légère, puis essaye de faire accuser l'amant de cette dernière. Soupçonné par un commissaire de police qu'intriguent ses déclarations contre l'immoralité, il rencontre une prostituée. Des libations inaccoutumées l'amènent à des discours incendiaires au cabaret : arrêté, il avoue avoir tué par désir plus que par principe, et trouve le calme (ou la folie ?) en prison.

◆ *Le jeu de double instauré entre Jean-Louis Barrault et Pierre Fresnay fait tout l'intérêt du film : le journaliste excité sert de bouc-émissaire pour une société qui récuse le sexe tout en le considérant comme nécessaire. La punition infligée permet à la loi de rester puritaine, puisque les « excès » auxquels s'est livré Ferriter donnent à voir les dangers du refoulement non assumé, tandis que son sort final indique le remède : l'enfermement générateur de sublimation.* M.L.

LA PURITAINE

Drame de **Jacques Doillon**, avec Michel Piccoli, Sabine Azéma, Sandrine Bonnaire, Laurent Malet. France/Belgique, 1986 – Couleurs – 1 h 30.

Après un an de fugue, une jeune fille retrouve son père, directeur de théâtre. Sur scène et dans les coulisses, la vie et le théâtre se mêlent...

PUTAIN D'HISTOIRE D'AMOUR

Comédie dramatique de **Gilles Béhat**, d'après la pièce de Jean Bany *Neuf*, avec Richard Berry, Mirella d'Angelo, Évelyne Dress. France, 1981 – Couleurs – 1 h 40.

Un joueur invétéré perd sa place de chauffeur de taxi, puis sa femme, à cause de sa passion.

PYGMALION "PYGMALION"

Comédie d'**Anthony Asquith** et **Leslie Howard**, avec Wendy Hiller *(Eliza Doolittle)*, Leslie Howard *(Henry Higgins)*, Wilfrid Lawson *(Alfred Doolittle)*, Mary Lohr *(Mrs. Higgins)*, Scott Sunderland *(colonel Pickering)*, Jean Cadell *(Mrs. Pearce)*. • SC : Anatole de Grunwald, W.P. Lipscomb, Cecil Lewis, Ian Dalrymple, d'après la pièce de George Bernard Shaw. • PH : Harry Stradling. • DÉC : J. Bryan, L. Irving. • MUS : Arthur Honegger. • MONT : David Lean. Grande-Bretagne, 1937 – 1 h 36.

À la suite d'un pari, Higgins, professeur de phonétique, sort du ruisseau la bouquetière Eliza Doolittle, et la transforme en « lady ». Tout en revendiquant son indépendance, elle s'éprend de son bienfaiteur.

◆ Pygmalion *est le prototype du « cinéma de qualité » britannique des années 30 et 40 : un texte et des interprètes brillants, servis par une mise en scène impeccablement discrète, d'ailleurs cosignée de son acteur principal. Le producteur, Gabriel Pascal, était un proche de Shaw (dont il réalisera, platement, quelques transpositions ultérieures), et le dramaturge cautionna l'adaptation de sa pièce, astucieusement élaguée pour améliorer le rythme interne du film. Une fin heureuse conventionnelle remplace ici l'ironique postface de l'œuvre d'origine ; elle sera maintenue telle quelle dans l'éblouissant remake musical de Cukor,* My Fair Lady *(Voir ce titre). Un remake qui a fait oublier, un peu injustement, la classe de cette précédente version, où l'énergique Wendy Hiller et le fringant Leslie Howard (dans une interprétation opposée à celle, bourrue et grisonnante, de Rex Harrison chez Cukor) trouvèrent leurs plus beaux rôles.* N.T.B.

LA PYRAMIDE HUMAINE

Documentaire de **Jean Rouch**. France, 1961 (RÉ : 1959) – Couleurs – 1 h 32.

Une expérience d'anthropologie mixte, dans la vision à deux niveaux d'une classe du lycée d'Abidjan où Blancs et Noirs se côtoient sans se fréquenter.

LES PYRAMIDES BLEUES

Film d'aventures d'**Arielle Dombasle**, avec Arielle Dombasle, Omar Sharif, Hippolyte Girardot, Pierre Vaneck. France / Mexique, 1988 – Couleurs – 1 h 37.

Avide d'aventures mystiques, la jeune femme d'un opulent homme d'affaires mexicain décide de prendre le voile.

Q

QIU JU UNE FEMME CHINOISE
"THE STORY OF QIU JU"
Drame de **Zhang Yimou**, avec Gong Li *(Qiu Ju)*, Lei Lao Sheng *(Wang Tang)*, Ge Zhi Jun *(Li, l'agent de police)*, Liu Pei Qi *(Wan Qinglai, le mari)*, Yang Liu Chun *(Meizi, la belle-sœur)*. • SC : Liu Heng, d'après le roman de Chen Yuan Bin. • PH : Chi Xiao Ning, Yu Ya Qun, Lu Hong Li. • DÉC : Cao Jiu Ping. • MUS : Zhao Ji Ping. • MONT : Du Yuan. Chine, 1992 – Couleurs – 1 h 40.

Une humble paysanne, enceinte de surcroît, veut obtenir des excuses d'un petit chef de village qui a brutalisé son mari. Faute d'y parvenir, elle fait appel aux autorités supérieures du canton, puis de la capitale provinciale, et enfin de la Cour suprême. À chaque fois sa demande est rejetée. Mortifiée, elle revient définitivement au village pour y accoucher. Mais cela se passe mal et elle est finalement sauvée par le chef du village. C'est à ce moment que la machine juridico-administrative mise en branle par l'obstinée paysanne fait connaître sa décision finale.

◆ *Une histoire toute simple, vraisemblable et émouvante : une femme demandant justice à une machine administrative, plutôt bonhomme dans ses incarnations, mais terriblement inhumaine dans son fonctionnement. Et quand l'administration, après avoir humilié et broyé la jeune paysanne obstinée, finit quand même par lui donner raison, c'est pour l'écraser encore un peu plus. Au fil de l'histoire, on découvre la Chine contemporaine au quotidien : frugalité, pauvreté, authenticité des individus et duplicité des appareils. Un regard vrai et une densité qui donnent l'impression non pas d'avoir fait un voyage en Chine, mais d'y avoir vécu.* *C.D.R.*

QUADRILLE
Comédie de **Sacha Guitry**, avec Sacha Guitry, Gaby Morlay, Jacqueline Delubac, Georges Grey, Pauline Carton. France, 1938 – 1 h 46.

Une comédienne, maîtresse du directeur d'un journal, tombe amoureuse d'un jeune premier américain.

QUADRILLE D'AMOUR "ANYTHING GOES"
Comédie musicale de **Robert Lewis**, avec Bing Crosby, Donald O'Connor, Zizi Jeanmaire, Mitzi Gaynor. États-Unis, 1956 – Couleurs – 1 h 46.

À bord d'un paquebot transatlantique, les couples se font et se défont sur une chorégraphie de Roland Petit et Nick Castle.

▷ Remake de ANYTHING GOES, de **Lewis Milestone**, d'après la comédie musicale de Guy Bolton, P.G. Wodehouse, Howard Lindsay et Russell Crouse, avec Bing Crosby, Ethel Merman, Charles Ruggles, Grace Bradley, Ida Lupino. États-Unis, 1936 – 1 h 32.

QUAI DES BRUMES
Drame de **Marcel Carné**, avec Jean Gabin *(Jean)*, Michèle Morgan *(Nelly)*, Michel Simon *(Zabel)*, Pierre Brasseur *(Lucien)*, Robert Le Vigan *(Michel Krauss)*, Aimos *(Quart-Vittel)*, Édouard Delmont *(Panama)*, Marcel Pérès *(le chauffeur)*. • SC : Jacques Prévert, d'après le roman de Pierre Mac Orlan. • PH : Eugen Schüfftan. • DÉC : Alexandre Trauner. • MUS : Maurice Jaubert. • MONT : René Le Hénaff. France, 1938 – 1 h 31.
★ PRIX LOUIS-DELLUC 1939.

Un déserteur, Jean, arrive au Havre en espérant s'y cacher avant de partir à l'étranger. Dans la baraque du vieux Panama, il rencontre le peintre fou Michel Krauss et une orpheline,

Nelly. Celle-ci vit chez son tuteur, Zabel, qui tente d'abuser d'elle. À la fête foraine, Jean a une altercation avec un voyou, Lucien. Une idylle se noue entre Jean et Nelly.

◆ *Classique du cinéma français grâce aux répliques fameuses de Prévert (le « T'as de beaux yeux, tu sais » de Jean Gabin, le « Je peins les choses qui sont derrière les choses » de Robert Le Vigan, le « Mieux vaut avoir cette tête-là que pas de tête du tout » de Michel Simon),* Quai des brumes *est le film-manifeste du réalisme poétique. La fatalité plane sur les pavés mouillés, la mort est au bout du scénario, les amoureux sont désespérément seuls dans un monde sans issue, peuplé d'épaves pathétiques et de sombres crapules... Du suicide à la désertion, on cherche à fuir.* G.L.

QUAI DES ORFÈVRES

Film policier d'**Henri-Georges Clouzot**, avec Louis Jouvet *(inspecteur Antoine)*, Suzy Delair *(Jenny Lamour)*, Simone Renant *(Dora)*, Bernard Blier *(Maurice Martineau)*, Charles Dullin *(Brignon)*, Pierre Larquey *(Émile)*, Raymond Bussières *(Albert)*. • SC : H.-G. Clouzot, Jean Ferry, d'après le roman de Stanislas André Steeman *Légitime Défense*. • PH : Armand Thirard. • DÉC : Max Douy. • MUS : Francis Lopez. • MONT : Charles Bretoneiche. France, 1947 – 1 h 45.
★ PRIX INTERNATIONAL DE LA MISE EN SCÈNE, **Venise 1947.**

Le pianiste Maurice Martineau surveille jalousement sa femme Jenny Lamour, chanteuse de music-hall. Celle-ci ayant accepté l'invitation à dîner de Brignon, vieil homme d'affaires amateur de chair fraîche, il se rend chez lui où il trouve son cadavre. Il raconte son histoire à son amie Dora, photographe, qui lui révèle que Jenny vient de lui avouer avoir assommé Brignon. L'inspecteur a tôt fait de prouver que Maurice est venu sur les lieux. Les témoignages de Dora et de Jenny ne suffisent pas à l'innocenter. Désespéré, Maurice tente de se trancher les veines avec le verre de sa montre. On découvre enfin le vrai coupable...

◆ *L'intrigue policière n'est qu'un prétexte pour Clouzot : en bon misanthrope, il en profite pour brosser un tableau noir et pessimiste de ses contemporains. L'inspecteur Antoine surtout, incarné par Jouvet avec une vérité saisissante, tranche par son ambiguïté avec les silhouettes de policiers traditionnels. L'atmosphère de la police judiciaire comme celle d'un petit music-hall de quartier sont remarquablement rendues, et de nombreux personnages secondaires sont habilement croqués.* G.L.

QUAND JE SERAI MORT ET LIVIDE

"KAD BUDEM MRTAV I BEO"

Drame de **Živojin Pavlović**, avec Dragan Nikolic *(Dzimi Barka)*, Rućica Sokić *(Duska)*, Dara Čalenić *(la postière)*, Neda Spasojević *(Lilica)*, Severin Bjelić, Nikola Milić, Zorica Šumadinac, Snezana Lukić, Slobodan Aligrudić. • SC : Gordan Mihić, Ljubiša Kozomara. • PH : Milorad Jakšić-Fandjo. • DÉC : Dragoljub Ivkov. • MONT : Olga Skrigin. Yougoslavie, 1968 – 1 h 20.

Faute d'emploi, l'ouvrier saisonnier Dzimi Barka vit de menus larcins. Seul ou en compagnie de son amie Lilica, il n'a pas son pareil pour voler sans scrupules d'honnêtes travailleurs. Pickpocket à ses heures, gigolo à d'autres, il sera démasqué et tragiquement abattu dans les latrines d'un chantier.

◆ *Comme dans son film précédent,* le Réveil des rats, *Živojin Pavlović s'adjoint le concours de scénaristes de talent. Ce film confirme la modernité du cinéma de la « nouvelle vague » yougoslave et impose l'impertinence et l'anticonformisme du « réalisme critique ». Les bas-fonds de Belgrade et de ses environs y sont montrés avec noirceur et sans complaisance. Ils tranchent avec le paradis socialiste promis. L'incompréhension entre les générations, la cruauté des rapports humains et le malaise existentiel des déracinés et des marginaux donnent au film la force d'un cri et la résonance du désespoir.* A.K.

QUAND JOSEPH REVIENT "HA MEGJÖN JÓZSEF"

Drame psychologique de **Zsolt Kézdi-Kovács**, avec Lili Monori *(Marie)*, Éva Ruttkai *(Agnès)*, Gyorgy Pogany *(Joseph)*, Gábor Koncz *(Laci)*, Mária Ronyecz *(sa femme)*. • SC : Z. Kézdi-Kovács • MONT : Z. Kézdi-Kovács. • PH : János Kende. • DÉC : Tamás Banovich. Hongrie, 1976 – Couleurs – 1 h 29.

Joseph, un marin, confie sa jeune épouse Marie à sa mère, Agnès, avant de rejoindre son bateau en mer Baltique. Pourtant, les deux femmes n'ont guère de sympathie l'une pour l'autre. Marie s'enfonce dans le silence. Elle devient la maîtresse d'un chauffeur de taxi par angoisse de la solitude. Enceinte, elle perd son enfant à la naissance. Cet événement tragique rapproche paradoxalement les deux femmes et toutes deux attendent avec la même ferveur le retour de Joseph.

◆ *Un très beau film, pudique et sensible, sans effet, sans séquence spectaculaire, dans lequel on pénètre sur la pointe des pieds, grâce à une technique extrêmement discrète, comme pour ne pas déranger l'intimité, la vie intérieure que ces deux femmes ont tellement de peine à extérioriser.* C.D.R.

QUAND LA CHAIR SUCCOMBE "SENILITÀ"
Drame de **Mauro Bolognini**, avec Claudia Cardinale, Anthony Franciosa, Philippe Leroy, Betsy Blair. Italie / France, 1962 – 1 h 55.

Emilio, la quarantaine solitaire, tombe amoureux d'Angiolina. Celle-ci abuse de sa crédulité en jouant le rôle d'une fille pauvre mais honnête, alors qu'elle est en réalité une prostituée.

QUAND LA FEMME S'EN MÊLE
Film policier d'**Yves Allégret**, avec Edwige Feuillère, Bernard Blier, Jean Servais. France, 1957 – 1 h 30.

Les mésaventures d'un facteur de province dont l'ex-femme est devenue la maîtresse d'un truand parisien.

QUAND LA MARABUNTA GRONDE
"THE NAKED JUNGLE"
Film d'aventures dramatiques de **Byron Haskin**, avec Eleanor Parker, Charlton Heston, Abraham Sofaer, William Conrad. États-Unis, 1954 – Couleurs – 1 h 35.

Au début du siècle, en Amazonie, un couple de colons se ressoude pour faire face à une invasion de fourmis rouges (la « marabunta »). Angoissant.

QUAND LA PANTHÈRE ROSE S'EMMÊLE
"THE PINK PANTHER STRIKES AGAIN"
Comédie de **Blake Edwards**, avec Peter Sellers, Herbert Lom, Colin Blakely, Leonard Rossiter. États-Unis, 1976 – Couleurs – 1 h 58.

Devenu fou, l'inspecteur Dreyfus cherche à éliminer le gaffeur inspecteur Clouseau, quitte pour cela à détruire la terre entière. Un burlesque grandiose. Quatrième film de la série (Voir LA PANTHÈRE ROSE).

QUAND LA VILLE DORT "THE ASPHALT JUNGLE"
Film policier de **John Huston**, avec Sterling Hayden *(Dix)*, Louis Calhern *(Emmerich)*, Jean Hagen *(Doll)*, James Whitmore *(Gus)*, Sam Jaffe *(Riedenschneider)*, Mark Laurence *(Cobby)*, Marilyn Monroe *(Angela)*. • SC : Ben Maddow, J. Huston, d'après le roman de William R. Bennett. • PH : Harold Rosson. • DÉC : Cedric Gibbons, Randall Ovell. • MUS : Miklos Rosza. • MONT : George Boemler. États-Unis, 1950 – 1 h 52.

Un malfaiteur distingué sort de prison et prépare un nouveau cambriolage « scientifique ». Il réunit une équipe ainsi que la somme nécessaire pour la préparation de l'opération. Le financier est un avocat de la bonne société marié à une femme souffreteuse et amoureux d'une jolie fille. L'homme de main est un truand attachant et taciturne. Chaque personnage est un cas. Préparation, exécution et dénouement du hold-up.

◆ *C'est un des plus beaux, des plus denses, des plus significatifs polars de l'histoire du cinéma hollywoodien. La scène du hold-up constitue un suspense fantastique cent fois imité. Mais la richesse est dans les personnages, l'étude de leurs motivations et des passions qui les animent. Pourtant, pas de discours, pas de pathos : des actes et des scènes inoubliables, devenues classiques. Au sein d'une interprétation remarquable, Marilyn Monroe, dans un petit rôle, faisait déjà sensation.* G.S.

QUAND LE CLAIRON SONNERA
"THE LAST COMMAND"
Western de **Frank Lloyd**, avec Ernest Borgnine, Sterling Hayden, Richard Carlson, Anna Maria Alberghetti, Arthur Hunnicutt, J. Carrol Naish. États-Unis, 1955 – Couleurs – 1 h 50.

En 1835, une poignée de Texans se réfugie dans la mission d'El Alamo et tient tête à l'armée mexicaine. Massacrés jusqu'au dernier, leur résistance préparera l'indépendance du Texas.
▷ Voir aussi ALAMO.

QUAND LE JOUR VIENDRA
"WATCH ON THE RHINE"
Drame de **Herman Shumlin**, d'après la pièce de Lillian Hellman, avec Bette Davis, Paul Lukas, Geraldine Fitzgerald, Beulah Bondi. États-Unis, 1943 – 1 h 54.

« Quand le jour viendra », un jeune homme pourra rejoindre son père dans la lutte contre les nazis pour la liberté.

QUAND LES ABEILLES ATTAQUERONT
"THE SAVAGE BEES"
Film fantastique de **Bruce Geller**, avec Ben Johnson, Michael Parks, Glenn Corbett, Horst Buchholz. États-Unis, 1976 – Couleurs – 1 h 30.

Un essaim d'abeilles meurtrières menace La Nouvelle-Orléans en pleine fête de Mardi gras.

QUAND LES AIGLES ATTAQUENT
"WHERE EAGLES DARE"
Film de guerre de **Brian G. Hutton**, avec Richard Burton, Clint Eastwood, Mary Ure. États-Unis, 1969 – Couleurs – 2 h 40.

Un commando est parachuté en Allemagne pour délivrer un officier retenu dans une forteresse inaccessible. Agents doubles, attaque-surprise, poursuites sur le chemin du retour.

QUAND LES DINOSAURES DOMINAIENT LE MONDE "WHEN THE DINOSAURS RULED ON THE EARTH"
Film d'aventures de **Val Guest**, avec Victoria Vetri, Robin Hawdon, Imogen Hassall, Magda Konopka, Sean Caffrey. Grande-Bretagne, 1973 – Couleurs – 1 h 40.

Chassée de sa tribu, la blonde Sanna arrive chez les gens des Sables, qui adorent ses cheveux, en particulier Tara. La jalousie d'Ayak oblige Sanna à s'enfuir.

QUAND LES TAMBOURS S'ARRÊTERONT

"Apache Drums"

Film d'aventures de **Hugo Fregonese**, avec Stephen McNally, Coleen Gray, Willard Parker, Arthur Shields. États-Unis, 1951 – Couleurs – 1 h 15.

Assiégés dans la petite église de leur village après l'attaque des Indiens Mescaleros, les habitants sont sauvés par un joueur professionnel.

QUAND LES VAUTOURS NE VOLENT PLUS

"Where no Vultures Fly"

Film d'aventures de **Harry Watt**, avec Anthony Steel, Dinah Sheridan, Harold Warrender. Grande-Bretagne, 1951 – Couleurs – 1 h 47.

En Afrique, la lutte d'un garde-chasse pour sauver les bêtes sauvages décimées par les trafiquants d'ivoire.

QUAND L'INSPECTEUR S'EMMÊLE

"A Shot in the Dark"

Comédie de **Blake Edwards**, avec Peter Sellers, Elke Sommer, George Sanders, Herbert Lom. États-Unis, 1964 – Couleurs – 1 h 40.

À la fureur de son supérieur, l'inspecteur Clouseau est chargé de l'enquête sur un meurtre commis chez un milliardaire. Il fait relâcher la principale suspecte. Deuxième film de la série (Voir LA PANTHÈRE ROSE).

QUAND MEURENT LES LÉGENDES

"When the Legends Die"

Drame de **Stuart Millar**, avec Richard Widmark, Frederic Forrest, Tillman Box. États-Unis, 1971 – Couleurs – 1 h 46.

Un jeune Indien qui a survécu seul dans les montagnes Rocheuses s'adapte mal à la vie de la réserve. Il est adopté par une ancienne vedette de rodéo.

QUAND NAÎTRA LE JOUR/ LE POINT DU JOUR

"Jago hua savera"

Drame documentaire de **Aeejay Kardar**, avec des interprètes non professionnels. Pakistan, 1959 – 1 h 45.

Dans la grande tradition des films réalistes bengalis, la peinture de la vie des pêcheurs dans le Pakistan oriental.

QUAND PASSENT LES CIGOGNES

"Letjat žuravli"

Drame de **Mikhaïl Kalatozov**, avec Tatiana Samoilova *(Veronika)*, Aleksei Batalov *(Boris)*, Vassili Merkouriev *(Byodor Ivanovich)*, Alexandre Chvorine *(Mark)*, Svetlana Kharitonova *(Irima)*. • SC : Viktor Rozov. • PH : Serguei Ouroussevski. • DÉC : Evgueni Svidetelev. • MUS : Moisi Vainberg [Weinberg]. U.R.S.S. (Russie), 1957 – 1 h 38.
★ **Palme d'or, Cannes 1958.**

Deux jeunes Moscovites tombent amoureux, mais la guerre les sépare sans qu'ils aient pu se dire au revoir. Elle reste à Moscou, sans nouvelles, dans la terrible tension des bombardements, et finit par céder au cousin de l'homme qu'elle aime. Celui-ci meurt en opération de reconnaissance, mais elle ne le saura avec certitude que le jour de la victoire. Bien que mariée maintenant et vivant en Sibérie, elle a toujours attendu et espéré, jusqu'à ce jour où sa douleur se mêle à la joie générale.

◆ *Ce film a connu un retentissement international. En pleine période de dégel, on y faisait en effet passer avant les thèmes habituels de la propagande soviétique une simple histoire d'amour ; et la guerre n'était plus soudain qu'un élément dramatique bouleversant la vie des gens. Mais, par-delà le mélodrame, deux facteurs ont assuré le succès : l'interprétation et la virtuosité technique. Personne n'a oublié le visage si touchant, les attitudes, la conviction affective de Tatiana Samoilova, d'ailleurs mentionnée pour sa qualité de comédienne par le jury de Cannes. Personne non plus n'a oublié les mouvements tourbillonnants de la caméra, arbres et souvenirs mêlés, qui accompagnent la mort du jeune soldat, ni la façon dont, à plusieurs reprises, elle va chercher les individus dans la foule. Images d'ailleurs symboliques d'un renversement ponctuel des priorités dans le cinéma soviétique et, comme telles, liées à une époque plus qu'à une esthétique durable.* J.-M.C.

QUAND SE LÈVE LA LUNE

"The Rising of the Moon"

Comédie dramatique de **John Ford**, avec Tyrone Power, Cyril Cusack, Noel Purcell. États-Unis, 1957 – 1 h 21.

Trois histoires irlandaises destinées à montrer les réactions caractéristiques des Irlandais face à divers événements.

QUAND SIFFLE LA DERNIÈRE BALLE

"Shoot Out"

Western de **Henry Hathaway**, avec Gregory Peck, Pat Quinn, Robert F. Lyons. États-Unis, 1971 – Couleurs – 1 h 35.

Après sept ans de prison, un homme veut se venger de celui qui l'envoya injustement derrière les barreaux.

QUAND TU LIRAS CETTE LETTRE

Mélodrame de **Jean-Pierre Melville**, avec Philippe Lemaire, Juliette Gréco, Yvonne Sanson, Irène Galter. France / Italie, 1953 – 1 h 44.

Une femme renonce au carmel pour veiller sur sa jeune sœur séduite par un gigolo. Un film à part dans l'œuvre de Melville.

QUAND TU SERAS DÉBLOQUÉ, FAIS-MOI SIGNE !
Comédie satirique de **François Leterrier**, avec Christian Clavier, Marie-Anne Chazel, Anémone, Philippe Léotard. France, 1981 – Couleurs – 1 h 25.

En panne d'eau sur une route de Provence, Antoine découvre, malgré lui, l'univers des communautés post-soixante-huitardes.

QUANTEZ, LEUR DERNIER REPAIRE
"QUANTEZ"
Western de **Harry Keller**, avec Fred MacMurray, Dorothy Malone, Sydney Chaplin. États-Unis, 1957 – Couleurs – 1 h 20.

Les auteurs d'un hold-up se réfugient dans une ville abandonnée et sont bientôt cernés par les Indiens.

QUARANTE-DEUXIÈME RUE "42nd STREET"
Comédie musicale de **Lloyd Bacon**, avec Warner Baxter *(Julian Marsh)*, Bebe Daniels *(Dorothy Brock)*, George Brent *(Pat Denning)*, Una Merkel *(Lorraine Fleming)*, Ruby Keeler *(Peggy Sawyer)*, Ginger Rogers *(Ann Lowell)*, Dick Powell *(Billy Lawler)*, Guy Kibbee *(Abner Dillon)*. • SC : James Seymour, Ryan James, d'après Bradford Ropes. • PH : Sol Polito. • DÉC : Jack Okey. • MUS : Leo Forbstein, Harry Warren. • CHOR : Busby Berkeley. • MONT : Thomas Pratt. États-Unis, 1933 – 1 h 25.

L'action se passe essentiellement dans les coulisses d'un music-hall, tout au long des préparatifs d'une nouvelle revue à grand spectacle. Répétitions, démêlés financiers et sentimentaux du producteur, caprices de la star... Et puis, à la veille de la générale, la vedette fait faux bond et il faut de toute urgence lui trouver une remplaçante : ce sera une des girls du spectacle, au demeurant amoureuse du jeune premier. Bien sûr, elle triomphe et devient à son tour une vedette.

◆ *Ici, le scénario, bien souvent repris par la suite, n'est qu'un prétexte pour enchaîner les numéros musicaux et chorégraphiques d'une véritable revue. Certes, l'intrigue est bien menée et les comédiens correctement dirigés, mais le véritable auteur du film, c'est le chorégraphe Busby Berkeley, également responsable du tournage de ces séquences. Et pendant six ans, il offrira ainsi à la Warner de somptueux ballets, fruits uniques d'une invention à la fois chorégraphique et cinématographique. Jouant avec les mouvements d'appareil sur d'immenses espaces qui vont bien au-delà des limites théoriques de la scène, multipliant les effets et se servant de dizaines de danseurs et de figurants, il retrouve les racines de la féerie comme en témoigne le magnifique final du grand escalier, que Ruby Keeler descend entourée de gratte-ciel en mouvement.* J.-M.C.

LE QUARANTE ET UNIÈME "SOROK PERVYJ"
Drame de **Grigori Tchoukhraï**, avec Isolda Ouzvikaïa *(Mariutka)*, Oleg Strijenov *(le jeune officier)*, Nikolai Krioutchkov *(Evsioukov)*, Nikolai Doupak *(Tchoupilko)*. • SC : Gregori Koltounov, d'après le roman de Boris Lavrenev. • PH : Sergueï Oroussevski. • DÉC : Vladimir Kamski, Konstantin Stepanov. • MUS : Nikolai Krioukov. U.R.S.S. (Russie), 1956 – Couleurs – 1 h 34. ★ **PRIX SPÉCIAL, Cannes 1957.**

Pour son premier grand film, Tchoukhraï reprend un sujet déjà traité en 1927 par Protozanov. Pendant la guerre civile, une combattante soviétique est chargée de garder un contre-révolutionnaire ; l'affrontement rouge-blanc passe par la rencontre amoureuse avant de reprendre le dessus. Elle avait déjà abattu quarante adversaires : il sera le quarante et unième...

◆ *Justement remarqué à Cannes pour « sa qualité humaine et sa grandeur romanesque »,* le Quarante et Unième *appartient à cette période post-stalinienne où le cinéma soviétique reprend vie. Tchoukhraï y fait déjà preuve de sa sensibilité, de son souci d'humanité, et parvient, au-delà de l'idéologie officielle, à donner à voir les conflits naturels et pathétiques où peuvent se trouver pris les êtres engagés dans l'Histoire.* J.-M.C.

▷ Autre version réalisée par **Jakov Protazanov**, avec Ada Vojcik, Ivan Koval-Samborski, Ivan Chtraoukh. U.R.S.S. (Russie), 1926 – 1 800 m (env. 1 h 07).

48 HEURES "48 HOURS"
Film policier de **Walter Hill**, avec Nick Nolte, Eddy Murphy. États-Unis, 1982 – Couleurs – 1 h 37.

N'ayant que deux jours pour arrêter des malfrats, un policier expéditif demande de l'aide à un détenu qui les connaît.

LE 49e PARALLÈLE "49th PARALLEL"
Film d'aventures de **Michael Powell** et **Emeric Pressburger**, avec Leslie Howard, Laurence Olivier, Anton Walbrook, Eric Portman, Glynis Johns. Grande-Bretagne, 1941 – 2 h 03.

En 1940, six Allemands chargés de sabotage essaient d'atteindre le 49e parallèle séparant le Canada des États-Unis.

LES QUARANTE-SEPT RONINS
"GENROKU CHUSHINGURA"
Film historique de **Kenji Mizoguchi**, avec Chojuro Kawarasaki *(Kuranosuke Oishi)*, Kanemo Nakamura *(Sukeemon Tomimori)*, Kunitaro Kawarasaki *(Jurozaemon Isogai)*, Yoshisaburo Arashi *(le seigneur Asano)*, Yutaka Mimasu *(Kozukenosuke Kira)*. • SC : Kenichiro Hara, Yoshikata Yoda, d'après le roman de Seika Mayama. • PH : Kohei Sugiyama. • DÉC : Hiroshi Mizutani. • MUS : Shiro Fukai. Japon, 1942 – 3 h 37 (en deux parties).

Au tout début du XVIIIe siècle, quarante-sept ronins – samouraïs errants – décident de venger leur chef, humilié puis contraint de se faire hara-kiri. Sous la conduite de l'un des leurs, ils feignent de continuer à servir le responsable de ce crime. Au bout d'une très longue attente, ils le tueront avant de se donner la mort.

◆ *Il s'agit d'un classique du théâtre et du cinéma japonais. Accepter d'en tourner une nouvelle version fut pour Mizoguchi la concession la plus grande qu'il pouvait faire à l'esprit militariste du temps – on était en pleine guerre. Mais, en imprimant au récit la marque de son génie (multiplication des très longs plans-séquence, renvoi hors champ des scènes les plus spectaculaires, priorité donnée aux tensions psychologiques et au dialogue), il aboutit à désamorcer l'effet d'entraînement attendu de cette légende où dominent héroïsme et dévouement. Dans la vague d'épuration suivant la défaite, le film fut d'ailleurs épargné.* *J.-M.C.*

▷ Autres versions, intitulées CHUSHINGURA, réalisées par : **Tatsuo Osone**, avec Kokichi Takada, Yumeji Tsukioka, Koshiro Matsumoto, Isuzu Yamada. Japon, 1954 – 3 h 53 (en deux parties). **Kunio Watanabe**, avec Kazuo Hasegawa, Raizo Ichikawa, Koji Tsuruta, Shintaro Katsu. Japon, 1958 – Couleurs – 2 h 18. **Hiroshi Inagaki**, avec Koshiro Matsumoto, Setsuko Hara, Yuzo Kayama, Yoko Tsukasa, Chusha Ichikawa, Toshiro Mifune. Japon, 1962 – Couleurs – 3 h 53, puis 1 h 45.

QUARANTE TUEURS "FORTY GUNS"
Western de **Samuel Fuller**, avec Barbara Stanwyck, Barry Sullivan, Dean Jagger. États-Unis, 1957 – 1 h 20.

Un agent fédéral a pour mission d'arrêter un tueur. Celui-ci est le frère de « la femme au fouet » qui domine la région et y chevauche en compagnie de ses quarante hommes de main. Un splendide western violent et lyrique, constamment inventif.

LES QUARANTIÈMES RUGISSANTS
Drame de **Christian de Chalonge**, avec Jacques Perrin, Julie Christie, Michel Serrault. France, 1982 – Couleurs – 2 h 12.

Un électronicien malchanceux décide de participer à une course en solitaire autour du monde. Mais c'est une mystification qu'il monte et qu'il n'osera pas assumer jusqu'au bout. Inspiré d'une histoire réelle.

LE QUART D'HEURE AMÉRICAIN
Comédie de **Philippe Galland**, avec Anémone, Gérard Jugnot, Jean-Pierre Bisson. France, 1982 – Couleurs – 1 h 30.

Une animatrice de radio se laisse peu à peu séduire par un homme qui n'est pas précisément son « type ».

QUARTET "QUARTET"
Comédie de **Ralph Smart** (I), **Harold French** (II), **Arthur Crabtree** (III) et **Ken Annakin** (IV), avec Dirk Bogarde, Honor Blackman, Françoise Rosay, Mai Zetterling. Grande-Bretagne, 1948 – 1 h 48.

Fine observation et humour anglais pour quatre sketches inspirés de nouvelles de Somerset Maugham : *The Facts of Life* (I), *The Alien Corn* (II), *The Kite* (III) et *The Colonel's Lady* (IV).

QUARTET "QUARTET"
Drame de **James Ivory**, avec Isabelle Adjani, Maggie Smith, Alan Bates, Anthony Higgins. Grande-Bretagne / France, 1980 – Couleurs – 1 h 35.

Dans le Paris des Années folles, un couple de bohèmes se défait progressivement au gré des rencontres et des aventures.

QUARTETTO BASILEUS
Drame de **Fabio Carpi**, avec Hector Alterio, Omero Antonutti, Pierre Malet, Michel Vitold. France / Italie, 1982 – Couleurs – 2 h 05.

Un célèbre quatuor à cordes formé d'hommes d'expérience se dissous à la mort de l'un d'eux, mais se reconstitue bientôt grâce à l'arrivée d'un jeune violoniste.

LE QUARTIER DU CORBEAU "KVARTERET KORPEN"
Comédie dramatique de **Bo Widerberg**, avec Thommy Berggren, Keve Hjelm, Emy Storm. Suède, 1963 – 1 h 40.

La vie quotidienne d'une famille pauvre en 1936. Le père sombre chaque jour davantage dans l'alcool, la mère fait des ménages. Le fils fuit son quartier, ses copains et sa petite amie.

QUARTIER INTERDIT "VICTIMAS DEL PECADO"
Drame d'**Emilio Fernandez**, avec Ninon Sevilla, Tito Junco, Rodolfo Acosta, Ismaël Perez, Rita Montaner. Mexique, 1950 – 1 h 30.

Une jeune femme se prostitue pour pouvoir élever l'enfant qu'elle a recueilli. Deux souteneurs se la disputant, elle ira jusqu'au crime.

QUARTIER SANS SOLEIL "TAIYO NO NAI MACHI"
Drame de **Satsuo Yamamoto**, avec Sumiko Hidaka, Michiko Katsura, Kenji Susukida, Taiji Tonoyama, Hiroshi Nihonyanagi. • SC : Saburo Tatsuno, d'après le roman de Sunao Tokunaga. • PH : Minoru Maeda. • DÉC : Kazuo Kubo. • MUS : Nobuo Iida. Japon, 1954 – 2 h 22.

En 1925, les ouvriers d'une imprimerie se mettent en grève. Leurs conditions de vie ne font alors qu'empirer et les familles en souffrent. Puis, la maison du directeur est incendiée et les violences se multiplient contre les ouvriers : incarcération des meneurs, mauvais traitements, tortures. Une jeune femme meurt.

◆ *Cinéaste depuis longtemps engagé, Yamamoto a filmé, comme souvent, un fait divers social, en s'appuyant sur le roman d'un ouvrier typographe. Le réalisme des scènes d'affrontements entre militants et policiers n'empêche pas une certaine poésie d'affleurer à d'autres moments. L'ensemble dégage une force très impressionnante, accentuée par les tonalités sombres données aux images.* *J.-M.C.*

QUASIMODO "THE HUNCHBACK OF NOTRE-DAME"
Drame de **William Dieterle**, d'après le roman de Victor Hugo *Notre-Dame de Paris*, avec Charles Laughton, Cedric Hardwicke, Maureen O'Hara, Edmond O'Brien, Thomas Mitchell, Harry Davenport. États-Unis, 1939 – 1 h 57.

Quand le bossu de Notre-Dame est amoureux de la belle gitane Esmeralda, Hollywood s'exalte dans cette libre et fastueuse adaptation de NOTRE-DAME DE PARIS (Voir ce titre).

QU'AS-TU FAIT À LA GUERRE, PAPA ?
"WHAT DID YOU DO IN THE WAR, DADDY ?"
Comédie de **Blake Edwards**, avec James Coburn, Dick Shawn, Sergio Fantoni, Aldo Ray. États-Unis, 1966 – Couleurs – 1 h 55.

Les Américains entrent sans résistance dans un village italien dont les habitants acceptent de se rendre… mais le lendemain seulement, car une grande fête doit avoir lieu le soir même. Tous s'y amuseront !

QUATORZE HEURES "FOURTEEN HOURS"
Comédie dramatique de **Henry Hathaway**, avec Paul Douglas *(Dunnigan)*, Richard Basehart *(Robert Cosick)*, Barbara Bel Geddes *(Virginia)*, Debra Paget *(Ruth)*, Agnes Moorehead *(Mrs. Cosick)*, Robert Keith *(Mr Cosick)*, Howard Da Silva *(lieutenant Moksar)*, Jeffrey Hunter *(Danny)*, Martin Gabel *(Dr Strauss)*, Grace Kelly *(Mrs. Fuller)*. • SC : John Paxton, d'après l'histoire de Joel Sayre *The Man on the Ledge*. • PH : Joseph MacDonald. • DÉC : Lyle R. Wheeler, Leland Fuller, Thomas Little, Fred J. Rode. • MUS : Alfred Newman. • MONT : Dorothy Spencer. États-Unis, 1951 – 1 h 32.

À New York, un agent de police fait sa ronde. Il aperçoit un jeune homme perché sur le rebord d'une fenêtre au 18e étage d'un building, prêt à sauter dans le vide. Dunnigan tente de l'en empêcher en bavardant avec lui. La foule stationne. La radio et la télévision s'emparent de l'affaire. Ruth et Danny, deux jeunes gens, se rencontrent, sympathisent, se perdent… Plusieurs heures d'effort sont nécessaires à Dunnigan pour sauver Cosick que l'arrivée de sa fiancée Virginia fait renoncer à ses projets de suicide. Ruth et Danny partent enlacés et Dunnigan retrouve le calme d'un foyer heureux.

◆ *Exacte reproduction d'un fait divers qui bouleversa l'Amérique quelques années avant la guerre, le film est un suspense de la première à la dernière image. Il existe deux fins : l'une heureuse (le désespéré est sauvé), l'autre tragique puisqu'il s'écrase au sol. Une multitude de personnages (et de remarquables comédiens) expliquent le geste de Cosick. À noter, les débuts cinématographiques de Grace Kelly dans un petit rôle.* *J.-C.S.*

QUATORZE JUILLET
Comédie de **René Clair**, avec Annabella *(Anna)*, Pola Illery *(Pola)*, Georges Rigaud *(Jean)*, Paul Ollivier *(M. Imaque)*, Raymond Cordy *(Raymond)*, Thomy Bourdelle *(Fernand)*. • SC : R. Clair. • PH : Georges Périnal, Louis Page. • DÉC : Lazare Meerson. • MUS : Maurice Jaubert. • MONT : René Le Hénaff. France, 1933 – 1 h 32.

On est à la veille du 14 Juillet et l'on découvre les préparatifs des quartiers populaires pour la grande fête. Il y a là deux amoureux, un chauffeur de taxi et une marchande de fleurs. Mais la mère de la jeune fille est malade et elle ne peut aller au bal. Alors, le jeune homme se laisse reprendre par une ancienne maîtresse, qui l'entraîne dans une bande de mauvais garçons. Coup sur coup, la jeune fleuriste perd sa mère, devient serveuse dans un bistrot et voit le jeune homme tenter de voler la caisse : la fête est gâchée… Mais ils finiront par se retrouver.

◆ *Quels que soient les défauts du film, minceur du sujet et absence de rythme, on y retrouve encore une fois ce charme si particulier des films « parisiens » de René Clair. Comme dans* Sous les toits de Paris, *la véritable vedette, finalement, c'est la capitale, ses rues, son atmosphère – avec tout ce petit monde aujourd'hui disparu (d'où plus de charme encore) des quartiers populaires où se mêlaient types pittoresques et fripouilles, artisans et bourgeois. Les formidables décors de Lazare Meerson, la présence d'Annabella et la gouaille des seconds rôles achèvent de donner une certaine consistance à un canevas plus habile que riche.* J.-M.C.

QUATRE AU PARADIS "FOUR'S A CROWD"
Comédie de **Michael Curtiz**, avec Errol Flynn, Rosalind Russell, Olivia De Havilland, Patric Knowles, Walter Connolly, Hugh Herbert, Melville Cooper. États-Unis, 1938 – 1 h 31.

Dans l'entourage d'un magnat de la presse, deux couples de fiancés qui croient s'aimer effectuent un chassé-croisé.

QUATRE AVENTURES DE REINETTE ET MIRABELLE
Comédie d'**Éric Rohmer**, avec Joëlle Miquel, Jessica Forde. France, 1986 – Couleurs – 1 h 35.

Une jeune provinciale et son amie parisienne déambulent dans un Paris estival, en quatre films courts.

LES QUATRE CAVALIERS DE L'APOCALYPSE
"THE FOUR HORSEMEN OF THE APOCALYPSE"
Drame de **Rex Ingram**, avec Rudolph Valentino *(Julio Desnoyers)*, Alice Terry *(Marguerite Laurier)*, Wallace Beery *(colonel von Richtoffen)*, Alan Hale *(Karl von Hartroh)*. • SC : June Mathis, d'après le roman de Vicente Blasco-Ibañez. • PH : John Seitz. • DÉC : Joseph Calder, Amos Myers. • MUS : Louis F. Gottschalk. • MONT : Grant Whytock. États-Unis, 1921 – env. 3 300 m (2 h 02).

Dans son domaine argentin, Madariaga réunit sa famille pour la dernière fois avant que la guerre européenne ne la déchire. Un de ses gendres soutient la belliqueuse Allemagne ; l'autre réside en France. Le fils de ce dernier, Julio, fuit le malheur des temps dans l'amour, la peinture et le tango, tandis que Tchernoff, illuminé russe, s'adonne au spiritisme. Mais la branche allemande se livre à une Occupation joyeuse et barbare. Julio s'engage dans la bataille : il n'évitera ni la violence ni la mort.

◆ *Exaltation de l'âge d'or, charge anti-allemande, méditation sur la guerre, le film fit le succès de Valentino et fut repris à sa mort (1926). Les apparitions des quatre cavaliers (Apocalypse, 6, 1-8) contribuent à la gravité de l'ouvrage et à sa beauté visuelle.* A.M.

LES QUATRE CAVALIERS DE L'APOCALYPSE
"THE FOUR HORSEMEN OF THE APOCALYPSE"
Drame de **Vincente Minnelli**, avec Glenn Ford *(Julio)*, Charles Boyer *(Marcel)*, Ingrid Thulin *(Marguerite Laurier)*, Lee J. Cobb *(Madariaga)*, Paul Henreid *(Étienne Laurier)*, Karl Boehm *(Heinrich)*. • SC : Robert Ardrey, John Gay, d'après le roman de Vicente Blasco-Ibañez. • PH : Milton Krasner. • DÉC : George W. Davis, Urie McCleary, Elliot Scott, Keogh Gleason. • MUS : André Previn. • MONT : Adrienne Fazan, Ben Lewis. États-Unis, 1961 – Couleurs – 2 h 23.

En 1938, en Argentine, le vieux Madariaga s'effondre mort au milieu des siens : ses deux filles, leurs époux français et allemand et leurs enfants. Ils se retrouvent à Paris pendant l'Occupation. Julio, d'abord neutre, suit sa sœur dans la Résistance ; la branche allemande sert Hitler. Les liens du sang n'empêchent qu'un temps le triomphe des Cavaliers de l'Apocalypse pressenti par l'ancêtre.

◆ *Cette fresque mélodramatique prouve le talent d'un cinéaste qu'on a cru limité à la comédie musicale. Il est vrai qu'il met en scène moins la lutte de personnages que l'« entre-dévorement » de décors qui sont les reflets de leurs aspirations. Tandis que le cauchemar nazi tente d'imposer sa couleur uniforme à l'univers, chacun tente de préserver son rêve sans en être le prisonnier.* J.M.

LES QUATRE CENTS COUPS
Drame de **François Truffaut**, avec Jean-Pierre Léaud *(Antoine Doinel)*, Albert Rémy *(le beau-père)*, Claire Maurier *(la mère)*, Patrick Auffay *(René)*, Georges Flamant *(son père)*, Guy Decomble *(le professeur de français)*, Pierre Repp *(le professeur d'anglais)*. • SC : F. Truffaut, Marcel Moussy. • PH : Henri Decae. • DÉC : Bernard Evein. • MUS : Jean Constantin. • MONT : Marie-Josèphe Yoyotte. • PR : Les Films du Carrosse. France, 1959 – 1 h 33. ★ **GRAND PRIX DE LA MISE EN SCÈNE, Cannes 1959.**

Antoine Doinel (douze ans et demi) vit dans un appartement exigu du côté de la place Clichy. Ses parents ne s'occupent guère de lui. Mme Doinel est trop prise par ses aventures galantes et M. Doinel, son père adoptif, par son club automobile. Une punition non faite l'incite à l'école buissonnière avec son copain René. Au cours de son escapade, il surprend sa mère dans les bras d'un inconnu. De retour à l'école, il se doit d'inventer une excuse monumentale : sa mère est morte. L'arrivée de cette dernière fait vite éclater l'imposture. Le soir, il n'ose rentrer chez ses parents et leur écrit pour les prévenir de sa fugue. Le lendemain, sa mère vient le récupérer avec une gentillesse déconcertante. Plein de bonnes résolutions, mais déçu par une mauvaise note en composition française, Antoine fugue de nouveau, s'initie maladroitement au vol et aboutit dans un centre pour délinquants d'où il s'enfuit vers la mer.

◆ **Naissance d'un classique**

Avec le Beau Serge *et* les Cousins *de Chabrol, et* À bout de souffle *de Godard, c'est le film qui marque l'explosion de la Nouvelle Vague. Il surprend moins par l'innovation formelle ou la provocation que par la justesse du ton, la sensibilité, la vérité des personnages, surtout le jeune Jean-Pierre Léaud, la fluidité et le rythme du récit, la dynamique et le lyrisme des mouvements de caméra (en particulier dans la fameuse séquence finale). Ce film est bien moins autobiographique qu'on ne l'a cru et dit, mais il en émane une grande force et une vive émotion car chaque plan apporte au spectateur la certitude qu'un auteur s'y exprime à la première personne. Truffaut s'y révèle déjà comme un cinéaste classique, un créateur de personnages, réussissant à faire surgir la poésie d'un style et d'un univers prosaïques. La mise en scène répond à la logique du personnage d'Antoine Doinel. Antoine n'est pas à proprement parler un délinquant : c'est un enfant refusé, ignoré par ses parents qu'il encombre et qui ne cessent de se demander ce qu'ils « vont faire du gosse », rejeté par l'instituteur dans les marges de la classe (derrière le tableau noir). Son unique problème est d'exister, de trouver sa place. L'utilisation du format Scope renforce paradoxalement la description d'un espace surchargé, étroit, où Antoine est toujours en trop (son lit encombre le couloir dans l'appartement minuscule de ses parents). Lors de ses fugues, il se réfugie dans des lieux clos (cinémas) ou souterrains. Il ira jusqu'au bout de l'enfermement et de la privation de mouvement (panier à salade, centre de redressement), ne trouvant la possibilité de prendre son élan que par la magie du cinéma.* *J.M.*

LES 400 MILLIONS "THE FOUR HUNDRED MILLIONS"
Documentaire de **Joris Ivens**. États-Unis, 1939 – 53 mn.

Portrait saisissant de la résistance chinoise contre l'invasion japonaise.

QUATRE DANS UNE JEEP "DIE VIER IM JEEP"
Drame psychologique de **Leopold Lindtberg**, avec Viveca Lindfors, Ralph Meeker, Joseph Yadin, Michael Medwin, Dinan. Suisse, 1950 – 1 h 35.

Dans Vienne occupée, quatre sergents des armées alliées se lancent à bord d'une jeep à la poursuite d'un prisonnier évadé.

QUATRE DE L'AVIATION "THE LOST SQUADRON"
Drame de **George Archainbaud**, avec Richard Dix, Mary Astor, Erich von Stroheim, Joel McCrea, Dorothy Jordan, Hugh Herbert, Robert Armstrong. États-Unis, 1932 – 1 h 12.

D'anciens pilotes de guerre, engagés pour tourner un film d'aviation, découvrent que le metteur en scène a saboté par jalousie un de leurs appareils.

QUATRE DE L'ESPIONNAGE "THE SECRET AGENT"
Film d'espionnage d'**Alfred Hitchcock**, avec John Gielgud, Madeleine Carroll. Grande-Bretagne, 1936 – 1 h 25.

Un agent anglais est envoyé en Suisse pour démasquer un espion allemand. Suspense et humour, quelquefois noir.

QUATRE DE L'INFANTERIE "WESTFRONT 1918"
Film de guerre de **Georg Wilhelm Pabst**, avec Fritz Kampers *(le Bavarois)*, Gustav Diessl *(Karl)*, Hans Joachim Moebis *(l'étudiant)*, Claus Clausen *(le lieutenant)*, Gustav Püttjer *(le Hambourgeois)*, Jackie Monnier *(Yvette)*. • SC : Ladislaus Vajda, Peter Martin Lampel, d'après le roman d'Ernst Johannsen *Vier von der Infanterie*. • PH : Fritz Arno Wagner, Charles Métain. • DÉC : Ernö Metzner. • MONT : Hans Oser. Allemagne, 1930 – 1 h 36.

La vie quotidienne de quatre soldats allemands, en 1918, dans une France ravagée : un jeune étudiant devient l'amant d'une cantinière française, puis est tué. Son ami Karl part en permission, parcourt une Allemagne en proie au rationnement, et découvre sa femme avec un autre. Il se porte alors volontaire pour une mission dont il revient blessé. Finalement, il meurt dans une église aménagée en hôpital, aux côtés d'un ennemi agonisant qui lui prend la main, dans une compréhension muette.

◆ *Pour ce film pacifiste, dans la ligne d'*À l'Ouest rien de nouveau *de Lewis Milestone sorti presque en même temps, Pabst joua la carte de la sobriété documentaire : aucune musique sentimentale, le bruit obsédant des armes et des obus, des dialogues rares et nets.* *M.CH.*

LES QUATRE DIABLES "DE FIRE DJAEVLE"
Drame d'**Alfred Lind** et **Robert Dinesen**, d'après le roman d'Herman Bang, avec Edith Buemann, Robert Dinesen, Carl Rosenbaum, Tilley Christiansen, Einar Rosembaum. Danemark, 1911 – env. 1 100 m (41 mn).

Quatre orphelins recueillis par un vieux forain forment une troupe d'acrobates. L'un d'eux s'amourache d'une riche comtesse. Sa fiancée provoque sa mort, et se jette derrière lui dans le vide.

QUATRE DU TEXAS "FOUR FOR TEXAS"

Western de **Robert Aldrich**, avec Frank Sinatra, Dean Martin, Anita Ekberg, Ursula Andress, Charles Bronson, Victor Buono, Les Trois Stooges. États-Unis, 1963 – Couleurs – 2 h 04.

Les deux survivants d'une attaque de diligence se disputent le magot qu'elle transportait, puis s'allient contre un banquier véreux. Un western burlesque.

QUATRE ÉTRANGES CAVALIERS "SILVER LODE"

Western d'**Allan Dwan**, avec John Payne, Lizabeth Scott, Dan Duryea. États-Unis, 1954 – Couleurs – 1 h 20.

Dans une petite ville du Far West, au début du siècle, quatre cavaliers demandent des comptes au shérif le jour de son mariage.

LES QUATRE FILLES DU DOCTEUR MARCH
"LITTLE WOMEN"

Drame de **George Cukor**, avec Katharine Hepburn *(Jo March)*, Joan Bennett *(Amy March)*, Paul Lukas *(Fritz Bhaer)*, Frances Dee *(Meg March)*, Jean Parker *(Beth March)*, Edna May Oliver *(tante March)*, Douglass Montgomery *(Laurie)*, Henry Stephenson *(Mr Laurence)*, Spring Byington *(Marmee / Mrs. March)*, Samuel S. Hinds *(Mr March)*. • SC : Sarah Y. Mason, Victor Heerman, d'après le roman de Louisa May Alcott. • PH : Henry Gerrard. • DÉC : Van Nest Polglase. • MUS : Max Steiner. • MONT : Jack Kitchin. États-Unis, 1933 – 1 h 47 (durée originale 1 h 55). ★ **OSCAR 1933 DU MEILLEUR SCÉNARIO.**

En l'absence de leur père, à l'époque de la guerre civile, les quatre filles du docteur March grandissent auprès de leur mère. Fière et indépendante, Jo veut écrire. Elle part pour New York et rompt avec Laurie, qui épouse sa sœur Amy. Jo s'éveille à la vie sous l'égide du Pr Bhaer. Elle revient auprès de sa sœur Beth, mourante. Mr March rentre de la guerre, et Bhaer vient rejoindre Jo.

◆ *Grâce à une atmosphère minutieusement reconstituée et à une interprétation délicatement contrôlée, Cukor évite la mièvrerie que pouvait faire craindre l'adaptation d'un tel sujet. Couvé par David O. Selznick, le projet fut repris par le producteur Merian Cooper lorsque Selznick quitta la R.K.O. Ce dernier dut en concevoir quelque amertume (le film fut un triomphe), puisqu'il en prépara lui-même un remake dans les années 40. Mais c'est la M.G.M. qui produisit en 1948 la nouvelle (et troisième) version du roman, qui tomba dans tous les pièges que Cukor avait su si élégamment éviter (Voir ci-dessous).* *N.T.B.*

LES QUATRE FILLES DU DOCTEUR MARCH
"LITTLE WOMEN"

Comédie dramatique de **Mervyn LeRoy**, avec June Allyson, Elizabeth Taylor, Margaret O'Brien, Janet Leigh. États-Unis, 1949 – Couleurs – 2 h 01.

Version en Technicolor du précédent. Touchant et délicatement interprété.

LES QUATRE FILLES DU DOCTEUR MARCH
"LITTLE WOMEN"

Chronique de **Gillian Armstrong**, d'après le roman de Louisa May Alcott, avec Winona Ryder, Susan Sarandon, Trini Alvarado, Claire Danes, Kirsten Dunst. États-Unis, 1994 – Couleurs – 1 h 55.

Un remake réussi signé par la première femme réalisatrice d'Australie.

LES QUATRE FILS DE KATIE ELDER
"THE SONS OF KATIE ELDER"

Western de **Henry Hathaway**, avec John Wayne, Dean Martin, Martha Hyer. États-Unis, 1965 – Couleurs – 2 h.

Quatre frères reviennent dans leur village natal du Texas pour enquêter sur le meurtre de leur père.

QUATRE GARÇONS DANS LE VENT
"A HARD DAY'S NIGHT"

Comédie-reportage de **Richard Lester**, avec Les Beatles [John Lennon, Paul Mc Cartney, Ringo Starr, George Harrison]. • SC : Alan Owen. • PH : Gilbert Taylor. • MUS : J. Lennon, P. Mc Cartney. • MONT : John Jympson. Grande-Bretagne, 1964 – 1 h 25.

Trois jours de la vie des Beatles, qui déclenchent partout où ils passent des phénomènes d'hystérie collective. Ils vont donner un concert, et on les suit successivement dans le train, dans la rue, dans un club, en répétition, au concert.

◆ *Sur un scénario d'une extrême simplicité, une avalanche de gags, au point qu'on a pu comparer Les Beatles aux Marx Brothers. C'est exagéré, mais ce film loufoque dégage une perpétuelle bonne humeur, dans une ambiance de nonsense très britannique. Les « idoles » deviennent à l'écran ce qu'elles ont toujours été : de joyeux garnements irrévérencieux, impertinents, turbulents, qui considèrent d'un œil amusé les délires qu'ils provoquent. Ce reportage burlesque, mené à toute allure par Richard Lester, est aussi un film musical (les mélodies de Lennon et Mc Cartney ne vieillissent pas) et un document sociologique d'importance sur la « beatlemania », hallucinant phénomène des années 60.* *B.B.*

QUATRE HEURES DU MATIN
"FOUR IN THE MORNING"

Drame d'**Anthony Simmons**, avec Ann Lynn, Judi Dench, Norman Rodway. Grande-Bretagne, 1965 – 1 h 35.

Les difficultés de vivre et d'aimer, dans l'Angleterre des années 60. Du cinéma très Nouvelle Vague.

QUATRE HOMMES ET UNE PRIÈRE
"FOUR MEN AND A PRAYER"
Drame de **John Ford**, d'après le roman de David Garth, avec Loretta Young, Richard Greene, George Sanders, David Niven, William Henry, C. Aubrey Smith. États-Unis, 1938 – 1 h 25.

Un colonel britannique est assassiné au moment où il va expliquer à ses enfants la raison pour laquelle il a été destitué. Ses quatre fils jurent de le venger.

LES QUATRE MALFRATS "THE HOT ROCK"
Film d'aventures de **Peter Yates**, d'après le roman de Donald E. Westlake, avec Robert Redford, George Segal, Ron Leibman, Paul Sand. États-Unis, 1972 – Couleurs – 1 h 41.

À peine sorti de prison, un truand se voit proposer un intéressant contrat. De l'humour sur le thème de la course au diamant.

QUATRE MARIAGES ET UN ENTERREMENT (CINQ BONNES RAISONS DE RESTER CÉLIBATAIRE) "FOUR WEDDINGS AND A FUNERAL"
Comédie de **Mike Newell**, avec Hugh Grant *(Charles)*, James Fleet *(Tom)*, Simon Callow *(Gareth)*, Andie MacDowell *(Carrie)*. • SC : Richard Curtis. : • PH : Michael Coulter. • DÉC : Maggie Gray. • COST : Lindy Hemming. : • MUS : Richard Rodney Bennett. • MONT : Jon Gregory. Grande-Bretagne, 1994 – Couleurs – 1 h 57. ★ **CÉSAR du Meilleur film étranger.**

Charles, 32 ans, adore se rendre à des mariages. C'est pour lui l'occasion de retrouver ses amis et de faire quelques nouvelles conquêtes... jusqu'au jour où il tombe amoureux pour de bon, où un de ses amis meurt et où il découvre, à cette occasion, qu'un autre est homosexuel.

◆ *Tout commence comme un divertissement un peu cynique, bien enlevé, bien joué (même les seconds rôles sont excellents), puis l'émotion apparaît sans que le film perde de son rythme ni de sa drôlerie. Ici l'humour n'est pas de dérision, c'est une politesse tolérante qui préserve de l'apitoiement sur soi-même et relativise souffrances et différences.* J.-C.L.

QUATRE NUITS D'UN RÊVEUR
Comédie dramatique de **Robert Bresson**, avec Isabelle Weingarten *(Marthe)*, Guillaume des Forêts *(Jacques)*, Maurice Monnoyer *(le locataire)*. • SC : R. Bresson, d'après la nouvelle de Dostoïevski *les Nuits blanches*. • PH : Pierre Lhomme. France, 1971 – Couleurs – 1 h 30.

Du Pont-Neuf, une femme va se jeter dans la Seine. Un jeune peintre, Jacques, la retient. Ils vont se retrouver quatre fois. Elle lui raconte les raisons de son désespoir. L'homme qu'elle aime et qui lui a promis de venir la chercher dans un an n'a pas reparu. Le peintre tombe amoureux d'elle et le lui avoue. Elle va se décider à partir avec lui quand l'autre revient enfin. Elle s'excuse, et laisse le jeune peintre seul et désemparé.

◆ *Bresson adapte le contexte romantique, volontairement fleuri et presque sentimentaliste (mais avec une bonne dose de perversité), de l'admirable nouvelle de Dostoïevski dans celui du mouvement pacifiste hippie des années 70, croyant y voir une similitude de pensée. Mais la littéralité de l'adaptation gêne dans son langage démodé et Bresson n'a pas osé glisser cette note d'humour glacial qui faisait de chaque scène du récit – et aussi de l'étrange et passionnante adaptation de Visconti (Voir* LES NUITS BLANCHES) *– un subtil mélange de sublime et de grotesque. Le film vaut cependant par la poésie et la magie des scènes nocturnes sur le Pont-Neuf, quand un bateau-mouche illuminé hypnotise le regard au rythme d'une envoûtante chanson brésilienne.* S.K.

QUATRE PAS DANS LES NUAGES
"QUATTRO PASSI TRA LE NUVOLE"
Comédie d'**Alessandro Blasetti**, avec Gino Cervi *(Paolo)*, Adriana Benetti *(Maria)*, Carlo Romano *(le chauffeur)*, Giuditta Rissone *(Clara)*, Margherita Seglin *(donna Luisa)*, Guido Celano *(Pasquale)*, Giancinto Molteni *(don Matteo)*. • SC : Giuseppe Amato, Aldo De Benedetti, A. Blasetti, Cesare Zavattini, Piero Tellini. • PH : Vaclav Vich. • DÉC : Virgilio Marchi. • MUS : Alessandro Cigognini. • MONT : Mario Serandrei. Italie, 1942 – 1 h 35.

Marié et père de famille, un voyageur de commerce qui mène à la ville une existence sans joie s'attarde à la campagne. Là, comme en rêve (d'où le titre du film), il se lie d'amitié avec une jeune fille : quand il apprend qu'elle attend un enfant (d'un autre), il prend sa défense contre les préjugés de son milieu jusqu'à revendiquer le droit à la maternité consentie.

◆ *Sensibilité charmeuse et hardiesse feutrée caractérisent ce film qui prolonge la veine des comédies intimistes de Mario Camerini. On y a vu la contribution au néoréalisme naissant de Blasetti, cinéaste inventif, inégal et méconnu, qui dit l'avoir dirigé « un peu par hasard » et presque entièrement en studio : en fait, pour échapper par le travail à la méfiance des autorités fascistes, qui le soupçonnaient avec raison de mener un double jeu à la direction du Centro Sperimentale de Rome.* G.LD.

▷ Le film a fait l'objet d'un remake intitulé SOUS LE CIEL DE PROVENCE "ERA DI VENERDI' 17", de **Mario Soldati**, avec Fernandel, Alberto Sordi, Giulia Rubini. Italie / France, 1956 – Couleurs – 1 h 37.

LES QUATRE PLUMES BLANCHES
"THE FOUR FEATHERS"
Film d'aventures de **Zoltan Korda**, d'après le roman d'A.E.W. Mason, avec John Clements, Ralph Richardson, C. Aubrey Smith, June Duprez, Allan Jeayes. Grande-Bretagne, 1939 – Couleurs – 2 h 10.

Un jeune officier britannique qui s'oppose à la guerre du Soudan donne sa démission et reçoit, de ses amis, quatre plumes blanches, symbole de lâcheté. Pour prouver son courage il devient un héros.

▷ Autres versions réalisées par : **Lothar Mendes, Merian C. Cooper** et **Ernest Schoedsack**, avec Richard Arlen, Fay Wray, Clive Brook, William Powell, George Fawcett, Noah Beery. États-Unis, 1929 – 2 240 m (env. 1 h 23). **Terence Young** et **Zoltan Korda**, intitulée LES QUATRE PLUMES BLANCHES "STORM OVER THE NILE", avec Anthony Steel, Laurence Harvey, James Robertson Justice, Mary Ure. Grande-Bretagne, 1956 – Couleurs – 1 h 47. **Don Sharp**, avec Beau Bridges, Robert Powell, Simon Ward, Jane Seymour. États-Unis, 1977 – Couleurs – 1 h 50.

LES QUATRE VÉRITÉS
Film à sketches de **Luis G. Berlanga** (I), **Hervé Bromberger** (II), **Alessandro Blasetti** (III) et **René Clair** (IV), avec Hardy Krüger, Monica Vitti, Sylva Koscina, Rossano Brazzi, Jean Poiret, Michel Serrault, Anna Karina, Leslie Caron, Charles Aznavour. France / Espagne / Italie, 1962 – 1 h 49.

Transposition moderne de quatre fables de La Fontaine : *la Mort et le Bûcheron* (I), *le Corbeau et le Renard* (II), *le Lièvre et la Tortue* (III) et *les Deux Pigeons* (IV).

LE 84 PREND DES VACANCES
Comédie de **Léo Joannon**, avec Rellys, André Gabriello, Yves Deniaud, Mary Marquet, Paulette Dubost. France, 1950 – 1 h 33.

Un conducteur d'autobus aperçoit sa femme qui est sur le point d'être enlevée, et se lance à sa poursuite avec son véhicule chargé de voyageurs.

LA QUATRIÈME ALLIANCE DE DAME MARGUERITE "PRÄSTÄNKAN"
Drame de **Carl Theodor Dreyer**, avec Hildur Carlberg, Einar Rod, Greta Almroth. Danemark, 1920 – env. 2 400 m (1 h 30).

Dans un petit village de Norvège au XVIIe siècle, un jeune homme, pour devenir pasteur, épouse une veuve dont c'est le quatrième mariage. Avec son ancienne fiancée, il tente de supprimer la vieille femme mais elle mourra de mort naturelle en leur pardonnant.

LA QUATRIÈME DIMENSION "TWILIGHT ZONE"
Film fantastique à sketches de **John Landis**, **Steven Spielberg**, **Joe Dante** et **George Miller**. États-Unis, 1983 – Couleurs – 1 h 42.

Quatre sketches où l'irrationnel prend le pas sur le réel. Un hommage décevant à la fameuse série télévisée des années 60.

LE QUATRIÈME HOMME
"KANSAS CITY CONFIDENTIAL"
Film policier de **Phil Karlson**, avec John Payne, Coleen Gray, Preston Foster, Neville Brand. États-Unis, 1952 – 1 h 38.

Un innocent est soupçonné d'être le complice de malfaiteurs qui ont dévalisé une banque. Il mène l'enquête pour se disculper.

LE QUATRIÈME POUVOIR
Drame de **Serge Leroy**, avec Philippe Noiret, Nicole Garcia. France, 1985 – Couleurs – 1 h 40.

Dorget, journaliste connu, et Catherine Carré, présentatrice vedette, constatent, lors d'une affaire de ventes d'armes, que la presse n'est pas libre.

QUEEN KELLY "QUEEN KELLY"
Drame d'**Erich von Stroheim**, avec Gloria Swanson *(Kelly)*, Walter Byron *(Wolfram)*, Seena Owen *(la reine)*, Sydney Bracy. • SC : E. von Stroheim. • PH : Gordon Pollock, Paul Ivano. • DÉC : Harry Miles. États-Unis, 1928 – 3 000 m (env. 1 h 51).

Le prince Wolfram, fiancé à la reine d'un pays imaginaire, rencontre Kelly, au milieu d'orphelines conduites par des religieuses. Elle perd sa culotte devant lui. Il en tombe amoureux et l'enlève de l'orphelinat pour l'amener au palais. Mais la reine jalouse, la chasse à coups de cravache. Elle se jette à l'eau pour se suicider, est recueillie et va rejoindre une tante qui tient un commerce en Afrique. La tante est mourante et son commerce est un bordel. Kelly est contrainte d'épouser le libidineux maquereau, qui marche avec deux béquilles.

◆ *Gloria Swanson, productrice du film, l'interrompit au milieu du tournage, alors que l'odyssée de Kelly était loin d'être terminée. Reine du bordel, elle retrouvait le prince exilé. La reine se faisant assassiner, ils revenaient au pays, se mariaient et elle devenait la nouvelle reine dans le palais dont elle avait été chassée. Selon certains, c'est l'avènement du parlant qui fut la cause de l'interruption du film, trop long et trop cher ; selon d'autres, Swanson aurait craqué dans la scène du mariage. Contrairement à ce qui a été dit, ce ne fut pas ce film qui mit fin à la carrière de Stroheim. C'est lui-même qui d'abord refusa de tourner des films parlants à cause de l'insuffisance réaliste du son à cette époque.* *S.K.*

QUEIMADA "QUEIMADA"
Drame de **Gillo Pontecorvo**, avec Marlon Brando, Evaristo Marques, Renato Salvatori. Italie, 1970 – Couleurs – 1 h 51.

Un agent britannique téléguide un mouvement révolutionnaire dans une île des Antilles soumise à l'Espagne.

QUE LA BÊTE MEURE
Drame de **Claude Chabrol**, d'après le roman de Nicholas Blake, avec Michel Duchaussoy, Jean Yanne, Caroline Cellier, Anouk Ferjac. France, 1969 – Couleurs – 1 h 50.

Un homme dont le fils a été tué par un chauffard qui a pris la fuite retrouve sa trace et l'affronte.

QUE LA FÊTE COMMENCE
Drame historique de **Bertrand Tavernier**, avec Philippe Noiret, Jean Rochefort, Jean-Pierre Marielle, Marina Vlady, Christine Pascal, Gérard Desarthe. France, 1975 – Couleurs – 2 h.

En 1719, un petit noble breton se révolte contre l'arbitraire royal et reçoit l'aide des Espagnols. Le Régent est plutôt libéral mais l'insistance de l'un de ses conseillers l'oblige à sévir.

QUE LE MEILLEUR L'EMPORTE "THE BEST MAN"
Drame de **Franklin J. Schaffner**, d'après la pièce de Gore Vidal, avec Henry Fonda, Cliff Robertson, Lee Tracy. États-Unis, 1964 – 1 h 44.

Lors des « primaires » d'un parti politique américain, deux hommes luttent pour le titre de candidat à la présidence.

QUE LES GROS SALAIRES LÈVENT LE DOIGT ! ! !
Comédie de **Denys Granier-Deferre**, avec Jean Poiret, Daniel Auteuil, Michel Piccoli, Marie Laforêt. France, 1982 – 1 h 38.

Le patron d'une compagnie d'assurances organise pour ses employés un charmant week-end à la campagne. En fait, il s'agit de préparer les licenciements de quatre « gros salaires ».

QUELLE DRÔLE DE GOSSE !
Comédie de **Léo Joannon**, avec Danielle Darrieux, Albert Préjean, Jeanne Helbling, Lucien Baroux, André Roanne, Suzanne Despès. France, 1935 – 1 h 25.

Une jeune fille qui aime son patron se fait congédier par principe, afin qu'il puisse la demander en mariage.

QU'ELLE ÉTAIT VERTE MA VALLÉE
"HOW GREEN WAS MY VALLEY"
Drame de **John Ford**, avec Walter Pidgeon *(Gruffydd)*, Maureen O'Hara *(Angharad)*, Donald Crisp *(Mr Morgan)*, Roddy Mc Dowall *(Huw)*. • SC : Philip Dunne, d'après le roman de Richard Llewellyn. • PH : Arthur Miller. • DÉC : Richard Day, Nathan Juran, Thomas Little. • MUS : Alfred Newman. • MONT : James B. Clark. États-Unis, 1941 – 1 h 58. ★ **OSCAR DU MEILLEUR FILM 1941.**

Vers 1890, la vie d'une famille de mineurs, les Morgan, au pays de Galles. Le pasteur Gruffydd est amoureux de leur fille Angharad, mais, pour assurer son bonheur, lui fait épouser le fils du patron. À la suite d'une grève, le désaccord entre le père et ses fils provoque le départ de ceux-ci. Le père meurt dans un grave accident de la mine.

◆ *Souvent taxé de paternalisme sentimental, ce film, qui date de la période où le sens aigu de la beauté de Ford est à son apogée, est pourtant un des seuls films consacrés à la classe ouvrière où celle-ci est montrée avec ses valeurs et une compréhension intérieure jamais « entomologiste » qui ne peut être le fait que de l'un de ses fils.* *S.K.*

QUELLE HEURE EST-IL "CHE ORA È"
Comédie d'**Ettore Scola**, avec Marcello Mastroianni, Massimo Troisi, Anne Parillaud. • SC : Ettore Scola, Beatrice Ravaglioli, Silvia Scola. • PH : Luciano Tovoli. • MUS : Armando Trovajoli. • MONT : Raimondo Crociani. Italie / France, 1990 – Couleurs – 1 h 35.

Dans un port, un homme mûr attend son fils à la sortie de la caserne où il effectue (tardivement) son service militaire. Les retrouvailles sont mi-chaleureuses, mi-embarrassées. Les deux hommes ont du mal à se comprendre et à faire entendre leur musique respective. Ils échangeront des propos légers ou essentiels pendant toute une nuit, sorte de nuit fantastique ou, si l'on préfère, fatale, car leurs destins vont en être transformés.

◆ *Le miracle de ce film tient dans des qualités qui ne sont pas définissables. L'air de la ville, les sourires du père, les dérobades affectueuses du fils, la chaîne des malentendus, le décor, les décors, une scène dans un restaurant, la nuit, les silences, les paroles surabondantes, celles qui disent et celles qui cachent des vérités... Il y a là quelque chose de magique. Le vrai grand cinéma se reconnaît à ce genre de choses non mesurables.* *G.S.*

QUELLE JOIE DE VIVRE ! "JOY OF LIVING"
Comédie de **Tay Garnett**, avec Irene Dunne, Douglas Fairbanks Jr., Alice Brady, Guy Kibbee, Lucille Ball, Eric Blore, Jean Dixon, Warren Hymer. États-Unis, 1938 – 1 h 30.

Une chanteuse de Broadway se laisse séduire par un aristocrate et décide de l'épouser pour échapper à sa famille qui l'exploite.

QUELLE JOIE DE VIVRE "CHE GIOIA VIVERE"
Comédie satirique de **René Clément**, avec Alain Delon *(Ulysse)*, Barbara Lass *(Franca)*, Gino Cervi *(Olinto)*. • SC : R. Clément, Leo Benvenuti, Piero de Bernardi, d'après une idée de Gualtiero Jacopeti. • PH : Henri Decae. • MUS : Francesco Lavagnino. Italie / France, 1961 – 2 h 12.

Par nécessité plus que par conviction, un jeune démobilisé s'engage dans les rangs du fascisme (nous sommes en Italie et en 1921). Il est chargé d'espionner une imprimerie clandestine. Il y est gentiment accueilli et s'y trouve bien (d'autant que la fille du révolutionnaire est fort jolie). Il se fait passer pour un activiste d'extrême-gauche, mais de vrais terroristes posent des bombes lors d'une exposition. Les fascistes sont ravis car un attentat justifierait leur intervention musclée. Mais le jeune homme désamorce le complot.

◆ *Le ton désinvolte et primesautier du film est inhabituel chez René Clément qui travaille généralement dans le drame et le grave. En fait, il s'agit d'une réflexion sur la liberté, l'oppression, l'engagement, le destin, autant de thèmes que Clément n'a cessé de traiter de film en film.* G.S.

QUEL PÉTARD ! "GREAT GUNS"
Film burlesque de **Monty Banks**, avec Stan Laurel, Oliver Hardy, Mae Marsh, Ethel Griffies, Sheila Ryan, Dick Nelson. États-Unis, 1941 – 1 h 14.

Employés pour veiller sur un jeune milliardaire que ses parents croient malade, les deux amis le suivent pendant son service militaire et vivent de drôles d'aventures.

QUEL PHÉNOMÈNE ! "WELCOME DANGER"
Film burlesque de **Clyde Bruckman**, avec Harold Lloyd, Barbara Kent, Noah Young, Charles Middleton. États-Unis, 1929 – env. 2 900 m (1 h 50).

Le timide fils du chef de la police locale se trouve impliqué dans une violente guerre des gangs.

QUELQUE CHOSE D'AUTRE "O NOCEM JINEM"
Comédie dramatique de **Vera Chytilova**, avec Eva Basakova, Vera Vzelacova, Josef Langmiler, Jiri Kodet, Milivoj Vzelac. Tchécoslovaquie, 1963 – 1 h 30.

La vie quotidienne de deux femmes très différentes, une mère de famille désabusée et une gymnaste de haut niveau. L'une et l'autre rêvent de s'évader et tentent de le faire, mais, conditionnées, elles reviennent à leur vie première.

QUELQUE PART DANS LA NUIT
"SOMEWHERE IN THE NIGHT"
Drame de **Joseph L. Mankiewicz**, d'après le récit de Marvin Borowsky, avec John Hodiak, Nancy Guild, Richard Conte, Lloyd Nolan, Josephine Hutchinson. États-Unis, 1946 – 1 h 50.

Un ancien soldat frappé d'amnésie se lance à la recherche d'un criminel, clé de son passé, avec l'aide d'une jeune chanteuse.

QUELQUE PART DANS LE TEMPS
"SOMEWHERE IN TIME"
Film fantastique de **Jeannot Szwarc**, avec Christopher Reeve, Jane Seymour, Christopher Plummer. États-Unis, 1980 – Couleurs – 1 h 43.

Un auteur dramatique de 1980 se retrouve projeté en 1912 à l'aide d'une photographie et d'une montre magiques.

QUELQUE PART EN EUROPE
"VALAHOL EURÓPÁBAN"
Film de guerre de **Géza Radványi**, avec Artur Somlay *(Péter Simon, le vieux musicien)*, Miklós Gábor *(Ossup, le chef de la bande)*, László Horváth *(Kuksi)*, Zsuzsa Bánki *(Eva)*, György Bárdi *(le régisseur)*, Endre Harkányi *(le rouquin)*. • SC : Béla Balász, G. Radványi, Judit Fejér [Máriássy], Félix Máriássy. • PH : Barnabás Hegyi. • DÉC : József Pán. • MUS : Dénes Buday. Hongrie, 1947 – 1 h 44.

Les bords du Danube, en 1944. Sous la conduite d'un garçon de 17 ans, se forme une bande d'enfants abandonnés, vivant de vols et de pillages. Les paysans les chassent à coups de fusil. Ils se réfugient dans un château habité par un vieux chef d'orchestre qui les protège ; mais les paysans donnent l'assaut. Après la mort de l'un des jeunes, le musicien condamne la guerre, fait l'éloge de la liberté, et part en laissant les paysans à leur responsabilité.

◆ *Cette œuvre, une des premières tournées en Hongrie après la guerre, constitue un témoignage sincère, authentique, sur les conséquences humaines du conflit. Des influences aussi diverses que celle du cinéma soviétique (Voir* Le Chemin de la vie*) ou du néoréalisme italien sont assimilées avec talent, certes, mais sans génie. La conception de la liberté exprimée à la fin est très marquée par le communisme de l'époque.* J.-P.B.

QUELQUE PART, QUELQU'UN

Drame de **Yannick Bellon**, avec Loleh Bellon, Roland Dubillard, Hugues Quester. France, 1972 – Couleurs – 1 h 40.

Dans un Paris en pleine mutation architecturale, quelques destins se croisent mais ne se rencontrent pas.

QUELQUES INTERVIEWS SUR DES QUESTIONS PERSONNELLES

"Ramdenime interviu pirad sakitxebze"

Drame psychologique de **Lana Gogoberidze**, avec Sofiko Tchiaoureli, Gouia Badridze, Ketevan Orakhelachvili. U.R.S.S. (Géorgie), 1978 – Couleurs – 1 h 37.

Une journaliste tient une chronique dans laquelle elle répond aux problèmes quotidiens que lui soumettent ses lecteurs. Absorbée par son travail, elle délaisse sa famille.

QUELQUES JOURS AVEC MOI

Drame de **Claude Sautet**, d'après le roman de Jean-François Josselin, avec Daniel Auteuil, Sandrine Bonnaire, Jean-Pierre Marielle, Danielle Darrieux, Dominique Lavanant. France, 1988 – Couleurs – 2 h.

À l'occasion d'une tournée d'inspection, le fils d'une famille propriétaire de supermarchés, dépressif convalescent, s'éprend de la domestique du patron d'un magasin de Limoges.

QUELQUES JOURS DE LA VIE D'OBLOMOV

"Neskol'ko dnej iz žizni I.I. Oblomova"

Chronique de **Nikita Mikhalkov**, d'après l'œuvre d'I. Gontcharov, avec Oleg Tabakov, Youri Bogatyrev, Elena Solovei. U.R.S.S. (Russie), 1979 – Couleurs – 2 h 25.

Un homme indécis poursuit, dans une paresse délicieuse, le souvenir d'une mère adorée. Un chef-d'œuvre.

QUELQUES MESSIEURS TROP TRANQUILLES

Comédie de **Georges Lautner**, d'après le roman de série noire d'ADG, *la Nuit des grands chiens malades*, avec Jean Lefebvre, Paul Préboist, Michel Galabru, Renée Saint-Cyr. France, 1973 – Couleurs – 1 h 40.

Les habitants de Loubressac ressassent encore la colère qui les a pris à l'arrivée d'une bande de hippies, quand un meurtre est commis.

QUELQUES PAS DANS LA VIE "Tempi nostri"

Comédie dramatique d'**Alessandro Blasetti**, avec Dany Robin, François Périer, Danièle Delorme, Yves Montand, Sophia Loren, Michel Simon, Totò, Sylvie, Vittorio De Sica. Italie / France, 1954 – 1 h 30.

En six sketches, gais ou tristes, une évocation de la vie moderne, de 1920 à 1950.

QUELQU'UN DERRIÈRE LA PORTE

Drame de **Nicolas Gessner**, d'après le roman de Jacques Robert, avec Charles Bronson, Anthony Perkins, Jill Ireland. France, 1971 – Couleurs – 1 h 40.

Un médecin utilise un amnésique pour tirer vengeance de l'amant de sa femme. Une machination compliquée.

QUENTIN DURWARD "Quentin Durward"

Film d'aventures historiques de **Richard Thorpe**, d'après le roman de sir Walter Scott, avec Robert Taylor, Kay Kendall, Robert Morley. États-Unis, 1955 – Couleurs – 1 h 41.

Au XVe siècle, un vieux lord anglais envoie son neveu lui ramener la femme sur qui il a jeté son dévolu. Mais le jeune homme en tombe amoureux... Une splendide adaptation.

QUERELLE "Querelle"

Drame de **Rainer Werner Fassbinder**, d'après le roman de Jean Genet *Querelle de Brest*, avec Brad Davis, Franco Nero, Jeanne Moreau, Laurent Malet. R.F.A. / France, 1982 – Couleurs – 1 h 55.

Un jeune marin débarque dans un cabaret de Brest et découvre un univers où le sexe est une monnaie d'échange. Il entame sa descente aux enfers.

QU'EST-CE QUE MAMAN COMPREND À L'AMOUR "The Reluctant Debutante"

Comédie de **Vincente Minnelli**, d'après la pièce de William Douglas Home, avec Rex Harrison, Kay Kendall, John Saxon, Sandra Dee. États-Unis, 1958 – Couleurs – 1 h 34.

À Londres, un couple d'aristocrates a bien des soucis avec sa fille élevée à l'américaine...

QU'EST-CE QUI FAIT COURIR DAVID ?

Chronique d'**Élie Chouraqui**, avec Charles Aznavour, Nicole Garcia, Francis Huster. France, 1982 – Couleurs – 1 h 37.

Le prochain film de David, jeune metteur en scène, sera un succès : d'ailleurs, il en fait lire le script autobiographique à son amie, sans se soucier des réactions d'amour propre de celle-ci.

QU'EST-CE QU'ON ATTEND POUR ÊTRE HEUREUX ?

Comédie dramatique de **Coline Serreau**, avec Henri Garcin, André Julien, Évelyne Buyle. France, 1982 – Couleurs – 1 h 32.

À l'occasion du tournage d'un film publicitaire, le commanditaire déclenche une révolution chez les figurants en faisant tourner deux fois la dernière prise.

QU'EST-IL ARRIVÉ À BABY JANE ?
"WHATEVER HAPPENED TO BABY JANE ?"
Drame psychologique de **Robert Aldrich**, avec Bette Davis *(Baby Jane)*, Joan Crawford *(Blanche)*, Victor Buono *(Edwin Flagg)*, Anna Lee *(Mme Bates)*, Marjorie Bennett *(Della Flagg)*. • SC : Lukas Heller, d'après le roman de Henry Farell. • PH : Ernest Haller. • DÉC : William Glasgow. • MUS : Frank De Vol. • MONT : Michael Luciano. États-Unis, 1962 – 2 h 12.

Au temps du cinéma muet, « Baby » Jane est une grande star, une des premières enfants prodiges ; sa sœur Blanche, timide et réservée, reste dans l'ombre. Dans les années 30, les rôles sont inversés, Blanche est une grande vedette, Jane est oubliée. Désormais, bien des années après, elles vivent en commun une double névrose. Blanche, victime d'un mystérieux accident, est infirme et semble tout accepter d'une sœur transformée en infirmière sadique qui multiplie les mauvais traitements et répète son antique tour de chant avec un accompagnateur benêt dans l'espoir de remonter sur scène. Blanche finit par périr de ce régime particulier, mais le voile est désormais levé sur l'accident...

◆ *Peu prisé lors de sa présentation au festival de Cannes,* Qu'est-il arrivé à Baby Jane ? *est vite devenu un film culte et le symbole du cinéma « d'horreur psychologique ». Aldrich sait parfaitement corser le mélange en ancrant la fiction à Hollywood juste après la fin des studios. De fait, le rêve est terminé depuis belle lurette : qu'est-il donc arrivé à Bette Davis métamorphosée en traîne-savate (au sens propre) et enfermée dans le délire d'un impossible come-back ? La très classique construction scénarique fondée sur le retournement final est d'une remarquable efficacité, mais c'est surtout l'ex-Baby Jane qui, dans un noir et blanc de cauchemar, nous apporte ce que nous étions venus chercher : la peur.* M.C.

QU'EST-IL ARRIVÉ À TANTE ALICE ?
"WHATEVER HAPPENED TO AUNT ALICE ?"
Film d'épouvante de **Lee H. Hatzin**, d'après le roman d'Ursula Curtiss *The Forbidden Garden*, avec Geraldine Page, Ruth Gordon, Rosemary Forsyth, Robert Fuller, Mildred Dunnock. États-Unis, 1969 – Couleurs – 1 h 41.

Une douce veuve assassine ses logeurs pour s'approprier leurs économies. Horreur et humour noir font bon ménage.

LA QUESTION
Film politique de **Laurent Heynemann**, d'après le livre d'Henri Alleg, avec Jacques Denis, Nicole Garcia. France, 1977 – Couleurs – 1 h 51.

Henri, journaliste à Alger, tombe entre les mains de parachutistes qui le torturent pour trouver ses « complices ». Un témoignage rigoureux sur les moyens employés pendant la guerre d'Algérie.

QUESTION D'HONNEUR
"UNA QUESTIONE D'ONORE"
Drame de **Luigi Zampa**, avec Ugo Tognazzi, Nicoletta Machiaveli, Bernard Blier. Italie, 1965 – Couleurs – 1 h 53.

Depuis des générations, les deux plus grandes familles de Sardaigne passent leur temps à s'entretuer. La « jeune génération » n'y pourra rien changer.

QUE VIENNE LA NUIT "HURRY SUNDOWN"
Drame d'**Otto Preminger**, avec Jane Fonda, Michael Caine, John Phillip Law, Burgess Meredith, Faye Dunaway. États-Unis, 1967 – Couleurs – 2 h 16.

En Géorgie, à la fin de la Seconde Guerre mondiale, l'affrontement de deux familles de fermiers, l'une blanche l'autre noire.

QUE VIVA MEXICO ! "QUE VIVA MEXICO !"
Film historique de **Serguei M. Eisenstein**, avec les habitants des États mexicains où eut lieu le tournage. • SC : S.M. Eisenstein, Grigori Aleksandrov. • PH : Edouard Tissé. • DÉC : Youri Soboliev. • MUS : Hugo Riesenfeld. Mexique / États-Unis, 1932 – 1 h 10 à 5 h 20, selon les montages.

Conçu comme une véritable fresque de l'histoire du Mexique contemporain depuis les années 1900, le film devait comporter, avec un prologue et un épilogue, quatre épisodes : (I) *Fiesta* ; (II) *Sandunga* ; (III) *Maguey* ; (IV) *Soldadera*. Articulés autour de la révolte progressive contre l'injustice, ils consistent aussi bien en tableaux des mœurs traditionnelles qu'en narration de moments révolutionnaires. À chaque fois, un couple est au centre de l'action : adultère dans le milieu des corridas sur fond de société coloniale *(Fiesta)*, union primitive au sein de la nature *(Sandunga)*, révolte d'un peón pour venger l'honneur de sa femme violée par le propriétaire terrien *(Maguey)*, solidarité dans la lutte révolutionnaire *(Soldadera)*.

◆ *Eisentein fut totalement fasciné par la découverte du Mexique, mais les circonstances l'empêchèrent de mener à bien ce gigantesque projet et il dut retourner en Union soviétique stoppé en plein élan – tournage arrêté et négatifs bloqués par les Américains (32 000 m furent impressionnés). Aussi n'existe-t-il que des montages exécutés en dehors de lui, en particulier* Tonnerre sur le Mexique [Thunder Over Mexico] *(produit par Sol Lesser à partir de l'épisode Maguey)* et Time in the Sun *(réalisé par Mary Seton en forme d'album-souvenir du tournage) qu'Eisenstein jugea tous deux « navrants ». Reste pour le spectateur une série d'images extraordinaires, en suspens puisque non intégrées dans leur véritable unité, mais impressionnantes de force et de beauté : rites funèbres, supplice des peónes enterrés à mi-corps, scènes de la vie quotidienne et de la nature, etc. Reste également que le lyrisme et l'ampleur rencontrés au Mexique allaient nourrir les dernières grandes œuvres soviétiques d'Eisenstein.* *J.-M.C.*

QUI ?

Film policier de **Léonard Keigel**, avec Romy Schneider, Maurice Ronet, Gabriele Tinti. France, 1970 – Couleurs – 1 h 20.

À la suite d'une dispute, Marina a-t-elle tué Claude ? Le frère du disparu enquête, car il aime aussi Marina.

QUI A PEUR DE VIRGINIA WOOLF ?

"WHO'S AFRAID OF VIRGINIA WOOLF ?"

Drame de **Mike Nichols**, avec Elizabeth Taylor *(Martha)*, Richard Burton *(George)*, George Segal *(Nick)*, Sandy Dennis *(Honey)*. • SC : Ernest Lehman, d'après la pièce d'Edward Albee. • PH : Haskell Wexler. • DÉC : George James Hopkins. • MUS : Alex North. • MONT : Sam O'Steene. États-Unis, 1966 – 2 h 10.

Sous les regards navrés d'un couple d'amis, Martha provoque son mari George, lui assène les nombreux griefs qu'elle a contre lui, accumulés au cours d'une longue vie conjugale médiocre. Sous l'effet de l'alcool, la querelle de ménage devient grandiose.

◆ *Le film est tiré d'une pièce que Mike Nichols a filmée avec peu d'effets cinématographiques. Il ne cherche pas d'échappées vers un décor élargi, et l'unité de lieu intensifie l'impression de confinement, d'étouffement, de mauvais goût délibéré, que provoque la plus grande scène de ménage de l'histoire du cinéma. Le couple Burton-Taylor joue plus vrai que nature, et pour cause, cette crise conjugale paroxystique.* *B.B.*

QUI A TUÉ LE CHAT ? "IL GATTO"

Comédie satirique de **Luigi Comencini**, avec Ugo Tognazzi, Mariangela Melato, Michel Galabru. Italie, 1977 – Couleurs – 1 h 49.

Un homme et sa sœur, propriétaires d'un immeuble de Rome, veulent le vendre. Le meurtre du chat du frère va leur donner l'occasion d'enquêter sur les locataires.

QUI A TUÉ TANTE ROO ?

"WHOEVER SLEW AUNTIE ROO ?"

Film fantastique de **Curtis Harrington**, avec Shelley Winters, Mark Lester, Ralph Richardson. États-Unis, 1972 – Couleurs – 1 h 30.

Deux enfants participent à une fête étrange dans une maison gouvernée par une personne qui se fait appeler « Tante Roo ». Ils échappent de justesse à cette moderne sorcière.

QUI CHANTE LÀ-BAS ? "KO TO TAMO PEVA"

Comédie dramatique de **Slobodan Šijan**, avec Pavle Vuisić, Dragan Nikolić, Danilo Stojković. Yougoslavie, 1980 – Couleurs – 1 h 28.

Pour les passagers d'un autocar vétuste qui se rend à Belgrade, en 1941, le voyage dure plus longtemps que prévu en raison d'événements inattendus.

QUI DONC A VU MA BELLE ?

"HAS ANYBODY SEEN MY GAL ?"

Comédie de **Douglas Sirk**, avec Charles Coburn, Piper Laurie, Rock Hudson. États-Unis, 1952 – Couleurs – 1 h 29.

Un vieux milliardaire sans héritier décide de léguer sa fortune à son ex-fiancée qui l'a autrefois propulsé dans les affaires.

QUI ÉTAIT DONC CETTE DAME ?

"WHO WAS THAT LADY ?"

Comédie de **George Sidney**, avec Tony Curtis, Dean Martin, Janet Leigh, Barbara Nichols. États-Unis, 1960 – 1 h 55.

Deux amis déchaînent les pires catastrophes en se faisant passer pour deux agents du F.B.I. Une énorme farce.

QUI ÊTES-VOUS MONSIEUR SORGE ?

Biographie d'**Yves Ciampi**, avec Thomas Holtzmann, Hans-Otto Meissner, Keiko Kishi, Jacques Berthier, Françoise Spira, Mario Adorf. France / Italie / Japon, 1961 – 2 h 15.

De 1937 à 1944, une reconstitution minutieuse des activités du réseau soviétique au Japon, mené par un espion célèbre dont la fin incertaine a soulevé beaucoup d'interrogations.

QUI ÊTES-VOUS POLLY MAGOO ?

Comédie dramatique de **William Klein**, avec Dorothy Mac Gowan, Jean Rochefort, Sami Frey, Philippe Noiret. France, 1966 – 1 h 40. ★ PRIX JEAN-VIGO 1967.

L'autoportrait sans fard d'un mannequin de haute couture. Une brillante critique du monde des médias.

QU'IL ÉTAIT BON MON PETIT FRANÇAIS
"COMO ERA GOSTOSO O MEU FRANCÊS"
Comédie dramatique de **Nelson Pereira Dos Santos**, avec Arduino Colassanti, Ana Maria Magalhaes. Brésil, 1971 – Couleurs – 1 h 24.

Au XVIe siècle, un Français capturé par les Indiens vit en sursis grâce à ses connaissances techniques. Il apprend leurs coutumes et se trouve gratifié d'une épouse avant d'être mangé.

QUILOMBO "QUILOMBO"
Drame de **Carlos Diegues**, avec Antonio Pompéo, Zezé Motta, Toni Tornado. Brésil / France, 1984 – Couleurs – 1 h 50.

Au XVIIe siècle, des Noirs fuyant l'esclavage fondent une communauté agricole. Mais les colons portugais ne tolèrent pas l'expérience.

QUINTET "QUINTET"
Drame de **Robert Altman**, avec Paul Newman, Vittorio Gassman, Bibi Andersson, Brigitte Fossey. États-Unis, 1979 – Couleurs – 1 h 57.

Dans un désert envahi par les glaces, Essex, chasseur de phoques, revient à la ville où il a autrefois habité... Il devra jouer au « quintet », jeu étrange où il faut tuer pour mériter la vie.

QUINZE JOURS AILLEURS
"TWO WEEKS IN ANOTHER TOWN"
Drame de **Vincente Minnelli**, d'après le roman d'Irwin Shaw, avec Kirk Douglas, Edward G. Robinson, Cyd Charisse. États-Unis, 1962 – Couleurs – 1 h 47.

Après une dépression, Jack, ancien acteur vedette de Hollywood, est engagé pour un travail de quinze jours à Rome par un réalisateur qui est à l'origine de ses anciens succès, mais aussi de ses malheurs. L'occasion de briser définitivement son passé.

QUI PERD GAGNE "LOSER TAKES ALL"
Comédie de **Ken Annakin**, d'après le roman de Graham Greene, avec Rossano Brazzi, Glynis Johns, Robert Morley. Grande-Bretagne, 1956 – Couleurs – 1 h 28.

À Monte-Carlo, dans une ambiance luxueuse, la fortune n'arrive pas à détruire le couple formé par un aide-comptable doté d'une chance peu commune et sa jeune fiancée.

QUI TIRE LE PREMIER ? "A TIME FOR DYING"
Western de **Budd Boetticher**, avec Anne Randall, Richard Lapp, Bob Random, Audie Murphy. États-Unis, 1969 – Couleurs – 1 h 20.

Un jeune tireur découvre l'univers de l'Ouest et ses vedettes. Billy le Kid aussi bien que Jess James. Le regard désabusé d'un spécialiste du western.

QUI TROP EMBRASSE...
Drame de **Jacques Davila**, avec Anne Wiazemsky, Tonie Marshall, Micheline Presle, Andrzej Seweryn, Michel Gautier. France, 1986 – Couleurs – 1 h 25.

Nathalie, Françoise, Marc, Christian... : les chassés-croisés de l'amour, de la déception, de la provocation.

QUI VEUT LA PEAU DE ROGER RABBIT ?
"WHO FRAMED ROGER RABBIT ?"
Comédie policière de **Robert Zemeckis**, d'après le livre de Gary K. Wolf *Who Censored Roger Rabbit ?*, avec Bob Hoskins, Christopher Lloyd, Charles Fleischer. États-Unis, 1988 – Couleurs – 1 h 36.

Un détective est chargé par un producteur de découvrir qui s'attache à la perte de sa vedette. Servi par l'admirable travail d'animation de R. Williams, ce film qui mêle dessins animés et personnages réels est ébouriffant d'humour et de rythme.

QUIZ SHOW "QUIZ SHOW"
Comédie dramatique de **Robert Redford**, d'après le roman de Richard N. Goodwin Remembering America, avec Ralph Fiennes *(Charles Van Doren)*, Rob Morrow *(Dick Goodwin)*, John Turturro *(Herbert Stempel)*, Paul Scofield *(Mark Van Doren)*. • SC : Paul Attanasio. • PH : Michael Ballhaus. • DÉC : John Hutman. • MUS : Mark Isham. • MONT : Stu Linder. États-Unis, 1994 – Couleurs – 2 h 10.

L'audience du jeu télévisé *Twenty one* plafonne car c'est le même candidat, Hubert Stempel, qui gagne à chaque fois. Pour relancer l'intérêt, le sponsor demande à la chaîne de remplacer Stempel par un candidat ayant plus de charisme. Un jeune et brillant universitaire, Van Doren, accepte de défier Stempel. Il découvre vite que le jeu est truqué mais il ne renonce pas pour autant. Stempel porte plainte. Un jeune juriste du Congrès, Dick Goodwin, s'intéresse à l'affaire et mène sa propre enquête qui l'amènera à découvrir la vérité.

◆ *Fondé sur une histoire vraie, ce film a une visée simple : démystifier les mécanismes de l'illusion télévisuelle. Mais il le fait avec des moyens très élaborés où la complexité des psychologies individuelles n'est pas sacrifiée à l'efficacité de la démonstration.* J.-C.L.

QUOI ? "WHAT ?"
Comédie de **Roman Polanski**, avec Marcello Mastroianni, Sydne Rome, Hugh Griffith. Grande-Bretagne / Italie, 1973 – Couleurs – 1 h 50.

Une jeune Américaine voyageant en Italie se réfugie dans une villa où elle rencontre de curieuses personnes. Humour à froid.

QUOI DE NEUF PUSSY CAT ?
"WHAT'S NEW PUSSYCAT ?"
Comédie de **Clive Donner**, avec Peter Sellers, Peter O'Toole, Romy Schneider, Capucine, Ursula Andress. Grande-Bretagne, 1965 – Couleurs – 1 h 50.

Le rédacteur en chef d'une revue féminine est assailli par les dames. Il consulte un psychiatre, tente de mettre fin à ses jours... en vain : il est irrésistible. Un feu d'artifice de gags.

QU'ON TUE LE SERPENT "Y ILANI OLDURSELER"
Drame de **Türkan Soray**, avec Türkan Soray, Talat Bulut, Mahmut Cevher, Aliye Rona. Turquie, 1982 – Couleurs – 1 h 27.

Une jeune femme est courtisée par un soupirant qui, une nuit, tue son époux. La jeune veuve, estimée responsable de ce meurtre, est en butte, ainsi que son fils, à l'hostilité des villageois.

QUO VADIS ? "QUO VADIS ?"
Film historique d'**Enrico Guazzoni**, avec Amletto Novelli *(Marcus Vinicius)*, Gustavo Serena *(Pétrone)*, Bruto Castellani *(Ursus)*, Lea Giunchi *(Lygie)*, Carlo Cattaneo *(Néron)*. • SC : E. Guazzoni, Carlo Innocenti, d'après le roman de Henryk Sienkiewicz. • PH : A. Bona. • DÉC : E. Giulio Lambardozzi. Italie, 1912 – 2 250 m (env. 1 h 23).

Marcus Vinicius, jeune patricien romain, est tombé amoureux de la belle Lygie. Celle-ci, devenue chrétienne, va subir, comme les autres chrétiens, la répression ordonnée par l'empereur Néron, après l'incendie de Rome. Elle sera sauvée de la mort dans l'arène et épousera Vinicius.

◆ *L'intrigue est connue de tous et les adaptations de* Quo Vadis ? *sont déjà nombreuses en 1912 (une demi-douzaine). Mais le film de Guazzoni préfigure les grandes mises en scène à l'italienne et obtient un immense succès. Il coûta 500 000 lires mais en rapporta vingt fois plus, permettant donc à Guazzoni de se lancer dans des œuvres encore plus ambitieuses et à d'autres, comme Pastrone, d'illustrer somptueusement l'Antiquité. Il montra aussi de façon éclatante le génie du réalisateur qui, venu de la peinture et de l'architecture, sut, le premier, donner à ses films mouvement et profondeur de champ.* C.A.

QUO VADIS ? "QUO VADIS ?"
Film historique de **Mervyn LeRoy**, avec Robert Taylor *(Marcus Vinicius)*, Deborah Kerr *(Lygie)*, Leo Genn *(Pétrone)*, Peter Ustinov *(Néron)*. • SC : John Lee Mahin, Sonya Levien, S.N. Behrman, d'après le roman de Henryk Sienkiewicz. • DÉC : Hugh Hunt. • MUS : Miklos Rozsa. États-Unis, 1951 – Couleurs – 2 h 51.

Pour l'intrigue, on se reportera au film précédent d'Enrico Guazzoni.

◆ *Premier film antique « laïc » américain de l'après-guerre,* Quo Vadis ? *fut aussi le premier d'une longue série de spectaculaires reconstitutions qui choisirent Cinecittà pour cadre de travail et permirent donc au cinéma italien de relancer le péplum. Trente mille figurants (dont la toute jeune Sophia Loren), deux cent trente-cinq rôles « parlants », un budget considérable (7 millions de dollars) et, au bout du compte, malgré tous ces handicaps, un bon film. Bien servi par une bonne interprétation (Robert Taylor y montra que, bien dirigé, il pouvait dépasser le fade et le mièvre qui étaient son lot quotidien), un scénario qui respectait le roman, des dialogues pétillants et des scènes d'action spectaculaires, cette dernière adaptation est, sans doute, après celle de Guazzoni, la meilleure. Le Néron qu'interpréta Peter Ustinov, en tout cas, est le plus réussi d'une série où les monstres ne se comptent plus.* C.A.

▷ Autre version réalisée par **Gabriellino D'Annunzio** et **Georg Jacoby**, avec Emil Jannings, Elena Sangro, Alfons Fryland, Lillian Hall-Davis. Italie, 1925 (RÉ : 1923) – 3 308 m (env. 2 h 02).

R

LA RABOUILLEUSE
Drame de **Fernand Rivers**, d'après l'œuvre d'Honoré de Balzac, avec Fernand Gravey, Suzy Prim, Pierre Larquey, André Brunot, Jacques Erwin. France, 1944 – 1 h 40.

À Issoudun en 1824, un demi-solde s'oppose à une intrigante qui veut le dépouiller de la fortune de son oncle. Une trouble atmosphère.

▷ Voir aussi LES ARRIVISTES.

RACCROCHEZ, C'EST UNE ERREUR
"SORRY, WRONG NUMBER"
Drame policier d'**Anatole Litvak**, avec Barbara Stanwyck *(Leona Stevenson)*, Burt Lancaster *(Henry Stevenson)*, Wendell Corey *(Dr Alexander)*, Ann Richards *(Sally Lord Dodge)*, Harold Vermilyea *(Waldo Evans)*, Ed Begley *(James Cotterell)*, Leif Erickson *(Fred Lord)*, William Conrad *(Morano)*, John Bromfield *(Joe, le détective)*, Jimmy Hunt *(Jimmy Lord)*. • SC : Lucille Fletcher, d'après sa pièce radiophonique. • PH : Sol Polito. • DÉC : Hans Dreier, Eral Hedrick, Sam Comer, Bertram Granger. • MUS : Franz Waxman. • MONT : Warren Low. États-Unis, 1948 – 1 h 29.

Leona Stevenson, infirme clouée dans son lit, surprend une communication téléphonique qui lui apprend qu'une femme doit être assassinée. Elle tente d'obtenir plus de précisions en attendant le retour de son époux Henry. Finalement, elle en arrive à la conclusion que c'est elle qui doit mourir. Rien n'arrêtera la machination ourdie par Henry pour toucher l'assurance-vie de sa femme.

◆ *Le scénario de Lucille Fletcher est inspiré de sa courte pièce radiophonique qui fut jouée avec succès par Agnes Moorehead en 1943. C'est un véritable festival Barbara Stanwyck. Les talents conjugués d'Anatole Litvak et de son chef opérateur Sol Polito, dont la photo accentue le côté « étouffant » du décor unique, font de ce film un thriller efficace.* J.-C.S.

LA RACE DES SEIGNEURS
Drame psychologique de **Pierre Granier-Deferre**, d'après le roman de Félicien Marceau *Creezy*, avec Alain Delon, Sydney Rome, Jeanne Moreau. France, 1973 – Couleurs – 1 h 30.

Un politicien arriviste doit choisir entre sa carrière et sa vie sentimentale. Il devient ministre, mais perd sa maîtresse.

RACHEL, RACHEL "RACHEL, RACHEL"
Drame psychologique de **Paul Newman**, avec Joanne Woodward *(Rachel Cameron)*, James Olson *(Nick)*, Kate Harrington *(Mrs. Cameron)*, Estelle Parsons *(Calla)*. • SC : Stewart Stern, d'après le roman de Margaret Laurence. • PH : Gayne Rescher. • MUS : Jerome Moross. • MONT : Dede Allen. États-Unis, 1968 – Couleurs – 1 h 50.

Rachel Cameron est institutrice dans une petite ville de Nouvelle-Angleterre. Elle mène une vie morne auprès de sa mère. À trente-cinq ans, le bilan n'est pas brillant. Pourtant, cet été-là, Rachel retrouve Nick, un ancien camarade. Après une liaison médiocre avec lui, Rachel décide de prendre sa vie en main.

◆ *Il semble étrange que ce film sensible sur les problèmes d'une femme frustrée soit dû à Paul Newman : l'acteur n'a pas l'image de marque d'un réalisateur de films de femmes ! C'est donc une surprise totale que ce* Rachel, Rachel*, en dehors de* *toutes les modes, très impressionniste, où les problèmes des femmes sont évoqués comme rarement ils l'ont été au cinéma. La réussite du film doit également beaucoup au talent de Joanne Woodward, l'épouse de Newman.* *B.B.*

RACINES "RAICES"
Comédie dramatique de **Benito Alazraki**, avec Beatriz Flores *(Marina)* et Juan de la Cruz *(Esteban)* (I), Olympia Alazraki *(Jane)* et Juan Hernandez *(Mariano)* (II), Miguel Angel Negron *(le borgne)* (III), Alicia del Lago *(Xanath)* et Carlos Robles Gil *(Éric)* (IV). • SC : Carlos Velo, B. Alazraki, Manuel Barbachano Ponce, Maria Elena Lajo, J.M. Garcia Ascot, Fernando Espejo, d'après des récits de F.R. Gonzalez. • PH : Walter Reuter (I, III, IV), Hans Beimler (II). • MUS : Guillermo Noriega (I), Rodolfo Halfter (II), Blas Galindo (III), Pablo L. Moncayo (IV). Mexique, 1954 – 1 h 20. ★ **PRIX DE LA CRITIQUE, Cannes 1955.**

Quatre histoires ayant pour héros les Indiens du Mexique, « racines d'un pays qui germe » :

I. LES VACHES (la vie misérable d'un jeune couple d'Indiens) ;

II. LE FILLEUL (une étudiante américaine adopte un petit Indien) ;

III. LE BORGNE (en jouant, un enfant borgne a son œil valide crevé par ses camarades) ;

IV. LA POULICHE (un archéologue tente de violer une Indienne).

◆ *« En quatre volets, un déchirant portrait du Mexique contemporain » (Georges Sadoul). L'humour et la cruauté interfèrent, comme dans* Los olvidados *de Buñuel. Il s'agit, à tous égards, d'une œuvre collective, coordonnée par le producteur Manuel Barbachano Ponce, l'un des piliers du cinéma mexicain.* *C.B.*

LES RACINES DU CIEL "THE ROOTS OF HEAVEN"
Drame de **John Huston**, d'après l'œuvre de Romain Gary, avec Errol Flynn, Juliette Gréco, Trevor Howard, Orson Welles. États-Unis, 1958 – Couleurs – 2 h 11.

Des aventuriers de tout bord sont réunis en Afrique pour oublier leur passé. L'un d'eux tente d'arrêter l'hécatombe d'éléphants et trouve un journaliste qui alerte l'opinion publique. Belle adaptation tournée sur les lieux mêmes de l'action.

RACKET "THE LONG GOOD FRIDAY"
Film policier de **John McKenzie**, avec Bob Hoskins, Helen Mirren, Eddie Constantine. États-Unis, 1983 – Couleurs – 1 h 54.

Au moment de solliciter l'appui des Américains, un gros bonnet de la pègre londonienne voit ses plans contrecarrés.

RACKET DANS LA COUTURE
"THE GARMENT JUNGLE"
Film policier de **Vincent Sherman** et **Robert Aldrich**, avec Lee J. Cobb, Kerwin Mathews, Gia Scala. États-Unis, 1957 – 1 h 28.

Dans les milieux de la couture, reportage-fiction sur l'action des syndicats et de ceux qui préfèrent s'y soustraire.

RADIO CORBEAU
Comédie dramatique d'**Yves Boisset**, avec Claude Brasseur, Pierre Arditi, Évelyne Bouix, Christine Boisson, Jean-Pierre Bisson, Roger Planchon, Édith Scob. France, 1989 – Couleurs – 1 h 35.

Dans une petite ville de province, une radio pirate, « Radio Corbeau », attaque les personnalités locales dont elle révèle les crimes et les turpitudes. Les esprits s'échauffent. Une copie du célèbre CORBEAU de Clouzot (Voir ce titre), servie par de bons acteurs.

RADIO DAYS "RADIO DAYS"
Comédie de **Woody Allen**, avec Seth Green, Mia Farrow. États-Unis, 1987 – Couleurs – 1 h 28.

Une famille juive américaine vit au rythme de la radio, à l'époque où la télévision n'existait pas. Ainsi l'Histoire fait irruption dans le quotidien. En fait, c'est Woody Allen qui raconte ses souvenirs. Avec autant de chaleur que d'humour.

RADON
Film de science-fiction d'**Inoshiro Honda**, avec Kenji Sahara, Yumi Shirikawa, Akihiko Hirata. Japon, 1956 – Couleurs – 1 h 22.

Un ingénieur découvre au fond d'une mine une colonie de monstres énormes qui envahissent bientôt la Terre. L'enquête révèle que des explosions nucléaires ont déclenché l'incubation des œufs emprisonnés dans la houille.

LA RAFALE "THE DRAGNET"
Drame de **Josef von Sternberg**, d'après un roman d'Oliver H.P. Garrett *Night Stick*, avec George Brancroft, Evelyn Brent, William Powell, Fred Kohler, Francis McDonald. États-Unis, 1928 – env. 2 350 m (1 h 27).

Un inspecteur, qui a démissionné de la police après la mort de son collègue, sombre dans l'alcoolisme avant d'abattre le gangster assassin de son ami.

LA RAFALE DE LA DERNIÈRE CHANCE
"THE LAST MILE"
Drame de **Howard W. Koch**, avec Mickey Rooney, Alan Bunce, Frank Conroy. États-Unis, 1959 – 1 h 21.

Révolte dans un pénitencier, au quartier des condamnés à mort. Climat de tension extrême, soutenu par Mickey Rooney en condamné qui n'a plus rien à perdre.

RAFALES DANS LA NUIT
"APPOINTEMENT WITH A SHADOW"
Film policier de **Richard Carlson**, avec George Nader, Joanna Moore, Brian Keith. États-Unis, 1958 – 1 h 13.

Un journaliste raté, devenu alcoolique, retrouve confiance en lui à la suite d'un reportage sensationnel.

RAFLES SUR LA VILLE
Film policier de **Pierre Chenal**, d'après le roman d'Auguste Le Breton, avec Charles Vanel, Bella Darvi, Danik Patisson, Michel Piccoli. France, 1958 – 1 h 22.

Une brigade de policiers essaie de traquer un insaisissable truand. Une Série noire efficace.

LA RAGAZZA "LA RAGAZZA DI BUBE"
Drame de **Luigi Comencini**, avec Claudia Cardinale, George Chakiris, Marc Michel. Italie/France, 1964 – 1 h 41.

En Italie, au lendemain de la Libération, l'amour fidèle et passionné d'une jeune paysanne pour un ancien résistant condamné à la suite d'une rixe.

RAGE "RABID"
Film d'horreur de **David Cronenberg**, avec Marilyn Chambers, Joe Silver, Howard Ryshpan, Patricia Gage. Canada, 1976 – Couleurs – 1 h 30.

Rose, après une opération chirurgicale, devient vampire et répand une épidémie de rage.

LA RAGE AU POING
Drame d'**Éric Le Hung**, avec Philippe Lavat, Tony Gatlif, Françoise Dorner, Marie-Georges Pascal, Pascale Roberts, Pierre Tornade. France, 1975 – Couleurs – 1 h 30.

Chômage, désœuvrement, conflit des générations, autant de facteurs qui font basculer dans la violence et le drame de jeunes banlieusards rejetés par la société de consommation.

LA RAGE DU TIGRE
"NEW ONE-ARMED SWORDSMAN"
Film de karaté de **Chang Cheh**, avec Li Ching, David Chiang, Ti Lung, Ku Feng. Hong-Kong, 1970 – Couleurs – 1 h 30.

Un jeune champion de sabre devenu manchot, mais animé par un profond sens de l'honneur, venge son meilleur ami assassiné par une bande de voleurs en parvenant à tuer tous ses ennemis.

RAGING BULL "RAGING BULL"
Drame de **Martin Scorsese**, avec Robert De Niro *(Jake La Motta)*, Cathy Moriarty *(Vickie La Motta)*, Joe Pesci *(Joey)*, Frank Vincent *(Salvy)*. • SC : Paul Schrader, Markik Martin, d'après le livre de Jake La Motta. • PH : Michael Chapman. • DÉC : Alan Manser, Kirk Axtell, Sheldon Haber. • MUS : Pietro Mascagni. • MONT : Thelma Shoonmaker. États-Unis, 1980 – Couleurs – 2 h 09.

C'est l'histoire à peine romancée de la carrière du boxeur Jake La Motta dans les années 40 et 50. Enfant du peuple, farouche et brutal, Jake La Motta a eu affaire à la pègre. Il a gagné, perdu, battu Marcel Cerdan, est devenu champion du monde, a épousé une blonde, lui a rendu la vie impossible en raison d'une jalousie pathologique. En fin de carrière, il a joué les animateurs de cabaret assez minables.

◆ *De cette vie mouvementée, le réalisateur Martin Scorsese a fait un itinéraire exemplaire. Jouant simultanément sur le réalisme et le symbolisme, il a porté le débat au niveau d'une problématique mystique, plus précisément chrétienne. Cet aspect n'est pas perçu par tout le monde et, d'ailleurs, il n'est pas nécessaire de suivre le cinéaste dans sa quête métaphysique pour apprécier les grandes qualités de cette biographie qui nous plonge dans le milieu du sport et celui de la crapulerie. L'ouverture est un moment de poésie pure. La cruauté des combats a été filmée sans concession. Robert De Niro, superbe interprète, a remporté l'Oscar du Meilleur acteur 1980 pour ce film.* *G.S.*

RAGTIME "RAGTIME"
Chronique de **Milos Forman**, avec James Cagney, Brad Dourif, Elizabeth McGovern. États-Unis, 1981 – Couleurs – 2 h 35.

Jeux mondains et scandales à la mode dans ce New York des années 1910. Racisme, aussi, avec l'humiliation d'un pianiste noir à qui l'on interdit le mariage avec la mère de son enfant.

RAÏ
Drame de **Thomas Gilou**, avec Mustapha Benstiti, Tabatha Cash, Samy Naceri, Faisal Attia. France, 1995 – 1 h 28.

Djamel essaie d'échapper à l'engrenage de l'oisiveté, de la drogue et de la délinquance qui broie tous ses amis dans la cité de banlieue où il vit. Il a un emploi et veut fonder une famille avec la belle Sahlia. Mais les infidélités de Sahlia, qui veut rompre toute attache avec sa culture d'origine, et une bavure policière vont lui montrer que, pour lui comme pour les autres, il n'y a ni issue ni espoir : dans un monde voué à l'autodestruction, seule la violence permet de se donner l'impression d'exister.

RAID SUR ENTEBBE "RAID ON ENTEBBE"
Film d'aventures d'**Irvin Kerschner**, avec Peter Finch, Charles Bronson, Martin Balsam. États-Unis, 1976 – Couleurs – 1 h 55.

Un avion détourné se pose à Entebbe, en Ouganda. Les négociateurs gagnent du temps afin de permettre à un commando israélien de délivrer les otages. Basé sur des faits authentiques.

▷ Voir aussi OPÉRATION THUNDERBOLT et VICTOIRE À ENTEBBE.

LE RAIL "SCHERBEN"
Drame de **Lupu Pick**, avec Werner Krauss *(le père)*, Edith Fosca *(la fille)*, Paul Otto *(l'inspecteur)*, Hermine Strassmann-Witt *(la mère)*, Lupu Pick *(un voyageur)*. • SC : Carl Mayer, L. Pick. • PH : Friedrich Weinmann, Guido Seeber. • MUS : Giuseppe Becce. Allemagne, 1921 – env. 1 730 m (1 h 04).

La fille d'un garde-barrière est séduite par un inspecteur des chemins de fer en tournée. Sa mère les surprend et s'en va prier au pied d'un calvaire dans la montagne. Au matin, le père la retrouve morte de froid. La fille raconte à son père ce qui s'est passé : celui-ci étrangle l'inspecteur, arrête un express dans la nuit pour avouer son forfait et monte dans le train afin d'aller se livrer à la police.

◆ *C'est l'un des grands films du Kammerspiel (« cinéma de chambre ») : approche réaliste, atmosphère intimiste, respect des unités d'action, de temps et de lieu. Le film ne comporte qu'un seul intertitre, l'aveu de l'homme (« Je suis un meurtrier ! »), l'action étant rendue parfaitement compréhensible par les seules images. Le scénariste Carl Mayer a été l'inspirateur de bon nombre des chefs-d'œuvre du cinéma muet allemand dans la veine du populisme social.* *M.MN.*

RAILS "ROTAIE"
Comédie dramatique de **Mario Camerini**, avec Käthe von Nagy, Maurizio D'Ancora. Italie, 1929-1931 – 2 469 m (env. 1 h 31).

Les mésaventures de deux amoureux qui renoncent au suicide. Un récit intimiste quasi expérimental, sorti dans une version sonorisée alors qu'il était muet à l'origine.

RAINING STONES "RAINING STONES"
Comédie dramatique de **Ken Loach**, avec Bruce Jones *(Bob)*, Julie Brown *(Anne)*, Gemma Phoenix *(Coleen)*, Ricky Tomlinson *(Tommy)*, Tom Hickey *(le père Barry)*. • SC : Jim Allen. • PH : Barry Ackroyd. • DÉC : Martin Hohnson, Fergus Clegg. • MUS : Stewart Copeland. • MONT : Jonathan Morris. Grande-Bretagne, 1993 – Couleurs – 1 h 30. ★ **PRIX DU JURY, Cannes 1993.**

Chômeur à Manchester, Bob se fait voler son dernier moyen de subsistance : une vieille camionnette déglinguée. Or, il a besoin d'argent pour célébrer dignement la communion de sa fille ; après des tentatives infructueuses pour trouver des petits boulots, il en vient à emprunter à des usuriers sans scrupules qui n'hésitent pas à terroriser sa petite famille. Acculé, il se décide à tuer son persécuteur pour sauver les siens mais le destin en décide autrement.

◆ *Une vertigineuse plongée dans la société anomique des grandes villes du nord de l'Angleterre. Partout des hommes dans la force de l'âge tournent en rond dans un univers qui ne leur laisse aucune possibilité de gagner honnêtement leur vie. Les institutions agonisent et personne ne peut aider personne car les seuls qui auraient les moyens de le faire sont les trafiquants et les dealers. Inexorablement, la misère détruit tout : familles, amitiés... sauf quand la chance vient au secours de la révolte. Un très beau film dense et poignant.* *C.D.R.*

RAIN MAN "RAIN MAN"
Comédie dramatique de **Barry Levinson**, avec Dustin Hoffman, Tom Cruise, Valeria Golino. États-Unis, 1988 – Couleurs – 2 h 13. ★ **OSCARS 1988 : Meilleur film, Meilleur metteur en scène (Barry Levinson), Meilleur acteur (Dustin Hoffman).**

À la mort de son père, Charlie Babbitt apprend que la majeure partie de l'héritage est destiné à son frère aîné, autiste, dont il ignorait même l'existence. Il l'« enlève » pour récupérer sa part, et apprend à découvrir ce frère, Raymond, le « Rain Man » de son enfance.

LES RAISINS DE LA COLÈRE
"THE GRAPES OF WRATH"
Drame de **John Ford**, avec Henry Fonda *(Tom Joad)*, Jane Darwell *(la mère)*, John Carradine *(le pasteur Casey)*, Charles Grapewin *(le grand-père)*, Russell Simpson *(le père)*, John Qualen *(Muley)*, Doris Bowdon *(Rose de Saron)*, O.Z. Whitehead *(Al)*, Darryl Hickman *(Winfield)*, Ward Bond *(le policier)*. • SC : Nunnally Johnson, d'après le roman de John Steinbeck. • PH : Gregg Toland. • DÉC : Richard Day, Mark Lee Kirk, Thomas Little. • MUS : Alfred Newman. • MONT : Robert Simpson. • PR : Darryl F. Zanuck (20th Century Fox). États-Unis, 1940 – 2 h 09.

La crise économique et financière de 1929 a fait énormément de nouveaux pauvres aux États-Unis. Un à un, les petits fermiers du Middle West sont chassés de leurs métairies qui ne sont plus assez productives. Les propriétaires sont anonymes : ce sont des banques. Face à ces fantômes, les paysans sont contraints d'obtempérer. Ils forment des cohortes semi-bohémiennes le long des routes, cherchant du travail. Des tracts publicitaires leur donnent l'espoir d'en trouver en Californie, verger mythique qui accueille les réfugiés de la crise et leur offre des emplois bien rémunérés de cueilleurs de fruits. Comme beaucoup d'autres, la famille Joad prend la route. À bord d'un vieux camion, les enfants, parents et grands-parents traversent l'Amérique d'est en ouest et connaissent toutes sortes d'aventures avant d'atteindre leur but... Déception : la Californie n'est pas la terre d'accueil prévue, mais le lieu d'une autre exploitation. Le chômage fait chuter les salaires des saisonniers. La misère des errants est plus poignante encore, car l'espoir d'un ailleurs s'est évaporé. L'un des fils Joad, Tom, quitte sa famille pour s'engager, aux côtés d'autres réprouvés, dans la lutte sociale.

◆ Contemporain et immémorial

Le fameux roman homonyme de John Steinbeck dont le film est l'adaptation était volumineux, lyrique et contestataire. L'auteur y dénonçait les pratiques capitalistes inhumaines et exaltait la dignité des pauvres gens. La rencontre avec John Ford était presque fatale. Pourtant, ce cinéaste américain par excellence avait la réputation d'être conservateur, pour ne pas dire rétrograde, et Steinbeck était alors « de gauche ». Terrain commun, nécessaire et suffisant : la générosité. John Ford et Nunnally Johnson ont accompli un formidable et magnifique travail de condensation. Ils ont gardé l'esprit social et mythique du roman en ne conservant que quelques épisodes de son anecdote. Il en résulte une galerie de personnages inoubliables et très typés, un récit d'un rare pouvoir d'émotion (du mélodrame sublimé) et des images composées avec un art consommé de la plastique cinématographique. Comme souvent, Ford nous raconte l'« errance d'une communauté poussée par la nécessité » (de la Chevauchée fantastique *aux* Cheyennes, *ce thème est récurrent). Il nous fait passer sans hiatus de la chronique sociale contemporaine aux thèmes immémoriaux de la tragédie. Le destin pèse sur la famille Joad, comme sur l'Amérique, comme sur l'humanité. C'est grandiose.* *G.S.*

LA RAISON D'ÉTAT

Film politique d'**André Cayatte**, avec Jean Yanne, Monica Vitti, François Périer, Michel Bouquet. France, 1978 – Couleurs – 1 h 35.

La France, en la personne d'un haut fonctionnaire, est impliquée dans la livraison illicite de missiles. Un pacifiste et sa collaboratrice s'efforceront en vain de divulguer ce scandale : tous deux mourront, pour « raison d'État ».

LA RAISON DU PLUS FOU

Comédie de **François Reichenbach**, avec Raymond Devos, Alice Sapritch, Jean Carmet, Marthe Keller, Patrick Penn, Paula Moor, Pierre Richard. France, 1973 – Couleurs – 1 h 30.

Le surveillant d'un asile fait évader deux pensionnaires pour qu'ils voient la mer. La directrice et son époux les poursuivent. Reichenbach au service de Devos. Gags et folle logique des mots nous entraînent sur des sommets.

RAISON ET SENTIMENTS "SENSE AND SENSIBILITY"

Comédie dramatique d'**Ang Lee** d'après le roman de Jane Austen, avec Emma Thompson, Kate Winslet, Hugh Grant, Alan Rickman, Greg Wise. États-Unis, 1995 – Couleurs – 2 h 15. ★ **OURS D'OR, Berlin 1996.**

Privée d'un héritage qui lui revenait légitimement, Mme Dashwood est contrainte d'élever ses filles dans une semi-pauvreté. En plus, ses filles sont malheureuses en amour. L'une dédaigne un sympathique mais austère colonel pour s'amouracher d'un gredin, l'autre se consume d'amour pour un jeune homme qui appartient à la branche ennemie de la famille et a l'air, lui aussi, de cacher de louches secrets. Après bien des malentendus et des drames, raison et sentiments finissent par se réconcilier. Une belle histoire d'amours contrariées située dans l'Angleterre du siècle dernier et filmée avec talent et délicatesse par un metteur en scène taïwanais qui a parfaitement assimilé les us et fastes victoriens.

RAK

Drame psychologique de **Charles Belmont**, avec Lila Kédrova, Sami Frey, Maurice Garrel, Anne Deleuze, Philippe Léotard. France, 1972 – Couleurs – 1 h 30.

Un fils apprend que sa mère va mourir d'un cancer dans quelques mois. Il essaie alors de réveiller en elle l'instinct de lutte.

RAMBO "FIRST BLOOD"

Film d'aventures de **Ted Kotcheff**, d'après le livre de David Morrell, avec Sylvester Stallone, Richard Crenna, Brian Dennehy. États-Unis, 1982 – Couleurs – 1 h 35.

Un héros de la guerre du Viêt Nam devenu marginal défie la police d'une petite ville américaine. Une œuvre dérangeante qui pose avec acuité le problème de la réinsertion des anciens du Viêt Nam.

▷ Rambo récidive dans : RAMBO II : LA MISSION "RAMBO, FIRST BLOOD – PART II", de **George Pan Cosmatos**, États-Unis, 1985 – Couleurs – 1 h 36. RAMBO III "RAMBO III", de **Peter MacDonald**, États-Unis, 1988 – Couleurs – 1 h 41.

RAMONA "RAMONA"
Film d'aventures de **Henry King**, avec Loretta Young, Don Ameche, Pauline Frederick. États-Unis, 1936 – Couleurs – 1 h 30.

Le triste destin d'un couple d'Indiens expulsé de ses terres par les colons. De très belles images pour un des premiers films en Technicolor.

RAMUNTCHO
Comédie sentimentale de **Pierre Schoendoerffer**, d'après le roman de Pierre Loti, avec François Guérin, Mijanou Bardot, Gaby Morlay. France, 1959 – Couleurs – 1 h 30.

L'histoire d'amour du jeune Ramuntcho et de la jolie Gracieuse, avec le Pays basque pour décor.

▷ Autres versions réalisées par : **Jacques de Baroncelli**, avec Yvonne Annie, René Lorsay. France, 1918. **René Barberis**, avec Paul Cambo, Louis Jouvet, Madeleine Ozeray, Line Noro, Françoise Rosay, Jacques Erwin, Gabrielle Fontan. France, 1937 – 1 h 30.

RAN "RAN"
Drame d'**Akira Kurosawa**, avec Tatsuya Nakadai *(Hidetora)*, Akira Terao *(Taro)*, Mieko Harada *(Kaede)*, Jinpachi Nezu *(Jiro)*, Daisuke Ryu *(Saburo)*. • SC : A. Kurosawa, Hideo Oguni, Masato Ide, d'après la tragédie de Shakespeare *le Roi Lear*. • PH : Takao Saito. • DÉC : Yoshiro Muraki, Sinobu Muraki. • MUS : Toru Takemitsu. • MONT : A. Kurosawa. Japon, 1985 – Couleurs – 2 h 43.

Au XVIe siècle, le seigneur Hidetora décide de partager son domaine entre ses trois fils. L'un d'eux, pressentant les conflits qui risquent de naître, est opposé à cette décision. Hidetora le bannit, mais se repent quand il est obligé de fuir devant les deux autres qui se disputent la suprématie. Ils meurent tous dans une sanglante bataille.

◆ *Le film de Kurosawa, par sa mise en scène qui prend « le point de vue du ciel », comme il le dit lui-même, annonce un changement : peut-être la fin du cinéma, peut-être son renouveau dans un art indifférencié, impersonnel et « cosmique ». La nouveauté du point de vue de Kurosawa, extérieur aux choses et aux gens qu'il « égalise », est telle que son recours à un drame classique et « connu » semble superflu, tant la mise en scène dé-dramatisée et géométrique « dépasse » le propos dramatique et humaniste.* *S.K.*

LES RANCHERS DU WYOMING "CATTLE KING"
Western de **Tay Garnett**, avec Robert Taylor, Joan Caulfield. États-Unis, 1963 – Couleurs – 1 h 28.

En 1883, la lutte d'un courageux « rancher » contre les grands éleveurs qui réclament le libre passage de leurs bêtes au mépris des droits de propriété.

RANCHO BRAVO "THE RARE BREED"
Film d'aventures d'**Andrew McLaglen**, avec James Stewart, Maureen O'Hara, Juliet Mills. États-Unis, 1965 – Couleurs – 1 h 48.

Une mère et sa fille arrivent d'Angleterre pour présenter leur taureau à la foire de Saint Louis. De multiples aventures, notamment sentimentales, les attendent dans l'Ouest.

LA RANÇON "RANSOM !"
Policier de **Ron Howard**, avec Mel Gibson, Rene Russo, Branley Nolte, Gary Sinise. États-Unis, 1996 - Couleurs - 1 h 58.

Un récit d'enlèvement d'enfant à multiples rebondissements car les personnages n'arrêtent pas de nous surprendre : les policiers font échouer une première tentative de remise de rançon, le père prend des risques énormes avec la vie de son fils, le chef des criminels réussit à se faire passer pour un sauveur... mais on marche !

LA RANÇON DE LA PEUR "THE PLUNDERERS"
Western de **Joseph Pevney**, avec Jeff Chandler, Dolores Hart, Marsha Hunt. États-Unis, 1960 – 1 h 34.

Enhardis par la veulerie des habitants et la faiblesse du shérif, quatre voyous mettent en coupe réglée une petite ville du Texas, avant d'être éliminés par un ancien officier manchot mais fin tireur qui épargnera le plus jeune.

LA RANÇON DU BONHEUR "INTERMEZZO"
Mélodrame de **Gregory Ratoff**, avec Leslie Howard, Ingrid Bergman, John Halliday, Edna Best, Cecil Kellaway. États-Unis, 1939 – 1 h 09.

Un violoniste abandonne sa femme pour la jeune professeur de piano de sa fillette. Le souvenir de celle-ci le ramènera à son foyer.

LA RANCUNE "DER BESUCH"
Drame de **Bernhard Wicki**, d'après la pièce de Friedrich Dürrenmatt *la Visite de la vieille dame*, avec Ingrid Bergman, Anthony Quinn, Irina Demick, Paolo Stoppa, Valentina Cortese. R.F.A. / France / Italie, 1964 – 1 h 40.

De retour dans son village natal, une vieille femme devenue milliardaire réclame la tête de son ami d'enfance, qui l'a jadis déshonorée.

Alléchés par l'argent, les villageois sont prêts à exécuter son souhait, mais elle se vengera de façon pire encore.

RANDONNÉE POUR UN TUEUR
"SHOOT TO KILL'/DEADLY PURSUIT"
Film policier de **Roger Spottiswoode**, avec Sidney Poitier, Tom Berenger, Kirstie Alley, Clancy Brown. États-Unis, 1988 – Couleurs – 1 h 50.

Un gangster psychopathe s'étant enfui dans les montagnes, un agent du F.B.I. se lance à sa poursuite en compagnie d'un guide dont la fiancée a été prise en otage.

LES RANDONNEURS
Comédie de **Philippe Harel**, avec Benoît Poelvoorde, Karin Viard, Géraldine Pailhas, Vincent Elbaz, Philippe Harel. France, 1997 - Couleurs - 1 h 35.

Un scénario sans aspérités, des dialogues sans éclat, des personnages ordinaires, des situations banales... et au bout du compte, grâce au talent du metteur en scène et des acteurs, un joli petit film où l'on se divertit agréablement avec ces trois garçons et ces deux filles en randonnée en Corse.

RANGOON "BEYOND RANGOON"
Drame de **John Boorman**, avec Patricia Arquette, Frances McDormand, Spalding Gray, U Aung Ko. États-Unis, 1995 – Couleurs – 1 h 40.

Prostrée après l'assassinat de son mari et de son fils, Laura Bowman redécouvre peu à peu qu'elle est encore capable d'apporter son aide aux autres. La double histoire entrelacée d'un pays opprimé (la Birmanie d'aujourd'hui) et d'une femme retrouvée.

LE RAPACE
Film d'aventures de **José Giovanni**, d'après le roman de John Carrick, avec Lino Ventura, Rosa Furman, Aurora Clavel. France, 1968 – Couleurs – 1 h 55.

Le « Rital » est engagé pour assassiner le Président. On est à Vera Cruz en 1938. Action et réflexion sur la valeur de l'amitié.

LES RAPACES "GREED"
Drame naturaliste d'**Erich von Stroheim**, avec Gibson Gowland *(Mc Teague)*, Zasu Pitts *(Trina)*, Jean Hersholt *(Marcus Schooler)*, Chester Conklin *(Mr Sieppe)*, Sylvia Ashton *(Mrs. Sieppe)*. • SC : E. von Stroheim, d'après le roman de Frank Norris *Mc Teague*. • PH : Ben Reynolds, William Daniels, E.B. Shoedsack. • DÉC : Richard Day, E. von Stroheim, Cedric Gibbons. • MONT : June Mathis (3e version), E. von Stroheim (2e version), J.W. Farnham (version complète). • PR : Irving Thalberg (M.G.M.). États-Unis, 1925 (RÉ : 1923) – 14 300 m (env. 8 h 50 [1re version]), puis 3 100 m (env. 2 h [version actuelle]).

Mc Teague, jeune colosse blond et sentimental, travaille dans une mine d'or et vit misérablement avec sa mère. L'ambition le pousse à suivre un dentiste ambulant avec qui il apprend les rudiments du métier. Il s'installe un an plus tard à San Francisco et s'éprend d'une patiente, Trina, fille d'émigrés juifs allemands et cousine de Marcus Schooler, voisin de palier de Mc Teague, qui s'est lié d'amitié avec lui. Marcus courtise sa cousine, mais, par fanfaronnade, s'efface devant Mc Teague qui épouse Trina. Celle-ci gagne 5 000 dollars à la loterie, et Marcus en éprouve un vif ressentiment qui va se transformer en jalousie haineuse. Traumatisée par une nuit de noces aussi brutale que maladroite, Trina transfère ses désirs en passion maladive pour l'or qu'elle a gagné. Les années passent. Mc Teague, qui n'a pas de diplôme, est dénoncé par Marcus. Réduit au chômage, il devient alcoolique tandis que l'avarice de Trina s'exacerbe. Un soir de Noël, Mc Teague la tue et s'enfuit avec son magot. Marcus se lance à sa poursuite. Ils se retrouvent dans la vallée de la Mort et s'affrontent sous un soleil de plomb. Ils mourront enchaînés l'un à l'autre par une paire de menottes.

◆ Un cauchemar naturaliste

Chef-d'œuvre incontesté du cinéma muet américain, les Rapaces *est un film monstrueux à plusieurs titres. C'est d'abord le premier exemple d'un conflit violent entre le système de production qui se met en place à Hollywood et la volonté d'un créateur génial et mégalomane. Lorsque Stroheim adapte* Mc Teague *de Frank Norris pour la M.G.M., il entend pousser jusqu'aux limites extrêmes ses conceptions du réalisme cinématographique : il exige de tourner en décor naturel, dans les rues de San Francisco, dans un appartement où s'est déroulé un véritable meurtre, dans le désert inhumain de la vallée de la Mort. Il veut être fidèle au récit de Norris et son premier montage dure plus de huit heures. Louis B. Mayer et Irving Thalberg, devenus les patrons de la M.G.M., lui imposent une version distribuable en salles de 10 bobines sur les 40 initiales. Tel qu'il est aujourd'hui,* les Rapaces *est un sommet du réalisme cinématographique et un extraordinaire document sur la fascination de l'or et le déterminisme social. L'originalité comme la force du style de Stroheim est de combiner une description réaliste d'un milieu de plus en plus sordide avec une perception hallucinée de cette même réalité. Il n'hésite pas à recourir à des surimpressions symboliques ; des mains décharnées raclant l'or, des bras semblables à des serpents caressant des bijoux fabuleux font rimer le naturalisme des gestes de Trina et sa déchéance physique : sa main gantée qui écrase une éponge, ses larmes qui tombent sur l'ardoise... Ce cauchemar naturaliste trouve son point d'orgue lors du spectaculaire épilogue aux images surexposées, écrasées sous un soleil qui transforme l'or en plomb, scellant à jamais sur le sol craquelé de la vallée de la Mort les destins unis de Mc Teague et Marcus.* M.M.

RAPHAËL LE TATOUÉ

Comédie de **Christian-Jaque**, avec Fernandel, Monique Rolland, Armand Bernard, Madeleine Sologne. France, 1938 – 1 h 30.

Un veilleur de nuit s'invente un frère jumeau lorsqu'il est surpris par son patron à avoir abandonné son poste. Ce dernier engage les deux « frères » dans une course automobile.

RAPHAËL OU LE DÉBAUCHÉ

Drame romantique de **Michel Deville**, avec Maurice Ronet, Françoise Fabian, Jean Vilar. France, 1971 – Couleurs – 1 h 50.

Le débauché et la veuve vertueuse arriveront-ils à se rencontrer ? Deville a peint, à la manière de Musset, un tableau fastueux et sensible du XIXe siècle.

RAPT

Drame de **Dimitri Kirsanoff**, d'après un roman de Charles-Ferdinand Ramuz, avec Geymond Vital, Dik Rudens, Dita Parlo, Lucas Gridoux, Nadia Sibirskaïa. France, 1934 – 1 h 42.

En Suisse, les Valaisans et les Bernois, séparés par une montagne, sont en perpétuel conflit. Un homme, dont le chien a été tué par un habitant de l'autre versant, se venge en enlevant sa fiancée.

RAPT "HUNTED"

Film policier de **Charles Crichton**, avec Dirk Bogarde, Jon Witheley, Kay Walsh, Elizabeth Sellars, Frederick Piper. Grande-Bretagne, 1952 – 1 h 24.

Un criminel en cavale est régénéré par la compagnie d'un enfant qui l'accompagne dans sa fuite.

RAPT À L'ITALIENNE "MORDI E FUGGI"

Drame de **Dino Risi**, avec Marcello Mastroianni, Oliver Reed, Carole André. Italie, 1972 – Couleurs – 1 h 40.

Croyant cacher sa liaison, un industriel se trouve embarqué avec sa maîtresse dans un rapt politique.

R.A.S.

Drame d'**Yves Boisset**, d'après un récit de Roland Perrot, avec Jacques Spiesser, Jacques Weber, Jean-François Balmer. France, 1973 – Couleurs – 1 h 50.

Des rappelés refusent de partir en Algérie. Ils y seront forcés. Enrôlés puis brimés, ils assistent, impuissants, aux excès de l'armée. R.A.S. : Rien À Signaler ! Efficace et démonstratif. L'un des premiers films à traiter du problème algérien.

RASHŌMON "RASHŌMON"

Drame d'**Akira Kurosawa**, avec Toshirō Mifune *(Tajomaru, le bandit)*, Takashi Shimura *(le bûcheron)*, Masayuki Mori *(Tashehiro, le samouraï)*, Machiko Kyō *(Masago, la femme)*, Daisuke Kato *(le policier)*, Fumiko Homna *(la sorcière)*. • SC : Shinobu Hashimoto, A. Kurosawa, d'après deux nouvelles d'Akutagawa Ryūnosuke. • PH : Kazuo Miyagawa. • DÉC : So Matsuyama. • MUS : Fumio Hayasaka. • MONT : A. Kurosawa. • PR : Daiei. Japon, 1950 – 1 h 28. ★ **LION D'OR, Venise 1951. OSCAR DU MEILLEUR FILM ÉTRANGER 1951.**

Trois hommes – un bonze, un bûcheron, un domestique – s'abritent d'une pluie torrentielle sous le portique d'un temple abandonné, « Rashōmon » (la porte des Démons). Ils évoquent un fait divers récent qui a donné lieu à un procès : un samouraï et son épouse, traversant la forêt, auraient été agressés par un bandit, lequel aurait tué l'homme et violé la femme. Quatre témoignages, partant de ces faits, en donnent des récits divergents. On ne sait donc pas, et on ne saura probablement jamais, si la femme était une victime, une proie consentante ou une complice du brigand ; si le mari a été assassiné, a fui lâchement ou s'est donné la mort. Le bonze est atterré devant les péchés de l'humanité, le domestique prend le parti d'en ricaner, le bûcheron, homme simple, sauvera l'honneur en recueillant un bébé abandonné dans les ruines du temple.

◆ Une beauté formelle stupéfiante

*Ce film a d'abord valeur historique : il a révélé au monde (*via *le festival de Venise qui lui a attribué sa récompense suprême) l'existence et l'excellence du cinéma japonais. Le cinéaste Akira Kurosawa devait nous donner, au cours des années qui ont suivi, la confirmation de son génie :* les Sept Samouraïs, Vivre, Barberousse, Dersou Ouzala, Kagemusha, Ran, *etc. Dans un premier temps, on a dit que l'effet de surprise et l'exotisme ont fait le succès de* Rashōmon, *on a même dit qu'il s'agissait de folklore frelaté, destiné aux marchés d'exportation ! On a critiqué, entre autres choses, la musique du film dont le rythme lancinant évoque celui du fameux* Boléro *de Ravel. Ces réticences émanant d'observateurs trop pointilleux n'ont pas résisté au temps.* Rashōmon *est une œuvre admirable, d'une beauté formelle stu-*

péfiante, émaillée de morceaux de bravoure aussi remarquables techniquement qu'esthétiquement (notamment un très long travelling d'accompagnement qui photographie la forêt, avec une succession d'ombres mouvantes et de lumières éblouissantes d'un effet quasiment surréaliste). Tout aussi surprenantes sont les attitudes et postures des comédiens : une théâtralité sculpturale issue de la tradition des arts de représentation japonais. Enfin et surtout, Rashōmon *est une méditation sur la fragilité et le parti pris des témoignages humains, sur la puissance du Mal et sur la rédemption possible, par les simples, de l'horreur de notre vallée de larmes, de vices et d'égoïsmes. Ce film complexe, original, touffu mais maîtrisé, nous élève du policier au judiciaire, du judiciaire au moral, du moral au spirituel.* *G.S.*

RASKOLNIKOV "RASKOLNIKOW"
Drame psychologique de **Robert Wiene**, d'après le roman de Dostoïevski *Crime et Châtiment*, avec Grigori Chmara, Pavel Pavlov, Maria Germanova. Allemagne, 1923 – 4 162 m (env. 2 h 34).

Un jeune homme idéaliste tue une vieille usurière en qui il voit une ennemie des pauvres. Poussé par le remords, il se livrera finalement à la police.

RAS LES PROFS "TEACHERS"
Comédie dramatique d'**Arthur Hiller**, avec Nick Nolte, Jobeth Williams, Lee Grant. États-Unis, 1984 – Couleurs – 1 h 46.

Dans un collège américain, la révolte d'un professeur contre l'incompétence de ses collègues et la malhonnêteté de l'administration qui délivre des diplômes pour garder ses subventions.

RASPOUTINE
Drame historique de **Georges Combret**, avec Pierre Brasseur, Isa Miranda, Renée Faure, Jacques Berthier. France / Italie, 1954 – Couleurs – 1 h 36.

Première illustration en couleurs de la vie du célèbre aventurier russe qui « hypnotisa » la famille impériale au début du XXe siècle.

RASPOUTINE ET SA COUR
"RASPUTIN AND THE EMPRESS"
Drame historique de **Richard Boleslawski**, avec John Barrymore, Ethel Barrymore, Lionel Barrymore, Diana Wynyard, Ralph Morgan, C. Henry Gordon. États-Unis, 1932 – 2 h 13.

Une des premières versions sonores de l'histoire du moine légendaire, ses années d'influence à la cour du tsar de Russie et son assassinat à l'aube de la révolution.

RASPOUTINE, L'AGONIE "AGONIA"
Drame d'**Elem Klimov**, avec Alexei Petrenko, Alissa Freindlikh, Anatoli Romachine, Velta Line. U.R.S.S. (Russie), 1975 – Couleurs – 2 h 02.

En 1916, un moine d'origine paysanne, qui a réussi à fasciner une partie de la cour, et notamment l'impératrice, accroît peu à peu son pouvoir dans la sphère politique. Des aristocrates inquiets le font assassiner quelques mois avant la révolution.

RASPOUTINE, LE MOINE FOU
"RASPUTINE, THE MAD MONK"
Film historique de **Don Sharp**, avec Christopher Lee, Richard Pasco, Barbara Shelley. Grande-Bretagne, 1966 – Couleurs – 1 h 31.

Raspoutine, moine révolté, débauché, apostat et ambitieux est à l'origine de mille intrigues à la cour du tsar. Ses nombreux ennemis cherchent à le supprimer.

▷ Autres films sur le même thème : RASPUTIN, THE BLACK MONK, d'**Arthur Ashley**, avec Montagu Love. États-Unis, 1917. LA TRAGÉDIE IMPÉRIALE RASPOUTINE, LA FIN DES ROMANOFF, de **Marcel L'Herbier**, avec Harry Baur, Jean Worms, Pierre Richard-Willm, Marcelle Chantal, Jacques Baumer. France, 1938 – 1 h 56. LES NUITS DE RASPOUTINE "L'ULTIMO ZAR", de **Pierre Chenal**, avec Edmund Purdom, Gianna Maria Canale, Yvette Lebon. Italie / France, 1960 – Couleurs – 1 h 33. J'AI TUÉ RASPOUTINE (Voir ce titre). NICOLAS ET ALEXANDRA (Voir ce titre).

RATATAPLAN "RATATAPLAN"
Comédie de **Maurizio Nichetti**, avec Maurizio Nichetti, Angela Finocchiaro, Lydia Biondi. Italie, 1979 – Couleurs – 1 h 32.

Colombo travaille dans une buvette minable. Un jour, on lui demande d'apporter d'urgence un verre d'eau au patron d'une usine... Miracle ! L'eau a des vertus curatives et attire les foules !

LES RATS "DIE RATTEN"
Drame de **Robert Siodmak**, avec Maria Schell *(Pauline Karka)*, Curd Jürgens *(Bruno Mechelke)*, Heidemarie Hatheyer *(Anna John)*, Gustav Knuth *(Karl John)*, Ilse Steppat *(Sidonie Knobbe)*, Fritz Rémond *(Harro Hassenreuther)*. • SC : Jochen Huth, d'après la pièce de Gerhart Hauptmann. • PH : Göran Strindberg. • DÉC : Rolf Zehetbauer. • MUS : Werner Eisbrenner. • MONT : Ira Oberberg, Klaus Eckstein. R.F.A., 1955 – 1 h 37. ★ **OURS D'OR, Berlin 1955.**

À Berlin-Ouest, une jeune femme hagarde est interpellée par un policier et emmenée au poste. Son identité est vite établie, grâce aux époux John. La femme, Anna, raconte l'histoire de Pauline Karka, Polonaise réfugiée. Quelques temps auparavant, Anna, pour ne pas perdre son mari, a fait croire à celui-ci qu'elle était enceinte, malgré sa stérilité. Le hasard lui vient en aide lorsqu'elle rencontre Pauline, qui attend un enfant non désiré, et qu'elle héberge clandestinement chez elle. Comme convenu, Anna fait passer le nouveau-né pour le sien et promet en échange à la fille mère un visa pour la R.F.A., que lui procurera son frère Bruno. Mais les événements vont prendre une tournure dramatique, Pauline cherche à récupérer son enfant et Anna tente de faire disparaître la jeune femme avec l'aide de son frère. Il se tuera sur son propre couteau, avant qu'Anna ne s'enfuie, désemparée.

◆ *Adaptant une tragi-comédie dont l'action se situait au début du siècle, le cinéaste réactualise le récit, en dépeignant des « rats » modernes, représentés par des petits bourgeois aisés, plus insaisissables et plus cyniques que les prolétaires de la pièce. Récit avant tout du combat d'une fille mère pour son enfant, le film tire sa force de la sincérité du jeu des acteurs, et de la mise en scène qui ne recule pas devant les effets apparemment sommaires. Cette œuvre pleine de nostalgie pour un passé allemand éclipsé par les années sombres du nazisme connut un succès considérable en R.F.A.* F.L.

LES RATS DU DÉSERT "The Desert Rats"

Film de guerre de **Robert Wise**, avec Richard Burton, James Mason, Robert Douglas, Robert Newton. États-Unis, 1953 – 1 h 28.

En 1941, la reconstitution très exacte et très convaincante de la bataille de Libye, à Tobrouk. James Mason apparaît épisodiquement dans le personnage de Rommel.

RAVISSANTE

Comédie de **Robert Lamoureux**, avec Robert Lamoureux, Sylva Koscina, Philippe Noiret, Lucile Saint-Simon, Jacques Dacqmine. France / Italie, 1960 – 1 h 12.

Confusion et quiproquos pour un séducteur-né, chargé par son ami de séduire une jeune femme.

LE RAYON DE LA MORT "Luč smerti"

Comédie dramatique de **Lev Koulechov**, avec Porfiri Podobled *(l'ingénieur)*, Vsevolod Poudovkine *(le père Révo)*, Serguei Komarov *(le contremaître)*, Alexandra Khokhlova *(sœur Édith)*, Vladimir Vogel *(le fasciste Fog)*, Piotr Galadjev *(le patron)*. • SC : Vsevolod Poudovkine. • PH : Alexandre Levicki. • DÉC : V. Poudovkine, Vassili Rakhals. U.R.S.S. (Russie), 1925 – 2 995 m (env. 1 h 51).

Un espion fasciste s'empare de l'invention d'un ingénieur soviétique, le rayon de la mort. Il s'enfuit en Occident, où l'invention maléfique est aussitôt exploitée par les capitalistes. Mais les ouvriers d'une usine en grève tournent l'affaire à leur profit et, avec l'aide de l'Armée rouge, sauvent la situation.

◆ *Lev Koulechov est l'un des principaux théoriciens soviétiques, se livrant dans son atelier à des recherches originales sur le montage, la « distance » narrative, l'acteur-mannequin. Pour illustrer ses théories, il choisit de préférence des scénarios rocambolesques, inspirés des serials européens en détournant leurs perspectives mélodramatiques à des fins de propagande socialiste. Le résultat, s'il ne passionna pas les foules, acquiert avec le recul du temps une dimension expérimentale non négligeable, mélange d'archaïsme et de modernité.* C.B.

LE RAYON INVISIBLE "The Invisible Ray"

Film fantastique de **Lambert Hillyer**, avec Boris Karloff, Bela Lugosi, Frances Drake, Frank Lawton, Walter Kingsford, Beulah Bondi. États-Unis, 1935 – 1 h 19.

Contaminé par un élément inconnu qu'il a lui-même découvert, un savant perd la raison et devient un assassin.

LE RAYON VERT (COMÉDIES ET PROVERBES)

Comédie dramatique d'**Éric Rohmer**, avec Marie Rivière *(Delphine)*, Lisa Heredia, Béatrice Romand, Maria Couto-Palos, Vincent Gauthier. • SC : É. Rohmer. • PH : Sophie Maintigneux. • MUS : Jean-Louis Valero. • MONT : Maria-Luisa Garcia. France, 1986 – Couleurs – 1 h 30.

★ **Lion d'or, Venise 1986.**

Plaquée à la fois par son amant et l'amie avec qui elle devait partir en Grèce, Delphine se retrouve seule et déprimée. Si les vacances solitaires sont propices aux rencontres, Delphine les fuit. Elle croit au destin et au grand amour. Après avoir circulé à travers la France, elle rencontre un inconnu en gare de Biarritz. Percevra-t-elle le fameux rayon vert qui, au coucher du soleil, doit lui permettre de voir clair dans ses sentiments et ceux des autres ?

◆ *Rohmer revient aux principes premiers de la Nouvelle Vague : la mise en scène comme aventure, intégrant le hasard du tournage, laissant ses acteurs improviser sur un schéma préétabli. La forme répond parfaitement au fond : Delphine est soudain livrée à elle-même, contrainte d'affronter l'inconnu, les aléas des rencontres. Marie Rivière donne à l'héroïne son caractère à la fois irritant et émouvant. Une mise en scène au quotidien qui débouche sur le fantastique : destin, hasard ou providence.* J.M.

RAZORBACK "RAZORBACK"

Comédie dramatique de **Russell Mulcahy**, avec Gregory Harrison, Arkie Whiteley, Bill Kerr, Chris Haywood, David Argue. Australie, 1984 – Couleurs – 1 h 35.

Un vieux chasseur est blessé un soir par un énorme animal, le légendaire Razorback. Deux ans plus tard, une journaliste américaine est tuée par la même bête ; son mari parvient à piéger la redoutable créature et à la vaincre après un terrifiant combat.

RAZZIA SUR LA CHNOUF

Film policier d'**Henri Decoin**, d'après un roman d'Auguste Le Breton, avec Jean Gabin, Magali Noël, Paul Frankeur, Marcel Dalio, Lino Ventura, Lila Kedrova. France, 1955 – 1 h 45.

Un inspecteur de police s'introduit dans l'organisation parisienne d'acheminement de la drogue. Un film très représentatif du cinéma policier français des années 50.

RE-ANIMATOR "RE-ANIMATOR"

Film d'horreur de **Stuart Gordon**, d'après l'œuvre de H.P. Lovecraft, avec Jeffrey Combs, Bruce Abbott, Barbara Crampton, Robert Sampson, David Gale. États-Unis, 1985 – Couleurs – 1 h 28.

Tout va bien dans un hôpital du Massachusetts, jusqu'au jour où arrive un étudiant qui invente un sérum à ressusciter les morts.

REBECCA "REBECCA"

Drame d'**Alfred Hitchcock**, avec Laurence Olivier *(Maxime de Winter)*, Joan Fontaine *(Mrs. de Winter)*, Judith Anderson *(Mrs. Danvers)*, George Sanders *(Jack Favell)*, Nigel Bruce *(le major Lacey)*, Florence Bates. • SC : Robert E. Sherwood, Joan Harrison, d'après le roman de Daphné Du Maurier. • PH : George Barnes. • DÉC : Lyle Wheeler. • MUS : Franz Waxman. États-Unis, 1940 – 2 h 10. ★ **OSCAR DU MEILLEUR FILM 1940.**

Une timide Américaine épouse un jeune et riche veuf anglais, Maxime de Winter, qui l'emmène dans sa somptueuse demeure de Manderley, sur laquelle règne la revêche Mrs. Danvers. Maxime se refuse à parler de sa première épouse, Rebecca, décédée mystérieusement, et dont le souvenir hante les lieux. Malgré les pièges que lui tend Mrs. Danvers, la jeune Mrs. de Winter découvre peu à peu une vérité que la gouvernante tente d'étouffer en mettant le feu à Manderley.

◆ *Cette première réalisation américaine de Hitchock, à la tonalité encore très anglaise, est d'une étonnante maturité. Il impose à cette adaptation fidèle d'un best-seller son style et ses obsessions. Hollywood lui offre des moyens et surtout des acteurs dont il tire le maximum. L'interprétation subtile de Joan Fontaine achève de métamorphoser la mièvrerie du roman en féerie cauchemardesque.* J.M.

LE REBELLE "THE FOUNTAINHEAD"

Comédie dramatique de **King Vidor**, d'après le roman d'Ayn Rand, avec Gary Cooper, Patricia Neal, Raymond Massey. États-Unis, 1949 – 1 h 54.

Le portrait d'un architecte de talent, idéaliste et incorruptible.

LE REBELLE

Drame de **Gérard Blain**, avec Patrick Norbert, Michel Subor, Isabelle Rosais. France, 1980 – Couleurs – 1 h 35.

Un jeune orphelin vit seul avec sa petite sœur. Il rencontre un riche homosexuel qui accepte de l'aider à des conditions très précises. Dégoûté par la société, il se lance dans une action terroriste.

REBELOTE

Mélodrame de **Jacques Richard**, avec Jean-Pierre Léaud, Olga Georges-Picot. France, 1982 – 1 h 20.

Issu d'un milieu défavorisé, un jeune homme devient commis-boucher et flirte avec la délinquance. Conçu dans les conditions du cinéma muet des années 20, le film, tourné en noir et blanc, est une farce rétro qui joue des clichés mélodramatiques.

RECHERCHE SUSAN DÉSESPÉRÉMENT

"DESPERATELY SEEKING SUSAN"

Comédie de **Susan Seidelman**, avec Rosanna Arquette, Aidan Quinn, Madonna, Mark Blum. États-Unis, 1985 – Couleurs – 1 h 43.

Roberta emprunte malgré elle l'identité de Susan que des tueurs traquent. Susan cherche Roberta, son mari aussi. Et Roberta trouve sa vérité. La révélation de Madonna à l'écran.

LE RÉCIDIVISTE "STRAIGHT TIME"

Film policier d'**Ulu Groshard**, avec Dustin Hoffman, Theresa Russell, Harry Dean Stanton. États-Unis, 1978 – Couleurs – 2 h 38.

Un prisonnier en liberté conditionnelle ne tarde pas, sous la pression d'une situation précaire, à retomber dans ses erreurs.

RECKLESS "RECKLESS"

Drame de **James Foley**, avec Aidan Quinn, Daryl Hannah, Cliff de Young. États-Unis, 1983 – Couleurs – 1 h 33.

Un adolescent taciturne et sauvage noue une idylle avec une jeune et jolie bourgeoise de son école. Justesse de la peinture sociale.

LA RÉCOLTE DE 3000 ANS
"HARVEST : 3000 YEARS"
Drame de **Haile Gerima**, avec Harege-Weyn Taffere, Melaku Mekonen, Kasu Asfaw, Adane Melaku. Éthiopie, 1976 – 2 h 30.

En Éthiopie, aujourd'hui, la lutte pour la survie d'une famille de paysans sous l'autorité d'un riche propriétaire terrien.

LA RÉCOMPENSE "THE REWARD"
Western de **Serge Bourguignon**, avec Max von Sydow, Yvette Mimieux, Efrem Zimbalist. États-Unis, 1965 – Couleurs – 1 h 32.

Au Mexique, un nommé Swanson est sur la trace d'un hors-la-loi accusé de rapt et d'assassinat. Il enrôle d'autres hommes dans une impitoyable poursuite à travers le désert.

LA RECONSTITUTION "RECONSTITUIREA"
Drame de **Lucian Pintilie**, avec Georges Constantin *(Ticu)*, Emil Botta *(Paveliu)*, Georges Mihaita *(Vuica)*, Vladimir Gaitan *(Ripu)*, Ernest Maftei *(Dumitrescu)*. • SC : L. Pintilie, Horia Patrascu, d'après son récit. • PH : Sergiu Hazum. • DÉC : Aurel Ionescu. • MUS : Andrei Papp. • MONT : Eugenia Naghi. Roumanie, 1969 – 1 h 47.

Trois ans de prison : c'est le tarif prévu pour les deux coupables d'une rixe dans un bar, sous l'effet de l'ivresse. Mais une chance leur est offerte : reconstituer la scène sous l'œil d'une caméra, pour faire un film éducatif sur les effets néfastes de la boisson. Vuica et Ripu, les fautifs, consentent. Mais les trois représentants de l'État chargés du travail (un adjudant, un pédagogue et un procureur) ne leur facilitent pas la tâche. Ripu flaire un piège dans cette « reconstitution »... Elle s'achève presque, pourtant, lorsque éclate le drame. On n'échappe pas à son destin, en Roumanie...

◆ *Internationalement connu pour ses mises en scène de théâtre, Lucian Pintilie s'imposa dans le domaine cinématographique avec* la Reconstitution, *pamphlet sur l'irresponsabilité collective, et l'une des meilleures réussites du cinéma roumain des années 60.* *C.D.R.*

RECOURS EN GRÂCE "TRA DUE DONNE"
Drame de **Laslo Benedek**, d'après le roman de Noël Calef, avec Raf Vallone, Emmanuelle Riva, Annie Girardot, Fernand Ledoux. France / Italie, 1960 – 1 h 37.

Un homme qui a déserté en 1940 se livre à la justice quand son amie apprend la vérité. Au cours du procès, il s'évade pour se justifier auprès d'elle, mais il est abattu sous ses yeux.

LA RÉCRÉATION
Drame de **François Moreuil**, d'après une nouvelle de Françoise Sagan, avec Jean Seberg, Christian Marquand, Françoise Prévost. France, 1961 – 1 h 29.

Une lycéenne délurée se fait initier à l'amour par un sculpteur qui est aussi un assassin. Le mépris qu'elle éprouve pour la lâcheté de son amant l'empêche de prolonger cette « récréation ».

LE RÉCUPÉRATEUR DE CADAVRES
"THE BODY SNATCHER"
Film fantastique de **Robert Wise**, avec Boris Karloff *(Gray)*, Bela Lugosi *(Joseph)*, Henry Daniell *(Mac Farlane)*, Edith Atwater *(Meg)*, Russell Wade *(Fettes)*. • SC : Philip Mac Donald, Carlos Keith [Val Lewton], d'après une nouvelle de Robert Louis Stevenson. • PH : Robert De Grasse. • DÉC : Albert S. D'Agostino, Walter E. Keller, Darrell Silvera, John Sturtevant. • MUS : Roy Webb. • MONT : J.R. Whittredge. États-Unis, 1945 – 1 h 18.

Le docteur Mac Farlane, enseignant à la faculté d'Edimbourg, en 1831, a besoin de cadavres frais pour ses expériences d'anatomie. Un cocher de fiacre, Gray, pille les tombes pour son compte. Il amène au cabinet une jeune veuve dont la fille est paralysée. Mac Farlane refuse de l'opérer puis, menacé par Gray, accepte. Gray lui apporte alors le corps d'une chanteuse des rues qu'il a assassinée. Joseph, le domestique de Mac Farlane, a compris le trafic et tente de faire chanter Gray, qui le tue. Avec l'aide de Fettes, son assistant, le docteur tente de se débarrasser du criminel.

◆ *Élégante adaptation de la nouvelle de Stevenson, qui s'inspirait de l'affaire du Dr Knox et de ses « Résurrectionnistes » reprise au cinéma dans* L'IMPASSE AUX VIOLENCES *(Voir ce titre), le film de Wise bénéficie d'une superbe photographie. La composition de Boris Karloff dans le rôle de Gray, savoureuse et nuancée, fait heureusement oublier l'académisme et la timidité précautionneuse d'un scénario qui n'est pas à la hauteur de son sujet.* *G.L.*

LA RED / LE FILET "LA RED"
Drame d'**Emilio Fernandez**, avec Rossana Podestà *(Rossana)*, Crox Alvarado *(Antonio)*, Armando Silvestre *(José-Luis)*. • SC : E. Fernandez, N. Beltran. • PH : Alex Philips. • DÉC : Jesus Bracho. • MUS : Antonio Diaz Conde. • MONT : Jorge Bustos. Mexique, 1953 – 1 h 20.

Antonio vit avec Rossana dans une cabane isolée au bord de la mer. José-Luis, le complice d'Antonio dans un hold-up, vient les rejoindre. Poursuivi, il est contraint de rester. Rossana, après avoir rejeté José-Luis, succombe à son amour sous les regards jaloux d'Antonio. Le drame éclate et Antonio tue Rossana puis est abattu par la police.

◆ *Emilio Fernandez a retrouvé ici l'intensité plastique et le jeu des acteurs du muet. Peu de dialogues, l'angoisse et la passion des personnages évoquées par les échanges de regards au moyen d'images lentes et quasi-picturales. Le prix obtenu à Cannes en 1953 du « film le mieux raconté par l'image » souligne l'importance du réalisateur mexicain qui signe ici son film le plus dépouillé et l'apogée de son style.* C.G.

REDS "REDS"

Film historique de **Warren Beatty**, avec Warren Beatty *(John Reed)*, Diane Keaton *(Louise Bryant)*, Jack Nicholson *(Eugene O'Neill)*. • SC : W. Beatty, Trevor Griffith, d'après le livre de John Reed *Dix Jours qui ébranlèrent le monde*. • PH : Vittorio Storaro. • MUS : Stephen Sondheim, Dave Grusin. • MONT : Dede Allen, Craig McKay. États-Unis, 1982 – Couleurs – 3 h 15.

John Reed, journaliste américain aux idées libérales, poursuit l'Histoire là où elle est en marche : en Russie pendant la Révolution de 1917. Avec sa compagne Louise Bryant, il rencontre les animateurs du jeune parti communiste russe. Malentendus, désillusions s'ensuivent... John Reed finira sa vie en Union soviétique, un peu malgré lui.

◆ *Un sujet rare pour le cinéma américain, la Révolution russe ; un personnage hors du commun, John Reed ; une reconstitution rigoureuse aussi bien dans les mouvements de masse que dans les scènes intimistes ; un lyrisme romantique et enthousiaste ; une leçon de politique (l'idéologie ne fait pas bon ménage avec la raison d'État) ; une distribution hors pair ; le savoir-faire hollywoodien. Tout est réuni pour faire de* Reds *un grand film.* B.B.

REEFER ET LE MODÈLE "REEFER AND THE MODEL"

Comédie dramatique de **Joe Comerfort**, avec Ian McElhinney, Carol Scanlan, Sean Lawlor, Ray McBride. République d'Irlande, 1988 – Couleurs – 1 h 30.

Trois hommes en marge de la société sont rejoints par une jeune femme enceinte sur le chalutier où ils vivent. Des petits trafics, ils passent au hold-up malheureux. Viscéralement irlandais, iconoclaste et attachant, cynique et moral.

REFLETS DANS UN ŒIL D'OR

"REFLECTIONS IN A GOLDEN EYE"

Drame psychologique de **John Huston**, avec Elizabeth Taylor *(Leonora Penderton)*, Marlon Brando *(commandant Penderton)*, Robert Foster *(Williams)*. • SC : Chapman Mortimer, Gladys Hill, d'après le roman de Carson McCullers. • PH : Aldo Tonti, Oswald Morris. • DÉC : Stephen Grimes, Bruno Avesani, William Kierson, Joe Chevalier. • MUS : Toshiro Mayuzumi. • MONT : Russel Lloyd. États-Unis, 1967 – Couleurs – 1 h 45.

Dans un camp militaire, la femme du commandant trompe son ennui en faisant du cheval avec le lieutenant-colonel dont l'épouse est névrosée. Ils sont amants. Williams, un soldat puceau, les surprend et se sent attiré par la femme qu'il va observer, la nuit, dans son sommeil. Le commandant est attiré lui aussi par le jeune soldat.

◆ *Un superbe essai sur la folie ordinaire. Huston et Tonti ont travaillé l'émulsion du film pour privilégier les teintes dorées et rosées qui représentent la vision subjective du monde que pourrait avoir l'œil d'or du coq fou que peint le serviteur asiatique. Ce que « voit » ce coq, selon le serviteur, est grotesque. L'impression de grotesque qui domine effectivement le film naît de la distorsion entre certaines « manies » des protagonistes, enfermés dans leur solitude irrémédiable, et la banalité consternante des situations. Cette vision se résume dans le plan « fou » où la caméra panoramique évolue sans cesse entre le mari assassin, la femme hurlante et le soldat mort. Le « ridicule » des personnages est sans cesse contrebalancé par le pathétique de l'interprétation.* S.K.

LE RÉFRACTAIRE "BILLY THE KID"

Western de **David Miller**, avec Robert Taylor, Brian Donlevy, Ian Hunter. États-Unis, 1941 – Couleurs – 1 h 35.

L'histoire, une nouvelle fois portée à l'écran, du célèbre héros de l'Ouest. Chevauchées et fusillades en Technicolor.

▷ Voir aussi BILLY LE KID.

REFROIDI À 99 % "99 AND 44/100 DEAD"

Film policier de **John Frankenheimer**, avec Richard Harris, Edmund O'Brien, Bradford Dillman. États-Unis, 1974 – Couleurs – 1 h 38.

Le renouveau de la guerre des gangs est l'occasion d'un règlement de comptes général entre deux bandes rivales. L'invraisemblance d'une B.D. cocasse.

LE REFROIDISSEUR DE DAMES

"NO WAY TO TREAT A LADY"

Comédie policière de **Jack Smight**, d'après le roman de William Goldman, avec Rod Steiger, Lee Remick, George Segal, Eileen Heckart. États-Unis, 1967 – Couleurs – 1 h 48.

Un auteur new-yorkais, obsédé sexuel notoire, assassine des veuves et en rend compte, par téléphone, au policier qui le traque.

REGAIN
Drame social de **Marcel Pagnol**, d'après le roman de Jean Giono, avec Fernandel, Orane Demazis, Gabriel Gabrio, Marguerite Moréno, Delmont. France, 1937 – 2 h 30.

En Haute-Provence, un braconnier s'installe avec une fille simple et pure, arrachée à un rémouleur égoïste, dans un village en ruines auquel ils redonnent vie.

LE REGARD
Essai de **Marcel Hanoun**, avec Anne Bellec, Jean de Gaspary, Juliette Le Clerc. France, 1977 – Couleurs – 1 h 05.

Pendant qu'Anne découvre un Brueghel, la Chute d'Icare, son amant enlace une autre femme. Esthétisme et érotisme.

LE REGARD D'ULYSSE
Comédie dramatique de **Theo Angelopoulos**, avec Harvey Keitel, Maïa Morgernstern, Erland Josephson. France / Italie / Grèce, 1995 – Couleurs – 3 h.

Un cinéaste grec exilé aux États-Unis revient dans sa ville natale. Il est à la recherche des premières bobines d'un film des frères Manakias, des pionniers du cinéma grec. Sa quête le mènera à travers les Balkans, où il redécouvrira son passé et celui de ces terres d'amours et de haines.

REGARDE LES HOMMES TOMBER
Drame de **Jacques Audiard**, d'après le roman de Teri White Triangle, avec Jean-Louis Trintignant, Jean Yanne, Mathieu Kassovitz, Bulle Ogier. France, 1994 – Couleurs – 1 h 40. ★ César de la meilleure première œuvre de fiction.

Simon Hirsch, représentant en cartes de visite, part à la recherche des meurtriers de Mickey, jeune flic homosexuel. Au terme d'une longue traque à travers la France profonde, il finit par les retrouver : il s'agit d'un vieil homme interlope et d'un jeune homme incertain que lie une étrange amitié. Une nuance nouvelle du film « noir » à la française.

REGARDS ET SOURIRES "Looks and Smiles"
Drame de **Ken Loach**, avec Graham Green *(Mick)*, Carolyn Nicholson *(Karen)*, Tony Pitts *(Alan)*. • SC : Barry Hines. • PH : Chris Menges. • DÉC : Jeremy Gee. • MUS : Mark Wilkinson, Richard and The Taxmen. • MONT : Steve Singleton. Grande-Bretagne, 1981 – 1 h 40. ★ Prix du cinéma contemporain, Cannes 1981.

À Sheffield, ancienne cité sidérurgique, les usines ferment, le chômage sévit. Les jeunes gens, désespérés ou résignés, cherchent du travail. Alan finit par s'engager dans l'armée, son ami Mick reste à Sheffield. Il est amoureux de Karen, mais leurs relations sont difficiles.

◆ *Un film de grisaille, qui a pour thème le malheur ordinaire : la crise économique ne fait pas de cadeau, et les jeunes de la classe ouvrière ont peu à espérer de la vie. Bâti un peu comme un documentaire (et d'ailleurs dans la tradition anglaise),* Regards et Sourires *montre des rêves brisés, des divertissements ternes, des vies sans issue. Ken Loach, avec lucidité mais sans gaieté, est un témoin de son temps, tout simplement.* *B.B.*

LES RÉGATES DE SAN FRANCISCO
Drame de **Claude Autant-Lara**, d'après le roman de Gambini, avec Folco Lulli, Suzy Delair, Laurent Terzieff, Nelly Benedetti, Danielle Gaubert. France / Italie, 1960 – Couleurs – 1 h 15.

Une adolescente, aimée d'un ami d'enfance, s'éprend d'un garçon désinvolte qui a déjà séduit la mère de ce dernier.

RÉGIME SANS PAIN
Essai de **Raoul Ruiz**, avec Anne Alvaro, Olivier Angèle, Gérard Maimone. France, 1984 – Couleurs – 1 h 15.

Dans cette petite principauté du Vercors, les règles de succession sont assez paradoxales : la télévision et l'automobile y jouent un rôle fort inattendu.

LA RÉGION CENTRALE
Film expérimental de **Michael Snow**. Canada, 1971 – Couleurs – 3 h.

Dans une région désertique du Québec, une caméra, fixée sur un dispositif à bras mobile, balaie l'espace à des vitesses variées, dans des panoramiques incessants et grisants.

LA RÈGLE DU JEU
Comédie dramatique de **Jean Renoir**, avec Marcel Dalio *(le marquis de La Chesnaye)*, Nora Grégor *(Christine)*, Roland Toutain *(André Jurieux)*, Jean Renoir *(Octave)*, Mila Parely *(Geneviève)*, Paulette Dubost *(Lisette, la camériste)*, Gaston Modot *(Schumacher)*, Julien Carette *(Marceau)*. • SC : J. Renoir, avec la collaboration de Carl Koch. • PH : Jean Bachelet. • DÉC : Eugène Lourié, Max Douy. • COST : Coco Chanel. • MUS : Mozart, Strauss, Monsigny, Sallabert, Saint-Saëns, Chopin (arrangements : Roger Desormières, Joseph Kosma). • MONT : Marguerite Renoir. • PR : N.E.F. France, 1939 – 1 h 52.

À la veille de la Seconde Guerre mondiale, un aviateur courtise une marquise qui préfère les mondanités. Son mari dialogue avec ses domestiques. Les invités, eux, tirent sur les lapins.

◆ **Maîtres et domestiques**

Rarement titre de film aura été aussi explicite : c'est bien de la règle du jeu, le jeu social, qu'il s'agit. D'une règle que l'on feint souvent d'ignorer, ne serait-ce que pour la subir sans remords, ni révolte. À la veille d'un conflit, qui détruira jusqu'aux fondements de la société européenne, le péril imminent aveugle le tout-venant et l'empêche d'applaudir au génie de Renoir. Se résoudre à mourir, oui, mais être troublé, non ! Or, la Règle du jeu *n'épargne personne. Dure aux riches, et à ce semblant d'aristocratie qui s'efforce de conserver de dérisoires privilèges, elle n'est pas tendre pour les pauvres, en l'occurrence les domestiques, qui singent, y compris dans leurs préjugés, les maîtres, même s'ils nous arrachent de-ci de-là quelques sourires complices. À l'évidence, les vrais héros n'appartiennent à aucun des camps. Ils sont quasiment hors jeu. L'un, aviateur, s'enflamme à tout propos : on l'assassinera ; l'autre, ours d'occasion, interprété comme de bien entendu par Renoir lui-même, descend de la Lune : on l'y fera remonter. Les femmes, à l'exception de la camériste, se moquent des élans du cœur, parce que l'heure est au cynisme, et qu'à défaut d'avoir vécu une passion, elles s'en détournent. Elles ont horreur de souffrir, n'est-ce pas ? Et elles préfèrent, en compagnie des hommes de leur classe, tirer à bout portant le lapin de Sologne. De loin, d'ailleurs, cette chasse ressemble furieusement à une tuerie guerrière. Au sommet de cette hiérarchie branlante, on trouve le marquis de La Chesnaye, que l'on traite, derrière son dos, de métèque, mais qui n'a pas son pareil pour reconnaître l'excellence d'un mets. Dérisoire pouvoir que balaiera la vague hitlérienne, au grand soulagement de ceux qui l'entourent, comme de ceux qui ne pardonnèrent pas à Renoir d'avoir choisi un Juif pour incarner ce reste d'humanité. Comme quoi, même au cinéma, le prophète anticipe, mais n'est jamais entendu. Ainsi qu'il est dit dans ce film sans égal : « C'est ennuyeux, les gens sincères ! »* La Règle du jeu, *ou la sincérité absolue.* *G.G.*

RÈGLEMENT DE COMPTES "THE BIG HEAT"

Film policier de **Fritz Lang**, avec Glenn Ford *(Dave Bannion)*, Gloria Grahame *(Debby)*, Jocelyn Brando *(Katie Bannion)*, Alexander Scourby *(Mike Lagana)*, Lee Marvin *(Vince)*, Jeanette Nolan *(Bertha Duncan)*. • SC : Sidney Boehm, d'après le roman de William P. McGivern. • PH : Charles Lang Jr. • DÉC : Robert Peterson. • MUS : Daniele Amfitheatrof. • MONT : Charles Nelson. États-Unis, 1953 – 1 h 30.

Après le suicide de son mari, officier de police, Bertha Duncan s'allie avec le gangster Mike Lagana. Bien qu'ayant reçu d'en haut l'ordre d'abandonner l'enquête, Dave Bannion décide de la poursuivre, surtout après la mort de sa femme, tuée à sa place dans un attentat commandité par Lagana. Il quitte la police et, avec l'aide de Debby, la maîtresse d'un homme de Lagana, démasque le gang.

◆ *Par certains aspects, Dave Bannion est l'ancêtre de Dirty Harry ou des héros incarnés par Charles Bronson dans les années 70. Mais, chez Fritz Lang, ce policier n'est qu'un homme ordinaire qui agit surtout par vengeance. Police et gangstérisme sont réversibles et utilisent des moyens identiques. Dans cet univers, l'innocence – la femme en particulier – est vouée à la mort ou à la corruption. Le « film noir » tend ici au pessimisme absolu.* *J.M.*

RÈGLEMENTS DE COMPTES À O.K. CORRAL

"GUNFIGHT AT THE O.K. CORRAL"

Western de **John Sturges**, avec Burt Lancaster, Kirk Douglas, Rhonda Fleming, Jo Van Fleet. États-Unis, 1957 – Couleurs – 2 h 02.

L'amitié entre un shérif et un joueur – Wyatt Earp et John « Doc » Holliday – qui unissent leurs efforts pour exterminer une bande de hors-la-loi. Des figures légendaires de l'Ouest.

▷ Voir aussi DOC HOLLIDAY.

LE RÈGNE DE NAPLES

"IL REGNO DI NAPOLI / NEAPOLITANISCHE GESCHWISTER"

Drame de **Werner Schroeter**, avec Dino Mele, Renata Zamengo, Antonio Orlanda. Italie / R.F.A., 1978 – Couleurs – 2 h 05.

Chronique d'un quartier napolitain entre la Libération et 1976, à travers la vie d'une famille modeste, ses drames et ses joies.

LA REINE CHRISTINE "QUEEN CHRISTINA"

Film historique de **Rouben Mamoulian**, avec Greta Garbo *(Christine)*, John Gilbert *(Antonio)*, Ian Keith *(Magnus)*, Lewis Stone *(Oxenstierna)*. • SC : Salka Viertel, Margaret Levino, H.M. Harwood. • PH : William Daniels. • DÉC : Edwin B. Willis, Alexander Toluboff. • MUS : Herbert Stothart. • MONT : Blanche Seewell. États-Unis, 1933 – 1 h 41.

Christine, encore enfant, succède à son père sur le trône de Suède. Elle devient une reine pacifique et éclairée, menant une vie libre. Le roi d'Espagne lui envoie un ambassadeur, Antonio, en vue de l'épouser. Elle le rencontre dans une auberge, déguisée en garçon. Ils doivent partager la même chambre et Antonio est troublé par le jeune homme. Il découvre le subterfuge et tombe amoureux. Christine veut abdiquer, mais son ancien amant tue Antonio en duel.

◆ *Ce film est l'antithèse de la conception historique de Sternberg dans* l'Impératrice rouge. *Autant ce dernier crée par une surcharge décorative un espace imaginaire, autant Mamoulian essaie de crédibiliser sa reconstitution. Les deux films échappent à leur façon au standard hollywoodien. Le décor du film de Mamoulian est imposant, mais presque vidé par une mise en scène aiguë qui en souligne la géométrie froide. La lumière très tranchée donne un modelé très dur aux visages, accentuant le côté « janséniste » du film. Celui de Garbo, si charnel dans ses premiers films, devient un masque androgyne, beau et terrible, dont l'ambiguïté est merveilleusement exploitée dans la scène où, déguisée en jeune homme, elle séduit John Gilbert. Même quand il découvre son identité, le trouble de leur relation persiste comme un parfum.* S.K.

LA REINE DE BROADWAY "COVER GIRL"
Comédie musicale de **Charles Vidor**, avec Rita Hayworth, Gene Kelly, Phil Silvers, Lee Bowman. États-Unis, 1944 – Couleurs – 1 h 47.

La carrière et la gloire d'une « cover-girl ». Le film qui fit de Rita Hayworth une star, éblouissante auprès de Gene Kelly qui émerveille à chaque numéro musical.

LA REINE DES AMAZONES
"LA REGINA DELLE AMAZZONI"
Comédie parodique de **Vittorio Sala**, avec Gianna Maria Canale, Rod Taylor, Ed Fury. Italie, 1960 – Couleurs – 1 h 26.

Prisonniers des Amazones, deux athlètes grecs les aident à se défendre contre des pirates et les ramènent ainsi à de « meilleurs sentiments ».

LA REINE DES CARTES "THE QUEEN OF SPADES"
Drame de **Thorold Dickinson**, d'après le roman de Pouchkine *la Dame de pique*, avec Anton Walbrook, Edith Evans, Yvonne Mitchell, Ronald Howard. Grande-Bretagne, 1948 – 1 h 40.

À Saint-Pétersbourg, en 1806, un officier tente de percer le secret d'une vieille comtesse qui connaît un moyen infaillible pour gagner aux cartes.

▷ Voir aussi LA DAME DE PIQUE.

LA REINE DES REBELLES "BELLE STARR"
Western d'**Irving Cummings**, avec Randolph Scott, Gene Tierney, Dana Andrews. États-Unis, 1941 – Couleurs – 1 h 18.

L'après-guerre de Sécession pour quelques sudistes fanatiques. Poursuites et bagarres.

▷ Une suite a été réalisée par : **Lesley Selander**, intitulée BELLE STARR'S DAUGHTER. États-Unis, 1948 – Couleurs – env. 1 h 30.

LA REINE DU COLORADO
"THE UNSINKABLE MOLLY BROWN"
Comédie musicale de **Charles Walters**, avec Debbie Reynolds, Harve Presnell, Ed Begley. États-Unis, 1964 – Couleurs – 2 h 08.

Une sauvageonne, élevée par un trappeur, décide de s'installer à Denver et de devenir membre de la haute société. Elle échoue, part en Europe, puis rentre en Amérique... à bord du Titanic ! Héroïque survivante, elle sera accueillie chaleureusement et trouvera l'amour.

LA REINE ÉLISABETH / ÉLISABETH, REINE D'ANGLETERRE "QUEEN ELIZABETH"
Biographie d'**Henri Desfontaines** et **Louis Mercanton**, avec Sarah Bernhardt, Maxudian, Marie-Louise Dorval, Harmeroy, Lou Tellegen. Grande-Bretagne / France, 1912 – 1 100 m (env. 41 mn).

Une évocation romantique de la vie d'Élisabeth Ire, incarnée par un monstre sacré du théâtre. Un immense succès populaire.

LA REINE MARGOT
Film d'aventures historiques de **Jean Dréville**, d'après le roman d'Alexandre Dumas, avec Jeanne Moreau, Armando Francioli, Françoise Rosay, Henri Genès. France / Italie, 1954 – Couleurs – 1 h 33.

Une reconstitution soignée et spectaculaire de la cour de Charles IX et Catherine de Médicis, à la veille de la Saint-Barthélemy.

LA REINE MARGOT
Drame historique de **Patrice Chéreau**, d'après le roman d'Alexandre Dumas, avec Isabelle Adjani, Daniel Auteuil, Vincent Pérez, Virna Lisi, Jean-Hugues Anglade. France, 1994 – Couleurs – 2 h 39. ★ **PRIX DU JURY, Cannes 1994.**

Tous les ingrédients du succès ont été réunis : un gros budget, une distribution de qualité dominée par une star de première grandeur, un scénario fondé sur un des chapitres les plus sanglants de l'histoire (la Saint-Barthélemy), revu par Alexandre Dumas et éclairé par une belle histoire d'amour. Le résultat : un spectacle bien réglé avec plusieurs plans remarquables, de nombreuses séquences bien sanguinolentes, quelques scènes de sexe bien drues, de l'action et du spectacle plastique équitablement alternés. Une seule chose s'est perdue en route : l'émotion.

LA REINE VICTORIA "VICTORIA THE GREAT"
Biographie de **Herbert Wilcox**, avec Anna Neagle, Anton Walbrook, H.B. Warner, Walter Rilla, Mary Morris, Charles Carson, Felix Aylmer. Grande-Bretagne, 1937 – 1 h 52.

Une reconstitution de la vie de la souveraine de 1837 à 1897, rapportant les principaux événements de son règne. Très académique.

LA REINE VIERGE "Young Bess"
Drame historique de **George Sidney**, avec Jean Simmons, Stewart Granger, Deborah Kerr, Charles Laughton, Dawn Addams, Kay Walsh. États-Unis, 1953 – Couleurs – 1 h 52.

Somptueuse reconstitution de la jeunesse d'Élisabeth Ire, interprétée par les meilleurs artistes anglais de Hollywood.

REIVERS "The Reivers"
Chronique de **Mark Rydell**, d'après le roman de William Faulkner *Lumière d'août*, avec Steve Mc Queen, Mitch Vogel, Sharon Farrell, Rupert Cross. États-Unis, 1969 – Couleurs – 1 h 49.

Un enfant de 12 ans, laissé en compagnie des domestiques, va vivre avec eux des aventures inattendues. C'est l'été et le passage à un autre âge de la vie, dans le sud des États-Unis au début du siècle.

RÉJEANNE PADOVANI
Drame de **Denys Arcand**, avec Luce Guilbaut, Jean Lajeunesse, Roger Lebel, Pierre Thiriault, Frédérique Colline. Canada (Québec), 1973 – Couleurs – 1 h 30.

Pour l'inauguration d'une autoroute, une réception fastueuse a lieu chez un gros entrepreneur de Montréal, que son épouse fait chanter.

LE RELAIS DE L'OR MAUDIT
"Hangman's Knot"
Western de **Roy Huggins**, avec Randolph Scott, Donna Reed, Claude Jarman Jr., Lee Marvin. États-Unis, 1952 – Couleurs – 1 h 21.

À la fin de la guerre de Sécession, quelques sudistes volent l'or d'une colonie nordiste et se réfugient dans un relais de diligence.

LA RELIGIEUSE / SUZANNE SIMONIN, LA RELIGIEUSE DE DIDEROT
Drame de **Jacques Rivette**, d'après le roman de Diderot, avec Anna Karina, Liselotte Pulver, Micheline Presle. France, 1967 – Couleurs – 2 h 20.

Une jeune femme est enfermée contre son gré dans un couvent et se révolte contre sa situation. Interdit par la censure, le film ne sortit enfin qu'au prix d'un changement de titre.

REMBRANDT "Rembrandt"
Biographie historique d'**Alexander Korda**, avec Charles Laughton, Gertrude Lawrence, Elsa Lanchester. Grande-Bretagne, 1936 – 1 h 25.

À Amsterdam au XVIIe siècle, les différentes étapes de la vie créative de Rembrandt dans une mise en scène soignée.

REMEMBER THE NIGHT "Remember the Night"
Comédie dramatique de **Mitchell Leisen**, avec Barbara Stanwyck, Fred MacMurray, Beulah Bondi, Elizabeth Patterson, Sterling Holloway. États-Unis, 1940 – 1 h 34.

L'assistant d'un procureur ramène chez lui une jeune femme le soir de Noël. Un agréable mélange de romance et d'humour.

REMERCIEZ VOTRE BONNE ÉTOILE
"Thank Your Lucky Stars"
Comédie musicale de **David Butler**, avec Humphrey Bogart, Bette Davis, Errol Flynn, Olivia De Havilland, John Garfield, Ida Lupino, Alan Hale, Ann Sheridan. États-Unis, 1943 – 2 h 07.

Deux producteurs proposent un programme où chantent et dansent les plus grandes vedettes (Warner !) de l'époque.

REMONTONS LES CHAMPS-ÉLYSÉES
Film historique de **Sacha Guitry**, avec Sacha Guitry *(le professeur, Louis XV, Napoléon III, Ludovic et Jean-Louis âgés)*, Lucien Baroux *(Chauvelin)*, Jacqueline Delubac *(Flora)*, Jeanne Boitel *(Mme de Pompadour)*, Émile Drain *(Napoléon)*, Germaine Dermoz *(Marie de Médicis)*, Raymond Galle *(Louis XIII)*. • SC : S. Guitry. • PH : Jean Bachelet. • DÉC : René Renoux. • MUS : Adolphe Borchard. • MONT : Myriam. France, 1938 – 1 h 40.

Un vieux professeur, désireux de ne pas ennuyer ses élèves avec une heure de calcul fastidieuse, leur raconte « son » histoire des Champs-Élysées, depuis Marie de Médicis jusqu'à 1938, à travers une évocation fastueuse des monarques français.

◆ *La deuxième superproduction de Sacha Guitry, réalisateur, l'année précédente, des* Perles de la couronne *qui avaient obtenu un immense succès. Avec son esprit habituel, Guitry raconte l'histoire de l'avenue la plus célèbre du monde, grâce à un luxe de décors et de costumes. Il interprète plusieurs personnages et joue une dernière fois face à Jacqueline Delubac, son épouse dont il devait se séparer peu après.* *J.-C.S.*

REMORQUES
Drame de **Jean Grémillon**, avec Jean Gabin *(capitaine André Laurent)*, Madeleine Renaud *(Yvonne Laurent)*, Michèle Morgan *(Catherine)*, Fernand Ledoux *(Kerlo, le bosco)*, Charles Blavette *(Gabriel Tanguy)*, Henri Poupon *(Dr Mollette)*, Jean Marchat *(Marc)*. • SC : Jacques Prévert, André Cayatte, Charles Spaak, d'après le roman de Roger Vercel. • PH : Armand Thirard. • DÉC : Alexandre Trauner. • MUS : Roland Manuel. • MONT : Yvonne Martin, Louisette Hautecœur. France, 1939-1941 – 1 h 31.

Jouissant d'une magnifique réputation d'héroïsme, le capitaine André Laurent, marin droit et rude, est heureux entre son navire, son équipage et sa femme Yvonne, qui lui cache sa grave maladie. La rencontre de Catherine, qu'il sauve en pleine tempête d'un cargo en détresse, va bouleverser sa vie. Pour elle, il délaisse son épouse et son devoir de marin. Mais Yvonne, mourante, provoque le départ de Catherine et le retour d'André auprès de son équipage.

◆ *Un film magnifique avec, en vedette, la mer chère au cœur de Jean Grémillon (il réalisera quelques années plus tard* l'Amour d'une femme *dont l'action est située dans l'île d'Ouessant). Le film, commencé en 1939 ne fut terminé qu'en 1941. Il reformait, sur fond d'embruns, le couple du* Quai des brumes *et du* Récif de corail. *J.-C.S.*

REMOUS "SODRASBAN"

Drame psychologique d'**István Gáal**, avec Mariann Moor, Andrea Drahota, Sañdor Csikos, Janós Harkanyi, András Kozak, Tibor Orban, Gyula Szersén, Lajos Toth. Hongrie, 1964 – 1 h 30.

De bons amis, en vacances dans un petit village, se mettent à jouer à un jeu dangereux, au cours duquel l'un d'eux se noie. À la lumière du drame, chacun se révèle.

LE REMPART DES BÉGUINES

Drame de **Guy Casaril**, d'après le roman de Françoise Mallet-Joris, avec Nicole Courcel, Anicée Alvina, Venantino Venantini, Jean Martin. France, 1972 – Couleurs – 1 h 30.

Une adolescente, troublée par la relation adultère de son père, tombe passionnément amoureuse de la maîtresse de celui-ci. Une descente aux abîmes.

REMPARTS D'ARGILE

Drame de **Jean-Louis Bertucelli**, d'après le livre de Jean Duvignaud *Chekika*, avec Leila Shanna et les habitants de Tehouda. France / Algérie, 1970 – Couleurs – 1 h 30.
★ PRIX JEAN-VIGO 1971.

Dans le Sud algérien, un village où tout est resté conforme aux traditions. Mais les hommes se révoltent soudain contre l'exploitation et une jeune fille osera faire de même. Le premier film de Bertucelli, plongée vibrante dans l'univers du désert.

RENALDO ET CLARA "RENALDO AND CLARA"

Film musical de **Bob Dylan**, avec Bob Dylan, Sara Dylan, Joan Baez. États-Unis, 1979 – Couleurs – 1 h 50.

Une tournée musicale de Bob Dylan aux États-Unis... Un couple, dans un hôtel minable, échafaude des plans pour devenir riche... Un bon moment de musique des années 60.

LE RENARD "THE FOX"

Drame de **Mark Rydell**, d'après le roman de D.H. Lawrence, avec Sandy Dennis, Anne Heywood, Keir Dullea. États-Unis, 1967 – Couleurs – 1 h 50.

Deux femmes exploitent une propriété agricole. Survient un jeune homme... Le thème et le climat sont typiques de Lawrence.

LE RENARD DES OCÉANS "THE SEA CHASE"

Film d'aventures de **John Farrow**, avec John Wayne, Lana Turner, David Farrar, Lyle Bettger. États-Unis, 1955 – Couleurs – 1 h 57.

De Sydney jusqu'à la mer du Nord, à bord d'un cargo allemand, le capitaine et l'espionne qu'il a prise à son bord vivent de palpitantes aventures.

LE RENARD DU DÉSERT "THE DESERT FOX"

Film historique de **Henry Hathaway**, avec James Mason, Cedric Hardwicke, Jessica Tandy. États-Unis, 1951 – 1 h 28.

Évocation des dernières années de la vie de Rommel : son retrait d'Afrique du Nord et son retour en Allemagne, son opposition à Hitler et finalement son suicide. James Mason incarne sans reproche un personnage présenté ici comme un héros...

LA RENARDE "GONE TO EARTH"

Comédie dramatique de **Michael Powell** et **Emeric Pressburger**, d'après le roman de Mary Webb, avec Jennifer Jones, David Farrar, Cyril Cusack. Grande-Bretagne, 1950 – Couleurs – 1 h 22.

Dans la vieille Angleterre du XIXe siècle, sortilèges et superstition autour d'une jeune fille qui a apprivoisé un renardeau.

RENCONTRES AVEC DES HOMMES REMARQUABLES "MEETINGS WITH REMARKABLE MEN"

Chronique de **Peter Brook**, d'après le livre de Georges Gurdjieff, avec Dragan Maksimović, Terence Stamp, Mikica Dimitrijević. Grande-Bretagne, 1979 – Couleurs – 1 h 47.

La marche initiatique de Georges Gurdjieff vers la « connaissance ». L'aventure intérieure de toute une vie jalonnée de personnages en quête de spiritualité.

RENCONTRES DU TROISIÈME TYPE
"CLOSE ENCOUNTERS OF THE THIRD KIND"

Film de science-fiction de **Steven Spielberg**, avec Richard Dreyfuss *(Roy Neary)*, François Truffaut *(Claude Lacombe)*, Teri Garr *(Ronnie Neary)*, Melinda Dillon *(Jillian Guiler)*, Cary Guffey *(Barry Guiler)*, Bob Balaban *(Laughlin,* *l'interprète).* • SC : S. Spielberg. • PH : Vilmos Zsigmond. • DÉC : Joe Alves, Dan Lomino. • MUS : John Williams. • MONT : Michael Kahn. • PR : Julia et Michael Phillips (Columbia). États-Unis, 1977 – Couleurs – 2 h 15.

Des manifestations troublantes se multiplient à travers le monde, annonçant la venue imminente d'extraterrestres : au Nouveau-Mexique, une dizaine d'avions militaires, portés disparus au cours de la Seconde Guerre mondiale, sont retrouvés en parfait état de marche ; des contrôleurs aériens observent un passage d'Ovnis ; une tribu tibétaine découvre un navire échoué au milieu du désert ; sous toutes les latitudes, des hommes et des femmes sont envoûtés par la même étrange mélodie et, une nuit, un garçonnet de l'Indiana, Barry Guiler, s'élève dans les cieux, emporté par une force irrésistible... Le dépanneur Roy Neary est parmi les premiers à voir de près un groupe de soucoupes volantes survolant une autoroute en un gracieux ballet. Tandis que sa famille, incrédule, s'efforce de le ramener à la « raison », Roy cède à une irrésistible obsession : jour après jour, comme la mère de Barry, il dessine et remodèle la même forme mystérieuse. La clé de ce message d'un autre monde lui est enfin donnée. Roy, bravant les consignes des services de sécurité, part alors à la rencontre des extraterrestres...

◆ Les éblouissements juvéniles d'un homme
*La science-fiction des années 50 exploitait la peur de l'inconnu, celle des années 70 invite à la découverte de mondes nouveaux. Prototype parfait de l'Américain moyen, Neary est investi d'une mission qui le dépasse, l'entraîne vers un but mystérieux, balayant tous les obstacles psychologiques, matériels, sociaux et familiaux qui se dressent sur sa route. Son enthousiasme candide, mais rien moins qu'aveugle, l'arrache inexorablement aux siens, et l'insère dans une chaîne de personnages enfantins (Barry, Lacombe, les extraterrestres) qui partagent son aptitude à l'*émerveillement. *La grande force du cinéma spielbergien est de concrétiser ces notions en termes* physiques *profus et immédiatement accessibles : messages sonores, jeux de lumières, amples panoramiques, longs travellings sur des personnages en marche, des véhicules en mouvement, etc. Chantre du merveilleux, Spielberg ignore les défauts majeurs de ceux qui opèrent dans ce registre : la mièvrerie sentimentale et le prosélytisme verbeux. À l'exception d'un final étrangement plat,* Rencontres du troisième type *est un film authentiquement adulte, nuancé et équilibré – l'œuvre d'un créateur qui a su préserver ses éblouissements juvéniles et les restituer à travers sa sensibilité d'homme.* O.E.

▷ Un deuxième montage fut distribué sous le titre : RENCONTRES DU TROISIÈME TYPE – Édition spéciale en 1980. 2 h 12.

LE RENDEZ-VOUS "THE APPOINTMENT"
Drame psychologique de **Sidney Lumet**, avec Omar Sharif, Anouk Aimée, Lotte Lenya. États-Unis, 1969 – Couleurs – 1 h 50.

Il a épousé par amour un mannequin, mais une jalousie maladive vient troubler ce bonheur, jusqu'au drame. Le thème d'Othello dans la Rome d'aujourd'hui.

RENDEZ-VOUS
Drame d'**André Téchiné**, avec Lambert Wilson, Juliette Binoche, Wadeck Stanczak, Jean-Louis Trintignant. France, 1985 – Couleurs – 1 h 22.

Nina, jeune actrice, rencontre à Paris Paulot le timide et Quentin l'écorché, avec lesquels elle connaît des amours tumultueuses.

RENDEZ-VOUS À BRAY
Drame psychologique d'**André Delvaux**, avec Mathieu Carrière *(Julien)*, Anna Karina *(la jeune femme de La Fougeraie)*, Roger Van Hool *(Jacques)*, Bulle Ogier *(Odile)*. • SC : A. Delvaux, d'après une nouvelle de Julien Gracq. • PH : Ghislain Cloquet. • DÉC : Claude Pignot. • MUS : Johannes Brahms, César Franck, Frédérick Devreese. • MONT : Nicole Berckmans. France/Belgique, 1971 – Couleurs – 1 h 30. ★ PRIX LOUIS-DELLUC 1971.

Resté à Paris en 1917, alors que son ami Jacques s'est engagé dans l'aviation, Julien, un Luxembourgeois, est critique musical. Jacques lui ayant fixé un mystérieux rendez-vous à Bray, non loin du front de Somme, Julien se rend dans cette villa de La Fougeraie où les deux amis ont vécu une intense relation. Il y est accueilli par une étrange jeune femme silencieuse qui le fait patienter, puis lui sert à dîner. Julien revoit en pensée les riches heures de leur jeunesse, et Odile, leur commun amour. Jacques ne viendra pas. Au terme de la nuit, pendant laquelle la jeune femme s'est offerte à lui, Julien quitte La Fougeraie.

◆ *Film d'atmosphère et de poésie du souvenir, où le non-dit est sans doute plus important que l'exprimé. L'ensemble reste cependant quelque peu froid, malgré le raffinement des sentiments.* D.C.

RENDEZ-VOUS À BROAD STREET
"GIVE MY REGARDS TO BROAD STREET"
Film musical de **Peter Webb**, avec Paul McCartney, Ringo Starr, Bryan Brown, Barbara Bach. Grande-Bretagne, 1984 – Couleurs – 1 h 48.

Sur une trame de film à suspense, une journée de l'ex-Beatle Paul McCartney.

RENDEZ-VOUS À MINUIT "It All Came True"
Comédie dramatique de **Lewis Seiler**, d'après un récit de Louis Bromfield, avec Ann Sheridan, Jeffrey Lynn, Humphrey Bogart, Zasu Pitts, Jessie Busley. États-Unis, 1940 – 1 h 37.

Deux vieilles dames tiennent une pension de famille au bord de la ruine. La fille de la première aime le fils de la seconde, qui arrive avec un gangster qui transforme les lieux en boîte de nuit.

RENDEZ-VOUS À RIO "Doctor at Sea"
Comédie de **Ralph Thomas**, avec Dirk Bogarde, Brigitte Bardot, James Robertson Justice. Grande-Bretagne, 1955 – Couleurs – 1 h 33.

Pour échapper à une fiancée entreprenante, un homme s'embarque sur un cargo où il va rencontrer l'amour de sa vie.

RENDEZ-VOUS AVEC LA MORT
"Appointement With Death"
Film policier de **Michael Winner**, d'après le roman d'Agatha Christie, avec Peter Ustinov, Lauren Bacall, Carrie Fisher, John Gielgud, Piper Laurie, Hayley Mills, Jenny Seagrove. États-Unis, 1987 – Couleurs – 1 h 40.

À l'occasion d'une croisière vers la Palestine, les intrigues vont bon train entre les membres d'une famille qui se disputent un héritage. Un meurtre a lieu : Hercule Poirot intervient.

RENDEZ-VOUS AVEC LA PEUR
"Night of the Demon/Curse of the Demon"
Film fantastique de **Jacques Tourneur**, avec Dana Andrews, Peggy Cummins. Grande-Bretagne, 1957 – 1 h 27.

Un savant américain, sceptique et rationaliste, vient à Londres assister à un congrès sur la sorcellerie. Il apprend que l'un de ses collègues a été assassiné par une puissance démoniaque, et mène son enquête. Le début fut rajouté par le producteur, et c'est dommage pour ce qui est sans doute le chef-d'œuvre de Tourneur.

RENDEZ-VOUS, CHAMPS-ÉLYSÉES
Comédie de **Jacques Houssin**, d'après la nouvelle de Frank Arnold, avec Jules Berry, Pierre Larquey, Félix Oudart, Micheline Cheirel, Pierre Stephen. France, 1937 – 1 h 32.

Un homme ruiné, mais bon vivant et dont l'ambition est de devenir chômeur, commence donc par travailler et refait fortune !

RENDEZ-VOUS CHEZ MAX'S "Inside Moves"
Comédie dramatique de **Richard Donner**, d'après le roman de Todd Walton, avec John Savage, David Morse, Diana Scarwid. États-Unis, 1981 – Couleurs – 1 h 40.

À la suite d'un suicide manqué, un homme réapprend à vivre malgré ses infirmités. Il aide également un autre handicapé à trouver sa voie.

LES RENDEZ-VOUS D'ANNA
Drame psychologique de **Chantal Akerman**, avec Aurore Clément *(Anna)*, Helmut Griem *(Heinrich)*, Magali Noël *(Ida)*, Hans Zieschler *(l'homme du train)*, Lea Massari *(la mère d'Anna)*, Jean-Pierre Cassel *(Daniel)*. • SC : C. Akerman. • PH : Jean Penzer. • DÉC : Philippe Graaf. • MUS : Henri Morelle. • MONT : Francine Sandberg. Belgique / France, 1978 – Couleurs – 2 h 02.

Obsédée par un mystérieux appel téléphonique en Italie, une jeune cinéaste passe, pour présenter son film, de France en Allemagne, puis en Belgique, puis revient en France. Elle erre ainsi de train en hôtel, de gare en appartement, de compagnon de rencontre en ami sitôt perdu que retrouvé. Elle rencontre sa mère à Bruxelles, pour les seules confidences qu'elle nous livrera d'elle-même. De retour chez elle, à Paris, le répondeur téléphonique est seul à meubler le silence.

◆ *Toutes ces « rencontres », vécues et ruminées sous le masque impassible et taciturne d'un désenchantement pourtant perceptible, sont pour Anna autant d'occasions de confronter le silence angoissé de ses questions au bavardage désorienté des réponses de ses interlocuteurs. Un film très beau et très poignant sur le mal de vivre.* D.C.

LE RENDEZ-VOUS DE HONG-KONG
"Soldier of Fortune"
Film d'aventures d'**Edward Dmytryk**, avec Clark Gable, Susan Hayward, Michael Rennie, Gene Barry. États-Unis, 1955 – Couleurs – 1 h 36.

Un aventurier recherche, pour le compte de sa femme, un reporter-photographe, disparu en Chine.

RENDEZ-VOUS DE JUILLET
Comédie de **Jacques Becker**, avec Daniel Gélin *(Lucien)*, Brigitte Auber *(Thérèse)*, Nicole Courcel *(Christine)*, Pierre Trabaud *(Pierrot)*, Maurice Ronet *(Roger)*. • SC : J. Becker, Maurice Griffe. • PH : Claude Renoir. • MUS : Jean Wiener, Mezz Mezzrow, Claude Luter. • MONT : Marguerite Renoir. France, 1949 – 1 h 35. ★ **Prix Louis-Delluc 1949.**

Une bande de copains : l'un veut faire de l'ethnologie, les autres du théâtre ou du cinéma, mais tous sont liés par leur goût du jazz et se retrouvent au « Lorientais ». Pris dans un chassé-croisé amoureux, les couples se défont et se refont, mais le groupe se maintient et part en Afrique sous la direction de l'ethnologue qui a réussi à faire « sponsoriser » son expédition.

◆ *Considéré comme un « film-témoin » sur la jeunesse de Saint-Germain-des-Prés,* Rendez-Vous de juillet *est à la fois une œuvre ludique au rythme nerveux et la description ethnographique d'une nouvelle tribu dans une société où « la règle du jeu » semble en train de changer. Les relations entre les personnages et leur milieu font émerger un nouveau groupe social, celui des « jeunes », dont la cohésion est fondée à la fois sur la consommation et sur l'aspiration au changement. La Nouvelle Vague n'est pas loin.* *M.L.*

LE RENDEZ-VOUS DE MINUIT

Drame psychologique de **Roger Leenhardt**, avec Lilli Palmer, Michel Auclair, Maurice Ronet. France, 1962 – 1 h 30.

Un critique cinématographique veut empêcher le suicide d'une femme qui s'est trop identifiée à l'héroïne du film auquel ils assistent et qui lui ressemble étonnamment.

LES RENDEZ-VOUS DE PARIS

Comédie d'**Éric Rohmer**, avec Clara Beller, Antoine Basler, Mathias Megard, Judith Chancel. France, 1995 – Couleurs – 1 h 40.

Des jeunes gens faussement assurés, des jeunes filles faussement gauches et tranquillement sûres d'elles, réunis par les serpentins du marivaudage rohmérien, toujours élégant, original et décalé. Rencontres, quiproquos et coïncidences rythment ces trois sketchs bien ciselés qui ont pour cadre les villages et les jardins de Paris.

LE RENDEZ-VOUS DE SEPTEMBRE

"Come September"

Comédie de **Robert Mulligan**, avec Rock Hudson, Gina Lollobrigida, Sandra Dee. États-Unis, 1961 – Couleurs – 1 h 50.

Arrivant à l'improviste dans sa somptueuse villa en Italie, un riche Américain découvre qu'elle sert de villégiature à un essaim de ravissantes jeunes filles.

LES RENDEZ-VOUS DU DIABLE

Documentaire de **Haroun Tazieff**. France, 1959 – Couleurs – 1 h 20.

Reportage sur les volcans.

RENDS-MOI LA CLÉ !

Comédie dramatique de **Gérard Pirès**, avec Jacques Dutronc, Guy Marchand, Jane Birkin, Nathalie Nell. France, 1981 – Couleurs – 1 h 30.

Deux couples de divorcés aux prises avec des complications. Retrouvailles, brouilles, une certaine permissivité contemporaine.

RENÉ LA CANNE

Comédie de **Francis Girod**, d'après le roman de Roger Borniche, avec Gérard Depardieu, Michel Piccoli, Sylvia Kristel. France, 1977 – Couleurs – 1 h 40.

Pendant la guerre, René la Canne et son complice sont envoyés au S.T.O. Ils pensent surtout à y prendre du bon temps, puis regagnent Paris. À la Libération, l'un va devoir arrêter l'autre.

LE RENNE BLANC "Valkoinen peura"

Drame d'**Erik Blomberg**, inspiré d'une légende nordique, avec Mirjami Kuosmanen, Kalervo Nissila. Finlande, 1952 – 1 h 17.

En Laponie, un chasseur épouse une femme très belle qui s'avère être une sorcière.

LE REPAS "Meshi"

Comédie dramatique de **Mikio Naruse**, avec Setsuko Hara, Ken Uehara, Yukiko Shimazaki. Japon, 1951 – 1 h 36.

Une histoire simplissime : une femme trompée qui retourne chez sa mère, essaie de survivre et accepte finalement de revenir chez son mari. Un univers resserré, étouffant où l'on souffre avec discrétion et où les femmes ne gagnent jamais.

LES REPAS / L'INSATIABLE "Mahlzeiten"

Drame d'**Edgar Reitz**, avec Heidi Stroh, Georg Hauke, Nina Frank, Ruth von Zerboni. R.F.A., 1967 – 1 h 34.

Une jeune femme pleine de vitalité voit sa vie en une succession de repas, que son époux ne peut plus assumer. Il se suicide.

LE REPAS DE NOCES "The Catered Affair"

Comédie de **Richard Brooks**, d'après la pièce de Paddy Chayefsky, avec Bette Davis, Ernest Borgnine, Debbie Reynolds. États-Unis, 1956 – 1 h 33.

L'épouse d'un chauffeur de taxi new-yorkais, apprenant que leur fille va se marier, essaie d'organiser une riche cérémonie.

LE REPAS DES FAUVES

Drame de **Christian-Jaque**, avec Antonella Lualdi, France Anglade, Francis Blanche, Claude Rich. France, 1964 – 1 h 30.

Durant l'Occupation, un groupe d'amis fête un anniversaire, lorsqu'un officier allemand les informe qu'à la suite d'un attentat il doit prendre deux otages : il leur laisse le soin de les désigner.

REPENTIR "POKAJANIE"

Drame de **Tenguiz Abouladze**, avec Avtandil Makharadze *(Varlam Aravidze)*, Zeinab Botzvadze *(Ketevan Barateli)*, Ketevan Abouladze *(Nino Barateli)*, Ia Ninidze *(Gouliko Aravidze)*, Merab Ninidze *(Tornike)*, Kakhi Kavsadze. • SC : Nana Djanelidze, T. Abouladze, Rezo Kvesselava. • PH : Mikhaïl Agranovitch. • DÉC : Gueorgi Mikeladze. • MUS : Nana Djanelidze. U.R.S.S. (Géorgie), 1986 (RÉ : 1984) – Couleurs – 2 h 35. ★ **GRAND PRIX SPÉCIAL DU JURY, Cannes 1987.**

Après les obsèques du maire Varlam Aradvidze, son fils Avel découvre dans son jardin le corps du défunt qu'on remet vite en terre. Les jours suivants, le scénario se répète jusqu'à l'arrestation de la profanatrice, Ketevan Barateli, petite-fille d'un peintre déporté sur ordre dudit maire. Au juge, Ketevan dit que, elle vivante, Varlam ne sera jamais enseveli pour qu'il n'empoisonne pas la terre. Ébranlé par ces révélations, le petit-fils de Varlam se tue. Avel se débarrasse à jamais du revenant.

◆ *À la fin des années 70, quelques films dont* Quelques Interviews sur des questions personnelles *de Lana Gogoberidze (Voir ce titre) évoquent de façon allusive et avec finesse le stalinisme. L'ouverture de la période Andropov et la souplesse des instances cinématographiques géorgiennes permettent à Tenguiz Abouladze de tourner en 1984* Repentir *– pamphlet anti-stalinien d'une étonnante radicalité. Gelé près de trois ans, il sort du placard et devient le film de la « pérestroïka ». Son succès est immense. Chaque situation parle aux Soviétiques. Sous la chemise noire de Mussolini, la moustache d'Hitler, le lorgnon de Béria et la bonhomie doucereuse de Staline apparaît la figure emblématique du dictateur. Dans un style réaliste et symbolique, Tenguiz Abouladze charge ce portrait du grotesque et de l'outrance propres au totalitarisme. Défi courageux,* Repentir *est un acte libérateur où l'extériorisation d'une parole longtemps retenue émeut par son impétuosité.* *A.K.*

REPÉRAGES

Drame de **Michel Soutter**, avec Jean-Louis Trintignant, Delphine Seyrig, Lea Massari, Valérie Mairesse. Suisse, 1977 – Couleurs – 1 h 40.

Un cinéaste réunit les trois interprètes principales de son prochain film, une jeune comédienne, une actrice italienne et son ancienne femme, jalouse de la précédente.

RÉPÉTITION D'ORCHESTRE

"PROVA D'ORCHESTRA"

Essai de **Federico Fellini**, avec Baldwin Bass, Claire Colosimo, Élisabeth Labi. Italie, 1978 – Couleurs – 1 h 10.

Dans une chapelle du XIIIe siècle, la répétition va commencer. La télévision est là, le chef arrive. Mais tout va mal, la colère gronde, « plus besoin de chef ! », clament les musiciens. L'édifice s'effondre ! Le chef revient et tout recommence... Une allégorie du pouvoir pleine de drôlerie, accompagnée par la dernière musique écrite par Nino Rota, décédé en 1979.

REPO MAN "REPO MAN"

Film d'aventures fantastiques d'**Alex Cox**, avec Harry Dean Stanton, Emilio Estevez, Tracey Walter. États-Unis, 1984 – Couleurs – 1 h 32.

Jeune Américain paumé, Otto se retrouve récupérateur de voitures. Des bandes rivales, la police, des amateurs d'Ovnis entrent dans la danse.

REPORTERS

Documentaire de **Raymond Depardon**. France, 1980 – Couleurs – 1 h 30.

Enquête-vérité sur le travail quotidien des reporters-photographes, par l'un des plus prestigieux d'entre eux.

LE REPOS DU GUERRIER

Drame de **Roger Vadim**, d'après le roman de Christiane Rochefort, avec Brigitte Bardot, Robert Hossein, Macha Méril. France / Italie, 1962 – Couleurs – 1 h 41.

Une jeune fille de la bourgeoisie se prend d'un amour insensé pour un homme violent, alcoolique et suicidaire.

REPRODUCTION INTERDITE

Drame policier de **Gilles Grangier**, d'après le roman de Michel Lenoir, avec Michel Auclair, Paul Frankeur, Gianni Esposito, Annie Girardot. France, 1957 – 1 h 30.

Meurtre à Montmartre dans le milieu des faussaires, autour d'un tableau de Gauguin.

LE REPTILE "THERE WAS A CROOKED MAN..."

Western de **Joseph L. Mankiewicz**, avec Kirk Douglas *(Paris Pitman Jr.)*, Henry Fonda *(Woodward Lopeman)*, Hume Cronyn *(Dudley Whinner)*, Warren Oates *(Floyd Moon)*, Burgess Meredith *(Missouri Kid)*, Lee Grant *(Mrs. Bullard)*. • SC : David Newman, Robert Benton. • PH : Harry Stradling Jr. • DÉC : Edward Carrere. • MUS : Charles Strouse. • MONT : Gene Milford. États-Unis, 1970 – Couleurs – 2 h 06.

En 1883, en Arizona, six nouveaux forçats sont enfermés dans la cellule du vieux pilleur de trains Missouri Kid. Parmi eux, Paris Pitman Jr., qui a volé 500 000 dollars et les a cachés dans un endroit connu de lui seul, devient le point de mire de la prison. Le directeur, tué au cours d'une émeute, est remplacé par le shérif Woodward Lopeman, un progressiste qui veut améliorer le sort des prisonniers. Pitman, dont la popularité ne cesse de croître parmi les détenus, s'évade au moment où Lopeman inaugure de nouveaux bâtiments. Celui-ci le poursuit jusqu'à son repaire.

◆ *Faisant une entrée inattendue dans l'univers mythologique du western, Mankiewicz y transpose son goût des brillantes dissections psychologiques et sa morale de l'ambiguïté. Égratignant à plaisir les archétypes du genre, il renvoie dos à dos les hors-la-loi et les héros d'antan – occasion d'un fascinant duel entre Henry Fonda, justicier barbu au regard généreux, et Kirk Douglas, qui nargue tout le monde à travers ses lunettes cerclées d'acier. Un suspense astucieux, d'un mauvais esprit réjouissant.* *G.L.*

RÉPULSION "REPULSION"

Film d'épouvante de **Roman Polanski**, avec Catherine Deneuve *(Caroline)*, Ian Hendry *(Michel)*, Yvonne Furneaux *(Hélène)*, John Fraser *(Colin)*. • SC : R. Polanski, Gérard Brach. • PH : Gilbert Taylor. • DÉC : Seamus Flammery. • MUS : Chico Hamilton. • MONT : Alastair McIntyre. Grande-Bretagne, 1965 – 1 h 45.

Hélène part en vacances avec son fiancé, laissant l'appartement à Caroline, sa sœur. Après un incident dans le salon de beauté où elle travaille, celle-ci s'enferme peu à peu dans l'appartement où elle est victime d'agressions imaginaires et de visions terrifiantes. Elle tue un jeune homme qui s'intéresse à elle, et son propriétaire.

◆ *Un grand film obsessionnel qui traque, avec un attachement presque sadique, les symptômes de la folie sur le visage atone et d'autant plus révélateur de Catherine Deneuve. Dans les extérieurs, la caméra ne la quitte pas, tenue à la main comme dans un reportage « Nouvelle Vague », créant une attente qui touche à la fascination et qui n'aboutit que dans les scènes d'appartement. Là, la mise en scène enferme l'héroïne dans une topographie étouffante, que la caméra décrit cliniquement. Des fissures et des fractures subites rythment la progression du film, visualisant l'état mental de Caroline. Polanski y reste dans un entre-deux fantastique, mais par la répétition de scènes traumatiques (le viol répétitif) semble indiquer que le film est une projection imaginaire de la folie de Caroline, dont la terrifiante intensité n'a jamais été égalée.* *S.K.*

REQUIEM POUR UN CHAMPION

"REQUIEM FOR A HEAVYWEIGHT"

Drame de **Ralph Nelson**, avec Anthony Quinn, Jackie Gleason, Mickey Rooney. États-Unis, 1962 – 1 h 27.

Après 17 années de carrière, un boxeur subit un K.O. sévère qui le contraint à abandonner la boxe. Commence alors pour lui une douloureuse déchéance.

REQUIEM POUR UNE CANAILLE

"QUALCUNO HA TRADITO"

Film policier de **Frank Shannon** [Franco Prosperi], avec Robert Webber, Elsa Martinelli, Jean Servais. Italie/France, 1968 – Couleurs – 1 h 30.

Un groupe de gangsters prépare un hold-up. Rixes, infidélités et trahisons.

REQUIEM POUR UN MASSACRE (VA ET REGARDE) "IDI I SMOTRJ"

Drame d'**Elem Klimov**, d'après le livre de A. Adamovitch *le Récit de Khatyn*, avec Alexei Kravchenko, Olga Mironova, Luibomiras Laucevitchuis. U.R.S.S. (Russie), 1984 – Couleurs – 2 h 20.

En Biélorussie, pendant la Seconde Guerre mondiale, un adolescent rejoint des résistants et assiste aux exactions nazies.

LE RÉQUISITOIRE "MANSLAUGHTER"

Comédie dramatique de **Cecil B. De Mille**, d'après le roman d'Alice Duer Miller, avec Leatrice Joy, Thomas Meighan, Lois Wilson, John Miltern. États-Unis, 1922 – env. 2 100 m (1 h 17).

Une jeune fille riche, qui, au volant de sa voiture, a tué accidentellement un homme est envoyée en prison. Elle tombe amoureuse du juge qui l'a condamnée.

LES RESCAPÉS DU FUTUR "FUTUREWORLD"

Film de science-fiction de **Richard T. Heffron**, avec Peter Fonda, Blythe Danner, Yul Brynner. États-Unis, 1976 – Couleurs – 1 h 45.

Le monde de rêve de Delos est uniquement peuplé de robots. Des journalistes sont invités à venir constater que désormais tout s'y passe bien. Suite de MONDWEST (Voir ce titre).

RÉSURRECTION "WE LIVE AGAIN"

Mélodrame de **Rouben Mamoulian**, d'après le roman de Tolstoï *Résurrection*, avec Fredric March, Anna Sten, Jane Baxter, C. Aubrey Smith, Ethel Griffies, Jessie Ralph. États-Unis, 1934 – 1 h 25.

Un prince russe tombe amoureux d'une jeune servante, ce qui causera leur perte à tous deux. Une adaptation sans surprise.

RÉSURRECTION "RESURRECTION"

Film fantastique de **Daniel Petrie**, avec Ellen Burstyn, Sam Shepard, Richard Farnsworth. États-Unis, 1980 – Couleurs – 1 h 43.

À la suite d'un accident de voiture, où son mari a été tué, une jeune femme sort d'un coma prolongé douée d'étranges pouvoirs de guérison.

RETENEZ-MOI OU JE FAIS UN MALHEUR
Comédie de **Michel Gérard**, avec Jerry Lewis, Michel Blanc, Charlotte de Turckheim. France, 1983 – Couleurs – 1 h 40.

Un flic américain est utilisé par le mari de son ex-femme, policier lui aussi, pour confondre des trafiquants d'art.

RETOUR "COMING HOME"
Drame de **Hal Ashby**, avec Jane Fonda, Jon Voight, Bruce Dern, Robert Ginty. États-Unis, 1978 – Couleurs – 2 h 07.

1968 : un capitaine de l'U.S. Army part pour le Viêt Nam. Sa femme se porte volontaire pour l'hôpital des vétérans blessés. Elle y découvre, avec l'inanité des guerres, l'amour d'un homme brisé qui osera se révolter. Quand son mari est de retour, c'est pour se suicider en abandonnant ses médailles. Un film pacifiste, honnête et convaincant.

RETOUR À HOWARDS END "HOWARDS END"
Comédie dramatique de **James Ivory**, avec Anthony Hopkins *(Henri Wilcox)*, Emma Thompson *(Margaret Schlegel)*, Helena Bonham-Carter *(Helen Schlegel)*, Vanessa Redgrave *(Mme Wilcox)*, Joseph Bennett *(Paul Wilcox)*, Prunella Scales *(Tante Juley)*, Adrian Ross Magenty *(Tilby Schlegel)*. • SC : Ruth Prawer-Jhabvala, d'après le roman de E.M. Forster. • PH : Tony Pierce-Roberts. • DÉC : Luciana Arrighi. • MUS : Richard Robbins. • MONT : Andrew Marcus. Grande-Bretagne, 1991 – Couleurs – 2 h 22.

Les Schlegel sont cultivés, fantasques et désintéressés. Les Wilcox sont conventionnels, attachés à leur biens et à l'honorabilité sociale. Deux familles dont l'amour va mêler les destins. Mais leurs univers sont tellements différents que chaque fois qu'elles semblent devoir se fondre, c'est l'échec et finalement le drame.

◆ *Tout comme le romancier dont il s'inspire si souvent, E. M. Forster, James Ivory est fasciné par les individus qui se révoltent ou ignorent les conventions de l'Angleterre victorienne. Mais, même si son parti est pris, il donne de l'épaisseur à tous ses personnages qui ne sont jamais tout d'une pièce : ceux qui appartiennent au camp des « mauvais » sont aussi crédibles et, parfois, attachants que les autres. Toujours retenu, il suggère plus qu'il ne décrit sans perdre jamais en force dramatique. Oscar de la Meilleure actrice pour Emma Thompson.* C.D.R.

RETOUR À LA BIEN-AIMÉE
Drame de **Jean-François Adam**, avec Jacques Dutronc, Isabelle Huppert, Bruno Ganz. France, 1979 – Couleurs – 1 h 10.

Un homme maquille un meurtre pour faire inculper le mari de son ex-femme qu'il aime toujours... Un film qui joue sur la retenue et les silences.

RETOUR À L'AUBE
Comédie dramatique d'**Henri Decoin**, d'après la nouvelle de Vicky Baum, avec Danielle Darrieux, Pierre Dux, Jacques Dumesnil, Raymond Cordy. France, 1938 – 1 h 30.

Une jeune femme mariée se trouve un soir perdue dans Budapest, et se laisse entraîner dans une vie mondaine, pour retourner finalement vers celui qui sait lui apporter le véritable bonheur.

RETOUR À LA VIE
Drame d'**Henri-Georges Clouzot**, **André Cayatte**, **Georges Lampin** et **Jean Dréville**, avec Bernard Blier, François Périer, Louis Jouvet, Hélèna Manson, Noël-Noël, Serge Reggiani. France, 1949 – 2 h (en cinq épisodes).

Les difficultés, voire l'impossibilité, pour des anciens déportés et prisonniers de guerre de reprendre leur vie sociale et affective.

RETOUR À MARSEILLE
Drame de **René Allio**, avec Raf Vallone, Andréa Ferréol, Jean Maurel, Gilberte Rivet. France, 1980 – Couleur – 1 h 57.

À l'occasion d'un deuil familial, un homme qui a fait fortune en Italie revient à Marseille où il est confronté à la délinquance de son jeune neveu.

RETOUR AU PARADIS "RETURN TO PARADISE"
Drame de **Mark Robson**, avec Gary Cooper, Roberta Haynes, Barry Jones. États-Unis, 1953 – Couleurs – 1 h 40.

Dans les îles paradisiaques des mers du Sud, un aventurier se transforme en père noble.

RETOUR AVANT LA NUIT "HOME BEFORE DARK"
Drame psychologique de **Mervyn LeRoy**, d'après le roman d'Eileen Bassing, avec Jean Simmons, Rhonda Fleming, Efrem Zimbalist Jr., Dan O'Herlihy. États-Unis, 1958 – 2 h 16.

Le difficile retour dans sa famille d'une jeune femme qui a fait un séjour prolongé dans un hôpital psychiatrique. Un rôle bouleversant pour Jean Simmons.

LE RETOUR D'AFRIQUE
Comédie d'**Alain Tanner**, avec François Marthouret, Josée Destoop, Juliet Berto, Anne Wiazemsky. France / Suisse, 1973 – 1 h 50.

Un couple de Genevois qui s'ennuie projette de s'expatrier en Algérie. La date du départ est repoussée et tout est remis en cause.

LE RETOUR DE CASANOVA
Comédie dramatique d'**Edouard Niermans**, avec Alain Delon, Fabrice Luchini, Elsa. France, 1991 – Couleurs – 1 h 38.

Éconduit par une jeune fille, Casanova se découvre tel qu'il est devenu : grisonnant, désargenté… et amer.

LE RETOUR DE DON CAMILLO
"Il ritorno di Don Camillo"
Comédie de **Julien Duvivier**, avec Fernandel, Gino Cervi, Edouard Delmont. Italie / France, 1953 – 1 h 51.

Parce qu'il a boxé quelques communistes, Don Camillo est exilé par son évêque dans une église montagnarde. Mais Peppone demande son retour. Deuxième film de la série des Don Camillo.

▷ Voir aussi LE PETIT MONDE DE DON CAMILLO.

LE RETOUR DE FRANKENSTEIN
"Frankenstein Must Be Destroyed !"
Film fantastique de **Terence Fisher**, avec Peter Cushing, Simon Ward, Veronica Carlson. Grande-Bretagne, 1969 – Couleurs – 1 h 30.

Frankenstein est prêt à tout pour poursuivre ses expériences, y compris greffer le cerveau d'un savant fou qui va mourir sur un autre homme.

▷ Voir aussi FRANKENSTEIN.

LE RETOUR DE FRANK JAMES
"The Return of Frank JAMES"
Western de **Fritz Lang**, avec Henry Fonda, Gene Tierney, Jackie Cooper, Henry Hull, J. Edward Bromberg, Donald Meek, John Carradine. États-Unis, 1940 – Couleurs – 1 h 32.

Le célèbre bandit repenti, apprenant que les assassins de son frère ont été acquittés, quitte sa ferme pour faire justice lui-même.

LE RETOUR DE L'ABOMINABLE DOCTEUR PHIBES "Doctor Phibes Rises Again"
Film d'épouvante de **Robert Fuest**, avec Vincent Price, Peter Cushing, Hugh Griffith. Grande-Bretagne, 1972 – Couleurs – 1 h 30.

Les morts ressuscitent pour accéder à la source magique qui dispense la vie, en Égypte. Le Dr Phibes élimine un à un ceux qui lui barrent la route dans cette quête.

▷ Voir aussi L'ABOMINABLE DOCTEUR PHIBES.

LE RETOUR DE LA PANTHÈRE ROSE
"The Return of the Pink Panther"
Comédie de **Blake Edwards**, avec Peter Sellers, Christopher Plummer, Catherine Schell, Herbert Lom, Peter Arne. États-Unis / Grande-Bretagne, 1974 – Couleurs – 1 h 53.

La « Panthère rose », l'énorme diamant de l'émirat, est volé et l'inspecteur Clouseau accuse un ancien voleur international. Troisième film de la série.

▷ Voir aussi LA PANTHÈRE ROSE.

LE RETOUR DE L'HOMME INVISIBLE
"The Invisible Man Returns"
Film policier fantastique de **Joe May**, avec Vincent Price, Cedric Hardwicke, John Sutton, Nan Grey, Cecil Kellaway, Alan Napier, Forrester Harvey. États-Unis, 1940 – 1 h 21.

Un innocent condamné à mort échappe à la pendaison grâce à un ami chimiste inventeur d'un produit qui rend invisible.

RETOUR DE MANIVELLE
Film policier de **Denys de La Patellière**, d'après le roman de James Hadley *Chase There Is Always a Price Tag*, avec Michèle Morgan, Daniel Gélin, Bernard Blier, Peter Van Eyck. France / Italie, 1957 – 1 h 58.

La machiavélique machination d'une femme intéressée qui maquille le suicide de son mari en crime pour toucher la prime d'assurance.

LE RETOUR DE MARTIN GUERRE
Chronique de **Daniel Vigne**, avec Gérard Depardieu, Nathalie Baye, Roger Planchon. France, 1982 – Couleurs – 2 h 03.

Deux jeunes gens se marient, en 1542, dans un village de l'Ariège. Puis l'homme disparaît. Huit ans plus tard, il revient. Mais est-ce bien lui ?

▷ Le film a fait l'objet d'un remake, intitulé SOMMERSBY "Sommersby", de **Jon Amiel**, avec Richard Gere, Jodie Foster, Lanny Flaherty. États-Unis, 1992 – Couleurs – 1 h 55.

LE RETOUR DE SABATA "Il ritorno di Sabata"
Western de **Frank Kramer [G.F. Parolini]**, avec Lee Van Cleef, Reiner Schone, Annabella Incontrera. Italie / France, 1971 – Couleurs – 1 h 49.

Un ancien de l'armée confédérée revient au Texas réclamer une dette à celui qui fut son lieutenant.

▷ Voir aussi SABATA.

LE RETOUR DES MOUSQUETAIRES
"The Return of the Musketeers"
Film d'aventures de **Richard Lester**, avec Michael York, Oliver Reed, Frank Finlay, Richard Chamberlain, Geraldine Chaplin, Christopher Lee, Philippe Noiret. Grande-Bretagne / France / Espagne, 1989 – Couleurs – 1 h 48.

Les nouvelles aventures des quatre bretteurs dans la France de la Fronde et de Mazarin. Avec, presque, les mêmes acteurs « 20 ans après » que dans LES TROIS MOUSQUETAIRES (Voir ce titre) du même Lester. Une réjouissante fantaisie.

LE RETOUR DES SEPT "Return of the Seven"
Western de **Burt Kennedy**, avec Yul Brynner, Robert Fuller, Warren Oates, Claude Akins. États-Unis, 1966 – Couleurs – 1 h 35.

Chris rassemble un nouveau groupe de mercenaires pour venir en aide à des villageois soumis aux travaux forcés par une bande armée. Une « suite-remake » des célèbres *Sept Mercenaires*.

LE RETOUR DU FILS PRODIGUE
"Awda al-ibn ad-dal"
Drame de **Youssef Chahine**, avec Mahmoud el-Meligui, Madga el-Roumy, Sheir Elmorchedi. Égypte / Algérie, 1976 – Couleurs – 2 h.

Régentés sévèrement par le fils aîné, une famille et ses ouvriers espèrent le retour du cadet après douze ans d'absence. Mais c'est un homme brisé qui rentre.

LE RETOUR DU GRAND BLOND
Comédie d'**Yves Robert**, avec Pierre Richard, Mireille Darc, Jean Rochefort, Jean Carmet. France, 1974 – Couleurs – 1 h 15.

Le violoniste ahuri est ici aux prises avec les machinations de deux factions rivales des Services secrets. La suite du GRAND BLOND AVEC UNE CHAUSSURE NOIRE (Voir ce titre).

LE RETOUR DU JEDI "Return of the Jedi"
Film de science-fiction de **George Lucas**, avec Mark Hamill, Harrison Ford, Carrie Fisher. États-Unis, 1983 – Couleurs – 2 h 13.

Le maléfique Darth Vader veut se venger des rebelles en les traquant sans relâche à travers la galaxie. Troisième épisode de la saga de LA GUERRE DES ÉTOILES (Voir ce titre).

RETOUR EN FORCE
Comédie de **Jean-Marie Poiré**, avec Victor Lanoux, Bernadette Lafont, Pierre Mondy. France, 1980 – Couleurs – 1 h 30.

Un homme qui sort de prison découvre que sa femme vit avec un autre, que sa fille danse toute la nuit et que son fils revend des cyclomoteurs volés !

RETOUR VERS LE FUTUR "Back to the Future"
Film de science-fiction de **Robert Zemeckis**, avec Michael J. Fox, Christopher Lloyd. États-Unis, 1985 – Couleurs – 1 h 56.

Le jeune Marty, grâce à la machine d'un savant fou, remonte dans le temps pour sauver le mariage de ses parents.

▷ Le cinéaste réalise une suite, intitulée RETOUR VERS LE FUTUR N° 2 "Back to the Future, part II", avec les mêmes comédiens. États-Unis, 1989 – Couleurs – 1 h 47.

RETOUR VERS L'ENFER "Uncommon Valor"
Film d'aventures de **Ted Kotcheff**, avec Gene Hackman, Robert Stack, Fred Ward. États-Unis, 1983 – Couleurs – 1 h 45.

Cinq anciens du Viêt Nam, emmenés par un colonel dont le fils est encore prisonnier, montent une opération commando pour délivrer ceux qui connaissent le même sort.

THE RETURN OF THE SOLDIER
Drame psychologique d'**Alan Bridges**, d'après le roman de Rebecca West, avec Alan Bates, Ann-Margret, Julie Christie, Glenda Jackson. Grande-Bretagne, 1982 – Couleurs – 1 h 42.

De retour en 1916, un soldat blessé par un éclat d'obus est incapable de reconnaître son épouse, mais se souvient de son ex-petite amie.

REUBEN, REUBEN ou LA VIE D'ARTISTE
"Reuben, Reuben"
Comédie dramatique de **Robert Ellis Miller**, d'après le roman de Peter Devries et la pièce de Herman Shumlin *Spofford*, avec Tom Conti, Kelly McGillis, Robert Blossom. États-Unis, 1983 – Couleurs – 1 h 40.

Un poète sur le déclin voit l'inspiration le fuir quand il redécouvre enfin l'amour. Entre rire et larmes.

REUNION IN FRANCE
Comédie dramatique de **Jules Dassin**, avec Joan Crawford, John Wayne, Philip Dorn, Reginald Owen, Albert Basserman, John Carradine, Ann Ayars. États-Unis, 1943 – 1 h 44.

Lors de l'invasion allemande, une couturière parisienne, jusque-là enfermée dans son égoïsme, prend conscience que le monde est en train de changer.

LA REVANCHE
Comédie policière de **Pierre Lary**, avec Annie Girardot, Victor Lanoux, Claude Rich, Dominique Labourier. France, 1981 – Couleurs – 1 h 38.

Une femme écrivain décide de se venger de son mari, chef de la brigade antigang, couronné à sa place : elle décide de monter un hold-up sensationnel.

REVANCHE À BALTIMORE
"THE BALTIMORE BULLET"
Film d'aventures de **Robert Ellis Miller**, avec James Coburn, Omar Sharif, Bruce Boxleitner. États-Unis, 1979 – Couleurs – 1 h 40.

Deux joueurs de billard professionnels ont une revanche à prendre sur un richissime et mystérieux adversaire. Après diverses péripéties, la partie est enfin organisée.

LA REVANCHE DE FRANKENSTEIN
"THE REVENGE OF FRANKENSTEIN"
Film d'épouvante de **Terence Fisher**, avec Peter Cushing, Francis Matthews, Eunice Gayson. Grande-Bretagne, 1958 – Couleurs – 1 h 31.

Ayant échappé à l'échafaud pour avoir créé un monstre, le docteur Frankenstein change d'identité.
▷ Voir aussi FRANKENSTEIN.

LA REVANCHE DE KING-KONG
"KING-KONG NO GUAKUSHU"
Film de science-fiction de **Inoshiro Honda**, avec Russ Tamblyn, Kidd Hamilton, Rhodes Reason, Akira Takarada, Mie Hama, Hideyo Amamoto. Japon, 1967 – Couleurs – 1 h 44.

Des savants découvrent un gigantesque gorille dans une île des mers du Sud. Capturé, il est emmené au pôle Nord pour travailler à l'extraction d'un minerai radioactif.

LA REVANCHE DE LA CRÉATURE
"REVENGE OF THE CREATURE"
Film d'épouvante de **Jack Arnold**, avec John Agar, Lori Nelson, John Bromfield. États-Unis, 1955 – 1 h 22.

Un monstre, mi-homme, mi-poisson, capturé dans l'océan, est enfermé dans un réservoir du parc national. Il s'évade, tue deux gardiens et sème la terreur.

LA REVANCHE DES GUEUX
"ROGUES OF SHERWOOD FOREST"
Film d'aventures de **Gordon Douglas**, avec John Derek, Diana Lynn, Alan Hale, George Macready, Paul Cavanagh. États-Unis, 1950 – Couleurs – 1 h 20.

Nouvelle version très réussie de Robin des Bois. John Derek reprend le rôle rendu célèbre par Errol Flynn.
▷ Voir ROBIN DES BOIS.

LA REVANCHE D'UN HOMME NOMMÉ CHEVAL
"THE RETURN OF A MAN CALLED HORSE"
Western d'**Irvin Kershner**, avec Richard Harris, Gale Sondergaard, Geoffrey Lewis. États-Unis 1976 – Couleurs – 2 h 06.

John Morgan retourne chez les Sioux et découvre que « sa » tribu est décimée, avilie. Aussi beau et authentique que le film dont il est la suite (Voir UN HOMME NOMMÉ CHEVAL).

LA REVANCHE DU SICILIEN "JOHNNY COOL"
Film policier de **William Asher**, avec Henry Silva, Elizabeth Montgomery, Sammy Davis Jr., Telly Savalas. États-Unis, 1963 – 1 h 40.

Un ancien gangster américain transforme un jeune hors-la-loi italien en machine à tuer pour accomplir une vengeance aux États-Unis.

RÊVE DE SINGE "CIAO MASCHIO / BYE BYE MONKEY"
Drame fantastique de **Marco Ferreri**, avec Gérard Depardieu, Marcello Mastroianni, James Coco, Gay Lawrence. France/Italie, 1978 – Couleurs – 1 h 54.

Dans un Manhattan presque désert qui semble livré à l'après-guerre atomique, un jeune Français, Lafayette, est gardien d'un petit musée de cire de l'Empire romain. Tout disparaît dans les flammes. Ne restent qu'une belle jeune femme et son enfant, nus sur une plage. Une fois de plus, chez Ferreri, la fin des hommes, incapables de maintenir leur ordre patriarcal et dévorés de l'envie de pouvoir, eux aussi, enfanter et materner ; une fois de plus, les femmes souriantes, sûres, déjà sur l'autre rive du futur.

RÉVEIL DANS LA TERREUR "OUTBACK"
Drame psychologique de **Ted Kotcheff**, d'après le roman de Kenneth Cook *Wake in Fright*, avec Gary Bond, Donald Pleasence, Sylvia Kays, Chips Rafferty. Australie, 1970 – Couleurs – 1 h 49.

En Australie, dans un village aborigène, un instituteur s'implique dans des pratiques ancestrales et perd peu à peu sa personnalité.

LE RÉVEIL DE LA SORCIÈRE ROUGE
"WAKE OF THE RED WITCH"
Film d'aventures d'**Edward Ludwig**, avec John Wayne, Gail Russell, Gig Young, Luther Adler. États-Unis, 1948 – 1 h 46.

Le capitaine du navire la Sorcière rouge est à la recherche d'un fabuleux trésor de perles.

LE RÉVEIL DES RATS "BUDJENJE PACOVA"
Comédie dramatique de **Živojin Pavlović**, avec Slobodan Perović, Duriša Zegarac, Severin Bijelić. Yougoslavie, 1967 – 1 h 25.

Un homme pauvre et solitaire tombe amoureux d'une jeune inconnue et prend conscience de l'absurdité de sa vie.

RÉVEILLON CHEZ BOB
Comédie dramatique de **Denys Granier-Deferre**, avec Jean Rochefort, Guy Bedos, Agnès Soral. France, 1984 – Couleurs – 1 h 40.

Le soir de Noël, un homme, répondant à l'appel angoissé de son jeune fils, veut le rejoindre chez son ex-femme, mais se perd dans le grand ensemble où ils vivent.

RÊVES "DREAMS"
Conte poétique d'**Akira Kurosawa**, avec Chishu Ryu, Mituki Baisho, Martin Scorsese (dans le rôle de *Van Gogh*). • SC : Akira Kurosawa. • PH : Takao Saito. • MUS : Shinichiro Ikebe. • MONT : Tome Minami. Japon / États-Unis, 1990 – Couleurs – 1 h 57.

Huit petits films juxtaposés, huit rêves d'un cinéaste qui, en fin de carrière, n'a rien perdu de sa force narrative et expressive. Ces rêves sont de nature différente. Certains évoquent des temps immémoriaux, d'autres dénoncent les crimes actuels de l'humanité contre la nature... et contre l'humanité même. Le dernier, *le Village des moulins à eaux*, peut se lire comme la synthèse du film et comme celle de l'œuvre entière de Kurosawa.

◆ *Ce n'est plus tout à fait le temps de la colère, mais celui de la réconciliation, de la sérénité symbolisée par la longévité. Le film en son entier est un chant profond. Même si certains rêves sont plus accomplis, plus émouvants ou plus chaleureux que d'autres (comment, pourquoi comparer ?), l'ensemble est assurément symphonique et choral. Par les voies détournées de la magie et de l'imaginaire (qui pour les poètes sont des voies directes), le cinéaste a composé un hymne aux vertus éternelles que l'on peut résumer en deux notes : beauté, générosité.* *G.S.*

RÊVES DE FEMMES "KVINNODROM"
Comédie dramatique d'**Ingmar Bergman**, avec Eva Dahlbeck *(Suzanne)*, Harriett Andersson *(Doris)*, Gunnar Björnstrand *(le consul Sönderby)*, Ulf Palme *(Henrik Lobelius)*, Kerstin Hedeby *(Marianne)*. • SC : I. Bergman. • PH : Hilding Bladh. • DÉC : Gittan Gustafsson. • MONT : Carl-Olof Skeppstedt. Suède, 1955 – 1 h 26.

Suzanne est directrice d'un studio de photos de mode, Doris est un de ses jeunes mannequins. À Göteborg, où elle accompagne Doris, Suzanne retrouve un ancien amant, maintenant brisé, Lobelius. Doris est courtisée par un vieux consul, qui, fasciné par sa ressemblance avec sa propre femme devenue folle, la couvre de cadeaux et de robes, dans une aventure elle aussi sans issue. Les deux femmes repartent, toutes illusions abandonnées sur ces liaisons romanesques avec des hommes déjà faits.

◆ *Dans ce portrait sans complaisance, mais aussi sans noirceur, de la vérité des rapports entre adultes et de la faiblesse des hommes, on peut retenir entre autres une scène très forte, entre le consul et sa fille froide et calculatrice. Un Bergman qui mérite d'être redécouvert.* *M.CH.*

RÊVES DE JEUNESSE "FOUR DAUGHTERS"
Comédie dramatique de **Michael Curtiz**, d'après le roman de Fanny Hurst *Sister Act*, avec Claude Rains, John Garfield, Priscilla Lane, Rosemary Lane, Lola Lane, Gale Page, May Robson. États-Unis, 1938 – 1 h 30.

Dans une petite ville de province, quatre jeunes filles vivent sagement avec leur père et font l'apprentissage de l'amour.

LES RÊVES DE LA VILLE "AHLAM EL-MADINA"
Drame de **Mohammed Malass**, avec Bassel Abiad, Hicham Chkhreifati, Yasmine Khlat, Rafiq Sbai. Syrie, 1984 – Couleurs – 2 h.

Damas et les années 50 à travers le regard d'un enfant des rues. Il verra sa mère humiliée et son frère assassiné.

REVIENS, JIMMY DEAN, REVIENS
"COME BACK TO THE FIVE AND DIME, JIMMY DEAN, JIMMY DEAN"
Drame de **Robert Altman**, avec Sandy Dennis, Cher, Karen Black. États-Unis, 1982 – Couleurs – 1 h 50.

Cinq femmes, aux personnalités différentes, se retrouvent pour célébrer la mémoire de James Dean. Altman poursuit ici son analyse – et sa démystification – du patrimoine culturel américain.

REVIENS, PETITE SHEBA "COME BACK, LITTLE SHEBA"
Drame psychologique de **Daniel Mann**, d'après la pièce de William Inge, avec Burt Lancaster, Shirley Booth, Terry Moore. États-Unis, 1952 – 1 h 39.

Un médecin alcoolique et son épouse s'ennuient depuis la mort de leur petite chienne, Sheba. Oscar 1952 de la Meilleure actrice pour Shirley Booth.

LE RÉVOLTÉ
Comédie dramatique de **Léon Mathot** et **Robert Bibal**, d'après le roman de Maurice Larrouy, avec René Dary, Pierre Renoir, Katia Lova, Aimé Clariond, Fernand Charpin. France, 1938 – 1 h 45.

Un jeune anarchiste s'engage par bravade dans la marine, décidé à ne jamais obéir. Sous l'influence d'une jeune fille, et la férule de son capitaine, il deviendra digne du drapeau qu'il sert.

RÉVOLTE À DUBLIN "The Plough and the Stars"
Drame de **John Ford**, d'après la pièce de Sean O'Casey, avec Barbara Stanwyck, Preston Foster. États-Unis, 1936 – 1 h 12.

À Dublin, pendant les troubles de 1916, l'histoire d'un couple dont le mari commande l'armée populaire.

RÉVOLTE AU MEXIQUE "Wings of the Hawk"
Film d'aventures de **Budd Boetticher**, avec Van Heflin, Julia Adams, Abbe Lane. États-Unis, 1953 – Couleurs (3 D) – 1 h 20.

Au Mexique, en 1911, sur fond de mine d'or et de rebellion, des aventures menées à un train d'enfer, pour exploiter les possibilités du relief.

RÉVOLTE DANS LA VALLÉE
"Trouble in the Glen"
Comédie dramatique de **Herbert Wilcox**, avec Margaret Lockwood, Orson Welles, Forrest Tucker, Victor McLaglen. Grande-Bretagne, 1954 – Couleurs – 1 h 31.

Dans le nord de l'Écosse, un seigneur local entre en conflit avec le clan des « Tinkers ». Description soignée des mœurs des « Highlanders ».

LA RÉVOLTE DES CIPAYES "Bengal Brigade"
Film d'aventures de **Laslo Benedek**, avec Rock Hudson, Arlene Dahl, Ursula Thiess. États-Unis, 1954 – Couleurs – 1 h 27.

Aux Indes, en 1856, l'aventure d'un officier anglais alors que la population se soulève contre l'occupant.

LA RÉVOLTE DES DIEUX ROUGES
"Rocky Mountain"
Film d'aventures de **William Keighley**, avec Errol Flynn, Patrice Wymore, Scott Forbes. États-Unis, 1950 – 1 h 23.

Un homme organise en pays nordiste la résistance d'une poignée de sudistes. Courage, héroïsme et flèches indiennes.

LA RÉVOLTE DES FAUVES "Song of India"
Film d'aventures d'**Albert S. Rogell**, avec Sabu, Gail Russell, Turhan Bey. États-Unis, 1949 – 1 h 17.

La paix de la forêt est un instant troublée par des chasseurs. Tout rentrera dans l'ordre grâce à un jeune aventurier qui s'applique à libérer les bêtes sauvages.

LA RÉVOLTE DES PÊCHEURS
"Vosstanie rybakov"
Drame social d'**Erwin Piscator et Mikhaïl Doller**, avec Aleksei Diki *(Kedenek)*, D. Konsovski *(Andreas)*, N. Gladkov *(Goulli)*, N. Izvolski *(Djenek)*, F. Ivanov *(Neer)*, Youdit Glizer *(la femme de Kedenek)*. • SC : Gueorgui Grebner, d'après le roman d'Anna Seghers *la Révolte des pêcheurs de Santa Barbara*. • PH : Piotr Yermolov, Mikhaïl Kirillov. • DÉC : Vladimir Kaplounovsky. • MUS : Ferenc Szabo, Nikolai Tchemberdji, Vladimir Fere. U.R.S.S. (Russie), 1934 – 1 h 37.

Revendiquant de meilleures conditions de travail, des pêcheurs se mettent en grève et affrontent dans une sanglante bagarre des briseurs de grève recrutés par leurs patrons : un « jaune » est poignardé, son agresseur est fusillé par l'armée. La révolte s'étend bientôt à tous les villages de la côte.

◆ *Réfugié en U.R.S.S. à l'avènement d'Hitler, le grand homme de théâtre allemand y a réalisé son unique film, cette épopée révolutionnaire où il conjugue magistralement le lyrisme dramatique du cinéma soviétique et les recherches plastiques de l'expressionnisme allemand dans un style visuel qui reste proche du muet par les effets de montage, les angles de prises de vue et les audaces scéniques.* *M.MN.*

LA RÉVOLTÉE
Drame psychologique de **Marcel L'Herbier**, d'après le roman de Pierre Sabatier, avec Victor Francen, Josette Day, Jacques Berthier, Sylvie. France, 1948 – 1 h 35.

L'histoire d'une femme quittée par son mari et dont l'enfant meurt.

LES RÉVOLTÉS D'ALVARADO "Redes"
Drame documentaire de **Fred Zinnemann, Paul Strand** et **Gomez Muriel**, avec des interprètes non professionnels. Mexique, 1935 – 1 h.

À mi-chemin entre le documentaire et la fiction, le récit d'une grève de pêcheurs sur la côte atlantique du Mexique.

LES RÉVOLTÉS DE LA CELLULE 11
"Riot in Cell Block 11"
Drame de **Don Siegel**, avec Neville Brand, Emile Meyer, Frank Faylen, Leo Gordon. États-Unis, 1954 – 1 h 20.

Dans la prison américaine de Folsom, la dureté du traitement infligé aux détenus provoque une révolte brutale. Suspense et prise de conscience.

LES RÉVOLTÉS DE LA CLAIRE-LOUISE
"APPOINTMENT IN HONDURAS"
Film d'aventures de **Jacques Tourneur**, avec Glenn Ford, Ann Sheridan, Zachary Scott. États-Unis, 1953 – Couleurs – 1 h 19.

Dans la jungle du Honduras, des hommes et des femmes aux prises avec de multiples dangers. Nature sauvage et lutte pour le pouvoir.

LES RÉVOLTÉS DU BOUNTY
"MUTINY ON THE BOUNTY"
Film d'aventures de **Frank Lloyd**, avec Clark Gable *(Fletcher Christian)*, Charles Laughton *(capitaine William Bligh)*, Franchot Tone *(Roger Byam)*, Herbert Mundin *(Smith)*, Eddie Quillan *(Ellison)*. • SC : Talbot Jennings, Jules Furthman, Carey Wilson, d'après le livre de Charles Nordhoff et James Norman Hall. • PH : Arthur Edeson. • DÉC : Cedric Gibbons, Arnold Gillepsie. • MUS : Herbert Stothart. • MONT : Margaret Booth. États-Unis, 1935 – 2 h 15. ★ **OSCAR DU MEILLEUR FILM 1935.**

Au XVIIIe siècle, un vaisseau anglais fait route vers la Polynésie pour chercher des arbres à pain. Le *Bounty* est dirigé d'une main de fer par le capitaine Bligh qui n'hésite pas à user de châtiments corporels envers son équipage. Son second, Christian, n'approuve pas ces méthodes et prend la tête de la mutinerie. Le capitaine est abandonné dans une chaloupe.

◆ *Spécialiste des films historiques, Lloyd est le premier à porter à l'écran les aventures des célèbres mutins. Pour obtenir le rôle de Christian, Clark Gable a dû raser sa célèbre moustache. Toujours aussi imberbes, lui succéderont Marlon Brando et Mel Gibson dans les versions de Lewis Milestone (Voir film suivant) et de Roger Donaldson (Voir* LE BOUNTY*). Mais l'on se souviendra surtout de la performance de Laughton en capitaine sadique et pervers au bord de la folie. « Bligh me doit tout et je ne lui dois rien. C'est ma peau que je lui ai donnée », déclara le comédien.* *C.A.*

LES RÉVOLTÉS DU BOUNTY
"MUTINY ON THE BOUNTY"
Film d'aventures de **Lewis Milestone**, avec Marlon Brando, Trevor Howard, Richard Harris. États-Unis, 1962 – Couleurs – 3 h 05.

Un officier et l'équipage du *Bounty* se révoltent contre l'autorité sadique de leur capitaine. Malgré le budget et la splendeur des décors, ce remake est en tout point inférieur à la version de 1935. Seul Brando compose un personnage intéressant.

▷ Sur le même thème : IN THE WAKE OF THE BOUNTY, de **Charles Chauvel**. Australie, 1933 – 1 h 30. Le premier rôle d'Errol Flynn. LE BOUNTY (Voir ce titre).

RÉVOLUTION "REVOLUTION"
Drame historique de **Hugh Hudson**, avec Al Pacino, Donald Sutherland, Nastassja Kinski. États-Unis / Grande-Bretagne, 1985 – Couleurs – 2 h.

De 1776 à 1781, sur fond de révolution américaine contre les Anglais, les destins croisés de diverses familles. À grand spectacle.

LA RÉVOLUTION DE LA CONFITURE
"MARMELADUPPRORET"
Drame psychologique d'**Erland Josephson**, avec Erland Josephson, Bibi Andersson, Marie Goranzon. Suède, 1979 – Couleurs – 1 h 35.

Un professeur abandonne sa femme sur un coup de tête, se livre à des extravagances et se confie à une journaliste qu'intéresse ce genre de contestataire quinquagénaire. De son côté, son épouse retrouve le goût de la séduction.

RHAPSODIE EN AOÛT "HACHICATSU NO RAPUSODI"
Drame d'**Akira Kurosawa**, d'après le roman de Kiyoko Murata *Dans la marmite*, avec Sachiko Murase, Hidetaka Yoshioka, Tomoko Otakara. Japon, 1991 – Couleurs – 1 h 38.

Une grand-mère fait le tour de ses souvenirs, ce qui donne à Kurosawa l'occasion d'illustrer les thèmes qui lui sont chers : critique du Japon moderne, dénonciation de l'horreur nucléaire, exaltation des traditions ancestrales, foi en la jeunesse.

RHAPSODIE HONGROISE
"ELETÜNKET ÉS VERÜNKET (MAGYAR RAPSZODIA – ALLEGRO BARBARO)"
Drame historique en deux parties de **Miklós Jancsó**, avec György Cserhalmi, Lajos Balassovits, Gabor Koncz, Bertalan Solti, Jozsef Madaras. Hongrie, 1978 – Couleurs – 2 h 55.

(I) Deux frères, officiers de l'armée austro-hongroise pendant la Première Guerre mondiale, organisent un commando de répression après l'échec de la république communiste. (II) L'aîné vit désormais sur son domaine et se rapproche de plus en plus des révolutionnaires. Pendant la Seconde Guerre mondiale, il prend les armes à leurs côtés.

RICHARD ET COSIMA "RICHARD UND COSIMA"
Biographie de **Peter Patzak**, avec Otto Sander, Tatja Seibt, Fabienne Babe, Peter Matic, Anton Diffring, Christoph Walz. R.F.A. / France, 1987 – Couleurs – 1 h 48.

Le couple Wagner mène une vie heureuse sur les bords du lac de Lucerne, jusqu'à ce que le musicien aille habiter à Bayreuth où il est accaparé par les répétitions du *Ring*. Il connaît quelques aventures, avant de partir s'installer à Venise avec son épouse.

RICHARD MILLHOUSE NIXON
"RICHARD MILLHOUSE NIXON, A WHITE COMEDY"
Documentaire d'**Emile De Antonio**. États-Unis, 1971 – 1 h 30.

L'irrésistible ascension du président, à travers les documents nombreux de son activité, depuis les temps de McCarthy jusqu'à la Maison-Blanche. Un excellent pamphlet politique.

RICHARD III "RICHARD III"
Drame historique de **Laurence Olivier**, avec Laurence Olivier *(Richard de Gloucester)*, Claire Bloom *(lady Anne)*, Ralph Richardson *(Buckingham)*, Cedric Hardwicke *(Edouard IV)*, Stanley Baker *(Richmond)*, John Gielgud *(Clarence)*. • SC : L. Olivier, Alan Dent, d'après la pièce de Shakespeare et des extraits de *Henry VI*. • PH : Otto Heller. • DÉC : Roger Furse. • MUS : William Walton. • MONT : Helga Cranston. Grande-Bretagne, 1955 – Couleurs – 2 h 38. ★ **LION D'ARGENT, Berlin 1956 ; BRITISH ACADEMY AWARDS : MEILLEUR FILM ANGLAIS et MEILLEUR FILM, MEILLEUR ACTEUR ANGLAIS (Laurence Olivier).**

L'accession de Richard de Gloucester, meurtrier machiavélique, au trône d'Angleterre au XVe siècle, sa défaite et sa mort sur le champ de bataille de Bosworth.

◆ *Pour sa troisième adaptation de Shakespeare au cinéma, après* Henry V *(1944) et* Hamlet *(1948), Laurence Olivier choisit un rôle très différent, celui du monstrueux duc de Gloucester. Le comédien allonge son nez, s'enlaidit, modifie sa diction, prend une voix fluette presque comique pour mieux traduire l'hypocrisie de Richard III. Le maquillage est un élément très important car il aide l'acteur à entrer dans la peau du personnage. Olivier emploie des décors de studio, auxquels il ajoute les couleurs artificielles du Technicolor, afin de rendre la langue de Shakespeare plus « naturelle ». La multiplication des prises de vue à travers des fenêtres symbolise l'étau dans lequel Richard s'est enfermé et qui va se resserrer sur lui. La musique de Walton fait de sa mort un véritable ballet. Les membres de la troupe de l'Old Vic restituent admirablement le texte de Shakespeare.* S.P.

RICHE, JEUNE ET JOLIE "RICH, YOUNG AND PRETTY"
Comédie musicale de **Norman Taurog**, avec Danielle Darrieux, Jane Powell, Wendell Corey, Fernando Lamas, Vic Damone. États-Unis, 1951 – Couleurs – 1 h 35.

Élevée au Texas, une jeune fille vient à Paris avec son père pour retrouver sa mère française, qu'elle n'a pas vue depuis de nombreuses années.

RICHES ET CÉLÈBRES "RICH AND FAMOUS"
Chronique de **George Cukor**, avec Jacqueline Bisset, Candice Bergen, David Selby. États-Unis, 1981 – Couleurs – 1 h 56.

De 1969 à 1981, les vicissitudes de deux anciennes amies de collège, Liz et Mary, qui ont pris des chemins divergents, mais finissent par rivaliser... en littérature.

LE RIDEAU CRAMOISI
Drame sentimental d'**Alexandre Astruc**, avec Anouk Aimée *(Albertine)*, Jean-Claude Pascal *(l'officier)*. • SC : A. Astruc, d'après la nouvelle de Barbey d'Aurevilly tirée des *Diaboliques*. • PH : Eugen Schuftan. • DÉC : Antoine Mayo. • MUS : Jean-Jacques Grunenwald. • MONT : Jean Mitry. France, 1952 – 44 mn. ★ **PRIX LOUIS-DELLUC 1952.**

Sous le premier Empire, un jeune officier est logé chez un couple de bourgeois. Ils ont une fille, Albertine, à l'air hautain et indifférent, dont l'officier est amoureux. Une nuit, sans un mot, Albertine va le rejoindre dans sa chambre et devient sa maîtresse.

◆ *D'une nouvelle sulfureuse, Astruc a tiré une adaptation très littérale et très littéraire. Aucun dialogue n'est prononcé (tout le commentaire est en voix* off *), mais le film entier, dans son esthétique baroque, son traitement des ombres et des lumières, le jeu des acteurs, brûle de passion.* B.B.

LE RIDEAU DÉCHIRÉ "TORN CURTAIN"
Film d'espionnage d'**Alfred Hitchcock**, avec Paul Newman, Julie Andrews, Lila Kedrova. États-Unis, 1966 – Couleurs – 2 h 08.

Un jeune savant proche du Pentagone a un comportement suspect. Effectivement, il passe à l'Est. Incrédule, sa fiancée le suit en cachette, embarrassant le jeune homme, qui est un agent double.

LE RIDEAU DE FER "IRON CURTAIN"
Film d'espionnage de **William A. Wellman**, avec Dana Andrews *(Igor Gouzenko)*, Gene Tierney *(Anna Gouzenko)*, June Havoc *(Karanova)*, Edna Best *(Mrs. Foster)*, Berry Kroeger *(John Grubb)*, Stefen Schnabel *(Ranev)*. • SC : Milton Krims. • PH : Charles G. Clarke. • DÉC : Thomas Little. • MUS : Alfred Newman (direction). • MONT : Louis Loeffler. États-Unis, 1948 – 1 h 27.

Igor Gouzenko s'installe à Ottawa, Canada, où il travaille dans le réseau d'espionnage couvert par l'ambassade d'U.R.S.S. Bientôt sa femme Anna vient le rejoindre. Tous deux apprécient tellement le monde occidental qu'ils décident de rester à l'Ouest.

◆ *Ce film est un des plus célèbres de la série anti-rouge que Hollywood développa au moment de la guerre froide.* J.-P.B.

RIDICULE

Comédie de **Patrice Leconte**, avec Fanny Ardant, Charles Berling, Bernard Giraudeau, Judith Godrèche, Jean Rochefort. France, 1996 – Couleurs – 1 h 40. ★ CÉSAR DU MEILLEUR FILM.

Grégoire Ponceludon de Malavoy, révolté par les ravages de la malaria dans la Dombes, s'est mis en tête de convaincre le roi qu'il convient d'assécher les marais de la région. Mais, pour s'imposer à la cour, il faut d'abord avoir de l'esprit. Il se trouve qu'il en a, ce qui lui vaudra l'appui d'une dame influente. Hélas, les jeux de l'amour sont plus compliqués que ceux de l'esprit et tout aussi cruels. Péplum culturel à la française, *Ridicule* rassemble les ingrédients attendus : marquis poudrés, baronne libertine, abbé de cour cynique, roi lourdaud, quelques traits d'esprit, une louche d'encyclopédisme (techniques d'irrigation, invention du scaphandre et du langage des sourds-muets). Pas enivrant mais se déguste agréablement.

RIEN NE SERT DE COURIR "WALK, DON'T RUN"

Comédie de **Charles Walters**, avec Cary Grant, Samantha Eggar, John Standing. États-Unis, 1966 – Couleurs – 1 h 54.

À Tokyo, durant les jeux Olympiques de 1964, il est pratiquement impossible de se loger. Un industriel américain et un étudiant en architecture qui participe aux jeux trouvent refuge chez une jeune secrétaire. La situation va vite se compliquer.

▷ Remake de PLUS ON EST DE FOUS de George Stevens (Voir ce titre).

RIEN QUE POUR VOS YEUX

"FOR YOUR EYES ONLY"

Film d'espionnage de **John Glen**, avec Roger Moore, Carole Bouquet, Topol. Grande-Bretagne, 1981 – Couleurs – 2 h 10.

L'épave d'un faux chalutier de la marine anglaise intéresse à la fois l'Intelligence Service et le K.G.B. James Bond fera triompher le bon droit.

▷ Voir aussi JAMES BOND 007 CONTRE DOCTEUR NO.

RIEN QU'UN CŒUR SOLITAIRE

"NONE BUT THE LONELY HEART"

Drame de **Clifford Odets**, avec Cary Grant *(Ernie Mott)*, Ethel Barrymore *(Ma Mott)*, Barry Fitzgerald *(Twite)*, June Duprez *(Ada)*, Jane Wyatt *(Aggie Hunter)*, George Coulouris *(Jim Mordinoy)*, Dan Duryea *(Lew Tate)*, Konstantin Shayne *(Ike)*. • SC : C. Odets, d'après le roman de Richard Llewellyn. • PH : George Barnes. • DÉC : Albert S. D'Agostino, Jack Okey. • MUS : Hanns Eisler. • MONT : Roland Gross. États-Unis, 1944 – 1 h 53. ★ OSCAR DU MEILLEUR SECOND RÔLE FÉMININ pour Ethel Barrymore.

Londres juste avant la Seconde Guerre mondiale, dans le quartier pauvre de l'East End. Ernie Mott, sans travail ni domicile fixe, apprend que sa mère est atteinte d'un cancer. Celle-ci, pour assurer l'avenir de son fils, pratique le recel. Lui-même, sous l'influence de l'aventurier Mordinoy, travaille avec une bande de voleurs. Après la mort de sa mère en prison, il peut tout de même compter sur l'amour fidèle d'Aggie, une amie d'enfance.

◆ *L'engagement politique de Clifford Odets, l'univers sans espoir que dépeignait le film et qui tranchait sur la production hollywoodienne courante, provoquèrent une grande estime chez les critiques français. Aujourd'hui, on est frappé, au-delà de l'atmosphère nocturne, lourde et embrumée, par un certain paternalisme social et le statisme de la réalisation. L'Oscar relança la carrière cinématographique d'Ethel Barrymore, qui n'avait jusque-là tourné qu'un film parlant.* J.-P.B.

RIEN QU'UNE MÈRE "BARA EN MOR"

Drame d'**Alf Sjöberg**, d'après la pièce d'August Strindberg, avec Eva Dahlbeck, Ragnar Falk, Ulf Palme. Suède, 1949 – 1 h 39.

Dans une communauté de misérables journaliers agricoles, une jeune fille fait scandale en se baignant nue. Par désespoir, elle épouse un homme qui lui donne de nombreux enfants, et finit comme femme de ménage pour nourrir les siens.

RIFF-RAFF "RIFF-RAFF"

Drame de **Ken Loach**, avec Robert Carlyle, Emer McCourt, Jimmy Coleman. Grande-Bretagne, 1991 – Couleurs – 1 h 34. ★ PRIX EUROPÉEN DU CINÉMA.

Le Londres du chômage et des travaux précaires : squatt, drogue, fraudes en tout genre...

RIFIFI À TOKYO

Film policier de **Jacques Deray**, avec Karl Boehm, Barbara Lass, Charles Vanel. France / Italie, 1963 – 1 h 40.

Un vieux gangster réunit une bande afin de dérober le plus gros diamant du monde, gardé dans un coffre de la Tokyo Bank.

RIGADIN
Série de courts métrages burlesques d'une ou deux bobines (300 ou 600 m) de **Georges Monca**, produits par Pathé (près de deux cent vingt titres), avec Prince, Mistinguett, Marcel Simon, Germaine Reuver, Cléo Mara. France, 1909-1917.

RINGO AU PISTOLET D'OR "Johnny Oro"
Western de **Sergio Corbucci**, avec Mark Damon, Valeria Fabrizi, Ettore Manni. Italie, 1966 – Couleurs – 1 h 30.

Dans l'Ouest légendaire, un justicier tireur d'élite se met au service de la loi. Un western-spaghetti dans la meilleure tradition.

▷ Parmi les autres aventures de Ringo : UN PISTOLET POUR RINGO "Una pistola per Ringo", de **Duccio Tessari**, avec Montgomery Wood, Giuliano Gemma, Fernando Sancho, Nieves Navarro, Antonio Casas. Italie / Espagne, 1965 – Couleurs – 1 h 40. RINGO CONTRE JERRY COLT "Uccidi o muori", de **Tanio Boccia**, avec Robert Mark, Lina de Witt, Gordon Mitchell. Italie, 1968 – Couleurs – 1 h 30. RINGO LE VENGEUR "Ringo, il cavaliere solitario", de **Rafael Romero Marchent**, avec Peter Martell, Piero Lulli. Italie / Espagne, 1968 – Couleurs – 1 h 24. RINGO NE DEVRAIT PAS MOURIR "I lunghi giorni dell'odio", de **Gianfranco Baldanello**, avec Guy Madison, Rik Battaglia, Peter Martell. Italie, 1969 – Couleurs – 1 h 31. RINGO CHERCHE UNE PLACE POUR MOURIR "Joe ! Cercati un posto per morire", d'**Anthony Ascott**, avec Jeffrey Hunter, Pascale Petit, Gianni Pallavicino. Italie, 1969 – Couleurs – 1 h 30.

RIO BRAVO "Rio Bravo"
Western de **Howard Hawks**, avec John Wayne *(John T. Chance)*, Dean Martin *(Dude)*, Angie Dickinson *(« Feathers »)*, Walter Brennan *(Stumpy)*, Ricky Nelson *(Colorado Ryam)*, Ward Bond *(Pat Wheeler)*, John Russell *(Nathan Burdette)*. • SC : Jules Furthman, Leigh Brackett, d'après une histoire de Barbara Hawks McCampbell. • PH : Russell Harlan. • DÉC : Ralph S. Hurst. • MUS : Dimitri Tiomkin. • MONT : Folmar Blangsted. • PR : H. Hawks (Warner). États-Unis, 1959 – Couleurs – 2 h 21.

Un shérif arrête le frère de l'homme le plus puissant de la région. Il n'a pour alliés qu'un adjoint ivrogne, un vieillard boiteux, un blanc-bec, une joueuse de poker et un hôtelier mexicain, et contre lui une armée de tueurs.

◆ Mieux que Pascal

Dans rédemption, il y a rachat, et salut. Mais aussi rançon. Or, Rio Bravo, *western exégétique en ce sens qu'il concentre tous les cas de figure du genre à l'exception des Indiens, traite à la fois de la remise en selle d'un ivrogne et de la mise en cellule d'un assassin. Donc de la conscience, qui se rachète et se rançonne, comme chacun sait. Résultat : dans un décor (une rue, un bar, un hôtel, une prison, et, accessoirement, un corral) réduit à la dimension d'une scène – la scène de la tragédie antique –, Hawks, avec son élégance coutumière, soumet son film au Destin. Le shérif est plus que le représentant de la loi, il est l'homme vieillissant qui ne voudrait plus pardonner, et son adjoint, l'ami déchu, finit par reprendre sa place, et son emploi, dans l'ordre naturel, à l'instar du fils égaré ou de la femme infidèle. Sauf que, chez Hawks, la femme ne trahit pas, puisque c'est toujours elle qui, en connaissance de cause, choisit le mâle. Et John Wayne, malgré son colt, ne pèse pas lourd en face d'Angie Dickinson, surtout quand elle porte guêpière. Tout ceci pourtant, convenons-en, pourrait n'être que du cinéma scénarisé. De la tranche de vie. Du bon et solide ouvrage comme Hollywood sut longtemps en fournir. Mais Hawks, à l'inverse d'un Curtiz ou d'un Daves, point méprisables bien sûr, partage avec Hemingway le génie de calquer son style sur l'événement. Au lieu de se contenter de visualiser l'intrigue, il ruse avec elle, et lui ajoute ce sens qu'elle ne possédait pas sur le papier, comme si l'action naissait sous nos yeux. Il est difficile ensuite de gloser sur son savoir-faire, à moins de rabâcher des truismes (caméra à hauteur d'homme, morale en action), tant Hawks s'identifie à l'instant. Au souffle même de la vie, en quelque sorte. Soudain, la nuit tombe sur l'Ouest, une brute ignoble jette dans un crachoir une pièce d'un dollar. La main tremblante de ce qui fut un homme va pour s'en emparer, mais Dieu le père, alias le shérif, ne le permet pas. Ce pourrait être une* Provinciale *de Pascal, ce n'est qu'un western, un de ces divertissements qu'on ne fabrique plus. On n'y perd pas au change, d'autant qu'on y apprend aussi comment ne pas passer à côté de l'absolu.* G.G.

RIO CONCHOS "Rio Conchos"
Western de **Gordon Douglas**, avec Richard Boone, Edmond O'Brien, Stuart Whitman. États-Unis, 1964 – Couleurs – 1 h 45.

Après la guerre de Sécession, un ancien officier sudiste propose son aide à un capitaine chargé de retrouver un stock de fusils volés. Il sait en effet que le responsable est un sudiste qui tente de provoquer un soulèvement des Indiens.

LE RIO DE LA MORT "El río y la muerte"
Drame de **Luis Buñuel**, avec Columba Dominguez, Miguel Torruco, Joaquim Cordero, Jaime Fernandez. Mexique, 1954 – 1 h 30.

Dans un village mexicain, deux familles se vouent depuis plusieurs générations une haine mortelle.

RIO ESCONDIDO "Río Escondido"
Drame d'**Emilio Fernandez**, avec Maria Felix *(Rosaura)*, Fernando Fernandez, Carlos Lopez Moctezuma. • SC : E. Fernandez. • PH : Gabriel Figueroa. • DÉC : M. Parra. • MUS : Francisco Dominguez. Mexique, 1947 – 1 h 30.

Rosaura, une jeune institutrice de la ville, de faible santé, est envoyée dans un petit village : Río Escondido. Elle est confrontée à un tyran qui fait régner sa loi dans le village et terrorise les Indiens. Avec l'aide du médecin, Rosaura parvient à rouvrir l'école et initier le peuple aux idées républicaines. Le tyran tente de la violer. Elle se défend et meurt victime d'une crise cardiaque.

◆ *Comme pour* Maria Candelaria, *Emilio Fernandez reprend un thème qui lui est cher et qui le rendit célèbre : la réalité des indigènes élevée au rang de mythe. Le simplisme de l'histoire est compensé par la beauté quasi picturale des images de Gabriel Figueroa, au rythme lent et poétique, et par l'interprétation de Maria Felix, une des actrices les plus célèbres du cinéma mexicain des années 40 qui se singularisa en femme forte face au monde machiste sud-américain.* C.G.

RIO GRANDE "Rio Grande"
Film d'aventures de **John Ford**, avec John Wayne, Maureen O'Hara, Ben Johnson, Claude Jarman Jr., Victor McLaglen. États-Unis, 1950 – 1 h 45.

Pendant la guerre de Sécession, un officier nordiste est contraint de brûler la plantation de son épouse, une sudiste. Il la retrouvera plus tard en combattant les Apaches. Un film à la gloire de la cavalerie américaine, tourné dans des décors grandioses.

RIO LOBO "Rio Lobo"
Western de **Howard Hawks**, avec John Wayne, Jorge Rivero, Jennifer O'Neill, Jack Elam. États-Unis, 1970 – Couleurs – 1 h 54.

C'est à Rio Lobo qu'un colonel nordiste finira par démasquer le traître responsable d'une embuscade pendant la guerre de Sécession. Le dernier film de Howard Hawks.

RIO 40° "Rio, 40 GRAUS"
Chronique de **Nelson Pereira dos Santos**, avec Jece Valadao, Glance Rocha, Roberto Batalin, Claudia Moreno, Antonio Novais, Ana Beatriz. • SC : N. Pereira dos Santos, Arnaldo Farias. • PH : Helio Silva. • MUS : Radames Gnatalli. • MONT : Rafael Justo Valverde. Brésil, 1955 – 1 h 40.

À travers cinq enfants des bidonvilles qui vendent des cacahuètes à cinq endroits importants de la ville (Copacabana, Pain de Sucre, Corcovado, Quinta da Boa Vista et Maracana), divers épisodes de la vie des « Cariocas » (gens de Rio) sont évoqués.

◆ Rio 40° *est le premier film de Nelson Pereira dos Santos. Il a été défini comme le premier film néoréaliste brésilien, précurseur du Cinema Novo des années 60.* C.G.

RIO RITA "Rio Rita"
Film burlesque de **S. Sylvan Simon**, avec Bud Abbott, Lou Costello, Kathryn Grayson, Tom Conway. États-Unis, 1941 – 1 h 30.

Pour regagner New York, deux amis se cachent dans la voiture d'un chanteur célèbre, mais aboutissent dans un hôtel en Arizona. Au cours d'une fête donnée par l'amie du chanteur, ils combattront et vaincront des espions.

▷ Voir aussi DEUX NIGAUDS CONTRE FRANKENSTEIN.

RIO VERDE "Something Big"
Western d'**Andrew V. McLaglen**, avec Dean Martin, Brian Keith, Ben Johnson, Honor Blackman. États-Unis, 1971 – Couleurs – 1 h 48.

Un hors-la-loi et son beau-frère potentiel projettent un « coup » fabuleux qui les mettrait à l'abri du besoin. Mais il leur faut compter avec une femme, objet d'une étrange transaction.

LES RIPOUX
Comédie de **Claude Zidi**, avec Philippe Noiret, Thierry Lhermitte, Julien Guiomar, Régine. France, 1984 – Couleurs – 1 h 47. ★ **César du Meilleur film 1984.**

Un inspecteur de police quinquagénaire et magouilleur initie son jeune adjoint légaliste aux multiples combines qui améliorent son ordinaire. Énorme succès populaire et critique, le film décrit un univers cocasse et pittoresque ancré dans le quotidien. Un scénario d'un réjouissant cynisme, des dialogues savoureux et d'excellents acteurs.

▷ Le réalisateur signe une suite, intitulée RIPOUX CONTRE RIPOUX, avec les mêmes comédiens et Guy Marchand, Jean-Claude Brialy, Michel Aumont. France, 1990 – Couleurs – 1 h 30.

RIRA BIEN "He Laughed Last"
Comédie de **Blake Edwards**, avec Frankie Laine, Lucy Marlow, Anthony Dexter. États-Unis, 1956 – Couleurs – 1 h 10.

Les facéties d'un énorme et truculent roi de la pègre qui meurt dans un grand éclat de rire après avoir rédigé son testament.

RIRES AU PARADIS "LAUGHTER IN PARADISE"
Comédie de **Mario Zampi**, avec Alastair Sim, Fay Compton, Beatrice Campbell, Anthony Steel. Grande-Bretagne, 1951 – 1 h 33.

Quatre héritiers en puissance doivent satisfaire à une clause ahurissante d'un testament qui les rendra très riches.

RISKY BUSINESS "RISKY BUSINESS"
Comédie de **Paul Brickman**, avec Tom Cruise, Rebecca DeMornay, Curtis Armstrong. États-Unis, 1983 – Couleurs – 1 h 36.

Un adolescent profite des vacances de ses parents pour s'offrir les services d'une call-girl hors de prix et transformer son domicile en maison de débauche. Une comédie réjouissante et légère qui révéla Tom Cruise.

LES RISQUES DU MÉTIER
Drame d'**André Cayatte**, avec Jacques Brel, Emmanuelle Riva, René Dary, Nathalie Nell. France, 1967 – Couleurs – 1 h 30.

Dans une petite ville, un instituteur est accusé de tentative de viol par l'une de ses élèves. Les débuts de Brel acteur.

RITA, SUSIE ET BOB AUSSI "RITA, SUE AND BOB TOO"
Comédie d'**Alan Clarke**, avec George Costigan, Siobban Finneran, Michelle Holmes. Grande-Bretagne, 1987 – Couleurs – 1 h 31.

Rita et Susie font du baby-sitting chez Bob et sa femme Michelle. Mais Bob est cavaleur et organise un ménage à trois avec ses baby-sitters… Dans cette comédie de mœurs axée sur le sexe, l'humour réussit à désamorcer des situations plutôt scabreuses.

LE RITE "RITEN"
Drame psychologique d'**Ingmar Bergman**, avec Ingrid Thulin, Gunnar Björnstrand, Anders Ek, Erik Hell. Suède, 1968 – 1 h 15.

Trois comédiens sont accusés d'avoir présenté un spectacle licencieux. Ils sont interrogés par un juge qui enquête sur leur passé et qui mourra d'une crise cardiaque lors de la reconstitution des scènes incriminées.

LES RITES DE MAI "ITIM"
Document-fiction de **Mike De Leon**, avec Tommy Abuel, Charo Santos, Mario Montenegro. Philippines, 1976 – Couleurs – 1 h 56.

Description de cérémonies rituelles empreintes d'occultisme, au climat dramatique saisissant et dont le réalisme psychologique provoque gêne et peur chez le spectateur.

THE RITZ
Comédie de **Richard Lester**, avec Jack Weston, Rita Moreno, Jerry Stiller, Kaye Ballard, Bessie Love, F. Murray Abraham. États-Unis, 1976 – Couleurs – 1 h 30.

Adaptés d'une pièce à succès de Broadway, les quiproquos tragi-comiques que vivent les clients occasionnels et les habitués d'un bain turc homosexuel à New York.

LE RIVAGE OUBLIÉ "THEY MIGHT BE GIANTS"
Comédie d'**Anthony Harvey**, d'après la pièce de James Goldman, avec George C. Scott, Joanne Woodward, Jack Gilford. États-Unis, 1971 – Couleurs – 1 h 31.

Un riche Américain, qui se prend pour Sherlock Holmes, consulte la directrice d'un hôpital psychiatrique, le Dr… Watson. C'est la naissance d'un tandem extraordinaire, aux aventures surprenantes.

RIVALITÉS "WHERE LOVE HAS GONE"
Drame d'**Edward Dmytryk**, avec Susan Hayward, Bette Davis, Mike Connors. États-Unis, 1964 – Couleurs – 1 h 50.

Un pilote, George, épouse par amour une jeune femme, Valérie. Mais leur ménage est ruiné par le despotisme de la mère de Valérie. C'est le divorce et leur fille, Dani, est confiée à Valérie. Dix ans plus tard, George apprend que Dani vient de tuer l'amant de sa mère. Inspiré du drame vécu par Lana Turner.

RIVE DROITE, RIVE GAUCHE
Film policier de **Philippe Labro**, avec Gérard Depardieu, Nathalie Baye, Carole Bouquet, Bernard Fresson. France, 1984 – Couleurs – 1 h 45.

Un brillant avocat parisien ne supporte plus de défendre un opulent et douteux affairiste.

LA RIVIÈRE "THE RIVER"
Drame de **Mark Rydell**, avec Mel Gibson, Sissy Spacek. États-Unis, 1984 – Couleurs – 2 h 02.

Tom, un fermier, aime sa terre : il ne veut pas la vendre à un promoteur qui y édifierait un barrage. Les pressions se font de plus en plus fortes.

LA RIVIÈRE D'ARGENT "SILVER RIVER"
Film d'aventures de **Raoul Walsh**, avec Errol Flynn, Ann Sheridan, Thomas Mitchell, Bruce Bennett. États-Unis, 1948 – 1 h 50.

La vie d'un aventurier de grande envergure, ex-officier dégradé de l'armée. Flynn dans un rôle peu sympathique.

LA RIVIÈRE DE BOUE "DORO NO KAWA"
Comédie dramatique de **Kōhei Oguri**, avec Nobutaka Asahara *(Nobuo)*, Takahiro Tamura *(son père)*, Yumiko Fujita *(sa mère)*, Minoru Sakurai *(Kiichi)*, Mariko Shibata *(sa sœur)*, Mariko Kaga *(leur mère)*, Gannosuke Ashiya *(l'homme au cheval)*, Reiko Hatsune *(la buraliste)*. • SC : Takako Shigemori, d'après le roman de Teru Miyamoto. • PH : Shohei Ando. • MUS : Kuroudo Mori. • MONT : Nobuo Ogawa. Japon, 1981 – 1 h 45.

Dans les années 50, Nobuo est un gamin d'une dizaine d'années, fils des propriétaires d'un petit restaurant au bord d'une rivière boueuse d'Osaka. Il se lie d'amitié avec un garçon de son âge, Kiichi, qui habite avec sa mère et sa sœur sur une péniche. Il fait la connaissance de la mère de son copain mais découvre bientôt qu'elle se prostitue.

◆ *Cette première œuvre d'un jeune cinéaste se situe dans la tradition néoréaliste d'observation attentive de la réalité sociale mais elle rappelle aussi, par son thème juvénile, certains films d'Ozu comme* Gosses de Tokyo. *En compagnie de Kiichi, déjà mûri par sa difficile situation familiale, Nobuo fait l'apprentissage de la vie et connaît des désillusions qui lui font brutalement perdre son innocence. Les images très soignées en noir et blanc renforcent le côté naturaliste et intimiste de cette attachante réussite.* M.MN.

LA RIVIÈRE DE NOS AMOURS "INDIAN FIGHTER"
Western d'**André De Toth**, avec Kirk Douglas, Elsa Martinelli, Walter Matthau. États-Unis, 1955 – Couleurs – 1 h 28.

Vers 1870, Nuage Rouge, chef des Sioux, et Johnny Hawks, un éclaireur, unissent leurs efforts pour ramener la paix compromise par des aventuriers. Les grands espaces et les rivières de l'Ouest.

LA RIVIÈRE ROUGE "RED RIVER"
Western de **Howard Hawks**, avec John Wayne *(Tom Dunson)*, Montgomery Clift *(Matthew Garth)*, Walter Brennan *(Groot)*, Joanne Dru *(Tess)*. • SC : Borden Chase, Charles Schnee. • PH : Russell Harlan. • DÉC : John Datu Arensma. • MUS : Dimitri Tiomkin. • MONT : Christian Nyby. États-Unis, 1948 – 2 h 05.

Tom Dunson a la preuve de la mort de sa fiancée, qu'il a abandonnée dans un convoi, en récupérant son bracelet sur un Indien. Quatorze ans plus tard, il mène son troupeau vers le Nord, secondé par son fils adoptif, Matt. En raison de ses erreurs, Matt et les cow-boys le destituent. Dunson est arrêté dans ses projets de vengeance par Tess, une jeune fille que Matt a sauvée des Indiens. Les deux hommes se réconcilient et le troupeau est vendu à bon prix.

◆ *De tous les westerns de Hawks, c'est celui qui s'ouvre le plus sur l'espace, le paysage, le ciel. C'est en même temps celui où le monde des hommes, très explicitement lié au temps des pionniers, à la conquête des terres, est le plus fermé à la femme : la fiancée de Dunson meurt parce qu'il a refusé de l'emmener dans une aventure trop dangereuse, Tess regrette d'avoir pris au sérieux l'antagonisme des deux hommes et est définitivement rejetée par leur éclat de rire complice.* J.M.

RIVIÈRE SANS RETOUR "RIVER OF NO RETURN"
Western d'**Otto Preminger**, avec Robert Mitchum *(Matt Calder)*, Marilyn Monroe *(Kay)*, Rory Calhoun *(Harry Weston)*, Tommy Rettig *(Mark Calder)*, Murvyn Vye *(Dave Colby)*, Douglas Spencer *(Sam Benson)*, Ed Hinton *(le joueur)*, Don Beddoe *(Ben)*, Will Wright *(le commerçant)*, Arthur Shields *(le pasteur)*. • SC : Frank Fenton, Louis Lantz. • PH : Joseph LaShelle. • DÉC : Lyle Wheeler, Addison Hehr. • MUS : Cyril J. Mockridge. • CHAN : Lionel Newman, Ken Darby, interprétés par Tennessee Ernie Ford (générique) et Marilyn Monroe. • MONT : Louis R. Loeffler. États-Unis, 1954 – Couleurs – 1 h 31.

Canada, 1875. Le fermier Matt Calder a passé plusieurs années en prison pour avoir tué l'homme qui menaçait son meilleur ami. Il retrouve son fils Mark, 10 ans, dans un village de prospecteurs, où une chanteuse de saloon, Kay, l'a recueilli. Matt et l'enfant retournent sur leurs terres, tandis que Kay et son amant Harry Weston descendent en radeau vers Council City afin de prendre possession d'une mine d'or que Harry a gagnée frauduleusement au poker. Matt sauve le couple de la noyade, mais Harry disparaît après lui avoir volé son cheval. C'est alors que les Indiens attaquent. Matt embarque sur le radeau avec Kay et Mark pour tenter la descente de la Rivière sans Retour...

◆ *Cinéaste urbain par excellence, Otto Preminger n'avait aucune affinité particulière avec le western, mais son unique incursion dans le genre n'en est pas moins une réussite. Ce film de commande, destiné à promouvoir le tout nouveau procédé CinémaScope (et les atouts d'une Marilyn Monroe en pleine ascension) remplit scrupuleusement son contrat. La maîtrise du cadre s'impose dès le prégénérique ; les scènes de saloon exploitent avec aisance toutes les ressources de l'écran large, et l'usage de la grue – si chère au cinéaste – y est particulièrement brillant. L'intrigue accumule généreusement les péripéties les plus hétéroclites : franchissements de rapides, tentative de viol, rencontres avec Indiens, fauves et aventuriers, etc., mais les scènes de transition, les nombreuses haltes, sont d'une belle facture, et imprégnées d'une gravité, d'une mélancolie délicate, inattendues dans un tel contexte.* O.E.

RIZ AMER "RISO AMARO"

Drame de **Giuseppe De Santis**, avec Silvana Mangano *(Silvana)*, Vittorio Gassman *(Walter)*, Raf Vallone *(Marco)*, Doris Dowling *(Francesca)*. • SC : Corrado Alvoro, G. De Santis, Carlo Lizzani, Ivo Perilli, Gianni Puccini, Carlo Musso. • PH : Otello Martelli. • DÉC : Carlo Egidi. • MUS : Goffredo Petrassi, Armando Trovajoli. Italie, 1948 – 1 h 36.

Une femme de chambre vole un collier dans un hôtel et s'enfuit avec son amant, Walter. Elle se mêle aux repiqueuses de riz qui partent en un train entier exercer leur rude travail dans le Piémont. Le collier est dérobé par l'une d'elles, Silvana, que Walter décide alors de séduire. S'apercevant que le collier est faux, il la persuade d'inonder les champs à la fin de la saison pour dérober plus commodément la prime des repiqueuses. La police intervient, Silvana se suicide.

◆ *Cette succession d'incidents mélodramatiques fut traitée par De Santis comme un documentaire social réaliste, et par les producteurs avec le désir de « lancer » la beauté de Silvana Mangano. Opération réussie : son apparition dans les rizières et sa danse sont restées célèbres. Le reste a vieilli, mais garde un charme naïf grâce à une photo superbe et à une mise en scène habilement imitée des classiques américains et soviétiques.* G.LD.

ROBERTA "ROBERTA"

Comédie musicale de **William A. Seiter**, d'après la pièce d'Otto Harbach et le livre d'Alice Duer Miller, avec Irene Dunne, Fred Astaire, Ginger Rogers, Randolph Scott. États-Unis, 1935 – 1 h 45.

Un orchestre américain arrive en France, mais ses musiciens ne sont pas les Indiens attendus. Grâce à la couturière Roberta, ce sera pourtant le triomphe.

ROBERTE

Essai de **Pierre Zucca**, avec Pierre Klossowski, Denise Morin-Sinclaire. France, 1978 – Couleurs – 1 h 10.

Épouse d'Octave, un grand bourgeois, Roberte se plie à toutes ses volontés : s'offrir aux amis de passage et représenter des tableaux vivants qu'Octave contemple à loisir. Une recherche sur les formes et la peinture.

ROBERT ET ROBERT

Comédie de **Claude Lelouch**, avec Charles Denner, Jacques Villeret, Jean-Claude Brialy, Francis Perrin. France, 1978 – Couleurs – 1 h 45.

Un chauffeur de taxi et un apprenti gardien de la paix, aussi timides l'un que l'autre, se retrouvent dans une agence matrimoniale pour y dénicher la femme de leurs rêves. Ils décident de s'associer.

ROBIN DES BOIS "ROBIN HOOD"

Film d'aventures d'**Allan Dwan et Douglas Fairbanks**, avec Douglas Fairbanks *(Robin)*, Wallace Beery *(Richard)*, Sam de Grasse *(Jean)*, Enid Bennett *(Marianne)*. • SC : Lotta Woods, Elton Thomas. • PH : Arthur Edeson. • DÉC : W. Buckland. États-Unis, 1922 – 3 500 m (env. 2 h 09).

Le roi Richard Cœur de Lion est trahi par son frère Jean sans Terre, pendant qu'il part aux croisades. Jean fait régner la terreur et l'iniquité en Angleterre. Sous le nom de Robin des Bois, un noble fidèle à Richard prend la défense des opprimés et prépare le retour triomphal du roi.

◆ *Si Fairbanks ne signe jamais la mise en scène de ses films, il en est toujours le véritable créateur (et producteur). Ce film-ci, très célèbre, n'est pourtant pas son meilleur car il est trop long et d'un rythme inégal. Il contient cependant quelques belles séquences : le tournoi dans le décor écrasant du château, où la foule au bas de l'écran semble une fourmilière ; Marianne traçant sur un mur la silhouette de l'être aimé et l'embrassant ; les milliers de compagnons de Robin surgissant des grottes de la forêt ; Robin se laissant glisser le long d'un gigantesque rideau pour échapper à ses poursuivants.* S.K.

▷ Parmi les autres aventures du héros : LES AVENTURES DE ROBIN DES BOIS, LA REVANCHE DES GUEUX, LA ROSE ET LA FLÈCHE (Voir ces titres).

ROBIN DES BOIS ET SES JOYEUX COMPAGNONS
"THE STORY OF ROBIN HOOD AND HIS MERRIE MEN"
de **Ken Annakin**, avec Richard Todd, Joan Rice, Peter Finch. Grande-Bretagne, 1952 – Couleurs – 1 h 24.

ROBIN DES BOIS, DON JUAN
"THE SON OF ROBIN HOOD"
de **George Sherman**, avec Al Hedison, June Laverick, David Farrar. Grande-Bretagne, 1958 – Couleurs – 1 h 21.

LA FLÈCHE NOIRE DE ROBIN DES BOIS
"CAPITAN FUOCO"
de **Carlo Campogalliani**, avec Lex Barker, Anna Maria Ferrero, Massimo Serato. Italie, 1959 – Couleurs – 1 h 33.

ROBIN DES BOIS ET LES PIRATES
"ROBIN HOOD E I PIRATI"
de **Giorgio Simonelli**, avec Lex Barker, Jackie Lane, Rossana Rory. Italie, 1961 – Couleurs – 1 h 21.

ROBIN DES BOIS LE MAGNIFIQUE
"IL MAGNIFICO ROBIN HOOD"
de **Roberto B. Montero**, avec George Martin, Sheyla Rosin, Frank Brana. Italie / Espagne, 1970 – Couleurs – 1 h 30.

ROBIN DES BOIS "ROBIN HOOD"
dessin animé de **Wolfgang Reitherman**, produit par les studios Walt Disney. États-Unis, 1973 – Couleurs – 1 h 23.

ROBIN DES BOIS "ROBIN HOOD"
de John Irvin, avec Patrick Bergin, Uma Thurman, Jurgen Prochnow. États-Unis, 1990 – Couleurs – 1 h 45.

ROBIN, FLÈCHE ET KARATÉ
"ROBIN HOOD, FRECCE, FAGIOLI E KARATE"
de **Tonino Ricci**, avec Alan Steel, Ria de Simone, Victoria Abril. Italie, 1980 – Couleurs – 1 h 25.

ROBIN DES BOIS, PRINCE DES VOLEURS
"ROBIN HOOD : PRINCE OF THIEVES"
Film d'aventures historiques de **Kevin Reynolds**, avec Kevin Costner *(Robin des bois)*, Morgan Freeman *(Azeem)*, Mary Elizabeth Mastrantonio *(Marianne)*, Christian Slater *(Will Scarlett)*, Alan Rickman *(le shérif de Nottingham)*, Michael McShane *(frère Tuck)*. • SC : Pen Densham, John Watson. • PH : Doug Milsome. • DÉC : John Graysmark. • MUS : Michael Kamen. • MONT : Peter Boyle. États-Unis, 1991 – Couleurs – 2 h 20.

Robin de Locksley revient dans son pays, l'Angleterre, après avoir guerroyé en Terre sainte. Il a sauvé Azeem, un musulman qui est devenu son compagnon d'armes et son ami. À eux deux, ils vont triompher des félons qui ont profité de l'absence du bon roi Richard Cœur de Lion pour rançonner la population. Ils deviennent hors-la-loi et pratiquent la redistribution des biens de manière illégale, fantaisiste, mais honnête et juste.

◆ *C'est une des versions, assurément originale, de la légende de Robin des Bois qui nous est ici proposée. Elle est dynamique, excitante et joliment folklorique, dans la tradition des meilleurs romans et films d'action. S'y ajoute un piment non négligeable : l'humour.* G.S.

LES ROBINSONS DES MERS DU SUD
"SWISS FAMILY ROBINSON"
Film d'aventures de **Ken Annakin**, d'après le roman de Daniel Defoe Robinson Crusoe, avec John Mills, Dorothy McGuire, Sessue Hayakawa. États-Unis, 1960 – Couleurs – 2 h 06.

À l'époque napoléonienne, un couple et ses trois enfants sont jetés par la tempête sur une île qu'ils croient déserte, en fait occupée par des pirates... Une production Walt Disney typique.

▷ Parmi les autres adaptations du roman de Daniel Defoe : ROBINSON CRUSOÉ, de **Georges Méliès**. France, 1902 – env. 300 m (11 mn). MR ROBINSON CRUSOE, d'**Edward Sutherland**, avec Douglas Fairbanks, William Farnum, Earle Browne, Maria Alba. États-Unis, 1932 – 1 h 16. ATOLL K, de **Léo Joannon**, avec Stan Laurel, Oliver Hardy, Suzy Delair. France, 1951 – 1 h 33. ROBINSON CRUSOÉ, de **Jeff Musso**, avec Georges Marchal. France / Italie, 1951 – env. 1 h 30. ROBINSON CRUSOÉ SUR MARS "ROBINSON CRUSOE ON MARS", de **Byron Haskin**, avec Paul Mantee, Adam West, Vic Lundin. États-Unis, 1964 – Couleurs – 1 h 49. MAN FRIDAY, de **Jack Gold**, avec Peter O'Toole, Richard Roundtree. Grande-Bretagne, 1975 – Couleurs – 1 h 55.

ROBOCOP "ROBOCOP"
Film fantastique de **Paul Verhoeven**, avec Peter Weller, Nancy Allen, Ronny Cox, Daniel O'Herlihy. États-Unis, 1987 – Couleurs – 1 h 42.

Afin de pallier la recrudescence criminelle, un super-policier électronique est lancé aux trousses des malfrats. Un mélange détonant et fort réussi d'action pure et de peinture décapante de la société américaine.

ROCAMBOLE
Film d'aventures en deux parties de **Jacques de Baroncelli**, d'après le roman de Ponson du Terrail, avec Pierre Brasseur, Sophie Desmarets, Lucien Nat, Robert Arnoux. France, 1948 – 1 h 45 *(Rocambole)* et 1 h 35 *(la Revanche de Baccarat)*.

L'assassin d'un comte qui a laissé sa fortune à un fils disparu depuis longtemps engage Rocambole, un jeune aventurier qui se fait passer pour l'héritier. Mais une rivale qui tente de les faire échouer oblige Rocambole à commettre quelques meurtres...

▷ Autres versions réalisées par : **Georges Denola**, avec Gaston Silvestre, Jean Ayme, Jean Hervé, Louis Blanche. France, 1914 – env. 300 m par épisode. **Gabriel Rosca**, avec Rolla Norman, Jim Gérald, Gil Clary, Max Maxudian, Léda Ginelly. France, 1932 – 1 h 31. **Bernard Borderie**, avec Channing Pollock, Nadia Gray, Hedy Vessel, Alberto Lupo. Italie / France, 1963 – Couleurs – 1 h 30.

ROCCO ET SES FRÈRES "ROCCO E I SUOI FRATELLI"
Drame de **Luchino Visconti**, avec Alain Delon *(Rocco)*, Renato Salvatori *(Simone)*, Annie Girardot *(Nadia)*, Claudia Cardinale *(la cousine)*, Roger Hanin *(l'entraîneur)*, Max Carier *(Ciro)*, Katina Paxinou *(la mère)*. • SC : L. Visconti, Suso Cecchi D'Amico, Vasco Pratolini, Pasquale Festa-Campanile, Massimo Franciosa, Enrico Medioli, d'après le roman de Giovanni Testori. • PH : Giuseppe Rotunno. • DÉC : Mario Garbuglia. • MUS : Nino Rota. • MONT : Mario Serandrei. Italie / France, 1960 – 2 h 45 (en Italie, 3 h 10).

Une famille du sud de l'Italie est contrainte par la misère d'émigrer dans le Nord pour y trouver du travail. Simone réussit à devenir boxeur professionnel mais sera laminé par ce milieu malsain. Rocco s'essaie à différents métiers avant d'être poussé à faire de la boxe, sport qu'il déteste mais où il devient un champion. Tous deux aiment la même femme, Nadia, une prostituée. Rocco rompra avec elle, se sentant responsable de la déchéance de son frère, mais celui-ci la tuera.

◆ *Visconti concevait ce film comme la suite de* La terre tremble, *montrant la désagrégation d'une famille méridionale, qui aurait pu figurer dans le film précédent, au contact d'une métropole industrielle. Il s'y inspire de plusieurs récits mythiques et romanesques, principalement des* Frères Karamazov *de Dostoïevski. Plus qu'une tragédie où tous les éléments déterminent un dénouement fatal, le film est un mélodrame qui indique que tout aurait pu être différent sans d'injustes lois sociales qu'il faudra changer, et qui participe avec un amour de tous les instants au destin de chacun des protagonistes, nous faisant pleurer de mêmes larmes de compréhensive impuissance sur la dépravation de Simone et sur la beauté désenchantée de Rocco. Le répertoire intégral des sentiments humains y est magistralement orchestré, du sublime au dérisoire.* *S.K.*

ROCK AND ROLL "Rock Around the Clock"
Comédie musicale de **Fred F. Sears**, avec Johnny Johnston, Alix Talton, Lisa Gaye, John Archer. États-Unis, 1956 – 1 h 17.

Long métrage illustrant la vogue que connut le rock and roll vers 1956. Bill Haley et ses « Comets », les Platters, Tony Martinez et son orchestre font des apparitions remarquées.

LE ROCK DU BAGNE "Jailhouse Rock"
Comédie dramatique de **Richard Thorpe**, avec Elvis Presley, Judy Tyler, Vaughn Taylor. États-Unis, 1957 – 1 h 36.

Au cours d'une bagarre, Vince tue accidentellement son adversaire. En prison, il apprend à jouer de la guitare et à sa libération devient un chanteur en vogue. Un film destiné à mettre en valeur Elvis au sommet de sa gloire.

ROCKERS "Rockers"
Comédie dramatique de **Theodoros Bafaloukos**, avec Leroy Wallace, Richard Hall, Monica Craig, Marjorie Norman, Jacob Miller. Jamaïque / États-Unis, 1978 – Couleurs – 1 h 40.

Pour échapper à sa condition, un batteur de reggae se lance dans la distribution de disques à travers l'île. Lorsque la maffia locale s'en prend à lui, il la combat avec ses amis rasta.

ROCK'N' TORAH (LE PRÉFÉRÉ)
Comédie de **Marc-André Grynbaum**, avec Christian Clavier, Charles Denner, Rosy Varte. France, 1982 – Couleurs – 1 h 37.

Un jeune juif du Sentier décide de monter un opéra rock biblique.

ROCKY "Rocky"
Comédie dramatique de **John G. Avildsen**, avec Sylvester Stallone, Talia Shire, Burt Young. États-Unis, 1976 – Couleurs – 2 h. ★ **Oscar du Meilleur film 1976.**

Rocky vit dans un quartier pauvre et fait de la boxe en amateur. Il est un jour choisi pour boxer contre un champion.

ROCKY II, LA REVANCHE "Rocky II"
Comédie dramatique de **Sylvester Stallone**, avec Sylvester Stallone, Talia Shire, Burt Young, Carl Weathers. États-Unis, 1979 – Couleurs – 1 h 53.

Un champion de boxe a une revanche à prendre sur son adversaire d'hier qui l'a battu lors d'un combat mémorable. Mais il risque de devenir aveugle s'il reprend les gants...

ROCKY IV "Rocky IV"
Comédie dramatique de **Sylvester Stallone**, avec Sylvester Stallone, Talia Shire, Dolph Lundgren, Carl Weathers. États-Unis, 1985 – Couleurs – 1 h 31.

Pour venger son vieil ami et ancien adversaire, littéralement massacré par un affreux boxeur soviétique, Rocky accepte un combat en Russie : il sera dur, mais rétablira l'équilibre.

THE ROCKY HORROR PICTURE SHOW
"The Rocky Horror Picture Show"
Film fantastique de **Jim Sharman**, avec Tim Curry, Susan Sarandon, Barry Botswick, Richard O'Brien, Jonathan Adams, Nell Campbell. Grande-Bretagne / Australie, 1975 – Couleurs – 1 h 41.

Un couple débarque dans une assemblée mystérieuse et vit dans un univers délirant toute une série d'aventures « frankensteino-musicales ». Un film culte.

LE RÔDEUR "The Prowler"
Film policier de **Joseph Losey**, avec Van Heflin, Evelyn Keyes. États-Unis, 1951 – 1 h 32.

Un policier machiavélique a tué un homme et tente d'en faire autant avec sa femme pour s'approprier leur fortune.

▷ Autre version réalisée par **Marc-Gilbert Sauvajon**, avec Maurice Chevalier, Annie Ducaux, Alfred Adam, Sophie Desmarets. France, 1949 – 1 h 35.

LES RÔDEURS DE LA PLAINE "Flaming Star"
Western de **Don Siegel**, avec Elvis Presley, Dolores Del Rio, John McIntyre. États-Unis, 1960 – Couleurs – 1 h 30.

Une famille de fermiers moitié blancs, moitié indiens, est victime du conflit qui oppose les Blancs aux Indiens Kiowa. Un western insolite prônant la fraternité des races, avec Elvis Presley en prime.

ROGER ET MOI "Roger and Me"
Documentaire humoristique de **Michael Moore**. États-Unis, 1990 – Couleurs – 16 mm, 1 h 31.

Roger est le P.-D.G. de General Motors et « moi », le journaliste-cinéaste qui a fait le film. La démarche de Michael Moore consiste à essayer de rencontrer cet inaccessible patron, responsable de la destruction économique de la ville de Flint, ancienne capitale de l'automobile (35 000 licenciés, dont les parents du cinéaste). Moore mène son enquête avec méthode et humour. Derrière le sarcasme, le pamphlet. Une réussite totale dans un genre formidablement original.

ROGER LA HONTE
Comédie dramatique d'**André Cayatte**, d'après le roman de Jules Mary, avec Lucien Coëdel, Paul Bernard, Maria Casarès, Louis Salou, Rellys. France, 1946 – 1 h 35.

En 1885, un industriel, victime d'une machination, est accusé d'un crime qu'il n'a pas commis. Il parvient à s'évader et part à la recherche du vrai coupable.

▷ Le film comporte une suite réalisée par le même cinéaste, intitulée LA REVANCHE DE ROGER LA HONTE, avec les mêmes comédiens. France, 1946 – 1 h 30.

▷ Autres versions réalisées par : **Jacques de Baroncelli**, avec Gabriel Signoret, Rita Jolivet, Maugin, Louise Sylvie, Roger Monteaux. France, 1922 – 2 800 m en deux époques (env. 1 h 44). **Gaston Roudès**, avec Constant Rémy, Germaine Rouer, Samson Fainsilber, Marcelle Monthil, Paul Escoffier. France, 1932 – 1 h 35. **Ricardo Freda**, avec Georges Géret, Irène Papas, Jean-Pierre Marielle, Jean Topart, Anne Vernon. France/Italie, 1966 – Couleurs – 1 h 45.

LE ROI
Comédie de **Pierre Colombier**, avec Victor Francen, Gaby Morlay, Raimu, Elvire Popesco, Frédéric Duvallès, André Lefaur. France, 1936 – 1 h 53.

Un roi en visite à Paris gagne les faveurs de la femme d'un industriel chez qui il est reçu. Ce dernier ferme les yeux...

ROI, DAME, VALET "König, Dame, Bube / Herzbube"
Comédie de **Jerzy Skolimowski**, d'après le roman de Vladimir Nabokov, avec Gina Lollobrigida, David Niven, John Moulder-Brown. R.F.A. / États-Unis, 1972 – Couleurs – 1 h 30.

Adolescent myope et orphelin, Franck Dreyer est recueilli par son oncle. Il se fait déniaiser par sa tante qui projette de supprimer son époux. Gina Lollobrigida termine sa carrière en beauté.

LE ROI DAVID "King David"
Péplum de **Bruce Beresford**, avec Richard Gere, Edward Woodward, Alice Krige, Denis Quilley, Niall Buggy, Cherie Lunghi. États-Unis, 1985 – Couleurs – 1 h 53.

Vers l'an 1030 avant notre ère, David, fils de berger, est nommé roi par le grand prêtre d'Israël.

LE ROI DE CŒUR
Drame de **Philippe de Broca**, avec Alan Bates, Geneviève Bujold, Jean-Claude Brialy, Micheline Presle. France, 1966 – Couleurs – 1 h 35.

Durant la Première Guerre mondiale, un soldat anglais en mission dans le nord de la France trouve refuge dans un asile d'aliénés.

LE ROI DE LA BIÈRE "What ! No Beer ?"
Film burlesque d'**Edward Sedgwick**, avec Buster Keaton, Jimmy Durante, Rosco Ates, Phyllis Barry, John Miljan. États-Unis, 1933 – 1 h 05.

Un coiffeur veut être le premier à vendre de la bière à nouveau autorisée, mais arrive trop tôt et doit rivaliser avec des gangsters.

LE ROI DE L'ARÈNE "The Kid from Spain"
Comédie de **Leo McCarey**, avec Eddie Cantor, Lyda Roberti, Robert Young, Ruth Hall, John Miljan, Noah Beery, J. Carrol Naish, Stanley Fields, Betty Grable. États-Unis, 1932 – 1 h 30.

Un nigaud est pris pour un célèbre toréador. Un film qui connut un gros succès et qui marque le véritable début de la carrière de son auteur.

LE ROI DES AULNES
Drame de **Volker Schlöndorff**, d'après le roman de Michel Tournier, avec John Malkovich, Armin Mueller-Stahl, Gottfried John. France / Allemagne / Grande-Bretagne, 1996 - Couleurs - 1 h 58.

Abel aime les enfants, qui lui rappellent l'enfant meurtri qu'il a été lui-même. Cela lui vaudra bien des déboires. Accusé injustement du viol d'une petite fille, il sera chargé, la guerre venue, de former de jeunes Aryens pour en faire de bons SS, mais il parviendra quand même à sauver un enfant juif…

LE ROI DES BRICOLEURS

Comédie de **Jean-Pierre Mocky**, avec Michel Serrault, Sim, Pierre Bolo, Paulette Frantz, Michel Francini. France, 1977 – Couleurs – 1 h 20.

Pour vendre leur maison à un ministre, les Goumic font appel à Bourdin, un entrepreneur douteux.

LE ROI DES CHAMPS-ÉLYSÉES

Comédie de **Max Nosseck**, avec Buster Keaton, Jim Gérald, Madeleine Guitty, Paulette Dubost. France, 1934 – 1 h 10.

Un timide distributeur de prospectus devient, après toute une série de péripéties, comédien puis chef d'une bande de gangsters.

LE ROI DES CONS

Comédie satirique de **Claude Confortès**, d'après la B.D. de Wolinski, avec Francis Perrin, Marie-Christine Descouard, Bernadette Lafont. France, 1980 – Couleurs – 1 h 35.

Un manutentionnaire perd sa place. Il court alors de métier en métier et de femme en femme.

LE ROI DES GUEUX "If I Were King"

Biographie de **Frank Lloyd**, avec Ronald Colman, Basil Rathbone, Frances Dee, Ellen Drew, Heather Thatcher. États-Unis, 1938 – 1 h 41.

Dans la France du XIVe siècle, la vie aventureuse et l'éblouisssante carrière de François Villon, premier poète lyrique.

LE ROI DES IMPOSTEURS "The Great Impostor"

Comédie de **Robert Mulligan**, d'après le roman de Robert Crichton, avec Tony Curtis, Edmond O'Brien, Arthur O'Connell. États-Unis, 1960 – 1 h 52.

Tony Curtis se déchaîne dans le personnage d'un imposteur aux multiples visages. Inspiré d'une histoire vraie.

LE ROI DES RESQUILLEURS

Comédie de **Pierre Colombier**, avec Georges Milton, Pierre Nay, Hélène Perdrière. France, 1930 – env. 1 h 30.

Le premier film de la série des aventures de Bouboule, qui ici assiste à des représentations sportives avant de devenir, par amour, joueur de rugby.

▷ Autre version réalisée par **Jean Devaivre**, avec Rellys, Jean Tissier, Suzanne Dehelly, André Gabriello. France, 1945 – 1 h 40.

LE ROI DES ROIS "The King of Kings"

Film historique de **Cecil B. De Mille**, avec H.B. Warner *(Jésus)*, Dorothy Cumming *(Marie)*, Ernest Torrence *(Pierre)*, Joseph Schildkraut *(Judas)*, Joseph Striker, Jacqueline Logan. • SC : Jeanie Macpherson, d'après les Évangiles. • PH : Peverell Marley. • MUS : Hugh Mesenfels. • MONT : Anne Bauchens, Harold McLernon. États-Unis, 1927 – env. 3 100 m (1 h 55).

La vie de Jésus racontée jusqu'à la crucifixion et la résurrection.

◆ *Les premières « Passions » cinématographiques datent de 1897. La dernière en date, celle de Scorsese, provoque en 1988 des polémiques plus que virulentes. C'est dire que l'adaptation des Évangiles à l'écran est étroitement liée à l'histoire et à l'évolution du cinéma.* Le Roi des Rois *n'est en 1927 qu'une nouvelle version d'un thème déjà classique. Cecil B. De Mille le traite en s'appuyant sur deux bases : le respect et le spectaculaire. Son film est sincère, sentencieux, voire emphatique. Mais De Mille est aussi le maître des superproductions et il le rappelle avec la scène du tremblement de terre. Cela n'empêche d'ailleurs pas des recherches esthétiques (certains plans évoquent les grands peintres comme Rubens) ou techniques (l'emploi de la caméra subjective pour la séquence de l'aveugle). Warner est un acteur inspiré, dont le visage reflète une grande paix intérieure.* *L.A.*

LE ROI DES ROIS "King of Kings"

Film historique de **Nicholas Ray**, avec Jeffrey Hunter, Siobhan McKenna, Robert Ryan, Carmen Sevilla, Viveca Lindfors, Frank Thring. États-Unis, 1961 – Couleurs – 2 h 45.

La vie du Christ telle que la rapportent les Évangiles. Des trouvailles de mise en scène renouvellent des situations connues.

LE ROI DES ROSES "Der Rosenkönig"

Drame de **Werner Schroeter**, avec Magdalena Montezuma, Antonio Orlando, Moesta Djadjam. Allemagne / Portugal, 1990 (RÉ : 1984) – Couleurs – 1 h 40.

Une histoire de passion, de folie et de mort jalonnée de somptueuses images baroques.

LE ROI DES SINGES "Danao tiangong"

Film d'animation de **Wan Lai Ming**. Chine populaire, 1961-1965 – Couleurs – 1 h 54.

Intelligent, rusé, facétieux et doté de pouvoirs magiques, le roi des singes sème le désordre dans l'empire céleste. Un des chefs-d'œuvres du cinéma d'animation mondial, interdit pendant plus de dix ans dans son pays.

LE ROI DU CIRQUE
"DER ZIRKUSKÖNIG/CLOWN AUS LIEBE"
Film burlesque d'**Edouard-Emile Violet**, avec Max Linder, Vilma Banky, Julius von Szoreghy. Autriche, 1925 – 1 700 m (1 h 03).

Un jeune comte paresseux aime une belle foraine. Pour l'épouser, il se lance dans divers exercices et devient roi du cirque.

LE ROI DU RACKET "THE NAKED STREET"
Film policier de **Maxwell Shane**, avec Farley Granger, Anthony Quinn, Anne Bancroft, Peter Graves. États-Unis, 1955 – 1 h 24.

Rififi à New York pour le roi du racket dont la sœur attend un enfant d'un condamné à mort. Peinture violente des gangsters.

LE ROI DU TABAC "BRIGHT LEAF"
Drame psychologique de **Michael Curtiz**, avec Gary Cooper, Lauren Bacall, Patricia Neal, Jack Carson. États-Unis, 1950 – 1 h 50.

À la fin du siècle dernier, repoussé par la femme qu'il aime, un homme lance une machine à cigarettes qui fait sa fortune.

LE ROI ET MOI "THE KING AND I"
Comédie musicale de **Walter Lang**, d'après la pièce de Richard Rodgers et Oscar Hammerstein, inspirée du roman de Margaret Landon *Anna et le roi de Siam*, avec Deborah Kerr, Yul Brynner, Rita Moreno. États-Unis, 1956 – Couleurs – 2 h 13.

Une jeune veuve anglaise est chargée de l'éducation des femmes et des enfants du roi de Siam. Elle se heurte au rude souverain mais, peu à peu, tombe amoureuse de lui.
▷ Voir aussi ANNA ET LE ROI DE SIAM.

LE ROI ET QUATRE REINES
"THE KING AND FOUR QUEENS"
Film d'aventures de **Raoul Walsh**, d'après une nouvelle de Margaret Fitts, avec Clark Gable, Eleanor Parker, Jo Van Fleet, Barbara Nichols, Jean Wiles, Sara Shane. États-Unis, 1957 – Couleurs – 1 h 26.

Un aventurier arrive dans un ranch où vivent quatre veuves et leur belle-mère qui refuse de leur dire où se trouve le trésor réuni par leurs époux.

LE ROI LEAR "KING LEAR"
Drame de **Peter Brook**, d'après la tragédie de Shakespeare, avec Paul Scofield, Alan Webb, Tom Fleming, Irene Worth. Grande-Bretagne, 1971 (RÉ : 1969) – 2 h 15.

Devenu vieux, le roi Lear partage son royaume, amorçant ainsi un processus tragique.

LE ROI LEAR "KOROL' LIR"
Drame de **Grigori Kozintsev**, avec Youri Yarvet *(le roi Lear)*, Elza Radzine *(Goneril)*, Galina Voltchek *(Regan)*, Valentina Chendrikova *(Cordelia)*, Karl Sebris *(le comte de Gloucester)*, Vladimir Emclianov *(le comte de Kent)*, Oleg Dal *(le fou)*, Donatas Banionis *(le duc d'Albany)*, Alexandre Vakatch *(le duc de Cornouailles)*, Youozas Boudraitis *(le roi de France)*. • SC : G. Kozintsev, Boris Pasternak, d'après la tragédie de Shakespeare. • PH : Ionas Gricious. • DÉC : Evgveni Enei. • MUS : Dimitri Chostakovitch. U.R.S.S. (Russie), 1971 – 2 h 20.

Le roi Lear décide de partager son royaume entre ses trois filles. Les deux aînées, Regan et Goneril, le flattent et l'abusent, alors que la cadette, Cordelia, reste plus réservée, à cause de la douleur que lui cause cette perspective. Lear maudit Cordelia et la chasse. Il s'en repent bien vite, car ses deux aînées n'ont alors qu'une hâte : se débarrasser de leur vieux père. Lear sombre dans une folie intermittente et s'en va dans la lande. Il retrouve Cordelia, qui lui pardonne tout. Mais il est trop tard pour réparer l'erreur commise par ce père trop aimant.

◆ *Le réalisateur russe, contrairement à Peter Brook (Voir ci-dessus), a choisi le parti pris du réalisme pittoresque, en cherchant à reconstituer un Moyen Âge particulièrement sombre, parcouru de tensions exacerbées.* D.C.

LE ROI LION "THE LION KING"
Dessin animé de **Roger Allers** et **Rob Minkoff pour les studios Walt Disney**. États-Unis, 1994 – Couleurs – 1 h 30.

Le roi Mufasa meurt à la suite des machinations de son frère, Scar, qui veut monter sur le trône. L'héritier légitime, le lionceau Simba, persuadé, à tort, d'avoir une responsabilité dans la mort de son père, quitte la harde. Mais il sera bientôt de retour.

LES ROIS DU GAG
Comédie de **Claude Zidi**, avec Michel Serrault, Gérard Jugnot, Thierry Lhermitte. France, 1985 – Couleurs – 1 h 38.

Deux petits acteurs comiques sont embauchés pour écrire les gags d'une vedette de la télévision.

LES ROIS DU SPORT
Comédie de **Pierre Colombier**, avec Raimu, Fernandel, Lisette Lanvin, Jules Berry, Julien Carette, Nita Raya. France, 1937 – 1 h 42.

Un garçon de café, gardien de but de l'équipe de football de Marseille, devient champion automobile puis boxeur, avant de retourner à ses occupations et de se marier.

ROLAND, PRINCE VAILLANT
"ORLANDO E I PALADINI DI FRANCIA"
Film d'aventures de **Pietro Francisci**, avec Rik Battaglia, Rosanna Schiaffino, Lorella De Luca, Fabrizio Mioni. Italie, 1957 – Couleurs – 1 h 39.

Sous Charlemagne, aventures galantes et guerrières, inspirées du poème de l'Arioste, *Roland furieux*.

LE RÔLE "BHUMIKA"
Comédie dramatique de **Shyam Benegal**, d'après l'œuvre d'Hansa Wadkar, avec Smita Patil, Amol Palekar, Anant Nag, Naseerruddin Shah, Amrish Puri. Inde, 1977 – Couleurs – 2 h 22.

Dans les années 30, une jeune femme devient vedette de cinéma grâce à l'amant de sa mère qu'elle finit par épouser et avec qui elle a une fille, avant de décider d'affronter seule l'avenir.

ROLLERBALL "ROLLERBALL"
Film de science-fiction de **Norman Jewison**, avec James Caan, John Houseman, Maud Adams, John Beck, Moses Gunn. États-Unis, 1975 – Couleurs – 2 h.

En 2018, le monde est dirigé par les Grands Consortiums dont les chefs exercent un pouvoir absolu. Pour « anesthésier » les masses, ils ont mis au point un jeu meurtrier, « le Rollerball ».

ROLLING STONES "LET'S SPEND THE NIGHT TOGETHER"
Documentaire musical de **Hal Ashby**, avec Les Rolling Stones. États-Unis, 1982 – Couleurs – 1 h 34.

Les Stones en tournée aux États-Unis : un regard anachronique sur un des plus grands groupes de l'histoire du rock'n'roll.

LA ROLLS ROYCE JAUNE "THE YELLOW ROLLS ROYCE"
Comédie d'**Anthony Asquith**, avec Rex Harrison, Jeanne Moreau, Edmund Purdom, Shirley MacLaine, George C. Scott, Alain Delon, Ingrid Bergman, Omar Sharif, Moira Lister. Grande-Bretagne, 1964 – Couleurs – 2 h 02.

L'histoire d'une splendide voiture et du destin de ses propriétaires successifs, prétexte à diverses histoires comiques et élégantes.

ROMANCE AMÉRICAINE "AN AMERICAN ROMANCE"
Drame de **King Vidor**, avec Brian Donlevy, Ann Richards, Walter Abel. États-Unis, 1944 – Couleurs – 2 h 02 (initialement 2 h 31).

La vie d'un immigré qui devient un grand patron de l'industrie.

ROMANCE À TROIS
Comédie de **Roger Richebé**, d'après la pièce de Denys Amiel *Trois et Une*, avec Fernand Gravey, Simone Renant, Bernard Blier, Michel Marsay, Denise Grey. France, 1942 – 1 h 38.

Trois frères nés de trois mariages tombent amoureux d'une jolie jeune femme. Aucun ne parvient à la séduire.

ROMANCE CRUELLE "JESTOKI ROMANS"
Drame d'**Eldar Riazanov**, d'après le roman d'Alexande Ostrovsky *la Fille sans dot*, avec Larissa Gouzeeva, Nikita Mikhalkov, Alissa Freindlik, Andrei Miagkov. U.R.S.S. (Russie), 1984 – Couleurs – 2 h 20.

Une veuve tente de marier sa fille cadette. Courtisée par un employé sans fortune, celle-ci lui préfère un bourgeois qui abuse d'elle et la rejette. Fou de jalousie, son premier soupirant la tue.

ROMANCE DU FRONT "VOJENNO POLEVOJ ROMAN"
Comédie dramatique de **Piotr Todorovski**, avec Nikolai Bourliaev, Natalia Andreïtchenko, Inna Tchourikova. U.R.S.S. (Ukraine), 1983 – Couleurs – 1 h 30.

En 1944, sur le front, un jeune soldat tombe amoureux de l'amie de son commandant. Plus tard, marié, il la retrouve et l'aide à sortir de la misère.

ROMANCE INACHEVÉE "THE GLENN MILLER STORY"
Comédie musicale d'**Anthony Mann**, avec James Stewart, June Allyson, Charles Drake, Louis Armstrong, Gene Krupa, Henry Morgan. États-Unis, 1954 – Couleurs – 1 h 56.

Des années 20 à 1944, la vie de Glenn Miller, qui disparut en vol au-dessus de la Manche. À ses côtés, de grands jazzmen.

ROMANCES ET CONFIDENCES
"ROMANZO POPOLARE"
Comédie de **Mario Monicelli**, avec Ugo Tognazzi, Ornella Muti, Michele Placido. Italie, 1977 – Couleurs – 1 h 45.

Un contremaître quinquagénaire défend un des ouvriers contre le témoignage d'un jeune policier, qui devient l'amant de sa femme.

LE ROMAN COMIQUE DE CHARLOT ET LOLOTTE "TILLIE'S PUNCTURED ROMANCE"
Film burlesque de **Mack Sennett**, avec Charlie Chaplin, Marie Dressler, Mabel Normand, Mack Swain. États-Unis, 1914 – env. 1 620 m (1 h).

Une jeune bonne de la campagne s'amourache d'un escroc qui lui vole tout son argent, mais elle se vengera. (Voir CHARLOT).

LE ROMAN D'AL JOLSON "THE JOLSON STORY"
Biographie d'**Alfred E. Green**, avec Larry Parks, Evelyn Keyes, William Demarest, Bill Goodwin, Ludwig Donath, Tamara Shayne. États-Unis, 1946 – Couleurs – 1 h 35.

Un jeune chanteur de jazz travesti en Noir connaît rapidement le succès sous le nom d'Al Jolson. Appelé par Hollywood pour tourner le premier film chantant de l'histoire du cinéma (Voir LE CHANTEUR DE JAZZ), il épouse une femme qui lui fera quelque temps abandonner les planches.

▷ Voir aussi JE CHANTE POUR VOUS.

LE ROMAN D'ELVIS "ELVIS THE MOVIE"

Biographie romancée de **John Carpenter**, avec Kurt Russell, Shelley Winters, Pat Hingle. États-Unis, 1979 – Couleurs – 1 h 50.

La vie romancée du célèbre chanteur de rock'n'roll : ses débuts en 1954, à Memphis, sa vie privée, ses succès, sa légende.

LE ROMAN DE MARGUERITE GAUTIER
"CAMILLE"

Mélodrame de **George Cukor**, avec Greta Garbo *(Marguerite Gautier)*, Robert Taylor *(Armand Duval)*, Lionel Barrymore *(M. Duval père)*, Henry Daniell *(le baron de Varville)*, Elizabeth Allan *(Nichette)*, Lenore Ulric *(Olympe)*. • SC : Zoe Akins, Frances Marion, James Hilton, d'après le roman d'Alexandre Dumas fils *la Dame aux camélias*. • PH : William Daniels. • DÉC : Cedric Gibbons, Fred Hope, Edwin B. Willis. • MUS : Herbert Stothart. • MONT : Margaret Booth. États-Unis, 1936 – 1 h 48.

En France au XIXe siècle, Armand Duval, jeune homme de bonne famille, s'éprend de Marguerite Gautier, demi-mondaine richement entretenue. Toute à son amour pour Armand, Marguerite délaisse ses soupirants et, pour subvenir à ses besoins dispendieux, vend ses bijoux et ses biens. Le père d'Armand intervient auprès de la jeune femme qui, pour ne pas compromettre l'avenir de son jeune amant, s'éloigne de lui. Elle meurt quelque temps plus tard, dans les bras de son grand amour.

◆ *La version la plus célèbre du roman. Le luxe et la richesse des costumes et des décors, l'élégance de la réalisation de George Cukor, l'éblouissante interprétation de Greta Garbo dans son rôle le plus célèbre font du film un pur joyau sorti des usines à rêve de la M.G.M.* *J.-C.S.*

LE ROMAN DE MILDRED PIERCE
"MILDRED PIERCE"

Film policier de **Michael Curtiz**, avec Joan Crawford *(Mildred Pierce)*, Jack Carson *(Wally Fay)*, Zachary Scott *(Monte Beragon)*, Eve Arden *(Ida)*, Ann Blyth *(Veda)*, Bruce Bennett *(Bert Pierce)*, Lee Patrick *(Maggie Binderhof)*, Moroni Olsen *(l'inspecteur Peterson)*. • SC : Ranald MacDougall, d'après le roman de James M. Cain. • PH : Ernest Haller. • DÉC : Anton Grot. • MUS : Max Steiner. • MONT : David Weisbart. États-Unis, 1945 – 1 h 51.

Mildred Pierce est interrogée par l'inspecteur Peterson au sujet du meurtre du playboy Monte Beragon, son deuxième mari. S'accusant du crime, elle relate au policier ses démêlés avec son premier époux, Bert, veule et incapable, ses efforts pour acquérir un semblant de « respectabilité » et mériter l'amour de sa fille Veda, une adolescente égoïste et assoiffée de luxe.

◆ *Moitié mélo, moitié film noir,* le Roman de Mildred Pierce *reflète bien les ambiguïtés morales de l'immédiat après-guerre. La femme indépendante, dont le cinéma hollywoodien célébrait un peu plus tôt les mérites, se transforme ici en victime. Prise au piège de ses ambitions, elle ne parvient à s'accomplir ni dans sa vie privée ni dans son travail, et son ascension sociale ne fait que souligner la médiocrité de ses origines. Victime du matérialisme ambiant (nous sommes à l'aube de la société de consommation), Mildred tente d'acquérir une distinction factice et d'acheter l'estime de sa fille Veda, se condamnant par là-même à d'amères désillusions. Sa vie est une succession d'échecs sentimentaux et de sacrifices inutiles, un long voyage au bout de la solitude. Un des films les plus incisifs de Michael Curtiz, qui relança la carrière de Joan Crawford (elle obtint un Oscar), métamorphosant celle-ci en « femme de tête ». Une image à laquelle la star ne tardera pas à s'identifier dans sa vie personnelle...* *O.E.*

LE ROMAN DE WERTHER / WERTHER

Drame de **Max Ophuls**, d'après le roman de Goethe *les Souffrances du jeune Werther*, avec Pierre Richard-Willm, Annie Vernay, Jean Galland, Jean Périer, Paulette Pax. France, 1938 – 1 h 25.

Werther est amoureux de Charlotte, ignorant ses fiançailles puis son mariage. Sa passion le conduira au suicide.

LE ROMAN D'UN GÉNIE "GIUSEPPE VERDI"

Biographie de **Carmine Gallone**, avec Fosco Giachetti, Gaby Morlay, Germana Paolieri, Maria Cebotari. Italie, 1938 – 2 h 09.

La vie romancée du célèbre compositeur, interprétée par l'une des rares « divas » masculines de l'époque.

LE ROMAN D'UN TRICHEUR

Comédie satirique de **Sacha Guitry**, avec Sacha Guitry *(le tricheur)*, Serge Grave *(lui, petit garçon)*, Jacqueline Delubac *(Henriette)*, Marguerite Moréno *(l'aventurière)*, Rosine Deréan *(la voleuse)*, Pauline Carton *(Mme Moriot,* *la tante)*, Fréhel *(la chanteuse)*. • SC : S. Guitry, d'après son roman *Mémoires d'un tricheur*. • PH : Marcel Lucien. • DÉC : Jacques Gut, Henry Ménessier. • MUS : Adolphe Borchard. • PR : Serge Sandberg (Cineas). France, 1936 – 1 h 17.

Pour avoir volé quelques francs, un jeune garçon est privé de champignons au repas du soir et échappe ainsi à l'empoisonnement qui anéantit sa famille... Il exerce divers petits métiers, chasseur de restaurant, groom, croupier, et trouve enfin sa voie en devenant tricheur professionnel. Il fait fortune et fréquente les casinos sous divers déguisements afin de pouvoir tricher uniquement sous sa véritable identité. Mais, un soir, il se rend compte que celui qu'il est en train d'abuser n'est autre que l'homme qui l'a sauvé d'une mort certaine durant la guerre, en y laissant un bras. Pris de remords et honteux, il va apprendre en sa compagnie le plaisir du jeu honnête. Au point que toute la fortune amassée en trichant y passera. Ruiné, il terminera sa carrière dans la police, le seul endroit où il se sente à l'abri de sa petite faiblesse !

◆ La distance de la voix off

Quatrième film parlant de Sacha Guitry et adaptation de son unique roman paru en 1934, le Roman d'un tricheur *est, grâce à François Truffaut, généralement considéré comme le plus réussi et le plus « cinématographique » de ses films (au sens où il ne s'agit pas d'une de ses pièces filmées). C'est probablement celui de la dévouverte par l'auteur de son propre système. Le film est définitivement une comédie, et Guitry ne signera aucun film d'un autre genre, à l'exception de quelques scènes plus sérieuses ou dramatiques dans* Donne-moi tes yeux, Pasteur, le Diable boiteux, le Comédien. *Ce n'est pas son film le plus représentatif sur les rapports amoureux, mais l'argument que l'on retrouve généralement dans ses pièces est ici le thème principal du film : le mensonge ou l'art de tricher. En effet, c'est tout de même de sa maîtresse, puis de sa femme que le héros apprend, de l'une, l'art de voler, de l'autre, celui de tricher, pratiques si féminines aux yeux de l'auteur... Le film est construit sur une voix* off : *c'est le personnage principal vieilli, en train de rédiger ses Mémoires à la terrasse d'un café, qui enclenche le récit par sa voix. Tous les personnages racontés par le tricheur sont subordonnés au flot continu d'une seule et même parole, celle de l'auteur-acteur-narrateur. Les seules scènes de dialogues réels sont celles du temps présent : répliques très courtes du garçon de café et de la vieille marquise (Marguerite Moréno), initiatrice du héros à l'amour. Plus Sacha Guitry fera de films, plus la mise en scène de sa parole deviendra omniprésente, régissant tout, même les génériques. Guitry cinéaste, oui et avant tout, puisque seul le cinéma permet de l'apprécier encore intégralement; paradoxe pour un homme qui consacra sa vie au théâtre et le privilégia toujours.* *M.M.*

ROMANOFF ET JULIETTE "ROMANOFF AND JULIET"
Comédie de **Peter Ustinov**, avec Peter Ustinov, Sandra Dee, John Gavin, Akim Tamiroff. États-Unis, 1961 – Couleurs – 1 h 43.

Pour sauvegarder la paix de sa minuscule nation, le président de Concordia organise la rencontre puis le mariage des enfants des ambassadeurs soviétique et américain.

ROMÉO ET JULIETTE "GIULIETTA E ROMEO"
Drame de **Renato Castellani**, avec Laurence Harvey *(Roméo)*, Susan Shentall *(Juliette)*, Flora Robson *(la nourrice)*, Enzo Fiermonte *(Tybalt)*, Mervyn Johns *(frère Laurent)*, Bill Travers *(Benvolio)*, Aldo Zollo *(Mercutio)*, Giovanni Rota *(le prince)*, Sebastian Cabot *(Capulet)*, Lydia Sherwood *(lady Capulet)*, Norman Wooland *(Paris)*, Giulio Garbinetti *(Montaigu)*, Nietta Zocchi *(lady Montaigu)*, Dagmar Josipovici *(Rosaline)*, Luciano Bodi *(Abraham)*, Thomas Nicholls *(frère Jean)*, John Gielgud. • SC : R. Castellani, d'après le drame de William Shakespeare. • PH : Robert Krasker. • DÉC : Gastone Simonetti. • MUS : Roman Vlad, Muir Mathieson (direction). • CHOR : Medy Oboiensky. • MONT : Sydney Hayers. Italie / Grande-Bretagne, 1954 – Couleurs – 2 h 16. ★ **LION DE SAINT-MARC, Venise 1954.**

Au XIIIe siècle, à Vérone, les Montaigu et les Capulet sont opposés par une haine violente. Roméo et Juliette, leurs héritiers, s'aiment malgré tout. Ils contractent un mariage secret, mais un tragique malentendu conduit les jeunes gens à la mort.

◆ *Après deux années de préparation, l'adaptation très fidèle de Castellani a été tournée durant sept mois dans plusieurs villes italiennes, avec un souci du détail et de la couleur qui fait de chaque scène un véritable tableau. Le travail de Robert Krasker à la photo est remarquable. Laurence Harvey est un Roméo fougueux et Susan Shentall, une inconnue découverte par Castellani dans un restaurant, une Juliette idéale.* *J.-C.S.*

ROMÉO ET JULIETTE "ROMEO AND JULIET"
Ballet filmé de **Paul Czinner**, d'après Shakespeare, avec Rudolf Noureev, Margot Fonteyn. Grande-Bretagne, 1966 – Couleurs – 2 h 05.

Avec le Royal Ballet de Londres et l'orchestre de Covent Garden, sur la musique de Prokofiev, l'histoire éternelle des amants de Vérone.

ROMÉO ET JULIETTE "ROMEO AND JULIET"
Drame de **Franco Zeffirelli**, avec Leonard Whiting *(Roméo)*, Olivia Hussey *(Juliette)*, Michael York *(Tybalt)*, John McEnery *(Mercutio)*. • SC : Frano Brusati, F. Zeffirelli, Masolino D'Amico, d'après le drame de Shakespeare. • PH : Pasquale De Santis. • DÉC : Christine Edzard. • MUS : Nino Rota. • MONT : Reginald Mills. Grande-Bretagne / Italie, 1968 – Couleurs – 2 h 10.

À Vérone, au cours d'un bal masqué, Juliette fait la connaissance de Roméo. Les jeunes gens appartiennent à des familles ennemies, mais passent outre leurs querelles.

◆ *C'est la première fois que la tragédie des amants de Vérone est traitée aussi somptueusement, et avec autant de réalisme dans la reconstitution d'époque. De plus, pour la première fois également, les acteurs ont enfin l'âge du rôle : ce sont des adolescents, et comme tels passionnés, se préoccupant peu de raison et des conséquences de leur amour.* *B.B.*

▷ Autres versions à grand spectacle réalisées notamment par : **James Stuart Blackton**, avec Paul Panzer, Florence Lawrence. États-Unis, 1908. **Godfrey Tearle**, avec Godfrey Tearle, Mary Malone. Grande-Bretagne, 1908. **Mario Caserini**, avec Mario Caserini, Maria Gasperini. Italie, 1908. **Gustavo Serena**, avec Gustavo Serena, Francesca Bertini. Italie, 1911. **Barry O'Neil**, avec George Lessey, Julia Taylor. États-Unis, 1911. **James Gordon Edwards**, avec Harry Hilliard, Theda Bara. États-Unis, 1916. **Clarence Badger**, intitulée DOUBLING FOR ROMEO, avec Will Rogers, Silivia Breamer. États-Unis, 1921. **Mack Sennett**, avec Ben Turpin, Alice Day. États-Unis, 1924. **Abd al-Ghani Kamal Salim**, intitulée SHUHADA' AL-GHARAM, avec Husayn, Fatma Rushdi. Égypte, 1944. Lev Arnstam et Ivanov Lavrovski, avec Youri Jdanov, Galina Oulanova. U.R.S.S., 1955.

▷ Autre version, intégrale, réalisée de façon classique par : **George Cukor**, avec Leslie Howard, Norma Shearer, John Barrymore, Basil Rathbone, Edna May Oliver, Henry Kolker, C. Aubrey Smith. États-Unis, 1936 – 2 h 07.

▷ Voir encore, sur le même thème : LES AMANTS DE VÉRONE, ROMANOFF ET JULIETTE et WEST SIDE STORY.

ROMÉO ET JULIETTE AU VILLAGE
"ROMEO UND JULIA AUF DEM DORFE"
Drame de **Valerian Schmidely**, avec Margrit Winter *(Vreneli)*, Erwin Kohlund *(Sali)*, Johannes Steiner *(Manz)*, Emil Gyr *(Marti)*. • SC : Hans Trommer, d'après la nouvelle de Gottfried Keller. • PH : Ady Lumpert. • MONT : I. Widmer. Suisse, 1941 – 1 h 30.

Les enfants Vreneli Marti et Sali Manz sont bons amis, mais leurs pères se ruinent en procès interminables pour la possession d'un lopin de terre. Des années plus tard, Vreneli est devenue une belle jeune fille et Sali un solide garçon : ils s'aiment, mais leurs familles continuent de se haïr. Persuadés que leur amour est sans espoir, ils décident de mourir ensemble.

◆ *Émouvant drame romantique où le pur amour de deux adolescents est voué au malheur par la haine des familles : l'attachement viscéral à la terre rend crédible ce drame paysan du XIXe siècle. Le style impressionniste des images de la campagne bernoise fait merveille par l'exaltation de la lumière naturelle. C'est « le plus beau, le plus vrai de tous les films suisses », a écrit l'écrivain de cinéma Freddy Buache, « un poème d'amour où le lyrisme des sentiments s'accorde à celui de la nature ».* *M.MN.*

ROMÉO, JULIETTE ET LES TÉNÈBRES
"ROMEO, JULIE A TMA"
Drame de **Jiri Weiss**, d'après le roman de Jan Otcěnášek, avec Ivan Mistrik, Dana Smutna, Jirina Sejbalova, Frantisek Smolik. Tchécoslovaquie, 1960 – 1 h 34.

À Prague, pendant l'Occupation, un jeune homme cache une adolescente juive dont il tombe amoureux. Dénoncée, la jeune fille se livre à la Gestapo pour épargner son ami.

ROME-PARIS-ROME "SIGNORI, IN CARROZZA !"
Comédie de **Luigi Zampa**, avec Aldo Fabrizi, Peppino De Filippo, Sophie Desmarets. Italie, 1951 – 1 h 40.

Les mésaventures d'un contrôleur de train qui a une famille à Rome et une liaison à Paris.

ROME, VILLE OUVERTE "ROMA, CITTÀ APERTA"
Chronique historique de **Roberto Rossellini**, avec Anna Magnani *(Pina)*, Marcello Pagliero *(Giorgio Manfredi)*, Aldo Fabrizi *(Don Pietro)*, Harry Feist *(major Bergmann)*, Francesco Grandjacquet *(le typographe)*; Maria Michi *(Marina Mari)*, Giovanna Galetti *(Ingrid)*. • SC : Sergio Amidei, Alberto Consiglio, Federico Fellini, R. Rossellini. • PH : Ubaldo Arata. • DÉC : Renzo Megna. • MUS : Renzo Rossellini. SON : • SON : Raffaele Del Monte. • MONT : Eraldo Da Roma. • PR : R. Rossellini (Excelsa Film). Italie, 1945 – 1 h 40. ★ GRAND PRIX, Cannes 1946.

L'action se passe en 1943 et 1944, dans Rome, proclamée « ville ouverte » et encore terrorisée par la Gestapo. Il s'agit d'une action fragmentaire, plus proche du documentaire reconstitué que de la fiction classique. Un militant communiste professionnel (Manfredi) se réfugie chez un ouvrier typographe, communiste lui aussi, qui vit avec sa compagne Pina. Cette dernière, enceinte, se sacrifie pour sauver Manfredi, mais celui-ci est trahi par sa propre compagne, Marina, qui aspire à une vie facile et ne partage pas ses convictions. L'officier allemand de la Gestapo torture en vain Manfredi qui meurt. Devant son cadavre, un prêtre (Don Pietro) se révolte et est fusillé à son tour, sur une colline, devant des enfants.

◆ **Un film « à chaud »**

Rossellini réalisa ce film deux mois après la libération de Rome, sur un scénario qu'avec son ami Amidei il avait écrit au rythme même des événements qui précédèrent cette libération. Tourné avec très peu d'argent, Rome, ville ouverte *n'est pas un film documentaire romancé mais, si l'on peut dire, des « actualités immédiatement reconstituées ». On y voit la ville et ses habitants saisis en même temps par une caméra en liberté et dans un récit qui ne cesse de bifurquer. D'où le sentiment inoubliable de vérité produit par le film, sentiment si nouveau qu'en Italie il effraiera aussi bien le public que la critique. C'est de France que viendront la consécration et la perception des chemins qu'il ouvrait au cinéma.* Rome, ville ouverte *peut en effet être considéré comme l'acte de naissance du cinéma « moderne », acte qui tient compte de ce que l'expérience de la guerre changeait nécessairement dans la façon de regarder et de raconter. En montrant deux personnages types de la Résistance italienne, le communiste et le prêtre, Rossellini est fidèle à la réalité mais chez lui, ces personnages, loin d'être des emblèmes, sont des êtres humains qui, malgré leurs convictions, se surprennent eux-mêmes et sont surpris par l'histoire. De même, la grande Anna Magnani, dans un rôle de femme du peuple, prouve qu'il est possible de rompre pratiquement avec le cinéma infantile des stars et de pénétrer plus franchement dans le monde adulte. Rossellini, avec très peu de moyens techniques, invente les quelques gestes (suivre les personnages, ne pas les juger, capter les temps « morts ») que tous les cinéastes modernes referont après lui.* *S.D.*

ROMUALD ET JULIETTE

Comédie de **Coline Serreau**, avec Daniel Auteuil, Firmine Richard, Pierre Vernier. France, 1989 – Couleurs – 1 h 48.

Un jeune P.-D.G. trouve réconfort, conseils et finalement amour auprès de la femme de ménage de son entreprise, une Antillaise mère de cinq enfants attachée au célibat.

LA RONDE

Comédie de **Max Ophuls**, avec Anton Walbrook, Simone Signoret, Serge Reggiani, Simone Simon, Daniel Gélin, Danielle Darrieux, Fernand Gravey, Odette Joyeux, Jean-Louis Barrault, Isa Miranda, Gérard Philipe. • SC : Jacques Natanson, M. Ophuls, d'après la pièce d'Arthur Schnitzler *Der Reigen*. • PH : Christian Matras. • DÉC : Jean d'Eaubonne. • MUS : Oscar Strauss. • MONT : Léonide Azar. France, 1950 – 1 h 50 (version intégrale).

À Vienne, vers 1900, la ronde de l'amour orchestrée par un meneur de jeu caméléon fait se rencontrer une prostituée, un soldat, une femme de chambre, un jeune homme, une femme mariée, son mari, une grisette, un poète, une comédienne et un comte... qui rejoint la prostituée.

◆ *Le film de rentrée en France de Max Ophuls après sa période hollywoodienne. Merveilleusement servi par des techniciens et des comédiens exceptionnels, Ophuls signe un chef-d'œuvre grave et léger, poétique et tendre, éternel. Le film obtint le Prix du Meilleur scénario et celui du Meilleur décor à Venise en 1950.* *J.-C.S.*

▷ Autre version réalisée par : **Roger Vadim**, sur un scénario de Jean Anouilh, avec Jean-Claude Brialy, Anna Karina, Jane Fonda, Maurice Ronet, Catherine Spaak, Bernard Noël. France, 1964 – Couleurs – 1 h 50.

LA RONDE DE L'AUBE "The Tarnished Angels"

Drame de **Douglas Sirk**, avec Rock Hudson *(Burke Devlin)*, Robert Stack *(Roger Schumann)*, Dorothy Malone *(LaVerne Schumann)*, Jack Carson *(Jiggs)*, Chris Olsen *(Jack Schumann)*, Troy Donahue *(Frank Burnham)*. • SC : George Zuckerman, d'après le roman de William Faulkner *Pylône*. • PH : Irving Glassberg. • DÉC : Alexander Golitzen, Alfred Sweeney, Russell A. Gausman, Oliver Emert. • MUS : Frank Skinner, Joseph Gersherson. • MONT : Russell F. Schoengarth. États-Unis, 1957 – 1 h 31.

Pendant la Dépression, à La Nouvelle-Orléans où l'on fête le carnaval, un journaliste s'immisce dans la vie d'un couple d'aviateurs acrobates : la femme y est un pur objet, jadis gagné aux dés, « vendable » à un commanditaire, mais son mari est impuissant. De sorte que le vol et le saut en parachute deviennent un symbole de liberté et de sécurité pour elle.

◆ *La mort rôde (jusque sous les masques de la fête) et détruira l'équilibre absurde du trio en un magistral retournement (le suicide de l'aviateur). La mise en scène organise sans relâche l'espace en fonction du contraste entre la largeur du ciel et les cloisonnements terrestres, et magnifie la beauté animale de Dorothy Malone, convoitée par tous et inaccessible. (D'ordinaire indifférent ou hostile aux films tirés de ses romans, Faulkner fit une notable exception pour celui-ci.)* *G.LD.*

RONDE DE NUIT

Film policier de **Jean-Claude Missiaen**, avec Gérard Lanvin, Eddy Mitchell, Françoise Arnoul. France, 1983 – Couleurs – 1 h 35.

Deux amis policiers enquêtent sur une sombre affaire politico-immobilière sur fond de sadomasochisme. Un clin d'œil à la série B américaine.

RONDO "RONDO"

Comédie dramatique de **Zvonimir Berković**, avec Stevo Zigon, Milena Dravić, Relja Basić. Yougoslavie, 1966 – 1 h 36.

Un juge désabusé fait la connaissance d'un jeune artiste qu'il présente à son épouse. Les deux jeunes gens tombent irrésistiblement amoureux.

ROSA, JE T'AIME "ANI OHEV OTACH ROSA"

Drame de **Moshe Mizrahi**, avec Michal Bat-Adam, Gabi Oterman, Yosef Shiloah. Israël, 1971 – Couleurs – 1 h 40.

La surprenante histoire d'amour d'une toute jeune veuve contrainte par la coutume juive d'épouser le frère de son mari, alors âgé de onze ans.

ROSA LA ROSE, FILLE PUBLIQUE

Drame de **Paul Vecchiali**, avec Marianne Basler, Jean Sorel, Pierre Cosso. France, 1985 – Couleurs – 1 h 28.

Une jeune prostituée des Halles tombe amoureuse et veut quitter son protecteur. Mais seule la mort peut la délivrer.

ROSALIE FAIT SES COURSES
"ROSALIE GOES SHOPPING"

Comédie de **Percy Adlon**, avec Marianne Sägebrecht, Brad Davis, Judge Reinhold. R.F.A., 1989 – Couleurs – 1 h 34.

Rosalie, mariée, sept enfants, est une merveilleuse maîtresse de maison, mais pour cela elle jongle allègrement avec trente-sept cartes de crédit ! Une satire originale du mode de vie américain par l'auteur (et avec la vedette) de *Bagdad Café*.

ROSA LUXEMBOURG "ROSA LUXEMBURG"

Biographie de **Margarethe von Trotta**, avec Barbara Sukowa, Daniel Olbrychski, Otto Sander, Adelheid Arndt, Jurgen Holtz. R.F.A., 1986 – Couleurs – 2 h 02.

Portrait assez fidèle de la célèbre militante révolutionnaire, de son engagement dans le combat politique et de son assassinat en 1919.

ROSE / LES QUATRE ROUES DE LA FORTUNE ROSE

Mélodrame de **Raymond Rouleau**, avec Jean Servais, Lisette Lanvin, Henri Guisol, Sylvia Bataille. France, 1935 – 1 h 25.

À Saint-Tropez, un conducteur d'autobus vit une tendre histoire d'amour avec une jolie baigneuse. L'amour triomphera de tous les obstacles.

ROSE "ROSE BERND"

Mélodrame de **Wolfgang Staudte**, avec Maria Schell *(Rose Bernd)*, Raf Vallone *(Arthur Streckmann)*, Kaethe Gold *(Henriette Flamm)*, Hannes Messemer *(August Kell)*, Leopold Biberti *(Christoph Flamm)*, Arthur Wiesner *(le père Bernd)*, Christa Keller *(Maria Schubert)*, Siegfried Lowitz *(le juge)*. • SC : Walter Ulbrich, d'après la pièce de Gerhardt Hauptmann. • PH : Klaus von Rautenfeld. • DÉC : Hans Berthel. • MUS : Herbert Windt. • MONT : Lilian Seng. R.F.A., 1957 – Couleurs – 1 h 26.

Rose Bernd est une fille de ferme saine et sans malice très courtisée. Elle se donne sans arrière-pensée à son patron, Christoph Flamm, marié à une impotente. Un beau et viril conducteur de tracteur, Arthur Streckmann, use et abuse de sa force pour parvenir à ses fins. Lorsque Rose est enceinte de lui, son patron refuse l'enfant par peur du scandale et lui conseille d'avorter. Le père de Rose porte plainte, mais alors que la jeune fille se rend à l'audience pour témoigner, elle met au monde, seule et désemparée, son enfant qui meurt de froid. Au fond de son malheur, un jeune imprimeur amoureux d'elle, August Kell, lui tend une main secourable.

◆ *Étude de mœurs très fouillée, Rose est un mélodrame classique. Le personnage qu'interprète Maria Schell est très voisin de ceux qu'elle tenait à l'époque. De* Gervaise *aux* Nuits blanches, *du* Dernier Pont *à* Une vie, *elle était devenue, avec grand succès et multiples récompenses, la « pleureuse » numéro un du cinéma européen. Trois types d'hommes l'entourent, donnant un reflet assez fidèle d'une certaine mentalité villageoise.* *J.-C.S.*

THE ROSE "THE ROSE"

Drame de **Mark Rydell**, avec Bette Midler, Alan Bates, Frederic Forrest, Harry Dean Stanton. États-Unis, 1979 – Couleurs – 2 h 13.

Une chanteuse de rock est confrontée à l'incompatibilité de son statut d'idole et de sa vie affective. Elle se réfugie dans la drogue. Un chef-d'œuvre d'une émotion bouleversante.

LES ROSEAUX SAUVAGES

Comédie dramatique d'**André Techiné**, avec Élodie Bouchez *(Maïté)*, Gaël Morel *(François)*, Stéphane Rideau *(Serge)*, Frédéric Gorny *(Henri)*, Michèle Moretti *(madame Alvarez)*. • SC : A. Techiné, Gilles Taurand, Olivier Massart. • PH : Jeanne Lapoirie. • DÉC : Pierre Soula. • MONT : Martine Giordano. France, 1994 – Couleurs – 1 h 50. ★ CÉSAR DU MEILLEUR FILM FRANÇAIS.

Sur fond de fin de guerre d'Algérie (1962), quatre adolescents se cherchent. Maïté, fille de militante communiste, a un faible pour François, garçon fin et sensible, irrésistiblement attiré par les individus de son propre sexe. Il s'attachera d'abord à Serge puis sera fasciné par Henri, fils de pied-noir, révolté et violent. Henri, lui, subit le charme de Maïté, qui finira par l'aimer à son tour. À la fin du film, un couple est constitué : celui de Maïté et d'Henri. Serge et François restent seuls chacun de leur côté, mais on devine la voie qu'ils suivront : l'un n'a été homosexuel que par défaut et il fondera un jour une famille ; François l'est définitivement et il partira à la recherche de ses semblables dans l'espoir de moins souffrir.

◆ *Sans arrogance ni amertume, Techiné décrit les incertitudes affectives et sexuelles de l'adolescence. On sent que le personnage dans lequel il a mis le plus de lui-même est celui de François, qui découvre avec crainte et fascination son homosexualité naissante. Mais les autres personnages ne sont pas caricaturés pour autant, et la jeune fille, en particulier, incarne un éternel féminin particulièrement attachant. Un film vrai et émouvant que la présence des paysages de la Garonne, chère à Techiné, charge d'une authenticité supplémentaire.* J.-C.L.

LA ROSE BLANCHE "DIE WEISSE ROSE"

Drame de **Michael Verhoeven**, avec Lena Stolze, Martin Benrath, Wulf Kessler, Oliver Siebert. R.F.A., 1982 – Couleurs – 2 h 03.

À Munich, en 1942, des étudiants distribuent clandestinement des tracts anti-nazis. Ils échappent plusieurs fois à la Gestapo, mais le filet se resserre autour d'eux.

ROSEBUD "ROSEBUD"

Film d'aventures d'**Otto Preminger**, d'après le roman de Paul Bonnecarrère et Joan Hemingway, avec Peter O'Toole, Richard Attenborough, Cliff Gorman, Claude Dauphin. États-Unis, 1974 – Couleurs – 2 h 05.

Cinq filles de milliardaires sont prises en otage par un commando palestinien. Deux seront relâchées et les trois autres libérées par une expédition de la C.I.A.

ROSE DE BROADWAY
"ROSE OF WASHINGTON SQUARE"

Comédie dramatique de **Gregory Ratoff**, avec Alice Faye, Tyrone Power, Al Jolson, Hobart Cavanaugh, William Frawley, Joyce Compton. États-Unis, 1939 – 1 h 26.

Les tribulations d'une chanteuse de Broadway amoureuse de son bon à rien de mari.

LA ROSE DU CRIME "MOSS ROSE"

Film d'épouvante de **Gregory Ratoff**, d'après le roman de Joseph Shearing, avec Peggy Cummins, Victor Mature, Ethel Barrymore, Vincent Price. États-Unis, 1947 – 1 h 22.

Grâce à plusieurs crimes, une petite girl de music-hall parvient à devenir châtelaine.

LA ROSE ET LA FLÈCHE "ROBIN AND MARIAN"

Film d'aventures de **Richard Lester**, avec Sean Connery *(Robin)*, Audrey Hepburn *(Marian)*, Robert Shaw *(le shérif)*. • SC : Jack Goldman. • PH : David Watkin. • DÉC : Gil Parrondo, Michael Stringer. • MUS : Michel Legrand. • MONT : John Victor Smith. Grande-Bretagne, 1976 – Couleurs – 1 h 52.

Robin des Bois est de retour. La guerre et les aventures à la suite du roi Richard l'ont laissé sans illusions et plein de rhumatismes. Lady Marian a renoncé au monde. Seul leur vieil ennemi, le shérif de Nottingham, n'a pas désarmé...

◆ *Nouvelle version – décapante – du mythe, loin de l'héroïsme flamboyant du film de Curtiz. Le Robin qu'interprète magnifiquement Sean Connery n'a plus rien à voir avec le fringant redresseur de torts qu'incarnait Errol Flynn. C'est qu'en près de 40 ans le monde a changé, les illusions ont disparu et les héros sont fatigués : ils ne peuvent même plus coucher à la belle étoile. Belle réflexion – inattendue de la part d'un réalisateur qu'on a connu plus à l'aise dans la satire et la fantaisie – sur l'amour et la mort, sur la mort de l'amour et sur la fuite du temps.* C.A.

▷ Voir aussi ROBIN DES BOIS.

ROSELAND

Comédie dramatique de **James Ivory**, avec Geraldine Chaplin, Teresa Wright, Lou Jacobi, Don De Natale, Louise Kirkland. États-Unis, 1977 – Couleurs – 1 h 43.

Génération après génération, la vie d'une salle de bal new-yorkaise, les solitudes et les amours qu'elle a abritées.

ROSELYNE ET LES LIONS

Film d'aventures de **Jean-Jacques Beineix**, avec Isabelle Pasco, Gérard Sandoz, Philippe Clévenot. France, 1989 – Couleurs – 2 h 09.

Deux jeunes gens abandonnent études et famille pour se consacrer au dressage des fauves. Après bien des difficultés, ils parviennent à monter un numéro révolutionnaire.

ROSEMARY'S BABY "ROSEMARY'S BABY"

Drame fantastique de **Roman Polanski**, avec Mia Farrow *(Rosemary Woodhouse)*, John Cassavetes *(Guy Woodhouse)*, Ruth Gordon *(Minnie Castevet)*, Sidney Blackmer *(Roman Castevet)*, Maurice Evans *(Hutch)*, Ralph Bellamy *(docteur Saperstein)*, Angela Dorian *(Terry)*, Charles Grodin *(docteur Hill)*. • SC : R. Polanski, d'après le roman d'Ira Levin. • PH : William Fraker. • DÉC : Richard

Sylbert. • MUS : Krysztof Komeda. • MONT : Sam O'Steen, Bob Wyman. • PR : William Castle (Paramount). États-Unis, 1968 – Couleurs – 2 h 17. ★ **OSCAR 1968 DE LA MEILLEURE ACTRICE DE SECOND RÔLE (Ruth Gordon).**

Un jeune couple heureux : on se croirait à l'épilogue d'une comédie américaine. Mais le paysage ne tarde pas à s'assombrir. Rosemary et Guy s'installent dans une impressionnante maison du quartier new-yorkais de Manhattan. Vastes pièces nues, brique sombre, couloirs et réduits bizarres... L'angoisse commence à habiter la jeune mariée, Rosemary. Son mari, Guy, est un comédien sans travail. Des voisins charmants, le couple Castevet, viennent faire une visite de politesse. Leur sollicitude a quelque chose d'encombrant, voire d'étrange. Rosemary est perturbée. Elle a fait un cauchemar abominable. Elle est enceinte. Les voisins lui conseillent de consulter un médecin de leurs amis, Saperstein. L'univers mental de la jeune femme est atteint et bascule dans l'irrationnel. Elle croit percevoir des signes diaboliques dans ce qui lui arrive. Un ami, Hutch, l'avait prévenue : la maison où elle a emménagé est habitée par des esprits délétères. Hutch meurt. C'est curieux. La grossesse de Rosemary devient une longue souffrance. Elle se croit de plus en plus l'objet, voire l'enjeu, de forces occultes. Pourtant, son mari a enfin trouvé du travail, et l'avenir devrait s'annoncer sous de bons auspices. Quand Rosemary accouche, on lui dit que son bébé est mort-né. Elle s'aventure un soir dans l'appartement de ses voisins et y découvre, autour du berceau de son enfant, un groupe d'adorateurs de Satan au sein duquel elle reconnaît les Castevet et son mari. Elle s'approche du bébé et... l'accepte.

◆ Le triomphe de la suggestion

C'est une perle du cinéma fantastique et l'un des meilleurs films de Roman Polanski. L'angoisse y est distillée très progressivement et d'une façon... diabolique. Au début, on s'étonne des craintes diffuses qu'éprouve la jeune femme. Elle entend des bruits, ouvre un placard : rien. Ce placard sans mystère va pourtant s'imposer à notre imagination comme un lieu étrange, menaçant. Les faits ordinaires s'accumulent, certains moins ordinaires que d'autres, mais tous vraisemblables. Il n'y a pas lieu de les interpréter. Nous pensons que Rosemary perd un peu son sang-froid (et la raison) à cause de son « état ». Et puis, nous doutons. La fin est une vraie surprise. Pour installer ce climat de tension et de peur, Polanski n'a recours à aucun « effet spécial ». C'est le triomphe de la suggestion. *Un éclairage, un craquement de meuble imperceptible, un regard ambigu, un sourire suffisent à nous troubler. Le suspense va* crescendo, *en un spectaculaire tour de force. Il faut ajouter que cette histoire de diable n'est pas innocente. Bien qu'agnostique, Polanski aime jouer avec le surnaturel. Il l'utilise comme symbole de la malédiction des « damnés de la terre ». Ce film est une stupéfiante allégorie sur le Mal.* G.S.

LA ROSE NOIRE "THE BLACK ROSE"

Film d'aventures de **Henry Hathaway**, avec Tyrone Power, Orson Welles, Cécile Aubry, Jack Hawkins. États-Unis, 1950 – Couleurs – 2 h.

Les aventures, dans la Chine du XIIe siècle, de deux gentilhommes saxons. Le film fut tourné au Maroc.

LA ROSE POURPRE DU CAIRE
"THE PURPLE ROSE OF CAIRO"

Comédie fantastique de **Woody Allen**, avec Mia Farrow *(Cecilia)*, Jeff Daniels *(Tom Baxter / Gil Shepherd)*, Danny Aiello *(Monk)*, Irving Metzman *(le directeur du cinéma)*, Stephanie Farrow *(la sœur de Cecilia)*, David Kieserman *(le patron du restaurant)*. • SC : W. Allen. • PH : Gordon Willis. • DÉC : Stuart Wurtzel, Edward Pisoni. • MUS : Dick Hayman. • MONT : Susan E. Morse. États-Unis, 1985 – Couleurs – 1 h 21.

Au début des années 30, Cecilia, serveuse dans un café, entretient son mari Monk, chômeur. Dès qu'elle a un instant de loisir, elle se réfugie au cinéma « le Jewel », voyant chaque film plusieurs fois de suite. Pendant la projection de la Rose pourpre du Caire, un miracle se produit : Tom Baxter, le héros, se tourne vers elle, sort de l'écran et vient la rejoindre ! C'est le début d'une idylle sans issue, car il n'est qu'une image... Cependant, à Hollywood, on s'inquiète et on envoie sur place l'acteur Gil Shepherd, qui incarne Tom Baxter, pour persuader son personnage de réintégrer l'écran. Cecilia tombe amoureuse de Gil qui lui promet de l'emmener avec lui à Hollywood. Mais un homme de chair et de sang n'a pas autant de parole qu'un héros de cinéma.

◆ *Qui n'a jamais rêvé de voir les personnages d'un film sortir de l'écran et venir se mêler à sa vie ? C'est cette merveilleuse idée que développe ici Woody Allen, et on s'étonne que personne avant lui n'ait songé à la traiter à l'écran. Le résultat est drôle, humain, poétique, avec une Mia Farrow émouvante à souhait. Le dénouement, à double détente, permet à l'auteur de ménager la lucidité et le goût du rêve.* G.L.

ROSES ÉCARLATES "ROSE SCARLATTE"
Comédie de **Vittorio De Sica** (collaboration technique de Giuseppe Amato), avec Vittorio De Sica, Renée Saint-Cyr. Italie, 1939 – 1 h 07.

Premier film d'un acteur célèbre, futur grand metteur en scène, qui tresse un canevas subtil autour des quiproquos agitant un couple volage.

LA ROSE TATOUÉE "THE ROSE TATTOO"
Drame de **Daniel Mann**, d'après la pièce de Tennessee Williams, avec Anna Magnani, Burt Lancaster, Marisa Pavan, Jo Van Fleet. États-Unis, 1955 – 1 h 57.

Dans un village d'immigrants italiens, situé dans le golfe du Mexique, une femme violente et superstitieuse vit dans le souvenir morbide de l'homme qu'elle a aimé. Oscar pour Anna Magnani.

LE ROSIER DE MADAME HUSSON
Comédie de **Bernard Deschamps**, d'après la nouvelle de Guy de Maupassant, avec Françoise Rosay, Fernandel, Mady Berry, Colette Darfeuil, Simone Bourday. France, 1931 – 1 h 20.

Dans un village, la fondatrice d'un prix de vertu recherche une rosière. C'est un « rosier » benêt qui sera élu, mais son innocence ne durera pas...

▷ Autre version réalisée par : **Jean Boyer**, avec Bourvil, Jacqueline Pagnol, Germaine Dermoz, Georges Baconnet. France, 1950 – 1 h 24.

LA ROSIÈRE DE PESSAC
Documentaire de **Jean Eustache**. France, 1969 – 52 mn.

À Pessac (Gironde), depuis la fin du XIXe siècle, on élit chaque année une rosière et c'est l'occasion d'une grande fête. Le cinéaste réalise une nouvelle version de son film en 1979.

LE ROSSIGNOL DE L'EMPEREUR DE CHINE
"CISAŘUV SLAVÍK"
Film d'animation de marionnettes de **Jiři Trnka.** • SC : Jiři Trnka, Jiři Brdecka, d'après le conte d'Andersen. • PH : F. Pecenka. • MUS : Vaclav Trojan. • ANIMATION : M. Makovec. Tchécoslovaquie, 1949 – Couleurs – 1 h 07.

Guidés par une petite fille, ses courtisans ramènent à l'empereur de Chine le rossignol vivant dont il rêvait. L'oiseau est enfermé dans une cage d'or, mais l'empereur lui préfère bientôt un rossignol mécanique qui chante à la demande. L'oiseau vivant s'enfuit et le mécanique se casse. L'empereur tombe malade et dépérit. La petite fille retrouvera le vrai rossignol dont le chant rendra la santé et la joie à l'empereur.

◆ *Tiré du célèbre conte d'Andersen et bénéficiant d'un commentaire français de Jean Cocteau, ce premier long métrage de Trnka fit découvrir son auteur en France en 1952. Ce fut une révélation : pour la première fois, un film de marionnettes n'était pas un simple spectacle pour enfants. La qualité de la réalisation lui permettait de tenir la durée et l'utilisation étonnante des décors et des costumes (on pense souvent à des enluminures) le hissait au rang d'une œuvre véritable. Trnka donnait ses lettres de noblesse au film de marionnettes.* J.-B.B.

ROSY LA BOURRASQUE "TEMPORALE ROSY"
Comédie de **Mario Monicelli**, avec Gérard Depardieu, Faith Minton, Roland Bock. Italie / France, 1980 – Couleurs – 1 h 58.

Les démêlés amoureux d'un boxeur et d'une catcheuse dans le milieu des attractions foraines. Pour la séduire, il combattra une fois de trop.

LE RÔTI DE SATAN "SATANSBRATEN"
Drame de **Rainer Werner Fassbinder**, avec Kurt Raab, Margit Carstensen, Helen Vita, Ingrid Caven. R.F.A., 1976 – Couleurs – 1 h 56.

Un poète pervers vit avec un frère débile et une horrible mégère. En mal d'inspiration, il interroge des prostituées sur leurs expériences et s'identifie à Baudelaire.

LA ROUE
Drame d'**Abel Gance**, avec Séverin-Mars *(Sisif)*, Ivy Close *(Norma)*, Gabriel de Gravonne *(Élie)*, Pierre Magnier *(Hersan)*, Georges Terof *(Machefer)*, Louis Monfils *(Papahant)*, Maxudian *(Bibi)*. • SC : A. Gance. • PH : Léonce-Henri Burel, Marc Bujard, Maurice Duverger. • MUS : Arthur Honegger. France, 1922 – 4 200 m (env. 2 h 35). [Version originale : 10 200 m (env. 6 h 17)].

Le mécanicien Sisif éprouve une passion coupable pour Norma, sa fille adoptive, qu'il a naguère recueillie après une catastrophe ferroviaire. Son fils Élie est lui aussi amoureux de la jeune fille mais Sisif la donne en mariage à l'ingénieur Hersan. À demi-aveuglé par un jet de vapeur, il est affecté au funiculaire du mont Blanc. Élie et Hersan trouvent la mort en se battant pour l'amour de Norma, qui dès lors prend soin de Sisif complètement aveugle.

◆ *« C'est la Roue du Destin qui s'acharne contre un homme à peu près comme elle s'acharne contre Œdipe », a déclaré Gance à propos de ce mélodrame freudien marqué par son goût constant de la grandiloquence dans le symbolisme. Mais la démesure et la naïveté du scénario sont transcendées par le grand souffle lyrique qui emporte l'action et par le brio de l'expression visuelle dans le style de l'avant-garde impressionniste, en particulier dans les effets de montage rapide, dont Gance a été l'un des pionniers.* M.MN.

▷ Remake réalisé par : **André Haguet et Maurice Delbez**, avec Jean Servais, Pierre Mondy, Catherine Anouilh, Claude Laydu. France, 1957 – 1 h 43.

LA ROUE DU DIABLE / LE MARIN DE L'« AURORE » "ČERTOVO KOLESO / MORJAK S « AVRORY »"
Drame de **Grigori Kozintsev** et **Leonid Trauberg**, avec Petr Sobolevski, Lioudmila Semenova. U.R.S.S. (Russie), 1926 – 2 100 m (env. 1 h 18).

Un jeune matelot rencontre une jolie fille dans un parc d'attractions et en oublie l'heure du retour au bateau.

ROUGE BAISER
Comédie dramatique de **Véra Belmont**, avec Charlotte Valandrey, Lambert Wilson, Marthe Keller. France, 1985 – Couleurs – 1 h 52.

Paris, 1952 : Nadia, 15 ans, milite au Parti communiste et découvre avec son amoureux les caves de Saint-Germain-des-Prés.

LE ROUGE EST MIS
Film policier de **Gilles Grangier**, d'après le roman d'Auguste Le Breton, avec Jean Gabin, Annie Girardot, Lino Ventura, Paul Frankeur, Marcel Bozzuffi. France, 1957 – 1 h 25.

Un honnête garagiste le jour se transforme la nuit en un spécialiste du hold-up. Gabin en « bon » gangster.

LE ROUGE ET LE NOIR
Drame psychologique de **Claude Autant-Lara**, avec Danielle Darrieux *(Louise de Rénal)*, Gérard Philipe *(Julien Sorel)*, Antonella Lualdi *(Mathilde de La Mole)*, Jean Martinelli *(M. de Rénal)*, Jean Mercure *(M. de La Mole)*, Balpêtré *(l'abbé Pirard)*. • SC : Jean Aurenche, Pierre Bost, d'après le roman de Stendhal. • PH : Michel Kelber. • DÉC : Max Douy. • MUS : René Cloérec. • MONT : Madeleine Gug, Boris Lewin. France, 1954 – Couleurs – 3 h 05.

Vers 1830, en France. Julien Sorel, fils de charpentier, est devenu le précepteur des enfants de M. de Rénal, maire de Verrières. Il devient l'amant de Louise de Rénal, sa femme, mais, devant le scandale qui menace, doit s'éloigner. Il compromet également la fille du marquis de La Mole. Sur les instances de son confesseur, Mme de Rénal accuse Julien de la pire noirceur. Le jeune homme tire sur elle, la blesse, est condamné à mort et vit ses derniers instants de bonheur en revoyant une dernière fois Louise.

◆ *L'un des films les plus représentatifs du cinéma français des années 50. D'un classique de la littérature, Claude Autant-Lara tire le portrait d'un arriviste rongé par l'orgueil. Beauté des décors, des costumes et interprétation exceptionnelle du trio Darrieux-Philipe-Lualdi.* J.-C.S.

ROUGE-GORGE
Drame de **Pierre Zucca**, avec Philippe Léotard, Laetitia Léotard, Pierre Zucca. France / Belgique, 1985 – Couleur – 1 h 45.

Reine Ducasse se trouve mêlée à un trafic de fausse monnaie. Mais le monde de Reine est surtout imaginaire.

ROUGES ET BLANCS "CSILLAGOSOK, KATONÁK"
Drame de **Milós Jancsó**, avec András Kozák *(László)*, Krystyna Mikolajewska *(Olga)*, Jácint Juhász *(István)*, Nikita Michalkov *(l'officier blanc)*, Tatiana Koniukova *(Elizaveta)*, Mikhaïl Kozakov *(le commandant rouge)*, Bolot Beichenaliev *(Tchingiz)*. • SC : M. Jancsó, Gyala Hernadi, Georgi Mdivani. • PH : Tamás Somló. • DÉC : Boris Tskhebotarev, Zóltan Forkas. Hongrie / U.R.S.S. (Russie), 1967 – 1 h 30.

Des épis de seigle accrochés à la culasse des fusils : c'est tout ce qui reste de l'héroïsme désespéré de ces soldats rouges et de ces soldats blancs placés comme sur un échiquier dans la vaste plaine, pour un affrontement qui vire à l'absurde. On est en 1918, en Russie, où la Révolution bat son plein. Elle oppose László, internationaliste hongrois venu aider ses camarades russes, à l'armée conventionnelle. László est fait prisonnier par les Blancs, mais on l'épargne et le libère en tant qu'étranger. Il échoue dans une infirmerie de campagne, qui accueille les blessés des deux camps, et y retrouve son compatriote István. Tandis qu'il rejoint les troupes rouges, l'hôpital est liquidé avec ses blessés. Le massacre est interrompu par l'arrivée des Rouges qui tuent à leur tour tous les assassins.

◆ *Le titre du film est significatif : les hommes qui se battent pour une cause se transforment en simples pions rouges et pions blancs. La méditation du cinéaste hongrois sur les cruautés inutiles de l'Histoire se trouve illustrée par des plans très lents, et une géométrie subtile préside à ce ballet macabre. Seuls le sang versé et la chair fragile des corps nus échappent à l'abstraction.* Rouges et Blancs *fait partie de cette série de films de Jancsó qui des* Sans Espoirs *(1965) à* Psaume rouge *(1971) évoquent l'écrasement d'une machine oppressive, sans aucune exaltation de l'idée révolutionnaire.* G.DE V.

ROULETABILLE
Film policier en deux parties de **Christian Chamborant**, d'après le roman de Gaston Leroux, avec Jean Piat, Marie Déa, Michel Vitold, Suzanne Dehelly, Lucas Gridoux. France, 1947-1948 – 1 h 35 (*Rouletabille joue et gagne* [I]) et 1 h 28 (*Rouletabille contre la dame de pique* [II]).

Le célèbre reporter enquête sur l'assassinat d'un savant qui s'occupait de recherche nucléaire (I). Quelques instants avant son mariage, sa fiancée est arrêtée pour le meurtre d'un autre savant. Il réussira à la faire libérer (II).

ROULETTE CHINOISE "CHINESISCHES ROULETT"
Comédie dramatique de **Rainer Werner Fassbinder**, avec Margit Carstensen, Ulli Lommel, Anna Karina, Macha Méril. R.F.A., 1976 – Couleurs – 1 h 30.

Un homme emmène sa maîtresse dans sa maison de campagne, tandis que son épouse y arrive avec son amant. La surprise passée, ils décident de ne rien changer à leurs projets.

ROULOTTE DU PLAISIR "THE LONG, LONG TRAILER"
Comédie de **Vincente Minnelli**, avec Lucille Ball, Desi Arnaz, Marjorie Main, Keenan Wynn. États-Unis, 1954 – Couleurs – 1 h 43.

Le voyage de noces riche en péripéties d'un couple qui a choisi de vivre dans une roulotte.

LA ROUTE "DA LU"
Drame de **Sun Yu**, avec Jin Yan, Zhang Yi, Han Langen, Luo Peng, Zheng Junli, Li Lili. Chine, 1934 – 1 h 50.

Un groupe de jeunes ouvriers construit une route stratégique pour l'armée chinoise. Ils meurent sous les bombes au cours d'une attaque aérienne ennemie.

LA ROUTE AU TABAC "TOBACCO ROAD"
Comédie dramatique de **John Ford**, d'après le roman d'Erskine Caldwell, avec Charley Grapewin, Marjorie Rambeau, Gene Tierney, Dana Andrews. États-Unis, 1941 – 1 h 24.

Les heurs et malheurs d'une pittoresque famille de fermiers. Une étude humoristique et truculente des petits Blancs du Sud.

LA ROUTE DE CORINTHE
Film d'espionnage de **Claude Chabrol**, avec Jean Seberg, Maurice Ronet, Michel Bouquet, Christian Marquand. France, 1967 – Couleurs – 1 h 30.

La femme d'un agent secret américain assassiné jure de venger son mari et reprend l'enquête qu'il avait commencée sur un trafic d'appareils destinés à brouiller les radars. Une nette tendance à la parodie.

LA ROUTE DE L'OUEST "THE WAY WEST"
Western d'**Andrew McLaglen**, avec Kirk Douglas, Richard Widmark, Robert Mitchum, Sally Field. États-Unis, 1967 – Couleurs – 2 h.

Un sénateur recrute des habitants de sa ville et forme une caravane de pionniers en direction de l'Ouest. Le convoi connaîtra de nombreuses aventures avant d'arriver au but.

LA ROUTE DE MANDALAY "ROAD TO MANDALAY"
Drame de **Tod Browning**, avec Lon Chaney, Lois Moran, Owen Moore, Henry B. Walthall. États-Unis, 1926 – env. 2 000 m (1 h 14).

Deux planteurs se disputent pour l'amour d'une jeune fille.

LA ROUTE DE SALINA
Drame de **Georges Lautner**, d'après le roman de Maurice Cury, avec Rita Hayworth, Ed Begley, Mimsy Farmer, Robert Walker Jr. France, 1970 – Couleurs – 1 h 40.

L'étrange arrivée d'un jeune homme dans une famille qui exploite une station-service sur la route de Salina.

LA ROUTE DES INDES "A PASSAGE TO INDIA"
Drame de **David Lean**, d'après le roman d'E.M. Forster, avec Peggy Ashcroft, Judy Davis, James Fox, Alec Guinness. Grande-Bretagne, 1984 – Couleurs – 2 h 45.

Dans les années 1900, la jeune Adela se rend aux Indes retrouver son fiancé anglais. Sa rencontre avec un médecin indien bouscule ses préjugés, mais le fossé reste immense entre les deux communautés. Un film fleuve comptant de grands moments d'émotion.

LA ROUTE DES TÉNÈBRES
"PRIDE OF THE MARINES"
Drame de **Delmer Daves**, avec John Garfield, Eleanor Parker, Dane Clark. États-Unis, 1945 – 1 h 59.

Un jeune ouvrier revient aveugle de la guerre. Sa fiancée saura le convaincre de reprendre leurs relations. Le premier film, généreux, de son auteur.

LA ROUTE DU CAIRE "CAIRO ROAD"
Film d'aventures de **David McDonald**, avec Eric Portman, Laurence Harvey, Maria Mauban. Grande-Bretagne, 1950 – 1 h 35.

Lorsque la police égyptienne suit la trace de trafiquants de drogue… Un film à l'action mouvementée.

LA ROUTE ENCHANTÉE
Comédie dramatique de **Pierre Caron**, avec Charles Trenet, Julien Carette, Marguerite Moréno, Aimos, Jacqueline Pacaud, Catherine Fonteney, Jeanne Fusier-Gir. France, 1938 – 1 h 20.

Un chansonnier quitte sa maison à la recherche d'un château dont il a rêvé, le trouve par hasard et y est hébergé par une comtesse dont, devenu vedette, il épousera la nièce.

LA ROUTE EST OUVERTE "THE OVERLANDERS"
Film d'aventures de **Harry Watt**, avec Chips Rafferty *(Dan McAlpine)*, John Nugent Hayward *(Bill Parsons)*, Daphne Campbell *(Mary Parsons)*, Peter Pagan *(Sinbad)*, John Fernside. • SC : H. Watt. • PH : Osmond Borradaille. • DÉC : R. Heintz. • MUS : John Ireland. Grande-Bretagne, 1946 – 1 h 40.

L'Australie du Nord en 1942. Par crainte d'un débarquement de l'armée japonaise, des fermiers quittent leurs terres, avec armes et bagages, en direction de contrées plus clémentes. Une famille, les Parsons, s'engage ainsi, avec un millier de bovins, à travers le désert du Queensland, sous la conduite d'un guide intrépide, Dan McAlpine. Le voyage sera pénible et émaillé de péripéties.

◆ *Harry Watt est un des pionniers de l'école documentariste anglaise. Cet ancien assistant de Flaherty, ayant fait ses premières armes au G.P.O., réalisa d'abord quelques sobres films de guerre. Tourné entièrement en extérieurs dans les plaines australiennes, La route est ouverte se situe à mi-chemin du reportage ethnographique et du western. Cette odyssée naturelle se refuse aux facilités du film d'aventures où le réalisateur glissera par la suite* (À l'ouest de Zanzibar, *1954). Elle retrouve un peu du souffle des grandes épopées hollywoodiennes, du type* la Caravane vers l'Ouest *ou* la Piste des géants. *C.B.*

LA ROUTE IMPÉRIALE
Comédie dramatique de **Marcel L'Herbier**, d'après le roman de Pierre Frondaie *la Maison cernée*, avec Pierre Richard-Willm, Jaque-Catelain, Kate de Nagy, Aimé Clariond, Pierre Renoir. France, 1935 – 1 h 38.

À Bagdad, un officier de l'Intelligence Service reconnaît dans l'épouse de son colonel une femme qu'il a aimée autrefois.

LA ROUTE JOYEUSE "THE HAPPY ROAD"
Comédie de **Gene Kelly**, avec Gene Kelly, Barbara Laage, Michael Redgrave, Brigitte Fossey. États-Unis, 1957 – 1 h 39.

Deux Américains, un homme et une femme, se lancent sur les routes de France pour retrouver leurs enfants respectifs qui se sont enfuis d'un collège suisse.

LES ROUTES DU SUD
Drame de **Joseph Losey**, avec Yves Montand, Miou-Miou, Laurent Malet, France Lambiotte. France, 1978 – Couleurs – 1 h 37.

Un quinquagénaire militant de la lutte antifasciste perd sa femme dans un accident de voiture. Ses rapports se tendent avec son fils. Autocritique et psychanalyse sur un scénario de Jorge Semprun.

LA ROUTE SEMÉE D'ÉTOILES "GOING MY WAY"
Comédie dramatique de **Leo McCarey**, avec Bing Crosby, Barry Fitzgerald, Frank Machugh, James Brown, Gene Lockhart. États-Unis, 1944 – 2 h 10. ★ **OSCAR du Meilleur film 1944.**

Un jeune vicaire arrive dans une paroisse et instaure des méthodes révolutionnaires, qui heurtent d'abord ses ouailles, avant de les enthousiasmer. Fraîcheur, humour, rythme et une pluie d'Oscars pour l'un des plus grands succès du cinéma américain.

▷ Voir aussi LES CLOCHES DE SAINTE-MARIE.

ROUTES EN CROIX / CARREFOURS / OMBRES SUR YOSHIWARA "JUJIRO"
Drame de **Teinosuke Kinugasa**, avec Akiko Chihaya *(la jeune fille)*, Junosuke Bando *(son frère)*, Misao Seki, Ippei Soma, Yoshie Nakagawa, Yukiko Ogawa. • SC : T. Kinugasa. • PH : Kohei Sugiyama. • DÉC : Yozo Tomonari. Japon, 1928 – 1 757 m (env. 1 h 05).

Un garçon qui vit avec sa sœur s'amourache d'une fille du quartier « chaud » de Yoshiwara pour laquelle il se bat avec un homme qu'il croit avoir tué. Blessé, il demande l'aide de sa sœur : celle-ci va trouver un détective qui cherche à abuser d'elle et qu'elle tue par erreur. Tous deux s'enfuient, puis le garçon découvre que l'homme qu'il croit avoir tué est toujours vivant et il meurt sous le choc de cette révélation.

◆ *Kinugasa poursuit ici les recherches expérimentales sur le langage filmique entreprises dans son précédent film,* Une page folle. *Présentant son histoire comme marquée par les hallucinations du garçon blessé, il déconstruit la chronologie du récit et multiplie les visions subjectives qui transforment la réalité en fantasmagorie, réel et imaginaire étant étroitement imbriqués. Projeté à Paris en 1929, le film fit sensation à cette époque où l'avant-garde était florissante. M.MN.*

ROXANNE "ROXANNE"
Comédie de **Fred Schepisi**, avec Steve Martin, Daryl Hannah. États-Unis, 1987 – Couleurs – 1 h 47.

Version américaine de *Cyrano de Bergerac* : comme Cyrano, le protagoniste est affligé d'un long nez. Pour approcher Roxanne, il se fait passer pour un autre.

ROX ET ROUKY "The Fox and the Hound"
Dessin animé d'**Art Stevens**, **Ted Berman** et **Richard Rich**, produit par les studios Walt Disney. États-Unis, 1981 – Couleurs – 1 h 25.

L'amitié d'un petit renard et d'un jeune chien de chasse triomphera de tous les obstacles. Apologie tonique de l'amitié.

ROYAL FLASH "Royal Flash"
Film d'aventures de **Richard Lester**, d'après le roman de MacDonald Fraser, avec Malcolm McDowell, Alan Bates, Florinda Bolkan, Oliver Reed. Grande-Bretagne, 1975 – Couleurs – 1 h 40.

La célèbre Lola Montès, veule et cupide, mêle à ses entreprises politiques un officier anglais, qui en profite pour dérober les diamants de la couronne de Bavière. Oliver Reed est Bismarck !

LE ROYAUME DES FÉES
Film fantastique en trente tableaux de **Georges Méliès**. France, 1903 – 335 m (env. 12 mn).

L'enlèvement d'une princesse par des démons, un château hanté et un preux chevalier qui ira jusqu'au royaume des profondeurs marines pour la sauver et l'épouser.

LA RUCHE "La colmena"
Drame psychologique de **Mario Camus**, d'après le roman de Camilo José Cela, avec José Luis Lopez Vazquez, Paco Rabal, Angela Molina. Espagne, 1983 – Couleurs – 1 h 52. ★ **Ours d'or, Berlin 1983.**

Dans les années 40 en Espagne, toute une microsociété vit en vase clos dans la plus grande pauvreté matérielle et morale.

RUDE JOURNÉE POUR LA REINE
Drame de **René Allio**, avec Simone Signoret, Jacques Debary, Olivier Perrier, Orane Demazis. France, 1973 – Couleurs – 1 h 45.

Jeanne, femme de ménage, travaille dur pour faire vivre une maisonnée indisciplinée. Inspirés de la presse et des romans-photos, ses rêves la poussent à être reine.

LA RUE "Die Strasse"
Drame de **Karl Grüne**, avec Eugen Klöpfer *(l'homme)*, Lucie Höglich *(la femme)*, Aud Egede Nissen *(la prostituée)*, Leonhard Haskel *(le souteneur)*, Anton Edthofer. • SC : K. Grüne, Julius Urgiss, d'après un projet de Carl Mayer. • PH : Karl Hasselmann. • DÉC : Karl Görge, Ludwig Meidner. Allemagne, 1923 – 2 057 m (env. 1 h 16).

Désireux un soir de changer d'air, un petit bourgeois quitte sa maison et son ménage pour découvrir la vie nocturne. Attiré par les sortilèges de la rue, il se promène dans les quartiers chauds. L'aventure survient avec une prostituée qui l'entraîne dans un tripot. Là, il perd tout ce qu'il veut ; une bagarre éclate et il y a un mort. Toute la bande veut évidemment se débarrasser du meurtre en le faisant accuser. On l'emmène à la police et, après avoir songé dans son désespoir à se suicider, il est relâché le lendemain matin. Il quitte le commissariat pour rentrer chez lui.

◆ *Sur un sujet réaliste et social, le film représente un aboutissement parfait des conceptions du Kammerspiel, cinéma tout d'intériorité alors défendu en particulier par Carl Mayer. Tournage en studio, jeu des lumières et des ombres, stylisation presque allégorique des personnages, absence d'intertitres, tout concourt à créer une atmosphère envoûtante. Temps et destin se confondent autour de quelques éléments moteurs comme : la nuit, la rue et le désir, dans un style dont l'originalité et la densité auront une influence durable sur le cinéma.* *J.-M.C.*

LA RUE "Gatan"
Mélodrame de **Gösta Werner**, d'après le roman de Nils Idström, avec Maj-Britt Nilsson, Peter Lindgren, Keve Hjelm, Stig Järrel, Marianne Löfgren. Suède, 1949 – env. 1 h 30.

Une jeune vendeuse tombe sous la coupe d'un mauvais garçon qui l'oblige à se prostituer. Elle parvient à épouser un riche jeune homme mais reprendra le chemin du trottoir.

LA RUE "Street Smart"
Comédie de **Jerry Schatzberg**, avec Christopher Reeve, Morgan Freeman, Kathy Baker, Mimi Rogers. États-Unis, 1986 – Couleurs – 1 h 37.

Poussé par son rédacteur en chef qui réclame des sujets-choc, un journaliste monte l'interview bidon d'un souteneur. Mais il est pris à son propre piège.

RUE BARBARE
Drame de **Gilles Béhat**, d'après le roman de David Goodis, avec Bernard Giraudeau, Christine Boisson, Bernard-Pierre Donnadieu. France, 1983 – Couleurs – 1 h 47.

Un homme défie l'autorité de son ancien ami devenu le chef redouté d'une bande de voyous.

RUE CASE-NÈGRES
Comédie dramatique d'**Euzhan Palcy**, avec Garry Cadenat, Darling Légitimus, Douta Seck. France, 1983 – Couleurs – 1 h 43.

En 1930, à la Martinique, une grand-mère rêve d'un avenir radieux pour son petit-fils. Chronique attachante et pleine de finesse de l'initiation à la vie d'un garçonnet.

LA RUE CHAUDE "Walk on the Wild Side"
Drame d'**Edward Dmytryk**, avec Laurence Harvey, Capucine, Jane Fonda, Barbara Stanwyck, Anne Baxter. États-Unis, 1961 – 1 h 55.

Au Texas, vers 1930, un jeune paysan tente d'arracher à la prostitution la jeune fille qu'il a aimée trois ans auparavant.

LA RUE DE LA HONTE "Akasen chitai"
Drame de **Kenji Mizoguchi**, avec Machiko Kōy *(Mickey)*, Ayako Wakao *(Yasumi)*, Michiyo Kogure *(Hanae)*, Aiko Mimasu *(Yumeko)*, Kenji Sugawara *(Eiko)*, Yasuko Kawakami *(Shizuko)*. • SC : Masashige Narusawa, d'après le livre de Yoshiko Shibaki. • PH : Kazuo Miyagawa. • DÉC : Hiroshi Mizutani. • MUS : Toshirō Mayuzumi. • MONT : Kanji Sugawara. Japon, 1956 – 1 h 21.

Au moment où un projet de loi sur la fermeture des maisons closes est en discussion, la vie quotidienne dans une de ces maisons, centrée sur cinq femmes : une mère déjà âgée qui se prostitue pour élever un fils qui lui crache son mépris au visage ; une paysanne qui croit trouver la liberté en se mariant ; une fille cupide qui en vient à exploiter à son tour ses compagnes ; une effrontée prodigue trop lucide ; une épouse qui vient travailler comme on va au bureau.

◆ *Dernière réalisation de Mizoguchi, d'un réalisme âpre éloigné des séductions de ses films historiques, c'est la somme de ses réflexions sur la place de la femme dans la société japonaise. Chacune des cinq femmes se définit par les relations d'aliénation, d'illusion ou de détachement qu'elle entretient avec l'argent dans l'exercice de sa profession. Parmi les multiples films consacrés à la prostitution, celui-ci est le plus lucide, profond et humain.* *J.M.*

LA RUE DE LA MORT "Side Street"
Film policier d'**Anthony Mann**, avec Farley Granger, Cathy O'Donnell, James Craig, Jean Hagen. États-Unis, 1949 – 1 h 23.

Ayant besoin d'argent, un jeune travailleur défavorisé dérobe la serviette d'un avocat contenant 30 000 dollars. Cet acte l'entraîne dans des aventures mouvementées.

RUE DE L'ESTRAPADE
Comédie de **Jacques Becker**, avec Daniel Gélin, Louis Jourdan, Anne Vernon. France, 1953 – 1 h 42.

Parce que son époux la trompe, une jeune femme loue un meublé rue de l'Estrapade. Un jeune musicien bohème essaie de la séduire.

RUE DES PRAIRIES
Comédie dramatique de **Denys de La Patellière**, d'après le roman de René Lefèvre, avec Jean Gabin, Claude Brasseur, Roger Dumas, Marie-José Nat, Paul Frankeur. France / Italie, 1959 – 1 h 27.

Un contremaître a beaucoup de soucis avec ses trois enfants : l'aîné est champion cycliste, sa fille est cover-girl et son cadet est né d'une aventure que sa femme a eue pendant la guerre.

LA RUÉE VERS L'OR "The Gold Rush"
Comédie de **Charlie Chaplin**, avec Charlie Chaplin *(le prospecteur)*, Georgia Hale *(Georgia)*, Mack Swain *(« Big Jim » McKay)*, Tom Murray *(Black Larsen)*, Malcolm Waite *(Jack Cameron)*, Henry Bergman, Betty Morrissey. • SC : Ch. Chaplin. • PH : Rollie Totheroh. • DÉC : Charles D. Hall. • MUS, COMM : Ch. Chaplin (pour la version sonorisée). • MONT : Mc Gham. • PR : United Artists. États-Unis, 1925 – 2 150 m (env. 1 h 15).

En Alaska, à la fin du siècle dernier, c'est la ruée vers l'or. Charlot est devenu prospecteur. Mais les conditions de vie sont terribles : le froid, la neige... et la loi du plus fort. C'est ainsi qu'il est confronté au terrible bandit Larsen dans la cabane duquel il s'est réfugié. Arrive heureusement un brave géant, McKay, qui l'aide à s'en tirer. Mais les voici isolés et mourant de faim : la bougie, les chaussures, tout leur est bon... Finalement, Charlot abat un ours et sauve ainsi sa vie car « Big Jim » était tout prêt à... le manger. De retour en ville, Charlot tombe amoureux d'une entraîneuse, Georgia, qui n'a d'yeux que pour le beau Jack. Il croit néanmoins qu'elle viendra réveillonner avec lui, mais il termine l'année tout seul, pendant que tous font la fête au saloon. Et puis, Big Jim est de retour et il a besoin de Charlot pour retrouver sa mine d'or. Les voici tous les deux riches. Sur le bateau, Charlot retrouve Georgia. Tout est bien qui finit bien...

◆ Bien plus qu'une comédie
L'un des films les plus célèbres du monde, résultat d'un an et demi de travail (on est loin des courts métrages de 1915), énorme succès financier, la Ruée vers l'or *est assurément un chef-d'œuvre, même si l'on peut regretter les violons et le ton emphatique du commentaire de la*

version sonorisée. Tout le monde a en mémoire les principaux gags du film, qui fourmille d'effets comiques. Les uns relèvent du mime et perpétuent l'image du Charlot vagabond, en particulier dans les scènes du saloon, où ils disent sa maladresse face à son rival ; mais le mime prend une dimension exceptionnelle quand il se transforme aux yeux d'un Big Jim rendu fou par la faim en poulet appétissant. D'autres renvoient à de précédentes réussites, ainsi le tangage de la cabane en équilibre sur le rocher, d'un comique aussi efficace que le repas de l'Émigrant *sur le bateau. Et puis, il y a des inventions fabuleuses : Charlot dégustant comme un vrai plat une semelle, des lacets enroulés comme des spaghettis et les clous qu'il termine comme des os de poulet ; la danse des petits pains, moment de pure poésie dans ce réveillon rêvé, qu'il anime avec une virtuosité absolue au bout de deux fourchettes. Mais, si drôle que soit le film, le terme de « comédie » ne lui convient pas vraiment et toutes les œuvres de Chaplin portent désormais un tout autre message. Bien des scènes reposent essentiellement sur l'émotion, par l'expression de sentiments fort éloignés du comique, et si une pichenette du « hasard » ne venait tout changer, les conflits s'achèveraient dramatiquement, qu'il s'agisse des luttes pour la vie en situation extrême (misère, famine, recherche de l'or) ou de la relation amoureuse, définitivement au centre de l'œuvre. Il n'est qu'à voir la mise en scène du personnage, longuement changé en statue quand il découvre son inexistence aux yeux de Georgia, et même le choix des cadrages, si souvent en plan très rapproché sur le visage et le regard, poignant, de celui qui n'est plus Charlot, mais un simple homme en proie aux sentiments universels. Derrière le rire, il y a la gravité, comme il y aura toujours, même si c'est pour une photo, le vagabond derrière le milliardaire.* J.-M.C.

LA RUÉE VERS L'OUEST "CIMARRON"

Western d'**Anthony Mann**, d'après le roman d'Edna Ferber, avec Maria Schell, Glenn Ford, Anne Baxter, Russ Tamblyn. États-Unis, 1960 – Couleurs – 2 h 20.

À la fin du siècle dernier, la ruée des pionniers lors de la répartition des terres prises aux Indiens. Une grandiose épopée signée par un maître du genre.

▷ Voir aussi CIMARRON.

LA RUELLE DU PÉCHÉ "GLORY ALLEY"

Drame psychologique de **Raoul Walsh**, avec Ralph Meeker, Leslie Caron, Kurt Kasznar, Gilbert Roland. États-Unis, 1952 – 1 h 19.

Un boxeur aime une danseuse de cabaret, dont le père s'oppose au mariage. La guerre de Corée lui permet de montrer son courage et d'épouser celle qu'il aime.

LES RUELLES DU MALHEUR

"KNOCK ON ANY DOOR"

Film policier de **Nicholas Ray**, d'après une nouvelle de Willard Motley, avec Humphrey Bogart, John Derek, George Macready. États-Unis, 1949 – 1 h 40.

Un avocat tente vainement de sauver un jeune délinquant accusé de meurtre. Le procès de la société, responsable de la délinquance.

LA RUE ROUGE "SCARLET STREET"

Drame de **Fritz Lang**, d'après le roman de Georges de La Fouchardière *la Chienne*, avec Edward G. Robinson, Joan Bennett, Dan Duryea, Jess Barker, Margaret Lindsay. États-Unis, 1945 – 1 h 43.

Un honnête homme est détruit par une fille des rues qui se joue de lui.

▷ Voir aussi LA CHIENNE.

RUE SANS ISSUE "DEAD END"

Film noir de **William Wyler**, avec Joel McCrea *(Dave)*, Sylvia Sidney *(Drina)*, Humphrey Bogart *(Baby Face Martin)*, les « Dead End Kids ». • SC : Lilian Hellman, d'après la pièce de Sidney Kingsley. • PH : Gregg Toland. • DÉC : Richard Day. • MUS : Alfred Newman. • MONT : Daniel Mandell. États-Unis, 1937 – 1 h 33.

Un caïd sur le retour, Baby Face Martin, revient dans le quartier des docks pour revoir sa mère, par nostalgie, parce qu'il se sent paumé. Son influence néfaste sur les Kids du quartier ne tarde pas à se faire sentir. Il retrouve un ami d'enfance qui a choisi une autre voie pour tâcher de s'en sortir et qu'il devra affronter.

◆ *Un immense décor unique est le théâtre de ce drame qui met l'accent sur la fatalité sociale qui mène de ce dépotoir sans issue des laissés-pour-compte d'une société de compétition à la délinquance et au crime. Bogart et McCrea représentent deux attitudes face à cet écrasant déterminisme social, l'un ayant choisi une révolte destructrice, l'autre cherchant un moyen pour que « ça aille moins mal ». Tous deux se reconnaissent dans la bande d'adolescents perdus du quartier, qui eux aussi devront choisir entre la révolte et la résignation. L'idée du film anticipe sur la recherche de la « vérité » (c'est-à-dire de la causalité) du néoréalisme italien, mais souffre d'être tourné en studio. L'un des meilleurs produits de la fructueuse collaboration Wyler-Hellman.* S.K.

LA RUE SANS JOIE "DIE FREUDLOSE GASSE"

Drame de **Georg Wilhelm Pabst**, avec Greta Garbo *(Greta Rumfort)*, Asta Nielsen *(Marie Leschner)*, Valeska Gert *(la « Greifer »)*, Werner Krauss *(le « Boucher »)*, Einar Hanson *(l'Américain)*. • SC : Will Haas, d'après la nouvelle de Hugo Bettauer. • PH : Guido Seeber, Curt Oertel. • DÉC : Hans Sohnle, Otto Erdman. Allemagne, 1925 – 3 738 m (env. 2 h 18).

Les destinées de deux femmes, Greta et Marie, à Vienne en 1920. La première, une fille entretenue qui a commis un crime d'amour pour un homme d'affaires sans scrupules, finira sur le trottoir. La seconde, fille d'un fonctionnaire ruiné, échappera à la prostitution grâce à l'amour qu'elle trouve auprès d'un jeune Américain œuvrant pour la Croix-Rouge.

◆ *Ce film connut un succès international : il révélait au monde les lendemains de la Première Guerre mondiale en Europe centrale. Bien que tourné entièrement en studio, et portant encore quelques traces de l'expressionnisme, il se démarque des autres productions allemandes de l'époque en s'éloignant de la théâtralité que les décors imposaient au sujet. Pabst pose son regard sur la rue. Il révèle au passage une nouvelle actrice, Greta Garbo. Tout est en place pour* Loulou *(avec Louise Brooks) qui suivra trois ans plus tard.* S.S.

▷ Autre version réalisée par **André Hugon**, avec Dita Parlo, Albert Préjean, Marguerite Deval, Valéry Inkijinoff, Line Noro, Paul Pauley, Pierre Alcover, Fréhel. France, 1938 – 1 h 27.

LA RUE SANS LOI
Comédie de **Marcel Gibaud**, d'après les dessins humoristiques de Dubout, avec Paul Demange, Max Dalban, Gabriello, Annette Poivre, Louis de Funès. France, 1950 – 1 h 40.

Dans le 21ᵉ arrondissement de Paris, de curieux personnages évoluent dans une série de saynètes burlesques.

LA RUE SANS NOM
Comédie dramatique de **Pierre Chenal**, d'après le roman de Marcel Aymé, avec Constant Rémy, Gabriel Gabrio, Pola Illéry, Paul Azaïs, Robert Le Vigan. France, 1933 – 1 h 22.

Les habitants d'une rue sinistre où l'on va démolir les maisons sont troublés par l'arrivée d'une jolie fille, dont le père est un ancien bagnard.

LES RUES DE FEU "STREETS OF FIRE"
Drame de **Walter Hill**, avec Michael Paré, Diane Lane, Amy Madigan, Willem Dafoe. États-Unis, 1984 – Couleurs – 1 h 38.

Un jeune mercenaire arrache une chanteuse, qui fut sa maîtresse, aux griffes d'une redoutable bande de voyous.

LE RUFFIAN
Film d'aventures de **José Giovanni**, avec Lino Ventura, Bernard Giraudeau, Claudia Cardinale. France, 1982 – Couleurs – 1 h 45.

Un baroudeur, aidé de quelques amis, tente de récupérer des caisses d'or abandonnées au pied des Rocheuses.

LE RUISSEAU
Mélodrame de **Maurice Lehmann** et **Claude Autant-Lara**, d'après la pièce de Pierre Wolff, avec Françoise Rosay, Gaby Sylvia, Michel Simon, Paul Cambo, Ginette Leclerc. France, 1938 – 1 h 40.

Une orpheline, séduite puis abandonnée par un officier de marine, sombre peu à peu dans la déchéance. Mais l'homme revient et la sauve.

▷ Autre version réalisée par : **René Hervil**, avec Louise Lagrange, Olga Day, Lucien Dalsace, Félix Oudart. France, 1928 – 2 498 m (env. 1 h 32).

LA RUMBA
Film policier de **Roger Hanin**, avec Roger Hanin, Michel Piccoli, Patachou. France, 1986 – Couleurs – 1 h 35.

Paris, 1938. Beppo, patron véreux d'un réseau de dancings, joue double jeu en aidant des réfugiés politiques.

LA RUMEUR "THE CHILDREN'S HOUR"
Drame de **William Wyler**, avec Audrey Hepburn, Shirley MacLaine, James Garner, Miriam Hopkins. États-Unis, 1961 – 1 h 45.

Victimes des calomnies d'une fillette, deux jeunes filles qui travaillent dans un collège privé perdent emploi et fiancé. L'une d'elles se suicide. Remake d'ILS ÉTAIENT TROIS (Voir ce titre).

RUNAWAY, L'ÉVADÉ DU FUTUR "RUNAWAY"
Film de science-fiction de **Michael Crichton**, avec Tom Selleck, Cynthia Rhodes. États-Unis, 1984 – Couleurs – 1 h 41.

Le sergent Ramsay est spécialisé dans la chasse aux robots « déviants » dont l'un est un assassin.

RUNAWAY TRAIN "RUNAWAY TRAIN"
Film d'aventures d'**Andrei Konchalovsky** sur un scénario d'Akira Kurosawa, avec Jon Voight, Eric Roberts, Rebecca Demornay, Kyle T. Heffner, John P. Ryan. États-Unis, 1985 – Couleurs – 1 h 51.

Deux évadés d'un pénitencier montent dans un train, mais le conducteur de celui-ci meurt et le convoi fou poursuit sa course.

RUNNING MAN "THE RUNNING MAN"
Film d'aventures de **Paul Michael Glaser**, d'après le roman de Richard Bachman [Stephen King], avec Arnold Schwarzenegger, Maria Conchita Alonso. États-Unis, 1987 – Couleurs – 1 h 41.

En proie à la dictature, les États-Unis vibrent à un jeu télévisé où des opposants au régime sont livrés en pâture à des gladiateurs meurtriers. Remake clandestin du *Prix du danger* d'Yves Boisset.

LA RUPTURE

Drame de **Claude Chabrol**, d'après le roman de Charlotte Armstrong, avec Stéphane Audran, Jean-Pierre Cassel, Michel Bouquet. France, 1970 – Couleurs – 2 h 05.

Ayant fui son mari brutal, une femme se trouve exposée à une machination destinée à lui faire perdre la garde de son enfant.

LES RUSES DU DIABLE

Drame de **Paul Vecchiali**, avec Geneviève Thénier, Jean-Claude Drouot, Michel Piccoli, Nicole Courcel. France, 1965 – 1 h 40.

Une jeune couturière reçoit tous les jours d'un correspondant anonyme un gros billet. Elle renonce à son travail, recherche son bienfaiteur, mais elle finit par sombrer dans le désespoir.

LES RUSSES ARRIVENT

"The Russians Are Coming, The Russians Are Coming"

Comédie de **Norman Jewison**, d'après le roman de Nathaniel Benchley *The Off-Islanders*, avec Carl Reiner, Eva Marie Saint, Alan Arkin, John Phillip Law. États-Unis, 1966 – Couleurs – 2 h 06.

Un sous-marin soviétique s'échoue sur une petite île près de la côte est des États-Unis. La population croit à une invasion et l'affaire prend des proportions considérables.

RUSTY JAMES "Rumble Fish"

Drame de **Francis Ford Coppola**, d'après le roman de S.E. Hinton, avec Matt Dillon, Mickey Rourke, Diane Lane, Dennis Hopper. États-Unis, 1983 – Couleurs – 1 h 34.

Un adolescent idolâtre son frère aîné, dit Motorcycle Boy, et s'attache à devenir comme lui le chef du quartier. À partir d'un canevas classique, l'auteur signe une œuvre d'une grande modernité. Un grand Coppola et un film culte.

RUY BLAS

Drame de **Pierre Billon** sur un scénario de Jean Cocteau, d'après la pièce de Victor Hugo, avec Danielle Darrieux, Jean Marais, Marcel Herrand, Gabrielle Dorziat. France, 1948 – 1 h 33.

La reine fait soupirer Ruy Blas, don César est invincible à l'épée. Une adaptation partielle et dépouillée de tout le romantisme de l'œuvre de Hugo.

S

SAADIA "Saadia"
Film d'aventures d'**Albert Lewin**, d'après le roman de Francis d'Autheville *Échec au destin*, avec Cornel Wilde, Mel Ferrer, Rita Gam, Michel Simon, Wanda Rotha. États-Unis, 1953 – Couleurs – 1 h 22.

Au Sahara, un jeune médecin français entre en conflit avec le sorcier local. Aventures, sorcellerie et vieilles coutumes berbères se mêlent dans cette lutte du bien et du mal tournée au Maroc.

SABATA "Ehi amico... c'e Sabata hai chiuso !"
Western de **Frank Kramer** [G.F. Parolini], avec Lee Van Cleef, William Berger, Frank Ressel. Italie, 1969 – Couleurs – 1 h 45.

Sabata est un aventurier à la poursuite de la grosse somme. De hold-up en récompenses et jusqu'au chantage, tous les moyens sont bons... Le premier d'une longue série de « spaghettis ».

▷ Voir aussi LE RETOUR DE SABATA et ADIOS SABATA.

▷ Autre aventure de Sabata : SABATA RÈGLE SES COMPTES "Quel maledetto giorno della resa dei conti", de **Sergio Garrone**, avec George Eastman, Anita Saxe, Bruno Corazzari. Italie, 1972 – Couleurs – 1 h 30.

LE SABLE ÉTAIT ROUGE "Beach Red"
Film de guerre de **Cornel Wilde**, avec Cornel Wilde, Rip Torn, Jean Wallace. États-Unis, 1968 – Couleurs – 1 h 45.

L'avance des « marines » dans une île du Pacifique occupée par les Japonais en 1943. Vision très réaliste des combats, avec une grande compassion pour les jeunes soldats engagés dans cette guerre.

•

LES SABLES DU KALAHARI
"Sands of the Kalahari"
Drame de **Cy Enfield**, d'après le roman de William Mulvihill, avec Stanley Baker, Stuart Whitman, Susannah York, Harry Andrews. États-Unis, 1965 – Couleurs – 2 h.

Un petit avion privé, pris dans un nuage de sauterelles, atterrit en catastrophe en plein désert. Et les voyageurs luttent pour la survie. Des images somptueuses, une production luxueuse.

SABOTAGE À BERLIN "Desperate Journey"
Film d'aventures de **Raoul Walsh**, avec Errol Flynn, Ronald Reagan, Raymond Massey, Alan Hale, Nancy Coleman. États-Unis, 1942 – 1 h 47.

Durant la guerre, des Anglais dont l'avion a été abattu en Allemagne réussissent à regagner leur pays à travers mille dangers.

SABOTEUR SANS GLOIRE "Uncertain Glory"
Comédie dramatique de **Raoul Walsh**, avec Errol Flynn, Jean Sullivan, Paul Lukas. États-Unis, 1944 – 1 h 42.

En 1943, en France occupée, un condamné à mort sauve la vie de plusieurs otages.

SABRINA "Sabrina"
Comédie de **Billy Wilder**, avec Humphrey Bogart, Audrey Hepburn, William Holden, Walter Hampden, Marcel Dalio. États-Unis, 1954 – 1 h 53.

La ravissante fille d'un chauffeur de maître aimée par deux frères richissimes... Un exceptionnel trio d'acteurs dans une comédie célèbre. Et le « look » inoubliable d'Audrey Hepburn.

SACCO ET VANZETTI "SACCO E VANZETTI"
Film historique de **Giuliano Montaldo**, avec Riccardo Cucciolla, Gian Maria Volonté, Cyril Cusak. Italie, 1971 – Couleurs – 2 h.

Reconstitution de la célèbre affaire : deux anarchistes d'origine italienne finalement exécutés en 1927 aux États-Unis, malgré une campagne d'opinion mondiale. Une grande fresque sociale.

SAC DE NŒUDS
Comédie de **Josiane Balasko**, avec Isabelle Huppert, Josiane Balasko, Farid Chopel, Daniel Russo, Jean Carmet. France, 1985 – Couleurs – 1 h 27.

Pour échapper à son mari, l'aguicheuse Rose-Marie part en cavale avec la suicidaire Anita. Une ambiance de café-théâtre pour un sujet un peu flou.

LE SAC DE ROME "IL SACCO DI ROMA"
Film d'aventures historiques de **Ferruccio Cerio**, avec Pierre Cressoy, Hélène Rémy, Vittorio Sanipoli. Italie, 1954 – 1 h 21.

Sous la Renaissance italienne, haine, amour et trahison provoquent le pillage de Rome.

SACRAMENTO "IN OLD CALIFORNIA"
Film d'aventures de **William McGann**, avec John Wayne, Binnie Barnes, Albert Dekker, Helen Parrish, Dick Purcell. États-Unis, 1942 – 1 h 28.

Le pharmacien d'une petite ville de l'Ouest se heurte à un politicien corrompu qui tente de le faire lyncher. Il réussit à fuir, mais revient quand une épidémie de typhoïde se déclare.

SACRÉE BARBAQUE "A MARVADA CARNE"
Comédie d'**André Klotzel**, avec Adilson Barros, Fernanda Torres. Brésil, 1985 – Couleurs – 1 h 20.

Un jeune homme pauvre quitte sa maison du Sud brésilien pour chercher une femme et... manger une épaisse tranche de bœuf. Il trouvera non sans mal épouse et viande !

LE SACRIFICE "ADAK"
Drame d'**Atif Yilmaz**, avec Tarik Akan, Necla Nazir, Yaman Okay, Erol Keskin, Celine Toyon. Turquie, 1978 – Couleurs – 1 h 22.

Un couple qui a fui en ville pour se marier est accusé par les chefs religieux de la sécheresse qui accable le village. Imitant le geste d'Abraham, le garçon sacrifie son bébé. Arrêté, il est condamné à la prison à vie.

LE SACRIFICE "OFFRET"
Drame psychologique d'**Andrei Tarkovski**, avec Erland Josephson *(Alexandre)*, Susan Fleetwood *(Adélaïde)*, Valérie Mairesse *(Julia)*, Allan Edwall *(Otto, le facteur)*, Gudrún S. Gisladóttir *(Maria)*, Sven Wollter *(Victor)*, Tommy Kjellqvist *(le petit garçon)*. • SC : A. Tarkovski. • PH : Sven Nykvist. • DÉC : Anna Asp. • MUS : Bach, musique japonaise et chants de bergers suédois. • MONT : A. Tarkovski, Michal Leszczylowski. • PR : Argos Films, Svenska Filminstitute. Suède / France, 1986 – Couleurs – 2 h 25. ★ **GRAND PRIX SPÉCIAL DU JURY, Cannes 1986 ; PRIX DE LA CRITIQUE INTERNATIONALE.**

Critique, journaliste et professeur réputé, Alexandre habite, dans l'île de Gotland, une maison qu'il aime beaucoup : il y vit entouré de sa femme, l'insatisfaite Adélaïde, de son petit garçon et de Martha, la fille qu'a eue Adélaïde d'un premier mariage. Le jour de son anniversaire, se produisent d'étranges événements : une guerre totale (nucléaire) est annoncée à la télévision. Terrorisé, Alexandre prie pour la première fois de sa vie et fait à Dieu la promesse de quitter tout ce qu'il aime si le péril est écarté. Le singulier facteur de la contrée, Otto, un étrange personnage qui philosophe, indique à Alexandre que sa femme de ménage, Maria, est une sorcière, et que coucher avec elle est le moyen de mettre fin à tout cela. Retourné chez lui, il se réveille le lendemain dans un monde qui a effacé jusqu'au souvenir de la menace. Il commence à accomplir sa promesse en mettant le feu à sa belle maison, puis se laisse emmener par une ambulance sans rien dire. Mais son petit garçon, qui pendant tout le film s'est tenu muet, emporte les paroles du père : « Si chacun accomplissait tous les jours, avec ténacité, une même action apparemment insignifiante, la face du monde pourrait être changée ».

◆ Un regard voilé sur les êtres et les choses
Inspiré d'une nouvelle écrite en 1984 par le réalisateur, le dernier film de Tarkovski est, à tous égards, une œuvre stupéfiante. D'abord parce que bâti sur une histoire abracadabrante, qu'il raconte avec un art de l'ambiguïté sans pareil. Ensuite parce qu'il réussit le prodige de rester aussi étrange et personnel que ses autres œuvres cent pour cent russes. Enfin parce qu'il présente une extraordinaire mixture de pensée magique et païenne (la sorcière avec laquelle il faut coucher pour conjurer la guerre) et de problématique chrétienne. À plus d'un moment, le Sacrifice, *par ses ellipses, ses non-dits, et la coexistence de réalités contradictoires, semble au bord de la schizophrénie. Il ne permet jamais de trancher entre la thèse de la réalité de la guerre et celle de la folie d'Alexandre. C'est aussi un film déjà proche de la tombe, avec un regard inoubliablement lointain et voilé sur les êtres et les choses. Cependant, le cinéaste exilé y reste fidèle à ses*

thèmes : une terre où tout semble réglé par les caprices et les sautes d'humeur du cosmos, un monde pan-féminin où il est difficile de faire régner une parole paternelle (pour être « père » aux yeux de son fils, le héros ne doit rien moins que se sacrifier et passer pour fou). La facture cinématographique de l'œuvre est elle aussi passionnante, parce qu'irréductible à une formule simple : malgré quelques plans-séquences mémorables, il est normalement découpé. Cependant les cadrages, mis au point par le réalisateur lui-même, ne cessent de marquer la présence du sol ou de la terre. L'image en couleurs, passe par toute une phase « décolorée » dans un « entre-deux » indéfinissable. Film obscur et compliqué, le Sacrifice *est cependant une œuvre profondément émouvante parce qu'elle transmet le regard d'un homme qui semble avoir été « blessé à vie », autrement dit n'avoir pu respirer au rythme de l'existence commune qu'avec une immense difficulté, par l'art, la maladie et, finalement, la mort.* *M.C.*

LES SACRIFIÉS "THEY WERE EXPENDABLE"
Film de guerre de **John Ford** et **Robert Montgomery**, avec Robert Montgomery, John Wayne, Donna Reed. États-Unis, 1945 – 2 h 15.

Héroïsme et courage guident les lieutenants américains qui commandent des vedettes lance-torpilles mouillant dans un petit port des Philippines au moment de l'attaque de Pearl Harbor.

LES SACRIFIÉS
Drame d'**Okacha Touita**, avec Miloud Khetib, Djamel Allam, Patrick Chesnais. France, 1982 – Couleurs – 1 h 40.

Alors qu'en Algérie la guerre bat son plein, une lutte fratricide oppose en France les diverses factions d'émigrés. Un film courageux, sans manichéisme aucun.

SA DERNIÈRE COURSE "SALTY O'ROURKE"
Film d'aventures de **Raoul Walsh**, avec Alan Ladd, Gail Russell, William Demarest, Bruce Cabot. États-Unis, 1945 – 1 h 37.

Sur les champs de courses, affrontement entre gangsters et bookmakers. Un des meilleurs rôles d'Alan Ladd qui distribue équitablement coups de revolver et baisers.

SA DERNIÈRE CULOTTE "LONG PANTS"
Film burlesque de **Frank Capra**, avec Harry Langdon *(Harry Shelby)*, Alma Bennett *(la vamp)*, Gladys Brockwell *(la mère)*, Al Roscoe *(le père)*, Priscilla Bonner *(Priscilla)*. • SC : Robert Eddy, Arthur Ripley. • PH : Elgin Lessley, Glenn Kershner. États-Unis, 1927 – env. 1 620 m (1 h).

À vingt ans, Harry est encore un « boy », un grand enfant. Mais il se prend pour un don Juan. On lui offre une paire de pantalons, qu'il va exhiber fièrement dans les rues de la ville. Une trafiquante de drogue le prend sous sa coupe, le détournant de la pure fiancée qu'on lui destine. Après quelques mésaventures, il reviendra, repentant, à sa paisible petite vie provinciale.

◆ *Un film « autant redevable à Harry Langdon, comique de génie au sommet de son art, qu'à Frank Capra, futur cinéaste de génie encore à la recherche de son univers » (Christian Viviani). Les gags sont construits sur mesure pour Langdon, dans l'esprit de* Plein les bottes *et de* l'Athlète incomplet. *Comme dans ces deux précédents films, l'innocence vient à bout de la malignité environnante, la rêverie éveillée a raison de la sordide réalité. La poésie est au rendez-vous à chaque détour de cette fable « mélancolique », où l'on peut voir les prémices d'une satire du « rêve américain ».* *C.B.*

SAFARI "SAFARI"
Film d'aventures de **Terence Young**, avec Victor Mature, Janet Leigh, John Justin, Roland Culver. États-Unis / Grande-Bretagne, 1956 – Couleurs – 1 h 31.

Un chasseur blanc tombe amoureux de la femme de son patron. Ce dernier sera tué au cours d'un affrontement avec les dangereux Mau-Mau qui se sont révoltés. Une histoire angoissante et envoûtante tournée au Kenya.

SAFARI DIAMANTS
Film d'aventures de **Michel Drach**, avec Marie-José Nat, Jean-Louis Trintignant, Horst Frank. France / R.F.A., 1966 – Couleurs – 1 h 30.

Un jeune dessinateur industriel abandonne sa femme et son emploi et se lie avec un gangster qui l'entraînera dans le cambriolage d'une bijouterie.

SA FEMME ET SA DACTYLO
"WIFE VERSUS SECRETARY"
Comédie de **Clarence Brown**, d'après le roman de Faith Baldwin, avec Clark Gable, Myrna Loy, Jean Harlow, May Robson, George Barbier, James Stewart. États-Unis, 1936 – 1 h 28.

Un éditeur vit entre une femme qu'il aime tendrement et une secrétaire dont les services lui sont indispensables.

SAFRANA ou LE DROIT À LA PAROLE
Drame politique de **Sidney Sokhona**, avec Denis Parichon, John Osseini, Bouba Touré, Jean-Baptiste Tiémélé. France, 1978 – Couleurs – 1 h 45.

L'itinéraire de quatre travailleurs africains qui quittent Paris pour tenter l'expérience d'une formation agricole auprès de paysans français. Leurs conditions d'existence et leurs motivations.

SAHARA "SAHARA"
Drame de **Zoltan Korda**, avec Humphrey Bogart, Bruce Bennett, Lloyd Bridges, Rex Ingram, J. Carrol Naish, Dan Duryea. États-Unis, 1943 – 1 h 37.

Durant la guerre de Libye, des soldats de différentes nationalités, épuisés, sont recueillis par un sergent américain et résistent à l'assaut des Allemands. Un des rôles préférés d'Humphrey Bogart.

▷ Remake sous forme de western : LE SABRE ET LA FLÈCHE "THE LAST OF THE COMANCHES", d'**André De Toth**, avec Broderick Crawford, Barbara Hale, Lloyd Bridges, Martin Milner. États-Unis, 1953 – Couleurs – 1 h 25.

SAHARA "SAHARA"
Film d'aventures d'**Andrew V. McLaglen**, avec Brooke Shields, Lambert Wilson, Horst Buchholz. États-Unis, 1983 – Couleurs – 1 h 44.

Une jeune aventurière intrépide est enlevée par le séduisant chef d'une tribu saharienne.

SAILOR ET LULA "WILD AT HEART"
Film policier de **David Lynch**, avec Nicolas Cage, Laura Dern, Diane Ladd, Willem Dafoe, Harry Dean Stanton, Isabella Rossellini. États-Unis, 1990 – Couleurs – 2 h 07.
★ **PALME D'OR, Cannes 1990.**

Sailor et Lula s'aiment d'amour fou. La mère de Lula en conçoit de la jalousie et met un tueur aux trousses des deux amants. D'autres malfrats, d'autres marginaux, s'intègrent à cette course ponctuée de scènes violentes et qui se termine comme un récit à l'eau de rose. Le style hyper-sophistiqué de David Lynch, son goût de l'extrême, ses morceaux de bravoure ont impressionné les jurés de Cannes.

SAINTE JEANNE "SAINT JOAN"
Biographie romancée d'**Otto Preminger**, d'après la pièce de George Bernard Shaw, avec Jean Seberg, Richard Widmark, Richard Todd, Anton Walbrook. États-Unis, 1957 – 1 h 50.

La vie de Jeanne d'Arc revue et corrigée par un scénario de Graham Greene. Les débuts à l'écran de Jean Seberg face à Richard Widmark qui personnifie le roi Charles VII.

SAINT MICHEL AVAIT UN COQ
"SAN MICHELE AVEVA UN GALLO"
Film politique de **Paolo** et **Vittorio Taviani**, avec Giulio Brogi *(Giulio Ranieri)*, Renato Scarpa *(Battistrada)*, Vittorio Fantoni *(Ruffini)*. • SC : P. et V. Taviani, d'après une nouvelle de Tolstoï. • PH : Mario Masini. • MUS : Benedetto Ghiglia. • MONT : Roberto Perpignani. Italie, 1971 – Couleurs – 1 h 30.

À la fin du XIXe siècle, le jeune anarchiste Giulio Ranieri est condamné à mort pour avoir mené des actions révolutionnaires. Sa peine étant commuée en réclusion à perpétuité, il organise sa vie comme s'il n'avait jamais cessé d'être libre. Mais, au bout de dix ans, il se rend compte que sa lutte a été inutile.

◆ *Idéaliste, le héros des frères Taviani (qui étaient encore quasiment inconnus à l'époque) représente un peu le révolutionnaire de notre temps, généreux mais irréaliste : son action n'était guère compatible avec les faits de société, son sacrifice a été vain. La fable politique et militante devient amère. Admirablement filmé et joué.* *B.B.*

LES SAINTS INNOCENTS
"LOS SANTOS INOCENTES"
Drame de **Mario Camus**, avec Alfredo Landa, Francisco Rabal, Terele Pavez, Juan Diego. Espagne, 1984 – Couleurs – 1 h 45.

La vie difficile de métayers dans une région aride de l'Espagne des années 60. Leur soumission à des propriétaires qui règnent en maîtres absolus, puis la révolte meurtrière de l'un d'eux.

SAÏPAN "HELL TO ETERNITY"
Film de guerre de **Phil Karlson**, avec Jeffrey Hunter, Vic Damone, Patricia Owens, Sessue Hayakawa, Richard Eyer. États-Unis, 1960 – 2 h 12.

Durant la Seconde Guerre mondiale, la conquête de l'île japonaise de Saïpan par les troupes américaines, à travers l'héroïque destinée d'un jeune orphelin.

LES SAISONS DU CŒUR "PLACES IN THE HEART"
Drame de **Robert Benton**, avec Sally Field, John Malkovich, Danny Glover, Ed Harris. États-Unis, 1984 – Couleurs – 1 h 52.

1935. Après la mort de son mari, Edna Spalding est obligée d'exploiter elle-même la ferme avec l'aide d'un vagabond noir, Moze, et d'un aveugle. Un romanesque sobre pour un sujet fort et beau.

LES SAISONS DU PLAISIR
Comédie de **Jean-Pierre Mocky**, avec Charles Vanel, Denise Grey, Jacqueline Maillan, Bernadette Lafont, Darry Cowl. France, 1987 – Couleurs – 1 h 28.

Les rivalités et les instincts sexuels se déchaînent à l'occasion du séminaire où un parfumeur centenaire doit désigner son successeur. Jeu de massacre où Mocky cultive l'incongruité.

SAIT-ON JAMAIS ?
Drame de **Roger Vadim**, avec Françoise Arnoul, O.E. Hasse, Robert Hossein, Christian Marquand. France / Italie, 1957 – Couleurs – 1 h 36.

À Venise, un baron et un truand se disputent un magot et une belle et sensuelle jeune femme.

SALAAM BOMBAY ! "SALAAM BOMBAY !"
Drame de **Mira Nair**, avec Shafi Syed, Hansa Vithal, Chanda Sharma, Raghbir Yadav. Inde, 1988 – Couleurs – 1 h 53. ★ **CAMÉRA D'OR, Cannes 1988.**

Interprété par de jeunes acteurs, le portrait d'une ville cruelle et de ses enfants abandonnés à eux-mêmes, livrés à leur solitude, leur misère et leur peur.

LE SALAIRE DE LA PEUR
Drame psychologique d'**Henri-Georges Clouzot**, avec Yves Montand *(Mario)*, Charles Vanel *(M. Jo)*, Folco Lulli *(Luigi)*, Peter Van Eyck *(Bimba)*, Véra Clouzot *(Linda)*, William Tubbs *(O'Brien)*, Dario Moreno *(Hernandez)*, Jo Dest *(Smerloff)*. • SC : H.-G. Clouzot, d'après le roman de Georges Arnaud. • PH : Armand Thirard. • DÉC : René Renoux. • MUS : Georges Auric. • MONT : Madeleine Gug, Henri Rust. France, 1953 – 2 h 11. ★ **PALME D'OR, Cannes 1953.**

Dans un village désertique d'Amérique centrale, brûlé par le soleil, quatre aventuriers acceptent, pour une prime de quatre mille dollars, de transporter sur cinq cents kilomètres de la nitroglycérine. Un voyage dangereux durant lequel tous périront.

◆ *L'un des plus célèbres films du cinéma français. Il fit l'objet d'un remake en 1976 (Voir* LE CONVOI DE LA PEUR*). Récit âpre et violent rigoureusement mis en scène par le plus noir des réalisateurs français. L'atmosphère étouffante, angoissante, et le danger constant dans lequel évoluent les personnages en font un film spectaculaire et universel.* J.-C.S.

LE SALAIRE DU DIABLE
"SEEDS OF WRATH / MAN IN THE SHADOW"
Film d'aventures de **Jack Arnold**, avec Jeff Chandler, Orson Welles, Colleen Miller. États-Unis, 1957 – 1 h 20.

L'affrontement violent entre un shérif et le propriétaire d'un ranch où a été commis un meurtre. Style net, rapide et concis.

LE SALAIRE DU PÉCHÉ
Mélodrame de **Denys de La Patellière**, d'après le roman de Nancy Ruthledge, avec Danielle Darrieux, Jean-Claude Pascal, Jeanne Moreau. France, 1956 – 1 h 42.

À La Rochelle, un petit journaliste ambitieux assassine son beau-père pour jouir de sa fortune. D'exceptionnels comédiens.

LA SALAMANDRE
Étude psychologique d'**Alain Tanner**, avec Bulle Ogier *(Rosemonde)*, Jean-Luc Bideau *(Pierre)*, Jacques Denis *(Paul)*. • SC : A. Tanner, John Berger. • PH : Renato Berta, Sandro Bernardoni. • MUS : Patrick Moraz. • MONT : Brigitte Sousselier, Marc Blavet. • PR : Svociné. Suisse, 1971 – 2 h 03.

Rosemonde, jeune fille qui débarque à Genève, survit en passant d'un emploi à un autre. Elle habite chez un oncle, lequel se blesse en nettoyant son fusil. Rosemonde est accusée d'avoir tiré sur l'oncle. Deux amis, Pierre et Paul, l'un journaliste et l'autre poète, sont chargés d'écrire un scénario à partir de ce fait divers. Pierre enquête sur le personnage et joue de la séduction pour en savoir plus sur Rosemonde. Paul préfère imaginer, recomposer le personnage et son histoire selon ses intuitions. Les deux méthodes s'opposent et le scénario n'aboutira pas : Rosemonde, personnage vivant et libre, échappe au schéma trop sociologique de Pierre et à la trame romanesque sortie tout droit de l'imagination de Paul.

◆ Une irréductible liberté
Si le film débute comme un policier – avec au centre une énigme : Rosemonde a-t-elle tiré ? –, il prend vite un autre chemin, plus proche de Brecht que de Dashiell Hammett. À partir de l'analyse d'un fait divers presque anodin, Tanner explore à fond un personnage de femme qui échappe aux codes traditionnels de la culture ou de la conscience idéologique véhiculés par le cinéma militant post-68. Rosemonde est une représentante typique de la culture non politique, musicale, marginale, en rébellion face aux codes sociaux dominants. Elle échappe au langage, elle refuse l'autorité, le savoir, et subit le travail comme une contrainte. On se souvient, entre autres, de la fameuse scène où, vendeuse dans un magasin de chaussures, Rosemonde se met à caresser les jambes de ses clients, ce qui motive son renvoi. Face à Rosemonde, Tanner met en scène deux personnages masculins qui couvrent tout le spectre idéologique des années politiques. D'un côté, Pierre (Jean-Luc Bideau), journaliste exubérant, libre, généreux, ouvert sur le monde : il est celui qui va mener l'enquête sur le cas Rosemonde. De l'autre, Paul (Jacques Denis), plus poète et replié sur des valeurs familiales. Si Pierre est du côté de la réalité, donc du documentaire, Paul est tout entier du côté de l'écriture, de l'imaginaire, donc de la fiction. On retrouve à travers eux les deux courants du cinéma de Tanner, qui côtoya le « Free Cinema » anglais de la fin des années 50, avant de faire ses débuts dans le cinéma de reportage pour le compte de la télévision suisse. L'usage de la voix off *accentue l'effet de distanciation voulu par Tanner, et le per-*

sonnage de Rosemonde, cerné par le regard de la caméra et par la double enquête des personnages masculins, échappait totalement à l'emprise d'un regard objectif. On retiendra également de la Salamandre *ses ruptures de ton, ses effets de montage dans le récit, sa liberté de langage et son humour. Et ce qui est le plus important peut-être : la formidable interprétation de Bulle Ogier, qui fut pour beaucoup dans le succès du film.* S.T.

LA SALAMANDRE D'OR
Film d'aventures de **Maurice Regamey**, avec Jean-Claude Pascal, Madeleine Robinson, Scilla Gabel. France / Italie, 1963 – Couleurs – 1 h 42.

En 1525, François Ier est fait prisonnier par Charles Quint. Antoine de Montpezat, écuyer du roi, est chargé de faire parvenir une rançon de deux millions d'écus. Il réussira, malgré la trahison du perfide gouverneur du Languedoc.

SALAM CINEMA "SALAM CINEMA"
Documentaire de **Moshen Makhmalbaf**, avec Azadeh Zangeneh, Matyam Keyhan, Feyzolah Ghashghai, Shaghayegh Djodat. Iran, 1995 – Couleurs – 1 h 15.

C'est le film d'un casting en Iran : pour être choisi, chacun est prêt à toutes les bassesses, à toutes les cruautés. Le metteur en scène se montre sadique à souhait... mais il est bien secondé par ses victimes dès qu'il leur donne l'occasion d'en humilier d'autres.

LES SALAUDS VONT EN ENFER
Film d'aventures de **Robert Hossein**, avec Marina Vlady, Henri Vidal, Serge Reggiani, Robert Hossein. France, 1956 – 1 h 31.

Deux prisonniers évadés, dont l'un est un mouchard, trouvent « refuge » dans une cabane isolée où une femme machiavélique va les dresser l'un contre l'autre... La première réalisation de Robert Hossein.

SALE RÊVEUR
Drame de **Jean-Marie Périer**, avec Jacques Dutronc, Lea Massari, Jean Bouise, Maurice Bénichou. France, 1978 – Couleurs – 1 h 30.

Un marginal de trente-deux ans vit une vie imaginaire, calquée sur celle des héros de cinéma qu'il idolâtre. Mais « la vraie vie est ailleurs », et Jérôme l'apprendra à ses dépens.

SALE TEMPS POUR UN FLIC "CODE OF SILENCE"
Film policier d'**Andy Davis**, avec Chuck Norris, Henry Silva, Bert Remsen. États-Unis, 1984 – Couleurs – 1 h 38.

Règlements de comptes et intervention policière chez des trafiquants de cocaïne.

LA SALLE DE BAIN
Comédie dramatique de **John Lvoff**, d'après le roman de Jean-Philippe Toussaint, avec Tom Novembre, Gunilla Karlzen, Jiri Stanislav. France, 1989 – 1 h 31.

Un jeune homme s'installe dans la salle de bain de son appartement, malgré l'inquiétude de sa compagne et de son entourage. Puis il emménage dans un hôtel de Venise... En noir et blanc, volontiers surexposé, un film qui a été qualifié de « moderne ».

SALLY, FILLE DE CIRQUE "SALLY OF THE SAWDUST"
Comédie dramatique de **David Wark Griffith**, d'après une pièce de Dorothy Donnelly, avec Carol Dempster, W.C. Fields, Alfred Lunt, Erville Alderson. États-Unis, 1925 – 2 897 m (env. 1 h 47).

À la mort de son mari, artiste de cirque, une femme rejetée par ses parents confie sa fille à un sympathique charlatan. Poursuivi par un juge, il finira par révéler que sa protégée est la propre petite-fille du magistrat.
▷ Voir aussi POPPY.

SALOMÉ "SALOME WHERE SHE DANCED"
Film d'aventures de **Charles Lamont**, avec Yvonne De Carlo, Rod Cameron, David Bruce. États-Unis, 1945 – Couleurs – 1 h 30.

Durant la guerre entre la Prusse et l'Autriche, une danseuse suspectée d'être une espionne s'enfuit en Amérique. Un bon film d'aventures destiné à mettre en valeur, grâce au Technicolor, la beauté d'Yvonne De Carlo.

SALOMÉ "SALOME"
Drame biblique de **William Dieterle**, avec Rita Hayworth, Stewart Granger, Charles Laughton, Judith Anderson, sir Cedric Hardwicke. États-Unis, 1953 – Couleurs – 1 h 43.

L'an 30, à Rome et en Galilée, la princesse Salomé aime un centurion qui la convertit à la nouvelle religon. Une distribution éclatante pour un film spectaculaire où Rita Hayworth exécute la « danse des sept voiles » non pour obtenir la tête de Jean-Baptiste, mais pour la sauver !

▷ Autres versions réalisées notamment par : **Stuart Blackton**, avec Florence Lawrence. États-Unis, 1908. **Gordon Edwards**, avec Theda Bara. États-Unis, 1918. **Léonce Perret**, avec Hole Hampton. États-Unis, 1920. **Charles Bryant**, avec Alla Nazimova. États-Unis, 1922. **Carmelo Bene**, avec Veruschka, Donyale Luna, Lydia Mancinelli. Italie, 1974 – Couleurs – 1 h 20.

SALOMON ET LA REINE DE SABA
"SOLOMON AND SHEBA"
Film d'aventures bibliques de **King Vidor**, avec Gina Lollobrigida, Yul Brynner, George Sanders, Marisa Pavan, David Farrar. États-Unis, 1959 – Couleurs – 2 h 19.

Outre les combats entre Israélites et Égyptiens, le film retrace l'histoire d'amour entre la reine de Saba et le roi Salomon.

LE SALON DE MUSIQUE "JALSAGHAR"
Drame de **Satyajit Ray**, avec Chabbi Biswas *(Roy)*, Padma Devi *(son épouse)*, Ganga Pada Basu *(Ganguli)*, Pinaki Sen Gupta *(Kohka)*, Kamli Sarkar, Tulsi Lahari. • SC : S. Ray, d'après le roman de Tarashankar Bannerjee. • PH : Subrata Mitra. • DÉC : Bansi Chandragupta. • MUS : Ustad Vilayat Khan. • MONT : Dulal Dutta. Inde, 1958 – 1 h 40.

Malgré l'état précaire de ses finances, Roy, vieil aristocrate, organise des fêtes somptueuses dans son palais, tant par passion de la musique que pour tenir son rang face à l'usurier Ganguli. La mort accidentelle de sa femme et de son fils unique, Kohka, le plonge dans le désespoir. Après un ultime concert de gala, seul et ruiné, il meurt, emporté par le galop de son cheval, sous les yeux de ses deux derniers serviteurs fidèles.

◆ *Ce film, d'une grande beauté, est animé d'une tension interne entre deux mondes, deux époques, deux cultures. Ray, ici, décrit la déchéance d'une classe qui a su susciter une beauté (danse et musique) qu'il restitue dans des images superbes, mais qui, attachée au prestige et à l'apparat, s'est fermée à l'avenir et meurt de ses contradictions. Son regard, lucide, n'est pas plus tendre à l'égard de la bourgeoisie d'argent montante et occidentalisée.* J.M.

SALO OU LES 120 JOURNÉES DE SODOME
"SALÒ O LE 120 GIORNATE DI SODOMA"
Drame de **Pier Paolo Pasolini**, avec Paolo Bonacelli *(le duc)*, Giorgio Cataldi *(l'évêque)*, Uberto P. Quintavalle *(Curval)*, Aldo Valletti *(Durcet)*, Hélène Surgère, Sonia Saviange, Caterina Boratto. • SC : P.P. Pasolini, Sergio Citti, d'après l'œuvre du marquis de Sade. • PH : Tonino Delli Colli. • DÉC : Dante Ferretti. • MUS : Ennio Morricone. • MONT : Nino Baragli. Italie / France, 1975 – Couleurs – 1 h 57.

Vers 1944-45, dans la république de Salò, quatre notables fascistes décident de passer cent vingt journées dans une villa pour y assouvir leurs fantasmes pervers. Ils font enlever huit jeunes femmes et huit jeunes hommes qui doivent se plier à leurs exigences, organisées en trois « cercles » : des passions, de la merde et du sang. Trois « historiennes » les excitent par leurs récits.

◆ *Extrêmement controversée à sa sortie, l'ultime œuvre de Pasolini prend le contre-pied de sa « trilogie de la vie », qui exaltait la libération de l'instinct et de la sexualité. Il décrit une descente aux enfers dans un univers où ne règnerait que la loi du plaisir, soumis à la fantaisie des puissants. Il réalisa un film-limite, « messe noire » à l'opposé absolu de tout érotisme, unique dans l'histoire du cinéma : insupportable, impensable, irrécupérable.* J.M.

SALTO "SALTO"
Drame psychologique de **Tadeusz Konwicki**, avec Zbigniew Cybulski *(Kowalski)*, Gustaw Holoubek *(l'hôte)*, Marta Lipinska *(Helena)*, Irena Laskowska *(Cecylia)*. • SC : T. Konwicki. • PH : Kurt Weber. • MUS : Wojciech Kilar. Pologne, 1965 – 1 h 50.

D'un train en marche descend un homme. Il erre à travers la campagne et débarque dans un village. Là, il diffuse la bonne parole – la sienne –, prophétise, met à nu les cœurs et joue les trouble-fête. Au cours d'une séance de danse et de transe collectives, le prophète est démasqué. Il se sauve et reprend le train en marche.

◆ *On retrouve ici un thème cher à Konwicki, celui de l'errance d'un héros chargé de son passé, de ses hantises et de ses nostalgies. Héros dont l'obstination à rappeler aux autres l'essentiel gêne et entraîne rejet et isolement. Film illustratif de la période de la « petite stabilisation », c'est-à-dire de l'émergence des préoccupations individuelles et du refus de solutions uniquement politiques. Fable hermétique à qui n'est pas polonais sur la jouissance du pouvoir.* A.K.

SALUT À LA FRANCE "SALUTE TO FRANCE"
Film de propagande de **Jean Renoir**, avec Claude Dauphin. États-Unis, 1944 – 35 mn.

Le film est destiné à expliquer aux troupes anglo-américaines pourquoi la France est en guerre avec l'Allemagne et pourquoi elle vaincra l'agressivité d'Hitler. Claude Dauphin interprète de multiples personnages : soldat, employé, intellectuel, ouvrier...

SALUT, LA BAVIÈRE "SERVUS BAYERN"
Comédie dramatique d'**Herbert Achternbusch**, avec Annamirl Bierbichler, Herbert Achternbusch, Heinz Braun. R.F.A., 1977 – Couleurs – 1 h 24.

Parce que le braconnage ne lui fait plus plaisir, que son amie tombe amoureuse d'un chasseur, qu'un reporter le persécute et que son inspiration l'a quitté, un écrivain fuit sa Bavière natale.

SALUT L'AMI, ADIEU LE TRÉSOR !
"WHO FINDS A FRIEND, FINDS A TREASURE"
Film d'aventures de **Sergio Corbucci**, avec Terence Hill, Bud Spencer, John Fujoka. États-Unis, 1981 – Couleurs – 1 h 48.

Autour d'une île au trésor, et pour la possession d'un fabuleux butin, diverses bandes de malfaiteurs et de pirates s'affrontent, jusqu'au rétablissement final de la « justice » et du « bon droit ».

SALUT LA PUCE

Comédie de **Richard Balducci**, avec Jean Lefèbvre, Jean-Marie Proslier, Georges Géret. France, 1982 – Couleurs – 1 h 35.

Un batelier mythomane, la cinquantaine, rêve d'îles lointaines mais a bientôt maille à partir avec la police parisienne.

SALUT L'ARTISTE

Comédie d'**Yves Robert**, avec Marcello Mastroianni, Françoise Fabian, Jean Rochefort, Carla Gravina. France, 1973 – Couleurs – 1 h 36.

Un comédien de second plan multiplie les « pannes » en attendant le rôle de sa vie. Sa vie privée est semée d'embûches. Un hommage savoureux aux artistes qui ne seront jamais des stars.

SALVADOR "SALVADOR"

Drame d'**Oliver Stone**, avec James Woods, Jim Belushi, John Savage, Elpedia Carrillo. États-Unis, 1985 – Couleurs – 1 h 55.

Un journaliste tombé dans la misère doit réaliser un grand reportage pour rétablir sa situation financière. La guerre civile du Salvador en est l'occasion.

SALVATORE GIULIANO "SALVATORE GIULIANO"

Film politique de **Francesco Rosi**, avec Frank Wolff *(Gaspare Pisciotta)*, Salvo Randone *(le président de la cour d'assises)*, Federico Zardi *(l'avocat de Pisciotta)*, Pietro Cammarata *(Salvatore Giuliano)*. • SC : F. Rosi, Suso Cecchi D'Amico, Enzo Provenzale, Franco Solinas. • PH : Gianni Di Venanzo. • DÉC : Sergio Canevari, Carlo Egidi. • MUS : Piero Piccioni. • MONT : Mario Serandrei. • PR : Franco Cristaldi et Lionello Santi (Lux-Vides-Galatea). Italie, 1961 – 1 h 47.

Montelepre, en Sicile, le 5 juillet 1950. Le « bandit bien-aimé » Salvatore Giuliano a été tué. Par qui ? La foule se rassemble, tandis que la police examine les lieux et que des journalistes glanent des renseignements. Plus tard, à Castelverano, la police enquête sur la mort du bandit, dont on apprend qu'il volait les riches au profit des pauvres. Dans le cimetière, la mère de Giuliano est mise en présence du cadavre de son fils. D'autres scènes encore, aussi fragmentées, elliptiques, précèdent le long procès de Viterbe, où l'on tentera de faire la lumière sur les circonstances de la disparition du bandit, sur les rôles respectifs tenus par ses lieutenants et, notamment, le premier d'entre eux Gaspare Pisciotta, sur la signification du phénomène Giuliano, sur la place de la maffia dans la Sicile de l'immédiat après-guerre, et ses liens avec les pouvoirs légaux.

◆ L'apparition du film-dossier

Salvatore Giuliano *fonde en même temps une méthode, celle du film-dossier, et un genre, le film politique, fréquemment adopté durant les années 1960-1970, qui connaîtra un développement exceptionnel en Italie, sans qu'aucun autre cinéaste, d'ailleurs, n'égale l'intelligence, la complexité, la profondeur des productions de Francesco Rosi.* Salvatore Giuliano *contient en effet en germe les films à venir de Rosi, dont toute l'œuvre s'organise autour d'une réflexion sans cesse réitérée, approfondie, diversifiée, sur le pouvoir, la réalité de son exercice sous les apparences, en Italie d'abord, mais ensuite, de plus en plus largement, dans tout le monde méditerranéen et jusque dans la Colombie de Gabriel García Márquez (*Chronique d'une mort annoncée, *1987). C'est sur la condition originale, marginale, réprouvée du «* Mezzogiorno *», étudiée à travers le phénomène de la maffia que se concentre* Salvatore Giuliano, *le contraire d'une biographie, puisque le rôle-titre n'y apparaît que comme un cadavre ou une silhouette dont on part et auxquels on revient inlassablement, dans une construction en spirale qui dévoile progressivement les forces économiques, sociales, politiques ayant suscité, manipulé, puis éliminé le phénomène. Le film est construit autour de deux axes : le procès de Viterbe, où sont dévoilées les compromissions du pouvoir politique, administratif, judiciaire ; le cadavre de Giuliano, qui mobilise l'émotion du spectateur et lui montre les faits, dans le désordre, que l'enquête va relier et expliquer. D'une émotion suscitée autour du cadavre et du mythe de Giuliano, on va évoluer vers une analyse, que la construction savamment éclatée du récit tend à dédramatiser. On aurait tort, toutefois, d'imaginer que la méthode de Rosi consiste à juxtaposer cinéma d'émotion et cinéma documentaire.* Salvatore Giuliano, *film épique au sens brechtien du terme, possède une profonde unité stylistique, mais le style n'existe pas en soi : il a une raison fonctionnelle. Il est dicté par la réalité dont le film s'inspire. Héritier à parts égales des deux plus brillants représentants du néoréalisme, Visconti et Rossellini, Rosi préserve l'émotion, tout en la distanciant, pour laisser le champ libre à la réflexion.* *M.S.*

SA MAJESTÉ DES MOUCHES "LORD OF THE FLIES"

Drame de **Peter Brook**, d'après le roman de William Golding, avec James Aubrey, Tom Chapin, Hugh Edwards. Grande-Bretagne, 1963 – 1 h 31.

À la suite d'un accident d'avion, plusieurs enfants se retrouvent livrés à eux-mêmes sur une île déserte. Ils s'organisent en deux clans rivaux, et retombent dans un état proche de la sauvagerie.

SA MAJESTÉ EST DE SORTIE

"THE KING STEPS OUT"

Mélodrame de **Josef von Sternberg**, d'après l'opérette d'Ernst et Herbert Mariscka, avec Grace Moore, Franchot Tone, Walter Connolly, Raymond Walburn. États-Unis, 1936 – 1 h 25.

La jeune fille d'un duc, dont la sœur aînée doit épouser le futur empereur François-Joseph, tombe amoureuse de celui-ci. Elle deviendra, après bien des coups de théâtre, héritière du trône d'Autriche, tandis que sa sœur se consolera en épousant un jeune officier. (Voir aussi SISSI).

SAMBA TRAORE

Comédie dramatique d'**Idrissa Ouedraogo**, avec Bakary Sangaré, Mariam Kaba, Abdoulaye Komboudri. France/Burkina-Faso, 1992 – Couleurs – 1 h 25.

Samba Traoré se réfugie dans son village avec le butin d'un cambriolage qu'il a commis à la ville. Il en fait profiter sa famille, son entourage et les gens du village mais le remords le ronge… Une mise en scène dépouillée et efficace au service d'une histoire simple et émouvante.

SAMEDI SOIR ET DIMANCHE MATIN

"SATURDAY NIGHT AND SUNDAY MORNING"

Chronique sociale de **Karel Reisz**, avec Albert Finney *(Arthur Seaton)*, Shirley Ann Field *(Doreen Gretton)*, Rachel Roberts *(Brenda)*, Hylda Baker *(tante Ada)*, Norman Rossington *(Bert)*. • SC : Alan Sillitoe, d'après son roman. • PH : Freddie Francis. • DÉC : Ted Marshall. • MUS : John Dankworth. • MONT : Seth Holt. • PR : Harry Saltzman, Tony Richardson (Woodfall Films). Grande-Bretagne, 1960 – 1 h 30 ★ **GRAND PRIX du festival de Mar del Plata 1961.**

Au cœur du Pays noir, à Nottingham, Arthur Seaton – jeune tourneur dans une usine de bicyclettes – travaille avec acharnement pour se payer du bon temps, le week-end venu, et oublier la monotonie de son dur labeur. Chaque samedi soir, il se rend au pub, y retrouve sa maîtresse Brenda – la femme du contremaître de l'équipe de nuit – s'y saoule et termine la nuit chez elle. Le dimanche, avec son cousin, il va à la pêche au bord du canal et parle des filles, du mariage : « On se range et après on claque ». Première entorse au rituel hebdomadaire : la rencontre de la jolie Doreen. Premier ennui sérieux : la grossesse de Brenda. Avec son accord, il l'emmène chez sa tante « faiseuse d'anges » ; l'intervention échoue. Deux soldats – amis du mari jaloux – lui administrent une sévère correction. Désemparé, Arthur cède au charme dévoreur de Doreen et lui propose le mariage. Un jour, sur la colline surplombant la ville, ils font des projets. Parmi les habitations alignées, Doreen voit sa future maison avec salle de bains. Arthur, d'un geste rageur, lance sur ce paysage une pierre et un retentissant : « J'en jetterai d'autres encore ».

◆ Un univers fermé

À l'époque où triomphent le Docteur Jivago, Lawrence d'Arabie, le Pont de la Rivière Kwai, *quantité de* James Bond *et de films d'épouvante, la nouvelle société Woodfall Films – fondée par John Osborne et Tony Richardson – produit* Samedi soir et dimanche matin – *premier long métrage d'un membre actif du groupe « Free Cinema » et réalisateur inconnu du grand public. À l'étonnement général, le film est le plus grand succès commercial de l'année. Couronné par la British Film Academy Award, il reçoit le Grand Prix du festival de Mar del Plata. La critique internationale découvre l'existence du « Free Cinema ». En dehors des circuits tout-puissants de la Rank et de l'ABC, une nouvelle génération de cinéastes, reprenant à son compte la démarche de l'« école documentariste », jette sur l'Angleterre contemporaine un regard neuf, dérangeant et même irrespectueux. Sur l'admirable scénario d'Alan Sillitoe, adapté de son propre roman, avec la complicité de l'opérateur Freddie Francis, Karel Reisz recrée l'environnement morne et lugubre des cités ouvrières des Midlands, sans pittoresque populiste et sans complaisance misérabiliste. Avec une grande tendresse pour son héros, il montre la transformation de la révolte d'un ouvrier de 23 ans en un combat solitaire : celui d'un non-aligné. Arthur Seaton flaire le piège du nouvel ordre économique et mesure l'illusoire séduction de la société de consommation : « Ne vous laissez pas broyer par ces gangsters ». À contre-courant, son refus traduit intuitivement la critique marcusienne de la « société fermée », anticipe le mouvement de 68 et le fameux slogan « métro, boulot, dodo ». Qu'est devenu, dans l'Angleterre thatchérienne, un homme de sa trempe ? Lui reste-t-il quelques pierres en réserve ?* *A.K.*

SA MEILLEURE CLIENTE

Comédie de **Pierre Colombier**, avec Elvire Popesco, René Lefèvre, Hélène Robert, Marcelle Monthil, André Lefaur. France, 1932 – 1 h 27.

Une femme et son jeune amant montent un institut de beauté spécialisé dans le rajeunissement. Pour convaincre les clientes des effets étonnants de la cure, elle se fait passer pour sa mère !

SAMMY ET ROSIE S'ENVOIENT EN L'AIR
"SAMMY AND ROSIE GET LAID"
Comédie dramatique de **Stephen Frears**, avec Shashi Kapoor, Frances Barber, Claire Bloom. Grande-Bretagne, 1987 – Couleurs – 1 h 40.

Un ancien ministre pakistanais retourne à Londres sur les traces de sa jeunesse afin de reconquérir l'affection de son fils. Mais les choses ont bien changé...

LE SAMOURAÏ
Film policier de **Jean-Pierre Melville**, avec Alain Delon *(Jeff Costello)*, Nathalie Delon *(Jeanne)*, François Périer *(le commissaire)*, Cathy Rosier *(Valérie)*. • SC : J.-P. Melville, avec la collaboration de Georges Pellegrin, d'après le roman de Joan MacLeod *The Ronin*. • PH : Henri Decae. • DÉC : François de Lamothe. • MUS : François de Roubaix. • MONT : Monique Bonnot, Yolande Maurette. • PR : CICC-Filmen (Paris) / Fida (Rome). France, 1967 – Couleurs – 1 h 35.

Jeff Costello est un tueur professionnel, vivant dans une hautaine solitude, à l'écart du monde où il ne consent à pénétrer que pour des « missions », accomplies avec une précision d'automate. Jeanne, sa maîtresse, lui sert parfois d'alibi. Mais un policier habile, qui le suit à la trace, est sur le point de le confondre. Par sécurité, ses commanditaires décident de l'abattre. Pris entre deux feux, Jeff préférera mourir, en samouraï.

◆ **Féerie noire**
Le film porte en exergue une phrase que le metteur en scène prétend avoir tirée du « Bushido » (code d'honneur des anciens guerriers japonais), mais qui est en fait de son invention : « Il n'y a pas de plus profonde solitude que celle du samouraï si ce n'est celle du tigre dans la jungle, peut-être... » C'est une clef symbolique de l'œuvre : Jean-Pierre Melville, en effet, a toujours manifesté, dans ses films de Résistance comme dans ses films policiers, une prédilection pour les solitaires, les combattants de l'ombre, marginaux de fait ou de tempérament, les reclus à la limite de l'introversion. Les schémas classiques, sur lesquels il brode librement, se trouvent ainsi rehaussés par une aura de concentration, physique et morale, qui affecte ses personnages et leur confère une noblesse d'anges déchus. Lui-même se reconnaît volontiers dans cette faune d'individus au verbe rare et au caractère bien trempé, au point qu'on peut parler, ici comme dans Bob le Flambeur *(1956) ou* le Doulos *(1962), d'autoportrait, ou, selon ses propres termes, d'« analyse d'un cas de schizophrénie effectuée par un paranoïaque ». Mais c'est d'abord du côté du film noir américain, avec ses héros marqués par le destin, sa dramaturgie rigoureuse, voire ses stéréotypes, qu'il convient d'aller chercher les sources du* Samouraï, *comme de tous les « thrillers » signés Melville. On n'est pas loin ici, comme le remarque Jean Tulard, d'un policier – de série B – tel que* Tueur à gages *(Frank Tuttle, 1942), et Alain Delon retrouve le comportement, le costume, l'angélisme morbide et jusqu'à certains tics d'Alan Ladd. Il ne s'agit pas pour autant d'un pastiche. Melville a su créer un univers bien à lui, mi-parisien mi-hollywoodien, à base de poésie nocturne, de froideur décorative et de miroitements, dont ce film, sobrement linéaire, exprime la quintessence. Des effets détonnants (les escaliers en façade, ornement d'immeuble typiquement américain), une utilisation habile du complexe urbain (les couloirs du métropolitain), un rythme soutenu parachèvent cette sorte de féerie noire, dont les images bleu de nuit d'Henri Decae excellent à traduire l'envoûtement.* C.B.

SAMSON
Comédie dramatique de **Maurice Tourneur**, d'après la pièce d'Henry Bernstein, avec Gaby Morlay, Harry Baur, André Lefaur, André Luguet, Gabrielle Dorziat, Suzy Prim. France, 1936 – 1 h 28.

Une jeune femme, qui a épousé un riche banquier pour sauver sa famille de la misère, prend un amant. Mais son mari est ruiné, et les deux époux feront face ensemble à l'adversité.

SAMSON
Drame d'**Andrzej Wajda**, avec Serge Merlin *(Jakub)*, Alina Janowska *(Lucyna)*, Elzbieta Kepinska *(Kazia)*, Beata Tyszkiewicz *(Stacia)*. • SC : A. Wajda, Kazimierz Brandys, d'après son roman. • PH : Jerzy Wojcik. • DÉC : Leszek Wajda. • MUS : Tadeusz Baird. Pologne, 1961 – 1 h 45.

Jakub, un jeune étudiant juif dans la Pologne d'avant-guerre, se retrouve en prison après avoir été victime d'un véritable pogrom à l'université. Pendant l'Occupation, il atterrit dans le ghetto. Il s'évade et trouve refuge chez une femme puis chez un ami qui l'abrite dans sa cave. Jakub meurt finalement sous les décombres d'un édifice plein d'Allemands qu'il détruit à coups de grenades.

◆ *La première verve lyrique et baroque de Wajda s'épuise un peu avant ses deux ou trois « renaissances » successives et ce film n'a pas l'authenticité ni l'invention de ses quatre premiers dont il prolonge pourtant l'esthétique romantique.* S.K.

SAMSON ET DALILA "SAMSON AND DELILAH"

Drame biblique de **Cecil B. De Mille**, avec Victor Mature *(Samson)*, Hedy Lamarr *(Dalila)*, George Sanders *(Saran)*, Angela Lansbury *(Semadar)*. • SC : Jesse Lasky Jr., F.M. Frank. • PH : George Barnes. • DÉC : Sam Comer Ray Moyer. • MUS : Victor Young. États-Unis, 1949 – Couleurs – 2 h 08.

Mille ans avant Jésus-Christ, les Hébreux sont soumis aux Philistins. Samson, un Juif d'une force colossale, lutte pour l'indépendance de son peuple. Mais il tombe dans les filets de Dalila qui découvre que le secret de sa force réside dans ses cheveux qu'elle lui coupe dans son sommeil. Il est arrêté et rendu aveugle par les Philistins. Il périt en faisant s'écrouler le temple sur eux.

◆ *La meilleure réussite de De Mille dans un genre où il connut ses plus gros succès, malgré la médiocrité du traitement. De Mille s'affirma bien mieux dans ses comédies du muet, ses films d'aventures et surtout ses westerns admirables.* Samson et Dalila *échappe à la lourdeur de ses autres films bibliques. L'illustration est somptueuse, se référant pour les couleurs aux* Très Riches Heures du duc de Berry *des frères de Limbourg et pour la composition des plans à l'école nazaréenne allemande. On notera le souci ambitieux de De Mille de faire exécuter ses effets spéciaux à l'intérieur du plan, sans trucage de montage.* S.K.

SAN ANTONIO "SAN ANTONIO"

Western de **David Butler**, avec Errol Flynn, Alexis Smith, S.Z. Sakall, Victor Francen, Florence Bates, John Litel, Paul Kelly. États-Unis, 1945 – Couleurs – 1 h 51.

Un éleveur texan dépouillé par des hors-la-loi retourne à San Antonio pour mettre fin aux agissements de la bande. Son arrivée provoque quelques batailles rangées dont il sortira finalement victorieux.

SAN ANTONIO NE PENSE QU'À ÇA

Film policier de **Joël Séria**, d'après le roman de Frédéric Dard, avec Philippe Gasté, Pierre Doris, Jacques François, Jeanne Goupil, Hubert Deschamps. France, 1980 – Couleurs – 1 h 30.

Le célèbre commissaire et ses acolytes sont aux prises avec les services secrets russes et arabes.

▷ Autres films avec le même personnage : COMMISSAIRE SAN ANTONIO "SALE TEMPS POUR LES MOUCHES", de **Guy Lefranc**, avec Gérard Barray, Nicole Maurey, Jean Richard. France, 1966 – Couleurs – 1 h 35. BÉRU ET SES DAMES, de **Guy Lefranc**, avec Gérard Barray, Jean Richard, Maria Mauban. France, 1968 – Couleurs – 1 h 30.

LA SANCTION "THE EIGER SANCTION"

Film policier de **Clint Eastwood**, d'après le roman de Trevanian, avec Clint Eastwood, George Kennedy, Vonetta McGee, Jack Cassidy. États-Unis, 1975 – Couleurs – 2 h.

Un professeur d'université travaille aussi pour les services secrets. De l'individu qu'il doit supprimer, il sait seulement qu'il boite et fait partie d'une équipe d'alpinistes. Il s'aperçoit qu'il s'agit de son ami.

SANCTUAIRE "SANCTUARY"

Drame de **Tony Richardson**, d'après le roman et la pièce de William Faulkner, avec Lee Remick, Yves Montand, Bradford Dillman. États-Unis, 1961 – 1 h 40.

Dans un État du Sud durant les Années folles, l'éveil sexuel de la fille d'un gouverneur violée par un chef de gang. Paroxysme des sentiments.

SANDRA "VAGHE STELLE DELL'ORSA"

Drame de **Luchino Visconti**, avec Claudia Cardinale *(Sandra)*, Jean Sorel *(Gianni)*, Marie Bell *(Corinna)*, Renzo Ricci *(Antonio Gilardini)*, Michael Craig *(Andrew)*, Amalia Troianni *(Fosca)*. • SC : Suso Cecchi D'Amico, Enrico Medioli, L. Visconti. • PH : Armando Nannuzzi. • DÉC : Maria Garbuglia. • MUS : César Franck. • MONT : Mario Serandrei. Italie, 1965 – 1 h 40. ★ **LION D'OR, Venise 1965.**

Sandra se rend de Genève à Volterra avec son mari Andrew pour assister à une cérémonie à la mémoire de son père, illustre savant juif mort à Auschwitz. Les déchirements familiaux ne tardent pas à resurgir. Andrew croit découvrir une relation incestueuse entre Sandra et son frère Gianni et part seul pour New York. Gianni se suicide. Le lendemain, Sandra préside la cérémonie, bien décidée à rejoindre Andrew.

◆ *Après la fresque historique du* Guépard, *Visconti décrit les feux des passions se déchaînant au sein d'une famille. On a parlé à ce propos, surtout chez ses amis marxistes, de maniérisme et de décadence. Mais Visconti est fidèle à son propos, ses obsessions et son écriture (ici dans un superbe noir et blanc). Le passé ronge la famille de Sandra comme le temps corrode peu à peu le décor de Volterra, dans une atmosphère oppressante.* J.M.

SAN FRANCISCO "SAN FRANCISCO"

Mélodrame de **W.S. Van Dyke**, avec Clark Gable *(Blackie Norton)*, Jeanette MacDonald *(Mary Blake)*, Spencer Tracy *(père Tim Mullin)*, Jack Holt *(Jack Burley)*, William Ricciardi *(Baldini)*. • SC : Anita Loos, Robert Hopkins. • PH : Oliver T. Marsh. • DÉC : Cedric Gibbons, Arnold Gillespie, James Mc Afee, Edwin B. Willis. • MUS : Edward Ward. • MONT : Tom Held. États-Unis, 1936 – 1 h 55.

À San Franciso, au début du siècle. Le patron d'un cabaret engage une jeune chanteuse à la voix exceptionnelle, aussitôt convoitée par le riche mécène de l'Opéra. Amoureux, il se bat pour la garder, même contre son gré. Un prêtre, qui est son ami d'enfance, l'oblige finalement à la laisser quitter le music-hall. Mais ils se retrouveront au lendemain du fameux tremblement de terre de 1906.

◆ *Van Dyke fut l'assistant de Griffith avant de devenir un remarquable technicien du cinéma. On en a ici la preuve, tant le récit est bien mené, articulé sur les caractères forts, fourmillant de seconds rôles consistants et sans aucun temps mort. Des airs classiques délicieusement kitsch font pendant à de brillants standards, dont le « San Francisco » du titre ; Gable et MacDonald ont droit aux éclairages romantiques et Spencer Tracy assure parfaitement la composition du prêtre intransigeant et bagarreur. Au-delà de l'intrigue romanesque, se dessine une intéressante description des classes sociales, jusqu'à ce que le malheur réunisse toute la population dans un alléluia qui sent son New Deal...* J.-M.C.

LE SANG
Essai de **Jean-Daniel Pollet**, interprété par la communauté théâtrale des « Tréteaux libres ». France, 1971 – 1 h 30.

Une communauté de jeunes gens traverse non sans déboires un plateau désolé du Cantal. Une œuvre atypique où l'excès et le délire sont rigoureusement contrôlés.

LE SANG À LA TÊTE
Comédie dramatique de **Gilles Grangier**, d'après le roman de Georges Simenon *le Fils Cardinaud*, avec Jean Gabin, Renée Faure, Paul Frankeur, Monique Mélinand. France, 1956 – 1 h 23.

À l'occasion d'une fugue de sa femme, un ancien débardeur devenu l'un des hommes les plus puissants de La Rochelle ne rencontre que mépris et hostilité de la part de ses concitoyens.

SANGAREE "Sangaree"
Film d'aventures d'**Edward Ludwig**, avec Fernando Lamas, Arlene Dahl, Patricia Medina. États-Unis, 1953 – Couleurs (3-D) – 1 h 36.

Au XVIIIe siècle, dans le sud des États-Unis, de graves troubles éclatent lorsqu'un planteur blanc lègue sa fortune au fils d'un esclave. Film présenté en relief, ce qui lui donna un attrait tout particulier.

LE SANG DE LA TERRE "Tap Roots"
Drame de **George Marshall**, avec Susan Hayward, Van Heflin, Julie London, Boris Karloff. États-Unis, 1948 – Couleurs – 1 h 49.

Un épisode de la guerre de Sécession mettant en scène une famille de propriétaires terriens qui refuse le conflit. Un film qui bénéficia de moyens considérables.

LE SANG DES AUTRES
Drame historique de **Claude Chabrol**, d'après le roman de Simone de Beauvoir, avec Jodie Foster, Michael Ontkean, Sam Neill, Lambert Wilson, Alexandra Stewart, Stéphane Audran. France / Canada, 1984 – Couleurs – 2 h 07.

En 1938, à Paris, une jeune styliste s'engage dans la Résistance par amour puis par conviction. Coproduction internationale à gros budget, avant tout destinée à la télévision (pour laquelle existe une version de six heures).

LE SANG DES BÊTES
Documentaire de **Georges Franju**. France, 1949 – 22 mn.

Imprégnées de l'esprit du surréalisme, des images à la fois violentes et poétiques des abattoirs de Paris avec pour thème le rituel sanglant de la mort des animaux de boucherie.

LE SANG DU CONDOR "Yawar mallku"
Drame de **Jorge Sanjinés**, avec Marcelino Yanahuaya *(Ignacio)*, Benedicta Mendoza Huanca *(Paulina)*, Vicente Verneros Salinas *(Sixto)*, Mario Arrieta, Felipe Vargas. • SC : J. Sanjinés, Oscar Soria. • PH : Antonio Eguino. • MUS : Alberto Villapando, Alberto Dominguez, Gregorio Yana, Ignacio Quispe. • MONT : J. Sanjinés. Bolivie, 1969 – 1 h 18.

Chez les Indiens Quechuas de l'Altiplano, les femmes deviennent subitement stériles. Le chef de la communauté indienne découvre que ce mal est lié à leur passage dans un dispensaire américain. Les hommes investissent le local et y castrent deux étrangers. La police abat les meneurs. L'un d'eux, transporté à l'hôpital, y meurt faute de soins. Son frère revient au village, le fusil au poing.

◆ *À partir de faits précis (stérilisations d'Indiennes à leur insu par les médecins des Peace Corps),* le Sang du condor *évoque les agissements néocolonialistes qui, sous des prétextes humanitaires, provoquent un nouveau génocide indien en Amérique latine. Sous la pression des États-Unis, le film fut interdit. Devant la mobilisation des intellectuels, des étudiants et de la presse, le gouvernement bolivien revint sur sa décision. Après trois jours de diffusion, les Peace Corps ces-*

saient leurs activités de stérilisation. C'est dire combien la clarté, la sobriété et la beauté visuelle de ce film politique furent efficaces. A.K.

LE SANG D'UN POÈTE

Essai de **Jean Cocteau**, avec Enrique Rivero *(le poète)*, Lee Miller *(la statue)*, Féral Benga *(l'ange noir)*, Odette Talazac, Pauline Carton, Jean Desbordes. • SC, MONT, COMM : J. Cocteau • PH : Georges Périnal. • DÉC : Jean d'Eaubonne. • MUS : Georges Auric. France, 1931 – 49 mn.

La destinée du poète, évoquée à travers trois moments de « rêve dirigé » : une statue prend vie et ordonne au sculpteur de plonger dans un miroir, début du voyage dans un autre monde ; des enfants se livrent à une bataille de boules de neige, l'une d'elles frappe un garçon en plein cœur et sa mort devient spectacle ; tableau vivant pour finir avec, entre autres, la statue devenue femme, en référence aux mystères d'Éleusis.

◆ *Se voulant film d'avant-garde, comme* l'Âge d'or *que produisit aussi le vicomte de Noailles,* le Sang d'un poète *prolonge dans le jeu, avec les moyens du cinéma, les recherches et les obsessions déjà exprimées dans les œuvres littéraires de Cocteau. Les images inattendues et oniriques forment la matière essentielle de ce qui n'est pas, malgré tout, une tentative surréaliste. Reste que la célébrité de cet essai est bien surfaite, en dépit de l'admiration constante des Américains.* J.-M.C.

LE SANG DU VAMPIRE "THE BLOOD OF THE VAMPIRE"

Film d'épouvante de **Henry Cass**, avec Donald Wolfit, Barbara Shelley, Vincent Ball. Grande-Bretagne, 1958 – Couleurs – 1 h 25.

À la fin du XIXe siècle, en Transylvanie, un vampire est exécuté. Quelques années plus tard, il réapparaît sous les traits de l'horrible directeur d'un asile d'aliénés criminels.

SANG ET OR "BODY AND SOUL"

Drame de **Robert Rossen**, avec John Garfield, Lilli Palmer, Hazel Brooks, Anne Revere, William Conrad, Joseph Pevney. États-Unis, 1947 – 1 h 45.

Avide de richesse et de renommée, un jeune boxeur se lie à un manager sans scrupules et gravit peu à peu tous les échelons, souvent au prix de matchs truqués. Il en oublie ses proches, avant de s'amender et d'épouser celle qu'il aime.

SANGLANTES CONFESSIONS

"TRUE CONFESSIONS"

Drame psychologique d'**Ulu Grosbard**, avec Robert De Niro, Robert Duvall, Charles Durning. États-Unis, 1981 – Couleurs – 1 h 48.

Sur le point de mourir, un prêtre, autrefois compromis dans les scandales criminels d'un affairiste et proxénète, revoit sa vie et sa carrière ecclésiastique brisées par l'entêtement d'un « petit flic ».

SANG POUR SANG "BLOOD SIMPLE"

Film policier de **Joel Coen**, avec John Getz, Frances McDormand, Dan Hedaya. États-Unis, 1984 – Couleurs – 1 h 50.

Une atmosphère pesante d'attente, de peur, d'ennui, de meurtre : un mari jaloux embauche un tueur pour exécuter sa femme et son amant. Mais rien ne se passe comme prévu.

SANJURO "TSUBAKI SANJURO"

Drame historique d'**Akira Kurosawa**, avec Toshirō Mifune, Takashi Shimura, Masao Shimizu, Tatsuya Nakadai. Japon, 1962 – 1 h 35.

Neuf jeunes gens épris d'idéal fomentent une rébellion pour mettre un terme à la corruption du seigneur local. Un samouraï se joint à eux, rétablit l'ordre dans un ultime combat de sabres et disparaît sans laisser de traces.

SAN MAO LE PETIT VAGABOND

"SAN MAO LIU LANG JI"

Comédie de **Zhao Ming** et **Yan Gong**, avec Wang Long-Ji *(San Mao)*, Cheng Mo *(l'éboueur)*, Meng Shu-Fan *(le pelé)*, Song Yan-Wan *(le petit gros)*. • SC : Yan Han-Sheng. • PH : Zhu Jin-Ming, Han Zhong-Liang. • MUS : Wan Yun-Jie. Chine, 1949 – 1 h 30.

Les aventures d'un orphelin de Shanghai, livré à lui-même et à l'hostilité du monde extérieur. Ses petits boulots, ses démêlés avec une bande d'enfants vagabonds comme lui (dont il prend la tête), puis avec la police qui le maltraite, un couple de voleurs qui l'exploite, enfin une famille aisée qu'il scandalise.

◆ *Adapté en 1948 d'une bande dessinée satirique « contestataire », ayant pour héros un petit vagabond au visage lunaire surmonté d'une unique mèche de cheveux à la Tintin, le film se soucie peu de construction narrative : il s'agit d'une suite de vignettes évoquant Mark Twain ou Dickens, ou encore les premiers films d'Ozu et Shimizu. Si certains épisodes sont très drôles (San Mao en conducteur de cyclo-pousse), d'autres contiennent une véhémente critique sociale (le défilé où San Mao est battu par les policiers). Celle-ci est affaiblie par un final révolutionnaire triomphant, tourné après le reste du film. Entre-temps, le Parti communiste avait pris le pouvoir... Et ce fut la fin d'une période particulièrement faste du cinéma chinois dit « de gauche », qui perdit une bonne part de sa virulence et de sa créativité en devenant officiel.* N.T.B.

SANS AMOUR "WITHOUT LOVE"
Comédie dramatique de **Harold S. Bucquet**, d'après la pièce de Philip Barry, avec Spencer Tracy, Katharine Hepburn, Lucille Ball, Keenan Wyn, Carl Esmond. États-Unis, 1945 – 1 h 51.

À Washington, un savant qui ne trouve pas à se loger s'installe dans la maison d'une jeune veuve et, pour respecter les convenances, accepte un mariage blanc.

SANS ANESTHÉSIE "BEC ZNIECZULENIA"
Drame psychologique d'**Andrzej Wajda**, avec Zbigniew Zapasiewicz, Ewa Dalkowska, Andrzej Seweryn. Pologne, 1978 – Couleurs – 1 h 55.

Un grand reporter, célèbre dans son pays, perd successivement sa femme, qui le quitte, et son crédit auprès de son journal, pour ses opinions. Il meurt dans l'explosion de son appartement.

LES SANS-ESPOIR "SZEGÉNYLEGÉNYEK"
Drame historique de **Miklós Jancsó**, avec János Görbe *(Gadjor)*, Tibor Molnár *(Kabaï père)*, András Kozák *(Kabaï fils)*, Gábor Agárdy *(Torman)*, Zoltán Latinovits *(Veszelka)*. • SC : Gyula Hernádi. • PH : Tamás Somló. • DÉC : Tamás Banovich. • MONT : Zoltán Farkas. • PR : Studio n° 4 de Mafilm. Hongrie, 1966 – 1 h 45.

En 1869, peu après le compromis austro-hongrois de 1867, le haut-commissaire Gedeon Rády entreprend, au nom du gouvernement, de liquider les derniers partisans. Il fait arrêter et rassembler dans un fortin isolé, en pleine « Puszta » (steppe) hongroise, un certain nombre de paysans soupçonnés d'avoir participé sous le nom de « Sans-Espoir » à la guerre d'indépendance de 1848. Par les interrogatoires, les vexations – harcèlement d'un homme et de son fils, fustigation publique d'une paysanne, mise au cachot, etc. – par le chantage et surtout par la guerre psychologique, c'est-à-dire l'art de jouer les uns contre les autres, on cherche à arriver jusqu'à leur ancien chef, Sándor. L'un des Sans-Espoir, Gadjor, finit par livrer des noms, et il est tué par ses camarades. Les gendarmes entreprennent alors la seconde partie de leur plan. Ils feignent de pardonner et de chercher parmi eux de bons soldats pour la troupe de François-Joseph. Tombant dans le piège, celui qui est chargé de recruter des éléments de valeur choisit ses anciens compagnons d'armes, les désignant ainsi à son insu. On leur annonce alors que seul leur chef a été gracié et qu'ils subiront le châtiment suprême.

◆ Une mise en scène « chorégraphique »

Premier film de Jancsó à être distribué en France, les Sans-Espoir *y fit une forte impression. À cause de son scénario implacable en forme de machination, mais aussi à cause de sa mise en scène chorégraphique, jouant sans arrêt de mouvements de groupe : soldats alignés, captifs encagoulés tournant en rond, cavaliers placés comme des pièces d'échecs dans le décor nu et abstrait de la «Puszta» ou d'un fortin en bois. Cependant, si l'on en croit l'auteur, il ne s'agissait pas seulement, avec l'aide de son scénariste attitré Gyula Hernádi, de réaliser un exercice pur de mise en scène, mais aussi d'éclairer différemment l'histoire de son pays, trop souvent selon lui vue avec des yeux flatteurs et romantiques. Jancsó montre des personnages froids, sans émotion, de quelque bord qu'ils soient, et veut faire justice de l'idée d'une « indépendance millénaire » de la nation hongroise, dépeinte ici comme aux ordres de l'Empire autrichien, avec l'évocation de la collaboration de certains autochtones avec l'armée des Habsbourg. Il s'avéra plus tard, avec des films comme* Rouges et Blancs *(1967),* Silence et Cri *(1968),* Psaume rouge *(1971), que cette « manière » allait devenir un style fermé sur lui-même et devenant sa propre fin, systématisant les éléments présents déjà, mais d'une façon moins démonstrative et plus insidieuse, dans la réussite des* Sans-Espoir *: longs plans-séquences quasi rituels, mise en scène circulaire de l'espace, refus de la psychologie et des dialogues explicatifs, fascination pour les uniformes et pour la nudité de la femme humiliée en public, goût de la parade, etc. Ce formalisme, partant d'un nombre limité d'éléments, et faisant de la mise en scène son propre sujet (le scénario des* Sans-Espoir *repose entièrement sur l'idée d'effet et de mise en scène, le spectateur étant lui aussi « manipulé » par la narration comme les personnages le sont par leurs geôliers) n'a pas manqué de fasciner dans les années 60 et 70. Avant d'être rejeté, peut-être aussi injustement. L'œuvre de Jancsó mérite une réévaluation.* *M.C.*

SANS ESPOIR DE RETOUR
Film policier de **Samuel Fuller**, d'après le roman de David Goodis *la Lune dans le caniveau*, avec Keith Carradine, Valentina Vargas, Bill Duke, Andréa Ferréol, Bernard Fresson. France, 1989 – Couleurs – 1 h 33.

Michael, ancien chanteur devenu épave, se venge d'un caïd protecteur de la femme dont il est amoureux, sur fond d'émeutes raciales. Avec cette adaptation de Goodis, Fuller ne retrouve pas son style légendaire, mais fait toutefois mieux que Beineix.

SANS FAMILLE
Drame de **Marc Allégret**, d'après le roman d'Hector Malot, avec Robert Lynen, Vanni Marcoux, Bérangère, Dorville, Madeleine Guitty. France, 1934 – 1 h 54.

Un enfant volé, adopté par un chanteur vagabond, parcourt avec lui les routes de France jusqu'à ce que son père adoptif meure. Aidé par un jeune garçon, il s'embarque pour l'Angleterre et retrouve sa mère.

▷ Autres versions réalisées par : **Georges Monca** et **Maurice Kéroul**, avec Leslie Shaw, Henri Baudin, Denise Lorys. France, 1925 – 7 200 m (env. 4 h 26 en six époques). **André Michel**, avec Pierre Brasseur, Gino Cervi, Bernard Blier, Simone Renant, Joël Flateau. France/Italie, 1958 – Couleurs – 1 h 40.

SANS FAMILLE, SANS LE SOU, EN QUÊTE D'AFFECTION
"SENZA FAMIGLIA NULLATENENTI CERCANO AFFETTO"
Comédie de **Vittorio Gasman**, avec Vittorio Gassman, Paolo Villagio, Rossana Di Lorenzo. Italie, 1971 – Couleurs – 1 h 45.

Un orphelin misérable rencontre un magicien ambulant. Celui-ci lui promet de l'aider à trouver ses parents. Tous deux enquêtent à Rome, découvrant les dessous de la société de leur temps.

SANS FIN "BEZ KONCA"
Drame de **Krzysztof Kieslowski**, avec Grazyna Szapolowska, Maria Pakulnis, Aleksander Bardini, Jerzy Radziwilowicz. Pologne, 1984 – Couleurs – 1 h 48.

Le fantôme d'un jeune avocat mort dans un accident de voiture contemple ses proches. Il observe ainsi son épouse qui découvre, un peu tard, combien elle l'aimait, et porte un regard critique sur les confrères qui ont repris ses affaires.

SANS FOI NI LOI "INCIDENT AT PHANTOM HILL"
Western d'**Earl Bellamy**, avec Robert Fuller, Jocelyn Lane, Dan Duryea. États-Unis, 1965 – Couleurs – 1 h 30.

Au Texas, en mars 1865, une colonne de soldats nordistes transportant des caisses d'or est attaquée par un groupe de soldats rebelles. Classique et bien fait.

SANS LAISSER D'ADRESSE
Comédie dramatique de **Jean-Paul Le Chanois**, avec Bernard Blier *(Émile Gauthier)*, Danièle Delorme *(Thérèse Ravenaz)*, Carette *(le tapissier)*, Pierre Trabaud *(Gaston)*, Gérard Oury, Louis de Funès, Michel Piccoli, France Roche, Juliette Gréco. • SC : Alex Joffé, J.-P. Le Chanois. • PH : Marc Fossard. • DÉC : Max Douy, Serge Pimenoff. • MUS : Joseph Kosma. • MONT : Emma Le Chanois. France, 1951 – 1 h 30.

À Paris en 1950, Émile Gauthier, brave chauffeur de taxi, prend en charge Thérèse Ravenaz, une jeune provinciale qui est venue dans la capitale pour retrouver le père de son bébé. Finalement, Émile recueillera la mère et l'enfant.

◆ *L'histoire se déroule en une journée, sous le ciel de Paris. Comme à son habitude, Jean-Paul Le Chanois offre une tranche de vie du Français moyen et une multitude de personnages s'animent sous nos yeux, interprétés parfois par des visages célèbres ou qui le sont devenus.* *J.-C.S.*

SANS LENDEMAIN
Drame de **Max Ophuls**, avec Edwige Feuillère, Georges Rigaud, Daniel Lecourtois, Pauline Carton, Paul Azaïs. France, 1939 – 1 h 19.

Obligée par les circonstances de mener une vie avilissante, une femme se juge indigne de l'amour de l'homme qu'elle rencontre. Elle disparaît, l'abandonnant ainsi que l'enfant qu'elle aime.

SANS MOBILE APPARENT
Film policier de **Philippe Labro**, d'après le roman d'Ed Mc Bain *Ten Plus One*, avec Jean-Louis Trintignant, Dominique Sanda, Sacha Distel, Carla Gravina, Erich Segal, Stéphane Audran, Jean-Pierre Marielle. France, 1971 – Couleurs – 1 h 45.

L'inspecteur Carella est confronté à une série de crimes commis avec un fusil à lunette. Fouillant la vie des victimes, il découvre un lien entre elles. Reste à trouver le mobile du crime et l'assassin. Transposition à Nice d'un roman américain de la Série noire.

SANS PEUR ET SANS REPROCHE
Comédie de **Gérard Jugnot**, avec Gérard Jugnot, Rémi Martin, Ann-Gisel Glass, Gérard Darmon, Victoria Abril. France, 1988 – Couleurs – 1 h 34.

Lors de la campagne d'Italie de 1494, un jeune écuyer s'illustre par sa bravoure et son panache. Parodie sans nuances.

SANS PITIÉ "SENZA PIETÀ"
Drame d'**Alberto Lattuada**, avec Carla Del Poggio, John Kitzmiller, Folco Lulli, Giulietta Masina. Italie, 1948 – 1 h 26.

Après la guerre, à Livourne, la rencontre désespérée d'une jeune Italienne et d'un G.I. noir dans des circonstances dramatiques.

SANS PITIÉ "NO MERCY"
Film policier de **Richard Pearce**, avec Richard Gere, Kim Basinger. États-Unis, 1986 – Couleurs – 1 h 48.

De Chicago à la Louisiane, les péripéties d'une prostituée paumée, analphabète, vendue à 13 ans par sa mère. Violence et sensualité.

SANS RETOUR "SOUTHERN COMFORT".
Film d'aventures de **Walter Hill**, avec Keith Carradine, Powers Boothe, Fred Ward. États-Unis, 1981 – Couleurs – 1 h 45.

Une patrouille militaire en manœuvre dans les marécages de Louisiane se trouve prise au piège des Indiens Cajuns. Dans la droite ligne de *Délivrance*.

SANS SOLEIL
Essai de **Chris Marker**. France, 1982 – Couleurs – 1 h 40.

Regards croisés sur l'Afrique et le Japon contemporains servent une réflexion de haute tenue sur la tradition, le témoignage et la mémoire.

SANS SOMMATION
Film policier de **Bruno Gantillon**, avec Maurice Ronet, Mario Adorf, Bruno Crémer, Anny Duperey. France, 1972 – Couleurs – 1 h 35.

Parce qu'il pourrait compromettre des personnalités, un ancien d'Indochine est filé par la police. De bons comédiens jouent l'amitié entre hommes dans ce polar légèrement fascisant.

LES SANS-SOUCIS "PACK UP YOUR TROUBLES"
Film burlesque de **George Marshall** et **Ray McCarey**, avec Stan Laurel, Oliver Hardy, Donald Dillaway, Mary Carr, Charles Middleton, Dick Cramer. États-Unis, 1931 – 1 h 08.

Au cours de la Grande Guerre, les deux compères promettent à un camarade mourant de s'occuper de sa fille. Démobilisés, ils partent à la recherche des grands-parents.

SANS TÉMOINS "BEZ SVIDETELEI"
Drame psychologique de **Nikita Mikhalkov**, avec Mikhaïl Oulianov, Irvina Kouptchenko. U.R.S.S. (Russie), 1983 – Couleurs – 1 h 35.

Un homme et une femme séparés depuis neuf ans se retrouvent un soir. Lui est remarié depuis longtemps et elle s'apprête à épouser un brillant chercheur. Ils évoquent leur passé, rient, mais s'affrontent aussi dans les pleurs.

SANS TOIT NI LOI
Drame d'**Agnès Varda**, avec Sandrine Bonnaire *(Mona)*, Macha Méril *(Mme Landier)*, Stéphane Freiss *(Jean-Pierre)*, Laurence Cortadellas *(Éliane)*, Marthe Jarnias *(tante Lydie)*, Patrick Lepczynski *(David)*. • SC : A. Varda. • PH : Patrick Blossier. • MUS : Joanna Bruzdowicz. • MONT : A. Varda, Patricia Mazuy. France, 1985 – Couleurs – 1 h 40. ★ **LION D'OR, Venise 1985.**

Une jeune vagabonde, Mona, parcourt sans but le midi de la France. Elle rencontre David, vit avec lui pendant quatre jours dans un château vide. Puis des marginaux l'hébergent, et elle est prise en stop par Mme Landier, une platanologue. Elle se retrouve chez une vieille dame qui vit avec sa bonne, puis se réfugie chez Assoun, un Tunisien employé saisonnier dans un vignoble. Elle échoue en ville, dans une gare où elle devient l'égérie d'une bande de zonards. Mais, là encore, elle ne s'intègre pas, reprend la route et meurt dans un fossé, d'inanition et de fatigue.

◆ *L'alternance des scènes de fiction et des « témoignages » imaginaires, filmés comme des interviews, donne une respiration originale au film d'Agnès Varda : évitant ainsi les pièges du mélo misérabiliste, elle s'emploie à brosser le portrait d'un personnage féminin qui échappe à toutes les catégories traditionnelles. Refusant toute référence morale, elle adopte le point de vue du cinéaste, elle regarde mais ne juge pas. La composition de Sandrine Bonnaire, Mona opaque et vulnérable, est d'un naturel confondant.* G.L.

SANTA FÉ "SANTA FÉ"
Drame d'**Axel Corti**, avec Gabriel Barylli, Gideon Singer, Doris Buchrucker, Peter Lühr, Johannes Silberschneider. Autriche, 1985 – 1 h 55.

En 1941, à New York, les immigrés ayant fui l'Europe affluent. La survie et l'adaptation de l'un d'eux à la vie américaine et son engagement dans l'armée pour combattre en Europe. Le deuxième volet d'une trilogie, *Vienne pour mémoire*.

▷ Voir aussi DIEU NE CROIT PLUS EN NOUS et WELCOME IN VIENNA.

SANTA SANGRE "SANTA SANGRE"
Film fantastique d'**Alejandro Jodorowsky**, avec Axel Jodorowsky, Blanca Guerra, Guy Stockwell. Italie, 1989 – Couleurs – 1 h 58.

Un jeune mime vit dans un cirque avec sa mère, dévote fanatique, et son père ivrogne, lanceur de couteaux. Pour le punir de ses infidélités, sa mère mutile son père qui pour se venger lui tranche les deux bras. L'enfant passe des années à l'asile. Il est récupéré par sa mère qui l'utilise comme « ses bras » et le contrôle mentalement, le poussant à tuer des femmes. Un film splendide mêlant style baroque, fantastique, poésie, mysticisme et psychanalyse.

SANTIAGO "SANTIAGO"
Film d'aventures de **Gordon Douglas**, avec Alan Ladd, Rossana Podestà, Lloyd Nolan. États-Unis, 1956 – Couleurs – 1 h 33.

À la fin du XIXe siècle, un couple d'aventuriers se rend de Floride à Cuba sur un bateau, pour livrer des armes aux rebelles.

SÃO BERNARDO "São Bernardo"
Essai de **Leon Hirszman**, avec Othon Bastlos *(Paulo Honorio)*, Isabel Ribeiro *(Madalena)*, Nildo Parente *(Padilha)*. • SC : L. Hirszman, Graciliano Ramos, d'après son roman. • PH : Lauro Escorel. • MUS : Caetano Veloso. • MONT : Eduardo Escorel. Brésil, 1972 – Couleurs – 1 h 45.

Après une enfance difficile et quelques peccadilles qui lui ont valu trois ans de prison, un Brésilien d'origine paysanne, Paulo Honorio, est devenu riche. Il a racheté à Padilha, son propriétaire, la ferme de São Bernardo, et en travaillant dur a fait fructifier ses propriétés. Devenu puissant, il doit prendre femme et jette son dévolu sur une institutrice, qu'il traite aussitôt comme l'une de ses employés. Avant que Paulo ait pu revenir de ses erreurs, Madalena meurt, enceinte. Paulo reste seul...

◆ *Un des meilleurs films de Hirszman, dont la sortie fut retardée par la censure. Le réalisateur y dénonce un système où l'accumulation des biens conduit au non-respect d'autrui.* *D.C.*

SARABANDE "Saraband for Dead Lovers"
Drame de **Basil Dearden**, d'après le roman de Helen Simpson, avec Stewart Granger, Joan Greenwood, Françoise Rosay, Flora Robson, Frederick Valk. Grande-Bretagne, 1948 – Couleurs – 1 h 36.

La tragique histoire d'amour de Königsmarck et de Sophie-Dorothée, femme de l'Électeur de Hanovre qui devint George Ier d'Angleterre.

LA SARABANDE DES PANTINS
"O'Henry's Full House"
Comédie dramatique à sketches de **Henry Hathaway**, **Howard Hawks**, **Henry King**, **Henri Koster** et **Jean Negulesco**, avec Charles Laughton, Marilyn Monroe, Richard Widmark, Anne Baxter, Jeanne Crain, Farley Granger. États-Unis, 1952 – 1 h 57.

Cinq sketches inspirés du célèbre humoriste américain O'Henry, mêlent drôlerie, violence et tendresse. Ils sont présentés par John Steinbeck.

SARAH
Comédie dramatique de **Maurice Dugowson**, avec Jacques Dutronc, Heinz Bennent, Lea Massari, Gabrielle Lazure. France, 1983 – Couleurs – 1 h 46.

Enquêtant sur l'incendie qui a détruit les décors d'un film, un agent d'assurances est intrigué par une actrice désemparée.

SARRAOUNIA
Film historique de **Med Hondo**, d'après le livre d'Abdoulaye Mamani, avec Aï Keïta, Jean-Roger Milo, Féodor Atkine, Didier Sauvegrain, Roger Mirmont, Luc-Antoine Diquero, Jean-Pierre Castaldi. France / Burkina Faso, 1986 – Couleurs – 2 h.

Reconstitution fidèle d'une page sanglante de la conquête coloniale en Afrique et des résistances qu'elle a rencontrées, notamment celle des Aznas et de leur reine, Sarraounia.

SARTANA
"Se incontri Sartana prega per la tua morte"
Western de **Frank Kramer** [Gianfranco Parolini], avec John [Gianni] Garko, William Berger, Sidney Chaplin, Klaus Kinski. Italie / R.F.A., 1968 – Couleurs – 1 h 30.

Un mystérieux aventurier contrecarre les trafics de deux escrocs d'une petite ville de l'Ouest et sème la mort et le doute avant de disparaître dans la nuit avec son butin, tel Satan...

▷ Autres aventures de Sartana : SARTANA LE REDOUTABLE "Inginocchiati straniero... I cadaveri non fanno ombra", de **Miles Deen**, avec Hunt Powers, Chet Davis, Simone Blondell. Italie, 1970 – Couleurs – 1 h 36. SARTANA, SI TON BRAS GAUCHE TE GÊNE, COUPE-LE "Arrivano Django e Sartana... è la fine !", de **Dick Spitfire** [Demofilo Fidani], avec Hunt Powers, Chet Davis, Simone Blondell, Gordon Mitchell. Italie, 1970 – Couleurs – 1 h 25. SARTANA DANS LA VALLÉE DES VAUTOURS "Sartana nella valle degli avvoltoi", de **Roberto Mauri**, avec William Berger, Wayne Preston, Aldo Berti, Iolanda Modio. Italie, 1971 – Couleurs – 1 h 42. Voir aussi DJANGO.

SARTRE PAR LUI-MÊME
Documentaire d'**Alexandre Astruc** et **Michel Contat**. France, 1976 – Couleurs – 3 h.

Le trajet et l'évolution de la pensée du célèbre philosophe. Un document vivant, souvent drôle, parfois émouvant.

SATURN 3 "Saturn 3"
Film de science-fiction de **Stanley Donen**, avec Kirk Douglas, Farrah Fawcett, Harvey Keitel. Grande-Bretagne, 1980 – Couleurs – 1 h 28.

Des savants, sur une station orbitale proche de Saturne, se disputent la maîtrise d'un extraordinaire robot, particulièrement indiscipliné.

SATYRICON "Fellini-Satyricon"
Drame de **Federico Fellini**, avec Martin Potter *(Encolpe)*, Hiram Keller *(Ascylte)*, Max Born *(Giton)*, Salvo Randone *(le patricien)*, Alain Cuny *(l'empereur)*, Lucia Bosè *(la patricienne)*. • SC : F. Fellini, Bernardino Zapponi, d'après le roman de Pétrone *Satiricon*. • PH : Giuseppe Rotunno. • DÉC : Danilo Donati. • MUS : Nino Rota, Ilhan Mimaroglu, Tod Dockstader, Andrew Rudin. • MONT : Ruggero Mastroianni. Italie, 1969 – Couleurs – 2 h 18.

Dans un labyrinthe de corps, de races et de langages, le film suit les pérégrinations du bel Encolpe, qui s'est fait ravir Giton par son ami Ascylte. Après la traversée nocturne de la Grande Babylone écrasée par ses propres murs, il accompagne le poète Encolpe à l'orgie de Trimalchion. Enlevé sur le navire du terrible Lycas, il y retrouve Ascylte ; libérés grâce au meurtre de César, les garçons se réfugient dans une villa abandonnée après le suicide de patriciens proscrits. Puis ils participent au rapt de l'oracle hermaphrodite. Vaincu par un Minotaure de cirque, impuissant avec Ariane, Encolpe ne retrouvera son pouvoir sexuel qu'auprès d'une magicienne noire. Il part pour l'Afrique tandis que les héritiers d'Encolpe, mort très riche, dévorent son cadavre.

◆ *Péplum aristocratique,* Satyricon *campe une Rome que son caractère fantasmagorique rend plus envoûtante que toute reconstitution historique. Dans la dérive imaginaire suscitée par la libre lecture de Pétrone et nourrie d'une culture savante, Fellini, jouant de complexes mises en abîme (récit, peinture, théâtre, jeux du cirque...), réfléchit la décomposition d'une culture.* *M.L.*

LE SAUT DANS LE VIDE "SALTO NEL VUOTO"

Drame psychologique de **Marco Bellocchio**, avec Michel Piccoli, Anouk Aimée, Michele Placido. Italie, 1979 – Couleurs – 2 h.

Un quinquagénaire vivant seul avec sa sœur à peu près du même âge décide, avec cynisme, de lui présenter un jeune acteur pour qu'elle en tombe amoureuse et souffre à en mourir. Mais celle-ci y trouve une occasion de se libérer.

LE SAUT DE L'ANGE

Film policier d'**Yves Boisset**, d'après le roman de Bernard-Paul Lallier, avec Jean Yanne, Senta Berger, Sterling Hayden. France, 1971 – Couleurs – 1 h 35.

Sur fond de campagne électorale à Marseille, la lutte à mort de deux clans.

LE SAUVAGE

Comédie de **Jean-Paul Rappeneau**, avec Yves Montand *(Martin)*, Catherine Deneuve *(Nelly)*, Luigi Vannucchi *(Vittorio)*, Tony Roberts *(Alex)*. • SC : J.-P. et Élisabeth Rappeneau, Jean-Loup Dabadie. • PH : Pierre Lhomme. • DÉC : Max Douy. • MUS : Michel Legrand. France, 1975 – Couleurs – 1 h 40.

Un parfumeur misanthrope a quitté son entreprise et est venu s'isoler pour vivre tranquille dans une île d'Amérique du Sud. Son repos va être troublé par l'irruption de Nelly et de son fiancé Vittorio, qu'elle fuit et qui la poursuit. Martin ne parviendra pas à s'en défaire et finira par tomber amoureux d'elle.

◆ *Une comédie-poursuite revendiquant la tradition des couples agités du cinéma hollywoodien (Cary Grant/Katherine Hepburn), et qui se voit avec plaisir, mais qui, contrairement aux précédentes comédies du réalisateur* (la Vie de château *et* les Mariés de l'An II)*, manque d'un centre et d'un véritable cadre.* *M.CH.*

SAUVAGE ET BEAU

Documentaire de **Frédéric Rossif**. France, 1984 – Couleurs – 1 h 32.

Observation des divers aspects de la vie quotidienne d'animaux sauvages, portée par une musique aérienne de Vangélis.

SAUVE QUI PEUT "CATCH US IF YOU CAN"

Comédie de **John Boorman**, avec Dave Clark, Barbara Ferris, Lenny Davidson. Grande-Bretagne, 1965 – 1 h 31.

La vedette d'une campagne d'affichage et un jeune figurant partent en voyage vers l'île de leurs rêves. Mais les publicitaires les suivent... Premier long métrage de Boorman.

SAUVE QUI PEUT (LA VIE)

Comédie dramatique de **Jean-Luc Godard**, avec Jacques Dutronc *(Paul Godard)*, Isabelle Huppert *(Isabelle Rivière)*, Nathalie Baye *(Denise Rimbaud)*, Roland Amstutz *(client n° 2)*, Anne Baldaccini *(la sœur d'Isabelle)*, Paule Muret *(ex-femme de Paul)*. • SC : Anne-Marie Miéville, Jean-Claude Carrière. • PH : William Lubtchansky, Renato Berta, Jean-Bernard Menoud. • MUS : Gabriel Yared. • MONT : A.-M. Miéville, J.-L. Godard. France/Suisse, 1979 – Couleurs – 1 h 28.

Denise Rimbaud quitte son travail à la télévision pour retrouver l'air de la montagne. Son ami Paul a peur de quitter la ville, et il a peur d'être abandonné par Denise. Isabelle est une campagnarde qui vient à la ville pour y faire le commerce de son corps. Elle se présente pour louer l'appartement que Denise va quitter. Paul se retrouve entre ces deux femmes, près d'un lac de montagne. Denise part, Isabelle reste. Paul, qui ne veut ni rester ni rentrer, retourne enfin à la ville, où il se fait renverser par une voiture.

◆ *Une histoire en trois mouvements : celui de Denise (l'imaginaire), de Paul (la peur) et d'Isabelle (le commerce). Le retour de Godard au cinéma après une décennie de films militants et de bandes vidéo. Les premières applications pratiques d'un concept du mixage sonore remplaçant le montage-son. La fin du film rappelle celle d'*À bout de souffle. *S.S.*

SAUVE-TOI, LOLA
Comédie dramatique de **Michel Drach**, d'après le roman d'Ania Francos, avec Carole Laure, Jeanne Moreau, Dominique Labourier, Sami Frey, Robert Charlebois. France / Canada, 1986 – Couleurs – 1 h 30.

Une avocate juive connue est atteinte d'un cancer. Hospitalisée, elle lutte pour vivre, en compagnie d'autres femmes.

LE SAUVEUR
Drame de **Michel Mardore**, avec Horst Buchholz, Muriel Catala, Danièle Ajoret. France, 1970 – Couleurs – 1 h 35.

Pendant l'Occupation, un S.S. déguisé en aviateur anglais démasque un réseau de Résistance grâce à la complicité involontaire d'une petite fille. Premier film d'un critique de cinéma.

SAUVEZ LE NEPTUNE ! "GRAY LADY DOWN"
Film d'aventures de **David Greene**, avec Charlton Heston, David Carradine, Stacy Keach, Ned Beatty. États-Unis, 1977 – Couleurs – 2 h 31.

Un sous-marin de la Navy, éperonné par un cargo norvégien, coule à plus de cent mètres de profondeur.

SAUVEZ LE TIGRE ! "SAVE THE TIGER !"
Drame psychologique de **John G. Avildsen**, avec Jack Lemmon, Jack Gilfford, Laurie Heineman. États-Unis, 1972 – Couleurs – 1 h 40.

La journée exténuante du patron d'une maison de prêt-à-porter : affaires mauvaises, employés querelleurs, etc. Le désarroi d'une génération face à l'effondrement des valeurs.

SAXO
Drame d'**Ariel Zeitoun**, d'après le roman de Gilbert Tanugi, avec Gérard Lanvin, Akosua Busia, Richard Brooks, Laure Killing, Clément Harari, Roland Blanche. France, 1987 – Couleurs – 2 h.

Un jeune producteur de rock prend sous sa coupe deux jeunes prodiges noirs qui lui causent les pires ennuis.

SAYAT NOVA (COULEUR DE LA GRENADE)
"CVET GRANATA"
Essai de **Serguei Paradjanov**, avec Sofiko Tchiaourelli *(le poète jeune, sa bien-aimée, la nonne, l'Ange de la Résurrection, le mime)*, Melkop Alekian *(le poète enfant)*, Vilien Galestian *(le poète au couvent)*, Gueorgui Guevvetchkei *(le poète vieux)*, Onik Minassian *(le prince)*. • SC : S. Paradjanov. • PH : Souren Chakhabazian. • DÉC : Stepan Adranikian. • MUS : Tigran Mansourian. • MONT : Serguei Youtkevitch. U.R.S.S. (Arménie), 1969 – Couleurs – 1 h 13.

La vie de Sayat Nova, poète arménien du XVIIIe siècle, en huit chapitres : I : L'enfance du poète. II : La jeunesse du poète. III : Le poète à la cour du prince / Prière avant la chasse. IV : Le poète se retire au monastère / Le sacrifice / La mort du katholikos. V : Le songe du poète / Le poète retourne à son enfance et pleure la mort de ses parents. VI : La vieillesse du poète / Il quitte le monastère. VII : Rencontre avec l'Ange de la Résurrection / Le poète enterre son amour. VIII : La mort du poète / Il meurt, mais sa poésie est immortelle.

◆ *La beauté extraordinaire des images, dans lesquelles le visuel est toujours en contrepoint de l'imaginaire, et le rythme très lent du film, presque muet, fascinent irrésistiblement le spectateur, même s'il ne dispose pas de toutes les références culturelles arméniennes et russes qui sous-tendent l'œuvre. Une grande profondeur.* D.C.

▷ Mal reçu par les autorités, le film est raccourci et remonté pour ressortir en Union soviétique, sous le titre COULEUR DE LA GRENADE, en 1971.

SAYONARA "SAYONARA"
Mélodrame de **Joshua Logan**, d'après le roman de James A. Michener, avec Marlon Brando, Patricia Owens, Martha Scott, Miyoshi Umeki, Red Buttons, Miiko Taka. États-Unis, 1957 – Couleurs – 2 h 27.

Dans un Japon idyllique, l'histoire d'amour semée d'embûches d'un commandant américain et d'une jeune Japonaise.

SCALAWAG
Western de **Kirk Douglas**, avec Kirk Douglas, Mark Lester, Neville Brand, David Stroud, Lesley-Anne Down, Phil Brown. États-Unis / Italie, 1973 – Couleurs – 1 h 33.

Au Mexique en 1840, un pirate unijambiste tente, en compagnie d'un jeune garçon, de retrouver la trace d'un trésor caché.

SCANDAL "SCANDAL"
Drame de **Michael Caton-Jones**, avec John Hurt, Joanne Whalley-Kilmer, Ian McKellen, Birdget Fonda, Britt Ekland. Grande-Bretagne, 1989 – Couleurs – 1 h 54.

Évocation de l'affaire Profumo / Christine Keeler, le scandale le plus retentissant de l'histoire de la Grande-Bretagne, qui ébranla toute la classe politique au début des années 60.

LE SCANDALE
Comédie dramatique de **Marcel L'Herbier**, d'après la pièce d'Henry Bataille, avec Gaby Morlay, Henri Rollan, Mady Berry, Jean Galland, Pierre Larquey. France, 1934 – 1 h 46.

Une femme mariée se laisse séduire un soir par un aventurier.

▷ Autres versions réalisées par : **Jacques de Baroncelli**, avec Denise Lorys, Paul Escoffier. France, 1919 – env. 1 200 m (env. 45 mn). **Arthur Rooke**, avec Hilda Bailey, Vanni Marcoux, Henry Victor. France, 1923 – 1 800 m (env. 67 mn).

SCANDALE "SHUBUN"
Drame d'**Akira Kurosawa**, avec Toshirō Mifune, Yoshiko Yamaguchi, Takashi Shimura, Tanie Kitabayashi. Japon, 1950 – 1 h 35.

Un journaliste surprend un peintre célèbre et une chanteuse populaire. Le journal invente une pseudo-histoire d'amour...

LE SCANDALE
Film policier de **Claude Chabrol**, avec Anthony Perkins, Maurice Ronet, Yvonne Furneaux, Stéphane Audran. France, 1967 – Couleurs – 1 h 47.

L'héritier d'une marque de champagne est plongé dans une intrigue meurtrière qui vise à lui faire croire qu'il est fou.

SCANDALE À LA COUR
"A ROYAL SCANDAL"
Comédie d'**Otto Preminger**, d'après la pièce de Lajos Biro et Melchior Lengyel, avec Tallulah Bankhead, Charles Coburn, Anne Baxter, William Eythe, Vincent Price. États-Unis, 1945 – 1 h 34.

À la cour de Russie, l'impératrice Catherine s'entiche d'un officier auquel elle assure une promotion très rapide.

▷ Autre version réalisée par **Ernst Lubitsch**, intitulée PARADIS DÉFENDU "FORBIDDEN PARADISE", avec Pola Negri, Adolphe Menjou, Rod La Rocque, Pauline Starke, Fred Malatesta. États-Unis, 1924 – 1 620 m (env. 1 h).

SCANDALE À MILAN
"DIFENDO IL MIO AMORE"
Drame de **Vincent Sherman**, avec Martine Carol, Vittorio Gassman, Gabriele Ferzetti, Charles Vanel. Italie / France, 1956 – 1 h 25.

Un journaliste sans scrupules met en péril le bonheur d'une famille milanaise. Un rôle dramatique pour Martine Carol.

LE SCANDALE COSTELLO
"THE STORY OF ESTHER COSTELLO"
Drame de **David Miller**, d'après le roman de Nicholas Monsarrat, avec Joan Crawford, Rossano Brazzi, Heather Sears. Grande-Bretagne, 1957 – 1 h 43.

Une jeune fille sourde, muette et aveugle à la suite d'un accident, retrouve ses facultés après un choc et grâce à l'attentive bienveillance de sa bienfaitrice.

LA SCANDALEUSE DE BERLIN
"A FOREIGN AFFAIR"
Comédie de **Billy Wilder**, avec Jean Arthur, Marlene Dietrich, John Lund. États-Unis, 1948 – 1 h 56.

Dans le secteur américain du Berlin de l'après-guerre, une commission venue de Washington va démasquer une vedette de music-hall qui est une dangereuse nazie.

SCANDALO "SCANDALO"
Drame de **Salvatore Samperi**, avec Lisa Gastoni, Franco Nero, Raymond Pellegrin, Andréa Ferréol. Italie, 1976 – Couleurs – 1 h 50.

Une pharmacienne de 40 ans, mère de famille, est séduite par son jeune employé, alors que celui-ci fait la cour à sa fille.

SCANNERS "SCANNERS"
Film de science-fiction de **David Cronenberg**, avec Stephen Lack, Jennifer O'Neill, Patrick McGoohan. Canada, 1980 – Couleurs – 1 h 44.

Un homme a le pouvoir surhumain de contrôler le psychisme des individus dont il « pénètre » littéralement le cerveau.

SCARAMOUCHE "SCARAMOUCHE"
Aventures historiques de **George Sidney**, avec Stewart Granger, Eleanor Parker, Janet Leigh, Mel Ferrer. États-Unis, 1952 – Couleurs – 1 h 58.

En France, au XVIIIe siècle, André Moreau jure de tuer le marquis du Maine qui a mortellement blessé son ami Philippe dans un duel. Il prend la personnalité d'un mime de province : Scaramouche... Un chef-d'œuvre du film de cape et d'épée.

SCARFACE "SCARFACE"
Film policier de **Howard Hawks**, avec Paul Muni *(Tony Camonte, alias Scarface)*, Ann Dvorak *(Cesca)*, Karen Morley *(Poppy)*, George Raft *(Guido Rinaldo)*, Osgood Perkins *(Johnny Lovo)*, Boris Karloff *(Gaffney)*, C. Henry Gordon *(Guarino)*, Vince Barnett *(Angelo)*. • SC : Ben Hecht, Seton I. Miller, John Lee Mahin, William R. Burnett, Fred Pasley, d'après le roman d'Armitage Trail. • PH : Lee Garmes, L. William O'Connell. • DÉC : Harry Olivier. • MUS : Adolph Tandler, Gustav Arnheim. • MONT : Edward D. Curtis. • PR : H. Hawks et Howard Hughes (The Caddo Company [M.F.B.] / Atlantic Picture). États-Unis, 1932 – 1 h 39.

À Chicago, vers 1920, en pleine prohibition, le jeune et ambitieux Italien Tony Camonte, devenu garde du corps de Johnny Lovo, caïd du district Sud, élimine ses concurrents, puis, secondé par Guido Rinaldo, prend la tête du gang, s'appropriant du même coup l'ex-maîtresse de Lovo, la blonde Poppy. Mais la grande faiblesse de Tony, c'est sa sœur Cesca, une brune provocante qu'il protège des autres hommes avec une jalousie féroce et trouble. Lorsqu'il la découvre chez Rinaldo, il abat immédiatement ce dernier avant qu'elle ait eu le temps de lui apprendre qu'ils venaient de se marier. La police dispose enfin d'une preuve contre Tony et peut l'inculper. Tony se retranche avec Cesca dans son appartement aux volets blindés. Mais lorsque sa sœur est tuée par une balle, Tony perd tout contrôle et affronte les policiers : il est abattu.

◆ **Le modèle du film de gangsters**

Venant à la suite des Nuits de Chicago *(Sternberg),* le Petit César *(LeRoy) et* les Carrefours de la ville *(Mamoulian), c'est le modèle du film de gangsters qui connaîtra le succès que l'on sait. Il s'inspire, pour l'aspect social, de la carrière d'Al Capone et, pour les rapports entre Tony et sa sœur, de ceux de César et Lucrèce Borgia. Son actualité et son réalisme lui valurent à la fois l'admiration méfiante de Capone lui-même et des ennuis avec la censure en raison de sa violence et du motif incestueux. Hawks décrit les gangsters comme de grands enfants irresponsables qui jouent avec de vraies armes, de vraies balles et de vrais morts. Ils rejoignent, sur le mode tragique, les chasseurs de fauves de* Hatari ! *ou les pilotes de course de* Ligne rouge 7000, *ce que le film signifie à l'aide d'éléments purement ludiques : la pièce avec laquelle joue Rinaldo, les croix qui marquent chaque mort. Le héros a conservé les valeurs qui fondèrent l'esprit pionnier américain sans se rendre compte que le monde, autour de lui, a changé : la conquête de l'espace est achevée, mais il veut l'ignorer. Il est peu à peu détruit par son manque de lucidité, écrasé par sa propre immobilité, qu'il compense par une agitation vaine et néfaste : incapable d'accepter l'évolution naturelle, il s'y oppose par la force. Loin d'être un bâtisseur, il ne trouve plus son plaisir que dans la destruction puis, quand tout lui échappe, dans l'autodestruction. De là l'atmosphère constante d'oppression rendue par l'éclairage quasi expressionniste, les cadrages serrés dans des lieux clos et étouffants. La morale sourd de la seule description. Du grand art !* *J.M.*

SCARFACE "SCARFACE"

Drame de **Brian De Palma**, avec Al Pacino, Steven Bauer, Michelle Pfeiffer. États-Unis, 1983 – Couleurs – 2 h 50.

Grandeur et décadence d'un immigré cubain devenu le parrain redouté de la maffia par la grâce de la drogue. Remake intelligemment actualisé du chef-d'œuvre de Howard Hawks.

LA SCARLATINE

Comédie de **Gabriel Aghion**, avec Brigitte Fossey, Stéphane Audran, Hella Petri, Christophe Malavoy. France, 1983 – Couleurs – 1 h 37.

Une famille qui a connu le luxe en Égypte, aujourd'hui installée à Paris, est dominée par trois femmes aux fortes personnalités.

LES SCÉLÉRATS

Drame de **Robert Hossein**, avec Robert Hossein, Michèle Morgan, Perrette Pradier, Olivier Hussenot. France, 1960 – 1 h 32.

La désagrégation d'un couple à la suite de la mort accidentelle de son enfant. D'après un scénario de Frédéric Dard.

LA SCÈNE DU CRIME "SCENE OF THE CRIME"

Film policier de **Roy Rowland**, avec Van Johnson, Arlene Dahl, Gloria De Haven. États-Unis, 1949 – 1 h 34.

Un inspecteur mène une patiente enquête afin de retrouver les tueurs qui ont organisé le racket des bookmakers d'une petite ville des États-Unis.

SCÈNES DE CHASSE EN BAVIÈRE

"JAGDSZENEN AUS NIEDERBAYERN"

Chronique sociale de **Peter Fleischmann**, avec Martin Sperr *(Abram)*, Angela Winkler *(Hannelore)*, Else Qhecke *(Barbara)*. • SC : P. Fleischmann, d'après la pièce de Martin Sperr. • PH : Alain Derobe. • DÉC : Günther Naumann. • MONT : Barbara Mondry, Jane Seitz. R.F.A., 1968 – 1 h 31. ★ PRIX GEORGES-SADOUL 1969.

Dans un petit village de Bavière, un homme, Abram, est soupçonné d'homosexualité et d'attentat aux mœurs. Le scandale couve. Abram finit par être l'objet d'une chasse à l'homme.

◆ *Le sujet du film n'est pas tant l'histoire d'Abram que le village tout entier, comment s'y développent l'intolérance et l'agressivité, dans une ambiance de fête douteuse, abjecte. C'est un film sur la naissance du mal : comment des gens ordinaires deviennent-ils bourreaux ? La fable ramène bien sûr à la naissance de tous les fascismes : la collectivité, au nom de la normalité, rejette avec une totale bonne conscience celui qui est différent.* *B.B.*

SCÈNES DE LA VIE CONJUGALE

"SCENER UR ETT AKTENSKAP"

Comédie dramatique d'**Ingmar Bergman**, avec Liv Ullmann *(Marianne)*, Erland Josephson *(Johan)*, Bibi Andersson *(Katarina)*, Gunnel Lindblom *(Eva)*. • SC : I. Bergman. • PH : Sven Nykvist. • DÉC : Bjorn Thulin. • MUS : Owe Svenson. • MONT : Siv Lundgren. Suède, 1973 – Couleurs – 2 h 48.

Marianne, conseillère conjugale, et son mari Johan, maître de conférences, forment un couple bourgeois, marié depuis dix ans, considéré comme uni. Jusqu'au jour où Johan avoue sa liaison avec une certaine Paula (qu'on ne verra jamais), et son intention de partir tout de suite. Marianne est effondrée, mais longtemps après, ayant surmonté cette épreuve, elle est devenue plus forte, plus indépendante et sexuellement plus épanouie, cependant que Johan, dégrisé, s'est fait plus humble. Remariés tous deux, ils conservent une sorte de tendresse inébranlable.

◆ *C'est pour la télévision suédoise (où il obtint un grand succès populaire) que Bergman réalisa d'abord ce feuilleton en six épisodes de 50 minutes, qu'il devait contracter ensuite considérablement pour la distribution en salles. Il avait recherché des personnages plus proches de la réalité quotidienne, et sans tourments métaphysiques, et pratiqué un style visuel aussi simple et dénué d'esthétisme que possible, aux antipodes de son film précédent,* Cris et Chuchotements. *Sa patte se retrouve cependant dans un art incomparable du tempo et de l'épuration. Outre le talent de comédienne de Liv Ullmann, le film révéla internationalement Erland Josephson, qui avait joué chez son vieil ami Bergman de nombreux rôles, sans tenir la vedette.* *M.CH.*

SCHLOCK "SCHLOCK"

Film fantastique de **John Landis**, avec John Landis, Eliza Garrett, Saul Kahan, Eric Allison, Charles Villiers. États-Unis, 1972 – Couleurs – 1 h 20.

Un tueur sème la terreur et s'avère être un monstre qui hibernait depuis des siècles. Amoureux d'une aveugle qui va recouvrer la vue, il l'enlève. La police l'abat.

SCHLUSSAKKORD

Mélodrame de **Detlef Hans Sierck** [Douglas Sirk], avec Willy Birgel, Maria von Tasnady, Lil Dagover. Allemagne, 1936 – 1 h 41.

Une mère séparée de son enfant devient femme de chambre chez les gens qui l'ont adopté. Par les thèmes et le style visuel, un film qui égale les chefs-d'œuvre américains de Douglas Sirk.

SCHMOK "FIRE SALE"

Comédie d'**Alan Arkin**, avec Alan Arkin, Role Reiner, Anjanette Comer, Vincent Gardenia. États-Unis, 1975 – Couleurs – 1 h 25.

Au bord de la faillite, un marchand de prêt-à-porter projette de faire incendier son magasin pour toucher la prime d'assurance. Mais ses deux fils ont, chacun de leur côté, pris d'autres initiatives.

SCHMUTZ

Drame de **Paulus Manker**, avec Fritz Schediwy, Hans Michael Rehberg. Autriche, 1986 – Couleurs – 1 h 40.

Un employé d'une société de gardiennage est chargé de surveiller une usine désaffectée. Il accomplira sa mission jusqu'à la folie.

LE SCHPOUNTZ

Comédie de **Marcel Pagnol**, avec Fernandel, Orane Demazis, Léon Bélières, Fernand Charpin, Robert Vattier, Pierre Brasseur. France, 1937 – 2 h 40.

Un garçon naïf qui rêve de devenir acteur se mêle, lors d'un tournage dans sa ville, à l'équipe d'un film qui se moque de lui.

SCIPION L'AFRICAIN "SCIPIONE L'AFRICANO"

Film historique de **Carmine Gallone**, avec Annibale Ninchi *(Scipion)*, Camillo Pilotto *(Hannibal)*, Fosco Giachetti *(Massinissa)*, Isa Miranda *(Velia)*, Francesca Braggiotti *(Sophonisbe)*. • SC : C. Gallone, Camillo Mariani Dell'Anguillara, Sebastiano A. Luciani. • PH : Ubaldo Arata, Anchise Brizzi. • DÉC : Pietro Aschieri. • MUS : Ildebrando Pizzetti. • MONT : Osvaldo Hafenrichter. Italie, 1937 – 2 h 01.

Au cours de la deuxième guerre punique, en 207 av. J.-C., Scipion s'embarque pour l'Afrique. L'action s'achève en 202 par la victoire des Romains, à Zama. Entre-temps, le spectateur aura assisté au départ d'Hannibal pour Carthage, aux luttes entre Syphax, allié des Carthaginois, et Massinissa, rangé aux côtés des Romains et au siège de Carthage par Scipion.

◆ Scipion l'Africain, *mis en chantier à l'apogée du fascisme, devait être dans l'esprit des autorités : « une œuvre qui réponde pleinement à la substance vive de notre époque ». Seul péplum ouvertement inspiré par l'idéologie fasciste, le film souffre d'un parallélisme – au demeurant artificiel – entre les luttes romaines en Afrique et la conquête italienne de l'Éthiopie. Le récit, conçu comme une suite de tableaux historiques, manque d'unité narrative et il est souvent gâché par l'interprétation outrée d'Annibale Ninchi.* *C.A.*

SCIUSCIÀ "SCIUSCIÀ"

Drame de **Vittorio De Sica**, avec Franco Interlenghi *(Pascuale)*, Rinaldo Smordoni *(Giuseppe)*, Aniello Mele *(Raffaele)*, Enrico De Silva *(Giorgio)*. • SC : Sergio Amidei, Adolpho Franci, Cesare Zavattini, V. De Sica. • PH : Elio Paccara, Anchise Brizzi. • DÉC : Ivo Battelli. • MUS : Alessandro Cicognini. • MONT : Nicoló Lazzari. Italie, 1946 – 1 h 35. ★ OSCAR DU MEILLEUR FILM ÉTRANGER 1947.

Rome, 1945. La guerre est finie, mais pas la misère. Deux gosses, deux amis, se retrouvent dans une prison pour mineurs. La vie qui leur est faite est dure. Ils résistent difficilement aux effets conjugués de la promiscuité, de leur naïveté et du cynisme des geôliers. Ils rêvaient, alors qu'ils effectuaient des actes de truanderie vénielle, d'acheter un cheval. C'était presque fait, mais le destin s'est interposé. Brouillés sur un malentendu, traîtres malgré eux, les deux enfants perdus finiront par s'affronter à mort.

◆ *C'est une « tranche de vie » si l'on veut (l'un des chefs-d'œuvre reconnus de l'école « néoréaliste » italienne), mais c'est aussi – surtout – une fable poignante, presque une allégorie, sur le goût de la pureté et du dépassement contrarié par le cynisme et la cruauté du monde. Film social assurément, l'Italie de l'immédiat après-guerre est décrite sans concession, mais, dans le même temps, poème lyrique et symbolique (l'inaccessible cheval blanc) qui a bouleversé le monde entier.* G.S.

LE SCORPION NOIR "THE BLACK SCORPION"
Film de science-fiction d'**Edward Ludwig**, avec Richard Denning, Mara Corday, Carlos Rivas. États-Unis, 1957 – 1 h 28.

Des scorpions géants échappés des entrailles de la Terre sèment la panique au Mexique.

LA SCOUMOUNE
Film policier de **José Giovanni**, avec Jean-Paul Belmondo, Claudia Cardinale, Michel Constantin. France, 1972 – Couleurs – 1 h 45.

De l'immédiat avant-guerre aux lendemains de la Libération, les destins unis de deux truands.

SCOUT TOUJOURS
Comédie de **Gérard Jugnot**, avec Gérard Jugnot, Jean-Claude Leguay, Jean Rougerie, Agnès Blanchot. France, 1985 – Couleurs – 1 h 38.

Chef scout « de dépannage », Jean-Baptiste conduit une joyeuse troupe camper dans les Cévennes.

SCREAM "SCREAM"
Film fantastique de **Wes Craven**, avec David Arquette, Neve Campbell, Courteney Cox, Matthew Lillard. États-Unis, 1997 – Couleurs – 1 h 50. ★ GRAND PRIX DU FILM FANTASTIQUE à Gérardmer.

Sydney, poursuivi par un tueur, échappe de justesse à la mort alors que, dans la ville de Woodsboro, la liste des victimes ne cesse de s'allonger. Un ami de Sydney décide malgré tout d'organiser une fête chez lui. Il y aura beaucoup de morts, mais on connaîtra enfin l'identité du tueur psychopathe. Émotions fortes garanties et rires en prime.

SEBASTIANE "SEBASTIANE"
Drame de **Derek Jarman** et **Paul Humfress**, avec Leonardo Treviglio, Neil Kennedy, Barney James. Grande-Bretagne, 1976 – Couleurs – 1 h 20.

Version kitsch et homosexuelle du martyre de saint Sébastien. Le seul film entièrement en latin.

LA SÉCHERESSE "VIDAS SECAS"
Drame social de **Nelson Pereira Dos Santos**, avec Atila Iório *(Fabiano)*, Maria Ribeiro *(Vitória)*, Orlando Macedo *(le fermier)*, Jofre Soares *(le soldat)*, les enfants Gilvan et Geni Valdo. • SC : N. Pereira Dos Santos, d'après le roman de Graciliano Ramos. • PH : José Rosa, Luiz Carlos Barreto. • MUS : Leonardo Alencar. • MONT : Rafael Justo Valverde, Nello Melli. Brésil, 1963 – 1 h 43. ★ PRIX DU MEILLEUR FILM POUR LA JEUNESSE et PRIX DES CINÉMAS D'ART ET D'ESSAI, Cannes 1964.

Une famille de paysans fuit la sécheresse et la famine du Nordeste. Après une longue et épuisante marche à travers le Sertão, elle s'installe dans une maison abandonnée. Le propriétaire engage Fabiano, le père, comme vacher. Provoqué aux cartes par un policier, Fabiano est jeté en prison. Quand il sort, la sécheresse sévit à nouveau : les bêtes meurent les unes après les autres. Fabiano et les siens repartent sous un soleil de plomb à la recherche de bonnes terres.

◆ *En 1960, Nelson Pereira Dos Santos entreprend l'adaptation du roman de Graciliano Ramos. Ironie du sort, des pluies diluviennes tombent sur le Sertão, compremettant le tournage qui sera repris en 1962. Par la sobriété de la mise en scène et la réduction minimale des dialogues, Nelson Pereira Dos Santos recrée la misère tragique des paysans du « polygone de la sécheresse » et leur volonté de survie. L'admirable photographie de Luiz Carlos Barreto amplifie l'émotion née de cette errance à travers une terre porteuse de mort. Ancré dans la réalité brésilienne, ce constat – envers du miracle économique des années 60 – porte en lui un violent réquisitoire contre les inégalités de la société brésilienne. Par son réalisme critique, le film annonce l'esprit et le souffle du Cinema Novo.* A.K.

SECONDA B
Comédie dramatique de **Goffredo Alessandrini**, avec Sergio Tofano, Dina Perbellini, Maria Denis. Italie, 1934 – 1 h 19.

Les timides amours de deux enseignants dans le cadre d'un collège pour jeunes filles de la bonne société.

LA SECONDA VOLTA "La seconda volta"
Comédie dramatique de **Mimmo Calopresti**, avec Nanni Moretti, Valeria Bruni-Tedeschi, Valeria Milillo, Roberto de Francesco. Italie, 1996 – Couleurs – 1 h 20.

Albert Savejo, professeur d'université, rencontre par hasard Lisa Venturi, jeune terroriste qui a tenté de l'assassiner douze ans plus tôt. Un face-à-face ambigu et vraisemblable.

LA SECONDE MADAME CARROLL
"The Two Mrs. Carroll"
Drame de **Peter Godfrey**, d'après la pièce de Martin Vale, avec Humphrey Bogart, Barbara Stanwyck, Alexis Smith. États-Unis, 1947 (ré : 1945) – 1 h 39.

Un peintre talentueux mais psychopathe assassine ses épouses successives ; les crimes alimentent son inspiration.

LE SECOND ÉVEIL
"Das zweite Erwachen der Christa Klages"
Drame policier de **Margarethe von Trotta**, avec Tina Engel, Sylvia Reize, Katharina Thalbach, Marius Müller-Westernhagen. R.F.A., 1977 – Couleurs – 1 h 30.

Christa et Werner, un couple en cavale après un hold-up exécuté dans un but « social », se réfugient chez une camarade de la jeune femme. Après la mort de Werner, tué alors qu'il volait une voiture, les deux femmes fuient. Christa est arrêtée.

LE SECRET
Drame de **Robert Enrico**, d'après le roman de Francis Rick *le Compagnon indésirable*, avec Philippe Noiret, Jean-Louis Trintignant, Marlène Jobert. France, 1974 – Couleurs – 1 h 40.

Le détenteur d'un secret d'État s'évade de sa prison et compromet les hôtes qui l'ont hébergé.

LE SECRET DE LA PLANÈTE DES SINGES
"Beneath the Planet of the Apes"
Film de science-fiction de **Ted Post**, avec James Franciscus, Kim Hunter, Charlton Heston. États-Unis, 1970 – Couleurs – 1 h 35.

Un astronaute est envoyé à la recherche de la mission disparue. C'est la suite imaginée après le succès de LA PLANÈTE DES SINGES (Voir ce titre).

LE SECRET DE LA PYRAMIDE
"Young Sherlock Holmes (and the Pyramid of Fear)"
Film d'aventures policières de **Barry Levinson**, avec Nicholas Rowe, Alan Cox, Sophie Ward, Anthony Higgins. États-Unis, 1985 – Couleurs – 1 h 49.

Les débuts prometteurs du célèbre détective face à une horrible secte qui embaume vivantes d'adorables jeunes filles.

LE SECRET DE LA VIE "Lifespan"
Film de science-fiction d'**Alexander Whitelaw**, avec Hiram Keller, Tina Aumont, Klaus Kinski, Fons Rademakers. Grande-Bretagne, 1975 – Couleurs – 1 h 25.

Deux gérontologues sont amis : lorsque le premier se suicide, le second découvre qu'il mettait au point un sérum de longue vie.

LE SECRET DE L'ÉPERVIER NOIR
"Il segreto dello sparviero nero"
Film d'aventures de **Domenico Paolella**, avec Lex Barker, Livio Lorenzo, Nadia Marlowa. Italie, 1962 – Couleurs – 1 h 32.

Un officier espagnol et un corsaire anglais veulent tous deux reprendre à un pirate des documents secrets.

LE SECRET DE MON SUCCÈS
"The Secret of My Success"
Comédie de **Herbert Ross**, avec Michael J. Fox, Helen Slater. États-Unis, 1987 – Couleurs – 1 h 50.

Monté du Kansas à New York, Bradley compte sur ses diplômes et ses capacités pour réussir. Beau numéro d'acteur.

LE SECRET DERRIÈRE LA PORTE
"The Secret Beyond the Door"
Drame psychologique de **Fritz Lang**, d'après le roman de Rufus King, avec Joan Bennett, Michael Redgrave, Anne Revere. États-Unis, 1948 – 1 h 38.

Après son mariage, une jeune femme s'aperçoit que son époux est prisonnier d'une étrange obsession.

LE SECRET DE SANTA VITTORIA
"The Secret of Santa Vittoria"
Comédie de **Stanley Kramer**, avec Anthony Quinn, Virna Lisi, Hardy Krüger, Anna Magnani. États-Unis, 1969 – Couleurs – 2 h 09.

À la fin de la guerre, un village entier du nord de l'Italie se débrouille pour sauver ses réserves de vin de l'avidité allemande.

LE SECRET DES EAUX MORTES
"Lure of the Swamp"
Film d'aventures de **Hubert Cornfield**, avec Marshall Thompson, Willard Parker, Joan Vohs. États-Unis, 1957 – 1 h 14.

Plusieurs personnages s'entretuent pour le fruit d'un hold-up caché quelque part dans les marais, près des sables mouvants.

LE SECRET DES SÉLÉNITES
Dessin animé de **Jean Image**. France, 1983 – Couleurs – 1 h 16.

Le baron de Münchausen est mandaté par son oncle pour ramener de la Lune le secret de l'immortalité.

LE SECRET DES TENTES NOIRES
"THE BLACK TENT"
Film d'aventures de **Brian Desmond Hurst**, avec Anthony Steel, Donald Sinden, Anna Maria Sandri, Andre Morell. Grande-Bretagne, 1956 – Couleurs – 1 h 33.

L'histoire en flash-back d'un capitaine anglais mort dans le désert de Libye en 1942 et dont le fils aura à choisir entre l'héritage de son père et la fidélité à la terre de sa mère, fille d'un cheikh.

SECRET D'ÉTAT "STATE SECRET"
Film d'aventures de **Sidney Gilliat**, avec Douglas Fairbanks Jr., Glynis Johns, Jack Hawkins. Grande-Bretagne, 1950 – 1 h 44.

Un chirurgien américain célèbre est pris en otage par un petit État totalitaire où règne un dictateur qu'il doit opérer.

LE SECRET DE VERONIKA VOSS
"DIE SEHNSUCHT DER VERONIKA VOSS"
Drame de **Rainer Werner Fassbinder**, avec Rosel Zech, Hilmar Thate, Cornelia Froboess, Anne-Marie Doringer. R.F.A., 1982 – 1 h 45. ★ OURS D'OR, Berlin 1982.

À Munich, en 1955, un journaliste rencontre une star déchue du cinéma des années 40, vivant chez une neurologue qui la drogue pour s'approprier ses biens.

LE SECRET DU CHEVALIER D'ÉON
Comédie dramatique de **Jacqueline Audry**, avec Andrée Debar, Gabriele Ferzetti, Dany Robin, Isa Miranda, Bernard Blier, Fausto Tozzi, Jean Desailly, Simone Valère. France / Italie, 1960 – Couleurs – 1 h 22.

Au XVIIIe siècle, pour des questions d'héritage, une jeune fille est élevée en garçon et doit passer pour tel.

LE SECRET DU FLORIDA
Comédie policière de **Jacques Houssin**, avec Albert Préjean, Henri Guisol, Lysiane Rey, Jim Gérald, Raphaël Patorni, Anita Giss. France, 1947 – 1 h 20.

Trois amis en vacances sur la Côte d'Azur ouvrent un bar sur un yacht et sont pris par la police pour des trafiquants de drogue.

LE SECRET DU GRAND CANYON
"EDGE OF ETERNITY"
Film d'aventures policières de **Donald Siegel**, avec Cornel Wilde, Victoria Shaw, Mickey Shaughnessy, Edgar Buchanan. États-Unis, 1959 – Couleurs – 1 h 20.

Meurtre dans le Grand Canyon du Colorado. Le shérif enquête, et l'action imaginée rebondit à chaque instant.

LE SECRET DU RAPPORT QUILLER
"THE QUILLER MEMORANDUM"
Film d'espionnage de **Michael Anderson**, d'après le roman d'Adam Hall *The Berlin Memorandum*, avec George Segal, Max von Sydow, Alec Guinness, Senta Berger, George Sanders. Grande-Bretagne, 1966 – Couleurs – 1 h 45.

Un agent britannique est envoyé à Berlin pour combattre une organisation néonazie. Un film d'espionnage un peu hors norme, d'une ironie glacée et pessimiste.

SECRET HONOR "SECRET HONOR"
Film de reportage-fiction de **Robert Altman**, avec Philip Baker Hall. États-Unis, 1985 – Couleurs – 1 h 30.

Dans la solitude de son bureau, Richard Nixon enregistre ses confessions sur un magnétophone. C'est l'occasion d'un règlement de comptes en bonne et due forme.

LE SECRET MAGNIFIQUE
"MAGNIFICENT OBSESSION"
Comédie dramatique de **John M. Stahl**, d'après le roman de Lloyd C. Douglas, avec Irene Dunne, Robert Taylor, Ralph Morgan, Sara Haden, Charles Butterworth. États-Unis, 1935 – 1 h 52.

Un homme responsable de la mort accidentelle d'un médecin célèbre et de la cécité de son épouse tombe amoureux de la jeune femme. Il entreprend des études médicales afin de lui rendre la vue.

▷ Autre version réalisée par **Douglas Sirk**, avec Jane Wyman, Rock Hudson, Agnes Moorehead, Barbara Rush, Otto Kruger, Gregg Palmer, Paul Cavanagh. États-Unis, 1954 – Couleurs – 1 h 48.

SECRETS
Comédie dramatique de **Pierre Blanchar**, d'après la pièce d'Ivan Tourgueniev *Un mois à la campagne*, avec Pierre Blanchar, Marie Déa, Gilbert Gil, Jacques Dumesnil, Suzy Carrier. France, 1943 – 1 h 40.

Dans une famille provençale aisée, le précepteur d'un jeune garçon sème le trouble dans les âmes féminines.

SECRETS DE FEMMES "THREE SECRETS"
Drame de **Robert Wise**, avec Eleanor Parker, Patricia Neal, Ruth Roman, Frank Lovejoy. États-Unis, 1950 – 1 h 38.

Un enfant et ses parents adoptifs s'écrasent en montagne dans un accident d'avion. Seul le petit garçon est sauf. Trois femmes qui, cinq ans plus tôt, ont abandonné leur enfant, pensent avec angoisse qu'il s'agit du leur.

SECRETS ET MENSONGES "SECRETS AND LIES"
Comédie dramatique de **Mike Leigh**, avec Brenda Blethyn *(Cynthia)*, Marianne Jean-Baptiste *(Hortense)*, Timothy Spall *(Maurice)*, Phyllis Logan *(Monica)*, Claire Rushbrook *(Roxanna)*. • SC : M. Leigh. • PH : Dick Pope. • DÉC : Alison Chitty. • MUS : Andrew Dickson. • MONT : John Gregory. Grande-Bretagne, 1996 – Couleurs – 2 h 22. ★ PALME D'OR, PRIX DE LA CRITIQUE INTERNATIONALE, PRIX DU JURY ŒCUMÉNIQUE, Cannes 1996.

Après la mort de sa mère adoptive, Hortense, jeune Noire ayant fait de solides études et exerçant un bon métier, décide de partir à la recherche de sa véritable mère. Elle découvre que celle-ci est blanche et pauvre. Les deux femmes finissent par nouer une relation affectueuse. Reste à présenter la fille jadis abandonnée au reste de la famille : la demi-sœur, balayeuse municipale forte en gueule, l'oncle et la tante, assez prospères mais minés par un regret secret.

◆ *Rien de banal dans ce film qui aurait pu être une classique dénonciation du racisme avec affrontements, conversions et embrassades spectaculaires. Le rythme met pourtant quelque temps à se trouver, car tous les personnages nous sont présentés successivement tels qu'ils sont au quotidien : frustes et frustrés (à la seule exception d'Hortense, discrètement rayonnante). Peu à peu on pressent que des drames secrets sont à l'origine de la véhémence des femmes et de l'atonie des hommes. Au fur et à mesure que les secrets enfouis sont mis au jour, on découvre ces personnages dans toute leur épaisseur humaine, avec leurs pudeurs et leurs sentiments, eux aussi bien cachés. Un film post-raciste où la différence de couleur de peau n'est qu'une des différences (et pas la plus importante, loin de là !) qui compliquent les relations entre les êtres... et en font aussi la saveur et la richesse. Excellente interprétation.* J.-C.L.

LA SECTION ANDERSON
Documentaire de **Pierre Schoendoerffer**. France, 1967 – 1 h 03.

La vie quotidienne d'une section américaine au combat pendant la guerre du Viêt Nam. Un document humain d'une qualité exceptionnelle qui valut de multiples récompenses à son auteur.

SECTION SPÉCIALE
Film politique de **Costa-Gavras**, d'après l'œuvre d'Hervé Villeré, avec Michael Lonsdale, Louis Seigner, Claude Piéplu, Pierre Dux, Michel Galabru, Yves Robert, Jacques Perrin. France, 1975 – Couleurs – 2 h.

En 1941, l'assassinat d'un officier allemand à Paris amène le gouvernement de Pétain à appliquer des lois d'exception rétroactives. Une dénonciation efficace.

LES SÉDUCTEURS
Film à sketches de **Bryan Forbes**, **Édouard Molinaro**, **Gene Wilder** et **Dino Risi**, avec Roger Moore, Lino Ventura, Gene Wilder, Ugo Tognazzi. France / Italie, 1980 – Couleurs – 2 h 05.

Quatre sketches sur l'amour et les mille et un moyens de séduire les femmes, qu'on soit P.-D.G. ou simple chauffeur. Un regard critique sur les « machos ».

SÉDUCTION "EROTIKON"
Comédie dramatique de **Gustav Machaty**, avec Karel Schleichert, Ita Rina, Olaf Fjord, Theodor Pistek. Tchécoslovaquie, 1929 – env. 2 000 m (1 h 14).

Dans une petite ville de province, la fille du chef de gare prend un riche amant.

SÉDUITE ET ABANDONNÉE
"SEDOTTA E ABBANDONATA"
Comédie de **Pietro Germi**, avec Stefania Sandrelli, Saro Urzi, Lando Buzzanca. Italie, 1963 – 2 h 03.

En Sicile, un étudiant séduit la jeune Agnès. Son père, appliquant le code sicilien, jure de venger l'honneur de sa fille.

LE SEIGNEUR DE LA GUERRE "THE WAR LORD"
Film d'aventures de **Franklin J. Schaffner**, avec Charlton Heston, Richard Boone, Rosemary Forsyth, Maurice Evans, Guy Stokwell. États-Unis, 1965 – Couleurs – 2 h.

Dans la Normandie du XIe siècle, une jeune fille est l'enjeu de joutes sanglantes entre deux clans rivaux.

LE SEIGNEUR DE L'AVENTURE
"THE VIRGIN QUEEN"
Film d'aventures historiques de **Henry Koster**, avec Bette Davis, Richard Todd, Joan Collins. États-Unis, 1955 – Couleurs – 1 h 32.

Au XVIe siècle, à Londres, la vie de la reine Élisabeth Ire et de sir Walter Raleigh, jeune capitaine de ses gardes qu'elle combla d'honneurs puis fit emprisonner.

LE SEIGNEUR DES ANNEAUX
"THE LORD OF THE RINGS"
Film d'animation de **Ralph Bakshi**, d'après le conte de J.R.R. Tolkien. États-Unis, 1979 – Couleurs – 2 h 13.

De sympathiques héros essaient de conjurer la puissance maléfique d'un anneau à travers un voyage initiatique vers un pays salvateur. Un film d'animation original.

LES SEIGNEURS "The Wanderers"
Comédie dramatique de **Philip Kaufman**, avec Ken Wahl, John Friedrich, Karen Allen. États-Unis, 1979 – Couleurs – 1 h 53.

À New York, en 1963, plusieurs bandes de jeunes s'affrontent. Une affaire de fille envenime encore la situation.

LA SEINE A RENCONTRÉ PARIS
Documentaire de **Joris Ivens**. France, 1957 – 32 mn.

Un tableau du Paris de 1957 à travers les couples d'amoureux, les vieillards solitaires, les paresseux et les travailleurs le long des berges de la Seine.

LES SEINS DE GLACE
Drame psychologique de **Georges Lautner**, d'après le roman de Richard Matheson, avec Alain Delon, Mireille Darc, Claude Brasseur. France, 1974 – Couleurs – 1 h 46.

Une rencontre sur une plage de la Côte d'Azur entraîne un scénariste à la conquête d'une jeune femme étrange.

LE SÉJOUR "Der Aufenthalt"
Drame de **Frank Beyer**, avec Sylvester Groth, Fred Düren, Klaus Piontek, Matthias Günther, Horst Hiener. R.D.A., 1982 – Couleurs – 1 h 40.

Un jeune prisonnier allemand est affecté à la démolition des ruines de Varsovie, au cours de l'hiver 1945, puis soupçonné d'être un nazi recherché.

LE SEL DE LA TERRE "Salt of the Earth"
Drame social de **Herbert J. Biberman**, avec Rosaura Revueltas *(Esperanza)*, Juan Chalcon *(Ramon)*, Will Geer *(le shérif)*. • SC : Michael Wilson. • PH : Simon Lazarus. • DÉC : Sonja Dahl, Adolfo Bardela. • MUS : Sol Kaplan. États-Unis, 1953 – 1 h 32.

Une entreprise américaine du Nouveau-Mexique, la Delaware Zinc Inc., utilise de la main-d'œuvre mexicaine dans de telles conditions d'exploitation qu'une grève éclate. Les mineurs sont bientôt rejoints, voire dépassés, par leurs femmes qui se révèlent être des combattantes sociales très efficaces, décidées, courageuses. Deux affrontements interfèrent : d'une part la lutte des ouvriers contre la direction et le patronat, d'autre part le conflit, au sein du prolétariat mexicain, entre les hommes (traditionnellement « machos ») et les femmes qui se sont montrées, en l'occurrence, leurs égales.

◆ *Ce film a été tourné en marge du système hollywoodien, au prix de grandes difficultés. Son contenu social, sinon révolutionnaire, effarouchait les grandes compagnies et l'« establishment » américain. De plus, les auteurs étaient poursuivis par les agents du maccarthysme alors puissant. Les laboratoires refusaient de développer la pellicule. Des raids même, dit-on, ont été effectués pour intimider les cinéastes. Le film a tout de même vu le jour et représente aujourd'hui un témoignage précieux sur cette époque. C'est, par ailleurs, une œuvre forte, sincère et poignante.* G.S.

LE SEL DE SVANÉTIE "Džim Šuante / Sol' Svanetii"
Documentaire de **Mikhaïl Kalatozov**. • SC : Serguei Tretiakov. • PH : Charla Gegelachvili, M. Kalatozov. U.R.S.S. (Géorgie), 1930 – 56 mn.

La Svanétie est une haute vallée du Caucase, à 2 000 m d'altitude, alors encore arriérée et à l'écart de tout. En même temps qu'une description quasi ethnographique, l'objet du film est aussi de montrer l'arrivée jusque dans cette région reculée des bouleversements et des progrès liés à la Révolution, en particulier la construction d'une route qui reliera désormais la Svanétie au monde.

◆ Le Sel de Svanétie *est un des tout premiers films de Kalatozov et il y exerce encore son premier métier d'opérateur de prises de vues. Mais le choix des images comme la façon de les monter sont déjà d'un réalisateur très personnel. La peinture de cette vie inchangée depuis des siècles donne lieu à des moments forts associant la misère et l'effort des hommes à la dureté de la nature : transport du sel à dos d'homme, neige sur les récoltes, violence des comportements animaux et humains, tout un monde primitif que la caméra fixe à l'heure des transformations.* J.-M.C.

LA SEMAINE DU SPHINX
"La settimana della sfinge"
Comédie dramatique de **Daniele Luchetti**, avec Margherita Buy, Paolo Hendel, Silvio Orlando. Italie, 1991 – Couleurs – 1 h 40.

Une serveuse amoureuse d'un installateur d'antennes qui ne veut surtout pas « se fixer ». Une narration alerte.

IL SEME DELL'UOMO
Drame de **Marco Ferreri**, avec Annie Girardot, Anne Wiasemsky, Marco Margine. Italie, 1969 – Couleurs – 1 h 53.

Un homme cherche à féconder sa femme pendant son sommeil. Une réflexion désespérée sur le couple, sur l'existence.

SÉNÉCHAL LE MAGNIFIQUE

Comédie de **Jean Boyer**, avec Fernandel, Nadia Gray, Georges Chamarat, Jeanne Aubert, Simone Paris. France, 1957 – 1 h 35.

Un comédien raté devient un habile escroc. Un rôle à multiples transformations pour Fernandel.

SENSO "Senso"

Drame de **Luchino Visconti**, avec Alida Valli *(comtesse Livia Serpieri)*, Farley Granger *(Franz Mahler)*, Massimo Girotti *(marquis Roberto Ussoli)*, Heinz Moog *(comte Serpieri)*, Rina Morelli *(Laura)*, Marcella Mariani *(Clara)*, Christian Marquand *(l'officier)*, Tonio Selwart *(colonel Kleist)*. • SC : L. Visconti, Suso Cecchi D'Amico, avec la collaboration de Giorgio Prosperi, Carlo Alianello, Giorgio Bassani, d'après la nouvelle de Camillo Boito. • PH : G.R. Aldo, Robert Krasker. • DÉC : Ottavio Scotti. • MUS : Symphonie n° 7 d'Anton Bruckner et le Trouvère de Giuseppe Verdi. • MONT : Mario Serandrei. • PR : Lux Film. Italie, 1954 – Couleurs – 2 h 05.

1866, en Vénétie. Les actes de résistance se multiplient contre l'occupant autrichien. La réalisation de l'unité de l'Italie semble en vue et le peuple est prêt à se révolter. Mais l'aristocratie est partagée : si certains sont indifférents, ou simplement opportunistes, d'autres collaborent. D'autres encore sont du côté des patriotes, comme la comtesse Livia Serpieri et son cousin Roberto Ussoli, alors que le comte, son mari, qui est un pleutre, a partie liée avec les Autrichiens mais est prêt à se ranger du côté des vainqueurs. Au théâtre de la Fenice, une représentation du Trouvère tourne à la manifestation nationaliste. Roberto défie en duel un jeune et sémillant lieutenant autrichien, Franz Mahler. Voulant s'interposer, Livia tombe amoureuse de celui-ci, qui profite d'elle puis l'abandonne. Lorsque la guerre éclate, les Serpieri se réfugient dans leur villa à la campagne. Une nuit, Franz vient retrouver Livia et lui demande la somme qui lui permettra de se faire réformer. Elle lui remet alors l'argent que les patriotes lui avaient confié. L'issue de la bataille de Custozza étant incertaine, Livia, pour ne pas perdre son amant, rejoint Vérone. Elle retrouve Franz vautré dans le vice et le cynisme, qui l'accable de ses sarcasmes. Elle le dénonce alors au commandant autrichien, comme déserteur. Franz est fusillé. Tandis que Livia erre, comme folle, dans les rues de Vérone, les Autrichiens fêtent leur victoire.

◆ « Aimer, même trop, même mal »

« Senso », littéralement, désigne à la fois la vie des sens et le sentiment des choses. Sens et sentiments sont ici portés par Visconti au paroxysme de la passion. L'intérêt de la malheureuse histoire de la comtesse Serpieri, son exemplarité, est qu'elle brûle pour un être vil, veule et médiocre, indigne en tout point de son amour, et pour qui elle sacrifie cependant son idéal. Ainsi la passion prend-elle toute sa dimension ; celle de la folie, celle de l'absurdité, celle d'une consomption autodestructrice. Démystifiant le romantisme béat, Luchino Visconti enrobe pourtant cette tragédie dérisoire dans une reconstitution historique fastueuse, aux images flamboyantes, qui prend d'emblée l'ampleur et la résonance d'un opéra. D'un bout à l'autre, Senso *joue sur les deux tableaux : celui de la splendeur esthétique et celui de l'amertume morale. D'un côté, un véritable hymne à la beauté qui se déploie à travers le choix des comédiens Alida Valli et Farley Granger, la composition picturale de chaque plan, le soin extrême apporté aux décors et aux costumes, jusqu'au grand spectacle magnifiquement maîtrisé de la bataille de Custozza. De l'autre, l'œuvre d'un moraliste désabusé, décrivant l'itinéraire de la passion comme une inexorable déchéance, où triomphent la trahison, la lâcheté, le mépris et le dégoût. La lucidité morale et politique de ce discours, si peu commerciale qu'elle fût (à cet égard,* Senso *a été un demi-échec), perce sous le faste trompeur de la forme, donnant une étonnante modernité à ce qui reste, au sens propre du mot, comme un sublime mélodrame.* *C.D.*

LES SENSUELS "No Down Payment"

Drame psychologique de **Martin Ritt**, d'après le roman de John McPartland, avec Joanne Woodward, Sheree North, Tony Randall, Jeffrey Hunter. États-Unis, 1957 – 1 h 45.

À travers l'histoire de quatre couples, une peinture violente et satirique de la vie américaine. Le premier film de Martin Ritt.

SENS UNIQUE "No Way Out"

Film d'espionnage de **Roger Donaldson**, d'après le roman de Kenneth Fearing, avec Kevin Costner, Gene Hackman, Sean Young. États-Unis, 1987 – Couleurs – 1 h 54.

Agent de liaison entre le ministère de la Défense et la C.I.A., Tom a le tort de mêler l'amour aux affaires d'espionnage.

LA SENTENCE

Drame de **Jean Valère**, avec Marina Vlady, Robert Hossein, Roger Hanin, Béatrice Bretty, Lucien Raimbourg. France, 1959 – 1 h 19.

Sur la côte normande en juin 1944, cinq otages sont arrêtés à la suite d'une action de résistance au moment où les Alliés débarquent.

LES SENTIERS DE LA GLOIRE "PATHS OF GLORY"
Film de guerre de **Stanley Kubrick**, avec Kirk Douglas *(colonel Dax)*, Adolphe Menjou *(général Broulard)*, George Macready *(général Mireau)*, Joe Turkel *(Arnaud)*, Ralph Meeker *(Paris)*, Timothy Carey *(Ferol)*. • SC : S. Kubrick, Jim Thompson, Calder Willingham, d'après le roman de Humphrey Cobb. • PH : George Krause. • DÉC : Ludwig Reiber. • MUS : Gerald Fried. • MONT : Eva Kroll. États-Unis, 1958 – 1 h 26.

En 1916 sur le front, Mireau, un général carriériste, veut obliger ses hommes, malgré l'opposition du colonel Dax, à prendre une position très difficile que tiennent les Allemands. L'offensive échoue. Mireau fait passer en conseil de guerre trois soldats qui seront fusillés pour l'exemple.

◆ *Ce film s'inspirant de faits réels survenus dans l'armée française fut interdit dans notre pays pendant 18 ans. Sa dénonciation de la guerre et de ses absurdes machinations y est sincère mais moins humaniste qu'on ne l'a dit. Le regard de Kubrick est moins « généreux » que celui de Renoir dans* la Grande Illusion *et la réaction du colonel Dax à la fin, faisant retarder l'annonce d'une attaque, devant le spectacle de ses hommes épuisés, qui pleurent en écoutant une jeune fille chanter un air allemand, est aussi bien un geste de pitié que l'expression d'un mépris pour des sentimentalistes qui n'ont rien fait pour sauver leurs camarades. Les travellings arrière dans les tranchées inaugurent une des figures de style préférées de Kubrick où l'espace est tout à la fois « conquis » par le regard et la marche tandis qu'il « enferme » dans sa structure celui qui le domine. S'y affirme aussi un thème qui parcourt son œuvre : une volonté de puissance qui en échouant conduit à l'auto-destruction et en s'affirmant y conduit aussi, car elle est absolue et se prend pour cible une fois qu'elle a anéanti son adversaire.* S.K.

LES SENTIERS DE LA VIOLENCE
"THE LEARNING TREE"
Drame de **Gordon Parks**, avec Kyle Johnson, Alex Clarke, Estelle Evans. États-Unis, 1969 – Couleurs – 1 h 45.

L'apprentissage du racisme par un jeune Noir, en principe bien intégré, mais à qui les événements vont montrer que la balance n'est pas égale.

LA SENTINELLE
Comédie dramatique d'**Arnaud Desplechin**, avec Emmanuel Salinger, Thibault de Montalembert, Jean-Louis Richard. France, 1991 – Couleurs – 2 h 20.

Un étudiant, dont le père est diplomate en Allemagne, trouve à son arrivée à Paris une tête momifiée dans ses bagages. Il s'agit d'un grand premier long métrage, même si le scénario est volontairement assez confus, à l'image du monde qu'il décrit.

LA SENTINELLE ENDORMIE
Comédie de **Jean Dreville**, avec Noël-Noël, Michel Galabru, Pascale Audret, Francis Blanche, Raymond Souplex. France, 1965 – Couleurs – 1 h 35.

Un médecin royaliste de Châlons veut tuer Napoléon, mais celui-ci réquisitionne la maison du farouche docteur qui se trouve bien vite fort embarrassé par sa bombe.

SEPT AMOUREUSES "SEVEN SWEETHEARTS"
Comédie musicale de **Frank Borzage**, avec Kathryn Grayson, Marsha Hunt, Van Heflin. États-Unis, 1942 – 1 h 45.

Dans une curieuse petite ville hollandaise située en plein cœur de l'Amérique, un journaliste prend pension dans une maison tenue par sept jeunes filles.

SEPT ANS AU TIBET "SEVEN YEARS IN TIBET"
Biographie de **Jean-Jacques Annaud**, d'après le récit de Heinrich Harrer, avec Brad Pitt, David Thewlis, Jamyang Wangchuck. États-Unis, 1997 – Couleurs – 2 h 15.

Surpris en Inde par le déclenchement de la Seconde Guerre mondiale, un jeune alpiniste autrichien est interné par les Anglais dans un camp de prisonniers. Il réussit à s'enfuir au Tibet, où il deviendra l'ami du dalaï-lama. Somptueuses balades sur le « Toit du monde ».

SEPT ANS DE MALHEUR "SEVEN YEARS BAD LUCK"
Film burlesque de **Max Linder**, avec Max Linder *(Max)*, Thema Peray *(la fiancée)*, Alta Allen, Harry Mann, Betty Petersen. • SC : M. Linder. • PH : Paul Irano. États-Unis, 1921 – 800 m (env. 30 mn).

Max se réveille dans sa somptueuse demeure, après avoir trop joyeusement enterré sa vie de garçon. Son serviteur brise son miroir alors que Max s'apprête à se raser. Les malheurs se mettent à pleuvoir sur lui. Sa fiancée le quitte, il fait un voyage rocambolesque avant de la retrouver en train d'épouser son meilleur ami. Il se réveille d'un cauchemar. Happy end.

◆ *La brève carrière américaine du si français Max Linder contient peut-être ses meilleures réussites. Ce film-ci a la logique d'un cauchemar puisqu'il s'agit d'un rêve. Max, après avoir perdu son billet de train et son portefeuille, est obligé de se déguiser en nègre, terrorise une passagère du train, est arrêté par un singe habillé en policier, se retrouve dans une cage à lions. Il enchaîne les désastres sans avoir le temps de réagir, les recevant avec une inertie qui anticipe sur*

Keaton. Le gag le plus célèbre est celui où le valet de Max brise le miroir, en commande un autre et, en attendant, prend la place du reflet, après s'être fait une tête à la Max Linder. Ce gag a été repris dans de nombreux films, notamment par les Marx Brothers, ainsi que par la publicitié. S.K.

SEPT ANS DE RÉFLEXION
"THE SEVEN YEAR ITCH"
Comédie de **Billy Wilder**, avec Marilyn Monroe *(la « fille »)*, Tom Ewell *(Richard Shermann)*, Evelyn Keyes *(Helen Shermann)*, Robert Strauss *(Krahulik)*, Oscar Homolka *(Dr Brubaker)*, Victor Moore *(le plombier)*. • SC : B. Wilder, George Axelrod, d'après sa pièce. • PH : Milton Krasner. • DÉC : Lyle Wheeler, George W. Davis. • MUS : Alfred Newman. • MONT : Hugh S. Fowler. États-Unis, 1955 – Couleurs – 1 h 45.

New York, l'été. Richard Shermann, mari modèle, se jure sagesse et chasteté après le départ en vacances de sa famille. Mais au-dessus de chez lui habite une ravissante blonde...

◆ *Outre l'image universellement célèbre de la robe de Marilyn soulevée par l'air du métro new-yorkais (séquence retournée en studio à cause d'une panique sans précédent lors de la prise de vue en extérieurs), on retiendra de cet immense succès les phantasmes cinéphiliques de Tom Ewell (en particulier la parodie de* Tant qu'il y aura des hommes). M.C.

747 EN PÉRIL "AIRPORT 75"
Film-catastrophe de **Jack Smight**, avec Charlton Heston, Karen Black, Gloria Swanson. États-Unis, 1974 – Couleurs – 1 h 47.

Un vol tranquille entre Washington et Los Angeles se transforme soudain en cauchemar à la suite d'un accident. L'héroïsme de quelques-uns permet d'éviter le pire.

LES SEPT CHEMINS DU COUCHANT
"SEVEN WAYS FROM SUNDOWN"
Western de **Harry Keller**, avec Audie Murphy, Barry Sullivan, Venetia Stevenson. États-Unis, 1960 – Couleurs – 1 h 27.

Au fil d'aventures mouvementées, l'étrange amitié entre un dangereux tueur et le Texas Ranger chargé de l'arrêter.

SEPT CONTRE LA MORT
"SETTE CONTRO LA MORTE"
Drame psychologique d'**Edgar G. Ulmer** et **Paolo Bianchini**, avec Rosanna Schiaffino, John Saxon, Brian Aherne, Nino Castelnuovo, Hans von Borsody, Larry Hagman, Peter Marshall. Italie / États-Unis / R.F.A., 1965 – 1 h 40.

En Italie, en 1944, six soldats de diverses nationalités et une jeune paysanne italienne se trouvent bloqués au fond d'une grotte après un bombardement.

SEPTEMBRE "SEPTEMBER"
Drame de **Woody Allen**, avec Denholm Eliott, Dianne Wiest, Mia Farrow. États-Unis, 1987 – Couleurs – 1 h 22.

À l'heure où l'été s'achève, la mélancolie s'insinue dans une maison de la Nouvelle-Angleterre dont la jeune propriétaire est amoureuse d'un hôte déjà épris de sa meilleure amie.

SEPT ÉPÉES POUR LE ROI
"LE SETTE SPADE DEL VENDICATORE"
Film d'aventures de **Riccardo Freda**, avec Brett Halsey, Béatrice Altariba. Italie, 1963 – Couleurs – 1 h 34.

De retour de guerre, le comte Carlos de Bazan découvre que son titre et ses terres ont été pris par son cousin, lequel complote contre le roi. Carlos entre alors en lutte contre lui.

LES SEPT FEMMES DE BARBEROUSSE
"SEVEN BRIDES FOR SEVEN BROTHERS"
Comédie musicale de **Stanley Donen**, avec Howard Kell, Jane Powell, Jeff Richards, Russ Tamblyn. États-Unis, 1954 – Couleurs – 1 h 43.

Dans l'Oregon vers 1850, sept frères, de rudes fermiers, décident de prendre femmes. Ils partent en expédition dans les villages voisins. Le légendaire enlèvement des Sabines inspire cette comédie musicale dynamique et colorée.

SEPT FOIS FEMME "WOMAN TIMES SEVEN"
Comédie de **Vittorio De Sica**, avec Shirley MacLaine, Peter Sellers, Rossano Brazzi, Vittorio Gassman, Lex Barker, Michael Caine, Philippe Noiret. États-Unis, 1967 – Couleurs – 1 h 40.

Sept sketches illustrant sept aspects de la femme : romantique, réaliste, impudique, volage, jalouse, capricieuse, amoureuse.

SEPT HEURES AVANT LA FRONTIÈRE
"GUNS OF DARKNESS"
Film d'aventures d'**Anthony Asquith**, avec David Niven, Leslie Caron, James Robertson Justice. Grande-Bretagne, 1962 – 1 h 42.

Le Britannique Tom Jordon dirige une plantation dans un pays d'Amérique du Sud. Un jour, après un coup d'État, il retrouve dans sa voiture l'ancien président, blessé.

SEPT HOMMES À ABATTRE
"SEVEN MEN FROM NOW"
Western de **Bud Boetticher**, avec Randolph Scott *(Ben Stride)*, Lee Marvin *(Big Mostera)*, John Larch *(Pate Bodeen)*, Stuart Whitman *(le lieutenant)*, Gail Russell *(Annie Greer)*. • SC : Burt Kennedy. • PH : William H. Clothier. • DÉC : Leslie Thomas. • MUS : Henry Vard. • MONT : Everett Sutherland. États-Unis, 1957 – Couleurs – 1 h 25.

Un shérif part à la poursuite de sept bandits qui ont assassiné son épouse. Il va les rattraper et les tuer les uns après les autres.

◆ *Sur un scénario dont la linéarité est exemplaire, jusqu'à l'épure, Boetticher a signé un western que d'aucuns, comme André Bazin, considèrent comme le plus important de l'après-guerre. Loin des préoccupations psychologisantes qui marquaient le genre à l'époque (au point qu'on parlait de sur-western), le film se cantonne dans une étude de comportements. Interprété par Randolph Scott et premier d'une série exemplaire où acteur, réalisateur, scénariste et producteur (souvent Scott lui-même) formeront une osmose totale pour aboutir à une unité remarquable,* Sept Hommes à abattre *montrait les possibilités du genre et, en le magnifiant, le niait totalement. Car il s'agit moins d'un western, fût-il particulièrement réussi, que d'un pur chef-d'œuvre.* *C.A.*

SEPT HOMMES EN OR "SETTE UOMINI D'ORO"
Film d'aventures de **Marco Vicario**, avec Rossana Podestà, Philippe Leroy, Gabriele Tinti. Italie / France, 1966 – Couleurs – 1 h 30.

Une équipe des meilleurs spécialistes internationaux du cambriolage tente un coup sur la Banque Nationale Suisse, à Genève.

LA SEPTIÈME AUBE "THE SEVENTH DAWN"
Film d'aventures de **Lewis Gilbert**, avec William Holden, Susannah York, Capucine. Grande-Bretagne, 1964 – Couleurs – 2 h 03.

L'histoire d'un soulèvement et du terrorisme qui s'installe en Malaisie et oppose deux anciens amis.

LA SEPTIÈME CIBLE
Film policier de **Claude Pinoteau**, avec Lino Ventura, Lea Massari, Jean Poiret, Élisabeth Bourgine. France, 1984 – Couleurs – 1 h 48.

Un écrivain est la septième cible d'un maître chanteur mystérieux qui se livre à un juteux racket.

LE SEPTIÈME CIEL
Comédie de **Raymond Bernard**, avec Danielle Darrieux, Noël-Noël, Paul Meurisse, Gérard Oury. France, 1958 – 1 h 47.

Comment une ravissante châtelaine devient une bienfaitrice grâce au concours désintéressé de plusieurs messieurs qu'elle fait passer de vie à trépas.

LA SEPTIÈME COMPAGNIE AU CLAIR DE LUNE
Comédie de **Robert Lamoureux**, avec Pierre Mondy, Jean Lefebvre, Gérard Jugnot. France, 1977 – Couleurs – 1 h 30.

Poursuivant leurs pérégrinations pendant la « drôle de guerre », les membres de la 7e compagnie, en chassant le lapin, deviennent des héros.

▷ Voir aussi MAIS OÙ EST DONC PASSÉE LA 7e COMPAGNIE ? et ON A RETROUVÉ LA 7e COMPAGNIE.

LA SEPTIÈME CROIX "THE SEVENTH CROSS"
Drame de **Fred Zinnemann**, d'après le roman d'Anna Seghers, avec Spencer Tracy, Signe Hasso, Hume Cronyn, Jessica Tandy, Agnes Moorehead, Herbert Rudley. États-Unis, 1944 – 1 h 50.

Évadé d'un camp de concentration avec six autres camarades qui, eux, ont été repris et torturés, un homme trouve refuge chez un ancien ami.

LA SEPTIÈME PORTE
Comédie dramatique d'**André Zwobada**, avec Georges Marchal, Maria Casarès, Aimé Clariond, Catherine Arley. France, 1948 – 1 h 28.

Un jeune homme pauvre, qui hérite des richesses de son prince, ne doit en aucun cas franchir la septième porte du palais, mais il désobéit et se trouve condamné à voir son avenir.

LE SEPTIÈME SCEAU "DET SJUNDE INSEGLET"
Drame médiéval d'**Ingmar Bergman**, avec Max von Sydow *(le chevalier Blok)*, Gunnar Bjornstrand *(l'écuyer Jöns)*, Nils Poppe *(Jof)*, Bibi Andersson *(Mia)*, Bengt Ekerot *(le joueur d'échecs)*, Ake Fridell *(le forgeron)*, Inga Gill *(Lisa)*, Erik Strandmark *(Skat)*, Bertil Anderberg *(Raval)*, Gunnel Lindblom *(Flickan)*. • SC : I. Bergman. • PH : Gunnar Fischer. • DÉC : P.A. Lundgren. • MUS : Erik Nordgren. • MONT : Lennart Wallen. • PR : Svensk Filmindustri. Suède, 1956 – 1 h 30.

Le chevalier Blok et son écuyer Jöns reviennent des croisades, désenchantés. Ils parcourent un paysage sinistre dans un pays d'Europe indéterminé. La peste fait des ravages. Les chrétiens se posent des questions. Certains organisent des cérémonies de flagellation pour expier le péché du monde. Des filles sont brûlées comme sorcières. Des moines défroquent. Au sein de ce chaos moral et spirituel, le chevalier avance à tâtons, saisi du fameux doute existentiel. Son écuyer est plus cynique. Il ne croit plus en rien de « céleste ». Au cours de son voyage, le chevalier rencontre un personnage inquiétant et redoutable : c'est la Mort. Elle attend Blok. Il cherche à différer le moment fatal en proposant une partie d'échecs à cet interlocuteur qui revêt plusieurs identités et qui sait qu'il va gagner. Au cœur de la misère et du désespoir, une clairière : un groupe de forains qui ont gardé la candeur et la faculté d'émerveillement de l'enfance. C'est Jof, sa femme Mia et leur bébé. Ils représentent l'espérance. Mais, quand le chevalier retrouve son château, c'est pour prendre la tête d'une danse macabre.

◆ Questions sans réponse

Ingmar Bergman a écrit et réalisé ce film magistral au sommet de son inspiration et de sa gloire. C'est d'abord une suite de tableaux de genre, d'une beauté phénoménale et l'une des rares représentations médiévales qui soient crédibles au cinéma. Aucun des comédiens ne semble grimé ou « costumé ». Mais la force du film vient surtout de l'expression d'une quête métaphysique essentielle. Bergman interroge, par personnages interposés, Dieu, les hommes, la société. Il ne philosophe pas pour autant. Il questionne avec ses moyens d'artiste. On sent très fortement la nostalgie du Paradis perdu (le couple « ravi » et l'enfant, épargnés, se présentent comme une parabole de la Sainte Famille). Mais on sent plus violemment encore l'inéluctabilité de la Mort et l'angoisse de l'au-delà. Bergman passe en revue (et un peu en désordre) toutes les positions des humains par rapport aux grands mystères : son chevalier errant assume la quête de l'humanité. Il interroge sans relâche : il cherche dans le regard d'une sorcière qui va monter sur le bûcher le secret de ses rapports avec l'invisible. En vain. La Mort elle-même, interrogée, ne sait rien. Dans ce film inépuisable, le cinéaste met en scène le doute ; en deçà : l'incroyance (représentée par l'écuyer), au-delà : la foi du charbonnier, c'est-à-dire celle des bateleurs bloqués dans l'état d'innocence. Ce film n'en finit pas d'agacer – dans le bon sens – l'intelligence et la sensibilité. G.S.

LA SEPTIÈME VICTIME "The Seventh Victim"

Drame de **Mark Robson**, avec Tom Conway, Jean Brooks, Kim Hunter. États-Unis, 1943 – 1 h 11.

Une jeune femme se rend à New York à la recherche de sa sœur, qui est sous l'influence d'une secte satanique.

LE SEPTIÈME VOILE "The Seventh Veil"

Comédie dramatique de **Compton Bennett**, avec James Mason, Ann Todd, Hugh McDermott, Herbert Lom. Grande-Bretagne, 1945 – 1 h 34.

Un jeune médecin guérit par auto-suggestion la névrose dont souffre sa malade, une pianiste célèbre.

LE SEPTIÈME VOYAGE DE SINBAD

"The Seventh Voyage of Sinbad"

Film d'aventures fantastiques de **Nathan Juran**, avec Kerwin Mathews, Kathryn Grand, Torin Thatcher. États-Unis, 1958 – Couleurs – 1 h 27.

Merveilleux film que cette illustration d'un des contes des *Mille et Une Nuits*. Aventures plus extraordinaires les unes que les autres.

▷ Voir aussi SINBAD LE MARIN.

SEPT JOURS AILLEURS

Drame psychologique de **Marin Karmitz**, avec Jacques Higelin, Catherine Martin, Michèle Moretti. France, 1968 – 1 h 25.

Un musicien quitte sa famille pour effectuer une tournée en province, au cours de laquelle il remet en question tous les éléments de sa vie.

SEPT JOURS EN MAI "Seven Days in May"

Drame de **John Frankenheimer**, d'après le roman de Fletcher Knebel et Charles W. Bailey, avec Kirk Douglas, Burt Lancaster, Fredric March, Ava Gardner. États-Unis, 1964 – 2 h.

À la suite d'un traité de désarmement signé par le président des États-Unis avec l'Union soviétique, un général américain extrémiste tente de renverser le président.

LES SEPT MERCENAIRES

"The Magnificent Seven"

Western de **John Sturges**, avec Yul Brynner *(Chris)*, Eli Wallach *(Calvera)*, Steve McQueen *(Vin)*, Horst Buchholz *(Chico)*, Charles Bronson *(O'Reilly)*, Robert Vaughn *(Lee)*, James Coburn *(Britt)*, Brad Dexter *(Harry Luck)*. • SC : J. Sturges, d'après *les Sept Samouraïs* d'Akira Kurosawa. • PH : Charles Lang Jr. • DÉC : Edward Fitzgerald. • MUS : Elmer Bernstein. • MONT : Ferris Webster. États-Unis, 1960 – Couleurs – 2 h 05.

Régulièrement victimes de la bande de Calvera, les paysans d'un village mexicain font appel à sept aventuriers pour les défendre. Chris et ses hommes infligent aux pillards des pertes, mais la trahison de quelques villageois les font capturer par Calvera. Libérés, ils reviennent et détruisent la bande. Les survivants repartent, seul Chico reste auprès d'une jeune Mexicaine.

◆ *Avec ce film, le western aborde sa période maniériste. Le héros classique se décompose en sept personnages ayant chacun une de ses composantes. Qu'il s'agisse de la démarche ou du costume des mercenaires ou du traitement des combats, par la précision de chaque geste, le réalisateur tire le film vers le rituel. Le genre devient une fin en soi : le plaisir est dans la reconnaissance plus que dans la surprise. Le western italien approche...* J.M.

LES SEPT MERVEILLES DU MONDE
"SEVEN WONDERS OF THE WORLD"
Documentaire de **Lowell Thomas**, **Tay Garnett**, **Paul Mantz**, **Andrew Marton**, **Ted Tetzlaff** et **Walter Thompson**. États-Unis, 1957 – Couleurs – 2 h.

Quelques-unes des grandes merveilles du monde spectaculairement photographiées avec le procédé Cinérama.

SEPT MORTS SUR ORDONNANCE
Drame de **Jacques Rouffio**, avec Michel Piccoli, Gérard Depardieu, Jane Birkin, Charles Vanel, Marina Vlady, Michel Auclair, Antonio de Ferandis. France / R.F.A. / Espagne, 1975 – Couleurs – 1 h 46.

Un mandarin de la médecine s'oppose à un chirurgien qu'il accuse de ne pouvoir assumer ses tâches. Celui-ci tuera sa femme avant de se suicider, comme dix ans plus tôt, un jeune et brillant confrère y avait déjà été poussé.

LES SEPT PÉCHÉS CAPITAUX
Film à sketches d'**Eduardo De Filippo**, **Jean Dreville**, **Yves Allégret**, **Carlo Rim**, **Roberto Rossellini**, **Claude Autant-Lara** et **Georges Lacombe**, avec Gérard Philipe, Michèle Morgan, Françoise Rosay, Viviane Romance, Isa Miranda, Frank Villard, Henri Vidal, Claudine Dupuis. France / Italie, 1952 – 2 h 28.

Dans une fête foraine, un meneur de jeu illustre pour les badauds les sept péchés capitaux.

▷ Autre illustration du thème réalisée par : **Sylvain Dhomme**, **Édouard Molinaro**, **Philippe de Broca**, **Jacques Demy**, **Jean-Luc Godard**, **Roger Vadim** et **Claude Chabrol**, avec Marie-José Nat, Dany Saval, Marina Vlady, Georges Wilson, Jean-Louis Trintignant, Laurent Terzieff, Eddie Constantine, Jean-Pierre Aumont, Jacques Charrier. France, 1961 – 1 h 55.

LES SEPT SAMOURAÏS "SHICHININ NO SAMURAI"
Film d'aventures d'**Akira Kurosawa**, avec Takashi Shimura *(Kambei)*, Toshirō Mifune *(Kikuchiyo)*, Yoshio Inaba *(Gorobei)*, Ko Kimuka *(Katsushiro)*, Daisuke Kato *(Sichirojè)*, Seiji Miyaguchi *(Kyuzo)*, Minoru Chiaki *(Heihachi)*, Kamatari Fujiwara *(Manzo)*, Kuninori Kodo *(Gisaku)*. • SC : Shinobu Hashimoto, Hideo Oguni, A. Kurosawa. • PH : Asakazu Nakai. • DÉC : So Matsuyama. • MUS : Fumio Hayasaka. • MONT : A. Kurosawa. • PR : Shojiro Mokoki (Tōhō). Japon, 1954 – 2 h 40. ★ OSCAR DU MEILLEUR FILM ÉTRANGER 1955.

Un village du Japon de la fin du XVIe siècle, déchiré par la guerre civile. Les paysans, harcelés par des bandits qui pillent, violent et tuent, décident, à l'instar d'autres bourgades, d'engager pour leur défense quelques samouraïs. Kambei, aidé de son disciple Katsushiro, recrute quatre soldats errants suivis d'un demi-fou, Kikuchiyo, qui saura établir un climat de confiance avec les paysans. Ceux-ci, soumis à un entraînement intensif, préparent la défense du village. Au cours d'une reconnaissance, trois bandits sont tués. L'assaut final, d'une violence et d'une férocité extrêmes, laisse l'avantage aux villageois, et les bandits sont mis en déroute. Trois samouraïs sont morts et les survivants reprennent leur vie errante alors que les paysans retournent à leurs tâches quotidiennes. Katsushiro, amoureux de la fille d'un paysan, reste au village.

◆ **Un western japonais**

Kurosawa contribua largement à faire connaître le cinéma japonais en Occident après la Seconde Guerre mondiale. La portée universelle de ses films, dont les sujets sont immédiatement accessibles, explique le succès commercial de ce cinéaste, par ailleurs ambitieux et rigoureux, dans nos contrées. Ce que confirme les Sept Samouraïs *(on a pu parler de western, et de l'influence de John Ford) dont Hollywood, en 1960, fit un « remake »,* les Sept Mercenaires. *Cependant, le sujet n'est pas seul en cause. Le film présente d'indéniables qualités : une remarquable direction d'acteurs précise et efficace, une mise en scène utilisant pour les séquences de combat plusieurs caméras sous divers angles, un montage rapide accélérant l'action et se distinguant du cinéma japonais d'alors, lent et stylisé.* Les Sept Samouraïs *est donc un film de mouvement, intense et violent, mais l'humour est souvent présent à travers le personnage de Kikuchiyo, l'innocent, qui mourra héroïquement lors de l'assaut final. Les samouraïs, nobles guerriers errants, par leur bravoure et leurs sacrifices apportent la paix au peuple. C'est sans doute là le message de ce très beau film.* R.F.

SEPT SECONDES EN ENFER "HOUR OF THE GUN"
Western de **John Sturges**, avec James Garner, Jason Robards, Robert Ryan. États-Unis, 1967 – Couleurs – 1 h 41.

La lutte des frères Earp contre le gang d'Ike Clanton. Une histoire authentique de l'Ouest, devenue légendaire.

LES SEPT VOLEURS "SEVEN THIEVES"
Film policier de **Henry Hathaway**, d'après le roman de Max Catto, avec Edward G. Robinson, Joan Collins, Rod Steiger, Eli Wallach, Michael Dante. États-Unis, 1960 – 1 h 42.

« Le Professeur », truand notoire, désire terminer sa carrière sur un coup d'éclat. Il prépare minutieusement un fantastique hold-up...

LES SÉQUESTRÉS D'ALTONA
"I SEQUESTRATI DI ALTONA"
Drame de **Vittorio De Sica**, d'après la pièce de Jean-Paul Sartre, avec Sophia Loren, Fredric March, Maximilian Schell. Italie / France, 1962 – 1 h 43.

Un vieux magnat de l'industrie allemande, à qui il ne reste que six mois à vivre, veut remettre de l'ordre dans ses affaires et sa famille.

SERAFINO OU L'AMOUR AUX CHAMPS
"SERAFINO"
Comédie de **Pietro Germi**, avec Adriano Celentano, Ottavia Piccolo, Saro Urzi. Italie, 1968 – Couleurs – 1 h 40.

Un berger un peu simple fait un bel héritage... et les grandes manœuvres commencent dans son village.

SÉRAIL
Film fantastique d'**Eduardo De Gregorio**, avec Leslie Caron, Bulle Ogier, Marie-France Pisier, Colin Redgrave. France, 1976 – Couleurs – 1 h 30.

Un jeune écrivain anglais voudrait acheter une demeure française où se succèdent des femmes mystérieuses et jolies.

SÉRÉNADE "SERENADE"
Drame musical d'**Anthony Mann**, d'après le roman de James M. Cain, avec Mario Lanza, Joan Fontaine, Sarita Montiel, Vincent Price. États-Unis, 1956 – Couleurs – 2 h 01.

Un ouvrier, devenu chanteur d'opéra, est convoité par deux femmes.

SÉRÉNADE À TROIS "DESIGN FOR LIVING"
Comédie d'**Ernst Lubitsch**, d'après la pièce de Noel Coward, avec Fredric March, Gary Cooper, Miriam Hopkins. États-Unis, 1933 – 1 h 28.

Valse-hésitation pour une jeune femme qui a trois soupirants : un auteur dramatique, un peintre et un publiciste.

SERGENT LA TERREUR "TAKE THE HIGH GROUND"
Film de guerre de **Richard Brooks**, avec Richard Widmark, Karl Malden, Elaine Stewart, Russ Tamblyn. États-Unis, 1953 – Couleurs – 1 h 41.

Durant la guerre de Corée, dans un camp américain, un instructeur sadique brime les jeunes recrues jusqu'à ce qu'une femme dont il s'éprend modifie son comportement.

LE SERGENT NOIR "SERGEANT RUTLEDGE"
Film d'aventures de **John Ford**, avec Jeffrey Hunter, Constance Towers, Woody Strode. États-Unis, 1960 – Couleurs – 1 h 58.

Durant la guerre de Sécession, le procès d'un sergent noir accusé de viol et de meurtre. Toute la maîtrise et le talent de John Ford.

SERGENT YORK "SERGEANT YORK"
Film de guerre de **Howard Hawks**, avec Gary Cooper *(Alvin C. York)*, Walter Brennan *(le pasteur)*, Joan Leslie *(Gracie Williams)*, George Tobias *(Pusher Rose)*. • SC : Abem Finkel, Harry Chandler, Howard Koch, John Huston. • PH : Sol Polito, Arthur Edeson. • DÉC : John Hughes. • MUS : Max Steiner. • MONT : William Holmes. États-Unis, 1941 – 2 h 14.

En 1916, dans le Tennessee, en vue de son mariage avec Gracie, Alvin C. York achète une bonne terre et travaille dur pour payer les échéances. Alors qu'il s'apprête à abattre le créancier qui a revendu son bien, la foudre frappe son fusil : York se convertit et devient pacifiste. Mobilisé en 1917, après mûre réflexion, il accepte de défendre la patrie et devient un héros. Il retrouve Gracie et sa terre.

◆ *C'est un film à part dans l'œuvre de Hawks, ne serait-ce que dans la mesure où il traite d'un problème religieux, ce dont les héros hawksiens s'embarrassent rarement. Mais Hawks l'aborde à sa façon, physique et pragmatique. Le problème moral est vécu dans les faits. Le personnage d'Alvin C. York, authentique, ne devient un héros que lorsqu'il met son instinct et sa pratique de chasseur au service de la communauté. Nous sommes loin d'une histoire de conversion.* J.M.

SERGIL CHEZ LES FILLES
Comédie policière de **Jacques Daroy**, avec Paul Meurisse, Claudine Dupuis, Albert Dinan, René Sarvil. France, 1952 – 1 h 32.

À Marseille, l'inspecteur Sergil enquête sur le meurtre de la vieille bonne d'une maison de rendez-vous. La troisième et dernière aventure de l'inspecteur.

▷ Voir aussi INSPECTEUR SERGIL et SERGIL ET LE DICTATEUR.

SERGIL ET LE DICTATEUR
Comédie policière de **Jacques Daroy**, avec Paul Meurisse, Liliane Bert, René Blancard. France, 1948 – 1 h 35.

On kidnappe la fiancée de l'inspecteur Sergil pour lui faire avouer où se cache le dictateur qu'il doit protéger.

▷ Voir aussi film précédent et INSPECTEUR SERGIL.

SÉRIE NOIRE
Drame d'**Alain Corneau**, avec Patrick Dewaere *(Frank Poupart)*, Myriam Boyer *(Jeanne)*, Marie Trintignant

(Mona), Bernard Blier *(Staplin)*. • SC : A. Corneau, Georges Perec, d'après le roman de Jim Thompson *Des cliques et des cloaques*. • PH : Pierre-William Glenn. • MUS : Juan Tizol, Duke Ellington. • MONT : Thierry Derocles. France, 1979 – Couleurs – 1 h 50.

Frank Poupart, représentant miteux, imagine un stratagème « ingénieux » pour tuer une vieille rombière qui prostitue sa nièce, et faire accuser à sa place un pauvre type, tandis que lui s'en irait avec la fille et le magot. Rien ne se passe comme prévu...

◆ *Une grande réussite qui tient à la sensibilité avec laquelle Corneau filme la froide banlieue et à la performance hallucinante de Dewaere en mythomane cabotineur qui « invente » sa vie pour ne pas y sombrer. La grande idée du film est de montrer la machination criminelle de Poupart comme si elle n'existait pas. Poupart est tellement empêtré dans le présent et dans ses émotions, que c'est quasiment sa machination qui le manipule et le fait agir : il se regarde accomplir trois meurtres comme le spectateur d'un personnage qu'il se serait inventé.* S.K.

SÉRIE NOIRE POUR UNE NUIT BLANCHE
"Into the Night"
Comédie policière de **John Landis**, avec Jeff Goldblum, Dan Aykroyd, Michelle Pfeiffer. États-Unis, 1984 – Couleurs – 1 h 55.

Insomniaque chronique, mari trompé, Ed Okin part pour Los Angeles afin de se changer les idées. Mal lui en prend.

SÉRIEUX COMME LE PLAISIR
Comédie de **Robert Benayoun**, avec Jane Birkin, Richard Leduc, Georges Mansart, Michael Lonsdale, Jean-Luc Bideau, Andréa Ferréol. France, 1975 – Couleurs – 1 h 40.

Deux hommes et une femme qui vivent heureux partent en vacances et multiplient les rencontres insolites sur les routes.

LE SERMENT "Pići"
Drame de **Mikhaïl Tchiaoureli**, avec Mikhaïl Gelovani, Sofia Giacintova, Nikolai Bogoljoubov. U.R.S.S. (Géorgie), 1946 – 1 h 58. ★ **Médaille d'or, Venise 1946.**

En 1924, la femme d'un vieux bolchevique assassiné par des koulaks porte à la place de son mari la lettre de leur village destinée à Lénine. Mais c'est Staline qui la recevra.

LE SERMENT DU CHEVALIER NOIR
"The Black Knight"
Film d'aventures historiques de **Tay Garnett**, avec Alan Ladd, Patricia Medina, Harry Andrews. États-Unis/Grande-Bretagne, 1954 – Couleurs – 1 h 25.

Au temps du roi Arthur et des chevaliers de la Table ronde, les actions d'éclat d'un jeune armurier plein de bravoure.

LE SERPENT
Film d'espionnage d'**Henri Verneuil**, d'après le roman de Pierre Nord *le Treizième Suicidé*, avec Yul Brynner, Henry Fonda, Dirk Bogarde, Philippe Noiret, Michel Bouquet. France, 1972 – Couleurs – 2 h 05.

Passé à l'Ouest, le colonel Vlassov, ancien agent du K.G.B., dénonce les traîtres qui travaillent pour l'espionnage soviétique. Le nouveau transfuge est cependant soumis au détecteur de mensonges...

SERPICO "Serpico"
Film policier de **Sidney Lumet**, d'après le livre de Peter Maas, avec Al Pacino, John Randolph, Jack Hehoe. États-Unis, 1973 – Couleurs – 2 h 10.

À la suite d'une grave blessure, un inspecteur de police new-yorkais revoit sa carrière. Écœuré, il démissionne à sa sortie de l'hôpital et part vivre en Suisse.

THE SERVANT "The Servant"
Drame de **Joseph Losey**, avec Dirk Bogarde *(Hugo Barrett)*, Sarah Miles *(Vera)*, James Fox *(Tony)*, Wendy Craig *(Susan)*, Patrick Magee, Catherine Lacey, Richard Vernon, Alun Owen, Hazel Terry. • SC : Harold Pinter, d'après le roman de Robin Maugham. • PH : Douglas Slocombe. • DÉC : Ted Clements, Bill Alexander. • MUS : John Dankworth. • MONT : Reginald Mills. • PR : J. Losey, Norman Priggen. Grande-Bretagne, 1963 – 1 h 57.

Jeune aristocrate, Tony engage un domestique le jour même où il emménage dans sa nouvelle demeure. Ce valet de chambre, Barrett, le fascine sans qu'il en ait d'abord conscience : Tony est un être fragile, superficiel, qui ne s'entend pas réellement avec sa fiancée Susan. Il cède lentement à une attirance toute cérébrale qui fait de lui le jouet de Barrett. Celui-ci le convainc d'engager comme bonne sa prétendue sœur, Vera, qui est en réalité sa maîtresse et deviendra celle de Tony. Le jeune homme rompt avec Susan et s'enfonce dans la déchéance physique et morale.

◆ **Une fable à plusieurs étages**

Losey lui-même a déclaré que The Servant *était une variante moderne de la fable de Faust. Il y a en effet quelque chose de méphistophélique dans la manière dont Barry « investit » et « envahit » la vie de Tony, en donnant presque jusqu'à la fin (désespérée) l'impression qu'il veut seulement lui rendre service, lui être agréable : et, de fait, le film repose sur l'ambiguïté du renversement qu'il implique. Si Tony révèle sa servi-*

lité, Barrett n'en est pas pour autant exempt : on a parfois le sentiment que Vera l'utilise autant qu'il l'utilise. Le puritanisme de Losey qui, s'il ne condamne pas ses personnages, s'en tient à distance, reparaît ici. L'homosexualité latente des deux hommes n'est que l'occasion d'une réflexion sur le Mal métaphysique à l'œuvre dans l'inconscient. Leur échange passe du jeu au drame, à l'image du décor où l'escalier tient une place obsédante, la menace de corruption suprême se situant au sommet. Le brillant dialogue de Pinter, une photo très soignée qui oppose quelques scènes d'extérieur (neige, statues blanches) aux contre-jours et irisations de la demeure de Tony, et, par-dessus tout, l'interprétation de Dirk Bogarde, ont assuré le succès du film. Ce succès a fait du metteur en scène, après celui de Temps sans pitié *(et malgré la « catastrophe » d'*Eva*), un cinéaste reconnu à l'échelle européenne. Il était temps : Losey avait déjà 54 ans.* G.L.

SERVANTE ET MAÎTRESSE

Drame psychologique de **Bruno Gantillon**, avec Victor Lanoux, Andréa Ferréol, Evelyne Buyle. France, 1977 – Couleurs – 1 h 30.

Jérôme vient prendre possession de l'héritage de son oncle. Mais c'est Maria, la servante, qui a hérité de tout. Elle garde Jérôme comme valet. L'orgueil des deux personnages les poussera à des affrontements psychologiques et sexuels souvent violents.

SERVICE DE NUIT

Comédie dramatique de **Jean Faurez**, avec Gaby Morlay, Jacques Dumesnil, Vivi Gioi, Carette, Jacqueline Pagnol. France, 1944 – 1 h 36.

Dans un petit village savoyard, le rôle capital joué par une téléphoniste qui connaît les secrets de la plupart des habitants de l'endroit.

SERVICE SECRET "SECRET MISSION"

Film d'espionnage de **Harold French**, avec Hugh Williams, Carla Lehmann, James Mason, Roland Culver, Nancy Price, Michael Wilding. Grande-Bretagne, 1942 – 1 h 34.

Pendant la Seconde Guerre mondiale, quatre officiers de l'Intelligence Service sont parachutés dans la France occupée pour mettre au jour les secrets de la défense allemande.

SEUL CONTRE TOUS "RAILS INTO LARAMIE"

Western de **Jesse Hibbs**, avec John Payne, Dan Duryea, Mari Blanchard. États-Unis, 1954 – Couleurs – 1 h 21.

Le courageux sergent Jefferson s'attaque à des saboteurs qui retardent la construction de la voie de chemin de fer d'une petite ville de l'Ouest.

SEULE "ODNA"

Drame de **Grigori Kozintsev** et **Leonid Trauberg**, avec Elena Kouzmina, Petr Sobolevski. U.R.S.S. (Russie), 1931 – 1 h 21.

Au fond de l'Asie soviétique, une jeune institutrice prend une part active à la lutte contre les koulaks. Blessée et rapatriée vers des régions plus calmes, elle promet de revenir.

SEULE DANS LA NUIT "WAIT UNTIL DARK"

Drame de **Terence Young**, d'après la pièce de Frederick Knott, avec Audrey Hepburn, Alan Arkin, Richard Crenna. États-Unis, 1967 – Couleurs – 1 h 48.

Une jeune aveugle se retrouve seule face à une bande de gangsters. Suspense agencé pour mettre en valeur la performance de comédienne d'Audrey Hepburn.

SEUL LE VENT CONNAÎT LA RÉPONSE

Film policier d'**Alfred Vohrer**, d'après le roman de Johannes-Mario Simmel, avec Maurice Ronet, Marthe Keller, Raymond Pellegrin, Karin Dor, Christian Barbier. France / R.F.A., 1975 – Couleurs – 1 h 45.

Bien assuré sur la vie, un banquier disparaît dans le naufrage de son yacht. La compagnie dépêche un de ses agents pour prouver qu'il s'agit d'un suicide. La police penche pour la thèse de l'assassinat.

SEULS LES ANGES ONT DES AILES

"ONLY ANGELS HAVE WINGS"

Film d'aventures de **Howard Hawks**, avec Cary Grant *(Jeff)*, Jean Arthur *(Bonnie Lee)*, Thomas Mitchell *(Kid)*, Richard Barthelmess *(McPherson)*, Rita Hayworth *(Judith)*. • SC : H. Hawks, Jules Furthman. • PH : Joseph Walker, Elmer Dyer. • DÉC : Lionel Banks. • MUS : Dimitri Tiomkin. • MONT : Viola Lawrence. États-Unis, 1939 – 2 h 01.

Joe, pilote d'une compagnie aéropostale, se tue à l'atterrissage, au moment de rejoindre Bonnie qui fait escale à Barranca. Le Kid, mécanicien de Jeff, reconnaît en McPherson, le remplaçant de Joe, celui qui a causé la mort de son frère en abandonnant son appareil. Mais McPherson se rachète en ramenant sous l'orage un avion en feu avec le Kid, mortellement blessé, à bord. Jeff accomplit une dernière mission et demande à Bonnie, qu'il repoussait, de rester.

◆ *Ce film d'aventures parfait est le modèle du cinéma de Hawks : un groupe d'hommes isolés du monde avec une mission à accomplir, le rejet par la communauté de celui qui a failli au code de l'honneur viril, la femme présentée comme élément perturbateur, le refus de tout sentimentalisme, l'alternance des mo-*

ments d'action et de repos, le mélange du drame et de la comédie... Tout y est dans une harmonie totale et une mise en scène « à hauteur d'œil ». *J.M.*

SEULS SONT LES INDOMPTÉS
"Lonely Are the Brave"
Film d'aventures de **David Miller**, avec Kirk Douglas, Gena Rowlands, Walter Matthau. États-Unis, 1962 – 1 h 47.

En 1962, Jack Burns est un cow-boy qui aurait dû vivre au temps des pionniers. Il devient un hors-la-loi traqué par une armée de policiers en voitures et hélicoptères. Il est tué alors qu'il tente de passer au Mexique. Une ballade nostalgique sur la fin d'un mode de vie et aussi d'un genre, le western.

SEVEN "Seven"
Policier de **David Fincher**, avec Brad Pitt, Morgan Freeman, Gwyneth Paltrow, Kevin Spacey. États-Unis, 1995 – Couleurs – 2 h 10.

Un fou meurtrier, John Doe, a choisi d'exécuter ses victimes en les punissant par où elles ont péché : le gourmand par la bouche, la prostituée par le sexe, etc. Lorsqu'il est identifié par les deux policiers chargés de l'enquête, cinq crimes correspondant à cinq péchés capitaux ont déjà été commis. Mais le tueur a mis en route le scénario diabolique - et interactif - qui lui permettra d'aller jusqu'au bout de son dessein : sept péchés capitaux, sept crimes.

SEVEN FOOTPRINTS TO SATAN
"Seven Footprints to Satan"
Film fantastique de **Benjamin Christensen**, d'après le roman d'A. Merritt, avec Thelma Todd, Creighton Hale, Sheldon Lewis, Ivan Christie. États-Unis, 1929 – env. 1 800 m (67 mn).

Un riche propriétaire enfermé dans sa vaste demeure fait une farce macabre à ses neveux. Une brillante adaptation du roman.

LE SEXE DES ANGES "Le voci bianche"
Comédie de **Pasquale Festa Campanile** et **Massimo Franciosa**, avec Paolo Ferrari, Anouk Aimée, Vittorio Caprioli, Jean Tissier, Barbara Steele. Italie / France, 1964 – Couleurs – 1 h 30.

Au XVIIIe siècle, les aventures galantes d'un faux castrat qui profite de sa profession d'« acteur féminin » pour séduire les femmes sous le nez de leur mari.

LE SEXE DU DIABLE "La muerte de Mikel"
Drame psychologique d'**Imanol Uribe**, avec Imanol Arias, Amaia Lasa. Espagne, 1984 – Couleurs – 1 h 29.

Au hasard d'une rencontre, un indépendantiste basque découvre son homosexualité. L'intolérance, la honte et l'incompréhension qui se manifestent autour de lui dans ces circonstances le mèneront à la tragédie.

LE SEXE FOU "Il sesso matto"
Comédie de **Dino Risi**, avec Giancarlo Giannini, Laura Antonelli, Alberto Lionello. Italie, 1973 – Couleurs – 2 h 05.

Neuf sketches illustrant, avec une fantaisie débridée, des cas de bizarreries sexuelles.

SEXE, MENSONGES ET VIDÉO
"Sex, Lies and Videotape"
Comédie dramatique de **Steven Soderbergh**, avec Peter Gallagher, James Spader, Andie MacDowell. États-Unis, 1989 – Couleurs – 1 h 40. ★ Palme d'or, Cannes 1989.

Se doutant de l'infidélité de son mari, Ann tente de prendre contact avec son meilleur copain, Graham, revenu en ville après une absence de neuf ans. Elle découvre que celui-ci est impuissant et que son seul plaisir consiste à regarder des enregistrements d'interviews de femmes racontant leurs habitudes sexuelles.

SEX O'CLOCK U.S.A.
Documentaire de **François Reichenbach**. France, 1976 – Couleurs – 1 h 30.

Sous prétexte d'une approche documentaire et d'une réflexion morale, les divers aspects de la révolution sexuelle aux États-Unis.

SEX POWER
Essai d'**Henry Chapier**, avec Alain Noury, Jane Birkin, Bernadette Lafont, Juliette Villard. France, 1970 – Couleurs – 1 h 30.

Les fantasmes d'un jeune homme au long d'un voyage à la recherche de lui-même. Bien des héroïnes traversent ce film onirique du célèbre critique, mais on retiendra l'apparition fulgurante de Juliette Villard, trop tôt disparue.

SEX-SHOP
Comédie satirique de **Claude Berri**, avec Juliet Berto, Claude Berri, Nathalie Delon, Jean-Pierre Marielle. France, 1972 – Couleurs – 1 h 40.

Écrasé de dettes, un libraire transforme sa boutique en sex-shop.

SHADOWS "Shadows"
Drame de **John Cassavetes**, avec Lelia Goldoni *(Lelia)*, Ben Carruthers *(Ben)*, Hugh Hurd *(Hugh)*, Anthony Ray

(Tony), Dennis Sallas *(Dennis)*, David Jones *(David)*. • SC : J. Cassavetes. • PH : Erich Kollmar. • DÉC : Randy Liles, Bob Reeh. • MUS : Charles Mingus. • MONT : Len Appelson, Maurice McEndre. États-Unis, 1960 – 1 h 21.
★ **GRAND PRIX DE LA CRITIQUE, Venise 1960.**

Le racisme vu de l'intérieur. Une jeune Américaine dont rien ne révèle apparemment qu'elle appartient à une famille noire tombe amoureuse d'un jeune Blanc. Ils se donnent l'un à l'autre, mais quand l'homme apprend les origines de la jeune fille, il prend peur et s'éloigne. Plus tard, il regrettera son attitude, mais, cette fois, c'est elle qui le repousse, avec l'aide de ses frères. Au racisme blanc, ces derniers opposent un autre racisme. L'un des frères est un médiocre chanteur, l'autre traîne de bar en bar avec une bande de copains aussi paumés que lui. Avec eux, on pénètre dans un New York quasi inconnu, celui du sous-prolétariat de couleur.

◆ *Cassavetes fait partie de cette nouvelle génération de cinéastes new-yorkais qui, à la fin des années 50, rejettent les règles de Hollywood.* Shadows *révéla son génie très personnel, sa compréhension des dérives et des délires. Le film, réalisé en 16 mm, n'a pas été tourné en suivant un scénario préconçu, ni avec des comédiens consommés. On est en plein cinéma-vérité. En revanche, il est soutenu par un remarquable accompagnement musical qui, lui aussi, semble improvisé.* G.DE V.

SHAKESPEARE WALLAH "SHAKESPEARE WALLAH"
Chronique de **James Ivory**, avec Geoffrey Kendal *(Mr Buckingham)*, Felicity Kendal *(Mrs. Buckingham)*, Laura Liddell *(Lizzie)*, Shashi Kapoor *(Sanju)*. • SC : Ruth Prawer Jhabvala. • PH : Subrata Mitra. • MUS : Satyajit Ray. Inde, 1965 – 2 h 05.

Une troupe d'acteurs anglais sillonne l'Inde, jouant des pièces de Shakespeare. Mais le public indien préfère le cinéma. Il n'y a plus d'Anglais, les temps et la culture ont changé. La fille du directeur de la troupe est amoureuse d'un jeune Indien, mais c'est un amour sans lendemain.

◆ *C'est le premier film connu de James Ivory, le réalisateur d'*Une chambre avec vue *et d'autres films sur la société victorienne ou le déclin de l'Empire britannique. Ici, sur un scénario original et avec nostalgie, il brosse de façon très classique une chronique « coloniale » douce-amère.* B.B.

SHALAKO "SHALAKO"
Film d'aventures d'**Edward Dmytryk**, d'après le roman de Louis L'Amour, avec Brigitte Bardot, Sean Connery, Stephen Boyd. États-Unis, 1968 – Couleurs – 1 h 53.

À la fin du XIXe siècle, un safari organisé dans l'Ouest américain met aux prises bandits, Indiens, agents fédéraux et riches touristes. Distribution insolite pour un faux western.

SHALOM
Comédie dramatique de **Yaky Yosha**, avec Yaky Yosha. Israël, 1973 – Couleurs – 1 h 34.

L'errance d'un jeune marginal israélien dans les quartiers pauvres de Jérusalem. À l'image des hippies américains, sa différence fait de lui un rejeté de la société.

SHAMPOO "SHAMPOO"
Comédie de **Hal Ashby**, avec Warren Beatty, Julie Christie, Goldie Hawn, Lee Grant, Jack Warden, Tony Bill. États-Unis, 1975 – Couleurs – 1 h 50.

Un coiffeur mondain de Beverly Hills multiplie les bonnes fortunes et cherche à s'établir à son compte. Mais sa grande amie le trahira pour le financier qui devait lui permettre de s'acheter un salon de coiffure.

SHANGHAI EXPRESS "SHANGHAI EXPRESS"
Mélodrame de **Josef von Sternberg**, avec Marlene Dietrich *(Shanghai Lily)*, Clive Brook *(Harvey)*, Anna May Wong *(Hue Fey)*, Warner Oland *(Chang)*. • SC : Harry Hervey, Jules Furthman. • PH : Lee Garmes. • DÉC : Hans Dreier. • MUS : W. Frank Harling. • MONT : J. von Sternberg. États-Unis, 1932 – 1 h 24.

Dans un train en partance pour Pékin embarquent plusieurs Européens et un Chinois riche que les autres boudent par sentiment de supériorité. Arrive aussi Shanghai Lily qui y rencontre le capitaine Harvey, un ancien grand amour. Le train est arrêté par des bandits dont le Chinois est le chef. Pour posséder Shanghai Lily, il menace de crever les yeux du capitaine. Elle cède à son chantage, méprisée par Harvey.

◆ *Avec* Shanghai Express, *Sternberg commence sa période « blanche » et abstraite. Le corps lourd et sensuel de Marlene, tel qu'il apparaissait dans ses trois films précédents, se transforme, la chrysalide devient papillon. La Chine qui nous est montrée, de convention, reconstituée en studio, passe comme un rêve derrière les fenêtres des compartiments. Ce film fut l'archétype du voyage immobile, les événements venant au-devant des personnages qui font du « sur place » dans le train, lieu paradoxal de mouvement arrêté.* S.K.

SHANGHAI GESTURE / SHANGHAI
"THE SHANGHAI GESTURE"
Drame de **Josef von Sternberg**, avec Gene Tierney *(Poppy)*, Walter Huston *(sir Guy Charteris)*, Victor Mature

(Omar), Ona Munson *(Mother Gin Sling)*, Phyllis Brooks *(Dixie)*, Marcel Dalio *(le croupier)*. • SC : J. von Sternberg, Jules Furthman, Geza Herczeg, Karl Vollmoeller, d'après la pièce de John Colton. • PH : Paul Ivano. • DÉC : Boris Leven. • MUS : Richard Hagman. • MONT : Sam Winston. États-Unis, 1941 – 1 h 38.

Dans sa maison de jeux menacée de fermeture par sir Guy Charteris, Mother Gin Sling conduit Poppy, la fille de celui-ci, à la déchéance. Elle invite sir Guy au nouvel an chinois et dévoile devant tous leur liaison passée : alors, celui-ci lui révèle que Poppy est leur fille. Sir Guy parti, Mother Gin Sling tue Poppy qui l'avait insultée et admet que, cette fois, il sera difficile d'acheter la police.

◆ *C'est dans un climat bien plus trouble que celui qui règne dans les films de Sternberg interprétés par Marlene Dietrich que se déroule celui-ci. Entre le puritain occidental au passé sordide, la tenancière autrefois séduite et abandonnée, la jeune fille dépravée par un être aux mœurs imprécises, il y a peu d'espoir. Tentures, portes, fumées, reflets créent un climat de claustration qui sied à la vision qu'a Sternberg de la perversité de l'Orient.* *J.M.*

SHANGAÏ TRIAD

"Yao a Yao Yao Dao Wai Pe Qiao"

Drame de **Zhang Yimou**, d'après le roman de Li Xiao, avec Gong Li, Li Baotian, Li Xuejian, Wang Xiaoxiao. France / Chine, 1995 – Couleurs – 1 h 49.

Un jeune paysan, Shuisheng, est affecté au service de la maîtresse d'un puissant patron de gang dans la Chine des années 30. Il y apprendra comment les hommes conquièrent le pouvoir et comment les femmes séduisent ceux qui l'ont. Psychologie et cruauté.

LE SHÉRIF AUX MAINS ROUGES

"Gunfight at Dodge City"

Western de **Joseph Newman**, avec Joel McCrea, Julia Adams, John McIntire. États-Unis, 1959 – Couleurs – 1 h 21.

Un joueur professionnel arrive à Dodge City où son frère brigue le poste de shérif, détenu par un chef de bande. Les revolvers parlent...

LE SHÉRIF EST EN PRISON "Blazing Saddles"

Comédie de **Mel Brooks**, avec Cleavon Little *(Bart)*, Gene Wilder *(Jim)*, Slim Pickens *(Taggart)*, David Huddleston *(Olson Johnson)*, Liam Dunn *(le révérend Johnson)*, Alex Karras *(Mongo)*, John Hillerman *(Howard Johnson)*, George Furth *(Van Johnson)*, Mel Brooks *(le gouverneur Lepetomane / le chef indien)*. • SC : M. Brooks, Norman Steinberg, Andrew Bergman, Alan Uger, Richard Pryor. • PH : Joseph Biroc. • MUS : John Morris. • MONT : John Howard. États-Unis, 1974 – Couleurs – 1 h 32.

Un juge désireux d'acheter des terrains à bas prix nomme dans une petite ville un shérif noir pour faire fuir la population. Mais le shérif franchit tous les obstacles : le hors-la-loi devient son ami, la vamp tombe amoureuse de lui. Quand, pour finir, le juge envoie des bandits raser la ville, ils sont pris au piège de décors montés pendant la nuit. La bagarre éclate néanmoins, mais elle se déroule... en studio !

◆ *Prenant ici pour cible le western, Mel Brooks et ses complices multiplient les effets parodiques. On saute, pour s'en moquer, de référence en référence et toutes les situations classiques de l'Ouest sont passées en revue, jusqu'à l'attaque de la ville, meilleur moment du film : ce jeu avec le carton-pâte des décors est finalement un hommage au cinéma, art de l'illusion. Mais, malgré son succès,* Le shérif est en prison *ne vaut pas* les Producteurs, *premier film et coup de maître de Brooks.* *J.-M.C.*

LE SHÉRIF ET LES EXTRATERRESTRES

"The Sheriff and the Satellite Kid"

Comédie de **Michele Lupo**, avec Bud Spencer, Cary Guffey, Raimund Harmstorf. Italie, 1980 – Couleurs – 1 h 30.

Dans une ville américaine, des phénomènes étonnants se produisent. Un petit garçon, égaré par des parents extraterrestres, en est le responsable. Un bon shérif et un méchant militaire essaient de l'attraper.

LE SHÉRIF NE PARDONNE PAS "Deadly Trackers"

Western de **Barry Shear**, d'après le roman de Samuel Fuller, avec Richard Harris, Rod Taylor, Al Lettieri, Neville Brand, William Smith. États-Unis, 1973 – Couleurs – 1 h 45.

Quatre pilleurs de banque qui ont tué la femme et le fils d'un shérif avant de s'enfuir sont poursuivis par ce dernier jusqu'au Mexique où il parviendra à les éliminer.

SHERLOCK HOLMES

"The Adventures of Sherlock Holmes"

Film policier d'**Alfred Werker**, inspiré de l'œuvre de Conan Doyle, avec Basil Rathbone, Nigel Bruce, George Zucco, Ida Lupino, Alan Marshal, Terry Kilburn. États-Unis, 1939 – 1 h 23.

Premier film d'une longue série interprétée par Basil Rathbone, qui raconte les aventures du célèbre détective et connut une audience internationale.

▷ Parmi les autres apparitions de Holmes à l'écran :

SHERLOCK HOLMES,
de **William K. Howard**, avec Clive Brook, Reginald Owen, Ernest Torrence, Miriam Jordan, Alan Mowbray, Herbert Mundin. États-Unis, 1932 – 1 h 08.

SHERLOCK HOLMES AND THE VOICE OF TERROR,
de **John Rawlins**, avec B. Rathbone, N. Bruce, Reginald Denny, Thomas Gomez. États-Unis, 1942 – 1 h 16.

SHERLOCK HOLMES IN WASHINGTON,
de **Roy William Neill**, avec B. Rathbone, N. Bruce, Henry Daniell, G. Zucco, Marjorie Lord. États-Unis, 1943 – 1 h 10.

ÉCHEC À LA MORT "SHERLOCK HOLMES FACES DEATH"
de **R.W. Neill**, avec B. Rathbone, N. Bruce, Hillary Brooke, Milburn Stone, Halliwell Hobbes, Arthur Margetson, Dennis Hoey. États-Unis, 1943 – 1 h 18.

THE SPIDER WOMAN,
de **R.W. Neill**, avec B Rathbone, N. Bruce, Gale Sondergaard, D. Hoey. États-Unis, 1944 – 1 h 17.

LA GRIFFE SANGLANTE "THE SCARLET CLAW"
de **R.W. Neill**, avec B. Rathbone, N. Bruce, Gerald Hamer. États-Unis, 1944 – 1 h 14.

THE PEARL OF DEATH,
de **R.W. Neill**, avec B. Rathbone, N. Bruce, Miles Mander, D. Hoey, Rondo Hatton. États-Unis, 1944 – 1 h 18.

THE HOUSE OF FEAR,
de **R.W. Neill**, avec B. Rathbone, N. Bruce, Aubrey Mather, D. Hoey. États-Unis, 1944 – 1 h 28.

THE WOMAN IN GREEN,
de **R.W. Neill**, avec B. Rathbone, N. Bruce, Henry Daniell. États-Unis, 1945 – 1 h 17.

PURSUIT TO ALGIERS,
de **R.W. Neill**, avec B. Rathbone, N. Bruce, Martin Kosleck. États-Unis, 1945 – 1 h 18.

LE TRAIN DE LA MORT "TERROR BY NIGHT"
de **R.W. Neill**, avec B. Rathbone, N. Bruce, Alan Mowbray. États-Unis, 1946 – 1 h 06.

DRESSED TO KILL,
de **R.W. Neill**, avec B. Rathbone, N. Bruce, Patricia Morison. États-Unis, 1946 – 1 h 27.

SHERLOCK HOLMES ET LE COLLIER DE LA MORT
"SHERLOCK HOLMES UND DAS HALSBAND DES TODES"
de **Terence Fisher**, avec Christopher Lee, Senta Berger, Thorley Walters, Hans Nielsen. R.F.A. / Italie / France, 1962 – Couleurs – 1 h 20.

▷ Voir aussi LE CHIEN DES BASKERVILLE, LA VIE PRIVÉE DE SHERLOCK HOLMES, MEURTRE PAR DÉCRET, SHERLOCK HOLMES ATTAQUE L'ORIENT-EXPRESS, SHERLOCK HOLMES CONTRE JACK L'ÉVENTREUR, LE FRÈRE LE PLUS FUTÉ DE SHERLOCK HOLMES et LE SECRET DE LA PYRAMIDE.

SHERLOCK HOLMES ATTAQUE L'ORIENT-EXPRESS "THE SEVEN-PER-CENT SOLUTION"
Comédie policière de **Herbert Ross**, d'après le roman de Nicholas Meyer, avec Nicol Williamson, Alan Arkin, Robert Duvall, Vanessa Redgrave. États-Unis, 1979 – Couleurs – 1 h 57.

Sherlock Holmes, après une cure chez Sigmund Freud, tire des griffes d'un baron allemand une belle cantatrice que l'odieux personnage veut vendre au harem d'un Turc. Humour et merveilleux décors.

SHERLOCK HOLMES CONTRE JACK L'ÉVENTREUR "A STUDY IN TERROR"
Film d'épouvante de **James Hill**, avec John Neville, Donald Houston, John Fraser, Robert Morley. Grande-Bretagne, 1965 – Couleurs – 1 h 35.

Sherlock Holmes enquête sur les crimes du maniaque de Whitechapel. Une rencontre cohérente et réussie entre deux figures mythiques.

SHERLOCK JUNIOR DÉTECTIVE
"SHERLOCK JUNIOR"
Film burlesque de **Buster Keaton**, avec Buster Keaton *(le projectionniste)*, Kathryn McGuire *(la jeune fille)*, Joe Keaton *(son père)*, Ward Crane *(le rival)*, Erwin Connelly *(le domestique)*. • SC : Jean C. Havez, Joseph A. Mitchell, Clyde Bruckman. • PH : Elgin Lessley, Byron Houck. • DÉC : Fred Gabourie. États-Unis, 1924 – 1 240 m (env. 46 mn).

Compromis par son rival malveillant aux yeux de sa bien-aimée, le projectionniste d'un petit cinéma, passionné par les enquêtes policières, s'endort et se mêle en rêve aux aventures qui se déroulent sur l'écran, s'identifiant au célèbre détective Sherlock Junior. Après maints déboires, il résout tous les problèmes. À son réveil, sa bien-aimée a découvert l'imposture de son rival et lui rend sa confiance.

◆ *Le plus court des longs métrages de Keaton n'est pas seulement une parfaite réussite sur le plan comique pur. C'est, avec* l'Opérateur *(Voir ce titre), réalisé quatre ans plus tard, l'un des deux volets d'une réflexion sur son cinéma. Le recours à l'onirisme et au spectacle permet au cinéaste de changer la vie de son petit projectionniste selon des modalités qui lui sont propres : une action en apparence magique, mais qui reste dans les limites du possible, du logique, de la rationalité physique.* *J.M.*

SHINE "SHINE"
Biographie de **Scott Hicks**, avec Armin Mueller-Stahl, Geoffrey Rush, Noah Taylor, Lynn Redgrave. Australie, 1997 – Couleurs – 1 h 45.

Très doué pour le piano, le jeune David Helfgott, fils d'un Juif polonais émigré en

Australie, ne peut cultiver son talent du fait d'un père autoritaire, qui entend prendre lui-même en charge la formation de son fils. Il finit par lui échapper et part étudier la musique à Londres. Il y cultivera son talent exceptionnel, mais, psychologiquement meurtri, il finira par craquer et ne retrouvera un équilibre que bien des années plus tard. Musique, émotion, vérité et remarquable interprétation de Geoffrey Rush.

SHINING "THE SHINING"
Film d'horreur de **Stanley Kubrick**, avec Jack Nicholson *(Jack Torrance)*, Shelley Duvall *(Wendy)*, Danny Lloyd *(Danny)*, Scatman Crothers *(Halloran)*, Joe Turkel *(Lloyd)*, Philip Stone *(Grady)*. • SC : S. Kubrick, Diane Johson, d'après le roman de Stephen King. • PH : John Alcott. • DÉC : Les Tomkins, Roy Walker. • MUS : Penderecki, Bartok, Ligeti, Liszt. • MONT : Ray Lovejoy. États-Unis/Grande-Bretagne, 1980 – Couleurs – 1 h 55.

Un écrivain démuni est engagé pour garder un gigantesque hôtel de montagne, coupé de tout pendant cinq mois d'hiver. Il part avec sa femme et son fils. Peu à peu, il est gagné par une folie meurtrière, semblable à celle d'un précédent gardien qui a tué sa femme et ses deux filles à coups de hache. Son fils Danny a des visions horribles et prémonitoires. Il lui faudra toute son ingéniosité pour vaincre son père par la ruse, dans un labyrinthe de lumière.

◆ *Si l'on voit* Shining *comme un film de genre, on s'aperçoit qu'il est très en « deçà » de ses excès, mais si on le considère comme le constat clinique de la désagrégation d'une cellule familiale, où le fantastique intervient comme la projection surréelle, dans une dimension qui n'existe pas (?) dans la réalité, le film devient « réellement » terrifiant en ce qu'il démasque la famille comme une parfaite machine de meurtre et de folie. Kubrick revient en cela à l'essence du fantastique mais il crée aussi un fantastique moderne, où l'horreur surgit en plein jour, dans l'étincelante blancheur d'une neige qui fait divaguer le regard ou dans l'éclairage artificiel qui baigne le labyrinthique hôtel, dont l'obsédante architecture symétrique est l'imperturbable projection physique d'un temps où le présent redouble le passé, ses interminables couloirs parcourus par d'obsessionnels travellings qui semblent chercher à lui arracher son secret. Tous ces éléments font de ce film, qui a la densité et la pureté du diamant, le chef-d'œuvre stylistique de Kubrick.* S.K.

SHOAH
Documentaire historique de **Claude Lanzmann**. • PH : Dominique Chapuis, Jimmy Glasberg, William Lubtchansky. • MONT : Ziva Postec. France, 1985 – Couleurs – 9 h 30.

Enquêtes autour des camps d'extermination du régime nazi : témoignages de rescapés, d'anciens nazis, de paysans et de villageois de Pologne.

◆ *On ne raconte pas l'Holocauste, la « Shoah » – sacrifice dans lequel la victime tout entière est consumée. De 1942 à 1945, en application du programme défini à la sinistre conférence de Wannsee, la solution finale fut appliquée à plus de onze millions de personnes, juives pour la plupart. Lanzmann a essayé de cerner les composantes les plus troublantes de cette monstruosité : le vécu raconté par les rescapés, mais aussi les souvenirs de ceux qui assistaient aux arrivées des innombrables convois et qui savaient sans savoir, ou se cachaient les yeux. Une descente aux enfers qu'il faut parcourir et garder en mémoire, car « le ventre est encore fécond... ».* D.C.

SHOCK CORRIDOR "SHOCK CORRIDOR"
Drame de **Samuel Fuller**, avec Peter Breck *(Johnny Bennet)*, Constance Towers *(Cathy)*, Gene Evans *(Boden)*, James Best *(Stuart)*. • SC : S. Fuller. • PH : Stanley Cortez. • DÉC : Eugène Lourié. • MUS : Paul Dunlap. • MONT : Jérome Thomas. États-Unis, 1963 – Couleurs et NB – 1 h 40.

Bennet, un journaliste, sait qu'un meurtre a été commis dans un asile de fous, mais que les trois témoins – fous évidemment – n'ont rien su dire à la police. Désireux d'obtenir le prix Pulitzer, Bennet se fait passer pour fou afin de découvrir le coupable. Il y parviendra, mais à quel prix ?

◆ *« Un chef-d'œuvre du film barbare », disait justement Godard de cette parabole sur les névroses de l'Amérique. Un des fous est un ancien savant atomiste que les implications de ses découvertes ont traumatisé, l'autre a été prisonnier des Coréens qui en ont fait un communiste en lui lavant le cerveau, et qui après la thérapie des Américains se croit un général sudiste, le troisième est un Noir qui a été sauvagement battu par des racistes et se prend pour un membre du Ku Klux Klan. La littéralité d'une mise en scène sauvage finit par nier la satire tout en lui donnant tout son sens expressif.* S.K.

SHOGUN "SHOGUN"
Film d'aventures de **Jerry London**, d'après le roman de James Clavell, avec Richard Chamberlain, Toshirō Mifune, Yoko Shimada. États-Unis, 1981 – Couleurs – 2 h 35.

Un navire hollandais s'échoue au Japon au XVIIe siècle. Son capitaine se trouve impliqué dans les rivalités locales.

THE SHOOTING "The Shooting"
Western de **Monte Hellman**, avec Millie Perkins *(la femme)*, Jack Nicholson *(Billy Spear)*, Warren Oates *(Gashade)*, Will Hutchins *(Coley)*. • SC : Adrien Joyce [Carol Eastman]. • PH : Gregory Sandor. • DÉC : Wally Moon. • MUS : Richard Markowitz. • MONT : M. Hellman. États-Unis, 1965 – Couleurs – 1 h 20.

Une femme vient demander à Gashade, dont le frère a disparu de la mine qu'ils exploitent ensemble, de la conduire à travers le désert. Il s'aperçoit que la femme est certainement à la poursuite de quelqu'un, mais qu'eux-mêmes sont poursuivis.

◆ *Un étrange western de la part d'un auteur dont l'originalité n'a pu que rarement s'exprimer dans un système de production pour lequel il était peu fait.* The Shooting *est un western « élémentaire ». Il ramène le western à une épure où des caractères « simples » se révèlent dans un paysage nu que meublent quelques rochers. Mais la fin de l'histoire, où Gashade se trouve confronté à son frère dont il est le jumeau et qui n'est donc qu'un autre lui-même, fait déboucher le film sur une dimension « métaphysique » qui, par contraste avec la matérialité terrienne du reste, lui donne une étrangeté redoublée.* S.K.

THE SHOP AROUND THE CORNER / RENDEZ-VOUS "The Shop around the Corner"
Comédie d'**Ernst Lubitsch**, avec James Stewart *(Kralik)*, Margaret Sullavan *(Klara Novak)*, Frank Morgan *(Matuschek)*, Felix Bressart *(Pirovitch)*. • SC : Samson Raphaelson, d'après la pièce de Nikolaus Laszlo. • PH : William Daniels. • DÉC : Edwin B. Willis, Cedric Gibbons. • MUS : Werner R. Heymann. • MONT : Gene Ruggiero. États-Unis, 1940 – 1 h 37.

Dans une maroquinerie hongroise, une jeune chômeuse, Klara, se fait engager comme vendeuse par M. Matuschek, le patron, en dépit de l'avis de son bras droit, Kralik. Peu à peu, les relations professionnelles entre Kralik et Klara se détériorent. Kralik, qui vit seul, entretient une correspondance amoureuse avec une fille qu'il ne connaît pas, par l'intermédiaire de la poste restante. Sur le point de la rencontrer, il découvre qu'il s'agit de Klara ! Stupéfait, il cherche un moyen de se faire aimer d'elle, sans lui révéler qui il est.

◆ *Lubitsch renoue ici avec ses premières œuvres berlinoises – la bourgeoisie allemande côté cour – après s'être consacré pendant des années à la description brillante et méchante de la haute bourgeoisie américaine. La tendresse réelle que Lubitsch éprouve pour ses personnages naît paradoxalement de situations où ils montrent leurs préjugés, leurs faiblesses et leurs mesquineries, la légèreté de son regard faisant tout passer. Le film fonctionne comme un parfait mécanisme d'horlogerie, qui s'appuie sur la répétition et la permutation des éléments mis en place. Le paradoxe est que cette précision ne vient pas altérer l'émotion, mais au contraire la renforcer. Une homogénéité de tous les instants marie harmonieusement la drôlerie et les sentiments, et procure cette sensation de plénitude et de perfection qui est le fait de beaucoup de travail allié à une profonde sensibilité, qu'on n'a pas encore assez reconnue chez ce grand cinéaste.* S.K.

SHORT CIRCUIT "Short Circuit"
Film de science-fiction de **John Badham**, avec Ally Sheedy, Steve Guttenberg. États-Unis, 1986 – Couleurs – 1 h 40.

À la suite d'un orage, un robot à vocation militaire, « Number 5 », se trouve transformé en être charmant et plein de fantaisie.

SHORT CUTS (LES AMÉRICAINS) "Short Cuts"
Comédie dramatique de **Robert Altman**, d'après des nouvelles de Raymond Carver, avec Tim Robbins, Andie Mac Dowell, Jack Lemmon, Matthew Modine, Anne Archer États-Unis, 1993 – Couleurs– 3 h 05. ★ **Lion d'or, Venise 1993.**

Scènes ordinaires de la vie californienne vues par Robert Altman : on se soûle, on se grimpe dessus, on se shoote et on court après l'argent. Perversions banalisées, matérialisme absolu et égoïsme sans faille : l'american way of life, revu façon « derniers jours de l'Empire romain ». Seuls les plus jeunes ne sont pas encore complètement gangrenés, mais il ne faut pas compter sur eux : ils se font écraser, assassiner, ou se suicident. De toute façon la terre tremble à Los Angeles...

SHOW BOAT "Showboat"
Comédie musicale de **George Sidney**, avec Kathryn Grayson, Ava Gardner, Howard Keel. États-Unis, 1951 – Couleurs – 1 h 47.

Somptueux spectacle musical dont le décor est un bateau sur lequel on chante et on danse alors qu'il redescend le Mississippi.

▷ Remake de SHOWBOAT, de **James Whale**, d'après le roman d'Edna Ferber et l'opérette de Jerome Kern et Oscar Hammerstein II, avec Irene Dunne, Allan Jones, Helen Morgan, Paul Robeson, Charles Winninger, Hattie McDaniel. États-Unis, 1936 – 1 h 50.

SHOW-BUS "Honeysuckle Rose"
Film musical de **Jerry Schatzberg**, avec Willie Nelson, Dyan Cannon, Amy Irving, Slim Pickens. États-Unis, 1980 – Couleurs – 2 h.

Un chanteur de country music, atteint par le démon de midi, abandonne femme et enfant pour vivre au gré de ses passions.

SI BÉMOL ET FA DIÈSE "A Song Is Born"
Comédie musicale de **Howard Hawks**, avec Danny Kaye, Virginia Mayo, Steve Cochran. États-Unis, 1948 – Couleurs – 1 h 53.

Lorsque les rois du jazz ont raison d'une bande de gangsters. Version « musicale » de BOULE DE FEU (Voir ce titre).

SIBÉRIADE "Sibiriada"
Chronique d'**Andrei Mikhalkov-Kontchalovski**, avec Vladimir Samoïlov *(Afanassi Oustoujanine)*, Vitali Solomine *(Nikolaï)*, Natalia Andreitchenko *(Anastassia Solomina)*, Serguei Sakhourov *(Spiridon)*, Evgueni Petrov *(Alexei)*, Nikita Mikhalkov *(Alexei adulte)*, Ludmilla Gourtchenko *(Taïa)*, Igor Okhloupine *(Filipp)*, Rouslan Mikaberidzé *(Tofik)*, Mikhaïl Konokov *(le bagnard)*. • SC : Valentin Ejov, A. Mikhalkov-Kontchalovski. • PH : Levan Paatachvili. • DÉC : Nikolai Dvigoubski, Alexandre Adabachian. • MUS : Edouard Artemiev. • MONT : Valentina Koulaguine. U.R.S.S. (Russie), 1978 – Couleurs – 3 h 30.

Depuis le début du siècle, deux familles d'un petit village sibérien sont opposées : d'un côté, les riches Solomine, de l'autre les pauvres Oustoujanine.

◆ *Un film de prestige réalisé par le nouveau cinéaste officiel de la Mosfilm, dans la ligne du régime d'alors. Si la nature est grandiose, point de surprise dans la dimension politique du film.* *C.D.R.*

SI C'ÉTAIT À REFAIRE
Comédie dramatique de **Claude Lelouch**, avec Catherine Deneuve, Anouk Aimée, Jean-Jacques Briot, Charles Denner, Francis Huster, Niels Arestrup. France, 1976 – Couleurs – 1 h 45.

Au bout de seize ans, Catherine sort de prison et fait la connaissance de son fils, Simon, qu'elle a eu d'un gardien.

LE SICILIEN "The Sicilian"
Drame de **Michael Cimino**, avec Christophe Lambert, Terence Stamp, Joss Ackland, John Turturro. États-Unis, 1987 – Couleurs – 2 h 26.

L'histoire du bandit sicilien Salvatore Giuliano, hors-la-loi au grand cœur, qui se laisse manipuler par des lobbies politiques. Voir aussi Salvatore Giuliano.

SID ET NANCY "Sid and Nancy"
Drame d'**Alex Cox**, avec Gary Oldman, Chloe Webb, Drew Schofield. Grande-Bretagne, 1986 – Couleurs – 1 h 50.

De 1977 à 1979, la trajectoire sulfureuse et détraquée du groupe rock des Sex Pistols.

SIERRA TORRIDE "Two Mules for Sister Sara"
Western de **Don Siegel**, avec Shirley MacLaine, Clint Eastwood, John Kelly. États-Unis, 1970 – Couleurs – 1 h 55.

Les joyeuses aventures d'un mercenaire et d'une fausse religieuse dans le Mexique du siècle dernier.

SIGNÉ ARSÈNE LUPIN
Comédie policière d'**Yves Robert**, inspirée de l'œuvre de Maurice Leblanc, avec Robert Lamoureux, Alida Valli, Yves Robert, Roger Dumas, Jacques Dufilho. France / Italie, 1959 – 1 h 40.

En 1919, de retour de la guerre où il s'est couvert de gloire, le gentleman-cambrioleur reprend sa vie d'aventurier.

SIGNÉ CHARLOTTE
Comédie dramatique de **Caroline Huppert**, avec Isabelle Huppert, Niels Arestrup, Christine Pascal. France, 1985 – Couleurs – 1 h 32.

Charlotte, en fuite, se réfugie chez le paisible Mathieu, son ancien compagnon, dont l'existence redevient alors un tourbillon incontrôlable. Le premier film de son auteur.

LE SIGNE DE LA CROIX "The Sign of the Cross"
Drame de **Cecil B. De Mille**, d'après la pièce de Wilson Barrett, avec Fredric March, Charles Laughton, Claudette Colbert, Elissa Landi, Ian Keith. États-Unis, 1932 – 1 h 47.

En 1944, dans l'avion qui les emmène à Rome, deux aumôniers racontent à l'équipage l'histoire des débuts du christianisme.

LE SIGNE DE VÉNUS "Il segno di Venere"
Comédie de **Dino Risi**, avec Sophia Loren, Franca Valeri, Vittorio De Sica, Raf Vallone. Italie, 1955 – 1 h 50.

Les aventures sentimentales de deux jeunes filles qui font confiance à l'astrologie pour trouver l'homme de leur vie.

LE SIGNE DE ZORRO "The Mark of Zorro"
Film d'aventures de **Fred Niblo** et **Douglas Fairbanks**, avec Douglas Fairbanks *(Zorro / Diego)*, Mathilde de La Motte *(la belle)*, Noah Beery *(le gouverneur)*. • SC : F. Niblo, d'après le roman de Johnston McCulley *The Curse of Capistrano*. • PH : William McCann, Harry Thorpe. États-Unis, 1920 – env. 2 400 m (1 h 30).

Diego est un inoffensif dandy qui déteste les armes et les querelles. On le méprise, on s'amuse à lui faire peur au palais du gouverneur, un cruel tyran.

Mais, la nuit, il se déguise en justicier masqué, Zorro, le « renard » (c'est le sens du mot en espagnol), et devient le héros des péons opprimés. Il rétablira la liberté et la justice.

◆ *Première adaptation d'un feuilleton, devenu roman, le film de Niblo vaut surtout par le magnifique Douglas Fairbanks.* C.A.

▷ Une suite a été réalisée par **Donald Crisp**, sous le titre DON X, FILS DE ZORRO "DON Q, Son of Zorro", AVEC D. FAIRBANKS, MARY ASTOR, D. CRISP, JACK MCDONALD, JEAN HERSHOLT. ÉTATS-UNIS, 1925 – ENV. 3 300 m (2 h 02).

LE SIGNE DE ZORRO "THE MARK OF ZORRO"
Film d'aventures de **Rouben Mamoulian**, avec Tyrone Power *(Zorro)*, Linda Darnell *(Lolita Quintero)*, Basil Rathbone *(Esteban Pasquale)*, Eugene Pallette *(père Felipe)*. • SC : John Tainton Foote, d'après le roman de Johnston McCulley *The Curse of Capistrano*. • PH : Arthur Miller. • MUS : Alfred Newman. États-Unis, 1940 – 1 h 33.

Même schéma que le film précédent, avec quelques variantes dans le détail.

◆ *Cette histoire, somme toute banale, de justicier masqué, est traitée ici – par le jeu des éclairages et des ombres – comme une fable onirique dont le héros apparaît comme une sorte de démon de la nuit.* C.A.

LE SIGNE DU BÉLIER "THE SIGN OF THE RAM"
Drame de **John Sturges**, d'après le roman de Margaret Ferguson, avec Susan Peters, Alexander Knox, Phyllis Thaxter, Peggy Ann Garner, Ron Randell, Dame May Whitty. États-Unis, 1947 – 1 h 30.

Dans un vieux château de Cornouailles, une romancière, paralysée depuis qu'elle a sauvé la vie des enfants qu'a eu son mari d'un premier mariage, tente d'empêcher ceux-ci de se marier.

LE SIGNE DU COBRA "COBRA WOMAN"
Drame de **Robert Siodmak**, d'après une histoire de W. Scott Darling avec Maria Montez, Jon Hall, Sabu, Lon Chaney Jr., Edgar Barrier. États-Unis, 1944 – Couleurs – 1 h 20.

D'île en île, dans le Pacifique, un jeune homme poursuit, avec ses amis, sa fiancée enlevée le jour de son mariage.

LE SIGNE DU LION
Comédie dramatique d'**Éric Rohmer**, avec Jess Hahn, Michèle Girardon, Jean Le Poulain. France, 1962 (RÉ : 1959) – 1 h 42.

Un compositeur américain mène à Saint-Germain-des-Prés une vie de bohème jusqu'à ce que la mort d'une tante fortunée change son destin. Il emprunte pour fêter l'événement et se retrouve seul lorsqu'il est déshérité. Le premier film de l'auteur.

LE SIGNE DU PAÏEN "SIGN OF THE PAGAN"
Film d'aventures de **Douglas Sirk**, avec Jeff Chandler, Jack Palance, Ludmilla Tchérina, Rita Gam. États-Unis, 1954 – Couleurs – 1 h 32.

Grande fresque historique qui, de Byzance à Rome, suit les hordes barbares commandées par le cruel Attila.

LE SIGNE DU SERPENT "SEMNUL SARPELUI"
Drame de **Mircea Veroiu**, avec Leopoldina Balanuta, Ovidiu Iuliu Moldovan, Ion Vilcu, Mircea Daiconu. Roumanie, 1981 – Couleurs – 1 h 35.

Un village roumain, à la frontière de la Yougoslavie, est confronté, après la Seconde Guerre mondiale, à de profondes transformations lors de la mise en place des nouvelles structures sociales.

SIGNÉ FURAX
Comédie de **Marc Simenon**, d'après le livre de Pierre Dac et Francis Blanche *le Boudin sacré*, avec Jean Le Poulain, Bernard Haller, Jean-Pierre Darras, Michel Constantin, Michel Galabru, Dany Saval. France, 1981 – Couleurs – 1 h 30.

Les principaux monuments de France ont été enlevés : la D.S.T. et la P.J. enquêtent. Un monument... de loufoquerie, dans la grande tradition.

SIGNÉ ILLISIBLE
Comédie dramatique de **Christian Chamborant**, avec André Luguet, Fernand Charpin, Gaby Sylvia, Marvel Vallée, Rosine Luguet, Yves Deniaud. France, 1942 – 1 h 40.

En compagnie d'un cinéaste, un gendarme enquête sur les mystérieux enlèvements de fils de bonnes familles. Des jeunes filles de la ville se vengent ainsi de leurs parents et fiancés...

SIGNÉ RENART
Comédie dramatique de **Michel Soutter**, avec Tom Novembre, Fabienne Barraud. Suisse, 1985 – Couleurs – 1 h 30.

Un amuseur public en rupture de contrat décide de se mettre à son compte. Son patron le pourchasse, son spectacle est un fiasco et sa maîtresse, qui vient d'accoucher, le quitte.

SIGNES DE VIE "LEBENSZEICHEN"
Drame psychologique de **Werner Herzog**, avec Peter Brogle, Wolfgang Reichmann. R.F.A., 1967 – 1 h 30.
★ PRIX SPÉCIAL DU JURY, **Berlin 1968.**

La montée de la folie chez un soldat allemand en garnison dans une île grecque à la fin de la guerre. Il s'agit du premier long métrage de Werner Herzog.

SIGNES EXTÉRIEURS DE RICHESSE
Comédie de **Jacques Monnet**, avec Claude Brasseur, Josiane Balasko, Jean-Pierre Marielle. France, 1983 – Couleurs – 1 h 32.

Un vétérinaire aisé entreprend de séduire l'austère inspectrice des impôts qui effectue chez lui un contrôle fiscal.

LA SIGNORA DI TUTTI "LA SIGNORA DI TUTTI"
Drame de **Max Ophuls**, avec Isa Miranda. Italie, 1934 – 1 h 38.

Une star de cinéma, qui a tenté de se suicider, revit en pensée son ascension mouvementée marquée de drames et de scandales, tandis que l'on s'efforce de la ranimer.

SI J'AVAIS QUATRE DROMADAIRES
Essai de **Chris Marker**. France / R.F.A., 1966 – 50 mn.

Empruntant son titre à un poème de Guillaume Apollinaire, un montage de photos fixes prises par l'auteur à travers le monde de 1955 à 1965.

SI J'AVAIS UN MILLION "IF I HAD A MILLION"
Comédie d'**Ernst Lubitsch**, **Norman Taurog**, **James Cruze**, **Stephen Roberts**, **Norman McLeod**, **Bruce Humberstone**, **William Seiter**, avec Charles Laughton, Charlie Ruggles, May Robson, Frances Dee, Gary Cooper, W.C. Fields, George Raft. • SC : Joseph L. Mankiewicz, E. Lubitsch et seize autres, d'après le roman de Robert Andrews *Windfall*. États-Unis, 1932 – 1 h 29.

Près de mourir, un vieux milliardaire décide de jouer un mauvais tour à sa famille, qu'il voit déjà se précipiter sur sa fortune. Il fera un don d'un million de dollars à des inconnus choisis au hasard dans l'annuaire.

◆ *La plupart de ces histoires courtes jouent sur le registre de la comédie et l'on y retrouve l'allégresse ravageuse du cinéma muet : collisions automobiles en série sous la direction de W.C. Fields en conducteur irascible, bris de vaisselle à tout va dans un magasin de porcelaine, inoubliable grimace de Charles Laughton adressée au tout-puissant chef de bureau qu'il peut enfin affronter. Mais, dans ce défoulement général, le soulagement d'une pauvre fille qui peut enfin dormir seule donne au film, dans son geste pour rejeter le deuxième oreiller, une intéressante coloration mélodramatique digne de Pabst.* *J.-M.C.*

SI J'ÉTAIS UN ESPION
Film policier de **Bertrand Blier**, avec Bernard Blier, Bruno Crémer, Claude Piéplu, Suzanne Flon. France, 1967 – 1 h 30.

Un médecin sans histoires soigne un homme, rencontré en Pologne, pour une dépression nerveuse. Un inconnu s'introduit chez lui, à la recherche de son patient, qui est un espion. Du mystère dans le quotidien.

SI JEUNESSE SAVAIT
Comédie d'**André Cerf**, avec Jules Berry, Jean Tissier, Saturnin Fabre, Suzet Maïs, Paul Azaïs, Jacqueline Plessis, Claude Bertin. France, 1948 – 1 h 35.

Un banquier obtient du génie qu'il a délivré du vase où il était enfermé de revenir à son enfance tout en conservant son expérience. Mais sa banque court alors à la faillite...

LE SILENCE "TYSTNADEN"
Drame d'**Ingmar Bergman**, avec Ingrid Thulin *(Ester)*, Gunnell Lindblom *(Anna)*, Jörgen Lindström *(Johan)*, Haakan Jahnberg *(le maître d'hôtel)*, Birger Malmsten *(l'amant d'Anna)*. • SC : I. Bergman. • PH : Sven Nykvist. • DÉC : P.A. Lundgren. • MUS : Bach, R. Mersey. • MONT : Ulla Ryghe. Suède, 1963 – 1 h 36.

Deux sœurs, Anna et Ester, accompagnées du petit garçon d'Anna, Johan, rentrent en Suède. Elles font halte dans une ville inconnue en proie à une guerre civile. Tandis que Johan erre dans l'hôtel désert, les deux femmes se déchirent : impudique, Anna tourmente Ester, intellectuelle frustrée qui se noie dans l'alcool. Anna et Johan laissent Ester agoniser dans sa chambre. Dans le train, Johan lit un mot d'Ester : « Âme ».

◆ *Ce troisième volet de la trilogie des « films de chambre », après* À travers le miroir *et* les Communiants, *porte en sous-titre :* « le Silence de Dieu, l'empreinte négative ». *C'est le film du désespoir total, de la solitude, de l'impossibilité de communiquer. La question de Dieu n'est même plus évoquée : son silence suffit. Cet enfer ne peut déboucher que sur le vide ou la mort. Deux grandes actrices bergmaniennes, éblouissantes, font passer la rigueur du propos.* *J.M.*

LE SILENCE DE LA COLÈRE
"THE ANGRY SILENCE"
Comédie dramatique de **Guy Green**, avec Richard Attenborough, Pier Angeli, Michael Craig. Grande-Bretagne, 1960 – 1 h 35.

Inspirée de faits authentiques, l'histoire d'un ouvrier britannique qui refuse, à ses risques et périls, de s'associer à une grève.

LE SILENCE DE LA MER

Drame psychologique de **Jean-Pierre Melville**, avec Nicole Stéphane *(la nièce)*, Jean-Marie Robain *(l'oncle)*, Howard Vernon *(von Ebrennac)*. • SC : J.-P. Melville, d'après la nouvelle de Vercors. • PH : Henri Decae. • MUS : Edgar Bischoff. • MONT : J.-P. Melville, H. Decae. France, 1947 – 1 h 26.

Dans le Jura, pendant la guerre, un officier allemand est logé chez l'habitant. Il se heurte à la « résistance » du silence de l'oncle et de la nièce. Lui seul parle, de son amour de la France, des auteurs qu'il aime, de son horreur de la guerre. Eux l'écoutent sans lui répondre, avec une certaine estime, et même, dans le cas de la nièce, une sorte d'amour.

◆ *Ce film est doublement important. D'abord, il fut entrepris par Melville en franc-tireur et sans argent. Pour pouvoir réaliser un film, il fallait alors transiter par l'assistanat et obtenir une carte professionnelle. Melville passa outre, donnant ainsi l'exemple aux cinéastes de la Nouvelle Vague. Mais il est important surtout par la nouveauté qu'il introduisit dans le langage cinématographique. « Le récit de Vercors était anti-cinématographique. Il n'y a pas de dialogues : il y a un personnage qui parle et deux autres qui écoutent. J'ai pensé en faire un film anti-cinématographique », déclare Melville. Ajoutons qu'il y a aussi la voix off de l'oncle qui évoque ces événements et décrit des actions et des gestes que l'image réitère. On voit à quel point le « système » bressonien est redevable à ce film de Melville, et on ne peut que lui appliquer ce qu'André Bazin disait si justement du* Journal d'un curé de campagne : *« Les moments les plus émouvants du film sont ceux où le texte est censé dire exactement la même chose que l'image, parce qu'il le dit d'une autre façon. Jamais le son n'est ici pour compléter l'événement vu : il le renforce et le multiplie comme la caisse de résonance du violon les vibrations des cordes. Encore que ce n'est pas tant une résonance que l'esprit perçoit qu'un décalage comme celui d'une couleur non superposée au dessin. C'est dans la frange que l'événement libère sa signification ».* *S.K.*

LE SILENCE DES AGNEAUX

"THE SILENCE OF LAMBS"

Film policier de **Jonathan Demme**, avec Jodie Foster *(Clarice Starling)*, Anthony Hopkins *(Dr Hannibal Lecter)*, Scott Glenn *(Jack Crawford)*, Lawrence T. Wrentz *(l'agent Burrows)*, Anthony Heald *(Dr Frederick Chilton)*, Frankie Faison *(Barney)*, Don Brockett *(le psychopathe amical)*, Stuart Rudin *(Miggs)*, Brooke Smith *(Catherine Martin)*, Diane Baker *(le sénateur Ruth Marin)*. • SC : Ted Tally, d'après le roman de Thomas Harris. • PH : Tak Fujimoto. • DÉC : Kristi Zea. • MUS : Howard Shore. • MONT : Craig McKay. États-Unis, 1990 – Couleurs – 1 h 58. ★ **OSCAR DU MEILLEUR FILM, DU MEILLEUR RÉALISATEUR, DE LA MEILLEURE ADAPTATION 1992.**

Une jeune et brillante stagiaire du FBI, Clarice Starling, entre en contact avec le docteur Lecter, fou cannibale incarcéré dans un asile d'aliénés. Elle espère ainsi rassembler des indices qui la mettront sur la piste d'un tueur psychopathe qui dépèce ses victimes. Commence alors une trouble relation qui permettra à la jeune femme d'arriver à ses fins mais au prix d'un long voyage au fond de l'horreur qui lui révèlera ses propres zones d'ombre.

◆ *Thriller psychologique mené de main de maître,* le Silence des agneaux *entretient un suspense haletant où les découvertes macabres comptent moins que l'affrontement entre la policière et le fascinant fou criminel qu'elle est chargée d'interroger. La tension de ce face à face est souvent tellement insoutenable que la violence, savamment distillée, est reçue comme une délivrance.* *C.D.R.*

LE SILENCE EST D'OR

Comédie de **René Clair**, avec Maurice Chevalier *(Émile)*, François Périer *(Jacques)*, Marcelle Derrien *(Madeleine)*, Dany Robin *(Lucette)*, Armontel *(Célestin)*. • SC : R. Clair. • PH : Armand Thirard. • DÉC : Léon Barsacq. • MUS : Georges Van Parys. France, 1947 – 1 h 30.

Au début du siècle, Émile, un metteur en scène de cinéma quinquagénaire et sémillant, reçoit la visite de Madeleine, une jeune fille naïve qui aurait pu être sa fille. Il l'accueille, d'abord paternellement, puis s'éprend d'elle. Mais son assistant, Jacques, tombe lui aussi amoureux de Madeleine. Dans l'ambiance mouvementée et un peu « surréaliste » d'un studio de cinéma des années 10, une intrigue vaudevillesque se développe, fondée, comme il se doit, sur le quiproquo et le malentendu. Tout se termine comme dans une comédie de cinéma. Le vieux gentil monsieur s'efface devant son jeune rival, avec le sourire.

◆ *René Clair a tourné* Le silence est d'or *au retour de ses quatre années d'exil à Hollywood. D'où une grande nostalgie du Paris d'antan et du cinéma à ses débuts. Le cinéaste s'attendrit en mélangeant plusieurs thèmes conventionnels : le temps qui passe, la défense et illustration du cinéma populaire, la supériorité de la comédie sur le drame, etc. René Clair a retrouvé son univers : populisme et optimisme, poésie candide ; un credo esthétique et moral.* *G.S.*

SILENCE ET CRI "CSEND ÉS KIÁLTÁS"
Drame historique de **Miklós Jancsó**, avec Mari Töröcsik *(Teréz)*, Andrea Drahota *(Anna)*, András Kozák *(István)*, Zoltán Latinovits *(Kémeri)*, József Madaras *(Károly)*, Lászlo Szabó. • SC : M. Jancsó, Gyulia Hernádi. • PH : János Kende. • DÉC : Tamás Banovich. • MONT : Zoltán Farkas. Hongrie, 1968 – Couleurs – 1 h 21.

En 1919, au cœur de l'immense plaine hongroise, dans une ferme isolée, se croisent et se cristallisent peu à peu les destins de deux paysannes, d'un partisan qui se cache et d'un officier de l'armée régulière. Ces personnages s'affrontent sur un rythme et des thèmes de plus en plus violents, jusqu'à ce que la mort vienne tout régler, en suprême maîtresse de ballet.

◆ *Comme beaucoup de films de Jancsó,* Silence et Cri *est un immense poème lyrique, où passe le vent de l'épopée et l'amour de cette terre sauvage qui exacerbe les tensions et les passions.* D.C.

SILENCE, ON TOURNE
Comédie de **Roger Coggio**, avec Élisabeth Huppert, Roger Coggio. France, 1976 – Couleurs – 1 h 30.

Pour pouvoir réaliser Lorenzaccio, un metteur en scène doit « faire du porno » et sa femme devra se vendre à un riche médecin.

LE SILENCIEUX
Film d'espionnage de **Claude Pinoteau**, d'après le roman de Francis Rick *Drôle de pistolet*, avec Lino Ventura, Lea Massari, Suzanne Flon. France, 1972 – Couleurs – 1 h 40.

D'abord enlevé par les Russes puis par les Anglais, un physicien français doit, pour sauver sa peau, livrer le nom de deux espions.

SILENT RUNNING "SILENT RUNNING"
Film de science-fiction de **Douglas Trumbull**, avec Bruce Dern, Cliff Potts, Ron Rifkin, Jesse Vint. États-Unis, 1972 – Couleurs – 1 h 29.

En 2001, un vaisseau spatial emporte les derniers spécimens de la flore terrestre après l'extermination nucléaire. L'un des astronautes sacrifie sa vie et celle de ses compagnons pour préserver la mission.

SI LES OISEAUX SAVAIENT / JE VIS DANS LA PEUR
"IKIMONO NO KIROKU"
Drame d'**Akira Kurosawa**, avec Toshirō Mifune, Eiko Miyoshi, Haruko Togo, Masao Shimizu. Japon, 1955 – 1 h 53.

Un vieil homme, terrifié par les effets des bombes atomiques, décide d'émigrer au Brésil. Sa famille le fait interner.

SI LE SOLEIL NE REVENAIT PAS
Drame psychologique de **Claude Goretta**, d'après le roman de Charles-Ferdinand Ramuz, avec Charles Vanel, Catherine Mouchet, Philippe Léotard. Suisse/France, 1987 – Couleurs – 2 h.

En 1937, dans un village situé à flanc de montagne, un vieillard prédit que la guerre va éclater et que le soleil ne paraîtra plus.

LE SILLAGE DE LA VIOLENCE
"BABY, THE RAIN MUST FALL"
Drame de **Robert Mulligan**, avec Steve McQueen, Lee Remick, Don Murray. États-Unis, 1964 – 1 h 40.

Une femme, accompagnée de sa fille, vient rejoindre son mari qui sort de prison, dans une petite ville du Texas. Ce dernier ne peut résister à ses instincts destructeurs et il est de nouveau condamné, laissant seule sa famille.

SI LOIN, SI PROCHE ! "IN WEITER FERNE, SO NAH !"
Comédie dramatique de **Wim Wenders**, avec Otto Sander, Peter Falk, Nastassja Kinski, Heinz Rühmann, Bruno Ganz. Allemagne, 1992 – Couleurs et NB – 2 h 15. ★ GRAND PRIX DU JURY, Cannes 1993.

Les Ailes du désir, suite ! Le souhait de l'ange Cassiel de devenir un mortel s'est réalisé : il est maintenant Carl Engel, un Berlinois pauvre parmi tant d'autres. Il trouve pourtant la voie d'une vie aisée avec un associé américain, qui s'avère être une crapule finie. Cassiel se révolte mais, sans ses ailes, il meurt comme un homme.

SI L'ON MARIAIT PAPA "HERE COMES THE GROOM"
Comédie de **Frank Capra**, avec Bing Crosby, Jane Wyman, Franchot Tone, Alexis Smith. États-Unis, 1951 – 1 h 53.

Un journaliste désireux d'adopter un petit orphelin de guerre français doit auparavant se marier. Situations humoristiques et nombreux gags.

SILVERADO "SILVERADO"
Western de **Lawrence Kasdan**, avec Kevin Kline, Scott Glenn, Kevin Costner, Danny Glover, Linda Hunt. États-Unis, 1985 – Couleurs – 2 h 13.

La rencontre fortuite de quatre justiciers et leur arrivée perturbante dans une petite ville de l'Ouest victime des abus d'un riche propriétaire. Un magnifique western dans la tradition retrouvée.

SI MA MOITIÉ SAVAIT ÇA "EVERYBODY DOES IT"
Comédie d'**Edmund Goulding**, avec Paul Douglas, Linda Darnell, Celeste Holm. États-Unis, 1949 – 1 h 38.

Un démolisseur doué pour le chant est lancé par une vedette alors que son épouse tente vainement de devenir cantatrice.

SIMBA "SIMBA"
Film d'aventures de **Brian Desmond Hurst**, avec Dirk Bogarde, Donald Sinden, Virginia McKenna. Grande-Bretagne, 1955 – Couleurs – 1 h 39.

Au Kenya, l'affrontement entre les colons et les Mau-Mau dont le chef sanguinaire signe ses crimes du nom de Simba (le Lion).

SIMON DU DÉSERT "SIMÓN DEL DESIERTO"
Drame de **Luis Buñuel**, avec Claudio Brook *(Simon)*, Hortensia Santovena *(sa mère)*, Jesus Fernandez *(le berger nain)*, Silvia Pinal *(le démon)*. • SC : L. Buñuel, Julio Alejandro, d'après un thème de Federico García Lorca. • PH : Gabriel Figueroa. • MUS : Raúl Lavista. • MONT : Carlos Savage. Mexique, 1965 – 42 mn. ★ **PRIX SPÉCIAL DU JURY, Venise 1965.**

À l'instar de Siméon le Stylite, Simon vit en ermite au sommet d'une colonne (offerte par un riche admirateur) où il se livre au jeûne et à la méditation. Quand il n'exécute pas quelque miracle inutile, il s'ennuie et Satan en profite pour le tenter, lui apparaissant chaque fois sous des formes différentes : une adolescente perverse, un faux « Bon Pasteur » féminin, enfin une femme moderne qui, à bord d'un jet, l'emmène à New York dans une boîte de nuit où on danse le rock...

◆ *L'humour décapant de Buñuel s'en prend ici à la religiosité mystique avec une efficacité rarement atteinte à l'écran.* G.L.

SIMONE BARBÈS ou LA VERTU
Drame de **Marie-Claude Treilhou**, avec Ingrid Bourgoin, Martine Simonet, Michel Delahaye. France, 1980 – Couleurs – 1 h 17.

La vie d'une ouvreuse de cinéma porno : le boulot jusqu'à minuit, puis la soirée dans une boîte ringarde, enfin la rencontre avec un quinquagénaire angoissé.

SIMON ET LAURA "SIMON AND LAURA"
Comédie de **Muriel Box**, avec Peter Finch, Kay Kendall, Muriel Pavlov. Grande-Bretagne, 1955 – Couleurs – 1 h 31.

Deux artistes sur le point de se séparer sont engagés à la télévision pour donner l'image d'un couple modèle...

SIMON LE PÊCHEUR "THE BIG FISHERMAN"
Film d'aventures bibliques de **Frank Borzage**, avec Howard Keel, Susan Kohner, John Saxon, Martha Hyer. États-Unis, 1959 – Couleurs – 2 h 38.

Superproduction consacrée, en partie, à la vie évangélique de l'apôtre Pierre, dans laquelle Borzage mêle le sacré et le profane.

SIMPLE MORTEL
Film fantastique de **Pierre Jolivet**, avec Philippe Volter *(Stéphane)*, Christophe Bourseiller *(Fabien)*, Nathalie Roussel *(Brigitte)*, Roland Giraud *(l'expert)*, Maaike Jansen *(la psychanalyste)*, Arlette Thomas *(la concierge)*, Michel Lengliney *(le médecin)*. • SC : P. Jolivet. • PH : Bertrand Chatry. • DÉC : Roland Allaire. • MUS : Serge Perathoner, Janick Top. • MONT : Jean-François Naudon. France, 1991 – Couleurs – 1 h 25.

Un jeune spécialiste en linguistique reçoit d'étranges messages par l'intermédiaire de son autoradio. Décryptées, ces communications se révèlent émaner de « l'Espace ». Est-ce une blague ? Pourquoi le correspondant utilise-t-il le gaélique ancien ? Les événements vont bientôt se précipiter. Le destinataire élu par l'émetteur anonyme doit obéir à ses instructions, cruelles instructions. L'enjeu : sauver la planète. Cas de conscience.

◆ *Pierre Jolivet, cinéaste modeste mais qui fait une carrière exemplaire, joue ici sur plusieurs registres : le suspense enrobé de mystère, le fantastique, la science-fiction, la fable. Parce que c'est un excellent scénariste et un conteur non moins doué, il parvient à nous faire croire à l'incroyable et à nous faire transpirer d'angoisse.* G.S.

SIMPLET
Comédie de **Fernandel** et **Carlo Rim**, avec Fernandel, Colette Fleuriot, Édouard Delmont, Andrex, Henri Poupon, Milly Mathis. France, 1942 – 1 h 28.

Pour l'amour d'une jolie fille, un simple d'esprit déclenche un scandale et doit s'exiler. Après son départ, le village périclite.

SINBAD LE MARIN "SINBAD THE SAILOR"
Film d'aventures de **Richard Wallace**, avec Douglas Fairbanks Jr., Maureen O'Hara, Anthony Quinn. États-Unis, 1947 – Couleurs – 1 h 57.

À la recherche d'un trésor fabuleux, le légendaire Sinbad trouve l'amour de la belle rousse Shireen. Un des modèles du genre où humour et féerie se mêlent dans un luxueux Technicolor.

▷ Autres aventures du célèbre marin : CAPITAINE SINBAD "CAPTAIN SINBAD", de **Byron Haskin**, avec Guy Williams, Heidi Bruhl, Pedro Armendariz. États-Unis, 1963 – Couleurs – 1 h 25. SINBAD ET LES SEPT SARRASINS "SINBAD CONTRO I SETTE SARACENI", d'**Emimmo Salvi**, avec Gordon Mitchell, Dan Harrison, Bella Cortez. Italie, 1965 – Couleurs – 1 h 27. SINBAD ET L'ŒIL DU TIGRE "SINBAD AND THE EYE OF THE TIGER", de **Sam Wanamaker**, avec Patrick Wayne, Jane Seymour, Taryn Power. États-Unis, 1977 – Couleurs – 1 h 50. SINBAD ET LE CALIFE DE BAGDAD "SINBAD E IL CALIFFO DI BAGDAD", de **Pietro**

Francisci, avec Robert Malcom, Sonia Wilson, Gigi Bonos. Italie, 1973 – Couleurs – 1 h 30.

▷ Voir aussi LE SEPTIÈME VOYAGE DE SINBAD, LE FILS DE SINBAD et LE VOYAGE FANTASTIQUE DE SINBAD.

SINGAPOUR "SINGAPORE"

Mélodrame de **John Brahm**, avec Fred MacMurray, Ava Gardner, Roland Culver, Richard Haydn, Spring Byington, Porter Hall. États-Unis, 1947 – 1 h 19.

Un soldat revient à Singapour après la guerre pour y retrouver sa fiancée et les perles qu'il lui avait confiées.

▷ Voir aussi ISTAMBOUL.

SINGOALLA

Drame de **Christian-Jaque**, d'après le roman de Victor Rydberg inspiré d'une légende suédoise, avec Viveca Lindfors, Michel Auclair, Louis Seigner, Henri Nassiet. France / Suède, 1950 – 1 h 35.

Au Moyen Âge, la tragique histoire d'amour d'un châtelain solitaire et d'une étrange et belle bohémienne.

SI PARIS M'ÉTAIT CONTÉ

Film historique de **Sacha Guitry**, avec Sacha Guitry, Françoise Arnoul, Danielle Darrieux, Michèle Morgan, Gérard Philipe, Jean Marais, Robert Lamoureux, Renée Saint-Cyr, Giselle Pascal, Simone Renant, Louis de Funès. France, 1956 – Couleurs – 2 h 10.

Après Versailles, Guitry raconte Paris à de jeunes étudiants sous forme de « déclaration d'amour lucide ».

SIRENA "SIRENA"

Drame de **Karel Stekely**, d'après le roman de Maria Marejova, avec Maria Vasova, L. Bohac, N. Mauerova, O. Reif, P. Sucha. Tchécoslovaquie, 1947 – 1 h 18.
★ GRAND PRIX INTERNATIONAL, **Venise 1947.**

À la fin du XIXe siècle, des mineurs de Bohême se mettent en grève pour réclamer une diminution du temps de travail.

LA SIRÈNE DU MISSISSIPPI

Drame de **François Truffaut**, avec Catherine Deneuve *(Julie / Marion)*, Jean-Paul Belmondo *(Louis)*, Michel Bouquet *(Comoli)*, Nelly Borgeaud *(Berthe)*. • SC : F. Truffaut, d'après le roman de William Irish. • PH : Denys Cerval. • DÉC : Claude Pignot. • MUS : Antoine Duhamel. • MONT : Agnès Guillemot. France, 1969 – 2 h 03.

Louis, homme riche et esseulé qui vit à la Réunion, a décidé d'épouser une jeune fille connue par correspondance. Il va la chercher au débarcadère. Elle est jeune et belle. Épousailles, bonheur. Surprise : la jeune femme s'enfuit un jour avec l'argent de son mari. Il engage un détective et part enquêter de son côté. Il la retrouve. C'est une artiste de cabaret. Il pardonne parce qu'il l'adore. Pour elle, il tuerait. D'ailleurs il tue. Elle tente de l'empoisonner. Il l'aime toujours. Cet amour fou la touche enfin.

◆ *Truffaut est un cinéaste qui aime les situations romanesques et même hypersentimentales. Il les traite sans mièvrerie, mais sans fausse honte non plus. L'amour fou, ça existe. Tirée d'un roman de William Irish, l'histoire nous secoue, nous déconcerte. Elle commence dans une belle propriété de type colonial, puis s'égare sur les routes de France. Catherine Deneuve n'est pas celle que l'on croyait et Belmondo trouve là son meilleur contre-emploi, celui d'un homme réservé, romantique et passionné. De cet entrelacs de situations bizarres se dégage une poésie réelle qui n'a pas été appréciée, ni même perçue, à la sortie du film.* G.S.

SIROCCO D'HIVER "SIROKKÓ"

Drame de **Miklós Jancsó**, avec Jacques Charrier *(Marko Lazar)*, Marina Vlady *(Maria)*, Eva Swann *(Ilona)*, József Madaras *(Markovics)*, István Bujtor *(Tarro)*, Gyorgy Banffy, Philippe March. • SC : M. Jancsó, Guylia Hernádi, adapté par Jacques Rouffio et Francis Girod. • PH : János Kende. • DÉC : Tamás Banovich. • MUS : Tihamér Vujicsics. Hongrie / France, 1969 – Couleurs – 1 h 21.

En 1934, en Hongrie, sous la protection des autorités, des contre-révolutionnaires serbo-croates (les fameux « oustachis ») trament de noirs complots. Un idéaliste, Marko Lazar, s'est lui aussi réfugié dans le pays où il est entouré de l'amour mystérieux de deux femmes irréelles, Maria et Ilona. Peu à peu, l'inquiétude gagne le héros : surveillé, trahi sans le savoir, dans ce monde où grouillent les faux-semblants et les vrais agents doubles.

◆ *Une réflexion aiguë sur les limites de l'engagement. Un film difficile, construit avec la rigueur d'une épure intellectuelle.* D.C.

SISSI "SISSI"

Comédie mélodramatique d'**Ernst Marischka**, avec Romy Schneider, Karl Heinz Böhm, Magda Schneider, Uta Franz. Autriche, 1955 – Couleurs – 1 h 42.

Lors d'une fête donnée à la cour impériale de Vienne, une idylle naît entre la fille du roi de Bavière, la princesse Sissi, et le jeune empereur François-Joseph.

SISSI FACE À SON DESTIN

"SISSI SCHICKSALSJAHRE EINER KAISERIN"

Comédie mélodramatique d'**Ernst Marischka**, avec Romy Schneider, Karl Heinz Böhm, Magda Schneider, Gustav Knut. Autriche, 1957 – Couleurs – 1 h 46.

Plusieurs années se sont écoulées depuis le mariage de Sissi ; le couple est heureux et une petite princesse est née. L'impératrice continue de soulever l'enthousiasme des foules.

SISSIGNORA

Drame de **Ferdinando Maria Poggioli**, avec Emma et Irma Gramatica, Maria Denis. Italie, 1941 – 1 h 34.

Une domestique se dévoue à ses employeurs. En soignant un enfant gravement malade, elle s'expose à la contagion et en meurt.

SISSI IMPÉRATRICE "Sissi die junge Kaiserin"

Comédie mélodramatique d'**Ernst Marischka**, avec Romy Schneider, Karl Heinz Böhm, Magda Schneider, Gustav Knut. Autriche, 1956 – Couleurs – 1 h 47.

La nouvelle impératrice a beaucoup à apprendre et ses rapports avec sa belle-mère sont tendus. Mais seul compte le bonheur du couple, couronné au cours d'un voyage triomphal à Budapest.

SI TOUS LES GARS DU MONDE

Drame psychologique de **Christian-Jaque**, avec André Valmy, Marc Cassot, Jean Gaven, Hélène Perdrière, Jean-Louis Trintignant, Georges Poujouly, Gilbert Gil. France, 1956 – 1 h 50.

Le formidable élan de solidarité internationale des radioamateurs qui permet de combattre une épidémie de botulisme déclarée sur un chalutier breton, près des côtes norvégiennes.

SITUATION DÉSESPÉRÉE MAIS PAS SÉRIEUSE

"Situation Hopeless... But not Serious"

Comédie de **Gottfried Reinhardt**, d'après la pièce de Robert Shaw, avec Alec Guinness, Robert Redford, Michael Connors. États-Unis, 1965 – 1 h 35.

À Paris, pendant la guerre, deux aviateurs américains sont recueillis par un droguiste qui les cache dans sa cave. Mais celui-ci prolonge après l'armistice une guerre imaginaire.

SI TU CROIS FILLETTE...

"Pretty Maids All in a Row"

Comédie policière de **Roger Vadim**, d'après le roman de Francis Pollini, avec Rock Hudson, Angie Dickinson, Telly Savalas. États-Unis, 1971 – Couleurs – 1 h 30.

Un professeur fait des ravages dans un collège américain, mais les jeunes filles sont assassinées aussitôt séduites... La première tentative américaine de Vadim.

SI VERSAILLES M'ÉTAIT CONTÉ

Film historique de **Sacha Guitry**, avec Sacha Guitry, Claudette Colbert, Jean Marais, Micheline Presle, Georges Marchal, Daniel Gélin, Gaby Morlay, Jean-Claude Pascal, Gérard Philipe. France, 1954 – Couleurs – 2 h 40.

L'histoire du château de Versailles de 1624 à 1953 racontée par Guitry. Le film champion des recettes de la saison 53-54.

SIX CHEVAUX DANS LA PLAINE

"Six Black Horses"

Western de **Harry Keller**, avec Audie Murphy, Dan Duryea. États-Unis, 1962 – Couleurs – 1 h 20.

Une femme engage deux hommes, Lane et Jess, pour l'aider à traverser le territoire indien. En fait, elle cherche à abattre Jess, responsable de la mort de son mari.

SIX DESTINS "Tales of Manhattan"

Drame de **Julien Duvivier**, avec Charles Boyer, Rita Hayworth, Ginger Rogers, Henry Fonda, Charles Laughton, Edward G. Robinson. États-Unis, 1942 – 1 h 58.

Un habit noir qu'endosse un grand acteur sert de lien à plusieurs sketches, avant de finir comme épouvantail dans un verger où un Noir chante un blues pathétique. Duvivier reprend la formule à succès d'*Un carnet de bal*.

SIX ET DEMI, ONZE

Comédie dramatique de **Jean Epstein**, avec Edmond Van Daële *(Jérôme de Ners)*, Nino Constantini *(son frère, Jean)*, Suzy Pierson *(Marie Mortelle / Mary Winter)*, René Ferté *(l'imprésario)*. • SC : Marie-Antonine Epstein. • PH : Georges Périnal. • DÉC : Pierre Kefer. • MONT : J. Epstein. France, 1927 – 1 800 m (env. 1 h 07).

Le frère cadet d'un médecin renommé s'éprend d'une cantatrice : cette liaison le conduit à sa perte, il se suicide. Le médecin, ignorant de l'idylle, devient à son tour l'amant de la jeune femme, qui a pris une autre identité. En cherchant à élucider les raisons de la mort de son frère, il découvre un cliché kodak qui lui révèle le double visage de l'intrigante. Il la quitte. (Une fin heureuse fut tournée à la demande des distributeurs : le médecin pardonnait.)

◆ *Cette œuvre à la psychologie se voulant subtile et à la construction complexe (il y est fait un usage audacieux pour l'époque du retour en arrière) se rattache au mouvement avant-gardiste de la fin du muet, au même titre que les deux films suivants du même réalisateur,* la Glace à trois faces *et* la Chute de la maison Usher. *La critique fut réservée, et l'accueil du public plus encore. Jean Dréville y voit « une acrobatie psychologique, une sorte de film de laboratoire ». Plus tard, Henri Langlois en louera la virtuosité for-*

melle, caractéristique d'une époque. Il est difficile de juger aujourd'hui d'un film dont les cinémathèques n'ont conservé que des copies incomplètes. C.B.

SIX FEMMES POUR L'ASSASSIN
"Sei donne per l'assassino"
Film d'épouvante de **Mario Bava**, avec Cameron Mitchell, Eva Bartok. Italie, 1964 – Couleurs – 1 h 27.

Un mystérieux assassin masqué, vêtu de cuir noir et armé d'une main métallique tranchante, tue l'une après l'autre les jeunes femmes mannequins dans une étrange maison de couture. Ce chef-d'œuvre macabre fixa les règles du « giallo », le policier épouvante à l'italienne.

SIX FILLES CHERCHENT UN MARI
"Belles on Their Toes"
Comédie de **Henry Levin**, d'après le livre de Frank B. Gilbreth Jr. et Ernestine Gilbreth Carey, avec Jeanne Crain, Myrna Loy, Debra Paget, Jeffrey Hunter. États-Unis, 1952 – Couleurs – 1 h 29.

Dans l'atmosphère désuète des années 20, une mère tente de maintenir l'union de sa nombreuse famille après la mort de son mari. Suite de TREIZE À LA DOUZAINE (Voir ce titre).

SIX HEURES À PERDRE
Comédie dramatique d'**Alex Joffé** et **Jean Lévitte**, avec André Luguet, Dany Robin, Jean-Jacques Delbo, Denise Grey, Pierre Larquey. France, 1947 – 1 h 30.

Un homme qui se promène en ville en attendant l'heure de son train est pris pour une personnalité dont il est le sosie. Victime de sa ressemblance, il sera abattu par des tueurs à gages.

LE SIXIÈME CONTINENT "Sesto continente"
Film d'aventures de **Folco Quilici**, avec des acteurs non professionnels. Italie, 1955 – Couleurs – 1 h 20.

Une expédition italienne se rend dans un archipel désert de la mer Rouge pour y poursuivre ses recherches scientifiques et se livrer à la chasse sous-marine.

LE SIXIÈME CONTINENT
"The Land that Time Forgot"
Film d'aventures de **Kevin Connor**, d'après une nouvelle d'Edgar Rice Burroughs, avec Doug McClure, John McEnery, Susan Penhaligon. Grande-Bretagne, 1974 – Couleurs – 1 h 34.

En 1916, dans l'Antarctique, un sous-marin allemand découvre un passage vers un monde tropical inconnu, peuplé d'animaux préhistoriques.

LE SIXIÈME JOUR
Drame de **Youssef Chahine**, d'après le roman d'Andrée Chédid, avec Dalida, Mohsen Mohieddine, Hamdi Ahmad, Mohamed Mounir. France / Égypte, 1986 – Couleurs – 1 h 45.

En 1947, lors d'une épidémie de choléra, une femme emmène sur une felouque son petit-fils frappé par la maladie, pour échapper aux autorités sanitaires. L'enfant meurt à l'aube du sixième jour. Superbe Dalida.

LA SIXIÈME PARTIE DU MONDE
"Šestaja cast' mira"
Documentaire de **Dziga Vertov**. U.R.S.S. (Russie), 1926 – 1 767 m (env. 1 h 05).

Des républiques européennes à l'Asie soviétique, un portrait de l'U.R.S.S. aux multiples visages, dans ce « cinéma-poème lyrique » qui est aussi un hymne à la gloire de la patrie.

LE SIXIÈME SENS "Manhunter"
Film policier de **Michael Mann**, avec William Petersen, Kim Greist, Joan Allen. États-Unis, 1986 – Couleurs – 1 h 58.

Un policier qui pratique des méthodes d'investigation psychologique toutes personnelles est amené à enquêter sur les agissements d'un tueur fou dont les crimes ont toujours lieu à l'époque de la pleine lune.

LE SIX JUIN À L'AUBE
Documentaire de **Jean Grémillon**. • SC : J. Grémillon • MUS : J. Grémillon. • PH : Louis Page, Alain Douarinou, Maurice Pecqueux. France, 1946 – 56 mn.

La calme et sereine campagne normande... Un cours de géographie sur la Normandie dans une école de village... Des documents d'archives sur le débarquement allié de juin 1944... La vie qui reprend peu à peu dans les ruines... Les témoignages des habitants sur ce que furent les combats... Le cours d'histoire de l'instituteur racontant le débarquement des Anglais au début de la guerre de Cent Ans.

◆ *Indiscutablement l'un des films phares de l'histoire du cinéma documentaire,* le Six Juin à l'aube *ne raconte pas une histoire mais montre le martyre d'un pays sur lequel s'abat la guerre. Jean Grémillon a, dit-il, voulu faire « le constat le plus exact de l'état de la Normandie après les batailles de l'été 1944... Le cinéma peut et doit se soumettre à l'obligation de rendre compte... Il est et sera un document essentiel pour l'histoire de notre temps ». Derrière cette apparente retenue, un grand poème à la mémoire d'un pays et de ses habitants, appuyé sur une admirable bande sonore due à Grémillon lui-même.* *J.-B.B.*

SKIDOO "SKIDOO"

Comédie satirique d'**Otto Preminger**, avec Jackie Gleason, Carol Channing, Mickey Rooney, Groucho Marx. États-Unis, 1968 – Couleurs – 1 h 35.

Un gangster retiré des affaires est amené à reprendre du service sur l'ordre de « Dieu », son ancien patron.

SLAVICA

Drame de **Vjekoslav Afrić**, avec Irena Kolesar, Dubravko Dujšin, Marijan Lovrić. Yougoslavie, 1947 – 1 h 41.

Un couple de pêcheurs emprisonné par les Italiens pour avoir caché son bateau entre dans la clandestinité après avoir été libéré par des résistants. Le premier film de la République socialiste fédérative de Yougoslavie.

SLEEPERS "SLEEPERS"

Drame de **Barry Levinson**, d'après le roman de Lorenzo Carcaterra, avec Brad Pitt, Kevin Bacon, Robert De Niro, Dustin Hoffman, Jason Patric. États-Unis, 1996 – Couleurs – 2 h 20.

Quatre enfants de New York provoquent, sans l'avoir voulu, la mort d'un vendeur ambulant, ce qui leur vaut de se retrouver dans un centre de redressement où ils subissent des sévices sexuels. Dix ans plus tard, ils rencontrent un de leurs anciens tortionnaires. L'heure de la vengeance a sonné. Des personnages attachants, une intrigue qui tient en haleine.

SLEEPING BEAUTY "SOME CALL IT LOVING"

Drame fantastique de **James B. Harris**, d'après la nouvelle de John Collier *Sleeping Beauty*, avec Zalman King, Carol White, Tisa Farrow, Richard Pryor. États-Unis, 1972 – Couleurs – 1 h 45.

Robert collectionne les femmes dont il sait manipuler les désirs. Mais il achète dans une foire une jeune fille endormie qu'il espère aimer d'un amour très pur. Une mise en scène baroque pour le détournement d'un célèbre conte de fées.

SLEEPWALK "SLEEPWALK"

Comédie de **Sara Driver**, avec Suzanne Fletcher, Ann Magnuson, Dexter Lee. États-Unis / R.F.A., 1986 – Couleurs – 1 h 15.

Une légende chinoise sert de fil conducteur aux visions de somnambule auxquelles la jeune cinéaste cherche à donner une certaine réalité.

SLOGAN

Comédie dramatique de **Pierre Grimblat**, avec Serge Gainsbourg, Jane Birkin, Daniel Gélin, Andréa Parisy. France, 1969 – Couleurs – 1 h 30.

Un jeune publicitaire vient à Venise recevoir un prix. Il y rencontre une Anglaise, mais hésite à choisir entre cette passion et son foyer.

SLOW DANCING "SLOW DANCING IN THE BIG CITY"

Mélodrame de **John G. Avildsen**, avec Anne Ditchburn, Paul Servino, Anita Dangler. États-Unis, 1978 – Couleurs – 1 h 50.

L'amour passionné d'un chroniqueur va permettre à Sarah, danseuse étoile, de surmonter la douleur de ses jambes malades pour briller encore une unique fois sur scène.

SMIC, SMAC, SMOC

Comédie de **Claude Lelouch**, avec Catherine Allégret, Jean Collomb, Charles Gérard, Amidou, Francis Lai. France, 1971 – Couleurs – 1 h 30.

Smic, Smac et Smoc sont trois ouvriers qui rêvent de la grande vie... Lelouch a filmé avec légèreté cette équipée fantaisiste.

SMITH LE TACITURNE "WHISPERING SMITH"

Film d'aventures de **Leslie Fenton**, avec Alan Ladd, Brenda Marshall, Robert Preston. États-Unis, 1948 – Couleurs – 1 h 28.

Dans l'Ouest américain, en 1890, un agent fédéral poursuit le saboteur d'une voie ferrée et découvre qu'il fut son ami.

SMOKE "SMOKE"

Comédie dramatique de **Wayne Wang**, d'après *le Conte de Noël d'Auggie Wren* de Paul Auster, avec William Hurt, Harvey Keitel, Harold Perrineau, Stockard Channing. États-Unis, 1995 – Couleurs – 1 h 50.

Il se passe beaucoup de choses dans *Smoke*. Un adolescent noir poursuivi par une bande de gangsters auxquels il a dérobé un magot et qui retrouve son père disparu depuis des années. Un buraliste de Brooklyn qui voit débarquer une ancienne maîtresse et se découvre père d'une jeune droguée puis apprend qu'il ne l'est plus. Mensonges, poursuites, coups de théâtre... Et pourtant l'ambiance dominante n'est pas celle d'un film d'action où les événements se multiplieraient, les rebondissements s'accumuleraient sans autre nécessité que celle d'accélérer le rythme en dopant la réalité. Au contraire, tout donne l'impression d'être filmé en temps réel, lesté de quotidienneté et de ruminations intérieures. Quand on quitte ces personnages tout à la fois insolites et ordinaires, on a l'impression d'avoir vécu très longtemps avec eux; ni jugement, ni critique : on a pour eux toute la sympathie indulgente que l'on réserve d'habitude à ses proches. Un charme indéfinissable et un vrai talent d'écriture cinématographique.

SMOKING / NO SMOKING
Comédie d'**Alain Resnais**, d'après la pièce d'Alan Ayckbourn *Intimate Exchanges*, avec Sabine Azéma, Pierre Arditi. France, 1993 – Couleurs – 2 h 20 *(Smoking)*, 2 h 25 *(No Smoking)*. ★ CÉSAR DU MEILLEUR FILM.

Quand l'exercice de style se fait création cinématographique, on a deux films de deux heures vingt sur les hasards de la vie. Entre rencontres et rendez-vous manqués, les destins croisés de Pierre Arditi et Sabine Azema se répondent en s'opposant d'un film à l'autre. Leurs vies se lisent à l'envers comme une cascade de conditions-suppositions : « Est-ce que si j'avais allumé une cigarette ma vie serait différente ? » « Oui », répond Alain Resnais.

THE SNAPPER "THE SNAPPER"
Comédie de **Stephen Frears**, d'après le roman de Roddy Doyle, avec Colm Meaney, Tina Kellegher, Ruth McCabe, Eanna Macliam. Grande-Bretagne, 1993 – Couleurs – 1 h 30.

Sur un fond de pauvreté irlandaise, la chronique tout en bonne humeur et fraîcheur d'une famille déjà nombreuse que secoue l'annonce de la grossesse de l'une des filles. Les bagarres au pub, les soûleries sinistres ou les difficultés financières sont restituées avec une justesse qui n'exclut jamais l'humour.

SNOBS
Comédie de **Jean-Pierre Mocky**, avec Francis Blanche, Élina Labourdette, Christian Alers, Pierre Dac, Jacques Dufilho. France, 1962 – 1 h 30.

Quatre hommes emploient tous les moyens pour obtenir le poste tant convoité de directeur d'une grosse société. Le comique propre à Mocky, aujourd'hui reconnu, mais à l'époque très mal reçu.

S.O.B. "S.O.B."
Comédie satirique de **Blake Edwards**, avec Julie Andrews, William Holden, Larry Hagman, Robert Vaughn. États-Unis, 1980 – Couleurs – 1 h 50.

Auteur d'un des plus grands fours de l'histoire du cinéma, un cinéaste a l'idée géniale d'en réaliser une version érotique.

LA SOCIÉTÉ DU SPECTACLE
Essai de **Guy Debord**, d'après son livre. France, 1974 – 1 h 30.

Montage de documents à l'appui d'une thèse libertaire contestant et condamnant l'abus des moyens audio-visuels, qui conduisent à l'aliénation progressive des populations.

LE SOCRATE
Essai de **Robert Lapoujade**, avec Pierre Luzan, Martine Brochard, Jean-Pierre Sentier, Stéphane Fay. France, 1968 – Couleurs – 1 h 30.

Le philosophe déambule dans la campagne, ses disciples le suivent et le questionnent. Un conte philosophique.

SODOME ET GOMORRHE "SODOMA E GOMORRA"
Péplum de **Robert Aldrich** et **Sergio Leone**, avec Stewart Granger, Pier Angeli, Stanley Baker, Anouk Aimée, Rossana Podestà. Italie / France, 1962 – Couleurs – 2 h 34.

Évocation du personnage de Loth et de la destruction par Jehovah des deux villes corrompues. L'échec du film contribua à ruiner la firme italienne « Titanus ».

LES SŒURS "SCHWESTERN, ODER DIE BALANCE DES GLÜCKS"
Drame de **Margarethe von Trotta**, avec Jutta Lampe, Gudrun Gabriel, Jessica Früh. R.F.A., 1979 – Couleurs – 1 h 35.

Une femme qui a réussi finance les études de sa sœur, mais celle-ci, incapable d'affronter la vie, se suicide.

LES SŒURS BRONTË
Drame d'**André Téchiné**, avec Isabelle Adjani, Marie-France Pisier, Isabelle Huppert, Pascal Greggory. France, 1979 – Couleurs – 1 h 45.

La vie des trois sœurs Brontë et de leur frère Branwell. Une mise en scène froide et figée, des images admirables de Bruno Nuytten.

▷ Sur le même thème: LA VIE PASSIONNÉE DES SŒURS BRONTË "DEVOTION", de **Curtis Bernhardt**, avec Ida Lupino, Olivia De Havilland, Paul Henreid, Nancy Coleman. États-Unis, 1946 – 1 h 47.

SŒURS D'ARMES
Biographie de **Léon Poirier**, avec Jeanne Sully, Josette Day, Thomy Bourdelle. France, 1937 – 2 h 05.

La vie de deux femmes qui, pendant la Première Guerre mondiale, organisèrent en Belgique et dans le nord de la France un service de renseignements pour l'Intelligence Service.

LES SŒURS DE GION "GION NO SHIMAI"

Drame de **Kenji Mizoguchi**, avec Isuzu Yamada *(Omocha)*, Yōko Umemura *(Umekichi)*, Benkei Shiganoya *(Furusawa)*, Taizo Fukami *(Kimura)*, Eitarō Shindō *(Kudo)*. • SC : Yoshakata Yoda, K. Mizoguchi, d'après le roman d'Alexandre Ivanovitch Kouprine *l'Abisse*. • PH : Minoru Miki. Japon, 1936 – 1 h 39.

À Gion, le quartier chaud de Kyoto, deux sœurs exercent le métier de geisha. L'aînée, Umekichi, plus traditionnelle, n'hésite pas à entretenir des relations affectives avec ses clients. Plus moderne, Omocha n'a avec eux que des rapports d'argent.

◆ *Les attitudes apparemment contradictoires des deux sœurs débouchent sur la même impasse, résumée par la conclusion de la plus jeune : « Vienne un monde où l'on n'ait plus besoin de geishas ! » Mais c'est moins l'institution des geishas et de la prostitution que vise Mizoguchi que la situation économique et affective de la femme japonaise. Le film marque le virage « réaliste » de Mizoguchi (« Je me suis mis à regarder les hommes avec lucidité ») et sa rencontre avec Yoda, qui deviendra son scénariste attitré.* J.M.

SŒURS DE SANG "SISTERS"

Film d'horreur de **Brian De Palma**, avec Margot Kidder, Jennifer Salt, Bill Finley. États-Unis, 1973 – Couleurs – 1 h 32.

Danielle est prise de crises de folie meurtrière. C'est parce qu'elle a été séparée de sa sœur siamoise. Angoisse et images choc.

SŒURS DE SCÈNE "WUTAI JIEMEI"

Mélodrame de **Xie Jin**, avec Xie Fang, Cao Yindi, Shangguan Yunzhu, Feng Qi. Chine, 1965 – Couleurs – 1 h 55.

La vie mouvementée d'une jeune paysanne devenue actrice de théâtre en 1935 et qui sera gagnée par la cause révolutionnaire.

LA SOIF / LA FONTAINE D'ARÉTHUSE "TÖRST"

Drame d'**Ingmar Bergman**, avec Birger Malmsten, Eva Henning. Suède, 1949 – 1 h 28.

Un couple au bord de la rupture traverse en train l'Allemagne dévastée de 1946. La jeune femme revit une ancienne expérience amoureuse tandis que son époux rêve qu'il assassine sa femme.

LA SOIF DE LA JEUNESSE "PARRISH"

Drame de **Delmer Daves**, d'après le roman de Mildred Savage, avec Troy Donahue, Claudette Colbert, Karl Malden. États-Unis, 1961 – Couleurs – 2 h 20.

Après la mort de son père, Parrish apprend la culture du tabac chez un planteur qu'il défendra contre un puissant voisin.

LA SOIF DES HOMMES

Drame de **Serge de Poligny**, d'après le roman de Suzanne Pairault, avec Georges Marchal, Dany Robin, Andrée Clément, Jean Vilar, Paul Faivre. France, 1950 – 1 h 45.

Une famille de colons corréziens part s'installer en Algérie, en 1848. La première rencontre du couple Robin-Marchal.

LA SOIF DU MAL "TOUCH OF EVIL"

Drame d'**Orson Welles**, avec Charlton Heston *(Mike Vargas)*, Janet Leigh *(Susan Vargas)*, Orson Welles *(Hank Quinlan)*, Joseph Calleia *(Pete Menzies)*, Akim Tamiroff *(« Uncle » Joe Grandi)*, Ray Collins *(Adair)*, Dennis Weaver *(le veilleur de nuit)*, Marlene Dietrich *(Tanya)*. • SC : O. Welles, d'après le roman de Whit Masterson Badge of Evil. • PH : Russel Metty. • DÉC : Russell A. Gausman, John Austin. • MUS : Henry Mancini. • MONT : Virgil W. Vogel, Aaron Stell. • PR : Albert Zugsmith (Universal International). États-Unis, 1957 – 1 h 35.

Sur la frontière mexicano-américaine, deux flics s'affrontent. L'un est le diable, mais l'autre n'est pas un saint.

◆ **Secrets**

À présent que Welles a disparu, et avec lui l'ambition de rivaliser avec l'insurmontable, son œuvre (à peine une douzaine de films) se visite, non comme une section de musée, mais comme le labyrinthe qu'elle fut et demeure. On s'y perd, on s'y retrouve, mais, tel le Joseph K du Procès, *on n'en réchappe pas. Or, que cherche K sinon le pourquoi de tant de mystère, autrement dit la raison du secret ? Et que cherche Welles lui-même, quand il s'observe, à travers l'objectif de sa propre caméra, sinon le secret, le sien, celui de son art* (Vérités et Mensonges, Filming Othello) ? *Et d'ailleurs quel est le principe actif de tous ses films, sinon le secret ? Secret des puissants* (Citizen Kane, la Splendeur des Amberson, la Dame de Shanghai, Monsieur Arkadin, Une histoire immortelle), *secret des renégats* (le Criminel), *secret des jaloux* (Othello), *secret des bouffons* (Falstaff), *secret de l'État* (Macbeth, le Procès). *Et secret de celui qui n'est ni riche ni pauvre, mais qui a le pouvoir de distinguer le bien du mal, le flic* (la Soif du mal). *Dans ce film, tiré d'un polar sans envergure, Welles, tout à son rôle de démiurge, traque une fois de plus l'innommable, l'indicible (un policier mexicain, preux chevalier, s'oppose à son collègue américain, colosse déchu). Mais qu'on n'aille pas croire à la parabole simpliste. Avec Welles – le Welles que le système a voulu détruire –, la société et l'homme ne coïncident pas nécessairement. Ainsi le bon Samaritain emploiera pour perdre son adversaire des procédés qui le perdront à son tour. La fin ne justifie pas les moyens. D'où cette course chaotique, et humiliante, du justicier à travers un invraisemblable no man's land, tandis que le poursuivi semble, lui, survoler les obstacles. Sans doute parce que le* character, *auquel on trinquait dans* Monsieur Arkadin, *n'est pas seulement la façon dont on est fait, mais ce qu'on décide d'être. Et même une canaille peut atteindre au sublime. Personne ne doit se réfugier derrière une idée, seraitelle juste, tous doivent prouver sa force en marchant. Il n'y a de conscience qu'individuelle, et de cinéma que fait par un seul. De ce point de vue,* la Soif du mal, *avec sa débauche paroxystique de grands angles, confirme que vouloir filmer, c'est accepter de souffrir. Et parfois de mourir.* G.G.

SOIGNE TA DROITE

Comédie de **Jean-Luc Godard**, avec Jacques Villeret, François Périer, Jane Birkin, Michel Galabru, Jacques Rufus, Pauline Lafont. France / Suisse, 1987 – Couleurs – 1 h 22. ★ PRIX LOUIS-DELLUC 1987.

Conçu à l'origine comme un travail sur la musique du groupe Les Rita Mitsuko (Catherine Ringer et Fred Chichin), ce long métrage est une suite d'histoires et de fables entremêlées.

SOIR DE NOCES "THE WEDDING NIGHT"

Drame de **King Vidor**, avec Gary Cooper, Anna Sten, Ralph Bellamy. États-Unis, 1935 – 1 h 23.

Un écrivain marié provoque un drame par l'intérêt qu'il porte à la fille d'immigrants polonais. Le personnage de l'écrivain est inspiré de Scott Fitzgerald.

SOIRS DE MIAMI "MOON OVER MIAMI"

Comédie de **Walter Lang**, avec Betty Grable, Don Ameche, Robert Cummings, Charlotte Greenwood, Carole Landis, Jack Haley. États-Unis, 1941 – Couleurs – 1 h 30.

Une jeune serveuse touche un petit héritage et se rend avec sa sœur à Miami dans l'intention d'y épouser un homme riche.

SOIS BELLE ET TAIS-TOI

Comédie policière de **Marc Allégret**, avec Henri Vidal, Mylène Demongeot, Darry Cowl, Béatrice Altariba. France, 1958 – 1 h 50.

Une bande de jeunes truands aide un inspecteur à arrêter un dangereux gangster.

SOIXANTE ANS DE RÈGNE / SOIXANTE ANS DE GLOIRE "SIXTY GLORIOUS YEARS"

Film historique de **Herbert Wilcox**, d'après les pièces de Laurence Houseman, avec Anna Neagle, Anton Walbrook, C. Aubrey Smith, Walter Rilla, Charles Carson, Felix Aylmer. Grande-Bretagne, 1938 – Couleurs – 1 h 35.

Une nouvelle et imposante évocation du long règne de la reine Victoria constituée, pour l'essentiel, d'un montage des scènes en couleurs tournées pour le précédent film du réalisateur (Voir LA REINE VICTORIA) et non utilisées.

71 FRAGMENTS D'UNE CHRONOLOGIE DU HASARD

"71 FRAGMENTE EINER CHRONOLOGIE DES ZUFALLS"

Drame de **Michael Haneke**, avec Lukas Miko, Gabriel Cosmin Urdes, Otto Grünmandl, Anne Bennent. Autriche, 1995 – Couleurs – 1 h 36.

Troisième volet de la trilogie commencée avec *le Septième Continent* et *Benny's Video*. Le cheminement de cinq vies parallèles à Vienne : un enfant de la rue roumain, un étudiant de 19 ans, un couple qui se défait et un vieil homme. Omniprésence de la télévision et solitude des êtres.

SOLARIS "SOLARIS"

Film de science-fiction d'**Andrei Tarkovski**, avec Donatas Banionis *(Kris)*, Natalia Bondartchouk *(Harey)*, Anatoli Solonitsine *(Sartorius)*. • SC : A. Tarkovski, Fridrikh Gorenchtein, d'après le roman de Stanislaw Lem. • PH : Vadim Youssov. • DÉC : Mikhaïl Romadine. • MUS : Edouard Artemiev, Bach. U.R.S.S. (Russie), 1972 – Couleurs – 2 h 25 (2 h 52 en U.R.S.S.).

Kris, un savant, est chargé d'aller enquêter sur la planète Solaris à bord d'un vaisseau où se sont passés d'étranges événements. Il s'aperçoit que des « étrangers » peuplent le vaisseau, représentant une forme de vie non humaine. Une femme apparaît qui devient sa maîtresse et qui n'est que le double de son épouse qui s'est suicidée quelques années plus tôt. Elle disparaît ou se rematérialise selon ses désirs et il comprend que la planète Solaris est une sorte de mémoire affective qui reproduit physiquement les élans psychiques de ceux qui l'approchent. Kris repart sur Terre et se réconcilie avec son père, mais ce n'est qu'une projection de son âme.

◆ *Ce film d'une lenteur remarquable se présente comme un long cérémonial préparant l'instant qui transfigure son univers et clôt la narration. Il est constitué de plans-séquences savamment composés, où le temps se fige dans un espace pétrifié d'où surgit un événement fulgurant qui « retourne » le sens de la scène, découvrant sa beauté « cachée » : celle d'une révélation. Ce moment unique auquel tout le film aspire est le plan lui-même unique où Kris s'agenouille devant son père et lui demande pardon en le serrant contre lui. Alors, la caméra recule et nous découvre que ce morceau d'humanité terrienne est perdu dans un océan gazeux. La caméra recule encore et inscrit cet îlot au sein de la planète Solaris qui a incrusté dans sa mémoire vivante le souhait de Kris ; elle recule toujours et la planète se perd dans les nuages. Ce plan magistral semble indiquer que la construction d'un avenir harmonieux ne peut se faire qu'en revivant le passé et en lui apportant ce que notre conscience présente lui doit d'expériences, de désirs et de sentiments. Cette séquence déchirante dépasse sa virtuosité esthétique et technique pour nous atteindre loin dans la connaissance intuitive de notre rapport au monde.* *S.K.*

SOLDAT BLEU "SOLDIER BLUE"

Western de **Ralph Nelson**, d'après le roman de Theodore V. Olsen *Arrow in the Sun*, avec Candice Bergen, Peter Strauss, Donald Pleasence. États-Unis, 1970 – Couleurs – 1 h 45.

Un jeune soldat et une femme énergique ont survécu à un affrontement entre des Indiens et l'armée. Ils repartent ensemble pour affronter bien d'autres violences.

LE SOLDAT QUI DÉCLARA LA PAIX "TRIBES"

Comédie satirique de **Joseph Sargent**, avec Jan-Michael Vincent, Darren Mac Gavin, Earl Holliman. États-Unis, 1970 – Couleurs – 1 h 30.

Le sergent Drake est un homme à poigne qui entraîne de jeunes « marines ». Parmi ses nouvelles recrues : un hippy pacifiste.

LE SOLDAT RÉCALCITRANT
"AT WAR WITH THE ARMY"

Comédie de **Hal Walker**, avec Dean Martin, Jerry Lewis, Mike Kellin, Polly Bergen. États-Unis, 1950 – 1 h 33.

Deux amis, vedettes de cabaret, se retrouvent engagés dans l'armée. Gags, chansons et loufoquerie pour Martin et Lewis dont c'est le premier rôle en vedette.

SOLDATS INCONNUS "TUNTEMATON SOTILAS"

Film de guerre d'**Edwin Laine**, d'après le roman de Väinö Linna, avec Kosti Klemela, Jussi Jurkka, Matti Rannin, Heikki Savolainen, Veillo Sinisalo. Finlande, 1955 – 2 h 50.

Comment, pendant la Seconde Guerre mondiale, après la rupture du pacte germano-soviétique en 1941, une section de jeunes soldats finlandais vit la reconquête de son territoire.

▷ Autre version réalisée par **Rauni Mollberg**, avec Mika Makela, Pertti Koivula, Pirkka-Pekka Petelius, Tero Niva. Finlande, 1985 – Couleurs – 2 h 45.

SOLDIER'S STORY "A SOLDIER'S STORY"

Drame de **Norman Jewison**, avec Howard E. Rollins Jr., Adolph Caesar, Art Evans, David Alan Grier. États-Unis, 1984 – Couleurs – 1 h 41.

Un sergent est abattu, une nuit de 1944. L'enquête est confiée à un Noir, le capitaine Davenport, qui se heurte à l'hostilité des Blancs.

SOLEIL "SOLE"

Drame d'**Alessandro Blasetti**, avec Marcello Spada, Dria Paola. Italie, 1929.

L'histoire, sous forme romancée, de l'assainissement des marais Pontins sous le fascisme. Ce long métrage (dont la durée est inconnue, car il n'existe aujourd'hui qu'une seule bobine de 300 m) est la première réalisation d'un pionnier de Cinecittà.

LE SOLEIL A TOUJOURS RAISON

Comédie dramatique de **Pierre Billon**, d'après la nouvelle de Pierre Galante, avec Tino Rossi, Micheline Presle, Charles Vanel, Germaine Montero, Pierre Brasseur. France, 1943 (RÉ : 1941) – 1 h 28.

Un pêcheur qui délaisse sa fiancée pour une jeune gitane se heurte violemment à l'homme qui vit avec elle.

LE SOLEIL BRILLE POUR TOUT LE MONDE
"THE SUN SHINES BRIGHT"

Comédie dramatique de **John Ford**, avec Charles Winninger, Arleen Whelan, John Russell, Stepin Fetchit, Milburn Stone. États-Unis, 1953 – 1 h 32.

40 ans après la guerre de Sécession, lors d'une campagne électorale, les anciennes passions resurgissent entre nordistes et sudistes.

SOLEIL D'AUTOMNE "TWICE IN A LIFE TIME"

Comédie dramatique de **Bud Yorkin**, avec Gene Hackman, Ann-Margret, Ellen Burstyn, Amy Madigan. États-Unis, 1985 – Couleurs – 1 h 56.

Un ouvrier découvre la passion le jour de ses 50 ans. L'équilibre du foyer familial n'y résistera pas.

LE SOLEIL DE MINUIT

Comédie dramatique de **Bernard-Roland**, d'après le roman de Pierre Benoit, avec Jules Berry, Saturnin Fabre, Josseline Gaël, Jean Morel, Sessue Hayakawa, Aimé Clariond. France, 1943 – 1 h 28.

Dans un cabaret, un ingénieur reconnaît en une entraîneuse une ancienne princesse russe dont il avait jadis été amoureux, et pour laquelle il s'était déshonoré en volant. Il retombe sous son charme.

SOLEIL DES HYÈNES "ACH-CHAMS WADH-DHIBA"
Drame de **Ridha Behi**, avec Ahmed Snoussi, Mahmoud Morsi, Hélène Catzaras, Tewfik Guiga, Larbi Doghmi. Tunisie / Pays-Bas, 1976 – Couleurs – 1 h 40.

La vie d'un petit village d'Afrique du Nord est bouleversée par l'implantation d'un grand complexe touristique.

LE SOLEIL EN FACE
Drame de **Pierre Kast**, avec Jean-Pierre Cassel, Stéphane Audran, Alexandra Stewart. France, 1980 – Couleurs – 1 h 35.

Un écrivain, atteint d'un cancer que tout son entourage cherche à lui cacher, apprend enfin la vérité et se prépare à mourir au milieu de références littéraires. Une réflexion sur le mensonge et sur la mort.

SOLEIL O
Film politique de **Med Hondo**, avec Robert Lieusol, Théo Légitimus, Ambroise M. Bice. Mauritanie / France, 1970 – 1 h 40.

Ce film s'en prend, avec parfois un humour féroce, aux régimes africains fantoches, au néocolonialisme français ou à la condition infâmante des travailleurs africains en France.

SOLEIL ROUGE
Western de **Terence Young**, avec Charles Bronson, Toshirō Mifune, Ursula Andress, Alain Delon. France, 1971 – Couleurs – 1 h 48.

Des hors-la-loi volent le sabre que le premier ambassadeur japonais aux États-Unis doit remettre en cadeau au président. Un groupe bien disparate part à leur poursuite. Les samouraïs sont rares dans les westerns et la présence du grand comédien japonais constitue la principale originalité du film.

LES SOLEILS DE L'ÎLE DE PÂQUES
Film de science-fiction de **Pierre Kast**, avec Norma Bengel, Françoise Brion, Jacques Charrier, Maurice Garrel. France, 1971 – Couleurs – 1 h 30.

Un prêtre, un ingénieur, une astronome, un entomologiste, une ethnologue et une médium se retrouvent à l'île de Pâques et sont témoins d'un étrange événement.

LE SOLEIL SE LÈVE AUSSI "THE SUN ALSO RISES"
Comédie dramatique de **Henry King**, d'après le roman d'Ernest Hemingway, avec Tyrone Power, Ava Gardner, Mel Ferrer, Errol Flynn. États-Unis, 1957 – Couleurs – 2 h 09.

À Paris, au lendemain de la Grande Guerre, un journaliste invalide rencontre une curieuse femme. Avec un groupe d'amis, ils traversent l'Europe.

LE SOLEIL SE LÈVERA ENCORE
"IL SOLE SORGE ANCORA"
Film de guerre d'**Aldo Vergano**, avec Vittorio Duse *(Cesare)*, Elli Parvo *(Matilda)*, Lea Padovani *(Laura)*, Massimo Serato *(le major Heinrich)*, Carlo Lizzani *(le prêtre)*, Gillo Pontecorvo *(le communiste)*. • SC : Guido Aristarco, Carlo Lizzani, Giuseppe De Santis, A. Vergano et (non crédités) Vittorio Cottafavi et Umberto Barbaro. • PH : Aldo Tonti. • DÉC : Fausto Galli. • MUS : Giuseppe Rosati. • MONT : Gabriele Varriale. Italie, 1946 – 1 h 35.

Un épisode de la résistance italienne dans un village de Lombardie, en 1943. Cesare est partagé entre son amour pour Laura la prolétaire, favorable à la cause des maquisards, et Matilda l'aristocrate, complice des Allemands. Il choisira le camp de la liberté.

◆ *Un classique du néoréalisme, fortement imprégné d'idéologie marxiste : la ligne de partage entre collaborateurs et partisans s'y confond avec la lutte des classes. Plutôt qu'un film d'auteur, il s'agit d'une œuvre d'équipe, produite par une association de partisans et réunissant à son générique tous les grands noms de l'école italienne d'après-guerre. Deux séquences mémorables : le carrousel nocturne des soldats allemands autour des maquisards enchaînés et la marche au peloton d'exécution du prêtre et du communiste, au coude à coude.* *C.B.*

SOLEIL TROMPEUR "OUTMLIONNYE SOLNTSEM"
Comédie dramatique de **Nikita Mikhalkov**, avec Nikita Mikhalkov *(Serguei Petrovitch Kotov)*, Oleg Menchikov *(Mitia)*, Ingeborga Dapkounaïte *(Maroussia)*, Nadia Mikhalkov *(Nadia)*. • SC : Nikita Mikhalkov, Roustam Ibraguimbehov. • PH : Vilen Kaluta. • DÉC : Vladimir Aronin, Alexandre Samulekine. • COST : Natalia Ivanova. • MUS : Edouard Artemiev. • MONT : Ebzi Meniconi. France / Russie, 1994 – Couleurs – 2 h 32.
★ GRAND PRIX DU JURY, Cannes 1994. OSCAR DU MEILLEUR FILM ÉTRANGER.

Eté 36 quelque part en URSS. Toute une famille composite coule des jours heureux (musique, danse, vodka et fantaisie) sous l'aile tutélaire de Kotov, ancien héros de la révolution bolchevique. Survient Mitia, ancien amoureux de

Maroussia, l'épouse de Kotov. Des souvenirs enfouis reviennent à la surface, des blessures se rouvrent dans le climat trouble créé par Mitia. Peu à peu la raison de sa venue apparaît : agent du NKVD, il est venu arrêter Kotov, tombé en disgrâce auprès de Staline.

◆ *Blés mûrs sous un éclatant soleil en début de film et, à la fin, un immense portrait de Staline qui vient cacher le soleil. Entre les deux, la lutte incertaine de l'ombre et de la lumière, qui fait progressivement apparaître les ambiguïtés des êtres, leurs zones d'ombre et leur volonté désespérée de se gorger une dernière fois de lumière avant que la nuit ne les emporte. Une somptueuse symphonie plastique qui n'écrase jamais les petites musiques secrètes des cœurs.* J.-C.L.

SOLEIL VERT "Soylent Green"

Film de science-fiction de **Richard Fleischer**, avec Charlton Heston *(Thorn)*, Edward G. Robinson *(Sol)*, Leigh Taylor-Young *(Shirl)*. • SC : Stanley R. Greenberg, d'après le roman de Harry Harrison *Make Room ! Make Room !* • PH : Richard H. Kline. • DÉC : Edward C. Carfagno. • MUS : Fred Myrov. • MONT : Samuel E. Beetly. États-Unis, 1973 – Couleurs – 1 h 37.

En 2022, le monde surpeuplé se nourrit de plaquettes de plancton à défaut d'autre nourriture. Le plancton est baptisé « soylent » rouge ou « soylent » jaune selon les jours de la semaine. Mais le plancton miné par la pollution se meurt. C'est alors qu'est mis sur le marché le « soylent » vert. Le détective Thorn découvrira avec horreur de quoi il est fait.

◆ *La réussite de ce film vient de ce qu'il amplifie à peine les problèmes de cette fin de siècle et que ce futur est tout à fait plausible. Le film en est d'autant plus terrifiant. Les extérieurs montrent un New York connu, surpeuplé et baigné dans un brouillard vert prophétique. Les intérieurs, moins réussis, n'échappent pas à la stylisation « métallico-psychédélique » de beaucoup de films de science-fiction. La scène où Thorn découvre, dans un film, la Terre d'aujourd'hui présentée comme un paradis est bouleversante.* S.K.

LE SOLITAIRE "Violent Streets"

Film policier de **Michael Mann**, avec James Caan, Tuesday Weld, Willie Nelson, Jim Belushi. États-Unis, 1980 – Couleurs – 1 h 30.

Un spécialiste des coffres-forts retrouve la liberté après onze ans de prison. Il s'engage aussitôt dans de nouveaux « coups ».

LE SOLITAIRE

Film policier de **Jacques Deray**, avec Jean-Paul Belmondo, Jean-Pierre Malo, Michel Creton. France, 1986 – Couleurs – 1 h 40.

Un Belmondo conforme à son image, dans un rôle de superflic fonceur qui sait prendre des libertés avec la légalité et de parrain attendri d'un petit orphelin.

LE SOLITAIRE DE FORT HUMBOLDT

"Breakheart Pass"

Western de **Tom Gries**, d'après le roman d'Alistair MacLean, avec Charles Bronson, Ben Johnson, Richard Crenna, Jill Ireland, Ed Lauter, Charles Durning. États-Unis, 1975 – Couleurs – 1 h 30.

Un convoi ferroviaire va au secours du fort Humboldt, que menace le bandit Calhoun.

SOLITUDE "Lonesome"

Comédie dramatique de **Paul Fejos**, avec Glenn Tryon *(Jim Parson)*, Barbara Kent *(Mary Dale)*, Fay Holderness *(la dame bien habillée)*, Gustav Partos *(le monsieur romantique)*, Eddie Phillips. • SC : Edmund T. Lowe Jr., d'après un sujet de Mann Page. • PH : Gilbert Warrenton. • MUS : valse Always d'Irving Berlin. • MONT : Frank Atkinson. • PR : Carl Laemmle (Jewel-Universal). États-Unis, 1928 – Version muette et version sonorisée. Certaines séquences teintées – 2 100 m (env. 1 h 20).

Jim, ouvrier d'usine, et Mary, téléphoniste, habitent des logements contigus dans le même immeuble, mais ne se connaissent pas. Toute la semaine, ils se hâtent à travers la foule pour arriver à l'heure au travail où ils sont harassés, lui par le bruit des machines, elle par la cadence infernale des appels ; quand ils rentrent le soir chez eux, ils se retrouvent dans la plus désespérante solitude. Un samedi, ils vont l'un et l'autre au Luna Park de Coney Island : dans la foule grouillante, ils se rencontrent et sympathisent immédiatement. Mais Jim est emmené par erreur au poste de police et, à son retour, ne retrouve pas Mary. Ils se cherchent dans la foule, mais en vain et rentrent chez eux, chacun de son côté, en proie au désespoir car ils ont commencé à s'aimer. Pour se consoler, Jim fait jouer le disque de l'air qui a accompagné leurs fugitives heures de bonheur. Mary, qui entend la musique, frappe au mur pour faire cesser cette torture morale : Jim, furieux, sort sur le palier et retrouve celle qu'il se désespérait d'avoir perdue.

◆ **Réalisme social et fantaisie poétique**

Le film mêle la gentillesse et l'humour, la sentimentalité discrète et la finesse psychologique : version rose du mélodrame, il conjugue habilement le rire et les larmes. Mais la vision du cinéaste relève moins du romanesque sentimental que de l'observation documentaire *car, contrairement au souci habituel d'*évasion *de la comédie américaine, Fejos met en scène des individus ordinaires dans le cadre véridique de leur travail et de leurs loisirs. Son approche filmique corrobore cette volonté d'authenticité dans la description des personnages et du milieu : la caméra tenue à la main, pratique alors inédite, donne le sentiment d'une vérité saisie sur le vif dans un souci de réalisme psychologique et social qui est caractéristique de bien des films américains de la fin du muet, comme par exemple* la Foule *de King Vidor, tourné la même année et traitant le même sujet de la solitude individuelle dans la cohue anonyme. Ce populisme de bon aloi, où le* happy end *traditionnel apparaît moins comme un dénouement artificiel que comme une heureuse étape dans la recherche du bonheur, valut au film un succès mondial dû à sa sensibilité sans mièvrerie et à sa séduisante poésie visuelle. Ce modeste chef-d'œuvre témoigne de l'acuité et de la lucidité du regard porté sur l'Amérique d'avant la crise par un cinéaste étranger d'origine hongroise qui a également travaillé dans son pays natal, en France, en Autriche et un peu partout dans le monde.* *M.M.*

LA SOLITUDE DU COUREUR DE FOND

"THE LONELINESS OF THE LONG DISTANCE RUNNER"

Drame de **Tony Richardson**, avec Tom Courtenay *(Colin Smith)*, Michael Redgrave *(le directeur du Borstal, maison de redressement)*, James Bolam *(Mike)*, Avis Bunnage *(Mrs. Smith)*. • SC : Alan Sillitoe d'après sa nouvelle. • PH : Walter Lassally. • DÉC : Ted Marshall. • MUS : John Addison. • MONT : Anthony Gibbs. • PR : Woodfall Film. Grande-Bretagne, 1962 – 1 h 44.

Dans un centre de redressement en Angleterre, Colin Smith se distingue par ses qualités de coureur de fond. Pendant les longs parcours d'entraînement en forêt, il songe à sa vie passée, sa famille, son camarade, son amie – au vol qui l'a conduit dans ce Borstal. Le jour de la course de l'école, il s'arrête délibérément devant la ligne d'arrivée, refusant de jouer le jeu de l'institution.

◆ Éloge de la révolte individuelle

La Solitude du coureur de fond *est caractéristique du « Free Cinema » des années 60 en Angleterre. Ce courant bénéficie de deux influences principales : l'école documentaire britannique des années 30 et les « Quatre Garçons dans le vent » des années 60. Ces origines éclairent deux perspectives : le réalisme social et la drôlerie irrévérencieuse. Ce cinéma-vérité de fiction s'attaque à « la réalité, l'exubérance et la vitalité de ce monde que nous (Tony Richardson et Karel Reisz) avons entrepris de filmer et d'admirer ». Dans la nouvelle de Sillitoe, le héros parle à la première personne. Colin Smith exprime ses pensées et sa vision de la société avec son propre langage. Sillitoe convertit son monologue en récit. Il développe certains personnages comme la mère de Smith et en crée d'autres comme les filles du week-end au bord de la mer. La marque du discours à la première personne affleure dans les nombreux flash-back rapportant l'histoire de Colin avant son arrestation. Celle-ci fait l'objet d'une ellipse. Les flash-back et les ellipses concourent à donner au film un ton distant qui caractérise une tendance du cinéma anglais. Le film est fondé sur un système d'oppositions et de similitudes. L'eau sur la plage où Colin passe un week-end en amoureux nous renvoie au présent où Colin court entre les flaques dans la forêt : deux événements heureux unis par une analogie. Le montage parallèle oppose le chœur religieux des jeunes gens à l'arrestation d'un délinquant. Les fuites après le vol de la voiture puis après le hold-up de la boulangerie sont filmées en accéléré à la manière du cinéma burlesque des années 10. Ces effets contribuent à donner une touche comique au film. Les longues courses solitaires dans les bois au petit matin symbolisent la liberté et l'espace, et soulignent l'opposition avec la vie étriquée de banlieue. Une musique de jazz, composée par John Addison, qui écrivit pour sept films de Tony Richardson, accompagne ces moments privilégiés du film. Elle rappelle la Nouvelle Vague française. Pour jouer le rôle principal de son cinquième long métrage, après* les Corps sauvages, le Cabotin, Sanctuaire, Un goût de miel, *Tony Richardson choisit un acteur de 25 ans, membre de la troupe du théâtre de l'Old Vic, novice à l'écran. Le visage ingrat, inquiétant et pitoyable de Tom Courtenay, dont la laideur et la maigreur s'illuminent parfois d'une lueur de joie et de malice, confère une dimension très humaine au personnage de Colin Smith. Le jeune homme incarne la révolte individualiste, la pureté et l'honnêteté juvéniles opposées à l'hypocrisie de l'aliénation par le travail et la routine.* *S.P.*

SOLO

Film policier de **Jean-Pierre Mocky**, avec Jean-Pierre Mocky *(Vincent Cabral)*, Denis Le Guillou *(Virgile Cabral)*, Anne Deleuze, Éric Burnelli, Alain Fourez. • SC : J.-P. Mocky, Alain Moury. • PH : Marcel Weiss. • DÉC : Jacques Flamand, Françoise Hardy. • MUS : Georges Moustaki. • MONT : Marguerite Renoir. France, 1970 – Couleurs – 1 h 29.

Vincent Cabral, un gangster spécialiste de la contrebande de pierres précieuses, est de retour en France. Il découvre que son jeune frère, Virgile, qu'il aime et protège, est maintenant membre d'une organisation terroriste. Son groupe vient de commettre un massacre lors d'une orgie chez des notables. Vincent tente de sortir son frère de ce guêpier. Il parvient à faire fuir Virgile, mais est lui-même tué par la police.

◆ Solo *est le premier film « dramatique » de Mocky, après une série de comédies grinçantes. Sur un scénario de film noir, ce film est une ballade tragique, romantique, anarchiste et désespérée, un cri de rage rythmé par une complainte lancinante et mélancolique de Moustaki. Il s'agit sans doute de l'œuvre la plus personnelle et la plus intime de Mocky, ce qui est par ailleurs annoncé dans le titre : un film en solo, à la première personne du singulier.* L.A.

SOLO POUR UNE BLONDE "The Girls Hunters"
Film policier de **Roy Rowland**, avec Mickey Spillane, Shirley Eaton, Lloyd Nolan. Grande-Bretagne, 1965 – 1 h 43.

Le célèbre détective privé Mike Hammer a perdu sa secrétaire, la ravissante Velda. Un vrai policier américain avec une intrigue bien embrouillée, du suspense et de la bagarre.

▷ Voir aussi EN QUATRIÈME VITESSE et J'AURAI TA PEAU.

SOLO SUNNY "Solo Sunny"
Drame psychologique de **Konrad Wolf**, avec Renate Krössner *(Sunny)*, Alexander Lang *(Ralph)*, Dieter Montag *(Harri)*, Klaus Brasch *(Norbert)*, Heide Kipp *(Christine)*. • SC : Wolfgang Kohlhaase. • PH : Eberhard Geick. • DÉC : Alfred Hirschmeier. • MUS : Günther Fiescher. • MONT : Evelyn Carow. R.D.A., 1979 – Couleurs – 1 h 42.

Sunny, ancienne ouvrière d'usine devenue chanteuse, se lasse du manque d'ambition du groupe musical dont elle fait partie. Elle essaie d'y imposer la chanson pop et son propre solo mais échoue. Après un retour à l'usine, une tentative de suicide, Sunny retrouve goût à la vie et au chant en rencontrant de jeunes musiciens.

◆ *Comme la jeune chanteuse Marisa de* Trio *de Gian Franco Mingozzi, Sunny veut être reconnue. En refusant toute compromission, elle se lance à elle-même un défi et dérange les autres. Pourquoi diable s'enflammer et changer l'esprit d'une culture musicale populaire ronronnante ? Sous le portrait tragique de cette jeune femme décidée, Konrad Wolf montre la remise en cause de la chanson en R.D.A., dans les années 75/80 sous l'influence de la musique de l'Ouest captée sur tout le territoire. Il y a tout à parier que beaucoup de Sunny ont grandi et chantent dans les groupes rock – aujourd'hui reconnus – l'ennui, le mal de vivre et le refus de l'ordre.* A.K.

LA SOLUTION FINALE "Transport z raje"
Drame de **Zbynek Brynych**, avec Zdenek Stepanek, Cestmir Randa, Ilja Prachar, Jaroslav Raner. Tchécoslovaquie, 1962 – 1 h 35.

À Terezin, ville-ghetto, les Juifs sont priés, lors des visites de la Croix-Rouge, de se montrer « heureux de vivre » selon leurs traditions. Derrière cette imposture, la ville n'est en fait qu'un vestibule des camps d'extermination.

SOMBRERO "Sombrero"
Comédie musicale de **Norman Foster**, d'après le roman de Josefina Niggli *A Mexican Village*, avec Pier Angeli, Yvonne De Carlo, Cyd Charisse, Vittorio Gassman, Ricardo Montalban, Nina Foch, Rick Jason. États-Unis, 1953 – Couleurs – 1 h 43.

Deux villages mexicains se disputent la « gloire » d'être le lieu de décès d'un célèbre poète.

SONATE D'AUTOMNE
"Autumn Sonata/Hutumn Sonata"
Drame d'**Ingmar Bergman**, avec Ingrid Bergman *(Charlotte)*, Liv Ullmann *(Eva)*, Lena Nyman *(Helena)*, Halvar Björk *(Viktor)*, Linn Ullmann *(Eva enfant)*, Erland Josephson *(Josef)*, Gunnar Björnstrand *(Paul)*, Georg Lokkeberg *(Leonardo)*. • SC : I. Bergman. • PH : Sven Nykvist. • DÉC : Anna Asp. • MUS : Chopin, Bach, Haendel. • MONT : Sylvia Ingmarsdotter. R.F.A. / Norvège, 1978 – Couleurs – 1 h 37.

Charlotte, pianiste virtuose, vient de perdre son compagnon, Leonardo. Elle accepte l'invitation de sa fille, qu'elle n'a pas vue depuis sept ans : Eva et son mari Viktor, un pasteur, vivent à la campagne. Ces retrouvailles, qui auraient pu être joyeuses, tournent à l'affrontement entre la fille et la mère. Eva l'accuse d'avoir gâché l'existence de la famille, par un égoïsme forcené qui a désespéré le père, Josef, et jeté la cadette, Helena, dans une maladie affreuse, l'aphasie. Le lendemain matin, Charlotte s'enfuit. Eva lui écrit une lettre, comme apaisée.

◆ *Carrefour des obsessions du maître suédois,* Sonate d'automne *est d'un pessimisme absolu : ambiguïté des êtres, ambivalence des rapports entre parents et enfants, absence de communication, rancunes, haines, terreurs obscures – l'envers du décor si harmonieux.* D.C.

LE SONGE D'UNE NUIT D'ÉTÉ
"A Midsummer Night's Dream"
Comédie féerique de **Max Reinhardt** et **William Dieterle**, avec Ian Hunter *(Thésée)*, Verree Teasdale *(Hippolyte)*, Grant Mitchell *(Égée)*, Dick Powell *(Lysandre)*, Olivia De Havilland *(Hermia)*, Victor Jory

(*Oberon*), James Cagney (*Bottom*), Mickey Rooney (*Puck*), Ross Alexander, Hugh Herbert, Victor Jory, Anita Louise, Kenneth Anger. • SC : Charles Kenyon, Mary McCall Jr., d'après la pièce de William Shakespeare. • PH : Hal Mohr. • MUS : Félix Mendelssohn, Erich Wolfgang Korngold (arrangements). États-Unis, 1935 – 2 h 12.

L'œuvre célèbre de Shakespeare (rivalités amoureuses à la cour d'Athènes, intervention de la reine des Elfes, philtre d'amour, sortilèges divers...) et la musique de scène de Mendelssohn, transformées en un luxuriant « show » hollywoodien, avec des moyens somptuaires généreusement accordés par la firme Warner (coût de l'entreprise : 1 300 000 dollars).

◆ *Ce film est l'œuvre de deux personnalités bien distinctes : Max Reinhardt, grand metteur en scène de théâtre allemand, exilé aux États-Unis, et William Dieterle, cinéaste prolifique acclimaté dès 1930 au « système » américain, après un début de carrière en Allemagne. La grande féerie shakespearienne trouvait a priori dans cette conjonction de bons faire-valoir. On ne lésina pas sur les costumes, les masques, la chorégraphie (confiée à la sœur de Nijinski, à l'époque directrice des ballets de l'Opéra de Paris), les références à la peinture germanique – Caspar David Friedrich, notamment. Or, le résultat fut une pâtisserie kitsch d'un goût douteux, sanctionné par un rude échec commercial. En 1959, le marionnettiste tchèque Jiri Trnka réalisera, sur le même thème, un film d'animation en couleurs chatoyantes, nettement plus réussi.* C.B.

SON HOMME "HER MAN"

Comédie de **Tay Garnett**, avec Helen Twelvetrees, Philip Holmes, Ricardo Cortez, James Gleason, Marjorie Rambeau. États-Unis, 1930 – 1 h 25.

Dans une île des Antilles, une entraîneuse réussit à quitter son protecteur pour un jeune et beau marin.

SON NOM DE VENISE DANS CALCUTTA DÉSERT

Essai de **Marguerite Duras**, avec les voix de Delphine Seyrig, Nicole Hiss, Sylvie Nuytten et Marie-Pierre Thiébaut. France, 1976 – Couleurs – 1 h 58.

Reprenant la bande-son de son film *India Song*, l'auteur y greffe des images nouvelles proposant une longue réflexion visuelle sur la mort.

SOPHIE ET LE CRIME

Film policier de **Pierre Gaspard-Huit**, d'après le roman de Cécil Saint-Laurent, avec Marina Vlady, Peter Van Eyck, Jean Gaven, Pierre Dux, Dora Doll, Paul Guers. France, 1955 – 1 h 40.

Une jeune fille inconsciente veut prouver l'innocence d'un dangereux obsédé sexuel.

LA SORCELLERIE À TRAVERS LES ÂGES
"HÄXEN"

Document-fiction de **Benjamin Christensen**, avec Clara Wieth-Pontoppidan, Astrid Holm, Karen Winther, Benjamin Christensen, Oscar Stribolt (*le gros moine*), Clara Pontoppidan, Alice O'Fredericks (*la possédée*), Benjamin Christensen (*le Diable* et *le médecin à la mode*). • SC : B. Christensen. • PH : Johan Ankerstjerne. • DÉC : Richard Louw. • MONT : E. Hansen. • PR : Svensk Filmindustri. Suède, 1921 – 1 800 m.

À de nombreux documents sur la sorcellerie à travers les âges et sa représentation dans l'art, ce film-essai mêle plusieurs scènes fictives illustrant principalement la pratique médiévale de la sorcellerie et la persécution dont elle fit l'objet de la part de l'Église.

◆ Le pamphlet anachronique

François Truffaut, avec une insistance médiocrement convaincante, qualifiait la Marseillaise *de Renoir de montage d'actualités ou d'archives filmées sur la Révolution française. Longtemps avant Renoir, quarante ans avant Rossellini, le genre du documentaire pastiche, avec ses reconstitutions aussi fictives qu'« authentiques », avait été illustré, de magistrale façon, par* la Sorcellerie à travers les âges *: ce film (suédois) du Danois Christensen ne se présente-t-il pas comme une enquête documentaire sur l'idéologie du XVe siècle ? Des grands cinéastes du réel, Christensen a, tout à la fois, l'apparente candeur, l'esprit militant, la capacité de relier le passé au présent, le sens aigu des stratégies filmiques. Engagé, Christensen ne craint pas de surgir dans son propre film sous la forme d'un diable qui matérialise à point nommé le désir érotique d'une jeune femme frustrée.* La Sorcellerie *constitue un pamphlet cohérent contre toutes les formes de totalitarisme, parce qu'elle analyse avec précision les techniques de l'Inquisition médiévale (culpabilité par association, preuve de l'innocence incombant à l'accusé) et parce qu'elle montre que « la superstition existe toujours » à l'époque contemporaine. La perspicacité de l'anachronisme témoigne aussi d'un sens subtil du cinéma : si la conclusion « moderne » n'explique pas à proprement parler les manifestations irrationnelles qui la précèdent, elle les authentifie, et confère au Diable de jadis la même réalité en somme qu'à l'actrice de naguère. Il est regrettable que de médiocres copies commerciales de* la Sorcellerie *puissent laisser supposer qu'il ne s'agit que d'une curiosité érotique ou tératologique, et surtout ne rendent pas justice à ses qualités plastiques. Une belle copie teintée met en lumière la convergence entre les images de Johan Ankerstjerne et les gravures d'inspiration fantastique avec lesquelles Christensen invite au rapprochement : le sabbat des* Caprices *de Goya, naturellement, mais aussi les fourmillantes compositions de Rodolphe Bresdin. « Œuvre d'art à l'ère de sa reproductibilité technique », selon le mot de Walter Benjamin, le cinéma confirme ici sa parenté* *formelle, mais aussi fonctionnelle, voire propagandiste, avec la gravure.* *J.-L.B.*

LE SORCIER DU CIEL
Biographie de **Marcel Blistène**, avec Georges Rollin, Alfred Adam, Alexandre Rignault, Claire Gérard. France, 1949 – 1 h 40.

La vie du curé d'Ars dans son village où il ramène à la foi de nombreuses ouailles avant de devenir une célébrité nationale.

LE SORCIER DU RIO GRANDE "ARROWHEAD"
Western de **Charles Marquis Warren**, avec Charlton Heston, Jack Palance, Katy Jurado. États-Unis, 1953 – Couleurs – 1 h 45.

Toriano, fils d'un chef indien qui a fait ses études dans l'Est, revient dans sa tribu et rallume la guerre contre les Blancs. Il affronte alors Ed Bannon, éclaireur qui, lui, a grandi chez les Apaches. Dans ce western classique, tourné pour être projeté en 3-D, Charlton Heston se fait voler la vedette par Jack Palance.

LA SORCIÈRE
Drame d'**André Michel**, avec Marina Vlady, Nicole Courcel, Maurice Ronet. France, 1956 – 1 h 37.

Arrivé en Suède, un jeune ingénieur épris d'aventures rencontre une étrange jeune fille surnommée « la Sorcière » par les habitants du village. Il va en tomber éperdument amoureux. Une aventure sauvage et passionnée.

LA SORCIÈRE "LA VISIONE DEL SABBA"
Drame de **Marco Bellocchio**, avec Béatrice Dalle, Daniel Ezralow. Italie / France, 1988 – Couleurs – 1 h 35.

Un jeune psychiatre est irrésistiblement attiré par une étrange jeune femme qui prétend être une sorcière du XVIIe siècle.

LA SORCIÈRE BLANCHE
"WHITE WITCH DOCTOR"
Film d'aventures de **Henry Hathaway**, avec Susan Hayward, Robert Mitchum. États-Unis, 1953 – Couleurs – 1 h 36.

Au début du siècle, au Congo, une jeune infirmière qui soigne les indigènes force l'amour d'un aventurier.

LES SORCIÈRES "LE STREGHE"
Film à sketches de **Luchino Visconti**, **Mauro Bolognini**, **Pier Paolo Pasolini**, **Franco Rossi** et **Vittorio De Sica**, avec Silvana Mangano, Alberto Sordi, Totò, Annie Girardot, Clint Eastwood, Laura Betti. Italie, 1967 – Couleurs – 1 h 45.

Cinq histoires de femmes d'aujourd'hui, traitées sur un mode plutôt satirique.

LES SORCIÈRES D'EASTWICK
"THE WITCHES OF EASTWICK"
Comédie de **George Miller**, d'après le roman de John Updike, avec Jack Nicholson, Cher, Susan Sarandon, Michelle Pfeiffer. États-Unis, 1987 – Couleurs – 1 h 58.

Les mésaventures de trois jeunes femmes et de leur diabolique amant. Miller, créateur de *Mad Max*, fait ici une surenchère de somptueux décors, effets spéciaux et mouvements de caméra.

LES SORCIÈRES DE SALEM
Drame de **Raymond Rouleau**, d'après la pièce d'Arthur Miller, avec Yves Montand, Simone Signoret, Mylène Demongeot, Raymond Rouleau, Jean Debucourt. France / R.D.A., 1957 – 2 h 25.

Dans l'Amérique puritaine de la fin du XVIIe siècle, une jeune fille, par vengeance, accuse de sorcellerie la femme de l'homme dont elle est amoureuse. Il se sacrifiera pour sauver son épouse.

LE SORCIER NOIR "MEN OF TWO WORLDS"
Drame psychologique de **Thorold Dickinson**, avec Phyllis Calvert, Eric Portman, Robert Adams. Grande-Bretagne, 1946 – Couleurs – 1 h 49.

Au Tanganyika, un Noir, pianiste réputé, revient dans son village pour lutter contre l'ignorance entretenue par un sorcier.

LE SORGHO ROUGE "HONG GAOLIANG"
Drame de **Zhang Yimou**, avec Gong Li, Jian Wen, Teng Rujun. Chine, 1987 – Couleurs – 1 h 50. ★ **OURS D'OR, Berlin 1988.**

Une jeune fille est mariée de force à un vieil homme, producteur de sorgho. Quand elle arrive chez lui, elle apprend sa mort. Elle hérite et épouse le porteur dont elle était amoureuse. L'invasion de la Chine par les Japonais met fin à leur bonheur. Un splendide conte bucolique et héroïque.

LA SORTIE DES USINES LUMIÈRE
Vue documentaire de **Louis Lumière**. France, 1895 – 17 m (env. 38 s).

La façade des usines. Les deux battants de la grande porte s'ouvrent : des ouvrières sortent, puis un cycliste en complet et canotier. D'autres femmes passent une à une par une petite porte. Puis c'est au tour de la masse des ouvriers à pied ou à vélo. Les groupes se clairsèment et le portail se ferme.

◆ *Ce film, qui appartient au programme projeté à la première séance publique du Cinématographe, le 28 décembre 1895, dans le grand salon indien du Grand Café, est très représentatif de ce que Lumière lui-même appelait une « vue ». La caméra, statique, assez distante de son sujet, enregistre l'évolution d'une foule, prouvant l'excellence du procédé qui, comme l'écrit Lumière, « arrive à représenter les mouvements des rues, des places publiques avec une vérité vraiment saisissante ».* F.J.

SORTILÈGES
Drame de **Christian-Jaque**, d'après le roman de Claude Boncompain sur un scénario de Jacques Prévert, avec Fernand Ledoux, Renée Faure, Madeleine Robinson, Roger Pigaut, Lucien Coëdel. France, 1945 – 1 h 40.

La vie des habitants d'un village de montagne, dominés par la personnalité d'un sorcier qu'on appelle « le Campanier ».

S.O.S. FANTÔMES "GHOSTBUSTERS"
Comédie fantastique d'**Ivan Reitman**, avec Bill Murray, Dan Aykroyd, Harold Ramis, Sigourney Weaver. États-Unis, 1984 – Couleurs – 1 h 47.

Au ban de l'université, trois psychologues farfelus créent une société dont l'objet est d'attraper tous les fantômes en circulation.

▷ Une suite a été réalisée par le même cinéaste, intitulée S.O.S. FANTÔMES II "GHOSTBUSTERS II", avec les mêmes comédiens. États-Unis, 1989 – Couleurs – 1 h 50.

S.O.S. TITANIC "S.O.S. TITANIC"
Drame de **Billy Hale**, avec David Janssen, Cloris Leachman, David Warner. Grande-Bretagne, 1980 – Couleurs – 1 h 40.

En 1912, le Titanic heurte un iceberg lors de sa première traversée et sombre en pleine nuit, après des heures d'épouvante. Un film à grand spectacle et une critique de la société de classes.

LES SOUCOUPES VOLANTES ATTAQUENT
"EARTH VERSUS THE FLYING SAUCERS"
Film de science-fiction de **Fred F. Sears**, d'après le roman du major Donald E. Keyhoe, avec Hugh Marlowe, Joan Taylor, Donald Curtis. États-Unis, 1956 – 1 h 23.

Des envahisseurs venus d'une autre planète tentent de détruire la Terre. Un film qui se présente comme un festival de gadgets.

LA SOUDAINE RICHESSE DES PAUVRES GENS DE KOMBACH "DER PLÖTZLICHE REICHTUM DER ARMEN LEUTE VON KOMBACH"
Drame de **Volker Schlöndorff**, avec Georg Lehn *(Hans-Jacob)*, Reinhardt Hauff *(Heinrich)*, Karl-Joseph Kramer *(Jacob)*, Rainer Werner Fassbinder *(le délateur)*, Margarethe von Trotta *(l'épouse d'Heinrich)*. • SC : V. Schlöndorff, M. von Trotta. • PH : Franz Rath. • DÉC : Hanna Haxmann. • MUS : Klaus Doldinger. • MONT : Klaus von Boro. R.F.A., 1970 – 1 h 42.

1821 : des paysans endettés réussissent, après cinq tentatives, à attaquer le fourgon des impôts, mais leur soudaine richesse les rend suspects. Leurs aveux ne les sauvent ni de la torture ni de l'exécution.

◆ *Cette histoire est tirée d'un fait divers réel. Schlöndorff a constitué une sorte de collage fait de minutes du procès, de scènes de la vie quotidienne, de chants populaires, pour composer de façon austère, mais homogène, une fable sur les mécanismes de l'oppression. Les pauvres gens de Kombach, qui vivent dans la misère, les superstitions, l'injustice d'un système qui les broie, n'ont aucun espoir de s'en sortir. En dépassionnant son propos, Volker Schlöndorff le rend d'autant plus percutant.* B.B.

SOUDAIN LES MONSTRES
"THE FOOD OF THE GODS"
Film d'épouvante de **Bert I. Gordon**, d'après le roman de H.G. Wells, avec Marjoe Gortner, Pamela Franklin, Ralph Meeker. États-Unis, 1976 – Couleurs – 1 h 28.

Sur une île perdue, les animaux prennent des proportions géantes grâce à la « nourriture des dieux » et attaquent les humains.

SOUDAIN L'ÉTÉ DERNIER
"SUDDENLY LAST SUMMER"
Drame psychologique de **Joseph L. Mankiewicz**, avec Montgomery Clift *(docteur Curkowicz)*, Elizabeth Taylor *(la nièce)*, Katharine Hepburn *(la tante)*. • SC : Gore Vidal, Tennessee Williams, d'après sa pièce. • PH : Jack Hildyard. • DÉC : Oliver Messel, William Kellner. • MUS : Buxton Orr, Malcolm Arnold. • MONT : Thomas G. Stanford. États-Unis, 1959 – 1 h 55.

Une femme richissime veut faire lobotomiser sa nièce devenue folle « l'été dernier », depuis la mort de son cousin. Elle fait pression avec son argent sur le docteur Curkowicz pour accélérer l'opération, mais celui-ci essaie d'aider la jeune femme par d'autres moyens. Elle guérira, tandis que ses révélations conduiront sa tante à la folie.

◆ *Un drame de la parole dans le décor artificiel d'un jardin sauvage reconstitué in vitro, avec ses plantes vénéneuses et son ambiance de serre chaude, transposition étouffante des esprits malades de la tante, de la nièce et plus encore du fils mort. Ce film qui s'ordonne comme toujours chez Mankiewicz autour de la parole qui crée le monde, et donc la mise en scène, culmine dans la scène où Elizabeth Taylor évoque l'épisode traumatisant qui a provoqué son mutisme. Cette scène, blanche et surexposée, montée avec un sens épique de la terreur est l'une des plus impressionnantes que le cinéma nous ait données.* S.K.

SOUDAN "SUDAN"

Film d'aventures de **John Rawlins**, avec Maria Montez, Jon Hall, Turhan Bey, Andy Devine, George Zucco, Robert Warwick. États-Unis, 1945 – Couleurs – 1 h 20.

Après le meurtre de son père, une jeune reine part à la poursuite de l'assassin présumé et tombe entre les mains d'un de ses conseillers félons. L'innocent qu'elle poursuit la sauve et montera sur le trône avec elle.

LE SOUFFLE AU CŒUR

Comédie dramatique de **Louis Malle**, avec Benoît Ferreux, Lea Massari, Daniel Gélin. France, 1971 – Couleurs – 1 h 50.

En 1954, un jeune homme aborde difficilement le tournant de l'adolescence. Une maladie le rapproche alors de sa mère, jusqu'à l'inceste. Ce film, qui connut un succès « de scandale », se voulait surtout une peinture acide de l'hypocrisie bourgeoise.

LE SOUFFLE DE LA LIBERTÉ

"ANDREA CHENIER"

Biographie de **Clemente Fracassi**, avec Antonella Lualdi, Michel Auclair, Raf Vallone. Italie / France, 1955 – Couleurs – 1 h 48.

Réalisation fastueuse pour la biographie romancée du poète André Chénier qui s'éprit de la belle Madeleine de Coigny à l'époque de la Révolution française.

LE SOUFFLE DE LA TEMPÊTE

"COMES A HORSEMAN"

Western d'**Alan J. Pakula**, avec James Caan, Jane Fonda, Jason Robards. États-Unis, 1977 – Couleurs – 1 h 58.

Ella, propriétaire d'un petit ranch, est menacée par son voisin rapace qui veut récupérer ses terres. Avec Franck, nouveau venu dans le pays, elle défendra ses droits.

LE SOUFFLE DE LA VIOLENCE

"THE VIOLENT MEN"

Western de **Rudolph Mate**, avec Glenn Ford, Barbara Stanwyck, Edward G. Robinson, Brian Keith. États-Unis, 1955 – Couleurs – 1 h 36.

Drames familiaux dus à l'ambition et à la soif de richesse d'une famille de propriétaires terriens dont le chef est un infirme. Un film où rivalisent violence et psychologie.

LE SOUFFLE SAUVAGE "BLOWING WILD"

Western de **Hugo Fregonese**, avec Gary Cooper, Barbara Stanwyck, Ruth Roman, Anthony Quinn. États-Unis, 1953 – 1 h 30.

Dans une petite ville du Mexique, une femme passionnée et haineuse est partagée entre son mari et son ancien amant.

LE SOULIER DE SATIN

Drame de **Manoel de Oliveira**, avec Luis Miguel Cintra *(Don Rodrigue)*, Patricia Barzyk *(Doña Prouhèze)*, Anne Consigny *(Marie)*, Anne Gautier *(Doña Musique)*. • SC : M. de Oliveira, d'après la pièce de Paul Claudel. • PH : Elso Roque. • DÉC : A. Casimiro, M. J. Branco, J.-L. Oliveira, E. Filip, L. Monteiro. • MUS : João Paes. • MONT : Janine Martin. France / Portugal, 1985 – Couleurs – 6 h 50.

Au temps où l'Espagne dominait le monde, les amours contrariées de Doña Prouhèze, mariée à Don Pélage, et de Don Rodrigue. Après des années de séparation volontaire, elle le retrouve pour lui confier leur fille, Marie des Sept-Épées. Doña Prouhèze meurt. Des années plus tard, Marie veut aller libérer le tombeau de sa mère.

◆ *Comme il l'avait fait pour* Amour de perdition, *Oliveira filme l'intégralité du texte de Claudel, se permettant même le luxe d'y ajouter un prologue. Ce monument qu'est* le Soulier de satin *remonte jusqu'à Méliès dont il reprend les procédés : changements à vue du décor, toiles peintes, trucages dans le plan, maquettes de décor mises en perspectives et trompe-l'œil qui ne trompent personne. Le microcosme du théâtre donne toute son ampleur à la démesure de la pièce de Claudel dont « le monde est la scène », mais dont seul le cinéma et son don d'ubiquité pouvait révéler la dimension cosmique. Oliveira y continue sa saga des amours frustrées, en donnant toute sa place à l'humour qui traverse le texte de Claudel, par lequel on distingue d'emblée un mystique d'un pratiquant de base.* S.K.

LES SOULIERS DE SAINT-PIERRE

"THE SHOES OF THE FISHERMAN"

Drame de **Michael Anderson**, d'après le roman de Morris West, avec Anthony Quinn, Laurence Olivier, Oskar Werner. États-Unis, 1968 – Couleurs – 2 h 20.

À peine sorti d'un long emprisonnement en Sibérie, un archevêque ukrainien devient pape. Toute son action visera à revivifier la foi chrétienne en transformant l'action du Vatican.

LES SOULIERS PERCÉS "RVANYE BAŠMAKI"

Drame de **Margarita Barskaïa**, avec Mikhaïl Klimov, Ivan Novoselsev, A. Tchekoulaeva. U.R.S.S. (Russie), 1933 – 1 h 35.

Au début des années 30, le jeune fils d'un chômeur fouille les décharges et revend des vieilleries pour faire vivre la famille. Les enfants participent à la lutte de leurs aînés. Le petit garçon sera tué dans une manifestation.

SOUNDER "SOUNDER"
Drame de **Martin Ritt**, d'après le roman de William H. Amstrong, avec Cicely Tyson, Paul Winfield, Kevin Hooks, Yvonne Jarrell, Carmen Mathews, James Best. États-Unis, 1972 – Couleurs – 1 h 45.

Ouvriers agricoles dans la Louisiane de 1933, noirs et pauvres, Nathan et Rebecca ont du mal à faire vivre leurs trois enfants et le chien Sounder.

LE SOUPÇON "IL SOSPETTO"
Film politique de **Francesco Maselli**, avec Gian Maria Volonté, Annie Girardot, Renato Salvatori, Gabriele Lavia, Bruno Corazzari, Guido De Carli. Italie, 1975 – Couleurs – 1 h 40.

Le fascisme oblige la direction du Parti communiste italien à se réfugier à Paris. Les arrestations se multiplient en Italie et un ancien militant va rechercher les traîtres de la région de Turin. Mais il sera arrêté, ainsi que ses compagnons.

SOUPÇONS "SUSPICION"
Drame d'**Alfred Hitchcock**, avec Cary Grant *(« Johnnie » Aysgarth)*, Joan Fontaine *(Lina McKinlaw)*, sir Cedric Hardwicke *(général McKinlaw)*, Nigel Bruce *(Beaky)*, Dame May Whitty *(Mrs. McKinlaw)*. • SC : Samson Raphaelson, Joan Harrison, Alma Reville, d'après le roman de Francis Iles [Anthony Berkeley] *Before the Fact*. • PH : Harry Stradling. • DÉC : Van Nest Polglase. • MUS : Franz Waxman. • MONT : William Hamilton. États-Unis, 1941 – 1 h 39.

Lina, une jeune femme timide de la bonne société campagnarde anglaise, épouse Johnnie, charmeur, oisif, insouciant et dépensier. Elle le soupçonne peu à peu de vouloir l'empoisonner pour jouir à sa guise de son héritage.

◆ *Le thème du soupçon parcourt et structure toute l'œuvre de Hitchcock. De même que le spectateur projette ses hantises sur l'écran, Lina « se fait son cinéma » et interprète chaque geste de Johnnie en fonction de son refus inconscient de la sexualité. Il fallait les talents conjugués de Hitchcock et de Joan Fontaine, soutenus par le charme ambigu de Cary Grant, pour créer une complicité entre l'héroïne et le spectateur et mener ce dernier, pour sa plus grande joie, par le bout du nez.* *J.M.*

LA SOUPE À LA CITROUILLE
"THE PENNYWHISTLE BLUES"
Comédie de **Donald Swanson**, avec Tommy Ramokgopa, Dolly Rathebe, David Mukwanazi. Afrique du Sud, 1957 – 55 mn.

Dans les faubourgs noirs de Johannesbourg, un magot dérobé passe de main en main, avant de retourner dans la poche de son propriétaire, le curé d'une pauvre paroisse.

SOUPE AU CANARD "DUCK SOUP"
Film burlesque de **Leo McCarey**, avec Groucho Marx *(Rufus T. Firefly)*, Harpo Marx *(Pinky)*, Chico Marx *(Chicolini)*, Zeppo Marx *(Bob Roland)*, Margaret Dumont *(Mrs. Teasdale)*, Louis Calhern *(Trentino)*, Raquel Torres *(Vera Marcal)*, Edgar Kennedy *(le marchand de limonade)*. • SC : Bert Kalmar, Harry Ruby, Arthur Sheekman, Nat Perrin. • PH : H. Sharp. • DÉC : H. Dreier, Wiard B. Ihnen. • MUS : B. Kalmar, H. Ruby. • MONT : LeRoy Stone. • PR : Benjamin P. Schulberg (Paramount). États-Unis, 1933 – 1 h 10.

La richissime Mrs. Teasdale est prête à renflouer les pauvres finances de la Freedonie à une condition : que Rufus T. Firefly soit nommé chef du gouvernement. La Sylvanie, puissant voisin, accepte cette nomination de mauvaise grâce et compte sur son ambassadeur, Trentino, qui a des vues sur la milliardaire. Trentino engage deux espions, Pinky et Chicolini, qui installent un stand de cacahuètes sous les fenêtres du Premier ministre pour le narguer. Résultat : Chicolini est nommé ministre de la Guerre. Firefly provoque Trentino lors d'une réception mondaine et la guerre semble inéluctable. L'ambassadeur charge ses espions de dérober les plans de bataille et, après une confuse soirée, Chicolini est arrêté. Au tribunal, il ne doit son salut qu'à la déclaration de guerre. Au front, le camp retranché freedonien est en mauvaise posture et Firefly fait même tirer sur ses propres troupes ; mais une percée trop audacieuse de Trentino lui coûtera la victoire avant que Mrs. Teasdale ne soit finalement bombardée… à coups de pommes.

◆ Une œuvre débridée furieusement critique
*Le plus célèbre des films marxiens doit moins à Leo McCarey qu'*Une nuit à l'Opéra *à Irving Thalberg… et cela explique le privilège absolu accordé à* Soupe au canard *par les marxistes de tout poil. Le cinéaste ne chercha pas à canaliser la folie des frères Marx : l'eût-il voulu qu'il n'aurait rien pu faire et il avoua garder un souvenir plutôt éprouvant du tournage (« Je préfère payer pour les voir au cinéma plutôt que de les diriger moi-même »). McCarey apporta cependant sa science du découpage, et l'efficacité de sa mise en scène n'est pas pour rien dans la remarquable* tenue *d'une œuvre débridée s'il en fût. Jamais les frères Marx ne furent aussi fondamentalement* méchants. *La pauvre Margaret Dumont croule d'emblée sous les lazzi de Groucho, mais les meilleures crasses vont à l'odieux Trentino, et surtout à Edgar Kennedy qui apprend à ses dépens qu'il est rigoureusement impossible de vendre de la limonade quand Chico et Harpo font, à*

quelques pas, le commerce des cacahuètes (« Peanuts ») ! La critique furieuse de la guerre, de la politique et de la justice parfairont l'image anarchiste du groupe et contribueront à l'éternelle cote d'amour d'un film qui, dès 1933 (!), s'affirmait antimunichois – remarquable analyse concrète de la situation. La folie, la méchanceté et la démesure viennent d'abord du burlesque, du cirque et du vaudeville. Le résultat est d'autant plus convaincant que les numéros musicaux (merci Leo) n'interrompent pas l'action, mais la rendent plus délirante encore. Soupe au canard *est aussi le film où la moto d'un side-car part toute seule (avant que ce ne soit l'inverse), où les clowns retrouvent le plaisir du miroir brisé et les artistes du music-hall celui des situations tarabiscotées. Mais rien n'est dit tant que l'on garde la parole au lieu de la donner aux intéressés : – GROUCHO (en pleine guerre) : Vous avez reçu une réponse à mon message ? – TÉLÉGRAPHISTE : Non, mon général. – GROUCHO : Bon, dans ce cas, ne l'envoyez pas.* M.C.

SOUPE AU LAIT "THE MILKY WAY"
Comédie de **Leo McCarey**, d'après la pièce de Lynn Root et Harry Clark, avec Harold Lloyd, Adolphe Menjou, Verree Teasdale, Helen Mack, Lionel Stander. États-Unis, 1936 – 1 h 28.

Un timide livreur de lait devient boxeur professionnel et met fin aux agissements d'une bande d'escrocs.

▷ Autre version réalisée par **Norman Z. McLeod**, intitulée LE LAITIER DE BROOKLYN "THE KID FROM BROOKLYN", avec Danny Kaye, Virginia Mayo, Vera-Ellen, Steve Cochran, Eve Arden, Walter Abel, Lionel Stander. États-Unis, 1946 – Couleurs – 1 h 54.

LA SOUPE AUX CHOUX
Comédie de **Jean Girault**, d'après le roman de René Fallet, avec Louis de Funès, Jean Carmet, Jacques Villeret. France, 1981 – Couleurs – 1 h 38.

La vie bien réglée de deux paysans retraités, grands buveurs et bons mangeurs, est bouleversée par l'arrivée d'une soucoupe volante.

SOUPE AUX POULETS
Film policier de **Philippe Agostini**, avec Françoise Spira, Gérard Blain, Claude Brasseur, Guy Bedos. France, 1963 – 1 h 28.

Maria Paoli, femme d'un célèbre gangster qui vient d'être tué, est persuadée que son mari a été abattu par l'inspecteur Morel. Pour se venger, elle se rend au commissariat chargée de nitroglycérine et menace les collaborateurs de Morel.

LE SOUPER (LE VICE AU BRAS DU CRIME)
Film historique d'**Édouard Molinaro**, d'après la pièce de Jean-Claude Brisville, avec Claude Brasseur, Claude Rich, Ticky Holgado, Yann Collette. France, 1992 – Couleurs – 1 h 30.

Un fascinant huis clos entre deux grands acteurs, incarnant deux personnages extraordinaires, Fouché et Talleyrand, dans un Paris où tout peut arriver : Napoléon est en fuite et les Bourbons ne sont pas encore revenus. Des dialogues perlés et une intéressante réflexion sur le pouvoir. César du Meilleur acteur pour Claude Rich.

LE SOUPIRANT
Comédie de **Pierre Étaix**, avec Pierre Étaix *(le soupirant)*, Karin Vesely *(la jeune fille au pair)*, France Arnell *(Stella)*, Claude Massot *(le père)*, Denise Péronne *(la mère)*. • SC : P. Étaix, Jean-Claude Carrière. • PH : Pierre Levent. • MUS : Jean Paillaud. France, 1963 – 1 h 25. ★ **PRIX LOUIS-DELLUC 1962.**

Un gentil jeune homme de bonne famille vit isolé dans sa chambre où il s'abîme dans ses fantasmes astronomiques et spatiaux. Ses parents voudraient bien le marier. Il n'est pas contre mais, candide, ne sait pas bien comment aborder les filles. Dans sa recherche, il tombe amoureux d'une chanteuse de variétés : Stella.

◆ *Il en fait son idole, affiche son effigie sur les murs de sa chambre... Et puis il s'aperçoit que cette vedette est une femme pas très jeune. Il est triste, mais pas longtemps. Il se rend compte, en effet, que la femme de sa vie pourrait bien être la belle blonde venue de Suède et qui vivait chez lui, au pair. L'humour de ce film rappelle celui des grands devanciers du burlesque américain. Il est fondé sur la construction très savante de gags qui se développent selon des règles précises et non écrites, pour éclater à point nommé. Ce premier long métrage de Pierre Étaix représente une manière de credo. Sans vedette, sans tapage, sans effets comiques excessifs, le cinéaste nous plonge dans un climat de comédie légèrement teinté de mélancolie. Nostalgie rétro ? Non : retour aux sources.* G.S.

LA SOURCE "JUNGFRUKALLAN"
Drame d'**Ingmar Bergman**, avec Max von Sydow *(Töre)*, Birgitta Valberg *(Märeta)*, Birgitta Pettersson *(Karin)*, Gunnel Lindblom *(Ingeri)*. • SC : Ulla Isaksson, d'après une légende du XIVe siècle. • PH : Sven Nykvist. • DÉC : P.A. Lundgren. • MUS : Erik Nordgren. Suède, 1960 – 1 h 28. ★ **OSCAR DU MEILLEUR FILM ÉTRANGER 1960.**

L'histoire, il y a très longtemps, dans le Moyen Âge nordique, de la fille du fermier Töre, Karin, adorée par son père et jalousée par sa sœur Ingeri. Un jour, elle est violée puis tuée par trois frères voleurs de chèvres. Le père découvre le forfait et, après un rite préalable de purification, entreprend de retrouver et de massacrer les trois coupables – parmi lesquels un tout jeune garçon. Sa fureur tombée, il s'écroule de honte – et promet à Dieu une église en signe de repentir. Une source se met à couler à l'endroit où Karin est morte. Sa sœur y baigne son visage pour se laver du Mal.

◆ *« Une misérable imitation de Kurosawa », dira par la suite Bergman de ce film poétique revisitant le Moyen Âge du* Septième Sceau, *et auquel il n'attribuait qu'une beauté de façade. Superbe imitation tout de même, dans laquelle Bergman chercha le second souffle qui allait le mener aux films plus décantés des années 60.* *M.CH.*

LA SOURIANTE MADAME BEUDET

Comédie de **Germaine Dulac**, avec Germaine Dermoz *(Mme Beudet)*, Alexandre Arquillière *(M. Beudet)*, Madeleine Guitty *(Mme Lebas)*, Jean d'Yd *(M. Lebas)*, Raoul Paoli, Grisier, Thirard. • SC : Denys Amiel, André Obey, d'après sa pièce. • PH : Amédée Morrin. France, 1923 – 750 m (env. 28 mn).

Dans le calme feutré de la province, l'épouse d'un marchand de draps rêve d'idylles romantiques et de passions fatales, où elle aurait le beau rôle. Son mari est un butor, qui lui joue la comédie du suicide. Un jour, le coup part... et brise un bibelot sur la commode. La routine bourgeoise reprend le dessus...

◆ *La pièce eut son heure de gloire : elle s'inscrivait dans les théories du « théâtre du silence », qui visaient à styliser les émotions plutôt qu'à les étaler sur scène. La réalisation de ce moyen métrage se prête au jeu, en multipliant les effets de surimpression, de déformation suggestive de l'image, de discrète métaphore visuelle. Esthétisme et humour noir font ici bon ménage, à l'image du couple vedette qui semble mimer une parodie de* Madame Bovary. *Ce « Kammerspiel » français est, de loin, le meilleur film de Germaine Dulac.* *C.B.*

LE SOURIRE AUX LARMES

"GRIFFIN AND PHOENIX : A LOVE STORY"

Drame psychologique de **Daryl Duke**, avec Jill Clayburg, Peter Falk. États-Unis, 1976 – Couleurs – 1 h 35.

Condamnés à brève échéance, respectivement par un cancer et une leucémie, un homme et une femme rompent avec leur passé et vivront, jusqu'à ce que la mort les sépare, une histoire d'amour et d'amitié passionnée.

LE SOURIRE DORÉ "DET GYLDNE SMIL"

Drame psychologique de **Paul Fejos**, avec Bodil Ipsen, Helen von Münchofen, John Price. Danemark, 1935 – 1 h 24.

Une comédienne qui a tout sacrifié à son métier remet en cause sa vie professionnelle et s'interroge sur la nécessité du succès. Elle abandonnera sa carrière et le faux sourire qui l'a rendue célèbre, pour se consacrer à la vraie vie.

SOURIRES D'UNE NUIT D'ÉTÉ

"SOMMARNATTENS LEENDE"

Comédie d'**Ingmar Bergman**, avec Ulla Jacobsson *(Anne Egerman)*, Björn Bjelverstan *(Henrik Egerman)*, Eva Dahlbeck *(Desiree Armfeldt)*, Harriet Andersson *(Petra, la bonne)*, Gunnar Björnstrand *(Fredrik Egerman)*, Jarl Kuhle *(le comte Malcolm)*, Naima Wifstrand *(Mme Armfeldt)*, Margit Carlqvist *(Charlotte Malcolm)*, Ake Fridell *(Frid, le groom)*, Bibi Andersson *(l'actrice)*. • SC : I. Bergman. • PH : Gunnar Fischer. • DÉC : P.A. Lundgren. • MUS : Erik Mordgren. • MONT : Oscar Rosander. Suède, 1956 – 1 h 42.

Malgré son remariage avec une femme-enfant qu'il laisse vierge, un veuf reste épris d'une actrice mûrissante. La délaissée finira par séduire innocemment son beau-fils. Autour de ce trio « circulent » d'autres couples : l'amant en titre de l'actrice et son irascible épouse, ainsi qu'une délicieuse soubrette et un majordome.

◆ *L'action nouée à la ville se résoudra finalement au cours d'une nuit de la Saint-Jean, dans un château où la beuverie fait croire à quelques sortilèges et où les lits truqués du XVIIIe siècle se montrent au bon moment. Une fausse partie de roulette russe évitera le drame. Le jeu un peu appuyé des interprètes masculins est compensé par le charme des actrices et la luminosité de la photo. Nourri de souvenirs explicites de Shakespeare, de Marivaux, de Feydeau et surtout de* la Règle du jeu *de Renoir, ce film fort plaisant « révéla » Bergman (déjà auteur de quinze films) à Cannes à la surprise du cinéaste, qui le considérait comme une œuvrette mineure.* *G.LD.*

LE SOURIRE VERTICAL

Comédie dramatique de **Robert Lapoujade**, avec Françoise Brion, François Perrot, Henri Serre, Olivier Hussenot, Jean-Pierre Mocky, Nathalie Perey. France, 1973 – Couleurs – 1 h 50.

Un député, que sa femme vient de quitter, partirait à la dérive si un domestique ne veillait sur lui. Une œuvre complexe entre la poésie subtile, l'érotisme agressif et la tendresse cachée.

LA SOURIS DANS LA LUNE

"THE MOUSE ON THE MOON"

Comédie de **Richard Lester**, avec Margaret Rutherford, Ron Moody, Bernard Cribbins, Terry-Thomas, David Kossoff. Grande-Bretagne, 1963 – Couleurs – 1 h 25.

Le duché de Fenwick demande un prêt aux États-Unis sous prétexte d'envoyer un homme sur la Lune, en fait pour redresser ses finances. Mais les habitants du duché découvrent que leur vin, imbuvable, peut servir de carburant à fusées. Une très médiocre suite du film ci-dessous.

LA SOURIS QUI RUGISSAIT
"The Mouse that Roared"
Comédie de **Jack Arnold**, avec Peter Sellers, Jean Seberg, David Kossoff. Grande-Bretagne, 1959 – Couleurs – 1 h 23.

Le minuscule duché de Fenwick déclare la guerre aux États-Unis ! Ses archers débarquent à New York en pleine alerte atomique... Une loufoquerie irrésistible, et Peter Sellers étonnant, une fois encore, dans un triple rôle.

SOUS DIX DRAPEAUX "Sotto dieci bandiere"
Film d'aventures de **Duilio Coletti**, avec Van Heflin, Mylène Demongeot, Charles Laughton. Italie, 1960 – 1 h 32.

Épisode authentique de la guerre navale que se livrèrent durant la Seconde Guerre mondiale un corsaire allemand et la flotte britannique.

LES SOUS-DOUÉS
Comédie de **Claude Zidi**, avec Maria Pacôme, Daniel Auteuil, Michel Galabru, Hubert Deschamps, Raymond Bussières, Tonie Marshall, Philippe Taccini, Catherine Erhardy. France, 1980 – Couleurs – 1 h 32.

La directrice d'une boîte à bac cherche par tous les moyens, y compris des appareils sophistiqués, à dompter ses potaches indisciplinés. Une suite de gags qui enchanta le public, donc...

▷ Le cinéaste réalise une suite, intitulée LES SOUS-DOUÉS EN VACANCES, avec Daniel Auteuil, Guy Marchand, Charlotte de Turckheim. France, 1982 – Couleurs – 1 h 35.

SOUS LE CIEL DE PARIS
Chronique dramatique de **Julien Duvivier**, avec Brigitte Auber, Jean Brochard, René Blancard, Paul Frankeur. France, 1951 – 1 h 54.

À Paris, le destin de quelques personnages touchants, effrayants, solitaires ou pitoyables.

SOUS LE PLUS GRAND CHAPITEAU DU MONDE "The Greatest Show on Earth"
Drame de **Cecil B. De Mille**, avec Betty Hutton, Cornel Wilde, Charlton Heston, Dorothy Lamour, Gloria Grahame, James Stewart. États-Unis, 1952 – Couleurs – 2 h 33. ★ Oscar du Meilleur film 1952.

La vie et les drames d'un grand cirque. Avec un tel décor (il s'agit du cirque Barnum) et six grandes vedettes, Cecil B. De Mille offre un de ces spectacles grandioses dont il avait le secret.

SOUS LE PLUS PETIT CHAPITEAU DU MONDE "The Smallest Show on Earth"
Comédie de **Basil Dearden**, avec Virginia McKenna, Bill Travers, Peter Sellers, Margaret Rutherford. Grande-Bretagne, 1957 – 1 h 21.

Un couple anglais tente de redonner à un vieux cinéma son lustre d'antan. Humour et cynisme.

SOUS LE REGARD DES ÉTOILES
"The Stars Look Down"
Drame de **Carol Reed**, d'après le roman d'A.J. Cronin, avec Michael Redgrave, Margaret Lockwood, Emlyn Williams, Nancy Price, Edward Rigby. Grande-Bretagne, 1940 – 1 h 44.

Un jeune couple s'installe dans une cité minière. Le mari débute comme instituteur, mais son épouse s'adapte mal et le trompe. Resté seul, il consacre son énergie aux droits des mineurs.

SOUS LE SIGNE DU SCORPION
"Sotto il segno dello Scorpione"
Essai de **Paolo** et **Vittorio Taviani**, avec Gian Maria Volonté *(Renno)*, Lucia Bosè *(Glaia)*, Giulio Brogi *(Taleno)*. • SC : P. et V. Taviani. • PH : Giuseppe Pinori. • DÉC : Giovanni Sbarra. • MUS : Vittorio Gelmetti. • MONT : Roberto Perpignani. Italie, 1969 – Couleurs – 1 h 40.

Une troupe d'hommes exilés débarque dans une île, mais la quitte en raison d'éruptions volcaniques et choisit de s'installer dans un autre pays. La rencontre avec les autochtones ne va pas sans difficulté. Deux frères conduisent les exilés, groupés en deux « chœurs » qui tantôt s'opposent (de façon feinte ou réelle), tantôt font bloc.

◆ *Le film se présente comme un pastiche du péplum, genre alors plus que déclinant dans le cinéma italien. En fait, ce premier long métrage des frères Taviani est la transposition, en une complexe allégorie politique moderne, de quelques épisodes de* l'Énéide, *dont il respecte le cadre légendaire, voire préhistorique. La réalisation, tout à fait artisanale, prête à cette fable (splendidement photographiée) une vérité étrange, soulignée par l'alternance de gros plans d'objets essentiels et de vastes paysages à peine habités.* *G.LD.*

SOUS LE SIGNE DU TAUREAU
Drame de **Gilles Grangier**, avec Jean Gabin, Suzanne Flon, Michel Auclair. France, 1969 – Couleurs – 1 h 30.

Un ingénieur spécialisé dans les fusées doit se battre contre tout le monde, y compris sa propre famille, pour sauver ses travaux.

SOUS LE SOLEIL DE ROME
"SOTTO IL SOLE DI ROMA"
Comédie de **Renato Castellani**, avec Oscar Blando, Francesco Golisano, Liliana Macini. Italie, 1948 – 1 h 25.

Tableau très réaliste des dernières années de guerre et de l'immédiat après-guerre à Rome où la population, durement éprouvée par la faim, ne cesse de rêver de nourriture.

SOUS LE SOLEIL DE SATAN
Drame de **Maurice Pialat**, d'après le roman de Georges Bernanos, avec Gérard Depardieu, Sandrine Bonnaire, Maurice Pialat. France, 1987 – Couleurs – 1 h 43.
★ PALME D'OR, Cannes 1987.

Entre le curé Donissan, prêtre visionnaire tenté par Satan, et la jeune Mouchette, folle d'orgueil et suicidaire, un lien mystérieux s'établit.

SOUS LES PAVÉS, LA PLAGE
"UNTER DEM PFLASTER IST DER STRAND"
Film politique d'**Helma Sanders-Brahms**, avec Grischa Hubert, Heinrich Giskes. R.F.A., 1974 – 1 h 43.

Un jeune couple berlinois qui a vécu les révoltes étudiantes se sépare en raison de divergence de points de vue.

SOUS LES TOITS DE PARIS
Comédie populiste de **René Clair**, avec Albert Préjean *(Albert)*, Pola Illery *(Pola)*, Edmond T. Gréville *(Louis)*, Bill-Bocket *(Bill)*, Gaston Modot *(Fred)*. • SC : R. Clair. • PH : Georges Périnal. • DÉC : Lazare Meerson. • MUS : Armand Bernard, René Nazelles, Raoul Moretti, André Gailhard. • MONT : René Le Hénaff. France, 1930 – 1 h 20.

À Paris, un chanteur des rues, Albert, fait la connaissance d'une belle Roumaine, Pola. Son ami Louis courtise également la jeune fille, de même qu'un chef de bande, Fred. Un pickpocket met à profit les séances de chansons pour voler les porte-monnaie des badauds. Albert sera arrêté et incarcéré à la place du pickpocket et Louis séduira Pola pendant ce temps-là. Mais Pola choisit Albert quand il sort de prison et il reprend son tour de chant avec elle.

◆ *Le premier film sonore de René Clair est un manifeste du cinéma chantant et non-parlant. La fonction dramatique des dialogues y est réduite au minimum et les personnages s'expriment par gestes, mimiques et chansons. C'est aussi une chronique nostalgique sur une certaine mythologie parisienne, surannée dès 1930, avec ses mauvais garçons et ses filles au grand cœur. Un grand rôle pour Albert Préjean, aussitôt célèbre pour ses chansonnettes.* M.M.

SOUS LES VERROUS "PARDON US"
Film burlesque de **James Parrott**, avec Stan Laurel, Oliver Hardy, Wilfred Lucas, Walter Long, James Finlayson. États-Unis, 1931 – 55 mn.

En prison, les deux compères se lient d'amitié avec un caïd dont ils font rater l'évasion. Ils seront graciés pour avoir sauvé la fille du directeur.

SOUS LES YEUX D'OCCIDENT / RAZUMOV
Drame de **Marc Allégret**, d'après le roman de Joseph Conrad, avec Pierre Fresnay, Michel Simon, Jacques Copeau, Danièle Parola, Pierre Renoir, Jean-Louis Barrault. France, 1936 – 1 h 35.

Dans la Russie tsariste, un étudiant héberge par pitié un camarade révolutionnaire et le trahit pour se sauver lui-même. Un prenant drame de conscience.

LE SOUS-MARIN DE L'APOCALYPSE
"VOYAGE TO THE BOTTOM OF THE SEA"
Film de science-fiction d'**Irwin Allen**, avec Walter Pidgeon, Joan Fontaine, Peter Lorre. États-Unis, 1961 – Couleurs – 1 h 45.

Un sous-marin atomique s'efforce de gagner le pôle Nord d'où il devra détruire l'anneau de feu qui menace d'anéantir la Terre.

LE SOUS-MARIN JAUNE "YELLOW SUBMARINE"
Dessin animé de **George Dunning**, avec les voix de John Lennon, Paul McCartney, George Harrison, Ringo Starr. • SC : Lee Minoff, Al Brodax, Jack Mendelson, Eric Segal. • MUS : The Beatles et George Martin. • DESSIN : Heinz Edelman. • PR : George Martin. Grande-Bretagne, 1968 – Couleurs – 1 h 25.

Le pays merveilleux, musical et coloré, de Pepperland est envahi par les Blues Meanies, qui font régner le silence et la grisaille. Le lord maire envoie le chef d'orchestre Fred chercher du secours à bord d'un sous-marin jaune. Celui-ci échoue à Liverpool. Fred rencontre les Beatles qui acceptent de l'accompagner à Pepperland. Pour y parvenir, ils doivent traverser un espace-temps peuplé de monstres farfelus et de personnages célèbres. Ils expérimentent la relativité avec le Nowhere Man et franchissent tous les obstacles pour arriver enfin à Pepperland, où la fanfare du sergent Pepper a été mise sous globe. Dès qu'ils commencent à jouer, les habitants reprennent leurs couleurs et font reculer les forces de la haine et de la tristesse. La déconfiture des Blues Meanies est totale !

◆ *Équivalent pictural de l'univers des Beatles, fidèle à leur esprit,* le Sous-Marin jaune *est un chef-d'œuvre qui apparut, en 1968, comme une anthologie de toutes les techniques du film d'animation. Les chansons du groupe donnent lieu à d'éblouissantes illustrations qui s'intègrent tout naturellement à un « voyage impossible » dont l'inspiration surréalisante rejoint la mode alors triomphante du « psychédélisme ».* G.L.

LE SOUS-MARIN MYSTÉRIEUX
"MYSTERY SUBMARINE"
Film d'aventures de **Douglas Sirk**, avec McDonald Carey, Marta Toren, Robert Douglas. États-Unis, 1950 – 1 h 18.

Un enquêteur américain contrecarre les projets du capitaine d'un sous-marin allemand dont la mission était de vendre un savant à un pays ennemi.

LE SOUTENEUR " IL MANTENUTO"
Comédie d'**Ugo Tognazzi**, avec Ugo Tognazzi, Ilaria Occhini, Marisa Merlini. Italie, 1961 – 1 h 36.

Un brave employé va devenir le protecteur désigné d'une jeune et jolie prostituée qu'il croit être infirmière de nuit.

SOUTH PACIFIC "SOUTH PACIFIC"
Film d'aventures musical de **Joshua Logan**, avec Rossano Brazzi, Mitzi Gaynor, John Kerr, France Nuyen. États-Unis, 1958 – Couleurs – 2 h 51.

Dans une île du Pacifique, durant la Seconde Guerre mondiale, une infirmière américaine tombe amoureuse d'un planteur français qui deviendra un héros. Version cinématographique d'une opérette qui connut un grand succès à Broadway en 1949.

SOUVENIRS D'EN FRANCE
Comédie dramatique d'**André Téchiné**, avec Jeanne Moreau, Michel Auclair, Marie-France Pisier, Claude Mann, Orane Demazis. France, 1975 – Couleurs – 1 h 30.

Dans les années 30, une blanchisseuse est introduite par son ami dans une grande dynastie bourgeoise. Elle s'engagera dans la Résistance, deviendra le vrai chef de la famille, dont elle relancera l'entreprise en la modernisant.

SOUVENIRS PERDUS
Film à sketches de **Christian-Jaque**, avec Edwige Feuillère, Pierre Brasseur, Yves Montand, Bernard Blier, Danièle Delorme, Gérard Philipe, Suzy Delair, François Périer. France, 1950 – 1 h 45.

L'histoire de quatre objets et des personnages qui les possèdent, imaginée par les frères Prévert, Henri Jeanson et Pierre Véry.

SOUVENIRS, SOUVENIRS
Comédie dramatique d'**Ariel Zetoun**, avec Gabrielle Lazure, Christophe Malavoy, Pierre-Loup Rajot. France, 1984 – Couleurs – 2 h.

Après trois années de combat en Algérie, un rocker tente, avec l'appui de son frère cadet, un retour sur le devant de la scène.

SOUVENT FEMME VARIE "FORSAKING ALL OTHERS"
Comédie de **W.S. Van Dyke**, d'après la pièce d'Edward Barry Roberts et Frank Morgan Cavett, avec Joan Crawford, Clark Gable, Robert Montgomery. États-Unis, 1934 – 1 h 22.

Les hésitations sentimentales d'une femme qui est aimée de deux amis. Comédie légère et réussie dont le scénario est signé Joseph L. Mankiewicz.

SPARTACUS "SPARTACO"
Drame historique de **Riccardo Freda**, avec Massimo Girotti, Gianna Maria Canale, Ludmilla Tchérina, Yves Vincent. Italie, 1952 – 1 h 32.

La très belle histoire de Spartacus, qui libéra les esclaves de Rome. Une reconstitution fastueuse de l'Antiquité.

SPARTACUS "SPARTACUS"
Drame historique de **Stanley Kubrick**, avec Kirk Douglas, Jean Simmons, Laurence Olivier, Charles Laughton, Peter Ustinov, John Gavin, Tony Curtis. États-Unis, 1960 – Couleurs – 3 h 09.

La révolte des esclaves contre Rome sous la direction du gladiateur Spartacus. Kubrick en fait le chant de la découverte par l'homme de sa propre dignité.

SPÉCIALE PREMIÈRE "THE FRONT PAGE"
Comédie de **Billy Wilder**, d'après la pièce de Ben Hecht et Charles Mac Arthur, avec Jack Lemmon, Walter Matthau, Susan Sarandon, Vincent Gardenia. États-Unis, 1974 – Couleurs – 1 h 45.

En 1929, à Chicago, un agitateur condamné à mort s'enfuit au moment où il obtient sa grâce et fait irruption chez les journalistes.

LE SPÉCIALISTE "GLI SPECIALISTI"
Western de **Sergio Corbucci**, avec Johnny Hallyday, Gastone Moschin, Françoise Fabian. Italie, 1970 – Couleurs – 1 h 38.

Hud le cow-boy se rend à Blackstone pour venger son frère. La présence de Johnny Hallyday met de l'insolite dans des péripéties conformes aux conventions du genre.

LES SPÉCIALISTES
Film policier de **Patrice Leconte**, avec Bernard Giraudeau, Gérard Lanvin, Christiane Jean. France, 1985 – Couleurs – 1 h 33.

Stéphane et Paul, repris de justice évadés, mettent sur pied un casse fantastique dans un casino. De beaux morceaux de bravoure.

SPÉCIAL POLICE
Film policier de **Michel Vianey**, avec Richard Berry, Carole Bouquet. France, 1985 – Couleurs – 1 h 32.

Un flic recueille des documents compromettants que tout le monde cherche à lui arracher. Une histoire policière classique rajeunie par l'utilisation de l'informatique.

SPECTRE "THE BOOGEY MAN"
Film fantastique d'**Ulli Lommel**, avec Suzanna Love, Ron James, John Carradine. États-Unis, 1980 – Couleurs – 1 h 25.

Un miroir, témoin involontaire d'une scène d'assassinat, est soudain doué, quelques années plus tard, de pouvoirs maléfiques particulièrement atroces.

LE SPECTRE DU PROFESSEUR HICHCOCK
"LO SPETTRO"
Film d'épouvante de **Robert Hampton** [Riccardo Freda], avec Barbara Steele, Peter Baldwin, Leonard Elliott. Italie, 1962 – Couleurs – 1 h 37.

Aidée par son amant, la femme du professeur Hichcock assassine son mari. Mais des événements terrifiants surviennent alors.

▷ Voir aussi L'EFFROYABLE SECRET DU DOCTEUR HICHCOCK.

LE SPECTRE MAUDIT "THE BLACK TORMENT"
Film fantastique de **Robert Hartford-Davis**, avec John Turner, Heather Sears, Ann Lynn. Grande-Bretagne, 1964 – Couleurs – 1 h 25.

Au XVIIIe siècle, un jeune aristocrate anglais est poursuivi par le fantôme de sa première femme.

SPEED "SPEED"
Thriller de **Jant de Bont**, avec Keanu Reeves, Dennis Hopper, Sandra Bulloock. États-Unis, 1994 – Couleurs – 1 h 56.

Prise d'otage dans un ascenseur puis dans un bus piégé. Jack et Harry, de la brigade antigang, auront bien du mal à venir à bout du maître chanteur Howard Payne. Deux heures d'action sans temps mort... et pas trop de sang.

SPHINX "SPHINX"
Film d'aventures de **Franklin J. Schaffner**, d'après le roman de Robin Cook, avec Lesley-Ann Down, Frank Langella, Maurice Ronet. États-Unis, 1981 – Couleurs – 1 h 55.

Une jeune égyptologue américaine découvre par hasard au Caire un trafic d'antiquités, alimenté par une tombe non répertoriée de Séti Ier.

SPLASH "SPLASH"
Comédie de **Ron Howard**, avec Daryl Hannah, Tom Hanks. États-Unis, 1984 – Couleurs – 1 h 51.

Un jeune homme tombe amoureux d'une ravissante sirène qui, ayant pris l'apparence humaine, le suit à New York. Une comédie drôle et tendre.

LA SPLENDEUR DES AMBERSON
"THE MAGNIFICENT AMBERSONS"
Drame psychologique d'**Orson Welles**, avec Joseph Cotten *(Morgan)*, Tim Holt *(George Amberson)*, Anne Baxter *(Lucy)*, Dolores Costello *(Isabelle Amberson)*, Agnes Moorehead *(tante Fanny)*. • SC : O. Welles, d'après le roman de Booth Tarkington. • PH : Stanley Cortez. • DÉC : Mark Lee-Kirk. • MUS : Bernard Herrmann. • MONT : Robert Wise, Mark Robson, Jack Moss. États-Unis, 1942 – 1 h 45.

Au début du siècle, Isabelle Amberson, devenue veuve, veut épouser Morgan. Son fils George s'oppose à ce mariage avec un fabricant de voitures dont il aime pourtant la fille Lucy. Sa mère meurt et il reste seul et ruiné, avec une tante à moitié folle, puis se décide à travailler.

◆ *Dans une ambiance influencée par le roman français du XIXe siècle, une étude de caractères passée au tamis de l'analyse sociale. Le film, enveloppé d'une sourde nostalgie, évoque la décadence de l'aristocratie terrienne de la province américaine, fondatrice d'une ville qu'elle a dominé avec arrogance, tandis qu'une nouvelle classe de riches, liée à l'industrie, se met en place. L'impossible mariage entre Isabelle et Morgan symbolise la relation difficile de ces deux classes antagonistes. Esthétiquement, le film privilégie le plan-séquence, ce qui d'une part permet de mettre en valeur le jeu des acteurs et, d'autre part, crée un lien continu d'ordre affectif et économique entre les protagonistes et l'imposante maison où ils vivent.* S.K.

SPLENDOR "SPLENDOR"
Comédie dramatique d'**Ettore Scola**, avec Marcello Mastroianni, Massimo Troisi, Marina Vlady. Italie / France, 1989 – Couleurs – 1 h 50.

À travers les souvenirs de son propriétaire, la vie du cinéma d'une petite ville de province depuis son inauguration jusqu'à sa fermeture définitive.

SPLIT IMAGE (L'ENVOÛTEMENT) "SPLIT IMAGE"
Drame de **Ted Kotcheff**, avec Michael O'Kee, Karen Allen, Peter Fonda, James Wood, Brian Dennehy. États-Unis, 1982 – Couleurs – 1 h 45.

Danny, embrigadé dans une secte, cherche à s'enfuir et à sauver Rebecca qu'il aime. Une rude tâche, comme nous le montre ce violent réquisitoire.

LE SPORT FAVORI DE L'HOMME
"MAN'S FAVOURITE SPORT ?"
Comédie de **Howard Hawks**, avec Rock Hudson, Paula Prentiss, Maria Perschy. États-Unis, 1963 – Couleurs – 2 h.

Le vendeur d'un magasin de sport, spécialiste de la pêche, est envoyé par son patron à un concours sur un lac. Mais il ne connaît rien à cette activité !

SPORTIF PAR AMOUR / CAMPUS "COLLEGE"
Film burlesque de **James W. Horne**, avec Buster Keaton, Ann Cornwall, Harold Goodwin, Snitz Edwards, Florence Turner. États-Unis, 1927 – env. 1 700 m (1 h 03).

Un étudiant sage et studieux devient par amour une vedette de football dans son collège. Un comique déroutant où les gags sont rares.

LES SS FRAPPENT LA NUIT
"NACHTS, WENN DER TEUFEL KAM"
Drame de **Robert Siodmak**, avec Claus Holm *(Axel Kersten)*, Mario Adorf *(Bruno Lüdke)*, Hannes Messemer *(Rossdorf)*, Peter Carsten *(Mollwitz)*, Carl Lange *(Thomas Wollenberg)*. • SC : Werner Jörg Lüddecke. • PH : Georg Krause. • DÉC : Rolf Zehetbauer, Gottfried Will. • MUS : Siegfried Franz. : • MONT : Walter Boos. R.F.A., 1957 – 1 h 45.

Dans une auberge allemande, en 1944, une servante aux mœurs légères est sauvagement assassinée, et on accuse le soldat Keun qui lui avait rendu visite récemment. Le commissaire Kersten chargé de l'enquête, peu convaincu de sa culpabilité, tente de faire admettre à ses supérieurs qu'il s'agit de l'œuvre d'un mystérieux individu doté d'une force bestiale et qui aurait déjà commis plusieurs crimes sauvages. Le vrai coupable est finalement arrêté et avoue, mais en haut lieu, on ne veut pas faire valoir qu'il peut exister un monstre en Allemagne, et on l'exécute discrètement, tandis que le soldat passe en justice. Kersten sera envoyé au front pour refus d'obéissance et les autorités SS refermeront le dossier.

◆ *Premier film allemand à parler du passé nazi autrement que dans une perspective déculpabilisante, c'est une reconstitution d'un réalisme et d'une authenticité rares, où l'humour est également présent malgré la gravité du sujet, en l'occurrence l'attitude du régime national-socialiste envers un cas criminel qui déshonore le monde aryen. L'auteur dénonce la tromperie d'un ordre fondé sur l'apparat et les faux-semblants et dépeint toute une partie de la population démoralisée par la guerre, mais qui emboîte le pas au régime, par lâcheté, par intérêt ou par manque de lucidité. Cette œuvre, sur laquelle souffle indéniablement un vent de vérité quant aux personnages et aux situations, fut largement primée au festival de Berlin en 1958.* F.L.

SSSSNAKE "SSSSSSS"
Film d'épouvante de **Bernard L. Kowalski**, avec Strother Martin, Dirk Benedict, Heather Menzies. États-Unis, 1973 – Couleurs – 1 h 39.

Un spécialiste des reptiles se trouve dépassé par ses propres découvertes. Il sera finalement tué par l'un de ses assistants transformé en cobra.

STALAG 17 "STALAG 17"
Film de guerre de **Billy Wilder**, avec William Holden, Don Taylor, Otto Preminger, Peter Graves. États-Unis, 1953 – 2 h.

Saisissante évocation de la vie des prisonniers de guerre en Allemagne. Holden gagna un Oscar pour son interprétation d'un prisonnier faisant du marché noir, suspecté d'être un espion.

STALKER "STALKER"
Film de science-fiction d'**Andrei Tarkovski**, avec Alexandre Kaidanovski *(Stalker)*, Anatoli Solonitsine *(l'écrivain)*, Nikolai Grinko *(le physicien)*, Alissa Freindlikh *(la femme du Stalker)*. • SC : Arkady et Boris Strougatski, d'après leur nouvelle. • PH : Alexandre Knyajinsky. • DÉC : A. Tarkovski. • MUS : Edouard Artemiev. U.R.S.S. (Russie), 1979 – Couleurs et NB – 2 h 41.

Il existe dans le pays une zone interdite, gardée par des militaires, au sein de laquelle se trouve la chambre des désirs qui exauce les vœux de ceux qui y parviennent. Mais, pour cela, il faut un passeur, un Stalker, qui déjoue les embûches du parcours.

◆ *Ce film se présente comme un voyage initiatique dont le début, qui montre les difficultés « extérieures » de l'accès à la zone, est une suite de séquences en noir et blanc qui ont toutes les apparences du cauchemar, tandis que les scènes en couleurs qui suivent à l'intérieur de la zone correspondent plus à une quête intérieure où les personnages se cherchent dans un labyrinthe imaginaire. La chambre des désirs n'y semble exister qu'à titre de virtualité. Ce qui est une autre façon de dire que l'objet de la quête était dans l'itinéraire et que le but n'avait guère d'importance. Ce qui comptait, c'était la beauté et la terreur des choses vues et donc le film lui-même en tant que moyen et finalité du voyage.* S.K.

STAND BY ME "STAND BY ME"
Comédie de **Rob Reiner**, d'après la nouvelle de Stephen King *The Body*, avec Wil Wheaton, River Phœnix, Corey Feldman, Jerry O'Connell. États-Unis, 1986 – Couleurs – 1 h 25.

Quatre adolescents partent à la recherche d'un cadavre, en suivant une ligne de chemin de fer. On découvre, chemin faisant, les failles et les obsessions de chacun des protagonistes et leur besoin de complicité.

STANLEY ET LIVINGSTONE
"STANLEY AND LIVINGSTONE"
Drame historique de **Henry King**, avec Spencer Tracy, Cedric Hardwicke, Richard Greene, Nancy Kelly, Walter Brennan, Charles Coburn, Henry Hull. États-Unis, 1939 – 1 h 41.

L'odyssée du célèbre reporter américain à la recherche de l'explorateur britannique, et leur rencontre au cœur de l'Afrique.

STAR ! "STAR !"
Comédie musicale de **Robert Wise**, avec Julie Andrews, Richard Crenna, Michael Craig. États-Unis, 1968 – Couleurs – 2 h 45.

La carrière d'une star de music-hall, de Londres à New York. En coulisse, le brillant cède la place aux difficultés psychologiques et sentimentales.

STARDUST "STARDUST"
Drame de **Michael Apted**, avec David Essex, Adam Faith, Larry Hagman. Grande-Bretagne, 1974 – Couleurs – 1 h 50.

L'ascension et la chute de Jim, chanteur et idole, manipulé par son manager et les hommes d'affaires.

STARDUST MEMORIES "STARDUST MEMORIES"
Comédie poétique de **Woody Allen**, avec Woody Allen *(Sandy Bates)*, Charlotte Rampling *(Dorrie)*, Jessica Harper *(Daisy)*, Marie-Christine Barrault *(Isobel)*, Tony Roberts *(Tony)*. • SC : W. Allen. • PH : Gordon Willis. • DÉC : Mel Bourne, Steven Jordan. • MONT : Susan E. Morse. États-Unis, 1980 – 1 h 29.

Un homme se débat avec son entourage, son milieu, ses amours, son œuvre, sa réputation. C'est un artiste, un cinéaste. Il assiste à une rétrospective de ses œuvres. Sa spécialité : le comique. Mais en fait, c'est un fantasque, un onirique. Il rêvasse, il cherche la femme idéale. Il a des souvenirs, il s'invente des rêves. Le quotidien le déçoit et l'agace. Et tous ces gens qui l'admirent et le questionnent sur ses films ! Sandy est en plein désarroi. Guérira-t-il jamais ? Guérit-on du mal de vivre ?

◆ *Un mot s'impose pour évoquer sinon définir ce film : autobiographie. Woody Allen est un auteur de films comiques et il est adulé. Son œuvre est cependant teintée de tristesse, embrumée de nostalgies.* Stardust Memories *ressemble à un bilan fellinien. L'auteur s'interroge sur tout en même temps (les femmes, la création, les « autres ») et en arrive à cette conclusion que seul l'art peut résoudre les contradictions de la vie en les exprimant, justement. Voilà un film à la fois très beau, très tendre et très profond, mais plein de notations humoristiques. Il fait rire parfois, sourire souvent. Le spectateur s'attendrit aussi, par identification.* *G.S.*

STARFIGHTER "THE LAST STARFIGHTER"
Film de science-fiction de **Nick Castle**, avec Lance Guest, Robert Preston. États-Unis, 1984 – Couleurs – 1 h 40.

Un jeune et pauvre champion de jeux électroniques est emmené vers les étoiles pour combattre des tyrans.

STARGATE "STARGATE"
Film de science-fiction de **Roland Emmerich**, avec Kurt Russell, James Spader, Jaye Davidson. France / États-Unis, 1994 – Couleurs – 2 h.

Une expédition de Terriens se rend sur une planète lointaine pour libérer un peuple maintenu en esclavage par un groupe d'individus qui se réclame de l'autorité du dieu égyptien Râ.

STARMAN "STARMAN"
Film de science-fiction de **John Carpenter**, avec Karen Allen, Jeff Bridges, Charles Martin Smith, Richard Jaeckel. États-Unis, 1984 – Couleurs – 1 h 55.

Un extraterrestre prend, aux yeux de Jenny, les traits de son mari mort. Elle accepte d'aider le « Starman » à quitter la Terre.

STAR 80 "STAR 80"
Drame de **Bob Fosse**, avec Mariel Hemingway, Eric Roberts, Cliff Robertson, Carroll Baker, Roger Rees. États-Unis, 1983 – Couleurs – 1 h 44.

Vie et mort de la « playmate » et actrice Dorothy Stratten assassinée par son amant, pygmalion délaissé. Le monde du spectacle, ses illusions, sa cruauté.

STARS IN MY CROWN "STARS IN MY CROWN"
Comédie dramatique de **Jacques Tourneur**, avec Joel McCrea, Ellen Drew, Dean Stockwell. États-Unis, 1949 – 1 h 29.

Un pasteur armé ramène la paix dans une ville du Tennessee après la guerre de Sécession. Un curieux western sentimental. En France, il ne connaîtra une sortie en salle que 30 ans après sa réalisation !

STAR TREK "Star Trek the Movie"
Film de science-fiction de **Robert Wise**, avec William Shatner, Leonard Nimoy, Persis Khambatta. États-Unis, 1979 – Couleurs – 2 h 12.

Au XXIIIe siècle, un vaisseau spatial hyper-sophistiqué, l'*Enterprise,* est envoyé à la rencontre d'un gigantesque nuage qui s'avance en direction de la Terre.

STAR TREK II : LA COLÈRE DE KHAN
"Star Trek : The Wrath of Khan"
Film de science-fiction de **Nicholas Meyer**, avec William Shatner, Leonard Nimoy, DeForest Kelley. États-Unis, 1982 – Couleurs – 1 h 52.

Au fin fond de la galaxie, l'équipage de l'*Enterprise* est envoyé par la Terre afin de lutter contre le rebelle Khan qui a trouvé un moyen de se venger de son exil.

STAR TREK GÉNÉRATIONS
"Star Trek Generations"
Film de science-fiction de **David Carson**, avec Patrick Stewart, Jonathan Frakes, Brent Spiner, William Shatner, Malcolm McDowell. États-Unis, 1995 – Couleurs – 1 h 55.

Le docteur Picard et le capitaine Kirk essaient de contrecarrer les projets du docteur Soran qui est prêt à commettre n'importe quel crime pour accéder à Nexus, lieu paradisiaque protégé par un ruban magnétique.

STAR TREK III : À LA RECHERCHE DE SPOCK
"Star Trek III : The Search for Spock"
Film de science-fiction de **Leonard Nimoy**, avec William Shatner, DeForest Kelley, James Doohan. États-Unis, 1984 – Couleurs – 1 h 45.

L'équipage de l'*Enterprise* s'emploie à faire revivre le Dr Spock, leur ami vulcanien, qui avait succombé dans l'épisode précédent.

▷ La série se poursuit avec : RETOUR SUR TERRE-STAR TREK IV "Star Trek IV – The Voyage Home", du même réalisateur, avec les mêmes comédiens. États-Unis, 1986 – Couleurs – 1 h 59.

STATION TERMINUS "Stazione Termini"
Drame psychologique de **Vittorio De Sica**, avec Jennifer Jones, Montgomery Clift, Gino Cervi, Richard Beymer. Italie, 1953 – 1 h 25.

L'histoire de la brève rencontre, dans la gare Termini de Rome, entre une femme mariée et un jeune professeur.

STATION 3 ULTRA SECRET "The Satan Bug"
Film de science-fiction de **John Sturges**, avec George Maharis, Richard Basehart, Anne Francis, Dana Andrews. États-Unis, 1965 – Couleurs – 1 h 44.

Dans un centre de recherche en plein désert, un groupe de savants vient de mettre au point une arme bactériologique terrifiante qui est dérobée. Commence alors une course-poursuite.

LES STATUES MEURENT AUSSI
Documentaire d'**Alain Resnais**. France, 1953 (RÉ : 1950) – 29 mn. ★ Prix Jean-Vigo 1954.

Le film dénonce la modernisation de l'Afrique et l'appauvrissement esthétique causé par la colonisation. Une œuvre d'une grande beauté visuelle.

LA STATUETTE EN OR MASSIF "The Oscar"
Drame de **Russell Rouse**, avec Stephen Boyd, Elke Sommer, Eleanor Parker. États-Unis, 1966 – Couleurs – 1 h 35.

Un acteur avide et aigri monte une machination pour se voir attribuer l'Oscar du Meilleur acteur à Hollywood, mais c'est l'un de ses rivaux qui reçoit le prix.

STAVISKY
Chronique historique d'**Alain Resnais**, avec Jean-Paul Belmondo *(Stavisky)*, Anny Duperey *(Arlette)*, François Périer *(Albert Borelli)*, Michel Lonsdale *(le docteur Méry)*, Charles Boyer *(le baron Jean Raoul)*. • SC : Jorge Semprun. • PH : Sacha Vierny. • DÉC : Jacques Saulnier. • MUS : Stephen Sondheim. • MONT : Albert Jurgenson. France, 1974 – Couleurs – 2 h.

Dans les années 30, Alexandre Stavisky jongle avec les millions et fait des affaires qui sont autant d'escroqueries. Il bénéficie d'appuis politiques et de protections de la part de la police.

◆ *L'affaire Stavisky est l'un des plus énormes scandales de la IIIe République. Resnais (on le lui a assez reproché) a choisi de ne pas traiter l'aspect historique, politique et social de l'affaire et ses conséquences, mais de dresser un « simple » portrait de l'escroc. C'est un peu Arsène Lupin ou Fantômas, et le jeu désinvolte et brillant de Belmondo n'est pas pour rien dans cette ressemblance. C'est un de ses rôles les plus intéressants, dans un film où l'ambiance de l'époque est minutieusement reconstituée et qui présente une grande beauté plastique.* *B.B.*

STAY HUNGRY "Stay Hungry"
Comédie dramatique de **Bob Rafelson**, avec Jeff Bridges, Sally Field, Arnold Schwarzenegger. États-Unis, 1976 – Couleurs – 1 h 43.

L'héritier d'une immense fortune se laisse entraîner dans de sordides affaires immobilières. Mais il tombe amoureux de la caissière d'un gymnase figurant sur ses programmes d'expropriation. Son existence change radicalement.

STAYING ALIVE "Staying Alive"
Comédie dramatique de **Sylvester Stallone**, avec John Travolta, Cynthia Rhodes, Finela Hughes. États-Unis, 1983 – Couleurs – 1 h 36.

Délaissant désormais les boîtes de nuit de quartier, Tony Manero rêve de devenir une star à Broadway. Suite de LA FIÈVRE DU SAMEDI SOIR (Voir ce titre).

STEAMBOAT ROUND THE BEND
Film d'aventures de **John Ford**, d'après le roman de Ben Lucien Burman, avec Will Rogers, Anne Shirley, Eugene Pallette, Francis Ford. États-Unis, 1935 – 1 h 20.

Un médecin tente de faire gracier son neveu, condamné à mort pour un crime commis en état de légitime défense.

STEAMING "Steaming"
Comédie dramatique de **Joseph Losey**, avec Vanessa Redgrave, Sarah Miles, Diana Dors. Grande-Bretagne, 1984 – Couleurs – 1 h 36.

Confidences et vie au quotidien d'un groupe de femmes habituées d'un bain turc. Un grand film sensuel et pudique.

STELLA
Drame de **Laurent Heynemann**, avec Nicole Garcia, Thierry Lhermitte, Victor Lanoux, Jean-Claude Brialy, Gérard Desarthe. France, 1983 – Couleurs – 1 h 38.

Un jeune homme s'engage dans la Gestapo afin de protéger sa maîtresse juive. Un portrait de la collaboration dénué de tout manichéisme.

STELLA DALLAS "Stella Dallas"
Drame de **King Vidor**, d'après le roman d'Olive Higgins Prouty, avec Barbara Stanwyck, John Boles, Anne Shirley, Barbara O'Neil, Alan Hale, Tim Holt. États-Unis, 1937 – 1 h 46.

À la suite d'une longue vie conjugale faite d'incompréhension, une femme se remet en question, s'accuse pour détacher d'elle l'enfant qu'elle chérit et finit par divorcer.

▷ Autre version réalisée par **Henry King**, intitulée LE SUBLIME SACRIFICE DE STELLA DALLAS "Stella Dallas", avec Belle Bennett, Ronald Colman, Lois Moran, Jean Hersholt, Douglas Fairbanks Jr. États-Unis, 1925 – env. 2 950 m (1 h 49).

STELLA, FEMME LIBRE "Stella, éleftéri yénéka"
Drame psychologique de **Michel Cacoyannis**, avec Mélina Mercouri, Georges Foundas, Aleko Alexandrakis, Sophia Vembo. Grèce, 1956 – 1 h 32.

Une vedette de cabaret aime que les hommes la courtisent. Refusant les chaînes du mariage, elle repousse celui qui voulait tout lui donner, mais tombe dans les filets d'un autre amant et ne retrouve sa liberté que dans la mort.

LA STEPPE "La steppa"
Drame d'**Alberto Lattuada**, d'après une nouvelle de Tchekhov, avec Marina Vlady, Charles Vanel, Daniele Spallone. Italie / France, 1961 – 1 h 40.

Le souvenir d'enfance d'Iegor, un gamin de la campagne, dans la Russie de la fin du siècle dernier. Un jour, sa mère l'envoie à la ville pour ses études et il découvre alors un monde nouveau.

STICK, LE JUSTICIER DE MIAMI "Stick"
Film policier de **Burt Reynolds**, avec Burt Reynolds, Candice Bergen. États-Unis, 1985 – Couleurs – 1 h 49.

Un pastiche du polar classique : l'ex-truand Stick cherche à échapper à des tueurs.

STICO
Comédie dramatique de **Jaime de Armiñan**, avec Fernando Fernan Gomez, Agustin Gonzalez. Espagne, 1984 – Couleurs – 1 h 49.

Un vieux professeur qui vit de petits travaux intellectuels se vend comme esclave à un de ses anciens élèves et sa femme.

STOP MAKING SENSE "Stop Making Sense"
Documentaire de **Jonathan Demme**. États-Unis, 1984 – Couleurs – 1 h 28.

Reportage sur le groupe Talking Heads en concert à Hollywood en décembre 83. Ses effets de scène et son originalité musicale.

LA STORIA "La storia"
Drame de **Luigi Comencini**, d'après le roman d'Elsa Morante, avec Claudia Cardinale, Lambert Wilson. Italie / France, 1987 – Couleurs – 2 h 35.

L'institutrice Ida a été violée pendant la guerre par un soldat allemand venu occuper Rome. Son fils Nino est un militant enthousiaste des jeunesses fascistes. Excellente description d'une ville éprouvée à la fois par le fascisme et la guerre.

STORMY MONDAY "Stormy Monday"
Film policier de **Mike Figgis**, avec Sting, Melanie Griffith, Sean Bean. Grande-Bretagne, 1988 – Couleurs – 1 h 32.

Le jeune employé d'une boîte de jazz anglaise aide son patron à lutter contre un douteux promoteur venu des États-Unis.

LA STRADA "La strada"
Drame de **Federico Fellini**, avec Giulietta Masina *(Gelsomina)*, Anthony Quinn *(Zampano)*, Richard

Basehart *(le fou)*, Aldo Silvani *(Giraffa)*, Marcella Rovere *(la veuve)*. • SC : F. Fellini, Ennio Flaiano, Tullio Pinelli. • PH : Otello Martelli. • DÉC : Mario Ravasco. • MUS : Nino Rota. • MONT : Leo Cattozzo. • PR : Dino De Laurentiis, Carlo Ponti. Italie, 1954 – 1 h 47. ★ **OSCAR DU MEILLEUR FILM ÉTRANGER 1956.**

Zampano est un colosse de foire qui gagne sa vie en sillonnant l'Italie avec deux numéros assez minables : une démonstration de force physique (briseur de chaînes) et un numéro comique bas de gamme. Il a besoin d'une assistante. Il achète Gelsomina, une créature bizarre, pauvre en esprit, mais complaisante et généreuse. Lumineuse. Un autre forain vient perturber le couple. Il est surnommé le « fou » et fait, sans se prendre au sérieux, de grands discours philosophiques d'inspiration chrétienne en même temps que des farces de galopin. C'est un marginal, un artiste, un poète. Il nargue Zampano, se gausse de sa lourdeur. Il entreprend Gelsomina, lui parle des cailloux et des étoiles, lui donne des conseils de bon sens. Elle les suit. Elle suit aussi son rustaud de compagnon qui ne la ménage pas. Un jour, sur la route, Zampano agresse le « fou » qui meurt. Gelsomina est inconsolable et sa raison fragile chavire. Zampano l'abandonne. Des années plus tard, il apprend qu'elle est morte. Il pleure.

◆ Des phantasmes délibérément baroques

La strada *est l'un des films les plus insolites de l'histoire du cinéma. Il est arrivé à point nommé sur les écrans pour donner un nouvel élan à l'expression poétique. C'était au moment où le cinéma italien, grâce à des hommes comme Roberto Rossellini, Vittorio De Sica et le scénariste Cesare Zavattini, avait étonné le monde entier avec des œuvres dites « néoréalistes » qui se distinguaient par leur absence de sophistication formelle, par les sujets volontiers sociaux et moraux qu'elles abordaient, par une dramaturgie fondée sur la représentation de l'instant (la vie en train de se faire, le récit de la vie de gens à qui il n'arrive rien, etc.). Ce parti pris de sobriété était une réaction contre le caractère artificiel du cinéma traditionel, en gros du cinéma hollywoodien. Fellini, comme pratiquement tous ses collègues scénaristes et metteurs en scène, était étiqueté « néoréaliste ». Or,* La strada *et ses deux films précédents – et tous ses films suivants – sont tout sauf sobres et ne se prétendent nullement documentaires. Ils expriment une individualité forte, un monde intérieur exubérant, des phantasmes qui prennent des formes délibérément baroques.* La strada *a étonné et séduit le monde entier à cause de son originalité d'une part (on n'avait rien vu de comparable auparavant), de sa beauté plastique, mais aussi de ses thèmes fortement inspirés du christianisme. Ces différents éléments, assortis d'autres richesses et de l'apport capital de l'actrice Giulietta Masina, femme et muse du cinéaste, ont fait crier au chef-d'œuvre. Les intellectuels, interloqués, ont applaudi, le public populaire, fasciné, a pleuré. Le succès s'est révélé international. Il est au départ de la gloire de Fellini. Aujourd'hui, il se trouve des voix pour prétendre que* La strada *est une œuvre surestimée, racoleuse, « facile ». Ces voix s'époumonent en vain contre l'évidence de sa beauté.* G.S.

STRANGERS KISS "STRANGERS KISS"

Drame de **Matthew Chapman**, avec Peter Coyote, Victoria Tennant. États-Unis, 1983 – Couleurs et NB – 1 h 35.

À Hollywood, dans les années 50, Stanley réalise un film mélo à faible budget. Ses interprètes tombent amoureux.

STRANGER THAN PARADISE

"STRANGER THAN PARADISE"

Comédie dramatique de **Jim Jarmusch**, avec John Lurie *(Willie)*, Eszter Balint *(Eva)*, Richard Edson *(Eddie)*, Cecilia Stark *(Tante Lottie)*, Danny Rosen *(Billy)*. • SC : J. Jarmush. • PH : Tom Dicillo. • MUS : John Lurie. • MONT : J. Jarmush, Melody London. États-Unis, 1984 – 1 h 30. ★ **CAMÉRA D'OR, Cannes 1984.**

Bela, qui se fait appeler Willie, accueille pendant quelques jours sa cousine Eva venue de sa Hongrie natale directement à New York. La jeune fille part rejoindre sa tante à Cleveland. Willie et son amie Eddie viennent lui rendre visite et l'emmènent en Floride.

◆ *Ce premier vrai film du cinéaste new-yorkais (il avait signé auparavant un film de diplôme,* Permanent Vacation) *est une œuvre à part dans la production américaine. Ayant récupéré de la pellicule vierge de Wenders, Jarmush tourne un film sur l'exil et le rêve. Son film est composé de trois temps forts, trois moments séparés à l'image par des noirs. Au New York sordide répond une autre Amérique incarnée par Cleveland, cité dortoir enfouie sous la neige où la résignation l'emporte sur l'ennui. Même le paradis a un goût amer : Jarmush filme la Floride et les palmiers balayés par un vent hivernal. Dans cet univers sans pop corn, des liens fragiles se tissent entre les personnages, notamment grâce à la musique omniprésente dans le film comme elle le sera dans* Down by Law, *un autre bijou du cinéaste.* C.A.

STRATEGIC AIR COMMAND

"STRATEGIC AIR COMMAND"

Film d'aventures d'**Anthony Mann**, avec James Stewart, June Allyson, Frank Lovejoy, Barry Sullivan. États-Unis, 1955 – Couleurs – 1 h 54.

Un ancien pilote de bombardier est rappelé par l'U.S. Air Force pour effectuer une nouvelle période militaire.

LA STRATÉGIE DE L'ARAIGNÉE
"La strategia del ragno"
Drame de **Bernardo Bertolucci**, avec Giulio Brogi *(Athos Magnani)*, Alida Valli *(Draïfa)*, Pipo Campanini, Franco Giobannelli, Tino Scotti. • SC : B. Bertolucci, Marilù Parolini, Eduardo De Gregorio, d'après le roman de Jorge Luis Borges. • PH : Vittorio Storaro, Franco Di Giacomo. • DÉC : Maria Paola Maino. • MUS : Giuseppe Verdi. • MONT : Franco Arcalli. Italie, 1970 – Couleurs – 1 h 40.

Un jeune homme, Athos Magnani, arrive à Tara où son père fut assassiné, une trentaine d'années auparavant, par les fascistes. Il enquête parmi les villageois réticents et finit par apprendre que son père avait trahi : découvert, il avait proposé à ses camarades de maquiller son exécution en crime fasciste. Athos ne juge pas utile de détruire la légende.

◆ *Très librement inspirée d'un récit de Borges,* Thème du traître et du héros, *cette œuvre de télévision aborde, dans un climat d'étrangeté fantastique et une mise en scène aux mouvements rigoureux et envoûtants, la question fondamentale du cinéma de Bertolucci : comment être soi-même, échapper au poids écrasant du passé, du père ? Si Athos découvre la vérité, il reste prisonnier de la toile d'araignée (le passé, le mensonge du père, le mythe, la petite ville de Tara), simple élément dans une stratégie qui l'englobe.* *J.M.*

STREAMERS "Streamers"
Drame de **Robert Altman**, avec Matthew Modine, Michael Wright, Mitchell Lichtenstein. États-Unis, 1983 – Couleurs – 1 h 58.

Dans une chambrée, de jeunes appelés de milieux et de tempéraments différents attendent leur affectation au Viêt Nam.

STREET SCENE "Street Scene"
Drame de **King Vidor**, d'après la pièce d'Elmer Rice, avec Sylvia Sidney, William Collier Jr., Max Mantor, David Landau, Estelle Taylor. États-Unis, 1931 – 1 h 20.

Par une chaude nuit d'été, dans une rue des bas quartiers de New York, une femme adultère est tuée par son mari jaloux.

STREET TRASH "Street Trash"
Film policier de **Jim Muro**, avec Bill Chepil, Vic Noto, Mike Lackey. États-Unis, 1986 – Couleurs – 1 h 40.

Bagarres entre bandes dans une vaste casse automobile au nord-est de Manhattan. Pour les clochards qui y ont élu domicile, l'horreur est quotidienne.

STRESS
Film policier de **Jean-Louis Bertucelli**, avec Carole Laure, Guy Marchand, André Dussollier, Germaine Montero, Micheline Boudet. France, 1984 – Couleurs – 1 h 27.

Une femme est persécutée par d'incessants appels téléphoniques après avoir quitté son amant qui pourtant s'est suicidé.

STRESS ES TRES, TRES "Stress es tres, tres"
Comédie dramatique de **Carlos Saura**, avec Geraldine Chaplin, Juan Luis Galiardo, Fernando Cebrian. Espagne, 1969 – 1 h 37.

Devant visiter des terrains à bâtir avec son collaborateur, un promoteur oublie le but du voyage et laisse sa femme vivre une liaison qu'il observe en voyeur.

STRICTEMENT PERSONNEL
Drame psychologique de **Pierre Jolivet**, avec Pierre Arditi, Jacques Penot, Caroline Chaniolleau. France, 1985 – Couleurs – 1 h 30.

Jean Cottard, romancier et policier, retrouve sa famille, qu'il avait un peu délaissée. Son père, son frère, sa sœur, semblent englués dans de curieuses affaires.

LA STRIP-TEASEUSE EFFAROUCHÉE
"Girl Happy"
Comédie musicale de **Boris Sagal**, avec Elvis Presley, Shelley Fabares, Jackie Coogan. États-Unis, 1964 – Couleurs – 1 h 36.

À Fort Lauderdale, l'une des plus célèbres plages de Floride, le bel Elvis pousse la romance pour gagner le cœur des filles.

STROMBOLI "Stromboli, terra di Dio"
Comédie dramatique de **Roberto Rossellini**, avec Ingrid Bergman, Mario Vitale, Renzo Cesana. Italie, 1950 – 1 h 45.

Une Lituanienne, internée dans un camp de personnes déplacées en Italie, épouse un soldat et le suit sur l'île de Stromboli où il est pêcheur. Elle ne s'habitue pas à sa nouvelle vie dans ce milieu hostile.

LA STRUCTURE DU CRISTAL "Struktura krysztalu"
Drame psychologique de **Krzysztof Zanussi**, avec Jan Myslowicz *(Jan)*, Andrzej Zarnecki *(Marek)*, Barbara Wrzesinska *(Anna, femme de Jan)*, Wladislaw Jarema *(le grand-père)*, Daniel Olbrychski *(l'acteur)*. • SC : K. Zanussi. • PH : Stefan Matyjaszkievicz. • DÉC : Tadeusz Wybult, Wieslawa Chojkovska. • MUS : Wojciech Kilar. • MONT : Zofia Dwornik. Pologne, 1969 – 1 h 16.

Jan est responsable d'une station météorologique isolée où il vit avec sa femme, institutrice dans un village voisin. Ils reçoivent la visite d'un vieil ami de Jan, Marek, brillant universitaire qui fait une carrière internationale. Entre l'homme qui s'est volontairement retiré du monde et celui qui a choisi la voie de la réussite sociale s'instaure une longue discussion sur le sens et le but de la vie. Chacun restera sur sa position.

◆ *Dans son premier long métrage, Zanussi s'attache, sous un titre métaphorique, à une analyse spectrale de la nature humaine dans un style visuel d'une sobriété et d'une rigueur extrêmes que renforce la sévérité plastique du noir et blanc : il s'agit d'une sorte d'expérience in vitro, dans un huis clos entouré d'un paysage stylisé (la campagne sous la neige), où la confrontation de deux conceptions de la vie suscite une réflexion socio-politique qui nourrira tous ses films ultérieurs.* *M.MN.*

THE STRUGGLE
"The Struggle / Ten Nights in a Barroom"
Drame de **David Wark Griffith**, avec Hal Skelly, Zita Johann, Charlotte Wynters. États-Unis, 1931 – 1 h 27.

Un alcoolique épouse une jeune femme et lui promet de ne plus boire mais, à la naissance de leur fille, il sombre de nouveau.

LES SUBVERSIFS "I sovversivi"
Drame de **Paolo** et **Vittorio Taviani**, avec Lucio Dalla, Giulio Brogi. Italie, 1957 – 1 h 36.

Le portrait de quatre militants qui assistent aux funérailles du grand leader communiste Palmiro Togliatti, mort en 1964.

SUBWAY
Film policier de **Luc Besson**, avec Christophe Lambert, Isabelle Adjani, Jean-Hugues Anglade, Richard Bohringer, Michel Galabru. France, 1985 – Couleurs – 1 h 44.

Fred vit dans le monde onirique du métro parisien entouré de marginaux. Il est fasciné par la belle Héléna.

SUBWAY RIDERS "Subway Riders"
Film policier d'**Amos Poe**, avec Robbie Coltranne, Susan Tyrell, John Lurie. États-Unis – Couleurs – 1 h 53.

Un saxophoniste psychopathe est traqué par la police new-yorkaise. Pur produit de l'« underground » américain.

LE SUCCÈS À TOUT PRIX
"Success Is the Best Revenge"
Drame de **Jerzy Skolimowsky**, avec Michael York, Anouk Aimée, Michel Piccoli, John Hurt. Grande-Bretagne / France, 1984 – Couleurs – 1 h 30.

Un dramaturge polonais en exil veut sensibiliser l'opinion à la crise que traverse son pays mais doit aussi faire face à ses propres contradictions, dénoncées par son fils.

LE SUCRE
Comédie dramatique de **Jacques Rouffio**, avec Gérard Depardieu, Michel Piccoli, Jean Carmet, Nelly Borgeaud, Georges Descrières, Roger Hanin. France, 1978 – Couleurs – 1 h 40.

Un provincial, inspecteur des impôts, engage toute la fortune de sa femme dans une spéculation sur le sucre. La tendance s'inverse et c'est la ruine. Une démesure superbe.

LE SUD "El sur"
Drame de **Victor Erice**, avec Omero Antonutti, Sonsoles Aranguren. Espagne, 1983 – Couleurs – 1 h 33.

La séparation forcée des êtres qui s'aiment et l'impossible réconciliation d'une famille séparée par la guerre civile.

LE SUD "Sur"
Drame psychologique de **Fernando Ezequiel Solanas**, avec Susu Pecoraro, Miguel Angel Sola, Philippe Léotard. Argentine / France, 1988 – Couleurs – 1 h 55.

Libéré à la fin de la dictature, un homme erre dans la nuit, redoutant d'affronter son univers familial. Sa femme l'a trompé avec un Français exilé, ses amis sont morts, il apprend par bribes ce qu'était la vie pendant ses années de prison.

SUDDEN IMPACT, LE RETOUR DE L'INSPECTEUR HARRY "Sudden Impact"
Film policier de **Clint Eastwood**, avec Clint Eastwood, Sondra Locke, Bradford Dillman. États-Unis, 1983 – Couleurs – 1 h 57.

L'inspecteur Harry aide une jeune femme à se venger des voyous qui l'ont violée, dix ans plus tôt, ainsi que sa sœur.

▷ Voir aussi L'INSPECTEUR HARRY.

SUEURS FROIDES "Vertigo"
Film policier d'**Alfred Hitchcock**, avec James Stewart *(Scottie)*, Kim Novak *(Madeleine / Judy)*, Barbara Bel Geddes *(Midge)*, Tom Helmore *(Elster)*. • SC : Alec Coppel, Samuel Taylor, d'après le roman de Boileau-Narcejac *D'entre les morts*. • PH : Robert Burks. • DÉC : Hal Pereira, Henry Bumstead, Sam Comer. • MUS : Bernard Herrmann. • MONT : George Tomasini. États-Unis, 1958 – Couleurs – 2 h 08.

Scottie, détective atteint de vertige, est engagé par un ancien ami, Elster, pour surveiller sa femme Madeleine, qui s'identifie à une femme morte au siècle passé et pourrait être tentée de se suicider. Il la sauve effectivement de la noyade et en tombe amoureux. Mais il sera incapable de la suivre en haut d'un clocher d'où elle se jette. Il fait une dépression et revoit Madeleine dans chaque femme qu'il croise. Il rencontre Judy dont la ressemblance avec elle est frappante. Il la transformera à l'image de l'autre et se rendra compte qu'il s'agit de la même femme et qu'il a été victime d'une machination.

◆ *Un film lent et contemplatif, où l'intrigue et le spectaculaire passent au second plan afin de mettre en relief le trajet mental et physique de la fascination morbide et idéaliste de Scottie pour Madeleine. Scottie aimant littéralement l'image d'une morte, son amour n'existe que parce qu'il ne peut s'accomplir. Il vaudrait mieux dire d'ailleurs que Scottie tombe amoureux de l'histoire de son ami, histoire de réincarnation que l'expérience nous empêche, comme Scottie, de croire. L'atmosphère mythologique du film est admirablement soutenue par la musique néo-wagnérienne de Bernard Herrmann et par la photo de Robert Burks, musique et photo enveloppant chaque plan du film, lui donnant cet aspect liquide qui l'apparente encore davantage à un rêve.* S.K.

SUEZ "SUEZ"

Biographie d'**Allan Dwan**, avec Tyrone Power, Annabella, Loretta Young, J. Edward Bromberg, Joseph Schildkraut, Henry Stephenson, Sidney Blackmer. États-Unis, 1938 – 1 h 44.

Une évocation romancée de la vie et de la carrière de Ferdinand de Lesseps, auteur du projet de percement du canal de Suez, dans une mise en scène grandiose.

SUGARLAND EXPRESS "THE SUGARLAND EXPRESS"

Drame de **Steven Spielberg**, avec Goldie Hawn, Ben Johnson, Michael Sacks. États-Unis, 1974 – Couleurs – 1 h 50.

L'histoire, véridique, de parents déchus de leurs droits qui essaient de récupérer leur fils confié à une famille adoptive.

SUICIDEZ-MOI DOCTEUR ! "THE END"

Comédie de **Burt Reynolds**, avec Burt Reynolds, Sally Field, Dom De Luise, Joanne Woodward. États-Unis, 1978 – Couleurs – 1 h 45.

Après une série de tests, Sonny apprend qu'il n'a plus qu'un an à vivre ! Paniqué, il tente de se suicider, va voir un prêtre, survit à maints dangers et décide envers et contre tout de ne pas mourir.

SUIVEZ CET HOMME

Film policier de **Georges Lampin**, avec Bernard Blier, Suzy Prim, Andrée Clément. France, 1953 – 1 h 35.

Un commissaire de police qui fête ses cinquante ans conte deux aventures criminelles qui lui sont arrivées.

SUIVEZ-MOI JEUNE HOMME

Comédie de **Guy Lefranc**, avec Dany Robin, Daniel Gélin, Noël Roquevert, Michel Galabru. France, 1958 – 1 h 25.

Un milliardaire s'est épris d'une jolie vendeuse qui refuse sa fortune et lui préfère le détective qu'il a payé pour la suivre.

SUIVONS LA FLOTTE "FOLLOW THE FLEET"

Comédie musicale de **Mark Sandrich**, d'après la pièce d'Hubert Osborne et Allan Scott, avec Fred Astaire, Ginger Rogers, Randolph Scott, Harriet Hilliard, Harry Beresford, Betty Grable. États-Unis, 1936 – 1 h 50.

Par dépit amoureux, un danseur s'engage dans la marine. Il retrouvera sa partenaire et fiancée après une série d'aventures.

SUMURUN "SUMURUN"

Drame d'**Ernst Lubitsch**, avec Pola Negri *(la danseuse)*, Paul Wegener *(le cheik)*, Harry Liedtke *(Nur al-Din)*, Jenny Hasselquist *(Zuleika « Sumurun »)*, Ernst Lubitsch *(le bossu)*. • SC : Hans Kräly, E. Lubitsch, d'après la pantomime de Friedrich Freksa. • PH : Theodor Sparkuhl, Fritz Arno Wagner. • DÉC : Kurt Richter, Ernö Metzner. • MUS : V. Hollae. Allemagne, 1920 – 2 400 m (env. 1 h 29).

Dans le Bagdad des « Mille et Une Nuits », un bossu est amoureux d'une danseuse tandis qu'un marchand aime la favorite du tyran local. Lorque ce dernier jette son dévolu sur la danseuse, le bossu le tue, permettant au marchand et à sa belle de s'aimer librement.

◆ *Cette pantomime orientale est l'adaptation à l'écran d'un spectacle du metteur en scène allemand Max Reinhardt. Lubitsch ne s'est pas contenté de reprendre l'argument inspiré des contes orientaux, il a aussi essayé de rendre au cinéma le style expressionniste de son maître. Les clairs-obscurs, le jeu des lumières sont donc fondamentaux tout comme l'utilisation de nombreux figurants. Comique célèbre dans les années 15, Lubitsch incarne pour son dernier rôle un bossu grimaçant dans la lignée de Quasimodo. Danseuse avant d'être actrice, Pola Negri reprend, à ses côtés, le rôle qu'elle avait tenu sur scène.* CL.A.

SUNCHASER "SUNCHASER"

Drame psychologique de **Michael Cimino**, avec Woody Harrelson, Jon Seda, Matt Mulhern, Talisa Soto. États-Unis, 1995 – Couleurs – 2 h.

Un cancérologue réputé qui a aidé son frère malade à mettre fin à ses jours est pris en otage par un jeune métis indien atteint d'une tumeur incurable. Celui-ci veut à tout prix se rendre dans le Colorado pour se baigner dans un lac sacré dont les eaux ont, aux dires des sorciers navajos, des vertus curatives exceptionnelles.

SUPERGIRL "SUPERGIRL"

Film fantastique de **Jeannot Szwarc**, avec Helen Slater, Faye Dunaway, Peter O'Toole, Hart Bochner. États-Unis, 1984 – Couleurs – 1 h 30.

Une jeune fille aux pouvoirs fabuleux tente de contrecarrer les projets d'une maléfique sorcière.

SUPERMAN "SUPERMAN : THE MOVIE"

Film d'aventures de **Richard Donner**, avec Christopher Reeve *(Superman)*, Gene Hackman *(Lex Luthor)*, Marlon Brando *(Jor-El)*, Margot Kidder *(Loïs Lane)*, Ned Beatty *(Otis)*, Glenn Ford *(Jonathan Kent)*, Valerie Perrine *(Eve Teschmacher)*, Trevor Howard *(l'Ancien)*, Maria Schell *(Vond Ah)*, Terence Stamp *(le général Zod)*, Susannah York *(Lara)*. • SC : Mario Puzo, David et Leslie Newman, Robert Benton, d'après une histoire de Mario Puzo inspirée de la bande dessinée de Jerry Siegel et Joe Shuster. • PH : Geoffrey Unsworth. • DÉC : Bill Brodie, Maurice Fowleer, Peter Howitt. • MUS : John Williams. • MONT : Stuard Baird, Michael Ellis. États-Unis, 1978 – Couleurs – 2 h 23.

La planète Krypton étant menacée de destruction, Jor-El et sa femme envoient leur enfant Kal-El dans l'espace. Il arrive sur la Terre, en pleine campagne, où des fermiers, les Kent, l'adoptent. Sous le nom de Clark Kent, il devient journaliste à Metropolis. Si besoin est, il use de ses superpouvoirs, accomplissant ses exploits sous l'identité de « Superman ». Sa collègue Loïs Lane, dont il est épris, tombe follement amoureuse de Superman. Le génie du crime Lex Luthor et son maladroit assistant Otis, qui veulent détourner des missiles nucléaires pour provoquer un séisme en Californie, vont trouver à qui parler...

◆ *Après plusieurs adaptations (dont le dessin animé de Dave Fleischer) et parodies diverses, cette production Salkind marque l'irruption au cinéma du mythe créé par Jerry Siegel, que celui-ci définissait comme « un personnage qui réunirait Samson, Hercule, tous les colosses dont j'avais entendu parler ». Ce grand spectacle doit sa réussite aux énormes moyens mis en œuvre comme à l'habileté du scénario et de la réalisation qui jouent à la fois sur le folklore naïf et sur l'humour.* G.L.

SUPERMAN II "SUPERMAN II : THE ADVENTURE CONTINUES"

Film d'aventures de **Richard Lester**, avec Christopher Reeve, Margot Kidder, Gene Hackman. États-Unis, 1980 – Couleurs – 2 h 07.

Superman réussit une fois de plus à sauver la Terre. Avec, en plus des effets spéciaux, le cinéma inventif et drôle de Lester.

SUPERMAN III "SUPERMAN III"

Film d'aventures de **Richard Lester**, avec Christopher Reeve, Richard Pryor, Margot Kidder, Robert Vaughn, Jackie Cooper, Annie Ross, Mark McLure. États-Unis, 1983 – Couleurs – 2 h 05.

Pour neutraliser Superman, un mégalomane machiavélique réussit à rendre ce dernier mauvais avec l'aide d'un informaticien génial.

SUPERMAN IV "SUPERMAN IV"

Film d'aventures de **Sidney J. Furie**, avec Christopher Reeve, Gene Hackman, Jackie Cooper. États-Unis, 1987 – Couleurs – 1 h 29.

Ce nouveau Superman cherche à nous délivrer un message de paix. Son héros entreprend la destruction de tout l'arsenal nucléaire.

SUPERMARCHÉ "SUPERMARKT"

Drame de **Roland Klick**, avec Charly Wierzejewski, Eva Mattes, Michael Degen. R.F.A., 1974 – Couleurs – 1 h 24.

Un adolescent qui a quitté le domicile familial végète dans les quartiers misérables d'une grande ville. Désireux de mener une existence digne et libre, il est trahi par tous et devient un meurtrier.

SUPERVIXENS "SUPERVIXENS"

Comédie érotique de **Russ Meyer**, avec Charles Napier, Charles Pitts, Henry Rowland. États-Unis, 1975 – Couleurs – 1 h 46.

Un pompiste américain a bien des difficultés à satisfaire les exigences sexuelles de ses diverses partenaires.

SUREXPOSÉ "EXPOSED"

Drame de **James Toback**, avec Nastassja Kinski, Rudolf Noureev, Harvey Keitel. États-Unis, 1983 – Couleurs – 1 h 39.

Un mannequin accepte de servir d'appât à des terroristes afin que son ami photographe puisse venger la mort de sa mère.

SUR LA PISTE DE LA GRANDE CARAVANE "THE HALLELUJAH TRAIL"

Western de **John Sturges**, avec Burt Lancaster, Lee Remick, Jim Hutton. États-Unis, 1965 – Couleurs – 2 h.

Denver, 1867 : l'hiver approche et il n'y a plus de whisky. Quarante chariots de scotch et de champagne doivent arriver sans encombre, malgré une ligue de bienséance et les attaques des Indiens. Un western parodique.

SUR LA PISTE DE LA MORT "WILD HERITAGE"
Western de **Charles Haas**, avec Will Rogers Jr., Maureen O'Sullivan, Rod McKuen. États-Unis, 1958 – Couleurs – 1 h 18.

Deux familles d'émigrants qui se dirigent vers l'Ouest et dont les chefs ont été tués affrontent ensemble les dangers.

SUR LA PISTE DES APACHES "APACHE UPRISING"
Western de **R.G. Springsteen**, avec Rory Calhoun, Corinne Calvet, Lon Chaney. États-Unis, 1965 – Couleurs – 1 h 35.

Un nouvel épisode de la lutte contre les Apaches : galopades, guet-apens. C'est un western traditionnel.

SUR LA PISTE DES COMANCHES "FORT DOBBS"
Western de **Gordon Douglas**, avec Virginia Mayo, Clint Walker, Brian Keith. États-Unis, 1958 – 1 h 30.

Pris pour un assassin, un homme s'enfuit puis fait face, en compagnie d'une femme et de son enfant, à une attaque des Comanches.

SUR LA PISTE DES MOHAWKS
"DRUMS ALONG THE MOHAWK"
Western de **John Ford**, d'après le roman de Walter Edmonds, avec Claudette Colbert, Henry Fonda, Edna May Oliver. États-Unis, 1939 – Couleurs – 1 h 43.

En Amérique vers 1880, durant la guerre d'Indépendance, la vie rude d'un jeune couple venu s'installer sur le territoire des Indiens.

SUR LA ROUTE DE MADISON
"THE BRIDGES OF MADISON COUNTY"
Drame psychologique de **Clint Eastwood**, d'après le roman de Robert James Waller, avec Clint Eastwood, Meryl Streep, Annie Corley, Victor Slezack. États-Unis, 1995 – Couleurs – 2 h 15.

Une Madame Bovary de l'Iowa s'ennuie un peu entre mari et enfants. Passe un photographe sénescent en reportage pour le *National Geographic* et c'est l'idylle, d'abord timide puis passionnée, de toute façon irrésistible dès le premier regard. Un déroulement sans surprise, mais un traitement tout en finesse et une remarquable interprétation qui donne charme et authenticité à cette histoire d'amour d'arrière-saison entre deux êtres qui se rencontrent un peu trop tard.

SUR LA ROUTE DE NAIROBI "WHITE MISCHIEF"
Drame de **Michael Radford**, d'après le roman de James Fox, avec Greta Scacchi, Joss Ackland, John Hurt, Charles Dance. Grande-Bretagne, 1987 – Couleurs – 1 h 47.

Au Kenya, en 1940, l'aventure amoureuse entre la jeune épouse d'un riche propriétaire terrien et un bel officier défraie la chronique de la colonie britannique.

SUR LA TRACE DU CRIME "ROGUE COP"
Film policier de **Roy Rowland**, avec Robert Taylor, Janet Leigh, George Raft, Anne Francis. États-Unis, 1954 – 1 h 32.

Son jeune frère, témoin d'un crime, ayant été abattu par des gangsters, un policier véreux le venge et du même coup se rachète.

SUR LE BOWERY "ON THE BOWERY"
Chronique de **Lionel Rogosin**, avec Ray Salyer, Gorman Hendricks et Franck Matthews. • SC : L. Rogosin, Mark Sufrin. • PH : Richard Bagley. • MUS : Charles Mills. • MONT : Carl Lerner. États-Unis, 1956 – 1 h 05.

Scènes de la vie quotidienne dans un des bas quartiers de New York, le Bowery, où se retrouvent de nombreux clochards. Un jeune chômeur rencontre là un ancien médecin et ils fraternisent au café devant un verre d'alcool. Puis, c'est l'asile de nuit, sous la houlette d'un pasteur, l'espoir d'un repas chaud et, finalement, la nuit sur le trottoir.

◆ *C'est le premier film de Rogosin et il marque une étape importante dans le documentaire américain par la mise en pratique des idées du « cinéma-vérité », déjà florissant en Europe. C'est ainsi que des scènes de reportage direct sont mêlées à des tournages de fiction incluant les mêmes personnages, qui jouent leur propre rôle. Quant au fond, il s'agissait de montrer le revers de l'idéal américain, cette présence de la misère et des problèmes sociaux au cœur de la métropole la plus riche du monde. Par cette place faite aux déshérités et l'originalité de sa démarche,* Sur le Bowery *ouvre une autre voie vers la réalité, que Rogosin lui-même devait continuer à explorer dans ses films.* *J.-M.C.*

SUR LE PAVÉ DE BERLIN "BERLIN-ALEXANDERPLATZ"
Drame de **Phil Jutzi**, d'après le roman d'Alfred Döblin, avec Heinrich George, Maria Bard, Margarete Schlegel, Bernhard Minetti. Allemagne, 1931 – env. 1 h 30.

En sortant de prison, un camelot berlinois se trouve entraîné malgré lui dans un cambriolage. Il devient un voleur de grande envergure, avant d'être soupçonné de meurtre et acquitté.

SUR LES AILES DE LA DANSE "SWING TIME"
Comédie musicale de **George Stevens**, avec Fred Astaire, Ginger Rogers, Victor Moore, Helen Broderick,

Eric Blore, Betty Furness, Georges Metaxa. États-Unis, 1936 – 1 h 43.

Un danseur, qui doit épouser une héritière, rencontre sur une piste de danse une jeune fille également fiancée. Ils s'aiment et se marient.

SUR LES AILES EN PAPIER "NA PAPIERNATIH AVIONIH"
Comédie dramatique de **Matjaž Klopčič**, avec Polde Bibič, Snežana Niksič, Dare Ulaga, Mirko Bogataj. Yougoslavie, 1967 – 1 h 21.

Un photographe tombe amoureux d'une ballerine qu'il épouse dans l'espoir qu'elle apportera une solution à ses problèmes existentiels.

SUR LES QUAIS "ON THE WATER FRONT"
Drame d'**Elia Kazan**, avec Marlon Brando *(Terry Malloy)*, Eva Marie Saint *(Edie Doyle)*, Karl Malden *(le père Barry)*, Lee J. Cobb *(Johnny Friendly)*, Rod Steiger *(Charley Malloy)*. • SC : Budd Schulberg, d'après des articles de Malcolm Johnson. • PH : Boris Kaufman. • DÉC : Richard Day. • MUS : Leonard Bernstein. • MONT : Gene Milford. États-Unis, 1954 – 1 h 46. ★ **OSCAR DU MEILLEUR FILM 1954.**

Terry Malloy est un docker taciturne et secret qui élève des pigeons sur le toit de son immeuble à ses moments perdus. Il a des problèmes avec le syndicat des dockers qui n'est pas vraiment un syndicat, mais un gang. Son frère en est l'avocat. Terry a bien compris que les travailleurs sont rançonnés, il sait aussi que les hommes qui contrôlent l'activité des docks ne reculent pas devant le crime. Conseillé par un prêtre et par une jeune fille qui l'aime, il finira par accepter de dénoncer les manœuvres du syndicat et de partir en guerre.

◆ *C'est une histoire plus qu'attachante et très bien racontée, c'est-à-dire avec un bon dosage d'action, de sentiments, de discours, de pauses contemplatives ; avec, aussi, des comédiens bien trempés et une superstar, Marlon Brando, dans un rôle fort. Voilà pour le premier degré. Mais on ne peut oublier que les années 50 aux États-Unis sont celles du maccarthysme. Du coup, sournoisement, le film se présente comme une sorte de défense « dans certaines conditions » de la délation et de la trahison. Bref, ce film de Kazan et Schulberg crée un malaise.* *G.S.*

SUR LE VELOURS "LIVING ON VELVET"
Mélodrame de **Frank Borzage**, avec George Brent, Kay Francis, Warren William, Helen Lowell, Henry O'Neill, Samuel S. Hinds, Russel Hicks. États-Unis, 1935 – 1 h 17.

Un pilote change radicalement de mode de vie après avoir été responsable de la mort de ses parents et de sa sœur dans un accident d'avion.

LA SURPRISE DU CHEF
Comédie de **Pascal Thomas**, avec Annie Cole, Virginie Thévenet, Papinou, Hubert Watrinet, Marylène Gars, Jacques Debary. France, 1976 – Couleurs – 1 h 43.

Un journaliste est chargé de mettre au point les souvenirs hauts en couleurs d'un vieil ami qui tient un petit restaurant dans leur province natale.

SURPRISE PARTY
Comédie dramatique de **Roger Vadim**, avec Caroline Cellier, Philippine Leroy-Beaulieu, Christian Vadim. France, 1982 – Couleurs – 1 h 40.

Vacances agitées pour une bande de lycéens et lycéennes : flirts, surprise-parties... Un roman-photo coquin.

LES SURPRISES DE LA T.S.F. "SO THIS IS PARIS"
Comédie d'**Ernst Lubitsch**, d'après la pièce de Meilhac et Halévy Réveillon, avec Monte Blue, Patsy Ruth Miller, André Béranger, Lilyan Tashman, Max Barwin, Myrna Loy. États-Unis, 1926 – 1 870 m (env. 1 h 09).

Au cours d'une soirée de réveillon, l'un des participants s'éclipse sous un prétexte futile. Son épouse apprend qu'il est allé au bal avec une autre femme. Elle le rejoint et parvient à le ramener au domicile conjugal.

SUR UN ARBRE PERCHÉ
Comédie de **Serge Korber**, avec Louis de Funès, Olivier de Funès, Geraldine Chaplin. France, 1970 – Couleurs – 1 h 25.

La voiture d'un homme d'affaires quitte la route et dévale un ravin avec deux auto-stoppeurs à bord. Un arbre les arrête en équilibre au-dessus d'un précipice.

LE SURVIVANT "THE OMEGA MAN"
Film de science-fiction de **Boris Sagal**, d'après le roman de Richard Matheson *Je suis une légende*, avec Charlton Heston, Anthony Zerbe, Rosalind Cash. États-Unis, 1971 – Couleurs – 1 h 38.

La guerre bactériologique a dévasté la Terre. Un survivant, qui possède un vaccin miracle, essaie d'en faire profiter les quelques individus qu'il rencontre pour échapper à une terrible mutation.

LE SURVIVANT DES MONTS LOINTAINS
"NIGHT PASSAGE"
Western de **James Neilson**, avec James Stewart, Audie Murphy, Dan Duryea, Dianne Foster. États-Unis, 1957 – Couleurs – 1 h 30.

Un héros de l'Ouest jouant de l'accordéon tente de ramener son jeune frère dans le droit chemin. Ce dernier donnera sa vie pour lui. Scénario de Borden Chase.

LES SURVIVANTS DE L'INFINI
"THIS ISLAND EARTH"
Film de science-fiction de **Joseph Newman**, avec Jeff Morrow, Faith Domergue, Rex Reason. États-Unis, 1955 – Couleurs – 1 h 27.

Deux savants atomistes « terriens » sont enlevés par des envoyés d'une autre planète et emmenés dans l'espace. Un modèle du genre avec force soucoupes volantes et créatures monstrueuses.

SUSANA LA PERVERSE "SUSANA"
Drame de **Luis Buñuel**, avec Rosita Quintana, Fernando Soler, Victor Manuel Mendoza, Matilde Palau. Mexique, 1950 – 1 h 22.

Une jeune évadée de prison arrive dans l'hacienda d'un riche propriétaire. Accueillie avec générosité, elle use de tous ses charmes pour séduire les hommes de la maison et devenir riche. Elle échouera et regagnera sa cellule.

SUSIE ET LES BAKER BOYS
"THE FABULOUS BAKER BOYS"
Comédie dramatique de **Steve Kloves**, avec Michelle Pfeiffer, Jeff Bridges, Beau Bridges. • SC : Steve Kloves. • PH : Michael Ballhaus. • DÉC : Jeffrey Townsend. • MUS : Dave Grusin. • MONT : William Steinkamp. États-Unis, 1990 – Couleurs – 1 h 53.

Deux frères, deux pianos, une voix suave de crooner qui susurre et qui chante des tubes... De ville en ville, de bar en bar, c'est la ronde sans fin des nuits blanches, des numéros répétitifs, des ambiances « de charme ». Pour renouveler leur numéro, ils embauchent une chanteuse. Elle a de l'abattage et du talent. L'un des frères en tombera amoureux.

◆ *La vie quotidienne de ces musiciens itinérants n'est pas exaltante, elle a même quelque chose de dérisoire et de pitoyable. Pourtant, la charge d'humanité que le réalisateur (un nouveau) a introduite dans cette description la rend excitante. Il faut dire que les frères Bridges jouent à merveille les frères Baker (tendresse, complicité) et que Michelle Pfeiffer est une Susie extraordinaire.* *G.S.*

LE SUSPECT "THE SUSPECT"
Drame de **Robert Siodmak**, avec Charles Laughton, Ella Raines, Henry Daniell. États-Unis, 1944 – 1 h 25.

Au début du siècle, à Londres, un homme tranquille est amené à commettre deux assassinats pour épouser la femme qu'il aime. Il finira par se livrer à la police.

SUSPECT "SUSPECT"
Film policier de **Peter Yates**, avec Cher, Dennis Quaid. États-Unis, 1987 – Couleurs – 1 h 55.

Une jeune avocate et un séduisant lobby-man enquêtent sur une sombre affaire liée au suicide d'un juge de la Cour suprême. Excellent suspense psychologique.

SUSPIRIA "SUSPIRIA"
Film d'épouvante de **Dario Argento**, avec Jessica Harper, Alida Valli, Joan Bennett. Italie, 1977 – Couleurs – 1 h 30.

Intriguée par de troublants événements et par l'atmosphère oppressante qui règne dans son école de danse, une jeune fille cherche à en percer le mystère. Au bout de son enquête : sorcière et maléfices.

SUZANNE DÉCOUCHE "SUSAN SLEPT HERE"
Comédie de **Frank Tashlin**, avec Dick Powell, Debbie Reynolds, Anne Francis, Glenda Farrell. États-Unis, 1954 – Couleurs – 1 h 38.

Un scénariste en vogue, célibataire endurci, se voit confier durant deux jours une jeune fille romanesque arrêtée pour « vagabondage ». Une délicieuse comédie signée par un spécialiste.

SUZANNE ET SES IDÉES "SUSAN AND GOD"
Comédie dramatique de **George Cukor**, d'après la pièce de Rachel Crothers, avec Joan Crawford, Fredric March, Ruth Hussey, Rita Hayworth. États-Unis, 1940 – 1 h 55.

Une mondaine qui fait partie d'une secte est bien loin, dans sa vie privée, de mettre en pratique ce qu'elle prêche.

SWEET CHARITY "SWEET CHARITY"
Comédie musicale de **Bob Fosse**, d'après la pièce de Neil Simon inspirée des *Nuits de Cabiria* de Fellini, avec Shirley MacLaine, Sammy Davis Jr., Ricardo Montalban. États-Unis, 1969 – Couleurs – 2 h 08.

Charity est taxi-girl, mais elle rêve toujours du grand amour... même si ses rencontres ne tournent pas comme elle le souhaiterait. Première réalisation de Bob Fosse, jusque-là danseur et chorégraphe.

SWEET COUNTRY "SWEET COUNTRY"
Drame de **Michael Cacoyannis**, avec Jane Alexander, John Cullum, Carole Laure, Franco Nero, Irène Papas, Jean-Pierre Aumont. États-Unis, 1986 – Couleurs – 2 h 27.

Le drame chilien de 1973 est rappelé ici dans une relecture plutôt romanesque faite à New York, en 1986, pour un groupe d'anciens militants des droits de l'homme. Le titre « Sweet Country » évoque l'hymne chilien.

SWEET DREAMS "SWEET DREAMS"
Biographie de **Karel Reisz**, avec Jessica Lange, Ed Harris. États-Unis, 1985 – Couleurs – 1 h 55.

De 1956 à 1963, la carrière et la vie sentimentale d'une chanteuse de « country music », Patsy Cline.

SWEET MOVIE "SWEET MOVIE"
Comédie érotique et politique de **Dušan Makavejev**, avec Carole Laure *(Miss Monde 1984)*, Anna Prucnal *(Anna Plante)*, Pierre Clémenti *(le marin du Potemkine)*, Sami Frey *(El Macho)*, John Vernon *(Mr Kapital)*, Marpessa Dawn. • SC : D. Makarejev. • PH : Pierre Lhomme. • DÉC : Jocelyn Joly, Christian Lamarque. • MUS : Manos Hadjidakis. • MONT : Yann Dedet. Canada / France, 1974 – Couleurs – 1 h 40.

Les tribulations de Miss Monde 1984, épousée et répudiée par Mr Kapital, séduite par El Macho, se retrouvant dans une communauté thérapeutique viennoise pratiquant la régression collective, et finissant noyée dans le chocolat fondu. En parallèle, l'odyssée d'Anna Plante, qui parcourt des canaux à bord d'un bateau dont la proue est une tête de Karl Marx. Elle attire et gâte de ses caresses et de ses exhibitions des petits garçons, et plonge son amant, un marin du cuirassé Potemkine, dans le sucre où elle le poignarde.

◆ *En hommage à Wilhelm Reich, un allègre film provocateur à la dérive, qui fut plus ou moins remanié au cours du tournage, réduisant le rôle de Carole Laure (gênée par certaines exhibitions), et développant celui d'Anna Prucnal, à laquelle revient finalement la scène la plus forte (son strip-tease choquant et comme ému devant les enfants). Le titre est une allusion directe à la nourriture, le thème oral – omniprésence du sucre, du lait, du chocolat – dominant l'approche de la sexualité. L'utilisation dans le film de documents historiques sur le charnier de Katyn (résultat du massacre d'officiers polonais par les Soviétiques) choqua certains spectateurs, mais l'ensemble est par bien d'autres côtés un acte de confiance en la vie.* *M.CH.*

SYBIL "SYBIL"
Drame psychologique de **Daniel Petrie**, avec Joanne Woodward, Sally Field, Brad Davis. États-Unis, 1976 – Couleurs – 2 h 15.

À la suite de traumatismes dans l'enfance, une jeune femme est écartelée entre six personnalités différentes. Onze ans de psychanalyse seront nécessaires pour la guérir.

SYLVIA SCARLETT "SYLVIA SCARLETT"
Comédie de **George Cukor**, d'après le roman de Compton Mc Kenzie, avec Katharine Hepburn, Cary Grant, Brian Aherne. États-Unis, 1935 – 1 h 40.

Un escroc français emmène sa fille aux États-Unis et la déguise en garçon pour la protéger des importuns. Début d'une série d'aventures et de malentendus...

SYLVIE ET LE FANTÔME
Comédie de **Claude Autant-Lara**, d'après la pièce d'Alfred Adam, avec Odette Joyeux, François Périer, Larquey, Louis Salou, Carette. France, 1946 – 1 h 42.

Une jeune fille romantique entretient des rapports privilégiés avec le fantôme du château de sa famille. Charmante fantaisie.

LA SYMPHONIE DES BRIGANDS
"THE ROBBER SYMPHONY"
Comédie musicale de **Friedrich Feher**, avec Françoise Rosay *(la cartomancienne)*, Hans Feher *(Giannino)*, Alexandre Rignault *(le « diable noir »)*, Jim Gérald, Magda Sonja. • SC : Jack Trendill. • PH : Eugen Schüfftan. • MUS : F. Feher. Grande-Bretagne, 1936 – 1 h 46.

Une petite ville d'Europe centrale... De l'argent volé a été caché dans un orgue de Barbarie appartenant à une troupe de baladins. La police enquête. Un jeune garçon déluré s'enfuit avec le butin et parvient, après bien des péripéties, à faire coffrer les voleurs.

◆ *Un film maudit qui connut un sévère échec commercial et devint avec le temps un film culte. Il tient de l'opérette filmée, à la manière de René Clair, du conte pour enfants, de la pochade burlesque et de la comédie viennoise. On y décèle aussi l'influence de Bertolt Brecht. Un rythme allègre, une intrigue désinvolte, des réminiscences de l'esthétique expressionniste, une interprétation cosmopolite, surtout une parfaite adéquation de la musique et de l'image, confèrent à cet « opéra de quat'shillings » un charme intemporel bien plaisant et assez rare.* *C.B.*

LA SYMPHONIE DES HÉROS "COUNTERPOINT"
Film de guerre de **Ralph Nelson**, avec Charlton Heston, Maximilian Schell, Anton Driffing. États-Unis, 1967 – Couleurs – 1 h 47.

En pleine bataille des Ardennes en 1944, un orchestre symphonique américain, donnant une série de concerts pour le théâtre des armées, est fait prisonnier par les Allemands.

LA SYMPHONIE D'UNE GRANDE VILLE

"Tokai Kōkyōgaku"

Drame de **Kenji Mizoguchi**, avec Isami Kosugi, Eiji Takagi, Kaichi Yamamoto. • SC : Hatamoto Shuichi, Tadachi Kobayashi, d'après Kataoka, Hayaschi, Ashara et Okada. • PH : Tatsuyuki Yokota. Japon, 1929 – env. 2 000 m (1 h 14).

Une jeune femme est séduite par un homme riche, puis abandonnée. En même temps, un jeune ouvrier idéaliste se révolte contre l'injustice. Ensemble, ils sauront tirer vengeance du séducteur.

◆ *Ce film qui n'a jamais été vu en Europe est très représentatif de la période « idéologique » du cinéma japonais. Mizoguchi est alors installé à Kyōto et ses préoccupations sociales rejoignent celles des écrivains engagés dont il utilise ici les nouvelles. Les conflits personnels y symbolisent la lutte des classes sociales pour une dénonciation violente de l'opposition entre les dirigeants riches et oisifs et une population ouvrière pauvre et sans secours. Tourné en partie clandestinement et sans que la production en connût le vrai dessein, le film n'échappa pas à la censure. Mais il porte, à côté de cet aspect critique, un lyrisme et une lucidité, une tendresse pour les humiliés qui resteront jusqu'au bout des éléments essentiels de l'univers de Mizoguchi.* *J.-M.C.*

LA SYMPHONIE FANTASTIQUE

Biographie de **Christian-Jaque**, avec Jean-Louis Barrault, Renée Saint-Cyr, Jules Berry, Lise Delamare, Bernard Blier, Catherine Fonteney, Louis Seigner. France, 1942 – 1 h 35.

Les amours romancées d'Hector Berlioz, ses démêlés avec les éditeurs et les chefs d'orchestre et son apothéose marquée par le Requiem.

SYMPHONIE INDUSTRIELLE "Philips-Radio"

Documentaire de **Joris Ivens**. Pays-Bas, 1931 – 36 mn.

À travers des images fortes, le portrait terrible des ouvriers asservis par la machine. Conçu comme une publicité pour une grande marque d'électroacoustique.

SYMPHONIE MAGIQUE "Stormy Weather"

Comédie musicale d'**Andrew L. Stone**, avec Lena Horne, Bill Robinson, Fats Waller. États-Unis, 1943 – 1 h 47.

Un célèbre danseur évoque sa carrière devant ses voisins. Défilent alors de nombreux artistes de music-hall, tous noirs, dont le célèbre orchestre de Cab Calloway et Fats Waller.

LA SYMPHONIE NUPTIALE

"The Wedding March"

Drame d'**Erich von Stroheim**, avec Erich von Stroheim *(le prince)*, George Fawcett *(le père)*, Maud George *(la mère)*, Zasu Pitts *(la fiancée)*, Fay Wray *(Mitsy)*. • SC : E. von Stroheim, Harry Carr. • PH : Hal Mohr, Ben Reynolds. • DÉC : Richard Day, E. Von Stroheim. • MUS : L. Zamecnik. • MONT : E. von Stroheim. États-Unis, 1927 – 3 500 m (env. 2 h 09).

En 1914 à Vienne, un jeune prince officier de l'armée tombe amoureux de Mitsy, une fille du peuple. Ses parents le forcent à épouser la fille d'un riche commerçant. Pendant leur voyage de noces, il est tué par un boucher qui venge Mitsy.

◆ *Comme* Folies de femmes *et* les Rapaces, *ce film fleuve fut ramené par ses producteurs à une durée plus commerciale et ils en profitèrent pour couper les scènes les plus graveleuses. Mais ce qui étonne plutôt, c'est qu'il se soit trouvé des gens susceptibles, hier comme aujourd'hui, de produire des œuvres aussi férocement fascinées par la pourriture qu'elles dénoncent avec une bonne foi qui touche à la perversité. Stroheim n'est pas un « raconteur ». Il fige l'histoire dans une durée illimitée, qui est le temps de la pulsion se nourrissant de sa propre substance. Ce qui explique qu'il ait été si facile de remonter ses œuvres sans vraiment nuire à leur narration, leur démesure étant ailleurs.* *S.K.*

LA SYMPHONIE PASTORALE

Comédie dramatique de **Jean Delannoy**, d'après le roman d'André Gide, avec Michèle Morgan, Pierre Blanchar, Line Noro, Jean Desailly, Andrée Clément. France, 1946 – 1 h 58.

Un pasteur suisse a recueilli une jeune aveugle devenue une belle jeune fille dont s'est épris son fils. L'événement du cinéma français de l'après-guerre, couronné au premier festival de Cannes.

SYMPHONIE POUR UN MASSACRE

Film policier de **Jacques Deray**, avec Michel Auclair, Claude Dauphin, Charles Vanel, Michèle Mercier. France / Italie, 1963 – 1 h 50.

Un gangster liquide un à un ses associés dans le trafic de drogue.

LE SYNDICAT DU MEURTRE "P.J."

Film policier de **John Guillermin**, avec George Peppard, Raymond Burr, Gayle Hunnicutt. États-Unis, 1968 – Couleurs – 1 h 45.

Chargé de protéger la maîtresse d'un homme d'affaires, un détective privé finira par découvrir une tout autre vérité.

LE SYNDROME CHINOIS "The China Syndrome"
Drame de **James Bridges**, avec Jack Lemmon, Jane Fonda, Michael Douglas. États-Unis, 1979 – Couleurs – 2 h.

Témoin de la défaillance technique d'une centrale atomique, une journaliste et des groupes anti-nucléaires vont lutter contre les pouvoirs en place pour informer la population.

THE SYSTEM
Comédie de **Michael Winner**, avec Oliver Reed, Jane Merrow, Barbara Ferris, Julia Foster, Ann Lynn, Guy Doleman, Andrew Ray, David Hemmings. Grande-Bretagne, 1964 – 1 h 30.

Des joyeux lurons ont un truc pour attirer les riches jeunes filles qui viennent innocemment s'étendre sur la plage. Mais l'une d'elles prend le chef du groupe à son propre jeu. Un film « sexy » typique d'une époque et qui paraît bien anodin aujourd'hui.

T

TABARIN

Comédie musicale de **Richard Pottier**, avec Sylvia Lopez, Sonia Ziemann, Michel Piccoli, Annie Cordy. France / Italie, 1958 – Couleurs – 1 h 50.

Dans les coulisses d'un music-hall, les intrigues de la sculpturale vedette qui s'oppose au directeur.

TABARNAC

Documentaire de **Claude Faraldo**. France, 1975 – Couleurs – 1 h 45.

La vie privée et professionnelle du groupe pop canadien Les Offenbach au cours de leur tournée en France.

LA TABLE AUX CREVÉS

Comédie dramatique d'**Henri Verneuil**, d'après le roman de Marcel Aymé, avec Fernandel, Maria Mauban, Andrex, Berval, Henri Vilbert. France, 1952 – 1 h 32.

Dans un village provençal, un conseiller municipal est accusé d'avoir assassiné sa femme. Le premier film de son auteur.

TABLES SÉPARÉES "Separate Tables"

Drame psychologique de **Delbert Mann**, d'après la pièce de Terence Rattigan, avec Rita Hayworth, Deborah Kerr, Burt Lancaster, David Niven, Wendy Hiller. États-Unis, 1958 – 1 h 38.

Dans une station balnéaire du sud de l'Angleterre, le portrait de plusieurs pensionnaires d'un petit hôtel. Oscar du Meilleur acteur pour David Niven.

LA TABLE TOURNANTE

Film d'animation de **Paul Grimault** et **Jacques Demy**, avec Paul Grimault, Anouk Aimée. France, 1988 – Couleurs – 1 h 20.

La visite d'un de ses petits personnages, puis celle d'Anouk Aimée, est l'occasion pour le réalisateur de dessins animés Paul Grimault d'évoquer ses films à travers des extraits de ceux-ci.

TABOR

Film historique de **Georges Péclet**, avec Armand Mestral, Pierre Larquey, Thomy Bourdelle. France, 1954 – 1 h 40.

La glorieuse épopée des goumiers marocains, troupe d'élite qui s'illustra au cours des campagnes de Tunisie, d'Italie, de France et d'Allemagne.

TABOU "Tabu"

Drame de **Friedrich Wilhelm Murnau** et **Robert Flaherty**, avec Anna Chevalier *(Reri)*, Matahi *(le jeune homme)*, Hitu *(le vieux chef)*, Jean *(le policier)*. • SC : F.W. Murnau, R. Flaherty. • PH : Floyd Crosby, R. Flaherty. • MUS : Hugo Riesenfeld. États-Unis, 1931 – 1 h 25.

Sur une île, un jeune homme aime une Maorie, Reri. Mais un vieux chef vient de la mer déclarer Reri tabou. Elle sera la vierge vouée aux dieux. Le jeune homme et Reri s'enfuient. Il devient pêcheur de perles sur une autre île, occidentalisée. Mais le vieux chef les retrouve et emmène Reri. Le jeune homme se noie en nageant à leur suite.

◆ *Conçu en collaboration avec le documentariste Flaherty, le film fut terminé par Murnau seul. La di-*

vergence entre les deux hommes résidant vraisemblablement en ce que Flaherty devait vouloir rendre compte du mode de vie des Maoris tandis que visiblement Murnau a pressenti dans l'île de Bora-Bora, qui n'avait pas eu de contact avec la « civilisation », la possibilité de faire un film sur l'inconscient de l'Occident. Le drame humain et social que nous présente ce film muet quasiment sans intertitres s'exprime essentiellement dans une perfection esthétique et symbolique du jeu des masses, des contrastes lumineux sur les corps et les objets, orchestrés par des cadrages très composés, qui tend à l'immobilité totalisante du tableau, tandis que le mouvement incessant qu'y imprime Murnau retrouve le secret de l'arabesque des peintres baroques, par laquelle chaque point de l'espace est relié à un centre invisible qui donne vie à l'ensemble. S.K.

TABUSSE

Drame de **Jean Gehret**, d'après le roman d'André Chamson, avec Rellys, Marcel Levesque, Robert Seller, Paulette Andrieux. France, 1949 – 1 h 25.

Un paysan solitaire et craint de tous tombe amoureux de la fille d'un fermier, ce qui déclenchera un drame. Une histoire paysanne.

TAG, LE JEU DE L'ASSASSINAT "TAG"

Film policier de **Nick Castle**, avec Robert Carradine, Linda Hamilton, Bruce Abbott. États-Unis, 1982 – Couleurs – 1 h 32.

Un jeu fait fureur dans un campus universitaire américain : tuer fictivement, avec un pistolet à flèches, des victimes désignées. Jusqu'au moment où un désaxé joue avec un vrai pistolet...

TAÏKOUN "TYCOON"

Film d'aventures de **Richard Wallace**, avec John Wayne, Laraine Day, Cedric Hardwicke. États-Unis, 1947 – Couleurs – 2 h 08.

Un ingénieur chargé de construire une ligne de chemin de fer dans les Andes se heurte à de nombreuses difficultés aussi bien professionnelles que sentimentales.

TAKING OFF "TAKING OFF"

Comédie de **Miloš Forman**, avec Lynn Carlin *(Lynn Tyne)*, Buck Henry *(Larry Tyne)*, Linnea Heacock *(Jeannie Tyne)*, Georgia Engel, Tony Harvey, Audra Lindley. • SC : M. Forman, John Guare, Jean-Claude Carrière, John Klein. • PH : Miroslav Ondriček. • DÉC : Robert Wightman. • MONT : John Carter. États-Unis, 1971 – Couleurs – 1 h 32.

Une adolescente, Lynn, disparaît du foyer familial. En la recherchant, ses parents rencontrent d'autres parents également désorientés. Ils constituent une « association des parents d'enfants perdus » et sont amenés à découvrir une société soumise à des règles auxquelles ils ne comprennent rien. Tentant de goûter à ces « nouveaux plaisirs » qui ont peut-être éloigné leurs enfants des mœurs de la famille traditionnelle, ils pataugent fugitivement dans une orgie médiocre, participent à un strip-poker calamiteux, avant de retrouver leur progéniture, apparemment soumise, mais sans doute définitivement étrangère.

◆ Taking Off *marque l'entrée de Miloš Forman dans le cinéma occidental et le monde capitaliste. Installé aux États-Unis depuis 1968, il ne réalisera ce film qu'en 1971, ayant eu tout loisir, dans l'intervalle, d'assimiler son exil, sans perdre l'acuité d'un regard qui faisait le prix de ses films tchèques. L'œil qui observe la décomposition de la moyenne bourgeoisie new-yorkaise est bien le même qui disséquait la lassitude des anciens combattants socialistes. Le regard du cinéaste est ici particulièrement cruel et distancié.* Taking Off *oppose, juxtapose, deux univers et deux modes de comportement : un univers adulte, médiocre et déboussolé, et une chapelle adolescente, pseudo-hippie. La progression sans faille du récit conduit insensiblement le spectateur de l'absurde au grotesque, enfin à une forme unique de fantastique drolatique.* M.S.

LE TALION "WEST OF ZANZIBAR"

Drame de **Tod Browning**, d'après la pièce de Chester de Vonde, avec Walter Huston, Lon Chaney, Lionel Barrymore, Jacqueline Gadsden, Mary Nolan. États-Unis, 1928 – env. 1 800 m (1 h 07).

Dans la jungle, un magicien aigri devenu trafiquant d'ivoire règle un vieux compte et se venge sur la fille d'un ancien ennemi.

▷ Autre version réalisée par **William Cowen**, intitulée KONGO, avec Walter Huston, Lupe Velez, Virginia Bruce, Conrad Nagel, C. Henry Gordon. États-Unis, 1932 – 1 h 26.

LE TALISMAN DE GRAND-MÈRE
"GRANDMA'S BOY"

Film burlesque de **Fred C. Newmeyer** et **Harold Lloyd**, avec Harold Lloyd, Dick Sutherland, Anna Townsend. États-Unis, 1922 – env. 1 300 m (48 mn).

Inspiré par l'héroïsme de son grand-père, un modeste et doux jeune homme parvient à maîtriser un terrifiant vagabond.

TALK RADIO "TALK RADIO"

Drame d'**Oliver Stone**, avec Eric Bogosian, Ellen Greene, Leslie Hope. États-Unis, 1989 – Couleurs – 1 h 50.

Barry Champlain anime une émission de radio qui déchaîne les passions locales. Chaque soir, des auditeurs anonymes appellent et se défoulent sur l'antenne. Mais il sera finalement dépassé par la violence qu'il suscite et assassiné.

TALONS AIGUILLES "TRACONES LEJANOS"

Drame de **Pedro Almodovar**, avec Victoria Abril *(Rebeca)*, Marisa Paredes *(Becky del Param)*, Miguel Bose *(le juge / Letal)*, Pedro Diez Del Corral *(Alberto)*, Feodor Atkine *(Manuel)*, Ana Lizaran *(Margarita)*, Rocio Munoz *(Rebeca enfant)*, Mairata O'Wiseido *(la mère du juge)*, Miriam Diaz Aroca *(Isabel)*, Christina Marcos *(Paula)*. • SC : P. Almodovar. • PH : Alfredo Mayo. • DÉC : Pierre-Louis Thévenet. • MUS : Ryuchi Sakamoto. • MONT : José Salcedo. Espagne, 1991 – Couleurs – 1 h 53. ★ CÉSAR DU MEILLEUR FILM EN LANGUE ÉTRANGÈRE.

Rebeca, présentatrice de télévision, a épousé le patron de la chaîne pour laquelle elle travaille, Manuel. Elle découvre bientôt qu'il a été l'amant de sa mère, une star de la chanson des années 60. Lorsque Manuel est assassiné, elle est suspectée tout comme sa mère et une autre maîtresse de Manuel, Isabel. Commence alors une enquête menée par un juge ambigu et amoureux qui se poursuit à travers moult rebondissements et fausses pistes, jusqu'à ce que l'une des suspectes, à l'article de la mort, se désigne comme coupable.

◆ *Almodovar nous raconte avec distance et truculence le plus invraisemblable des mélos mettant aux prises des personnages plus déconcertants les uns que les autres. Il pratique allègrement le mélange des couleurs et des genres : burlesque, sentimental, comique, tragique, policier, psychologique, etc. Pour le plus grand plaisir du spectateur, conquis par cette fête d'artifices baroques, construite autour de la personnalité authentique et passionnée de Rebeca, qui, tout simplement, aime et admire une mère finalement pas si indigne de cet amour têtu et blessé.* C.D.R.

LE TAMBOUR "DIE BLECHTROMMEL"

Comédie dramatique de **Volker Schlöndorff**, avec David Bennent *(Oskar)*, Mario Adorf *(Matzerath)*, Angela Winkler *(Agnes)*, Daniel Olbrychski *(Jan)*, Katharina Thalbach *(Maria)*, Charles Aznavour *(Markus)*, Andréa Ferréol, Heinz Bennent. • SC : V. Schlöndorff, Jean-Claude Carrière, Franz Seitz, Günter Grass, d'après son roman. • PH : Igor Luther. • DÉC : Nicos Perakis. • MUS : Maurice Jarre. • MONT : Suzanne Baron. R.F.A. / France / Pologne / Yougoslavie, 1979 – Couleurs – 2 h 22. ★ PALME D'OR, Cannes 1979 ; OSCAR DU MEILLEUR FILM ÉTRANGER 1979.

De 1930 à 1950, vingt ans de la vie d'un jeune garçon né à Dantzig, ni Allemand ni Polonais, pourvu au départ de deux pères, un officiel et un probable. À l'âge de trois ans, un tambour lui est offert. Saturé des turpitudes qu'il a sous les yeux, il décide de ne plus grandir en guise de protestation. Il ne se manifestera plus que par les roulements de son tambour, et par des cris perçants qui ont la propriété redoutable de briser le verre à cinq cents mètres à la ronde ! L'enfant-adolescent assiste ainsi, sans changer de taille, à la montée puis à l'écroulement du nazisme, à l'occupation de la France, etc. Ce n'est qu'à sa majorité qu'il voudra bien reprendre sa croissance.

◆ *Sur fond de fresque historique, une dénonciation sans concession des lâchetés adultes, sous forme d'allégorie politique. Adaptation réussie d'un roman très dense.* D.C.

TAMPOPO "TAMPOPO"

Comédie satirique de **Juzo Itami**, avec Nobuko Miyamoto, Tsutomu Yamazaki, Ken Watanabe. Japon, 1986 – Couleurs – 1 h 54.

Le propriétaire d'un restaurant, incapable de cuisiner, se fait aider par une poignée d'amis. Entraînement sportif, espionnage des concurrents, conseils avisés feront de son restaurant un temple de la gastronomie.

LES TAM-TAMS SE SONT TUS

Drame de **Philippe Mory**. Gabon, 1971 – Couleurs – 1 h 30.

Un homme séduit la jeune femme de son oncle. Averti, celui-ci tente d'abattre les amants, mais le couple adultère s'enfuit vers la ville.

TAM-TAM SUR L'AMAZONE

"ANGEL ON THE AMAZON"

Comédie dramatique de **John H. Auer**, avec George Brent, Vera Ralston, Constance Bennett. États-Unis, 1948 – 1 h 26.

Au cours d'un atterrissage forcé dans la jungle, un pilote retrouve une amie d'autrefois sur laquelle le temps n'a pas de prise.

TANDEM

Comédie de **Patrice Leconte**, avec Gérard Jugnot, Jean Rochefort. France, 1987 – Couleurs – 1 h 31.

Deux animateurs de jeux radiophoniques sillonnent la France. À travers leurs mésaventures, le cinéaste se moque à la fois d'un certain type d'émission et de ce qu'on a coutume d'appeler « la France profonde ».

LE TANGO DE NOTRE ENFANCE
"TANGO NAŠEGO DETSTVA"
Comédie d'**Albert Mkertchian**, avec Galia Novents, Mguer Mkertchian, E. Agamian. U.R.S.S. (Arménie), 1984 – Couleurs – 1 h 30.

De retour au foyer après la guerre, un ancien combattant annonce à sa femme qu'il a décidé de vivre avec l'infirmière qui lui a sauvé la vie. S'ensuit une guérilla tragi-comique entre les époux.

TANGOS, L'EXIL DE GARDEL
Comédie dramatique de **Fernando E. Solanas**, avec Marie Laforêt, Philippe Léotard, Miguel Angel Sola. France / Argentine, 1985 – Couleurs – 2 h.

Dans la communauté des émigrés argentins à Paris, le tango est une façon de vivre, une nostalgie, un rêve dansé, un symbole de la quête de son identité.

TANTE ZITA
Drame de **Robert Enrico**, avec Joanna Shimkus, Katina Paxinou, Bernard Fresson, Suzanne Flon, José Maria Flotats. France, 1968 – Couleurs – 1 h 45.

Tante Zita va mourir. Annie, qui supporte mal cette agonie, passe la nuit dehors, cherchant dans de multiples rencontres à se « divertir ».

TANT QUE SOUFFLERA LA TEMPÊTE
"UNTAMED"
Film d'aventures de **Henry King**, avec Tyrone Power, Susan Hayward, Richard Egan, Rita Moreno. États-Unis, 1955 – Couleurs – 1 h 51.

Vers 1850, en Afrique du Sud, un couple a maille à partir avec des milliers de Zoulous. De spectaculaires aventures en CinémaScope.

TANT QU'IL Y AURA DES HOMMES
"FROM HERE TO ETERNITY"
Drame de **Fred Zinnemann**, avec Burt Lancaster *(sergent Milton Warden)*, Montgomery Clift *(Robert E. Lee Prewitt)*, Deborah Kerr *(Karen Holmes)*, Donna Reed *(Lorene)*, Frank Sinatra *(Angelo Maggio)*, Philip Ober *(capitaine Holmes)*, Mickey Shaughnessy *(sergent Leva)*, Ernest Borgnine *(sergent « Fatso » Judson)*, Harry Bellaver *(Mazzioli)*, Jack Warden *(Buckley)*. • SC : Daniel Taradash, d'après le roman de James Jones. • PH : Burnett Guffey. • DÉC : Cary Odell, Frank Tuttle. • MUS : Morris Stoloff, George Dunning. • MONT : William A. Lyon. États-Unis, 1953 – 1 h 58. ★ **Huit OSCARS, dont : MEILLEUR FILM, MEILLEUR RÉALISATEUR, MEILLEURS SECONDS RÔLES MASCULIN (Sinatra) et FÉMININ (Reed), MEILLEURE PHOTO.**

Les destins entrecroisés de quelques soldats, dans une caserne de Honolulu, à la veille du bombardement de Pearl Harbor, en 1941 : celui de Robert E. Lee Prewitt, le « cas à problèmes », qui tombe amoureux de l'entraîneuse Lorene ; celui de son ami Maggio, gringalet persécuté par le sergent « Fatso » ; celui du sergent Warden, épris de Karen, la femme de son supérieur. Maggio est battu à mort, Prewitt le venge et se fait tuer par erreur, et les deux femmes sont rapatriées.

◆ *Ce drame solide, servi par un astucieux casting à contre-emploi récompensé par les Oscars, fut peut-être surestimé à sa sortie, mais fut injustement dénigré par la suite, en vertu de la « politique des auteurs » ou de la prétendue hypocrisie de son antimilitarisme. C'est avec un classicisme sans défaut, mais sans passion, que Zinnemann traite son sujet « humain ». Si certaines séquences trop vantées tiennent aujourd'hui du « folklore » cinéphilique (la scène d'amour nocturne sur la plage, le combat de boxe où se démène la doublure de Monty Clift), d'autres conservent une force poignante (le solo de trompette dans la boîte de nuit, la mort de Maggio, le bombardement, la fin absurde de Prewitt, l'épilogue sur le bateau) qui reste gravée dans les mémoires.* *N.T.B.*

TANT QU'ON A LA SANTÉ
Comédie de **Pierre Étaix**, avec Pierre Étaix, Simone Fonder, Alain Janey. France, 1965 – Couleurs – 1 h 20.

Pierre est un jeune homme sérieux et posé. Mais il se sent peu à l'aise dans son siècle et toutes sortes de mésaventures l'attendent. Un petit chef-d'œuvre satirique et burlesque.

TANT QU'Y A LA GUERRE, Y'A DE L'ESPOIR
"FINCHE C'È GUERRA C'È SPERANZA"
Comédie d'**Alberto Sordi**, avec Alberto Sordi, Silvia Monti, Edy Saleta. Italie, 1974 – Couleurs – 2 h.

Un petit représentant en armes se fait engager par un grand trafiquant et se trouve mêlé à de dangereuses manœuvres politiques. Sa famille le dissuade de renoncer à une profession, à risques, mais très rentable.

TAPAGE NOCTURNE
Drame psychologique de **Catherine Breillat**, avec Dominique Laffin, Marie-Hélène Breillat, Joe Dallesandro. France, 1979 – Couleurs – 1 h 35.

Une jeune femme mène une vie très libre, jusqu'au jour où, amoureuse de Bruno, elle ne peut exprimer sa passion.

TAPS "TAPS"
Drame de **Harold Beecker**, d'après le roman de Devery Freeman *Father Sky*, avec George C. Scott, Timothy Hutton, Ronny Cox. États-Unis, 1981 – Couleurs – 2 h 06.

Une académie militaire américaine doit fermer ses portes. Mais l'un des cadets ne l'entend pas de cette oreille et transforme l'établissement en camp retranché. L'affaire tournera mal.

TARAM ET LE CHAUDRON MAGIQUE
"THE BLACK CAULDRON"
Dessin animé de **Ted Berman** et **Richard Rich**. États-Unis, 1985 – Couleurs – 1 h 20.

Le jeune Taram s'emploie à lutter contre les forces du mal pour retrouver le chaudron magique et délivrer la princesse Eloïse. Un thème inspiré des légendes celtiques, par les studios Disney.

TARANTULA "TARANTULA"
Film de science-fiction de **Jack Arnold**, avec John Agar, Mara Corday, Leo G. Caroll. États-Unis, 1955 – 1 h 20.

Au cours d'expériences scientifiques, une araignée devenue géante s'échappe et sème la terreur. De bons trucages, mais les personnages et l'histoire n'échappent pas aux stéréotypes.

TARASS BOULBA
Drame d'**Alexis Granowsky**, d'après le roman de Gogol, avec Harry Baur, Danielle Darrieux, Jean-Pierre Aumont, Roger Duchesne, Pierre Larquey, Jeanine Crispin. France, 1936 – 1 h 45.

Un chef cosaque qui se bat contre les Polonais est trahi par son fils, amoureux de la fille du gouverneur. Il le tue lors de l'assaut de la citadelle, pénètre victorieusement dans la ville grâce à un stratagème et meurt au cours du combat.

▷ Autre version réalisée par **Jack Lee Thompson**, intitulée TARAS BULBA, avec Yul Brynner, Tony Curtis, Christine Kaufmann. États-Unis, 1962 – Couleurs – 2 h 02.

TARASS CHEVTCHENKO "TARAS ŠVČENKO"
Biographie d'**Igor Savtchenko**, avec Serguei Bondartchouk, Vladimir Tchestnokov, Nikolai Timofeiev, Gnat Youra, Ivan Pereverzev. U.R.S.S. (Ukraine), 1951 – Couleurs – 1 h 58.

La vie et l'œuvre d'un fils de paysans ukrainiens devenu célèbre dans toute la Russie comme peintre et poète.

TARASS L'INDOMPTÉ "NEPOKORENNIJE"
Drame de **Mark Donskoï**, d'après le roman de Boris Gorbatov, avec Ambrosi Boutchma, Veniamine Zouskine, Daniel Sagal, Evgueni Ponomarenko. U.R.S.S. (Ukraine), 1945 - 1 h 30.

Dans l'Ukraine occupée, un vieil ouvrier qui refuse de travailler pour les Allemands part à la recherche de provisions pour nourrir sa famille. Il retrouve ses fils qui luttent contre l'occupant.

TARDE DE TOROS "TARDE DE TOROS"
Drame de **Ladislao Vajda**, avec Domingo Ortega *(Ricardo Puente)*, Enrique Vera *(Rondeno II)*, Antonio Bienvenida *(Juan Carmona)*, Marisa Prado, Juan Calvo, José Isbert, Maruja Asquerino, Ercanita Fuentès, Jacqueline Pierreux, José Prada, Manolo Moran. • SC : Manuel Tamayo, Julio Coll, José Santugini. • PH : Enrique Guerner. • DÉC : Antonio Simont. • MUS : José Munoz Molleda. Espagne, 1955 – Couleurs – 1 h 18.

Les vestiaires des arènes de Madrid. Les toreros se préparent. Rondeno II, préoccupé par une blessure ancienne, veut faire honneur à son père. Carmona espère obtenir un contrat pour l'Amérique. Puente veut prouver à sa femme que son talent est intact. Rondeno et Puente triomphent. Carmona, blessé à une jambe, oublie l'Amérique au profit de la paternité. Tout cela pendant qu'un jeune amateur descend toréer dans l'arène et se fait mortellement blesser.

◆ *Ce film fut bien accueilli par la critique française qui apprécia que la corrida fût ainsi embrassée dans un regard total : le spectacle lui-même, mais aussi son « avant », son « après », son « pourquoi ». Aujourd'hui cependant, l'accumulation de faits et de personnages est assez artificielle. La mort du garçon correspond, sociologiquement, à un début de déclin de la corrida, mais il faudra attendre* Los golfos *de Carlos Saura pour qu'elle soit contestée en profondeur.* *J.-P.B.*

TARGET "TARGET"
Film d'espionnage d'**Arthur Penn**, avec Gene Hackman, Matt Dillon. États-Unis, 1985 – Couleurs – 1 h 57.

Walter recherche sa femme qui a été enlevée en Europe. Son fils se rend compte que son père est un agent de la C.I.A.

TARO LE PAÏEN "LAST OF THE PAGANS"
Drame de **Richard Thorpe**, avec Lotus et Mala. États-Unis, 1935 – 1 h 20.

En Polynésie, un Blanc et un chef de tribu se disputent la fiancée d'un simple travailleur. Les deux jeunes gens réussissent à fuir vers une île déserte. Un plaidoyer en faveur des indigènes.

TAROT "TAROT"
Drame psychologique de **Rudolf Thome**, d'après le roman de Goethe, avec Vera Tschechowa, Hanns Zischler, Rüdiger Vogler, Katharina Böhm. R.F.A., 1986 – Couleurs – 2 h.

Un couple d'écrivains se disloque lorsque l'homme s'éprend d'une jeune fille et la femme d'un ami de son mari.

TARTARIN DE TARASCON
Comédie de **Raymond Bernard** sur un scénario de Marcel Pagnol, d'après le roman d'Alphonse Daudet, avec Raimu, Fernand Charpin, Milly Mathis, Sinoël. France, 1934 – 1 h 35.

Pris au piège de ses folles élucubrations, un brave homme est contraint, pour ne pas perdre l'estime de ses amis, de partir chasser le fauve en Afrique.

▷ Autre version réalisée par **Francis Blanche**, avec Francis Blanche, Alfred Adam, Jacqueline Maillan, Michel Galabru. France, 1962 – 1 h 35.

TARTUFFE "HERR TARTÜFF"
Comédie dramatique de **Friedrich Wilhelm Murnau**, avec Emil Jannings *(Tartuffe)*, Werner Krauss *(Orgon)*, Lil Dagover *(Elmire)*, Lucie Höflich *(Dorine)*, Hermann Picha, Rosa Valetti. • SC : Carl Mayer, d'après la pièce de Molière. • PH : Karl Freund. • DÉC : Robert Herlth, Walter Röhrig. Allemagne, 1926 – 2 270 m (env. 1 h 24).

La pièce de Molière, adaptée pour la première fois à l'écran par un des maîtres de l'expressionnisme allemand. Un prologue et un épilogue modernes encadrent l'action dramatique, en nous présentant un vieux conseiller dupe de l'hypocrisie de sa gouvernante : pour lui dessiller les yeux, son petit-fils va lui projeter une comédie filmée intitulée « Tartuffe, ou le drame de Messire Orgon et de son ami très cher ». La séance terminée, l'impudente sera démasquée et chassée.

◆ *Murnau fait de Tartuffe une incarnation du Mal absolu, proche parent de Nosferatu et de Méphisto. Emil Jannings force la note en campant un parasite effronté et libidineux, à la limite de la monstruosité. Un décor admirablement stylisé, un usage savant du clair-obscur concourent à une espèce de magie noire.* C.B.

LE TARTUFFE
Comédie dramatique de **Gérard Depardieu**, d'après la pièce de Molière, avec Gérard Depardieu, François Périer, Paule Annen, Yveline Ailhaud, Élisabeth Depardieu. France, 1984 – Couleurs – 2 h 20.

Abusé par un escroc qui joue les dévots, un bourgeois crédule décide de déshériter les siens. Pour sa première réalisation, l'auteur a fait preuve d'humilité, s'attachant surtout à filmer de près les acteurs à partir de la mise en scène réalisée par Jacques Lassalle pour la création théâtrale.

TARZAN AUX INDES "TARZAN GOES TO INDIA"
Film d'aventures de **John Guillermin**, avec Jock Mahoney, Leo Gordon, Mark Dana. Grande-Bretagne / États-Unis, 1962 – Couleurs – 1 h 26.

Tarzan se rend en Inde à l'appel d'un maharadjah. Celui-ci lui demande de conduire un troupeau d'éléphants hors d'une zone qui sera inondée par la construction d'un barrage. Un très bon « Tarzan », tourné en extérieur dans des décors splendides.

TARZAN ET LA FONTAINE MAGIQUE
"TARZAN'S MAGIC FOUNTAIN"
Film d'aventures de **Lee Sholem**, avec Lex Barker, Brenda Joyce, Alan Napier. États-Unis, 1949 – 1 h 13.

Tarzan s'oppose une fois de plus à des aventuriers cupides qui convoitent l'eau d'une source possédant d'étonnantes propriétés de régénération. Le premier des cinq films interprétés par Barker, qui donna une image plus « moderne » au héros.

TARZAN ET LES AMAZONES
"TARZAN AND THE AMAZONS"
Film d'aventures de **Kurt Neumann**, avec Johnny Weissmuller, Brenda Joyce, Johnny Sheffield, Maria Ouspenskaya. États-Unis, 1945 – 1 h 16.

Tarzan rencontre une tribu perdue de femmes guerrières blanches, variation sur le mythe des amazones. Avec une nouvelle « Jane ».

TARZAN ET SA COMPAGNE
"TARZAN AND HIS MATE"
Film d'aventures de **Cedric Gibbons**, avec Johnny Weissmuller, Maureen O'Sullivan, Neil Hamilton. États-Unis, 1934 – 1 h 45.

Tarzan se retrouve aux prises avec des chasseurs d'ivoire sans scrupules, et continue à filer le parfait amour avec Jane. La suite directe de TARZAN L'HOMME-SINGE.

TARZAN L'HOMME-SINGE "TARZAN THE APE MAN"
Film d'aventures de **Woodbridge S. Van Dyke**, avec Johnny Weissmuller *(Tarzan)*, Maureen O'Sullivan *(Jane Parker)*, Neil Hamilton *(Harry Holt)*, C. Aubrey Smith *(M. Parker)*. • SC : Cyril Hume, d'après le roman d'Edgar Rice Burroughs. • PH : Harold Rosson, Clyde De Vinna. • MONT : Ben Lewis, Tom Held. États-Unis, 1932 – 1 h 50.

Jane Parker, après avoir retrouvé son père en Afrique, part à la recherche du cimetière des éléphants. En chemin, elle est enlevée par un homme-singe dont la pureté primitive et la force animale l'émeuvent profondément. Entre ses bras robustes, elle connaîtra un bonheur idyllique.

◆ *Énième variation sur le schéma du roman de Burroughs, ce Tarzan en cache, en fait, plusieurs autres. Il est – avant tout – servi par un magnifique athlète qui fait ses débuts d'acteur, après avoir été champion olympique de natation : Johnny Weissmuller. Plus qu'une junglerie parmi tant d'autres, c'est un magnifique poème d'amour entre une Américaine civilisée et un homme primitif. Nouvelle version de* la Belle et la Bête (King Kong *n'est pas loin), cette adaptation, à l'érotisme brûlant, brave allègrement toutes les lois de la censure hollywoodienne. Au point que les autres films d'une série qui aura encore de beaux jours firent manivelle arrière sous la pression des ligues de décence. Tarzan redevint ce qu'il était auparavant, au cinéma s'entend : un bon sauvage, défenseur de la loi et de l'ordre dans une Afrique d'opérette.* *C.A.*

▷ L'homme-singe apparaît entre autres dans :

TARZAN CHEZ LES SINGES "TARZAN AND THE APES"
de **Scott Sidney**, avec Elmo Lincoln. États-Unis, 1918.

LE ROMAN DE TARZAN "THE ROMANCE OF TARZAN"
de **Wilfred Lucas**, avec E. Lincoln. États-Unis, 1918.

LE RETOUR DE TARZAN "THE RETURN OF TARZAN"
de **Harry J. Revier**, avec Gene Pollar. États-Unis, 1920.

LA REVANCHE DE TARZAN "THE REVENGE OF TARZAN"
de **Harry J. Revier**, avec Gene Pollar. États-Unis, 1920.

LE FILS DE TARZAN "THE SON OF TARZAN"
de **H. J. Revier** et **Arthur Flaven**, avec Perce Dempsey Tabler. États-Unis, 1920 (serial).

LES DERNIÈRES AVENTURES DE TARZAN
"THE ADVENTURES OF TARZAN"
de **Robert F. Hill**, avec E. Lincoln. États-Unis, 1921 (serial).

TARZAN ET LE LION D'OR
"TARZAN AND THE GOLDEN LION"
de **John P. McGowan**, avec James Pierce. États-Unis, 1927 – env. 1 800 m.

TARZAN THE MIGHTY
de **Ray Taylor** et **Jack Nelson**, avec Frank Merrill. États-Unis, 1928 – quinze épisodes de 600 m env.

TARZAN LE TIGRE "TARZAN THE TIGER"
de **Henry McRae**, avec F. Merrill. États-Unis, 1929-1930 – quinze épisodes de 600 m env.

LES NOUVELLES AVENTURES DE TARZAN
"THE NEW ADVENTURES OF TARZAN"
de **Edward Kull**, avec Herman Brix, Ula Holt. États-Unis, 1935 – 1 h 15.

Produit par la compagnie d'E.R. Burroughs, ce film existe en serial de 12 épisodes et avec un autre montage, sous le titre *Tarzan and the Green Goddess.*

TARZAN L'INVINCIBLE
"TARZAN AND THE GREEN GODDESS"
de **E. Kull**, avec H. Brix. États-Unis, 1938.

LA REVANCHE DE TARZAN "TARZAN'S REVENGE"
de **D. Ross Lederman**, avec Glenn Morris. États-Unis, 1938 – 1 h 10.

LE TRÉSOR DE TARZAN "TARZAN'S SECRET TREASURE"
de **R. Thorpe**, avec J. Weissmuller et M. O'Sullivan. États-Unis, 1941 – 1 h 21.

LES AVENTURES DE TARZAN À NEW YORK
"TARZAN'S NEW YORK ADVENTURE"
de **R. Thorpe**, avec J. Weissmuller et M. O'Sullivan. États-Unis, 1941 – 1 h 11.

LE TRIOMPHE DE TARZAN "TARZAN TRIUMPHS"
de **William Thiele**, avec J. Weissmuller. États-Unis, 1943 – 1 h 18.

LE MYSTÈRE DE TARZAN "TARZAN'S DESERT MYSTERY"
de **William Thiele**, avec J. Weissmuller. États-Unis, 1943 – 1 h 10.

TARZAN ET LA FEMME-LÉOPARD
"TARZAN AND THE LEOPARD WOMAN"
de **Kurt Neumann**, avec J. Weissmuller et B. Joyce. États-Unis, 1946 – 1 h 12.

TARZAN ET LA CHASSERESSE
"TARZAN AND THE HUNTRESS"
de **Kurt Neumann**, avec J. Weissmuller et B. Joyce. États-Unis, 1947 – 1 h 12.

TARZAN ET LES SIRÈNES "TARZAN AND THE MERMAIDS"
de **Robert Florey**, avec J. Weissmuller et B. Joyce. États-Unis, 1948 – 1 h 08.

TARZAN ET LA BELLE ESCLAVE
"TARZAN AND THE SLAVE GIRL"
de **L. Sholem**, avec Lex Barker. États-Unis, 1950 – 1 h 14.

TARZAN ET LA REINE DE LA JUNGLE "TARZAN'S PERIL"
de **Byron Haskin**, avec L. Barker. États-Unis, 1951 – 1 h 19.

TARZAN DÉFENSEUR DE LA JUNGLE
"TARZAN'S SAVAGE FURY"
de **Cy Endfield**, avec L. Barker. États-Unis, 1952 – 1 h 20.

TARZAN ET LA DIABLESSE "TARZAN AND THE SHE-DEVIL"
de **R. Neumann**, avec L. Barker. États-Unis, 1953 – 1 h 16.

TARZAN CHEZ LES SOUKOULOUS
"TARZAN'S HIDDEN JUNGLE"
de **Harold Schuster**, avec Gordon Scott. États-Unis, 1955 – 1 h 13.

TARZAN ET LE SAFARI PERDU
"TARZAN AND THE LOST SAFARI"
de **Bruce Humberstone**, avec G. Scott. États-Unis, 1957 – Couleurs – 1 h 24.

LE COMBAT MORTEL DE TARZAN
"TARZAN'S FIGHT FOR LIFE"
de **B. Humberstone**, avec G. Scott. États-Unis, 1958 – Couleurs – 1 h 26.

TARZAN L'HOMME-SINGE "TARZAN THE APE MAN"
de **Joseph Newman**, avec Dennis Miller. États-Unis, 1959 – Couleurs – 1 h 22.

TARZAN LE MAGNIFIQUE "TARZAN THE MAGNIFICENT"
de **Robert Day**, avec G. Scott. États-Unis, 1960 – Couleurs – 1 h 28.

TARZAN CHEZ LES COUPEURS DE TÊTES
"MACISTE CONTRO I TAGLIATORI DI TESTE"
de **Guido Malatesta**, avec Kirk Morris et Laura Brown. Italie, 1963 – Couleurs – 1 h 25.

TARZAN AND THE VALLEY OF GOLD
de **R. Day**, avec Mike Henry. États-Unis, 1966 – Couleurs – 1 h 30.

TARZAN ET LE JAGUAR MAUDIT "TARZAN AND THE GREAT RIVER" de **R. Day**, avec M. Henry. États-Unis, 1967 – Couleurs – 1 h 28.

TARZAN ET L'ENFANT DE LA JUNGLE
"TARZAN AND THE JUNGLE BOY"
de **R. Day**, avec M. Henry. États-Unis, 1968 – Couleurs – 1 h 30.

TARZAN ET LA RÉVOLTE DE LA JUNGLE
"TARZAN'S JUNGLE REBELLION"
de **William Witney**, avec Ron Ely et Ulla Stromstedt. États-Unis, 1970 – Couleurs – 1 h 32.

TARZAN L'HOMME-SINGE "TARZAN THE APE MAN"
de **John Derek**, avec Miles O'Keefe et Bo Derek. États-Unis, 1981 – Couleurs – 1 h 52.

▷ Voir aussi GREYSTOKE, LA LÉGENDE DE TARZAN et LA PLUS GRANDE AVENTURE DE TARZAN.

TARZAN L'INTRÉPIDE "TARZAN THE FEARLESS"
Film d'aventures de **Robert Hill**, avec Buster Crabbe, Jacqueline Wells, Mischa Auer. États-Unis, 1933. Serial en quinze épisodes dont les quatre premiers ont été remontés en long métrage de 1 h 13.

Tarzan vient en aide au Dr Brooks, capturé par les adorateurs d'un dieu mystérieux dans une cité perdue. Conçu pour rivaliser (sans succès) avec les « Weissmuller » de la M.G.M.

TARZAN S'ÉVADE "TARZAN ESCAPES"
Film d'aventures de **Richard Thorpe**, avec Johnny Weissmuller, Maureen O'Sullivan, John Buckler. États-Unis, 1936 – 1 h 35.

Des chasseurs perfides tentent de convaincre Jane (vêtue plus décemment que dans les films précédents, code Hays oblige) de quitter la jungle. Désespéré, Tarzan se laisse mettre en cage.

TARZAN TROUVE UN FILS "TARZAN FINDS A SON"
Film d'aventures de **Richard Thorpe**, avec Johnny Weissmuller, Maureen O'Sullivan, Johnny Sheffield. États-Unis, 1939 – 1 h 30.

Cet épisode est celui où apparaît Boy, fils adoptif de Tarzan et Jane, tombé littéralement du ciel (préservant ainsi la pureté du couple édénique). Il y est également question d'une expédition pour retrouver l'enfant et de tribus hostiles.

TARZOON, LA HONTE DE LA JUNGLE
Dessin animé de **Jean-Paul Picha** et **Boris Szulzinger**. Belgique, 1974 – Couleurs – 1 h 20.

Les aventures du stupide Tarzoon, qui s'arrache de son nid douillet pour affronter la cruelle reine Bazonga, laquelle a enlevé Jane.

TATIE DANIELLE
Comédie d'**Étienne Chatiliez**, avec Tsilla Chelton, Catherine Jacob, Isabelle Nanty. France, 1990 – Couleurs – 1 h 50.

L'héroïne de cette étonnante comédie est une vieille dame mauvaise qui, sous des dehors humbles, martyrise son entourage, singulièrement sa famille. L'humour est noir, mais efficace et percutant. La satire est juste et cruelle, le trait à peine souligné (les personnages annexes ne sont pas épargnés). Si *La vie est un long fleuve tranquille,* le premier film de Chatiliez, était surestimé, par un retour bizarre de pendule, celui-ci a été sous-estimé.

TASIO "TASIO"
Drame de **Montxo Armendariz**, avec Patxi Bisquert, Amaia Lasa. Espagne, 1984 – Couleurs – 1 h 36.

L'histoire, apparemment hors du temps, d'un charbonnier qui vit parmi les châtaigniers et les sangliers avec sa femme et sa fille, sous le regard soupçonneux d'un garde-chasse.

TATOUAGE "TÄTOWIERUNG"
Drame de **Johannes Schaaf**, avec Helga Anders, Christof Wackernagel, Rosemarie Fendel. R.F.A., 1967 – Couleurs – 1 h 26.

À sa sortie de maison de correction, un adolescent est adopté par un couple qui héberge également une jeune fille. Il fait avec elle ses premières expériences amoureuses.

LE TATOUÉ
Comédie de **Denys de La Patellière**, avec Jean Gabin, Louis de Funès, Dominique Davray. France / Italie, 1968 – Couleurs – 1 h 30.

Pour acquérir un Modigliani tatoué sur le dos d'un ancien légionnaire, un brocanteur se laisse entraîner dans la restauration d'un vieux château. Ici, tout n'est que prétexte à fantaisie.

LA TAULE "The Brig"
Drame de **Jonas** et **Adolfas Mekas**, d'après la pièce de K. H. Brown, avec Warren Finnerty, Tom Lillard, Jim Anderson. États-Unis, 1965 – Couleurs – 1 h 10.

Une journée ordinaire dans les locaux disciplinaires d'une unité de « marines » américains ; injures, humiliations. Un film-vérité.

LA TAVERNE DE L'ENFER "Paradise Alley"
Comédie dramatique de **Sylvester Stallone**, avec Sylvester Stallone, Lee Candito, Armand Assante, Anne Archer. États-Unis, 1978 – Couleurs – 1 h 48.

En 1946, dans les quartiers pauvres de New York, les trois frères Carboni vivent d'expédients. Jusqu'au jour où l'un d'eux se met à boxer. La première mise en scène de Sylvester Stallone.

LA TAVERNE DE L'IRLANDAIS "Donovan's Reef"
Comédie de **John Ford**, avec John Wayne, Lee Marvin, Dorothy Lamour, Jack Warden. États-Unis, 1963 – Couleurs – 1 h 48.

Deux anciens combattants du Pacifique se sont installés en Polynésie. Vingt ans plus tard, la fille de l'un d'eux, élevée dans la société puritaine de Boston, vient à la recherche de son père. Un petit « John Ford », qui semble se parodier lui-même.

LA TAVERNE DES RÉVOLTÉS
"The Man Behind the Gun"
Western de **Felix Feist**, avec Randolph Scott, Patrice Wymore, Phil Carey, Alan Hale Jr. États-Unis, 1952 – Couleurs – 1 h 22.

Un officier doit déjouer de nombreuses intrigues entre patriotes et anciens sudistes. Action et vertigineuse poursuite équestre.

LA TAVERNE DU POISSON COURONNÉ
Drame de **René Chanas**, avec Michel Simon, Jules Berry, Blanchette Brunoy, Raymond Bussières, Michèle Martin, Yves Vincent, Robert Dalban. France, 1947 – 1 h 44.

Un capitaine, pour sauver le mariage de sa fille, écarte sa rivale en la mettant en présence de son premier amour. Le gendre se venge, mais trouve la mort au cours d'une bagarre qui conduit au suicide du vieux marin.

TAXI
Comédie de **Gérard Pirès**, avec Samy Naceri, Frédéric Diefenthal, Marion Cotillard. France, 1998 – Couleurs – 1 h 25.

Un jeune inspecteur de police, candidat déjà plusieurs fois malheureux à l'examen du permis de conduire, réussit à s'assurer le concours d'un chauffeur de taxi un peu tête brûlée, qui rêve de devenir pilote de course. Le « gang des Mercédès », qui se joue impunément de la police de Marseille, n'a plus qu'à bien se tenir !

TAXI BLUES
Comédie dramatique de **Pavel Lounguine**, avec Piotr Mamonov, Piotr Zaitchenko, Vladimir Kachpour. U.R.S.S. / France, 1989 – Couleurs – 1 h 50.

Un chauffeur de taxi un peu trafiquant mais pas voyou et un joueur de saxophone sont les deux principaux personnages de ce film soviétique singulier qui rompt avec le triomphalisme traditionnel de la production. L'anecdote révèle ce que l'on pourrait appeler la vraie vie de la Russie contemporaine. Une mise en scène intelligente accrédite ce document surprenant.

TAXI BOY
Comédie dramatique d'**Alain Page**, avec Claude Brasseur, Richard Berry, Charlotte Valandrey. France, 1985 – Couleurs – 1 h 35.

Un joueur invétéré se débat dans d'éternels problèmes d'argent, à la recherche de son passé et de sa fille, prostituée d'occasion.

TAXI DRIVER "Taxi Driver"
Drame de **Martin Scorsese**, avec Robert De Niro *(Travis)*, Cybill Shepherd *(Betsy)*, Jodie Foster *(Iris)*, Albert Brooks *(Tom)*, Peter Boyle *(Wizard)*, Harvey Keitel *(Sport)*. • SC : Paul Schraeder. • PH : Michael Chapman. • DÉC : Charles Rosen. • MUS : Bernard Hermann. • MONT : Tom Ralf, Melvin Shapiro, Marcia Lucas. • PR : Michael et Julia Philips (Columbia / Italo-Judeo). États-Unis, · 1975 – Couleurs – 1 h 53. ★ **Palme d'or, Cannes 1976.**

Ancien « marine » revenu du Viêt Nam, Travis se fait embaucher comme chauffeur de taxi à New York. De sa voiture, il guette les clients, épie leurs visages, roule au gré de son humeur dépressive dans les rues de la ville, comme un étranger. Travaillant le plus souvent de nuit dans les quartiers les plus mal famés, il poursuit son voyage intérieur, existentiel, tandis qu'une voix off en livre le message au spectateur.

◆ L'enfer de l'aliénation urbaine

Le personnage qu'interprète Robert De Niro dans Taxi Driver *est à mi-chemin du personnage de Camus dans* l'Étranger *et de celui de Sartre dans* la Nausée. *Ces deux influences sont d'ailleurs tout à fait assumées par Paul Schraeder, le scénariste du film, dont c'était la première collaboration (et peut-être la plus aboutie) avec Martin Scorsese. Celui-ci devient célèbre sur le plan international avec ce film*

– obtenant la Palme d'or à Cannes – qui précède New York New York. *Travis est un personnage quasi muet, aphasique, à l'opposé de celui qu'interprétait Robert De Niro dans* Mean Streets. *Là, c'est à peine s'il articule quelques mots quand les autres chauffeurs de la compagnie de taxis tentent de dialoguer avec lui. Travis revient du cauchemar (le Viêt Nam) et se voit livré aux puissances de la nuit : prostitution, sexe, films porno... La violence rentrée, aveugle, ne demande qu'à s'exprimer, à sortir des entrailles. Et la fin du film est une véritable boucherie. Le thème de l'homme lâché dans la ville – fauve (Travis) ou proie (le Paul Hackett d'*After Hours, *que Scorsese réalise en 1986) – « seul et abandonné de Dieu » est au centre du film et revient immanquablement dans tout le cinéma de Scorsese. Le monde est vu comme un enfer et l'homme doit errer à la recherche de son salut, pour sortir du cauchemar ou en exprimer toute l'horreur, afin de retrouver le chemin vers Dieu.* Taxi Driver *est impressionnant par son rythme ambigu : à la fois lent, contemplatif (nous « voyons » la ville, les autres, à travers le pare-brise de la voiture jaune de Travis) et instinctif, toujours lourd d'un « acting-out », d'une décharge de haine et de violence. Le sens du détail, la précision des gestes, la tension du jeu et l'interprétation remarquable de De Niro font de* Taxi Driver *un des films les plus réussis de Scorsese.* S.T.

TAZA, FILS DE COCHISE "TAZA, SON OF COCHISE"
Western de **Douglas Sirk**, avec Rock Hudson, Barbara Rush, Jeff Chandler. États-Unis, 1954 – Couleurs – 1 h 19.

Sous la direction de Taza, fils de Cochise, des tribus indiennes admettent de rester dans les « réserves » où elles ont été refoulées.

TCHAO PANTIN
Drame de **Claude Berri**, avec Coluche *(Lambert)*, Richard Anconina *(Bensoussan)*, Agnès Soral *(Lola)*, Philippe Léotard *(Bauer)*. • SC : C. Berri, d'après le roman d'Alain Page. • PH : Bruno Nuytten. • DÉC : Alexandre Trauner. • MUS : Charlélie Couture. • MONT : Hervé de Luze. France, 1983 – Couleurs – 1 h 40.

Lambert, un pompiste de nuit alcoolique et désabusé, se prend d'affection pour le jeune voyou Bensoussan qui traficote un peu de drogue. Un jour, Bensoussan est tué et Lambert, suivi par la punk Lola, entreprend de retrouver les assassins.

◆ *Coluche ne s'amuse plus à faire rire. Dans un rôle dramatique, il révèle une profondeur littéralement « inattendue » qui fut la surprise du film. Mais il n'y a pas que lui. Le premier rôle d'Anconina, les décors cafardeux de Trauner, la description réaliste des bas-fonds parisiens, la solitude opaque des voyous, des dealers, des punks, la réalisation précise et naturaliste de Claude Berri, tout contribue à faire de* Tchao Pantin *une œuvre inoubliable.* B.B.

TCHAPAÏEV "ČAPAEV"
Film historique de **Gueorgui Vassiliev** et **Serguei Vassiliev**, avec Boris Babotchine *(Tchapaïev)*, Boris Blinov *(Fourmanov)*, Leonid Kmitt *(Petka)*, Varvara Miasnikova *(Anna)*. • SC : G. et S. Vassiliev, d'après les récits de Dimitri Fourmanov. • PH : Alexandre Sigaïev, Alexandre Ksénofontov. • DÉC : Isaak Makhlis. • MUS : Gavril Popov. U.R.S.S. (Russie), 1934 – 1 h 36. ★ PREMIER PRIX, Moscou 1935.

Un épisode de la guerre civile de 1919 en Oural, où s'affrontent les armées blanches de Kolchak et un groupe de partisans commandés par un paysan sans instruction, Tchapaïev. Un commissaire politique venu de Moscou tentera d'éduquer le fruste capitaine, qui trouvera une mort héroïque au combat.

◆ *Le prototype du « réalisme socialiste », charriant une rhétorique lourdement persuavive, et réalisé dans une optique « populaire » qui lui valut d'ailleurs un immense succès, en Union soviétique et en Europe. L'époque était alors à l'exaltation patriotique sous toutes ses formes et les Vassiliev – qui n'étaient pas frères mais seulement homonymes – y sacrifièrent avec une certaine vigueur épique. C'est, comme on l'a dit, un « Potemkine du pauvre ».* C.B.

TECHNIQUE D'UN MEURTRE
"TECNICA DI UN OMICIDIO"
Film policier de **Frank Shannon** [Franco Prosperi], avec Robert Webber, Franco Nero, Jeanne Valérie. Italie / France, 1966 – Couleurs – 1 h 40.

Clint Harris, tueur à gages, songe à prendre sa retraite ; mais son frère est victime, à sa place, d'une bande rivale. Une excellente copie italienne de « thriller » américain.

TÉHÉRAN 43
Film historique d'**Alexandre Alov** et **Vladimir Naoumov**, avec Natacha Belokhovstikova, Curd Jürgens, Igor Kostolevsky, Alain Delon. France / U.R.S.S./ Suisse, 1980 – Couleurs – 2 h 10.

Un agent soviétique découvre que les trois Grands doivent être assassinés par des espions nazis au cours d'une rencontre au sommet à Téhéran. Il parvient à les démasquer à temps. Quarante ans plus tard, les protagonistes s'affrontent de nouveau.

LE TÉLÉPHONE ROSE
Comédie dramatique d'**Édouard Molinaro**, avec Mireille Darc, Pierre Mondy, Françoise Prévost, Michael Lonsdale, Daniel Ceccaldi, Gérard Hérold. France, 1975 – Couleurs – 1 h 35.

Un patron paternaliste se voit contraint de vendre son entreprise à des Américains. Il tombe sous l'emprise d'une call-girl chargée par ceux-ci de faciliter les négociations.

LE TÉLÉPHONE ROUGE
"A Gathering of Eagles"
Drame de **Delbert Mann**, avec Rock Hudson, Mary Peach, Rod Taylor. États-Unis, 1962 – Couleurs – 1 h 55.

Un colonel est nommé à la tête d'une base du Strategic Air Command qui assure la défense nucléaire aérienne des États-Unis. Il multiplie les exercices d'alerte et se rend impopulaire. Mais il finira par gagner l'estime de ses hommes.

TELLE EST LA VIE "Takovy je život"
Drame de **Carl Junghans**, avec Vera Baranovskaïa *(la mère)*, Theodor Pištek *(son mari)*, Maňa Ženiškova *(sa fille)*, Valeska Gert *(la serveuse)*, Wolfgang Zilzer *(le fiancé de la fille)*. • SC : C. Junghans. • PH : Laszlo Schäfer. • DÉC : Ernst Meiwers. Tchécoslovaquie / Allemagne, 1929 – env. 1 800 m (1 h 07).

Une femme s'épuise à de harassants travaux de blanchissage à domicile. Son mari est un bon à rien qui lui vole de l'argent pour aller le boire au bistrot dont la serveuse est sa maîtresse ; sa fille, manucure, est enceinte et cherche en vain à avorter. Alors que la mère fait la lessive, elle s'ébouillante accidentellement en secourant un enfant et meurt.

◆ *Dans cette chronique populiste tournée à Prague par un cinéaste allemand, le naturalisme est superbement transcendé par la maîtrise d'un style où se conjuguent la fascination visuelle des éclairages expressionnistes et la dynamique narrative du montage à la russe : tous les procédés du langage filmique le plus raffiné de la fin du muet y sont mis en œuvre. La grande actrice soviétique Vera Baranovskaïa (la Mère de Poudovkine) incarne avec une pathétique dignité son personnage de victime résignée.* M.MN.

TELL ME... (DAVID et EVA) "Tell Me a Riddle"
Drame de **Lee Grant**, avec Lila Kedrova, Melvyn Douglas, Brooke Adams. États-Unis, 1981 – Couleurs – 1 h 30.

Un vieux couple d'émigrés russes vit dans ses souvenirs. Lui voudrait vendre la maison, devenue trop vaste ; sa femme, elle, y est passionnément attachée.

LE TÉMOIN "Il testimone"
Drame psychologique de **Pietro Germi** supervisé par Alessandro Blasetti, avec Roldano Lupi, Marina Berti, Sandro Ruffini. Italie, 1945 – 1 h 32.

Pour sauver son client accusé de meurtre, un avocat sème le doute dans l'esprit du témoin principal de l'accusation.

LE TÉMOIN "A tanu"
Comédie satirique de **Peter Bacso**, avec Ferenc Kallay, Lili Monori, Zoltan Fabri. Hongrie, 1969 – 1 h 50.

Au début des années 50, un fonctionnaire commet erreur sur erreur. Il est finalement emprisonné. Sa situation s'aggrave lorsqu'il refuse de témoigner contre un ancien camarade de résistance devenu ministre.

LE TÉMOIN
Comédie satirique de **Jean-Pierre Mocky**, avec Alberto Sordi, Philippe Noiret, Roland Dubillard. France / Italie, 1978 – Couleurs – 1 h 30.

Une fillette est assassinée près de Reims. La police soupçonne un restaurateur de tableaux, qui l'avait prise comme modèle, et l'ami de celui-ci, un industriel rémois.

LE TÉMOIN À ABATTRE "Illegal"
Film policier de **Lewis Allen**, avec Edward G. Robinson, Nina Foch, Hugh Marlowe, Jayne Mansfield. États-Unis, 1955 – 1 h 28.

Un procureur qui a fait condamner à mort un innocent s'acharne à faire acquitter sa propre fille adoptive, accusée de meurtre.

TÉMOIN À CHARGE
"Witness for the Prosecution"
Film policier de **Billy Wilder**, d'après une histoire d'Agatha Christie, avec Tyrone Power, Marlene Dietrich, Charles Laughton. États-Unis, 1957 – 1 h 54.

Pour une affaire criminelle particulièrement trouble, un célèbre avocat reprend du service. Succession de coups de théâtre.

LE TÉMOIN DOIT ÊTRE ASSASSINÉ
"The Big Operator"
Film policier de **Charles Haas**, avec Mickey Rooney, Steve Cochran, Mamie Van Doren. États-Unis, 1959 – 1 h 31.

Un chef de gang impitoyable veut supprimer à tout prix un témoin gênant. Action rapide, vigoureuse et spectaculaire.

LE TEMPESTAIRE
Documentaire de **Jean Epstein**. France, 1947 – 25 mn.

En quelques tableaux filmés à Belle-Île, le cinéaste propose l'évocation d'une vieille légende bretonne, utilisant toutes les ressources sonores du vent et de la mer.

TEMPÊTE / TEMPÊTE SUR PARIS
Comédie dramatique de **Bernard-Deschamps**, avec Marcel Dalio, Annie Ducaux, Erich von Stroheim, Arletty, Henri Bry, Henri Guisol, Julien Carette. France, 1939 – 1 h 37.

La femme du chef de la police est soupçonnée par son mari de rencontrer en cachette un escroc international dont on découvre qu'il est son père.

LA TEMPÊTE "La tempesta"
Film d'aventures historiques d'**Alberto Lattuada**, d'après les nouvelles d'Alexandre Pouchkine *la Fille du capitaine* et *Pougatchev*, avec Silvana Mangano, Van Heflin, Viveca Lindfors, Geoffrey Horne, Vittorio Gassman. Italie / France, 1958 – Couleurs – 2 h 04.

En Russie, à la fin du XVIIIe siècle, la révolte des paysans contre le tsar Pierre III. Un des meilleurs films du genre qui a bénéficié d'importants moyens.

TEMPÊTE "Tempest"
Drame psychologique de **Paul Mazursky**, inspiré de la pièce de Shakespeare, avec John Cassavetes, Gena Rowlands, Susan Sarandon, Vittorio Gassman. États-Unis, 1982 – Couleurs – 2 h 22.

Un architecte en vogue, las des tensions quotidiennes, part avec sa fille en Grèce où ils sont bientôt rejoints par sa femme et l'amant de celle-ci. Une adaptation très libre et surprenante.

TEMPÊTE À WASHINGTON "Advise and Consent"
Drame d'**Otto Preminger**, d'après le roman d'Allen Drury, avec Franchot Tone, Henry Fonda, Lew Ayres, Charles Laughton, Don Murray, Gene Tierney, Peter Lawford. États-Unis, 1962 – 2 h 20.

La nomination d'un nouveau secrétaire d'État par le président des États-Unis soulève une vague de protestations, d'intrigues, de haines, de chantages et de règlements de comptes.

TEMPÊTE SOUS LA MER
"Beneath the Twelve Mile Reef"
Drame de **Robert D. Webb**, avec Robert Wagner, Terry Moore, Gilbert Roland. États-Unis, 1953 – Couleurs – 1 h 42.

Au large des côtes de Floride, la rivalité de pêcheurs d'éponges grecs, en amour comme sous l'eau, conduit parfois à la tragédie. De très importantes séquences sous-marines pour le deuxième film en CinémaScope présenté en France.

TEMPÊTE SUR LA COLLINE
"Thunder on the Hill"
Film policier de **Douglas Sirk**, avec Claudette Colbert, Ann Blyth, Robert Douglas, Anne Crawford. États-Unis, 1951 – 1 h 24.

Dans un couvent, une religieuse essaie d'innocenter une jeune fille injustement accusée d'un meurtre.

TEMPÊTE SUR L'ASIE "Potomok Čingishana"
Film historique de **Vsevolod Poudovkine**, avec Valeri Inkijinov *(Bair)*, A. Dedintsev *(l'officier)*, L. Belinskaïa *(sa femme)*, Anna Soudakevitch *(leur fille)*, Vladimir Coppi *(Mr Smith)*. • SC : Osip Brik, d'après le roman de I. Novokchonov. • PH : Anatoli Golovnia. • DÉC : Serguei Kozlovski, M. Aronson. • MUS : Nikolai Krioukov. U.R.S.S. (Russie), 1929 – 2 425 m (env. 1 h 30).

L'armée anglaise, qui occupe la Mongolie au début des années 20, fait prisonnier un berger qui avait rejoint les partisans. Il va être exécuté, lorsqu'on trouve sur lui un document signé par Gengis Khan. Le général a l'idée d'en faire l'héritier du Khan afin de manipuler la population. Le berger devient un fantoche des impérialistes mais se révolte et soulève le peuple.

◆ *Une grande réussite de la période la plus faste du cinéma soviétique, pendant laquelle cinq ou six cinéastes enthousiastes rivalisaient de créativité. Un réel souffle épique emporte* Tempête sur l'Asie *qui se distingue pourtant des autres films soviétiques par sa vision moins idéaliste que documentaire de la vie du peuple mongol. Entre une dizaine de séquences marquantes, dont la charge finale à travers la Mongolie, citons celle où un soldat qui cire ses bottes est chargé d'exécuter un partisan. En l'accompagnant à travers le camp, il prend soin d'éviter une flaque boueuse qui salirait ses bottes. Quand il revient de l'exécution, il marche en plein dans la flaque sans même s'en apercevoir, troublé et culpabilisé par l'action qu'il vient de commettre.* *S.K.*

TEMPÊTE SUR L'ASIE
Drame de **Richard Oswald**, avec Conrad Veidt, Madeleine Robinson, Roger Duchesne, Sessue Hayakawa, Michiko Tanaka, Paul Azaïs. France, 1938 – 1 h 30.

En Mongolie, des aventuriers qui veulent s'approprier des puits de pétrole brutalisent les habitants qui finissent par se révolter.

LE TEMPS D'AIMER ET LE TEMPS DE MOURIR
"A Time to Love and a Time to Die"
Drame de **Douglas Sirk**, d'après le roman d'Erich Maria Remarque, avec John Gavin, Liselotte Pulver, Jock Mahoney, Erich Maria Remarque. États-Unis, 1958 – Couleurs – 2 h 13.

Pendant la Seconde Guerre mondiale, un officier allemand découvre l'horreur des combats et meurt au moment où il a rencontré l'amour. L'écrivain interprète un antinazi se sacrifiant pour la liberté.

LE TEMPS DE LA COLÈRE
"BETWEEN HEAVEN AND HELL"
Drame de **Richard Fleischer**, d'après le roman de Francis Gwaltney, avec Robert Wagner, Terry Moore, Broderick Crawford. États-Unis, 1956 – Couleurs – 1 h 34.

Au cours de la guerre du Pacifique, un jeune propriétaire terrien fait un retour sur lui-même.

LE TEMPS DE LA PEUR "IN LOVE AND WAR"
Film de guerre de **Philip Dunne**, d'après le roman d'Anton Myrer *The Big War*, avec Robert Wagner, Dana Wynter, Jeffrey Hunter, Hope Lange, Bradford Dillman, Sheree North, France Nuyen. États-Unis, 1958 – Couleurs – 1 h 51.

Le destin de jeunes soldats confrontés aux réalités de la guerre et qui doivent se séparer de la femme qu'ils aiment.

LE TEMPS DE LA REVANCHE
"TIEMPO DE REVANCHA"
Drame d'**Adolfo Aristarain**, avec Federico Luppi, Haydée Padilla, Julio de Grazia, Rodolfo Ranni. Argentine, 1981 – Couleurs – 1 h 52.

Un spécialiste des explosifs élabore un plan machiavélique pour être indemnisé d'un faux accident. Pris au jeu, il devient criminel.

LE TEMPS DE MOURIR
Film fantastique d'**André Farwagi**, avec Anna Karina, Bruno Crémer, Jean Rochefort. France, 1970 – Couleurs – 1 h 22.

Un homme d'affaires voit son assassinat sur un film. À partir de ce moment, il fait tout pour déjouer le destin... Le thème de la mort annoncée, renouvelé par un cinéaste en marge.

LE TEMPS DES AMANTS "AMANTI"
Mélodrame de **Vittorio De Sica**, d'après la pièce de Brunello Rondi, avec Marcello Mastroianni, Faye Dunaway. Italie, 1968 – Couleurs – 1 h 26.

Julia est leucémique et condamnée. Mais Valerio, quand il l'apprendra, fera tout pour sauver leur amour.

LE TEMPS DES CERISES
Drame de **Jean-Paul Dreyfus** [Le Chanois], avec Gaston Modot, Jean Dasté, Svetlana Pitoëff, Gabrielle Fontan, Roger Blin. France, 1937 – 1 h 21.

Un panorama de la vie de travailleurs, mise en parallèle avec celle de riches industriels. Pour les jeunes, le seul espoir d'un avenir meilleur réside dans la perspective d'un mouvement populaire. Le premier film de fiction de son auteur.

LE TEMPS DES DÉSIRS "VREMIA JELANIJ"
Drame de **Youli Raizman**, avec Vera Alentova, Anatoli Papanov, Vladislav Strjeltchik. U.R.S.S. (Russie), 1984 – Couleurs – 1 h 39.

Une femme désireuse de se marier épouse un homme posé et modeste et s'acharne à obtenir biens matériels et travail prestigieux pour son mari. Sa victoire aboutira à une tragédie.

LE TEMPS DES GITANS "DOM ZA VESANJE"
Drame d'**Emir Kusturica**, avec Davor Dujmović, Bora Todorović, Ljubica Adžović. Yougoslavie, 1988 – Couleurs – 2 h 15. ★ **PRIX DE LA MISE EN SCÈNE, Cannes 1989.**

Victime d'une escroquerie, Perhan, fils naturel d'une tzigane et d'un soldat, se retrouve en Italie, où il « travaille » pour Ahmed Dzida : vol et trafic d'enfants. De retour au pays, tous ses rêves seront brisés. Ce film splendide a connu un succès public sans précédent en Yougoslavie.

LES TEMPS MODERNES
Comédie de **Charlie Chaplin**, avec Charlie Chaplin *(Charlot)*, Paulette Goddard *(la gamine)*, Henry Bergman *(le propriétaire du cabaret)*, Chester Conklin *(le mécanicien)*, Allan Garcia, Stanley Sanford, Hank Mann. • SC : C. Chaplin• MUS : C. Chaplin. • PH : Rollie Totheroh, Ira Morgan. • DÉC : Charles D. Hall. • PR : C. Chaplin (United Artists). États-Unis, 1936 – 1 h 25.

Charlot travaille à la chaîne dans une usine soumise aux lois implacables de la taylorisation : il obéit au rythme des machines, même dans ses instants de détente, avant de le détraquer par une surenchère somnambulique. Tenu pour fou, puis pour guéri, il est chômeur, mais rencontre « la gamine », une orpheline sans ressources. Devenu veilleur de nuit dans un grand magasin, il la fait profiter, une nuit, du luxe rassemblé aux étages, mais on l'arrête comme complice d'un cambriolage survenu au rez-de-chaussée (et qu'il a cru empêcher). À sa sortie de prison, la gamine le fait engager, malgré sa maladresse, comme serveur dans un restaurant où elle est danseuse. Il y débute même comme chanteur nonsensique (première incursion de Charlot dans le sonore !). Mais l'orpheline est poursuivie par la police pour vagabondage : il l'aide à s'échapper et tous deux « prennent la route » en un final très justement célèbre.

◆ **Plus tendre que féroce**
La satire du machinisme est à la fois exacte et anticipatrice (l'apparition du visage du directeur, la machine à « manger vite » où Charlot sert de cobaye). Mais sa férocité est

atténuée par la tendresse flagrante qui émane d'autres scènes (la liaison de Chaplin avec sa jeune interprète y est sûrement pour beaucoup), tendresse nullement mièvre, mais qui prête au héros un halo onirique rare dans ses autres films : il glisse à travers d'énormes roues comme sur un édredon, il veut rendre à un camion le drapeau rouge qu'il a perdu et se retrouve pris pour le chef d'une manifestation ouvrière ! La partie de patins à roulettes dans le grand magasin est le symbole de cette volonté d'échapper à la misère par une extrême légèreté. Si « la gamine », victime d'une société trop lourde, apporte la joie dans son pitoyable intérieur, il sacrifie son emploi, si précaire soit-il, à la fuite avec celle qu'il aime. Les Temps modernes *se recommande en outre, après* les Lumières de la ville, *comme l'un des plus intéressants exemples du génie plasticien de Chaplin : décors comportant une grande profondeur de champ, associations visuelles – comme le paquebot passant lors de l'apparition de « la gamine » –, netteté extrême des gris de l'usine et du soleil de la rue.* G.L.

LE TEMPS DES ŒUFS DURS

Comédie de **Norbert Carbonnaux**, avec Fernand Gravey, Darry Cowl, Béatrice Altariba, Pierre Mondy, Carette. France, 1958 – 1 h 15.

Les mésaventures d'un jeune homme timide et désargenté et d'un peintre sans talent. Un scénario très mince truffé de gags.

LE TEMPS DE VIVRE

Drame psychologique de **Bernard Paul**, avec Marina Vlady, Frédéric de Pasquale, Cristea Avram. France, 1969 – Couleurs – 1 h 45.

Louis travaille trop, Marie se détache de lui. Un premier film situé dans l'univers quotidien de la classe ouvrière.

LE TEMPS DE VIVRE ET LE TEMPS DE MOURIR

"TUNG-NIEN WANG-SHIH"

Drame psychologique de **Hou Hsiao-Hsien**, avec Tien Fong, Mei Fong, Tang Ru-Yun, You An-Hsun. Taiwan, 1985 – Couleurs – 2 h 17.

Une famille installée depuis peu à Taiwan. Arrachée à la terre de Chine populaire, la grand-mère cultive la nostalgie du pays natal auprès de son petit-fils émerveillé.

LE TEMPS DU CHÂTIMENT "THE YOUNG SAVAGES"

Drame social de **John Frankenheimer**, avec Burt Lancaster, Shelley Winters, Telly Savalas. États-Unis, 1960 – 1 h 40.

Après le meurtre d'un Portoricain par trois Italiens, l'assistant du procureur s'efforce envers et contre tous de faire la lumière sur cette jeunesse délinquante à l'existence difficile.

LE TEMPS DU GHETTO

Documentaire de **Frédéric Rossif**. France, 1961 – 1 h 20.

Cet admirable montage d'archives est éclairé par des témoignages de rares survivants. Il raconte la construction du ghetto de Varsovie et la vie que l'on y menait jusqu'à la révolte et l'anéantissement.

LE TEMPS D'UNE ROMANCE

"MOMENT BY MOMENT"

Comédie dramatique de **Jane Wagner**, avec John Travolta, Lily Tomlin, Andra Akers, Bert Kramer, Debra Feuer. États-Unis, 1978 – Couleurs – 1 h 35.

À Beverly Hills, une bourgeoise en instance de divorce rencontre un jeune marginal. Le temps d'une brève aventure et de quelques vexations.

TEMPS SANS PITIÉ "TIME WITHOUT PITY"

Drame policier de **Joseph Losey**, avec Michael Redgrave *(David Graham)*, Ann Todd *(Honor Stanford)*, Leo McKern *(Robert Stanford)*, Alec McGowen *(Alec Graham)*, Peter Cushing *(Jeremy Clayton)*, Renee Houston *(Mrs. Harker)*, Paul Daneman *(Brian Stanford)*. • SC : Ben Barzman, d'après la pièce d'Emlyn Williams *Someone Waiting*. • PH : Freddie Francis. • DÉC : Reece Pemberton. • MUS : Tristram Cary. Grande-Bretagne, 1957 – 1 h 28.

David Graham regagne l'Angleterre après une cure de désintoxication. Dans vingt-quatre heures, son fils Alec doit être exécuté pour meurtre. Sûr de son innocence, il enquête auprès des relations qu'il lui connaît, notamment Robert Stanford, un constructeur d'automobiles, son épouse Honor, leur fils Brian. Il finit par découvrir la culpabilité de Stanford, mais n'a aucun moyen de la prouver...

◆ *Un film important dans la carrière de Losey, parce qu'il marque le retour à une activité normale après plusieurs années de semi-clandestinité. C'est aussi la première collaboration avec le décorateur Richard MacDonald, crédité comme « conseiller visuel ». Sur un suspense policier efficace, un brin artificiel, le futur réalisateur des* Criminels *et du* Servant *fait ses gammes dans la peinture d'une société viciée.* J.-P.B.

LE TEMPS S'EST ARRÊTÉ "IL TEMPO SI È FERMATO"

Chronique d'**Ermanno Olmi**, avec Natale Rossi *(Natale)*, Roberto Seveso *(Roberto)*, Paolo Quadrubbi. • SC : E. Olmi. • PH : Carlo Bellero. • MUS : Pier Emilio Bassi. • MONT : Carla Colombo. Italie, 1959 – 1 h 33.

Pendant la pause de l'hiver, deux hommes gardent un chantier dans la montagne. L'un d'eux descend dans la vallée où sa femme accouche. Roberto monte le remplacer. Le vieux Natale ne l'accueille pas les bras ouverts. Tout change quand le jeune Roberto le bat au jeu de dames.

◆ *Ce premier long métrage est le détournement, en cours de tournage, d'un documentaire sur la construction d'un barrage pour le compte de la Volta Edison où Ermanno Olmi dirige la section de production cinématographique. La délicatesse de la mise en scène, les dialogues peu écrits, parlés en bergamasque par deux acteurs non professionnels, rappellent la démarche de Flaherty. La photographie très soignée et la plasticité des cadrages restituent la beauté d'un espace grandiose et le poids du silence qui lui est lié. À l'époque, ce film si beau passa inaperçu.* *A.K.*

LES TEMPS SONT DURS POUR DRACULA "VAMPIRA"

Comédie de **Clive Donner**, avec David Niven, Teresa Graves, Jenny Linden. Grande-Bretagne, 1973 – Couleurs – 1 h 29.

Le terrible Dracula tire le diable par la queue : pour se refaire, il fait visiter son château aux filles de la revue Playboy, auxquelles il tire quelques pintes de sang afin de pouvoir ranimer sa bien-aimée Vampira. Une parodie caustique des films d'horreur.

▷ Voir DRACULA.

LES TEMPS SONT DURS POUR LES VAMPIRES "TEMPI DURI PER I VAMPIRI"

Comédie de **Steno**, avec Renato Rascel, Sylva Koscina, Christopher Lee. Italie, 1960 – 1 h 40.

La malédiction d'un vampire frappe un baron ruiné devenu chasseur dans un hôtel et qui est ainsi contraint de saigner ses clientes. Une comédie satirique assez réussie, dans laquelle Christopher Lee se parodie le plus consciencieusement du monde.

TEMPTRESS MOON "TEMPTRESS MOON"

Comédie dramatique de **Chen Kaige**, d'après une histoire originale de Chen Kaige et Wang Anyi, avec Leslie Cheung, Gong Li, Kevin Lin, He Saifei. Chine, 1996 – Couleurs – 2 h 10.

Zhong Liang, humilié alors qu'il était enfant par l'héritier opiomane de la riche famille Pan, est devenu gigolo-maître chanteur à Shanghai. Mais voici que Ruyi, la nouvelle chef de famille des Pan, tombe amoureuse de lui. Il n'y est pas insensible, mais Biggie, le chef du gang auquel il appartient, ne laisse pas facilement partir ceux qu'il a formés... Hiératisme et beauté un peu plus glacée que ce à quoi Chen Kaige nous a habitués.

TENDER MERCIES "TENDER MERCIES"

Drame de **Bruce Beresford**, avec Robert Duvall, Tess Harper. États-Unis, 1983 – Couleurs – 1 h 31.

Avec l'aide d'une jeune tenancière de motel et de son fils, un chanteur alcoolique décide de croire à nouveau en la vie. Un film sensible et nonchalant.

TENDRE COMBAT "THE MAIN EVENT"

Comédie de **Howard Zieff**, avec Barbra Streisand, Ryan O'Neal, Paul Sand. États-Unis, 1979 – Couleurs – 1 h 52.

Une femme d'affaires en difficulté est conduite à parrainer l'entraînement d'un boxeur dont la victoire sur le ring lui permettra de rembourser ses dettes. Mais l'amour s'en mêle...

LA TENDRE ENNEMIE

Comédie de **Max Ophuls**, avec Simone Berriau *(Annette Dupont)*, Catherine Fontenay *(sa mère)*, Georges Vitray *(son mari)*, Marc Valbel *(son amant, le docteur Rodrigo)*. • SC : Curt Alexander, M. Ophuls, d'après la pièce d'André-Paul Antoine *l'Ennemie*. • PH : Eugen Schüfftan. • DÉC : Jacques Gotko. • MUS : Albert Wolff. France, 1936 – 1 h 09.

Trois décédés bienveillants (qui se manifestent dans le film par leur seule voix) observent depuis l'au-delà la femme aimée, l'« ennemie » commune qui les a tous trois enterrés, le mari comme les deux amants. Ils conjuguent leurs efforts de fantômes pour empêcher la fille de celle-ci de contracter un mariage d'intérêt avec un homme riche et laid qu'elle n'aime pas.

◆ *Ce portrait de coquette à la Feydeau, œuvre mineure et charmante, fut mis en scène par Ophuls pour l'étonnante Simone Berriau, reine du Paris des années 30 et maîtresse du pacha de Marrakech, qu'il avait déjà dirigée dans* Divine *(Voir ce titre).* *M.CH.*

TENDRE EST LA NUIT "TENDER IS THE NIGHT"

Mélodrame de **Henry King**, d'après le roman de F. Scott Fitzgerald, avec Jennifer Jones, Jason Robards, Joan Fontaine, Tom Ewell. États-Unis, 1961 – Couleurs – 2 h 15.

Nicole a épousé Dick, son ancien psychiatre, mais leur couple comblé par la vie se désagrège et Dick sombre dans l'alcoolisme. Malgré la richesse des moyens, une adaptation besogneuse.

TENDRE ET VIOLENTE ÉLISABETH

Drame d'**Henri Decoin**, d'après le roman d'Henri Troyat, avec Lucile Saint-Simon, Christian Marquand, Jean Hoube, Marie Déa, Pierre Louis, Jacqueline Oury. France, 1960 – 1 h 45.

Sur les pistes neigeuses, une jeune femme rencontre un homme séduisant dont elle devient la maîtresse. Mais il se joue d'elle, la trompe et elle épouse alors un jeune pianiste, avant d'abandonner mari et amant pour élever seule son enfant.

TENDRE POULET
Comédie de **Philippe de Broca**, d'après le roman de Jean-Paul Rouland *le Frelon*, avec Annie Girardot, Philippe Noiret, Hubert Deschamps. France, 1977 – Couleurs – 1 h 45.

Une jeune femme, commissaire de police, ne connaît que des déboires, professionnels et sentimentaux. Mise enfin sur une affaire intéressante, elle est déchargée du dossier au moment où elle va découvrir le responsable de trois assassinats de député.

▷ Voir aussi la suite intitulée ON A VOLÉ LA CUISSE DE JUPITER.

TENDRES CHASSEURS "SWEET HUNTERS"
Récit de **Ruy Guerra**, avec Sterling Hayden *(Allan)*, Susan Strasberg *(Clea)*, Stuart Whitman *(le bagnard)*. • SC : R. Guerra, Philippe Dumarçay, Gérard Zingg. • PH : Ricardo Aronovich. • DÉC : Bernard Evein. • MUS : Carl Orff, David Whitaker, Krzysztof Penderecki, Tadeusz Baird, Edu Lobo. • MONT : Kenout Peltier. Panama, 1970 – Couleurs – 1 h 46.

Un ornithologue, Allan, vit avec sa femme, Clea, et son fils dans une île. Il attend une migration d'oiseaux, capitale pour ses recherches. La famille n'est reliée à la terre que par une radio, qui annonce un soir qu'un bagnard évadé a sans doute cherché refuge... sur leur île ! Cela ne trouble pas l'ornithologue, qui n'a d'yeux que pour ses oiseaux : il les guette désespérément. La sœur de Clea vient rompre un instant cet isolement, et repart comme elle était venue. Clea, troublée par l'annonce faite à la radio, pense avec tant d'émotion au bagnard qu'elle finit par le rencontrer : elle l'héberge, mais l'homme meurt de ses blessures. Comme les oiseaux ne sont pas venus, faute du vent favorable, la famille quitte l'île et revient à la vie « normale »...

◆ *Ruy Guerra, représentant du Cinema Novo brésilien, nous offre une peinture étrange et passablement ésotérique de personnages énigmatiques dont le désarroi intérieur nous reste cependant assez étranger. Le film fut tourné en France et en langue anglaise.* D.C.

TENDRES COUSINES
Comédie de **David Hamilton**, avec Thierry Teveni, Anna Shute, Macha Méril. France, 1980 – Couleurs – 1 h 30.

L'été 39 : un jeune garçon papillonne entre ses cousines, les filles de cuisine et quelques pensionnaires de la maison. Quand la guerre éclate, il se retrouve seul parmi ces demoiselles.

TENDRES PASSIONS "TERMS OF ENDEARMENT"
Mélodrame de **James L. Brooks**, d'après le roman de Larry McMurtry, avec Shirley MacLaine, Debra Winger, Jack Nicholson. États-Unis, 1983 – Couleurs – 2 h 12.

Une veuve se rapproche de sa fille à l'occasion de l'échec du mariage de celle-ci et surtout du cancer dont elle est atteinte et qui la ronge. Un mélodrame long et lacrymal.

TENDRESSE "I REMEMBER MAMA"
Comédie dramatique de **George Stevens**, d'après le roman de Kathryn Forbes, avec Irene Dunne, Barbara Bel Geddes, Oskar Homolka. États-Unis, 1948 – 2 h 14.

Racontée par la fille aînée, l'histoire des quatre enfants d'une famille modeste, dominée par la personnalité de la mère.

LA TENDRESSE DES LOUPS
"DIE ZÄRTLICHKEIT DER WÖLFE"
Drame fantastique d'**Ulli Lommel**, avec Kurt Raab, Jeff Roden, Margit Carstensen. R.F.A., 1973 – Couleurs – 1 h 22.

À Hanovre, dans les années 20, un sadique homosexuel aborde des jeunes gens qui errent la nuit, les ramène chez lui, les assassine et, occasionnellement, consomme leur chair. La police finit par le découvrir et il est pendu en 1925.

TENDRE VOYOU
Comédie de **Jean Becker**, avec Jean-Paul Belmondo, Nadja Tiller, Jean-Pierre Marielle, Mylène Demongeot, Geneviève Page, Stefania Sandrelli, Maria Pacôme. France / Italie, 1966 – Couleurs – 1 h 35.

Antoine Maréchal, gigolo professionnel, vit de canulars monumentaux dont les victimes sont des femmes fortunées et le produit une subsistance fastueuse le temps que dure la farce.

TÉNÈBRES "TENEBRAE"
Film d'horreur de **Dario Argento**, avec Anthony Franciosa, Daria Nicolodi, John Saxon. Italie, 1982 – Couleurs – 1 h 40.

Le séjour à Rome d'un célèbre auteur de romans policiers coïncide avec une série de crimes sadiques directement inspirés du livre qu'il est venu présenter.

TENSION À ROCK CITY "TENSION AT TABLE ROCK"
Western de **Charles Marquis Warren**, avec Richard Egan, Dorothy Malone, Cameron Mitchell. États-Unis, 1956 – Couleurs – 1 h 33.

Considéré comme un lâche, un homme saura prouver son courage au cours d'un duel au revolver.

LA TENTATION DE BARBIZON

Comédie fantastique de **Jean Stelli**, avec Simone Renant, François Périer, Pierre Larquey, Daniel Gélin. France, 1946 – 1 h 38.

Le diable, sous l'apparence d'un jeune homme, et un ange, sous l'apparence d'une belle jeune femme blonde, tentent, l'un de désunir, l'autre de protéger un couple de jeunes amoureux.

LA TENTATION DE VÉNUS "MEETING VENUS"

Comédie dramatique d'**Istvan Szabo**, avec Glenn Close, Niels Arestrup, Erland Josephson. Grande-Bretagne, 1991 – Couleurs – 1 h 59.

Un chef d'orchestre aux prises avec des musiciens et des techniciens déchirés par de multiples rivalités personnelles et nationales. Mais l'amour de la musique finit par être le plus fort et le spectacle peut avoir lieu.

LA TENTATION D'ISABELLE

Drame psychologique de **Jacques Doillon**, avec Fanny Bastien, Ann Gisel Glass, Jacques Bonnafé. France/Suisse, 1985 – Couleurs – 1 h 30.

Bruno, en guise de cadeau d'anniversaire, pousse Isabelle à revoir son ancien compagnon. Leur amour résistera-t-il à cette épreuve ?

LA TENTATRICE "THE TEMPTRESS"

Mélodrame de **Mauritz Stiller** et **Fred Niblo**, avec Greta Garbo, Antonio Moreno, Lionel Barrymore, Roy D'Arcy, Marc McDermott. États-Unis, 1927 – env. 2 150 m (1 h 20).

Une femme sans morale pousse les hommes à la déchéance et au suicide, jusqu'à ce que l'un d'entre eux, dont elle tombe amoureuse, la conduise à sa perte.

TENUE DE SOIRÉE

Comédie satirique de **Bertrand Blier**, avec Gérard Depardieu, Michel Blanc, Miou-Miou. France, 1985 – Couleurs – 1 h 24.

Antoine et Monique, couple en difficulté, sont secourus par un inconnu, immensément riche du produit de ses cambriolages. Très vite, celui-ci s'intéresse plus à Antoine qu'à Monique.

TEQUILA SUNRISE "TEQUILA SUNRISE"

Film policier de **Robert Towne**, avec Mel Gibson, Kurt Russell, Michelle Pfeiffer. États-Unis, 1988 – Couleurs – 1 h 56.

Nick et McKussic sont amis d'enfance. L'un est policier, l'autre ancien trafiquant de drogue reconverti dans le machinisme agricole. Mais la police fédérale ne croit pas à ce changement.

TÉRÉSA "TERESA"

Drame de **Fred Zinnemann**, avec Pier Angeli *(Térésa)*, John Ericson *(Philip Quas)*, Patricia Collinge *(la mère de Philip)*, Peggy Ann Garner *(Susan)*, Ralph Meeker *(le sergent Dobbs)*, Ave Ninchi *(la mère)*, Rod Steiger *(Franck)*, Franco Interlenghi *(Mario)*. • SC : Alfred Hayes, Stewart Stern. • PH : William J. Miller. • DÉC : Leo Kerz. • MUS : Louis Applebaum. États-Unis, 1951 – 1 h 41.

Philip Quas, un ancien G.I., rentre aux États-Unis en compagnie de Térésa, qu'il a épousée en Italie durant la guerre. Assez vite, elle se sent mal à l'aise, à cause de l'hostilité de sa belle-mère, du manque de volonté de Philip, de l'exiguïté du logement. Enceinte, voyant que son mari ne veut pas quitter sa mère, elle s'enfuit. Il la retrouve après l'accouchement. Leur vie à trois va pouvoir recommencer.

◆ *Zinnemann, homme honnête et honnête cinéaste, consacra plusieurs films aux problèmes engendrés par la Seconde Guerre mondiale. Celui-ci est le dernier et l'un des meilleurs. Les décors naturels prennent de l'importance, que ce soit l'Italie de l'après-guerre ou le New York des quartiers populaires. On parla même de néoréalisme hollywoodien. Pier Angeli, engagée à Rome par le scénariste du film, Stewart Stern, donne une interprétation sobre et intense. Ralph Meeker et Rod Steiger faisaient aussi leurs débuts à Hollywood.* J.-P.B.

TÉRÉSA

Drame psychologique de **Gérard Vergez**, d'après la pièce de Natalia Ginsburg, avec Suzanne Flon, Anne Doat, Robert Rimbaud, Pierre Richard. France, 1971 – Couleurs – 1 h 30.

Térésa n'en peut plus de vivre seule. Alors, elle cherche une locataire et lui raconte sa vie. Mais les événements vont les opposer... Remarquable interprétation de Suzanne Flon.

TERJE VIGEN "TERJE VIGEN"

Drame de **Victor Sjöström**, avec Victor Sjöström, Bergliot Husberg, August Falck. Suède, 1916 – 1 170 m (env. 43 mn).

Pendant le blocus de Napoléon, un pêcheur norvégien parti vers le Danemark pour y chercher des vivres est capturé par les Anglais. À son retour, il retrouve les siens morts de faim et se venge.

TERMINATOR "THE TERMINATOR"

Film de science-fiction de **James Cameron**, avec Arnold Schwarzenegger, Michael Biehn, Linda Hamilton. États-Unis, 1984 – Couleurs – 1 h 46.

Venu de l'avenir, un homme artificiel à l'impressionnante musculature cherche à tuer Sarah Connor pour supprimer une descendance qui sera dangereuse pour lui.

▷ Le même réalisateur a tourné une suite : TERMINATOR 2 : LE JUGEMENT DERNIER "TERMINATOR 2 : JUDGMENT DAY", avec Arnold Schwarzenegger, Linda Hamilton, Edward Furlong. États-Unis, 1991 – Couleurs – 2 h 17.

TERMINUS

Film d'aventures de **Pierre-William Glenn**, avec Johnny Hallyday, Karen Allen, Jurgen Pröchnow. France / R.F.A. / Hongrie, 1986 – Couleurs – 1 h 50.

Chef opérateur, Glenn fait ici sa première expérience de metteur en scène. Son film est une sorte de bande dessinée pour adultes, dans laquelle l'ordinateur joue le rôle principal. Johnny Hallyday y incarne un militant qui lutte contre un régime totalitaire.

TERRAIN VAGUE

Drame de **Marcel Carné**, d'après le livre de Hal Euson, avec Danielle Gaubert, Jean-Louis Bras, Dominique Dieudonné, Maurice Caffarelli, Roland Lesaffre. France / Italie, 1960 – 1 h 45.

Au pied d'H.L.M. de la banlieue parisienne, une bande d'adolescents tue son ennui en commettant de petits méfaits. Rivalités et jalousies perturbent le groupe jusqu'à ce que la mort d'un de ses membres provoque sa dislocation.

TERRA MADRE (LE RAPPEL DE LA TERRE)
"TERRA MADRE"

Drame d'**Alessandro Blasetti**, avec Leda Gloria, Sandro Salvini. Italie, 1930 – 1 h 27.

Un gros propriétaire terrien envisage de vendre sa propriété pour aller vivre en ville, lorsqu'un incendie le fait changer d'avis. Une exaltation de la vie rurale.

LA TERRASSE "LA TERRAZZA"

Comédie dramatique d'**Ettore Scola**, avec Vittorio Gassman, Marcello Mastroianni, Jean-Louis Trintignant, Serge Reggiani, Ugo Tognazzi, Stefania Sandrelli, Carla Gravina. Italie / France, 1979 – Couleurs – 2 h 40.

Des intellectuels romains se réunissent périodiquement sur une terrasse pour partager leur solitude et l'échec de leurs vies. Une adolescente vient troubler leur petit cercle désuet.

LA TERRE

Drame d'**André Antoine**, avec René Alexandre *(Jean)*, Armand Bour *(Fouan)*, Germaine Rouer *(Françoise)*, Jeanne Briey *(Lise)*, Berthe Bovy *(la Trouille)*, René Hiéronimus *(Nénesse)*, Jean Hervé *(Louis, dit la Belette)*, Milo *(Hyacinthe)*, Jeanne Grumbach. • SC : A. Antoine, d'après le roman d'Émile Zola. • PH : Léonce-Henri Burel, Paul Castanet, René Gaveau. France, 1921 – 2 300 m (env. 1 h 25).

Jean arrive dans la Beauce et s'engage comme ouvrier agricole. Le père Fouan partage sa propriété entre ses trois enfants, Fanny, Hyacinthe et Louis marié à Lise. Il va vivre successivement chez chacun d'eux, qui le maltraite et ne s'intéresse qu'à son argent. Jean courtise Françoise, la sœur de Lise, et l'épouse. Mais elle est assassinée par sa sœur et Louis. Fouan, rejeté par tous, meurt seul dans un champ.

◆ *Bardèche et Brasillach, dans leur* Histoire du Cinéma, *reprochent à Antoine de « rester homme de théâtre », de faire appel à la Comédie-Française quand il tourne* la Terre. *Pourtant, les acteurs du film ne sont pas plus démodés que d'autres, et Germaine Rouer possède même une beauté très moderne. Surtout, la réalisation est d'essence cinématographique et non théâtrale, par l'attention qu'elle manifeste au paysage, à la symbolique de l'image, à l'ellipse, au montage parallèle. Et l'esprit du livre est conservé, malgré une atténuation de l'horreur.* J.-P.B.

LA TERRE "ZEMLJA"

Drame d'**Alexandre Dovjenko**, avec Stepan Chkourat *(Opanas)*, Semion Svachenko *(Vassili)*, Youlia Solntseva *(la fille d'Opanas)*, Elena Maximova *(la fiancée de Vassili)*, Piotr Massokha *(Khoma)*, I. Franka *(le koulak)*, V. Mikhaïlov *(le pope)*, Pavel Petrik *(le secrétaire du Parti)*, O. Oumanets *(le président du Soviet)*, N. Nademsky *(Semion)*. • SC : A. Dovjenko • MONT : A. Dovjenko. • PH : Daniil Demoutzky. • DÉC : Vassili Kritchevsky. • MUS : Lev Revousky. • PR : V.U.F.K.U. (Kiev). U.R.S.S., 1930 – Muet – 1 704 m (env. 1 h 03).

Dans un verger luxuriant, le vieux Semion croque un fruit avec délectation, annonce tranquillement qu'il va mourir, et meurt. C'est l'époque de la collectivisation des terres dans les campagnes soviétiques. Les villageois sont partagés : les riches sont contre, les pauvres sont pour. Opanas, « paysan moyen », hésite tandis que son fils Vassili, ardent communiste, est l'âme de la collectivisation. Il entre dans le village au volant d'un tracteur et renverse le bornage d'un champ désormais devenu propriété commune. Dans la nuit claire, Vassili enlace tendrement sa fiancée, la main sur ses seins. Au retour, il danse de bonheur dans la poussière du chemin puis s'écroule, tué par un coup de feu. Tous les villageois suivent son cortège funèbre : les branches des arbres caressent son visage dans le cercueil ouvert. Au même moment, le meurtrier, un fils de « koulak », Khoma, en fuite à travers champs, proclame son crime et s'enfouit la tête dans la terre, partagé entre la haine et la fureur en voyant que Vassili, malgré sa mort ou grâce à elle, est vainqueur. La mère de Vassili accouche tandis que la pluie fécondatrice ruisselle sur les pommiers et sur le visage du mort.

◆ Le chant de la terre

*Le génie de Dovjenko se manifeste de manière éclatante dans cet admirable film où il transfigure le thème politique en un hymne quasiment panthéistique à la vie, symboliquement plus forte que la mort. Le vieux Semion meurt et, avec lui, c'est l'*ancien *qui disparaît pour faire la place au* nouveau, *selon la terminologie du titre russe de* la Ligne générale *d'Eisenstein réalisé l'année précédente, et la naissance succède à la mort dans le cycle éternel de la vie dont témoigne aussi la nature à travers la pluie bienfaisante, les fleurs et les fruits, ces pommes qui sont le symbole de la poésie sensuelle et du lyrisme tellurique de Dovjenko. Chant du cygne du cinéma muet en U.R.S.S., animée par un puissant souffle épique, cette œuvre est aussi la plus magnifique version du* chant de la terre *qu'a été maint et maint film soviétique de la grande époque. Fils de paysans ukrainiens, Dovjenko est toujours resté proche de l'inspiration terrienne et de la poésie populaire : son chef-d'œuvre témoigne magnifiquement de son enracinement dans la nature et la culture de son pays natal. Si son écriture visuelle reste en partie fidèle à l'esthétique du* montage rapide *caractéristique du muet en U.R.S.S., elle annonce aussi, par sa lenteur contemplative et son sobre réalisme, le cinéma parlant.* M.M.

LA TERRE "TSUCHI"

Drame de **Tomu Uchida**, d'après un roman de Takashi Nagatsuka, avec Isamu Kosugi, Akiko Kazami, Donguri Boya, Kaichi Yamamoto, Reizaburo Yamamoto. Japon, 1939 – 1 h 32.

À la mort de sa femme, un paysan, harassé par son travail qui ne lui permet plus de survivre, en arrive à voler. Après des mois de dur labeur, il récolte enfin du riz et reprend courage.

LA TERRE "AL-ARD"

Drame de **Youssef Chahine**, avec Mahmud al-Miligi, Izzat al-Alahili, Nagwa Ibrahim, Ahmad Hamdi, Yahia Chahine. • SC : Y. Chahine, Hassan Fuad, d'après le roman de Abdel Rahman Sharkawi. • PH : A. el-Halim Nasr. • MUS : Ali Ismail. • MONT : Rachida Abd as-Salam. Égypte, 1969 – Couleurs – 2 h 10.

À l'époque féodale de la monarchie de Farouk, un bey convoite la terre de paysans pauvres pour y construire une route desservant sa propriété. Avec l'accord du sheikh et la complicité de l'instituteur et du marabout, il exproprie les paysans. Ceux-ci se soulèvent : la révolte est sauvagement réprimée.

◆ *Dans le contexte politique de l'Égypte nassérienne, ce film rend justice aux gens de la terre – peu représentés jusqu'alors dans le cinéma égyptien. En adaptant l'œuvre d'un écrivain engagé, Chahine dénonce sans détour la misère cruelle des paysans – locataires exploités, spoliés – condamnés à l'endettement perpétuel par des propriétaires tout-puissants. Malgré une mise en scène conventionnelle,* la Terre *touche par ses accents et ses explosions lyriques. Une fois de plus, l'auteur y montre son attachement au petit peuple égyptien.* A.K.

TERRE BRÛLÉE "NO BLADE OF GRASS"

Drame de **Cornel Wilde**, d'après le roman de John Christopher, avec Nigel Davenport, Jean Wallace, Anthony May, Patrick Holt. Grande-Bretagne, 1970 – Couleurs – 1 h 37.

Une famine s'est abattue sur l'Europe. Pour pouvoir survivre, des bandes se sont constituées où règne la loi du plus fort. Une œuvre sombre donnant de l'humanité une vision affreusement pessimiste.

TERRE DE FEU

Mélodrame de **Marcel L'Herbier**, avec Tito Schipa, Mireille Balin, Jean Servais, Marie Glory, André Lefaur, Louise Carletti. France, 1942 (RÉ : 1938) – 1 h 25.

Condamné au bagne à la suite d'un crime passionnel, un chanteur est libéré pour bonne conduite. Il retrouve sa fille et sa femme qui lui a toujours été fidèle, et reconquiert bientôt la gloire.

LA TERRE DE LA GRANDE PROMESSE

"ZIEMA OBIECANA"

Drame d'**Andrzej Wajda**, avec Daniel Olbrychski *(Karol)*, Wojciech Pszoniak *(Moritz)*, Andrzej Seweryn *(Max)*, Anna Nehrebecka *(Anka)*. • SC : A. Wajda, d'après le roman de Wladyslaw Reymont *la Terre promise*. • PH : Witold Sobocinski, Edward Klosinski, Waclaw Dybowski. • DÉC : Tadeusz Kosarewicz, Maciej Putowski. • MUS : Wojciech Kilar. Pologne, 1975 – Couleurs – 2 h 48.

La ville de Lodz à la fin du siècle dernier. Elle est occupée par les Russes tandis que le reste de la Pologne est occupée par les Autrichiens. Karol, un polonais dont le père, noble terrien, est ruiné, Max, un Allemand, fils d'un petit industriel de la filature et Moritz, un juif sans le sou mais ayant des relations, décident de construire leur propre filature. Ils se partagent les tâches pour trouver le terrain, l'argent et les occasions d'arriver à leurs fins.

◆ *Cette œuvre pleine de bruit et de fureur est une adaptation passionnée d'un classique de la littérature polonaise qui évite le piège de l'académisme respectueux. Wajda situe son film dans un contexte où l'on voit se dessiner, dans la dislocation d'un pays et la construction ébauchée d'un capitalisme sauvage provoquant nécessairement l'organisation du monde ouvrier, toutes les tendances, tous les avortements et toutes les interrogations de la Pologne contemporaine. L'utilisation audacieuse de grands angulaires très déformants agresse les personnages et les rend bestiaux tout en les réduisant à des marionnettes sans épaisseur humaine. Les personnages sont des archétypes que les acteurs habillent de leur chair fatiguée et de leurs nerfs à vif. La caméra, très mobile et présente, a le statut d'un témoin privilégié dans un documentaire reconstitué qui fait revivre les enjeux de toute une époque bouleversée. Les seules séquences « fraîches » du film concernent la fiancée de Karol, qu'il abandonnera pour satisfaire son ambition, et qui apparaît comme une vision désuète et nostalgique d'une ancienne Pologne qui se meurt, accompagnée par la belle musique néoromantique de Kilar.* S.K.

LA TERRE DE NOS ANCÊTRES
"MAA ON SYNTYNEN LAULU"
Drame de **Rauni Mollberg**, avec Maritta Viitamaki, Pauli Jauhojarvi, Aimo Saukko, Sirkku Saarnio. Finlande, 1973 – Couleurs – 1 h 50.

Un village de Laponie où la vie est particulièrement pénible est durement frappé par la mort tragique de plusieurs habitants. Pourtant, les jeunes gens s'aiment comme partout dans le monde.

TERRE DE RÉSURRECTION "WE LIVE AGAIN"
Drame de **Rouben Mamoulian**, d'après le roman de Leon Tolstoï *Résurrection*, avec Anna Sten, Fredric March, Jane Baxter, C. Aubrey Smith. États-Unis, 1934 – 1 h 25.

La rédemption d'un prince qui a fait le malheur d'une jeune paysanne qui l'aimait. Une belle adaptation.

TERRE D'ESPAGNE "SPANISH EARTH"
Documentaire historique de **Joris Ivens**. Commentaire anglais : Ernest Hemingway. • PH : John Ferno. • MUS : Marc Bilzstein, Virgil Thompson. • MONT : Helen Van Dongen. États-Unis, 1937 – 55 mn.

Fuenteduena, petit village à 60 km de Madrid, derrière les lignes du front Valence-Madrid. Des paysans irriguent des terres en friche qui appartenaient aux seigneurs de Madrid. En première ligne, les batailles de Briuega et Jarama.

◆ *En janvier 1937, un groupe d'intellectuels américains, le « Contemporary Historians », composé d'Ernest Hemingway, John Dos Passos, Lilian Hellman, etc., décide de produire un film pour montrer la réalité de la guerre d'Espagne au peuple américain... Joris Ivens a choisi de filmer deux aspects du combat mené par les républicains : la défense de Madrid assiégée et la révolution agricole, dont les travaux d'irrigation en terre de Castille servaient à ravitailler les combattants. En montage alterné, proche des expériences esthétiques de Eisenstein, Joris Ivens met en relation deux combats parallèles.* Terre d'Espagne *est ainsi le premier document sur la guerre d'Espagne tourné dans le camp républicain.* C.G.

LA TERRE DES PHARAONS
"LAND OF THE PHARAONS"
Drame historique de **Howard Hawks**, avec Jack Hawkins, Joan Collins, Dewey Martin, Kerima. États-Unis, 1955 – Couleurs – 1 h 46.

Spectaculaire reconstitution de la construction de la pyramide de Chéops, qui fut une gigantesque entreprise.

TERRE INTERDITE "GROUND ZERO"
Drame de **Michael Pattinson** et **Bruce Myles**, avec Colin Friels, Jack Thompson, Donald Pleasence. Australie, 1987 – Couleurs – 1 h 40.

Un opérateur de la télévision apprend que son père, disparu depuis des années, a été en fait assassiné. Il mène alors son enquête, qui le fait remonter aux premiers essais atomiques dans le désert australien. Un excellent « thriller » politique et écologique.

LA TERRE JAUNE "HUANG TUDI"
Comédie dramatique de **Chen Kaige**, avec Xue Bai, Wang Xueyin, Tan Tuo, Liu Qiang. Chine, 1984 – Couleurs – 1 h 29.

En 1939, un jeune officier de l'Armée rouge vient recueillir des chants traditionnels auprès des paysans. Seule une adolescente, promise à un mariage précoce, l'écoute. Lorsqu'il s'en va, elle s'enfuit pour tenter de le rejoindre.

TERRE PROMISE "LA TIERRA PROMETIDA"
Drame de **Miguel Littin**, avec Nelson Villagra *(José Duran)*, Marcelo Gaete *(Traje Cruzado)*, Anibal Reyna *(le conducteur de la locomotive)*, Pedro Alvarez *(Chirigua)*, Rafael Benavente *(Don Fernando)*, Mireya Kulchewsky *(la Vierge)* et les paysans de Santa Cruz au Chili. • SC : M. Littin. • PH : Alfonso Beato, Patricio Castilla. • MUS : Luis Advis. • MONT : Nelson Rodriguez. Chili / Cuba, 1973 – Couleurs – 1 h 50.

Au début des années 30, un idéaliste imprégné des théories du socialisme soviétique, José Duran, fonde une communauté placée sous la protection de la Vierge, sur la « terre promise » de Palmilla. Apprenant un jour l'élection d'un président socialiste, Duran décide d'emmener son « peuple » dans la capitale pour y réaliser enfin le pouvoir démocratique. Mais le président est renversé et les trois autorités du pays (l'Église, l'Armée et l'Argent) se liguent et font massacrer les hommes de Duran lorsqu'ils reviennent à Palmilla.

◆ *Adaptation d'événements qui ont réellement eu lieu et sont racontés par la voix d'un vieil homme ayant survécu aux massacres. Avec ce film, le cinéma chilien trouve son épopée révolutionnaire.* C.D.R.

LA TERRE QUI FLAMBE "DER BRENNENDE ACKER"
Drame de **Friedrich Wilhelm Murnau**, avec Werner Krauss, Eugen Klöpfer, Wladimir Gaidarow. Allemagne, 1922 – env. 2 000 m (1 h 14).

Un jeune paysan quitte sa famille, devient secrétaire d'un comte et à la mort de celui-ci épouse sa veuve. Devenu riche, il est ruiné par une femme et retrouve le bonheur dans sa ferme natale.

LA TERRE QUI MEURT
Drame de **Jean Vallée**, d'après le roman de René Bazin, avec Pierre Larquey, Simone Bourday, Alexandre Rignault, Robert Arnoux, Line Noro. France, 1936 – Couleurs – 1 h 28.

Un vieux paysan vendéen voit tous ses enfants quitter l'un après l'autre le travail de la terre. Il ne retiendra qu'une infirme et une amoureuse transie. Un des premiers films français en couleurs.

▷ Autre version réalisée par **Jean Choux**, avec Gilbert Dalleu, Madeleine Renaud, Jean Dehelly, Georges Melchior. France, 1926 – 2 300 m (env. 1 h 25).

TERRE SANS PAIN "LAS HURDES / TIERRA SIN PAN"
Documentaire de **Luis Buñuel**. • SC : L. Buñuel. • COMM : Pierre Unik. • PH : Eli Lotar. • MUS : Brahms. Espagne, 1937 (RÉ : 1932) – 40 mn.

Description de la vie quotidienne des habitants de Las Hurdes, la région la plus misérable et la plus arriérée d'Espagne, non loin de la frontière portugaise.

◆ *Après deux films surréalistes, Buñuel change radicalement sa manière, se mettant au service du « réel », avec une neutralité à la limite de l'irrationnel. Il se contente d'enregistrer les aberrations physiques, mentales et sociales du genre humain pour suggérer qu'elles en définissent la spécificité. Séquences fameuses : les difformités dues aux mariages consanguins, les crétins qui se cachent pour attaquer les voyageurs, le ruisseau qui sert d'égout en amont du village et où l'on boit en aval, l'âne dévoré par les abeilles de la ruche qu'il transporte, le cercueil d'enfant qu'on fait flotter pour la traversée d'un cours d'eau, etc. La violence objective des images était soulignée par un commentaire « neutre » récité sur un ton d'entomologiste, créant une distance avec le sujet qui en soulignait l'horrible réalité.* S.K.

TERRE SANS PARDON "THREE VIOLENT PEOPLE"
Film d'aventures de **Rudolph Mate**, avec Charlton Heston, Anne Baxter, Gilbert Roland, Tom Tryon. États-Unis, 1956 – Couleurs – 1 h 40.

Dans la période troublée qui a suivi la guerre de Sécession, l'aventure passionnée d'un homme qui a épousé, sans le savoir, une fille facile et qui a maille à partir avec des propriétaires terriens.

LA TERRE SERA ROUGE "DE RODE ENGE"
Drame de **Bodil Ipsen** et **Lau Lauritzen Jr.**, d'après le roman d'Ole Juul, avec Paul Reichhardt, Lisbeth Movin, Per Buckhoj, Gyrd Lofquist. Danemark, 1945 – 1 h 27.

Depuis sa cellule, un jeune résistant, arrêté par la faute d'un traître, se remémore les événements passés. Au moment d'être exécuté, il est délivré par un soldat allemand antinazi.

LA TERRE TREMBLE (ÉPISODE DE LA MER)
"LA TERRA TREMA (EPISODIO DEL MARE)"
Drame de **Luchino Visconti**, avec Toto Mignone, des pêcheurs et des habitants d'Aci Trezza, en Catane. • SC : L. Visconti, d'après le roman de Giovanni Verga *I Malavoglia*. • PH : G.R. Aldo. • MONT : Mario Serandrei. Italie, 1948 – 2 h 40.

Juste après la guerre, des pêcheurs d'un petit port de Sicile subissent l'exploitation de ceux qui leur louent leurs barques et leur achètent le poisson. Un jeune pêcheur, 'Ntoni Valastro, décide sa famille à tenter de s'établir à son compte, mais leur tentative est ruinée par un naufrage, et les fait tomber dans une déchéance pire. Une sœur voit échouer son mariage, l'autre est « déshonorée ». 'Ntoni sombre dans la boisson et reprend son état d'exploité, mais le germe de la révolte a grandi : un frère cadet décide de devenir contrebandier.

◆ *Le seul volet réalisé par Visconti d'un vaste tryptique social qui aurait dû comprendre un « épisode des mines de soufre » et un « épisode de la terre » ; le seul aussi conforme à un idéal de « cinéma-vérité », joué par les pêcheurs parlant leur dialecte sicilien, et enre-*

gistré en son direct. L'audace du projet était aussi d'illustrer une thèse sociale et économique en montrant une révolte qui se solde par un échec complet. M.CH.

TERREUR AVEUGLE "BLIND TERROR"
Drame de **Richard Fleischer**, avec Mia Farrow, Robin Bailey, Dorothy Alison. États-Unis, 1971 – Couleurs – 1 h 30.

Une jeune fille vient de perdre la vue. Quand elle rentre dans sa famille, celle-ci est la proie des agissements d'un fou meurtrier.

TERREUR DANS LA NUIT "NIGHT WATCH"
Film policier de **Brian G. Hutton**, d'après la pièce de Lucille Fletcher, avec Elizabeth Taylor, Laurence Harvey, Billie Whitelaw. États-Unis / Grande-Bretagne, 1974 – Couleurs – 1 h 40.

Les hallucinations morbides de la femme d'un financier britannique finissent dans le drame et l'horreur bien réelle.

LA TERREUR DES MERS "IL TERRORE DEI MARI"
Film d'aventures de **Domenico Paolella**, avec Don Megowan, Silvana Pampanini, Emma Danieli, Livio Lorenzon. Italie / France, 1961 – Couleurs – 1 h 34.

Le gouverneur espagnol, influencé par son éminence grise, l'infâme Guzman, ordonne le massacre des boucaniers français. Deux adolescents en réchappent et ils sont recueillis par les pirates.

TERREUR EN MER "THE DECKS RAN RED"
Film d'aventures d'**Andrew L. Stone**, avec James Mason, Dorothy Dandridge, Broderick Crawford. États-Unis, 1958 – 1 h 24.

Dramatiques aventures à bord d'un cargo dont le capitaine doit faire face à une mutinerie de l'équipage.

TERREUR SUR LA LIGNE
"WHEN A STRANGER CALLS"
Film d'épouvante de **Fred Walton**, avec Carol Kane, Charles Durning, Toni Beckley. États-Unis, 1979 – Couleurs – 1 h 37.

Les enfants gardés par une baby-sitter dans une villa isolée sont assassinés après de mystérieux appels téléphoniques. Le criminel est arrêté, mais relâché sept ans plus tard. Le téléphone sonne chez la baby-sitter devenue mère...

TERREUR SUR LE BRITANNIC "JUGGERNAUT"
Film d'aventures de **Richard Lester**, avec Richard Harris, Omar Sharif, David Hemmings, Anthony Hopkins, Shirley Knight. Grande-Bretagne, 1974 – Couleurs – 1 h 50.

Un maître chanteur menace de détruire un paquebot si on ne lui verse pas une rançon. Les autorités refusent de négocier et un expert du déminage réussit à neutraliser le complexe système mis en place.

LE TERRITOIRE "THE TERRITORY"
Drame de **Raoul Ruiz**, avec Isabelle Weingarten, Rebecca Pauly, Geoffrey Carey. États-Unis / Portugal, 1981 – Couleurs – 1 h 40.

Les participants à une excursion qui tourne au drame sont contraints de recourir au cannibalisme. Une réflexion métaphorique sur la barbarie primitive et la prétendue civilisation.

LE TERRITOIRE DES AUTRES
Documentaire de **François Bel**, **Gérard Vienne** et **Michel Fano**. France, 1970 – Couleurs – 1 h 27.

Bien plus qu'un simple reportage sur la vie des animaux, ce film est un vrai spectacle, avec une bande son de Michel Fano exceptionnelle, qui a complètement renouvelé le genre.

LE TERRORISTE "IL TERRORISTA"
Film de guerre de **Gianfranco De Bosio**, avec Gian Maria Volonté *(l'ingénieur)*, José Quaglio *(Piero, le communiste)*, Philippe Leroy *(Rodolfo)*, Giulio Bosetti *(Ugo)*, Anouk Aimée *(la femme de l'ingénieur)*, Tino Carraro. • SC : G. De Bosio, Luigi Squarzina. • PH : Alfio Contini, Lamberto Caimi. • DÉC : Mischa Scandella. • MUS : Piero Piccioni. Italie, 1963 – 1 h 40.

Venise 1944 : depuis la chute de Mussolini en juillet 1943 et l'armistice du 8 septembre, le Comité national de libération (C.N.L.) prépare l'insurrection armée et organise avec quelques groupes d'action violente des opérations de sabotage et d'attentat contre l'occupant allemand. Les représailles exercées par les Allemands sur la population de Vénétie et les nombreuses exécutions d'otages amènent la direction du C.N.L. (à majorité communiste) à mettre un terme au terrorisme. En désaccord avec cette nouvelle ligne, l'un des chefs de ces commandos est éliminé.

◆ *Inspiré de faits authentiques comme l'attentat contre la Kommandantur de Venise et d'un personnage rencontré par De Bosio durant son activité de partisan,* le Terroriste *est le premier film italien qui ébranle le mythe de l'unité de la Résistance italienne. Sans la passion romantique de l'engagement à chaud, elle y apparaît, vingt ans après, dans sa complexité faite de courage, d'hésitations, de compromis et d'erreurs. Le choix volontaire du site incertain de Venise amplifie symboliquement l'analyse et la charge du poids de l'Histoire. N'est-ce pas dans une ville aussi monumentalement figée dans le passé que s'élaborent les bases fondamentales de la future démocratie italienne ?* *A.K.*

T'ES FOU JERRY ! "SMORGASBORD"

Comédie de **Jerry Lewis**, avec Jerry Lewis, Herb Edelman, Zane Busby. États-Unis, 1982 – Couleurs – 1 h 31.

Un inadapté a recours à la psychanalyse pour se libérer de ses démons. Suite de sketches délirants où l'auteur retrouve la verve comique de ses débuts.

T'ES HEUREUSE ? MOI, TOUJOURS...

Drame de **Jean Marboeuf**, avec Dominique Labourier, Denis Manuel, Michel Galabru, Claude Brasseur. France, 1982 – Couleurs – 1 h 30.

Une jeune veuve sillonne la France à bord d'un mini-bus afin de montrer les films de son mari défunt. Un « road-movie » bucolique et tendre qui est aussi un hymne au cinéma itinérant.

TE SOUVIENS-TU DE DOLLY BELL ?

"SJECAS LI SE DOLLY BELL"

Comédie dramatique d'**Emir Kusturica**, avec Slavko Stimac, Ljiljana Blagojević, Mira Banjac. Yougoslavie, 1981 – Couleurs – 1 h 50.

Au début des années 60, de jeunes banlieusards préoccupés par leurs premières amours. Le père de l'un meurt et sa petite amie le quitte. Ce double malheur lui apportera un peu de maturité.

TESS

Drame de **Roman Polanski**, avec Nastassja Kinski *(Tess)*, Peter Firth *(Angel Clare)*, Leigh Lawson *(Alec D'Urberville)*, John Collin *(John Durbeyfield)*, David Markham *(révérend Clare)*, Rosemary Martin *(Mrs. Durbeyfield)*, Arielle Dombasle *(Mercy Chant)*. • SC : Gérard Brach, R. Polanski, John Brownjohn, d'après le roman de Thomas Hardy *Tess D'Urberville*. • PH : Geoffrey Unsworth, Ghislain Cloquet. • DÉC : Pierre Lafait, Bryan Groves, Jean Ravel, Jean-Claude Sévenet. • MUS : Philippe Sarde. • MONT : Alastair Mac Intyre. France / Grande-Bretagne, 1979 – Couleurs – 3 h 05.

★ OSCAR DU MEILLEUR FILM 1979.

À la fin du XIXe siècle, le pasteur de Marlott révèle à John Durbeyfield, détaillant de produits fermiers, que son nom est une déformation de D'Urberville. John décide d'envoyer sa fille Tess au manoir de Trantridge, où vit cette famille, pour réclamer un emploi en arguant de ce lien de parenté. Séduite par Alec D'Urberville, Tess est bientôt enceinte, mais son enfant ne survit pas. Obligée de s'enfuir, elle trouve une place dans une laiterie d'un autre village, et tombe amoureuse d'Angel Clare, le fils du pasteur. Après les noces, Tess lui avoue son passé et Angel la quitte. Il finit par revenir, mais Tess est établie avec Alec, qu'elle poignarde pour s'enfuir avec Angel. Mais la police veille...

◆ *Depuis longtemps, Polanski rêvait de porter à l'écran le chef-d'œuvre de Thomas Hardy. Son perfectionnisme légendaire est ici mis au service d'une reconstitution minutieuse, dont le tournage a duré huit mois ! L'ensemble bénéficie d'une magnifique photographie, et de l'interprétation de Nastassja Kinski, qui y gagna ses galons de star.* *G.L.*

TESSA, LA NYMPHE AU CŒUR FIDÈLE

"THE CONSTANT NYMPH"

Mélodrame d'**Edmund Goulding**, d'après la pièce de Margaret Kennedy et Basil Dean adaptée de leur roman, avec Charles Boyer, Joan Fontaine, Alexis Smith, Brenda Marshall, Charles Coburn, May Whitty, Peter Lorre. États-Unis, 1943 – 1 h 52.

Au Tyrol, un compositeur quitte sa riche épouse pour l'amour d'une lycéenne. Celle-ci mourra d'une terrible maladie.

▷ Autres versions réalisées par : **Adrian Brunel**, intitulée THE CONSTANT NYMPH, avec Ivor Novello, Mabel Poulton. Grande-Bretagne, 1928. **Basil Dean**, intitulée THE CONSTANT NYMPH, avec Brian Aherne, Victoria Hopper, Leonora Corbett. Grande-Bretagne, 1933 – 1 h 38.

LE TESTAMENT D'ORPHÉE

Film poétique de **Jean Cocteau**, avec Jean Cocteau *(le poète)*, Édouard Dermithe *(Cégeste)*, Maria Casarès *(la Princesse, Pallas)*, Henri Crémieux *(l'inventeur)*, François Périer *(Heurtebise)*, Yul Brynner *(le Sphinx)*, Jean-Pierre Léaud *(Œdipe)*. • SC : J. Cocteau. • PH : Roland Pontoizeau. • DÉC : Pierre Guffroy, Janine Janet. • MUS : Jacques Metehen (arrangements). • MONT : Marie-Josèphe Yoyotte. France, 1959 – 1 h 20.

La vie d'un poète, à travers l'espace et le temps, et leurs symboles. L'inventeur d'un revolver à tuer le temps, le jugement du jeune poète par Heurtebise et la Princesse, les gitans, le palais de Pallas-Athéna, la lance de la déesse qui transperce le poète, la résurrection du poète, la tentation du Sphinx, la fuite d'Œdipe, « Poète, vos papiers ! » et l'assomption finale. Une série de tableaux sans autre lien que la fantaisie poétique, l'association des images, des symboles et des mots pour dire tout cela.

◆ *On aura évidemment compris que le film-testament de Cocteau n'est pas racontable. Rhapsodie de citations de lui-même, provocations et plaisanteries habituelles, mise à nu fantasque des ressorts intimes de la pensée, esquisses de monstres très matériels, beautés fugitives : c'est la grande revue finale, l'inventaire avant décès.* D.C.

LE TESTAMENT DU DOCTEUR CORDELIER

Drame psychologique de **Jean Renoir**, avec Jean-Louis Barrault, Michel Vitold, Teddy Bilis. France, 1959 – 1 h 35.

Une transposition à l'époque moderne de la célèbre histoire du *Dr Jekyll et de Mr Hyde*, imaginée par Robert Louis Stevenson. Double et étonnante composition de Jean-Louis Barrault.

LE TESTAMENT DU DOCTEUR MABUSE

"DAS TESTAMENT DES DR MABUSE"

Drame de **Fritz Lang**, avec Rudolf Klein-Rogge *(le docteur Mabuse)*, Oskar Beregi *(le professeur Baum)*, Otto Wernicke *(commissaire Lohman)*, Wera Liessem *(Lili)*, Gustav Diessl *(Kent)*, Karl Meixner *(Hofmeister)*. • SC : Thea von Harbou. • PH : Fritz Arno Wagner. • DÉC : Emil Hasler, Karl Vollbrecht. • MUS : Hans Erdmann. Allemagne, 1933 – 2 h 02 (en France : 1 h 35).

Mabuse est interné dans un asile psychiatrique où il rédige fiévreusement son testament. Par hypnose, il fait conduire par le directeur, le professeur Baum, une bande qui sème le crime pour précipiter l'humanité dans la terreur. Avec l'aide de Kent, un bandit repenti par amour, le commissaire Lohman démantèle le réseau. Mabuse mort, Baum s'en croit la réincarnation et est interné à son tour.

◆ *Ce sera le dernier film allemand de Lang, interdit par Goebbels. Reprenant le héros mégalomane de son film de 1922, il en fait un personnage métaphysique (une volonté de puissance tournée vers la destruction) et politique, mettant dans la bouche de Baum, devenu fou, des phrases entières du programme national-socialiste. Le style de Lang atteint ici la perfection dans la construction d'une architecture plastique qui tresse autour des personnages la toile arachnéenne d'un destin fatal.* J.M.

▷ Voir aussi LE DOCTEUR MABUSE.

LE TESTAMENT D'UN POÈTE JUIF ASSASSINÉ

Drame de **Frank Cassenti**, d'après le roman d'Elie Wiesel, avec Michel Jonasz, Erland Josephson, Wojtek Pszoniak. France, 1987 – Couleurs – 1 h 30.

Arrêté par la police stalinienne, un poète juif profite de ses derniers jours pour laisser à son fils le récit des combats pour la liberté qui constituèrent sa vie. Un film sobre et poignant.

TÊTE À CLAQUES

Comédie de **Francis Perrin**, d'après le roman d'Alex Varoux *Pas ce soir chérie*, avec Francis Perrin, Fanny Cottençon, Antoine Bessis. France, 1981 – Couleurs – 1 h 30.

Un chauffeur de taxi et son fils de dix ans mènent une vie bien tranquille jusqu'au jour où une jeune écervelée de la haute bourgeoisie vient semer la panique dans leur univers.

TÊTE BRÛLÉE "AIR MAIL"

Comédie dramatique de **John Ford**, avec Pat O'Brien, Ralph Bellamy, Russell Hopton, Gloria Stuart, Lillian Bond, Slim Summerville. États-Unis, 1932 – 1 h 24.

Un jeune pilote effectue une mission audacieuse pour assurer le courrier. Grandeur et dangers des débuts de l'Aéropostale.

LA TÊTE CONTRE LES MURS

Drame de **Georges Franju**, avec Jean-Pierre Mocky *(François Gérane)*, Anouk Aimée *(Stéphanie)*, Charles Aznavour *(Heurtevent)*, Paul Meurisse *(docteur Emery)*, Pierre Brasseur *(docteur Varmont)*, Jean Galland *(Me Gérane)*, Edith Scob *(la nymphomane)*. • SC : J.-P. Mocky, d'après le roman d'Hervé Bazin. • PH : Eugen Schüfftan. • DÉC : Louis Le Barbenchon. • MUS : Maurice Jarre. • MONT : Suzanne Sandberg. France, 1959 – 1 h 32.

Un avocat célèbre, Me Gérane, fait interner son fils François, rebelle et instable, dans un hôpital psychiatrique. Celui-ci se retrouve parmi les malades que se disputent le docteur Varmont, directeur de l'asile et partisan de la tradition, et le docteur Emery, dont les méthodes sont plus modernes. François, qui n'est pas fou, réussit à s'évader en compagnie d'un épileptique, Heurtevent. Repris, celui-ci se suicide. François se réfugie chez son amie Stéphanie mais, le lendemain matin...

◆ La Tête contre les murs *devait être réalisé par Jean-Pierre Mocky, alors comédien dans l'emploi de jeune premier. Il avait écrit le scénario et engagé plusieurs acteurs lorsque les producteurs hésitèrent à confier le film à un réalisateur inexpérimenté. Il se contenta donc de jouer le rôle principal, tandis que Georges Franju assurait la mise en scène avec le regard aigu et la rigueur qu'on lui connaissait.* G.L.

LA TÊTE DANS LE SAC

Comédie de **Gérard Lauzier**, avec Guy Marchand, Marisa Berenson, Fanny Bastien. France, 1984 – Couleurs – 1 h 27.

Un publicitaire fringant, play-boy à ses heures, a les pires ennuis avec sa nouvelle et trop jeune maîtresse. La griffe de Lauzier est toujours aussi acérée.

LA TÊTE DE NORMANDE SAINT-ONGE
Drame psychologique de **Gilles Carle**, avec Carole Laure, Raynald Bouchard, Renée Girard, Carmen Giroux, Léo Gagnon. Canada (Québec), 1976 – Couleurs – 1 h 40.

Une jeune femme ayant rapatrié de force sa mère enfermée dans un hôpital psychiatrique se heurte aux autorités. Elle se retrouvera seule, en proie à de délirants fantasmes.

TÊTE DE TURC "GANZ UNTEN"
Drame documentaire de **Jörg Gfrörer** et **Günter Wallraff**. R.F.A., 1986 – Couleurs et NB – 1 h 45.

Le journaliste allemand Günter Wallraff se fait passer pour un travailleur turc immigré et, aidé du réalisateur Jörg Gfrörer, filme clandestinement leurs dramatiques conditions de travail et de vie.

LA TÊTE D'UN HOMME
Drame policier de **Julien Duvivier**, d'après le roman de Georges Simenon, avec Harry Baur, Gina Manès, Valéry Inkijinoff, Gaston Jacquet, Alexandre Rignault. France, 1932 – 1 h 40.

Un grand malade qui se sait perdu et veut réaliser un crime parfait assassine une vieille rentière en faisant en sorte que tout accuse un simple d'esprit. Le commissaire Maigret enquête.

TÊTE FOLLE "MY FOOLISH HEART"
Comédie dramatique de **Mark Robson**, avec Dana Andrews, Susan Hayward, Kent Smith. États-Unis, 1949 – 1 h 38.

Le destin d'une jeune femme dont le grand amour succombe pendant la guerre et qui s'adonne à la boisson.

TÊTES DE PIOCHE "BLOCKHEADS"
Film burlesque de **John G. Blystone**, avec Stan Laurel, Oliver Hardy, Billy Gilbert, Patricia Ellis, James Finlayson, Minna Gombell. • SC : James Parrott, Harry Langdon, Felix Adler, Charles Rogers, Arnold Belgard. • PH : Art Lloyd. • MUS : Marvin Hatley. États-Unis, 1938 – 50 mn.

Pendant la guerre, Laurel est chargé de garder la tranchée jusqu'au retour des troupes, tandis que Hardy part à l'offensive. Entre-temps l'armistice est signé. Laurel l'ignore et reste vingt années à garder sa tranchée. Découvert par un aviateur qu'il tentait d'abattre, il est rapatrié. Hardy, qui s'est marié à une mégère, apprend l'histoire dans les journaux. Il va chercher son ami à l'hôpital pour l'amener chez lui, ce qui ne va pas sans poser quelques problèmes.

◆ *Le meilleur long métrage du couple le plus émouvant du cinéma.* Têtes de pioche *reprend des gags et des scènes créés dans des films antérieurs, mais peaufinés et bien orchestrés par la mise en scène de Blystone. Laurel se surpasse dans un rôle finalement proche de celui de* l'Idiot *de Dostoïevski, puisqu'il prend au pied de la lettre tout ce qu'on lui dit, détruit sans y prêter attention, et indirectement, tout ce qui l'entoure, sème la discorde et crée des quiproquos par sa seule présence. Même si des réussites suivirent ce film, on peut le considérer comme le chant du cygne de ce duo qui, pendant vingt-six ans, fut comme l'image d'une permanence d'être, dans les aléas, les douleurs, les acharnements de la vie.* S.K.

TÊTES VIDES CHERCHENT COFFRE PLEIN
"THE BRINK'S JOB"
Film policier de **William Friedkin**, avec Peter Falk, Peter Boyle, Paul Sorvino. États-Unis, 1979 – Couleurs – 1 h 43.

À l'occasion d'un cambriolage de routine, un petit truand tombe sur le dépôt central d'un gros transporteur de fonds. Il réussit un énorme « casse ». Mais une imprudence va tout compromettre. Il s'agit de la reconstitution d'un fait divers des années 50.

TEXAS NOUS VOILÀ "TEXAS ACROSS THE RIVER"
Western de **Michael Gordon**, avec Dean Martin, Alain Delon, Joey Bishop. États-Unis, 1966 – Couleurs – 1 h 41.

Un duc castillan vit de nombreuses aventures à travers les grands espaces du sud des États-Unis. Un curieux western comique raté à la distribution hétéroclite.

THAT'S DANCING "THAT'S DANCIN' !"
Documentaire musical de **Jack Halley Jr.** États-Unis, 1984 – Couleurs et NB – 1 h 45.

En forme d'hommage à tous les styles de danse, des extraits des meilleures comédies musicales et films de danse, autour de Gene Kelly, Sammy Davis Jr., Mikhaïl Baryshnikov, Liza Minnelli, etc.

THAT'S LIFE "THAT'S LIFE"
Comédie de **Black Edwards**, avec Jack Lemmon, Julie Andrews, Sally Kellerman, Robert Loggia. États-Unis, 1986 – Couleurs – 1 h 42.

Les angoisses existentielles d'un quinquagénaire perturbent toute une famille. Portrait nuancé d'un Américain moyen stressé, le film est aussi une réflexion sur le sens de la vie.

LE THÉ À LA MENTHE
Comédie dramatique d'**Abdelkrim Bahloul**, avec Abdel Kechiche, Chafia Boudra. France, 1985 – Couleurs – 1 h 24.

La vie à Paris d'un jeune Algérien pré-délinquant, que sa mère va s'efforcer de ramener au pays. Un portrait plein d'humour.

LE THÉÂTRE DE M. ET Mme KABAL

Film d'animation de **Walerian Borowczyk**. France, 1967 – Couleurs – 1 h 20.

En une succession de petites histoires, la vie quotidienne d'un couple horrible, bête et cruel. Le chef-d'œuvre de Walerian Borowczyck en ce qui concerne sa carrière de réalisateur de films d'animation.

THÉÂTRE DE SANG "THEATRE OF BLOOD"

Film d'épouvante de **Douglas Hickox**, avec Vincent Price, Diana Rigg, Ian Hendry. Grande-Bretagne, 1973 – Couleurs – 1 h 45.

Un comédien qui passe pour être décédé se venge du mauvais accueil fait à ses prestations en assassinant les critiques qui l'ont éreinté. Vincent Price, star du cinéma fantastique, s'auto-parodie.

LE THÉÂTRE DES MATIÈRES

Comédie dramatique de **Jean-Claude Biette**, avec Sonia Saviange, Howard Vernon, Martine Simonet. France, 1977 – Couleurs – 1 h 20.

Dorothée travaille dans une agence de voyages et fait du théâtre amateur, qui occupe entièrement sa vie. La déception l'attend.

LE THÉ AU HAREM D'ARCHIMÈDE

Drame de **Mehdi Charef**, d'après son roman, avec Kadem Boukhanef, Rémi Martin. France, 1985 – Couleurs – 1 h 50. ★ **PRIX JEAN-VIGO 1985.**

Vue par une caméra tendre et humaniste, la vie du jeune Beur Madjid et de son copain Pat dans les banlieues minables, leurs combines pour vivre et se distraire.

THÉ ET SYMPATHIE "TEA AND SYMPATHY"

Comédie dramatique de **Vincente Minnelli**, d'après la pièce de Robert Anderson, avec Deborah Kerr, John Kerr, Leif Erickson. États-Unis, 1956 – Couleurs – 2 h 02.

L'homosexualité d'un jeune étudiant qui trouve amitié et compréhension auprès de l'épouse de son directeur d'université. Un sujet servi par de remarquables comédiens, traité avec tact et délicatesse.

THELMA ET LOUISE "THELMA AND LOUISE"

Comédie dramatique de **Ridley Scott**, avec Susan Sarandon, Geena Davis, Harvey Keitel. États-Unis, 1991 – Couleurs – 2 h 09.

Le week-end de deux amies tourne vite au tragique par la faute des hommes qu'elles rencontrent, invariablement machos, voleurs ou violeurs.

LE THÈME "TEMA"

Drame psychologique de **Gleb Panfilov**, avec Mikhaïl Oulianov *(Kim Essenine)*, Inna Tchourikova *(Pacha Nikolaïevna)*, Evgueni Vesnik *(Igor)*, Evguenia Netchaïeva *(Maria)*, Sergueï Nikonenko *(Youri)*, Natalia Selesneva *(Svetlana)*, Stanislav Lioubchine *(Andreï)*. • SC : G. Panfilov, Alexandre Tchervinski. • PH : Leonid Kalachnikov. • DÉC : Marxen Gaoukham-Sverdlov. • MUS : Vadim Bibergan. • MONT : P. Skatchkova. U.R.S.S. (Russie), 1979 – 1 h 40. ★ **OURS D'OR, Berlin 1987.**

Écrivain célèbre et adulé, Kim Essenine arrive pour un séjour de ressourcement dans une petite ville de province. Il fait la connaissance de Pacha, guide au musée local, qui fut son admiratrice mais démasque impitoyablement en lui l'écrivain compromis par ses complaisances pour le pouvoir et lui fait découvrir l'authenticité d'un poète paysan mort en 1934. Ébranlé dans ses certitudes, Essenine reprend la route pour Moscou : il est victime d'un accident qui ressemble à un suicide.

◆ *Ce très beau film, discret et lucide, a été interdit pendant sept ans par les autorités, sans doute parce qu'il dénonce le conformisme d'un écrivain « officiel » par opposition à la vérité humaine du poète paysan et à l'honnêteté intellectuelle de l'amant de Pacha, écrivain lui aussi, qui étouffe dans cette atmosphère de flagornerie à l'égard du pouvoir et veut émigrer aux États-Unis. Ce vigoureux aspect critique s'inscrit dans un cadre provincial resté à l'abri de la pollution morale et exalté par la beauté d'un paysage naturel encore préservé.* *M.MN.*

THEMROC

Drame de **Claude Faraldo**, avec Michel Piccoli, Béatrice Romand et la troupe du Café de la Gare. France, 1972 – Couleurs – 1 h 45.

Ouvrier discipliné, Themroc vit sous la coupe de sa mère jusqu'au jour où tout dérape. L'homme rangé casse les murs, jette ses meubles, se retire dans sa tanière, couche avec sa sœur en poussant borborygmes et rugissements. Contestation radicale de la société, le film se passe de dialogues. C'est un poème, un cri.

THÉODORA DEVIENT FOLLE

"THEODORA GOES WILD"

Comédie satirique de **Richard Boleslawski**, avec Irene Dunne, Melvyn Douglas, Thomas Mitchell, Thurston Hall, Rosalind Keith, Spring Byington. États-Unis, 1936 – 1 h 34.

Une jeune fille écrit sous un pseudonyme un roman de mœurs qui met en émoi les habitants de sa petite ville. Elle quitte le milieu hypocrite qui l'entoure, mais y reviendra, mariée.

THÉODORA, IMPÉRATRICE DE BYZANCE

"THEODORA, L'IMPERATRICE DI BISANZIO"

Drame historique de **Riccardo Freda**, avec Georges Marchal, Gianna Maria Canale, Roger Pigaut, Irène Papas. Italie / France, 1954 – Couleurs – 1 h 28.

À Constantinople, l'empereur Justinien s'éprend d'une courtisane qui deviendra une impératrice aimée. Spectacle et suspense.

THÉORÈME "TEOREMA"

Film de politique-fiction de **Pier Paolo Pasolini**, avec Terence Stamp *(le visiteur)*, Silvana Mangano *(Lucia, la mère)*, Massimo Girotti *(Paolo, le père)*, Anne Wiazemsky *(Odetta, la fille)*, Andres José Cruz *(Pietro, le fils)*, Laura Betti *(Emilia, la bonne)*, Ninetto Davoli *(Angiolino, le messager)*. • SC : P.P. Pasolini, d'après son roman. • PH : Giuseppe Ruzzolini. • DÉC : Luciano Puccini. • MUS : Ennio Morricone et Requiem de Mozart. • MONT : Nino Baragli. • PR : Franco Rossellini, Manolo Bolognini. Italie, 1968 – NB et Couleurs – 1 h 38. ★ **PRIX DE L'OFFICE CATHOLIQUE INTERNATIONAL DU CINÉMA (O.C.I.C.), Venise 1968.**

Dans une famille bourgeoise (père industriel, mère frustrée, fils et fille étudiants, servante) arrive, annoncé par un « messager », un étrange visiteur, jeune, beau, aimable, taciturne, qui bouleverse ces vies bien ordonnées : chacun s'éprend de lui à sa manière et parvient, grâce à lui, à l'assouvissement de ses désirs sexuels les plus secrets. Quelque temps plus tard, quand il annonce son départ, c'est la panique : par sa présence, il a permis à chacun de découvrir sa propre vérité. Lui parti, tous se remettent en question : la servante retourne à son village, ne mange plus que des orties et fait des miracles ; la fille, atteinte de dépression nerveuse, doit être internée ; le fils se met à peindre tout en étant amèrement conscient de la médiocrité de ses œuvres ; la mère se jette dans la nymphomanie puis dans la religion. Quant au père, il abandonne son usine, qu'il a léguée à ses ouvriers, et s'enfonce, tout nu, dans un désert volcanique.

◆ **Géométrie dans les spasmes**

Après un prologue en style de reportage où sont interrogés les ouvriers de l'usine, le film se poursuit en noir et blanc jusqu'à l'arrivée du visiteur : la couleur semble alors signifier que commence la « vraie vie » ou que, du moins, chacun des membres de la famille a la révélation de sa vérité profonde et refoulée. Dans le langage métaphorique de Pasolini, il s'agit d'une révélation-révolution, *le psychologique étant toujours conditionné par l'appartenance de classe chez ce* chrétien marxiste *pour qui la grâce (le visiteur est précédé par l'ange de l'Annonciation – qui se prénomme Angiolino, l'Angelot – comme dans la mystique chrétienne) est une autre forme de la prise de conscience, qu'elle soit d'ordre sexuel, artistique ou social, cette dernière forme étant suggérée de manière sarcastique dans le cas du mari qui effectue spontanément la « nationalisation » de ses biens, et se déshabille en pleine gare de Milan tout comme saint François s'était dépouillé de ses richesses. L'attribution du prix de l'O.C.I.C. (par un jury présidé par un jésuite) suscita un scandale dans certains milieux catholiques et valut à Pasolini un procès pour obscénité, qu'il gagna. La lucidité corrosive de cette fable sociale justifie son titre, qui se veut affirmation provocante d'une démonstration indiscutable.* M.M.

LA THÉORIE DES DOMINOS

"THE DOMINO PRINCIPLE"

Drame de **Stanley Kramer**, avec Gene Hackman, Candice Bergen, Richard Widmark. États-Unis, 1977 – Couleurs – 1 h 30.

Roy doit remplir un « contrat » en échange de son évasion. Il se rend compte qu'il est manipulé. Un style impeccable pour un scénario très dense.

THÉRÈSE

Biographie d'**Alain Cavalier**, avec Catherine Mouchet *(Thérèse)*, Aurore Prieto *(Céline)*, Sylvie Habault *(Pauline)*. • SC : A. Cavalier, Camille de Casabianca. • PH : Philippe Rousselot. • DÉC : Bernard Evein. • MONT : Isabelle Dedieu. France, 1986 – Couleurs – 1 h 30. ★ **CÉSAR DU MEILLEUR FILM 1986.**

Thérèse Martin a quinze ans. Elle brûle d'entrer au Carmel, comme l'ont fait ses sœurs aînées, et elle y réussit, avec l'autorisation papale. La vie au couvent est dure, Thérèse est atteinte de tuberculose. Elle meurt après avoir surmonté sa douleur et ses doutes.

◆ *Raconter l'histoire de sainte Thérèse de Lisieux était un pari audacieux. Alain Cavalier l'a tenu avec brio. Sa Thérèse est une jeune fille exaltée, gaie, vivante, et mystique de surcroît. La peinture de la vie au couvent n'est pas sulpicienne : le film est bâti comme des « scènes de la vie monastique » (la prise de voile de Thérèse, Thérèse en prière, Thérèse aux cuisines, Thérèse à l'infirmerie, Thérèse et ses compagnes...), sur un fond parfaitement neutre, mais illuminées par le formidable rayonnement de la sainte, nimbées par le mystère d'une foi qui ne se discute pas. Catherine Mouchet est une Thérèse parfaite.* B.B.

THÉRÈSE DESQUEYROUX

Drame de **Georges Franju**, d'après le roman de François Mauriac, avec Emmanuelle Riva, Philippe Noiret, Édith Scob. France, 1962 – 1 h 49.

Mariée à un homme qui la déçoit sur tous les plans, Thérèse tente de l'assassiner en l'empoisonnant petit à petit. L'œuvre de Mauriac est portée à l'écran avec un souci de fidélité absolue et l'interprétation est excellente.

THÉRÈSE ÉTIENNE

Drame de **Denys de La Patellière**, d'après le roman de John Knittel, avec Françoise Arnoul, Pierre Vaneck, James Robertson Justice. France / Italie, 1958 – 1 h 30.

La passion coupable et destructrice qu'éprouve la jeune épouse d'un gros fermier de l'Oberland pour son jeune beau-fils.

THÉRÈSE RAQUIN

Drame de **Jacques Feyder**, avec Gina Manès *(Thérèse)*, Wolfgang Zilzer *(Camille)*, Jeanne-Marie Laurent *(la mère Raquin)*, Adalbert von Schlettow *(Laurent)*. • SC : Fanny Carlsen, Willy Haas, d'après le roman d'Émile Zola. • PH : Friedrich Fuglsang, Hans Scheib. • DÉC : André Andrejew. • MUS : Pasquale Perris. France / Allemagne, 1928 – 3 200 m (env. 1 h 58).

Thérèse, nièce de Mme Raquin, a épousé sans amour son cousin Camille, un être chétif et dominé par sa mère. Elle s'éprend de Laurent, un familier de la maison, et complote avec ce dernier la mort de son mari. Leur coup fait, les amants s'installent au domicile conjugal, sous le regard haineux de la mère Raquin, paralysée. Ils finiront par expier leur crime, en s'empoisonnant.

◆ *La trame du roman de Zola, prototype du drame passionnel, a inspiré plusieurs adaptations à l'écran, créditées ou non. Dès 1915, l'Italien Nino Martoglio en tire un film à succès. Jacques Feyder en donna une version d'une longueur inusitée pour l'époque, scindée en deux parties (avant le crime et après). Il jouait en virtuose du décor, de la lumière, de l'atmosphère sordide où les personnages s'engluent peu à peu. Une Stimmung quasi expressionniste baigne ce film, que les critiques du temps portèrent aux nues et dont toutes les copies semblent malheureusement avoir disparu.* C.B.

THÉRÈSE RAQUIN

Drame de **Marcel Carné**, avec Simone Signoret *(Thérèse Raquin)*, Raf Vallone *(Laurent)*, Sylvie *(Mme Raquin)*, Roland Lesaffre *(Riton)*, Jacques Duby *(Camille Raquin)*, Maria Pia Casilio *(la petite bonne)*, Paul Frankeur *(le contrôleur)*. • SC : M. Carné, Charles Spaak, d'après le roman d'Émile Zola. • PH : Roger Hubert. • DÉC : Paul Bertrand. • MUS : Maurice Thiriet. • MONT : Henri Rust. France, 1953 – 1 h 45. ★ **LION DE SAINT-MARC, Venise 1953.**

Mal mariée à son maladif cousin Camille, Thérèse étouffe ses rêves solitaires. La rencontre d'un bel Italien, Laurent, va faire basculer sa vie. L'amour et la passion qui unissent les deux jeunes gens les poussent au crime. Ils assassinent Camille mais un marin, Riton, témoin du crime, va jouer le rôle du Destin.

◆ *Marcel Carné s'est librement inspiré du roman en le transposant à Lyon, en 1953. Il y a ajouté le personnage du marin qui incarne le Destin et remplace le remords qui tenaillait les deux amants.* J.-C.S.

THE THING "THE THING"

Film fantastique de **John Carpenter**, avec Kurt Russell *(Mc Ready)*, A. Wilford Brimley *(Blair)*, T.K. Carter *(Nauls)*, David Clennon *(Palmer)*. • SC : Bill Lancaster, d'après la nouvelle de John W. Campbell Jr. • PH : Dean Cundey. • DÉC : John J. Lloyd, Henry Larrecq. • MUS : Ennio Morricone. • MONT : Todd Ramsay. États-Unis, 1982 – Couleurs – 1 h 48.

Un chien de traîneau poursuivi par un hélicoptère norvégien vient se réfugier dans une base américaine en Antarctique. Les Américains sont obligés d'abattre les Norvégiens qui semblent pris d'une folie meurtrière. Mais le chien, enfermé dans le chenil, se transforme en monstre abominable qui s'avère être une forme extraterrestre imitant les cellules des corps vivants.

◆ *Un remake amélioré de* la Chose d'un autre monde *de Hawks et* Niby, *mais aussi de* Alien *de Ridley Scott (Voir ces titres), qu'il n'égale pas. L'idée du film est que le mal est en nous et que nous sommes notre ennemi intime. Cette idée est merveilleusement soutenue par des effets spéciaux où les métamorphoses à vue ont une réalité organique écœurante mais étonnante, qui donnent la première équivalence valable de l'univers de Lovecraft au cinéma, dans le contexte d'une lutte entre les éléments naturels qui joue sur les contrastes feu-glace, neige-sang.* S.K.

THIS IS THE ARMY "THIS IS THE ARMY"

Film musical de **Michael Curtiz**, avec George Murphy, Ronald Reagan. États-Unis, 1943 – Couleurs – 1 h 55.

En 1942, le fils d'un danseur réalise un grand show militaire avant de partir combattre en Europe, comme son père l'avait fait en son temps. Le film, contribution de la Warner à l'effort de guerre, est réalisé à partir de deux comédies musicales d'Irving Berlin.

THOMAS GARNER "THE POWER AND THE GLORY"
Drame de **William K. Howard**, avec Spencer Tracy, Colleen Moore, Ralph Morgan, Helen Vinson. États-Unis, 1933 – 1 h 16.

Un magnat de la finance revit les différentes étapes qui ont fait de lui un homme puissant mais corrompu par le pouvoir. Un film dont le sujet et le style rappellent *Citizen Kane*.

THOMAS GORDEÏEV "FOMA GORDEEV"
Drame de **Mark Donskoï**, d'après l'œuvre de Gorki, avec Serguei Loukianov, Gueorgui Epifancev, Pavel Tarasov. U.R.S.S. (Russie), 1959 – 1 h 41.

À la mort de son père, le fils d'un riche bourgeois tsariste prend la direction d'une grosse affaire. Il sera méprisé et grugé par ses anciens amis en raison de son anticonformisme.

THOMAS L'IMPOSTEUR
Drame de **Georges Franju**, d'après le roman de Jean Cocteau, avec Emmanuelle Riva, Jean Servais, Fabrice Rouleau. France, 1965 – 1 h 30.

Dans la confusion de 1914, un jeune garçon se fait passer pour le neveu d'un général noble et héros de la nouvelle guerre. Son imposture révèle toutes les autres, celles des nobles, des religieux, des militaires. La rencontre Cocteau-Franju donne une œuvre hybride mais souvent fascinante.

THREE AMIGOS "THREE AMIGOS"
Comédie de **John Landis**, avec Chevy Chase, Steve Martin, Martin Short. États-Unis, 1986 – Couleurs – 1 h 45.

Un trio d'acteurs ringards vont jouer les héros de western à l'appel d'une jeune Mexicaine. Ils affrontent d'authentiques bandits dont ils ne viendront à bout que grâce à l'alcool. Les mythes américains servent ici de toile de fond à une série de gags.

THX 1138 "THX 1138"
Film de science-fiction de **George Lucas**, avec Robert Duvall, Donald Pleasence, Maggie McOmie. États-Unis, 1971 – Couleurs – 1 h 35.

Loin dans le futur, les individus ne sont plus que des numéros dirigés par des machines. THX 1138 et LUH 3417 essaient pourtant de retrouver l'amour... Avec ce film remarquable, Lucas prend la voie qui le mènera à *la Guerre des étoiles*.

TIEMPO DE SILENCIO
Comédie dramatique de **Vicente Aranda**, avec Imanol Arias, Victoria Abril, Charo Lopez, Francisco Rabal. Espagne, 1987 – Couleurs – 1 h 40.

À Madrid, à la fin des années 40, la vie incertaine d'un jeune médecin qui se voue à la recherche est perturbée par l'intrusion d'une jeune fille et d'un vieux marginal incestueux.

LA TIGRA "LA TIGRA"
Comédie dramatique de **Camilo Luzuriaga**, avec Lissette Cabrera, Aristides Vargas, Rossana Iturralde. Équateur, 1990 – Couleurs – 1 h 20.

Violence et passion dans une ferme de la forêt équatorienne où habitent Francisca, « la Tigra », tyrannique et débauchée, et ses deux sœurs.

LE TIGRE AIME LA CHAIR FRAÎCHE
Comédie de **Claude Chabrol**, avec Roger Hanin, Maria Mauban, Daniela Bianchi, Roger Dumas. France / Italie, 1964 – 1 h 25.

Un agent de la D.S.T. surnommé « le Tigre » est chargé de protéger un ministre turc ainsi que sa femme et sa charmante fille. Ces aventures d'espionnage, qui font suite à celles de Caution ou du Gorille, sont cette fois très nettement parodiques.

▷ Voir aussi LE TIGRE SE PARFUME À LA DYNAMITE.

LE TIGRE DU BENGALE
"DER TIGER VON ESCHNAPUR"
Film d'aventures de **Fritz Lang**, avec Debra Paget, Paul Hubschmid, Claus Holm, Sabine Bethmann. R.F.A. / Italie / France, 1959 – Couleurs – 1 h 51.

Appelé par un maharadjah qui veut moderniser son pays, un ingénieur allemand s'éprend de sa danseuse favorite et cherche à fuir avec elle. Le prince fait enfermer son rival avec un tigre.

▷ Voir aussi LE TOMBEAU HINDOU.

LE TIGRE SE PARFUME À LA DYNAMITE
Film d'espionnage de **Claude Chabrol**, avec Roger Hanin, Michel Bouquet, Margaret Lee, Roger Dumas. France, 1965 – Couleurs – 1 h 30.

Louis Rapière, alias « le Tigre », agent très spécial, est envoyé à Pointe-à-Pitre pour surveiller le renflouement d'un trésor...

▷ Voir aussi LE TIGRE AIME LA CHAIR FRAÎCHE.

LA TIGRESSE "TOO LATE FOR TEARS"
Drame de **Byron Haskin**, d'après le roman de Roy Huggins, avec Lizabeth Scott, Don DeFore, Dan Duryea, Arthur Kennedy. États-Unis, 1949 – 1 h 38.

Devant le refus de son mari d'accepter une forte somme d'argent qui leur est échue par erreur, sa femme le tue. Soupçonnée par sa belle-sœur, elle s'enfuit et tombe d'un balcon.

TIGRESSE ROYALE "TIGRE REALE"
Mélodrame de **Piero Fosco [Giovanni Pastrone]**, avec Pina Menichelli *(la comtesse Natka)*, Alberto Nepoti *(Giorgio)*, Febo Mari *(Doski)*, Valentina Frascaroli *(Erminia)*. • SC : Giovanni Verga, d'après son roman. • PH : Segundo de Chomon. Italie, 1916 – 1 742 m (env. 1 h 05).

Le beau Giorgio tombe amoureux fou de la comtesse Natka. Mais l'impitoyable séductrice se refuse à lui et, pour le décourager, lui raconte que son garde-chasse Doski s'est naguère suicidé par amour pour elle. Giorgio la sauve de l'incendie de l'hôtel où elle agonise, tuberculeuse, et ils partent en bateau, la comtesse ayant été « miraculeusement rendue à la jeunesse et à la vie ».

◆ *C'est l'un des chefs-d'œuvre de la période la plus brillante du muet italien, celle des grandes dive, Lyda Borelli, Francesca Bertini et surtout la démoniaque Pina Menichelli dont Louis Delluc a écrit que sa spécialité était de « se faire haïr dès le début du film » : poses alanguies, gesticulation féline, roulements d'yeux, battements de cils, dans ce mélo baroque qui donne dans le romanesque le plus échevelé.* M.MN.

TILL THE END OF TIME
Comédie dramatique d'**Edward Dmytryk**, avec Dorothy McGuire, Guy Madison, Robert Mitchum, Bill Williams. États-Unis, 1946 – 1 h 45.

À la fin de la guerre, trois ex-« marines » essaient de se réadapter à la vie civile. Le sujet s'apparente à celui du film de William Wyler *les Plus Belles Années de notre vie*.

TILL WE MEET AGAIN
Drame de **Frank Borzage**, d'après la pièce d'Alfred Maury, avec Ray Milland, Barbara Britton. États-Unis, 1944 – 1 h 28.

Une infirmière française aide un aviateur américain à échapper aux nazis. Belle romance de l'amour menacé – thème cher à Borzage – splendidement photographiée par Theodore Sparkuhl.

LE TIMIDE "THE LAMB"
Western de **William Christy Cabanne**, d'après le roman de Granville Warwick *The Man and the Test*, avec Douglas Fairbanks, Seena Owen. États-Unis, 1915 – env. 1 500 m (56 mn).

Fraîchement débarqué dans l'Ouest, un jeune homme timide est entraîné dans une série d'aventures qui le mènent au Mexique.

TIN MEN (LES FILOUS) "TIN MEN"
Comédie de **Barry Levinson**, avec Barbara Hershey, Richard Dreyfuss, Danny De Vito. États-Unis, 1987 – Couleurs – 1 h 55.

Un heurt entre deux voitures provoque l'affrontement de leurs propriétaires, jusqu'à ce que la vendetta se transforme en complicité contre un ennemi commun : les pouvoirs publics.

TINTIN ET LE LAC AUX REQUINS
Dessin animé de **Raymond Leblanc**, d'après les personnages créés par Hergé. Belgique / France, 1972 – Couleurs – 1 h 30.

Les mésaventures de Tintin et du capitaine Haddock pour défendre le professeur Tournesol, inventeur d'une merveilleuse machine convoitée par l'affreux Rastapopoulos.

TINTIN ET LE MYSTÈRE DE LA TOISON D'OR
Film d'aventures de **Jean-Jacques Vierne**, d'après les personnages créés par Hergé, avec Jean-Pierre Talbot, Georges Wilson, Charles Vanel. France, 1961 – Couleurs – 1 h 30.

La Toison d'or n'est qu'un misérable rafiot légué au capitaine Haddock, alors pourquoi lui en propose-t-on une fortune ? Une plate mise en images avec des acteurs « ressemblants ».

TINTIN ET LES ORANGES BLEUES
Film d'aventures de **Philippe Condroyer**, d'après les personnages créés par Hergé, avec Jean-Pierre Talbot, Jean Bouise, Georges Wilson. France, 1964 – Couleurs – 1 h 30.

Tournesol, Tintin et Haddock partent en Espagne à la recherche d'un savant qui a mis au point une variété de fruit permettant de lutter contre la faim dans le monde avant d'être enlevé. Second et dernier « Tintin » tourné avec des acteurs.

TINTIN ET LE TEMPLE DU SOLEIL
Dessin animé de **Raymond Leblanc**, d'après la bande dessinée d'Hergé. Belgique / France, 1969 – Couleurs – 1 h 30.

Pour délivrer le professeur Tournesol et sauver des savants envoûtés, Tintin et ses amis vont remonter jusqu'au temple sacré des Incas et vivre de périlleuses aventures.

TIRÉ À PART
Policier de **Bernard Rapp**, d'après le livre de Jean-Jacques Fiechter, avec Terence Stamp, Daniel Mesguich, Maria de Medeiros, Jean-Claude Dreyfuss. France, 1996 – Couleurs – 1 h 30.

Distingué éditeur anglais, sir Edward se voit un jour remettre un manuscrit par un écrivain français qu'il connaît bien mais apprécie peu. Surprise : le roman est excellent et d'une authenticité inhabituelle chez cet écrivain de gare qu'est Nicolas Fabri.

Mais un soupçon naît dans l'esprit de sir Edward, car le roman évoque curieusement une femme qu'il a jadis aimée en Tunisie et qui est morte dans des circonstances mystérieuses. Un rapide voyage en Tunisie confirme rapidement son pressentiment: Fabri a, comme il le raconte dans son roman, bel et bien violé, et ainsi voué au suicide, l'unique amour de sir Edward. Dès lors celui-ci va méticuleusement préparer et mettre au point sa vengeance. Elle sera originale, imparable... et propre, car l'arme du crime sera un livre !

TIRE-AU-FLANC

Comédie dramatique de **Jean Renoir**, d'après la pièce d'André Sylvane et André Mouezy-Eon, avec Georges Pomiès, Michel Simon, Fridette Fatton, Jeanne Helbling. France, 1928 – 2 200 m (env. 1 h 21).

Un riche jeune homme part effrayé au régiment, accompagné de son valet, et connaît toutes sortes de brimades et punitions. Mais une de ses cousines est amoureuse de lui ; il prend de l'assurance, devient un vrai soldat et épouse celle qui l'aime.

▷ Autres versions réalisées par : **Henry Wulschleger**, avec Pierre Feuillère, Fernand René, Sim Viva, Monique Bert. France, 1933 – 1 h 43. **Fernand Rivers**, avec Francis Blanche, Maurice Baquet, Paulette Dubost, Jany Vallières. France, 1949 – 1 h 27. **Claude de Givray** et **François Truffaut**, intitulé TIRE-AU-FLANC 62, avec Christian de Tilière, Ricet Barrier, Jacques Balutin, Bernadette Lafont. France, 1961 – 1 h 27.

TIREZ SUR LE PIANISTE

Film policier parodique de **François Truffaut**, avec Charles Aznavour, Nicole Berger, Michèle Mercier, Marie Dubois, Albert Rémy, Claude Mansart. France, 1960 – 1 h 20.

Un timide pianiste de jazz se souvient de la tragédie qui a provoqué la mort de sa femme alors qu'il était un brillant artiste de concert. Poursuivi par des tueurs, il doit encore se défendre, tandis qu'une jeune femme tente de l'arracher à son passé.

TIR GROUPÉ

Film policier de **Jean-Claude Missiaen**, avec Gérard Lanvin, Véronique Jannot, Michel Constantin. France, 1982 – Couleurs – 1 h 28.

Après un dîner avec son ami Antoine, une jeune fille est agressée et tuée par trois voyous. Antoine et la police mènent des enquêtes parallèles. Atmosphère violente et tendue.

LES TISSERANDS "Die Weber"

Drame de **Friedrich Zelnik** et **Alfred Kern**, d'après la pièce de Gerhart Hauptmann, avec Paul Wegener, Theodor Loos, Wilhelm Dieterle, Hermann Picha. Allemagne, 1927 – 2 660 m (env. 1 h 38).

Une évocation de la révolte des tisserands silésiens en 1840.

TITANIC "Titanic"

Drame de **Jean Negulesco**, avec Barbara Stanwyck, Clifton Webb, Robert Wagner, Richard Basehart. États-Unis, 1953 – 1 h 38.

Reconstitution du naufrage du transatlantique au cours de son voyage inaugural en 1912. Un des premiers « films-catastrophe ».

▷ Autres évocations réalisées notamment par : **Ewald-André Dupont** et **Jean Kemm**, intitulée ATLANTIS, d'après la nouvelle d'Ernest Raymond The Berg, avec Maxime Desjardins, Constant Rémy, Alice Field. France, 1930 – env. 1 h 30. **Werner Klinger** et **Herbert Selpin**, avec Sybille Schmitz, Hans Nielsen, Kirsten Heiberg. Allemagne, 1943 – 1 h 31. **Richard Wallace**, intitulée UNE NUIT INOUBLIABLE "A Night to Remember", avec Loretta Young, Brian Aherne, Jeff Donnell. États-Unis, 1943 – 1 h 31.

▷ Voir aussi ATLANTIQUE LATITUDE 41° et LA GUERRE DES ABÎMES.

TITANIC "Titanic"

Film à grand spectacle de **Jamès Cameron**, avec Leonardo DiCaprio *(Jack Dawson)*, Kate Winslet *(Rose DeWitt Bukater)*, Billy Zane *(Cal Hockley)*.• SC : J. Cameron • PH : Russell Carpenter • DÉC : Peter Lamont • COST : Deborah L. Scott • MUS : James Horner • MONT : Conrad Buff, James Cameron et Richard A. Harris. États-Unis, 1997 - 1 h 45. ★ OSCARS DU MEILLEUR FILM, DU MEILLEUR METTEUR EN SCÈNE, DE LA MEILLEURE DIRECTION ARTISTIQUE, DE LA MEILLEURE PRISE DE VUES, DE LA MEILLEURE MUSIQUE, DE LA MEILLEURE CHANSON ORIGINALE, DU MEILLEUR MONTAGE, DU MEILLEUR SON, DES MEILLEURS EFFETS SPÉCIAUX, DES MEILLEURS EFFETS SPÉCIAUX SONORES, DES MEILLEURS COSTUMES.

L'histoire du Titanic est bien connue : dans la nuit du 15 avril, le paquebot britannique heurtait, lors de sa croisière inaugurale, un iceberg au large de Terre-Neuve et coulait, entraînant la mort de 1 500 passagers. C'était alors le plus grand transatlantique du monde et son naufrage marqua en quelque sorte la fin d'une époque où l'Europe dominait la planète et où ses navires sillonnaient orgueilleusement les mers du monde entier. En 1986, l'épave fut localisée par 4 000 m. de fond et des expéditions sous-marines ultérieures permirent de retrouver d'innombrables objets et de reconstituer ainsi plus précisément les circonstances du drame. Le film respecte scrupuleusement la trame historique, mais Cameron y a ajouté une histoire d'amour parfaitement imaginaire, celle de Jack, artiste fauché, et de Rose, jeune fille bien née mais pauvre, condamnée par sa famille à se marier avec un riche industriel parfaitement antipathique.

◆ Du convenu et de l'inattendu

Tout au long de ses trois heures vingt, Titanic *évite habilement plusieurs écueils. Film le plus cher jamais réalisé, il aurait pu sombrer dans la débauche technologique et l'overdose d'effets spéciaux. Il n'en est rien, car, si on devine l'importance du budget, celui-ci est au service du réalisme et sert à reconstituer, dans leurs moindres détails, les décors du bateau disparu, des soutes aux salons d'apparat. Alors que les effets spéciaux servent souvent, ailleurs, à s'affranchir des lois ordinaires de la physique, ils sont ici utilisés exclusivement de façon à montrer, avec une minutieuse exactitude, par exemple comment le bois se fend ou comment le métal éclate. Et puis, il y a le talent du metteur en scène, qui, loin de se laisser griser par la technologie, « habite » constamment son film, caressant les bielles, frémissant avec les poutrelles tordues, donnant comme une ultime apparence de vie à l'immense carcasse métallique qui se cabre avant de se briser et d'être engloutie par les flots.*

Titanic *aurait pu aussi souffrir de conter une histoire dont la fin est connue et peiner à créer un suspense crédible. En ajoutant une intrigue sentimentale et en inscrivant habilement une série de destins individuels dans la tragédie collective du navire en perdition, le metteur en scène nous fait espérer que les personnages que nous avons pris en sympathie figureront parmi les rescapés. Jusqu'à la fin, on espère en effet qu'un îlot de « happy end » finira par émerger au mileu des cadavres anonymes flottant dans les eaux glacées de l'Atlantique nord. Ce n'est pas tout à fait ce qui arrive, mais le spectateur y trouve son compte, car les fins les plus attendues et les plus souhaitées sont rarement les plus satisfaisantes. Maître dans l'art de nous faire pressentir un dénouement pour mieux déjouer notre attente, James Cameron ne cesse de nous proposer des grilles convenues qu'il fait ensuite voler en éclats. Il en est ainsi du manichéisme qui, au début, semble être la marque du film : les passagers pauvres sont aussi chaleureux, gais et généreux que les riches sont égoïstes, cyniques et méprisants. C'est sommaire et classique, mais efficace : au moins, on n'a pas de problèmes de repérage et on sait où sont les bons et où sont les mauvais. Puis, au fur et à mesure que l'on avance, le tableau se nuance, et, au seuil de la mort, les êtres se révèlent dans la nudité de leur âme : la morgue aristocratique peut devenir dignité stoïque, la discipline sacrifice… et la lâcheté rester la lâcheté.* *J.C.L.*

LES TITANS "Arrivano i Titani / I Titani"

Film d'aventures de **Duccio Tessari**, avec Antonella Lualdi, Giuliano Gemma, Pedro Armendariz. Italie / France, 1961 – Couleurs – 2 h.

Cadmos, roi de Thèbes, défie l'Olympe. Zeus libère les Titans pour le combattre. Un film jubilatoire dans lequel le réalisateur s'emploie à détourner et parodier le péplum. Des bagarres anthologiques et hilarantes, rythmées par une musique elle-même parodique.

TOA

Comédie de **Sacha Guitry**, avec Sacha Guitry, Lana Marconi, Jeanne Fusier-Gir, Robert Seller, Mireille Perrey. France, 1949 – 1 h 25.

Un auteur-acteur qui vient de rompre avec sa maîtresse choisit de raconter son aventure dans sa prochaine pièce.

TO BE OR NOT TO BE / JEUX DANGEREUX

"To Be or Not to Be"

Comédie d'**Ernst Lubitsch**, avec Carole Lombard *(Maria Tura)*, Jack Benny *(Joseph Tura)*, Robert Stack *(le lieutenant Stanislav Sobinski)*, Felix Bressart *(Greenberg)*, Lionel Atwill *(Rawitch)*, Stanley Ridges *(le professeur Alexander Siletsky)*, Sig Ruman *(le colonel Ehrhardt)*, Tom Dugan *(Bronski)*. • SC : Edwin Justus Mayer, Melchior Lengyel, E. Lubitsch. • PH : Rudolph Mate. • DÉC : Vincent Korda, J. MacMillan Johnson, Julia Heron. • MUS : Werner R. Heymann. • MONT : Dorothy Spencer. • PR : Alexander Korda. États-Unis, 1942 – 1 h 39.

Une troupe d'acteurs polonais, à la veille de la guerre. À défaut de pouvoir jouer Gestapo, pièce engagée, ils reprennent Hamlet, le grand succès de Joseph Tura, dont la femme, Maria, a une aventure avec un jeune aviateur, le lieutenant Sobinski. Hitler envahit la Pologne. De Londres, Sobinski est envoyé à Varsovie pour empêcher le traître Siletsky de livrer à la Gestapo les secrets de la Résistance. Il est aidé dans sa mission par Maria, dont le charme fait des ravages parmi les dignitaires nazis, et par les acteurs, déguisés en Allemands. C'est ainsi que Joseph Tura, après avoir incarné, pour tromper Siletsky, le colonel Ehrhardt, chef de la Gestapo, doit passer, aux yeux du véritable Ehrhardt, pour le professeur Siletsky, qui vient d'être abattu par les résistants. Malgré la découverte inopinée du cadavre, Tura et ses compagnons parviennent à se jouer d'Ehrhardt. La venue d'Hitler à Varsovie leur donne l'occasion d'organiser leur fuite avec le concours involontaire de la police allemande. Ils s'envolent pour la patrie de Shakespeare, où Tura, reprenant le rôle d'Hamlet, connaîtra de nouvelles occasions d'être jaloux.

◆ Le miroir même du monde

Comme Gestapo, *pièce fictive dans le film,* To Be or Not to Be *est une œuvre engagée ; contrai-*

rement au metteur en scène de Gestapo, *Lubitsch ne craint pas de faire rire en citant les camps de concentration et les exécutions sommaires. C'est que la « comédie » est vue ici non comme tel genre dont on ne saurait transgresser les règles, mais comme le miroir même du monde, de ses vices et de ses folies. En mimant les dignitaires de l'ordre nazi, les acteurs polonais ne tournent pas seulement cet ordre en dérision, ils désignent (démasquent) en lui une part réellement, profondément histrionique. Les allusions shakespeariennes sont multiples et cohérentes : à* Hamlet *renvoient le titre original, mais aussi l'utilisation de* Gestapo *comme d'une « souricière » où tombe Siletsky ; la charge tout ensemble pathétique et symbolique du théâtre s'incarne dans la tirade de Shylock, dite par Greenberg. Ajoutons plusieurs souvenirs datant de la première carrière de Lubitsch, qui fut lui-même humble porte-pique chez Max Reinhardt. À chaud, la complexité de l'œuvre et le sérieux de son propos furent méconnus, les références à la Pologne suscitant des protestations indignées qui blessèrent d'autant plus Lubitsch que, comme l'indiquent de nombreux signes, il s'était clairement identifié aux personnages qu'il campait – à la fois acteurs, juifs et polonais.* *J.-L.B.*

TO BE OR NOT TO BE "To Be or Not to Be"
Comédie d'**Alan Johnson**, avec Mel Brooks, Anne Bancroft, Tim Matheson. États-Unis, 1983 – Couleurs – 1 h 47.

En 1939, à Varsovie, un acteur et directeur de théâtre a recours à ses talents de comédien pour mener à bien une mission capitale dont l'a chargé la Résistance. Remake du précédent.

LE TOBOGGAN DE LA MORT "Rollercoaster"
Film-catastrophe de **James Goldstone**, avec Georges Segal, Richard Widmark, Timothy Bottoms. États-Unis, 1977 – Couleurs – 1 h 59.

Dans un parc d'attractions, un déséquilibré sème la terreur au « grand-huit » et exige une énorme rançon pour cesser.

TOBROUK, COMMANDO POUR L'ENFER
"Tobruk"
Film de guerre d'**Arthur Hiller**, avec Rock Hudson, George Peppard, Nigel Green, Guy Stockwell. États-Unis, 1967 – Couleurs – 1 h 50.

Durant la Seconde Guerre mondiale, en Afrique du Nord, un commando de juifs allemands menés par un officier anglais est chargé de détruire les réserves d'essence de l'Afrika Korps.

TODO MODO "Todo Modo"
Film politique d'**Elio Petri**, d'après le roman de Leonardo Sciascia, avec Gian Maria Volonté, Marcello Mastroianni, Mariangela Mélato. Italie, 1976 – Couleurs – 1 h 55.

Des notables italiens réunis en séminaire dans une abbaye sont assassinés l'un après l'autre. La puissance de l'allégorie n'empêche pas une certaine confusion.

LA TOILE D'ARAIGNÉE "The Cobweb"
Drame psychologique de **Vincente Minnelli**, d'après le roman de William Gibson, avec Richard Widmark, Lauren Bacall, Charles Boyer, Gloria Grahame, Lillian Gish, John Kerr. États-Unis, 1955 – Couleurs – 2 h 04.

Dans une clinique psychiatrique privée, la tension monte entre les différents protagonistes : la directrice, les médecins et les malades. Analyse psychologique mêlée d'humour.

LA TOILE D'ARAIGNÉE "The Drowning Pool"
Film policier de **Stuart Rosenberg**, d'après le roman de Ross McDonald, avec Paul Newman, Tony Franciosa, Murray Hamilton, Melanie Griffith, Joanne Woodward. États-Unis, 1975 – Couleurs – 1 h 49.

Après le meurtre d'une riche Américaine, le détective privé Harper ne peut empêcher celui d'un témoin et s'aperçoit que le chef de la police locale a partie liée avec les assassins. Dégoûté, il renonce à poursuivre son enquête.
▷ Voir aussi DÉTECTIVE PRIVÉ.

TOI LE VENIN
Drame de **Robert Hossein**, d'après le roman de Frédéric Dard, avec Robert Hossein, Marina Vlady, Odile Versois. France, 1959 – 1 h 32.

Un homme recherche la nymphomane qui a tenté de l'écraser, un soir, sur une route déserte. Avec la musique obsédante d'André Gosselain.

LE TOIT "Il tetto"
Drame de **Vittorio De Sica**, avec Gabriella Pallotta, Giorgio Listuzzi, Gastone Renzelli, Maria Di Rollo. Italie, 1956 – 1 h 36.

Des jeunes mariés qui se retrouvent sans logement tentent en une nuit de se construire un toit. Humour, solidarité et optimisme. Grand Prix de l'Office catholique international du cinéma.

TOKYO-GA "Tokyo-Ga"
Documentaire de **Wim Wenders**. R.F.A. / États-Unis, 1985 – Couleurs – 1 h 20.

Journal de voyage filmé du cinéaste allemand au Japon, sur les traces et les lieux des films du célèbre réalisateur Yasujiro Ozu dont il est un fervent admirateur.

TOKYO JOE "Tokyo Joe"
Film d'aventures de **Stuart Heisler**, d'après le roman de Steve Fisher, avec Humphrey Bogart, Florence Marly, Sessue Hayakawa. États-Unis, 1949 – 1 h 28.

Après la guerre, un homme retourne au Japon, y retrouve son épouse qu'il croyait morte et donne sa vie pour arracher son enfant aux griffes d'un trafiquant.

TOLÉRANCE
Film historique de **Pierre-Henry Salfati**, avec Ugo Tognazzi, Rupert Everett, Anne Brochet, Marc de Jonge, Catherine Samie. France, 1989 – Couleurs – 1 h 47.

Sous le Directoire, Marmant, petit nobliau italien réchappé de la Révolution, et sa jeune femme Tolérance reçoivent en héritage, d'un vieil oncle anglais, un « ermite de salon ». Le face-à-face va se révéler intenable... Une farce baroque et raffinée.

TOMAHAWK "Tomahawk"
Western de **George Sherman**, avec Van Heflin, Yvonne De Carlo, Preston Foster. États-Unis, 1951 – Couleurs – 1 h 22.

En 1866, un scout indien vient en aide aux Sioux pour la reconnaissance de leur territoire. Rock Hudson dans un petit rôle.

LE TOMBEAU HINDOU "Das indische Grabmal"
Film d'aventures de **Joe May** sur un scénario de Fritz Lang et Thea von Harbou, avec Conrad Veidt, Mia May, Erna Morena, Paul Richter. Allemagne, 1921 – env. 3 200 m (1 h 58).

Un prince hindou commande un mausolée pour son épouse. Mais l'architecte à qui il confie cette tâche apprend que la femme du maharadjah est toujours vivante et que celui-ci a l'intention de l'emmurer vivante pour son infidélité.

LE TOMBEAU HINDOU "Das indische Grabmal"
Film d'aventures de **Fritz Lang**, avec Debra Paget, Paul Hubschmid, Claus Holm, Sabine Bethmann. R.F.A./France, 1959 – Couleurs – 1 h 52.

Les intrigues qui opposent le maharadjah à son demi-frère mettent en danger la danseuse et l'ingénieur qui l'aime. Grâce à la complicité d'un Allemand chargé de construire un mausolée, les deux amoureux retrouveront la liberté et le bonheur. Une suite « achronologique » du TIGRE DU BENGALE (Voir ce titre).

LA TOMBE DE LIGEIA "The Tomb of Ligeia"
Film fantastique de **Roger Corman**, d'après la nouvelle d'Edgar A. Poe, avec Vincent Price, Elizabeth Sheperd, John Westbrook. Grande-Bretagne, 1964 – Couleurs – 1 h 21.

Ligeia est-elle vraiment morte ? Ses réapparitions viennent troubler, c'est le moins que l'on puisse dire, la vie du château où son époux s'apprête à se remarier.

TOMBE LES FILLES ET TAIS-TOI
"Play it Again, Sam"
Comédie de **Woody Allen**, avec Woody Allen, Diane Keaton, Tony Roberts, Suzan Anspach, Jerry Lacy, Jennifer Salt. États-Unis, 1971 – Couleurs – 1 h 27.

Un passionné de cinéma délaisse sa femme. Celle-ci le quitte et il accumule les gaffes, malgré les « conseils » de son idole, Bogart, sorti directement de *Casablanca*. Du meilleur Woody Allen comique.

LE TOMBEUR "Lady Killer"
Comédie de **Roy Del Ruth**, d'après le roman de Rosalind Keating Shaffer *The Finger Man*, avec James Cagney, Mae Clarke, Leslie Fenton, Margaret Lindsay, Henry O'Neill. États-Unis, 1933 – 1 h 16.

À Hollywood, un gangster en cavale se dissimule parmi des figurants et finit par devenir une vedette. Ses anciens complices le retrouvent et le font chanter, puis veulent se débarrasser de lui, mais il sera sauvé par la police.

LE TOMBEUR DE CES DAMES "The Ladie's Man"
Comédie de **Jerry Lewis**, avec Jerry Lewis, Helen Traubel, Kathleen Freeman, Buddy Lester, Marty Ingles, George Raft. États-Unis, 1961 – Couleurs – 1 h 46.

Herbert H. Hebert surprend sa fiancée dans les bras d'un autre et décide de renoncer aux femmes. Il est engagé comme homme à tout faire dans un foyer de jeunes filles... Pour filmer ce délicieux fantasme, Lewis passe pour la seconde fois derrière la caméra. Comme d'autres comiques, Jerry règle ses problèmes avec le matriarcat à sa façon : fabuleuses grimaces, gags féroces et grivois. Son film s'inspire aussi des comédies musicales car les mouvements des personnages et de la caméra sont véritablement chorégraphiés.

TOM ET LOLA
Drame de **Bertrand Arthuys**, avec Neil Stubbs, Mélodie Collin, Cécile Magnet. France, 1990 – Couleurs – 1 h 37.

Deux enfants, un garçon et une fille, sont enfermés chacun dans une bulle de plastique stérile. Leurs défenses immunitaires ne fonctionnent plus. Ils sont pourtant joyeux et communiquent par signes et sourires. L'attrait du défendu les pousse à quitter leur bulle pour découvrir le monde réel. À la frontière du mélodrame et du conte fantastique, ce film inclassable est émouvant, insolite et poétique.

TOM FOOT "Fimpen"

Comédie de **Bo Widerberg**, avec Johan Bergman, Monica Zetterlund, Magnus Harenstam, Ernst Jugo Jaregard, Inger Bergman. Suède, 1974 – Couleurs – 1 h 29.

Le petit Johan est un très bon joueur de foot et devient bientôt l'idole du public. Il fait qualifier la Suède pour la finale de la Coupe mais choisit ensuite d'abandonner le sport pour apprendre simplement à lire et à écrire.

TOM HORN "Tom Horn"

Western de **William Wiard**, avec Steve McQueen, Linda Evans, Richard Fransworth. États-Unis, 1978 – Couleurs – 1 h 38.

Un cow-boy, engagé par une association d'éleveurs pour nettoyer le Wyoming des voleurs de bétail, est victime d'une machination qui le conduira à la potence.

TOM JONES, ENTRE L'ALCÔVE ET LA POTENCE "Tom Jones"

Comédie de **Tony Richardson**, avec Albert Finney *(Tom Jones)*, Hugh Griffith *(Squire Western)*, Susannah York *(Sophie Western)*. • SC : John Osborne, d'après le roman de Henry Fielding *The History of Tom Jones, a Foundling*. • PH : Walter Lassaly, Manny Wynn. • DÉC : Ted Marshall. • MUS : John Addison. • MONT : Antony Gibbs. Grande-Bretagne, 1963 – Couleurs – 1 h 55. ★ **Oscar du meilleur film 1963.**

Squire Western trouve un bébé abandonné qu'on suppose être le fils d'une servante. Il l'élève. Devenu grand, Tom Jones devient un solide gaillard, plus intéressé par les jupons que par les leçons de son précepteur. Une série d'aventures rocambolesques commence, au bout desquelles, après avoir frôlé la potence, Tom saura de qui il est vraiment le fils.

◆ *Une solide reconstitution d'époque pour cette comédie aux images très soignées qui contrastent avec le style presque documentaire de la mise en scène par un des créateurs du Free Cinema anglais. L'homogénéité de l'ensemble en souffre, car la qualité de la recherche historique et le type d'humour, proche du burlesque, du film se marient mal, par la rigueur qu'ils exigent, avec l'approximation d'un cinéma « en liberté » qui abonde en caméras portées peu nécessaires et en plans souvent insuffisamment composés. Plusieurs épisodes sont très drôles avec un arrière-plan de critique sociale.* *S.K.*

TOMMY "Tommy"

Drame musical de **Ken Russell**, d'après l'opéra-rock de Peter Townshend et The Who, avec Roger Daltrey, Oliver Reed, Ann-Margret, Elton John, Tina Turner, Eric Clapton, Robert Powell, Jack Nicholson. Grande-Bretagne, 1975 – Couleurs – 1 h 50.

Un officier disparaît à la guerre, laissant un bébé à sa compagne, qui se remarie. Mais il revient et se fait tuer par le nouvel époux. Devenu aveugle, sourd et muet, le jeune enfant retrouvera ses facultés après un choc provoqué par sa mère. Délirant.

TONI

Drame de **Jean Renoir**, avec Charles Blavette *(Toni)*, Célia Montalvan *(Josépha)*, Max Dalban *(Albert)*, Jenny Helia *(Marie)*, Edouard Delmont *(Fernand)*, Andrex *(Gaby)*, André Kovachevitch. • SC : J. Renoir, Carl Einstein. • PH : Claude Renoir. • DÉC : Léon Bourrely. • MUS : Paul Bozzi. • MONT : Marguerite Renoir. France, 1934 – 1 h 22.

Venu chercher du travail en France, Toni, travailleur italien, est tombé amoureux de Josépha, la nièce d'un immigré comme lui, devenu propriétaire d'une petite ferme. Il a été devancé par Albert, son contremaître, qui a séduit Josépha et l'a épousée. Lorsque, prête à s'enfuir avec son cousin et nouvel amant Gaby, Josépha tue Albert, Toni sera victime des circonstances...

◆ *C'est à la fois l'un des films les plus réalistes du Renoir des années 30, souvent considéré, à juste titre, comme l'ancêtre du néoréalisme, et l'un des plus élaborés esthétiquement : le cadre y joue admirablement des effets plastiques et émotionnels. Renoir se livre à une analyse implacable des tabous sexuels de la culture méditerranéenne et des situations tragiques qu'ils engendrent. Sa critique comme sa sympathie se répartissent également entre le mâle possessif (Albert), le jouisseur (Gaby) et l'amoureux idéaliste (Toni).* *J.M.*

TONNERRE APACHE "A Thunder of Drums"

Western de **Joseph Newman**, avec Richard Boone, George Hamilton, Richard Chamberlain, Arthur O'Connell, Charles Bronson. États-Unis, 1961 – Couleurs – 1 h 37.

Dans un poste avancé de l'Ouest menacé par les Indiens, un jeune lieutenant s'oppose à son capitaine. Un western de second ordre noyé dans les bavardages et les clichés.

TONNERRE DE FEU "BLUE THUNDER"
Film policier de **John Badham**, avec Roy Scheider, Malcolm McDowell, Warren Oates, Daniel Stern. États-Unis, 1983 – Couleurs – 1 h 52.

L'as de la brigade héliportée de Los Angeles veut mettre en échec, grâce à son nouvel engin ultra-sophistiqué, le complot fascisant ourdi par son ennemi intime.

LE TONNERRE ROUGE
"ALIEN THUNDER / DAN CANDY'S LAW"
Film d'aventures de **Claude Fournier**, avec Donald Sutherland, Gordon Tootoosis, Chief Dan George, Francine Racette. Canada, 1973 – Couleurs – 1 h 30.

À la fin du XIXe siècle au Canada, un Indien affamé vole une vache pour nourrir sa tribu. Poursuivi par deux policiers, il sera traqué pendant des mois avant d'être impitoyablement exécuté.

TONNERRES LOINTAINS "ASHANI SANKET"
Drame de **Satyajit Ray**, avec Soumitra Chatterjee *(Gangacharan)*, Babita *(Ananga)*, Sandhya Roy *(Chutki)*, Ramesh Mukherjee *(Biswas)*, Chitra Bannerjee *(Moti)*, Nony Ganguly *(Jadu)*, Govinda Chakravarty *(Dinu)*, Sheli Pal *(Moskshada)*. • SC : S. Ray, d'après le roman de Bibhutibhusan Bannerjee. • PH : Sumendu Roy. • DÉC : Ashoke Bose. • MUS : S. Ray. • MONT : Dulal Dutta. Inde, 1973 – Couleurs – 1 h 41. ★ **OURS D'OR, Berlin 1973.**

Dans un village du Bengale, en 1942, alors que la guerre gronde au loin, un brahmane vit tranquillement avec sa femme, profitant en fait de la crédulité des villageois et de leur ignorance pour maintenir son pouvoir sur les esprits. Contre consultations et remèdes, on lui assure sa subsistance et celle de sa femme. Mais le riz se fait rare : Dinu le mendiant explique à Gangacharan le brahmane que la Birmanie a été prise par les Japonais. Or, elle fournissait le riz à l'Inde... Biswas, l'épicier du village, devient un homme puissant ; on se prostitue, on lutte pour assurer la maigre ration quotidienne... Sur le chemin apparaissent bientôt des milliers de miséreux, avec le vieux Dinu à leur tête : les « tonnerres lointains » se sont rapprochés.

◆ *La guerre au Bengale, c'est avant tout la lutte contre la famine. Survivre est une obsession. C'est l'idée, envahissante, qui ressort de ce film sombre, tempéré à la fin d'une note d'espoir.* D.C.

TONNERRE SUR TIMBERLAND
"GUNS OF THE TIMBERLAND"
Western de **Robert D. Webb**, avec Alan Ladd, Jeanne Crain, Gilbert Roland, Frankie Avalon, Lyle Bettger, Noah Beery Jr. États-Unis, 1960 – Couleurs – 1 h 31.

L'opposition entre bûcherons et fermiers dans le nord de la Californie. De l'action, de superbes paysages et de l'amour.

LES TONTONS FARCEURS "THE FAMILY JEWELS"
Comédie de **Jerry Lewis**, avec Jerry Lewis, Donna Butterworth. États-Unis, 1965 – Couleurs – 1 h 40.

Une fillette d'une dizaine d'années, héritière d'une énorme fortune, doit choisir entre ses six oncles celui qui remplacera son père auprès d'elle. Mais c'est son chauffeur qui la sauve de son étrange et cupide famille. Un septuple rôle pour Jerry.

LES TONTONS FLINGUEURS
Comédie de **Georges Lautner**, avec Lino Ventura, Bernard Blier, Francis Blanche, Claude Rich. France / R.F.A. / Italie, 1963 – 1 h 40.

Un homme tranquille recueille les dernières volontés de son ami de jeunesse Louis le Mexicain, truand notoire. Il se voit confier la responsabilité de ses « affaires » et promet aussi de veiller sur sa fille. Le tout sur le mode parodique cher à Lautner.

TONY ROME EST DANGEREUX "TONY ROME"
Film policier de **Gordon Douglas**, d'après le roman de Marvin H. Albert *Miami Mayhem*, avec Frank Sinatra, Jill St-John, Richard Conte, Gena Rowlands, Simon Oakland. États-Unis, 1967 – Couleurs – 1 h 50.

Tony Rome poursuit une enquête sur les bijoux de la fille d'un milliardaire, ce qui l'entraîne dans les coulisses de la Floride touristique. Suite de LA FEMME EN CIMENT (Voir ce titre).

TOO MUCH ! "WISH YOU WERE HERE"
Comédie de **David Leland**, avec Emily Lloyd, Tom Bell, Jesse Birdsall. Grande-Bretagne, 1987 – Couleurs – 1 h 40.

Qu'est-ce qui fait courir Lynda, provocante et rebelle, dans ce petit village perdu au sud de l'Angleterre ? Un portrait subtil qui oscille entre défi et désespoir.

TOOTSIE "TOOTSIE"
Comédie de **Sydney Pollack**, avec Dustin Hoffman *(Michael Dorsey / Dorothy Michaels)*, Jessica Lange *(Julie)*, Teri Garr *(Sandy)*, Charles Durning *(Les)*, Bill Murray *(Jeff)*, Sydney Pollack *(George Fields)*. • SC : Don McGuire, Larry Gelbart, Murray Schisgal. • PH : Owen Roizman. • DÉC : Peter Larkin. • MUS : Dave Grusin. • MONT : Fredric et William Steinkamp. États-Unis, 1982 – Couleurs – 1 h 57.

Michael est un bon comédien, mais il est le seul à le savoir. Il est têtu, travaille dans le sublime, veut monter un spectacle d'avant-garde. Au lieu de quoi, il trouve enfin un contrat à la télévision, dans une série populaire assez lamentable, parce qu'il a eu la bonne idée de se déguiser en femme. Il sera Tootsie, à l'écran comme à la ville, car il lui est difficile de révéler son subterfuge. Cette situation crée des quiproquos prévisibles.

◆ *Le principe du travesti est généralement une facilité et pour les scénaristes et pour les comédiens. Ici, il fonctionne à merveille. D'abord parce que le scénario est remarquable et se lit à plusieurs niveaux (en fait, c'est un hymne à la féminité), ensuite parce que Sydney Pollack et Dustin Hoffman ont trouvé le juste ton. Tootsie est vraisemblable. Le spectateur lui-même, pourtant prévenu, éprouve quelquefois un certain trouble devant l'hermaphrodisme du personnage. Il faut dire aussi qu'il s'agit d'une comédie satirique (ô ! les milieux de la télévision !). Mais le rire et l'émotion flirtent constamment.* G.S.

TOPAZE

Comédie dramatique de **Louis Gasnier**, d'après la pièce de Marcel Pagnol, avec Louis Jouvet, Edwige Feuillère, Marcel Vallée, Simone Héliard, Jane Loury. France, 1932 – 1 h 43.

Renvoyé de son école, un humble instituteur devient le précepteur de cyniques bourgeois. Malgré lui, il se lance dans les affaires et écrase tous ceux qui tentent de s'opposer à lui.

▷ Autres versions réalisées par: **Harry d'Abbadie d'Arrast**, avec John Barrymore, Myrna Loy, Jobyna Howland, Jackie Searl. États-Unis, 1933 – 1 h 18. **Marcel Pagnol**, avec Arnaudy, Sylvia Bataille, André Pollack, Léon Bélières, Délia-Col. France, 1936 – 1 h 50. **Marcel Pagnol**, avec Fernandel, Hélène Perdrière, Pierre Larquey, Jacques Morel, Jacqueline Pagnol, Jacques Castelot. France, 1951 – 2 h 20. **Peter Sellers**, intitulée MONSIEUR TOPAZE "Mister Topaze", avec Peter Sellers, Nadia Gray, Herbert Lom, Leo McKern, Martita Hunt. Grande-Bretagne, 1962 – 1 h 37.

TOP GUN "Top Gun"

Film d'aventures de **Tony Scott**, avec Tom Cruise, Kelly McGillis, Val Kilmer, Anthony Edwards, Tom Skerritt. États-Unis, 1986 – Couleurs – 1 h 49.

La formation supérieure d'un pilote de chasse, dans la meilleure école de guerre de Californie, avec les rivalités et les réconciliations. Des avions et de la musique.

TOPKAPI "Topkapi"

Film d'aventures de **Jules Dassin**, avec Mélina Mercouri, Peter Ustinov, Maximilian Schell, Akim Tamiroff. États-Unis, 1964 – Couleurs – 2 h.

Un couple d'aventuriers organise et exécute un cambriolage dans le célèbre musée Topkapi à Istambul. Un des meilleurs films réalisés sur le thème du « cambriolage du siècle ».

EL TOPO "El Topo"

Western épique d'**Alejandro Jodorowsky**, avec Mara Lorenzio, Jacqueline Luis, David Silva, Alfonso Rao, Paula Roma. Chili, 1971 – Couleurs – 2 h 03.

Un cavalier venu du désert tue sans pitié une bande de mercenaires assassins et, pour l'amour d'une femme, élimine des tireurs rivaux, avant que celle-ci ne l'abandonne. Il aide une communauté de nains à se libérer, puis, désespéré, il se fait brûler vif.

TOP SECRET "The Tamarind Seed"

Film d'espionnage de **Blake Edwards**, d'après le roman d'Evelyn Anthony, avec Julie Andrews, Omar Sharif, Anthony Quayle, Daniel O'Herlihy. Grande-Bretagne, 1974 – Couleurs – 1 h 46.

Fédor, de l'ambassade soviétique à Paris, rencontre Judith et décide de passer à l'Ouest, avec des documents. Il se réfugie à la Barbade et réussit à sortir d'un attentat fomenté par ceux qu'il a trahis.

TOP SECRET ! "Top Secret !"

Comédie de **Jim Abrahams, David** et **Jerry Zucker**, avec Val Kilmer, Lucy Guterridge, Christopher Villiers. États-Unis, 1984 – Couleurs – 1 h 30.

Un chanteur de rock, aidé de la fille d'un savant, s'emploie à délivrer ce dernier des griffes d'un dangereux général néo-nazi. Une iconoclaste parodie des films d'espionnage. Décapant !

TORA ! TORA ! TORA ! "Tora ! Tora ! Tora !"

Film de guerre de **Richard Fleischer** et **Toshio Masuda**, avec Martin Balsam, Sō Yamamura, Joseph Cotten. États-Unis, 1970 – Couleurs – 2 h 20.

De juin à décembre 1941, les événements qui, au Japon et aux États-Unis, ont abouti à l'attaque de Pearl Harbor. Reconstitution impressionnante. À noter que Kurosawa avait commencé à travailler sur le projet.

LES TORÉADORS "The Bullfighters"

Film burlesque de **Mal Saint-Clair**, avec Stan Laurel, Oliver Hardy, Margo Woode, Richard Lane. États-Unis, 1945 – 1 h 01.

Nos deux compères sont obligés d'affronter un taureau à cause de la ressemblance de Laurel avec un authentique toréador.

TORO "TORERO"

Biographie de **Carlos Velo**, avec Luis Procuna, Manolete, Carlos Arruza. • SC : Manuel Barbachano-Ponce, C. Velo. • PH : Ramon Muñoz. • MUS : Rodolfo Alffter. Mexique, 1956 – 1 h 15. ★ **MENTION SPÉCIALE DU JURY, Venise 1956.**

Luis Procuna est un grand torero mexicain. Il veut prendre enfin sa retraite et vivre en paix avec sa femme, mais le public furieux est déçu et sa propre fierté le ramène à l'arène. Sur le chemin le menant au combat, il se remémore sa vie passée et se débat avec sa peur. Peur qui l'accompagne jusque dans l'arène où une fois encore il vaincra, mais dimanche prochain...

◆ Toro *est un des films précurseurs du cinéma mexicain indépendant. Réalisé en dehors des circuits traditionnels de production, il a l'originalité d'utiliser des documents sur la vie du matador Luis Procuna et de les confronter à un récit à la première personne. André Bazin ira jusqu'à dire que «* Toro *renouvelle les perspectives du réalisme cinématographique ».* *C.G.*

TORPILLES SOUS L'ATLANTIQUE

"THE ENEMY BELOW"

Film de guerre de **Dick Powell**, d'après le roman du commandant D.A. Rayner, avec Robert Mitchum, Curd Jürgens, Theodore Bikel. États-Unis, 1957 – Couleurs – 1 h 38.

Duel sans merci entre deux sous-marins allemand et américain.

TORRE BELA "TORRE BELA"

Drame politique de **Thomas Harlan**, avec des non professionnels. Portugal, 1977 – Couleurs – 1 h 40.

Au lendemain de la chute de la dictature, en 1975, des chômeurs occupent les terres inexploitées d'un riche propriétaire, tentent de les cultiver et de créer une coopérative.

LE TORRENT "THE TORRENT"

Mélodrame de **Monta Bell**, d'après le roman de Vicente Blasco, avec Ricardo Cortez, Greta Garbo, Gertrude Olmsted, Edward Connelly. États-Unis, 1925 – env. 2 000 m (1 h 14).

Deux amoureux espagnols sont séparés par une mère tyrannique. La jeune fille se console en devenant à Paris une prima donna. Le premier film américain de Greta Garbo.

TORRENTS

Drame de **Serge de Poligny**, d'après le roman d'Anne-Marie Desmarets, avec Georges Marchal, Renée Faure, Alexandre Rignault, Hélène Vita. France, 1947 – 1 h 40.

Un jeune homme, sur le point d'épouser sa cousine, se marie finalement à une femme qu'il n'aime pas et devient médecin colonial. Par un concours de circonstances, la première femme tue la seconde et se jette dans le torrent qui la vit heureuse.

TORRENTS D'AMOUR / LOVE STREAMS

"LOVE STREAMS"

Drame psychologique de **John Cassavetes**, avec Gena Rowlands *(Sarah Lawson)*, John Cassavetes *(Robert Harmon)*, Seymour Cassel *(Jack Lawson)*, Diahnne Abbot *(Susan)*. • SC : J. Cassavetes, Ted Allan, d'après sa pièce. • PH : Al Ruban. • DÉC : Michael Peter Reinman. • MUS : Bo Harwood. • MONT : George C. Villa. États-Unis, 1984 – Couleurs – 2 h 18. ★ **OURS D'OR, Berlin 1984.**

Dans sa maison de Los Angeles, l'écrivain Robert Harmon, désabusé, alcoolique, vit entouré de jolies filles. À la suite d'un divorce douloureux, sa sœur Sarah débarque chez lui. Pendant qu'elle tente de joindre au téléphone son mari et sa fille, Robert, chargé pour une nuit de la garde de son fils, l'abandonne pour aller retrouver des prostituées. Ils se retrouvent au matin, elle, débordante d'amour, lui fatigué. Après avoir fait l'acquisition d'une véritable ménagerie, Sarah, se sentant incomprise, s'en va, laissant Robert à sa solitude.

◆ *À travers la confrontation de deux solitudes, John Cassavetes aborde le thème de l'amour-flux, torrent intarissable, source de bonheur et de déchirures. Au-delà de son désespoir,* Love Streams *nous emporte dans sa violence émotionnelle, ses glissements oniriques et ses passages carrément comiques. Un film bouleversant magnifiquement mené par le couple Rowlands-Cassavetes.* *D.P.*

TORTILLA FLAT "TORTILLA FLAT"

Comédie dramatique de **Victor Fleming**, d'après le roman de John Steinbeck, avec Spencer Tracy, Hedy Lamarr, John Garfield, Frank Morgan, Akim Tamiroff. États-Unis, 1942 – 1 h 45.

Dans un village mexicain, un garçon suivrait bien l'exemple de Pilon Paisanos, amateur de farniente et de vin, si la belle Dolorès ne lui reprochait son indolence. Il l'épouse et quitte le pays.

TORTILLARD POUR TITFIELD

"THE TITFIELD THUNDERBOLT"

Comédie de **Charles Crichton**, avec Stanley Holloway, George Relph, Naunton Wayne. Grande-Bretagne, 1953 – Couleurs – 1 h 24.

À Titfield, charmant petit village anglais, le train local est menacé par un bel autocar dernier modèle. Les habitants se cotisent et achètent le train ! Humour et esprit très british.

LA TORTUE SUR LE DOS
Essai de **Luc Béraud**, avec Bernadette Lafont, Jean-François Stévenin, Claude Miller. France, 1978 – Couleurs – 1 h 50.

Un écrivain en panne d'idées délaisse peu à peu son épouse pour courir les milieux interlopes et les aventures sexuelles. Il y retrouve paradoxalement l'inspiration... et récupère sa femme.

LA TOSCA "TOSCA"
Drame historique de **Carl Koch**, d'après la pièce de Victorien Sardou, avec Imperio Argentina, Michel Simon, Rossano Brazzi. Italie, 1940 – 1 h 46.

À Rome, en 1800, le peintre Caravadossi aime la chanteuse Floria Tosca, mais le préfet de police est également amoureux d'elle. L'amour des deux artistes se terminera tragiquement. Un film commencé par Jean Renoir, qui dut l'abandonner lors de la déclaration de guerre de l'Italie.

TOSCANINI
Biographie de **Franco Zeffirelli**, avec C. Thomas-Howell, Elizabeth Taylor, Sophie Ward, Philippe Noiret. France / Italie / Tunisie, 1988 – Couleurs – 1 h 47.

Remarqué pour sa personnalité frondeuse, le jeune Toscanini est engagé pour une tournée en Amérique du Sud où son talent de chef d'orchestre éclate. Illustration anecdotique de la jeunesse du grand musicien.

TOSELLI "ROMANZO D'AMORE"
Drame sentimental de **Duilio Coletti**, avec Danielle Darrieux, Rossano Brazzi. Italie / France, 1951 – 1 h 30.

À la veille de la Première Guerre mondiale, les amours tragiques de Louise de Habsbourg et du compositeur Enrico Toselli.

TOTÒ APÔTRE ET MARTYR "SAN GIOVANNI DECOLLATO"
Comédie d'**Amleto Palermi**, avec Totò, Titina De Filippo. Italie, 1941 – 1 h 29.

Les mésaventures d'un savetier et de son épouse dans un quartier populaire de Naples.

TOTÒ CHERCHE UN APPARTEMENT
"TOTÒ CERCA CASA"
Comédie de **Steno** et **Mario Monicelli**, avec Totò, Alda Mangini, Marisa Merlini. Italie, 1949 – 1 h 18.

Les multiples tentatives de Totò pour trouver un logement décent le mèneront à l'asile d'aliénés. Loufoque et truffé de gags.

TOTO LE HÉROS
Comédie dramatique de **Jaco Van Dormael**, avec Michel Bouquet, Jo de Backer, Thomas Godet. Belgique / France / Allemagne, 1990 – Couleurs – 1 h 30. ★ CÉSAR 1992 DU MEILLEUR FILM ÉTRANGER.

Thomas estime qu'Alfred lui a volé sa vie : il forme le projet de le tuer pour devenir enfin lui-même.

TOTÒ « LE MOKO »
Comédie policière de **Carlo Ludovico Bragaglia**, avec Totò, Gianna Maria Canale, Carlo Ninchi. Italie, 1949 – 1 h 17.

Pépé le Moko vient de mourir dans la Casbah d'Alger. Pour lui succéder, le « clan » fait appel à un vague cousin italien, musicien napolitain. Une lotion capillaire magique fera le reste.

TOTÒ, MISÈRE ET NOBLESSE
"MISERIA E NOBILTÀ"
Comédie de **Mario Mattoli**, avec Totò, Sophia Loren, Enzo Turco, Dolores Palumbo. Italie, 1954 – Couleurs – 1 h 36.

Au XIXe siècle à Naples, deux familles très pauvres se font passer pour proches parentes d'un marquis, permettant à celui-ci d'épouser la jeune fille de son choix.

LE TOUBIB
Drame de **Pierre Granier-Deferre**, d'après le roman de Jean Freustié *Harmonie ou les Horreurs de la guerre*, avec Alain Delon, Véronique Jannot, Francine Bergé. France, 1979 – Couleurs – 1 h 35.

En pleine guerre, dans un pays non déterminé, un chirurgien et son équipe travaillent sans relâche. Une jeune infirmière se fait humilier par le médecin qui finit par en tomber amoureux.

TOUCHE PAS À MON COPAIN
Chronique de **Bernard Bouthier**, avec Claude Ventura, Christian Cucurullo, Jean-Louis Blenet, Sandrine Finck. France, 1977 – Couleurs – 1 h 30.

Quatre amis d'une trentaine d'années cherchent leur vie, leur voie, leurs amours. Un film un peu désenchanté.

TOUCHE PAS À MON GAZON
"FUN WITH DICK AND JANE"
Comédie de **Ted Kotcheff**, avec Jane Fonda, George Segal, Ed McMahon. États-Unis, 1977 – Couleurs – 1 h 40.

Dick est chômeur. Après l'échec des possibilités régulières qu'il a explorées, il se résigne à entrer dans l'illégalité.

TOUCHE PAS LA FEMME BLANCHE !
Comédie de **Marco Ferreri**, avec Catherine Deneuve, Marcello Mastroianni, Michel Piccoli, Philippe Noiret, Ugo Tognazzi, Alain Cuny, Serge Reggiani. France, 1973 – Couleurs – 1 h 48.

Dans le cadre surréaliste des Halles de Baltard en cours de démolition, la transposition loufoque de la bataille de Little Big Horn. Derrière la farce, le drame de tous les opprimés.

TOUCHEZ PAS AU GRISBI
Film policier de **Jacques Becker**, avec Jean Gabin *(Max le Menteur)*, René Dary *(Riton)*, Paul Frankeur *(Pierrot)*, Jeanne Moreau *(Josy)*, Angelo Borrini [Lino Ventura] *(Angelo)*, Dora Doll *(Lola)*. • SC : J. Becker, Maurice Griffe, Albert Simonin, d'après son roman. • PH : Pierre Montazel. • DÉC : Jean d'Eaubonne. • MUS : Jean Wiener. • MONT : Marguerite Renoir. France, 1954 – 1 h 34.

Deux gangsters de la vieille école, Max le Menteur et son ami Riton, viennent de réussir un hold-up de quarante-huit lingots d'or à Orly. Trop bavard, Riton en parle à sa maîtresse Josy, qui répète tout à Angelo, caïd d'une autre bande. Celui-ci kidnappe Riton pour le faire parler. N'y parvenant pas, il fait chanter Max : le butin contre la vie de Riton. L'échange se déroule sur une route nationale, mais Angelo n'est pas régulier. Riton est tué. S'ensuit un règlement de comptes général.

◆ *Le monde des truands, leur code de l'honneur et leur culte de l'amitié virile, tout ce folklore dominant dans les années 50 dans les romans d'Auguste Le Breton, Albert Simonin et José Giovanni, est reconstitué avec soin par Jacques Becker, qui manifeste ici son goût du détail réaliste.* G.L.

TOUCHEZ PAS AUX BLONDES
Comédie policière de **Maurice Cloche**, d'après le roman de Carter Brown *À pâlir la nuit*, avec Philippe Clay, Dario Moreno, Jany Clair, Maria Riquelme. France, 1960 – 1 h 35.

La mort en série de call-girls conduit un inspecteur à enquêter auprès d'une entreprise d'embaumement de cadavres.

TOUCH OF ZEN "A TOUCH OF ZEN/HSIA NU"
Film d'aventures de **King Hu** [Hu Chin-Ch'uan], d'après le roman de P'u Sung-Ling *la Fille héroïque*, avec Hsu Feng, Shin Chun, Pai Ying, Tien Peng. Hong-Kong/Taiwan, 1972 (RÉ : 1969) – Couleurs – 2 h 45.

Aux confins de la Chine, un jeune lettré vit en compagnie de sa mère. Il se lie d'amitié avec une jeune fille, mais l'arrivée d'étrangers va perturber cette belle harmonie. Il les vaincra grâce aux arts martiaux. Un beau film plein de poésie.

LA TOUR DE NESLE
Mélodrame historique d'**Abel Gance**, d'après l'œuvre d'Alexandre Dumas père et Gaillardet, avec Pierre Brasseur, Silvana Pampanini, Paul Guers, Jacques Toja. France / Italie, 1955 – Couleurs – 2 h.

Vivante reconstitution de la cour de Louis X avec son faste et de la tour de Nesle avec sa luxure et ses crimes.

LA TOUR DES AMBITIEUX "EXECUTIVE SUITE"
Drame de **Robert Wise**, avec William Holden *(McDonald Walling)*, Fredric March *(Loren Phineas Shaw)*, June Allyson *(Mary Walling)*, Barbara Stanwyck *(Julia O. Tredway)*, Walter Pidgeon *(Frederick Y. Alderson)*, Shelley Winters *(Eva Bardeman)*, Paul Douglas *(Josiah Walter Dudley)*, Louis Calhern *(George Nyle Caswell)*, Dean Jagger *(Jesse W. Grimm)*, Nina Foch *(Erica Martin)*. • SC : Ernest Lehman, d'après le roman de Cameron Hawley. • PH : George Folsey. • DÉC : Edwin B. Willis, Emil Kuri. • MONT : Ralph E. Winters. États-Unis, 1954 – 1 h 44.

Le président d'une grande fabrique de meubles meurt d'une crise cardiaque. Aussitôt, les cinq sous-directeurs s'affrontent pour prendre sa place. Bientôt, il est clair que seuls deux hommes restent en lice : Shaw, un financier prêt à tout pour assouvir ses ambitions, et Walling, un homme intègre dévoué à son métier et à l'entreprise. Au conseil d'administration, après un long discours, Walling parvient à imposer ses idées.

◆ *Deux éléments contribuent à la réussite de ce film : d'une part, la réunion au sommet d'une pléiade de grands acteurs ; de l'autre, la mise en scène brillante et efficace de Wise.* L.A.

LE TOUR DU MONDE EN 80 JOURS
"AROUND THE WORLD IN 80 DAYS"
Film d'aventures de **Michael Anderson**, d'après le roman de Jules Verne, avec David Niven, Shirley MacLaine, Cantinflas, Robert Newton. États-Unis, 1956 – Couleurs – 2 h 58. ★ OSCAR DU MEILLEUR FILM 1956.

Un riche Anglais parie avec les membres de son club de faire le tour du monde en 80 jours. De spectaculaires aventures en Todd-AO (écran géant) avec plus de quarante stars internationales qui font une apparition : Charles Boyer, Martine Carol, Marlene Dietrich, Fernandel, George Raft, Frank Sinatra, Luis Dominguin, John Gielgud, Buster Keaton...

LA TOUR INFERNALE "THE TOWERING INFERNO"
Film-catastrophe de **John Guillermin** et **Irwin Allen**, d'après les romans de Richard Martin Stern, Thomas N. Scortia et Frank M. Robinson, avec Steve McQueen, Paul Newman, William Holden, Faye Dunaway, Fred Astaire, Richard Chamberlain, Jennifer Jones, Robert

Vaughn, Robert Wagner, Susan Blakely. États-Unis, 1974 – Couleurs – 2 h 44.

Un gigantesque incendie ravage le plus grand gratte-ciel de San Francisco, le jour de son inauguration. Devant le danger, les personnalités se révèlent. Un classique du film-catastrophe.

LA TOURMENTE "The Storm"
Mélodrame de **William Wyler**, d'après la pièce de Langdon McCormick, avec Lupe Velez, Paul Cavanagh, William Boyd. États-Unis, 1930 – 1 h 16.

Une jeune orpheline qui partage la vie d'un trappeur devient un sujet de jalousie entre lui et son partenaire.

TOURMENTS "Hets"
Drame d'**Alf Sjöberg** sur un scénario d'Ingmar Bergman, avec Stig Järrel, Alf Kjellin, Mai Zetterling, Olof Winnerstrand. Suède, 1944 – 1 h 40.

Un lycéen victime des humiliations d'un de ses professeurs se raccroche à l'amour qu'il porte à une jeune fille. Lorsqu'elle meurt, l'enseignant soupçonné se venge sur le garçon.

LES TOURMENTS "Trapeni"
Comédie dramatique de **Karel Kachyna**, avec Jorga Kotrbova, Pavel Bartl, Zdenek Jarolin, Zora Jirakova. Tchécoslovaquie, 1961 – 1 h 20.

Une adolescente en conflit avec ses parents se prend de passion pour un cheval maltraité par son cocher. L'amitié entre la jeune fille et l'animal les réhabilitera aux yeux des autres.

LE TOURNANT DÉCISIF "Velikij perelom"
Film de guerre de **Friedrich Ermler**, avec Mikhaïl Derjavine *(le général Muraviev)*, Andrei Abrikosov *(le général Krivenko)*, Pavel Volkov *(Stepan)*, Petr Andreïevski *(le général Vinogradov)*, Aleksandre Zrajevski *(le général Panteleïev)*. • SC : Boris Tchirskov. • PH : Avram Kaltstyi. • DÉC : Nikolai Souvorov. • MUS : Gavril Popov. U.R.S.S. (Russie), 1946 – 1 h 48. ★ Primé à Cannes 1946.

Le tournant décisif de la guerre, ou « le grand tournant » (titre original du film), c'est la capitulation des Allemands à Stalingrad en 1943. Le film décrit la bataille, mais uniquement au niveau de l'état-major soviétique, dans les discussions sur la stratégie à mener et le choix des décisions tactiques successives nécessitées par l'évolution des événements.

◆ *De fait, on ne voit dans ce film insolite aucune scène de bataille : tout se passe dans les locaux souterrains où les généraux mettent au point les mouvements et les actions, que seuls représentent des cartes et des schémas. Quelques images de ce qui se passe à l'extérieur, quelques plans de prisonniers allemands. Tout le reste est consacré au travail intellectuel et psychologique des gradés responsables des opérations. Bien que le résultat soit passionnant, cette concentration de l'action fut évidemment critiquée dans une période où il s'agissait d'exalter l'héroïsme patriotique de tous.* *J.-M.C.*

LE TOURNANT DE LA VIE "The Turning Point"
Drame de **Herbert Ross**, avec Shirley MacLaine, Anne Brancroft, Leslie Browne, Mikhaïl Baryshnikov. États-Unis, 1977 – Couleurs – 2 h.

Une ancienne danseuse, devenue mère de famille, encourage sa fille à se consacrer à la danse. Mais elle jalouse la danseuse-étoile de la troupe, une amie pourtant, qui s'occupe de la jeune fille.

TOUS EN SCÈNE "The Band Wagon"
Comédie musicale de **Vincente Minnelli**, avec Fred Astaire *(Tony Hunter)*, Cyd Charisse *(Gaby Gérard)*, Jack Buchanan *(Jeffrey Cordova)*, Oscar Levant *(Lester Marton)*, Nanette Fabray *(Lily Marton)*, Ava Gardner *(dans son propre rôle)*. • SC : Betty Comden, Adolph Green. • PH : Harry Jackson. • DÉC : Cedric Gibbons, Preston Ames, Edwin B. Willis, Keogh Cleason. • MUS : Adolph Deutsch. • CHOR : Michael Kidd. • MONT : Albert Akst. • PR : Arthur Freed (M.G.M.). États-Unis, 1953 – Couleurs – 1 h 52.

Ex-étoile de films musicaux oubliés, Tony Hunter arrive à New York dans l'indifférence générale. Ses vieux amis, Lily et Lester, lui décrochent le rôle de Faust dans une comédie musicale « nouveau style », mise en scène, à Broadway, par Jeffrey Cordova. Gaby Gérard, danseuse classique en pleine gloire, accepte d'être sa partenaire, dans la mesure où le poste de chorégraphe est confié à son imprésario et amant, Paul Byrd. Tony a du mal à s'entendre avec elle, et la première est un désastre. Il décide alors de vendre ses tableaux de maître et de remonter le spectacle. Seul Byrd refuse et Gaby rompt avec lui. Le nouveau spectacle, rodé dans plusieurs villes, triomphe à New York. Après la première, la troupe fête Tony et Gaby lui avoue son amour.

◆ Créer un univers

Écrite en 1931, la revue du même titre, créée par Fred Astaire et sa sœur Adèle, manquait d'une intrigue. Fred Astaire étant intéressé par son adaptation, les scénaristes jouèrent sur le décalage temporel, imaginant un Astaire oublié du public, et en firent un film sur le monde du musical. *Minnelli réalisa à la fois une des grandes comédies musicales modernes de la M.G.M. et une admirable réflexion sur l'artiste et le spectacle. L'un des charmes du film tient à cet autoportrait du monde du spectacle : ainsi,* *le couple des Marton, interprété par Oscar Levant et Nanette Fabray, renvoie directement aux scénaristes du film, Adolph Green et Betty Comden, spécialistes du genre. De la même façon, le danseur-metteur en scène Tony Hunter exprime les conceptions du spectacle propres à Minnelli. Minnelli se moque des artifices (fumées, scènes tournantes...) que certains spectacles plaquent extérieurement sur une intrigue indifférente. Ici, c'est la rêverie des personnages qui engendre naturellement les décors et se prolonge directement dans le mouvement de la danse, de la musique et du chant. C'est pourquoi les personnages des grandes comédies musicales de Minnelli ne peuvent être que des gens du spectacle. Loin d'opposer la vie au rêve, il les fait communiquer, se nourrir sans cesse l'un de l'autre. L'univers du genre est celui de la convention et de l'illusion. Si les numéros musicaux, dont certains sont devenus des morceaux d'anthologie (*That's Entertainment, Dancing in the Dark, Triplets *ou* Girl Hunt*), ont une beauté en soi, ils ne prennent leur véritable force émotionnelle que dans le contexte du film. La profession de foi du cinéaste est livrée par une phrase : « Nous entrons avec un rêve et ressortirons avec un spectacle. Avec quatre murs et une lampe, on peut créer un univers ».* *J.M.*

TOUS LES AUTRES S'APPELLENT ALI

"ANGST ESSEN SEELE AUF"

Drame de **Rainer Werner Fassbinder**, avec Brigitte Mira, el-Hedi Ben Salem. R.F.A., 1973 – Couleurs – 1 h 40.

Une femme de soixante ans fait la connaissance d'un travailleur marocain. Ils s'aiment bien, unissent leurs solitudes en se mariant et, d'abord rejetés par leur entourage, finissent par être acceptés avant que l'homme ne tombe gravement malade.

TOUS LES BIENS DE LA TERRE

"ALL THAT MONEY CAN BUY"

Comédie de **William Dieterle**, avec Edward Arnold, Walter Huston, Simone Simon, Jane Darwell. États-Unis, 1941 – 1 h 52.

Un pauvre homme vend son âme au diable pour connaître sept ans de bonheur. Mais le diable veut toujours plus... Mélange de surnaturel et de réel dans une comédie pleine d'humour.

TOUS LES CHEMINS MÈNENT À ROME

Comédie de **Jean Boyer**, avec Micheline Presle, Gérard Philipe, Jacques Louvigny, Marcelle Arnold. France, 1949 – 1 h 37.

Une vedette de cinéma qui se rend à Rome incognito rencontre un géomètre qu'elle croit poursuivi par la police.

TOUS LES GARÇONS S'APPELLENT PATRICK / CHARLOTTE ET VÉRONIQUE

Court métrage de **Jean-Luc Godard** sur un scénario d'Éric Rohmer, avec Jean-Claude Brialy, Anne Colette, Nicole Berger. France, 1957 – 21 mn.

Deux amies se font successivement aborder par un sympathique dragueur et se racontent ensuite leur aventure, puis s'aperçoivent qu'il s'agit du même. Le premier film français de son auteur.

TOUS LES MATINS DU MONDE

Film musical d'**Alain Corneau**, avec Jean-Pierre Marielle *(Sainte-Colombe)*, Gérard Depardieu *(Marin Marais adulte)*, Guillaume Depardieu *(Marin Marais jeune)*, Anne Brochet *(Madeleine)*, Caroline Sihol *(Mme de Sainte-Colombe)*, Myriam Boyer *(Guignotte)*. • SC : Pascal Quignard, A. Corneau. • PH : Yves Angelo. • DÉC : Bernard Vezat. • MUS : Sainte-Colombe, Marin Marais, Jean-Baptiste Lully, François Couperin, Jordi Savall. • MONT : Marie-Josèphe Yoyotte. France, 1990 – Couleurs – 1 h 54. ★ PRIX LOUIS-DELLUC 1991.

Un tout jeune musicien, Marin Marais, sollicite le privilège d'être l'élève de monsieur de Sainte-Colombe, compositeur, virtuose de la viole de gambe et aristocrate solitaire, rongé de douleur depuis la mort de son épouse. Si le maître reste hostile aux vanités de la cour de Louis XIV, l'élève s'y plie volontiers. Les deux hommes vont s'affronter, avant une réconciliation finale dans l'harmonie musicale.

◆ *Ce film très austère, simple et beau, a surpris les augures en devenant aussi un champion du « box office ». Sans chercher à flatter le public, scénariste, producteur et réalisateur sont parvenus à le conquérir par la voie difficile de l'exigence. C'est un événement rare. En des scènes superbement éclairées et photographiées (à la manière des classiques du clair-obscur pictural), admirablement composées et, bien sûr, orchestrées, les auteurs rendent hommage à la « grande » musique, mais aussi à la création artistique en général qui suppose une ascèse totale.* *G.S.*

TOUS VEDETTES

Comédie musicale de **Michel Lang**, avec Leslie Caron, Rémi Laurent, Kitty Kortes-Lynch. France, 1980 – Couleurs – 2 h.

Trois étudiants du Conservatoire de musique mènent la vie sentimentale des jeunes gens de leur âge. Parallèlement, ils réussissent à monter un spectacle qui les conduira jusqu'à Broadway. Une comédie musicale à la française très réussie.

TOUT CE QUE LE CIEL PERMET
"ALL THAT HEAVEN ALLOWS"
Drame de **Douglas Sirk**, avec Jane Wyman, Rock Hudson, Agnes Moorehead. États-Unis, 1955 – Couleurs – 1 h 29.

Une jeune veuve tombe amoureuse d'un homme d'une condition sociale bien inférieure à la sienne. Elle finira par l'épouser après avoir lutté contre les conventions qui interdisaient cette union.

TOUT CE QUE VOUS AVEZ TOUJOURS VOULU SAVOIR SUR LE SEXE SANS JAMAIS OSER LE DEMANDER "EVERYTHING YOU ALWAYS WANTED TO KNOW ABOUT SEX BUT WERE AFRAID TO ASK"
Comédie de **Woody Allen**, d'après l'œuvre du Dr David Reuben, avec Woody Allen, John Carradine, Lou Jacobi, Louise Lasser, Anthony Quayle, Gene Wilder, Tony Randall, Burt Reynolds. États-Unis, 1972 – Couleurs – 1 h 27.

En sept sketches, adaptés de façon parodique d'un livre de vulgarisation sexologique, un tour d'horizon à l'humour corrosif des questions que tout le monde se pose un jour...

TOUTE LA MÉMOIRE DU MONDE
Court métrage documentaire d'**Alain Resnais**. France, 1956 – 22 mn.

Une exploration pleine d'imprévus des arcanes de la Bibliothèque nationale.

TOUTE LA VILLE ACCUSE
Comédie de **Claude Boissol**, avec Jean Marais, Etchika Choureau, Noël Roquevert, François Patrice. France, 1956 – 1 h 24.

Un écrivain, qui s'est isolé en province pour écrire son prochain roman, trouve tous les jours devant sa porte un sac bourré de billets de banque. Le premier film de son auteur.

TOUTE LA VILLE DANSE "THE GREAT WALTZ"
Comédie dramatique de **Julien Duvivier**, avec Fernand Gravey, Luise Rainer, Miliza Korjus, Lionel Atwill. États-Unis, 1938 – 1 h 43.

À Vienne, Johann Strauss vit entre une femme très traditionnelle et une maîtresse à qui il doit résister pour ne pas tout abandonner. En prime, quelques épisodes de sa vie professionnelle.

TOUTE LA VILLE EN PARLE
"THE WHOLE TOWN'S TALKING"
Comédie de **John Ford**, avec Edward G. Robinson *(Arthur Ferguson Jones / Killer Mannion)*, Jean Arthur *(Wilhelmina « Bill » Clark)*, Wallace Ford *(Healy)*. • SC : Robert Riskin, Jo Swerling, d'après le roman de William R. Burnett. • PH : Joseph H. August. • MUS : Viola Lawrence. • MONT : Wilburg McGaugh. États-Unis, 1935 – 1 h 26.

Arthur Ferguson Jones, un employé doux et timide, est le sosie du caïd local. Sa ressemblance avec « Killer Manion » entraîne une série de quiproquos et de situations comiques.

◆ *Il ne faut pas se fier aux apparences, proclame le cinéma américain très friand d'histoires de sosies et de doublures. Pour cette comédie, Ford a eu l'idée de faire appel à un scénariste spécialiste des films noirs et de choisir un comédien qui est le prototype du mauvais garçon. La double interprétation d'Edward G. Robinson tient de la performance et accentue le comique du film. Spécialiste du western, Ford entre à la Columbia, la compagnie des comédies, et tourne un scénario proche de Lubitsch et surtout de Capra. Il lui emprunte d'ailleurs son interprète fétiche : la pétillante Jean Arthur. Il renouera avec le genre, des années plus tard, pour* l'Homme tranquille *(Voir ce titre).* CL.A.

TOUTE NUDITÉ SERA CHÂTIÉE
"TODA NUDEZ SERÁ CASTIGADA"
Comédie dramatique d'**Arnaldo Jabor**, d'après la pièce de Nelson Rodrigues, avec Paulo Porto, Darlene Gloria, Paulo Sacks, Paulo Cesar Pereiro. Brésil, 1973 – Couleurs – 1 h 47.

Un père de famille a du mal à tenir la promesse faite à son épouse agonisante de ne pas se remarier. Lorsqu'il se prend de passion pour une prostituée, l'équilibre précaire de la famille est rompu, et tout le monde sombre dans la débauche.

TOUTES PEINES CONFONDUES
Film policier de **Michel Delville**, avec Jacques Dutronc, Patrick Bruel, Mathilda May. France, 1991 – Couleurs – 1 h 47.

Une enquête sur deux septuagénaires assassinés dans un village des Alpes conduit l'inspecteur Vade chez des truands de haut vol au bord d'un lac Suisse. Un polar atypique : rythme lent, dialogues perlés, ambiance raffinée.

TOUTES SES FEMMES
"FÖR ATT INTE TALA OM ALLA DESSA KVINNOR"
Mélodrame d'**Ingmar Bergman**, avec Jarl Kulle, Eva Dahlbeck, Bibi Andersson, Harriet Andersson. Suède, 1964 – Couleurs – 1 h 22.

En 1920, un violoncelliste virtuose s'isole dans sa villa en compagnie de sept femmes. Un critique envahissant vient rompre cette retraite pour écrire une biographie du musicien, qui mourra très vite d'une crise cardiaque.

TOUT EST À VENDRE "WSZYSTKO NA SPRZEDAZ"
Drame d'**Andrzej Wajda**, avec Andrzej Lapicki, Beata Tyszkiewicz, Elzbieta Czyzewska, Daniel Olbrychski. Pologne, 1968 – Couleurs – 1 h 45.

Un homme court après un train qui s'ébranle, fait un faux pas et passe dessous. Il en ressort. C'est le metteur en scène d'un film qui double l'acteur principal absent. La femme de l'acteur le recherche et va chez sa maîtresse. Scène effrayante entre les deux qui tourne au psychodrame puisque là encore il s'agit du tournage du film. Hors plateau, elles continuent les recherches et apprennent que l'acteur vient effectivement de passer sous un train.

TOUTE UNE NUIT
Comédie dramatique de **Chantal Akerman**, avec Angelo Abazoglou, Frank Aendenboom, Natalia Akerman, Véronique Allain. France/Belgique, 1982 – Couleurs – 1 h 30.

Au cours d'une chaude nuit d'été à Bruxelles, des couples se forment, s'aiment, s'affrontent ou se séparent dans une atmosphère lourde, chargée de désirs et de sensualité.

TOUTE UNE VIE
Comédie dramatique de **Claude Lelouch**, avec Marthe Keller, André Dussollier, Charles Denner. France/Italie, 1974 – Couleurs – 2 h.

Les destins croisés de plusieurs personnages, à travers les convulsions de la première moitié du XXe siècle.

TOUT FEU TOUT FLAMME
Comédie de **Jean-Paul Rappeneau**, avec Isabelle Adjani, Yves Montand, Lauren Hutton. France, 1981 – Couleurs – 1 h 48.

Un père de famille plaque tout et part pour les Bahamas. Quand il revient, compromis dans de louches combines, l'une de ses filles, polytechnicienne, prend ses affaires en main.

TOUT LE MONDE DIT I LOVE YOU
"EVERYONE SAYS I LOVE YOU"
Comédie musicale de **Woody Allen**, avec Woody Allen, Goldie Hawn, Alan Alda, Julia Roberts, Drew Barrymore. États-Unis, 1996 – Couleurs – 1 h 41.

C'est une famille recomposée à la Woody Allen : on s'y taquine gentiment et le divorce ne tue pas l'affection. La mère s'apitoie sur les déboires sentimentaux de l'ex-mari et la fille donne un coup de main à son père pour l'aider à faire de nouvelles conquêtes enfin satisfaisantes... Bref, on est en terrain agréablement familier. Un plus et un moins : une chorégraphie qui donne au film une dimension de comédie musicale assez bien venue et des trouvailles comiques qui relèvent plus du gag traditionnel que de la manière habituelle de Woody Allen.

TOUT LE MONDE IL EST BEAU, TOUT LE MONDE IL EST GENTIL
Comédie satirique de **Jean Yanne**, avec Jean Yanne, Bernard Blier, Marina Vlady, Michel Serrault, Jacques François, Jacqueline Danno. France, 1972 – Couleurs – 1 h 46.

Un reporter de Radio-Plus perd sa place puis revient en force et transforme la station en radio de la vérité. Un jeu de massacre.

TOUT LE MONDE PEUT SE TROMPER
Comédie de **Jean Couturier**, avec Fanny Cottençon, Francis Perrin, Bernard Le Coq. France, 1983 – Couleurs – 1 h 30.

Un gangster tombe amoureux d'une malicieuse employée de la bijouterie qu'il a dévalisée.

TOUT LE PLAISIR EST POUR MOI
"THREE FOR THE SHOW"
Comédie musicale de **H.C. Potter**, d'après la pièce de Somerset Maugham *Too Many Husbands*, avec Betty Grable, Marge Champion, Gower Champion, Jack Lemmon. États-Unis, 1955 – Couleurs – 1 h 33.

Une star de Broadway apprend que son premier mari, supposé mort dans un naufrage, est bel et bien vivant.

▷ Autre version réalisée par **Wesley Ruggles**, intitulée TROP DE MARIS "TOO MANY HUSBANDS", avec Jean Arthur, Melvyn Douglas, Fred MacMurray, Harry Davenport. États-Unis, 1940 – 1 h 24.

TOUT L'OR DU CIEL "PENNIES FROM HEAVEN"
Comédie musicale de **Herbert Ross**, avec Steve Martin, Bernadette Peters, Christopher Walken. États-Unis, 1982 – Couleurs – 1 h 48.

En 1934, un compositeur désargenté rêve d'acquérir un magasin de musique. Les parties musicales sont les plus convaincantes.

TOUT L'OR DU MONDE
Comédie de **René Clair**, avec Bourvil, Alfred Adam, Philippe Noiret, Claude Rich. France, 1961 – 1 h 28.

Un promoteur, qui veut exploiter un coin perdu réputé pour favoriser la longévité, se heurte à un paysan obstiné et à ses fils. Un triple rôle pour Bourvil.

TOUT OU RIEN "NOTHING BUT THE BEST"
Comédie de **Clive Donner**, avec Alan Bates, Harry Andrews, Pauline Delaney. Grande-Bretagne, 1964 – Couleurs – 1 h 40.

Le fils d'un docker veut « arriver » par tous les moyens. Il prend des leçons de « mondanité », d'affairisme. Humour noir garanti.

TOUT PEUT ARRIVER "ANYTHING CAN HAPPEN"
Comédie de **George Seaton**, avec José Ferrer, Kim Hunter, Kurt Kasznar. États-Unis, 1952 – 1 h 47.

Un Géorgien émigré aux États-Unis trouve l'amour avec une jeune Américaine, elle-même petite-fille d'émigrés.

TOUT PEUT ARRIVER
Drame de **Philippe Labro**, avec Jean-Claude Bouillon, Prudence Harrington, Catherine Allégret. France, 1969 – Couleurs – 1 h 25.

Un journaliste revient des États-Unis pour faire un reportage sur la France. En même temps, il part à la recherche de sa femme.

TOUT PRÈS DE SATAN "TEN SECONDS TO HELL"
Film d'aventures de **Robert Aldrich**, d'après le roman de Lawrence B. Bachmann *The Phoenix*, avec Jeff Chandler, Jack Palance, Martine Carol. États-Unis, 1959 – 1 h 33.

À Berlin en 1945, le périlleux travail des désamorceurs de bombes et la rivalité de deux d'entre eux, amoureux de leur logeuse, une séduisante veuve.

TOUT, TOUT DE SUITE "THE HARDER THEY COME"
Comédie dramatique de **Perry Henzel**, avec Jimmy Cliff, Janet Bartley, Carl Bradshaw. Jamaïque, 1972 – Couleurs – 1 h 40.

Un jeune chômeur qui rêve de devenir chanteur enregistre une chanson qui connaît un certain succès. Mais, abandonné par son éditeur, il devient dealer et sera abattu après avoir tué un policier.

TOUT VA BIEN
Film politique de **Jean-Luc Godard** et **Jean-Pierre Gorin**, avec Jane Fonda *(Susan)*, Yves Montand *(Jacques)*, Vittorio Caprioli *(le patron)*. • SC : J.-L. Godard, J.-P. Gorin. • PH : Armand Marco. • DÉC : Jacques Dugied. • MUS : Éric Charden. • MONT : Kenout Peltier. France, 1972 – Couleurs – 1 h 35.

Une journaliste et son compagnon cinéaste vont faire un reportage sur une usine occupée avec séquestration du patron. Bien que favorables aux grévistes, ils sont séquestrés aussi. Cette expérience changera leurs rapports de couple.

◆ *Le film commence en montrant les chèques nécessaires à sa fabrication signés sur les noms de Fonda et Montand. Cela pour exprimer les propres contradictions du film censé être « pour » les travailleurs et « contre » ceux qui précisément signent les chèques et permettent son existence. Si cette coquetterie « dialectique » agace par sa futilité petite-bourgeoise et ostentatoire, le film est par ailleurs une brillante mise en scène abstraite de la lutte des classes, qui s'ordonne autour du décor de l'usine vue en coupe.* *S.K.*

TOY STORY "TOY STORY"
Dessin animé de **John Lasseter** pour les studios Walt Disney. États-Unis, 1995 – Couleurs – 1 h 17.

Rivalités, haines et affrontements dans un univers de jouets paranos : ils se prennent pour de véritables êtres vivants et autonomes ! Le premier long métrage réalisé en images de synthèse.

LE TRACASSIN (OU LES PLAISIRS DE LA VILLE)
Comédie satirique d'**Alex Joffé**, avec Bourvil, Pierrette Bruno, Armand Mestral. France, 1961 – 1 h 43.

La journée d'un modeste employé d'une fabrique de pilules anti-stress : contraventions, embouteillages, brouille avec sa « fiancée » et, finalement, perte de son travail.

LA TRACE
Chronique de **Bernard Favre**, avec Richard Berry, Bérangère Bonvoisin. France / Suisse, 1983 – Couleurs – 1 h 43.

En 1859, un colporteur entreprend un long et difficile périple à travers les Alpes. Un premier film qui décrit d'une façon documentaire l'itinéraire géographique et psychologique d'un homme. Des images superbes.

LA TRACE D'UNE JEUNE FILLE "SPUR EINES MÄDCHENS"
Comédie dramatique de **Gustav Ehmck**, avec Carola Wied, Gunther Lagarde, Rainer Basedow. R.F.A., 1967 – 1 h 19.

Une jeune étudiante de la fin des années 60 est prise entre ses rêves de bonheur et les dures réalités de la vie.

LA TRADITION DE MINUIT
Drame psychologique de **Roger Richebé**, d'après le roman de Pierre Mac Orlan, avec Viviane Romance, Marcel Dalio, Pierre Larquey, Marcel Pérès, Georges Flamant. France, 1939 – 1 h 45.

Une nuit, cinq personnes reçoivent un coup de téléphone les invitant à se rendre dans une salle de bal déserte. Ils y découvrent un cadavre, et chacun est amené à suspecter l'autre.

TRAFIC
Comédie de **Jacques Tati**, avec Jacques Tati, Maria Kimberley, Marcel Fraval. France, 1971 – Couleurs – 1 h 40.

M. Hulot doit conduire à Amsterdam, pour un Salon, un camping-car révolutionnaire. Mais que d'embûches sur la route... Tati a voulu cette fois exercer son goût de l'observation satirique sur le monde de l'automobile.

LA TRAGÉDIE DE CARMEN
Film-opéra en trois parties de **Peter Brook**, d'après Mérimée et Bizet, avec Hélène Delavault et Howard Hensel (1), Zehava Gal et Laurence Dale (2), Eva Saurova et Laurence Dale (3). France, 1983 – Couleurs – 1 h 20 chaque film.

Les amours tumultueuses d'une belle gitane et d'un brigadier. Trois films autonomes à l'interprétation différente mais dont la mise en scène, reprenant celle du théâtre des Bouffes du Nord à Paris, est à peu de chose près identique.

LA TRAGÉDIE DE LA MINE "KAMERADSCHAFT"
Drame de **Georg Wilhelm Pabst**, avec Alexander Granach *(Kasper)*, Fritz Kampers et Gustav Püttjer *(les mineurs)*, Andrée Ducret *(Françoise)*, Daniel Mendaille *(Émile)*, Georges Charlia *(Jean)*, Ernst Busch. • SC : Karl Otten, Ladislaus Vajda. • PH : Fritz-Arno Wagner, Robert Barbeski. • DÉC : Erno Metzner, Kar Vollbrecht. • MONT : Hans Oser. Allemagne / France, 1931 – 1 h 33.

1919, dans une ville frontalière de Lorraine. Au bal du Kursaal, des mineurs français et allemands se retrouvent, en compagnie de jolies filles. Les susceptibilités nationales empêchent les relations de se nouer. Mais voici qu'un coup de grisou éclate dans la mine française : les camarades allemands se portent au secours des blessés. Une fraternité s'ébauche, mais durera-t-elle ?

◆ *« Ce film est dédié aux mineurs du monde entier », proclame le premier sous-titre. Il a été tourné par l'un des maîtres du cinéma allemand muet dans une optique ouvertement pacifiste, comme une sorte de pendant « civil » à* Quatre de l'infanterie *(1930). Le scénario s'inspire de la catastrophe de Courrières, en 1906, qui fit des centaines de morts et vit les mineurs de Westphalie venir au secours de leurs camarades français. L'originalité du film est que chacun y parle sa propre langue.* C.B.

LA TRAGÉDIE DE L'AMOUR "TRAGÖDIE DER LIEBE"
Drame de **Joe May**, avec Emil Jannings, Erika Glässner. Allemagne, 1923 – env. 1 900 m (1 h 10).

Obéissant à un pressentiment, une femme rentre de voyage, trouve son mari égorgé et tombe amoureuse du meurtrier.

LA TRAGÉDIE DE LA RUE "DIRNENTRAGÖDIE"
Drame de **Bruno Rahn**, avec Asta Nielsen, Hilde Jennings, Oskar Homolka, Werner Pittschau. Allemagne, 1927 – env. 2 200 m (1 h 21).

Un jeune fils de famille, hébergé par une prostituée à la suite d'une dispute avec ses parents, tombe amoureux d'une autre. La première, jalouse, la fait tuer et le jeune homme retourne chez lui.

LA TRAGÉDIE DU JAPON "NIHON NO HIGEKI"
Drame de **Keisuke Kinoshita**, avec Yuko Mochizuki *(la mère)*, Yōko Katsuragi *(la fille aînée)*, Masami Taura *(le fils)*, Keiji Sada, Teiji Takahashi. • SC : K. Kinoshita. • PH : Hiroyuki Kusuda. • DÉC : Kimihirō Nakamura. • MUS : Chuji Kinoshita. Japon, 1953 – 1 h 56.

Dans les années de l'immédiat après-guerre, une jeune veuve pauvre se débat pour échapper à la misère et élever correctement ses enfants. Pour leur assurer une bonne formation, elle accepte les travaux les plus durs et les plus humiliants. Malgré ce sacrifice total, les enfants finiront par l'abandonner. Elle n'a plus de raison dès lors de lutter pour survivre et elle se suicide.

◆ La Tragédie du Japon, *au titre explicite, est une dénonciation forte de la dégradation des mœurs traditionnelles au temps de l'occupation américaine. Le drame personnel de l'héroïne représente la tragédie vécue par le pays, avec toutes les conséquences de la transformation de la société. Kinoshita était parti d'un fait divers réel et il a traité son récit de façon à garder au maximum le sentiment de réalité des images : insertion de séquences d'actualité, éclairages bruts. L'œuvre prend ainsi un caractère semi-documentaire qui ajoute encore de la force au constat.* J.-M.C.

LA TRAGÉDIE D'UN HOMME RIDICULE
"LA TRAGEDIA DI UN UOMO RIDICOLO"
Drame politique de **Bernardo Bertolucci**, avec Ugo Tognazzi, Anouk Aimée, Laura Morante. Italie, 1981 – Couleurs – 1 h 55.

Le fils d'un industriel italien est enlevé contre une forte rançon. C'est le début d'imbroglios politiques, amoureux et sociaux.

TRAGIQUE RENDEZ-VOUS "WHISTLE STOP"
Drame de **Léonide Moguy**, d'après le roman de Maritta M. Wolf, avec George Raft, Ava Gardner, Victor McLaglen, Tom Conway, Jorja Curtright, Florence Bates. États-Unis, 1946 – 1 h 24.

Un joueur professionnel veut éliminer le propriétaire d'un bar qui courtise sa maîtresse, mais ce dernier réagit en tentant de lui faire porter la responsabilité d'un meurtre.

LA TRAHISON "PERMISSION TO KILL"
Film d'espionnage de **Cyril Frankel**, avec Dirk Bogarde, Ava Gardner, Bekim Fehmiu, Timothy Dalton, Frederic Forrest, Nicole Calfan. Autriche, 1975 – Couleurs – 1 h 35.

Un homme veut renverser la dictature fasciste de son pays et s'opposer à la prise de pouvoir des communistes. Il trouvera la mort dans un attentat.

TRAHISON À ATHÈNES "THE ANGRY HILLS"
Film de guerre de **Robert Aldrich**, d'après le roman de Leon Uris, avec Robert Mitchum, Gia Scala, Stanley Baker, Elisabeth Mueller. États-Unis, 1959 – 1 h 45.

Durant l'invasion allemande en Grèce, un journaliste américain est amené à prendre part à la Résistance.

LA TRAHISON DU CAPITAINE PORTER
"THUNDER OVER THE PLAINS"
Western d'**André De Toth**, avec Randolph Scott, Phyllis Kirk, Lex Barker. États-Unis, 1953 – Couleurs – 1 h 22.

Juste après la guerre de Sécession, le capitaine Porter est nommé dans une petite ville du Texas. Là, avec l'armée, il doit faire face aux rebelles révoltés contre les exploiteurs nordistes.

TRAHISONS CONJUGALES "BETRAYAL"
Drame de **David Jones**, d'après la pièce de Harold Pinter, avec Jeremy Irons, Ben Kingsley, Patricia Hodge. Grande-Bretagne, 1982 – Couleurs – 1 h 35.

Un homme ne savait pas que le mari de sa maîtresse, qui est aussi son meilleur ami, était averti de longue date de leur liaison. Un jeu subtil de miroirs et de faux-semblants.

LA TRAHISON SE PAIE CASH "FRAMED"
Film policier de **Phil Karlson**, avec Joe Don Baker, Conny Van Dyke, Gabriel Dell, John Marley. États-Unis, 1974 – Couleurs – 1 h 46.

Un policier meurt au cours d'une bagarre et un joueur de poker professionnel est rendu responsable du drame.

TRAHISON SUR COMMANDE
"THE COUNTERFEIT TRAITOR"
Film d'espionnage de **George Seaton**, avec William Holden, Lilli Palmer, Hugh Griffith. États-Unis, 1960 – Couleurs – 2 h 20.

En 1942, un homme d'affaires suédois qui ravitaille le IIIe Reich en carburant accepte de collaborer avec les services secrets anglais.

LE TRAIN
Film de guerre de **John Frankenheimer**, avec Burt Lancaster, Jeanne Moreau, Paul Scofield, Suzanne Flon, Michel Simon. France / États-Unis / Italie, 1964 – Couleurs – 2 h 20.

En 1944, après le Débarquement, la Résistance française tente de détourner un train chargé de tableaux à destination de l'Allemagne. Une grande épopée héroïque et un excellent suspense.

LE TRAIN
Drame de **Pierre Granier-Deferre**, d'après le roman de Georges Simenon, avec Romy Schneider, Jean-Louis Trintignant, Anne Wiazemsky. France, 1972 – Couleurs – 1 h 40.

Chassé par l'avancée des troupes allemandes en mai 1940, un réparateur de radio quitte son village du nord de la France. Dans le train, il fait la connaissance d'une femme juive, belle et mystérieuse. Une histoire d'amour condamnée d'avance.

TRAIN, AMOUR ET CRUSTACÉS
"IT HAPPENED TO JANE"
Comédie de **Richard Quine**, avec Doris Day, Jack Lemmon, Ernie Kovacs, Steve Forrest. États-Unis, 1959 – Couleurs – 1 h 38.

La lutte, émaillée de gags, d'une jeune femme tenant un commerce de homards et du directeur de la compagnie de chemins de fer qui entrave l'expédition des crustacés.

LE TRAIN BONDÉ "MAN'IN DENSHA"
Drame de **Kon Ichikawa**, avec Hiroshi Kawaguchi, Michiko Ono. Japon, 1957 – 1 h 40.

Dans un Japon surpeuplé et effervescent, un jeune homme diplômé de l'université se bat désespérément pour survivre et terminera finalement comme concierge dans une école d'une région reculée.

TRAIN DE LUXE "TWENTIETH CENTURY"
Comédie de **Howard Hawks**, avec John Barrymore *(Oscar Jaffe)*, Carole Lombard *(Mildred Plotka / Lily Garland)*, Roscoe Karns *(Owen O'Malley)*, Walter Connolly *(Oliver Webb)*, Ralph Forbes *(George Smith)*. • SC : Ben Hecht, Charles MacArthur, d'après leur pièce inspirée de celle de Charles Bruce Milholland *Napoleon of Broadway*. • PH : Joseph August, Joseph Walker (non crédité). • MONT : Gene Havlick. États-Unis, 1934 – 1 h 31.

Célèbre metteur en scène de Broadway, Oscar Jaffe fait une vedette de l'inconnue Mildred Plotka, rebaptisée Lily Garland, qui devient sa maîtresse. Mais elle part pour Hollywood afin d'échapper à sa tutelle. Elle y triomphe, alors que lui décline. Échappant à ses créanciers, il la retrouve dans le train de Chicago à New York, et s'emploie à la reconquérir, par tous les stratagèmes imaginables.

◆ *Aujourd'hui considéré comme un des premiers exemples de « comédie loufoque » (screwball comedy),* Train de luxe *fut un triomphe critique et contribua à lancer la vogue du genre. Ce ne fut pourtant pas un gros succès public. Les deux derniers tiers du film prennent place dans le fameux train « Twentieth Century » : le rythme s'accélère alors frénétiquement, emporté par le délire verbal et comportemental de Barrymore, et la composition hystérique de Carole Lombard dans son premier rôle comique. Maître de l'agitation dans un espace clos, Howard Hawks (qui produisit également le film) fait oublier le statisme de l'adaptation, et traite un thème cher à ses comédies : le jeu amoureux dynamitant les normes d'un microcosme social, tout en s'y piégeant. Il portera cette thématique à la perfection avec* la Dame du vendredi *(1940), adapté des mêmes auteurs de façon beaucoup plus subtile.* *N.T.B.*

TRAIN D'ENFER

Film d'espionnage de **Gilles Grangier**, d'après le roman de René Cambon, avec Jean Marais, Marisa Mell, Howard Vernon. France, 1965 – Couleurs – 1 h 32.

Un agent des services secrets français enquête sur un attentat qui se prépare contre l'émir Ali Selim.

TRAIN D'ENFER

Film policier de **Roger Hanin**, avec Roger Hanin, Gérard Klein, Christine Pascal, Robin Renucci, Fabrice Eberhard. France, 1985 – Couleurs – 1 h 28.

Un jeune Arabe est défenestré dans un train ; seule, une jeune fille s'est interposée : elle a été assassinée. Un témoignage contre la haine raciale inspiré d'un fait divers authentique.

TRAIN DE NUIT "POCIAG"

Chronique de **Jerzy Kawalerowicz**, avec Lucyna Winnicka, Leon Niemczyk, Teresa Szmigielowna, Zbigniew Cybulski, H. Dabrowska, I. Machowski, R. Giowacki, A. Sewaruk, Z. Zintel, M. Gazda. • SC : Jerzy Lutowski, J. Kawalerowicz. • PH : Jan Laskowski. • DÉC : Ryszard Potocki. • MUS : Andrzej Trzaskowski, d'après les motifs de la chanson *Moon Rays* d'Artie Shaw. • MONT : Wieslawa Otocka. Pologne, 1959 – 1 h 50.

À la tombée de la nuit, un express quitte Varsovie et roule en direction de la mer Baltique. Par erreur, une jeune femme partage le même compartiment-couchettes qu'un homme silencieux, retranché derrière d'épaisses lunettes noires. Le train s'arrête dans une petite gare : des policiers montent à la recherche d'un meurtrier. Les soupçons se portent sur le mystérieux voyageur tandis que le criminel tire le signal d'alarme et s'enfuit. Une chasse à l'homme s'organise : un passager le rattrape et le livre à la police. Le train redémarre. Étrangers l'un à l'autre, les deux occupants du compartiment s'épient et se parlent. Une éphémère intimité les rapproche. Au terminus, chacun reprend sa vie.

◆ *Dans le microcosme d'un train de nuit et sous le faux-semblant d'une intrigue policière, Jerzy Kawalerowicz observe les relations et les problèmes d'individus perdus dans un groupe. Avec un sens aigu du détail et de la nuance, il restitue l'atmosphère d'un voyage de nuit avec sa part d'excitation et d'imprévu et le sentiment d'inachevé que laissent au cœur de brèves rencontres. La transformation des passagers en une meute à la poursuite d'un homme – fût-il un assassin – donne au film un ton grave et décapant.* A.K.

LE TRAIN DES ÉPOUVANTES

"DR TERROR'S HOUSE OF HORRORS"

Film fantastique de **Freddie Francis**, avec Peter Cushing, Christopher Lee, Donald Sutherland. Grande-Bretagne, 1964 – Couleurs – 1 h 38.

Dans un train, un mystérieux docteur prédit à ses cinq compagnons de voyage des aventures épouvantables. Loups-garous, vampires et autres phénomènes monstrueux.

LE TRAIN DES SUICIDÉS

Drame d'**Edmond T. Gréville**, avec Georges Colin, Wanda Gréville, Robert Vidalin, Blanche Bernis, François Viguier, Georges Péclet. France, 1931 – 1 h 20.

Enfermés dans un train, des candidats au suicide attendent avec angoisse la mort que leur a promise un escroc.

LE TRAIN DU DERNIER RETOUR

"THE VIEW FROM POMPEY'S HEAD"

Comédie dramatique de **Philip Dunne**, d'après le roman de Hamilton Basso, avec Richard Egan, Dana Wynter, Cameron Mitchell. États-Unis, 1955 – Couleurs – 1 h 37.

Lors de son retour dans sa ville natale où il doit liquider une affaire, un avocat new-yorkais revoit une ancienne amie, mariée.

TRAIN SANS HORAIRE "VLAK BEZ VOZNOG REDA"

Drame de **Veljko Buljajić**, avec Olivera Marković, Ivica Pajer, Velimir Zivojinović. Yougoslavie, 1959 – 2 h 02.

En 1946, des pauvres paysans du Sud émigrent dans des trains spéciaux vers des terres fertiles du Nord qui leur ont été attribuées. Un voyage plein de tristesse, d'anxiété, mais aussi d'imprévus et d'heureuses rencontres.

TRAINS ÉTROITEMENT SURVEILLÉS
"OSTŘE SLEDOVANÉ VLAKY"
Comédie dramatique de **Jiři Menzel**, avec Václav Neckař *(Miloš)*, Josef Somr *(Hubička)*, Vlástimil Brodsky *(Zedniček)*, Jitka Bendová *(Masá)*, Vladimir Valenta *(le chef de gare)*, Libuše Havelková *(sa mère)*. • SC : J. Menzel, Bohumil Hrabal, d'après son roman. • PH : Jaromil Sofr. • DÉC : Oldřich Bosak. • MUS : Jiři Sust. • MONT : Jiřina Lukešová. Tchécoslovaquie, 1966 – 1 h 28. ★ OSCAR DU MEILLEUR FILM ÉTRANGER, 1967.

Sous l'occupation allemande, Miloš, jeune cheminot fraîchement nommé chef adjoint, prend ses fonctions dans une petite gare de Bohême où passent des convois militaires « étroitement surveillés ». Dans la gare, il s'en passe de belles : le personnel, à des degrés divers, « ne pense qu'à ça ». Enhardi pour avoir retrouvé sa virilité quelque temps perdue, Miloš lance une bombe sur un train allemand, par maladresse tombe, et meurt en héros.

◆ *À l'aube du Printemps de Prague, le premier long métrage de Jiři Menzel, adapté de Hrabal – son auteur favori – est un joli film plein d'humour, de drôlerie et d'ironie douce-amère. Outre une saine leçon d'éducation sexuelle à mettre à portée de tous les yeux,* Trains étroitement surveillés *est une méditation sur le sens de la vie, les risques de l'héroïsme et l'absurdité de la mort. Antihéros, Miloš est un doux rêveur lunaire comme l'était Harry Langdon et dont la maladresse sublime rappelle celle de Buster Keaton.* A.K.

LE TRAIN SIFFLERA TROIS FOIS "HIGH NOON"
Western de **Fred Zinnemann**, avec Gary Cooper *(Will Kane)*, Grace Kelly *(Amy Kane)*, Katy Jurado *(Helen Ramirez)*, Thomas Mitchell *(Jonas Henderson)*, Lloyd Bridges *(Harvey Pell)*, Otto Kruger *(Percy Mettrick)*, Lon Chaney Jr. *(Martin Howe)*, Ian Mac Donald *(Frank Miller)*, Lee Van Cleef *(Jack Colby)*. • SC : Carl Foreman, d'après un sujet de John W. Cunningham *The Tin Star*. • PH : Floyd Crosby. • DÉC : Rudolph Sternad. • MUS : Dimitri Tiomkin. • MONT : Elmo Williams, Harry Gerstad. • PR : Stanley Kramer. États-Unis, 1952 – 1 h 25. ★ OSCAR DU MEILLEUR ACTEUR 1952 (Gary Cooper).

Will Kane, shérif d'une petite bourgade, se marie. Il compte partir en voyage de noces avec sa jolie femme, Amy, et prendre sa retraite. Or, Frank Miller, un bandit qu'il avait naguère arrêté, se fait annoncer : il arrivera par le train de midi dans le but de se venger. Trois complices l'attendent déjà à la gare. Le shérif ne peut plus partir, son successeur ne devant prendre ses fonctions que le lendemain. Il essaie de lever une milice pour faire face aux quatre hors-la-loi. Faibles, lâches, hypocrites, « réalistes » ou arrivistes, les personnes sollicitées exposent leurs bonnes raisons de se dérober. Le shérif se sent abandonné. Sa propre femme, ennemie de la violence en raison de ses convictions religieuses, le supplie de fuir. Une ancienne amie, tenancière de saloon, lui donne le même conseil. Les bons et les méchants semblent ligués pour convaincre Kane de renoncer au combat. Cet homme droit, obstiné, farouche partisan de la justice dans la légalité, décide contre toute prudence de rester. Il affrontera seul les quatre malfrats. C'est quasiment un suicide. Il est midi. Le train siffle. Les bandits se retrouvent, se mettent en mouvement. Il fait chaud. La ville est devenue déserte. Le shérif accablé de solitude et de dégoût se prépare au combat, un combat inégal... Comme celui des Horaces et des Curiaces.

◆ **En temps réel**

Avec une vigueur exemplaire, Fred Zinnemann, qui a signé ici son meilleur film, crée un suspense éprouvant en jouant, minute par minute, sur l'inéluctabilité du temps. Il est 10 h 30 au début du film, le dénouement se situe à midi. Une heure trente pour convaincre et se préparer : le temps exact de la durée du film. On transpire. On étouffe. Le règlement de comptes final est attendu comme une libération par l'action de cette insupportable attente. C'est sec, fort, implacable, impeccable. Les images sont tout aussi nettes, pures, dures. Le spectateur se sent prisonnier d'un système de signes concertants qui enserrent le héros. Cette ballade de la solitude est aussi, au-delà des figures imposées du western, une allégorie. Carl Foreman, le scénariste du film, était une des cibles du sénateur McCarthy qui pratiquait alors la chasse aux sorcières, sommant les professionnels du cinéma de dénoncer leurs collègues. Certains l'ont fait. Le train sifflera trois fois, *western authentique, voire classique, est devenu mythique à cause de son caractère hautement et volontairement symbolique. Comme le triple reniement de Pierre avant le chant fatidique du coq, les trois coups de sifflet d'une locomotive retentissent comme les premières notes du grand air de la trahison.* G.S.

TRAINSPOTTING "TRAINSPOTTING"
Comédie de **Danny Boyle**, d'après le roman d'Irvin Welsh, avec Ewan McGregor, Ewen Bremner, Johny Lee Miller, Kevin McKidd. Grande-Bretagne, 1995 – Couleurs – 1 h 33.

La vie quotidienne d'une bande de drogués de Liverpool : rapines et quête de la « neige ». Une apologie de l'héroïne ? peut-être, mais avant tout un long dérapage incontrôlé dans l'univers des paradis artificiels. Sordide et loufoque.

LA TRAITE DES BLANCHES
"La tratta delle bianche"
Drame de **Luigi Comencini**, avec Eleonora Rossi-Drago, Silvana Pampanini, Vittorio Gassman, Ettore Manni. Italie, 1952 – 1 h 25.

Dans la zone, un proxénète organise un marathon de danse qui lui permet de recruter des filles qu'il expédie ensuite en Amérique. Mais l'une d'elles résiste.

TRAITEMENT DE CHOC
Drame d'**Alain Jessua**, avec Alain Delon, Annie Girardot, Robert Hirsch, Michel Duchaussoy. France / Italie, 1972 – Couleurs – 1 h 37.

Une femme en mal de rajeunissement se rend dans un centre de thalassothérapie où les domestiques portugais disparaissent mystérieusement. L'enquête débute comme un film d'horreur.

LE TRAÎTRE "Decision Before Dawn"
Film d'espionnage d'**Anatole Litvak**, d'après le roman de Peter Viertel, avec Richard Basehart, Gary Merrill, Oskar Werner, Hildegarde Neff, Dominique Blanchar. États-Unis, 1952 – 1 h 59.

Dans l'Allemagne de 1944, un Allemand trahit son pays pour aider à la défaite du nazisme.

TRAÎTRE SUR COMMANDE
"The Molly Maguires"
Drame de **Martin Ritt**, avec Richard Harris *(Mc Parlan)*, Sean Connery *(Kehoe)*, Samantha Eggar *(Mary)*, Franck Finlay, Art Lund, Anthony Costello, Bethel Leslie, Anthony Zerbe. • SC : M. Ritt, d'après le roman d'Arthur H. Lewis. • PH : James Wong Howe. • MUS : Henry Mancini. États-Unis, 1969 – Couleurs – 1 h 45.

Dans les mines de charbon de Pennsylvanie, en 1876, les mineurs sont sans défense, exploités de façon éhontée pour les besoins de l'industrie en plein essor. Une seule consolation dans leur misère, les exploits des « Molly Maguires », société secrète qui venge par la violence les injustices faites aux ouvriers. La police décide d'infiltrer cette organisation et envoie sur place un détective, Mc Parlan, qui réussit à entrer en contact avec Kehoe, le chef des « Mollies », puis à collaborer avec eux, en jouant double jeu. Bien qu'il soit convaincu de la justesse de leur cause, il parvient à faire prendre et condamner les chefs, puis s'en va, rongé par le remords.

◆ *Reconstitution violente de la vie d'êtres désespérés. Martin Ritt, libéral préoccupé par l'injustice sociale, vole au secours des exploités.* C.D.R.

TRANCHES DE VIE
Comédie de **François Leterrier**, d'après la B.D. de Gérard Lauzier, avec Luis Rego, Marie-Anne Chazel, Anémone, Christian Clavier, Laura Antonelli, Michel Boujenah, Jean-Pierre Cassel, Catherine Alric, Pierre Mondy, Josiane Balasko, Michel Galabru, Gérard Jugnot, Martin Lamotte, Pierre Richard. France, 1985 – Couleurs – 1 h 33.

En onze sketches inégalement mis en images, un portrait de l'homme moderne avec ses préoccupations souvent ridicules.

TRANSAMERICA EXPRESS "Sliver Streak"
Comédie d'**Arthur Hiller**, avec Gene Wilder, Richard Pryor, Jill Clayburgh. États-Unis, 1976 – Couleurs – 1 h 53.

George est jeté d'un train pour avoir été témoin d'un meurtre. Il fait équipe avec un voleur de voitures pour percer le mystère et retrouver sa belle. Une fin des plus spectaculaires !

TRANS-EUROP-EXPRESS
Comédie d'**Alain Robbe-Grillet**, avec Jean-Louis Trintignant *(Elias)*, Marie-France Pisier *(Eva)*, Alain Robbe-Grillet *(Jean)*, Catherine Robbe-Grillet *(Lucette)*, Paul Louyet *(Marc)*, Charles Millot *(Frank)*. • SC : A. Robbe-Grillet. • PH : Willy Kurant. • MUS : Michel Fano, Verdi. • MONT : Bob Wade. France, 1966 – 1 h 35.

Un metteur en scène décide, au cours d'un voyage en train, de faire un film à partir de ce qu'il voit. Mais les histoires qu'il invente finissent par se développer à son insu...

◆ *Loin d'être une sombre méditation sur les affres de la création, ce film subit les transes de l'imagination, de l'invention et de l'humour. Ce pourrait être une adaptation du* Jacques le Fataliste *de Diderot.* F.J.

TRAPÈZE "Trapeze"
Comédie dramatique de **Carol Reed**, avec Burt Lancaster, Gina Lollobrigida, Tony Curtis. États-Unis, 1956 – Couleurs – 1 h 45.

Dans le cadre du Cirque d'Hiver de Paris, les drames et les joies des gens du cirque et le portrait d'un trio de trapézistes.

LE TRAQUÉ
Film policier de **Frank Tuttle** et **Boris Lewin**, avec Dane Clark, Simone Signoret, Fernand Gravey. France / États-Unis, 1950 – 1 h 32.

Chasse à l'homme dans Paris et jusqu'en Belgique pour rattraper un gangster américain échappé d'un fourgon cellulaire.

LA TRAQUE

Drame de **Serge Leroy**, avec Mimsy Farmer, Jean-Pierre Marielle, Philippe Léotard, Jean-Luc Bideau, Michel Constantin, Michael Lonsdale, Michel Robin, Paul Crauchet. France / Italie, 1975 – Couleurs – 1 h 30.

Sept amis de la bonne société partent à la chasse. Deux d'entre eux violent une touriste anglaise, mais tous finiront par s'entendre pour noyer la vérité comme la victime.

TRAQUÉE "SOMEONE TO WATCH OVER ME"

Film policier de **Ridley Scott**, avec Tom Berenger, Mimi Rogers. États-Unis, 1987 – Couleurs – 1 h 48.

Un policier issu d'un milieu populaire noue une idylle avec une femme de la haute société qu'il est chargé de protéger. La splendide chronique d'un amour improbable.

TRAQUENARD "PARTY GIRL"

Drame de **Nicholas Ray**, avec Robert Taylor *(Thomas Farrell)*, Cyd Charisse *(Vicki Gaye)*, Lee J. Cobb *(Rico Angelo)*, John Ireland *(Louis Canetto)*, Kent Smith *(Jeffrey Stewart)*, Corey Allen *(Cookie)*, David Opatoshu *(Lou Forbes)*. • SC : George Wells, d'après le roman de Leo Katcher. • PH : Robert Bronner. • DÉC : William A. Horning, Randall Duell, Henry Grace, Richard Pefferle. • MUS : Jeff Alexander. • MONT : John Mc Sweeny. États-Unis, 1958 – 1 h 38.

Avocat du gangster Rico, son ami d'enfance Farrell découvre à la fois l'amour, en la personne de la danseuse Vicki, et les limites de sa compromission morale (symbolisée par une blessure qui l'a laissé infirme et qu'il croyait inguérissable). En s'élevant contre les agissements de Rico et contre les excès d'un adolescent suicidaire que Rico a cru pouvoir manipuler, il mettra en danger sa liberté, puis la vie de sa compagne.

◆ *Ce thriller situé dans les années 30 a tout du mélodrame naïf. Malgré l'insuffisance de Cyd Charisse en tant qu'actrice, Ray le transforme en un magnifique poème visuel (avec retour obsessionnel d'une dominante rouge et or) sur la fragilité de la beauté (Vicki risque d'être vitriolée) et sur l'impossibilité d'échapper à la violence généralisée sans lutter à un moment contre elle, même s'il s'agit d'une lutte ambiguë. Les morts passent à travers les vitres, les apparences sont démasquées dans une ambiance de crépuscule à peu près permanent (à l'exception, significative, d'une « échappée » en Europe) : à juste titre, l'un des films les plus célèbres de Ray.* G.LD.

TRAQUÉ PAR LA GESTAPO "L'ORO DI ROMA"

Film historique de **Carlo Lizzani**, avec Gérard Blain, Anna-Maria Ferrero, Jean Sorel. Italie / France, 1961 – 1 h 50.

En octobre 1943, le commandant allemand de la place de Rome donne l'ordre aux Juifs de la capitale de lui livrer cinquante kilos d'or dans les 24 heures, sous peine de mort.

TRAQUÉ PAR SCOTLAND YARD

"TOWN ON TRIAL"

Film policier de **John Guillermin**, avec John Mills, Charles Coburn, Barbara Bates. Grande-Bretagne, 1957 – 1 h 35.

Un inspecteur aigri par la mort de sa femme et de sa fille enquête sur deux crimes commis dans une petite ville anglaise.

TRASH "TRASH"

Drame de **Paul Morissey**, avec Joe Dallessandro, Holly Woodlawn, Jane Forth. États-Unis, 1970 – Couleurs – 1 h 50.

Enquête sur la vie quotidienne d'un travesti et de ses divers compagnons de misère, sans complaisance ni facilité.

TRAVAIL

Drame en sept chapitres d'**Henri Pouctal**, d'après le roman d'Émile Zola, avec Léon Mathot, Huguette Duflos, Claude Mérelle, Raphael Duflos. France, 1919 – 10 200 m, (env. 6 h 17).

Frappé par la misère ouvrière, un homme veut faire le bonheur des masses en associant capital, travail et talent.

TRAVAIL AU NOIR "MOONLIGHTING"

Comédie de **Jerzy Skolimowski**, avec Jeremy Irons *(Novak)*, Eugène Lipinski *(Banazak)*, Jiri Stanislav *(Wolski)*, Eugeniusz Haczkiewicz *(Kudaj)*. • SC : J. Skolimowski. • PH : Tony Pierce Roberts. • DÉC : Tony Woolard. • MUS : Stanley Meyers. • MONT : Barne Vince. Grande-Bretagne, 1982 – Couleurs – 1 h 37.

Trois ouvriers polonais et Novak, leur contremaître, débarquent à Londres pour une durée d'un mois afin d'effectuer au noir des travaux dans la résidence d'un riche compatriote. Novak, qui est le seul à parler l'anglais, s'occupe des relations avec l'extérieur. Il apprend un soir qu'un coup d'État militaire vient d'avoir lieu en Pologne. Il cache la vérité aux autres et, n'ayant plus d'argent pour gérer le chantier, s'arrange pour trouver des combines pour voler de la nourriture et du matériel.

◆ *Ce film fut conçu par Skolimowski dans la nuit de « beuverie » qui suivit à Londres l'annonce du coup d'État de décembre 1981. L'écriture du scénario et la préparation prirent trois semaines et le film fut tourné en 20 jours. Cela afin d'être prêt pour Cannes, condi-*

tion sine qua non pour que le film soit produit. Cette course contre la montre rejoint le sujet permanent des films de Skolimowski. Une action doit être accomplie dans un temps donné, après quoi elle n'aurait plus de raison d'être. Cette idée d'un compte à rebours permanent crée la tension constante qui innerve ses meilleurs films. L'idée du film pourrait être une métaphore, la misérable maison en chantier où sont enfermés les ouvriers pouvant représenter la Pologne, mais c'est Londres et non plus Varsovie qui devient pour Novak et ses ouvriers une ville en état de siège, où ils doivent enfreindre le couvre-feu décrété par leur situation illégale. *S.K.*

LES TRAVAILLEURS DE LA MER
Drame d'**André Antoine**, d'après le roman de Victor Hugo, avec Romuald Joubé, Marc Gérard. France, 1918 – env. 300 m (11 mn).

Une adaptation fidèle du roman qui apporte avec objectivité un témoignage réaliste sur un milieu authentique.

TRAVAIL OCCASIONNEL D'UNE ESCLAVE
"GELEGENHEITSARBEIT EINER SKLAVIN"
Drame d'**Alexander Kluge**, avec Alexandra Kluge, Frank Bronski. R.F.A., 1973 – 1 h 32.

Pour nourrir ses enfants et son mari étudiant, une jeune femme pratique des avortements clandestins. Dénoncée, elle se lance alors dans l'action politique.

LES TRAVAUX D'HERCULE "LE FATICHE DI ERCOLE"
Péplum de **Pietro Francisci**, avec Steve Reeves, Sylva Koscina, Gianna Maria Canale. Italie, 1958 – Couleurs – 1 h 44.

Les multiples aventures du célèbre demi-dieu, incarné par Steve Reeves, ex-Monsieur Univers. Somptueuse mise en scène.

TRAVAUX PRÉCOCES "RANI RADOVI"
Drame de **Želimir Žilnik**, avec Milja Vujanović, Bogdan Tirnanić, Marko Nikolić, Čedomir Radović, Slobodan Aligrudić. Yougoslavie, 1969 – 1 h 20. ★ OURS D'OR, **Berlin 1969.**

Une jolie blonde et quatre de ses amis parcourent le pays en tentant de convaincre les gens de lutter pour une vie meilleure.

TRAVELLING AVANT
Comédie de **Jean-Charles Tacchella**, avec Ann-Gisel Glass, Thierry Frémont, Simon de La Brosse. France, 1987 – Couleurs – 1 h 54.

Deux garçons et une fille cherchent à monter un ciné-club, mais la vie n'est pas du cinéma. Pour renforcer l'impression d'irréalité, le tournage s'est effectué presque exclusivement la nuit.

LA TRAVERSÉE DE L'ATLANTIQUE À LA RAME
Dessin animé de **Jean-François Laguionie**. France, 1977 – 21 mn. ★ PALME D'OR DES COURTS MÉTRAGES, **Cannes 1978.**

De 1907 à 1957, un couple traverse l'Atlantique. Parabole sur la vie à deux.

▷ Ce film a été présenté, au moment de sa sortie, suivi de L'ARRÊT AU MILIEU, court métrage de Jean-Pierre Sentier, avec Jacques Denis, A. Babel, G. Alrand, M. Bénichou. France, 1977 – Couleurs – 43 mn. Un automobiliste découvre deux étranges clochards qui l'entraînent dans un monde à part.

LA TRAVERSÉE DE PARIS
Comédie dramatique de **Claude Autant-Lara**, avec Jean Gabin *(Grandgil)*, Bourvil *(Marcel Martin)*, Jeannette Batti *(Mariette Martin)*, Louis de Funès *(Jambier, l'épicier)*, Monette Dinay *(Mme Jambier, l'épicière)*, Anouk Ferjac *(une passante)*, Georgette Anys *(la cafetière)*. • SC : Jean Aurenche, Pierre Bost, d'après la nouvelle de Marcel Aymé. • PH : Jacques Natteau. • DÉC : Max Douy. • MUS : René Cloërec. • MONT : Madeleine Gug. • PR : Franco-London Films, Continentale Produzione. France / Italie, 1956 – 1 h 22. ★ PRIX D'INTERPRÉTATION MASCULINE **(Bourvil), Venise 1956.**

Un peintre, qui s'ennuie, aide un convoyeur de viande clandestine à traverser de nuit le Paris de l'Occupation.

◆ **Rencontres**

Il y a des films dont le succès, mérité, et la renommée, non usurpée, tiennent plus à une accumulation de rencontres heureuses qu'à la froide exécution d'un plan, fût-il génial. Comme si mettre en scène, c'était d'abord et avant tout mettre en relation ce qui ne peut l'être. Par exemple, le Gabin de Becker et de Renoir confronté au Bourvil des opérettes et des chansons bébêtes. Par exemple encore, la langue, à mi-chemin entre le respect au quotidien et l'irrespect poétique, d'un Marcel Aymé, opposée au savoir-faire, volontiers naturaliste, d'un Autant-Lara. Bref, la Traversée de Paris, *qu'on peut voir, et revoir, sans se lasser, à l'instar des albums de photos de famille, vaut principalement pour ses acteurs. Pour leur contre-emploi (Bourvil, désormais, pourra prétendre à tous les rôles) ou pour leur fulgurante affirmation (de Funès laisse ici voir ce qu'il aurait pu être, autrement dirigé). Et par la jubilation qui est la leur à dire un texte, allusif et provocateur. On n'est pas près d'oublier le « salauds de pauvres ! » que lance Gabin aux consommateurs, pétrifiés d'effroi, d'un café de l'Occupation. Car, et c'est là l'autre raison de la force du film,* la Traversée de Paris *évoque le Paris du marché noir, où tout paraissait possible, le crime comme la vertu. Sceptique, le tandem Aymé-Autant-Lara a évidemment choisi le crime. De sorte que l'on rit sans vergogne aux mésaventures de ce couple de convoyeurs de viande clandestine, jusqu'au moment où la règle du jeu, celle qu'imposent les Allemands, est durement rappelée : ne gagnent que les nantis. Filmée à bout portant, et de plain-pied avec le réel pourtant reconstitué,* la Traversée de Paris *devient soudain un document irremplaçable sur la lâcheté. Une sorte de petit chef-d'œuvre au noir. On était venu pour se distraire, et voilà que la morale, la grande, nous tombe dessus. Drôle de drame, pas vrai ?* *G.G.*

TRAVERSÉES
Comédie dramatique de **Mahmoud ben Mahmoud**, avec Fadhl Jaziri, Julian Negulesco, Eva Darlan, Vincent Grass. Tunisie / Belgique, 1982 – Couleurs – 1 h 37.

Refoulés par les autorités britanniques puis belges, deux passagers d'un car-ferry se retrouvent prisonniers à bord.

TRAVERSONS LA MANCHE
"DANGEROUS WHEN WET"
Comédie de **Charles Walters**, avec Esther Williams, Fernando Lamas, Jack Carson. États-Unis, 1953 – Couleurs – 1 h 35.

Une famille de l'Arkansas traverse la Manche à la nage. Esther Williams y a même Tom et Jerry pour partenaires !

LA TRAVIATA "LA SIGNORA DALLE CAMELIE"
Film-opéra de **Carmine Gallone**, d'après l'opéra de Verdi, avec Massimo Serato, Nelly Corradi, Tito Gobbi. Italie, 1948 – 1 h 25.

Enregistrement filmé du célèbre opéra, chœurs et orchestre de l'Opéra de Rome, précédé d'un court prologue.

LA TRAVIATA "LA TRAVIATA"
Film-opéra de **Franco Zeffirelli**, d'après l'opéra de Verdi, avec Teresa Stratas, Placido Domingo, Cornell McNeil, Allan Monk. Italie, 1982 – Couleurs – 1 h 48.

À l'article de la mort, Violetta se souvient de ses amours passées. Chœurs et orchestre du Metropolitan Opera de New York. Luxueuse mise en scène.

LES TREIZE "TRINADCAT'"
Drame de **Mikhaïl Romm**, avec Ivan Novoselcev, Elena Kouzmina, Alexandre Tchistiakov, Andrei Fait, Ivan Kouznecov. U.R.S.S. (Russie), 1937 – 1 h 27.

D'anciens soldats de l'Armée rouge progressent péniblement dans le désert. Alors qu'ils atteignent un point d'eau presque à sec, une horde de cavaliers assoiffés les assaille.

TREIZE À LA DOUZAINE "CHEAPER BY THE DOZEN"
Comédie dramatique de **Walter Lang**, d'après le livre de Frank B. Gilbreth Jr. et Ernestine Gilbreth Carey, avec Clifton Webb, Myrna Loy, Jeanne Crain, Edgar Buchanan, Barbara Bates, Betty Lynn. États-Unis, 1950 – Couleurs – 1 h 26.

Dans les années 20, la vie d'un couple d'Américains et de leurs douze enfants... Seules une discipline de fer et une organisation sans faille permettent aux parents de mener à bien leur éducation. Et l'on ne s'ennuie pas ! Le film a fait l'objet d'une suite intitulée SIX FILLES CHERCHENT UN MARI (Voir ce titre).

TREIZE JOURS EN FRANCE
Documentaire de **Claude Lelouch** et **François Reichenbach**. France, 1968 – Couleurs – 1 h 15.

Reportage officiel sur les jeux Olympiques d'hiver de Grenoble (1968). Virtuosité des images de sport, recherche du détail humain, fraîcheur exceptionnelle des couleurs.

13, RUE MADELEINE "13, RUE MADELEINE"
Film d'espionnage de **Henry Hathaway**, avec James Cagney, Annabella, Richard Conte, Frank Latimore, Walter Abel, Melville Cooper, Sam Jaffe. États-Unis, 1946 – 1 h 35.

Un espion nazi parvient à s'introduire dans un centre d'entraînement pour agents de renseignement. Découvert à son insu, il reçoit de fausses informations.

LA TREIZIÈME HEURE "THE HOUR OF 13"
Drame de **Harold French**, avec Peter Lawford, Dawn Addams, Roland Culver. Grande-Bretagne, 1952 – 1 h 19.

À Londres, à la fin du siècle dernier, un voleur mondain, soupçonné de meurtre, décide de découvrir lui-même l'assassin.

TREMBLEMENT DE TERRE "EARTHQUAKE"
Film-catastrophe de **Mark Robson**, avec Charlton Heston, Ava Gardner, George Kennedy, Lorne Greene, Geneviève Bujold, Richard Roundtree. États-Unis, 1974 – Couleurs – 2 h.

Un tremblement de terre ravage Los Angeles. Projeté en « Sensurround », procédé qui donne l'impression que la salle tremble. Impressionnant.

TRENTE MINUTES DE SURSIS
"THE SLENDER THREAD"
Drame de **Sydney Pollack**, avec Sidney Poitier, Anne Bancroft, Telly Savalas. États-Unis, 1965 – 1 h 40.

De permanence à la station S.O.S. Amitié de Seattle, un étudiant reçoit l'appel d'une jeune femme qui vient de tenter de se suicider aux barbituriques. D'après un fait divers authentique.

LES TRENTE-NEUF MARCHES
"THE THIRTY-NINE STEPS"
Film policier d'**Alfred Hitchcock**, avec Robert Donat *(Richard Hannay)*, Madeleine Carroll *(Pamela)*, Lucie Mannheim *(miss Smith / Annabella)*, Godfrey Tearle *(Pr Jordan)*, Peggy Ashcroft *(Mme Crofter)*, John Laurie *(John Crofter)*, Helen Haye *(Mme Jordan)*, Frank Cellier *(le shérif)*, Wyllie Watson *(Mister Memory)*. • SC : Alma Reville, Charles Bennett, Ian Hay, d'après le roman de John Buchan. • PH : Bernard Knowles. • DÉC : Otto Wendorff, Albert Jullion. • MUS : Hubert Bath. • MONT : Derek N. Twist. • PR : Michael Balcon, Ivor Montagu (Gaumont British). Grande-Bretagne, 1935 – 1 h 21.

La jeune femme que Richard Hannay accepte d'héberger dans son appartement londonien est un agent secret en lutte contre une mystérieuse organisation : « les Trente-Neuf Marches ». Elle est assassinée dans la nuit et a tout juste le temps de révéler le nom du village écossais siège de l'organisation. Hannay y parvient non sans péripéties, débusque l'espion... et se fait arrêter par la police pour le meurtre de la jeune femme. Parvenant à s'échapper, il retombe dans les griffes de l'organisation en compagnie de la charmante Pamela qu'il finit par convaincre de son innocence. Après avoir déjoué les pièges des espions, ils parviennent au Palladium de Londres où se produit le fantastique « Mister Memory » qui a appris par cœur une formule secrète...

◆ Histoire d'une réussite

Les Trente-Neuf Marches *est sans conteste le film anglais le plus célèbre d'Alfred Hitchcock. Il doit sa popularité au savant dosage des éléments. À l'inverse de* Rich and Strange *– qu'il aima longtemps – le cinéaste sait garder le sourire sans tomber dans la parodie : avec* les Trente-Neuf Marches, *il découvre véritablement les vertus de l'*understatement. *Le succès vient d'abord de là, et de larges pans de l'œuvre américaine, fussent-ils, du propre aveu de l'auteur, de l'ordre de la concession, relèvent de ce mode enjôleur. Tout est* réussi *dans le film. Le couple Donat/Carroll est un des plus efficaces de la saga hitchcockienne, la poursuite échevelée à souhait, et le rocambolesque tient ici sa vraie place dans la stylistique de l'œuvre : une des premières. Les exemples foisonnent : peut-on oublier Donat quand, menottes aux poings, il saute à travers une fenêtre, se mêle à des musiciens de l'Armée du Salut, est pris pour un conférencier et finit par se lancer dans un discours électoral, le tout sans aucune transition ? Tout à fait réussie également, la description de l'organisation. Donat se jette avec une candeur navrante dans la gueule du loup et cela donne une séquence d'anthologie. Dialoguant sans le savoir avec le chef des espions, il le décrit avec une relative précision car il lui manquerait une phalange à la main gauche. « Ne serait-ce pas plutôt à la droite ? », lui rétorque son interlocuteur en levant lentement vers le cadre sa main mutilée. C'est à des petits détails comme ça que l'on est Hitch ou pas, et nous serons toujours « gogos » face à ces « gimmicks ». De ce type de situation naît le suspense, qui ne se laisse pas résumer par la seule question : quelque chose de terrible va-t-il arriver ? Ici, comme souvent, le terrible est arrivé et un accident bienheureux permet au héros de retarder l'échéance. La question devient : comment va-t-il s'en tirer ? Le film offre un cas ultime de résurrection : Donat est donné pour mort, abattu par une balle. Mais une séquence ultérieure nous apprend qu'un livre dissimulé sous son pardessus lui a sauvé la vie. L'idée est volée au Fritz Lang des* Espions *(comme il se doit), mais le livre ici est une Bible : tout Hitchcock est là – aussi.* *M.C.*

LES TRENTE-NEUF MARCHES
"THE THIRTY-NINE STEPS"
Film d'espionnage de **Don Sharp**, d'après le roman de John Buchan, avec Robert Powell, Eric Porter, David Warner. Grande-Bretagne, 1978 – Couleurs – 1 h 42.

En 1914, à Londres, un ingénieur est mêlé contre son gré à une affaire d'espionnage qui menace de déclencher la Première Guerre mondiale.

▷ Autre version réalisée par **Ralph Thomas**, avec Kenneth More, Taina Elg, Barry Jones. Grande-Bretagne, 1959 – Couleurs – 1 h 33.

TRENTE SECONDES SUR TOKYO
"THIRTY SECONDS OVER TOKYO"
Film de guerre de **Mervyn LeRoy**, d'après le livre du capitaine Ted W. Lawson et de Robert Considine, avec Van Johnson, Robert Walker, Spencer Tracy, Phyllis Thaxter. États-Unis, 1944 – 2 h 18.

Quelques mois après le désastre de Pearl Harbor, l'entraînement des équipes d'aviation qui doivent prendre leur revanche en bombardant Tokyo.

37° 2 LE MATIN
Drame de **Jean-Jacques Beineix**, d'après le roman de Philippe Djian, avec Béatrice Dalle, Jean-Hugues Anglade. France, 1986 – Couleurs – 1 h 56.

Betty, explosive, excessive mais aussi fragile, vulnérable, déboule dans la vie tranquille de

Zorg. Mais peu à peu elle sombre dans la folie et l'histoire d'amour tourne au drame. La révélation de Béatrice Dalle.

36 FILLETTE

Drame de **Catherine Breillat**, avec Delphine Zentout, Étienne Chicot. France, 1987 – Couleurs – 1 h 28.

Une adolescente en vacances ne sait comment concrétiser ses premiers émois sexuels.

TRENTE-SIX HEURES AVANT LE DÉBARQUEMENT "Thirty-Six Hours"

Film d'espionnage de **George Seaton**, avec James Garner, Rod Taylor, Eva Marie Saint, Werner Peters. États-Unis, 1964 – 1 h 55.

Un officier de renseignements est enlevé, puis drogué. Les Allemands lui font alors croire qu'il est en 1950, et non en 1944, et lui demandent ses « souvenirs » sur le Débarquement.

LE TRÉSOR "Der Schatz"

Drame de **Georg Wilhelm Pabst**, avec Albert Steinrück, Ilka Grüning, Lucie Mannheim, Werner Krauss. Allemagne, 1923 – 1 873 m (env. 1 h 09).

L'histoire d'une famille de fondeurs de cloches, qui est divisée par la rancune, la cupidité et la jalousie.

LE TRÉSOR "Nidhanaya"

Drame de **Lester James Peries**, avec Gamini Fonseka, Malini Fonseka, Saman Bokdlawala. Ceylan, 1970 – 1 h 50.

Un jeune homme apprend par un manuscrit qu'un trésor enfoui dans un rocher se livrera à celui qui y sacrifiera une jeune fille. Il tue celle qu'il aime et découvre qu'elle était son trésor.

LE TRÉSOR D'ARNE "Herr Arnes pengar"

Drame de **Mauritz Stiller**, avec Hjalmar Selander *(Arne)*, Concordia Selander *(son épouse)*, Mary Johnson *(Elsalill)*, Wanda Rothgard *(Berghild)*, Axel Nilsson *(Torarin)*, Jenny Ohrström-Ebbesen *(sa mère)*, Richard Lund *(sir Archie)*, Erik Stocklassa *(sir Philip)*, Bror Berger *(sir Donald)*, Stina Berg *(l'aubergiste)*. • SC : M. Stiller, Gustaf Molander, d'après le roman de Selma Lagerlöf. • PH : J. Julius [Julius Jeanzon], Gustav Boge. • DÉC : Alexander Bako, Axel Esbensen. • MUS : Helmer Alexandersson. Suède, 1919 – 2 275 m (env. 1 h 24).

Au XVIe siècle, les armées de mercenaires écossais rebelles sont révoquées par le roi de Suède. Leurs chefs sont emprisonnés, mais trois d'entre eux, sir Archie, sir Donald et sir Philip, parviennent à s'échapper ; ils se réfugient au Danemark, dans le petit port de Marstrand, où ils espèrent trouver un bateau pour l'Écosse. Les navires sont bloqués par les glaces. Poussés par la faim, les trois hommes s'introduisent dans la ferme isolée de messire Arne et font main basse sur son trésor avant d'assassiner tous les témoins de leur méfait, à l'exception d'une jeune fille, Elsalill. Elle tombe amoureuse du beau sir Archie. Au cours d'une de leurs rencontres, il lui avoue qui il est réellement. Alertés, les soldats arrivent. Sir Archie essaie alors de s'enfuir en se servant d'elle comme d'un bouclier. La jeune fille est transpercée de coups de lance. Les femmes de Marstrand transportent le corps d'Elsalill dans une longue procession sur l'océan gelé.

◆ *Seconde vaste saga aux larges horizons réalisée par Stiller (Voir* Dans les remous), *qui s'empare cette fois-ci d'une intrigue de l'écrivain Selma Lagerlöf, dont l'œuvre fournira la matière à plusieurs grands classiques du cinéma suédois. Un film aux images somptueuses, dont la dernière est aussi une des plus célèbres, et dont se souviendront Lang* (les Niebelungen), *Eisenstein* (Ivan le Terrible, Alexandre Nevski) *et Welles* (Othello). *F.L.*

▷ **Gustav Molander** signe un remake du film, avec Ulla Jacobsson, Ulf Palme, Anders Henrikson, Bibi Andersson, Ake Grönberg. Suède, 1955 – Couleurs – 1 h 30.

LE TRÉSOR DE CANTENAC

Comédie de **Sacha Guitry**, avec Sacha Guitry, Lana Marconi, Pauline Carton, Jeanne Fusier-Gir, Milly Mathis. France, 1950 – 1 h 35.

Un baron suicidaire fait le bonheur du village de ses ancêtres. Tout en conservant son style si personnel, Guitry dresse une savoureuse étude des mœurs paysannes.

LE TRÉSOR DE LA FORÊT VIERGE "Jungle Jim"

Film d'aventures de **William Berke**, d'après la B.D. d'Alex Raymond, avec Johnny Weissmuller, Virginia Grey, George Reeves. États-Unis, 1949 – 1 h 13.

Un aventurier conduit en pleine jungle une mission qui doit rapporter un médicament précieux. Le premier film des aventures de Jungle Jim, interprétées par Johnny Weissmuller.

▷ Voir aussi CAPTIVE PARMI LES FAUVES.

▷ La série se poursuit avec : LA TRIBU PERDUE "The Lost Tribe", de **William Berke**, avec J. Weissmuller, Myrna Dell. États-Unis, 1949 – 1 h 12. JUNGLE JIM DANS L'ANTRE DES GORILLES "Mark of the Gorilla", de **William Berke**, avec J. Weissmuller, Trudy Marshall. États-Unis, 1950 – 1 h 08. LA CHARGE SAUVAGE "Fury of the Congo", de **William Berke**, avec J. Weissmuller, Sherry Moreland. États-Unis, 1951

– 1 h 09. LA FORÊT DE LA TERREUR "JUNGLE JIM IN THE FORBIDDEN LAND", de **Lew Landers**, avec J. Weissmuller. États-Unis, 1952 – 1 h 05. RÉVOLTE DANS LA JUNGLE "THE SAVAGE MUTINY", de **Spencer G. Bennett**, avec J. Weissmuller, Angela Stevens. États-Unis, 1953 – 1 h 13. PYGMY ISLAND (1950), JUNGLE MANHUNT (1951), VOODOO TIGER (1952), VALLEY OF HEADHUNTER (1953), KILLER APE (1953), JUNGLE MAN-EATERS (1954), CANNIBAL ATTACK (1954), JUNGLE MOON MEN (1955) et DEVIL GODDESS (1955), sont inédits en France.

LE TRÉSOR DE LA SIERRA MADRE
"THE TREASURE OF THE SIERRA MADRE"

Western de **John Huston**, avec Humprey Bogart *(Dobbs)*, Walter Huston *(Howard)*, Tim Holt *(Curtin)*, Bruce Bennett *(James Cody)*. • SC : J. Huston, d'après le roman de B. Traven. • PH : Ted McCord. • MUS : Max Steiner. États-Unis, 1948 – 2 h 06.

Trois prospecteurs, puis un quatrième, cherchent de l'or et en trouvent. Ils sont attaqués par des bandits mexicains. L'un succombe, les autres, devenus riches, commencent à « s'entre-jalouser » et « s'entre-craindre ». Le plus vieux du trio a la sagesse d'abandonner toute idée de richesse pour s'installer dans un petit village très convivial. Les deux autres s'exaspèrent. Ils seront à nouveau attaqués par des bandits et la poussière d'or retournera à la poussière du désert.

◆ *Le cadre est celui du western, mais le propos est proche du conte philosophique et moral. Dans un paysage aride mais magnifique, les hommes affrontent les difficultés, les intempéries, la nature, puis s'affrontent entre eux. Ce qui les rassemble, puis ce qui les divise, c'est l'or, c'est-à-dire l'argent : une matière noble et vile, belle et corruptrice. John Huston, excellent conteur, nous fait partager les espoirs et les dangers du quarteron d'aventuriers, mais il les regarde de côté, avec le sourire. À la fin de l'histoire, le sourire devient éclat de rire. Huston s'amuse de l'inanité de la course à la fortune. Ce rire libérateur est une réponse gouailleuse à la tension et au suspense qui l'ont précédé.* *G.S.*

LE TRÉSOR DES CARAÏBES "CARIBBEAN"

Film d'aventures d'**Edward Ludwig**, avec John Payne, Arlene Dahl, sir Cedric Hardwicke. États-Unis, 1952 – Couleurs – 1 h 37.

Au XVIIIe siècle, aux Caraïbes, un aventurier venge un capitaine de ses amis trahi par son associé et conquiert le cœur de sa ravissante fille. Combats, voiliers et pirates des mers du sud en Technicolor.

LE TRÉSOR DES PIEDS NICKELÉS

Film d'aventures de **Marcel Aboulker**, avec Rellys, Jean Parédès, Maurice Baquet, Duvallès. France, 1950 – 1 h 36.

Croquignol, Filochard et Ribouldingue aident un héritier à rentrer en possession de son fabuleux trésor.

LE TRÉSOR DES SEPT COLLINES
"GOLD OF THE SEVEN SAINTS"

Western de **Gordon Douglas**, avec Clint Walker, Roger Moore. États-Unis, 1961 – Couleurs – 1 h 28.

À partir du moment où ils ont trouvé une grosse quantité d'or, deux trappeurs n'ont plus fait que des rencontres dangereuses…

LE TRÉSOR DU PENDU "THE LAW AND JAKE WADE"

Western de **John Sturges**, avec Robert Taylor, Richard Widmark, Patricia Owens. États-Unis, 1958 – Couleurs – 1 h 26.

Deux anciens acolytes s'opposent pour un trésor. Affrontement au sommet dans un western d'une grande rigueur dramatique.

LA TRÊVE "LA TREGUA"

Comédie dramatique de **Francesco Rosi**, d'après le roman de Primo Levi, avec John Turturro, Stefano Dionisi, Massimo Ghini, Teco Celio. France / Italie, 1997 – Couleurs – 1 h 47.

Un groupe de déportés italiens, juifs pour la plupart, est libéré par l'Armée rouge. Commence alors pour eux un long périple ferroviaire à travers l'Europe, pas encore en paix, mais déjà délivrée de l'occupation nazie.

LE TRIANGLE "TREUGOLNIK"

Comédie dramatique de **Henrik Malian**, avec Mher Mkrtchian, Armen Djigarkhanian, Soss Sarkissian. U.R.S.S. (Arménie), 1967 – Couleurs (sépia) – 1 h 25.

Dans une forge en forme de triangle, l'enfance heureuse d'un jeune garçon entouré de l'affection virile de son père et ses collègues de travail. Avec le temps, chacun s'en ira vers sa destinée.

LES TRIBULATIONS DE BALTHASAR KOBER
"NIEZWSKLA PODROZ BALTHAZARA KOBERA"

Film fantastique de **Wojciech J. Has**, avec Rafal Wieczynski, Michael Lonsdale, Adrianna Biedrzynska, Emmanuelle Riva, Daniel Emilfork. Pologne / France, 1988 – Couleurs – 1 h 53.

Au XVIe siècle, dans un pays ravagé par la peste et les pressions extérieures, un jeune homme entreprend une quête spirituelle.

LES TRIBULATIONS DE MON GRAND-PÈRE ANGLAIS AU PAYS DES BOLCHEVIKS / ROBINSONADE
"ROBINZONADA ILI MOJ ANGLIJSKI DJEDUŠKA"
Comédie dramatique de **Nana Djordjadze**, avec Ninel Tchankvetadze, Janri Lolachvili, Guram Pirtskhalava. U.R.S.S. (Géorgie), 1986 – Couleurs – 1 h 16.

En 1920, en Géorgie, un ingénieur anglais qui installe une ligne télégraphique entre en conflit avec le chef du village.

LES TRIBULATIONS D'UN CHINOIS EN CHINE
Film d'aventures de **Philippe de Broca**, avec Jean-Paul Belmondo, Ursula Andress, Jean Rochefort. France, 1965 – Couleurs – 1 h 50.

Arthur, milliardaire désœuvré, veut en finir avec la vie. Il signe un contrat avec un tueur pour être supprimé « en douceur », quand l'amour d'une strip-teaseuse lui rend le goût de vivre...

LA TRICHE
Drame de **Yannick Bellon**, avec Victor Lanoux, Anny Duperey, Xavier Deluc. France, 1984 – Couleurs – 1 h 40.

Enquêtant sur le meurtre d'un artiste homosexuel, un commissaire de police est amené à rencontrer un jeune musicien avec lequel il noue bientôt une idylle compromettante.

LES TRICHEURS
Drame de **Marcel Carné**, avec Pascale Petit, Jacques Charrier, Andréa Parisy, Laurent Terzieff. France, 1958 – 2 h. ★ MEILLEUR FILM FRANÇAIS 1958.

Dans le Paris de 1958, le portrait d'une certaine jeunesse qui joue inconsciemment avec la vie.

TRICHEURS
Drame de **Barbet Schroeder**, avec Bulle Ogier, Jacques Dutronc, Kurt Raab, Virgilio Teixeira. France / R.F.A., 1983 – Couleurs – 1 h 34.

Un professionnel de la triche dans les casinos s'associe à une femme qui est elle-même devenue experte en la matière.

LA TRILOGIE DE GORKI ▷ Voir L'ENFANCE DE GORKI

TRIO "TRIO"
Comédie dramatique de **Ken Annakin** et **Harold French**, avec Jean Simmons, Michael Rennie, Ann Crawford. Grande-Bretagne, 1950 – 1 h 32.

Illustration de trois histoires écrites par Somerset Maugham, qui avait déjà inspiré *Quartet*.

LE TRIO INFERNAL
Drame de **Francis Girod**, d'après le roman de Solange Fasquelle, avec Michel Piccoli, Romy Schneider, Andréa Ferréol. France, 1973 – Couleurs – 1 h 40.

Les intrigues crapuleuses d'un avocat et de deux sœurs, qui deviennent riches à force de crimes et de malversations.

LE TRIOMPHE DE BUFFALO BILL "PONY EXPRESS"
Western de **Jerry Hopper**, avec Charlton Heston, Rhonda Fleming, Jan Sterling. États-Unis, 1953 – Couleurs – 1 h 41.

Le capitaine Cody connaît des aventures mouvementées pour l'établissement du relais « Pony Express » à travers la prairie.

LE TRIOMPHE DE LA VOLONTÉ
"TRIUMPH DES WILLENS"
Documentaire de **Leni Riefenstahl.** • SC : L. Riefenstahl. • PH : Sepp Allgeier. • DÉC : Albert Speer. • MUS : Herbert Windt. Allemagne, 1935 – 2 h.

En septembre 1934, le parti nazi réunit son congrès à Nuremberg. Le film décrit successivement les préparatifs, l'arrivée d'Hitler, les discours, la retraite aux flambeaux sur laquelle s'achève la manifestation.

◆ *Les moyens dont bénéficia Leni Riefenstahl pour tourner son film furent à la hauteur du gigantisme du congrès, et destinés à en rendre compte de façon spectaculaire. Hitler descendant du ciel, la masse incroyable des participants, l'évocation des travailleurs, la tribune et les coulisses, tout concourt à cette fin, tant par la force visuelle des cadrages que par l'efficacité du montage. Reste qu'il est impossible de produire un jugement purement esthétique sur une œuvre totalement marquée par sa destination idéologique : les images sont vraiment superbes, mais... J.-M.C.*

THE TRIP
Drame de **Roger Corman**, avec Peter Fonda, Susan Strasberg, Bruce Dern, Salli Sachse, Dennis Hopper. États-Unis, 1967 – Couleurs – 1 h 25.

Les hallucinations d'un réalisateur de films publicitaires qui s'adonne au L.S.D. Un film culte écrit par Jack Nicholson.

LES TRIPES AU SOLEIL
Drame de **Claude Bernard-Aubert**, avec Grégoire Aslan, Doudou Babet, Roger Blin, Lucien Raimbourg. France / Italie, 1959 – 1 h 38.

Dans une cité isolée et désertique, la haine raciale se déchaîne. Un film violent et souvent osé.

TRIPLE CROSS / LA FANTASTIQUE HISTOIRE VRAIE D'EDDIE CHAPMAN "TRIPLE CROSS"
Film d'espionnage de **Terence Young**, d'après le livre de Frank Owen *The Eddie Chapman Story*, avec Christopher Plummer, Romy Schneider, Gert Froebe, Yul Brynner. Grande-Bretagne / France, 1966 – Couleurs – 2 h 18.

Durant la Seconde Guerre mondiale, l'incroyable aventure d'un perceur de coffres-forts qui devient un agent double au service des Allemands et des Anglais.

TRIPLE ÉCHO "TRIPLE ECHO"
Drame de **Michael Apted**, d'après le roman de H.E. Bates, avec Glenda Jackson, Oliver Reed, Brian Deacon. Grande-Bretagne, 1973 – Couleurs – 1 h 34.

Pendant la Seconde Guerre mondiale, un jeune soldat s'éprend d'une fermière et déserte. Il doit même se déguiser en femme.

LA TRIPLE ÉNIGME "THE KENNEL MURDER CASE"
Film policier de **Michael Curtiz**, d'après le roman de S.S. Van Dine, avec William Powell, Mary Astor, Eugene Pallette, Ralph Morgan, Helen Vinson. États-Unis, 1933 – 1 h 13.

Un privé enquête sur la mort d'un industriel, prouve que son suicide est en réalité un meurtre, et découvre que des agents de l'étranger se cachaient dans son entourage. Le meilleur épisode d'une série de quinze films (produits entre 1929 et 1947), ayant pour héros Philo Vance, détective très populaire dans les années 30.

LA TRIPLE MORT DU TROISIÈME PERSONNAGE
Essai de **Helvio Soto**, avec José Sacristan, Brigitte Fossey, André Dussollier. France, 1979 – Couleurs – 1 h 40.

Quatre prisonniers politiques sont torturés dans une prison d'Amérique latine. Deux meurent, les deux autres, relâchés, se réfugient en Europe.

LE TRIPORTEUR
Comédie de **Jack Pinoteau**, avec Darry Cowl, Béatrice Altariba, Pierre Mondy. France, 1957 – Couleurs – 1 h 33.

Les multiples mésaventures d'un garçon-boulanger qui part dans le Midi avec son triporteur encourager son équipe de football.

TRIPTYQUE "TRIPTIKH"
Drame psychologique d'**Ali Khamraev**, avec Dilorom Kambarova, Goultcha Tachbaeva, Zoukhra Abdourakhmanova, Chavkat Abdoulassamov. U.R.S.S. (Ouzbekistan), 1979 – Couleurs – 1 h 14.

Un instituteur retraité se remémore trois femmes qu'il a connues au lendemain de la Première Guerre mondiale.

TRISTANA "TRISTANA"
Comédie dramatique de **Luis Buñuel**, avec Catherine Deneuve *(Tristana)*, Fernando Rey *(Don Lope)*, Franco Nero *(Horacio)*, Lola Gaos *(Saturna)*. • SC : L. Buñuel, Julio Alejandro, d'après le roman de Benito Perez Galdos. • PH : José F. Aguayo. • DÉC : Enrique Alarcón. • MUS : Chopin. Espagne / France, 1970 – Couleurs – 1 h 40.

En 1923, Tristana, une orpheline, est recueillie par Don Lope, un notable de Tolède. Il lui enseigne la libre pensée et ils deviennent amants. Tristana qui s'ennuie rencontre un jeune peintre séduisant avec lequel elle s'enfuit. Des années plus tard, Don Lope la recueille avec joie, amputée d'une jambe. Ils se marient. Tristana se dessèche lentement. Une nuit, Don Lope se sent mal. Elle le laisse mourir.

◆ *Cette présentation en profondeur de la mesquine vie provinciale, dont les couleurs passées du film, ocres et violacées, disent assez le morne ennui chuchoté, permet d'intégrer, sans rupture de ton ou de rythme, un monde parallèle, qui est celui de la pulsion. Chez Luis Buñuel, cette pulsion s'inscrit dans la logique sociale qui la transforme au contact de ses refoulements et de ses interdits avant de la renvoyer à son origine sexuelle, déformée ou exacerbée. La liberté sexuelle que le bourgeois libre penseur Don Lope propose à Tristana n'est que sa liberté à lui, enchaînant à ses désirs et à sa vieillesse un être démuni et docile. La situation se retourne paradoxalement lorsque Tristana se retrouve à sa merci mais aussi à sa charge. Don Lope consent par égoïsme (et non sans perversité) à devenir l'esclave de son esclave.* S.K.

TRISTAN ET ISEULT
Essai d'**Yvan Lagrange**, avec Yvan Lagrange, Claire Wauthion. France, 1973 – Couleurs – 1 h 20.

Parcours onirique d'une jeune fille et d'un chevalier. Il semble mourir plusieurs fois, pour toujours ressusciter dans ses bras, jusqu'à la mort commune des héros.

LES TROIS ÂGES "THREE AGES"
Film burlesque de **Buster Keaton** et **Eddie Cline**, avec Buster Keaton *(le jeune homme)*, Margaret Leahy *(la jeune fille)*, Wallace Beery *(le rival)*, Joe Roberts, Lillian Lawrence, Horace Morgan, Oliver Hardy. • SC : Jean C. Havez, Joseph A. Mitchell, Clyde Bruckman. • PH : William McGann, Elgin Lessley. • DÉC : Fred Gabourie. États-Unis, 1923 – 1 602 m (env. 1 h 05).

À trois époques différentes, âge de pierre, antiquité romaine et Amérique contemporaine, Keaton rencontre les mêmes difficultés et en triomphe de façon semblable. Un jeune homme courtise une jeune fille, mais se heurte à ses parents, qui supervisent son choix et tendent à lui préférer un rival plus fort, plus prestigieux ou plus riche. Mais l'amour fait faire des prouesses...

◆ *Ce premier long métrage comique indépendant ne se contente pas d'enchevêtrer trois histoires qui auraient pu faire l'objet de trois courts métrages. Jouant aussi bien de la parodie (des films de D.W. Griffith et d'Intolérance en particulier) que de l'anachronisme, Keaton sait tirer parti des correspondances entre les trois époques et surtout varier subtilement chaque situation en fonction des périodes. On rit une première fois de la répétition d'un gag, une seconde de l'invention qu'y apporte le cinéaste.* *J.M.*

TROIS BÉBÉS SUR LES BRAS "ROCK-A-BYE BABY"

Comédie de **Frank Tashlin**, d'après une histoire de Preston Sturges, avec Jerry Lewis, Marilyn Maxwell, Connie Stevens, Baccaloni. États-Unis, 1958 – Couleurs – 1 h 43.

Toujours prêt à rendre service, Jerry accepte d'être la nounou des triplés de son amie Clara qui doit tourner un film.

TROIS CAMARADES

Mélodrame de **Frank Borzage**, avec Robert Taylor *(Erich Lohkamp)*, Margaret Sullavan *(Patricia Hollmann)*, Franchot Tone *(Otto Koster)*, Robert Young *(Gottfried Lenz)*, Guy Kibbee *(Alfons)*, Lionel Atwill *(Franz Breuer)*. • SC : Francis Scott Fitzgerald, Edward Paramore, Joseph L. Mankiewicz, d'après le roman d'Erich Maria Remarque. • PH : Joseph Ruttenberg. • DÉC : Cedric Gibbons. • MUS : Franz Waxman. • MONT : Frank Sullivan. • PR : J. L. Mankiewicz (M.G.M.). États-Unis, 1938 – 1 h 40.

Erich, Otto et Gottfried sont trois camarades, meurtris par la guerre, qui essaient ensemble de survivre dans l'Allemagne troublée de Weimar. Ils rencontrent Patricia, une jeune femme belle et mystérieuse, et son protecteur, le riche parvenu Breuer. Erich et Patricia sont immédiatement attirés l'un vers l'autre et, encouragés par Otto et Gottfried, ils se marient malgré leurs scrupules : Patricia se sait gravement malade, Erich n'a pas le sou. Patricia est envoyée en sanatorium. Gottfried, qui milite à l'extrême gauche, est tué par un fasciste. Patricia subit une opération coûteuse. Ayant le sentiment qu'elle sera toujours à la charge d'Erich et d'Otto (qui ont vendu pour payer l'opération le taxi qui était leur gagne-pain), elle décide de mourir.

◆ **Les merveilleux nuages**

Volet central de la « trilogie allemande » de Borzage (entre Et demain ? [Little Man, What Now ?] *et* The Mortal Storm*),* Trois Camarades *pourrait n'être qu'un témoignage – d'ailleurs précieux – sur la République de Weimar, montrant l'équivalent germanique de la « génération perdue » s'adonner à l'alcool et rêver de l'Amérique du Sud sur fond de chômage, de musique de jazz et de combats de rue. Mais cette œuvre est aussi l'une des plus profondément personnelles de Borzage, le chantre des humbles, des marginaux et des errants, dont les héros semblent ici flotter, indécis, entre l'éveil et l'oubli, entre la vie et la mort, pareils aux « merveilleux nuages » dont l'image sert de ponctuation au récit. Témoignage de la communion mystérieuse qui unit les hommes et les choses, « Baby », avion réincarné en automobile, passe – dans l'ordre inverse – par les mêmes épreuves que Patricia : la mort, la souffrance et la chirurgie, la prostitution. Malgré la solidité d'un décor folklorique et convivial – la brasserie Alfons, avec ses nourritures terrestres et ses chœurs célestes, qui sert de cadre au mariage mystique des protagonistes –, la fascination morbide de Borzage pour son sujet est évidente dans la manière rêveuse dont il photographie ses interprètes, Margaret Sullavan, Ophélie à la voix rauque, et Robert Taylor, dont le regard de velours noir anime le profil de marbre antique. Il est puissamment aidé par F. Scott Fitzgerald et Joseph L. Mankiewicz, qui collaborèrent – conflictuellement – à un dialogue d'une rare, d'une déchirante poésie : « Notre amour se situe maintenant au-delà du temps et de l'espace ».* *J.-L.B.*

LA 317E SECTION

Film de guerre de **Pierre Schoendoerffer**, avec Jacques Perrin *(sous-lieutenant Torrens)*, Bruno Crémer *(adjudant Wilsdorf)*, Pierre Fabre, Manuel Zarzo. • SC : P. Schoendoerffer, d'après son roman. • PH : Raoul Coutard. • MUS : Pierre Jansen. France, 1964 – 1 h 25.

Une section du corps expéditionnaire français au Viêt Nam est chargée de rejoindre, en mai 1954, une colonne de secours pour Diên Biên Phu. Commandée par le sous-lieutenant Torrens, frais émoulu de Saint-Cyr, et par l'adjudant alsacien Wilsdorf, baroudeur aguerri, la colonne (41 supplétifs laotiens et 4 Français), se met en route à travers la jungle. Sa marche est bientôt entravée par la nature, le Viêt-minh et les conflits entre Torrens et Wilsdorf. Au bout de huit jours de marche, la 317e section a pratiquement cessé d'exister. Au moment où Torrens et Wilsdorf se comprennent enfin et s'apprécient mutuellement, Torrens meurt en chef. Sacrifices inutiles : Diên Biên Phu est tombé entre-temps...

◆ *Loin des clichés faciles, le réalisateur a signé là l'un des films de guerre les plus justes et les plus humains. Cela est rare...* *D.C.*

TROIS CHAMBRES À MANHATTAN

Drame de **Marcel Carné**, d'après le roman de Georges Simenon, avec Maurice Ronet, Annie Girardot, Geneviève Page. France, 1965 – 1 h 30.

Sur le pavé de Manhattan, un jeune comédien amer et sans emploi fait la connaissance de l'ancienne femme d'un diplomate. Jalousie, dérives, une analyse sociologique et psychologique.

TROIS CHANTS SUR LÉNINE "TRI PIESNI O LENINE"

Documentaire de **Dziga Vertov**. • SC : D. Vertov • MONT : D. Vertov. • PH : Dmitri Sourenski, Mark Maguidson, Boris Monastyrsky. • MUS : Youri Chaporine. U.R.S.S. (Russie), 1934 – 1 h 08.

Trois chansons populaires dédiées à la Révolution et à Lénine inspirent les trois parties du film, intitulées *Mon visage se trouvait dans une prison noire* (sur la libération de la femme musulmane), *Nous l'aimions* (sur les funérailles de Lénine) et *Dans la grande ville de pierre* (sur la construction du socialisme).

◆ *Comme dans ses précédents films, Vertov met magistralement en œuvre le montage de documents d'archives et le rôle à la fois explicatif et poétique des intertitres, mais il y ajoute, pour la première fois, des interviews (une femme musulmane, une ouvrière) et fait intervenir la musique comme élément lyrique en contrepoint du dynamisme du montage.* *M.MN.*

TROIS COULEURS (BLANC)

Comédie dramatique de **Krysztof Kieslowski**, avec Zbigniew Zamachowski, Julie Delpy, Janusz Gajos, Jerzy Stuhr. France / Suisse / Pologne, 1993 – Couleurs – 1 h 31.

Après le *Bleu* de la liberté, le *Blanc* de l'égalité. Le deuxième film de l'ensemble Trois Couleurs de Kieslowski présente l'histoire d'un coiffeur polonais amoureux d'une Française. Pour les uns, ce sera un discours sur l'inégalité, pour d'autres un film policier, pour d'autres encore une histoire d'amour et de haine... inépuisable richesse de Kieslowski qui recompose la complexité de la vie en plans superbes !

TROIS COULEURS (BLEU)

Comédie dramatique de **Krysztof Kieslowski**, avec Juliette Binoche, Benoît Régent, Charlotte Véry, Florence Pernel. France / Suisse / Pologne, 1993 – Couleurs – 1 h 40.

Les films de Kieslowski ne se racontent pas – ici, une femme décide de tirer un trait sur son passé après la mort de son mari, compositeur célèbre – car le récit est forcément réducteur par rapport à l'ambivalence des images, que chacun décryptera comme il essaie de comprendre la vie, l'amour, la mort, la liberté. La matière est aussi riche.

TROIS COULEURS (ROUGE)

Comédie dramatique de **Krysztof Kieslowski**, avec Jean-Louis Trintignant *(le juge)*, Irène Jacob *(Valentine)*, Frédérique Feder *(Karin)*, Jean-Pierre Lorit *(Auguste)*. • SC : Krysztof Kieslowski. • PH : Piotr Sobocinski. • DÉC : Claude Lenoir. • MUS : Zbigniew Preisner. • MONT : Jacques Witta. France / Suisse / Pologne, 1993 – Couleurs – 1 h 36.

Une chienne écrasée fait se croiser plusieurs vies qui suivaient leurs cours séparés : Valentine, mannequin de Genève, un ancien juge amer et désespéré, et Auguste, étudiant en droit et voisin de Valentine. On découvre que l'ancien juge a renoncé à son métier parce qu'il a manqué au devoir de sa charge en acceptant de juger – et de condamner – l'homme pour lequel la femme qu'il aimait l'avait quitté. Pour se consoler, il écoute les conversations téléphoniques de ses voisins et découvre ainsi leurs secrets et leurs liaisons cachées.

◆ *C'est comme la vie avec ses rencontres inattendues, ses amours et ses ruptures, ses communications qui se parasitent, fils qui se croisent et ne semblent mener nulle part. Et c'est aussi plus que la vie car il y a le talent d'un grand metteur en scène qui, tel Asmodée, connaît leurs petits et leurs grands secrets. Mais cela ne nous sert à rien car le hasard est déjà en train de rebattre les cartes et l'accident de ferry final qui fait disparaître quelques-uns des protagonistes laisse ouvertes toutes les hypothèses sur les relations qui s'établiront entre les survivants.* *J.-C.L.*

LES TROIS COURONNES DU MATELOT

Essai de **Raoul Ruiz**, avec Jean-Bernard Guillard *(le matelot)*, Philippe Deplanche *(l'étudiant)*, Jean Badin *(un officier)*, Nadège Clair *(Maria)*, Lisa Lyon *(Mathilde)*, Claude Derepp *(le capitaine)*. • SC : R. Ruiz. • PH : Sacha Vierny. • MUS : Jorge Arriagada. • MONT : Janine Verneau. France, 1983 – Couleurs et NB – 1 h 57.

Anvers, la nuit. Un étudiant devenu assassin rencontre un matelot. Celui-ci lui raconte son voyage depuis Valparaiso, où il a embarqué. Aventures où se mêlent le Bien et le Mal, l'amour et la mort, l'amitié et la trahison. Le bateau est une sorte de « vaisseau fantôme », avec un équipage de morts étrangement vivants. Le matelot doit tuer l'étudiant pour qu'il puisse le remplacer à bord : et le cargo reprendra son périple.

◆ *Embarqué dans un tourbillon d'images vertigineuses dès le début du film, le spectateur a vite fait de larguer les amarres de la raison narrative pour se laisser porter par un flot écumeux de sensations. D'une extraordinaire beauté plastique et d'un expressionnisme baroque poussé parfois jusqu'au paroxysme, ce film ne saurait laisser indifférent.* D.C.

TROIS DAMES ET UN AS "The Card"

Comédie de **Ronald Neame**, avec Alec Guinness, Glynis Johns, Valerie Hobson, Petula Clark. Grande-Bretagne, 1952 – 1 h 31.

Au début du siècle, un arriviste forcené « aide » la chance pour devenir un maître de la ville. Un modèle d'humour anglais.

TROIS DANS UN SOUS-SOL / L'AMOUR À TROIS / TROIS DE LA RUE MIECHANSKAIA

"Tret'ja Meščanskaja"

Drame d'**Abram Room**, avec Nikolai Batalov, Lioudmila Semenova, Vladimir Fogel. U.R.S.S. (Russie), 1927 – 2 025 m (env. 1 h 15).

Un homme s'installe à Moscou chez un ancien camarade de front, dont la femme devient bientôt sa maîtresse. Un curieux rapport s'établit alors entre les trois habitants de la chambre.

LES TROIS DERNIERS JOURS "Gli ultimi tre giorni"

Drame de **Gianfranco Mingozzi**, avec Franco Lotterio, Lina Sastri, Benedetto Simonelli. Italie, 1978 – Couleurs – 2 h.

À Bologne, en octobre 1926, face à la montée du fascisme, un adolescent décide de tuer Mussolini. Son plan découvert, il est poignardé au moment de l'attentat.

TROIS DE SAINT-CYR

Drame de **Jean-Paul Paulin**, avec Roland Toutain, Jean Mercanton, Jean Chevrier, Hélène Perdrière, Léon Bélières. France, 1938 – 1 h 37.

Trois amis, élèves de Saint-Cyr, sont envoyés en mission en Syrie. Ils sont attaqués dans un fortin ; l'un d'eux trouve une mort héroïque et sa sœur épouse son ami rescapé.

TROIS ENFANTS DANS LE DÉSORDRE

Comédie de **Léo Joannon**, avec Bourvil, Jean Lefebvre, Rosy Varte, Jacques Legras, Anne-Marie Carrière. France, 1966 – 1 h 35.

Jeté en prison à la suite d'une machination, un chef d'entreprise adopte trois enfants pour éviter la confiscation de ses biens. Il est libéré et sa femme donne naissance à des quintuplés !

LES TROIS ETC... DU COLONEL

Comédie de **Claude Boissol**, d'après la pièce de José-Maria Peman, avec Anita Ekberg, Vittorio De Sica, Daniel Gélin, Georgia Moll, Paolo Stoppa. France / Italie, 1960 – Couleurs – 1 h 40.

Le maire d'un petit village espagnol occupé par les troupes napoléoniennes offre des jeunes femmes pour le plaisir du colonel, nouveau gouverneur de province.

TROIS FEMMES "Three Women"

Comédie dramatique de **Robert Altman**, avec Sissy Spacek *(Pinky)*, Shelley Duvall *(Millie)*, Janice Rule *(Willie)*, Ruth Norson, Robert Fortier, John Cromwell. • SC : R. Altman. • PH : Charles Rosher. • DÉC : James D. Vance. • MUS : Gerald Busby. • MONT : Dennis Hill. États-Unis, 1977 – Couleurs – 2 h 03.

Trois femmes, en Californie, connaissent tour à tour le même homme, ancien figurant de westerns. Il meurt accidentellement d'un coup de feu. Ces femmes se mettront peu à peu à dépendre l'une de l'autre, en se créant des problèmes et des angoisses qui viendront remplir leur vie... Tout cela pour mieux affronter un portrait de l'Amérique qui les hante et qui était représenté par cet homme.

◆ *Après le succès de* Nashville, *l'aboutissement de l'esthétique de Robert Altman, celle de la vacuité des êtres. Altman arrive à une grande maîtrise formelle tout en laissant les acteurs et le scénario prendre les chemins qu'ils entendent. Le film confirme le talent de Sissy Spacek qui remportera un Oscar quelques années plus tard. Mais c'est Shelley Duvall qui est au centre du film. De plus, un des rares films à montrer des gens de 70 ans assumant explicitement leur sexualité.* S.S.

TROIS FEMMES, TROIS ÂNES

Comédie d'**André Michel**, d'après des nouvelles de Guy de Maupassant, avec Jacques Duby, René Lefèvre, Michel Bouquet, Mouloudji, Catherine Erard, Agnès Delahaye, Moune de Rivel. France, 1952 – 1 h 44.

Trois destins de femmes au XIXe et au XXe siècles. Ironique, léger et désabusé.

LES TROIS FONT LA PAIRE

Comédie dramatique de **Sacha Guitry**, avec Michel Simon, Sophie Desmarets, Philippe Nicaud, Jean Rigaux. France, 1957 – 1 h 25.

Un crime commis sur les lieux d'un tournage a été filmé par les opérateurs qui remettent à la police la photo de l'assassin. Une histoire de jumeaux et de sosie vient compliquer l'enquête.

TROIS FRÈRES "TRE FRATELLI"
Drame de **Francesco Rosi**, avec Charles Vanel, Michele Placido, Philippe Noiret, Andréa Ferréol, Vittorio Mezzogiorno. Italie, 1980 – Couleurs – 1 h 53.

La mère vient de mourir. Autour du père solitaire se rassemblent, pour l'enterrement, trois frères qui ont pris des chemins différents.

LES TROIS FRÈRES
Comédie de **Didier Bourdon** et **Bernard Campan**, avec Bernard Campan, Didier Bourdon, Pascal Légitimus, Antoine Du Merle, Yolande Moreau. France, 1995 – Couleurs – 1 h 45. ★ **CÉSAR DE LA MEILLEURE PREMIÈRE ŒUVRE DE FICTION.**

Trois jeunes hommes aux modes de vie et aux caractères très différents se trouvent convoqués au même moment chez un notaire. Là, ils apprennent 1) qu'ils ont la même mère et 2) que celle-ci leur lègue 30 millions. Bingo ! L'un achète aussitôt une superbe voiture, l'autre rompt ses fiançailles, le troisième envisage d'investir dans l'entreprise qui l'emploie. Malheureusement, le notaire les convoque à nouveau et leur apprend qu'ils sont forclos : le magot va à un orphelinat ! Dès lors, l'un se trouve endetté jusqu'au cou, l'autre perd son emploi et le troisième se retrouve avec un enfant à charge. À travers de pittoresques aventures, ils finiront par découvrir qu'ils ont quand même gagné quelque chose : ils ne sont plus seuls au monde, puisqu'ils ont des frères et aussi un enfant. De plus, la fortune leur sourira à nouveau.

TROIS GARS, DEUX FILLES ET UN TRÉSOR
"EASY COME, EASY GO"
Comédie musicale de **John Rich**, avec Elvis Presley, Dodie Marshal, Pat Priest, Pat Harrington. États-Unis, 1966 – Couleurs – 1 h 37.

Peu avant la fin de son service, un homme-grenouille découvre une épave contenant un trésor, qu'il tente de récupérer.

TROIS HEURES DIX POUR YUMA
"3.10 TO YUMA"
Western de **Delmer Daves**, avec Glenn Ford *(Ben Wade)*, Van Heflin *(Dan Evans)*, Felicia Farr *(Emmy)*, Leo Dana *(Alice Evans)*. • SC : Halsted Welles, d'après la nouvelle d'Elmore Leonard. • PH : Charles Lawton. • DÉC : Frank Hotaling. • MUS : George Dunning. • MONT : Al Clark. États-Unis, 1957 – 1 h 32.

Dan Evans, un fermier, arrête un voleur de diligence, Ben Wade, et l'amène à Contention City pour prendre le train de trois heures dix pour Yuma. Cette arrestation lui permettra d'avoir la prime dont il a besoin pour sauver sa ferme. Mais la bande du voleur est là pour le délivrer.

◆ *Un western qui recompose très scrupuleusement le monde de l'Ouest et se fonde sur un suspense à l'issue fatale lié à la confrontation des bandits et du fermier. Or, la confrontation n'aura pas lieu car leur chef, qui a appris à connaître le fermier et ses motivations, le sauvera, estimant que son évasion ne vaut pas une vie humaine et qu'il sera toujours temps de s'enfuir du pénitencier. Cette fable humaniste s'appuie sur d'incessants travellings qui montent et descendent de la terre au ciel, créant entre eux un lien cosmique.* *S.K.*

TROIS HOMMES À ABATTRE
Film policier de **Jacques Deray**, d'après le roman de Jean-Patrick Manchette, avec Alain Delon, Dalila Di Lazarro, Pierre Dux. France, 1980 – Couleurs – 1 h 35.

Un homme porte assistance à un automobiliste accidenté qui meurt à l'hôpital. Il est bientôt la cible de tueurs pour qui il est devenu un témoin gênant.

TROIS HOMMES ET UN COUFFIN
Comédie de **Coline Serreau**, avec Roland Giraud *(Pierre)*, Michel Boujenah *(Michel)*, André Dussollier *(Jacques)*, Philippine Leroy-Beaulieu *(Sylvia)*, Dominique Lavanant *(Mme Rapons)*, Marthe Villalonga *(Antoinette)*. • SC : C. Serreau. • PH : Jean-Yves Escoffier, Jean-Jacques Bouhon. • DÉC : Yvan Maussion. • MONT : Catherine Renault. France, 1985 – Couleurs – 1 h 40. ★ **CÉSAR DU MEILLEUR FILM 1985.**

Trois célibataires et heureux de l'être, Pierre, Jacques et Michel, partagent un appartement. Jacques accepte de recevoir un « paquet » qu'il demande à ses amis de réceptionner en son absence. Au même moment, son ex-maîtresse Sylvia dépose à leur porte un couffin contenant son bébé, Marie. Quiproquo ! Mi-furieux, mi-attendris, Pierre et Michel jouent tant bien que mal les nourrices improvisées. Entre-temps, on vient rechercher le véritable paquet, qui contenait de la drogue. Ce qui provoque quelques démêlés avec les dealers qui croient avoir été floués. À son retour, Jacques, copieusement insulté par ses camarades, fait la connaissance de sa fille, que Sylvia reprend bientôt. Les trois hommes ont du vague à l'âme mais la solution miraculeuse se présente...

◆ *Jouant sur des ressorts classiques et parfois faciles (le célibataire endurci obligé de s'occuper d'un nourrisson...), mais sur un rythme vif, avec des dialogues dans l'air du temps et des comédiens pleins d'abattage, cette sympathique comédie de Coline Serreau a été plébiscitée par le public et a battu les records d'audience.* G.L.

▷ Le film a fait l'objet d'un remake, intitulé TROIS HOMMES ET UN BÉBÉ "THREE MEN AND A BABY", de **Leonard Nimoy**, avec Tom Selleck, Steve Guttenberg, Ted Danson, Nancy Travis. États-Unis, 1987 – Couleurs – 1 h 43.

LA TROISIÈME GÉNÉRATION

"DIE DRITTE GENERATION"

Drame de **Rainer Werner Fassbinder**, avec Volker Spengler, Bulle Ogier, Eddie Constantine, Hanna Schygulla. R.F.A., 1978 – Couleurs – 1 h 40.

Un groupuscule prépare une action terroriste sous l'autorité d'un révolutionnaire, qui s'avère être à la solde du pouvoir.

LE TROISIÈME HOMME "THE THIRD MAN"

Drame de **Carol Reed**, avec Joseph Cotten *(Holly Martins)*, Alida Valli *(Anna Schmidt)*, Orson Welles *(Harry Lime)*, Trevor Howard *(le major Calloway)*, Ernst Deutsch *(le baron Kurtz)*. • SC : C. Reed, Graham Greene, d'après une histoire de ce dernier. • PH : Robert Krasker. • DÉC : Vincent Korda, Joseph Bato. • MUS : Anton Karas. • MONT : Oswald Hafenrichter. • PR : Alexander Korda, David O. Selznick. Grande-Bretagne, 1949 – 1 h 33.
★ PALME D'OR, Cannes 1949.

À Vienne, à l'heure de la guerre froide. Un romancier américain, Holly Martins, cherche à savoir comment un de ses amis, Harry Lime, qui l'avait invité pour un séjour, est mort. L'amie de Harry, Anna, essaie de l'en dissuader. Ayant appris par la police anglaise que son ami était un trafiquant de pénicilline, et découvrant qu'il est vivant (un autre ayant été enterré sous son nom), Holly Martins participe à sa poursuite dans les égouts de Vienne. Harry étant cerné, à sa demande, Holly le tue.

◆ Un jeu d'identifications successives

Accompagné de tout un tintamarre – la cithare d'Anton Karas, « découvert » dans les rues de Vienne, le tournage « en extérieurs » dans la capitale autrichienne « libérée », l'intervention d'Orson Welles (qui avait tourné avec Joseph Cotten Citizen Kane, *et qui « improvisa » la réplique sur l'Italie des condottieri « qui a produit des génies, alors que la Suisse n'a produit que des coucous »), la séquence dans les égouts où le même Orson Welles faillit attraper une bronchite, etc. –, ce film fut froidement accueilli par la critique qui y vit une sorte de policier sur fond de marché noir. En vérité, ce film est une tragédie politique qui se situe au croisement des idées de Koestler, de Camus et de l'humanisme chrétien ; il aborde également le problème de la dénonciation. Doit-on dénoncer un criminel quand il est votre ami ? Non, répond Anna, moderne Antigone ; certes, répond la police qui montre à Holly Martins combien d'enfants innocents meurent à cause du trafic que mène son ami. Albert Camus allait écrire : « Entre la Justice (les droits des Arabes en Algérie) et ma mère (menacée d'être chassée), je choisis ma mère ». Mais derrière ce cas de conscience se profile une analyse politique : Anna, qui incarne la droiture, est une réfugiée qui a fui Prague et le communisme ; l'Anglais veut la protéger, mais ne peut ; le criminel sympathique fait confiance aux Russes et il en meurt ; le personnage principal, qui mène l'enquête, est un Américain qui ne comprend rien aux affaires européennes. On retrouve ainsi le contexte de la Seconde Guerre mondiale où les Anglais sont les seuls à voir clair et à faire leur devoir. Ces traits expliquent que ni la critique américaine ni la critique européenne, alors influencée par les idées communistes, ne firent bon accueil au film. Il reçut néanmoins, mais plus tard, un prix à Venise et une faveur permanente de la part du public qui perçoit que le ressort dramatique du film est son perpétuel changement de sens, le spectateur s'identifiant à différents personnages au fur et à mesure que le drame se noue. Le héros sympathique, Holly Martins, apparaît bientôt faible, sans consistance ; la comédienne futile se révèle une intransigeante figure.* M.F.

LA TROISIÈME PARTIE DE LA NUIT

"TRZECIA CZESC NOCY"

Film de guerre d'**Andrzej Zulawski**, avec Malgorzata Braunek *(Helena / Marta)*, Leszek Teleszynski *(Michal)*, Jerzy Golinski *(son père)*, Jan Nowicki *(Jan)*, Michal Grundzinski *(Marian)*. • SC : A. Zulawski, Miroslaw Zulawski. • PH : Witold Sobocinski. • DÉC : Teresa Barska. • MUS : Andrzej Korzynski. Pologne, 1971 – Couleurs – 1 h 47.

À la suite de l'assassinat de sa femme, son fils et sa mère par des cavaliers ukrainiens alliés aux Allemands, Michal entre dans la Résistance. Pourchassé par la Gestapo, il rencontre un inconnu qui est blessé à sa place et emmené à l'hôpital. Michal trouve refuge chez la femme de l'inconnu, Marta, qu'il aide à accoucher. Elle est le sosie de sa femme morte, Helena. Il essaie de faire s'évader l'inconnu mais découvre que c'est le sosie du premier mari de celle-ci.

◆ *La confusion voulue entre les personnages participe de l'enchevêtrement du récit. Des flash-back non « annoncés » créent un temps dédoublé où le passé et le présent s'abolissent en cohabitant, tandis que le remords ou la fièvre de Michal lui font apparaître Helena et son fils Lukasz dans les endroits où il vit avec Marta, lieux qui se trouvent par « hasard » être les mêmes que ceux où il avait vécu avec sa famille disparue. Quant aux personnages, ils sont une idée qui s'est faite chair. Michal, Helena, Marta, Jan n'existent pas en tant que tels. Leur destin individuel n'a de sens que parce qu'il rejoint le destin collectif de la Pologne. Michal a un double, à moins qu'il ne soit lui-même le double de quelqu'un, parce qu'un même destin l'unit aux autres. Ils sont tous la même personne qu'on persécute, qu'on tue, qui renaît, qui combat, qui souffre.* S.K.

TROIS JEUNES FILLES À LA PAGE
"THREE SMART GIRLS"
Comédie de **Henry Koster**, avec Deanna Durbin, Barbara Read, Nan Grey, Charles Winninger, Binnie Barnes, Ray Milland, Alice Brady, Mischa Auer. États-Unis, 1936 – 1 h 26.

Trois jeunes filles dont les parents vivent séparés ont décidé de les réunir et y réussissent de la plus aimable façon.

▷ Le cinéaste réalise une suite, intitulée LES TROIS JEUNES FILLES ONT GRANDI "THREE SMART GIRLS GROW UP", avec D. Durbin, Helen Parrish, N. Grey, C. Winninger, Robert Cummings, William Lundigan. États-Unis, 1939 – 1 h 27.

TROIS JOURS À VIVRE
Comédie dramatique de **Gilles Grangier**, d'après le roman de Peter Vanett, avec Jeanne Moreau, Daniel Gélin, Lino Ventura, Aimé Clariond. France, 1958 – 1 h 25.

Un comédien sans notoriété assure sa publicité en faisant condamner un innocent. Ce dernier va se venger.

LES TROIS JOURS DE VICTOR TCHERNYCHEV
"TRI DNJA VIKTORA ČERNYŠOVA"
Drame de **Mark Ossepian**, avec Gennadi Kovolkov, Valentina Vladimirova, Aleksei Tchernov. U.R.S.S. (Ukraine), 1968 – 1 h 44.

Un jeune ouvrier qui vit au jour le jour, indifférent au monde qui l'entoure, se laisse entraîner par les voyous de son quartier à des actes de petite délinquance.

LES TROIS JOURS DU CONDOR
"THREE DAYS OF THE CONDOR"
Film d'espionnage de **Sydney Pollack**, d'après le roman de James Grady, avec Robert Redford, Faye Dunaway, Cliff Robertson, Max von Sydow, John Houseman. États-Unis, 1975 – Couleurs – 1 h 56.

Un agent de la C.I.A. découvre un réseau ennemi au sein même de l'organisation américaine. Ses collègues sont exterminés, et lui-même traqué. Il réussira cependant à démasquer les traîtres.

LES TROIS LANCIERS DU BENGALE
"THE LIVES OF A BENGAL LANCER"
Film d'aventures de **Henry Hathaway**, avec Gary Cooper *(le lieutenant Mc Gregor)*, Franchot Tone *(le lieutenant Fortesque)*, Richard Cromwell *(le lieutenant Stone)*, C. Aubrey Smith *(le major Hamilton)*. • SC : Waldemar Young, John L. Badelston, Achmed Abdullah, d'après le récit de Francis Yeats-Brown. • PH : Charles Lang Jr. • DÉC : Hans Dreier, Richard Anderson. • MUS : Milan Roder. • MONT : Ellsworth Hoagland. États-Unis, 1935 – 1 h 50.

Deux vétérans des lanciers du Bengale aident une nouvelle recrue à s'adapter à la discipline de l'armée anglaise. Ils ont pour mission de surveiller Mohamed Khan, chef de rebelles. Séduit par une espionne, un des lanciers est livré à l'ennemi ainsi que ses compagnons. Mais ces derniers parviennent à s'échapper.

◆ *Un classique du film d'aventures à gros budget, tourné dans des extérieurs spectaculaires et avec des costumes somptueux afin de rendre le prestige et l'héroïsme de l'armée britannique. Au départ, les lanciers sont des têtes brûlées et de farouches individualistes. Le réalisateur s'attache à les rendre humains et sympathiques. Ainsi, il ne condamne pas celui qui trahit sous la torture. Le film a connu un énorme succès, faisant de Gary Cooper une star.* Les Trois Lanciers du Bengale *reste le modèle du film colonial et a connu une nombreuse descendance.* CL.A.

LES TROIS LUMIÈRES "DER MÜDE TOD"
Drame fantastique de **Fritz Lang**, avec Lil Dagover *(la jeune femme)*, Bernard Goetzke *(la Mort)*, Walter Janssen *(le jeune homme)*, Rudolf Klein-Rugge *(Girolamo)*, Georg John *(le mage)*, Eduard von Winterstein *(le calife)*. • SC : F. Lang, Thea von Harbou. • PH : Erich Nietzchmann, Herman Saalfrank, Fritz Arno Wagner. • DÉC : Robert Herlth, Walter Röhring, Hermann Warm. Allemagne, 1921 – 2 311 m (env. 1 h 25).

La lutte d'une femme contre la Mort qui promet de lui rendre son fiancé si, transportée dans trois époques différentes, elle parvient à sauver la vie d'un des trois hommes alors menacés.

◆ *Inspiré de contes nordiques (Andersen, Grimm), le film porte sur un thème typiquement romantique traité par Lang de façon très personnelle : l'omnipotence de la Mort, le désespoir de la jeune femme et l'apaisement final sont des prétextes à la création d'une atmosphère surnaturelle, mais logique, qu'on a reliée un peu superficiellement à l'expressionnisme. L'épisode « oriental » rappelle les serials antérieurs de Lang, l'épisode vénitien est dominé par l'architecture, l'épisode chinois (malgré un emploi parodique de la magie) annonce le règne de la pure fatalité et le dilemme réalité-irréalité, que Lang développera plus tard. En dépit de ses nombreux et prestigieux collaborateurs, Lang surveilla avec un soin jaloux les trucages et les cadrages du film. Le succès de celui-ci joua d'ailleurs un rôle capital dans sa carrière.* G.LD.

LES TROIS MASQUES

Drame d'**André Hugon**, d'après la pièce de Charles Méré, avec Jean Toulout, François Rozet, Renée Héribel, Marcel Vibert. France, 1929 – env. 2 000 m (1 h 14).

Le fils d'un riche Corse aime une servante, qu'il rencontre malgré l'interdiction de son père. Lorsqu'elle est enceinte, ses deux frères tuent le garçon un soir de carnaval. Le premier film français parlant.

▷ Autre version réalisée par **Henry Krauss**, avec Henry Krauss, Henri Rollan, Gine Avril, Georges Wague. France, 1921 – 1 800 m (env. 1 h 07).

TROIS MEURTRES "THREE CASES OF MURDER"

Film policier à sketches de **Wendy Toye, David Eady, George M. O'Ferrall**, avec Orson Welles, Alan Badel, Elizabeth Sellars. Grande-Bretagne. 1954 – 1 h 39.

Trois nouvelles (dont une de Somerset Maugham) basées respectivement sur l'irréalité, l'amnésie et le remords.

TROIS MILLIARDS D'UN COUP "ROBBERY"

Film policier de **Peter Yates**, avec Stanley Baker, Joanna Pettet, James Booth. Grande-Bretagne, 1967 – Couleurs – 1 h 54.

La préparation et l'exécution du « hold-up du siècle » : l'attaque du train postal Glasgow-Londres. D'après des faits réels.

TROIS MILLIARDS SANS ASCENSEUR

Comédie policière de **Roger Pigaut**, avec Michel Bouquet, Marcel Bozzuffi, Dany Carrel, Bernard Fresson, Serge Reggiani, Françoise Rosay. France, 1972 – Couleurs – 1 h 45.

Cinq médiocres des faubourgs essaient de sortir de leur grisaille en combinant un hold-up sensationnel.

LES TROIS MOUSQUETAIRES

Film d'aventures en deux épisodes d'**Henri Diamant-Berger**, d'après le roman d'Alexandre Dumas, avec Aimé Simon-Girard, Henri Rollan, Thomy Bourdelle, Jean-Louis Allibert, Blanche Montel, Paul Colline, Edith Méra, Andrée Lafayette. France, 1932 – 2 h 16 et 1 h 50.

D'Artagnan, mousquetaire du roi, et ses trois amis vivent de multiples aventures pour l'honneur de leur reine.

▷ Autres versions réalisées notamment par : **Henri Diamant-Berger**, avec Aimé Simon-Girard, Henri Rollan, Charles Martinelli, Pierre de Guinguand, Pierrette Madd, Claude Mérelle. France, 1921 – 14 500 m (env. 9 h) en douze épisodes. **Fred Niblo** et **Douglas Fairbanks**, intitulée LES TROIS MOUSQUETAIRES "THE THREE MUSKETEERS", avec Douglas Fairbanks. États-Unis, 1921 – env. 200 m (7 mn). **Rowland V. Lee**, intitulée THE THREE MUSKETEERS, avec Walter Abel, Paul Lukas, Moroni Olson, Margot Grahame, Heather Angel, Ian Keith. États-Unis, 1935 – 1 h 37. **Allan Dwan**, intitulée LES TROIS LOUF'QUETAIRES "THE THREE MUSKETEERS", avec Don Ameche, the Ritz Brothers, Binnie Barnes, Joseph Schildkraut. États-Unis, 1939 – 1 h 13. **George Sidney**, intitulée LES TROIS MOUSQUETAIRES "THE THREE MUSKETEERS", avec Gene Kelly, Lana Turner, June Allyson, Frank Morgan, Angela Lansbury, Vincent Price, Keenan Wynn, John Sutton. États-Unis, 1948 – Couleurs – 2 h 05. **André Hunebelle**, avec Georges Marchal, Yvonne Sanson, Gino Cervi, Bourvil, Danielle Godet. France / Italie, 1953 – Couleurs – 1 h 56. **Vittorio Cottafavi**, intitulée MILADY ET LES MOUSQUETAIRES "IL BOIA DI LILLA", avec Yvette Lebon, Rossano Brazzi, Massimo Serrato. Italie, 1953 – 1 h 28. **Mauro Bolognini**, intitulée D'ARTAGNAN CHEVALIER DE LA REINE "IL CAVALIERI DELLA REGINA", avec Jeff Stone, Marina Berti, Tamara Lees. Italie, 1955 – Couleurs – 1 h 18. **Bernard Borderie**, avec Gérard Barray, Mylène Demongeot, Daniel Sorano, Jean Carmet. France, 1961 – Couleurs – 1 h 36.

▷ Voir aussi CYRANO ET D'ARTAGNAN, L'ÉTROIT MOUSQUETAIRE, LE FILS DE D'ARTAGNAN, LE MASQUE DE FER, ON L'APPELAIT MILADY et LE RETOUR DES MOUSQUETAIRES.

LES TROIS MOUSQUETAIRES (LES DIAMANTS DE LA REINE)

"THE THREE MUSKETEERS (THE QUEEN'S DIAMONDS)"

Film d'aventures historiques de **Richard Lester**, avec Michael York *(d'Artagnan)*, Oliver Reed *(Athos)*, Richard Chamberlain *(Aramis)*, Frank Finlay *(Porthos)*, Charlton Heston *(Richelieu)*, Raquel Welch *(Milady)*, Faye Dunaway *(Anne d'Autriche)*, Geraldine Chaplin, Jean-Pierre Cassel, Christopher Lee. • SC : George McDonald Fraser, d'après le roman d'Alexandre Dumas. • PH : David Watkin. • DÉC : Brian Eatwell. • MUS : Michel Legrand. • MONT : John Victor Smith. Grande-Bretagne, 1974 – Couleurs – 1 h 45.

Les trois mousquetaires qui, en fait, étaient quatre, vont braver les foudres du cardinal de Richelieu pour tenter de récupérer les ferrets d'Anne d'Autriche. D'Artagnan réussira-t-il à concilier la gloire et l'amour ? Pour un jeune et pauvre cadet de Gascogne (« C'est nous les Cadets de Gascogne, etc. ») que de belles aventures !

◆ *Est-il utile de résumer vraiment la énième adaptation du roman du Dumas ? Lequel, il faut bien l'avouer, ne fut guère gâté par le cinéma. Toutes les adaptations des* Mousquetaires *sont assez ternes et personne n'a pu incarner à l'écran un d'Artagnan suffisamment crédible. Paradoxalement, Hollywood avec Gene Kelly a produit la meilleure mouture. Lester, lui, a choisi la fantaisie et le mouvement. Son héros (bondissant) a la grâce et la fougue d'un jeune niais mal dégrossi et le personnage d'Athos retrouve enfin la force qui était la sienne dans le roman. Ce n'est pas peu.* C.A.

▷ Voir aussi LE RETOUR DES MOUSQUETAIRES.

TROIS PETITS TOURS ET PUIS S'EN VONT
"HERE WE GO ROUND THE MULBERRY BUSH"
Comédie de **Clive Donner**, d'après le roman de Hunter Davies, avec Barry Evans, Judy Geeson, Angela Scoular, Sheila White, Adrienne Posta. Grande-Bretagne, 1968 – Couleurs – 1 h 45.

Jamie a 17 ans et plusieurs filles s'emploient à faire son éducation « sentimentale ». Un regard aigu sur les adolescents.

TROIS PLACES POUR LE 26
Comédie musicale de **Jacques Demy**, avec Yves Montand, Mathilda May, Françoise Fabian. France, 1988 – Couleurs – 1 h 46.

De retour à Marseille pour un show, Yves Montand s'éprend d'une jeune artiste qui n'est autre que la fille de celle qu'il a aimée il y a vingt ans...

LES TROIS SERGENTS "SERGEANTS THREE"
Western de **John Sturges**, avec Frank Sinatra, Dean Martin, Sammy Davis Jr., Peter Lawford. États-Unis, 1961 – Couleurs – 1 h 50.

Aidés par un ancien esclave noir qui veut devenir soldat, trois sergents de la cavalerie déjouent les pièges de cruels Indiens du Dakota. Parodie de GUNGA DIN (Voir ce titre).

LES TROIS SŒURS "THE THREE SISTERS"
Drame de **Laurence Olivier**, d'après l'œuvre de Tchekhov, avec Laurence Olivier, Joan Plowright, Jeanne Watts, Louise Purnell, Derek Jacobi, Alan Bates. Grande-Bretagne, 1970 – Couleurs – 2 h 45.

Au début du siècle, trois sœurs orphelines de père rêvent de quitter la Russie provinciale pour aller vivre en ville.

TROIS SŒURS "PAURA E AMORE"
Comédie dramatique de **Margarethe von Trotta**, avec Fanny Ardant, Greta Scacchi, Valeria Golino, Peter Simonischek, Sergio Castellitto. Italie / R.F.A. / France, 1987 – Couleurs – 1 h 52.

Les tribulations amoureuses de trois sœurs, leurs espoirs et la douloureuse aspiration de chacune au bonheur.

LES TROIS STOOGES CONTRE LES HORS-LA-LOI "THE OUTLAWS IS COMING"
Western de **Norman Maurer**, avec Les Trois Stooges, Adam West, Nancy Kovack, Mort Mills. États-Unis, 1965 – 1 h 30.

Vers 1871, des troupeaux de bisons ont été massacrés par un hors-la-loi qui veut affamer les Indiens. Trois énergumènes loufoques sont envoyés pour mener l'enquête...

▷ Le trio était déjà apparu à l'écran dans : LES TROIS STOOGES CONTRE HERCULE "THE THREE STOOGES MEET HERCULES", d'**Edward Bernds**. États-Unis, 1962 – 1 h 28.

LES TROIS SUBLIMES CANAILLES
"THREE BAD MEN"
Western de **John Ford**, avec George O'Brien, Olive Borden, J. Ferrell McDonald, Lou Tellegen. États-Unis, 1926 – env. 2 700 m (1 h 40).

Trois hors-la-loi se sacrifient pour sauver un jeune couple de pionniers en route vers l'Ouest.

TROIS SUR UN SOFA "THREE ON A COUCH"
Comédie de **Jerry Lewis**, avec Jerry Lewis, Janet Leigh, Gila Golan. États-Unis, 1966 – Couleurs – 1 h 48.

Un jeune peintre publicitaire se voit confier une importante commande à Paris ; mais comment pourra-t-il convaincre sa fiancée, psychanalyste, d'abandonner ses patientes pour l'accompagner ?

LES TROIS TAMBOURS
Drame de **Maurice de Canonge**, avec Jean Yonnel, Jacques Brécourt, Madeleine Soria. France, 1939 – env. 1 h 30.

En 1792, poussé par l'enthousiasme de son confesseur, un garçon s'engage comme tambour et sera tué à la bataille de Valmy.

TROIS VALSES
Mélodrame de **Ludwig Berger**, avec Pierre Fresnay, Yvonne Printemps, Henri Guisol, France Ellys, Jean Périer, Robert Vattier, Jane Marken. France, 1938 – 1 h 44.

Autour de trois valses, les idylles de trois femmes de trois générations successives.

TROIS VIES ET UNE SEULE MORT
Comédie dramatique de **Raul Ruiz**, avec Marcello Mastroianni, Anna Galiena, Chiara Mastroianni, Melvil Poupaud. France, 1996 – Couleurs – 2 h 03.

Plusieurs histoires juxtaposées, plusieurs personnages : un professeur d'anthropologie, un vieux majordome, un homme d'affaires... jusqu'au moment où l'on s'aperçoit que les trois personnages n'en font qu'un. Mais on a beau avoir des personnalités multiples, la mort, elle, est unique.

LES TROIS VISAGES DE LA PEUR
"I TRE VOLTI DELLA PAURA"
Film d'horreur de **Mario Bava**, avec Michèle Mercier, Boris Karloff, Mark Damon. Italie / France, 1963 – Couleurs – 1 h 32.

Trois sketches terrorisants, *le Téléphone, les Wourdalaks* et *la Goutte d'eau*, dans un style expressionniste sans nuances.

LES TROIS VISAGES D'ÈVE
"THE THREE FACES OF EVE"
Drame psychologique de **Nunnally Johnson**, d'après le roman de Corbett H. Thigpen et Hervey M. Cleckley, avec Joanne Woodward, David Wayne, Lee J. Cobb. États-Unis, 1957 – 1 h 31.

Trois visages différents pour une femme qui souffre de troubles de la personnalité. Un médecin la guérira.

TROMPE L'ŒIL
Drame psychologique de **Claude d'Anna**, avec Max von Sydow, Laure Deschanel, Micheline Presle, François Arnal, Monique Fluzin, Claire Wauthion. France / Belgique, 1975 – Couleurs – 1 h 45.

Une jeune femme se sent traquée par un voisin. En proie à ses fantasmes, elle croit qu'elle l'a assassiné.

TRON "TRON"
Film de science-fiction de **Steven Lisberger**, avec Jeff Bridges, Bruce Boxleitner, David Warner. États-Unis, 1982 – Couleurs – 1 h 36.

Un informaticien quelque peu escroc est devenu l'esclave d'un « programme » dont la puissance le subjugue. Le premier long métrage réalisé essentiellement en images de synthèse.

TROP BELLE POUR TOI
Comédie dramatique de **Bertrand Blier**, avec Gérard Depardieu, Josiane Balasko, Carole Bouquet, Roland Blanche, François Cluzet. France, 1989 – Couleurs – 1 h 31. ★ PRIX SPÉCIAL DU JURY, Cannes 1989 ; CÉSAR DU MEILLEUR FILM 1989.

Le mari d'une femme superbe tombe amoureux d'une autre qui est, elle, totalement ordinaire. Blier renverse les conventions.

TROPIQUE DU CANCER "TROPIC OF CANCER"
Biographie de **Joseph Strick**, d'après l'œuvre de Henry Miller, avec Rip Torn, James Callahan, Ellen Burstyn, David Bauer. États-Unis, 1969 – Couleurs – 1 h 25.

Entre Paris et Dijon, la vie de l'écrivain Henry Miller, partagée entre la tristesse, l'érotisme, l'écriture... et l'amour de Paris.

TROP PETIT MON AMI
Film policier d'**Eddy Matalon**, d'après un roman de Hadley Chase, avec Jane Birkin, Michael Dunn, Bernard Fresson. France, 1970 – Couleurs – 1 h 30.

Pour se venger de son handicap, un nain conçoit des plans meurtriers au bout desquels il y a aussi la fortune. Mais...

TROP TARD POUR LES HÉROS "TOO LATE THE HERO"
Film de guerre de **Robert Aldrich**, avec Michael Caine, Cliff Robertson, Henry Fonda. États-Unis, 1970 – Couleurs – 2 h 15.

Dans le Pacifique, une patrouille doit détruire un émetteur ennemi. L'opération réussit, mais un seul homme survivra.

TROTTA "TROTTA"
Drame de **Johannes Schaaf**, avec Andras Balint, Rose-Marie Fendel, Doris Kunstmann. R.F.A., 1971 – 1 h 40.

À Vienne, en 1944, un jeune baron épouse une roturière avant d'être appelé au front. Lorsqu'il revient, sa jeune femme vit avec une amie.

LES TROTTOIRS DE SATURNE
Drame de **Hugo Santiago**, avec Rodolfo Mederos, Bérangère Bonvoisin, Eduardo Lusi, Andréa Aronovich. France / Argentine, 1985 – Couleurs – 2 h 05.

Un virtuose du bandonéon, exilé d'un pays d'Amérique latine, essaye de redonner un sens à sa musique et à sa vie.

LE TROU
Drame de **Jacques Becker**, avec Raymond Meunier *(Monseigneur)*, Marc Michel *(Gaspard)*, Michel Constantin *(Jo)*, Philippe Leroy *(Manu)*, Jean Kéraudy *(Roland)*. • SC : J. Becker, Jean Aurel, José Giovanni, d'après son roman. • PH : Ghislain Cloquet. • DÉC : Renzo Mondellini. • MONT : Marguerite Renoir, Geneviève Vaury. France / Italie, 1960 – 1 h 23.

Cinq hommes creusent un tunnel dans la prison de la Santé pour s'enfuir. Dénoncé par l'un d'eux qui doit être libéré car la plainte contre lui a été abandonnée, ils sont pris au dernier moment.
◆ *Ultime film de Becker qui y a mis ses dernières forces avant de se laisser mourir,* le Trou *est aussi son chef-d'œuvre, devenu un classique après avoir été un échec. Sans concession,*

aussi dur et lisse que la pierre que les cinq prisonniers creusent sans relâche, ce film donne l'impression d'avoir été fait et interprété comme il est regardé : les dents serrées. Les caractères y sont ramenés à une épure quasi granitique et ne se définissent que par l'obsession du trou qui leur donnera liberté et individualité. Gaspard, le seul qui soit affublé d'une psychologie, est aussi celui par qui le plan échouera. Le découpage, toujours géométrique et mesuré chez Becker, a ici une rigueur inexorable où chaque plan semble venir « cisailler » le précédent, tandis que la bande sonore, sans musique, est une véritable partition de bruits de couloirs, de pas obsédants et de crissements agressifs qui écorchent l'oreille : ceux du métal qui attaque la pierre. Fascinant et insupportable. S.K.

LE TROUBLE-FÊTE "THE TROUBLE MAKER"
Comédie de **Theodore J. Flicker**, avec Tom Aldredge, Joan Darling, Thomas Flicker. États-Unis, 1963 – 1 h 25.

Ayant fait fortune, un éleveur se rend à New York pour y ouvrir un café. Il est plongé dans une intrigue burlesque et inextricable, où se mêlent gangsters, avocats et psychiatres.

TROUBLEZ-MOI CE SOIR "DON'T BOTHER TO KNOCK"
Drame psychologique de **Roy Baker**, avec Richard Widmark, Marilyn Monroe, Anne Brancroft. États-Unis, 1952 – 1 h 16.

Un ménage qui doit se rendre à une soirée confie sa petite fille à une jeune femme étrange. Elle sort d'un asile.

LE TROUILLARD DU FAR-WEST "PARDNERS"
Comédie de **Norman Taurog**, avec Dean Martin, Jerry Lewis, Lori Nelson, Agnes Moorehead. États-Unis, 1956 – Couleurs – 1 h 28.

Un jeune homme écervelé se rend dans l'Ouest et nettoie la ville des méchants par ses maladresses perpétuelles. Satire de western.

LE TROU NOIR "THE BLACK HOLE"
Film de science-fiction de **Cary Nelson**, avec Maximilian Schell, Anthony Perkins, Robert Foster. États-Unis, 1979 – Couleurs – 1 h 35.

L'équipage d'un astronef aborde une sorte de vaisseau fantôme commandé par un capitaine mégalomane. À l'issue d'un combat dont ils sortent vainqueurs, ils sont aspirés par un gigantesque trou noir. Effets spéciaux et décors surprenants.

LE TROU NORMAND
Comédie de **Jean Boyer**, avec Bourvil, Pierre Larquey, Jane Marken, Brigitte Bardot. France, 1952 – 1 h 36.

Dans un village, un simple d'esprit doit passer son certificat d'études à 32 ans pour hériter d'une auberge convoitée par une jeune femme et sa tante.

LE TROUPEAU "SÜRÜ"
Drame de **Zeki Ökten** et **Yilmaz Güney**, avec Tarik Akan *(Shivan)*, Melike Demirag *(Berivan)*, Tuncel Kurtiz *(Hamo)*, Levent Inamir, Meral Niron. • SC : Y. Güney. • PH : Izzet Akay. • MUS : Zulfu Livaneli. • MONT : Ozedemir Aritan. Turquie, 1978 – Couleurs – 2 h 09.

Un paysan va à la ville vendre ses bêtes. Tel est le simple thème du *Troupeau*, mais cette simplicité même est déjà en harmonie avec le vieux monde rural que Güney et Ökten ont choisi de peindre. Et par-delà les péripéties du voyage, les oppositions entre générations, la confrontation avec toutes les modernités de la ville, ce qui importe et touche profondément, c'est la force d'une évocation à la limite du documentaire. Derrière une fiction-prétexte, ce sont des portraits authentiques de l'Anatolie, paysages magnifiques, populations abandonnées à leurs traditions, hommes simples et sentiments entiers.

◆ *Yilmaz Güney, comme il le fera également pour* l'Ennemi *et* Yol, *a conçu et « dirigé »* le Troupeau *depuis la prison.* J.-M.C.

LES TROUPES DE LA COLÈRE
"WILD IN THE STREETS"
Comédie satirique de **Barry Shear**, avec Shelley Winters, Christopher Jones, Diane Varsi, Ed Begley. États-Unis, 1968 – Couleurs – 1 h 37.

Une jeune idole de la chanson lance un mouvement en faveur des adolescents. Mais à quel âge est-on « vieux » ? Énorme !

TROUS DE MÉMOIRE
Comédie dramatique de **Paul Vecchiali**, avec Françoise Lebrun, Paul Vecchiali. France, 1985 – Couleurs – 1 h 23.

Paul cherche désespérément à reconquérir Françoise qui ne veut pas se laisser fléchir. Un intense cœur-à-cœur psychologique.

LES TROYENNES "THE TROJAN WOMEN"
Drame de **Michael Cacoyannis**, d'après l'œuvre d'Euripide, avec Katharine Hepburn, Vanessa Redgrave, Geneviève Bujold, Irène Papas. Grande-Bretagne / Grèce, 1970 – Couleurs – 1 h 51.

Troie est tombée aux mains des Grecs. Les femmes, rassemblées pour être exilées, se révoltent avant d'être entraînées par les soldats grecs. Adaptation fidèle de la tragédie antique.

TRUE LIES (LE CAMÉLÉON) "TRUE LIES"
Film d'aventures de **James Cameron**, avec Arnold Schwarzenegger, Jamie Lee Curtis, Tom Arnold, Bill Paxton, Tia Carrere. États-Unis, 1994 – Couleurs – 2 h 20.

Remake réussi d'une comédie de Claude Zidi, *la Totale*. Un agent secret américain qui avait réussi à cacher ses activités à sa femme et à sa fille voit la cloison qui séparait sa vie professionnelle et sa vie familiale voler en éclats. Il va tenter de sauver à la fois son pays et sa famille. Quiproquos, péripéties et jamesbonderies.

LA TRUITE
Drame de **Joseph Losey**, d'après le roman de Roger Vailland, avec Isabelle Huppert, Jean-Pierre Cassel, Jeanne Moreau. France, 1982 – Couleurs – 1 h 45.

Frédérique, une jeune et jolie Jurassienne, a décidé qu'elle ne donnerait rien aux hommes, tout en les conduisant à sa guise. Cela la mènera jusqu'au Japon, à la tête d'un élevage de truites.

TUCKER "TUCKER : THE MAN AND HIS DREAM"
Comédie dramatique de **Francis Coppola**, avec Jeff Bridges, Joan Allen, Martin Landau, Frederic Forrest, Dean Stockwell. États-Unis, 1988 – Couleurs – 1 h 50.

En 1945, Preston Tucker, ingénieur visionnaire, conçoit une voiture révolutionnaire, et part à l'assaut des « géants » de l'automobile de Detroit. Une parabole de Coppola sur sa propre carrière à Hollywood.

TUER N'EST PAS JOUER "I SAW WHAT YOU DID"
Film policier de **William Castle**, d'après le roman d'Ursula Curtiss, avec Joan Crawford, Douglas Evans, John Ireland, Leif Erickson. États-Unis, 1965 – 1 h 17.

« J'ai vu ce que vous avez fait et je sais qui vous êtes » : l'appel surprend Steve Marak qui vient à peine de tuer sa femme...

TUER N'EST PAS JOUER "THE LIVING DAYLIGHTS"
Film d'espionnage de **John Glen**, avec Timothy Dalton, Maryam d'Abo, Jeroen Krabbe, Joe Don Baker, John Rhys-Davies, Art Malik. États-Unis, 1987 – Couleurs – 2 h 10.

Pour sa 16e aventure, 007 le super-espion change d'interprète, mais doit toujours combattre le K.G.B. et ses agents.

▷ Voir aussi JAMES BOND CONTRE DOCTEUR NO.

TU ES MON FILS "LA FINESTRA SUL LUNA PARK"
Drame de **Luigi Comencini**, avec Giulia Rubini, Pierre Trabaud, Gastone Renzelli. Italie / France, 1957 – 1 h 30.

Les difficultés d'une famille dont la jeune mère est morte. Film intimiste contant les rapports d'un homme et d'un enfant.

LE TUEUR
Film policier de **Denys de La Patellière**, avec Jean Gabin, Fabio Testi, Ushi Glas, Bernard Blier, Gérard Depardieu. France / Italie / R.F.A., 1972 – Couleurs – 1 h 50.

Un tueur évadé sème les cadavres sur le parcours de sa « cavale ». L'inspecteur Le Guen est sur ses traces.

TUEUR À GAGES "THIS GUN FOR HIRE"
Film policier de **Frank Tuttle**, d'après le roman de Graham Greene *Tueur à gages*, avec Veronica Lake, Robert Preston, Alan Ladd, Laird Cregar. États-Unis, 1942 – 1 h 20.

Un tueur se venge de l'homme qui l'a trompé. Un des meilleurs films noirs des années 40, à l'origine de la gloire d'Alan Ladd.

TUEUR DE FILLES "FLARE UP"
Drame de **James Neilson**, avec Raquel Welch, James Stacy, Luke Askew. États-Unis, 1970 – Couleurs – 1 h 40.

Un homme abandonné par sa femme, la tue et tente d'abattre ses deux amies, qu'il juge responsables de son drame.

TUEUR D'ÉLITE "THE KILLER ELITE"
Film d'espionnage de **Sam Peckinpah**, avec James Caan, Robert Duvall, Gig Young, Arthur Hiller, Bo Hopkins. États-Unis, 1975 – Couleurs – 2 h 05.

Un privé est blessé au cours d'une opération par son collègue, qui disparaît. Il le retrouvera plus tard et le fera abattre.

LES TUEURS "THE KILLERS"
Film policier de **Robert Siodmak**, avec Edmund O'Brien *(Riordan)*, Ava Gardner *(Kitty Collins)*, Albert Dekker *(Colfax)*, Sam Levene *(Lubinsky)*, John Miljan *(Jake)*, Burt Lancaster *(Swede)*. • SC : Anthony Veiller, John Huston, Richard Brooks, d'après la nouvelle d'Ernest Hemingway. • PH : Woody Bredell. • DÉC : Jack Otterson, Martin Obzina. • MUS : Miklos Rozsa. • MONT : Arthur Hilton. États-Unis, 1946 – 1 h 45.

Un détective, Riordan, enquête sur une mystérieuse affaire où un certain Swede s'est laissé passivement abattre par deux tueurs à gages. Il découvre que l'homme avait partie liée avec un gang, et s'était aussi fait trahir par une femme fatale, Kitty Collins. Riordan retrouve l'argent volé par les gangsters, et parvient à les piéger pour les faire arrêter.

◆ *Une des plus célèbres productions de Mark Hellinger, reporter devenu producteur qui créa, au sein de la Universal, tout un courant nouveau du film noir, visant au réalisme documentaire (c'est aussi à lui qu'on doit les productions de* la Cité sans voiles, *de Dassin, et de plusieurs policiers de Raoul Walsh). Le film montre un Burt Lancaster débutant, dans le rôle du naïf pris dans les rets de la « femme fatale », et présente une structure en flash-back très savante. Don Siegel devait en réaliser un remake en 1964, intitulé en France* À bout portant. *M.CH.*

LES TUEURS À GAGES "Camorra"
Film policier de **Pasquale Squitieri**, avec Raymond Pellegrin, Fabio Testi, Jean Seberg, Charles Vanel. Italie / France, 1972 – Couleurs – 1 h 40.

À sa sortie de prison, un jeune délinquant est recruté par un gang local. Il gravit les échelons de la hiérarchie.

TUEURS DE DAMES "The Ladykillers"
Comédie d'**Alexander Mackendrick**, avec Alec Guinness, Cecil Parker, Herbert Lom, Peter Sellers. Grande-Bretagne, 1955 – Couleurs – 1 h 37.

Autour d'une paisible et candide petite vieille dame, cinq individus préparent un hold-up. Mais lorsqu'elle découvrira la vérité, aucun d'eux n'aura le courage de la tuer. Une excellente comédie.

LES TUEURS DE LA LUNE DE MIEL
"The Honeymoon Killers"
Drame de **Leonard Kastle**, avec Shirley Stoler, Tony Lo Bianco. États-Unis, 1969 – 1 h 50.

Un couple pratique l'escroquerie au mariage... et le meurtre après la cérémonie. Un fait divers authentique rigoureusement restitué par un musicien dont c'est la seule réalisation.

LES TUEURS DE SAN FRANCISCO
"Once a Thief"
Film policier de **Ralph Nelson**, avec Alain Delon, Ann-Margret, Van Heflin, Jack Palance. États-Unis, 1965 – Couleurs – 1 h 47.

Les aventures de deux frères italiens immigrés à San Francisco, tous deux gangsters. L'un songe à se retirer définitivement, en vain.

LE TUEUR S'EST ÉVADÉ "The Killer is Loose"
Film policier de **Budd Boetticher**, avec Joseph Cotten, Rhonda Fleming, Wendell Corey. États-Unis, 1956 – 1 h 13.

Un homme dont la femme a été abattue accidentellement par un policier, décide de se venger en tuant l'épouse de celui-ci.

TUEURS NÉS "Natural Born Killers"
Drame policier d'**Oliver Stone**, avec Woody Harrelson, Juliette Lewis, Robert Downey JR., Tommy Lee Jones. États-Unis, 1994 – Couleurs – 2 h. ★ **Prix spécial du jury, Venise 1994.**

Wayne Gale, animateur d'un « reality show », s'intéresse à un couple de tueurs en série, Mallory et Mickey Knox. Il réussit à les interviewer dans le pénitencier où ils sont détenus depuis un an. Mais une émeute éclate et le couple de tueurs s'enfuit en emmenant en otage le présentateur de télévision.

TUEZ CHARLEY VARRICK "Charley Varrick"
Film policier de **Don Siegel**, d'après le roman de John Reese *The Looters*, avec Walter Matthau, Jose Don Baker, Felicia Farr, John Vernon. États-Unis, 1973 – Couleurs – 1 h 50.

À la suite d'un casse imprudent, un cambrioleur devient la cible de la maffia et du F.B.I. Face à une société gangrenée, un homme seul lutte pour sa vie. Un film percutant.

TU FAIS PAS LE POIDS, SHÉRIF
"Smokey and the Bandit Ride Again"
Comédie de **Hal Needman**, avec Burt Reynolds, Jackie Gleason, Sally Field, Dom DeLuise. États-Unis, 1980 – Couleurs – 1 h 41.

Pour devenir gouverneur du Texas aux prochaines élections, un père aidé de son fils loue les services du « Bandit ».

▷ Voir aussi COURS APRÈS MOI, SHÉRIF.

LA TULIPE NOIRE
Film de cape et d'épée de **Christian-Jaque**, d'après le roman d'Alexandre Dumas, avec Alain Delon, Virna Lisi, Dawn Addams, Akim Tamiroff, Francis Blanche. France / Italie / Espagne, 1964 – Couleurs – 1 h 55.

En 1789, la lutte de deux frères jumeaux, l'un pervers et vénal, l'autre noble et loyal qui va devenir un héros du peuple sous le nom de « la Tulipe Noire ».

TUMAK, FILS DE LA JUNGLE "One Million BC"
Film d'aventures d'**Hal Roach Sr.** et **Jr.**, avec Victor Mature, Lon Chaney Jr., Carole Landis, John Hubbard, Mamo Clark, Nigel De Brulier. États-Unis, 1940 – 1 h 20.

Un jeune guerrier de l'âge du bronze va dans une tribu voisine pour y acheter une femme, ce qui provoque un violent conflit.

TU M'AS SAUVÉ LA VIE
Comédie de **Sacha Guitry**, avec Fernandel, Sacha Guitry, Lana Marconi, Jeanne Fusier-Gir. France, 1951 – 1 h 25.

Un baron, vieil égoïste, s'entiche d'un clochard qui lui a sauvé la vie. Un rôle écrit par Guitry pour Fernandel.

TUMUC-HUMAC
Film d'aventures de **Jean-Marie Périer**, avec Marc Porel, Dani, André Pousse, François Périer. France, 1970 – Couleurs – 1 h 40.

Un enfant de l'Assistance publique part en Guyane à la recherche de son grand-père, ancien bagnard. En route, il se lie avec une serveuse.

TUMULTES
Drame de **Robert Siodmak**, avec Charles Boyer, Florelle, Marcel André, Robert Arnoux. France, 1931 – 1 h 32.

Trompé par sa maîtresse, un ancien détenu tue son rival. Traqué, il se réfugie chez un ami, mais la femme le dénonce. Parallèlement, le cinéaste signe une version allemande, intitulée STÜRME DER LEIDENSCHAFT, avec Emil Jannings, Anna Sten, Trude Hesterberg, Franz Nicklisch.

TU NE M'OUBLIERAS PAS "REMEMBER MY NAME"
Drame psychologique d'**Alan Rudolph**, avec Geraldine Chaplin, Anthony Perkins, Berry Berenson. États-Unis, 1978 – Couleurs – 1 h 35.

Après douze ans de prison pour le meurtre de la maîtresse de son mari, Emily revient à Los Angeles. Elle entreprend alors méthodiquement de casser le couple que l'infidèle a reconstitué avec une autre ; avant de l'abandonner définitivement, guérie.

TU NE TUERAS POINT
Drame de **Claude Autant-Lara**, avec Laurent Terzieff, Suzanne Flon, Horst Frank. France / Yougoslavie, 1963 – 2 h.

Quatre ans après la Libération. Un séminariste servant sous l'uniforme allemand et ayant tué, sur ordre, un résistant, est acquitté. Son camarade de détention, un Français objecteur de conscience, est lui condamné à la prison.

TU NE TUERAS POINT "KROTKI FILM O ZABIJANIU"
Drame de **Krzysztof Kiesłowski**, avec Miroslaw Baka *(Jacek)*, Krzysztof Globisz *(l'avocat)*, Jan Tesarz *(le chauffeur de taxi)*. • SC : K. Kiesłowski, Krzysztof Piesiewicz. • PH : Slawomir Idziak. • DÉC : Halina Dobrowolska. • MUS : Zbigniew Preisner. • MONT : Ewa Smal. Pologne, 1987 – Couleurs – 1 h 25.

Un jeune homme erre dans les rues de Varsovie. Un étudiant passe brillamment ses examens pour devenir avocat, et un chauffeur de taxi misanthrope sélectionne ses clients à leur mine. Tous trois vont être réunis par un meurtre. Le jeune homme tue sans « raison » le chauffeur puis est défendu par l'avocat qui ne peut sauver sa tête. Il est pendu.

◆ *Le pathétique qui parcourt le film naît spontanément de l'enchaînement de faits et d'événements qui ne révèlent leur sens que par leur combinaison implacable. Le film renvoie par là à* Allemagne année zéro *de Rossellini (comme par ailleurs à* De bruit et de fureur *de Brisseau, strictement contemporain du Kiesłowski). Mais là où Rossellini choisissait une esthétique « documentaire », Kiesłowski crée un univers artificiel aux cadrages « tordus » et à la lumière filtrée d'ocres et de verts qui « subjectivise » le film en interpellant émotivement et idéologiquement le regard et le jugement du spectateur. Le film fait partie de la série du* Décalogue, *que le cinéaste a consacrée, partie pour le cinéma, partie pour la télévision, aux dix commandements.* S.K.

LA TUNIQUE "THE ROBE"
Film historique de **Henry Koster**, avec Richard Burton *(Marcellus)*, Jean Simmons *(Diana)*, Victor Mature *(Démétrius)*, Michael Rennie *(Pierre)*, Jay Robinson *(Caligula)*, Dawn Addams *(Junia)*. • SC : Philip Dunne, d'après le roman de Lloyd C. Douglas. • PH : Leon Shamroy. • DÉC : Lyle Wheeler, George W. Davies. • MUS : Alfred Newman. États-Unis, 1953 – Couleurs – 2 h 15.

Marcellus, un jeune tribun romain, a dû, contre son gré, diriger l'exécution de Jésus. Le sort fait tomber entre ses mains la tunique du Christ. Désormais marqué par cette relique, il va se convertir à la foi chrétienne et connaître le martyre.

◆ *Tirée de l'édifiant-et-sulpicien-roman de Lloyd C. Douglas, cette superproduction américaine a surtout pour elle d'avoir été le premier film en CinémaScope. En fait, le film ne peut se comparer qu'à* Quo Vadis ?, *réalisé deux ans auparavant, qu'il tente maladroitement d'égaler. Les personnages, assez pâles, et l'action languissante à force d'hésiter entre le réalisme spectaculaire et l'édification naïve finissent par lasser l'attention du spectateur. La suite* (les Gladiateurs) *qu'en donnera Delmer Daves aura au moins le mérite d'illustrer avec assez de réalisme la vie des professionnels de l'arène.* C.A.

LES TUNIQUES ÉCARLATES
"NORTHWEST MOUNTED POLICE"
Film d'aventures de **Cecil B. De Mille**, d'après un roman de R.C. Fethertson-Haug, avec Gary Cooper, Madeleine Carroll, Paulette Goddard, Preston Foster. États-Unis, 1940 – Couleurs – 2 h 05.

En 1885, les Texas Rangers s'allient à la police montée canadienne pour combattre des Indiens rebelles. Pour l'amour d'une infirmière, une rivalité naît entre un Américain et un Canadien, mais ils sauront se réconcilier devant le danger et mater la rébellion.

TUNNEL 28 "ESCAPE FROM EAST BERLIN"
Drame de **Robert Siodmak**, avec Don Murray, Christine Kaufmann, Werner Klemperer. R.F.A. / États-Unis, 1962 – 1 h 34.

Les membres d'une famille creusent un tunnel sous leur maison pour passer sous le mur de Berlin. Ils parviendront à leurs fins malgré les difficultés d'une dénonciation.

TURKISH DELICES "Turks Fruit"
Drame de **Paul Verhoeven**, avec Monique Van de Ven, Rutger Hauer, Tonny Huurdeman. Pays-Bas, 1973 – Couleurs – 1 h 45.

Un jeune sculpteur épouse une jeune fille dont il est follement amoureux et qui, après une brève période de bonheur, le trompe avec son meilleur ami. Fou de douleur, il se terre chez lui et laisse la crasse et la pourriture envahir sa maison.

TURKSIB / LA ROUTE D'ACIER "Turksibstroj"
Documentaire de **Victor Tourine**. • SC : V. Tourine • MONT : V. Tourine. • PH : Yerguem Slavinski, Alexandre Frantzisone. U.R.S.S., 1929 – 1 666 m (env. 1 h 02).

Il s'agit au départ d'un grand reportage sur la construction d'une voie ferrée entre Turkestan, au sud, et Sibérie, au nord : une « route d'acier » entreprise des deux côtés à la fois, sur une longueur de plus de 1 500 km.

◆ *En réalité,* Turksib, *chef-d'œuvre de Tourine, dépasse très largement les normes habituelles du reportage et même du documentaire classique. S'appuyant, dans une construction efficacement dramatisée, sur le « parallélisme convergent » des efforts de percement et de pose, c'est un véritable poème ouvert à la présentation chaleureuse non seulement du travail des ouvriers, mais aussi de toute la vie quotidienne, ancestrale et bouleversée, des populations établies sur le parcours. Opposition des climats et des productions, solidarité des hommes et complémentarité des besoins, tout cela éclate directement à l'image. Il suffit de voir le coton du Sud et le blé du Nord, les torrents et les montagnes, la foule innombrable des chantiers et, pour l'apothéose, le passage du premier train, défi à la vitesse des chameliers. Ainsi, par la force de l'écriture proprement cinématographique, alternance des plans ou accélération des séquences, le simple accomplissement d'un objectif économique devient une formidable et enthousiasmante épopée du progrès.* *J.-M.C.*

TURTLE "Turtle Diary"
Comédie dramatique de **John Irvin**, avec Glenda Jackson, Ben Kingsley, Harriet Walter, Michael Gambon. Grande-Bretagne, 1985 – Couleurs – 1 h 36.

Trois personnages à la dérive, trois rêveurs, se retrouvent devant l'aquarium où tournent trois tortues de mer. Ils forment le projet de les rendre à la liberté.

TU SERAS UN HOMME, MON FILS
"The Eddy Duchin Story"
Biographie de **George Sidney**, avec Tyrone Power, Kim Novak, Victoria Shaw. États-Unis, 1956 – Couleurs – 2 h 03.

La vie du pianiste Eddy Duchin, dont la célébrité remonte aux années 20 et 30. Jazz, décors luxueux et la beauté de Kim Novak.

TUSK
Film d'aventures d'**Alejandro Jodorowsky**, avec Cyrielle Claire, Anton Diffring, Chris Mitchum. France, 1980 – Couleurs – 1 h 58.

La fille d'un colon britannique découvre en Inde le sens de la liberté à travers l'aventure d'un éléphant qu'elle sauve du joug puis de la chasse. Mais elle tombe amoureuse d'un Américain, tueur d'éléphants... Un prodigieux spectacle sur l'Inde coloniale.

TWIST AND SHOUT "Twist and Shout"
Comédie dramatique de **Bille August**, avec Adam Tonsberg, Lars Simonsen, Camilla Soeberg. Danemark, 1984 – Couleurs – 1 h 47.

Dans les années 60, au Danemark, deux camarades de classe sont confrontés à divers problèmes affectifs et familiaux.

TYGRA, LA GLACE ET LE FEU "Fire and Ice"
Dessin animé de **Ralph Bahski**, avec Randy Norton, Cynthia Leake, Steve Sandor. États-Unis, 1982 – Couleurs – 1 h 35.

Le fils maléfique de la reine des Glaces fait enlever la princesse Tygra. « Heroic fantasy » qui mêle personnages réels et dessins.

TYPHON SUR NAGASAKI
Drame d'**Yves Ciampi**, avec Danielle Darrieux, Jean Marais, Keiko Kishi, Gert Froebe. France / Japon, 1957 – Couleurs – 1 h 55.

À Nagasaki, alors qu'un ingénieur français doit choisir entre sa maîtresse française et une jeune Japonaise, un terrible typhon s'abat sur la ville.

LES TZIGANES MONTENT AU CIEL
"Tabor ukhodit v niebo"
Drame d'**Emile Lotianou**, d'après des contes de Maxime Gorki, avec Svetlana Toma, Grigori Grigoriou. U.R.S.S. (Ukraine), 1976 – Couleurs – 1 h 40.

Un Tzigane, qui fait partie d'un groupe de voleurs de chevaux, tombe amoureux d'une jeune fille qui l'a soigné alors qu'il était blessé. Traqué par la police, il la retrouve et tous deux s'avouent leur passion mutuelle avant de s'unir dans la mort.

U

UBU ET LA GRANDE GIDOUILLE
Film d'animation de **Jan Lenica**, d'après les œuvres d'Alfred Jarry *Ubu roi* et *Ubu enchaîné*. France, 1979 – Couleurs – 1 h 20.

Les aventures facétieuses du père et de la mère Ubu, que l'auteur ramène ici au niveau d'un drame poétique grinçant.

▷ Le cinéaste avait auparavant signé UBU ROI, R.F.A., 1976 – Couleurs – 50 mn.

LA ULTIMA CENA / LA DERNIÈRE CÈNE
"La ultima cena"
Drame de **Tomas Gutierrez Alea**, avec Nelson Villagra, Silvano Rey, Luis Alberto Garcia. Cuba, 1976 – Couleurs – 2 h.

À la fin du XVIIIe siècle à Cuba, un planteur très pieux accueille, le jour de Pâques, douze esclaves à sa table. Mais lorsque ceux-ci refusent de reprendre le travail, il fait décapiter les insoumis.

ULTIMATUM
Drame de **Robert Wiene** et **Robert Siodmak**, d'après le roman d'Ewald Bertram, avec Erich von Stroheim, Dita Parlo, Abel Jacquin, Bernard Lancret. France, 1938 – 1 h 23.

En 1914, au lendemain de l'attentat de Sarajevo, un officier autrichien essaie en vain de sauver son ami, officier serbe en mission en Autriche.

ULTIMATUM "Seven Days to Noon"
Comédie policière de **John Boulting** et **Roy Boulting**, avec Barry Jones, Olive Sloane, Andre Morell. Grande-Bretagne, 1950 – 1 h 34.

Un savant adresse un ultimatum au gouvernement anglais : si la fabrication d'armes atomiques n'est pas stoppée, Londres sera détruite par une bombe de sa fabrication. Quand l'angoisse se mêle à l'humour.

L'ULTIMATUM DES TROIS MERCENAIRES
"Twilight's Last Gleaming"
Film de politique-fiction de **Robert Aldrich**, avec Burt Lancaster, Charles Durning, Melvyn Douglas. États-Unis, 1978 – Couleurs – 1 h 35.

Un général américain hostile aux expériences atomiques exerce un chantage au missile sur le président des États-Unis.

L'ULTIME ATTAQUE "Zulu Dawn"
Film de guerre de **Douglas Hickox**, avec Burt Lancaster, Peter O'Toole, Simon Ward. Grande-Bretagne, 1979 – Couleurs – 1 h 55.

À la fin du XIXe siècle, en Afrique du Sud, un général anglais décide de mener une attaque préventive contre les Zoulous. Elle finit en désastre.

L'ULTIME GARÇONNIÈRE "The Bed Sitting Room"
Comédie de **Richard Lester**, d'après la pièce de John Antrobus, avec Rita Tushingham, Dudley Moore, Harry Secombe, Arthur Lowe, Roy Kinnear. Grande-Bretagne, 1969 – Couleurs – 1 h 31.

Quelques Londoniens rescapés de la guerre atomique tentent de survivre, dans la plus totale loufoquerie. Tout le monde reprendra espoir après le couronnement de Mrs. Ethyl Shroake, très lointaine héritière du trône.

L'ULTIME RANDONNÉE
"LITTLE FAUSS AND BIG HALSY"
Comédie dramatique de **Sidney Furie**, avec Robert Redford, Michael Pollard, Lauren Hutton, Noah Beery. États-Unis, 1970 – Couleurs – 1 h 39.

Un motard séduisant s'associe avec un jeune mécano. Une rivalité amoureuse les séparera. Peinture à un bon rythme d'une amitié inégale, dans le cadre pittoresque des compétitions motocyclistes.

L'ULTIME RAZZIA "THE KILLING"
Thriller de **Stanley Kubrick**, avec Sterling Hayden *(Johnny Clay)*, Coleen Gray *(Fay)*, Vince Edwards *(Val)*, Marie Windsor *(Sherry)*. • SC : S. Kubrick, Jim Thompson, d'après le roman de Lionel White *Clean Break*. • PH : Lucien Ballard. • DÉC : Ruth Sobotka Kubrick. • MUS : Gerald Fried. • MONT : Betty Steinberg. États-Unis, 1956 – 1 h 23.

Un gang se forme pour effectuer un hold-up sur les recettes d'un champ de courses. Le coup réussit mais le gang est doublé par une autre bande. Après une tuerie, seuls Clay et sa fiancée survivent. Ils mettent l'argent dans une valise et veulent s'enfuir. Mais à cause d'un chien, l'argent s'envolera avec leurs rêves.

◆ *Très influencé par la brutalité d'Aldrich, la mise en scène d'Ophuls et l'univers de Huston, ce film est pourtant un policier très original où l'action est démultipliée par le récit qui narre successivement la journée de chacun des protagonistes, jusqu'à ce qu'il intervienne dans le hold-up.* S.K.

ULTRAVIXENS
"BENEATH THE VALLEY OF THE ULTRAVIXENS"
Film érotique de **Russ Meyer**, avec F. « Kitten » Natividad, Anne-Marie. États-Unis, 1979 – Couleurs – 1 h 33.

Une femme insatiable s'offre en dehors du mariage les plaisirs que son mari lui refuse. Jusqu'au jour où le mari comprend, se fait initier et rattrape le temps perdu...

ULYSSE "ULISSE"
Film d'aventures de **Mario Camerini**, avec Kirk Douglas, Silvana Mangano, Anthony Quinn, Rossana Podestà. Italie, 1954 – Couleurs – 1 h 51.

Grandiose réalisation en Technicolor illustrant quelques épisodes de *l'Odyssée* d'Homère, produite par Dino De Laurentiis pour son épouse Silvana Mangano qui incarne à la fois Pénélope et Circé.

ULYSSE "ULYSSES"
Drame de **Joseph Strick**, d'après le roman de James Joyce, avec Maurice Roeves, Milo O'Shea, Barbara Jefford. Grande-Bretagne / États-Unis, 1967 – 2 h 10.

Durant vingt-quatre heures à Dublin, les pérégrinations d'un Juif irlandais, méprisé par tous y compris par sa femme. Autour de lui, un poète amer et un étudiant blasphémateur.

ULYSSE
Court métrage expérimental d'**Agnès Varda**. France, 1982 – 22 mn.

Une photographie, examinée dans tous ses détails, devient le point de départ d'une réflexion sur la création picturale.

UMBERTO D. "UMBERTO D."
Mélodrame de **Vittorio De Sica**, avec Carlo Battisti *(Umberto Domenico Ferrari)*, Maria Pia Casilio *(Maria, la bonne)*, Lina Gennari *(la logeuse)*. • SC : Cesare Zavattini. • PH : G.R. Aldo [Aldo Graziati]. • DÉC : Virgilio Marchi. • MUS : Alessandro Cicognini. • MONT : Eraldo Da Roma. Italie, 1951 – 1 h 20.

Umberto est un vieil homme qui vit plus que difficilement de sa retraite d'enseignant. Il vend, petit à petit, le peu qu'il possède, essentiellement des livres. Sa tristesse confine au désespoir. Il bavarde avec la bonne de la maison, une très jeune fille, elle aussi malheureuse parce que pauvre. À bout, Umberto décide de se suicider, après avoir essayé vainement de mendier (sa dignité l'a empêché de « passer à l'acte »). Il se plante au milieu de la voie ferrée pour attendre la mort. Il est sauvé par son chien. Alors, il joue avec son chien, et la vie, misérable, continue...

◆ *Ce film poignant et rigoureux dans sa démarche représente l'une des expériences les plus accomplies de la théorie de Cesare Zavattini connue sous le mot de « néoréalisme ». Il l'a résumée en une phrase-boutade : « le récit de la vie de quelqu'un à qui il n'arrive rien ». En réalité (c'est le mot), il arrive beaucoup de choses aux gens à qui il n'arrive rien. De Sica et Zavattini ont donc suivi les pas hésitants d'un antihéros, l'ont accompagné dans son errance, ses rencontres, son quotidien. Il en résulte une œuvre non pas ennuyeuse, mais passionnante, vibrante, déchirante comme la vie-même.* G.S.

UN ACTE D'AMOUR
Drame d'**Anatole Litvak**, avec Kirk Douglas, Dany Robin, Fernand Ledoux, Gabrielle Dorziat, Serge Reggiani, Barbara Laage. France / États-Unis, 1954 – 1 h 35.

Tragique histoire d'amour entre un Américain et une jeune Française dans le Paris de la Libération. Une pléiade de bons comédiens, et Brigitte Bardot aperçue brièvement.

UN ADIEU PORTUGAIS "UM ADEUS PORTUGUÈS"
Drame de **João Botelho**, avec Rui Furtado, Isabel de Castro, Maria Cabral, Fernando Heitor. Portugal, 1985 – Couleurs – 1 h 25.

Récit, à deux niveaux, d'un détachement militaire perdu en territoire portugais africain en 1973, et d'une famille de Lisbonne en 1985, à la veille de son éclatement.

UN AIR DE FAMILLE
Comédie de **Cédric Klapisch**, avec Jean-Pierre Bacri *(Henri)*, Jean-Pierre Darroussin *(Denis)*, Catherine Frot *(Yolande)*, Agnès Jaoui *(Betty)*, Claire Maurier *(la mère)*. • SC : J.-P. Bacri, A. Jaoui, C. Klapisch, d'après la pièce d'A. Jaoui et J.-P. Bacri. • PH : Benoît Delhomme. • DÉC : François Emmanuelli. • MUS : Philippe Eidel. • MONT : Francine Sandberg. France, 1996 – Couleurs – 1 h 50. ★ CÉSAR DU MEILLEUR SCÉNARIO.

Comme tous les vendredis soirs, les Ménard se retrouvent au Père Tranquille, un café tenu par le « raté » de la famille, grande gueule et mal aimé de sa mère, puis de sa femme. Le fils préféré c'est Philippe, cadre sup, qui, ce soir-là, passe en différé à la télé. Et puis il y a les femmes de la famille, que la mère, despotique et bornée, traite avec dédain : Betty, la fille pas encore mariée, et Yoyo, la femme de Philippe, dont c'est l'anniversaire. Mais les choses vont se gâter à la suite de la prestation télévisée ratée de Philippe et de l'absence d'Arlette, femme d'Henri. De vieilles frustrations vont remonter à la surface et on va se dire ses quatre vérités en famille.

◆ *Cadeaux et taquineries, petites jalousies et grandes affections... une réunion de famille ordinaire, à laquelle le metteur en scène va donner une série de coups de pouce qui vont la faire basculer dans une drôlerie irrésistible et pathétique. Les auteurs du scénario ont ici autant de talent que les acteurs, ce qui est d'autant plus étonnant qu'il s'agit des mêmes personnes !* J.-C.L.

UN ALLER SIMPLE
Film policier de **José Giovanni**, d'après le roman d'Henry Edward Helseth, avec Jean-Claude Bouillon, Nicoletta, Maurice Garrel, Rufus. France, 1971 – Couleurs – 2 h.

Un condamné à mort s'évade pour empêcher que la femme qu'il aime ne soit compromise. Des péripéties classiques, qui fonctionnent.

UN AMÉRICAIN À PARIS "AN AMERICAN IN PARIS"
Comédie musicale de **Vincente Minnelli**, avec Gene Kelly *(Jerry Mulligan)*, Leslie Caron *(Lise Bouvier)*, Georges Guétary *(Henry Baurel)*, Oscar Levant *(Adam Cook)*, Nina Foch *(Milo Roberts)*. • SC : Alan Jay Lerner. • PH : Alfred Gilks, John Alton. • DÉC : Cedric Gibbons, Edwin Willis. • MUS : George Gershwin. • CHOR : Gene Kelly. • MONT : Adrienne Fazan. États-Unis, 1951 – 1 h 53. ★ OSCAR DU MEILLEUR FILM 1951.

Jerry, jeune peintre américain, vit à Montmartre. Milo, femme fortunée, prend sa carrière en main car elle l'aime, mais il aime Lise qui doit épouser Henry, une grande vedette du music-hall. Lise est séduite, mais n'ose pas l'avouer à Henry. Au Bal des Quat'z'Arts, sur une terrasse, les amoureux se séparent et Jerry revoit sa rencontre avec Lise sous forme de ballet. Henry comprend et ramène Lise auprès de Jerry.

◆ *Quintessence de l'art poétique minnellien, la plus célèbre comédie musicale n'a de cesse, à travers les épousailles de la peinture et de la musique, que d'inventer à chaque seconde le cinéma – et seulement lui. La flamboyante dernière séquence l'illustre avec panache, quand par-delà Gershwin et la peinture française, Minnelli donne surtout une leçon de rythme : les tableaux s'enchaînent et, dans cette empilade sans accrocs, la remémoration devient transmutation ; jamais happy end n'eut tant de grâce. (Malgré le bonheur de Kelly et Caron, l'amateur préférera cependant le désarroi des seconds rôles, Nina Foch et l'épatant Oscar Levant.)* M.C.

UN AMÉRICAIN BIEN TRANQUILLE
"THE QUIET AMERICAN"
Film d'aventures de **Joseph L. Mankiewicz**, d'après le roman de Graham Greene, avec Audie Murphy, Michael Redgrave, Claude Dauphin, Georgia Moll. États-Unis, 1958 – 2 h.

À Saigon, en 1952, un citoyen américain sauve la vie d'un journaliste. Par jalousie, ce dernier en viendra cependant à trahir l'Amérique au profit des communistes.

UN AMI VIENDRA CE SOIR
Drame de **Raymond Bernard**, avec Michel Simon, Madeleine Sologne, Paul Bernard, Louis Salou. France, 1946 – 2 h 05.

Pendant la guerre, une maison de santé des Alpes sert de couverture aux agissements d'un groupe de résistants.

UN AMOUR À PARIS
Comédie dramatique de **Merzak Allouache**, avec Karim Allaoui, Catherine Wilkening. France, 1986 – Couleurs – 1 h 25.

Une jeune femme aspirant à devenir mannequin noue une idylle avec un garçon qui rêve d'être le premier cosmonaute d'origine arabe. Réminiscence naïve et attachante de la Nouvelle Vague.

UN AMOUR DE COCCINELLE "THE LOVE BUG"
Comédie de **Robert Stevenson**, avec David Tomlinson, Dean Jones, Michele Lee, Buddy Hackett. États-Unis, 1969 – Couleurs – 1 h 47.

Un jeune coureur automobile rencontre une petite voiture blanche qui n'en fait qu'à sa tête ! Des péripéties souriantes bien dans l'esprit des productions Disney.

▷ Le premier film de la série qui se poursuit avec : LE NOUVEL AMOUR DE COCCINELLE "HERBIE RIDES AGAIN", de **Robert Stevenson**, avec Helen Hayer, Ken Berry, Stefanie Powers. États-Unis, 1974 – Couleurs – 1 h 28. LA COCCINELLE À MONTE CARLO "HERBIE GOES TO MONTE CARLO", de **Vincent McEveety**, avec Dean Jones, Don Knotts, Julie Sommars. États-Unis, 1977 – Couleurs – 1 h 45. LA COCCINELLE À MEXICO "HERBIE GOES BANANAS", de **Vincent McEveety**, avec Cloris Leachman, Charles Martin Smith, John Vernon. États-Unis, 1980 – Couleurs – 1 h 40.

UN AMOUR DE PLUIE
Comédie de **Jean-Claude Brialy**, avec Romy Schneider, Nino Castelnuovo, Suzanne Flon. France, 1973 – Couleurs – 1 h 30.

Les amours de vacances d'une mère et de sa fille. Tout rentrera dans l'ordre et la légitimité. Film discret et de bon ton.

UN AMOUR DÉSESPÉRÉ "CARRIE"
Mélodrame de **William Wyler**, avec Laurence Olivier, Jennifer Jones, Miriam Hopkins. États-Unis, 1952 – 1 h 58.

Un homme d'âge mûr s'éprend follement d'une jeune comédienne. Il abandonne femme, enfants et situation pour elle, mais s'éloigne lorsqu'elle connaît le succès.

UN AMOUR DE SWANN
Drame de **Volker Schlöndorff**, d'après le roman de Marcel Proust *Du côté de chez Swann*, avec Jeremy Irons, Ornella Muti, Alain Delon, Fanny Ardant, Marie-Christine Barrault, Jean-François Balmer. France/R.F.A., 1983 – Couleurs – 1 h 50.

Vingt-quatre heures de la vie de Swann, dilettante fortuné et familier de la vieille noblesse parisienne. Plus qu'une transcription littérale, une sorte de synthèse thématique intelligente et élégante.

UN AMOUR DE TCHEKHOV
"SJUŽET DLJA NEBOLSOGO RASSKAZA"
Drame de **Serguei Youtkevitch**, avec Marina Vlady, Nikolai Grinka, Roland Bykov, Ilja Savina. U.R.S.S. (Russie)/France, 1969 – Couleurs – 1 h 30.

Au soir de la première désastreuse de *la Mouette*, à Saint-Pétersbourg en 1896, le grand écrivain se remémore les grands moments de sa vie et de ses amours avec Lika Mizionavaya.

UN AMOUR DU DIMANCHE "BAKARUHÁBAN"
Comédie dramatique d'**Imre Fehér**, avec Iván Darvas *(Sándor)*, Margit Bara *(Vilma)*, Sándor Pécsi *(M. Bodrogi)*, Mária Lázár *(Mme Bodrogi)*, Vali Korompai *(Piri)*. • SC : Miklós Hubay, d'après une nouvelle de Sándor Hunyady. • PH : János Badal. • DÉC : Mátyás Varga. • MUS : Tibor Bolgár. Hongrie, 1957 – 1 h 35.

Sándor, sémillant journaliste du meilleur monde et planqué de la Grande Guerre, rencontre et séduit une petite bonne, Vilma, qui lui voue un amour passionné, exclusif, romantique. Sándor se trouve être le neveu du notable chez lequel Vilma travaille. La jeune fille, évidemment, ne sait rien de tout cela ; elle croit les mensonges de son bien-aimé qui lui a déclaré être, comme elle, de la campagne. Lorsque Sándor, invité à la table de son oncle, se démasque enfin, Vilma, effondrée, fait ses valises.

◆ *L'une des nombreuses qualités de ce film est son évidente sincérité. Si l'histoire frôle le mélodrame, le ton, la mise en scène, la lumière et les détails en font tout autre chose : une comédie d'abord satirique qui fustige la bourgeoisie, et puis une romance très émouvante, une histoire d'amour à laquelle on aurait pu croire. Mais très vite le jeune homme retrouve les automatismes de sa classe et son idylle, si charmante, tourne au drame sinistre. Ce dénouement laisse un sentiment d'amertume tenace.* G.S.

UN AMOUR EN ALLEMAGNE
"EINE LIEBE IN DEUTSCHLAND"
Drame psychologique d'**Andrzej Wajda**, avec Hanna Schygulla *(Paulina)*, Piotr Lysak *(Stanislaw)*, Marie-Christine Barrault *(Maria Wyler)*, Daniel Olbrychski *(Victorczyk)*. • SC : A. Wajda, Boreslav Michalek, Agnieszka Holland, d'après le roman de Rolf Hochhuth. • PH : Igor Luther. • DÉC : Allan Starski, Gotz Heymann, Jurgon Henze. • MUS : Michel Legrand. • MONT : H. Prugar-Ketling. R.F.A./France, 1983 – Couleurs – 1 h 48.

Pendant la Seconde Guerre mondiale, Paulina, une Allemande, reste seule dans son village pour tenir l'épicerie. Un prisonnier polonais est chargé de l'aider. Paulina et Stanislaw deviennent secrètement amants. Dénoncé par une voisine, le Polonais va être pris en charge par un S.S. qui veut « l'aryaniser ».

◆ *Le film se présente sous la forme d'un flash-back. Le fils et le petit-fils de Paulina reviennent sur les lieux du drame. Après deux films sur la Pologne, Wajda se penche sur le passé et entreprend une analyse très précise d'un amour confronté au nazisme ordinaire et à ses lois ubuesques concernant les races. Une fois de plus, le réalisateur pose le problème de l'identité polonaise à travers le personnage de Stanislaw qui ne veut pas renoncer à sa nationalité même s'il est d'origine allemande. Un amour en Allemagne est donc une œuvre politique qui choisit le regard d'un enfant pour montrer la guerre au quotidien.* CL.A.

UN AMOUR INFINI "ENDLESS LOVE"

Drame de **Franco Zeffirelli**, d'après le roman de Scott Spencer, avec Brooke Shields, Martin Hewitt, Shirley Knight, Don Murray. États-Unis, 1981 – Couleurs – 1 h 56.

Un garçon de 17 ans et une fille de 15 ans s'aiment. Mais les familles viennent contrecarrer ces jeunes amours : divers drames s'ensuivent.

UN AMOUR PAS COMME LES AUTRES

"A KIND OF LOVING"

Mélodrame de **John Schlesinger**, d'après le roman de Stan Barstow, avec Alan Bates, June Ritchie, Thora Hird, Bert Palmer. Grande-Bretagne, 1962 – 1 h 52. ★ **OURS D'OR, Berlin 1962.**

Un jeune dessinateur anglais doit vivre avec une belle-mère tyrannique, avant de rompre avec son épouse malheureuse. Une œuvre sombre qui s'inscrit dans la tradition du Free Cinema et qui dénonce le conformisme suburbain.

UN ANGE À MA TABLE "AN ANGEL AT MY TABLE"

Drame psychologique de **Jane Campion**, d'après l'autobiographie de Janet Frame, avec Alexia Keogh, Karen Fergusson, Kerry Fox, Iris Churn, K.J. Wilson. Australie / Nouvelle-Zélande, 1990 – Couleurs – 2 h 38.

Inspirée de la vie de Jane Frame, célèbre écrivain néo-zélandais, l'histoire d'une petite fille renfermée sur elle-même et qu'une tentative de suicide mène à l'asile psychiatrique, où elle restera huit ans. À sa sortie, grâce à son premier roman, elle gagne une bourse qui lui permet d'aller à Ibiza et à Londres. Là, elle apprend qu'elle n'a jamais été schizophrène.

UN ANGE AU PARADIS

Comédie de **Jean-Pierre Blanc**, avec Michel Aumont, Catherine Samie, Mimi Young, Valérie Wilson, Roland Dubillard, Bulle Ogier, Thilda Thamar. France, 1973 – Couleurs – 1 h 30.

Mouton, employé des pompes funèbres, a épousé une ancienne prostituée. Celle-ci, n'ayant pas payé toutes ses dettes, reprend du service. Sa fille la suit sur le trottoir tandis que Mouton rencontre un travesti.

UN ANIMAL DOUÉ DE DÉRAISON

Drame de **Pierre Kast**, avec Jean-Claude Brialy, Alexandra Stewart, Jacques Spiesser, Jece Valadao, Hugo Carvana, Jean-Pierre Rémy. France, 1976 – Couleurs – 1 h 40.

Un homme d'affaires installé à Rio essaie de séduire, en vain, une femme très puritaine. Un jeune écologiste le supplantera.

UN APRÈS-MIDI DE CHIEN

"DOG DAY AFTERNOON"

Drame psychologique de **Sidney Lumet**, avec Al Pacino *(Sonny)*, John Cazale *(Sal)*, Charles Durning *(Moretti)*, Chris Sarandon *(Leon)*, Sully Boyar *(Mulvaney)*, Beulah Garrick *(Margaret)*, Penny Allen *(Sylvia)*. • SC : Frank Pierson, d'après un récit de P.F. Kluge et Thomas Moore. • PH : Victor J. Kemper. • DÉC : Doug Higgins. • MONT : Dede Allen. États-Unis, 1975 – Couleurs – 2 h 05.

En plein Brooklyn, un cambriolage de banque avec prise d'otages. Mais il n'y a quasiment rien dans le coffre et les deux gangsters, petits truands dépassés par les événements, s'engagent dans une négociation de longue haleine avec la police.

◆ *Même s'il est un peu long, ce film est très caractéristique du grand talent de Lumet, de sa capacité à peindre efficacement et sans esbroufe une situation extrême où se dévoile finalement un aspect de la société contemporaine. Bien servi de surcroît par la remarquable composition d'Al Pacino, il analyse avec acuité les comportements : voyeurisme de la foule, faiblesses bien humaines des otages, nervosité ou sang-froid des policiers ; et surtout le désarroi et la fragilité mentale d'un paumé, bousculé par le Viêt Nam et par son homosexualité, qui ne résiste pas au vertige de se trouver soudain sous les projecteurs.* J.-M.C.

UN ASSASSIN QUI PASSE

Drame psychologique de **Michel Vianey**, avec Jean-Louis Trintignant, Carole Laure, Richard Berry. France, 1980 – Couleurs – 1 h 45.

Un policier aux méthodes expéditives et un détraqué sexuel tournent autour de la même femme, l'un pour la tuer, l'autre pour la protéger.

UN AUTRE HOMME, UNE AUTRE CHANCE

Comédie dramatique de **Claude Lelouch**, avec Geneviève Bujold, James Caan, Francis Huster. France, 1977 – Couleurs – 2 h 15.

Jeanne et Francis quittent la France et émigrent aux États-Unis où Francis meurt. Jeanne rencontre David qui, lui, a perdu sa femme. Un attachant western pas comme les autres.

UN BALCON EN FORÊT
Drame de **Michel Mitrani**, d'après le récit de Julien Gracq, avec Humbert Balsan, Aïna Walle, Yves Afonso, Jacques Villeret. France, 1979 – Couleurs – 2 h 40.

En octobre 1939, dans la forêt des Ardennes, quatre Français sont chargés de barrer la route à une éventuelle invasion allemande. Dans une maison transformée en place forte, ils s'organisent.

UN BEAU MONSTRE
Drame de **Sergio Gobbi**, d'après le roman de Dominique Fabre, avec Helmut Berger, Virna Lisi, Charles Aznavour. France, 1970 – Couleurs – 2 h 05.

Alain Revant est un homme séduisant, mais sadique. Il a poussé sa première femme au suicide et la seconde restera avec lui en pleine connaissance de cause.

UN BEAU SALAUD "DIRTY DINGUS MAGEE"
Western de **Burt Kennedy**, d'après le roman de David Markson, avec Frank Sinatra, George Kennedy, Anne Jackson, Lois Nettleton, Jack Elam. États-Unis, 1970 – Couleurs – 1 h 31.

Joe retrouve son vieux copain Magee, mais celui-ci a l'art de brouiller les situations. Tentative de parodie du western.

THE UNBELIEVABLE TRUTH
"THE UNBELIEVABLE TRUTH"
Comédie dramatique de **Hal Hartley**, avec Adrienne Shelly, Robert Burke, Christopher Cooke. États-Unis, 1990 – Couleurs – 1 h 36.

Une petite bourgade de la côte Est, quelques personnages ordinaires et un énigmatique individu sorti de prison. Un point de départ classique et trompeur... il n'y aura ni crime, ni chasse à l'homme mais un constant jaillissement d'humour, de cocasserie et d'insolite. Le premier film d'un nouveau maître du cinéma américain.

UN BON PETIT DIABLE
Comédie dramatique de **Jean-Claude Brialy**, d'après la comtesse de Ségur, avec Alice Sapritch, Bernadette Lafont, Philippe Clay, Paul Courtois. France, 1983 – Couleurs – 1 h 30.

Un petit orphelin espiègle est confié à une vieille tante fort sévère. Illustration fidèle mais assez plate du classique enfantin.

UN BOURGEOIS TOUT PETIT PETIT
"UN BORGHESE PICCOLO PICCOLO"
Drame de **Mario Monicelli**, avec Alberto Sordi, Shelley Winters, Vincenzo Crocitti. Italie, 1977 – Couleurs – 2 h.

Le bourgeois Vivaldi se venge de l'assassin de son fils. Son univers s'est écroulé, son sens des valeurs est perverti. Forte et pessimiste dénonciation de la médiocrité.

UN BRUIT QUI COURT
Comédie de **Jean-Pierre Sentier** et **Daniel Laloux**, avec Daniel Laloux, Jean-Pierre Sentier. France, 1982 – Couleurs – 1 h 28.

À l'occasion d'une remise à jour de fichiers, un fonctionnaire découvre que deux collègues ont été oubliés sur une île déserte où ils avaient été affectés. Une fable insolite et loufoque.

UN CADAVRE AU DESSERT "MURDER BY DEATH"
Comédie policière de **Robert Moore**, avec Truman Capote, Peter Falk, David Niven, Peter Sellers, Elsa Lanchester, James Coco, Eileen Brennan, Alec Guinness. États-Unis, 1976 – Couleurs – 1 h 35.

Dans son château, un homme mystérieux a convié cinq grands détectives pour enquêter sur un crime qui n'a pas encore eu lieu.

UN CAÏD "KING RAT"
Film de guerre de **Bryan Forbes**, d'après le roman de James Clavell, avec Georges Segal, Tom Courtenay, James Fox. Grande-Bretagne / États-Unis, 1965 – 2 h 13.

En 1945, dans l'île de Singapour, un immense camp de prisonniers de guerre anglais et américains où règne le « caïd », soupçonné des pires trafics. Un film viril sur l'amitié, le courage et la solidarité.

UN CAPRICE DE CAROLINE CHÉRIE
Comédie de **Jean Devaivre**, avec Martine Carol, Jean-Claude Pascal, Jacques Dacqmine. France, 1953 – Couleurs – 1 h 44.

Durant la campagne d'Italie, l'insouciante Caroline se laisse séduire par un beau danseur qui est aussi le chef d'une bande de révoltés. Voir CAROLINE CHÉRIE.

UN CARNET DE BAL
Comédie dramatique de **Julien Duvivier**, avec Marie Bell *(Christine de Guérande)*, Françoise Rosay *(Mme André)*, Louis Jouvet *(Pierre Bertier)*, Pierre Richard-Willm *(Éric Irvin)*, Harry Baur *(Alain Régnault)*, Pierre Blanchar *(Thierry Raynal)*, Raimu *(François Patosset)*, Fernandel *(Fabien Coutissol)*, Robert Lynen *(Gérard)*. • SC : J. Duvivier, Jean Sarment, Pierre Wolff, Bernard Zimmer, Henri Jeanson. • PH : Michel Kelber, Philippe Agostini, Pierre Levent. • DÉC : Serge Pimenoff, Jean Douarinou, Paul Colin. • MUS : Maurice Jaubert. • MONT : André Versein. France, 1937 – 2 h. ★ **PRIX DU MEILLEUR FILM ÉTRANGER, Venise 1937.**

Après la mort de son mari, Christine de Guérande retrouve le carnet de bal de ses seize ans. Elle se demande ce que sont devenus ses soupirants d'alors et décide de partir à leur recherche...

◆ *Prototype du « film à sketches » qui donne à une brochette de comédiens l'occasion de numéros taillés sur mesure,* Un carnet de bal *fut un gros succès commercial de l'immédiat avant-guerre. La noirceur de l'inspiration, propre à l'œuvre de Duvivier, y est dominante en dehors des sketches « reposants » de Raimu et de Fernandel.* *G.L.*

UN CAVE

Film policier de **Gilles Grangier**, avec Claude Brasseur, Marthe Keller, André Weber, Pierre Tornade. France, 1972 – Couleurs – 1 h 35.

Un truand de deuxième ordre, mis au parfum par un vrai dur, fait rapidement des progrès et se transforme peu à peu en gangster de haut vol.

UN CERTAIN JOUR "Un certo giorno"

Drame d'**Ermanno Olmi**, avec Brunetto Del Vita, Lidia Fuortes, Vitaliano Damioli, Giovanna Ceresa. Italie, 1969 – Couleurs – 1 h 42.

Un jeune publicitaire remplace son P.-D.G., avec brio. Mais il tue accidentellement un piéton, ce qui l'amène à remettre en cause toute la vie qu'il a menée jusque-là. Il veut repartir à zéro mais reste obsédé par le drame.

UN CERTAIN MONSIEUR JO

Film policier de **René Jolivet**, avec Michel Simon, Geneviève Kervine, Jacques Morel, Raymond Bussières. France, 1958 – 1 h 45.

Un gangster retiré est obligé de faire appel à son ancien savoir-faire pour protéger une fillette kidnappée dont il a la garde.

UN CERTAIN SOURIRE "A Certain Smile"

Drame psychologique de **Jean Negulesco**, d'après le roman de Françoise Sagan, avec Christine Carère, Rossano Brazzi, Joan Fontaine, Bradford Dillman. États-Unis, 1958 – Couleurs – 1 h 46.

Une étudiante jeune et jolie tombe amoureuse de son oncle coureur de jupons. Hollywood a éliminé le côté trouble de l'histoire pour en faire un luxueux film de prestige.

UN CERVEAU D'UN MILLIARD DE DOLLARS

"Billion Dollar Brain"

Film d'espionnage de **Ken Russell**, d'après le roman de Len Deighton, avec Michael Caine, Karl Malden, Françoise Dorléac, Ed Begley. Grande-Bretagne, 1967 – Couleurs – 1 h 51.

Les nouvelles aventures de Harry Palmer, obligé de reprendre du service pour sauver le monde des projets d'un général fou. Le dernier rôle de Françoise Dorléac.

UN CHANT D'AMOUR

Drame documentaire de **Jean Genet**. France, 1950 – 45 mn.

À travers quelques scènes de la vie carcérale, l'amour vrai ou fantasmé d'un prisonnier pour un autre. D'un grand lyrisme, il s'agit de l'unique contribution cinématographique de son auteur, dans laquelle on retrouve tous les grands thèmes de son œuvre écrite.

UN CHAPEAU DE PAILLE D'ITALIE

Comédie de **René Clair**, avec Albert Préjean *(Fadinard)*, Olga Tschekowa *(Anaïs)*, Marise Maïa *(Hélène)*, Pré fils *(le cousin)*, Alice Tissot *(la cousine)*, Paul Ollivier *(l'oncle)*, Geymond Vital *(le lieutenant)*, Yvonneck, Jim Gérald, Alex Allin, Volbert. • SC : R. Clair, d'après la pièce d'Eugène Labiche et Marc Michel. • PH : Maurice Desfassiaux, Nicolas Roudakoff. • DÉC : Lazare Meerson. • MUS : Jacques Ibert. • PR : Albatros. France, 1928 – env. 2 100 m (1 h 20).

Août 1895. Jules Fadinard, rentier de son état, est sur le point d'épouser la fille d'un gros pépiniériste, Hélène Nonancourt. Mais son cheval, facétieux, lui joue un mauvais tour : profitant d'une halte de son maître, qui caracole au bois de Vincennes, il est allé grignoter le superbe couvre-chef, en paille d'Italie, d'une dame courtisée dans un fourré par un galant militaire... Il s'ensuit une cascade d'invectives, quiproquos, contretemps, chassés-croisés, poursuites échevelées, qui mettent en émoi le prétendant affolé et tous les invités de sa noce. Un vieil oncle sourd rétablira l'ordre après avoir mis le comble à la confusion.

◆ Entre Caran d'Ache et Mack Sennett

Vaudeville typique du second Empire, aux accents discrètement satiriques, l'œuvre de Labiche et Michel fut représentée pour la première fois en 1851. René Clair –qui s'était fait connaître en 1924 avec Entr'acte, *un court métrage d'inspiration dadaïste– modernise le cadre, aère l'action, précipite le rythme, stylise les personnages, en bref adapte l'ouvrage aux exigences du cinéma. Esquivant les écueils de la comédie platement filmée, il dessine les contours d'une sorte de théâtre en liberté, qu'il peaufinera dans ses films parlants, du* Million *(1931) aux* Grandes Manœuvres *(1955). Il se rit des convenances, joue sur les clichés vestimentaires (gant égaré, cravates mal nouées, chaussures de cérémonie trop étroites...), égratigne les rites sociaux (le lit nuptial baladeur). Les protagonistes deviennent d'aimables marionnettes, emportées dans un ballet absurde qui évoque les courses-poursuites de l'école Pathé, les démêlés matrimoniaux de Max Linder et les burlesques américains. Si l'ensemble garde une certaine raideur, la séquence du « Quadrille des lanciers » demeure un morceau de pure virtuosité, un « ballet russe de la bourgeoisie française », selon le mot de Bardèche et Brasillach. On peut aussi penser à des caricatures de Caran d'Ache, qu'aurait animées la verve irrésistible de Mack Sennett.* *C.B.*

▷ Autre version réalisée par : **Maurice Cammage**, avec Fernandel, Félicien Tramel, Jacqueline Laurent, Fernand Charpin. France, 1944 (RÉ : 1940) – 1 h 25.

UN CHÂTEAU EN ENFER "CASTLE KEEP"

Film de guerre de **Sydney Pollack**, d'après le roman de William Eastlake, avec Burt Lancaster, Astrid Heeren, Jean-Pierre Aumont, Patrick O'Neal. États-Unis, 1969 – Couleurs – 1 h 47.

Pendant la bataille des Ardennes, un groupe de soldats américains s'installe dans un château. Chacun ira jusqu'au bout de ses rencontres et de son destin avant que la bataille éclate. Les drames des hommes peints avec vigueur et lucidité.

UN CHEF DE RAYON EXPLOSIF

"WHO'S MINDING THE STORE ?"

Comédie de **Frank Tashlin**, avec Jerry Lewis, Jill St John, Agnes Moorehead. États-Unis, 1963 – Couleurs – 1 h 30.

Un jeune homme naïf aime une jeune fille qu'il croît être de condition modeste. En fait, elle est la fille de la directrice d'une chaîne de grands magasins. Pour l'éprouver, celle-ci le fait engager...

UN CHEVAL POUR DEUX

Comédie de **Jean-Marc Thibault**, avec Roger Pierre, Jean-Marc Thibault. France, 1961 – 1 h 30.

À Paris, fin 1944, deux garçons plus paresseux que méchants installent un cheval dans leur cuisine en attendant de pouvoir le débiter au marché noir, mais l'animal est attachant...

UN CHIEN ANDALOU

Essai surréaliste de **Luis Buñuel**, avec Pierre Batcheff *(le jeune homme)*, Simone Mareuil *(la jeune femme)*, Luis Buñuel *(l'homme au rasoir du prologue)*, Salvador Dali *(un séminariste)*. • SC : L. Buñuel, S. Dali. • PH : Albert Duverger. • DÉC : Pierre Schilzneck. • MUS : Wagner (Tristan et Isolde) et tangos argentins. • MONT : L. Buñuel. France, 1928 – 17 mn.

Un homme aiguise son rasoir sur un balcon, la nuit. Il regarde un nuage qui traverse la lune. La lame sectionne l'œil d'une jeune femme. « Huit ans après », un jeune cycliste avance dans une rue déserte. Il tombe. Une jeune femme qui lit un livre tressaille et court vers lui. Le corps du jeune homme est allongé sur un lit. La femme le veille. Elle se retourne et voit son double qui se dirige vers elle. Ils observent une jeune femme aux cheveux courts, debout au milieu de la rue, qui va être renversée par une automobile...

◆ *Un coup d'essai qui fut un coup de maître et l'une des très rares réussites du surréalisme cinématographique. Buñuel et Dali matérialisent leur image du désir masculin et ses différentes phases œdipiennes. Le jeune homme qui se jette sur la femme aux appas maternels va trouver devant lui tous les obstacles dressés par la société et par la femme elle-même. Les images associent le thème de la « castration » du désir et sa relance à jamais interminable jusqu'à la métaphore finale des corps dévorés par les insectes.* *M.M.*

UN CLAIR DE LUNE À MAUBEUGE

Comédie dramatique de **Jean Cherasse**, avec Pierre Perrin, Sophie Hardy, Claude Brasseur, Michel Serrault, Jacques Dufilho, Robert Manuel. France, 1962 – 1 h 46.

Un chauffeur de taxi parisien compose une chanson que l'on enregistre à son insu et qui connaît aussitôt un succès foudroyant.

UN CŒUR EN HIVER

Drame de **Claude Sautet**, avec Emmanuelle Béart *(Camille)*, Daniel Auteuil *(Stéphane)*, André Dussollier *(Maxime)*, Elisabeth Bourgine *(Hélène)*, Brigitte Catillon *(Régine)*, Maurice Garrel *(Lachaume)*, Myriam Boyer *(Mme Amet)*, Jean-Luc Bideau *(Ostende)*, Stanislas Carre de Malberg *(Brice)*. • SC : C. Sautet, Jacques Fieschi. • PH : Yves Angelo. • DÉC : Christian Marti. • MUS : Maurice Ravel. • MONT : Jacqueline Thiédot. France, 1992 – Couleurs – 1 h 45.

Stéphane et Maxime sont associés dans une entreprise de lutherie. Le premier est réservé et introverti, le second expansif, disert. Ce dernier tombe amoureux d'une violoniste-soliste, Camille. Ce couple heureux sera « déstabilisé » par l'attitude de Stéphane, qui trouble et provoque la jeune femme sans l'aimer. Il est incapable d'aimer, avoue-t-il. Drame. Drames.

◆ *Musicien dans l'âme, Claude Sautet n'avait jamais illustré un scénario fondé sur la musique. Voilà qui est fait et de magistrale manière. L'histoire est construite, réalisée, « orchestrée » comme un morceau de musique de chambre. On est ému, tendu, réceptif au moindre tressaillement des êtres et à l'évolution subtile des situations. Une œuvre troublante, dense, intense, dérangeante, parfaite.* G.S.

UN CŒUR GROS COMME ÇA
Comédie dramatique de **François Reichenbach**, avec Abdoulaye Faye. France, 1962 – 1 h 30. ★ PRIX LOUIS-DELLUC 1961.

Les aventures d'un jeune boxeur sénégalais débarquant à Paris pour s'adonner à ce sport. Un regard original, et un film attachant à mi-chemin entre la fiction et le reportage documentaire.

UN CŒUR PRIS AU PIÈGE "THE LADY EVE"
Comédie de **Preston Sturges**, avec Barbara Stanwyck, Henry Fonda, Charles Coburn. États-Unis, 1941 – 1 h 37.

Un fils de famille s'éprend d'une aventurière mondaine qui change de personnalité pour le séduire. Un duo de grand style.

UN COIN DE CIEL BLEU "A PATCH OF BLUE"
Drame de **Guy Green**, avec Sidney Poitier, Shelley Winters, Elizabeth Hartman. États-Unis, 1965 – Couleurs – 1 h 45.

Une jeune fille aveugle tombe amoureuse d'un jeune Noir qui la sauve d'un milieu familial où elle est méprisée et maltraitée.

UN COIN TRANQUILLE "A SAFE PLACE"
Film féerique de **Henry Jaglom**, avec Tuesday Weld, Jack Nicholson, Orson Welles, Philip Proctor. États-Unis, 1971 – Couleurs – 1 h 32.

À mi-chemin entre le rêve et la réalité, une jeune fille apprend à vivre après avoir exploré les temps magiques de son enfance, époque où elle se croyait capable de voler.

UN COIN TRANQUILLE À LA CAMPAGNE
"UN TRANQUILLO POSTO DI CAMPAGNA"
Drame psychologique d'**Elio Petri**, avec Franco Nero, Vanessa Redgrave, Georges Géret. Italie, 1968 – Couleurs – 1 h 45.

Un jeune peintre s'installe dans une demeure isolée. Mais il y devient la proie de ses fantasmes dans une relation névrotique avec la maison et les souvenirs qui y sont attachés. Étrange et fort.

UN COLT NOMMÉ GANNON
"A MAN CALLED GANNON"
Western de **James Goldstone**, avec Tony Franciosa, Michael Sarrazin, Judi West, Susan Oliver, John Anderson. États-Unis, 1968 – Couleurs – 1 h 45.

Gannon, cow-boy expérimenté, fait l'éducation d'un jeune homme qu'il a sauvé. Mais il devra s'opposer à lui pour empêcher la violence d'exploser encore. Remake de L'HOMME QUI N'A PAS D'ÉTOILE (Voir ce titre).

UN COLT POUR TROIS SALOPARDS
"HANNIE CAULDER"
Western de **Burt Kennedy**, avec Raquel Welch, Robert Culp, Ernest Borgnine, Strother Martin, Jack Elam, Christopher Lee, Diana Dors. Grande-Bretagne, 1971 – Couleurs – 1 h 25.

Violée par trois hors-la-loi qui ont assassiné son mari, une femme parcourt l'Ouest pour assouvir sa vengeance. Un film plein de sauvagerie, mais non dépourvu d'humour.

UN COLT POUR UNE CORDE "BILLY TWO HATS"
Western de **Ted Kotcheff**, avec Gregory Peck, Desi Arnaz Jr., Jack Warden. États-Unis, 1973 – Couleurs – 1 h 30.

Un shérif poursuit les auteurs d'un hold-up. Ce sera pour l'un d'eux, un jeune Métis, l'occasion de multiples découvertes.

UN CONDAMNÉ À MORT S'EST ÉCHAPPÉ (LE VENT SOUFFLE OÙ IL VEUT)
Drame de **Robert Bresson**, avec François Leterrier *(le lieutenant Fontaine)*, Roland Monod *(le pasteur)*, Jacques Ertaud *(Orsini)*, Roger Tréerne *(Terry)*, Charles Le Clainche *(Jost)*. • SC : R. Bresson, d'après le récit du commandant André Devigny. • PH : Léonce-Henri Burel. • DÉC : Pierre Charbonnier. • MUS : *Messe en ut mineur* de Mozart. • MONT : Raymond Lamy. • PR : Gaumont / N.E.F. France, 1956 – 1 h 35. ★ PRIX DE LA MISE EN SCÈNE, Cannes 1957.

Fort de Montluc. Un résistant, condamné à mort, décide de s'évader ; on place dans sa cellule un autre prisonnier. Est-ce un mouton ?

◆ La leçon du courage
Voilà probablement le plus beau film visible sur le courage. Rarement on aura, d'aussi près, approché ce qu'il en coûte à l'homme de ne pas abdiquer. De ne pas renoncer. Sans céder, pour autant, au grossissement, au soulignement. Sans rhétorique, ni emphase. Il est vrai que, quand il installe sa caméra dans le fort de Montluc, devenu la prison nazie de Lyon occupé, Bresson a déjà longuement réfléchi à la méthode qui va être la sienne. Depuis les Anges du péché, *qui date de 1943, il n'a cessé de se répéter que « le cinéma, c'est se parler à soi-même ». Ce qui veut dire que, loin de mettre en scène un sujet qui, par la force des choses, lui serait étranger (il n'a pas été emprisonné, il ne s'est pas évadé, etc.), Bresson s'apprête au contraire à se filmer lui-même, en se confondant avec le personnage central de son film. Si bien que*

lorsque Fontaine, l'irréductible, décide, en courant le risque d'être fusillé, de ne pas rendre à ses geôliers le crayon qu'il leur a emprunté, histoire de ne pas céder, c'est Bresson en personne qui donne du créateur qu'il est, ou qu'il veut être, l'image la plus exacte, relèverait-elle de l'imaginaire. D'où la justesse du moindre détail, d'où l'accent de vérité constant de cette histoire d'évasion, où le sublime le dispute opiniâtrement à l'abjection. Et puisque toute morale suppose une métaphysique, Bresson met au point un principe narratif qu'il réemploiera dans Pickpocket *: jouer le commentaire contre le dialogue. Non pas tant dans ce qu'ils énoncent que dans la tonalité qui leur est propre. L'émotion surgit de cette dualité, et gomme toute surenchère. L'adjectif, c'est-à-dire le « beau plan », tombe alors de lui-même. Ne demeure que le sens, et son rythme, qui n'est que resserrement sur l'objectif, car s'évader suppose que l'on s'enferme dans sa volonté. En sorte que Fontaine réapprend, en même temps que le spectateur, que le superflu mine toute entreprise, artistique ou humaine. Quelques années plus tard, Jacques Becker, avec* le Trou, *récidiva, mais, parce qu'il voulait situer sur un même niveau le spectaculaire et l'exemplaire, son évasion ne pouvait qu'échouer. La leçon de Bresson, depuis, semble perdue.* G.G.

UN CONDÉ

Film policier d'**Yves Boisset**, d'après le roman de Pierre Viallesou *la Mort d'un condé*, avec Michel Bouquet, Françoise Fabian, Bernard Fresson, Rufus. France, 1970 – Couleurs – 1 h 35.

Pour que l'assassinat d'un collègue ne reste pas impuni, un policier passe à son tour à l'illégalité.

UN COTTAGE À DARTMOOR

"Cottage on Dartmoor"

Drame d'**Anthony Asquith**, avec Norah Baring, Uno Hemming, Hans Schlettow. Grande-Bretagne, 1929 – env. 2 000 m (1 h 14).

L'épouse d'un fermier cache son ancien amant qui vient de s'évader de prison.

UN COUP DE PISTOLET "Un colpo di pistola"

Drame de **Renato Castellani**, d'après une nouvelle de Pouchkine, avec Assia Noris, Fosco Giachetti, Ruby Dalma. Italie, 1942 – 1 h 30.

Conduite avec un raffinement esthétique extrême, la description de la rivalité entre deux hommes amoureux de la même femme.

UN COUP FUMANT

"Totò, Eva e il pennello proibito"

Comédie de **Steno**, avec Totò, Louis de Funès, Abbe Lane. Italie / France / Espagne, 1958 – 1 h 21.

Un marquis qui a découvert dans un palais de Madrid un tableau de Goya inédit, et qui est en fait un faux, le fait authentifier par un expert farfelu et ainsi démarre une immense escroquerie.

UN COUPLE

Drame psychologique de **Jean-Pierre Mocky**, sur des dialogues de Raymond Queneau, avec Juliette Mayniel, Francis Blanche, Jean Kosta. France, 1960 – 1 h 25.

La lente et inexorable désintégration d'un couple qui échoue dans une dernière tentative pour conjurer le déclin de l'amour.

UN COUPLE EN FUITE "Outlaw Blues"

Film d'aventures de **Richard T. Heffron**, avec Peter Fonda, Susan Saint-James, James Callaghan. États-Unis, 1976 – Couleurs – 1 h 45.

Un musicien amateur, emprisonné pour mauvaise conduite, se voit « souffler » l'une de ses compositions par un chanteur à la mode. Dès sa sortie de prison, il n'a de cesse de se venger.

UN COUPLE PARFAIT "A Perfect Couple"

Comédie de **Robert Altman**, avec Paul Dooley, Maria Haeflin, Titos Vandis. États-Unis, 1979 – Couleurs – 1 h 51.

Un quadragénaire divorcé et une jeune femme adepte de la vie communautaire se rencontrent par le biais d'une agence.

UN COW-BOY EN COLÈRE

"The Great Scout and Cathouse Thursday/Wildcat"

Film d'aventures de **Don Taylor**, avec Lee Marvin, Oliver Reed, Robert Culp, Elizabeth Ashley, Strother Martin, Kay Lenz, Sylvia Miles. États-Unis, 1976 – Couleurs – 1 h 37.

À Denver en 1908, trois amis vivent d'expédients depuis qu'un ancien complice leur a volé leur fortune. Ils montent un stratagème pour récupérer leur argent.

UN CRI DANS LA NUIT "A Cry in the Dark"

Drame de **Fred Schepisi**, avec Meryl Streep, Sam Neil, Dale Reeves. États-Unis / Australie, 1989 – Couleurs – 2 h.

Un chien sauvage enlève le bébé d'une famille en camping. On ne peut le retrouver et il est déclaré mort. Mais, à la suite d'une rumeur gonflée par la presse à scandale, la mère est soupçonnée puis accusée d'avoir tué son enfant. D'après des faits réels.

UN CRIME DANS LA TÊTE

"The Manchurian Candidate"

Drame de **John Frankenheimer**, d'après le roman de Richard Condon, avec Frank Sinatra, Laurence Harvey, Janet Leigh, James Gregory. États-Unis, 1962 – 2 h 06.

Un héros de la guerre de Corée rentre aux États-Unis où il est décoré. En fait, un lavage de cerveau subi durant sa captivité en a fait un robot tueur, manipulé par un agent communiste qui est sa propre mère. Sa mission est de tuer le président.

UN DÉBRIS DE L'EMPIRE (L'HOMME QUI A PERDU LA MÉMOIRE) "OBLOMOK IMPRII"
Drame de **Friedrich Ermler**, avec Fedor Nikitine *(Filimonov)*, Lioudmila Semenova *(son ancienne femme)*, Valeri Solovcov *(le mari)*, Serguei Guerassimov *(le menchévik)*, Jakov Goudkine *(le soldat blessé)*. • SC : F. Ermler, Katerina Vinogradskaïa. • PH : Evgueni Schneider. • DÉC : Evgueni Enei. • MUS : Vladimir Dechevov. U.R.S.S. (Russie), 1929 – 2 203 m (env. 1 h 22).

Pendant la guerre civile, un homme est devenu amnésique. Il retrouve la mémoire dix ans après, en 1928. Il revoit alors des épisodes de la guerre, la fraternisation, la Révolution, puis le moment où, Rouge lui-même, il est abattu par un Blanc. Il rentre chez lui à Leningrad, nouveau nom de l'ancienne capitale, mais c'est pour retrouver sa femme mariée à un fonctionnaire.

◆ *Ermler a peint le drame d'un homme simple et bon, dont l'amnésie transforme la vie personnelle en tragédie. Mais l'effet de contraste lié à la coupure de dix ans était aussi une façon, plus générale, de montrer, de démontrer même, l'opposition entre l'ancien et le nouveau régime. Face à ses souvenirs du tsarisme, le héros découvre en effet, et d'un coup, les réalisations et l'élan de la Révolution toujours en marche. À travers une histoire individuelle approfondie, ce sont aussi tous les aspects du changement social qui apparaissent et une certaine verve satirique accompagne la présentation du premier plan quinquennal – la bureaucratie, elle, n'a pas changé et le fonctionnaire qui a supplanté le héros auprès de son épouse est loin d'être un personnage agréable.* *J.-M.C.*

UN DE LA LÉGION
Comédie dramatique de **Christian-Jaque**, avec Fernandel, Suzy Prim, Paul Azaïs, Robert Le Vigan. France, 1936 – 1 h 31.

Après une agression, un homme se réveille sur un bateau qui conduit des recrues de la Légion étrangère en Algérie. Satisfait de sa nouvelle vie, il refuse de reprendre sa banale existence de civil auprès de son acariâtre épouse et se réengage.

UN DÉNOMMÉ SQUARCIO
"LA GRANDE STRADA AZZURRA"
Mélodrame de **Gillo Pontecorvo**, avec Yves Montand, Alida Valli, Francisco Rabal. Italie / France / R.F.A., 1957 – Couleurs – 1 h 35.

Dans une petite île de l'Adriatique, la dramatique histoire de Squarcio, pêcheur à la dynamite.

UN DE NOS AVIONS N'EST PAS RENTRÉ
"ONE OF OUR AIRCRAFTS IS MISSING"
Film de guerre de **Michael Powell** et **Emeric Pressburger**, avec Godfrey Temple, Eric Portman, Hugh Williams. Grande-Bretagne, 1942 – 1 h 42.

Durant la guerre, l'équipage d'un avion tombé en flammes sur le territoire hollandais peut regagner l'Angleterre grâce au dévouement des patriotes des Pays-Bas.

UNDERFIRE "UNDERFIRE"
Film de guerre de **Roger Spottiswoode**, avec Nick Nolte *(Russell Price)*, Joanna Cassidy *(Claire Sheridan)*, Gene Hackman *(Alex Grazier)*, Jean-Louis Trintignant *(Jazy)*. • SC : Ron Shelton, Clayton Frohman. • PH : John Alcott. • DÉC : Enrique Estevez. • MUS : Jerry Goldsmith. • MONT : Jon Bloom, Mark Conte. États-Unis, 1983 – Couleurs – 2 h 05.

Photographe coté, Russell Price est sur tous les points chauds de la planète, et tient pour capital de ne pas prendre parti. Il informe, c'est tout. Mais lors d'un reportage au Nicaragua, les circonstances l'obligent à ne pas rester neutre, et même à jouer un rôle dans la guerre civile.

◆ *Les films sur le dilemme du journaliste (neutralité ou engagement ?) sont innombrables. En ne lésinant pas sur les aspects spectaculaires et les scènes d'action, Spottiswoode feint de jouer la neutralité : son film ne s'appuie sur aucune idédologie, il montre des faits et des gens qui font sérieusement leur métier. En réalité, il prouve que la neutralité est impossible dans les atrocités d'une guerre insensée.* *B.B.*

UNDERGROUND "UNDERGROUND"
Fresque d'**Emir Kusturica**, avec Miki Manojlović *(Marko)*, Lazar Ristovski *(Blacky)*, Mirjana Joković *(Natalija)*, Slavoko Stimać *(Ivan)*. • SC : Dušan Kovacević, E. Kusturica. • PH : Vilko Filac. • DÉC : Miljen Kljaković « Kreka ». • MUS : Goran Bregović. • COST : Nebojsa Lipanović. • MONT : Branka Ceperac. France / Allemagne / Hongrie, 1995 – Couleurs – 2 h 47. ★ **PALME D'OR, Cannes 1995.**

Dès les premières bombes allemandes sur Belgrade, Marko se lance dans une série de trafics lucratifs. Pour disposer d'armes et d'objets à vendre, il installe dans une cave un groupe de réfugiés qui travaillent pour lui. Après la défaite allemande et l'arrivé des communistes, Marko fait croire à ces travailleurs souterrains que la guerre continue. Le mythe de la caverne de Platon, version yougoslave : la guerre et la dictature vues d'en bas.

◆ *Après avoir été couronné à Cannes,* Underground *a été victime d'un mauvais procès instruit par des procureurs qui se flattaient de n'avoir pas vu le film et qui reprochaient essentiellement à Kusturica d'avoir tourné son film à Belgrade et le soupçonnaient de servir la propagande serbe en raison de son origine ethnique : Serbe de Bosnie. Difficile pourtant de voir dans cette allégorie baroque l'apologie des positions serbes. Tout au plus peut-on y trouver le regret que la Yougoslavie ne soit plus un État fédéral où coexistent pacifiquement des gens de religions et de langues différentes - ce qui n'est pas un point de vue véritablement scandaleux. Mais, de toute façon, l'essentiel du propos de Kusturica n'est pas là : dénonçant la guerre et l'imposture de l'idéologie, il transforme la narration d'un conflit particulier en apothéose crépusculaire qui nous renvoie à l'absurdité d'une Histoire où les hommes s'entre-tuent pour des raisons dérisoires et où les martyrs d'aujourd'hui font souvent le lit des profiteurs et des oppresseurs de demain. Une vision désespérée de l'Histoire, exprimée en des images magnifiques où éclate une prodigieuse imagination qui donne bien pâle figure à ces films naturalistes « où l'on passe son temps à ouvrir et fermer des portes » si vigoureusement stigmatisés par Kusturica.* J.-C.L.

UNDERGROUND U.S.A. "UNDERGROUND U.S.A."
Drame d'**Eric Mitchell**, avec Eric Mitchell, Patti Astor, René Ricard. États-Unis, 1980 – Couleurs – 1 h 20.

Un homosexuel chassé par son amant devient l'ami d'une star de cinéma sur le déclin. Peinture assez sarcastique des milieux artistiques et pseudo-intellectuels américains.

UN, DEUX, TROIS "ONE, TWO, THREE"
Comédie de **Billy Wilder**, avec James Cagney, Horst Buchholz, Pamela Tiffin. États-Unis, 1961 – 1 h 50.

La fille d'un milliardaire américain, en vacances à Berlin, rencontre et épouse secrètement un jeune Allemand de l'Est, à la consternation du directeur commercial de son père chargé de la piloter. Billy Wilder et son habituelle férocité dans la satire sociale.

UN, DEUX, TROIS, SOLEIL
Comédie dramatique de **Bertrand Blier**, avec Anouk Grinberg, Marcello Mastroianni, Myriam Boyer, Olivier Martinez. France, 1993 – Couleurs – 1 h 44.

Plongée dans la vie tumultueuse de Victorine, la banlieusarde. D'abord écolière (avec sa mère !), elle s'amourache ensuite de P'tit Paul, un rocker au cœur tendre, mais un peu cambrioleur, et qu'un beauf' aura tôt fait d'étendre. Alors Victorine se case, avec dépit et avec Maurice, un cadre qui lui propose une vie sans histoire. Mais l'histoire du film, elle, continue...

UN DIMANCHE À LA CAMPAGNE
Comédie dramatique de **Bertrand Tavernier**, avec Louis Ducreux *(monsieur Ladmiral)*, Sabine Azéma *(Irène)*, Michel Aumont *(Gonzague / Édouard)*, Geneviève Mnich *(Marie-Thérèse)*, Monique Chaumette *(Mercédès)*, Claude Winter *(Mme Ladmiral)*, Thomas Duval *(Émile)*, Quentin Ogier, Katia Wostrikoff. • SC : B. Tavernier, Colo Tavernier, d'après le roman de Pierre Bost *Monsieur Ladmiral va bientôt mourir.* • PH : Bruno de Keyser. • DÉC : Patrice Mercier. • MUS : Louis Ducreux, Marc Perrone, Gabriel Fauré. • MONT : Armand Psenny. France, 1984 – Couleurs – 1 h 34.

Nous sommes à la fin du siècle passé. Comme tous les dimanches, M. Ladmiral, un charmant vieux monsieur qui vit seul avec sa bonne, Mercédès, depuis que sa femme est morte, reçoit ses enfants et petits-enfants. Son fils Édouard voudrait bien des enfants plus disciplinés ; sa fille, Irène, est une anti-conformiste qui arrive en automobile et met une animation inhabituelle dans cette paisible campagne. Mais elle doit regagner Paris, pour des raisons sentimentales ; et les autres repartiront après dîner.

◆ *On n'est pas très loin de la tendresse et de la mélancolie de Tchekhov dans cette partie de campagne si joliment tournée. Il y manque toutefois le léger tremblement qui donne aux personnages leur aura de poésie intime. Seul Louis Ducreux dégage cette émotion exquise, où le sourire se fait doux-amer.* D.C.

UN DIMANCHE À NEW YORK
"SUNDAY IN NEW YORK"
Comédie de **Peter Tewksbury**, d'après la pièce de Norman Krasna, avec Jane Fonda, Cliff Robertson, Rod Taylor, Robert Culp, Jo Morrow. États-Unis, 1963 – Couleurs – 1 h 45.

Quiproquos et complications sentimentales pour une jeune femme venue rejoindre son frère à New York. Brillant.

UN DIMANCHE APRÈS-MIDI
"THE STRAWBERRY BLONDE"
Comédie de **Raoul Walsh**, avec James Cagney, Rita Hayworth, Olivia De Havilland, Alan Hale. États-Unis, 1941 – 1 h 37.

Des années plus tôt, Biff s'était fait voler la femme qu'il aimait et jeter en prison par son associé véreux. Aujourd'hui, marié, dentiste et heureux, il tient l'occasion de se venger.

▷ Le réalisateur signe un remake, intitulé ONE SUNDAY AFTERNOON, avec Dennis Morgan, Dorothy

Malone, Janis Page, Don Defore. États-Unis, 1948 – Couleurs – 1 h 30. Le film initial est lui-même un remake de ONE SUNDAY AFTERNOON, de **Stephen Roberts**, d'après la pièce de James Hagan, avec Gary Cooper, Frances Fuller, Fay Wray, Neil Hamilton, Roscoe Karns. États-Unis, 1933 – 1 h 33.

UN DIMANCHE COMME LES AUTRES

"SUNDAY, BLOODY SUNDAY"

Drame psychologique de **John Schlesinger**, avec Glenda Jackson *(Alex Greville)*, Peter Finch *(Dr Daniel Hirsh)*, Murray Head *(Bob Elkin)*, Peggy Ashcroft *(Mrs. Greville)*, Maurice Denham *(Mr Greville)*. • SC : Penelope Gilliatt. • PH : Billy Williams. • DÉC : Norman Dorme. • MUS : Ron Geesin. • MONT : Richard Marden. Grande-Bretagne, 1971 – Couleurs – 1 h 50.

Un ménage à trois, mais très particulier. C'est en effet d'un homme et d'une femme que le héros, jeune décorateur, est aimé en même temps. Elle est employée et divorcée. Lui est médecin et plus âgé. Chacun des deux connaît l'existence de l'autre et voudrait, pourtant, ne plus partager le jeune homme. Au cours d'un long week-end où celui-ci reste seul avec la jeune femme, le poids de cette situation sans issue le conduit à s'en aller aux États-Unis, laissant ses deux amants désespérés.

◆ *Après le triomphe de* Macadam cow-boy, *Schlesinger revient en Grande-Bretagne pour tourner ce film consacré au sujet doublement délicat à l'époque de l'homosexualité et de la liberté des mœurs. Loin de Hollywood, il retrouve les qualités d'un cinéma nuancé et sans artifices, capable de décrire un milieu certes marginal, mais humainement et psychologiquement touchant.* *J.-M.C.*

UN DIMANCHE DE FLICS

Film policier de **Michel Vianey**, d'après le roman d'Andrew Coburn, avec Jean Rochefort, Victor Lanoux, Barbara Sukowa. France, 1982 – Couleurs – 1 h 39.

De dangereux malfaiteurs se lancent aux trousses de deux policiers qui se sont laissé tenter par une affaire douteuse. Un polar psychologique et ambigu.

UN DIMANCHE DE SEPTEMBRE

"EN SÖNTAG I SEPTEMBER"

Drame psychologique de **Jörn Johan Donner**, avec Harriet Andersson, Thommy Berggren. Suède, 1963 – 1 h 30.

Deux jeunes gens vivent un amour tendre dans un vieil appartement. Quand la jeune femme attend un enfant, ils se marient. Mais leur passion s'émousse. Le bébé ne verra pas le jour et ils se sépareront un triste dimanche de septembre.

UN DIVAN À NEW YORK

Comédie sentimentale de **Chantal Akerman**, avec Juliette Binoche, William Hurt, Stéphanie Buttle, Barbara Garrick. France / Allemagne / Belgique, 1995 – Couleurs – 1 h 45.

En échangeant, par petite annonce et pour quelques semaines, sa luxueuse suite à New York contre une mansarde à Belleville, Harry, psychanalyste prospère, découvre petit à petit l'environnement et la personnalité de Brigitte, danseuse de son état. Brigitte, elle, va beaucoup plus loin : elle s'installe carrément dans le rôle du psychanalyste. De retour à New York, Harry se fait passer pour un patient. On devine facilement comment tout cela va se terminer, mais le parcours n'est pas désagréable du tout.

UN DIVORCE HEUREUX

Drame d'**Henning Carlsen**, avec Jean Rochefort, André Dussollier, Bulle Ogier, Daniel Ceccaldi, Anne-Lise Gabols, Bernadette Lafont. France / Danemark, 1975 – Couleurs – 1 h 40.

Un médecin recueille un jeune suicidaire. Ce dernier tombe amoureux de l'ex-femme de son hôte. Le médecin est jaloux et le jeune homme meurt dans un accident de chasse.

UN DRÔLE DE DIMANCHE

Comédie dramatique de **Marc Allégret**, avec Danielle Darrieux, Arletty, Bourvil, Roger Hanin. France, 1958 – 1 h 30.

Séparé de sa femme, un homme supporte mal sa solitude et, après avoir projeté de la tuer, tente de la reconquérir. Avec Jean-Paul Belmondo quasi débutant face à de prestigieux aînés.

UN DRÔLE DE PAROISSIEN

Comédie de **Jean-Pierre Mocky**, avec Bourvil *(Georges de Lachaunaye)*, Francis Blanche *(Cucherat)*, Jean Poiret *(Raoul)*, Jean Tissier *(Bridoux)*. • SC : J.-P. Mocky, d'après le roman de Michel Servin. • PH : Léonce Henri Burel. • DÉC : Pierre Tyberghien. • MUS : Joseph Kosma. • MONT : Marguerite Renoir. France, 1963 – 1 h 22.

La famille Lachaunaye suit une tradition séculaire d'oisiveté. Mais les affaires vont mal et Georges, catholique pratiquant, demande un signe à son saint patron. Un bruit de pièces de monnaie tombant dans un tronc d'église lui répond. Il se met à piller les troncs, perfectionnant sa technique qui va du caramel mou à l'aspirateur. Mais la brigade des églises est sur sa trace...

◆ *Une des comédies les plus enlevées de Mocky, qui perpétue la tradition du cinéma populaire français et donne toute sa place à des seconds rôles et des silhouettes choisis pour leur capacité à amener un parfum d'étrangeté réaliste à des intrigues où l'insolite le dispute au boulevard.* *S.K.*

UNE AFFAIRE DE CŒUR
"LJUBAVNI SLUCAJ ILI TRAGEDIJA SLUŽBENICE PTT"
Comédie dramatique de **Dušan Makavejev**, avec Eva Ras, Slobodan Aligrudić, Ružica Sokić. Yougoslavie, 1967 – 1 h 18.

Après de nombreuses aventures, une jeune femme a enfin une liaison sérieuse. Mais elle trompe son amant lorsqu'il s'absente, et des conflits éclatent entre eux, jusqu'à la tragédie finale.

UNE AFFAIRE DE FEMMES
Drame de **Claude Chabrol**, avec Isabelle Huppert, François Cluzet, Marie Trintignant, Nils Tavernier. France, 1988 – Couleurs – 1 h 50.

Sous l'Occupation, une femme devient avorteuse pour améliorer son ordinaire. Elle sera guillotinée. La connivence entre Isabelle Huppert et l'auteur fait la force de ce film qui dénonce la tartufferie de l'ordre moral, sans que les griefs faits à l'héroïne soient pour autant négligés.

UNE AFFAIRE D'HOMMES
Film policier de **Nicolas Ribowski**, avec Claude Brasseur, Jean-Louis Trintignant, Jean Carmet. France, 1981 – Couleurs – 1 h 38.

Quatre femmes sont assassinées avec la même arme. Le commissaire Servolle en arrive à soupçonner l'un des amis avec lesquels il fait régulièrement du vélo. L'enquête les surprendra tous.

UNE ÂME PERDUE "SO EVIL MY LOVE"
Drame psychologique de **Lewis Allen**, d'après le roman de Joseph Shearing, avec Ray Milland, Ann Todd, Geraldine Fitzgerald, Moira Lister. Grande-Bretagne, 1948 – 1 h 49.

La veuve d'un missionnaire s'éprend, pour son malheur, d'un redoutable escroc.

UNE ANGLAISE ROMANTIQUE
"THE ROMANTIC ENGLISH WOMAN"
Drame psychologique de **Joseph Losey**, d'après la nouvelle de Thomas Wiseman, avec Glenda Jackson, Michael Caine, Helmut Berger, Michael Lonsdale. Grande-Bretagne, 1975 – Couleurs – 1 h 50.

Un gigolo s'incruste chez une femme mariée. Quand enfin il décide de partir, elle abandonne tout et le suit sur la Côte d'Azur. Très vite, la mésentente surgit entre eux. Avec la complicité du jeune amant, le mari vient chercher son épouse.

UNE ARME POUR UN LÂCHE
"GUN FOR A COWARD"
Film d'aventures d'**Abner Biberman**, avec Fred MacMurray, Jeffrey Hunter, Janice Rule. États-Unis, 1957 – Couleurs – 1 h 13.

Sur fond de western, conflit entre deux frères dont le plus jeune est considéré comme un lâche parce qu'il croit à la non-violence. Une étape dans l'histoire du western psychologique.

UNE AUBERGE À OSAKA "OSAKA NO YADO"
Comédie dramatique d'**Heinosuke Gosho**, avec Shuji Sano, Nobuko Otawa, Mitsuko Mito. Japon, 1954 – 2 h 02.

Un employé qui a pris une chambre dans une petite auberge reçoit les confidences des trois bonnes de la maison. À cause de difficultés financières, l'auberge va être transformée en maison de passe.

UNE AUSSI LONGUE ABSENCE
Drame psychologique d'**Henri Colpi**, avec Georges Wilson *(le clochard)*, Alida Valli *(Thérèse Langlois)*, Jacques Harden *(Pierre)*. • SC : Marguerite Duras, Gérard Jarlot. • PH : Marcel Weiss. • DÉC : Maurice Colasson. • MUS : Georges Delerue. • MONT : Jasmine Chasney. France, 1960 – 1 h 34. ★ **PRIX LOUIS-DELLUC 1960 ; PALME D'OR, Cannes 1961.**

Thérèse croit reconnaître dans un clochard du quartier son mari disparu en déportation pendant la guerre. Le clochard est amnésique, et Thérèse, persuadée d'avoir retrouvé son mari, s'efforce avec patience et délicatesse de faire renaître ses souvenirs.

◆ *Un fait divers authentique sert de point de départ à cette histoire tout en nuances. C'est un film un peu étrange, où, dans une atmosphère impressionniste, sans grands effets, les personnages, avec une difficulté obsédante, recherchent des traces de leur passé, l'éveil de la mémoire, des souvenirs perdus. Le thème est fréquent chez Marguerite Duras qui signe le scénario. (À la même époque, Resnais, dont Henri Colpi fut l'assistant, tourne* l'Année dernière à Marienbad). *B.B.*

UNE AUTRE FEMME "ANOTHER WOMAN"
Drame de **Woody Allen**, avec Gena Rowlands, Mia Farrow, Gene Hackman, Ian Holm. États-Unis, 1988 – Couleurs – 1 h 20.

Marion, professeur de philosophie, se retire dans un studio pour y écrire un nouveau livre. Par un conduit d'aération, elle entend la voix d'une jeune femme qui se confie à son psychanalyste. Cette voix réveille en elle des souvenirs et l'amène à se pencher sur sa propre vie. Sans doute le meilleur film de la veine « bergmanienne » de l'œuvre de Woody Allen.

UNE AVENTURE À NEW YORK
"MANHATTAN MADNESS"
Comédie d'**Allan Dwan**, avec Douglas Fairbanks *(Steve O'Dare / Black Burke)*, Jewell Carmen *(la fille du Country Club)*, Warner P. Richmond *(Jack Osborne)*, Ruth Darling, Eugene Ormonde, George André Beranger. • SC : E.V. Derling, Frank et Charles Dazey. États-Unis, 1916 – env. 1 500 m (56 mn).

Un groupe d'amis monte un scénario suprise pour mystifier un auteur dramatique à court d'inspiration. La vie quotidienne et l'imaginaire se mêlent dans une aventure qui mettra Douglas Fairbanks, dans un double rôle, aux prises avec une galerie de personnages insolites.

◆ *Il s'agit d'un des meilleurs films interprétés par Douglas Fairbanks pour la « Triangle », la compagnie animée par Griffith, Ince et Mack Sennett. Tourné en extérieurs à New York et Los Angeles, il combine avec humour la réalité prosaïque et la fiction, comme le feront plus tard – à leur manière – Buster Keaton dans Sherlock Junior et Woody Allen dans* la Rose pourpre du Caire. *En 1920, John Ford tournera un remake de ce film à succès, sous le titre* The Girl in Number 29. *C.B.*

UNE AVENTURE DE BILLY THE KID
Essai de **Luc Moullet**, avec Jean-Pierre Léaud. France, 1971 – Couleurs – 1 h 40.

Billy the Kid commet un forfait et s'enfuit avec son butin. Il rencontre une jeune femme qui désire le tuer mais finit par le sauver. Un film qui dénonce le mythe du héros.

UNE AVENTURE DE BUFFALO BILL
"THE PLAINSMAN"
Western de **Cecil B. De Mille**, avec Gary Cooper *(Wild Bill Hickock)*, Jean Arthur *(Calamity Jane)*, James Ellison *(Buffalo Bill)*. • SC : Waldemar Young, Harold Lamb, Lynn Riggs. • PH : Victor Milner, George Robinson. • DÉC : Hans Dreyer, Roland Anderson, A.E. Freudeman. • MUS : George Antheil, Boris Morros. • MONT : Anne Bauchens. États-Unis, 1936 – 1 h 55.

Les exploits de Buffalo Bill et de son ami Bill Hickcok, grands tueurs de bisons, grands chasseurs d'Indiens.

◆ *Mis à part les spectaculaires scènes d'action, les combats et les chevauchées typiques du genre, le film est moins un western qu'un film épique. C.A.*

UNE BALLE AU CŒUR
Film policier de **Jean-Daniel Pollet**, avec Sami Frey, Françoise Hardy. France, 1965 – 1 h 30.

Francesco de Montelepre a été dépouillé de son château par un gangster sans vergogne. Aidé par une chanteuse, il va se venger.

UNE BELLE FILLE COMME MOI
Comédie de **François Truffaut**, d'après le roman d'Henry Farrell *le Chant de la sirène*, avec Bernadette Lafont, Claude Brasseur, Charles Denner, Guy Marchand, André Dussollier, Philippe Léotard. France, 1972 – Couleurs – 1 h 40.

Un étudiant en sociologie interviewe une détenue, une « belle fille » qui n'avait qu'une idée, devenir chanteuse à succès, quitte à se débarrasser de tous les gêneurs. Un Truffaut inhabituel.

UNE BELLE JOURNÉE D'ÉTÉ / A BRIGHTER SUMMER DAY "GULINGJIE SHAHONIAN SHAREN SHIJIAN"
Drame d'**Edward Yang**, avec Zhang Zhen, Lisa Yang, Zhang Guzhu. Taïwan, 1991 – Couleurs – 3 h 05.

À partir d'une histoire d'affrontements de bandes de jeunes, apparaissent les traits et les tensions de la société taïwanaise des années 60. Une fresque documentée et sensible.

UNE BELLE TIGRESSE "ZEE AND CO."
Drame psychologique de **Brian G. Hutton**, avec Elizabeth Taylor, Michael Caine, Susannah York. Grande-Bretagne, 1971 – Couleurs – 1 h 50.

Robert et Zee forment un couple orageux, assez libéré, mais pourtant indissoluble, jusqu'au moment où Robert rencontre Stella, une jeune veuve. Zee la séduira.

UNE BIBLE ET UN FUSIL "ROOSTER COGBURN"
Western de **Stuart Millar**, avec John Wayne, Katharine Hepburn, Richard Jordan, Anthony Zerbe, John McIntire, Richard Romancito. États-Unis, 1975 – Couleurs – 1 h 45.

Révoqué, un shérif expéditif reprend du service pour lutter contre un bandit sanguinaire et ses acolytes.

UNE BRÈVE HISTOIRE DU TEMPS
"A BRIEF HISTORY OF TIME"
Document d'**Errol Morris**, d'après le livre de Stephen Hawking. Grande-Bretagne, 1992 – Couleurs – 1 h 18.

Une mise en images du destin singulier de Hawking et de ses théories scientifiques telles qu'elles sont exprimées dans son célèbre livre

UNE CADILLAC EN OR MASSIF
"THE SOLID GOLD CADILLAC"
Comédie de **Richard Quine**, avec Judy Holliday, Paul Douglas, Fred Clark. États-Unis, 1956 – 1 h 39.

Une jeune actrice naïve sème la perturbation dans le conseil d'administration d'une importante société. Satirique.

UNE CERTAINE FEMME "THAT CERTAIN WOMAN"
Mélodrame d'**Edmund Goulding**, avec Bette Davis, Henry Fonda, Ian Hunter, Anita Louise. États-Unis, 1937 – 1 h 33.

L'ex-femme d'un gangster décédé est aimée d'un fils de famille. Mais son futur beau-père fait tout pour détruire cette idylle.

▷ Remake d'un précédent film du réalisateur, THE TRESPASSER, avec Gloria Swanson. États-Unis, 1929 – env. 3 000 m (1 h 51).

UNE CERTAINE RENCONTRE
"LOVE WITH THE PROPER STRANGER"
Drame de **Robert Mulligan**, avec Steve McQueen, Natalie Wood, Tom Bosley. États-Unis, 1964 – 1 h 40.

Un musicien de jazz tente d'aider son amie à avorter. Mais écœuré par l'aspect sordide de l'affaire, il la cache pour la protéger de sa famille, puis lui propose de l'épouser.

UNE CHAMBRE AVEC VUE / CHAMBRE AVEC VUE "A ROOM WITH A VIEW"
Comédie dramatique de **James Ivory**, d'après le roman de E.M. Forster *Avec vue sur l'Arno*, avec Maggie Smith, Helena Bonham Carter, Denholm Elliott, Julian Sands, Daniel Day Lewis. Grande-Bretagne, 1985 – Couleurs – 1 h 56.

D'un échange de chambres sur l'Arno naissent de nombreux quiproquos et un grand amour, qui verra sa consécration l'année suivante en Angleterre, puis à Florence, retrouvée. L'univers sensible et intelligent de Forster.

UNE CHAMBRE EN VILLE
Comédie musicale de **Jacques Demy**, avec Dominique Sanda, Danielle Darrieux, Richard Berry, Michel Piccoli. France, 1982 – Couleurs – 1 h 30.

Sur fond de conflit social aux chantiers navals de Nantes, en 1955, la fille d'une baronne tombe amoureuse d'un ouvrier. Mais la passion conduit parfois à la mort. Entièrement chanté.

L'UNE CHANTE, L'AUTRE PAS
Chronique d'**Agnès Varda**, avec Thérèse Liotard, Valérie Mairesse, Ali Raffi, Robert Dadies. France, 1977 – Couleurs – 2 h.

Pauline et Suzanne vivent avec plus ou moins de difficulté le couple, la liberté, le féminisme, la maternité. Chaleureux.

UNE CORDE, UN COLT
Western de **Robert Hossein**, avec Robert Hossein, Michèle Mercier, Serge Marquand. France / Italie, 1969 – Couleurs – 1 h 30.

Un cow-boy solitaire part à la rescousse d'une jolie veuve dans une vendetta d'éleveurs de bétail.

UNE ÉPOQUE FORMIDABLE
Comédie dramatique de **Gérard Jugnot**, avec Gérard Jugnot, Richard Bohringer, Victoria Abril. France, 1991 – Couleurs – 1 h 30.

Un cadre commercial licencié plonge dans la marginalité. Les « nouveaux pauvres » version 91.

UNE ESPÈCE DE GARCE "THAT KIND OF WOMAN"
Comédie de **Sidney Lumet**, avec Sophia Loren, Tab Hunter, George Sanders, Barbara Nichols. États-Unis, 1959 – 1 h 32.

Une jeune femme finit par abandonner son riche protecteur pour un G.I. dont elle s'est éprise.

▷ Remake de SHOPWORN ANGEL, de **Richard Wallace**, d'après la pièce de Dana Burnet *Private Pettigrew's Girl*, avec Nancy Carroll, Gary Cooper, Paul Lukas. États-Unis, 1929 – env. 2 400 m (1 h 29).

▷ Autre version réalisée par **H.C. Potter**, intitulée SHOPWORN ANGEL, avec Margaret Sullavan, James Stewart, Walter Pidgeon. États-Unis, 1938 – 1 h 25.

L'UNE ET L'AUTRE
Drame de **René Allio**, avec Malka Ribovska, Philippe Noiret, Françoise Prévost. France, 1967 – Couleurs – 1 h 30.

Pour changer d'existence et rompre avec l'homme médiocre dont elle partage la vie depuis sept ans, une comédienne endosse l'identité de sa propre sœur pendant quelques jours.

UNE ÉTOILE AU SOLEIL
Comédie dramatique d'**André Zwobada**, avec Martine Fougère, Jean Davy, Julien Carette, Robert Dhéry. France, 1943 – 1 h 32.

Une chanteuse célèbre revient dans son village natal et se heurte à un rude hobereau local. Ils finiront par tomber amoureux l'un de l'autre.

UNE ÉTOILE EST NÉE "A STAR IS BORN"
Mélodrame de **William A. Wellman**, avec Janet Gaynor *(Esther Blodgett / Vicki Lester)*, Fredric March *(Norman Maine)*, Adolphe Menjou *(Oliver Niles)*, May Robson *(Lettie)*, Andy Devine *(Danny McGuire)*, Lionel Stander *(Matt Libby)*. • SC : W.A. Wellman, Dorothy Parker, Alan Campbell, Robert Carson. • PH : W. Howard Greene. • DÉC : Lyle Wheeler. • MUS : Max Steiner. • MONT : Hal C. Kern, James E. Newcom. États-Unis, 1937 – Couleurs – 1 h 51.

Esther Blodgett quitte sa ferme natale pour faire carrière à Hollywood. Un jeune premier déchu, Norman Maine, lui obtient un contrat aux Studios Niles. Esther triomphe dès son premier film, éclipsant sans peine son mentor. Elle épouse Norman, et conforte sa popularité, tandis que lui-même poursuit son tragique déclin et sombre dans l'alcoolisme. Lorsque la jeune actrice décide de se retirer pour sauver son mari, celui-ci se sacrifie pour elle.

◆ *Nourri de folklore hollywoodien (les comédiens John Gilbert, John Barrymore et John Bowers figurent parmi les modèles de Norman Maine),* Une étoile est née *se caractérise par un mélange de féerie romanesque, de satire et de pur mélodrame. L'aspect « conte de fées » occulte aisément l'âpreté occasionnelle du propos, et la symétrie des destins de Norman et Esther (une belle idée du producteur David O. Selznick) est quelque peu gâchée par le manque de charisme de Janet Gaynor.* O.E.

▷ Autre version réalisée par **Frank Pierson**, avec Barbra Streisand, Kris Kristofferson, Gary Busey. États-Unis, 1976 – Couleurs – 2 h 20.

UNE ÉTOILE EST NÉE "A STAR IS BORN"

Comédie dramatique de **George Cukor**, avec Judy Garland *(Esther Blodgett/Vicki Lester)*, James Mason *(Norman Maine)*, Jack Carson *(Matt Libby)*, Charles Bickford *(Oliver Niles)*, Tommy Noonan *(Danny McGuire)*, Lucy Marlow *(Lola Lavery)*. • SC : Moss Hart, d'après un précédent scénario de Dorothy Parker, Alan Campbell et Robert Carson. • PH : Sam Leavitt. • DÉC : Gene Allen, Malcolm Bert, George J. Hopkins. • MUS : Harold Arlen, Ira Gershwin. • MONT : Folmar Blangsted. • PR : Sid Luft (Transcona), Warner Bros. États-Unis, 1954 – Couleurs – 3 h 02 réduites à 2 h 20.

Un grand acteur, qui a sombré dans l'alcoolisme, tombe amoureux d'une traîne-misère. Il en fera une star, et il en mourra.

◆ Iconoclaste

Remake d'un film moyen de William Wellmann, Une étoile est née *constituait, avant tournage, le type même de projet dont Hollywood avait le secret : produire la critique souriante des effets, sans toucher à la cause, le coffre-fort, qu'on espérait au contraire remplir à cette occasion. On attendait donc de la chanteuse vedette et de l'agréable réalisateur de* What Price Hollywood ? *(1932), qui n'avait pas son égal pour additionner les scènes sagement sarcastiques, mais jamais désenchantées, une sorte de variation pygmalionnesque, et, au mieux, douce-amère, du mythe d'Orphée et Eurydice. Mais la conjonction du hasard et de l'expérience en décida différemment. Le visage d'une femme, ici Judy Garland, dont on pressent à tout instant, sous la fragilité, le volcan qui couve, et le talent d'un montreur d'ombres, qui ne s'embarrasse soudainement plus de limites, bouleversèrent le plan initial. De fait, descente aux enfers plutôt que montée au paradis,* Une étoile est née, *tournant le dos à la mythologie farceuse, braqua ses feux sur le combat, toujours perdu, de la vie contre la mort, d'Éros contre Thanatos. Fulgurante fut la réaction : coupé et recoupé, le film fut massacré. On dit même que les producteurs anéantirent une partie du négatif. En d'autres temps, on aurait brûlé Cukor, et ses malheureux interprètes, particulièrement James Mason qui bafoue avec allégresse les valeurs constitutives de Hollywood, jusqu'à la cérémonie des Oscars. Tel qu'il s'offre à nos regards éblouis,* Une étoile est née, *statue mutilée, conserve cependant tout son magnétisme iconoclaste, car les ciseaux du censeur ne peuvent rien contre les sursauts du cœur. Ni retrancher le sensible, ni corrompre l'affectif. À moins, mais le cinéma bouge à l'inverse de la photo, de « nettoyer » les plans eux-mêmes. Comme dit la chanson, et on ne cesse d'y songer tandis que James Mason quitte la maison, où il inventa Judy Garland, pour aller se noyer dans l'océan:* Somewhere There's A Someone. *Quelque part, il y a quelqu'un. Le film de Cukor, en pointant ce dogme, empêche l'industrie du cinéma de le dévorer. Certes, le spectacle continue, mais personne n'est dupe. Ni Cukor, qui ne s'en remettra jamais, ni Garland, qui sombrera bientôt dans la folie. Somme toute, quand on ne triche pas, on perd. Mince d'usine à rêves !* G.G.

UNE ÉTRANGE AFFAIRE

Drame psychologique de **Pierre Granier-Deferre**, d'après le roman de Jean-Marc Roberts *Affaires étrangères*, avec Michel Piccoli, Nathalie Baye, Gérard Lanvin, Jean-Pierre Kalfon. France, 1981 – Couleurs – 1 h 41.
★ PRIX LOUIS-DELLUC 1981.

Un jeune publicitaire s'attache plus que de raison au nouveau patron du grand magasin où il travaille.

UNE ÉTRANGE SOIRÉE "THE OLD DARK HOUSE"

Film d'épouvante de **James Whale**, d'après le roman de J.B. Priestley *Benighted*, avec Melvyn Douglas, Charles Laughton, Raymond Massey, Boris Karloff, Ernest Thesiger, Eva Moore. États-Unis, 1932 – 1 h 11.

En panne au bord de la route, des voyageurs se réfugient dans la maison d'une étrange famille. Commence alors un huis clos éprouvant. Horreur et humour font bon ménage.

UNE FEMME À SA FENÊTRE

Drame de **Pierre Granier-Deferre**, d'après le roman de Pierre Drieu La Rochelle, avec Romy Schneider, Philippe Noiret, Victor Lanoux, Umberto Orsini. France / Italie / R.F.A., 1976 – Couleurs – 1 h 50.

À Delphes, en 1936, une femme tombe amoureuse d'un militant communiste recherché. Elle en aura un enfant, qu'elle confiera à son mari et disparaîtra après l'arrivée des Allemands en Grèce.

UNE FEMME CHERCHE SON DESTIN
"NOW VOYAGER"
Drame d'**Irving Rapper**, avec Bette Davis, Paul Henried, Claude Rains. États-Unis, 1942 – 1 h 57.

Étouffée par sa mère, vieille avant l'âge, Charlotte est au bord de la dépression. Conseillée par son psychiatre, elle part en croisière, rencontre Jerry et connaît l'amour fou. Mais Jerry est marié... Une Bette Davis remarquable !

UNE FEMME COQUETTE
Court métrage de **Jean-Luc Godard**, d'après une nouvelle de Guy de Maupassant, avec Marie Lysandre, Roland Tolma. Suisse, 1955 – 10 mn.

Écrivant à une amie, une jeune femme lui raconte comment elle a trompé son mari en essayant de séduire le premier homme venu.

UNE FEMME D'AFFAIRES "ROLLOVER"
Drame d'**Alan J. Pakula**, avec Jane Fonda, Kris Kristofferson, Hume Cronyn. États-Unis, 1981 – Couleurs – 1 h 55.

Après l'assassinat de son mari, une femme devient directrice d'une puissante compagnie chimique américaine. Mais les Saoudiens la tiennent par de louches combines financières.

UNE FEMME DANGEREUSE "THEY DRIVE BY NIGHT"
Drame de **Raoul Walsh**, avec George Raft, Ann Sheridan, Ida Lupino, Humphrey Bogart. États-Unis, 1940 – 1 h 37.

Deux frères camionneurs s'opposent à des patrons malhonnêtes. Récit psychologico-policier mené avec vigueur.

UNE FEMME DE TÊTE "DESK SET"
Comédie de **Walter Lang**, avec Spencer Tracy, Katharine Hepburn, Joan Blondell, Gig Young. États-Unis, 1957 – Couleurs – 1 h 43.

La responsable d'un fichier d'une firme de télévision doit entrer en lutte contre un cerveau électronique qui risque de la remplacer et de l'envoyer au chômage.

UNE FEMME DIABOLIQUE "QUEEN BEE"
Drame psychologique de **Ranald McDougall**, avec Joan Crawford, Barry Sullivan, John Ireland. États-Unis, 1955 – 1 h 35.

Les manigances et les intrigues d'une femme jalouse et possessive.

UNE FEMME DISPARAÎT "THE LADY VANISHES"
Comédie policière d'**Alfred Hitchcock**, avec Margaret Lockwood *(Iris)*, Michael Redgrave *(Gilbert)*, Paul Lukas *(Dr Hartz)*, Dame May Whitty *(miss Froy)*, Naunton Wayne *(Caldicott)*, Basil Radford *(Charters)*. • SC : Sidney Gilliat, Frank Launder, d'après le roman d'Ethel Lina White *The Wheel Spins*. • PH : Jack Cox. • DÉC : Alec Vetchinsky, Maurice Cater, Albert Jullion. • MUS : Louis Levy. • MONT : Alfred Roome, R.E. Dearing. Grande-Bretagne, 1938 – 1 h 37.

Dans le train qui la ramène des Balkans, une jeune Anglaise, Iris, fait la connaissance d'une charmante vieille dame, miss Froy, qui disparaît bientôt. La plupart des voyageurs prétendent ne l'avoir jamais vue et le Dr Hartz, spécialiste du cerveau, tente de la persuader que miss Froy n'a jamais existé. Aidée de Gilbert, un musicien, Iris retrouve la vieille dame qui, avant de disparaître à nouveau, leur confie un message codé pour Scotland Yard...

◆ *Cet avant-dernier film anglais de Hitchcock se présente comme un résumé de sa période anglaise, traité sur le mode humoristique. L'auteur ne se prend visiblement pas au sérieux et joue aussi bien avec les maquettes, les invraisemblances, les allusions à l'actualité qu'avec le spectateur, auquel il offre une splendide démonstration de virtuosité et un spectacle hautement réjouissant.* *J.M.*

▷ Autre version réalisée par **Anthony Page**, avec Cybill Shepherd, Elliott Gould, Angela Lansbury, Herbert Lom, Arthur Lowe. Grande-Bretagne, 1979 – Couleurs – 1 h 37.

UNE FEMME DOUCE
Drame de **Robert Bresson**, avec Dominique Sanda *(la femme)*, Guy Frangin *(l'homme)*, Jane Lobre *(la bonne)*, Dorothée Blank, Claude Ollier. • SC : R. Bresson, d'après la nouvelle de Dostoïevski. • PH : Ghislain Cloquet. • MUS : Purcell, Jean Wiener. • MONT : Raymond Lamy. France, 1969 – Couleurs – 1 h 28.

Près du cadavre de sa femme, un homme, sous le regard réprobateur d'une vieille servante, revit leur passé. Jeune fille pauvre, elle venait souvent dans sa boutique de prêteur sur gages. Il a voulu l'épouser, mais très vite, blessée par sa froideur et sa jalousie morbide, elle s'est enfermée dans le silence. Elle a même eu l'intention de le tuer, avant de se jeter par la fenêtre.

◆ *C'est à la fois une méditation sur le couple moderne, sur la solitude et sur la difficulté de communication. Contrairement au héros de Dostoïevski qui en arrivait à mettre en cause sa propre culpabilité, celui de Bresson en vient à interroger celle de sa femme. L'incertitude ronge l'apparence satisfaite de l'homme, ce que rend admirablement la construction qui oppose sans arrêt passé et présent, vie et mort, mouvement et immobilité, parole et silence, dans une totale économie de moyens qui donne au moindre détail une force insoupçonnable.* *J.M.*

UNE FEMME EN AFRIQUE (EMPTY QUARTER)
Chronique de **Raymond Depardon**, avec Françoise Prenant. Texte de François Weyergans. France, 1985 – Couleurs – 1 h 25.

Dans un hôtel de Djibouti, un reporter attend une lettre. Une femme aussi. Voyage à deux mi-réel, mi-imaginaire à travers l'Afrique.

UNE FEMME EN ENFER "I'LL CRY TOMORROW"
Biographie de **Daniel Mann**, avec Susan Hayward, Richard Conte, Eddie Albert, Jo Van Fleet, Ray Danton. États-Unis, 1955 – 1 h 57.

La vie de Lillian Roth, vedette de Broadway et de Hollywood, qui sombra dans l'alcool puis suivit une cure de désintoxication.

UNE FEMME EN PÉRIL
"THE HOUSE ON CARROLL STREET"
Film policier de **Peter Yates**, avec Kelly McGillis, Jeff Daniels, Mandy Patinkin. États-Unis, 1987 – Couleurs – 1 h 40.

Aidée d'un agent du F.B.I., une jeune militante pacifiste s'emploie à révéler la filière d'accueil d'anciens nazis dont elle a par hasard découvert l'existence. Un efficace et captivant thriller.

UNE FEMME EST UNE FEMME
Comédie de **Jean-Luc Godard**, avec Anna Karina, Jean-Paul Belmondo, Jean-Claude Brialy. France, 1960 – Couleurs – 1 h 20.

Une petite strip-teaseuse vit avec un coureur cycliste qui refuse de lui faire un enfant jusqu'au jour où elle s'adresse à un ami...

UNE FEMME EXTRAORDINAIRE
"LUCY GALLANT"
Comédie de **Robert Parrish**, avec Jane Wyman, Charlton Heston, Claire Trevor, Thelma Ritter. États-Unis, 1955 – Couleurs – 1 h 44.

Grâce à son énergie, une jeune Américaine implante dans une petite ville du Texas un luxueux magasin de mode.

UNE FEMME FATALE
Drame de **Jacques Doniol-Valcroze**, d'après le roman de David Beaty, avec Anicée Alvina, Heinz Bennent, Jacques Weber. France, 1977 – Couleurs – 1 h 45.

Moritz dirige les travaux sur un avion expérimental dont Philippe est le pilote. Philippe et Anne deviennent amants sans savoir que Moritz a provoqué leur rencontre pour mettre sa femme à l'épreuve.

UNE FEMME FIDÈLE
Drame de **Roger Vadim**, avec Sylvia Kristel, Jon Finch, Nathalie Delon, Gisèle Casadesus, Marie Lebée, Anne-Marie Descott. France, 1976 – Couleurs – 1 h 33.

Le fringant Charles veut conquérir Mathilde, avec la complicité de son amie Flora. Mais Charles tombera amoureux de Mathilde et Flora, furieuse, provoquera la rupture des amants.

UNE FEMME FRANÇAISE
Comédie dramatique de **Régis Wargnier**, avec Emmanuelle Béart, Daniel Auteuil, Gabriel Barilly, Jean-Claude Brialy. France / Angleterre / Allemagne, 1995 – Couleurs – 1 h 40.

Jeanne aime ses enfants et son mari, Louis, mais elle a une sensualité exigeante et un tempérament volage. Comme Louis, officier, est souvent absent (prisonnier en 40, puis l'Indochine, l'Algérie), elle connaît de multiples aventures. L'un de ses amants, Mathias, réussira presque à lui faire quitter son mari, mais il finira par se lasser, la laissant meurtrie à jamais. Ce portrait d'une femme infidèle et pathétique ne comporte pas de jugement, et pour cause : il est inspiré par la vie de la mère du réalisateur !

UNE FEMME ITALIENNE "OGGETTI SMARRITI"
Drame de **Giuseppe Bertolucci**, avec Mariangela Melato, Bruno Ganz, Renato Salvatori. Italie, 1979 – Couleurs – 1 h 35.

Une femme mariée rencontre dans une gare un ami d'enfance. Elle va passer la nuit avec lui. Au matin, il se jette sous un train. Un film noir sur la quête d'identité dans une société uniformisée.

UNE FEMME LIBRE "AN UNMARRIED WOMAN"
Drame de **Paul Mazursky**, avec Jill Clayburgh *(Erica Benton)*, Michael Murphy *(Martin Benton)*, Alan Bates *(Saul Kaplan)*, Cliff Gorman *(Charlie)*, Kelly Bishop *(Elaine)*, Pat Quinn *(Sue)*. • SC : P. Mazursky. • PH : Arthur J. Ornitz. • DÉC : Pato Guzman. • MUS : Bill Conti. • MONT : Stuart H. Pappe. États-Unis, 1977 – Couleurs – 2 h 05.

À New York, Erica vit le grand amour avec son mari. Elle s'occupe de galeries de peinture, et pense être très heureuse jusqu'au jour où son mari lui annonce qu'il a recontré une femme plus jeune qu'elle... Après beaucoup de larmes et de rencontres sans lendemain, elle fait la connaissance d'un grand peintre, Saul Kaplan, qui lui renvoie une image positive d'elle-même. Son mari veut lui revenir ; le peintre souhaite qu'elle quitte New York avec lui. Mais elle partira seule, avec un tableau de Saul.

◆ *L'Amérique découvre Jill Clayburgh avec ce film, et elle est nommée aux Oscars (le film l'est aussi). Paul Mazursky joue ici la carte féministe de l'époque et donne à son actrice un grand rôle, tout en caricaturant les personnages masculins. Moins important que John Cassavetes, qui se situe lui aussi entre les Indépendants et Hollywood, il a œuvré pour que le cinéma offre aux femmes des rôles dignes de leur art.* S.S.

UNE FEMME MARIÉE

Drame de **Jean-Luc Godard**, avec Macha Méril, Philippe Leroy, Bernard Noël, Roger Leenhardt. France, 1964 – 1 h 35.

Charlotte occupe les heures laissées libres par son mari, pilote de ligne, avec son amant, comédien sur le point de partir en tournée. Avec l'un et l'autre, elle retrouve les mêmes attitudes.

UNE FEMME MARQUÉE "TOO MUCH, TOO SOON"

Biographie d'**Art Napoleon**, d'après le récit autobiographique de Diana Barrymore, avec Dorothy Malone, Errol Flynn, Efrem Zimbalist Jr., Ray Danton. États-Unis, 1958 – 2 h 01.

La vie de la fille du célèbre acteur John Barrymore (incarné par Errol Flynn), qui sombra dans l'alcoolisme et la déchéance comme son père.

UNE FEMME OU DEUX

Comédie de **Daniel Vigne**, avec Gérard Depardieu, Sigourney Weaver, Zabou. France, 1985 – Couleurs – 1 h 37.

Julien, paléontologue, découvre le squelette de la plus vieille femme du monde et les charmes d'une publiciste américaine.

UNE FEMME POUR MON FILS

Comédie dramatique d'**Ali Ghanem**, avec Isma, Ratissa Lallaoui. Algérie, 1982 – Couleurs – 1 h 35.

Conformément à la tradition, une jeune Algéroise est offerte en mariage à un garçon inconnu qui vit en France. Après les festivités, les époux se séparent et la jeune femme accouchera seule.

UNE FEMME QUI S'AFFICHE

"IT SHOULD HAPPEN TO YOU"

Comédie de **George Cukor**, avec Judy Holliday *(Gladys Glover)*, Peter Lawford *(Evan Adams III)*, Jack Lemon *(Pete Sheppard)*. • SC : Garson Kanin. • PH : Charles Lang. • DÉC : John Meehan, William Kiernan. • MUS : Frederick Hollander. • MONT : Charles Nelson. États-Unis, 1954 – 1 h 27.

Gladys Glover, mannequin sans emploi, dépense ses dernières économies pour louer un panneau publicitaire à Columbus Circle, où elle fait écrire son nom en lettres gigantesques. Elle se heurte à Evan Adams, roi du savon, qui convoite cet emplacement. Gladys devient rapidement une célébrité grâce à cette publicité mais comprend que ce n'est pas la voie du bonheur. Elle se réconcilie avec son voisin de palier jaloux, Pete, et l'épouse.

◆ *Dans cette comédie brillante portée par la vitalité de Judy Holliday, Cukor se livre à une critique féroce de la publicité : Gladys ne vend rien d'autre que son nom, ce qui suffit à la rendre célèbre. Mais cette satire est tempérée agréablement par la fine analyse psychologique d'une jeune femme américaine, puritaine, sentimentale et instinctive. Le film évolue entre le constat réaliste ironique et une fantaisie débridée, avec, face à Judy Holliday, un excellent Jack Lemon en Américain pragmatique.* J.M.

UNE FEMME SOUS INFLUENCE

"A WOMAN UNDER THE INFLUENCE"

Drame de **John Cassavetes**, avec Gena Rowlands *(Mabel Longhetti)*, Peter Falk *(Nick Longhetti)*, Matthew Cassel *(Tony Longhetti)*, Matthew Laborteaux *(Angelo Longhetti)*, Christina Grisanti *(Maria Longhetti)*, Katharine Cassavetes *(Mama Longhetti)*, Lady Rowlands *(Martha Mortensen)*. • SC : J. Cassavetes. • PH : Mitch Breit. • DÉC : Phedon Papamichael. • MUS : Bo Harwood. • MONT : Elizabeth Bergeron, David Armstrong, Sheila Viseltear, Tom Cornwell. • PR : Sam Shaw (Faces International). États-Unis, 1975 – Couleurs – 2 h 26 (originellement 2 h 35).

★ **PRIX DU JURY et PRIX D'INTERPRÉTATION FÉMININE (Gena Rowlands), San Sebastian 1975.**

Nick est contremaître de travaux publics. Mabel, son épouse, ne vit que pour lui et leurs enfants. Elle est « originale, mais pas folle », selon Nick. Mais à la suite des comportements « bizarres » ou provocants de Mabel devant les collègues de Nick, puis à une fête d'enfants, Nick devient violent. Influencé par sa mère, il fait interner Mabel. Six mois plus tard, elle revient. Changée ? Pas tant que cela. Une petite réception tourne mal. Ce soir-là, après une nouvelle crise, Mabel et Nick débarrassent ensemble la table du dîner.

◆ Le spectacle de la déraison

Comme presque tous les films de Cassavetes, Une femme sous influence *fut tourné dans des conditions très particulières. Financé par le réalisateur lui-même et ses proches, tourné de façon épisodique en fonction de l'argent et des disponibilités de chacun, le film, en regard de son budget réduit, remporta un succès commer-*

*cial inattendu. Pour la première fois, Cassavetes situa l'action du film dans un milieu ouvrier, plutôt que de marginaux, d'artistes ou de cadres moyens, ce qui ancra le drame dans un contexte quotidien, peut-être plus accessible que ses films précédents. « Presque tout le monde a été marié ou amoureux. Dans un sujet de ce genre, on part donc avec un acquis important chez le spectateur », confie Cassavetes. « Je crois fermement que toute femme qui aime son mari et qui est mariée depuis un certain temps ne sait pas où investir ses émotions, et que cela peut conduire à la folie. » Personnages jumeaux de Mabel (également incarnés par la fabuleuse Gena Rowlands), l'actrice d'*Opening Night *(1978) et la divorcée excentrique de *Love Streams *(1984) trouveront des exutoires à leurs bouffées schizoïdes, la première sur les planches d'un théâtre, la seconde dans l'affichage de son indépendance. Ces solutions de privilégiées sont refusées à Mabel, en partie à cause du milieu où elle vit : elle sera donc la seule héroïne de Cassavetes à se laisser enfermer. Cassavetes ne juge pas, ne cherche pas à justifier ou analyser les comportements de ses personnages, pas plus Mabel, d'ailleurs, que ceux qui la « subissent ». Face à l'incommunicabilité, il invite le public à capter des signaux de détresse qu'aucun personnage ne sait déchiffrer. Seule la caméra semble douée de ce pouvoir : Mabel fait de son malheur une sorte de représentation permanente, débridée et imprévisible, que personne ne comprend, et qui dérange la bienséance jusqu'à devenir insupportable. Utilisant des objectifs à longue focale pour que la caméra « se fasse oublier » et que les acteurs se meuvent naturellement dans le cadre, Cassavetes renforce l'impression de voyeurisme du spectateur. Mais il ne culpabilise jamais celui-ci, car ses personnages sont faits pour être vus, comme si leur salut en dépendait. À leur image, la mise en scène se « livre » sans afféterie, avec un sens aiguisé du spectacle, non comme mensonge, mais comme révélation.* *N.T.B.*

UNE FEMME SURVINT "FLESH"

Mélodrame de **John Ford**, avec Wallace Beery, Ricardo Cortez, Karen Morley, John Miljan, Jean Hersholt, Herman Bing. États-Unis, 1932 – 1 h 35.

Aux États-Unis, un lutteur allemand s'amourache d'une pauvre fille. Il y perdra son honneur et se fera exploiter par des truands.

UNE FEMME, UN JOUR

Drame de **Léonard Keigel**, avec Caroline Cellier, Mélanie Brevan, Henri Garcin. France, 1977 – Couleurs – 1 h 30.

Caroline, déboussolée par son divorce, est prise en charge par son amie Nicky, mais cette amitié la met mal à l'aise.

UNE FILLE A PARLÉ / GÉNÉRATION
"POKOLENIE"

Drame d'**Andrzej Wajda**, avec Tadeusz Łomnicki *(Stach)*, Urszula Modrzýnska *(Dorota)*, Tadeusz Janczar *(Jasio)*, Riszard Kotas *(Jacek)*, Roman Polański *(Mundek)*, Zbigniew Cybulski *(Kostek)*. • SC : Bohdan Czerszko, d'après son roman. • PH : Jerzy Lipman. • DÉC : Roman Mann. • MUS : Andrzej Markowski. • MONT : Czesław Raniszewski. Pologne, 1954 – 1 h 28.

Blessé par les gardes allemands alors qu'il vole du charbon dans un train de marchandises, Stach est recueilli par un vieil ouvrier qui lui procure du travail dans une menuiserie. Une jeune résistante, Dorota, ayant incité les travailleurs à lutter contre l'occupant, Stach entre dans son organisation et devient son amant. Dorota est arrêtée et exécutée. Stach continue la lutte.

◆ *Dans son premier long métrage, Wajda traite un thème patriotique mais il en nuance le contenu politique en montrant que c'est par amour que Stach s'engage dans la lutte : cela lui valut des problèmes de censure, son héros ayant été jugé fort peu « positif » à une époque où le « réalisme socialiste » stalinien était de règle. C'est sa propre génération que Wajda, lui-même combattant de la Résistance, met en scène avec autant de lucidité que de ferveur.* *M.MN.*

UNE FILLE COUSUE DE FIL BLANC

Drame de **Michel Lang**, d'après le roman de Claire Gallois, avec France Dougnac, Serge Reggiani, Aude Landry. France, 1977 – Couleurs – 1 h 45.

La jeune Béatrice reconstitue la vie sentimentale de sa sœur Claire, morte dans un accident une semaine avant son mariage.

UNE FILLE DANS CHAQUE PORT / POINGS DE FER, CŒUR D'OR "A GIRL IN EVERY PORT"

Drame de **Howard Hawks**, avec Victor McLaglen *(Spike)*, Robert Armstrong *(Bill)*, Louise Brooks *(Godiva)*, Myrna Loy, Maria Cassajuana. • SC : Seton I. Miller, Reginald Morris, Sidney Lanford, H. Hawks, James K. McGuiness. • PH : L. William O'Connell, Rudolph J. Berquist. • DÉC : Williams S. Darling, Leo E. Kuter. • MONT : Ralph Dixon. États-Unis, 1928 – 1 730 m (env. 1 h 04).

Dans les ports du monde entier, le marin Spike découvre que ses petites amies ont toutes été séduites par Bill, qui les a marquées de son tatouage. Après une bagarre, ils deviennent amis et Spike lui présente Godiva, dont il est amoureux. Spike découvre bientôt le fameux tatouage au bras de Godiva, en fait ancienne maîtresse de Bill, et veut le tuer. Mais ils se réconcilient après la bagarre.

◆ *Ce classique muet du film de marins est marqué par l'apparition de Louise Brooks, qui fait songer au titre français d'un autre film de Hawks,* Sa Majesté la femme. *Ce n'est pas autre chose qu'un traité du sexe selon Hawks. Spike, qui se réalise dans l'action, est inhibé par la femme qu'il idéalise : il sera toujours perdant, dans la rivalité amoureuse, devant Bill, qui ne s'embarrasse pas de sentiments.* *J.M.*

UNE FILLE DE LA PROVINCE "THE COUNTRY GIRL"
Drame psychologique de **George Seaton**, d'après la pièce de Clifford Odets, avec Bing Crosby, Grace Kelly, William Holden. États-Unis, 1954 – 1 h 44.

Un comédien déchu, son émouvante épouse et l'ami metteur en scène traversent de dramatiques moments. Oscar pour Grace Kelly qui évolue dans les coulisses d'un théâtre.

UNE FILLE ET DES FUSILS
Comédie dramatique de **Claude Lelouch**, avec Janine Magnan, Jean-Pierre Kalfon, Amidou. France, 1965 – 1 h 46.

Lassés de mener une existence obscure, quatre ouvriers décident de devenir gangsters. Ils prennent des « cours » puis se lancent dans l'action. Ce qui n'était qu'un canular tourne au drame.

UNE FILLE NOMMÉE LOLLY MADONNA
"LOLLY MADONNA XXX"
Drame de **Richard C. Sarafian**, d'après le roman de Sue Grafton, avec Rod Steiger, Katherine Squire, Scott Wilson, Timothy Scott, Ed Lauter, Randy Quaid, Robert Ryan, Jeff Bridges. États-Unis, 1973 – Couleurs – 1 h 43.

Par suite d'un conflit avec les voisins, une famille de fermiers se trouve amenée à séquestrer une jeune femme. La petite guerre s'aggrave et les deux familles en viennent à s'exterminer.

UNE FILLE POUR GRÉGORY "GREGORY'S GIRL"
Comédie de **Bill Forsyth**, avec Gordon John Sinclair, Dee Hepburn. Grande-Bretagne, 1980 – Couleurs – 1 h 31.

Un adolescent écossais n'a d'yeux que pour la vedette de son équipe de foot : une jeune fille. Humour et sensibilité.

UNE FILLE... POUR LE DIABLE
"TO THE DEVIL... A DAUGHTER"
Film fantastique de **Peter Sykes**, avec Richard Widmark, Christopher Lee, Nastassja Kinski. Grande-Bretagne, 1976 – Couleurs – 1 h 35.

La jeune et innocente Catherine a été choisie pour devenir la papesse d'une secte démoniaque. Un écrivain cherche à la sauver.

UNE FILLE POUR L'ÉTÉ "UNA RAGAZZA PER L'ESTATE"
Comédie dramatique d'**Édouard Molinaro**, d'après le roman de Maurice Clavel, avec Pascale Petit, Micheline Presle, Michel Auclair, Georges Poujouly, Claire Maurier. France / Italie, 1960 – Couleurs – 1 h 20.

Las de sa maîtresse, un peintre est invité par une riche amie dans sa villa de Saint-Tropez et passe d'agréables vacances avec une jeune Parisienne de rencontre. Lorsqu'elle disparaît en mer accidentellement, il réalise à quel point il l'aimait.

UNE FILLE UNIQUE
Drame de **Philippe Nahoun**, avec Sophie Chemineau, Bruno La Brasca, Philippe Nahoun, Josiane Balasko, Serge Maggiani, Adée Salicetti. France, 1976 – 1 h 52.

Le Front populaire vu de Sermizelles, dans l'Yonne : la relation entre une jeune comédienne et un militant communiste se dégrade, jusqu'au suicide du jeune homme.

UNE FINE MOUCHE "LIBELED LADY"
Comédie de **Jack Conway**, avec Jean Harlow, Myrna Loy, Spencer Tracy, William Powell, Walter Connolly, Charley Grapewin. États-Unis, 1936 – 1 h 38.

Maltraitée dans un article, une héritière poursuit un journal en justice. Le rédacteur en chef loue les services d'un ami pour la compromettre. Le tout finira par un mariage.

UNE FLAMME DANS MON CŒUR
Drame psychologique d'**Alain Tanner**, avec Myriam Mézières, Azize Kabouche, Benoît Régent. France / Suisse, 1986 – 1 h 50.

Une comédienne rompt avec un jeune homme violent. Elle rencontre alors un journaliste avec qui elle vit une passion intense mais elle sombre dans la dépression lorsqu'il part en voyage.

UNE FOIS AVANT DE MOURIR
"ONCE BEFORE I DIE"
Film de guerre de **John Derek**, avec Ursula Andress, John Derek, Richard Jaeckel. États-Unis, 1966 – Couleurs – 1 h 37.

Aux Philippines, après Pearl Harbor, la destruction d'un détachement américain par l'armée japonaise. Dans ce contexte terrible, la petite amie d'un officier se donne à un soldat qui va mourir.

UNE GLACE AVEC DEUX BOULES
Comédie de **Christian Lara**, avec Valérie Dumas, Désirée Nosbusch, Daniel Sarky. France, 1981 – Couleurs – 1 h 30.

Après 17 ans de mariage, un employé de préfecture quitte sa femme et ses deux filles pour une jolie secrétaire. Les deux filles décident d'inverser le cours des choses.

UNE GOUTTE D'AMOUR "Bir yudum sevgi"
Drame psychologique d'**Atif Yilmaz**, avec Kadir Inanir, Hale Soygazi, Macit Koper. Turquie, 1984 – Couleurs – 1 h 35.

Un jeune couple mal marié, venu s'installer en ville, se trouve confronté à des difficultés de toutes sortes. Bravant la tradition, la jeune femme décide de prendre sa vie en main.

UNE GRANDE FAMILLE "Bol'šaja sem'ja"
Comédie dramatique de **Iossif Kheifits**, d'après un roman de V. Kotchetov, avec Serguei Loukianov, Boris Andreïev, Alexis Batalov. U.R.S.S. (Russie), 1954 – 1 h 48.

La vie quotidienne des travailleurs soviétiques vue à travers celle d'une famille d'ouvriers d'une usine de construction navale.

UNE HEURE PRÈS DE TOI "One Hour with You"
Comédie dramatique d'**Ernst Lubitsch** et **George Cukor**, d'après la pièce de Lothar Schmidt *Only a Dream*, avec Maurice Chevalier, Jeanette MacDonald, Geneviève Tobin, Roland Young, Charlie Ruggles. États-Unis, 1932 – 1 h 20.

Un couple vit un bonheur idyllique, jusqu'à ce que surgisse une amie de l'épouse, dont le mariage est un échec. Celle-ci déploie tout son art pour conquérir le mari. Remake de COMÉDIENNES (Voir ce titre).

UNE HISTOIRE D'AMOUR
Drame de **Guy Lefranc**, avec Louis Jouvet, Dany Robin, Daniel Gélin, Marcel Herrand. France, 1951 – 1 h 35.

Un inspecteur enquête sur le suicide inexplicable de deux jeunes gens. Jouvet reprend un personnage voisin de celui qu'il interprétait dans *Quai des Orfèvres*.

UNE HISTOIRE D'EAU
Court métrage de **Jean-Luc Godard** et **François Truffaut**, avec Jean-Claude Brialy, Caroline Dim. France, 1958 – 18 mn.

Un jeune couple perdu en voiture au milieu de la campagne inondée cherche désespérément une issue tandis que l'eau monte irrésistiblement.

UNE HISTOIRE DE CHINE "Satan Never Sleeps"
Film d'aventures de **Leo McCarey**, avec William Holden, Clifton Webb, France Nuyen, Weaver Lee. États-Unis / Grande-Bretagne, 1962 – Couleurs – 2 h 06.

En 1949, en Chine, un jeune prêtre occidental, responsable d'une mission, s'oppose à l'Armée rouge, et réussit à détourner un Chinois du communisme au profit de la vie de famille.

UNE HISTOIRE DE VENT
Essai de **Joris Ivens** et **Marceline Loridan**, avec Joris Ivens, Liu Guillian, Liu Zhuang. France, 1989 – Couleurs – 1 h 20.

Un très vieil homme a décidé de se rendre en Chine afin de filmer l'infilmable : le vent, et d'en découvrir les secrets. Un poème cinématographique.

UNE HISTOIRE IMMORTELLE
"An Immortal Story"
Film d'aventures d'**Orson Welles**, d'après la nouvelle de Karen Blixen *l'Éternelle Histoire*, avec Orson Welles, Jeanne Moreau, Roger Coggio, Norman Ashley. Grande-Bretagne / France, 1976 (ré : 1967) – Couleurs – 1 h 10.

À Macao, on se raconte l'histoire du jeune marin qui s'est vu demander par un vieillard de faire un enfant à sa jeune femme. Obsédé par ce conte, un riche Américain veut le faire revivre.

UNE HISTOIRE SIMPLE
Comédie dramatique de **Claude Sautet**, avec Romy Schneider, Claude Brasseur, Bruno Crémer, Madeleine Robinson. France, 1978 – Couleurs – 1 h 47.

Marie, Serge, Anna, Georges, Gabrielle, Jérôme... Amis, amants, retrouvailles, séparations, drames, bonheurs : la vie, quoi !

UNE IDYLLE AUX CHAMPS "Sunnyside"
Film burlesque de **Charlie Chaplin**, avec Charlie Chaplin, Edna Purviance, Tom Wilson, Albert Austin, Henry Bergman. États-Unis, 1919 – 890 m (env. 33 mn).

L'homme à tout faire d'un petit hôtel de campagne, timide et solitaire, rêve d'un cœur tendre à conquérir (Voir CHARLOT).

UNE ÎLE AU SOLEIL "Island in the Sun"
Comédie dramatique de **Robert Rossen**, d'après le roman d'Alec Waugh, avec James Mason, Joan Fontaine, Dorothy Dandridge, Joan Collins, Harry Belafonte, Stephen Boyd. États-Unis, 1957 – Couleurs – 2 h.

Scandale dans une petite île de la mer des Caraïbes à la suite d'un meurtre et de plusieurs liaisons entre Blancs et Noirs. Un film courageux pour l'époque.

UNE INCROYABLE HISTOIRE "The Window"
Drame de **Ted Tetzlaff**, d'après une nouvelle de Cornell Woolrich, avec Barbara Hale, Bobby Driscoll, Arthur Kennedy, Paul Stewart, Ruth Roman. États-Unis, 1949 – 1 h 13.

Témoin d'un crime, un enfant est poursuivi par les assassins. Mais, parce qu'il raconte trop souvent des histoires semblables, personne ne le prend au sérieux... Atmosphère d'angoisse.

UNE INFINIE TENDRESSE
Drame psychologique de **Pierre Jallaud**, avec José Guerra, Jean Christophe, Jeanne Lenox. France, 1968 – 1 h 33.

Simon connaît la triste vie des enfants handicapés lorsque arrive Emmanuel, un autre handicapé. Les deux enfants se lient d'amitié.

UNE JEUNESSE
Drame de **Moshé Misrahi**, d'après le roman de Patrick Modiano, avec Ariane Lartéguy, Patrick Norbert, Jacques Dutronc, Charles Aznavour, Michael Lonsdale, Henri Tisot. France, 1983 – Couleurs – 1 h 40.

Le souvenir de son trouble passé reflue à la mémoire d'un jeune couple.

UNE JOURNÉE BIEN REMPLIE
Comédie de **Jean-Louis Trintignant**, avec Jacques Dufilho, Luce Marquand, André Falcon. France, 1972 – Couleurs – 1 h 35.

En compagnie de sa mère installée dans le side-car de sa moto, un boulanger parcourt la campagne et commet neuf meurtres en une journée afin d'assouvir une vengeance.

UNE JOURNÉE PARTICULIÈRE
"UNA GIORNATA PARTICOLARE"
Drame d'**Ettore Scola**, avec Sophia Loren *(Antionetta)*, Marcello Mastroianni *(Gabriele)*, John Vernon *(Emmanuele)*, Françoise Berd *(la concierge)*. • SC : Ruggero Maccari, E. Scola, Maurizio Costanzo. • PH : Pasqualino De Santis. • DÉC : Luciano Ricceri. • MUS : Armando Trovajoli. • MONT : Raimondo Crociani. Italie, 1977 – Couleurs – 1 h 45.

Nous sommes le 8 mai 1938, Hitler est venu à Rome rencontrer Mussolini. Dans un immeuble de la ville, une femme, Antonietta, est restée à la maison : victime consentante d'un mari et de six enfants consacrés au Duce, elle écoute la radio. Un incident lui fait rencontrer un autre exclu de la fête : son voisin d'en face, Gabriele, homosexuel, antifasciste. Attirance, répulsion, amour pour finir, dans l'émotion de la maladresse mutuelle. Mais Gabriele est arrêté et déporté, et Antonietta, doit rejoindre la brutalité triviale et satisfaite du mari dans le lit conjugal.

◆ *Bouleversant de tension et d'émotion, ce film nous fait partager l'intensité palpitante de la découverte mutuelle de ces deux marginaux : pour la société fasciste, la femme n'est qu'un ventre, l'homosexuel un non-être à retrancher du corps social. On sait que la désespérance est au bout de la brève rencontre : celle-ci n'en est que plus poignante. Elle transfigure littéralement les protagonistes.* D.C.

UNE LARME DANS L'OCÉAN
Drame d'**Henri Glaeser**, avec Alexandre Stere, Dominique Rollin, Henri Glaeser, Armand Abplanalp. France, 1971 – Couleurs – 1 h 26.

Rubin, Juif autrichien, se rend en Pologne pour convaincre ses coreligionnaires de fuir la répression nazie et de prendre les armes. Derrière l'anecdote, une sorte de reportage sur les raisons qui poussèrent certains Juifs à choisir la passivité.

UN ÉLÉPHANT ÇA TROMPE ÉNORMÉMENT
Comédie d'**Yves Robert**, avec Jean Rochefort, Claude Brasseur, Guy Bedos, Victor Lanoux, Danièle Delorme, Anny Duperey, Martine Sarcey, Marthe Villalonga. France, 1976 – Couleurs – 1 h 45.

Sans vouloir vraiment être infidèle à son épouse, Étienne poursuit de ses assiduités une jolie brune rencontrée dans un parking. Ses trois bons copains se dévouent pour lui faciliter les choses.

▷ Voir aussi NOUS IRONS TOUS AU PARADIS et LA FILLE EN ROUGE.

UNE LUEUR DANS LA NUIT "SHINING THROUGH"
Film d'aventures de **David Seltzer**, avec Melanie Griffith, Michael Douglas, Liam Neeson. États-Unis, 1992 – Couleurs – 2 h 08.

Par amour, une jeune new-yorkaise part pour une mission secrète en Allemagne nazie. Suspense et humour.

UNE MANCHE ET LA BELLE
Drame d'**Henri Verneuil**, d'après le roman de James Hadley Chase, avec Henri Vidal, Mylène Demongeot, Isa Miranda. France, 1957 – 1 h 38.

La secrétaire d'une riche héritière pousse son amant, modeste employé de banque, à assassiner sa patronne pour s'approprier sa fortune. Suspense et érotisme.

UNE MESSE POUR DRACULA
"TASTE THE BLOOD OF DRACULA"
Film fantastique de **Peter Sasdy**, avec Christopher Lee, Geoffroy Keen, Gwen Watford. Grande-Bretagne, 1969 – Couleurs – 1 h 35.

Dracula se venge des assassins de son serviteur en les faisant tuer par leurs propres enfants.

▷ Voir aussi DRACULA.

UNE MINUTE AVANT L'HEURE H
"ONE MINUTE TO ZERO"
Film de guerre de **Tay Garnett**, avec Robert Mitchum, Ann Blyth, William Talman. États-Unis, 1952 – 1 h 45.

Le portrait d'un colonel qui, pour protéger ses troupes, fera bombarder des réfugiés. Il s'agit d'un mélange de fiction et d'actualités réalisées durant la guerre de Corée.

UNE MORT SANS IMPORTANCE
Comédie d'**Yvan Noé**, avec Jean Tissier, Suzy Carrier, Jean Temerson, Marcelle Géniat, Jean Vinci, Andrée Debar. France, 1948 – 1 h 20.

Un homme qui a conclu un pacte avec la mort doit désigner le membre d'une famille qui doit mourir le lendemain. Après bien des hésitations, il sacrifiera l'innocente jeune fille pour qu'elle ne connaisse pas l'infamie des siens.

UNE NATION EN MARCHE "WELLS FARGO"
Western de **Frank Lloyd**, avec Joel McCrea, Bob Burns, Frances Dee, Lloyd Nolan, Henry O'Neill, Mary Nash. États-Unis, 1937 – 1 h 55.

Une évocation de l'épopée de la compagnie de diligences Wells Fargo, sa création et son expansion à travers tout le continent.

UN ENFANT ATTEND "A CHILD IS WAITING"
Drame de **John Cassavetes**, avec Burt Lancaster, Judy Garland, Gena Rowlands. États-Unis, 1962 – 1 h 45.

Dans une institution pour enfants retardés, un petit garçon attend vainement ses parents. Une femme médecin s'intéresse à son cas... Les adieux à « l'époque hollywoodienne » de Cassavetes.

UN ENFANT DANS LA FOULE
Drame de **Gérard Blain**, avec César Chauveau, Annie Kovacs, Claire Treille, Jean Bertal. France, 1976 – Couleurs – 1 h 25.

Après la séparation de ses parents, un jeune homme devient, pendant la guerre, voleur et homosexuel. Il recherche désespérément l'affection de sa mère, qui reste indifférente.

UN ENFANT DE CALABRE
"UN RAGAZZO DI CALABRIA"
Comédie dramatique de **Luigi Comencini**, avec Santo Polimeno, Gian Maria Volonté. Italie / France, 1987 – Couleurs – 1 h 46.

Un jeune garçon calabrais, fou de course à pied, se heurte à son père paysan qui veut le voir étudier davantage. Un portrait d'enfant dans un contexte socio-historique précis.

UNE NUIT À CASABLANCA
"A NIGHT IN CASABLANCA"
Comédie d'**Archie L. Mayo**, avec Groucho Marx *(Ronald Kornblow)*, Harpo Marx *(Rusty)*, Chico Marx *(Corbaccio)*, Siegfried Rumann *(le comte Pfeffermann / Heinrich Stubel)*, Lisette Verea *(Béatrice Rheiner)*, Charles Drake *(le lieutenant Delmar)*, Lois Collier *(Annette)*, Dan Seymour *(Brizzard)*, Lewis Russell *(le gouverneur)*, Frederick Gierman *(Kurt)*, Harro Mellor *(Emil)*. • SC : Joseph Fields, Roland Kibbee. • PH : James Van Tree. • DÉC : Edward Boyle. • MUS : Werner Janssen. • MONT : Gregg G. Tallas. États-Unis, 1946 – 1 h 25.

Heinrich Stubel, ancien nazi, ses deux serviteurs, Kurt et Emil, ainsi que sa maîtresse, Béatrice, assassinent l'un après l'autre tous les directeurs de l'hôtel Casablanca, pour en prendre la direction et récupérer les trésors qu'ils y ont cachés pendant la guerre.

◆ *Une parodie du* Casablanca *de Michael Curtiz. À voir, entre autres, pour le mur qui, privé du soutien d'Harpo, s'écroule : fabuleuse ouverture du film...* D.C.

UNE NUIT À L'ASSEMBLÉE NATIONALE
Comédie de **Jean-Pierre Mocky**, avec Michel Blanc, Jean Poiret, Jacqueline Maillan. France, 1988 – Couleurs – 1 h 28.

Un militant naturiste aidé d'une parlementaire gauchiste investit l'Assemblée afin de dénoncer un trafic de décorations.

UNE NUIT À L'OPÉRA "A NIGHT AT THE OPERA"
Comédie de **Sam Wood**, avec Groucho Marx *(Otis B. Driftwood)*, Harpo Marx *(Tomasso)*, Chico Marx *(Fiorello)*, Margaret Dumont *(Mme Claypool)*, Siegfried Rumann *(Herman Gotlieb)*, Kitty Carliste *(Rosa)*, Alan Jones *(Ricardo Baroni)*, Walter Wolf King *(Rodolfo Lasparri)*. • SC : George Kaufman, Morrie Ryskind. • PH : Merritt B. Gerstad. • DÉC : Cedric Gibbons. • MUS : Herbert Stothart. • MONT : William Le Vanway. États-Unis, 1933 – 1 h 32.

Le directeur de l'Opéra de New York désire engager un grand ténor italien, Rodolfo Lasparri, de l'Opéra de Milan. Avec d'autres projets en tête, un certain Otis B. Driftwood persuade une milliardaire, Mme Claypool, qui l'entretient, de donner une grosse somme pour cela. En réalité, l'affaire est conclue avec un autre imprésario, Fiorello, à la suite de l'intervention de Tomasso, valet de Lasparri, qui a assommé son maître. Un autre ténor, Ricardo Baroni, est engagé. Tout le monde part pour les États-Unis, mais Tomasso, Fiorello et Ricardo sont passagers clandestins. À l'arrivée, la situation inextricable créée par de multiples substitutions se dénoue conformément aux plans de Driftwood.

◆ *Avec le gag le plus célèbre de tous les « Marx », celui de la cabine de bateau : 15 personnes dans 18 m³. Mais l'intrigue manque un peu de la frénésie de naguère.* D.C.

UNE NUIT DE RÉFLEXION "INSIGNIFICANCE"
Comédie dramatique de **Nicolas Roeg**, avec Gary Busey, Tony Curtis, Michael Emil, Theresa Russell. Grande-Bretagne, 1985 – Couleurs – 1 h 48.

Une actrice, lasse de n'être qu'un objet, se laisse attirer par un mathématicien, qui n'est peut-être pas qu'un cerveau.

UNE NUIT SEULEMENT "ONLY YESTERDAY"
Comédie dramatique de **John M. Stahl**, avec Margaret Sullavan, John Boles, Billie Burke, Reginald Denny. États-Unis, 1933 – 1 h 45.

Une femme, qui a vécu retirée du monde pour élever l'enfant qu'elle a eu d'une liaison passagère, écrit à la veille de sa mort au père de son fils pour lui raconter sa vie.

UNE NUIT SUR LE MONT CHAUVE
Film d'animation d'**Alexandre Alexeieff** et **Claire Parker**. France, 1934 (RÉ : 1932) – 8 mn.

Une superbe illustration de Moussorgski, où la prise de vues image par image d'un écran d'épingles éclairé selon un jeu subtil donne une atmosphère lyrique et fantastique.

UN ENVOYÉ TRÈS SPÉCIAL "TOO HOT TO HANDLE"
Film d'aventures de **Jack Conway**, avec Clark Gable, Myrna Loy, Walter Pidgeon, Leo Carrillo. États-Unis, 1938 – 1 h 45.

Trois reporters chassent l'image sensationnelle qui fera frémir les spectateurs des salles de cinéma.

UNE PAGE FOLLE "KURUTTA ICHPPEIJI"
Drame de **Teinosuke Kinugasa**, avec Masao Inoue, Yoshie Nakagawa, Ayako Iijima, Hiroshi Nemoto. Japon, 1926 – env. 1 600 m (1 h).

Un vieux marin qui travaille comme concierge dans un asile psychiatrique s'efforce de faire libérer sa femme, incarcérée depuis qu'elle a tenté de se noyer avec leur bébé. Mais elle refuse de quitter l'asile. Le premier film surréaliste japonais.

UNE PARISIENNE
Comédie de **Michel Boisrond**, avec Brigitte Bardot, Charles Boyer, Henri Vidal, Nadia Gray, André Luguet. France / Italie, 1957 – Couleurs – 1 h 26.

Amoureuse du chef de cabinet de son père, une jeune fille fait tout pour l'épouser. L'une des meilleures comédies du cinéma français des années 50.

UNE PARTIE DE CAMPAGNE / PARTIE DE CAMPAGNE
Comédie dramatique de **Jean Renoir**, avec Sylvia Bataille *(Henriette)*, Georges Darnoux *(Henri)*, Jacques B. Brunius *(Rodolphe)*, Jane Marken *(Mme Dufour)*, Gabriello *(M. Dufour)*, Paul Temps *(Anatole)*. • SC : J. Renoir, d'après Guy de Maupassant. • PH : Claude Renoir. • DÉC : Robert Gys. • MUS : Joseph Kosma. • MONT : Marguerite Renoir. France, 1946 (RÉ : 1936) – 41 mn.

Une famille de boutiquiers parisiens, M. et Mme Dufour, leur fille Henriette et leur futur gendre Anatole, passent le dimanche à la campagne. Ils y rencontrent deux jeunes gens, Henri et Rodolphe. Ceux-ci éloignent les deux hommes et invitent les femmes à faire un tour en yole... Quelque temps plus tard, Henri retrouve Henriette, mariée à Anatole. Ils n'ont jamais cessé de penser l'un à l'autre...

◆ *Inachevé, ce moyen métrage est pourtant un chef-d'œuvre qui a trouvé son épanouissement. Il n'est pas absurde de le rapprocher de l'esprit de l'impressionnisme, auquel il se réfère plastiquement. Une grâce exceptionnelle en imprègne les images, le rythme, les acteurs, les lieux comme les sentiments. Rarement Renoir a fait à ce point sentir le passage du temps et la perte de l'instant qui pouvait faire basculer une vie et n'a pas été saisi par des êtres prisonniers de leur condition, de leur morale ou de leur vanité.* *J.M.*

UNE PARTIE DE PLAISIR
Drame psychologique de **Claude Chabrol**, avec Paul Gegauff, Danièle Gegauff, Clémence Gegauff, Paula Moore, Michel Valette, Gian-Carlo Sisti, Pierre Santini. France, 1975 – Couleurs – 1 h 40.

Deux jeunes gens qui vivent ensemble finissent par détruire leur couple en voulant se prouver leur liberté.

UNE PASSION "EN PASSION"
Drame d'**Ingmar Bergman**, avec Liv Ullmann *(Anna From)*, Bibi Andersson *(Eva Vergerus)*, Max von Sydow *(Andreas Winkelman)*, Erland Josephson *(Elis Vergerus)*, Erik Hell *(Johan Andersson)*, Sigge Fürst *(Verner)*, Svea Holst *(sa femme)*. • SC : I. Bergman, d'après sa nouvelle. • PH : Sven Nykvist. • DÉC : P.A. Lundgren. • MONT : Siv Kanälv. Suède, 1969 – Couleurs – 1 h 51.

Sur une île, quatre personnages : Andreas, escroc repenti et solitaire, Anna, jeune veuve qu'un accident a laissée infirme, Elis, architecte et photographe amateur et son épouse insatisfaite Eva. Andreas a une liaison avec Eva, puis avec Anna qui s'installe chez lui. À la suite d'un drame, les rapports du couple se dégradent...

◆ *Un des drames psychologiques les plus obscurs et les plus dépouillés de Bergman, Une passion fut tourné sur l'île de Faro, lieu fétiche du metteur en scène. Mais contrairement aux autres films, qui mettaient en valeur la photogénie désolée de l'endroit, celui-ci refuse tout esthétisme. L'image parfois granuleuse a une rudesse et une austérité qui conviennent au pessimisme cru de la mise en scène. Ce nihilisme est à peine allégé par quatre brèves interviews, dispersées dans le récit, des quatre acteurs principaux commentant leurs personnages respectifs.* *N.T.B.*

UNE PETITE VILLE SANS HISTOIRE
"Our Town"
Comédie dramatique de **Sam Wood**, d'après la pièce de Thornton Wilder, avec William Holden, Martha Scott, Fay Bainter, Thomas Mitchell, Guy Kibbee, Beulah Bondi. États-Unis, 1940 – 1 h 30.

La vie quotidienne, les événements familiaux, la naissance et la mort dans un petit village du New Hampshire au début du siècle.

UNE PIERRE DANS LA BOUCHE
Drame de **Jean-Louis Leconte**, avec Harvey Keitel, Michel Robin, Catherine Frot, Richard Anconina. France, 1982 – Couleurs – 1 h 45.

Traqué par des tueurs, un Américain trouve refuge dans une maison isolée. Un huis clos très maîtrisé, fascinant.

UNE PLACE AU SOLEIL "A Place in the Sun"
Drame de **George Stevens**, avec Montgomery Clift *(Charles)*, Elizabeth Taylor *(Angela)*, Shelley Winters *(Alice)*. • SC : Michael Wilson, Harry Brown, d'après le roman de Theodore Dreiser *An American Tragedy*. • PH : William C. Mellor. • DÉC : Hans Dreier, Walter Tyler. • MUS : Franz Waxman. • MONT : William Hornbeck. États-Unis, 1951 – 2 h 02.

Charles est un jeune homme tourmenté. Il travaille dans l'usine de son oncle et se lie imprudemment à une ouvrière qui attend bientôt un enfant de lui. Le jeune homme évolue parallèlement dans le monde de la ploutocratie. Une idylle avec une riche fille de famille le place dans une situation embarrassante. Il voudrait rompre avec la « prolétaire », il pense même à s'en débarrasser par un geste criminel qu'il réprime et... n'a pas besoin d'accomplir : le destin s'en charge. Il est accusé du meurtre et condamné.

◆ *Tout à la fois drame romantique (disons romanesque) et description sans concession de la société américaine, le roman de Dreiser avait séduit deux grands cinéastes immigrés à Hollywood : S.M. Eisenstein qui ne put en mener à bien l'adaptation et Joseph von Sternberg auquel le romancier fit un procès. George Stevens – dont c'est assurément le meilleur film – a eu plus de chance. Il a signé une œuvre poignante, plus axée sur les sentiments et la psychologie que sur la satire sociale. Les acteurs sont merveilleux.* *G.S.*

▷ Voir aussi UNE TRAGÉDIE AMÉRICAINE.

UNE POIGNÉE DE NEIGE "A Hatful of Rain"
Drame de **Fred Zinnemann**, avec Eva Marie Saint, Don Murray, Anthony Franciosa. États-Unis, 1957 – 1 h 49.

Le difficile problème de la drogue et des ravages qu'elle cause chez un ancien soldat de Corée, soigné à la morphine.

UNE POIGNÉE DE PLOMB
"Death of a Gunfighter"
Western d'**Allen Smithee [Robert Totten** et **Don Siegel]**, avec Richard Widmark, Lena Horne, John Saxon, Carroll O'Connor. États-Unis, 1969 – Couleurs – 1 h 35.

Patch est shérif depuis 20 ans et tout le monde voudrait bien s'en débarrasser. On est à l'aube du XXe siècle et sa fin ressemble bien à celle de l'Ouest.

UNE POIGNÉE DE RIZ
"En Handfull Ris / Man och Kvinna"
Drame de **Paul Fejos** et **Gunnar Skoglund**, avec Po Chai, Me Ying, Hugo Björne, Gerda Björne, Sol-Britt Agerup, Gunnar Höglund. Suède, 1939 – 1 h 13.

Dans l'ancienne Thaïlande, un couple de jeunes paysans s'enfonce dans la jungle pour y cultiver du riz.

UNE POULE, UN TRAIN... ET QUELQUES MONSTRES "Vedo nudo"
Comédie à sketches de **Dino Risi**, avec Nino Manfredi, Sylva Koscina, Véronique Vendell. Italie, 1969 – Couleurs – 1 h 59.

Sept sketches, chacun traitant d'un cas particulier, à propos de diverses variétés d'anomalies et obsessions sexuelles. Une satire du monde contemporain.

UNE QUESTION DE VIE OU DE MORT
"A Matter of Life and Death"
Drame de **Michael Powell** et **Emeric Pressburger**, avec David Niven, Kim Hunter, Robert Coote, Kathleen Byron. Grande-Bretagne, 1946 – Couleurs – 1 h 44.

Au moment où son avion va s'écraser, un pilote s'éprend de la voix qui reçoit son message. Apparemment sauvé, il rencontre son interlocutrice mais apprend qu'il n'est qu'un mort en sursis et qu'il devra se défendre devant un tribunal céleste.

UNE RAISON POUR VIVRE, UNE RAISON POUR MOURIR
"Una ragione per vivere, e una per morire"
Western de **Tonino Valerii**, avec James Coburn, Bud Spencer, Telly Savalas, Georges Géret. Italie, 1973 – Couleurs – 1 h 50.

Pour se réhabiliter aux yeux de ses chefs, un officier nordiste monte une expédition afin de reconquérir une place perdue au cours de la guerre de Sécession.

UNE RAVISSANTE IDIOTE

Comédie d'**Édouard Molinaro**, d'après le roman de Charles Exbrayat, avec Brigitte Bardot, Anthony Perkins. France / Italie, 1964 – 1 h 45.

Sur fond d'espionnage, les déboires d'un jeune homme timide, amoureux transi d'une splendide blonde, réputée stupide.

UNE RICHE AFFAIRE "It's a Gift"

Comédie de **Norman Z. McLeod**, avec W.C. Fields, Jean Rouverol, Kathleen Howard. États-Unis, 1934 – 1 h 13.

Un commerçant achète par correspondance une plantation d'orangers et transporte sa famille vers la Californie. Une suite de sketches organisés autour de Fields.

UNE ROBE NOIRE POUR UN TUEUR

Film policier de **José Giovanni**, avec Annie Girardot, Claude Brasseur, Bruno Crémer, Jacques Perrin. France, 1980 – Couleurs – 1 h 47.

Un truand en cavale, après avoir échappé à l'échafaud, tente de rétablir la vérité dans l'affaire pour laquelle il a été condamné.

UNE ROSE POUR TOUS "Una rosa per tutti"

Comédie de **Franco Rossi**, avec Claudia Cardinale, Nino Manfredi. Italie, 1966 – Couleurs – 1 h 50.

Durant le carnaval de Rio, les aventures de Rosa, infirmière libre et indépendante, entourée de ses nombreux amants.

UNE SACRÉE FRIPOUILLE "The Flim-Flam Man"

Comédie d'**Irvin Kershner**, d'après le roman de Guy Owen, avec George C. Scott, Sue Lyon, Michael Sarrazin, Harry Morgan, Jack Albertson. États-Unis, 1967 – Couleurs – 1 h 45.

Un escroc s'associe à un jeune déserteur pour flouer des provinciaux naïfs.

UNE SAISON À HAKKARI "Hakkari'de bir mevsim"

Drame d'**Erden Kiral**, avec Genko Erkal, Erkan Yücel, Serif Sezer, Rana Cabbar. Turquie, 1983 – Couleurs – 1 h 51.

Nommé dans un village isolé dans la montagne, un instituteur découvre des conditions de vie inhumaines.

UNE SAISON EN ENFER

Biographie romancée de **Nelo Risi**, avec Terence Stamp, Jean-Claude Brialy. France / Italie, 1971 – Couleurs – 1 h 30.

De 1871 à 1891, de sa liaison tumultueuse avec Verlaine à sa mort en Abyssinie, la vie, les passions et les tortures d'Arthur Rimbaud, le poète maudit. Une descente aux enfers...

UNE SAISON ITALIENNE "Noi tre"

Comédie dramatique de **Pupi Avati**, avec Christopher Davidson, Lino Capolicchio. Italie, 1984 – Couleurs – 1 h 30.

Un épisode dans la vie du jeune Mozart, que son père fait travailler dans la propriété d'un comte italien. Wolfgang a 15 ans, il connaît son premier chagrin amoureux.

UNE SALE HISTOIRE

Essai de **Jean Eustache**, avec Michael Lonsdale, Laura Fanning, Françoise Lebrun, Josée Yann, Douchka, Virginie Thévenet. France, 1977 – Couleurs – 50 mn.

En deux épisodes, un homme raconte à trois femmes comment il est devenu voyeur. Une curieuse expérience cinématographique.

UNE SALE PETITE GUERRE

"No habra mas penas ni olvido"

Comédie dramatique de **Hector Olivera**, avec Federico Luppi, Hector Bidonde, Victor Laplace, Rodolfo Ranni. Argentine, 1983 – Couleurs – 1 h 20.

L'affrontement tragi-comique, dans une petite ville d'Argentine en 1974, des péronistes de droite et de gauche.

UNE SEMAINE DE VACANCES

Drame psychologique de **Bertrand Tavernier**, avec Nathalie Baye, Gérard Lanvin, Michel Galabru, Philippe Noiret. France, 1980 – Couleurs – 1 h 42.

À la suite d'un moment de fatigue et d'une semaine de congé-maladie, une enseignante remet en cause son métier, son identité, ses relations. La caméra intimiste de Tavernier à Lyon.

UNE SI JOLIE PETITE PLAGE

Drame psychologique d'**Yves Allégret**, avec Gérard Philipe *(Pierre)*, Madeleine Robinson *(Marthe)*, Jean Servais *(Fred)*, Jane Marken *(Mme Mahieu)*, Carette *(le voyageur)*, André Valmy. • SC : Jacques Sigurd. • PH : Henri Alekan. • DÉC : Maurice Colasson. • MUS : Maurice Thiriet. • MONT : Léonide Azar. France, 1949 – 1 h 31.

Pupille de l'Assistance publique, Pierre revient sur les lieux de son enfance, un hôtel de dernière catégorie dans un petit village du Nord, en hiver, sous la pluie qui ne cesse de tomber. Il vient de tuer la chanteuse avec laquelle il s'était enfui autrefois et, traqué par la police et Fred, un ancien amant de celle-ci, essaie de passer en Belgique non sans avoir mis en garde un jeune garçon qui risque de connaître le même destin que le sien.

◆ *Second film du tandem Jacques Sigurd-Yves Allégret après* Dédée d'Anvers, Une si jolie petite plage *baigne dans une atmosphère de brume et de pluie dans laquelle les personnages essaient d'échapper au destin qui les frappe si durement. Tout est remarquable dans ce film, l'un des meilleurs du cinéma français des années 40.* *J.-C.S.*

UN ESPION DE TROP "TELEFON"

Film d'espionnage de **Don Siegel**, avec Charles Bronson, Lee Remick, Donald Pleasence. États-Unis, 1977 – Couleurs – 1 h 45.

Un membre du K.G.B., porteur d'un redoutable secret, passe à l'Ouest. L'Union soviétique envoie alors l'un de ses meilleurs agents pour le neutraliser.

UN ÉTÉ CHEZ GRAND-PÈRE

"TUNG-TUNG-TE CHIA-CHI"

Comédie dramatique de **Hou Hsiao-Hsien**, avec Wang Chi-Kwang, Koo Chuen, Mei Fong, Lin Hsiao-Ling. Taiwan, 1984 – Couleurs – 1 h 42.

Deux jeunes enfants habitués à la vie citadine sont envoyés en vacances à la campagne chez leurs grands-parents.

UN ÉTÉ EN LOUISIANE "THE MAN IN THE MOON"

Comédie dramatique de **Robert Mulligan**, avec Sam Waterston, Tess Harper, Gail Strickland. États-Unis, 1991 – Couleurs – 1 h 41.

Paysage de Louisiane et amours adolescentes. Mais l'entrée dans le monde adulte ne se passe pas sans drames...

UN ÉTÉ INOUBLIABLE

Drame de **Lucian Pintilié**, d'après la nouvelle de Petru Dumitriu *la Salade*, avec Kristin Scott-Thomas, Claudiu Bleont, Olga Tudorache, George Constantin. France/Roumanie, 1994 – Couleurs – 1 h 22.

◆ *Entre les deux guerres, la femme d'un officier muté dans une garnison isolée de Roumanie essaie de traiter avec humanité les familles macédoniennes opprimées par les gardes-frontières roumains. Ce faisant, elle ne réussit qu'à s'attirer l'hostilité des militaires roumains et des civils macédoniens, et la carrière de son mari est définitivement ruinée. Un beau film qui fait toucher du doigt l'absurdité des conflits ethniques irréductibles qui déchirent les Balkans.*

UN ÉTÉ 42 "SUMMER OF 42"

Drame de **Robert Mulligan**, avec Jennifer O'Neill *(Dorothy)*, Gary Grimes *(Hermie)*, Jerry Houser *(Behnjie)*, Oliver Conant *(Oscy)*, Catherine Allentuck, Christopher Norris, Lou Frizzell. • SC : Herman Raucher, d'après son roman. • PH : Robert Surtees. • MUS : Michel Legrand. États-Unis, 1970 – Couleurs – 1 h 43.

En ce bel été de 1942, trois garçons (Hermie, Oscy et Behnjie) sont essentiellement occupés à observer les filles, essayant de deviner par quel moyen ils pourront enfin connaître cette expérience dont leur parlent leurs aînés, et qui leur fait si cruellement défaut à tous les trois. Ayant dragué un soir deux très jeunes filles au cinéma, Hermie et Oscy décident de passer aux actes.

◆ *Les troubles de l'adolescence, sujet délicat s'il en fut, sont ici abordés avec pudeur et sensibilité. Un très joli film, sobrement monté et interprété, et pour la musique duquel Michel Legrand reçut un Oscar.* *D.C.*

UN ÉTÉ SANS HISTOIRES

Comédie de **Philippe Harel**, avec Dodine Herry, Philippe Harel, Brigitte Bémol. France, 1992 – Couleurs – 1 h 05.

Une caravane en panne dans un champ près d'un petit village de la Creuse. Pas d'histoire mais beaucoup de drôlerie.

UNE TOSCA PAS COMME LES AUTRES

"LA TOSCA"

Comédie de **Luigi Magni**, d'après l'œuvre de Victorien Sardou, avec Monica Vitti, Vittorio Gassman, Luigi Proietti. Italie, 1973 – Couleurs – 1 h 50.

Le peintre Cavaradossi et la cantatrice Tosca se débattent dans les affres de la politique et de la passion. Ils y trouvent l'un et l'autre leur vérité et leur mort.

UNE TRAGÉDIE AMÉRICAINE

"AN AMERICAN TRAGEDY"

Drame de **Joseph von Sternberg**, avec Philip Holmes, Sylvia Sidney, Frances Dee, Irving Pichel, Frederick Burton, Claire McDowell. États-Unis, 1931 – 1 h 25.

Un jeune contremaître qui a séduit une employée rencontre une femme riche et ne sait plus comment agir avec son ancienne maîtresse. Il la noie dans des circonstances ambiguës.

▷ Voir aussi UNE PLACE AU SOLEIL.

UN ÉTRANGE VOYAGE

Drame d'**Alain Cavalier**, avec Jean Rochefort, Camille de Casabianca. France, 1980 – Couleurs – 1 h 40. ★ PRIX LOUIS-DELLUC 1980.

Un homme attend sa mère sur le quai de la gare de l'Est. Ne la voyant pas arriver au train de Troyes, il part à sa recherche.

UNE VEUVE EN OR
Comédie de **Michel Audiard**, avec Michèle Mercier, Claude Rich, Jacques Dufilho. France, 1969 – Couleurs – 1 h 20.

La vie paisible d'un couple se complique lorsque l'oncle de la jeune femme décède ; elle héritera si son mari meurt...

UNE VIE
Drame d'**Alexandre Astruc**, avec Maria Schell *(Jeanne)*, Christian Marquand *(Julien)*, Antonella Lualdi *(Gilberte)*, Yvan Desny *(Fourcheville)*, Pascale Petit *(Rosalie)*. • SC : A. Astruc, Roland Laudenbach, d'après le roman de Guy de Maupassant. • PH : Claude Renoir. • DÉC : Paul Bertrand. • MUS : Roland Vlad. • MONT : Claudine Bouché. France, 1958 – Couleurs – 1 h 26.

En Normandie, à la fin du XIXe siècle, Jeanne épouse le beau Julien de La Mare. Mais celui-ci, qui n'a fait qu'un mariage d'argent, supporte mal la passion exclusive de Jeanne. Il la trompe avec la servante Rosalie, qui tombe enceinte. Pour tenter de garder Julien, Jeanne lui donne un enfant. Mais une nouvelle liaison de Julien avec Gilberte de Fourcheville va précipiter le drame...

◆ *Ce n'est pas une adaptation respectueuse du roman, mais son appropriation par un auteur. Ni le réalisme social ni l'analyse psychologique n'intéressent Astruc qui a choisi de tirer l'œuvre vers le poème lyrique et la folie sous-jacente. Par d'amples mouvements de caméra, il enferme ses personnages, surtout Jeanne, dans le piège de la mise en scène, du décor, des paysages et des couleurs. Le film devient un piège à l'image de la prison psychologique où chacun se débat.* J.M.

UNE VIE DE CHIEN "A DOG'S LIFE"
Film burlesque de **Charlie Chaplin**, avec Charlie Chaplin *(le vagabond)*, Edna Purviance *(la chanteuse)*, Tom Wilson *(le policier)*, Albert Austin, Henry Bergman, Sidney Chaplin. • SC : C. Chaplin • MONT : C. Chaplin. • PH : Rollie Totheroh. États-Unis, 1918 – 541 m (env. 20 mn).

Charlot est vagabond... et chômeur. Aussi, quand il se réveille dans un terrain vague, le premier problème est d'assurer sa subsistance. Mais ce n'est pas facile : il y a les policiers, on lui prend son tour au bureau de placement, tout le monde le poursuit. Il recueille un chien aussi misérable que lui et se retrouve au cabaret. Et puis, le chien trouve un portefeuille...

◆ *Réalisé un an après* l'Émigrant, Une vie de chien *est l'un des tout premiers chefs-d'œuvre de Chaplin. Le comique y est toujours nourri, fort, né de situations parfaitement logiques et merveilleusement abouties : le vol des saucisses au marchand ambulant, la queue du chien (caché dans le pantalon) frappant la grosse caisse, tout le jeu avec le portefeuille et les voleurs, le berceau servant à une chienne qui allaite ses petits, il faudrait tout citer. Mais la comédie ne fait que recouvrir une description minutieuse et grave de la misère dans un monde dur aux pauvres – et ce n'est pas par hasard si le chien que recueille Charlot échappe grâce à lui à une bagarre avec des molosses, forcément inégale, pour un os. Ici, c'est l'argent qui est respecté, non l'être humain, et c'est tout le sens de la scène du portefeuille où le statut même du vagabond change selon qu'il le détient ou non.* J.-M.C.

UNE VIE DIFFICILE "UNA VITA DIFFICILE"
Comédie dramatique de **Dino Risi**, avec Alberto Sordi *(Silvio Magnozzi)*, Lea Massari *(Elena)*, Franco Fabrizi *(Simonini)*, Lina Volonghi *(la mère d'Elena)*, Claudio Gora *(le commissaire Bracci)*. • SC : Rodolfo Sonengo. • PH : Leonida Barboni. • DÉC : Mario Chiri, Mario Scissi. • MUS : Carlo Savina. • MONT : Tatiana Casini. Italie, 1961 – 1 h 40.

Résistant, Silvio fait connaissance dans le maquis avec une jeune fille qu'il ramène à Rome et épouse. Devenu journaliste, il est condamné à trois mois de prison pour sa participation aux émeutes communistes de 1948. Libéré, il ne réussit pas à retrouver du travail.

◆ *Ce film, l'un des préférés de Dino Risi, n'est pas seulement dramatique : l'obstination de Silvio a des côtés comiques, la satire des milieux qu'il traverse également. La visite à Cinecittà (où Blasetti et Silvana Mangano apparaissent dans leurs propres « rôles ») limite le réalisme de l'évocation. La prestation de Sordi contribua à faire de lui une vedette de première grandeur.* G.LD.

UNE VIE PERDUE
Drame de **Raymond Rouleau**, avec Yolande Laffon, Raymond Rouleau, Marcel Vallée, Lucienne Le Marchand. France, 1933 – 1 h 20.

Après avoir assassiné la maîtresse de son mari, une jeune femme jalouse laisse accuser à sa place un bandit notoire. Elle est renversée par une voiture et perd la mémoire au moment où, prise de remords, elle allait avouer son crime.

UNE VIE PERDUE
"SMASH UP / THE STORY OF A WOMAN"
Comédie dramatique de **Stuart Heisler**, avec Susan Hayward, Lee Bowman, Marsha Hunt, Eddie Albert, Carl Esmond. États-Unis, 1947 – 1 h 43.

Une artiste réputée épouse un compositeur et sacrifie sa carrière alors qu'il devient de plus en plus célèbre. Déprimée, elle se met à boire. Son mari la quitte, emmenant leur enfant. Un accident les réconciliera.

UNE VIERGE SUR CANAPÉ
"SEX AND THE SINGLE GIRL"
Comédie de **Richard Quine**, avec Natalie Wood, Tony Curtis, Henry Fonda, Lauren Bacall, Mel Ferrer. États-Unis, 1964 – Couleurs – 1 h 54.

Une jeune psychologue vient de publier un livre : *la Femme seule et l'amour*. Un journaliste d'une revue à scandale se demande si l'auteur du livre est bien au courant du sujet qu'elle traite. Pour le savoir, il va la consulter.

UN FAUTEUIL POUR DEUX "TRADING PLACES"
Comédie de **John Landis**, avec Eddie Murphy, Dan Aykroyd, Ralph Bellamy, Don Ameche, Jamie Lee Curtis. États-Unis, 1983 – Couleurs – 1 h 56.

Deux vieux frères très riches décident de mettre à l'épreuve leur héritier en le jetant à la rue et en lui substituant un vagabond noir. Une comédie brillante et une savoureuse fable sociale.

UN FAUX MOUVEMENT "ONE FALSE MOVE"
Film policier de **Carl Franklin**, avec Cynda Williams, Bill Paxton, Billy Bod Thornton. États-Unis, 1992 – Couleurs – 1 h 46.

Le film s'ouvre par un assassinat particulièrement sanglant. Commence ensuite la longue cavale de trois meurtriers, deux hommes et une femme, poursuivis par des policiers obstinés.

UN FILM (AUTOPORTRAIT)
Essai de **Marcel Hanoun**, avec Raymond Jourdant, Alain Robbe-Grillet. France, 1985 – 1 h 45.

Une réflexion abstraite sur le cinéma, le monde et le réalisateur lui-même, utilisant toutes les ressources de l'image.

UN FILS UNIQUE
Comédie dramatique de **Michel Polac**, avec Éric Ancian, Serge Hureau, Éleanor Faronel, Francis Bouvet. France, 1972 (RÉ : 1970) – Couleurs – 1 h 20.

Le fils unique d'un commerçant s'évade de sa famille aussi souvent qu'il le peut. Il rencontre un peintre, ancien ami de sa mère, qui, dans son esprit, se substitue peu à peu à son père.

UN FLIC
Drame de **Maurice de Canonge**, avec Lucien Coëdel, Raymond Pellegrin, Suzy Carrier, Jean-Jacques Delbo, Michèle Martin. France, 1947 – 1 h 35.

À la fin de l'Occupation, un commissaire de police arrête son beau-frère grièvement blessé au cours d'une rafle. Le jeune homme, qui avait commencé par faire du marché noir et s'était lié à des gangsters, y laissera sa peau.

UN FLIC
Film policier de **Jean-Pierre Melville**, avec Alain Delon, Catherine Deneuve, Richard Crenna, André Pousse, Paul Crauchet. France, 1972 – Couleurs – 1 h 40.

Un commissaire semble très lié avec un patron de cabaret et son amie, jusqu'au jour où, pour une affaire de drogue, il est amené à le tuer sous les yeux de la jeune femme.

UN FLIC AUX TROUSSES "EDDIE MACON'S RUN"
Film policier de **Jeff Kanew**, d'après le roman de James McLendon, avec Kirk Douglas, John Schneider, Lee Purcell. États-Unis, 1983 – Couleurs – 1 h 35.

Un policier proche de la retraite poursuit avec acharnement un jeune ouvrier condamné injustement. Mélodrame et action.

UN FLIC SUR LE TOIT "MANNEN PA TAKET"
Film policier de **Bo Widerberg**, avec Carl-Gustav Lindstedt, Sven Wollter, Eva Remaeus, Thomas Hellberg. Suède, 1976 – Couleurs – 1 h 58.

Un commissaire enquête sur la mort de trois officiers de police sauvagement assassinés. Le tueur est identifié au moment où, armé d'un fusil, il tire sur la foule : il s'agit d'un ancien policier.

UN FOU S'EN VA-T-EN GUERRE "UP IN ARMS"
Comédie d'**Elliott Nugent**, avec Danny Kaye, Dana Andrews, Constance Dowling. États-Unis, 1944 – Couleurs – 1 h 46.

Garçon d'ascenseur dans un hôpital, Danny part pour le front du Pacifique, résiste aux « Japs » et devient un héros.

UN FRISSON DANS LA NUIT "PLAY MISTY FOR ME"
Drame psychologique de **Clint Eastwood**, avec Clint Eastwood, Jessica Walter, Donna Mills. États-Unis, 1971 – Couleurs – 1 h 40.

Un speaker de radio devient l'amant de l'une de ses admiratrices. Mais celle-ci, d'une jalousie maladive, tente de le séparer de son meilleur ami : elle en mourra.

UN GARDIEN DE PLAGE EN HIVER
"ČUVAR PLAŽE U ZIMSKOM PERIODU"
Drame de **Goran Paskaljević**, avec Irfan Mensur, Gordana Kosanović, Danilo Stojković, Mira Banjac. Yougoslavie, 1976 – Couleurs – 1 h 31.

Bien que diplômé, un jeune homme au chômage accepte un petit poste de gardien en attendant de trouver un emploi qui corresponde à ses compétences. Sa femme le quitte, et il perd vite toutes ses illusions de bonheur.

UN GÉNIE, DEUX ASSOCIÉS, UNE CLOCHE
"Un genio, due compari, un pollo"
Western de **Damiano Damiani**, avec Terence Hill, Robert Charlebois, Miou-Miou, Patrick McGoohan, Jean Martin, Klaus Kinski. Italie, 1975 – Couleurs – 2 h.

Un officier cherche à dépouiller les Indiens de leurs terres mais il est lui-même victime d'une escroquerie montée par un aventurier au profit des Indiens.

UN GOÛT DE MIEL "A Taste of Honey"
Drame de **Tony Richardson**, avec Rita Tushingham *(Jo)*, Dora Bryan *(Helen)*, Robert Stephens *(Peter)*, Murray Melvin *(Geoffrey)*. • SC : T. Richardson, Shelagh Delaney, d'après sa pièce. • PH : Walter Lassaly. • DÉC : Ralph Brinton. • MUS : John Addison. • MONT : Anthony Gibbs. Grande-Bretagne, 1961 – 1 h 40.

Jo est une gamine vivant dans une ambiance familiale lamentable : sa mère, qui est seule pour l'élever, passe d'un amant et d'un taudis à l'autre, traînant avec elle sa gosse comme un boulet. Enceinte d'un marin noir rencontré sur le port, elle se lie avec un jeune homosexuel aussi paumé qu'elle, avant de revenir à la maison, sans grand espoir de jamais goûter le miel de la vie.

◆ *Le film est tiré d'une pièce d'un auteur presque aussi jeune que son héroïne quand elle l'écrivit. Ce fut un grand succès de la scène londonienne. On compara l'auteur à Françoise Sagan. Tony Richardson l'adapta à l'écran selon les méthodes du Free Cinema, alors très en vogue. Il gomme les clichés mélodramatiques au profit d'une approche réaliste et tendre de deux marginaux. Plutôt qu'un goût de miel (titre choisi par antiphrase), le film a un goût de cendres. Rita Tushingham obtint le prix de la Meilleure interprétation féminine au festival de Cannes 1962.* *C.B.*

UN GRAIN DE FOLIE "Knock on Wood"
Comédie de **Norman Panama** et **Melvin Frank**, avec Danny Kaye, Mai Zetterling, Torin Thatcher. États-Unis, 1954 – Couleurs – 1 h 43.

Un ventriloque amoureux est mêlé à plusieurs meurtres et fait arrêter une bande d'espions.

UN GRAND AMOUR DE BEETHOVEN
Biographie d'**Abel Gance**, avec Harry Baur, Annie Ducaux, Jany Holt, Paul Pauley, André Nox, Jean Debucourt, Jean-Louis Barrault, Jane Marken, Marcel Dalio. France, 1936 – 2 h 15.

De 1801 à 1827, la vie du grand musicien à travers ses aventures sentimentales et le drame de sa surdité.

UN GRAND NOCEUR "El gran calavera"
Comédie de **Luis Buñuel**, d'après la pièce d'Adolfo Torrado, avec Fernando Soler, Rosario Granados, Ruben Rojo. Mexique, 1949 – 1 h 25.

Puissant homme d'affaires et milliardaire, Don Ramiro noie dans l'alcool son immense chagrin d'être veuf. Pour tenter de le guérir, sa famille lui fait croire que son alcoolisme les a tous ruinés...

UN GRAND PATRON
Drame psychologique d'**Yves Ciampi**, avec Pierre Fresnay, Renée Devillers, Jean-Claude Pascal, Roland Alexandre. France, 1951 – 1 h 35.

Le portrait d'un as de la chirurgie et des drames pouvant naître dans son entourage, par un cinéaste qui fut médecin.

UN GRAND SÉDUCTEUR "Dreamboat"
Comédie de **Claude Binyon**, avec Clifton Webb, Ginger Rogers, Anne Francis, Jeffrey Hunter. États-Unis, 1952 – 1 h 23.

Une ancienne vedette du cinéma muet, devenu un respectable professeur de collège, retrouve une nouvelle gloire grâce à la diffusion de ses films à la télévision.

UN HÉROS TRÈS DISCRET
Comédie dramatique de **Jacques Audiard**, d'après le roman de Jean-François Deniau, avec Mathieu Kassovitz, Anouk Grinberg, Sandrine Kiberlain, Albert Dupontel. France, 1996 – Couleurs – 1 h 45. ★ **Prix du scénario, Cannes 1996.**

Un jeune homme sans qualités particulières réussit à se faire passer pour un héros de la Résistance et devient lieutenant-colonel dans les forces d'occupation françaises en Allemagne. Scénario bien ficelé, mise en scène bien menée... Le film d'un enfant (doué) du sérail.

UN HOLD-UP EXTRAORDINAIRE "Gambit"
Comédie policière de **Ronald Neame**, avec Shirley MacLaine, Michael Caine, Herbert Lom. États-Unis, 1966 – Couleurs – 1 h 50.

Une taxi-girl de Hong Kong accepte de collaborer avec un flegmatique escroc pour dérober une précieuse statuette à un émir, magnat du pétrole. Un film à suspense qui est aussi un festival d'intelligence et de ruse.

UN HOMME À BRÛLER "Un uomo da bruciare"
Drame de **Valentino Orsini, Paolo** et **Vittorio Taviani**, avec Gian Maria Volonté, Didi Perego, Lydia Alfonsi. Italie, 1963 – 1 h 43.

Après deux ans passés sur le continent, Salvatore rentre en Sicile. Il soutient la lutte des paysans pour exploiter des terres contrôlées jusqu'alors par la maffia.

UN HOMME À DÉTRUIRE
"STRANGER ON THE PROWL"
Drame d'**Andrea Forzano** [Joseph Losey], avec Paul Muni, Vittorio Manunta, Héléna Manson, Joan Lorring. États-Unis / Italie, 1953 – 1 h 22.

Un homme fatigué et solitaire unit un instant son existence de fugitif à celle d'un enfant. Bénéficiant de la très belle photo d'Henri Alekan, le film fut tourné en Italie et signé d'un pseudonyme, Losey étant à l'époque victime de l'ostracisme maccarthyste.

UN HOMME À MA TAILLE
Comédie d'**Annette Carducci**, avec Liselotte Christian, Anémone, Thierry Lhermitte. France, 1983 – Couleurs – 1 h 31.

Une Allemande myope et très grande désespère de trouver un Parisien à sa taille. Une comédie bon enfant et souvent pertinente.

UN HOMME À MOITIÉ "UN UOMO A METÀ"
Drame psychologique de **Vittorio De Seta**, avec Jacques Perrin, Lea Padovani, Gianni Garko, Ilaria Occhini. Italie, 1966 – 1 h 33.

À l'approche de la trentaine, un journaliste vit une crise existentielle et conjugale. Il repense à son passé, à sa mère et à celle qu'il a aimée, morte tragiquement.

UN HOMME AMOUREUX
Comédie de **Diane Kurys**, avec Claudia Cardinale, Greta Scacchi, Peter Coyote. France, 1987 – Couleurs – 1 h 56.

Un acteur à succès veut porter à l'écran la vie du romancier italien Cesare Pavese. Il tombe amoureux de l'interprète qui incarne la dernière femme aimée de l'écrivain.

UN HOMME CHANGE SON DESTIN
"THE STRATTON STORY"
Biographie de **Sam Wood**, avec James Stewart, June Allyson, Frank Morgan, Agnes Moorehead. États-Unis, 1949 – 1 h 46.

L'histoire vraie de Monty Stratton, gloire du base-ball américain.

UN HOMME DANS LA FOULE
"A FACE IN THE CROWD"
Comédie dramatique d'**Elia Kazan**, avec Andy Griffith *(Lonesome Rhodes)*, Patricia Neal *(Marcia)*, Anthony Franciosa *(Joe De Palma)*, Walter Matthau *(Mel)*, Lee Remick *(Betty Lou)*. • SC : Budd Schulberg, d'après sa nouvelle *Your Arkansas Traveller*. • PH : Harry Stradling. • DÉC : Richard Sylbert, Paul Sylbert. • MUS : Tom Glazer. • MONT : Gene Milford. États-Unis, 1957 – 2 h 06.

Lonesome Rhodes est un vagabond doué pour l'improvisation verbale et la chanson folklorique. Engagé par une radio locale qui cherche à faire parler des anonymes, il se découvre un tempérament d'animateur. Son étoile grandit. Il passe à la télé régionale, puis nationale. Il devient l'idole des publicitaires et son arrivisme fait de cet « homme dans la foule », naguère sympathique, un monstre. La femme qui l'avait lancé comprend la vanité et la nocivité du phénomène médiatique dont elle fut ingénument responsable.

◆ *Voilà l'un des films anti-médias les plus fracassants qu'ait écrit et réalisé un tandem d'auteurs contestataires (devenus, depuis, l'un et l'autre beaucoup plus conformistes) : Schulberg et Kazan. Ce portrait de la folie publicitaire et de ses incidences politiques est aussi le portrait au vitriol d'un self-made magnat et un procès de la libre entreprise qui peut faire d'un individu quelconque un « leader d'opinion », pour le meilleur (rarement) et pour le pire (souvent). La mise en scène est tapageuse, mais c'est une qualité, en l'occurrence.* G.S.

UN HOMME DANS LA MAISON
"A MAN ABOUT THE HOUSE"
Comédie dramatique de **Leslie Arliss**, d'après le roman de Francis Brett Young et la pièce de John Perry, avec Margaret Johnston, Dulcie Gray, Kieron Moore, Guy Middleton. Grande-Bretagne, 1947 – 1 h 39.

Deux sœurs héritent d'une propriété près de Naples, qui a été confiée à la garde d'un régisseur sans scrupules : il séduit l'aînée, l'épouse, puis tente de l'empoisonner.

UN HOMME DE FER "TWELVE O'CLOCK HIGH"
Drame de **Henry King**, avec Gregory Peck, Hugh Marlowe, Gary Merrill, Millard Mitchell, Dean Jagger. États-Unis, 1949 – 2 h 12.

L'évolution psychologique d'un meneur d'hommes, le général Savage, chargé de mener au succès un groupe de bombardiers américains cantonnés près de Londres.

UN HOMME DE TROP
Drame de **Costa-Gavras**, d'après le roman de Jean-Pierre Chabrol, avec Charles Vanel, Bruno Crémer, Jean-Claude Brialy, Claude Brasseur, Michel Piccoli, Gérard Blain, François Périer. France, 1967 – 1 h 30.

En 1943 dans les Cévennes. Un groupe de maquisards commandé par Cazal doit délivrer douze condamnés à mort. L'opération est un succès, mais Cazal constate qu'il a libéré treize hommes.

UN HOMME EST MORT

Film policier de **Jacques Deray**, avec Jean-Louis Trintignant, Angie Dickinson, Ann-Margret, Roy Scheider. France, 1973 – Couleurs – 1 h 45.

Un tueur à gages français qui doit remplir un contrat à Los Angeles est le responsable d'une véritable hécatombe.

UN HOMME EST PASSÉ "BAD DAY AT BLACK ROCK"

Western de **John Sturges**, avec Spencer Tracy, Robert Ryan, Anne Francis, Walter Brennan, Dean Jagger, Ernest Borgnine, Lee Marvin. États-Unis, 1954 – Couleurs – 1 h 21.

Les habitants d'une petite ville de l'Ouest voient d'un mauvais œil l'arrivée d'un homme venu éclaircir une histoire de meurtre.

UN HOMME ET UNE FEMME

Comédie dramatique de **Claude Lelouch**, avec Anouk Aimée *(Anne)*, Jean-Louis Trintignant *(Jean-Louis)*, Pierre Barouh *(Pierre)*, Valérie Lagrange *(Valérie)*, Paul Le Person *(le pompiste)*, Simone Paris *(la directrice de la pension)*. • SC : C. Lelouch, Pierre Uytterhoeven. • PH : C. Lelouch, Patrice Pouget, Jean Collomb. • DÉC : Bob Luchaire. • MUS : Francis Lai. • MONT : C. Lelouch, Claude Berri. France, 1966 – 2 h 27. ★ PALME D'OR, Cannes 1966 ; OSCAR DU MEILLEUR FILM ÉTRANGER 1966.

Deux « solitudes blessées », un homme et une femme, se rencontrent et s'attirent mutuellement, malgré leur passé tragique. Ils sont veufs. Elle a une petite fille, il a un petit garçon. Ces enfants-prétextes vont les rapprocher. Ils cherchent à refaire leur vie, mais surtout pas à oublier leur amour premier. C'est une situation difficile. Jean-Louis est prêt. Anne résiste. Ils se revoient, marivaudent, se quittent, se revoient et se retrouvent, finalement, sur le quai d'une gare, heureux, libérés, sinon guéris.

◆ *Ce film très romanesque a marqué le départ de la carrière « commerciale » et internationale de Claude Lelouch et (par voie de conséquence ?) lui a attiré le dédain quasi généralisé de la critique intellectuelle. Attitude injuste. Lelouch est un excellent conteur : habile, sentimental, doué, original. Il possède un ton, un style, aussi bien dans ce qu'il dit que dans sa « manière ». C'est un cinéaste français majeur et ce qu'on appelle un « auteur ».* G.S.

UN HOMME ET UNE FEMME : VINGT ANS DÉJÀ...

Comédie dramatique de **Claude Lelouch**, avec Anouk Aimée, Jean-Louis Trintignant, Richard Berry. France, 1986 – Couleurs – 1 h 57.

Deux anciens amants décident de tourner un film sur leur passé, qui vient en contrepoint de leur vie actuelle. Réalité, fiction et réminiscences se mêlent.

UN HOMME MARCHE DANS LA VILLE

Drame de **Marcello Pagliero**, avec Ginette Leclerc *(Madeleine)*, Jean-Pierre Kérien *(Jean Sauviot)*, Grégoire Aslan *(Ambilarès)*, Robert Dalban *(Laurent)*, Yves Deniaud *(Albert)*, Fréhel *(la femme de Buck)*, André Valmy *(le commissaire)*, Fabien Loris *(Dago)*, Dora Doll *(la blonde)*. • SC : M. Pagliero, d'après le roman de Jean Jausion. • PH : Nicolas Hayer. • DÉC : Maurice Colasson. • MONT : Pierre Cholot. France, 1950 – 1 h 35.

L'histoire du désespoir, de la fatigue aussi, d'un homme prisonnier entre une amitié qu'il craint de trahir et les avances d'une femme qu'il repousse.

◆ *Pagliero en a tiré un singulier poème visuel sur la solitude humaine dans une ville en ruines. La rudesse stylisée et efficace de l'action, l'économie des expressions et du dialogue, l'emploi extrêmement intéressant d'un cadre exceptionnel (le port du Havre en reconstruction après la guerre et les difficultés du métier des dockers) font de ce film, qui fut à sa sortie l'objet d'absurdes polémiques, l'une des rares tentatives réussies de néoréalisme italien transplanté en France.* G.LD.

UN HOMME NOMMÉ CHEVAL

"A MAN CALLED HORSE"

Western d'**Elliot Silverstein**, d'après le récit de Dorothy M. Johnson, avec Richard Harris, Judith Anderson, Jean Gascon, Manu Tupou. États-Unis, 1970 – Couleurs – 1 h 54.

Un lord anglais prisonnier des Sioux et d'abord ravalé au rang de cheval finit par s'intégrer à la tribu. Intéressante tentative de description des mœurs indiennes.

▷ Il y aura deux suites : LA REVANCHE D'UN HOMME NOMMÉ CHEVAL (Voir ce titre). LE TRIOMPHE D'UN HOMME NOMMÉ CHEVAL "TRIUMPHS OF A MAN CALLED HORSE", de **John Hough**, avec Richard Harris, Michael Beck, Ana De Sade, Vaughn Armstrong. États-Unis / Mexique, 1983 – Couleurs – 1 h 30.

UN HOMME PARMI LES LOUPS

"NEVER CRY WOLF"

Film d'aventures de **Caroll Ballard**, d'après le livre de Farley Mowat, avec Charles Martin Smith, Brian Dennehy. États-Unis, 1983 – Couleurs – 1 h 45.

Un biologiste chargé d'aller en Alaska étudier les loups décimant les troupeaux de caribous se prend de passion pour ces animaux. Un très beau film écologique sans le moindre didactisme.

UN HOMME PAS COMME LES AUTRES
"TROUBLE ALONG THE WAY"
Comédie de **Michael Curtiz**, avec John Wayne, Donna Reed, Charles Coburn. États-Unis, 1953 – 1 h 50.

Un ancien champion de foot est chargé de former une équipe destinée à renflouer les finances d'une université religieuse.

UN HOMME PERDU "DER VERLORENE"
Drame de **Peter Lorre**, avec Peter Lorre *(Dr Karl Rothe)*, Karl John *(Novak / Hösch)*, Renate Mannhardt *(Inge Hermann)*, Helmut Rudolph *(Winkler)*, Johanna Hofer *(Frau Hermann)*, Lotte Rausch. • SC : P. Lorre, Benno Vigny, Axel Eggebrecht. • PH : Vaclav Vich. • DÉC : Franz Schroedter, K. Weber. • MUS : Willy Schmidt-Gentner. R.F.A., 1951 – 1 h 30.

En Allemagne, juste après la fin de la guerre, dans un camp de personnes déplacées. Un savant qui a collaboré avec les nazis y retrouve par hasard un criminel de guerre ayant échappé aux poursuites grâce à une fausse identité. Par un jeu de conversations de plus en plus serré, il revit avec lui toutes les étapes de sa propre déchéance et le rend responsable d'une sorte d'emprise hypnotique qui l'aurait poussé à agir ainsi. Il finira par le tuer avant de se suicider.

◆ *Revenu en Allemagne après 18 ans d'exil, l'inoubliable interprète de* M le Maudit *a réalisé ce film singulier, qui devait malheureusement rester unique. Singulier, il l'est par sa capacité à évoquer le IIIe Reich qui vient à peine de s'écrouler, en quelque sorte « de l'intérieur », dans une intensité psychique impressionnante – et ce d'autant plus que nul recours au pathos ou à une surabondance d'images ne vient en détourner l'attention. C'est un monde du mal que l'on voit émerger des flash-back et il est tout aussi impressionnant de voir Lorre, devenu réalisateur, retrouver après tant d'années américaines le climat visuel et la maîtrise plastique de l'expressionnisme qui triomphait avec Fritz Lang au début des années 30.* J.-M.C.

UN HOMME POUR LE BAGNE "HELL IS A CITY"
Film policier de **Val Guest**, avec Stanley Baker, Donald Pleasence, John Crawford. Grande-Bretagne, 1960 – 1 h 38.

Poursuite palpitante pour un policier chargé de retrouver un évadé devenu entre-temps un assassin.

UN HOMME POUR L'ÉTERNITÉ
"A MAN FOR ALL SEASONS"
Film historique de **Fred Zinnemann**, avec Paul Scofield, Wendy Hiller, Susannah York, Robert Shaw, Orson Welles, Leo McKern, John Hurt. Grande-Bretagne, 1966 – Couleurs – 2 h. ★ OSCAR DU MEILLEUR FILM 1966.

Le roi Henri VIII veut répudier la reine Catherine d'Aragon pour épouser Anne Boleyn, mais il se heurte à l'Église et à son représentant en Angleterre, sir Thomas Moore. Ce film remporta cinq Oscars.

UN HOMME QUI DORT
Essai de **Georges Perec** et **Bernard Queysanne**, avec Jacques Spiesser. France / Tunisie, 1973 – 1 h 20. ★ PRIX JEAN-VIGO 1974.

Un étudiant décide brusquement de se détourner de la vie en société pour vivre dans le silence et la contemplation du monde.

UN HOMME QUI ME PLAÎT
Mélodrame de **Claude Lelouch**, avec Jean-Paul Belmondo, Annie Girardot, Simone Renant. France, 1969 – Couleurs – 1 h 55.

Un homme et une femme se rencontrent à Los Angeles. Brève escapade à travers l'Amérique... C'est du Lelouch, sentimental à souhait, avec en prime une promenade touristique de qualité.

UN HOMME SUR LA VOIE "CZŁOWIEK NA TORZE"
Drame d'**Andrzej Munk**, avec Kazimierz Opalyński *(Orzechowski)*, Zygmunt Maciejewski *(Tuszka)*, Zygmunt Zyntel *(Salata)*, Zygmunt Lisztkiewicz *(Zapora)*, Roman Klosowski *(Nowak)*. • SC : Jerzy Stefan Stawiński, A. Munk. • PH : Romuald Kropat. • DÉC : Roman Mann. • MONT : Jadwiga Zajicek. Pologne, 1956 – 1 h 29.

Mis à pied, le vieux conducteur de locomotive Orzechowski est trouvé écrasé sur la voie ferrée Poznán-Varsovie où les feux de signalisation ne fonctionnent plus. Serait-il devenu saboteur par vengeance ? On mène l'enquête. Après plusieurs témoignages, il apparaît que le vieux Orzechowski s'est avancé vers le train pour prévenir de la déficience du système de signalisation lumineuse et qu'il est mort, victime de son devoir, en héros.

◆ *Avec son premier film de fiction qui est aussi le premier film de « l'Octobre polonais », Andrzej Munk rejette le schématisme et le formalisme ambiants. La modernité de la mise en images des versions successives de la mort du vieux cheminot sollicite le spectateur et le pousse à être actif.*

UN HOMME TRAQUÉ "A MAN ALONE"
Western de **Ray Milland**, avec Ray Milland, Mary Murphy, Ward Bond, Raymond Burr. États-Unis, 1955 – Couleurs – 1 h 36.

Un homme qui a pris l'habitude de tuer cherche un lieu tranquille pour fuir sa réputation. Le premier film, psychologique, mis en scène par l'acteur Ray Milland.

UNIFORMES ET JUPONS COURTS
"The Major and the Minor"
Comédie de **Billy Wilder**, d'après la pièce d'Edward Childs Carpenter et la nouvelle de Fannie Kilbourne, avec Ginger Rogers, Ray Milland, Rita Johnson. États-Unis, 1942 – 1 h 12.

Une jeune fille qui se fait passer pour une enfant afin de voyager en train à tarif réduit est aidée dans sa supercherie par un officier qui finit par tomber amoureux d'elle.

UN INDIEN DANS LA VILLE
Comédie d'**Hervé Palud**, avec Thierry Lhermitte, Patrick Timsit, Ludwig Brian, Miou-Miou. France, 1994 – Couleurs – 1 h 29.

Un businessman survolté part à la recherche de son ancienne femme pour obtenir d'elle la signature qui lui permettra de divorcer et de se remarier avec une autre. Il la retrouve dans un village d'Indiens d'Amazonie. Il découvre aussi qu'il a un fils de 13 ans, élevé complètement à l'indienne. Prisonnier d'une promesse inconsidérée, il le ramène à Paris et essaie d'organiser sa vie avec ce sauvageon peu au fait des usages de la vie urbaine. Ce n'est pas simple ; ça l'est d'autant moins que ses affaires vont mal et qu'il se trouve bientôt entre les mains de maffiosi russes particulièrement patibulaires. Une bonne interprétation, du rythme, des rebondissements et de bons gags.

UN INSPECTEUR VOUS DEMANDE
"An Inspector Calls"
Film policier de **Guy Hamilton**, d'après la pièce de J.B. Priestley, avec Alastair Sim, Eileen Moore, Olga Lindo, Bryan Forbes. Grande-Bretagne, 1954 – 1 h 19.

Un inspecteur met une famille aristocratique du début du siècle en face des conséquences de ses actes. Tous ses membres ont une part de responsabilité dans le suicide d'une jeune fille...

L'UNION SACRÉE
Film policier d'**Alexandre Arcady**, avec Richard Berry, Patrick Bruel, Bruno Crémer, Claude Brasseur, Saïd Amadis, Corinne Dacla, Marthe Villalonga, Amidou. France, 1989 – Couleurs – 2 h 02.

Deux jeunes policiers, l'un Juif pied-noir, l'autre d'origine arabe, sont amenés à travailler ensemble pour lutter contre les actes terroristes des fanatiques islamiques.

UN JEU BRUTAL
Drame de **Jean-Claude Brisseau**, avec Bruno Crémer, Emmanuelle Debever, Lisa Heredia. France, 1983 – Couleurs – 1 h 30.

Ne pouvant établir une vraie relation avec sa fille infirme, un biologiste assassine des enfants. Un premier film qui trouble.

UN JEU RISQUÉ "Wichita"
Western de **Jacques Tourneur**, avec Joel MacCrea, Vera Miles, Lloyd Bridges. États-Unis, 1955 – Couleurs – 1 h 21.

Le fameux marshall Wyatt Earp nettoie une ville de ses hors-la-loi.

UN JOUET DANGEREUX "Il giocattolo"
Drame de **Giuliano Montaldo**, avec Nino Manfredi, Marlène Jobert. Italie, 1978 – Couleurs – 2 h.

À la suite d'une agression, un convoyeur de fonds sympathise avec un policier qui l'initie aux armes à feu. Remarquable tireur, il tue un des assassins de son ami...

UN JOUR À NEW YORK "On the Town"
Comédie musicale de **Stanley Donen et Gene Kelly**, avec Gene Kelly *(Gabey)*, Frank Sinatra *(Chip)*, Vera-Ellen *(Ivy Smith)*, Betty Garrett *(Brunhilde)*, Ann Miller *(Claire Huddesen)*, Jules Munshin *(Ozzie)*. • SC : Betty Comden, Adolph Green, d'après leur pièce. • PH : Harold Rosson. • DÉC : Cedric Gibbons, Jack Martin Smith, Edwin B. Willis, Jack D. Moore. • MUS : Lennie Hayton. • CHOR : G. Kelly, S. Donen, Leonard Bernstein. • MONT : R. E. Winters. États-Unis, 1949 – Couleurs – 1 h 38.

Trois marins en permission débarquent à New York. L'un d'eux rêve d'une jeune fille dont la photographie s'étale sur les murs : ils prennent le métro, elle est dans le même wagon qu'eux ; c'est une danseuse. Ils ont 24 heures pour la retrouver, au cours d'une odyssée comique et sentimentale.

◆ *Chef-d'œuvre de nouveauté (il n'y a pratiquement pas de dialogue qui ne soit chanté), ce petit film marqua à la fois l'entrée de Donen comme réalisateur à la M.G.M., le début de son association avec Kelly et le premier triomphe indiscuté de celui-ci. Ce fut aussi un chef-d'œuvre de drôlerie, de ravissement pur et de style, dont la recette fut souvent imitée, mais de loin.* G.LD.

UN JOUR AU CIRQUE "At the Circus"
Comédie d'**Edward Buzzell**, avec Groucho, Harpo et Chico Marx, Kenny Baker, Florence Rice, Eve Arden. États-Unis, 1939 – 1 h 27.

Les Marx viennent au secours d'un directeur de cirque dont on a volé l'argent. Ils se déchaînent au cours d'une soirée mondaine.

UN JOUR AUX COURSES "A Day at the Races"
Comédie de **Sam Wood**, avec Groucho, Chico et Harpo Marx, Margaret Dumont. États-Unis, 1937 – 1 h 49.

Les Marx viennent en aide à une jeune fille qui possède un sanatorium et un cheval de course. Certaines séquences hilarantes.

UN JOUR COMME UN AUTRE "Ek Din Pratidin"
Drame de **Mrinal Sen**, avec Satya Bandopaddhyaya, Gita Sen, Mamata Shankar, Sreela Majumdar, Umanath Bhattacharya. Inde, 1979 – Couleurs – 1 h 32.

Un soir, une jeune fille, qui à elle seule assure la subsistance de toute sa famille, ne rentre pas du bureau. L'angoisse s'installe.

UN JOUR DANS LA VIE "Un giorno nella vita"
Drame d'**Alessandro Blasetti**, avec Amedeo Nazzari, Mariella Lotti, Elisa Cegani, Elvira Dondini, Dina Sassoli, Massimo Girotti. Italie, 1946 – 1 h 35.

Poursuivi par des Allemands, un groupe de résistants se réfugie dans un couvent. Mais un S.S. est tué non loin de là et les religieuses interrogées sont fusillées parce qu'elles refusent de parler.

UN JOUR UN CHAT "Až přijde Kocour"
Comédie satirique de **Vojtěch Jasný**, avec Jan Werich, Emilia Vašáryová, Vlastimil Brodský, Jiři Sovák. • SC : V. Jasný, Jiři Brdečka. • PH : Jaroslav Kučera. • DÉC : O. Bosák. • MUS : Svatopluk Havelka. • MONT : J. Chaloupek. Tchécoslovaquie, 1963 – Couleurs – 1 h 50. ★ Prix spécial du jury, Cannes 1963.

Sur la place d'un village morave arrivent des saltimbanques avec un chat porteur de lunettes noires. Quand il les perd ou qu'on les lui ôte, ses yeux irradient et colorent chacun selon sa vérité : amoureux rouges, hypocrites violets, maris et épouses volages jaunes et voleurs gris.

◆ *Cette joyeuse farandole de numéros de danse, de pantomime et de cirque prend vite l'allure d'une malicieuse satire de l'hypocrisie.* A.K.

UN JOUR, UNE VIE
"The Other Side of the Mountain"
Biographie de **Larry Peerce**, d'après le livre de E.G. Valens *A Long Way Up*, avec Marilyn Hassett, Beau Bridges. États-Unis, 1975 – Couleurs – 1 h 41.

Le sort s'acharne cruellement sur une jeune championne de ski. C'est une histoire vraie, mais c'est surtout un mélodrame.

UN JUGE EN DANGER "Io ho paura"
Drame de **Damiano Damiani**, avec Gian Maria Volonté, Erland Josephson, Mario Adorf. Italie, 1977 – Couleurs – 2 h.

Un policier est chargé de protéger successivement deux juges menacés. Mais au cours de ses missions, il est amené à découvrir les manœuvres souterraines qui régissent l'Italie.

UN JUSTICIER DANS LA VILLE "Death Wish"
Film policier de **Michael Winner**, d'après le roman de Brian Garfield, avec Charles Bronson, Vincent Gardenia, Hope Lange, Stuart Margolin, Stephen Keats. États-Unis, 1974 – Couleurs – 1 h 45.

À la suite du viol de sa femme et de sa fille, un homme d'affaires décide de se venger lui-même et devient un justicier féroce.

▷ Le « justicier » règle encore ses comptes dans : UN JUSTICIER DANS LA VILLE N° 2 "Death Wish II", de **M. Winner**, avec C. Bronson, Jill Ireland, Vincent Gardenia. États-Unis, 1982 – Couleurs – 1 h 35. LE JUSTICIER DE NEW YORK "Death Wish III", de **M. Winner**, avec C. Bronson, Deborah Raffin, Ed Lauter. États-Unis, 1985 – Couleurs – 1 h 30. LE JUSTICIER BRAQUE LES DEALERS "Death Wish IV : The Crack Down", de **J. Lee Thompson**, avec C. Bronson, Kay Lenz, John P. Ryan. États-Unis, 1987 – Couleurs – 1 h 30.

UN LIEU DANS LE MONDE
"Un lugar en el mundo"
Comédie dramatique d'**Adolfo Aristarain**, avec Federico Luppi, Cecilia Roth, José Sacristan. Argentine, 1992 – Couleurs – 2 h.

Un jeune homme de 20 ans revient au village où il a passé son enfance. Il y découvre le sens du combat que son père a livré et perdu contre les grands propriétaires de la région.

UN LINCEUL N'A PAS DE POCHES
Comédie de **Jean-Pierre Mocky**, d'après le roman de Horace McCoy, avec J.-P. Mocky, Jean Carmet, Michel Galabru, Daniel Gélin, Sylvia Kristel, Michael Lonsdale, Jean-Pierre Marielle, Michel Serrault, Francis Blanche, Martine Sarcey. France, 1975 – Couleurs – 2 h 15.

Un journaliste fonde un hebdomadaire qui révèle tous les scandales ignorés de la grande presse. Dénonciation d'un club sportif, magouille politique ; il finit assassiné.

UN LION EN HIVER "The Lion in Winter"
Film historique d'**Anthony Harvey**, d'après la pièce de James Goldman, avec Peter O'Toole, Katharine Hepburn, Anthony Hopkins. Grande-Bretagne, 1968 – Couleurs – 2 h 14.

Au XIIe siècle, Henri II Plantagenêt cherche à régler le problème de sa succession au milieu des haines qui déchirent son entourage.

UN LOPIN DE TERRE "Talpalatnyi föld"
Drame de **Frigyes Ban**, avec Adam Szirtes, Agi Meszaros, Istvan Egri. Hongrie, 1948 – 1 h 24.

Une jeune fille a été donnée en mariage à un riche paysan contre la remise d'une dette. Le soir de ses noces, elle est enlevée par celui qu'elle aime. Le mari accepte de divorcer à condition que le jeune couple lui verse une forte somme.

UN MARIAGE "A WEDDING"
Comédie de **Robert Altman**, avec Geraldine Chaplin *(Rita Billingsley)*, Vittorio Gassman *(Luigi Corelli)*, Lillian Gish *(Nettie Sloan)*, Mia Farrow *(Buffy Brenner)*, Lauren Hutton *(Florence Farmer)*, Viveca Lindfors *(Ingrid Hellstrom)*. • SC : John Considine, Patricia Resnick, Allan Nichols, R. Altman. • PH : Charles Rosher. • MUS : John Hotchkis, Tom Walls. • MONT : Tony Lombardo. États-Unis, 1978 – Couleurs – 2 h 04.

Dino Corelli épouse Muffin Brenner. Après la cérémonie, les deux familles se rendent à la propriété des Corelli pour fêter les noces. Mais de nombreux incidents surviennent, troublant le bon déroulement de la journée. Peu à peu, les masques tombent.

◆ *Impitoyable observateur de la société américaine, Altman brosse ici une cruelle caricature de la bourgeoisie en une série de micro-portraits souvent irrésistibles. Mais* Un mariage *est avant tout un exercice de style. Le pari d'Altman est en effet de faire vivre, agir et parler simultanément une cinquantaine de personnages. S'il réussit ce tour de force, c'est malgré tout au détriment d'une analyse en profondeur de ses protagonistes. Un mariage est un film de virtuose, mais superficiel.* *L.A.*

UN MARI, C'EST UN MARI
Comédie de **Serge Friedman**, d'après le roman de Frédérique Hébrard, avec Frédérique Hébrard, Louis Velle, Jane Rhodes, Daniel Prévost, Gisèle Casadesus. France, 1976 – Couleurs – 1 h 30.

Un couple s'apprête à partir en vacances lorsque des importuns arrivent, qu'il faut loger et nourrir. L'épouse craque et fugue.

UN MARI IDÉAL "AN IDEAL HUSBAND"
Comédie dramatique d'**Alexandre Korda**, d'après la pièce d'Oscar Wilde, avec Paulette Goddard, Michael Wilding, Glynis Johns. Grande-Bretagne, 1948 – Couleurs – 1 h 36.

À Londres, à la fin du siècle dernier, une aventurière croit pouvoir exercer un chantage sur une personnalité politique très en vue.

UN MARI PRESQUE FIDÈLE
"THE CONSTANT HUSBAND"
Comédie de **Sidney Gilliat**, avec Rex Harrison, Kay Kendall, Margaret Leighton, Nicole Maurey. Grande-Bretagne, 1954 – Couleurs – 1 h 28.

En fouillant dans son passé, un amnésique découvre qu'il a été marié sept fois. Esprit et humour typiquement « british ».

UN MATIN COMME LES AUTRES
"BELOVED INFIDEL"
Comédie dramatique de **Henry King**, d'après le roman autobiographique de Sheilah Graham, avec Gregory Peck, Deborah Kerr, Eddie Albert. États-Unis, 1959 – Couleurs – 2 h 03.

Les relations amoureuses et les difficiles rapports de la journaliste Sheilah Graham et de l'écrivain Francis Scott Fitzgerald.

UN MATIN ROUGE
Drame de **Jean-Jacques Aublanc**, avec Claude Rich, Jacques Fabbri, Maurice Garrel, Michel Duchaussoy, Maurice Ronet, Marie Trintignant. France, 1981 – Couleurs – 1 h 25.

Six amis avaient juré, en 1943, de venger leur instituteur et sa fille, assassinés par les nazis après une dénonciation. 38 ans après, la vengeance est à la portée de leurs fusils.

UN MAUVAIS FILS
Comédie dramatique de **Claude Sautet**, avec Patrick Dewaere, Yves Robert, Brigitte Fossey, Jacques Dufilho. France, 1980 – Couleurs – 1 h 50.

Emprisonné 6 ans aux États-Unis pour une affaire de drogue, Bruno rentre à Paris. Ses relations avec son père sont difficiles. Il trouve du travail dans une librairie où il rencontre Catherine, une toxicomane. Une œuvre émouvante.

UN MAUVAIS GARÇON "NO MAN OF HER OWN"
Comédie de **Wesley Ruggles**, avec Clark Gable, Carole Lombard, Dorothy Mackaill, Grant Mitchell. États-Unis, 1933 – 1 h 25.

Un sympathique mauvais garçon rencontre la bibliothécaire municipale et, pour elle, s'achète une conduite.

UN MAUVAIS GARÇON
Comédie dramatique de **Jean Boyer**, avec Danielle Darrieux, Henri Garat, André Alerme, Marguerite Templey. France, 1936 – 1 h 20.

Une jeune avocate épouse son premier client. C'est justement le prétendant que ses parents lui avaient choisi.

UN MEURTRE EST UN MEURTRE
Comédie d'**Étienne Périer**, avec Jean-Claude Brialy, Stéphane Audran, Robert Hossein, Michel Serrault. France, 1971 – Couleurs – 1 h 40.

Une jeune femme espionne son mari, qu'elle soupçonne d'infidélité. Elle meurt dans un accident de voiture, et son testament révèle des clauses surprenantes.

UN MILLION D'ANNÉES AVANT JÉSUS-CHRIST
"One Million Years BC"
Film d'aventures de **Don Chaffey**, avec John Richardson, Raquel Welch, Robert Brown, Martine Beswick. Grande-Bretagne, 1966 – Couleurs – 1 h 40.

Les aventures d'un homme préhistorique chassé de sa tribu. Il s'agit d'un remake de TUMAK, FILS DE LA JUNGLE (Voir ce titre), avec cette fois-ci des effets spéciaux signés Ray Harryhausen.

UN MOMENT D'ÉGAREMENT
Comédie de **Claude Berri**, avec Jean-Pierre Marielle, Victor Lanoux, Agnès Soral. France, 1977 – Couleurs – 1 h 25.

Deux amis quadragénaires, pendant les vacances. L'un tombe follement amoureux de la fille de l'autre. Un sujet délicat à traiter, abordé sans vulgarité.

▷ Voir aussi C'EST LA FAUTE À RIO.

UN MONDE À PART "A World Apart"
Drame de **Chris Menges**, avec Barbara Hershey, Johdi May, Jeroen Krabbe, Carolyn Clayton-Cragg. Grande-Bretagne, 1987 – Couleurs – 1 h 52.

En Afrique du Sud, l'épouse d'un journaliste anti-apartheid contraint à l'exil reprend le flambeau à sa place mais est bientôt arrêtée, livrant ainsi à elle-même sa fille de 13 ans. Le drame de l'apartheid à travers le regard d'une adolescente. Interprétation bouleversante couronnée au festival de Cannes.

UN MONDE FOU, FOU, FOU, FOU
"It's a Mad Mad Mad Mad World"
Comédie de **Stanley Kramer**, avec Spencer Tracy, Jimmy Durante, Milton Berle, Sid Caesar, Mickey Rooney, Terry-Thomas, Peter Falk. États-Unis, 1963 – Couleurs – 3 h 12.

Une délirante course-poursuite en voiture entre quelques Américains moyens à la recherche d'un trésor. Cette superproduction burlesque est une véritable réussite, malgré sa longueur.

UN MONDE SANS PITIÉ
Comédie dramatique d'**Éric Rochant**, avec Hippolyte Girardot, Mireille Perrier, Yvan Attal, Jean-Marie Rollin. France, 1989 – Couleurs – 1 h 24. ★ Prix Louis-Delluc 1989 ; César 1989 de la Première Œuvre.

Hippo, 28 ans, marginal désinvolte et sympathique, a le coup de foudre pour Nathalie, une « grosse tête », bûcheuse, sérieuse et tout. Entre sa passion et son univers de « glandeur », il a du mal à choisir. Un ton nouveau, un succès.

UN MONSIEUR DE COMPAGNIE
Comédie de **Philippe de Broca**, avec Jean-Pierre Cassel, Jean-Claude Brialy, Jean-Pierre Marielle, Catherine Deneuve. France / Italie, 1964 – Couleurs – 1 h 30.

Antoine a été élevé par un grand-père très riche dans le culte du moindre effort. À la mort du vieillard dont la fortune a fondu, il se met à vivre aux crochets de diverses personnes riches.

UN MORT EN PLEINE FORME "The Wrong Box"
Comédie de **Bryan Forbes**, avec Ralph Richardson, John Mills, Michael Caine, Wilfrid Lawson, Peter Sellers, Dudley Moore. Grande-Bretagne, 1966 – Couleurs – 1 h 50.

En 1850 dans un collège anglais, 20 élèves se voient offrir une « tontine », un dépôt d'argent qui fructifiera et ira au dernier survivant. Un jour, il ne reste que deux vieillards... qui vont tenter de s'assassiner mutuellement.

UN NEVEU SILENCIEUX
Drame de **Robert Enrico**, avec Lucienne Hamon, Jean Bouise, Renée Faure. France, 1979 – Couleurs – 1 h 37.

Joël est mongolien et sa présence gêne les membres de sa famille venus passer les vacances dans la maison familiale. L'enfant meurt par accident et la mauvaise conscience s'installe.

UN NID AU VENT "Ghnezdo na vetrou"
Drame d'**Olev Neuland**, avec Rudolf Allabert, Nelli Taar, Anne Maasik. U.R.S.S. (Estonie), 1979 – Couleurs – 1 h 35.

En 1945, une famille pauvre vit dans une maison au milieu des bois. La bru, veuve de guerre, couche avec un vagabond qui se révèle être un déserteur autrichien tandis que partisans de l'Estonie libre et communistes se battent à mort autour d'eux.

UN NOMMÉ CABLE HOGUE
"The Ballad of Cable Hogue"
Western de **Sam Peckinpah**, avec Jason Robards *(Cable Hogue)*, Stella Stevens *(Hildy)*, David Warner *(Joshua)*, Strother Martin *(Bowen)*. • SC : John Crawford, Edmond Penney. • PH : Lucien Ballard. • DÉC : Leroy Coleman. • MUS : Jerry Goldsmith. • MONT : Frank Santillo, Lou Lombardo. États-Unis, 1969 – Couleurs – 2 h 01.

Un prospecteur, Cable Hogue, est abandonné dans le désert par ses associés Bowen et Taggart car ils n'ont plus assez d'eau. Après quatre jours de marche, il découvre un point d'eau sur la piste de la diligence. Sa fortune semble faite.

◆ *Un des films les moins aboutis formellement de Peckinpah et dont la première heure est d'un rythme assez inégal, mais avec des personnages touchants qui prennent toute leur ampleur dans la deuxième heure qui se présente comme un long lamento d'opéra humoristique, où Hogue, seul avec son puits, reçoit les visites du monde extérieur comme s'il s'agissait des spectres sympathiques de son passé. Telle une apparition, Hildy, une prostituée qu'il a aimée, arrive dans son automobile qui lui passera bêtement sur le corps, alors qu'il voulait la retenir. Agonisant en plein air, il lègue son point d'eau à son pire ennemi, Bowen, dont il s'était juré de se venger, et avec qui il fraternise dans les larmes et les rires, conscients qu'ils appartiennent tous deux à une époque révolue.* S.K.

UN NOMMÉ LA ROCCA
Film policier de **Jean Becker**, avec Jean-Paul Belmondo, Pierre Vaneck, Béatrice Altariba. France/Italie, 1961 – 1 h 30.

La Rocca et Xavier ont traversé tant d'épreuves ensemble que leur amitié paraît indéfectible, mais elle sera brisée par la mort de la sœur de Xavier, que La Rocca devait épouser.

UN NUMÉRO DU TONNERRE
"Bells Are Ringing"
Comédie musicale de **Vincente Minnelli**, avec Judy Holliday, Dean Martin, Fred Clark. États-Unis, 1960 – Couleurs – 2 h 07.

Une standardiste modèle fait le bonheur de trois de ses abonnés et épouse l'un d'eux. Chansons, danses et bonne humeur.

UN OURSIN DANS LA POCHE
Comédie de **Pascal Thomas**, avec Bernard Menez, Darry Cowl, Maurice Risch. France, 1977 – Couleurs – 1 h 45.

Le richissime et très avare Félix se résout à financer une comédie musicale. La fable est plutôt lourde.

UN PAPILLON SUR L'ÉPAULE
Drame de **Jacques Deray**, avec Lino Ventura, Nicole Garcia, Claudine Auger, Paul Crauchet. France, 1978 – Couleurs – 1 h 35.

Un Français débarque à Barcelone pour y retrouver sa femme après une longue séparation. Mêlé à une affaire de cadavre qui disparaît et de valise à livrer, il sera abattu en pleine rue.

UN PAYS SANS BON SENS
Essai politique de **Pierre Perrault**, avec Didier Dufour, Maurice Chaillot, Benjamin Simard, René Lévesque, Marie et Léopold Tremblay dans leur propre rôle. • PH : Bernard Gosselin, Michel Brault. • MONT : Yves Leduc. Canada (Québec), 1969 – 1 h 57.

La recherche de la spécificité du Canada français à travers une vaste enquête de sociologie humaine : le film donne tour à tour la parole à des intellectuels, à des paysans de l'Ile-aux-Coudres, à des chasseurs blancs de caribous, à des Amérindiens, ainsi qu'aux ancêtres bretons de la « québécitude ».

◆ *Un pays sans bon sens est une tentative ambitieuse de création d'essai politique et culturel d'un genre nouveau par les seuls moyens du film et de l'organisation de la parole enregistrée. C'est dire que sa construction dépasse d'emblée la technique descriptive du documentaire ou de l'enquête pour confronter par le montage différents niveaux de discours : philosophique, politique, moral, poétique ou même strictement personnel. La notion d'appartenance (ethnique, culturelle, mythique) s'en trouve totalement renouvelée.* M.M.

UN PETIT CARROUSEL DE FÊTE "Körhinta"
Comédie dramatique de **Zoltan Fabri**, d'après une nouvelle d'Imre Sarkadi, avec Mari Töröcsik, Imre Soos, Béla Barsi, Manyi Kiss, Adam Szirtes. Hongrie, 1956 – 1 h 24.

L'idylle de deux amoureux est menacée par le père de la jeune fille qui décide de la marier à un riche propriétaire terrien. Mais pendant les noces, celle-ci se rebelle.

UN PETIT CERCLE D'AMIS
"A Small Circle of Friends"
Chronique de **Rob Cohen**, avec Brad Davis, Karen Allen, Jameson Parker. États-Unis, 1979 – Couleurs – 1 h 52.

Les amours et les divergences politiques d'un groupe d'étudiants américains au cours des années 1967-1971.

UN PETIT COIN AUX CIEUX "Cabin in the Sky"
Comédie musicale de **Vincente Minnelli**, d'après la pièce de Lynn Root et Vernon Duke, avec Ethel Waters, Eddie R. Anderson, Lena Horne, Louis Armstrong, Rex Ingram. États-Unis, 1943 – 1 h 35.

Un jeune couple paisible mène une vie heureuse jusqu'au jour où le garçon est blessé d'un coup de revolver et sombre dans le coma. Il rêve que Dieu lui accorde six mois de vie supplémentaires au cours desquels l'archange Gabriel et Lucifer se disputent son âme. Le premier film du cinéaste.

UN PETIT GARÇON "Der kleine Vampir"
Drame de **Roland Klick**, avec Sascha Urchs, Sieghardt Rupp, Renate Roland. R.F.A., 1969 – Couleurs – 1 h 27.

Une jeune fille laisse seuls les enfants qu'elle garde pour son ami. Le petit garçon étouffe sa sœur accidentellement. Il cache alors le corps du bébé et, au retour des parents, une dramatique recherche commence.

UN PEU DE SOLEIL DANS L'EAU FROIDE
Drame psychologique de **Jacques Deray**, d'après le roman de Françoise Sagan, avec Claudine Auger, Marc Porel, Bernard Fresson. France, 1971 – Couleurs – 1 h 50.

Un homme en pleine déprime est remis à flot par une jeune femme qui l'aime vraiment. Elle se donne toute entière à cette passion, mais lui, un peu lâche, un peu superficiel ne s'engage pas.

UN PIGEON MORT DANS BEETHOVEN STREET
"Dead Pigeon on Beethoven Street"
Film policier de **Samuel Fuller**, avec Glenn Corbett, Christa Lang, Stéphane Audran, Axton Diffring. R.F.A., 1973 – Couleurs – 1 h 45.

Un privé infiltre une mystérieuse organisation spécialisée dans le chantage international. C'est le début d'un véritable « feuilleton » aux épisodes multiples...

UN PILOTE REVIENT "Un pilota ritorna"
Film d'aventures de **Roberto Rossellini**, avec Massimo Girotti, Michela Belmonte. Italie, 1942 – 1 h 30.

L'épopée d'un aviateur italien qui, tombé aux mains de l'ennemi, parvient à s'évader en s'emparant d'un avion britannique. Un pur produit du cinéma de propagande fasciste.

UN PITRE AU PENSIONNAT
"You're Never Too Young"
Comédie de **Norman Taurog**, avec Dean Martin, Jerry Lewis, Diana Lynn, Nina Foch. États-Unis, 1955 – Couleurs – 1 h 42.

Un apprenti coiffeur découvre dans sa poche un diamant volé. Pour échapper à son propriétaire, un bandit notoire, il se réfugie dans un pensionnat de jeunes filles. Loufoque.

UN POISSON NOMMÉ WANDA
"A Fish Called Wanda"
Comédie de **Charles Crichton**, avec John Cleese, Jamie Lee Curtis, Kevin Kline, Michael Palin, Maria Aitken, Patricia Hayes. Grande-Bretagne, 1988 – Couleurs – 1 h 48.

À la suite d'un braquage, Wanda dénonce son amant, George, pour partir avec le butin en compagnie d'Otto. Mais George a caché l'argent. Wanda décide alors de séduire l'avocat de George. À partir de là, rien ne va plus... Une délirante combinaison du pur humour anglais avec celui des Monty Python.

UN PONT TROP LOIN "A Bridge Too Far"
Film de guerre de **Richard Attenborough**, d'après le livre de Cornelius Ryan, avec Dirk Bogarde, Michael Caine, James Caan. États-Unis, 1976 – Couleurs – 2 h 55.

Une opération parachutée alliée a pour but de détruire six ponts sur le Rhin. La mission est un désastre, le film se défend.

UN PRINCE À NEW YORK "Coming to America"
Comédie de **John Landis**, avec Eddie Murphy, Arsenio Hall. États-Unis, 1987 – Couleurs – 1 h 54.

Sommé de prendre femme, un jeune prince africain débarque à New York dans l'espoir d'y rencontrer l'âme sœur. Comédie sans surprise.

UN PRINTEMPS SOUS LA NEIGE "The Bad Boy"
Comédie dramatique de **Daniel Petrie**, avec Liv Ullmann, Kiefer Sutherland, Mathieu Carrière, Stéphane Audran, Pauline Lafont. Canada / France, 1984 – Couleurs – 1 h 37.

Un adolescent vit avec ses parents de modeste condition dans un petit port minier de la Nouvelle-Écosse. Il subit le poids de la religion catholique, apprend l'amour et connaît son premier chagrin.

UN PRUNEAU POUR JOE "A Bullet for Joey"
Film policier de **Lewis Allen**, avec Edward G. Robinson, George Raft, Audrey Totter. États-Unis, 1955 – 1 h 25.

Un gangster et un policier s'affrontent lors de l'enlèvement d'un savant.

UN PYJAMA POUR DEUX "Lover, Come Back"
Comédie de **Delbert Mann**, avec Rock Hudson, Doris Day, Tony Randall. États-Unis, 1961 – Couleurs – 1 h 40.

Publicitaires et concurrents, Jerry, jeune homme paresseux, et Carole, jeune femme énergique, se détestent cordialement. Leur rivalité les mènera... au mariage.

UN RABBIN AU FAR WEST "The Frisco Kid"
Film d'aventures de **Robert Aldrich**, avec Gene Wilder, Harrison Ford, Ramon Bieri. États-Unis, 1978 – Couleurs – 2 h.

En 1850, un jeune et naïf rabbin polonais est envoyé aux États-Unis pour y retrouver une communauté juive... À peine arrivé, on lui vole son argent et il participe sans le savoir à un hold-up.

UN RAISIN AU SOLEIL "A Raisin in the Sun"
Drame de **Daniel Petrie**, d'après la pièce de Lorraine Hansberry, avec Sidney Poitier, Claudia McNeil. États-Unis, 1961 – 1 h 55.

Une famille de Noirs de Chicago touche une forte assurance-vie et décide d'acheter un logement dans le quartier résidentiel des Blancs.

UN REVENANT

Comédie dramatique de **Christian-Jaque**, sur des dialogues d'Henri Jeanson, avec Louis Jouvet, Gaby Morlay, François Périer, Ludmilla Tchérina. France, 1946 – 1 h 40.

Le directeur d'une troupe de ballets revient dans sa ville natale se venger d'un affront qu'il subit vingt ans auparavant. Peinture féroce de certains milieux bourgeois de Lyon.

UN ROI À NEW YORK "A KING IN NEW YORK"

Comédie de **Charlie Chaplin**, avec Charlie Chaplin *(le roi Shahdov)*, Dawn Addams *(Ann Kay)*, Maxine Audley *(la reine Irène)*, Michael Chaplin *(Ruppert)*, Oliver Johnston *(l'ambassadeur)*, Jerry Desmonde. • SC : C. Chaplin • MUS : C. Chaplin. • PH : Georges Périnal. • DÉC : Allan Harris. • MONT : John Seabourne. Grande-Bretagne, 1957 – 1 h 45.

Roi détrôné et ruiné d'Estrovie, Shahdov séjourne à New York. Sa voisine à l'hôtel, Ann Kay, publicitaire, l'utilise pour des spots télévisés, tandis qu'il tente en vain d'intéresser le gouvernement à l'utilisation pacifique de l'énergie nucléaire. Impressionné par un enfant de dix ans surdoué et dogmatique, Ruppert, dont les parents sont accusés de communisme, il tente de le protéger et doit passer devant la Commission des activités anti-américaines, qu'il « arrose » copieusement, avant de gagner l'Europe.

◆ *Par ce pamphlet satirique et burlesque, Chaplin règle ses comptes avec l'Amérique. Le comique y est féroce à l'égard de la publicité, de la télévision, de l'intolérance américaines, mais il n'est pas plus tendre à l'égard du dogmatisme communiste. Seules importent la liberté et la vie : à chaque instant les masques craquent pour laisser paraître le visage humain.* J.M.

UN ROI SANS DIVERTISSEMENT

Drame de **François Leterrier**, d'après le roman de Jean Giono, avec Claude Giraud, Colette Renard, Charles Vanel. France, 1963 – Couleurs – 1 h 25.

Au milieu du siècle dernier, dans une montagne désolée et enneigée, l'étrange destin d'un capitaine de gendarmerie venu enquêter sur plusieurs crimes mystérieux.

UN RÔLE ÉTRANGE "HERKULESFÜRDÖI EMLEK"

Comédie dramatique de **Pal Sandor**, avec Endre Holman, Dezsö Garas, Györgyi Tarjan, Carla Romanelli. Hongrie, 1977 – Couleurs – 1 h 27.

En 1919, un jeune communiste qui fuit la répression aboutit, déguisé en femme, dans un hôpital. Obligé de jouer les infirmières, il séduit une jeune Italienne qui a percé son secret.

UN SAC DE BILLES

Comédie dramatique de **Jacques Doillon**, d'après le roman de Joseph Joffo, avec Paul-Éric Schulmann, Richard Constantini, Joseph Goldenberg, Reine Barteve, Gilles Laurent. France, 1975 – Couleurs – 1 h 45.

En 1941, un petit garçon juif échange son étoile jaune contre un sac de billes. Envoyé en zone Sud, il échappe pour un temps aux persécutions parisiennes.

UN SACRÉ BORDEL "A FINE MESS"

Comédie de **Blake Edwards**, avec Ted Danson, Howie Mandel. États-Unis, 1986 – Couleurs – 1 h 30.

Deux hommes dans la débine ayant surpris deux malfrats en train de doper un cheval misent sur l'animal et gagnent aux courses. Mais les auteurs du dopage ne l'entendent pas de cette oreille et se lancent à leur poursuite. Un hommage à Laurel et Hardy.

UN SECOND SOUFFLE

Drame de **Gérard Blain**, avec Robert Stack, Anicée Alvina, Sophie Desmarets, Frédéric Meisner. France, 1978 – Couleurs – 1 h 40.

Un quinquagénaire prend une jeune maîtresse après avoir quitté femme et enfants. Mais il n'échappe pas à son destin, ici la vieillesse et la solitude.

LES UNS ET LES AUTRES

Chronique de **Claude Lelouch**, avec Robert Hossein, Nicole Garcia, Geraldine Chaplin, Daniel Olbrychski, Jacques Villeret, Jorge Donn, Evelyne Bouix, Macha Méril, Francis Huster, James Caan. France, 1980 – Couleurs – 3 h 05.

De 1936 à 1980, la vie mouvementée de divers personnages ; en toile de fond, les grands événements de l'Histoire.

UN SEUL AMOUR

Drame de **Pierre Blanchar**, d'après l'œuvre de Balzac, avec Pierre Blanchar, Micheline Presle, Robert Vattier, Gabrielle Fontan, Julien Bertheau. France, 1943 – 1 h 41.

En 1814, un aristocrate emmène dans son manoir une danseuse qu'un ancien amant vient relancer. Le mari fait disparaître le maître chanteur et meurt peu après.

UN SEUL AMOUR "JEANNE EAGELS"
Biographie de **George Sidney**, avec Kim Novak, Jeff Chandler, Agnes Moorehead. États-Unis, 1957 – 1 h 49.

Évocation romancée de la vie de l'actrice Jeanne Eagels, vedette célèbre aux États-Unis dans les années 20.

UN SHÉRIF À NEW YORK "COOGAN'S BLUFF"
Film policier de **Don Siegel**, avec Clint Eastwood, Lee J. Cobb, Susan Clark. États-Unis, 1968 – Couleurs – 1 h 34.

Coogan est venu de l'Arizona à New York pour rechercher un criminel, mais les méthodes des policiers ne sont pas les mêmes, ni celles des gangsters...

UN SI DOUX VISAGE "ANGEL FACE"
Comédie dramatique d'**Otto Preminger**, avec Robert Mitchum, Jean Simmons, Mona Freeman, Herbert Marshall. États-Unis, 1952 – 1 h 31.

Un conducteur d'ambulance, brave garçon, est le jouet d'une petite garce au visage angélique.

UN SI JOLI VILLAGE
Drame d'**Étienne Périer**, avec Victor Lanoux, Jean Carmet, Valérie Mairesse. France, 1978 – Couleurs – 1 h 56.

Un notable, propriétaire de l'usine qui fait vivre la région, tue sa femme dans un accès de colère. Malgré les preuves accablantes amassées par le juge d'instruction, il bénéficie d'un non-lieu.

UN SILENCIEUX AU BOUT DU CANON "McQ"
Film policier de **John Sturges**, avec John Wayne, Eddie Albert, Diana Muldaur. États-Unis, 1973 – Couleurs – 1 h 50.

Un policier démissionne à la suite du meurtre de l'un de ses collègues et enquête sur l'affaire pour son propre compte. Il découvrira un trafic de drogue.

UN SIMPLE CAS / LA VIE EST BELLE / UN SIMPLE HASARD "PROSTOJ SLUČAJ"
Comédie dramatique de **Vsevolod Poudovkine** et **Mikhaïl Doller**, avec A. Batourine, Evgenia Rogoulina, M. Belousova, A. Gortchiline, A. Tchekoulaeva. U.R.S.S. (Russie), 1932 (RÉ : 1930) – 1 h 37.

Après la guerre civile, une forte amitié lie trois camarades de combat. L'un d'eux est marié à une femme qui lui est très dévouée et, lorsqu'il la trompe, ses amis le jugent.

UN SINGE EN HIVER
Comédie d'**Henri Verneuil**, d'après le roman d'Antoine Blondin, avec Jean Gabin, Jean-Paul Belmondo, Suzanne Flon, Noël Roquevert. France, 1962 – 1 h 45.

Un ancien militaire qui a fait vœu de sobriété et un jeune homme qui veut être matador se libèrent dans une homérique beuverie.

UN SI NOBLE TUEUR "THE GENTLE GUNMAN"
Drame de **Michael Relph** et **Basil Dearden**, avec John Mills, Dirk Bogarde, Robert Beatty. Grande-Bretagne, 1952 – 1 h 26.

À Londres, en 1941, un épisode de la lutte séculaire entre Irlandais et Anglais. Humour, drame et réflexion.

UN SOIR SUR LA PLAGE
Film policier de **Michel Boisrond**, avec Martine Carol, Jean Desailly, Daliah Lavi, Rellys, Michel Galabru. France, 1961 – 1 h 25.

Un crime est commis dans une magnifique villa de la Côte d'Azur. Qui a tué ? C'est ce que l'inspecteur essaie de déterminer.

UN SOIR, UN TRAIN
Film fantastique d'**André Delvaux**, avec Anouk Aimée *(Anne)*, Yves Montand *(Mathias)*, François Beukelaers *(Val)*, Adriana Bogdan *(Moira)*. • SC : A. Delvaux, d'après le roman de Johan Daisne. • PH : Ghislain Cloquet. • DÉC : Claude Pignot. • MUS : Freddy Devreese. • MONT : Suzanne Baron. Belgique, 1968 – 1 h 32.

Mathias, professeur de linguistique, et Anne, décoratrice, sont au bord de la rupture. Un soir, appelé à donner une conférence en province, Mathias prend le train. Sa femme le rejoint. Il somnole et rêve de leur passé. Quand il se réveille, elle a disparu : le train est arrêté en pleine campagne. Mathias bascule alors dans un univers étrange.

◆ *Ce qui est fascinant dans ce film, c'est la façon dont le fantastique naît au cœur du réel, sans rupture de style, sans même que l'on s'en rende compte, aboutissant à un « réalisme magique » dans la tradition des grands peintres flamands.* F.J.

UN SOUPÇON DE VISON "THAT TOUCH OF MINK"
Comédie de **Delbert Mann**, avec Cary Grant, Doris Day, Gig Young. États-Unis, 1962 – Couleurs – 1 h 39.

Une histoire de séduction systématiquement contrariée entre un riche célibataire et une secrétaire ingénue. Une comédie menée à une allure folle.

UN TAXI MAUVE
Comédie dramatique d'**Yves Boisset**, d'après le roman de Michel Déon, avec Philippe Noiret, Charlotte Rampling, Fred Astaire. France / Italie, 1977 – Couleurs – 2 h.

En Irlande, dans un magnifique paysage de landes, la vie d'une petite communauté vivant d'amitié et de silence est bouleversée par l'arrivée de la futile Sharon.

UN TAXI POUR TOBROUK
Film de guerre de **Denys de La Patellière**, avec Lino Ventura, Charles Aznavour, Maurice Biraud, Hardy Krüger, German Cobos. France, 1961 – 1 h 35.

Dans le désert de Libye en 1942, quatre hommes en rencontrent un cinquième qui n'est pas du même camp mais avec lequel se créeront des liens de fraternité avant le drame final.

UNTEL PÈRE ET FILS
Drame de **Julien Duvivier**, avec Raimu, Michèle Morgan, Louis Jouvet, Suzy Prim, Renée Devillers, Georges Biscot, Colette Darfeuil, Harry Krimer. France, 1945 (RÉ : 1940) – 1 h 53.

70 ans d'histoire de France vus à travers quatre générations d'une même famille, au cours d'une période secouée par trois guerres contre l'Allemagne.

UN TÉMOIN DANS LA VILLE
Film policier d'**Édouard Molinaro**, avec Lino Ventura, Sandra Milo, Franco Fabrizi, Jacques Berthier. France/Italie, 1959 – 1 h 30.

Un assassin qui a exécuté le seul témoin de son crime, un chauffeur de taxi, est traqué par tous les collègues de sa victime.

UN TRAIN S'EST ARRÊTÉ "OSTANOVILSA POYESED"
Comédie dramatique de **Vadim Abdrachitov**, avec Oleg Borissov, Anatoli Solonitsyne, Mikhaïl Glouzski. U.R.S.S. (Russie), 1982 – Couleurs – 1 h 35.

Enquêtant sur un accident de chemin de fer dans une petite ville, un juge d'instruction se heurte au mutisme des témoins et au poids des autorités.

UN TRAMWAY NOMMÉ DÉSIR
"A STREETCAR NAMED DESIRE"
Drame d'**Elia Kazan**, avec Vivien Leigh *(Blanche Du Bois)*, Marlon Brando *(Stanley Kowalski)*, Kim Hunter *(Stella Kowalski)*, Karl Malden *(Mitch)*. • SC : Oscar Saul, Tennessee Williams, d'après la pièce de ce dernier. • PH : Harry Stradling. • DÉC : Richard Day. • MUS : Alex North. • MONT : David Weisbart. • PR : E. Kazan (Warner Bros). États-Unis, 1951 – 2 h 02. ★ OSCARS 1951 DE LA MEILLEURE ACTRICE (Vivien Leigh) et DES MEILLEURS SECONDS RÔLES (Kim Hunter et Karl Malden).

Blanche Du Bois arrive au quartier français de La Nouvelle-Orléans pour revoir sa sœur Stella. Elle est déçue : l'appartement est misérable, l'entourage douteux. Délicate, méprisante, mythomane, la jeune femme semble habitée par des rêves étranges et non aboutis. Elle parle toujours de la propriété de famille, « Belle Rêve », qui a dû être vendue pour payer des dettes, elle évoque ce passé avec complaisance et dénigre le présent dans lequel sa sœur se débat et s'enlise. Stella est mariée à un ouvrier d'origine polonaise, fruste et brutal, Stanley, et elle est enceinte. Ce beau-frère qui ignore les belles manières lui déplaît et c'est réciproque. Blanche est trop coquette, trop cultivée pour lui. Il la soupçonne d'avoir des secrets peu avouables. Il finit par découvrir que son passé n'est pas aussi glorieux qu'elle le prétend. Elle a été institutrice, oui, mais à été contrainte de quitter son poste à la suite d'un scandale. Blanche se sent percée à jour. Sa tête étant fragile, elle glisse peu à peu de la mythomanie à la folie. Quand Stella revient de la clinique où elle a accouché, c'est pour assister au départ de sa sœur que Stanley est parvenu à faire interner dans un asile psychiatrique.

◆ Un charme vénéneux

Adapté d'une pièce à succès de Tennessee Williams, le film a révélé un comédien qui allait faire une carrière de star, Marlon Brando, lequel avait déjà triomphé dans le même rôle au théâtre, dans une mise en scène du même Elia Kazan. Ce qu'il faut admirer avant tout, c'est la qualité de l'adaptation cinématographique. Malgré la présence d'un dialogue très écrit, très littéraire, le cinéaste est parvenu à faire chanter les images : une chanson triste, certes, réaliste si l'on veut, mais « réaliste poétique » pour utiliser une expression consacrée. Les clairs-obscurs sont esthétiques, mais aussi expressifs, voire pathétiques. Ils sculptent l'image, lui ôtent toute théâtralité, malgré le décor presque unique de la maison de Stella (un appartement dans un ancien hôtel délabré). Les détails vestimentaires comptent aussi beaucoup : les toilettes extravagantes de Blanche, d'une coquetterie maladive, s'opposent au négligé des amis de Stella. Le tricot de corps troué de Marlon Brando est devenu une sorte de symbole sexuel, une image de virilité. D'une façon générale, c'est une atmosphère de trouble sensualité qui se dégage du film. Liée à des problèmes psychologiques complexes et à des affrontements cruels, cette ambiance engendre un malaise certain. Le spectateur finit par être séduit par une sorte de charme frelaté, vénéneux, auquel contribue l'interprétation étonnante de Vivien Liegh en jeune vieille femme saisie par le délire, et celle de Marlon Brando, exceptionnelle. G.S.

UN TROU DANS LA TÊTE "A HOLE IN THE HEAD"
Comédie de **Frank Capra**, avec Frank Sinatra, Edward G. Robinson, Eleanor Parker, Carolyn Jones, Thelma Ritter, Eddie Hodges, Keenan Wynn. États-Unis, 1959 – Couleurs – 2 h.

Un hôtelier veuf vit avec son jeune fils dans une sympathique bohème. Soucis d'argent et plaisir d'amour à Miami.

UN TUEUR DANS LA FOULE
"TWO MINUTES WARNING"
Film policier de **Larry Peerce**, avec Charlton Heston, John Cassavetes, Martin Balsam. États-Unis, 1976 – Couleurs – 1 h 53.

Lors d'un match important, un tueur fou menace les spectateurs d'un stade. La police et les équipes spéciales s'efforcent de le neutraliser et d'éviter la panique.

UN TYPE COMME MOI NE DEVRAIT JAMAIS MOURIR
Comédie dramatique de **Michel Vianey**, avec Jean-Michel Folon, Francine Racette, Bernard Fresson, Mort Shuman, Henri Garcin, Bernadette Lafont. France, 1976 – Couleurs – 1 h 40.

Un jeune P.-D.G. comblé par la vie et par son épouse abandonne son foyer pour se réfugier dans sa luxueuse voiture. Sa femme le quitte. Plus tard, ses angoisses dominées, il cherche à la retrouver.

UN VENT FROID EN ÉTÉ
"A COLD WIND IN AUGUST"
Comédie dramatique d'**Alexander Singer**, avec Lola Albright, Scott Marlowe, Joe De Santis. États-Unis, 1961 – 1 h 20.

La folle passion d'une strip-teaseuse pour un jeune garçon de 17 ans. Ambiance réaliste et réalisation vigoureuse.

UN VIOLON SUR LE TOIT "FIDDLER ON THE ROOF"
Comédie musicale de **Norman Jewison**, d'après la pièce de Joseph Stein et le récit de Sholom Aleichem *Tevye and His Daughters*, avec Topol, Norman Crane, Leonard Frey, Molly Picon. États-Unis, 1971 – Couleurs – 3 h.

Un pauvre Juif d'Ukraine veut marier ses filles, mais elles n'en font qu'à leur tête ! La célèbre comédie musicale garde ses atouts malgré la longueur du film.

UN VRAI CINGLÉ DE CINÉMA
"HOLLYWOOD OR BUST"
Comédie de **Frank Tashlin**, avec Dean Martin, Jerry Lewis, Anita Ekberg, Pat Crowley. États-Unis, 1956 – Couleurs – 1 h 35.

Deux amis gagnent une voiture et se retrouvent à Hollywood. Dernier film réunissant Martin et Lewis qui évoluent parmi les stars. Une succession de gags sur un rythme endiablé.

UN VRAI CRIME D'AMOUR "DELITTO D'AMORE"
Drame de **Luigi Comencini**, avec Stefania Sandrelli, Giuliano Gemma. Italie, 1974 – Couleurs – 1 h 46.

À Milan, les amours contrariées de deux ouvriers de la même usine. Prisonniers de leurs milieux respectifs, ils ne trouvent, au bout du compte, que la mort et la désespérance. Analyse sociale et psychologique délicate.

UN YANKEE À LA COUR DU ROI ARTHUR
"A CONNECTICUT YANKEE IN KING ARTHUR'S COURT"
Comédie de **Tay Garnett**, d'après le roman de Mark Twain, avec Bing Crosby, Rhonda Fleming, William Bendix, Cedric Hardwicke. États-Unis, 1949 – Couleurs – 1 h 47.

Un forgeron du Connecticut rêve et se retrouve à la cour du roi Arthur.

URANUS
Comédie dramatique de **Claude Berri**, d'après le roman de Marcel Aymé, avec Gérard Depardieu, Philippe Noiret, Michel Blanc, Gérard Desarthe, Jean-Pierre Marielle, Fabrice Luchini, Danielle Lebrun, Michel Galabru, Daniel Prévost. France, 1990 – Couleurs – 1 h 40.

Un village, en France, juste après la guerre. Les vengeances personnelles, l'activité politique et les relations tissent des liens passionnels plus ou moins violents.

URBAN COW-BOY "URBAN COWBOY"
Drame de **James Bridges**, avec John Travolta, Debra Winger, Scott Glenn. États-Unis, 1980 – Couleurs – 2 h 15.

Bud tombe amoureux de Sissy dans un saloon où trône un taureau électrique qu'il chevauche avec maestria. Ils se marient mais Bud, macho, croit bon d'interdire le taureau à Sissy, qui s'y exerce en secret...

URGA "URGA"
Chronique de **Nikita Mikhalkov**, avec Badema *(Pagma)*, Bayaertu *(Gombo)*, Vladimir Gostukhin *(Sergueï)*, Babouchka *(Babouchka)*, Larissa Kuznetsova *(Marina)*, Jon Bochinski *(Stanislas)*, Bao Yongyan *(Bourma)*, Wurinile *(Bouin)*, Wang Zhiyong *(Van Biao)*, Bao Yinhexige *(Bajartou)*, Nikolai Vachtchiline *(Nikolaï)*. • SC : N. Mikhalkov, Roustam Ibraguimbekov. • PH : Villenn Kaluta. • DÉC : Aleksei Levtchenko. • MUS : Eduard Artemiev. • MONT : Joëlle Hache. France / U.R.S.S., 1991 – Couleurs – 2 h.

Une panne de camion fait se rencontrer, au fin fond de la steppe de Mongolie intérieure, Gombo, le Mongol, qui vit là sous une yourte avec sa femme et ses trois enfants et Sergueï, le

Russe, employé sur un chantier routier. Ils se font mutuellement découvrir leur univers : pour l'un, la ville, pour l'autre, la steppe, et ils réalisent tous deux avec mélancolie qu'ils connaissent bien mal leur héritage et qu'ils ont, chacun à leur façon, oublié leurs ancêtres.

◆ *Mi-fiction, mi-documentaire,* Urga *est un hommage lyrique à la beauté des immenses espaces de la steppe mongole, à la simplicité du mode de vie de ses habitants, à la grandeur de son passé. La ville est peinte sous des couleurs nettement plus sombres mais, pour Mikhalkov, c'est elle qui gagnera car les hommes sont voués, pour leur malheur, à piétiner leur passé.* *C.D.R.*

URGENCE

Film policier de **Gilles Béhat**, avec Richard Berry, Fanny Bastien, Bernard-Pierre Donnadieu, Jean-François Balmer. France, 1985 – Couleurs – 1 h 40.

Menacée, Lysa se confie à un journaliste qui s'efforce de démêler une intrigue mettant en jeu la police, des néo-nazis, une agence de presse, un concert antiraciste.

URGENCES

Documentaire de **Raymond Depardon**. France, 1987 – Couleurs – 1 h 45.

En de longs plans-séquences fixes, l'auteur filme la vie du service d'urgences psychiatriques de l'Hôtel-Dieu à Paris. La caméra, discrète et attentive, y scrute le désarroi et la folie ordinaire.

URSUS GLADIATEUR REBELLE

"URSUS IL GLADIATORE RIBELLE"

Péplum de **Domenico Paolella**, avec Dan Vadis, Alan Steel, José Gréci. Italie, 1962 – Couleurs – 1 h 35.

Ursus, ici chrétien et non-violent, devient gladiateur malgré lui et affronte dans l'arène l'empereur fou Commode. Un péplum bien réalisé.

USUAL SUSPECTS "THE USUAL SUSPECTS"

Thriller de **Bryan Singer**, avec Stephen Baldwin, Gabriel Byrne, Kevin Spacey, Chazz Palminteri. États-Unis, 1994 – Couleurs – 1 h 48. ★ OSCAR DU MEILLEUR SCÉNARIO ORIGINAL.

Après l'explosion d'un cargo soi-disant chargé de cocaïne, l'agent des douanes Kujan interroge l'un des survivants, Verbal Kint, un petit truand boiteux. Celui-ci finit par révéler qu'il avait été chargé par un émissaire de Keyser Soze, gangster redouté que personne n'a jamais vu, de récupérer la cocaïne avec l'aide de ses quatre complices habituels. En fait, la cocaïne était un leurre : le véritable but de Soze était, semble-t-il, d'abattre un témoin argentin qui pouvait l'identifier. Au terme de l'interrogatoire, Kujan relâche Kint, mais il ne tarde pas à s'en mordre les doigts. Des personnages désincarnés réduits à leur fonctionnalité criminelle (ou policière), un scénario très compliqué, truffé de flashbacks, où les éléments de l'intrigue sont distribués comme les pièces d'un rébus avant de prendre leur sens dans la dernière demi-heure du film, où le rythme s'accélère enfin.

L'USURE DU TEMPS "SHOOT THE MOON"

Drame psychologique d'**Alan Parker**, avec Diane Keaton, Albert Finney, Karen Allen. États-Unis, 1982 – Couleurs – 2 h 04.

Un écrivain à succès de San Francisco décide brusquement de rompre sa vie familiale et de vivre avec sa maîtresse ; mais, quand sa femme prend un amant, c'est une toute autre affaire...

UTOPIA

Drame d'**Iradj Azimi**, avec Laurent Terzieff, Dominique Sanda. France, 1978 – Couleurs – 1 h 30.

Face à un amour usé par le temps et à des amis éparpillés dans l'espace, un homme retourne dans la ville de son enfance. Il établit des liens avec les enfants, mais, rejeté par les parents, s'enfonce dans la mer.

UTU "UTU"

Drame de **Geoff Murphy**, avec Anzac Wallace, Bruno Lawrence, Kelly Johnson, Tim Elliot. Nouvelle-Zélande, 1982 – Couleurs – 1 h 47.

Lorsque des soldats anglais exterminent les habitants de son village, un caporal d'origine maori devient un farouche rebelle.

V

VACANCES "Holiday"

Comédie dramatique de **George Cukor**, d'après la pièce de Philip Barry, avec Katharine Hepburn, Cary Grant, Doris Nolan, Edward Everett Horton, Ruth Donnelly. États-Unis, 1938 – 1 h 33.

Une jeune fille, qui ne rêve que de liberté et de poésie, fait tout pour que réussissent les projets de mariage de sa sœur. Elle se débrouille si bien qu'elle finira par conquérir le fiancé de celle-ci.

▷ Autre version réalisée par **Edward H. Griffith**, avec Ann Harding, Robert Ames, Mary Astor, Edward Everett Horton, Hedda Hopper. États-Unis, 1930 – 1 h 39.

VACANCES À PARIS "The Perfect Furlough"

Comédie de **Blake Edwards**, avec Tony Curtis, Janet Leigh, Linda Cristal, Keenan Wynn. États-Unis, 1958 – Couleurs – 1 h 33.

Pour remonter le moral des soldats dans une base militaire de l'Arctique, une psychologue suggère d'offrir au plus méritant trois semaines à Paris, en compagnie d'une vedette de Hollywood.

VACANCES À VENISE "Summertime"

Comédie de **David Lean**, d'après la pièce d'Arthur Laurents *The Time of the Cuckoo*, avec Katharine Hepburn, Rossano Brazzi, Isa Miranda. États-Unis / Italie, 1955 – Couleurs – 1 h 39.

Une Américaine, qui passe des vacances romantiques à Venise, tombe amoureuse d'un séducteur aux yeux de velours.

LES VACANCES DE M. HULOT

Comédie de **Jacques Tati**, avec Jacques Tati *(M. Hulot)*, Nathalie Pascaud *(Martine)*, Louis Perrault *(M. Fred)*, Michèle Rolla *(la tante)*, André Dubois *(le commandant)*, Valentine Camax *(l'Anglaise)*, Lucien Frégis *(l'hôtelier)*, Suzy Willy *(la commandante)*, Raymond Carl *(le garçon)*. • SC : J. Tati, Henri Marquet. • PH : Jean Mousselle, Jacques Mercanton. • DÉC : Henri Schmitt. • MUS : Alain Romans. • MONT : Jacques Grassi, Ginou Bretoneiche, Suzanne Baron. • PR : Fred Orain (Cady-Films / Discina). France, 1953 – 1 h 36. ★ **Prix de la Critique internationale, Cannes 1953 ; prix Louis-Delluc 1953 ; prix du Meilleur film de l'année, Cuba 1956 ; « Golden Laurel Award », Édimbourg 1958.**

« Juillet. Premier mois des grandes vacances populaires... Dans le hall d'une grande gare, la foule des citadins s'affaire le long des convois sous pression qui vont les conduire aux lieux choisis de leurs vacances. Sur la route, d'autres citadins, pourvus de voitures, foncent eux aussi vers leurs lieux de vacances. » Tati résume ainsi le point de départ des Vacances de M. Hulot. Le film n'a pas à proprement parler d'intrigue mais la façon dont M. Hulot perturbe, avec la meilleure volonté du monde, les vacances des autres personnages fournit une suite de situations comiques qui sont à mi-chemin entre un récit unique et brisé et une suite de sketches. L'action du film se situe donc entre un hôtel et une plage où une faune d'« estivants modestes, de familles nombreuses et d'habitués » passe les grandes vacances. Ces gens « sérieux » se méfient de M. Hulot et ce dernier, pour se faire accepter d'eux, ne cesse d'aggraver son cas. Successivement, il se met à dos un propriétaire de bateau, le patron de l'hôtel, un ancien militaire, un homme d'affaires.

Mais ceux – enfants compris – qui sont restés proches de l'enfance reconnaissent Hulot comme l'incarnation même de l'idée de « vacances ».

◆ **Un univers stylisé**

Avec ce deuxième long métrage qui crée le personnage de M. Hulot, Tati donne un tableau inoubliable de la France du début des années 50, un pays archaïque, encore pauvre et soucieux de hiérarchie. Hulot n'est pas révolté par le conformisme des petites gens et c'est en voulant s'intégrer à leur monde qu'à la fois il déclenche le rire et permet de prendre conscience des limites de ce monde. En ce sens, Tati qui vient du mime et du cirque est aussi le premier grand comique moderne, celui qui a le mieux perçu l'évolution de la société française, qui a compris que les raisons de rire changeaient, tout comme changeaient le langage et la technique du cinéma. Les Vacances de M. Hulot *tire sa force d'un sens aigu de l'observation mis au service d'une « reconstruction » scrupuleuse de ce qui a été observé. Non seulement Tati, comme tout mime, stylise les gestes et les corps, mais il stylise aussi l'univers sonore et reste le cinéaste après lequel il a été impossible d'écouter un film « distraitement ».* S.D.

VACANCES D'ÉTÉ "SUMMER HOLIDAY"

Comédie musicale de **Peter Yates**, avec Cliff Richard, Lauri Peters, David Kossoff. Grande-Bretagne, 1962 – Couleurs – 1 h 49.

Quatre jeunes ouvriers métallurgistes anglais réparent un vieux bus londonien et partent passer leurs vacances sur la Riviera française. Avec les Shadows, acteurs et musiciens.

VACANCES PORTUGAISES

Comédie dramatique de **Pierre Kast**, avec Françoise Arnoul, Michel Auclair, Jean-Pierre Aumont. France, 1963 – 1 h 40.

Jean-Pierre et Françoise passent l'hiver au Portugal. Ils invitent toute une bande d'amis pour un week-end. Marivaudages, jeux de séduction, puis le couple retrouve sa solitude.

VACANCES ROMAINES "ROMAN HOLIDAY"

Comédie de **William Wyler**, avec Gregory Peck *(Joe Bradley)*, Audrey Hepburn *(Anne)*, Eddie Albert *(Irving)*. • SC : John Dighton, Ian McLellan Hunter, d'après sa nouvelle. • PH : Franz Planer, Henri Alekan. • DÉC : Hal Pereira, W. Tyler. • MUS : Georges Auric. • MONT : R. Swink. États-Unis, 1953 – 1 h 58.

La jeune princesse Anne, en visite à Rome et excédée par le protocole, fait une fugue de 24 heures. Elle rencontre un journaliste qui feint de ne pas la reconnaître afin de faire un reportage sensationnel. Obéissant à son devoir, la princesse rentre au palais. Le journaliste, lors d'une conférence de presse, lui remet les photos qu'il a prises d'elle. Tous deux se sont aimés sans lendemain.

◆ *Une parfaite comédie très sensible et alerte qui équilibre harmonieusement les moments de pure drôlerie et ceux où la muflerie objective de Bradley, jouant un double jeu, se confond avec les marques esquissées en touches légères et presque imperceptibles de son amour naissant qui s'avère réciproque sans que ce conte de fées s'achève par le mariage de la princesse et du berger. Le film laisse un sentiment d'amertume un peu sucrée, celle-là même que doit ressentir Bradley en regardant les clichés de la princesse dans des moments privilégiés, futiles et inoubliables qui appartiennent inéluctablement à un passé déjà révolu. Le film, couvert d'Oscars, fit d'Audrey Hepburn, délicate et espiègle, une star. Il influencera de toute évidence Mizoguchi dans* l'Impératrice Yang Kwei Fei. S.K.

LA VACHE ET LE PRISONNIER

Comédie d'**Henri Verneuil**, avec Fernandel, Ellen Schwiers, Pierre Louis, Richard Winckler, Ingeborg Schoner, Bernard Musson, Maurice Nasil, René Havard. France / Italie, 1959 – 2 h.

En 1943, au cœur de l'Allemagne, un prisonnier qui rêve d'évasion se fait prêter une vache par la fermière qui l'emploie. Au terme d'une longue route semée d'embûches, il arrive en France.

LE VAGABOND "AWAARA"

Drame de **Raj Kapoor**, avec Raj Kapoor, Nargis, Prithviraj Kapoor, Leela Chitnis, Shashi Kapoor, K.N. Singh. Inde, 1951 – 2 h 50.

À Bombay, un homme qui toute sa vie a été persécuté par un criminel le tue par amour pour son amie d'enfance. Condamné, il apprend qu'il est le fils de son juge.

LE VAGABOND DES MERS

"THE MASTER OF BALLANTRAE"

Film d'aventures de **William Keighley**, d'après le roman de R.L. Stevenson, avec Errol Flynn, Roger Livesey, Anthony Steel, Yvonne Furneaux. États-Unis / Grande-Bretagne, 1953 – Couleurs – 1 h 29.

À la fin du XVIIIe siècle, les aventures d'un gentilhomme écossais qui devient flibustier.

LES VAINCUS "I VINTI"

Film à sketches de **Michelangelo Antonioni**, avec Jean-Pierre Mocky, Peter Reynolds, Franco Interlenghi, Anna Maria Ferrero. Italie, 1952 – 1 h 40.

Trois épisodes, se déroulant dans trois pays différents, à propos de la jeunesse délinquante.

Une œuvre mineure d'Antonioni, dont le style se reconnaît dans l'épisode « anglais ».

VAINQUEUR DU CIEL "REACH FOR THE SKY"
Biographie de **Lewis Gilbert**, avec Kenneth More, Muriel Pavlow, Lyndon Brook, Alexander Knox. Grande-Bretagne, 1956 – 2 h 15.

La vie du pilote Douglas Bader qui, malgré son amputation des deux jambes, devint un héros de la Seconde Guerre mondiale.

LE VAISSEAU DU CIEL / À 400 MILLIONS DE LIEUES DE LA TERRE "HIMMELSKIBET"
Comédie dramatique de **Forest Holger-Madsen**, avec Nicolai Neiliendam, Gunnar Tolnaes, Zanny Petersen, Alf Blütecher. Danemark, 1918 – 2 622 m (env. 1 h 37).

À bord de son vaisseau spatial, un ingénieur se rend sur Mars où il est accueilli par une population pacifiste. Avec la fille du grand prêtre, il repart sur Terre, porteur d'un message de paix.

LE VAISSEAU FANTÔME "THE SEA WOLF"
Film d'aventures de **Michael Curtiz**, d'après le roman de Jack London, avec Edward G. Robinson, John Garfield, Ida Lupino, Alexander Knox, Gene Lockhart. États-Unis, 1941 – 1 h 40.

Un capitaine fou refuse de débarquer un couple de naufragés qu'il a pris à son bord. Ces derniers s'évadent dans un canot avec un matelot, mais se retrouvent quelques jours après, à leur point de départ.

▷ Autre version réalisée par **Harmon Jones**, intitulée WOLF LARSEN, avec Barry Sullivan, Peter Graves, Thayer David, Gita Hall. États-Unis, 1958 – 1 h 23.

LE VAL D'ENFER
Drame de **Maurice Tourneur**, avec Gabriel Gabrio, Ginette Leclerc, Édouard Delmont, Gabrielle Fontan. France, 1943 – 1 h 28.

Le contremaître d'une carrière épouse une femme qui ne tarde pas à succomber aux avances d'un beau jeune homme. Elle sera tuée par l'explosion d'une mine alors qu'elle s'apprête à fuir avec son amant.

VALDEZ "VALDEZ IS COMING"
Western d'**Edwin Sherin**, avec Burt Lancaster, Susan Clark, Jon Cypher, Barton Heyman, Frank Silvera. États-Unis, 1971 – Couleurs – 1 h 30.

Un policier, involontairement responsable de la mort d'un Noir innocent, cherche à faire payer le vrai coupable. Il lui faudra pour cela accepter de recourir à la violence.

VALENTINA "VALENTINA"
Drame de **Gleb Panfilov**, avec Daria Mikhaïlova, Inna Tchourikova, Rodion Nakhapetov, Larissa Oudovitchenko. U.R.S.S. (Russie), 1981 – Couleurs – 1 h 37.

Un café est le lieu d'affrontement des personnages : la serveuse, la patronne et son ivrogne de mari, le comptable local.

VALENTINO "VALENTINO"
Biographie de **Ken Russel**, d'après le livre de Brad Steiger et Chaw Mank, avec Rudolph Noureev, Leslie Caron, Michelle Phillips, Carol Kane, Felicity Kendal. Grande-Bretagne, 1977 – Couleurs – 2 h 12.

Somptueusement mise en images, la vie et la mort de Rudolph Valentino, la grande idole du muet et des femmes.

▷ Sur le même sujet, VALENTINO, de **Lewis Allen**, avec Anthony Dexter, Eleanor Parker, Richard Carlson, Patricia Medina. États-Unis, 1951 – Couleurs – 1 h 45.

VALERIE AU PAYS DES MERVEILLES
"VALERIE A TYDEN DIVU"
Comédie dramatique de **Jaromil Jires**, d'après le roman de Vitezslav Nezval, avec Jaroslava Schallerova, Helena Anyzkova, Jiri Prymek. Tchécoslovaquie, 1969 – Couleurs – 1 h 17.

Dans une petite ville de Bohême aux environs de 1800, une sage jeune fille est accusée de sorcellerie. Entre les fantasmes de l'adolescente et la troublante réalité, la frontière est bien imprécise.

LA VALISE
Comédie de **Georges Lautner**, avec Michel Constantin, Mireille Darc, Jean-Pierre Marielle. France, 1973 – Couleurs – 1 h 40.

Alors que le conflit s'aggrave entre Israéliens et Arabes, un officier de renseignements français regagne la France avec une valise diplomatique dans laquelle est caché un agent israélien.

LA VALLÉE
Drame de **Barbet Schroeder**, avec Bulle Ogier, Jean-Pierre Kalfon, Michaël Gothard. France, 1972 – Couleurs – 1 h 35.

La femme du consul de France à Melbourne cherche à s'évader de la vie artificielle qu'elle mène en se joignant à un groupe d'explorateurs de la Nouvelle-Guinée. Une quête décevante.

LA VALLÉE DE GWANGI "THE VALLEY OF GWANGI"
Film fantastique de **James O'Connolly**, avec James Franciscus, Gila Golan, Richard Carlson. États-Unis, 1969 – Couleurs – 1 h 40.

Dans une vallée interdite subsistent encore des animaux préhistoriques. Leur recherche et leur capture sont le prétexte à de spectaculaires effets spéciaux du maître Ray Harryhausen.

LA VALLÉE DE LA PAIX "DOLINA MIRU"
Film de guerre de **France Štiglic**, avec John Kitzmiller *(l'aviateur)*, Evelyne Wohlfeiler *(Lotti)*, Tugo Štiglic *(Marko)*, Boris Kralj, Maks Furijan, Janez Čuk. • SC : Ivan Ribič. • PH : Rudi Vavpotič. • DÉC : Ivan Spinčič. • MUS : Marijan Kozina. • MONT : Radojka Ivančević. Yougoslavie, 1956 – 1 h 25.

Les Allemands traquent les partisans slovènes. Marko et Lotti, deux orphelins – un Slovène et une Allemande – s'échappent d'un centre d'accueil allemand à la recherche d'une vallée mythique où la guerre n'existe pas. Ils rencontrent Jim, un aviateur américain noir tombé du ciel en parachute. Ensemble, ils se rendent à la ferme de l'oncle de Marko où partisans et soldats allemands s'affrontent. Blessé, Jim réussit à faire monter les enfants sur un cheval qu'il lance au galop vers la vallée de la paix...

◆ *Ce film slovène fait date dans l'histoire de la cinématographie yougoslave. Il introduit une nouvelle vision de la guerre de partisans en rupture avec la représentation emblématique du héros révolutionnaire romantique dont l'exemplarité sert d'enseignement pour les survivants et les générations futures. Sans complaisance pour le spectaculaire et le pathétique, France Štiglic restitue la dimension humaine des combattants dont le courage n'exclut pas la peur. La sincérité et le sens poétique de ce message de paix donnent au film une portée universelle.* A.K.

LA VALLÉE DE LA PEUR "PURSUED"
Western de **Raoul Walsh**, avec Robert Mitchum *(Jeb Rand)*, Teresa Wright *(Thorley Callum)*, Judith Anderson *(Medora Callum)*, Dean Jagger *(Grant Callum)*, John Rodney *(Adam Callum)*, Alan Hale *(Jack Dingle)*. • SC : Niven Busch. • PH : James Wong Howe. • DÉC : Ted Smith, Jack McConaghy. • MUS : Max Steiner. • MONT : Christian Nyby. États-Unis, 1947 – 1 h 41.

Jeb Rand, un orphelin, a été recueilli par Medora Callum et élevé avec Thorley et Adam. En grandissant, il tombe amoureux de Thorley et doit l'épouser à son retour de la guerre. Il revient en héros mais, jalousé par son demi-frère qui a travaillé la terre pendant son absence, doit s'en aller. Lors d'un traquenard, il est contraint d'abattre Adam. Il est répudié par sa mère adoptive et détesté par sa fiancée. Il fait des affaires, devient riche et revient faire sa cour à Thorley qui accepte sa demande en mariage dans le projet de l'abattre. Jeb est, depuis son enfance, poursuivi par des images de cauchemars qui détiennent le secret de son origine. Tout se résoudra dans la maison où s'est passé le drame initial.

◆ *Ce film appartient à l'époque la plus fastueuse de la carrière de Raoul Walsh qui, après une riche période muette encore mal connue mais contenant des films majeurs, eut une traversée du désert (relative) dans les années 30, avant de connaître une créativité débordante qui n'a pas d'équivalent dans le cinéma.* La Vallée de la peur *est un western qui puise dans la veine psychanalytique que Hollywood découvrait et vulgarisait grossièrement, Walsh ayant su éviter tous les pièges allégoriques de ce type de films. C'est la démesure de l'individu prêt à assumer sa propre folie pour parvenir à ses fins qui le passionne au point d'en faire l'énergie motrice du meilleur de son œuvre.* S.K.

LA VALLÉE DE LA POUDRE "THE SHEEPMAN"
Western de **George Marshall**, avec Glenn Ford *(Jason Sweet)*, Shirley MacLaine *(Dell Payton)*, Leslie Nielsen *(Johny Bledsoe)*. • SC : William Bowers, James Edward Grant. • PH : Robert Bronner. • DÉC : Henry Grace, Hugh Hunt. • MUS : Jeff Alexander. • MONT : Ralph E. Winters. États-Unis, 1958 – Couleurs – 1 h 25.

Dans une petite ville de l'Ouest, un éleveur de moutons, Jason Sweet, se heurte aux intérêts des éleveurs de bovins.

◆ *Malgré la sévérité du scénario,* la Vallée de la poudre *est moins une sombre rivalité entre deux modes d'élevage qu'une tentative – réussie – de western comique. Non pas une parodie de western.* C.A.

LA VALLÉE DES GÉANTS "THE BIG TREES"
Film d'aventures de **Felix Feist**, avec Kirk Douglas, Patrice Wymore, Edgar Buchanan. États-Unis, 1952 – Couleurs – 1 h 29.

En Californie, un forestier se heurte à l'hostilité des habitants dont il veut exploiter les terrains. Action et paysages.

▷ Remake de VALLEY OF THE GIANTS, de **William Keighley**, avec Wayne Morris, Claire Trevor, Frank McHugh, Alan Hale, Donald Crisp, Charles Bickford. États-Unis, 1938 – Couleurs – 1 h 19.

LA VALLÉE DES POUPÉES "VALLEY OF THE DOLLS"
Mélodrame de **Mark Robson**, d'après le roman de Jacqueline Susann, avec Barbara Parkins, Patty Duke, Sharon Tate, Susan Hayward. États-Unis, 1967 – Couleurs – 2 h 02.

Tiré d'un best-seller, le film décrit les coulisses du monde du spectacle. Au milieu des névroses et des haines, les tranquillisants, les « poupées », règnent et font autant de ravages.

LA VALLÉE DES ROIS "VALLEY OF THE KINGS"
Film d'aventures de **Robert Pirosh**, avec Robert Taylor, Eleanor Parker, Carlos Thompson, Kurt Kasznar. États-Unis, 1954 – Couleurs – 1 h 26.

La fille d'un égyptologue se rend au Caire pour poursuivre l'œuvre de son père. Grandiose aventure tournée sur place.

LA VALLÉE DU BONHEUR "FINIAN'S RAINBOW"
Comédie musicale de **Francis Ford Coppola**, avec Fred Astaire, Petula Clark, Tommy Steele. États-Unis, 1968 – Couleurs – 2 h 24.

Un Irlandais et sa fille, tous deux un peu sorciers, débarquent dans le Sud profond pour y faire régner le bonheur et l'amour.

LA VALLÉE FANTÔME
Comédie dramatique d'**Alain Tanner**, avec Jean-Louis Trintignant, Jacob Berger, Laura Morante, Caroline Cartier. France / Suisse, 1987 – Couleurs – 1 h 42.

Un jeune homme rencontre un cinéaste qui a du mal à trouver la comédienne de son prochain film. Celui-ci charge son nouvel assistant de retrouver une actrice italienne qu'il avait connue jadis.

LA VALLÉE HEUREUSE / LA JOLIE FERMIÈRE
"SUMMER STOCK"
Comédie musicale de **Charles Walters**, avec Gene Kelly, Judy Garland, Marjorie Main. États-Unis, 1950 – Couleurs – 1 h 49.

Une jolie fermière voit arriver un jour sa sœur en compagnie d'une troupe de comédiens. Elle leur prête une grange pour les répétitions et devient en fin de compte la vedette de la revue.

LA VALLÉE MAUDITE "GUNFIGHTERS"
Western de **George Waggner**, d'après le roman de Zane Gray *Twin Sombreros*, avec Randolph Scott, Barbara Britton, Dorothy Hart, Bruce Cabot, Charley Grapewin. États-Unis, 1947 – Couleurs – 1 h 28.

À la suite d'un accident, un tireur renommé décide de ne plus porter de revolver. Mais accusé du meurtre d'un ami qu'il a trouvé assassiné, il reprend les armes pour se défendre.

LA VALLÉE PERDUE "THE LAST VALLEY"
Film historique de **James Clavell**, d'après le roman de J.B. Pick, avec Omar Sharif, Michael Caine, Florinda Bolkan, Nigel Davenport. États-Unis, 1970 – Couleurs – 2 h 08.

Au XVIIe siècle, pendant la guerre de Trente Ans, une vallée est restée à l'écart du conflit et des mercenaires s'y installent paisiblement pour l'hiver. Mais les haines seront les plus fortes...

VALPARAISO, VALPARAISO
Comédie satirique de **Pascal Aubier**, avec Alain Cuny, Bernadette Lafont, Laszlo Szabo, Rufus, Alexandra Stewart. France, 1971 – Couleurs – 1 h 30.

Balthazar Lamarck-Caulaincourt est un écrivain farfelu qui rêve d'une révolution mythique et mondiale dont le déclenchement devrait avoir lieu à Valparaiso. Une dénonciation féroce du gauchisme de salon.

VALSE D'AMOUR "TOLGO IL DISTURBO"
Comédie dramatique de **Dino Risi**, avec Vittorio Gassman, Dominique Sanda, Valentina Holtkam. Italie, 1992 – Couleurs – 1 h 40.

Après quinze ans d'internement, un ancien malade mental rentre à la maison. Indifférent aux conventions et aux calculs des gens « normaux », son comportement va mettre à nu la vérité des caractères et l'isoler. C'est seulement avec sa petite fille de 10 ans qu'il arrive à établir une relation vraie qui se transforme peu à peu en amour, mais pas pour longtemps.

LA VALSE DANS L'OMBRE "WATERLOO BRIDGE"
Mélodrame de **Mervyn LeRoy**, avec Robert Taylor *(Roy Cronin)*, Vivien Leigh *(Myra Lester)*, Maria Ouspenskaya *(dame Olga Kirowa)*, Virginia Field *(Kitty)*, Lucile Watson *(lady Margaret Cronin)*, C. Aubrey Smith *(le duc)*. • SC : S.N. Berhrman, Hans Rameau, George Froeschel, d'après la pièce de Robert E. Sherwood. • PH : Joseph Ruttenberg. • DÉC : Cedric Gibbons. • MUS : Herbert Stothart. • MONT : George Boemler. États-Unis, 1940 – 1 h 43.

La Seconde Guerre mondiale, Waterloo Bridge à Londres, un vieil officier, Roy Cronin, se souvient. Pendant la Grande Guerre, au cours d'une alerte, il rencontre sur ce même pont une jolie ballerine, Myra Lester. Ils s'éprennent l'un de l'autre. Quand elle apprend sa mort sur le front, Myra sombre dans la prostitution. Mais un soir, à la gare de Waterloo, elle retrouve Roy.

◆ *L'histoire commence comme un conte de fées, le prince et la danseuse, et continue sur un ton plus dramatique. Dans un café, les amoureux dansent une valse romantique au son de la mélodie « Ce n'est qu'un au revoir » à la lumière des bougies qui s'éteignent l'une après l'autre. La musique de Stothart ponctue admirablement le film. Le brouillard, la pluie, la neige créent, grâce à la photographie de Ruttenberg, une ambiance poignante.* S.P.

LA VALSE DE L'EMPEREUR "THE EMPEROR WALTZ"
Comédie musicale de **Billy Wilder**, avec Bing Crosby, Joan Fontaine, Roland Culver. États-Unis, 1948 – Couleurs – 1 h 46.

À Vienne, en 1901, l'inventeur d'un phonographe parvient à se faire aimer d'une comtesse grâce à son chien.

LA VALSE DE PARIS
Comédie musicale de **Marcel Achard**, avec Yvonne Printemps, Pierre Fresnay, Jacques Castelot. France, 1950 – 1 h 32.

Sous le second Empire, les amours de Jacques Offenbach et Hortense Schneider. Brillant et léger.

LA VALSE DES COLTS "HE RIDES TALL"
Western de **R.G. Springsteen**, avec Tony Young, Dan Duryea, Madlyn Rhue. États-Unis, 1964 – 1 h 24.

Après avoir tué son demi-frère, Morgan abandonne ses fonctions de shérif mais doit tout de même affronter Thorn, un repris de justice qui fait régner la terreur.

LA VALSE DES PANTINS "THE KING OF COMEDY"
Comédie de **Martin Scorsese**, avec Robert De Niro, Jerry Lewis, Diahne Abbott. États-Unis, 1982 – Couleurs – 1 h 50.

Un mythomane est persuadé que son idole, un présentateur vedette, va proposer ses sketches dans son émission et le harcèle.

LA VALSE DES TRUANDS "MARLOWE"
Film policier de **Paul Bogart**, d'après le roman de Raymond Chandler *The Little Sister*, avec James Garner, Gayle Hunnicutt, Rita Moreno, Sharon Farrell. États-Unis, 1969 – Couleurs – 1 h 35.

Marlowe est chargé de retrouver un homme qui a disparu. Les meurtres s'accumulent jusqu'à la résolution de l'énigme.

▷ Voir aussi, avec Philip Marlowe, LE GRAND SOMMEIL.

VALSE ROYALE
Mélodrame historique de **Jean Grémillon**, avec Henri Garat, Renée Saint-Cyr, Christian Gérard, Mila Parely, Adrien Le Gallo, Bernard Lancret. France, 1935 – 1 h 35.

À Munich en 1852, le fils de l'ambassadeur d'Autriche doit épouser une jeune fille qu'il a compromise, alors qu'il aime sa sœur aînée. La princesse Élisabeth arrange l'affaire.

▷ Parallèlement, **Herbert Maisch** signe une version allemande intitulée KÖNIGSWALZER, avec Willi Forst, Heli Finkenzeller, Paul Hörbiger, Curd Jürgens.

LES VALSEUSES
Comédie dramatique de **Bertrand Blier**, avec Gérard Depardieu *(Jean-Claude)*, Miou-Miou *(Marie-Ange)*, Patrick Dewaere *(Pierrot)*, Jeanne Moreau *(Jeanne)*, Jacques Chailleux *(Jacques)*, Michel Peyrelon *(le chirurgien)*, Brigitte Fossey *(la femme dans le train)*, Isabelle Huppert *(Jacqueline)*. • SC : Philippe Dumarçay, B. Blier, d'après son roman. • PH : Bruno Nuytten. • DÉC : Jean-Jacques Caziot. • MUS : Stéphane Grappelli. • MONT : Kenout Peltier. France, 1974 – Couleurs – 1 h 55.

Deux loubards, Jean-Claude et Pierrot, font les quatre cents coups, volant les sacs des passantes et les voitures. Après une altercation avec un coiffeur, ils emmènent avec eux son employée et maîtresse Marie-Ange. Pierrot, blessé, se fait soigner par un chirurgien avant de le dépouiller. Une longue cavale commence, le trio changeant constamment de voiture, s'attaquant aux commerçants, aux Français moyens, aux gardiens de prison. Ils font la connaissance de Jeanne, une ex-détenue, qui se suicide après une nuit d'amour commune. Puis Jacques, le fils de Jeanne, se joint à eux, et bientôt Jacqueline, une adolescente en rupture de famille. Ils roulent ensemble vers l'Italie...

◆ *Le succès en librairie de son premier roman,* les Valseuses, *incita Bertrand Blier à le porter aussitôt à l'écran. Le rythme de la mise en scène (souligné par le violon de Stéphane Grappelli) et la saveur très étudiée des dialogues sont les atouts d'un film qui révéla d'emblée le trio Depardieu / Dewaere / Miou-Miou, découverts au café-théâtre, et qui allaient connaître tous trois la brillante carrière que l'on sait.* *G.L.*

LE VAMPIRE DE CES DAMES "LOVE AT FIRST BITE"
Comédie fantastique de **Stan Dragoti**, avec George Hamilton, Susan Saint-James, Richard Benjamin, Dick Shawn, Arte Johnson. États-Unis, 1979 – Couleurs – 1 h 35.

Chassé de son pays natal par les communistes, le comte Dracula émigre aux États-Unis et tente par tous les moyens de vampiriser la cover-girl dont il est amoureux.

LE VAMPIRE DE DÜSSELDORF
Drame de **Robert Hossein**, avec Robert Hossein, Marie-France Pisier. France / Espagne / Italie, 1965 – 1 h 30.

En 1930, la République de Weimar est au bord de la faillite et le nazisme monte. À Düsseldorf, un maniaque tue des femmes en série ; il s'agit d'un ouvrier bien ordinaire et convenable.

LES VAMPIRES

Serial de **Louis Feuillade**, avec Musidora *(Irma Vep)*, Édouard Mathé *(Philippe Guérande)*, Delphine Renot *(sa mère)*, Louise Lagrange *(Jane, sa fiancée)*, Jeanne-Marie Laurent *(la mère de Jane)*, Jean Aymé *(le grand vampire)*, Marcel Levesque *(Mazamette)*, Fernand Hermann *(Moreno)*, Stacia Napierkowska *(la danseuse)*, Renée Carl *(l'Andalouse)*, Bout-de-Zan. • SC : L.Feuillade, Georges Meiers. • PH : plusieurs opérateurs, dont G. Guérin. • DÉC : Robert-Jules Garnier. • PR : Gaumont. France, 1915-1916. Dix épisodes de 40 mn chacun environ : 1) LA TÊTE COUPÉE. 2) LA BAGUE QUI TUE. 3) LE CRYPTOGRAMME ROUGE. 4) LE SPECTRE. 5) L'ÉVASION DU MORT. 6) LES YEUX QUI FASCINENT. 7) SATANAS. 8) LE MAÎTRE DE LA FOUDRE. 9) L'HOMME DES POISONS. 10) LES NOCES SANGLANTES.

Malgré le titre, il ne s'agit pas d'une histoire fantastique et le mot de vampire, dont l'anagramme donne le nom de leur égérie, n'est qu'une appellation que se sont donnée de redoutables malfaiteurs en lutte contre la société. Avec beaucoup de péripéties et de récits annexes, l'histoire peut se résumer à l'enquête menée par le journaliste Philippe Guérande pour démasquer la bande, responsable d'innombrables forfaits et toujours impunie malgré les efforts de la police.

◆ Un film-feuilleton

Alors directeur chez Gaumont, Feuillade mit en chantier les Vampires *pour contrer la sortie chez Pathé des* Mystères de New York. *Ici, plus encore que dans* Fantômas *dont le scénario reposait sur les ouvrages d'Allain et Souvestre, Feuillade laisse libre cours à son imagination. Et comme il est pressé, il finit par improviser au fur et à mesure du tournage et le texte destiné au film paraît chaque jour dans* le Matin, *en même temps que les épisodes sont distribués dans les salles à raison d'un par semaine. C'est toute la technique du feuilleton, qui, après la presse, fait étape au cinéma avant de nourrir la future télévision. On est donc en plein divertissement populaire, et la critique dans son ensemble manifesta sa désapprobation et même son dédain, y compris Louis Delluc ; mais, sans parler du succès public, les surréalistes, eux, s'enthousiasmèrent pour le brio, le merveilleux et la poésie d'une œuvre qui faisait fi de tous les schémas savants. Il faut noter cependant l'étonnant décalage, pour ne pas dire plus, entre ce monde abstrait à force de ne mettre en scène que des intrigues de fiction pure opposant des personnages totalement stéréotypés, et la réalité de la guerre où le pays était alors plongé. Paradoxalement,* les Vampires *ressemble pourtant à un grand documentaire. Quand on le voit aujourd'hui, ce qui frappe, en effet, c'est la minutie du décor, des costumes, la présence des extérieurs ; et comme la mise en scène est d'une sobriété très contrôlée, avec peu d'effets, toute latitude nous est laissée pour apprécier ce portrait direct de la réalité quotidienne de l'environnement en 1915-1916. Un peu comme les peintres de la Renaissance nous renseignent mieux sur la vie de leur temps que sur les scènes bibliques qu'ils étaient censés peindre...Et puis, il y a Musidora, cette « Dixième Muse » dont parlait Aragon, moulée dans un maillot de soie noire dont l'effet est renforcé par une cagoule identique. Elle est la première vamp et c'est normal, puisque le mot vient de vampire... Par la grâce de ce personnage d'aventurière fatale dont nul n'oubliera l'image, elle est devenue un mythe et justifie ainsi,* in fine, *la connotation fantastique du titre.* J.-M.C.

LES VAMPIRES "I VAMPIRI"

Film d'épouvante de **Riccardo Freda**, avec Gianna Maria Canale, Antoine Balpêtré, Paul Muller. Italie, 1957 – 1 h 25.

Les terrifiantes expériences d'un Frankenstein moderne.

VAMPYR (L'ÉTRANGE AVENTURE DE DAVID GRAY)

Film fantastique de **Carl Theodor Dreyer**, avec Julian West [baron de Gunzburg] *(David Gray)*, Maurice Schutz *(le châtelain)*, Sybille Schmitz *(Léone)*, Rena Mandel *(Gisèle)*, Jean Hieronimko *(le médecin)*, Henriette Gérard *(Marguerite Chopin, la vampire)*. • SC : C.T. Dreyer, Christian Jul, d'après deux nouvelles de Sheridan Le Fanu *Carmilla* et *In the Glass Darkly*. • PH : Rudolph Maté, Louis Née. • DÉC : Hermann Warm, Hans Bittmann, Cesare Silvagni. • MUS : Wolfgang Zeller. France / Allemagne, 1932 – 1 h 23.

David Gray rentre à son auberge où un vieil homme lui confie un paquet à n'ouvrir qu'en cas de décès. La vie déjà somnambulique de Gray bascule alors. Il va dans un château étrange, noyé dans la brume, où la fille du châtelain, Léone, semble possédée. Le livre contenu dans le paquet révèle qu'en fait elle est vampirisée par une certaine Marguerite Chopin avec la complicité du médecin qui la soigne.

◆ *Dreyer, qui admirait le* Nosferatu *de Murnau, voulait en reprendre les principes formels et notamment le style d'éclairage où l'opposition des blancs et des noirs était une métaphore visuelle de la lutte du bien et du mal. À la suite d'une erreur technique, la pellicule fut voilée et tout apparaissait dans un univers indistinct et blanchâtre. Il décida d'utiliser cette erreur pour en faire le principe émotionnel du film.* S.K.

THE VAN "THE VAN"

Comédie de **Stephen Frears**, avec Colm Meany, Donald O'Keley, Ger Ryan, Caroline Rothwell. Grande-Bretagne, 1996 – Couleurs – 1 h 32.

Deux Irlandais au chômage, Bimbo et Larry, décident d'acheter un camion pour vendre des « fish and chips « sur les plages. Les affaires marchent tellement bien que les deux amis commencent à entrer en rivalité. L'action se déroule à Barrytown, comme dans The Snapper, mais le résultat est nettement moins convaincant : la pâte est plus lourde et les personnages ont moins de saveur.

LE VANDALE "COME AND GET IT"

Drame de **Howard Hawks** et **William Wyler**, avec Edward Arnold *(Barney Glasgow)*, Frances Farmer *(Lotta Norge / Lotta Bostrom)*, Joel McCrea *(Richard Glasgow)*, Walter Brennan *(Swan Bostrom)*. • SC : Jules Furthman, Jane Murfin, Robert Wyler, d'après le roman d'Edna Ferber. • PH : Gregg Toland. • DÉC : Richard Day. • MUS : Alfred Newman. • MONT : Edward Curtis. États-Unis, 1936 – 1 h 45.

En 1884, l'ambitieux Barney Glasgow, associé à Swan Bostrom dans une entreprise forestière, séduit une jeune femme qu'il abandonne pour faire un riche mariage dans l'Est. Trente ans plus tard, il revient avec son fils et retrouve la fille de la femme qu'il avait aimée. Elle est le portrait de sa mère. Son fils en tombe amoureux et devient son rival sentimental.

◆ *Le film, dominé par la puissante création d'Edward Arnold, donne à voir de façon saisissante la vie des pionniers, notamment dans les éblouissantes scènes montrant l'abattage des arbres et leur transport fluvial à travers l'hiver canadien.* S.K.

VAN GOGH

Drame de **Maurice Pialat**, avec Jacques Dutronc *(Van Gogh)*, Gérard Séty *(le docteur Gachet)*, Alexandra London *(Marguerite Gachet)*, Corinne Bourdon *(Jo)*, Bernard Le Coq *(Théo)*, Elsa Zylberstein *(Cathy)*, Leslie Azzoulai *(Adeline Ravoux)*, Chantal Barbarit *(Mme Chevalier)*. • SC : M. Pialat. • PH : Emmanuel Machuel, Gilles Henry. • DÉC : Philippe Pallut, Katia Vischkof. • MUS : Compilation. • MONT : Yann Dedet, Nathalie Hubert. France, 1991 – Couleurs – 2 h 35.

Quittant l'asile de Saint-Rémy-de-Provence, Vincent Van Gogh se rend à Auvers-sur-Oise pour s'y soigner et pour peindre. Il est accueilli par le docteur Gachet, un amateur d'art éclairé. Malgré la sollicitude d'un entourage chaleureux, les attentions de la fille du docteur Gachet, le peintre ne trouve pas l'équilibre.

◆ *Ce n'est pas une biographie, mais l'évocation des derniers jours de Van Gogh. Le cinéaste ne cherche nullement à glorifier le génie de l'artiste, il raconte les désarrois d'un homme fragile, incompris parce qu'incompréhensible, hésitant constamment. C'est une vision nouvelle du peintre qui nous est proposée ici. Elle a été contestée (par rapport à la vérité historique, d'ailleurs obscure). Mais ce qui est incontestable, c'est la maîtrise, le talent, la hardiesse du cinéaste qui rompt avec les conventions du genre. Certaines scènes sont inoubliables. D'autres, qui relèvent de l'exercice de style, impressionnent.* G.S.

VANINA "VANINA"

Drame d'**Arthur von Gerlach**, d'après l'une des *Chroniques italiennes* de Stendhal, avec Paul Wegener, Asta Nielsen, Paul Hartmann. Allemagne, 1922 – env. 1 800 m (1 h 07).

Le tyrannique gouverneur infirme de Turin fait arrêter, au cours d'une révolte qu'il réprime, un révolutionnaire amoureux de sa fille.

VANINA VANINI "VANINA VANINI"

Drame de **Roberto Rosselini**, d'après l'une des *Chroniques italiennes* de Stendhal, avec Sandra Milo, Laurent Terzieff, Martine Carol. Italie / France, 1961 – Couleurs – 2 h 10.

Italie, 1923. Par jalousie, la fille du prince Vanini dénonce à la police les meneurs d'un mouvement clandestin, afin de garder le chef qu'elle cache pour elle seule. Mais celui-ci la repousse et se livre. Une transposition très libre de l'œuvre de Stendhal.

VAQUERO "RIDE, VAQUERO"

Western de **John Farrow**, avec Robert Taylor, Ava Gardner, Howard Keel, Anthony Quinn. États-Unis, 1953 – Couleurs – 1 h 30.

Au lendemain de la guerre de Sécession, des pionniers qui veulent s'établir au Nouveau-Mexique doivent affronter des hors-la-loi sans pitié.

LA VARIANTE GRÜNSTEIN "DIE GRÜNSTEIN VARIANTE"

Comédie dramatique de **Bernhard Wicki**, avec Fred Düren, Klaus Schwarzkopf, Jörg Gudzuhn. R.F.A., 1985 – Couleurs – 1 h 42.

À Paris en 1939, trois étrangers placés en détention provisoire fabriquent un jeu d'échecs avec de la mie de pain. Le débutant, un Juif polonais, invente une variante imbattable.

VARIÉTÉS "VARIETE"

Drame d'**Ewald André Dupont**, avec Emil Jannings *(Huller)*, Lya de Putti *(Bertha)*, Warwick Ward *(Artinelli)*, doublés dans les séquences acrobatiques par les Trois Codonas. • SC : E.A. Dupont, Leo Birinski, d'après le roman de Félix Holländer *Der Eid des Stephan Huller*. • PH : Karl Freund. • DÉC : Oscar Friedrich Werndorff. Allemagne, 1925 – 2 844 m (env. 1 h 45).

Un trapéziste abandonne son foyer pour sa jeune et jolie partenaire, avec laquelle il se produit dans un cirque à Berlin. Leur numéro s'enrichit de la prestation d'un fameux et séduisant acrobate, qui va lui ravir sa maîtresse. Apprenant son infortune, l'homme abat son rival à l'issue d'une ultime représentation, puis va se livrer à la police.

◆ *Ce spectaculaire mélodrame à trois personnages marqua, en Allemagne, l'apogée du Kammerspiel (« théâtre de chambre », dérivé de l'expressionnisme). Les personnages sont psychologiquement bien typés, la progression dramatique savante, la caméra d'une grande mobilité. On y atteint une sorte de quintessence de l'expression filmique. Le film connut un immense succès. Quant au réalisateur, il poursuivit à partir de 1933 une carrière sans éclat aux États-Unis.* C.B.

▷ Remake réalisé par **Nicolas Farkas**, avec Annabella, Jean Gabin, Fernand Gravey. France / Allemagne, 1935 – 1 h 40.

VARVARA, L'INSTITUTRICE DU VILLAGE

"SEL'SKAJA UČITEL'NICA"

Comédie dramatique de **Mark Donskoï**, avec Vera Mareckaja, Danil Sagal, Pavel Oleniev, Vladimir Marouta. U.R.S.S. (Russie), 1946 – 1 h 28.

L'existence d'une institutrice d'un village sibérien au milieu des luttes sociales, de la révolution d'Octobre et des guerres.

VASSIA "VAS'JA ŽELEŽNOVA"

Comédie dramatique de **Gleb Panfilov**, avec Inna Tchourikova, Vadim Medvedev, Nikolaï Skorobogatov. U.R.S.S. (Russie), 1982 – Couleurs – 2 h 15.

En 1913, une femme conduit avec habileté une entreprise florissante. Prise dans le tourbillon d'une vie familiale qu'elle ne peut dominer, elle meurt, laissant ses affaires à sa secrétaire.

VAS-Y, FONCE "DRIVE, HE SAID"

Comédie dramatique de **Jack Nicholson**, avec William Tepper, Karen Black, Michael Margotta, Bruce Dern, Robert Towne. États-Unis, 1971 – Couleurs – 1 h 35.

Un champion de basket, un contestataire et sa maîtresse regimbent contre le système... Trois portraits dans l'air du temps.

VAS-Y MAMAN !

Comédie de **Nicole de Buron**, avec Annie Girardot, Pierre Mondy, Henri Garcin, Nicole Calfan, Claude Piéplu. France, 1978 – Couleurs – 1 h 35.

Une femme au foyer se révolte un beau soir devant la place qu'on lui réserve en famille. Elle se met à écrire : c'est la gloire !

VAUDEVILLE

Comédie satirique de **Jean Marboeuf**, avec Marie-Christine Barrault, Guy Marchand, Roland Giraud, Jean-Marc Thibault. France, 1985 – Couleurs – 1 h 30.

Deux couples et un don Juan semi-professionnel, en proie à la crise d'identité qui survient à la quarantaine.

VAUDOU "I WALKED WITH A ZOMBIE"

Film fantastique de **Jacques Tourneur**, avec Frances Dee *(Betsy Connell)*, James Ellison *(Wesley Rand)*, Tom Conway *(Paul Holland)*, Edith Barrett *(Mrs. Rand)*. • SC : Curt Siodmak, Ardel Wray, d'après une histoire d'Inez Wallace. • PH : J. Roy Hunt. • MUS : Roy Webb. • MONT : Mark Robson. États-Unis, 1943 – 1 h 09.

Betsy, une infirmière, est engagée par Mr Rand pour venir s'occuper de sa femme malade qui vit avec lui sur une île proche d'Haïti. Elle découvre que cette femme est possédée par un mal étrange et qu'elle a peut-être été ensorcelée par des rites vaudou. Elle mène son enquête. On lui apprend que Mrs. Rand est une zombie et qu'il faut la purifier par la mort. Mais Mr Rand acceptera-t-il cette révélation ?

◆ *Ce film a une densité narrative que pourraient lui envier bien des films de deux heures. Librement inspiré de* Jane Eyre*, il a été transposé dans les îles haïtiennes (reconstituées en studio) sans doute parce que le thème de la femme morte-vivante s'adaptait parfaitement au mythe du zombie, lié aux pratiques vaudou. Les qualités les plus évidentes du film tiennent à la précision des cadrages au service du langage des lumières de Tourneur, le maître des noirs et blancs évocateurs. La latence de l'horreur y est maintenue jusqu'au bout, créant une attente fiévreuse de quelque chose d'irrémédiable qui se résoud dans une mort apaisante et mystérieuse. L'égalité de rythme du film crée un envoûtement d'autant plus subtil que rien ne vient le concrétiser explicitement. Par sa constante qualité d'émotion,* Vaudou *est le chef-d'œuvre de Tourneur, ses vertus secrètes continuant de nous hanter bien après la fin de la projection.* S.K.

VAUTRIN

Drame de **Pierre Billon**, d'après l'œuvre de Balzac, avec Michel Simon, Madeleine Sologne, Georges Marchal, Line Noro. France, 1944 – 2 h.

Vautrin, aventurier sans scrupules évadé du bagne, devient, à force d'intrigues, indicateur de police.

VA VOIR MAMAN, PAPA TRAVAILLE

Comédie dramatique de **François Leterrier**, d'après le roman de Françoise Dorin, avec Marlène Jobert,

Philippe Léotard, Micheline Presle, Macha Méril. France, 1977 – Couleurs – 1 h 35.

Une femme quelque peu délaissée par son mari s'éprend d'un jeune père divorcé. Mais les enfants sont bien embarrassants.

LES VÉCÉS ÉTAIENT FERMÉS DE L'INTÉRIEUR
Comédie policière de **Patrice Leconte**, avec Coluche, Jean Rochefort, Roland Dubillard, Danièle Evenou. France, 1976 – Couleurs – 1 h 20.

Une explosion dans les vécés de la R.A.T.P. fait un mort. Les policiers découvrent que les frères de la victime, jaloux de sa réussite, avaient remplacé sa poinçonneuse par une bombe.

LA VEDETTE "DIE HAUPTDARSTELLER"
Drame de **Reinhard Hauff**, avec Mario Adorf *(le vieux)*, Vadim Glowna *(Max)*, Michael Schweiger *(Pépé)*, Carola Wittmann *(la mère)*. • SC : Christel Buschmannet, R. Hauff. • PH : Frank Brühne. • MUS : Klaus Doldinger. • MONT : Stephanie Wilke. R.F.A., 1977 – Couleurs – 1 h 34.

Un jeune campagnard, Pépé, est soumis par son père à des brimades et des brutalités incessantes. Aussi, quand un cinéaste, Max, lui propose de tourner son propre rôle dans un vrai film, Pépé saute-t-il sur cette occasion d'échapper à l'enfer familial. Le film fini, le cinéaste trouve du travail pour sa « vedette » dans un garage. Mais l'adolescent, instable, quitte sa place et veut participer au montage du film qu'il a tourné. Max est rapidement indisposé par Pépé, qui essaie de vendre son histoire à un journal, puis va en prison pour vol. Tout s'arrange apparemment le jour de la première, mais Pépé se glisse dans la salle de projection et met le feu à l'essence qu'il vient de répandre par terre ; puis il s'en va...

◆ *Double parabole, sur la difficulté des rapports entre parents et enfants, entre auteur et acteur.* D.C.

VEDETTES DU PAVÉ "ST MARTIN'S LANE"
Comédie dramatique de **Tim Whelan**, avec Charles Laughton, Vivien Leigh, Rex Harrison, Tyrone Guthrie, Larry Adler. Grande-Bretagne, 1938 – 1 h 25.

À Londres, un chanteur des rues s'éprend d'une jeune voleuse qui, grâce à ses conseils, devient une vedette de théâtre. Mais il s'adonne à la boisson et elle ne parvient pas à le tirer du pavé.

VEILLE D'ARMES
Drame de **Marcel L'Herbier**, d'après la pièce de Claude Farrère et Lucien Nepoty, avec Victor Francen, Annabella, Gabriel Signoret, Pierre Renoir, Roland Toutain. France, 1935 – 2 h.

Le capitaine d'un navire coulé lors d'un combat est accusé d'avoir commis une faute et traduit en conseil de guerre. Sa femme, présente à bord à l'insu de son mari, témoigne en sa faveur.

LA VEILLÉE "EL FILANDON"
Drame psychologique de **José Maria Martin Sarmiento**, avec Felix Canal, Carolina Sarmiento, Roberto Merino. Espagne, 1984 – Couleurs – 1 h 50.

Cinq écrivains sont réunis pour raconter des histoires dans le but d'apaiser le saint protecteur du village.

VEILLÉE D'AMOUR "WHEN TOMORROW COMES"
Mélodrame de **John M. Stahl**, d'après le roman de James M. Cain *Sérénade*, avec Charles Boyer, Irene Dunne, Barbara O'Neil, Nydia Westman, Onslow Stevens. États-Unis, 1939 – 1 h 22.

Une jeune serveuse tombe amoureuse d'un célèbre pianiste dont l'épouse est atteinte de folie. Les conventions et la différence sociale feront obstacle à leur idylle. Une histoire d'amour pleine de clichés mais qui résume parfaitement bien le rêve hollywoodien.

▷ Autres versions réalisées par: **Anthony Mann** (Voir SÉRÉNADE). **Douglas Sirk** (Voir LES AMANTS DE SALZBOURG). **Kevin Billington**, intitulée INTERLUDE, avec Oskar Werner, Barbara Ferris, Virginia Maskell, John Cleese, Donald Sutherland, Nora Swinburne. Grande-Bretagne, 1968 – Couleurs – 1 h 53.

LE VEINARD "THAT LUCKY TOUCH"
Comédie de **Christopher Miles**, avec Roger Moore, Susannah York, Raf Vallone. Grande-Bretagne, 1975 – Couleurs – 1 h 30.

Une journaliste antimilitariste fait échouer une vente d'armes organisée par son pourtant séduisant voisin.

LES VEINARDS
Comédie de **Philippe de Broca, Jean Girault** et **Jack Pinoteau**, avec Francis Blanche, Darry Cowl, Louis de Funès, Pierre Mondy, Mireille Darc, Jacqueline Maillan. France, 1962 – Couleurs – 1 h 40.

Cinq sketches axés sur les « coups de veine » et les déboires qui peuvent s'ensuivre. Atout : une belle distribution.

LA VENDETTA
Comédie de **Jean Chérasse**, avec Francis Blanche, Louis de Funès, Olivier Hussenot, Rosy Varte. France, 1962 – 1 h 25.

Dans un village corse, le patron du café Napoléon voudrait barrer la route de la mairie à celui du café Bonaparte. Une comédie assez consternante dont le principal mérite est d'oser présenter de Funès en bandit corse et Francis Blanche en marin.

VENDREDI 13 "FRIDAY THE 13th"
Film d'horreur de **Sean Cunningham**, avec Adrienne King, Harry Crosby, Betsy Palmer. États-Unis, 1979 – Couleurs – 1 h 36.

Un camp de vacances, fermé vingt ans plus tôt à la suite d'accidents mystérieux, rouvre ses portes. Un groupe de moniteurs chargé de le remettre en route fait connaissance avec la mort.

▷ Jason, le tueur psychopathe, récidive dans : LE TUEUR DU VENDREDI "FRIDAY THE 13TH, PART 2", de **Steve Miner**, avec Adrienne King, Betsy Palmer, Amy Steel. États-Unis, 1981 – Couleurs – 1 h 27. MEURTRES EN TROIS DIMENSIONS "FRIDAY THE 13TH, PART III, IN 3D", de **Steve Miner**, avec Richard Brooker, Dana Kimmell, Paul Kratka. États-Unis, 1982 – Couleurs 3-D – 1 h 35. VENDREDI 13, CHAPITRE FINAL "FRIDAY THE 13TH, THE FINAL CHAPTER", de **Joseph Zito**, avec Kimberley Beck, Corey Feldman, Peter Barton. États-Unis, 1984 – Couleurs – 1 h 31. VENDREDI 13, CHAPITRE 5. UNE NOUVELLE TERREUR "FRIDAY THE 13TH. A NEW BEGINNING", de **Danny Steinmann**, avec John Shepard, Melanie Kinnaman, Shavar Ross. États-Unis, 1985 – Couleurs – 1 h 32. JASON LE MORT-VIVANT "FRIDAY THE 13TH, PART VI. JASON LIVES", de **Tom McLoughlin**, avec Thom Mathews, Jennifer Cooke, David Kagen. États-Unis, 1986 – Couleurs – 1 h 27. VENDREDI 13, CHAPITRE 7. UN NOUVEAU DÉFI "FRIDAY THE 13TH, PART VII. THE NEW BLOOD", de **John Carl Buechler**, avec Jennifer Banko, John Otrin, Susan Blu. États-Unis, 1988 – Couleurs – 1 h 28.

VENEZ DONC PRENDRE LE CAFÉ CHEZ NOUS
"VENGA A PRENDERE IL CAFFÈ DA NOI"
Comédie d'**Alberto Lattuada**, avec Ugo Tognazzi, Angela Goodwin, Francesca Romana, Coluzzi, Milena Vukotic. Italie, 1970 – Couleurs – 1 h 40.

Trois orphelines bien riches attirent dans leurs filets, malgré leur âge avancé, un notable de la ville. Il épouse l'une, mais doit les satisfaire toutes. Et il y a la bonne... Sur le ton classique de la comédie italienne, une farce allègre qui met en pièces toutes les hypocrisies sociales.

LA VENGEANCE "LA VENGANZA"
Drame de **Juan Antonio Bardem**, avec Carmen Sevilla, Raf Vallone, Jorge Mistral, Fernando Rey. Espagne / Italie, 1958 – Couleurs – 1 h 36.

Dans les plaines ensoleillées de Castille, plusieurs moissonneurs itinérants forment un groupe solide mais deux d'entre eux veulent se venger de leur chef qu'ils supposent être un assassin.

LA VENGEANCE AUX DEUX VISAGES
"ONE-EYED JACKS"
Western de **Marlon Brando**, d'après le roman de Charles Neider *The Authentic Death of Hendry Jones*, avec Marlon Brando, Karl Malden, Pina Pellicer, Katy Jurado. États-Unis, 1961 – Couleurs – 2 h 21.

Histoire d'une vengeance opposant deux anciens complices.

VENGEANCE DE FEMME "A WOMAN'S VENGEANCE"
Comédie dramatique de **Zoltan Korda**, d'après la pièce d'Aldous Huxley *le Sourire de la Joconde*, avec Charles Boyer, Ann Blyth, Jessica Tandy, Cedric Hardwicke. États-Unis, 1947 – 1 h 36.

Un homme dont l'épouse est morte est accusé par une vieille fille qui est amoureuse de lui de l'avoir assassinée.

LA VENGEANCE DE SIEGFRIED
"DIE NIEBELUNGEN"
Film d'aventures en deux parties d'**Harald Reinl**, avec Karin Dor, Herbert Lom, Rolf Henniger, Siegfried Wischenewski. R.F.A., 1967 – Couleurs – 1 h 31 (1re partie) et 1 h 28 (2e partie).

La saga légendaire de Siegfried depuis la mort du dragon jusqu'au suicide de Kriemhild (Voir LES NIEBELUNGEN).

LA VENGEANCE D'HERCULE
"LA VENDETTA DI ERCOLE"
Péplum de **Vittorio Cottafavi**, avec Mark Forest, Broderick Crawford, Leonora Ruffo. Italie, 1960 – Couleurs – 1 h 28.

Le fils d'Hercule est épris de la fille du roi de Mycènes, ennemi juré de son père. Trahison, philtres empoisonnés, grosses colères du demi-dieu. L'amour aura quand même le dernier mot.

LA VENGEANCE DU DOCTEUR JOYCE
"THE UPTURNED GLASS"
Drame de **Lawrence Huntington**, avec James Mason, Pamela Kellino, Rosamund John, Ann Stephens, Henry Oscar. Grande-Bretagne, 1947 – 1 h 26.

Un chirurgien célèbre, bouleversé par le suicide d'une de ses clientes dont il était épris, tue sa belle-sœur, jugée responsable du drame. Réalisant ensuite la monstruosité de son crime, il se suicide.

LA VENGEANCE D'UN ACTEUR
"YUKINOJO HENGE"
Drame psychologique de **Kon Ichikawa**, avec Kazuo Hasegawa *(Yukinojo / Yamitaro)*, Fujiko Yamamoto

(Ohatsu), Ayako Wakao *(Namiji)*, Ganjiro Nakamura *(son père)*. • SC : Daisuke Ito, Teinosuke Kinugasa, Natto Wada, d'après le roman d'Otokichi Mikami. • PH : Setsuo Kobayashi. • DÉC : Nishioka. • MUS : Yasushi Akutagawa. Japon, 1963 – Couleurs – 1 h 53.

Un acteur de kabuki a juré de venger l'assassinat de son père en obtenant la mort des trois auteurs du crime. Il met son plan à exécution, avec l'aide d'un bandit de grand chemin, malgré les obstacles accumulés sur sa route tant par un policier que par une bande de voleurs. Mais tombé amoureux de la fille de l'un des assassins, il ne peut empêcher sa mort. Vengé mais inconsolable, il abandonne le théâtre.

◆ La Vengeance d'un acteur *est le remake, avec le même comédien vedette Kazuo Hasegawa, d'un film de Kinugasa réalisé en 1935, mais il porte la marque personnelle d'Ichikawa et c'est assurément l'un de ses chefs-d'œuvre. Foisonnement de l'intrigue, rebondissements multiples, mélange des genres avec une place importante donnée aux personnages comiques et aux éléments d'humour en font un film d'aventures très brillant. Mais la vérité profonde de l'œuvre est beaucoup plus grave et le portrait du héros blessé, toujours contraint de cacher ses sentiments derrière les vêtements et les comportements obligés de ses rôles de femme, renvoie aux valeurs dramatiques d'une peinture psychologique bien approfondie.* *J.-M.C.*

LA VENGEANCE D'UNE BLONDE

Comédie de **Jeannot Szwarc**, avec Christian Clavier, Marie-Anne Chazel, Clémentine Célarié, Thierry Lhermitte. France, 1994 – Couleurs – 1 h 35.

Gérard Bréha est un journaliste prêt à tout pour réussir. Ou comment le duo Clavier-Chazel épingle les mœurs du petit monde du petit écran.

LA VENGEANCE DU SERPENT À PLUMES

Comédie de **Gérard Oury**, avec Coluche, Maruschka Detmers, Luis Rego. France / Mexique, 1984 – Couleurs – 1 h 45.

Amoureux d'une jolie terroriste, un homme assez gauche la suit jusqu'au Mexique où celle-ci prépare un terrible attentat avec ses amis activistes.

LA VENGEANCE EST À MOI

"FUKUSHU SURU WA WAREMIARI"

Drame de **Shohei Imamura**, avec Ken Ogata, Rentaro Mikuni, Cho Cho Miyako, Mayumi Ogawa, Mitsuko Baisho. Japon, 1979 – Couleurs – 2 h 10.

À sa sortie de prison, un jeune escroc commet une série de meurtres, se réfugie dans une auberge et devient l'amant de la patronne. Traqué par la police, il sera capturé et condamné à mort.

VENISE, LA LUNE ET TOI "VENEZIA, LA LUNA E TU"

Comédie de **Dino Risi**, avec Alberto Sordi, Marisa Allasio, Ingeborg Schoener, Nino Manfredi. Italie / France, 1958 – Couleurs – 1 h 27.

Incorrigible séducteur, le gondolier Bepi n'aime que Nina sa jolie voisine. Mais deux aguichantes étrangères passent par là. Une fantaisie à l'italienne dont la véritable vedette est Venise.

LE VENT "THE WIND"

Drame de **Victor Sjöström**, avec Lillian Gish *(Letty)*, Lars Hanson *(Lige)*, Montagu Love *(Roddy)*, Dorothy Cumming *(Cora)*. • SC : Frances Marion, John Colton, d'après le roman de Dorothy Scarbourough. • PH : John Arnold. • DÉC : Cedric Gibbons, Edward Whiters. États-Unis, 1928 – 2 200 m (env. 1 h 21).

Une jeune fille du Sud vient vivre chez des cousins éloignés dans un désert de l'Ouest. Pour échapper à la brutalité de la femme, elle épouse un cow-boy qu'elle trouve rustre, et vit avec lui dans une ferme isolée sur laquelle souffle un vent incessant. Elle tue un étranger qui veut la violer et l'enterre aidée de son mari. Cet acte leur fait comprendre l'amour qu'ils ont l'un pour l'autre.

◆ *Un film typique du degré d'expressivité auquel étaient parvenus les grands réalisateurs à la fin du muet. La présence obsédante du vent était telle que les spectateurs avaient l'impression d'entendre des rafales traverser ce film muet. Son action physique se matérialisait dans le sable qu'il soulevait et qui envahissait la maison au désespoir de la femme qui venait de la nettoyer. Le vent et l'isolement créaient le drame et forgeaient la psychologie des personnages mais semblaient être également une projection physique des états d'âme des protagonistes, selon un procédé stylistique de l'expressionnisme allemand. L'affrontement sauvage des êtres, qui ont ici une opacité presque minérale, est accentué par la nudité d'une nature hostile qui exacerbe les haines mais aussi les désirs et finalement l'amour. Cette caractéristique rapproche le film de Sjöström de ceux de Stroheim mais sans qu'il y ait influence car on la trouve dans des films antérieurs de Sjöström. Lillian Gish, jouant une ingénue devenant une femme, est remarquable, surtout lorsqu'on songe qu'elle avait alors presque quarante ans. L'interprétation de Lars Hanson, que Sjöström ramena avec lui de Suède, complète harmonieusement celle de Gish, dans le rôle d'un paysan hébété et vaguement idiot que l'amour transfigurera.* *S.K.*

LE VENT "VETER"

Drame d'**Alexandre Alov** et **Vladimir Naoumov**, avec Edouard Bredoun, Tamara Loginova, Elsa Lejdei, Alexandre Demianenko. U.R.S.S. (Russie), 1959 – 1 h 40.

Pour se rendre au premier congrès de l'union de la jeunesse ouvrière et paysanne qui se tient fin 1918 à Moscou, quatre jeunes délégués venus de très loin doivent affronter la guerre civile. Trois d'entre eux mourront pour la Révolution.

LE VENT "FINYÉ"

Drame de **Souleymane Cissé**, avec Fousseyni Sissoko, Goundo Guissé, Ismaïla Sarr, Balla Moussa Keita, Oumo Diarra. • SC : S. Cissé. • PH : Étienne Carton de Grammont. • DÉC : M. Guissé. • MUS : Radio Mogadiscio, Pierre Gorse et le folklore du Mali. • MONT : Andrée Davanture. Mali, 1982 – Couleurs – 1 h 40.

En toile de fond, une métropole africaine contemporaine où la jeunesse s'ennuie. Bah – petits fils du chef traditionnel Sankane – y rencontre Batrou, la fille du gouverneur militaire. À la suite de falsifications dans la notation des épreuves d'examen, les étudiants occupent l'université. Avec brutalité, les forces de l'ordre les en chassent et emprisonnent les meneurs dont Bah et Batrou. Scandalisé le vieux Sankane se rend sur la terre de ses ancêtres et part en guerre contre le pouvoir en place.

◆ *Comme* la Fille *et* Baara*, ce troisième long métrage – peinture incisive d'une Afrique malmenée – dépasse le seul cas malien. La jeunesse estudiantine dérange nombre d'États africains.* Le Vent *symbolise l'espoir de changement par la re-découverte des valeurs ancestrales africaines niées par toute une génération d'affairistes et de politiciens inconditionnels de l'Occident. Dans le rythme de la poésie bambara,* le Vent *exprime une résistance culturelle et le retour possible à une identité.* *A.K.*

LE VENT DE LA PLAINE "THE UNFORGIVEN"

Western de **John Huston**, avec Burt Lancaster *(Ben Zachary)*, Audrey Hepburn *(Rachel)*, Audie Murphy *(Cash Zachary)*, Lillian Gish *(Mathilda Zachary)*, Charles Bickford *(Zeb Rawlins)*, Joseph Wiseman *(Abe Kelsey)*. • SC : Ben Maddow, d'après le roman d'Alan Le May. • PH : Franz Planer. • DÉC : Stephen Grimes. • MUS : Dimitri Tiomkin. États-Unis, 1959 – Couleurs – 2 h 01.

Depuis la mort de son mari, Mathilda Zachary vit avec ses deux garçons et sa fille adoptive, Rachel. Celle-ci, qui doit épouser un voisin, apprend qu'elle est, en fait, une Indienne élevée par des Blancs. Bientôt, ses frères de sang, qui n'ont pas oublié, viennent la chercher et la famille Zachary restera seule pour défendre celle que l'aîné des garçons, Ben, aime comme une femme.

◆ *Il s'agit là, selon les mots mêmes du réalisateur John Huston d'un « western-western ». Et de fait l'Ouest est partout présent dans ces paysages luxuriants ou désertiques que le vent balaie parfois de longues rafales âpres. Mais il s'agit surtout d'un récit onirique, dont les accents sont marqués par l'apparition fantomatique d'Abe Kelsey, ancien ami du père Zachary, cavalier de l'Apocalypse, prophète de malheur et chantre des puissances infernales. Cette mise en images du retour du refoulé – la vraie et la fausse filiation – est un des films les plus beaux du réalisateur de* Moby Dick*, dont on retrouve ici les accents hallucinés.* *C.A.*

LE VENT DE LA VIOLENCE

"THE WILBY CONSPORAY"

Film d'aventures de **Ralph Nelson**, d'après le roman de Peter Driscoll, avec Sidney Poitier, Michael Caine, Nicol Williamson, Prunella Gee. Grande-Bretagne, 1974 – Couleurs – 1 h 45.

En Afrique du Sud, un militant noir et un ingénieur anglais, poursuivis pour s'être défendus contre des violences raciales, cherchent à rejoindre un leader anti-raciste. Ils sont traqués par la police, contre laquelle l'Anglais viendra à faire feu.

VENT DE PANIQUE

Comédie de **Bernard Stora**, avec Bernard Giraudeau, Caroline Cellier, Olivia Brunaux, Jean-Pierre Kalfon. France, 1987 – Couleurs – 1 h 30.

La jeune Isabelle quitte sa famille et se lie à un couple de petits escrocs minables. Une version originale du ménage à trois, à la fois comique et grave.

LE VENT DES AURÈS

Drame de **Mohamed Lakhdar Hamina**, avec Mohamed Chouikh, Tania Timgad, Omar Tayare. Algérie, 1966 – 1 h 35.

Un village des Aurès pendant la guerre d'Algérie. À la suite de violents combats, de nombreuses arrestations ont lieu. La mère de l'un des jeunes gens arrêtés se déplace de camps en casernes à la recherche de son fils qui sera finalement exécuté.

VENT D'EST

Film politique de **Jean-Luc Godard**, avec Gian Maria Volonté, Anne Wiazemsky. France / Italie, 1969 – Couleurs – 1 h 40.

Une grève d'acteurs et de techniciens sur le tournage d'un western. Réflexions sur la lutte des classes, le pouvoir de l'image, l'autogestion, la lutte armée.

VENT DU NORD "VIENTO NORTE"
Drame social de **Mario Soffici**, avec Enrique Muiño, Elias Alippi, Camila Quiroga, Angel Magaña. • SC : Alberto Vacarezza, M. Soffici, d'après un roman de Lucio V. Mansilla. • PH : Antonio Merayo. • MUS : Andres R. Domenech, P. Rubbione. Argentine, 1937 – 1 h 31.

Les luttes pour la terre des journaliers opprimés, dans la Pampa de la fin du siècle passé.

◆ *Face au cinéma de comédies légères ou traitant des problèmes de la bourgeoisie « porteña » de Buenos Aires, un cinéma au thème populaire prend naissance en Argentine dans les années 30. Mario Soffici en est le premier représentant. Il choisira de filmer l'immensité de la Pampa et les luttes pour la terre occupée par les fiers « gauchos ».* Vent du nord *est le premier volet d'une série de films traitant des conditions de travail des journaliers exploités par les nouveaux propriétaires terriens. C'est avec une extrême rigueur que Mario Soffici tente de recréer la grandeur de la Pampa et les conflits sociaux nés de cette prise de possession des terres. Vent du nord a eu, pour l'originalité de son thème, un grand succès auprès du public latino-américain de l'époque.* C.G.

LE VENT NE SAIT PAS LIRE
"THE WIND CANNOT READ"
Comédie dramatique de **Ralph Thomas**, d'après le roman de Richard Mason, avec Dirk Bogarde, Yoko Tani, Ronald Lewis, John Fraser. Grande-Bretagne, 1958 – Couleurs – 1 h 55.

Lors de l'invasion japonaise en Birmanie, l'amour naît entre un Anglais et une Japonaise. Un film attachant.

LE VENTRE DE L'ARCHITECTE
"THE BELLY OF AN ARCHITECT"
Drame de **Peter Greenaway**, avec Brian Dennehy, Lambert Wilson. Grande-Bretagne / Italie, 1987 – Couleurs – 1 h 58.

Un architecte aux conceptions visionnaires est habité par l'idée de la mort qu'il sent toute proche. Un personnage qui nous entraîne dans une visite insolite de Rome.

VENTRES GLACÉS
"KÜHLE WAMPE (ODER WEM GEHÖRT DIE WELT ?)"
Drame de **Slatan Dudow**, avec Hertha Thiele *(Annie)*, Ernst Busch *(Fritz)*, Adolf Fischer *(Kurt)*, Martha Wolter *(Gerda)*, Lilli Schönborn *(la mère Bönike)*, Max Sablotzki *(le père Bönike)*. • SC : Bertolt Brecht, Ernst Ottwald. • PH : Günther Krampf. • DÉC : Robert Scharfenborg. • MUS : Hanns Eisler. Allemagne, 1932 – 1 h 25.

À Berlin, durant la crise, Annie fréquente Fritz : tous deux ont du travail mais le frère de la jeune fille, chômeur, se suicide. Les amoureux fêtent leurs fiançailles sous la tente des parents d'Annie, expulsés de leur logement et réinstallés dans un camp de chômeurs nommé Kühle Wampe. Une fête sportive et politique est organisée pour galvaniser l'énergie des victimes de la crise.

◆ *La censure interdit ce pamphlet politique qui posait la question (c'est le sens du sous-titre) de savoir « à qui appartient le monde », aux exploiteurs ou aux exploités ? Sa vigueur polémique et didactique en faisait un efficace instrument d'agit-prop. Il conserve encore sa force filmique caractérisée par la mise en œuvre d'un authentique réalisme dans une approche quasi documentaire de la situation sociale de l'Allemagne à la veille du nazisme.* M.MN.

VÉNUS AU VISON "BUTTERFIELD 8"
Mélodrame de **Daniel Mann**, d'après le roman de Tom O'Hara, avec Elizabeth Taylor, Laurence Harvey, Eddie Fischer. États-Unis, 1960 – Couleurs – 1 h 49.

Une call-girl de luxe s'éprend, pour son malheur, d'un homme marié. Le rôle valut son premier Oscar à Elizabeth Taylor.

VÉNUS AVEUGLE
Mélodrame d'**Abel Gance**, avec Viviane Romance, Georges Flamant, Lucienne Le Marchand, Henri Guisol, Jean Aquistapace. France, 1943 (RÉ : 1940) – 1 h 40.

Menacée de cécité, une jeune femme sacrifie l'amour qu'elle a pour un marin afin de lui permettre d'avoir une vie normale et de se marier. Mais son mariage est un échec et il retourne auprès d'elle en lui offrant le bonheur d'un voyage imaginaire.

LA VÉNUS DES MERS CHAUDES "UNDERWATER"
Film d'aventures de **John Sturges**, avec Jane Russell, Gilbert Roland, Richard Egan. États-Unis, 1955 – Couleurs – 1 h 39.

Trois amis décident de rechercher un fabuleux trésor enfoui au fond des mers depuis trois siècles.

VÉNUS IMPÉRIALE
Film historique de **Jean Delannoy**, avec Gina Lollobrigida, Stephen Boyd, Micheline Presle. France / Italie, 1963 – Couleurs – 2 h 18.

La carrière et les aventures galantes de Pauline Bonaparte, sœur de Napoléon. Pour la beauté rayonnante de Gina Lollobrigida.

VERA CRUZ "VERA CRUZ"
Western de **Robert Aldrich**, avec Gary Cooper *(Benjamin Trane)*, Burt Lancaster *(Joe Erin)*, Denise

Darcel *(comtesse Marie Duvarre)*, Cesar Romero *(marquis de Labordère)*, Sarita Montiel *(Nina)*, Ernest Borgnine *(Donnegan)*. • SC : Roland Kibbee, James R. Webb, d'après une histoire originale de Borden Chase. • PH : Ernest Laszlo. • DÉC : Alfred Ybarra. • MUS : Hugo Friedhofer. • MONT : Alan Crosland Jr. États-Unis, 1954 – Couleurs – 1 h 34.

En 1866, Benjamin Trane, ex-officier sudiste, passe au Mexique et décide de faire équipe avec le voleur Joe Erin. Capturés par les troupes franco-autrichiennes de l'empereur Maximilien, ils acceptent de travailler pour lui. Accompagnant jusqu'à Vera Cruz la comtesse Marie Duvarre, ils se rendent compte que son carrosse est chargé d'or. Les deux compères vont se déchirer pour le trésor. Erin s'enfuit avec les coffres. Pour les beaux yeux de Nina, qui le persuade de rejoindre les rebelles, Trane le rattrape et un duel à mort commence...

◆ Vera Cruz *marque une étape dans l'histoire du western, en mettant en scène de vraies crapules, dont l'avidité est le seul mobile : Burt Lancaster y est un tueur et un traître tandis que, pour la première fois, à l'exception du revirement final, Gary Cooper n'est pas un héros idéaliste monolithique. Par ailleurs, ce film haut en couleurs, remarquablement photographié, est agréablement saupoudré d'humour.* G.L.

VERA ROMEYKE N'EST PAS DANS LES NORMES
"VERA ROMEYKE IST NICHT TRAGBAR"
Comédie dramatique de **Max Willutzki**, avec Rita Engelmann, Dieter Eppler, Angelika Milster. R.F.A., 1976 – Couleurs – 1 h 42.

Une jeune institutrice applique des méthodes destinées à donner des chances égales à tous les enfants. Mais ses efforts ne sont pas du goût de tout le monde.

THE VERDICT "THE VERDICT"
Film policier de **Don Siegel**, d'après le roman d'Israel Zangwill *The Big Bow Mystery*, avec Sydney Greenstreet, Peter Lorre, Joan Lorring, George Coulouris. États-Unis, 1946 – 1 h 26.

À Londres à la fin du siècle dernier, un inspecteur de police à la retraite commet un crime parfait. Le premier film de Siegel.

LE VERDICT "TERM OF TRIAL"
Drame de **Peter Glenville**, avec Laurence Olivier, Simone Signoret, Sarah Miles, Terence Stamp. Grande-Bretagne, 1962 – 2 h 10.

Un professeur, qui mène une vie sans histoire, est accusé de viol par une de ses élèves. Il sort du procès innocenté, mais brisé.

VERDICT
Drame d'**André Cayatte**, avec Sophia Loren, Jean Gabin, Julien Bertheau. France / Italie, 1974 – Couleurs – 1 h 35.

Pour sauver son fils, qu'elle croit accusé à tort de viol et de meurtre, la veuve d'un malfaiteur fait chanter le juge. Puis elle apprend que son fils est vraiment coupable...

THE VERDICT "THE VERDICT"
Drame de **Sidney Lumet**, d'après le roman de Barry Reed, avec Paul Newman, Charlotte Rampling, James Mason, Jack Warden. États-Unis, 1982 – Couleurs – 2 h 08.

Un avocat déchu tient l'occasion de refaire surface avec une affaire de négligence médicale. Paul Newman, magnifique et poignant.

LA VÉRIFICATION "PROVERKA NA DOROGAKH"
Film de guerre d'**Aleksei Guerman**, avec Rolan Bykov, Anatoli Solonitsyne, Vladimir Zamanski. U.R.S.S. (Russie), 1972 – 1 h 35.

En 1942, un ancien sergent de l'Armée rouge retrouve les siens après être passé à l'ennemi pour avoir la vie sauve. Pour le mettre à l'épreuve, ses supérieurs lui confient une mission.

LA VÉRITABLE HISTOIRE D'A-Q
"A-Q ZHENGZHUAN"
Comédie dramatique de **Cen Fan**, d'après une nouvelle de Lu Xun, avec Li Dingbao, Yan Shunkai, Yang Baohe, Shi Lin, Li Wei, Bao Fuming. Chine, 1981 – Couleurs – 2 h 07.

Un idiot de village, humilié et rejeté par ses concitoyens, s'arrange pour transformer ses échecs en victoires spirituelles. Plein d'espoir dans la révolution de 1911, il est vite déçu et sera exécuté pour s'être révolté.

LA VÉRITÉ
Drame d'**Henri-Georges Clouzot**, avec Brigitte Bardot *(Dominique Marceau)*, Sami Frey *(Gilbert Tellier)*, Marie-José Nat *(Annie Marceau)*, Paul Meurisse *(l'avocat général)*, Charles Vanel *(l'avocat de Dominique)*, Louis Seigner *(le président du tribunal)*, Fernand Ledoux *(le médecin légiste)*. • SC : H.-G. Clouzot. • PH : Armand Thirard. • DÉC : Jacques André. • MONT : Albert Jurgenson. France, 1960 – 2 h 07. ★ **OSCAR DU MEILLEUR FILM ÉTRANGER 1960.**

Pendant le procès en Cour d'assises de Dominique Marceau, accusée du meurtre de son amant Gilbert Tellier, divers témoignages éclairent son histoire. C'est Dominique, fille volage, qui a séduit Gilbert, le fiancé de sa sœur Annie.

Déçu par la frivolité de Dominique, Gilbert est revenu vers Annie, provoquant la colère de Dominique. L'avocat de la défense et l'avocat général s'affrontent en traçant deux portraits de Dominique aux antipodes l'un de l'autre. Sans attendre le verdict, la jeune fille se suicide.

◆ *La rencontre du « terrible » Clouzot et de la « vamp » B.B., qu'on attendait au tournant de la tragédie, fut à l'époque la grande attraction de* la Vérité, *qui marqua aussi le début de la carrière de Sami Frey. Mais c'est surtout un tableau acerbe de la justice, sans concessions et sans illusions, que brosse le cinéaste en dirigeant le duel théâtral entre Charles Vanel et Paul Meurisse.* G.L.

LA VÉRITÉ N'A PAS DE FRONTIÈRE
"ULICA GRANICZNA"
Drame d'**Aleksander Ford**, avec Maria Broniewska, Jurek Zlotnicki, Wladyslaw Godik, Mieczyslawa Cwiklinska, Jerzy Leszczynski. Pologne, 1948 – 1 h 52.

Quelques mois après la prise de Varsovie, en 1939, les nazis isolent une partie de la capitale et créent le ghetto juif. La description quasi documentaire de la tragédie quotidienne vécue par ses habitants, de l'insurrection de 1943 et de sa répression assassine en fait une œuvre forte de portée internationale.

LA VÉRITÉ PRESQUE NUE "THE NAKED TRUTH"
Comédie de **Mario Zampi**, avec Dennis Price, Peter Sellers, Terry-Thomas. Grande-Bretagne, 1957 – 1 h 32.

Les frayeurs par lesquelles un maître chanteur fait passer ses victimes manquent de le perdre, mais la Providence veille constamment sur lui. De nombreuses trouvailles comiques.

VÉRITÉS ET MENSONGES "F FOR FAKE"
Essai d'**Orson Welles**, avec Orson Welles, Oja Kadar, Elmyr de Hory, Joseph Cotten, François Reichenbach, Richard Wilson, Paul Stewart. • SC : O. Welles. • PH : Christian Odasso, Gary Graver. • MUS : Michel Legrand. • MONT : Marie-Sophie Dubois, Dominique Engerer. France / Iran / R.F.A., 1971 – Couleurs – 1 h 30.

Méditation de Welles sur l'art de l'illusion et l'illusion de l'art, le film est nourri d'évocations de différents doubles qu'il s'est choisis : un faussaire en tableaux (professionnel), le journaliste qui a enquêté sur ledit faussaire, le milliardaire insaisissable Howard Hughes (et le journaliste qui a voulu écrire sa vie), enfin le peintre Picasso en personne.

◆ *Que Welles déguste un homard, parle de l'écroulement des civilisations devant la cathédrale de Chartres ou se divertisse à fasciner un enfant par ses tours de prestidigitation, il est égal à lui-même, c'est-à-dire génial. L'évocation de sa propre imposture radiophonique (« la Guerre des Mondes ») est une pudeur de plus : il ne cesse ici de dresser son testament, avec orgueil, humour, bonhomie et un secret désespoir. À la fin, il propose un pari au spectateur hypnotisé... et le gagne, témoignant une suprême fois de sa totale maîtrise des moyens du cinéma, qu'il n'a pas tenu à lui de porter plus souvent jusqu'à la création.* G.LD.

LA VÉRITÉ SI JE MENS !
Comédie de **Thomas Gilou**, avec Richard Anconina *(Eddie)*, Amira Casar *(Sandra Benzakem)*, Vincent Elbaz *(Dov)*, Richard Bohringer *(Victor Benzakem)*, José Garcia *(Serge)*, Gilbert Melki *(Patrick)*. • SC : Michel Munz, Gérard Bitton. • PH : Jean-Jacques Bouhon. • MUS : Gérard Presgurvic. • MONT : Nathalie Hubert. France, 1997 – Couleurs – 1 h 40.

Un « pathos « au chômage est pris pour un coreligionnaire par les commerçants juifs du Sentier, qui lui trouvent aussitôt un petit travail. De malentendus en quiproquos, il ne parvient pas à faire savoir qu'il n'est pas juif et finit par se résigner à vivre dans l'imposture car les choses vont bien pour lui : il réussit dans le commerce et bénéficie de la confiance totale de son patron. Seulement voilà : il tombe amoureux de la fille de ce dernier. Les ennuis vont commencer.

◆ *Après* Black Mic-Mac *et* Raï, *Thomas Gilou poursuit sa description ethno-cinématographique des minorités françaises. S'attaquer au sujet des juifs sépharades du Sentier était une entreprise difficile, mais il s'en est bien sorti puisque la communauté juive a constitué les premiers bataillons enthousiastes des foules qui sont allées voir ce film. Son atout principal : il fait rire. Il y parvient en forçant le trait : il reprend tous les stéréotypes qui s'attachent aux juifs pieds-noirs (d'ailleurs abondamment repris dans les histoires juives) et les amplifie. Et comme malgré cela ses personnages ne cessent pas d'être drôles, chaleureux et sympathiques, les stéréotypes se trouvent dédramatisés, désacralisés et deviennent de simples ressorts comiques. Rouerie supplémentaire destinée à décourager un peu plus toute interprétation raciste : les acteurs les plus outrancièrement « juifs pieds-noirs » sont d'origine arabe alors que le rôle du « pathos » est tenu par Richard Anconina qui, lui, est bel et bien juif d'origine tunisienne !* J.-C.L.

LA VÉRITÉ SUR BÉBÉ DONGE
Drame d'**Henri Decoin**, avec Danielle Darrieux *(Bébé Donge)*, Jean Gabin *(François Donge)*, Gabrielle Dorziat *(Mme d'Ortemont)*, Daniel Lecourtois *(Georges Donge)*,

Claude Génia *(Jeanne Donge)*, Jacques Castelot *(Dr Jalabert)*. • SC : Maurice Aubergé, d'après le roman de Georges Simenon. • PH : Léonce-Henri Burel. • DÉC : Jean Douarinou. • MUS : Jean-Jacques Grunenwald. • MONT : Annick Millet. France, 1952 – 1 h 44.

Élisabeth Donge, dite « Bébé », a empoisonné son époux François. Sur son lit de souffrance, François essaie de comprendre ce geste et revit les temps forts de leur union. Au petit matin, il meurt et Bébé, fermée au monde extérieur, suit l'inspecteur venu l'arrêter.

◆ *L'un des meilleurs films noirs du cinéma français et de son réalisateur. Bébé empoisonne son mari non pas parce qu'il ne l'aimait plus, mais parce qu'elle ne l'aimait plus. Darrieux et Gabin sont admirables et tous les autres rôles sont tenus à la perfection dans une succession de flash-back. Les costumes étaient de Pierre Balmain.* J.-C.S.

LA VÉRITÉ SUR L'IMAGINAIRE PASSION D'UN INCONNU
Essai de **Marcel Hanoun**, avec Michel Morat, Anne Wiazemsky, Isabelle Weingarten, Tamia, Michael Lonsdale, Ferruccio Malandrini. France, 1974 – Couleurs – 1 h 25.

Un homme mort, découvert crucifié à l'entrée d'un village, déclenche l'enquête d'un journaliste de télévision qui interroge les téléspectateurs, puis les spectateurs du cinéma. On assiste alors à une reconstitution de *la Passion selon saint Jean*.

VERMISAT "VERMISAT"
Drame de **Mario Brenta**, avec Carlo Cabrini, Maria Monti. Italie, 1974 – Couleurs – 1 h 30.

Vermisat quitte l'hôpital et survit de misérable façon. À travers le portrait d'un paria, celui de la misère et du désespoir.

VÉRONIQUE ET SON CANCRE
Court métrage d'**Éric Rohmer**, avec Nicole Berger, Stella Dassas. France, 1959 – 20 mn.

Véronique donne des leçons de mathématiques à un jeune garçon. Aux théorèmes inaltérables, le cancre répond par le bon sens.

VERSAILLES RIVE GAUCHE
Comédie de **Bruno Podalydès**, avec Isabelle Candelier, Denis Podalydès, Philippe Uchan. France, 1991 – Couleurs – 47 mn.

Un jeune homme qui attend une nouvelle conquête décide d'aller aux toilettes... et c'est le début d'un engrenage hilarant qui perturbe irrémédiablement la soirée prévue.

LES VERS À SOIE DU PRINTEMPS "CHUN CAN"
Drame de **Cheng Bugao**, avec Xiao Ying, Yan Yuexian, Gong Jianong, Gao Qianping. Chine, 1933 – 1 h 40.

Une famille de petits producteurs de soie se sacrifie et s'endette pour obtenir les plus beaux cocons. Mais à cause de la guerre, le père est obligé de les vendre à perte et, pour survivre, il devra s'endetter encore davantage.

VERS LA JOIE "TILL GLÄDJE"
Drame d'**Ingmar Bergman**, avec Maj-Britt Nilsson, Stig Olin, Victor Sjöström, Birger Malmsten. Suède, 1949 – 1 h 30.

Au cours d'un concert, un violoniste apprend la mort accidentelle de sa femme. Rentré chez lui, il se souvient de leur rencontre et des moments de bonheur qu'ils connurent ensemble.

VERS LE BONHEUR "EROTIKON"
Comédie de **Mauritz Stiller**, avec Lars Hanson *(Preben Wells)*, Tora Teje *(Irene Charpentier)*, Anders de Wahl *(Lev Charpentier)*, Karin Molander *(Marte Charpentier)*, Vilhelm Bryde *(le baron Felix)*, Stina Berg *(la servante)*. • SC : M. Stiller, Gustav Molander, d'après la pièce de Ferenc Herczeg *le Renard argenté*. • PH : Henrik Jaenzon. • DÉC : Axel Esbensen. Suède, 1920 – 2 179 m (env. 1 h 24).

Un entomologiste célèbre a pour épouse une très jolie femme. Comme tout savant, naturellement, il est distrait et surtout préoccupé par ses observations sur les insectes. Aussi l'épouse se cherche-t-elle un amant : se présentent un baron qui fait de l'aviation et un sculpteur. C'est ce dernier qu'elle ira rejoindre, mais le mari trouvera vite des consolations auprès de sa nièce.

◆ *On est en plein Boulevard, mais bien des éléments font de* Vers le bonheur *tout autre chose, c'est-à-dire une comédie brillante et réussie, caractéristique de la première manière de Stiller. Ici, chacun ne songe qu'au plaisir et aucun moralisme ne vient alourdir l'action : on joue, et le rythme même des scènes comme leur enchaînement plongent le film entier dans un climat de légèreté et de fantaisie qui eut beaucoup d'influence sur Lubitsch. À noter la présence, en guest star comme on dirait aujourd'hui, des Ballets Suédois.* J.-M.C.

VERS L'EXTASE
Drame psychologique de **René Wheeler**, d'après un roman de Madeleine Alleins, avec Pascale Petit, Gianni Esposito, Geneviève Kervine. France, 1960 – 1 h 30.

Une jeune bourgeoise ruinée épouse un riche propriétaire d'Afrique du Nord et se découvre, avec son nouveau bonheur, une irrésistible attirance mystique.

VERS SA DESTINÉE "YOUNG MISTER LINCOLN"
Biographie de **John Ford**, avec Henry Fonda *(Abraham Lincoln)*, Alice Brady *(Abigail Clay)*, Marjorie Weaver *(Mary Todd)*, Arleen Whelan *(Hannah Clay)*. • SC : Lamar Trotti. • PH : Bert Glennon. • DÉC : Thomas Little, Richard Day. • MUS : Alfred Newman. • MONT : Walter Thomson. États-Unis, 1939 – 1 h 41.

Jeune avocat de campagne, Abraham Lincoln gagne une de ses premières affaires en empêchant le lynchage de deux frères accusés de meurtre, et en démontrant leur innocence sans hésiter à recourir à la ruse.

◆ *Dans ce film très admiré par Eisenstein, John Ford rechercha une simplicité biblique : il évita les ingrédients romanesques habituels (pas d'histoire d'amour), et montra Lincoln comme un homme jeune, timide et ne payant pas de mine quand il chevauche sa mule avec son haut-de-forme ridicule. Henry Fonda composa un personnage embarrassé de ses longues jambes, à l'élocution gauche, mais très malin. L'histoire était située dans un cadre volontairement familier : fête chez les paysans, concours de bûches fendues, saouleries, etc. Mais le charme de la chronique se perdait un peu dans une seconde partie très procédurière.* *M.CH.*

▷ Voir aussi ABRAHAM LINCOLN.

VERS UN DESTIN INSOLITE SUR LES FLOTS BLEUS DE L'ÉTÉ "TRAVOLTI DA UN INSOLITO DESTINO NELL'AZZURO MARE D'AGOSTO"
Comédie satirique de **Lina Wertmuller**, avec Giancarlo Giannini, Mariangela Melato, Riccardo Salvino, Isa Danieli, Aldo Puglisi. Italie, 1974 – Couleurs – 1 h 50.

Une bourgeoise autoritaire se retrouve seule sur une île avec un marin qu'elle a humilié. Il se venge de ce qu'elle lui a fait endurer dans le passé, puis ils vivent une relation passionnée, avant d'être secourus.

LA VERTE MOISSON
Drame de **François Villiers**, d'après le roman d'Henri Brunel, avec Pierre Dux, Dany Saval, Claude Brasseur, Jacques Perrin. France, 1959 – 1 h 35.

Durant l'Occupation, les élèves d'une classe de 1re font sauter la Kommandantur de leur ville. Émouvante réalisation, basée sur des faits authentiques. Le roman a été adapté par Remo Forlani.

VERTES DEMEURES "GREEN MANSIONS"
Film d'aventures de **Mel Ferrer**, d'après le roman de W.H. Hudson, avec Audrey Hepburn, Anthony Perkins, Lee J. Cobb, Sessue Hayakawa. États-Unis, 1959 – Couleurs – 1 h 41.

Dans la jungle d'Amérique centrale, un chercheur d'or vit une poétique histoire d'amour avec une étrange jeune nymphe.

VERTIGE POUR UN TUEUR
Film policier de **Jean-Pierre Desagnat**, avec Marcel Bozzuffi, Sylva Koscina, Marc Cassot, Michel Constantin. France, 1970 – Couleurs – 1 h 20.

Un tueur à gages qui n'a pas rempli un contrat est traqué par un chef de la maffia. Fusillades et poursuites en série, en partie sur la Côte d'Azur.

VERTIGES "PER LE ANTICHE SCALE"
Drame de **Mauro Bolognini**, avec Marcello Mastroianni, Françoise Fabian, Lucia Bosè. Italie, 1974 – Couleurs – 2 h.

Un asile, dans les années 30. Un psychiatre recherche le microbe de la folie tandis qu'une stagiaire lui démontre son erreur. Une étude angoissante du monde de l'aliénation.

VERTIGES
Drame de **Christine Laurent**, avec Magali Noël, Krystyna Janda. France, 1985 – Couleurs – 1 h 48.

Lors d'une répétition des *Noces de Figaro*, les musiciens, le chef d'orchestre, les chanteurs, laissent entrevoir pudiquement leurs sentiments, leurs émotions. Rien n'est dit, rien n'est définitif.

LES VERTS PÂTURAGES "GREEN PASTURES"
Mélodrame biblique de **William Keighley** et **Marc Connelly**, avec Rex Ingram *(le Seigneur / Adam / Hezdrel)*, Oscar Polk *(Gabriel)*, Eddie Anderson *(Noé)*, Frank Wilson *(Moïse)*, Myrtle Anderson *(Ève)*. • SC : M. Connelly, d'après des légendes noires recueillies par Roark Bradford. • PH : Hal Mohr. • MUS : H. Johnson, Erich Wolfgang Korngold. États-Unis, 1936 – 1 h 30.

Un pasteur noir raconte à des enfants des épisodes de l'Ancien Testament. Les enfants les imaginent à leur façon.

◆ *Pourquoi Dieu ne serait-il pas noir ? Le monde religieux des Noirs est ici traité (par les Blancs et peut-être d'une façon assez condescendante) à la façon de tableaux naïfs où fleurissent les anachronismes, ponctués de negro spirituals. Dieu, ses anges et ses créatures sont présentés sous une forme totalement inhabituelle : Noirs, car vus par des yeux d'enfants noirs. Dieu a une barbe blanche et une redingote et les personnages bibliques vivent comme dans un quartier populaire du Sud. Ce spectacle biblique, qui tient aussi de la comédie musicale, a la fraîcheur que devaient avoir les « mystères » du Moyen Âge, en tout cas, il relève de la même optique.* *B.B.*

VESTIGES DU JOUR "THE REMAINS OF THE DAY"
Drame psychologique de **James Ivory**, d'après le livre de Kazuo Ishiguro, avec Anthony Hopkins, Emma Thompson, James Fox, Christopher Reeve. États-Unis, 1993 – Couleurs – 2 h 14.

En 1956, sur la route qui doit le mener à la reconquête d'un amour négligé, un homme se souvient de sa vie de majordome à Darlington Hall. Stevens a tout sacrifié pour une certaine idée de la dignité, qu'il croit indispensable à sa fonction. Pour cela, il a aussi fait des erreurs qu'il va payer au bout de cette route... Par le réalisateur et avec les acteurs de *Retour à Howards End*.

VÊTIR CEUX QUI SONT NUS "VESTIRE GLI IGNUDI"
Comédie dramatique de **Marcello Pagliero**, d'après la pièce de Luigi Pirandello, avec Pierre Brasseur, Eleonora Rossi Drago, Gabriele Ferzetti. Italie / France, 1954 – 1 h 24.

« À chacun sa vérité ». L'héroïne du film s'en invente une, tente d'abuser son entourage ou de s'abuser elle-même avant de se suicider. Une ambiance trouble et des personnages complexes.

LE VEUVAGE DE KAROLINA ZASLER
"VDOVSTVO KAROLINA ŽASLER"
Drame de **Matjaž Klopčič**, avec Milena Zupancić, Radko Polić, Leopold Bibić. Yougoslavie, 1976 – Couleurs – 1 h 50.

Dans un univers paysan très arriéré, une jeune femme s'efforce de survivre malgré son douloureux veuvage. Mais tout le monde essaie de profiter d'elle et de l'affection dont elle a besoin.

LA VEUVE COUDERC
Drame de **Pierre Granier-Deferre**, d'après le roman de Georges Simenon, avec Simone Signoret, Alain Delon, Ottavia Piccolo. France, 1971 – Couleurs – 1 h 30.

La veuve Couderc garde à sa ferme un jeune homme en fuite et leurs relations se transforment. Mais la belle-famille ne l'entend pas de cette oreille... Adaptation consciencieuse, sauvée par deux monstres sacrés.

LA VEUVE JOYEUSE "THE MERRY WIDOW"
Comédie dramatique d'**Erich von Stroheim**, avec Mae Murray *(Sally O'Hara)*, John Gilbert *(Danilo)*, Roy D'Arcy *(Mirko)*, Tully Marshall *(Sadoja)*, George Fawcett *(Nikita I)*, Josephine Crowell *(Milena)*. • SC : E. von Stroheim, Benjamin Glazer, d'après le livret de Victor Leon et Leo Stein pour l'opérette de Franz Lehar. • PH : Ben Reynolds, William Daniels, Oliver T. Marsh. • DÉC : Richard Day, Cedric Gibbons. • MUS : David Mendoza, William Axt, sur des thèmes de Franz Lehar. • MONT : Frank E. Hull. États-Unis, 1925 – 3 000 m (env. 1 h 51).

Un royaume d'Europe centrale au début du siècle. Le prince Danilo tombe amoureux de Sally, une jolie serveuse. Il veut l'épouser mais le roi l'en empêche. Par dépit, elle épouse un milliardaire qui meurt à la suite du mariage. Elle devient la veuve la plus fortunée d'Europe et va vivre à Paris où elle mène la grande vie. Le roi, voulant que la fortune de la veuve reste à son pays, envoie le prince Mirko pour la séduire et l'épouser. Mais Danilo est aussi à Paris...

◆ *Après l'échec commercial des* Rapaces, *Stroheim n'a pas perdu la confiance des producteurs à qui il a fait gagner beaucoup d'argent avec ses trois premiers films. Ils lui passent commande de* la Veuve joyeuse *que Stroheim « bâcle » en six mois comme il le dit lui-même. À ses yeux, c'est un film de compromis, sans valeur artistique et la critique semble l'avoir suivi dans ses affirmations, car le film ne jouit d'aucun prestige particulier. Il s'agit pourtant d'un de ses plus parfaits et d'un de ceux qui ont subi le moins de mutilations. Loin d'être une version édulcorée de son univers, ce film semble le radicaliser. Stroheim montre plus et plus violemment que dans ses films précédents. Il procède à une mise à nu presque pornographique et obscène des motivations de toute une société.* S.K.

LA VEUVE JOYEUSE "THE MERRY WIDOW"
Comédie musicale d'**Ernst Lubitsch**, avec Maurice Chevalier *(Danilo)*, Jeanette MacDonald *(Sonia)*, Edward Everett Horton *(l'ambassadeur Popov)*, Una Merkel *(la reine Dolores)*, George Barbier *(le roi Achmed)*, Minna Gombell *(Marcelle)*, Sterling Holloway *(Mischka)*, Donald Meek *(le valet)*, Henry Armetta *(le Turc)*, Akim Tamiroff *(le patron de Maxim's)*. • PH : Oliver T. Marsh. • DÉC : Cedric Gibbons, Frederic Hope. • MUS : Franz Lehar (adaptée par Herbert Stothart, nouveaux lyrics de Lorenz Hart). • MONT : Frances Marsh. États-Unis, 1934 – 1 h 50.

Le comte Danilo est envoyé à Paris par le roi de Marshovie pour séduire la riche veuve Sonia et faire revenir ses capitaux au pays. Il s'éprend d'une fille rencontrée chez Maxim's qui n'est autre que Sonia.

◆ *Du livret de la célèbre opérette, Lubitsch, comme Stroheim avant lui, n'a gardé qu'une vague trame, amplement remaniée pour s'adapter à sa vision personnelle. Sous l'étincelant vernis de la comédie sophistiquée, percent la cruauté des duperies amoureuses, l'ironie de la confusion des sentiments. Tous les gags soulignent d'ailleurs cette duplicité des apparences, tandis que le style visuel de Lubitsch se déploie avec une invention et un luxe inégalés, notamment dans les séquences dansées. Dernier film et chef-d'œuvre du cycle musical du cinéaste (quatre films avant celui-ci, pour la Paramount, avec Chevalier et/ou MacDonald),* la Veuve joyeuse *avait été produit par l'enfant terrible de la M.G.M., Irving Thalberg, avec un budget colossal. Un des films les plus chers réalisés jusqu'alors, il fut considéré à sa sortie comme un prestigieux échec commercial.* *N.T.B.*

▷ Parallèlement, le cinéaste réalise une version française sur des dialogues de Marcel Achard, avec Maurice Chevalier, Jeanette MacDonald, Marcel Vallée, Danièle Parola, André Berley.

LA VEUVE JOYEUSE "The Merry Widow"

Comédie musicale de **Curtis Bernhardt**, avec Lana Turner, Fernando Lamas, Una Merkel, Marcel Dalio. États-Unis, 1952 – Couleurs – 1 h 45.

Remake en couleurs du film précédent. Somptuosité des décors et des costumes, Lana Turner au sommet de son glamour.

VEUVE MAIS PAS TROP "Married to the Mob"

Comédie de **Jonathan Demme**, avec Michelle Pfeiffer, Matthew Modine, Dean Stockwell. États-Unis, 1988 – Couleurs – 1 h 43.

La belle Angela ne supporte plus le milieu de la maffia dans lequel elle évolue. Lorsque son mari est assassiné, elle part à New York pour mener une vie honnête. Mais elle est poursuivie par les ardeurs du « parrain » ainsi que par le F.B.I.

LA VEUVE MONTIEL "La viuda de Montiel"

Drame de **Miguel Littin**, avec Geraldine Chaplin, Nelson Villagre. Mexique / Venezuela / Cuba, 1979 – Couleurs – 1 h 50.

À la mort de son mari, une femme se trouve à la tête d'une immense fortune. Délaissée par ses enfants, elle se réfugie dans le souvenir, tandis que le peuple commence à se soulever.

LA VEUVE NOIRE "Black Widow"

Comédie policière de **Nunnally Johnson**, avec Ginger Rogers, Van Heflin, Gene Tierney, George Raft. États-Unis, 1954 – Couleurs – 1 h 35.

Un auteur dramatique est soupçonné du meurtre d'une jeune intrigante. Personnages bien dessinés, coups de théâtre et grandes vedettes.

LA VEUVE NOIRE "Black Widow"

Film policier de **Bob Rafelson**, avec Debra Winger, Theresa Russell, Sami Frey, Dennis Hopper. États-Unis, 1986 – Couleurs – 1 h 42.

Les riches époux de Catherine meurent l'un après l'autre dans des circonstances qui ne laissent pas d'intriguer Alex, une jeune fonctionnaire de la justice fédérale. Toutefois, un étrange lien s'établit entre les deux femmes. Ambiguïtés et faux-semblants dans un film qui joue habilement des conventions du film noir.

LA VIACCIA "La viaccia"

Drame de **Mauro Bolognini**, avec Jean-Paul Belmondo, Claudia Cardinale, Pietro Germi, Romolo Valli, Paul Frankeur. Italie, 1960 – 1 h 50.

Pour satisfaire la prostituée dont il est tombé amoureux, un jeune paysan vole son oncle, mais la fille se moque de lui et il reviendra mourir à la Viaccia, la ferme qui ne suffisait pas même à le nourrir.

LE VIAGER

Comédie de **Pierre Tchernia**, avec Michel Serrault, Michel Galabru, Rosy Varte. France, 1971 – Couleurs – 1 h 30.

Au début des années 30, condamné à terme par son médecin, un célibataire de 59 ans met en viager une propriété à... Saint-Tropez. Mais il s'obstine à ne pas mourir, ce qui ne fait pas l'affaire de tout le monde...

LE VICE ET LA VERTU

Drame de **Roger Vadim**, d'après l'œuvre du marquis de Sade, avec Annie Girardot, Robert Hossein, Catherine Deneuve. France / Italie, 1963 – 1 h 45.

Entre 1944 et 1945, la destinée de deux sœurs, Justine (la Vertu) et Juliette (le Vice). Il ne reste rien de l'esprit de Sade dans cette adaptation « libre ».

VICES PRIVÉS, VERTUS PUBLIQUES
"Vizi privati, pubbliche virtù"

Drame de **Miklós Jancsó**, avec Lajos Balazsovits, Pamela Villoresi, Therese-Ann Savoy, Laura Betti, Franco Branciaroli, Ivica Pajer. Italie / Yougoslavie, 1976 – Couleurs – 1 h 44.

Les amis de l'héritier du trône qui complotent contre l'empereur provoquent un scandale et organisent une orgie. L'armée envahit le château. Le dauphin et sa maîtresse seront tués, et on déguisera leur mort en un double suicide.

LA VICTIME "Victim"

Comédie dramatique de **Basil Dearden**, avec Dirk Bogarde, Sylvia Syms, Dennis Price, John Barrie, Norman Bird. Grande-Bretagne, 1961 – 1 h 40.

Un avocat homosexuel remet sa réputation en jeu pour confondre des maîtres chanteurs à l'origine du suicide d'un de ses amis. Un sujet délicat traité avec tact et adresse.

VICTIME DU DESTIN "The Lawless Breed"
Western de **Raoul Walsh**, avec Rock Hudson, Julia Adams, Mary Castle. États-Unis, 1952 – Couleurs – 1 h 23.

La fatalité poursuit un homme qui a tué en état de légitime défense. À sa sortie de prison, il essaiera d'épargner à son fils les épreuves qu'il a connues.

LES VICTIMES DE L'ALCOOLISME
Drame de **Gérard Bourgeois**, avec Jacques Normand, Gabrielle Lange. France, 1911 – env. 250 m (9 mn).

Entre l'humour machiavélique et la pitié. Une peinture terrifiante d'un fléau qui frappe les miséreux, par un des réalisateurs de Charles Pathé dirigés par Ferdinand Zecca.

VICTOIRE À ENTEBBE "Victory at Entebbe"
Film d'aventures de **Marvin Chomsky**, avec Richard Dreyfuss, Burt Lancaster, Christian Marquand, Anthony Hopkins, Helen Hayes, Linda Blair, Helmut Berger, Kirk Douglas, Elizabeth Taylor. États-Unis, 1976 – Couleurs – 2 h.

Un avion est détourné sur l'Ouganda par des Palestiniens qui exigent la libération des leurs emprisonnés en Israël. L'armée israélienne délivrera les otages. Trente personnes trouveront la mort.

▷ Voir aussi RAID SUR ENTEBBE et OPÉRATION THUNDERBOLT.

LA VICTOIRE EN CHANTANT / NOIRS ET BLANCS EN COULEURS
Comédie satirique de **Jean-Jacques Annaud**, avec Jean Carmet, Jacques Dufilho, Catherine Rouvel, Jacques Spiesser, Dora Doll, Maurice Barrier. France, 1976 – Couleurs – 1 h 40. ★ Oscar du Meilleur film étranger 1976.

En 1915, les Français d'un petit poste perdu d'Afrique, débordant de chauvinisme, tentent une action militaire contre les Allemands du territoire voisin. Après un premier échec, un nouveau chef leur rendra le sens des réalités.

VICTOIRE SUR L'ANNAPURNA
Documentaire de **Marcel Ichac**. France, 1953 – Couleurs – 56 mn.

Réalisé au cours de l'expédition française dans l'Himalaya en 1950, le film fait participer le spectateur à toutes les phases de la conquête de ce « plus de 8 000 » et aux drames du retour.

VICTOIRE SUR LA NUIT "Dark Victory"
Drame psychologique d'**Edmund Goulding**, d'après la pièce de George Brewer Jr. et Bertram Bloch, avec Bette Davis, George Brent, Geraldine Fitzgerald, Humphrey Bogart, Ronald Reagan. États-Unis, 1939 – 1 h 46.

Une jeune femme de la haute société de Long Island apprend qu'elle est atteinte d'une tumeur au cerveau et qu'elle est condamnée à court terme. Elle épouse son médecin, vit de merveilleux moments et affronte la mort avec sérénité.

▷ Autre version réalisée par **Daniel Petrie**, intitulée LES HEURES BRÈVES "Stolen Hours", avec Susan Hayward, Michael Craig, Diane Baker, Edward Judd, Paul Rogers. Grande-Bretagne, 1963 – Couleurs – 1 h 37.

VICTOR VICTORIA "Victor Victoria"
Comédie de **Blake Edwards**, avec Julie Andrews *(Victor / Victoria)*, James Garner *(King)*, Robert Preston *(Toddy)*, Lesley Ann Warren *(Norma)*, Alex Karras *(Squash)*, John Rhys-Davies *(Cassell)*. • SC : B. Edwards. • PH : Dick Bush. • DÉC : Rodger Maus. • MUS : Henry Mancini. • MONT : Ralph Winters. États-Unis, 1981 – Couleurs – 2 h 13.

Pour lui assurer la gloire et leur apporter la fortune, une jeune chanteuse est transformée en travesti par son imprésario homosexuel. La supercherie se heurte à l'amour qu'éprouve pour « Victor » un gangster à la retraite, qui n'a de cesse que de découvrir, à son soulagement, que Victor est en réalité « Victoria ».

◆ *Comédie aussi brillante que gaie, très librement inspirée d'un vieux film allemand de 1933, qui ne passe par le burlesque que pour mieux éviter la vulgarité,* Victor Victoria *est aussi (dans la tradition de Lubitsch et de McCarey) une réflexion légère sur les miroitements du spectacle et les impondérables de l'amour. La double composition de Julie Andrews est merveilleuse et la mise en scène constamment digne du grand cinéaste de* la Panthère rose. *G.LD.*

VIDÉODROME "Videodrome"
Film fantastique de **David Cronenberg**, avec James Woods, Debbie Harry, Sonja Smits. États-Unis, 1983 – Couleurs – 1 h 28.

Le directeur d'une station de T.V. érotique est victime d'hallucinations causées par un mystérieux programme capté par satellite. Œuvre fascinante et troublante.

VIDOCQ
Biographie de **Jacques Daroy**, avec André Brûlé, Jean Worms, Nadine Vogel, Maurice Lagrenée, Éliane Pascal, Pierre Clarel. France, 1938 – 1 h 45.

Une évocation romancée de la vie du célèbre bandit qui, après plusieurs évasions, devint chef de la Sûreté.

▷ Autre version réalisée par **Jean Kemm**, avec René Navarre, Elmire Vautier, Genica Missirio. France, 1922 – 8 350 m (env. 5 h 10 en dix épisodes).

LA VIE À DEUX
Comédie de **Clément Duhour**, avec Danielle Darrieux, Edwige Feuillère, Sophie Desmarets, Lilli Palmer, Pierre Brasseur, Fernandel, Gérard Philipe, Jean Marais, Robert Lamoureux. France, 1958 – 1 h 48.

Un notaire est chargé de faire exécuter un incroyable testament. Le film posthume de Sacha Guitry, mettant en scène les personnages de quelques-unes de ses plus célèbres pièces.

LA VIE À L'ENVERS
Comédie dramatique d'**Alain Jessua**, avec Charles Denner *(Jacques Valin)*, Anna Gaylor *(Viviane)*, Nicole Gueden *(Nicole)*. • SC : A. Jessua. • PH : Jacques Robin. • DÉC : Olivier Girard. • MUS : Gérard Loussier. • MONT : Nicole Marko. France, 1964 – Couleurs – 1 h 33.

Jacques est un Français moyen. Il vit avec Viviane. Un jour, il se rend compte qu'il n'est bien que tout seul, et qu'il peut, à volonté, faire abstraction totale du monde extérieur.

◆ *Le propos d'Alain Jessua est ambigu, et c'est d'ailleurs cela même qui fait son intérêt. Est-ce une histoire réaliste, celle d'un homme qui devient fou ? Ou est-ce une fable, un conte philosophique sur l'absurdité de la vie moderne dont il convient de s'abstraire pour préserver sa personnalité ? Jacques se trouve bien de vivre le vide total. Ce n'est pas une douce folie, mais la négation de toute raison, de l'existence même. Jessua ne justifie ni n'explique rien, ce qui laisse toute latitude de son choix au spectateur. Charles Denner est excellent.* B.B.

LA VIE CHANTÉE
Film musical de **Noël-Noël**, avec Noël-Noël. France, 1951 – 1 h 20.

En quinze sketches, Noël-Noël illustre quinze chansons de son répertoire qui firent son succès.

LA VIE COMMENCE DEMAIN
Documentaire de **Nicole Védrès**. France, 1950 – 1 h 27.

Sous forme d'enquête, un panorama du monde scientifique et artistique dont les vedettes sont les personnalités les plus représentatives de l'époque : Sartre, Picasso, Le Corbusier, Joliot-Curie, Jean Rostand, André Gide...

LA VIE CONJUGALE
Comédie dramatique en deux parties d'**André Cayatte** intitulées FRANÇOISE et JEAN-MARC, avec Marie-José Nat, Jacques Charrier, Michel Subor. France / Italie, 1964 – 3 h 44 (en tout).

Ce diptyque original est composé de deux films racontant la même histoire (la vie d'un couple), l'un selon le point de vue de Jean-Marc, l'autre selon celui de sa partenaire Françoise. Les deux films ont été distribués simultanément.

LA VIE CONTINUE
Mélodrame de **Moshe Mizrahi**, avec Annie Girardot, Jean-Pierre Cassel, Pierre Dux, Giulia Salvatori, Emmanuel Gayet. France, 1981 – Couleurs – 1 h 33.

Devenue brutalement veuve, en plein bonheur, une femme essaie courageusement de refaire sa vie. Cela ne va pas sans luttes, ni sans désillusions. Heureusement, il faut vivre.

LA VIE CRIMINELLE D'ARCHIBALD DE LA CRUZ
"ENSAYO DE UN CRIMEN"
Comédie de **Luis Buñuel**, avec Ernesto Alonso *(Archibald)*, Miroslava Stern *(Lavinia)*, Rita Macedo *(Patricia Terrazas)*, Ariadna Welter *(Carlota)*, Jose Maria Linares Rivas *(Willy Corduran)*. • SC : L. Buñuel, Eduardo Ugarte, d'après le roman de Rodolfo Usigli. • PH : Agustin Jiménez. • DÉC : Jesús Brácho. • MUS : Jorge Pérez Herera. • MONT : Jorge Bustos. Mexique, 1955 – 1 h 30.

Enfant gâté d'une famille bourgeoise, Archibald a découvert qu'une boîte à musique lui permet de satisfaire ses vœux. Ceux-ci consistent surtout à souhaiter la mort des femmes qu'il désire. Mais chaque fois, sauf une, les circonstances se chargent d'accomplir le crime projeté, le frustrant de son acte. Il se confesse à la police qui ne peut l'inculper, n'étant coupable qu'en intention. En jetant la boîte, Archibald se délivre de ses obsessions.

◆ *C'est l'humour noir qui domine ce film rassemblant la plupart des thèmes et obsessions de Buñuel. Ce drame de la possession impossible et de la frustration est traité esthétiquement comme un film noir américain avec une ironie féroce qui contrebalance l'aspect morbide du sujet.* J.M.

LA VIE D'ADOLF HITLER
"DAS LEBEN VON ADOLF HITLER"
Documentaire de **Paul Rotha**. R.F.A., 1961 – 1 h 40.

Les documents d'actualité utilisés nous montrent Hitler dans sa vie publique et dans sa vie privée et font le récit des événements de 1919 à 1945. Un montage très classique, chronologique et sans fioritures, mais aussi très complet, sur l'homme et la période.

▷ Voir aussi LA VIE PRIVÉE D'HITLER.

LA VIE DE BOHÈME
Comédie dramatique de **Marcel L'Herbier**, d'après le roman d'Henri Murger, avec Louis Jourdan, Maria Denis, Louis Salou, Giselle Pascal, Alfred Adam, Suzy Delair. France / Italie, 1945 (RÉ : 1942) – 2 h.

Accompagnées de la musique de Puccini, les amours tumultueuses, gaies ou dramatiques d'un groupe d'amis, avec pour toile de fond la révolution de 1848.

▷ Autre version réalisée par **Albert Capellani**, avec Paul Capellani, Suzanne Révonne, Léon Bélières, Juliette Clarens. France, 1913 – env. 300 m (11 mn).

▷ Voir aussi LA BOHÈME.

LA VIE DE CHÂTEAU
Comédie de **Jean-Paul Rappeneau**, avec Philippe Noiret, Catherine Deneuve, Pierre Brasseur, Mary Marquet, Henri Garcin. France, 1965 – 1 h 35. ★ **PRIX LOUIS-DELLUC 1965.**

1944 : la fille du fermier a épousé le fils de la châtelaine ; un jeune capitaine des F.F.L. est chargé de préparer un largage de parachutistes dans le parc. Les deux jeunes gens vont tomber amoureux l'un de l'autre...

LA VIE DE FAMILLE
Drame de **Jacques Doillon**, avec Sami Frey, Mara Goyet, Juliet Berto. France, 1985 – Couleurs – 1 h 38.

Un père divorcé, angoissé et égocentrique, passe un week-end imprévu avec sa jeune fille de onze ans. Cette échappée leur donne l'occasion de mettre à nu leurs sentiments et d'être enfin sincères.

LA VIE DE JEAN VALJEAN "LES MISÉRABLES"
Drame de **Lewis Milestone**, avec Michael Rennie, Debra Paget, Robert Newton, Sylvia Sidney. États-Unis, 1952 – 1 h 44.

Version américaine condensée de l'œuvre de Victor Hugo. Michel Rennie est Jean Valjean, Debra Paget est Cosette, Robert Newton est Javert et Sylvia Sidney, Fantine.

▷ Voir aussi LES MISÉRABLES.

LA VIE DE LOUIS PASTEUR
"THE STORY OF LOUIS PASTEUR"
Biographie de **William Dieterle**, avec Paul Muni, Josephine Hutchinson, Anita Louise, Donald Woods, Fritz Leiber, Henry O'Neill, Porter Hall, Akim Tamiroff. États-Unis, 1936 – 1 h 25.

Une évocation très respectueuse de la vie du grand savant, interprétée magistralement par celui qui fut l'ignoble Scarface.

LA VIE D'ÉMILE ZOLA "THE LIFE OF ÉMILE ZOLA"
Biographie de **William Dieterle**, avec Paul Muni *(Zola)*, Gale Sondergaard *(Lucie Dreyfus)*, Joseph Schildkraut *(Alfred Dreyfus)*, Gloria Holden *(Alexandrine Zola)*. • SC : Norman Reilly Raine, Heinz Herald, Geza Herczeg. • PH : Tony Gaudio. • DÉC : Anton Grot. • MUS : Max Steiner. • MONT : Warren Low. États-Unis, 1937 – 1 h 56. ★ **OSCAR DU MEILLEUR FILM 1937.**

Particulièrement sensible au sort des opprimés, Émile Zola, alors au faîte de sa gloire, n'hésite pourtant pas à remettre celle-ci en jeu lorsqu'éclate l'affaire Dreyfus en 1897. Solidaire de ce dernier, il prend violemment à partie le haut état-major français et son nationalisme exacerbé dans son célèbre « J'accuse ! ».

◆ *C'est le franc succès de* la Vie de Louis Pasteur *(Voir film précédent) et l'appui enthousiaste de son interprète Paul Muni qui incitèrent la Warner à produire le film de Dieterle (les mêmes feront à nouveau équipe pour Juarez en 1939). Au mépris du Code Hays et des tensions internationales, le film, au-delà du portrait de Zola, constitue un vibrant réquisitoire contre l'antisémitisme, avec la rigueur historique et esthétique qui caractérise Dieterle, justifiant ainsi le compliment de Brecht selon lequel chacun de ses films était un acte de courage.* *B.R.*

LA VIE DE O'HARU FEMME GALANTE
"SAIKAKU ICHIDAI ONNA"
Drame de **Kenji Mizoguchi**, d'après le roman d'Ihara Saikaku *Kôshoku ichidai onna*, avec Kinuyo Tanaka *(O'Haru)*, Ichiro Sugai *(son père)*, Masao Schimizu *(Kikuoji)*, Toshirō Mifune *(Katsunosuke)*. • SC : Yoshikata Yoda. • PH : Yoshimi Hirano. • DÉC : Hiroshi Mizutani. • MUS : Ichiro Saito. • MONT : Toshio Goto. • PR : Shintoho (Tokyo). Japon, 1952 – 2 h 23 (version intégrale), 1 h 58 (version française). ★ **LION D'ARGENT, Venise 1952.**

La première séquence dans la pénombre nous révèle une femme vieillie prématurément, vue le plus souvent de dos. Puis vient un long retour en arrière, vingt ans auparavant, qui retrace les étapes de sa dégradation. Fille d'une famille aristocratique, elle a vécu une histoire d'amour avec un jeune homme d'une classe inférieure. Après l'exécution de son amant, elle sera mariée à un riche marchand qui la répudiera après qu'elle lui aura donné un héritier. Puis elle sera vendue comme prostituée par son père avant d'entrer au couvent.

◆ Un classicisme serein

La Vie de O'Haru *est une œuvre clé dans la carrière de Kenji Mizoguchi et le film qu'il chérissait le plus. Après huit films réalisés pendant l'occupation américaine (qui s'achève en 1950) et qui le laissent insatisfait, il marque le début d'une longue suite de chefs-d'œuvre et de sa reconnaissance internationale. Déclarant qu'aucun artiste n'atteint la grandeur avant l'âge de cinquante ans (il en a cinquante-trois au moment du tournage de* O'Haru*), il s'arrête de boire et s'attaque à l'adaptation d'un roman picaresque classique de la littérature japonaise du XVIIe siècle,* la Vie d'une amie de la volupté (Kôshoku ichidai onna) *d'Ihara Saikaku. Dans les quelques années qui précèdent sa mort en 1956, il signe d'autres chefs-d'œuvre dont* l'Intendant Sansho (Sanshō dayū, *1954) et* les Contes de la lune vague (Ugetsu Monogatari, *1953) adapté lui aussi de deux contes publiés au XVIIIe siècle par Ueda Akinari. L'ampleur du récit (143 minutes dans la version intégrale japonaise) fait de* O'Haru *une œuvre foisonnante et néanmoins épurée, où le cinéaste nous introduit dans toutes les strates de la société japonaise médiévale tout en dégageant avec clarté la destinée intellectuelle de son héroïne. Mizoguchi se confirme dans* O'Haru *comme le peintre de la femme dont il chante avec lyrisme les souffrances et les humiliations au sein d'une société patriarcale. Le nombre réduit des plans (197 au total) se double d'une virtuosité de la caméra qui, en longs mouvements sinueux, suit l'odyssée douloureuse de O'Haru. Les plans d'ensemble que privilégie le cinéaste maintiennent une distance à l'égard de l'action, répriment toute émotion facile et ne rendent que plus forte la catharsis finale. Selon Saikaku, O'Haru est détruite de l'intérieur par son goût immodéré du sexe. Mizoguchi abandonne le ton ironique de l'original et montre davantage les contraintes extérieures, adoptant le ton élégiaque, le classicisme serein qui sera désormais sa marque et qui contraste avec ses recherches formelles plus radicales et la critique politique plus acerbe de certaines de ses œuvres antérieures. Le film fut un désastre commercial, mais attira de nouveau les faveurs de la critique japonaise à son égard, ce qui lui permit de signer un contrat avec la compagnie Daiei et de réaliser huit films en toute liberté dans les quatre dernières années de sa vie.* *M.C.*

LA VIE DE PLAISIR
Comédie dramatique d'**Albert Valentin**, avec Albert Préjean, Claude Génia, Aimé Clariond, Jean Servais, Yolande Laffon, Maurice Escande. France, 1944 – 1 h 25.

Pour épouser une jeune aristocrate, le directeur d'un grand cabaret doit vendre son établissement et se trouve vite confronté à l'hypocrisie de sa belle-famille.

LA VIE DE THOMAS EDISON " EDISON THE MAN"
Biographie de **Clarence Brown**, avec Spencer Tracy, Rita Johnson, Lynne Overman, Charles Coburn, Gene Lockhart, Henry Travers. États-Unis, 1940 – 1 h 47.

La lutte contre la pauvreté, durant des années, de celui qui deviendra célèbre en inventant l'ampoule électrique et le phonographe.
▷ Voir aussi LA JEUNESSE D'EDISON.

LA VIE DEVANT SOI
Comédie dramatique de **Moshe Mizrahi**, d'après le roman d'Émile Ajar, avec Simone Signoret, Samy Ben Youb, Claude Dauphin. France, 1977 – Couleurs – 1 h 30. ★ OSCAR DU MEILLEUR FILM ÉTRANGER 1977.

La vieille Madame Rosa garde des enfants. Momo, treize ans, est son préféré. Madame Rosa craque de partout, au milieu d'un petit monde attentif et pittoresque de voisins. Simone Signoret est superbe dans le personnage.

LA VIE DISSOLUE DE GÉRARD FLOQUE
Comédie de **Georges Lautner**, avec Roland Giraud, Jacqueline Maillan, Jacques François, Michel Galabru. France, 1986 – Couleurs – 1 h 25.

Les mésaventures d'un publicitaire et de son épouse volage sont prétextes à une sorte de potpourri sur les années 80.

LA VIE D'UN HONNÊTE HOMME
Comédie de **Sacha Guitry**, avec Michel Simon, Marguerite Pierry, Louis de Funès. France, 1953 – 1 h 25.

Des frères jumeaux aux destins très dissemblables se retrouvent après des années de séparation. L'un meurt et l'autre endosse sa personnalité pour se rendre compte de la cupidité de son entourage. Simon dans un double rôle écrit pour lui.

LA VIE EN JEU " LA VITA IN GIOCO"
Drame de **Gianfranco Mingozzi**, avec Mimsy Farmer, Giulio Brogi, William Berger, Paolo Turco. Italie, 1973 – Couleurs – 1 h 40.

Un couple décide d'en finir avec la vie, mais veut terminer ce qui est entrepris, en l'occurrence pour lui un reportage. Mais il renonce à mourir et téléphone sa décision à sa compagne qui, elle, ouvre le gaz.

LA VIE EN MAUVE "ALL NIGHT LONG"
Comédie dramatique de **Jean-Claude Tramont**, avec Gene Hackman, Barbra Streisand, Diane Ladd. États-Unis, 1980 – Couleurs – 1 h 28.

La vie bien réglée d'une famille américaine de la « upper middle class » se détraque soudain quand le mari change de travail. Des complications sentimentales feront voler en éclats tous les acquis.

LA VIE EN ROSE
Comédie dramatique de **Jean Faurez**, avec François Périer, Louis Salou, Colette Richard, Simone Valère. France, 1948 – 1 h 40.

Dans un collège de province, un jeune professeur amoureux de la fille du proviseur découvre les preuves qu'un surveillant est également l'amant de celle-ci. Mais il comprend qu'il s'agit d'une farce de lycéens et retrouvera le bonheur et celle qui l'aime.

LA VIE EST À NOUS

Film politique de **Jean Renoir**, avec Julien Bertheau *(l'ouvrier en chômage)*, Jean Renoir *(le patron du bistrot)*, Jean-Paul Le Chanois *(P'tit Louis)*, Jacques Becker, Jacques-Bernard Brunius, Madeleine Sologne, Gaston Modot, Nadia Sibirskaïa. • SC : Jean-Paul Le Chanois, Jacques Becker, André Zwoboda, Pierre Unik, Henri Cartier-Bresson, Paul Vaillant-Couturier, Jacques-Bernard Brunius. • PH : Jean-Serge Bourgoin, Alain Douarinou, Claude Renoir, Jean Isnard. France, 1936 – 1 h 02.

Marcel Cachin, directeur de *l'Humanité*, lit trois lettres concernant l'action du Parti communiste, illustrées par trois sketches : une grève soutient une ouvrière contre un contremaître ; des paysans communistes sabotent une vente aux enchères après la saisie d'une ferme ; un jeune chômeur est secouru par les Jeunesses communistes. En contrepoint, des discours de dirigeants du parti et des scènes d'actualité.

◆ *Ce film a été produit par le P.C.F. avec des fonds recueillis lors d'un meeting ; les acteurs et techniciens y ont participé bénévolement. Le message politique y est d'une grande naïveté, mais aussi d'une grande sincérité, et les petits épisodes de fiction comptent parmi les grandes réussites de Renoir. Réalisé en pleine période du Front populaire,* La vie est à nous *doit être vu, dans l'œuvre de Renoir, comme un complément indispensable au* Crime de Monsieur Lange. *L.A.*

LA VIE EST BELLE "IT'S A WONDERFUL LIFE"

Comédie dramatique de **Frank Capra**, avec James Stewart *(George Bailey)*, Donna Reed *(Mary)*, Lionel Barrymore *(Potter)*, Thomas Mitchell *(Oncle Billy)*, Ward Bond *(Bert)*, Gloria Grahame *(Violet)*, Henry Travers *(Clarence)*. • SC : F. Capra, Frances Goodrich, Albert Hackett, d'après Philip Van Doren Stern. • PH : Joseph Walker, Joseph Biroc. • DÉC : Jack Okey. • MUS : Dimitri Tiomkin. • MONT : William Hornbeck. États-Unis, 1946 – 2 h 10.

La veille de Noël, George Bailey songe au suicide. Toute sa vie il s'est battu contre la mainmise du capitaliste Potter sur sa petite ville et pour que les petites gens prennent en main leur destinée. Mais il a le sentiment aussi de s'être enterré sur place et d'avoir raté le destin qui l'attendait ailleurs. Son ange gardien, prenant figure humaine, apparaît à Bailey et lui montre ce que serait la vie sans lui : les gens sont devenus pires ou plus malheureux, la ville appartient au rapace Potter, sa femme est restée vieille fille. Bailey comprend à quel point il était indispensable.

◆ *Ce film synthétise tout ce que l'univers de Capra contient de généreuse utopie et de grandeur humaniste. Dans ses autres films, l'unanimisme du point de vue et le consensus social qui les concluaient emportaient notre affectivité mais ni notre raison ni notre croyance. Il n'en va pas de même dans ce film-là. D'abord, le mode d'action qu'entreprend Bailey pour obtenir un monde meilleur est concret et ponctuel ; ensuite, le film ne se conclut pas par un consensus qui aplanit les contradictions sociales, mais par un mouvement de solidarité de classe chargé d'affectivité envers Bailey, solidarité d'autant plus bouleversante qu'elle est à la fois utopique et vraisemblable. Mais le film trouve paradoxalement sa véritable dimension dans son idée la plus naïve, quand un ange montre à Bailey désespéré ce que serait sa ville (le monde) sans lui. Cette dernière partie du film, éblouissante de conviction, dépasse complètement le cadre du cinéma et touche directement aux affects les plus sensibles du spectateur, l'interpelant dans sa vie même. S.K.*

LA VIE EST BELLE

Comédie de **Roger Pierre**, avec Roger Pierre, Jean-Marc Thibault, Colette Ricard, Véronique Zuber. France, 1956 – 1 h 30.

Unis par une amitié sans faille, deux couples d'amis voient les nuages s'amonceler lorsqu'ils gagnent une maison à la campagne.

LA VIE EST BELLE "LA VITA È BELLA"

Comédie de **Roberto Benigni**, avec Roberto Benigni, Nicoletta Braschi, Giorgio Cantarini. Italie, 1998 – Couleurs – 1 h 54. ★ **GRAND PRIX DU JURY, Cannes 1998.**

Commencé dans la fantaisie légère et débridée, proche de la commedia dell'arte, ce film s'attaque ensuite à un redoutable défi : faire d'un camp de concentration le lieu d'une comédie. Performance réussie, puisque le personnage du père provoque émotion et rire lorsqu'il s'emploie à convaincre son fils que prisonniers et S.S. sont là pour participer à un jeu où l'on gagne des lots !

LA VIE EST UN LONG FLEUVE TRANQUILLE

Comédie d'**Étienne Chatilliez**, avec Benoît Magimel, Hélène Vincent, André Wilms, Catherine Jacob, Patrick Bouchitey, Catherine Hiegel, Daniel Gélin, Christine Pignet. France, 1987 – Couleurs – 1 h 30.

Deux nouveau-nés issus de milieux radicalement différents ont été intervertis à la naissance : douze ans plus tard, la vérité est révélée. Premier film d'un talentueux réalisateur de spots publicitaires, une comédie qui a séduit par son humour original et sarcastique. Un triomphe dans les salles.

LA VIE EST UN ROMAN
Comédie dramatique d'**Alain Resnais**, avec Ruggero Raimondi *(le comte Forbek)*, Vittorio Gassman *(Walter Guarini)*, Geraldine Chaplin *(Nora Winkle)*, Fanny Ardant *(Livia Cerasquier)*, André Dussollier *(Albert Cerasquier)*, Pierre Arditi *(Robert Dufresne)*, Sabine Azéma *(Élisabeth Rousseau)*, Robert Manuel *(Georges Leroux)*. • SC : Jean Gruault. • PH : Bruno Nuytten. • DÉC : Jacques Saulnier, Enki Bilal. • MUS : Philippe-Gérard. • MONT : Albert Jurgenson, Jean-Paul Besnard. France, 1983 – Couleurs – 1 h 50.

Deux époques. (I) À la fin de la guerre, le comte Forbek invite, dans le château extravagant qu'il est parvenu à faire construire dans les Ardennes, ses nombreux amis. Il veut leur faire partager d'étranges expériences de transformation de la personnalité. Cela finit très mal. (II) En 1982, le château est devenu une école et un colloque y est organisé sur le thème « Éducation et Imagination ». Les divers spécialistes rassemblés discutent doctement, puis redeviennent des êtres humains qui s'aiment et se détestent, se cherchent et se fuient. Les enfants, eux, s'amusent beaucoup...

◆ *Ambigu dans son propos et jusque dans sa réalisation, moins parfaite ici que dans les autres films de l'auteur, cette fable essaie de retrouver l'épaisseur de la vie par la multiplication des intrigues. De merveilleux moments d'humour, cependant...* D.C.

LA VIE ET RIEN D'AUTRE
Film historique de **Bertrand Tavernier**, avec Philippe Noiret, Sabine Azéma, Pascale Vignal, François Perrot. France, 1989 – Couleurs – 2 h 15.

En 1920, le commandant Dellaplane poursuit avec acharnement sa mission d'identification et de recensement des soldats disparus. Sur son chemin, il croise deux femmes, l'une à la recherche de son mari, l'autre de son fiancé. Un grand film sur le réapprentissage de la paix, un scénario dense et complexe et une splendide interprétation de Noiret.

VIE FACILE "EASY LIVING"
Comédie de **Mitchell Leisen**, avec Jean Arthur, Ray Milland, Edward Arnold, Luis Alberni, Mary Nash, Franklin Panghorn. États-Unis, 1937 – 1 h 31.

Un manteau de fourrure lancé par une fenêtre et qui tombe sur une jeune dactylo transforme la vie de cette dernière en la mettant en présence d'un important banquier.

LA VIE FUTURE "THINGS TO COME"
Film de science-fiction de **William Cameron Menzies**, d'après le roman de H.G. Wells, avec Raymond Massey, Ralph Richardson. Grande-Bretagne, 1936 – 1 h 53.

Une guerre, en 1940, est suivie de la peste, la révolte, une nouvelle organisation sociale, l'envoi d'une fusée dans la Lune.

LE VIEIL HOMME ET LA MER
"THE OLD MAN AND THE SEA"
Drame psychologique de **John Sturges**, d'après le roman d'Ernest Hemingway, avec Spencer Tracy, Felipe Pazos. États-Unis, 1958 – Couleurs – 1 h 26.

Un vieux pêcheur rêve d'attraper un jour LE poisson de sa vie. Le film, commencé par Fred Zinnemann, est une fidèle adaptation du roman.

LE VIEIL HOMME ET L'ENFANT
Drame de **Claude Berri**, avec Michel Simon, Alain Cohen, Luce Fabiole, Roger Carel, Paul Préboist, Charles Denner. France, 1967 – 1 h 30.

Durant l'Occupation, un petit garçon juif est envoyé sous un faux nom chez les parents d'une voisine, à la campagne. Il fait la joie du vieux couple, en particulier de « Pépé », violemment antisémite, et qui ignore les origines de l'enfant. Une magistrale composition de Michel Simon.

LA VIEILLE DAME INDIGNE
Comédie dramatique de **René Allio**, avec Sylvie *(la vieille dame)*, Malka Ribowska *(Rosalie)*, Victor Lanoux *(Pierre)*, Étienne Bierry *(Albert)*, Jean Bouise *(Alphonse)*. • SC : R. Allio, d'après la nouvelle de Bertolt Brecht. • PH : Denys Clerval. • DÉC : Hubert Monloup. • MUS : Jean Ferrat. • MONT : Sophie Coussein. France, 1964 – 1 h 28.

Le père vient de mourir. Les enfants vendent ce qui est vendable, pour laisser à la mère, Berthe, de quoi vivre dans la maison qu'elle garde. La vieille dame est désormais seule, dans ce bourg de l'Estaque, proche de Marseille. Elle découvre alors, émerveillée, les loisirs de la liberté, avec la serveuse d'un restaurant voisin, Rosalie, qui s'est prise d'amitié pour elle, puis d'amour pour Pierre, le petit-fils venu aux nouvelles. Berthe va jusqu'à se payer une 2 CV d'occasion, qu'elle fera conduire par Rosalie et Pierre, au grand scandale de ses enfants. Berthe meurt au bout de 18 mois de ce rêve enfin vécu...

◆ *René Allio a su, dans ce film empreint d'émotion pudique, nous faire vibrer au rythme et au diapason de cette « vieille dame » qui incarne avec une merveilleuse justesse la revanche sur soixante années de grisaille consacrées aux autres.* D.C.

LA VIEILLE FILLE "THE OLD MAID"
Comédie dramatique d'**Edmund Goulding**, d'après la pièce de Zoe Akins, avec Bette Davis, Miriam Hopkins, George Brent, Jane Bryan, Donald Crisp. États-Unis, 1939 – 1 h 35.

Une jeune mère perd son prétendant pendant la guerre de Sécession. Par respect des convenances, on fera passer l'enfant pour celui d'une cousine veuve, la véritable mère se contentant d'être « tante Charlotte ».

LA VIEILLE FILLE
Comédie dramatique de **Jean-Pierre Blanc**, avec Annie Girardot, Philippe Noiret, Marthe Keller, Michael Lonsdale. France, 1971 – Couleurs – 1 h 30.

Contraint de passer huit jours dans un hôtel de Cassis, un homme apprivoise peu à peu une des pensionnaires, une vieille fille. Un film fin et sensible sur la solitude des êtres.

VIEILLE GARDE "VECCHIA GUARDIA"
Drame d'**Alessandro Blasetti**, avec Gianfrancho Giachetti, Mino Doro, Franco Brambilla. Italie, 1935 – 1 h 28.

Durant l'été 1922, une petite ville connaît une forte agitation sociale et voit s'affronter violemment les fascistes et les antifascistes. La mort d'un jeune héros apaise les passions et les fascistes galvanisés entament la marche sur Rome.

VIEILLES LÉGENDES TCHÈQUES
"STARÉ POVĚSTI ČESKÉ"
Film d'animation de **Jiři Trnka**. • SC : J. Trnka, Jiři Brdečka, Miloš Kratochvil, d'après des légendes rapportées par Alois Jirásek. • PH : Ludvík Hájek, Emmanuel Franek. • MUS : Václav Trojan. Tchécoslovaquie, 1953 – Couleurs – 1 h 23.

Six légendes jouées par des marionnettes nous content les origines et la naissance de la nation tchèque : l'arrivée dans le pays des tribus slaves du duc Cech, l'exploit de Bivoj vainqueur du sanglier qui dévastait le pays, le mariage de la princesse Libusa avec un laboureur, la révolte des femmes contre l'autorité d'un homme, la passion de l'or qui fit négliger à tous le travail de la terre, l'invasion du pays finalement sauvé par le jeune page du lâche duc Néklan.

◆ *Les arrière-pensées idéologiques que révèle ce choix de légendes n'ont ni importance ni intérêt. Ce qui compte, c'est l'originalité totale de cette œuvre géniale : la personnalité de chaque marionnette (ce sont d'ailleurs plutôt des statues animées), la minutie et l'invention de l'animation, le pittoresque et l'humour des scénarios situent ce film au niveau le plus élevé de la création. Les scènes à grande figuration de la fin laissent pantois. Trnka est bien un très grand cinéaste et ce film est son chef-d'œuvre.* J.-B.B.

LA VIE, L'AMOUR, LA MORT
Drame de **Claude Lelouch**, avec Amidou, Caroline Cellier, Marcel Bozzuffi. France, 1969 – Couleurs – 1 h 55.

Un ouvrier dont la vie vient d'être transformée par la rencontre d'un véritable amour sera néanmoins condamné pour ses fautes précédentes. La générosité bien connue de Lelouch au service de la lutte pour l'abolition de la peine de mort.

VIENS CHEZ MOI, J'HABITE CHEZ UNE COPINE
Comédie de **Patrice Leconte**, avec Michel Blanc, Anémone, Bernard Giraudeau, Thérèse Liotard, Christine Dejoux, Gaelle Legrand. France, 1980 – Couleurs – 1 h 35.

Un pompiste indélicat perd son emploi. Il vient alors parasiter un couple d'amis, qui ne résiste pas à cette intrusion. Un divertissement efficacement interprété.

VIENT DE PARAÎTRE
Comédie dramatique de **Jacques Houssin**, d'après la pièce d'Édouard Bourdet, avec Pierre Fresnay, Blanchette Brunoy, Rellys, Frank Villard. France, 1949 – 1 h 37.

Par une habile manœuvre d'un éditeur sans scrupules, un écrivain trouve l'inspiration pour écrire son second roman.

LA VIE PARISIENNE
Comédie dramatique de **Robert Siodmak**, avec Max Dearly, Georges Rigaud, Conchita Montenegro, Christian Gérard, Marcelle Praince. France, 1935 – 1 h 35.

Un riche Brésilien venu à Paris en 1900, et qui a eu une liaison avec une vedette de music-hall, y revient trente-cinq ans plus tard pour les fiançailles de sa petite-fille. Son fils, très puritain, sera vite converti à la vie parisienne.

▷ Parallèlement, le cinéaste signe une version anglaise, intitulée PARISIENNE LIFE, avec Max Dearly, Conchita Montenegro, Neil Hamilton, Eva Moore, Austin Trevor, Gertrude Goodner.

LA VIE PARISIENNE

Comédie musicale de **Christian-Jaque**, d'après l'opérette d'Offenbach, Meilhac et Halévy, avec Bernard Alane, Jean-Pierre Darras, Martine Sarcey, Évelyne Buyle, Dany Saval, Claire Vernet. France, 1977 – Couleurs – 1 h 45.

Au rythme endiablé du cancan, Raoul de Gardefeu se lance à la conquête des femmes du monde.

LA VIE PASSIONNÉE DE VINCENT VAN GOGH

"LUST FOR LIFE"

Biographie romancée de **Vincente Minnelli**, avec Kirk Douglas, Anthony Quinn, James Donald. États-Unis, 1956 – Couleurs – 2 h 02.

Magnifique reconstitution de la vie du peintre, remarquablement personnifié par Kirk Douglas. Anthony Quinn interprète Gauguin.

LA VIE PLATINÉE

Comédie de **Claude Cadiou**, avec Souleymane Koly, Nadia Do Sacramento. France / Côte d'Ivoire, 1987 – Couleurs – 1 h 25.

À travers l'histoire d'une troupe, la vie de jeunes Africains dans une métropole, Abidjan. Koteba, groupe traditionnel ivoirien composé de comédiens, danseurs et musiciens, conquiert le spectateur par son exubérance et son humour.

VIE PRIVÉE

Drame de **Louis Malle**, avec Brigitte Bardot *(Jill)*, Marcello Mastroianni *(Fabio Rinaldi)*, Nicolas Bataille *(Edmond)*, Jacqueline Doyen *(Juliette)*, Eleonore Hirt *(la mère de Jill)*. • SC : Jean-Paul Rappeneau, L. Malle. • PH : Henri Decae. • DÉC : Bernard Evein. • MUS : Fiorenzo Carpi. • MONT : Kenout Peltier. France, 1962 – Couleurs – 1 h 32.

De Genève à Paris en passant par Spolete, l'impossibilité pour une jeune fille de bonne famille, qui devient une reine incontestée de l'écran, de vivre une vie privée normale. Elle aime Fabio, metteur en scène de théâtre, mais les journalistes, qui ne lui laissent aucun moment de répit, provoquent sa mort accidentelle.

◆ *Déjà réalisateur des scandaleux* Amants *et de* l'impertinente Zazie dans le métro, *Louis Malle s'attachait dans ce film au phénomène « Bardot ». Il décrit en scènes-symboles la vie insupportable d'une vedette comme B.B. qui joue ici un personnage jumeau de celui qui était le sien à l'époque où chacune de ses apparitions provoquait une émeute. Pour Louis Malle, le destin d'une femme, vedette de cinéma, soumise à une tension permanente, ne peut qu'aboutir à la mort ou à de multiples tentatives de suicide.* J.-C.S.

LA VIE PRIVÉE DE DON JUAN

"THE PRIVATE LIFE OF DON JUAN"

Film d'aventures d'**Alexander Korda**, d'après le roman d'Henry Bataille *l'Homme à la rose*, avec Douglas Fairbanks, Merle Oberon, Binnie Barnes. Grande-Bretagne, 1934 – 1 h 30.

Racontée avec luxe et humour, la dernière aventure amoureuse de Don Juan vieillissant.

LA VIE PRIVÉE D'ÉLISABETH D'ANGLETERRE

"THE PRIVATE LIVES OF ELIZABETH AND ESSEX / ELIZABETH THE QUEEN"

Drame historique de **Michael Curtiz**, d'après la pièce de Maxwell Anderson *Elizabeth the Queen*, avec Bette Davis, Errol Flynn, Olivia De Havilland, Donald Crisp, Alan Hale. États-Unis, 1939 – Couleurs – 1 h 46.

L'histoire de la liaison de la reine, sincèrement amoureuse, et du comte d'Essex, assoiffé de pouvoir. Accusé de complot, il sera décapité sur ordre de sa maîtresse.

LA VIE PRIVÉE DE SHERLOCK HOLMES

"THE PRIVATE LIFE OF SHERLOCK HOLMES"

Comédie policière de **Billy Wilder**, avec Robert Stephens *(Sherlock Holmes)*, Colin Blakely *(le Dr John Watson)*, Irene Handl *(Mrs. Hudson)*, Christopher Lee *(Mycroft Holmes)*, Geneviève Page *(Gabrielle Valladon)*, Clive Revill *(Rogozhin)*, George Benson *(l'inspecteur Lestrade)*. • SC : B. Wilder, I.A.L. Diamond, d'après les personnages créés par Arthur Conan Doyle. • PH : Christopher Challis. • DÉC : Alexandre Trauner. • MUS : Miklos Rosza. • MONT : Ernst Walter. États-Unis / Grande-Bretagne, 1969 – Couleurs – 2 h 05.

Invité aux Ballets Russes de Nikolai Rogozhin, Sherlock Holmes est présenté à la danseuse Madame Petrova, qui voudrait avoir un enfant de lui. Il refuse, puis reçoit la visite de Gabrielle Valladon, une désespérée qui recherche son époux disparu. Malgré l'avis de son frère Mycroft, Holmes mène l'enquête qui le conduit, avec Watson, jusqu'à Inverness, en Écosse. Il y découvre que le monstre du loch Ness est un prototype de sous-marin, et que les espions allemands sont partout...

◆ *L'intelligence ironique et l'humour à froid, qualités propres à Billy Wilder, sont aussi celles du héros de Conan Doyle. Il était logique que leur rencontre ait lieu. Sans être l'adaptation d'une aventure de Sherlock Holmes, cette* Vie privée *s'inspire de la saga du grand détective avec une fidélité aussi affectueuse que narquoise. Le spectacle est brillant, superbement joué et filmé avec une souveraine élégance.* G.L.

LA VIE PRIVÉE D'HENRI VIII
"THE PRIVATE LIFE OF HENRY VIII"
Film historique d'**Alexander Korda**, avec Charles Laughton *(Henry VIII)*, Robert Donat *(Thomas Culpepper)*, Lady Tree *(la vieille nourrice)*, Binnie Barnes *(Katherine Howard)*, Elsa Lanchester *(Anne de Clèves)*, Merle Oberon *(Anne Boleyn)*, Wendy Barrie *(Jane Seymour)*, Everley Gregg *(Catherine Parr)*, Franklyn Dyall *(Thomas Cromwell)*, Miles Mander *(Wriothesley)*, Claude Allister *(Cornell)*, William Austin *(le duc de Clèves)*, John Loder *(Thomas Peynell)*, John Turnbull *(Hans Holbein)*, Frederick Culley *(duc de Norfolk)*, Lawrence Hanray *(Thomas Cranmer)*. • SC : Lajos Biro, Arthur Wimperis. • PH : Georges Périnal. • DÉC : Vincent Korda. • MUS : Kurt Schroeder. • MONT : Harold Young, Stephen Harrison. Grande-Bretagne, 1933 – 1 h 36.

Au début du XVIe siècle, à la cour d'Angleterre, le portrait du roi Henri VIII, grand jouisseur, buveur, tendre, autoritaire. Ses rapports avec ses différentes épouses qui jalonnèrent une vie consacrée au pouvoir et au plaisir, au milieu des jalousies et des intrigues de la cour.

◆ *La première superproduction historique du cinéma anglais à avoir eu une audience internationale. Nommé pour l'Oscar du Meilleur film, il valut celui du Meilleur acteur à Charles Laughton, absolument extraordinaire dans le personnage.* J.-C.S.

LA VIE PRIVÉE D'HITLER "HITLER"
Film historique de **Stuart Heisler**, avec Richard Basehart, Maria Emo, Martin Kosleck, John Banner. États-Unis, 1961 – 1 h 47.

Le film retrace les grands traits de la vie du dictateur en donnant de son comportement une explication psychanalytique basée sur le complexe d'Œdipe. « Sensationnel » mais peu convaincant et truffé d'erreurs historiques.

▷ Voir aussi LA VIE D'ADOLF HITLER.

LA VIE PRIVÉE D'UN SÉNATEUR
"THE SEDUCTION OF JOE TYNAN"
Comédie dramatique de **Jerry Schatzberg**, avec Alan Alda, Meryl Streep, Barbara Harris, Melvyn Douglas, Rip Torn. États-Unis, 1978 – Couleurs – 1 h 45.

Aveuglé par le désir impérieux d'accéder à un poste de sénateur, un jeune politicien n'hésite pas à écraser tout concurrent et va jusqu'à oublier sa propre famille.

LA VIE RÊVÉE DES ANGES
Comédie dramatique d'**Érick Zonca**, avec Élodie Bouchez (Isa), Natacha Régnier (Marie), Grégoire Colin (Chriss).• SC : Érick Zonca, Roger Bohbot, Virginie Wagon. • PH : Agnès Godard. • DÉC : Jimmy Vansteenkist. • MONT : Kristina Boden. France, 1998 – Couleurs – 1 h 53. ★ **PRIX DE LA MEILLEURE ACTRICE, ex aequo à Élodie Bouchez et Natacha Régnier, Cannes 1998.**

Isa est aussi extravertie, généreuse et facile à vivre que Marie est ombrageuse et tenaillée par l'envie d'échapper à la pauvreté et aux petits boulots. Un moment, Marie croira pouvoir enfin rejoindre le monde des riches, dont elle rêve sans se l'avouer, mais elle perdra l'amitié d'Isa sans rien gagner en contrepartie.

◆ *Des dialogues justes, une remarquable interprétation et une mise en scène parfaitement maîtrisée au service d'une histoire simple et émouvante.*

LA VIERGE DU RHIN
Comédie dramatique de **Gilles Grangier**, d'après le roman de Pierre Nord, avec Jean Gabin, Nadia Gray, Élina Labourdette, Andrée Clément. France, 1953 – 1 h 22.

Porté disparu en 1940, un homme revient à Strasbourg treize ans plus tard pour s'apercevoir que sa femme s'est remariée et dirige, avec son époux, son ancienne compagnie de navigation. La première collaboration de Jean Gabin et Gilles Grangier.

LA VIERGE ET LE GITAN "THE VIRGIN AND THE GYPSY"
Drame de **Christopher Miles**, d'après le récit de D.H. Lawrence, avec Joanna Shimkus, Franco Nero, Honor Blackman, Michael Burns. Grande-Bretagne, 1970 – Couleurs – 1 h 35.

La fille d'un pasteur découvre l'amour avec un gitan. La libération du carcan familial sera symbolisée par une inondation qui ravage le pays. Les thèmes chers à Lawrence sont bien repris dans cette adaptation fidèle à l'esprit de l'œuvre.

LES VIERGES
Comédie de **Jean-Pierre Mocky**, avec Charles Aznavour, Stefania Sandrelli, Francis Blanche, Jean Poiret, Charles Belmont. France, 1963 – 1 h 30.

Cinq épisodes sur l'art et la manière pour les jeunes filles de perdre leur virginité. Mocky ne recule ni devant l'outrance ni devant le mauvais goût et réalise un film corrosif et hargneux.

LES VIERGES DE SATAN "THE DEVIL'S BRIDE"
Film fantastique de **Terence Fisher**, avec Christopher Lee, Charles Gray. Grande-Bretagne, 1968 – Couleurs – 1 h 35.

Deux amis entrent en lutte contre des adeptes de la magie noire. Il leur faudra affronter le Diable lui-même. Dans la longue série de films du même genre tournés par Fisher, celui-ci se distingue par des descriptions très poussées des pratiques de sorcellerie.

LA VIE SECRÈTE DE WALTER MITTY
"THE SECRET LIFE OF WALTER MITTY"
Comédie de **Norman Z. McLeod**, avec Danny Kaye *(Walter Mitty)*, Virginia Mayo *(Rosalind)*, Boris Karloff *(Hollingshead)*, Fay Bainter*(Mrs. Mitty)*, Ann Rutherford *(Gertrude)*. • SC : Ken Englund, Everett Freeman, d'après la nouvelle de James Thurber. • PH : Lee Garmes. • DÉC : George Jenkins, Perry Ferguson. • MUS : David Raskin. • MONT : Monica Underwood. États-Unis, 1947 – Couleurs – 1 h 50.

Walter Mitty est un grand jeune homme gauche et frustré (sollicitude excessive d'une mère castratrice). Il travaille chez un éditeur spécialisé dans le roman populaire bas de gamme. Il s'évade périodiquement de cette existence mesquine par le rêve éveillé qui fait de lui le héros d'aventures extraordinaires qu'il se raconte. Or, un jour, l'aventure, la vraie se présente...

◆ *Danny Kaye, fantaisiste élégant, au visage assez quelconque au repos, s'est rendu célèbre pour ses numéros de music-hall où il se déchaîne. Le scénario, ici, l'aide considérablement, puisqu'il lui permet d'incarner les héros les plus typiques de la littérature et du cinéma (western, héros de guerre, marin, etc.) Il est épatant dans tous ces rôles, mais également dans celui du bon jeune homme timoré et sensible. Le film se présente comme une satire joyeuse du cinéma hollywoodien, avec ses excès, ses lieux communs... mais aussi son charme. La crudité des couleurs est-elle une charge contre le Technicolor agressif de l'époque ? Ça n'est pas certain.* *G.S.*

LA VIE SUR UN FIL
"LIFE ON A STRING / BIAN ZOU BIANCHANG"
Comédie dramatique de **Chen Kaige**, avec Liu Zhongyuan, Huang Lei, Xu Qing. Grande-Bretagne / Allemagne / Chine, 1991 – Couleurs – 1 h 48.

« À la millième corde cassée, tu verras. » Telle est la promesse d'un vieux sage à un musicien aveugle. Parabole chinoise sur l'espoir, superbement illustrée.

VIÊT-NAM, L'ANNÉE DU COCHON
"IN THE YEAR OF THE PIG"
Documentaire d'**Emile De Antonio**. États-Unis, 1969 – 1 h 41.

La lutte du Viêt Nam contre les puissances occidentales. Le mélange des documents et des interviews est un modèle du genre.

LES VIEUX DE LA VIEILLE
Comédie de **Gilles Grangier**, d'après le roman de René Fallet, avec Jean Gabin, Pierre Fresnay, Noël-Noël. France / Italie, 1960 – 1 h 32.

Un ancien cheminot convainc deux vieux amis de se retirer avec lui à l'hospice. Le vin rouge aidant, ils accumulent en chemin farces sur plaisanteries au grand dam des populations.

LE VIEUX FUSIL
Drame de **Robert Enrico**, avec Philippe Noiret *(Julien Dandieu)*, Romy Schneider *(Clara Dandieu)*, Jean Bouise *(François)*, Madeleine Ozeray *(Mme Dandieu)*. • SC : Pascal Jardin, R. Enrico, Claude Veillot. • PH : Étienne Becker. • MUS : François de Roubaix. • MONT : Eva Zora. France / R.F.A., 1975 – Couleurs – 1 h 42. ★ **CÉSAR DU MEILLEUR FILM 1975 ; CÉSAR DES CÉSARS 1985.**

Montauban, 1944. Alors qu'il vient aux nouvelles de ses proches repliés, par mesure de sécurité, dans le château familial, le chirurgien Julien Dandieu est soudain confronté à l'horreur : les Allemands, battant en retraite, ont massacré tous les villageois, sa famille comprise. Ivre de douleur et fort de sa connaissance des lieux, il va exterminer un à un au fusil à chevrotine les assassins encore présents.

◆ *Inspiré des événements tragiques d'Oradour-sur-Glane,* le Vieux Fusil *joue sur les ressorts viscéraux de l'homme brutalement plongé dans l'abjection absolue. Le caractère ambigu de cette vengeance expiatoire est contrebalancé par la description sensible que d'incessants flash-back font de la personnalité de Julien Dandieu. Évoquant à la fois le western par son thème et la tragédie par l'unité de lieu, d'action et de temps,* le Vieux Fusil *doit une grande part de son immense succès à la performance bouleversante de Philippe Noiret.* *B.R.*

LE VIEUX MANOIR "CUNNAR HEDES SAGA"
Drame de **Mauritz Stiller**, avec Einar Hanson *(Gunnar Hede)*, Pauline Brunius *(sa mère)*, Mary Johnson *(Ingrid)*, Adolf Olchansky *(Blomgren)*, Stina Berg, Gösta Hillberg. • SC : M. Stiller, d'après un conte de Selma Lagerlöf. • PH : Julius Jaenzon. • DÉC : Axel Esbensen. Suède, 1923 – 1 840 m (env. 1 h 08).

Un jeune châtelain, que sa mère tyrannise, entreprend une expédition en Laponie pour en ramener un troupeau de rennes. Il manque d'y perdre la vie et la raison. De retour au bercail, il sera sauvé par l'amour d'une saltimbanque.

◆ *Ce film fit beaucoup, en France et aux États-Unis, pour la réputation du Suédois Mauritz Stiller, et plus généralement pour celle du cinéma nordique, déjà admiré à travers les films de son compatriote Victor*

Sjöström. Tous deux puisent librement dans l'œuvre romanesque de Selma Lagerlöf, riche en légendes du terroir et se prêtant bien au déploiement spectaculaire de l'écran. Stiller respecte la donnée fantastique (séquence du rêve au château, avec l'arrivée d'un étrange attelage d'ours noirs), mais il y intègre, avec une réelle science du montage, des vues documentaires (la transhumance des rennes) et des pauses d'humour inattendues. L'ensemble est étonnamment homogène, et n'a pas été sans influencer Ingmar Bergman pour la Nuit des forains. *C.B.*

LE VIEUX PAYS OÙ RIMBAUD EST MORT
Comédie dramatique de **Jean-Pierre Lefebvre**, avec Marcel Sabourin, Anouk Ferjac, Myriam Boyer, Roger Blin. Canada (Québec)/France, 1977 – Couleurs – 1 h 53.

Fraîchement arrivé à Paris, un Québécois fait une amère confrontation entre l'image qu'il a du « vieux pays » et la réalité.

LES VIGNES DU SEIGNEUR
Comédie dramatique de **René Hervil**, d'après la pièce de Robert de Flers et Francis de Croisset, avec Victor Boucher, Simone Cerdan, Victor Garland, Jacqueline Made. France, 1932 – 1 h 42.

Un buveur invétéré prétend s'adonner à la boisson parce que sa femme lui refuse son amour.

▷ Autre version réalisée par **Jean Boyer**, avec Fernandel, Pierre Dux, Simone Valère, Béatrice Bretty. France, 1958 – 1 h 34.

LES VIKINGS "THE VIKINGS"
Film d'aventures de **Richard Fleischer**, d'après le roman d'Edison Marshall, avec Kirk Douglas, Tony Curtis, Janet Leigh, Ernest Borgnine. États-Unis, 1958 – Couleurs – 1 h 54.

L'épopée rude et violente des Vikings qui menaient joyeuse vie vers l'an 900 de notre ère. Une œuvre exceptionnelle.

LE VILLAGE DES DAMNÉS
"VILLAGE OF THE DAMNED"
Film fantastique de **Wolf Rilla**, avec George Sanders, Barbara Shelley, Laurence Naismith. Grande-Bretagne, 1960 – 1 h 18.

Dans un petit village d'Angleterre, tous les enfants nés durant la même période possèdent de surprenants pouvoirs destructeurs. Effrayant.

LE VILLAGE DU PÉCHÉ / LES BONNES FEMMES DE RIAZAN "BABY RJAZANSKJE"
Drame d'**Olga Preobrajenskaïa**, avec Kouzma Jastrebicki, O. Narbekova, Raisa Poujnaja. U.R.S.S. (Russie), 1927 – 1 845 m (env. 1 h 08).

Une belle paysanne est violée par son beau-père, un patron aisé, tandis que son mari est parti à la guerre. Elle met au monde un enfant, mais son époux, de retour du front, la répudie.

LE VILLAGE OUBLIÉ "THE FORGOTTEN VILLAGE"
Documentaire romancé de **Herbert Kline**. États-Unis/Mexique, 1960 – 1 h 10.

Reportage folklorique sur une petite collectivité mexicaine perdue dans la montagne et sur l'obscurantisme.

LA VILLE ABANDONNÉE "YELLOW SKY"
Western de **William A. Wellman**, avec Gregory Peck *(Stretch)*, Anne Baxter *(Mike)*, Richard Widmark *(Dude)*, Robert Arthur *(Bull Run)*. • SC : Lamar Trotti, d'après le roman de W. R. Burnett. • PH : Joe Mac Donald. • DÉC : Thomas Little, Lyle Wheeler. • MUS : Alfred Newman. • MONT : Harmon Jones. États-Unis, 1949 – 1 h 38.

Une bande recherchée pour une attaque de banque se réfugie dans le désert au milieu duquel elle découvre une ville fantôme. Un vieillard et sa petite-fille y vivent, exploitant une mine d'or. Stretch tombe amoureux de la jeune femme et s'oppose au reste de la bande qui veut spolier les deux mineurs.

◆ *Un beau sujet, malgré une happy end qui va contre le sens de l'intrigue, où la franche violence des rapports cyniques entre les personnages atteint à une crudité presque savoureuse. La superbe photo d'un opérateur pas assez considéré donne un relief saisissant à la traversée du désert dont l'impact formel est comparable à celui des* Rapaces *de Stroheim. La mise en scène puissante et presque baroque de Wellman met l'accent sur le sadisme et le panthéisme du sujet.* *S.K.*

LA VILLE BIDON
Drame de **Jacques Baratier**, avec Bernadette Lafont, Daniel Duval, Jean-Pierre Darras, Roland Dubillard, Robert Castel, Lucien Bodard, Françoise Lebrun. France, 1976 – Couleurs – 1 h 25.

Un député-maire veut construire une ville nouvelle sur un bidonville. Malgré les manifestations entraînées par les expulsions et l'opposition des ferrailleurs du coin, le projet aboutira.

VILLE CONQUISE "CITY FOR CONQUEST"
Comédie dramatique d'**Anatole Litvak**, d'après le roman d'Aben Kandel, avec James Cagney, Ann Sheridan, Frank Craven, Donald Crisp, Arthur Kennedy. États-Unis, 1941 – 1 h 43.

À New York, deux amis d'enfance réussissent brillamment, l'un comme boxeur et l'autre comme danseuse. Lorsqu'ils subissent des revers, ils se retrouvent, comme autrefois.

LA VILLE DE LA VENGEANCE "THE RESTLESS BREED"
Western d'**Allan Dwan**, avec Scott Brady, Anne Bancroft, Jay C. Flippen, Jim Davis, Rhys Williams. États-Unis, 1957 – Couleurs – 1 h 21.

Le fils d'un agent fédéral se rend dans une petite ville frontière pour venger la mort de son père. Classique.

VILLE DE RÊVE "TRAUMSTADT"
Drame de **Joahnnes Schaaf**, d'après la nouvelle d'Alfred Kubin, avec Per Oscarsson, Rosemarie Fendel. R.F.A., 1973 – Couleurs – 2 h 04.

Dans un univers chaotique où règnent le vice et la violence, un couple fuit son pays à la recherche de liberté et de bonheur.

LA VILLE DES PIRATES
Drame de **Raoul Ruiz**, avec Hugues Quester, Anne Alvaro, Melvil Poupaud. France / Portugal, 1983 – Couleurs – 1 h 51.

Une femme et un enfant meurtrier sont prisonniers, sur une île déserte, d'un homme protéiforme.

LA VILLE DES SILENCES
Film policier de **Jean Marboeuf**, avec Jean-Pierre Cassel, Michel Galabru, Michel Duchaussoy. France, 1979 – Couleurs – 1 h 40.

Tout le monde dépend de l'usine Mahu dans cette petite ville de province. C'est ce que va comprendre à ses dépens un détective enquêtant sur la mort du patron, suivie de bien d'autres...

LA VILLE ÉCARTELÉE "THE BIG LIFT"
Comédie dramatique de **George Seaton**, avec Montgomery Clift, Paul Douglas, Cornell Borchers. États-Unis, 1950 – 2 h.

Dans le Berlin écartelé de l'après-guerre, un pilote américain est sur le point de céder aux avances d'une Berlinoise qui cherche à se faire épouser pour rejoindre son amant en Amérique.

LA VILLÉGIATURE "LA VILLEGIATURA"
Drame de **Marco Leto**, avec Adalberto Maria Merli, Adolfo Celi, Milena Vukotić. Italie, 1973 – Couleurs – 1 h 50.

L'Italie des années 30. Un professeur qui refuse de reconnaître la dictature est assigné à résidence. Sa conscience politique s'engourdit car il est soumis à un régime de complaisance. Ce film documenté stigmatise le fascisme policé des « chemises blanches ».

LA VILLE GRONDE "THEY WON'T FORGET"
Drame de **Mervyn LeRoy**, avec Claude Rains *(Andy Griffin)*, Gloria Dickson *(Sybil Hale)*, Otto Kruger *(Gleason)*, Clinton Rosemond *(Tump Redwine)*, Elisha Cook Jr. *(Joe Turner)*, Edward Norris *(Robert Hale)*, Lana Turner *(Mary Clay)*. • SC : Robert Rossen, Aben Kandel, d'après la pièce de Ward Greene *Death in the Deep South*. • PH : Arthur Edeson, Warren Lynch. • DÉC : Robert Haas. • MUS : Adolph Deutsch, Leo F. Forbstein. • MONT : Thomas Richards. États-Unis, 1937 – 1 h 34.

Aux États-Unis, dans une ville du Sud, le meurtre de Mary Clay, étudiante dans une école professionnelle, le jour de la commémoration de la guerre de Sécession, entraîne le lynchage d'un jeune professeur du Nord, Robert Hale.

◆ *C'est un film social représentatif de la production de la Warner dans les années 30. Le premier plan cadre la statue de Lincoln puis un texte de lui sur la liberté et l'égalité des hommes. Le style du film est efficace et concis. Dans la scène de l'arrestation de Hale, tous les éléments qui vont le faire condamner sont réunis : le liftier noir le pointe du doigt, Hale tient un télégramme à la main annonçant sa volonté de quitter la ville et son costume revient de chez le teinturier avec une tache de sang indélébile. Au Sud, la guerre de Sécession continue, un homme est coupable parce qu'il est du Nord. Les journalistes sont sans scrupules. Claude Rains joue le rôle d'un politicien véreux, comme dans* Mr Smith au Sénat *de Capra, mais ici l'innocent est sacrifié. Le film ne se termine pas par le triomphe de la démocratie, mais sur un fait lourd de conséquences : le meurtre d'un homme.* S.P.

VILLE HAUTE, VILLE BASSE
"EAST SIDE, WEST SIDE"
Comédie dramatique de **Mervyn LeRoy**, d'après le roman de Marcia Davenport, avec Barbara Stanwyck, James Mason, Ava Gardner, Van Heflin, Cyd Charisse. États-Unis, 1949 – 1 h 48.

À New York, un financier est déchiré entre l'amour de son épouse et la tentation d'une autre femme. Un chassé-croisé amoureux qui provoque la mort de la belle Ava Gardner. Qui a commis le meurtre ?

VILLE PORTUAIRE "HAMNSTAD"
Drame d'**Ingmar Bergman**, avec Nine-Christine Jönsson, Bengt Eklund. Suède, 1948 – 1 h 40.

Un docker du port de Göteborg sauve une jeune fille de la noyade et la retrouve plus tard dans un bal. Ils vivent une brève aventure, mais le garçon supportera mal d'apprendre qu'elle est une ancienne prostituée.

VILLE SANS LOI "BARBARY COAST"
Drame de **Howard Hawks**, avec Edward G. Robinson, Miriam Hopkins, Joel McCrea. États-Unis, 1935 – 1 h 31.

À l'époque de la ruée vers l'or, un richard cynique rencontre une femme seule, en fait une vedette, mais ne peut obtenir son amour.

VILLE SANS PITIÉ "TOWN WITHOUT PITY"
Drame de **Gottfried Reinhardt**, avec Kirk Douglas, Christine Kaufmann, E.G. Marshall. États-Unis / R.F.A./ Suisse, 1960 – 1 h 35.

Dans une petite ville d'Allemagne, après la guerre, des soldats américains sont accusés d'avoir violé une jeune fille. Au cours du procès, leur avocat prouve que la jeune fille a sa part de responsabilité. Elle se suicidera.

LA VILLE ZÉRO "GOROD ZERO"
Comédie satirique de **Karen Chakhnazarov**, avec Leonide Filatov, Oleg Bassilachvili, Vladimir Menchov. U.R.S.S. (Russie), 1989 – Couleurs – 1 h 42.

Un ingénieur moscovite se rend dans une petite ville de province pour une vérification. Il se rend compte que l'usine n'a plus d'ingénieur en chef depuis deux ans et qu'il lui est impossible de quitter cette ville. Ce n'est encore que le début de ses déboires... Une excellente comédie en forme de fable absurde.

VINCENT, FRANÇOIS, PAUL ET LES AUTRES
Comédie dramatique de **Claude Sautet**, avec Yves Montand *(Vincent)*, Michel Piccoli *(François)*, Serge Reggiani *(Paul)*, Gérard Depardieu *(Armand)*, Stéphane Audran *(Catherine, femme de Vincent)*, Marie Dubois *(Lucie, femme de François)*, Antonella Lualdi *(Giulia, femme de Paul)*, Umberto Orsini *(Jacques)*. • SC : Jean-Loup Dabadie, C. Sautet, Claude Néron, d'après son roman *la Grande Marrade*. • PH : Jean Boffety. • DÉC : Théo Meurisse. • MUS : Philippe Sarde. • MONT : Jacqueline Thiédot. France / Italie, 1974 – Couleurs – 2 h.

Vincent est patron de P.M.E., endetté jusqu'au cou à cause de la dureté des temps ; François est médecin, avide d'argent et dévoré d'ambition. L'un et l'autre voient leur femme les quitter. Paul est un romancier en panne d'inspiration ; il maintient tant bien que mal sa vie de famille. Armand est mécanicien et boxeur : il doit faire un choix entre les deux et optera pour la raison. Les amis, un instant déchirés par les divers coups qui les atteignent, se ressouderont autour de Vincent lorsque celui-ci aura une crise cardiaque. Mais pour quel avenir ?

◆ *Une fois encore, Claude Sautet s'intéresse au groupe et à sa vie. Du solide travail de professionnel. Une excellente direction d'acteurs, avec quelques beaux moments d'émotion.* *D.C.*

VINCENT MIT L'ÂNE DANS UN PRÉ
Comédie dramatique de **Pierre Zucca**, avec Fabrice Luchini, Michel Bouquet, Bernadette Lafont, Virginie Thévenet. France, 1976 – Couleurs – 1 h 45.

Vincent s'occupe de son père presque aveugle qui, en fait, simule ses maux. Lorsque le jeune homme découvre que ce dernier a une maîtresse, il tentera, en vain, de séduire la jeune femme.

LA VINGT-CINQUIÈME HEURE
Drame d'**Henri Verneuil**, d'après le roman de Virgil Gheorghiu, avec Anthony Quinn, Virna Lisi, Serge Reggiani. France / Italie, 1967 – Couleurs – 2 h.

L'incroyable destinée d'un paysan roumain dans le tourbillon de la Seconde Guerre mondiale : dénoncé comme juif, interné, évadé, puis repris, avant d'être remarqué par un ethnologue nazi comme le type même de l'aryen nordique primitif. Il reçoit alors l'uniforme S.S., ce qui lui vaut d'être cité à Nuremberg.

VINGT HEURES "HUSZ ÓRA"
Drame de **Zoltán Fábri**, d'après le roman de Ferenc Santa, avec Antal Páger, János Görbe, Adám Szirtes, László György, Emil Kéres. Hongrie, 1965 – 1 h 50.

Un journaliste arrive dans une petite ville pour enquêter sur le meurtre d'un homme, tué par son meilleur ami cinq ans plus tôt. Il découvre que ce dernier a commis ce crime en suivant inconditionnellement la politique du Parti.

VINGT JOURS SANS GUERRE
"DVADSIAT DNEI BEZ VOJNY"
Drame d'**Aleksei Guerman**, avec Youri Nikouline *(Lopatine)*, Lioudmilla Gourtchenko *(Nina)*, Aleksei Petrenko *(le pilote)*, R. Sadykov *(le secrétaire du Comité central)*, A. Stepanov *(la directrice artistique du théâtre)*. • SC : Konstantin Simonov. • PH : Valeri Fedosov. • MONT : E. Makhankova. U.R.S.S. (Russie), 1976 – 1 h 40.

Un écrivain russe, Lopatine, correspondant de guerre, obtient vingt jours de « permission » au début de 1943. Il quitte alors l'enfer de Stalingrad pour Tachkent, et observe, enregistre : les confidences d'un soldat, le visage d'une jeune femme qui pleure... Arrivé à destination, tout lui semble faux, y compris le tournage que l'on est en train de faire d'après l'un de ses livres, et la visite à son ex-épouse. Il retrouve la jeune femme du train : ils passent ensemble leur dernière nuit à Tachkent...

◆ *Un très beau film, d'une rare intensité d'émotion, consacré à une double interrogation : celle de l'écrivain face au monde, celle de l'homme face à sa vie.* D.C.

VINGT MILLE ANS SOUS LES VERROUS
"TWENTY THOUSAND YEARS IN SING SING"
Drame de **Michael Curtiz**, avec Spencer Tracy, Bette Davis, Lyle Talbot, Arthur Byron. États-Unis, 1933 – 1 h 21.

Emprisonné à Sing Sing, un homme est sur le point de se racheter mais il ira quand même sur la chaise électrique pour un crime qu'il n'a pas commis. D'après les souvenirs authentiques de l'ex-directeur de la prison, Warden Lewis E. Lawes.

VINGT MILLE LIEUES SOUS LES MERS
"TWENTY THOUSAND LEAGUES UNDER THE SEA"
Film d'aventures de **Richard Fleischer**, d'après le roman de Jules Verne, avec Kirk Douglas, James Mason, Paul Lukas, Peter Lorre, Robert J. Wilke, Carlton Young. États-Unis, 1954 – Couleurs – 2 h 07.

Les aventures du mystérieux capitaine Nemo et du maître harponneur recueilli à bord du « Nautilus ». Une superbe adaptation produite par Walt Disney.

VINGT-QUATRE HEURES DE LA VIE D'UNE FEMME
Drame de **Dominique Delouche**, d'après la nouvelle de Stefan Zweig, avec Danielle Darrieux, Robert Hoffmann, Romina Power. France / R.F.A., 1968 – Couleurs – 1 h 24.

Une veuve en villégiature en Suisse tente de sauver un inconnu de la passion du jeu : vingt-quatre heures pour revivre à deux.

24 HEURES DE TERREUR "A DAY OF FURY"
Western de **Harmon Jones**, avec Dale Robertson, Mara Corday, Jock Mahoney. États-Unis, 1956 – Couleurs – 1 h 18.

Un shérif, sous la pression de la population, entre en conflit avec un hors-la-loi qui lui a pourtant sauvé la vie.

VINGT-QUATRE PRUNELLES
"NIJUSHI NO HITOMI"
Drame de **Keisuke Kinoshita**, d'après un roman de Sakae Tsuboi, avec Hideko Takamine, Shizue Natsukawa, Chishu Ryu, Kuneko Urabe, Toyo Takahashi. Japon, 1954 – 2 h 35.

En 1929, une jeune institutrice rejoint son poste dans une île. Un accident l'oblige à travailler plus près de chez elle. Après la mort de son mari tué à la guerre, elle retrouve sa petite école.

27 HEURES "27 HORAS"
Drame de **Montxo Armendariz**, avec Martxelo Rubio, Maribel Verdu, Jon San Sebastian. Espagne, 1986 – Couleurs – 1 h 30.

Un adolescent emmène son amie sur une île. Là, elle s'administre une trop forte dose de drogue et sombre dans un coma mortel. Le jeune garçon assiste, impuissant, à son agonie.

LE VIOL
Comédie dramatique de **Jacques Doniol-Valcroze**, avec Bibi Andersson, Bruno Crémer, Frédéric de Pasquale. France, 1967 – Couleurs – 1 h 22.

Un inconnu entre dans l'appartement de Marianne et la séquestre pour une journée. Elle se donne à lui, mais tout cela n'est en fait que le produit de ses rêveries érotiques et masochistes.

VIOLANTA
Drame de **Daniel Schmid**, avec Lucia Bosè, Maria Schneider, Lou Castel, Ingrid Caven, François Simon, Gérard Depardieu. Suisse, 1977 – Couleurs – 1 h 35.

Dans son village de la vallée, le pouvoir de la veuve Violanta n'est pas contesté. À la veille du mariage de sa fille unique, des secrets enfouis au fond des cœurs remontent à la surface.

LE VIOL D'UNE JEUNE FILLE DOUCE
Drame de **Gilles Carle**, avec Andréa Lachapelle, Jacques Cohen, Daniel Pilon. Canada (Québec), 1968 – Couleurs – 1 h 25.

Une jeune fille marquée par une éducation stricte et rigoureuse se trouve enceinte. Ses frères veulent retrouver le père, mais ne parviendront qu'à violer une inconnue et brutaliser un innocent...

VIOLENCE À JÉRICHO "ROUGH NIGHT IN JERICHO"
Western d'**Arnold Laven**, avec George Peppard, Dean Martin, Jean Simmons. États-Unis, 1967 – Couleurs – 1 h 40.

Un ancien shérif devenu conducteur de diligence s'oppose à un chef de bande qui tient toute une ville sous sa domination.

VIOLENCE AU KANSAS "THE JAYHAWKERS"
Western de **Melvin Frank**, avec Jeff Chandler, Fess Parker, Nicole Maurey. États-Unis, 1959 – Couleurs – 1 h 38.

Le Kansas est à feu et à sang à cause d'un homme qui brigue le poste de gouverneur. Western aux résonances cornéliennes.

VIOLENCE ET PASSION
"GRUPPO DI FAMIGLIA IN UN INTERNO"
Drame de **Luchino Visconti**, avec Burt Lancaster *(le professeur)*, Silvana Mangano *(Bianca)*, Helmut Berger *(Konrad)*, Claudia Marsani *(Lietta)*, Stefano Patrizi *(Stefano)*. • SC : Enrico Medioli, Suso Cecchi D'Amico, L. Visconti. • PH : Pasqualino De Santis. • DÉC : Mario Garbuglia. • MUS : Franco Mannino. • MONT : Ruggero Mastroianni. Italie / France, 1974 – Couleurs – 2 h.

Un vieux professeur retiré dans son palais romain loue l'étage supérieur à la marquise Bianca Brumonti. À son corps défendant, il se trouve mêlé aux agissements de ses étranges locataires et amené à héberger Konrad, le jeune amant de Bianca, blessé. Au cours d'un repas chez le professeur, qui s'est pris d'amitié pour Konrad, celui-ci révèle devant tous un complot ourdi par le mari de Bianca. On le retrouve mort : suicide ou meurtre ?... Le professeur reste seul.

◆ *Sans qu'il s'agisse le moins du monde d'une autobiographie, il est évident que Luchino Visconti a mis beaucoup de lui-même dans ce personnage vieillissant incarné (magnifiquement) par le Lancaster du* Guépard. *C'est en tout cas une superbe méditation sur le vieillissement, la solitude et l'approche de la mort, où l'auteur rassemble tout ce qui lui tient à cœur.* J.M.

VIOL EN PREMIÈRE PAGE
"SBATTI IL MOSTRO IN PRIMA PAGINA"
Drame de **Marco Bellocchio**, avec Gian Maria Volonté, Laura Betti, Fabio Garriba. Italie, 1972 – Couleurs – 1 h 30.

Le viol et le meurtre d'une jeune fille sont utilisés par le rédacteur en chef d'un quotidien de droite pour mettre en pièces les partis de gauche. Dans ce film de commande, Bellocchio démontre la collusion d'une certaine presse avec le pouvoir.

LE VIOLENT "IN A LONELY PLACE"
Drame psychologique de **Nicholas Ray**, d'après le roman de Dorothy B. Hughes, avec Humphrey Bogart, Gloria Grahame, Frank Lovejoy. États-Unis, 1950 – 1 h 31.

Analyse du comportement d'un scénariste dont les nerfs sont malades et qui est soupçonné quelque temps d'être un assassin.

VIOL ET CHÂTIMENT "LIPSTICK"
Drame de **Lamont Johnson**, avec Margaux Hemingway, Chris Sarandon, Perry King, Anne Bancroft. États-Unis, 1976 – Couleurs – 1 h 20.

Le violeur de Chris, mannequin à la mode, est traduit en justice. Le sujet était difficile, le traitement le banalise.

VIOLETTE ET FRANÇOIS
Comédie dramatique de **Jacques Rouffio**, avec Isabelle Adjani, Jacques Dutronc, Serge Reggiani. France, 1977 – Couleurs – 1 h 40.

Un jeune couple non conformiste vit d'amour et de vol à la tire. Sous le brillant de la comédie, le fond est pessimiste.

VIOLETTE NOZIÈRE
Drame de **Claude Chabrol**, avec Isabelle Huppert *(Violette)*, Stéphane Audran *(Germaine, la mère)*, Jean Carmet *(Baptiste, le père)*, Lisa Langlois *(Maddy)*, Jean-François Garraud *(Jean Dabin)*. • SC : Odile Barski, Hervé Bromberger, Frédéric Grendel, C. Chabrol, d'après le livre de Jean-Marie Fitère. • PH : Jean Rabier. • DÉC : Jacques Brizzio. • MUS : Pierre Jansen. • MONT : Yves Langlois. France, 1978 – Couleurs – 2 h 04.

À dix-huit ans, Violette Nozière mène une double vie. Enfant sage en famille, elle joue, au dehors, les vamps, se prostitue et entretient un gigolo, avec lequel elle espère bien partir en vacances aux Sables-d'Olonne. Elle empoisonne ses parents : le père meurt, la mère survit. Violette est condamnée, mais elle sera ensuite graciée et mènera une vie parfaitement bourgeoise.

◆ *Dans la galerie des monstres chabroliens, Violette, parricide dont les surréalistes avaient, en leur temps, pris la défense, est aux antipodes de l'extraverti Landru. Personnage toujours en deçà, neutre, magnifiquement incarné par Isabelle Huppert, Violette n'est qu'une « bonne femme ». Ce qui intéresse Chabrol, c'est qu'en multipliant les explications de son geste, on ne fait que le rendre plus insaisissable : seuls les faits sont indiscutables.* J.M.

VIOLETTES IMPÉRIALES
Mélodrame d'**Henry Roussell**, avec Raquel Meller, Suzanne Bianchetti, André Roanne. France, 1923 – env. 2 000 m (1 h 14).

L'impératrice Eugénie fait venir à la cour une jeune gitane, Violetta, qu'elle avait connue dans sa jeunesse à Séville. Ayant appris qu'un attentat allait avoir lieu contre sa bienfaitrice, Violetta prend sa place. Elle est blessée mais sa conduite héroïque la rend digne d'épouser l'élu de son cœur. Le réalisateur signe une nouvelle version avec les mêmes acteurs et Georges Péclet en 1932.

VIOLETTES IMPÉRIALES
Opérette de **Richard Pottier**, avec Luis Mariano, Carmen Sevilla, Simone Valère. France, 1952 – Couleurs – 1 h 37.

Sous le second Empire, une petite marchande de fleurs prédit à Eugénie de Montijo son exceptionnel destin, puis épouse le cousin de la future impératrice. Chansons de Francis Lopez.

LES VIOLONS DU BAL

Chronique de **Michel Drach**, avec Marie-José Nat, Jean-Louis Trintignant, David Brach. France, 1973 – Couleurs – 1 h 40.

Autobiographie du réalisateur, aux prises avec des souvenirs douloureux, qui tente d'en faire un film et de convaincre ses producteurs. Prix d'interprétation à Cannes pour Marie-José Nat.

V.I.P. "VERY IMPORTANT PERSON"

Comédie de **Ken Annakin**, avec James Robertson Justice, Leslie Philips, Stanley Baxter. Grande-Bretagne, 1961 – 1 h 33.

Au cours de l'hommage qui lui est rendu, un haut personnage britannique se remémore les conditions rocambolesques de son évasion d'Allemagne 20 ans plus tôt.

LA VIPÈRE "THE LITTLE FOXES"

Drame psychologique de **William Wyler**, avec Bette Davis *(Regina Giddens)*, Herbert Marshall *(Horace Giddens)*, Teresa Wright *(Alexandra)*, Richard Carlson *(David Hewitt)*, Patricia Collinge *(Birdie Hubbard)*, Dan Duryea *(Leo Hubbard)*. • SC : Arthur Kober, Dorothy Parker, Alan Campbell, Lillian Hellman, d'après sa pièce *les Petits Renards*. • PH : Gregg Toland. • DÉC : Stephen Goosson, Howard Bristol. • MUS : Meredith Wilson. • MONT : Daniel Mandell. États-Unis, 1941 – 1 h 57.

En 1900 en Louisiane, une propriétaire particulièrement rapace essaie de briser le mariage entre sa fille et un jeune idéaliste, pour qu'elle fasse un mariage intéressé. Son mari, faible et malade, refuse de la suivre dans ses manigances et ne lui prête pas l'argent nécessaire à ses menées. Il a une crise et elle le laisse froidement mourir pour hériter de sa fortune.

◆ La Vipère *est une étude psychologique et sociale très approfondie qui traite à la fois de l'avènement du capitalisme moderne et de la lutte des femmes pour se faire une place dans le monde nouveau qui s'annonce. Si la tante, vieille fille névrosée et même un peu folle, représente le statut traditionnel de la femme tenue à l'écart et laissée pour compte, la fille annonce l'intégration de la femme par l'amour ; quant à la mère, interprétée avec une rare âpreté par Bette Davis, Wyler nous fait subtilement comprendre que si elle est effectivement machiavélique, odieuse et, pour finir, meurtrière par « défaut », c'est qu'elle a été toute sa vie une marchandise et une fonction qui n'a jamais connu l'amour ni même vraisemblablement le plaisir. Ce n'est d'ailleurs pas tant pour elle-même qu'elle veut aller jusqu'au bout de ses desseins financiers que pour permettre à sa fille d'accomplir ce qu'elle n'a jamais pu faire. La mise en scène de Wyler dissèque tous ces caractères avec une froide conscience analytique, se bornant – et c'est sa force – à géométriser leur place dans l'espace et à suggérer ainsi la réalité de leurs rapports, intensifiant un drame longtemps contenu et qui éclate de façon d'autant plus percutante que la mise en scène le laisse se dérouler avec une apparente inertie, pour ne pas dire indifférence.* S.K.

LA VIRÉE SUPERBE

Chronique de **Gérard Vergez**, avec Roger Mirmont, Anne Jousset. France, 1973 – Couleurs – 1 h 30.

La dérive de jeunes banlieusards, aux frontières de la marginalité. Le pas est vite franchi vers une délinquance sans espoir. Vision amère d'une certaine jeunesse.

LE VIRGINIEN "THE VIRGINIAN"

Western de **Victor Fleming**, d'après le roman d'Owen Wister, avec Gary Cooper, Walter Huston, Richard Arlen, Mary Brian, Chester Concklin, Eugene Pallette. États-Unis, 1929 – env. 2 500 m (1 h 32).

Après avoir assisté, impuissant, au supplice de son ami pendu pour vol de bétail, le contremaître d'un ranch part à la recherche du vrai coupable et l'élimine.

▷ Autre version réalisée par **Stuart Gilmore**, avec Joel McCrea, Brian Donlevy, Sonny Tufts, Barbara Britton, William Frawley, Henry O'Neill. États-Unis, 1946 – Couleurs – 1 h 30.

VIRIDIANA "VIRIDIANA"

Drame de **Luis Buñuel**, avec Silvia Pinal *(Viridiana)*, Francisco Rabal *(Jorge)*, Fernando Rey *(Don Jaime)*, Margarita Lozano *(Ramona)*, Victoria Zinny *(Lucia)*, Teresa Rabal *(Rita)*. • SC : L. Buñuel, Julio Alejandro. • PH : José F. Aguayo. • DÉC : Francisco Canet. • MUS : Haendel (le Messie), Mozart (Requiem). • MONT : Pedro del Rey. • PR : Gustavo Alatriste (Unici et Films 59, Madrid). Espagne, 1961 – 1 h 30. ★ **PALME D'OR ex æquo, Cannes 1961.**

Viridiana est une jeune fille sage et pieuse qui s'apprête à prononcer ses vœux définitifs. Avant de prendre le voile, elle se rend dans la propriété de son oncle, Don Jaime. Il est veuf et reconnaît en Viridiana le portrait exact de sa femme, ce qui le trouble considérablement. Son esprit tortueux imagine des stratagèmes alambiqués pour convaincre la jeune fille d'accepter de l'épouser. Il la drogue, la déshabille, renonce à la violer mais, le lendemain, prétend l'avoir fait. Elle fuit cet homme qui, désespéré, se pend. Elle revient, décide de renoncer à sa vocation religieuse pour se consacrer directement aux pauvres. Elle héberge ainsi quelques mendiants. Cette forme de charité ne convient pas à Jorge, fils naturel de Don Jaime, qui survient, accompagné de sa maîtresse (il est cohéritier du domaine avec Viridiana). Matérialiste, Jorge veut mettre en valeur la propriété et non faire l'aumône aux pauvres. Ces derniers, un soir où ils se trouvent seuls dans la maison qui les a accueillis, s'enivrent et se livrent à une orgie grandiose. Jorge est assommé. Viridiana échappe de justesse au viol. Perturbée et dépitée, elle finit par tomber dans les bras de son cousin qui avait déjà séduit la servante. Ils vivront désormais tous trois ensemble...

◆ Illuminations blasphématoires

Luis Buñuel a tourné ce film en Espagne, après une trentaine d'années d'exil. Ce n'est qu'après avoir été présenté au festival de Cannes et y avoir obtenu une demi-Palme d'or que le scandale a éclaté. La censure espagnole ne l'a pas interdit, elle s'est refusée à le visionner. Ce qui revient au même. Mais plus que la petite histoire, le ton et le contenu du film méritent notre intérêt. Ils sont terriblement « buñueliens ». On y éprouve le goût, le rejet et la terreur des choses sacrées, éléments récurrents de la dialectique chère à Buñuel. On y observe des obsessions relatives au sexe, à l'angélisme, aux frustrations issues du sexe et de l'angélisme. On assiste à des paradoxes moraux qui seraient plaisants s'ils n'étaient tragiques. Ce qui est contesté, c'est l'exercice de la charité : soulager quelques misères est dérisoire en regard de l'énormité des problèmes. Ce qui est à la fois vengeur et atroce, c'est la réponse des mendiants, le déchaînement de leur révolte après des siècles de soumission. Mais Buñuel ne sermonne pas. Il ne défend aucune thèse, il donne à voir. Il crée ainsi un immense malaise. Point de discours, mais des visions de poète, des illuminations que l'on a dit blasphématoires. La couronne d'épines, symbole du sacrifice de Jésus-Christ, est jetée au feu. Les clochards, dans leur soûlographie, parodient le tableau de Léonard de Vinci, la Cène. *La si prude, si pieuse ex-nonnette accepte le principe d'un ménage à trois (qui d'ailleurs est présenté comme le contraire d'un acte libérant et jubilatoire). Les images créées par Buñuel sont embarrassantes, terribles et indélébiles. Ses sarcasmes sont autant de cris.* Viridiana *n'a pas cessé de nous hanter.* *G.S.*

LES VIRTUOSES "BRASSED OFF"

Comédie dramatique de **Mark Herman**, avec Pete Postlethwaite, Tara Fitzgerald, Ewan McGregor. Grande-Bretagne, 1997 – Couleurs – 1 h 47.

Une mine prête à fermer, une fanfare à l'avenir incertain..., rien a priori de palpitant dans cette histoire de mineurs anglais victimes de la crise. Et pourtant, que d'émotion et de vérité dans ces images habitées par une cohorte d'acteurs remarquablement dirigés ! On sourit, on pleure et on vibre tout du long.

LE VISAGE "ANSIKTET"

Drame d'**Ingmar Bergman**, avec Max von Sydow, Ingrid Thulin, Ake Fridell, Lars Ekborg, Erland Josephson. Suède, 1958 – 1 h 35.

Au XIXe siècle, une compagnie de magnétiseurs est arrêtée par le préfet de police qui cherche à prouver leur imposture. Des expériences ont lieu en public et les trucages sont révélés.

VISAGE DE CHIEN

Drame de **Jacek Gasiorowski**, avec Hugues Quester, Anne Alvaro, Pierre Champenois. France, 1985 – Couleurs – 1 h 22.

Un chômeur doit rembourser une dette importante. Avec son fils, il essaie en vain de rassembler l'argent.

VISAGE PÂLE "THE PALEFACE"

Comédie satirique de **Norman Z. McLeod**, avec Bob Hope, Jane Russell, Robert Armstrong. États-Unis, 1948 – Couleurs – 1 h 31.

Calamity Jane part secrètement combattre les bandits et épouse, en guise de couverture, un timide dentiste. Une parodie de western.

▷ Le film a connu une suite, LE FILS DE VISAGE PÂLE (Voir ce titre) et a fait l'objet d'un remake : THE SHAKIEST GUN IN THE WEST, d'**Alan Ragkin**, avec Don Knotts, Barbara Rhoades, Jackie Coogan. États-Unis, 1967 – Couleurs – 1 h 41.

VISAGES DE FEMMES

Comédie dramatique de **Désiré Écaré**, avec Eugénie Cissé Roland, Albertine Guéssan, Véronique Mahile, Alexis Leatche. Côte d'Ivoire, 1985 – Couleurs – 1 h 45.

Les destinées différentes de plusieurs femmes qui, en ville comme en brousse, doivent affronter le poids de la tradition.

VISAGES D'ENFANTS

Drame de **Jacques Feyder**, avec Jean Forest, Rachel Devirys, Henri Duval, Victor Vina, Jeanne-Marie Laurent, Arlette Peyran, Suzy Vernon. Suisse, 1925 (RÉ : 1923) – 2 500 m (env. 1 h 32).

Un jeune garçon est désespéré par la mort de sa mère et le mariage de son père avec une veuve. Il tente de se débarrasser de la petite fille de celle-ci puis, hanté par le remords, cherche à se suicider, mais sera sauvé in extremis par sa belle-mère.

VISAGES D'ORIENT "THE GOOD EARTH"
Drame de **Sidney Franklin**, d'après le roman de Pearl Buck, avec Paul Muni, Luise Rainer, Walter Connolly, Tilly Losch, Jessie Ralph, Charley Grapewin. États-Unis, 1937 – 2 h 18.

Les difficiles conditions de vie d'un paysan chinois aux prises avec la terre aride, la famine et les révolutions. Mais sa persévérance paie et il deviendra riche.

LE VISITEUR "THE CATHOLICS"
Drame de **Jack Gold**, avec Trevor Howard, Martin Sheen, Cyril Cusack, Andrew Keir, Leon Vitale, Raf Vallone. Grande-Bretagne, 1973 – Couleurs – 1 h 25.

Un émissaire du Vatican est chargé de ramener dans le droit chemin des moines intégristes d'Irlande soutenus par les villageois. Il réussit à obtenir du chef de la communauté qu'il vienne à résipiscence.

LES VISITEURS "THE VISITORS"
Drame d'**Elia Kazan**, avec Patrick Mac Vey, Patricia Joyes, James Woods, Chico Martinez, Steve Railsback. États-Unis, 1971 – Couleurs – 1 h 30.

Un homme vit en paix avec sa femme et son fils quand deux anciens compagnons du Viêt Nam viennent s'installer chez lui. On comprend peu à peu qu'ils sont là pour régler de vieux comptes...

LES VISITEURS
Comédie de **Jean-Marie Poiré**, avec Christian Clavier, Jean Reno, Valérie Lemercier. France, 1992 – Couleurs – 1 h 45.

Un philtre magique projette un chevalier du XIIe siècle et son laquais au XXe siècle où il retrouve une de ses descendantes mariée avec un dentiste et son château transformé en hôtel pour séminaires. Quelques trouvailles et de bons numéros d'acteur.

LES VISITEURS II - LES COULOIRS DU TEMPS
Comédie de **Jean-Marie Poiré**, avec Christian Clavier, Jean Reno, Muriel Robin, Marie-Anne Chazel. France, 1997 – Couleurs – 1 h 58.

Même thème (allers et retours entre le Moyen Âge et aujourd'hui), mêmes personnages incarnés par les mêmes acteurs (à une exception près), mêmes ressorts comiques que dans LES VISITEURS, effet de surprise en moins et effets spéciaux en plus.

LES VISITEURS D'UN AUTRE MONDE
"RETURN FROM WITCH MOUNTAIN"
Film d'aventures de **John Hough**, avec Bette Davis, Christopher Lee, Kim Richards. États-Unis, 1979 – Couleurs – 1 h 33.

Un extraterrestre est victime d'un dangereux docteur qui utilise ses pouvoirs surnaturels pour organiser des actions malhonnêtes. Par chance, sa sœur, dotée des mêmes pouvoirs, va le tirer d'affaire ! Suite de LA MONTAGNE ENSORCELÉE (Voir ce titre).

LES VISITEURS DU SOIR
Drame de **Marcel Carné**, avec Arletty *(Dominique)*, Alain Cuny *(Gilles)*, Jules Berry *(le Diable)*, Marie Déa *(Anne)*, Fernand Ledoux *(le baron Hugues)*, Marcel Herrand *(Renaud)*. • SC : Jacques Prévert, Pierre Laroche. • PH : Roger Hubert. • DÉC : Georges Wakhevitch, Alexandre Trauner. • MUS : Maurice Thiriet, Joseph Kosma. • MONT : Henri Rust. France, 1942 – 2 h.

Mai 1485. Le baron Hugues marie sa fille Anne au chevalier Renaud, dans un beau château fort tout blanc, tout neuf. Cette situation idyllique agace le Diable qui déteste le bonheur des gens. Il délègue deux de ses créatures, Gilles et Dominique, pour créer le désordre et semer la haine. Gilles doit séduire Anne, Dominique se réserve le baron et le chevalier. Or, Gilles et Anne déjouent le complot diabolique et s'aiment vraiment. Le Diable, furieux, arrive au château pour reprendre en main la situation.

◆ *Il y a d'abord toute la tendresse fleur-bleue, toute la poésie populaire et subtile de Prévert et cette idée simple : l'amour est plus fort que tout, le diable lui-même est terrassé par la puissance des enfants qui s'aiment. D'autres aphorismes, d'autres idées poétiques jalonnent ce beau film à la fois historique et fantastique. Ses personnages sont devenus des symboles. Les trucages, très simples (ce sont les meilleurs), font beaucoup d'effet. Un laideron devient une belle fille « comme par enchantement », un bal d'apparat se fige pour permettre aux héros de vivre quelques heures hors du temps. L'image est splendide et Jules Berry cabotin en diable. C'est une de ses meilleures performances.* *G.S.*

LES VITELLONI "I VITELLONI"
Comédie dramatique de **Federico Fellini**, avec Franco Interlenghi *(Moraldo)*, Alberto Sordi *(Alberto)*, Franco Fabrizi *(Fausto)*, Leopoldo Trieste *(Leopoldo)*, Riccardo Fellini *(Riccardo)*. • SC : F. Fellini, Tullio Pinnelli, Ennio Flaiano. • PH : Otello Martini, Luciano Trasatti, Carlo Carlini. • DÉC : Mario Chiari. • MUS : Nino Rota. • MONT : Rolando Benedetti. Italie, 1953 – 1 h 43.

Dans une petite station des bords de l'Adriatique, les « vitelloni » traînent leur désœuvrement. Ces « grands veaux », qui avoisinent la trentaine, passent leur temps à échafauder des plans de gloire ou d'amour qu'ils ne réaliseront jamais. La vraie vie s'écoule ailleurs, sans eux, loin d'eux ; ils en ont une conscience vaguement attristée, mais la famille est là pour recueillir ces enfants attardés.

◆ *Avec l'entrée de Nino Rota parmi ses collaborateurs, l'équipe magique des grands succès de Fellini est constituée. Ce film est un petit chef-d'œuvre de sensibilité, dans lequel Fellini règle sans doute quelques comptes avec sa propre jeunesse.* D.C.

VIVA LA MUERTE "Viva la muerte"
Drame de **Fernando Arrabal**, avec Marie Espert, Ivan Henriques, Anouk Ferjac, Mahdi Chaouch. France/Tunisie, 1971 – 1 h 30.

À la fin de la guerre civile espagnole, un jeune homme tuberculeux découvre que son père, qui a été arrêté et qui a tenté de se suicider, a été dénoncé par sa femme. Il refuse de croire à sa mort et part à sa recherche, soutenu par son amie.

VIVA LAS VEGAS "Meet Me in Las Vegas"
Comédie musicale de **Roy Rowland**, avec Cyd Charisse, Dan Dailey, Agnes Moorehead. États-Unis, 1956 – Couleurs – 1 h 52.

À Las Vegas, la chance tourne pour un joueur lorsqu'il rencontre une belle danseuse. Un rythme étourdissant.

VIVA LA VIE
Comédie dramatique de **Claude Lelouch**, avec Charlotte Rampling, Michel Piccoli, Jean-Louis Trintignant. France, 1983 – Couleurs – 1 h 47.

Le P.-D.G. d'une multinationale et une comédienne sont soi-disant élus par des extraterrestres pour délivrer un message à l'humanité menacée par l'apocalypse nucléaire.

VIVA L'ITALIA "Viva l'Italia"
Film historique de **Roberto Rossellini**, avec Renzo Ricci, Paolo Stoppa, Giovanna Ralli. Italie/France, 1961 – Couleurs – 2 h 08.

Les exploits de Garibaldi racontés lors du centenaire de l'unité de l'Italie. Le premier essai de télévision didactique du cinéaste.

VIVA MARIA
Comédie de **Louis Malle**, avec Brigitte Bardot, Jeanne Moreau, George Hamilton, Paulette Dubost. France/Italie, 1965 – Couleurs – 2 h.

La fille d'un terroriste irlandais est recrutée par une troupe de music-hall qui parcourt l'Amérique du Sud, dans des États troublés par de perpétuelles révolutions... Charme, gaieté... Un régal.

VIVA VILLA "Viva Villa"
Biographie historique de **Jack Conway** et **Howard Hawks**, avec Wallace Beery *(Pancho Villa)*, Fay Wray *(Theresa)*, Leo Carillo *(Sierra)*, Stuart Erwin *(Johnny Sykes)*, Donald Cook *(don Felipe)*, George E. Stone *(Chavito)*. • SC : Ben Hecht, d'après le livre d'Edgcumb Pinchon et O.B. Stade. • PH : James Wong Howe, Charles G. Clarke. • DÉC : Harry Oliver. • MUS : Herbert Stothart. • MONT : Robert J. Kern. États-Unis, 1934 – 1 h 55.

Ulcéré par le meurtre de son père, Pancho Villa s'est fait bandit. Il capture un journaliste américain qui sera son historiographe, et Francisco Madero vient donner à sa révolte un sens politique. Après l'assassinat de ce libérateur, Villa sort de son exil et conquiert brutalement le pouvoir pour appliquer la réforme agraire. Puis il se retire et meurt à son tour assassiné.

◆ *Howard Hawks avait préparé et, pour moitié, tourné ce romancero du révolutionnaire mexicain avant que L.B. Mayer ne lui substituât Conway. Sensible à la misère, à l'exaltation de la révolte et de l'aventure, au pittoresque de l'action, le film montre aussi la solitude pathétique d'un conquérant illettré, créateur d'une Histoire qui lui échappe.* A.M.

▷ Autre film sur le célèbre bandit mexicain : PANCHO VILLA, d'**Eugenio Martin**, avec Telly Savalas, Clint Walker, Chuck Connors. Espagne, 1972 – Couleurs – 1 h 33.

▷ Voir aussi PANCHO VILLA.

VIVA ZAPATA "Viva Zapata"
Film historique d'**Elia Kazan**, avec Marlon Brando *(Emiliano Zapata)*, Anthony Quinn *(Eufemio Zapata)*, Jean Peters *(Josefa)*, Joseph Wiseman *(Fernando Aguirre)*, Alan Reed *(Pancho Villa)*. • SC : John Steinbeck, d'après le roman d'Edgcumb Pinchon *Zapata the Unconquered*. • PH : Joe Mac Donald. • DÉC : Lyle Wheeler, Leland Fuller. • MUS : Alex North. • MONT : Barbara McLean. États-Unis, 1952 – 1 h 53.

Au début du siècle, le Mexique est soumis à la dictature de Porfirio Diaz. Les paysans, spoliés, s'organisent en maquis sous la conduite d'un chef farouche : Zapata. Les insurgés harcèlent l'armée régulière, non sans succès. Les présidents de la République se succèdent. Zapata lui-même connaît l'ivresse du pouvoir suprême, un pouvoir qui l'inquiète et l'incite à retourner près du peuple. Il sera victime d'un guet-apens, mais vivra éternellement en tant que symbole de la Révolution permanente.

◆ *Plus qu'un film véritablement historique, il s'agit d'une épopée, hymne lyrique à la Révolution en tant qu'idéal. À travers l'action, les opérations de commando, les intrigues politiques, les pièges de la volonté de puissance, les auteurs ont inventorié les cent problèmes idéologiques qui tournent autour de la démocratie et de la responsabilité du pouvoir. Mais ce n'est pas une œuvre à thèse. C'est un chant d'une beauté formelle saisissante. Marlon Brando y fait une composition remarquable.* *G.S.*

VIVE HENRI IV, VIVE L'AMOUR
Comédie historique de **Claude Autant-Lara**, avec Francis Claude, Danielle Gaubert, Jean Sorel, Danielle Darrieux, Pierre Brasseur, Simone Renant, Francis Blanche, Melina Mercouri. France, 1961 – Couleurs – 1 h 58.

Aventures pseudo-historiques du Vert Galant amoureux, entre autres avec la très jeune fille du connétable de Montmorency.

VIVE LA MORT
Drame de **Francis Reusser**, avec Françoise Prouvost, Édouard Niermans, André Schmidt. Suisse, 1969 – Couleurs – 1 h 20.

Un homme et une femme font un voyage alpestre au cours duquel ils rencontrent différents personnages caractéristiques de la société suisse et commettent un double meurtre symbolique.

VIVE L'AMOUR "GOOD NEWS"
Comédie musicale de **Charles Walters**, avec June Allyson, Peter Lawford, Patricia Marshall. États-Unis, 1947 – Couleurs – 1 h 35.

Pour séduire Patricia qui résiste à son charme, Tommy prend des cours de français avec la bibliothécaire du collège et en tombe amoureux. Une opérette-ballet pleine de bonne humeur.

VIVE L'AMOUR "AIQING WANSUI"
Comédie dramatique de **Tsai Ming Liang**, avec Yang Kuei Mei, Chen Chao Jung, Lee Kang Sheng. Taïwan, 1994 – Couleurs – 1 h 58. ★ **LION D'OR, Venise 1994.**

Hsiao Kang, vendeur d'emplacements funéraires et homosexuel timide au bord du suicide, s'est réfugié dans un appartement à vendre dont il a dérobé la clef. Il se cache lorsque surviennent May, vendeuse d'appartements, et son amant provisoire, Ah Jung. En contrepoint, des évocations de la morne vie professionnelle des protagonistes, personnages qui se cachent à eux-mêmes et que la caméra traque par la bande.

VIVE LA RÉPUBLIQUE "AT ZIJE REPUBLIKA"
Drame de **Karel Kachyna**, avec Zdenek Lstiburek, Vlado Muller, Nadezda Gajerova, Gustav Valach. Tchécoslovaquie, 1965 – 1 h 50.

Entre la retraite allemande et l'arrivée des Russes, un jeune garçon complexé par sa petite taille, malmené par la vie, rêve de puissance et de victoire. Il erre dans ce monde sans pitié qu'il ne comprend pas et se heurte aux brutales réalités de l'époque.

VIVE LA SOCIALE !
Comédie de **Gérard Mordillat**, avec François Cluzet, Robin Renucci, Élisabeth Bourgine. France, 1983 – Couleurs – 1 h 35. ★ **PRIX JEAN-VIGO 1983.**

Issu d'un milieu modeste et haut en couleurs, un jeune homme se penche sur son passé pittoresque. Une comédie originale servie par d'excellents jeunes acteurs.

VIVE LE PRÉSIDENT (LE RECOURS DE LA MÉTHODE) "EL RECURSO DEL MÉTODO"
Chronique de **Miguel Littin**, avec Nelson Villagra *(le président)*, Katy Jurado *(la mayorala)*, Alain Cuny *(l'académicien)*, Maria Adelina Vera *(Ofélia)*, Salvador Sanchez *(Péralta)*. • SC : M. Littin, Régis Debray, Jaime Augusto Sheley, d'après le roman d'Alejo Carpentier *le Recours de la méthode*. • PH : Ricardo Aronovich. • MUS : Léo Brouwer. • MONT : Ramon Aupart, Françoise Bonnot. France / Mexique, 1978 – Couleurs – 2 h 30.

Le séjour parisien du président d'un État sud-américain est interrompu un matin par l'arrivée d'un télégramme, alors que le président est en train d'écouter un académicien qui lui parle de littérature. De retour au pays, le président écrase la révolte dans le sang, sur les instances de l'ambassadeur américain. Puis il revient à Paris. Passe la Première Guerre mondiale. Nouveau soulèvement, nouvelle répression. Puis une instabilité croissante dévore le pays et le président est obligé de fuir définitivement, déguisé en blessé, dans une ambulance. Il n'a plus qu'à attendre la mort dans son hôtel particulier de la rue de Tilsit...

◆ *Une dénonciation un peu lente et un peu didactique des républiques bananières, inspirée de l'œuvre du grand écrivain cubain.* *D.C.*

VIVE LES FEMMES !
Comédie de **Claude Confortès**, d'après la B.D. de Reiser, avec Catherine Leprince, Maurice Risch, Roland Giraud. France, 1983 – Couleurs – 1 h 27.

Un dragueur et son ami lourdaud connaissent des fortunes inégales auprès des dames. Un détournement abusif de la B.D.

VIVE LE SPORT ! "THE FRESHMAN"
Film burlesque de **Fred Newmeyer** et **Sam Taylor**, avec Harold Lloyd *(Harold)*, Jobyna Ralston *(Peggy)*, James Anderson *(Chet)*, Brooks Benedict, Pat Harmon. • SC : S. Taylor, Ted Wilde, Tim Whelan, John et Thomas Grey. • PH : Walter Lundin. États-Unis, 1925 – 1 892 m (env. 1 h 10).

Un collégien naïf, qui rêve de gloire sportive, se met en tête de battre sur son propre terrain le champion de l'équipe universitaire. Après avoir accumulé les gaffes, et été la risée de ses condisciples, il y parviendra, stimulé par l'amour de la fille de sa logeuse.

◆ *Sous l'apparence d'un banal « film de collège », une savoureuse satire de l'esprit de compétition qui reste, pour les Américains, l'étalon-or du succès. Harold Lloyd joue, comme toujours, le double jeu du héros et de la victime. Il gagne sur tous les tableaux – y compris dans le cœur du public, qui fit un triomphe à ce film, dont la séquence anthologique finale du match de football fut maintes fois reprise par la suite, et par Lloyd lui-même dans son dernier film,* Oh ! quel mercredi. Vive le sport ! *devança au box-office* la Ruée vers l'or *de Chaplin, présenté la même année.* *C.B.*

VIVE LES VACANCES
Comédie de **Jean-Marc Thibault** et **Jean Laviron**, avec Roger Pierre, Jean-Marc Thibault, Michèle Girardon. France, 1958 – 1 h 22.

Deux amis partent en vacances sur la Côte d'Azur pour y vivre des aventures imprévues.

VIVEMENT DIMANCHE
Comédie policière de **François Truffaut**, avec Fanny Ardant *(Barbara Becker)*, Jean-Louis Trintignant *(Julien Vercel)*, Jean-Pierre Kalfon *(Claude Massoulier)*, Philippe Laudenbach *(Me Clément)*, Caroline Sihol *(Marie-Christine Vercel)*, Philippe Morier-Genoud *(le commissaire Santelli)*. • SC : F. Truffaut, Suzanne Schiffman, Jean Aurel, d'après le roman de Charles Williams *The Long Saturday Night*. • PH : Nestor Almendros. • DÉC : Hilton Mc Connico. • MUS : Georges Delerue. • MONT : Martine Barraqué. France, 1983 – 1 h 51.

Au cours d'une partie de chasse, Claude Massoulier est assassiné. Julien Vercel est soupçonné, d'autant que sa femme, Marie-Christine, était la maîtresse de la victime. Lorsque Marie-Christine est tuée à son tour, Julien feint de s'envoler pour l'étranger et se cache dans son agence immobilière. Sa secrétaire, Barbara Becker, mène l'enquête à sa place. Tirera-t-elle son patron des griffes de la police ?...

◆ *L'œuvre de Truffaut s'achève sur un film étrange, d'apparence classique, mais perturbant les habitudes du spectateur. À l'envers de la tradition du film noir, c'est ici une femme qui tient le rôle principal, les hommes étant sans cesse égarés. Et Fanny Ardant quitte son emploi tragique pour la fantaisie et l'humour. Un film où éclate le plaisir du jeu chez le cinéaste comme chez ses acteurs.* *J.M.*

VIVE MONSIEUR LE MAIRE
"THE INSPECTOR GENERAL/ HAPPY TIMES"
Comédie musicale de **Henry Koster**, d'après la pièce de Nicolas Gogol, avec Danny Kaye, Walter Slezak, Barbara Bates. États-Unis, 1949 – Couleurs – 1 h 42.

Dans une municipalité corrompue, un honnête commerçant est pris pour un inspecteur chargé de réprimer les abus.

VIVRE
Drame de **Robert Boudrioz**, d'après la pièce d'Hans Müller *le Créateur*, avec Bernhard Goetzke, Pierre Batcheff, Elmire Vautier. France, 1928 – 3 055 m (env. 1 h 53).

Un médecin qui tente d'appliquer un délicat traitement sur un de ses malades provoque la mort accidentelle de celui-ci qui, par ailleurs, courtisait sa femme.

VIVRE "IKIRU"
Comédie dramatique d'**Akira Kurosawa**, avec Takashi Shimura *(Watanabe)*, Nobuo Kaneko *(son fils)*, Kyoko Seki *(sa belle-fille)*, Makoto Kobori *(Kiichi)*, Miki Odagiri *(l'employée)*. • SC : A. Kurosawa, Shinobu Hashimoto, Hideo Oguni. • PH : Asakazu Nakai. • DÉC : So Matsuyama. • MUS : Fumio Hayasaka. • MONT : A. Kurosawa. Japon, 1952 – 2 h 23.

Watanabe, employé depuis trente ans dans une administration, apprend qu'il est atteint d'un cancer et qu'il lui reste trois mois à vivre. Pour compenser sa vie ratée, il décide de s'adonner aux plaisirs mais en découvre l'amertume. Une conversation avec une jeune employée lui donne une subite inspiration. Après sa mort, à la veillée funèbre, ses amis et collègues évoquent sa vie en se saoulant. Ils parlent du dernier combat de Watanabe qui s'est démené contre l'administration pour faire bâtir un parc pour enfants pauvres sur un petit terrain vague. Watanabe est mort heureux et aura peut-être des émules.

◆ *Ce grand classique est constitué de deux parties. La première raconte linéairement la vie de Watanabe entre le moment où il apprend qu'il va mourir et le moment où il a « l'illumination » qui va donner un sens à sa vie. La seconde est constituée de flash-back montrant des points de vue différents, des épisodes de la vie de Watanabe accomplissant sa mission. La tâche que Watanabe se propose de réaliser nous revient par le récit des collègues, un peu comme s'il semblait impossible à Akira Kurosawa de montrer de l'intérieur la portée réelle de son action. Qu'on songe, toute proportion gardée, que la vie du Christ est aussi évoquée de l'extérieur par les Évangiles selon quatre de ses compagnons. Kurosawa suggère que si nous étions tous de petits Christs, qui accomplissent une seule petite action salutaire, le monde en serait transfiguré. La vision de ce film, d'un humanisme profondément chrétien, modifie quelque chose de notre rapport au monde et si ce changement n'apparaît pas forcément dans nos actes, il agit toujours quelque part dans nos pensées.* *S.K.*

VIVRE À TOUT PRIX "MORD UND TOTSCHLAG"
Drame de **Volker Schlöndorff**, avec Anita Pallenberg, Hans Peter Hallwachs, Manfred Fischbeck. R.F.A., 1967 – Couleurs – 1 h 27.

Une jeune femme tue accidentellement son amant. Pour se débarrasser du cadavre, elle achète la complicité d'un ami dont elle deviendra la maîtresse. Ils enterrent le corps sur un chantier d'autoroute et la vie reprend son cours.

VIVRE EN PAIX "VIVERE IN PACE"
Comédie dramatique de **Luigi Zampa**, avec Aldo Fabrizi, Gar Moore, Mirella Monti, Ave Ninchi, Ernesto Almirante, John Kitzmiller. Italie, 1946 – 1 h 45.

En 1944, un fermier cache deux soldats américains évadés. Le caporal allemand du village fraternise avec eux, mais une patrouille les surprend et ils sont abattus peu avant la Libération.

VIVRE ENSEMBLE
Drame d'**Anna Karina**, avec Anna Karina, Michel Lancelot, Monique Morelli, Viviane Blassel, Bob Asklof. France, 1973 – Couleurs – 1 h 35.

Un professeur quitte sa compagne pour une jeune femme menant une vie très libre. Tandis qu'il sombre dans le dilettantisme, sa nouvelle égérie s'assagit. Finesse et sensibilité dans ce portrait de couple filmé et interprété par l'actrice fétiche de Godard.

VIVRE ET AIMER "SADIE MCKEE"
Comédie dramatique de **Clarence Brown**, avec Joan Crawford, Franchot Tone, Gene Raymond, Edward Arnold, Esther Ralston, Jean Dixon, Akim Tamiroff. États-Unis, 1934 – 1 h 28.

Une jolie domestique succombe aux charmes de son jeune maître, mais réalise rapidement qu'il est plus intéressant de tomber dans les bras d'un millionnaire.

VIVRE ET LAISSER MOURIR "LIVE AND LET DIE"
Film policier de **Guy Hamilton**, d'après le roman de Ian Fleming, avec Roger Moore, Yaphet Kotto, Jane Seymour. Grande-Bretagne, 1973 – Couleurs – 2 h.

Trois agents secrets britanniques sont tués en vingt-quatre heures. 007 intervient aussitôt, à New York comme en plein culte vaudou. Roger Moore succède à Sean Connery dans le rôle du célèbre héros sophistiqué.

▷ Voir aussi JAMES BOND 007 CONTRE DOCTEUR NO.

VIVRE LIBRE "THIS LAND IS MINE"
Drame de **Jean Renoir**, avec Charles Laughton, Maureen O'Hara, George Sanders, Walter Slezak. États-Unis, 1943 – 1 h 43.

Dans un petit village d'Europe occupé par les Allemands, un maître d'école timoré trouve le courage d'affronter la Gestapo en dictant la Déclaration des droits de l'homme à ses élèves.

VIVRE LIBRE "BORN FREE"
Film d'aventures de **James Hill**, avec Virginia Mac Kenna, Bill Travers, Geoffrey Keen. États-Unis, 1966 – Couleurs – 1 h 36.

Une immense réserve d'animaux au Kenya : parmi trois petits lionceaux orphelins, une jeune lionne est élevée par un couple puis rendue, libre, à la savane.

VIVRE POUR VIVRE
Drame de **Claude Lelouch**, avec Yves Montand, Annie Girardot, Candice Bergen, Irène Tunc. France, 1967 – Couleurs – 2 h 15.

Robert est un journaliste de télévision brillant et courageux dont les émissions ont parfois des problèmes avec la censure. Sa vie privée est moins claire ; il trompe souvent sa femme tout en éprouvant un fort sentiment de culpabilité.

VIVRE SA VIE
Drame de **Jean-Luc Godard**, avec Anna Karina *(Nana)*, Saddy Rebbot *(Raoul)*, André S. Labarthe *(Paul)*, Guylaine Schlumberger *(Yvette)*, Gérard Hoffman, Monique Messine, Peter Kassowitz. • SC : J.-L. Godard. • PH : Raoul Coutard. • MUS : Michel Legrand. • MONT : Agnès Guillemot. France, 1962 – 1 h 25. ★ **PRIX SPÉCIAL DU JURY, Venise 1962.**

En douze tableaux, l'histoire de Nana. Après avoir rompu avec Paul, Nana, qui gagne difficilement sa vie dans un magasin de disques, est expulsée de son appartement. Elle va au cinéma, se prostitue, tombe sous la coupe du proxénète Raoul, rencontre un homme amoureux d'elle, puis un philosophe, mais meurt bêtement d'une balle au moment où Raoul l'échange contre une somme d'argent.

◆ *Cette chronique minutieusement composée est le premier film véritablement accompli de Godard. Il y mène à bien une approche totalement extérieure du personnage de Nana qui nous en fait admirablement saisir l'intérieur. La référence au Dreyer de* la Passion de Jeanne d'Arc *est totalement justifiée, tant dans l'utilisation d'un noir et blanc d'une totale pureté que dans la description de cette femme éprise d'absolu, de vérité et de liberté qui trouve dans la mort son salut.* J.M.

VIVRE VITE "DEPRISA, DEPRISA"
Drame de **Carlos Saura**, avec José Antonio Valdelomar, Jesus Arias. Espagne, 1981 – Couleurs – 1 h 38.
★ **OURS D'OR, Berlin 1981.**

Le destin tragique d'une bande de jeunes marginaux qui passent de la petite délinquance au grand banditisme.

VOCATION SECRÈTE "BOOTS MALONE"
Documentaire romancé de **William Dieterle**, avec William Holden, Johnny Stewart, Stanley Clements. États-Unis, 1952 – 1 h 42.

Un jeune garçon quitte sa famille pour suivre le dur entraînement de jockey. Mélange réussi de fiction et de documentaire.

LA VOCE DELLA LUNA "LA VOCE DELLA LUNA"
Comédie fantastique de **Federico Fellini**, avec Roberto Benigni, Paolo Villagio, Nadia Ottaviani, Sim. • SC : Federico Fellini, Tullio Pinelli, Ermanno Cavazzoni. • PH : Tonino Delli Colli. • DÉC : Massimo Razzi, Nazareno Piana. • MUS : Nicola Piovani. • MONT : Nino Baragli. Italie / France, 1990 – Couleurs – 1 h 58.

C'est du Fellini fellinissime, un film extravagant dont on a du mal à trouver la ligne de cohérence et que l'on ne peut définir que par l'adjectif « fellinien ». Les séquences sont juxtaposées en harmonieux désordre. On croit comprendre que le héros est une sorte de poète qu'a apostrophé, un beau soir, la lune. Il traverse des paysages saugrenus, rencontre des personnes bizarres, assiste à des fêtes grotesques. Il a volé, comme dans les contes pour enfants, l'escarpin d'une belle blonde dont il est épris...

◆ *Au terme de ce voyage fantastique à travers les folklores absurdes du désolant paysage social contemporain, le film se conclut par cette formule à résonance shakespearienne : « On comprendrait peut-être quelque chose à tout cela s'il y avait un peu plus de silence ». Plus il avance sur le chemin qu'il a inventé, plus Fellini se dégage des structures du récit. Il filme désormais comme il respire (et il respire profondément), rassemble pêle-mêle des éléments de sa poétique et les livre tout chauds au public.* G.S.

VOICI LE TEMPS DES ASSASSINS
Drame de **Julien Duvivier**, avec Jean Gabin, Danièle Delorme, Gérard Blain, Lucienne Bogaert, Gabrielle Fontan. France, 1956 – 1 h 53.

Un honnête restaurateur des Halles qui mène une vie sans histoires est le jouet de deux femmes machiavéliques.

LA VOIE LACTÉE
Comédie dramatique de **Luis Buñuel**, avec Paul Frankeur *(Pierre)*, Laurent Terzieff *(Jean)*, Edith Scob *(Marie)*, Bernard Verley *(Jésus)*, Alain Cuny, François Maistre, Claude Cerval, Julien Bertheau, Michel Piccoli. • SC : L. Buñuel, Jean-Claude Carrière. • PH : Christian Matras. • DÉC : Pierre Guffroy. • MONT : Louisette Hautecœur. France, 1969 – Couleurs – 1 h 41.

Deux pèlerins plutôt clochards font route vers Saint-Jacques-de-Compostelle : ils espèrent y accumuler les aumônes. Sur leur chemin, ils rencontrent divers personnages et traversent plusieurs époques : Satan (?), Priscillien et sa secte au IVe siècle, Jésus aux noces de Cana, un jésuite et un janséniste en train de croiser le fer... Les plus importantes hérésies religieuses sont ainsi évoquées.

◆ *Si la construction de ce récit picaresque peut dérouter, elle n'en est pas moins d'une très grande rigueur et entraîne le spectateur dans un parcours fascinant et humoristique. Loin d'une quelconque volonté de scandale, ce film constitue une grande leçon de scepticisme qui pourrait se résumer en une phrase : on est toujours l'hérétique de quelqu'un. De superbes images se réfèrent à l'iconographie religieuse et une foule d'acteurs de talent apporte son concours à cette comédie anti-dogmatique.* J.M.

LE VOILE BLEU
Comédie dramatique de **Jean Stelli**, avec Gaby Morlay, Pierre Larquey, Elvire Popesco, Fernand Charpin, Pierre Jourdan, Marcelle Géniat, André Alerme. France, 1942 – 1 h 52.

Une vieille gouvernante qui a voué sa vie aux enfants des autres retrouve l'un d'eux. Pour la fêter, il réunit chez lui, un soir de Noël, tous ceux qu'elle a élevés.

▷ Remake réalisé par **Curtis Bernhardt**, intitulé LA FEMME AU VOILE BLEU "The Blue Veil", avec Jane Wyman, Charles Laughton, Richard Carlson, Joan Blondell, Agnes Moorehead. États-Unis, 1951 – 1 h 54.

LE VOILE DES ILLUSIONS "The Painted Veil"
Comédie dramatique de **Richard Boleslawski**, d'après le roman de Somerset Maugham, avec Greta Garbo, George Brent, Herbert Marshall, Warner Oland, Jean Hersholt. États-Unis, 1934 – 1 h 24.

En Chine, une jeune femme délaissée par son mari médecin prend un amant, et découvre que celui-ci ne l'aime pas vraiment. Ayant perdu toutes ses illusions, elle revient vers son mari et combat à ses côtés une épidémie.

▷ Autre version réalisée par **Ronald Neame**, intitulée LA PASSE DANGEREUSE "The Seventh Sin", avec Eleanor Parker, Bill Travers, George Sanders, Jean-Pierre Aumont, Françoise Rosay. États-Unis, 1957 – 1 h 34.

VOIR VENISE... ET CREVER
Film d'espionnage d'**André Versini**, avec Sean Flynn, Madeleine Robinson, Karin Baal. France / Italie / R.F.A., 1964 – 1 h 40.

Un riche oisif part à Venise, à la demande d'une amie de son père dont le mari, agent secret, est suspecté de trahison.

LES VOITURES D'EAU
Documentaire poétique de **Pierre Perrault**, avec des interprètes non professionnels. • SC : P. Perrault. • PH : Bernard Gosselin. • MONT : Monique Fortier. Canada, 1969 – 1 h 50.

Les principaux protagonistes de *Pour la suite du monde*, habitants de l'Île-aux-Coudres, désarment à l'automne leurs « coches d'eau », c'est-à-dire leurs bateaux. Ils se réunissent pendant la saison d'hiver et discutent autour de ceux qui construisent un nouveau canot. Avec le printemps, c'est le nouveau départ des « coches ». À la suite d'une grève des dockers du Saint-Laurent, on attend avant de décharger le bois. Après le retour à l'île, les marins brûlent les « coches d'eau », trop vieilles pour naviguer encore. Avec elles, c'est tout un monde qui disparaît.

◆ Les Voitures d'eau, *troisième volet de la trilogie après* Pour la suite du monde *et* le Règne du jour, *marque la fin du règne des conteurs de l'île et accorde une place plus importante aux paroles en actes. Une nouvelle génération s'impose, celle des pères, alors que les grands-pères hâbleurs sont contredits et moqués. La navigation n'est pas leur domaine. La voix unique des conteurs et leur mémoire cèdent la place aux réflexions à plusieurs voix des navigateurs qui s'insèrent entre les plans d'action. C'est également un film tragique qui enregistre pour la dernière fois tout un savoir-faire condamné par l'évolution technologique.* *M.M.*

LES VOITURES QUI ONT MANGÉ PARIS
"The Cars That Ate Paris"
Comédie dramatique de **Peter Weir**, avec Terri Camilleri, John Meillon, Melissa Jaffer, Kevin Miles. Australie, 1974 – Couleurs – 1 h 31.

Dans un petit village australien à l'écart de la civilisation, on compte de nombreux accidents de voitures. Le rescapé de l'un d'eux découvre que ce sont les habitants qui les provoquent pour vivre du pillage des véhicules... et des victimes.

LA VOIX DES ANCÊTRES "Ingmarssönerna"
Drame de **Victor Sjöström**, d'après un récit de Selma Lagerlöf, avec Victor Sjöström, Harriet Bosse, Hildur Carlberg, Tore Svennberg. Suède, 1919 – 4 203 m (env. 2 h 35, en deux parties).

Une paysanne est mise en prison pour avoir tué son nouveau-né. Afin de la comprendre, son fiancé gravit une échelle géante et va jusqu'au ciel demander conseil à ses ancêtres, qui lui suggèrent de pardonner et d'épouser la jeune fille.

LA VOIX QUE VOUS ALLEZ ENTENDRE
"The Next Voice You Hear"
Comédie de **William A. Wellman**, avec James Whitmore, Nancy Davis, Lillian Bronson, Jeff Corey. États-Unis, 1950 – 1 h 22.

Lorsque Dieu intervient par le truchement des ondes radiophoniques, la vie de l'Américain moyen est bouleversée.

VOL À LA TIRE "Dandy the All American Girl"
Comédie dramatique de **Jerry Schatzberg**, avec Stockard Channing, Sam Waterston, Franklin Ajaye. États-Unis, 1976 – Couleurs – 1 h 30.

La jeune Dandy vole des voitures dans le but d'acquérir finalement une Ferrari et la respectabilité. Cette comédie est aussi une critique de la société américaine.

VOL AU-DESSUS D'UN NID DE COUCOU
"One Flew Over the Cuckoo's Nest"
Drame de **Miloš Forman**, avec Jack Nicholson *(R.P. McMurphy)*, Louise Fletcher *(miss Ratched)*, William Redfiel *(Harding)*, Dean R. Brooks *(Dr Spivey)*, Scatman Crothers *(Turkle)*, Danny De Vito *(Martini)*, Will Sampson *(l'Indien)*, Brad Dourif *(Billy Bibbit)*. • SC : Lawrence Hauben, Bo Goldman, d'après le roman de Ken Kesey *la Machine à brouillard*. • PH : Haskell

Wexler. • DÉC : Paul Sylbert. • MUS : Jack Nitzsche, Ed Bogas. • MONT : Richard Chew. • PR : Saul Zaentz, Michael Douglas (Fantasy Films). États-Unis, 1975 – Couleurs – 2 h 14. ★ **OSCARS 1975 : MEILLEUR FILM, MEILLEUR METTEUR EN SCÈNE, MEILLEUR ACTEUR (Jack Nicholson), MEILLEURE ACTRICE (Louise Fletcher).**

R.P. McMurphy, détenu de droit commun, est placé sous tutelle médicale dans un établissement psychiatrique, où l'infirmière-chef, miss Ratched, fait régner un climat concentrationnaire, auquel se soumettent avec plus ou moins de consentement les autres malades. À l'exception, peut-être, d'un Indien autiste, véritable force de la nature représentant un primitivisme contraint, mais non encore annihilé. En refusant ce système, en organisant la désobéissance et la subversion, McMurphy va mettre en danger les fondements d'un univers totalitaire, et, par là-même, signer son arrêt de mort. Symboliquement, une lobotomie « thérapeutique » anéantira sa force vitale, qui est en même temps son libre arbitre.

◆ Une fable doublement exemplaire

Vol au-dessus d'un nid de coucou, *deuxième film réalisé aux États-Unis par Milos Forman, est tiré d'un roman à succès. L'adaptation de Forman et de ses scénaristes élargit la fable développée dans le livre, voyage psychédélique qui servait de symbole à une critique de la civilisation occidentale, telle qu'on la contestait à la fin des années 60. La grande majorité du public européen, qui a fait un triomphe justifié au film, n'y a entrevu néanmoins que l'une de ses multiples significations : la stigmatisation du* goulag. *Le film, comme le roman, plonge ses racines dans l'histoire des États-Unis et de ses mythes fondateurs. Si la clinique psychiatrique est le microcosme emblématique de tous les* goulags *et des régimes totalitaires qui les sécrètent, elle est aussi l'image symbolique de l'aboutissement d'une civilisation américaine déviante, qui a trahi les principes éthiques de ses origines pour nier, en l'oubliant, le génocide sur lequel elle s'est édifiée et, corrélativement, a refoulé le* sauvage *dont elle redoute le retour en son sein. La fraternisation de l'Indien et de McMurphy renvoie ainsi à celle de Chingackgook et de Natty Bumppo dans le cycle de James Fenimore Cooper, d'Ishmael et de Queequeeg dans* Moby Dick. *Quant à Ratched, l'infirmière castratrice, elle est une certaine image symbolique de la mère américaine, image lointainement issue du personnage d'Annah Duston, défendant sa vie et sa vertu seule contre une horde d'Indiens, dans un épisode véridique, mythifié dans les récits de Cotton Mather, Hawthorne et Thoreau. Film satirique, violemment corrosif, servi par une interprétation inspirée et survoltée, dominée par Jack Nicholson et Louise Fletcher,* Vol au-dessus d'un nid de coucou *laisse apparaître un thème obsessionnel, dont on retrouvera les avatars dans les productions ultérieures de Milos Forman : celui du* Liebestod *(la mort d'amour). Mort (lobotomisé), McMurphy sera* vampirisé *par son ami l'Indien, qui, absorbant pour ainsi dire sa substance vitale, sa puissance de révolte, retrouvera les forces qui lui permettront de s'échapper vers les montages de ses ancêtres, vers la nature, vers ses origines.* *M.S.*

LE VOLCAN INTERDIT

Documentaire d'**Haroun Tazieff**. France, 1966 – Couleurs – 1 h 30.

Prenant pour thème l'exploration du cratère du Niragongo, au Congo, dans le fond duquel se trouve un lac de lave, Haroun Tazieff analyse les réactions des hommes face au volcanisme. Un magnifique reportage.

LE VOL DE L'AIGLE "INGENJÖR ANDREES LUFTFÄRD"

Drame historique de **Jan Troell**, avec Max von Sydow, Göran Stangertz, Sverre Anker Ousdal, Lotta Larsson. Suède, 1982 – Couleurs – 2 h 15.

À la fin du siècle dernier, un ingénieur suédois décide, avec l'aide des autorités, de se lancer à la conquête du pôle Nord en ballon. Le film retrace la préparation de l'expédition, l'envol et la mort dramatique des explorateurs.

LE VOL DE L'OISEAU MORT "LET MRTVE PTICE"

Comédie dramatique de **Živojin Pavlović**, avec Leopold Bibić, Rudi Kosmac, Janez Vrhovec. Yougoslavie, 1973 – Couleurs – 1 h 29.

Dans un petit village slovène, une jeune femme doit supporter un vieux mari obsédé par sa virilité et qui la considère comme un simple objet. Elle s'enferme dans la solitude.

VOL DE NUIT "NIGHT FLIGHT"

Drame de **Clarence Brown**, d'après le roman d'Antoine de Saint-Exupéry, avec John Barrymore, Helen Hayes, Clark Gable, Myrna Loy, William Gargan. États-Unis, 1933 – 1 h 24.

Le portrait de plusieurs pilotes qui transportent, au péril de leur vie, le courrier sur les lignes aériennes de l'Amérique du Sud. Une belle adaptation du livre de Saint-Exupéry.

LE VOL DU PHENIX "THE FLIGHT OF THE PHOENIX"

Film d'aventures de **Robert Aldrich**, d'après le roman d'Elleston Trevor, avec James Stewart, Richard

Attenborough, Peter Finch, Christian Marquand. États-Unis, 1965 – Couleurs – 2 h 27.

Un trimoteur d'une compagnie privée avec à son bord douze passagers est pris en plein Sahara dans une tempête de sable ; après un atterrissage forcé, commence la lutte pour la survie.

VOLETS CLOS "PERSIANE CHIUSE"
Drame de **Luigi Comencini**, avec Massimo Girotti, Eleonora Rossi Drago, Giulietta Masina. Italie, 1951 – 1 h 35.

Une secrétaire enquête dans les bas-fonds d'une grande ville italienne pour retrouver sa sœur qui a sombré dans la prostitution. Drame réaliste joué avec conviction.

LES VOLETS CLOS
Comédie de **Jean-Claude Brialy**, avec Marie Bell, Jacques Charrier, Lucienne Bogaert, Suzanne Flon, Ginette Leclerc. France, 1972 – Couleurs – 1 h 30.

Dans les années 30, un beau marin demande l'hospitalité aux pensionnaires d'une maison close sise dans un village de la côte bretonne. Il les séduit toutes. Nostalgique et poétique, le second film de Brialy rend hommage à de très grandes dames du spectacle.

LE VOLEUR
Comédie dramatique de **Louis Malle**, d'après le roman de Georges Darien, avec Jean-Paul Belmondo, Geneviève Bujold, Marie Dubois, Pierre Etaix, Julien Guiomar, Françoise Fabian. France / Italie, 1967 – Couleurs – 2 h 05.

À la Belle Époque, par dépit amoureux, Georges Randal devient voleur professionnel et découvre les dessous d'un monde pourri par l'argent. Un film désabusé, avec un remarquable Belmondo.

LE VOLEUR DE BAGDAD "THE THIEF OF BAGDAD"
Film d'aventures de **Raoul Walsh** et **Douglas Fairbanks**, avec Douglas Fairbanks *(le voleur)*, Sniz Edwards *(le complice)*, Anna May Wong *(l'esclave)*, Julanne Johnston *(la princesse)*, Sojin Kamiyama *(le prince mongol)*. • SC : Lotta Woods, Elton Thomas [D. Fairbanks], d'après un récit des *Mille et Une Nuits*. • PH : Arthur Edeson, P.H. Whitman, Kenneth McLean. • DÉC : William Cameron Menzies. • MUS : Mortimer Wilson (partition sonore). • MONT : William Nolan. États-Unis, 1924 – 4 000 m (env. 2 h 28).

Un voleur tombe amoureux de la princesse de Bagdad. Il se fait passer pour un prince et doit concourir avec trois autres princes pour la main de sa bien-aimée.

◆ *La reconstitution de Bagdad en studio est probablement le décor le plus impressionnant qui ait jamais été fait. Si la mise en scène est parfois très scénographique et descriptive, elle abonde également en idées fulgurantes* S.K.

LE VOLEUR DE BAGDAD "THE THIEF OF BAGDAD"
Film d'aventures de **Michael Powell, Ludwig Berger** et **Tim Whelan**, d'après *les Mille et Une Nuits*, avec Conrad Veidt, Sabu, June Duprez, John Justin, Rex Ingram. Grande-Bretagne, 1940 – Couleurs – 1 h 46.

Le jeune voleur Sabu lutte avec son ami le calife détrôné et un génie contre le grand Vizir de Bagdad qui invente mille intrigues. Cocktail de couleurs, de trucages et d'aventures fastueuses.

▷ Autres versions réalisées notamment par : **Arthur Lubin**, intitulée LE VOLEUR DE BAGDAD "IL LADRO DI BAGDAD", avec Steeve Reeves, Georgia Moll, Arturo Dominici. Italie / France, 1960 – Couleurs – 1 h 35. **Clive Donner**, avec Kabir Bedi, Peter Ustinov. Grande-Bretagne / France, 1978 – Couleurs – 1 h 43.

LE VOLEUR DE BICYCLETTE "LADRI DI BICICLETTE"
Drame social de **Vittorio De Sica**, avec Lamberto Maggiorani *(Antonio Ricci)*, Enzo Staiola *(Bruno Ricci)*, Lianella Carell *(Maria Ricci)*, Elena Altieri *(la Santona)*, Nando Bruno *(Baiocco)*, Vittorio Antonucci *(le voleur)*. • SC : Cesare Zavattini, avec Oreste Biancoli, Suso Cecchi D'Amico, V. De Sica, Adolfo Franci, Gherardo Gherardi, Gerardo Guerrieri, d'après le roman de Luigi Bartolini. • PH : Carlo Montuori. • DÉC : Antonino Traverso. • MUS : Alessandro Cicognini. • MONT : Eraldo Da Roma. • PR : V. De Sica. Italie, 1948 – 1 h 25. ★ OSCAR DU MEILLEUR FILM ÉTRANGER 1949.

Antonio Ricci, ouvrier de quarante ans, habite la périphérie de Rome. Au chômage depuis deux ans, il se voit proposer un emploi de colleur d'affiches, à condition qu'il fournisse lui-même son vélo. Le sien étant au mont-de-piété, sa femme Maria y engage sa seule paire de draps pour le récupérer. Mais le jour même où il prend son emploi, il se fait voler son vélo par un jeune homme. Antonio le poursuit en vain, dépose plainte à la police, qui lui conseille de retrouver lui-même le voleur. Baiocco, un éboueur de ses amis, lui suggère d'aller faire le tour des marchés aux puces. Antonio s'y rend avec son fils, Bruno, âgé de dix ans. Il finit par apercevoir son voleur en conversation avec un mendiant. Le voleur s'enfuit. Antonio poursuit le mendiant jusque dans une église où a lieu la « messe des pauvres », puis le perd de vue. Après toute une série de péripéties, tragiques ou comiques, Antonio retrouve le voleur. Il l'interpelle, furieux. Un attroupement se forme et la foule prend le parti du voleur. Finalement, désespéré, Antonio tente de voler lui-même un vélo, et se fait prendre.

◆ Le film des « losers »

En 1948, le Voleur de bicyclette *représente comme la quintessence du « néoréalisme » alors en pleine gloire, après* Rome, ville ouverte *et* Païsa *de Rossellini. Tourné dans la rue, avec des acteurs non professionnels (le rôle d'Antonio est joué par un ouvrier, alors qu'un producteur américain avait proposé Cary Grant), il a longtemps passé pour une espèce de reportage sur l'Italie de l'après-guerre, un semi-documentaire, les communistes lui reprochant de ne pas proposer de solution au chômage, d'autres de montrer un visage trop noir de la société italienne. Des années plus tard, on le revoit tout à fait différemment. On est davantage sensible au scénario de Cesare Zavattini, magistralement construit, avec ses rebondissements constants, ses coïncidences théâtrales, jouant sur le comique, voire le grotesque, ou le pathétique. C'est ce qui lui donne sa dimension à la fois fantastique, quasi surréaliste (l'épisode de l'église ou du bordel de quartier) et mélodramatique. C'est l'histoire d'un homme poursuivi par le destin, qui s'enfonce inexorablement dans un cauchemar sans fin, sous le regard d'un enfant qui est comme sa conscience.* Le Voleur de bicyclette, *c'est le film des victimes, des vaincus, des « losers », comme on dit aujourd'hui, écrasés par des règles du jeu qui leur échappent, qui ne sont pas faites pour eux, condamnés à la solitude, à l'échec, à l'impuissance. C'est beau. C'est déchirant.* *A.R.*

LE VOLEUR DE CHEVAUX
"ROMANCE OF A HORSE THIEF"
Drame d'**Abraham Polonsky**, avec Yul Brynner, Eli Wallach, Jane Birkin, Oliver Tobias, Lainie Kazan, David Opatoshu. Yougoslavie / France / Italie, 1971 – Couleurs – 1 h 40.

En 1904, dans un village polonais à la frontière allemande, toute une famille vit du vol de chevaux. Or, le tsar fait réquisitionner tous les chevaux pour les besoins de la guerre russo-japonaise. Le dernier film d'un cinéaste brisé par le maccarthysme.

LE VOLEUR DE CRIMES
Drame psychologique de **Nadine Trintignant**, avec Jean-Louis Trintignant, Robert Hossein, Georgia Moll. France / Italie, 1969 – Couleurs – 1 h 30.

Jean est dépressif. Il s'invente un crime à partir d'un suicide auquel il a assisté, et puis il en commettra un « pour de bon ». Remarquable peinture de l'évolution d'une névrose.

LE VOLEUR D'ENFANTS
Comédie dramatique et poétique de **Christian de Chalonge**, avec Marcello Mastroianni *(Colonel Bigua)*, Michel Piccoli *(Monsieur Armand)*, Angela Molina *(Desposoria)*, Nadia Strancar *(Rose)*. • SC : Dominique Garnier, C. de Chalonge, d'après le roman homonyme de Jules Supervielle. • PH : Bernard Zitzermann. • DÉC : Yves Brover. • MUS : Lluis Llach. • MONT : Anita Fernandez. France / Italie / Espagne, 1991 – Couleurs – 1 h 50.

Un général argentin exilé à Paris collectionne des enfants qu'il kidnappe dans les jardins publics. Ce curieux personnage est la bonté même : il veut d'abord donner une famille à son épouse, stérile, il veut aussi rendre heureux des enfants qui semblent ne pas l'être. Dans son grand appartement, la vie de cette famille nombreuse est exubérante et joyeuse. Il y manque une fille. Le général finit par la trouver et les difficultés commencent.

◆ *Cette histoire curieuse est adaptée d'un roman de Jules Supervielle. Elle est traitée avec humour, fantaisie et ce qu'il faut de poésie pour faire accepter l'absurdité un peu révoltante des méthodes de ce père abusif. Grâce à certaines séquences inspirées, au décor réussi du Paris des années 30 et à l'ensemble de l'interprétation, le caractère fantasque et invraisemblable de la fable divertit et émeut.* *G.S.*

LE VOLEUR DE TIBIDABO
Comédie de **Maurice Ronet**, avec Maurice Ronet, Anna Karina, Pepe Nieto. France / Espagne, 1965 – 1 h 50.

Pour rendre service à un compatriote, un jeune Français vendeur de glaces à Barcelone accepte de le cacher dans sa voiture. Il s'enfuit peu après. Il venait en fait de commettre un cambriolage, et le pauvre vendeur va être pris pour un voleur. Le premier film de Maurice Ronet réalisateur.

LE VOLEUR DU ROI "THE KING'S THIEF"
Film d'aventures de **Robert Z. Leonard**, avec Ann Blyth, Edmund Purdom, David Niven, George Sanders. États-Unis, 1955 – Couleurs – 1 h 18.

Intrigues et coups d'épée au XVIIe siècle à la cour de Charles II. Les attraits d'un film d'aventures avec la technique M.G.M.

LES VOLEURS DE LA NUIT
Film policier de **Samuel Fuller**, d'après le roman d'Olivier Beer *le Chant des enfants morts*, avec Véronique Jannot, Bobby Di Cicco, Victor Lanoux, Micheline Presle, Claude Chabrol. France, 1983 – Couleurs – 1 h 40.

Une jeune femme et son ami violoncelliste, tous deux au chômage, décident de laver l'affront que leur font subir des employés de l'A.N.P.E. Leur expédition tourne au drame.

LES VOLEURS DE TRAINS "THE TRAIN ROBBERS"
Western de **Burt Kennedy**, avec John Wayne, Ann-Margret, Rod Taylor. États-Unis, 1972 – Couleurs – 1 h 32.

Madame Lowe engage six hommes afin de trouver un trésor autrefois volé par son défunt époux : elle compte ainsi réhabiliter la mémoire du disparu.

LA VOLEUSE "A STOLEN LIFE"
Comédie dramatique de **Curtis Bernhardt**, avec Bette Davis, Glenn Ford, Walter Brennan, Charles Ruggles, Dane Clark. États-Unis, 1946 – 1 h 45.

Une jeune femme éprise d'un ingénieur lui laisse épouser sa sœur jumelle lorsqu'elle comprend que c'est elle qu'il aime. Alors qu'elles font du bateau ensemble, celle qui est mariée se noie, l'autre prend sa place.

LA VOLONTÉ "AL-'AZIMA"
Comédie dramatique d'**Abd alGhani Kamal Salim**, avec Husayn Sidqi, Fatma Rushdi, Anwar Wagdi, Zaki Rustum. Égypte, 1939 – env. 1 h 50.

Dans un quartier populaire du Caire, le fils d'un pauvre coiffeur qui vient de passer ses diplômes essaie de gagner sa vie.

LA VOLONTÉ DU MORT "THE CAT AND THE CANARY"
Film d'épouvante de **Paul Leni**, avec Laura La Plante *(Anabella West)*, Creighton Hale *(Paul Jones)*, Forrest Stanley *(Charles Wilder)*, Tully Marshall *(Roger Crosby)*, Flora Finch, Gertrude Astor. • SC : Robert F. Hill, Alfred A. Cohn, d'après la pièce de John Willard. • PH : Gilbert Warrenton. • DÉC : Charles O. Hall. États-Unis, 1927 – env. 2 320 m (1 h 26).

Diverses personnes sont réunies dans une étrange maison, qui a la réputation d'être hantée, afin d'entendre la lecture d'un testament. À la consternation des proches, c'est une jeune parente éloignée, Anabella, qui hérite, à condition de prouver qu'elle est saine d'esprit. Bientôt, des événements étranges et terrifiants se produisent dans la vieille demeure.

◆ *Archétype des films de maison hantée,* la Volonté du mort *est le premier film réalisé aux États-Unis par l'Allemand Paul Leni. Ce dernier importe avec lui son esthétique issue de l'expressionnisme et du « caligarisme » et la greffe sur la tradition policière anglo-saxonne : mystère, lieu clos et suspense. C'est de cette synthèse que va naître le grand courant fantastique américain des années 30, avec* Dracula, Frankenstein *et autre « Old Dark House », dont le film de Leni est le splendide précurseur muet.* L.A.

▷ Voir aussi LE CHAT ET LE CANARI.

VOLPONE
Comédie de **Maurice Tourneur**, avec Harry Baur *(Volpone)*, Louis Jouvet *(Mosca)*, Charles Dullin *(Corbaccio)*, Fernand Ledoux *(Corvino)*, Jacqueline Delubac *(Colomba)*, Marion Dorian *(Canina)*, Alexandre Rignault *(Leone)*, Jean Temerson *(Voltore)*. • SC : Jules Romains, d'après la pièce de Ben Jonson. • PH : Armand Thirard. • DÉC : André Barsacq. • MUS : Marcel Delannoy. • MONT : Marcel Cohen. France, 1941 – 1 h 34.

Venise au XVIe siècle : jeté en prison pour escroquerie par ses créanciers, le cupide Volpone (« Renard ») rencontre Mosca (« Mouche ») dont il fait son intendant quand il est libéré. Pour se venger de ses ennemis, il élabore tout un plan : faire croire à sa mort prochaine, et les gruger à coups d'espérance sur son testament : l'un annule sa dette, un autre lui offre sa propre femme... Mais le testament est en faveur de Mosca : quand le faux mort ressuscite, Mosca le chasse de sa propre maison.

◆ Volpone *reste un bel album d'images, point trop statiques, au service de numéros d'acteurs dont se détachent évidemment les compositions d'Harry Baur et de Jouvet dans les deux principaux rôles.* G.LD.

VOLS ENTRE RÊVE ET RÉALITÉ
"POLIOTY VO SNE I NAYAVU"
Comédie dramatique de **Roman Balaian**, avec Oleg Yankovski, Lioudmilla Gourtchenko, Oleg Tabakov, Lioudmilla Ivanova. U.R.S.S. (Ukraine), 1982 – Couleurs – 1 h 33.

Un quadragénaire, qui travaille comme employé chez un ami architecte, mène une vie professionnelle nonchalante et une vie sentimentale agitée.

VOLTE / FACE "FACE / OFF"
Film policier de **John Woo**, avec John Travolta *(Sean Archer)*, Nicolas Cage *(Castor Troy)*, Alessandro Nivola *(Pollux Troy)*, Joan Allen *(Eve Archer)*. • SC : Mike Werb, Michael Colleary. • PH : Olivier Wood. • DÉC : Neil Spisak. • MUS : John Powell. • MONT : Christian Wagner. États-Unis, 1997 – Couleurs – 2 h 19.

Sean Archer, chef d'une unité antiterroriste, se fait modeler au laser le visage du redoutable Troy, qui se trouve entre les mains de la police et dans le coma. But de la manœuvre : se faire prendre pour Troy par le frère du susdit, qui est lui aussi prisonnier de la police et refuse d'indiquer où son frère a dissimulé une bombe à retardement. Mais Troy sort du coma et oblige les chirurgiens – les mêmes que ceux qui ont opéré Archer – à lui donner le visage d'Archer ! Comme Troy prend la précaution de supprimer tous les acteurs et témoins des deux opérations, plus personne n'est en mesure d'attester qu'Archer n'est pas Troy. Commence alors l'affrontement du faux Troy et du faux Archer, mais, cette fois-ci, le criminel est à la tête de la police et le policier a la tête du criminel ! Qu'on se rassure, tout finira bien, mais il y aura de la casse.

◆ *Le film de John Woo met les nerfs du spectateur à rude épreuve! Il est déjà déconcertant de voir un acteur habituellement voué aux rôles de « gentil » incarner dans un film un personnage de « méchant », aussi, quand l'usurpation d'identité intervient en cours de film, l'inconfort est poussé à son maximum. On s'est tellement mis du côté de Travolta-Archer pendant la première partie du film que l'on a du mal à ne pas conserver un brin de sympathie résiduelle pour le Travolta-Troy, tout comme l'on se défie instinctivement du Cage-Archer du bien. Ainsi le paradoxe du comédien se trouve pour ainsi dire redoublé, car l'acteur est - et n'est pas - le personnage qu'il incarne, tout en étant - et en n'étant pas - son contraire. Vertigineuse spirale, où les frontières des personnages s'estompent dans un jeu de masques et de miroirs qui pose, en définitive, la question de l'identité : à partir de quel degré de changement physique cesse-t-on d'être soi-même sous le regard des autres et donc à ses propres yeux aussi ? En hyperbolisant ainsi le nez de Cléopâtre pascalien, John Woo brouille les repères, mine les frontières les plus établies, pour mieux nous livrer, sans défense, à la magie d'un film d'action superbement chorégraphié.* *J.-C.L.*

VOLUPTÉ "GO NAKED IN THE WORLD"

Drame de **Ranald MacDougall**, d'après le roman de Tom Chamales, avec Gina Lollobrigida, Anthony Franciosa, Ernest Borgnine. États-Unis, 1961 – Couleurs – 1 h 43.

Un fils de famille tombe amoureux d'une call-girl de luxe.

VOLVER A EMPEZAR

Comédie dramatique de **José Luis Garci**, avec Antonio Ferrandis, Encarna Paso. Espagne, 1982 – Couleurs – 1 h 30. ★ OSCAR DU MEILLEUR FILM ÉTRANGER 1982.

Un vieil exilé de la guerre civile se rend en pèlerinage dans sa ville natale, alors qu'il sait ses jours comptés. Il y retrouve son ancienne fiancée et une dernière romance d'amour illumine leur vie. Le premier film espagnol récompensé par Hollywood.

VOS GUEULES, LES MOUETTES

Comédie de **Robert Dhéry**, avec Robert Dhéry, Colette Brosset, Pierre Mondy. France, 1974 – Couleurs – 1 h 25.

La télévision organise un concours de caméra-amateur. C'est l'occasion, pour un candidat, de filmer sa province natale : la Bretagne. L'équipe des « Branquignols » accumule les gags.

VOTEZ MAC KAY "THE CANDIDATE"

Comédie satirique de **Michael Ritchie**, avec Robert Redford, Peter Boyle, Don Porter, Melvyn Douglas. États-Unis, 1971 – Couleurs – 1 h 50.

L'opposition d'un jeune idéaliste et d'un vieux routier de la politique, lors des élections sénatoriales en Californie.

VOTRE DÉVOUÉ BLAKE

Film d'aventures policières de **Jean Laviron**, avec Eddie Constantine, Danièle Godet, Colette Deréal, Doral Doll. France, 1954 – 1 h 37.

Incorrigible séducteur, Larry Blake, un pilote de ligne, veut prouver l'innocence d'une actrice de cinéma accusée de meurtre. Coups de poings et coups de feu avant de repartir vers de nouvelles aventures...

▷ Voir aussi LEMMY POUR LES DAMES.

LA VOUIVRE

Drame de **Georges Wilson**, d'après le roman de Marcel Aymé, avec Lambert Wilson, Jean Carmet, Suzanne Flon, Jacques Dufilho, Macha Méril, Laurence Treil, Jean-Jacques Moreau. France, 1989 – Couleurs – 1 h 42.

En 1919, alors qu'on le croyait mort, Arsène rentre au village, souffrant encore d'une blessure à la tête. Peu après, il rencontre la Vouivre, une fée immortelle qui vit nue dans les étangs.

VOULEZ-VOUS DANSER AVEC MOI ?

Comédie de **Michel Boisrond**, avec Brigitte Bardot, Henri Vidal, Dawn Addams, Dario Moreno. France/Italie, 1959 – Couleurs – 1 h 19.

À la suite d'une querelle, deux jeunes mariés sont entraînés dans l'enquête qui suit le meurtre d'une jeune femme. Une de ces comédies à succès dont Boisrond avait le secret à ses débuts.

VOUS N'AUREZ PAS L'ALSACE ET LA LORRAINE

Comédie de **Coluche**, avec Coluche, Dominique Lavanant, Gérard Lanvin. France, 1977 – Couleurs – 1 h 30.

Le roi Gros Pif, déposé par la reine et son ministre, parvient à recouvrer son royaume. La farce est plutôt épaisse.

VOUS NE L'EMPORTEREZ PAS AVEC VOUS
"You Can't Take It With You"
Comédie de **Frank Capra**, avec Jean Arthur *(Alice Sycamore)*, James Stewart *(Tony Kirby)*, Lionel Barrymore *(Martin Vanderhof)*, Edward Arnold *(Anthony P. Kirby)*, Ann Miller *(Essie)*, Donald Meek *(Poppins)*, Mischa Auer *(Kolhenkov)*. • SC : Robert Riskin, d'après la pièce de Georges S. Kaufman et Moss Hart. • PH : Joseph Walker. • DÉC : Stephen Goosson. • MUS : Dimitri Tiomkin. • MONT : Gene Havlick. États-Unis, 1938 – 2 h 07. ★ **Oscar du Meilleur film 1938.**

Une famille américaine heureuse, chaleureuse, insouciante et composée de membres tous plus ou moins foufous mais naïfs et adorables ; ces plaisants marginaux vivent de petits métiers gratifiants, sauf la jeune fille de la maison qui est secrétaire. Elle aime le fils de son patron, un financier intraitable, et réciproquement. Mais la haute société d'argent acceptera-t-elle cette mésalliance ?

◆ *Cette comédie insensée et survoltée a enchanté plusieurs générations de spectateurs qui se sont un instant identifiés à ces heureux mortels vivant dans la joie et l'innocence. Bien sûr, il s'agit d'une fable. Elle est fondée, comme souvent chez Capra, sur la glorification des bons sentiments et un optimisme quasiment pathologique. La réalisation, le rythme, l'interprétation, les trouvailles et le ton « sui generis » de cette fantaisie en ont fait un classique du cinéma jubilant d'avant-guerre : un mythe, un film culte, une date.* G.S.

VOUS QUI AVEZ VINGT ANS "Enchantment"
Comédie dramatique d'**Irving Reis**, d'après le roman de Rumer Godden, avec David Niven, Teresa Wright, Evelyn Keyes, Farley Granger, Jayne Meadows. États-Unis, 1948 – 1 h 39.

Pendant la guerre, une jeune Américaine rend visite à un vieil oncle qui lui raconte comment son fils gâcha sa vie par esprit carriériste. Prenant conscience de l'erreur qu'elle a commise en refusant l'amour d'un pilote anglais, elle revient sur sa décision.

LE VOYAGE "The Journey"
Drame d'**Anatole Litvak**, avec Yul Brynner, Deborah Kerr, Jason Robards, Anouk Aimée. États-Unis, 1959 – Couleurs – 2 h 05.

Avec en toile de fond la tragédie hongroise de 1956, l'aventure de plusieurs ressortissants étrangers qui attendent l'avion qui les mènera vers des cieux plus cléments. Authentique et romanesque.

LE VOYAGE "Il viaggio"
Drame de **Vittorio De Sica**, d'après une nouvelle de Pirandello, avec Sophia Loren, Richard Burton, Ian Bannen. Italie / France, 1974 – Couleurs – 1 h 45.

Drame de l'amour à la veille de la Première Guerre mondiale. Un noble sicilien se sacrifie aux volontés paternelles et ne connaîtra le bonheur que trop tard... Un mélodrame pudique et sensible et le dernier film de Vittorio De Sica.

LE VOYAGE
Film d'aventures de **Michel Andrieu**, avec Victoria Abril, Christophe Malavoy, Michael Jacob. France / Égypte, 1984 – Couleurs – 1 h 40.

Un couple en crise convoite une voiture bourrée d'explosifs au Caire. L'aventure moderne d'un couple menacé de toutes parts.

LE VOYAGE "The Journey"
Documentaire de **Peter Watkins**. Suède / Canada, 1987 – Couleurs – 14 h 32.

Longue enquête auprès de familles et de groupes de réflexion dans de nombreux pays sur les menaces que le nucléaire fait peser sur la paix du monde.

VOYAGE À CYTHÈRE "Taxidi sta Kithira"
Drame de **Theo Angelopoulos**, avec Giulio Brogi *(Alexandre)*, Manos Katrakis *(Spyros)*, Mary Chronopoulou *(Voula)*, Dionysios Papayannopoulos *(Antonis)*, Dora Volanaki *(Katerina)*, Giorgos Nezos *(Panayotis)*, Athinodoros *(le capitaine de police)*, Michalis Yannatos *(le capitaine du port)*, Akis Kareglis *(Spyros jeune)*. • SC : T. Angelopoulos, Theo Valtinos, Tonino Guerra. • PH : Giorgos Arvanitis. • DÉC : Mikes Karapiperis. • MUS : Eleni Karaindrou. • MONT : Giorgos Triandafyllou. Grèce, 1984 – Couleurs – 2 h 29.

Un film dans le film. Alexandre, cinéaste, prépare un film sur le retour d'exil de son père Spyros. Après 32 ans d'éloignement, le vieil homme revient sur une terre qui devrait être la sienne, mais qui ne le reconnaît plus et le rejette, avec toute la brutalité de l'autorité officielle. Spyros est placé sur un ponton, où est venue le rejoindre la seule qui n'ait pas changée : sa femme, Katerina, qui avait patiemment attendu son retour.

◆ *Film d'une désespérance absolue, condamnation sans appel d'une société gangrenée qui ne vit plus que dans l'individualisme, la recherche effrénée du profit et des jouissances les plus platement matérielles. Des plans-séquences, admirables de lenteur et de perfection esthétique et émotionnelle, se gravent dans la mémoire...* D.C.

VOYAGE À DEUX "Two for the Road"
Comédie de **Stanley Donen**, avec Audrey Hepburn, Albert Finney. Grande-Bretagne, 1966 – Couleurs – 1 h 51.

Au cours d'un voyage en voiture en France, un architecte et sa femme se rappellent leurs douze années de vie commune et tentent de repartir comme au tout début de leur mariage.

LE VOYAGE À PAIMPOL

Drame de **John Berry**, d'après le roman de Dorothée Letessier, avec Myriam Boyer, Michel Boujenah. France, 1985 – Couleurs – 1 h 28.

Maryvonne craque. Elle quitte sa famille et la vie en usine pour prendre toute seule le car pour Paimpol, respirer un peu, faire le point sur son passé, son avenir. Drôle et sincère.

VOYAGE À TOKYO "TOKYO MONOGATARI"

Chronique familiale de **Yasujiro Ozu**, avec Chishu Ryu *(Shukichi, le père)*, Chiyeko Higashiyama *(Tomi, la mère)*, Setsuko Hara *(Noriko, leur bru, veuve)*, Haruko Sugimura *(Shige, leur fille, coiffeuse)*, So Yamamura *(Koichi, leur fils, médecin)*, Kuniko Miyake *(son épouse)*, Kyoko Kagawa *(Kyoko, la fille cadette)*. • SC : Y. Ozu, Kōgo Noda. • PH : Yushun Atsuda. • DÉC : Tatsuo Hamada. • MUS : Saito Kojun. • MONT : Hamamura Yoshiyasu. • PR : Shōchiku. Japon, 1953 – 2 h 20.

Un couple de provinciaux fait son premier voyage à Tokyo. Chez leur fils médecin, ils ne tardent pas à se sentir importuns. Quant à leur fille, revêche et cupide, elle les trouve gênants, et les confie aux soins de Noriko, leur bru, qui leur fait visiter la ville. Puis le frère et la sœur envoient leurs parents aux bains d'Atami, fort peu de leur âge, où la vieille dame a un malaise. Les voilà livrés à eux-mêmes pour une dernière nuit à Tokyo ! Le père la passe à boire avec des amis, tandis que la mère dort chez Noriko. Au retour, elle a une nouvelle attaque, dans le train. Après un bref séjour à Osaka, chez son fils cadet, elle meurt chez elle à Onomichi. La famille accourt, mais s'empresse de repartir, à l'exception de Noriko qui écoute le vieil homme et apaise Kyoko, la plus jeune des filles, avant de regagner la capitale.

◆ Une beauté simple

Pince-sans-rire, Ozu voyait là « le plus mélodramatique » de ses films. Certes, la mort de la mère constitue une péripétie aléatoire, à laquelle s'associe un renversement du point de vue narratif, celui des enfants dominant désormais celui des parents, et le contraste est vif entre l'égoïsme de Shige et le dévouement de Noriko. Mais le dialogue use d'euphémisme ; la photo, grise, sacrifie le réalisme de l'espace à l'observation des personnes. La caméra demeure immobile, sauf en deux occasions : pour la visite de la ville, le paysage défile derrière les vitres de l'autocar ; lors de l'errance des deux vieillards revenus d'Atami, deux travellings se répondent, à gauche, puis à droite. Cet art rigoureux met en relief les gestes : défaillance de Tomi, grâce des ménagères, altruisme de Noriko et Kyoko, qui sont les seules à éventer autrui. Tournés vers la caméra, les regards recèlent l'émotion ; refusés obstinément, souvent pour se diriger vers la gauche, ils suggèrent le vague de la mélancolie. Tout est filmé avec une exemplaire patience : on parlera avec Robin Wood de la « beauté de l'accentuation » et avec Hubert Niogret de « la constance du système » stylistique. De la sérénité naît le pathétique : humour et gentillesse des parents, face à tant de refus ; humilité devant l'inévitable ; calme approche de la mort. De nouvelles familles défont la famille. Cela n'empêche pas la profondeur du sentiment, entre Tomi et Noriko par exemple, les deux seuls personnages qui aient un contact physique. Présenté au Festival d'art du Japon, Voyage à Tokyo *obtint par ailleurs le deuxième prix de la revue* Kinema Jumpo. *À partir de 1956, il fonda la renommée d'Ozu en Amérique et sortit à Paris en 1978.* A.M.

VOYAGE AU BOUT DE L'ENFER

"THE DEER HUNTER"

Film de guerre de **Michael Cimino**, avec Robert De Niro *(Michael)*, John Cazale *(Stan)*, John Savage *(Steven)*, Christopher Walken *(Nick)*, Meryl Streep *(Linda)*, George Dzundza *(John)*. • SC : Deric Washburn, M. Cimino, Louis Garfinkle, Quinn K. Redeker. • PH : Vilmos Zsigmond. • DÉC : Ron Hobbs, Kim Swados. • MUS : Stanley Myers. • MONT : Peter Zinner. États-Unis, 1978 – Couleurs – 3 h 03. ★ OSCAR DU MEILLEUR FILM 1978.

Une petite ville industrielle de Pennsylvanie, en 1968. Michael, Nick et Steven – trois amis, ouvriers métallurgistes d'origine lituanienne – partent ensemble pour le Viêt Nam. Faits prisonniers, ils s'évadent grâce au sang-froid de Michael, mais sont séparés. Steven, grièvement blessé, devra être amputé des deux jambes ; Nick échoue dans un tripot de Saigon où il se livre à des parties de roulette russe. Michael, tombé amoureux de sa compagne Linda, part à sa recherche, mais ne pourra lui éviter la mort. Il rapatrie le corps de Nick aux États-Unis. Après les funérailles, la petite communauté tente de se donner du courage en entonnant « God Bless America ».

◆ *Sa construction ample et harmonieuse, son épaisseur romanesque, son lyrisme et sa puissance émotionnelle font de* Voyage au bout de l'enfer *un des films les plus marquants des années 70. L'Amérique et l'Asie, la nature et le monde industriel, la chasse et la guerre, l'individualisme et la solidarité, le deuil et l'espoir sont ici indissolublement liés, par la vertu d'une mise en scène d'une rigueur toute classique.* Voyage au bout de l'enfer *est le premier film à inscrire le drame vietnamien dans la réalité quotidienne de l'Amérique, l'un des rares à éviter les pièges de la dénonciation politique et de l'auto-justification. Le testament d'une génération flouée...* O.E.

VOYAGE AU CENTRE DE LA TERRE
"JOURNEY TO THE CENTER OF THE EARTH"
Film d'aventures de **Henry Levin**, d'après le roman de Jules Verne, avec James Mason, Pat Boone, Arlene Dahl, Diane Baker. États-Unis, 1959 – Couleurs – 2 h 12.

À Édimbourg à la fin du siècle dernier, un savant monte une expédition pour retrouver les traces d'un explorateur qui s'était engouffré dans les entrailles de la Terre en descendant dans un volcan islandais éteint. Humour et action.

VOYAGE AU PAYS DE LA PEUR
"JOURNEY INTO FEAR"
Film policier de **Norman Foster**, d'après le roman d'Eric Ambler, avec Joseph Cotten, Dolores Del Rio, Orson Welles, Agnes Moorehead. États-Unis, 1942 – 1 h 11.

En Turquie, un ingénieur américain est poursuivi par des espions-tueurs qui veulent l'éliminer. Scénario de Joseph Cotten, Orson Welles ayant supervisé la réalisation.

VOYAGE AVEC ANITA "VIAGGIO CON ANITA"
Comédie de **Mario Monicelli**, avec Giancarlo Giannini, Goldie Hawn. Italie, 1978 – Couleurs – 1 h 40.

En quête d'une compagne pour faire le voyage qui le conduira au chevet de son père mourant, un homme de 40 ans, marié, rencontre Anita, et ment, conscient de la médiocrité de sa vie. Un scénario conçu pour Fellini comme suite à *La dolce vita*.

LE VOYAGE D'AMÉLIE
Comédie de **Daniel Duval**, avec Louise Chevalier, Myriam Boyer, Stéphane Bouy. France, 1974 – Couleurs – 1 h 30.

Pour se faire un peu d'argent, cinq jeunes banlieusards acceptent de jouer les convoyeurs de corbillard improvisés. Mais ils ne toucheront jamais l'argent espéré...

LE VOYAGE DANS LA LUNE
Féerie fantastique de **Georges Méliès**, avec Georges Méliès *(Barbenfouillis)*, Victor André, Depierre, Farjaux, Kelm, Bleuette Bernon *(la Lune)* et des danseurs et acrobates des Folies-Bergère *(les Sélénites)*. • SC : G. Méliès, d'après Offenbach, Jules Verne et H.G. Wells. • PH : Michaut. • DÉC : Claudel. • COST : Jehanne Méliès. • PR : G. Méliès (Star Film). France, 1902 – 280 m (env. 10 mn).

Lors du congrès scientifique du club des astronomes, présidé par le professeur Barbenfouillis, il est décidé d'organiser une expédition vers la Lune. Dans une usine monstre, on se met à construire un canon géant qui permettra d'envoyer un obus-fusée. Les astronomes s'embarquent dans l'obus. Un groupe de jeunes femmes travesties en marins poussent l'obus qui pique alors en plein centre de l'œil de l'astre. Les explorateurs intrépides, après avoir observé un clair de Terre, rêvent des étoiles avant de subir une tempête de neige. Ils sont ensuite enlevés par des Sélénites qui les emmènent au palais du roi de la Lune. Les astronomes se libèrent et fuient vers l'obus. Ils repartent, amerrissent dans l'océan et sont triomphalement accueillis par une foule en liesse. Ils sont même publiquement décorés et exposent un Sélénite prisonnier qui s'était accroché à l'obus.

◆ Une Odyssée de l'espace en 1902
Ces dix scènes cinématographiques, extraordinaires et fantastiques, en trente tableaux, d'une durée d'exhibition de 16 minutes d'après le catalogue de la Star Film, ont bouleversé l'exploitation cinématographique en 1902 en imposant le « grand » spectacle cinématographique avec mise en scène et le cinéma de (science-)fiction, soixante ans avant 2001, l'Odyssée de l'espace. *Avec le* Voyage dans la Lune, *Georges Méliès n'adapte plus, à la différence de ses six « longs » métrages précédents, comme* Cendrillon *et* Barbe-Bleue, *un spectacle de théâtre. Il s'inspire, certes, d'une opérette d'Offenbach, montée en 1875, où un ingénieur Microscope construisait un canon pour aller dans la Lune, mais il suit de beaucoup plus près* De la Terre à la Lune *de Jules Verne dans la première partie, et H.G. Wells dans la seconde, auquel il emprunte le peuple souterrain des Sélénites, hommes-langoustes à tête d'épervier. À travers ses trente tableaux, Méliès donne libre cours à son imagination délirante et propose des visions féeriques fondées sur des décors proches du style de la caricature baroque du second Empire, notamment de Robida. L'épisode du tir du canon et du retour vers la Terre permet au cinéaste de transformer un truc spectaculaire en figure de montage et de style. On y trouve à la fois un travelling avant et plusieurs raccords de mouvements et de direction, ce qui permet de nuancer les thèses classiques considérant Méliès comme prisonnier de l'optique du music-hall. Le public de*

l'époque fut subjugué à la fois par la virtuosité technique et la richesse des décors animés et apprécia particulièrement le burlesque délirant de la troupe des astronomes, agrémenté de l'érotisme qu'amènent les rondeurs indiscutables des danseuses costumées en matelotes et dont les culottes courtes laissent apparaître des cuisses bien plantureuses. Entrepris en mai 1902 et mis en vente en août pour un prix de revient de 10 000 F, le film aura un extraordinaire succès tant en France qu'aux États-Unis, où il sera copieusement plagié et contretypé par Lubin et Edison. L'ère du spectacle cinématographique était commencée. *M.M.*

VOYAGE DANS L'IMPOSSIBLE
Film fantastique de **Sébastien Lamoureux**, avec Thierry Legal, Jean-Louis Bardon, Philippe Toussin, Julie Boulanger. France, 1977 – Couleurs – 1 h 35.

Un soir d'orage, un enseignant rentre chez lui au volant de sa voiture lorsque soudain, dans une petite rue sombre, un violent éclair l'aveugle. Il reprend ses esprits entouré par une patrouille allemande... Son savoir pourra-t-il changer le cours de l'Histoire ?

LE VOYAGE DE LA PEUR "THE HITCH-HICKER"
Drame d'**Ida Lupino**, avec Edmond O'Brien, Frank Lovejoy, William Talman. États-Unis, 1953 – 1 h 11.

Un criminel évadé oblige deux automobilistes à le conduire au Mexique. Suspense traditionnel mais bien mené.

LE VOYAGE DE LA PEUR "JOURNEY INTO FEAR"
Film d'aventures de **Daniel Mann**, d'après le roman d'Eric Ambler, avec Tom Waterston, Shelley Winters, Yvette Mimieux. Canada, 1974 – Couleurs – 1 h 39.

Deux ingénieurs américains séjournant en Turquie sont la cible de tueurs.
▷ Voir aussi VOYAGE AU PAYS DE LA PEUR.

LE VOYAGE DE MONSIEUR PERRICHON
Comédie dramatique de **Jean Tarride**, d'après la pièce d'Eugène Labiche et Édouard Martin, avec Léon Bélières, Jeanne Cheirel, Raymonde Allain, Arletty, André Roanne. France, 1934 – 1 h 30.

Un couple de bourgeois en voyage avec leur fille est suivi par les deux prétendants de celle-ci. Le père sauve l'un d'eux d'un accident, et est lui-même secouru par l'autre, mais sa préférence ira au premier, tandis que sa fille aime le second.

LE VOYAGE DE NOCES
Comédie dramatique de **Nadine Trintignant**, avec Jean-Louis Trintignant, Stefania Sandrelli, François Marthouret, Guy Marchand, Serge Marquand. France/Italie, 1976 – Couleurs – 1 h 35.

Un photographe de presse, trompé par son épouse, cherche à lui faire avouer sa faute au cours d'un second « voyage de noces ». Le but atteint, il se sépare d'elle, puis la retrouve.

LE VOYAGE DES COMÉDIENS "O THIASSOS"
Film politique de **Theo Angelopoulos**, avec Eva Kotamanodou *(Électre)*, Aliki Georgouli *(la mère)*, Stratos Pachi *(le père)*, Mara Vassiliou *(Chrysothemis)*, Petros Zarkadis *(Oreste)*, Vangelis Kazan *(Egisthe)*. • SC : T. Angelopoulos. • PH : Ghiorgos Arvanitis. • DÉC : Mikis Karapiperis, Ghiorgos Patsas. • MUS : Lukianos Kilaidonis. • MONT : Takis Davlopoulos. • PR : Ghiorgos Papalios. Grèce, 1975 – Couleurs – 3 h 50.

Au début du film, à l'automne 1952, neuf hommes et femmes arrivent dans une petite gare du Péloponnèse. Près de quatre heures de projection plus tard, et treize ans plus tôt, les comédiens, plus jeunes et plus nombreux, apparaissent tout aussi fatigués, dans la même gare. Entre ce point d'arrivée et ce point de départ, le film s'articule sur trois plans : la représentation fragmentaire et sans cesse interrompue d'un drame pastoral, la vie d'une troupe de comédiens dont les aventures individuelles et collectives recoupent le mythe des Atrides et enfin l'histoire de la Grèce, de la dictature de Métaxas à l'arrivée au pouvoir du maréchal Papagos, en passant par l'occupation nazie et la guerre civile.

◆ La primauté du spectacle
Le Voyage des comédiens *est à la fois une des œuvres marquantes du cinéma des années 70, le film qui a définitivement établi Theo Angelopoulos comme l'un des grands réalisateurs de son temps, et une fresque épique exemplaire, aboutissement des recherches esthétiques jointes à une interrogation politique qui ont caractérisé toute une tendance du cinéma contemporain éprise de modernité. Angelopoulos n'a pas caché ses admirations de cinéphile – Antonioni, Jancsó, Oshima – et son style – mise en scène frontale, utilisation systématique du plan-séquence, espace off – en témoigne, mais l'œuvre n'en est pas moins unique dans sa volonté totalisante qui mêle le passé et le présent, l'imaginaire et le réel, le fantasme et le politique. La caméra glisse d'un registre à un autre, réalise sans solution de continuité l'unité entre diverses périodes. La mise en scène relève de l'ordre du rituel et, comme dans plusieurs œuvres essentielles du cinéma moderne, se veut questionnement de l'impression de réalité et interrogation sur la notion même*

de spectacle. Chez Angelopoulos, en effet, tout est représentation, même les actes sexuels – (l'inconscient jouera un rôle accru dans le film suivant, les Chasseurs*) – strip-tease d'un phalangiste face à Électre, masturbation d'un collaborateur, viol d'une femme qui relient la psychanalyse au politique. Les défilés militaires comme les manifestations participent de cet ordre du théâtral et il n'est pas jusqu'à une scène collective sur une plage qui ne relève du spectacle, en l'occurrence la comédie musicale dont Angelopoulos est un grand amateur. Mais, dans un même mouvement, son film est profondément concret. Grâce au travail exceptionnel de son chef-opérateur, Ghiorgos Arvanitis, il nous fait sentir le passage des saisons, jouant sur une gamme de tons sourds – de l'ocre au gris – pour mieux chanter la présence des pierres et des murs, des ciels lourds et des chemins rocailleux. Film complexe,* le Voyage des comédiens *établit un équilibre rare entre le formalisme et la réalité, entre le foisonnement de ses signes et la rigueur de son architecture.* *M.C.*

LE VOYAGE DES DAMNÉS
"Voyage of the Damned"

Drame de **Stuart Rosenberg**, d'après le livre de Gordon Thomas et Max Morgan-Witts, avec Faye Dunaway, Max von Sydow, Orson Welles, Oskar Werner, Malcolm McDowell, James Mason, Maria Schell, Ben Gazzara, Lee Grant. Grande-Bretagne, 1976 – Couleurs – 2 h 38.

En 1939, l'Allemagne prouve sa bonne foi : un paquebot emporte des Juifs allemands vers Cuba, qui ne veut pas les recevoir. À bord, les passagers espèrent, désespèrent, s'aiment, se suicident, se révoltent en vain.

LE VOYAGE DU PÈRE
Drame de **Denys de La Patellière**, d'après le roman de Bernard Clavel, avec Fernandel, Lilli Palmer, Laurent Terzieff, Philippe Noiret, Madeleine Robinson, Michel Auclair. France, 1966 – Couleurs – 1 h 35.

Des paysans décident de tenter l'impossible pour retrouver leur fille de 18 ans, partie pour Lyon depuis deux ans : elle est devenue prostituée. Un mélodrame à la française.

LE VOYAGE EN BALLON
Film musical d'**Albert Lamorisse**, avec Pascal Lamorisse, André Gille, Maurice Baquet. France, 1960 – Couleurs – 1 h 25.
★ **Prix de l'O.C.I.C., Venise 1960.**

L'Hélivision (caméra sur hélicoptère) est le procédé employé pour conter le poétique voyage en ballon dirigeable d'un grand-père et de son petit-fils qui survolent la France.

LE VOYAGE EN DOUCE
Comédie dramatique de **Michel Deville**, avec Dominique Sanda, Geraldine Chaplin, Valérie Masterson. France, 1980 – Couleurs – 1 h 38.

Une femme, un peu déçue par la vie, se réfugie auprès d'une amie qui l'amène avec elle à la recherche d'une maison en Haute-Provence. Elles se font les plus secrètes confidences. Un regard libertin sur la société d'aujourd'hui.

VOYAGE EN GRANDE TARTARIE
Drame de **Jean-Charles Tacchella**, avec Jean-Luc Bideau, Micheline Lanctot, Lou Castel. France, 1973 – Couleurs – 1 h 40.

Sa femme ayant été assassinée, un homme quitte sa vie rangée pour partir à l'aventure. Il rencontre, sur un rythme qui va crescendo, les pires spectacles du monde contemporain. Sous la désinvolture apparente, un pessimisme grinçant.

VOYAGE EN ITALIE / L'AMOUR EST LE PLUS FORT "Viaggio in Italia"
Drame de **Roberto Rossellini**, avec Ingrid Bergman *(Katherine Joyce)*, George Sanders *(Alexander Joyce)*, Maria Mauban *(Judith)*, Anna Proclemer et Paul Muller *(les amis d'Alexander)*. • SC : R. Rossellini, Vitaliano Brancati. • PH : Enzo Serafin. • DÉC : Piero Filippone. • MUS : Renzo Rossellini. • MONT : Jolanda Benvenuti. • PR : Sveva / Junior / Italia Film. Italie, 1953 – 1 h 15.

Un couple d'Anglais, sur le point de se séparer, entreprend un ultime voyage.

◆ De plein fouet

Avril 1955, Jacques Rivette a vingt-sept ans, et des convictions. Dans les Cahiers du Cinéma, *il écrit qu'il lui « semble impossible de voir* Voyage en Italie *sans éprouver de plein fouet l'évidence que ce film ouvre une brèche, et que le cinéma tout entier y doit passer sous peine de mort ». L'avertissement ne fut pas entendu, ou si mal, qu'on connaît la suite. À savoir que Rossellini est toujours à méditer, et à copier (car, dirait Paulhan, sans plagiat, pas de progrès en art). Et qu'il y a fort à parier que quiconque aspire à filmer son époque, à cru et sans faux-fuyant, puisera l'énergie de le faire dans la vision répétée de films sans cesse en avance, et jamais démodés.* Voyage en Italie *ne déconcerte que les frileux, et les pusillanimes, qui redoutent de bousculer l'ordre apparent des choses. Ainsi, dès les premiers plans de ce couple en crise, filmés, semble-t-il, de l'intérieur d'une voiture, donc en plein accord avec la rhétorique néoréaliste, alors qu'il n'en est rien, on voit ce qui fonde la singularité de Rossellini : le réel n'existe pas en soi, mais à travers soi. En conséquence de quoi on peut le contourner, tricher avec ses impératifs techniques (le cadre, le son, tout ce qui touche au sens), si l'on maintient la crédibilité de l'ensemble, et si l'on impose la vérité des personnages. Que dit Rossellini dans ce film, outre son plaidoyer fervent et dérangeant, en faveur de la figure du couple (lequel, en amour, reste tout de même la possibilité majeure), oui, que dit Rossellini, sinon que ne comptent pour le voyant (et tout cinéaste devrait prétendre l'être) que les raisons et les causes, jamais les excuses et les prétextes ? D'ailleurs, au même Rivette, qui a, entre-temps, commencé de tourner* Paris nous appartient, *il déclare, en avril 1959 : « L'important, ce sont les idées, non les images. Il suffit d'avoir des idées très claires, et l'on trouve l'image la plus directe pour les exprimer ». À un moment du film, le couple Sanders-Bergman visite les ruines de Pompéi. Il y redécouvre la complicité, et l'unité, tandis que nous, étrangers à leur intimité, nous y découvrons que la mort ne gagne que si l'on confond l'immédiat avec l'éternel, le clinquant avec l'authentique, Lucas, Spielberg and Co avec l'invention des frères Lumière.* *G.G.*

LE VOYAGE FANTASTIQUE "Fantastic Voyage"
Film de science-fiction de **Richard Fleischer**, avec Stephen Boyd, Raquel Welch, Donald Pleasence, Edmond O'Brien. États-Unis, 1966 – Couleurs – 1 h 40.

Un sous-marin et ses occupants sont miniaturisés à une échelle microscopique, puis injectés dans un corps humain pour tenter une opération « de l'intérieur ». Un véritable festival d'effets spéciaux et des décors fabuleux : une grande réussite du genre.

LE VOYAGE FANTASTIQUE DE SINBAD
"The Golden Voyage of Sinbad"
Film d'aventures de **Gordon Hessler**, avec John Philipp Law, Caroline Munro, Tom Baker, Grégoire Aslan. Grande-Bretagne, 1973 – Couleurs – 1 h 45.

Le Grand Vizir et Sinbad possèdent chacun un morceau d'un mystérieux objet en trois parties qui, complet, donnerait d'immenses pouvoirs. Sinbad parviendra à s'emparer du dernier élément et l'apportera à son maître.

▷ Voir aussi SINBAD LE MARIN.

VOYAGE SANS ESPOIR
Drame de **Christian-Jaque**, avec Jean Marais, Simone Renant, Paul Bernard, Lucien Coëdel. France, 1943 – 1 h 29.

Afin de pouvoir acheter le silence de l'équipage d'un cargo sur lequel il doit fuir, un évadé demande à sa maîtresse de circonvenir un jeune homme riche. Mais elle tombe amoureuse...

LE VOYAGE SANS RETOUR "One Way Passage"
Mélodrame de **Tay Garnett**, d'après l'histoire de Robert Lord, avec William Powell, Kay Francis, Aline MacMahon, Frank McHugh. États-Unis, 1932 – 1 h 09.

À Hong Kong, la brève rencontre d'un homme et d'une femme sur le paquebot qui les ramène à San Francisco où ils seront séparés par les événements. Romanesque.

▷ Le film a fait l'objet d'un remake : VOYAGE SANS RETOUR "Til We Meet Again", d'**Edmund Goulding**, avec Merle Oberon, George Brent, Pat O'Brien, Geraldine Fitzgerald, Eric Blore. États-Unis, 1940 – 1 h 39.

VOYAGES AVEC MA TANTE
"Travels with My Aunt"
Comédie de **George Cukor**, d'après le roman de Graham Greene, avec Maggie Smith, Alec McCowen, Lou Gossett, Robert Stephens. États-Unis, 1972 – Couleurs – 2 h 15.

Une extravagante vieille dame entraîne son neveu (qui en réalité est son fils) dans un tour d'Europe endiablé. Une comédie nostalgique et élégante aux décors somptueux.

LES VOYAGES DE GULLIVER "Gulliver's Travels"
Dessin animé de **Dave Fleischer**, d'après le roman de Jonathan Swift. États-Unis, 1939 – Couleurs – 1 h 25.

Après un naufrage, Gulliver se retrouve sur l'île de Lilliput.

LES VOYAGES DE GULLIVER
"The Three Worlds of Gulliver"
Film d'aventures fantastique de **Jack Sher**, d'après le roman de Jonathan Swift, avec Kerwin Mathews, Jo Morrow, June Thorburn. États-Unis, 1960 – Couleurs – 1 h 40.

Gulliver chez les Lilliputiens puis chez les Géants grâce aux effets spéciaux de Ray Harryhausen.

LES VOYAGES DE GULLIVER "Gulliver's Travels"
Film d'aventures de **Peter Hunt**, d'après le roman de Jonathan Swift, avec Richard Harris, Catherine Schell, Norman Shelley. Grande-Bretagne / Belgique, 1976 – Couleurs – 1 h 21.

Une version sans fard du roman, dont l'intérêt réside dans l'intervention de personnages réels au sein des dessins animés.

LES VOYAGES DE SULLIVAN "Sullivan's Travels"
Comédie de **Preston Sturges**, avec Joel McCrea *(John L. Sullivan)*, Veronica Lake *(la « fille »)*, Robert Warwick *(M. Le Brand)*, William Demarest *(M. Jones)*, Franklin Pangborn *(M. Casalsis)*, Porter Hall *(M. Hadrian)*, Byron Foulger *(M. Valdelle)*, Vic Potel *(l'opérateur)*, Robert Greig *(le valet)*. • SC : P. Sturges. • PH : John F. Seitz. • DÉC :

Hans Dreier, Earl Hedrick. • MUS : Leo Shuken, Charles Bradshaw. • MONT : Stuart Gilmore. États-Unis, 1942 – 1 h 35.

John L. Sullivan devrait être un cinéaste heureux : ses dernières comédies ont été de grands succès. Mais Sullivan veut faire dans le social et toucher ses compatriotes à l'instar de Capra. Aussi se déguise-t-il en vagabond et part-il sur les routes accompagné d'une charmante starlette, le plus souvent habillée en homme pour plus de sécurité. La vie dure et aventureuse se solde par de nombreux déboires : il apprend sa propre mort, ne parvient pas à révéler son identité et se retrouve en prison. Là, il comprendra, en regardant une bobine de Mickey avec ses congénères, qu'il n'y a nulle honte à faire rire les « honnêtes gens ».

◆ *Chef-d'œuvre absolu. Quand le roi du cinéma « allumé » traite (de) son art, le cocktail ne peut qu'être explosif, sans pour autant exclure une vraie tendresse. Ce n'est plus seulement un conte (pour ceux qui n'en tiennent aucun), ce n'est pas uniquement une apologie du rire ou une stigmatisation du sérieux, c'est bel et bien le destin de la figure du cinéaste qui, de l'homme de cour à l'homme de peine, en passant par le néant, s'offre aux yeux de l'hypocrite spectateur, semblable et frère de Sullivan à la fin de la projection.* M.C.

VOYAGE SURPRISE

Comédie de **Pierre Prévert**, avec Martine Carol *(Isabelle Grosbois)*, Sinoel *(le père Piuf)*, Maurice Baquet *(Teddy)*, Jacques-Henri Duval *(Grimm)*, Annette Poivre *(Marinette)*, Thérèse Dorny *(Mlle Roberta)*, Piéral *(la grande-duchesse)*, Étienne Decroux *(Mikhaïl)*, Fernand René *(le curé)*, Christian Simon *(l'enfant)*, Max-Revol, Marcel Pérès. • SC : Claude Accursi, Pierre et Jacques Prévert. • PH : Jean Bourgoin. • DÉC : Auguste Capelier, Alexandre Trauner. • MUS : Joseph Kosma. France, 1947 – 1 h 50.

L'entreprise de cars du père Piuf battant de l'aile, il décide, aidé par ses petits-enfants Teddy, Grimm et Marinette, de monter un « voyage surprise ». Les voyageurs se présentent nombreux, bientôt poursuivis par deux policiers et un révolutionnaire du grand-duché de Stromboli. Au terme d'aventures dramatiques mais toujours vécues dans la gaieté, c'est le retour triomphal à Fleurville.

◆ *Une belle réussite, fondée sur la synthèse de deux composantes : un absurde proche des Marx Brothers, bien adouci par rapport à celui de* L'affaire est dans le sac *(1932), et une invention poétique qui, la musique de Kosma aidant, transfigure la réalité (la traversée de la campagne en camion, le réveil au bord de la mer). Sinoel, petit vieillard ridé et malicieux, trouve ici un de ses meilleurs rôles. Ce film original l'était tellement qu'il n'obtint aucun succès commercial.* J.-P.B.

LE VOYAGEUR DE LA TOUSSAINT

Film policier de **Louis Daquin**, d'après le roman de Georges Simenon, avec Jean Desailly, Gabrielle Dorziat, Guillaume de Sax, Assia Noris, Jules Berry, Simone Valère, Louis Seigner. France, 1943 – 1 h 42.

Dans une ville de province, un jeune homme timide qui vient recueillir la succession de son oncle se heurte à l'hostilité des notables. Après investigation, il démasquera les coupables de cette mort suspecte et s'enfuira avec la jeune veuve.

LE VOYAGEUR SANS BAGAGE

Drame de **Jean Anouilh**, d'après sa pièce, avec Pierre Fresnay, Blanchette Brunoy, Pierre Renoir, Marguerite Deval, Sylvie. France, 1944 – 1 h 39.

Placé dans différentes familles afin de recouvrer la mémoire, un amnésique feint de ne pas reconnaître la sienne lorsqu'il la retrouve. Une satire de la vie de famille.

VOYAGE VERS L'ESPOIR "REISE DER HOFFNUNG"

Drame de **Xavier Koller**, avec Necmettin Cobanoglu, Nur Sürer, Emis Sivas. Suisse, 1990 – Couleurs – 1 h 50.

★ OSCAR DU MEILLEUR FILM ÉTRANGER à Hollywood 1991.

Une famille turque décide de partir pour la Suisse : le drame de l'immigration clandestine.

LE VOYEUR "PEEPING TOM"

Drame de **Michael Powell**, avec Karl Boehm *(Mark Lewis)*, Moira Shearer *(Vivian)*, Anna Massey *(Helen)*, Maxime Audley *(Mme Stephens)*, Esmond Knight *(Arthur)*, Michael Goodliffe *(Dan)*, Shirley Anne Field *(Diane)*. • SC : Leo Marks. • PH : Otto Heller. • DÉC : Arthur Lawson. • MUS : Brian Earsdale. • MONT : Noreen Ackland. Grande-Bretagne, 1959 – Couleurs – 1 h 49.

Un jeune cameraman, Mark Lewis, passe son temps à filmer les femmes qu'il désire, puis les assassine avec le pied de sa caméra en filmant leur agonie. Il se projette ensuite leur mise à mort sur écran. Il fait la connaissance d'une jeune figurante sur un plateau et lui demande de la filmer après les prises. Mais il tombe amoureux de la fille de la locataire du dessus qui, un jour, découvrira les bandes qu'il a enregistrées.

◆ *L'un des films les plus audacieux de la fin des années 50. Son intérêt principal réside dans l'imbrication entre le sujet traité, l'histoire d'un cameraman et le dispositif même du filmage et de la réception du film par le spectateur. Le cinéma n'est jamais allé aussi loin dans la mise en abîme de son propre processus d'enregistrement des images et des sons. Une remarquable analyse des théories freudiennes du voyeurisme et de ses névroses, à la base de toute cinéphilie.* *M.M.*

LE VOYOU
Film policier de **Claude Lelouch**, avec Jean-Louis Trintignant, Danièle Delorme, Charles Denner. France, 1970 – Couleurs – 2 h.

Après son évasion, un gangster se remémore l'organisation astucieuse d'un kidnapping.

LA VRAIE GLOIRE "The True Glory"
Documentaire historique de **Garson Kanin** et **Carol Reed**. États-Unis / Grande-Bretagne, 1945 – 1 h 20.

L'histoire de la guerre, depuis le débarquement en Normandie jusqu'à la capitulation de l'Allemagne, d'après les documents des Services cinématographiques des armées alliées.

LA VRAIE NATURE DE BERNADETTE
Comédie dramatique de **Gilles Carle**, avec Micheline Lanctot, Donald Pilon, Reynald Bouchard, Maurice Beaupré. Canada (Québec), 1972 – Couleurs – 1 h 37.

Une jeune femme quitte le domicile conjugal et s'installe à la campagne. Elle suscite la méfiance des paysans, jusqu'au jour où l'enfant qu'elle a recueilli se met à parler.

LES VRAIS DURS NE DANSENT PAS
"Tough Guys Don't Dance"
Drame de **Norman Mailer**, avec Ryan O'Neal, Isabella Rossellini. États-Unis, 1987 – Couleurs – 1 h 50.

Alcool, sexe et drogue en toile de fond aux mésaventures d'un écrivain en vogue. Mais le cocktail n'a pas la même efficacité que dans les livres de Mailer, dont c'est la première réalisation.

VU DU PONT
Drame de **Sidney Lumet**, d'après la pièce d'Arthur Miller, avec Raf Vallone, Maureen Stapleton, Raymond Pellegrin, Jean Sorel. France, 1961 – 1 h 58.

Lorsque la nièce qu'il a élevée rencontre un autre Italien, Eddy ne peut réprimer une jalousie quasi incestueuse qui le mènera à la trahison et au suicide. Une adaptation forte, dominée par l'interprétation de Raf Vallone.

VULCANO "Vulcano"
Drame de **William Dieterle**, avec Anna Magnani, Rossano Brazzi, Geraldine Brooks. Italie, 1950 – 1 h 44.

Dans l'île de Vulcano, la triste vie d'une ancienne prostituée napolitaine qui se sacrifie pour que sa sœur ne connaisse pas le même destin qu'elle.

W

WALKABOUT (LA RANDONNÉE)

"WALKABOUT"

Film d'aventures de **Nicholas Roeg**, d'après le roman de James Vance Marshall, avec Jenny Agutter, Lucien John, David Gumpil. Grande-Bretagne / Australie, 1970 – Couleurs – 1 h 35.

Deux enfants se perdent dans le désert australien à la suite du suicide de leur père. Ils rencontrent un jeune aborigène et partagent sa vie pendant de longs jours. Un immense souffle d'air pur dans notre monde moderne.

WALKOVER "WALKOVER"

Drame de **Jerzy Skolimowski**, avec Jerzy Skolimowski, Aleksandra Zawieruszanka. Pologne, 1966 – 1 h 30.

Un jeune désœuvré se laisse convaincre par un entraîneur de participer à un combat de boxe ; il en sortira vainqueur par forfait. Errance, désarroi… tout l'univers de Skolimowski.

WALL STREET "WALL STREET"

Comédie dramatique d'**Oliver Stone**, d'après le livre de Kenneth Lipper, avec Michael Douglas, Charlie Sheen, Daryl Hannah, Martin Sheen. États-Unis, 1987 – Couleurs – 2 h 02.

Voulant séduire un puissant affairiste, un jeune courtier ambitieux lui livre des informations illégales, commettant ainsi un délit d'initié. Sorti au moment du krach boursier de 1987 et inspiré d'un scandale l'ayant précédé de peu, le film est une captivante incursion dans les arcanes du dieu-dollar.

WANDA "WANDA"

Drame psychologique de **Barbara Loden**, avec Barbara Loden *(Wanda)*, Michael Higgins *(M. Dennis)*, Charles Dosinan *(le père de Dennis)*, Frank Jourdano *(le soldat)*, Valerie Manches *(la fille)*. • SC : B. Loden. • PH : Nicholas T. Proferes • MONT : Nicholas T. Proferes. États-Unis, 1970 – Couleurs – 1 h 41.

Jeune femme aux moyens très limités, Wanda est une laissée-pour-compte de la société. Quand son mari s'en va en emmenant leurs enfants, elle part, au hasard… Dans cette errance assez passive, elle finit par rencontrer un petit gangster et ils s'attachent l'un à l'autre. Lors d'une tentative de hold-up, il est tué par la police et elle reprend la route, étrangère à tout.

◆ Wanda *est la seule réalisation de la femme d'Elia Kazan, qui fut essentiellement actrice. Et c'est dommage, car le film révèle une grande sensibilité et la justesse du ton y est constante. Loin du brillant hollywoodien, cette chronique de la vie quotidienne des marginaux s'appuie sur un regard documentaire renforcé par le tournage en 16 mm. Du coup, la grisaille de l'environnement, l'anonymat des personnages, la pauvreté monotone des comportements dégagent une force poignante qui donne un reflet aigu de tout le non-dit d'une société dure aux exclus. Et cela n'est pas si fréquent dans le cinéma américain.* J.-M.C.

WANDA'S CAFÉ "TROUBLE IN MIND"

Film policier d'**Alan Rudolph**, avec Kris Kristofferson, Keith Carradine, Lori Singer, Geneviève Bujold. États-Unis, 1985 – Couleurs – 1 h 51.

Un truand qui sort de prison a du mal à retrouver un travail et un amour. La société « normale » et le « milieu » ne sont pas très accueillants. Reste la tendresse de certaines femmes. Mais la mort est quand même au bout du compte.

WAR GAMES "War Games"
Film d'aventures de **John Badham**, avec Matthew Broderick, Dabney Coleman, John Wood. États-Unis, 1983 – Couleurs – 1 h 54.

Un jeune garçon passionné d'informatique, croyant avoir affaire à un jeu, défie l'ordinateur omnipotent qui commande la mise à feu de missiles nucléaires.

WATERLOO "Waterloo"
Film historique de **Serguei Bondartchouk**, avec Rod Steiger, Christopher Plummer, Orson Welles, Jack Hawkins. Italie, 1970 – Couleurs – 2 h 15.

Évocation spectaculaire de la célèbre bataille. Après GUERRE ET PAIX, Bondartchouk a tourné ce film en Italie.

WATUSI "Watusi"
Film d'aventures de **Kurt Neumann**, avec George Montgomery, Taina Elg, David Farrar, Rex Ingram. États-Unis, 1959 – Couleurs – 1 h 25.

Harry Quatermain part sur les traces de son père à la recherche des mines du roi Salomon. Une nouvelle version des MINES DU ROI SALOMON (Voir ce titre) tournée sur les lieux de l'action.

LE WAZZOU POLYGAME
Comédie dramatique de **Oumarou Ganda**, avec O. Ganda. Niger, 1971 – Couleurs – 34 mn.

De retour de La Mecque, un honorable croyant convoite une troisième épouse. Il achète la jeune fille à son père au désespoir de son jeune, mais pauvre, amoureux.

W.C. FIELDS AND ME "W.C. Fields and Me"
Biographie d'**Arthur Hiller**, d'après le livre de Carlotta Monti, avec Rod Steiger, Valerie Perrine, John Marley, Jack Cassidy. États-Unis, 1977 – Couleurs – 1 h 58.

De 1920 à 1946, la trajectoire du grand comique américain, de la gloire à la déchéance tragique dans un alcoolisme forcené. Un grand numéro d'acteur de Rod Steiger.

WEEK-END
Comédie satirique de **Jean-Luc Godard**, avec Jean Yanne *(Roland)*, Mireille Darc *(Corinne)*, Jean-Pierre Kalfon *(le chef du F.L.S.O.)*, Valérie Lagrange *(sa femme)*, Yves Beneyton *(un membre du F.L.S.O.)*, Jean-Pierre Léaud *(Saint-Just)*, Yves Afonso *(Gros Poucet)*, Paul Gégauff *(le pianiste)*, Juliet Berto *(l'accidentée)*. • SC : J.-L. Godard. • PH : Raoul Coutard. • MUS : Antoine Duhamel, chanson *Allô tu m'entends* de Guy Béart. • MONT : Agnès Guillemot. France / Italie, 1967 – Couleurs – 1 h 35.

Roland et Corinne sont un couple de Français moyens. Chaque week-end, ils partent en voiture. Ce jour-là, ils sont arrêtés par un bouchon de plusieurs kilomètres, provoqué par un terrible accident. Roland et Corinne s'échappent par une route départementale, ne rencontrant qu'épaves de voitures et cadavres. Eux-mêmes accidentés, ils échouent dans une ferme, puis font de nombreuses rencontres – dont les maquisards du F.L.S.O. (Front de libération de Seine-et-Oise) qui tuent Roland et le mangent.

◆ *Un an avant les événements de mai 68, Godard se révèle ici un sociologue visionnaire, doublé d'un pamphlétaire qui s'en prend à l'hécatombe hebdomadaire de la route. D'une liberté formelle qui ne recule pas devant l'extravagance ou la gageure (le travelling de 300 mètres sur le gigantesque embouteillage !),* Week-End *ressemble à un patchwork d'articles de magazines, entrecoupé de fulgurances poétiques et s'achevant en fable politique déroutante.* G.L.

WEEK-END À ZUYDCOOTE
Film de guerre d'**Henri Verneuil**, avec Jean-Paul Belmondo *(Julien Maillat)*, Catherine Spaak *(Jeanne)*, François Périer *(Alexandre)*, Georges Géret *(Pinot)*, Pierre Mondy *(Déhry)*, Jean-Pierre Marielle *(Pierson)*. • SC : François Boyer, Robert Merle, d'après son roman. • PH : Henri Decae. • DÉC : Robert Clavel. • MUS : Maurice Jarre. • MONT : Claude Durand. France, 1964 – 2 h 03.

Dunkerque, juin 1940 : ses camarades et lui n'ayant pas réussi à s'embarquer pour l'Angleterre au plus fort de la débâcle, le sergent Julien Maillat, dégoûté et las, rencontre Jeanne, une jeune femme qui refuse de quitter sa maison en ruines. Une improbable idylle se noue bientôt entre eux : Julien persuade finalement Jeanne de fuir avec lui et dit adieu à ses amis.

◆ *Visant, par le style et les moyens investis, à faire pendant aux films de guerre hollywoodiens,* Week-end à Zuydcoote *est néanmoins d'avantage centré sur la trajectoire dramatique d'un individu, brillamment incarné par Belmondo, que sur la grande Histoire proprement dite, même si celle-ci se trouve fort pertinemment illustrée. Les dialogues cinglants et la personnalité de Maillat – cynique, rebelle mais courageux – ancrent le film de Verneuil dans la tradition française. Efficace.* B.R.

LES WEEK-ENDS DE NÉRON
"MIO FIGLIO NERONE"
Comédie de **Steno**, avec Alberto Sordi, Vittorio De Sica, Gloria Swanson, Brigitte Bardot. Italie / France, 1956 – Couleurs – 1 h 30.

Farce historique avec Néron parlant argot, De Sica dans le rôle de Sénèque, Gloria Sawnson jouant Agrippine, mère de Néron, et Brigitte Bardot, Poppée prenant un bain de lait.

WELCOME IN VIENNA
Drame psychologique d'**Axel Corti**, avec Gabriel Barylli, Nicolas Brieger, Claudia Messner, Karlheinz Hackl, Joachim Kemmer. Autriche, 1986 – 2 h.

En 1944-45, les pérégrinations de deux soldats américains, un intellectuel communiste et un Juif d'origine autrichienne. Leur révolte contre les compromis de toutes sortes, le marché noir qui gangrène Vienne après la guerre, puis le constat amer de leur échec. Le dernier volet d'une trilogie, Vienne pour mémoire. Voir aussi Santa Fe et Dieu ne croit plus en nous.

WELCOME TO LOS ANGELES "WELCOME TO L.A."
Comédie dramatique d'**Alan Rudolph**, avec Keith Carradine, Sally Kellerman, Harvey Keitel. États-Unis, 1976 – Couleurs – 1 h 45.

De retour à Los Angeles, le musicien Carol Barber noue des intrigues multiples. Le show-biz vu d'un œil critique et amusé.

WELCOME TO SARAJEVO
"WELCOME TO SARAJEVO"
Film de guerre de **Michael Winterbottom**, d'après *Natasha's Story* de Michael Nicholson, avec Stephen Dillane, Woody Harrelson, Marisa Tomei, Emira Nusevic. Grande-Bretagne, 1997 – Couleurs – 1 h 40.

Un journaliste de télévision anglais dans la tourmente de Sarajevo. Lassé d'être un voyeur de l'horreur, il se met en devoir de sauver une petite fille. Un amalgame de documentaire et de fiction, qui sonne vrai et n'impose pas de conclusion précise sinon le sentiment d'une immense absurdité qui peut ressurgir n'importe où, n'importe quand.

WEND KÛUNI LE DON DE DIEU "WEND KÛUNI"
Drame de **Gaston J.M. Kaboré**, avec Serge Yanogo, Rosine Yanogo, Joseph Nikiema, Colette Kaboré, Simone Tapsoba. Haute-Volta, 1982 – Couleurs – 1 h 15.

À travers l'histoire d'un jeune garçon trouvé dans la brousse, la vie dans un village africain à l'époque précoloniale.

WENT THE DAY WELL
Drame d'**Alberto Cavalcanti**, d'après une histoire de Graham Greene, avec Leslie Banks, Elizabeth Allen, Frank Lawton, Basil Sydney, Valerie Taylor. Grande-Bretagne, 1942 – 1 h 32.

Des villageois résistent avec violence lorsque des parachutistes allemands envahissent un village britannique. Une œuvre de propagande terriblement efficace.

WESTERN
Comédie de **Manuel Poirier**, avec Sergi Lopez, Sacha Bourdo, Élisabeth Vitali. France, 1997 – Couleurs – 2 h 15. ★ PRIX DU JURY, Cannes 1997.

Les tribulations de deux jeunes S.D.F. allogènes (l'un est catalan, l'autre italo-russe) en pays bigouden. Déboires divers et rencontres insolites fondent une amitié querelleuse. Un vrai accent d'authenticité, dû sans doute à l'expérience directe de la route et des petits boulots du metteur en scène.

WESTERN APPROCHES "WESTERN APPROACHES"
Film de guerre de **Pat Jackson**. Grande-Bretagne, 1944 – Couleurs – 1 h 23.

L'équipage d'un navire marchand torpillé par un sous-marin ennemi est utilisé comme appât par les Allemands. Une œuvre de fiction dictée par les événements, interprétée par de véritables marins alliés.

WEST SIDE STORY "WEST SIDE STORY"
Comédie musicale de **Robert Wise** et **Jerome Robbins**, avec Natalie Wood *(Maria)*, Richard Beymer *(Tony)*, Russ Tamblyn *(Riff)*, Rita Moreno *(Anita)*, George Chakiris *(Bernardo)*. • SC : Ernest Lehman, d'après l'opérette d'Arthur Laurents et J. Robbins. • MUS : Leonard Bernstein, paroles de Stephen Sondheim et Arthur Laurents. • CHOR : J. Robbins. • PH : Daniel L. Fapp, (Panavision 70 mm). • DÉC : Boris Leven, Victor Gangelin. • MONT : Thomas Stanford, Gilbert D. Marchand. • PR : Robert Wise, Saul Chaplin (Mirisch Pictures Seven Arts). États-Unis, 1961 – Couleurs – 2 h 33. ★ OSCARS 1961 : MEILLEUR FILM, MEILLEURE MISE EN SCÈNE, MEILLEURS SECONDS RÔLES (George Chakiris et Rita Moreno), MEILLEURE PHOTO.

West Side Story s'inspire du *Roméo et Juliette* de Shakespeare, dont l'intrigue est transposée dans le quartier de West Side de Manhattan, plus précisément dans le secteur des Hell's Kitchen. C'est l'histoire d'un amour contrarié par la haine raciale que se vouent deux clans d'adolescents : celui des Jets, des Américains blancs, et celui des Sharks, des Portoricains. Maria, la sœur de

Bernardo, chef des Sharks, vient d'arriver de Portorico. Anita, l'amie de Bernardo, lui recommande de se tenir à l'écart des Anglos (les Américains). Peine perdue. Maria rencontre Tony, d'origine polonaise, qui appartient au clan des Jets. Leur amour partagé ranime la querelle et les provocations entre les deux clans.

◆ **Deux films, deux mises en scène**

West Side Story, *dont la réalisation coûta 6 millions de dollars de l'époque, est rapidement devenu la comédie musicale la plus populaire de l'histoire du cinéma, non sans malentendu, d'ailleurs. Car ce* musical *occupe, au début des années 60, une place à part. Ce n'est ni la comédie musicale, dont l'apogée se situe dans les années 40 et que l'on s'accorde à faire définitivement mourir avec* les Girls *de George Cukor en 1954, ni un de ces films musicaux davantage chantés que dansés, magnifiés mais aussi pétrifiés par le 70 mm et le grand écran, qui essaieront de perpétuer le genre en le trahissant, avant de capituler définitivement devant la culture rock ou disco qui monopolisera ensuite le cinéma musical. Deux films et deux mises en scène s'opposent dans* West Side Story, *sans jamais se fondre. De même que s'y heurtent sans se mélanger le réalisme et la fantaisie, au sens anglo-saxon du terme. Le style, superbe d'homogénéité et de dynamisme, créé par le générique de Saul Bass et la longue ouverture, chorégraphiée et presque muette, se dégrade ensuite. Surtout lorsque les scènes parlées et les duos chantés imposent – mais était-ce une fatalité ? – à la mise en scène (la part dévolue à Robert Wise) un statisme renforçant encore la géométrie des décors, lesquels ne s'animent que lorsqu'ils participent aux chorégraphies de Robbins, à ce mouvement enivrant qui fait alors bouger les lignes. L'hétérogénéité du casting accentue encore la dichotomie entre le film de Wise et celui de Robbins, dans la mesure où les exigences marchandes de la superproduction cinématographique imposent des comédiens (Natalie Wood et Richard Beymer) non polyvalents, ce que sont en revanche George Chakiris, Russ Tamblyn et Rita Moreno, qui jouent, chantent et dansent sans doublures. On peut donc déplorer que la rencontre Wise/Robbins n'ait su aboutir à une synthèse supérieure, le film restant mémorable, néanmoins, au même titre que la musique de Leonard Bernstein, habilement située au carrefour du classique, du jazz et de la variété.* *M.S.*

WHAT A FLASH

Essai de **Jean-Michel Barjol**, avec Maria Vincent, Bernadette Lafont, Vanina Michel, Catherine Lachens, Pierre Vassiliu, Serge Marquand. France, 1972 – Couleurs – 1 h 35.

Enfermées dans un studio pendant trois jours, quelques dizaines de personnes sont livrées à elles-mêmes et donnent libre cours à leurs fantasmes, sous l'œil des caméras.

WHISKY À GOGO "WHISKY CALORE"

Comédie d'**Alexander Mackendrick**, avec Joan Greenwood, Basil Radford, Bruce Seton, James Robertson Justice, Gordon Jackson. • SC : Angus McPhail, Compton Mackenzie, d'après son roman. • PH : Gerald Gibb. • DÉC : Jim Morahan. • MUS : Ernest Irving. • MONT : Joseph Sterling. Grande-Bretagne, 1949 – 1 h 33.

En 1943, dans une petite île des Hébrides. Tout va mal, car il n'y a plus de whisky... et on est en Écosse ! Mais un navire chargé du précieux alcool fait naufrage devant les côtes et une course de vitesse s'engage pour la récupération de la cargaison entre l'armée, la douane et la population, qui finira, bien sûr, gagnante.

◆ *Considéré, à juste titre, comme un des chefs-d'œuvre de la comédie d'humour britannique,* Whisky à gogo *est en réalité un film écossais : par ses auteurs, par son sujet et par le plaisir délibéré qui y est pris à se moquer des Anglais ! Tout à la gloire des libations, il fourmille de gags satiriques et de situations amusantes : impossible, par exemple, pour l'armée d'aller accoster le bateau un dimanche. Quant aux autochtones, ils sont peints avec une justesse sympathique.* *J.-M.C.*

WHITE ZOMBIE (LES MORTS-VIVANTS)
"WHITE ZOMBIE"

Film d'épouvante de **Victor Halperin**, avec Bela Lugosi, Madge Bellamy, John Harron, Joseph Cawthorn, Robert Frazer. États-Unis, 1932 – 1 h 14.

Un couple est sur le point de se marier aux Antilles lorsque leur hôte, jaloux, fait empoisonner la jeune femme. Son compagnon découvre qu'elle a été transformée en zombie.

WHO'S THAT GIRL "WHO'S THAT GIRL"

Comédie de **James Foley**, avec Madonna, Griffin Dunne, Haviland Morris. États-Unis, 1987 – Couleurs – 1 h 34.

Le titre du film est le même que celui de l'album de la vedette de la chanson. Madonna incarne dans ce film un personnage d'excentrique qui lui permet de tirer pleinement profit de toute sa vitalité.

WILD PARTY "THE WILD PARTY"

Drame de **James Ivory**, avec James Coco, Raquel Welch, Perry King, Tiffany Bolling, David Dukes, Annette Ferra. États-Unis, 1974 – Couleurs – 1 h 40.

Un acteur devenu un « has been » invite les anciens de Hollywood. La réception finira dans l'orgie et le meurtre.

WILLARD "WILLARD"

Drame psychologique de **Daniel Mann**, d'après le roman de Stephen Gilbert *Ratman's Notebooks*, avec Bruce Davison, Ernest Borgnine, Elsa Lanchester. États-Unis, 1971 – Couleurs – 1 h 35.

Un jeune homme solitaire s'intéresse à l'élevage des rats. Il en fera l'instrument de sa vengeance contre celui qui a spolié son père, avant de succomber aux attaques de ses protégés. Troublant.

▷ Une suite, intitulée BEN, a été réalisée par **Phil Karlson**, avec Lee Harcourt Montgomery, Rosemary Murphy, Arthur O'Connell. États-Unis, 1972 – Couleurs – 1 h 32.

WILL HUNTING "GOOD WILL HUNTING"

Comédie dramatique de **Gus Van Sant**, avec Matt Damon, Robin Williams, Stellan Skarsgard. États-Unis, 1997 – Couleurs – 2 h 06.

Ex-enfant battu devenu petit délinquant, Will est par ailleurs un véritable génie : il résout avec aisance les équations sur lesquelles peinent les plus grands esprits du MIT et déstabilise les thérapeutes qui essaient de le sortir de son immaturité affective. Un analyste, Sean, réussira pourtant à le convaincre d'assumer ses dons et ses engagements affectifs, mais ce sera au prix de sa propre paix intérieure.

WILLIE BOY "TELL THEM WILLIE BOY IS HERE"

Western d'**Abraham Polonsky**, avec Robert Redford *(le shérif Cooper)*, Robert Blake *(Willie Boy)*, Katharine Ross *(Lola)*, Suzan Clark, Barry Sullivan. • SC : A. Polonsky, d'après le roman de Harry Lawton Willie Boy. • PH : Conrad Hall. • DÉC : Alexander Golitzen, Henry Bumstead. • MUS : David Grusin. • MONT : Melvin Shapiro. États-Unis, 1969 – Couleurs – 1 h 36.

Willie Boy, un Indien, a enlevé la femme qu'il aime, Lola, après avoir tué le père de celle-ci. Le shérif Cooper se lance à leur poursuite. Il découvrira bientôt que Lola a été tuée pour qu'elle ne tombe pas vivante, selon la coutume indienne, entre les mains de ses ennemis. Il n'aura pas d'autre ressource que de tuer le fugitif, malgré la sympathie qu'il éprouve pour lui.

◆ *Second film, après vingt ans d'interruption, d'Abraham Polonsky qui figurait sur les listes noires du maccarthysme,* Willie Boy, *derrière le thème traditionnel de la chasse à l'homme est, en fait, une bouleversante réflexion sur l'Amérique, les valeurs qui l'animent, la loi et l'ordre. Entre le shérif et le fugitif, la différence n'est pas de nature, elle est de culture. Mais dans la nudité de l'affrontement, le chasseur comprend que faire respecter la loi ne signifie pas toujours faire respecter la justice.* C.A.

WILLIE ET PHIL "WILLIE AND PHIL"

Comédie dramatique de **Paul Mazursky**, avec Michael Ontkean, Margot Kidder, Ray Sharkey, Jan Miner, Tom Brennan, Julie Bovasso, Louis Guss. États-Unis, 1980 – Couleurs – 1 h 56.

Deux amis rencontrent une jeune femme qui deviendra la maîtresse du premier et donnera naissance à une fille. Au fil des ans, le trio se sépare et se retrouve, la jeune femme passant d'un compagnon à l'autre, jusqu'à ce qu'elle mette fin à leur aventure

WILL PENNY LE SOLITAIRE "WILL PENNY"

Western de **Tom Gries**, avec Charlton Heston, Joan Hackett, Donald Pleasence. États-Unis, 1967 – Couleurs – 1 h 50.

Will Penny est un cow-boy vraiment solitaire qui ne s'arrête que pour éliminer les rôdeurs des régions où il passe. Dans son premier film, Gries a mis l'accent sur le réalisme de la vie quotidienne au rythme des saisons.

WINCHESTER 73 "WINCHESTER 73"

Western d'**Anthony Mann**, avec James Stewart *(Lin McAdam)*, Shelley Winters *(Lola Manners)*, Dan Duryea *(Waco)*, Stephen McNally *(Dutch Henry)*, Millard Mitchell, Charles Drake, John McIntire, Rock Hudson. • SC : Borden Chase, Robert L. Richard, d'après le récit de Stuart N. Lake *Big Gun*. • PH : William Daniels. • DÉC : Nathan Juran, Bernard Herzbrun. • MUS : Joseph Gershenson. • MONT : Edward Curtiss. États-Unis, 1950 – 1 h 32.

Arrivant à Dodge City, Lin McAdam retrouve son frère Dutch Henry recherché pour le meurtre de leur père adoptif. Lors d'un concours de tir, Lin gagne une superbe Winchester que Dutch s'empresse de lui voler avant de s'enfuir. Lin se lance à sa poursuite et suit la trace de l'arme à travers ses propriétaires successifs. Il retrouve finalement Dutch et l'affronte dans un combat singulier...

◆ *Initialement prévu pour Fritz Lang, ce film marque la rencontre de Mann avec son acteur fétiche, James Stewart. Sa parfaite construction dramatique autour de la Winchester 73, une violence exacerbée et une remarquable utilisation du paysage naturel (en particulier les roches du duel final) en font la première réussite du cinéaste dans le genre dont il sera l'un des maîtres.* J.M.

WINSLOW CONTRE LE ROI "THE WINSLOW BOY"
Comédie dramatique d'**Anthony Asquith**, avec Robert Donat, Margaret Leighton, Cedric Hardwicke. Grande-Bretagne, 1948 – 1 h 57.

Son fils ayant été renvoyé du Royal Naval College, un employé de banque en retraite intente un procès au roi d'Angleterre ! Un sujet typiquement britannique.

WINSTANLEY "WINSTANLEY"
Film historique de **Kevin Brownlow** et **Andrew Mollo**, avec Miles Halliwell *(Winstanley)*, Jerome Willis *(lord general Fairfax)*, David Bramley *(pasteur Platt)*, Terry Higgins *(Tom Haydon)*, Phil Oliver *(Will Everard)*, Alison Halliwell *(Mrs. Platt)*. • SC : K. Brownlow, A. Mollo, d'après le roman de David Caute *Comrade Jacob*. • PH : Ernest Vincze. • DÉC : A. Mollo. • MUS : Prokofiev. • MONT : Sarah Ellis. Grande-Bretagne, 1975 – 1 h 35.

Après la révolution et la victoire de Cromwell se développe en Angleterre un désir d'égalité sociale. Winstanley – ancien marchand devenu vacher – lance « l'Opération Bêche », c'est-à-dire l'occupation des terrains communaux. Avec des paysans pauvres, il fonde, le 1er avril 1649, à Saint George's Hill, dans le Surrey, la première communauté de Diggers (hommes à la bêche) et y prêche une sorte de socialisme chrétien. Le pasteur Platt – presbytérien et propriétaire – interdit à ses ouailles d'en faire partie sous peine de péché mortel. Les paysans pauvres et les soldats démobilisés affluent à Saint George's Hill. Au nom de la Bible, avec la complicité des villageois et le concours de l'armée de Cromwell, le pasteur Platt détruit les cultures et les installations des Diggers.

◆ *Volontairement tourné en noir et blanc, ce film est un modèle de reconstitution historique. Tout y sonne juste : les décors, les costumes, jusqu'aux différents accents anglais. Sa force visuelle rappelle la beauté plastique du cinéma muet de Dreyer et de Stiller dont Kevin Brownlow et Andrew Mollo se disent imprégnés. Une mise en scène rigoureuse restitue la complexité de la guerre civile et le sens politique de l'écrasement des pionniers de Saint George's Hill.* A.K.

WINTERSET "WINTERSET"
Mélodrame d'**Alfred Santell**, d'après la pièce de Maxwell Anderson, avec Burgess Meredith, Eduardo Ciannelli, Margo, Paul Guilfoyle, John Carradine, Edward Ellis, Mischa Auer. États-Unis, 1936 – 1 h 18.

Dans les bas-fonds de New York, un vagabond n'a de cesse que de venger la mort de son père. Un drame plein de poésie.

WITHNAIL ET MOI "WITHNAIL AND I"
Comédie dramatique de **Bruce Robinson**, avec Richard E. Grant, Paul McGann. Grande-Bretagne, 1988 – Couleurs – 1 h 40.

À la fin des années 60, deux amis comédiens au chômage se réfugient dans un cottage. Ils vivent ainsi un temps dans un monde artificiel et doux-amer. Cette étude de mœurs percutante est la première réalisation du scénariste de *la Déchirure*.

WITNESS (TÉMOIN SOUS SURVEILLANCE) "WITNESS"
Film policier de **Peter Weir**, avec Harrison Ford *(John Book)*, Kelly McGillis *(Rachel Lapp)*, Josef Sommer *(Paul Schaeffer)*, Lukas Haas *(le jeune garçon)*, Jane Rubes, Alexander Godunov. • SC : Earl W. Wallace, William Kelley, Pamela Wallace. • PH : John Seale. • DÉC : Stan Jolley. • MUS : Maurice Jarre. • MONT : Thom Noble. États-Unis, 1984 – Couleurs – 1 h 57.

Témoin d'un règlement de comptes, un jeune garçon doit être placé sous la protection d'un policier et caché avec lui loin de la ville, en attendant que les tueurs lancés à sa recherche soient éliminés. Ceux-ci retrouveront sa trace dans la communauté anabaptiste des Amish où ils ont trouvé refuge et où le policier, qui partage les travaux et les jours de ces hôtes d'un autre âge et d'une autre moralité, nouera une idylle sans lendemain avec une jeune veuve.

◆ Witness *est un thriller original et traditionnel tout à la fois. Traditionnel dans la mesure où d'autres films noirs ont mis en scène des personnages de policiers ou de truands trouvant momentanément un havre de paix à la campagne, dans un mode de vie régénérateur, avant d'être rejoints par leur passé et repris par la violence et la corruption de la ville ; original par la description de cette communauté anabaptiste rurale et agraire, qui a refusé le progrès technique et l'évolution des mœurs qui en a découlé. C'est ce cadre qui confère au film une plastique et un tempo particulièrement attachants et une ironie surprenante, au fur et à mesure que la « pureté » des Amish se dégrade, comme toutes les utopies, en hypocrisie et duplicité au contact de la réalité et de l'urgence.* M.S.

THE WIZ "THE WIZ"
Comédie musicale de **Sidney Lumet**, d'après la pièce de Joel Schumacker, avec Michael Jackson, Diana Ross, Richard Pryor, Ted Ross. États-Unis, 1978 – Couleurs – 2 h 14.

Une jeune femme courant après son chien est entraînée par un tourbillon magique dans un univers féerique. Improbable remake du Magicien d'Oz ayant la particularité de n'être interprété que par des acteurs noirs chantant le répertoire de la mythique compagnie Tamla Motown.

WOLFEN "Wolfen"

Film fantastique de **Michael Wadleigh**, d'après le roman de Whitley Strieber, avec Albert Finney, Diane Venora, Edward J. Olmos. États-Unis, 1980 – Couleurs – 1 h 55.

Une série de meurtres mystérieux est commise dans les quartiers de Manhattan et du Bronx. L'enquête révèle que des chasseurs indiens se sont réincarnés sous la forme de loups féroces...

WOODSTOCK "Woodstock"

Documentaire musical de **Michael Wadleigh**, avec Richie Havens, Joan Baez, Crosby, Stills, Nash, The Who, Joe Cocker, Santana, Ten Years After, Sly and the Family Stone, Country Joe, Jimi Hendrix. • MONT : Martin Scorsese. États-Unis, 1970 – Couleurs – 3 h 04.

En août 1969, à Bethel dans l'État de New York, a eu lieu pendant trois jours l'un des plus gigantesques concerts de l'histoire du rock, devant près d'un demi-million de spectateurs.

◆ *Film événement, film monument, le chef-d'œuvre du film musical « rock ». Sa réussite est en fait due à trois raisons. D'une part, à l'aspect purement musical du film, qui réunit un plateau exceptionnel ; les prestations des Who, de Joe Cocker ou de Jimi Hendrix jouant l'hymne américain appartiennent désormais à la légende du rock. Mais le film propose aussi le portrait, sans parti pris ni concession, de la génération de la fin des années 60, sous le signe de la contestation, de la guerre du Viêt Nam et du rêve d'une nouvelle manière de vivre. Vingt ans après, il peut être vu comme un document historique. Enfin, l'aspect purement cinématographique : tourné en 16 mm par douze caméras, le film a été véritablement recréé au montage par Martin Scorsese dans un emploi remarquable du « split-screen » et du polyécran.* *L.A.*

WOODY ET LES ROBOTS "Sleeper"

Comédie de **Woddy Allen**, avec Woody Allen, Diane Keaton, John Beck. États-Unis, 1973 – Couleurs – 1 h 30.

Endormi au XXe siècle, un homme se réveille en 2173. Pour survivre, il doit se transformer en robot-ménager. De multiples catastrophes s'ensuivront... La fantaisie étonnante de Woody Allen a trouvé dans ce thème une dénonciation par le rire de la mécanisation de la vie moderne. Irrésistible.

WORKING GIRL "Working Girl"

Comédie de **Mike Nichols**, avec Melanie Griffith, Harrison Ford, Sigourney Weaver. États-Unis, 1988 – Couleurs – 1 h 55.

Tess, modeste secrétaire, rêve de promotion. Pour cela, elle multiplie les initiatives, réussit à séduire un investisseur, Jack Trainer, mais doit faire face à sa patronne, qui récupère ses idées pour son propre compte. Un bon trio d'acteurs pour une comédie sur le monde des affaires.

WOYZECK "Woyzeck"

Drame de **Werner Herzog**, d'après la pièce de Georg Büchner, avec Klaus Kinski, Eva Mattes, Wolfgang Reichmann. R.F.A., 1978 – Couleurs – 1 h 22.

Les déboires d'un pauvre soldat manipulé par ses supérieurs et qui sombrera dans la folie en tuant sa femme le jour où elle se laissera séduire par le tambour-major du régiment.

W.R. OU LES MYSTÈRES DE L'ORGANISME

"W.R. misterije organizma"

Film satirique de **Dušan Makavejev**, avec Milena Dravić, Jagoda Kaloper, Ivica Vidović, Zoran Radmilović, Miodrag Andrić. • SC : D. Makavejev. • PH : Predrag Popović, Aleksandar Petković. • DÉC : Dragoljub Ivkov. • MUS : Bojana Makavejev. • MONT : Ivanka Vukasović. Yougoslavie 1971 – Couleurs – 1 h 27.

Hommage à la mémoire du psychanalyste Wilhelm Reich à partir de reportages sur la famille et les disciples de W.R. aux États-Unis et d'une fiction en Yougoslavie : l'amour impossible entre une militante de l'amour libre et un patineur étoile soviétique sur fond d'apparitions audacieuses du petit père des peuples, extraites du film mythique *le Serment* de Mikhaïl Tchiaoureli tourné à la gloire de Staline en 1946.

◆ *Dušan Makavejev prouve que la libération sexuelle s'intègre à la lutte révolutionnaire. Son film est étincelant par le montage inventif et provocateur. Y fusent dans un délire surréaliste de multiples associations d'idées et d'images et de savoureuses citations comme « sans l'amour libre, le communisme est un cimetière » ou « tous ont droit au fromage, les uns ont le fromage et les autres les trous ». Interdit en Yougoslavie, le film fait scandale au festival de Cannes où la délégation soviétique proteste devant l'enchaînement en direct d'une image de pénis en érection sur un portrait de Staline. La censure française ampute le film d'un plan de quarante secondes. Bref,* W.R. ou les mystères de l'organisme *suscite une curiosité exceptionnelle et donne au cinéma yougoslave une audience internationale.* *A.K.*

X Y

XALA "Xala"

Comédie satirique d'**Ousmane Sembène**, avec Tierno Seye, Seune Samb, Younouss Seye, Miriam Niang, Dyelea Toure, Douta Seck. • SC : O. Sembène. • PH : G. Caristan. • MUS : S. Diavara. Sénégal, 1975 – Couleurs – 2 h 05.

Le quinquagénaire Hadj Abdou Kader Beye décide de prendre une troisième épouse. Pour impressionner la très jeune promise et son entourage, il achète une nouvelle villa plus somptueuse que la précédente et change sa voiture pour une Mercédes climatisée. La nuit de ses noces, il est atteint d'impuissance passagère : du xala...

◆ *Une nouvelle fois, le conteur Ousmane Sembène a la dent dure pour la bourgeoisie noire. Avec le rire et la palabre propres aux cultures africaines,* Xala *est une attaque en règle de la suffisance et de la bêtise des parvenus comme Hadj Abdou Kader Beye. Le xala dont souffre ce dirigeant sénégalais symbolise le mal qui ronge l'Afrique. Symptôme d'une négritude humiliée et reniée, cette alerte peut disparaître ou au contraire empirer. Sous l'anecdote apparaît le tragique d'un difficile et problématique retour à une identité menacée.* A.K.

XANADU "Xanadu"

Comédie musicale de **Robert Greenwald**, avec Olivia Newton-John, Gene Kelly, Michael Beck. États-Unis, 1980 – Couleurs – 1 h 33.

Une muse descendue de l'Olympe enflamme le cœur d'un peintre d'affiches publicitaires : il décide, avec un ancien musicien de Glenn Miller, de transformer un vieil auditorium en un paradis de la danse et de la musique.

XICA DA SILVA "Xica da Silva"

Comédie dramatique de **Carlos Diegues**, avec Zézé Motta, Walmor Chagas, Elke Maravilha. Brésil, 1976 – Couleurs – 1 h 57.

Une belle esclave, débordante de vitalité, de sensualité et de joie de vivre, séduit le maître de l'exploitation de pierres précieuses où elle travaille, et obtient sa liberté.

L'X MYSTÉRIEUX "Det hemmelighedsfulde X"

Mélodrame de **Benjamin Christensen**, avec Benjamin Christensen *(le lieutenant)*, Karen Caspersen *(sa femme)*, Hermann Spiro *(le comte Spinelli)*, Amanda Lund *(Jane)*. • SC : B. Christensen. • PH : Emil Dinesen. Danemark, 1914 – 1 977 m (env. 1 h 13).

Un lieutenant de marine se fait voler des documents secrets par un espion ennemi qui en profite pour faire chanter la femme de l'officier. Celui-ci, pris pour un traître, est condamné à mort après un jugement sommaire. Son épouse parvient cependant à le sauver en apportant la preuve irréfutable de son innocence.

◆ *Ce film d'une des figures les plus originales du cinéma muet, témoigne souvent d'un grand raffinement de mise en scène (notamment par la mise en place de jeux de miroirs qui construisent le hors-champ), du cadrage et de l'éclairage. Tout y est somptueusement excessif.* F.J.

X 27 "Dishonored"

Drame de **Joseph von Sternberg**, avec Marlene Dietrich *(Magda Kolverer)*, Victor McLaglen *(le colonel Kranau)*, Gustav von Seyffertitz *(le chef du Service secret)*, Warner Oland *(le colonel von Hindau)*, Lew Cody *(le colonel*

Kovrin), Barry Norton *(le lieutenant)*. • SC : J. von Sternberg, Daniel N. Rubin. • PH : Lee Garmes. • DÉC : Hans Dreier. • MUS : Ion Ivanovici, Karl Hajos. États-Unis, 1931 – 1 h 31.

En 1915, à Vienne, la prostituée Magda Kolverer devient l'agent X 27, espionne au service de l'empire austro-hongrois. Après avoir piégé le colonel von Hindau, traître à sa patrie, elle cherche à démasquer un espion russe qui se fait passer pour le colonel autrichien Kranau. Quand elle y est parvenue, par amour pour lui elle le sauve en favorisant son évasion. Découverte à son tour, elle est fusillée.

◆ *Encore marqué par l'esthétique du muet (rythme lent, goût des symboles), ce film offre à Marlene Dietrich un rôle typique de sa période « Sternberg » : femme fatale aux hommes qu'elle séduit et elle-même victime du destin. Si le final est célèbre (avant l'exécution, l'espionne se remaquille en utilisant un sabre en guise de miroir), l'œuvre entière, par sa plastique baroque et hiératique, constitue un cérémonial funèbre et décadent.* *J.-P.B.*

YAABA "YAABA"

Comédie dramatique d'**Idrissa Ouedraogo**, avec Fatimata Sanga, Noufou Ouedraogo, Roukietou Barry. Burkina Faso / France / Suisse, 1989 – Couleurs – 1 h 30.

Dans un village, un jeune garçon se lie d'amitié avec une vieille femme rejetée par toute la communauté. Un film simple et lumineux en forme de conte, d'une grande force poétique.

Y'A BON LES BLANCS

Comédie dramatique de **Marco Ferreri**, avec Maruschka Detmers, Michele Placido. France / Espagne / Italie, 1987 – Couleurs – 1 h 38.

Une mission humanitaire occidentale est empêtrée dans les difficultés en Afrique. Dénonciation provocatrice de la philanthropie tiers-mondiste qui laisse mal à l'aise.

YAKUZA "THE YAKUZA"

Film d'aventures de **Sydney Pollack**, avec Robert Mitchum, Takakura Ken, Brian Keith, Kishi Keiko, Richard Jordan. États-Unis, 1974 – Couleurs – 1 h 52.

Une jeune fille, enlevée par une organisation japonaise de racket, les Yakuzas, est recherchée par un ami de son père.

YANKS "YANKS"

Comédie dramatique de **John Schlesinger**, avec Richard Gere, Tony Melody, Derek Thompson, Lisa Eichhorn, Vanessa Redgrave, Chick Vennera, Wendy Morgan. Grande-Bretagne, 1979 – Couleurs – 2 h 21.

Vers la fin de la dernière guerre, dans une petite ville anglaise, deux soldats américains, Matt et Danny, font la connaissance de deux jeunes filles, dont l'une est déjà fiancée. Une belle histoire sentimentale qui finit bien.

Y A-T-IL QUELQU'UN POUR TUER MA FEMME ?
"RUTHLESS PEOPLE"

Comédie de **Jim Abrahams**, **David Zucker** et **Jerry Zucker**, avec Danny De Vito, Bette Midler. États-Unis, 1986 – Couleurs – 1 h 34.

Un courtier est devenu, à coups d'arnaques, un grand de la mode. Il voudrait bien se débarrasser de sa femme. Enlèvement, chantage mais « les salauds ne sont pas ceux que l'on pense ».

Y A-T-IL UN FLIC POUR SAUVER LA REINE ?
"NAKED GUN : FROM THE FILES OF POLICE SQUAD"

Comédie de **David Zucker**, avec Leslie Nielsen, Ricardo Montalban, Priscilla Presley. États-Unis, 1988 – Couleurs – 1 h 25.

Le lieutenant Drebin, réputé pour sa légendaire nullité, découvre un complot visant la reine Victoria. Nouvelle loufoquerie des « Z.A.Z. » (le trio Zucker-Abrahams-Zucker), inspirée de leur propre feuilleton parodique *Police Squad*.

Y A-T-IL UN FRANÇAIS DANS LA SALLE ?

Comédie satirique de **Jean-Pierre Mocky**, d'après le roman de Frédéric Dard, avec Victor Lanoux, Marion Peterson, Jacques Dutronc. France, 1982 – Couleurs – 1 h 39.

L'oncle d'un ancien ministre s'est pendu. Chez le vieil homme, le politicien jusque-là peu respectable découvre le véritable amour. Mais de nombreux personnages plongent dans son passé.

Y A-T-IL UN PILOTE DANS L'AVION ?
"AIRPLANE"

Comédie de **Jim Abrahams**, **David Zucker** et **Jerry Zucker**, avec Robert Hays, Julie Hagerty, Peter Graves. États-Unis, 1980 – Couleurs – 1 h 25.

Un ancien pilote de chasse, traumatisé par la guerre, ne veut plus piloter. Il se retrouve dans un avion dont l'équipage, victime d'une intoxication alimentaire, est totalement inopérant. Une succession de gags désopilants agrémentent cette critique acerbe de la société américaine.

▷ Une suite a été réalisée : Y A-T-IL ENFIN UN PILOTE DANS L'AVION ? "AIRPLANE II : THE SEQUEL", de **Ken Finkleman**, avec Robert Hays, Julie Hagerty, Peter Graves. États-Unis, 1983 – Couleurs – 1 h 24.

Y AURA-T-IL DE LA NEIGE À NOËL ?
Comédie dramatique de **Sandrine Veysset**, avec Dominique Reymond, Daniel Duval. France, 1996 – Couleurs – 1 h 30. ★ Prix Louis-Delluc 1996. César de la Meilleure première œuvre.

Une famille paysanne, avec un père dur, une maman douce et des enfants, qui, tout naturellement, détestent leur père et adorent leur mère. Complication supplémentaire : le père ne vient que pour tancer les enfants et saillir la mère, le reste du temps il vit avec son autre famille, l'officielle, où la vie est douillette. Mais l'essentiel du charme du film n'est pas dans ce « Back Street «, version rurale, il réside dans l'évocation d'une existence durement régie par la nature et la pauvreté : la chaleur, le froid, la faim... mais il y a aussi parfois de la neige à Noël !

YA, YA, MON GÉNÉRAL "Which Way to the Front ?"
Comédie de **Jerry Lewis**, avec Jerry Lewis, John Wood, Steve Franken. États-Unis, 1970 – Couleurs – 1 h 36.

Un milliardaire réformé décide de faire sa propre guerre à l'armée allemande. Dans la lignée du DICTATEUR, Jerry Lewis met son art consommé du burlesque au service de la lutte contre le totalitarisme.

YEELEN (LA LUMIÈRE) "Yeelen"
Drame de **Souleymane Cissé**, avec Issiaka Kane, Aoua Sangare, Niamanto Sanogo, Balla Moussa Keita. Mali, 1987 – Couleurs – 1 h 45.

Devenu adulte, un jeune homme quitte sa mère qui l'avait élevé en secret. Il entreprend un long parcours initiatique qui doit lui donner les pouvoirs magiques que son père détient jalousement. La mort sera au rendez-vous.

YENTL "Yentl"
Comédie dramatique de **Barbra Streisand**, avec Barbra Streisand, Mandy Patinkin, Amy Irving. États-Unis, 1983 – Couleurs – 2 h 13.

Voulant absolument intégrer l'école rabbinique, exclusivement mâle, une jeune Juive se fait passer pour un garçon. Une évocation pittoresque et chaleureuse des communautés juives dans la Pologne de jadis.

LES YEUX BANDÉS "Los ojos vendados"
Drame de **Carlos Saura**, avec Geraldine Chaplin, José Luis Gomez, Xavier Eloriaga. Espagne, 1978 – Couleurs – 1 h 45.

Un metteur en scène de théâtre monte une pièce adaptée du témoignage d'une femme victime de tortures. Le jour de la première, il est assassiné, ainsi que son amie et tous les comédiens en scène, par des jeunes gens armés qui surgissent du public.

LES YEUX CERNÉS
Film policier de **Robert Hossein**, avec Michèle Morgan, Robert Hossein, Marie-France Pisier. France, 1964 – 1 h 20.

Dans le Tyrol, le propriétaire d'une scierie, mais en fait de presque tout le pays, a été assassiné. Comme il était détesté par tout le monde, le commissaire chargé de l'enquête a fort à faire pour découvrir le ou la coupable...

LES YEUX DANS LES TÉNÈBRES
"Eyes in the Night"
Film policier de **Fred Zinnemann**, avec Ann Harding, Edward Arnold, Donna Reed, Stephen McNally. États-Unis, 1942 – 1 h 20.

Un détective aveugle et son chien mettent en échec une bande d'espions. La caméra de Zinnemann (et de son chef opérateur Robert Planck) prend la place de l'aveugle.

▷ Une suite a été réalisée : THE HIDDEN EYE, de **Richard Whorf**, avec Edward Arnold, Frances Rafferty, William Philipps, Ray Collins, Thomas Jackson. États-Unis, 1945 – 1 h 09.

LES YEUX DE LA FORÊT
"The Watcher in the Woods"
Film fantastique de **John Hough**, avec Bette Davis, Carroll Baker, David McCallum, Lynn Holly-Johnson, Kyle Richard. États-Unis, 1982 – Couleurs – 1 h 23.

Un couple, avec ses deux filles, loue une propriété dans la campagne anglaise. Mais des phénomènes étranges se produisent et la propriétaire de la maison voisine est bien mystérieuse...

LES YEUX DE LA MOMIE
"Die Augen der Mumie Ma"
Drame d'**Ernst Lubitsch**, avec Pola Negri, Harry Liedtke, Emil Jannings, Max Laurence. Allemagne, 1918 – 1 221 m (env. 45 mn).

Un peintre s'éprend d'une danseuse de temple égyptienne, l'enlève et la ramène en Allemagne où il la convertit à la civilisation. Le grand-prêtre les poursuit et tuera la jeune fille avant de se donner la mort.

LES YEUX DE L'AMOUR
Mélodrame de **Denys de La Patellière**, d'après le roman de Jacques Antoine *Une histoire vraie*, avec Danielle Darrieux, Jean-Claude Brialy, Françoise Rosay, Bernard Blier. France / Italie, 1959 – 1 h 40.

Sous l'Occupation, un jeune homme devenu aveugle à la suite d'un accident trouve refuge dans un château où vivent une jeune femme restée célibataire et sa mère exigeante et dominatrice. L'amour va transformer la « vieille fille ».

LES YEUX DE LAURA MARS
"EYES OF LAURA MARS"
Film policier fantastique d'**Irwin Kerschner**, avec Faye Dunaway, Tommy Lee Jones, Brad Dourif, René Auberjonois. États-Unis, 1978 – Couleurs – 1 h 45.

L'art de Laura Mars, photographe de mode reconnue, n'est pas du goût de tous. Des meurtres en série sont commis dans son entourage. Terrifiée, elle les découvre à l'avance, à travers son objectif...

LES YEUX DES OISEAUX
Drame de **Gabriel Auer**, avec Roland Amstutz, Carlos Andreu, Philippe Clévenot. France, 1983 – Couleurs – 1 h 20.

La visite d'inspection par la Croix-Rouge d'un pénitencier sud-américain est l'occasion pour les prisonniers de dénoncer les sévices qu'on leur fait subir. Un film courageux qui pose le problème de la neutralité des organisations humanitaires.

LES YEUX FERMÉS
Drame de **Joël Santoni**, avec Gérard Desarthe, Lorraine Rainer, Marcel Dalio, Jean Carmet. France, 1971 – Couleurs – 2 h.

Traumatisé par le suicide d'un ami comédien, Ivan achète des lunettes noires et joue à l'aveugle. Le premier long métrage de Joël Santoni est une invitation à se purifier le regard.

LES YEUX, LA BOUCHE "GLI OCCHI, LA BOCCA"
Drame de **Marco Bellocchio**, avec Lou Castel, Angela Molina. Italie / France, 1982 – Couleurs – 1 h 45.

À l'occasion des obsèques de son frère jumeau, qui s'est suicidé, un jeune comédien se heurte à son entourage familial. Un film dérangeant et morbide sur les pesanteurs des liens familiaux et la culpabilité qui en découle.

LES YEUX NOIRS "OCI CIORNIE"
Comédie sentimentale de **Nikita Mikhalkov**, avec Marcello Mastroianni *(Romano)*, Silvana Mangano *(Elisa)*, Marthe Keller *(Tina)*, Elena Sofonova *(Anna)*, Pina Cei *(la belle-mère)*. • SC : Alexander Adabachian, N. Mikhalkov, Suso Cecchi D'Amico, d'après des récits d'Anton Tchekhov. • PH : Franco Di Giacomo. • DÉC : Mario Garbuglia, Alexander Adabachian. • MUS : Francis Lai. • MONT : Enzo Meniconi. Italie, 1986 – Couleurs – 1 h 57.

Au début du siècle, en Italie, Romano, homme du peuple et viveur nonchalant épousé par une femme riche, en a assez des drames que déclenche sa présence dans la famille. Il part en cure, où il rencontre une jeune Russe, Anna, accompagnée d'un petit chien. Elle lui cède, puis s'enfuit dans son pays, en lui laissant un mot pour l'informer qu'elle est mariée. Romano entreprend un grand voyage par les plaines de Russie, et finit par la retrouver. Ils conviennent de tout quitter chacun pour être ensemble, mais lui, revenu en Italie, la trahit et l'abandonne. Il finit serveur sur un paquebot, déchu, racontant son histoire à des clients.

◆ *Bourré de décors 1900, de belles toilettes et de gags, un grand numéro de charme cinématographique, écrit spécialement pour Mastroianni avec lequel le réalisateur voulait travailler. Si les scènes de ville d'eau rendent à Fellini un hommage un peu voyant, et si l'acteur principal est un peu monotone dans son habituel registre de veulerie italienne, la partie russe atteint une verve et un lyrisme épiques qui transcendent tous ces falbalas.* M.CH.

LES YEUX SANS VISAGE
Film fantastique de **Georges Franju**, avec Pierre Brasseur *(professeur Génessier)*, Alida Valli *(Louise)*, Juliette Mayniel *(Edna Grüberg)*, Édith Scob *(Christiane Génessier)*, François Guérin *(Jacques Vernon)*, Alexandre Rignault et Claude Brasseur *(les inspecteurs)*. • SC : Boileau-Narcejac, Jean Redon, Claude Sautet, d'après le roman de Jean Redon. • PH : Eugen Schufftan. • DÉC : Auguste Capelier. • MUS : Maurice Jarre. • MONT : Gilbert Natot. France, 1960 – 1 h 28.

Un chirurgien célèbre, afin de sauver sa fille défigurée dans un accident, développe des expériences de greffes de visage en les découpant sur des jeunes filles en parfaite santé. Il est secondé par une inquiétante secrétaire toute à son dévouement. Les greffes échouent. Sa fille libère les chiens qui lui ont servi de cobayes et qui lui dévoreront le visage.

◆ *Une des rares réussites du cinéma fantastique français par un admirateur de Louis Feuillade et de Fritz Lang. À partir du thème convenu du médecin fou, Franju mêle des images de terreur médicale (les opérations cliniquement filmées) à un climat d'onirisme surréalisant, en filmant la nuit une 2 CV dans la région parisienne déserte, grâce aux images somptueuses et glaciales d'Eugen Schufftan et aux thèmes musicaux aussi envoûtants qu'obsessionnels de Maurice Jarre.* M.M.

YIDDISH CONNECTION

Comédie de **Paul Boujenah**, avec Charles Aznavour, Ugo Tognazzi, Vincent Lindon, Charlie Chemouny, André Dussollier. France, 1986 – Couleurs – 1 h 30.

Moshe, Zvi et Samy ont besoin d'argent. Ils sont mis fortuitement au courant d'une bonne affaire. Scénario de Charles Aznavour.

YOL (LA PERMISSION) "YOL"

Drame de **Yilmaz Güney** et **Serif Gören**, avec Tarik Akan *(Seyit Ali)*, Serif Sezer *(Zine)*, Halil Ergün *(Mehmet Salih)*, Meral Orhansoy *(Emine)*, Necmettin Cobanoglu *(Ömer)*, Semra Ucar *(Gülbahar)*, Hikmet Celik *(Mevlüt)*, Tuncay Akca *(Yusuf)*. • SC : Y. Güney. • PH : Erdogan Engin. • DÉC : S. Gören. • MUS : Sébastien Argol, Kendal. • MONT : Y. Güney, Elizabeth Waelchli. Turquie / France / Suisse, 1982 – Couleurs – 1 h 51. ★ PALME D'OR, Cannes 1982.

Une semaine de permission pour cinq prisonniers : Yusuf, Mevlüt, Ömer, Mehmet Salih et Seyit Ali, dans une Turquie hivernale. Yusuf, qui a perdu ses papiers, sera retenu au poste de gendarmerie. Mevlüt aura bien du mal à voir sa fiancée, que gardent d'horribles duègnes voilées. Ömer est kurde ; son frère étant tué en essayant de passer en Syrie, il doit sacrifier ses amours et épouser la jeune veuve. Mehmet Salih retrouve sa femme, mais le frère de celle-ci les tue tous les deux. Seyit Ali, enfin, apprend l'adultère de son épouse, séquestrée dans la montagne.

◆ *Ce film bouleversant, dirigé depuis sa prison par le réalisateur, est un hymne vibrant d'amour pour le peuple turc, en dépit des entraves parfois terribles de la politique et de la tradition.* D.C.

YOLANDA ET LE VOLEUR "YOLANDA AND THE THIEF"

Comédie musicale de **Vincente Minnelli**, avec Fred Astaire *(Johnny Riggs)*, Lucille Bremer *(Yolanda)*, Frank Morgan *(Victor Trout)*, Mildred Natwick *(Tante Amarilla)*, Marie Nash *(la duègne)*. • SC : Irving Brecher, d'après le récit de Jacques Théry et Ludwig Bemelmans. • PH : Charles Rosher. • DÉC : Cedric Gibbons, Jack Martin Smith, Edwin B. Willis, Richard Pefferle. • MUS : Lennie Hayton. • CHOR : Eugene Loring. • MONT : George White. États-Unis, 1946 – Couleurs – 1 h 47.

Dans un État imaginaire, Johnny, joueur et escroc, se fait passer pour l'ange gardien attendu par la belle et riche héritière Yolanda. Il s'empare de ses valeurs boursières, se les fait voler par Candle, mais les lui reprend. Se croyant démasqué, il rend à Yolanda, dont il est épris et qui l'aime, son butin. Mais Candle, le véritable ange gardien, arrête sa fuite et lui ordonne d'épouser Yolanda.

◆ *Rarement film de Minnelli a été à ce point voué à l'imagerie et a mis en scène un univers aussi fantaisiste, irréaliste, symbolique. Il mêle le primitivisme des illustrations pour enfants au surréalisme de Dali ou Max Ernst, pour évoquer, sans le copier, le baroque sud-américain, dans un délire de fontaines, de cascades et de jets de vapeur.* J.M.

YOSHIWARA

Drame de **Max Ophuls**, d'après le roman de Maurice Dekobra, avec Pierre Richard-Willm, Michiko Tanaka, Sessue Hayakawa, Lucienne Le Marchand, Roland Toutain, Gabriello. France, 1937 – 1 h 42.

En 1860, à Tokyo, une jeune geisha tombe amoureuse d'un officier russe, porteur de documents secrets intéressant la défense japonaise. Découvert, il est blessé lors de sa tentative de fuite et meurt tandis que la jeune femme est fusillée pour complicité.

YOUNG GUNS "YOUNG GUNS"

Western de **Christopher Cain**, avec Emilio Estevez, Kiefer Sutherland, Lou Diamond Philips, Charlie Cheen, Jack Palance, Terence Stamp. États-Unis, 1988 – Couleurs – 1 h 40.

L'histoire de Billy le Kid et de sa bande, menant une vendetta personnelle contre les assassins de leur patron et protecteur. Cette nouvelle version met en scène une pléiade d'étoiles montantes de Hollywood face à deux « vétérans », Stamp et Palance. Le style est quant à lui proche des westerns italiens ou de Peckinpah.

▷ Voir aussi BILLY LE KID.

YOYO

Comédie poétique de **Pierre Étaix**, avec Pierre Étaix *(Yoyo adulte / le milliardaire)*, Philippe Dionnet *(Yoyo enfant)*, Claudine Auger *(Isolina)*, Luce Klein *(l'écuyère)* et les clowns Siam, Pipo, Dario et Mimile. • SC : P. Étaix, Jean-Claude Carrière. • PH : Jean Boffety. • DÉC : Raymond Gabutti, Raymond Tournon. • MUS : Jean Paillaud. • MONT : Henri Lanoé. France, 1965 – 1 h 33.

Lors du krach boursier de 1929 et de l'avènement du cinéma parlant, un milliardaire qui s'ennuie dans son grand château blanc part avec un cirque et l'écuyère qui lui a donné un garçon, Yoyo. En 1945, Yoyo, qui a grandi et qui revient de la guerre, devient un clown célèbre. Il restaure le château de son père et donne une soirée fastueuse en l'honneur de ses parents. Puis il repart sur la route avec les « gens du voyage ».

◆ *La poésie et la nostalgie qui imprègnent l'œuvre de Pierre Étaix conviennent au sujet de* Yoyo, *dont toute la première partie se passe à la fin des années 20, époque où régnaient Charles Chaplin et Max Linder pour lesquels Étaix a une grande admiration.* J.-C.S.

Z

Z

Film politique de **Costa-Gavras**, avec Yves Montand *(Z)*, Irène Papas *(Hélène)*, Jean-Louis Trintignant *(le juge d'instruction)*, Charles Denner *(Manuel)*, Georges Géret *(Nick)*, Jacques Perrin *(le journaliste)*, François Périer *(le procureur régional)*, Bernard Fresson *(Matt)*. • SC : Costa-Gavras, Jorge Semprun, d'après le roman de Vassili Vassilikos. • PH : Raoul Coutard. • DÉC : Jacques d'Ovidio. • MUS : Mikis Theodorakis, Bernard Gérard. • MONT : François Bonnot. France, 1968 – Couleurs – 2 h 05. ★ **OSCARS DU MEILLEUR FILM étranger et DU MEILLEUR MONTAGE, 1969 ; PRIX DU JURY, Cannes 1969.**

Le président du Mouvement national pour la Paix, qu'on appelle « Z », dirige un meeting malgré la présence de contre-manifestants hostiles. À la sortie, Z est heurté par un triporteur et meurt de ses blessures. Le chef de la police et le procureur font tout pour accréditer la thèse de l'accident, mais un petit juge consciencieux instruit l'affaire. Avec l'aide d'un journaliste, il découvre que Z a été assassiné par des fanatiques d'extrême-droite, avec la complicité des chefs de la police. Le juge fait inculper les coupables, mais les témoins disparaissent mystérieusement et un coup d'État militaire instaure une dictature.

◆ *Inspiré de l'assassinat du député grec Lambrakis en 1963, Z fut le premier des grands « films politiques » de Costa-Gavras, et l'initiateur d'un véritable genre. Les personnages, incarnant des idées, sont tranchés, et l'intrigue manichéenne – mais c'est la clé de l'efficacité du film. Nouveau départ pour Yves Montand, ce film exaltant la résistance à l'oppression fut accueilli avec un enthousiasme significatif de l'époque.* G.L.

ZABRISKIE POINT "ZABRISKIE POINT"

Drame de **Michelangelo Antonioni**, avec Mark Frechette *(Mark)*, Daria Halprin *(Daria)*, Rod Taylor *(Lee Allen)*, Paul Fix *(le propriétaire du bistrot)*, Kathleen Leaver *(Kathleen)*. • SC : M. Antonioni, Fred Gardner, Sam Sheppard, Tonino Guerra, Clare Peploe. • PH : Alfio Contini. • DÉC : Dean Tavoularis. • MONT : Franco Arcalli. États-Unis, 1970 – Couleurs – 1 h 45.

Mark, jeune étudiant, abandonne ses études, ses camarades et se referme sur lui-même. Daria, secrétaire de l'architecte Lee Allen, s'étonne du calme et de l'indifférence avec lesquels réagit son employeur face au mouvement étudiant en rébellion. Lors d'une manifestation étudiante, un policier est tué et Mark est soupçonné. Il s'enfuit dans un petit avion et survole le désert de la Death Valley. Il retrouve Daria, et ils s'enlacent comme des dizaines de couples autour d'eux. Mark remonte dans l'avion, et Daria apprendra plus tard sa mort. Elle rentre vers la villa de Lee Allen, qui explose.

◆ *On retrouve dans ce film les éléments de la poétique de son auteur : saturation des couleurs, supériorité du soleil sur les éclairages du film, alternance du classicisme des compositions et de l'abstraction éblouissante des mouvements de caméra. Le contraste entre le jeu des jeunes acteurs non professionnels (sauf Rod Taylor) et la virtuosité technique est particulièrement efficace.* S.S.

ZAPPA "Zappa"
Drame psychologique de **Bille August**, avec Adam Tonsberg, Morten Hoff, Peter Reichhardt. Danemark, 1983 – Couleurs – 1 h 40.

La vie quotidienne de trois lycéens de la banlieue de Copenhague au début des années 60. De jeux cruels en petits délits, ils finissent par provoquer la mort de l'un d'eux.

ZARAK, LE VALEUREUX "Zarak"
Film d'aventures de **Terence Young**, avec Victor Mature, Anita Ekberg, Michael Wilding. Grande-Bretagne, 1956 – Couleurs – 1 h 39.

Histoire véridique de Zarak, fils d'un chef hindou qui devint un bandit redouté. Anita Ekberg apporte la note voluptueuse.

ZARDOZ "Zardoz"
Film de science-fiction de **John Boorman**, avec Sean Connery *(Zed)*, Charlotte Rampling *(Consuella)*, Sara Kestelman *(May)*, John Alderton *(Friend)*. • SC : J. Boorman. • PH : Geoffrey Unsworth. • DÉC : Anthony Pratt. • MUS : David Munrow. • MONT : John Merritt. Grande-Bretagne/États-Unis, 1973 – Couleurs – 1 h 47.

En l'an 2293, la Terre est dévastée. Une race d'immortels vit dans un Vortex, régnant à son insu sur une humanité sous-prolétarisée qu'exploitent des exterminateurs au service d'un dieu représenté par un gigantesque masque volant. Zed, un exterminateur, veut comprendre la loi qui régit cet univers.

◆ *On peut reprocher à Boorman le mauvais goût des décors du film et de certains de ses costumes, comme d'ailleurs dans* Excalibur. *On peut lui reprocher aussi le foisonnement symboliste du film. Mais le film a les qualités de ses défauts et brasse un matériel considérable dans une construction « à tiroirs » que la mise en scène brillante et imaginative dynamise constamment.* *S.K.*

ZAZA "Zaza"
Mélodrame de **George Cukor**, d'après la pièce de Pierre Berton et Charles Simon, avec Claudette Colbert, Herbert Marshall, Bert Lahr, Constance Collier, Helen Westley, Geneviève Tobin. États-Unis, 1938 – 1 h 23.

À Paris en 1904, une chanteuse de cabaret vit une liaison houleuse avec un aristocrate dûment marié.

▷ Autres versions réalisées par: **Allan Dwan**, avec Gloria Swanson. États-Unis, 1923 – env. 2 100 m (1 h 18). **René Gaveau**, avec Lilo, Pauline Carton, Robert Dalban, Maurice Teynac. France, 1956 – 1 h 22.

ZAZÀ
Drame de **Renato Castellani**, avec Isa Miranda, Antonio Centa, Aldo Silvani. Italie, 1942 – 1 h 34.

Une chanteuse amoureuse d'un homme marié sacrifie son amour pour ne pas ruiner le bonheur d'un foyer.

ZAZIE DANS LE MÉTRO
Comédie burlesque de **Louis Malle**, avec Catherine Demongeot *(Zazie)*, Philippe Noiret *(l'oncle Gabriel)*, Vittorio Caprioli *(Trouscaillon)*, Jacques Dufilho *(Gridoux)*, Hubert Deschamps *(Turandot)*, Carla Marlier *(Albertine)*, Annie Fratellini *(Mado)*, Yvonne Clech *(la veuve Mouaque)*, Antoine Roblot *(Charles)*. • SC : L. Malle, Jean-Paul Rappeneau, d'après le roman de Raymond Queneau. • PH : Henri Raichi. • DÉC : Bernard Evein. • MUS : Fiorenzo Carpi. • MONT : Kenout Peltier. • PR : prince Napoléon Murat (N.E.F.). France, 1960 – Couleurs – 1 h 31.

En compagnie de sa mère, Zazie, une gamine de dix ans, débarque à Paris, gare de Lyon, où l'attend son tonton Gabriel avec qui elle passera trente-six heures. À cause de la grève du métro, son oncle l'entraîne vers le taxi de son ami Charles. Dépitée, Zazie lance : « Ah ! les vaches, me faire ça à moi ! » et monte à regret dans la voiture. Gabriel joue au guide et lui signale les principaux monuments de Paris. Zazie s'en « contrefout », elle veut voir le métro. La hardiesse de son vocabulaire ponctué d'un « mon cul ! » stupéfie les deux hommes et Albertine, la femme de Gabriel. Le cordonnier Gridoux et le bistrotier Turandot, décontenancés par l'expression favorite de Zazie, la reprennent vite à leur compte. Le lendemain, la mouflette, devant une bouche de métro fermée, éclate en sanglots. Plus tard dans la nuit, avec Gabriel, la veuve Mouaque, Gridoux et Turandot, elle se retrouve dans une brasserie où des hommes armés, vêtus de chemises noires, mettent tragiquement fin à la fête. Au petit matin, Albertine conduit Zazie au train de « six heures soixante ». Sa mère lui demande : « Alors, t'as vu le métro ? Non, répond-elle. Qu'as-tu fait ? J'ai vieilli ».

◆ **La grande fête du mélange des genres**
À l'époque de la Nouvelle Vague, après Ascenseur pour l'échafaud *et* les Amants, *Louis Malle change de cap et adapte le roman jovial et cérébral de Raymond Queneau dont il conserve en gros les dialogues, les personnages et les situations. Avec le concours du scénariste Jean-Paul Rappeneau – excellent gagman de surcroît – Louis Malle subvertit « l'es-*

sence même du langage cinématographique ». Avec originalité et invention, il mêle genres (dessin animé, comédie, burlesque), styles (réaliste, onirique), et procédés narratifs (ralenti, accéléré, métaphores, ellipses) pour casser la logique de l'espace-temps et pour créer le Paris chaotique et insolite que découvre Zazie. De ce brillant hommage à Mack Sennett et à W.C. Fields, on garde en mémoire le rythme époustouflant de la visite de la tour Eiffel et des numéros de voltige de l'oncle Gabriel, et la folle course-poursuite au milieu des gigantesques embouteillages de la capitale, un jour de grève du métro. À dessein, Louis Malle a rajeuni Zazie de quatre ans et en a fait une sorte d'« Alice » au pays des adultes. Ni petite fille modèle ni bon petit diable, Zazie ne s'en laisse pas compter. Elle questionne les grands et exige des réponses. Si pour elle les enfants ne naissent pas dans les choux, elle ignore ce qu'est un « hormosessuel ». L'explication d'Albertine : « un homme qui met des bloudjinnzes » ne la convainc pas. Zazie dans le métro *est le premier portrait d'enfant de l'œuvre de Louis Malle. On y sent un respect pour cet âge et une complicité relationnelle qui annoncent* le Souffle au cœur, la Petite (Pretty Baby) *et* Au revoir les enfants. *À la Vidéothèque de la Ville de Paris, aujourd'hui,* Zazie dans le métro *est le film le plus vu. L'itinéraire touristique du Paris de Raymond Queneau revu par Louis Malle plaît toujours, et pas seulement aux enfants.* *A.K.*

LE ZÈBRE

Comédie dramatique de **Jean Poiret**, avec Thierry Lhermitte, Caroline Cellier, Christian Pereira. France, 1992 – Couleurs – 1 h 30.

Un notaire de province entreprend de réveiller la passion qui l'unissait à sa femme... et prend des risques de plus en plus grands.

ZEGEN (LE SEIGNEUR DES BORDELS)

"ZEGEN"

Drame de **Shohei Imamura**, avec Ken Ogata, Mitsuko Baisho, Ko Chun-Hsiung. Japon, 1987 – Couleurs – 1 h 50.

Envoyé en Mandchourie par un officier de l'armée impériale pour espionner l'armée russe, un Japonais rencontre des prostituées. Il deviendra marchand de femmes et développera son commerce en Malaisie, avec la conviction de servir l'empereur et sa patrie.

ZELIG "ZELIG"

Comédie de **Woody Allen**, avec Woody Allen *(Leonard Zelig)*, Mia Farrow *(le docteur Eudora Fletcher)*, la voix de Patrick Horgan et la participation de Susan Sontag, Irving Howe, Saul Bellow, Bricktop, le docteur Bruno Bettelheim, le professeur John Morton Blum. • SC : W. Allen. • PH : Gordon Willis. • DÉC : Mel Bourne. • MUS : (et adaptation) : Dick Hyman. • MONT : Susan E. Morse. États-Unis, 1983 – Couleurs et NB – 1 h 20.

Zelig a le don étrange de se fondre dans n'importe quel environnement. Véritable caméléon humain, il se transforme à volonté en Noir, en Jaune, en écrivain, boxeur, musicien, évêque, joueur de base-ball... Des Années folles à l'avènement du nazisme, il vivra ainsi mille aventures, jusqu'à ce que l'amour d'une femme psychiatre lui permette de redevenir normal.

◆ Zelig *s'apparente aux pastiches « philosophiques » qui émaillent l'œuvre écrite de Woody Allen. Éblouissant pot-pourri de références historiques, littéraires, cinématographiques* (Citizen Kane, Reds, Elephant Man), *psychanalytiques et musicales, c'est le film le plus radical et le plus énigmatique d'Allen. Sa pauvreté esthétique (son « plat », photo granuleuse, jeu « décalé ») est le fruit d'une élaboration savante, sans précédent, et qui constitue à elle seule une des plus éblouissantes mystifications de l'histoire du cinéma. Chef-d'œuvre de distanciation, ce film est aussi une belle réflexion sur les paradoxes de la folie et de la normalité, une tentative audacieuse de l'auteur-comédien de se délivrer de lui-même en se rendant à la fois omniprésent et insaisissable...* *O.E.*

ZÉRO DE CONDUITE

Comédie satirique de **Jean Vigo**, avec Jean Dasté *(Huguet)*, Louis Lefèvre *(Caussat)*, Gérard de Bédarieux *(Tabard)*, Constantin Goldstein-Kehler *(Bruel)*, Gilbert Pruchon *(Colin)*, Robert Le Flon *(« Pète-Sec »)*, Delphin *(le principal)*, Du Verron *(« Bec de Gaz »)*. • SC : J. Vigo• MONT : J. Vigo. • PH : Boris Kaufman. • DÉC : J. Vigo, Henri Storck. • MUS : Maurice Jaubert. France, 1933 – 44 mn.

C'est la rentrée : la vie s'organise au collège, avec les chahuts, les punitions, les récréations et les amitiés. Trois collégiens, Caussat, Bruel et Colin, ourdissent un complot. Ils y entraînent Tabard, qui a déjà des problèmes avec le professeur de « sciences nat » et le principal de l'établissement. La révolte éclate au dortoir. Le lendemain, jour de la fête du collège, les mutins ligotent un surveillant et, juchés sur les toits, bombardent les autorités d'objets hétéroclites.

◆ *On a peine à croire que ce film fut interdit en 1933 et dut attendre 1945 pour être libéré. Cette pochade poétique, anarchiste et libertaire est pourtant chargée d'une étonnante puissance de subversion. Rarement le cinéma avait su montrer l'enfance avec une telle crudité (alimentée par les souvenirs personnels du cinéaste) et Vigo fait preuve d'une invention visuelle foisonnante.* J.M.

O8/15 "Null Acht Fünfzehn"
Comédie satirique de **Paul May**, d'après l'œuvre d'Hans Helmut Kirst, avec Joachim Fuchsberger, Emil Schrenk, Helen Vita. R.F.A., 1953 – 1 h 47.

Dans une caserne allemande en 1939, un adjudant terrorise les recrues. L'un des hommes finira par se faire entendre. Avec les deux films suivants, l'œuvre fait partie d'une trilogie antimilitariste à succès.

08/15 GO HOME
"Null Acht Fünfzehn in der Heimat"
Comédie satirique de **Paul May**, avec Joachim Fuchsberger, Peter Carsten, Otto Eduard Hasse, Emil Schrenk. R.F.A., 1955 – 1 h 35.

Aux dernières heures de la résistance allemande devant les armées alliées, les comptes se règlent et les assassins sont jugés.

O8/15 S'EN VA-T-EN GUERRE
"Null Acht Fünfzehn Zweiter Teil"
Comédie satirique de **Paul May**, avec Joachim Fuchsberger, P. Bosinger, Otto Eduard Hasse. R.F.A., 1954 – 1 h 43.

Au cours de l'hiver 1942, en Russie, les soldats doivent lutter contre l'ennemi, mais aussi contre un capitaine borné.

ZIEGFELD FOLLIES "Ziegfeld Follies"
Film musical de **Vincente Minnelli**, **Robert Lewys**, **Lemuel Ayers**, **Roy Del Ruth**, **George Sidney**, **Norman Taurog** et **Merrill Pye** (ces deux derniers non crédités), avec William Powell, Fred Astaire, Gene Kelly, Lucille Ball, Cyd Charisse, Audrey Totter, Virginia O'Brien, Esther Williams, Keenan Wynn, James Melton, Marion Bell, Victor Moore, Edward Arnold, Fanny Brice, Hume Cronyn, Lena Horne, Red Skelton, Judy Garland, Kathryn Grayson, Rex Evans. • PH : George Folsey, Charles Rosher, Ray June. • DÉC : Edwin B. Willis, Cedric Gibbons, M. Pye, Jack Martin Smith. • MUS : Roger Edens (supervision). • CHOR : Robert Alton, Eugene Loring, Charles Walters. • MONT : Albert Akst. États-Unis, 1945 – 1 h 50.

Depuis le Paradis, le « grand Ziegfeld » imagine de monter ce qui serait la plus spectaculaire revue de music-hall.

◆ *Il n'y a pas de scénaristes crédités pour ce film. Énorme gâteau de vingtième anniversaire que la Metro-Goldwyn-Mayer s'offrait à elle-même, il aurait mobilisé, selon des sources sûres, plus de trente écrivains et « gagmen ». La gloire de l'entrepreneur de music-hall Ziegfeld, aux revues duquel le cinéma naissant dut en effet beaucoup, est un prétexte : la firme recula devant la longueur du film après tournage, et coupa nombre de sketches. Il en subsiste, avec hélas des interventions comiques déjà insipides à la sortie, quelques-unes des plus belles prestations de Fred Astaire, dirigées par un Minnelli au sommet de ses possibilités et de sa liberté dans ce domaine, notamment « Limehouse Blues ».* G.LD.

ZIGOMAR
Serial de **Victorin Jasset**, d'après le feuilleton de Léon Sazie, avec Arquillières, Camille Bardou, Gilbert Dalleu. France, 1910-1912 – env. 300 m (11 mn par épisode).

Une vaste saga qui conte les aventures du « Maître du crime » et de sa bande opposés à un vaillant détective.

ZIG-ZAG STORY
Comédie de **Patrick Schulmann**, avec Diane Bellego, Christian François, Fabrice Luchini. France, 1982 – Couleurs – 1 h 40.

Les amours tumultueuses d'un peintre daltonien et d'une animatrice de radio. Quelques trouvailles burlesques.

LE ZINZIN D'HOLLYWOOD "The Errand Boy"
Comédie de **Jerry Lewis**, avec Jerry Lewis, Brian Donlevy, Sig Rumann. États-Unis, 1961 – 1 h 32.

Les studios Paramutual sont en crise. Les patrons engagent un colleur d'affiches pour enquêter discrètement sur les causes du malaise. Chacune de ses interventions va provoquer des catastrophes. Un des meilleurs films réalisés par Lewis, qui transforme « l'usine à rêves » en machine démentielle et absurde.

LA ZIZANIE
Comédie de **Claude Zidi**, avec Louis de Funès, Annie Girardot, Maurice Risch. France, 1978 – Couleurs – 1 h 35.

Un P.-D.G., partisan de l'industrialisation à outrance et son épouse, passionnée de plantes et de légumes, n'ont pas la même vision de la nature et de la vie. La discorde s'installe rapidement dans le foyer.

ZOMBIE (LE CRÉPUSCULE DES MORTS-VIVANTS) "Dawn of the Dead"
Film d'horreur de **George A. Romero**, avec David Emge, Ken Foree. États-Unis, 1979 – Couleurs – 2 h.

Pour échapper à l'offensive des morts-vivants, des rescapés se sont réfugiés dans un centre commercial. Remake en couleurs de *la Nuit des morts-vivants,* avec d'ahurissants effets spéciaux de Tom Savini, à réserver aux amateurs du genre. Voir aussi L'ENFER DES ZOMBIES.

LA ZONE
Documentaire de **Georges Lacombe**. France, 1929 – env. 1 000 m (37 mn).

La vie quotidienne des habitants de la « zone » qui logent dans de misérables masures entourant alors Paris. Un film important de l'avant-garde française, sous-titré « au pays des chiffonniers (Étude des coins ignorés de Paris) ».

ZONE ROUGE
Drame de **Robert Enrico**, d'après la nouvelle de G.J. Arnaud *Brûlez-les tous*, avec Sabine Azéma, Richard Anconina, Hélène Surgère, Jacques Nolot. France, 1986 – Couleurs – 1 h 50.

Une jeune femme se trouve mêlée à une étrange affaire d'explosion de camion, maquillage officiel d'une pollution par la dioxine. La vérité finira par triompher mais trop tard.

Z.O.O. "A ZED AND TWO NOUGHTS"
Comédie dramatique de **Peter Greenaway**, avec Andréa Ferréol, Brian et Eric Deacon, Frances Barber. Grande-Bretagne/Pays-Bas, 1985 – Couleurs – 1 h 55.

D'étranges incidents surviennent dans un zoo : meurtres, accidents de voiture. Deux employés du zoo, siamois, mènent la danse de l'absurde, mise en miroir de la vie et de la mort.

ZOO À BUDAPEST "ZOO IN BUDAPEST"
Drame de **Rowland V. Lee**, avec Loretta Young, Gene Raymond, O.P. Heggie. États-Unis, 1933 – 1 h 23.

Un orphelin s'enfuit pour vivre avec un gardien de zoo. Un climat parfois étrange, grâce, entre autres, aux éclairages de Lee Garmes.

ZOO ZÉRO
Essai d'**Alain Fleischer**, avec Catherine Jourdan, Klaus Kinski, Pierre Clémenti, Alida Valli, Rufus, Lisette Malidor, Pierral. France, 1978 – Couleurs – 1 h 35.

Yavé, un directeur de zoo, Yvo, Yvonne, Ivy, Uwe, admirent Eva qui chante... Puis tous partent dans la nuit, ouvrent les cages des animaux. Le tonnerre éclate... Ne restent que les animaux en liberté parmi les voitures calcinées.

ZORBA LE GREC "ZORBA THE GREEK"
Comédie dramatique de **Michael Cacoyannis**, avec Anthony Quinn, Alan Bates, Irène Papas, Lila Kedrova, Georges Foundas. États-Unis/Grèce, 1964 – 2 h 20.

Un jeune écrivain britannique retourne en Crète pour récupérer le domaine paternel. Il se lie d'amitié avec un Grec exubérant qui le guide dans l'île.

ZORRO "ZORRO"
Film d'aventures de **Duccio Tessari**, avec Alain Delon, Stanley Baker, Ottavia Piccolo, Moustache, Enzo Cerusico, Giacomo Rossi Stuart. Italie/France, 1974 – Couleurs – 2 h.

Responsable de l'assassinat d'un nouveau gouverneur, le despote Huerta se heurte à l'insaisissable Zorro, toujours masqué. Huerta sera tué en duel par Zorro, qui se révèlera être Diego, l'ami du gouverneur, que l'on croyait pleutre.

▷ Parmi les autres films inspirés par le héros masqué :

ZORRO L'INDOMPTABLE "THE VIGILANTES ARE COMING", de **Mack V. Wright** et **Ray Taylor**, avec Robert Livingston, Kay Hughes. États-Unis, 1936 – Serial en douze épisodes présenté en France dans une version de 1 h 30.

ZORRO RIDES AGAIN
de **William Whitney** et **John English**, avec John Carroll, Helen Christian, Noah Beery. États-Unis, 1937 – Serial en douze épisodes.

ZORRO ET SES LÉGIONNAIRES
"ZORRO'S FIGHTING LEGION"
de **William Whitney** et **John English**, avec Reed Hadley, Sheila Darcy, William Corson. États-Unis, 1939 – Serial en douze épisodes présenté en France dans une version de 3 h 09.

ZORRO LE VENGEUR MASQUÉ et
ZORRO ET LA FEMME AU MASQUE NOIR
"ZORRO'S BLACK WHIP"
de **Spencer G. Bennet** et **Wallace Grissell**, avec Linda Stirling, Francis Mc Donald, George J. Lewis. États-Unis, 1944 – Serial en douze épisodes présenté en France dans une version de 2 h 40.

LE FILS DE ZORRO "SON OF ZORRO"
de **Spencer Bennett** et **Fred C. Brannon**, avec George Turner, Peggy Stewart, Roy Barcroft. États-Unis, 1947 – Serial en treize épisodes présenté en France dans une version de 1 h 40.

LE FANTÔME DE ZORRO "THE GHOST OF ZORRO"
de **Fred C. Brannon**, avec Clayton Moore, Pamela Blake, Roy Barcroft. États-Unis, 1949 – Serial en douze épisodes présenté en France dans une version de 1 h 09.

ZORRO LE DIABLE NOIR "DON DAREDEVIL RIDES AGAIN"
de **Fred C. Brannon**, avec Ken Curtis, Aline Towne, Roy Barcroft. États-Unis, 1951 – Serial en douze épisodes présenté en France dans une version de 1 h 30.

ZORRO LE VENGEUR "LA VENGENZA DEL ZORRO"
de **José Romero Marchent**, avec Frank Latimore, Mary Andersen, Howard Vernon. Espagne/Mexique, 1962 – Couleurs – 1 h 26.

ZORRO SE DÉMASQUE "LA MONTANA SIN LEY"
de **Miguel Iluch**, avec José Suarez, Isabel de Castro. Espagne, 1964 – 1 h 20.

ZORRO LE REBELLE "ZORRO, IL RIBELLE"
de **Piero Pierotti**, avec Howard Ross, Dina De Santis, Charles Borromel. Italie, 1966 – Couleurs – 1 h 33.

ZORRO AU SERVICE DE LA REINE "ZORRO ALLA CORTE D'INGHILTERRA"
de **Francesco Montemurro**, avec Spyros Focas, A.M. Guglielmotti, Daniele Vargas. Italie, 1969 – Couleurs – 1 h 30.

ZORRO LE RENARD "ZORRO, LA VOLPE"
de **Guido Zurli**, avec Georgio Ardisson, Jack Stuart, Femi Benussi. Italie, 1969 – Couleurs – 1 h 25.

ZORRO, MARQUIS DE NAVARRE
"ZORRO, MARCHESE DI NAVARRA"
de **Francesco Montemuro**, avec Nadir Moretti, Maria Luisa Longo, Daniele Vargas. Italie, 1971 – Couleurs – 1 h 42.

LES AVENTURES GALANTES DE ZORRO
de **William Russel**, avec Jean-Michel Dhermay, Evelyne Scott. Belgique, 1972 – Couleurs – 1 h 25.

▷ Voir aussi LE RETOUR DE ZORRO, LE SIGNE DE ZORRO et LA GRANDE ZORRO.

ZORRO ET LES TROIS MOUSQUETAIRES
"ZORRO E I TRE MOSCHETTIERI"
Film d'aventures de **Luigi Capuano**, avec Gordon Scott, José Greci, Livio Lorenzon. Italie, 1963 – Couleurs – 1 h 30.

Durant la guerre entre l'Espagne et la France, la douce Isabelle est victime d'un complot international. Zorro et les mousquetaires s'affrontent avant de s'allier et de faire triompher la justice. Une « rencontre » bien dans l'esprit du cinéma populaire de l'époque.

ZORRO L'INTRÉPIDE
"ZORRO ALLA CORTE DI SPAGNA"
Film d'aventures de **Luigi Capuano**, avec Giorgio Ardisson, Alberto Lupo, Livio Lorenzon. Italie, 1962 – Couleurs – 1 h 30.

Zorro défend une jeune et charmante duchesse contre son vieux et tyrannique beau-frère qui a usurpé le pouvoir. Un « Zorro » classique, lâche dans le « civil » et héroïque sous son masque.

ZOULOU "ZULU"
Film d'aventures de **Cy Enfield**, avec Stanley Baker, Jack Hawkins, Michael Caine. Grande-Bretagne, 1964 – Couleurs – 2 h 15.

Au Natal, en 1879, une centaine de soldats de l'armée britannique défendent héroïquement une mission attaquée par quatre mille Zoulous. Un grand spectacle épique renforcé par la qualité de l'interprétation.

ZOUZOU
Comédie dramatique de **Marc Allégret**, avec Joséphine Baker, Jean Gabin, Pierre Larquey, Yvette Lebon. France, 1934 – 1 h 25.

Histoire d'une petite blanchisseuse métisse qui accepte un engagement aux Folies-Bergère pour sauver son demi-frère d'un mauvais pas et qui devient la vedette du spectacle.

LES ZOZOS
Chronique de **Pascal Thomas**, avec Frédéric Duru, Edmond Raillard, Jean-Marc Cholet, Virginie Thévenet, Annie Colé, Daniel Ceccaldi. France, 1972 – Couleurs – 1 h 45.

François et Frédéric sont internes dans un lycée de province. Ils ne pensent qu'aux filles et projettent d'aller camper en Suède. Dès son premier film, Pascal Thomas dépeint les jeunes provinciaux et se révèle être un grand directeur d'acteurs.

ZUCKERBABY "ZUCKERBABY"
Comédie dramatique de **Percy Adlon**, avec Marianne Sägebrecht, Eisi Gulp. R.F.A., 1985 – Couleurs – 1 h 26.

Une employée des pompes funèbres, peu attirante, tombe sous le charme d'un conducteur de métro dont elle entend la voix dans le wagon ; elle décide alors de le séduire par tous les moyens. Le premier film de Percy Adlon avec Marianne Sägebrecht, avant le triomphe de BAGDAD CAFÉ.

ZUYDERZEE : TERRE NOUVELLE
"NIEWE GRONDEN"
Documentaire de **Joris Ivens**. • PH : John Fernhout, Joop Huisken, Helen Van Dongen, Eli Lotar. • MUS : L. Lichtveld, Hanns Eisler. • MONT : J. Ivens, H. Van Dongen. Pays-Bas, 1930-1934 – 30 mn.

En 1934, Joris Ivens remonte et modifie *Zuyderzee* (reportage tourné pour le gouvernement néerlandais sur l'assèchement du Zuyderzee) et l'enrichit d'un commentaire et d'une musique de Hanns Eisler. Cela donne *Terre nouvelle*. Du documentaire initial, Joris Ivens conserve la construction de la digue, la fermeture de l'ultime brèche entre la mer libre et la mer intérieure d'Ijssel, le traitement des sols et les premiers labours. L'hymne au travail devient accusation politique quand des plans d'actualité de la Crise – destructions de récoltes, files de chômeurs, enfants mourant de faim – s'interposent entre les images des premières moissons du Wieringermeer qui, par sacs entiers, seront jetées à la mer.

◆ *Comme dans Borinage – co-réalisé avec Henri Storck – Joris Ivens attaque la loi du profit. Les autorités néerlandaises n'ont pas apprécié cette nouvelle version de* Zuyderzee *et l'ont censurée, mettant fin à la carrière de Joris Ivens aux Pays-Bas.* Terre nouvelle *capte la beauté du travail manuel ou mécanique, individuel ou collectif dans les gestes humbles comme dans les prouesses techniques. On y comprend l'amour de la terre et le sens du combat titanesque du peuple néerlandais contre le déchaînement des flots.*

ZVENIGORA "ZVENIGORA"

Film historique d'**Alexandre Dovjenko**, avec Nikolai Nademsky *(le grand-père)*, Semion Svachenko *(Timoch)*, Alexandre Podorojny *(Pavlo)*, G. Astafiev *(le chef des Scythes)*, I. Seliouk *(l'ataman)*, L. Barbé *(le jésuite)*. • SC : Mikhaïl Iogansen, Iourtik. • PH : Boris Savelev. • DÉC : Vassili Kritchevsky. U.R.S.S. (Ukraine), 1928 - 1 799 m (env. 1 h 07).

Épopée en douze «chants» à la manière des récits oraux des bardes anciens, autour de Zvenigora, «la montagne d'or», et de la figure symbolique du grand-père, conservateur des vieilles légendes, sur l'histoire de l'Ukraine depuis l'Antiquité (les Scythes) jusqu'au triomphe de la révolution d'Octobre.

◆ *Flux torrentiel d'images superbes coupées d'intertitres poétiques, alternance de la légende et de l'actualité récente dans le tourbillon de l'Histoire. Le trésor que cherche Timoch, un des petits-fils du grand-père et soldat de l'Armée rouge en lutte contre son propre frère, le «bandit» Pavlo, ce n'est pas l'or des Scythes mais le bonheur que le communisme doit apporter au peuple. Dans ce film tumultueux et fascinant, Dovjenko a inauguré la vision lyrique qui a fait de lui un des «grands» du cinéma soviétique.* *M.MN.*

ANNEXES

Index des titres alternatifs

Cet index signale à quelle entrée du dictionnaire le lecteur pourra trouver :
- un film connu sous deux titres,
  ex. : amour est le plus fort (L') → Voyage en Italie ;
- un film étranger inédit en France dont le titre original a été traduit littéralement,
  ex. : altra donna (L') → Autre Femme (l') ;
- les films (suites, remakes, autres versions, etc.) qui dépendent d'une œuvre mère,
  ex. : Ben → Willard, Valmont → Liaisons dangereuses (les).

Index des titres originaux

INDEX DES TITRES ALTERNATIFS

C

D

I

J

K

L

M

N

O

T

INDEX DES TITRES ORIGINAUX

B

C

D

E

F

G

H

I

J

K

L

M

N

O

P

S

T

W Y Z

Impression : Maury Eurolivres à Manchecourt
Dépôt légal : avril 1999
100750064 (01) - 6000 (OSB 50°) mars 1999